ISBN 978-0-259-00680-0
PIBN 10718285

Forgotten Books is a registered trademark of FB &c Ltd.
Copyright © 2018 FB &c Ltd.
FB &c Ltd, Dalton House, 60 Windsor Avenue, London, SW19 2RR.
Company number 08720141. Registered in England and Wales.

For support please visit www.forgottenbooks.com

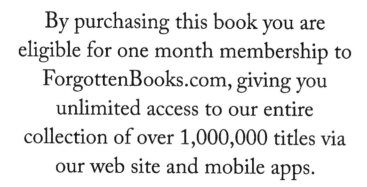

English
Français
Deutsche
Italiano
Español
Português

www.forgottenbooks.com

Mythology Photography **Fiction**
Fishing Christianity **Art** Cooking
Essays Buddhism Freemasonry
Medicine **Biology** Music **Ancient**
Egypt Evolution Carpentry Physics
Dance Geology **Mathematics** Fitness
Shakespeare **Folklore** Yoga Marketing
Confidence Immortality Biographies
Poetry **Psychology** Witchcraft
Electronics Chemistry History **Law**
Accounting **Philosophy** Anthropology
Alchemy Drama Quantum Mechanics
Atheism Sexual Health **Ancient History**
Entrepreneurship Languages Sport
Paleontology Needlework Islam
Metaphysics Investment Archaeology
Parenting Statistics Criminology
Motivational

LATEINISCH-ROMANISCHES

WÖRTERBUCH

VON

GUSTAV KÖRTING.

Ut silvae foliis pronos mutantur in annos,
prima cadunt; ita verborum vetus interit aetas,
et iuvenum ritu florent modo nata virentque.
Horat. de arte poet. v. 60 ff.

ZWEITE, VERMEHRTE UND VERBESSERTE AUSGABE.

PADERBORN.

DRUCK UND VERLAG VON FERDINAND SCHÖNINGH.

1901.

Dem Andenken

meines lieben Bruders

Heinrich Körting

(geb. 15. März 1859, gest. 19. Juli 1890).

————※————

Vorwort.

Die zweite Ausgabe des vorliegenden Wörterbuches ist eine dem Umfange nach wesentlich vermehrte, denn sie umfaſst 10469 Artikel, während die erste deren nur 8954 zählte[1]. Vollständigkeit freilich ist selbstverständlich auch jetzt weder erreicht noch beabsichtigt worden: weiſs doch ein jeder Sachverständige, daſs überhaupt ein Wörterbuch n i e vollständig sein kann. Ausdrücklich aber hebe ich dabei noch hervor, daſs ich im wesentlichen nur die romanischen S c h r i f t sprachen habe behandeln wollen, die Mundarten also nur mehr gelegentlich berücksichtigt habe, nämlich meist nur dann, wenn mir z u v e r l ä s s i g e Sammlungen, wie z. B. Salvionis treffliche »Postille«, zur Verfügung standen. Die Gründe meines Verfahrens sind so naheliegend, daſs sie einer ausführlichen Darlegung überhaupt nicht bedürfen. Es genüge zu bemerken, daſs gegenwärtig, wo s i c h e r e s lexikalisches Material für die so zahlreichen Mundarten des Romanischen nur erst verhältnismäſsig wenig gesammelt und gesichtet ist, die Zeit für die systematische Einbeziehung der Mundarten in das romanische Gesamtwörterbuch noch nicht gekommen ist. Sollte diese Zeit jemals kommen, so wird dann sicherlich der gewaltige Stoff eine Mehrzahl von Arbeitern zu seiner Bewältigung erfordern. Was die lateinischen Kopfworte der einzelnen Artikel anbelangt, so wolle man sehr beachten, daſs folgende Unterschiede gemacht werden: Worte o h n e vorgesetztes Sternchen sind im lateinischen Schrifttum belegte Worte, Worte m i t vorgesetztem Sternchen dagegen sind unbelegte, also konstruierte Worte. Zur Ansetzung derartiger Worte — mitunter auch solcher, welche ganz gewiſs nie existiert haben und nie existiert haben können (sie sind meistens durch Setzung in Klammern kenntlich gemacht) — wurde ich durch den praktischen Grund gezwungen, für die betreffenden romanischen Wortsippen einen äuſserlichen, dem Alphabete sich anpassenden Stützpunkt zu finden. Den Vorwurf, »Rekonstruktionslatein« getrieben zu haben, muſs ich also von vornherein zurückweisen, denn meine Konstruktionsworte erheben nicht im mindesten Anspruch auf die Ehre eines Platzes im Thesaurus der lateinischen Sprache.

---

[1] Weggelassen ist dagegen der deutsch-romanische Index, welcher der ersten Ausgabe beigegeben war. Veranlassung zu seiner Streichung gab mir die Beobachtung, daſs er nur wenig benutzt wurde. Es konnte demnach der durch seinen Wegfall freigewordene Raum für die notwendige Vermehrung des romanischen Index verwertet werden.

Zu danken habe ich zunächst allen denjenigen Fachgenossen, durch deren freundliche Unterstützung mir die Erweiterung und Verbesserung meines Werkes zu einem guten Teile ermöglicht worden ist. Insbesondere gilt dieser mein Dank den Herren Kollegen Meyer-Lübke in Wien und Salvioni in Mailand. Zu danken habe ich ferner Herrn Dr. phil. Heinrich Berger in Kiel für die aufopfernde und sachkundige Beihilfe, welche er mir bei der Druckkorrektur des Textes und namentlich des so umfangreichen Wortindex geleistet hat. Endlich habe ich aufrichtigst zu danken den Herren Mitgliedern des Romanisch-Englischen Seminars der hiesigen Universität, welche mir in liebenswürdigster Weise die Zusammenstellung des Wortindex abgenommen haben. Wer die Mühseligkeit solcher Arbeiten kennt, wird die volle Bedeutung dieser Unterstützung zu ermessen wissen.

Ich schliefse mit der chronologischen Bemerkung, dafs die Ausarbeitung der zweiten Ausgabe zu Anfang des Jahres 1899 abgeschlossen, die bis zum April 1900 erschienene etymologische Litteratur aber für den Nachtrag noch berücksichtigt worden ist. Über diesen Zeitpunkt hinaus konnte, da der Druck des Textes beendet war, eine solche Berücksichtigung nicht mehr stattfinden. Immerhin enthält der Nachtrag ein verhältnismäfsig beträchtliches Material, weshalb die Benutzer meines Werkes gut thun werden, ihn im gegebenen Falle zu Rate zu ziehen.

Kiel, den 8. November 1900.

G. Körting.

Erklärung der wichtigsten Abkürzungen.

R = Romania, p. p. P. Meyer und G. Paris (Paris, seit 1872).[1]
Z = Zeitschrift für roman. Philologie, herausg. von G. Gröber (Halle, seit 1876).[2]
Jahrb. = Jahrbuch f. roman. u. englische (Sprache u.) Litteratur, herausg. von A. Ebert, später von
L. Lemcke (Leipzig 1859 bis 76).
RSt = Romanische Studien, herausg. von E. Böhmer (Halle, Strafsburg, Bonn, seit 1871).
RF = Romanische Forschungen, herausg. von K. Vollmöller (Erlangen, seit 1882).
Rdlr. oder Rev. des lang. rom. = Revue des langues romanes, p. p. la Société pour l'étude des
langues romanes (Montpellier u. Paris, seit 1870).
Riv. di fil. rom. = Rivista di filologia romanza, diretta da L. Manzoni, E. Monaci e E. Stengel
(Roma 1872 bis 1876).
Giorn. di fil. Rom. = Giornale di filologia romanza, diretto da E. Monaci (Roma 1878 bis 1880).
Studj di fil. Rom. = Studj di filologia romanza, pubblicati da E. Monaci (Roma, seit 1884).
AG = Archivio glottologico, diretto da G. J. Ascoli (Roma, Torino, Firenze, seit 1873).
ALL = Archiv f. lat. Lexikographie, herausg. von E. Wölfflin (Leipzig, seit 1883).
Dz = Diez, Etymologisches Wörterbuch der roman. Sprachen. 5. Ausg. Mit einem Anhange von
A. Scheler (Bonn 1887).
Scheler Dict. = Scheler, Dictionnaire d'étymologie française. 3ième éd. (Bruxelles 1888).
Misc. = Miscellanea di filologia e linguistica in memoria di Nap. Caix e Ugo A. Canello (Firenze 1886).
C. Michaelis, St. = Caroline Michaelis, Studien zur romanischen Wortschöpfung (Leipzig 1876).
Caix, St. = Caix, Studj di etimologia italiana e romanza (Firenze 1878).
Th = Thurneysen, Keltoromanisches. Berlin 1884.
Mackel = Mackel, Die german. Elemente in der französ. u. provenzal. Sprache (Heilbronn 1887).
Z. f. ö. G. = Zeitschrift für österreichische Gymnasien 1891.
Salvioni, Post. = Postille italiane al vocabolario latino-romanzo (Sonderabdruck aus den Denk-
schriften des Istituto storico lombardo, Milano 1897).
Lammens = Lammens, Remarques sur les mots français dérivés de l'arabe (Beyrouth 1890).
Eg. y Yang. = Eguilaz y Yanguas, Glosario etimológico de las palabras españolas de origen oriental
(Granada 1886).
Berger = Berger, Die Lehnwörter in der französischen Sprache ältester Zeit (Leipzig 1899).

Sonstige etymologische Werke (wie z. B. Zambaldi, Vocabolario etimologico italiano, Turin
1889, und: Coelho, Diccionario manual etymologico da lingua portugueza, Leipzig 1890) sind mit
ausreichend deutlicher Bezeichnung gelegentlich angeführt.

[1] Konnte bis Schlufs des Jahrganges 1899 benutzt werden.
[2] Konnte bis Schlufs des Bandes XXIII benutzt werden.

A.

1) **a,** der erste Buchstabe des lateinischen Alphabetes, hat diese Stellung in allen romanischen Alphabeten behauptet.

2) **ä, ah,** Interj., ist in allen roman. Sprachen üblich.

3) **ā, āb** (vgl. gr. ἀπό aus ap-a), **abs** (vgl. gr. ἄψ aus ap-as) [„voraugust. meist ab, a selten im Vergleich zu ab u. nur vor Kons., aber auch hier seltener als ab; erst in der august. Zeit ab vor Vokalen, a vor Konsonanten; abs schon bei Plautus, später nur abs te neben a te.“ Vaniček, Wtb. I 36. Im Volkslat. wurde vor Konsonanten ausschliefslich a gebraucht, vgl. Haufsleiter, ALL III 148]. Die Präp. a, ab, abs ist im Romanischen fast nur in Zusammensetzungen erhalten, ihre präpositionalen Funktionen sind meist von de übernommen worden. Im Altfrz. u. Altprov. ist ab als Fräpes. zur Angabe des Mittels. des Werkzeugs und der Begleitung erhalten. In solcher Funktion findet es sich bereits im Spätlatein gebraucht, vgl. Bonnet, Le Latin de Grégoire de Tours p. 600. Beispiele für das Prov. bei Appel 4, 166 u. 21, 10; im Altfrz. vgl. ab Ludher (Eide). Wegen der Bedeutungsentwicklung vgl. lat. Sätze, wie z. B. Cicero ab Octaviano occisus est u. Cicero gladio occisus est (für gladio trat ein ab gladio nach Analogie des ab bei Angabe der handelnden Person). Erhalten hat sich ab in dieser Funktion in frz. avuec, avec = ab + hoc (nicht = apud + hoc, woraus *otuee hätte entstehen müssen, denn apud = ot), vgl. auch unten apud + hŏc. Eine „Storia della preposizione a e de'suoi composti nella lingua italiana“ hat B. Bianchi erscheinen lassen (Florenz 1877), vgl. über das Buch Flechia, AG IV 368.

4) [***abācĕo, -āre,** mutmafsliches Ursprungswort zu ital. abbacare, Unsinn reden. Ob *abacare von abacus abgeleitet ist, mufs wegen des dann anzunehmenden Bedeutungsüberganges als zweifelhaft, wenn auch nicht gerade als undenkbar erscheinen; vielleicht sind in a-ba-ca die Namen der drei ersten Buchstaben des Alphabetes enthalten, so dafs die ursprüngliche Bedeutung des Verbums sein würde „das ABC hersagen, ganz elementare und triviale Sachen schwatzen.“ Dz 662 rabâcher läfst die Ursprungsfrage offen, ebenso läfet er es dahingestellt, ob in frz. rabâcher ein Kompos. von *abacare zu erblicken sei. Scheler im Diet.² s. v. spricht sich, nachdem er andere in Vorschlag gebrachte Ursprungsworte (1. rabasser = rabaisser, 2. rabattre, angebl. v. gr. ῥαβάττειν, 3. rêvasser) mit Recht als unzulässig bezeichnet hat, dahin aus, dafs rabâcher von rebec, rabac (= arab. rabâd) „Geige“ abgeleitet werden müsse u. also eigentlich so viel wie „ableiern, immer dasselbe sagen“ bedeute. Bei

Körting, lat.-rom. Wörterbuch.

der letzteren Annahme dürfte man sich vorläufig beruhigen können.]

5) [***ābāctĭo, -āre** nach Dz 353 Stammwort zu ital. avacciare, vgl. jedoch Caix,˙St. 3, u. unten **vīvācĭūs.**]

6) (**ăbăcus, -um,** i, m., Rechenbrett, Spiel-, Schenktisch u. dgl. (vgl. ALL I 430); ital. ábbaco, Rechenkunst; prov. abac-s, gel. W., als solches auch in den übrigen roman. Spr. Vgl. Dz 351.)

7) (**āb ănnō** (siehe annus), davon nach Dz 353 s. v. avannotto (ital.), nicht über ein Jahr altes Fischchen; s. dagegen Caix, St. 4, u. Bugge, R IV 366. Vgl. unten **hic haec hoc.**)

[**ăbăntăĭĕŭm** s. **abante.**]

8) **ăb-ăntĕ,** als Präp. mit Acc. od. Abl., vor etwas weg, ab. eum Itala in Naum I 6, ed. Mai, ab. oculis, Gruter insor. 717, 11; od. als Adv. „vorweg“, Orelli insor. 4396. Vgl. Wölfflin, ALL I 437; Hamp, ib. V 335); it. avanti; rtr. avant; prov. abans; frz. avant. Von abante wird wieder abgeleitet das Subst. *abantaticum, Vorteil, = ital. vantaggio; prov. avantatge-s; frz. avantage; span. ventaja, ptg. ventajem; vgl. Dz 31 anzi. — Nach C. Michaelis, Revista lusitana I, ist von ab-ante abgeleitet auch ptg. avental Schürze, vgl. Meyer-L., Z XV 269.

9) [***ăbăntĕo, -āre** (v. ab-ante), vorrücken; ital. avanzare; rtr. vanzar (vgl. Horning p. 58, 61, 63); frz. avancer. Vgl. Gröber, ALL I 240 unten.]

10) bask. **abarquia** (v. abarra, zartes Holz od. Zweige u. quia Sache), davon nach Dz 413 span. ptg. abarca, grober Schuh. Schuchardt, Z XV 115, verwirft mit Recht die Diezsche Ableitung von abarca, ebenso die sonst gegebenen Erklärungen, und frägt: „Haben etwa die Araber barca ‚Barke‘ (südfrz. barco bedeutet nach Mistral auch ‚einen zu grefsen Holzschuh‘, barqueto d'esclop ‚den Absatz eines Holzschuhes‘) von den Spaniern entlehnt (vgl. mozarab. ĭabarca ‚Barke‘, Simonet, Gloss.), auf eine Art Fufsbekleidung angewandt und dann den Spaniern zurückgegeben? Abarca findet sich schon zu Anfang des 10. Jahrhunderts als Beiname des Königs Sancho I. von Navarra (Simonet S. 424).“

11) **ăbbās, -ātem,** m. (chald. ábá; vgl. ALL II 292), Abt.; ital. abáte, abbáte; prov. abas; frz. altfrz. abbes, c. o. abbé, nfrz. abbé; span. abad; ptg. abbade. Vgl. Berger s. v.

12) **ăbbătīa, -ăm,** f. (v. abbas; vgl. ALL II 444). Abtei; ital. abbadia, badia, a(b)bazìa; prov. abadia; frz. abbaye; span. abadía; ptg. abbadia.

13) **ăbbătīssa, -am,** f. (Fem. z. abbas; vgl. ALL II 445), Äbtissin, ist in entspr. z. Form in alle rom. Spr. übergegangen.

14) [***āb-băttŭlo, -āre,** nach W. Meyer, Z. X 171, Grundwert zu ital. (pistoj.) abbiaccare, der Bedeutung nach = soppestare, infrangere. Caix, St. 128, führte das Wort auf *flaccare zurück,

wogegen Meyer mit Recht einwendet, dafs der Übergang von *f* : *b* unmöglich sei.]

15) *ăb-băttŭo, ăb-bătto, -ĕrĕ (s. *battuo*, batto),
niederwerfen. (Über die Verbalcomposita mit *ab*
vgl. Dz., Gr. II 420 u. Wtb. 393 *ribaltare*): ital.
abbattĕre; rum. abat, *ui, ut, e*, vgl. Ch. *bat*; rtr.
abat*ter*, s. Ulrich, Chrest. II 216; prov. abatre;
frz. abatt*re* (dav. u. a. die Subst. altfrz. *abateis*,
gleichsam *ab-batt-aticium*; neufrz. abat, welch
letzteres in der Bedeutung „Platzregen" volksetymologisch auch abas, gleichsam *à bas*, geschrieben
wird, vgl. In RF III 494 Z. 9 v. o.; *abattoir*
Schlachthaus); span. abat*ir*; ptg. abater.

16) ăb-brĕvĭo, -āre (nur spätl., vgl. ALL II
450), abkürzen; prov. *abreujar*; altfrz. *abregier*;
nfrz. abréger. In den übrigen rom. Spr. nur gel. W.
Vgl. Gröber, ALL I 233 *s. v.*

17) [*ăb-brĕvo, -āre (v. *brĕvis* = prov. breu, frz.
brief), abkürzen; prov. abrevar; frz. altfrz. ab-
rievar, *abriver* (?). Vgl. Gröber, ALL I 233 *s. v.*
Das Part. *abrivé* setzt Förster, Gl. I. A. et M., =
**ad-brigatum* an.]

18) [*ăb-bŭro, -ĕre (f. *amburĕre*), brennen (vgl.
bustum); rum. *aburire* (wozu das Postverbale *abur*,
Dampf, das nicht mit *vapor* zusammengebracht
werden darf); prov. *abrà*: ital. span. *ab(b)urar(e)*.
Vgl. Densusianu, R XXV 130, vgl. Meyer-L., Rom.
Gr. II 141. S. unten **aburo.**]

19) [*ăb-cīdo, -cīdi, -cīsum, -ĕre (v. *caedo*),
töten, nach Gröber ALL I 233 *s. v.* u. VI 377 Grundwort z. altital. (*aucidere, alcidere), ancidere*;
sard. *b-occhire* (altsard. auch *ochidere*); prov.
aucire, altfrz. *ocire*(?). Vgl. dagegen Caix, St. 1,
u. Fumi, Misc. 95, wo *ancidere* u. *aucire* auf *occi-
dere* zurückgeführt werden. S. unten **incīdĕre** u.
ŏcīdĕre.]

20) [*ăb-dūro, -āre (f. *ob-duro*), härten; prov.
abdurar. Vgl. Gröber, ALL I 233 *s. v.*; altfrz.
adurer ist = **ad-durare* anzusetzen, vgl. Förster,
Gl. z. A. et M. aduré. S. unten **ŏbdūrŏ.**]

21) Ăbĕllănă (nux), -am *f.*, Haselnufs, Haselnufs-
staude (nach der Stadt Abella in Campanien benannt); ital. *avellana*; rum. alună, vgl. Ch. *alun*;
prov. *aulona*; altfrz. *avelaine*, nfrz. *aveline*;
cat. span. avellana; ptg. *avellãa, -ã.*

22) *ăbĕllānārĭs u. ăbĕllānārĭus, -um *m.* (von
Abellana), Haselnufs, Haselnufsstrauch; rum.
alunar; prov. *avelanier-s*; frz. *avelinier*; cat.
avellaner; span. avellanar; (ptg. *avellaneira,
avelleira).*

23) *ăbĕllānĕlla, -am *f.* (v. *Abellana), Nufs;
rum. aluné, Pl. alunele, auch in übertragener Bedeutung „lentilles, taches de rousseur", vgl. Ch. *alun.*

24) *ăbĕllānĭcă, -ăm *f.* (v. abellana), kleine Nufs;
rum. alunică; span. avellanica.

25) *ăbĕllānĭcĭă, -ăm, *f.* (v. *abellana); rum.
alunița, kleine Nufs.

26) *ăbĕllānĭcĭum, *n.* (v. abellana); rum. aluniş
m., Pl. alunişuri *f.*, Haselgebüsch.

27) *ăbĕllānīvĭus, a, um (v. abellana); rum.
aluniu, nufsfarbig.

28) *ăb-ēmo, -ĕre, -ĕre, wegnehmen (Paul. ex Fest.
4, 18. Gloss. ed. Götz II p. 3, 29); frz. *aveindre* (im
Dial. der Champagne avaindre), hervor-, wegholen.
Vgl. Dz 513 *s. v.*; Littré leitete das Verb von *advenire* ab, ebenso Marchet, Z XVI 380.

29) d t s c h. aber; rtr. *àber* etc., vgl. Gartner
§ 17, St. 19.

30) ăb + hŏc = frz. *avuec, avec*, vgl. eben **a,**
ab u. unten **apud** + hoc.

31) ăb-hŏrrĕo,-ŭi, -ĕre, vor etwas zurückschau-
dern (vgl. über das Wort Ploen, ALL IV 277);
ital. abborrire; (rum. nur das Simplex *uresc, ii,
it, i*, vgl. Ch. s. v.); prov. *aborrir, aorrir*; frz.
abhorrir u. abhorrer (gel. W.); cat. aborrir; span.
aburrir, ärgern, Verdrufs machen; ptg. aborrir,
langweilen, belästigen.

32) ăb-hŏrrĕsco, -ĕre, einen Abscheu bekommen.
(Eccl. u. Gloss.); span. u. ptg. *aborrecer.*

33) ăbĭes, -ĕtem *f.* (vgl. über das Wort Wölfflin, ALL IV 290), Tanne; (schrifttal. abete);
calabr. apul. *apita, (venez. pad. albeo), venez.
avedin, valses. avei, vgl. AG IX 253, Meyer-L.,
Z. f. ö. G. 1891 p. 765, Salvioni, Post. 3; frz. abet
(u. abies); span. abeto; ptg. abete u. *abeto.*
[Ableitungen von *abies* sind vielleicht (vgl.
jedoch Parodi, R XXVII 216) ital. *bietta*, Holz-
pflock, Keil, dav. *biettolina, im-biettare u. s-biettare.
Nach Dz 357 ist *bietta* dunklen Ursprungs; Caix,
St. 200, bringt das Wort in Zusammenhang mit got.
*plats, ahd. pletz, blez, Nigra, AG XV 99, mit ahd.
*bickil. Storm, AG IV 388, setzt es = alta. *blegdi
(schw. dialect. bligd), ahd. *bliht (bliht : bietta =
sliht : schiett-o) an, vgl. Scheler im Anhang z. Dz
754 bietta. Ulrich, Z XI 557, leitet bietta aus
**vectula ab, was ganz unstatthaft. — Vielleicht ist
bietta = **ablecta (scil. ligna) v. *ab-lĕgĕre, auf
welches Verb auch das Subst. *ablegmina, ausge-
wählte Stücke des Opfertieres (vgl. Paul. ex Fest.
p. 21, 7) hinzudeuten scheint; **ablecta würde etwa
bedeutet haben „(für einen bestimmten Zweck) aus-
gewählte Holzstücke".]

34) *ăb[ĭ]ĕtĕus, a, um (v. *abies); dav. in subst.
Bedeutung ital. *abezzo abezza*, Tanne. Dz 351 *s. v.*

35) ăb + ĭndĕ + ăd = ptg. *ainda*, noch (daneben *inde* ad = inda). Vgl. Dz 461 inda.

36) *ăbĭsmus, -um, *m.* (Superlativbildung zu
abyssus = gr. ἄβυσσος, Abgrund, Hölle; (ital.)
sard. abismu (gemeintal. abisso, dazu das Vb. *na-
bissare (= in-obiss-are), in den Abgrund verwünschen); prov. *abisme-s, daneben auch abis; frz.
abisme, abime; span. ptg. abismo. Vgl. Gröber,
ALL I 233 *s. v.*; Dz 3 abisso, Berger 287, vgl.
auch unten abyssus. Von abismus sind abgeleitet
die Verba *frz. abimer, ital. abbissare.

37) [*ăblātŭm, Pl. ăblātă *n.* (Pt. P. P. v. *aufero),
das (vom Felde) Weggetragene, das Getreide (vgl.
Lehmann, Bedeutungswandel p. 25); hiervon wurde
früher abgeleitet: ital. biado u. *biada (mail., ven.,
piem. *biava), dav. die Verbum *im-biadare mit Getreide besäen; rtr. *blava (vgl. Gartner § 3 α);
prov. blat-z; frz. (ablatum =) altfrz. bled, blef
(über das aual. *f*, scheinbar an Stelle von *t*, vgl.
unten die Bemerkung bei **sitis** = soif u. Gröber in
Z II 459), bleif, blée; nfrz. *blé; hierher gehört auch
les *ablais (vgl. Kérting in seiner Ausg. der
altfrz. Remedia amoris p. XXIII.) Zu altfrz. blef
die Verba altfrz. emblaver, dé-blaver, nfrz. déblayer, r-em-blayer (dav. Vbsbst. remblai), rem-
blaver.

J. Grimm, Gesch. d. dtsch. Spr. p. 49 der 3ten
p. 69 der 1ten Ausg., leitete blé von kelt. *blawd
ab, auch Thurneysen p. 49 meint, dafs mcymr.
*blawt, jetzt blawd, corn. blot, später bles, bret. bleut,
bleud, blet lautlich vollkommen genügen, da alle
diese Worte auf einen Stamm *blāt- (entstanden aus
*mlātô, Part. Pass. zu cymr. malu, ir. melim „mahlen")
zurückgehen. Indessen dürfe, namentlich in Hinsicht auf *ablais, die Ableitung aus dem Lat. vorzuziehen sein. — Förster, Z III 260 Anm. 1, setzt

ein Etymon *blavum an (blavum : biado — clavum : chiodo), u. wenigstens in Bezug auf biava ist dies ganz berechtigt. — Völlig unannehmbar ist Böhmer's (RSt I 234 ausgesprochene) Vermutung, wonach *bladum aus flac(ci)dum entstanden sein soll. — Richtiger sind vielleicht als Grundwerte anzusetzen *blatum (*bladam, bezw. *blada), *blavum vom Verbalstamms bl-ā, Nebenform von fl-ā (wov. fläre) von der idg. Wurzel blh (vgl. Brugmann, vgl. Gramm. d. idg. Spr. II 956); wegen bla = lat. b (statt f) vgl. z. B. barba. Jedenfalls darf frz. blef, blet, blé nicht getrennt werden von den Verben em-, rem-, déblaver, em-, rem-, déblayer (bezw. auch *ablayer, wov. ablais). Ausführlichere Begründung dieser Hypothese bei Körting, Formenbau des frz. Nomens p. 317.] Vgl. Gröber, ALL I 251 blatum.

äblätärĕllus s. unten **blätärĕllus.**

38) [*äb-ŏcŭlo, -äre (s. aboculus); it. avocolare; prov. avogolar; frz. aveugler, blenden, avengler, -ir blenden, vgl. Berger 292.]

39) [*äb-ŏcŭlus [a, um], ohne Augen, blind (die Bildung des Wortes ist höchst auffällig; Dz 32 führt als Analoga dafür a-mens u. ab-normis an, aber nur das erstere läfst sich vergleichen, wobei jedoch zu beachten ist, dafs ein amens, weil mit seinem Ausgange -ens an die Participien sich anschliefsend, eine weit möglichere Bildung war, als aboculus; *antoculus = span. ptg. antojo läfst sich, weil Sbst., nicht vergleichen); it. avocolo; vocolo (veraltet; prov. avucle, avugle; frz. aveugle. Die lautliche Entwickelung des Wortes ist sowohl im Ital. wie im Prov. u. Frz. eine abnorme (vgl. occhio, olh-s, œil). Vgl. Dz 32 avocolo; Canello, AG III 355 (erklärt die abnorme Lautentwickelung des Wortes daraus, dafs es ursprünglich eine strafrechtliche Neubildung gewesen sei, bezw. auf einer solchen, nämlich dem Verbum aboculare, beruhe); Gröber, ALL I 233 s. v. u. Berger 275. Vgl. auch unten **caecus.**]

40) *äb-ōmīnātus, a, um (Pt. P. P. v. abomino, welches Verb im Rom. nur als gel. W. vorhanden ist; im älteren Frz. volksetymologische, an homo sich anlehnende Schreibung abhominer, vgl. Fafs, RF III 511), nach Dz 502 Grundwort z. altfrz abomé, abosmé. — „Im Pariser Glossar 7692 wird. abominari durch escommovoir (ergreifen, erregen) übersetzt, s. Tobler, Jahrb. XII 205.“ Scheler im Anhang z. Dz 780. — Naeh Cohn, Z XIX 57, gehört abosmer, abosmir (worin das s nur graphisch!), nfrz. (mundartlich) bomir u. dgl. zu dem Subst. baume, Niederung, Senkung, Höhle, baume aber soll = *bassima v. bassus nach Analogie von pessimus u. dgl. gebildet sein: wegen der Lautentwickelung *ad-bassimare > abo(s)mer vgl. phantasma > fantôme, die ursprüngl. Bedtg. von abosmer wäre „versenken, verbergen“ gewesen. Neben abosmer war auch embosmer vorhanden. — Parodi, R XXVII 231, erklärt abosma aus Mischung von *bomire (= vomēre) mit abominare (das letztere ist aber ausreichend). — Vgl. noch Berger 43.

41) [afrikanisch aboogerdan, Silberreiher; daraus vielleicht durch volksetymologische Neugestaltung frz. bœuf-garde, garde-bœuf, Name einer Art des Silberreihers. Vgl. Fafe, RF III 488.]

42) äbŏrto, -āre, eine Fehlgeburt thun, mifsglücken; ital. (sillan.) avortar (sard. avortire), vgl. AG XIII 338; frz. avorter. Vgl. Salvioni, Post. p. 3.

43) [*äbŏrtūnĕa, -am, f. (v. abortus), Fehlgebärerin nach C. Michaelis, Frg. Et. p. 4, Grundwort

zu ptg. artuña, ortuña, Schaf, das eine Fehlgeburt gethan hat.]

44) [*äb-rädīco, -äre (v. radio-s), von der Wurzel losreifsen, nach Gröber, ALL I 233 s. v. (vgl. jedoch III 34), u. nach Neumann, Z XIV 566, Grundwort zu prov. arraigar, frz. arracher. Da für ab- im Prov. u. Frz. eine andere lautliche Behandlung in erwarten wäre (vgl. aucire, ocire nach Gröber a. a. O. = ab-cidere), so dürfte nicht ab-, sondern ad-radicare, an der Wurzel reifsen, also losreifsen, das richtige Grundwort sein. Meyer-L., Rom. Gr. II p. 618, erklärt arracher aus esrachier „durch Assimilation des e an das folgende a“. (Sehwan)-Behrens, Altfrz. Gr. § 12, 3a, setzt volkslat. arradicare neben exradicare an.

45) *äb-rīpo, -äre (v. ripa), vom Ufer wegfahren; ital abbrivare, dav. das Vbsbst. abbrivo; (prov. abrivar in rasche Bewegung setzen, s. brigā). Mit brio, brioso etc. (vom kelt. Stamm *brigā [s. u. s. v.]) hat abbrivare nichts zu thun. Vgl. Dz 68 brio.

46) äbrŏtŏnum, n. (gr. ἀβρότονον; vgl. ALL V 260), Stabwurz, Artemisia abrotonum L.; ital. abrotano; tosc. abruotano, veronos. ambrógano; frz. vrone (vroncelle), vrogne, daneben das halbgel. W. aurone f., Eberraute; im Wallon. durch Volksetymologie z. ivrogne geworden, vgl. Fafs, RF III 492 unt. Vgl. Dz. 512; Salvioni p. 3.

47) äb-rūnco, -äre (f. erunco), ausjäten; rum. arunc, ai, at, a, werfen, stofsen, vgl. Ch. s. v.

48) äbs-cŏndo (Georges teilt ab-scondo ab), -cŏndī u. (selten) -cŏndīdī, -cŏndītum oder (später) -consum, -ēre, verbergen; ital. ascondere u. (i)n-ascendere, dazu das Subst. nascondiglio, Versteck, vgl. AG XIII 411; rum. ascund; ns. nde, vgl. Ch. s. v.; (prov. escondre; cat. escondir; span. ptg. esconder).

49) *äb-sēco, -sĕcŭī, -sēctum, -äre, abschneiden, nach Förster, Z. V 98, Grundwort zu prov. (dial.) auscar; cat. oscar, Vbsbst. osca; altfrz. oscar, ocher, einschneiden, brechen, Vbsbst. osche, oche, Kerb, Einschnitt (nfrz. hocher, Vbsbst. hoche). — Andere Vermutungen über den Ursprung von hocher hat Scheler im Dict. s. v. aufgestellt, darunter ist noch die verhältnismäfsig ansprechendste hocher = oceare eggen. Keltischen Ursprungs des Wortes (bret. aska einschneiden, cymr. asgen Verletzung) stellt Thurneysen, p. 108, mit gutem Grunde in Abrede. — Vgl. Dz 650 osche, dazu Scheler im Anhang 801 u. 807.

50) ähsens, absentem (Part. Praes. v. abesse), abwesend; span. ausente, dazu das Vb. ausentarsi sich entfernen.

51) äbsĕntīa, -am, f., Abwesenheit, span. ausencia. In volkstümlicher Gestaltung und in präpositionaler Verwendung (als Ersatz für lt. sine) scheint dies Sbst. im ital. senza u. im rtr. saintsa (vgl. Gartner § 81) erhalten zu sein.

52) äbsĭnthĭu̇m, -iĭ, n. (gr. ἀψίνθιον), Wermut, Artemisia absinthium L.; sard. senzu, span. axenjo, vgl. Dz 428 s. v. (In den übrigen rom. Spr. ist abs. nur als gel. oder halbgel. W. vorhanden (ital. assenzio, vgl. d'Ovidio, Grundrifs d. rom. Phil. I 506 Anm. 3; Salvioni p. 3; frz. absinthe; ptg. absintho).

53) absis, absida f. (ἁψίς, -ίδα) Rundteil der Kirche, Chor; ptg. (ausia), „nome archaico da capella-mór“. C. Michaelis, Frg. Et. p. 50; sonst ist obsis nur als gel. W. vorhanden (ital. abside etc.).

54) äb-sŏlvo, -sŏlvī, -sŏlūtum, -ĕre, loslösen;

ital. veraltet asciogliere, üblicher assolvere, solvei
u. dichterisch assolsi, assoluto u. assolto (Blanc 442
n. 457) befreien, asciolvere frühstücken, d. h. das
Fasten lösen, vgl. lat. solvere jejunia, engl. breakfast.
Vgl. Dz 353 asciolvere, Canelle im AG III 353
s. v.; rtr. Pt. asolt (Greden u. Cormons, s. Gartner § 148); prov. absol, absols, solt-z [u. sout-z,
absolvre; frz. altfrz. assol (absol) u. assoŭ. Pf. assols
u. assous, Pt. assols, assous, assaus, assos u. (gelehrt) assolu (absolu), Inf. assoldre (absoldre),
assoudre (s. Burguy II 204); nfrz. absous, absolus,
absous, absoute u. als gel. W. absolu, absoudre;
span. absuelvo, absolvi, absuelto, absolver; ptg.
absolvo, absolvi, absolvido, absolto u. absoluto,
absolver.

55) äbsquě, Präp. m. Abl. u. Adv., fern von;
ital. (lombard.) asca. der Bedeutung nach = lat.
praeter, vgl. Dz 353 s. v.

56) *äbs-těnto, -āre (f. abstinere), sich enthalten,
Hunger leiden, nach Dz 403 Grundwort z. ital.
stentare, Mühe, Beschwerde haben, dav. Vbsbst.
stento. rtr. stenta. Caix, St. 60, erblickt in stentare das durch intensives s („s intensive") ver-
stärkte tentare, also wohl *ex-tentare.

57) abstinentia, -am, f., Enthaltsamkeit; ital.
a(b)stinenza, lebt auch in den übrigen Spr. als gel.W.;
altfrz. astenance, atenance, Waffenstillstand zwischen Edelleuten in Privatfehden (noch bei Sachs
verzeichnet).

58) abstineo, -tinui, -tentum, -tinere, sich enthalten; nur als gel. W. vorhanden (ital. astinersi,
frz. s'abstenir, vgl. Berger s. v.).

59) äbs-träctus, a, um (Pt. P. P. v. abstrahěre),
abgezogen, nach Dz 404 Grundwort z. ital. stratto,
falls dies nicht lieber = distractus anzusetzen sei.

60) [äb-sürdus, a, um (wegen der Quantität des
u s. Marx s. v.; nach Vaniček 1220 ist abs. abzuleiten v. √ svar tönen und hat also mit sürdus aus
√ svar, schmutzig, dunkel sein, nichts zu thun),
mifstönend, ungereimt, albern, nach Baist, Z. VII
125, Grundwort zu älter. zurdo, link, links; Dz
500 leitete zurdo von surdus ab, u. wohl dadurch
liefs C. Michaelis, St. p. 233, sich bewegen, zurdo u.
sordo als Scheideformen anzusetzen.]

61) äbülter, -ěrum, m. (f. adulter), Ehebrecher;
nach C. Paris, R X 61 u. XXIII 527, Grundwert zu
altfrz. acoutre.

62) abünde, reichlich; levent. u. valtell.
aŭnda, pi-unda etc., vgl. AG I 265 u. VII 591 n.,
Salv., Post. 3.

63) äb-ündo, -āre, überfliefsen; sard. aundar,
allagare; (frz. abonder) prov. aondar, im Überflufs vorhanden sein, fördern, helfen, frommen,
Vbsbst. aon-z. Vgl. Dz 508. Salv., Post. 3 u. Berger 44.

64) [*äb-üro, -ěre (f. com-burěre), nach Caix,
St. 132, Grundwort z. ital. abburare (neap. abbor-
rare), „lavorar nascosto del fuoco, abbronzare";
span. aburar.]

65) äbüsio, -ōnem, f. (v. abuti), Mifsbrauch,
Verhöhnung; ptg. abusão u. abujão, Wahngebilde,
Schreckgestalt, vgl. C. Michaelis, Frg. Et. p. 3. —
Cernu (ptg. Gr. § 95⁸ in Gröber's Grundrifs) u. a.
setzten abujão = visiōnem (vijão) an.

66) [*äb-üso, -āre (v. usus) ist der lat. Typus
f. roman. abusare, abusar, abuser, es sind jedoch
diese Verba jedenfalls rom. Ableitungen aus dem
Subst. ab-us[us]. Vgl. Gröber, ALL I 234 s. v.]

67) äbyssus, -um, f. (gr. ἄβυσσος), Abgrund,
Hölle; ital. abisso m., dav. Vb. abissare u. sobbis-

sare, gleichsam sub + [a]bissare; altfrz. prov.
abis, dav. das Vb. abissar. Vgl. Dz 3 abisso, Berger
40, u. eben *abismus. — Dtsch. (i)n abysso =
Nobis(krug).

68) äcäcia, -am, f. (gr. ἀκακία), Akazie (b. Plin.
u. Cels.); ital. acacia, acázia „albero spinoso", u.
gaggía = acacia farnesiana L., vgl. Canelle in
AG III 388, C. Michaelis, St. p. 70. In den übrigen
rom. Spr. nur gel. W.

69) [*äc-cädisco, -ěre (v.*accaděre), sich ereignen;
span. ptg. acaecer, vgl. Dz 413 s. v.]

70) [*ä[c]-cälěnto, -āre (v. calent- v. calěre),
wärmen; ptg. acaentar, aquentar. Vgl. Dz 435
calentare, s. auch unten *excalentare.]

71) [*ä[c]-cälěsco, -ěre (v. caleo, -ěre), wärmen;
ptg. aquecer. Vgl. Dz 435 calentare, s. auch unten
*excalentare.]

72) [*ä[c]-cämīno, -āre (v. caminus), auf den
Weg bringen; frz. acheminer.]

73) [arab. açamm, einfarbig (t); davon vielleicht
ital. zaino ganz schwarz, ungefleckt (von Pferden);
frz. zain; span. zaino. Vgl. Eg. y Yang 522.]

74) [*äc-camo, -āre (v. cama), zu Boden strecken;
span. ptg. acamar. Vgl. Dz 436 cama.]

75) arab. aç-canjfah (vgl. Freytag II 527ₐ), Rand
od. Saum des Kleides; span. azanefa (veraltet),
zanefa, cenefa; ptg. sanefa, Bett- oder Thürvor-
hang. Vgl. Dz 438 cenefa; Eg. y Yang. 319.

76) [*äc-cäpītīo, -āre (v. St. cap-o-, wov. *caputm
f. caput), zu Ende bringen; ital. accapezzare.]

77) [*ä[c]-cäpo, -āre (v. St. *cap-o-, wov. *capum f. caput), an das Ende kommen, beenden;
frz. achever; prov. span. ptg. acabar. Vgl. Dz
545 chef u. Ascoli, AG XI 427.]

78) *ä[c]-căpto, -āre (v. capto, capio), erwerben,
kaufen; ital. accattare, r-accattare, dav. dasVbsbst.
accatto; genues. acatar, vgl. Flechia, AG VIII
318; rtr. achattěr, s. Ulrich, Gloss. z. Chrest. II;
frz. altfrz. achapter, acater, achtee, nfrz. acheter,
Vbsbst. achat; span. acabdar (veralt.); ptg.
achatar (veraltet). Vgl. Dz 5 accattare; Gröber,
ALL 234 acaptare, Ascoli, AG XI 427; s. auch
unten re-excapto. Durch accaptare u. comparare
(letzteres namentl. im Ital., Span., Ptg.) ist emere
völlig verdrängt worden.

79) [*ä[c]-cärīo, -āre (v. *cara), von Angesicht
zu Angesicht gegenüberstellen; altfrz. acarier, wov.
Scheler u. Littré in ihren Dict. nfrz. acariâtre ableiten, hat nie existiert, acarer ist nur ein Kunstausdruck der Rechtssprache gewesen. Über die
Herkunft v. acariâtre vgl. Tobler, Z. IV 375, u.
namentl. G. Paris, R X 302; (s. unten acharís).
span. acarar. Vgl. Dz 87 carar. Sieh unten cara.
— Altfrz. acarier, achariier, acharoier ist = *ad-
carricare (richtiger wohl *carrigare) v. carrum,
vgl. Tobler a. a. O.]

80) [*ä[c]-cärīo, -āre (v. carus), liebhaben, lieb-
kesen, schmeicheln; span. ptg. acariciar. — Ob
statt des in einer span. Urkunde (bezw. deren Abschrift) vom J. 1042 überlieferten anno akllsiato
zu lesen sei anno akareisiato und dies als año de
carestia aufgefaßt werden müsse, wie Tailhan in
R IX 297 vorgeschlagen hat, bleibe hier ganz dahingestellt.]

81) [*ä[c]-cärno, -āre (v. caro, carnis), ein Tier
auf Fleisch hetzen; ital. accarnare ins Fleisch
dringen (accarnire mit den Klauen, Zähnen u. dgl.
ergreifen); frz. acharner. Vgl. Dz 88 carne.]

82) [*ä[c]-cärrīco (od. -īgo?), -āre (v. carrus),
an einen Ort fahren; altfrz. achariier, acharoier.]

83) [*ă[c]-cătăbŏlo, -ăre (v. gr. καταβολή, miat. catabola, altfrz. caable), niederwerfen; frz. accabler. Vgl. Scheler im Dict. s. v; Dz 536 caable; Berger 276.]

84) accēīa, -am f., Schnepfe (Itala, Levit. 11,17); ital. acceggia; frz. altfrz. acie, achie, pfrz. (dial.) acée; span. arcéa. Der Ursprung des lat. Wertes ist dunkel, mit acies kann es nichts zu thun haben. Vgl. Dz 5 acceggia; Gröber, ALL I 234 acceia.

85) ăcēëndo, accēndi, accēnsum, accēndĕre, anzünden; ital. accendo, accesi, acceso, accendere.

86) *ăccēpto, -ăre (v. accipio), empfangen; ital. accettare. Canello, AG III 405, stellt dazu als Scheideform accattare, welches vielmehr = *accaptare ist. Sonst nur gel. Wort.

87) [ăccēptŏr, -ōrem m. (v. accipio). Habicht,Lucil. rel. inc. 123 (Charis 98, 11). Cypr. Ep. 60, 2. Nicht acceptor, sondern astur ist Grundwort zu den rom. Benennungen des Habichts, nur altspan. acetore, aztor (fem. aztorera), açor (fem. azorera) sind auf acceptorem zurückzuführen, vgl. Tailhan, R VIII 609; Gröber, Misc. 42, vgl. unten astur.]

88) ăccēptus, a, um (Pt. P. P. v. accipio); ital. accetto, angenommen, angenehm.

89) [*ăc-cērrītus, a, um (v. cerebrum?), verrückt, närrisch; dav. viell. ital. accerrito, „accesso in volto, fuer di sè", vgl. Caix, St. 133.]

90) ăc-cēssus, -um, m. (v. ac-cedo), Annäherung; rtr. antschiess, Gebiet, Grenze, vgl. Ascoli, AG I 18 Anm. 1 u. S. 110 § 231.

91) [*ăc-cīlio, -ăre (v. cilium), (einem Falken) die Augenlider zusammennähen, (damit er zahm wird); ital. accigliare (jetzt nur als Reflexiv gebräuchlich mit der Bedtg. „die Augen närrisch verziehen, finster aussehen".)

[*ac-cimo, -ăre s. cyma.]

92) [*ăccīpītrărīus, -um, m. (v. accipiter), dav. span. cetrero Falkenjäger, vgl. Dz 439 s. v.]

93) [*ăccīpītrēllus, -um, m. (v. accipiter), dav. ital. accertello Wannenweihe, vgl. Dz 351 s. v.; nach Rönsch, Z I 420, ist das Wort Deminutiv v. acceptor.]

94) arab. aç-çiqâl, Politur, çaqala, polieren (Freytag II 509); dav. span. acicalar, ptg. acicalar, açacalar, polieren, vgl. Dz 414 s. v.; Eg. y Yung. 29.

95) [*ac-cismo, -ăre (unbekannter Herkunft), nach Förster, Z VI 112, Grundwort zu ital. accismare zurichten; altfrz. acesmer, ordnen, schmücken, dav. nach Littré nfrz. 'hachement Helmschmuck, vgl. auch Fals in RF III 496. — Dz 128 esmar (und ebenso Canello in AG III 887) hielt acesmer für identisch mit altfrz. aesmer, prov. azesmar, span. azemar (vgl. Baist, Z VI 117) = adaestimarc, was lautlich unzulässig ist, wie Förster gezeigt hat.] — accisma b. Dante, Inf. 28, 37, scheint eine künstliche, auf das Wortspiel mit scisma in V. 35 berechnete Bildung zu sein, vgl. G. Paris, R XI 405 (vielleicht ist accismare überhaupt = ac-sc[h]ismare, teilen). Vgl. Scheler im Anhang z. Dz 724. —Vgl. auch unten adaestimo u. cyma.

96) ăc-clīno, -ăre anlehnen; ital. acchinare niederbeugen, demütigen.

97) ă[c]-cōgnīto, -ăre (vgl. cognitus); altoberital. coitar, cuitar, vgl. AG XII 426, Stüdj di filol. rom. VII 76; mail. cüntä, ,contare e raccontare', „si son dumque confusi *cognitare e computare" Salvioni, Post. p. 3.; altfrz. acointier kennen lernen, in Kenntnis setzen, dazu das Vbsbst. acointance, Bekanntschaft.

98) *ă[c]-cōgnītus, a, um (Pt. P. P. v. cognosco); altfrz. acointe, befreundet; Bekannter.

99) *ăc-cŏl-līgo, -lēgī, -lēctum, -ĕre (v. lego); ital. accogliere; prov. acolhir, aculhir; frz. accueillir; cat. acullir; span. acoger; ptg. acolher. Über die Flexion dieser Verba s. unten col-ligo.

100) [*ăc-cŏmtio, -ăre (v. comtus); ital. acconciare putzen, zurichten, dav. das Vbadj. acconcio: span. aconchar. Vgl. Dz 366 conciare.]

101) [*ăc-cŏntĭngēsco, -ĕre (v. accontingo); span. ptg. acontecer sich ereignen, vgl. Dz 441 contir.]

102) [*ăc-cŏntĭngo, -ĕre; altspan. acuntir sich ereignen, vgl. Dz 441 contir.]

102) [*ăc-cŏ-ŏpĕrĭo, -pĕrŭī, -pĕrtum, -pĕrīre (v. operio), bedecken; rum. acoper, perii, perit, peri, vgl. Ch. s. v. Die übrigen rom. Spr. brauchen co-operire.]

104) [*ăc-cŏ-ŏpĕrto, -ăre (v. opertus), bedecken; frz. (lothr.) acovateir, vgl. Apfelstedt im Gloss. z. seiner Ausg. des lothr. Psalters s. v. u. Horning, Z. IX 141.]

105) *ăccŏrdĭum m., Übereinstimmung, Vertrag, Vergleich; sicil. accordiu; prev. accordi(-s). Vgl. Meyer-L., Rom. Gr. II p. 450.

106) *ăc-cŏrdo, -ăre (v. chorda Saite), in Übereinstimmung bringen; ital. accordare; rtr. accordcr; frz. accorder; prev. accordar; altcat. span. acordar; ptg. ucordar. Dazu Vbsbst. accordo, accord, acuerdo etc. Vgl. Gröber, ALL I 234 u. Dz 5 accordo; Behrens, Metath. p. 81.

107) *ăc-cŏrrĭgo, -ĕre; ital. accorger-si wahrnehmen (über dau Bedeutungswandel s. unten corrigo). Über die Flexion s. corrigo. — Vgl Dz 366 corgere.

108) [*ăc-crēpănto, -ăre; altspan. acrepantar, anscheinend in der Bedeutung „zu etwas zwingen", in einer lat.-span. Urkunde vom J. 937, man sehe das Nähere b. Tailhan in R VIII 611.]

109) ăccŭmbo, -ĕre, sich hinlagern; tarent. akkommere legen, vgl. Meyer-L., Z. f. ö. G. 1891 p. 765.

110) [*ăc-cŭrso, -ăre (v. cursus); span. acosar verfolgen, vgl. Dz 442 coso.]

111) [*ăc-cŭtio, -cŭssī, -cŭssum, -cŭtĕre (v. quatto), dav. nach Dz 443 cudir, span. ptg. acudir, zu Hülfe eilen (ptg. acudo, acode, acodem). Den starken Bedeutungswandel — die Brücke zwischen der lat. u. der sp. ptg. Bedeutung wird durch den Begriff „springen" geschlagen — hat Dz l. l. wohl hinreichend erklärt.]

112) ăcēdĭa (acidia, aceidia, vgl. Landgraf, ALL IX 359) -am, f. (gr. ἀκηδία), mürrisches Wesen, üble Laune (Eccl.); ital. accidia; prev. accidia; altfrz. accidie; altspan. acidia; ptg. acidia. Vgl. Dz 5 accidia. — Über den theologischen Begriff von acedia vgl. Schwane, Spezielle Moraltheologie (Freiburg i. B. 1879) I § 35, 2.

113) ăcĕr, -ĕris n., Ahornbaum; ital. acero; rum. arfar, vgl. Ch. s. v.; (prov. frz. [acer arbor, vgl. A. Darmesteter. R I 388, Z. 2 v. u.]=prov. esrabre, erabre, frz. mit volksetymolog. Endung érable. Fals, RF III 492; Horning, Z XIX 72, setzt érable = aisrabre.= accrem arborem an; cat. ars; span. azre (veraltet), arce; ptg. acero. Vgl. Dz 5 acero. — Dtsch. Ahorn ist nicht aus dem Lat. entlehnt, vgl. Kluge s. v.

114) ăcĕr, ăcris, -e u. *ăcrus, a, um (acre, non acrum, App. Probi 41) scharf; ital. acre, acro, agro, dav. Dem. agretto Shet., Sauerampfer (über dialektische Gestaltungen von acer im Ital. vgl. Salvieni, Pest. p. 3 [257]; rum. acru, s. Ch. s. v.; prev.

agre; frz. *âcre, aigre,* (acris fames = *aigrefin*[?]
Gauner, vgl. Littré *s. v.*, Fafs in RF III 489); von
aigre das Vb. *aigrir*; span. *acre, agre* (veraltet),
agro, agrio = *acreus*, dav. das Vb. *agriar*; ptg.
acre, agro. — Eine Ableitung von *acer* ist: ital.
agresto, rum. *agriş*, prev. *agras*, altfrz. *aigret*,
span. *agraz*, ptg. *agraço*, unreife Traube, säuer-
licherWein, vgl. Dz 9 *agresto.* Von *a(n)gresto* wieder
leitete Tobler, R II 240, scharfsinnig, aber nicht
überzeugend ab ital. *guastada*, prov. *engrestara*,
Flasche mit engem Halse, vgl. dagegen Mussafia,
R II 477, wo als Grundwort *angustaria angesetzt
wird, s. unten **angustaria.**

115) [*ăcĕrbŏnīca(v. *acerbus*)=ital. *acerbonèca*,
schlechter, saurer Wein, vgl. Storm, AG IV 309.]

116) [*ăcĕrīnŭs, a, um** (v *acies*), stählern, vicll.
Grundwort zu ital. *ghiazzerino* Panzerhemd; prev.
jazeran-s; altfrz. *jazerant, jazerenc*; span. *jaza-
rina* (Adj. „aus Algier", vgl. C. Michaelis 203 u. 227);
ptg. *jacerão.* — Die Frage nach der Herkunft des
Wortes ist viel erörtert u. noch nicht wirklich gelöst, denn auch *acerinus* kann als Grundwort nicht
befriedigen, weil Beispiele für die Vorsetzung eines
j selten und überdies zweifelhaft sind, vgl. Dz 162
ghiazzerino, Caix in Gfr. II 69. Am wahrschein-
liebsten ist doch wohl die Herkunft von arab.
ğazáir (*chazáir*, vgl. Eg. y Yang. p. 427) Algier.
Vgl. auch Dozy 289, wo das Wort von *jaco-zarad*
hergeleitet wird.]

117) **ăcĕrnus, a, um,** ahornen; venez. *acerno*,
rtr. *ašer*, vgl. Meyer-L., Z. f. ö. G. 1891 p. 765.

118) *ăcĕrūla, -am, f.** (Dem. v. *acer*), eine herbe
Frucht; davon vermutlich (u. nicht aus dem Arabischen, vgl. Eg. y Yang. 25) span. *acerola*, ptg.
azarola etc., s. unten **azza'rôra.**

119) *ăcĕtōsŭs, a, um** (v. *acetum*), sauer; dav.
ital. *acetosa* Sauerampfer, daneben *agretto* v. *acer;*
(prov. *azedinha* = *acetinea*; rtr. *aschiella* u.
frz. *oseille* = *acetula*, wo der frz. Wandel von *a*
zu *o* wohl auf irgend einer volksetymologischen
Anlehnung oder auf Einwirkung von *oxalis* beruht
(Meyer-L., Rom. Gr. I p. 412, vermutet, dafs *oseille* =
acedula sei, vgl. dagegen Cohn, Suffixw. p. 304,
der aber seinerseits zu einem festen Ergebnisse nicht
gelangt, jedoch darauf aufmerksam macht, dafs mit
oseille gleichbedeutend *surelle* sei); cat. *agrella*
v. *acer*; span. *acedera*; ptg. *azedinha*). Vgl. Dz
650 *oseille.* S. unten **ŏxālis.**

120) **ăcĕtum** n. (Pt. P. P. v. *acēre*, sauer sein),
Essig; ital. *aceto*, campech. *cita*, vgl. d'Ovidio, AG
IV 148 Z 8 v. o.; rum. *oţet* m., s. Ch. *s. v.* (das
Wort ist aus dem Slav. in das Rum. übernommen
werden, vgl. Meyer-L., Rom. Gr. I p. 82); rtr.
aschaid, friaul. *azét* f., vgl. Gartner § 2 β):
(frz. altfrz. *aisil, aissil*, dafür nfrz. *vinaigre* =
vinum acre). Vgl. Dz 505 *aisil*; Meyer, Ntr. 165.

121) bask. **achaparra**, Kralle; dav. viell. span.
chaparra, chaparro Steineiche, vgl. unten **garra.**
Vgl. Dz 439 *chaparra.* — Gerland, Gröbers Grundr.
I 331, stellt *chaparra* mit dem gleichbedeutenden
bask. *zaparra* zusammen.

122) **ăchăris, -ĭtis** (gr. ἄχαρις),undankbar (homo,
Vulg. eccl. 20, 21), soll nach Tobler, Z. IV 375,
das Grundwort des erst spät (16. Jahrh.) u. auf
gelehrtem Wege gebildeten frz. *acariâtre* (vgl.
opini-âtre) sein. G. Paris, R X 302, bestritt diese
Erklärung u. leitete seinerseits das Wort ven.dem
Namen des hl. Acharius ab. Scheler, Littré u. a.
leiteten *acariâtre* von dem (freilich nicht existieren-
den) Vb. *acarier* ab, s. oben **a-cario.** Vgl. auch
unten **cara.**

123) **ăcīa, -am** f., Einfädelfaden, Ptr. 76,11 ital.
accia; rtr. *aša*; rum. *aţa*, s. Ch. *s. v.* — Über
ucia = *acies* s. *aciarium.*

124) *ăcīālĕ, n.* (v. *acies*), Stahl; ital. *acciale*
(venet. *azzale*); rtr. *atšél.* Vgl. Dz 5 *acciajo;*
Gröber, ALL I 234.

125) *ăcīārīum, n.* (v. *acies*), Stahl; ital. *acciajo;*
rum. oberl. *itschal*; prev. frz. *acier*,
dav. vicll. *acérer*; cat. *assér*; span. *acero*; ptg.
aceiro (gewöhnlicher *aço* = *acium*). Vgl. Dz 5
acciajo; Gröber, ALL I 234; K. Hofmann, ALL II
275, wo das angeblich b. Plautus vorkommende
acieris, „scouris aerea", als Stammwort angesetzt
wird. — Canelle, AG III 303, will auch it. *acciale*
auf *aciario zurückfahren, weil das Adj. *accialino*
neben *acciarino* vorhanden sei. — Herning, p. 15,
macht darauf aufmerksam, dafs *aciarium* frz. *aisier*
(sic!) hätte ergeben müssen (vgl. *aucion- : oison*),
u. ist daher geneigt, in *acier* eine Ableitung von
einem vorauszusetzenden gemeinrom. *acia = *acies*,
das im Altptg. nachgewiesen ist, zu erblicken, womit aber die Schwierigkeit keineswegs gehoben wird;
eher dürfte man in *acier* ein halbgel. Wort erblicken.

126) **ăcīdŭs, a, um** (v. *acco*) scharf; [ital. *lazzo*,
herb (*acidus: azzo* = *sucidus : sozzo*, aus *azzo* durch
Verwachsen des Artikels *lazzo*, d. i. *l'azzo*, vgl. Dz
380 *s. v.*)]; sard. *dida salata*, vgl. Salvioni, Post.
p. 3; rtr. *aiš, aš, ëš*, vgl. Gartner § 32 α), Horning, p. 105 unten; prev. *aisse.*

127) **ăcīēs, -ēm** f. (v. √ *ak*, vgl. Vaniček I 7),
Schärfe, Schlachtordnung; altspan. u. altptg.
haz, Schlachtordnung, vgl. Dz 458 *s. v.* — Über
acia = *acies* s. Horning, p. 15; tirol.-lad. *aže,
eže*; südfrz.*asse, aisse, aiche*, vgl. Schuchardt, Rom.
Et. I 43.

128) **ăcīnus, -um** m., Weinbeere; ital. *acino*,
sard. *dghina* Traube (vgl. Salvioni, Post p. 3);
frz. *aisne* (nur altfrz.); ptg. *azeo.* Vgl. Dz 504
aisne.

129) *ăcīum n.* (v. √ *ak*), Stahl; ptg. *aço*, daneben *aceiro.* Vgl Dz 5 *acciajo*; Gröber, ALL I 234.

130) dtsch. **acker** = frz. *acre*, vgl. Dz 503 *s. v.*,
wo mit Recht die Herleitung des Wortes aus lat.
acnua (ein Flächenmafs) zurückgewiesen wird;
Mackel p. 63.

131) *ăcquaero u. ăcquīro, -sīvī, -sītum, -ēre;*
prev. *aquier, quis, ques, querre*; frz. *acquiers,
acquis, acquis, acquérir*; span. *adquerir* u. *adquirir*; ptg. *adquirir.*

132) *ăcrīcīōlus, a, um,* (v. *acris*) = rum.
acrişor Adj.

133) *ăcrīcīus, -um m.* = rum. *agriş* Sbst., unreife Beere.

134) **ăcrīfŏlium, *ăcīfŏlium** n., Stechpalme;
wallis. *agreblya*; gask. *agreu*; jur. *egrilu*;
vionn. *agreda*; span. *acebo* (aus *acebojo*?); cat.
grevol; ptg. *azevinho.* Vgl. Meyer-L., Rom. Gr. I
p. 497. Gröber, ALL VI 133.

135) *ăcrīvus, a, um,* = rum. *acriu* Adj., vgl.
Ch. *acrŭ.*

ăcrus, a, um, s. oben **ăcer.**

136) *ăcrūmen n.* (v. *acer*), saueres Zeug, Sauer-
frucht; ital. *adrume, agrume*; prev. *agrun-s*;
altfrz. *aigrum, aigrin* (*égrain*). Vgl. Thomas, R
XXV 84.

137) **actē, -en** (gr. ἀκτῆ, ἀκτέα), Attich; dav.
viell. span. *yeddo, yezgo* Holunder.

138) [***actĭdio, -āre** = ital. atteggiare, s. **actum.**]
139) **ăctio, -õnem** f. Handlung, **ăctor, -õrem** m., handelnde Person; beide Worte sind nur als gel. Worte vorhanden. Vgl. Berger 45 über frz. ac*tion.* [*actrĭculum** s. **actum.**]
140) **ăctum** n. (Pt. P. P. v. *ago*), das Abgehandelte; ital. atto, Handlung, That; span. ptg. *auto*, Verordnung. Nach Förster, Z III 564, ist *actum* auch das Grundwort zu ptg. *cito*, Reihe, Ordnung (actum : *cito* = *pactum* : *peito*, vgl. dagegen Ascoli, AG VII 601, u. C. Michaelis, Frg. Et. 17 (*cito* = *ictus*). Vgl. Diez 428 auto. S. unten **ictus.** — Von actum scheint abgeleitet zu sein *actidiäre* = ital. atteggiare, in eine bestimmte Stellung bringen, richten (dazu das Postverbale atteggio). Auf ein *actricium* geht ital. attrezzo Werkzeug, Gerät, zurück. Tobler, Sitzungsb. d. Berl. Akad. d. Wiss., philos.-hist. Cl., vom 19. Januar 1893, erklärte attrezzo aus altfrz. attrait, Plur. *attraiz* (*attrès*) = attractus Vorrat, Einrichtung, Ausstattung.
141) **ăcŭārĭus, -um** m. (v. acus), Nadler; (ital. agorajo, vgl. Nr. 148; prov. agullier-s; frz. aiguillier); span. agujero; (ptg. agulheiro).
142) [*ăcŭcīlla, -am* f., *ăgŭgīlla* (Dem. v. acus), Nadel, s ăcŭcŭla. Vgl. Ascoli, AG I 76 A.]
143) [*ăcŭcŭlēntārĭus, -um, *ăcŭcŭlēntīnus, a, um, *ăcŭcŭlēntus, a, um (v. acus); prev. aguilen, Hagebutte, aguilancier, aiglentina; frz. églantier, altfrz. aiglent. Vgl. Dz 504 aiglent u. Berger 125 Anm.]
144) *ăcŭcŭla, -am u. *ăcŭcula f. (Dem. v. acus), Nadel; ital. aguglia Nadel, guglia Obelisk, Bergspitze, agucchia Hufeisen, agocchia Haarnadel, guechia zugespitzter Eisenpfahl, vgl. Canello, AG III 351; venez. guccia (dazu das Vb. gucciar); rtr. s. unten; (rum. s. acus); prov. agulha; altfrz. aguoille u. aiguille, vgl. Förster zu Erec 2643; frz. aiguille, s. unten; cat. agulla; span. aguja; ptg. agulha. Vgl. Dz 79 aguglia.

Die lautliche Entwickelung von *ăcŭcŭla zu frz. aiguille = egüij' ist eine unregelmäfsige u. schwer zu erklärende (bei regelrechter Entwickelung hätte ăcŭcŭla ergeben müssen, u. hat im Pic. wirklich ergeben, aigouille = egüj', vgl. gĕnŭculum : genouil, genou). Es sind über den Vorgang namentlich folgende Ansichten ausgesprochen worden: 1. Ascoli, AG I 76 Anm., verwirft das Grundwort acucula u. setzt dafür *acucilla an, das thatsächlich in rtr. Mundarten fortlebt, vgl. d'Ovidio, AG IV 170 u. Gartner § 38. 2. Mussafia, R II 479, erklärt aiguille aus *acucla, *acúcicla, aiguille, vgl. luí aus luí; auch Suchier, Z. III 626, läfst das i in aiguille aus dem palatalen l hervorgehen, sonstige Beispiele aber für eine derartige Entwickelung des i sind nicht nachzuweisen. (In seiner Altfrz. Gr. § 11a setzt S. aguille=*acuculam „mit ü von acútus" an, das ist aber höchstens eine halbe Erklärung.) 3. Havet, R III 330, leitet aig. von *ăcŭtŭla ab, womit die Schwierigkeit nicht im mindeste gelöst wird. 4. Förster, Z. III 515 (vgl. auch F.'s Anmerkung zu Erec 2643 [S. 317]), nimmt *ăcŭcŭla als Grundwort an und weist nach, dafs im Altfrz. das dem ăcŭcŭla regelrecht entsprechende aigüille = egüj' wirklich vorhanden war, allerdings daneben auch schon aiguille; letztere Form erklärt er als entstanden aus aigüille durch Einflufs der Orthographie: das úi, in welchem i nur Zeichen der Palatalisierung des ll war, soll zu der Zeit, als alle úi zu ui wurden, irrtümlich denselben Wandel durchgemacht haben. Das ist schwer glaublich, wie es denn auch

von G. Paris, R IX 331 f, bezweifelt worden ist. 5. Gröber, ALL I 235 u. Misc. 39 (wo, nebenbei bemerkt, Försters Meinung unrichtig wiedergegeben wird), glaubt, dafs aigúille durch Einflufs von aiguise etc. zu aiguille geworden u. dieses dadurch in die Reihe der Wörter auf -ille (pointille, courtille etc.) eingetreten sei, wobei auch anguille u. das Adj. aigu mitgewirkt haben sollen. Für voll befriedigend kann wohl auch diese Erklärung, ·so scharfsinnig sie auch ist, nicht erachtet werden. 6. Meyer-L., Rom. Gr. I § 67, scheint sich Gröbers Meinung anzuschliefsen. 7. Cohn, Suffixw. p. 234 ff., widmet dem Worte eine sehr eingehende Untersuchung; er ist geneigt, einen Typus *aguicula oder *acúlea anzunehmen, gelangt aber nicht zu einer klaren Entscheidung. 8. d'Ovidio, AG XIII 389, nimmt zwei Grundwerte an: a) *acúlea, dav. sard. (logud.) a[g]uza, (gallures.) aguḍḍa, ital. (tosc.) aguglia, sowie fast alle Formen der westlichen rom. Sprachen; b) *acúcula, dav. tosc. agocchia, pic. aigouille. Diese Hypothese vermag am ehesten zu befriedigen. Vgl. Berger 49 Anm.
145) [*ăcŭcŭllo, -āre, nadeln, nähen; sticheln; ital. agucchiare; span. aguijar; ptg. agũillar; frz. aiguiller. Über die Lautentwickelung vgl. oben unter acŭcŭla, acúcŭla.]
146) [*ăcŭcŭlĭo, -õnem m. (v. aous), Stachel; frz. aiguillon, über dessen lautliche Entwickelung die über aiguille gegebenen Bemerkungen zu vergleichen sind; ital. aguglione; span. aguijon; ptg. aguilhão.]
147) **ăcŭmen** n., Pl. **ăcŭmina**, nach Canello, AG III 324, Grundwort z. ital. gumina, gomona, gomena „il grosso canape da legar le navi". Diese Herleitung ist wegen des unglaublichen Bedeutungswandels, den sie voraussetzt, sehr zu beanstanden. Weit annehmbarer ist Flechia's Ansicht, dafs gumina = *ligumina f. ligamina sei, vgl. AG IV 386. Caix, St. 179, leitete gomena v. copula ab, was völlig unglaubhaft ist. Tobler, Z. IV 182, vermutet, dafs gómona das Verbalsubst. zu s-gominare, s-gombinare = combināre sei — Auch span. gumia, ptg. agomia, gomia, Dolch, geht schwerlich auf acumen, bezw. acumina zurück (wohl aber ptg. gume), wgl. Dz 45 gumia, doch ist immerhin die Möglichkeit nicht durchaus in Abrede zu stellen.
148) **ăcŭs, -um** f., Nadel; ital. ago, südital. aco u. aca; rum. ac m., Pl. ace f., Ch. s. v. Über agorajo „Nadler" vgl. Salvioni, Z XXII 465 (agorajo von dem Pl. agora).
149) [*ăcŭtĭa, -am f. (v. acutus); altspan. acucia, cucia, Behendigkeit, Gewandtheit, Fleifs, dazu das Vb. acuciar; vgl. Dz 414 acucia.] Horning, p. 86 Z. 2 v. u. im Text.
150) *ăcŭtĭātŏr, -õrem (v. *cutiare), Schleifer; ital. aguzzatore; rum. ascuţitor; span. aguzador.
151) *ăcŭtĭo, -āre (v. acuo), schärfen; ital. aguzzare; rum. ascut, ţii, ţit, ţi, vgl. Ch. s. v.; prov. agusar; frz. aiguiser, vgl. Horning p. 6; rtr. gizar; span. aguzar, acuciar, s. oben acutia; ptg. aguçar.
152) **ăcŭtus, a, um** (Pt. P. P. v. acuo), scharf; ital. acuto u. agudo, letzteres auch Shet. in der Bedeutung „Nagel", vgl. Canello in AG III 370; span. ptg. agudo; frz. aigu (Lehnwort; in dem Eigennamen Montheu ist acut regelrecht zu -eu geworden, vgl. Scheler im Nachtr. z. Dz 865 u. Berger 48); altfrz. ague (gel. W.) = acuta scil. febris.
153) **ăd** (altlat. ar; über den Ursprung des mit

et, *ἔτι* etc. verwandten Wortes vgl. Vaniček I 2),
Präp. mit Acc., zu, nach, an; ital. *ad*, a; rum. *a*;
rtr. *a*; prov. *az*, a; frz. *à*; cat. span. ptg. *a*, *á*.
Diese Präp. hat den ihr im Lat. eigen gewesenen
Anwendungskreis im Roman. im wesentlichen bewahrt, namentl. in Hinsicht auf räumliche Verhältnisse. Überdies ist ihr in allen rom. Spr. mit
einziger Ausnahme des Rumänischen der Ausdruck
der Dativbeziehung übertragen worden (im Rumän.
wird der Dativbegriff durch die Artikelflexion bezeichnet, vgl. Dz Gr. II 54). Über den spätlat.
u. frührom. Gebrauch von *ad* als Kasuspräpos. vgl.
Bourciez, De praepositione *ad* casuali in latinitate
aevi merovingici, Paris 1887, vgl. ALL IV 330.
Im Altfrz. konnte *a* auch zum Ausdruck des Pos-
sessivverhältnisses gebraucht werden.

154) **äd** + dtsch. **aeht;** rtr. *adai̯g* in Verbindungen, wie *avér a.* acht haben, *dar a.* acht geben,
vgl. Gartner, § 20; Ascoli, AG VII 563.

155) **ädaequo, -äre,** gleichmachen; ital. *ade-
gua*rc; prov. *azegar*; altfrz. *aiwer.* Vgl. Meyer-L.,
Z. f. ö. G. 1891 p. 765.

156) ***äd-aestĭmo, -äre,** berechnen; prov. *azesmar*, ordnen, altfrz. *aesmer*; span. *azemar* (nach
Baist, Z. VI 117, umgestellt aus *aesmar*). Mit
prov. *azesmar* scheint *azermar* identisch zu sein,
zu *azesmar* dürfte *sesmar*, zu *azermar* *sermar* ge-
kürzte Ferm sein. Grundbedtg. aller dieser Verben
ist „ordnen, richten". — Ital. *accismare* u. altfrz. *acesmer* sind anderen Ursprunges, vgl. oben
ac-cismare, Förster Z VI 112.

157) burg. **adalîng,** Edeling, u. ahd. anfränk.
edeling; prov. *adelenc*; altfrz. *elin.* Vgl. Dz 503
adeling, Mackel 45, 96, 153, 168 u. 90, 99, 153, 163, 164.

158) ***äd-älto, -äre,** erheben, — prev. *azautar*
(refl. Verb.) sich erheben, in gehobener Stimmung
sein, entzückt sein.

159) **ädämäs, -änta** *m.*, (gr. ἀδάμας), Diamant;
ital. span. ptg. *diamante*; prov. *diaman*; frz.
diamant (dia- wohl gelehrte Anbildung an griech.
Composita mit δια). — Eine zweite Umbildung
erfuhr das Wort in der ihm im Mittelalter übertragenen Bedeutung „Magnet": prov. *adiman-s*,
aziman-s, *aiman-s*, frz. *ai̯mant* (über die angebliche
Nominativform *aimas* vgl. Horning, Z VI 440),
daraus volksetymologisch mit Anlehnung an *aimer*
aimant, vgl. Fals, BF III 493; span. ptg. *iman.*

160) ***ädämplo, -äre,** erweitern; engad. *ad-
ampler*, vgl. Meyer-L., Z, f. ö. G. 1891 p. 765.

161) **[*äd-äptĭo, -ĭre** (v. *aptus*), nach Scheler im
Anhang zu Dz 780 vielleicht Grundwort z. prev.
adaptir, *azaptir* angreifen, u. (?, denn vgl. die unter
2 **ad-at-ĭo** gegebene, weit glaubhaftere Ableitung)
mittelbar zu altfrz. *a-atir* (Vb. zu dem Adj. *ate*),
reizen (eigentlich Jem. in die Stimmung versetzen,
in der man ihn haben will, insbesondere Jem. ärgern),
vgl. unten **aptus.**]

162) **[*äd+äptus, a, um,** anstehend, anmutig;
ital. *adatto*; prev. *adaut*, *azaut*, dav. das Vb.
azautar. — Vgl. Dz 515 *azaut*; Gröber, ALL I 218.]

163) **äd-äquo, -äre,** anwässern; ital. *adacquare*
wässern; rum. *adăp*, *ai*, *at*, *at* tränken, s. Ch.
apă; prov. *adaigar*, *azaigar*; span. *adaguar.*

164) 1. **[*ad-atĭo, -are** (v. germ. *asatia*, got. *azēti*
st. n., Annehmlichkeit, vgl. Kremer in Paul's u.
Braune's Beitr. VIII 439), angenehm machen, zu
viell. (s. aber unten **adjacens!** vgl. Thomas R XXI
508); ital. *adagiare*, *agiare*, dav. Vbsbst. *agio*;
prov. *aisar* (vgl. Bartsch Z I 75 Zeile 6 v. o.,
Raynouard, LR II 42ᵃ), dav. Vbsbst. *ais*, *aise* m.,

Vbadj. *ais*, gleichen Stammes sind wohl auch das
Vb. *aizir*, *aisir*, die Substantiva *aizina*, *aisimen-s*,
welche Werte sämtlich den Begriff des „bequem
machen" in sich tragen; altfrz. *aaisier*, *aisier*,
dav. Vbsbst. *aise f.*, nfrz *aisé*, *aisance* u. dgl.;
cat. *aise*; ptg. *azo.* Vgl. Maekel 54; Bugge, R
IV 349, u. Gröber, ALL I 242, leiteten *aise* etc. von
lt. *ansa* ab, s. unten **asium.** — Prov. *adaptir* kann
mit *ad-atiare nicht zusammenhängen, vgl. oben *s. v.*]

165) 2. **[*ad-at-ĭo, -ĭre** (v. altn. Sbat. *at n.*,
Beifsen, Hetzen); altfrz. *aatir*, anreizen, dav. Vbsbst.
aatie. Vgl. Dz 502 *aatir*; Mackel 46 u. 156. —
Prev. *adaptir* hat mit *ad-atire nichts zu schaffen,
vgl. oben **adaptio.*]

166) **äd-augĕo, -auxī, -auctum, -ēre,** vermehren;
rum. *adaog*, *adaosei*, *adaos*, *adaoge* (auch nach
der A- und I-Konj. abgewandelt), vgl. Ch. *s. v.*;
prev. Part. Perf. *araut*; altfrz. *aoire* (Perf. *aois*)
= **ad-aug[ē]re.*

167) **[*äd-bädo** (u. **-bädĭo**), **-äre;** ital. *abbajare*,
anbellen; frz. altfrz. *nbaiier*, *abayer*, nfr. *aboyer*,
dav. Vbsbst. *aboi.* Vgl. Förster, Z V 95; G. Paris,
R X 444; anders Th. 42; Dz 355 *bajare* hielt die
Ableitung von *ad-baubari* für möglich, woraus aber
nur *abouer* od. *aboer* hätte entstehen können, s.
Förster a. a. O. —] (S. **bado.**)

168) **[*äd-bär-lūc-ŏlo; -äre** (mit bar = *bis* zu-
sammengesetztes Dem. vom St. *lūc* leuchten); mutmafsliches Grundwort z. ital. *abbagliare* blenden,
wov. die Vbsbsttvo *abbaglio* u. *abbagliore.* Vgl. Dz
355 ba*gliore*; Parodi, R XXVII 210, ist geneigt,
die Werte von *barius f. *varius* abzuleiten.]

169) **[*äd-bĭbĕro, -äre** = ital. *abbeverare*, s.
bĭbĕro.]

170) **äd bŏnäm fĭdĕm;** dav. durch Zusammen-
ziehung aus *á boa fé* die altptg. Versicherungs-
partikel *bofé* traun, gewiís, vgl. Dz 433 *bofé.*

171) **[*äd-bŏnĭo, -ĭre,** verbessern u. ***äd-bŏno,
-äre,** gutsagen, bürgen; ital. *abbonare*, *abbonire*;
frz. *abonner* (wohl aus [*donner*, *acheter* etc.] *à bon*
gebildet), vgl. Dz 502 *abonner*; span. ptg. *abonar*
(ptg. wohl nur das Pt. P. P. gebräuchlich, vgl.
Michaelis' Wtb.)]

172) **[*äd-brĭgätus, a, um** (v. kelt. Stamm **brigá*,
über welchen z. vgl. Th. p. 60 brio); prev. *abri-
vat-z*, altfrz. *abrivé* schnell, eilfertig, hastig; persönliche Formen der Verben *abrivar*, *-er* sind selten.
Vgl. Dz 58 brio; Förster, Z V 99; s. auch unten
brĭgá.]

*äd-cīrcŭlo, -äre s. 2. **as-sĕcto, -äre.**

173) arab. **a'd-'dal'ah,** Grundstück; cat. span.
ptg. *aldéa* Dorf, Dz 418 *s. v.*; Eg. y Yang.
148 (*aldúia*).

174) arab. **ad-dalīl** (v. Vb. *dalla*), Wegweiser;
span. *adalil*, *-id*, ptg. *adail* Heerführer, vgl. Dz
415 *adalid*; Eg. y Yang. 44 ff.

175) arab. **ad-däraka** (vgl. Eg. y Yang. 48), Leder-
schild; span. *adaraga*, *adarga*, *daraga* Schild,
dagegen geht span. *tarja*, ital. *targa*, prov. *targe*,
tarja, frz. *targe* auf altn. *targa* (vgl. Mackel 63)
zurück, dazu das Vb. *targar*, *-er.* Vgl. Dz 315 targa.

-176) arab. **ad-darb** (vgl. Freitag II 19ª), enger
Weg, dav. span. *adarve*, der Kranz der Mauer. Vgl.
Dz 415 *adarve*; Eg. y Yang. 50.

177) **äd + dē + ĭn + hōrā, — — hōrĭs;** davon
rum. *adineoará*, *adineori*, Adv., bald, vgl. Ch. *oará*.

178) mhd. **adel-ar,** edler Aar (vgl. Kluge *s. v.*);
Grundwert z. frz. *alérion* (d. i. *aler-ion*), kleiner
Adler (jetzt nur ein heraldischer Ausdruck). Vgl.
Dz 505 *alérion.*

179) **ăd + dē + mănu[s]**; diese Wortverbindung
scheint die Grundlage des span. ptg. Substantiva
ademan m., Haltung, Gebärde zu sein, welches
sonst von dem bask. Vb. adieman „zu verstehen
geben" abgeleitet wird. Vgl. Dz 415 ademan. Die
Genusverschiedenheit des lat. manus u. des rom.
Shats ist kein unbedingter Beweis gegen ihre Verwandtschaft, zumal da es sich b. ad + de + manu(s)
um eine ursprünglich adverbial aufgefaſste Wortverbindung handelt. Span. desman m., Unordnung, dürfte aus de ex manu entstanden sein; ptg.
ist das Verb desmanar, verwirren, vorhanden.

180) **ăd-dēnso, -āre** (v. densus), dicht machen
(vgl. Aen. X 432); prov. adesar; altfrz. adeser
berühren, aneinanderdrängen. Dz 503 adeser leitete
das Vb. irrig von *adhaesare ab, vgl. dagegen
G. Paris, R IV 501, Baist, RF I 133, Gröber ALL
I 235.

181) **ăd dēnsŭm, ŭd dēnsă**; dav. rum. ades,
adesca, Adv., häufig, oft, vgl. Ch. des (p. 75).

182) **ăd + dē + rĕtro**, zurück, rückwärts, dav.
ital. addietro. Vgl. Dz 288 retro.

183) [***addesso** oder **addepso** (mit offenem e, viell.
aus ad-[i]d-ĭpsu[m] entstanden) mufs nach Gröber's
überzeugenden Bemerkungen, ALL I 236 u. im
Nachtrag zu Körting, Lat-rom. Wtb.[1] 161 (vgl. auch
Förster im Gloss. z. A. et M. s. ades) die Grundform sein zu ital. adesso, sogleich; rtr. ades, beinahe; prev. altfrz. cat. ades, sogleich; altspan. adieso. Die naheliegende Herleitung aus
adipsum wird verboten durch die offene Qualität
des e und durch das d im Prev., Altfrz. u. Cat.;
darnach ist also Dz 129 esso zu berichtigen, vgl.
auch P. Meyer, R. VIII 156. Höchstens dann ließe
die Ableitung von ad ipsum sich rechtfertigen, wenn
man annehmen wollte, dafs ad-pressum — après
etc. analogisch eingewirkt habe. Sehr lebhaft befürwortet die Ableitung des adesso etc. von ad
ipsum Schuchardt, Z XV 240 (vgl. auch d'Ovidio in
Gröber's Grundrifs I 506). Ulrich bringt, Z XVI
521. tragweise die Ableitung ade,sso=ad e[um]-psu[m]
in Vorschlag, Nigra, AG XIV 269, ad de ipsum.]

184) arab. **ad-dîb** (Freytag II 78ª), Schakal; span.
adiva u. adive Schakal; ptg. adibe Schakal, Gold-
welf; frz. adive Schakal, Zwergwolf. Vgl. Dz 415
adiva; Eg. y Yang. p. 56.

185) *addîctum n. (v. *addicere), nach Cornu,
Ptg. Gramm. (in Gröber's Grundr. I) § 23, Grund-
wert zu ptg. eito, vgl. dagegen C. Michaelis, Frg.
Et. p. 17. ·S. oben **actum** u. unten **ictus.**

186) arab. **ad-difîa**, Lorbeerbaum; span. ptg.
adelfa. Vgl. Dz 415 adelfa; Eg. y Yang. p. 54.

187) [***ăd-dīrēctïo, -āre** (v. directus), wohin
richten; ital. addirizzare; frz. adresser, dav.Vbsbst.
adresse. Vgl. Dz 272 rizzare.]

188) ***ăd-dīrēctŭs, a, um** (Pt. P. P. v. dirigo),
geschickt; ital. addritto; prov. adreit; frz. altfrz.
adroit, nfrz. adroit; cat. adreyt(ament). Vgl. Gröber, ALL I 236 (u. 218). Von *ăd-dîrēctē viell. das
span. ptg. Adv. adrede, absichtlich, sowie cat.
adretas, richtig, vorsätzlich, vgl. Dz 415 adrede.
S. u. **dīrīgo.**

189) **ăd-dīsco, -scēre**, hinzulernen; neap. ad-
dissere, vgl. Mussafia, Reg. san. 102, Salvioni, p. 3.]

190) [**ăd-do, -dīdī, -dītum, -dēre**, ist von Einigen
als Grundwort zu ital. andare aufgestellt werden.
Näheres darüber sehe man unter ambulo, -are.]

191) ***ăd-dōno, -āre**, hingeben; ital. adonare;
prev. adonar; frz. adonner; span. adonar(se).
Vgl. Dz 351 adonare.

[**ad-dubbo** (v. altn. dubba) s. *dubbo.]

192) **ăd-dûco, -dūxī, -dūctum, -dūcere**, heran-
führen; ital. adduco, dussi, dotto, durre; rum.
aduc, dusei, dus, duce, vgl. Ch. duc; prov. aduc,
dui, datz, duire; frz. altfrz. adui, duis, duit,
duire; span. aducir (veraltet. wegen der Flexion
s. duco); ptg. aducir, Metall weich u. biegsam
machen (in der alten Spr. Pf. 3 Sg. adusse, Pt.
aducho, vgl. Dz, Gr. II 196).

193) [***ăd-dūlcĭo, -āre** (v. dulcis), mildern, lindern; altfrz. adouchier, über dessen Bedeutung
Tobler in seinen Anmerkungen zu Li dis dou vrai
aniel p. 52 gehandelt hat.]

194) **ăd dūrūm**; dav. altspan. adur, Adv.,
schwer, kaum, daneben aduras. Vgl. Dz 415 adur.

195) **ăd-ĕo, -ĭī, -ĭtŭm, -īre** soll nach Bianchi,
Storia della preposizione a etc. (Firenze 1877), p. 97,
Grundwert zu ital. andare sein, vgl. dagegen
Flechia, AG IV 369.

196) **ădĕps (aleps), ădīpem** c., Fett; sard. abile,
borgam. alef. vgl. Meyer-L., Z. f. ö. G. 1891
p. 765; ALL XI 63.

197) [***ăd-ē-r[ī]go, -ē-r[ī]gĕre**, aufrichten; ital.
adérgere, errichten. Nach Tobler (Venet. Cate,
p. 33) u. Mussafia (Ltbl. f. germ. u. rom. Phil.
1883, Juli) sell aderigere Grundwert z. prev. altfrz. aerdre sein, s. unten **adhaerēo.** Vgl. Gröber,
ALL I 236.]

198) **ăd-ēsco, -āre**, heranfüttern; sard. aiscai
„imboccare", Salvioni, Post. p. 3.

199) **ăd + fŏrās**; ital. affuori (veraltet), aufser,
ausgenommen; rum. afără. drauſsen, aufsen, vgl.
Ch. fără; span. afuera, aufserhalb. Die übrigen
rom. Spr. kennen nur die Simplex foras u. die
Verbindung de + foras, s. unten ss. vv.

200) [***ad + frŭctŭm** v. fructus) span. afrecho Kleie,
galliz. afreito. Vgl. Parodi, R XVII 52.]

201) **ăd fŭndŭm**; dav. das Adj. ital. affondo,
tief (auch Subst.: überschuldete Lage); rum. afund,
vgl. Ch. fund; (cat. fondo, altspan. fundo, neuspan. hondo, ptg. fundo).

202) [***ad-gŭtto, -āre** (v. gutta)=span. agotar,
ausschöpfen, dazu das Adj. agotable.]

203) [***ăd + gÿrōn-** (v. gyrus) soll nach Dz 513
Z. 1 v.u. der vorauszusetzende Typus für frz. aviron,
Ruderstange, sein.]

204) **ăd-haerĕo, -haesī, -haesum, -ĕre** (pf. -ēre),
an etw. hangen; hat nach Dz 503 Grundwert zu prev.
altfrz. a[h]erdre (Präs. Ind. 3 Sg. aert, Pf. 3 Sg.
aerst, Pt. aers), erfassen, packen. Tobler u. Mussafia dagegen leiten das Vb. v. ader(i)gere ab
oben aderigo, und diese Etymologie dürfte, da das r
im Pf. von aerdre stammhaft zu sein scheint,
den Verzug verdienen; die Bedeutungsentwickelung,
hinsichtlich welcher Gröber, ALL I 236, ein
sich sehr gerechtfertigtes Bedenken ausspricht,
dürfte vielleicht gewesen sein: aufrichten — heben
— p .

(*ăd-hĕleso, -āre, s. oben ăd-dēnso.)

205) **(ad) hanc hōram** (oder vielleicht, wegen der
Qualität des o in encore, hanc ad horam) ist die
wahrscheinliche Grundlage von ital. ancora, frz.
encore (mit offenem o), prev. ancar. Ist dies
richtig, so wird man wohl auch ital. anche, rum.
incă, altfrz. anc (in der Bedeutung „noch, auch",
im Leodeg. V. 159 u. 183) auf ad hanc [scil. horam]
zurückführen müssen, wobei in Bezug auf anche u.
incă analogische Anbildungen an che, bezw. an die
Adverbien auf -ă anzunehmen sein würden. Vgl.
d'Ovidio, AG IV 171 Anm. Nichts zu schaffen hat

2

mit *anche* etc. span. *aún* (= *ad unum*). Prov.
u. altfrz. *anc, ainc*, rtr. *ounc*, jemals, dürften
auf *umquam* zurückgehen, vgl. auch AG I 12. Über
die Etymologie von *anche* etc. vgl. Dz 17 *anche*
(wo auch die Ableitung von *adhuc* für möglich
gehalten wird, was Ch. *s. incā* billigt); Havet, R
VIII 93 (*anche* = *atque, acque*, vgl. dagegen Chabaneau, Rdlr 3 *s.* II 77 [s. auch R IX 155]), vgl.
auch Gröber, ALL I 241, der sich für **antque* =
atque ausspricht; wegen des *-ore* in *encore* vgl.
Suchier, Z I 431 u. III 149 (*ore* = **ha hora*, vgl.
auch Ascoli, AG VII 600), G. Paris, R. VI 629 u.
VII 129, u. Cornu, R VI 381 u. VII 378 (*ore* = *ad
horam*).

206) [*äd-hano u. *ad-fano, -äre (unbekannter
Herkunft, die mehrfach behauptete Möglichkeit keltischen Ursprungs bezweifelt Th. p 30), sich abmühen, placken, hart arbeiten, ist das mutmafsliche
Grundwert z. ital. *affannare*, bekümmern, prov.
afanar, sich abmühen, altfrz. *ahaner*, das Feld
bestellen, schwer arbeiten, span. ptg. *afanar*, mit
grofser Mühe u. unter Sorgen arbeiten. Herkunft
des Wortes aus einem interjektionalen Ausrufe der
Ermattung u. Ermüdung „ahan" ist nicht recht
glaublich. — Vgl. Dz 7 *affanno*; Förster, Z VI
111 oben. Die zu dem Vb. gehörigen Substantiva
sind: ital. *affanno*, Kummer, prov. *afan-s*, altfrz.
ahan, Plage, Mühe (aber auch Acker, zu bebauendes
Land), span. ptg. *afan*, Kummer (altspan. auch
afaño). — Mit lt. *afaniae, afannae* (s. d.) können
diese Worte nichts zu thun haben.]

207) *ad + ahd. hazjan hetzen; ital. *agazzare*
reizen, quälen; frz. *agacer* (vermutlich dem Ital.
entlehnt), welches Vb. auch die Bedtg. „stumpf
machen (Zähne, Messer)" angenommen, wofür al t-
frz. *aacier* gesagt wurde. Vgl. Dz 8 *aggazzare*;
Mackel p. 66 f. (M. hält für möglich, dafs *aacier*
= germ. *azjan*, ahd. *ezzen*, nhd. ätzen, sei*; Wedgwood, R VIII 435 (stellt germ. *hwattjan*, wetzen, als
Grundwert auf, vgl. dagegen G. Paris, R VIII 436
Anm.). Gollob (Olmütz) vermutet (nach brieflicher
Mitteilung) das Grundwert zu *agacer* in dem griech.
ἀγάζειν, welches z. B. bei Aischylos, Hiketides
1062. auch in transitiver, der des frz. Verbs sehr
nahekommender Bedtg. gebraucht wird.

208) [*äd + hizz-äre (v. abd. *hizza* ?); viell.
Grundwert z. ital. *adizzare, aîzzare*, anreizen,
hetzen. Vgl. Dz 379 *izza*; Mackel p. 100; Förster
z. Chev. as 2 esp. 9604 u. Elie de Gilles 1591.
Baist, Z. VI 427, hält *ad-izzare* für entstanden aus
einem zum Antreiben der Hunde verwandten Naturlaut. S. unten hetzen u. hizza.]

209) äd hōrām, zur Stunde, jetzt, gegenwärtig;
ital. *a ora*, prov. *aora, aor*, (ält)frz. *aore* (mit
off. *o*); span. *ahora*. Vgl. Dz 227 *ora*. — Nach
G. Paris, R VI 629 u. VII 129, u. Cornu, R VII 358
ist auch frz. *ore, or* = *ad horam*, vgl. dagegen
Suchier, Z. I 431 u. III 149. Vgl. endlich Gröber,
ALL III 140.

210) [*ädhūc (adhuc, non aduc, App. Probi 225)
kann nicht, wie Dz 17 *anche* anzunehmen geneigt
war, Grundwert zu span. *aun* (= *ad unum*) u.
noch weniger dasjenige von *anche* etc. sein.]

211) äd illäm fīdēm; dav. altspan. ptg. *alafé*,
alahé, afuá, Adv., fürwahr, meiner Treue, vgl. Dz
416 *alafé*.

212) äd illäm hōram, zu jener Stunde, damals;
dav. ital. *allora*; frz. *alors*.

213) ädimpleo, -ēre, anfüllen; ital. *adempiere*;

altfrz. *aemplir*; prov. *azemplir*; vgl. Meyer-L., Z.
f. ö. G. 1891 p. 765.

213ᵃ) [äd īpsüm vgl. oben *addesso.) — äd īd
ipsum, vermutlich Grundwert zu rum. *adin*, vgl.
Ch. *dins*.

214) ädītus, um (v. *ädīre*), Zugang; nach C. Michaelis, Misc. 124. Grundwert zu ptg. *eito, eido,
heito, heido*, in der Volkssprache *aido*, Vorraum
vor einem Bauernhause. Sard. *didu*; ital. *adito*,
Zugang; irrig fafst Canello, AG III 358, *andito*,
grofser Gang, Vorhaus, als eine Scheideform zu
adito.

215) ädjäcens n., das Anliegende, die Umgebung,
der Bezirk, die Örtlichkeit, der (wohnliche) Ort, wird
von Thomas, R XXI 506, in Anlafs einerVermutung
Darmesteters als Grundwert zu prov. *aize*, frz.
aise aufgestellt. So seltsam diese Ableitung auch
erscheinen mag, so ist sie von Th. doch gut begründet und glaubhaft gemacht worden; das ital.
agio hat Th. freilich unberücksichtigt gelassen. S.
oben ad-atio u. unten asīum.

216) *äd-jēcto, -äre (v. *adjicere*), zuwerfen; rum.
aiept, ai, at, a, werfen, richten, erreichen, finden,
vgl. Ch. *s. v.* — S. unten ejecto.

217) *äd-jējūnium, n.; rum. *ajun* m., Pl. *aju-
nuri f.*, Tag vor dem Fasttage, vgl. Ch. *s. v.*

218) *äd-[jē]jūno -äre; rum. *ajun, ai, at, a*,
vgl. Ch. *ajun;* span. *ayunar*, fasten. Die übrigen
rom. Spr. brauchen das Simplex [*jē]jūnō*, w. m. s.
Vgl. G. Paris, R VIII 95; Gröber, ALL III 141.
setzt rum. *ajuna*, span. *ayunar* = **jajunare* an,
s. unten *jäjūno.

219) *äd-jūgo, -äre, ins Joch spannen, = ital.
aggiogare, vgl. Salvioni, Post. p. 3.

220) *äd-jüngo, -jūuxī, -jūuctum, -ēre, hinzufügen; ital. *aggiungo* u. *-gno, aggiunsi, aggiunto,
aggiungere* od. *-gnere;* rum. *ajung, junsci, juns,
junge*, vgl. Ch. *s. v.;* frz. altfrz. *ajoing, joins,
joint, joindre*, nfr. *adjoindre, joignis, joint, joindre;*
span. *adjungir*.

221) *äd-jūto, -äre (v. *adjuvo*), helfen; ital.
ajutare u. *aitare* (Pt. P. *ajutante* „che ajuta",
aitante „vigoroso", vgl. Canelle, AG III 331); rum.
ajut, ai, at, a, vgl. Ch. *s. v.;* rtr. *ajūder, ad(i)ūdēr,
vgl. Ulrich. Gloss. z. Chrest. II; prov. *adjudar,
ajudar, aidar, aizar;* frz. *aidier*, vgl. Havet, R
VI 323, *aider*, über die altfrz. Konj. des Verbs
vgl. Cornu, R VII 420; der altfrz. Imperativ *aïe,
aye* wurde interjektional gebraucht, vgl. Dz 515
aye; cat. *ajudar;* span. *ayudar;* ptg. *ajudar.
Trier (in „das philologisch-historiske Samfunds Mindeskrift in Anledning af dets 25 aarige Virksomhed",
Kopenhagen 1879, p. 220) wollte frz. *aidier* v.
agitare ableiten, vgl. G. Paris, R IX 174. — Vgl.
adjūtūs.

222) ädjūtūs, -um m. (v. *adjuvo*), Hülfe; ital.
ajuto (daneben das Vbsbst. *aīta*). Die meisten rom.
Spr. brauchen statt dessen weibliche Verbalsub-
stantive: prov. *ajuda, ahia*, altfrz. *adiudha* (in
den Eiden), *aiude, aiie, aïe*, nfrz. *aide* (in *aide-
de-camp* auch in Bezug auf männliche Personen
gebraucht), span. *ayuda*, ptg. *ajuda*. Vgl. Dz 10
ajuto. Vgl. Berger *s. v.* adjutorie.

*äd-jūxto -äre s. jūxto.

223) äd lätūs, zur Seite; ital. *allato*. Im Rum.
besteht ein Vb. *alaturez, ai, at, a*, nebeneinander-
stellen, gleichsam **allaterare*, vgl. Ch. lat.

224) [*äd-līmītäněus, a, um (v. *limes*), angrenzend, mutmafsliches Grundwert z. span. *aledaño*,
angrenzend, auch Sbst. „Grenze". Vgl. Dz 418 *aledaño*,

wo mit Recht die Herleitung aus angeblich bask. *aldedano (v. aldea, Nachbarschaft, u. Präp. dano) abgewiesen wird.]

225) *äd-līveo, -ēre, bezw. *ad-līvio, -īre = ital. allibbire, erblassen, vgl. d'Ovidio, AG XIII 383.

226) *äd-lŭpātus, *-ītus (lŭpus), hungrig wie ein Wolf; ital. allupato, heifshungrig (alluparsi, heifshungrig werden); frz. allouvi (s'allouvir), vgl. Cohn, Suffixw. 186 Anm.

227) [*äd-mänsōno, -äre (v. mansus), vorauszu- setzender Typus f. neap. ammasonar(-i), nach Hause gehen, sich zur Ruhe begeben; in demselben Dial. ist auch das Sbst. ammasonaturo Hühnerstall vorhanden. Vgl. Flechia, Misc. 205.]

228) [*äd-mauvio, -īre (v. got. manvjan, zube- reiten); prev. amanvir, -oir; altfrz. amanvir, bereit sein; besonders üblich ist das Pt. Prät. in der Bedeutung „bereit, hitzig". Vgl. Dz 633 manevir.]

229) [*äd-mästīcŏ, -äre, kauen; rum. amestec, ai, at, a, vgl. Ch. mestec. Die übrigen rom. Spr. kennen nur das Simplex.]

230) [*äd-mät-ü-o, -äre (v. altn.Vb. mata atzen), mit Speise anlocken, vgl. lat. ad-escare, ist nach Dz 506 das Grundwort zu frz. amadouer, liebkosen, wozu Vbsbst. amadou. Zunder (erst seit 1740 in dem Dict. de l'Ac.). Mackel p. 48 erklärt, dafs er gegen Diez' Annahme nichts einzuwenden habe, es sei denn das Herabsinken von t zu d, was wohl bei got., aber nicht mehr bei altn. t geschehen könne. Wichtiger aber ist, dafs bei Diez' Hypothese das -ou rätselhaft bleibt, denn es läfst sich weder wie das ou in évanouir (aus Pf. evanui) noch wie das ou in ba-fou-er = *bisfagare v. fagus (vgl. Tobler, Z. X 577) erklären. Es war deshalb sehr berech- tigt, dafs von Suchier u. Tobler neue Herleitungen des Wortes versucht wurden. Ersterer (im Lit. Centralbl. 1884, No 50) nahm südfrz. amadour = amator-em, dessen r in Languedoc verstummt, als Grundwort an, was ohne Zweifel ein Fehlgriff war. Tobler dagegen (Z. X 576) ging von pic. amidouler aus u. erblickte darin ein aus der Ver- bindung ami doux hervorgegangenes Verb, dessen eigentliche Bedeutung also sein würde „jemanden als seinen ami doux bezeichnen u. behandeln"; bezüglich des -l- würde amidouler zu ami dou[x] äufserlich sich verhalten, wie soûler zu soû[l], cou- couler zu coucou, in Wirklichkeit freilich bestände die bedeutsame Verschiedenheit, dafs in soûler u. coucouler das l stammhaft ist, während es in ami- douler eingeschoben sein würde. Das i der zweiten Silbe konnte, meint T., einem a leicht weichen, nachdem einmal die Herkunft des Ausdrucks aus der Erinnerung geschwunden war. (Hiergegen läfst sich freilich einwenden, dafs ein Grund für diesen Vocalwechsel gar nicht ersichtlich ist.) Ist die geistreiche Vermutung Toblers richtig, so wäre am. formal u. begrifflich eine ähnliche Verbindung, wie es viell. ital. ammiccare ist, s. unten ad me, care.]

231) [ă(d) mē (dafür ital. mi), cărĕ! Aus dieser Verbindung scheint das ital. Verb ammiccare, (heran)winken, sich entwickelt haben. Ein unge- fähres Analogon zu dieser Bildung würde frz. ami- douler sein, wenn man Toblers Herleitung (s. Z. X 576, vgl. oben ad-mat-u-o) annehmen darf. Gröber, Misc. 39, erklärte das Verbum aus ad me (= ammi) + Suffix -[i]căre, vgl. frz. tutoyer. Die Herleitung von amm. aus lat. ad-micare hatte bereits Dz 352 s. v. zurückgewiesen.]

232) *äd-mēnsūrātus, a, um (v. mensura), ge- mäfsigt; dav. rum. amăsurat, vgl. Ch. măsură; prov. amezurats.

233) äd mēntĕm hăbĕŏ, -ēre in Erinnerung haben; dav. prev. amentaver, altfrz. amentevoir u. amentoivre, in Erinnerung bringen, erwähnen, also mit auffälligem Übertritt zu kausativer Be- deutung. Vgl. Dz 209 mentar.

234) *äd-mĕnto, -äre, in Erinnerung bringen; ital. ammentare; altptg. amentar. Vgl. Dz 209 mentar.

235) *äd-mĕrĕndo, -äre (v. mĕrĕnda), davon rum. amerindez, ai, at, a, mit Lebensmitteln versehen, verzehren, vgl. Ch. merindă.

236) *äd-mēto, -äre (v. méta), nach einem Ziele richten; dav. altfrz. amoier, worüber Tobler z. Li dis dou vrai aniel p. 24 eingehender gehandelt hat. Scheler leitete das Wort fälschlich von neupic. amer = altfrz. esmer ab.

237) [*äd-mīnātīātor, -ōrem (v. minari), Be- dreher, dav. span. amenazador: (eine ähnliche auf *adminitare [s. d.] zurückgehende Bildung ist rum. amenințător, amerințător).]

238) [*äd-mīnīto, -äre u. *äd-mīnītīo, -äre (v. minari), androhen; rum. ameninț, amerinț, ai, at, a, vgl. Ch. min; altcat. amenassar; span. amenazar.]

239) äd mīnŭs, dav. span. amén (de), abgesehen davon, ausgenommen, vgl. Dz 422 amén.

240) äd mīnūtŭm; dav. rum. amărunt, Adj. u. Sbst., zerkleinert, einzeln, Einzelheit, vgl. Ch. mărunt.

241) ädmīssārīus, -um (v. admitto) m., Zucht- hengst, Beschäler; rum. armăsar, vgl. Ch. s. v. *äd-mŏlĕsto, -äre, s. ad-monesto.

242) äd-mŏnĕo, -mŏnŭī, -ītum, -ēre, ermahnen, wohl nur in ital. ammonire (vgl. Salvioni, Post. 3 [257]) u. im rtr. admoner, volkstümlich admuni, erhalten, vgl. Gartner. Gr. § 155 S. 128.

243) [*äd-mŏnĕsto, -äre (von dem Pt. P. *monestus zu monére; über die Partizipialbildungen auf -estus hat Ascoli, AG IV 393, eingehend u. scharfsinnig gehandelt, nachdem er die Frage schon früher mehrfach gestreift hatte, AG I 402, 406, 409, 415, 419 etc., II 405 etc: kurz zusammengefafst hat Ascoli's Ansicht Mussafia, Z. III 270 Anm. 1, unter Vorausschickung einiger Bemerkungen, deren er auch in seinem Beitrag zur Kunde nordital. Mund- arten p. 21 gegeben hat; vgl. auch Böhmer, RSt III 78. Ulrich's R VIII 264 gegebene Erklärung der betr. Bildung ist unhaltbar), ermahnen; prov. amonestar; frz. altfrz. amonester, dazu Vbsbst. moneste, ermahnung, Warnung, vgl. G. Paris, R VIII 264; nfrz. admonéter, einen Verweis erteilen; span. amonestar; ptg. amoestar, vgl. Dz 16 amonestar. — Cornu wollte das Wort zuerst, R III 377, v. *admolestare, später, R VII 365, v. *ad- modestare herleiten; da jedoch die Annahme eines Pt.'s *monestus durchaus zulässig ist, so liegt kein Grund vor, die nächstliegende Ableitung zu be- streiten.]

244) [gleichsam *äd-mōrso, -äre (v. morsus, Bife, Gebifs, dav. mōs- = ital. mus-o, frz. *mus-; vgl. *morsellus : museau; wegen des Überganges v. ō zu ŭ vgl. auch mŏrum : mŭre; freilich ist dieser Vergleich insofern nicht zulänglich, als mûre auf das Frz. u. Rtr. beschränkt u. entweder aus *moure, *meure (vgl. [nous] eûmes) entstanden ist oder aber als abnorme Erscheinung gelten mufs, denn ital. moro, prov. mora etc., es ist also die

Annahme des Wandels von ō : ū immerhin höchst bedenklich, zumal da Ascoli's Ansatz [AG I 36] *tōtare > frz. tuer „ganz und gar tödten" eine nur sehr schwankende Stütze gewährt), die Schnauze an etw. legen scheint der vorauszusetzende, selbstverständlich aber im Lat. nie vorhanden gewesene, Typus zu frz. (muser u.) amuser zu sein, dessen ursprüngliche Bedeutung also sein würde: „die Schnauze, das Gesicht auf etw. richten" („avoir le visage fiché sur un endroit" wird es im Dict. von Trévoux definiert), dann „anglotzen, mit Behagen beschauen etc." (Jedoch empfiehlt ein anderer Weg der Bedeutungsentwickelung sich mehr: muser gaffen, muse das Gaffen, das Zeitvertrödeln, davon amuser Jem. die Zeit vertrödeln lassen, Jem. hinhalten, unterhalten, s. auch unten unter morsus.) Diese von Diez 220 muso aufgestellte Herleitung des bekannten Verbs mag auf den ersten Blick abenteuerlich erscheinen, sie ist aber dennoch begrifflich, weil glaubhafter, als alle sonst gegebenen Etymologien (lat. mussare; lat. musa: ahd. muozôn, unthätig sein; altfries. mûth, Mund; am ehesten könnte man noch an ndl. muizen, nachsinnen, denken; indessen dies ist vermutlich erst aus muser entstanden. Vgl. Dz a. a. O., Scheler im Dict.* muser.)] S. *mûso.

245) [*äd-mörsŭs, a, um (P. P. P. v. mordeo); dav. frz. amorce, Sbst. f., Köder, dazu das Vb. amorcer, ködern. Das c erklärt sich durch Anlehnung an morcel, morceau = *morscellus, vgl. Gröber, Misc. 46. Vgl. Dz 643 morceau.]

246) *äd-mörsŭs (f. admorsus) -um (v. admordeo) m., das Anbeissen, davon span. almuerzo, der Anbifs, das Frühstück (al- also = ad- u. nicht = arab. Artikel), dazu das Vb. almorzar; ptg. almo(r)ço. Vgl. Dz 421 almuerzo. S. unten disjejûno.

247) [*äd-mörtĭco, -äre, *äd-mörtĭo, -äre u. -ĭre, *äd-mörtĭsco, -ĕre, *äd-mörto, -äre (v. mors), ertöten; ital. ammorti-re; -zare, -tare; rum. amortesc, ii, it, i, vgl. Ch. mor; prov. amortir, -ar, amortezir; frz. amortir; span. amortir, amortecer (daneben amortiguar, span. Sonderbildung, welche nicht = *mortificare angesetzt werden darf), -izar; ptg. amortiçar, amortecer.]

248) [gleichs. *äd-mövĭtino, -äre (v. mövĭtus f mōtus), in Erregung bringen, aufregen, aufhetzen; ital. ammutinare, aufwiegeln; span. amotinar. Vgl. Dz 639 meute.]

249) [*äd-mütĭo, -ĭre (v. mūtus), verstummen, zum Verstummen bringen; ital. ammutire; rum. amutesc, ii, it, i.]

250) äd nŏctem, dav. altfrz. (aber auch in neufrz. Mundarten, namentl. in der normannischen, noch gebräuchlich) anuit, diese Nacht, heute, vgl. G. Paris, R VI 629, u. P. Meyer, R IX 158, wo aber Espagne, Rev. des lang. rom. 3 s. II 156, wo besonders auf die Bedeutung „heute" des Wortes eingegangen u. dieselbe erklärt wird. Sachiar, Z I 131, setzte a. = *ha nocte an, vgl. dagegen G. Paris a. a. O.; span. anoche; ptg. (h)ontem gestern, vgl. Cornu, R XI 91.

*äd-nŏeto s. *nŏrto.

251) *äd-ŏceo, -äre, eggen; dav. span. ahuecar, die Erdschollen zerschlagen, aushöhlen, vgl. Dz 460 hueco.

252) *äd-ŏcŭlo,-äre, anschauen; ital. adocchiare; apan. aojar; ptg. olhar, vgl. Cornu, R XI 90.

253) äd-ŏpēro, -äre (f. adoperari), vernichten; rtr. duvrar, vgl. Meyer-L., Z. f. ö. G. 1891 p. 765.

254) äd-ŏrno, -äre, schmücken; ital. adornare; prev. azornar; altfrz. aourner.

255) äd-ŏro, -äre, anbeten; ital. adorare; altfrz. aourer.

256) äd + pĕctŭs, davon ital. appetto, gegenüber, dazu das Vb. appettare, widerstehen, vgl. Dz 393 rimpetto.

257) äd + pŏst = rum. apoi, dann, vgl. Ch. s. v. äd + prēssum s. appressum.

258) äd + prŏpĕ = rum. aproape, nahebei; altfrz. apruef (auch altital. aprovo), vgl. Gröber, ALL II 103 Z. 1 v. u.

259) [ädquīsītĭo, -ōnem f., der Erwerb (b. Cassian Conl. 24, 13, 3, vgl. Petschenig, ALL V 138); ital. acquisizione.]

260) äd + quŏd = rum. adecă, nämlich, vgl. Ch. că.

*äd-rādīco, -äre, s. oben *abradĭco.

261) [*äd-rämĭo, -īre (v. anfränk. ramjan = got. hramjan, altn. hremma); dav. altfrz. prov. ar(r)amir, ramir, zusichern, bestimmen, vgl. Dz 509 aramir, Mackel 45 u. 136, vgl. auch Thévenin, de la soc. de ling. de Paris II 222 (vgl. R III 124).]

262) [gleichs. *äd-rätĭōno, -äre (v. ratio); davon altfrz. (araisoner), araisnier, anreden, vgl. Gröber, ALL I 243; über die Konjugation dieses Verbs vgl. Cornu, R VII 420.]

263) äd + rĕtro = (ital. addietro), modenesisch adrée, vgl. Flechia, AG II 6 f.; prev. areire, frz. arrière hinter; ptg. (das abgel. Vb. arredar entfernen, dav. das Postverbale arreda Entfernung, auch interjectional gebraucht: „hinweg, fort!", arredio (gleichs. *ad-retrivus) entfernt, vgl. altspan. radío, s. C. Michaelis, Frg. Et. p. 54), vgl. Dz 268 retro.

264) [*äd-rĕ-ŭnco (uncus) = cat. arronsar krümmen, vgl. Parodi, R XVII 53.]

ad-rīpo, -äre s. arrīpo, -äre.

265) *ad-rūmo, -äre; lemb. rüma, vgl. AG IX 208, Salvioni, Post. p. 3.

266) [gleichs. *äd-rütūbo, -äre (v. rütuba, Verwirrung, Varr. sat. Men. 488), ist nach Storm, R V 165, das Grundwort zu span. alborotar, verwirren, stören, davon das Vbsbst. alboroto, ptg. alvoroto. Dz 417 führt das Wort zwar auf, bemerkt aber nur, dafs man Engelmann dasselbe aus dem Arab. nicht nachweislich sei. Über sp. al- = lt. ad vgl. oben admorsus = almuerzo. — Behrens, Metath. p. 54, stellt alborotar mit ital. alberare, span. arbolar, frz. arborer zusammen.

267) äd + sätĭs, zur Genüge, = ital. assai (= ad + sa[t] + angefügtes adverbiales i nach Analogie von nvanti, anzi, poi etc.); prev. assatz; frz. assez; altspan. altptg. asaz, assaz, vgl. Dz 29 assai. Im neueren Span. u. Ptg. wird das Wort durch bastantemente ersetzt. Vgl. auch Gröber, ALL III 521 unter magis.

268) äd + sīgnă, viell. = ptg. asinha (auf den Wink), sogleich, schnell, vgl. Dz 427 asinha.

269) äd + sŭprä = rum. asupra, über, vgl. Ch. s. v. Die übrigen rom. Spr. brauchen das einfache supra.

270) äd + täntŭm, viell. = rum. atât, Adv., vgl. Ch. s. v.; möglicherweise gehört auch altspan. atanto hierher, nicht aber haben wahrscheinlich mit ad tantum zu schaffen prov. aitant, altfrz. itant. Vgl. Dz 111 cotanto.

271) äd + tĕnŭs, bis, = altspan. atánes, ptg. atem, ate, vgl. Dz 490 té. — Dz 491 tino hält für möglich, dafs aus adtenus das ptg. Vb. atinar, zielen, das Rechte treffen (wozu das Vbsbst. *atino, tino, richtiges Urteil, Verstand) sich entwickelt habe.

*äd-tītŭlo, -āre s. **ät-tītŭlo.**

272) **äd + träns** = prov. span. ptg. atras, vgl. Dz 325 tras.

273) **äd + tränsāctŭm, īn + tränsācto** (v. transigo, durchtreiben, durchstófsen); davon nach Diez' (571 entresait) überaus scharfsinniger Vermutung die Adverbien prov. atrasag, atrazag (altfrz. entresait), unverzüglich, sofort, gewifs, sicher.

274) [**äd + tŭm-cĕ** = **tŭnc**. Nach gewöhnlicher Annahme gehen auf ad + tunc zurück rum. atunci, prov. adonc, altfrz. adonc, adont etc. In Wirklichkeit dürfte dies aber nur bezügl. des rum. Advs. der Fall sein, die entsprechenden Formen der anderen Sprachen aber, einschliefslich der mit d anlautenden, dürften auf donec, bezw. ad + donce beruhen.]

275) **adŭlter, -um** m. (ulter = alter, vgl.Vaníček I 66) m., Ehebrecher; altital. avoltero (neuital. adultero), Ehebrecher; rum. votru, Kuppler, vgl. Ch. s. v.: prev. avoultre, avoutre, -o, aoultre, Bastard; altfrz. avoutre, Bastard, dazu das Fem. avultere (vgl. Berger s. v.] u. avoultreresse, vgl. Tobler b. Leser p. 73; span. u. ptg. adultero, Ehebrecher u. ehebrecherisch. Vgl. Dz 515 avoutre; G. Paris, R X 61 u. XXIII 597, setzte für das Frz. mit Recht *abulter an.

276) **adŭltěrium** n., Ehebruch; altfrz. avo(u)ltire.

277) [**äd-ŭmbrīo,--īre** (v. umbra), beschatten, = rum. adumbresc, ii, it, i, vgl. Ch. umbrā.]

278) **ädŭmbro, -āre**, beschatten; ital. adombrare; prev. azombrar; altfrz. aombrer.

279) **ädŭnco, -āre**, krümmen; lucch. aoncare.

280) [**äd-ŭncŭs, a, um** (v. uncus), krumm, eingebogen; ital. adunco; rum. adinc, dav. das Vb. adincesc, ii, it, i, vgl. Ch. s. v.; span. ptg. adunco.]

281) **äd-ŭnō, -āre** (v. unus), vereinigen. Im alten Ital. Prev. Span. Cat. aunar, in den neueren Sprachen, auch im Rum., nur als gel.W. adunar, rum. adun, ai, at, a, vgl. Ch. un.

282) **äd ūnŭm**, dav. span. aun. Dz 7 anche wollte das Wort von adhuc ableiten.

283) **äd vallěm** (Quantität des a zweifelhaft, s. Marx vallis) = prov. aval, avall; altfrz. aval, hinab.

284) [***äd-vallo, -āre** (v. vallis, Quantität des a in v. zweifelhaft, s. Marx s. v.), hinabsteigen, = frz. avaler, hinabsteigen, -schlingen. — Vielleicht Ableitungen v. avaler sind die Sbst. avalange, avalanche, Lawine, u. avalaison, Gielsbach; ital. prev. lavanca, frz. lavange, -che dagegen dürften zu *labina (s. d.) gehören u. zugleich an das Vb. lavare sich angelehnt haben. Vgl. Dz 513 avalange; Behrens, Metath. p. 94.]

285) **äd-vēctō, -āre** (v. veho), zufahren, = (?) ital. avettare, „saltare, passare", vgl. Caix, St. 174.

286) **äd-věnīo, -věnī, -věntum, -věnīre**, an-, herankommen; ital. avvenire (die Konjug. sehe man b. venio), geschehen, vorkommen; 3 P. Sg. Präs. Konj. avvegna + che = avvegnacchè, Konjunkt., obgleich: der Inf. auch Subst. „Zukunft"; prov. avenir (Konj. s. b. venio), ankommen, gelangen, geschehen; Pt. Pr. avinen-s, zukommend, anständig, artig, vgl. Dz 513 avenant; frz. subst. Inf. avenir, Zukunft, adj. Part. Pr. avenant, geziemend. — In seiner ursprünglichen Bedtg. ist advenire durch *arripare (s. d.) frz. arriver etc., jungere (ital. giungere) u. plicare (span. llegar, ptg. chegar) verdrängt worden.

287) 1. ***äd-věnto, -āre** (v. ventus), dem Winde preisgeben, lüften; ital. avventare, werfen; rum.

*äd-tītŭlo, -āre s. **ät-tītŭlo.**

avint, ai, at, a, refl. Vb. sich flüchten, vgl. Ch. vint: span. aventar(se), fliehen (vom Vieh); ptg. aventar, lüften, wittern. Vgl. Dz 354 avventare.

288) 2. **äd-věnto, -āre** (v. advenio), ankommen; ital. aventare, gedeihen; sicil. abbentare, Ruhe finden, dav. Vbsbst. abbento, Ruhe. Vgl. Dz 354 avventare.

289) **äd-věntor, -ōrem** m., Besucher, Gast; ital. avventore Kunde, vgl. Salvioni, Post. 3.

290) ***äd-věntūrā, -am** f. (v. advenio), Verkommnis; ital. avventura; prov. span. ptg. aventura; frz. aventure. Vgl. Dz 32 avventura u. Gröber, ALL I 236.

291) [***äd-věrīfīco, -āre** = span. averiguar, die Wahrheit einer Sache untersuchen. Vgl. Dz 428 averiguar. Richtiger fafst man das Wort als spanische Neubildung auf.]

292) **ädvěrsārīŭs, a, um** (v. adversus), entgegengekehrt; ital. altit. avversaro, -iere, (la versiera aus l'aversiera, Fem. zu avversiere), Sbst., Teufel, in der gleichen Bedeutung medenes, avrsari (vgl. Flechia, AG II 18, wo namentlich über ital. r = lat. d eingehend gehandelt wird): neu it. avversario, Adj. u. Sbst., vgl. Canelle, AG III 303; altfrz. aversier Widersacher Gottes, Teufel, vgl. Berger s. v.

293) **äd věrŭm**, dav. rum. adevĕr, Sbst. m., Wahrheit, P. adevěruri f., vgl. Ch. s. v.

294) ***ad-vīsŭm, n.** (Pt. P. P. v. videre); dav. ital. avviso, Ansicht, Meinung, Gutachten, Rat; prov. frz. avis, dazu die Verba avisar, aviser. Vgl. Dz 343 viso. —Von *ad-vis-āre abgel. ital. avvisaglia „lo scontro di viso a viso, l'affrontarsi" (bei Pucci auch in der Bdtg. von avviso), vgl. AG XIII 403.

295) [***äd-vītīo, -āre** u. ***īn-vītīo** (v. vitium); ital. avvezzare, gewöhnen; rum. invět, ai, at, a, gewöhnen, lehren, studieren, vgl. Ch. s. v.; prov. cat. span. ptg. avezar, avesar. Fafst man vitium als „Laster = böse Angewöhnung", so ist der rom. Bedeutungswandel leicht begreiflich. Vgl. Dz 344 vizio.]

296) [***äd-vītto, -āre** (v. vitta) + tortolare hat nach Caix, St. 175, ital. avvitortolare, „torcere insieme", ergeben.]

297) **äd + vīx** = altspan. avés, kaum. Vgl. Gröber, ALL VI 145; Dz 428 avés.

298) **advōcātor, -ōrem** m. (advocare), ital. avvocatore; (altoberital. avogadro, avogaro; altvenez. avogadore, vgl. Salvioni, Post. 3).

299) **ädvōcātŭs, -um** m. (advocare); Rechtsbeistand, Sachwalt; ital. avvocato; frz. avoué (u. avocat).

300) **äd-vōco, -āre**, herbeirufen; ital. avvocare; prov. ptg. avocar; frz. avouer ist besser auf *ädvotare (s. d.) zurückzuführen, vgl. Scheler im Dict. s. v; as subst. Pt. P. P. avoué indessen ist = advocatus; span. abogar.

301) [***äd-vōlŭs, a, um** (v. volo, -are), zugeflogen; dav. viell. prov. avols (vereinzelt auch in den altpyrenäischen Sprachen vorkommend; altcat. aul = avol wird von Vogel, p. 67, auf habilis zurückgeführt), fremd, elend, schlecht, feig, vgl. die ausführliche Bemerkung b. Dz 514 avol, vgl. dagegen Hentschke, Z VIII 122, wo habilis als Grundwort aufgestellt wird. S. habilis.]

302) **äd-vōto, -āre** (v. votum), angeloben; dav. wahrscheinlich frz. avouer, wozu das Vbsbst. aveu, gleichs. = *advotum; möglicherweise entstand das Vb. erst aus dem Sbst., vgl. Scheler im Dict. s. v. Dz 514 avouer führte das Vb. auf advocare zurück, was

wegen des dann anzunehmenden komplizierten Bedeutungswandels nicht glaubhaft ist, nur das sbst. Pt. P. *avoué* ist allerdings = *advocatus*.]

303) [*äd-wīfo, -äre (v. ahd. *wifan*. weben) = altital. *agguef̄are*, beifügen (eigentl. anwehen), vgl. Dz 351 *agguef̄are*, und Caix, St. 70.]

304) aedīfīcium n, Gebäude; altfrz. *edefis* (wobei die Belegstellen nicht erkennen lassen, ob das *s* stimmhaft ist, vgl. Cohn, Suffixw. p. 39 Anm. 1); neufrz. *édifice* (gel. W., als solches auch in anderen Sprachen vorhanden).

305) aedīfīco, -äre, bauen; altfrz. *aïgier*, vgl. Darmesteter, R I 164, 166, 169, Thomas, R XXVI 436; ptg. *eivigar* (f. *eiv.*), vgl. Cornu, Gramm. (in Gröber's Grundrifs I) § 185, C. Michaelis, Frg. Et. p. 19. (Nfr. *édifier* geistlich erbauen.)

306) [aegĕr, ra, rum, krank; dav. leitete Dz 614 das altfrz. *heingre*, Rol. 3820, ab (u. hielt frz. *malingre*, kränklich, für eine Zusammensetzung, woraus durch Umstellung wieder altfrz. *mingrelin*, ital. *mingherlino* entstanden sei); besser aber ist dies Adj. auf dtsch. *hager* zurückzuführen, vgl. Förster in Gautiers Gloss. zum Rol. *s. v.*]

307) Aegīdīus, Personenname; frz. *Gilles*, eine komische Charaktermaske, davon viell. *gilet*, Weste, wie sie der Gilles zu tragen pflegte, vgl. R X 444.

308) [aegrōtus, a, um krank; nach Dz 614 *heingre*, Grundwert z. altfrz. *engrot*, Krankheit, *engroté*, krank.]

309) *aegȳpius, -um *m.* (gr. αἰγύπιος), Geier, dav. ital. *gheppio*, vgl. Caix, St. 34; Dz 375 leitete das Wort von γύψ ab.

310) *aegȳptānus, a, um (Aegyptus), aegyptisch; span. *gitano* (vgl. engl. *gipsy*) Zigeuner; ptg. *gitano* u. *cigano*; (ital. *zingano* u. *zingaro*; frz. *bohémien*). — span. *aziago* = *aegyptiacus).

311) aegȳptius, a, um, aegyptisch; dav. viell. ital. *ghezzo*, schwärzlich (*aegyptius* : *ghezzo* = *gyp- : *gheppio*), vgl. Dz 375 *ghezzo*.

312) [*aequālīfīco, -äre, gleich machen, ist nach Dz 621 *jauger* das Grundwort z. frz. (*égalger*, *égauger*, *jauger*) jauger, aichen (engl. *gauge*); auch das Shet. *jalon*,Visierstange, leitet Dz v. *aequ.* ab. Dz selbst bemerkt aber, dafs die Ableitung des Verbs v. *qualificare* noch näher liege. Scheler (im Anhange zu Dz 801) befürwortet die Ableitung von *gal* (woraus *jalon*) mittelst eines Typus *gallica. Was *gal* betrifft, so schwankt er zwischen breton. *gwalen* Stange, got. *valus* Stock u. lt. *vallus* = frz. *gaule*. Horning, Z XVIII 220 u. XXI 456, stellt dtsch. *galga, galgen*, Stange, Rute, Mefsrute als Grundwert auf. S. unten **Galgen.**]

313) aequālis, e (v. *acquus*), gleich; ital. (altital. *iguale*), *uguale*, Adj., „liscio, levigato", *aguale, avale*, Adv., sogleich, vgl. Canelle, AG III 334, u. Dz 353 *avole*; rtr. *gual, engal, ingal* etc., vgl. Ascoli, AG I 222, 111 Anm. 2, 398 Anm. u. III 442; prov. *engals, enguals, egals*; frz. altfrz. *iwels*, vgl. W. Meyer, Z XI 540, nfrz. *égal*; span. ptg. *egual, igual.

314) aeque sīc, ebenso; ital. *così* (das *co-* beruht wohl auf Angleichung an die mit [ec]*co* gebildeten Worte, wie *cotesto* etc.); rum. *așa* vgl. Ch. *și*; rtr. *aschia*, vgl. Ulrich, Gloss. z. Chrest. I; prov. *acsi, aissi, eissi*; frz. altfrz. *eissi, issi, ainsinc, einseinc, ainsi, einsi, ansi*; nfrz. *ainsi*; cat. *assi*; span. altspan. *ansi*, neuspan. *asi*, ptg. *assim*. Vgl. Dz 110 *così*.

315) aeque tālis, e, ebenso beschaffen, u. aeque

tantus, a, um, ebenso grofs: ital. *cotale* = *aequum* t. (altit. auch *aitale*), *cotanto*; rum. *acătare* u. *cutare* (*aeque tantus* fehlt); prov. *aital*; altfrz. *itel*, daneben *altel, autel* = *al-talis* u. *altretel* = *alterum talis*; altcat. *aytal*; altspan. *atal*. Vgl. Dz 111 *cotale, cotanto.

316) aequīnōctium *n.*, Tag- und Nachtgleiche: überall nur als gelehrtes Wort vorhanden, z. B. altfrz. *equinoce*, daneben *equinoction*, vgl. Berger *s. v.*; neufrz. *équinoxe.

317) aequītas -tätem *f.*, Gleichheit; ptg. *equidade, eguedat, yeguedat, enguedat*, vgl. C. Michaelis, Frg. Et. p. 26, u. Meyer-L., Z XIX 271; sonst nur gel. W.

318) äer, äĕrĕm (gr. ἀήρ) *m.*, Luft; ital. *aëre, aire, are m.* (letzteres b. Dante, Vita Nuova, cap. 28: *cader gli augelli volando per l'are*, vgl. Canelle, AG III 401 Anm. 1; über mundartl. Formen vgl. Salvioni, Post. 3.) u. *aria f.*, entstanden aus dem Adj. *arius, -a. -v. *are für *aërius v.· aër*, vgl. Canelle a. a. O. u. Dz 6 *aere*. Das Fem. *aria hat neben der ursprünglichen auch die übertragenen Bedeutungen „Melodie, Laune, Aussehen, Miene"; wie dieselben aus dem Begriffe „Luft" sich entwickeln konnten, ist unschwer begreiflich: die Luft ist die Trägerin des musikalischen Klanges, die Laune aber samt dem durch sie bedingten Gesichtsausdrucke ist gleichsam die wechselnde Melodie des Gemütes, wie sie ja auch im Deutschen mit dem auf die Musik bezugnehmenden Ausdruck „Stimmung" bezeichnet wird; von *aria ist wohl abgel. das Vb. *arieggiare gleichen, ähnlich sein (eigentl. wohl „anweben, ansäuseln"); rum. *aer m.*, Pl. *aere f.*, vgl. Ch. *s. v.*; rtr. *aria*, prov. *aire, ayre, aer-s*; frz. *air*; span. *aire*; ptg. *ar*. Wie im Ital., so besitzt auch in den übrigen rom. Spr. das Wort neben der eigentlichen die oben erwähnten übertragenen Bedeutungen. Vgl. Dz 6 *aere*.

319) [aerā, -am *f.* (v. *aes*), die gegebene Zahl, Rechenposten, Zeitraum (in dieser Bedeutung nur b. Isid. 5, 36, 4, *s.* Georges): ital. span. ptg. *era*; frz. *ère*. Vgl. Dz 126 *era.*]

320) aerämen u. *arämen, *n.* (v. *aes*), Erz, Commodian. inst. 1, 20, 6; im Roman. hat das Wort die besondere Bedeutung „Kupfer" angenommen. Ital. *rame*, dav. viell. abgeleitet *ramarro*, eine Eidechsenart (vgl. dtsch. „Kupfereidechse", vgl. Mahn, Etymolog. Untersuchungen LXXXVII u. Flechia, AG III 162, der letztere hält jedoch auch Ableitung von *ramus für möglich, wonach die Grundwert *ramarius sein würde, wovon auch frz. *ramier wilde Taube; rum. *aramă f.*, Pl. *arämi u. *arămari, vgl. Ch. *s. v.*; rtr. *irôm*, vgl. Ascoli, AG III 443 Z. 1 v. u. im Texte u. 466; prov. *aram*; frz. *airain* (über das altfrz. Fem. *airaine*, Trompete, vgl. W. Meyer, Ntr. p. 80, u. Cohn, Suffixw. p. 185 Anm.); cat. *aram*; span. *arambre, alambre*; ptg. *arame*, Messing(draht). Vgl. Dz 262 *rame*; Gröber, ALL I 242.

aero s. ero.

äĕrĕūs, a, um u. äĕrīūs, a, um, *s.* aĕr.

321) aerūgo, -äre, Eccl. (s. Rönsch, Itala p. 154) u. *aerūgīnō, -īre, rosten; ital. (*ar-* u. *ir-*)*ruginire; rum. *ruginesc, ii, it, i, vgl. Ch. *rugina; prov. (*e*)*ruginar*. Anderer Herkunft ist frz. *rouiller*, vgl. unten *robigula*, Scheler im Dict. *s.* rouille.

322) aerūgo, -gīnem *f.* (v. *aes*), Kupferrost, Grünspan; ital. *ruggine*; rum. *rugină*, *s.* Ch. *s. v.*; rtr. *ruina* (vgl. Gröber, ALL V 238); (altfrz. *ruyn, ruym* gehört wohl zu *rubiginem*, vgl. Leser p. 110);

span. orin, vgl. Dz 278 ruggine n. 487 serrin.
S. u. fërrŭgō.

323) aescŭlŭs, -um f. (v. √id, aid, schwellen, vgl.
Vaniček I 84), Wintereiche (Quercus robur, Willd.)
oder Speiseiche (Quercus aesculus L.); ital. escolo,
eschïo, ischio, vgl. Dz 379 ischio; mit dem Eigennamen Ischia hat das Wort nichts gemein, vgl.
Ascoli, AG III 459 Anm. Vgl. Gröber, ALL II 278.

324) aestäs, -ätem f. (v. √idh, aidh, brennen, vgl.
Vaniček I 85), Sommer; ital. state; rtr. stad, sted
etc., vgl. Ascoli, AG I 222 Anm. 4 u. III 443 Z. 1
v. o., Gartner, § 106, S. 84; prov. estat-z; frz.
esté, été m. (der Genuswechsel durch Angleichung
an printemps (automne) u. hiver veranlafst). Die
pyrenäischen Sprachen haben das Wort aufgegeben
und brauchen dafür eine Ableitung von ver: span.
verano, ptg. verāo (neben estio).

325) aestïmo.-äre (v. √is, ais, begehren, schätzen,
vgl. Vaniček I 89), schätzen; ital. stimare, dav.
Vbsbst. stimo u. stima; rtr. stimar u. stimër, dav.
Vbsbst. stima, vgl. Ulrich, Gloss. z. Chrest. I u. II;
prov. esmar; altfrz. esmer; altspan. u. altptg.
asmar, osmar. Vgl. Dz 128 esmar u. 403 stimare.
— Altfrz. acesmer hat mit aestimare nichts zu
schaffen, vgl. oben *ac-cismo.

326) aestïvälïs, e, sommerlich; dav. (?) it. stivale,
Sbst. (Sommerschuh), Stiefel; prov. estival; altsp.
estibal. Vgl. Dz 307 stivale. S. strip (AG XIV 299).

327) *aestïvätïum n., sommerlicher, d. h. nie-
drigster Wasserstand; frz. étiage.

328) aestïvo, -äre (v. aestivus), den Sommer wo
zubringen; dav. span. estiar (mit verallgemeinerter
Bedeutung) irgendwo bleiben, sich aufhalten; ptg.
estiar (in der Bedtg. sich an estio anschliefsend)
schönes Wetter werden, zu regnen aufhören. Vgl.
Dz 450 estiar.

329) aestïvŭs, a, um (v. aestas), sommerlich, dav.
ital. estivo, Adj., u. stio, Sbst., Sommerlein; sard.
istiu; prov. estiu; span. ptg. estio, vgl. Dz 404
stio u. Canelle, AG III 362. Vgl. Meyer-L., Rom.
Gr. II p. 438. S. auch messis aestiva.

330) aestüärium n., Seelache; frz. étier, Wassergraben; span. ptg. estero, -eiro.

331) aetas, -ätëm f. (v. St. ai-va, wov. auch
aevum, gr. αἰών etc.), Alter; ital. etate, etade,
età; rtr. eted, s. Ulrich, Gloss. z. Chrest. I; prov.
etat-z; altfrz. aé; span. edad, idad; ptg. edade,
idade.

332) *aetätïcŭm, n. (v. actas), Alter; dav. frz.
edage, eage (aage mit Anlehnung an aé), äge, vgl.
Dz 503 âge.

333) [*aetätōsus, a, um (actas), alt; ptg. idoso,
doso, vgl. C. Michaelis, Frg. Et. p. 21 unten.]

334) [gleichs. *afdōjo, -äre (v. got. afdaujan,
bezw. adjojan, quälen, abmartern) dav. nach Caix,
St. 169, ital. (aret.) atojare, „affannare, affati-
care".]

335) [äf = äd + fäcëre, zu thun = ital. affare
m., Geschäft, frz. affaire f. (der Genuswechsel
durch die Endung veranlafst), vgl. Scheler im Dict.
s. v.]

336) [*äf-fäcïo, -äre (v. facies), vor das Angesicht
bringen, dav. ital. affacciar(si), sich sehen lassen,
auch: glatt, eben machen.]

337) [affaniae oder afannae, -as f. pl. (Herkunft des
bei Augustin. Met. 9, 10 u. 10, 10 sich findenden Wortes
ist dunkel), leere Ausflüchte; wenn Goltz, ALL II
597, frägt „ist das Wort identisch mit ital. affanno?", so ist darauf mit einem entschiedenen
„nein" zu antworten. Vgl. oben adhano.]

338) [*äf-fäscïo, -äre (v. fascis), zusammenbinden,
dav. ital. affasciare (hat die eigentl. Bedtg. bewahrt); prev. affaissar u. frz. affaisser (sind in
die Bedeutung „durch eine Last niederdrücken"
übergegangen). Vgl. Dz 134 fascio.]

339) [*äf-fauto, -äre (v. *fautus f. fotus), ver-
hätscheln, sicher, dreist machen; nach Moraes, dem
G. Paris, R IX 333, beistimmt, Grundwert z. span.
(ahotar) ahotado dreist, ptg. afoutar, dazu Vbadj.
afouto, sicher, dreist. Förster, Z III 563, leitete
das Wort von fultus ab, Dz 460 hoto von fōtus,
was wegen des ou in Ptg. unstatthaft ist.]

340) dtsch. affe = rtr. áfa f., vgl. Gartner,
Gr. § 22.

341) *äf-fécto, -äre (v. afficio), (zu einer Sache andere) hinzuthun; ptg. affeitar, zurichten, schmücken;
altfrz. afetier, afitier, vgl. Förster zu Yvain 70;
span. afeitar, schminken. Vgl. Dz 415 afeitar.

342) *affectus, -um, m. (afficere), Gemütszustand,
Stimmung u. dgl.; altfrz. afit, Neigung, Liebe,
(aber auch) Beleidigung, Schimpf, dazu das Vb.
afitier, vgl. Förster zu Yvain 70.

*äf-ferïo, -ïre s. ferio.

343) äf-fïbŭlo, -äre (v. fibula), (ein Kleid) mit
einer Spange befestigen; ital. affibbiare, mit einer
Spange anstecken; prov. afiblar, afublar (mit derselben Bedtg. wie im Ital.); frz. affubler, einhüllen
(abnorm ist der Wandel des i zu u). Vgl. Dz 503
affubler; Gröber, ALL I 236.

344) [*äf-fïcto, -äre (v.fictus f.fixus), fest machen;
davon ital. affittare, vermieten. Vgl. Dz 141 fitto.
S. auch unten lōeo.]

345) [*äf-fïdücïo, -äre (v. fides), anvertrauen;
dav. span. afiuciar, ahuciar, Vertrauen einflöfsen,
vgl. Dz 451 fiucia.]

346) *äf-fïlïo, -äre (v. filius), an Kindesstatt
annehmen; prov. afilhar; cat. afillar; span. afijar,
ahijar (dav. ahijado,
Pate), ahijar hat auch die Bdtg. „Junge werfen";
ptg. afilhar. — Im Rum. wird *infiliare = infiez,
ai, at, a, gebraucht, vgl. Ch. fïu.

347) *äf-fïlo, -äre (v. filum), an einem Faden
aufziehen, die Schneide eines Werkzeuges faden-
dünn, scharf machen, schleifen (die letztere Bdtg.
ist im Rom. die übliche); ital. affilare; prov.
afilar; frz. affiler, (in einer Reihe
gehen; ptg. afilar, zuspitzen.

348) [*äf-fïno, -äre (v. *finus, fein), fein machen;
ital. affinare; rum. afïn, ai, at, a, vgl. Ch. fain;
prov. afinar; frz. affiner u. r-affiner (altfrz. auch
afïner, beenden, v. fïn = finis; cat. span. afinar;
ptg. affinar).]

349) [*äf-flätïco, -äre (am wahrscheinlichsten v.
lat. flāto, blasen, vgl. Storm, R V 179, Scheler im
Dict. s. affater, indessen ist auch die Ableitung vom
altn. flatr, flach, glatt, als möglich zu bezeichnen,
vgl. Mackel 68), anblasen, Luft zufächeln u. dadurch
jem. ein Behagen bereiten, daher in übertragener
Bdtg. liebkosen, schmeicheln (oder: glatt machen,
streicheln, schmeicheln). Afflaticare ist nach Storm,
R V 178, das Grundwert z. span. halagar, liebkosen, das demnach mit frz. flatter stammverwandt
wäre. Dz 457 halagar stellte bezüglich der Herkunft des Verbs zwei Vermutungen auf: entweder
sei es abzuleiten von got. thlaihan, παρακαλεῖν,
ἐναγκαλίζεσθαι, oder aber es sei als Kompositum
fa-lagar zu fassen, dessen zweiter Teil dem got.
(bi)laigón, belecken, wovon auch span. lagotear,
prov. lagot (vgl. Dz 623 lagot), entspreche. Die
erste Annahme stöfst jedoch auf grofse lautliche

Schwierigkeiten, die zweite aber läfst das *fa-* unerklärt. In Bezug auf die Lücke der zweiten Diez-
schen Hypothese trat Cornu, R IX 133 n. X 404,
ergänzend ein, indem er, auf vereinzelt vorkommendes *fallagar* sich berufend, das Wort aus *faciem*
> *faz*, *haz* **legare* oder *lagare* = *laigón*, das
Gesicht belecken, erklärte. In ähnlichem Sinne
sprach sich Brinkmann, Metaphern 244, aus. G. Paris
aber wies, R X 404 Anm., darauf hin, dafs auch
frz. *flatter* ursprünglich „mit der flachen Zunge belecken" wie (der Bär sein Junges) bedeute. Bedenken
dagegen äufserte Baist, Z IV 474. Der letztere
Gelehrte vermutete, RF I 134, dafs *halagar* eine
Scheideform zu *folgar*, *holgar* = lt. *follicare* (vgl.
Dz 459 *holgar*) sei, Übertritt von *o* vor *l* zu a sei
zwar sehr selten, könne aber durch die (in *ahalagar*)
vorgesetzte Partikel (Assimilation) begünstigt werden; in Z VII 117 vermutet B. das Grundwert in
ahd. *hlahhan*. Alles in allem erwogen, bleibt Storm's
Herleitung doch die wahrscheinlichste, da sie sowohl den Lauten wie dem Begriffe leidlich gerecht
wird. Vgl. unten *flätito*.]

350) **äf-fligo, flixi, flictum, fligere,** niederschlagen, betrüben; ital. *affligo, flissi, flitto, fliggere;*
altfrz. *afflire,* Pt. *afflit;* neufrz. *affliger*
(gel. W.).

351) **äf-flo, -äre,** anblasen, anwehen, (etwas an-
schnuppern, auswittern, finden); ital. neap. *axiare,*
sicil. *asciari;* rum. *aflu, ai, at, a,* vgl. Ch. *s. v.:*
rtr. *afflar,* vgl. Ascoli, AG I 57 u. 111 Anm. 1,
VII 515 (über die Konjug. des Vbs. s. ebenda 463);
span. *ajar* (hat im Neuspan. die Bdtg. „beleidigen"
angenommen, welche aus „anblasen, anrühren" sich
unschwer erklärt) u. *fallar, hallar* (durch Umstellung aus *afflar,* finden); ptg. *aflar, achar.* Vgl.
Dz 414 *achar* u. 458 *hallar;* Schuchardt, Z XX
535 (Sch erachtet **afflo* im span. *hallo* für ein aus
Redewendungen, wie *afflatum habeo, mihi afflatum
est* abgezogenes Verbum).

352) [***äf-föllo, -äre** (v. *follis* = frz. *fou*), zum
Narren machen, ist nach Tobler's [Ztschr. f. vgl.
Sprachf. XXIII = NF. III 419] Annahme das Grundwort zu altfrz. *afoler* (mit offenem *o*), jem. übel
mitspielen. Leid, Schaden am Leibe anthun, vgl. auch
G. Paris, R VI 156. Dz 142 *follare* hielt das Vb. für
ein Komp. v. *fouler*, treten, ist dies aber wegen
der Qualität des *o* nicht möglich. Das Richtige hat
Scheler im Anhang 727 nachgetragen. S. auch
unten **fullo.**]

353) [***äf-föro, -äre** (v. *forum*), den Marktpreis
bestimmen, taxieren; altfrz. *afeurer;* prev. span.
ptg. *aforar.* Vgl. Dz 146 *foro.*]

354) [**äf-frönto, -äre** (v. *fröns*), die Stirn zu-
wenden, trotzen; ital. *affrontare;* (rum. *infrunt,
ai, at, a,* vgl. Chr. *frunte)* prov. *afrontar;* frz.
affronter; cat. *afrontar,* afrontar, neusp. *afrentar.*
Vgl. Dz 8 *affrontare.*]

355) [***äf-fümo, -äre** (v. *fumus*), anrauchen; ital.
affumare; rum. *afum, ai, at, a,* vgl. Ch. *fum;*
prov. *afumar;* span. *ahumar;* ptg. *afumar.*]

356) [***äf-fündio, -äre** u. ***äf-fündo, -äre** (v.
fundus), vertiefen; ital. *affondare;* rum. *afund,
ai, at, a,* vgl. Ch. *fund;* prov. cat. *afonsar, -zar;*
altfrz. *afonder;* span. *afondar, ahondar;* ptg.
afundar.]

357) ndl. **afhalen,** herabholen; davon frz. *affaler.* Tauwerk herunterziehen, vgl. Dz 503 *affaler;*
Scheler im Dict.³ *s. v.*

358) **äfrïcus, -um** *m.,* (der von Afrika herkom-
mende) Westsüdwestwind; ital. *affrico,* vgl.

Bianchi, AG XIII 1; span. *ábrego.* Vgl. Dz 413
ábrego.

359) **ägärïcon, i,** *n.* (gr. ἀγαρικόν), der Lärchen-
schwamm (Boletus laricis, Jacq.), Plin. 25, 103;
daraus soll (nach Dz 454 *garzo*) entstellt sein span.
garzo, Baumschwamm. Diese Ableitung ist nicht
recht glaublich, u. eher möchte man das span.
garzo für ursprungsgleich mit dem lemb. *garzo* (s.
Dz 375 *s. v.*) = **cardeus* v. *carduus,* Distel, halten,
wenn auch freilich ein etwas eigenartiger, indessen
wohl nicht unerklärlicher Bedeutungsübergang anzunehmen wäre.

360) [**agaso, -önem** *m.,* Pferdeknecht; sard.
basone, vgl. Meyer-L., Z. f. ö. G. 1891 p. 766, indessen ist die Ableitung wohl fraglich.]

361) ahd. **agaza** (aus *agatja?*), Elster; ital.
*gazza, gázze*ra: prov. *agassa, gacha;* frz. *agace.*
Dz 159 *gazza* leitete das Wort von ahd. *agastra*
ab. Vgl. Mackel, 12, 46, 62, 149, 174. — Eine
Ableitung von frz. *agace* ist *agacin,* Hühnerauge,
vgl. Fafs, RF III 495. — Über das Vb. *agacer* s.
oben *ad* + *hazjan;* zu *agaza* gehört *agacer* nur
insofern, als es altfrz. auch „wie eine Elster schreien"
bedeutet; *agacer* „reizen" ist = *ad* + ahd. *hazjan*
hetzen; *agacer* „stumpf machen (Zähne, Messer)"
ist vermutlich dasselbe Wort, dessen altfrz. volkstümliche Form *aacier* lautete. S. oben Nr. 207.

362) **ägër, ägrüm** *m.,* Acker, Feld, ist im Rom.
fast gänzlich durch *campus* verdrängt. selbst im
Ital. findet sich das Wort nur vereinzelt mundartlich, worüber zu vergl. Salvioni, Post. 4; erhalten
ist das Wort nur im altrum. *agru* u. vielleicht
im ptg. *aro, ero,* Stadtgebiet, Weichbild, vgl. Cornu,
R XI 81 (Bugge, R III 160, hatte das Wort auf
ānus zurückgeführt; Dz 425 verzeichnet *aro,* ohne
eine Ableitung zu geben; Baist, Z VII 633, hält
als Grundwert *arvum* für möglich). Vgl. unten
anus. — Vermischung zwischen *ager, area* u. *aër*
scheint vorzuliegen im prov. altfrz. *aire,* vgl.
unten **area.**

363) ***äg-gënüeülo, -äre** (v. **genuculum f. genu;*
b. Tert. de poen. findet sich *aggeniculari*), die Kniee
beugen; prov. *agenolhar;* frz. *agenouiller;* cat.
u. altspan. *agenollar* (das Neuspan. braucht statt
dessen *arrodillarse*); ptg. *agoelhar,* jetzt *ajoelhar.*
Das Ital. u. Rum. finden **ingenuculare,* vgl.
Ch. *genunchiu.* Vgl. unten ***gënüeülo.**

äggër, -ërem, Damm s. **ärgër.**

364) [***äg-gládïo, -äre** (v. *gladius* mit Anlehnung
an *glacies*); ital. *agghiadare,* vor Kälte erstarren
(aber auch: erstechen); prov. *esglayer,* erschrecken,
niederschlagen; altspan. *aglayarse,* erstaunen.
Vgl. Dz 161 *ghiado.* Näheres s. unter **gladius.**]

365) ***äginä, -am** *f.* (v. *agere,* vgl. *ruina* v.
ruere), Schnelligkeit (*agina* b. Tertull., pudic. 41,
„Schnellwage"; wo es sonst in der Latinität vor-
kommt, bezeichnet es „das Loch, in welchem der
Stift des Wagebalkens liegt und die Schnellwage
sich bewegt", Georges); ital. *agina, aina, gina;*
altspan. *agina, ahina;* altptg. *agina.* Vgl.
Dz 8 *agina;* Bücheler, Rhein. Mus. XXXVII 518;
Gröber, ALL I 236; Tobler im Jahrb. XII 205 (zum
Pariser Glossar 7692).

366) **ägïno, -äre** (v. *agina*), sich drehen u. wenden,
ist nach Caix, St. 135, das Grundwert zu ital.
accianarsi, affaticarsi, adoperarsi", indem das
vortonige *i* dem hochtonigen a sich assimiliert habe;
auf *acc.* führt dann Caix wieder eine ganze Reihe
sonst schwer erklärbarer Worte zurück (*acciacinnarsi,*

acciacciarc, ciacciare, ciaccione, ciaccino, acciapinarsi).

367) [ägïto, -äre; davon wollte Trier frz. aidier ableiten, vgl. oben ädjüto am Schlusse.]

368) ägnēllūs, -um m. (Dem. v. agnus), Lamm; ital. agnello; (sard. anzoui, ossol. agnón, vgl. Salvioni, Post. 4.); rum. miel, s. Ch. s. v.; rtr. das Fem. agnella, vgl. AG I 255, Z. 2 v. ob. u. VII 515; prev. agnrl-s, anhel-s; frz. agneau. Den pyren. Spr. fehlt dasWort, sie brauchen statt dessen Ableitungen v. chordus (s. d.). Vgl. Gröber, ALL VI 377.

369) agnīle n., Schafstall; sard. annile, vgl. Salvioni, Post. 4.

370) ägnus, ägna, Lamm; abruzz. áyene, tarrent. aino; altfrz. aigne; ptg. galiz. año. Vgl. Meyer-L., Z. f ö. G. 1891 p. 766.

371) [ägo, ēgī, actum, -ēre, ist, mit Ausnahme des subst. gebrauchten Pt. P. N. actum [. d.], den rom Spr. völlig abhanden gekommen (frz. agir u. dgl. sind rein gel. W.); ersetzt wird es durch minare treiben, conducere führen, facere thun etc.]

372) *ägōnīo, -äre (v. gr. ἀγωνιᾶν), grofsesVerlangen nach etw. haben, dav. ital. agognare, vgl. Dz 351 agognare.

373) [*ägöräsïä, -am (v. gr. ἀγορασία) f., istnach Dz 377 grascia das Grundwert des ital. Subst.'s grascia, Lebensmittel;˙Caix dagegen leitet, St. 38, das Wort v. granea [s. d.] ab. Liebrecht, Jahrb. XIII 230, bringt ganz unnötigerweise grascia in Zusammenhang mit eser. grāsa, gr. γράσις, dtsch. Gras. Das richtige Grundwert hat Canelle, AG III 370, in crass[i]a gefunden. S. unten crass[i]a.]

374) ägrēstïs, e, *ägrēstïus, a, um (v. ager), bäurisch, ist nach Caix, St. 39, das Grundwert zu ital. grezzo, greggio, roh, nicht bearbeitet (aber der Übergang von st : zz ist schwer glaublich, vgl. G. Paris, R VIII 618). Canello, AG III 348, nahm als Grundwert *grēgius v. grex, zur Herde gehörig, gemein (also das Gegenteil von ē-grēgius) an, womit die Qualität des e (ę) sich nicht wohl vereinbaren läfst. Fumi endlich schlägt, Misc. 99, vor, als Grundwert ein Adj. *grevius, gebildet nach Analogie von *levius f. levis = ital. leggio, leggiero, anzusetzen; auch d'Ovidio, RXXV 295, spricht sich für *grēvius aus und erklärt, dafs grex(z)o ursprünglich venezianisch sei. Rënsch, RF III 372, glaubte, dafs greggio aus gr. *ἄγροικος entstanden sei, was ganz undenkbar ist. Auch Pumi's Annahme aber hat keineswegs die Wahrscheinlichkeit für sich, u. die Ableitung des Wortes mufe als noch fraglich bezeichnet werden, wie das schon Dz 377 gethan hatte. — Ital. agresto, Säuerling, geht nicht, wie Fumi p. 102 meint, auf agrestis, sondern auf acer (s. oben) zurück, dagegen ist agrestis im sard. areste „selvaggio" u. im lecc. riéstu erhalten, vgl. Salvioni, Post. p. 4. — Dz 569 engrès frägt, ob altfrz. engrès hitzig, heftig, leidenschaftlich nicht etwa auf agrestis zurückgeführt werden könne. Die Frage ist entschieden zu verneinen. Ebenso ist aber auch keltischer Ursprung des Wortes abzulehnen, vgl. Th. p. 98. Das wahrscheinliche Grundwert ist ingressus (s. d.). Marchesini, Studj di fil. rom. II 4, setzt ital. gresta „uva acerba" = agrestis u. das florentinische gnaresta „specie di uva aspra" = ingnea agrestis an.

375) [ägrīmönïä, -am f., Odermennig (Agrimonia Eupatoria L.), Cels. 5, 27, 10, davon frz. aigremoine, vgl. Fafs, RF III 492.]

376) bask. aguindu, anbieten, darbringen, ist das

wahrscheinliche Grundwert für span. aguinaldo, aguilando, Weihnachtsgeschenk. Nach Liebrecht, Jahrb. XIII 231, wäre das span. Wert sowie frz. aguillanneuf, Neujahrskuchen, aus dem Rufe der bretonischen Weihnachtsbettler „Eghinad d'é" (étrennes à moi|) entstanden, wofär er sich auf de la Villemarqué, Barzaz Breiz (4. Ausg. I 346) beruft. Es hat dies jedoch wenig Glaubwürdigkeit für sich, namentl. was das frz. Wort anbelangt. Schuchardt, R IV 253, leitete ag. von calendae ab; Dz 415 liefs das Wort unerklärt.

377) *ägūrïūm n. (f. augurium), Vorzeichen, dav. rtr. agur, in einzelnen Redensarten, namentlich in catar d'agur, beobachten, wahrnehmen, vgl. Ascoli, AG VII 515; auch far agur „considerare", vgl. Ascoli, AG I 50; prov. aür Glüek: altfrz. aür, eür in bon-eür, Glück, mal-eür, Unglück. nfrz. bonheur, malheur, worin das h auf falsch etymologisierender Anlehnung an heure = hora beruht; zu eür (heur) gehört das Adj. heureux, gleichsam *ngurosus; prov. u. altfrz. wurde auch das Pt. Prt. ahurat, eüré, gleichsam *aguratus, als Adj. gebraucht. — Die übrigen rom. Spr. haben (abgesehen von ital. augurio, gel. W., u. uria = auguria) agurium volkstümlich u. mit der Bedtg. „Glück" nur in zusammengesetzten Ableitungen bewahrt, z. B. *ex-aguratus = ital. scia[g]urato, unglücklich, span. jauro (xauro), verlassen. Vgl. Dz 31 augurio; Gröber, ALL I 237; Schwan, Z XII 198. Als gel. W. in der Bedtg. „Vorzeichen" = ital. augurio; prov. auguri-s; span. agüero; ptg. agouro.

378) *ägūro, -äre (f. auguro), vorhersagen; (ital. augurare) altoberital. agurar, aurar, vgl. AG XII 390; sard. aúra, mail. ingürä, vgl. Salvioni, Post. 4; rum. ur, aï, at, a, s. Ch. s. v.; altfrz. orer, wünschen, vgl. Tobler, Z I 480; prov. aurar; span. agorar; ptg. agourar.

379) *Agustus, -um, m. (f. Augustus), der Monatsname August; ital. agosto (sard. austu); rtr. avust; rum. august; prov. agost, aost; frz. aoút; cat. agost; span. ptg. agosto. Vgl. Gröber, ALL I 237.

380) ah, Interjection, in allen roman. Spr. üblich. Vgl. Houle, Anthropolog. Vorträge, Heft 1 (1876): Zur Naturgeschichte des Seufzers p. 56. — F. Pabst.

381) arab. a'hlas, Fem. 'halsä, braunrotes Pferd, davon nach Devic span. alazan (frz. als Fremdwort al[e]zan), Fuchs (von Pferden). Vgl. Scheler im Anhang 766: Eg. y Yang. p. 96.

382) kelt. Stamm *albä f., *albo m. (davon gäl. aoibh, freundlicher Blick, freundliche Haltung), das Äufsere, freundliche Miene, ist vermutlich das Grundwert zu dem rätselhaften prov. aib-s (auch haip-s geschrieben), ab-s, Sitte, Gewohnheit. Benehmen, vgl. Th. p. 88. Dz 504 aib brachte, aber freilich mit allem Vorbehalte, als mögliche Grundwerte in Vorschlag: got. aibr, haiz. aipua, arab. aub. Nach Settegast, RF I 237, ist aib = habeo, ab = habet, was lautlich unmöglich.

384) antlch. aibher, aibher (ahd. aibar, bei Notker eifir u. eiver, ags. äfor); davon altfrz. afre, Schrecken, Grauen, nfrz. meist nur noch im Pl. üblich: affres, Todesschrecken; zu affre das Adj. affreux, prov. afre; Caix, St. 93, Mackel 114, 180. Dz 503 afre.

385) gr. αἰσχος, gr. αἰσχρόν, mit verschobenem Accents *αἰσχρον sind nach Wiese, X XI 554, die Grundwerte zu span. ptg. asco, sard. ascu, für welche Dz 426 asco u. Caix, St. 166, ganz andere Ableitungen in Vorschlag gebracht hatten, vgl. die

beiden folgenden Artikel. Auch ital. as*ch*io, as*ti*o, Streit, Zwietracht, führtWiese auf *aischion* zurück (anders Dz 353 as*tío*). Wiese's Aufstellungen haben grofse Wahrscheinli**c**hkeit für sich. S. unten **haifsts.** 386) [got. *aiskōn (ags. *ăs*cian, ahd. *ei»kōn*, fragen, nhd. *hei*s*chen*) scheint das Grundwert zu sein z. ital. *aschero*; „voglia, vivo desiderio", vgl. Caix, St. 166.] 387) [got. **aiviski,** Schande, ist nach Dz 426 a*s*co viell. Grundwert z. (ital.) piem. *scör*, Ekel, lemb. * as*cara, sicil. *as*cu, sard. *as*cam*u*, span. ptg. *as*co, Ekel, Abscheu, Neid, auch altfrz. *as*keror, (s. Leser p. 72) dürfte hierher gebören, vgl. Seifert, Gloss. z. Bonv. da Riva p. 9 u. Caix, St. 166.] 388) [neugriech. *άχόμα*, noch; dasWort hat mit rum. *acumă* etc. jetzt, gleich' nichts zu schaffen, vgl. Krumbacher, Beitr. zu einer Geech. d. griech. Spr. (Weimar 1884) p. 41. S. unten **eccu[m] + modo.**] 389) **ălă, -am** *f.* (aus *ag-la* v. *ago*), Flügel; ital. *ala* u. *ale* (zum Sg. gewordener Pl.), vgl. Canelle, AG III 403 u. Tomm. 4960; rtr. prov. *ala; frz. aile;* cat. span. ptg. *ala.* 390) bask. **alabea,** das sich nach unten Neigende, ist viell. das Grundwert z. span. *alabe*, Zweig; Mahn, Etym. Unters. p. 52, leitete das Wort von bask. *adarra* (Zweig) + *be* (unten) ab, vgl. Dz 415 *alabe.* 391) **ălăcĕr, cris, cre** u. ***ălécĕr, *ălécrūs, a, um,** (mit offenem *e*, s. W. Meyer, Ntr. 148 Anm., u. Seelmann, Ausspr. des Lat. p. 52), lebhaft; ital. *allegro* (im Dial. v. Lecce liégru, liégra, vgl. Morosi, AG IV 118); rtr. friul. *alegro, legro, lero*, vgl. Ascoli, AG IX 354; prov. *alegre; frz. altfrz. alaigre, halaigre* (A. et A. 2847), dazu das Vb. *halagrer, -egrer,-egrir*, nfrz. *al(l)ègre;* cat. span. ptg. *alegre.* Vgl. Dz 12 *allegro;* Darmesteter, R V 147 Anm.; Förster, R St. IV 53 (reichhaltige Angaben über die altfrz. Formen); Meyer-L., Ital. Gr. § 50 (M.-L. ist geneigt, den Ursprung des rom. Wortes nicht im lat. *alacer*, *alécrus zu suchen); Suchier glaubt, Gröber's Grundrifs I 630, dafs altfrz. *halaigre* durch Kreuzung von lat. *al*a*crem* mit germ. *hail* oder *hâl* entstanden sei. Alles in allem genommen mufs die Frage nach der Herkunft von a*l*legro etc. für eine noch offene erklärt werden. 392) **ălămănnūs, a, um,** alemannisch, im Rom. deutsch; prov. *alaman-s; frz. allemand; span. Aleman; ptg. allemã, allemão.* Dem Adj. entspricht in den betr. Sprachen der Name für „Deutschland". — Der Italiener braucht als Adj. „deutsch" = *tedesco* (ebenso der Rätoromane), als Sbst. aber *Germania.* 393) arab. **al-'amára,** dav. ital. *alamari* „allacciatura fatta con cordicini di seta o d'argenteria", span. *alamar.* Vgl. Caix, St.145; Eg. y Yang. p. 87. 394) arab. **al-anbíq** (vgl. Freytag I 62b), dav. ital. *lambicco, lambiccio, limbicco*, Destillierkolben; prov. *elambic-s; frz. alambic;* span. *alambique;* ptg. *lambique.* Vgl. Dz 187 *lambicco;* Eg. y Yang. p. 89. S. unten **lambicco.** 395) **Alānūs, -um** *m.*, Alane, dav. viell. ital. *alano*, Bullenbeifser, Dogge; altfrz. *alan;* span. *alano;* ptg. *alão.* Dz 10 *alano* leitete das Wort von *Albanus* (Albanier), also ebenfalls von einem Völkernamen ab, wie dies auch schon Ménage gethan hatte, *Alanus* liegt aber lautlich näher und begrifflich nicht ferner. 396) [***ălăpetto, -āre** (v. a*l*apa), nach Bartsch, Z II

306, Grundwert zu dem einmal bei Peire Cardinal vorkommenden prov. Verbum *eiss-* (=*,ex*) oder *deiss-* (= *de-ex*) *alabetar*, dessen Bedeutung[1] aus der betr. Stelle nicht mit voller Sicherheit sich erkennen läfst.] 397) ***ălăpo, -āre** (viell. mit a*l*apa zusammenhängend, viell. aber richtiger mit gr. *λαπίζειν*, vgl. über das Wort u. sein Vorkommen in der spätesten Latinität Rönsch. Z III 102), prahlen, sich rühmen, ist das wahrsch**e**inliche Grundwert z. span. *alabar*, leben, vgl. Rönsch a. a. O. Dz 415 *alabar* leitete das Wort von *allaudare* ab, indem er Ausfall des *d* u. — was nicht statthaft — Verhärtung des *u* zu *v* u. weiter zu *b* annahm. 398) arab. **al-'aqrab,** Scorpion, dav. span. *alacran*, ptg. *alacrão.* Vgl. Dz 416 *alacran;* Eg. y Yang. p. 82. 399) arab. **al-'arabi,** dav. span. *alarbe*, roher, ungebildeter Mensch, Vielfrafs; ptg. *alarve.* Vgl. Dz 416 *alarbe.* 400) arab. **al-'ar'd,** Heerschau (vgl. Freytag III 137a); dav. span ptg. *alarde.* Vgl. Dz 416 *alarde.* 401) arab. **al-arir,** Getöse (vgl. Freytag I 24a); dav. span. ptg. *alarido*, Kriegsgeschrei. Vgl. Dz 416 *alarido*, wo auch darauf aufmerksam gemacht wird, dafs in der altfrz. Chanson d'Antioche H 122 den Saracenen der Kriegruf „aride! aride" beigelegt wird; Cornu, Z XVI 520, stellt lat. *ululītus* f. *ululātus* als Grundwert auf. Vgl. Eg. y Yang. p. 92. 402) arab. **al-arzah** (vgl. Freytag I 25), eine Fichtenart, s. **lärix.** 403) **alaternus, -um** *f.*, immergrüner Wegdorn; sard. *aladerru*, vgl. Salvioni, Post. 4; prov. *aladér;* span. *ladierno.* 404) **ălaudă, -am** *f.* (gallisch-keltischesWort, vgl. Plin. 11, 121), Lerche; dav. ital. *allodola, lodola, allodetta;* (sicil. *lódana*); prev. *alauza, alauzeta; frz. altfrz. aloe*, vgl. Schwan Z III 211; für ein Dem. von a*l*oe erklärt Tobler (Sitzungsb. der Berl. Akad. d. Wiss., philos.-hist. Cl., vom 13. Jan. 1893) frz. *aloel, aloyau*, eigentl. „eine Fleischschnitte, welche, wie ein kleiner Vogel (ein Lorchlein), am Spiefse gebraten wird (auch neuprov. *eluseto* wird in ähnlicher Weise gebraucht); nfrz. *alouette* (davon bret. alc'*houedez*, vgl. Th. 29); span. altsp. *aloa, aloeta, n*enep. *alondra* (nach cal*andra*); (ptg. ist statt des Wortes *cotovia*, *sombria*). Vgl. Dz 13 *allodola.* 405) **alausa, -am** *f.*, Alse (ein kleiner Fisch); frz. *alose.* span. *alosa.* Vgl. Meyer-L., Z. f. ö. G. 1891 p. 766. **ălbă, -am** s. **ălbūs, a, um.** 406) **ălbärius, a, um** (v. a*l*băre), zum Übertünchen der Wände gehörig (nur in dieser Bedeutung zu belegen, bedeutete aber gewifs auch „weifslich" u. dgl.); dav. prev. *albar*, Sbst., *frz. aubier*, obier, Subst., Splint, Wasserholunder. Vgl. Dz 57 *aubier.* 407) arab. **al-baschárah,** gute Nachricht (vgl. Freytag I 142b); dav. span. *albricias*, Pl., Geschenk für eine gute Nachricht, dazu auch das Vb. *albriciar*, ptg. *alviçara*, Trinkgeld, Finderlohn, vgl. Dz 417 *albricia;* Eguilaz y Yanguas p. 118. 408) ***ălbēnum** (v. a*l*bus), wefs werden; dav. sard. *albescere, abbresíri* „far giorno", vgl. Salvioni, Post. 4; rum. *albesc, ii, it, i*, vgl. Ch. *alb.*

411) **ālbĭco**, -āre, weifs machen; dav. ital. *albicare*, weifsen (neben welchem *albeggiare*, gleichs. *albidiare*, dämmern), vgl. Canello, AG III 373; sard. *abbrigai* „arroventare", vgl. Salvioni, Post. 4 (die Ableitang erscheint jedoch als sehr zweifelhaft).

412) **ālbĭdus, a, um**, weifslich; rum. *albed*.

413) [**ālbīnārĭum** n. (f. *alvinarium* v. *alvus*), Bienenkorb; dav. nach Nigra, AG XIV 355, ital. *arnia*, cat. span. *arnia*.]

414) *****ālbĭspīna** (vgl. Gröber, ALL I 237) s. unten **albus, a, um**.

415) *****ālbĭtĭä, -am** (v. *albus*),Weifse; dav. rum. *albeaţa*, vgl. Ch. *alb*, wo auch eine grofse Anzahl anderer, meist blofs auf das Rum. beschränkter Ableitungen v. *albus* angeführt ist; prov. *albeza*.

416) arab. **albondaca**, Klofs, ist nach Baist, Z V 233, das Grundwert zu rtr. *anduchiel*; frz. *andouille*, Leberwurst, davon *andouillette*, Kalbfleischklöfschen, cat. *mandonguilla* u. *mondonguilla*; span. *albóndiga*, *albondiguilla*, *almondiguilla*, dazu die Scheideferm *mondongo*, Kutteln, ptg. *almondega*. Dz 508 *andouille* leitete das frz. u. rtr. Wert sowie das gleichbedeutende neap. *nnoglia* v. lt. *inductilis* ab, und daran wird für diese Worte auch festzuhalten sein, vgl. G. Paris, R XI 163, XIX 451 u. Scheler im Anhang zu Dz 781; für die Ausdrücke der pyron. Sprachen dagegen wäre der arab. Ursprung recht denkbar, vgl. Eg. y Yang. p. 115.

417) arab. **al-bornos**, Rock mit Kapuze (vgl. Freytag I 115a); davon span. *albornoz*, eine Art grobes, wollenes Zeug, ein Mantel mit Kapuze; ptg. *albornoz* u. *albernoz* (nfrz. *bournous*). Vgl. Dz 416 *albornoz*; Eg. y Yang. p. 117.

418) **ālbūlŭs, a, um** (v. *albus*), weifslich, ist das mutmafsliche Grundwert zu 1) ital. *álbaro*, *álbero*, Schwarzpappel, vgl. Dz 351 *albaro*, wo auch auf Blanc's Ansicht, dafs *albero* = *arborem* sein könne, ausführlich eingegangen wird. — 2) frz. *able* (f. *alble* = *albula*), Weifsfisch, vgl. Dz 502 *able*.

419) **ālbūmĕn, ĭnis** n. (v. *albus*), das Weifse; ital. *albume*; rum. *albime* f., vgl. Ch. *alb*.

420) *****ālbūndus, *āblūndus, a, um** (v. *albus*, vgl. *rubicundus*), weifslich, wird von Nigra, R XXVI 555, als Grundwert zu ital. *biondo*, frz. *blond* angesetzt, ebenso zu altfrz. *alborne*, *auborne*. S. unten **bland**.

421) **ālbŭrnŭm, I** n. (v. *albus*), Splint; davon altfrz. *aubour*. Vgl. Dz 511 *aubier*.

422) **ālbŭs, a, um** (vom St. *albha* weifs, vgl.Vaniček I 64), weifs, ist als Adj. in den rom. Spr. nahezu geschwunden u. durch germ. *blank* verdrängt worden (erhalten ist *albus*, doch nur in beschränktem Gebrauche, im Rum. *alb*, vgl. Ch. *s. v.*; sard. *arbu* Eiweifs; vgl. *jualb*, vgl. Salvioni, Post. 4; rtr. *alf*, *alva*, vgl. Ascoli, AG VII 515, u. ptg. *alvo*, weifslich, auch Sbst.: das Weifse im Auge, Zielscheibe, Ziel). Sonst lebt *albus* noch in vereinzelten Fällen substantivierten Gebrauches und in einigen Zusammensetzungen fort, nämlich: 1. *alba*, Sbst., im Cat. eine Pappelart bezeichnend, vgl. Dz 351 *albaro*; 2. ital. prev. span. *alba*, Morgenröte, frz. *aube* (dav. *aubaine* [= *albāna*], Morgengabe, unverhoffter Fund), ptg. (u. rtr.) *alva*, vgl. Dz 10 *alba*; 3. *albispina*, *albispīnum*, Weifsdorn, = prov. *albespi-s*, altfrz. *albespine*, *albespin*, nfrz. *aubépine*, Gröber, ALL I 237 (*aubépine* darf nicht = *alba spina* angesetzt werden, denn, wäre das Adj. mit dem Subst. verbunden, so würde nach Analogie von *béjaune* u. a. ein *épinaube* zu erwarten sein).

Vgl. auch A. Darmesteter, R I 388 Z. 4 v. u. 4. auf *alb[us]* + span. *bazo*, dunkelbraun, dürfte viell. span. *albazano*, hellbraun, zurückgehen (ptg. *alvação*, weifslich, direkt v. *albus*). Vgl. Dz 416 *albazano*. Über *alba* als Kleidungsstück vgl. Havet, R VI 294.

423) arab. **al-chângar** (vgl. Freytag I 530a, Eg. y Yang. p. 159), Dolch; dav. span. ptg. *alfange*, Säbel. vgl. Dz 419 *alfange*.

424) arab. **al-charschof** (*aljorxofa* nach Eg. y Yang. p. 124). Artischocke, davon ital. *carciofo*, span. ptg. *alcarchofa*, *alcachofa*, *-fra*. vgl. Dz 27 *articiocco*, s. auch unten **ārʿdī schaukī** u. **artytica**.

425) arab. **al-châzeo**, berberisch *az-zagāya* (Eg. y Yang. p. 318). Lanzenspitze (vgl. Freytag I 483b), vielleicht Grundwert zu ital. *zagaglia*, Wurfspiefs; prov. *arssagaya*; frz. *zagaie* (altfrz. *arcigaye*, *archegaye*), Assagaie; span. *azagaya*; ptg. *azagaia*, *zagaia*. Vgl. Dz 345 *zagaia*, wo aber bemerkt wird, dafs Engelmann 69 u. Dozy 76 andere Ableitungen vorziehen.

426) *****alchemilla, -am** f. (arabisch?), Löwenklau; ital. *alchimilla*; frz. *acmelle*; span. *alquimila*, vgl. Cohn, Suffixw. p. 49 Anm. Bei Eg. y Yang. ist das Wort nicht verzeichnet.

427) arab. **al-chill** (*aljilēl*, Eg. y Yang. p. 168), Nadel (vgl. Freytag I 472b); davon span. *alfiler* u. *alfilel* (viell. an *filo* angebildet; Stecknadel; ptg. *alfinete*. Vgl. Dz 419 *alfiler*.

428) arab. **al-chomrah**, Teppich zum Beten (vgl. Freytag I 472b); davon span. *alfombra*, Fufsteppich; ptg. *alfambar*; grobe. rote Bettdecke. Vgl. Dz 419 *alfombra*; Eg. y Yang. p. 170.

429) arab. **al-chŏrg** (vgl. Freytag I 441a); davon span. *alforja*, Quersack, Felleisen; ptg. *alforge*, Quer-, Bettel-, Reisesack. Vgl. Dz 419 *alforja*; Eg. y Yang. p. 171.

430) *****ālēnĭtŭs, -um** m. (aus *anhelitus*), Atem (sard. *alenu*); span. *aliento*; ptg. *alento*. Vgl. Dz 12 *alenare*; Gröber, ALL I 237; W. Meyer, Z VIII 227; Behrens, Metath. p. 97.

431) *****ālēnō, -āre** (aus *anhelare*, wohl durch *halare*, *halitare* beeinflufst), atmen; ital. *alenare* „tirar il fiate", u. *anelare*, „tirar il fiato lunge, aspirare moralmente", vgl. Canello, AG III 397; dav. Vbsbst. *alena*, *lena*, sard. *alenu*; prov. *alenar*; frz. *haleiner*, *halener*, dazu Vbsbst. *haleine*. (Span. ptg. ist *respirar* dafür eingetreten.) Vgl. Dz 12 *alenare*; Gröber, ALL I 237.

432) germ. **alesna**, Ahle (ahd. *alansa*); davon ital. *lésina* (bedeutet auch „Knauserei" und ist in dieser Bedtg. im Frz. als Fremdwort, *lésine*, erhalten; der seltsame Bedeutungswandel ist von Ménage erklärt worden, freilich in sehr unbefriedigender Weise, man sehe das Nähere bei Dz 192 *lésina*); prov. *alena*; frz. *aléne* (u. *lésine*, s. ob.); span. *alesna*. Vgl. Dz 192 *lésina*, Mackel 46, 96, 173 (p. 46 setzt Mackel *alesna*, p. 96 dagegen **âlisna* oder **alinsa* als Grundform an).

488) arab. **al-fâris**, Reiter, Soldat (vgl. Freytag III 331b, Eg. y Yang. p. 161); span. ptg. *alfaraz*, leichtes Pferd der maurischen Reiterei, vgl. Dz 419 *alfaraz*. Frz.: vielleicht aus *al-faras* entstanden sind altfrz. *aufage*, Pferd (vgl. Dz 511 *aufage*) sowie das Adj. *auferrant* (prov. *alferan*), gran, wo Antritt des Suffixes *-ant* an den scheinbaren Stamm *fer* u. im Frz. Verdoppelung des *r* in Anlehnung an das Adj. *ferrant*, eisenfarbig (grau), stattgefunden hätte; für *auferrant* würde dann auch das ver-

3*

meintlich damit zusammenhängende Partizipialadj.
ferrant (prov. *ferran*) für ein Pferd von bestimmter
grauer Farbe gebraucht werden sein. Vgl. Dz 582
ferrant u. Böhmer, RSt I 258. Möglicherweise
steht mit *al-faras* auch im Zusammenhang frz.
haras, Stuterei. Vgl. Dz 611 *harras;* Baist, Ltbl.
f. germ. u. rom. Phil. 1892 Sp. 24. S. unten **ha-
raceum.** — Ital. *alfiere*, Fähndrich, Läufer (wohl
erst aus dem Span. entlehnt); span. ptg. *alférez*,
Fähndrich. Vgl. Dz 352 *alfiere*, 419 *alferez.* —
Nicht auf arab. *al-fáris*, sondern auf pers. *fers*,
Feldherr, gehen zurück die prov. u. frz. Benennungen
der Königin im Schachspiel: prov. *fersa*, altfrz.
fierce, *fierche*, *fierge*, daraus durch Volksetymologie
nfrz. *vierge*. Vgl. Dz 584 *fierce.*

434) arab.-pers. **al-fil,** Elephant, ist in den rom.
Spr. als Benennung der dem Könige, bezw. dem
Feldherr (der Königin, s. oben den Schluß des
vorhergehenden Artikels) nächststehenden Schach-
figur mit arab. *al-fáris* (s. d.) — span. *alferes* etc.,
Fähndrich, vermengt worden, was eine Änderung in
der Auffassung der betr. Figur zur Folge gehabt
hat: der Kriegselephant wurde zum Fahnenträger,
ja zum Läufer, im Frz. sogar durch volksetymolo-
gisebo Um- u. Andeutung (s. Fafs, RF III 505
oben) zum Hofnarren (die somit frei gewordene
Rolle des Kriegselephanten wurde auf den Thurm
übertragen); ital. *alfido* (neben *alfiere*); span.
alfil, *arfil*; ptg. *alfil*, *alfir*; altfrz. *aufin*; nfrz.
fou. Vgl. Dz 12 *alfido.*

435) arab. **al-fostoq,** Pistazienbaum (vgl. Freytag III 146a); davon span. *alfóstigo*, *alfócigo*,
alfónsigo; ptg. *alfostico.* Vgl. Dz 419 *alfócigo;*
Eg. y Yang. p. 169 leitet das Wort vom griech.-
lat. *pistacia*, *-um* ab.

436) arab. **älgä, -am** f., Seegras, Tang; ital. *alga;*
frz. *algue* (gel. W.); span. *alga*, *aliga*, *ova* (aus
alga, *auga, *oga; Meyer-L., Z XII 560, stellt *lva*
als Grundwort auf), vgl. Parodi, R XVII 70.

437) arab. **al-gabah** (*alchàaba*, Eg. y Yang.
p. 200), Köcher (vgl. Freytag I 281); davon span.
aljaba, ptg. *aljava.* Vgl. Dz 420 *aljaba.* (Über
die Benennungen des Köchers in den rom. Spr. s.
die eingehende Untersuchung von C. Michaelis,
Jahrb. XIII 212 u. 308.)

438) arab. **al-gabr** (*ulchébra*, Eg. y Yang. p. 178,
vgl. Lammens p. 13), Wiedereinrichtung zerbrochener
Dinge, dann terminus technicus für eine Rechnungs-
art (vgl. Freytag I 239b); davon ital. *algebra;*
frz. *algèbre;* span. ptg. *algebra* (nur gel. W.,
daher auch die auffällige Betonung). Vgl. Dz 12
álgebra.

439) arab. **algarábia,** zu Algarve, d. h. zum
Westen gehörig, die Sprache der Afrikaner, soll
nach C. Michaelis, R II 87 Anm., das Grundwert
zu frz. *charabia*, Kauderwelsch (insbesondere der
Dialekt von Auvergne) sein. Möglicherweise ist
frz. *charabia*, span. *algarabía*, ptg. *algaravia*,
algravia, *arabía* nichts Anderes als *charr'arabia*
arabische Redeweise, vgl. Lammens p. 85, Eg. y
Yang. p. 176.

440) arab. **al-garáh,** Streifzug auf feindliches
Gebiet (vgl. Freytag III 301b); davon span. *algara*
Streifzug, Haufe berittener Parteigänger, dazu Vb.
algarear, das Kriegsgeschrei erheben, u. davon wieder
das Vbsbst. *algarada*, Kriegsgeschrei (auch frz. als
Fremdwort *algarade*). Vgl. Dz 419 *algara;* Eg.
y Yang. p. 176 (setzt *al-charrâda* „Scharmützel"
als Grundwert für *algarada* an, vgl. dagegen Lammens p. 12).

441) pers.-arab. **al-gauhar,** Edelstein (vgl. Freytag I 327b); davon span. *aljófar*, kleine, ächte,
schief u. unregelmäßig gebildete Perle; ptg. *aljofre.*
Vgl. Dz 420 *aljófar;* Eg. y Yang. p. 203.

442) **älgeo, -ëre,** frieren; obwald. *alger*, vgl.
Meyer-L., Z. f. ö. G. 1891 p. 766.

443) **Al-gozz,** Name eines türkischen Stammes,
dessen Angehörige von den Almohaden zu Henkers-
diensten gebraucht wurden; davon ptg. *algoz*, Henker,
Scharfrichter. Vgl. Dz 419 *algoz;* Eg. y Yang.
p. 182.

444) arab. **al-gubbah,** baumwollenes Unterkleid
(vgl. Freitag I 238a); ital. *giubba, giuppa*, Wamms,
Jacke (davon verschieden *giubba*, Mähne = lt. *juba*);
vielleicht gehört hierher auch *cioppa*, langes Frauen-
oberkleid; rum. *gubeä;* rtr. *gippa;* prev. *jupa;*
frz. *jupe;* span. *aljuba*, *chupa.* Vgl. Eg. y Yang.
p. 204; Lammens p. 265.
Dazu 1) die Deminutivbildungen ital. *giubbetto*,
giubbetta; frz. *gibet*, Galgen (eigentl. Krägelchen,
vom Strick, der umgelegt wird; indessen ist diese
von Diez aufgestellte Ableitung wohl nur ein geist-
reicher Einfall, in Wirklichkeit dürfte *gibet* das
Deminutiv zu *gibe* sein, wie Littré annimmt. u. mit
gibier u. *gibelet* eine Sippe bilden, s. unten *capĭco
am Schlusse). — 2) Die Augmentativbildungen ital.
giuppone; prov. *jubo-s;* frz. *jupon;* cat. *gipó;*
span *jubon* (bezeichnet auch die Strafe des Staup-
besens); ptg. *jubão*, *gibão.* — Vgl. Dz 766 *giubba*
u. *giubbetto.*

445) arab. **alháceh, alhadjidji,** „peregrino
muche tiempo, romero que vu en remeria"; altspan. *alfage*, al/aje; altfrz. *aufage*, Saracenen-
häuptling, vgl. Thomas, R XXVI 413, Devic, Mém.
de la soc. ling. de Paris V 37; Eg. y Yang.
p. 155.

446) arab. **al-'hagah** (od. **aljâh**), nötige Sachen,
Kleider, Spielzeug; davon span. ptg. *alhaja*, al-
faja, Möbel, Kleinod; von ptg. *alfaga* ist abgeleitet
alfaiate, al/ajata, eine Person, welche etwas, namentlich Kleider zurecht macht, Schneider, Schneiderin.
Vgl. Dz 420 *alhaja;* Eg. y Yang. p. 155.

447) arab. **al-'hauz,** Bezirk (vgl. Freytag I 441a);
davon span. ptg. *alfóz*, Bezirk, Landschaft, Um-
gegend. Vgl. Dz 419 *alfoz;* Eg. y Yang. p. 173
(das Wort in zwei Artikeln behandelt).

448) arab. **al-'holbah,** eine Pflanze, fenum grae-
cum (vgl. Freytag I 445a); davon span. *alholva*,
Bockshorn (ein Pflanzenname); ptg. Pl. *alforvas.*
Vgl. Dz 420 *alholba;* Eg. y Yang. p. 192.

449) [*älïbänüs, a, um** (v. *alibi*), wo andershin
gehörig; davon frz. *aubain*, Fremder, u. *aubaine*,
unverhoffter Fund, wenn letzteres Subst. nicht etwa
= *albana (v. alba, Morgenröte, s. oben albus) ist
u. eigentlich „Morgengabe" bedeutet. — Vgl. Dz
511 *aubain;* Herrig's Archiv 98 p. 218.]

450) arab. **alïca, -äm** f. u. **älïcüm** n., Speltgraupen
(wohl von √ al abzuleiten); davon rum. *alac*, Spelt,
Malz, s. Ch. s. v.; span. *álaga*, Spelt, Dinkel, vgl.
Dz 416 *alaga.* — Scheler im Anhang zu Dz 802
ist geneigt, in frz. *arigot*, *larigot* (wofür Dz 625
die Ableitung Frisch'e von dem musikalischen Kunstausdruck *largo* als lautlich untadelhaft bezeichnete),
Flöte, eine Ableitung von *alica* zu erblicken.

451) **älïcübï,** irgendwo; davon ptg. *algur*, *alhur*,
alhures (span. *alubre* = al- + *ubi*). Vgl. Dz 420
algures (in seiner Gramm.³ 744 leitete Diez ptg.
alhures von *aliorsum* ab, vgl. auch Munthe, Z XV
232). Analog gebildet ist ptg. *nenhures* = *nec ubi*
nirgendwo, vgl. Dz 472 (*ubi : ubre = ure*).

452) **ālīcūnūs, a, um** (= aliqu[is] + unus), irgend einer; ital. alcuno, sard. alcunu; rtr. alchūn; prev. alcus; frz. (alcun, daneben alcucn-s, d. i. al[i]c + uen-s = hŏmo, vgl. chascuen u. agen. ognomo, AG X 159, vgl. Meyer-L., Rom. Gr. I § 67) aucun; cat. algú; span. alguno; ptg. algum. Vgl. Dz 11 alcvno; Gröber, ALL I 237.

453) **āl[ĭd]** (altlat., z. B. b. Lucret. 1, 263, Catull. 29, 15 vorkommende Form für al-iud), Anderes; davon prov. al, altfrz. al, el, altspan. altptg. al. Vgl. Dz 10 al; Gröber, ALL I 237. — Statt alid setzt man wohl besser *ale (*alis, e, nach talis, qualis etc. gebildet) an.

454) **ālīēnūs, a, um** (v. alius), einem andern gehörig, fremd; ital. alieno (sard. alenu), gel. W.; frz. alien, aliene, gel. W., (im 16. u. 17. Jahrb. aliène für beide Geschlechter, jetzt veraltet, dagegen ist das Vb. aliéner [gel. W.] sehr üblich), vgl. Berger s. v.; span. ageno; ptg. alheo. Vgl. Dz 415 ageno.

455) germ. **alina**, Elle; davon ital. ulna, auna, alla; prov. alna; frz. aune; span. alna. ana; ptg. auna (neben ulna). Vgl. Dz 14 alna; Mackel 12, 14, 57; G. Paris, R X 62. — Gröber, ALL I 238, setzt lat. alna f. ulna an, wozu eine Notwendigkeit nicht vorliegt, wenn auch allerdings die von Gr. im Nachtrag zur ersten Ausg. des lat.-rom. Wtb's No. 392 vorgebrachten Gründe recht beachtenswert sind. Auch Kluge (unter Elle) setzt alina als germ. Grundform an und leitet aus ihr die rom. Sippe ab.

456) **ālīōrsūm** (aus alivorsum), anderswohin; dav. prov. alhors, frz. ailleurs. Vgl. Dz 504 ailleurs.

457) *(ali)quam =(?) rum. cam, Adv., leidlich, gut, gewissermaſsen, beinahe, vgl. Ch. s. v.

458) **ālīquāndō**, einstmals; davon altspan. alguandre, vgl. Cornu, R X 75. Da Gr. I 361 hatte aliquantum oder aliquantulum als Grundwert angesetzt.

459) **ālīquī, -quae, -quŏd** (u. ālīquīs, ālīquīd), irgend einer, -jemand, irgend etwas. Von diesen Pronominibus sind im Rom. nur erhalten: 1. das Neutr. Sg. rtr. velc, vgl. Ascoli, AG I 363 Z. 15 v. ob. u. 371 Z. 6 v. ob.; prov. altfz. alques; span. ptg. algo. — 2. Acc. Sg. M. span. alguno; jemand; ptg. alguem. Vgl. Gröber, ALL I 237. Ersetzt wird das Pron. im Rom. durch Kompositionen, wie aliqui + unas = *alicunus (s. d.), irgend einer, qualis + quam + causa = ital. qualche cosa, frz. quelque chose, etwas, u dgl.

460) [**ālīquŏt**, irgend einige, soll zu dem frz. Speisenamen haricot, Gemengsel, Ragoût von Kalbfleisch, geworden sein (weil eine solche Speise aus einigen Bestandteilen sich zusammensetzt), u. dieser Name soll dann wieder auf (grüne, geschnittene) Bohnen übertragen werden sein, weil dies Gericht eine gewisse äuſsere Ähnlichkeit mit einem Ragoût habe. So Génin, Récr. phil. I 46, worüber Dz 612 haricot u. Scheler (im Dict., haricot 1 u. 2) berichten, vgl. auch Förster im Nachtrag (No. 397) zur ersten Ausg. des Lat.-rom. Wtb.'s. Die ganze Hypothese kann aber nur als eine gastronomischer Scherz aufgefaſst werden, denn sie ist völlig unglaubhaft, namentlich — worauf schon Dz a. a. O. hinwies — in ihrem ersten Teile, weil ein Ragoût vernünftigerweise nimmermehr als „aliquot" bezeichnet werden kann. Schötensack, p. 135 u. 219, erklärt haricot, Bohne, als aus *fardicut v. fard entstanden (also eigentl. „Schminkebohne") u. meint, dafs -cot mit lt. catis, gr. σχύτος zusammenhänge(!).

Espagnolle, I 231, erlaubt sich den schlechten Witz, haricot, Bohne, vom griech. ἄλυξ, ἄλυχος (das, nebenbei bemerkt, in den üblichen griech. Wörterbüchern, z. B. in dem von Passow, fehlt) abzuleiten (!!). Der Ursprung des Wertes u. seiner Sippe (altfrz. harligote, Stück, harigoter, harligoter, zerstückeln; nfrz. haricoter, knickern, knausern, haricoteur, Knicker) ist eben vorläufig noch dunkel. Fast möchte man vermuten, dafs haricot in der Bedeutung „Gemengsel" eine Verballhornung von ragoût sei, die auf irgend welcher Volksetymologie beruht. Dafs aus dem Namen einer Mischspeise, in welcher gehacktes Fleisch eine grofse Rolle spielt, Worte mit der Bedeutung „Stück" u. „zerstückeln" abgeleitet werden konnten, würde man wohl glauben dürfen. Die Übertragung der Benennung haricot „Ragoût" auf grüne, geschnittene Bohnen, wie sie Génin annahm, ist wenigstens nicht undenkbar, zumal da dieser Gebrauch erst im 17. Jahrb. aufkam. Nach G. Paris, R IX 575 Anm., ist es nicht unwahrscheinlich, dafs haricot aus dem mejicanischen ayacotti entstanden sei.]

461) **āl(ī)-**(Samm v. alius) oder *ale (Ntr. v. *alis, e) + sīc ebenso = ital. alsi; frz. aussi. vgl. Dz 512 aussi; rtr. aschi, vgl. Ascoli, AG VII 516; in den übrigen rom. Spr. (gewöhnlich auch in Ital.) wird „auch" durch anche (ital., rum., s. oben ad hanc horam), aun (sp.) = ad unum, ainda (ptg.) = ab inde ad, auch durch tam bene (span. tambien) ausgedrückt; vgl. auch die Zusammensetzungen mit aeque, wie aeque sic = aissi.

462) **alīee, -en** u. **alīca, -am** f., Speltgraupen; sard. dlighe „pan giallo", vgl. Salvioni, Post. 4. autel, vgl. acque talis.

463) **āl(ī)- + tāntus**, ebenso beschaffen, — frz. autel, vgl. acque talis.

464) **āl(ī)- + tāntus**, ebenso grofs, — frz. aatant, vgl. aeque talis; wall. ostā d. i. aussitant, vgl. Horning, Z XVIII 226.

465) **ālītēr ūbī**, anderswo; davon ital. altrove.

466) [**ālītto, -āre** (ala), mit den Flügel schlagen; davon nach Tobler (Sitzungsb. der Berl. Akad. d. Wiss., philos.-hist. Cl., vom 23. Jan. 1893 p. 16) frz. haleter pochen, schlagen (vom Herzen). G. Paris R XXII 240, stimmte dieser Erklärung bei. Horning, Z XVIII 219, vermutet, dafs altfrz. hareter klopfen (an eine Thür) dasselbe Wort sei. Dagegen erscheint Tobler's Annahme doch nicht als völlig frei von Bedenken: im lat. *alittāre hätte frz. *alter, auter ergeben müssen; wäre aber um frz. aile in Verbum abgeleitet worden, so würde dasselbe wohl das ai des Stammwortes beibehalten, also *aileter gelautet haben. Ableitung von dem begrifflich nabeliegenden haltitare ist aus dem gleichen Grunde, wie die von *alittare, nicht statthaft, vielleicht aber kann man in haleter ein die Ableitung von *haler = lat. halāre erblicken.]

467) **ālīūbī**, anderswo; davon rum. aiare, s. Ch. s. v.; altspan. alubre. Vgl. Dz 421 alubre.

aliud, s. oben **alīd**.

468) **ālīūm** n., Knoblauch; ital. aglio; rum. aïu, m., Pl. aïuri, vgl. Ch. s. v.; prov. alh; frz. ail; cat. all; span. ajo; ptg. alho.

469) **āl(ī)ūndĕ**, anderswoher; dav. prov. alhondre, vgl. Dz 505 alhondre.

470) **ālīūs, a, um** (vom St. alja, s. Vaniček I 65), ein anderer. Dies Pronominaladjektiv ist im Rom. durch al-ter fast völlig verdrängt werden, s. auch oben **alīd.**]

471) arab. **al-kâfór**, Kampfer (vgl. Eg. y Yang. p. 131; Freytag IV 47b); davon ital. cafura,

cánfora; frz. camphre; span. alcanfor, cánfora. Vgl. Dz 84 cánfora, Lammens p. 72.

472) arab. al-kandarah, Stange (vgl. Freytag IV 63ª); davon span. alcándara, Stange, auf welcher die Falken u. andere zur Jagd abgerichtete Vögel sitzen. Vgl. Dz 417 alcandára; Eg. y Yang. p. 130.

473) arab. alkîmîâ, Scheidekunst (vgl. Freytag IV 75b); davon ital. alchímia; prov. alkimia; frz. alchimie; span. ptg. alquímia, nur gel. WW. Kürzungen des Wortes sind chímica, frz. chimie. Ob griechisch χημεῖα (b. Suidas) u. χυμός mit dem arab. al-kîmîâ etwas zu schaffen haben, das ist eine Frage, deren Erörterung auſserhalb der rom. Wortforschung liegt. Vgl. Eg. y Yang. p. 250.

474) arab. al-kira, Mietpreis (vgl. Freytag IV 31b); davon span. alquile u. alquiler; ptg. alquilé u. alquilér, dazu in beiden Spr. das Vb. alquilar, vermieten. Vgl. Dz 421 alquile; Eg. y Yang. p. 250 (setzt alqueré als Grundform an). S. unten 1 lŏco.

475) arab. al-ko⁴hl, ein feines Pulver zum Schwärzen der Augenbrauen (vgl. Freytag IV 15ª), ist mit seltsamem Bedeutungswandel, vermöge dessen es zur Bezeichnung des Weingeistes gebraucht wird, in alle rom. u. überhaupt in alle modernen Kultursprachen übergegangen. Vgl. Dz 11 alcohol; Eg. y Yang. p. 240; Lammens p. XIV Anm. 3.

476) arab. al-korrâz, Krug; dav. span. alcarraza, weifses, irdenes Geschirr zur Kühlung des Wassers. Vgl. Dz 417 alcarraza; Eg. y Yang. p. 133.

477) arab. al-kuniah, Beiname; davon span. alcuña, Geschlecht, u. alcuño, Geschlechtsname, ptg. alcunha, Spottname, Beiname; cat. (valenc.) alcunya, Geschlecht. Vgl. Dz 418 alcuña, wo Dz bemerkt, dafs das Wort lautlich auch dem germ. (ahd.) adal kunni, edles Geschlecht, hergeleitet werden könne. Eg. y Yang. p. 147 (unter alcuna).

478) ăl-lācto, -āre, nebenbei stillen (Marc. Emp. c. 8); ital. allattare, säugen; frz. allaiter.

479) [*ăl-laetāmĭno, -āre (v. laetamen), düngen; davon ital. allctamare, vgl. Flechia, AG II 58, Z. 2. v. ob.]

480) [ital. all'arme, zu den Waffen; dav. die Sbsttve ital. allarme; rum. larme; frz. alarme; span. alarma etc. Vgl. Dz 12 allarme.]

481) [*ăl-lătĭno, -āre (v. latinus), nach lateinischer Weise sprechen; davon ital. (genues.) alainar, deutlich reden, vgl. Flechia, AG VIII 321.]

482) [*ăl-latjo, -āre (v. got. latjan aufhalten); davon ital. allazzare, ermüden, vgl. Dz 352 allazzare.]

483) [*ăl-lăturo, āre (v. lătus), an die Seite setzen, — rum. alăturez, ai, at, a, vergleichen, s. Ch. s. v.]

484) [ăl-laudo, -āre, nach Dz 415 alabar Grundwort z. span. ptg. alabar, loben, vgl. dagegen oben ălăpo, -āre.]

485) [dts·h. all'aus! (oberdtsch. all'ûs!) (Zuruf beim Trinken); davon frz. alluz (b. Rabelais), vgl. Dz 328 trincare.

486) ăllēc, -ēcĭs (allec, von allex App. Probi 210) n., Fischsauce; davon ital. álece, gel. W. in der lat. Bdtg., u. alíce, Sardelle, vgl. Canello, AG III 317, Ascoli, AG X 93, viell. auch laccia, Maifisch; span. aléce, Fischleberragoût, u. haleche, eine Art Makrele, viell. auch alacha, Sardelle; neuprov. alacho, Maifisch. Vgl. Dz 186 laccia.

487) [*ăl-lēctĭco, -āre (v. allicio), anlocken, nach Horning, Z IX 140 u. Ztschr. f. nfrz. Spr. u. Lit. X² 242, Grundwert z. frz. allécher ködern. Da aber neben allécher pic. allequier steht, so wird man besser germ. lekkôn (vgl. Mackel p. 141) als Grundwert ansetzen.]

488) [*allěcto, -āre (allício), anlocken, ködern; ital. allettare.]

489) [*ăl-lēgo, -āre (v. lex), dem Gesetz anpassen; davon ital. allegare, den Metallgehalt der Münzen (in gesetzlicher Weise) normieren, dazu Vbsbst. lega; frz. aloyer, dazu das Vbsbst. alǒi; span. alear. Vgl. Dz 191 lega; Förster, Z VI 108, wo wegen altfrz. alier das nfrz. aloyer als wahrscheinlich aus ad-le(ï)gare entstanden erklärt wird.]

490) [ăl-lēno, -āre u. ăl-lēnīto, -āre (v. lenis), besänftigen, davon rum. alin u. alint, ai, at, a, s. Ch. s. lin.]

491) ăllēvātŭm, -ĭ n. (Pt. P. P. v. allevo); davon rum. aluat m., Hefe, Teig, s. Ch. lua.

492) [*allěvīmen n. (allevare), Laiche; frz. alevin Fischbrut, dazu das Vb. aleviner, vgl. Thomas, R XXV 88 (u G. Paris, R XVIII 132)]. Vgl. 493.

493) *ăl-lěvĭo, -āre (v. levis), erleichtern; davon ital. alleggiare; frz. alléger; span. aliviar, aligerar; ptg. alliviar.

494) ăl-lěvo, -āre, emporheben, erziehen, — ital. allevar, Vbsbst. allievo, Zögling; prov. alevar; frz. (élever, dav. Vbsbst. élève), jedoch ist altfrz. (u. auch noah neufrz., s. Sachs s. v.) das Sbet. alevin, Brut, Zucht, vorhanden, davon die Redensart avoir son alevin [volksetymologisch verkehrt in olivier] courant, vgl. G. Paris, R XVIII 165; Tobler, Z XIII 330; span. (alevar) Vbsbst. alievo. Vgl. Dz 12 allevare.

495) ăl-lēvo, -āre (v. lēvis). glätten; davon nach Bugge, R III 160, span. alifar, ebnen, polieren, u. ptg. anafar, reinigen.

496) ăllĭgo, -āre, anbinden; ital. allegare, anbinden, allear-si (nach dem frz. s-lier), sich verbinden, vgl. Canello, AG III 374, wo fälschlich auch allegare, anführen, beweisen, citiren (v. al-lēg-are); als Scheideform aufgeführt wird; frz. allier; span. aligar; ptg. alligar.

497) [allĭgo, -āre = sard. alezer, vgl. Parodi, R XXII 307 Anm. 1, Salvioni, Post. 4.]

498) ăllīsūs, a, um (Pt. P. P. v. allīdo), angestofsen; davon ital. (aret.) aliso, abgenutzt, vgl. Caix, St. 147.

499) [*ăllo, -āre (nach al-lā-tus gebildet, wie *postro nach prostra-tus), soll nach J. Baur, Z II 592, das Grundwort zu frz. aller sein. Vgl. unten ambulo.]

[allodium, n. s. unten al-ōd.]

500) *ăl-lŏco, -āre, anlegen; davon frz. allouer, Geldsummen genehmigen, gelten lassen, vgl. Scheler im Anhang z. Dz 781.

501) ăl-longo, -āre, in die Ferne bringen; davon ital. allungare; rum. alung, ai, at, a, vgl. Ch. lung; auch sonst ist dies zusammenges. Ztw. vorhanden, so z. B. frz. allonger, längen, dazu das Vbsbst. allonge Verlängerung, daraus longe Strick am Halfter, vgl. Dz 628.

502) *ăl-lūbrĭco, -āre (v. lūbricus), gleiten; davon rum. alunec; ai, at, a, vgl. Ch. lunec (aus lurec aus lubrec).

503) ăllūceo, -ēre, anzünden; sard. allúghere, allúiri, Part. alluttu, vgl. Salvioni Post 4.

504) ăllūcĭnor, -ārĭ, bezw. -e, -āre, faseln; sard. alluinare, vgl. Salvioni, Post. 4.

505) *ăl-lūco, -āre (v. *luc-s*), anzünden; davon prov. *alucar*; altfrz. *alucher*, vgl. Dz 630 *lueur*.

506) ăl-lūdĭo, -āre (neben *allüdere*), streicheln, kosen, plätschern (von dem an das Ufer schlagenden, das Ufer gleichsam streichelnden Wasser); davon (?) (mit Bedeutungsverstärkung) ptg. *alaír* schütteln, vgl. Dz 421 *alair*.

507) *ăl-lūmĭno, -āre, anzünden; davon ital. *alluminare*; prev. *alumenar*; frz. *allumer*; span. *alambrar*; ptg. *al(l)uminar*.

508) *ăl-lūtŭlo, -āre (v. *lutum*), beschmutzen; davon ital. (Dial. v. Campobasso) *alluterá*, „infangare“, vgl. d'Ovidio, AG IV 161 Z. 1 v. u.

509) ăllūvĭēs, -ēm (v. *alluo*), Anschwemmung; davon nach Dz 381 *loja* ital. *loja*, der dem Leibe anhaftende Schmutz. Caix, St. 43, leitete das Wort von *illuvies* ab; W. Meyer, Z XI 256, erkannte in lt. *lorea*, Troberwein, das Grundwert.

510) arab. al-maehsan (od. *almajzen*), Scheune, Warenniederlage (vgl. Freytag I 484b); dav. ital. *magazzino*; sard. (logud. gallur.) *camasinu* neben *magasinu*; frz. *magasin*; span. (*al*)*magacen, almacen*; ptg. *armazem*. Vgl. Dz 200 *magazzino*; Eg. y Yang. p. 205; bei Lammens fehlt das Wort; Behrens, Metath. p. 28.

511) arab. al-mä'den, Bergwerk (vgl. Freytag III 122a); davon span. *almaden*, Bergwerk, Metallmine, vgl. Dz 420 *almuden*; Eg. y Yang. p. 207.

512) arab. al-mâgrah, rote Erde (vgl. Freytag IV 195b); davon span. ptg. *almagra*. u. *almagre*, Bergrot, vgl. Dz 430 *almagra*; Eg. y Yang. p. 209.

513) arab. al-maî'ah (od. al-meia), Storax; davon span. *almea* (Rinde des) Storax, vgl. Dz 420 *almea*; Eg. y Yang. p. 218.

514) arab. al-mais, Nesselbaum; davon span. *almez*, vgl. Dz 421 *almez*; Eg. y Yang. p. 221.

515) arab.-griech. al-manaeh (v. gr. μήναχος, *manachus*, Mondkreis an der Sonnenuhr) ist nach Mahn in Herrig's Archiv LVI 422 (vgl. Scheler im Anhang zu Dz 706) das vorauszusetzende Grundwert für ital. *almanacco*, Kalender; prov. *armana*; frz. *almanac*; span. *almanaque*; ptg. *almanák*. Vgl. Dz 13 *almanacco*; Eg. y Yang. p. 211.

516) arab. al-mansour, der Siegreiche, = altfrz. *aumaçor*, vgl. Devic, Mém. de la soc. de ling. de Paris V 37.

517) arab. al-ma'tra'h, Ort, wohin etwas gelegt wird, Kissen (vgl. Freytag III 47a); davon ital. *materasso*, Matratze; (romagn. *tamarazz*) prov. *almatrac*; frz. *materas, matelas*; cat. *matalás*; span. ptg. *almadraque*, Matraze, Strohsack, Kopfkissen. Vgl. Dz 207 *materasso*; Eg. y Yang. p. 207; Lammens p. 161; Behrens p. 30.

518) arab al-mechaddah (vgl. Freytag I 464a); davon span. *almohada* (Kopfkissen); ptg. *almofada*, vgl. Dz 421 *almohada*; Eg. y Yang. p. 233 (*almojádda*).

519) arab. al-mesmas, nach Caix, St. 152, Stammwort z. ital. *amoscino, abosino*, Pflaumenbaum, Pflaume; ptg. *ameixa, amexa*; Eg. y Yang. p. 258 setzt griech.-lat. *myxa* (μύξα) als Grundwert an.

520) arab. al-migfar, aus Eisenringen verfertigter Helm (vgl. Freytag III 285b); davon span. *almofar, -fre*, der über den Kopf reichende Teil des Panzers; ptg. *almafre*; vgl. Dz 421 *almofar*; Eg. y Yang. p. 232 (*almafgar*).

521) arab. al-mod, Maſs für Getreide u. Früchte (vgl. Freytag IV 159a); davon span. *almud*; ptg. *almude*. Vgl. Dz 421 *almad*; Eg. y Yang. p. 239 (*almudd*).

522) arab. al-monâdija, Versteigerung; davon span. *almoneda*, Versteigerung; ptg. *almoeda*, vgl. Dz 421 *almoneda*; Eg. y Yang. p. 236 (*almonáda*).

523) arab. al-moschrif, Aufseher (vgl. Freytag II 414b); davon span. *almojarife*, Zolleinnehmer; ptg. *almoxarife*, Rentmeister. Vgl. Dz 421 *almoxarife*; Eg. y Yang. p. 235 (*almóxrif*).

524) *ălmŏsĭnă, -am (aus gr. ἐλεημοσύνη), Almosen; (ital. *lemosina*); prov. *almosna*; frz. *aumône*, vgl. Scheler s. v.; span. altsp. *almosna*, (neuspan. *limosna*); (ptg. *esmola*). Vgl. Gröber, ALL I 238; Dz 194 *limisina*.

525) [*alna, -am f, (f. *ulna*), Elle, nach Gröber, ALL I 238, Grundwert z. ital. *alna* etc., s. oben alna.]

526) *ălnĕtānŭs, ălnĕus (v. alnus), ălnus, -um f. (vom St. al- wachsen), Erle; [ital. *ontano* (?), vgl. Dz 387 s. v.; alno ist dichterisches Wort, vgl. Gröber, ALL II 431; rum. (*anin*), arin, vgl. Ch. s. v.; rtr. obereng. *aign*, oiñ, untereng. *áudan*, (friaul. *aunár, olnár*), vgl. Ascoli, AG I 13 Z. 5 v. oben, 261 no 10, 276 no 8, 487 Z. 17 ff. v. u., IX 210, Lerck, Altberg. Sprachdenkm. 209, Salvieni, Post. 4.; frz. *aune*; span. *alno, alamo* (*negro*), vgl. Dz 416 s. v.; ptg. *alamo, alemo* (bedeutet Pappel u. Erle).

alnus s. alnetanus.

527) [ălo, ălŭi, ălĭtŭm u. ăltŭm, ălĕrĕ, nähren, Dieses wichtige Vb. ist im Rom. durch *nutrire* fast völlig verdrängt worden, nur altoberital. *alui*, monf. *alai-se* „fursi lesto e ben nudrito“, vgl. Salvioni, Post. 4.]

528) altfränk. al-ŏd (ŏd aus *aud* = altn. *auðr*, ahd. ŏt, ags. ead), Ganzbesitz; mutmaſsliches Grundwort zu ital. *allodio*; prov. *alodi* u. *aloc, alo*; frz. (altfrz.) *alue(f)*, alo (mit offenem o) u. *alou* (mit off. o), alea, vgl. Förster, Einltg zum Cliges p. LXIII, nfrz. *alleu*; span. *alodio*; (mlat. al(l)odium, *allodis*). Über die lautliche Entwickelung des schwierigen Wortes vgl. Mackel 27, 44, 121, 161, u. Th. Braune, Z X 266 ff., wo aber nichts wesentlich Neues vorgebracht wird. Vgl. Dz 12 *allodio*.

529) *ălŏīnă, -am u. *ălŏĭnĭă, -am (v. *alŏē*, gr. ἀλόη), vorauszusetzendes Grundwert zu altfrz. *alogne* (daneben *aloé* u. *aloën*), nfrz. *aluine*, Wermut; vielleicht hängt damit auch das gleichbedeutende span. ptg. *alosna, losna* zusammen. Vgl. Dz 506 *aluine*.]

530) griech. ἅλως, -ω (u. *-ωνα) f., Tenne, Hof um den Mond; ital. *alone* Hof um den Mond, der von einer Lampe geworfene Lichtkreis.

531) Alpes, f. pl., Alpen; ital. *Alpi*; frz. *Alpes* u. *Aups*, Name einer Stadt im. Dép. Var.

532) [*ălpīco, -are u. *ălpīdio, -āre = briss. *alpegare*, mal. *alpezare* „occupar l'alpe colla mandra“, vgl. Salvioni, L'elemento volgare negli statuti latini di Brissago, Intragna u. Malesco (Bellinzona 1897) p. 13.]

533) arab. al-qabâlah, an den Fiskus zu zahlende Taxe; davon span. *alcabála*, Vorkaufsgebühr; ptg. *alcavala*, Eingangssteuer. Vgl. Dz 417 *alcabála*; Eg. y Yang. p. 121.

534) arab. al-qaçar, Schloſs (vgl. Freytag III 452b); davon ital. *cássero* kleines Schloſs; span. *alcázar*, Schloſs, Kastell; ptg. ebenso (fehlt jedoch im Wtb. v. H. Michaelis). Vgl. Dz 417 *alcázar*; Eg. y Yang. p. 138.

535) arab. al-qa'di, Richter (vgl. Freytag III 461b); davon span. *alcalde*, Dorfvorstand; (ptg.

alcaide). Vgl. Dz 417 alcalde; Eg. y Yang. p. 127.

536) arab. **al-qâid**, Befehlshaber (vgl. Freytag III 513a); davon span. alcaide, Kommandant einer Festung u. dgl. Im Ptg. haben sich al-qa'di u. al-qâid in der Form alcaide vereinigt. Vgl. Dz 417 alcaide; Eg. y Yang. 126.

537) arab. **al-qali**, Aschensalz (vgl. Freytag III 494a), ist als technischer Ausdruck der Chemie in alle neueren Kultursprachen übergegangen. Vgl. Eg. y Yang. p. 127.

538) arab. **al-qanaç**, Jagdbeute, Vb. qanaça erjagen (vgl. Freytag, III 504b); davon apan. ptg. alcance, Verfolgung, Erreichung, Spur u. dgl., dazu das Vb. acalzar u. alcanzar (seit dem 12. Jahrh.), verfolgen, erreichen, gewinnen. Vgl. Dz 417 alcanoc; Tailban. R IX 294; Eg. y Yang. p. 131 (es wird nur das Vb. alcanzar besprochen u. von cánaza „Schätze sammeln" abgeleitet).

539) arab. **al-qarah**, Anhöhe; davon span. alcor Hügel. Vgl. Dz 417 alcor; Eg. y Yang. p. 141 erblickt in alcor lat. collis mit dem arab. Artikel.

540) arab. **al-qa'trân**, Theer (vgl. Freytag III 464b); davon ital. catrame, (Schiffs)theer; frz. guitran, Weiterbildung goudron; span. alquitran; ptg. alcatrão. Vgl. Dz 93 catrame; Eg. y Yang. p. 251.

541) arab. **al-qauvâd**, Kuppler (vgl. Freytag III 513a); davon mit gleicher Bedtg. prev. alca[v]ot-z; span. alcahuete; ptg. alcayote (fehlt im Wtb. v. Michaelis). Vgl. Dz 417 alcahuete; Eg. y Yang. p. 126 (alcauwad).

542) arab. **al-qobbah**, Gewölbe, Zelt; davon ital. alcóva, Nebenzimmer; prov. alcuba, Zelt; altfrz. aucube, Zelt; nfrz. alcôve (Fremdwort), Nebenzimmer; span. ptg. alcoba, Schlafkabinett. Vgl. Dz 11 alcóva; Eg. y Yang. p. 131 [alcobba]; Lammens p. 8.

543) arab. **al-qo'ton**, Baumwolle (vgl. Freytag III 469b); davon ital. cotone; frz. coton (damit vielleicht verwandt altfrz. auqueton, nfrz. 'hoqueton, gestepptes Wamms, gestickter Waffenrock), prov. alcoto; span. algodon; ptg. algodão. — Vgl. Dz 111 cotone; Eg. y Yang. p. 162 (alcóton).

544) arab. **al-sa'tl**, kleiner Napf, ist nach Engelmann (s. Dz 289 secchia) das Grundwert zu span. acetre, Schöpfeimer; diese Herleitung ist indessen nicht eben wahrscheinlich, auf das gleichbedeutende celtre kann sie keinesfalls ausgedehnt werden. Eg. y Yang. p. 27 nimmt arab. Ursprung (v. aç-çetl) an.

545) arab. **al-'tabl**, Pauke (vgl. Freytag III 40a); davon in gleicher Bedtg. ital. ataballo, taballo; span. atabal; ptg. atabale. Vgl. Dz 30 ataballo; Eg. y Yang. p. 295 (at-tábal).

(arab. **al-tâbût** s. unten tâbût.)

546) arab. **âltânûs, a, um** (v. altus); davon ital. span. altana, Sbst., Altan; (frz. 'hautain hochmütig); auf altanum geht mittelst Suffixvertauschung wohl auch zurück frz. hautin, Weinland mit hochgezogenen Reben (auch Fischname), vgl. Cohn. Suffxw. p. 300.

547) arab. **âltârîum, -i, n., âltârîâ, -lum**, Pl. n., âltârě, -is, n., (v. altus), Altar; ital. altare; rum. altar, Pl. f. altare, vgl. Ch. s. v.; rtr. autà, autè, autar, alteir, vgl. Ascoli, AG I 261, 275, 487; prov. altar, autar; frz. autel (das l beruht auf Suffixvertauschung; Cohn jedoch, Suffixw. p. 239, erblickt in dem l von autel „eine Angleichung des lat. r an das l der voraufgehenden Silbe"); span.

ptg. altar, Altar, und otero, oteiro, Hügel, vgl. Dz 473 otero.

548) [*âltârîûs, a, um (v. altus), hochfahrend, vorauszusetzendes Grundwert zu ital. altiero; frz. altier (Fremdw.).]

549) **âltěr, a, um** (Komparativbildung aus dem Stamme al), der eine von zweien, der andere, ist in schlechthinniger Bedtg. u. alius nahezu völlig verdrängend in alle rom. Spr. übergegangen; ital. altro; rum. alt, vgl. Ch. s. v.; rtr. altar, olter, oter, auter (Ordinalzahl f. secundus), atri etc., vgl. Gartner, § 105 S. 83 u. § 120, S. 166 u. 198; prev. altre; frz. autre; cat. altre; span. otro; ptg. outro.

550) **âltěrâ měntě**, auf andere Weise; davon ital. altrimente, -i; rum. altmintre, altminte (das einzige mit mente gebildete rum. Adv.), vgl. Ch. minte; frz. autrement.

551) **âltěreo, -âre** (v. alter), streiten, nach Caix, St. 171, Grundw. z. ital. attricarsi, „garrire, contendere", das wohl besser auf lt. tricare zurückzuführen ist; auch ital. (dialekt.) taroccare, „contendere, bisticciare" möchte Caix, St. 621, auf altercare zurückführen.

552) [*âltěrîtîa, -am f. (v. altus), Hochmut; ital. alterezza, Stolz, u. alterigia, Hochmut, vgl. Canelle, AG III 342.]

553) **âltěro, -âre** (v. alter), anders machen, schlimmer machen (in letzterer Bedtg. b. Cael. Aur. ehren. 2, 8, 115), ist als gel. W. in fast alle rom. Spr. übergegangen, z. B. ital. alterare, frz. altérer (das gleichlautende Vb. „Durst erregen" ist von *arteriare abzuleiten). Vgl. Dz 506 altérer.

554) **âltěrûm hěrî** = ital. altrieri vorgestern, afrz. autrehier, (dageg. span. anteayer, ptg. anthontem).

555) **âltěrûm sîc**, ebenso; davon ital. altresì; prev. altresi; altfrz. autresi; span. otrosi; ptg. outrosim. Vgl. Dz 14 altresì. Entsprechende Bildungen sind von alterum talis u. a. tantus vorhanden.

556) ***âltîo, -âre** (v. altus), erhöhen, emporheben; ital. alzare; rum. (in)alţ, ai, at, a, vgl. Ch. s. v.; prov. alsar; frz. hausser; span. alzar; ptg. alçar. Vgl. Dz 14 alzare; Gröber, ALL I 238; Flechia, AG II 31. — Im ptg. alçapão, Klappe, Fallthür, erblickt C. Michaelis, Misc. 117, ein aus Verbindung der beiden Imperative alça + póe (v. pôr) entstandenes Sbst.

557) **âltîtîa, -am f.** (belegt in Chironis Mulomedicina, vgl. ALL X 421), Höhe, Hoheit; ital. altezza etc.

558) **âltûs, a, um** (Pt. P. P. v. alěre), grefs gezogen, hoch; ital. alto; rum. nalt (gleichs. in altus v. in alto); rtr. alt, ault, aut, volt etc., vgl. Gartner, § 200 S. 166; prov. alt (dazu Komp. alçor, aussor); frz. 'haut, dazu die Sbstva altfrz. 'hauture, neufrz. 'hauteur; span. ptg. alto. Vgl. Dz 613 haut.

559) [âltûs *bûscus (f. buxus), gleichsam hohes Holz, — frz. hautbois, ein Blasinstrument, vgl. Dz 613 hautbois.]

560) **âluccus -um m.**, Kauz (Serv. Vergil. ecl. 8, 55); davon wahrscheinlich das Adj. span. loco, wovon locura; ptg. louco, thöricht; auch in der Form locco (daneben allocco, allocco, welche Worte „Eule" u. „Dummkopf" bedeuten) in ital. Dialekten vorkommend. An keltische Herkunft der Worte ist nicht zu denken, vgl. Th. p. 66. Dz 195 locco.

561) arab. **al‘ûd**, ein Saiteninstrument (vgl. Freytag III 240a); davon ital. *liúto, liúdo*; rum. *alắuţắ, lăuţắ*; prev. *laut*; frz. altfrz. *leut*, nfrz. *luth*; span. *laúd*; ptg. *alaúde*. — Engl. *lute*, dtsch. *Laute*. Vgl. Dz 195 *liúto*; Eg. y Yang. p. 437.

562) **ālūta, -am** f., Alaunleder; ital. *alluda*; prov. *aluda*; altfrz. *alue*; span. *luda*. Vgl. Meyer-L., Z. f. ö. G. 1891 p. 766.

563) arab. **al-vazîr**, Regent. erster Minister (vgl. Freytag IV 461a); davon (ital. *aguzzino*, Sklavenaufseher; frz. *argousin*, Stockmeister im Bagne); span. *alvacil, alguacil, aguacil*, Gerichtshäscher; ptg. *alvazir, alvazil*, Schöffe, Richter, *alguazil*, Gerichtsdiener, *guazil*, Statthalter. Vgl. Dz 420 *alguazil*; Eg. y Yang. p. 69 (*alguazir*).

564) [****ălv(e)ănĭāle**, *n.* (v. *alveus*); würde der lt. Typus zu span. *albañal, albañar*, Abzugsgraben sein. Vgl. Dz 416 *albañal*.]

565) **ălvĕŭs, -um** m., volkslat. auch *albeus*, vgl. Parodi, R XXVII 235 (v. St. *al*, vgl. Vaniček I 43), eine dem hohlen Leibe ähnliche Vertiefung, Wanne, Flufsbett; davon ital. *alveo*, Flufsbett, Bienenkorb (auch diese Bedtg. schon lat.), dav. *albuolo*, „vasetto", vgl. Caix, St. 146, Mussafia, Beitr. 25, Salvioni, Post. 4; rum. *albie*, Wanne, dav. zahlreiche Ableitungen, s. Ch. *s. v.*; frz. *auge*, Treg., dav. vieil. *augive, ogive*, s. unten **aug**; span. ptg. *alveo*, Flufsbett. Vgl. Dz 512 *auge*.

566) [***ălvīnā, -am** f. (v. *alvus* Bienenkorb): rum. *albinắ*, Biene. Vgl. Dz 22 *ape*; Ch. *albie*.]

567) **ălўssŏn, -ĭ** n. (gr. *ἄλυσσον*), eine Pflanze, gut wider den Hundsbifs, nach einigen die wilde Art der Färberröte (Rubia tinctorum L.), Plin. 24, 95; davon span. *aliso*, Steinkraut.

568) ***ămăntĭā** (v. *amo*): dav. nach Caix, St. 574, altital. (a)*manza*, Liebe, Geliebte, womit Caix dann wieder *amanziere, Verliebter*, u. *smanzeria, smanceria*, Liebkosen, Schmeicheln in Zusammenhang bringt.

569) **ămārăcŭs, -ĭ** m. u. **-um, -ĭ** n. (gr. *ἀμάραχος* u. -*ον*), Majoran, Meigranune (Origanum Majorana L.); dav., vermutlich durch Einwirkung der Volksetymologie, ital. *majorana, maggiorana*; rum. *mắgheran*, s. Ch. *s. v.*; prev. *majorana*; altfrz. *marone*; nfrz. *marjolaine*; span. *majorana, mejorana*; ptg. *maiorana, mangerona*. Vgl. Dz 200 *majorana*.

570) ***ămărăsca, -ăm** f. (v. *amarus*); davon ital. *amarasca, marasca*, Sauerkirsche. Vgl. Dz 383 *marasca*.

571) **ămārīco, -āre** (v. *amarus*), ver-, erbittern (vgl. Rönsch, Itala 162); davon ital. *amaricare* (u. *amareggiare*); prov. span. ptg. *amargar*; cat. das Adj. *amarg*. Vgl. Dz 15 *amaricare*. S. **ămărīcus**.

572) ***ămārīcŭs, a, um** u. ***ămārīcōsŭs, a, um**, bitter (über das Vorkommen des Wertes s. Georges unter *amaritosus*); dav. in den pyrenäischen Sprachen *amargo, amargoso*, dazu das Shst. *amargor*. Vgl. Dz 15 *amaricare*.

573) ***ămārītūdo, -dĭnem** f. (od. ***ămārītūmen**, vgl. Körting, Formenbau des frz. Nomens p. 316) Bitterkeit, = frz. *amertume* Bitterkeit, Herzeleid. Vgl. Cornu, R VII 365; Havet, R VII 593; Canello, AG III 367 Anm. 2; Ascoli, AG III 383 Anm.*; über altfrz. *amertonde* vgl. Cohn, Suffixw. p. 269. S. auch unten ***consuetumen**.

574) **ămārŭs, a, um** (v. √*am* schädigen, schadhaft, krank sein, vgl. Vaniček I 38 u. II 1234), bitter, erhalten im ital. *amaro*; rum. *amar*, s. Ch.

s. v.; prev. *amar-s*; frz. *amer*; in don pyrenäischen Spr. durch **amaricus, -osus* (s. d.) verdrängt.

575) **ămātrix, -trīcem** f., die Liebende; friaul. *madresse* „amorosa", vgl. Ascoli, AG X 258 (das Wort entspricht aber wohl vielmehr einem [a]*mat[o]r + íssa*).

576) [***ămbăctĭāta, -am** f. (v. *ambactiare u. dieses v. *ambactus*, w. m. s.), Amt; davon ital. *ambasciata*, Botschaft; prev. *embaissada*; (frz. *ambassade* ist Fremdw.); cat. *embaixada*; span. *embajada*; ptg. *embaixada*. Vgl. Dz 19 *ambasciata*; Gröber, ALL I 238.]

577) [***ămbăctĭātŏr, -ōrem** m. (v. *ambactus*), Beamter; ital. *ambasciatore* Botschafter; frz. *ambassadeur* otc. Vgl. Darmesteter, Rev. crit. 1884 p. 370 u. dagegen Herning, Z IX 141.]

578) **ămbăctŭs, -um** m. (keltischen Ursprunges: partizipiale Bildung zu dem mit der Präp. *ambi* verbundenen Verbalst. *ag-* „sich bewegen, umhertreiben", vgl. Th. p. 30; got. *andbahts*, Diener, ist dem kelt. Worte urverwandt oder wahrscheinlich dem Kelt. entlehnt), Dienstmann (Cäs. b. g 6, 15, 2), davon prov. *abah* (*abait*) im Girartz v. Rossilho 3603, (Gerichts)beamter, vgl. Dz 502 *abait*: altfrz. *abuit, ampas*, im Guill. de Palerne (éd. Michelant) 902, Beamter, vgl. Mackel p. 74 (M. hält für möglich, dafs das Wort zwar keltisch sei, die Romanen aber ihr Wort dem Germanischen entlehnt haben); Scheler im Anhang z. Dz 780.

579) [arab. **’ambar**, gemeiner, grauer Amber, wurde von Mahn p. 61 u. Dz 422 als Grundw. des span. ptg. Adj.'s *amarillo, amarello*, gelb, angenommen; von Tailhan, R IX 297, ist jedoch nachgewiesen worden, dafs diese, schon an sich wenig wahrscheinliche Annahme, nach welcher der Name einer durch gründen Substanz zur Bezeichnung der gelben Farbe geworden sein soll, auch aus äufserem Grunde unhaltbar ist, da die massenhafte Verbreitung des Ambers, welche allein die Entstehung des schon im J. 912 urkundlich vorkommenden span. Adjektivs erklären könnte, für das frühere span. Mittelalter nicht nachgewiesen werden kann. Somit ist der Ursprung des Wertes dunkel, denkbar aber ist immerhin, dafs es mit *amarus*, bitter, zusammenhänge, wie ebenfalls Dz a. a. O. vermutete, aber aus Rücksicht auf die Logik für unwahrscheinlich erklärte. Der Bedeutungsübergang müfste gewesen sein „bitterl(ich) — gallig — gelb"; wenn Dz bemerkt, dafs mit gleichem Rechte sich „slife" und „gelb" durch „Honig" vermitteln liefsen, so ist dies allerdings bereitwillig zuzugeben, zugleich aber auch zu bemerken, dafs ein stichhaltiger Einwand darin nicht enthalten ist, da ja ein Bedeutungswandel immer infolge eines einseitigen Auffassung u. Übertragung eines Begriffes sich vollzieht, so dafs also unter mehreren, vielleicht sogar vielen Ausgangspunkten des Wandels, welche an sich vorhanden oder doch möglich sind, immer nur einer von der Sprache herausgegriffen wird.]

580) ***ămbĭduo** (*ambo* + *duo*), beide; ital. *ambedue, amendue*; rum. *amíndoi*; prev. *am(be)dui, am(be)dos*; altfrz. *amdui, andui, andos*. Vgl. Gröber, ALL I 239.

581) **ămbĭens** (Part. Präs. v. *ambīre*), umgebend; frz. *ambient, ambiant*; ital. span. *ambiente*, vgl. Cohn, Suffixw. p. 72.

582) [***ămbĭtārĭus, -um** m. (v. *ambĭto*), scheint das Grundwert zu sein zu frz. *andier, landier*, Feuer-, Brandhoek (engl. *andiran*). Dz 624 *landier* brachte das Wort in Zusammenhang mit dem

mlat. *andena;* Meyer-L., Rom. Gr. I § 430, deutet frz. *landier* = *l'andier* aus **amītāriu* v. *ames.*

583) ämbīto, -āre (Frequ. v. *ambīre*), umhergehen, ist nach Scheler im Anhang z. Dz 799 das Grundw. z. frz. *hanter* (vgl. auch Scheler's Dict.² *s. v.*). Scheler's Grundwert ist gewifs annehmbarer, als die sonst aufgestellten (altn. *heimta*, einen verlorenen Gegenstand zurückverlangen oder aufnehmen. Dz 611; *habitare*, Littré), völlig kann es indessen doch nicht befriedigen, ebenso wenig das von Scheler in der 3. Ausg. des Dict. vorgeschlagene **hamitare* v. mlat. *hamus* = germ. *heim.* Vielleicht darf man an **amitare* v. *ames*, *ītis*, Querholz u. dgl., denken, so dafs die Grundbedeutung wäre „einen Stock in der Hand herumdrehen, mit einem Stock hantieren. ein Werkzeug handhaben". Anlehnung an germ. *hand, hant* könnte die Bedeutungserweiterung u. -verschiebung erleichtern. — Nach Gröber, ALL I 238 u. Misc. 40, soll *ambitare* das Grundwert zu *andare* etc. sein, vgl. darüber unten **ambūlo.**

584) ämbītūs, -um (v. *ambīre*), das Herumgehen, ist nach Gröber, ALL I 239, das Grundwert z. rom. **ando*, altfrz. *onde*, Schritt, diese Ableitung ist jedoch unannehmbar.

585) 1. *ämbo, -ōnem (gr. *ἄμβων*), Kirchenpult, ist nach Csiz, St. 235, das Grundwert z. rum. *amvón*, Pult, Tribune, u. dem ital. Deminutiv *búgnola* „cattedra, larga cesta fatta di paglie intrecciate, banco ove alle udienze criminali stanne gli accusati".

586) 2. ämbo, ae, o, beide; ital. *ambo, ambi, ambe;* rum. *ambi (imbi)*, *ambe (imbe)*, vgl. Ch. *s. v.;* prev. *ambs, ambas;* altfrz. *ams, ans, ambes;* span. ptg. *ambos, ambas.* Vgl. auch eben ***ambiduo** u. unten ***amphoteren.**

587) ambūlatōrius, a, um, zum Wandeln gehörig „wandeln", davon (??) **genues.** angóu „pergelate", vgl. Salvioni, Post. 4.

588) ämbŭlo, -āre, (umher)gehen, wandeln (vgl. ALL III 292; Bennet, La Latin de Grégoire de Tours p. 292, nach Rönsch, Z XI 247, soll *ambulare* von *ambo* abgeleitet sein u. eigentlich „auf beiden Beinen gehen" bedeuten; besser aber leitet man *ambulare* von der untrennbaren Partikel *amb-* „herum" ab, vgl. *ambīre* (gel. W.), ital. *ambiare* (gel. W.), „camminare" (dazu das Vbsbst. *ambulo* in der Verbindung *pigliar ambulo*), daneben das jedenfalls erst aus frz. *ambler* entstandene *ambiare* (dazu das Vbsbst. *ambio*), „l'andare di cavalli a un certe passo", vgl. Canello, AG III 359; rum. *amblu (umblu)*, *ai, at,* a, neben *mergere* das übliche Verbum für den Begriff „gehen"; prov. *amblar;* frz. *ambler;* cat. span. ptg. *amblar* (in den ptg. Wörterbüchern von Coelho u. H. Michaëlis fehlt das Wort). Abgesehen von dem ital. *umbulare,* welches ein rein gelehrtes Wort ist, besitzt das Verbum nur im Rumän. die allgemeine Bedeutung „gehen", während es in allen übrigen Sprachen auf die Bedeutung „im Passe gehen" (von Pferden) eingeengt worden ist; vielleicht aber ist *ambler* = **ammūlare* (v. *mūlus*) anzusetzen, s. No 605. Vgl. Dz 16 *ambiare;* Gröber, ALL I 239.

In neuerer Zeit ist *ambulare* von mehreren hervorragenden Romanisten als gemeinsames Grundwert aufgestellt worden für die Verbalgruppe: Rum. *umblá,* istro-rum. *âmblá, ámna,* macedorum. *imnáre.* — Ital. *andare;* span. ptg. *andar,* vgl. Tailban, R IX 299; auch frz. Mundarten weisen mehrfach entsprechende Formen auf, vgl. Meyer-L., Rom. Gr. II p. 262. — Mittelital. *annar,* prov. *annar,* anar. — Rtr. (bezw. lad. u. friaul.) *amna- (ma, na, ala, la),* vgl. Gartner, Rtr. Gramm. § 185, Ascoli, AG VII 492 u. 535. — Franceprov. *alá;* frz. *aler, aller.* — Über die Konjugation dieser Verben (Mischung teils mit *vadēre* teils mit *ire*, namentl. in den stammbetonten Formen, mit Ausnahme jedoch des Rum.) vgl. Meyer-L., Rom. Gr. II. p. 262. Über die bis zum J. 1889 in Vorschlag gebrachten Ableitungen s. Körting, De verborum neolatinorum andare, anar, aller originatione, Münster 1889 Index lect.

1) Der dänische Gelehrte T h o m s e n war der erste, welcher in „det philologisk-historiske Samfunds Mindeskrift etc." (Kopenhagen 1879) in methodischer Weise *andare* *anar* *aller* auf *ambulare* zurückzuführen versuchte. Ein näheres Eingehen auf die an sich verdienstliche, späterhin aber durch die Leistungen anderer überholte Arbeit erscheint hier als entbehrlich, es genüge, auf G. Paris' Besprechung derselben, R IX 174, zu verweisen, vgl. auch Schuchardt, Z VI 423.

2) Nur eben erwähnt werden möge, dafs Wölfflin in seiner Schrift „die Komparation im Lat. u. Roman." (Erlangen 1881) p. 86 den gemeinsamen Ursprung von *andare* *anar* *aller* aus *ambulare* behauptet, ohne diese These näher zu begründen.

3) Gartner bemühte sich in seiner (1885 erschienenen) Rtr. Gramm. § 185 die verschiedenen Gruppen der rtr. Verbs, welche Gruppen im wesentlichen den allgemein romanischen Gruppen entsprechen, auf *ambulare* als auf das gemeinsame Ursprungswort zurückzuleiten. Vgl. darüber Schuchardt, Z XIII 529 Anm.

4) C o r n u hat, R XIX 283, folgende Entwickelung angenommen:

a) *ambulare* (> **ambunare* od. **ammunare* oder [den Lautneigungen des Lateins mehr entsprechend] **ambinare* od. **amminare* („le changement de l'l en *n* avait sa raison d'être parce que il s'y treuvait trep voisin de *l'r*"; als auf eine mögliche Parallelentwickelung weist C. auf *cincturare* > tesc. *centinare* hin, freilich mit dem Bemerken, dafs man eigentlich *centidare* erwarten müsse, „mais le d trep voisin de l'r s'est changé en *n* sans deute sous l'influence de la première syllabe"; zugleich aber hält C. auch d a s für möglich, dafs zunächst *ambulo, ambalem, ambula* etc. sich zu **ambino,* bezw. **ammino* etc. gewandelt haben (vgl. *modulus:* ital. *modano, selinon* : ital. *sedano* u. dgl.) und dann durch die Einwirkung dieser Formen *ambuláre, ambulámus* etc. zu **amb-,* bezw. **amminâre, -ámus* gewandelt worden seien.

β) In den Formen **ambi-,* bezw. *amminámus, âmb-,* bezw. *âmminant* erzeugten die auf einander folgenden Nasale *m-n* einen Mifsklang, es wurde um deswillen *n* in *d* dissimiliert (vgl. *numerare* : lad. *dumbrar,* non *magis* : mail. *domá, lámpada* : ital. *lámpana, amylum* : ital. *ámido* u. a. m.).

γ) Die Gesamtentwickelung von *ambulare* ist also diese gewesen:
„a) *ambulare,* d'où le reum. sept. *umblá,* l'istreroum. *âmblá* où peut-être aussi le ladin *alá, lu;*
`b) **ambino, -as, -at, *ambinem, -es, -et, ambina :* ammino etc., *ambinare* ou *amminare,* d'où l'istroroum. *amná,* le roum.-mac. *imnáre* et le ladin. *amna, ma, na;*
c) **ambidamus, ambidant, ambidemus, ambident* ou *amminámus* etc., d'où l'it. *andiamo,* l'anc. it. *ándano* et *ándino,* l'esp. et port. *andamos, andemos,* l'esp. *andan, anden,* et le port. *andão, andem, qui* ont donné le radical *and-* à toute la conjugaison.

L'it. mér. *annar* est du domaine où *quando* devient *quanno*. Quant au prov. *annar*, *anar*, au franco-prov. *alá* et au fr. *aller*, nous pensons que l'explication que nous en avons donnée, Rom. XVI 563, a gardé sa valeur. Il n'y a en effet que *andare* qui suffise à ces formes, car une base *amnare* eût laissé, dans le traitement de *nn*, des traces de son existence." (An der citierten Stelle der Rom. erklärt C. *aller* für entstanden aus *annar*, *andar* in der Verbindung *ind'andar ind'annar* durch Dissimilation.)
Annehmbar sind C.'s Annahmen gewifs nicht. vgl. Meyer-L., Z. XV 274; den dort ausgesprochenen Bedenken würden aber, namentlich bezüglich des Frz., noch gar manche andere sich beifügen lassen.
5) Wiederholt u. eingehend hat sich Schuchardt mit dem *ambulare*-Probleme beschäftigt u. im Laufe der Jahre verschiedene Lösungen desselben in Vorschlag gebracht.
Zuerst. Z IV (1880) 126 u. VI (1882) 423. sprach Sch. die Vermutung aus, dafs sich in die Entwickelung von *ambulare* die keltische Wurzel *el* „gehen" eingemischt haben könne, er ist indessen, wie es scheint, von diesem Gedanken später gänzlich abgegangen, vgl. Z XXII 399. Vgl. G. Paris, R IX 480.
In der Romania XVII (1887) 417 setzte Sch. folgende Übergänge an: 1. ambulare : *ambitare* (vgl. *misculare* = frz. *mêler* neben *miscitare* = rtr. *masdar*), daraus andare; 2. ambulare : *ammalare* : *amminare*, daraus rtr. annar, prev. *annar*; 3. die imperativisch gebrauchte 1. P. Pl. Präs. Konj. *ambulemus* wird zu *amlemus*, *allemus* umgewandelt, daraus frz. aller, rtr. *lar*.
In Z XIII (1889) 528 u. XV (1891) 117 stellte Sch. den sehr beachtenswerten Satz auf, dafs man bei der Entwickelung eines überhäufig gebrauchten Verbums, wie *ambulare* es gewesen sei, lautgesetzliche Regelmäfsigkeit nicht erwarten dürfe, sondern den Eintritt starker Kürzungen anzunehmen durchaus berechtigt sei: wenn aus *lazare*, *laschar* im Rtr. *sa* entstanden sei, so habe auch aus *amblar* ein *la* entstehen können. Sch. begründete diese Anschauung in scharfsinnigster Weise und erläuterte sie durch zahlreiche Verweisungen auf entsprechende Vorgänge in aufserromanischen Sprachen.
In Z XXII 398 ff. erklärte Sch. andare aus *ambitare* (dieses aus *ambulare*, vgl. *miscitare* neben *misculare* u. dgl.), aller aber aus *anler* (vgl. *sanler* u. wallon. *sonlé*, neben welchem *soné*, pic. *sané* steht, vgl. namentl. auch wall. *strôlé* aus *stronlé* aus *strangulare)*; über das Verhältnis von andare zu *anar* enthielt sich Sch. einer eingehenden Äufserung, bemerkte aber, dafs ihm die Annahme, es sei *nd* aus *nn* entstanden, bedenklich erscheine. Gegen Sch.'s Aufstellung hat G. Paris, R XXVII 626, beachtenswerte Einwendungen erhoben.
6) F. Wulff hat, R XXVII 480, folgende Entwickelungsreihen in Vorschlag gebracht (wobei er mit dem, von ihm mit griechischem *Δ* bezeichneten, Laute des „*l* gras, la vibrante spicule cacuminale" operiert: „ce *Δ* a le son à la fois d'un *d* gras, d'un *n* gras et d'un r lingual", das also ein recht vielseitiger und deshalb überaus brauchbarer Laut):
a) Für das Ital., Span., Ptg.: ambulare : ambΔare : amΔare : anΔare : andare;
b) für das Rtr.: ambulare : amΔar, dann nebeneinander {(am)Δar / amnar;

c) für das Prov. u. Cat.: ambulare : amΔar : anΔar : annar : anar;
d) für das Frz.: ambulare : amΔar : aΔΔar : aΔΔer : aller.
Die zutreffende Beurteilung dieser Aufstellung hat G. Paris in einer Fufsnote zu p. 481 gegeben: „reste à expliquer comment dans aucune des langues romanes les mots semblables à ambulare (et ambulare lui-même au sens d'ambler) n'ent subi de transformations pareilles à celles qu'on suppose pour *ambulare* au sens *d'aller*, ces transformations étant dans chaque langue également, mais différemment, exceptionnelles".
7) Ebenfalls wiederholt u. eindringlich hat W. Förster die *ambulare*-Frage behandelt. Unter Verzieht auf eine früher (R St. IV 196 u. Z III 563) ausgesprochene Vermutung, wonach *andare* aus einem *vandāre* f. *vadēre* entstanden sein sollte, stellte er Z XVI 251 *ambulare* als gemeinsames Grundwert für *andare* etc. auf, nachdem ihm Thomsen, Cornu u. Schuchardt hierin vorangegangen waren. In Z XXII 265 u. 509 — an letzterer Stelle Schuchardt's inzwischen, Z XXII 398, gemachte Einwendungen berücksichtigend — hat er dann seine Ansicht näher begründet u. am Schlusse (p. 520) der scharfsinnigen Untersuchung folgende Übersicht über die von ihm angenommene lautliche Entwickelung von *ambulare* gegeben:

„wal.[1] *imbla*,		lat. ambulare	frz. ambler
„gehen"		„gehen"	(vom Pafsgang)
		ammulare[2]	
		ammunare	
rtr. *amnar*		*ammi(3)nare*	
wal. *imna*			
		annare	
altprov. annar (Boeci)			andare
prov. anar, lemb.			it. span. ptg.
[a]na[r] u. s. f. *anar*			
alare (Reich. Glossen)			
altfrz. aler (rätisch u. s. f.).			

Damit sind sämtliche Formen zwanglos erklärt."
Unter den im Obigen kurz wiedergegebenen Theorien über den Ursprung von *andare* etc. aus *ambulare* nimmt diejenige Schuchardt's, wonach die Entwickelung als diejenige eines überhäufig gebrauchten Zeitwortes sich aufserhalb des lautregelmäfsigen Ganges bewegt haben soll, eine besondere Stellung ein. Wer ihr zustimmt, ist aller Schwierigkeiten ohne Weiteres überhoben. Und ganz gewifs darf man ihr zustimmen, denn der Grundsatz, auf welchen Sch. sie gründet, ist ein durchaus richtiger. Nur das eine wird man — weniger gegen, als über sie — bemerken dürfen, dafs, wenn eine innerhalb des Rahmens der normalen Wortforschung liegende Erklärung gefunden werden könnte, dieselbe zu bevorzugen sein würde.
Den Versuchen Thomsen's etc., die Entstehung von *andare* etc. aus *ambulare* auf lautlichem Wege zu erklären, ist sämtlich das Lob des Scharfsinns u. methodischer Behandlung der Lautvorgänge zuzuerkennen. Der befriedigendste Versuch ist unstreitig derjenige Förster's. Voll überzeugende Kraft besitzt indessen auch er schwerlich, denn angenommen auch, dafs alle Einzelaufstellungen F.'s vollkommen einwandsfrei seien, so bleibt doch immer

[1] So sagt F., nach Diez' Vorgang, statt rum.
[2] *ammulare* ist belegt (Inscr. Brit. christ. N. 94), „aber die Form ist einem Kymren des 9. Jahrh.'s auf Rechnung zu setzen" Schuchardt, Z XXII 398.

ein Bedenken ührig. Man sieht nicht ein, warum gerade ambulare in allen roman. Sprachen — mit Ausnahme des rum. ambla und des frz. ambler — so weit u. nach so verschiedenen Richtungen hin aus den üblichen Gleisen der Lautentwickelung hinausgeschleudert werden sein soll. Denn auf den überbäufigen Gebrauch des Wortes darf sich nicht berufen, wer eine zwar auffällige, aber doch immerhin noch in lautregelrechten Bahnen verlaufende Entwickelung annimmt; am wenigsten darf Förster solche Berufung einlegen, weil er die Statthaftigkeit jeder einzelnen der von ihm angenommenen vielen Lautwandelungen nachdrücklichst behauptet und mit umsichtigster und scharfsichtigster Sorgsamkeit begründet hat. Stellt man sich, wie F. dies thut u. mit gutem Rechte thut, auf den Standpunkt, dafs ambulars zu andare, annar, aller geworden sei nicht durch sprunghaft erfolgte, gewaltsame, jeder Lautregel sich entziehendeWandlungen, welche allein aus dem überbäufigenGebrauche desWortes erklärt werden können, sondern durch eine lange Reihe aufeinander folgender Lautvorgänge, deren jeder durchaus korrekt und begreiflich sei, so mufs man auch darlegen, warum ambulare diese eigenartige Entwickelung genommen hat, während seine Lautbeschaffenheit ihm doch das Verharren in regelrechter Bahn vollständig gestattete —, denn warum hätte z. B. im Frz. ambulare nicht auch in der Bedeutung „gehen" zu ambler werden sollen?

Für erwiesen darf bis jetzt nur gelten, dafs die Zurückführung von andare etc. auf ambulare lautlich möglich ist. Ein Vorbehalt ist allerdings in Bezug auf aller zu machen. Denn erklärt man den Wandel von n(n) zu l(l) in an(n)ar : al(l)er durch Dissimilation, welche zunächst in Formen, wie annámus annánt (Part.), erfolgt sei, so ist einzuwenden, dafs doch Formen, wie z. B. venons venant, in denen gleichfalls zwei Nasale nach einander erscheinen, nie und nirgends Dissimilation erfahren haben. Ebenso sieht man nicht ein, warum in inde annare = en an(n)er Dissimilation vorgenommen worden sein soll, da doch inde minare = emmener unbeanstandet geblieben ist. Will man aber, wie Schuchardt thut, al(l)er aus *anler [an(n)er] durch wallonischen Einflufs erklären, so hat G. Paris, R XXVII 626, mit Recht dagegen bemerkt: „comment croire que dès le commencement du IXe siècle un wallon alar < anlar < amlar < ambulare eût pénétré dans le français (alare so trouve à plusieurs reprises dans les gloses de Reichenau)?"

Bei dieser Sachlage sei es gestattet, unter Festhaltung von ambulare als dem gemeinsamen Grundworte eine andere Lösung in Vorschlag zu bringen.

In der lat. Volkssprache trat, vermutlich in der späteren Kaiserzeit — jedenfalls nach der Übertragung des Lateins nach Dacion — neben ambulare „gehen" das von dem kelt. Nominalstamme cammino „Weg" (vgl. Thurneysen p. 95, s. auch unten den Artikel cammin) abgeleitete Verbum *camminare „einen Weg machen, gehen" (ital. camminare, prov. span. caminar, ptg. caminhar, frz. cheminer; vgl. Dz 81 cammino, Gröber, ALL I 541). Dieses camminare wirkte auf sein Synonymum ambulare analogisch ein und veranlafste dessen Umgestaltung zunächst in *ambinare, dann in *amminare (umgekehrt hätte ambulare die Umbildung von *camminare in *cammulare, *cambulare bewirken können, wenn nicht *camminare durch das Sbst. *camminus gestützt und geschützt worden wäre).

Während nun *camminare sein i in der Mittelsilbe bewahrte, weil ihm *camminus zur Seite stand, wurde in *amminare, zu dem ein Sbst. *amminus fehlte, das i ausgestofsen, also *am(m)[i]nare. Dieses *amnare hatte nun verschiedenes Schicksal; in einem Teile des volkslat. Sprachgebietes wurde es von mandare (welches die Bedtg. „jem. mit einem Auftrage entsenden" od. auch „jem. zu einem Auftrage entbieten" angenommen hatte, also ein Verbum der Bewegung geworden war) angezogen u. infolge dessen zu andare umgestaltet[1]; in einem anderen Teile des Gebietes (in Südgallien etc.) entstand durch Assimilation das mn > nn annare; in Nordgallien ergab *amnare lautregelrecht *amer (vgl. z. B. intaminare : entamer, seminare : semer). In Südgallien etc. behauptete sich annare als an(n)ar; in Nordgallien dagegen wurde *amer in Anlehnung an die Verben der Bewegung auf -ler (avaler, voler, couler, rouler, baller) zu al(l)er umgewandelt.

Aufser ambulare sind als Ursprungswerte für andare, anar, aller aufgestellt worden[2]: a) adnare, daraus durch Umstellung *andare etc. — b) enare, enatare, vgl. Cornu, R XVI 560, von Cornu selbst als irrig erkannt, R XIX 288 — c) aditare, *anditare, vgl. Dz 19, Flechia, AG III 166 — d) adire (adeo, *andeo, ando), vgl. Bianchi, Storia della preposizione a etc." (Florenz 1877) p. 97, Flechia AG III 369 — e) *ambitare (Frequ. v. ambire), vgl. Gröber, Misc. 40 — f) *addare f. addere, vgl. Langensiepen, Herrig's Archiv Bd. XXV 392, G. Paris, R VIII 298 u. 466, IX 174 u. 333, Settegast, RF I 238 — g) am[b]dare, vgl. Ascoli, AG VII 535 Anm. — h) *anitare (v. anas *anitis Ente), vgl. Behrens, Ztschr. f. nfrz. Spr. u. Lit. X 84 — i) *allāre (zu allatus v. afferre gebildet wie *prostrare zu prostratus), vgl. Baur, Z II 592 — k) *vandāre v. vadĕre, vgl. Förster RSt. IV 196 (unter den „Berichtigungen") u. Z. III 563, von F. selbst, wie es scheint, stillschweigend zurückgenommen, vgl. Z XVI 251 u. XXII 520 — l) kelt. Stämme (andag-, anna-, a[n]la), vgl. Th. p. 51 — m) an- (ambi) + dare, vgl. Settegast, Z XV 255; ebenda erklärt S. sehr ansprechend (u. in Übereinstimmung mit G. Paris, R XIX 449) frz. andain aus indaginem (s. u. indago); so andain soll durch Suffixvertauschung andee, ondee u. aus letzterem wieder altfrz. onde „Schritt" entstanden sein — n) Meyer-L., Rom. Gr. II p. 262, setzt ambulare, *aminare („wohl aus ambulare durch Dissimilation oder Suffixtausch entstanden") u. ambitare als Grundwerte an.

589) [*ămbŭtrŭm = (?) altfrz. ambure, beide. Vgl. G. Paris, Rôle de l'accent latin p. 62; Burguy, I 112; Cornu, R XI 109. Die Ableitung mals als höchst zweifelhaft erscheinen.] S. No 613 und ŭtrŭm.

590) [āmĕntĭa, -am (v. mens), Sinnlosigkeit; ital. amenza; prov. u. altspan. amencia.]

<hr>

[1] Dadurch wurde andare scheinbar ein Kompos. zu dare u. konnte demnach ein Perfect *andedi bilden (auffällig ist, dafs ein *mandedi zu mandare nicht bestanden zu haben scheint).

[2] Eine Kritik dieser Hypothesen erscheint entbehrlich, da sie durch die neueren Forschungen als überholt gelten dürfen. Es genüge also auf das zu verweisen, was in der 1. Ausg. des Lat.-rom. Wtb.'s Sp. 281 ff. darüber gesagt worden ist u. was schon aus Rücksicht auf die notwendige Raumersparnis hier nicht wieder abgedruckt werden soll.

591) [*ämĕntïo, -ïre (v. amens), von Sinnen kommen, von Sinnen bringen; dav. rum. ametesc, ii, it, i. vgl. Ch. minte.]

592) *ämĕntīnŭm, 1, n. (v. amentum für agimentum), Treibmittel; dav. altfrz. amentin, amontin (b. Froissart, l'Esp. amoureuse 241. éd. Scheler), Schnur, die um den Kreisel gewickelt wird. dazu viell. das Vb. amenter. Vgl. Delboulle, R XII 104.

593) 1. amĕntum, n., Riemen; sard. amentu Jochriemen, vgl. Salvioni, Post. 4.

594) 2. amĕntum n., Treibmittel; altspan. amicnto, altgaliz. amento, vgl. Meyer-L., Z. f. ö. G. 1891 p. 766.

595) ämĕs, -ïtïs (eig. apmes v. *apo, einfügen), Querholz; davon prov. ants, hölzerne Werkzeuge, vgl. P. Meyer, R VII 594 (im Dialekt v. Lyon antiron „le bois de choix que l'on rencontre dans les fagots", vgl. Puitspelu, R XV 435); span. ptg. (andes), andas, Sänfte, vgl. Dz 423 andas. — Altfrz. hante, hanste, Lanzenschaft, ist nicht, wie Dz 610 s. v. meint, = amitem, sondern = hastam, vgl. Förster, Z II 84.

596) ämïcä, -am, Freundin; davon altfrz. mie. Geliebte, vgl. Dz 639 mie, daneben amie, Freundin, u. dementsprechend mit gleicher Bedtg. in den übrigen Spr. amica, amiga.

597) *ämïcïtäs, -ätem f. (für amicitia v. amicus), Freundschaft; davon ital. amistà, nach d'Ovidio, AG XIII 426, Gallicismus; prov. amistat-z; frz. amistié, amitié; cat. amistat (daneben amistança, vgl. Ollerich p. 12); span. amistad; ptg. amizade. Vgl. Gröber, ALL 1 239.

598) [ämïcïtïä, -am f. (v. amicus), Freundschaft, ist durch *amicitas verdrängt worden; ital. amicizia ist gel. W.]

599) ämïctŭs, -um m. (v. amicio), Umhüllung; davon altfrz. amit, Kappe, Mütze (möglicherweise hängt auch nfrz. aumusse, Chorpelzmütze, damit zusammen, freilich nur unter Annahme einer starken volksetymologischen Verballhornung; span. amito, leinene Kappe, welche der Messe lesende Priester anlegt. Vgl. Dz 422 amito. — Dz 234 pantófola ist geneigt, auch frz. emmitoufler, einmummen, mit amictus in Zusammenhang zu bringen.

600) ämïcus, -um m. (von der √(k)am, begehren, lieben, vgl. Vaniček I 113), Freund; ital. amico; rtr. amic, amih; prov. amic-s; frz. ami, dav. abgel. das Adj. amiable, cat. amig; span. ptg amigo. — Über den etwaigen Zusammenhang zwischen amicus dulcis, frz. ami doux u. frz. amadouer (vgl. Tobler, Z X 577) s. oben äd-mät-üo.

601) ämïdum, -ï n. (volkslat. für amylon), Kraftmehl, Stärke, s. amylum.

602) arab. amîr, Fürst, Befehlshaber (vgl. Freytag I 59ª); davon ital. almirante (aus al-amír), ad miraglio, ammiraglio; prov. amiran-s, amirat-s, amiralh-s; altfrz. amiral, almirant (das t nach Analogie der Partizipialstämme auf -nt), amirail, amiral (c. r. amiraus); frz. amiral; span. almiral, almirante, almiraj, almiraje; ptg. almirante. Die Form des Wortes ist offenbar in jeder Einzelsprache Gegenstand volksetymologisierender Umbildung gewesen, vermöge deren es bald den Partizipialstämmen auf -nt, bald den Adjektiven auf -al(is), bald denen auf -alius angeglichen, und überdies das anlautende a teils als arab. Artikel al teils als Präpos. ad aufgefaßt worden ist. Die ursprünglich allgemeine Bedeutung des Wortes,

„Feldherr", wurde durch italienischen (sicilianischen, genuesischen) Einfluß zu derjenigen „Flottenführer" verengt. Zusammenhang zwischen frz. amiral u. arab. amir-al-ba'hr, „Befehlshaber des Meeres", anzunehmen, wie Engelmann p. 54 thut, ist nicht nur unnötig, sondern auch unstatthaft, weil es gar zu selten wäre, daß der Artikel al sich erhalten haben, das durch ihn bestimmte Subst. ba'hr aber geschwunden sein sollte. Vgl. Dz 13 almirante; eine ganz interessante etymolog. Plauderei über das Wort „Admiral" findet man in der Kreuzzeitung vom 19. August 1893. Abendausgabe. Lehrreicher freilich ist die ausführliche Besprechung des Wortes bei Eg. y Yang. p. 224.

603) ämïtä, -am f. (Weiterbildung aus am[m]a, w. m. s.), Vaters Schwester, Tante, nur erhalten im rtr. ameda (in Ampezzo; dort auch rameda, wo r=l aus dem Artikel la, vgl. Ascoli, AG I 381, Z 2 v. ob.), niederengd. anda, oberengd. amda, vgl. Ascoli, AG I 230 Anm. 1 u. 511; im altfrz. ante (c. o. antain) u. im nfrz. tante, das anlautende t der letzteren Form erklärt sich aus kindersprachlicher Wiederholung des Wortes: ant(e)ante = antante, wodurch der Auslaut des erstgesetzten zu dem Anlaut des zweitgesetzten Wortes wurde, vgl. Darmesteter, Traité de la form. des mots composés p. 207 Anm. 5; Canello, AG III 341 Anm. 1. Über Reflexe des Wortes in ital. Mundarten z. B. lomb. mêdas, genues. ámea [neugr. äμια], ossol. láma, lámla, vgl. Musseha, Beitr. 26, u. Salvioni, Post. 4; G. Meyer, Idg. Forsch. II 370, Meyer-L., Z. f. ö. G. 1891 p. 766, zieht auch piem. maña hierher, doch ist das wohl zu kühn. — In den übrigen rom. Spr. (ob auch im Prov.?) ist amita durch griech. ϑεία (ital. zia, span. ptg. tia) u. durch lt. prima (so span. u. ptg. neben tia) völlig verdrängt worden. Andererseits hat amita in dem Englischen (aunt) u. im Deutschen die betr. germ. Worte völlig oder doch nahezu völlig verdrängt.

604) ammä, -am f. (Lallwort der Kindersprache zur Bezeichnung der Sängerin, insbesondere der Amme, während zur Benennung der Mutter dieselben Laute, nur in anderer Folge: mamma, dienten; in der Volkssprache wurde amma auch zur Bezeichnung der Ohreule gebraucht, weil man irgend welche Ähnlichkeit zwischen diesem Vogel u. einer Amme herausfand; in dieser Bedtg. kommt das Wort bei Isidor 12, 7, 42 u. Gloss. vor: von Isidor wird es thörichterweise von amare abgeleitet: „haec avis vulgo dicitur amma ab amando parvulos, unde et lac praebere fertur nascentibus"; davon span. ptg. ama, Amme, Wärterin, Haushälterin, Hausfrau, dazu wurde das Masc. amo mit der entspr. Bedtg. gebildet. Vgl. Dz 421 ama.

☞ Die mit amm .... (=ad +m ...) anlautenden Verba, wie *ammensurare, *amminare u. dgl. sehe man unter den betr. Simplicibus; über *ammicare (vgl. Gröber, Misc. 40) s. oben ad me care.

605) [*ämmŭlo, -äre (ad + *mulare (v. mulus), ein Pferd an die Gangart des Maultiers gewöhnen: dav. viell. prov. ital. ambler, frz. ambler.]

606) [ämnĕstïä, -am f., gr. ἀμνηστεία, ist als gel. W. mit der spätgriech. Aussprache des η als i in die rom. übergegangen: amnistia etc.]

607) ämo, -äre v. √(k)am begehren, lieben, vgl. Vaniček I 113), lieben; ital. amare; rtr. amér (ital. Fremdw., „gehört in keinem rätischen Orte zu den gewöhnlichen Wörtern [meistens ist gern

haben' u. ,voler bene' ühlich], bekannt ist es aber doch und gilt für ein edleres Wort'', Gartner, § 6); prov amar; frz. (amer, wovon jetzt noch amant; durch den Einflufs der stammbetonten Formen)aimer; cat. span. ptg. amar. In den pyrenäischen Spr. ist die Anwendung von amare durch quaerere = querer wesentlich eingeschränkt worden — Über frz. aimant „Magnet" u. dgl. s. oben adamas.

608) ämŏr, -ōrĕm m., Liebe; ital. amore; rtr. amur (auch Formen u. Ableitungen mit abgefallenem a, vgl. AG I 107 Anm. 3); über den sehr eigenartigen präpositionalen Gebrauch des Wortes mit oder ohne Verbindung mit par (paramur=propter), in welchem es lautlich an mortem sich angleicht (amuort „wegen", s Ulrich, Gloss. z. Chrest. I), vgl. Ascoli, AG I 25. Anm. 1: ital. amore (per amore wird dialektisch ebenfalls in der Bedtg. „wegen" gebraucht); prov. amor-s; frz. amour; cat. span. ptg. amor.

609) *ämŏrōsŭs, a, um (v. amor), verliebt; ital. amoroso, Adj. u. Sbst., u. moroso, nur Sbst., vgl. Canello, AG III 391; in den übrigen rom. Spr. ist das Wort in den entsprechenden Formen vorhanden.

610) [*ämphăsĭă, -am f. (verderbt, aus griech. ἀφασία Sprachlosigkeit, vielleicht in Anlehnung an ἔμφασις), bis zur Sprachlosigkeit gesteigerte Angst, daraus vermutlich ital. ambascia, Qual, dazu das Vb. amba-ciar, Qual empfinden, vor Angst keuchen. Vgl. Dz 15 ambasciata. — Caix, St. 139, wollte in dem zweiten Bestandteile des Wortes (-ascia) lt. *anxia erkennen. Vgl. Nr. 716.]

611) *ämphïsbētĭcŭs, a, um (gr. ἀμφισβητικός), streit-. zweifelsüchtig, ist nach Rönsch, Jahrb. XIV 341 (vgl. C. Michaelis, ebenda XIII 327), das Grundwort zu ital. bisbético, launisch, wunderlich.

612) amphŏra, -am f, Henkelkrug (amfora, non ampora Appendix Probi 227); das Wort lebt in den roman. Spr. nicht fort.

613) *ämpŏtĕrŏn (gr. ἀμφότερον), beides. ist nach Dz 506 ambore das Grundwert z. altfrz. ambore, ambure, altital. amburo; sowohl im Altfrz. wie im Altital. findet sich das Wort im Sinne von ἀμφότερον .... και (vgl. engl. both . . . and) = „sowohl .... als auch" gebraucht. Die Ableitung aus amborum verwirft Dz, ebenso die von ihm in der Gramm. II² 416 vorgebrachte von ambo + utrum; gleichwohl dürfte amborum, woraus viell. ambora gebildet wurde, gröfsere Wahrscheinlichkeit für sich haben, als das griech. Wort.

614) ämplĭŭs (Komp. N. v. amplus), weiter; altfrz. ampleis kann nicht unmittelbar aus amplius entstanden sein, sondern ist eine nach dem Muster von sordeis = sordidius v. sórdidus geformte Neubildung, vgl. W. Meyer, Z XI 250; Suchier, Gröber's Grundrifs, Bd. I 611. Vgl. Dz 507 ampleis.

615) ämplŭs, a, um (gebildet aus amb u. dem multip ikativen Suffix pala von √ par, pal füllen, vgl. Vaniček I 508), weit; ital. ampio; prov. amples; frz. ample; span. ptg. ancho. Vgl. Dz 422 ancho.

616) ampŭlla, -am f., kleine Flasche; ital. ampolla; sard. ampudda; prov. ampola; frz. ampoule; cat. span. ampolla; ptg. (ampolheta), empola. Das Wort dürfte überall halbgelehrt sein. Vgl. Gröber, ALL VI 378.

617) amūlētum n. (Plinius 28, 38 u. öfters), (vgl. arab. hamalet Anhängsel), Talisman; ital. amuleto; frz. amulette, -ète; span. ptg. amuleto.

618) ämūrcă, -am f. (gr. ἀμόργη) u. *ämūrcŭlă, -am f., Ölschaum; ital. morca (mail.), morchia =

amurcula, vgl. Flechia, AG II 329, morcia; frz. amurgue; cat. morca; span. morga. Vgl. Dz 217 morchia; Gröber, ALL IV 120; vgl. auch AG XIII 121.

619) ämӯgdălă, -am f. (amycdala, non amiddula, App. Probi 140) (gr. ἀμυγδάλη). Mandel, für das Volkslat. ist die Form amĕndola anzusetzen, vgl. Gröber, ALL I 240; ital. (venez.) mandola, mandorla; rum. mandulă; u. migdală; rtr mandel; prov. amenta u. (a)mella; frz. amande; cat. ametlla; span. almendra; ptg. amendoa. Vgl. Dz 202 mándorla, Gröber, ALL I 240; über das Verhältnis von frz. amadou zu amygdala vgl. Nigra, R XXVI 560.

620) ämӯlŭm, -i, n. u. ämŭlŭm, -i, n. (gr. ἄμυλον), Kraftmehl, Stärke; davon in gleicher Bedtg. ital. amido; aus dem Ital. entlehnt: frz. amidon (Fremdwort, vgl. Meyer, Ntr. 165); span. almidon; ptg. amido, amidăo. Vgl. Dz 16 ámido.

621) änă (gr. ἀνά), je (bei Zahlwörtern distributiv, z. B. folii cypressi ana uncias tres deters, Veget. 4[3], 2, 6; aluminis casturii ana uncias duas, Plin. Val. ,1, 36); in derselben Bedtg. findet sich ana gebraucht in dem Lyoner Dokument, Le Carcabeau du Péage de Givors 1225 (ed. Guigue s. a.), vgl. K. Hofmann, RF II 361 unten.

622) *analӯsis (ἀνάλυσις) f., Analyse (das Wort ist im Latein nicht belegt, ebensowenig ist dazu gehöriges Vb.); ital. analise, dazu das Vb. analizare; frz analyse, dazu das Vb. analyser, (über analyiste und analiste vgl. Tobler, Herrig's Archiv 97 S. 375).

623) amerik. ananas, die Ananasstaude u. deren Frucht; ital. span. frz. etc. ananas; ptg. ananáz Ananasfrucht, ananazeiro, Ananasstaude. Vgl. Dz 16 ananas.

624) änäs, -ätis, daneben -ītis u. -ätis (entstanden aus a-na-t, vgl. Vaniček I 24), Ente; ital. (sard.) andde; rtr. oberengd. anda, unterengd. andang, andăn, obwald. enta = dtsch. Ente, vgl. Ascoli, AG VII 444 Anm.; prov. anedo; altfrz. anne, dazu Dem. anette (nfrz. ist can-ard v. nd. cate; dtsch. Kahn, eingetreten, vgl. Mackel 13); cat. anech; span. ánade; ptg. adem. Vgl. Gröber, ALL I 240; s. auch änätră.

625) *änätĭcŭla, -am f. (f. anaticula), kleine Ente; prov. anadilha; frz. anille (wie ein Entenschnabel gekrümmte) Krücke. Vgl. Meyer-L., Z. f. ö. G. 1891 p. 766; Dict. général s. v. anille.

626) änätŏmĭă, am f. (gr ἀνατομία) Anatomie; dav. ital. notomia (neben dem gel. W. anatomia) „strazio, scarificazione inutile", ital. Canelle, AG III 391.

627) *änätră, -am, *änītră, -am (v. anas), Ente; ital. ánatra, ánitra, venez. ánera, trent. ánedra etc., vgl. Ascoli. AG VII 444 Anm.

628) änh ärd. *äuazan, antreiben; davon (ein altrom. Vb. anetsar, das sich in den Reichenauer Glossen findet, vgl. Dz, Altrom. Gloss. p. 41) ital. annizzare (nur dialektisch) mit der Bedtg v. aizzare, vgl. Caix, St. 153; altptg. anaziar (dessen Bedtg. es „Räuberei treiben"), davon anaziador; ob neuptg. anaçar, schütteln, mischen, dem altptg Worte entspricht, mufs dahingestellt bleiben. Vgl. Tailhan, R VIII 612.

629) *'anbar (vgl. Freytag III 227b), Ambra; ital. ambra; frz. ambre; span. ptg. ambar, alambar, alambre. Vgl. Dz 16 ambra; Eg. y Yang. 258.

630) [*āncīdo, cīdī, cīsum, cīdēre (v. amb- u. caedo). Dieses aus dem Subst. ancaesa, -ōrum, Gefäfse mit erhabener Arbeit, b. Paul, ex Fest. 20, 3 zu erschliefsende Vb. ist im altital. ancidere etc. nicht erhalten, wie auch schon Dz 352 s. v. annahm, es ist das letztere vielmehr, ebenso wie prov. aucir = occidere, vgl. Fumi, Misc. 97.]

631) ancīlla, -am f., Magd: ital. ancella (u. -illa); altfrz. ancel(l)e, anciele (später nur als Frauenname Ancille); span. ancila; ptg. ancela. Vgl. Cohn, Suffixw. p. 47.

632) āncōn, -ōna m. (gr. ἀγχών), Bug, Bucht, Ellenbogen, hakenförmiges Werkzeug; auf a. scheinen zurückzugehen frz. gond, Thürangel (lotbr. angon), vgl. Dz 169 gonzo; u. span. ancón, Bucht, Rhede, vgl. Dz 422 anco. S. auch unten contus. — Vermutlich von ancon abgeleitet ist auch ital. (dial.) ancona, Strafsenecke, Kapelle an einer Strafsenecke, Heiligenbildchen, vgl. Mussafia, Beitr. 26. Dz 352 s. v. hielt das Wort für aus gr. eikon (εἰκών, -όνα) entstanden, was durchaus unwahrscheinlich ist.

633) āncŏră, -am f. (gr. ἄγκυρα), Anker, ist ohne Bedeutungs- u. Lautänderung (nur frz. ancre, span. ancla neben áncora) in die rom. Spr. übergegangen.

634) *āncŏs, n. (gr. ἄγκος), Bug; davon ptg. anco, Ellenbogen, vgl. Dz 422 anco.

635) *ānora od. *angra, -am f. (im Lat. nur Plur. z. B. b. Isid. gloss. no. 93; verwandt mit ancos etc. mit der Grundbedeutung „Krümmung"); davon span. ptg. angra Bucht, vgl. Dz 423 s. v.

636) āncŭlo, -āre (viell. verwandt mit St. anckrumm u. demnach eigentl. bedeutend „sich krümmen, sich bücken"), kredenzen, davon viell. nach Caix, St. 206 ital. (aret.) ancfuȷlare, schaukeln, vgl. auch antlia, von welchem letzteren das ital. Vb. besser abzuleiten sein dürfte.

637) āncus, a, um, gebogen, krumm; dav. rum. adinc; neapel. ancino; belegn. anzinol; venez. ançin, piem. ançin, mail. lansin; gennes. lensin. Vgl. Meyer-L., Ztschr. f. österreich. Gymn. 1891 S. 266; Salvioni, Post. 4; Horning, Z XVI 528.

638) bask. andraminae, eigentl. Schmerzen der Frauen (die als Vorwand dienen können, um z. B. Besuch abzulehnen), soll nach Larramendi's kühner u. wenig glaubhafter Vermutung das Grundwort sein zu span. andrómina, Kunstgriff, zur Täuschung ersonnene Geschichte, vgl. Dz 423 andrómina.

639) āndrōn, -ōna m. (gr. ἀνδρών), ein Gang zwischen zwei Mauern eines Gebäudes, ist das wahrscheinliche Grundwert zu ital. androne, breiter Gang, Vorhaus, welches Wort nach Liebrecht, Jahrb. XIII 231, durch Einschub eines r (der jedoch hier gar nicht wahrscheinlich ist) aus andone andare entstanden sein soll. — Eine Nachbildung des gr. ἀνδρών (v. ἀνήρ Mann, also eigentl. „Männergemach") soll nach Dz 409 verone ein lat. *viro, -ōnem v. vir sein, wovon ital. verone, offener Gang, Altan, Erker, vgl. dagegen Storm, R II 327, wo in überzeugender Weise verone von umbr. vero, osk. veru „Thür" abgeleitet wird. Was Caix, St. p. XI Anm. 2, gegen Storm einwendet (die Grundbedtg. von verone sei „Terrasse" u. dgl. gewesen), ist von keiner Erheblichkeit, und die von Caix vermutete Identität des ital. Wortes mit frz. perron völlig unglaubhaft. Baist, Z VII 124, vermag sich das Wort nicht zu erklären u. bemerkt nur, dafs es der Bedtg. nach einigermafsen zu cat. barana, span. baranda, ptg. varanda, Geländer (vermutlich gleichen Ursprunges mit engl. veranda) passen würde.

640) *ānĕllārīŭs, -um m. (v. anellus), Ringverfertiger; ital. anellaro; rum. inelar, s. Ch. incl; prov. anelier.

641) ānĕllŭs, -um m. (v. anus), kleiner Ring; davon ital. anello, dav. das Dem. anellotti, agnellotti „specie di minestra di pasta", vgl. Caix, St. 144; sard. anedda; rum. incl, Pl. f. inele, vgl. Ch. s. v.; prov. anel-s; frz. (anel) anneau; cat. anel u. anella; span. anillo; ptg. an(n)el; elo, Ring einer Kette, vgl. C. Michaelis, Rev. Lasit. I, Meyer-L., Z XV 269. Vgl. Gröber, ALL VI 378.

642) ānēthum n. (ἄνηθον), Dill, eine wohlriechende Pflanze; ital. aneto; frz. anoi; span. eneldo; ptg. endro. Vgl. Meyer-L., Z. f. ö. G. 1891 p. 766.

643) angārīā (u. angária), -am f. (gr. ἀγγαρεία, ursprüngl. ein pers. Wort), Spanndienst, Fronfuhrwerk; davon ital. angheria, Erpressung, Bedrängung; alts pan. anguera, enguera, enguera, Entschädigung für die unberechtigte Benutzung eines Reit- oder Zugtieres, vgl. Tailhan, R IX 431 (dazu Suchier, Z V 172); ptg. angueira, Mietgeld für Zug- oder Lasttiere. Devic vermutete Zusammenhang zwischen angária u. ital. (avaria, averfa), span. avania avanie (nach Scheler im Dict. s. v. das Vbsbst. zu altfrz. avanir, kränken, v. lt. vanus), ptg. avania, Weggeld, Kopfsteuer, Plackerei, vgl. Dz 31 avania u. dazu Scheler im Anhang 709. Darf man das glauben — u. statthaft ist es (falls man eine Mittelform *anguaria annimmt) —, so dürften dann auch ital. avaria, frz. avarie, span. haberia, ptg. avaria, Hafensteuer, Steuer auf über See gehende Waren, Schaden an Schiff oder Ladung, für in ihrer Bedtg. nach besonderer Richtung entwickelte Gestaltungen von *anguaria gehalten werden. Gewöhnlich leitet man avaria etc. von arab. awâr, Gebrechen, Beschädigung, ab, vgl. Dz 31 avaria. Mit dtsch. „Hafen" u. dgl. hat das Wort nichts zu schaffen, Bildungen wie dtsch. Havarie u. dgl. beruhen auf volksetymologisierender Angleichung. — Die Vermutung, dafs frz. angar, hangar, Schuppen, mit angaria zusammenhänge, ist naheliegend, gleichwohl aber aus lautlichen Gründe abzuweisen, wie dies auch Dz 508 angar thut; an kelt. Ursprung des Wortes darf man ebenso wenig denken, vgl. Th. 89. Sollte es vom dtsch. hangen abzuleiten sein? Die ursprüngliche Bedtg. des Wortes „Schutzdach" würde dazu gut stimmen, ebenso die alte Form hangard, vgl. Stappers 3177; Scheler freilich im Diet. s. v. weist die Ableitung v. hangen unbedingt zurück. — Baist, Z VII 117, schlägt für span. enguera, ptg. angueira ein lat. *equaria als Grundwert vor, indessen liegt weder die Notwendigkeit von span. angaria abzugehen, noch ist die Nasalierung zu erklären (indentico f. identico u. dgl. ist ein ganz anderer Fall).

644) [angārŏn n. (gr. ἄγγαρον πῦρ, Signalfeuer, Aesch. Ag. 292), ist nach Mahn, p. 128 u Dz 423 ánguro identisch mit span. ánguro Signalflamme. Das ist um so glaublicher, als im Altspan. auch anguria in einer der ursprünglichen noch ziemlich nahe stehenden Bedtg. erhalten war, s. den vorigen Artikel. Larramendi erblickte in dom Worte eine Zusammensetzung aus bask. an, dort, + garra, Flamme.]

645) āngĕlūs, -um m. (gr. ἄγγελος), Bote, Engel; ital. angelo; rum. inger, s. Ch. s. v.; rtr. angel; prov. angel-s; frz. angeles (zweisilbig, z. B. Pass. 393, vgl. Stengel, Wtb. 89 Anm., Berger s. v.),

angel, ange; cat. span. *angel;* ptg. *anjo.* Vgl.
Dz 508 *ange.*
646) malaiisch **angreq,** eine Orchideenart; dav.
frz. *angrec,* woraus wieder der pseudo-lat. botani-
sche Name *angraecum* abgeleitet ward, vgl. Devic
s. v., Fafs, RF III 492.
647) **ăugŭïllä, -am** *f.* (Dem. v. *anguis*), Aal;
ital. *anguilla;* sard. *ambidda.* sicil. *ancidda,*
lecc. *angidda,* friaul. *anzille;* venez. *anguela*
(d. i. *acutella* + *anguilla*), vgl. Salvioni, Post. 4.
frz. *anguille* (altfrz. *anguile* mit nicht palatalem
l, anguille mit palat. l ist gelehrte Neubildung);
span. *anguila;* ptg. *anguilla. anguia, enguia.*
648) [**ängŭïs, -em** [v. *ango*], die Schlange, ist
in den rom. Spr. durch *serpens* als dem lautlich
bequemeren Worte fast völlig verdrängt worden,
vgl. jedoch Meyer-L., Ztschr. f. österreich. Gymnas.
1891 S. 766; Salvioni, Post. 4. Sollte viell. frz.
envoye, Blindschleiche, im letzten Grunde auf *anguis* zurückgehen, indem man anzunehmen hätte,
dafs das Wort volksetymologisch umgebildet worden
sei (*anguis* : *anguia* : *envoye,* gleichs. *en voie*
„das auf dem Wege liegende Tier")?]
649) **ăugŭlārĭŭs, a, um** (v. *angulus*), in der
Ecke befindlich; rum. *unghier,* Winkel, Versteck,
s. Ch. *unghiu.*
650) **ăugŭlösŭs, a, um** (v. *angulus*), eckig;
ital. *anguloso;* rum. *unghiuros,* s. Ch. *unghiu;*
prov. *angulos;* frz. *anguleux;* span. ptg. *anguloso.*
651) **ăugŭlŭs, -um** (vom St. *ang-,* wow. *ang-o,
ang-ustus* etc.), Winkel; ital. *angolo;* rum. *unghiu*
f., Pl. *unghiuri,* s. Ch. *s. v.;* prov. *angl-es;* frz.
cat. *angle* (altfrz. auch *anglet* u. *anglecon*); span.
ptg. *ángulo.*
652) ***augŭrĭön** *n.* (gr. *ἀγγούριον*), Wassermelone,
ist wohl das Grundwert zu dem gleichbedeutenden
ital. (dial.) u. span. *angur(r)ia,* vgl. Mussafia,
Beitr. 27; nach Larramendi (b. Dz 423 *ang.*) ist
das Wort baskisch (vgl. dagegen Gerland, Gröber's
Grundrifs I 330), doch ist solcher Ursprung wenigstens für die ital. Formen unwahrscheinlich.
653) [***ängŭstärä** u. **-ĭä, -am** (v. *angustus*),
Grundwert z. ital. *guastada,* Flasche mit engem
Hals; prov. *engrestara,* vgl. Mussafia, R II 477.
S. **acer.**]
654) **ăugŭstĭä, -am** (v. *angustus;* der Sg. ist zwar
selten, findet sich aber doch z. B. b. Sall. fr., Plin.,
Augustin. serm. 22, 3, s. Georges *s. v.*), Enge,
Angst; ital. *angoscia* (daneben als gel. W. *angustia,*
vgl. Canello, AG III 339); rtr. *anguosche;* prov.
angoissa; frz. *angoisse;* altspan. *angoxa;* cat.
neuspan. ptg. *congoxa, congoja* (indem *-an* als
Präfix aufgefafst u. mit *con* vertauscht wurde). Vgl.
Dz 21 *angoscia;* Gröber, ALL I 240.
655) **ăugŭstĭo** u. **ăugŭstö, -äre** (v. *angustus*),
verengen, in die Enge treiben, ängstigen; ital.
angustiare u. *angosciare;* rum. *ingust, ai, at,* a
s. Ch. *ingust;* prov. *angoissar;* frz. *angoisser;*
span. ptg. *angustiar.*
656) **ăugŭstŭs, a, um** (vom St. *ang-,* wov. *ango*),
eng; ital. *angusto;* rum. *ingust,* s. Ch. *s. v.;*
(prov. *angoissos, engoyssos* = **angustosus*); span.
ptg. *angosto.*
657) **ănhēlĭtŭs, -um** *m.* (v. *anhelo*), Schnauben,
Keuchen, s. oben **anelitus.**
658) **ănhēlo, -äre** (= *am* + *helo*), schnauben,
keuchen; ital. *anelare* „tirare il fiato lungo, aspirare moralmente" (neben dem veralteten *alenare*

„tirar il fiato"), vgl. Canelle, AG III 397; sonst
ist das Vb. durch **alenare* verdrängt worden, s.
oben **aleno.**
659) **ănĭmä, -am** *f.,* Lebenshauch, Seele: ital.
anima (u. *alma,* vgl. Canelle, AG III 329; sicil.
arma, dav. Dem. mail. *armella,* mod. *rumela,* vgl.
Flechia, AG Il 366 u. 376); rum. *inimă,* s. Ch.
s. v.; rtr. * amna, ana,* vgl. Ascoli, AG I 371 No
234, vgl. auch 438 Anm., *olma;* prov. *anma, alma,*
arma; altfrz. *anima* (Leod. 174, Eul. 2), *anema*
(Al. 109 d), *aneme* (Al. 67 b), *aname* (Al. 82 e, 121 e
etc.), *erme* (Steph. 12 b). vgl. Stengel, Wtb. p. 90ᴀ.
amne, alme, arme, vgl. Feilitzen, Li ver del Juïse
p. XLI Anm. 2, Cloëtta, Roman. Forsch. III 54
Anm., Berger *s. v.;* nfrz. *âme;* cat. *arma, alma;*
span. ptg. *alma.* Vgl. Dz 21 *anima.*
660) **ănĭmäl, -is** *n.* (v. *anima*), lebendes Wesen;
ital. *animale* (in zahlreichen Dialekten bezeichnet
animale nur ein bestimmtes Tier, das Schwein, die
Kuh, die Hündin etc.); valses. *rimá* „bestia in
genere, ma specialmente bestia che faccia ribrezzo",
Salvioni, Post. 4 (die Ableitung dürfte jedoch
zweifelhaft sein); rtr. oberwald. *armal,* Rind, *ali-
mēri,* Schwein, s. Gartner § 4, friaul. *nemal,* Ochse,
(*magne,* Schlange). „Vom Pl. *animalia* wird ein
neuer Sg. gebildet: *animalium,* eurs. *lgimari,* eng.
almeria" W. Meyer, Ntr. 101; frz. *aumaille* =
animalia (gewöhnlich nur im Plur., so dafs also ein
ursprünglicher Plur. das Pluralsuffix annimmt),
Mast(rind)vieh; span. ptg. *animal,* Tier, aufserdem
ptg. *almalho, -a,* junger Stier, junge Kuh, galic.
armallo „buey flaco". — (*animal* ist im Rom. durch
bestia mehr oder weniger verdrängt worden). —
Vgl. Dz 513 *aumaille;* Parodi, R XVII 53. — Vgl.
W. Meyer, Ntr. p. 101.
661) **ănĭmŭs, -um** *m.,* Seele, Geist, ist in den
rom. Spr. — ausgenommen das Prov. u. Frz., wo
es durch **coraticum* verdrängt ist — in den entspr. Formen vorhanden.
662) **ănīsum, -i** *n.* (gr. *ἄνισον*), Anis (Pimpinella anisum L.); ital. *ánice;* rtr. *enis,* Pl. *anisch*
(ital. Fremdw.; vgl. Ascoli, AG I 9 Anm.); frz.
span. ptg. *anis.*
[***änĭto, -äre** s. **ēnäto, -äre.**]
663) germ. **ankja** (ahd. *ancha, encha*), Schenkel,
Beinröhre, = frz. *anche,* Röhrchen; ital. prov.
span. ptg. cat. *anca;* frz. *hanche,* Hüfte ist
(gegen Dz 16 *anca*) etymologisch von *anche* zu
trennen u. auf. germ. *hanka* (s. d.) zurückzuführen,
vgl. Bugge, R III 152; Mackel p. 52, 57, 143.
Auf *unca,* das im Cat. „natica, groppa" bedeutet,
führt Parodi, R XVII 53, zurück cat. *aixancarrar,*
die Beine ausspreizen.
664) pers.-arab. **an-nafīr,** eherne Trompete (vgl.
Freitag IV 312a); prov. *aniafil* (?), kleine Trompete; span. ptg. *añafil, anafil,* maurische Trompete, vgl. Dz 423 *añafil;* Eg. y Yang. p. 268.
665) [***ăn-năsĭto, -äre** (v. *ad* u. *nasus*), riechen ;
davon ital. (gennes.) *anastá,* riechen, dazu Vbsbst.
anastu, Geruch, vgl. Flechia, AG VIII 323.]
666) **ännĭcŭlŭs, a, um** (v. *annus*
mit langem *a,* weil aus *ac-nus*), einjährig; ital.
anniechio, sard. (logud.) *anniju, annigru,* Pferd von einem
Jahr, neap. *anniechie,* Stier von einem Jahr,
abruzz. *nnéchie,* einjährige Ziege, vgl. Salvioni,
Post. 4; rtr. obwald. *annuljs, anugls,* Lamm;
[span. *añojo;* Kalb von einem Jahr; ptg. *annojo,*
Kalb von einem Jahr], vgl. Ascoli, AG VII 515. S.
auch ***annōtĭcus, annotinus.**

667) arab. **annilah,** Indigo (vgl. Freytag IV 359a), span. *añil, añir;* ptg. *anil.* Vgl. Dz 443 *s. v.;* Eg. y Yang. p. 269 *(an-nil).*

668) ***ăn-nŏcto, -äre** (v. *nox*), die Nacht verbringen; ital. *annottare;* (rum. *innoptez, ai, at, a,* s. Ch. *noapte*); prov. *anoitar;* frz. *anuitier, anuiter,* sich bis in die Nacht verspäten, in der Nacht reisen; span. *anochecer* gehört nur mittelbar nach Form u. Bedeutung hierher.

669) ***ănnōtīcus, a, um** (v. *annus*), ein Jahr alt; sicil. *annoticu,* vgl. Meyer-L., Rom. Gr. II p. 523; prov. *anouge,* frz. (mundartl.) *annoge „jeune bête de l'année",* vgl. Horning, Z XXI 449; span. *añojo;* ptg. *annojo.*

670) **ănnōtīnūs, a, um** (v. *annus*), vorjährig; rum. *anoatin,* Lamm, Füllen etc. von einem Jahr; s. Ch. *an.* Auf ein (**antine[n]sis*) **antines[em],* das von **an[no]tīnum* abgeleitet worden sein soll, führt G. Paris, R XXI 597, zurück frz. *antinois* (wall. *antinai*) „agneau de l'année précédente."

671) **ănnūālis, e** (annus), jährlich; altfrz. *anvel.*

672) **ănnūbĭlo, -äre** (v. *nubes*), Wolken herbeitreiben; ital. *annuvolarsi;* rum. *a se innoura,* vgl. Ch. *nóur;* span. *anublarse;* ptg. *anuviarse.*

673) **ănnūlārĭūs, -um** m., Ringemacher; ital. *anellaro;* rum. *inelar;* prov. *anelier-s.*

674) (***ănnŭlo, -äre** (v. *annulus*), ringeln; ital. *annellare;* (rum. *inelez, ai, at, a* = *inannulare*); frz. *anneler;* span. *anìllar;* ptg. *an(n)elar.*]

675) **ănnŭmĕro, -äre** (v. *numerus*), zuzählen; ital. *annoverare.* Vgl. Dz 387 *novero.*

676) **ăn-nūntĭo, -äre** (v. *nuntius*), ankündigen; ital. *annunziare;* prov. *annunciar;* frz. *annoncer,* davon Vbsbst. *annonce;* span. *anunciar;* ptg. *annunciar.*

677) **ănnŭs, -um** m., (Kreis, Ring), Jahr; ital. *anno;* rum. *an, anutimp* = *anni tempus,* s. Ch. *an* u. *timp;* rtr. *ann, anj, any,* vgl. Gartner, Gr. § 105 u. 106; prov. *an-z;* frz. *an;* cat. *an;* span. *año;* ptg. *anno.* Vgl. Gröber, ALL I 241. — *hoc* (daneben *hoeque nach Analogie v. *usque* etc.) *anno* = ital. *uguanno;* rtr. *uonn;* prov. *ogan;* altfrz. *ouan;* altspan. *hogaño;* ptg. *ogano.* Vgl. Dz 335 *uguanno;* Ascoli, AG VII 527 Anm.

678) **anquīna, -am** f. (ἀγκοίνη), Raaschlinge; ital. *anchini,* vgl. Meyer-L., Z. f. ö. G. 1891 p. 766.

679) **ănsă, -am** f. (nach Vaniček I 39 von √ *am* stark sein; *ansa, non asa* App. Probi 76), Griff, Handhabe, Henkel; ital. (dialekt.) *asa, aza* etc., vgl. Mussafia, Beitr. 30; (frz. *anse,* Bucht); span. *asa,* Henkel; ptg. *aza,* Henkel, Flügel eines Vogels (gleichsam der Henkel, an welchem man den Vogel anfafst; Meyer-L., Z. f. ö. G. 1891 p. 766, verneint die Herkanft des *aza* v. *ansa*). Vgl. Dz 429 *aza.* — (Nach Bugge, R IV 349, soll von *ansa* ein **a[n]-sium* abgeleitet worden u. daraus ital. *agio,* frz. *aise* entstanden sein. S. oben ***ad-atio** u. **adjacens** u. unten ***aslum**.)

680) [***ānsĭŭm, -i** *n.* (v. *ansa*), nach Bugge, R IV 349, Grundwort z. ital. *agio* etc., s. ***aslum**.]

681) [***ānso, -äre** (v. *ansa*), eine Handhabe darbieten, scheint das Grundwort zu ptg. *azar,* Gelegenheit bieten, bequem machen, zu sein.]

682) nhd. **anstecken** soll nach Dz 571 *enticher* das Grundwort zu dem gleichbedeutenden frz. *enticher* (altfrz. *entechier, entichier*) sein; diese Annahme stöfst aber, wie auch Mackel p. 104 (vgl. auch 144) andeutet, auf grofse lautliche Schwierig-

keiten, u. auch abgesehen von diesen ist die einfache Übertragung eines fertigen nhd. Kompositums in das Frz. nicht eben wahrscheinlich; man wird vielmehr mit Scheler (im Dict.[3] *enticher*) in diesem Verbum nur eine Variation von *entecher, entacher* (mit dem Vokal der stammbetonten Formen) erblicken müissen. Suchier, Reimpredigt p. 66, leitete das Verb von *intitiare (v. *titio*) ab, was Horning p. 6 mit gutem Grunde abweist. Caix, St. 616, will ital. *tecca,* altfrz. *teche, teka* auf got. *taikn-s,* ags. *tácen,* alts. *técan* zurückführen. Goldschmidt, Festschrift für Tobler p. 166, ist geneigt, altfrz. *techier, en-techier,* neufrz. *enticher* mit germ. **takko,* wovon **takjan, tekka*n in Zusammenhang zu bringen, u. das dürfte das Richtige sein. S. unten **tac**- u. **taikns**.

683) **ăusŭlā, -am** *f.* (Dem. v. *ansa*), Henkelchen, kleine Schlinge; ital. *ansula* „anello da fermar le cortine"; ansola „anello a cui s'attacca il battaglio delle campane", u. *asola* „occhiello". vgl. Canello, AG III 366, Caix, St. 168, Morosi, AG IV 141.

684) [***ānsŭlārĭūs, -um** (v. *ansa*); davon ital. (lomb.) *asuliere, usoliere* „nastro, legame con cui si stringono le brache etc.", vgl. Caix, St. 168.]

685) **ăntae, -as** *f.* (v. *ante*), viereckige Pfeiler an den Thürsa u. Ecken der Tempel, davon nach Caix, St. 154, abgeleitet ital. *anticchia* „nottolino per usci e finestre", lomb. *ante-ine* „imposte", rtr. (lad.) *antina* „porta del giardino"; ferner: sicil. *calabr. anta;* piem. parm. *ante;* monf. *ántre;* mesolcin. *ánza;* aret.sic. *anticchia* „uollola", vgl.Salvioni, Post 4; Meyer-L., Ztschr. f. österr. Gymn. 1891 p. 766.

686) **ăntĕ,** Präp. u. Adv., ist in den rom. Spr. in präpositionaler u. adverbialer Verwendung nur in Verbindungen *ab* + *ante, de* + *ab* + *ante, in* + *ante* erhalten, blofs das Ptg. hat das einfache Wort sich bewahrt, das Span. braucht wenigstens adverbial *ante-s.* Vgl. Dz, Gr. II³ 482 (wenn daselbst ital. *anzi* = *ante* angesetzt wird, so ist das selbstverständlich ein Irrtum). Über al ti tal. *anti* vgl. Tobler, AG X 238, u. Meyer-L., Ital. Gr. § 107 S. 61.

687) **ăntĕā** (v. *ante*), wurde früher als Grundwort angesetzt zu ital. *anzi,* altfrz. *ains* (prov. cat. *ans*). Die lautliche Entwickelung erklärte man folgendermafsen: „lat. antea = *antja* mafete lautlich ital. **anza,* frz. *aince ergeben, beide Formen aber standen hinsichtlich ihres Auslautes vereinzelt innerhalb der Adverbien da u. traten deshalb zu den Adverbialbildungen auf *-i,* bezw. auf *-s* über (*anza* : *anzi* nach *avanti* etc., vgl. *post* : *poi;* *aince : *ains,* nach *postea* : *puis, moins* = *minus, dans* = *de intus* u. dgl. Im Ital. hätte allerdings das Antonym *poscia* aus *postea* die Erhaltung von *anza begünstigen können, es überwog indessen die Einwirkung des stamm- u. sinnverwandten *avanti;* *anzo* ist oder vielmehr war eine nur sekundäre u. dialektisch bedingte Nebenform für *anzi,* vgl. Gröber, Z X 175. Der auffällige Schwund des a entstandnen *e* in frz. *ains* = *aince aus *antea* hat sein Seitenstück in *postea* : *puis, ad horam*(?) = frz. *or,* auch ital. *or* neben *ora*)". Gröber, Z VI 260 Anm. u. X 175, war geneigt, *anzi, ains* aus *ante* i[d] zu erklären, wogegen einzuwenden ist, dafs das lautlich schwache *id* schwerlich im Volkslat. sich lautlich zu erhalten vermochte (ausgenommen in *ad id ipsum* = *adesso,* wo es durch *ipsum* gestützt wurde). Schuchardt, Z XV 240, erklärt *anzi* aus *antie (Adv. zu **antius, a, um*) u. *ains* aus *antiam (adverbiales Ntr. zu *antius). Über die Bedtg.

K ö r ting, lat.-rom. Wörterbuch.   5

von altfrz.. *ains* vgl. Zeitlin, Z VI 260. Dz 21 *anzi* leitete ital. *anzi*, span. ptg. *antes*, prov. cat. *ans*, altfrz. *ans*, *ains* „von dem in den meisten Sprachen noch fortdauernden *ante* mit angefügtem adverbialen *s* ab, „so dafs die ital. Form eigentlich für *ansi* steht". — Vgl. auch R XIV 572 u. unten **antjĭdius, antĕ, antĭum.**

688) **änt(e) ānnum,** vorjährig, ehedem; prov. *antan, anan;* altfrz. *antan;* span. *antaño;* altptg. *antanho.* Vgl. Gröber, ALL I 240; R XXI 597.

689) **äntĕcēssōr, -ōrem** *m.* (v. *antecedo*), Vorgänger; altfrz. c. r. *ancestre* (vgl. engl. *ancestor*), Pl. *ancestre(s)*, c. o. *ancessour, ancesseur, anceissor* (letztere Form, deren auffälliges *ei* bereits G. Paris, Alexiusleben p. 74, bemerkt hatte, wurde von Thomas, R XIV 577, für eine Ableitung aus *anceis* erklärt, was zweifellos zu mifsbilligen ist, höchstens könnte das *ei* des Subst. für dem *ei* des Adv. angeglichen erachtet werden); nfrz. nur Plur. *ancêtres.* Vgl. Dz 507 *ancêtres.*

690) [**äntĕ dīem,** daraus nach Dz ptg. *hontem*, gestern, kürzlich, vgl. Dz 459 *hontem;* s. aber oben No 250.]

691) (**änt(ĕ) ī(d),** daraus nach Gröber, Z VI 260 Anm. u. X 175, ital. *anzi*, frz. *ains*, vgl. oben **antea.]**

692) **äntĕ īst-ĭpsum,** daraus nach Dz 406 *testeso* ital. *testeso, testé*, unlängst, neulich.

693) **äntĕ** (u. *antea*) **nātūs** (v. *nasci*), vorher geboren; davon (prov. *annat?*), span. *antenado, andado, alnado*, der vorher (d. h. vor der zweiten Ehe) geborene Sohn, der Stiefsohn, ebenso ptg. *enteado*, wozu auch das Fem. *enteada.* Vgl. Dz 421 *alnado.* — Frz. *ains né, ainé* kann, weil *ains* nicht = *ante*, sondern = **antium* (s. d.), nur *antium natus*, nicht *ante natus*, wie Dz 505 *ainé* meinte, sein n. ist erst im Frz. gebildet; man beachte auch den Bedeutungsunterschied zwischen dem pyrenäischen u. dem frz. Worte. Vgl. Gröber, ALL I 240.

694) **antenna, -am** *f.*, Segelstange; sicil. *ntinna*, Meyer-L., Z. f. ö. G. 1891 p. 766.

695) **äntĕ-ŏbvĭo, -āre,** zuvor(entgegen)kommen; davon span. *antoviar, antuviar*, vorwärts bringen, fördern, beschleunigen, dazu Vbsbst. *antúvio.* Vgl. Dz 496 *uviar.*

696) [**äntĕ-ŏcŭlārĕ** *n.* (v. *ante* u. *oculus*); dav. nach Scheler im Diet. *s.v. andouiller* u. Bugge, R IV 349, altfrz. *antoillier, entoillier* (vgl. engl. *antler*), nfrz. *andouiller* (mit Angleichung an *andouille*, vgl. oben *albondoca*), Augensprosse am Hirschgeweih, also eine dem deutschen Worte begrifflich nahestehende Bildung.]

697) **änt(ĕ) ŏcŭlŭm,** vor dem Auge; davon mit eigenartiger Bedeutungsübertragung span. ptg. (*antolho*), antojo, Laune, Grille, Begierde, dazu das Vb. span. ptg. *antojar* (im Span. refl.), aus blofser Laune etwas wünschen; ptg. *antolhar*, vor Augen haben, die Augen bedecken, *antolharse* sich einbilden. Der Plur. des Sbst. span. *anteojos*, ptg. *antolhos* bedeutet „Augenklappe, Brille". Vgl. Dz 423 *antojo.*

698) **äntĕrĭŏr, -ōrem,** (v. *ante*), der vordere, frühere; ital. *anteriore;* frz. *antérieur;* span. ptg. *anterior*, sämtlich, mit Ausnahme des rum., gel. Worte.

699) **äntĕ sīnum,** vor dem Busen, Busenschurz; dav. viell. neapol. *andosino* u. mit (Anlehnung an *mantello*) *mandosino*, (mit Anlehnung an *avanti*) *manassino*, vgl. Subak, Z XXII 531.

700) **äntĕ + vānnūs,** diese vom Volkslatein. wohl

kaum gewagte, dem Roman. aber, welches *ante* verlor, unmögliche Bildung, soll nach Dz 512 dem prov. *anvan*, Schutz-, Schirmdach, zu Grunde liegen, woraus im Frz. (vgl. Fafs, RF III 503) durch volksetymologisierende Anlehnung an *vent(us) auvent* (gleichsam *ôtc-vent*) entstanden wäre.

701) **äntĕ** + germ. **warda** (ahd. *warta*, Beebachtung, achthabende Mannschaft, vgl. Mackel p. 59) = prov. *angarda*, altfrz. *angarde* (dafür nfrz. *avant-garde*), Vorhut. Vgl. Dz 508 *angarde.*

702) [**äntĭānus, a, um** (v. *ante*, bezw. v. **antius a, um*, vgl. Lindström, L'Analogie etc. p. 130), früher, vormalig; ital. *anziano;* prov. *antia-s*, *ancia-s;* frz. *ancien* (die Silbengeltung des *i* weist darauf hin, dafs das Wort erst im Frz. gebildet worden ist, das Entsprechende gilt von ital. *anziano*); span. *anciano;* ptg. *ancião.*] Vgl. Berger *s. v.*

703) **äntĭcŭs, äntĭquūs, a, um** (v. *ante*), der vordere, alt, im Rom. nur als gel. Wort erhalten (jedoch sard. gennes. *antigu*, venez. *antigo*, lomb. *antik*, vgl. Salvioni, Post. 4; altfrz. masc. c. r. *antis*, c. o. *antiu*, *antif*, fem. *antive*, vgl. W. Meyer, Z IX 144 Anm. u. XI 540), s. auch unten **antiquus**, sonst durch **antianus** u. *vetulus* verdrängt. Vgl. Dz 508 *antif.*

704) [**äntĭe** (Adverb zu dem Adj. **antius, a, um* v. *ante*), früher; dav. nach Schuchardt's Annahme, Z XV 237, ital. *anzi* eher, vielmehr, im Gegenteil.]

705) [**äntĭphōnă, -am** (gr. ἀντίφωνος), entgegensingend; davon frz. *antienne* (vgl. Stéphanus: Etienne), kirchlicher Vor-, Gegen-, Wechselgesang. Vgl. Dz 508 *antienne.*]

706) [**äntĭquātĭcŭm,** *n.* (v. *antiquus*), Alter; prov. *antigatge-s.* Vgl. Dz 503 *âge.*]

707) **äntĭquūs, a, um** (v. *ante*), der vordere, alt, s. oben **anticus** (auf *antiqua* geht altfrz. *antive* zurück).

708) [**äntĭum** (adverbial gebrauchtes Neutr. des Adjectivs **antius, a, um* v. *ante*), früher; dav. nach Schuchardt (ital. *anzo*), altfrz. *ainz, ains* früher, eher, vgl. Z XV 237 (über die Bedtg. v. *ains* s. Z VI 260) —, sollte aber **antium *antjum* nicht **anz* ergeben? vgl. **abantio : avanz (avance)].**

709) [**äntjĭdius** (f. **antĭdius* f. **antius*, Ntr. zu dem Komp. **antior* v. dem Adj. **antius, a, um;* aus **antior*, **antjor* entlehnte **antjidius* das *j;* **antidius* ist gebildet nach **sordidius* u. dgl., vgl. namentl. **fortidius* neben *fortior-*, altfrz. *forceis* neben *forçor*, vgl. Schuchardt, Z XV 240), früher, eher, vielmehr (hinsichtlich der Bedtg. vgl. ital. *piuttosto*, frz. *plus tôt*, *plutôt*); altfrz. *ainceis, anceis, ançois.* Thomas, R XIV 573 u. XVII 95, erklärte *anceis* aus **antius*, Komp. zu *ante*, Meyer, Z XI 250, deutete *anceis* aus *ante ipsum*, wie das schon Dz 503 *ainçois* gethan u. Gröber, Z VI 260 Anm. u. X 174, befürwortet hatte. Indessen das Bedenken Meyer-L.'s, dafs *ains* + *eis* zu *anseis* werden können u. dafs deshalb *ante ipsum* zu bevorzugen sei, ist schwerlich durchschlagend, da neben *ainceis* ja *anceis* ebenfalls vorhanden ist u. ist. Zeit der Wechsel zwischen hochtonigem *ai* u. tieftonigem *a* (*niment* u. *amér*) doch gewifs nicht ganz der Lautneigung der Sprache gemäfs war, auch sonst mufsten die zahlreichen mit tieftonigem *an-* u. *en-* anlautenden Worte den Übergang von *ai* zu *an* begünstigen; in *ainsné* allerdings erhielt sich *ai*, aber nur weil das *ains* hier seine ursprünglich temporale Bedeutung behauptete u. folglich seine Identität mit dem Adv. *ains* im

Sprachbewufstsein lebendig blieb. Überdies ist die bei ante *ipsum* = *antj ips-* : *anceis* anzunehmende Diphthongierung des gedeckten i zu *ei* nicht glaublich, vgl. *ecc-ist-* : *cest, ecc-ill-* : *cel.* — Dz a. a. O. stellte neben ante *ipsum* auch *antisecus u. *antius als mögliche Grundwerte auf, aber weder das eine noch das andere ist lautlich annehmbar. — Mit *aius* zusammengesetzt ist *uinsné* = *antium natus*, s. o. s. v.]

710) **antlīā, -am** (gr. *ἀντλίον*), Pumpe; davon nach Caix, St. 206, ital. *ancola* in *bisciancola* (= *bis* + *an*cola), Schaukel, daraus entstellt *pisalanca*. Frz. *bascule*, Schaukelbrett, dagegen ist sicherlich von dem ital. Worte zu trennen u. mit Littré für eine Zusammensetzung aus *baitre* u. *cul* zu erachten, vgl. Scheler im Diet.³ s. v.; dafs das s späterer Einschub ist (vielleicht in Anlehnung an *bas, basse*), wird deutlich bezeugt durch das mit *bas*cule zweifellos ursprünglich identische Wort *bacule*, Hinterriemen der Zugtiere. Zusammensetzung aus *bas*+ *cul* anzunehmen, wäre lautlich zulässig, dem Begriffe aber genügt bat + *cul* weit besser, denn bei *bas* + *cul* „ist der Gedanke nicht ganz klar", wie Dz 517 *bascule* richtig bemerkt.

711) [*antque (f. at*que*), *anc (f. *ac*), nach Gröber, ALL I 241, Grundwort zu ital. *anche*, prov. *anc*, frz. *encore* etc. Vgl. oben No 205.]

712) **autrum, -l**, *n.* (gr. *ἄντρον*), Höhle ist als volkstümliches Wort nur im Sicil. erhalten, wo es bezeichnet „il luogo dove i contadini riposano in conversazione a mezzo del lavoro diurno" s. Meyer, Ntr. 165; sonst ist es durch *caverna, crypta, specus* u. *spelun*ca verdrängt worden; das Wort war im Latein nur nachaugusteisch u. in Prosa ungebräuchlich. Das Sicil. bat *antru* gewifs unmittelbar aus dem Griech. überkommen.

713) [**ǎnǔlǔs, -um** *m.* (Dem. v. *an*us), Ring, ist durch *anellus* u. (im Frz.) durch bacca (?= frz. *ba*gue) verdrängt worden.]

714) **ānǔs, -um** *m.* (von der √ *ak*, krümmen, biegen, vgl. Vaniček I 2), Kreis, Fufsring, soll nach Bugge, R III 161, Grundwort zu span. ptg. *aro*, Ring, Reif, Umkreis, Weichbild, sein; da jedoch der Wandel von *n* : *r* in den pyrenäischen Sprachen unerhört ist — ptg. *sarar* ist nicht, wie Bugge als Beweis des Gegenteils anführt, aus lt. *san*are entstanden, sondern Neubildung aus *sa*[n]*ar, saar, sar, sar-ar*, vgl. Cornu, R XI 95 —, so mufs diese Etymologie abgelehnt werden. In der Bedeutung „Umkreis, Weichbild" dürfte *aro* = *agrum* sein, wie Cornu, R XI 81, sehr wahrscheinlich gemacht hat, u. vermutlich ist mit diesem *aro* das Wort in seiner sonstigen Anwendung eingetreten ist. Dz 425 hat *aro* verzeichnet, aber unerklärt gelassen. — Aus *aro* + *gol*(*l*)a = lt. *gula* entstand ptg. *argola*, span. *argolla* Halseisen, vgl. Dz 424 *argolla*.

715) bask. **anusca**, Schlund; davon nach Larramendi (vgl. Dz 423 *añusgar*) span. *añusgar*, nicht frei atmen, vor Zorn ersticken.

716) **ǎnxīā, -am** *f.* (das Schriftlat. kennt nur das Adj. *anxius, a, um*, doch dürfte Orest. trag. 559 das Subst. belegt sein, vgl. Rofsberg, ALL I 564), Angst; ital. *ansia* u. (sard.) *ansa*, im Modenesischen *lans* (aus *l'ans*), vgl. Flechia, AG II 52; prov. *aissa*; altfrz. *ainsc, aisse*; span. ptg. *ansia.* Vgl. Dz 21 *an*xia u. 423 *ansia*; Gröber ALL I 242.

717) ***ānxīo, -āre** (im Schriftlat. nur Dep. *anxiari* sich ängstigen), ängstlich atmen; dav. ital. *ansiare*,

*an*sare, *an*sciare, *as*ciare, *aciare*, vgl. Caix, St. 139; aus Mischung von *anxiare u. *asthmare asimare (v. *as*thma) entstand *an*simare, vgl. Dz 353 asma. In den meisten übrigen rom. Spr. ist *anxiare in entsprechender Form ebenfalls vorhanden. — Nach Caix, St. 111 u. 139, ist *anxiare auch enthalten in den zweiten Bestandteilen der Verba ital. (dialekt.) *pantisciar*, venez. *pantesar*, veron. *pantesar*, prov. *pantaisar*, cat. *pantexar* (dazu das frz. Vbadj. *pantois*, atemlos); ital. *ambasciare*, keuchen, Vbsbst. *ambascia*, Qual. Was *pantisciar* etc. anbelangt, so leitete Dz 654 *pantois* die Worte vermutungsweise vom kymr. *pant*, Druck, *pantu*, niederdrücken, ab, was von Th. 109 mit gutem Grunde zurückgewiesen wird; sehr annehmbar dagegen ist das von G. Paris, R VI 629 u. VIII 619, aufgestellte Etymon *phantasiare*. Eher kann man *ambasciare* geneigt sein, Zusammensetzung mit *anxiare* anzunehmen, doch verdient die von Dz 15 *amba*sciata befürwortete Ableitung aus *amphasia* (gr. *ἀφασία*) alle Erwägung. vgl. oben *amphasia.*

718) **ānxīǒsǔs, a, um** (v. *anxius*), angstvoll; ital. *ansioso*, in den übrigen rom. Spr. (ausgenommen das rum.) ebenfalls in entsprechender Form vorhanden.

719) **apālus, a, um** (gr. *ἀπαλός*), zart, weich; sicil. *appala*, neapel. *ápolo*, tic. (Valle di Blenio) *avre* „nuovo col panno", vgl. Salvioni, Post. 4.

720) **ǎper, aprum** m., Eber; sard. *abru.*

721) **ǎpěrīo, pěrǔī, pěrtum, pěrīrē** (aus *ab* + *perio* vom St. *par* bereiten, also eigentl. ab-bereiten, aufmachen, vgl. Vaniček I 503), öffnen; ital. *apro*, (*aprii* u.) *apersi, aperto, aprire*; sard. *apperere*; rum.: im Rum. ist das Vb. verloren. Vgl. indessen *apertatus.* Rtr. *árver*, Pt. Prät. *aviert*, vgl. Ascoli, AG VII 515 f.; prov. *obrir, ubrir*, Pt. Prät. *obert, ubert*; frz. *ouvre, ouvris, ouvert, ouvrir* (die Verdunkelung des anlautenden a zu o, u, ou im Prov. u. Frz. erklärt sich aus Angleichung an *cobrir, couvrir*); cat. *obrir*, Pt. Prät. *obert*; span. *abrir*, Pt. Prät. *abierto*; ptg. *abrir*, Pt. Prät. *aberto* u. *abrido*. Vgl. Gröber, ALL 379.

722) **ǎpěrī ǒcǔlǔm**, mach' das Auge auf! Dieser Verbindung entspricht ptg. span. *abrolho, abrojo*, Fuchseisen, Fufsangel, auch Distel. Vgl. Dz 413 *abrojo.*

723) **(ǎpěrtātǔs, a, um** (Part. P. P. v. *apertare* b. Plaut. Men. 910. Arneb. 2, 2), entblöfst, geöffnet), davon (??) rum. *apriat*, offen, zugänglich, s. Ch. s. v.

724) **ǎpěrtǔs, a, um** (Part. P. P. v. *aperire*), s. *aperio.*

725) [**aphasia** *f*: (gr. *ἀφασία*), Sprachlosigkeit; viell. Grundwort zu ital. *ambascia*, das zur Sprachlosigkeit gesteigerte) Angst, vgl. Dz 15 *ambasciata*, s. oben *amphasia* u. *anxio*.]

726) **ǎpīārīǔm** n. (v. *apis*), Bienenhaus; ital. *apiario*, vgl. Canello, AG III 404; prov. *apiari-s*; altfrz. *achier*. Vgl. Dz 22 *ape.*

727) **ǎpīārīǔs, -um** *m.* (v. *apis*), Bienenwärter; ital. *apiajo*, vgl. Canelle, AG III 404.

728) **ǎpīcǔlǎ, -am** *f.* (schriftlat. *apicula* [vgl. Cohn, Suffixw. p. 151 Anm.], jedoch auch *apécula*, v. *apis*, bezw. v. *apēs*), Biene; ital. *pecchia*; lomb. *aviga*; venez. *nvija*; prov. *abelha*; frz. *abeille* (wie das *b* anzeigt, Lehnwort aus dem Prov.); span. *abeja*; ptg. *abelha*. Dem Rum. fehlt das Wort, es wird ersetzt durch *alvina* v. *alvus*, Bienenkorb. — Vgl. Dz 22 *ape*; Gröber, ALL I 242;

5*

Flecchia, AG II 36 Anm., wo besonders über Gestaltungen des Wortes in ital. Dialekten gehandelt wird.

729) **ăpĭo, īre**, anpassen; dav. viell. frz. *avir*, die Ränder eines Gefäfses umbiegen, dazu das Shet. *avis(s)ure*, vgl. Cohn, Suffixw. p. 128 Anm. 2.

730) **ăpĭs, em** f. (v. √ *ap*, arbeiten, vgl. Vaniček I 36), Biene, ist im Roman. meist durch das Dem. *apicula* (s. d.) verdrängt worden, jedoch sind erhalten schriftital. *ape*, sard. *abe, abi*, mittel=n. südital. *ope, apa, lapa*, nordital. *ave, ava, eva, av, ev, af, ef* etc., vgl. Flechia, AG II 37 Anm.; altfrz. *ef* (dazu die Dem. *avet* u. *avette*), vgl. Suchier în Gröber's Grundrifs I 664¹⁰⁶ u. Cohn, Suffixw. p. 151 Anm., vgl. auch Förster zu Ywain 3893; pic. *ès* (aus *eps*), norm. Dem. *av-ette*. ostfrz. *as*, wov. *ašat, ešat*, vgl. Horning, Z XVIII 214. Vgl. Dz 22 *ap*.

731) [***ăpĭsc(ĭ)o, -īre** (f. schriftlat. *apiscor. apisci*), erfassen; davon nach Dz 427 asir mit gleicher Bedtg. span. ptg. asir (aus *apsir*), 1. P. Sg. Präs. Ind. asgo aus apsco, *apisco*. Storm, R V 166, bemerkt dagegen sehr richtig, dafs *apiscire, *apiscere spanisch *abescer*, abccer hätte ergeben müssen u. dafs der Präsensausgang -(s)go nicht aus -(s)co, sondern nur aus -(s)io, -(s)jo entstehen konnte (vgl. auch Böhmer, Jahrb. X 183); er verwirft demnach mit gutem Grunde die Diez'sche Ableitung u. hält asir, azir für entstanden aus sazir = frz. saisir, prov. sazir, ital. sagire = ahd. sazjan (vgl. Mackel p. 72); azir habe aus sazir dadurch werden können, dafs das Kompos. des(s)azir vom Sprachgefühle fälschlich in des-azir zerlegt wurde. Storm's Beweisführung darf für überzeugend gelten. — Böhmer, Jahrb. X 183, hatte azir aus ad-cire abgeleitet, was einfach als ein Fehlgriff bezeichnet werden mufs.]

732) **ăpĭŭm** n. (v. apis), Eppich; ital. appio; frz. ache; span. ptg. apio. Vgl. Dz 503 ache.

733) [**ăplŭdā, -am** f. (v. ab + plu-o?), Abfall, Spreu (Plin. H. N. XVIII 99); davon (?) viell. das gleichbedeutende ital. pula, bula, vgl. Flechia, AG II 329, wo auch die auffälligen Lautveränderungen durch Hinweis auf analoge Fälle gerechtfertigt werden; span. ptg. pua, vgl. Meyer-L., Ital. Gramm. p. 97 Anm. Vgl. Dz 391 pula.]

***ăpŏdīxa** (ἀπόδειξις) s. **pŏlўptўchă.**

734) ***ăpŏstĭs, -em**, Schiffsbug; daraus viell. durch volksetymologische Entstellung frz. *les apôtres*, Bug- u. Klüsbölzer, vgl. Fafs, RF III 399.

735) ***ăpŏstŏlĭus, -um** m., Nachfolger des Apostels Petrus, Papst; altfrz. apostolic, apostoile, vgl. dagegen Berger s. v.

736) **ăpŏstŏlŭs, -um** m. (gr. ἀπόστολος), Apostel; das Wort ist als gel. W. in alle roman. Sprachen übergegangen, Ansätze zu volkstümlicher Umbildung zeigen nur frz. apôtre (vgl. Berger s. v.) u. span. apóstol.

737) **ăpŏthĕcă, -ăm** f. (gr. ἀποθήκη), Niederlage; ital. bottega (wegen der Verdoppelung des t vgl. Flechia, AG II 318 unten); sard. buttega; neap. potega; sicil. putiga; halbgelehrt sind: prov. cat. botiga; frz. boutique (in der älteren Sprache auch bouticle); span. ptg. botica (die pyrenäischen Sprachen kennen das Wort auch in der verengten Bedtg. „Apotheke", während sonst das Rom. dafür pharmacia braucht), span. auch bodega. Vgl. Gröber, ALL I 252 u. VI 379.

738) **ăpŏthĕcārĭŭs, -um** m. (v. apotheca), der

Lagerdiener; ital. bottegajo, bottecaro, „chi tien bottega, e l'avventore d'una b.", apoticario „farmacista", vgl. Canello, AG III 303.

739) **ăpŏzĕmă, -ătĭs,** n. (gr. ἀπόζεμα). Absud; ital. apózzima, apoz(z)ema „decozione di materie vegetabili, ordinariamente forti e aromatiche, addolcita con miele e zucchero", bózzima „intriso di sego e di cruschello che usano i tessitori, mescuglio in genere", bózzina, bozzina (Fanf.) „cocitura" (Pantaffio), vgl. d'Ovidio, AG III 391. Nach Marobesini, Studj di fil. rom. II 12, gehört hierher auch s. v. vom gr. πότισμα („umgestellt *potcima") herleiten wollte.

740) [***ăp-păcīfĭco, -āre** (v. pax u. facio), beruhigen; span. apaciguar (vgl. sanctificare: santiguar). Vgl. Dz 423 apaciguar.]

741) [***ăp** (= ad) **-păctŭm** (v. pango), auf Vertrag; ital. appalto, Pacht(geld); rum. apält, Pl. f. apalturi, Pachtgeld, Pacht, s. Ch. pace. Diese Ableitung ist aber höchst unsicher.]

742) [***ăp** (= ad) **-pălpĕbro, -āre** (v. palpebra), die Augenlider öfters nach einer Richtung bewegen (das Simplex palpebro, -are b. Cael. Aur. acut. 2, 10, 70); ital. appalparellarsi, appalparsi „addormeutarsi", vgl. Caix, St. 155.]

743) [***ăp-păno, -āre** (v. panis), mit Brot versorgen, ernähren; prov. apanar; altfrz. ap(p)aner, dazu Vbsbst apanage. Vgl. Dz 508 appaner.]

744) **ăp-părātŭs, -um** m. (v. apparo), Zubereitung; ital. apparato; rum. aparat m., Pl. apărate f. (mit derselben erweiterten Bedtg. wie das Vb. apparo, w. m. s.), vgl. Ch. apăr; frz. apparat (Lehnwort); span. ptg. ap(p)arato.

745) **ăp-părēo, -ēre,** erscheinen; ital. apparère (neben apparire); frz. apparoir (nur im Inf. u. in der 3. P. Sg. Präs. Ind. appert gebräuchlich). Im übrigen ist das Vb. durch apparescere verdrängt worden.

746) **ăp-părēsco, -ĕre** (v. appareo), anfangen zu erscheinen; prov. apareisser; frz. apareistre, apparaitre; cat. aparexer; span. aparecer; ptg. apparecer. Die Inchoativbedtg. des Verbs ist im Rom. zur schlechthinnigen erweitert worden. Vgl. Gröber, ALL I 242.

747) ***ăp-părĭcŭlo, -āre** (v. pariculus v. par), gleichartige Dinge zusammenbringen, ordnen, zubereiten; ital. apparecchiare u. dazu das Vbsbst. apparigliare; prov. ap(p)areillar, aparelhar; frz. appareiller; cat. aparellar; span. aparejar; ptg. aparelhar. Im Rum. fehlt das Vb., dafür ist *imparic010, sowie das einfache *pariculo vorhanden = impărechiez u. părechiez, ai, at, a, vgl. Ch. păreche.

748) ***ăp-părĭo, -āre** (v. par), paaren; ital. appajare; prov. cat. apariar; ital. apparier; span. aparear.

749) [***ăp-părĭŭm, -ĭ** n. (v. apparo), Zurüstung; davon nach Dz 424 span. apero, ptg apeiro, Ackergerätschaften, Werkzeug, im Span. auch: Schäferei, in welcher Bedtg. von apero auch aprisco, Schafstall, abgeleitet wird.]

750) **ăp-păro, -āre,** (v. paro), zubereiten; ital. apparare; rum. apăr, ai, at, a (mit sehr erweiterter Bedgt.: schützen, verteidigen u. dgl.), s. Ch. s. v.; span. ptg. ap(p)arar; im Prov. u. Frz. fehlt das Wort u. wird statt dessen das Simplex gebraucht.

751) [***ăp-părtĭo, -īre** (v. pars), teilen, absondern; ital. appartire; altfrz. apartir, dav. apartiment,

neufrz. appartement, abgesonderter Raum, vgl. Cohn, Suffixw. p. 110.]

752) [*äp-pärto, -äre (v. pars), bei Seite bringen; span. ptg. apartar, entfernen, davon apartamiento, ital. appartare, Entfernung, abgesonderter Raum, Versteck.]

753) gleichs. *äp-pästo, -äre (v. pastus), füttern; frz. appâter (appâteler), anlocken, ködern, dazu Vbsbst. appât, Lockspeise, Pl. appas, Reize. Vgl. rēpāsco.]

.̤ 754) [*äp-pausänto, -äre (v. pausa), ruhen lassen; span. ptg. aposentar, beherbergen, dazu Vbsbst. aposento, Herberge, Zimmer; das e für a erklärt sich aus Anlehnung an sentar, setzen, vgl. Dz 424 aposentar.]

755) [*äp-pěctŏro, -äre, (an die Brust) drücken; ital. sicil. appritari, drängen; span. apretar, drücken, drängen; ptg. apertar, dazu das Vbadj. span. prieto, ptg. preto, perto, gedrängt, nahe, voll, dunkel. Vgl. Dz 478 prieto 1 u. 2.]

756) äppěllo, -äre (Intens. v. appello, ěre), jem. (durch Zurufen) an sich heranbringen, anrufen, ist ohne lautliche Änderungen — das einfache l in den flexionsbetonten frz. Formen ist nur orthographische Änderung — in alle rom. Spr. (mit Ausnahme des Rum.) übergegangen, in eigentlich volkstümlicher Anwendung aber meist durch clamare verdrängt worden. Zu frz. appeler das Vbsbst. volkstümlich appeau (s. Dz 508 s. v.), Lockvogel, gel. appel.

757) appěndlx, -ĭcem f., Anhängsel; frz. appendice m. (früher f.), entweder gelehrte Bildung oder = *appendicia (n. pl.), vgl. Cohn, Suffixw. 295.

758) *äp-pěnso, -äre, zuwägen, in übertragener Bedtg. ital. appensare, erwägen; rum. apäs, ai, at, a, drücken, pressen, stützen, vgl. Ch. pasä; prov. apesar, apessar, bedrücken; (frz. appesantir, schwer machen).

759) *äp-pīco, -äre (v. pix), ankleben; in gleicher Bedtg. ital. appiccare u. appicciare; span. ptg. prov. apegar, vgl. Dz 240 s. v.

760) äp-plīco, -äre anfügen, anwenden; in letzteror Bedtg. (ital. applicare; prov. aplicar; frz. appliquer; cat. span. aplicar; ptg. applicar); rum. aplec, ai, at, a, halten, neigen, säugen (das Kind an die Brust legen), s. Ch. plec.

761) [*äp-pŏdĭo, -äre (podium), anlehnen; ital. appoggiare, dazu das Vbsbst. appoggio Stütze; prov. apojar; frz. appuyer, dazu das Vbsbst. appui, span. ptg. apoyar, apoiar, dazu das Vbsbst. apoyo, apoio.]

762) äp-pōno, pŏsŭī, pŏsītŭm, pōnĕrĕ, hinstellen; ital. apporre; rum. apun, usei, us, une, schließen (von den Augen), untergehen (von den Sternen), dazu Vbsbst. adäpost, Zufluchtsort, s. Ch. pun; prov. aponher, apondre; altspan. aponer; ptg. appôr. Wegen der Konj. der rom. Verba s. pōno.

763) [*äppŏsītĭcĭus, a, um (v. appositus), an die Stelle einer Sache gesetzt; ital. (ap)posticcio, nachgemacht, verfälscht; frz. postiche; span. postizo; ptg. postiço. Vgl. Dz 254 posticcio.

764) äp-prěhěndo, prěhěndĭ, prěhěnsŭm, prěhěnděre, anfassen, geistig erfassen, in seine Gedanken einschliefsen; ital. apprendere, lernen; rum. aprind, insei, ins, inde, anzünden, erhitzen, s. Ch. prind; prov. aprendre, apendre, apenre, hören, lernen; frz. apprendre, erfahren, u. apprehender, ergreifen, (die Möglichkeit einer Gefahr im Geiste erfassen, also:) scheuen, fürchten; cat. apendrer, erfahren; span. aprehender, greifen, u. aprender, lernen; ptg. wie im Span.

765) äp-prěssŭm (Pt. P. P. v. apprimere), herangedrückt; adverbial. u. präpositional in der Bedtg. „nahe, nach" (in solcher Funktion belegt in Chironis Mulomedicium, s. ALL X 421); ital. appresso; prov. apres; frz. après; ptg. (veraltet) apres. Vgl. Dz 256 presso.

766) *äp-prīmo, -äre (v. primus; das Schriftlat. besitzt das Adv. apprime, vorzüglich), vorzüglich machen; prev. cat. aprimar, verfeinern. Vgl. Dz 256 primo.

767) [*äpprīvītĭo, -äre (v. prīvus), = frz. apprivoiser zähmen, vgl. G. Paris, R XVIII 551, s. unten dōměstĭcŏ.]

768) äp-prŏbo, -äre (v. probus), gutheifsen, ist mit gleicher Bedtg. u. in regelmäfsigen Lautgestaltungen in alle rom. Spr. übergegangen.

769) äp-prŏpĭ(e?)o, -äre (v. propius), sich näbern (Eccl.); ital. (veraltet) approcciare; rum. apropiu, ai, at, a, s. Ch. aproape; prev. apropchar; frz. approcher. Vgl. Dz 661 proche; Gröber, ALL I 242.

770) appropĭnquo, -äre, annähern; prov. aprobenear (Flamenca 2457).

771) äp-prŏprĭo, -äre (v. proprius), aneignen; davon nach Caix, St. 157, ital. appioppare, „apporre, attribuire ad alcune"; sonst ist das Vb. im Rom. nur als gel. Wort vorhanden.

772) *äprīcus, -äre (v. apricus), an eine sonnige Stelle bringen, (vor Kälte etc.) schützen; prov. abrigar, Schutz suchen, dav. Vbsbst. abric-s, geschützte Stelle; (alt)frz. abrier (nfrz. abriter), wegen des Bedeutungsüberganges vgl. R IV 369 Anm; dazu Vbsbst. abri, geschützter Ort, Zufluchtsort, vgl. Horning, Z XXI 449; span. ptg. abrigar, schützen (vor Kälte), dazu Vbsbst. abrigo. Schutzort, Obdach. — Dz 1 abrigo glaubte in Rücksicht auf die Bedtg. des Wertes dessen Herkunft aus dem lat. apricus verneinen zu müssen u. schlug Herleitung aus dem vorauszusetzenden ahd. *bi-rihan, bedecken, vor. Einerseits aber sind Diez' Bedenken unbegründet, vgl. Mahn, Et. U. p. 113 (no LXXXIX) f. u. Bugge, R IV 348, u. anderseits unterliegt die Annahme eines Grundworts *bi-rihan den gröfsten lautlichen u. sprachgeschichtlichen Bedenken. Die Ableitung von *apricare (apricus) kann mit irgend welchem triftigen Grunde jetzt nicht mehr angezweifelt werden.

773) äprīcŭs, a, um (aus *apericus v. aperio), der Sonnenwärme offen, sonnig, nur erhalten als gel. W. im ital. aprico, sonnig, u. als volkstümliches W. im sard. abrigu, vgl. Salvioni, Post. 4; rum. aprig, hitzig, feurig, stürmisch, vgl. Ch. s. v.

774) Äprīlĭs, -em m. (v. aperio), April; ital. Aprile; valverz. veri (mit. primavera verschränkt. ebenso bellun. veril, vgl. Salvioni, Post. 4); rum. Aprilie, volkstümlich Prier; vgl. Ch. s. v.; prov. abril; frz. avril; span. ptg. abril.

775) [*äptĭllo, -äre (v. aptus), passend machen; davon nach Langensiepen (s. Dz 686 teler) frz. atteler, anspannen. Diese Herleitung ist ebenso unannehmbar, wie die vom bask. athela, Deichselpflock, oder die vom deutschen stell-en. Das Wort dürfte in seinem Ursprunge dasselbe sein wie ital. attillare, altfrz. atillier etc. = lt. at-tit(u)ulare (wegen der lautlichen Behandlung des tl in ad-titlare : atteler vgl. co-rot-lare : crouler). Die Bedeu-

tung bietet keine Schwierigkeit: *at-titulare* heifst
im Rom. „zurecht, fertig machen, putzen, schmücken",
kann also sehr wohl auch von dem Anspannen des
Wagens gebraucht werden. Ist man mit der Ansetzung von *atteler* = *at-titulare* nicht einverstanden,
weil man vielleicht an *e* aus *i* Anstofs nimmt (obwohl diese Entwickelung in vortoniger Silbe nicht
zu beanstanden ist), so darf man Zusammenhang
zwischen (*at-)teler* u. dem Stamme *ten*, spannen,
wovon *ten-d-o* (vgl. Vaniček I 273), vermuten; von
seiten des Begriffes empfiehlt sich das sehr. Wie
man aber auch über die Herkunft von *atteler* denken
möge, jedenfalls ist in dem Vb. ein Kompositum
zu erkennen, wie dies ja auch durch *dé-teler* bewiesen wird, man müfste denn gerade annehmen,
dafs *atteler* von *attelle* = *hastilla* abgeleitet sei,
dann würde das *a*- fälschlich als Fräpes. u. folglich das Vb. als Kompos. aufgefafst werden sein,
so dafs zu dem vermeintlichen *a*[t]-*teler* ein *dételer*
gebildet werden konnte; befremden aber müfste das
doppelte t, zumal da *atelier* einfaches t bewahrt
hat.]

776) **äpto, -äre** (v. *aptus*), anfügen; cat. span.
ptg. atar, binden, vgl. Dz 427 atar.

777) **äptŭs, a, um** (Pt. P. P. v. *ap-o*), passend:
davon altfrz. *ate* (eigentlich: in der passenden
Stimmung befindlich), munter, wohl aufgelegt, vgl.
G. Paris, Mém. de la soc. de ling. I 91; von *ate*
ist wieder abgeleitet *a-atir*, eigentlich munter,
lebendig machen, reizen, vgl. Scheler im Anhang z.
Dz 780.

778) **äpŭd** (ursprüngl. *äpŭt*, Ablativ im lokalen
Sinne vom Stamme *apa*, wovon auch *abs*, *ab*, *a* etc.,
vgl. Vaniček I 36), Präp. c. Acc., bei, neben. Abgesehen davon, dafs im Ital. *appo* als Adv. sich
erhalten hat, ist *apud* in wirklich lebendigem Gebrauche nur im gallischen Volkslatein, bezw. im
Provenzalischen u. Franzés. geblieben, in allen übrigen
roman. Idiomen aber ist es geschwunden u. durch
Neubildungen (z. B. *pressum*, *ad latus*, *ad costam*,
ad canthum = ital. *presso*, *allato*, *accosto*, *accanto*)
verdrängt worden, in seiner ursprünglichen lokalen
Bedtg. hat es sogar auch in Gallien Neubildungen
(*pressum*, *latus*, *casus* = frz. *près*, *lez*, *chez*) weichen
müssen. Der Grund des Schwundes von *apud* dürfte
in seiner Lautform zu suchen sein, welche innerhalb
des Lateins nach dem Absterben des ablativischen t
eine abnorme war (*apud* oder vielmehr *apu-d*, wo das
-*ud*; auf -*ut* gingen, abgesehen von der im Volkslatein früh durch *quod* verdrängten Konjunktion *ut*,
nur *caput* u. *sinciput* aus). Aus *apud* hätte nun
allerdings *apo* werden können (vgl. *capu*[t] : *capo*) u.
ist im Ital. auch wirklich geworden, indessen es
begreift sich leicht, dafs *apo* in der Konkurrenz mit
den nachdrucksvolleren u., so zu sagen, sinnlicheren
Bildungen, wie *ad latus*, (*ad*) *pressum* u. dgl., unterliegen mufste.

Im gallischen Volkslatein übernahm *apud* früh
die Funktion von *cum* u. (mittelbar) auch des
Ablativs instrumenti, vgl. hierüber die gründliche u.
interessante Untersuchung von Geyer, ALL II 26 ff.
Die lautliche Entwickelung des Wortes war eine
doppelte, nämlich: 1. ap[*ud*] : *ap*, *ab* (es ist indessen darin wahrscheinlich besser lat. *ab* [s. d.]
zu erblicken), 2. ap[u]d : (*abd* : *avd* : *aud* :) *od*,
ot, *o*. Die Formen *ap*, *ab*, sind dem Prov. (u.
Cat.) eigen, und zwar auch das Franzés. (in der Eid-
schwüren findet sich *ab*, was jedoch nicht etwa für
ap aus *apud* steht, sondern als die Fräpes. *ab*
aufzufassen ist: *ab Ludher*); *ud* in Eulalia 22 (*ad*

une spede li roveret tolir lo chieef) ist = lt. *ad·*
Die Form *o* fiel lautlich mit *au* = *à* + Artikel
zusammen, u. das mag zu ihrem allmählichen
Schwunde beigetragen haben. Anders hat die Ent-
wickelung von *apud* dargestellt Schwan, Herrig's
Archiv Bd. 87 p. 111, jedoch schwerlich richtig.

In der späteren Entwickelung des Frz. ist *od*, *o*
teils durch *avec* = *ab hoc* verdrängt worden, teils
vermutlich mit *au* zusammengefallen (s. oben).

779) [**äpŭd** + **hŏc**, nach bisheriger aber fälsch-
licher (denn vgl. eben **a, ab**) Annahme = frz. *avoc*,
avuec, *avec* (über die Erhaltung des c vgl.W. Meyer,
Z IX 144, Clódat, Rev. de philol. t. IV p. 44,
Neumann, Z XIV 564 u. in Vollmöller's Jahresb.
I 315), welches die einfache *apud* = frz. *od*,
ot, *o* verdrängt u. die Funktion der die Begleitung
(lat. *cum*) u. das Werkzeug (lat. Abl. instr.) anzei-
genden Fräpos. übernommen hat, wobei sehr auffällig
ist, dafs *ab*, trotzdem dafs es bereits mit *hoc* verbunden ist, seine präpositionale Kraft bewahrt hat.
Vgl. Dz 513 *avec*; über *avecque* (= *ab* + *hoc* + *que*
= *abocque* nach Analogie von *usque*, *neque* etc.)
vgl. Ascoli, AG VII 527 Anm. 2 No 2; s. auch
unten **pro hoc** = altfrz. *poruec*, *pruec*.]

780) **äquä, -am** (*aqua*, *non acqua* App. Probi
112) *f.* (v. √ *ak*, eilen, vgl. Vaniček I 6 u. 7),
Wasser; ital. acqua (bresc. aigua, borgam. *eigua*,
egua, piem. *eva*, vgl. Ascoli, AG I 300 Anm.),
lomb. *uva* (über die Bedtg. des Worts vgl. Salvioni, Z XXII 478); rum. *apä*, vgl. Ch. *s. v.*; rtr.
altoberengd. *agua*, *augua*, *auva*, niederengd. *ouva*,
vgl. Ascoli, AG I 211, vgl. ferner ebenda 347,
360, 376, 381, 383 Anm., 414, 510 Anm., VII 516,
VIII 320, sowie Gartner, Gr. § 200; die charakte-
ristischsten der dort aufgeführten Formen sind:
ákua, *ága*, *égua*, *éga*, *áva*, *aiva*, *éva* (mit offenem
e); prov. aigua, *aiga*; altfrz. *aigue* (Lehnwort-
form), *uiwe*, *ewe*, *eawe* (*iawe*), *eaue*; nfrz. *eau*; in
der lautlichen Entwickelung des frz. Wertes ist der
Einschub des *n* in *eawe*, *eawe* welcher erklärlich
(W. Meyer, Z XI 540, sagt: „Aus *aqua* entsteht
ewe. Die Gutturalis schwindet spurlos. Das *e* ist
kurz u. offen. Zwischen *e* u. *w* entwickelt sich ein
vokalischer Laut, der sich schliefslich zu a aus-
bildet u. den Ton empfängt: *eaue*, *iawe*, ganz so
wie aus *beus* : *beaus* : *biaus* entsteht." Aber *ewe* :
eaue u. *beus* : *beaus* sind doch ganz verschiedene
Fälle, oder vielmehr die Setzung *beus* : *beaus* ist
irrig, weil *beaus* unmittelbar aus *beal-s*, *bel-s* entstand u. das *a* aus der Beschaffenheit des nachstehenden *l* sich erklärt. Auffällig ist nach der im
Nfrz. eingetretene Abfall des auslautenden *e* (= It. a)
in *eau* aus *eaue*, zumal damit kein Geschlechtswechsel verbunden ist; vielleicht ist in dem Vor-
gange eine rein graphische Anbildung an dieWorte
auf -*eau* (aus *l*, -*ell*-), wie *château*, *beau* etc., zu
erblicken. Über die Entwickelung von *aqua* > *cawe*
haben noch ferner gehandelt: Meyer-L., Rom. Gr.
I § 249 (das *a* in *cawe* wird als „Gleitelaut" bezeichnet); Suchier. Altfrz. Gramm. S. 81 (vgl. Ni-
col). The Academy XIX [1881] 139), wo wieder
ewe > *eawe* mit *bɛls* > *beals* verglichen wird, obwohl das doch ganz verschiedene Fälle sind (besser
pafst der Vergleich von *iawe* mit *miawe* = ags.
máew „Möwe"); Schwan, Herrig's Archiv Bd. 87
p. 112; Meyer-L., Ztschr. f. frz. Spr. u. Lit. XV²
p. 95 (bemerkenswerte Angaben über die mundartlichen Gestaltung von *aqua* im Altfrz.). Trotz
alledem bleibt das Problem des Eintrittes von *a* in
ewe und das der Entwickelung von *ewe* zu *eaue*,

eau noch ungelöst; diese Vorgänge sind um so rätselhafter, als sie völlig vereinzelt dastehen, denn z. B. **fava (faba)* ist über *fewe (fève)* nicht hinausgekommen, hat sich nicht zu **feau* entwickelt. Span. *agua;* ptg. *agna, agoa.* Vgl. Dz 565 *eau.* Vgl. Brandt, Aqua u. aequi im Frz., Münster 1897 Diss.

781) [gleichs. **aqua ardent-,** Feuerwasser; span. *aguardiente* Branntwein; ptg. *aguardente;* (ital. *acquavita; frz. eau de vie.*)]

782) **äquae düctus** *m.,* Wasserleitung; engad. *aquadottel;* altlyon. *adoit.* Vgl. Meyer-L., Z. f. ö. G. 1891 p. 766.

783) **äquägïüm, -ï** *n.* (v. aqua u. *ago*), Wassergraben; frz. *ouaiche* (nach der Acad. Mask., nach Littré Fem.), die Spur eines Schiffes im Wasser; span. ptg. *aogagem,* starke Meeresströmung. Vgl. Dz 651 *ouaiche.*

784) ***äquänä, -am** *f.* (v. aqua, wie *Silvanus* v. *silva*), Wasserfee, Nixe; rtr. u. oberital. *aiguana, agana,* vgl. Joppi, AG IV 334 Anm. u. die dort angeführten Stellen; Giorn. stor. di lett. ital. XXIV 267.

785) **äquärïölä, -am** *f.* (Fem. z. *aquariolus,* Wasserträger); davon modenes. *inghirola,* „beverine delle stie", vgl. Flechia. AG III 175; Salvioni, Post. 4.

786) **äquärïüm, -ï** *n.* (v. aqua), Wasserbehälter; ital. *acquajo,* Gufsstein, vgl. Canelle, AG III 404; frz. *évier,* Gufs-, Rinnstein. Vgl. auch Salv., Post 4.

787) **äquïfölïüm** *n.,* Stechpalme; span. **acebojo,* daraus, indem mit Weglassung des vermeintlichen Suffixes -ojo ein Primitiv gebildet wurde, acebo; ptg. das Demin. *azevinho,* Judendorn. Vgl. Dz 413 acebo; W. Meyer, Z VIII 239; Gröber, ALL VI 133.

788) **äquïlä, -am** *f.* (v. √ ak, dunkel sein, vgl. Vaniček I 13), Schwarzadler, Adler; ital. *aquila;* (sard. *abbilastru* Sperber, vgl. Salvioni, Post. 4); rtr.: die wichtigsten der zahlreichen rtr. Lautgestaltungen des Wortes hat Ascoli, AG I 210, in folgender Tabelle zusammengestellt:

AQUILA
*auguilo   *auuila

*ávila   *aivla   *áuila   áuilja

eula   áuilja
eaula   álja

vgl. aufserdem AG I 291 (*ogola*), 350 (*æle*); prev. *aigla;* frz. altfrz. *aille (aillier* u. *alérion* sind jedoch vermutlich nicht von aigle, sondern von ahd. *adelâr* abzuleiten, vgl. Dz 505 *alérion);* nfrz. *aigle* (Lehnwert) *m.* (in best. Bedeutungen Fem.); zur Volksetymologie beruht wohl *aiglefin,* feiner Gauner, für *aigrefin,* wenn letzteres Wort aus aigre *faim,* grofser Hunger, Hungerleider, entstanden sein sollte, wahrscheinlicher aber ist *aiglefin* einfach als Kompositum „feiner Adler" = „schlauer Vogel" aufzufassen, s. auch oben unter **acer.**

789) ***äquïlējä, -am** *f.,* Aglei (eine Pflanze); ital. *aquilegia;* frz. *ancolie,* viell. in volksetymologisierender Anlehnung an *mélancolie,* vgl. Dz 508 *ancolie,* Fafs, RF III 492; span. *guileña* = *aquilína,* vgl. Dz 456 *s. v.*

aquilo s. **ventus aquilus.**

790) [arab- (Volksname); davon mit dem Adjektivsuffix -esco ital. *arabesco, rabesco,* Schnörkelzeichnung nach arabischer Art; frz. *arabesque;* in den übrigen roman. Sprachen entsprechend, vgl. Dz 22 *arabesco.*]

791) ahd. **arag,** geizig, arg, nichtswürdig, träge; davon nach Dz 424 *aragan* ital. comask. *argan,* borgam. *arghen,* Feigling; span. *(h)aragan,* müfsig, Faulenzer.

792) **äränĕä -am** *f.,* Spinne, Spinngewebe; ital. *aragna* (neben *ragno*), Spinne, *aranea,* Spinnewebe, ragna, Spinnewebe, vgl. Canello, AG III 391; prev. *aranha; frz. araigue,* dafür in der neueren Sprache *araignée* = **araneata,* Spinnegewebe; im Altfrz. auch *iraignie,* vgl. Dz 508 *araignée,* Scheler im Dict. *s. araignée;* span. *araña;* ptg. *aranha.* — Im Rtr. wird der Name des Tieres von *filare* abgeleitet. — Davon ausgehend, dafs *aranea* im Spätlat. „Seidenwurm" bedeute, will Rönsch, Jahrb. XIV 173, ital. *arnia,* cat. span. *arna,* Bienenkorb (von Dz 26 *s. v.* unerklärt gelassen), mit *aranea* gleichsetzen, es habe eben zunächst ein Behältnis für Seidenwürmer u. dann ein solches für Bienen bedeutet. Aber dem widerspricht der Accent, u. überdies ist es undenkbar, dafs dasselbe Wort ein Tier u. zugleich ein Behältnis für dieses Tier bezeichne. *arnia* wird zu *arnese* (s. *haearn*) gehören.

793) ***äränĕätä** (Pt. P. P. v. ***araneo,** wovon im Schriftlat. das Part. Pr. *araneans* erhalten ist, Apul. met. 4, 22), Spinnegewebe; frz. *araignée* (altfrz. auch *irainede, iraignie*), Spinnegewebe u. Spinne; bezüglich der übrigen rom. Spr. s. **aranea.**

794) gleichs. **äränĕä tela** *n. pl.,* Spinneweben; ital. *ragnatela;* frz. *arantelle, arantèles;* span. *telaraña.* Vgl. Cohn, Suffixw. p. 218.

795) **äränĕüs, -üm** *m.* (Mask. z. *aranea*), Spinne; davon ital. *ragno,* vgl. Flechia, AG II 329.

796) ahd. **arapeïtön,** arbeiten; davon nach Caix, St. 164 ital. *arrabattarsi* „affaticarsi, darsi pena", dazu Shet. *rabbatino* „uomo ingegnoso, industrioso", sicil. *arbitriari* „lavorare". Vgl. Nr. 864.

797) **ärätör, -örem** *m.* (v. *aro*), Pflüger, ist in den entspr. Formen als halbgel. W. in die meisten rom. Spr. übergegangen.

798) **ärätrüm, -ï** *n.* (v, *aro*), Pflug; ital. *arátro, aráto;* rum. aratra; prov. *araire;* altfrz. a(r)ere *f.,* vgl. Tobler, Z IX 149; über den Genuswechsel vgl. W. Meyer, Ntr. 135; (im Nfrz. ist dafür *charrue* eingetreten); cat. *aradra, arada;* span. *arado, aratro;* ptg. *arado,* daneben *charrua.* Vgl. Dz 23 *arátro.* — Das Rtr. braucht das deutsche „Pflug", s. Gartner, § 17.

799) [Arba, Name einer venezianischen Insel; danach wird ein dort verfertigtes Segeltuch ital. *albesio* genannt; frz. heifst dasselbe *herbage* in volksetymologisierender Anbildung an *herbe,* vgl. Fafs, RF III 499, letzte Zeile v. u.]

800) **ärbïtrïüm, -ï** *n.* (v. *arbiter*), Schiedsspruch, Gutachten; prov. *albire-s,* Meinung, Urteil; altfrz. *arvoire, arviere,* vgl. Gröber, Jen. Lit.-Ztg. 1877, p. 752, W. Meyer, Ntr. 153; span. *albedrio,* Willensfreiheit, Wille, Laune. Vgl. Dz 416 *albedrio;* C. Michaelis, St 222. Z. 4 v. u. im Texte.

801) **ärbör, -örem** *f.* (v. √ ardh, arf, arb, erheben, fördern, pflegen, vgl. Vaniček I 61), Baum; ital. *arbore, albore, arbero,* albero *m.* ist vielleicht mit *albero,* Schwarzpappel, identisch; rum. *arbur m.,* s. Ch. *s. v.;* rtr. arbre *m.* (?); prov. arbre-s *m.;* frz. arbre *m.;* span. *árbol m.;* ptg. *arvore, arvor, arvol f.* (altptg. auch *m.*).

802) ***ärbörētüm** *n.* (arbor); Baumpflanzung; ital. *arboreto;* altfrz. *arbroi;* span. *arboledo.*

803) ***ärböricĕllüs, -üm** *m.* (Dem. zu arbor), Bäumchen; ital. *arboricello, arbocello, albucello,* daneben Formen mit *sc: arbuscello, albuscello,* die

auf *arbuscellus (s. d.) zurückgeben; altfrz. (arbroissel = *arboriscellus). Vgl. Caix, St. 2; Gröber, ALL I 242.

804) *ărbörĭscĕllŭs, -ŭm m. (Dem. zu arbor), Bäumchen; altfrz. arbroissel; nfrz. arbrisseau (von Caix, St. 2, unrichtig auf arboricellus zurückgeführt. vgl. G. Paris, R VIII 618 u. Horning, p. 4). Vgl. Gröber, ALL I 242.

805) *ărböro, -ăre (v. arbor), (einen Baum, Mastbaum) aufrichten; ital. alberare; frz. arborer; span. arbolar. Vgl. Dz 10 alberare.

806) *ărbŭscĕllŭs, -um m. (Dem. zu arbor mit Anlehnung an arbustum), Bäumchen; ital. arbuscello, arboscello, alboscello, vgl. Caix, St. 2; nach Caix, St. 227, ist daraus auch entstanden bruscello, Maibaum, lustiger Aufzug, endlich: „rappresentazione o farsa popolare"; neuprov. arbouchel. Vgl. Gröber, ALL I 242.

807) *ărbŭtĕŭs, a, um (v. arbutus, -um), zum Erdbeer-, Meerkirschenbaum gehörig; davon in substantivischer Bedtg. frz. arbous-ier (arbouse, die Meerkirsche, ist Lehnwort, vgl. G. Paris, R X 42); cat. arboss-er (die Frucht arbos); span. kastil. aborzo, alborzo; aragones. alborvcera, albrocera (prev. arboussa = arbutea). Vgl. C. Michaelis, St. 251 Anm.; Dz 416 albédro.

808) *ărbŭtŭs, -ŭm m. u. ărbŭtŭm, *ărbŭtrum, *arbútrum, -ĭ n. (von derselben Wurzel wie arbor abgeleitet, s. oben), Meerkirschen- oder Erdbeerbaum (Arbutum Unedo L.); ital. albatro; span. kastil. alborto, astur. albédro, gall. érvedo, hérredo; altptg. érvedo, ércodo. In der nonspan. u. neuptg. Schriftsprache ist das Wort durch span. madroño, madroñera, ptg. medronheiro (vermutlich v. maturus abzuleiten) verdrängt werden. Vgl. C. Michaelis, Misc. 136, St. 251 Anm., Dz 416 albédro.

809) ārcă, -am f. (v. √ ark, festmachen, wahren, wovon auch arceo), Behälter, Kiste; ital. arca; rum. arcă, s. Ch. s. v.; prov. archa, arqua; frz. arche; span. ptg. arca.

810) *ărcācĕ(us), a (, um) (v. arca), kastenartig; davon ital. arcaccia, alter Kasten, Kastell im Hinterteil des Schiffes; frz. arcasse; span. areaza. Vgl. Dz 509 arcasse, wo der Zusammenhang des Wertes mit arx sehr richtig als unannehmbar bezeichnet wird.

811) Arcachon, eine Bucht bei Médoc in Guyenne; nach ihr ist das Fichtenharz prev. arcassoun, arcansoun, frz. arcansou benannt; vgl. Themas, R XXVI 412.

812) [*ărcămen, Inis n. (v. arca), Kasten; ital. arcame, Gerippe; davon nach Dz 88 carcasso durch Anlehnung an dieses letztere Wort. ital. c-arcame, Geripple, Aas, eher dürfte jedoch Anlehnung an carne anzunehmen sein.]

813) *ărcārius [u. *arciārius?] -um (v. arcus) m., Bogenschütze; ital. arciere (dem Frz. entlehnt?); frz. archier, archer.

814) ārcă + ahd. scranna, Bank; aus dieser Verbindung entstand nach Caix, St. 22, altital. ciscranna, Kasten, der zugleich zum Sitzen dient. Dz 399 scranna erklärte den ersten Bestandteil des Wertes für dunkel.

815) [archiater, -trum (ἀρχίατρος) m., Arzt; Schuchardt, Z XVI 521, vermutet, dafs archiater „auch auf romanischem Boden irgendwo, in volkstümlicher Ferm, entdeckt wird".]

816) ărchĭtrĭclīnŭs, -um m. (v. gr. ἀρχ- u. τρίκλινον), Tafelwart; davon (?) ital. (Dialekt · von

Lucca) arcideclino, „chi soprintende alle spese della mensa", vgl. Caix, St. 159.

817) [*ārcĭballista (arballista), -am f., Bogenwurfmaschine, Armbrust; frz. arbalète; (ital. balestra, balestriglia), frz. balestrille, arbalestrille aus span. ballestilla, vgl. d'Ovidio, AG XIII 403.]

818) *ărcĕo, -ōnem m. (v. arcus), Sattelbogen; ital. arcione; prov. arsó-s; frz. arçon; span. arzon, vgl. Horning p. 91; ptg. arção. Vgl. Dz 23 arcione; Gröber, ALL I 242.

819) ārcŭs, -um m., Bogen; ital. arco; monf. arche „arcobaleno", vgl. Salvioni, Post 4; Meyer-L., Z. f. ö. G. 1891 p. 766; rum. arc, Pl. arcuri f., s. Ch. s. v.; prov. arc-s; frz. arc, span. ptg. arco.

820) ardālĭo u. ardĕlĭo, -ōnem m. (unbekannter Herkunft, Georges' Ableitung v. ardeo ist unannehmbar), geschäftiger Müfsiggänger; davon nach Dz 25 arlotto, Fresser, Müfsiggänger; prov. arlot; frz. (altfrz.) arlot, harlot; span. arlote. (Im Ptg. fehlt das Shet., dagegen ist das Vb. alrotar, eigentl. betteln u. schreiend umherziehen, spassen, höbnen, verhöhnen, vorhanden.) — (Engl. harlot.) Suchier, Z I 432, hält für möglich, dafs die betr. Worte aus dem deutschen „Herold" entstanden seien, was G. Paris, R VI 629, mit Recht als „bien peu probable" bezeichnete. S. unten härĭölŭs.

821) ārdĕo, ārsī (daneben ardui), ārsūm, ărdĕrĕ, brennen; ital. ardo, arsi, arso, árdere; (monf. ers „succo" = arsus, vgl. Salvioni, Post. 4); rum. ard, arsci, ars, arde; rtr. arder, Pt. Prät. ars, vgl. Gartner, § 148; prov. ardre, Perf. u. Pt. Prät. ars; altfrz. ardoir u. ardre, Perf. ars (vgl. Clédat, Gramm. 147), Part. Prät. ars; das Vb. wurde durch brûler verdrängt, erhalten ist nur das Part. Präs. als Vbadj. ardent; span. ptg. arder (im Span. auch transitiv gebraucht).

822) [*ārdĕsĭă od. *ārdĭsĭă, -am (v. ardeo), ist das vermutliche (?) Grundwert zu dem rätselhaften frz. ardoise (ital. ardesia), Schiefer, dessen Herkunft schon Dz 509 s. v. als dunkel bezeichnete: dafs der Name des Schiefers vom St. ard-e abgeleitet werden sei, könnte man sich aus dem schwarzen u. gleichsam verkohlten Aussehen dieses Gesteins leicht erklären (nur komisch freilich ist Philander's Deutung: „ardesiam vocamus credo ab ardendo, qued e tectis ad solis radies veluti flammas jaculatur", s. Scheler s. v), die Bildung des Wertes aber bliebe freilich im höchsten Grade auffällig. — Von den sonst vorgebrachten Ableitungen sind die verständigsten: 1. ardoise = (pierre) ardennoise, v. Ardennes, weil die Ardennen schieferreich sind; 2. ardoise v. kymr. ardoz, „sehr schwarz" vgl. Littré s. ărdoise u. Th. 89. — In den pyrenäischen Sprachen wird der Schiefer pizarra (ptg. piçarra) genannt; ein ebenfalls dunkles Wert, denn wenn Dz 477 s. v. es von pieza, Stück, herleitet, so dafs der Schiefer als „Stück- oder Bruchstein" bezeichnet würde, so unterliegt das mehrfachen Bedenken.]

823) ardĕo, -āre (ardere), brennen; dav. altfrz. ardoïr (richtiger = *ardidiare); ptg. ardego feurig, hitzig, eifrig, mühsam, vgl. Schuchardt, Z XIII 531; Cornu, Gröber's Grundrifs I S. 755 § 129, deutete ardego aus alacer.

824) [arab. ar'di schaukî, Erddorn (vgl. Freytag I 27ª), ist nicht das Grundwort zu ital. articiocco, frz. artichaut, Artischocke, sondern vielmehr eine Umgestaltung des ital. Wortes (daneben ital. [al]carciofo, neuprov. archichaut, arquichaut, richichaut, vgl. Behrens, Metath. p. 81; span. alcarchofa,

alcachofa; ptg. alcachofra), welches selbst wieder
auf arab. al-charschof zurückgeht. Die Genealogie
der betr. Worte läfst sich folgendermafsen deutlich
machen:

        arab. al-charschof
        |
sp. alcarchofa, alcachofa   ptg. alcachofra
        |
ital.*alcarciofo (neben carciofo), daneben articiocco
        |
        arab. ar'di schauki

Vgl. Dz. 27 articiocco; L. Bonaparte in den Trans-
actions of the Philol. Society 1882/84 p. 41* und
1885/87 p. (1)†; Eg. y Yang. p. 124 setzt, aber
ohne nähere Begründung, aljorxofa als Grundwort
an; s. auch unten artytica.]

825) bask. **ardita** (v. ardia, Schaf), ist möglicherweise das Grundwort zu dem altspan. Münznamen
ardite; hinsichtlich des Begriffes würde pecunia v.
pecus eine Analogie darbieten, vgl. Dz 424 ardite.

826)*ărdīvŭs m. od. -um,-in.(v.ardeo), brennende
Substanz, — rum. ardeiu, Pl. ardeiuri f., roter
Pfeffer, vgl. Ch. ard.

827) ărdūra, -am (ardēre) f., Entzündung; ital.
span. prov. ardura; frz. ardure. Vgl. Cohn,
Suffixw. p. 175.

828) ărĕă, -am f., freier Platz, Grundfläche,
Tenne; ital. ara u. aja. Tenne, vgl. Canelle, AG
III 303; rum. arie; rtr. èr, Feld, vgl. Gartner,
Gr. § 27; lomb. déj solajo, vgl. Salvioni, Z XXII
470; prov. eira, vgl. auch die Bemerkungen über
das Frz.; frz. aire, Tenne, Bauplatz, Grundfläche,
Hof um die Sonne und dgl. (über das Genus des
Wortes vgl. Tobler u. Suchier, Herrig's Archiv
Bd. 99 p. 208 u. Bd. 100 p. 169, Förster zu Erec
171), daneben das gel. W. are, ein Flächenmafs
(das Wort ist Mask. wohl nur, damit es im Geschlecht mit mètre, litre etc. übereinstimme. Im
Altfrz. (u. Prov.) ist neben dem Fem. aire ein
gleichlautendes Mask. mit weitem Bedeutungs-
umfange vorhanden; das Wort bedeutet nämlich:
1. Familie, Geschlecht (daher altfrz. de mal aire,
put aire, bon aire = von schlechter, gemeiner,
guter Abstammung; nfrz. noch débonnaire mit in
deteriorem partem veränderter Bedtg.: (edel, gut-
geartet) gutmütig); 2. Art, sich zu benehmen, Betragen; 3. Nest eines Raubvogels (so nur im Frz.,
aber auch nfrz. noch als aire erhalten). Die Herkunft dieses aire ist viel erörtert worden, vgl. Dz 6
aere, Scheler im Dict. s. v. Es von area abzuleiten,
wäre das Nächstliegende, u. die Bedtg. würde es
allenfalls gestatten, aber die Genusverschiedenheit
(vgl. Tobler, Suchier, Förster a. a. O.) spricht dagegen, denn es ist unerfindlich, warum area=aire
in der Bedtg. „Geschlecht" etc. zum Mask. hätte
werden sollen, zumal da es in der Bedtg. „Tenne,
Platz" Fem. verbliebe, u. diese Fem. später auch das
Mask. zu sich hinüberzog (débonnaire, wo allerdings bonn- nicht unbedingt für das Fem. beweist).
Diez hat atrium u. ager, agrum als Grundwerte
vorgeschlagen, nachdem er in der ersten Auflage eine sehr entwickelte Ableitung aus dem Germanischen empfohlen hatte. Atrium ist abzulehnen,
weil aus tr ein rr zu erwarten wäre (vgl. iter : erre
u. vitrum : verre u. dgl.; für einfaches r
könnte man sich allerdings auf patrem : père u. dgl.
berufen), besonders aber weil atrium schwerlich ein
Wort der lat. Volkssprache späterer Zeit war, wie
man dies aus seinem fast völligen Fehlen im Ro-

man. schliefsen mufs (nichtsdestoweniger verdienen
die Gründe, welche Schwan in Herrig's Archiv Bd.
87 p. 112 unter Hinweis auf Rom. de Rou, ed. Andresen III 3127ff., für atrium geltend gemacht hat,
doch Beachtung, andrerseits vgl. Förster zu Erec
171). Die Ableitung aus agrum scheitert daran,
dafs agrum ein *air ergeben hätte, vgl. nigrum :
neir, noir. Cat. era, Tenne; span. era, Tenne;
dazu das Mask. ero (gleichsam *areum), Ackerland,
wovon wieder die gleichbedeutenden Sbst. erio, erial,
erazo, vgl. C. Michaelis, Misc. 137 (Dz 447 erinl
fafste diese Worte nur als Adj. auf u. leitete sie
von era = area ab); ptg. eira, Tenne, u. leira
(aus l'eira),), vgl. Baist, Z VII 120, u. C. Michaelis,
Misc. 135, wo auch alera, ein Streifen trockenen
Landes, für aus *lera = leira entstanden erklärt
wird, jedoch mit Offenlassung der Möglichkeit, dafs
alera = *aglera (= ptg. gleira, astur. aleira, llera,
trockenes Stück Land, Strand) = lt. glarea sein
könne. Wenn C. Michaelis a. a. O. schliefslich
frägt: „Und das altptg. ler = Meeresstrand gehört
es zu area, era, ero? glarea glera lera? oder ist
es ein ganz anderes alteinheimisches Wort?", so
scheint die letztere Annahme die bei weitem gröfsere
Wahrscheinlichkeit für sich zu haben.

829) ărēnă, -am f., Sand, Sandplatz, Kampfplatz
im Amphitheater; ital. arena, rena, vgl. Flechia,
AG II 374, u. Canello, AG III 316; rum. arină,
nur gel. W., das volkstümliche W. ist das slav.
năsip, vgl. Ch. arină; prov. arena; frz. arène,
nur gel. W.. das volkstümliche Wort ist sable (in
seiner Form freilich halbgelehrt) = sabulum, südostfrz. aré (mit off. e); span. arena; ptg. area.
S. unten săbŭlŭm.

830) ărēnārīus, a, um (arena), sandig; sard.
arenariu sabbia. vgl. Salvioni, Post. 4.

831) ărēnōsŭs a, um (v. arena), sandig; ital.
arenoso; rum. arinos, s. Ch. arinos; prov. cat.
arenos; span. ptg. arenoso.

832) ărĕŏlă, -am f. (v. area), kleiner, freier Platz;
ital. areola u. ajuola, vgl. Canello, AG III 303.

833) ărĕŏlus, -um m., Name eines kleinen Fisches;
davon (oder von hariolus) gallisch airoa, eiroa,
ptg. eiró (Plur. eirózes für das jetzt veraltete ei-
roos), vgl. C. Michaelis, Frg. Et. p. 16.

834) ărĕpennis, -em m. (als gallisches Wort
bezeichnet von Columella 5, 1, 6; von Isidor 15,
15, 4, als Wort der Baetici angeführt) ein halber
Morgen (ein halbes jugerum) Ackerland; prov.
arpen-s; frz. arpent, davon das Vb. arpenter
messen; altspan. arapende. Vgl. Dz 510 arpent;
Th. p. 32.

835)*arganum, -i n., ein Werkzeug zum Heben,
Krahn, ist das vorauszusetzende Grundwort zu ital.
argano (sard. árganu); venez. argano; span.
árgano; ptg. argue, Drahtwinde; cat. arga; span.
árgano; ptg. argão, orgão. Dazu die Deminutiva
ital. arganello kleiner metallener Ring, span. arganel, frz. arganeau (daneben organeau) Anker-
ring. Über die Herkunft des Wortes arganum sind
folgende Vermutungen aufgestellt worden: 1. arganum entstanden aus gr. ἐργάτης=lt. ergata durch
Suffixvertauschung. 2. arganum entstanden aus
dem zu vermutenden gallischen garanos = gr. γέ-
ρανος (wie auch das deutsche „Krahn"=„Kranich"
ist) durch Umstellung des Anlautes gar : arg, vermöge deren das Wort an organum angeglichen ward,
vgl. Storm R II 328. 3. arganum ist Scheideform
zu organum. 4. Schwan, Herrig's Archiv Bd. 87
p. 114, vermutet, dafs organum „Werkzeug" in

volksetymolog. Anlehnung an *ergĕre (f. erĭgĕre) „Hebewerkzeug" umgedeutet worden sei. Von diesen Annahmen setzen die beiden ersten eine schwer erklärliche Lautentwickelung des Wortes voraus, während gegen die dritte sich kaum ein ernstliches Bedenken vorbringen lassen dürfte; dafs ein Hebewerkzeug schlechtweg als ein organum bezeichnet wurde, ist bei der vielseitigen Verwendung, welche dies Wort im Lat. fand, sehr glaublich, u. man begreift auch leicht, dafs, als organum später zur technischen Bezeichnung des kirchlichen Musikinstrumentes (der Orgel) gebraucht wurde, die Bildung einer Scheideform zum Ausdruck des profanen Begriffes erfolgte; dunkel ist nur, auf welcher volksetymologischen Anbildung die Vertauschung des o mit a beruht; da aber frz. argue die Drahtwinde der (Gold- u.) Silberarbeiter bezeichnet, so läfst sich vermuten, dafs der Lautwechsel in Anlehnung an argentum begründet ist u. also von der technischen Sprache der Metallindustrie ausging. — Vgl. Dz 24 argano; Gröber, ALL I 242 u. VI 378; Schuchardt, Z XV 91 Anm. 2, wo die Ableitung von organum in überzeugender Weise verteidigt wird.

836) ärgĕntĕŭs, a, um (argentum), silbern; altspan. arienzo; altptg. arenzo, Name einer alten Münze, vgl. Cornu, R XIII 297.

837) ärgĕntŭm, -i n (v. √ arg, glänzen, hell sein, vgl. Vaniček I 58), Silber; ital. argento; rum. argint, s. Ch. s. v.; rtr. argient; prov. argen-s; frz. argent; in den pyrenäischen Sprachen ist das früher üblich gewesene argento durch plata (ptg. prata), „Platte", nahezu völlig verdrängt worden. — Im Altfrz. wurde argent volksetymologisch als art gens gedeutet, vgl. Fsfs, RF III 505 f.

838) altlat. ärgĕr, später äg, -erem m. (v. ar = ad + gero, eigentl. das herangeführte Material), Damm; ital. árgine, Damm; venez. árżare; piem. érżo, genuez. érże, Salvioni, Post. 4; span. árcen, Brustwehr (ptg. dafür parapeito). Das Frz. hat zur Bezeichnung des Dammes das deutsche „Deich" = digue aufgenommen. Vgl. Dz 24 árgine; Gröber, ALL I 242.

839) ärgĭllä, -am f. (gr. ἄργιλλος u. ἄργιλος f. v. √ arg, glänzen), Töpferthon; ital. argilla (vgl. d'Ovidio, Gröber's Grundr. I 504¹⁶), argiglia; frz. argile (gel. W.) u. argille (mit palat. l, vgl. Cohn, Suffixw. p. 54); span. arcilla, vgl. Baist, Gröber's Grundrifs I 704⁴¹; ptg. argilla. Vgl. Dz 424 arcilla.

840) *ärgūto, -ŭre (v. argutus, dieses von √ arg, hell sein), schriftlat. argutor, -ari, sich deutlich vernehmen lassen, schwatzen; frz. (schon altfrz.) arguer. Dagegen hat argoter „kauderwälsches Zeug schwatzen", wozu das Sbst. argot, mit argutäre nichts zu schaffen, sondern ist von lat. ergo abgeleitet (vgl. neufrz. ergoter, s. unten ergo). Vgl. Dz 509 argot; Scheler im Dict. s. argot; Gröber im Nachtrag zu den Lat.-rom. Wtb.'s (No 726). Altfrz. argot, neufrz. ergot, Spitze eines dürren Astes, Sporen eines Vogels, z. B. des Hahns, wird von Nigra, AG XIV 353, als aus *regot, *ragot, welches wieder aus garot (s. unten gar) umgestellt sei, entstanden erklärt.

841) ärīdŭs, a, um (v. √ ar, trocken sein), dürr, ital. árido u. áligo, letzteres auch in übertragener Bedtg. „sich auf dem Trockenen befindend, d. h. ohne Geld", vgl. Canello, AG III 360, altfrz. are, arre, vgl. Horning, Z XV 502, ebenso prov.

842) [ärīēs, -ētem m. (dunkler Herkunft, vgl.

Vaniček I 58), Widder; das Wort ist als Tierbezeichnung im Rom. durch *muliton- aus *mutilon- v. mutilus verdrängt worden, jedoch ast. arei, vgl. Salvioni, Post. 4; lyon., Forez, Briançou, wald. aré, Meyer-L., Ztschr. f. österreich. Gymnas. 1891 S. 766.]

843) ärĭstä, -am f. (f. acrista v. √ ak, scharf, spitz sein, vgl. Vaniček I 7), Granne an der Ähre, Äbre, Borste, Gräte; ital. arista, Schweinsrücken (wegen der Borsten so genannt), resta, Granne, vgl. Flechia, AG II 373, u. Canello, AG III 391; frz. arête, Granne, Gräte; span. aresta (altsp. ariesta; im Dict. der Akad. arista), Gräte, auch: grobe Sackleinewand (welche wohl wegen ihrer kratzigen Beschaffenheit zu diesem Namen kommt); ptg. aresta, Granne, Gräte. Vgl. Dz 25 arista; Horning, Z XXI 449.

844) [*ärīstärīŭm, -i n. (v. arista); frz. arêtier (auch Fem. arêtière), Gratsparren eines Daches, vgl. Scheler im Dict. s. arête; hêritier ist vermutlich nur eine volksetymologisierende Nebenform des Wortes, vgl. Fsfs, RF III 503 unten.]

845) *ärīstŭlä, -am f. (Dem. v. arista); davon friaul. rîscle, vgl. Ascoli, AG I 514 Z. 5 v. u, i. T.; neuprov. arésclo „arête" (u. aresto „écharde, éclat de bois"); frz. (mundartlich) arescle „cercle, beis de fonte courbé en cercle", vgl. Thomas, R XXVI 414.

846) ärmä, -ōrum n. (v. √ ar, an-, einfügen, vgl. Vaniček I 48), Gerät, Waffen; ital. arma u. arme Sg. f., Pl. arme u. armi, Gewehr, Waffen, Geschütz, arme, auch „Wappen"; die präpositionale Verbindung all'arme! zu den Waffen! ist zum Sbst. allarme (dazu wieder das Vb. allarmare) geworden u. als Fremdwort in alle neueren Sprachen übergegangen: prov. alarma, frz. alarme, span. ptg. alarma, rum. larmă, dtsch. Allarm, Lärm, engl. alarum, poln. larma, larmo, larum etc. etc. — Rum. armă Sg. f.; rtr. arma Sg. f. (kollektivisch); prov. armas Pl. f., Waffen u. Wappen; frz. arme Sg. f.Waffe, Pl. f. armes, Waffen u. Wappen; span. arma Sg. f., Waffe, Pl. armas, Waffen, Wappen, Kriegshandwerk. — Vgl. Meyer, Ntr. 162.

847) ärmämĕntä n. pl., Gerät; sard. armamenta „le cornu della bestie", vgl. Salvioni, Post. 4.

848) ärmärĭŭm, -i n (v. arma), Schrank, Almer; ital. armadio u. armario, vgl. Canelle, AG III 404; bellun. armér; rum. armar, almar, s. Ch. armă; prov. armari-s; altfrz. almaire, armaire (Computus 1727, vgl. Berger s. v.), aumaire m.; nfrz. armoire f.; span. ptg. armario. Vgl. Dz 510 armoire, Scheler im Dict. s. v.

ärmätä s. ärmo.

849) ärmātūrä, -am f., Rüstung; span. ital. armadura, -tara.

850) ärmĕnīācum (scil. pomum), armenischer Apfel, Aprikose; davon ital. in gleicher Bedtg. meliaca, muliaca, umiliaca, vgl. Dz 384 meliaca. Über ital. Dialektformen vgl. Lorck, Altbergam. Sprachdenkm. p. 208, u. Salvioni, Post. 4.

851) ärmĕnĭŭs (scil. mus), soll nach Ducange (vgl. auch Dz 25 armellino) das Grundwort zu ital. armellino, frz. hermine etc. sein, die betr. Worte sind jedoch dunkeln Ursprungs, vgl. Kluge, Hermelin. S. unten ahd. harmo.]

852) ärmĕntärĭŭs, -um m. (v. armentum), Rinderhirt; ital. armentario u. armentiere, vgl. Canello, AG III 304.

853) ärmĕntŭm, -i n. (von gleichem Stamme wie arma, eigentlich Gerät, Zeug u. dgl.), Grofsviehherde; ital. armento; friaul. arménte Kuh; rum. nur Pl. armenturi f., s. Ch. s. v.; rtr. (lad. friaul.)

armenta, armente, ormento; im übrigen scheint das Wort auf romanischem Gebiete verschollen zu sein, Ableitungen von bestia (wie frz. bétail) u. der Pl. animalia (frz. aumaille) sind an seine Stelle getreten.

854) **ärmilla, -am** f., Armband; ital. prov. armilla; frz. armilles (mit palat. l, dagegen ohne solches armillé u. armillaire); span. ptg. armilla, -ila, lilha. Vgl. Cohn, Suffixw. p. 54.

855) **ärmo, -āre** (v. arma), bewaffnen, ist in den entspr. Formen in alle roman. Spr. übergegangen; das partiziale armata ist in der Bedtg. „Heer" (ital. armata, span. armada, frz. armée) zum Shet. geworden u. hat meistenteils exercitus (s. d.) verdrängt, welches aufserdem auch in hostis (s. d.) einen mächtigen Mitbewerber besafe; eine deminutive Abltg. vom. Part. P. P. ist das span. armadillo, ptg. armadilho, Gürteltier.

856) **armörăciă, -am** f. u. **armörăcium, i** n. (gr. ἀρμοραχία), Meerrettig (Cochlearia armoracia L.); ital. ramolaccio, Meerrettig; sard. armurattu; span. remolacha, rote Rübe (für Meerrettig fehlt dem Span. wie dem Ptg. ein eigentliches Wort, denn span. rábano und ptg. rabão haben eine allgemeinere Bedtg.; auch im Frz. entbehrt die Pflanze einer ganz bestimmten Benennung, denn raifort = radix fortis wird ebenfalls in weiterem Sinne gebraucht, radis de cheval wird selten gesagt, u. ist übrigens offenbar ein Germanismus). Vgl. Dz 392 ramolaccio u. 483 remolacha.

857) **ärmüs, -um** m. (v. √ ar fügen), Oberarm, Schulterblatt; sard. armu; rum. arm, Pl. armuri f.; altfrz. ars, vgl. Dz 510 s. v. (nfrz. sagt man os plat de l'épaule, v. Pferden paleron).

858) [***arnīculus, -um** m. = ital. (lucch.) arnecchio, vgl. Caix, Studj § 293, d'Ovidio, AG XIII 380.]

859) **äro, -āre** (v. √ ar, pflügen, rudern, vgl. Vaniček 50), pflügen; ital. arare; rum. ar, ai, at, a s. Ch. s. v.; prev. span. ptg. arar; nordfrz. arer; dazu das Shet. span. aramio; galic. aramia, ackerfähiges Land, vgl. Tailhan, R IX 429; altfrz. arer (nfrz. ist dafür labourer eingetreten). Zweifelhaft ist, ob frz. lorandier, Pflugknecht, zu arare gehört, in welchem Falle es aus *arende (aranda), Pflugland, durch Verwachsung des Artikels entstanden sein müfste, es kann aber auch aus lab[o]randa *lavrande *lorande erklärt werden, Cohn, Suffixw. p. 80.

860) **ärömätïcüs, a, um** (gr. ἀρωματικός), gewürzig, ist als volkstümliches Wert erhalten nur im Ital. (a)romatico, mit zahlreichen dialektischen Gestaltungen: piem. armatic, rumatic, crem. rumatee, parm. lumateg, lumateg, piac. armattag, modenes. lumadegh, bol. rumagd, die betr. Worte haben die ursprüngliche Bedtg. in das Gegenteil, „übel riechend", verschoben (Zwischenstufe mufs gewesen sein „stark riechend"), vgl. Flechia, AG II 361.

861) **ärön u. ärüm, -i** n. (gr. ἄρον), Zehrwurz (Arum L.); ital. aro; rum. aron, s. Ch. s. v.; frz. arum; span. aron, yaro; ptg. aro, jarro.

862) **arra**, auch **arrha** geschrieben, **-am** f. (vermutlich semitischen Ursprungs), Kauf-, Handgeld; ital. arra; frz. arrhes Pl. span. ptg. arras f.]

863) arab. **ar-rāba'd**, Vorstadt (vgl. Freytag II 111b); davon mit gleicher Bedtg. span. ptg. arrabal, arrabalde, vgl. Dz 425 s. v.; Eg. y Yang. p. 280.

864) [***är-räbătto, -äre** (v. gr. ῥαβάσσω), lärmen; Dz 662 rabasta ist geneigt, ital. arrabattarsi, sich bemühen, von diesem griech. Vb. abzuleiten, gewifs ein wenig glücklicher Gedanke; eher darf man vermuten, dafs *battare das zur A-Konj. übergetretene lt. batt(u)ere sei, so dafs arrabattarsi eigentl. heifsen würde „sich auf etwas werfen". Vgl. No. 796.]

865) arab. **ar-raçaf**, Steinreihe im Wasser (vgl. Freytag II 155b) u. arab. **ar-racif**, Dammweg an einem Flusse; durch Mischung beider arab. Worte ist hervorgegangen span. arrecife (alt arracife), blinde Klippe, Dammweg; ptg. arrecife (alt arracef), recife, Klippe; frz. récif, Klippe; das frz. Wort hat man thörichterweise von recisus oder auch vom dtsch. „Riff" ableiten wollen, s. Scheler im Dict. s. v. Vgl. Dz 425 arrecife; Eg. y Yang. p. 280.

866) ***är-rädïco, -äre** (v. radix, das Simplex radico ist im Spätlat. belegt), mit, an der Wurzel herausreifsen; prov. araigar; frz. arracher; span. arraigar wurzeln. Ein *abradicare ist nicht als Grundwort anzunehmen. Dz 510 arracher setzt exradicare als Grundwort an; die Notwendigkeit diesesVerfahrens ist nicht ersichtlich (dagegen gehen prov. esraigar, altfrz. esrachier selbstverständlich auf exradicare zurück). Vgl. No. 44.

867) [***är-räffo, -äre** (v. ahd. raffôn, raffen, vgl. Mackel p. 72); ital. arraffare, mit Gewalt packen, wovon wieder arraffiare (gleichbedeutend) abgeleitet zu sein scheint. Vgl. Dz 261 raffare.]

[***är-rämïo, -äre** s. oben **äd-rämïo.**]

868) [***är-ränco, -äre** (v. germ. rank, verdreht, vgl. Mackel p. 60); davon nach Dz 263 ranco ital. arrancare hinken.]

869) [***är-räpo, -äre** (v. germ. rapôn, raffen, vgl. Mackel p. 72); ital. arrappare, entreifsen. Vgl. Dz 264 rappare.]

870) [**Arras**, nach dieser Stadt sind die ursprünglich dort gewirkten Tapeten benannt: ital. arazzo, razzo, ptg. arrás, raz. Vgl. Dz arazzo.]

***är-rätïono, -äre** s. oben **äd-rätïono.**]

871) **ärrectäm** (v. arrigere) scil. **aurem**; davon ital. (dar) retta, Gehör schenken, vgl. Caix, St. 483.

872) [***är-rĕdo, -äre** (s. unten *rĕdo), bereit machen; davon ital. arredare, ausrüsten, dazu das Vbsbst. arredo, Gerät; prov. arredar, arrezar; altfrz. arreer, arroier, zurecht machen, rüsten, dazu Vbsbst. arroi (engl. array), Gerät; span. arrear, dazu das Vbsbst. arreo; ptg. arreiar, dazu das Vbsbst. arreio. Vgl. Mackel p. 85 f.; Th. 76 führte die betr. Worte auf den kelt. Stamm reidh-, rēd(i)- zurück, die Mackel'sche Annahme ist indessen die weit wahrscheinlichere, jedoch darf man die Urverwandtschaft zwischen dem kelt. u. dem germ. Stamme glauben. Dz 265 redo zuweilen auch Ableitungen für möglich. S. unten *rēdo u. *rēdūm. W. Meyer führt mit Recht auch das francoprov. aryá, melken, auf *ar(r)edare zurück u. verweist hinsichtlich der Bedeutungsverschiebung auf prov. adžustá = frz. ajuster, das auch die prov. Vb. ebenfalls „(die Kühe zum Melken zurecht machen, melken") bedeutet, vgl. Z XI 252.]

873) [***är-rĕ-ïmïto, -äre**, nachahmen; span. ptg. arremedar mit gleicher Bedtg., vgl. Dz 483 remedar.]

874) [***är-rĕndo, -äre** (v. *rendo f. reddo); rum. arendez, ai, at, a, verpachten, s. Ch. arendă, Pacht; (frz. arrenter v. rente = *rendita); span. arrendar, dazu Vbsbst. arriendo u. arrendamiento; ptg. arrendar, dazu Vbsbst. arrendamento.]

6*

875) [*ăr-rĕpto, -āre (f. răpto v. rapere), wird von Dz 482 rebatar als Grundwort des span. ptg. arrebatar, wegreifsen, vermutet.]

876) *ăr-rēsto, -āre, zum Stehen bringen, festhalten, eine Sache endgültig entscheiden; ital. arrestare; prov. arestar; frz. arrêter; span. ptg. arrestar; dazu die entspr. Vbsbstve: arresto, arrêt. Vgl. Dz 27 arresto; Gröber, ALL I 243.

877) [*ăr-rĭffo, -āre (v. dtsch. riffen, raufen, mhd. riffeln, durchhecheln) würde nach Dz 270 riffa als Grundwort v. ital. arriffare, würfeln, anzusetzen sein; lautlich ist selbstverständlich nichts dagegen zu erinnern, aber die Bedeutungsentwickelung macht Schwierigkeit, denn mag auch immerhin der Streit der übliche Begleiter der häufige Folge des Würfelspiels sein, so ist doch nicht recht ersichtlich, wie ein Verbum, das eigentlich „raufen" bedeutet, so schlankweg zur Bezeichnung des Würfelns habe gebraucht werden können, oder soll man glauben, dafs man das Würfeln aufgefafst habe als ein Raufen mit den Würfeln, weil die letzteren vom Werfenden geschüttelt oder gerüttelt werden? Schwan, Herrig's Archiv Bd. 87 p. 114, bemerkt: „das Würfeln wurde als ein Streiten, Kämpfen mit Würfeln aufgefafst".

878) [*ăr-rīmo, -āre (v. germ. *rīma f., rīm m., Reihe, Reihenfolge, Zahl, vgl. Mackel p. 108 u. 120 Anm. 2), aneinander reihen; frz. arrimer, schichten; cat. span. ptg. arrimar, heranbringen, annähern, anlehnen (eigentlich in eine Reihe bringen). Vgl. Dz 270 rima.]

879) [*ăr-rĭngo, -āre (v. anfränk. ring), in einen Kreis bringen, kreisförmig ordnen; frz. arranger, ordnen.]

880) ăr (= ad) + rīpā(m); davon span. ptg. arriba, oberhalb, darüber, vgl. Dz 426 s. t.

881) *ăr-rīpo, -āre (v. rīpa), an's Ufer kommen, anlanden, an das Ufer bringen; diese ursprüngliche Bedtg. ist namentl. im Französ. zu der des Ankommens überhaupt erweitert werden; im Ital., Prev., Span. n. Ptg. ist jedoch das Vb. auch in eigentlicher Bedtg. (ja im Ptg. nur in dieser) erhalten, die pyrenäischen Spr. brauchen für ankommen neben arripare (das Ptg. ausschliefslich) plicare = span. llegar, ptg. chegar, im Ital. steht neben arrivare hinsichtlich der Bedtg. giungere; ital. arrivare (von Gröber, ALL I 243. als „entlehnt" bezeichnet, was zu bezweifeln ist, VI 378 hat Gr. auch seine Behauptung zurückgenommen); prov. arribar; frz. arriver; cat. arribar, arriar; span. ptg. arribar. Vgl. Dz 27 arrivare; Gröber, ALL I 243; vgl. auch Schuchardt, Z XVI 523 (über frz. ribon, ribaine etc.); Suchier, Gröber's Grundrifs I 633.

882) [*ăr-rīso (v. altn. ris = frz. ris Reff); davon frz. arriser, das Segel herablassen; Dz 510 arriser u. Mackel p. 111 legen dem frz. Vb. die allgemeine (b. Sachs-Villatte nicht angegebene) Bedtg. „fallen lassen" = lt. conruere bei, u. der erstere will es deshalb von ahd. arrīsan, zusammenfallen, ableiten, Mackel weist wenigstens auf das ahd. Vb. hin.]

883) arab. arrob'a (vgl. Freytag II 113ᵇ), ein Gewicht von 12¹/₄ Kilogramm, span. ptg. arroba; dazu auch das Vb. arrobar, vgl. Dz 426 s. v.; Eg. y Yang. p. 289.

884) mlat. ar(r)ogium (in span. Urkunden seit 775 belegt, vgl. Tailhan, R IX 430; die Herkunft des Wortes ist dunkel, vielleicht ist es iberischen Ursprungs [vgl. Meyer-L., Rom. Gr. I § 21], vielleicht auch hat es irgend welchen Zusammenhang

mit rigare, in diesem Falle wäre von *arrigare auszugehen, der Wechsel von i zu o liefse sich erklären aus Anlehnung an arrojar, werfen, s. ăr-rūo), Bach; span. ar(r)ogio, arroio (auch ptg.), arroyo; Bach (das Wort erscheint zuerst in einer Urkunde vom J. 841, vgl. Tailhan a. a. O.), das Vb. arroyar, überschwemmen. Mit arrogium, altfrz. rui, frz. ruisseau in Zusammenhang bringen zu wollen (vgl. Misc. Caix-Canelle) mufs aus mehrfachem Grunde (Fragwürdigkeit des Wortes an sich, der Anlaut desselben, Möglichkeit anderer Erklärung der frz. Worte) als sehr bedenklich erscheinen. Vgl. Dz 426 arroyo. S. auch unten arrugia.

885) ăr-rŏgo, -āre, sich (etwas Fremdes) aneignen; ital. arrogere, arrosi, arroto (vgl. Blanc, Gr. 466, u. Dz., Gr. II³ 136 Anm. 3, wo die von Delius, Jahrb. IX 108, vorgeschlagene Herleitung aus adaugere gebilligt wird, sehr mit Unrecht!), dazulegen. Der Übergang des Verbs aus der schwachen in die starke Konj. ist nicht etwas so Befremdliches, dafs man um deswillen die nächstliegende Ableitung verwerfen müfste. Frz. arroger; span. arrogar; ptg. arrogar; in den drei letzten Sprachen gel. oder doch halbgel. W. Vgl. Dz 353 arrogere.

886) [*ăr-rŏscĭdo, -āre (v. roscidus), tauartig besprengen; cat. arruxar, vgl. Cuervo, R XII 108, Gröber, Z VIII 319, vgl. auch span. ptg. arrojar, s. ăr-ruo, -āre. S. auch unten rŏscĭdo.]

887) *ăr-rŏso, -āre (v. ros abgeleitet, wie allum-v lum-en, a-cab-ar v. cab-), betauen, soll nach Gröber, Misc. 42, das Grundwort zu prov. arrosar, frz. arroser, begiefsen sein; Dz 275 ros leitete das Vb. von *roscidare (v. roscidus) ab, was, wie Gröber richtig bemerkt. lautlich unmöglich ist. Da das Sbst. ros wohl im Prov., nicht aber im Frz. vorhanden ist, so ist das Vb. im Frz. als Lehnwort anzusehen, worauf auch das o der stammbetonten Formen hindeutet. Vgl. auch Tobler, Sitzungsb. der Berl. Akad. d. Wiss., philos.-hist. Cl., vom 23. Juli 1896, Horning, Z XXI 451.

888) [*ăr-rŭbĕllo, -āre (v. rubellus), rot werden; ital. arrovellare (vor Aufregung rot werden), in Zorn geraten; span. ptg. arrebolar, röten, schminken, dazu Vbsbstv. arrebol, roter Glanz, Abendröte.] Vgl. Dz 425 arrebol.

889) arrŭgĭa (oder arrūgĭa?), -am f. (viell. vom gr. ὀρυγή oder, u. wahrscheinlicher, iberischer Herkunft? das Wort ist belegt bei Plinius, Hist. Nat. 33, 70), Stollen im Bergwerk; rum. ărugă, ierugă; ital. roggia, Abzugsgraben. Vgl. Meyer-Lübke, Rom. Gramm. I § 21. — arrugia u. arrogium (s. d.) gehören jedenfalls zusammen.

890) [*ăr-rūo, -āre (v. ruo), werfen; aus einem vorauszusetzenden *arruare wollte Dz 426 arrojar herleiten span. ptg. arrojar, werfen, schleudern, Strahlen, Licht, Duft ausströmen lassen u. dgl.; Cuervo, R XII 108, macht gegen die Diez'sche Herkunft geltend, dafs arrojar im Kastilischen erst seit dem 16 Jahrb. üblich sei, u. dafs auch das Simplex *ruar, *rojar in der vorausgegangenen Periode fehle, er hält daher arrojar für ein Lehnwort u. für identisch mit dem cat. arruxar = *ar-roscidare (v. roscidus), welches „besprengen, bestreuen, werfen" bedeutet. Gröber bemerkt dazu, Z VIII 319, dafs arrojar in der Bedtg. „strahlen, werfen" allerdings catal. Lehnwort sein möge, bestreitet dagegen, dafs cat. arruxar in allen seinen Bedeutungen von roscidus sich herleite, es seien vielmehr in diesem Vb.

zwei Wörter verschiedenen Ursprunges zusammengeflossen. Das scheint ein unnötiges Bedenken, denn die einzelnen Bedeutungen von arrŭxar liegen nicht so weit auseinander, als dafs sie sich nicht vereinigen liefsen, sie lassen sich vielmehr aus der Grundbedeutung „tauartig befeuchten" (also „eine Flüssigkeit tropfen- oder strahlenförmig verstreuen") leicht ableiten (vgl. aber Gröber's Gegenbemerkung im Nachtrag zu No 771 der ersten Ausg. des Lat.-rom. Wtb.'s). Was aber die Gleichung span. ptg. arrojar = cat. arruxar anlangt, so ist der gemeinsame Ursprung aus lt. roscidus sehr wohl denkbar; dafs aber das Span. u. Ptg. ein derartiges Vb. aus dem Cat. entlehnt hätten, ist nur unter der erst noch zu beweisenden Voraussetzung annehmbar, dafs die Entlehnung zunächst auf die poetische Sprache beschränkt war.]

891) [gleichs. **ăr-rŭpto, -āre**; altfrz. arouter (von route, rote, Kriegerabteilung, Rotte), in Ordnung bringen, aufstellen. Vgl. Dz 276 rotta.]

[**ar-rŭtŭbo, -āre** s. **ăd-rŭtŭbo, -āre.**]

892) **ärs, -tĕm** f. (v.√ar, fügen), Handwerk, Kunst; ital. arte f.; prov. art-z m.: frz. art m.; span. arte m. u. f.; ptg. arte f. Der Genuswechsel im Prov. (u. Span.) ist auffällig, im Frz. läfst er sich aus dem konsonantischen Auslaut erklären. Die übertragene Bedtg. des lat. Wortes „moralisches Können, moralische Eigenschaft" ist dem Rom. eben so fremd geblieben wie die Anwendung des Plurals auf den Begriff „Wissenschaften".

893) **ärs măgĭca, (ärs mäthēmătĭca);** das altfrz. artimaire, artumaire f. (daneben artimage, artimai, artimal m., vgl. Godefroy I 415ª), Zauberei, wurde von Tobler, R H 243, auf das begrifflich gewifs zunächst liegende ars magica zurückgeführt (vgl. grammatica : grammaire, medicus : mire). G. Paris, R VI 132, bestritt die Tobler'sche Ableitung, ohne einen überzeugenden Grund beizubringen, u. stellte ars mathematica als Grundwort auf, das aber doch nur artimamaire hätte ergeben können. G. Paris' Ansicht fand denn auch Widerspruch von Seiten Havet's, R VI 255, Boucherie's, R. d. l. r. 3 s. II 218, u. namentlich Tobler's, Z I 480. In seinem Referate (R VI 630) über Tobler's letztgenannten Artikel brachte G. Paris etwas Neues zu Gunsten seiner Meinung nicht vor. Mayhew, The Academy No 1089 p. 242, nimmt folgende Entwickelung an: arte mathematica : mat'matica : artimatica, daraus einerseits artimage, andererseits artimaire etc. Chancè, The Academy No 1092 p. 307, erklärt artimage u. artimaire, artimal für Zusammensetzungen aus arte + magica, bezw. arte + major, arte + mala. Dies dürfte ungefähr das Richtige sein: es sind die Wortformen artimaire u. artimal volksetymologische Verballhornungen von artimage = arte magica, indem die Zauberei einerseits als „gröfsere, höhere", andererseits als „böse Kunst" aufgefafst wurde. Das i statt e in artimage f. artemage beruht wohl auf gelehrter Angleichung des Wortes an lat. artifex u. dgl.

894) **ärsŭră, -am** f. (v. ardeo), das Brennen (b. Apul. herb. 118, 2 lemm.); sard. assura; ital. prov. arsura, Brand. Vgl. Dz 427 asurarse.

895) **ärsŭro, -āre** (v. arsura), brennen; span. asurarse, anbrennen; vgl. Dz 427 s. v.

896) **ărtēmĭsĭă, -am** f. (gr. ἀρτεμισία, schriftlat. artemisia); Beifufs; ital. artemisia (gel. W.); prov. artemiza; altfrz. ermoise; nfrz. armoise; cat. altimira; span. altamisa; ptg. artemisia (gel. W., volkstümlich herva de S. João). Vgl.

Dz 421 altamisa u. 510 armoise; Gröber, ALL I 243.

897) [gleichs. **ärtēnsĭānŭs, -um** m. (v. ars), Handwerker; ital. artigiano; frz. artisan; span. artesano; ptg. artesão. Dz 28 u. Gr. IIª 336 setzte *artitianus als Grundform an, vgl. dagegen Flechia, AG II 12 ff.]

898) [**ärtērĭo, -āre** (v. arteria, Pulsader): auf *arteriare scheint zurückzugehen frz. altérer, durstig machen. Die Bedtg. würde nach Dz 506 altérer sich folgendermafsen entwickelt haben: arteria „Pulsader", dann besonders „Halsader", *arteriatus „eine entzündete Halsader habend u. infolge dessen Durst leidend", daher frz. altéré in gleicher Bedtg. u. von dem Pt. dann das Vb. So scharfsinnig diese Erklärung aber auch ist, so ist sie doch zugleich etwas sehr künstlich u. daher nicht recht überzeugend. Denkbar ist es immerhin, dafs altérer, durstig werden, nichts anderes ist als altérer (v. alter), verändern, verderben: das Durstigmachen kann scherzhaft als ein Ändern und Verderben des Menschen aufgefafst werden; volksetymologisierende Anlehnung an altérer ist übrigens auch anzunehmen, wenn man von *arteriare, *artérier ausgeht, vgl. Fafs, RF III 509.]

899) **arthrītĭcus, -a, um** (v. ἀρθρῖτις Gicht), gichtisch; ital. artetica Gicht; altfrz. artetique, arcetique, vgl. Förster zu Cligee 3024; span. ptg. artética.

900) [**ärtĭca, -am** (v. aro), ist nach Dz 426 artiga als Grundwort anzusetzen für prov. artiga, cat. span. artiga, frisch angebautes Feld. Eine höchst unglaubhafte Annahme, weil vom Verbalstamm ara — und nur dieser, nicht die Wurzel ar kann hier in Frage kommen — höchstens *aratica, nicht aber *artica abgeleitet werden konnte. Eher könnte man in Ableitung von art- (ars) denken. Am wahrscheinlichsten aber ist die iberische Herkunft des Wortes, vgl. Meyer-L., Rom. Gr. I § 21.]

901) **ärtĭcŭlŭs, -um** m. (Dem. v. artus), Gelenkglied; das Wort ist in die meisten rom. Sprachen übergegangen, hat aber vielfach Bedeutungsverengung, bezw. Fixierung auf ein bestimmtes Gelenk oder Glied erfahren: ital. artiglio (Lehnwort aus dem Frz., vgl. d'Ovidio, AG XIII 427, doch liefse sich dem wohl widersprechen). Kralle, vgl. Canello, AG III 351; prov. artelh-s Zehe; altfrz. arteil; nfrz. orteil, Zehe (orteil erklärt sich durch kelt. Einflufs, denn z. B. gael. òrdag Daumen und grofser Zeh, s. auch ordigas, Zehen, in den Casseler Gloss. bei Diez, altroman. Gloss. p. 98, vgl. Ascoli, AG X 270); span. artejo, Glied (die Zehe heifst el dedo del pie); ptg. artelho, Kuöchel am Fufs. Vgl. Dz 28 artiglio, Gröber ALL I 243. Über die Bedeutungsentwickelung von articulus im Romanischen vgl. d'Ovidio, AG XIII 427, hochinteressante Bemerkungen.]

902) **ärtĭfex, -fĭcem** m., Künstler; ital. urtfice; nfrz. arfeto, vgl. Studj di filol. rom. VII 184; Salvioni, Post. 4.

903) [**ärtĭlĭā** (N. Pl. v. *artilis, e, v. artire); prov. artilha, Befestigung, vgl. Dz 28 s. v.]

904) [**ärtĭlĭārĭā** (v. *artilis mit begrifflicher Anlehnung an ars), eigentl. wohl soviel wie Kunstwaffe, künstliches Wurfgeschofs, Fahrgeschofs, Geschofswagen u. dgl.; ital. artiglieria; prov. artilharia; frz. artillerie; span. artillería; ptg. artilharia. Vgl. Dz 28 artilha. Das Wort ist höchstwahrscheinlich von Frankreich ausgegangen, wo es inmitten einer ganzen Sippe (artiller, artillos,

etc.) steht. Wirklich klargestellt ist aber die Geschichte des Wortes noch nicht. Über sein erstes Vorkommen (b. Joinville) vgl. Godefroy u. Littré s. v. S. auch unten **artio.**]

905) [***ärtĭlĭo, -äre** (v. **artilis* mit begrifflicher Anlehnung an *ars*); altfrz. *artillier*, auf Listen sinnen, schlau sein, vgl. Godefroy I 414b; das gleichlautende nfrz. Vb. bedeutet: ein Schiff mit Geschützen ausrüsten.]

906) [***ärtĭlĭōsŭs, a, um** (v. **artilis* mit begrifflicher Anlehnung an *ars*): altfrz. *artillos, -eus,* listig, verschlagen, vgl. Dz 28 *artilha*, Godefroy I 415ᵃ.]

907) **artio, -ire** (wohl aus **arctio* entstanden), dicht hineinschlagen, fügen, scheint mittels eines Adjektivs **artilis* das Grundwort zu der Sippe artíglieria etc. geworden zu sein.

908) [***ärtĭtānŭs, - um** (v. *artitus* = „bonis artibus instructus", vgl. Paul. ex Fest. 20, 14; aus *artitus* kann aber nur **artitanus* abgeleitet werden) wird von Dz 28 als Grundwort zu ital. *artigiano* etc. angesetzt, vgl. dagegen Flechia, AG II 12 ff, s. auch oben unter ***artensianus.**]

909) [***ärtītĭo, -ōnem** (v. *artire*) wird von Böhmer, RSt I 208, als Grundwort zu altfrz. *artoison* (im Oxforder hebr.-frz. Vocabular, s. R. St. I 187 No 822), nfrz. *artison,* Kleidermotte, angesetzt. In Wirklichkeit ist jedoch dies Wort von **tarmita* = *tarmes* abzuleiten, vgl. Bugge, R IV 350.] S. unten **tärmes.**

910) bask. **artoa,** Maisbrot, wird von Dz 510 *artoun* als Grundwort zu neuprov. *artoun* vermutet, wahrscheinlicher dürfte aber doch Herkunft vom griech. *ἄρτος* sein.

911) [***ärtōsus, a, um** (v. *ars*); altfrz. *artos,* verschlagen, listig.]

912) [**artus, a, um,** eng, ist im Roman. durch *strictus* = ital. stretto, frz. étroit fast völlig verdrängt worden.]

913) [gr. **artytica** (*ἀρτυτικά*), gewürzte, eingemachte Dinge, soll nach Devic, Journ. asiat., Jan. 1862, p. 83 (s. Scheler im Anhang z. Dz 708) das Grundwort zu ital. *articiocco* etc. sein, vgl. jedoch oben **al-charschof** u. **ar'dî schauki.**]

914) (h)**ärŭndo, -dĭnem** *f.* (v. √ *ar*, aufstreben, wachsen, vgl. Vaniček I 43), Schilf, Rohr, ist in dieser Bedtg. im Roman. durch *canna* u. *juncus* verdrängt worden. Dagegen scheint das Wort im Volkslat. auch in der Bedtg. „Schwalbe" gebraucht worden u. also neben *hirundo* getreten zu sein, vielleicht wegen des schnellen u. gleichsam dahinschiefsenden Fluges der Schwalbe, welcher sie einem fliegenden Pfeile vergleichbar erscheinen läfst; ital. *rondine* (kann allerdings auch aus *irundine* entstanden sein, jedoch ist *arundine* wahrscheinlicher, vgl. Gröber, ALL I 243), dazu Dem. *rondinella;* rum. nur Dem. *rinduné,* s. Ch. *s. v.;* prov. *arondeta* (daneben *ironda*); altfrz. *aronde* (dazu Dem. *arondelle,* *alondre;* (nfrz. *hirondelle*); cat. *oren-eta,* *aureneta;* (span. *golondrino* gehört nicht hierher, sondern ist von *golondro* abzuleiten); ptg. *andorinha.* Vgl. Dz 275 *rondine,* Gröber, ALL I 243.

915) **ärvum** *n.,* Gefilde; sard. *arvu;* (ptg. *aro* s. oben **ager).**

916) **ăs, ăssem** *m.* (v. √ *ak,* scharf blicken, s. Vaniček I 10), eigentl. das Auge auf dem Würfel, die Eins, dann Münzbezeichnung; ital. *asso;* prov. frz. span. *as;* ptg. *az,* überall nur in derselben technischen Bedtg.: das Daus auf den Karten.

917) **ăsărum** *n.* (*ἄσαρον*), Haselwurz; ital. *asero.*

918) ahd. **asc,** Esche, wird von Dz 429 als mutmafsliches Grundwort zu prov. *ascona,* altcat. *escona,* span. *azcona,* Wurfspeer, aufgestellt.

919) ahd. **ascâ,** Asche; davon nach Dz 426 span. ptg. *ascua,* glühende Kohle. (Andere haben bask. Ursprung angenommen.)

920) (cepa) **ascalonia, -am** *f.* (v. Ascalon), ascalonische Zwiebel, Schalotte; ital. *scalogno;* frz. altfrz. *ec(h)aloigne,* nfrz. mit Suffixvertauschung *échalotte;* span. *escalona;* ptg. (*xalota,* frz. Fremdwort). Vgl. Dz 283 *scalogno,* dazu Scheler 744; Darmesteter, R V 144.

921) **ascendens, -tem** *f.* (scil. *domus*), das erste Himmelshaus (in der Astrologie) = frz. *ascendant,* Einflufs der Gestirne auf die menschlichen Geschicke. — F. Pabst.

922) **ascensa** (scil. *via*); ital. ascesa „salita" u. *ascensa* „festa dell' Assunzione", indessen, bemerkt Canello, AG III 366, „ascensa potrebb' essere anche da ascensio".

923) [***as** (= *ad*) **scerpellatus** (abgel. v. *scerpere* = *dis-* od. *excerpere*) würde nach Caix, St. 134, der lat. Typus sein zu ital. *accerpellato* „stracciato, che ha lacerazioni".]

924) arab. **asch-schakâ,** Unpäfslichkeit (vgl. Freytag II 445ᴀ; Eg. y Yang. p. 28), ist nach Dz 414 *achaque* das Grundwort zu ital. *acciacco,* Leibesbeschwerde, (aber auch: Beschimpfung, Schmach); span. ptg. *achaque,* Kränklichkeit, Schwäche, Fehler, (von Kränklichkeit hergeholte) Entschuldigung, heimliche Anklage. Canelle, AG III 383, verwirft diese Etymologie u. erklärt die betr. Worte für Verbalsbsttive zu ital. *acciaccare,* zerquetschen, span. ptg. *achacar,* beschuldigen, diese Verba aber oder doch das span.-portugiesische hält er für Ableitungen aus dem german. Stamme *tak-* (got. *tëkan,* ags. *taean*), berühren, greifen; bezüglich des ital. Verbums allerdings giebt er in einer Anmerkung die Möglichkeit zu, dafs es = lat. **ad-flaccare* sei, u. bestreitet zugleich, dafs, falls man *acciaccare* von *tak-* ableiten wolle, man dies auch in Bezug auf *azzeccare* „treffen" thun dürfe, weil ital. *e* nicht dem got. *ê* (*tëkan*) entsprechen könne. Gegen Canello's Herleitung von *acciaccare* ist aber einzuwenden, dafs ital. *c* sich wohl aus hochd. *z,* nicht aber aus germ. (got.) *t* entwickeln kann, dafs man also von einem Stamme *zak* ausgehen müfste, ein solcher Stamm aber im Ahd. nicht vorhanden ist (ahd. *zucch-en* hat anderen Vokal). Andererseits ist wohl für das pyrenäische *achaque,* *achacar* der von Diez behauptete arab. Ursprung recht denkbar, weil im Arab. dem ital. *acciacco,* *acciaccare,* falls man diese Worte nicht etwa als Entlehnungen aus dem Span. betrachtet. Vermutlich gehören *ac-ciaccare,* *ac-ciacco* etymologisch zu *ciacche,* *ciacco* u. gehen mit diesen Worten zurück auf einen onomatopoietischen Stamm *čak,* der zum Ausdruck eines Quetsch-, Knack-u. Schnalzgeräusches dient (*ciacche* bezeichnet insbesondere das Geräusch, das beim Knacken von Nüssen entsteht, *ciacco* bezeichnet das Schwein als ein Tier, welches beim Fressen schmatzt).

925) arab. **asch-scha'treng,** Schachbrett (vgl. Freytag s. v. schi-'trendsch, Eg. y Yang. p. 76 u. Roth-Böthlingk s. v. câturanga); span. *ajedrez;* ptg. *xedrez,* enxedrez, Schachspiel. Vgl. Dz 428 *axedrez.*

926) arab. **asch-scheqq,** Schwierigkeit (vgl. Freytag

II 433b); altspan. *enjeco; altptg. *enxeco*, Hindernis, Unheil. Strafe. Vgl. Dz 447 *enxeco*. S. No 924.
927) arab. **asch-schuar,** Ausstattung (vgl. Freytag II 463b); span. *ojuar, ajovar*; ptg. *enxoval*, Mitgift. Vgl. Dz 428 *axuar*.
928) **ascia, -am** *f.*, Zimmeraxt; ital. *ascia*; rtr. *aša*; (altfrz. *asse?*).
929) ***ascicellus, -um** *m.* (f. ***asciculus** v. ascia), Hammerbeil; frz. *aisceau, aisseau, asseau*, vgl. Cohn, Suffixw. p. 25: span. *azuola* = *asciola*.
930) ahd. **asco,** Asch (forellenartiger Fisch); davon nach Dz 760 (im Anhang) u. Caix, St. 372, ital. *lasca*. Im Texte des Wörterbuches 380 billigt Diez die Vermutung Ménage's, dafs *lasca* aus griech. λευχίσχος entstellt sei.
***asculto, -are** s. ***ausculto, -are.**
931) arab. **'asfar** (türk. *aspur*), carthamus tinetorius; davon das gleichbedeutende sicil. *usfaru*, vgl. G. Meyer, Z XVI 524.
932) [**asia, -am,** Roggen, bei Plin. H. N. 18, 141, ist in sasia (s. d.) zu bessern; davon cat. *xeixa*; span. *jeja*, eine Art Weizen, vgl. W. Meyer, Z X 172 (in der Roman. Gr. I p. 341 wird aber statt *sasia* richtiger ***saxea** als Grundwort aufgestellt, denn *sasia* hätte ***sesa** ergeben, vgl. *basium* : *beso*), u. Baist, RF III 644.]
933) **asilus, -um** *m.,* Bremse; ital. *asillo*; auf ein lat. ***asilio** geben eine Reihe Worte (zum Teil in der Bedtg. „Stachel") oberital. und ämilianischer Mundarten zurück, über welche vgl. Flechia, AG III 166 unten.
934) **asinarius, a, um** (v. *asinus*), zu dem Esel gehörig; ital. *asinario*, Adj., u. *asinajo*, Eseltreiber, vgl. Canello, AG III 304.
935) **asinus, -um** *m.,* Esel; das Wort ist in den entspr. Formen (ital. *asino*, span. ptg. *asno*, frz. *asne, âne*) in alle rom. Spr. mit Ausnahme des Rum. übergegangen.
936) [***aslus, a, um,** bezw. ***aslum,** Sbst. aus ***ansius** v. *ansa*, eigentl. eine Handhabe bietend, handlich, bequem, wurde von Bugge, R IV 349, u. Gröber, ALL I 242, als Grundwort zu ital. *agio*, frz. *aise* etc. angesetzt, vgl. aber oben ***ad-atio.** Wenn Gröber a. a. O. bemerkt, dafs die Verbreitung des Wortes lateinischen Ursprung anzeige, so ist dem entgegenzuhalten, dafs doch nicht ganz selten auch germanische Worte eine sehr weite Verbreitung im Romanischen gefunden haben (z. B. *wërra*, blank u. a.), dafs also weite Verbreitung nicht ohne weiteres lat. Ursprung bezeugt. Im vorliegenden Falle ist es jedenfalls richtiger, im germanischen Grundwort anzunehmen, als ein so fragwürdiges Substrat, wie ***ansius**, anzusetzen. Die richtige Ableitung der Wortsippe oder doch wenigstens der prov. u. frz. Worte dürfte übrigens von Thomas, R XXI 506, gefunden worden sein, s. oben **adjacens.**]
937) pers. **aspanakh, isfanâdj, isfnâdj,** Spinat, soll nach Devic, Suppl. z. Littré's Dict. s. épinard (vgl. Scheler im Anhang z. Dz 747), das Grundwort zu den rom. Benennungen des Spinates sein: ital. *spinace*; rum. *spanac*, s. Ch. spin; prov. *espinar*; altfrz. *espinoche*; nfrz. *épinard*; cat. *espinac*; span. *espinaca*; ptg. *espinafre*. Die rom. Worte lehnen sich aber begrifflich u. lautlich an lt. *spina* an. Vgl. Dz 303 *spinace*; Eg. y Yang. p. 391. S. unten **spinaceus.**
938) **asparagus, -um** *m.* (gr. ἀσπάραγος), Spargel; ital. *sparagio, (a)sparago*; rum. *sparangă*, s. Ch. s. v.; frz. *asperge*, vgl. Suchier in Gröber's

Grundrifs I 632 (*asperge* soll statt ***asparge** in Gebrauch gekommen sein, weil das *-er-* an *asperger* erinnert); span. *espárrago*; ptg. *espargo*. Über frz. *asperge* vgl. W. Meyer, Z VIII 235.
939) **aspecto, -are,** anschauen: mit Bedeutungsverschiebung ital. *aspettare* (hat sich mit *exspectare* gekreuzt); rum. *astept, ai, at, a,* warten, erwarten; in den übrigen rom. Sprachen fehlt das Vb., vertreten wird es in der Bedtg. „anschauen" durch ***mirare** u. das germ. warten (frz. *re-garder*), der Begriff des Wartens wird durch *attendere* u. ebenfalls durch das germ. warten (z. B. apan. *a-guardar*) ausgedrückt.
940) **asper, a, um,** rauh; ital. *aspro*; sard. *aspru* u. *aspu*; rum. *aspru*, s. Ch. s. v; prov. *aspre*; frz. *âpre*; südfrz. *ispre* (Mischung von *asper* mit *hispidus*); span. ptg. *áspero*.
941) ***asperella, -am** *f.* (v. asper); ital. *asperella*, weifsartiges Glanzgras; pav. mail. *spréla*, vgl. AG XII 389, Salvioni, Post. 5; frz. *prêle*, Schachtelhalm (das von Dz 575 angeführte *esprelle* fehlt bei Sachs-Villatte).
942) **aspero, -are,** rauh machen; nur das Rum. besitzt ein entspr. Vb.: *aspresc, ii, it, i,* s. Ch. *aspru.*
943) **aspis, -pidem** *f.* (ἀσπίς), Natter; mosalc. *áspi* Schlange, vgl. AG XII 389; Salvioni, Post. 5.
944) ***aspretum, -i,** *n.* (v. asper); ital. *aspreto;* venez. *aspreo, spreo*, vgl. Meyer-L., Ztschr. f. österreich. Gymnas. 1897 p. 766, Salvioni, Post. 5.
945) arab. **as-safa'te,** Körbchen (vgl. Freytag 223b); davon span. ptg. *azafate* (fehlt im Wtb. von H. Michaelis). Vgl. Dz 429 s. v.
946) [***ás-sâgmo, -âre** (v. *sagma*), soll nach Dz 280 *salma* der lat. Typus für ital. *assommare*, frz. *assommer* sein, vorzuziehen ist aber ***as-summare*, vgl. Scheler im Anhang z. Dz 744.]
947) ***ás-sâlio, sülül, sältüm, salire** (f. *assilio*), anspringen, angreifen; ital. *assalire*; prov. *assallire*; frz. *assaillir* (Präs. nach der A-Konj.); span. *asalir*; (ptg. fehlt das Vb., dafür eingetreten ist *assaltar*). Das Vb. ist im Rom. zur schwachen Konj. übergetreten. Vgl. Gröber, ALL I 244.
948) ***ássaltüs, -um** *m.* (Vbsbst. v. *assalire*), Ansprung, Angriff; ital. *assalto;* prov. *assalt-z;* frz. *assaut;* cat. *asalt;* span. *asalto;* ptg. *assalto.* Vgl. Gröber, ALL I 244.
949) arab. **äs-sânija** = span. *aceña*, Wassermühle, vgl. Tailhan, R IX 295, wo auch urkundliche, bis in das letzte Drittel des 9. Jahrhunderts hinaufreichende Belege für das Vorkommen des Wortes gegeben werden.
950) ***äs-sätio, -äre** (v. satio), sättigen; sard. *attatai*, vgl. Flechia, Misc. 200, wo auch die Möglichkeit nachgewiesen ist, dafs sard. t lateinischem *tj* entspricht.
951) [gleichsam ***äs-sätiöno, -äre** (v. sation- = frz. saison) scheint der lat. Typus für frz. *assaisonner*, würzen (eigentl. der Jahreszeit gemäfs zubereiten), zu sein, vgl. Scheler im Diet. s. v., freilich aber steht S. frz. *saison* v. station- ab, vgl. unten ***satio.** — Ascoli, AG I 253 Anm. 2. 9 v. ob., hat aus den St. Cur. Matarellae Domus Ossulae (Mediol. 1587) „assasonatum" „gewürzt" belegt, dasselbe ist indessen offenbar erst nach dem romanischen Vb. gebildet.]
952) arab. **as-sau't,** Peitsche (vgl. Freytag II 375b); davon span. *azote*; ptg. *açoute*, Peitsche, Geifsel; Dz 429 azote vermutet, dafs auch ital. *ciottare*, geifseln, gleichen Ursprunges sei.

953) 1. **äs-sĕcto, -äre** (v. *secare, sectum*), schneiden; i t a l. assettare, verschneiden (das gleichlautende Vb. mit der Bedtg. „ordnen" ist nicht, wie Dz 29 annimmt, ebenfalls — *assectare*, sondern — *assĕditare*, vgl. Storm, R V 165).

954) 2. **äs-sĕcto, -äre** (schriftlat. *assectari*), begleiten; s p a n. *asechar, acechar* (mit den Augen oder Ohren verfolgen), spüren, horchen; p t g. *asseitar*, jem. hinterlistig nachstellen. Baist, RF VI 580, stellt für s p a n. *asechar*, ptg. *asseitar*, gal. *enxeitar* das Grundwort auf *ad* + *circulare* (bei Ducange in der Bedeutung „quaerere, indagare" belegt); das r sei geschwunden wie in *macho* — *marculus* und in *sacho* — *sarculum*. Die Ableitung ist scharfsinnig und durchaus annehmbar. Vgl. Dz 413 *acechar*.

955) **ässĕcūro, -äre** (secarus), versichern; i t a l. *assecurare, assicurare*; r u m. *asigur, ai, at, a*; p r o v. *assegurar*; f r z. *assúrer*; c a t. *assegurar*; s p a n. *asegurar*; p t g. *assegurar*.

956) **äs-sĕdĕnto, -äre** (Partizipialverb z. *sedere*), setzen; i t a l. *assentare*; a l t f r z. *assenter*, (vgl. abor Tobler, Gött. gel. Anz. 1874 p. 1040, u. dagegen Scheler im Anhang zu Dz 745); s p a n. *asentar*; dazu Vbsbst. *asiento*, Sitz; p t g. *assentar*. Vgl. Dz 292 *sentare*. S. auch unten **sĕdĕnto.**

957) **äs-sĕdīco, -äre** (v. *sedeo*), etw. an etw. heransetzen; (i t a l. *assediare* v. *sedio*, belegen, dazu Vbsbst. *assedio*); p r o v. *as(s)etjar*; f r z. *assiéger*; s p a n. *asediar*, dazu Vbsbst. *asedio*; p t g. *assediar*, dazu Vbsbst. *assedio*. Vgl. Dz 289 *sedio*; Gröber, ALL V 463.

958) **äs-sĕdīto, -äre** (v. *sedere*), setzen; i t a l. *assettare*, zu Tisch setzen, ordnen, zieren, dav.Vbsbst. *assetto*, Putz; p r o v. *assetar*, zu Tisch setzen; a l t f r z. *asset(t)er*, setzen, ordnen, davon Vbsbst. *assiette*, Ort od. Getäfe, an den, bezw. in welches etwas gesetzt oder gelegt wird. Dz 29 *assettare* hielt *as-sectare*, schneiden, für das Grundwort; die richtige Darlegung gab Storm, R V 165. Scheler jedoch im Dict.³ *assiette* hält an der Diez'schen Ansicht fest u. erklärt auch frz. *assiette* aus *as-secta*, wie *disette* aus *dissecta*, übersieht aber dabei, dafs secta nicht *siette* ergeben konnte (vgl. *lĕctus : lieit, lit*) u. dafs ein *disiette* auch wirklich nicht existiert. Das doppelte *tt* in ital. *assettare*, an dem Scheler Anstofs nimmt, erklärt sich aus der Storm'schen Ableitung, deren sich Sch. nicht erinnert zu haben scheint, einfach genug.

959) **äs-sĕdo, -äre** (v. *sedeo*), setzen; r u m. *aşez, ai, at, a*, setzen, ordnen, s. Ch. s. v.; s p a n. *asear*, schmücken, verzieren; p t g. *asse(i)ar*. Vgl. Storm, R V 165.

960) arab. **al-selqa** (entstanden aus dem griech. σικελός), eine Pflanze, beta sicula (vgl. Freytag II 344ᵇ); s p a n. *acelga*, Lauch, daneben die gelehrte Scheideform *siculo*; p t g. *acelja, selga*, weifse Bete. Vgl. Dz 413 *acelga*; Eg. y Yang. p. 21.

961) **äs-sĕrēno, -äre** (v. *serenus*), heiter werden; i t a l. *asserenare*, heitern; p r o v. c a t. p t g. *asserenar*, heiter machen, aufklären, ebenso s p a n. *asserenar*.

962) **äs-sĕro, -äre** (v. *serum*), spät werden; p r o v. *aserar*; a l t f r z. *aserir*, Abend werden. Vgl. Dz 292 *sera*.

963) bask. **asserrecina,** ernsthafter Streit; davon nach Dz 486 s p a n. *sarracina*, Streit, in welchem Blut vergossen wird.

964) **äs-sĕssīto, -äre** (v. ¡*sessum*), setzen; i t a l. *assestare*, in Ordnung bringen; p r o v. *assestar*; s p a n. *asestar*, zielen, richten. Vgl. Cornu, R XIII

305; Ulrich, Z IV 383 (vgl. auch RF III 516), hatte *assexitare* (s. d.) als Grundwort aufgestellt.

965) [**äs-sĕxīto, -äre** (v. *sexus*, angebl. Pt. P. P. v. *secare*) soll nach Ulrich, Z IV 383 (vgl. RF III 516), das Grundwort zu i t a l. *assestare* etc. sein; die weit wahrscheinlichere Ableitung dieser Worte hat aber Cornu, R XIII 305. gegeben, s. oben **assessito.**]

966) **ässīcco, -äre** (siccus), ab-, austrocknen; i t a l. *asseccare*; f r z. *assécher.*

967) **äs-sīdĕro, -äre** (v. *sidus, ĕris*), durch Einwirkung eines bösen Gestirns erkranken; i t a l. *assiderarsi*, erstarren. Vgl. Dz 400 *assiderarsi*. S. unten **sīdĕro.**

968) **äs-sīdo, -sĕdl, -sĕssum, -ĕre**, sich niedersetzen; i t a l. *assídere, assisi* (daneben *assedetti*), *assiso*, vgl. Blanc, Gr. 449, dazu Vbsbst. *assisa*, Auflage, Steuer, Verbrauchssteuer, Accise; p r o v. *altfrz. *assire*, setzen, davon frz. das Vbsbst. *assise*, Steinschicht, Lage, Pl. *assises*, Gerichtssitzung, Gerichtshof, Schwurgericht, Geschworene; Dz 510 *assises* vermutet, dafs *accise* eine volksetymologische Verdrehung von *assise* (in der Bedtg. „Auflage") sei (vgl. auch Fafs, RF III 507 unten), das ist aber unwahrscheinlich, *accise* ist *accisa*, aber freilich im Frz. Fremdwort, s. Scheler im Dict. s. v.

äs-sīgno, -äre s. **as-sinno.**

969) **äs-sīmŭlo, -äre** (v. *ad* u. *simul*), versammeln; u. **äs-sīmūlo, (äs-sīmīlo), -äre** (vom letzteren Stamme wie *assimulare*, versammeln, begrifflich aber mit *similis* zusammenhängend), ähnlich machen; i t a l. *assembrare, assembiare*, versammeln, ähnlich sehen, davon subst. Pt. P. *assembiata* (daneben als Fremdw. *assemblea*), Versammlung, vgl. Canello, AG III 311; aufserdem *assomigliare*, vergleichen; r u m. *asamăn, ai, at, a*, gleich machen, vergleichen, s. Ch. *samăn*; p r o v. *assemblar*, versammeln, gleich machen; f r z. *assembler*, zusammenbringen, sammeln, dazu subst. Pt. P. *assemblée*; c a t. *assemblar*, versammeln; s p a n. *asemblar*, gleichen, (asemejar, gleich machen); (p t g. *assemelhar*, ähnlich machen, dies wie das entspr. span. Vb. ist — *assimiliare*). Zum Ausdruck des Begriffes „versammeln" brauchen das Span. u. Ptg. *junctare* (— sp. *juntar*), *congregare, reunire*. Über die ital. Worte vgl. d'Ovidio, AG XIII 403.

970) [gleichs. **äs-sinno, -äre** (v. dtsch. *sinn* — ital. *senno*, altfrz. *sen*, Sinn, Verstand, Richtung); i t a l. *assennare*, (verständig) warnen, belehren; a l t f r z. *assener*, nach einer Richtung hin zielen, ausholen, treffen u. dgl., auch : festsetzen, bestimmen, zuweisen; Dz 510 s. v. setzte das Vb. dem lat. *assignare* gleich. Auf das deutsche *sinn* wurde das Vb. in der Bedtg. „zielen, treffen", zuerst von Burguy, Gr. III s. v., zurückgeführt, dann von Scheler, Rev. d. l'instr. publ. en Belgique 1863 Mai, im Dict.³ u. im Anhang zu Dz⁴, endlich u. am nachdrücklichsten von Förster, Z VI 112 (vgl. VII 480, wo F. Scheler's Priorität anerkennt). Förster hob sehr mit Recht hervor, dafs intervokalisches lat. *gn* nicht zu *nn* werden könne. Schuchardt, Z VI 424, verteidigt dann wieder die Diez'sche Ableitung, ohne jedoch Förster's Bedenken zu widerlegen. Im Anhange 782 zu Dz⁵ spricht sich Scheler dahin aus, dafs in einzelnen Verbindungen, wie *assener jour, a. des rentes, assener* allerdings — *assignare* sei, u. beruft sich hinsichtlich des dann anzunehmenden Wandels von *gn : nn* auf *regnard* u. *renard, Regnaut* u. *Renaut*, eine Berufung, die als beweiskräftig nicht gelten kann, weil *renard* u.

Renaut erstlich nie *nn* zeigen u. sodann nicht aus *regn*ard, *Regnaut*, sondern neben diesen aus germ. *Raginhard*, *Raginald* entstanden sind, vgl. Mackel p. 151. Der von Förster erhobene Einwand verbleibt demnach in voller Geltung. Begrifflich lassen sich übrigens alle Bedeutungen von *assener* auf **assinnare* zurückführen.]

971) **assis, -em** *m.* (auch *axis* geschr.), Brett; i t a l. *asse;* f r z. *ais.*

972) **ässo** (f. *arso*), **-äre,** braten, scheint, nach seinem häufigen Vorkommen in der Vulgata zu urteilen, im Volkslatein gebräuchlich gewesen zu sein, ist aber nur im Span. u. Ptg. (span. *asar*, ptg. *assar*) u. aufserdem in s a r d. *assadu* „arrostito" (viell. aber dem Span. entlehnt, vgl. Salvioni, Post. 5), möglicherweise auch in r t r. *br-assar* (vgl. Meyer-L., Z. f. ö. G. 1891 p. 766) erhalten, in den übrigen rom. Spr. ist es durch andere Verba, namentl. durch germ. *raustjan* (= i t a l. *rostire*, f r z. *rôtir*) verdrängt worden.

973) [**äs-sŏcĭo, -äre,** beigesellen, ist in den rom. Spr. nur als gelehrtes Wort erhalten; dem Verbum wurde in Folge der Verdrängung von *socius* durch **companio* die Wurzel abgeschnitten.]

974) ***äs-söpĭo, -īre,** einschläfern; i t a l. *assopire;* f r z. (gel. W. *assoupir*, einschläfern) *assouvir*, beschwichtigen, stillen, beruhigen. Dz 511 leitete das frz Vb. zunächst von got. *ga-sôthjan* ab, später identifizierte er es mit altfrz. *asouffir*, welches er von *ad-sufficĕre* herleitete, aber der Übergang von *ff* zu *v* ist unannehmbar. (Auf ptg. *assobiar* = **assufflare* darf man sich nicht berufen, weil in letzterem Worte *ff* sich nicht in intervokalischer Stellung befindet.] *asouffir* ist vielmehr, wie auch seine Konstruktion mit dem Accus. zeigt (s. die Beispiele b. Godefroy I 452°), auf lautlicher Anlehnung an **assouffire* = **assufficĕre*.

975) [**äs-sŏrtĭo, -īre** (v. *sors*, hat mit **sortire* hervor-, herausgeben, vermutlich keine Verwandtschaft, s. **sortio*), nach Sorten ordnen; i t a l. *assortire*, u. aus dem Ital. als Fremdwort in die übrigen rom. Spr. übergegangen.]

976) [***ä(s)-stĭgo, -äre** (v. St. *stig*, wovon gr. στίγμα), anstacheln, soll nach Caix, St. 176, das Grundwort zu chian. *azzechere*, „stimolare" (wovon *azzocco* „stimolo") sein. Einer Widerlegung bedarf diese Vermutung nicht.]

977) ***ä(s)-stĭpätŭs, a, um** (v. *stips*), gestopft; s p a n. *acipado*, dicht, fest (vom Tuche), vgl. Dz 414 s. v.; Baist, Z IX 146, bezweifelt diese Herleitung mit gutem Grunde (wegen des *st : c* = *z*).

978) **ästo, -stĭtĭ, -äre,** stehen bleiben; r u m. *adast, ai, at,* a, warten, vgl. Ch. *stau.*

979) [**äs-sŭävĭo, -äre** (v. *suavis*), sanft, mild machen; davon altfrz. *assoagier;* (p r o v. *assuaviare* ist gel. W.). Vgl. Dz 511 *assoager;* Gröber, ALL I 244.]

980) [***äs-sŭb-äquo, -äre** = s a r d. *assuabbare*, anfeuchten, baden, vgl. Picchia, Misc. 199.]

981) [***äs-sŭb-lēno, -äre** (v. *lenis*) = s a r d. (log.) *asselenar*, mildern, vgl. Flechia, Misc. 199.]

982) **äs-sŭdo, -äre,** in Schweifs geraten, = r u m. *asud, ai, at,* a, vgl. Ch. *sudoare.* Die übrigen rom. Spr. kennen nur das Simplex.

983) [***äs-sŭfflĭcĭo, -fēcĭ, -fēctum, -fĭcĕre,** nach Dz 511 *assouvir* Grundwort z. *asouffir*, vgl. Godefroy I 452°, s. auch oben **ässŏpĭo.**]

984) [***äs-sŭfflo, -äre,** anblasen; ptg. *assobiar*, pfeifen, auspfeifen, verhöhnen. Vgl. Dz 297 *soffiare.*]

985) ***assŭlo, -äre** (*assare*), ein wenig braten;

d a v. nach Meyer-L., Z XIX 95, f r z. (*hasler*) *hâler*, vgl. jedoch G. Paris, R XXIV 310: „cela paraît fort douteux, il semble que *hâle* (anc. fr. *harle*) soit plus ancien que *hâler*." S. unten **hael.**

986) **äs-sŭmmo, -äre** (v. *summa*), dazu addieren (b. Isid. 16, 25, 15, vgl. Hultsch, Metrol. p. 113, 7) ist das vermutliche Grundwort zu f r z. *assommer* (eigentlich jemandem die Rechnung fertig machen, jem. mit Schlufsrechnung bedenken, daher) töten; von *assommer* das Sbst. *assommoir*, Schlachtbank. Dz 280 leitete *assommer* v. **as-saginare*, belasten, niederdrücken, ab, freilich ohne die Bedtg. „töten" zu erwähnen, vgl. dagegen Scheler im Anhang 744.

987) **äs-sŭrdo, -äre** (v. *surdus*), betäuben; i t a l. *assordare* u. *-ire;* r u m. *asurzesc, ii, it, i,* vgl. Ch. *surd,* f r z. *assourdir.*

988) arab. **as-sûsan** (v. gr. σοῦσον), Lilie; s p a n. *azucena, acucena* (nach Dz 429 *s. v.* soll das Wort auch portugiesisch sein, b. H. Michaelis fehlt es). Vgl. Eg. y Yang. p. 325.

*asta s. **hasta.**

989) **astäcŭs, -um** *m.,* ein Meerkrebs; v e n e z. *ástesc,* vgl. Salvioni, Post. 5.

990) **ästĕrno, -ĕre,** hinstreuen; r u m. *aştern, ui, ut, e,* ausbreiten, werfen, s. Ch. *s. v.* S. **stĕrno.**

991) **ästhmä, -mätĭs** *n.* (gr. ἄσθμα), Engbrüstigkeit; i t a l. *asma, asima* „specie di malattia", *ansima* (con influenza di ansia) „passaggera difficoltà di respirare" Canello, AG III 398, vgl. Dz 353 *asma,* s. auch oben **anxĭo.**

992) ***ästĭllă, -am** *f.* (Dem. v. [*h*]*asta*), Splitter; (i t a l. *stell-etta,* vgl. Caix, St. 596; p r o v. *astella,* Klotz, Trumm; altfrz. *astele;* neufrz. *attelle,* Schiene; c a t. *astella;* s p a n. *astilla,* Splitter: p t g. *astella,* Schiene, u. (*h*)*astea,* Stumpf. Vgl. Gröber, ALL I 244; Cohn, Suffixw. p. 22 u. 302 (C. stellt **astella* als Grundwort auf).

993) ***ästĭllärĭŭm, -ĭ** *n.* (v. **astilla*), Raum, wo Splitter u. Spähns fallen, (Holzarbeiter-)Werkstatt; (p r o v. *astelier-s*; f r z. *astelier*, atelier; s p a n. *astillero* (= [*h*]*astiliarium*), Schiffsbauplatz, Lanzenständer (in der letzteren Bedtg. sich begrifflich an das Primitiv *hasta* anschließend). Vgl. Dz 511 *atelier* u. Scheler im Anhang 782; Rönsch, Jahrb. XIV 180; Gröber, ALL I 244; Bugge, R IV 359. S. unten **hasta.**

astor, -örem s. u. **astur.**

994) [**ästrĭcŭs, a, um** (v. *astrum*), zu den Sternen gehörig; davon viell. i t a l. (*astrico* u. mit agglutiniertemArtikel)*lastrico*, (sternförmiges) Steinpflaster, Estrich; altfrz. *aistre*, astre. Dz 244 *piastra* hielt *lastrico* für das Vbsbst. zu *lastricare*, pflastern, u. erblickte in diesem Vb. eine Ableitung von **plastrum*, so dafs dadurch das anlautende *p* abgefallen wäre. Die schon von Wackernagel (s. Dz a. a. O.) vermutete Herleitung von *astricus* hat unleugbar größere Wahrscheinlichkeit für sich, als die Diez'sche, übrigens von Mackel p. 68 verteidigte, befriedigen kann aber auch sie nicht, sehr annehmbar erscheint dagegen das von G. Meyer, Zur neugriech. Gr. p. 4, aufgestellte Grundwort ὄστρακον, vgl. Ulrich, Z XXII 262. S. unten ὄστρακον u. **plastrum.**]

995) **ästrōsŭs, a, um** (v. *astrum*), unter übler Konstellation geboren (b. Isid. 10, 13); s p a n. ptg. *astroso,* unglücklich.

996) [***ästrŭcŭs, a, um** (v. *astrum*), wird von Dz 30 *astro* u. Gröber, ALL I 244, als Grundwort aufgestellt zu p r o v. *astruc* (*benastruc*) glücklich, *malastruc* unglücklich; altfrz. *malastru*, *malostru*

unglücklich, nfrz. *malotru*, mifsgestaltet, widerwärtig (mit *male instructus* hat das Wort nichts zu schaffen, vgl. Scheler im Dict. *s. v.*); span. *astrugo*, glücklich.]

997) [**àstrüm, -i** *n.*, Gestirn, ist in den rom. Spr. nur als gelehrtes, bezw. als halbgelehrtes Wort erhalten, dagegen leben volkstümliche Ableitungen fort, z. B. prov. *adastrar* jem. beglücken (gleichsam günstig ansternen); frz. *désastre* Unglück (eigentl. Unstern).]

998) ***äst[ū]lä** (= assala), daraus ***ascla, -am** *f.* (über die lautliche Entwickelung vgl. Ascoli, AG III 456), Spahn, Splitter; sard. *ascia;* neapel. *asca;* sicil. Pl. *aschi;* rum. *aştie* u. *aschie*, s. Ch. *s. v.;* prov. cat. *ascla;* ptg. *acha*. Vgl. Dz 28 *asela* u. dazu Scheler im Anhang 709; Mussafia, Beitr. zur Kunde der nordital. Mundarten im 15. Jahrh. (Wien 1873), S. 110; Gröber, ALL I 244. — Baist, Z V 554, Anm. δ, hält span. *estallar* zersplittern, knallen, *estrellar* (angelehnt an *estrella*, man sieht freilich nicht ein, warum) zerbrechen; ital. *schiansare*, zerschmettern, dazu Vbsbst. *schianto;* frz. *esclater*, *éclater*, platzen, dazu Vbsbst. *éclat;* ptg. *estalar*, platzen, bersten — sämtlich für Ableitungen aus *astilla u. **ascla;* für cat. span. ptg. estal(*l*)ar mag man das zugeben, obwohl es befremdlich ist, dafs neben dem Subst. *astilla, astella* (s. oben Artikel No 992) die mit *e* anlautenden Verben stehen sollen, aber bezüglich der ital. u. frz. Worte kann man Baist nimmermehr beipflichten; über deren Ableitung s. unten ***ēxclāmĭto** u. **klap**. Parodi, R XVII 67, wiederholt in Bezug auf die pyrenäischen Verba Baist'e Hypothese u. stützt sie durch die Bemerkung, dafs neben cat. *estellar*, *estallar* auch *astellar*, *asclar* vorkomme, ohne freilich Belege dafür zu geben. Vgl. auch Flechia, AG III 148; Gröber, ALL VI 378 (Stowasser, Hisperica famina p. 29).

***āstŭlārĭŭm, -i** *n.* s. oben ***astillarium**.

999) ***ästüppo, -äre** (v. *stuppa*), verstopfen; rum. *astup, ai, at,* a, s. Ch. *s. v.*

1000) [**àstŭr, -ŭrem**, dafur volkslat. (nach Analogie der Nomina actoris auf -tor) ***astor, -ōrem** *m.*, eine Habichtsart (Firm. math. 5, 7 extr.), ist nach Gröber's einleuchtender Darlegung, Misc. 42, als Grundwort für prev. *austor*, altfrz. *ostor*, nfr. *autour* (die frz. Worte sind dem Prov. entlehnt), über *autour* vgl. Fafs, RF III 488; von *autour* abgeleitet ist *autourserie* Falknerei (cat. *astor?*) anzusetzen. Wenn Gröber aber span. ptg. *azor* auf *astorem* zurückführt, so spricht dagegen das Vorhandensein des altspan. *acetore*, *aztor*, vgl. Tailhan, R VIII 609; auch lautlich ist der von Gr. für möglich gehaltene Wandel von intervokalischem, vor hochtonigem *o* stehendem *st : z* (*astorem : azor*) zu beanstanden. Die pyrenäischen Worte — denn auch cat. *ostor* wird man besser hier einbeziehen — sind vielmehr ═ *acceptorem* anzusetzen. (*Acceptor*, eigentl. „Einnehmer", trat in der Volkssprache für *accipiter* ein, weil dieser als Jagdvogel die Vögel für seinen Herrn gleichsam einkassiert; über die Verwendung des Habichts zur Vogeljagd im späteren Altertum vgl. Brandes u. Dressel, ALL IV 141 u. 324.) Andrerseits gestatten die prov. u. frz. Worte nur die Herleitung aus *astorem, nicht die von *acceptorem* (welche namentl. von Förster, Z II 166 Anm., befürwortet wurde), weil die Annahme, dafs accept- einmal zu akçt- (woraus durch Vokalisierung des *k* prov. *aust-* sich entwickelt habe) geworden sei, unglaubhaft ist. Aus *astorem hätte nun freilich prov. *astor, frz. *atour werden sollen`,` aber

das *au* im Prov. erklärt sich wohl aus Anlehnung an *aussor* (= *altiorem*), das *o* im altfrz. *ostor* durch Anlehnung an *oster*, wegnehmen, oder auch *ost*, Heer, weil der Jagdvogel ein Raub- u. Kampfvogel ist, auch die nfrz. Schreibung *autour* beruht wohl auf Volksetymologie. — Vgl. Dz 29 *astore* u. Anhang 709; G. Paris, R XII 99; Gröber im Nachtrag zu No 866 der ersten Ausg. des Lat.-rom. Wtb.'s.

1001) **ätävia, -am** *f.*, Oheim; altfrz. *taie*, c. o. *taien*, vgl. G. Paris, R XXIII 327 Anm.

1002) **ätävio, -önem** *m.*, Ahn; altfrz. *taion*, vgl. G. Paris, R XXIII 327 Anm.

1003) **ater, a, um,** schwarz; altital. *adro*, vgl. Salvioni, Post. 5.

1004) altn. **atgeirr,** Speer; davon nach Dz 505 u. Mackel p. 73 u. 175 vielleicht das gleichbedeutende altfrz. *algeir*, *algier* oder vielmehr *atgeir*, *atgier*, wie Gautier im Rol. 439, 443 u. 2075 (es sind dies aber nach Godefroy I 220ᶜ die einzigen Stellen, an denen das Wort vorkommt) korrigiert hat. Th. Braune, Z X 277, findet eine solche wiederholte Korrektur — und darin kann man ihm beistimmen, obwohl die Schreibung *algeir* sich leicht daraus erklären liefse, dafs dem Worte eine den betr. Stellen angemessene orientalische Färbung gegeben werden sollte —, wenn er aber sagt: „wir entscheiden uns deshalb für eine Zusammensetzung mit dem germ. adal", so ist das unklar, weil man nicht einsieht, welches der zweite Bestandteil des angeblichen Kompositums sein soll (altn. *geirr?*).

1005) bask. **atisbeatu** (= *ateis*, verschlossene Thür, u. *beatu*, schauen); davon nach Larramendi span. *atisbar*, lauern, vgl. Dz 427 *s. v.*

1006) **ätömüs, -um** *f.* (gr. ἄτομος), Körperchen, Atom; ital. *atomo* (gel. Wort, als solches auch in andern rom. Spr.) u. *attimo*, kleinster Zeitteil, Augenblick (das Wort scheint angeglichen an superlativische Bildungen, wie *ottimo*, u. zugleich an *atto*), vgl. Canello, AG III 335.

1007) [**àtque** u. **ăc**, und dazu, und auch, wird von Havet, R VIII 93, u. Gröber, ALL I 241, für das Grundwort des roman. *anc-* in ital. *anche*, frz. *enc-ore* u. dgl. gehalten; *atque*, *ac* soll zu *antque*, *anc* geworden sein, indem nach Analogie von *umquam*, *donec* ein Nasal eingeschaltet wurde. Die Annahme ist unwahrscheinlich in Anbetracht des kopulativen Gebrauches der lat. Konjunktion. Vgl. oben **ad hanc horam.**]

1008) **ätrāmentŭm, -i** *n.* (v. *ater*), Tinte; sard. *tramentu*, vgl. Salvioni, Post. 5; prov. *airamen-s :* altfrz. *errement* (Lehnwort aus dem Prov.? vgl. Schwan, Horrig's Archiv Bd. 87 p. 714); in den übrigen rom. Spr. ist das Wort durch das griech. *encaustum*, bezw. *encauma* u. durch *tineta* verdrängt worden (auch altfrz. *enque*).

1009) **ätrĭplex, -plīcĭs** *n.*, Melde, ein Küchengewächs; ital. *atrepice;* frz. *arroche*, nach Fafs, RF III 492, volksetymologisch an *roche* angelehnt, vgl. Dz 503 *s. v.*; (span. *armuelle*, ptg. *armoles* u. *armolas*, Pl. t., nach Dz 425 *armuelle* aus *ätr[iplex]* + *mollis* entstanden; Baist, Z VII 116, vermutet Verwandtschaft des zweiten Wortbestandteiles mit *maltha*).

1010) **ätrĭum** *n.*, Innenhof, Halle; dav. ptg. *adro* und nach Schwan, Horrig's Archiv Bd. 87 p. 112, prov. *aire-s* m., altfrz. *aire*, *eire* m. (das Wort wird gewöhnlich = *area* [s. d.] angesetzt, aber Schwan's Ableitung verdient entschieden den Vorzug.

Über das gelehrte Wort altfrz. atre, aitre (Rol. 1750) vgl. Berger s. v.

1011) **atta** (indecl.), lieber Vater (Paul. ex Fest, 13, 18 u. 12. 11), findet sich in ital. Mundarten wieder; das Wort kann auch auf das gleichlautende gotische, bezw. germanische Wert, zurückgeführt werden. Vgl. Dz 318 tata.

1012) [***ät-täcco, -äre**, die einer derartigen hypothetischen Grundform entsprechenden Verba, wie ital. attaccare, frz. (attaquer u.) attacher, gehen zurück auf einen Stamm tac-, tacc- (s. d.), der aus tac-tus v. ta-n-g-ere gewonnen wird.]

1013) [***ät-täctïco, -äre** scheint von Ulrich, Z IX 429, als Grundwert zu frz. attacher, attaquer angenommen zu werden, sehr unnötigerweise, da *attac(c)are vollkommen ausreicht.]

1014) [**attägia, -am** f., eine Erdhütte, vgl. Lorck, Altbergam. Sprachdenkm. 186.]

1015) [***ät-tälento, -äre** (v. talentum); ital. attalentare, gefallen, ebenso prov. atalentar, altfrz. atalenter (z. B. Rol. 3001). Der auffällige Bedeutungsübergang erklärt sich folgendermafsen: talentum, eigentl. Geldsumme, Vermögen, geistiges Vermögen, Beanlagung, Neigung zu, Gefallen an einer Sache. S. **tälēntum.**

1016) arab. **a't-'tarfa**, Tamariske (vgl. Freytag III 50b); davon nach Dz 427 in gleicher Bedeutung span. atarfe.

1017) [***ät-tĕgĭmĭno, -äre = *ät-tĭmo, -äre;** davon nach Flechia, AG II 57, medenes. attimér, attimé, bedecken (vom Wagen).]

1018) ***ät-tĕmpĕro, -äre** (v. tempus), mäfsigen (das schriftlat., bei Vitruv 10, 7 [12], 2 u. Sen. ep. 30, 6 vorkommende attemperare bedeutet „anpassen"); ital. attemperare; rum. astimpăr, ai, at, a, s. Ch. stimpar („le s n'est ici que prépositif"); span. ptg. at(t)emperar.

1019) **ättĕndo, -tĕndi, -tĕntum, -ĕre,** (die Aufmerksamkeit auf etwas hin) richten; ital. attendere; (rtr. von dem Partizipialadj. atént „aufmerkig" ist nach Ascoli, AG VII 584, abgeleitet tadlar [vgl. R X 257], aufmerken, horchen, das Verb soll nach Analogie schweizerdeutscher Werte, wie „süfseln", gebildet sein, vgl. auch unten *at-titulo); prov. attendre; frz. attendre; span. ptg. at(t)ender. Aus dem Begriffe „aufmerksam auf etwas sein" hat sich im Rom. auch der von „warten" entwickelt.

1020) **ät-tĕnto u. ät-tĕmpto, -äre,** versuchen, ist in den entspr. Formen in die meisten rom. Sprachen übergegangen.

1021) [***ät-tĕrso, -äre** (v. tersus v. tergĕre); dav. span. atezar, glätten, vgl. Dz 491 s. v.; dasselbe Vb. bedeutet auch „schwärzen", wie diese Bedtg. sich mit der eigentl. vereinbaren läfst, ist schwer abzusehen.]

[***at-til(l)o, -äre** s. ***ät-tïtŭlo, -äre.**]

1022) [***ät-tipfo, -äre** (v. ahd. tipfōn); dav. viell. frz. attifer, schmücken, vgl. Dz 322.]

1023) ***ät-tïtïo, -äre** (v. *titium f. titio), anzünden; ital. attizzare; rum. aţiţ, ai, at, a, s. Ch. tăciune; rtr. s-tizzar löschen; prev. atisar; frz. attiser (Präs. atice, Suchier, Reimpredigt p. 66, vgl. Horning p. 6); cat. atiar, vgl. Öllerich p. 11; span. atizar; ptg. atisar. Vgl. Gröber, ALL I 244; Dz 320 tizzo; Baist, Z V 559.

1024) ***ät-tïtŭlo, -äre,** betiteln (Eccl.), mit Titeln schmücken, daher überhaupt schmücken, zieren: ital. attillare u. (gelehrt) attitolare, vgl. Canello, AG III 354; (rtr. tadlar, worüber zu vergleichen Stürzinger, R X 257, ist nicht von attitulare ab-

zuleiten, sondern von attent-us, s. oben attendere); prov. atilhar; (frz. atteler? vgl. No 775); span. atildar, dazu Vbsbst. tilde, gleichsam der Schmuck des Buchstabens, der übergeschriebene Punkt oder Accent; ptg. atilar, dazu Vbsbst. til. Die Lautentwickelung des Verbs im Rom. ist abnorm, vgl. Gröber, ALL I 245. Vgl. Dz 30 attillare. — Meyer-Lübke, Z XV 241, setzt als Grundwert zu den unter dieser No besprochenen Verben (denen er noch altfrz. atilier anreiht) *atillare oder *attillare „zurüsten" an, welches er wieder aus dem German. ableitet (got. gatilon, erlangen, gatils, passend, tauglich, ahd. zilon, ags. tilian etc., siehe Kluge unter Ziel. Wegen i = germ. ï verweist M.-L. auf tirer und auf Mackel p. 103. Aber tirer ist schwerlich german. Ursprunges (vgl. tïro), und die von Mackel behandelten Worte sind doch wohl anderer Art. Im Übrigen ist M.-L.'s Vermutung sehr ansprechend, zumal da das Grundwert *attitulare allerdings schwere Bedenken gegen sich hat. — Über tadlar vgl. auch Ascoli, AG VII 583; A. stellt *atentlare, *tentlare (v. atent, wie dtsch. aufmerken) neben aufmerkig) als Grundform auf.

1025) **ättŏnĭto, -äre** (von attonitus), andonnern; span. atontar, betäuben.

1026) **ättŏnĭtŭs, a, um** (Pt. P. P. v. attonare), angedonnert, betäubt; ital. attonito u. tonto (wohl gel. Worte), vgl. Canello, AG III 391; rum. tont, s. Ch. tun; span. ptg. tonto, dumm. Vgl. Dz 492 tonto; Gröber im Nachtrag zu No 887 der zweiten Aufl. des Lat.-rom. Wtb.'s.

1027) [***ät-tŏnso, -äre** (v. tonsus); span. atusar, das Haar glatt scheren, vgl. Dz 495 tusar.]

1028) [***ät-tŏrno, -äre** (v. tornus); altfrz. atorner, wohin wenden, richten (über die vielseitige Verwendung des Verbs vgl. Godefroy, I 482 ff.). Vgl. Dz 322.]

1029) [***ät-tŏro, -äre** (v. torus); span. atorar, „stecken bleiben (wie ein Block oder Wulst)", vgl. Dz 494 tuero.]

1030) [***ät-tŏrtŭlo, -äre** (v. tortus); ital. attrotolare, „girare", vgl. Caix, St. 172.]

1031) [***ät-träbo, -äre** (v. trabs = altfrz. tref); altfrz. atraver, Zelte aufschlagen, lagern (s. Godefroy I 488a), vgl. G. Paris, R VI 629.]

1032) **ättrāctus = frz. attrait;** über die Bedeutung des Wertes im Altfrz. u. über seinen vermeintlichen Übergang in das Ital. (Plur. attraiz = attrezzo) vgl. Tobler, Sitzungsber. der Akad. d. Wiss., philos.-hist. Cl., vom 19. Jan. 1893. S. oben **actum.**

1033) **ättrăho, träxi, trăctum, trăhĕre,** anziehen; ital. attrarre; frz. attraire; span. atraer.

1034) [***ät-träppo, -äre** (v. germ. trappa, Schlinge, vgl. Mackel p. 56, 176); ital. attrappare (in einer) Schlinge fangen, erwischen; prov. atrapar; frz. attraper; span. atrapar u. atrampar; (dem Ptg. ist das Vb. unbekannt). Vgl. Dz 325 trappa.]

1035) [***ät-trä-sälĭo, -ïre,** davon nach Caix, St. 170, attragellire, „stupefare".]

1036) [***ät-trïbŭo, -bŭi, -būtum, -ĕre,** zuteilen; span. ptg. atreverse, sich etwas (ungebührlicher Weise) beilegen, erdreisten, vgl. Dz 427 s. v.

1037) [***ät-tŭbo, -äre** (v. tuba), antrompeten; span. atobar, betäuben, vgl. Dz 427 s. v.

1038) ***ät-tūre, -äre** (schriftlat. obturo), verstopfen; ital. atturare (daneben turare, was im Lat. fehlt); prov. cat. aturar, anhalten, aufhalten; span. ptg. aturar (die Bedtg. „zustopfen" findet sich im Span. und auch da nur selten, die gewöhnliche Bedtg. des Verbs im Span. uud die ausschließliche im Ptg. ist:) aushalten, in der Arbeit ausdauern, ertragen, es scheint also begriffliche Anlehnung an *durare* stattgefunden zu haben. Vgl. Dz 30 *atturare;* Gröber, ALL I 245.

1039) **aucä, -am** *f.* (f. *avica*), Gans (Gloss. Labb. p. 19ᵃ u. Gloss. Arab. p. 701 ed. Vulc.); ital. *oca*, verenes. *oco,* cremon. *ooch,* com. *óga* „suasso minore", vgl. Salvioni, Post. 5; rtr. *auca,* daneben *olya* = **aucula,* vgl. Gartner, Gr. § 2 *β*); prov. *auca;* frz. *oie;* cat. *auca;* span. *auca, oca;* ptg. *oca.* Vgl. Dz 226 *oca;* Gröber, ALL I 245. Das lat. *anser* ist also aus dem gesaniten roman. Sprachgebiete verdrängt werden. S. auch unten **ovätä* (frz. *ouate*).

1040) ***aucĕllärïa** (v. *avis*); ital. *uccellaja,* „frasconaja, inganno, tresca", u. *uccelliera.* „luego da tenervi nccelli vivi", vgl. Canello, AG III 304.

1041) **aucĕllüs, -um** (f. *avicellus*), kleiner Vogel (Gloss. Labb. p. 19ᵃ u. a. Gloss., s. Hildebr. Gloss. Paris., p. 22 No 156); ital. *uccello,* sicil. *aceddu, oceddu;* rtr. *utši, utšel* etc., vgl. Gartner, § 106; prov. *auzel-s;* frz. *oisel, oiseau;* cat. *aucel,* vgl. Ollerich p. 12. Vgl. Dz 335 *uccello;* Gröber, ALL I 245. Durch *aucellus* ist das Primitiv *avis* im Rom. nahezu völlig verdrängt werden, nur im Span. u. Ptg. hat es sich noch behauptet, ist aber auch da durch *pájaro, pássaro* (v. *passer*) in seinem Anwendungskreise erheblich eingeschränkt worden.

1042) ***aucïo, -ōnem** *m.* (v. *avis,* in den Casseler Gloss. belegt: *auciun, caensincli*); frz. *oison,* Gänschen (das Wort ist lautlich „deshalb wichtig, weil es, wenn man von Verbalformen absieht, den einzig sicheren Fall von Übergang von *cy* in tönende Spirans vor dem Ton n. vor dunkeln Vokalen bietet", Herning p. 8, vgl. auch Th. p. 93; *oison* ist wohl an *oisel* angelehnt, vgl. Schwan, Herrig's Archiv Bd. 87 p. 114).

1043) **[*aucïüs, -um** *m.* (v. *avis*); davon nach Caix, St. 427, ital. *ocio,* indischer Hahn, u. mit verwachsenem Artikel *locio* „uemo dappoco".]

1044) **auctor, -ōrem** *m.,* Urheber (a*uctor, non autor* App. Probi 754); ital. *autore* etc., nur ged. W.

1045) ***auctörïco, -äre** (v. *auctor*), Gewähr bieten, bevollmächtigen, bewilligen (das Schriftlatein kennt *auctorare* in diesen Bedeutungen, auch in der des Vermietens); ital. *otriare*(Fremdwort): prov. *autrejar;* frz. *otreiier,* nfrz. *octroyer,* dazuVbsbst. *octroi;* cat. *autrejar;* span. *otorgar;* ptg. *outorgar,* dazu Vbsbst. *outorga.* Vgl. Dz 230 *otriare;* Gröber, ALL I 245.

1046) ***aucŭpo, -äre** (f. *aucupari*), vogelstellen; rum. *acupá,* vgl. Meyer-L., Z. f. ö. G. 1891 p. 766 (das Wort fehlt bei Lauriann-Massimu).

1047) **audïo, -īre** (nach Vaniček I 68 von √ *av,* die unter vielen anderen auch die Bedeutung „aufmerken, beobachten" haben soll), hören; ital. *audire* u. *udire;* rum. *aud, ii, it, i,* s. Ch. *s. v.;* prev. *auzir;* frz. *ouïr;* cat. obir, s. Vogel p. 114 f; span. *oir;* ptg. *ouvir.* Der Anwendungskreis des Verbs ist im Romanischen durch **ascoltare* (z. B. frz. *écouter*), *intendere* (z. B. frz. *entendre*), *sentire* erheblich eingeschränkt werden.

1048) **[aufëro, äbstülī, äblätüm, auferre;** von diesem Vb. ist nur das Pt. P. P. *ablatum* in das Romanische übergegangen, s. oben **ablatum.**]

1049) arab. **aug** (vgl. Freytag I 69a, Eg. y Yang. p. 310), ein technischer Ausdruck der Astronomie (etwa „Erdferne"), ist als eben solcher in der Form *auge* in das Ital., Span., Ptg. u. Frz. *(auge*

Sonnenferne) übergegangen und wird auch in verallgemeinerter Bedtg. („höchster Gipfel", z. B. des Glückes) gebraucht. Vgl. Dz 31 *s. v.* — Sollte von *aug* vielleicht frz. *augive, ogive* abgeleitet sein? oder stammt *ogive* vom griech. *ὠόν, ὠϊόν,* spätgriech. *ἀβγόν, ἀβγίον?* Die Ableitungen vom germ. *auge* oder von lat. *aug-ēre* sind jedenfalls unhaltbar. Die größte Wahrscheinlichkeit aber dürfte *alveus* = *auge* für sich haben, *ogive* würde demnach eigentl. einen wannenartig gestalteten Bogen bezeichnen, wie das schon der alte Ménage in Vorschlag gebracht hatte.

1050) **augür, augürem** *m.,* Wahrsager; davon viell. (als halbgol. W.) nprov. frz. *ogre,* Menschenfresser, Ungeheuer, span. *ogro.* Der Bedeutungsübergang würde etwa gewesen sein „Wahrsager, Zauberer, Hexenmeister, übernatürliches bösesWesen, Unmensch". Dz 228 *orco* stellte *Orcus* als Grundwert auf, was lautlich unmöglich ist, vgl. Gröber, ALL IV 423.

augurium, -ï *n.* ⎫
auguro, -are   ⎬ s. **agurium, aguro, -are.**
Augustus s. **Agustus.**

1051) engl. **Aunt Sally,** „Tanta Sarah" (Name eines engl. Spieles, über welches man vgl. Hoppe, Suppl. Lex. *s. v.*), ist im Frz. durch das Spiel der Volksetymologie zu *jeu de l'âne salé* geworden, vgl. Fafs, RF III 504.

1052) **aurä, -am** *f.* (gr. *αὖρα*), Lufthauch, leiser Wind, ist in der entspr. Form (ital. *aura* u. *ora,* vgl. Canello, AG III 328, altfrz. *ore*) in alle rom. Spr. mit Ausnahme des Rum. (u. des Nfrz.) übergegangen. Vgl. Dz 31 aura.

1053) **[*aurantium, -ï** n. (v. *aurum*), Goldfrucht, Orange, s. **narang.]**

1054) **aurärïüs, a, um** (v. *aurum*), zum Golde gehörig; davon rum. *aurar,* Geldwäscher, u. *auräria f.,* Goldwaren, s. Ch. *aur.*

1055) **auräta, -am** *f.,* Goldforelle; ital. *orada;* span. *d-orada;* ptg. *d-ourada.*

1056) ***aurätïcüm, -ï** *n.* (v. *aura*), starker Luftzug, Wind, Sturm, Unwetter; prov. *auratge-s;* frz. *orage;* span. *oraje.* Die Verba cat. *oretjar,* span. *orear* lüften, erfrischen, stehen zu *auraticum* nur in mittelbarem Verwandtschaftsverhältnisse. Vgl. Dz 31 aura.

1057) **aurätürä, -am** *f.* (v. *aurum*), Vergoldung (b. Quintil. 8, 6, 28; Gruter, inscr. 583, 4); ital. *oratura,* daneben (b. Cellini) als Lehnwort aus dem Französ. *orura,* vgl. Canello, AG III 385; altfrz. *oreure,* nfrz. *orure* (fehlt b. Sachs-Villatte).

1058) **[*aurätüs, -um** *m.* (v. aura), Wind; prov. *aurat-z;* altfrz. *oré.*]

1059) **Aurëlïänensis** (urbs) = frz. *orlénois* zu Orléans gehörig; *orlénois* wurde volksetymologisch durch Anlehnung an *aléne* verderbt zu *alénois* in cresson-alénois, Gartenkresse (aus *cresson-alénois* ist durch eine abermalige Volksetymologie *cresson à la noix* entstanden), vgl. Littré *s. v.;* Fafs, RF III 492.

1060) **aurëölüs, a, um** (v. *aureus*), golden, goldig; davon piem. *oriöl* rigogolo; bell in z. *orieu* lucciola, vgl. Salvioni, Post. 5; prov. *auriol-s,* Goldamsel, Pirol; altfrz. *oriol* u. *oricul,* vgl. Cohn, Suffixw. p. 260, mit angewachsenem Artikel *loriol,* mit Suffixvertauschung *lorion* u. nfrz. *loriot;* span. *oropel* u. *oropéndola.* Vgl. *narang.* Ital. Name für denVogel ist *rigogolo* = **aurigalgalus,* w. m. s., vgl. auch Gröber, ALL II 431. S. auch unten *galbulus* u. *galgulus* (= rum. *grangur*).

1061) aurĕŭs, a, um (v. aurum), golden; aus dem lat. Adj. soll nach Dz 464 loro durch Verwachsen mit dem Artikel span. ptg. loro, louro, goldgelb, hellblond, entstanden sein. Diese Annahme ist schwer glaublich, wie denn auch Diez selbst für das Verwachsen des Artikels mit einem Adj. nur noch ein (u. überdies anfechtbares) Beispiel (acidus : azzo : l'azzo, lazzo) beizubringen wufste. Baist, Z VII 120, erklärt das Wort aus ruber (*rouro, daraus durch Dissimilation louro), u. diese Herleitung ist sicherlich annehmbarer, als die Diez'sche. Zu altfrz. orie vgl. Berger s. v.

1062) aurichalcum, -i n. (volksetymologisch aus gr. ὀρείχαλκον, Bergerz, gebildet), Messing; ital. oricalco; frz. archal; span. auricalco (das übliche Wort für Messing ist aber span. laton, im Ptg. ist latão allein gebräuchlich). Vgl. Dz 228 oricalco.

1063) aurĭcŭlă, -am f. (Dem. v. auris; auris, non oricla App. Probi 83), Ohr; ital. oreglia u. origlía (vgl. d'Ovidio. AG XIII 387), dazu das Vb. origliare, orecchia n. orecchio; sard. orija: rum. urechie, s. Ch. s. v.; rtr. ureglia, weitere Formen b. Gartner, Gr. § 200; prev. aurelha; frz. oreille (altfrz. auch orüle, z. B. Elie 933 u. 1002), dazu das altfrz. Vb. oreillier, lauschen; span. oreja; ptg. orelha. Vgl. Dz 228 orecchia; Gröber, ALL I 246. — Im Ital. werden von dem Sbat. die Verba orecchiare u. oregliare abgeleitet, vgl. Canello, AG III 351. Frz. Ableitung ist oreiller, Ohr-, Kopfkissen.

[**aurifaber** s. **aurifex.**]

1064) aurĭfex, -fĭcem m. (v. aurum u. fac-), Goldschmied; davon mit starker Umbildung ital. orafo (altumbr. orfo) u. orefice, vgl. Dz 387 s. v.; ptg. ourives. (Im Frz. orfèvre = aurifaber, span. orespe u. platero v. plato.)

1065) *aurĭfĭcĭnus, -um m., Goldschmied; prov. aurezi-s u., mit Anlehnung an daarar (= de-aurare), daurezi-s (vgl. *Lemovicinus : Lemozi-s), vgl. Thomas, R XXVI 420.

1066) [*aurĭflămma, -am f., Goldflamme (Name des altfrz. Reichsbanners); frz. oriflambe, oriflamme (Rol. 3093 orie flambe, wo orie dreisilbig zu lesen). Die Form orie flambe deutet darauf hin, dafs der erste Bestandteil des Wortes ein Partizip = lat. *aurita (das Vb. auri = aurire ist im Rum. vorhanden) oder ein Adj. = lat. *auriva (auriu =) aurivus ist ebenfalls im Rum. vorhanden, s. Ch. aur) ist, vgl. Scheler im Anhang zu Dz 806; in diesem Falle würde oriflamme eine Kürzung aus orieflamme, das mlat. auriflamma aber nach oriflamme gebildet sein; andererseits weist das gleichbedeutende oriflor doch auf auri- hin, indessen kann es sehr wohl Analogiebildung zu oriflamme sein. Jedenfalls ist die Scheler'sche Deutung des Wortes (= aurita od. auriva flamma) der von Diez 649 s. v. gegebenen (= auriflamma) vorzuziehen. Schuchardt, Z XVI 522, vermutet das Grundwort für oriflamme in labari flamma. Über die Geschichte der Oriflamme vgl. Gautier z. Rol. 3093.]

1067) [*aurĭgălgŭlus, -um m. (galgulus b. Plin. N. H. 30, 94, das übliche Wort im Schriftlatein ist galgulus), Goldamsel; davon vermutlich ital. rigogolo, rigoletto, vgl. Dz 152 gálbero; Gröber, ALL II 431 u. Nachtrag zu No 922 der ersten Ausg. des Lat.-rom. Wtb.'s.]

1068) [*aurĭpĕllis (aurum + pellis), Goldhaut; ital. orpello; prov. aurpel-s; frz. oripeau; span. oropel, Flittergold, vgl. Dz 229 orpello.]

1069) auris, -em f., Ohr; im Roman. durch auricula (s. d.) verdrängt, jedoch viell. erhalten in valtell. dar ora „dar ascolto", vgl. Salvioni, Post. 5.

1070) auris maris = frz. ormier Meerohr (Name einer Schnecke).

[**aurĭtă** oder **aurīvă flamma** s. **auriflamma.**]

1071) [*aurītĭŭm, -i n. (v. aura), Luftzug; ital. orezzo, oreggio „soffio d'aria fresca, luogo ombroso ed aereato, fragranza" u. rezzo „coi due primi significati di orezzo, oreggio e con quello di ‚freddo‘, ‚bujo‘, ‚mandare al rezzo‘ = uccidere", Canello, AG III 392; neben rezzo ist auch arezzo vorhanden. Vgl. Dz 31 aura.]

1072) aurĭm, -i n. (v. √ aus brennen, glänzen, s. Vaniček I 946), Gold; ital. (auro), oro; rum. aur, Pl. aururi f., s. Ch. s. v.; rtr. or; prov. aur-s; rum. oro; ptg. ouro.

1073) [aurĭm *frĕsum (fresum v. germ. fries, vgl. Uhland, Schriften I 279 Anm. 1), mit Gold durchwirkter Stoff; prov. aurfres; frz. orfrois, orfrais (dazu altfrz. Dem. orfrisiel), orfroi; altspan. orofres. Vgl. Dz 649 orfroi; Darmesteter, Mots comp. p. 23.]

1074) [*ausārĭum n. od. **-us** m. od. ***alsarĭus, -um** (viell. abgel. v. alsus kühl?) würde eine dem frz. osier, Korb-, Bachweide, Weidenrute, entsprechende lat. Grundform lauten, aber ein derartiges Wert ist weder im Lat. nachweisbar, noch auch läfst sich in dieser Sprache sein Vorhandensein voraussetzen. Dz 650 osier verglich mit dem frz. Werte einerseits bret. aozil, andrerseits gr. οἶσος; das erstere aber ist erst aus dem Frz. entlehnt, bei den letzteren würde der Vokal der hochtonigen Silbe Schwierigkeiten machen.]

1075) ausĭcŭlo, -āre (f. ausiculito v. ausicula = auricula), dafür volkslat. ascŏlto, -āre, horchen; ital. ascoltare; rum. ascult, ai, at, a s. Ch. s. v.; prov. escoltar, escoutar; frz. ascolter, esco(l)ter, escouter, écouter (die Anlautsilbe mit ex- verwechselt); cat. escotar; span. ascuchar, escuchar; ptg. escutar. Vgl. Dz 28 ascoltare; Gröber, ALL I 244.

1076) [ausculum (= osculum v. os, b. Plaut. Amph. 716 u. 800, vgl. Prisc. 1, 52), Mäulchen, Kufs; über das auch für die romanische Lautlehre wichtige Verhältnis zwischen au u. ŏ vgl. Fumi, Misc. 95 ff.]

1077) [*ausĭeo, -āre (v. ausus), wagen; lomb. askáç u. oskâ, vgl. Salvioni, Post. 5: rtr. ascar, vgl. Ascoli, AG I 50 Z. 5 v. o., 193 Z. 9 v. o., 235 Anm. 1 Z. 3. Vgl. Gröber im Nachtrag zu No 930 den Lat.-rom. Wtb.'s.]

1078) *auso, -āre (v. ausus), wagen; ital. ausare, osare; prov. auzar; frz. oser (altfrz. gausâ, angelehnt an *gaudiare, vgl. Schuchardt, Z XI 493; cat. ɡ-osar; span. osar (auch gozar?); ptg. ousar. Vgl. Gröber, ALL I 246.

1079) auspĭcĭŭm, -i n. (f. avispicium), Vogelschau; auf auspiciam führte Dz 428 auce das altspan. Sbst. auce (richtiger auze, alze), Geschick, Los, zurück; welches Wort Sanchez aus aucilla (Apulej. Met. 9, 33, jetzt in aucella od. aucula gebessert, s. Georges unter aucella) erklären zu dürfen geglaubt hatte. Cornu, R X 76 f., hält avice für die Basis des Wortes, ohne sich darüber auszusprechen, in welchem Zusammenhange dies avice innerhalb des Lateins stehen soll; es würde wohl auf einen Nom. *avix od. *avis deuten, an dessen einstiges Vorhandensein man freilich kaum glauben kann (die im Appendix Probi getadelten Formen *milex* f. *miles* u. dgl. beziehen sich nur auf T-Stämme). Die Diez'sche Herleitung dürfte immerhin vorzuziehen sein, obwohl sie, wie Cornu sagt, „ne satisfait pas aux lois phonétiques", nur muſs man von *avispicium* ausgehen, das sich im Span., wo *aris* fortlebte, erhalten mochte; dann erklären sich auch die Deminutiva span. *avecica, avecita, avecilla,* ptg. *avezinha.* Dagegen erscheint es zweifelhaft, ob das span. Shet. *aciago,* Zufall, u. das ptg. Adj. *aziago* etwas mit *auze* zu thun haben.

1080) **auster, -strum** *m.* (v. √ *aus* brennen), Südwind; ital. *austro, ostro;* mant. *lóster,* vgl. Salvioni, Post. 5; rum. *austru,* s. Ch. *s. v.;* prov. *austri-s;* altfrz. ostre (Psautier en vers 125, 5); nfrz. *austre,* vgl. Berger *s. v.;* span. ptg. *austro;* überall nur gelehrtes, bezw. poetisches Wort.

1081) **ausus, a, um** (schriftlat. das Pt. Prt. zu *audere),* kühn; ital. *auso, oso;* altfrz. *os.* Vgl. Gröber, ALL I 246.

1082) **aut** (über die Bildung des Wortes s. Vaniček I 269), oder; ital. *od, o;* rum. *au;* rtr. *od, o;* prov. *oz, o;* frz. *ou;* span. *o, u;* ptg. *ou.*

1083) *αὐτογραφοφίλος,* Handschriftenliebhaber; frz. *mutographile,* vgl. Tobler, Herrig's Archiv Bd. 97 p. 375.

1084) **autumno, -āre** (v. *autumnus),* den Herbst verbringen; sard. *attunzare,* vgl. Salvioni Post. 5; rum. *tomnez, ai, at, a;* span. *otoñar,* den Herbst verbringen. (Das lat. Vb. findet sich b. Plin. H. N. 2, 124 u. 136.)

1085) **autumnus, -um** *m.* (alte Partizipialbildung, viell. zusammenhängend mit *aug-eo),* Herbst; (ital. *autunno);* pistoj. auturno (nach *inverno),* vgl. Salvieni, Post. 5; sard. *attunzu* u. *attunju,* vgl. Salvieni, Post. 5; rum. *toamnă* f., s. Ch. *s. v;* rtr. in allen Dial. vorhanden, vgl. Gartner, Gr. § 1; prov. *autom-s;* (frz. automne [*mn* = *nn*]); span. *otoño;* ptg. *outono.*

1086) **ăvă, -am** f., Grofsmutter (b. Ven. Fort. 8, 19, 8 u. öfters); ital. *ava;* sard. *aba,* vgl. Salvieni, Post. 5. Vgl. Gröber, ALL I 246.

1087) [**ā + văde,** geh weg! vielleicht erhalten in span. abá (dazu ein Plur. *abád*), Platz da! Vgl. Dz 450 *evay.*]

1088) **ăvārus, a, um,** habsüchtig; ital. *avaro;* altfrz. *aver;* neufrz. *avare* (gel. W.); span. ptg. *avaro.*

1089) [**ăvē, hăvē,** sei gegrüfst; ist vielleicht das Grundwort zu frz. *hâre,* abgezehrt, bleich, elend. Der Gang des seltsamen Bedeutungswandels würde dann folgender gewesen sein: *ave* wurde als terminus technicus im mittelalterlichen Schachspiele gebraucht, zunächst als Warnungsruf „Schach", dann zur Bezeichnung des Mattsetztwerdens eines von allen Figuren allein übrig gebliebenen Königs (so R. de la Rose, ed. Michel I 221, ebenda auch das entspr. Vb. *haver),* so gelangte es zu der Bedeutung „matt" u. konnte, wie dieses letztere Adj. [ursprünglich pers. *mât,* „tot"], durch Verallgemeinerung zu seiner gegenwärtigen Verwendung gelangen. Die Achillesferse der geistvollen Ableitung [über welche zu vgl. Förster, Z V 97] ist, dafs der Gebrauch von *ave* als Zuruf im Sinne von „Schach" nicht nachweisen lassen dürfte u. dafs ein solcher Gebrauch von *ave* auch begrifflich nicht recht glaubhaft ist, dem bedrohten Könige hätte man schicklicher ein *cave!* zugerufen; zu bedenken ist dabei auch, dafs *ave,* weil seine Bedtg. durch das Ave Maria geläufig

war, nicht wohl als Warnungsruf verwendet werden konnte. Andererseits steht man, falls man die Gleichung *hâve* = *ave* nicht annimmt, dem Worte so ziemlich ratlos gegenüber, denn wenn Dz 613 *s. v.* ags. *hasva,* trocken, bleich, als Etymon vorschlägt, so ist das schon um deswillen zurückzuweisen, weil ein altfrz. *hasve* nicht belegt werden kann: auch Mackel p. 68 verwirft *hasva.* Vermutungsweise sei folgendes ausgesprochen: auszugehen ist von dem Vb. *haver,* welches nach Förster, Z V 98, zurückgeht auf den Stamm *hav-,* bezw. *hoc-* (wovon auch *houer, houe, hocher*) u. eigentlich „mit einem Haken an sich ziehen" bedeutet; dies Vb. wurde terminus technicus für das Wegnehmen oder Schlagen der Figuren im Schachspiele, bezw. für das nach dem Schlagen aller Figuren erfolgende Mattsetzen des Königs. so konnte dann ein aus dem Vb. abgeleitetes Adj. zur Bedtg. „matt" u. weiter zu der von „elend" etc. gelangen.]

1090) **ăvēnă, -am** f., Hafer; ital. *avena;* frz. *avoine;* span. *avena;* ptg. *avea.*

1091) **ăvēnārius, a, um** (*avena),* zum Hafer, gehörig; sard. *enarzu avena,* lolio, vgl. Salvioni, Post. 5.

1092) **ăvěrsus, a, um** (Pt. Pf. P. v. *avertere),* abgewandt; span. *aviezo;* ptg. *avesso,* verkehrt, vgl. Dz 428 *avieso;* neuprov. *aves* (f. *avers),* die von der Sonne abgewandte Himmelsgegend, Norden, vgl. Dz 272 *ritto.*

1093) **ăvěrto, vērtī, vērsum, vērtěre,** abwenden; das Vb. ist mit Ausnahme des Pt. Pf. P. (s. oben) im Rom. geschwunden; ital. *avvertire,* frz. *avertir,* span. *avertir* gehen auf *ad-vertere* zurück (dazu das Pt. Pf. P. *ad-versus* = altfrz. *avverso* etc.). — Das frz. Sbst. *avertin,* Drehkrankheit der Schafe, hat mit *avertere* nichts zu schaffen, sondern ist von *vértigo, inem* abzuleiten, vgl. Tobler, Misc. 74.

1094) **ăvīātīcus, a, um** (*avus),* grofsmütterlich; lomb. rtr. biadi, vgl. Meyer-L., Z. f. ö. G. 1891 p. 766.

*avica
*avicellaria } s. aŭca, aucellaria, aucellus.
*avicellus

1095) **ăvīdus, a, um,** habgierig; altfrz. *ave* (sonst nur gel. W.).

1096) **ăvilla, -am** f., säugendes Lamm (das Wort ist bei Festus belegt); dav. ital. (lucch.) *abbachio,* vgl. d'Ovidio, AG XIII 382, indessen ist die Ableitung doch wohl zweifelhaft.

1097) 1. ***ăvīŏlŭs, (-a)** (Dem. v. *avus),* Grofsvater, Ahn; (ital. *ávolo);* prov. *aviol-s;* frz. *aïeul, -e* (Mussafia, R XVIII 547 Anm. 2, ist geneigt, *aïeul* aus **aivol-* f. *aviol-* zu erklären) span. *abuelo, -a;* ptg. *avó.* Vgl. Dz 504 *aïeul:* Gröber, ALL I 246.

1098) 2. ***ăvīŏlŭs, -um** m. od. **ăvīŏlŭm** n. (Dem. v. *avis);* ital. *ajuolo,* Vogelnetz. Vgl. Gröber, ALL I 246.

1099) **avis, avem** f., Vogel; nur sard. *ae,* (vgl. Salvioni, Post. 5), sonst durch **avicellus,* *aucellus verdrängt.

1100) **ăvis tărdă** (langsamer Vogel, der nicht gut fliegen kann), Trappe; ital. *ottarda* (*bistarda, ustarda,* vgl. Caix, St. 84); prov. *austarda;* frz. *outarde;* span. *avutarda;* ptg. *abetarda, betarda.* Vgl. Dz 230 ottarda; Gröber ALL VI 378.

1101) **ăvīstrūthīo, -ōnem** m., Straufs; (ital. *struzzo);* (prov. *estrus);* frz. *autruche;* span. *avestruz;* ptg. *abestruz.* Vgl. Dz 311 *struzzo;*

Gröber, ALL I 246 u. Nachtrag zu No 946 der
ersten Ausg. des Lat.-rom. Wtb.'s.
1102) **ävĭŭs** (= **avus**) *m.*, -a *f.*; prov. *avis*; cat.
avi, *avia*, rum. *avia*. Vgl. Gröber, ALL I 246.
1103) **ävŭncŭlŭs**, -um *m.* (Dem. v. *avus*), Oheim
(Mutterbruder); rum. *unchiu*, s. Ch. *s. v.*; prov.
avoncle-s, *oncle-s*; dauph. *ouncon*, *councon* (ein
Seitenstück zu tante aus *amita*, vgl. Behrens, Z
XIII 412); frz. *oncle*. Das Ital., Span. u. Ptg.
bezeichnen den „Onkel" mit dem griech. Lehnworte
ϑεῖος = ital. *zio*, span. *tio*, ptg. *tio*. Die Sprachen,
welche *avunculus* festhielten, haben auch lat. *amita*
(s. d.) bewahrt, während in den Sprachen, welche
ϑεῖος aufnahmen, neben diesem das entspr. Fem.
zia, *tia* steht.   Übrigens hat keine der rom. Spr.
einen Unterschied zwischen Vater- u. Mutterbruder,
bezw. -schwester. Vgl. Dz 649 *oncle*.
1104) **ävus**, -um *m.*, Grofsvater; lomb. *äf*, ast.
anf, vgl. Salvioni, Post. 5.
1105) [*av-vĭt(äre) + *tortolo, -äre soll nach
Caix, St. 175 (vgl. auch Z I 423) ergeben haben
ital. *avvitortolare* „attorcere insieme".]
arab. **awâr** s. **angaria.**
1106) *äxälĭs (v. *axis*), zur Achse gehörig; altfrz. *aissiels*, neufrz. *essieu*, vgl. Suchier, Altfrz.
Gr. S. 87 Anm. (Diez hatte für dieses Wort *axi-
culus*, Schuchardt, Vocalismus etc. I 203, *axicellus*,
Koschwitz, Ltbl. f. germ. u. rom. Phil. 1892 Sp. 68
axellus, Meyer-L., Rom. Gr. I § 38, *axilis*, Miriseh,
Suffix -*iolus*, *axiolus* als Etymon aufgestellt; Cohn
besprach im Suffixw. das Wort mehrfach, ohne
jedoch zu einer festen Ansicht zu gelangen, man
vgl. namentl. S. 253 u. 306. Von allen Ableitungen
befriedigt die Koschwitz'sche am meisten, nächst
ihr die Suchier'sche); vielleicht entstand aus *axalis*
auch durch Schwund der tonlosen Anlautsilbe u.
Umbiegung der Endung ital. *sala*, Achse. Caix,
St. 167, leitet auch ital. (luech.) *ascialone*, „legno
che si conficca negli stili delle fabbriche" von
axalis ab.
*axellus s. *axälis.
1107) *axĭcellus, -a (Dem. v. *axis*), kleines Brett,
Schindel; ital. *assicella*; frz. *aisseau*, vgl. Dz 505
ais; Cohn, Suffixw. p. 25.
1108) **äxĭcŭlŭs**, -um *m.* (Dem. v. *axis*), kleine
Achse; ital. *assiculo*, Zäpfchen.
1109) *äxĭlĭs, -em (v. *axis*, *assis*), Brett; vermutl. Grundwort zu altfrz. *aissil*, neufrz. *aissi*,
aissis Dachschindel, vgl. auch Cohn, Suffixw.
p. 26.
1110) **äxĭllä**, -am *f.* (Dem. zu *axis*), Achselhöhle; ital. *ascella*, (in zahlreichen Dialekten,
namentlich im Tarentinischen u. im Neapel. wird
die Benennung der Achselhöhle in sehr eigenartiger
Weise von „*titillicare* = kitzeln, abgeleitet,
z. B. *tleap*. *tetelleca*, vgl. Flechia, AG II 319);
prov. *aissella*; frz. *aisselle*; cat. *axella*; im Span.
u. Ptg. heifst die Achselhöhle *sobaco*, *sovaco*, im
Sard. *suercu*, welche Worte vermutlich auf *sub-
brachium* [Isid. 11, 1, 65] zurückzuführen sind, vgl.
Dz 430 *barca*.
1111) **äxĭs**, -em *m.*, Achse; span. *eje*; ptg.
eixo. Vgl. Gröber, ALL I 246. — Nicht hierher,
sondern zu *assis* (s. d.) gehören ital. *asse*; frz.
ais.
1112) **äxŭngĭä**, -am *f.* (v. *axis* u. *ungo*), Wagen-
schmiere; ital. *sugna*, vgl. Ascoli, AG III 443 u. 454,
Z. 10 v. u. im Text; Dz 589 Z. 2 v. o. hält das Shst.
frassugno, Fett, für zusammengesetzt aus *fraysse*
+ *sugna*, besser deutet man es wohl aus [*in*]*fra* +

sugno, wonach es eigentl. das zwischendurch mit
Fett durchwachsene Fleisch bezeichnen würde; rtr.
(engad.) *sonna*; frz. *axonge*, Schmer (die Wagen-
schmiere heifst *graisse* = crassa); span. *exundia*,
Fett, ebenso ptg.   Vgl. Dz 405 *sugna* und 447
exundia.
1113) mejicanisch **ayacotli**, dav. viell. frz. *haricot* Schnittbohne, vgl. G. Paris, R IX 575 Anm.
S. oben **aliquot.**
1114) bask. **ayoa**, Wärter; span. *ayo*, Hofmeister,
aya Kinderwärterin (ital. *ajo*, *aja* ist wohl aus
dem Span. entlehnt). Vgl. Dz 428 *ayo*, wo auch
die Herleitung des Wortes aus ahd. *hug(j)an*, hegen,
pflegen, für möglich erklärt, die baskische Abkunft
aber mit Recht als wahrscheinlicher hingestellt wird.
1115) **äzȳmus, a, um** ungesäuert; venez. *dsme*
azzimelle, vgl. Salvioni, Post. 5.
1116) arab. **azzaibaq**, Quecksilber (vgl. Freytag
219ᵃ); span. *azogue*; ptg. *azougue*, vgl. Dz 429
azogue. (Im Ital. u. Frz. wird das Qu. argentum
vivum u. *mercurius* benannt.)   Vgl. Eg. y Yang.
p. 324.
1117) arab. **azzar** aus **azzahar** = **as-sehâr**,
Würfel; dav. mit dem Bedeutungsübergang „Würfel",
Würfelspiel, Wurf, Zufall" ital. *zaro*, *zara* (=*schâr*),
Würfelspiel mit drei Würfeln, *azzardo* (aus dem
Frz. entlehnt), Zufall; prov. *azar-s*; frz. *hazard*,
dav. das Vb. *hasarder* und das Adj. *hasardeux*;
cat. *atsar*; span. ptg. *azar*. Über andere Herleitungen desWortes, unter denen manche sehr abenteuerliche zu finden ist u. welche sämtlich unannehmbar sind, vgl. Dz 32 *azzardo* u. Scheler im
Diet.³ *s. v.* Die richtige oder doch wenigstens ganz
glaubhafte Ableitung gefunden zu haben, ist Mahn's
Verdienst.   Vgl. Eg. y Yang. p. 319.
1118) arab. **azza rŏra**, eine Frucht; dav. span.
acerola, ptg. *azarola* (frz. *azerolle*), eine Art
Mispel; ital. (mit vorgefügtem Artikel) *lazzeruola*,
„frutto più grosso delle ciliege di sapore aspro",
lomb. *lazarén*, vgl. Caix, St. 374; Eg. y Yang.
p. 25 erklärt, u. jedenfalls mit Recht, lat. *acerula*
(Dem. v. *acer*) für das Grundwort.
1119) arab. **az-zofaizaf** = span. *azufaifa*, *azofeifa*, Brustbeere; ptg. *açofeifa*, vgl. Dz 429 *azufaifa*; Eg. y Yang. p. 323 bemerkt, dafs das arab.
Wert erst selbst wieder aus dem Griech. (*zizy-
phum*) entlehnt ist.

B.

1120) **ba bah** (Naturlaut), scheint auf keltischem
Gebiete (Oberitalien, Gallien) als Interjektion zum
Ausdruck des Staunens gebraucht worden zu sein;
davon ital. bask. *dire* f. *bad-äre*
(s. d.): prov. *(es)bahir*; frz. *ébahir* (von Parodi,
R XXVII 202, aus *exvagire* v. *vagus* gedeutet,
ebenso ptg. *embair*, betrügen, aus *in-vagire*), dazu
das Adj. *baïf* erstaunungsvoll. Span. ptg. *embair*
scheint anderen Ursprunges (von *invadere*, wie frz.
envahir) zu sein. Vgl. Dz 37 *baire*; Meyer-L.,
Rom. Gr. I S. 48. — S. unten *bado* und (über
baïf) *badivus.*
1121) russ. **baba(ika)**, Buchweizenkuchen, = frz.
baba, Rosinenkuchen, s. R VIII 139.
1122) **baba, -am** *f.* (ein im Volkslat. zweifellos
vorhanden gewesener Naturausdruck), Geifer; ital.
(auch sard.) *bava*; prov. *bava*; das Shst. ist nicht belegt, wohl aber das dazu gehörigeVb. *bavar*, geifern;
frz. *bave*, dazu das Vb. *baver*, das auch „reden"

bedeutet, die zahlreichen weiteren Ableitungen des
Wortes (bava*rd*, bava*rder*, bava*rdage* etc., auch
babiller, *babil* gehören, freilich nur mittelbar, hierher) enthalten sämtlich den Begriff des Schwatzens;
cat. bab-*eig*; span. baba, Geifer, babear, geifern,
babosa, schleimige, d. i. hauslose Schnecke; ptg.
bava, bavar. Vgl. Dz 47 bava; Gröber, ALL I
246; W. Meyer-L., Gr. I § 24. Vgl. auch **babulus.**

1123) bask. **baba,** Bohne, + **zorro,** Sack, = span.
babazorro, ungeschliffener Mensch, vgl. Dz 429 *s. v.*
Parodi, R XVII 53, erblickt in *babazorro* eine Ableitung von *baba*.

1124) **babaecūlus, -um,** Lebemann, Roué (Petr.
37, 10; Arneb. 4, 22); davon span. babieca, Einfalts-
pinsel, vgl. Sittl, ALL II 610.

1125) engl. **babble** (mittelengl. babe*l*e), ndl. babbe*l*e,
plappern; frz. babe*l*er, babo*l*er, babi*l*ler, babi*l*, babin,
vgl. Förster, Z XXII 514.

1126) ***babbus,** Vater; das Vorhandensein eines
solchen Wortes im Volkslat. wird bewiesen durch
sard. bobu, ital. babbo, rum. babă, altes Weib
(hier kann das Wort aber auch slav. Ursprungs
sein, vgl. russ. *бába*, *бабýшка* etc.); rtr. bab.
Vgl. Dz 354 babbo; Gröber, ALL I 246.

1127) **bābūlūs, -um** *m.*, Spitzname eines Räubers
b. Apul. Met. 4, 14, der Name scheint einen dummen,
aber grofsmäuligen Menschen bezeichnen zu sollen;
davon ital. babbio (mit Augmentativsuffix babbi*one*),
einfältiger Mensch (in oberital. Dialekten auch
„Kröte"), vgl. Flechia, AG II 34 unten; möglicherweise gehört auch *baggéo* mittelbar hierher. —
babulus ist offenbar das Dem. zu einem nicht belegten **babus*, das als Schimpfwort („Pinsel",
„Tölpel" u. dgl.) ungemein volkstümlich gewesen
sein mufs (vgl. auch baburrus b. Isid. 10, 31 u.
Placid. gloss. 13, 5), wie die zahlreichen darauf
zurückführenden n. die Bedtg. ihres Etymons bewahrenden roman. Worte beweisen, z. B. ital. babbèo, babbaccio, babbano, babbuasso, Dummkopf,
babbole, Kinderpossen; cat. prov. babau, Trepf
(Vogel p. 68 erklärt die Endung *au* aus dem dtsch.
alt, was unzutreffend ist); frz. babioles, Lappalie,
Kleinigkeit; ptg. babão, Dummkopf. Vgl. Dz 33
babbèo; Gröber, ALL I 246, führt auch die lat.
Interjektion babae auf diesen Stamm zurück, schwerlich mit Recht; vgl. Förster, Z XXII 514.

1128) arab. **bābusch** (v. pers. **pābusch**) Fufsbekleidung, = frz. babouches, Schlafschuhe, vgl.
Dz 515 *s. v.*

1129) ndd. **bac,** Schüssel (engl. back, Kufe) =
frz. bac, Becken, Maischbottich, vgl. Mackel p. 63,
Kluge *s. v.* Deminutiva zu *bac* sind baquet u.
baille = bacula, vgl. Dz 515 bac. Das bret. bak,
bag ist gewifs Lehnwort, vgl. Th. 89. Mit ital.
bac-ino etc. kann ndd. bac höchstens urverwandt,
keineswegs aber das Grundwort der betr. roman.
Sippe sein, vgl. ***baccinum.**

1130) **bacar,** „vas vinarium simile bacrioni",
Festus ed. O. Müller p. 31; davon ital. (sicil.)
bácara, kleiner Krug; das Wort ging in das Germanische über (ahd. *bëhhar*, *përhhar*, altn. *bikarr*,
engl. *biker*, doch sind die beiden letzteren wohl aus
mlat. *biccarium* geformt) und kehrte dann mit ver-
ändertem ersten Vokale in das Roman. zurück:
ital. *pécchero*, *bicchiere* (= mlat. *biccarium*); rum.
pähar, vgl. Miklosich, Slav. Elemente im Rumän.
p. 35; rtr. bichér; altfrz. pichier, pechier; span.
ptg. pichel, Weinkrug, Topf. Vgl. Dz 52 bicchiere; Canello, AG III 381, wo ganz unnötiger-

weise gr. βίκος als Stammwort zu **bic(c)arium* angesetzt wird.

1131) ***bacassa, -am** (Ursprung dunkel, viell.
setzt man besser *bagassa an und deutet dies aus
*bagacea für *vagacea v. *vagus*), Frauenzimmer,
Dienerin; ital. bagascia (wohl aus dem Prov. entlehnt); prov. bagassa; frz. baiasse, c. o. baiassain; span. bagasa; ptg. bagaza. Vgl. G. Paris,
R XXIII 325 Anm., vgl. auch Suchier, Z XIX 104;
s. unten **bag** u. **baguiyya.** Bei der oben in der
Klammer angedeuteten Ableitung würde anzunehmen
sein, dafs das Wort zuerst im Frz. gebildet und von da
in die anderen Sprachen übertragen worden sei. Zu
ital. *bagascia* ist viell. bajazzo das zugehörige
Subst. (frz. baías) mit regelrechter ital. Form des
Suffixes.

1132) kelt. Stamm **bacc-,** krumm (davon ir. gäl.
bacc, bac Haken, *Biegung): auf diesen Stamm sind
vielleicht zurückzuführen: ital. becco Schnabel (vgl.
Suet. Vitell. 18: „cui Tolosae nato cognomen in
pueritia Becco fuerat, id valet gallinacei rostrum"),
beccare hacken; prev. bec-*s* Schnabel, beca Haken,
bechar hacken; frz. bec Schnabel, bèche (altfrz.
besche, wo das *s* wohl nur graphisch) Grabscheit
(Horning, Z XXI 450, setzt bèche, besche = *bessica
v. *bessicare an, ohne jedoch sich näher auszusprechen), becquer, becquetter hacken, picken, béquille Krücke, bécasse (ital. beccaccia), Schnepfe
[eigentl. Vogel mit spitzem Schnabel]; (span. bico,
gewöhnlich pico Schnabel); ptg. bico Schnabel.
Vgl. Dz 47 becco, Th. 39 u. 45. Die Entwickelung
der Wortsippe ist vermutlich durch Mischung des
Stammes bacc- mit dem ebenfalls keltischen Stamme
becc-, bicc- „klein" (Th. 50) sowie mit dem rema-
nischen Stamme pic- beeinflufst worden.

1133) **bāe(c)a, -am** *f.* (f. babca, vgl. Vaniček I
560), Beere, Perle, Gelenk einer Kette (in letzterer
Bedtg. bei Prud. *περὶ στεφ.* I 46 u. a.); ital.
bacca, dessen Schreibung wohl auf schlecht lat.
bacca beruht, (*baga, dazu Dem.) bagola, Eisbeere;
p . baga; frz. baie, Beere, bague (halbgel. W.;
Th.º Braune stellt bague mit ostfries. bâgc, ags. béag
„Ring" zusammen), Ring, vgl. unten **bag;** span.
baya, Hülse, Schote; ptg. baga, Beere, Tropfen
(gall. bagoa, Thräne, vgl. Michaelis, Misc. 118).
Vgl. Dz 431 baya u. 516 bague; Gröber, ALL I
247. — Nach Schuchardt's Vermutung, Ztschr. f.
vgl. Sprachf. XXI 451, sind auch ital. bagattino,
bagatella, bajuca, bajocca, bajella auf baca zurückzuführen, s. unten **bag.**

1134) ***baccalārius** oder ***baccalāris** ist die latinisierte Form des ital. baccal*are* (daneben baccelliere, Lehnwort aus dem Frz.); prov. bacalar-*s*;
frz. bachelier; span. bachiller; ptg. bacharel.
Die Grundbedeutung des Wortes scheint gewesen
zu sein: „Besitzer eines gröfseren Bauerngutes" (vgl.
Ducange *s. v.*); wie es auf Grund dieser Bedtg. zur
Bezeichnung eines jungen Mannes in verschiedenen
ganz bestimmten Beziehungen (junger Ritter, an-
gehender Gelehrter, Junggeselle, letzteres im Engl.:
bachelor) gebraucht werden konnte, ist nicht recht
ersichtlich. Die Herkunft des Wertes ist ganz
dunkel, keltischer Ursprung höchst unwahrscheinlich
(ir. bachlach, ontetanden aus *bacalácos mit bacca-
larius zusammenzustellen, ist sowohl lautlich mifa-
lich — wegen des verschiedenen Suffixes — als
auch begrifflich bedenklich, da ja die Bedtg. „Hirt"
dem Werte nicht mit Sicherheit beigelegt werden
kann, vgl. Th. p. 38 f.). Unter den vorgeschlagenen
Ableitungen findet sich manche recht thörichte, so

z. B. wenn man an *bas cavalier* oder gar an *vassal* gedacht hat. Auch nur als ein Notbehelf kann die Annahme gelten, dafs bacc. für *vaccalarius* stehe (*vacca*, Kuh; *vaccalaria*, ein Gut mit einer bestimmten Anzahl Kühe, *vaccalarius*, der Besitzer eines solchen Gutes, mäfsig begüterter, in der Regel noch jüngerer Landwirt), vgl. Scheler im Diet.³ *s. v.* Wenn das Wort in seiner Eigenschaft als terminus technicus in gelehrten Rangverhältnissen zu *baccalaureus* (gleichsam von *bacca* u. *laurus*) latinisiert worden ist, so ist das ein drastisches Beispiel dafür, bis zu welchem Unsinn etymologisierende Wortbildnerei sich verirren kann. Vgl. Dz 33 *baccalare*.

1135) **băcchănäl** *n.* (v. Bacchus), Bacchusfest; dav. ital. *baccano*, „fracasse, bordello, romore sfermato", vgl. d'Ovidio, AG IV 410, wo *haccano* als aus dem Nom. bacc*hanal* durch Abfall des *l* u. Übertritt des *a* zu *o* (um das Genus des Wertes festzuhalten) entstanden erklärt wird (ähnlich wie nach d'Ovidio's Ansicht trib*un*al zu *tribuna* sich gestaltet hat); Storm, AG IV 387, hatte angenommen, dafs aus dem adj. Neutr. bacc*han*ale ein *bacchanum* = baccan*o* als vermeintliches Primitiv abgeleitet worden sei, wie man z. B. aus *vinculum* ein *vinco* gebildet hat.

1136) [*bac(e)īnum, -i *n.*, Becken, ist das vorauszusetzende Grundwort für ital. *bacino*, bac*ile*: prev. *baci-s; *frz. bac*in*, bas*sin* (die Schreibung mit *ss* beruht wohl auf Angleichung an *bas*, *basse*); cat. *baci;* span. bac*in* (daneben bac*ia*); ptg. bac*in-eta* u. bac*in-ica* (daneben bac*ia*). An keltische Herkunft der Worte ist nicht zu denken, vgl. Th. 39 ff., ebenso wenig an germanische, vielmehr ist dtsch. Becken etc. dem Roman. entlehnt. Man mufs einen lat. Stamm bac(c)- ansetzen, wozu man durch das von Festus angeführte *bacar* (s. oben) u. *bacrio* („bacrionem dicebant genus vasis longioris manubrii") sowie durch das bei Isidor belegte *bacca* „vas aquarium" vollberechtigt ist; „baccinon" wird von Gregor v. Tours als volkstümlicher Ausdruck für *patera lignea* bezeichnet, vgl. Dz 34 bac*ino* und 429 bac*ia*; Gröber, ALL I 247.]

1137) altnfränk. **bacco**, Rücken (adh. *bacho*, engl. *back*); prev. altfrz. bacon, Schinken, vgl. Mackel 71.

1138) [*băcĕllŭs, -um *m.* (Dem. z. baca), vorauszusetzendes Grundwort zu ital. bacc*ello*, Hülse, Bohnenschote; sard. *bacce-*, *baccheddu*, *bacchio*, gruccin, vgl. Salvioni, Post. 5, prov. bac*el*, vgl. Dz 354 *s. v.*

1139) **băcĕŏlŭs** (gr. βάκηλος), stockdumm (b. Suet. Aug. 87); davon· vermutlich ital. baccello (und *baciocco*), Dummkopf, vgl. Dz 354 *baciocco*; Gröber, ALL I 247.

1140) cymr. **baches** (= bach „klein" + griech.-lat. Suffix -*issa*, vgl. Th. 42) ist von Dz 35 bagaseia vermutungsweise als Grundwort aufgestellt worden zu ital. *bagascia*, Hure; prov. *baguassa*; altfrz. *bagasse*, *bajasse*, *baiasse* (daneben *baissele*, *bachele*, letzteres wohl mit Anlehnung an bach*elier*), Dienerin, Kammermädchen, Dirne; span. bag*asa*, *gavasa*, Hure; ptg. *bagaxa*. Es ist jedoch wenig glaubhaft, dafs die roman. Worte keltischen Ursprunges seien, schon weil bach*es* erst spät im Cymr. entstanden zu sein scheint, ans *bach*-es-*ia* od. *bacha*-*sia* hätte auch nicht· zu frz. *bagasse* werden können. Eher dürfte — woran Dz ebenfalls schon gedacht hat — bag*assa* mit *bag-a*, *bay-aglia*, *bag-age* etc. zusammenhängen. Dz verwarf freilich die Ableitung

von *bag-a* (Pack), weil „sie keinen befriedigenden Sinn gäbe". Aber es wird doch im Deutschen „Pack" als verächtliche Bezeichnung gemeiner Menschen gebraucht. S. unten **baguiyya**.

1141) **băcĕllum** *n.* (bac*ulus*), Stäbchen, Stöckchen; sard. bacc*hiddu* bastono, vgl. Salvioni, Post. 5.

1142) engl. **backbord**, Hinterdeck, = frz. *bábord* u., mit volksetymologischer Schreibung, *bas-bord*, vgl. Fafs, RF III 499.

1143) *băcŭlo, -āre (v.bac*ulus*), mit einem Stocke sperren; prov. *baclar (= *bacculare?* vgl.Thomas, R XXVI 414, Duvan, Mém. de la soc. de ling. de Paris VIII 185); frz. bác*ler*, dazu das Kompos. *débácler*, wozu wieder das Sbet. *débacle f.* Eisbruch, vgl. Dz 515 *s. v.*

1144) **băcŭlum, -i** *n.* und (spätere Form) băcŭlŭs, -um *m.* (nach Vaniček I 185 von √ *ba*, gehen, bac*ulus*, *non uaclus* App. Probi 9), Stab, Stock; ital. *bacchio* „la pertica da abbacchiare" u. bac*ulo*, bacolo, „bastone e una specie di misura", vgl. Canello, AG III 351; (ptg. bac*illo*). Vgl. Gröber, ALL I 247, s. auch unten **baeus**.

1145) *băcus, -um *m.* (Rückbildung aus bac*ulus*), Stock; oberital. *bac*, vgl. Flechia, AG II 35, Meyer, Ntr. 136; ptg. *bago*, Bischofsstab (kann aber unmittelbar auf bac*ulus* zurückgehen, vgl. jedoch Gröber, ALL VI 378). — Deminutivbildung zu bacus ist: ital. *bacchetta*, Gorte, Rute; frz. *baguette;* span. *baqueta*, vgl. Dz 34 *bacchetta*. Die gewöhnliche Bezeichnung des Stockes brauchen die rom. Sprachen *basto* u. *canna*.

1146) dtsch. **bader** = rtr. *pöder*, Arzt, s. Gartner, Gr. § 22.

1147) [*bădīco, -āre u. *bădĭto, -āre (f. *vadicare, *caditare) werden von Parodi, R XXVI 198, als Grundformen für eine ganze Reihe ital. mundartlicher Worte und aufserdem auch für frz. ra*vager* aufgestellt.]

1148) **bădĭŭs, a, um,** kastanienbraun; (ital. *bajo); prov. *bai;* frz. *bai*, davon abgeleitet ba*illet*, rotbraun; span. *bayo*. Die Werte werden meist nur in Bezug auf Pferde gebraucht (so auch das abgeleitete prov. *baiart). Vgl. Dz 37 bajo. (Diez zieht bajocco, Kupfermünze, braune Münze, hierher; Schuchardt dagegen, Ztschr. f. vgl. Sprachf. XXI 451, zieht das Wort nebst bajuca, Kleinigkeit, zu baca.)

1149) [gleichsam *badivus, a, um (v. badare, vgl. *pensif* v. *pensare) = altfrz. baïf, wozu das Dem. *baïvel*, *baiveau*, *bailliveau*, *baliveau*, vgl. Tobier, Sitzungsb. d. Berl. Akad. d. Wiss., phil.-hist. Cl., vom 23. Juli 1896 p. 856, G. Paris, R XXV 622.]

1150) *bădo, -āre, den Mund aufreifsen, müfsig gaffen, warten, zaudern; ital. bad*are*, zaudern, u. *bajare*, kläffen (*badigliare* gähnen), Vbsbst. baja mit doppelter Bedtg.: 1. Bucht, Bai (gleichsam der aufgerissene Mund des Landes); 2. Pesse, Fopperei (daneben auch *bada* in *star a bada*, mit offenem Mundo dastehen, bada bedeutet aufserdem „Schildwache"); zu ba*jore* gehört wohl. auch *bajazzo* (vgl. aber auch unten **bag**), welches ursprünglich „Tölpel, der das Maul aufsperrt" bedeutet haben kann; mittelbar scheint zu *bajare* zu gehören *abbaina*, Dachfenster, Luke; prov. bad*ar*, warten, schmachten, (*badalhar* gähnen); altfrz. *baer*, beer, den Mund aufreifsen (*bouche béante*, mit offenem Munde, *gueule* *bée* u. *béqueule*, Maulaffe, vgl. Dz 519 *béqueule* u. Scheler im Dict.³ *s. v.*); zu baer gehört altfrz.

8

[h]abaanz, Bewerber, z. B. Villebard. 256; nfrz. bayer (baailler, báiller, gähnen); baeler (gleichs. *badillare), bêler blöken; abayer, aboyer, kläffeu, bellen, vgl. Förster, Z V 95, früher von *adbaubare abgeleitet, eine Ableitung, welche Th. p. 42 noch jetzt für möglich hält, denn „ahmte der Romane das Hundegebell, das der Römer durch bau wiedergab, mit bai nach, so erklärt sich ohne weiteres die Differenz von baubari u. baiier". G. Paris, R X 444, meint, dafs Förster's Ableitung dem Sinne nicht genüge, doch ist das eine unbegründete Aussetzung (vgl. das deutsche „klaffen" u. „kläffen"). Vbsbst. baie, 1. Bucht, 2. (altfrz.) vergebliches Harren, nfrz. noch in der Verbindung 'donner la baie, einen Schabernack spielen; cat. badar; im Span. u. Ptg. fehlt das Vb., doch ist span. das Vbsbst. vaya, scherzhafter Betrug vorhanden; ob span. ptg. bahia, Bucht, mit ital. baja, frz. baie identisch ist, erscheint zweifelhaft. Auf ein *ba[d]ire scheint zurückzugehen frz. esbaïr, ébahir (von Parodi, R XXVII 202, = *exvagire angesetzt). — Lautlich würde es möglich sein, badare etc. von germ. baidön (ahd. beitön) „warten" abzuleiten, begrifflich aber gestattet dies die ursprüngliche Bedtg. des rom. Verbs („den Mund aufsperren") nicht, vgl. Mackel p. 116. Herkunft vom kelt. *baitare „den Mund aufsperren, gaffen" ist denkbar, aber unwahrscheinlich, vgl. Th. p. 42. Vgl. Dz 34 badare, 37 baja 1 u. 2, 355 bajare; Gröber, ALL I 247. — Caix, St. 6, ist geneigt, die ganze Sippe aus lat. pandiculari herzuleiten („pandiculari dicuntur, qui toto corpore oscitantes extenduntur, eo qued pandi fiunt", Festus ed. O. Müller p. 220), es erscheint das aber als sehr gewagt; badare findet sich übrigens schon in den Isidorischen Glossen.— Aus bada(re) + altital. alloccare (v. ahd. luogen, ags. locian = nerm. luquer, vgl. Mackel p. 128) will Caix, St. 5, ableiten ital. badaluccare scharmützeln (dazu Vbsbst. badalucco, Scharmützel, balocco, Maulaffe, prov. badaluc-s, baluc-s), den Bedentungsübergang erklärt er: „star a guardare, indi ,perdere il tempo, tracheggiare' e nel linguaggio della milizia ,temporeggiare, perder il tempo in scaramuccie". Die Hypothese ist aber zu künstlich, als dafs sie annehmbar wäre. Auch dafs, wie ebenfalls Caix, St. 125, annimmt, aret. abadalillare „baderlare, perder tempo" aus badare + lillare „balloccarsi" zusammengesetzt sein soll, wird man nicht leicht glauben. — Über die zu *badare gehörige Wortsippe vgl. auch d'Ovidio, AG XIII 414, wo aber eine bestimmte Ansicht nicht ausgesprochen wird.

1151) Stamm baf (Naturlaut), hauchen; auf einen derartigen Stamm sind zurückzuführen span. vaho (altsp. bafo), Dampf, dazu Vb. vah(e)ar; ptg. bafo, Hauch, Dampf, dazu Vb. bafar (gleichbedeutend mit bofar, atmen); cat. vaf. Der Stamm berührt sich in Form u. Begriff nahe mit dem ebenfalls onomatopoietischen Stamme buf(f). Vgl. Dz 429 bafo.

1152) [bafa, Tunke, ist nach Gröber ALL I 247, das anzusetzende Grundwert zu ital. (piemont.) bafra, voller Bauch, bafrè, schwelgen; neuprov. baffá, schwelgen; frz. bâfre, Presserei, bâfrer, gierig fressen. Das lat. bafa ist bei Apic. 3, 89 belegt u. dürfte mit dem griech. βαφή identisch sein. Ob auch mlat. baffa, baffo, Speck, Speckseite (s. Mussafia, Beitr. 31), altvenet. bafa dasselbe Wort ist, dürfte sehr zu bezweifeln sein. Vielleicht thut man gut, von lat. bafa, dem als einem ganz spezifischen Kunstausdrucke der feineren Küche keine sonder-

liche Volkstümlichkeit u. Triebkraft zuzutrauen ist, überhaupt ganz abzusehen, u. die roman. Worte samt dem mlat. aus St. baf (s. oben) abzuleiten: „gierig essen" u. „den Bauch aufblähen" sind ja benachbarte Begriffe; von einem vollen bis zu einem fetten Leibe oder irgend welchem andern Körperteile ist der begriffliche Übergangsweg auch nicht weit.]

1153) germ. *baffjan (daraus mhd. beffen), u. baffön, zanken, scheiten, ist vielleicht Grundwert zu ital. beffare, verspotten, dazu Vbsbst. beffa; prov. Vbsbst. bafa; altfrz. beffler, Vbsbst. bef(f)e; span. bafar, befar, Vbsbst. befa (vgl. aber Baist, RF I 111, der die span. Werte auf bifidus zurückführt); nfrz. bafouer. Vgl. Dz 48 beffa. Eine Notwendigkeit der Ableitung aus dem Germ. liegt aber nicht vor u. wird auch von Mackel p. 90 nicht behauptet, es lassen vielmehr die betr. Werte sich sämtlich für onomatopoietisch erklären u. auf den Stamm baf (s. d.), bef zurückführen, vgl. auch W. Meyer-L., Z X 171, u. Gr. I § 24.

1154) Stamm bag. Eine umfangreiche romanische Wortsippe läfst sich etymologisch nur durch die Annahme erklären, dafs die Wurzel pac-, pag- (wov. pac-isc-i, pac-s, pa-n-g-o, pe-pig-i, pac-tum, pag-ina) volkslateinisch auch mit anlautender tönender Explosiva in der Gestaltung bag vorhanden u. fruchtbar gewesen sei. Wechsel zwischen p u. b im Anlaut ist zwischen Lateinisch u. Romanisch zwar selten, kommt aber doch vereinzelt vor (vgl. z. B. ball- u. poll-). Auf den Stamm bag sind zurückzuführen: prov. altfrz. bagua, bague, Bündel (nfrz. bagues, Habseligkeiten); sehr möglich, dafs auch frz. bague, Ring, dasselbe Wert ist (eigentl. viell. „kreis-, ringförmig geschnürtes Bündel, Ringwulst"), zumal die bague nicht einen Ring schlechtweg, sondern einen Ring mit Steinen, also einen wulstigen Ring bedeutet (andrerseits ist aber auch die Gleichung bague = bâca statthaft, s. ob. bâca, jedenfalls ist bague im Frz. nur Lehnwort' oder halbgel. Wert); Herleitung des prev. frz. bagua, bague von altn. baggi, Last (vgl. Mackel 67), ist mindestens unnötig, eher kann man an Zusammenhang mit ags. beag denken; span. baga, Packseil, Last, die dem Maultiere aufgelegt wird. Abgeleitet von baga sind: ital. bagaglio (dem Frz. entlehnt mit Suffixvertauschung, vgl. d'Ovidio, AG XIII 403, ebenso sind span. bagage, ptg. bagagem Lehnworte, freilich aber darf man trotz Eg. y Yang. p. 329 u. Lammens p. 37 nicht Entlehnung aus dem Arabischen annehmen), frz. bagage, Gepäck; ital. bagatella, frz. bagatelle, span. bagatela, kleiner Packen, Lumperei, Kleinigkeit (s. aber den Schlufsabsatz dieses Artikels!); möglicherweise gehört auch bagascia etc. hierher (s. oben baches). Denkbar ist, dafs der Stamm bag identisch ist mit St. bac, wov. *baccinum (s. d.) etc., es würde dann das Becken u. der Becher ursprünglich als Holzgefäfse, bestehend aus einzelnen Stücken (Dauben), oder auch als zusammengenähte Schläuche aufgefafst werden sein. In ital. pacco, pachetto, frz. paquet (Lehnwort) etc. liegt der Stamm pac mit bewahrtem ursprüngl. Anlaute vor.—Worte gleichen Begriffes u. offenbar zu demselben Stamme gehörig besitzen auch die german. u. die kelt. Sprachen (z. B. ahd. backen [?] u. packen, altn. baggi, Last; ir. slaß. pac, bret. pak, vgl. Th. p. 70; Kluge s. v. Pack), sie sind wohl für dem Roman. entlehnt zu erachten (vgl. Th. p. 70) u. dürften in ähnlicher Weise durch den Handelsverkehr übertragen worden sein, wie ital. *pachetto* in das Nbd. Eingang gefunden hat. — [Zum Stamme *bag* ist vielleicht auch zu ziehen ital. *baúle*, Koffer, frz. *bahut*, Truhe, wenn man annehmen darf, dafs *baúle* aus **bag-úle*, *bahut* aus **bag-útum* entstanden sei. Vgl. unten **behuot**.] Zur Erklärung von ba*gatelle* etc. stellt Suchier, Z XIX 414, Folgendes auf: 1. prov. *bagas* (über den Ursprung dieses Wortes giebt S. nichts an, s. unt. **baguiyya**) Bube, *baias* „insipidus" (nach Uc Faidit ed. Stengel 45, 25, vgl. ital. *bajazzo*), Fem. ba*gassa* frz. ba*gasse*. 2. prev. ba*gastel* Hampelmann, Fem. ba*gastella*, Nebenform *bavastel* (an *bavas* angelehnt, über *bagastel* vgl. O. Schultz in Herrig's Archiv Bd. 93 p. 129 Anm.), *baastel* (Nebenf. *balestel*, an *bal* angelehnt; von *b[a]astel* abgel. das noch neufrz. bat*eleur*). 3. Aus prov. ba*gastella*, ital. ba*gatella* (dav. *bagatelliere*), frz. ba*gatelle*. G. Paris, R XXIV 311, stimmt mit manchen Vorbehalten im wesentlichen Suchier bei, dessen Hypothese auch in der That ganz ansprechend u. annehmbar wäre, wenn man nur wüfste, worauf ba*gas* schliefslich zurückgehen soll.

1. ***baga**, s. oben **bag**.

1155) 2. ahd. **bága**, Streit, ist nach Caix, St. 194, u. Gartner, § 22, das Grundwert zu oberital. (u. rtr.) *bega*, „contesa, briga", doch frägt Caix selbst: „ma come spiegare il mutamento della vocale tonica"?

1156) [***bägäcea, -am** f. (f. **vagacea* v. *vagus*) s. unten **baguiyya**.]

1157) **Bagdad** (Städtename, vgl. Eg. y Yang. p. 335), — ital. *Baldacco*, frz. *Baudas*; davon abgeleitet ital. *baldacchino* (in Bagdad gefertigter, golddurchwirkter Seidenstoff, daraus hergestelltes Zelt, ein Thronhimmel); frz. *baudequin, baldaquin*; span. *baldaquin*; ptg. *baldaquino*. Vgl. Dz 38 *baldacchino*.

1158) [***bägina, -am** f. (f. *vagina*), Scheide; dav. nach Parodi, R XXVII 201, ptg. *bainha, baonilha*]

1159) arab. **baguiyya**, Hure; dav. nach Eg. y Yang. p. 331 prov. span. ba*gassa*, frz. *bagasse* Dirne, die Ableitung ist jedoch unwahrscheinlich. S. oben **bag**. Möglicherweise liegt **bagacea* f. **vagacea* (v. *vagus*) Herumstreicherin, zu Grunde. S. unten **vagacea**.

1160) [**bägülo, -äre** (f. *vagulo* v. *vagus*); Parodi, R XXVII 203, ist geneigt, davon oberital. ba*gulare*, schwanken, u. andere Dialektworte abzuleiten.]

germ. **bain** s. kelt. **banno**.

1161) [ahd. **baitôn, beitôn**, warten; davon wollte Caix, R. di f. r. II 176. lomb. bai*ta*, Hütte, u. ital. bet*tola*, Hütte, Schenke, ableiten; für das erstere Wort mag man das geltern lassen, für das letztere aber ist Storm's Vermutung, AG IV 388, vorzuziehen, wonach bet*tola* (mit geschlossenem *e*) aus **bevettola* (v. *bevetta*, frz. *buvette*) gekürzt ist u. folglich auf lt. *bibere* zurückgeht. An **bibita* = frz. *bette, boîte*, leichter Wein, hatte bereits G. Paris, R VIII 618, gedacht, vgl. auch Cohn, Suffixw. p. 133 Anm. Die Herleitung von bet*tola* aus dtsch. *betteln*, die von Ferrari u. Muratori aufgestellt u. von Dz 357 bet*tola* nicht unbedingt verworfen wurde, ist begrifflich unhaltbar.]

1162) **Bajae, -as**, Stadt und warmes Bad an der campanischen Küste; davon rum. *baie* f., Pl. *bäi*, „Bad" u. „Bergwerk", dazu das Vb. *bäiez, ai, at, a*, baden, falls *baic* nicht etwa Lehnwort aus dem Slav. ist, vgl. Dz 36 *bagno*, Ch. *baie*. In allen übrigen rom. Spr. dienen *ba[l]neum* u. **bal[e]neare* zum Ausdruck des Bades u. Badens.

1163) **bäjülo, -äre** (v. *bajulus*), eine Last tragen, (ein Kind tragen, ein Kind aufziehen, die Last eines Amtes tragen, ein Amt verwalten); ital. *balíre*, verwalten; rum. *bãiez, ai, at, a*, aufziehen, pflegen, Pt. Pf. *bãiat* als Shet. „Zögling", vgl. Ch. *baiez*; sard. *baliai*, ertragen; prov. *bailir*, verwalten; altfrz. *bailler* (daneben *baillir*), tragen, handhaben, verwalten, übertragen. Vgl. Dz 36 bai*lo*. Für „tragen" im eigentl. Sinne hat sich *portare* durchweg behauptet.

1164) **bäjülüs, -um** m. (Herkunft unbekannt), Lastträger, (dann: Träger eines Kindes = Pfleger, Erzieher, Träger eines Amtes = Verwalter, Amtmann [vgl. Darmesteter, La vie des mots p. 92]), dazu das Fem. **bajula** mit den entspr. Bedeutungen; ital. (ba*julo*, Lastträger, verdrängt durch *facchino*), *bailo* u. *balivo, balio* (= **bajulivus*), Amtmann; *bâila* u. *bâlia*, (-*o*), Amme, *balía*, Amtei, Vogtei, Amtsbefugnis, Amtsbehörde u. dgl., ba*gliva* Macht, vgl. Canello, AG III 335, wo auch *baggiolo*, „sostegno" = *bajulus* angesetzt wird, wie dies schon vorher von Caix, St. 180, geschehen war; über ital. Dialektworte, welche auf *bajulas* zurückgehen, vgl. Salvioni, Post. 5; rum. fehlen die entspr Sbst.; rtr. *baila*, Amme; prov. *bailieu-s*, Landvogt, bai*la*, Amme; frz. (bai*llif*), bai*lli*, Amtmann, bai*llive*, Amtmännin, bai*llie*, Herrschaft; span. *baile*, Amtmann; ptg. *bailio*, Amtmann. Vgl. Dz 36 bai*lo*.

1165) arab. [*balad* oder arab.] **bâtil** scheint in der Bedtg. „hohle Hand" (es bedeutet u. a. auch „Stadt") das Grundwort zu span. *baladi*, wertlos, ptg. *baladi(o)*, zu sein. Vgl. Dz 429 *s. v.*, Cornu in seiner ptg. Gramm. (in Gröber's Grundrifs § 131 u. 255; C. Michaelis, Frgm. Et. p. 61. Eguilaz *s. v.*).

1166) **bälaena, -am** f. Walfisch; ital. *balena*; frz. *baleine*; span. *ballena*; ptg. *baléa*; das Wort bedeutet überall auch „Fischbein". — F. Pabst.

1167) ***bälaenärius, a, um** (*balaena*), zum Walfisch gehörig; frz. *baleinier* Walfischjäger (Mann u. Schiff); span. *ballener* eine Art Schiff; ptg. *baleeiro* Walfischjäger (Mann u. Schiff).—F. Pabst.

1168) **bála-khaneh**, hervorstehendes, balkonartiges Fenster, Erker, oberes Zimmer, ist nach Wedgwood (s. Dz 42 *barbacane* u. Scheler im Dict.⁶ *s. v.*) das Grundwort zu ital. *barbacane*, Brustwehr mit Schiefsscharten, Stützmauer, Unterwall; rtr. *barbachan*, Stützmauer; prov. *barbacana*; frz. *barbacane*, Verteidigungswerk, jetzt nur: Schiefsscharte; cat. *barbacana*, Fensterdach, Dachvorsprung, Schutzwehr; span. *barbacana*, Aufsenwerk einer Festung. gleiche Bedtg. hat ptg. *barbacã, barbacão*. Die Wedgwood'sche Etymologie befriedigt nicht, ebensowenig thun dies andere Ableitungen aus orient. Sprachen, wie z. B. von arab. *barbakh*, Wasserröhre (+ *khâna* Hans), vgl. Lammens p. 41 (bei Eg. y Yang. wird das Wort nicht besprochen). Sollte das Wort nicht einfach aus *barba* + *canis* zu erklären u. volksetymologisch zu verstehen sein? Das Wort scheint ursprünglich eine aus spitzen Pfählen u. dgl. errichtete Schanze zu bedeuten, eine solche Befestigung konnte mit Bezug auf ihre gleichsam struppige Beschaffenheit vom Volkswitz sehr wohl als „Bart" bezeichnet u. zugleich, weil sie aus einer Art von spitzen Zähnen besteht, mit dem Hund in Verbindung gesetzt werden. Jeder weifs auch, dafs die Volksetymologie sich derartige Scherze gestattet. Baist, Z V 244, hält das Wort für identisch mit altspan. *albacara*, Aufsenwerk (eigentlich „une vaste étable, où les habitants et la garnison d'une forteresse mettaient le gros bétail" Dozy)

u. tritt, namentlich mit Hinweis auf die catalanischen Bedeutungen, nachdrücklich für die Herleitung aus *bâla-khaneh* ein; überzeugend ist indessen
seine Beweisführung keineswegs, namentlich wird
man nicht leicht glauben, dafs *albacara*, das sich,
wie Baist selbst bemerkt, aus *al* + *vacar* (v. *vacca*)
leicht erklären würde, u. *barbacana* im Verhältnisse
von Scheideformen zu einander stehen.

1169) got. **balan**, Blässe, d. h. dunkelfarbiges
Pferd mit weifsen Flecken an der Stirn (vgl. Prokop,
Gotenkrieg I 18); rum. *bâlan*; altfrz. *balam*, *bale*.
Vgl. Suchier. Z XVIII 187 (s. auch ALL IV 601).

1170) **bälätro, -önem** m., gemeiner Possenreifser;
davon nach Schuchardt, Z. f. vgl. Sprachf. XX 270,
das bei Diez 232 unerklärte span. *balandran*
u. ital. *palandrano, -a*, langer Mantel, Regenmantel, eigentl. ein Kleid, wie es übel berüchtigte
Leute trugen. Übrigens ist auch ital. *balandron*,
Gauner, Vagabund, vorhanden. S. unten unter
binnenlaender u. **wallandaere.**

1171) [**bälätro, -äre**, schreien; span. *baladrar*,
schreien; ptg. *bradar*. Vgl. Cornu, R XI 82; Baist,
Z VII 633; anders Diez 430 *baladrar*.]

1172) **bälaustiüm, -i** n. (βαλαύστιον), die Blüte
des wilden Granatbaumes; das Wort ist im Roman.
nur als Kunstausdruck der Architektur in der Bedtg.
„Geländersäule" erhalten: ital. *balaustro* u. *balaustre*; frz. *balastre*; span. *balaustre*, vgl. Dz 37
balaustro. Wegen des unorganischen r vgl. C. Michaelis, Jahrb. XIII 216, u. Storm, R V 168; Beispiele desselben Lautvorganges sind u. a. ital.
giostra v. *juxtare*, frz. *registre* v. *regesta*. Vgl.
Lehmann, Bedtgswandel p. 80.

1173) **balbätïcus, a, um** (v. *balbus*), lallend,
unzusammenhängend, thöricht redend, dumm; rum.
bobletic, einfältig, dumm, s. Ch. *s. v.*; span. *bo-
batico*, dumm.

1174) [**balbecus, a, um** (v. *balbus*), stammelnd,
stotternd, daraus soll nach Storm, R IV 351, durch
Abfall der ersten Silbe (vgl. *basin* aus *bombasin*)
entstanden sein frz. *bègue* (dav. *bégaud*), dazu das
Vb. *bégayer*; altspan. *vegue*. Die Annahme ist
unwahrscheinlich, erstlich weil ein It. *balbecus* eine
gar wunderliche Bildung wäre, u. sodann weil aus
-bècus oder *-bēcus* nimmermehr ein volkstümliches
bègue entstehen konnte. Dz 519 meinte, dafs *bègue*
möglicherweise aus prov. *bavec-s* (span. *babieca*),
alberner Schwätzer (v. *baba*, s. oben), gekürzt sei,
aber auch dies ist unglaubhaft. Das Wort mufs
als noch unaufgeklärt gelten. Horning, Z XXI 450,
leitet *bègue* u. *bissicare* (v. *bissus* v. *bis*) „zweimal sagen" ab, was höchst unwahrscheinlich ist.]

1175) **balbus, a, um** (verwandt mit *balare*, blöken),
stammelnd, lallend; sard. *bovu*, einfältig; ital.
balbo; frz. (*baube*), *è-baub-i*, (*balb-utier*); prov. *balb*
u. *bob*; ptg. *bobo*. Das Rum. u. Span. haben
statt dessen *balbaticus*.

1176) ir. **balc**, stark (Grundbedtg. viell. „fest"),
ist vielleicht das Grundwort zu prov. *balc*, feucht.
Die Ableitung erscheint wegen des Bedeutungswandels als kaum annehmbar. Vgl. Dz 516 *balc*
u. Th. 89. Vgl. No. 1183.

1177) 1. westgerm. (u. ahd.) **bald**, kühn; ital.
baldo, keck, munter, dazu Sbst. *baldore*, Übermut,
baldória, Freudenfeuer, Vb. *s-baldire*, *s-baldeggiare*,
kühn werden; prov. *baut*, *baudos*, Shet. *baudor*;
frz. *baud*, munter (jetzt nur als *balare* in der Bedtg.
Parforcehirsch), dazu das Dem. *baudet*, Zuchtesel
(eigentlich das muntere, übermütige Tier), Shst.
baudour (daneben *baldise*, *baudise*, womit *badise*

wohl identisch ist, vgl. Leser p. 78), altfrz. *esbaldir*, übermütig werden; span. *baldo* etc. werden
ihrer Bedtg. wegen besser von arab. ba'tala (s. d.)
abgeleitet. Vgl. Dz 38 *baldo* und 518 *baudet*;
Mackel p. 61; Th. Braune, Z XVIII 519.

1178) 2. german. (engl.) **bald**, kahl; dav. leitet
Nigra, AG XIV 269, ab frz. *baud*, haarloser, ber-
berischer Hund, u. *baudet*, Esel (weil dies Tier im
Vergleiche zum Pferde haarlos ist). Höchstens aber
für *baad* ist die Ableitung zu billigen (falls das
Wort nicht etwa einer afrikanischen Sprache ent-
stammt), keinesfalls für *baudet*, das von Dz 518
s. v. ganz befriedigend erklärt ist.

1179) abd. **bald(e)rich**, Gurt; die ursprüngl. Bdtg.
des Wortes lebt im Roman. nur in Ableitungen fort:
ital. *budriere*, Gürtel, Degengehenk; prov. *baudrat-z*; frz. *baldre*, *baldret*, *baudré* (nur altfrz.),
baudrier, altfrz. *esbaudré*, die vom Gurt umspannte
Mitte des Leibes; ptg. *boldrié* (Lehnwort). Vgl.
Dz 518 *baudré*. — Das germ. Grundwort hat im
Roman. die Bedtg. „Bauch" (d. i. der vom Gurt
umspannte Körperteil) angenommen: ital. (parm.)
bodriga, vgl. jedoch Mussafia, Beitr. 35 Anm.;
span. ptg. *barriga* (wenn dies nicht vom Stamme
barr abzuleiten ist, vgl. Dz 430 *s. v.*

1180) [**bälïänus, a, um** (von dem griech. Pferde-
namen *Βαλιός*, Ilias XVI 149, XIX 400), gesprenkelt, scheckig, soll nach Wölfflin (Sitzungsb. d. k.
bayer. Akad. d. Wiss., phil.-hist. Cl. 1894 Heft 1
p. 107) das Grundwort zu ital. *balzano* etc. sein,
doch ist diese Ableitung lautlich unannehmbar. S.
unten **balqä** u. nameutl. *balteanus.*]

1181) **bäl(ï)nëo, -äre** (v. *balineum*), baden; ital.
bagnare; (rum. *baiez*, *ai*, *at*, a, gleichsam *bajare*
v. *Bajae?*); prov. *banhar*; frz. *baigner*; cat. *banhar*; span. *bañar*; ptg. *banhar*. Vgl. Dz 36
bagno; Gröber, ALL I 248.

1182) **bäl(ï)nëum, -i** n. (gr. βαλανεῖον), Bad;
ital. *bagno* (aret. *baregno* = *balineum*, vgl. Caix,
St. 182); (rum. *baie* = *Bajae* oder dem Slav.
entlehnt?); prov. *banh-s*; frz. *bain* (daneben als
Fremdwort in der Bedtg. „Gefängnis für Galeeren-
sklaven" *bagne*); cat. *bany*; span. *baño* (daneben
baña, sumpfiger Ort); ptg. *banho*. Vgl. Dz 36
bagno; Gröber, ALL I 248; Meyer, Ntr. 164 f.
An den beiden ersten Stellen wird bemerkt, dafs
nach der Konsonantierung von e (*balnjo*) das l
nicht mehr aussprechbar gewesen sei. Das ist bei
den romanischen Lautverhältnissen richtig, befremdlich
aber ist, dafs l nicht vokalisiert wurde (*baunjo*,
bonjo). Die Wortsippe scheint durch eine Fremd-
sprache beeinflufst worden zu sein, aber durch
welche? Man könnte an das Spätgriech. (Mittelgriech.) denken, in welchem (auch einer brieflichen
Mitteilung Thumb's) ein *βανεῖον* od. *βάνειον* vorhanden gewesen zu sein scheint, aber vermutlich
ist dies griech. Wort dem Romanischen entlehnt,
nicht umgekehrt. Das slav. *banja* „Badstube" (dazu
das Vb. *banitj*) scheint dem griech. entnommen
worden zu sein, kann also auch nicht auf das Roman. eingewirkt haben, was übrigens von vornherein
unglaubhaft sein würde. Es ist wohl *bagnum*
nach *stagnum* gebildet worden. — Dafs *bagno* auch
zur Bezeichnung des Gefängnisses für Galeeren-
sklaven gebraucht wurde, erklärt sich leicht daraus,
dafs in der Regel die schwimmende Galeere selbst
der Kerker eines solchen Sklaven war.

1183) germ. **balko** schw. m. (ahd. *balcho*) oder
balk (st. m.?), Balken (vgl. Mackel p. 58) = ital.
balco u. *palco*, Gerüst; altfrz. *baue*, nfrz. *bau*,

Querbalken; span. ptg. palco, Tritt, Bühne u. dgl. Mit roman. Suffix: ital. balcone, frz. balcon (Lehnwort); span. balcon; ptg. halcão. Vgl. Dz 37 balco u. 517 bau. — Nach Scheler's (im Anhang z. Dz 783) geistvoller Annahme ist von altfrz. baue ein Vb. *baucher („aus Balken zimmern, eine Hütte bauen") u. von diesem das Vbsbst. bauche („Balkenbau, Arbeiterhütte. Werkstätte", in letzterer Bedtg. von Ménage angeführt) abgeleitet worden; daraus erklären sich die Verba em-baucher (gleichsam *imbalcare), einen Gesellen in die Werkstatt nehmen, anwerben, débaucher (gleichsam *de-ex-balcare), einen Gesellen aus der Werkstatt locken, jem. verführen; ébaucher bedeutet eigentl. „einen Bau über das erste Gerüst hinausbringen, aus dem Groben herausarbeiten, die erste Anlage fertig stellen". (Scheler leitet ébaucher von bauche in der Bedtg. „Tünchwerk" ab, „wenn es nicht aus altfrz. esbocher = it. sbozzare verderbt ist".) Kaum aber dürfte dem auf balko zurückgehenden bauche die Bedtg. „Tünchwerk" zukommen, es hat vielmehr, wenn das Wort scheinbar in dieser Bedtg. gebraucht wird, Verwechslung mit bauge stattgefunden; letzteres Wort dürfte auf kelt. balc [s. oben] zurückgehen, der Grundbedtg. von balc nach scheint „fest" gewesen zu sein, vgl. Th. p. 89, folglich konnte ein von balc abgeleitetes Sbst. zur Bezeichnung einer festigenden, klebenden Substanz (Mörtel u. dgl.) dienen, weiterhin auch zur Bedeutung „schmutziger, klebriger Ort" gelangen; möglicherweise läfst sich auf ähnliche Art auch das prov. Adj. balc, feucht, begrifflich mit dem gleichlautenden kelt. Worte verbinden.

1184) Stamm **ball, bal** (womit sich wohl *ballf. vall, wov. vallus Futterschwinge, kreuzt); auf diesen Stamm, der aus dem Griech. (βάλλειν, πάλλειν etc.) in das Lat. verpflanzt worden sein dürfte u. dessen ursprüngliche Bedtg. „werfen, in kreisende Bewegung versetzen, herumschwingen" gewesen zu sein scheint, geht eine umfangreiche romanische Wortsippe zurück, deren wichtigste Vertreter sind: a) Verba: ital. ballare, tanzen (in dieser Bedtg. schon im Lat. b. Augustin. z. B. serm. 106, 2 ed. Mai); pallare, Ball spielen; balicare, schwanken, flattern; vielleicht auch balenare, blitzen (Dz 355 baleno wollte das Wort von gr. βέλεμνον ableiten, vgl. auch ob. No 408); comask. balà, schwanken; piem. balé, schütteln; parm. baltar, schwingen. Vgl. Schuchardt, R IV 253. Prov. balar, tanzen; frz. altfrz. baler, tanzen; baloier, schwanken, flattern; cat. balejar, Getreide schwingen; span. u. ptg. baiilar, tanzen, a-balar, erschüttern.

b) Substantiva: α) in der Bedtg. „Kugel, Ball, Tanz": ital. balla, palla (gr. πάλλα), mit Augmentativsuffix ballone; prov. bala; frz. balle, Kugel (davon ballon u. ballot, wov. wieder balloter), bal (Vbsbst. z. baler); span. u. ptg. bala, Kugel, baile, Tanz. — β) in der Bedtg. „schwankendes Reis, Rute, Rutenbesen" frz. baloi, balai (v. baloiier, balaiier, balayer, das Vb. übernahm dann vom Sbst. die Bedtg. „kehren"; balai aus dem Kelt. abzuleiten, wie Dz 516 s. v. will, ist unmöglich, vgl. Th. p. 89). — γ) in der Bedtg. „Blitz" ital. baleno. Ganz anders, nämlich aus bis + *lucinare (vgl. tosc. baluginare), erklärt das Wort Caix, St. 7; noch anders, nämlich aus *albenum, Nigra, vgl. No 408.

Vgl. Dz 38 balla (wo die betr. Subst. aus ahd. balla etc. abgeleitet werden; ein zwingender Grund dazu liegt aber nicht im mindesten vor, obwohl Kluge s. Ball es anzunehmen scheint; Mackel p. 59

läfst die Frage unentschieden), 38 balicare, 39 ballare, 516 balai, Schuchardt, R IV 253.

*balla s. ball.

1185) [*ballätörium n. (f. vall. v. vallis), nach Parodi, R XXVII 205 = ital. ballatojo, bedeckter Gang, Galerie.]

*ballico, -äre s. ball.

1186) [*ballis, -em f. (f. vallis), Thal; über Reflexe dieser Form in ital. Mundarten vgl. Parodi, R XXVII 205.]

1187) ballistä, -am f. (v. βάλλειν), Wurfmaschine; ital. balista, Schleuder, balestra (mit offenem e), Armbrust, vgl. Canelle, AG III 321; obw. ballester; span. ballesta, ptg. besta, vgl. Meyer-L., Z. f. ö. G. 1891 p. 767.

1188) ballistäriüs, -um (v. ballista), Schleuderschütze; ital. balestrajo, „chi fa balestre", e balestriere, „soldato armato di balestra", Canelle, AG III 304.

1189) [*ballittum n. (f. vall. v. vallis), nach Parodi, R XXVII 205. = altfrz. balet kleines Thal.]

1190) arab. ballû't, Eichel, Kastanie (vgl. Freytag I 153a); ital. ballotta, gesottene Kastanie; span. bellota, Eichel; ptg. belota, boleta, bolota, Eichel. Vgl. Dz 432 bellota.

1191) [*balma, -am f. scheint als Grundwort für prov. cat. altfrz. balma, balme, baume, Felsgrotte, angesetzt werden zu müssen; andere Ableitungen dieser Form. Worte sind unhaltbar, weder im Germ. noch im Kelt. findet sich ein Stamm, der sich heranziehen liefse, freilich auch im Lat. nicht, falls man nicht etwa mit Cohn, Z XIX 57, ein *bassima, Superl. v. bassus, ansetzt (s. oben unter abominatus) oder etwa das mutmafsliche *balma für aus ball + ma(t) entstanden ansehen u. also für mit griechischem Suffixe gebildet erachten will, balma würde dann eigentl. das „Gehobene, Gewölbte" bedeuten; der Geschlechtswechsel (Ntr.: Fem.) hätte nichts Auffallendes an sich, s. Meyer, Ntr. 93. Vgl. Dz 516 balme.]

1192) bälo u. bělo, -äre, blöken; ital. belare; rum. sbier, ai, at, a; frz. bêler (gehört nur sicherbar hierher, in Wirklichkeit ist es = *badillare, woraus zunächst baeler entstand; mit béler identificiert Doutrepont, Z XXI 231, pic. bèrlè „criailler, pleurnicher"); prov. cat. belar; span. belar (berrear); ptg. belar (berrar). Vgl. Dz 48 belare; Gröber, ALL I 249. Aus ba(lare) + latrare entstand nach Caix, Z I 422, span. baladrar; (ptg. braadar, bradar). S. latro.

1193) arab. balqâ, weifs u. schwarz gesprenkelt, weifsfüfsig (vom Pferde), ital. balzano, auch Devic (s. Scheler im Anhang zu Dz 753) Grdw. zu ital. balzano, prov. bausan, altfrz. bauçant, über dessen Bedtg. man vgl. Böhmer, RSt I 260 ff. (nfrz. balzan, schwarzes oder rotbraunes Pferd mit weifsgefleckten Füfsen, ist Lehnwort aus dem Ital.). Dz 355 balza leitete das Wort von *balteanus (v. balteus) ab, die ursprüngl. Bedtg. würde dann etwa „gesäumt" gewesen sein. Die Ableitung aus dem Arab. genügt dem Begriffe, aber (weil q nicht zu ç werden kann) nicht dem Lauten. Das richtige Grundwort dürfte *balteanus sein, vgl. Densusianu, R XXIV 586 (s. auch oben balianus).

1194) bask. **balsa,** Sammlung, Anhäufung, soll nach Dz 430 s. v., der sich wieder auf Larramendi beruft, das Stammwort sein zu cat. bassa, span. balsa, Pfütze, Flofs, ptg. balsa, Strobgeflecht, Gestrüpp. Die Ableitung aus dem Bask. ist wenig glaubhaft, wenigstens für das ptg. Wort, das eher aus baltea (gürtelartige Einfassung, Saum, daher ein Geflecht u. Gebüsch, welches zur Einfassung dient) zu erklären sein dürfte.

1195) balsămīna (Fem. des Adj. balsaminus, a, um, Plin. H. N. 23, 92) = frz. balsamine, wall. volksetymologisch benjamine, beljamine, vgl. Fals, RF III 492. Das Wort findet sich auch sonst im Rom.

1196) balsămŭm, -i n. (gr. βάλσαμον), Balsamstrauch, ·saft; ital. balsamo, balsimo; frz. baume; span. bálsamo; ptg. balsamo. Vgl. Leser p. 73 (wo altfrz. balsime angeführt wird).

*baltearius, a, um (v. balteus) s. oben balqā.

1197) [*balteātus, a, um (v. balteus) = rum. bălţat gefleckt, vgl. Densusianu, R XXIV 586.]

1198) baltĕŭs m. u. **baltĕŭm** n., Gürtel; ital. balza, in der Bedtg. „Saum" (in der Bedtg. „Absturz, Abhang" ist es Vbsbst. zu balzar = *balluzzare v. ballare); rum. balţ, bilţ. Schnur, Netz; ptg. balsa, Banner (vgl. auch oben balsa), balzo, (gedrehtes Tau). Aufserdem ist das Wort in der gelehrten Form bilteo u. in der Bedtg. „Wehrgehänge" im Ital., Span. u. Ptg. vorhanden. Lat. balteus wurde durch das gleichbedeutende ahd. balderich (s. d.) vielfach verdrängt, u. wo es sich erhielt, erhielt es sich eben nur in den angegebenen abgeleiteten Bedeutungen. — Meyer-L., Rom. Gr. I § 17 am Schlusse, leitet auch ital. balza, Vorsprung, balsare, springen von balteus ab.

1199) bălŭx, -ŭcem f. (iberisches Wert, Goldsand, b. Plin. H. N. 33, 77) = span. baluz, kleiner Goldklumpen, vgl. Dz 430 s. v., die Ableitung ist jedoch zweifelhaft.

1200) germ. ***balvāsi, *balowāsi** (entspr. got. *balvasēsis, balvasesci, vgl. Mackel p. 71) soll nach Dz 201 malvagio das Grundwort sein zu ital. malvagio (wahrscheinlich Lehnwort), bös, schlecht; prov. malvatz, ·vaitz; frz. mauvais. Bugge, R IV 362, hat die Diez'sche Ableitung mit guten Gründen bestritten (was Fals, RF III 513, wieder zu ihren Gunsten bemerkt hat, ist belanglos) und ein *malvatius als Grundwort aufgestellt, welches er wieder aus *malvatus = male elevatus, schlecht erzogen, böse, entstanden sein läfst, (span. malvado, böse, prov. malvat, altfrz. mauvé, vgl. Dz 465 malvado). K. Hofmann, ALL I 592, will mauvais u. malvado v. *malvax, *malvatus herleiten (v. malva, die Malve, die Adj. sollen bedeuten „weichlich wie Malvenblätter", die Begriffe „weichlich" u. „schlecht" aber nach antiker Auffassung sich nahe berühren). Die Hypothese ist geistvoll, aber unwahrscheinlich; übrigens kann aus *malvax (u. ebensowenig aus malvaceus) weder malvagio noch mauvais entstehen. Gröber, Misc. 45, erklärt malvagio etc. aus male + vatius (male würde dabei als Gradationsadverb aufzufassen sein, so dafs male vatius eigentlich bedeutet „häfslich, krumm, sehr krumm", der Bedeutungsübergang von „krumm" zu „schlecht" hätte sein Analogon in tortum : tört). Auch bei dieser Ableitung kann man sich nicht beruhigen, erstlich weil male als Gradationsadverb nicht gebraucht wird, sodann weil das Simplex vatius im Roman. fehlt. Über das Grundwort *malvatius kommt man freilich nicht hinaus, aber es mufs für dasselbe eine andere Ableitung u. Begründung gesucht werden. Schuchardt, Z XX 536, hat malefatius als Grundwort aufgestellt —, ein sehr ansprechender Vorschlag, wenn nur der Wandel von f zu v glaublicher gemacht werden könnte, vgl. indessen vices : fois, (freilich aber handelt es sich

da um anlautendes f), scrofellas : scrovellas : écrouelles (hier stand aber v zwischenvokalisch).

1201) *bămbācĕŭm, *bŏmbācĕŭm, -i n. (v. bombyx), Baumwolle; ital. bambagio, bambagia; das übliche Wert für Baumwolle ist im Rom. das arab. (al)-qo'ton geworden; ital. cotone, frz. coton, span. algodon, ptg. algodão (dtsch. Kattun). Vgl. Dz 39 bambagio u. 111 cotone. Vgl. oben al-qo'ton.

1202) bambinaria (v. *bambus, bambino), zum Kinde gehörig: ital. bambinaja „bambinaggine, donna che custodisce i bambini", bambinéa „cosa dolcissima e soavissima da bambini", vgl. Canelle, AG III 304.

1203) bambŏrĭŭm, -i n. (vom Stamme bamb-), ein „bam bam" tönendes musikalisches Instrument (Serg. expl. in Donat. 532, 2, ed. Keil): Gröber, ALL I 248, leitet von diesem lt. Worte ab: span. bamb-aro-tero, Schreier, bambolla, eitles Gepränge: limous. bamborro, Bafsinstrument, gascogn. bamborlo, Geschwätz.

1204) *bambus, a, um (v. einem Stamme bamb-, aus welchem die lat. Name Bambalio abgeleitet ist, derselbe Stamm dürfte im griech. βαμβαλίζειν, stammeln, vorliegen), eigentl. stammelnd, dann einfältig; ital. bambo, bamba, einfältig, kindisch, dav. Deminutiva bambino, bambolo, -a, Puppe, Kind, Pejorativ bamboccio (frz. bamboche), Vb. bamboleggiare, Kinderein·treiben; span. bambarria, Dummkopf, bamb-oehe, kleiner. dicker Knirps. — Die ursprüngliche Bedtg. des Stammes bamb- dürfte eine onomatopoietische gewesen sein, indem damit das Platzgeräusch bezeichnet worden zu sein scheint, welches durch wiederholtes Schliefsen u. Öffnen der Lippen, wie es bei den der Sprache wenig mächtigen Personen (Kindern, Stammlern) vorkommt, erzeugt wird (ba-ba, bam-ba). Wenn dem so ist, so konnte derselbe Stamm sehr wohl auch zum Ausdruck des Geräusches dienen, welches ein hin- und herschaukelnder u. dabei anstofsender Gegenstand hervorbringt (das deutsche bim-bam, bum-bum). Demnach würde Dz ganz mit Recht span. bamba, Schaukeln, bambolear, schaukeln, u. sonstige roman. Worte verwandter Bedtg. auf diesen Stamm zurückgeführt haben. Vgl. Dz 39 bambo; Gröber, ALL I 248, wo über die Worte mit der Bedeutung des Schaukelns bemerkt wird, dafs sie von dem Begriffe des Stammelns u. „mit den Zähnen klappern", die dort geltend gemacht werden, „zu weit abliegen, um hierher gestellt zu werden". Da es sich aber eben um einen onomatopoietischen Stamm handelt, so erscheint die Annahme statthaft, dafs derselbe im Lat. einen weiteren Bedeutungskreis gewann, als im Griechischen.

1205) *bampa f. vampa (u. *bapörem f. vapörem); über Reflexe dieser Formen vgl. Parodi, R XXVII 205.

1206) germ. Stamm **band** aus **bandv,** mit Abfall des ableitenden -(n)d[-v] **ban** (v. √ba, idg. bha, laut sprechen), Zeichen, ein Zeichen geben, vgl. Mackel p. 69; ital. bando, Aufgebot; prov. (auri-)ban-s, Goldbanner; altfrz. ban, Fahne, davon baniere (prov. baneira, bannière (dtsch. Panier), altfrz. banerez (-ès), baneret, vgl. Tobler, Sitzungsb. der Berl. Akad. d. Wiss., phil.-hist. Cl., 19. Jan. 1893). Tobler, Z III 572, war geneigt, in banquet ein an banc sich anlehnendes Demin. v. ban zu erblicken, so dafs das Wort ursprünglich „Einladung" bedeutet haben würde, aber die von G. Paris, R IX 334, dagegen geltend gemachten Gründe sind überzeugend. S. auch No 1213.

1207) got. **bandi** *f.*, westgerm. *banda, Band; ital. banda, Binde, Bande, dav. bandiera, Fahnenband, Fahne; prov. banda, dav. bandiera; frz. bande, dav. banderole, das dann in penderole umgedeutet werden zu scheint, vgl. Cohn, Suffixw. p. 260; span. banda, dav. bandera; ptg. banda, dav. bandeira. Vgl. Dz 40 banda; Mackel p. 58 u. 69, s. auch oben band.

1208) [*bandleo, -äre, banleo, -äre (gleichs. Ableitung vom Stamme ban-dv, s. oben) = altfrz. banoiier (wie eine Fahne) flattern, hin u. her sich bewegen, sich umhertreiben, sich belustigen, sich erholen; in den letzteren Bedeutungen ist das Komp. esbanoiier gewöhnlicher.]

1209) [*bandlo, -īre (= germ. *bandjan vom Stamme bandv), durch Ruf ein Zeichen geben, jem. laut entbieten, vor Gericht laden, verurteilen, verbannen; ital. bandire (Pt. Pf. bandito, der Geächtete, der vogelfreie Verbrecher); prev. bandir; span. ptg. bandir. Vgl. Dz 40 bando; Mackel p. 69.]

1210) [*band-o, -önem (abgeleitet vom germ. St. ban-d mittelst des roman. Suffixes -on) = altfrz. bandon, Verkündigung, Ermächtigung, Vollmachteerteilung, Gestattung eines freien u. willkürlichen Verfahrens, vgl. Burguy II 266; a bandon, nach Willkür, nach Belieben, dav. das Vb. abandonner etwas der Willkür jemandes überlassen, preisgeben (vgl. Förster zu Erec 17). Vgl. Dz 40 bando.]

1211) germ. bank, st. f. u. st. m. (vgl. Mackel p. 57), Bank; ital. banco u. banca, dazu das Vb. banchettare, Bänke (an Tische) hinstellen, ein Zimmer für ein Gastmahl fertig machen, ein Gastmahl halten, daher das Sbst. banchetto, frz. banquet, Gastmahl; frz. banc (so auch prov.) u. banque (letzteres wohl dem Ital. entlehnt, wie Laut u. Bedtg. anzeigen), von banc viell. abgel. bancal, krummbeinig (bancroche viell. Kreuzung von bancal u. croche), vgl. Marchet, Z XIX 100; im Span. u. Ptg. lauten die Formen der Worte wie im Ital. Vgl. Dz 40 banco. Dafs an kelt. Ursprung der Worte nicht zu denken, bemerkt Th. p. 43. Über banquet vgl. Tobler, Z III 572 (der es von ban herleitet), u. dagegen G. Paris, R IX 334.

1212) [*bankārius, -um m. (v. bank), Inhaber einer Wechselbank; ital. banchiere etc. Vgl. Canelle, AG III 304.]

1213) [germ. ban + gall. leuga, gallische Meile, = frz. banlieue, Bannmeile, Gerichtsbezirk, Weichbild, vgl. Dz 517 s. v.]

1214) germ. ban(n) (v. √ ba, idg. bha. laut sprechen, vgl. lat. fari, vgl. Mackel p. 69, Burguy II 265), öffentliche Verkündigung, prov. frz. ban.

1215) [*ban(n-)ālis (adjektivische Ableitung vor germ. ban) = frz. banal, einem Aufgebote unterwerfen, einem Herren- oder Gemeinderechte unterstehend, einer Gemeinde zugehörig (z. B. taureau banal, Gemeinde-Zuchtbulle), daher: allgemein, gewöhnlich, abgedroschen, vgl. Burguy II 266.]

1216) [*bannio, -īre (= altnfränk. bannjan, vgl. Mackel p. 69), entbieten, vor Gericht laden etc., (s. oben *bandio), = frz. bannir. Vgl. Dz 40 bando.]

1217) keltisch, bezw. gallisch banno-, Horn; dav. prov. ban-s, bana; altfrz. bane; cat. banya. Vgl. Meyer-L., Z XIX 273; kelt. Ursprung hatte auch Diez (517 ban) schon vermutet, ihm widersprach aber Thurnoysen p. 90. Mackel p. 115 stellte germ. bain „Bein, Knochen" als Grundwort auf.

1218) [*bannus f. vannus; dav. nach Parodi, R XXVII 206, ptg. abano, Fächer, abanico, abanar.]

1219) bäptĭstērium n. (βαπτιστήριον), Tanfstein; tosc. battisteo, vgl. Salvioni, Post. 5; frz. baptistère (über die lautliche Entwickelung des Wertes vgl. Cohn, Suffixw. p. 286, s. auch Berger s. v.), über das Adj. baptistaire vgl. ebenda p. 289 Anm. 2.

1220) băptĭsmŭs, -um m. (gr. βαπτισμός) u. băptīzo, -äre (gr. βαπτίζειν), Taufe u. taufen, sind in gelehrter, bezw. halbgelehrter Form in alle rom. Spr. übergegangen: am weitesten entfernt sich von den Grundworten rum. botez, Pl. botezuri, u. botez, ai, at, a, s. Ch. s. v. Bemerkenswert ist auch altfrz. baptisier, batoiier, vgl. Berger s. v.; cat. batiar u. batejar. vgl. Ollerich p. 12. ahd. bärn, Trage, s. běra.

1221) [*baranea (v. barus = baro, Mann), Mannweib, unfruchtbares Weib, soll nach Diez' Vermutung Grundwort sein zu dem altfrz. Sbst. barnigne, unfruchtbare Frau, woraus durch Umstellung des r nfrz. Adj. bréhaigne, unfruchtbar, entstanden wäre. Das bret. brec'hagn ist erst aus dem Frz. entlehnt. Vgl. Dz 532 bréhaigne; Th. p. 93.]

1222) bärbä, -am f. (aus bardha, vgl. Vaníček I 565), Bart; das Wort ist in derselben Form in alle rom. Spr. übergegangen (frz. barbe, dazu barbet, Pudel, vgl. Cohn, Suffixw. p. 187, barbelle, barbellé, vgl. Cohn, p. 23 u. 199), auch die Bedtg. ist dieselbe geblieben, zu bemerken ist nur, dafs im Ital., Rtr. u. Altfrz. das Wort als Verwandtschaftsname (zur Bezeichnung des Vaterbruders, Oheims) gebraucht wird, vgl. Dz 355 s. v.

[*barbacana, -am f. s. oben băla-khaneh.]

1223) *bărbăctŭm, -I n. (f. vervactum), Brachacker; sard. barvatu; span. barbecho; ptg. barbeito. (Prev. garag-z, frz. guéret gehen, wie das anlautende g anzeigt, auf vervactum zurück. Das Gemeinitalienische kennt das Wort nicht, braucht statt dessen *maggese = *majensis.) Vgl. Dz 42 barbecho; Gröber, ALL I 248. S. unten vĕrvăctŭm.

1224) [*bărbănŭs, -um m. (v. barba) = ital. barbano, Oheim, vgl. Dz 355 barba.]

1225) [*bărbărīŭs, -um m. (v. barba), Bartschneider; ital. barbiere u. barbiero u. dem entsprechend in den übrigen rom. Spr.]

1226) bärbărĭŭs, -a, um (gr. βάρβαρος, barbarus, non barbarApp. Probi 36, vgl. ALL XI 62), barbarisch, wild; in seiner (abgesehen vom Nominativ -s) vollen Gestalt ist das Adj. den roman. Spr. nur als gelehrtes Wort bekannt. — Vermutlich aber geht auf barbarus (: brabarus : *brabus) zurück ital. bravo, dav. Sbst. bravura (frz. bravoure); prov. brau, bravo; [frz. brave Lehnwort (dav. im 17. Jahrb. das deutsche brav), eigentl. frz. Ferm würde *bref sein, viell. auch *brou, worauf rabrouer hinzudeuten scheint] span. ptg. bravo, vgl. die scharfsinnige und interessante Untersuchung von Cornu, R XIII 111. — Andere Ableitungen des Wortes bravo sind: 1. von *rabus (Grundwort zu rabidus), mit vorgeschlagenem b *brabus (Ménage); 2. von rabidus, b-rabidus (Storm, R V 170, vgl. dazu Baist, Z V 563, W. Meyer, Z VIII 219 u. Schuchardt, Roman. Etym. I 42, Sch. verteidigt nachdrücklich Storm's Ableitung unter Hinweis auf span. ptg. bravío f. *brávio, gleichs. * brabidus f. brábidus u. ital. brado „junger Stier" für *brab'do, der Anlaut br soll von bragire, bradere, bramare entlehnt sein); 3. von kymr. brau, Schrecken (Dz 65 bravo, vgl. Th. p. 48); 4. v. pravus (Dz a. a. O.); 5. v. ahd.

raw, roh (Dz a. a. O.); 6. von *fru* in *defrutum*, abgekochter Most (Böhmer, Jahrb. X 196); 7. von got. Adj. *blaggvus* (zu *bliggvan*, schlagen), denn bravo soll zunächst von den an das Ufer anschlagenden Wellen („unde brave") gesagt werden sein (Brinkmann, Metaphern 443 ff.). Einer Widerlegung bedürfen alle diese Etymologieen nicht, da sie den Stempel der Unmöglichkeit zu deutlich an sich tragen.

1227) **bärbātūs, a, um** (v. barba), härtig; das Adj. ist in der entspr. Form in allen rom. Spr. vorhanden (frz. jedoch *barbé*, vgl. Cohn, Suffixw. p. 187 (u. 183), u. *barbu* = *barbatus*, auch ptg. *harbudo* neben barba*do*), bemerkenswert ist nur, dafs rum. *bărbăt* auch als Sbst. in der Bedtg. „Mann, Ehemann" gebraucht wird.

1228) ***bärbea** *f.* (barba) = ital. *bárgia* „*giogaja*", vgl. Zambaldi *s. v.*; davon *bargiglio* „*carne pendente dal collo dei galli e anche dei becchi*", vgl. d'Ovidio, AG XIII 404.

1229) **bärbītium** *n.* (barba), Bartwuchs, Bart; ital. *barbigi*, venez. *barbisi*, mail. *barbis*, vgl. Salvioni, Pest. p. 5; Meyer-L., Ztschr. f. österreich. Gymn. 1891 p. 767.

1230) [***bärbūlĭo, -āre** (v. barba), in den Bart hinein murmeln, unverständlich reden, = ital. *barbugliare*, span. *barbullar*, frz. *barbouiller* (bedeutet auch „beschmutzen", eigentl. in den Bart spucken) (daneben span. *barbotar*, cat. *barbotejar*, mail. *barbottá*, pic. *barboter*). Vgl. Dz 58 *barbogliare*, s. auch unten **bullare.**]

1231) **barbūs, -um** *m.*, Barbe, Cyprinus barba L. (Anson. Mos. 94 u. 134); ital. barbo u. *barbio*; rum. barb, s. Ch. *barbă*; (frz. barbeau = *barbellus*); span. ptg. barbo.

***bärbūtūs, a, um** (v. barba), s. barbatus.

1232) **bārcă, -am** *f.* (aus *bārĭcă* v. gr. βᾶρις, Nachew), Kahn (Paul. Nol. carm. 21, 95; Corp. insor. lat. 2, 13, Isid. 19, 1, 19. Vgl. Bücheler, Rhein. Mus. XLII 585); dies Sbst. ist in alle rom. Spr. übergegangen, Bedeutungsänderung ist nirgends eingetreten, eine Lautänderung nur im Prev.(barja) u. im Frz. (altfrz. barge, nfrz. berge, welches letztere Wort aber in der Bedtg. „Uferabhang" auf das deutsche „Berg" zurückgeht, falls es nicht keltischen Ursprunges ist, vgl. Th. p. 43; nfrz. barque ist aus dem Ital. entlehnt). Vgl. Dz 42 barca. Herleitung des Wertes vom kelt. (ir.) barc (vgl. Th. p. 43) oder aus dem altn. barkr ist entschieden abzulehnen, vgl. Mackel p. 68.

1233) [***barcaneo, -āre** (v. barca), Waren zu Schiff hin- u. herfahren, handeln, ist vielleicht das Grundwert zu ital. *bargagnare*, handeln, unterhandeln, feilschen, dazu Vbsbst. *bargagno*, prov. *barganhar*, frz. *barguigner*, feilschen, zaudern (dazu altfrz. Vbsbst. *bargaine*, umständliches Benehmen), ptg. *barganhar*, Tauschhandel treiben. Vgl. Dz 43 *bargagno*. Bedenklich ist bei dieser Ableitung freilich das an barca angetretene Suffix. Besprechen wird dies Wort (sowie das in ital. Mundarten sich findende Vb. *bragagnar*, tasten) von Mussafia, Beitr. 37. Scheinbar ansprechend ist Ulrich's Vermutung, Z III 266, dafs *bargagnare* aus einem got. ***baurgnjan**, ahd. ***borganjan** abzuleiten sei, freilich aber sind die von Mackel p. 53 dagegen geltend gemachten lautlichen Einwendungen durchaus überzeugend. G. Paris allerdings bemerkt, R VIII 629, Ulrich's Ansicht sei „à prendre en sérieuse considération".]

1234) **bărcĕlla, -am** *f.* (barca), kleine Barke; pav. barce*la*; piac. *barcé*, vgl. Salvioni, Post. 5.

1235) [***bar** (= *bis*) **-cŏrrŏtŭlo, -äre**, widerlich rollen; dav. viell. ital. *barcollare*, hin- und herschwanken, vgl. Pascal, Studj di fil. rom. VII 89.]

1236) arab. **bardag**, Sklave, vielleicht Grundwert zu ital. *bardascia*, Knabe, der zur Unzucht gebraucht wird (im Sard. bedeutet das Wert auch Knabe schlechtweg u. im Piemont. u. Mailänd. hat es nur diese schlechthinnige Bedtg.), altfrz. *bardache* (das Wort bedeutet auch „Stange"), span. *bardaja*. Vgl. Dz 42 *bardascia*; Eg. y Yang. p. 340.

1237) altn. **bardi**, Schild; viell. Grundwert zu ital. *barda*, frz. barde, span. barda; diese Werte bedeuten „Pferdebarnisch (gleichsam Schild des Pferdes)", aber auch „Sattel", „Mauerbedeckung" u. „(wie ein Schild um den Braten gewickelte) Speckschnitte". Alle diese Bedeutungen lassen sich, da sie in dem Begriffe des Bedeckens zusammentreffen, sehr wohl mit einander vereinen, auch span. al-bar*da*, Saumsattel, ist wohl dasselbe, nur mit dem Artikel verbundene Wert u. braucht nicht auf arab. al-bar*da'ah*, Sattelunterlage, zurückgeführt zu werden. Dagegen dürfte altfrz. barde in der Bedtg. „Zimmeraxt" (auch rum. *bardă*) vom ahd. barta, ndl. barde, Hacke, abzuleiten sein. — Ableitungen von barda „Perdebedeckung" sind: ital. bard*ella*, bard*ell*one, prev. bard*el-s*, frz. bard*elle*, Sattelkissen, ital. bard*otto*, frz. bardot, Sattelteir (Maulesel), endlich frz. bardeau, Schindel (gleichsam Decke des Daches). Vgl. Dz 42 bar*da*; Mackel p. 59.

1238) mlat. **barigildus** („sicher ein deutsches Wort, aber von unklarem Ursprung" Dz) = ital. bar(*i*)gello, Häscherhauptmann, altfrz. barigel, span. ptg. *barrachol, -el*. Vgl. Dz 43 bar*gello*.

1239) [***bärĭgŭlo, -äre** (f. *varigulo* v. *varius*) = pi em. *barguilé*, frz. *barioler*, vgl. Parodi, R XXVII 210; für das frz. Wort, das übrigens gelehrte Form zeigt, mufs man *baricláre* ansetzen, vgl. variola.]

1240) arab. **barĭmah**, Bohrer (Freytag 114b); dav. vielleicht ptg. *verruma*, Bohrer. Vgl. Dz 340 *verrina*.

1241) [***bar** (= *bis*) + **longus, a, um**, ungleich lang; davon ital. *barlongolo* „specie di rapa oblunga", s. Caix, St. 94; frz. *berlong*, barlong, ungleich länglich. Vgl. Dz 517 bar*long*.]

1242) [***bar** (= *bis*) + ***lūcŭlo, -äre** (v. lux), in falscher Weise erhellen, ist das vermutliche Grundwort z. ital. (ab-, s-)*bagliare*, (ver)blenden, verstärkt durch nochmalige Vorsetzung der Partikel bar *ab*-bar*bagliare*, dazu die Sbstve (s-)*baglio*, barbaglio, bagliore. Vgl. Dz 355 bagliore.]

☞ Andere mit **bar** = **bis** zusammengesetzte Werte sehe man unter **bis.**

1243) **bāro, -önem** *m.* (identisch mit *vāro*, vgl. *varus*, Klotz, Tölpel), einfältiger Mensch (in dieser Bedtg. bei Cicero), dann: Trofsknecht, Soldatendiener (vgl. die, nach Teuffel, Röm. Litteraturgesch. § 302, 6, in karolingische Zeitalter entstandenen, Scholien zu Persius' Satiren, herausg. v. O. Jahn in seiner Persius-Ansg., zu Sat. V 138 „lingua Gallorum [d. h. im gallischen Latein, bezw. Remanischen] barones vel varones dicuntur servi militum, qui utique stultissimi sunt, servi scilicet stultorum", freilich stammt diese Bemerkung nur von dem Herausgeber Pithoeus, vgl. Wölfflin, Sitzungsb. der bayer. Akad. d. Wiss., phil.-bist. Cl., 1894, p. 105, s. auch ALL IX 13 u. 466), aus der Bedtg.

„Trofsknecht" aber konnte sich die von „kräftiger Kerl, starker Mann, tapferer Mann, ritterlicher Mann, Edelmann" entwickeln; ital. *barone*; prov. c. r. bar, c. o. *baró*; altfrz. c. r. *ber*, c. o. *baron*, nfrz. *baron*; span. *varon*; ptg. *varão* (in den pyrenäischen Spr. wird das Wort vorwiegend in der Bedtg. „Mann" schlechthin oder „tüchtiger Mann" gebraucht und dient nur im Span. gleichzeitig auch als Adelsprädikat. Die Herkunft des rom. *baron* vom lat. baro· klar erkannt u. nachgewiesen zu haben, ist Settegast's (RF I 240) Verdienst, vgl. auch Riccoboni in den Atti del R. Istituto Veneto di scienze t. 6. Serie 7 (1894/95); Parodi, R XXVII 213; Fisch, ALL V 62. Vorher war der Ursprung des Wortes Gegenstand vielfacher u. z. Teil höchst abenteuerlicher Vermutungen gewesen. Dz 43 *barone* dachte an Entstehung aus ahd. *bëro*, Träger, was begrifflich sehr wohl gebilligt werden konnte. An keltischen Ursprung ist nicht zu denken, vgl. Th. p. 44. Cornu (Gröber's Grundrifs I 751) setzt ptg. *varão* = **marõnem* (Ableitung von *mas maris*) an. — Neben baron*e*, Baron, ist im Ital. ein baro und barone, Betrüger, Falschspieler, Schurke, vorhanden, woran eine zahlreiche auch über das Prev., Altfrz., Span. u. Ptg. sich ausbreitende Wortsippe sich anschliefst (ital. baroccio u. baroccino, pis. sbarazzino „biriechino, monello" [vgl. Caix, St. 502] barocco, unerlaubter Gewinn, barullo, Höker, prev. baralha n. altfrz. *berle*, Gezänk, Wirrwar, frz. barat,barat(t)erie, Unterschleif,baratter, schwiemeln, span. u. ptg. barajar u. baralhar, Karten mischen, verwirren, dazu die Subst. baraja u. baralha, aufserdem span. baruca, Schlich, Intrigue.) Mit dieser Wortsippe berührt sich begrifflich u. lautlich eine andere, vermutlich auf griech. πράττειν zurückgehende, zu welcher u. a. ital. barattare, im Handel betrügen, prellen, gehört. Es scheint gegenseitige Beeinflussung zwischen beiden Wertsippen stattgefunden zu haben, durch welche auch der Wechsel von p:b in *prattare : barattare versnlafat werden sein mag.) Es ist sehr wohl denkbar, dafs ital. baro(ne), Betrüger, nebst seiner Sippe ebenfalls auf lat. baro beruht, die Bedtg. „Trofsknecht, Soldatendiener" gab auch für eine Entwickelung des Begriffes in malam partem eine sehr geeignete Grundlage ab. Vgl. Dz 43 baro u. 41 baratto. Für barattare ist auch kelt. Ursprung aus Stamm mrat-, brat-, „verraten" denkbar, vgl. Th. p. 43.

1244) kelt. **barr** (aus **bars, *basto*), das buschige obere Ende, der Schopf; dav. friaul. bar, Busch, belegn. bar, parm.ferr. ber, Büschel, vgl. Schuchardt, Z IV 126, Th. p. 43.

1245) Stamm barr- (herausgebildet aus dem Adj. varus [vgl. varo], **barus* [vgl. **varrus* (vgl. den Eigennamen Varro), **barrus*, schräg, quer, sperrig, sperrend), vgl. Körting, Formenbau des frz. Nomens, Anhang VI, Parodi, R XXVII 197; um diesen St. barr reiht sich eine umfangreiche romanische Wortsippe (vgl. Dz 45 barra), deren hauptsächlichste Vertreter folgende sind: 1. ital. barra, Querholz, Stange, Riegel, dazu Vb. barrar*e*, verriegeln; in den übrigen rom. Spr. entsprechend (nur das Rum. kennt den Stamm barr- überhaupt nicht); 2. ital. barriera, Sperre; in den übrigen rom. Spr. entsprechend; 3. ital. barricata, Verrammelung; ist in die übrigen rom. Spr. übergegangen; 4. ital. baracca, Bretterbude, ist auch in andere rom. Spr. übergegangen; 5. prov. (ob auch altfrz.?) barras, dav. frz. embarrasser, versperren, ein Hindernis in den Weg

legen, auch span. em-barazar; 6. frz. barre, barrer (dav. barrot Karren, baroter fuhrwerken, barotier, Fuhrmann, vgl. Marchot, Z XIX 101), barreau, Gitterstange, vergitterter Platz; 7. span. ptg. barrica, Tonne (damit ist vielleicht identisch barriga, Bauch, s. aber oben unter balderich); 8. ital. barrile, frz. baril, span. ptg. barril, Fafs; 9. span. barral, grofse Flasche. — Über die Wortsippe handelten früher Dz 45 barre, Th. 44, Körting unter No 1062 der ersten Aug. des Lat.-rom. Wtb.'s u. dagegen Guarnerio, R XX 257.

1246) [***bär + rĭgŭlo** (v. **riga*, Wasserfurche), in unschöner Weise streifig machen, ·ist nach Dz 517 der lat. Typus zu frz. barioler, in unschöner Weise bunt bemalen. Darmesteter, Des Mots comp. 105, leitete das Wort von bis + regulo ab, was lautwidrig ist, wie Scheler im Anhang zu Dz 783 richtig bemerkt.] Über die richtige Ableitg. vgl. No 1239.

1247) arab. **barrĭyya** (Plur. barári), Ebene, Wüste, = altfrz. berrie, Wüste (nichts mit berrie zu schaffen haben berrerie, brie, brye), vgl. Galtier, R XXVII 287.

1248) [***bar-rŏtŭlo, -āre**, in schlechter Art hinund herdrehen, kreiseln; altital. barullare rotelare; lomb. borelà, burlà, tosc. barolare rotolare, gettare via. Vgl. Pascal, Studj di fil. rom. VII 92 (Pascal erklärt burla als Vbsbst. zu burlare, vgl. jedoch unten burrula.)]

1249) hebr. **bārūch habbāh** (בָּרוּךְ הַבָּא), eigentlich „Gesegneter wohlan"), in hebräischen Gebeten häufig wiederkehrende, daher auch den der Sprache Unkundigen auffällige Worte, welche nun eben wegen ihrer Unverständlichkeit in Verballhornungen zur Bezeichnung einer unverständlichen, kauderwälschen, wirren Rede gebraucht wurden; dav. ital. baraonda, baracundia (aret. baruccabà, sicil. baragunna, Wirrwarr); frz. baragouin, Kauderwälsch; span. barahunda, Tumult; ptg. barafunda, Wirrwarr. Vgl. Caix, St. 181; G. Paris, R VIII 619; Scheler im Anhang zu Dz 782; Barad, Z XVII 562. — Dz 517 hatte baragouin aus bret. bara, Brot, + gwin, Wein gedeutet, womit Th., da er das Wort nicht besprechen, einverstanden gewesen zu sein scheint.

1250) altir. **bás**, Tod; davon ital. basire, sterben, comask. sbasì, sterben, erbleichen, piem. sbasì, erbleichen. Vgl. Dz 356 basire u. Th. p. 83.

1251) bask. **basca**, Ekel = span. ptg. prov. basca, vasca, Ekel, Angst, Mifsbehagen, dazu das Vb. bascar. Vgl. Dz 431 basca. W. Meyer, Z XI 252, hält das Sbst. für das Vbsbst. zu **cascare*, sich krümmen (v. vascus, krumm), wobei es treffend auf die Bedtg. des ptg. vasca, krampfhafte Zuckung, Neigung zum Erbrechen hinweist.

1252) kelt. **báscauda, váscauda**; dav. nach G. Paris, R XXI 400, ital. vasca, altfrz. baschoe, frz. bâche Plane, brumgartige Decke, Tobler, Z XVII 317; Parodi, R XXVII 215. S. unten **väsica**.

1253) **băsĭlĭcă, -am** f. (gr. βασιλική), ital. basilica, non bassilica Appl. Probi 199), Kirche; rum. biserică, s. Ch. s. v.; vegl. basálca, valtell. baselga, bellinz. basérga, vgl. Salvioni, Post. 5; rtr. baselgia, vgl. Gartner, Gr. § 3ª. In den übrigen rom. Sprachen ist basilica durch ecclesia völlig verdrängt worden. Ob altfrz. bazoche auf basilica zurückgeht, wie gemeinhin angenommen wird, bleibe dahingestellt; Förster zu Oligée V. 6121 erklärte das Wort aus baroche = **parochia*, vgl. G. Paris, R XIII 446.

9

. 1254) [*basia, *basula (f. vaxia, vasula); dav. viell. oberital. basia, baźia, basgia, baš(o)la „tafferia, piatto large di terra o di leguo, conca, scodella" vgl. Parodi, R XXVII 214; Lorck, Altbergam. Sprachdenk., setzte *batiola an)].

1255) gr. basilīscus, -um m., Schlange; altfrz. basalisc, basalisques, basilique, beselique, vgl. Berger s.v.

1256) bāsīo, -āre (v. basium), küssen; ital. baciare; prov. baizar; frz. baiser (auch Sbst.); span. besar; ptg. beijar. Dem Rum. fehlt ein entspr. Verb gleicher Bedtg., buzeresc, ii, it, i (v. buzā = basium) bedeutet „nur mit den Lippen sprechen, betrügen".

1257) *bāsīōlum, -i n. (basiam), Kufs; altfrz., bezw. prev. basiol (Passion 38ᵇ); dasselbe Wort ist viell. neufrz. baiseul, Kleberranft am Brote (côté par lequel deux pains se sont touchés dans le four" Littré), vgl. Cohn, Suffixw. 252.

1258) bāsium, -i n., Kufs; ital. bacio (selten bagio); prov. bais, Kufs; frz. fehlt das Wort, statt seiner wird der Inf. baiser gebraucht; span. beso, Kufs, bezo, Lippe (vielleicht gehört hierher auch buz in der Redensart hacer el buz, seine Ergebenheit beteuern, eigentl. den Handkufs geben); ptg. beijo, Kufs, beiço, Lippe. Vgl. Dz 34 bacio.

1259) gr. baskaino (βασκαίνω), behexen; rum. boscani, ii, it, i, u. altfrz. basquiner, bezaubern; s. Dz 517 basquiner.

1260) *bās[sī]ma, -am f. (analog. Superl. zu bassus), Vertiefung, dav. nach Cohn, Z XIX 57, frz. baume Höhle (vgl. fantasma : fantôme). S. balma u. abominatus.

1261) *bassīe,-āre (v.bassus), niedrig machen; [ital. (ab)bassare]; prov. baissar; frz. baisser u. bajar; ptg. baixar. Vgl. Dz 45 basso; Gröber, ALL I 248. băss[um] būtyrŭm s. batt[ere] būtyrŭm.

1262) bassum labrum; daraus nach Dz 516 vielleicht frz. balèvre, (Unterlippe), Schmarre, indessen will Diez in dem zweiten Bestandteile lieber ahd. leffur erkennen; Darmesteter, Mots comp. 110, setzt bar + labrum an, was glaubhafter ist, da nach Diez' Ableitung basse lèvre (denn lèvre ist Fem.) erwartet werden müfste.

1263) *bassus, a, um (im Schriftlatein nur im Personennamen üblich; nach Ulrich, Z XX 537, bassus : battĕre = missus : mittĕre; [als Adj. ist das Wort in Gloss. mehrfach belegt]), dick, kurz, niedrig; ital. basso, sard. bassu, basciu (= *bassius); rtr. bass; prov. frz. bas; cat. baixo=span. bajo; ptg. baixo. Vgl. Dz 45 basso; Gröber, ALL I 248. — S. oben abōmīnātus.

1264) bass[us] cul[us], daraus nach Dz 517 frz. bascule, vgl. aber oben No 710 antlia.

1265) Stamm bust-; zahlreiche romanische Worte nötigen zur Ansetzung eines volkslat. Stammes bast- mit der Grundbedtg. „stützen, tragen" (vgl. das vermutlich urverwandte gr. βαστ-άζειν, s. Vaniček I 223), u. im Schriftlatein wenigstens durch zwei Worte vertreten: basterna, eine auf Querhölzern getragene Sänfte (z. B. Lampr. Heliog. 21, 7), u. bastum, Stab, Stecken (b. Lampr. Cemmod. 13, 3). Die wichtigsten Glieder der aus bast- hervorgegangenen rom. Wortsippe sind: a) Substantiva: 1. bast-, basto, Saumsattel (ursprüngl. wohl nur die Stange, welche Lästtieren über den Rücken gelegt wird u. an welche man Körbe u. dgl. befestigt), prov. bast-z, frz. bast, bât, das. bateuil, bateul Hinterteil des Geschirrs der Packtiere, vgl. Cohn, Suffixw. p. 252 Anm. 2; span. basto, ptg. fehlt das Wort. 2. Ital. bastone, Stock, rum. baston,

prev. basto(n)-s, frz. bâton, span. baston, ptg. bastão. 3. Ital. bastia, Bastei, (in den übrigen Sprachen scheinen entsprechende Bildungen zu fehlen). 4. Ital. bastione, Bollwerk, das ital. Wort ist in das Frz. etc. übergegangen. 5. Frz. bastille, kleine Festung (das Wort setzt ein ital. bastiglia voraus, welches jedoch fehlt); nicht hierher gehört span. bastilla, Saum, bastidilla, s. unten bastjan. 6. Span. bastida (eigentl. Pt. Pf. P. von bastir), bewegliches Schutz-, Schirmdach (die vinea der Römer), im Ptg. bedeutet das Wort „Schanzpfahl, Palissade", im Prov. (u. Frz.) „kleines Landhaus, Villa". 7. Ital. span. ptg. bastardo, prov. bastart-z, frz. bâtard, uneheliches Kind. Die Bedeutung des Wortes erklärt sich entweder aus der Bezugnahme auf den Maulesel (bast, Saumsattel, Lasttier, Maulesel), vgl. Caix, St. 8, oder, wie Mahn meinte, aus der Anspielung darauf, dafs uneheliche Kinder oft nicht in Betten, sondern auf zufällig sich darbietenden Lagern und Sitzen, etwa auch auf Saumsätteln und Warenballen, erzeugt werden, vgl. G. Paris, R VIII 619. Die letztere Annahme kann durch Hinweis auf ähnliche Ausdrücke, wie frz. fils de char u. dtsch. Bankert (v. Bank, also das Bankkind), gestützt werden. Volksetymologisch wurde frz. fils de bast zu fils de bas umgedeutet. 8. Span. ptg. basterna, eine Art Wagen oder Sänfte (s. oben). — b) Verba: 1. ital. bastir, frz. bâtir, span. bastir (Stöcke zusammenfügen), bauen, davon wieder bastida (s. eben) u. bastimento, frz. bâtiment, Gebäude, Schiff. 2. Ital. prov. span. ptg. bastare, bastar (mit Stöcken ver)stopfen, anfüllen, voll machen, mit Übergang in die neutrale Redtg. „voll sein, genug sein, hinreichen", dazu Vbadj. span. ptg. basto, voll, dicht, dick, grob, roh. 3. Ital. bastonnare, frz. bâtonner, mit einem Stocke prügeln, davon das Vbsbst. bastonnata, Stockprügel. — Vgl. Dz 46 basto u. 45 bastardo.

[*bastio, -īre s. Stamm bast- u. hastjan.]

1266) germ. bastjan (ahd. bestan), flicken; davon ital. (im)bastare, frz. bâtir, span. cat. (em)bastar, span. ptg. bastear; alle diese Verba bedeuten „mit weiten Stichen nähen, stoppen, heften", dazu das Vbsbst. ital. span. ptg. basta, Heftdraht. Vgl. Dz 46 basto; Mackel p. 69.

*basto, -onem m. ⎫ s. Stamm bast-.
bastum, -i n. ⎭

1267) [Bastuli u. Basculi, -orum, eine Völkerschaft in Hisp. Baetica; über das lautliche Verhältnis der beiden Formen vgl. Ascoli, AG III 456.]

1268) *bāstūlo, -āre (f. *vastulo v. vasto); dav. rum. bostur, ai, a, verwüsten; viell. gehört hierher auch piem. rabasté; altfrz. rabaster (Lehnwort) lärmen, stofsen, rabast, rebast Lärm. Vgl. Parodi, R XXVII 213.

1269) arab. ba'tala, nutzlos sein; davon nach Dz 38 baldo span. ptg. balda, Mangel, Fehler, Schwäche, baldo; leer, dürftig, baldío, vergeblich, unnütz, eitel, leer, balde, vergebens, umsonst, baldar, unnütz sein, vielleicht auch baldon, baldão, Mifsgeschick, Vorwurf, Tadel, unnötz machen, baldoar, beschimpfen. Nicht undenkbar ist es jedoch, dafs alle diese Worte auf das westgerm. Adj. bald, kühn (s. oben), zurückgehen, wie dies auch Diez für möglich, aber freilich rücksichtlich der Bedeutung für wenig glaubhaft hielt; der Bedeutungswandel würde dann etwa gewesen sein: kühn, keck, anmafsend, eitel, hohlköpfig, leer (beim Vb. baldonar kühn sein, schimpfen). Lautlich ist jedenfalls die Ableitung aus dem Germ. weit besser. Vgl. bâtil.

1270) arab. **bâtil**, falsitas, frustra, gratis; dav. nach Eg. y Yang. p. 335 span. ptg. bal*de* (s. oben ba'tala), bal*ɪdi* falsch, nichtig, wertlos (dagegen bal*ɑdi* „zu einem Lande gehörig" = arab. bal*adi*). Nach Eg. y Yang. p. 335 f. gebören auch die oben unter ba'tal*a* genannten Worte zu *hâtil*.

1271) ***bätilē** *n*. (f. *batillum, vatillum*), Schaufel, = ital. bad*ile*, rtr. bad*ell*, Mistschaufel, span. bad*il*. Vgl. Gröber, ALL I 249.

1272) altn. **bätr,** Boot; davon (?)ital. batto. Ruderschiff, Dem. batt*ɾllo*; prov. batell*ɪ-s*; frz. bateau; span. ptg. bat*el*. Vgl. Dz 47 batto; Mackel p. 10.

1273) griech. *βάτραχος, βρότραχος* (b. Aristophanes), Frosch; calabr. *vrótaku, vrósaku*.

1274) ***bättäcūlum**, *n*. (v. *batt*ere), Schlägel, Klöppel = ital. batt*aglio* u. bat(t)ac*chio*, Klöppel abbatacchiare, sbat.; prov. batalh-s; frz. batail; span. bad*ajo*, Glockenschwengel, dav. bad*ajear*; ptg. bad*alo* Klöppel, bad*ajo* geschwätzig. Vgl. d'Ovidio, AG XIII 395 u. Dz 46 battere.

1275) ***bättäliä** (v. *batt*ere*), Schlägerei, = ital. batt*aglia*, Schlacht; rum. bät*aie*; prov. batal*h*a; frz. bat*aille*, dazu das Dem. batail*lole*; span. batalla; ptg. batalha. Vgl. Gröber, ALL I 249; Dz 46 battere.

1276) **bätt(ĕre)** + **bütȳrum**, Schlagbutter, ist nach Dz 515 das Grundwort zu frz. babeurre, Buttermilch; richtiger deutet man das Wort wohl als bassum butyrum, Unterbutter, vgl. Liebrecht, Jahrb. XIII 232; Darmesteter, Mots comp. p. 192.

1277) **bätt(ĕre)** + **[*tostäre]** (= *tusitare*? v. tusum zu tundere) soll nach Caix, St. 191, ergeben haben ital. battostare, schlagen (dazu Vbsbst. battosta, Schlag).

1278) ***bätto, -ĕre** (f. battuo), schlagen, = ital. batt*ère*; rum. bat, ui, ut, e; prov. batre; frz. battre; span. batir; ptg. bater. Vgl. Dz 46 battere; Gröber, ALL I 249. — Unter den Ableitungen von diesem Vb. sind aufser den vorstehenden bereits angeführten namentlich hervorzuheben ital. etc. *batteria*, eine Reihe zerschlagbarer, zerbrechlicher, bezw. beim Aneinanderschlagen lärmender Gefäfse, Küchengeschirr, dann: Geschützreihe (entweder weil Metallgeschütze hinsichtlich ihres Materials Ähnlichkeit mit Metallgeschirren haben oder weil sie losschlagen, losknallen können): ital. batt*ig*ia, fallende Sucht; span. bat*an*. Walkmühle; frz. (altfrz.) bat*oison*, bat*ison* Schlägerei, Lärm. Die Zusammensetzung battant-l'*œil* „coiffure négligée des dames" (Littré) ist, umgestaltet zu *batt*elœil*, als batt*iloglio* u. batt*ilocchio* italianisiert worden, welche Worte also Gallicismen sind, vgl. AG XIII 388. Vgl. Dz a. a. O.

1279) dtsch. **Batze**, klebrige Masse, Teig (vgl. Grimm . Wtb. I 1160); davon vielleicht frz. bad*i*geon, Mörtel, vgl. Bugge, R IV 351.

1280) dtsch. **Batzen** (v. Petz = Bär, eigentl. eine berner Münze, die den Bären als Wappentier zeigte); davon ital. bezzo, Geld, vgl. Dz 357 *s. v.*

1281) **baucālīs, -em** f. (gr. *βαυκαλις*), thönernes Küblgefäfs (Cassian. caenob. inst. 4, 16); ital. boccale, Krug; rum. bocal; rtr. buccal (mit Anlehnung an bucca); frz. bocal (aus dem Ital. entlehnt); (cat. brocal gehört nicht hierher, sondern zu ital. brocca, Krug, prov. broc, frz. broc und broche, eine Varietas noch unaufgeklärten Ursprunges); span. ptg. bocal. Vgl. Gröber, ALL I 249; Dz 57 boccale.

1282) dtsch. **bauen** (mhd. *būwen*); rtr. bagear, *bágeá* etc., vgl. Gartner § 17 S. 19.

1283) altnfränk. **baug** (ahd. *boug*, ags. *beag*), das Gebogene, der Ring, = prov. bauc-s, Armband; alt-frz. bou. Vgl. Mackel p. 119; Dz 528 bou.

1284) germ. ***bausä** (ahd. *bōsa*, Schlechtigkeit, Albernheit, Possen) = prov. bau*za*, Betrug, dazu das Vb. bau*zar*; doch wäre auch denkbar, dafs bauzar unmittelbar auf germ. *bau*sōn* (ahd. bōsōn) zurückginge u. dafs bauza erst aus dem Verbum abgeleitet wäre. Ebenso kann altfrz. boise (s. unten bausjan) unmittelbar aus dem germ. Thema *bausja hervorgegangen sein. Vgl. Mackel p. 119. — Hierher gehört viell. auch ital. bugía (aus *busja?, vgl. Braune, Z XXII 201), Lüge, vgl. Dz 73.

1285) germ. ***bausjan**, lästern, böse reden, böse handeln, = altfrz. boisier, betrügen, dazu Vbsbst. boise (falls dieses nicht unmittelbar auf *bausja zurückgeht) u. boisie, „das nach Analogie von voisdie (s. unten vītiātūs u. Dz 344 visio) zu boisdie wird", dazu wieder das Adj. boisdif. Vgl. Mackel p. 119, Braune, Z XXII 201; vgl. auch Dz 73 bugía, man sehe auch unten **bôsi.**

1286) (germ. ***bausōn** (ahd. bōsōn) = prov. bauzar, dazu Vbsbst. bauza, doch ist auch denkbar, dafs bauza = *bausä u. dafs das Vb. aus dem Shet. abgeleitet ist, s. oben **bausä.** Vgl. Mackel p. 119; Braune, Z XXII 201.]

1287) got. **bauths**, taub, stumm, stumpf; davon nach Dz 517 frz. baud, Name einer Hunderasse, die afrikanischen Ursprungs sein u. nicht bellen soll (b. Sachs-Villatte wird baud mit „Parforce-, Hirschhund" übersetzt); an keltische Herkunft des Wortes ist nicht zu denken, vgl. Th. p. 90. — Über ital. boto vgl. Caix, St. 215. S. unten **vōtum.**

1288) kymr. **baw,** Schlamm, nach Dz 529 vielleicht Grundwort zu dem gleichbedeutenden frz. boue (altfrz. boe). Th. bespricht das Wort nicht. Über andere sehr unglaubhafte Ableitungen vgl. Scheler im Dict.⁵ *s. v.* Altfrz. broue darf mit boue nicht in Zusammenhang gebracht werden. Sollte boue nicht einfach eine Scheideform zu bave (s. oben baba) sein? Es würde dann ursprünglich „Schleim" bedeutet haben, womit gut übereinstimmt, dafs es jetzt bedeutet „la fange épaisse qui s'a-masse dans les rues des villes et dans les chemins après la pluie" (Sachs-Villatte *s. v.*), also zähen, schlammigen, schleimigen Kot.

1289) **Bayonne** (Stadt im Dép. Basses-Pyrénées), darnach als nach ihrem Fabrikorte wurde die Waffe baïonnette benannt, vgl. Dz 516 u. 782. In ähnlicher Weise führen wir auch die Pistolen ihren Namen nach Pistoja.

1290) pers. **bâzâr**, Markt; frz. bazar, vgl. Lammens p. 46.

1291) pers. **bazze**, Gewinn; davon ital. bazza, Glück im Kartenspiel, dazu das Vb. bazzicare, mit jem. (spielen u. also mit ihm) verkehren, wovon wieder ba*zzica*, Kartenspiel; cat. basa; span. ba*za*, Stiche im Kartenspiel. Vgl. Dz 47 bazza.

1292) german. **beber** (vgl. ags. beofor, engl. beaver, ahd. beber), Biber; ital. bévero; rum. bebru (brebu); neuprov. bivre; altfrz. bièvre; altspan. be/re; neuspan. bíbaro; ptg. besiht der Biber gewöhnlich castor). Vgl. Diez 50 bévero; Gröber, ALL I 250; G. Paris, R XIII 446.

1293) german. **becc-, bicc-**, vielleicht span. pequeño, klein, ptg. pequeno, vgl. Th. 73 *s. piccolo*; statthaft ist diese Ableitung nur unter der Voraussetzung, dafs der Stamm becc- von dem (ebenfalls zum Ausdruck des Begriffes

9*

„klein" gebrauchten) Stamme *pic* habe beeinflussen lassen.

1294) běccüs, -um *m.* (gallisches Wort vom Stamme bacc-, Haken, vgl. Th. p. 45 *becco*), Schnabel (findet sich im Lat. nur b. Suet. Vit. 18 am Schlusse, wo es mit *gallinacei rostrum* erklärt wird); ital. *becco* (Kompos. *sottobecco*, Schlag unter das Kinn, davon Dem. *sottobecchetto*, dem entspricht vielleicht frz. *soubzbequet*, *sobriquet*, „le sens primitif est coup sous le menten, puis le sens figuré est propos railleur, bonmot et surnom", Littré, vgl. Bugge, R III 158), Schnabel, dav. *beccare*, mit dem Schnabel hacken, picken, von demselben Sbst. mit Pejorativsuffix *beccaccia*, Vogel mit langem Schnabel, Schnepfe; prov. *bec-s*, Schnabel, *beca*, Haken (ob das Verb *bechar*, hacken, dazu gehört, erscheint zweifelhaft); zahlreiche sardinische zu *beccus* (beeinflufst durch *pic*) gehörige Wortgebilde stellt Guarnerio, R XX 60 zusammen, darunter *bicca pezzo*, *brandello*, *bicculu pezzo*, *brano*, *tozzo*, *bicculare* spizzicare, *prondere a poco a poco*, *isbiccare* levare un pezzo, *isbicculare* sbricciolare, auch *bicca audacia* (eigentl. „punta"), *bicchiriole* membro virile; frz. *bec*, Schnabel, davon Vb. *becquer* u. *becquetter*, mit dem Schnabel hacken, *abecquer* u. *abécher*, einem jungen Vogel das Futter in den Schnabel geben; Ableitungen von *bec* sind u. a. *bécasse*, Schnepfe, *béquille*, Hakenstock, Krückstock, vielleicht auch *bêche*, Grabscheit, wov. wieder *bécher*, graben; cat. *bech*; ptg. *bico*, Schnabel, Spitze (dasWort lehnt sich an den Stamm *pic-* an, auf welchen u. a. span. *bicos*, Spitzen an einer Art von Mützen, zurückgeht). Vgl. Dz 47 *becco*; Gröber, ALL I 249. S. oben **bacc-** u. unten **pïc.**

1295) ndd. beckebunge, Wasserbunge, Wassergauchheil (eine Pflanze); ital. *beccabungia*; frz. *bécabunga* u. *beccabunga* (halbgel. W.); span. ptg. *bec(c)abunga*. Vgl. Dz 47 *beccabungia*.

1296) Beculf (deutscher Personenname, vgl. Förstemann, Namenbuch I *s. v. Big*) = frz. *Becoul*, *Bacoul*, Fem. *bacoule*, Frettchen, vgl. Marchot, Z XIX 99.

1297) germ. bed (aus *badi*), Bett, = altfrz. *bied*, Flußbett (norm. *bedière*), vgl. Mackel p. 85. Mit *bied* scheint im Zusammenhang zu stehen frz. *biez* (auch *bief*), Mühlgang, ein latinisiertes *bedium* od. *běttium* v. ahd. *betti* (mlat. ist freilich nur *bietium*, *biezium* zu belegen) scheint dazwischen zu liegen. Vgl. Dz 523 *bied*; Nigra, AG XIV 358.

[**bědium** od. **běttium** s. **bed.**]

1298) Naturlaut **beff**, der mittelar der zugespitzten Lippen hervorgebracht wird, daher ital. *far beffe*, die Lippen (höhnisch) gegen jem. zuspitzen, jem. auszischen, davon *beffare*, verspotten, *beffa*, Spott; prov. *bafa*; altfrz. *beffe*; nfrz. *beffler* u. *ba/ouer* (vgl. aber unten *bisfngo*); span. *befar*, Vhsbst. u. -adj. *befo*, Unterlippe des Pferdes, dicklippig (das Adj. *befo*, säbelbeinig, gehört kaum hierher); cat. *bifi* = span. *befo*. Vgl. W. Meyer, Z X 171, wo zuerst die richtige Ableitung gegeben ist: Dz 48 *beffa* glaubte an deutschen Ursprung der Wortsippe (mhd. *beffen*, vgl. Mackel p. 90); Baist, RF I 111, dachte an lat. *bifidus*; Tobler, Z X 577. S. jedoch ob. **baffjan.**

1299) türk. **beg armôdi,** Herrenbirne; dav. ital. *bergamotta*; frz. *bergamote*: span. ptg. *bergamota*, vgl. Dz 49 *s. v.*; von Eguilaz y Yanguas wird das Wort nicht besprochen.

1300) mhd. **behut, behuot,** Aufbewahrung, Aufbewahrungsort, ist von Mahn p. 89, vgl. Dz 47

baule, als Grundwort aufgestellt worden zu ital. *baúle*, Koffer, prov. *baúc-s*, frz. *bahut*, span. *baúl*, ptg. *bahú(l)*, eine im höchsten Grade unwahrscheinliche Ableitung. Vielleicht liegt den Worten (mit Ausnahme des provezalischen) der Stamm *bag-* (wovon *bagaglia*, *bagage* etc., s. oben) zu Grunde, so dafs sich ergäbe *bagüle : baúle* (wegen des Ausfalles von intervokal. *g* vgl. z. B. *sciaurato* = *exa[ug]uratus*), *bagütum : bahut* (das *h* nur orthographisch, wie in *trahir*; die Bewahrung des vortonigen *a* u. die Erhaltung des auslautenden *t* liefse sich aus dem altertümlichen Charakter des Wortes erklären, das ja bekanntlich aus dem gewöhnlichen Gebrauche durch *caisse*, *coffre*, *malle* verdrängt worden ist). Godefroy führt das Wort in der Bedtg. „Truhe, Koffer" gar nicht auf, sondern kennt es nur in der Bedtg. „Würze, die in ein Getränk gethan wird".

1301) dtsch. **behüt'** dich Gott! Dieser Grufs ist in das Rtr. übergegangen, wo er die Lautgestalt *pigtigot* u. dgl. angenommen hat, vgl. Gartner, Gr. § 20.

1302) bask. **beia,** Kuh, + **eecorra,** Kalb, nach Larramendi (vgl. Dz 431 *becerro*) = span. ptg. *becerro*, Kalb, junger Stier (das Wort fehlt in H. Michaelis' Wtb.).

1303) belbel (kindersprachliche Verdoppelung von *bel* „schön", vgl. *bonbon*) = altfrz. *bealbel*, *baubel*, *beubel*, dav. neufrz. *bibelot* (meist Flur.) „menu objet de curiosité, généralement destiné à être mis en montre dans un appartement" (Darmesteter), vgl. Förster, Z XXII 263 u. 509 („il n'y a qu'une difficulté à cette convaincante déduction: c'est le changement en *i* de la première voyelle *eu*. *eau*, *au*; bibelot, attesté dès le XIV siècle, doit peut-être son *i* à ce mot singulier de *bibus* „chose de bihua, chose de peu" G. Paris, R XXVII 512). — Für identisch mit *belbel bibelot* erklärt Förster, Z XXII 514, babiole(s) „Kinderspielzeug" (in dieser Bedtg. veraltet), „Nippsachen".

1304) kymr. **bele,** Marder, nach Kluge, Etym. Wtb. d. dtsch. Spr. *s. v. Bilch*, Grundwort zu frz. *belete* Wiesel (gewöhnlich von *belle* abgeleitet, s. u. *bellus*). Auch Johansson, Ztschr. f. vgl. Sprachf. XXX (N. F. X) 351, nimmt keltische Herkunft des Wortes und Verwandtschaft mit lat. *felis* an.

1305) [**běléttüs, a, um** (Dem. zu *bellus*, schön); davon altfrz. *belet*, Schmuckgegenstand (b. Wace, R. de R. ed. Andresen, Teil III 1410 u. 1668; Vauquelin de la Fresnaye, Art poét. 57), im jetzigen Patois der oberen Normandie *bélot*, vgl. Delboulle, R XII 335. Vgl. auch bellus, a, um-.]

1306) ahd. **belihha,** Belche, Wasserhuhn; frz. *bellèque*, vgl. Gröber, Misc. 43.

1307) altnfränk. **bëlla,** Glocke, + Suffix **-ärius,** **-a,** Glöckner, = frz. *bélier*, Widder (mit einem Glöckchen versehener Leithammel), *bélière*, Glockenring. Vgl. Dz 519 *bélier*; Mackel p. 84.

1308) ***běllātiōr, -ōrem*** (Komp. zu *bellatus* f. *bellus*) = prov. c. r. *bellazer-s*, *bellaire*, c. o. *bellazor*, schöner, frz c. o. *bellezour*, Eul. 2, vgl. Stengel zu Durmart 40. Vgl. Dz 519 *bellezour*. In einer oberital. Reimversion der Sette Savi findet sich der Superl. *beletissimo* (vgl. Rajna, R VII 49, wozu zu vgl. Mussafia, Beitr. 33).

1309) ***běllītäs, -tätem*** *f.* (v. *bellus*), Schönheit = ital. *beltà* (daneben im medenes. Dialekt *beltii*, gleichsam *bellitütem* nach *juventutem* u. dgl.; Flechia, AG II 41 unten); prov. *beltat-z*; frz.

beauté; span. beldad; ptg. beldade. Vgl. Gröber, ALL I 249.

1310) [*bĕllītŭs, a, um (v. bellus, schön) = altspan. altptg. bell(l)ido; im Frz. ist das entspr. Vb. als Komp. embellir vorhanden. Vgl. Dz 519 bellezour.]

1311) *bĕllo, -ēre (f. vello), rupfen, zupfen; dav. abgeleitet (nach Parodi, R XXVII 216) ptg. belliscar, esbelto, esbeltarse.

1312) bĕllŭs, a, um (aus ben-ulus), schön, niedlich, = ital. bello; rum. beă (Anrede an Frauen); südsard. bedda; logud. bellu; rtr. beal etc., vgl. Gartner, § 106; prov. bel-s; frz. bel, beal, beau (über die Lautentwickelung vgl. Förster, Z I 564, dessen Aufstellungen G. Paris, R VII 346, billigt, während Ascoli, AG X 95, widerspricht); das Fem. altfrz. bele (vgl. jedoch Delboulle, R XII 335), davon das Dem. belete (wird zur Benennung des Wiesels gebraucht), ebenso geht in ital. Dialekten der Name des Tieres auf Deminutive von bellus zurück. (Über andere Ableitungen dieses Tiernamens vgl. jedoch Kluge, Etym. Wtb. unter Bileh, u. Johansson, Ztschr. f. vgl. Sprachf. XXX N. F. X 351.) Ähnliches findet sich auch in nicht-romanischen Sprachen, z. B. in der dänischen u. im Bretonischen (kaer, schön, kaerell, Wiesel, vgl. Th. p. 90), vgl. Dz 519 bele, Flechia, AG II 46 ff., Caix, St. 195. Über frz. bel + bel-et = bibelot, s. oben belbel. Über die Verwendung von beau bei Verwandtschaftsnamen zum Ausdruck des Schwager- u. Stiefverhältnisses vgl. Dz 518 beau, hinzuzufügen ist, dafs im Altfrz. überhaupt beau in zärtlicher oder ehrender Anrede üblich ist (in gleicher Weise wird im Holländischen schoon gebraucht, z. B. schoonvader, -moder F. Pabst). Span. ptg. bello, Vgl. Gröber, ALL VI 379. — Durch bellus ist lat. pulcher im Roman. völlig verdrängt worden.

1313) bĕllŭs cŏl[a]p[h]ŭs (gr. κόλαφος), ein schöner Schlag, ist im Französ. adverbial geworden, beaucoup „viel", u. hat allmählich multum, das im Altfrz. noch vorhanden war u. auch sonst in den rom. Spr. erhalten hat, völlig verdrängt. Dieser Vorgang kann auffällig erscheinen, zumal da in allen andern rom. Spr. das Sbst. colaphus zwar vorhanden ist (ital. colpo, prov. colp-s, span. ptg. golpe), aber nirgends adverbial gebraucht wird. Es ist jedoch zu beachten, dafs lat. multum lautlich wenig geeignet war, sich im Frz. dauernd behaupten zu können (gegenwärtig lebt es nur in einzelnen Mundarten noch fort), u. dafs dadurch eine Verdrängung durch eine Nominalverbindung erleichtert wurde. Vgl. unten col[a]p[h]us.

bēlo,-āre s. bālo, -āre.

1314) bēlŭă, -am f. (v. √ bargh, brechen, reifsen, vgl. Vaniček I 565), wildes Tier, = ital. belva, rum. beală, s. Ch. s. v. Vgl. Miodonski, ALL I 589.

1315) bĕnĕ (Adv. zu bonus), gut, wohl, = ital. bene; rum. bine; prov. ben; frz. bien; span. bien; ptg. bem; cat. be, vgl. Vogel p. 64; rtr. ben, bain, bein etc., vgl. Gartner § 200.

1316) bĕnĕdīco, dīxī, dīctum, dīcĕrĕ, segnen, = ital. benedico, dissi, detto, dicere u. dire; sard. benegheire; lomb. benisi, vgl. Salvioni, Post. 5; prov. benezic u. bendic, benezis u. benezic, Pt. Pf. benezes, Fem. benezeita, benedida (Eigenname Benedictus = Bencih, Bartsch, 231, 3), Inf. benezir, bendir; altfrz. Pr. benei(s), Pf. bencia u. benesqui. Pt. ben(e)eiz, ben(e)oiz, bezw. ben(e)eit, ben(e)oit, daneben benit, Inf. beneir, benir u. benistre,

beneistre, vgl. Burguy I 320; nfrz.: das Vb. folgt der inchoativen I-Konj., nur im Fem. des Pt. Pf. ist die starke Form bénite = ben[ed]icta in bestimmten Verbindungen erhalten, aufserdem das Mask. als Eigenname: Benoît = benedict-; cat. benchir, Pt. beneyt, Vogel p. 115; span. Pr. bendigo, Pf. bendije, Pt. benedecido u. bendito, Inf. bendecir (Fut. bendijere); ptg. Pr. bemdigo, Pf. bemdisse, Pt. bemdito, Inf. bemdizer (häufig schreibt man bem digo etc.).

1317) *bĕnĕdīctŏr, -ōrem m. (v. benedicere), Segner, scheint das Grundwort zu sein zu frz. bélitre (span. belitre, ptg. biltre), Bettler, Lump (der Bettler pflegt den Geber zu segnen), vgl. Dz 519 s. v.; Atzler p. 18.

1318) *bĕnĕfăctŏrīă (scil. civitas) = span. ptg. behetria (aus benfetria), Freistadt, (staatliche) Verwirrung, Unordnung, vgl. Dz 431 s. v.

1319) [bĕnĕvŏlĕns (bene + volo), wohlwollend; frz. bienveillant, s. bĕnĕvŏlĕntīă.]

1320) bĕnĕvŏlĕntīă, -am f. (bene + volo), Wohlwollen; frz. bienveillance (mit Angleichung an veiller). Sonst Bildungen mit bewahrtem o (ital. benevolenza etc.).

1321) bĕnĕvŏlŭs, a, um (bene + volo), wohlwollend, = ital. benevolo etc.

1322) benna, -am (, lingua gallica genus vehiculi appellatur" Festus, ed. O Müller p. 32), = ital. (u. rtr.) benna, Korbschlitten, auch benda, vgl. Caix, St. 196; frz. banne, Tragkorb f. Lasttiere, u. banne, Wagenkorb, davon Deminutiva bannet, banneau, Tragkorb, bannelle, Pfropfenkorb, banneton. Fischkasten, Teigkorb, banatte, Tragkorb. Anbildung an *canasta ist neuprov. cat. span. banasta, altfrz. banaste, vgl. Storm, R V 167. Vgl. Dz 48 banna; Gröber, ALL I 250; Th. p. 46.

1323) bĕnīgnŭs, a, um, gütig; frz. bénin, bénigne (gel. W., das Masc. aus dem Fem. gebildet, vgl. Cohn, Suffixw. p. 169); Berger s. v.

1324) ahd. altndd. beost, blost, Biestmilch; davon altfrz. bet, vgl. P. Meyer, R VIII 452, nfrz. (beston), béton, erste Milch der Wöchnerinnen, Stein-, Gufsmörtel (in dieser Bedtg. nicht etwa von bitamen abzuleiten, vgl. Körting, Formenbau des frz. Nomens p. 314), dazu altfrz. das Vb. beter, gerinnen. Vgl. Bugge, R III 145; Mackel p. 69; Dz 522 beter.

1325) westgerm. bęra (ahd. bāra, ags. baer), Trage, Bahre, = ital. bara, Bahre, Sänfte, davon Deminutiva barella (Pl. barelle [Brillengestell], Brille, vgl. Gröber im Nachtrag zu No 1143 der ersten Ausg. Lat.-rom. Wtb.'s, s. auch unten beryllus) u. barellina, aus letzterem soll nach Canello's sehr wahrscheinlicher Vermutung, AG III 336, entstanden sein berlina, Schandkarren, Pranger. Halseisen (verschieden davon u. nebst dem frz. berline von dem Stadtnamen Berlin abzuleiten ist berlina in der Bedtg. „cocchio scoperto a quattro ruote"); wenn aber Canelle auch frz. pilori, Pranger, in Zusammenhang mit berlina bringen will, so dürfte das als allzu kühn abzulehnen sein; G. Paris, R IX 486, sprach sich auch gegen die Herleitung von berlina, Karren, aus barellina aus. S. auch unten brechelin. Vgl. D 336 berlina (wo bair. brechelin u. mhd. britelin „Zäumchen" als mögliche Grundworte bezeichnet werden); rtr. bara, Sarg, Leiche, vgl. Gartner § 10; prov. bera u. frz. bière, Totenbahre; neuprov. berio, Tragkorb. Vgl. Dz 41 Mackel p. 77.

*berbactum s. vervactum.

1326) altir. **berbaim** (kymr. *berwi*, bret. *birwi*), sieden, sprudeln, soll nach Littré das Grundwort zu frz. *bourbe*, Schlamm, sein, lautlich ist dies allenfalls, begrifflich kaum möglich, vgl. Th. p. 91; viel wahrscheinlicher ist die auch von Scheler im Diet.[s] *s. v.* gebilligte Ableitung von gr. βόρβορος, Koth, Schlamm.

*berbascum s. *verbascum.

1327) [***bĕrbīcĭo, -āre** (v. ***berbix**), mit dem Widder (d. h. Sturmbock) treffen, durchbohren, ist nach Drz 520 *bercer* das Grundwort zu ital. *(im)berciare*, in's Ziel treffen (nur mittelbar gehört hierher, weil dem Frz. entlehnt, *bersaglio*, Scheibe, *bersagliere*, Scheibenschütze); altfrz. *berser* u. *bercer*, treffen, jagen, birschen (mit dem Bolzen oder mit dem Pfeile), davon *bersail*, Ziel, *bersailler*, das Ziel treffen. Diese Herleitung erscheint indessen als sehr fragwürdig, da ein Vb. ***berbiciare** eine mehr als wunderliche Bildung wäre u. da schwerlich jemals im Volkslatein, bezw. im Roman. der Name des Sturmbocks von einem Worte abgeleitet worden sein dürfte, das aus der Bedtg. „Hammel" in die von „Schaf" überging (die Bedtg. „Widder" hat ***berbix** ja nur im Rumän. erhalten), einen Mauerbrecher mag man füglich als „Widder" benennen (schriftlt. *aries*), nimmermehr aber als „Schaf". Wenn Diez sich auf das vereinzelt vorkommende mlat. *bercellum* beruft, was an der betr. Stelle (Muratori, Script. rer. ital. VI 1041) mit *trabs ferrata* erklärt wird, so ist dagegen einzuwenden, dafs *bercellum* jedenfalls nur die Latinisierung eines romanischen Wortes ist u. mit *berbix* gar nicht zusammenzuhängen braucht. Andrerseits ist es schwierig, für *bercer* etc. ein passendes Grundwort zu entdecken. An irgendwelche Beziehung von *berser* „birschen" mit *bercer* „wägen" zu denken (wie Körting in der ersten Aueg. des Lat.-rom. Wtb.'s es that), verbietet das Altfrz., vgl. Jeanroy in der Revue des Universités du Midi I 103. Vielleicht ist *berser* = ***bersare** für *versare* „(das Gesebofs) hin- u. herwenden (ehe man es abschiefst)", dann „(zielen), schiefsen, erlegen, jagen"; man beachte, dafs auch *tirer* den Bedeutungswandel von „(das Geschofs) hin- u. herziehen, richten, zielen" zu „schiefsen" durchgemacht hat.]

1328) ***bĕrbix, -īcem** (f. *vervex*), Hammel; ital. *bérbice* (irriger Weise bringt Caix, St. 198, *bézzera* u. ähnliche Worte mit *berbix* in Zusammenhang, sie gehören vielmehr zu abd. *bizo*); (sard. *arveche*); rum. *berbee*, Widder (während in dem andern Spr. das Wort die allgemeine Bedtg. „Schaf" angenommen hat); rtr. *berbeisch*; prov. *berbitz*; frz. *berbis*, *brebis*. Im Span. u. Ptg. fehlt das Wort (Span. „Schaf" = *oveja*, „Widder" = *carnero*, [*padre*] *morueco*; ptg. „Schaf"= *ovelha*, „Widder"= *carneiro*). Vgl. Dz 48 berbice; Gröber, ALL I 250; Meyer, Z VIII 238. — Von ***berbix** ist abgeleitet das Nomen seteris ***berbicarius** = rum. *berbecar*, prov. *bergier-s*, frz. *berger*; hierdurch u. durch Ableitungen von *ovis* (span. *ovejero*, ptg. *orelheiro*) ist das lt. *pastor* so ziemlich verdrängt worden (doch span. *pastor*, frz. *pâtre*). Vgl. Meyer-L., Z XI 284; Cohn, Suffixw. p. 41 (ausführliche Begründung der Ausetzung von *berbīcem*). S. unten **ŏvīcŭlă.**

1329) dtsch. **bereit** soll nach Caix, St. 218, das Grundwort zu aret. *braido*, *leicht*, *pronto* sein.

1330) kelt. Stamm **berg-**, etwa „hoch" bedeutend, davon vielleicht frz. *berge*, Uferböschung, -abhang, falls das Wort nicht mit dem deutschen „Berg" zusammenhängt), *barche*, Heuhaufe (fehlt b. Sachs-

Villatte); altfrz. *bar(r)icane*, Abgrund; span. ptg. *barga*, abschüssiges Ufer. Vgl. Dz 43 barga; Th. p. 43 unten.

1331) mhd. **bergen;** davon altfrz. *(em)berguer*, bedecken, in Sicherheit bringen. vgl. Mackel p. 84.

1332) germ. (altnfränk.) **bĕrgfrīð** (mhd. *bĕrevrid*), Wachtturm; davon in gleicher Bedtg. ital. *battifredo* (mit volksetymolog. Anlehnung an *battere*); altfrz. *berfroi*, *beffroit*; nfrz. *beffroi*. Vgl. Dz 47 battifredo; Mackel p. 83.

(*berīcellus, *berīculus s. beryllus.)

1333) altn. **berkja**, schreien, (engl. *bark*, bellen), damit steht nach Caix, St. 197, in verwandtschaftliebem Zusammenhange ital. *berciare*, *bersciare*, rufen, schreien.

1334) dtsch. **Berlin;** davon ital. span. *berlina*, die ihren Namen von dem Herstellungsorte erhielt, vgl. Dz 521 berline; neben *berline* auch *berlingue*, davon nach Doutrepont, Z XXI 231, pic. *grant berlule*, Hure (gleichs. öffentliches Fuhrwerk). Über ital. *berlina*, „Pranger", s. oben **bera.**

1335) bask. **bero-ur-ga**, Warm-wasser-stelle; davon nach Larramendi (b. Dz 434 *burga*) span. *burga*, warme Heilquelle.

1336) **Berry;** von diesem Landschaftsnamen soll nach Dz 521 *berruier* abzuleiten sein prov. *berrovier-s*; altfrz. *berruier*, Einwohner von Berry, Krieger aus Berry, (endlich mit noch unerklärtem Bedeutungsübergange) leichtbewaffneter Krieger, Plänkler.

1337) ***bĕrsĭo, -āre** (f. ***versio** v. *versus* Vers); nach Parodi, R XXVII 221, Grundwort zu ital. *berciare gridare piangendo.*

1338) ahd. **Bĕrta** (aus *Bĕrhta*), Frauenname; Dz 49 berta war geneigt, das ital. *berta*, Ramme(l), Rammbock, Stampfe (dann auch: Belästigung jemandes, Foppperei, Neckerei, Scherz), von dem Namen *Bertha* abzuleiten, denn „wenn man erwägt, dafs die grauenhafte eiserne Bertha der deutschen Sage auch den Namen Stampfe führt, mit deren Stampfen oder Treten die Kinder bedroht wurden (Grimm's Myth. p. 265), so ist die Herkunft des ital. Wortes deutlich genug." Das ist ein sinnreicher Einfall, keinesweges aber zugleich ein überzeugender. Höchstens liefse sich *berta* = *Berta* ansetzen, u. auch da stöfst man auf das Bedenken, dafs die Entlehnung eines der deutschen Mythologie angehörigen Namens u. dessen Verwendung zur Benennung eines ganz gewöhnlichen Werkzeuges im höchsten Grade unwahrscheinlich ist. Vielleicht steht *berta*, Ramme, für ***verrita** (Pt. Pf. P. zu *verrĕre*, schleifen) scil. *machina* u. bedeutet eigentlich „das auf dem Boden hingeschleppte, geschleifte Werkzeug, die (zum Eindrücken von Steinen in die Erde dienende) Walze", von wo aus die Bedeutungsübergang zu der ganz ähnlichem Zwecke dienenden „Ramme" wahrlich nahe genug lag. Die Brücke, welche von der „Ramme" zur „Neckerei, Fopperei" führt, wird vielleicht durch die Redensart *dar la berta* = *dar la burla* geschlagen, die ursprünglich bedeutet haben kann „jem. mit der Ramme den Fufs quetschen", eine Handlung, die unter Umständen, und wenn das Quetschen nicht gar so arg ist, wohl als Scherz gemeint u. geübt werden kann, wenigstens unter Arbeitern, die in ihren Spässen nicht wählerisch sind. — Frz. *bertauder*, *bretauder* mit seiner Sippe ist von ital. *berta* zu trennen u. auf *bis* + *tondere* (s. d.) zurückzuführen. Vgl. Dz 49 berta.

1339) **Bertoaldus**, Name des Sachsenherzogs in der angebl. Chanson de geste vom Sachsenkriege (Farolied); dav. viell. prov. frz. bertaud, bertau verwegen, übermütig, roi Berthaud Zaunkönig. neuprov. bertaou, Maikäfer. Vgl. Suchier, Z XVIII 189, O. Schultz ebenda p. 136.

1340) *bĕrtŏvĕllŭm, -ĭ n. (verstellt aus *vertibellum für vertibulum), ein drehbares, verschiebbares Gerät; ital. bertovello, Fischreuse ("die Reuse heifst so, weil ihr Hals nach innen gekehrt, umgewandt ist"), auch Ofenbrücke, d. i. eine Art drehbarer Rost; frz. (vertveu). verveu, verveux, reusenförmiges Fischgarn. Vgl. Dz 49 bertovello; Gröber, ALL I 250.

1341) **bĕrŭlä, -am** f. eine zur Gattung der Kresse gehörige Pflanze (vgl. Marc. Emp. 36, wo b. als der lat. Name für gr. καρδαμίνη angegeben wird) = frz. berle, Wasserbunge, vgl. Dz 521 s. v.

1342) mhd. **beruofen**, berufen, Vorwürfe machen; davon nach Caix, St. 469, ital. rabbuffo, "rimprovero"; richtiger dürfte es sein, das Wort zum Stamme buf-, wovon buffare etc., zu ziehen.

1343) kymr. **berwr,** Brunnenkresse, = span. berro, vgl. Dz 432 s. v.; Th. p. 85.

1344) [*bĕryllo, -ārĕ (v. beryllus), wie Beryll glänzen, funkeln, strahlen; ital. brillare, glänzen, Pt. Pr. brillante, glänzender Edelstein, besonders geschliffener Diamant; prov. brillar; frz. briller; span. brillar; ptg. brilhar. Vgl. Dz 67 brillare. Ascoli, AG III 453, verwirft die Diez'sche Ableitung, weil es nicht wahrscheinlich sei, dafs die Romanen ein Vb. von beryllus abgeleitet hätten, u. weil ein *beryllare eher "mit Beryllen schmücken" (vgl. aurare, vergolden), als "wie Beryll glänzen" bedeutet haben würde, welchem letzteren Begriffe überdies besser *beryllicare = ital. brilleggiare entsprochen hätte. Nach Zurückweisung der Diez'schen Ansicht stellt Ascoli die Gleichung auf *ebrillare : brillare = *ebriillus (Deminutiv von ebrius) : brillo. Die zweite Hälfte dieser jedenfalls ebenso geistvollen wie überraschenden Gleichung kann bereitwillig zugegeben werden, da die Bedtg. von brillo "leise berauscht" gut zu *ebri-illus pafst. Dagegen ist der Bedeutungsübergang von *ebriillare "leise berauscht sein" zu brillare "glänzen" nicht wohl annehmbar, so gern man auch A. beistimmen wird, wenn er hervorhebt, dafs nicht jeder Rausch widerlich sei, sondern dafs es auch eine angenehme Berauschtheit gebe, in welcher des Trinkers Auge u. Antlitz lebensfroh u. heiter erglänzen. Eher wäre, wenn man an *ebriillare festhalten wollte, an das unstäte Flimmern im Auge des Berauschten zu denken, das sich sehr wohl mit dem Flimmern eines Edelsteins vergleichen läfst. Indessen dürfte man doch gut thun, bei der Diez'schen Etymologie zu verbleiben, denn die von Ascoli erhobenen Einwendungen sind zwar beachtenswert, aber doch nicht so gewichtig, dafs sie zur Aufgabe des Grundwortes *beryllare zwängen; vgl. G. Paris, R IX 487, wo bemerkt wird: "ces fantaisies sont extrêmement ingénieuses, c'est tout ce qu'on peut en dire". Nigra, AG XIV 359, stellt als Grundwort für brillare auf ein *pirinulare (v. pirinulus (v. pirus, = ital. prillo, kleine Birne, kleiner Zapfen) "girare come un pirlo o un paleo",=ital. prillare, als Scheideform dazu brillare (infolge rascher Bewegung flimmern), glänzen. Einen recht überzeugenden Eindruck macht diese, an sich sehr scharfsinnige, Ableitung nicht, vor allem sieht man nicht ein, warum das seltsame Deminutiv *pirinulus gebildet

worden sein sollte, da doch pirulus zur Verfügung stand.]

1345) **bēryllŭs, -um** m. (gr. βήρυλλος), ein meergrüner indischer Edelstein; ital. berillo, "specie di zaffiro", e brillo, "falso brillante", vgl. Canelle, s. oben *beryllo); dav., nach Dz 522 besicle, barelle, Brillengläser, dazu barcelle = *bericellae u. piem. baricole = *hericulae, vgl. Caix, St. 183; die letztere, auf Vertauschung des scheinbaren Deminutivsuffixes -yllus = -illus mit dem ebenfalls deminutiven Suffixe -iculus beruhende Bildung hat ihr Seitenstück im frz. (bericles :) bésicles, das sich freilich durch sein cl als halbgelehrtes Wort verrät, was bei einem Begriffe wie "Brille" nicht befremden kann. Sonst hat man bésicles auch von bis + cycli oder bis + oculi abgeleitet. Sehr bemerkenswert, weil jedenfalls die richtige Ableitung von barelle u. bésicles gebend, ist Gröber's Bemerkung zu No 1143 der ersten Ausg. des Lat.-rom. Wtb.'s: "Die Brillen, die in Italien im 13. Jahrh. aufkamen, waren immer aus Glas; der Beryll ist undurchsichtig; ital. barelle, Brillengläser, kann daher damit nicht zusammenhängen, wie Caix meint. barelle ist wohl nur das gewöhnliche barella, "Trage", das Brillengestell (dann auch die Brille) vertrug diese Benennung sehr wohl. Dtsch. brille aus frz. béricle. — diese wohl = frz. véricle = vetricula. Gläschen, Analogon zu vetriculum (Wort der Technik und halbgelehrt). Der Anlaß, v zu b umzugestalten, war wohl darin gegeben, dafs zu béril(le) die Nebenform bericle = Beryll bestand (s. Godefroy, schon 12./13. Jahrh.), an welche volksetymologisch véricle angeglichen wurde. bésicle ist etwas später belegt, als béricle = Brille und gelehrte Anlehnung an biscyclus. Auch véricle bezeugt Littré an entspr. Stelle mit der Bedtg. (Brillen-)Glas." (Vgl. Skeat, Etym. Dict. s. v. beryl.)

1346) [*bessa, -am f., wird von Horning, Z XXI 250, als Grundwort zu frz. (mundartlich) besse, Nebenform v. bèche (nach H. Postverbale zu bécher = *bessicare).]

1347) *bēstā, -am f. Tier (die Existenz von besta im Volkslat. wird durch das Deminutiv bestula b. Venantius Fortunatus, Vita Martini III 341, bewiesen, vgl. Miodonski, ALL I 588, vgl. dazu Wölfflin, ALL III 107, s. auch unten bestia); frz. bête (dav. bétise; vgl. Cohn, Suffixw. p. 41 u. 306) u. ptg. besta, Vieh, dummes Tier, auch dummer Mensch. Vgl. Gröber, ALL I 250.

1348) vlaem. **besteeken, bestooken,** schmücken; pic. mystike, abistoke accoutrer, arranger mal, sans élégance, vgl. Doutrepont, Z XX 521 u. XXI 229.

1349) **bēstĭä, -am** f. (rtr. u. dialektisch frz. bieste setzt aber bēsta voraus, vgl. G. Paris, R IX 486, über bēsta, s. den Artikel No 1347), Tier, wildes Tier, dazu das Adj. bēstĭŭs, a, um, einem wilden Tiere ähnlich (b. Commod. instr. I, 34, 17); ital. biscia, Schlange (wegen des i der ersten Silbe sowie wegen des Bedeutungswandels vgl. Ascoli, AG III 339), biscio [?], Wurm unter der Haut, bescio (neben besso), Schlange; vgl. Canelle, AG III 339, G. Paris, R IX 486 u. Meyer-L., Z. f. ö. G. II 1891, 767; rtr. bēsa, bĭša, biĕša, Vieh. namentlich Schafe, vgl. Gartner, § 81 u. 101, Ascoli, AG III 340 Anm., wo man auch die auf AG I bezüglichen, zahlreichen Citate findet, vgl. Parodi, Studj di filol. class. I 440 (setzt ein *bistia an); neuprov. bessa, Schlange; altfrz. bisse, Schlange, kleiner Hund,

s. Förster im Glossar zu Aïol; neben bisse in dieser Beitg. auch biche, das nicht auf ags. bicce zurückzuführen ist (bestia : bisse = angustia : angoisse); span. bicho u. bicha [?], kleiner Wurm oder kleines Insekt (über latein. tj : span ch vgl. Ascoli, AG III 340 Anm. u. Cornu, R XI 82 u. dagegen Meyer-L., Ital. Gr. § 56 p. 40); ptg. bicha, Wurm, Blutegel, Schlange, u. biche, Wurm, Insekt, Laus, vgl. Cornu, a. a. O. Vgl. Dz 358 biscia, wo die ganze Wortsippe auf abd. *bizo, beifsendes Tier, zurückgeführt wird, was auch Mackel p. 101 für möglich zu halten scheint; Caix, St. 11, wo *(bom)-bycius als Grundwort angesetzt wird; Gröber, ALL I 250, Meyer-L., Ital Gr. § 56 p. 40.

1350) bēstĭārĭŭs, -ŭm m. (v. bestia), Tierkämpfer; ital. bestiario „col valore della voce latina", e bestiajo „chi governa il bestiame grosso", vgl. Canello, AG III 304. Erwähnt sei hier noch das halbgelehrte altfrz. bestiaire = bestiarium, Tierbuch.

1351) *bēstĭcŭlŭm, -I n. (v. bestia), = span. vestiglo, Untier, Ungetüm, Scheusal, Drache, vgl. C. Michaelis, Misc. 162.

1352) bētă, -am f., Beete, Mangold (Beta vulgaris L.), ital. bieta u. bietola, vgl. Flechia, AG II 56 Anm., rtr. biéta, bléde, vgl. Ascoli, AG I 515 Z. 4 v. u. in der Anm. Vgl. unten blitum.

1353) altfränk. bētan (ahd. beigan), beifsen machen, — altfrz. beter (un ours, ein Beleg für diese Verbindung z. B. b. Burguy II 87 Z. 6 v. u.), das Vb. scheint zu bedeuten „einen Maulkorb anlegen", was freilich ungefähr das Gegenteil von bētan ist; schwerlich gehört hierher das Komp. prov. (auch altspan.) abetar, betrügen; altfrz. abeter, ködern, dazu das Vbsbst. abet, Köder. Mit beter = bētan hat nichts zu schaffen altfrz. beté, geronnen, s. oben No 1324. Vgl. Dz 522 beter; Mackel p. 89. In einem Briefe an Mussafia (abgedruckt bei Stengel, Erinnerungsworte an F. Diez, p. 92 f.) spricht Diez die Vermutung aus, dafs oberital. paissur (in: paissar, -e, caçar) = beigan sei. Vgl. unten bito.

1354) dtsch. betteln, Bettler; rtr. béller, petler, petlé etc., vgl. Gartner § 17 S. 19. Über ital. bettola s. ob. No 1161.

1355) bētŭlā [u. bētŭla], -am f. u. *bētŭllŭs u. bētŭlŭs -um m. (wahrscheinlich von einem kelt. Stamme betw-, vgl. Th. p. 46), Birke (das Wort findet sich öfters b. Plinius N. H., z. B. 16, 75 u. 176); ital. [bétula u. béttula] bedello, (vgl. Salvieni, Post. 5); frz. Deminutiv *bouleau, bouleau, vgl. R II 506; cat. bedoll; span. abedul; ptg. betulla u. vido (= *betus u. zurückgebildet aus *betulus), vgl. C. Michaelis, Frgm. Et. p. 51. Vgl. Dz 50 betula; Gröber, ALL I 250; Storm, R V 174; Meyer-L. im Nachtrag zu No 1150 der ersten Ausg. des Lat.-rom. Wtb.'s. Über ital. Dialektformen, welche teils auf betulla teils auf *betula zurückgehen, vgl. Salvioni, Post. 5.

1356) [*bĭāsĭŭs, a, um (aus bi-a[n]sius f. ansa) = ? prov. frz. biais, schräg, schief, vgl. Thomas, R XXVI 415; die Ableitung ist mehr als zweifelhaft. S. unten bifax.]

1357) [*bĭbārĭŭs, -ŭm = prov. biver-s, Schenk, beveria, Zecherei, vgl. Dz 533 breuvage.]

1358) [gleichs. *bĭbĕrātĭcŭm n. (v. *bibero), Trank; ital. beveraggio; prov. beuragge-s; frz. breuzage; span. bebraje. Vgl. Dz 533 breuvage.]

1359) [*bĭbĕro, -āre (v. bibo); davon Kompos. ăd-bĭbĕro, tränken; ital. abbeverare, dialektisch

auch beverare; prov. abeurar; frz. (abevrer), abreuver; cat. abeurar; span. (abebrar), abrevar; ptg. abrevar. Vgl. Gröber, ALL I 250.]

*bĭbĭta s. oben baiton.

1360) *bĭbĭtĭā, -am f. (v. bibo) = rum. beție, bebiție u. ptg. bebedice, Trunkenheit.

1361) [*bĭbĭtŏr, -ōrem f. (v. bibo), Trank, — ital. bevizione „bevimento" u. (veraltet) bevigione „bevanda", vgl. Canelle, AG III 343; frz. boisson, vgl. Dz 527 s. v.; Gröber, ALL I 251 u. VI 379, Cohn, Suffixw. p. 133 Anm. (es wird *biptiōnem v. *biptus f. bibitus angesetzt, aber ebenso wie *bibiţor konnte auch *bĭbĭtĭo gebildet werden). Die übrigen rom. Spr. brauchen entweder andere Ableitungen von bibĕre, wie z. B. ital. bevanda, oder pōtio, letzteres ist auch im frz. poison erhalten.]

1362) *bĭbĭtŏr, -ōrem m. (v. bibo), Trinker; ital. bevitore; rum. bĕutor; prov. c. r. beveire, c. o. bevedor; altfrz. c. r. beveire, c. o. beveor; nfrz. buveur; span. ptg. bebedor.

1363) bĭbo, bĭbī (Supinum und die davon gebildeten Formen werden im Schriftlatein von potare genommen, vgl. Wagener, Hauptschwierigkeiten der lat. Formenlehre p. 19; volkslateinisch ist *bibitum anzusetzen), bĭbĕre (v.√pa, pi, vgl. Vaniček I 452 f.), trinken; ital. bevo, bevvi, bevuto, bevere u. bere; rum. beu, bĕui, bĕut, bé, s. Ch. s. v.; rtr. beiver, vgl. Gartner § 168; prov. beu, beg, begut, beure; altfrz. Pr. 1. sg. bei(f), boi(f), 1. pl. bevons, Pf. bui, Pt. beut, Inf. beivre, boivre, vgl. Burguy II 122, nfrz. bois buvons, bus, bu, boire; cat. Pr. beu bech, Pf. begui, Pt. begut, Inf. beurer, vgl. Vogel p. 119; span. ptg. beber (die Konjugation ist regelmäfsig).

1364) abd. bíbōz = frz. bibeux, vgl. Jeret, R XX 286.

1365) [*bĭcarĭum u. *bĭccarĭum, Becher, vgl. Canello, AG III 381, s. oben No.1130 bacar.]

1366) ags. blcce, Hündin, vielleicht (nach Dz 523) Stammwort zu altfrz. biche, bisse, kleiner Hund, wahrscheinlicher ist frz. Herleitung aus bestia (s. d.). Vgl. Mackel 101.

1367) ahd. *bĭckĭl, mhd. bickel, Spitzhacke, Würfel; viell. Stammwort zu ital. biglia, beinerne Kugel; prov. bilho-s, billo-s, Kugel, bezw. ein Spiel mit Kugeln, Scheidemünze; frz. bille, Kugel, billon, Scheidemünze; span. billa, Kugel; (ptg. bilha bedeutet „bauchiger Krug"); Ableitung von biglia, bille ist bigliardo (Lehnwort, vgl. d'Ovidio, AG XIII 404, wo auch Näheres über die Geschichte des Wortes zu finden ist) billard, Kugelspiel. Vgl. Dz 53 biglia; Mackel p. 103.

1368) *bĭcŏngĭŭs, bĭscongĭŭs, -ŭm m., Doppelmafs; davon venez. bigonzo ein Mafs für Flüssigkeiten; ital. bigoncia Kübel; rtr. bujinz „asta curva per pendervi e portare due secchie d'acqua", vgl. Dz 357; Ascoli, AG I 497 Anm.

1369) bĭcŏrnĭs, e, zweihornig; ital. bicornia, zweispitziger Ambos; frz. bigorne; span. bigornia; ptg. bigorne. Vgl. Dz 524 bigorne. Vgl. unten incus.

· bĭcus f. vĭcus s. unten bombyx am. Schlusse.

1370) kelt Stamm bíd- (?), klein, vgl. Th. 90, Dz 523 bidet; davon ital. bidetto; frz. bidet, kleines Pferd, Klepper; aus dem Altkeltischen können jedoch die rom. Worte nicht stammen.

1371) germ. bĭdal (ahd. bital, pital, mhd. bitel; die Worte gehören zu dem Vb. „bitten" u. sind zu scheiden von butil, nhd. büttel, ags. bydel, die zu „bieten" gehören), der Vorlader, Gerichtsbote;

ital. *bedello*, Amtsbote; prov. *bedel-s;* frz. (*bedel*) *bedeau;* span. *bedel;* ptg. *bedel.* Die deutsche Endung wurde als Deminutivsuffix aufgefafst. Durch gelehrte Volksetymologie wurde das Wort zu *pedellus* umgestaltet, als ob es von *pes, pedis,* käme u. „Läufer" bedeutete. Vgl. Dz 52 *bidello;* Mackel p. 94.

1372) **bīdens, bīdentem,** zweizähnig; bellinz. com. *bedent* doppio dente, vgl. Salvioni, Post. 5.

1373) isl. **bīdha,** „vas superne adstrictum", dav. vielleicht frz. *bidon,* hölzernes Gefäfs, vgl. Bugge, R III 145, Scheler im Anhang zu Dz 784.

1374) mhd. nhd. **bier** (vermutlich von der √ *brû,* brauen, vgl. Kluge *s. v.,* an keltischen Ursprung ist nicht zu denken, vgl. Th. p. 46); ital. *birra,* das von Cauello, AG III 381, mit höchstem Unrechte zu *bevere* gestellt wird; daneben *cervigia;* rum. *beară;* frz. *bière;* (iu den pyren. Spr. ist *cervisia* das gewöhnliche Wort: span. *cerveza,* ptg. *cerveja,* auch prov. *cerveza).* Vgl. Dz 54 *birra.*

1375) [***bīfax** (v. *bis* u. *facies,* wird in den Gloss. Isid. mit „duos habens obtutus" erklärt), doppelblickend, schielend; davon vermutlich (freilich aber ist die Ableitung recht bedenklich) sard. *biasciu,* Quere, Schräge, dazu das Vb. *s-biasciai;* ital. Adj. *s-biescio,* schräg; rum. *piez,* schiefe Fläche, Böschung, dazu das Vb. *piezişes, ai, at, a,* schief, schräg legen; prov. u. frz. *biais,* Quere, Schräge, dazu die Vba *biaisar* u. *biaiser,* schief, schräg laufen; cat. *biais* (veraltet), neucat. *biax;* (ptg. *vies,* Schiefe, Quere). Vgl. Dz 51 *biasciu;* vgl. aber auch Thomas, R XXVI 415, wo *bia[n]sius* als Grundwort aufgestellt wird, was auch nicht befriedigen kann.]

1376) **bīférā** (*bis* + Stamm *fer*), zweimal tragend, = (?) ital. *biffera,* zwei Männer habend (gleichsam doppeltschwanger), ptg. *bebera* frühzeitige Feige, vgl. C. Michaelis, Revista Lusitana I, Meyer-L., Z XV 269. Vgl. Ascoli, AG X 7. S. aber No 1443.

1377) **bīfīdūs, a, um** (v. *bis* u. *findo*) soll nach Baist, RF I 111, das Grundwort sein zu span. *befo,* Unterlippe des Pferdes; weil nun das Pferd beim Fressen (nach Baist's Beobachtung) oft einen höhnischen Zug hat, so soll *befo* der Ausgangspunkt einer Wortsippe mit der Bedtg. „Spott, spetten" geworden sein. Vgl. dagegen W. Meyer, Z X 171, wo ital. *beffare* etc. richtig onomatopoietisch erklärt wird. Dz 48 *beffa* leitete die Sippe aus dem Deutschen ab. Vgl. oben No 1297 **beff.**

1378) **bīfūrcūs, a, um** (v. *furca*), zweizackig; davon rtr. veltl. *biörch,* „biforcuto", oberwald. *vuorch,* „nodo del tronco, dende si partono due rami" u. *bavorch, buorch,* zweizackig; tessin. *biorca* „l'estremità superiore del tronco, in cui questo spartesi", Val Poschiavo *borca* „stradella angusta", friaul. *beórca, bevórce* „piazzuola incolta frammezzo a strade campestri", vgl. Ascoli, AG I 62 Z. 1 v. u. im Text, 107 Z 7 v. u. im Text, 108 Z 3 v. u. im Text, 263 No 132, 284 Anm. 5, 517 No 132.

1379) ahd. **bīga,** Haufen (von Garben) = ital. *bica,* ein Haufen Garben, davon *abbicare,* das Korn in Haufen setzen. Vgl. Dz 357 *bica.*

1380) **bīgā, -am** *f.,* Zweigespann; davon frz. prov. cat. *biga, bigue* (noch nfrz. in der Bedtg. „Bock" = Hebemaschine), span. ptg. *viga,* Balken, vermutlich eigentl. der horizontale Balken, auf welchem die Dachsparren ruhen, u. welcher zusammen mit diesen Sparren eine gewisse Ähnlichkeit mit einem umgekehrten Leiterwagen hat. Vgl. Dz 497 *biga;* Behrens p. 82.

1381) dtsch. **bī** (*bei*) **Gott,** daraus soll nach gewöhnlicher Annahme das frz. *bigot,* frömmelnd, Frömmler entstanden sein; diese Herleitung stützt sich auf die in einer freilich nicht vor dem J. 1137 abgeschlossenen Chronik (bei Bouquet VIII 316) überlieferte Anekdote, wonach Herzog Rolle auf die Aufforderung, seines Lehnsherrn, König Karls, Fufs zu küssen, „lingua anglica" gesagt haben soll „ne so bi god". Darnach seien die Normannen spottweise *bigoz,* d. h. Leute, die immer „bī god" sagen, also viel schwören, sich fromm anstellen, genannt werden. An sich kann es nun ja sehr wohl geschehen, dafs ein Wort aus gelegentlicher Veranlassung entsteht. Auch das ist nicht gerade undenkbar, dafs der Normannenhäuptling den ihm angesonnenen Fufskufs mit den angegebenen Worten abgelehnt habe, nur freilich nicht in englischer, sondern in nordischer Sprache, in welcher der Christengott *guδ* (ein Heidengott *goδ n.*) heifst. Dennoch stehen der Ableitung die gewichtigsten Bedenken entgegen. Im Altfrz. kommt das Wort wohl nur sehr selten vor (vgl. Godefroy im Compl. p. 325ᵇ No 1), am wichtigsten ist die oft angeführte Stelle des Roman de Rou, Teil III v. 4780, ed. Andresen:

> *Mult ont Franceis Normanz laidiz*
> *e de meffaiz e de mesdiz,*
> *souent lor dient reprouiers*
> *e claiment bigoz e draschiers,*

also als Spott- oder Spitzname der Normannen. Möglich wäre es immerhin, dafs derselbe „Bi-Gettsager, Schwörer" bedeuten soll, obwohl sich das neben *draschiers* „Malz- oder Gerstenesser" (*mangeur d'orge* übersetzt Godefroy das Wort) etwas seltsam ausnimmt. Soll aber dieses *bigoz* dasselbe Wort sein wie nfrz. *bigot,* so wäre anzunehmen, dafs es mit verallgemeinerter Bedtg. in der Sprache fortgelebt hätte, u. eben dies scheint durchaus nicht der Fall gewesen zu sein. Das Adj. *bigot* tritt vielmehr erst im 16. Jahrh. auf (vgl. Littré u. Scheler *s. v.*). Bei dieser Sachlage ist eine andere Ableitung zu suchen. Frz. *bigot* ist offenbar ein Fremdwort, wenigstens deutet das intervokalische *g* darauf hin, ebenso die Femininform *bigote.* Sehen wir uns nun in den verwandten Sprachen um, so finden wir als anklingende Werte: ital. *bigotta* (gewöhnlich nur im Pl.), Blöcke, die zum Befestigen von Schiffsseilen dienen, span. ptg. *bigote, bigode,* Knebelbart (davon *bigotera, bigodera,* Futteral für den Knebelbart, frz. *bigotelle*). Es sind dies offenbar Deminutivbildungen, das Grundwort aber kann kein anderes sein als *biga* (s. d.), Balken (wenn der Knebelbart als „kleiner Balken" bezeichnet wird, so ist das ja sehr begreiflich). Nun bedeutet span. *hombre de bigote* u. ebenso ptg. *homem de bigodes* einen charakterfesten, energischen Mann (eine bestimmte Bartform wird ja leicht als Ausdruck eines bestimmten Charakters aufgefafst). Es ist schwerlich zu kühn anzunehmen, dafs das noch Frankreich übertragene Wort dort die Bedeutung „glaubensfest" erhielt u. sodann ins Adj. „abergläubisch, frömmelnd" überging. Auch die andere Bedeutung des frz. *bigot, bigote* „Schletten (kleine Holzplatten)" erklärt sich bei Annahme der Herkunft von *biga* (ebenso die von *bigatelle,* Bartfutteral, Beutel, nur freilich *bigot* „zweizinkige Hacke" fügt sich der Ableitung von *biga* u. dürfte andere Ursprung haben, in *bi-* ist wohl lat. *bis* zu erkennen, *-got* aber bleibt dunkel. Ital. *sbigottire,* in Schrecken versetzen, hängt möglicherweise ebenfalls mit *bigotta, biga* zusammen, es müfste dann ursprünglich bedeutet haben „an Blöcken befestigte Taue loslösen u. dadurch den vorher fest gewesenen Gegenstand (z. B. ein Schiff) haltlos machen, der Verwirrung preisgeben u. dgl." Caix, St. 53, bringt, gestützt auf die alte Form *esbauttire*, in scharfsinniger, aber freilich nicht überzeugender Weise *sbigottire* in Zusammenhang mit *ex-pavo[r]*, wobei er sich auch darauf beruft, dafs tosk. *s-pago* = *pavo[r]* mit eingeschobenem *g* sei, ebenso wie altital. *pagura* = *paura*. Aber auch, wenn man die Richtigkeit dieser Angaben einräumt, ist für frz. *bigot* damit nichts gewonnen. — Frz. *bigot* ist das Objekt vielfacher, zum Teil sehr abenteuerlicher Ableitungsversuche gewesen, so hat man es z. B. von *Visigothus* ableiten wollen; Wedgwood, Academy 9. Aug. 1879 (vgl. Ztschr. f. nfrz. Spr. u. Lit. I 301), stellte ital. *bigio*, grau, als Grundwort auf, was, um von den begrifflichen Schwierigkeiten ganz abzusehen, lautlich durchaus unzulässig ist. — Vgl. Dz 524 *bigot*. Scheler im Dict.³ *s. v.* Eine eingehende Besprechung des Wortes, welche aber zu klaren Ergebnissen nicht führt, giebt Baist, RF VII 407.

1382) [*bigrus*, *um m.* (bretonisch) soll nach Baist, RF VII 413, Grundwort zu frz. *bigre*, Bienenwärter, Lumpenkerl, sein; Hatzfeld-Darmesteter-Thomas erklären das Wort aus germ. *bi*, Biene, + *gar* (= *wahren*). Beide Ableitungen sind sehr unwahrscheinlich.]

1383) germ. **bik**, Ziege; davon vielleicht ital. *becco*, Beck; frz. *bique*, Ziege. Vgl. Dz 523 *biche*, 529 *bouc*. — Altfrz. *biche*, „Schlange" u. „Hündin" ist = *bestia* (s. d.).

1384) ***bilancearius**, **-um** *m.* (v. *bilanx*) = ital. *bilanciajo* „chi fa bilance" u. *bilanciére* „ordigno per ottinere l'equilibrio nei movimenti", vgl. Canello, AG III 304, wo aber hinzugefügt wird „ma resta dubbie sei veramente il primo non sia da bilancia + arie e il secondo da bilance + ario".

1385) **bilanx**, **-lancem**, zwei Wagschalen habend; davon ital. *bilancia*, Wage; prov. *balansa*; frz. *balance* u. *bilan*, span. *balanza*.

1386) ahd. **bilibi**, Brot; davon vielleicht nach Dz 66 frz. *bribe*, ein Stück Brot, Brocken, dazu das Vb. *briber*, altfrz. *brifer*, Brot erbetteln, (wie ein Bettler) gierig essen, wovon wieder das Sbst. *bifraud*, Fresser. Dz bringt mit *bribe* auch in Zusammenhang die Wortsippe ital. *birba*, Landstreicherei, *birbante* u. *birbone*, Landstreicher, altfrz. *briban*, span. *briba* u. *bribon*; endlich ist Dz 533 geneigt, auch in frz. *brimborion*, Lumperei, eine durch das Vb. *brimber*, betteln, vermittelte Ableitung von *bribe* zu erblicken. Keltischer Ursprung der Wortsippe ist abzulehnen; vgl. Th. 48. S. unten **brēvĭārĭum**.

1387) [***biliola** (aus *libiola*) = [?] ptg. *belhó*, *felhó*, Waffelkuchen, vgl. Cornu, ptg. Gramm. § 130 u. 214 (in Gröber's Grundrifs) u., abweichend, C. Michaelis, Frg. Et. p. 5.]

1388) **bīmus**, **a**, **um**, zweijährig; levent. *bima*, vgl. AG VII 409; friaul. *bime* zweijähriges Schaf; béarne *bime* junges Rind. Vgl. Meyer-L., Z. f. ö. G. 1891 p. 767; Salvioni, Post. 5.

1389) ahd. **binda**, Binde; ital. *benda* (lomb. *binda*); prev. *benda*; altfrz. *bende*, dazu das Vb. *bender*; nfrz. *bande*; span. *benda*, *venda*. Vgl. Dz 48 *benda*; Mackel p. 96.

1390) [**bīnī ŏcŭlī**] ital. *binocolo*; frz. *binocle*; Fernglas für zwei Augen, ist gelehrte u. verkehrte Neubildung nach lateinischem Muster, bei welcher die Ungeheuerlichkeit begangen wurde, das `plura-

lische *bini* mit dem Sg. *oculus* zu verbinden. Vgl. Dz 53 *binocolo*.]

1391) ndd. **binnenlaender**, Schiff, das innerhalb des Landes fährt, soll das Grundwort sein. s. ital. *palandra* u. *balandra*, kleines Lastschiff; frz. *balandre*, zweimastiges Binnenfahrzeug mit trapezförmigen Segeln; span. ptg. *balandra*, einmastiges Schiff. Vgl. Dz 232 *palandra*. Die Herleitung ist indessen zu beanstanden. Von *palandra* etc. dürften nicht zu trennen sein das von Diez 232 unerklärt gelassene, von Schuchardt, Ztschr. f. vgl. Sprachf. XX 270, auf *balatro* (s. d.) zurückgeführte ital. *palandra(na)*, Reitmantel, frz. *balandran*, Galamantel, span. ptg. *balandran*, *balandrão*, weiter Überwurf. Die ursprüngliche Bedtg. von *palandra* etc. ist demnach vermutlich „ein mantelförmig zugeschnittenes Stück Tuch", woraus sich die Bedtg. eines Segels von bestimmter Form entwickelte, nach dem Segel aber wurde das Schiff benannt, welches ein solches Segel führte. Das Grundwort scheint lat. *pala* zu sein, das ein schaufelförmiges Werkzeug (das Grabscheit) u. einen schaufelartig gestalteten Knochen (das Schlüsselbein) bezeichnet. Freilich bleibt die Art der Ableitung unklar. — Dagegen dürfte ital. *balandron*, Landstreicher, auf *balatronem* beruhen.

[***bipennella**, **bipennula** s. **pimpinella**.]

1392) [***biquadro**, **-āre** (*bis* u. *quadrum*), mit doppelten Vierecken versehen, zweifach, d. h. schachbrettartig karrieren, = frz. *bigarrer*, buntscheckig machen; cat. *bigarrar*; span. *abigarrar*. Vgl. Dz 523 *bigarrer*. Ableitung aus ***bivariare* ist unannehmbar. Eine ganz andere Erklärung giebt Schuchardt, Z XI 500; von südfrz. *piga*, Elster, werden abgeleitet *pigal*, *pigau*, *pigalh*, scheckig (weil die Elster ein scheckiges, schillerndes Gefieder hat), davon *pigalha*, *bigalha*, scheckig machen, daraus (mit Einmischung eines Insektennamens *bigal*, *bigar* „taon, frelon, cousin") *bigarra* = *bigarrer*.]

1393) ahd. **biral**, grofser Korb; davon ital. (mail.) *berla*, Tragkorb. Vgl. Dz 356 *s. v.*

1394) **biramica** (v. *bis* u. *ramus*), Zweig, ist nach Neumann, Z V 386, das Grundwort zu ital. *branca*, frz. *branche* etc., s. u. **branea**.

1395) bask. **biregueta**, wegloser Ort, = span. *vericueto*, rauher, unebener Weg. Vgl. Dz 497 *s. v.*

1396) [***birōtium** *n.*, zweirädriger Karren; ital. *biroccio*; rtr. *broz*; frz. (veges.) *broz*. Vgl. AG VII 410 u. 516; Horning, Z XVIII 234.]

1397) **birōtus**, **a**, **um**, zweirädrig; obw. *bert*, vgl. Meyer-L., Z. f. ö. G. 1891 p. 767.

1398) ahd. **biroufan**, raufen; davon ital. *baruffa*, Rauferei, dazu das Vb. *baruffare* u. daraus durch Umstellung *rabbuffare* „scompigliare, disordinare", vgl. Caix, St. 468, u. Canello, AG III 897; rtr. *barufar*, raufen; prov. *barufaut-z*, Raufer; (frz. *é-bouriffer*, zausen). Vgl. Dz 277 *ruffa*.

1399) **birrus**, **-um** *m.*, kurzer Mantel mit Kapuze (eigentl. wohl von roter Farbe, denn *birrus* dürfte mit griech. πυρός identisch sein, doch kann man im Zusammenhang mit *burrus* annehmen, s. unten **burrus**, davon viell. ital. *birro*, *sbirro* (mit rotem Mantel bekleideter) Gerichtsdiener, Häscher, Scherge; span. *esbirro*. (Möglicherweise leitet sich von *birrus* in der Bedtg. „rot" auch ab *birracchio*, jähriges Rind, so wenigstens vermutete Ménage.) Vgl. Dz 358 *birro*. — Deminutivbleitung von *birrus* ist ital. *berretta*, Mütze (über den Bedeutungswandel s. Baist, Z VI 116); prov. *berreta*, *barretta*; frz. *barrette*; span. *barrete*; ptg. *birreto*, baretta. Vgl. Dz 49 berretta u. 74 bujo; Gröber, ALL I 251.

1400) **bĭs**, zweimal, doppelt. Dies Adv. ist im Roman. nur als erster Bestandteil von Kompositis erhalten, in dieser Verwendung aber sehr häufig. Lautlich stellt sich die Partikel als bis, bes, ber u. frz. als bar, ba dar; begrifflich hat sie verschlimmernde Kraft, indem sie — ganz ähnlich wie das deutsche „zwie-" in „Zwielicht, Zwietracht" u. dgl. — die Bedeutung des mit ihr verbundenen Nomens oder Verbs in ungünstigem Sinne abändert. Vgl. Dz 55 bis; Darmesteter, Mots comp. p. 108 ff.; Lehmann, der Bedeutungswandel etc., p. 55. — Die im folgenden aufgeführten Zusammensetzungen sollen nur als Beispiele der sehr beliebten Bildung gelten, Vollständigkeit konnte u. sollte nicht erstrebt werden.

1401) ahd. **bĭsa**, Briswind d. i. Nordostwind; davon r t r. bisa etc. mit gleicher Bedtg.; das nähere sehe man unter **bris.**

1402) **bĭsăccĭŭm, -ĭ** *n.*, Doppelsack, Quersack (Petr. 31, 9) u. ***bĭ[s]-săccŭs, -ŭm** *m.*; ital. bisaccia.; sard. brisacca, barsacca; piem. bersac, bersacca; rum. desagă, f., s. Ch. sac (das Wort ist beeinflußt durch mgriech. διοáχιον, διοάχχι); prov. bis(s)ac-s; frz. besace, bissac; altcat. bissac, bessac; span. bizazas, bezazas u. (wohl in Anlehnung an via) biazas, sämtlich nur im Plur. Vgl. Dz 55 bisaccia.

1403) ***bĭs + ācĕr** = frz. besaigre, säuerlich, vgl. Dz 522 s. v.

1404) ***bĭs + ācŭtŭs, a, um** = ital. bicciacuto, zweischneidig; (altfrz. bisaiguë, besaiguë scheint aus ital. bisegolo entstanden zu sein). Vgl. Dz 357 bicc.

[***bĭs + ancula** (vgl. Caix, St. 206) s. **antlia.**] ahd. **bisazjan** s. unten **sazjan.**

1405) ***bĭs + cŏcca** (cocca = concha, Muschel, Schnecke mit gewundenem Gehäuse; vulgär scheint das Wort ebensowohl ein kleines Gefäß oder Haus als auch einen Gegenstand, der Windungen hat oder zum Winden dient, bezeichnet zu haben); ital. bicocca, kleines Schloß, Turm auf einem Berge (im Sardischen „Häuschen", „Treppe mit zwei Absätzen", im Lombardischen „Garnwinde", in noch anderen Dialekten bedeutet das Wort entweder „Haspel, Winde" oder „Knäuel", vgl. Mussafia, Boitr. 46 Anm.; piemont. bicochin, Priestermütze); frz. bicoque (Fremdwort), elende Festung, jämmerliche Hütte, bicoq (wohl angeglichen an le coq, der Hahn), dritter Fuß des Hebebocks, Baugerüststütze; span. bicoca, kleine Stadt oder Festung, Schilderhaus, bicoquete, bicoquin u. becoquin. eine Art von (etwa turbanartig gewundenen?) Mützen. Vgl. Dz 52 bicocca.

1406) ***bĭs + cŏctŭs** (v. coquo), zweimal gekocht; ital. biscotto, Zwieback; prov. biscueit-z; altfrz. becuit (vgl. Darmesteter, Mots comp. p. 111 Anm. 2), nfrz. biscuit; span. bizcocho; ptg. biscouto. Vgl. Dz 55 biscotto.

1407) ***biscula** (für viscera), dav. nach Parodi, R XXVII 227 neuprov. blesquin die grefsen Eingeweide (*visculanum = lyon. beclien Schafmilz).]

1408) **bĭsĕxtŭs, -ŭm** *m.*, Schalttag, unheilbringender Tag; piemont. bisest, Unheil; frz. bissètre (wohl an être angeglichen), Unglück; in den übrigen rom. Spr. nur als gelehrtes Wort erhalten, die betr. Formen hat Cibao unter visect zusammengestellt. Vgl. Dz 525 bissètre. Vgl. No 1431.

1409) [***bĭs + fāgo, -āre** (v. fagus, Buche, = frz. fou, Demin. fouet, Rute), tüchtig hauen, geifseln,

würde nach Tobler. Z X 577, die zurücklatinisierte Form von frz. bafouer, verspotten (gleichsam moralisch geifseln), sein — eine geistvolle, aber wenig glaubliche Vermutung. Vgl. oben **beff-.**]

1410) [***bĭsfŏdĭcŭlo, -āre**, nach Puitspelu Grundwort zu lyon. barfolhi, barfoyi „fouiller malproprement dans un liquide, n'avoir point de suite dans ses paroles ou ses actions", (hierher gehört vielleicht auch neapol. farfagliare, farfaglia, prov. far- u. fourfouia, frz. farfouiller, span. farfullar, vgl. Horning, Z XXII 483).]

1411) ***bĭs + gŭttŭs**, Doppelkrug; davon ital. bigutta „specie di vaso, marmitta", vgl. Caix, St. 202.

1412) [***bĭsĭco, -āre** (v. bis); dav. nach Horning, Z XXI 451 Anm. 1, ptg. vesquear, schielen, vesgo schielend, span. bisco, vgl. bisojo).]

1413) ***bĭs + lăxŭs**; davon vielleicht ital. bislacco, sbillacco. „scomposto, stravagante", wenn das Wort nicht = bis + ahd. slach anzusetzen ist, vgl. Caix, St. 207 u. 370.

1414) ***bĭs + ahd. lĕffŭr**, = frz. balafre, Wundlippe, Wundspalte, Schmarre, vgl. Dz 516 balafre; Darmesteter, Mots comp. p. 110 Anm. 3.

1415) [***bĭs + ahd. lŏken**, vielleicht Stammwort zu ital. s-biluciare, s-berluciare u. dgl., vgl. Caix, St. 151.]

1416) [***bĭs + altn. lŏkr**, etwas Herabhängendes; daraus viell. frz. berloque, breloque, Anhängsel (vgl. rtr. bargliocca, neuprov. barlocco f., ital. hadalucco, Spielerei). Vgl. Dz 628 loque.]

1417) **bĭs + lŏngŭs**; frz. barlong, länglich, vgl. Dz 517 s. v. S. oben No 1241.

1418) ***bĭs + lūcă** (v. St. luc leuchten); prov. beluga, Funken, dazu die Verba (a)bellucar, blenden, belugeiar, Funken sprühen; frz. berlue, vorübergehende Blendung des Auges, dazu das Dem. (nerm. heluette) bluette, Feuerfunke, Witzfunke, vgl. Fafs, RF III 494, davon das Vb. bluetter, außerdem altfrz. bellugue (Fremdwort), Funken. Vgl. Dz 520 bellugue. Über entspr. Worte ital. Dialekte vgl. Flechia, AG II 342 Anm. 3; Caix, St. 395 (wo ahd. liuhtan als Grundwort angesetzt wird).

1419) [***bĭs-lŭcetta** (v. Stamm luc); altfrz. berluette, beluette, nfrz. bluette, Fünkchen, vgl. Fafs, RF III 494: Dz 520 bellugue.]

1420) ***bĭs + lŭcĭn-, lĭcĭn-** (v. St. luc leuchten); aret. balecenare, leuchten, vgl. Caix, St. 7.

1421) ***bĭs + lŭcĭo** (v. St. luc leuchten); ital. barluzzo „tra giorno e nette", vgl. Caix, St. 185.

1422) ***bĭs + lūmĕn**; ital. barlume, Zwielicht, vgl. Dz 55 bis.

1423) ***bĭs + lūrĭdŭs, a, um** (wegen des Bedeutungswandels s. luridus); ital. balordo, Tölpel; frz. balourd, Tölpel; span. palurdo, grob, plump; über den etwaigen Zusammenhang von frz. falourde, Holzscheit (nfrz. belourde, velourde) mit bis-luridus sowie über die Frage, ob altfrz. falourde, Aufschneiderei, Pesse, hierher gehört, vgl. Bugge, R IV 355. — S. No 1428.

1424) ***bĭs + luscus, a, um; ital. berlusco, schielen, henneg. berlou, berlouque. Vgl. Dz 356 berlusco, Caix, St. 73.

1425) [***bisocca** (d. i. bis + *socca, vgl. frz. soc); dav. nach Thomas, R XX 444, frz. besoche, Grabscheit.]

1426) ***bĭs + ŏcŭlŭs**; span. bisojo, schielend (nach Dz 432 ist auch das gleichbedeutende span. bizco, ptg. vesgo desselben Ursprungs): die von

Dz 523 vermutete Herleitung des frz. *bigle* von *bisoculus* ist abzulehnen, freilich ohne dafs eine andere glaubhaftere gegeben werden könnte.

1427) [*bī(s)-rötetta (Demin. zu *rota*); frz. *brouette* ursprünglich einrädriger, später zweirädriger Schubkarren, vgl. Scheler im Dict. *s. v.*]

1428) *bĭs-rötülüs; ital. *biroldo* „salsicciotto", vgl. Caix, St. 204; span. *belorta*, *vilorta*, Ring am Pfluge, Parodi, R XVII 54. — Aus *bisrotulus* (*biroldo*, *baroldo*) will Pascal, Studj di fil. rom. VII 89, ital. *balordo*, frz. *balourd* erklären, indessen ist *bisluridus* (s. d.) als Grundwort vorzuziehen.

1429) *bĭs-rötündüs, a, um; ital. *bistondo*, rundlich, vgl. Dz 406 *tondo*.

1430) *bĭssäccülum *n.*, Säckchen; ptg. *bis[s]alho*, vgl. C. Michaelis, Misc. 120.

*bĭsseus s. byssens.

1431) bī(s)-sēxtüs, a, um, eingeschaltet; ital. *bisesto*, wunderlich, unregelmäfsig; rum. *visect*, vgl. Ch. *s. v.*; prov. *bisest*, *bissext*; frz. *bissestre*, *bissêtre*, Unheil (weil der Schalttag als unheilvoll galt, vgl. Dz 525 *s. v.*; Berger *s. v.*). Vgl. No 1197.

1432) [*bĭssīco, -āre (v. *bissus*, s. d.); dav. nach Horning, Z XXI 450, frz. *bèque* (aus *besque?*) stammelnd, und das mundartliche *béjater* „tomber dans l'imbecillité sénile".]

1433) [*bĭssus, a, um (nach δισσός gebildet), doppelt; dav. nach Horning, Z XXI 451, frz. *besson* Zwilling; neuprov. *bes* beis Fem. *bessa beissa*.]

1434) *bĭs + tēnto, *tēntĭo, -āre; ital. *bistentare*, Not leiden; prov. *bistensar*; altfrz. *bestancier*. Vgl. Dz 403 *stentare*; Caix, St. 208.

1435) [*bĭs-tönde, -āre (für *bis-tondeo*, *-ēre*); ital. *bertonar*, die Haare abschneiden, vgl. Mussafia, Beitr. 33; altfrz. *bertonder*; nfrz. *bertauder*, *bretauder*, verschneiden. Vgl. Scheler im Anhang zu Dz 708 *berta*; Mackel 84.]

1436) *bĭs-törquo, -ēre (für *bis-torqueo*, *-ēre*); altfrz. *bestordre*, verdrehen, vgl. Dz 689 *tordre*.

*bĭs + vērrücä.

1437) [*bĭs + vīdüta (f. *visa* v. *videre*); frz. *bévue*, Versehen, vgl. Dz 523 *s. v.*]

1438) arab. bī-'tānah (besser battāna, vgl. Eg. y Yang. p. 329); ital. *basana*, *bazzana* „pelle di castrato conciata"; span. ptg. *badana*, gegerbtes Schafleder (im Ptg. auch altes, mageres Schaf); (prov. *bazana?*); frz. (vermutlich aus dem Prov. entlehnt) *basane*, dazu altfrz. Vb. *basaner*, Leder schwärzlich färben (nfrz. *basané*, gebräunt), *basanier*, Schuhmacher. Vgl. Dz 429 *badana*; Caix, St. 186.

1439) altn. bĭti, Querbalken; dav. (?) ital. *bitta* (meist im Pl. *bitte*, die Wandsäulen auf den Seiten des Schiffes); frz. *bitte*, Ankerbeting; grofse Hölzer auf dem Schiffsdeck zum Auflegen der Taue; span. cat. *bita* (davon wohl auch span. *bitácora*, ptg. *bitacola*, Kompafskasten, ptg. *bitola*, Aichmafs). Vgl. Dz 55 *bitta*; Mackel 13, 93, 156.

1440) arab. bī-tfchah (richtiger al-batĭja, vgl. Eg. y Yang. p. 119), Wassermelone; cat. ptg. *albudeca*; ptg. *pateca*; span. ptg. *badea*. Vgl. Dz 475 *pateca*.

1441) altndd. *bĭto (ahd. *biggo*) Köder; davon prov. altfrz. *abetar*, *-er*, hintergehen (Sbst. *abet*, Trug, List, norm. *abet*, Köder, *abéter*, ködern), vgl. Mackel 89. Vgl. oben betan.

1442) [bĭtümĕn, -ĭnis *n.*, Erdpech; ist nicht Grundwort zu frz. *béton*, Stein-, Gufsmörtel, vielmehr leitet das Wort sich von altniederl. *best*, Bistmilch, ab, vgl. Bugge, R III 145, P. Meyer, ebenda

VIII 452, Mackel p. 89, Körting, Formenbau des frz. Nomens p. 314.]

1443) bīvīra, -am *f.*, eine Frau, die den zweiten Mann hat oder gehabt hat; davon nach Dz 357 ital. *biffera*, Weib, das zwei Männer hat (wegen *v : ff* verweist Dz auf *vasculum : fiasco*). Vgl. oben bifera.

1444) bīvĭum, -ĭ *n.*, Zweiweg; ital. *bebbio*, vgl. Flechia, AG III 173; dazu das Vb. venez. *bibiare* „essere incerto, indugiare" (gleichsam „zweifelnd am Scheidewege stehen"), vgl. Marchesini, Studj di fil. rom. II 7.

1445) dtsch. bĭwacht; frz. *bivac*, *bivouac*, Feldwache; span. *vivac*, *vivaque*. Vgl. Dz 525 *bivac*.

1446) bask. bĭzarra, tapfer (vgl. Mahn, Etym. Unters. p. 137); span. ptg. *bizarro*, tapfer, mutig, ritterlich, prächtig, dazu Sbst. *bizarria*; aus dem Span. ist das Wort in das Ital. u. Frz. übernommen worden (*bizzarro*, *bizarre*) u. hat den leicht erklärlichen Bedeutungswandel zu „lebhaft, zornig (ital.), seltsam (frz.)" durchgemacht. Vgl. Dz 56 *bizzarro*.

ahd. bĭzo s. oben bestĭa.

1447) neubret. bĭzou, bezou, Ring mit gefafstem Stein (mittelbret. *besou*); frz. *bijou*, Kleinod (wohl mit Anlehnung an *jouer*, *joujou*). Vgl. Dz 524 *bijou*, Th. p. 91.

1448) irisch. blā gelb (urkelt. *blāvo-s*, lat. *flavus*, ahd. *blâo*), Schuchardt, Z XVIII 433, frägt: „wäre nicht ein romanisches *blavius*, *blaujus* denkbar?" Zu diesem angenommenen Adj. dürfte nach Sch. der Stadtname *Blava*, *Blavia*, *Blaye* gehören. Beruht vielleicht auch altfrz. *blois*, blond, auf *blavius?*

1449) ndl. blaar, weifser Fleck auf der Stirn; davon frz. (G. de la Bigne) *blaire*, altfrz. *bleron*, nfrz. *blérie*, Bläfshuhn, Wasserhuhn, vgl. Gröber, Misc. 42 u. ALL VI 122 (s. oben *ablatarellus*).

1450) [*blädärĭus,-ĭ*m.*, Getreidehändler (davon (?) frz. *blaireau*, vgl. Wedgwood, R VIII 436), s. oben *ablatarellus*, s. auch No 1463.]

*blaesius s. unten *oblĭquus.

1451) dtsch. Blaesse; davon lothring. *blése*, Pferd mit weifsem Stirnfleck, vgl. Gröber, Misc. 43.

1452) blaesus, a, um, lispelnd; prov. *bles*, stammelnd; altfrz. *blois*. S. unten obliquus.

1453) ahd. blāmi, bläuliche Farbe; davon frz. *blême*, blafs, bleich, Vb. *blémir*, erblassen (altfrz. auch: bläuen d. h. blau schlagen); das *s* in altfrz. *blesme* ist nur graphisch. Vgl. Dz 526 *blême*; Bugge, R III 145.

1454) *bländĭo, -ĭre (f. *blandior*, *-iri*), schmeicheln, liebkosen; ital. *blandire* (gel.W., die volkstümliche W. sind *accarezzare*, *vezzeggiare*, *lusingare*); rum. (im)*blânzesc*, ii, it, i, vgl. Ch. *bland*; prov. frz. span. *blandir* (veraltet, frz. dafür *flatter*); span. *lisonjear*, *acariciar*, ebenso ptg.)

1455) bländĭtĭä, -ae *f.*, Schmeichelei; rum. *blândeaţă*; in den übrigen rom. Spr. nur als gel. Wort vorhanden (nfrz. als Pl. *blandices* b. Chateaubriand).

1456) bländüs, a, um, schmeichelnd; rum. *blând*, s. Ch. *s. v.*, sonst in den rom. Spr. nur ital. u. span. als gel. W. vorhanden; aufserdem ptg. *brando*, wovon mehrfache Ableitungen.

1457) germ. blank- (ahd. *blanch*, *planch*), blinkend; ital. *bianco* (rtr. *bianco* aus dem Ital. entlehnt, vgl. Gartner § 9); frz. *blanc*; span. *blanco*; ptg. *branco*. Durch *blank-* ist lat. *albus* aus dem gröfsten Teile des roman. Sprachgebietes verdrängt worden. Vgl. Dz 51 *bianco*.

1458) [*blank + mǎndūcǎrě; frz. blanc-manger, weifse Gallerte mit Mandeln; davon ital. bramangiere, Vorgericht, blanco-mangiare „vivanda di.farina e zucchero cotti in latte", vgl. Canelle, AG III 313. Vgl. Dz 359 s. v.]

1459) [*blanko, -äre, blankio, -īre (v. blank), weifsen; ital. (im)biancare, bianchire; entsprechende Bildungen in den übrigen roman. Sprachen, aufserdem zahlreiche an die Verba sich anlehnende Ableitungen, z. B. *blank-arius = span. blanquero, Weifsgerber, *blank-e-ator-em = span. blanqueador, Tüncher.]

1460) mhd. blas, Kerze, Fackel, Glut (ags. blase, bläse, brennende Fackel); vielleicht Grundwort zu ital. blasone, Wappenkunde, dazu das Vb. blasonare, Wappen malen; prov. bleso-s, bliso-s, Wappenschild; frz. blason, Wappen (altfrz. auch blezon), dazu das Vb. blasonner, ein Wappen erklären; cat. blasó, Wappen, Wappenzeichen, Ruhm, Glanz; span. blason, Ehre, Ruhm, Wappenzeichen, Wappenkunde, dazu das Vb. blasonar, sich brüsten, und: ein Wappen erklären; ptg. brasão mit denselben Bedeutungen wie im Span., was auch von dem Vb. blasonar gilt. Will man die roman. Worte wirklich mit Dz 56 vom mhd. blas (od. ags. bläse) herleiten, so müfste der Bedeutungsübergang gewesen sein: Glut : Glanz : Ruhm :. Ruhmeszeichen = Wappenschild, Wappen. Die Sache ist aber herzlich wenig wahrscheinlich; eher dürfte blason für eine Ableitung von ahd. blass „weifslich" (wovon Blässe, weifser Fleck auf der Stirn, altnord. bles, vgl. Kluge unter „blafs") zu halten sein, so dafs die ursprüngliche Bedeutung sein würde „ein kennzeichnender weifslicher, bezw. hellfarbiger Fleck (auf dem sonst dunkeln Schilde)".
dtsch. blasen s. βλάξ.

blasphemia s. blasphemo.

1461) *blasphēmium, -i n., Lästerung; davon prov. blastenh-s (die entspr. Worte der übrigen Sprachen gehen auf blasphemia oder βλάσφημον zurück, vgl. Meyer, Neutr. 154).

1462) blasphēmo, -äre (von gr. βλασφημέω), lästern; ital. biasmare, biasimare, tadeln, daneben das, wie es scheint, an bestia angebildete biastemmare, bestemmiare, lästern, fluchen (gel. W. blasfemare), vgl. Canello, AG III 363; rum. blástǎma; rtr. blastemar; prov. blasmar, blastimar, blastenjar; frz. blasmer, blâmer; cat. blasmar, blastemar; span. ptg. lastimar, beleidigen, mifshandeln, Mitleid erregen. Zu den Verben sind überall die entsprechenden Substantiva vorhanden; ital. biasimo, bestemmia, biastemma; rum. blǎstǎm, Pl. blǎstǎmuri; rtr. blastemma; prov. blastenh-s (= blasphemium, w. m. s.); frz. blasme, blâme (altfrz. auch blastenge); span. ptg. lástima. Vgl. Dz 51 biasimo.

blasphēmūs, a, um, lästernd, s. blasphemo.

1463) [*blǎtǎrěllus, -um m. (v. *blatum), bezw. [a]blatarellus, Getreidehändler, wurde von Wedgwood, R VIII 436, als Grundwort zu frz. blaireau, bléreau, Dachs, aufgestellt, weil dieses Tier Getreide aufstapelt oder doch aufstapeln soll. Diese Ableitung ist aber von Gröber, ALL VI 122, mit guten Gründen zurückgewiesen worden, das richtige Etymon ist ndl. blaar (s. d.).]

1464) [*blǎtǎria, -am f. (v. *blatum), = prov. bladaria, frz. blairie „Abgabe für die Erlaubnis der Nachhut" (Sachs).]

1465) *blātea (blatum) = altfrz. blaice, blaisse

„récolte de blé" (scheint aber auch „Getreidearten" zu bedeuten), vgl. Horning, Z XXII 482.

1466) blǎtěro, -äre, plappern; ital. battolare „chiaccherare" (mit zahlreichen dialektischen Nebenformen), vgl. Caix, St. 189; span. baladrar, ptg. bradar, vgl. Meyer-L., Z. f. ö. G. 1891 p. 767.

1467) blatta, -am f., Motte; „calabr. vratta, vgl. ital. piattola" Meyer-L., Z. f. ö. G. 1891 p. 767.

1468) *blātum, *blādum, *blāvum (vom Stamme bla, Nebenform von fla „blasen", idg. Vbhla, wegen bh = lat. b vgl. barba, albus u. a. m.), zusammengeblasene, -gewehte Masse, Spreu, Strohhaufen, schliefslich Getreide; mutmafslicho Grundwerte zu ital. biado u. biada; prov. blat-z u. blada; rtr. blava, vgl. Gartner, Gramm. § 3a; altfrz. blet, bled, blée, blef (bleif); neufrz. blé, zu den frz. Subst. die Verba (dé-, em-, rem-) blaver = *blavare und (dé-, em-, rem-, a-) blayer = *blaviare od. *blādiāre, dazu wieder Postverbalia, z. B. remblai, ablais. Vgl. Körting, Formenbau des frz. Nomens p. 317. S. oben ablatum.

1469) altnordfränk. blaud (altnord. blaupr, ags. bleap, ahd. blōdi, nhd. blöde), kraftlos, zaghaft; altfrz. prov. bloi, schwachfarbig (von Haaren), lichtfarbig, gelb, blond, vgl. Mackel 118. Auch ital. biondo, prov. blon-z, frz. blond, span. blondo von blauǒ herzuleiten u. also Nasalierung anzunehmen, wie Dz 54 dies zu thun geneigt ist, erscheint bedenklich. Eher dürfte, wie auch schon von anderen vorgeschlagen wurde, blond mit ags. blanden, blonden „gemischt" (blanden-feax misch-, grauhaarig) zusammenzubringen sein; noch wahrscheinlicher ist Zusammenhang mit germ. blind, vgl. Kluge unter „blond". S. auch No 420. — Goldschmidt, Z XXII 260, setzt altfrz. embloer, pic. emblaver = germ. blandan an (blaupian = éblouir).

1470) langob. *blaut-, blofs; davon ital. biotto, armselig, elend, dazu die Deminutivbildung brollo, nackt, blofs, vgl. Bugge, R IV 368; (prov. altfrz. blos beruht auf ahd. blōʒ, vgl. Mackel p. 28).

1471) germ. blāw (ahd. blāo), blau; ital. biavo, biado (veraltet), blù (aus frz. bleu), das übliche Wort für „blau" ist turchino, azzurro, vgl. Canello, AG III 328; prov. blau (mit zahlreichen Ableitungen); frz. bleu (vgl. paucum : peu); im Span. u. Ptg. wird. „blau" mit azul bezeichnet; das rum. wird ist venetu. Vgl. Dz 51 biavo; Mackel 39, 120 ff. — Ableitung aus pic. blau für gemeinfrz. bleu scheint blafard zu sein, vgl. Storm, R V 168 (wo unrichtig prov. blau als Grundwort angesetzt wird, vgl. Mackel 64); Dz 525 wollte dasWort von ahd. *bleihvaro (blaikvaro) herleiten, es ist aber nur mhd. bleichvar nachzuweisen, aus dem blafard sich kaum entwickeln konnte.

1472) germ. blas, schlaff, träge, βλάξειν = μωραλνειν, thöricht reden, thöricht sein; von diesen gr. Werten will Rönsch, RF III 459 f., das frz. blaser „abstumpfen, vernarrt" ableiten, ohne dafs seine Beweisführung überzeugen könnte. Man wird sich vielmehr vorläufig mit der von Dz 526 ausgesprochenen Vermutung begnügen müssen, dafs blaser sei an das deutsche blasen sei es auf das englische blaze zurückgehe, die Bedeutung freilich macht Schwierigkeiten. — Über βλάξ = blèche (?) vgl. blēt.

1473) nhd. blenden; davon (u. nicht von got. blindjan) frz. blinder, blenden im Sinne von bombenfest machen; dazu das Sbst. blinde. Vgl. Dz 526 blinder; Mackel 101.

1474) altnordfränk. blēt (ags. blǎt), bleich; frz.

blet, morsch, teig, dazu das Vb. blettir, morsch werden, blèche, weibischer Mensch, dazu die Vbb. blèchir, weibisch werden, blécher, faul sein, vgl. E. de Chambure, Glossaire du Morvan s. v. blessi, Darmesteter, Revue critique 1880 II 92. G. Paris, R IX 628, Mackel 88, Pogatscher, Z XII 556. Vermutlich ist auch frz. blecier, blesser von blet herzuleiten. so dafs es ursprünglich „rendre blet en frappant" bedeutet hätte. Dz 526 führte blèche auf gr. βλάξ zurück (was lautlich unmöglich), blesser aber brachte er mit mhd. bletzen „Flicken", bletz „Stückchen Leder" u. dgl. in Zusammenhang und setzte folglich „zerfetzen" als Grundbedeutung an. Dafs an deutsches „(ver)letzen" nicht gedacht werden darf, hat schon Dz bemerkt. Vgl. auch Scheler zu Dz 784.

1475) Stamm bli-, blid- (unbekannten Ursprunges) + -al, -alt; prov. blial-s, bliau-s, blialt-z, bliaut-z, blizaut-z, seidenes Gewand,Überwurf; altfrz.bliaut; span. ptg. brial, Frauenrock aus Seide oder einem andern feinen Stoffe; (mhd. bliált, bliat „seidener Goldstoff" scheint erst aus dem Romanischen entlehnt zu sein). Nach Mahn, Etym. Unters. 40, hätte man das pers. baljád als Grundwort anzusehen. Vgl. Dz 56 bliaut.

1476) abd. blinchan, nhd. blinken; davon nach Dz 433 vielleicht span. ptg. brincar, schmücken, spielen, scherzen, hüpfen, springen; wegen des Bedeutungsüberganges vergleicht Dz lat. micare n. coruscare. Storm, R V 173, führt brincar mittelst esbrincar auf ital. springare = dtsch. springen zurück, was Baist, Z V 550, billigt. Schuchardt leitet das Wort von altir. lingim, ich springe, ab, als dessen Stamm er wegen des Perf. leblaing ein *bling ansetzt, Z VI 423; Thurneysen, p. 85, bemerkt dagegen, dafs der Schwund des b im Anlaute auffällig sein würde.

got. blindjan s. blenden.

1477) altd. blister, Blase; davon vermutlich altfrz. blestre, vgl. Mackel 23, s. auch Godefroy s. v. bleste.

1478) blĭtēus, a, um, abgeschmackt. albern, unnütz (Plaut. Truc. 4, 1, Laber. com. 92); davon nach Dz 358 ital. bizzocco, Andächtler.

1479) blĭtum, -i n., Meieramaranth, Blutkraut; frz. blette, blète, Hahnenkamm (eine Pflanze); cat. bred; span. ptg. bredo, grüner Amaranth, eine Art Brunnenkresse (span. bledomora, Spinat). Vgl. Dz 432 bledo. — „Blitum mit beta vermischt gab ital. bieta, prov. bledo, friaul. blede etc." Meyer-L., Z. f. ö. G. 1891 p. 767.

1480) alt- oder mittelndd. *blok (ahd. bilóh, mhd. bloch zum st. Vb. lûkan) u. ndl. blok (ahd. mhd. bloch, bloch, mhd. block), ersteres eine Art Halle, Verschlufs, letzteres Klotz bedeutend; davon frz. bloc, Block, Stock (als Strafwerkzeug, Einsperrungsgerät, être au bloc, Kasernenarrest haben), u. bloc, Klotz, Haufe, dazu das Vb. bloquer; blokhús = frz. blocus. Vgl. Dz 526 bloc; Mackel p. 32.

1481) altd. bluster, Blase; davon wohl altfrz. blostre, bloste (mit offenem o), Geschwulst; vgl. Mackel 23.

1482) bŏärīus, a, um (v. bos), zum Rind gehörig; ital. boaro, Ochsentreiber; (rtr. bué); neuprov. boyer; altfrz. boier; span. boyero; ptg. boieiro. Vgl. Gröber, ALL I 251.

1483) bŏcä, -am f. (für bōca, Nebenform von bōx, gr. βῶξ), ein Meerfisch; ital. boca, boga; sard. boga; prov. buga; (frz. bogue, davon bouguière,

Fischnetz); span. ptg. boga. Vgl. Dz 56 boca; Gröber, ALL I 251; Bouquier, R VI 269.

1484) Stamm bod, bot-; auf einen Stamm bodbezw. bot-, bott- (wovon lat. *bot-um, bot-ulus, botellus), dessen Grundbedeutung „schwellen, aufblasen" sein dürfte, scheinen zurückzugehen: modenesiach budenñ „tragonfio", piemont. burenñ „gonfio", vgl. Mussafia, Beitr. 34, u. Flechia, AG II 326 f.; rum. bos-influ, die Lippen aufwerfen, schmollen, vgl. Ch. bot; neuprov. boudenflá, schwellen; frz. bouder, den Mund aufschwellen, die Lippen zum Zeichen des Verdrusses vorstülpen, schmollen, davon boudoir, eigentl. Schmollwinkel, boudin, Blutwurst, boudine, Kern, Auge in einem Glase (das intervokalische d dieser Worte nötigt zur Annahme eines Stammes bott-), boursouffler (für bor, bod + souffler) aufblasen (vgl. prov. boudenflá = bod + inflare); von boursouffler, das bereits aus dem 12. Jahrh. belegt ist (s. Littré), ist abgeleitet boursoufl(f)lus, Fisch mit aufgeblähtem Leibe, vgl. Cohn, Suffixw. p. 201; wahrscheinlich gehört hierher auch borne (aus bosne, bodne, mittellat. bódina) eigentlich Schwelle, dann Grenze, jedoch hält Thurneysen 91 Herkunft des Wortes von dem altir. Stamme *bódinã oder *bódinã (davon altir. buden, Heerschar, kymr. budden, Truppe, Armee) für möglich u. verweist bezüglich des Bedeutungsüberganges auf das deutsche „Heersäule". Über borne vgl. auch Nigra, R XXVI 558, s. unten oblula. Vgl. Dz 528 borne u. 529 bouder, vgl. dazu Scheler 785; Rönsch, RF III 335, u. namentlich auch Caix, St. 241, wo interessante ital. Ableitungen (z. B. butifione „uomo grasso") angeführt werden. S. auch unten bold- u. bötum.

1485) ndl. bodemerij, die Anleihe auf ein Schiff; frz. bomerie, Bodmereivertrag, vgl. Dz 528.

1486) mittelndl. boeckîn, Büchlein; nfrz. bouquin, altes Buch, Scharteke. Mackel 21 leitet das Wort von bouc ab, so dafs es eigentl. „(kleines Bocks-)Leder, Schwarte, Scharteke" bedeuten würde. Dz 530 s. v.

1487) ndl. boegspriet, Bugspriet; daraus durch volksetymologische Umgestaltung frz. beaupré, vgl. Dz 518; Fafs. RF III 499.

1488) ndl. boelijn, Seitentau, -segel; altfrz. boline, nfrz. bouline, vgl. Dz 530, Mackel 110.

1489) ndl. bogan, biegen (die übliche Form ist aber buigen); bogan wird von Dz 433 als Stammwort zu span. bojar, eine Insel, ein Vorgebirge umschiffen, hingestellt.

1490) dtsch. bohren; vom deutschen bohren leitet Ulrich, Z III 266, frz. *borgner (: bohren = épargner : dtsch. sparen) ab, wozu dann borgne, einäugig, das Adj. wäre; ital. bornio; cat. borni, auch span. bornear, biegen, krümmen (schielen), würden dann gleichen Ursprunges sein. Diese Annahme ist aber höchst unwahrscheinlich, schon weil die ursprüngliche Bedeutung von borgne (schielen) gewesen zu sein scheint (vgl. Scheler im Dict. s. v., wo, wie schon bei Dz, auf genferisches bornicle, schielendes Auge, u. jurassisches bornicler, schielen, hingewiesen wird). Die Wortsippe mufs mit Dz 60 für noch der Erklärung bedürftig erachtet werden. Dafs in dem zweiten Bestandteile von bornicle, bornicler lat. oculus zu erkennen sei, wie Dz will, mufs als sehr zweifelhaft erscheinen.

1491) bŏjä, -am f. (f. bōjä), Halseisen; ital. bova, Fufsfessel (die Herkunft des Wortes von boja wird von Dz 359 s. v. bestritten, von Mussafia, Beitr. 34, jedoch mit gutem Grunde verteidigt),

boja, Henker; r tr. boier, Henker; prov. boia, Kette;
neuprov. boiou, Henker; frz. altfrz. buic, Fessel,
boye, Boje (nfrz. bouée, vgl. Tobler, Sitzungsb. d.
Berl. Akad. d. Wiss., phil.-hist. Cl., 1896, p. 858,
G. Paris, R XXV 623), wallon. boie, Henker, vielleicht gehört hierher auch nfrz. bourreau, Henker,
falls dasselbe aus *bojerellus (?) entstanden ist, vgl.
Dz 531 s. v.; altspan. boya, Henker. Vgl. Dz 57
boja u. 531 bourreau; Gröber, ALL I 251; Tobler
u. G. Paris a. a. O. Die Benennung des Henkers
nach einem sehr üblichen Strafwerkzeuge hat nichts
Auffälliges an sich, wie schon Dz bemerkt, indem
er auf span. verdugo (Reis, Rute u. Henker) hinweist.

1492) mittelndd. bŏkwête, Buchweizen (s. auch
unten Buchweizen); frz. boquette, bouquette „l'un
des noms vulgaires du blé sarrasin dans le Nord"
(Littré); bôk + alia ergab bucaille, vgl. Joret, R
XIII 405 ff.

1493) Stamm bold- (umgestellt aus bodl-, bŏ-
tŭlus); ital. boldon, Blutwurst u. Zapfen, comask.
bondon, kleine, dicke Frau; viell. gehört hierher
auch frz. bonde, Zapfen, das Dz 528 s. v. aus dem
Deutschen ableitete. Vgl. Scheler zu Dz 784 f.;
Mussafia, Beitr. 34.

1494) bŏlētŭs, -um m. (gr. βωλίτης), eine Art
efsbarer Pilze, Champignon; ital. boleto; venez.
bolćo, mod. bolèd, bolè; piem. bulé, bologn. buléider; rtr. bulieu; wald. bolé, vgl. Meyer-L., Z.
f. ö. G. 1891 p. 767; Salvioni Post. 5; rum. bŭ-
rete, Pl. bureți; prov. cat. bolet. Vgl. Ch. s. v.,
wo auch rumän. Ableitungen aus dem Worte gegeben sind.

1495) dtsch. Bollwerk; frz. boulevart, -ard,
welches als Lehnwort in das Prov., Ital. u. Span.
(balloar, baluardo u. baluarte) übergegangen ist,
vgl. Dz 530 s. v.

[*bŏmbĭto, -āre s. bombus am Schlusse.]

1496) bŏmbŭs, -um (gr. βόμβος), Summen,
Brummen; als Fem. erhalten im ital. bomba,
summendes Geschofs; prov. bomba, Prahlerei, Gepränge, frz. bombe etc., sowie in Ableitungen, z. B.
ital. bombanza (Förster, Z XXII 509: „ich möchte
lieber bombanza von boban als umgekehrt ableiten;
das von Diez vorgeschlagene Etymon bombus scheint
mir nicht recht zu passen"), prov. bobansa, frz.
bombance, bobance, Jubel, Lärm, ital. bombarda,
eine Art Kanone etc. Vgl. Dz 58 bomba; Caix,
St. 75, wo burbansa „baldanza" als durch Dissimilation aus bombanza entstanden erklärt wird.
Nichts zu schaffen mit bombus hat nach Dz 358
(bobò) das ital. Kinderwort bombo, das Trinken,
nebst dem dazu gehörigen bombola, Fläschchen,
das vielmehr mit βομβεῖν (glucksen) u. βόμβυλος
(enghalsiges Gefäfs, aus Ausgiefsen einen
glucksenden Ton giebt) zusammenhängen soll. Indessen ist doch βομβεῖν „glucksen" u. βομβεῖν
„summen" gewifs dasselbe Wort, das eben onomatopoietisch zur Bezeichnung aller Arten dumpfer
Geräusche diente. — Ein von bombus abgeleitetes
Vb. *bombitare, -ire, dessen Grundbedeutung
„brummen" gewesen sein mufs (aus welcher sich
dann die von „mit Gebrumm, Gekrach niederstürzen" entwickelt haben könnte), scheint das
Stammwort zu prov. bondire, frz. bondir zu sein
(im Altfrz. auch „dröhnen, schmettern" bedeutend,
nfrz. „springen"); lautlich wäre freilich *bonter,
bezw. *bontir zu erwarten (vgl. tinnitare : tentir),
u. wenn Dz 528 zur Rechtfertigung des d auf
coude aus cub[i]tum verweist, so kann man die nicht

für genügend erachtet werden. Bezüglich der Möglichkeit des Bedeutungsüberganges von „dröhnen"
zu „springen" sei daran erinnert, dafs das deutsche
„springen", wenn angewandt auf zerbrechende
Gefäfse u. dgl. („die Kanone springt" u. ähnliches), dem Gebiete der Schallverba sehr nahe gekommen ist.

1497) *bŏmbȳeius, a, um (v. bombyx), seiden,
die Farbe dunkler Seide habend; davon vermutlich
ital. bigio, aschgrau, schwärzlich, davon abgeleitet
bigione, Feigendrossel (im Ital. also nach der Farbe
benannt, vgl. frz. bifset, Holztaube); altfrz. bise;
neufrz. beige wollfarbig, Naturfarbe der Wolle,
vgl. Horning, Z XXII 481; ptg. buzio, schwärzlich.
Vgl. Dz 53 bigio (wo neben *bombycius auch *bys-
seus als mögliches Grundwort bezeichnet wird).
Prov. etc. bisa, Nordwind, hat mit bigio nichts
zu thun, es ist vielmehr = ahd. bîsa (s. d.).

1498) bŏmbȳx, ȳeem m. u. f. (gr. βόμβυξ), daneben *bŏmbäx, *bämbäx, -äcem, *bŏmbäcïum,
bŏmbȳcïnŭs, Seidenwurm, -raupe; diese Worte sind
die Stammväter einer zahlreichen u. vielgestaltigen
italienischen Wortsippe geworden, deren wichtigsta
Vertreter etwa folgende sind: bombaco (woraus durch
Aphärese baco) bombace, bambace, bascino = bam-
bagino = bombycinus, bigatto, bigattolo aus bom-
bigatto, bigolone, bighellone „fannullone, inetto" aus
bombo = [bom]byculum. Vgl. Dz 354 baco; Flechia,
AG II 39; Caix St. 11, 72, 201; Parodi, R XXVII
228 (P. ist geneigt, bighellone, bighellonare, strol-
chen, von *bicus f. vicus abzuleiten; Nigra, AG XIV
280, erklärt bigatto aus bis (Pejorativpartikel) +
gutto, u. das ist sehr ansprechend). Wegen biscio,
biscia s. oben bestia.

1499) kymr. bon, Wurzelstock eines Baumes;
ital. bugno, Bienenstock, bugna, bugnola, von Stroh
geflochtener Korb; neuprov. bugno, Baumstamm;
altfrz. bugnon. Vgl. Dz 360 bugno; Th. 82.

1500) *bŏnãeia, -am f. (von bonus, Seitenbildung
zu malacia, vgl. Meyer-L., ALL VII 445); ital.
bonaccia, heiteres Wetter; prov. bonassa; frz.
bonace; span. bonanza, stilles Wetter auf der See
(daneben das Adj. bonazo, sanft, friedfertig; ptg.
bonança). Vgl. Dz 58 bonaccia.

1501) bŏnã hŏrã (Ablativ) wird gewöhnlich als
Grundform für das bekannte altfrz. Adverb buer
angenommen, schwerlich mit Recht, selbst wenn
man zugesteht, dafs ein vielgebrauchtes Wort laut-
regelmäfsiger Entwickelung sich völlig entziehen
kann.

1502) bŏnã hŏrã mŏrtuus; davon (durch Kreuzung mit mala hora mortuus) nach Ulrich, Z XXI
231, engad. barmoer, oberländ. barmier „selig".
Viel ansprechender aber stellt Schuchardt, Z XXI
235, barmo u. barmoer von bona hora als Grundform auf.

1503) [*bonina, -am f. (v. bonus); span. ptg.
bonina, Margaretenblume, Mafslieb, Tausendschön.]

1504) bŏnĭtãs, -ãtis f., Güte; ital. bontà (über
den Wortausgang -tà vgl. Ascoli, AG II 437, u.
dagegen Meyer-L., Ital. Gramm. § 206 S. 122);
rum. bunătate; prov. bontat-s; frz. bonté; span.
bondad; ptg. bondade.

1505) bŏnum a[u]gūrĭum, gutes Vorzeichen; prov.
bonaur-s, Glück; altfrz. boneür; nfrz. bonheur.
Vgl. Dz 31 augurio.

1506) bŏnŭs, a, um, gut; rum.
bun; rtr. bun (bun), vgl. Gartner, § 200; prov.
bon-s, bo-s; frz. bon (buona Eul.); span. bueno;
ptg. bom, boa. — Deminutiv zu bon ist wohl frz.
bonnet (prov. boneta, span. bonete) eigentl. ein gutes

feines Tuch, dann eine aus solchem Tuche gefertigte Mütze.

1507) [bŏo, -āre, brüllen [gr. βοάω]; Zusammenhang zwischen boare u. der Schmerzinterjektion ital. bua, wehweh, frz. bobo, span. buba [pupa] wird von Baist, Z VII 116, vermutet, vgl. Caix, St. 230, u. s. unten βουβών.]

1508) ndl. bootsmann, niederdtsch. boosmann; davon frz. bosseman, vgl. Dz 528 s. v., Fafs, RF III 499.

bor s. vapor.

1509) ahd. boro, Bohrer; davon vermutlich ital. borino, burino, bulino, Grabstichel; frz. burin; span. ptg. buril. Vgl. Dz 60 borino; Storm, R V 168; Mackel 112, wo mit Recht die Ableitung von boro als sehr unsicher bezeichnet wird.

1510) gr. βόρβορος, Schlamm; davon vermutlich frz. bourbe mit seinen zahlreichen Ableitungen (bourbeux etc.). Vgl. Dz 531 bourbe. In Zusammenhang damit steht wohl das onomatopoietische Vb. ital. borbogliare, murmeln, pic. borbouller, span. borbollar, ptg. borbolhar, sprudeln (cat. borbollar, verwirren, betrügen). Auf Mischung mit diesem Vb. u. dem von barba abgeleiteten barbottare, in den Bart murmeln, scheint zu beruhen ital. borbottare, altfrz. borbeter, murmeln. Vgl. Dz 58 borbogliare, s. auch oben *barbulliare u. berbaim sowie unten bullo. Vgl. auch Marchot, RF X 579.

1511) germ. bord- (ahd. bort, ags. bord), Schiffsrand; ital. bordo; frz. bord; span. ptg. bordo (daneben alt borda). Dazu das Vb. ital. bordare, einfassen; frz. border, einfassen, broder, sticken; cat. brodar, sticken; span. bordar, einfassen, sticken. Bordar u. brodar dürfen nicht, wie Dz 59 bordo will, getrennt, u. brodar darf nicht auf kymr. brwyd „instrumentum acu pingendi" zurückgeführt werden, vgl. Th. 47. Von bord abgeleitet sind auch die nautischen Verba ital. bordeggiare, bald mit der rechten, bald mit der linken Seite des Schiffes gegen den Wind fahren, lavieren; frz. bordayer; span. bordear. Ursprünglich nautischer Ausdruck ist auch frz. aborder (mit dem Schiff herankommen), jem. anreden.

1512) ags. bord (got. baúrt, engl. board), Brett; altfrz. borde, Bretterbude, Hütte; prov. cat. borda. Dazu das Dem. ital. bordello, kleine, schlechte Hütte, Hurenhaus, prov. frz. bordel, span. burdel (auch Adj. in der Bedtg. „geil"), ptg. bordél. Vgl. Dz 59 borda; Th. 47, wo als wahrscheinlich hingestellt wird, dafs kymr. brwdd „table, board" älteres Lehnwort aus ags. bord sei.

1513) arab. bord, ein dichter Wollstoff; davon viell. span. burdo, grob (von Zeugen), davon burdalla, grobwolliges Schaf, vgl. Dz 434 burdo, vgl. aber Cornu, R VII 595; s. unten brutus.

1514) *bŏrĕārĭŭs, -um m. (v. boreas), daraus vielleicht durch Umstellung *robearius = ital. rovajo, Nordwind, vgl. Dz 394 s. v.

1515) bŏrĕās, -am m. (βορέας), Nordwind; ital. borea, dialektisch bora (venez. bóra, buora, bol. bura, Salvioni, Post. 5); davon abgeleitet ital. burrasca, (frz. bourrasque, cat. span. ptg. borrasco), Sturmwind mit Regen. Vgl. Dz 74 burrasca.

1516) bŏs, bŏvem c, Rind; ital. bove, bue; rum. bou, Pl. boi, vgl. Ch. s. v.; rtr. bof, bouf etc.; prov. buou-s; frz. bœuf (die Endung -beuf in Orts- u. Personennamen, wie Elbeuf, Marbeuf etc., hat mit bœuf nichts .zu schaffen, sondern ist = skandinav. buð in Ortsnamen u. = germ. bôdo in

Personennamen, vgl. Gröber, Z II 460, Fafs, RF III 476); cat. bou; span. buey; ptg. boi.

1517) ahd. bôsi, schlecht, unnütz; auf ahd. bôsi scheinen wenigstens der Bedeutung nach zu beruhen ital. busare, bugiare, durchlöchern, wozu das Sbst. bugio, Loch u. das Adj. bugio, durchlöchert, altspan. buso, Loch; ital. bugiare u. bucare sind demnach, obwohl gleichbedeutend, nicht gleichen Ursprunges. Vgl. Dz 73 bugia, siehe auch oben *bausjan.

1518) [germ. bosk, Busch, kann nicht Grundwort zu ital. bosco, frz. bois etc. sein, vgl. unten *buscus u. buxus.]

bosta (vgl. Landgraf, ALL IX 414) s. *bŭscĭda.

1519) *bŏstār n., Ochsenstall („bostar locus ubi stant boves" Gloss. Isid.); span. bostar; ptg. bostal. Vgl. Dz 433 bostar.

Stamm bot s. oben bod.

1520) altnfränk. *bōtan (ahd. bōgan, ags. beatan), schlagen, stofsen; ital. bottare, buttare; prov. botar (mit off. o, ebenso in altfrz. boter); frz. bouter, stofsen (die Erhaltung des intervokalischen t kann auffallen, weshalb Förster im Glossar zu Aïol *bōttan als Grundwort aufstellte, man sehe jedoch andere Fälle des erhaltenen t bei Mackel 156); span. ptg. botar (dazu das cat. span. ptg. Kompos. embutir, einschlagen, eindrücken, vgl. Dz 445 s. v.). Dazu die Substantiva: ital. botto, Stofs, botta, Stofs, Hieb, Stich (vielleicht ist botta, Kröte, dasselbe Wort, indem die Kröte als stechendes, bezw. beifsendes Tier aufgefafst wurde), bottone, die aus der Blätterhülle hervorstofsende Blüte, die Knospe, dann auch der Knopf, weil er hinsichtlich seiner Gestalt einer Knospe gleicht; frz. bot (mit off. o), Kröte (vgl. ital. botta), bout, eigentlich die hervorstofsende Spitze einer Sache, daher das Ende (von bout wieder abgeleitet a-boutir, nach einem Ende hinlaufen, auch: Knospen treiben, ausschlagen; bemerkenswert ist ferner die Zusammensetzung debout aufrecht, être debout vertritt das geschwundene starc), bouton, Knospe, Knopf (vgl. ital. bottone), davon wieder boutonnière, Knopfloch, botte, Stofs (gehört vielleicht nicht in diese Sippe, vgl. Mackel 28); span. bote, Stofs, botana, kleiner Stöpsel, boton, Knopf; ptg. botc, Stofs, botão, Knopf. Vgl. Dz 61 bottare; Mackel 28; Berger p. 310; Schuchardt, Z XV 97, wo der Wortsippe gezählt werden: span. ptg. boto, botoso stumpf; frz. (pied) bot Klumpfafs, (mundartlich) bot, boteux hinkend, wovon das Vb. botoier; tosk. boto, stumpf; rum. bot, butaciū stumpf; Horning, Z XXI 451, will aus bout d'homme metzisch bodic, bodique, „magot, figure grotesque, bonhomme" erklären, auch rum. boudoc, Kuirps, bringt er damit in Zusammenhang (vgl. Z XIX 187). Sieh auch unten butr u. butze.

1521) bŏtĕllŭs, -um m. (Demin. v. botulus), Würstchen; ital. budello, Darm; prov. budel-s; altfrz. boel, daneben boele = botella, dazu das Vb. es-boeler ausweiden (neufrz. ébouler einsinken [vom Einstürzen eines Hohlraumes], vgl. Tobler, Sitzungsb. d. Berl. Akad. d. Wiss., phil.-hist. Cl., 19. Jan. 1893); nfrz. boyau; altspan. budel (im Nouspan. sowie im Ptg. ist das übliche Wort für „Darm" tripa, das vermutlich german. Ursprunges ist, vgl. Dz 328 trippa). Vgl. Dz 72 budello, s. auch oben Stamm bod-.

1522) arab. botôr = ital. buttero „pustola, segno del vaiuolo" (buttero „mandriano" ist Nebenform zu puttolo); span. botor, Beule. Vgl. Caix, St. 243; Eg. y Yang. p. 349.

1523) gr. **βόθρος**, Graben; ital. botro, borro, durch Regengüsse ausgehöhlter Weg; davon abgeleitet dialektisch budrione (modenesisch), Schlucht, u. gemeinital. burrone, steiler Abhang; rum. butură, Höhle; neuprov. bauri, Abhang; span. buron in Val-de-buron. Vgl. Dz 359 borro.

1524) altndl. ***bôtkîn**, kleines Boot = span. botequin; auch in nordfrz. Dialekten botequin, bodequin etc.. Vgl. Dz 433 s. v.

*bottega, ***bottiga** s. **apotheca.**

1525) ***bôtûla, -am** f. (schriftlat. botulus), Eingeweide, Darm, Wurst; altfrz. boille, buille, vgl. G. Paris, R V 382; in R VI 133 Anm. 2 erklärt G. Paris breuilles „entrailles de poisson" für den neufrz. Pl. v. buille, der durch r verstärkt sei, wie dies auch in fronde, vrille (s. unten viticula) beobachtet werden könne, vgl. auch No 1650. Über b(o)uille vgl. auch Cohn, Suffixw. p. 208. Dasselbe bouille erblickt Tobler (Sitzungsber. d. Berl. Akad. d. Wiss., phil.-hist. Cl., 19. Jan. 1893) auch in dem Kompos. bouille-abaisse.

1526) ***bôtûm** n. (vom Stamme bot-); belegt sind nur bot-ulus u. bot-ellus, ein angeschwollener, aufgeblasener Gegenstand (Darm etc.); rum. bot, Pl. boturi, Schnauze, Schnabel, Spitze, Ende, vgl. Ch. s. v.

ahd. **boug** s. **altnfränk. baug.**

1527) [ahd. **bougâ**, Armring, soll nach Dz 359 Grundwort zu ital. bova, Fufsfessel, sein, indessen liegt keine hinreichende Ursache vor, bova von boja (s. d.) zu trennen.]

1528) ***bôvâceā** n. pl. (v. bos, bovis), Kuhmist; ital. (dialektisch) boascia, boazza; rtr. bovatscha; frz. *bouasse, daraus altfrz. bouse (auch prov. boza mit offenem o)? Die Frage darf kaum bejaht werden, weil man dann Verrückung des Hechtens annehmen müfste; andrerseits ist aber auch die von Dz vorgeschlagene Ableitung des Wortes aus mhd. butze, Klumpen, kaum annehmbar. Vgl. Dz 531 bouse; Mackel 23.

1529) **bôvârius, a. um** (bovem), zum Ochsen gehörig; frz. bouvier, Kuhhirt; dav. nach G. Paris, Mém. de la soc. de ling. I 264, u. Darmesteter, R V 141, deminutive Ableitung bouvreuil, Dompfaff (dazu das Syn. bouvreux); etwas anders erklärte das Wort Miriseh, Das Suffix -ôlus p. 22, wozu vgl. Cohn, Suffixw. p. 249.

bôx, bôcem s. oben **bôcā.**

1530) germ. (?) **Brabant;** davon prov. braiman-s, Freibeuter; altspan. breimante. Vgl. Dz 531 braiman.

*brabidus s. **barbarus.**

1531) **brācā, brācea, -am** u. **brāccae -ās** f. (gallolat. Wort, vermutlich umgebildet aus kelt. vraca, vgl. Schuchardt, Z IV 148, u. Th. 47), Hose; ital. braca u. Pl. brache; sard. raga; rum. brăcie, (= *bracia, bracea), Hosengurt, vgl. Ch. s. v.; prov. braya; altfrz. braies, Hosen; nfrz. braye, Hose, braie, Windel, davon das Vb. débrailler, gleichsam *de-ex-braculare, die Hosen ausziehen, unanständig entblöfsen; span. braga, Windel, bragas, Hosen; ptg. braga, Windel, Wickelband, Ring an der Kette des Galeerenklaven, Pl. bragas, weite Hosen. Vgl. Dz 62 braca; Th. 47.

braccia s. **brachium.**

1532) **braces**, Acc. **-em** f., gallische Benennung (aus dem kelt. St. mrachi-) einer vorzüglich weifsen Getreideart, aus welcher Malz bereitet wurde (Plin. 18, 62); altfrz. bras, Malz, frz. brasser, brasserie, vgl. Dz 532 s. v.; Th. 92.

1533) **brāchīalis, -e**, zum Arm gehörig; ital. bracciale, „armatura del braccio", vgl. Canello, AG III 373 (das Adj. brachiale ist gel. W.); span. brazal; ptg. braçal, Armband.

1534) [*brāchīco, -āre (v. brāchīum), in die Arme nehmen, in den Armen halten; span. ptg. abarcar, umarmen, sobarcar, unter dem Arme tragen. Vgl. Dz 430 barcar.|

1535) [*brāe(h)īo, -āre (brachium), mit den Armen umspannen; frz. (em)brasser. — Auf *barc[h]iāre f. *brachiare wollte Körting in No 1310 der ersten Ausg. des Lat.-roman. Wtb.'s zurückführen frz. bercer wiegen, schaukeln, diese Ableitung ist aber unhaltbar, vgl. Jeanroy, Revue des Universités du Midi I 103. Ein annehmbares Grundwort für bercer, berceau ist bis jetzt nicht gefunden. In Vorschlag gebracht werde *berticellus f. *verticellus (verticillus ist belegt) „Wirtel an der Spindel" = berceau, *verticellare = *berceler, davon zurückgebildet bercer (ebenso aus berceau zurückgebildet bers). Im Dict. gén. von Hatzfeld etc. wird berceau von bers abgeleitet und des letzteren Wortes Ursprung als unbekannt bezeichnet.]

1536) **brŭ(e)e[h]ium, -i** n., Arm; ital. braccio, brazzo; rum. braţ; rtr. braš etc., vgl. Gartner § 106 S. 84; prov. bratz, Arm, brassa=bracc[h]ia; frz. bras (altfrz. brasse, Klafter); unmittelbar von bras, brasse (nicht von bracchium) ist wohl abgeleitet é-brasser, em-brasser (wovon embras(s)ure) ausweiten, umarmen (gleichsam aus-, einarmen); cat. bras; span. brazo; ptg. braço, Arm, braça, Klafter. Vgl. Gröber, ALL I 252; Meyer, Ntr. 154.

1537) [*brācīo, -āre (v. braces), brauen; frz. brasser; den übrigen roman. Spr. fehlt ein Vb. für den Begriff, man sagt ital. span. ptg. far la birra, hacer cerveza, fabricar cerveja; doch findet sich altspan. brasar.|

1538) germ. **brâdo** (ahd. brâto), Fleisch(stück); ital. brandono, ein abgerissenes Stück Fleisch od. Zeug (das n vor d wohl durch Anlehnung an *brandare zu erklären), vielleicht gehört auch brano, Fetzen, hierher; über toskanische Formen u. Ableitungen des Wortes vgl. Caix, St. 76; prov. bradon-s, brazon-s, braon-s; altfrz. braon, braion; altspan. brahon. Vgl. Dz 64 brandone; Mackel 44.

1539) kelt. Stamm **brag-** (davon altir. braigim „to give a crackling sound as wood burning, to crackle, burst, explode, crush; auf diesen Stamm, dem sich lat. frag-or vergleichen läfst, gehen zurück die einem lat. *brago, *ēre, *bragio, -īre, *bragito, -āre, *bragulo; -āre entsprechenden roman. Verba: ital. (tosc.) braitare = *bragitare, dialektisch zahlreiche Formen, welche schrifttal. bragghiare (*bragliare=*bragulare) entsprechen würden; prov. braidar, braidir; braire = bragēre, braillar = *bragulare; frz. braire, wie der Esel schreien, brailler, plärren (über das Verhältnis von brailler zu braire vgl. Tobler, Sitzungsb. der Berl. Akad. d. Wiss., phil.-bist. Cl. Bd. LI 1889); ptg. bradar, weinen, schreien. Vgl. Dz 532; Flechia, AG II 378 ff.; Horning, Lat. C p. 7, 8, 17, 19 u. a.; Th. 92; Caix, St. 98.

1540) gr. **βραγός**, Sumpf; βραγός ist das vermutliche Stammwort zu ital. braco, Schlamm; prov. brac; frz. brai (altfrz. „Schlamm" nfrz. „Thoer" bedeutend); altspan. bray, Schlamm; span. brea, Thoer; ptg. brejo, Sumpf, breo, Theer. Andere haben an ndl. braak, Bruch, als Grundwort gedacht. Vgl. Dz 63 braço; Mackel 40. Ob das prov. Adj. brac, gemein, schmutzig, mit dem Sbst.

gleichen Ursprunges ist, mufs dahingestellt bleiben, vgl. Dz 531 brac.

[***braino, -äre** s. **vörägo.**]

1541) germ. **brakko**, Jagdhund, Bracke; ital. *bracco;* prov. brac-s; span. braco; (frz. braque); altfrz. bracon (davon *braconnier*,Wilddieb, vgl. Lehmann, Bedeutungswandel 56), dazu das Vb. ital. braccare, frz. braquer, nachspüren. Vgl. Dz 63 bracco; Mackel 13 (u. 145, wo altn. bräka = frz. braquer angesetzt wird).

1542) ahd. **brämal** (v. brâmo, bráma, altsächs. bróm, engl. broom, neuhd. brom-beere), Rotdorn; dav., durch Kreuzung mit prunus u. pruna, friaul. brómbula prugna, brombolar pruno, trev. bell. bromboler, bell. paramboler, ver. brombolar pruno salvatico, piem. brombo tralcio, can. biell. brumba Gezweig, niedereugad. brümbla (das ü von prünna, brünna = pruna). Vgl. Nigra, AG XV 101.

1543) ndl. **brámbezie** (ahd. brámberie), Brombeere; frz. framboise, vgl. Dz 587 s. v.; Horning, Z XVIII 214.

1544) **bränea, -am** f., Pfote, Branke (Gromat. vet. 309, 2 u. 4); ital. branca, Klaue, Vorderpfote; rum. bráncă; rtr. braunca, innere Handfläche; prov. branca u. branc-s, Zweig, davon brancut-z, mit Zweigen versehen; frz. branche (u. branc); altspan. altptg. branca. Vgl. Dz 63 branca; Gröber, ALL I 252; Th. 48; Neumann, Z V 386, wo branca aus bi-ramica abgeleitet wird; Rönsch, Jahrb. XIV 336 (das Vorkommen des Wortes in der späten Latinität wird nachgewiesen); W. Meyer, Z VIII 242; Horning, Z XVIII 214. Nigra, AG XV 100 (branca, pranca soll durch Umstellung aus german. krampa entstanden sein).

1545) germ. **brand-** (ahd. brant, ags. brand, altn. brandr), Schwertklinge, eigentl. Feuerstrahl oder Funke; ital. brando, Klinge, Zusammensetzung brand-i-+stocco (= dtsch. Stock), Wurfspeer, vgl. Dz 359 s. v.; prov. bran-z; altfrz. brant, branc; cat. (altval.) brant. Dazu das Vb. ital. brandire, (die Klinge) schwingen; prov. brandar, brennen, u. brandir; frz. (brander, woraus nach Förster, Z II 170, zur Unterscheidung von brander, brennen) branler u. brandir, abgeleitet brandiller, dazu das Sbst. brande, brandelle, brandilloire, Schaukel, vgl. Delboulle, R XVII 286; span. blandir; ptg. brandir, blandir. Von *brandare, brennen, ist abgeleitet prov. brando-s, Fackel, frz. brandon, span. blandon. Vgl. Dz 63 brando; Mackel 59.

1546) germ. *bräsa (oder *bräsa?), daneben vielleicht *braso (vgl. Mackel 37), glühende Masse; ital. bragia, brascia, bracia; rtr. brasar, barsar; prov. brasa; frz. brese, braise (altfrz. auch brason); span. brasa; ptg. brasa; in sämtlichen Sprachen hat das Wort die Bedeutung „glühende Kohle", dazu das Verb *brosare (ital. ab-bragiare, rtr. brasar, barsar, frz. em-braser, anzünden, altfrz. auch brasoier, rösten). Vgl. Dz 63 bragia; Mackel 37. Vgl. No 1547.

1547) [mlat. **brasilium**, eine Holzart zum Rotfärben; ital. brasile (neben verzino); frz. brésil (palatales l); prov. bresilh-s; span. ptg. brasil; die Sippe gehört jedenfalls zu *brasa, Dz 64 brasile will briza (zu briser, s. unten **bris-**) als Grundwort ansetzen.]

1548) [**bratta**, Schmutz, Kot, unaufgeklärtes Wort des genues. Dialekts; davon ital. im-brattare, beschmutzen, s-brattare, reinigen, vgl. Dz 359 bratta.]

1549) ahd. **brĕcha,** Werkzeug zum Brechen; frz. brèche, Bruch, Lücke, Scharte (davon als Fremdwort

ital. breccia „rottura nelle mura di una città"; ob damit auch breccia „ghiaia, specie di marmo che par formato da piccoli sassolini" identisch ist, mufs dahingestellt bleiben, doch ist es wahrscheinlich sp. brecha). Vgl. Dz 532; Caix, St. 219; Th. 93.

1550) abd. **brĕchan**, brechen; ital. (dialektisch) s-breccare (montal.) „rompere", venez. s-bregar etc., vgl. Caix, St. 506, s. auch unten **brikan.**

1551) bair. **brechelin**, Pranger; Dz 356 vermutete in diesem Worte oder auch in mhd. britelin, „Zäumchen", das Grundwort zu ital. berlina, s. oben **bera.**

1552) ahd. **brĕcho,** Verletzer, Gebrechen, Fehler; ital. bricco, Schurke (Fremdwort?); prov. bric, bricon; frz. bris, bricon, Thor (s. G. Paris, R IX 626), Bettler, Schelm, Spitzbube, dazu briconie, Thorheit. Vgl. Dz 67 bricco; Mackel 106; Horning, RSt IV 328 (handelt hauptsächlich über die Bedtg. des Wortes, dessen Herkunft, weil sowohl briga als auch brěcho nicht annehmbar seien, als noch dunkel bezeichnet wird. cf. Gröber, Z IV 464); G. Paris, Alexius 187, R V 379, IX 626, XII 132; Settegast, RF I 242, wollte bricon aus altsächs. wrekkio (= got. vrakja) „Landstreicher" herleiten, was nicht befriedigen kann.

1553) nord. **bredda**, kurzes Messer; dazu viell. frz. brette, Hieher, Schläger, dazu das Vb. bretailler, Dz 533.

1554) [*brega, -am f., Brett; rtr. braja „asse", AG I 360 Z. 1 v. o.]

1555) altnfrank. *brehsimo = altfrz. bresme, nfrz. brême, Brasse, vgl. Mackel p. 89.

germ. **brĕkan** s. **brikan.**

1556) altn. **breki,** im Meer verborgene Klippe; davon vielleicht span. brico, Sandbank, vgl. Dz 433 s. v.

1557) germ. **brĕman** (ahd. brĕman, mhd. brĕmen), brüllen; ital. bramare (nach etwas schreien), verlangen, begehren; rtr. branar, glühend wünschen; prov. bramar, tönen lassen; frz. bramer, schreien. Vgl. Dz 63 bramare; Mackel 80; Th. 92, wo bemerkt wird, dafs bramare vielleicht zum kelt. Stamm bremm- gehöre, obwohl gegen brĕman an sich nichts einzuwenden sei; Mackel a. a. O. stellt neben brĕman ein *brammōn, das mit „brummen" zu *brimman (st. V.) gehören würde, als mögliches Grundwort hin.

1558) ndl. **breme** (engl. brim), Rand; davon frz. barme, Wollabsatz; span. berma, vgl. Dz 521 s. v.

1559) bask. **breña** (= be-ereña, besäte Tiefe?); span. breña, mit Gestrüpp bedecke Felsschlucht; ptg. brenha. Vgl. Dz 433 breña.

1560) germ. Stamm **brenno-** (? davon bret. brenn, neuir. bran, Kleie, doch könnte das neuir. Wort auch aus engl. bran entlehnt sein, vgl. Th. 48); ital. (dialektisch) brinnu (sard.), bren (piemont.), Kleie; prov. altfrz. bren, Kleie; nfrz. bran, Kot, Abfall; altspan. bren; span. braña, abgefallene Blätter oder Baumrinde. Vgl. Dz 65 brenno, Th. 48. Dz 68 hält auch prov. frz. arag. brin, Faser, Hahn, ptg. brim für gleichen Ursprungs mit bren etc., schwerlich mit Recht, eher mögen die Worte mit kymr. brig, brigyn „Gipfel der Bäume, die obersten Zweige", auch „Haupthaar" (vgl. Th. 49) zusammenhängen. Ein italianisiertes Dem. zu brin ist brillo (aus *brin-ulo), ein Baum (Salix felix L.), vgl. Flechia, AG II 42 ff.

1561) dtsch. (dialektisch) **breute** (vgl. aber Grimm, Wtb. s. v., wo die dentsche Herkunft des Wortes angezweifelt u. romanischer Ursprung für möglich gehalten wird); ital. brenta, Weinfafs; genf. brande. Vgl. Dz 359 brenta.

1562) bret, bretonisch; prov. bret, (bretonisch, also für Romanen) unverständlich redend; frz. bretonner [b. Sachs ist nur das Part. Präs. angegeben], bretonisch reden, unverständlich sein (hierzu auch das gleichbed. bredouiller?). Vgl. Dz 533 s. v.

1563) dtsch. brëtling (für brëtlin), kleines Brett; davon viell. altfrz. brelenc, berlene, bellinc, bellin, Brett zum Würfelspiel, nfrz. brelan, ein Kartenspiel (Krimpelspiel), dazu das Vb. brelander, Karten spielen; span. berlanga, ein Kartenspiel. Vgl. Dz 533 brelan; Mackel 84; G. Paris, R VIII 618 (G. P. will brelenc in Zusammenhang bringen mit dem ital. Adj. bilenco, schief, krumm, das nach Caix, St. 10, aus bis + ahd. slink entstanden ist; Dz 357 vermutete in dem zweiten Bestandteile von bilenco das deutsche link).

1564) dtsch. Brett; davon vielleicht durch Antritt romanischer Suffixe ital. bertesca (daneben baltresca), Fallturm, Fallbrücke, u. predella (von streng ahd. pret), Fufstritt, -schemel; prov. bertresca, eine hölzerne Befestigung (u. bredola, Sobemel); altfrz. bretesche. Vgl. Dz 49 bertęsca und 391 predella; Mahn, Etym. Unters. 121. Förster, Z VI 113, setzt *britt-isea (v. britt = Britto) als Grundwort an u. vergleicht ital. saracinesca, Fallgitter, v. Saracene. — In Tirol u. Friaul ist dtsch. Brett als brėo etc. erhalten, vgl. Gartner § 19.

1565) brëviarium n., Brevier; daraus vielleicht verballhornt frz. brimborion „unverständlich geplapperte Gebetsworte, Geplärr" (vgl. das vielleicht aus hoc est corpus entstandene hocus pocus), dann „Lappalie, Lumperei", endlich „Nippsache"; diese Ableitung kann aber eben nur als möglich, nicht als wahrscheinlich bezeichnet werden, wenn sie auch durch die früher vorhanden gewesene Form breborion, briborion einigermafsen gestützt wird. Diez u. Scheler stellten das Wort zu der sehr dunklen Sippe (s. oben bilibi), welcher bribe, brimbe etc. angehören. Mit seinem jetzigen Synonym bibelot (s. oben belbel) kann br. etymologisch schwerlich etwas zu schaffen haben.

1566) [brëvio, -āre, kürzen; nur in Zusammensetzungen erhalten: frz. abréger etc.]

1567) brëvis, e, kurz; ital. breve, bricve; prov. brieu, breu; frz. brief, bref; span. ptg. breve. Das Wort ist in den rom. Sprachen, in denen es sich findet, halbgelehrt, es ist namentlich durch curtus (s. d.) verdrängt worden.

1568) ags. brice, Bruchstein; ital. bricco, Ziegelstein; frz. brique, davon die Dem. briquet; Feuerzeug, u. briquette, Lobkuchen. Vgl. Dz 67 bricco 1; Mackel 93. Sieh auch unten brig- u. brikan.

1569) germ. brīda, Zügel; ital. prov. brida; frz. bride, davon abgeleitet altfrz. bridel (aus altdt. bridil könnte das Wort erst in später Zeit entlehnt sein, da bridil ein *brille ergeben mufste, s. ital. briglia, vgl. Mackel 110); span. ptg. brida. Abd. pritil ist viell. Grundwort zu ital. predella, Zaum, falls das Wort nicht von brett, pret (s. d.) herzuleiten ist, was die Bedtg. allerdings schwerlich gestattet; ital. brettine, Zügel, wird von Dz ebenfalls mit brida zusammengebracht, es geht aber wohl auf *retina (frz. rêne) zurück u. lehnt sich nur im Anlaut an brida an. Vgl. Dz 67 brida; d'Ovidio, AG XIII 405.

1570) vlaem. brieling, schmutziges, unwirtschaftliches Frauenzimmer; davon nach Doutrepont, Z XXI 231, das gleichbed. pic. bęrlėk.

1571) kelt. Stamm brig- (davon altir. bri aus *brix, *brigos, Berg, Hügel, kymr. corn. bret. bre, Borg, Hügel, gallisch briga, worüber zu vgl. Glück, Kelt. Namen etc. S. 126; von dem erweiterten Stamme brigant-, brigantin- ist abgeleitet der altbrit. Völkername Brigantes, „die Hohen", „die Edlen", vielleicht auch „die Bergbewohner" bedeutend, vgl. Th. 49); von dem Stamme brig- will davon viell. altfrz. brelenc, berlene, bellinc, bellin, piac. brik, Hügel, vorspringender Fels, schriftital. bricca, rauhe Gegend, vgl. dagegen Th. 49; die Worte scheinen von brikan (s. d.) nicht getrennt werden zu dürfen.

1572) kelt. Stamm brigâ- (davon altir. brig, Sbst. u. Adj. Kraft, kräftig; neuir. gäl. brigh „substance, essence, élixir, juice"); davon ital. brio, Lebhaftigkeit, brioso, lebhaft (Ascoli, AG III 454, wollte diese Worte mit ebrius, ebriosus in Verbindung bringen), auch brivido, kalter Schauer (von Dz 360 unerklärt gelassen) ist hierher zu ziehen (vgl. Förster, Z V 99); wegen abbrivo, abbrivare siehe oben abripo; prov. abrivar, in rasche Bewegung setzen (doch könnte das Vb. wohl mit ital. abbrivare = ab-ripare zusammenfallen, da indessen auch ein Simplex brivar vorhanden ist, so darf abrivar auf brigâ zurückgeführt werden); altfrz. abricé (mit Anlehnung an brief auch abrievé, abrevié), schnell, hastig; span. brioso, kraft-, mutvoll. Vgl. Dz 68 brio; Th. 50; Ascoli, AG III 454; Förster, Z V 99.

1573) got. brikan, brechen u. kämpfen, ringen (vgl. das Sbst. brakja, das Ringen); montal. breccare, venez. s-bregar, über welche zu vgl. Caix, St. 506, gehören zur mittelbar hierher, da sie ahd. brëchan entsprechen, desgl. lomb. brica, Krümchen, vgl. das gleichbedeutende schriftital. bricia, briciola, von das Vb. briciare, Worte, die trotz ihres ci von bricco nicht wohl zu trennen sind, s. Ascoli, Ztschr. f. vgl. Sprachf. XVI 125, Mussafia, Beitr. 37, andererseits Th. 93 briser; vgl. auch neuprov. brigo, brego, brigueto ein bischen, (wegen schriftital. bricco, Bruch-, Ziegelstein, bricca, Bruchland, rauhe Gegend, s. No 1568); wahrscheinlich gehört aber zu brikan ital. brigare (im Wettbewerb u. Streit mit andern eifrig) nach etwas trachten (davon das Pt. Präs. brigante, unruhiger Mensch, Aufrührer), dazu die Sbst. briga, Streit, Unruhe, Ungelegenheit, Sorge, brigata, eine Abteilung von Personen, Gesellschaft; rtr. bargiêda, bargada, vgl. Ascoli, AG I 140 No 124; prov. briga, brechen, (auch streiten?), brega, Streit; frz. broyer, zerreiben, zerstofsen, dazu die Sbst. broie, Brechbank, altfrz. brie, Streit, Unruhe, Lärm, (briguer. brigue, brigade, brigand sind dem Ital. entlehnte Fremdworte, wie schon ihr g[u] verrät, das d statt t in brigand beruht wohl auf Anbildung an marchand u. dgl.); über brigue, Bruch-, Ziegelstein u. a. s. oben brice; cat. bregar, (Hanf) brechen, streiten; span. brigada (sonstige Worte der Sippe scheinen ganz zu fehlen); ptg. brigar, zanken, briga, Zank, brigão u. brigador, Zänker, brigada. Vgl. Dz 67 briga (wo Dz die Worte briga, brigare u. dgl. [aber nicht broyer u. dgl.], freilich nur vermutungsweise, auf einen kelt. Stamm brig, dessen Grundbedeutung „Unruhe, Geschäftigkeit" sein möchte, zurückgeführt wissen will); Storm, R V 171 (hier wird zuerst brikan als das Grundwort der gesamten Sippe aufgestellt); Baist, RF I 133; Mackel 78 Anm.; Ascoli, Ztschr. f. vgl. Sprachf. XVI 125; Mussafia, Beitr. 37 (s. unten bris-). Siehe auch oben die Artikel brêcho u. brice.

11*

1574) altn. **brim**, Meeresgebrause, Brandung; altfrz. brin, Gebrause, Gewalt, Stolz, vgl. Dz 533 s. v.; Mackel 93.

1575) dtsch. **bring dir's!** (Zuruf beim Trinken); daraus ital. brindisi, das Zutrinken, das zur Gesundheit jemandes Trinken, vgl. Dz 360 s. v., wo auch frz. brinde, der Zutrunk, u. span. brindar, die Gesundheit jemandes ausbringen, auf denselben Ursprung zurückgeführt werden.

1576) kelt. Stamm **bris-** (als Nominalstamm mit t-Suffix erweitert brist-, davon abgeleitet altir. brissim, ich breche, wo also ss aus s-t entstand, bret. bresa, zerknittern, vgl. Th. 94), brechen; davon ital. (lomb.) brisa, Krümchen (dagegen gehört bricia etc. nicht hierher, s. oben **brikan**); prov. brisar, (zer)brechen, quälen, dazu das Sbst. brisa, Bruch; frz. briser, brechen, dazu das Sbst. bris, Bruch. Komp. débriser, dazu das Sbst. débris, Trümmer; abgeleitetes Vb. prov. brezilhar, frz. brésiller, zerbröckeln. Vgl. Dz 533 briser (Dz denkt entweder an Ableitung von einem kelt. Stamme bris- oder von dem ahd. bërstan, vgl. dazu Scheler im Anhang 786); Th. 93 (wo die kelt. Herkunft nachdrücklich verteidigt wird); Ascoli, Ztschr. f. vgl. Sprachf. XVI 125 (A. führt einerseits briga etc., andrerseits bricia etc. auf das sei es keltische sei es germanische Wortpaar *brica, *bricea zurück, vgl. dagegen Th.'s a. a. O. sehr begründete Einwendung); Mussafia, Beitr. 37; s. auch oben **brikan**.

— Möglicherweise ist ebenfalls von dem Stamme bris- herzuleiten die weitverbreitete Benennung des kalten oder doch kühlen (Nord)windes: (ital. brezza), mail. brisa, rtr. brüscha, frz. brise, span. ptg. brisa, briza, (engl. breeze), das Wort würde ursprünglich so etwas wie „Bruch in der Luft, Bruch der ruhigen Atmosphäre, der Windstille" bedeutet haben. Dz 66 brezza, welcher das Wort als von unsicherer Herkunft bezeichnet, u. Schuchardt, R IV 255, sind geneigt, brisa u. das gleichbedeutende und ebenfalls, namentlich auf rätischem Gebiete, weitverbreitete bisa (büscha, bischa) zu identifizieren; Caix, St. 221, vermutet Zusammenhang zwischen brisa u. broccia „acqua minuta e gelata", venez. brosa (bresc. berg. calabrosa) „brina". Die ganze Wortsippe bedarf noch sehr der Untersuchung. Das dürfte indessen jetzt schon sicher sein, dafs brisa mit bisa etymologisch nichts zu schaffen hat, sondern dafs letzteres = ahd. bisa, Beiswind, ist, vgl. Kluge s. v. Biese. Vgl. auch Mussafia, Beitr. 38.

— Hinsichtlich des ital. brezza stellte Dz a. a. O. Entstehung aus [o]rezza = *auritia v. aura als denkbar hin u. erklärte ribrezzo für aus ri+[o]rezzo zusammengesetzt.

1577) **brisa, -am** f., Weintrester (Colum. 12, 39, 2); span. brisa mit gleicher Bedeutung, vgl. Dz 433 s. v.

1578) [*brisca, -am**, Honigwabe; ital. mantuan. bresca, sicil. vrisca; sard. prov. bresca; altfrz. bresche; cat. span. bresca. Vgl. Dz 66 bresca; Th. 48 (wo keltischer Ursprung verneint wird); Gröber ALL I 252 (wo das volkslat. Grundwort zuerst aufgestellt wird).]

1579) **Brito, -ōnem** m., Brit(t)e, brit(t)isch; altfrz. bret, brete brit(t)isch, dann mit übertragener Bedeutung (man denke an das deutsche wälsch im Sinne von falsch) „schlau, hinterlistig", vgl. Förster zu Ywain 1580.

1580) ags. **brittian,** zerbrechen; davon nach Dz 434 altptg. britar, brechen.

1581) germ. Wurzel **brō** (davon germ. *brōjan

[mit off. o], mhd. brüejen, nhd. brühen; got. *brōdjan; ahd. bruot); altfrz. bruir u. broir (mit off. o), verbrennen, brouir, norm. brouer („germ. brōjan gab stammbetonte Formen mit ui aus uei, endungsbetonte mit oi d. i. offenes o + i, woraus in bekannter Weise später geschlossenes o + i. oui wurde, also broir mit geschloss. o, brouir; norm. brouer unterscheidet sich nur durch die Konjugation", Joret, R IX 118, dessen Aufstellungen von Suchier, Z IV 473, u. Mackel 31 ergänzt u. berichtigt werden, Mackel 31), dazu Vbsbst. norm. broue, Brühe. Vgl. Z IV 473, u. Dz 535 brouir, wo mit diesem Verb piem. broè, brovè, venez. broare, mail. sbrojà zusammengestellt wird.

1582) kelt. Stamm **broce-,** spitz (davon altir. brocc, der Dachs, so genannt wegen seiner spitzen Schnauze); auf diesen Stamm scheinen zurückgeführt werden zu müssen: ital. brocco, spitziges Hölzchen, Pflock, Schöfsling, Keim, brocca, oben gespaltene Stange, brocca, Krug, so genannt wegen seiner spitzen Schnauze (das Wort hat mit gr. πρόχους nichts zu schaffen), broccare, anspornen; prov. brocca, broc-s, Krug; neuprov. broco, kleiner Zweig, Stab; frz. broche (Spiefs), Schmacknadel, dazu das Vb. brocher, wovon wieder abgeleitet brochure, die mit Nadeln zusammengeheftete Schrift, brocart, durchwirkter Seidenstoff, broc, Krug; span. brocca, Bohreisen, brocado, durchwirkter Stoff; ptg. broca, Bohrer, dazu das Vb. brocar etc. Vgl. Dz 68 brocca und brocco, dazu Scheler im Anhang 754; Th. 90, wo zuerst eine klare Zusammenstellung der Wortsippe gegeben ist. Rönsch, RF II 475, setzte gr. βρόχος als Grundwort an; Canello, Riv. di fil. II 111, wollte brocco etc. nebst borchia (s. bulla) auf gr. πόρκη zurückführen. — Auf den nasalierten Stamm bronc scheinen zurückzugehen: ital. bronco, Stamm, Stock, davon abgeleitet broncone, abgehauener Ast, Weinpfahl; frz. bronche, Strauch, broncher, straucheln, vgl. hierzu Förster, Ch. as II esp. S. 425 (Dz vergleicht hinsichtlich der Bedeutung cespo, Strauch, cespicare, straucheln; das Deutsche darf man nicht zurVergleichung heranziehen, vgl. Kluge unter „straucheln"); altspan. broncha, Ast; das span. ptg. Adj. bronco, plump, rauh, darf man nicht hierher ziehen, es ist entweder = lt. bronchus oder nach Baist, Z V 557, = lt. raucus. Vgl. Dz 69 bronco (Dz will die Worte von ahd. bruch, norm. brok, etwas Abgebrochenes, herleiten).

ahd. **brod** s. **bru.**

1583) altn. **broddr,** Spitze (ahd. brort, prort); davon will Caix, St. 214, ital. bordoni „spuntoni delle penne, penti ritti" ableiten.

1584) ndl. **broek,** Hose; pic. brouques, Hosen, vgl. Dz 535 s. v.

1585) kelt. Stamm **brog-, brogi-** (davon ir. bruig, kymr. corn. bret. bro, Bezirk, Gegend, Land, gall. Allo-broges, s. Glück, Kelt. Namen 26, Th. 50); auf diesen Stamm scheinen zurückgeleitet werden zu müssen: ital. brolo, bruolo, broglio (= *brogilo), Küchengarten; prov. broill-s, bruelh-s, Gebüsch, Gehölz, daneben bruelha; frz. breuil, eingezäuntes Gebüsch, Brühl, daneben altfrz. bruelle. Vgl. Dz 69 broglio, Th. 50. Ptg. (a)brolhar, sprossen, sowie ital. broglio, Tumult, frz. brouiller, brouillon u. dgl. haben mit dem Stamme brog nichts zu schaffen, s. unten bru. — S. auch Canello, AG III 401.

1586) gr. **βροντή**, Donner; davon nach Ansicht italienischer Wortforscher ital. brontolare, murmeln, vgl. Dz 360 s. v. Caix dagegen, St. 13 (womit zu vgl. 192), erkennt in bro*ntolare* eine Scheideform zu (*rim*)*brottolare* für (*rim*)*brottare*, welches letztere er wieder auf *(*re*)*probitare* (v. *reprobare*) zurückführt; eine an *urlare* sich anlehnende Umbildung von *brottolare* soll aret. *baturlare* „romoreggiare del tuono" sein.

brontëā oder **brontiā, -am** *f.* (v. βροντή), s. **Brūndīsium** u. ***brūnītius**.

1587) ndl. **brosekin, broseken**(Demin. von broos, Leder), kleiner Lederstiefel; ital. borzacchino, Halbstiefel; frz. brodequin; span. borcegui. Vgl. Dz 61 borzacchino.

1588) altndd. **brot** (mhd. bro*z*, von der Wurzel *brūt*, *brŭt*, wie ahd. *sprozzo* von *sprūt*, *sprŭt*), Knospe; ital. bro*zza* „bolla, pustula", davon abgeleitet bro*zzolo* „pastello della farinata non ben disciolto", bri*ciolo* „f*or*un*colo*", neap. *brusciolo*, venez. *brusola*, vgl. Caix, St. 223; prov. *brot-z*, Knospe, dazu das Vb. *brotar*, knospen; frz. *brout*; span. brota, brote, Knospe, dazu das Vb. *brotar*. Vgl. Dz 70 brote; Mackel 32.

kelt. Stamm **broxn- s. bruxn.**

1589) germ. Wurzel **brū, brū** (davon ags. bro*þ*, engl. broth, Brühe, ahd. brót, ags. bread, nhd. Brot), brodeln, brauen, durch Glut, Feuer bereiten; auf diese Wurzel scheinen zurückgeleitet werden zu müssen: ital. brodo, Fleischbrühe, broda, Brühe, die mit dem Safte der darin gekochten Dinge vermischt ist, auch: trübes oder schlammiges Wasser, *sbroscia* „brodacchio", vgl. Caix, St. 509; auch broglio (aus brod-*iglio*), Verwirrung (eigentl. Brodelei, Brudelei), Empörung, Aufstand u. dgl., dazu das Vb. *brogliare*, viell. auch *borbogliare*, wirr, unverständlich sprechen, s. auch unten **bullare**; prov. bro (mit off. *o*), Brühe [*brauzir* (gehört zu *braud*, brod), verbrennen]; altfrz. *breu*, breu, Brühe, davon abgeleitet *broet*; nfrz. bro*uet*; norm. brou*er*, brühen dagegen ist wohl zur Wurzel *brō* (s. d.) zu ziehen, welche Möglichkeit auch für das Shet. brou*e* zuzugeben ist, andrerseits gehört *brouée*, Staubregen, vermutlich zur Wurzel **brū** (das uugefähr gleichbedeutende b*ruine* aber, über welches zu vgl. Dz 535 s. v., dürfte weder zu brō noch zu brū, brū gehören, sondern mit bru*ire* zusammenhängen, wann es nicht doch, trotz des Anlautes, = lat. *pruina* ist; der unorganische Wechsel von *p* : *b* liefse sich vielleicht durch Anlehnung an *brouée*, *brouillard* erklären); mit dtsch. brodel*n* scheinen zusammenzuhängen *brouiller*, durcheinander mischen, trüben, verwirren, *brouillard*, trübe Luft, Nebel, brou*illon*, als Adj. mischsüchtig, händelsüchtig, zänkisch, als Sbst. Mischmasch, unrein Geschriebenes, zu verbessernder erster Entwurf eines Schriftstückes; Marchot, RF X 579, zieht hierher auch bred*ouiller*, stammeln, u. ähnliche Worte; span. ptg. *brodio*, bodr*io*, eine aus Speiseresten zubereitete Suppe, Schmaus, davon abgeleitet *brodiata*, Suppenbettler. Vgl. Dz 69 brodo. u. broglio (wo *brouiller*, *brouillon* zu der oben unter bro*z*- besprocheuen Sippe gezogen werden), 534 *brouée* (Dz vergleicht dies Wort u. *brouillard* mit ags. bro*þ*, mhd. brod*em* f. brad*em*, dtsch. brod*el*, brud*el*, trifft also das Richtige) u. 535 *brouir*; Jeret, R IX 118 (vgl. dagegen Suchier, Z IV 473, u. Mackel 31, wo eine trefflich klare Darlegung des mutmafslichen Thatbestandes gegeben ist); vgl. auch Kluge unter br*auen*, brod*eln*, Brod*em*, Brot, Brühe. — Über südfranzös. Nachkömmlinge des germ. brod vgl. Schuchardt, Z XI 492 *potroska*.

1590) kelt. **bruc**, Heidekraut; davon südfrz. bruc, brou, bru (daneben bru*sc* durch Einmischung von *ruscum*); frz. bru*yère*. Vgl. Schuchardt, Roman. Etym. I p. 67. Vgl. unten **vrolcā**.

1591) ahd. nhd. **bru**[e]h, abgebrochenes Stü*k*; prov. bruc-*s* (neben brut-*z*), Rumpf, vgl. Dz 535 s. v.; Mackel 25.

***brūchëūs, -um** *m.* s. **brūchūs.**

1592) **brūchūs, -um** *m.*, eine ungeflügelte Heuschreckenart (Prud. Ham. 229): ital. bru*co* und bru*cio* (= *brucheus*), Raupe, davon viell. bru*care*, das Laub abstreifen, abblatten; [rum. *vruh*, Maikäfer, das Wort stammt aus dem Neugriech., vgl. Meyer-L., Z. f. ö. G. 1891 p. 767]; span. bru*go*, Erdfloh. Vgl. Dz 71 bruco.

1593) altnfränk. **brūd** (ahd. *brūt*, nhd. *Braut*); frz. bru*y*, bru, Schwiegertochter, vgl. Dz 535 bru*c*; Mackel 18.

1594) **brūmā, -am** *f.*, die Wintersonnenwende, die Winterzeit; ital. bruma, die härteste Winterzeit; valsos. bru*mme*; ossol. brime, Herbst, vgl. Salvieni, Post. 5; rum. *brumă*, Reif; prov. bruma, Nebel; frz. br*ume*, dicker Nebel; span. ptg. bruma, Winter, Nebel, ebenso cat. broma. Vgl. Dz 71 bruma.

1595) germ. **brūn**, braun; ital. span. ptg. *bruno*; prov. frz. br*un*, vgl. Dz 71 bruno.

1596) **Brūndīsium** (auf der ersten Silbe betont, vgl. *Brindisi*); dieser Städtename ist das wahrscheinliche Grundwort zu ital. bronzo etc., denn: „Eine neue Erklärung des Wortes ,Bronze' hat kürzlich Berthelot in einem Aufsatze (in: Revue archéologique, 1888 p. 294) aufgestellt. Dieser sucht als die älteste Form des Wortes aus alchimistischen Schriften ein mittelgriech. βροντήσιον zu erweisen. Dieses aber entspreche einem lat. *aes Brundusium*, da in Brundisium berühmte Bronzefabriken gewesen sein müssen (Plin. N. H. 33, 9, 45 u. 34, 17, 40)." Vgl. Schrader, Sprachvergleichung und Urgeschichte*[2]*, Jena 1890, p. 290. S. auch *Nuova Antologia*, 16. Dez. 1890, p. 786. S. unten **brūnītīūs.**

1597) ***brūnio, -ire** (v. germ. brun), bräunen; ital. brunire; prov. frz. brunir; span. bruñir, bruñir; ptg. br*unir*, im Span. u. Ptg. bedeutet das Vb. auch „polieren", welche Bedtg. es auch im Frz. haben kann. Vgl. Dz 71 bruno.]

1598) [***brūnītīūs, a, um** (v. germ. brūn), bräunlich, wird von Dz 69 als Grundwort aufgestellt in ital. bronzo, Metallmischung, Bronce; (frz. bronze); span. bronce (u. bronze); dazu das Vb. ital. (ab)-bronzare, leicht versengen, schwärzen, frz. bronzer, erzfarben machen, altspan. bronzar; ital. ist auch ein Adj. bronzino, erzfarbig, vorhanden. Der Ableitung der Sippe von ***brunitius** stehen lautliche, von Dz wohl gewürdigte Schwierigkeiten entgegen, die so erheblich sind, dafs man besser auf das Grundwort verzichtet, namentlich ist die anzunehmende Verschiebung des Hochtons bedenklich. kann durch ital. *pincio* aus *piniceus* [?] kaum gerechtfertigt werden, eher könnte man glauben, dafs das Subst. bronzo aus dem Vb. bronzare = ***brunitiare** abgeleitet sei, doch dabei darf man sich schwerlich beruhigen (*ū* : *o*!), oder aber man leite bronzo wie bronza (s. unten) von *prunius* ab. Nicht undenkbar wäre, dafs bro*ntea* „Donnerstein" (Plin. 37, 150) das Grundwort ist. Das glaubhafteste Grundwort ist aber das der Stadtname Brundisium (s. d.). Die sonst in Vorschlag gebrachten Grundworte — [*o*]*bryzum* (scil. *aurum*, gr. ὄβρυζον scil. χρυσίον); pers. *buring* od. *piring*, Kupfer; engl.

brass — erweisen sich als durchaus unannehmbar; es gilt dasselbe auch von Raist's in Z V 558 ausgesprochener Vermutung, wonach bron*z*o mit bronco auf lt. *raucus* zurückgehen soll. — Venez. bron*z*a, glühende Kohle, wird von Ascoli, Ztschr. f. vgl. Sprachf. II 269, von *prunia, von Storm, R V173, von *prunicea hergeleitet, vgl. Mussafia, Beitr. 38; Dz 69 hatte an das deutsche *Brunst* gedacht. Keine dieser Annahmen aber ist sonderlich wahrscheinlich.]

1599) altnfränk. **brunnja** (ahd. *brunnja*, altn. *brynja*), Panzer; prov. *bronha* (mit off. *o*); altfrz. *bronie*, *broigne* (mit off. *o*). Vgl. Dz 534 broi*g*ne, Mackel 21.

1600) kelt. Stamm **brūs-** (davon altir. *brúim*, ich zerschmettere); auf den Stamm *brūs* scheint zurückgeführt werden zu müssen altfrz. *bruser*, *bruiser*; frz. *bronie*, *broigne* zerschmettern, vgl. Th. 94; Dz 536 dachte an ahd. *brochisōn* als Stammwort.

1601) *brūseus, a, um (zusammenhängend mit *bruscum* „tuber aceris arboris intortius crispum"; Plin. N. H. XVI 68), knollig, knorrig, kraus, rauh, ist das mutmaßliche Grundwort zu: ital. *brusco* Sbst. Myrthen-, Mäusedorn, Adj. rauh, herb, mürrisch (sard. *fruscu*); prev. *brusc*, Rinde, *brusca*, Gerte; frz. *brusc*, Besenheide, *brusque*, unpoliert, rauh, barsch, dazu das Vb. *brusquer*, barsch anfahren; span. ptg. *brusco* Sbst. (auch -*a*), Mäusedorn. Adj. barsch. Die Substantive mögen indes unmittelbar auf *bruscum* zurückgehen. Vgl. Storm, R IV 352, Baist, Z V 557. Dz 71 leitete das Sbst. von lt. *ruscum*, Mäusedorn, ab u. nahm Verstärkung des Anlautes an (so auch Gröber, ALL I 252, vgl. auch Schuchardt, Roman. Etym. I 67: *bruscus* entstand aus *b*-*ruscum*, indem *ruscum* sich mit *bruc*-[s. d.], wovon frz. *bruyère*, gemischt hat), das Adj. aber von lt. *labruscus* (wovon nur das Fem. belegt ist: *uva* od. *vitis labrusca*, wilde Rebe, Klarettraube. Colum. 8, 5, 23), beide Ableitungen aber sind sehr bedenklich namentlich die letztere. Canelle, Riv. di fil. rom. II 111, leitet das Sbst. von *ruscum*, das Adj. von *rusticus* ab. Vgl. auch Gröber, ALL I 252 (stimmt Dz bei). — Pascal, Studj di fil. rom. VII 90, erklärt ital. *brusco*, dessen ursprüngliche Bedtg. „abbrustolito" sei, aus *bruscolo*, *brusclo*, *brustlo*, *brustulus*.

1602) [germ. **brust** (got. *brusts*) kann nicht, wie mehrfach angenommen worden ist, Grundwort sein zu zu ital. *busto*, Büste; prov. *bust-z*; frz. *buste m.*; span. ptg. *busto*. Vgl. Dz 75 *busto*. S. unten **büstūm**.]

brūtus s. **brūttus**.

1603) **brūttūs, a, um**, schwer, stumpf, unvernünftig, dumm, tierisch; ital. *bruto* (gel. W.), roh, gefühllos, u. *brutto*, ungestaltet, unbearbeitet, roh („il raddoppiamento è qui normale, come in venni, legge da vēni, lēge-, e serve a compensare la lunghezza originaria della vocale", Canelle, AG III 401, was jedoch kaum richtig sein dürfte); rtr. *bürt*, vgl. Ascoli, AG I 361 No 59; span. *bruto*, rob, und [?] *burdo*, grob, vgl. Cornu, R VII 595, jedoch ist diese Ableitung sehr zweifelhaft. (Dz 434 wollte *burdo* von arab. *bord* ableiten, s. oben **bord**); ptg. *bruto*, roh. Vgl. Dz 360 *brutto*; Gröber, ALL I 253.

1604) kelt. Stamm **bruxn-, broxn-, brossn-** (davon ir. *brossnai*, *brosna*, Reisbündel); auf diesen Stamm scheinen zurückgeführt werden zu müssen: prov. *brossa* (mit off. *o*), Gestrüpp, Heidekraut; altfrz. *broce* (mit off. *o*), Grenzgebüsch, Pl. wüstes

Heideland, vgl. Schuchardt, Z VI 423, nfrz. *brosse*, auch „Bürste" bedeutend, dazu das Vb. *brosser*; eine Ableitung ist wohl *broussailles* (dav. ital. *bruzzaglia*, vgl. d'Ovidio, AG XIII 405), Gestrüpp; span. *broza*, Abfall von Baumrinde, Spähne, auch: Bürste (daneben *bruza*, s. *brustja*); ptg. *broça*, Bürste. Vermutlich hat Mischung des kelt. Stammes mit germ. *borsta*, *burstja* stattgefunden. Vgl. Dz 70 *broza*; Th. 51; Mackel 24; Baist, Z V 562 (B. will auch span. *brezo*, Heidekraut, in die Wortsippe einbeziehen). Vgl. auch unten **burstja**.

1605) kymr. *brusch* (bret. *brusch*, *bruched*) ist nach Scheler, Dict. *brechet*, Stammwort zu altfrz. *bruschet*, *brichet*, nfrz. *brechet*, Brustbein.

[kelt. **brwg** s. **vroică**.]

1606) **bŭa, -am** f., Naturlaut der Kinder zur Bezeichnung des Trankes, wie *pappa* zu der der Speise (Varr. u. Lucil. bei Non. 81, 1 ff.); davon vielleicht durch Reduplikation ital. (comask. genues.) *bobò*, Getränk, vgl. Dz 358 *bobò*.

1607) **bŭbālūs, -um** m. (v. *bos, bovis?*), daneben **bŭfālūs** (Ven. Fort. carm. 7, 4, 21), Rüffel; ital. *bufalo*, *bufolo*, vgl. Flechia, AG II 328; rum. *bivol*; prov. *bubali-s*, *brufe-s*, *brufol-s*; frz. *buffle*; span. *búfalo*; ptg. *búfalo*, *búbalo*.

1608) **bŭbŏ, -ōnem** m., Uhu, Schuhu; rum. *buhă* (nach Ch. s. v. lautlich beeinflußt durch slav. *bukă*, Gebrüll); span. *buho*; ptg. *bufo*, eine Eulenart. Vgl. Dz 434 *buho*.

1609) gr. βουβών, -ῶνα m., Beule; ital. *bubbone*, Beule, venez. *boba*, Eiter (Caix, St. 230, zieht auch *bua* [s. oben *boò*] hierher, was insofern für berechtigt gelten kann, als sowohl *bua* wie *bubo* u. *boba* auf interjektionalem *bu* beruhen, welches in *bubo* redupliziert ist); rum. *buboiŭ* u. *bubă*; frz. *bubon* u. *bube*; span. *bubon* u. *buba*; ptg. *bubão*, *bubo* u. *bouba*. Vgl. Dz 71 *bubbone*; Caix, St. 230.

1610) **bŭbūlcŭs, -um** m., Ochsentreiber; ital. *bobolco* u. *bifolco*, vgl. Flechia, AG II 328, Canelle, AG III 382; rtr. *biólco*, vgl. Ascoli, AG I 459 Z. 4 u. ob. u. 517 No 132.

1611) **bŭbŭlo, -āre** (v. *bubo*), wie der Uhu schreien (Anthol. lat. 762, 37 [233, 37]); ital. *bubbolare* „romoreggiare del tuono", dazu das Sbst. *bubbolo* „tuono", davon der Plur. *bubboli* „sonaglietti tondi che hanno in corpo una pallottolina metallica", vgl. Caix, St. 231.

1612) **bŭccă, -am** f., Backe, Mund; ital. *bocca*, sard. *bucca*; rum. *bucă*, Pl. *buci*, Wange; rtr. *búka* etc.; s. Gartner § 200; prov. *boca*; altfrz. *boche*; nfrz. *bouche*; cat. span. ptg. *boc*(*c*)*a*. Vgl. Dz 57 *bocca*; Gröber, ALL I 253. Die Bedtg. „Backe" hat das Wort nur im Rum. behauptet, in allen übrigen Sprachen ist es auf die Bedtg. „Mund" beschränkt, hat aber in dieser *ōs ōris* völlig verdrängt.

1613) *būccěālē ist das vorauszusetzende Grundwort für span. *bozal*, Maulkorb, vgl. Gröber, ALL I 253.

1614) **bŭccěllă, -am** f., ein kleiner Mundbissen; davon nach Caix, St. 212, ital. *bonciarelle* „fritelline, specie di dolce", indem das Wort „allungato sull' analogia dei diminutivi in -arello" sei. — Außerdem ital. *buccella*, kleiner Bissen; valverz. *buscella* pane di una libbra, berg. *bosèla* panetto, com. *buscèl* pane piccolo, vgl. Salvioni, Post. 5; rtr. *busala*, Meyer-L., Z. f. ö. G. 1891 p. 767; prev. *bucela*, vgl. Gröber, ALL I 253.

1615) *būccěllārīūs, -um m.; davon ital.

bozzolaro, genues. *büsciellaju* „venditore di fritelline", vgl. Caix, St. 212.

1616) **bŭccĕllātŭm** *n.*, Zwieback; ital. luceh. *buccellato*, sicil. *vucciddatu, guccidatu*, vgl. Caix, St. 212; Mussafia, Beitr. 40.

1617) ***bŭccĕus, a, um** (*bucca*); ptg. *buço* (*bucinho*), Haar auf der Oberlippe, *buçal, boçal*, unbärtiger Bursche, *embuçar-se*, das Gesicht bis zur Oberlippe verhüllen, vgl. C. Michaelis, Frg. Et. p. 6.

1618) ***bŭccīnŭm** *n.*, Bissen; prov. *bossi-s*; altfrz. *bousin*; cat. *boci*, vgl. Gröber, ALL I 253.

1619) **bŭcco, -ōnem** *m.*, ein Mensch mit aufgeblasenen Backen, ungeschickter Mensch, Tölpel (eigentl.: grofser, aufgeblasener Mund); ital. *bocco* „scioccone, ebete", vgl. Caix, St. 210; *boccone*, Mundfüllung, den Mund stopfende Massen; prov. *boco-s*; frz. *bouchon*, Stöpsel, Pfropfen, ebenso ptg. *bucha* (die ursprüngliche Bedtg. ist also verallgemeinert worden, vgl. Dz 529 *boucher*.

1620) ***bŭcco, -āre**, den Mund vollstopfen; frz. *boucher*, stopfen, vgl. Dz 529 u. 754 *s. v.*; Littré *s. v.* stellt *boucher* zu altfrz. *bouche*, Garbe, Strohwisch, *bouchon*, Bierwisch, u. leitet es v. St. bosc- ab.

1621) **bŭccŭlă, -am** *f.* (von *bucca*), kleine Backe, rundliche Erhöhung (*buccula scuti*, Schildknauf, Gloss. Isid.); prev. *bocla, bloca*, Schildknauf, davon abgeleitet *bloquier-s* = *buccularius*, Buckelschild; frz. *boucle* (kreis-, ringförmige Erhöhung), Ring, Ringel, Locke, *boucher*, Schild (altfrz. *bocle*, *blouque* bedeutet noch Schildknauf); span. *bucle*, Locke (wohl aus dem Frz. entlehnt); ital. *buccola* „pendente degli orecchi", *bucchio* „ricciolo", *brocchiere, -o*, kleiner Schild. Vgl. Dz 529 *boucle*; Caix, St. 232.

1622) dtsch. **Buchweizen**, daraus durch Volksetymologie frz. *beaucuit, bucail*; wallon. *bouquette* (= vlaem. *bockweyt*), vgl. Fafs, RF III 491.

1623) **bŭcīnă** u. **bŭccīnă**, *f.* (vielleicht aus *bovicina* entstanden), Kuhhorn, überhaupt Horn als Blasinstrument: α) *bucina* = prov. *bozina*; altfrz. *buisine, boisine* — β) *büccina* = ital. *bosna* (u. *büccina*); rum.*buccina*, (*bucimŭ, buciumŭ*); altfrz. *bosne*; obw. *bišel*; eng. *büšen*, vgl. Meyer-L., Z. f. ö. G. 1891, p. 767. Vgl. Gröber, ALL I 253. Die Hauptbedeutung des Wortes ist allenthalben unverändert geblieben, nur rum. *bucium* bedeutet Schalmei, dann auch: Rolle, Rohr, vgl. Ch. *s. v.*

1624) engl. **buckram** (dies wieder durch Angleichung an *buck* aus dem arab. *barcân, barracán*), Barchent; span. *bucherame, bocaran*, frz. *bougran*. vgl. Baist, Z V 556; Eg. y Yang. bespricht das Wort nicht.

1625) engl. **buckskin**, Bock-, Schafwolle, Buckskin, daraus frz. *boucassin*, Futterbarchent, vgl. Baist, Z V 556.

1626) ***bŭcŭlo, -āre** u. ***bŭcŭlo, -āre**, wie ein Rind brüllen; altfrz. *bugler*, dazu das Sbst. *bugle*, ein Blasinstrument; nfrz. *beugler*, brüllen, vgl. Dz 523 *s. v.* u. Scheler z. Dz 784; Berger p. 124 Anm.

1627) **bŭdă, -am** *f.*, Schilfgras (Athol. lat. 95, 2 [1119, 2], Augustin. ep. 88, 6, Donat. ad Verg. Aen. 2, 135); ital. *biodo*; cat. *boga, bova* [?]; [ptg. *buinho* Rohr]; sard. *buda*, Riedgras, davon *budedda* = *budella*. Matte; sicil. *buda*, Stopfwerk; vgl. Dz 360 *s. v.*: Meyer-L., Z. f. ö. G. 1891 p. 767, Parodi, R XXVII 229; Guarnerio, R XX 56.

1628) mhd. **buene**, Bühne; davon viell. abgeleitet ital. *bugnola* „cattedra", vgl. Caix, St. 235; jedoch ital. *bugno, -a*, Bienenstock, altfrz. *bugnon*, neu-

prov. *bugno*, Baumstamm, sind schwerlich gleichen Ursprunges: Dz 360 *bugno* verglich kymr. *bon*, ir. *gäl. bun*, Wurzelstock eines Baumes, vgl. Th. 83, s. oben unter **bon**. Die Sippe ital. *bugna*, altfrz. *bugne*, nfrz. *bigne*, Beule (s. Dz 73 *bugna*) kann kaum damit in Zusammenhang gebracht werden, sondern geht wohl auf ahd. *bungo*, Knolle, zurück, obwohl Diez' Bedenken dagegen an sich berechtigt ist.

1629) **buf(f)**, Lautverbindung zur Bezeichnung des Geräusches, das durch einen Schlag auf die aufgeblasenen Backen hervorgebracht wird (vgl. dtsch. *puff, paff*), davon: ital. *buffare*, ein Platz- oder Blasegeräusch erzeugen, herausplatzen, einen Witz loslassen, Possen treiben, daher die Sbst. *buffo*, Windstofs, *buffa*, Pesse, *buffone*, Possenreifser; prov. *bufar*, blasen; frz. *bouffer*, die Backen aufblasen, *bouffir*, schwellen; altfrz. auch *buffer*, auf die Backen schlagen, dazu das Sbst. *buffe*, Schlag auf die Backe, wovon das Demin. *buffet*, das ein aufgeblähtes Ding oder Gerät bezeichnet (altfrz. *bufet*, Hinterbacken, wallon. *bofet*, Nadelkissen, nfrz. *buffet*, ein bauchiger Tisch oder vielleicht auch ein Tisch, welcher, weil zum Prunke dienend, sich gleichsam aufbläht, Tisch für Silbergerät, Schenktisch, vgl. Mahn, Etym. Unters. 106), altfrz. *bufoi*, Pomp; aufserdem nfrz. das dem Ital. entlehnte *bouffon* mit seinen Ableitungen *bouffonnerie* etc.; span. ptg. *bofe*, Lunge, *bufar*; schnauben, Wasser aus dem Munde spritzen, dazu die Entlehnungen aus dem Ital. *bufon* etc. Schuchardt, Z XIII 527, zieht hierher, und zwar mit Recht, auch span. ptg. *fofo*, aufgeblasen, dünkelhaft, während Cornu, Gröber's Grundrifs I 718 u. 728, das Wort von *fatuus* ableiten will. Nach C. Michaelis, Frg. Et. p. 6, gehört hierher auch ptg. *bufarinheiro* (f. *bufariciro*), wandernder Galanteriewarenhändler, Hausierer. Vgl. Dz 72 *buf*. Die ganze umfangreiche Wortsippe bedarf noch einer eingehenden Untersuchung.

1630) **Bugia**, Stadt in Nordafrika; nach dieser ehemals bedeutenden Handelstadt erhielten als nach dem Ausfuhrorte die „Kerzen" ihre Benennung: ital. *bugia*, prev. *bogia*, frz. *bougie*, span. *bujía, bugera*, ptg. *lumes de Bugia*, *bujía, bugeira*, im Ptg. besteht daneben ein Masc. *bugio* mit der Bedtg. „Affe, Meerkatze", weil auch diese Tiere vielfach aus Bugia bezogen wurden. Vgl. Dz 73; C. Michaelis, Misc. 120

1631) ndl. **buidelen, builen** (mhd. *biuteln*), Mehl beuteln, sieben; davon vielleicht frz. *bluter* (altfrz. auch *buleter*), Mehl sieben, dazu die Sbsttve *bluteau, blutoir*, Mehlsieb (nicht hierher gehören aber ital. *buratto, burattello*, Mehlbeutel, prov. *barutel-s*, sieh unten ***bŭrreus**), vgl. Dz 527 *bluter*; für sicher freilich kann diese Herleitung durchaus nicht gelten, wie denn Diez selbst die Herleitung von *bure*, wollenes Zeug, den Vorzug gibt, sich berufend auf altfrz. *buletel*, das sich also weiter zu *buletel, blutel, bluteau* entwickelt haben würde, vgl. auch prov. *barutel*, Mehlbeutel, das für *buratel* zu stehen scheint. Diez 431 ist geneigt, auch span. ptg. *barruntar* (prov. *barutar*), erraten, mutmafsen, mit altfrz. *buleter*, neufrz. *bluter* zusammenzustellen, die Grundbedtg. von *barruntar* würde dann sein „im Denken sieben, sichten". Vgl. unten **vērrūnco**. Wedgwood, R VIII 436, will auch (*bolenge*, das Mehlbeuteln, und) *boulanger*, Bäcker, (das also eigentl. Mehlbeutler bedeuten würde), von *buidelen* herleiten, indem er sich auf die Stelle im Traktate des Walter von Biblesworth (b. Wright,

A Volume of Vocubularies, p. 155) beruft: „Dc fine farine vent la flour, bulting-clot par la belenge le pestour bultingge per belonger est ceveré of brenn la flur et le furfre demoré", wie aber lautlich die Ableitung möglich sein soll, wird nicht gesagt; für sicher also darf auf Grund von Wedgwood's Bemerkung nur angenommen werden, dafs der Bäcker im Altfrz. auch pestour = pistorem genannt wurde. Am ratsamsten dürfte es sein, an Diez' Herleitung von boulanger aus boule (Kugel, rundes Brot, vgl. span. bollo, feines Milchbrot) = lt. bulla festzuhalten, boulanger wäre also der Verfertiger runder Brote, freilich ist die Bildung des Wortes eine recht seltsame, auch dann noch, wenn man zwischen boule u. boulanger mit Dz 530 ein boulange (rundes Brot) einschiebt (boulange, gleichsam *bullanea [vgl. extranea : étrange], also boulanger gleichsam *bullanearius). Vgl. auch Scheler zu Dz 785 und Suchier, Z III 611.

1632) germ. **bṻk** (ahd. būh, pūh), Bauch; ital. buco u. buca, Loch (der Bedeutungsübergang wird dadurch vermittelt, dafs das Wort zunächst, wie ja auch im Deutschen, zur Bezeichnung des Hohlraums eines Gefäfses u. Schiffes gebraucht wurde), dazu das Vb. bucare, durchlöchern; prov. buc-s, Bauch, Rumpf, dazu das Vb. trabucar, gleichsam überbauchen, zu Boden werfen, auch : stürzen, trabuquet-z, eine Maschine zum Umwerfen, Kriegsmaschine; altfrz. buc, dazu das Vb. trébucher, wovon wieder trébuchet, mit gleicher Bedtg. wie im Prov., jedoch bedeutet altfrz. buc auch „Bienenkorb"; cat. buc; span. buque, Schiffsbauch, trabucar, umwerfen, stürzen, trabuco u. trabuquete, Wurfmaschine; ptg. buco, Schiffsbauch, sonst wie im Span. Vgl. Dz 72 buco. — S. auch No 1636.

1633) dtsch. **buk,** erhöhte Grenzscheide; davon span. buega, Grenzstein, vgl. Dz 434 s. v.

1634) altnfränk. **bukk-** (ahd. bocch), Bock; ital. becco (das e erklärt sich vielleicht aus Anlehnung des Wortes an becco, Schnabel, wozu der schnabelartig spitz zulaufende Bart des Tieres Anlafs geben konnte), davon abgeleitet beccajo, eigentl. Becksschlächter, dann allgem. Fleischer; rtr. buck, bock; prov. boc-s; frz. bouc, davon abgeleitet boucher, Fleischer; Baist, Z V 239 No 8, denkt an möglichen Zusammenhang zwischen frz. boucher u. cat. butxi, botxí, Henker, altspan. buchin, bochin, boquin, gal. buxeo, Metzger; (Femininbildungen zu bouc sind vielleicht, trotz ihres befremdlichen Vokales, bique, Ziege, u. biche, altfrz. auch bisse, Hindin; mit lat. ibex, ibícem, Steinbock, können die Worte nichts zu thun haben, obwohl Dz 523 biche die Möglichkeit eines Zusammenhanges nicht unbedingt abweist), s. ob. blece; cat. boc; altspan. buco. Vgl. Dz 529 bouc, Mackel 21 (M. hält auch bouquin, altes Buch, für aus bouc abgeleitet, die Bedtg. weist aber deutlich auf altndl. boeckin hin); Th. 91.

1635) altn. **bukka**, niederdrücken, ist vielleicht das Stammwort zu frz. bouquer, ducken lassen, vgl. Mackel 24; im zweiten Bestandteile von reboucher (in der Bedtg. „stumpf machen") erkennt Scheler s. v. dasselbe Verb, schwerlich mit Recht, es dürfte vielmehr mit reboucher, „zustopfen" identisch sein, trotz der, freilich noch aufzuklärenden, Bedeutungsverschiedenheit.

1636) altnfränk. **bukōn** (ahd. *būhhen, mhd. būchen), bauchen, d. i. in heifser Lauge einweichen; ital. bucato, Wäsche; frz. buer, in Lauge waschen (das gleichbedeutende, von Mackel angeführte buquer

fehlt b. Sachs), davon viell. bouée, Dampf, Qualm, burg. buie, Lauge, buandier Wäscher, vgl. Cohn, Suffixw. p. 80; (rtr. buadar, in Lauge waschen, ist wohl anderer Herkunft). Vgl. Dz 72 bucato; Mackel 19; Kluge s. v. bauchen. — Nigra, AG XV 102, zieht die Wortsippe zu bṻk (s. d.) in der Bedtg. „Loch", bucato soll eigentl. ein mit einem Loche (zum Wasserabflusse) versehenes Waschgefäfs sein. Die eingehende Untersuchung Nigra's besitzt überzeugende Kraft. — Wie frz. combuger, wässern, zu der Wortsippe sich verhält, ist nicht klar.

1637) **bṻlbṻs, -um** m. (gr. βόλβος), Zwiebel, Bolle; ital. bulbo; rum. bolf; frz. bulbe; span. ptg. bulbo; das überall, mit Ausnahme des Rum., nur gelehrte Wort hat die Bedtg. „Geschwulst" angenommen.

1638) **bṻlgă, -am** f., lederner Sack; dav. abgel. ital. bolgia (Gröber, ALL I 253, hält das Wort für aus dem Frz. entlehnt, Mackel.23 denkt an ahd. *bulgja, altn. bylgja, am einfachsten ist es aber doch wohl, ein *bulgea anzunehmen, wie Dz will; Entlehnung aus dem Frz. ist bei einem so alten Worte nicht eben wahrscheinlich, vgl. freilich Gröber im Nachtrag zu No 1407 der ersten Ausg. des Lat.-rom. Wtb.'s, wo die Ansicht, dafs bolgia ein Lehnwort aus der Frz. gallischen Ursprungs sei, mit beachtenswerten, obgleich wohl nicht entscheidenden Gründen verteidigt wird), dazu das Demin. bolgetta „valigia di cuojo", vgl. Canello, AG III 390; rtr. bulscha, Felleisen, bulsch, Bausch; altfrz. bolge (mit off. o), Ranzen; nfrz. bouge, davon das Demin. bougette, Ränzel (das aus dem Englischen entlehnte budget ist stammverwandt). Vgl. Dz 57 bolgia; Gröber, ALL I 253; Mackel 23 (M. leitet die Wortsippe von altdtsch. bulga her); Th. 46 (führt ir. bolg, bolc, Sack, Schlauch, an); Flechia, AG II 329, bemerkt: „la parola bolgia, seconde che abbiamo dallo Festo (cf. Paul. ex Fest. 35, 1), è voce gallica (e forse anco germanica)".

1639) **Bulgarus,** Bulgare u. (wegen der Hinneigung dieses Volkes zum Manichäismus), Ketzer; davon ital. buzzeron (Gloss. venez.) = buggerone, Ketzer; tosc. buggerare, lügen, buggerá, Lüge, Dummheit, vgl. Mussafia, Beitr. 39, Caix, St. 234; frz. bougre, Ketzer, davon viell. rabougrir, eigentl. zum Ketzer werden, erbärmlich werden, verkrüppeln. Vgl. Dz 530 bougre u. 663 rabougrir.

1640) **bṻlīmus, -um** m. (gr. βούλιμος), Ochsenhunger, Heifshunger; ital. búlimo u. búlimo, Heifshunger, daneben limo „consumamento di stomaco", vgl. Caix, St. 383; frz. boulimie (gel. W.), vgl. Dz 360 s. v.

neugr. βουλιχολάχα s. vrúkolaku.

1641) **bṻllă, -am** (u. *bṻla nach griech. βολή, βόλος gebildet) f., Blase, Buckel, Knopf, Kapsel; ital. bolla, (bulla), Blase, bollo, Stempel, Marke; hiervon zahlreiche Ableitungen, über welche man vgl. Caix, St. 74: bugliolo „bollo, pustola" (das gl dieses u. der folgenden Worte erklärt sich durch Einmischung von bullio),buglia,confusione, tumulto", buglione „accozzaglia di più cose", com- u. subbuglio „confusione", dazu die Verba garbugliare (?) u.scombugliare, scombujare „mescolare, confondere"; Caix zieht hierher auch brugliolo „pustola" imbrogliare „confusione, viluppo" u. a., indessen gehören diese Worte wohl zum St. brū (s. d.), bezw. zu dtsch. brodeln; zweifelhaft mufs auch bleiben, ob borchia (mit geschloss. o), Buckel am Pferdegeschirr, Nagelknopf, von bulla abgeleitet ist (gleichsam *bull-cula), vgl. Dz 359 s. v., wo ahd. bolca als mögliches Grundwort vermutet wird, u. Canelle, Riv. di fil. rom. II 111, wo borcia nebst brocco, brocca u. dgl. (s. oben brocc-) auf gr. πόρχη zurückgeführt wird; Deminutiva zu bulla, bolla sind: bolletta, bulletta, bullettino, Zettel; als sard. Ableitungen von bulla („Blase, Schwellung") fafst Guarnerio, R XX 56, auf abbuddare saziarsi, farsi una panciata, impinzarsi, abbuddada saziata panciata, abbuddadu sazio, impinzato (Caix, St. 131, hatte ein *ad-bot-āre als Grundwort angesetzt); prov. bola, bula (kugelförmiger Grenzstein); frz. houle, Kugel, Kegel, Klofs, davon das Kompos. boule + verser = versare (Frequ. zu vertěre): bouleverser, umkugeln, umstürzen, verkehren; von boule ist wohl auch abgeleitet (*boulange, gleichsam *bullanea, rundes Brot, und) boulanger, gleichsam *bullanearius, Bäcker, vgl. aber oben buidelen; Deminutiv zu boule ist bulletin, Zettel (aus dem Ital. entlehnt), hierher gehört wohl auch billet, Karte, dessen i aus Anlehnung an engl. bill sich erklärt, das frz. Wort ist dann wieder zu biglietto italianisiert worden, vgl. Canello, AG III 390; von boule soll abgeleitet sein bouler, daraus (durch An- gleichung an bouillir) bouiller, dav. bouille, Stör- stange, womit gleichbed. ist bouloir, vgl. Cohn, Suffixw. p. 136; span. bola, Kugel, bollo, Beule, Milchbrot, boleta, Zettel, bulla, verwirrtes Geschrei; ptg. bola, Kugel, Kegel (davon bolar, kegeln), bulla, Bulle, bulha, wirres Geschrei (die Bedtg. dieses Wortes sowie des span. bulla erklärt sich durch Anlehnung an bullire, Blasen treiben, spru- deln, sieden, zischen). Vgl. Dz 57 bolla.

1642) [*büllīco, -āre (v. bulla), Blasen treiben, in unruhiger Bewegung sein (vom Wasser); davon viell. prov. bolegar, bojar; frz. bouger (in un- ruhiger Bewegung sein, eigentl. vom Wasser, dann auch von Personen), sich rühren. Vgl. Dz 530 bouger, wo die frühere Ableitung von ahd. biogan mit Recht zurückgewiesen wird.]

1643) büllīo, -īre (v. bulla), Blasen werfen, sprudeln, sieden; ital. bollire, sieden, dazu die Sbstve bollore, das Aufwallen, der Zorn, bollone = frz. bouillon (das übliche ital. Wort für Fleisch- brühe ist aber brodo, brodello); ferner die Zusammen- setzung ad-bull[ire] + [e]lixare = abbollssare „far bollire", vgl. Caix, St. 130; sard. buddire, rtr. buglir; prov. builhir, bollir; frz. bouillir, davon das Sbst. bouillon, Brühe (das übliche Wort für Fleischbrühe ist aber consommé); cat. (auch span.) bullir; altsp. bollir; ptg. bolir; (span. zabullir ist nicht = sub-bullire (so Dz 498 s. v. nach Covar- ruvias), sondern = sepelire, vgl. C. Michaelis, R II 88, identisch mit zabullir ist zambullir, untertauchen, auch: begraben); ptg. bulir. Vgl. Dz 57 bolla; Gröber, ALL VI 379.

1644) büllo, -āre (v. bulla), Blasen werfen, sprudeln; davon viell. cat. esbullar, verwirren (vgl. span. ptg. bulla, bulha, wirres Geschrei), womit auch ptg. es-bulhar,`ausplündern (das aus ex-spoliare nicht wohl hergeleitet werden kann),, vgl. Dz 57 bolla. — Dz 58 borbogliare ist geneigt, auf bullare auch zurückzuführen: cat. borbollar, verwirren, span. borbollar u. ptg. borbolhar, Blasen werfen, wozu die Sbstve span. borbolla, ptg. borbulha, Wasserblase, Knospe, ja auch ital. borbogliare, frz. barbouiller (vgl. d'Ovidio, AG XIII 403) ist. borbouiller, murmeln, erscheint ihm als möglicher- weise stammverwandt, doch macht ihn allerdings das gleichbedeutende bullire, altfrz. borbeter, bedenklich; vermutlich sind borbogliare, borbottare

Körting, lat.-rom. Wörterbuch.

---

etc. onomatopoietische (möglicherweise an gr. βόρ- βορος [s. d.], Schlamm, sich anlehnende u. folglich auf Wassergeräusch Bezug nehmende) Umgestal- tungen von *barbuliare *barbottare von barba *barbotta (Dem.), bedeuten also eigentl. „in den Bart hinein sprechen"; auch span. borbollar etc. sind vielleicht rein schallnachahmende Bildungen. Vgl. No 1230, wo barbollar in borb- zu bessern ist.

1645) altdtsch. *bultjo (ahd. bolz), Bolzen; davon vielleicht ital. bolzone, bolcione. Bolzen, auch: Mauerbrecher; prov. bosso-s; altfrz. bozon; alt- span. bozon. Dz 58 bolzone war geneigt, ein lat. *bull[t]-tio von bulla in der Bedtg. „Nagelkopf" in der Bedtg. als Grundwort anzusetzen, die Ableitung aus dem Deutschen ist aber lautlich u. sachlich weit annehmbarer, vgl. Mackel 24.

1646) dtsch. (schwäbisch) bunte, Spund(loch); davon viell. frz. bonde, Zapfen, falls das Wort nicht mit dem Stamme bold- (s. d.) zusammenhängt. Vgl. Dz 528 s. v., Kluge unter „Spund". — Frz. bondieu, Keil, ist volksetymologische Umgestaltung des pic. bondeau v. bonde, vgl. Fafs, RF III 498.

1647) altnordl. ahd. ags. būr, Haus; davon norm. bur, Wohnung, wovon altfrz. buron, buiron, Hütte, nfrz. buron, Käsehütte (in der Auvergne), vgl. Dz 536 bur; Mackel 19; Pogatscher, Z XII 555.

1648) būrā, -ae f. (neben būrra), grober Zeug-, Wollstoff, ital. (nur in Ableitungen erhalten:) buratto dünnes, wollenes Zeug, Mehlbeutel (davon burattare, das Mehl sieben), burattello dsgl., burello, grobes Tuch, burella, finsterer Kerker (wegen des Bedeutungsübergangs s. bureus); altfrz. bure, groberWollstoff, dazu das Demin. burel, eine wollene Decke, dann ein mit solcher bedeckter Tisch, daher nfrz. bureau, Schreibtisch, Schreib-, Amtszimmer; ptg. burel, grobes Zeug, Sack. Vgl. Dz 74 bujo; Gröber, ALL I 253: vgl. Canello, AG III 350. S. auch unten būrra u. bureus, burius.

1649) arab. bōraq, Borax, borsaures Natron (vgl. Freytag I 111ᵇ); davon ital. borrace; frz. borox etc., vgl. Dz 60 borrace.

1650) *burbalia (Pl. n. ?), Eingeweide (Gloss. Isid.), scheint mit frz. brouailles, Eingeweide der Fische u. Vögel in Zusammenhang zu stehen, vgl. Dz 534 s. v., s. auch No 1525.]

1651) [*bureula f., -us m. ist das vorauszusetzende Stammwort zu ital. burchio, -a, bedeckter Nachen mit Rudern; altspan. burcho, eine Art Nachen, vgl. Dz 361 burchia.]

1652) būrdo, -önem m. u. būrdūs, -um m., Maul- tier (vgl. Isid. 12, 1, 60; burdo findet sich z. B. b. Ulp. Dig. 32, 49 pr., burdus b. Acron. Hor. carm. 3, 27, 7); ital. (burdus = burdo reicht dem Schriftital., jedoch sardisch ist burdu, Bastard, Nebenschöfsling vorhanden), bordone, langer Pilger- stab (sogenannt, weil er dem Pilger ähnliche Dienste leistet wie ein Maultier, indem er ihn stützt u. also gleichsam trägt; vermutlich ist auch bordone, Bafs, dasselbe Wort, obwohl freilich die Bedeutungsent- wickelung recht unklar ist, vgl. darüber Dz 59 den zweiten Artikel bordone). Die im Ital. vorhandene Bedeutungsscheidung zwischen burdus und burdo kehrt auch in den übrigen Sprachen wieder; prov. bort-s, bordon-s; altfrz. borde, bourt u. (auch nfrz.) bourdon; span. borde u. bordon; ptg. nur bordāo. Vgl. Dz 59 borde u. bordone; Gröber, ALL I 253; Caix, St. 8.

1653) *būrëūs oder *būrīūs, a, um, neben und für *būrūs, a, um (statt būrrus), feuer-, scharlach- rot (Paul. ex Fest. 36, 12); ital. bujo, dunkel

12

(daraus erklärt sich die Bedtg. von *burella*, dunkler Kerker), vgl. Flechia, AG II 330; prov. *burel*, braunrot; frz. *buret*, Purpurschnecke; span. *buriel*, braunrötlich (auch: grobwollenes Zeug). Nicht hierher gehören (vgl. No 1648) ital. *buratto* (vgl. prov. *barutel-s*), wollenes Zeug, Mehlbeutel; prov. *burel*, grobes, wollenes Zeug; altfrz. *burre*, grobes, wollenes Zeug, dazu das Demin. *burel*, wovon neufrz. *bureau* (wollene Decke), Tisch mit wollener Decke, Schreibtisch, Schreibstube, (über altfrz. *buretel*, Mehlbeutel, neufrz. *bluteau*, *blutoir*, Mehlsieb, *bluter*, sieben vgl. Dz 527 *bluter* u. oben No 1631); (span. *buriel*; ptg. *burel*). Vgl. Dz 74 *bujo*, Gröber, ALL I 253.

1654) germ. **burg-**, Burg (lat. *burgus*, findet sich z. B. b. Vegetius, s. Georges s. v.); ital. *borgo*, kleine Stadt, davon *borg(h)ese*; prov. *borc-s* (mit off. *o*), davon *borgues*; altfrz. *borc* (mit off. *o*), nfrz. *bourg*, davon *bourgeois*; span. ptg. *burgo*, dav. ptg. *burguez*. Vgl. Dz 59 *borgo*; Mackel 20.

1655) ahd. **burian**, erheben, = oberital. *bori(r)* Wild aufjagen, vgl. Meyer-L., Z XX 529.

1656) **büris**, **-im** *f.*, Krummholz am Pfluge; ital. *bure*, mail. *bürett*; piem. *bü*, *abü*; valtell. *burála*; sard. *büri*. Vgl. Meyer-L., Z. f. ö. G. 1892 p. 767; Salvioni, Post. 5.

1657) **bürrä**, **-am** *f.*, zottiges Gewand (Anthol. lat. 390, 5 [385, 5]), Pl. **burrae**, läppisches Zeug, Possen (Auson. praef. ad Lat. Pacat. 5): ital. *borra*, Scheerwolle, *borre*, Possen, von *borra* abgeleitet *borrace*, *borraggine*, *borrana*, Borretsch (eine Pflanze, *borrago* L., sogenannt wegen der haarigen Beschaffenheit der Blätter), ferner *borraccia* (aus haarigem Fell gefertigter) Weinschlauch; zu *borra* das Vb. (ab)*borrare*, mit Wolle ausstopfen; rum. *borantă*, Borretsch; prov. *borra*, Scheerwolle, *borrage-s*, Borretsch, *borrás*, grobes Tuch (auch frz. *bourras*); frz. *bourre*, Scheerwolle, dazu das Vb. *bourrer*, (mit Wolle) stopfen; span. *borra*, *borro*, Scheerwolle, Wolle, außerdem: junges Schaf (auch *borrego*), endlich: (Flocken, nichtsnutziges Zeug) sinnlose Werte, dummes Geschmiere, an die letztere Bedtg. schließt sich an das Vb. *borrar*, sudeln, klecksen, dazu wieder das Shst. *borron*, Tintenklecks; *borraja*, Borretsch; ptg. *borrar*, sudeln, *borrão*, Klecks, *borragem*, Borretsch. Vgl. Dz 60 *borra* u. *borraggine*; Gröber, ALL I 254 u. Misc. 44 (an letzterem Orte verteidigt G. die Diez'sche Ableitung von *borr(aggine*); Baist, Z V 239 (B. will auch *borujo*, *burujo*, *orujo*, Trester der Traube, u. sogar *gorullo(n)*, Klumpen, u. a. mit *borra* in Zusammenhang bringen, vgl. dagegen Parodi, R XVII 56, wo *voluculum* (v. *volvere*) als Grundwort aufgestellt wird).

1658) ***bürrülä**, **-am** *f.*, Flocke, ein Ding ohne Wert, Kleinigkeit, Lappalie, Posse; ital. *burla* (man sollte *borla* erwarten) Pesse, dazu das Vb. *burlare*, scherzen, u. das Adj. *burlesco*, scherzhaft, komisch; sard. *burrula*, *burla* (borla, Troddel); altpr. *burlaire*, Spötter; neuprov. *bourlo*, Posse; altfrz. *bole*, Betrug, *boler*, betrügen (die Zugehörigkeit der Worte z. dieser Sippe ist jedoch zweifelhaft, es ist jedoch auch *bourle*, *bourler* vorhanden; nfrz. *burlesque* ist selbstredend Lehnwort aus dem Ital.); span. ptg. *burla*, Pesse, dazu das Vb. *burlar*, span. auch *borla*, Troddel. Vgl. Dz 74 *burla*, Gröber, ALL I 254. — Pascal, Studj di fil. rom. VII 92, erblickt in *burla* das Vbsbst. zu tosc. *burlare*, altital. *barullare* (= **bar-rotulare*), *rotolare*, *gettar via*. Man darf indessen wohl an

burrala festhalten, bezw. annehmen, dafs neben **burrula* ein **bürula*, welches an das Adj. *bürus* sich anlehnte, bestanden habe.

1659) ***bürrüs** u. ***bürrīcüs**, **-um** *m.* (für *bürricus*), kleines fuchsrotes Pferd (eigentlich vermutlich: zottiges, häfsliches Pferd); ital. *bricco*, Esel: span. *borrico*; ptg. *burrico*; frz. *bourrique*.

1660) ***bürsä**, **-am** (eigentl. *Byrsa*, die Burg von Carthago), Versammlungsort der Kaufleute, Börse, Geldtasche; ital. *borsa* (dazu *borsiglio*); sard. *buscia*; rum. *boaşă*; rtr. *buorsa*; prov. *bossa*; altfrz. *borse*; nfrz. *bourse*; cat. *bossa*; span. ptg. *bolsa* (dazu span. *bolsillo*). Vgl. Dz 61 *borsa*; Gröber, ALL I 254. (Es mufs dahingestellt bleiben, ob die romanische u. überhaupt die moderne Bedtg. des Wortes sich aus dem Eigennamen *Byrsa* oder aus dem ursprünglichen Appellativ gr. βύρσα, Leder, Fell, entwickelt hat, doch ist das erstere wahrscheinlicher.) Über entlegene ital. Ableitungen vgl. Caix, St. 216 u. 222.

1661) altdtsch. ***burstja** (zusammenhängend mit mhd. nhd. *borste*), Bürste; ital. *brustia* (das übliche Wort für „Bürste" ist aber *spazzola*); span. *bruza*; (prev. *brossa*, altfrz. *broce*, nfrz. *brosse*, span. *broza* gehen auf den keltischen Stamm *bruxn-* [s. d.] zurück). Vgl. Dz 70 *broza*; Th. 61; Mackel 24; Baist, Z V 562; s. oben **bruxn-**.

Stamm ***büsc** s. ***büscus.**

1662) [gleichsam ***büsca** (für **busca*, s. *buscus*, wohl mit Anlehnung an *bürere*, *bustum* brennen), Holz, Holzscheit (?); ital. (mundartlich, z. B. lombardisch) *busca* Splitter (dazu das Dem. **busculo*, *brusculo* „pagliazza, fuscello" u. das gleichbed. *buschetta*, *bruschetta*, vgl. Caix, St. 228); altfrz. *buisse* u. *busche*; neufrz. *büche*, Scheit, dav. abgel. Vb. *bücher*, behauen, u. Sbst. *bücher*, Scheiterhaufen. Vgl. Dz 74 *busca* u. Aug. Scheler's Bemerkung im Achang 716; Storm, R V 170; Bugge ebenda in der Anm. (Bugge stellt ein **buxica* als Grundwort auf; vgl. Mackel p. 34.)] Vgl. No 1673.
*buscida s. unten **buxida.**

1663) [gleichsam ***büsco**, ***büsco**, **-äre** (vom St. *busc*, Holz, Wald), im Holz, Wald umherstöbern, -spüren, hirschen, suchen; ital. *buscare* (auf der Jagd) erbeuten, erhaschen; altfrz. *embuissier* u. *embuschier*; neufrz. *embücher*, ein Wild in sein Lager treiben, in den Hinterhalt legen, (daneben ursprüngl. pic. *embusquer* in einen Hinterhalt, auf die Lauer legen); span. ptg. *buscar*. Vgl. Dz 61 *bosco* u. 75 *buscare*; Storm, R V 169; Mackel p. 34, wo ohne hinlänglichen Grund got. **busks* als Grundwort vermutet wird.]

1664) [gleichsam ***büscus**, **-um** *m.*, Gebölz, Busch, Wald (vom Stamme **busc*, dessen Ursprung dunkel ist: lat.-griech. *büxus* πύξος pafst lautlich wenig u. begrifflich schlecht; as german. Herkunft ist nicht zu denken, das deutsche *Busch* u. dgl. ist vielmehr erst dem Romanischen entlehnt, vgl. Goldschmidt, R XVII 290, Kluge, Etym. Wtb. s. v. *Busch*; ein **buxicum*, welches Goldschmidt in der Festschrift für Tobler p. 166 aufstellt, ist eine ganz unwahrscheinliche Bildung): ital. *bosco* Wald, dazu das Dem. *boschetto* u. das Vb. *imboscare*; rtr. *bösch*, *böschg* etc., vgl. Ascoli, AG III 186 oben u. Anm., Gartner § 101; prov. *bosc-s* (mit off. *o*), das Vb. *buscalhar*, Reisig sammeln, gehört zu *busco* (s. d.); neuprov. das Verb *bouissa*, kehren, wozu das Comp. *grato-bouisso*, frz. *gratte-boësse*, eine Art Bürste, vgl. Thomas, R XXVI 429; frz. *bois*, dav. *bosquet*, *bouquet*, *boschet*, altfrz. *boschaille* (daraus

ital. boscaglia), bocage (Lehnwort aus dem Span.);
span. bosco, dav. boscaje, ptg. boscage(m). Vgl.
Dz 61 bosco; Storm V 169 (stellt buxus als Grundwert auf); Canelle, Riv. di fil. rom. II 111 (stellt
βόσχος als Grundwort auf); Mackel p. 34; Meyer-
L., Rom. Gr. I p. 139.] Die Wortsippe benötigt noch
einer eingehenden Untersuchung. Lateinischer Ursprung dürfte zweifellos sein. Vermutlich ist *buscus
abzuteilen in bus-cus (vgl. musca = mus-ca, s. Stolz,
Lat. Gr., I p. 516 f.), viell. ist buscus aus bust-cus
entstanden, u. ü volksetymologisch gekürzt, wie in
būstar. S. auch No 1675.

1665) būstar, ursprünglich wohl = būstar, Leichenbrandstätte (Charis. 88, 19), dann volksetymologisch
als aus bov- + stare zusammengesetzt betrachtet
u. so zu der Bedeutung „Ochsenstall" gelangend
(bostar, locus ubi stant boves, Gloss. Isid.); span.
bostar, ptg. bostal, Ochsenstall. Vgl. Dz 433
bostar; Gröber, ALL I 254. S. No 1519.

1666) būstūm n., Leichenbrandstätte, Grabmal
(in letzterer Bedtg. b. Cicero, Catull, Virgil u. a.,
s. Georges s. v.); davon wahrscheinlich (vgl. d'Ovidio
in Gröber's Grundrifs I 515) ital. busto, (eigentl.
das auf dem Grabmale aufgestellte Bruststandbild
des Verstorbenen), Büste; prov. bust-z; frz. buste;
span. ptg. busto. Dz 75 busto verwarf die Herleitung von bustum, weil der Begriff dagegen streite
(Dz fafste aber bustum nur in der Bedtg. als „ver-
brannter Leichnam" auf), u. dachte an Ableitung
von buxida, pyxida.

1667) būteo, -önem m., eine Falkenart, der
Busaar (das Wort findet sich z. B. b. Plin. N. H. 10,
21 u. 135); ital. (nur in der Abltg. bozzago, abuz-
zago, eine Geierart); prov. buzac-s; burg. büzó;
frz. buison, davon buse, davon abgeleitet busart.
Vgl. Dz 536 buse; Horning, Ztschr. f. neufrz. Spr.
u. Litt. X 245.

1668) būtĭo, -önem m., Rohrdommel (Anthol.
lat. 762, 42 [233, 42]); ital. būtio scheint der erste
Bestandteil des gleichbedeutenden frz. butor; das
offenem o) zurückzugehen: neben butor findet sich
bruitor, das wohl wegen des Geschreies des Vogels
an bruire angelehnt ist; abgeleitet von butor ist
butorderie, Dummheit. Vgl. Tobler, Misc. 71.

1669) *būtĭrūm n. (f. būtyrum, gr. βούτυρον;
das u in butirum ist lang, die Messung būtirum
bei Venant. Fort., welcher Gröber, ALL VI 379,
erwähnt, ist fehlerhaft, vgl. Meyer-L., Ltbl. f.
germ. u. rom. Phil. 1892 Sp. 71, Ital. Gr. § 16),
Butter; ital. burro, butirro; (sard. butíru, also
die schriftlat. Form erhaltend); prov. buire-s (neuprov. burre); altfrz. bur(r)e; nfrz. beurre (mit
befremdlichem Vokal); (das span. ptg. Wort für
„Butter" ist manteca, manteica). Vgl. Gröber,
ALL I 254; Canello, AG III 311.

1670) altn. būtr, Holzklotz, abgestumpftes Ding;
davon vielleicht frz. but, Ziel, Zweck (die ursprüngliche Bedtg. kann gewesen sein: Erd- oder Steinhaufen, der als Zielpunkt beim Wettlaufen u. dgl.
benutzt wurde), butte, Erdhaufen, Zusammensetzung
début; but(t)er, stofsen, gehört wohl zu bōtan, ist
aber an but angeglichen. Vgl. Dz 62 bozza; Mackel 23.

1671) Stamm būtt-: auf einen substantivischen
Stamm būtt-, der vielleicht aus dem Griechischen
(vgl. βοῦτις, βύτις, Kübel, Flasche) in das Volkslatein übernommen ward u. eine grofse romanische
Wortsippe zur Bezeichnung gröfserer Gefäfse (Butte,
Kübel u. dgl.) erzeugte, gehen zurück: ital. botte
u. botta, dazu die Demin. bottina, kleines Fafs,
bottiglia (= frz. bouteille) Flasche (das übliche

Wort für „Flasche" ist jedoch fiasco); rtr. bot;
rum. botǎ, butǎ; prov. bota; altfrz. bote (mit
offenem u. mit geschl. o), bedeutet auch „Mönche-
stiefel"; nfrz. botte (davon abgel. bouteille), botte,
Schlauch, Kübel, Stiefel (botte in den Bedeutungen
„Schlag" u. „Klumpen" gehört zu bōtan, w. m. s.,
bezüglich der Bedtg. denke man an beaucoup,
eigentl. „schöner Schlag", dann „viel"; wegen botte,
Kröte, s. ebenfalls bōtan); cat. span. ptg. bota
(Demin. botella, botelha). Vgl. Dz 62 botte; Gröber,
ALL I 254; d'Ovidio AG XIII 424; Mackel 23;
Wortsippe für aus dem Roman. entlehnt).
    būtýrūm s. *būtīrūm.

1672) mhd. butze, Klumpen; davon ital. buzzo,
Bauch. — Nicht unmittelbar mit butze, aber wohl
mit dem Vb. bōtan (ahd. bōgan), auf welches butze
zurückgeht, steht anscheinend in etymologischem
Zusammenhange die Wortsippe: ital. bozza, Geschwulst, Beule, auch: grob bearbeiteter Stein, dazu
das Vb. (ab)bozzare, im Groben arbeiten, skizzieren,
wovon wieder bozzo (wenn dasselbe nicht ebenso
Primitiv ist, wie das ungefähr gleichbedeutende
bozza); vielleicht Scheideform zu bozza ist boccia,
Knospe; prov. bossa (mit off. o), Beule; altfrz.
boce (mit off. o), nfrz. bosse, Beule, Buckel, davon
das Adj. bossu, bucklich; span. bocha, hölzerno
Kugel; (es)bozo, Roharbeit; ptg. bochecha, dicke
Backe, (es)boçar, im Rohen arbeiten. Die Grundbedeutung der Worte scheint zu sein „durch Stofsen
hervorgebrachte Schwellung". Vgl. Dz 62 bozza
u. 64 botta, wo auch frz. (piet) bot, Klumpfufs,
span. boto, stumpf mit mhd. bōzen in Zusammenhang gebracht werden; Mackel 23.

1673) *būxǎ (Feminin zu buxus oder *būsca, Fem.
zu *buscus?). Davon vielleicht ital. (dialektisch,
z. B. lomb.) busca, Splitter, sicil. vusca; Deminutivbildungen zu busca sind *buscolo, brusculo, pagliazza,
fuscello" u. das gleichbedeutende buschetta, bruschetta, vgl. Caix, St. 228; altfrz. buisse u. busche;
nfrz. būche, Scheit, davon abgeleitet būcher Vb.
behauen, Shet. Holzstall, Scheiterhaufen; cat. busca,
brusca, Rute, Gerte. Das u (statt o) erklärt sich
vielleicht aus begrifflicher Anlehnung an bru(s)ciare,
brüler, brennen. Vgl. Dz 74 busca u. dazu Scheler's
Bemerkung im Anhang 716; Storm, R V 170;
Bugge, ebenda in der Anmerkung (B. stellt ein
*buxica als Grundwort auf); Mackel 34.

1674) *būxĭdä (f. pyxida = gr. πυξίδα v. πυξίς,
die lautliche Umwandlung vielleicht durch begriffliche Anlehnung an das ohnehin stammverwandte
buxus veranlafst), daraus *būxta = *bü[e]sta =
bosta (im einer Glosse belegt, vgl. Landgraf,
ALL IX 414), Büchse, Schachtel; ital. (pisside,
gelehrtes Wort, mit der Bedtg. „heiliges Gefäfs"
u.] busta, Schachtel, vgl. Canello, AG III 327;
aufserdem mit Suffixvertauschung (u. wohl auch
mit Einmischung von bosso = buxus, worüber zu
vgl. Ascoli, AG II 408) bussola, bussilo, bossolo,
Kästchen für die Magnetnadel, Kompafs, vgl. Caix,
St. 17; prov. bostia (brostia, brustia), boissa; frz.
boîte, Büchse, auch: Pfanne eines Gelenkes, davon
déboîter, ein Gelenk ausrenken, verrenken, boiteux,
lahm; abgeleitet von altfrz. boiste ist vielleicht
boisseau, Scheffel; boussole, Kompafs (aus dem
Ital. entlehnt); span. bojeta, Schachtel, brújula
(aus dem Ital.), Kompafs (ptg. boeta, aus dem
Frz. entlehnt, vgl. C. Michaelis, Frg. Et. p. 6).
Vgl. Dz 61 bosso u. 527 boîte; Storm, R V 169;
Caix 17 u. 97 (hier fügt Caix noch bei ital. botola,

Schachtel, busta, Etui, Couvert, bustello, ein Mase,
= frz. boisseau).

*büxo s. ***büsco.**

1675) **büxüs, -um** f. u. (seltener) **büxüm** n. (gr.
πύξος), ***büsc-**, Buchsbaum[holz]; ital. bosso,
Buchsbaum; prov. bois (?), frz. buis, span. boj,
ptg. buxo. Von Storm, R V 169, wurde buxus
als Grundwort zu der Sippe ital. bosco, frz. bois
etc. aufgestellt, was aber lautliche Bedenken gegen
sich hat (buxus konnte ital. nur bosso ergeben) u.
auch begrifflich nicht recht pafst. Aber allerdings
scheinen Kreuzungen zwischen buxus u. *buscus
stattgefunden zu haben, denn Bildungen, wie ital.
buscione Gebüsch, prov. boisson, frz. buisson
lassen sich nicht wohl anders erklären. Vgl. Dz 61
bosco u. bosso; Storm. R V 169 (es ist Storm
nicht gelungen, buxus mit überzeugenden Gründen
als Stammwort der ganzen grefsen Sippe nachzuweisen, namentl. nicht mit Rücksicht auf die
Bedeutungsentwickelung, vgl. auch Meyer-L.,
Gramm. I p. 139); Canelle, Riv. di fil. rom II 111
(C. ist geneigt, in dem gr. βόσχος, Weide, das
Grundwort zu ital. bosco u. dgl. zu erblicken);
Mackel 34 (M. erklärt. die frz. prov. Wörter nicht
deuten zu können); Kluge unter „Busch". S. oben
*büseus.

1676) altn. **bytin,** Beute, Tausch; davon ital.
bottino, Beute (das o der ersten Silbe scheint auf
Entlehnung des Wortes aus dem Frz. zu deuten [?],
vgl. Mackel 112); frz. butin; span. botin. Vgl.
Dz 62 bottino; Storm, R V 168; Mackel 112.

1677) **byzantïüs, -um** (v. Byzantium), eine by-
zantinische Münze; ital. bisante, Pfennig; prov.
bezan-z; altfrz. besant; span. ptg. besante.

C.

(Die unter C fehlenden Worte sehe man unter K.)

1678) **căbällă, -am** f., Stute (Anthol. lat. 148, 7
[961, 7]); ital. cavalla; frz. cavale (dichterisches
Wort, in der gewöhnlichen Sprache sagt man jument);
span. caballa, Name eines Fisches, ist vermutlich
dasselbe Wort, Übertragung der Namen von Säuge-
tieren auf Fische ist ja nicht selten.

1679) **căbällārïüs, -um** m., ein Pferdewärter,
Pferdeknecht (v. caballus); ital. cavallaro „stafetta,
e chi guida cavalli" cavallajo (flor.) „chi mercan-
teggia di cavalli"; cavaliero (die Vereinfachung des
l beruht auf Anlehnung an das Frz.) „chi monta o
combatte a cavallo", cavaliere „cavaliero, e chi
appartiene a un ordine cavallaresco, gentiluomo",
vgl. Canelle, AG III 304; rum. cälare, Adj. u. Adv.,
beritten, rittlings, vgl. Ch. cal; prov. cavallier-s,
cavayer-s; frz. chevalier, cavalier (aus dem Ital.);
span. caballero; ptg. cavalleiro. Die Bedtg. des
Wortes ist überall zu „Reiter, Ritter, Edelmann"
veredelt worden.

1680) [gleichs. ***căbällēttüs, -um** m. (v. caballus),
kleines Pferd; ital. cavalletto; frz. chevalet, Bock,
Gerüst, Staffelei (ital. auch cavalletta, Heupferd).]

1681) **căbällïco, -äre** (v. caballus), reiten (Anthim. praef. 67, 2 R); ital. cavalcare; rum. (in)calic
ai at a, daneben cäläresc ii it i; prov. cavalcar,
cavalguar; frz. chevaucher (jetzt nur in der Dichter-
sprache üblich, der gewöhnliche Ausdruck für „reiten"
ist monter, aller à cheval); span. cabalgar; ptg.
cavalgar (auch im Span. u. Ptg. ist das Vb. aus
der Umgangssprache durch andar, montar a caballo
verdrängt worden). Vgl. Dz 93 cavallo.

1682) **căbällüs, -um** m. (Dem. z. cabo, Wallach;
vgl. ALL VII 316; Meyer-L., Z XXII 5, bestreitet
die Annahme, dafs caballus im Latein ein gallisches Lehnwort sei); Gaul, Klepper, in der Volkssprache Pferd überhaupt; ital. cavallo; rum. cal,
Pl. cai; rtr. kavál etc. s. Gartner § 200; prov.
caval-s, cavalh-s; frz. cheval (dazu die wunderliche Zusammensetzung chevau-éger, worüber zu
vgl. Darmosteter p. 108); cat. caball; span. caballo; ptg. cavallo. Dazu überall zahlreiche Ableitungen, z. B. ital. cavalleria, Reiterei, frz.
chevalerie u. cavalerie (letzteres aus dem Ital.,
aber mit Vereinfachung des l nach Analogie von
cheval-erie) etc. Vgl. Dz 93 cavallo.

1683) **căbannă, -am** f., Hütte (Isid. 15, 2, 2, wo
capanna geschrieben ist der Ableitung von capio
zuliebe); ital. capanna, Hütten, Schuppen, cabina
„stanzina d'un bastimento", capanno, Hütte für
Vogelsteller, [hierher gehören. auch die Deminutive gabinetto u. gabbanetto, vgl. Canello, AG
III 315; dazu die Ableitung sgabuzzino „stanzuccia,
bugigattolo", vgl. Caix, St. 560]; vielleicht gehört
hierher auch ital. gabbáno (altfrz. span. gaban)
Regenmantel, denn der umhüllende, schützende Mantel kann als Hütte aufgefafst werden, vgl. Dz 150
s. v.; rtr. kyamanna (?), vgl. Meyer-L., Z. f. ö.
G. 1891 p. 767: obwald. camonna, engad. chamanna, vgl. Salvioni, Z XXII 467; prov. cabana;
frz. cabane, cabine, cabinet, cambuse (sämtlich
Lehnworte); span. cabaña, gabinete; ptg. cabana.
Vgl. Dz 85 capanna; Th. 53 (der von Dz vermutete
kelt. Ursprung des Wortes wird verneint).

1684) bret. **cacadd,** aussätzig; davon vielleicht
frz. cagot, scheinheilig („la signification moderne a
pu s'être produite sous l'influence de bigot" Scheler
im Dict. s. v.); gewöhnlich wird das Wort als zusammengesetzt aus prov. ca (= canis) + Got, also
„Gotenhund", erklärt mit Bezugnahme darauf, dafs
die Westgoten als Arianer den katholischen Süd-
franzosen verhafst gewesen sein, vgl. Dz 537 s. v.

1685) ***căcăbēllüs, -um** m. (Demin. zu cacca-
bus), eigentlich kleiner Tiegel, Pfanne, Schädel;
altfrz. c(h)achevel, Schädel. Vgl. Cornu, R XI 109;
Gröber, ALL I 539.

1686) **căcăbüs** u. ***căcălüs, -um** m., Kachel
(ahd. chahhala), Tiegel, Pfanne (z. B. Varro LL V
127); abruzz. kákkame (auch südital.), vgl. Z XV
242 u. Z. f. ö. G. 1891 p. 767; tarent. kákkalo,
kákkaro; span. cacho; ptg. caco, Scherbe, davon
abgeleitet cachimonia, Schädel (vgl. C. Michaelis.
Misc. 122 Anm. 1), vgl. Dz 435; Gröber, ALL I
539.

1687) ***căchēctïcus, a, um** (v. griech. χαχεξία),
schwindsüchtig; ital. cachettico (gel. Wort), daraus
durch volkstümliche Umbildung scachicchio „debole,
infermiccio", vgl. Caix, St. 511.

1688) **căco, -äre,** kacken; ital. cacare, davon
abgeleitet squaccherare „aver flusse di ventre, palesare senza bisogno le cose che si sanno", schiccherare
„imbrattar fogli", vgl. Caix, St. 528; rum. cac,
ai, at, a; rtr. chigar etc., vgl. Ascoli, AG I 144
No 165; prov. cagar; frz. chier, vgl. G. Paris,
R IV 123 Anm. 4; Cornu, R VII 354; Herrig's
Archiv LXXVIII 422; span. cagar; damit vielleicht zusammenhängend das Shet. cazcarria
(Schmutz, der sich unten an die Kleider ansetzt),
wenn es aus caca + sacarria (vgl. ital. zaccaro,
florent. zacchera, angespritzter Schmutz) entstanden
ist, vgl. Storm, R V 175: ptg. cagar.

1689) **cāctŭs, -um** m. (gr. κάκτος), Kardenartischocke; davon (?) ital. cacchioni „spuntori delle prime penne", vgl. Caix, St. 244.

1690) [gleichs. ***cādēntĭā** (v. cado), das Fallen, die Art, wie etwas fällt, günstiger Fall, guter Tonfall, Glücksfall, gutes Benehmen; ital. cadenza, Tonfall; rum. cădenţă, Anstand; frz. cheance, chance, Glücksfall, davon chançard, Glückskind: span. ptg. cadencia, Tonfall.] [***cādītā** s. **cādo.**]

1691) [***cādīvus, a, um** (v. cadĕre, vgl. Bildungen wie pensif, restif) = altfrz. chaïf; über ein etwa im Altfrz. vorhanden gewesenes rechaiver „rückfällig werden" vgl. G. Paris, R XXV 622 (gegen Tobler, Sitzungsb. der Berl. Akad. d. Wiss., phil.-hist. Cl., 23. Juli 1896 p. 855)].

1692) [**cadmēā, cadmīā, cadmĭā, -am** f. (griech. καδμεία, καδμία, Galmei; davon abgeleitet ital. calaminaria, kieselhaltiger Zink; frz. calamine; span. ptg. calamina, vgl. Dz 77 calaminaria.]

1693) **cādo, cĕcīdī, cāsŭm, cādĕrĕ** (volkslat. ***cădĕrĕ**), fallen; ital. cado (u. caggio = ***cadio**), caddi (u. cadetti, cadei), caso, cadĕre; rum. cad, căzui, căzut, cadé; rtr. Gartner führt von dem Vb. nur das Pt. P. txet (mit offenem e) an, § 148; prov. chatz chai (3 P. Pr.), chazec (3 P. Pf.), chazegut chazer; frz. altfrz. chiet (3 P. Pr.) chu-s chu cheoir (nfrz. ist das Vb. sonst nur in vereinzelten Formen noch gebräuchlich); altfrz. Pt. Pr. cheans, Glück (Chance) habend, dav. das Kompos. mescheans, unglücklich, elend, nfrz. méchant, schlecht, böse, dagegen chançard, Glückskind; neucat. cayeh caygui caygut căurer, vgl. Vogel p. 119; span. caigo caí caido caer; ptg. caio cahi caido (das Fem. caida = queda wird als Sbst. gebraucht in der Bedtg. „Fall", ebenso span. caida, ital. caduta) caer. Nur also das Cat. hat den schriftlat. starken Inf. cadĕre übernommen, sonst ist überall das schwache cadĕre eingetreten. Vgl. Gröber, ALL I 539, VI 379.

1694) **cādūcus, a, um** (v. cado), hinfällig; ital. caduco (gel. W.) „che cade, che presto finisce" u. caluco „meschino" vgl. Canello, AG III 887; nicht aber gehört hierher, obwohl Diez es annahm, prov. caluc, kurzsichtig, über die Ableitung des Wortes vgl. Groene, C vor A im Frz. (Strafsburg 1888) p. 91, u. Gröber im Nachtrag zu No 1458 der ersten Ausg. des Lat.-rom. Wtb's, so recht überzeugend ist freilich die dort vorgetragene Etymologie nicht. Vgl. Dz 362 caluco u. 539 caluc.

calautica s. **calopodia** u. **calyptra.**

1695) **Cādurcī, -os** m., eine gallische Völkerschaft in Aquitanien; davon prov. caorci-s oder chaorci-s, Einwohner von Cahors, davon wieder chaorcin-s (in Cahors · ansässiger italienischer Kaufmann, Geldwechsler), Wucherer (vgl. Dante, Inf. 11, 49). Vgl. Dz 542 chaorcin, Ducange s. v. cadurcinus.

1696) **cādŭs, -um** m., Krug; neapel. cáto secchia, vgl. Salvioni, Post. 5. Das Wort fehlt sonst im Roman., dagegen ist es in den slavischen Sprachen weit verbreitet u. auch in das Magyarische, Neugriech. u. von da in das Rumän. (cadă) übergegangen.

1697) **caeca, -am** f. (Fem. des Adj.'s caecus)-piem. čea, Nobel, vgl. obwald. tschiera, vgl. Salvieni, Z XXII 467, u. Post. 5 caecus.

1698) [gleichs. ***caecarilia, -am** f., ein der Blindschleiche ähnliches Tier; ist nach Nigra, AG XIV 270, das Grundwort zu mail. čerkarša Salamander.]

caecigena s. **caecilia.**

1699) **caecīlĭā, -am**, eine Eidechsenart; davon ital. cecilia, Runzelschlange, auch cecella (cicigna, Blindschleiche, = caecigena); über mundartliche ital. Formen vgl. Salvioni, Post. 5; rtr. šišelya, vgl. Meyer-L., Z. f. ö. G. 1891 p. 767. Vgl. Dz 365 cicigna. S. No 1698. Vgl. Nigra, AG XIV 378 wo genues. seizella, siguella etc. angeführt wird (ebenda p. 270 wird canav. čüšiga, valbrezz. sašülja angeführt).

1700) **caecus, a, um**, blind; ital. cieco; rtr. tschiec etc.; prov. cec (mit off. e); altfrz. cieu, ciu (nfr. ist das Wort durch aveugle = ***aboculus** [s. d.] völlig verdrängt); cat. ecch; span. ciego; ptg. cego. Vgl. Gröber, ALL I 539; Salvioni, Post. 5.

1701) [**caedo, -ĕre**, hauen, schlagen; dav., bezw. v. caeca, nach Salvioni, Post. 5, venez. ciesa, lomb. šeša Zaun.]

1702) ***caelāta** (scil. cassis). Helm in getriebener Arbeit; ital. celata, Pickel-, Sturmhaube, Helm; frz salade; span. celada. Vgl. Dz 95 celata; Canello. Riv. di fil. rom. II 111 (C. will celata von celare herleiten u. vergleicht das dtsche Helm von hēlan, aber da ***celata** doch nur heifsen könnte „verborgen" u. nicht „verbergend", so ist die Ableitung unannehmbar).

1703) **caelĕbs, -lĭbĭs**, unvermählt; ptg. ceibo, Hagestolz, Junggeselle, ledig, frei, ungebunden, davon vermutlich das Vb. ceibar, lösen, vgl. C. Michaelis, Misc. 122.

1704) **caelēstĭs, e** (v. caelum), himmlisch; ital. celeste u. (archaisch) celesto, himmlisch, cilestro „color di cielo", vgl. Canello, AG III 398; Berger s. v.

1705) **caelŭm** n., Himmel; ital. cielo; rtr. tschigl, vgl. Gartner § 200; rum. cier, Bl. cicuri, davon das Adj. cieresc = ***caeliscus**; prov. ccl-s (mit off. e); frz. ciel; cat. cel; span. ciclo; ptg. ceo. Vgl. Gröber, ALL I 539.

1706) [**caementum** n. (v. cacdo), Bruch-, Mauerstein; davon nach Mahn, Etym. Unters. 72, viell. ital. cimento, Versuch, Probe, indessen würde der Bedeutungsübergang kaum zu erklären sein; annehmbarer ist die Ableitung bei Dz 365 s. v. cimento = ***specimentum**; vielleicht darf man auch an Zusammenhang mit cima denken; frz. cément.]

1707) ***caenĭcāle** n. (v. caenum), Schmutzmasse; span. cenagal, Misthaufe, vgl. Storm, R V 178.

1708) ***caenĭcōsus, a, um** (v. caenum), schmutzig; span. cenagoso, kotig, vgl. Storm, R V 178.

1709) **caenum** n., Schmutz; span. cieno; ptg. ceno, Kot, Schlamm, vgl. Gröber, ALL I 539.

caepūla s. **cepūlla.**

1710) **caerēfŏlĭŭm** n. (gr. χαιρέφυλλον), Kerbel; ital. cerfoglio; frz. cerfeuil; span. cerafolio. Vgl. Dz 96 cerfoglio.

1711) **caerēmōnĭā, -am** f., religiöser Gebrauch, ist als gelehrtes Wort in allen rom. Spr. erhalten (auch rum. ţeremonie, vgl. Ch. s. v.); eine volkstümliche Form hat nur das Ptg. gebildet: ceramunha, çarmunhá, cirmonha, vgl. C. Michaelis, Misc. 121 Z. 1 v. u. im Texte.

1712) **caerŭlĕŭs, a, um** (v. caelum), himmelblau; ital. span. ptg. ceruleo, himmelblau.

1713) **caesīŭs, a, um**, blaugrau; davon vielleicht prov. saïs, saissa, grau (das Wort findet sich z. B. b. Bartsch. Chrest. 269, 1), vgl. Dz 674 s. v., wo aber allerdings auch mit Recht bemerkt ist, dafs diese Ableitung lautliche Bedenken gegen sich hat.

1714) **caespes,-ītem** *m.*, der ausgeschnittene Rasen, ein Rasenstück, woraus sich, wie es scheint, volkssprachlich die Bedtg. „Haufe von (ausgejätetem) Kraut, Krautwerk, Blattmasse" u. dgl. entwickelte; ital. *cespite* u. *cespita* „specie d'erba", vgl. Canello, ALL III 402, *cespo*, ein Stück Rasen, eine mit Rasen bewachsene Erdscholle, Gesträuch (auch *cespite* kann diese Bedeutungen haben); vermutlich gehört hierher auch *cesto*, Büschel, gleichsam *caes[pi]tum* f. *caespitem*; rtr. *tschischpad, tschisp,* vgl. Ascoli, AGG I 39 Z. 6 v. u. im Texte u. 188 Anm. 2; valsase. *scésped* etc., Salvioni, Post. 6, vgl. Dz 364 *cespo.*

1715) ***caespīco** u. **caespīto, -āre** (v. *caespes*), auf dem Rasen straucheln (*caespitare* ist bei Georges mit *Gloss.* belegt); ital. *cespicare*, stolpern; rum. *cespet, ai, at, a,* straucheln, stürzen; altfrz. *cester*; span. *cespitar*, bei einer Handlung gleichsam straucheln, bedenklich sein, zaudern.

1716) altir. **cai**, Weg, Strafse (ursprünglich wohl „Wall, Damm" bedeutend); davon vermutl. altfrz. *caye*, Sandbank. nfrz. *quai*, Damm; span. *cayos* (Pl.), Sandbänke, Riffe. Indessen kann das Wort sehr wohl auch germanischen Ursprungs sein, vgl. niederdtsch. *kaje*, niederländ. *kaai*, schwed. *kaj*, dän. *kai*, ostfries. *kâi, kaje.* Vgl. Dz 94 *cayo;* Th. 54.

1717) **[*cājŭm, -ī** *n.* **= frz.** *chai,* unterirdisches Gewölbe? viell. auch Scheideform zu *kai, quai?* oder mit *cavum* zusammenhängend ?]

1718) **Cājus** (meist *Gájus* geschrieben); dieser Eigenname soll nach Baist, Z V 247, das Grundwert sein zu ital. *gajo,* munter, lebhaft, bunt; prov. *gai;* frz. *gai;* altspan. *gayo;* ptg. *gaio,* sowie zu dem Shet. prov. *gai-s, jai-s* Holzhäher, frz. *geai* (pic. *gai*), span. *gayo* u. *gaya,* davon *gayar,* bunt machen; ptg. *gaio.* „Der Name *Gajus* — sagt Baist a. a. O. — spielte eine Rolle in den Vermählungsgebräuchen: die Braut sagte zum Bräutigam: ubi tu Gajus, ego Gaja'. Daraus konnte sich leicht eine adjektivische Verwendung von *gajus* = „Hochzeiter, hochzeitlich" ergeben, daher „munter" u. „bunt", der Häher aber wäre der Bräutigamsvogel. (Galiz. *gayol,* auch *gayo* die Goldammer.)" [Z VII 119 vermutet Baist dagegen, dafs der Vogelname *gayo* ein onomatopoietisches Wort sei.] Se non è vero, è ben trovato! Wahr ist es aber schwerlich, u. G. Paris frägt, R XI 164, ganz mit Recht „tirer le mot du lat. *Gajus* .... n'est-ce pas se moquer un peu des lecteurs?" Dz 151 *gajo* leitete die Wortsippe von ahd. *gâhi* (Thema **gâhja*), rasch, kräftig (nhd. jäh) ab, u. Mackel 40 verteidigt diese Ableitung gegen die von Baist erhobenen Bedenken. Nichtsdestoweniger ist sie nicht recht überzeugend, wie denn auch Paris a. a. O. sie verwirft, vgl. auch Mackel, p. 40, u. s. unten **wâhi.** Schwan, Altfrz. Gramm. 2. Ausg. § 199 Anm., stellt als Grundwort auf ahd. *wâhi,* schön, fein.

1719) **călămārĭŭs, a, um** (v. *calamus*), zum Schreibrohr gehörig; ital. *calamajo,* Schreibzeug, *calmiere, -o* „tariffa de'comestibili. Il passaggio ideologica è da calamus ,canna' a ,misura', indi tariffa", Canello, AG III 305; rum. *călămari f. pl.,* Tintenfafs; span. prov. *calamar.*

1720) **călămellŭs, -um** *m.* (Demin. v. *calamus*), Röhrchen; [ital. *ceramella, cennamella,* Schalmei, kann nur unter Voraussetzung starker volksetymologischer Umgestaltung oder entstellender Entlehnung aus frz. *chalumeau* als hierher gehörig betrachtet werden, vgl. Dz 364 *s. v.*]; rtr. das Vb.

carmalar, cramalar, charmalar, mit der Pfeife rufen, locken, vgl. Ascoli, AG I 73 Anm. 1; prov. *caramel-s;* frz. *chalumeau,* Schalmei; span. *caramillo,* Rohrpfeife. Vgl. Dz 542 *chalumeau;* The Academy 1888 Vol. II 338.

1721) **călămītēs, -am** *m.* (gr. χαλαμίτης v. χάλαμος), Laubfrosch (*rana arborea L.*), scheint durch eine seltsame, aber nicht einzig dastehende Bedeutungsübertragung — Tiernamen werden ja zuweilen zur Bezeichnung von Werkzeugen u. Geräten gebraucht (vgl. im Deutschen „Bock, Hahn, Pferd" u. a., lat. z. B. *equuleus*) — zur romanischen Bezeichnung der „Magnetnadel" geworden zu sein, vielleicht unter Bezugnahme auf ihre Beweglichkeit, die naive Beobachter an das Hüpfen des Frosches erinnern konnte; ital. *calamita;* prov. *caramida;* frz. *calamite;* cat. *caramida;* span. ptg. *calamita.* Einheimisch kann das Wort nur im Ital., in den übrigen Sprachen mufs es Lehnwort sein. Vgl. Dz 77 *calamita.*

1722) **călămŭs, -um** *m.* (gr. χάλαμος), Rohr; ital. *calamo* „penna, dardo ecc.", *calmo* „marza", vgl. Canello, AG III 329; frz. *chaume,* Stoppel, davon *chaumière, chaumine,* Strohhütte; span. *cálamo,* Schalmei; ptg. *calamo,* Rohr, Schalmei. Vgl. Dz 545 *chaume.*

1723) ***călăndră, -am** *f.* (gr. χάλανδρα, χάλανδρος, volksetymologische Verballhornung aus χαράδριος, vgl. über die Geschichte dieser Worte die interessante Abhandlung von Sittl, ALL II 478), Regenpfeifer, im Roman. Kalenderlerche; sard. *chilandra;* ital. prev. *calandra* (ital. auch *calandro, calandrino*); frz. *calandre* (Nebenform hierzu ist nach Tobler u. Cohn, Suffixw. 83 Anm., *calandre* Maschine zum Pressen der Steine in den Steinbrüchen); span. cat. *calandr(i)a* (bedeutet auch „Wäschrolle, Mangel"), davon abgeleitet das Schimpfwort *calandrajo,* Lump (ähnlich wie im Deutschen das Wort „Dohle" als Schimpfwort gebraucht wird); ptg. *calhandra,* Kalenderlerche, *calandra* (bedeutet gegenwärtig nur „Wäschrolle"). Vgl. Dz 77 *calandra;* Sittl, ALL II 478 u. 611; Gröber ALL VI 380.

1724) ***călărĭă, -am** (v. gr. χάλον, Holz, im Lacedämonischen auch „Schiff", vgl. Bergk z. Xenophon, Hell. I 1, 23, in Ztschr. f. Altertumswiss. 1852, II 9), Schiff; dav. ital. *galeara* „galea e luogo di pena", *galéa* u. *galia* „nave da guerra", dazu das Demin. *galeotta* u. die Ableitungen *galeone, galeazza;* prov. *galeya, galéa, galera;* frz. *galère, galion, galiote, galéasse;* span. *galéa* (veraltet), *galeon, galeaza;* ptg. *galera, galé, galeote, galião, guleão, galeaça.* Ursprünglich ist die Wortsippe nur in Italien heimisch gewesen u. von dört in die übrigen roman. Sprachen übertragen worden. Vermutlich gleichen Ursprunges ist ital. *galleria,* frz. *galerie* etc. (zuerst im Latein des 9. Jahrh.'s vorkommend u. wohl einfach „Holzbau" bedeutend, s. Ducange s. v.) Dz 152 *galea,* u. namentlich Canelle, AG III 301 u. 305. G. Paris, R IX 486, hat dagegen als ein Bedenken hervorgehoben, dafs sich findet. Eine abenteuerliche Herleitung von γανλίδα (γανλίς, Melkeimer) brachte Settegast. RF I 246, in Vorschlag, vgl. dagegen G. Paris, R XII 133.

1725) **călàt[h]ŭs, -um** *m.* (gr. χάλαθος), Korb; davon vielleicht obwald. *cátla,* vgl. Salvioni, Post. 6, u. galiz. *cachas* „especie de calabaza en que se envuelve la hilaza", vgl. Baist, Z VI 118, wo auch andere Worte als möglicherweise auf *calathus*

zurückgebend bezeichnet werden, so namentl. frz.
jale, Krug, Kübel, altfrz. *jalon*, für welche Worte
sonst lt. *gaulus*, Trinkschale, oder dtsch. *Schale*
als Grundwort in Vorschlag gebracht worden ist,
vgl. Dz 619 *jale*.

1726) **călătĭum** *n.* (von *calat[h]us*), Korb;
davon frz. *calais* (: *calatium = palais : palatium*),
Korb, vgl. Bugge, R IV 352.

1727) ***calca** (von *calco, -are*, treten) + altnfränk.
mara (altn. *mara*, Alp, auch im Ahd. u. Ags.
vorhanden) = frz. *cauchemar*, Alpdrücken, Nachtgespenst. Vgl. Dz 635 *mare*; Mackel 42; Darmesteter 102; Mussafia, Beitr. 78.

1728) **călcănĕŭm** *n.* (seltene Form für *calx*),
Ferse; ital. *calcagno*; macedo-rum. *călcăniu*,
daco-rum. *călcăiu m.*, Pl. f. *călcăie*; rtr. *calcaign*; altfrz. *calcain* (Dial. Greg. 130, 2 u. 21),
chaucain (Chans. d'Antioche 222), vgl. Cohn, Suffixw. p. 162 Anm.; span. *calcaneo* (daneben *calcañal* u. *calcañar*, ebenso ptg. *calcanhar*). Vgl.
Ch. *s. v. călcăiu.*

1729) **călcāria, -am** *f.* (v. *calx* Kalk), Kalk-
ofen; rtr. *kyelkyera*, vgl. Meyer-L., Z. f. ö. G. 1891
p. 767.

1730) **călcātŏrium** *n.* (*calcare*) = altlothr.
cauchoir, vgl. Meyer-L., Z. f. ö. G. 1891 p. 767.

1731) **călcĕămĕntum** *n.* (v. *calx* Ferse), Schuh-
werk; ital. *calciamento*; frz. *chaussement*; span.
calzamiento. Vgl. Meyer-L., Z. f. ö. G. 1891
p. 767.

1732) ***călcĕo, -ōnem** *m.* (f. *calceus* v. *calx*),
Fufsbekleidung,Strumpf,Schuh; ital. *calzone*; rum.
călţun; prov. *causo-s*; frz. *caleçon* (Lehnwort aus
dem Ital.), Schwimmhose, *chausson*, Socke.

1733) ***călcĕo, -āre** (v. *calx*), die Füfse, bezw.
die Beine bekleiden, Schuhe, Strümpfe anziehen;
ital. *calzare*; rum. (*in*)*calţ, ai, at, a;* prov.*caussar;*
frz. *chausser;* span. *calzar;* ptg. *calçar.*

1734) ***călcĕŏlārĭŭs** u. ***călcĕŏnārĭŭs, -um** *m.*
(v. *calx*), Schuhmacher; ital. *calzolajo- calzolaro;*
rum. *călţunar;* [frz. *chaussetier*]; span.*calzonero.*

1735) **călcĕ pistare** (Frequ. von *pinsere*), mit der
Ferse stampfen, treten; ital. *calpestare*, mit Füfsen
treten, aus *calpestare* durch Umstellung *scalpitare*,
vgl. Caix, St. 514; Dz 362 *s. v.;* Rönsch, Z I 420
Z. 22. v. u.

1736) ***călcĕŭs, -um** *m.* (*calceus, non calcius*
App. Probi 81) u. **călcĕa, -am** *f.* (von *calx*),
Schuh; ital. *calzo* u. *calza;* prov. *calsa, caussa;*
frz. *chausse;* span. *calza;* ptg. *calça.* Vgl. Dz
79 *calzo;* Gröber, ALL I 540.

1737) ***călcĭāta** (scil. *via*), **-am** *f.*, die mit Kalk-
steinen gefestigte Strafse, Chaussée; prov. *caussada;*
frz. *chaussée;* span. ptg. *calzada.* Vgl. Dz 79
calzada; Rönsch, Z I 417. (R. setzt als Grundwort
ein von *calciare* [v. *calx*, Ferse] abgeleitetes *calciata* u. als dessen Bedtg. „allgemein betretene u.
begangene Strafse" an. Ein zwingender Grund zum
Aufgeben der Diez'schen Ableitung liegt indessen
nicht vor). — „Span. ptg. *calzada* sind dem altprov. *calzada* entnommen (vgl. span. *coz = calx,
hoz = falx* u. dgl.). Mithin ist *calciata* auch
keine römische Einrichtung, die römische Fahr-
strafse biefs *via strata*, daher allgemein romanisch
dieselbe Benennung (ital. *strada*, altfrz. *estrée*,
prov. span. ptg. *estrada*). Ist aber die *via calciata*
erst französisch d. h. nachrömisch, so ist es unnötig und unrichtig, ein Substrat *calciata* anzusetzen, denn in Frankreich konnte das Wort aus
chaux (*calx*) hervorgehen, wie altfrz. *la ferrée* (scil.

---

voie) aus *ferrum*, das man doch wohl mit *ferrée*,
nicht durch *ferrata* vermitteln wird. Es scheint
mir das von Belang in kulturgeschichtlicher Beziehung: die *chaussée* ist jung, wenn auch schon
mittelalterlich. Daneben verdient Beachtung, dafs
eine romanische Weganlage keltischer Herkunft
ist: *caminus* (das mir zu den vulgärlat. Sub-
straten zu gehören scheint, s. ALL I 541), welche
im römischen Wegesysteme eine Lücke auszufüllen
im stande gewesen sein mufs, da das Wort allgemein romanisch in Erbwortform auftritt. Von
welcher Art der *caminus* war, wird freilich nicht
zu ermitteln sein. Durch die Notwendigkeit,
chaussée v. chaux abzuleiten, erledigt sich auch
Rönsch's Anlehnung des Wortes an *calx*, Ferse."
Gröber. — Für die Annahme der Ableitung des
Verbums *chausser* von *chaux* vermisse ich ein Analogon (*fausser* u. *faux* sind doch wohl nur scheinbar analog, vgl. dagegen *paix* und *apaiser, croix*
und *croiser*). Auch kann ich schwer glauben, dafs
in franzës. Zeit ein *chaussée v. calx*, Kalk, neben
chausser (v. *calx*, Ferse) gestellt worden sein sollte.
Ich möchte an dem Substrate *calciata* vorläufig
noch festhalten. — *camminus* bedeutet wohl ursprünglich nicht „Weg", sondern „Gang, Gangart".
Körting.

***călcīnā** s. 2 calx.

1738) ***călcĭŭmen** (*calx*), Kalk; frz. *chaucum*,
dav. *chaucumier* Kalkhändler, *enchaucumer* ver-
kalken, vgl. Thomas, R XXV 448.

1739) **călco, -āre** (v. *calx*, Ferse), treten; ital.
calcare; rum. *calc, ai, at, a;* prov. span. ptg.
calcar (im Frz. ist das Vb. in der eigentl. Bedeutung durch *marcher* verdrängt worden, erhalten
ist es nur als *cocher* in der Bedeutung „treten =
begatten" (von Vögeln) u. in *cauchemar*, s. No
1727).

1740) **călcŭlŭs, -um** *m.* (Demin. von *calx*, Stein),
kleiner Stein; davon vielleicht prov.*calhau-s,* Kiesel;
altfrz. *caillau* u. *cailleu;* nfrz. *caillou;* ptg.
calhão. Nach Dz 538 *caillou* würde die lautliche
Entwickelung genesen sein : *calculus, calclus, cacl[us],
caill* (d. h. *cal* mit mouilliertem *l*), das auslautende
-ou in *caillou* ist *-ucolo* anzusetzen sein (also
caillou aus *cacluculum* wie *verrou* aus *veruculum*),
prov. *-au* aber wäre = *-avo* (*calhau* aus *caclav-o*
wie Anjau *Anjou* aus *Andegav-*). Nach Groene,
C vor A im Frz. (Strafsburg 1888 Diss.) p. 33, ist
caillou aus dem Picardischen in die Schriftsprache
eingedrungen; eine andere Erklärung giebt Meyer-L.,
Z XIX 96, s. unten **calljo**. — S. auch den Nachtrag.

1741) **căldārĭŭ, -am** *f.* (v. *caldus = calidus*),
Warmbadezimmer, Badekessel, Kochtopf (Mare.
Emp. 25; Lampr. Heliog. 24, 1; Apul. herb. 59;
Vulg. 1 regg. 2, 14); ital. *caldaja, -o*, Kessel, u. *cal-
dario* „cella calidaria", vgl. Canelle, AG III 305;
prov. *caudiera;* frz. *chaudière;* span.*caldera.* Vgl.
Dz 78 *caldaja;* Rönsch, Z I 417.

1742) [gleichsam ***căldĕllŭm** *n.* (v. *caldus =
calidus*); altfrz. *cha-, cheldel;* frz. *chaudeau,*
warmes Getränk, vgl. Fafs, RF III 501.]

1743) [***căldĕro, -ōnem** *m.* (v. *caldus = calidus*);
ital. *calderone,* ein grofser Kessel; frz. *chaudron,*
span. *calderon.*]

1744) ***căldŭmen** *n.*, Hitze; ital. *caldume,* frz.
(*chaudun*) *chaudin,* vgl. Thomas, R XXV 448.

1745) **căldŭs, a, um** (wird von Georges als Nebenform zu *calidus* angeführt, vgl. Quintil. Inst. 1, 6,
19; *calida, non calda* App. Probi 52), warm; ital.
caldo u. *calido,* vgl. Canelle, AG III 329; (sard.

caldu, sicil. *caudu); rum. *cald; rtr. *kolt etc.,
vgl. Gartner, § 200; frz. *chaud, dav. das Dem.
chaudelet (daraus volksetymologisch *chaudelait*)
Aniskuchen, vgl. Cohn, Suffixw. p. 13.; prov. *cald,
caut; span. (*calido*), *caldo*, Brühe, *calda*, das
Heizen; ptg. *caldo*, Brühe, *calda*, das Glühen,
Fruchtsaft (das übliche ptg. Wort für „warm" ist
quente = *calente-*). Vgl. Gröber, ALL I 540 (wo
treffliche Bemerkungen über die Schicksale der Adjektiva auf *-idus* im Roman. gegeben sind).
*cālĕfăcto, *cālfăcto, -āre s. unten qalafah.

1746) [*cālĕfo, *cālfo, -āre (f. *calefacio*; noch
besser setzt man wohl *cald[um]fare* an, da dann
das *ff* des frz. Wertes erklärt wird), wärmen; prov.
calfar; frz. *chauffer*, dazu das Kompos. *échauffer*.
Die übrigen rom. Sprachen brauchen für den Begriff
excaldare. Vgl. Dz 545 *chauffer*. — Vielleicht
gehört hierher auch ital. *caleffare, galeffare*, verspotten (eigentl. jem. warm machen). Dz 361 *s. v.*
hielt das Wort für deutschen Ursprunges, aber ahd.
galiffan, woran man denken könnte, paßt begrifflich nicht. S. unten χλευάζειν.]

1747) **cālĕnto, -āre** (v. *calens, calentis*, Pt. Pr.
v. *calere*), wärmen; span. *calentar, escalentar*; ptg.
esquentar, acaentar, aquentar. Vgl. Dz 435 *s. v.*

1748) **cālĕndae, -as** *f.*, der erste Tag des Mo-
nats; das Wort ist in einigen ital. Mundarten in
Verbindung mit Monatsnamen erhalten, z. B. tosc.
calendimaggio, vgl. Salvioni, Post. 6; auch rtr.
kalanda, vgl. Meyer-L., Z. f. ö. G. 1891 p. 767.

1749) **cālĕo, ui, ēre** (stammverwandt mit gr. καύω,
καίω), warm sein; ital. *calere*, unpers. Vb., sich
um etwas kümmern, *mi cale*, es kümmert mich, es
liegt mir am Herzen (eigentl. es ist mir warm wegen
einer Sache); prov. *caler*, unpers. Vb., sich bekümmern, nötig sein, *no m'en cal*, es kümmert mich
nicht, es ist mir gleichgültig; frz. *chaloir*, unpers.
Vb. mit derselben Bedtg. wie im Ital. u. Prov.; Pt.
Pr. *chalans, chalant*, nfrz. *chaland*, sich um etwas
kümmernd (*nonchalant*, nachlässig, davon *non-
chalance*), als Sbst. erhält *chaland* die Bedeutung
„Gönner, Freund, Interessent, Kunde eines Kauf-
manns". vgl. Tobler, Z I 22 (Dz 541 *s. v.* hielt
chaland, Kunde, für identisch mit *chaland*, Boot,
vgl. dagegen Scheler im Anhang 787), span. *caler*,
unpers. Vb., gelegen, wichtig sein. Vgl. Dz 78
calere.

1750) **Calepin**, *Ambroise*, Verfasser eines poly-
glotten Wörterbuchs; dav. das frz. Appellativ *calepin*
Taschen-, Notizbuch.

1751) **cālĕsco, cālui, cālĕscĕrĕ** (Inchoat. von
calere), warm werden; span. *calecer*; ptg.(*a-)quecer*,
Vgl. Dz 435 *calentar*.

1752) [*cālĭcĕnsĕ, volksetymologische, an *calix*,
Kelch, sich anlehnende Umbildung des gr. καρχήσιον,
Mastkorb; ital. *calcese*, Mastkorb. Vgl. Rönsch,
RF I 449.]

cālĭdŭs s. cāldŭs.

1753) **cālĭgārĭus, a, um** (*caliga*), zum Stiefel
gehörig; über Reflexe dieses Wortes in ital. Mundarten vgl. AG XIII 135; Salvioni, Post. 6.

1754) **cālīgo, -gīnem** *f.*, Dunst; ital. *caleggine*
„fuliggine" (lomb. *caliz, calizen*), vgl. Caix, St. 246;
lomb. *carisna*; piem. *caliso* (= *calugo*), vgl.
Salvioni, Post. 6; rtr. *calin*, vgl. Ascoli, AG I
526 Z. 13 v. u. im Text; prov. *calina*; altfrz.
chaline; span. *calina*, vgl. Dz 436 *s. v.*
Schuchardt, R IV 254, möchte auch rtr. *chalaverna*, Blitz, von *caligo* ableiten (vgl. Mussafia,
Beitr. 41), oberital. *calaverna, galaverna* etc.,

Nebel, dagegen bringt er in Zusammenhang mit
dem Vb. *calare*.

1755) **cali** (Pejorativpartikel) + **vari**, Wirrwarr,
= frz. *charivari*, wüster Lärm (altfrz. auch
chalivali, caribari), vgl. Darmesteter p. 113. Andere
Ableitungen, die aber unannehmbar sind, stellt Dz
543 *s. v.* zusammen, vgl. dagegen Scheler im Anhang 788. — Suchier in Gröber's Grundriß I 664,
setzt *charivari* = hebr. חֲמוֹר שִׁיר schör vachamôr
„Ochse u. Esel" (Gen. 32, 5) an, ohne jedoch diese
Ableitung näher zu begründen.

1756) [gleichs. *cālīvus, a, um (v. *calēre*, vgl.
pensif u. dgl.), heiß; prov. *caliu* Hitze, dazu das
Vb. *calivar, neuprov. *recalivar*, einen neuen Fieber-
anfall haben (Tobler, Sitzungsb. der Berlin. Akad.
d. Wiss., phil.-hist. Cl., 23. Juli 1896, wollte dies
Verb v. **recadivus* f. *recidivus* ableiten, vgl. aber
G. Paris, R XXV 622.]

1757) **calix, -icem** *m.*, Kelch; sard. *calighe*;
venez. *cálese*; ptg. Salvioni, Post. 6; neuprov.
caleu = *caliculus*; span. *caz, cauce*, vgl. Meyer-L.,
Z. f. ö. G. 1891 p. 767.

1758) **cāllĭs, -em** *m.*, Pfad; ital. *calle*, Weg,
calla, Zaunthürchen (davon abgeleitet mit gleicher
Bedtg. *callaja*), vgl. Canello, AG III 402; tic. *kála*
Straßs im Schnee; venez. *calese*, vgl. Salvioni,
Post. 6; rum. *caie*; span. *calle*; ptg. (*calho*),
(*quelha* = *canalicula*, das sich z. B. bei Gellius
17, 11 findet), Rinne, Kanal vgl. Dz 436 *s. v.*

1759) gallisch **calljo, calljov** (vgl. kymr. *caill*,
Plur. *ceilliau*) =(?) frz. *chail, caillou* Kiesel; vgl.
Meyer-L., Z XIX 96. Über andere Ableitungen,
welche sämtlich unannehmbar sind, s. oben *calculus*.
callum s. galla.

1760) **cālo, -āre** (für *chalare* v. gr. χαλᾶν), herablassen (Vitr. 10, 8 [13], 1; Veget. mil. 4, 23 init.);
ital. *calare*, herablassen, davon *cala*, Bucht (eigentl.
die zum Meer sich herabneigende Küste? oder Ort,
wo das Meer gleichsam niedersteigt, nachläßt?),
calata, Abhang; über Form u. Bedtg. von *calare*
vgl. auch Ascoli, AG I 357 u. 372; rtr. *calar*,
aufhören, prov. *calar*, schweigen (der Bedeutungsübergang dürfte sein: herablassen z. B. einen Vorhang, etwas zu Ende bringen, eine Rede beenden,
also schweigen); *cala*, Bucht; frz. *caler* (Lehnwort),
niederlassen, dazu das Sbst. *cale*, abhängiges Ufer,
auch ein Stückchen Holz, das man unter etwas schiebt,
vgl. Puitspelu, R XV 436; span. *calar*, senken,
callar, schweigen; ptg. *calar*, herunterlassen, zum
Schweigen bringen, schweigen. Vgl. Dz 78 *calare*;
Th. 51; Gröber, ALL I 540; Baist, RF VI 580,
will für prov. ptg. *calar*, span. *callar* „schweigen" ein Grundwort **callare* v. *callum* ansetzen,
welcher Ableitung aber die Bedeutung große
Schwierigkeiten entgegenstellt.

1761) [*cālŏpŏdĭā, *cālŏpĭā, -am *f.* (gr. καλο-
πόδιον, Schusterleisten); davon nach G. Paris' Vermutung, R III 113: ital. *galoscia*, Überschuh, frz.
galoche, span. *galochá*. Dz 154 *galoscia* leitete
das Wort von lt. *gallica* (ländliche Männersandale,
vgl. Cic. Phil. II 76) ab, was aus lautlichem Grunde
nicht gebilligt werden kann. Lagarde (Nachrichten
von der Gesellsch. d. Wiss. zu Göttingen 1886
p. 124, vgl. Meyer-L., Ltbl. f. germ. u. rom. Phil.
1888 S. 305) glaubte in dem spätlat. *calautica*
das Grundwort zu *galoche* gefunden zu haben, indessen ist das schwerlich richtig (*calautica* ist eher
= *calotte*.)]

1762) **cālor, -örem** *m.*, Wärme; ital. *calore;* frz. (altfrz. c. r. *chalre, chaure*, c. o.) *chaleur;* prov. span. ptg. *calor.*

1763) **cälthā, -am** *f.*, Ringelblume (Calendula officinalis L.); ital. *calta;* rum. *calce, calcie, scalcie.*

1764) **cālŭmnīā, -am** *f.*, Verleumdung; ital. *calunnia, calogna;* prov. *calonja,* falsche Beschuldigung, Leugnung, Beleidigung, Herausforderung, dazu das Vb. *calonjar = *calumniare* f. *-i;* altfrz. *chalonge,* dazu das Vb. *chalongier,* daneben *chalengier* (nach Analogie von *blastengier, laidengier*) u. darnach wieder das Sbst. *chalenge = chalonge,* vgl. G. Paris, R X62 Anm. 3, Förster, Z XIII 535. (Germ. 72 findet sich *chalonge* als Masc., also = *calumnium,* vgl. Meyer, Ntr. 156); ptg. *calumnia,* Verleumdung; *coima,* Geldstrafe, vgl. Cornu, R XI 84; span. *coloña,* dazu das Vb. *coloñar.* Vgl. Dz 542) *chalonge;* Gröber, ALL I 540; Cornu, R XI 84 (*coima*).

*cālŭmnĭo, -āre** (f. *calumniari* v. *calumnia*) s. **cālŭmnĭa.**

1765) ***cālūra, -am** *f.*, Wärme; ital. span. *calura;* frz. *chalure,* vgl. Cohn, Suffixw. p. 175.

1766) **cālvārīā, -am** *f.*, Schädel; span. *calavera,* ptg. *caveira,* Totenkopf, vgl. Dz 435 *calavera.*

1767) ***cālvārīŭm** *n.*, Schädelstätte, Calvarienberg, ist als gelehrtes Wort durch das kirchliche Latein in alle roman. Sprachen übertragen worden.

1768) [**cālvā sörëx** *f.*, **(-rĭcĭs)** (im Schriftlat. ist *sorex* Masc.), kahle Maus, vielleicht = frz. *chauvesouris* (nach anderen ist *ch.-s.* entstanden durch Volksetymologie aus *choue-souris,* Eulenmaus, d. h. Maus, die wie eine Eule in der Nacht fliegt, vgl. Fafs, RF III 487). Vgl. jedoch unten **saurex,** wo die wahrscheinlichste Ableitung gegeben ist.]

1769) **cālvĭtĭā, -am** *f.* (f. *calvities*), Kahlheit; ital. *calvezza;* frz. *calvitie* (gel. W.); span. *calveza, calvez;* ptg. *calvez.*

1770) **cālvŭs, a, um,** kahl; ital. *calvo;* ma-code-rum. *calv;* prov. *calv* (?); frz. *chauve* (wohl eigentl. = *calva,* so dafs das Fem. für das Masc. eingetreten ist); *chauve-souris* s. *calva sorex;* span. ptg. *calvo;* span. ptg. *chamorro, -a,* kahl, Kahlkopf, vielleicht = *clava* aus *calva* + *morra* (= bask. *muturra?*), Schädel, vgl. Dz 439 *chamorro.*

1771) 1. **cālx, -cem** *f.*, Ferse; ital. *calce* (hierher gehört viell. auch ital. *calcio,* span. *coz,* Fufstritt, wovon *cocear,* treten, vgl. Dz 443 *coz);* sonst ist das Wort im Roman. durch *calcaneum* u. *talo* (f. *talus*) verdrängt worden. — *calce pistare* s. d.

1772) 2. **cālx, -cem** *f.*, selten *m.* (von gr. χάλιξ), Stein, Kalk; ital. *calce,* davon abgeleitet *calcina;* frz. *chaux;* span. *cal,* abgeleitet *calcina;* ptg. *cal.*

calyba, χαλύβη, s. **canava.**

1773) **cālўptrā** (gr. χαλύπτρα), Kopfbedeckung; davon durch volksetymologische Umbildung ital. *calotta,* Mütze, Deckel, Käppchen; frz. *calotte* u. *calot* (Lehnworte). Vgl. Caix, St. 248. Richtiger setzt man aber **calautica** als Grundwort an.

1774) **cămā, -am** *f.*, Bett, Lager (Isid. 19, 22, 29; 20, 11, 2); span. ptg. *cama,* Bett, Lager, vgl. Dz 436 *s. v.*

1775) **cămără** u. **cŭmĕră, -am** *f.* (gr. χαμάρα; *camera, non camnara* App. Probi 84), Kammer, Gemach; ital. *camera,* daneben *ciambra, zambra,* von Canello, AG III 372, als archaisch bezeichnet: rum. *cămară;* prov. *cambra;* frz. *chambre;* span. ptg. *cámara,* dav. ptg. *camarachāo* (span.

camarachon), *caramachāo* kleines Zimmer, Laube, vgl. C. Michaelis, Frg. Et. p. 8. Davon in allen Sprachen mehrfache Ableitungen, unter denen hervorzuheben sind die Partizipialbildung ital. *camerata,* span. *camarada,* frz. *camarade* (Lehnwort), eigentl. die Stubengesellschaft, dann zur Bezeichnung eines einzelnen Genossen gebraucht (also mit ähnlicher Bedeutungsentwickelung u. demselben Geschlechtswechsel wie das deutsche *Bursche* von *bursa,* vgl. Kluge *s. v.*), vgl. Dz 79 *camerata,* u. das Demin. ital. *camerella,* span. *camarilla,* vgl. Flechia, AG III 170, u. Canello, ebenda 318 (u. 323, wo *camarlingo* etc. besprochen ist); aus dem Ahd. wurde übernommen *kamarling* = ital. *camarlingo,* vgl. Canello, AG III 323, prov. *camarlenc-s,* altfrz. *chambrelenc,* nfrz. *chambellan* (gleichsam *camberlanus,* also latinisierende Rückbildung), vgl. Mackel 45; Dz 79 *s. v.*

1776) ***camba, -am** *f.* (*gamba*), das zwischen Huf u. Schienbein befindliche Gelenk (Veget. 1, 56 extr.; Pelag. vet. 14 p. 61; das Wort ist unlateinisch u. geht vermutlich auf den kelt. Stamm *camb-, camm-* zurück, der sich mit dem Stamme *comb-* gemischt zu haben scheint, vgl. Th. 61 *gamba* u. 55 *combo*);' ital. *gamba,* Bein, *gambo,* Stengel; (sard. *camba*); rtr. *kómba, tχómba, tχóma* etc., vgl. Gartner, § 2 *ε*) u. § 92 ζ); prov. *gamba* (*gambautz, gubautz,* Sprung); frz. *jambe* (altfrz. auch *jame*), davon abgeleitet *jambon,* Schinken; aus einem vorauszusetzenden *game* ist gebildet *gamache* (Devic. *s. v.*) leitet *gamache* nebst *garamaches,* span. *gorromazos,* grofse Reiterstiefel, von dem Namen der tripolitanischen Stadt *Gadames* her, aus welchem zunächst das span. *guadamaci* [Benennung einer Ledergattung] gebildet worden sei) Beinbekleidung; span. cat. *gamba* (altspan. auch *cama*), davon *jamon,* Schinken; ptg. *gambia,* Bein, stammverwandt damit ist vermutlich *camba,* Radkrümmung, Felge, u. *cambaio,* krummbeinig). Vgl. Dz 154 *gamba* u. dazu Scheler im Anhang 720; Rönsch, Jahrb. XIV 174. — Über andere mutmafsliche Ableitungen aus dem Stamme *camb-, camm-* s. unten **camm-** und **camus.** Vgl. auch Gröber, ALL II 432 (wo mit Recht die pyrenäischen Formen samt ihren Ableitungen als Fremdworte gekennzeichnet werden); das übliche span. ptg. Wort für „Bein" ist *pierna* = lt. *perna*).

1777) **cāmbĭo, -āre,** wechseln (Apul. apol. 17, Gromat. vet. p. 151, 20); ital. *cambiare, cangiare;* prov. *cambiar, camjar;* frz. *changer;* span. ptg. *cambiar* (u. *camjar*); dazu das Vbsbstv. ital. span. ptg. *cambio,* prov. *cambi-s,* frz. *change.* Vgl. Dz 79 *cambiare;* Gröber, ALL I 540; Bréal, Rev. de la soc. de ling. de Paris VI 340, will *cambiare* von κάμψα, καμψεῖον, κάμψιον, Körbchen des Geldwechslers, ableiten, vgl. G. Paris, R XXIII 285; Endlicher, Kuhn's Ztschr. XXXII 231.

1778) kelt. ***cambĭtā, *cammĭtā** (vom St. *camb-, camm-*), Krümmung, = frz. *jante,* Radkrümmung, Felge (ptg. *camba*). Vgl. Dz 620 (wo ein lt. **cames* od. **camis, camitis* als mögliches Grundwort angesetzt wird); Th. 103. Vgl. No 1790.

1779) kelt. ***cambĭtos, cammĭtos** (vom Stamme *camb-, camm-*), Krümmung; davon vermutlich (oder auch von dem gleichbedeutenden **cambtos*) ital. *canto,* Ecke, Winkel, Seite, Gegend; davon abgeleitet *cantuccio* „pezzo, ritaglio, crostino, specie di biscotto", *cantone,* ein grofser Winkel, Bezirk, vgl. Caix, St. 251, Zusammensetzung *bis + canto,* Schlupfwinkel; altfrz. *cant,* dazu das Dem. *cantel, chantel, chantele,* Schildrand, nfrz. ist nur die Ital.

13

entlehnte Ableitung *canton* (wovon wieder *cantonnier*, Bezirksaufseher, Bahnwärter u. a.) vorhanden; span. ptg. *canto*, Winkel, Ecke, Seite, Kante, Spitze, Stein. Vgl. Dz 85 *canto*, wo die Wortsippe auf lat. *canthus*, Radschiene, zurückgeführt wird [s. d.]; Th. 53.

1780) **cămĕllă, -am** *f.*, eine Schale zu Flüssigkeiten (Goll. 16, 7, 9); frz. *gamelle*, hölzerne Schüssel; span. ptg. *gamella*. Vgl. Dz 155 *gamella*; Flechia, AG III 170; Gröber, ALL II 433.

1781) **cămĕlŭs** u. ***cămĕllŭs, -um** *m.* (*camelus* mit geschlossenem, *camellus* mit offenem *e*) (griechisch *κάμηλος*), Kamel; ital. *cammello* (mit offenem *e*); sicil. *caniddu*; prov. *camel-s* (mit offenem *e*); altfrz. *chameil*, Fem. *chamelle*; frz. *chameau* = ***camellus*; cat. *camell*; span. *camello*; ptg. *camelo* (lat. Lehnwort). Vgl. Gröber, ALL I 540; d'Ovidio, in Gröber's Grundrifs I 510, Cornu, ebenda I 720; Cohn, Suffixw. p. 214; Berger *s. v.*

1782) **cămĕrărĭŭs, -um** *m.* (v. *camera*), Kämmerer (Greg. Tur. hist. Franc. 4, 7); ital. *camerario* „titolo d'ufficio alla corte imperiale e papale", areh. *camerajo* „camerlingo", *cameriere*, Kellner. Vgl. Canelle, AG III 305.

1783) **cămĕro, -āre,** wölben; neuprov. *cambra;* frz. *cambrer*, bogenförmig krümmen. Vgl. Dz 539 *cambrer*.

1784) [***cămĕŭs, a, um** (vom kelt. Stamme *camm-*), krumm; ptg. *canho*, links, davon abgeleitet *canhota*, linke Hand, *canhoto*, linkisch, als Shet. krummes Holz. Vgl. Dz 436 *canho*. Denkbar wäre aber wohl auch, dafs *canho* auf ***canius*, hündisch (prov. *canhs*) zurückginge.]

1785) [***camex, -īcem** u. ***cames, -ĭtem**, *f.*, Krümmung, Rundung (?); dav. nach Horning, Z XXI 452, neuprov. *canço* Radfelge; frz. *chaintre f.*, Saum eines Kleides (Z XXII 482 spricht H. die Mutmafsung aus, dafs frz. *cintre m.*, welches gewöhnlich als Postverbale zu *cintrer* = ***cincturare** [s. d.] aufgefafst wird, identisch mit *chaintre* sei; das männliche Genus von *cintre* im Gegensatz zu dem weiblichen *chaintre* erkläre sich aus Einwirkung von *arc.* Die Hypothese ist jedenfalls sehr ansprechend.]

[***camicia** s. **camisia.**]

1786) ***cămīnătă, -am** *f.* (v. *caminus*), Esse, mit einem Kamin versehenes Zimmer; ital. *cam(m)inata* „stanza fornita di camino, che anticamente serviva da salotto", *sciaminea* „camino", neap. *cemmenera*, gleichsam ***caminaria*, vgl. Dz 80 *caminata*; Canello, AG III 312; Caix, St. 534; frz. *cheminée.*.

1787) [***cămīnĕttŭs, -um** *m.* (Demin. zu *caminus*), viell. Grundwort zu frz. *chenet*, Feuerbock, vgl. Scheler im Anhang zu Dz 188, s. auch unten ***canettus.*]

cămīno, -āre s. **cămīnŭs, cammīno.**

1788) [**cămīnŭs, -um** *m.* = gr. *κάμινος*, Feuerstätte, Esse, hat wahrscheinlich mit der Wortsippe ital. *cammino*, Weg etc., unmittelbar nichts zu schaffen, sondern die betr. Worte gehen auf den gallischen Stamm ***cammīno-**, Gang, Weg, zurück, der allerdings mit gr. *κάμινος* urverwandt sein mag. Dasselbe gilt von dem Verbum *camminare*, gehen. Dagegen entspricht selbstverständlich ital. *cammino, camminata* in der Bedtg. „Rauchfang" dem lat. *caminus.*]

1789) **cămīsĭă, -am** *f.*, leinener Überwurf, Hemd (Hier. ep. 64, 11; Paul. ex Fest. 311, 4; Isid. 19, 21, 1; das Wort ist germanischen Ursprunges, altgerm. *chamisia* von der Wurzel *ham* bekleiden, vgl.

Mackel 130 f., vermutlich aber ging es zunächst in das Keltische u. erst aus diesem in das Latein über, vgl. Th. 51 f.); ital. *camicia* u. *camiscia*, Hemd, daneben *cámice*, Chorhemd (setzt wohl Anbildung an die Substantive auf *-ex, -icis* voraus, also gleichsam ***camex cnmicem); abgeleitet *camisciole*, Weste, Wams; rum. *cămeșă, cămașă*; rtr. *kamisa* etc., vgl. Gartner § 200; prov. *camisa* (davon abgeleitet *camsil*, gleichsam ***camisīle*, freilich eine schwer glaubhafte Bildung); frz. *chemise* (daneben altfrz. *canse, cainse, chainse*, Chorhemd, davon abgeleitet *chainsil*, dazu das Demin. *chemisette*; aus dem Ital. entlehnt ist *camisole*; cat. *camisa;* span. *camisa*, davon abgeleitet *camiseta, camisola, camison, camisote*, altspan. *camzil*; ptg. *camisa*, davon abgeleitet *camisinha, camisola, camisote*. Vgl. Dz 79 *camicia*; Th. 51 f.; Mackel 130 f., Gröber, ALL I 541 (Gröber setzt für *cámice, chainse, camzil* etc. eine Grundform ***cámisi-** an).

1790) [***cămīta, -am** *f.*, Krümmung; dav. nach Horning, Z XXI 452, frz. *jante* Radfelge.] Vgl. No 1778.

1791) ir. **camm-** (gallisch *cambo-*, „doch ist nicht zu zweifeln, dafs auch im Gallischen *mb* dialektisch zu *mm* geworden war" Th. 53), krumm gebogen; davon 1. mittelst des Suffixes *-ŭs-* ital. *camuso*, Stumpfnase, prov. *camus camusa* (auch *gamus*), frz. *camus*, Stumpfnase, auch Adj. stumpf-, plattnasig (Brinkmann, Metaphern p. 263, hält *camus* für entstanden aus *canis* + *muso* „hundeschnauzig, stumpf-, plattnasig"); 2. mittelst des Suffixes *-ūsi-* ital. *camoscio*, platt, eingedrückt, prov. *camois*, Quetschung, blauer Fleck, frz. *camoissier*, platt drücken, quetschen. Vgl. Dz 83 *camuso*; Th. 53. — Von dieser Wortsippe zu trennen ist ital. *camoscio*, Gemse (frz. *chamois*), *camosciare*, Leder sämisch gerben etc., welche Worte auf ahd. ***gamuz** zurückgehen, vgl. Mackel 47.

1792) **cămmărŭs, -um** *m.* (gr. *κάμμαρος*, Meerkrebs, Hummer; ital. *gámbero*, vgl. Förster, Z XXII 265 (*mm : mb;* viell. aber ist *gambero* aus ***gammero** durch Anlehnung an *gamba* entstanden); rum. *camar*; neuprov. *jambre;* altfrz. *jamble*, richtiger aber wohl = ***chamūla** v. *chama* (im Nfrz. ist das Wort durch *homard* [= altn. *hummar*] verdrängt); span. *gámbaro*; ptg. *camarão*. Vgl. Dz 155 *gámbero*. Vgl. auch Gröber, ALL II 433, u. s. unten ***gambarus.**

1793) gallisch. Stamm **cammīno-** (vgl. corn. *cammen*), Gang, Weg; davon, indem das Suffix *-īno* mit dem lat. *-īno* vertauscht wurde, ital. *cammino*, Weg, dazu das Vb. *camminare*, gehen; prov. *cami(n)-s*, dazu das Vb. *caminar;* frz. *chemin*, dazu das Vb. *cheminer;* cat. *cami;* span. *camino*, dazu das Vb. *caminar;* ptg. *caminho*, dazu das Vb. *caminhar.* Vgl. Dz 81 *cammino;* Th. 52; Gröber, ALL I 541; s. auch oben **cămīnŭs.**

1794) **cămŏmīlla, -am** *f.* (Nebenform zu *chamaemelon, χαμαίμηλον*), Kamille; ital. *camamilla;* frz. *camomille* (mit palat. *l*); span. *camamila.* Vgl. Cohn, Suffixw. p. 44.

1795) mejik. **camotli** = span. *camote, camote*, amerikanische Batate. Vgl. Dz 436 *s. v.*

1796) **cămpănă, -am** (v. *Campania*), Glocke (Plin. N. H. 18, 360 D; Beda, hist. eccl. 4, 23); ital. *campana;* rum. *cumpănă;* prov. cat. span. *campana;* ptg. *campainha;* (im Frz. ist *campane* nur als gelehrtes Wort, bezw. als terminus technicus vorhanden; das übliche Wort für „Glocke" ist *cloche*, auch prov. *cloca, clocha,* welches entweder auf keltisches *cloc* zurückgeht [vgl. Kluge unter „Glocke"] oder aber onomatopoietischen Ursprunges ist, vgl. Th. 95). Vgl. Dz 83 *campana.* — S. Nachtrag.

1797) **cămpănĕŭs** u. **-ĭus, a, um** (v. *campus*), zum flachen Lande gehörig (Gromat. vet. 331, 20 u. 22), Pl. subst. *campania n.,* das flache Land, Blachfeld (Gromat. vet. 332, 22); ital. *campagna;* prov. *campanha;* frz. *champagne* (ist zum Eigennamen geworden, als Appellativ ist das Lehnwort *campagne* eingetreten); span. *campaña;* ptg. *campanha.* Bemerkenswert ist, dafs das Wort aufser der Bedtg. „Gefilde, Land(schaft)" auch die von „Feldzug" besitzt infolge derselben Auffassung des Begriffes, welcher auch das deutsche Wort sein Dasein verdankt; möglicherweise aber ist auch der lautliche Anklang von *camp-agna* an das german. **kampa-,* Kampf (das keineswegs aus dem Roman. übernommen ist, vgl. Kluge s. v.) dabei von Einwirkung gewesen; ital. *campione,* frz. *champion* ist wohl aus ahd. *chemphio* unter Anlehnung an *campus* entstanden, ob freilich auch in der Bedeutung „Probe, Muster" ist sehr fraglich, weil sich der Bedeutungswandel kaum erklären lassen dürfte. Auch in den Verben span. *campar,* sich lagern (frz. *camper*) u. *campear* (wovon der Beiname des Cid „campeador" Kämpfer), das Feld halten (altfrz. *champoiier*), ital. *campeggiare,* mag sich Ableitung von ahd.- *kampfjan* mit begrifflicher Anlehnung an *campus* gemischt haben. Vgl. Dz 83 *campo* u. 82 *campagna.*

1798) ***cămpănĭlla, -am** f. (*campana*), Glöckchen (als Blumenname); ital. *campanella;* altfrz. *cam-* u. *champanelle,* vgl. Groene, *C* vor *A* im Frz. (Strafsburg 1888 Diss.) p. 62; neufrz. *campanelle* (gel. W.); span. *campanilla.* Vgl. Cohn, Suffixw. p. 23 u. 302.

1799) **cămpărĭus, -am** m. (*campus*), Feldhüter; piem. lomb. *campé,* venez. *camparo,* u. *campér,* vgl. Salvioni, Post. 6.

1800) Ortsname **Campeche** (in Centralamerika); dav. ital. *campeggio,* ein Färbeholz; frz. *campéche;* span. *campeche.* Vgl. Dz 83 *campeggio.*

1801) **cămpēstris, -e** (*campus*), zum Felde gehörig; ital. *campestre,* frz. *champétre* etc.

1802) [***cămpīnĭo, -ōnem** m. (v. *campus*) = frz. *champignon,* ein Pilz, vgl. Dz 542 *champignon.*]

1803) [***cămpīnĭŏlus, -um** = ital. *campignuolo,* altfrz. *champignuel,* vgl. Dz 542 *champignon,* vgl. No 1802.]

1804) **cămpso, -āre** (vgl. gr. *κάμπτειν*), umsegeln (Enn. ann. 334, vgl. Prise. 10, 52); ital. *cansare,* ausbeugen, ausweichen, Kompoe. *scansare.* Vgl. Dz 362 *cansare.* Hierher gehört auch wohl span. *cansar,* müde machen (*descansar,* entmüden, ruhen), dazu das Adj. *canso,* müde, die eigentliche Bedeutung würde dann etwa sein „(die Glieder) krümmen" vgl. gr. *κάμνειν* neben *κάμπτειν.* Vgl. Dz 91 *cass* (setzt *canso* = *quassus* an).

1805) **cămpŭs, -um** m., Fläche, Feld; ital. *campo;* rum. *camp;* prov. *camp-s;* frz. *champ* (dazu das Lehnwort *camp*); span. ptg. *campo.* In der militärischen Bedtg., welche *campo* neben der aus dem Lateinischen übernommenen besitzt, ist das Wort ebenso wie seine scheinbaren Ableitungen (*campione, campear* etc., s. oben **campania**) auf altgerm. **kampa,* Kampf (vgl. Kluge s. v.), zurückzuführen, wenn auch bereitwillig zuzugeben ist, dafs die betreffende Wortsippe sich an die von lat. *campus* herstammende lautlich u. begrifflich angeschlossen hat. Vgl. Dz 83 *campo.*

1806) gr. *καμπύλος,* gekrümmt; davon vielleicht

span. ptg. *gancho,* Haken (das gleichbedeutende ital. *gancio* könnte nur, wenn es Lehnwort aus dem Span. wäre, den gleichen Ursprung haben); frz. *ganse,* Schleife, Schlinge, ist fern zu halten, und zwar ohne dafs eine sichere Ableitung gegeben werden könnte, falls man nicht die Ableitung von *cancer* (s. d.) als solche ansehen will. Vgl. Dz 155 *gancio.*

1807) [**cămūr, a, um,** gekrümmt; davon vielleicht abgeleitet **cambro, -ōnem,* Wegedorn, = span. *cambron,* Dornstrauch; ptg. *cambrōes* [Pl.], Wolfskreuzdorn. Vgl. Dz 486 *cambron.*]

1808) **cămŭs, -um** m. (gr. *κημός*), Maulkorb, auch ein Strafwerkzeug für Verbrecher; ital. *camo,* sard. *accamu* capestro, vgl. Salvioni, Post. 6; von *camus,* bezw. unmittelbar von *κημός* will Baist, Z V 560, herleiten: 1. span. *camal,* Halfter, Halsring mit Kette der Sklaven, 2. ital. *camaglio,* Hals des Panzerhemdes, mit welchem auch der Kopf bedeckt werden konnte, prov. *capmalh-s, camalhs,* altfrz. *camail,* im Nfrz. bezeichnet das Wort ein Priesterkäppchen, Bischofsmäntelchen (Dz 79 *camaglio* hatte in dem Worte eine Zusammensetzung aus *cap* = *cap[ut].+ malha, maille* = *macula,* Panzer[ring] erblickt und daran dürfte festzuhalten sein; der Genuswechsel, den Baist so auffällig findet, läfst sich vielleicht dadurch erklären, dafs man annimmt, es sei das Wort im Geschlecht an das sinnverwandte „Helm" = *elmo* etc. angeglichen werden). Aus *camus* u. *frenum* zusammengesetzt ist *chanfrein.* 3. „Auch span. *gramalla,* Panzerhemd, jetzt ein über die Kniee herabfallendes Gewand, mit cat. *gambet, gambetás,* span. *gambeto* „capote sin escalavina y hasta mas abajo de la rodilla" kann ebensowehl mit *gamache* als mit *camail* verwandt sein. Hier mag auch noch span. *gambo, gambuj, gamboj, gambujo,* cat. *cambuix, gambuix,* Kindermützchen, Erwähnung finden; das Suffix u. der Stamm lassen sich aus dem Keltischen herleiten, über die Bedtg. nur insofern man eben aus einer Wurzel ,krumm' so ziemlich alles machen kann." Nichtsdestoweniger dürfte diese ganze Sippe auf dem kelt. Stamme *camb-, camm-* beruhen. Auf diesen Stamm führt Baist sehr mit Recht auch span. *cama, camba,* cat. *cama,* Stange am Zügelring, zurück, das von Dz 436 s. v. von *camus* abgeleitet war. — S. den Nachtrag.

1809) **cănăbă, -am** f. (kănndbă, cănndbă, cănăva, cănăpo), nach Bianchi, AG XIII 210, entstanden aus *caluba, καλύβη* Hütte, Krämerbude, Weinschenke (z. B. Orell. Inser. 4077 u. 7007, Corp. inscr. lat. III p. 940 u. 954); ital. *cánova,* Vorratskammer, Weinkeller (sard. *canáva*), davon *canovajo, canavajo,* „cantiniere", *canoviere* „in antico chi teneva rivendita di sale", vgl. Canello, AG III 305. Vgl. Dz 362 *canova;* Rönsch, Jahrb. XIV 176; Förster, RF I 324 Anm. 1.

1810) gleichs. ***cănălĭă** (v. *canis*), Hundehaufen; Gesindel; ital. *canaglia;* altfrz. *chienaille;* nfrz. *canaille* (Lehnwort); span. *canalla* (daneben *perreria* von *perro*); ptg. *canalha.* Vgl. Dz 84 *canaglia* (d'Ovidio, AG XIII 405.

[**cănălĭcŭlă** (v. *canalis*). s. oben **callis.**]

1811) **cănālis, -em** m. u. f. (v. *canna*), Röhre, Rinne; ital. *canale;* frz. *chenal, cheneau,* Stromenge, enger Thalweg, sonst nur als gelehrtes Wort erhalten (span. *canal*). Vgl. Berger s. v.

1812) **cănărĭus, a, um** (*canis*), zum Hunde gehörig; dav. sard. *canarzu* canattiere, vgl. Salvioni, Post. 6.

canastra s. **canistrum.**

1813) cāncēllārĭŭs, -um *m.* (v. *cancelli*), Gitter-, Thürsteher, Vorsteher einer Kanzlei (Cassiod. var. 11, 6); ital. *cancelliere*; frz. *chancelier* etc.

1814) cāncēllo, -āre (v. *cancelli*), gitterförmig machen, gittern; ital. *cancellare*, wanken (eigentl. die Beine kreuzweise, gleichsam gitterförmig setzen), auch „cassare lo scritto con righe traversali, increciare", arch. *ciancellare* „barcollare", vgl. Canello, AG III 372; prov. *cancellar*; frz. *chanceler*. Vgl. Dz 84 *cancellare*.

1815) cāncēllŭs, -um *m.* (Demin. v. *cancer* in Anspielung an die Scheren des Krebses; gewöhnlich im Pl. *cancelli*, der Sg. b. Ulpian. dig. 43, 24, 9, § 1); daneben *cancella f.*, Gitter; ital. *cancello*, Gitter; [rum. *canghelă*]; frz. *cancel* u. *chancel*, Raum hinter einem Gitter; span. *cancel*, *cancela*, Vorhof, Loge.

1816) cāncēr (umgestellt crancer, davon das Demin. *cranculus*, *cancriculus*), -um *m.*, Krebs; ital. *cancro* „uno dei segni dello zodiaco e specie di malattia", *canchero* „malattia, e persona o cosa molto uggiosa", *granchio* „animale crostaceo" (neben *granchio* auch *grancio*, davon das Vb. *grancire*, anpacken), von *granchio* abgeleitet *aggranchiarsi*, -irsi, *aggricchiarsi* „rattrarsi, ratrappirsi, raggrapparei", vgl. Caix, St. 142; *granghero* „mastiettatura in metalle" ist wohl ebenfalls auf *cancer* zurückzuführen, denn die von Dz 374 aufgestellte Ableitung von χάγχαλος [s. d.] ist wenig glaubhaft, vgl. Canello, AG III 360; vielleicht gehört hierher auch *gancio* „strumento uncinato, per similitudine col granchio" (dann würde auch span. *gancho* u. vielleicht selbst frz. *ganse* hierher zu stellen sein, vgl. oben χαμπύλος), vgl. Canello, AG III 360; *cancer* + pägŭrŭs [s. d.] = *granciporro*, vgl. Dz 377 *s. v.*; prev. cat. *cranc*; frz. *chancre*, Krebsgeschwür (als Tiername ist das Wort durch *écrevisse* = ahd. *chrëbiz* verdrängt worden); span. *cangrejo*, Seekrebs = *cancriculus* (daneben *gámbaro*); ptg. *granguejo* u. *garanguejo*. Vgl. Dz 171 *granchio*; C. Michaelis, Jahrb. XIII 209.

1817) [*cānchalus, gr. χάγχαλος (b. Hesychius), soll nach Dz 374 das Grundwort sein zu ital. *ganghero*, Thürangel, davon *sgangherare*, aus den Angeln heben (ptg. *escancarar*, sperrweit öffnen, wozu das Shst. *escancara*, offen zu Tage liegende Sache). Wahrscheinlich aber gehen diese Werte (u. ebenso prov. *ganguil*, Thürangel) auf *cancer* [s. d.] zurück, vgl. Canello AG III 360. Wenn aber Bugge, R III 146, frz. *dégingander*, schlottrig machen, von einem vorauszusetzenden *gingand* = *ganghero* ableiten will, so dafs *dégingander* ursprünglich mit *sgangherare* gleichbedeutend gewesen sein würde, so ist das an sich ganz ansprechend, mufs aber doch für sehr fragwürdig gelten, schon weil das Primitiv *gingand* nicht zu belegen ist. Vgl. Dz 374 *ganghero*.]

1818) cāndēlă, -am *f.*, Wachslicht, Kerze; ital. *candela*; rum. *candelă*, Nachtlampe; prev. *candela*; altfrz. *chandoile*; nfrz. *chandelle*, gleichsam *candella*, vgl. Rothenberg 41, dagegen *Chandeleur* = *candelōrum f.* -*ārum*; span. *candela*; ptg. *candea*. Vgl. Cohn, Suffixw. p. 215.

1819) cāndēlābrŭm *n.* (auch candelaber und candelabrus), Kerzenträger, Leuchter; volkstümlich geworden ist das Wort nur im Altfrz., wo sich die an *arbre* angelehnte Bildung *chandelarbre*, gleichsam „Kerzenbaum" findet, vgl. Fafs, RF III 498.

1820) *cāndēlārĭŭs, a, um (v. *candela*), zur Kerze

gehörig; ital. *candelajo* „chi fa candele" u. *candeliere* „candelabro", vgl. Canello, AG III 305.

1821) cāndĭdus, a, um, hellweifs; canav. *cande*, vgl. AG XIV 115.

1822) ndd. cāne, Kahn, = frz. *cane*, davon *canard*, Ente (altfrz. *cane* bedeutet auch „Schiff"). Vgl. Dz 539 *canard*; Mackel p. 13.

1823) cānēsco, *-ĭre *f.* -ēre (Inch. v. *caneo*), grau werden; frz. *chancir*, schimmeln, vgl. Dz 542 *s. v.*

1824) [*cānēttŭs, -um *m.* (Dem. v. *canis*), davon nach Dz 546 *s. v.* frz. *chenet*, Feuerbock zum Auflegen des Holzes im Kamin, „weil er, so sagt man, Hundefüfse hat"; Scheler im Anhang zu Dz 758 ist geneigt, *chenet* für zusammengozogen aus *cheminet* (= *caminettus* v. *caminus*) zu halten, als Analogen führt er das folgende *cheminel* an.]

1825) *cānĭă, -am *f.* (Fem. zu *canis*), Hündin; ital. *cagna*, dav. (mundartl.) *cagnăra* Hundelärm (rtr. *canéra*), vgl. Salvioni, Z XXII 466; prov. *canha*; frz. *cagne* (Lehnwort). Vgl. Dz 591 *gagnon*.

1826) cānĭcae, -as *f.*, eine Art Kleie; südital. *kanikkya*, vgl. Meyer-L., Z. f. ö. G. 1891 p. 767.

1827) cānĭcŭlă, -am *f.* (Demin. v. *canis*), kleiner Hund; ital. *canicula*, *canicola* „noms d'una costellezione, la stagione in cui il sole ò in canicula", *ciniglia* „cordone vellutato" (nach dem frz. *chenille*), vgl. Canello, AG HI 372, Littré, Hist. de la langue frçse I² 63; zu *canicula* gehören auch *valbross*, *ankaniljar* „aggrovigliare" u. *deskaniljar* „districare, dipanare", vgl. Nigra, R XIV 353; frz. *chenille*, Raupe, samtartiges Seidenzeug, vgl. Dz 546 *s. v.*, wo bemerkt ist, dafs wohl die Ähnlichkeit mancher Raupenköpfe mit Hundeköpfen Anlafs zu der Benennung gegeben habe, recht wahrscheinlich ist das freilich nicht, vielleicht ist der Grund in der an gierige Hunde erinnernden Frefssucht mancher Raupen zu suchen. Dz stellt übrigens auch *catenicula* (Demin. v. *catena*) als mögliches Grundwort bin „wegen des aus einzelnen Ringen zusammengesetzten Körpers", setzt aber, diese Anschauung sei zu anatomisch, nichtsdestoweniger dürfte *catenicula* annehmbarer sein, als *canicula*. Audrerseits ist freilich zu erwägen, dafs, wie Dz anführt, im Mail. die Seidenraupe *can* und *cagnon* „Hund" genannt wird. Im Lombard. wird die Raupe *gatta* genannt (vgl. altfrz. *chate*, pic. *cate*, aus *cate* peleuse* englisch *caterpillar*, vgl. Skeat, Etym. Dict. *s. v.*), Dz erblickt darin das bekannte Wort für „Katze" (es würde dies also ein Analogon zu der Bezeichnung „Hund" sein), Flechia dagegen, AG II 41 Anm., sieht in *gatta* eine Kürzung aus *bigatta*, das seinerseits wieder von *[bom]byc-* stammen soll. Aber auch hier ist Diez' Erklärung vorzuziehen. — Im Ital. ist die übliche Wert für Raupe *bruco* = *brúchus*, eigentl. Heuschrecke, u. *ruca*, im Span. *oruga*, im Ptg. *lagarta* = *lucerta*; *ruca* u. *oruga* gehen auf *erúca*, eigentl. Raute, zurück, mit welcher die Raupe durch ihr samtartiges Aussehen (das seinerseits wieder die Benennung eines samtartigen Seidenstoffes mit *chenille* veranlafst hat) Ähnlichkeit besitzt.

1828) *cānīlĭa *n. pl.* (woher? u. was bedeutend?); ital. (neapel.) *caniglia*, misura die biada, *canigliola*, Kleie. Vgl. d'Ovidio, AG XIII 406.

1829) *cānĭo, -ōnem *m.* (v. *canis*); vielleicht läfst auf diese Grundform sich frz. *gagnon*, *gaignon* (*wagnon*, *waignon*), Hofhund, zurückführen, richtiger aber wird mau das Wort mit *gannire* „kläffeu" in Zusammenhang bringen, Braune, Z XVIII 517, ist geneigt, das Wort von *wang* „Aue" abzuleiten, so daſs es zunächst „Wiesenhund, Schäferhund" bezeichnen würde, das ist aber wenig glaubhaft. Zu beachten ist übrigens, daſs *Gaignon* im. Altfrz. auch als Pferdename gebraucht wird. Vgl. Dz 591 *gagnon*.]

1830) **cănĭpă, -am** /., Fruchtkorb; fria u l.*cănive* u. *čanive*; n e u p r o v. *canaveto*; f r z. (veraltet) *cancvette*. Vgl. Mussafia, Beitr. p. 142; Behrens, Metath. p. 27.

1831) **cănīs, -em** c. (urverwandt mit gr. *xύων*), Hund; i t a l. *cane*; r t r. *kan, kɣan, kɣaun* etc., vgl. Gartner § 200; p r o v. *can-s*, dazu das Fem. *canha* u. das Adj. *canh-s*; f r z. *chien* (das *ie* erklärt sich aus dem sog. Bartsch'schen Gesetze, vgl. G. Paris, R IV 123), dazu das Fem. *chienne*; ptg. *cão*. Im S p a n. ist *canis* durch das (auch im Ptg. vorhandene) *perro* = **petrus*, bezw.*Petrus* verdrängt worden (s. unten **Petrus**), auch im S a r d. findet sich *perru*. Vgl. Dz 546 *chien* (u. dazu Scheler im Anhang 758), 476 *perro*. Vgl. auch oben **cania, canicula, canlo.** Auf einem Adj. **canius* oder **caneus*, hündisch, könnte wohl auch ptg. *canho*, linkisch, beruhen, Dz 436 *s. v.* setzt als Grundwort **cameus*, krumm, an, s. oben *s. v.*, s. auch **cania.**

1832) **canĭstrŭm,** **canăstrŭm* n. (gr. *xάναστρον*), **canăstră* f. (gr. *xάναστρα*), Korb; i t a l. *canestro*; n e u p r o v. *canasto*; f r z. *canastre* (Lehnwort); s p a n. *canastro, canasto, canasta* (wegen der letzteren Formeu vgl. Storm, R V 167, s. auch oben **benna**). Vgl. Dz 486 *canasto* u. dazu Scheler im Anhang 768.

*cănīŭs (od. **căneus*), **a, um** s. **canis.**

1833) **cănnă, -am** f. (gr. *xάννα*), kleines Rohr, Schilf; i t a l. *canna*; f r z. *canne* (Lehnwort, meist im Sinne von „Spazierstock" gebraucht); s p a n. *caña*, dav. abgel. *cañuto* „pezzo di canna tra uodo e nodo", dav. wieder *cañutillo*, woraus i t a l. *can(n)utiglia* u. f r z. *cannatille*, vgl. d'Ovidio, AG XIII 407.

1834) **cănnăbĭs, -bĭm** f. u. **cănnăbŭm** n. (gr. *xάναβις, xάνναβος*), Hanf; i t a l. *cánape*, davon abgeleitet *canavaccio*, grobe Leinewand; r u m. *cánepă*; p r o v. *canebe* (davon abgeleitet *canabas*), *cambre*; f r z. *chanvre*, dazu die entlehnte Ableitung *canevas*; s p a n. *cáñamo*, davon abgeleitet *cañamazo*; p t g. *can(h)amo*, davon abgeleitet *canhamaço*. Vgl. Dz 84 *cánape*. — S. den Nachtrag.

1835) **cănnă de ĕbŭlo** (*ebulum*, eine Hollunderart) = i t a l. *canna d'ebolo*, daraus dialektisch (aret. chian.) *candepola*, Epheu, vgl. Caix, St. 249.

1836) **cănnă + fĕrŭlă** (Rute), **cănnă + *fĕrĭcŭlă*** = c a t. *canyafera*, s p a n. *cañaherla, cañaheja*, Gartenkraut, vgl. Dz 436 *cañaherla.*

1837) **cănnă *ĭmplētōrĭă*,** nach Caix' geistvoller Vermutung, St. 18, das (dann durch Volksetymologie verballhornte) Grundwort zu i t a l. s p a n. *cantimplora*, Kühlgefäſs, f r z. *chanteplure*, Gieſskanne, Trichter. Dz 542 *chantepleure* hielt (nach Ménage's Vorgang) das Wort für zusammengesetzt aus *chante* + *pleure*, womit auch Faſs, RF III 497, sich einverstanden erklärte.

1838) **cănnă + mĕl,** Honigrohr, Zuckerrohr; i t a l. *cannamele*; s p a n. *cañamiel*. Vgl. Dz 84 *cannamele.*

1839) **căn[n]ĕllă*, **-am** f. (Demin. v. *canna*), Röhrchen; i t a l. *cannella*, Schilfrohr, Zimmt; r u m. *cané*, Hahn (als Werkzeug); p r o v. *canella*; f r z. *cannelle*, Zimmt(rohr); s p a n. *cañilla*, dünnes Rohr, *canilla*, Schienbein, *canela*, Zimmt; ptg. *canela*, Röhre, Spule, Zimmt.

1840) **căn[n]ĕllŭs*, **-um** *m.* (Demin. v. *canna*), Röhrchen: i t a l. *cannello*, ein Stückchen Rohr; f r z. *chéneau*, Dachrinne, wird von Diez 546 *s. v.* mit Recht von *canalis* abgeleitet, vgl. jedoch Berger p. 71; s p a n. *canelo*, Zimmtbaum.

1841) **cănnētŭm** n. (*canna*), Röhricht; i t a l. *canneto*; s a r d. *cannedu*, vgl. Salvioni, Post. 6.

1842) ital. **cannibale;** f r z. *cannibale*; s p a n. *canibal*, ein der Sprache der Eingeborenen auf ·den Antillen entlehntes Wort, vgl. Dz 84 *s. v.*

1843) [**cănnĭo, -ōnem* m. (v. *canna*), Röhre = s p a n. *gañon*, Luftröhre, davon abgeleitet *gañote*, vgl. Dz 453 *gañon*.]

1844) **cănno, -ōnem* m. (v. *canna*), groſse Röhre; i t a l. *cannone*, Röhre, Geschützlauf, Kanone (damit dürfte zusammenhängen *cannocchio* „palo da vite", *calocchia* mit gleicher Bedtg., viell. auch *caleggiolo* für *canneggiolo* „cannuccia", vgl. Caix, St. 247); f r z. *canon*; s p a n. *cañon*; ptg. *canhāo*, Vgl. Dz 85 *cannone*.]

1845) [**gleichs.* **cănnōnārĭus, a, um,** = ital. *cannoniere* (f r z. *canonnier*), Kanonier, *cannoniera*, Schiefsloch -scharte. — Erwähnt werde hier auch f r z. *canonniste*, Stückgiefser.]

1846) **cănōn** (*xανών*) m. Kanon, = altfrz. *canc* (Computus 44). Vgl. Berger p. 77.

1847) **cănōnĭcŭs, a, um** (gr. *xανονιxός* v. *xανών*), kanonisch, als Sbst. Domherr; i t a l. *canónico*, Sbst. u. Adj., *canónaco, calómaco*, Sbst., vgl. Canello, AG III 333; f r z. *chanoine* (= **canonachus* wie *moine* = *monachus*, vgl. Meyer, Z VIII 234), a l t-f r z. auch *canonge* (= **canonius?*). Berger p. 71 verteidigt nachdrücklich *canonicus* > *chanoine*.

1848) **cantharis, -īda** f., spanische Fliege, Kornwurm; dav. i t a l. *canterella*, vgl. Salvioni, Post. 6.

1849) **cantharus, -um** m. (*xάνθαρος*), Kanne, Humpen; i t a l. *cantero*, n e a p e l. *cántaro*, ebenso v e n e z. (dazu *cantarela* ein Fischname), vgl. Salvieni, Post 6.

1850) **cantherĭŭs, -um** m. (viell. vom. gr. *xανϑήλιος*), Jochgeländer, jochartiges Gestell : i t a l. *cantéo*, Querholz am Sägebock, *cantiere*, Werft (wegen der dort teils im Bau begriffenen, teils zum Bau dienenden Gerüste so bezeichnet); (s a r d. *canterżu, cantrexu, cantegghia* guancia, vgl. Guarnerio, R XX 62); f r z. *chantier;* ptg. *canteiro.* Im S p a n. wird der Begriff durch andere Worte (*atarazana, arsenal, carenero*) bezeichnet, doch sind auf *cantherius*, bezw. *xανϑήλιος* zurückzuführen *canteles*, Stricke zum Befestigen der Tonnen u. Fässer, und wohl auch *cantera*, Steinbruch. Vgl. Dz 85 *cantiere;* Cohn, Suffixw. p. 287. — S. den Nachtrag.

1851) [**cănthŭs, -um** m. (gr. *xανϑός*), der eiserne Reifen um ein Rad, die Radschiene: auf dieses Sbst. wurde von Dz 85 die Wortsippe i t a l. *canto*, Winkel, Ecke, Seite etc. *cantone*, *cantina* u. dgl., altfrz. *cant*, s p a n. ptg. *canto* etc. zurückgeführt. Mehr empfiehlt es sich wegen der Bedeutung der betr. Worte, die Sippe als auf den kelt. Stamm *camb-, camm-*, krumm, beziehentlich auf ein davon abgeleitetes Nomen **cambitos*, **cammitos*, **cam(b)tos* zurückgehend zu betrachten. Vgl. Th. 53; s. auch oben No 1770.]

1852) **cantĭcŭlum** n. (*canticum*), kleines Lied; mail. *andá in cantégora* andare per lo bocche altrui, vgl. Salvioni, Post 6.

1853) **căntĭcŭm** n. (v. *cano*), Lied; i t a l. *cantico* u. *cantica;* r u m. *cantic, cantecă;* p r o v. *cantic-s;* f r z. *cantique* (gel. W.); s p a n. *cántico, cántica;* p t g. *cantico, cantiga.*

1854) **cāntīo, -ōnem** *f.* (v. *cano*), Gesang, Lied; ital. *canzone*; prov. *cansó-s*; frz. *chanson*; span. *canzon*; ptg. *cançāo*.

1855) **cānto, -āre** (Frequ. v. *cano*), singen; ital. *cantare*; rum. *cant ai, at, a*; prov. *cantar*; frz. *chanter*; span. ptg. *cantar*.

1856) **cāntūs, -um** *m.* (v. *căno*), Gesang; ital. *canto*; rum. *cănt*, Pl. *cănturi*; prov. *can[t]-z*; frz. *chant*; span. ptg. *canto*.

1857) **cānūs, ă, um,** grau; ital. *cano*, Adj., dazu das Sbst. *cani*, graue Haare, nur in der Redensart *andare ai cani* „andare a male, scadere", vgl. Caix, St. 250, es kann (aber wohl auch aufgefaßt werden „zu den Hunden gehen, auf den Hund kommen" F. Pabst); prov. (*canetas*, graue Haare); altfrz. *chanes*, graue Haare; span. ptg. *cano*, davon abgeleitet *canoso*.

1858) ***cānūtūs, a, um** (v. *canus*), grau; ital. *canuto*; rum. *cărunt*; prov. *canut*; frz. *chenu*; altspan. *canudo*. Vgl. Gröber, ALL VI 380.

1859) **[*căpālīs, e** (v. **capum*, = span. *cabo*, statt *caput*) = span. ptg. *cabal*, richtig an Mafs, vollständig (s. Caix, Giorn. di fil. rom. II 70), vgl. Dz 435 *s. v.*]

1860) ***căpēllă, -am** (Demin. zu einem vorauszusetz-nden **capa*, vgl. *cap-ulus*), das, was man fassen kann, eine Handvoll, ein Päckchen; prev. *g(u)avella*; [frz. *javelle*, Reisbündel u. dgl. Th. p. 62 hält kelt. Ursprung des Wortes nicht für unmöglich, vgl. Cohn, Suffixw. p. 19; span. *gavilla*; ptg. *gavela*]. Vgl. Dz 158 *gavela*. Durch piem. *cavela* neben *javela* scheint Diez' Ableitung gestützt zu werden, vgl. Nigra, AG XIV 363.

caper s. **capra**.

1861) **căpēro, -āre,** runzeln, faltig machen; damit hängt viell. zusammen ital. *capruggine*, Verzürchung der Fässer, vgl. Ascoli, AG XV 106 Anm.

1862) **[*căpēttum** *n.* (v. *caput*), Küpfchen, = ital. *chevet*, Kopfkissen, vgl. aber No 1907 (S. 209).]

1863) ***căpībīlīs, e** (f. *capabilis*, vgl. Ascoli, AG I 14 Anm. 3); ital. *capibile* „intelligibile", *capevole* „atto a contenere, atto a comprendere e ad essere compreso, abbondante" vgl. Canello, AG III 320.

1864) **[*căpīco, -āre** (v. *capus*, Kapaun, später Falke), mit dem Falken jagen, soll nach Bugge, R IV 358, das vorauszusetzende Grundwort zu dem frz. *giboyer, gibier*, auf die Jagd gehen, birschen, und dem Sbst. *gibier*, Wildpret sein; den Übergang von *ca-* in *gi-* will Bugge durch Hinweis auf *caryophyllum* : *girofle* rechtfertigen, bezüglich des Begriffes aber vergleicht er engl. *to hawke* von dem Shet. *hawk*. Nichtsdestoweniger ist Bugge's Ableitung unannehmbar, weil der Inf. *giboyer, gibier* u. ebensowenig ein etwaiges **capiare* nimmermehr gebraucht werden konnte, um das konkrete Ergobnis der durch das Vb. ausgedrückten Handlung, das Erjagte, die Jagdbeute, zu bezeichnen, diesem Begriffe würde nur eine Bildung auf *-ée* = *-ata* genügen. Aber auch lautlich ist die Gleichung *giboyer* = **capicare* höchst bedenklich, denn der Hinweis auf *girofle* = *caryophyllum* kann den Glauben an die Möglichkeit des Lautüberganges *ca-* : *gi-* schwerlich begründen, da Blumennamen ihre eigenen, durch volksetymologisierende Anschauungen bestimmte Wege gehen und folglich sich nicht wohl zu Beispielen für auffällige Lautwandelungen verwenden lassen. Auch die von anderen für *gibier* vorgebrachten Ableitungen (von

cibarius v. *cibus*, von einem ganz hypothetischen Stamme *gib*, der „zwingen" bedeuten soll) sind völlig unannehmbar. Wenn endlich Dz 596 *s. v.* sagt: „Ist es richtig, dafs *gibet* (Galgen) eigentlich den Strick um den Hals bedeutet, so könnte sich *gibier*, ursprünglich ein Verbum, auf den Vogelfang mit der Schlinge beziehen, aber es bleibt dies immer nur eine schwach begründete Vermutung", so hat er selbst hinreichend zu erkennen gegeben, wie wenig Wert er auf seinen Gedanken legte. Die Herkunft des Wortes mufs als noch durchaus dunkel gelten. Abgeleitet von *gibier* sind altfrz. *gibelet*, Wildpret (u. vielleicht nfrz. *gibecière*, Jagdtasche).] Eine Frage werde hier aufgeworfen. Im Altfrz. ist das Shst. *gibe*, ein mit Eisen beschlagener Stock, vorhanden: könnte davon nicht *gibier* (gleichsam **gibbārium*) abgeleitet sein u. ursprünglich die über das Kreuz gelegten Hakenstöcke bezeichnet haben, an denen das erlegte Wild getragen wird, sodann das Wildpret selbst? Dann würde *gibier* zu *gibet*, Galgen (eigentl. gabelartiges Gerüst, vgl. *furca*), *gibelet* (kleine spitze Stange), Bohrer, gehören, die Herkunft von *gibe* ist freilich dunkel, die Bedeutung weist auf Urverwandtschaft mit lat. *gabulus*, ir. *gabul, gabhla*, dtsch. *gabel, giebel* (s. Kluge unter „Gabel") hin, das intervokalische *b* dagegen fordert ein **gibba*. Sollte Kreuzung mit *cippus*, Spitzsäule, Schanzpfahl (vgl. Caes. bell. gall. VII 73, 4), denkbar sein?

1865) **[*căpīllānūs, -um** *m.* (v. *căpus* v. *capère*) scheint das Grundwort zu sein zu span. *gavilan*, Sperber; ptg. *gaviāo*. Vgl. Dz 454 *gavilan*. Siehe unten **sparwāri.**]

1866) **[*căpīllātūră, -am** *f.* (v. *capillus*), Behaarung; ital. *capellatura*; frz. *chevelure*; span. ptg. *cabelladura*.]

1867) **căpīllūs, -um** *m.* (vom Stamme *cap*, wovon auch *cap-ut*), Haupthaar; ital. *capella*; rtr. *kavelj, tzavél* etc., vgl. Gartner § 200; prov. *cabelh-s*; frz. *cheveu* (über altfrz. *chevol, cheveil* vgl. Cohn, Suffixw. p. 44 u. 47); span. ptg. *cabello*. Durch *capillus* ist *crinis* nahezu verdrängt worden. Vgl. Gröber, ALL VI 380.

1868) ***căpīllūtūs, a, um** (für *căpillātus* v. *capillus*), haarig; frz. *chevelu*; span. *cabelludo*, ebenso ptg.

1869) **căpīo, cēpī, căptūm, căpěrě u. *căpěrě, *căpīrě,** fassen, nehmen; ital. *capère* u. *capire*; prov. *cap, caup* (*caubnt*), *caber*, in Kompositis *-cep, -ceup, -ceubut, -cebre*; frz. (nur in Kompositis) *-çoi(s), -çu(s), -çu* (aus *-ceu*), *-cevoir*; cat. *cabrer*; span. *quepo, cupe, cabido, caber*; ptg. *caibo, coube, cabido, caber*. (In seiner Bedtg. ist das Vb. (als Simplex) wesentlich verengt worden, indem es nur „Platz haben, in einen Raum hineinpassen" u. dgl. bezeichnet; ital. *capire* (*capisco* etc.) bedeutet „begreifen, verstehen"; in der allgemeinen Bedeutung „nehmen" wurde *capere* durch *prehendere* verdrängt. Vgl. Dz 85 *capere*; Gröber, ALL I 541.)

1870) **căpīstěrium** *n.* (f. *scaphisterium*), Wurfschaufel; tosc. *capistejo, -éo*, per. *capesteie*, vgl. Salvioni, Post. 6.

1871) **căpīstrum** *n.*, Schlinge, Halfter; ital. *capestro*; rum. *căpestru m.*, Pl. *căpestre f.*; prov. *cabestre*; altfrz. *chevoistre*, vgl. Förster zu Erec 3512 (S. 320); nfrz. *chevêtre*, davon das Vb. *enchevêtrer*, halftern, verwickeln; span. *cabestro*; ptg. *cabresto* u. *cabrestão*. Vgl. Dz 546 *chevêtre*.

1872) **căpītālīs, e,** hauptsächlich; ital. *capitale* (über Reflexe des Wortes in Mundarten vgl. Salvioni,

Post. 6; prov. *cabdal*; altfrz. *chaudel*; span. ptg. *caudal*, davon abgeleitet *caudaloso*. Das Wort wird namentlich auch substantivisch in der Bedtg. „Kapital“ gebraucht. Vgl. Dz 437 *caudal*.

1873) [*căpĭtānŭs u. *căpĭtānĕŭs, -um *m.* (von *caput*), Hauptmann; ital. *capitano* u. *cattano* „castellano (titolo di nobiltà)“, vgl. Canelle, AG III 331; rum. *căpitan* (daneben *căpătăiu m.*, Pl. *căpătăie f.*, mit der Bedtg. „Kopf“ im Sinne von Anfangs- oder Endpunkt, aufserdem aber auch „Kopfkissen“ bedeutend, vgl. Ch. *cap*); prov. *capitanh-s*; altfrz. *chevetaigne*, *chevetaine*; nfrz. *capitaine* (Lehnwort, vgl. Cohn, Suffixw. p. 165); span. *capitan*; ptg. *capitāo*.]

1874) [*capitastrum *n.* (v. *caput*), Kopfsteuerliste; ital. *catastro*, *catasto*; frz. *cadastre*; span. *catastro*. Eine ganz andere Ableitung giebt Ulrich, Z XXII 262, s. unten *katostrakon*.]

1875) căpĭtĕllŭm *n.* (Demin. v. *caput*), kleiner Kopf; ital. *capitello*, Kopf, Knauf, *catella* „bandole, estremità“, vgl. Caix, St. 259; lomb. *kavedél* capezzoli, vgl. Salvioni, Post. 6; prov. *capdel*; frz. (*chapiteau*, Knauf, u.) *cadeau*, Geschenk (gleichsam kleines Kapital oder, wie Dz meint, eigentlich das Köpfchen, der Schnörkel, womit man einen Buchstaben verziert, woraus sich die Bedtg. „Kleinigkeit, kleine Gabe“ entwickeln konnte); Dz freilich 537 *s. v.* a. Rönsch, Z III 104, wollten das Wort in dieser Bedtg. von *catellus*, Kettchen, ableiten, vgl. aber Brachet, Doublets, suppl. p. 17, Scheler im Anhang zu Dz 755; span. *caudillo*; ptg. *caudilho*.

1876) [gleichsam *căpĭtĕttum *n.* (Dem. v. *caput*), Köpfchen, Kindchen, jüngstes Kind; ital. *cadetto*; frz. *cadet* (Lehnwort).]

1877) căpĭtĭŭm *n.* (v. *caput*), Kopf, Kopfloch (d. h. die Öffnung des Kleides, wodurch der Kopf gesteckt wird), Oberkleid; ital. *cavezza*, Halfter; über dialektische Formen vgl. Flechia, AG II 333; Ableitungen *cavezzone*, gleichsam *capitionem*, Kappzaum, u. *capezzale*, gleichsam *capitiale*, Kopfkissen; prov. *cabes*, *cabeissa*, Kopf im Sinne von Endpunkt; altfrz. *chevez* u. *chevece*, Kragen, vgl. Horning, Z XVIII 234, *caveçon*, Kappzaum; span. ptg. *cabezo*, -*ço*, Gipfel, *cabeza*, -*ça*, Kopf, davon span. *cabecear*, ptg. *cabeç(e)ar*, mit dem Kopfe nicken. Vgl. Dz 93 *cavezza*.

1978) 1. căpĭto, -ōnem *m.* (v. *caput*), Grofskopf; ital. *capitoni* „alari“, vgl. Caix, St. 252; *cavedone* (ein Fisch); prov. *cabede* u. frz. *chevène* = *capĭtinem*, vgl. Thomas, R XXIV 581; mozarab. *caudon* eine Art Falke; vgl. Meyer-L., Z. f. ö. G. 1891 p. 767.

1879) 2. *căpĭto, -āre (v. *caput*) = ital. *capitare*, zum Kopf, zum Ende kommen, ankommen, vgl. Dz 362 *s. v.*; rum. *căpătă*, gewinnen, vgl. Ascoli, AG XI 428, wo die gesamte um *caput* sich reihende verbale Wortsippe eingehend behandelt ist.

1880) Căpĭtŏlĭŭm *n.*, Capitol; davon vielleicht prov. *capdolh-s*, Burg.

1881) căpĭtŭlă, -am *f.* (*caput*), Köpfchen; ital. *cavicchia* (daneben *cavicchio*), Pflöckchen; frz. *cheville*. Vgl. G. Paris, R V 382, u. dagegen Gröber, ALL VI 381; Cohn, Suffixw. p. 211.

1882) căpĭtŭlŭm *n.* (v. *caput*), kleiner Kopf, Kapitäl, Kopf = Überschrift eines Buchabschnittes, Kapitel; ital. *capitolo* u. *capecchio* „materia grossa e liscosa che si trae dalla prima pettinatura del lino avanti alla stoppa, detta capecchio perchè si leva dai due capi del lino, cioè barbe e cime“, vgl. Canello, AG III 352; Caix, St. 527, ist geneigt,

auch *scavitolo* „cavillazione, pretesto“ nebst dem Vb. *scavitolare* „stillarsi il cervello“ von *capitulum* abzuleiten, indem er auf *raccapezzare* hinweist, andrerseits aber denkt er auch an *cavillo* als Grundwort, u. dies dürfte entschieden den Vorzug verdienen, denn, wie er selbst sagt, „a questa seconda origine accenna l'equiv. stiviglio por schiviglio“; sard. *cabidulu*; rtr. *capulj*, vgl. Ascoli, AG VII 515 Sp. 2; prov. *capitol-s*; frz. *chapitre*; span. *capitulo*, *cabildo*; ptg. *cabido*. Vgl. Dz 86 *capitolo*.

capo s. cappo.

1883) [gleichsam *căpŏrālĭs, -em *m.* (v. *capo* aus *capum f. *caput*, also deutlich erst romanische Bildung, vermutlich einen Plur. *capŏra f. capita*, nach *corpora* gebildet, voraussetzend u. angelehnt an *generale*), Hauptmann, Anführer; ital. *caporale*; frz. *corporal*, volksetymologisierend an *corps* angelehnt, vgl. Fafs, RF III 484 unten; altspan. *caboral* u. *caporal* (Adj.). Vgl. Dz 86 *caporal*; Ascoli, AG XIII 295 u. XIV 336 (nimmt ein *căpor*, *capore* als Grundwort an, s. dagegen Schuchardt, Z XXII 394 u. XXIII 332).] — Siehe den Nachtrag.

1884) [*căpŏttŭs u. *căpŏtiŭs, -um *m.* (v. *caput*) = frz. *chabot*, Kaulkopf (ein Fisch); ptg. *chaboz*. Vgl. D 541 *chabot*.]

1885) căppă, -am *f.*, eiue Art Kopfbedeckung, (Isid. 19, 31, 3); ital. *cappa*, Mantel; Ableitungen: *cap(p)ello*, (Kopf)mäntelchen, Hut (davon *cappelliera* „custodia da riporvi il cappello“, *cappellajo*, Hutmacher, vgl. Canelle, AG III 305), *cappella*, kleiner Mantel, Ort, wo ein Stück vom Mantel des heil. Martin aufbewahrt wird, Kapelle (s. Ducange *s. v.*), *ca(p)potto*, Mantel mit Kapuze, *cap(p)uccio*, Kuppe, Kapuze, Kopfkohl, Kappes (vermutlich mit Anlehnung an *capo*), *capperone*, Kappe; prov. *capa*, Ableitungen: *capel-s*, *capella*, *capairó*, Mütze; frz. *chape*, Ableitungen (die mit *ca-* anlautenden sind Lehnworte): *chapelle*, *chapeau*, *chaperon*, *capot*, *capuce*, *cabus* (Kehlkopf); span. *capa*; Ableitungen *capelo*, Kardinalshut (das gewöhnliche Wort für „Hut“ ist *sombrero*), *capilla*, Mönchskapuze und Kapelle, *capucho*, *capuz*, *capacho*, -a, Korb (nach Dz 439 soll auch span. ptg. *chapa*, Blatt, Platte, wovon ptg. *chapar*, plattieren, hierher gebören, das wäre nur möglich, wenn es Lehnwort aus dem Frz. wäre, u. das ist höchst unwahrscheinlich, eher dürften frz. *chappe*, Saum, u. *chap(p)in*, eine Art Überschuh [Lesage, Gil Blas 4, 6] dem Spanischen entnommen sein); ptg. *capa*, *chapeo* (Lehnwort aus dem Frz.), Hut, *capello*, Kardinalshut, *capella* etc. Vgl. Dz 86 *cappa*; Gröber, ALL I 542; Varnhagen, RF III 404 (hier werden span. ptg. *chapa* etc. auf den Stamm *klap* [s. d.] zurückgeführt).

1886) cappārĭs, -im (*κάππαρις*) *f.*, Kaperstaude, Kaper; ital. *cappero*, Kaper; Salvioni, Post. 6.

cappellus, *cappella* etc. s. cappa.

1887) *căppo (f. *capo*, -ōnem u. *căppŭs (für *capus*), -um *m.*, Kapaun; ital. *capone*; sard. *capone*; rum. *căpun*; prev. *capó-s*, dazu das Vb. *capuzar* (v. *cappus*), verschneiden; frz. *chapon*, dazu altfrz. das Verb *chapuisier*, Holz spalten, [wovon *chapuis*, Zimmermann]; cat. *capó*; span. *copón*, dazu das Vb. *capar*, verschneiden; ptg. *capāo*, dazu das Vb. *capar*. Vgl. Dz 543 *chapuiser*; Gröber, ALL I 542.

*căppo, -āre s. *căppo.

1888) căpră, -am *f.*, Ziege; ital. *capra*, dazu das Demin. *capretta*; rum. *căpra*; rtr. *capra* etc., vgl. Gartner, § 200; prev. *cabra*; frz. *chèvre*, dazu das

Demin. *chevrette*; durch gelehrte Umdeutung wurde vielleicht an *chèvre* angelehnt *chevrette* (aus *crevette*), Krabbe, vgl. Suchier, Z III 611, IV 383, V 173, Jeret führte dagegen das Wort unmittelbar auf lt. *capretta* zurück, R VIII 441, IX 301, X 238, ihm schlossen sich an G. Paris, R X 302 u. 445, sowie G. Musset, R IX 434. Der Streit ist so ziemlich gegenstandslos, da lautlich wie begrifflich beide Ableitungen sich rechtfertigen lassen u. eine bestimmte Entscheidung gar nicht getroffen werden kann. Über die Bedtg. von *chevrette* vgl. Lehmann, Bedeutungswandel 73; cat. span. ptg. *cabra;* eine Zusammensetzung aus *capra = cabra*, bezw. *caper = *cabro .+ stans*, stehend, scheint zu sein span. ptg. *cabrestante*, auch *cabestrante, cabestante* (frz. *cabestan*), Schiffswinde, Tiernamen werden ja gern zur Bezeichnung von Geräten, Maschinen u. Maschinenteilen gebraucht, vgl. Dz 537 *cabestan;* Wedgwood, The Academy 1889 (unter „Correspondence").

1889) [**căprĕā, -am** *f.*, Reh; davon (?) viell. span. ptg. *corza, corzo*, Reh (*caprea* wurde durch Vokalisierung des *p* u. Verkonsonantierung des *e* zu *j* zu *caurja corja*, dann *corza*, vgl. einerseits cap[i]tale : *caudal*, andrerseits *argilla : arcilla*). Vgl. Dz 442 *corza*, dagegen Meyer-L., Z X 172, u. Schuchardt, Z XXIII 189 (s. den Nachtrag *s. v. curtius*).

1890) **căprĕŏlŭs, -um** *m.* u. ***capriola** (Demin. v. *caper*), eine Art wilder Ziege, eine Art gegabelter Hacke, Häkchen oder Gäbelchen am Weinstock; ital. *capréolo* „viticcio", *capriólo, cavriólo* „giovine capro", vgl. Canello, AG III 389; *gabriélla* „piroletta", vgl. Caix, St. 331; prov. cat. *cabirol;* (altfrz. *chevrel*); nfrz. *chevreuil.* — Dazu das Fem. ital. *capriola*, span. *cabriola* etc., wunderlicher Sprung. Endlich die unter m Frz. übliche Ableitung *cabriolet*, eine Art Wagen, so genannt, weil ein solches Fuhrwerk gleichsam bocksartig springt oder wie seine Deichsel eine gabelförmige Gestalt hat, vgl. Wölfflin, ALL III 58.

***capretta** s. **capra.**

1891) **căprīcĭŭs, a, um** (v. *caper*), ziegenbocksartig; davon als Sbst. ital. *capriccio*, Bocksprung, seltsames Betragen, toller Einfall, Laune; frz. *caprice* (Lehnwort); span. ptg. *capricho.* Dazu das Vb. *capricciare* etc., das im Ital. die Bedtg. „vor Furcht schaudern, die Gänsehaut bekommen" angenommen hat. Vgl. Dz 87 *capriccio.*

1892) **căprĭfŏlĭum** *n.*, Geisblatt; ital. *caprifoglio;* rum. *căprifoiu;* prov. *caprifuelh-s;* frz. *chèvrefeuil(le)* m.; (span. heißt die Pflanze *madreselva*, ptg. *madresilva.*) Vgl. Beljame in Etudes romanes dédiées à G. Paris p. 504.

1893) **căprīle** *n.* (*caper*), Ziegenstall; ital. *caprile;* prov. *cabril* (Adj. **căprīnus** u. ***căprūnus, a, um** (*caper*), zur Ziege gehörig; ital. *caprino*, prov. *cabri;* span. *cabruno;* ptg. *cabram.* Vgl. Meyer-L., Z. f. ö. G. 1891 p. 767).

1894) ***căprīllus, -um** *m.* (*caper*) Böckchen, = frz. *chevreau*, vgl. Cohn, Suffixw. p. 43.

1895) ***căprītus, um** *m.* (*caper*), Ziegenbock; prov. *cabritz;* frz. *cabrit* (Lehnwort, aus dem Plur. cabri[t]s wurde dann der Sing. *cabri* gebildet); span. *cabrito* (Lehnwort aus dem Prov.). Vgl. Cohn, Suffixw. p. 43 Anm.

1896) **căpsă, -am** *f.* (von dem Stamme *cap*, wovon *capĕre*), Kapsel, Kasten u. dgl.; ital. *cassa;* prov. *caissa;* frz. *châsse*, Reliquienkästchen, *caisse* (halbgelehrtes Wort), Kiste, Kasse; span. *caja;* ptg. *caixa.* Dazu die Demin. ital. etc. *cassetta, cas-*

settone, u. das Vb. frz. *en-châsser*, ptg. *en-čaixar*, einfassen; zu trennen hiervon ist vermutlich die Gruppe ital. *incastrare*, einfügen, einpacken, einfassen u. dgl., *castone* „legatura die pietre prezioze" (= frz. *châton* u. jedenfalls aus dem Frz. entlehnt, vgl. Canelle, AG III 331); prov. *encastrar* und *encastonar;* frz. *encastrer;* cat. *encastar;* span. *engastar* u. *engastonar;* ptg. *encastoar*, welche Verba wohl mit germ. (got.) ***kasta** (s. Kluge unter „Kasten") zusammengesetzt sein dürften, die Formen mit *str* stehen vielleicht in Zusammenhang mit *castrum*, dessen Grundbedtg. ja „eingeschlossener Raum" ist, vielleicht hat überhaupt der scheinbare Stamm *castr-* in *castrum* u. *cast-* in *castellum* auf die Gestaltung der Nachkommenschaft von *capsa* eingewirkt. Dz 91 *cassa* allerdings leitet die ganze Sippe ohne jede Bemerkung von *capsa* ab.

1897) **căpsārĭŭs -um** *m.* (v. *capsa*), der, welcher mit einem Kasten, bezw. mit einer Kasse zu thun hat; ital. *cassajo* „chi fa casse", *cassiere* „chi tien la cassa", vgl. Canello, AG III 305. Im übrigen giebt das in allen roman. Sprachen vorhandene Wort zu Bemerkungen keinen Anlaß. Vgl. Dz 91 *cassa.*

1898) **căpsŭs, -um** *m.*, Wagen-, Kutschkasten (im Roman. wird das Wort zur Bezeichnung von Körperteilen — des Brustkastens, der Kinnladen — gebraucht); ital. *casso*, Brustkasten; prov. *cais*, Kinnlade u. Mund; cat. *quex;* span. *quij-ada*, Kinnbacken, *quij-era*, eiserner Beschlag am Schaft der Armbrust (Backenstück); ptg. *queixo, queixada.* Vgl. Dz 91 *casso;* Gröber, ALL I 542. — Förster zu Yvain 6033 zieht hierher auch altfrz. *chas* „gewölbter Rundsaal im Erdgeschofs" (vgl. Ducange unter *capsum* u. *cassma*). — Über *carcasse* etc. vgl. *carchesium* u. *caro.*

1899) [***căptănă** (scil. *vestis*), vielleicht = ital. *catana* „casacca dei cacciatori", vgl. Caix, St. 258.]

1900) [***căptătŏr, -ŏrem** *m.* (v. ***captare*), Fasser, Ergreifer; ital. *cacciatore*, Jäger; prov. *cassador-s;* frz. *chasseur;* span. *cazador;* ptg. *caçador.*]

1901) [***căptātŏrĭŭs, a, um** (v. ***captare*), zur Jagd gehörig; ital. *cacciatora* „abito e canzone da cacciatore", *cacciatoja* „specie di scalpello per cacciar dentro i chiodi", vgl. Canelle, AG III 337.]

1902) ***căptĭo, -āre** (v. *capĕre*, vgl. das schriftlat. Sbst. *captio*, das Fangen, in der Bedtg. „Fangschlufs" u. dgl. oft bei Cicero, s. Georges), fangen, erbeuten, jagen; ital. *cacciare;* prov. *cassar;* frz. *chasser;* cat. *cassar;* span. ptg. *cazar;* dazu das Vbsbst. ital. *caccia*, Jagd; prov. cat. *cassa;* frz. *chasse*, span. ptg. *caza*, daneben sp. *chaza* (dem Frz. entlehnt), Jagd im Ballspiel, davon das Vb. *chazar.* Vgl. Dz 76 *cacciare* und 439 *chaza;* Gröber, ALL I 542.

captivitas s. **captivus.**

captivo, -are s. **captivus.**

1903) **căptīvŭs, a, um** (v. *capere*), gefangen, schlecht (in letzterer Bedtg. Anthol. lat. 736, 3 R.); ital. *cattivo* „prigioniero, misero, malvagie", *captivo* „prigioniero", dazu das Vb. *captivare* „far prigione" u. *cattivare* „far prigione e procacciarsi" ecc.", vgl. Canelle, AG III 386; sard. *battia* (aus *gattiva*, *cattiva, captiva*), Wittwe, vgl. Flechia, Misc. 200; prov. *caitiu*, gefangen, elend, erbärmlich; rtr. *chiatiff* etc., vgl. Gartner § 6; frz. *chétif*, elend, kläglich (daneben das gel. Wort *captif*, gefangen); span. *cativo* u. *cautivo*, gefangen. Dazu das Vb. ***captivare** in entspr. Form u. Bedtg., sowie das schon im Schriftlatein vorhandene Sbst. *captivitas*

— ital. *cattività*, span. *cautividad* (daneben *cautiverio* = **captivarium*), Gefangenschaft. Vgl. Dz 93 *cattivo;* Th. p. 16 (*captivus* wurde durch keltischen Einfluſs zu *cachtivus*, woraus *caitiu, chétif*); Schwan-Behrens, Altfrz. Gr.⁸ § 94 A. (es wird bemerkt, daſs man *chétif* aus Kontamination von *coactivas* mit *captivas* erklärt habe, vgl. dagegen Neumann, Z XIV 553).

1904) **căpto, -āre** (Intens v. *capĕre*), auf etwas fahnden, etwas erhaschen; ital. *cattare* (gel. W.), zu erlangen suchen, trachten; (*catar*, mit den Augen erhaschen, erfassen, sehen, schauen, nur in Zusammensetzungen, wie 1. *catafalco* aus *cata* + germ. *balko*, Schaugerüst, prov. *cadafalc-s*, altfrz. *cadefaut, escadafaut*, nfrz. *échafaud* = Schafott, aus dem Ital. entlehnt ist frz. *catafalque;* altcat. *cadafal,* span. *cadafalso, cadahalso, cadalso,* balbgel. W. aus dem Ital. *catafalco;* 2. *cataletto,* Schaubert, Totenbahre (span. *cadalecho*); 3. eine eigenartige Zusammensetzung ist das Particip *catacolto,* „ertappt", wo *cata* aus *catato* gekürzt zu sein scheint); rum. *caut, ai, at, a;* rtr. *catar,* finden; im Prov. u. Frz. ist das Vb. nicht vorhanden, jedoch neuprov. *capitá,* finden; span. ptg. *catar,* sehen, beobachten (in diesen Bedeutungen veraltet), untersuchen, versuchen, kosten, davon das Vbsbst. *cata,* die Suche, das Kosten, u. die Zusammensetzungen *acatar,* bewachen, verehren (*acatamiento,* Ehrfurcht), *recatar,* sorgsam bewahren (*recata,* Nachsuchung, *recato*), Umsicht, Vorsicht, Zurückhaltung, Geheimnis); spanische dem ital. *cataletto* etc. entsprechende Komposita: *catasol,* Sonnenblume, *catalejo,* Fernrohr, *cataviento,* Windfahne etc. Vgl. Dz *catar;* Gröber, ALL VI 380. Vgl. unten No 2003.

1905) **căpŭlo, -āre** (v. *capulus*), abschneiden (Anthim. 75); dav. prov. *c(h)aplar,* altfrz. *chapler,* einhauen, kämpfen, dazu das Vbsbst. *chaple,* Ableitung *chapladis, chapleïs,* Gemetzel. Vgl. Dz 543 *chapler;* Caix, St. 517, vgl. auch 19 (S. 16 oben), s. unten **capulus.** — Auf *căpŭlo, -āre,* mit dem Fangseil fangen, will Flechia, AG II 5, ital. *chiappare* etc. zurückführen, die betr. umfangreiche Wortsippe gehört aber zu dem germ. Stamme *klap,* bezw. zu **clappo* [s. d.], vgl. Varnhagen, RF III 403; Baist, Z VI 426.

1906) **căp[ŭ]lŭs, um** *m.* u. **căp[ŭ]lŭm** *n.* (v. *capio*), Griff, Fangseil (in letzterer Bedtg. b. Ieid. 20, 16, 3); ital. *cappio,* Schleife (*cavo,* Kabel, s. No 1907); frz. *câble,* Seil, Tau; span. ptg. *cable,* Schiffstau; auſserdem span. *cacha* = **capula,* Messergriff (Dz 435 *cacho* zieht auch span. *cacho,* kleines Stück, *cachar,* zerstücken, hierher). Vgl. Dz 87 *cappio;* Gröber, ALL I 541. — Caix, St. 19 (S. 16 oben), führt auf *capulum* auch zurück: ital. *s-capolare* „liberare", davon das Adj. *scapolo* „libero"; span. *escabullirse* „liberarsi, fuggire", tosc. *ingabolare* „tirare in laccio, ingannare" etc., andere von Caix hierher gezogene Werte werden besser auf den Stamm *klap,* bezw. das Vb. **clappare* (s. d.) zurückgeführt, vgl. Varnhagen, RF III 403.

1907) ***capu[m]** *n.* (f. *caput*), Kopf, Haupt; ital. *capo,* Kopf, *cavo* „grosso canapo e propriamente l'estremità del canapo grosso dell' ancora", (aus *capo* verderbt ist vielleicht *caffo* in essere *il caffo,* ausgezeichnet [gleichsam das Haupt] sein, daher *caffo* ungerade Zahl, weil sie gleichsam eine gerade Zahl mit einem Kopfe ist, oder, nach Canelle, AG III 379, weil Eins die ungerade Zahl „per eccellenza" ist, vgl. Dz 361 *s. v.*); sard. *kabudu, kabude,* vgl. Meyer-L., Ital. Gramm. § 326 u. 346, Roman. Gr.

I 463, Ascoli, AG XI 434 Anm.; altabruzz. *capita;* rum. *cap;* rtr. *tȳāf* etc., vgl. Gartner § 106; prov. *cap; cap* + *tener,* das Haupt halten, Haltung haben, sich benehmen, davon die Sbsttve *captenensa, captenemen-s,* das Benehmen; frz. *chef* (in der Bedtg. „Kopf" durch *tête* = *testa* verdrängt), Oberhaupt, auch (im Altfrz.) Anfangs- oder Endpunkt, dazu das Demin. *chevet* (gleichsam **capettum,* sich aber einige Zeilen weiter unten), Kopfkissen, das Vb. (*n*)*chever,* zu Ende bringen, *chevir* (ital. *civire*), über etwas Herr werden, sich einer Sache bemeistern, etwas fertig bekommen, davon wieder *chevance* (ital. *civanza*), Errungenschaft, Besitztum; (nach Horning, Ztschr. neufrz. Spr. u. Litt. X² 242, ist *chevet* = altfrz. *chevez, -ce,* = *capitium,* beeinfluſst durch *capitia*) frz. *eschief,* Knäuel (eigentlich kopfähnlicher Ball), *écheveau* Gebinde, vgl. Nigra, AG XIV 181 (wenn an dieser Stelle Nigra auch ital. *gavine, gavigne* Ohrdrüsen, Mandeln, von **capum* herleiten will, so macht das nicht eben den Eindruck der Wahrscheinlichkeit, eher könnte man an *cavus* denken, den Höhlung, Wölbung n. Schwellung sind ja verwandte Begriffe); span. ptg. *cabo,* Ende, Stiel u. dgl., auch Vorgebirge, dazu das Vb. *a-cabur,* beenden; *cabo* (u. daneben *cabe*) werden auch präpositional im Sinne von „nahe" gebraucht. Vgl. Dz 435 *cabe,* 545 *chef;* Meyer-L., Ž. f. frz. Spr. u. Lit. XX² 70 (über die Lautentwickelung von *capu* u. *lupu*); Schuchardt, Z XXII 394 (über *ast ur. cabo*). — In Zusammenhang mit *capum* steht vielleicht auch ital. *caparbio,* balsstarrig, vgl. Dz 362 *s. v.;* Brinkmann, Met. 470, dafs das Wort für gekürzt aus *capra* + *barbio* „ziegenbärtig". Aus *di ricapo* = *da capo* „noch einmal" ist entstanden mon f. *derkó,* 1 a d. *derecau, daréau, da cauo* „auch", vgl. Nigra, AG XIV 364.

[***căp(um) + măcŭlă** s. **camus.**]

1908) [***căp(um) + măndŭcārĕ** = ital. *camangiare,* Zugemüse, Zukenkraut, eigentl. Anfangsspeise, vgl. Dz 362 *s. v.*]

1909) [***căp(um) + vīrārĕ,** bezw. **gȳrārĕ** = frz. *chavirer,* umschlagen (von Schiffen), vgl. Dz 545 *s. v.*]

1910) [***căpŭ(m) + vŏlvĕrĕ** od. ***vŏlŭtārĕ** = ital. *capovolgere, capovoltare,* auf den Kopf stellen, umschlagen, vgl. Dz 545 *chavirer.*]

1911) **căpŭt, -pĭtĭs** *n.,* Kopf; das Wort ist wohl nur im rum. *căpet,* Pl. *capete* (neben *cap,* Pl. *capi*) erhalten, sonst ist es überall durch **capum* (s. d.), im Frz. auch durch *testa* verdrängt worden. — Für mittelst der Deminutivsuffixes -*er-on* (z. B. in *laideron*) aus *cap*[*u*]*t* abgeleitet hält Mussafia, Z III 267, das altfrz. *cateron* (ein Schmeichelwort von nicht ganz klarer Bedtg.), Suchier im Glossar z. Aucassin u. Nicolete erklärte es früher mit „Kätzchen, Brustwarze", wogegen G. Paris, R VIII 293 Einsprache erhob, denn *cateron* kann mit *chat* nichts zu thun haben, es ist vielmehr Mussafia's Ableitung anzunehmen, vgl. auch Z XIV 175.

1912) [aus **caput ărĭĕtĭs** soll nach Geyjer's Vermutung, R XX 462, *cabaret* entstanden sein, weil ein Widderkopf das Zeichen einer Schenke gewesen sei. Das ist aber ganz unwahrscheinlich, jedenfalls völlig unbeweisbar. Sehr glaubhaft ist dagegen P. Meyer's Annahme, R XX 463 Anm., dafs *cabaret* die prov. Form für frz. *caverel, cavereau* „Keller" sei. Vielleicht auch ist *cabaret* gekürzt aus **canabaret* v. *canaba* [s. d.], indem es an *cave,* Keller, angelehnt wurde.]

1913) [***căpŭtŭlŭs, a, um** (v. *caput*), gleichsam kopfig, kopfdick; ital. *capocchio,* dickdumm, stockdumm, capocchia, das dicke Ende eines Stockes, vgl. Dz 362 s. v., indessen erscheint die Ableitung sehr fragwürdig.]

1914) arab. **çaqr**, fleischfressender Vogel, Habicht (Freytag II 507ᵇ); davon vielleicht ital. sagro, Stoſsvogel, Falke; frz. span. ptg. sacre. Vgl. Dz 279 sagro (Diez möchte allerdings lieber sacer als Grundwort ansetzen, vgl. gr. ἱέραξ); Eg. y Yang. 488.

1915) ***cara, -am*** f., Gesicht; sard. prov. cat. span. ptg. cara; altfrz. cbiere (die lautliche Entwickelung dieses Wortes ist normal). Daſs *cara = griech. κάρα sei, ist denkbar, aber nicht zu erweisen. Das gleichbedeutende ital. rtr. ciera, cera geht auf cěra, bezw. das Adj. fem. cěrea zurück (Wachs, Wachsbild, Wachsgesicht u. endlich in verallgemeinerter Bedtg. „Gesicht" schlechtweg), vgl. die eingehende u. lehrreiche Untersuchung Ascoli's, AG IV 119 Anm. 2, wo Morosi's auf derselben Seite aufgestellte Annahme eines *karia, *kaira, kaera, cera mit besten Gründen widerlegt wird. Die Redensart far buona cera ist = frz. faire bonne chère, also Gallicismus. Vgl. Dz 87 cara; Gröber, ALL I 542. — Für eine Ableitung von cara hielt Dz a. a. O. das altfrz. Vb. acarier (das zu chiere wahrhaftig schlecht genug paſst), und auf dieses Vb., welches er mit „konfrontieren" übersetzt, führte er wieder das Adj. acariâtre, hartnäckig, wunderlich zurück. Eine andere Erklärung gab Tobler, Z IV 375, indem er das Wort von gr. ἄχαρις ableitete, befriedigen kann aber auch das nicht. Das Richtige hat ohne Zweifel G. Paris, R X 302, er sagt: „La folie s'appelait ‚le mal de saint Acaire', parce que saint Acaire, évêque de Noyon, très vénéré dans tout le nord de la France, en guérissait (voy. les jolies scènes du ‚Jeu de la Feuillie'); de là, à mon avis, ‚acariastre, qui signifiait jadis ‚feu, furieux' (voy. Sainte-Palaye aux mots Acairs et acariastre). Sylvius, dès le commencement du XIVᵉ s., a rapproché l'idée d'en-chaurauder, en-charauder), daneben charait u. charaie, nfrz. charade (mit Angleichung der Endung an die Lehnworte auf -ade), vgl. Förster, Z III 263 (G. Paris, R VIII 629, erhebt gegen F.'s überzeugende Ableitung einige Bedenken, welche nicht für erheblich erachtet werden können; wenn schlieſslich gesagt wird: „il faudrait tenir plus de compte que ne le fait M. F. de l'origine méridionale mentionnés par Littré", dann muſs dazu gesagt, aber die Richtigkeit der F.'schen Annahme wird dadurch nicht im mindesten in Frage gestellt). Dz 543 bringt charade, neuprov. charado mit ital. ciarlata in Zusammenhang. Baist, Z V 242, vermutet, daſs charade mit dem span. charrada, ein Bauerntanz, Tölpelei (von charro, Bauer aus der Gegend von Salamanca), identisch sei.

1920) **cărbo, -ōnem** m., Kohle; ital. carbone (über nfrz. Gestaltungen des Wortes vgl. Gartner in Gröber's Grundriſs I 481); rum. cărbune; prov. carbo-s; frz. charbon; cat. carbó; span. carbon; ptg. carvão.

1921) **cărbōnārĭŭs, a, um** (v. carbo), die Kohlen betreffend; ital. carbonaro, -ajo, -iere (man prepara o vende carbone, carbonaro anche chi apparteneva alla società polit. de' Carbonari", carbonaja, carboniera „buca o stanza per il carbone, catasta di legna disposta per farne carbone, la moglie del carbonajo", carbonara „la catasta di legna da ridurre in carbone, e agg. di una specie di rena", vgl. Canello, AG III 306; rum. cărbunar, Köhler; frz. charbonnier; cat. carboner; span. carbonero; ptg. carvoeiro. Dazu die entspr. Feminina.

Das gleichbedeutende ital. rtr. ciera, cera... 1916) [1. **cărăbus, -um** m. (gr. κάραβος), eine Art langgeschwänzter Meerkrebse (Plin. N. H. 9,97); das Wort scheint im Romanischen keine unmittelbare Nachkommenschaft zu besitzen, denn frz. crevette wird besser auf ein germanisches Grundwort (nach Joret aber auf lt. *capretta) zurückgeführt, man sehe das nähere oben in dem das Frz. betreffenden Abschnitte unter capra. — Über die mittelbare Nachkommenschaft des Wortes hat Nigra, AG XIV 277, eingehend gehandelt; er zieht in dieselbe ein auch ital. garbuglio, Wirrwarr, was daran erinnert, daſs schon Diez 602 s. v. Zusammenhang des Wertes mit krabbeln vermutet hatte. S. unten **grab.**]

1917) 2. **carabus, -um** m., ein kleiner Kahn aus Flechtwerk u. mit Leder überzogen (Isid. 336; vermutlich ist das Wort dasselbe wie carabus, Krabbe,

da ein kleines Schiff ja sehr wohl mit einem Krebs verglichen werden kann); dav. ital. Demin. caravella, kleines Schiff; frz. caravelle (Lehnwort); span. cáraba, dazu das Demin. carabela. Vgl. Dz 88 cáraba.

1918) gäl. **carach** „whirling, circling, deceiving, deceitful" (von dem Sbst. car, bogenförmige Bewegung), wird von Dz 88 caragollo als Grundwort aufgestellt zu: ital. caracollo, Wendung mit dem Pferde, caragollo, Wendeltreppe, caracollare, eine Wendung mit dem Pferde machen; frz. caracol (auch caracole), Schneckenhaus, Wendeltreppe, Wendung mit dem Pferde im (Halb)kreise (nach Dz 573 soll escargot, Schnecke mit Gehäuse, wahrscheinlich gleichen Stammes mit caracol sein, „dem ein verstärkendes s vorgesetzt ward", welche Vermutung von Scheler im Dict. s. v. wiederholt u. durch Anführung der altfrz. Form escargol glaubhafter gemacht wird, übrigens ist das Wort in jedem Falle Lehnwort); span. ptg. caraòol. Die keltische Herkunft des Wertes ist indessen sehr zu bezweifeln, vgl. Th. 54. Eine andere Ableitung ist schwierig. Eine (freilich etwas verzweifelte) Vermutung werde gewagt. Vielleicht hat man von dem Vb. caracollare auszugehen u. in demselben ein Kompositum aus cara (Gesicht) + *collare (v. collum, also gleichsam „halsen", d. h. den Hals wenden) zu erblicken (vgl. cap[um] + voltare u. a.), so daſs das Vb. heiſsen würde „das Gesicht, bezw. den Kopf (des Pferdes) am Hals herumdrehen, herumreiſsen (mittelst der Zügel)", also „eine Wendung mit dem Pferde machen", dann das davon abgeleitete Vbsbst. allgemein „Drehe, Wende" u. dies übertragen auf eine sich windende Treppe, bezw. auf das gewundene Schneckenhaus.

1919) ***caracta*** (eigentl. characta, gr. χαραχτήρ vom St. χαραγ) f. u. ***caractum*** n., eingeritzter Zauberspruch; altfrz. caraute, charaute, charaude (auch en-charauder), daneben charait u.

[Note: Column arrangement.] — Auf Zusammensetzung von cara + collum (also eigentlich Hals über Kopf) beruht vermutlich ital. caracollo, caragollo, Sprung mit dem Pferde, Wendeltreppe, Schnecke; frz. caracol, (escargot, Schnecke); cat. caragol; span. ptg. caracol. Salvioni, Z XXII 471, zieht hierher auch lomb. gárof ammasso di pietre, macia, sasseto, mucchio di sassi per pigliarvi i pesci. Vgl. Dz 88 caragollo, 573 escargot. S. unten No 1918.

1922) **cărbŏnĕsco**, **-ēre** (v. *carbo*), verkohlen (Cael. Aur. chron. 2, 13, 168 u. 5, 1, 20); ital. (*in-carboníre*); rum. *cărbunesc, ii, it, i.*

1923) **cărbŭncŭlŭs**, **-um** m. (Demin. v. *carbo*), kleine Kohle, ein Edelstein, ein Geschwür; ital. *carbunculo, carboncolo* „specie di pietra preziosa" *carbonchio* „la pietra preziosa, e anche una malattia de' bovini" vgl. Canello, AG III 352: altfrz. *carbuncle, escarboncle* (Rol. O. 1326, 1488), *ccs[h]arboncle, escarbocle* (R. de Troie 11628), vgl. Berger p. 123; neufrz. *escarboucle f.*, (*charbucle* Getreidebrand), außerdem *carbouille* = *carbŭcula*, wozu das Vb. *carbouiller*, vielleicht gehört hierher auch *carbouillon*.

1924) Stamm **carc-**, **corc-**, (wovon gr. καρκίνος), Krebs (als Krankheit); auf diesen Stamm gehen nach C. Michaelis, Jahrb. XIII 209, zurück: 1. span. *carcino*, Krebs, *carcinomia*, Krebsschaden, *carcoma*, Wurmfrafs, davon abgeleitet *carcomer* (auch ptg.), anfressen (Dz 437 s. v. leitete die Werte von *car*[o] +*comedere* ab); vielleicht auch *carcuezo*, abgezehrt, ptg. *caruncho* (davon das Vb. *carunchar*, wurmstichig werden) u. *carugem*, Holzwurm. 2. cat. *corc* (arag. *corca*), Holzwurm, Kornwurm.

1925) **cărcĕr**, **-ĕrem** m., Gefängnis; ital. *carcere*; altfrz. *chartre f.*, dav. abgel. *chartrier, chartier* etc., vgl. Cohn, Suffixw. p. 22; span. *cárcel f.* Vgl. Dz 544 *chartre.*

1926) **cărcĕrārĭŭs**, **a**, **um**, zum Kerker gehörig; ital. *carcerario*, Adj., *carceriere*, Kerkermeister, vgl. Canello, AG III 306.

1927) **cărchēsĭŭm** n. (gr. καρχήσιον), ein hohes Trinkgeschirr, Mastkorb; davon nach Rönsch, RF I 449, ital. *calcese*, Mastkorb, durch volksetymolog. Umbildung, vgl. oben *calcense*. — C. Michaelis, Jahrb. XIII 312, leitete auch ital. *carcasso*, Köcher, frz. *carquois* (dies Wert ist aber im Altfrz. in der Bedtg. „Köcher" nicht vorhanden, sondern findet sich nur in der Bedtg. „Rippenkasten", vgl. Förster, Z I 156), span. *carcaj* von *carchesium* ab, sich besonders darauf berufend, dafs frz. *carquois* noch im 17. Jahrh. auch „Mastkorb" bedeutet habe (s. Littré s. v.) u. dafs span. *carcaj* auch das Futteral bezeichne, in welchem bei feierlichen Gelegenheiten das Kruzifix getragen werde. Man wird nicht umhin können, dem beizustimmen, jedoch mit dem Vorbehalte, dafs frz. *carquois* ein durch Suffixvertauschung umgebildetes Lehnwort sei. Dz 88 *carcasso* hatte die Sippe von *carcasso* etc. ebenso wie die von *carcassa*, Gerippe, als aus *caro + capsa* zusammengesetzt erklärt.

1928) **cărdĕo** (oder **cărdĭo**), **-ōnem** m. (zusammenhängend mit *carduus*, Distel), strunkartiges Gewächs, ist nach Diez Grundwort zu ital. *garzone*, Knabe (die Bedeutungsentwickelung würde also gewesen sein: Strunk, dann als Schimpfwort für einen aufgeschossenen, jungen Menschen gebraucht, also Bursche); prov. *garson-s* (möglicherweise ist das Adj. *gart-z*, das z. B. b. Bertran de Bern ed. Stimming 20, 43 in der Bedtg. „schlecht" vorkommt, die ursprüngliche Nominativform dazu); altfrz. c. r. *gars*, c. o. *garson*, Bursche, vgl. Burguy I 71, dazu das Fem. *garce*, Mädchen, Dirne, nfrz. *garçon*, Bursche, Kellner, Knabe, unverheirateter Mann; span. *garzon*, Junggesell (das übliche Wort für Knabe ist *muchacho*); ptg. *garção*, Knabe (daneben in gleicher Bedtg. *rapáz*), vgl. Dz 157 *garzone*. Die Diez'sche Ableitung ist jedoch lautlich völlig unhaltbar, vgl. Baist, RF VI 426. Suchier, Z XVIII 281, erblickt in frz. *garce* die Koseform

des german. Frauennamens *Garsindis*, (*Garsuuinth*), was auch nicht befriedigen kann. Körting, Formenbau des frz. Nomens p. 317, setzt *g(u)arce* = germ. *wartja* (mhd. *warze*) „Gewächs, Wurzel" an.

1929) **cărdĕllus**, **-um** m. (*carduus*), Distelfink; ital. *cardello;* (frz. *chardonnet, chardonneret*). Vgl. d'Ovidio, AG XIII 431 Anm. 1.

1930) **cărdĕŭs** (oder **cărdĭŭs**), **-um** m. (zusammenhängend mit *carduus*), büschelförmiger Pflanzenteil; ital. *garzo* (nur lomb.), Herz des Kohles, davon das Demin. *garzuolo;* viell. gehört hierher auch *garza*, weifser Reiher, span. *garceta*, Haarbüschel, kleiner Reiher (der Vogel würde nach seinem Federbusch benannt worden sein). Vgl. Dz 375 *garzo* u. 157 *garzone.*

1931) 1. **cărdo**, **-dĭnem** m., das Dreh-, Wendeding, Thürangel; ital. *cardine*, Thürangel; frz. [*carne*, Kante, Winkel (altfrz. auch Thürangel)], davon abgeleitet *charnière*, gleichsam *cardinaria*, Gewinde, Gelenkband, *charnon*, Gewinde. Vgl. Dz 539 *carne;* Salv., R XXVIII 37.

1932) 2. **cărdo**, **-ōnem** m. (Augmentativ zu *cardus* f. *carduus*), Distel; prov. *cardus-s*, Kardendistel; frz. *chardon*, Distel, aus *chardon roulant* entstand durch volksetymologische Umdeutung *chardon Roland*, vgl. Cohn, Suffixw. p. 13; span. *cardon*. Vgl. Dz 88 *cardo*; Gröber, ALL I 542, vgl. auch IX 6.

1933) **cărdŭs**, **-um** m. (für *carduus*), Distel; ital. *cardo*, Distel (als Pflanze u. als Kratzwerkzeug), dazu das Kompos. *s-cardo*, Krämpel, u. das Vb. *cardare*, Wolle kratzen; sard. *cardu;* frz. (das Primitiv ist durch *cardo* [s. d.] verdrängt, liegt aber vor in den Substantiven zu dem vorauszusetzenden Vb. *écharder* = *échardonner* u. *écardonner*, wov. *écardonneur*, Stieglitz, vgl. Cohn, Suffixw. p. 249) *échard*, Filz, *écharde*, Distelstachel; henneg. *écard*, Scharte, *écarder*, schartig machen, ist von mndl. *schaard* (ndl. *schaarde*, Scharte) abzuleiten, vgl. Mackel 64; span. *cardo*, davon das Vb. *escardar*, Disteln ausjäten, wovon wieder das Shst. *escarda*, Distelhacke. Ableitungen von *cardus* sind auch ital. *scardassare*, Wolle kardätschen; neuprov. *escarrassá;* cat. *escarrassarse*, sich abhetzen (von Baist, Z V 246, fälschlich zu *excarptiare* gestellt). Vgl. Dz 88 *cardo;* Gröber, ALL I 542 und II 279 unter **excarptiare.**

1934) **cărctŭm** n. (v. *carex*), Ort voll Riedgras; ital. *carreto;* mail. com. (auch tic.?) *caréč*, vgl. Salvioni, Post. 6, Meyer-L., Z. f. ö. G. 1891 p. 767.

1935) [**cărēstŭs a**, **um**; ein zu *carere* neugebildetes Partizip *carestus* soll nach Ulrich, R VIII 264, das Grundwort sein zu ital. prov. VIII. ptg. *carestia* (span. ptg. auch *caristia*, altspan. *carastía*), Mangel, Teuerung, davon das Adj. ital. *carestoso*, prov. *carestios*, notleidend. Ulrich vergleicht Bildungen, wie span. *a-monestar* v. *monestus* v. *monēre* u. die Ableitungen v. *conestus* v. *comēre* für *comedere*. Aber diese Herleitung ist sehr unwahrscheinlich, erstlich weil die Bildung eines Partizips Perf. Pass. von *carere* der Bedtg. dieses Verbs wegen nicht recht glaublich ist, u. sodann weil das Suffix *-ia* an Passivpartizipialstämme nicht antritt; ein mit *carere* zusammenhängendes Shst. würde *carentia* gelautet haben. Auch ist im Bezug auf die Bedtg. zu bemerken, dafs an einer „Teuerung (der Lebensmittel)" nach volkstümlicher Auffassung nicht sowohl der Mangel an Lebensmitteln oder die Entbehrung derselben, sondern eben ihr teurer Preis das auffällige Merkmal ist.

Das Grundwert zu *carestia* kann, wie auch Dz 89 *s. v.* annahm, nur *cārus* sein (man vgl. auch das schriftlat. *caritas annonae*); die Bildung ist freilich schwer zu erklären, möglicherweise ist sie hybrider Art u. beruht auf einem gräzisierten Superlativ *caristus, der in der Griechisches u. Lateinisches vielfach mengenden byzantinischen Beamtensprache nicht undenkbar ist.]

1936) **cărĕŭm** *n.* (gr. *κάρον*), Feldkümmel (Carum carvi L.); ital. *carvi*; neuprov. *charui*; frz. *carvi*; span. *carvi* u. *alcaravea* (arab. *alkaravia*). Unmittelbare Herkunft aus dem Lat. ist lautlich nicht wohl möglich, vermutlich liegt den roman.Worten die arab. Form zu Grunde, vgl. Dz 90 *carvi* u. dagegen Eg. y Yang. 132.

1937) **cărēx, -rĭcem** *f.*, Riedgras; ital. *cárice*, Riedgras; span. *carrizo*, Schwertlilie; ptg. *carrico*, Riedgras. Vgl. Dz 437 *carrizo*; Salvioni, Post. 6.

1938) *cărĭă, -am* *f.* (f. *caries*), Fäulnis; (venez. *caresina*; vic. *carese* (= *cariceus*); engad. *kera*; neuprov. *keiro*, vgl. Meyer-L., Z. f. ö. G. 1891 p. 767; ptg. *quera*, Krebs (als Krankheit), C. Michaelis, Misc. 147; davon abgeleitet das Ptg. *querado*.

1939) **cărīnă, -am** *f.*, Schiffskiel; ptg. *querena*, *crena*, Kielholen. Vgl. Dz 443 *crena.* — „Ital. *carena*, frz. *carine*, span. *carena*, ptg. *querena*, *crena* sind mit lat. *carina* nicht direkt zu verbinden, auch lassen sich nicht alle Formen auf eine gemeinsame Grundform zurückführen. Wahrscheinlich ist das Wort, wie andere Schifferausdrücke, von einer Seestadt ausgegangen; es würde sich fragen, ob irgendwo am adriatischen oder am mittelländischen Meere *i* vor *n* zu *e* wird, wo also die Heimat der Form zu fixieren wäre. Genua kann es nicht sein, da hier das Wort *caina* lautet." Meyer-Lübke, Rom. Gr. I § 44. Vgl. auch Canelle, Riv. di fil. rom. I 511; d'Ovidio, Giorn. di fil. rom. I 80 u. Gröber's Grundrifs I 507; Cohn, Suffixw. p. 226.

1940) **cărĭtās, -tātem** *f.* (v. *carus*), Teuerung, Liebe (u. im kirchlichen Latein insbesondere christliche Bruderliebe, Barmherzigkeit); ital. *carità*; prov. *caritat-z*; frz. *cherté*, Teuerung („Altfrz. *cherté* wohl Eigenbildung aus *cher*, wie *malvaistié* aus *malvais*, denn läge *caritatem* zu Grunde, so wäre *charté* zu erwarten, weil der Schwund des vortonigen *i* älter ist als die Umbildung von *a* zu *e*, und *car't* nur *chart* werden konnte (vgl. *carricare : charger*)." Gröber. — „Aber das *e* in *cherté* kann auf Angleichung an *cher* beruhen; die Bedeutung von *cherté* weist auf unmittelbaren Zusammenhang mit kirchenlateinischem *caritatem* hin". Körting); *charité*, Barmherzigkeit; span. *caridad*; ptg. *caridade*. Vgl. Berger p. 77.

1941) **cărmĕn** *n.*, Spruch, (Gebots-, Zauber- etc.) Formel, Lied; frz. *charme*, Zauberformel, Zauber. Vgl. Dz 544 *s. v.* Nach Caix, St. 336, würde auch ital. *ghermínella* „inganno, truffa" auf *carmen*, bezw. auf das davon abgeleitete ahd. *kermínót* zurückzuführen sein.

1942) 1. **cărmĭno, -āre** (v. *carmen*, Lied), dichten (Sidon. ep. 1, 9 u. 9, 15); ital. *(in)giarmare* (durch Zauberformeln) betrügen, vgl. Caix, St. 364; frz. *charmer*, bezaubern, neben *charmé* „gefeit" ist im Altfrz. auch *charné* vorhanden, vgl. Cohn, Sufixw. p. 188. Vgl. Dz 544 *charme*.

1943) 2. **cărmĭno, -āre** (v. *carmen*, Krämpel), krämpeln; davon ital. *scarmigliare* (venez. *sgramigná*) „arruffare, scompigliare", vgl. Caix, St. 519,

dazu das Sbst. *gramola*, Breche zum Flachs, und das Vb. *gramolare*, Hanf brechen, Teig kneten; obwald. *karmalar*; span. *carmenar*, *gramar*; kneten, *grama*, *gramilla*, Schwingmesser, Hanfschwinger; ptg. *gramar*, Hanf brechen, *gramadeira*, Hanfbrecher, Vgl. Dz 171 *grama*; Baist, RF I 133 (bestreitet, dafs *gramar* = *carminare* sei).

1944) (gallischer oder lateinischer?) Stamm *carmōn (ahd. *harmo*, lit. *szermů*) = rtr. (obwald.) *karmun*, Wiesel, Meyer-L. Z., XIX 97.

1945) [*cărnăcĕŭs, a, um, fleischern; rum. *cărnaţ*, Wurst.]

1946) **cărnārĭŭm** *n.* (v. *caro*), Fleischkammer; ital. *carnajo* „luogo da riporvi la carne, e sepoltura comune", *carniere*, -o „borsa da caccia, indi borsa in genere" vgl. Canello, AG III 306; prov. *carnier-s*, Beinhaus; frz. *charnier*; span. *carnero*. Vgl. Dz 99 *cimeterio*.

1947) **cărnātŭs, a, um** (v. *càro*), fleischig; frz. *charrée*, Köder, vgl. Joret, R VI 596, vgl. auch Gröber im Nachtrag zu No 1672 der ersten Ausg. des Lat.-rom. Wtb.'s; span. *carnada*, Stück Fleisch, welches als Köder dient.

1948) [cărnem laxāre, das Fleisch loslassen, der Sinnenlust freien Lauf lassen; ital. *carnelasciare* (daraus durch Umstellung) *carnescialare*, auch *carnascialare* (in Anlehnung an *carrus navalis*, w. m. s.), Fastnacht feiern, dazu das Sbst. *carnasciale*. Vgl. Dz 362 *carnevale*. S. unten **carrus navalis.**]

1949) **cărnĕŭs, a, um**, fleischern; ital. span. *carneo.*

1950) **cărnĕus, a, um**, fleischern; ital. span. *carneo.*

1950) **cărnĭfex, -ĭcem** *m.*, Henker; ital. *carnefice.*

1951) [*cărnĭtĭārĭŭs, -um *m.* (v. *caro*), Fleischer; rum. *cărnăţar*; prov. *carnacier-s*; span. *carnicero*; ptg. *carniceiro.*]

1952) **cărnōsŭs, a, um**, fleischig; ital. *carnoso*; rum. *cărnos*; prov. *carnos*; span. ptg. *carnoso.*

1953) *cărnūtŭs, a, um* (v. *caro*), fleischig; ital. *carnuto*; frz. *charnu*; span. ptg. *carnudo.*

1954) **căro, cărnĕm** *f.*, Fleisch; ital. *carne*; rum. *carne*; prov. *carn-s*; frz. *chair*; cat. *carn*; span. ptg. *carne.*

1955) **căro + căpsă**, Fleischkasten, Fleischbehälter; ital. *carcassa*, Gerippe; frz. *carcasse*; span. *carcasa*; ptg. *carcassa*. Vgl. Dz 88 *carcasso*; s. aber auch oben **carchesium.**

1956) [*cărŏlŭs (f. *cărŏlŭs* v. *caries*), -um *m.*, Holzwurm, ist das Grundwort zu zahlreichen Bezeichnungen dieses Insekts, vgl. Ascoli, AG I 74 Anm. 2 Z. 6 v. u. 144 Z. 1 v. ob., 328 Anm. Z. 3 v. u., 522.]

1957) [gleichs. *cărōneus, a, um* (v. *caro*, vgl. Ascoli, AG XI 419), zum Fleisch gehörig, Aas; ital. *carogna*, Aas; prov. *caronha*; frz. *charogne*; span. *carroña*, dazu das Adj. *carroño*, stinkend. Vgl. Dz 89 *carogna*; Gröber, ALL I 543; Ascoli, AG XI 419.]

1958) **cărōta, -am** *f.* (*κάρωτον*), Möhre; ital. *carota*; frz. *carotte*. (F. Pabst.)

1959) **cărpă, -am** *f.*, Karpfen (Cassiod. var. 2, 4); ital. abgeleitet *carpione*; rum. *crap* *m.*; prov. *escarpa*; frz. *carpe*; span. *carpa*; ptg. *carpa*. Vgl. Dz 89 *carpa*; Kluge unter „Karpfen", wo man Näheres über die Verbreitung des Wortes im German. u. Slav. findet.

1960) **cărpĕntārĭŭs, -um** *m.* (v. *carpentum*), Wagenbauer, Stellmacher; ital. *carpentiere*, Wagner, Zimmermann; prov. *carpentier-s*; frz. *charpentier,*

Zimmermann; span. *carpintero*, Zimmermann; Tischler: ptg. *carpinteiro*. Vgl. Dz 89 *carpentiere*.
1961) **cărpĕntŭm** *n.*, (Gerüst, Leiterwagen), Wagen; rtr. *carpient* (vgl. auch *crapenda*, *charpainta*, valtell. *crapéna* Heubodeo, vgl. Salvioni, Z XXII 468); frz. *charpente*, *f.*, Zimmergerüst, Gebälk. Vgl. Dz 89 *carpentiere*.
1962) (**cărpīnus** u.) ****cărpīnus, um** *f.*, Hagebuche (Carpinus Betulus L.); ital. *cárpino, carpine* (*carpigno* — *carpineus*); piem. *kérpu;* rum. *carpin, carpän;* frz. *charme* (dialektisch *carne*); span. ptg. *carpe*. Vgl. Dz 544 *charme;* Gröber ALL I 543.
1963) *****cărpĭo, -īre** (für das im Roman. ganz geschwundone *carpo, carpere*, rupfen); ital. *carpire; regg. sgarbir;* rtr. *karpir;* altfrz. *charpir*, zupfen (Komp. *escharpir, descharpir*), davon das substantivierte Partizip *charpie*, gezupfte Leinewand; das gleichbedeutende ital. *carpia* ist wohl eine an lat. *carpere* angelehnte Umformung des frz. Wertes; span. *carpir*. Vgl. Dz 544 *charpie;* Parodi, R XVII 61; (mit *carpire* bringt Horning, Z XVIII 215, auch ostfrz. *charpaigne*, Korb, in Verbindung).
1964) *****cărptĭo, -āre** (v. *carpere*), zerstückeln; davon nach Dz 595 frz. *gercer (: *carptiare = geóle : caveola*), spalten, wozu die Vbsbst. *gerce*, Spalte im Holz, Motte _(weil sie zerroißt). Baist dagegen, Z V 563, will *gercer* (altfrz. *jarcer*) nebst dem gleichbedeutenden span. *sarjar, sojar* vom griech. *διαίρεσις*, Trennung, Schnitt, herleiten, worin man ihm aus sachlichen wie aus lautlichen Gründen unmöglich beistimmen kann. Bezüglich *gercer* wird man bei Diez' Annahme sich beruhigen dürfen, span. *sarjar* aber steht vermutlich mit lat. *sarire* in Zusammenhang.
1965) **carpus, -um** *m.* (gr. *καρπός*), Vorderhand (das Wort fehlt b. Georges); ital. *carpo*, Vorderhand, davon das Adv. *carpone*, gleichsam grofshändig, d. h. auf allen Händen, auf allen Vieren. Vgl. Dz 363 *carpone*.
1966)[(*****cărrăgĭŭm**),*****cărrīāgĭŭm**,*****cărrūātĭcŭm** *n.* (v. *carrus*), Fuhrwerk, Fracht; ital. *carriaggyio*, frz. *charriage;* span. *carruaje;* ptg. *carruagem.*]
1967) [*****cărrārĭă, -am** *f.* (v. *carrus*), Wagenweg, fahrbarer Weg, Strafse, Bahn; ital. *carraja* und *carriera*, vgl. Canello, AG III 306; rum. *cărare;* prov. *carriera;* altfrz. *charrière* und *carrière*, *quarrière;* nfrz. *carrière* (ist also verschieden von *carrière*, Steinbruch — **quadraria*); span. *carrera;* ptg. *carreira.* Vgl. Dz 89 *carriera.*]
1968) [*****cărrārĭŭs, -um** *m.* (v. *carrus*), Fuhrmann; ptg. *carreiro.*]
1969) [*****cărrătă** (v. *carrus*), Wagenladung; ital. *carrata; frz. charrée* „cendre lessivée". vgl. Joret, R VI 525; das frz. Wort wird gewöhnlich aus **cinerata* hergeleitet, lautlich aber kann es nur — **carrata* sein, den seltsamen Bedeutungswandel freilich weifs auch Jeret nicht zu erklären.]
1970) [*****cărrătĕllum** *n.*, (v. *carrus*), kleine Ladung; ital. *caratello*, Fäfschen, vgl. Dz 362 *s. v.;* Guarnerio, R XX 257 Anm. (*caratello* soll auf *quádra* zurückgehen).]
1971) *****cărrĭco, -āre** (v. *carrus*), auf den Wagen laden, belasten; ital. *car(i)care*, dazu das Vbsbst. *carico, -a;* rum. *care, ai, at, a* (nur in Kompositis); prov. *cargar; frz. charger*, belasten daneben altfrz. *charrier, 'charroier*, fahren, dazu das Vbsbst. *charge;* cat. *carregar;* span. *cargar*, dazu das Vbsbst. *cargo, -a;* ptg. *carregar*, dazu dieVbsbsttve *carrego, cargo, carga.* Vgl. Dz 89 *caricare.*

1972) **cărrūcă, -am** *f.* (v. *carrus*), Wagen; ital. nur als Demin. *carrucola*, Zugwinde; sard. *carruga*, dazu *carrugare*, carrucolare; prov. *carruga*, Kutsche; frz. *charrue*, Pflug. Vgl. Gröber, ALL I 543.
1973) **cărrūs, -um** *m.* u. **cărrŭm**, Pl. **cărră** *n.* (vgl. Apel, ALL I 450 u. namentlich Georges, ALL II 254), Wagen; ital. *carro;* rum. *car;* rtr. *car* etc., s. Gartner § 200; prov. *car-s;* frz. *char;* span. ptg. *carro.* — Zu den aufgezählten Worten sind zahlreiche Ableitungen in deminutivem wie augmentativem Sinne vorhanden, unter denen ital. *carrozza* (dazu das Adj. *carrozzabile*), gleichsam **carrocea* (davon wieder *carrozzajo* „chi fa e vende carrozze" guida carrozze", vgl. Canello, AG III 306), frz. *carrosse*, dazu das Adj. *carrossable;* span. *carroza* u. ital. *carosello, garosello*, frz. *carrousel*, Ringelrennen, die interessantesten sind. — Vgl. Dz 89 *carriera;* Meyer, Ntr. 163.
1974) [**cărrŭs nāvālīs**, Schiffswagen, d. h. Schiff auf Rädern, wie es bei festlichen Aufzügen angewandt zu werden pflegt; vermutlich beruht auf dieser Wortverbindung ital. *carnevale, carnovalc*, frz. span. u. ptg. *carnaval.* Anlafs zu dieser Benennung des Fastnachtfestes konnte der Umstand geben, dafs vielleicht ein Schiffswagen einen stehenden Bestandteil der Maskenaufzüge gebildet hat. Wenn dem so ist, so würde anzunehmen sein, dafs im Ital. durch gelehrte etymologisierende Umdeutung das Wort in *carnevale* (gleichsam ital. *carne*, Fleisch + lat. *vale*, lebe wohl) umgewandelt worden sei, während das Frz. u. das Span. das aus dem Ital. entlehnte Wort in seiner ursprünglichen Gestalt bewahrten, weil, wenigstens im Frz., eine solche Umdeutung weniger nahe lag. — Neben *carnevale* besitzt das Ital. das Sbst. *carnasciale* v. *carnasciale=carnem laxare* (s. d.); ähnlich wird im Rum. der Tag vor Beginn der Fasten *lăsare de carne* genannt, sachlich entspricht dem Karneval das Wort *căşlegi* „réjouissance de carnaval dans la semaine de beurre (de fromage), avant le grand carême, pendant lequel même le manger de laitage est défendu dans l'église grecque-orientale", vgl. Ch. *caş.* Vgl. Dz 362 *carnevale;* vgl. auch P. Meyer, R XVII 154; Behrens, Metath. p. 46 (handelt über *carlevá*).]
1975) **cartilāgo, -īnem** *f.*, Knorpel; (ital. *cartilaggine*); lomb. *cartelám*, *cartlám*, *carlám* pellicola dell' nuovo; obwald. *cartilagna*, vgl. Salvioni, Post. 6; (frz. *cartilage*).
1976) **cărŭs, a, um**, teuer; ital. *caro;* rtr. *kar*, *ker*, *tçer* etc., vgl. Gartner § 27; prov. *car;* frz. *chier, cher;* span. ptg. *caro.*
1977) **cărýophýllŭm** *n.* (gr. *καρυόφυλλον*), daraus **garófulum* (?), Gewürznelke (Caryophyllus aromaticus L.); ital. (mit Umbildung) *garófano;* sard. *colóvru;* sicil. *galófaru;* venez. *garofolo;* rum. *carofil*, *garofil;* rtr. *garóful*, vgl. Gartner § 2 *α);* prov. frz. *girofle;* span. *girofle, girofre.* Vgl. Dz 156 *garófano;* Gröber, ALL II 433; Bugge, R III 147.
1978) **căsa, -am** *f.*, Hütte, Haus; ital. *casa*, dazu die Ableitung *casacca*, frz. *casaque*, span. ptg. *casaca*, lange Überjacke (gleichsam eine anziehbare Hütte), vgl. Dz 90 *s. v.*, doch ist das Wort wohl besser als slavisches Lehnwort aufzufassen („Kosakenrock"). u. ebenso dürfte it. *casipola*, frz. *chasuble*, nicht, wie Flachia, AG IV 380, will, von *casa* abgeleitet, sondern Fremdwort sein, vgl. G. Paris,

R IX 624. Storm, R V 174, nimmt an, dafs das
span. casulla, Mefsgewand, welches von Dz 91
casipola trotz des Accentes dem lat. casula gleichgesetzt wurde, aus *casupla, *casubla (frz. chasuble)
entstanden sei; rum. casà; rtr. kaza, ka, kësa,
tχësa etc., vgl. Gartner § 200; prov. casa; frz.
(case, Häuschen, Hütte, das übliche Wort für „Haus"
ist maison == *mansionem), [Adv. chez, bei, ·geht
auf *casus zurück]; span. ptg. cat. casa. S. auch
unten *cäsus.
    1979) cäsa *matta, eigentl. mattes, schwaches
d. h. rohes, nicht ausgebautes, sondern gleichsam
nur angedeutetes Haus, Kellerhaus, Wallkeller;
ital. cǫsamatta; frz. casemate; span. casamata.
Diese von Mahn, Etym. Unters. p. 6, aufgestellte
u. von Dz 90 s. v. wiederholte Herleitung ist des
anzunehmenden Bedeutungswandels wegen nicht
ohne Bedenken, immerhin aber ist sie glaubhafter
als die von Wedgwood, wonach das Wort aus span.
casa + matar, töten (bezw. Shet. mata, Gemetzel)
zusammengesetzt sein und also ursprünglich etwa
„Mordhaus" bedeutet haben soll.   Ebenso wenig
glaubhaft ist Ménage's, von Baist, RF VII 314,
wieder aufgenommene Etymologie casamatta =
χάσματα (Plur. v. χάσμα), Klüfte; Baist's Berufung
auf Rabelais, Prolog zu Buch III, kann nichts erweisen. Ein sicheres Urteil über die Herkunft des
Wortes wird sich erst abgeben lassen, wenn festgestellt sein wird, wo es zuerst gebildet und gebraucht
wurde.
    1980) cascus, a, um, uralt (sabinisch-oskisches
Wort, nur in der ältesten Latinität vorkommend,
z. B. Enn. ann. 24, dann wieder von Ausonius gebraucht, ep. 22, 27); ital. casco, alt, hinfällig
(„im Ital. kaum volkstümlich, wohl aber im Rätischen", Meyer·L., Z. f. ö. G. 1891 p. 767). Vgl.
Dz 363 s. v.
    1981) *cāsēārīus, um m. (v. caseus), Käsebereiter;
rum. cǎçar; span. quesero; ptg. queijeiro; dazu
das Sbst. (rum. cǎşǎrie), span. queseria, ptg.
queijeiria, Käserei.
cāsēŏlūs, -um s. cāsēŭs.
    1982) [*cāsernă, -am f. (von casa nach Analogie
von caverna gebildet, vgl. Dz 90 caserma), weites
Haus; ital. caserma; rum. cǎsarmǎ; frz. caserne;
span. ptg. caserna.] — Siehe den Nachtrag.
    1983) cāsēŭs, -m m., Käse; ital. cacio u. cascio,
davon abgeleitet cascina, Meierei; rum. caş; rtr.:
das Primitiv ist durch das Deminutiv caseolus verdrängt, welches sich zu kažžel, kižžel, tχižöel etc.
entwickelt hat, vgl. Gartner, § 46; prov. casieu-s
(= *caseolus); im Frz. (wohl auch im Prov.) ist
*formaticum = fromage an die Stelle von caseus
getreten, auch im Ital. steht formaggio, neben
cascio, u. aus dem Ital. ist das Wort in einzelne
rätische Gebiete übertragen worden, vgl. Gartner
§ 6; span. queso; ptg. queijo. Vgl. Dz 90 cascio.
    1984) [*cāsīco, -āre (v. cas[s]o, -āre = cad-so,
Plaut. mil. 852 u. 856), fallen, ist das mutmafsliche Grundwort zu ital. cascare, fallen, wovon
das Partizipialsubst. cascata, Wasserfall. (Span.
ptg. cascar, zerbrechen, = *quassicare, frz. casser
= *quassare gehören also zu einer anderen Sippe.
Vgl. Dz 363 casco; Gröber, ALL VI 380).]
    1985) casnar, alter Geck (tuskisches oder oskisches
Wort, belegt z. B. b. Varr. LL 7, 29); vielleicht (?)
erhalten in altfrz. casnard, Schmeichler, falls
dieses Wort nicht, wie Dz 540 s. v. wohl sehr
richtig vermutet, von canis abzuleiten sei (die älteste
Form würde dann cagnard sein).

    1986) *cǎso, -āre (v. casa), häuslich einrichten;
ital. casare; [rum. lautet das betr. Vb. cǎsǎtoresc,
ii, it, i, abgeleitet von dem Adj. cǎsǎtor = *casa-
torius]; prov. cazar; frz. caser; cat. span. ptg.
casar. Vgl. Ch. casǎ.
    1987) [*cāssīnus (oder *cassanus?, vgl. Meyer-L.,
Z XV 271 u. Rom. Gr. I p. 352, oder *casnus v. kelt.
cassen, cassin, caissn? vgl. Ascoli, AG XI 425), -um
m. (vielleicht zusammenhängend mit casnar „der
Weifse", so dafs als Baumname das Wort zunächst
etwa die Weifspappel bezeichnet hätte) ist die vorauszusetzende Grundform für prov. casse (dav. der
Eigenname Cassagnac), altfrz. chasne, Eiche,
während frz. chêne eher auf *caxinus hinweist,
vgl. W. Meyer, Z VIII 236; Horning, Ztschr. f.
nfrz. Spr. u. Litt. X² 245. S. auch unten caxinus.]
    1988) casso, -āre (v. cassus), für ungültig er-
klären (Eccl. u. spät. JCt.); ital. cassare, frz.
casser, u. auch sonst in den roman. Sprachen als
gel. Wort erhalten.
    1989) cassus, a, um, leer, nichtig, erfolglos;
ital. casso; prov. cas; altfrz. quas; span. caso;
ptg. casso, vgl. Dz 91 s. v. — Auf cassus, bezw.
auf *cassimus (vgl. pessimus, *bassimus, s. oben No
1260) führt Cohn, Z XIX 58, zurück frz. chaume f.,
Brachland, Weideland, wozu dann das Vb. chômer,
brachliegen, feiern, gehören soll; wegen der Lautentwickelung vgl. phantasma : fantôme. Die Ableitung von χάσμα weist Cohn der Bedeutung wegen
zurück, das gleiche Bedenken hätte er aber auch
gegen cassimus hegen u. zugleich erwägen sollen,
dafs man auf das vereinzelte u. abnorme fantôme
doch nicht wohl andere Etymologien stützen kann.
Die übliche Ableitung des chômer v. gr. καῦμα
(s. unten cauma) ist allerdings nicht einwandsfrei,
aber sie ist doch immerhin annehmbar.
    1990) castăneă, -am f. u. *castănēŭs, -um m.
(gr. κάστανον), Kastanienbaum, Kastaniennufs; ital.
castagna, -o; rum. castanǎ u. castan; prov. ca-
stanho u. -a; frz. châtaigne f. (für das Masc. ist die
Ableitung châtaignier eingetreten); span. castaña,
-o; ptg. castanha, -a.
    1991) cāstĕllānŭs, a, um (v. castellum), zu einem
Bollwerk, einer Burg gehörig; das Wort ist, namentl.
in substantivischer Bedeutung (,,Schlofsherr, -in,
Schlofsverwalter, -in"), in alle rom. Spr., mit Ausnahme des Rum., übergegangen (frz. châtelain, -e).
Das Ital. bildet daneben mit deutschem Suffix
castaldo (daneben castaldione), Güterverwalter, wovon
wieder castaldería, Meierhof; Dz 363 leitet das Wort
von got. gastaldan, erwerben, ab. Vgl. unten
gastaldan.
    1992) cāstĕllŭm n. (Demin. zu castrum), Boll-
werk, Burg; ital. castello; prov. castel-s; frz.
château; span. (mit Suffixvertauschung) castillo;
ptg. castello. Dazu Deminntiva, z. B. frz. châtelet,
Schlöfschen. Vgl. Gröber, ALL VI 380.
    *cāstīgāmĕntŭm s. cāstīgo.
    cāstīgātīo s. cāstīgo.
    cāstīgātŭr s. cāstīgo.
    1993) cāstīgo, -āre (= castum + ago), säubern,
bessern, strafen, züchtigen; ital. castigare, gastigare,
davon castigo u. castigamento; rum. cǎştig at at a
(etwas besser machen u. dadurch) Nutzen haben,
gewinnen, dazu das Sbst. cǎştig; prov. castejar,
castiar, dazu castic-s, Tadel, Rat, Warnung, castiamen-s, Züchtigung, castiaire, Tadler; altfrz.
c(h)astier, c(h)astoier, tadeln, ermahnen, belehren,
dazu chasti, chastoi, Tadel, Warnung, chastiement,
chastoiement, Belehrung u. dgl.; nfrz. châtier, dazu

châtiment, Strafe; span. *castigar,* strafen, kränken, betrüben, dazu *castigo* u. *castigamento,* Strafe, *castigador,* Züchtiger; ptg. *castigar,* dazu *castigo* u. *castigação.* Vgl. Dz 544 *châtier.*

1994) **cāstīmōnĭă, -am** *f.* u. **cāstĭtās, -tātem** *f.,* Reinheit, Keuschheit, sind nur als gelehrte Worte u. auch als solche nur vereinzelt erhalten, z. B. ital. *castità,* span. *castimonia,* ptg. *castidade;* frz. *chasteté.*

1995) **castŏr, -ōrem** *m.* (gr. κάστωρ), Biber; ital. *castore* u. *-o; prov. frz.* span. ptg. *castór.* Eigentl. volkstümlich sind die auf germ. *beber* [s. d.] beruhenden Worte.

1996) **cāstro, -āre,** verschneiden; ital. *castrare;* frz. *châtrer;* span. *castrar;* ebenso ptg.

1997) **cāstrŭm** *n.,* Festung, Lager; sard. *krastu;* sonst nur gel. W.: ital. span. *castro;* in den übrigen rom. Spr. ist das Wort durch *campus* verdrängt worden, das auch im Ital. und Span. in dieser Bedeutung üblich ist.

1998) **cāstŭs, a, um,** rein, unschuldig; als Adj. ist das Wort ital. span. ptg. *casto* erhalten, aber nur in der gewählten, bezw. der gelehrten Sprache; das Span. u. Ptg. besitzen aufserdem das substantivierte Fem. *casta* in der Bedtg. „(unvermischte) Rasse, Geschlecht", welches auch in das Frz. übergegangen ist *(caste).* Vgl. Dz 437 *casta;* Berger p. 78.

1999) **cāsŭlă, -am** *f.* (Demin. v. *casa),* Hüttchen, ein Mantel mit Kapuze (in letzterer ' Bedtg. Ven. Fort. vit. S. Medardi 2; Isid. 19, 24, 17); für identisch mit *cásula* erklärte Dz 91 *casipola* das span. *casúlla,* Mefsgewand, indessen der Hochton verbietet diese Gleichsetzung. Storm, R V 174, dagegen betrachtet *casulla* als entstanden aus *casubla (vgl. frz. *chasuble),* **casupla,* **casipula,*

2000) **cāsŭs, -um** *m.* (v. *cado),* der Fall im eigentl.. wie im übertragenen Sinne; ital. *caso;* prov. frz. *cas;* span. ptg. *caso.*

2001) ***cāsŭs, -um** *m.* (Nebenform zu *casa),* vgl. Loewe, Gloss. nominum S. 27, No 373), Haus; altfrz. *en* u. *a chies* (mit folgendem cas. obl.) im Hause = bei, nfrz. *chez;* altspan. altptg. *en cas.* Vgl. Dz 546 *chez;* Cornu, R XI 83 (stellt, wie Diez, *casa* als Grundwort auf, sucht aber den Abfall des *a* zu erklären); Morel-Falio, R IV 41 (setzt *en cas* = *in casis* an); Gröber, ALL I 543 (hier zuerst das Richtige).

2002) **cătă,** griech. Präp. m. Acc. [κατά, vgl. Morel-Falio, R XXII 482; richtiger ist übrigens nicht κατά, sondern κάϑα anzusetzen, vgl. Thumb, Handbuch der neugriech. Volksspr. § 137] (cata *mane,* gegen Morgen, Plin. Val. 2, 12; cata *mane, jeden Morgen, Vulg. Ezech. 46, 14 u. 15); ital. *cad-uno,* jeder; (rum. *căte,* zum Ausdruck der Distributivzablen, z. B. *căte oder fre catê unul, doi = un à un, deux à deux,* vgl. P. Meyer, R II 80, Ch. *s. v.* setzt *căte = quanta* an); rtr. *s-cadin;* prov. *cada, cada pau,* u. *cada pauc* und *pauc cada pauc,* allmählich (vgl. Raynouard, Lex. rom. II 283; u. Bartsch im Gloss. zur Chrest. prov. unter *cada),* noch neuprov. *a cha pau;* altfrz. *kiede* (von Dz 76 *cadauno* ohne Beleg zitiert), *cadhuna* (Eide), *cheün, chaün* (Livres des rois I 7, 16, IV 15, 20); cat. *cada, cada hu;* span. *cada, cada unu;* ptg. *cada, cada hum.* Der distributive Gebrauch von *cata* u. die Entwickelung desselben zu einem Pron. läfst sich veranschaulichen an der Anwendung des frz. *à* im vulgären Deutsch, wenn man z. B. sagt „à Person (= jede Person) zahlt eine Mark". Vgl. Dz 76 *cadauno* (wird von Dz als aus *quisque ad unum*

erklärt); P. Meyer, R II 80 (hier zuerst das Richtige); Cornu, R VI 453; Gröber, ALL I 543.

2003) ***cata** (v. *catar,* schauen, s. *capto;* Meyer-L., Rom. Gr. II 583, bestreitet diese Ableitung, aber wohl nicht in stichhaltiger Weise, vgl. Körting, Formenbau des frz. Nomens p. 157 Anm.; jedenfalls hat M.-L. die bisherige Ableitung durch keine bessere ersetzt) + germ. **balko,** Schaugerüst; ital. *catafalco;* prov. *cadafalc;* altfrz. *cadefaut, chafaut, escadafaut;* nfrz. *échafaud* (daneben das Fremdwort *catafalque);* span. *cadafalso, cadalso,* Blutgerüst, *cadahalso,* Holzbaracke (daneben das Fremdwort *cadafalco);* cat. *cadafal;* ptg. *cadafalso,* Blutgerüst (daneben das Fremdwort *catafalco).* Vgl. Dz 92 *catafalco.* S. oben No 1904.

2004) ***cătăbŏlă, -am** *f.* (gr. καταβολή), das Niederwerfen, eine Schleuder- oder Wurfmaschine; prov. *calabre-s* (aus *cadabre);* altfrz. *caable, chaable;* nfrz. *châble,* Flaschenseil, Winde (wenn dies nicht eine Scheideform zu *câble = capulum* ist), Ableitungen *chablis,* niedergeworfene Masse, Windbruch in Wäldern, *ac-cabler,* zu Boden werfen; altspan. *calabre.* Vgl. Dz 536 *caable,* Berger p. 276. — Deminutivbildung zu *calabre* scheint zu sein ital. *carabina,* Karabiner; frz. *carabine, carabin* (alt *calabrin),* mit Karabiner bewaffneter Reiter; span. ptg. *carabina.* Vgl. Dz 88 *carabina.*

2005) ***cata** (v. *catar,* schauen, s. *capto)* + ***būrius** (s. d.); ital. *gattabuia,* Kerker, vgl. Caix, St. 335.

2006) **cătăcŭmbă, -am,** Katakombe, Grabgewölbe (Orell. inscr. 4575 u. spät. Eccl.); ital. *catacomba;* frz. *catacombe;* span. ptg. *catacumba(s).* Vgl. Dz 91 *catacomba;* Meyer-L., Rom. Gr. II p. 583.

2007) ***cata** (v. *catar,* schauen, s. *capto,* s. oben **cata** + **balko)** + **lectus, -um** *m.,* Schaubett; ital. *cataletto;* neuprov. *cadaliech;* altfrz. *kaalit, chadelit;* span. *chadalecho,* Lager aus Baumzweigen oder Binsen. Vgl. Dz 92 *cataletro;* s. oben 1904.

2008) **cătăplăsmŭs,** umgestellt (unter Anlehnung an *pato = posto,* Teig) ***patacla[s]mus, -um** *m.,* Breiumschlag; neuprov. (limous. rouerg. etc.) *cataplasme, cataplaume, cataplame, cataplaime* etc., vgl. Behrens, Metath. p. 69.

2009) **cătărrhăctēs, -am** *m.* (gr. καταράκτη und καταρρ.), Wasserfall, ein schnell herabstürzender Wasservogel, nach einigen die Rotgans (in dieser Bedtg. Juba b. Plin. 10, 126); davon abgeleitet ptg. *cataranha,* Sturmmöve, woraus durch Entstellung *tartaranha, tartaranha,* ebenfalls einenWasservogel, aber auch Schreckgespenst bedeutend. Vgl. Dz 437 *cataraña;* C. Michaelis, Misc. 123.

2010) **cătăstă, -am** *f.* (κατάστασις), Schaugerüst; ital. *catasta,* Holzstofs, vgl. Dz 363 *s. v.*

2011) ***cătĕllŭs** *m.* od. ***cătĕllŭm** *n.* (Demin. v. *catena),* Kettchen, wurde von Dz 537 als Grundwort zu frz. *cadeau,* Schnörkel, kleines Geschenk, angenommen, u. Rönsch, Z III 104, suchte diese Herleitung durch den Nachweis zu stützen, dafs bei den Römern in der That kleine Ketten ein übliches Geschenk gewesen seien. Nichtsdestoweniger dürfte *cadeau* nebst dem verbalen Vb. *cadeler,* schnörkeln, auf *capitellum [s. d.] zurückgehen, vgl. Scheler im Anhangs zu Dz 786.

2012) **cătĕllŭs,** eătĕllă (Demin. neben *catulus),* kleiner Hund; ital. *catello;* rum. *căţel,* Hund, *câţé,* Hündin; prov. *cadel-s,* frz. *cheau (caieu = *caticulus,* nur in übertragener Bedtg. „Brutknospe der Zwiebel", über andere, aber ebenfalls unsichere Ableitungen des Wortes vgl. Cohn, Suffixw. p. 255); cat. cadell; span. cadiello, -a; ptg. cadella, Hündin. Das Wort ist in seiner Gebrauchsweite durch die Deminutiva von canis sehr eingeschränkt worden. — Hierher scheint auch frz. câlin (= *catellinus) zu gehören, doch ist die Lautgestaltung des Wortes auffällig, denn zu erwarten wäre *chellin, vgl. über das Wort Mayhew, The Academy, 22, 29 Jan. u. 3 Febr. 1887 (H. Bonk).

2013) cătēnă, -am f., Kette; ital. catena, davon abgel. catenaccio, eiserner Riegel; rtr. catena, vgl. Gartner § 28; prov. cadena; altfrz. chaaine, chaaigne, chaëne, chaine (vgl. Cohn, Suffixw. p. 177 Anm., 222 u. 225), davon abgel. c(h)aaignon, chaïgnon, nfrz. chignon, Genick, Haarwulst, vgl. Dz 547 chignon; nfrz. chaine (dazu das Fremdwort cadenas, Vorlegeschlofs); span. cadena, (catenatus = candado); ptg. cadeu, cadeia.

2014) [*cătēnābŭla, -am f. (catena), kleine Kette; auf diese, allerdings ihrer Bildung nach höchst befremdliche u. schwerlich annehmbare Grundform führt Nigra, AG XIV 368, zurück oberital. kanáula, ganáula, kanávola, das Band, an welchem die Glocke ,der Kühe hängt.],

2015) (căthĕdră) *căt(h)ĕdră, -am f. (griech. καθέδρα), Stuhl, Sessel; ital. cátedra, cáttedra „il seggio del professore e delle somme autorità ecclesiastiche", cadréga „seggio reale, usato dal Cecchi", arch. carriéga, cajera, ciajera „seggiola", vgl. Canello, AG III 385; sard. kádrea; mail. kadrega; venez. karega; belegn. kariga; engad. kadrāa, k'adrega, vgl. Meyer-L., Rom. Gr. I p. 417 (es scheine Mischung von cathedra mit quadriga stattgefunden zu haben, jedoch scheine lim. cadiegro für die Möglichkeit des Übergangs von tr zu gr zu sprechen); prov. cadeira; frz. chaire (aus cha-iere), Katheder, Kanzel; chaise, Stuhl, Kutsche (das Wort scheint ursprünglich dem Pariser Dialekt angehört zu haben u. erst seit Beginn des 16. Jahrh.'s in die Schriftsprache übergegangen zu sein); span. cat. cátedra (gel. W.), Lehrstuhl, Professur, davon catedrático, Professor (das üblicheWort für „Stuhl" ist silla, für „Kanzel" púlpito), cadera, Hüfte (gleichsam der Stuhl, auf welchem der Oberleib ruht), davon caderillas, kleiner Reifrock; ptg. cáthedra, Lehrstuhl, cadeira, Stuhl, Sitz, Sessel, Lehrstuhl, Gesäfs, Hinterbacken, Hüfte, dazu das Demin. cadeirinha, Tragsessel, Sänfte (für „Kanzel" werden cathedra, cadeira u. pulpito neben einander gebraucht). Vgl. Dz 435 cadera u. 541 chaire u. chaise, dazu Scheler im Anhang 787; Mussafia, Beitr. 42; Gröber, ALL I 543.

2016) cătīnŭlŭs, -um m. (Demin. zu catinus), Näpfchen; ital. *catiglio, catagliolo (= *catilleolus?), catino (di legno, Caix, St. 257.

2017) cătīnŭs, um m., Napf; ital. catino (gel. W., ebenso im Span.); sard. cadinu; lomb. kadin, venez. kaiú; engad. kyadin; ptg. cadinho, Napf; in den übrigen roman. Sprachen scheint das Wort gänzlich zu fehlen. Vgl. Meyer-L., Z. f. ö. G. 1891 p. 767; Salvioni, Post. 6.

2018) [*cătīus, -um m., das männliche Glied; dav. vermutlich das gleichbedeutende ital. cazzo. Was das vorausgesetzte catius anbelangt, so würde dies eine Seitenform zu catus wov. (Dem. catulus) sein, welches Wort ursprüglich „männliches Glied" bedeutet zu haben scheint u. dann zur Bezeichnung eines männlichen Tieres (besonders des Katers, cattus), auch des Knaben (vgl. catlaster aus catulaster

„Bursche") gebraucht worden ist. Möglicherweise ist catus, *catius urverwandt mit dtsch. hode. Ein gewisser Käse wurde im Ital., weil er in seiner Gestalt dem cazzo eines Pferdes ähnlich war, cazzocavallo genannt, daraus entstand durch Volksetymologie caciocavallo, vgl. Nigra, AG XV 104.]

2019) [*căttŭeŭlo, -āre (v. *cattuculus, Demin. zu cattus, Katze), eigentl. kätzeln, d. h. mit einem Katzenschwanz streichen, ist vielleicht das Grundwort zu frz. chatouiller, kitzeln, u. gleichbedeutenden Verben in französ. u. ital. Dialekten, vgl. Flechia, AG II 322. Man denke daran, wie auch im Deutschen „kitzeln" an „Katze" anklingt. Dz 544 hatte catuliře (s. d.) als Grundwort aufgestellt. — Nigra, AG XIV 279, zieht hierher auch, u. jedenfalls mit Recht, den Pflanzennamen frz. gat(t)il(l)ier, span. gatillo, Keuschlamm, vgl. die deutsche Benennung „Kätzchen" für die Blüten gewisser Pflanzen.]

2020) cāttŭs m., cāttă f. (vgl. Sittl, ALL V 133; Max Müller, India, what can it teach us? [London 1883] p. 261), Kater, Katze (das Masc. z. B. b. Pallad. 4, 9, 4, Anthol. lat. 181, 3 [1093, 3] u. 375, 1 [1094, 1], Mythograph. Vatic. 3, 6, 22 M.; das Fem. z. B. bei Mart. 13, 69; Vulg. Baruch 6, 21; Placid. de medio. 18 no 1); ital. gatto, -a; rtr. gat, dyat etc., vgl. Gartner, § 200; prov. cat-z, cata; frz. chat, chatte; span. gato, -a, dazu das Demin. gatillo in der Zusammensetzung sauzgatillo, Keuschlamm (Vitex agnus castus L.), woraus wieder das gleichbedeutende frz. gat(t)illier gebildet ward, vgl. Bugge, R IV 357, s. auch ob. No 2019; für ein Komp. aus moj „Mietz" + gato hält C. Michaelis span. mojigato, mogato, eigentl. also Mietzekatze (vgl. frz. chattemite), böse Katze, scheinhaft, hinterlistig, türkisch, scheinheilig, s. Jahrb. XIII 207; ptg. gato, -a. Vgl. Dz 158 gatto; Gröber, ALL I 543. — Ob ital. sciatta, chiatta, Barke (eigentl. Katzschiff), frz. chatte, cat. xata, span. chata hierher gehört, wie Baist, Z VII 125, anzunehmen scheint, dürfte sehr zu bezweifeln sein, das Wort macht den Eindruck der Entlehnung aus dem Germ.

2021) căttŭlĭo, -īre (v. catulus), brünstig sein (von der Hündin), rum. cățelesc, ii, it, i. — Dz 544 wollte auch prov. gatilhar, frz. chatouiller, kitzeln, auf catulire, bezw. auf *catuliare zurückführen, indessen ist das, schon des dann anzunehmenden Bedeutungsüberganges wegen, wenig glaublich; gatilhar, chatouiller beruhen aller Wahrscheinlichkeit nach nebst zahlreichen anderen gleichbedeutenden Verben in französ. u. ital. Mundarten auf *cattuculare, bezw. *catticulare (v. cuttulus, Demin, zu cattus), eigentl. „kätzeln". Man denke daran, wie auch im Deutschen „kitzeln" an „Kitze =Katze" anklingt. Vgl. die treffliche Darlegung von Flechia, AG II 322, welcher Scheler im Anhang zu Dz 788 mit Recht beigestimmt hat.

2022) cătŭlŭs, -um m. (catulus, [non cat]ellus App. Probi 51 f.), junges Tier; ital. cachio; span. cacho, Junge, auch Name eines Fisches (Barbe), davon abgeleitet cachuelo, ein kleiner Flufsfisch, cachonda, läufige Hündin, cachorro, junger Hund, Bär, Löwe u. dgl. (Gerland, Gröber's Grundrifs I 331, stellt cachorro mit bask. zakur, zakurra zusammen), cachalote, Pottfisch (dies dann als cachalot in das Frz. übertragen). Vgl. Dz 435 cachorro; Tobler, Z IV 376; d'Ovidio, AG XIII 380 (über cacchio). — Siehe den Nachtrag.

2023) caucŭs, -um m. (catulus, [rum. cáuș, Schöpfkübel gehört wohl nicht hierher], s. unten cocea am Schlusse.

2024) **(caudä** u.) **cōdä, -am** *f.*, Schwanz; ital. coda, davon abgeleitet codione, codrione, Bürzel der Vögel, codardo (mit german. Suffix), schwänzig d. h. (aus Furcht) den Schwanz senkend oder im Schwanze, in der Nachhut des Heeres sich aufhaltend, also feige; dazu das Vb. s-codare, den Schwanz stutzen; rum. coadä, dazu das Vb. codesc ii it i, Winkelzüge machen, zaudern; rtr. kia etc., vgl. Gartner, § 200; prov. coda, coza, coa; altfrz. coue, coe, dazu (auch nfrz.) couard, Feigling, couarder, feige sein, écouer, den Schwanz stutzen, nfrz. queue; cat. coa, cua; altspan. coa; neuspan. cola (neben coda; cola viell. aus *codola, *caudula, vgl. d'Ovidio, AG XIII 371), davon abgeleitet codilla, Stoffe, codaste, Hintersteven am Schiffe, cobarde, feig, cobardear, feig sein; ptg. cauda, coda, cola, davon abgeleitet cobarde, feig. Vgl. Dz 102 coda u. codardo; Gröber, ALL I 549.

2025) caudä trĕpīda = ital. cutretta, Bachstelze, vgl. Flechia, AG II 325 Anm. 2; Dz 367 s. v. setzte cauda recta als Grundform an.

2026) caudātus a, um (cauda), geschwänzt; ital. span. caudato (gel. W.); altfrz. coé, coué, neufrz. coué (daneben gel. caudé), vgl. Cohn, Suffixw. p. 192.

2027) caudīcă, -am *f.* (v. caudex), Baumstamm, wird von Scheler im Dict. unter souche als Grundwort angesetzt zu ital. (mundartl.) zocco, Baumstamm; prov. soca u. soc-s; frz. souche (altfrz. auch coche, pic. choque), Baumstumpf; cat. soca. Die Ableitung ist fragwürdig genug, nicht weniger aber gilt dies von der bei Dz 679 soc gegebenen von lat. soccus. Vielleicht gehören die Worte zu der von Diez 100 ciocco behandelten und auf das deutsche schock zurückgeführten Sippe. — Nigra, AG XV 128, erblickt in caudica, "ausgehöhlter Baumstamm" das Grundwort zu ital. cocca Kahn, Schiff, frz. coque, coche. Durch die Papiasglosse caudica = navicula erhält diese Annahme eine beachtenswerte Stütze.

2028) [*caudītta, -am *f.* (cauda), *caudītto, -äre;** über picardische Formen, welche auf diese Grundworte zurückzugehen scheinen, vgl. Doutrepont, Z XXI 232.]

2029) [caul(ae), Höhlung, + ūtĕr, Schlauch, viell. Grundform zu span. colódra, Kübel, Schlauch, vgl. Dz 441 s. v.]

2030) (caulīcŭlŭs, -um u.) **cōlīcŭlŭs, -um** *m.*, kleiner, zarter Stengel; ital. colecchio "cavolo", vgl. Caix, St. 293; rum. curechiu, Kohl, davon abgel. curechier, Gemüsegärtner, curecherie, Kohlgarten; span. cogollo, Herz des Kohls (wenn angenommen werden darf, daß Umstellung aus *cologlo stattgefunden hat), vgl. Dz 441 s. v., s. dagegen Parodi, R XVII 58, der eine Grundform *coccullo- für "cocculo- ansetzt.

2031) caulīs, -ĕm *m.*, (Kohl)stengel, Kohl; ital. cavolo; genues. cou; piem. coj (eigentl. Pluralform, vgl. Salvioni, Post. 6); (rum. curechiu = cauliculus); prov. caul-s; altfrz. chol (mit offenem o); nfrz. chou; (span. col;) ptg. couve. Vgl. Dz 94 cavolo; Gröber, ALL I 543.

2032) caunä (daraus durch Anlehnung an calĕre, *cal-Idus *calma) n. (gr. καῦμα), Hitze (Vulg. Job 30, 30); ital. calma, Wind, Meerstille, wie sie bei großer Hitze einzutreten pflegt, dazu das Vb. calmare, beruhigen; rtr. cauma, schattiger Ort für die Herden, camar, einen schattigen Ort suchen, vgl. Schuchardt, R IV 255; neuprov. chaume,

Ruhezeit der Herden; frz. calme, Windstille, Ruhe, dazu die Verba calmer (wie calme gel. Wort), besänftigen, chómer, (in der Hitze) feiern, dazu chómage, Ruhezeit, Stillstand in der Arbeit; span. ptg. calma, Windstille, dazu das Vb. calmar. Vgl. Dz 78 calma. — Eine ganz andere Ableitung der Wortsippe hat Cohn, Z XIX 58, aufgestellt, s. oben cassus, sie kann aber unmöglich für annehmbar erachtet werden.

2033) [*caumīco, -äre (v. cauma), davon nach Schuchardt, R IV 255, rtr. camegiar, camiar, blitzen, camèg, Blitz, camitsch, heiß, u. a. m.]

2034) causä, -am *f.*, Ursache, Sache (ist als volkstümliches Wort nur in der allgemeinen Bedtg. in die roman. Sprachen übergegangen u. hat dieselbe noch so gesteigert, daß es begrifflich vielfach als neutrales Indefinitum = aliquid gebraucht wird. Über die bei Cassian vorkommende Verwendung von causa in einer der romanischen ähnlichen Weise vgl. Petschenig, ALL V 138. Durch causa ist res aus dem Roman. nahezu verdrängt worden, wenigstens in affirmativem Sinne); ital. causa (gel. W.), cosa, dazu das Masc. coso, ungestaltetes Ding, männliches Glied; rtr. kõsa, tyõsa etc., vgl. Gartner § 83; prov. cosa; frz. cause (gel. W.), chose; span. ptg. causa (gel. W.), cosa. Vgl. Dz 109 cosa.

2035) causo, -äre (f. causor, -ari v. causa), einen Grund vorbringen, sich beklagen; ital. (causare, bewirken), cosare, cusare (das u aus den Kompp. accusare etc. übernommen), behaupten; prov. causar, zanken; altfrz. choser, zanken; (nfrz. causer, bewirken, ist gel. Wort; nfrz. causer, plaudern, beruht auf ahd. addl. kõsõn, mhd. kõsen [*kausõn], vgl. Mackel p. 142). Vgl. Dz 109 cosa.

2036) cautus, a, um, vorsichtig, gesichert, ist nur erhalten in dem Shet. span. coto, ptg. couto, eingehegter Platz, Park, Jagdgebiet u. dgl., im Span. auch Grenzstein, davon zahlreiche Ableitungen, z. B. span. acotar, ptg. acoutar, einhegen, schützen. Vgl. Dz 442 coto.

2037) căvä, -am *f.*, Höhlung; davon abgeleitet ital. (sen.) cavina, gavina "fogna", vgl. Caix, St. 261; com. gavazza, großes Maul, mail. gavasgia; altfrz. caive; pic. gave (in anderen Mundarten jave, jafe, jaffe), Kropf der Vögel, davon das Vb. engaver, (Geflügel) stopfen = frz. s'engouer, sich vollstopfen, außerdem frz. gavion, Schlund. Horning, Z XVI 230, bestreitet mit guten Gründen die Diez'sche Ableitung von frz. gave u. setzt gabata (s. d.) als Grundwort an, welches nun aber freilich weder begrifflich noch lautlich recht passen will (die von H. angesetzte Gleichung gabata: gave = expavidus : épave od. male habitus : voges, malave kann uns nicht erweisen). Vgl. Dz 594 gave. S. auch cavea u. cavus.

2038) [*căvănĕŭs, a, um (v. cavus), hohl; ital. montal. gavagno, Korb, lomb. cavagn, sicil. cavagnu, vgl. Caix, St. 261.]

2039) [*cavannus, -um *m.*, Nachteule; frz. chouan.]

2040) căvĕä, *gävĕä, -am *f.* (v. cavus), Höhlung, Käfig; ital. cavea "la parte del teatro romano dove stavano gli spettatori, un gabbione per le bestie feroci", gabbia, gaggia "la gabbia delle navi, e quella dei paszi "i luoghi nella stiva che rimangono da ciascuna banda fra il berdo e la cassa delle trombe"; Canelle, AG III 337; Canello will auch gueffa "gabbia, prigione, muro, bastione" auf cavea zurückführen, wogegen Ascoli, AG III 338 Anm., mit Recht Einspruch erhebt, das Wort wird

= cava sein, wie schon Dz 594 gavc annahm;
lomb. kápja; venez kéba; neuprov. gavi m.;
altfrz. Demin. jagele, Gefängnis, davon jagelier,
Gefängniswärter; frz. cage (altfrz. caive = cava?);
für zusammengesetzt aus dtsch. kaue (entstanden
aus cavea) + hütte hielt Dz 538 frz. cahute (altfrz. chahute, cahuette), Baracke, nach Braune, Z
XVIII 521, soll cahute, cajute = niederländ. kaje,
Damm, Einfriedigung, + hütte sein; cat. gabia;
span. gavia, Gefängnis; ptg. gavea, Mastkorb
(altptg. guaiva, Gefängnis). Vgl. Dz 150 gabbia;
Gröber, ALL II 434.

2041) [*cävĕārīŭs, a, um (v. cavea), zum Käfig
gehörig; ital. gabbiajo „chi fa gabbie", gabbiero, -e
„chi sta a vedetta nella gabbia delle navi", vgl.
Canello, AG III 306.]

2042) *cävĕōlă, *gävĕōlă, -am f. (Demin. zu
cavea), kleiner Käfig; ital. gabbiuola, kleiner Käfig;
(daneben gabbiuzza); altfrz. gaole, jaiole; nfrz.
geôle, Kerker, davon geôlier, Kerkermeister; span.
gayola, Wächterhütte, jaula, Käfig; ptg. gaiola,
Käfig, Gefängnis. Vgl. Dz 150 gabbia, Gröber,
ALL II 434.

2043) [*cävĕōlo, *gävĕōlō, -āre (v. caveola), in
den Käfig bringen; frz. cajoler (durch Liebkosungen
in den Käfig bringen), hätscheln, enjôler (in den
Käfig locken), schmeichelnd hintergehen; span.
enjaular, in den Käfig, in das Gefängnis sperren.
Vgl. Dz 150 gabbia. Gröber, ALL II 435, will
en-jôler von *in-gallare (v. gallus, Hahn), *in-gau-
lare (vgl. Gallia : Gaule), ankrähen, ableiten, in
cajoler aber erblickt er eine an ital. carezzare
sich aulehnende Umbildung von enjôler. Diese
scharfsinnigen Annahmen haben mindestens grofse
Wahrscheinlichkeit für sich.]

2044) [*cävĭco, -āre (abgeleitet von cavēre, wie
*pendicare, — frz. pencher, v. pendēre), sorgsam,
zärtlich behandeln; frz. choyer, verzärteln, vgl.
Havet, R III 321. Bugge, R III 146, hatte das
Wort nebst altfrz. suer, chuer, ital. sucare, schmeicheln, von got. sŭthjōn, kitzeln, ableiten wollen,
aber in R IV 353 erklärte er sich mit Havet's
Herleitung einverstanden. Vgl. Scheler im Anhang
z. Dz 788.]

2045) [*cävĭcŭlă, -am f. (f. clavicula, Demin. zu
clavis), Schlüsselchen, Zapfen, Pflock; ital. (clavi-
cola „osso del petto che sostiene la spalla"), caviglio
(Gallicismus, vgl. d'Ovidio, AG XIII 392) „un esso
della gamba", cavicchia und cavicchio „pinolo",
vgl. Canello, AG III 352; prov. cavilha, frz. cheville; span. cavilla; ptg. cavilha. Vgl. Dz 94
cavicchia; Gröber, ALL I 543 u. VI 381; Ascoli,
AG I 357 Z. 8 v. ob.; Behrens, Metath. p. 82;
G. Paris, R V 382, stellte *capicula = *capitula
(s. d.) von caput als Grundwort auf u. hat damit
wohl das Richtige getroffen, denn anzunehmen, dafs
anlautendes cl zu c vereinfacht worden sei, ist trotz
Caix, St. p. 189, doch kaum statthaft, gewichtiger
sind die Gründe, mit denen Gröber im Nachtrag
zu No 1762 der ersten Ausg. des Lat.-roman.
Wörterbuchs cavicula verteidigt hat, voll überzeugend sind sie jedoch kaum. Cornu, Z XV
530, stellt als Seitenstück zu der Dissimilation von
clavicula : *cavicula ein *placebilis : paisible auf.]

2046) [*cävīnĕă, -am f. (v. cavus), Höhlung, ist
das vermutliche Grundwort zu ital. gavigna, gavina,
Mandel (im Halse), die wegen ihrer Lage in der
Rachenhöhlung so genannt werden konnte. Rönsch,
Jahrbuch XIV 176, wollte das Wort mit frz. jabot
in Zusammenhang bringen. Abgeleitet von gavigna

ist das Vb. aggavignare, am Halse packen. Vgl.
Dz 375 gavigna u. dazu Scheler im Anhang 758.]

2047) cävīllă, -am f., Neckerei; ital. cavelle,
covelle, Kleinigkeit, Bagatelle, ein Nichts. Dz 363
s. v. fand für das Wort keine Ableitung, hielt es
aber nicht für voreilig, an mhd. kaf, Hülse, Spreu,
zu erinnern; Storm, R II 328, leitete das Wort von
quid velles ab, was lautlich unmöglich ist, obwohl
auch Caix, St. 23, sich dafür ausgesprochen hat.
Suchier, Z I 428, wollte auch das interjektionale
altfrz. chaeles, cheles, keles, kieles (vgl. darüber
Tobler, Jahrb. XII 213, u. Förster, Ztschr. f. österreich. Gymnas. 1874, S. 145, wo Zusammenhang
mit chaeler, befehlen, vermutet wird) auf quid
velles zurückführen, es iet dies aber selbstverständlich
lautlich eben so unmöglich. Man wird A. Schulze
beistimmen, welcher, Z VIII 299, auch das altfrz.
Wort von cavilla, bezw. cavillae herleitet u. auch
den Bedeutungsübergang annehmbar zu machen
weifs, vgl. auch Cohn, Suffixw. p. 49. Vgl. Scheler
im Anhang zu Dz 756.

2048) 1. căvo, -āre (v. cavus), aushöhlen; ital.
cavare, s-cavare, ausgraben, davon das Vbsbst. scavi,
Ausgrabungen. Vgl. Dz 363 cavare.

2049) 2. *căvo, -ōnem m. (v. cavus), Höhlung;
altfrz. chaon, Nackenhöhlung, Genick. Vgl. Dz
547 chignon; Gröber, ALL I 544.

2050) *căvŭla, -am f. (cavus) = ital. chiava
„cava dei marmi" (vgl. fionda aus fundula, fiaba
aus fabula), d'Ovidio, AG XIII 364.

2051) căvŭs, a, um, hohl; ital. cavo, hohl, cava,
cova, Grube; rtr. cava, Höhlung; prov. caus, hohl;
frz. cave (gel. W. = cava) Shet., Keller; span.
cueva, Höhle; ptg. covo, hohl, cova, Höhle. Vgl.
Dz 112 covare (wo cova etc. von cubare abgeleitet
werden); Gröber, ALL I 554. S. auch oben cava.

2052) [*căxīnŭs, -um (nach fraxinus gebildet)
ist vielleicht die vorauszusetzende Grundform für
frz. chêne m., Eiche, vgl. W. Meyer, Z VIII 236,
in der Roman. Gr. I p. 352 setzt Meyer-L. „nicht-
lateinisches, aus Gallien bekanntes *cassanu" als
Grundwort an, „vgl. prov. casser".]

2053) [cēdo, cēssī, cēssŭm, cēdĕrĕ, schreiten,
weichen; ital. cedo, cessi, cesso, cedere, nachgeben
etc.; span. ptg. ceder, nachgeben, abtreten.]

2054) [gr. κῆδος n., Bekümmernis, daher vielleicht in konkretem Sinne Arbeitszeit, Woche; sard.
chida, chedda, cida, Woche. Vgl. Dz 294 settimana.]

2055) cĕdrŭs, -um f. (gr. κέδρος), Ceder, dann
auch Citronenbaum (in letzterer Bedtg. schriftlat.
citrus, s. d.); ital. cedro, Ceder u. Zitronenbaum
(der gewöhnliche Name für den Citronenbaum ist limone
von pers. limū, vgl. Dz 194 limone), abgeleitet
cedriuolo, Gurke, cedronella, Melissenkraut; frz.
cèdre; span. ptg. cedro, Ceder. Vgl. Dz 94 cedro;
Gröber, ALL I 544. S. citrus; vgl. Berger s. v.

2056) gr. κεῖμα (lat. *cima), Lagerstätte; davon
vielleicht span. sima, Höhle, Grube. Dz 487 s. v.
bezeichnete das Wort als „unermittelter Herkunft".
celata s. caelata.

2057) cĕlĕbĕr, brĭs, brĕ, berühmt; ital. celebre;
frz. célèbre; span. ptg. célebre. Das Wort ist
nirgends volkstümlich. Dasselbe gilt von dem Sbst.
celebritas u. von dem Vb. celebrare (s. d.).

2058) cĕlĕbro, -āre (v. celeber), rühmen, feiern;
ital. celebrare; frz. célébrer; span. ptg. celebrar.
Das Wort ist nirgends volkstümlich. Für celeber
sind famosus, gloriosus, für celebrare sind *pretiare
preisen, *festare (frz. fêter), feiern, eingetreten.

2059) **cĕlĕr, rĭs, rĕ,** schnell, ist wohl nur ital. u. span. als *celere, célere* u. auch da nur als gel. Wort erhalten.

2060) **cĕlĕro, -āre** (v. *celer*), beschleunigen; nur als Komp. ital. *accelerare*, frz. *accélérer*, span. *accelerar*, ptg. *accelerar* in der gelehrten Sprache erhalten.

2061) **cĕleusmă** *n.* (gr. *κέλευμα, κέλευσμα*), das Kommando des *κελευστής*. Vorgesetzten der Ruderknechte; ital. *ciurma*, die Gesamtheit der Ruderknechte eines Schiffes, vgl. d'Ovidio, AG XIII 368; frz. *chiourme* (Lehnwort); cat. *xurma*; span. *chusma*; ptg. *chusma, churma*. Vgl. Dz 101 *ciurma*.

2062) **cella, -am** *f.,* Kammer, Vorratskammer; sard. *chedda,* Vorrat, Menge, vgl. Flechia, Misc. 200; (ital.) span. *cella, celda,* Zelle, *cilla,* Kornboden; ptg. *cella,* Kloster-, Bienenzelle. Vgl. Dz 438 *celda.*

2063) **cĕllārĭŭm** *n.* (v. *cella*), Vorratskammer; ital. *cellario, cigliere, celliere* „cantina", cellaro, vgl. Canello, AG III 404 u. Caix, St. 278; valtell. *acilé,* piccola cantina, vgl. Salvioni, Post. 6; frz. *cellier,* Vorratsgewölbe zu ebener Erde; span. *cillero;* ptg. *cilleiro* (von Dz 438 *celda* angeführt, fehlt bei Michaelis).

2064) **cĕllārĭŭs, a, um** (v. *cella*), zur Vorratskammer gehörig; ital. *cellajo* „cantiniere, ma anche cantina", vgl. Canello, AG. III 404; span. *cillero,* eiu Verwaltungsbeamter in Klöstern u. dgl.

2065) ***cĕllĕrārĭŭs, -um** *m.* (v. *cella*), Kellermeister; ital. *cellerajo;* rtr. *tschellerer;* prov. *cellarier-s;* frz. *celérier;* span. *cillerero;* ptg. *cellereiro.* Vgl. Förster, Z III 508.

2066) **cēlo, -āre,** verbergen; ital. *celare;* prov. *celar;* frz. *céler;* span. *celar,* davon vielleicht *zalagarda,* Hinterhalt, vgl. Dz 499 *s. v.*

2067) **cēnă, -am** *f.,* Mahlzeit; ital. *cena;* rum. *cină;* rtr. *tschena,* vgl. Ascoli, AG I 39, Z. 5 von oben, Gartner § 200; prov. *cena;* frz. *cène;* span. *cena;* ptg. *cea.* Das Wort wird meist als kirchlicher Ausdruck zur Bezeichnung des heil. Abendmahles gebraucht, in seiner eigentlichen allgemeinen Bedtg. ist es durch andere Worte (z. B. *diner*) verdrängt worden.

2068) **cēnācŭlŭm** *n.* (v. *ceno*), Speisezimmer; ital. *cenacolo;* altfrz. *cenail, cenaille* m.; span. *cenácho,* Binsenkorb zur Aufbewahrung von Früchten, also Speisekorb. Vgl. Meyer, Ntr. p. 136.

2069) **cēnātŏrĭus, a, um** (*cena*), zur Mahlzeit gehörig; sard. *chenadoriu,* tempo del pasto, vgl. Salvioni, Post. 6.

2070) **cēno, -āre,** speisen; ital. *cenare;* rum. *cinez ai at a;* prov. *cenar;* alt cat. span. *cenar;* ptg. *cear.*

cēnsŭ s. **scisa** (vgl. W. Meyer, Z X 173).

2071) [**cĕnsŭālĭs, -ĕm** *m.* (v. *censeo*), Anfertiger von Steuerlisten, Finanzbeamter; ital. *sensale;* prov. *cessal-s;* frz. *censal,* Makler, Börsensensal. Vgl. Dz 291 *s. v.*]

2072) **cēnsŭs, -um** *m.* (v. *censeo*), Schätzung; ital. *censo;* prov. *ces,* Tribut. — *censualis* und *census* sind die einzigen Reste der zu *censeo* gehörigen Sippe im Rom., auch das Vb. selbst ist völlig verloren u. wird durch *aestimare, judicare, taxare* u. a. ersetzt.

2073) [**cĕntaurĭă, -am** *f.* (gr. *κενταυρία*), Tausendgüldenkraut (Apul. herb. 34 f.); ital. *centaurea;* rum. *cintorie;* frz. *centaurée;* prov. span. ptg. *centaurea.*]

2074) [**cĕntēnārĭŭm** *n.* (v. *centum*), Zentner; ital.

cantăro -u. *cantáre,* daneben *quintale* (aus dem arab. *quin'târ,* vgl. Freytag, III 505); rum. *cántar;* prov. frz. span. ptg. *quintal.* Vgl. Dz 261 *quintale.*]

2075) [**cĕntēnārĭŭs, a, um** (von *centum*), aus hundert bestehend, hundert umfassend; ital. *centenario* „solennità che si ripete ogni cento anni", *centinajo* „somma di cente" vgl. Canello, AG III 306; frz. *centenaire,* hundertjährig; span. ptg. *centenario,* Zeitraum v. 100 Jahren, 100jährig.]

2076) **cĕntēnŭs, a, um** (v. *centum*), hundertmalig; davon span. *centeno,* Roggen (so genannt, weil er hundertfältige Frucht giebt, vgl. die bestätigende, auf Edict. Diocl. I 3 verweisende Bemerkung Wölfflins, Sitzungsb. der bayer. Akad. d. Wiss., phil.-hist. Cl., 1894 p. 106), *centena,* Roggenstrohhalm; ptg. *centeio,* Roggen. Vgl. Dz 438 *centeno* Z I 420, wo passend angeführt wird Plin. H. N. XVIII 16, 40 „nascitur (secale) qualicunque sole cum centesimo grano".

2077) **cĕntēsĭmŭs, a, um** (v. *centum*), hundertst; ital. *centesimo;* (rum. *o sutâlea*); rtr. *tschientavel;* prov. *centesmo;* frz. *centime;* cat. *centésim;* span. ptg. *centésimo.*

2078) **cĕntrŭm** *n.* (v. *κέντρον*), Stachel, der eingehakte feste Schenkel des Zirkels, Kreismittelpunkt; gelehrtes Wort ital. *centro,* frz. *centre* etc., dazu das Adj. ***centralis** = ital. *centrale,* frz. *central* etc.

2079) **cĕntŭm,** indecl., hundert; ital. *cento;* rum. *ună* (o) *sutâ* (Herkunft von *centum* sehr zweifelhaft); rtr. *tšent* etc., vgl. Gartner § 200: prev. *cen;* frz. *cent* (Pl. *cents*); cat. *cent,* Pl. *cents;* span. *cien*(to), Pl. *cientos;* ptg. *cento, cem,* Pl. *centos.* Vgl. Dz, Gr. II 79 (= 401); Gröber, ALL I 381.

2080) **āgs. céorl,** Kerl; davon nach Caix, St. 270, ital. *chiurlo* „uomo semplice e buono a nulla", die die Ableitung mufs aber als höchst zweifelhaft erscheinen.

2081) **cēpă** (nicht *caepa*), **-am** *f.,* Zwiebel; rum. *ceapă;* prov. ceba; frz. *cive,* Schnittlauch, dazu das gleichbedeutende *civette,* überdies *civet,* Hasenpfeffer; cat. *ceba.* Vgl. Gröber, ALL I 544; Bianchi, AG XIII 241. Siehe auch ***cepulla.**

2082) ***cēpŭllă** (f. *cepula,* Demin. zu *cepa*), **-am** *f.,* kleine Zwiebel; ital. *cipollo,* Zwiebel; lomb. *siöola,* piem. *siöla, sola,* (venez. *çéola,* valtell. *sigola,* berg. *sigola = cépula*), vgl. Salvioni, Post. 5; frz. *ciboule,* Schalotte, dazu das Demin. *ciboulette,* Schnittlauch (das übliche französische Wort für „Zwiebel" ist *oignon = unionem*); span. *eebollo,* Zwiebel; ptg. *cebóla,* Zwiebel. Vgl. Gröber, ALL I 544.

2083) **cēră, -am** *f.,* Wachs; ital. *cera;* rum. *ceară;* prov. *cera;* frz. *cire;* span. ptg. *cera.* S. auch **cara.**

2084) ***cĕrāsĭus** (f. *cerasus, κέρασος*), ***cĕrēsĭŭs** *m.,* ***cĕrēsia** *f.,* Kirschbaum, Kirsche; ital. *ciriegio, a, ciliegio, -a;* neap. *cerase;* lecc. *cerasu;* sard. *kerasa;* rtr. *cerasa;* sen. (Siena) *caraza,* Meyer-L., R. Gr. I § 273; rtr. *ceriescha* etc.; rum. *cireṣ, cireaṣa;* prov. *serier-s, serisia,* cereia; frz. *cerisier, *cerisarius, cerise;* cat. *cirer, cirera;* span. *cerezo, -a;* ptg. *cerejeira = *ceresiaria* scil. *arbor, cereja.* Vgl. Dz 100 *ciriegia;* Förster, Z III 512; Gröber, ALL I 544; Meyer-L., Z. f. ö. G. 1891 p. 768: „*ceraseus* in Sardinien, Süd- u. Mittelitalien bis nach Toscana; *cerêseus* in Norditalien, Frankreich, Rätien, Rumänien; ob die span. Formen *-êseus*

15*

od. -*āseus* verlangen, ist nicht zu entscheiden"; Herning, Z XXI 451 (altfrz. *cesse*, Vogelkirsche, dav. *cessier*, norm. *checher* = *cĕrēsus*); Cornu, R XIII 286 Anm.: „On se trompe, à mon avis, en admettant que *ceresea* vient de *cerasea*. Cerasus est devenu de bonne heure *ceresus*, d'où *ceresea*, cf. *citera* du Probi Appendix et d'autres fermes pareilles citées par Schuchardt, Vocalismus I 195 s. et III 101 s."

2085) cĕrātīōn *n.* (gr. *χεράτιον*), ein griechisches Gewicht; ital. *carato*; frz. *carat*; span. *quilate*; ptg. *quirate, quilate* (aus arab. *qírá't*). Vgl. Dz 88 *carato*.

2086) cĕrbĕrus, -um *m.*, Höllenhund; span. *cancerbero*, d. i. *canis* + *cerbero*.

2087) *cĕrcĕdūlā (f. *querquedula*), -am *f.*, Kriekente; (ital. *arzavolo*); prov. *sercela*; altfrz. *cercelle*; nfrz. *sarcelle*; cat. *xerxet m.*; span. *cerceta* (entweder = *cerceta* oder es ist Suffixvertauschung eingetreten); ptg. *zarzeta*. Vgl. Dz 96 (wo ital. *garganello*, Kriekente, für entstellt aus *querquedula* erklärt wird); Gröber, ALL I 544 u. VI 381.

2088) *cĕrcīūs (f. cīrcīūs), -um *m.*, Westwind; prev. cat. *cers*, Nordwind; span. *cierzo*; span. *cecina*, gedörrtes Fleisch, u. *cecial*, Stockfisch, haben mit *cercius* nichts zu schaffen. Vgl. Dz 541 *cers*; Gröber, ALL I 544.

2089) cĕr[ē]bĕllum *n.* (Demin. von *cerebrum*), Gehirn; ital. *cerebello*, kleines Gehirn (gewöhnlich *cervelletto*), *cervello*, arch. *ciaravello*, Gehirn, vgl. Canello, AG III 331 (*cervella* wird daselbst nicht angeführt); prov. *cervel-s, cervella*; frz. *cerveau, cervelle*; cat. *cervell*; (span. ptg. *cerebro*). Vgl. Dz 96 *cervello*; Gröber, ALL I 544.

2090) cĕrĕbrŭm *n.*, Gehirn, = rum. *crieri*; (span. ptg. *cérebro*, gel. W.); in den übrigen Sprachen ist das Demin. *cerebellum* (s. d.) dafür eingetreten.

2091) cĕrĕōlā, -am *f.* (Demin. zu *cerea*), (die) wachsfarbig(e Frucht); span. *ciruela*, Pflaume, vgl. Dz 441 *s. v.*

2092) cĕrĕŭs a, um *m.* (v. *cera*), wächsern; ital. *cereo*, Adj. u. *cerso*, Shet., Kerze, daneben in gleicher Bedtg. *cero*, vgl. Canello, AG III 317, wo namentl. auch über die Qualität des *e* gehandelt ist; (rum. fehlt ein von *ceară* abgeleitetes Sbst. in der Bedtg. „Kerze"); rtr. *tscheri*, vgl. Ascoli, AG VII 552, vgl. auch AG I 455 Z. 1 v. u., 507 Z. 14 v. ob.; prev. *ciri-s*, Sbst.; frz. *cierge m.*, Sbst.; span. ptg. *cirio*, Sbst. Vgl. Dz 548 *cierge*; Berger *s. v.*

2093) [*cĕrna, -am (v. *cernere*) *f.*, das, was sich absondert; nach Dz 440 *cierna* Grundwort zu ital. *cerna*, Auswahl, Ausschlufs; span. *cierna*, die Blüte oder das Beste eines Dinges; ptg. *cerne*, Kern des Baumes, davon das Vb. *cernar*, einen Baum bis auf den Kern anhauen.]

2094) [cernenda (scil. *grana*), durchzusiebendes Getreide; davon nach Storm, R V 188, span. *zaranda*, ptg. *ciranda*, Kornsieb. Dz 500 *s. v.* bemerkte „das Etymon ist noch zu finden".]

2095) [*cernicalum (woher u. was bedeutend? von *cernere*, gleichsam „Spähvogel"?) soll nach C. Michaelis, Misc. 123, das Grundwort zu span. *cernícalo, sarnicalo* (Name eines Raubvogels) sein; ebenda schlägt C. M. vor, bei dem Erzpriester von Hita, estr. 982 für *cenniglo* zu lesen *cerniglo*, was soviel als „Schreckgespenst" bedeute, aber mit dem Vogelnamen identisch sei.]

2096) cĕrnīculum *n.* (v. *cernere*), Sieb (Lucil. 27, 7 M.); piem. *çernéj*, vgl. Ascoli, AG I 514,

II 129 Anm.; ital. *cernecchio*, ein Büschel Haare (der Bedeutungswandel ist kaum zu erklären, vgl. jedoch d'Ovidio, AG XIII 380 Anm. 2), vgl. Ascoli, AG I 354 Anm. zu No 28. S. unten **dīscĕrnī- culum.**

2097) cĕrno, crēvī, crētum, cĕrnĕre, sichten, scheiden; ital. *cernere*, aussondern (mod. *dzernir*, vgl. Flechia, AG II 340): (über Ableitungen von *cernere* im Sardischen vgl. Guarnerio, R XX 63); rum. *cern ui ut e*, sieben; (prov. *des-sernir*, unterscheiden; frz. *dis-cerner*) (*cerner*, umringen, einschliefsen, ist = *circinare*); südostfrz. *sändre*, sieben, vgl. Meyer-L., Z. f. ö. G. 1891 p. 768; span. *cernar*, sieben, fein regnen, blühen (vom Weinstock, s. oben **cerna**).

2098) cēro, -āre (v. *cera*), mit Wachs überstreichen; ital. *cerare*; rum. *ceruesc ii it i*; prov. (en)cerar; frz. *cirer*, wichsen; cat. *cerar*; span. ptg. (en)cerar.

2099) cērōfĕrārĭŭs, -um *m.*, Wachskerzenträger; ital. *cefforale* „candelabro", vgl. Caix, St. 264.

2100) [*cĕrrītānĕŭs, a, um (v. *cerritus*), verrückt; davon nach Rönsch, Jahrb. XV 200, ital. *cerretano*, Marktschreier. Dz 98 *ciarlatano* hatte bemerkt „cerretano soll nach einigen von dem Städtchen Cerreto herrühren".]

2101) *cĕrrītŭs, a, um (zusammengezogen aus *cerebritus* v. *cerebrum*), verrückt; ital. *ac-ccrito* „accese in volto, fuer di se", vgl. Caix, St. 133.

2102) cĕrrŭs -um *f.*, Cerreiche, Zirneiche; ital. *cerro*, davon *cerreto*, Eichenwald; rum. *cer*; vielleicht abgeleitet von *cerrus* ist auch *cat.* span. ptg. *carrasco, carrasca*, Steineiche. Vgl. Dz 437 *carrasca.*

2103) *cĕrtānŭs, a, um, gewifs, sicher, ein gewisser; ital. *certano*, ebenso span.; frz. *certain.*

2104) cĕrtī + ūnī = ital. lucch. *certiduni*, lemb. *sertedün* (vgl. *ciascheduno* aus *quisque* + *unus* mit zur Tilgung des Hiatus [?] eingeschobenem *d*), vgl. Caix, Giorn. di fil. rom. I 47.

cĕrto, Adv., s. cĕrtŭs.

2105) cĕrto, -āre, kämpfen, streiten; ital. *certare* (gelehrtes Wort), streiten; sard. *cher-* u. *cheltare, certai*, vgl. Salvioni Post. 6; rum. cert *ai at a*, zanken, schelten, tadeln, strafen; frz. span. u. ptg. nur Komp. *con-certer, con-certar*, übereinstimmen, dazu das Vbsbst. concert, *concierto, concerto*, Übereinstimmung, Einklang, Konzert.

2106) cĕrtŭs, a, um, sicher, gewifs (im Roman. entwickelt sich daraus die Bedtg. „ein gewisser"); ital. *certo*; rum. prov. cat. *cert*; frz. Adv. *certes*, wahrlich, gewifs; span. *cierto* (auch Adv.); ptg. *certo* (auch Adv.). Vgl. Gröber, ALL VI 381.

2107) cĕrŭssa, -am *f.* (*cera*), Bleiweifs; per. *cirossa*; mail. *sciróssa*; com. *sciróss*, polvere ressa di mattone. Vgl. Salvioni, Post. 6.

2108) cĕrvă, -am *f.*, Hirschkuh; ital. *cerva*, *cervia*; rum. *cerbă*; prov. *cervia*; span. *cierva*; ptg. *cerva.*

2109) cĕrvĭcāl *n.*, Kopfkissen; valsass. *scervi-gaa, -al*, il sostegno d'un muro, vgl. Salvioni, Post. 6.

2110) cĕrvĭcŭlă, -am *f.* (*cervix*), kleiner Nacken; sard. *chervija*, cervice, Salvioni, Post 6.

2111) *cĕrvīsīā (f. cervīsīa), -am *f.*, Bier; ital. *cervigia* (das gewöhnliche Wort ist *birra*); prov. *cerveza* (das gewöhnliche Wort ist *birra*); cat. *cerveza*, Hopfen; span. *cerveza*; ptg. *cerveja*. Vgl. Dz 54 *birra*; Gröber, ALL I 545.

*cervius, a s. cervus, cerva.

2112) cĕrvīx, -vīcem f., Nacken; ital. cervice; rum. cervice; prov.cerbit-z; altfrz. cerviz; span. ptg. cerviz. Das Wort ist nirgends recht volkstümlich, sondern wird durch andere ersetzt, unter denen *nuc(c)a (ital. nuca, frz. nuque, span. ptg. nuca) das verbreitetste ist. Vgl. Dz 225 nuca; Parodi, R XXVII 236.

2113) cĕrvūs, -um m. Hirsch; ital. cervo, cervio, cerbio; rum. cerb; prov. cer[v]-s; frz. cerf; cat. cervo; span. ciervo; ptg. cervo. Vgl. Gröber, ALL VI 381; Parodi, R XXVII 237.

2114) cēsso, -āre (Frequ. v. cedo), zurückbleiben, weichen; ital. cessare, aufhören, zurückweichen u. dgl., dazu das Vbsbst. cesso, Abtritt; prov. cessar; frz. cesser; span. ces(s)ar, cejar, zurückgehen; ptg. cessar. Vgl. Dz 438 cejar; Gröber, ALL VI 381.

2115) arab. chalan (richtiger nach Eguilaz y Yanguas p. 404 jalanchán), Galgant (eine Wurzel); ital. galanga; altfrz. galange, garingal (dies auch altspan.); span. ptg. galanga. Vgl. Dz 152 galanga.

2116) gr. χαΐος m., Hirtenstab; davon nach Dz 438 abgeleitet cat. gayato, Hirtenstab, Krückenstock; span. cayado; ptg. cajado.

chālo, -āre s. calo, -āre.

2117) chāmaedrȳs f. (gr. χαμαίδρυς), Gamanderlein (eine Pflanze, Plin. N. H. 24, 130); daraus durch volksetymologische Umgestaltungen ital. calamandréa; frz. germandrée, vgl. Fals, RF III 492 unten; span. camedrio; ptg. chamedrys, chamedrios (gel. W.), Vergifsmeinnicht. Vgl. Dz 77 calamandréa.

2118) *chāmūla, -am f. (Dem. v. chāmā, chéme, χήμη), Hirnmuschel; dav. frz. jamble (fehlt bei Sachs u. ebenso im Dict. général), vgl. Thomas, R XXVI 430.

2119) gr. χάος, Urmasse; aus diesem griech. Worte bildete der ältere van Helmont durch willkürliche Entstehung den terminus technicus gas (frz. gaz) zur Bezeichnung des bekannten Luftstoffes, vgl. Leo Meyer, Ztschrft. f. vgl. Sprachf. XX 303 u. darnach Scheler im Anhang zu Dz 729. (Dz 157 wiederholte Adelung's Vermutung, dafs gas an ndl. geest angelehnt sei.)

charadrios s. calandra.

2120) chāraxo, -āre (gr. χαράσσειν), einkratzen; davon vielleicht ital. (arot. chian.) scaruzzicare „stuzzicare, punzecchiare", vgl. Caix, St. 523.

2121) bask. charro, schlecht, gering ⚊ span. charro, Adj., mit geschmacklosen Zieraten überladen, Sbst. Lümmel. Vgl. Dz 439 s. v.; Baist, Z V 242, leitet das Wort von arab. ĝarrah ab.

2122) arab. charrob, Johannisbrot (Freyt. I 471a); ital. carrúba, Johannisbrot, carrubo, carrubbio, Johannisbrotbaum; frz. caroube, carouge; span. garroba u. algarroba (die Frucht), garrobo u. algarrobo (der Baum); ptg. alfarroba (die Frucht), alfarroba (der Baum). Vgl. Dz 90 carrúba; Eg. y Yang. 178.

2123) chārtā, -am f., Papier (über die Schreibweise des auf gr. χάρτης zurückgehenden Wortes vgl. Georges, ALL I 272); ital. carta, Papier, Urkunde, Land-, Post-, Spielkarte, davon s-cartare, Karten weglegen, ausmerzen, scarto, Ausschlufs, vgl. Flechia, AG III 152. Z 4 v. u. im Texte; s-carta + tabellae ⚊ scartabello, Haufen von Papieren, altes Buch, Scharteke, scartabellare, durchblättern, vgl. Caix, Z I 423; rum. carte, Pl. cắrţi, Buch, Brief, Spielkarte („le pl. cărţi aussi le ventricule

des animaux ruminants", Ch. s. v.); prov. carta; frz. charte, Urkunde (daneben chartre = cartula, vgl. Dz 544 s. v.), carte (gel. W.), Pappe, Karte, davon (vielleicht! denn vgl. unten *exquarto) écarter, Karten weglegen, entfernen, wozu das Sbst. écart; (das übliche frz. Wert für „Papier" ist papier); cat. carta; span. carta, Brief, Karte (das übliche span. Wort für „Papier" ist papel); ptg. wie im Span. (Papier ⚊ papel). Von charta sind in allen Sprachen zahlreiche Ableitungen vorhanden, z. B. ital. cartone, frz. carton (Lehnw.), starkes Papier, Pappe, ital. cartoccio, gerolltes Papier, Patrone, frz. cartouche u. a. m. Über die Verba ital. scartare, frz. écarter, vgl. unten.

2124) chārtāceus, a, um (v. carta), papieren; ital. cartaccia, schlechtes Papier, Makulatur; span. (mit arab. Artikel) alcartaz, Düte (altspan. auch alcatraz); ptg. cartaz, Anschlagzettel. Vgl. Dz 417 alcatraz.

2125) chārtūlā, -am f. (Demin. von charta), Briefchen; ital. cartola, davon cartolina; frz. charte, Urkunde, vgl. Dz 544 charte.

2126) chārtūlārīus, -um m. (v. cartula), Archivar (Cod. Just. 3, 26, 10); ital. cartolajo, -ro „chi vende certo o libri da scrivero", cartolaro, -e „libro di memorie", dazu cartolario (= cartolarium) „archivio", vgl. Canello, AG III 306; rum. cărturar, Schreiber, Gelehrter, Buchhändler, Kartenspieler; prov. cartolar-s: frz. cartulaire, Urkundensammlung.

2127) arab. chaul; davon vielleicht ital. ciullo „accorto, sagace"; span. chulo, Witzbold, gescheiter Mensch, aber auch Schlächtergeselle, chula, Dirne. Vgl. Caix, St. 290, u. dagegen Eg. y Yang. 377.

2128) Chauvin (Nicolas); von diesem Personennamen ist abgeleitet frz. chauvinisme, chauviniste, vgl. Tobler, Herrig's Archiv Bd. 86 p. 86 u. 393, bezw. Figaro 1882 No 41.

2129) arab. *chazzi, chezzi (v. lat. catinum), Kessel, soll nach Dz 94 cazza das Grundwort sein zu ital. cazza, Schmelztiegel, dazu Demin. cazzuola, casserola; frz. caz; altfrz. casse, dazu Demin. casserole, darnach viell. gebildet caquerolle aus caque, vgl. Cohn, Suffixw. p. 260; cat. cassò; span. cazo; ptg. caço, Pfanne mit Stiel, dazu Demin. cazuela. Baist, RF I 106, und Mackel 69 haben gegen diese Annahme sehr begründete Bedenken erhoben; der erstere bringt als Grundwort in Vorschlag das griech. Demin. κυάθειον, κυάθιον von dem auch in das Lat. übergegangenen κυάθος, Schöpfkelle. Eguilaz y Yanguas p. 366 stellt, u. das ist wohl das Richtige, arab. caça, Schüssel, als Grundwort auf, vgl. auch Lammens p. 80.

2130) mittellat. chēlandīūm n. (aus mittelgriech. χελάνδιον), eine Art von Schiffen; altfrz. kaland, chalánt, chalandre; usufrz. chalant, Boot; altcat. xelandrin. Vgl. Dz 541 chaland (wenn Dz chaland „Boot" u. chaland „Kunde" für ein und dasselbe Wort zu halten geneigt ist, so kann man ihm darin nicht beistimmen, vgl. oben unter caleo u. Scheler im Anhang zu Dz 787). Vgl. Lehmann, Bedeutungswandel 73.

2131) chēlĭdŏnĭa, -am f. (χελιδόνιος, -α, -ον), Schellkraut; piem. siriögna, vgl. Salvioni, Post. 6.

2132) span. chico (s. unten ciccum); dav. viell. frz. chic.

2133) arab. chiff, dünnes u. helles Gewand, vielleicht(?) Grundw. zu frz. chiffe, dünnes Zeug, Papierlumpen, davon chiffon, Hader, Lumpen, chiffonnier, Lumpensammler, chiffonner, zerknutschen u. a. Vgl.

Devic zu Littré *s. v.*; Scheler im Anhang zu Dz 788.
Dz 547 war geneigt, Grandgagnage beizustimmen,
der Identität von *chiffonner* mit wallon. *cafaugni*,
das dieselbe Bedtg. hat, u. von *chiffon* mit wallon.
cafu, wertlose Sache (vom ndl. u. mhd. *kaf*, Spreu),
vermutete, indessen meinte Dz „nur würde man die
frz. Form besser zum ahd. *kevâ*, Graff IV 370,
ordnen, da *e* leichter zu *i* wird als *a*". Er bemerkte
dann weiter: „Hiermit lassen sich sinnverwandte
zum Teil nicht mehr übliche Wörter mit *p* für *f*
verbinden, wie *chippe* s. v. a. *chiffon* G. Guiart
p. 28, *chipe* (auch *chife* norm.), Runken Brot, *chipper*,
in Stücke scheiden = engl. *chip*, *chipot*. Kleinigkeit, *chipoter*, sich mit Kleinigkeiten abgeben, *chi-
pault*, Lumpenkerl u. dgl. m." Am glaublichsten
ist wohl, dafs diese ganze Wortsippe auf einen interjektionalen, zum Ausdruck der Verachtung und
Geringachtung gebrauchten Stamm *chipp-* (vgl. das
deutsche „Schnippchen") zurückgeht. Jedenfalls
dürften *chippe* u. *chiffe* zusammengehören u. nicht
zu trennen sein. Die Ableitung aus dem Arab. ist
also abzulehnen; sie hat übrigens auch schon d a s
gegen sich, dafs die Überleitung eines arab. Nomens
n u r in das Frz. (nicht zugleich auch in das Span.
u. Ptg.) höchst unwahrscheinlich, namentlich bei
einem schon älteren Worte, ist. Nein, die Wortsippe
macht ganz den Eindruck, als beruhe sie auf einem
interjektionalen, ursprünglich vielleicht mit einem
Schnipsen der Finger verbundenen Lautkomplexe. —
Braune. Z XVIII 522, will die ganze Sippe auf niederdeutsches *kip-*, bezw. hochdtsch. *kipf-* (Grundbedeutung „schneiden, schnitzeln, spalten") zurückführen, was ihm aber schwerlich Jemand glauben
wird.

2134) **chīmaerǎ, -am** *f.* (gr. χίμαιρα), fabel-
haftes, phantastisches Ungeheuer. daher unsinniges
Phantasiegebilde; ital. *chimera*, Hirngespinst; frz.
chimère (volksetymologisierende, an *jument* ange-
lehnte Umgestaltung des Wortes ist viell. *jumart*,
Bastard aus dem Pferde- u. Rindergeschlecht, vgl.
Dz 622 s. v.); span. *quimera*; ptg. *chimera*. Vgl.
Dz 97 *chimera*. Vgl. auch **jumentum.**

2135) **chīrūrgīǎ, -am** *f.* (gr. χειρουργία), Wundarzneikunst; prev. *surgia*, sonst nur als gelehrtes
Wort vorhanden. Vgl. Dz 682 *surgia.*

2136) **chīrūrgīcūs, a, um** (v. *chirurgia*), zur
Wundarzneikunst gehörig; ital. *chirurgico*, Adj.,
cerusico, arch. *cirugico*, *cirusico* „chirurgo", vgl.
Canello, AG III 373; rtr. *çiróic*, *çiròi*, *çeróÿ*, vgl.
Ascoli, AG I 500 No 64 u. 510 Z. 6 v. ob.; prev.
(surgien, vgl. engl. *surgeon* = *chirurgianus*, sieh
Dz 682 *surgia.*

2137) gr. χλευάζειν, spotten, ist von Bugge,
R III 161, als Grundwort zu dem von Dz 361 unerklärt gelassenen ital. *caleffare*, *galeffare*, verspotten, aufgestellt worden. Die Vermutung ist
kühn, indessen Bugge hat sie ansprechend begründet.
Glaublicher ist aber doch wohl, dafs *caleffare* einfach
= *calefare* = *calefacere* ist. s. oben **calefo.**

2138) **chlōreus, -um** *m.* (gr. χλωρεύς), Grünspecht; davon vielleicht prov. altfrz. *corlieu*,
curlieu; nfrz. *courlieu*, *courlis* (= χλωρίς), Brach-
schnepfe (Dz 553 hielt das Wort für zusammengesetzt
aus *corre*, laufen, + *lieu*, leicht, eine unwahrscheinliche Annahme, wenn auch zugegeben werden mag,
dafs die abnorme Lautentwickelung des Wortes auf
volksetymologisierender Anbildung an *corre* + *lieu*
beruht); span. *chorlito*, Regenpfeifer. Vgl. Baist,
RF I 134.

2139) ostfrz. **choc, chac,** Ausrufe, gebraucht

zum Ausdruck des Schmerzes, wenn man sich ver-
brennt, dav. ostfrz. *choque*, Brennnessel, viell. auch
das bekannte frz. Vb. *choquer*, vgl. Horning. Z
XVIII 215.

2140) arab. **choçç** (Eguilaz y Yanguas p. 376
setzt *joçç*, Rohrhütte, an) = span. *choza*, ptg.
choça, Schäferhütte, Hütte; annehmbarer als diese
von Dz 440 s. v. empfohlene Herleitung ist die von
Dz als weniger gut bezeichnete von lat. *plutea* für
pluteum, Schutzdach.

2141) mejik. **choco,** Cacao + **lattl,** Wasser (also
Cacaowasser) oder **choco,** Geräusch + **lattl,** Wasser
(also etwa „Brausewasser", weil die Chocolade in
heifsem Wasser schäumt); ital. *cioccolata;* frz.
chocolat m.; span. *chocolate;* ptg. *chocolate.*
Vgl. Dz 100 *cioccolata;* Scheler im Dict. *s. v.*
chocolat.

2142) bask. **chocuna,** niedlich, artig; davon angeblich span. *chacona,* Name eines Volkstanzes,
vgl. Dz 439 *chacona.*

2143) gr. **χοῖρος,** Ferkel, =(?) ital. *ciro,*Schwein.
Vgl. Dz 365 *s. v.*

2144) **chōlērǎ, -am** *f.* (gr. χολέρα), Galle, Gallen-
brechruhr (Cels.); ital. *colèra* (selten *cólera*) „il
morbo asiatico", *cóllera* „ira improvvisa, trasferendo
l'irritazione dagli intestini (χόλος) all' anime",
vgl. Canello, AG III 389: frz. *colère,* Zorn (gel.W.,
welches altfrz. *courroux* fast verdrängt hat), *choléra*
(-*morbus*) m., Cholera: span. ptg. *chólera,* Cholera,
cólera, Zorn. S. auch unten **corruptio.**

2145) [**chōraulo,* **-āre** (gleichsam gr. χορανλάω,
χορανλέω; das Sbst. χορανλης, Chorflötist, ist als
choraules u. *choraula* in das Lat. übergegangen,
s. Georges *s. v.*), einen Tanz (bei Flötenspiel) aufführen; dav. vermutlich ital. *carolare,* einen Reigentanz aufführen, dazu das Sbst. *carola;* prov.
carolar; altfrz. *caroler,* dazu das Sbst. *carole,*
querole. Frankreich scheint die Heimat desWortes
wie der Sache zu sein. Vgl. Dz 539 *carole;* Förster,
Z VI 109 (stellt *corolla* als Grundwort auf, was
auch von Gröber, ALL I 552, angenommen wird).
S. unten **corolla.**]

2146) **chōrdǎ** (*corda,* vgl. Gröber, ALL I 552),
-am *f.* (gr. χορδή), Darm, Darmsaite; ital. *corda;*
rum. *coardă,* Pl. *corzi;* prov. *corda;* frz. *corde,*
dazu Demin. (*cordel*) *cordeau,* Schnur, davon wieder
cordelier; cat. *corda;* span. *cuerda;* ptg. *corda.*
Dazu das Demin. ital. etc. *cordella,* Schnur, rum.
cordé, frz. *cordelle,* prov. span. ptg. *cordel m.*

2147) ***chōrdārīūs, -um** *m.,* Seiler; frz. *cordier;*
span. *cordelero;* ptg. cordoeiro; ital. heifst dieser
Handwerker *funajo* = **funiarius,* seine Werkstatt
aber *corderia,* es ist übrigens auch ein *cordajo* vorhanden.)

2148) [gleichs. ***chōrdūlo, -āre** (*chorda*), mit
Stricken foltern; rtr. *chiurler,* viell. auch ital.
collare, wenn man annehmen darf, dafs es aus
*cor'lare entstanden ist. Vgl. Ulrich Z XIX 576.]

2149) **chōrdūs, a, um,** spät geboren; dav. ital.
cordesco „agnello di seconda figliatura"; abruzz.
kurdeske agnello, vgl.Meyer-L., Rom. Gr. II p. 559;
bèrg. *cort,* Heu vom zweiten Schnitt, vgl. Salvioni,
Post. 6, wo auch noch andere Formen aufgeführt
werden; cat. *corder,* Lamm; span. *cordero;* ptg.
cordeiro. Vgl. Dz 442 *cordero;* Caix, St. 295.

2150) **chōrūs, -um** *m.* (gr. χορός), Rundtanz;
singende Schar, Chorgesang; ital. *coro;* frz. *chœur;*
span. ptg. *coro.*

2151) ahd. **chrǎpfo, chrǎffo,** Haken; dav. ital.
sgraffa „unione di diversi pezzi di piccole lines che

servono nella stampa per raccogliere diversi articoli",
vgl. Caix, St. 564.

2152) **chrīsmä** u. ***crīsma** *n.* (gr. χρῖσμα; „sicher
ist, daſs *chrisma* zuletzt *ī* hatte", d'Ovidio in Gröber's Grundriſs I 564, wo über die Quantität des
i in *chrisma* u. *Christus* ausführlich gehandelt wird),
Salbung; ital. *crisma* „l'olio consecrato", *cresima*,
cresma „il sacramento", vgl. Canello, AG III 398;
crema (?), Milchrahm; frz. *chrême*, Salböl, vielleicht auch *crème*, Rahm, Sahne, Schaum, dem Frz.
würde dann ital. *crema* „piatto dolce fatto con
ova, latte, zucchero" u. span. ptg. *crema*, -*e*, Sahne,
entlehnt sein, welche Annahme freilich nicht eben
wahrscheinlich ist. Das von Dz 112 *crema* angenommene Grundwort spätlat. *crēma* = *crēmor* ist
nicht vorhanden, da an der betr. Stelle des Venant.
Fort. 11, 14 *crāma* (wovon wohl altfrz. *cranme*,
das Leser p. 78 anführt) zu lesen ist; auch würde ein
créma dem offenen *e* des ital. *crema* nicht genügen.
Die Frage bedarf noch der Untersuchung, welche
von der Feststellung des ersten zeitlichen Vorkommens der betr. Worte auszugehen haben wird.
Vgl. W. Meyer, Z XI 253; Gröber, ALL I 555
(setzt *créma* als Grundwort an).

2153) **chrīstïānus, a, um** (gr. χριστιανός), christlich; ital. *cristiano*, christlich, *cretino* (vom frz.
crétin), dumm; rtr. *christgiaun*; prov. *crestian-s*,
crestia-s; frz. *c[h]restiień*, *chrétien*, christlich, dazu
das Sbst. *chrétienté* = *christianitatem*, *crétin*,
Idiot (Littré *s. v.* wollte letzteres Wort vom dtsch.
kreidling ableiten, was lautlich unmöglich ist; die
Herkunft des *crétin* von *christianus* dürfte nicht
zu bezweifeln sein, auch der Bedeutungswandel läſst
sich recht wohl erklären: Christ, Christenmensch,
armer Mensch, der mit andern Menschen eben nur
die Taufe gemeinsam hat; näheres sehe man bei
Canelle, AG III 316; am Lago maggiore wird *cri-
stian* im Sinne von „scimunito, cretino" gebraucht,
vgl. Salvioni, Z XXII 468); span. *cristiano*; ptg.
christão. Vgl. Berger *s. v.*

2154) **chȳmus, -um** *m.* (χυμός), Magensaft;
span. *zumo*.

2155) arab. **çibar** (mit Artikel *aççibar*), Aloë;
davon sicil. *zabbara*; cat. *aciber*; span. *acíbar*;
ptg. *azevre*. Vgl. Dz 414 *acibar*; C. Michaelis,
R II 91; Eguilaz y Yanguas p. 29.

2156) **cībārïūs, a, um** (v. *cibus*), zur Speise
gehörig; ital. *cibaria* „comestibili in genere", *civaja*
„legumi, con evoluzione ideologica molto notevole
per la caratteristica della dieta toscana"; *civéa*,
civéra „portantina, in origine portantina da cibi",
cibario, Sbst., „cibaria", *civéo* „lo stesso che *civén*",
cibréo „manicaretto, che il Caix, St. p. 99, ricava
invece dal b. lat. *cirbus*. Anche *cibare* „cibo" può
avere la stessa base", Canello, AG III 306; sard.
chivarzu pan di cruschello; venez. *civiera*, lomb.
sivera, piem. *sivera*, monf. *sfera* barella, vgl.
Salvioni, Post. 6, wo noch weitere Formen, darunter
auch Masculina, aufgeführt werden; span. *cibera*
= *cibaria*, Getreide. Vgl. Dz 365 *civaja* u. 438
cebada.

2157) **cībāt(ūs, a), -um** (v. *cibare*), Verfüttertes,
Futter; prov. cat. *civada*, Hafer; span. *cebada*;
ptg. *cevada*, Gerste. Vgl. Dz 438 *cebada.*

2158) **cībo, -āre**, speisen, füttern; neapol. *cevare*; sicil., *civari* imboccare, vgl. Salvioni, Post. 6;
span. *cebar*, füttern. Vgl. Dz 438 *cebada.*

2159) [**cībōrïūm** *n.* (gr. κιβώριον), Fruchtgehäuse
der ägyptischen Bohne, eine Art Trinkbecher; ital.
ciborio, Speisekelch; rum. *ciabare* „Poterium san-

guisorba", vgl. Ch. *s. v.;* prov. *cibori-s;* frz. *ci-
boire*, span. *cimborio*, Kuppel (vgl. aber No 2184);
ptg. *ciborio*, Monstranz.]

2160) **cībūs, um** *m.*, Speise; ital. (*cibo*, Speise),
gebo, *zeba*, Ziege („la carne di capro era il cibo
più usuale nel medio evo, come fanno fede il nostro
,beccajo' da ,becco' e il fr. ,boucher' da ,bouc',
quasi macella-becchi", Canello, AG HI 320, nichtsdestoweniger gehören *gebo* u. *zeba* nicht hierher,
vgl. Meyer-L., Z. f. ö. G. 1891 p. 768. Dz 345
zeba hatte richtig dies Wort nebst dem entsprechenden pyrenäischen vom deutschen *zibbe*, Lamm, abgeleitet); sard. *kiu* Mark, sicil. *civu*, tirol. *čei*,
vgl. Meyer-L. a. a. O.; altneapol. *cevo*; altabruzz. *civo*; modenes. *zio*, vgl. Salvioni, Post. 6;
(Horning, Z XXI 453, leitet von *cibus* ab aemil.
zibega lezioso, schifiltoso nel *cibo*, ital. *cibéca*,
Kostverächter, Dummkopf); (rum. *cib*, Vogelfutter);
span. *cebo*, Futter; (*chibo*, -*a*, junge Ziege); ptg.
cibo, Speise, (*chivo*, junge Ziege).

2161) **cīcădä, -am** *f.*, Cicade, Baumgrille; ital.
cicála, -*gala* Heuschrecke, Cicade; lomb. *šigada*;
rum. *cicală*, Schwätzer, maced.-rum. *chincală*, Cicade; prov. *cigala;* frz. *cigale;* span. *cigarra*,
chicharra (wohl onomatopoiet. Umbildung; Heuschrecke; ptg. *cigarra*, Baumgrille. Nach gewöhnlicher Annahme soll die Benennung der „Cigarre"
(span. ptg. *cigarro*, ital. *sigaro*, frz. *cigare m.*)
auf span. *cigarra* zurückgehen, wegen einer gewissen Ähnlichkeit des Tabaröllchens mit der
Cicade, sei es in Gestalt oder in Farbe. Vgl. Dz
99 *cigala.*

2162) bask. **cicatea**, eine Art Sporn; davon vielleicht span. ptg. *avicate;* nach andeten soll arab.
asch-schavkah, Stachel, das Grundwort sein. Vgl.
Dz 414 *acicate.* Vgl. Eg. y Yang. 30.

2163) **cīccūm** *n.*, das Kerngehäuse im Apfel und
dgl., ein nichtsnutziges Ding, Lumperei; davon ital.
cica, Kleinigkeit, davon *cigolo*, klein, gering; frz.
chiche, knauserig, *chiquet*, ein Bischen, Stückchen,
chicot, Strunk, *chicoter*, sich herumzanken (vielleicht
gehört hierher auch *chicane*, Streit um nichts,
Rechtskniff); von *chiquet* ist wieder abgeleitet das
Vb. *déchiqueter* (in kleine Stücke brechen), zerstückeln; cat. *xic*, klein, gering; span. *chico*,
klein, Sbst. Knabe, *chichota*, die geringste Kleinigkeit, *cicatear*, knausern; ptg. *chico*, kleine Geld-
münze. Vgl. Dz 98 *cica*, Gröber, ALL I 545;
Meyer, Ntr. 62 (erklärt, nicht zu wissen, woher der
Stamm *cic* komme, denn was Dz sage, befriedige
wenig, aber was ist denn gegen *ciccum* einzuwenden?).

2164) ***cīcēn** u. **cīcīnus** *m.* (f. *cycnus*), Schwan;
altital. *cécino;* sard. *césini, sisini*, venez. *césano*, vgl. Mussafia, Beitr. 124, Salvioni Post. 6;
span. ptg. *cisne* (ob auch altfrz. *cisne* hierher
gehört, ist bislang nicht sicher zu entscheiden).
Vgl. Dz 94 *cecero;* Gröber, ALL I 545. S. auch
cīcĕr.

2165) **cīcĕr** *n.*, Kichererbse; ital. *cece*, Erbse,
auch Knolle (davon weil. *cécero*, Schwan, so genannt
wegen der Knolle am Schnabel, doch kann *cécero*
wohl auch aus *cécino* entstellt sein), dazu das
Demin. *cecino; ptg. *cczer;* altfrz. *ceire, çoire;*
nfrz. (pois-) *chiche* (?). Vgl. Dz 94 *céce* u. *cécero;*
Meyer, Neutr. 62; Scheler im Anhang zu Dz
719.

2166) **cīcĕra, -am** *f.*, Platterbse; venez. *cesara*,
vgl. Mussafia, Beitr. 124, Salvioni, Post. 6; frz.
gesse Platterbse (*jerzais*, vesce multiflore, u. a.

mundartliche Pflanzennamen), vgl. Horning, Z XIX 70.

2167) cĭcĕrcŭlă, -am f. (Demin. v. *cicera* = *cicer*), kleine Erbse; ital. *cicerchia;* span. *cicercha.* Vgl. Dz 94 *cece.*

2168) [Cĭcĕro, -ōnem; ital. *cicerone,* frz. *cicéron,* beredter Erzähler, Erklärer, Fremdenführer. Einen ähnlichen Bedeutungswandel hat der Eigenname *Maro* [s. d.] durchgemacht.]

2169) cĭchōrēŭm n. (gr. *κιχώριον*) u. ***cĭchōrĭa** n. (gr. *κιχόρια*), Cichorie; ital. *cicorea* u. *cicoria;* rum. *cicoare* f.; frz: *chicorée* = ***cichorata;* span. *chicorea, chicoria, achicoria;* ptg. *chicoria.*

2170) cĭcĭndēlă, -am f., Leuchtwurm, kleine Lampe (in letzterer Bedtg. b. Isid. 20, 10, 2); davon ital. *cicindello, cesindello* „luminello", venez. *cesendolo* „lampada accesa davanti a qualche immagine", gen. *sexendi* „lume da notte", vgl. Caix, St. 275; Marchesini, Studj di fil. rom. II 8.

2171) [*cĭco, -āre (zusammenhängend mit *cĭēre*(?)), schreien; davon vielleicht ital. *cigolare, scivolare,* knarren, knistern, venez. *cigare,* zischen (dagegen gehört ital. *cingottare, cinguettare,* stammeln, zwitschern, schwerlich hierher). Vgl. Dz 365 *cigolare* u. Scheler im Anhang 756.]

2172) cĭcōnĭă u. ***cĭcōnĭa, -am** f., Storch; ital. *cicogna* (mit offenem u. mit geschlossenem o); über ital. Dialektformen vgl. Salvioni, Post. 6; neuprov. *cigouogno;* frz. *cigogne, gigogne;* span. *cigueña,* Storch u. Pumpenstock; ptg. *cegonha,* Storch und Brunnenstock. Vgl. Dz 440 *cigueña;* Gröber, ALL I 545 u. VI 381; Berger *s. v.*

2173) cĭcūtă, -am f., Schierling (Cicuta virosa L.); (ital. *cicuta;*) rum. *cucută;* (prov. *cicuda;* altfrz. *cëue;* frz. *ciguë*); saintoug. *koküe,* neuprov. *koküdo,* vgl. Meyer-L., Z. f. ö. G. 1891 p. 768; (cat. span. ptg. *cicuta*).

2174) arab. çĭfr, Null; ital. *cifra* „numero grosso", *cifera* u. *cifra* „scrittura segreta", vgl. Canello, AG III 398, *zero,* Null; frz. *chiffre,* Zahlzeichen, Geheimschrift, *zéro,* Null; span. ptg. *cifra,* Zahlzeichen, cero, *zéro,* Null; Dz 98 *cifra* u. 346 *zero.* — Vgl. auch Krumbacher in den Etudes de philologie néo-grecque p. p. Psichari (Bibl. de l'Éc. de Hautes Études, fasc. 92 Paris 1892), wonach Mittelstufe zwischen *cifra* u. *zéro* ist (*zephyrum,* dav. ital.) *zéfiro, zefro;* das Grundwert ist nach Kr. griech. *ψῆφος,* bezw. *ψηφο(φο)ρία* (in den Byzant. Stud. II 299 hat Kr. jedoch seine Anschauung nicht unerheblich abgeändert). Vgl. endlich noch Tannery, Sur l'étymologie du mot ,chiffre', Revue archéologique 1894.

2175) [*cĭlĭo, -āre (*cilium*) = frz. *siller* (für *ciller*) „einem Falken die Augenlider zusammennähen, damit er still sitzen lerne", vgl. Dz 679 *s. v.*]

2176) cĭlĭŭm n., Augenbraue; ital. *ciglio;* venez. *zegia,* mail. *zii,* vgl. Salvioni, Post. 6; sard. (log.) prov. cat. span. ptg. *ceja;* frz. *cil,* Augenbraue, Antlitz. Vgl. Meyer, Ntr. 154.

***cima** s. **cyma.**

2177) bask. cĭmela, biegsam; davon (?) vielleicht span. *cimbreño,* biegsam, *cimbrar,* eine Rute schwingen. Vgl. Dz 441 *cimbrar.*

2178) bask. cĭmeterra „der von der feinen Schneide", vielleicht Grundwort zu ital. *scimitarra,* kurzer, krummer Säbel; frz. *cimeterre* m.; span. *cimitarra;* ptg. *samitarra.* Die Herkunft des Wortes aus dem Bask. ist freilich nicht recht wahrscheinlich, eher wäre orientalischer Ursprung zu erwarten; woher das Wort aber auch stammen möge, offenbar

ist es volksetymologisch verballhornt worden. Vgl. Dz 287 *scimitarra.*

2179) cĭmĕx, -mĭcem m, Wanze; ital. *cimice;* sard. *chimige;* venez. *cimese,* lemb. *simes,* berg. *sciméga,* vgl. Salvioni, Post. 7; (frz. *cimex,* gelehrtes Wort, das volkstümliche ist *punaise* = ***putinatia*); altspan. *zimse* (b. Juan Manuel, Obras p. 249, wo freilich Gayangos *zimses* in *zinifes* ändern will, vgl. aber C. Michaelis, Misc. 165); neuspan. *chinche;* (ptg. *persevejo,* sigentl. „der Verfolger" von *perseguir; chinche* ist im Ptg. nicht vorhanden, vgl. C. Michaelis a. a. O. 166). Vgl. Dz 440 *chinche.*

2180) bask. cĭncerria, cĭnzarria=span. *cencerro,* Schelle, vgl. Dz 438 *s. v.*

2181) cĭnctōrĭum n., Gurt; sard. *chintorza* cintola, vgl. Salvioni, Post. 7.

2182) cĭnctŭm n., Gurt; ital. *cinto, -a,* valmagg. *šenča;* mail. *zenta;* span. *cincho,* vgl. Salvioni, Post. 7.

2183) cĭnctūră, -am f. (v. *cingo*), Gürtung; ital. *cintura,* Gürtel; frz. *ceinture,* Gürtel, Lendengegend; span. *cintura,* Gürtel; ptg. *cintura,* Gürtel, Lendengegend.

2184) cĭnctūro, -āre (v. *cinctura*), in Gürtelbogen bauen, wölben; ital. *centinare,* wölben, dazu das Shst. *céntina,* Gewölbe; frz. *cintrer,* wölben, dazu das Sbst. *cintre* (eine ganz andere Ableitung hat Horning, Z XXI 453 u. XXII 482, gegeben, s. oben **camex**) [cat. *cindria,* Gewölbe; span. *cimbra, -ia,* Wölbung; ptg. *cimbre,* Wölbung]. Vgl. Dz 95 *centinare.*

2185) *cĭnĕrātŭs, a, um, Part. P. P. zu dem Vb. *cinerare* (= frz. *cendrer,* mit Asche bestreuen); frz. *cendré,* aschfarbig, *cendrée,* Bleichschwamm (*charrée,* Lauge, gehört nicht hierher, vgl. Joret, R VI 595, s. oben **carrata**) cat. *cendrada;* span. *cernada,* Laugenasche. Vgl. Dz 438 *cernada.*

2186) *cĭnĕrōsŭs, a, um, aschig; ita. *ceneroso;* rum. *cenuxos;* prov. *cendros;* frz. *cendreux;* (span. *cenizoso*).

Cinetes s. *γυμνῆτης.*

2187) cĭngĭllŭm n. (v. *cingo*), ein netter Frauengürtel; dav. ital. *cinciglio,* herabhängender Schmuck, vgl. Caix, St. 21, u. d'Ovidio, AG XIII 407 (in den ältesten Ausgaben des Diez'schen Wörterbuches ist das Wort, Bd. II p. 18, zu *cencio* gestellt und als „unbekannter Herkunft" bezeichnet, in der 5. Ausg. fehlt der Artikel); campid. *cingeddu,* cintola; sicil. *cincédda* fascia, cintura, com. *scensgei* le verghe colle quali si fa sostegno e ricinto alla paglia de' capanni; mail. *scinsgell* u. *scinsgélla,* vgl. Salvioni, Post. 7.]

2188) cĭngo, cĭnxī (*cĭnxī), cĭnctŭm (*cĭnctum), **cĭngĕrĕ,** gürten; ital. *cingo, cinsi, cinto, cignere* u. *cingere;* rum. *(in)cing, insi, ins, inge;* prov. *cenh, ceis, ceint, cenher* u. *seigner;* altfrz. *ceing* u. *ceins, ceins, ceignis, ceint, ceindre* u. *ceñir,* schwaches Vb. (altspan. Pf. *cinxo,* Pt. *cinto*); ptg. *cingir,* schwaches Vb. Vgl. Dz 540 *ceindre;* Gröber, ALL VI 381.

2189) cĭngŭlă u. *cĭngŭlă, -am f. (v. *cingo*), Gürtel; ital. *cinghia,* daneben *cigna* = ***cinga;* rum. *cingă* = ***cinga;* prov. *singla;* frz. *sangle;* span. *cincha;* ptg. *cilha* (auch *cinta*). Vgl. Dz 99 *cincha;* Gröber, ALL I545 u. im Nachtr. No 1888 der 1. Ausg. des It. rom. Wtb.'s.

2190) cĭngŭlŏ u. *cĭngŭlo, -āre (v. *cingulum*), gürten; ital. *cinghiare;* prov. *cinglar, singlar,*

senchar; frz. cingler, mit einem Gurte schlagen;
sangler, gürten; span. cinchar; ptg. cilhar.

2191) **cĭngŭlŭm** n. (v. cingo), Gurt; ital. cingolo
„la cintura del sacerdote parato per celebrare",
cinghio „circuito, cerchie", vgl. Canelle, AG III 356;
span. sobrecincho, Übergurt am Pferdegeschirr;
(ptg. cincho, Korb, gehört nicht hierher). Vgl.
W. Meyer, Neutr. 131.

2192) [*cĭnĭcĭārĭŭm n. (v. cinis)= span. cenicero,
Aschengrube.]

2193) [*cĭnĭcĭŭs, a, um (v. cinis), aschfarbig;
ital. cinigia, Asche; altfrz. cenis; span. cenizo,
aschgrau, ceniza, Asche, cenizoso, ceniciento, aschfarbig. Vgl. Dz 438 ceniza; Gröber, ALL VI 382.]

2194) cĭnĭs, -ĕrem m., selten f., Asche; ital.
cenere; (rum. cenuşă = *cinucea); prov. cenre-s,
cendre-s; frz. cendre; cat. cendra; (span. ceniza
= *cinicia; ptg. cinza).

2195) cĭnĭsculum n. (Dem. v. cinis); dav. nach
C. Michaelis, Frg. Et. p. 12, ptg. cisco, feiner
Kohlenstaub u. dgl.

2196) cĭnnăbărĭ n. u. cĭnnăbărĭs, -ĭm m. (gr.
κιννάβαρι u. κιννάβαρις), Zinnober; ital. cinábro;
rum. chinovár; prov. cinobre-s; frz. cinabre; span.
ptg. cinabrio. Vgl. Dz 99 cinábro.

2197) cĭnnămŏmum n. (κίνναμον), Zimmt; ital.
cennamo, veron. cendamo, vgl. AG I 308, Salvioni, Post. 7.

2198) *cĭnnŭs m. od. *cĭnnŭm n. ist das vorauszusetzende Grundwort zu ital. cenno, Wink, davon
accennare, heranwinken. „Lieber als von einem
cinnus = cincinnus möchte ich ital. cenno, ac-
cenno von concinnat herleiten, das nach der Aphärese mit con- und der Wiederzusammensetzung mit
ad-cennare, accennare ergeben hätte, gleichsam
,mittels des Gesichtsausdrucks eine Warnung erteilen'. cenno wäre postverbal" d'Ovidio, Gröber's
Grundriſs I 503; rtr. cin, Wink; prov. cennar,
winken; altfrz. cener, acener, (zu)winken; span.
ceño, Wink, dazu altspan. das Vb. aceñar; ptg.
cenho. Diez 95 cenno hielt *cinnus für gekürzt
aus cincinnus, Locke, was aber lautlich wie sachlich gleich unannehmbar ist. Baist, Z V 243,
glaubte, daſs das bei Arnobius 5, 25 in der Bedtg.
„Mischtrank" vorkommende cinnus trotz der so
weit abliegenden Bedeutung als Grundwort angesehen werden könne; später aber hat er, RF I 134,
seine Ansicht zurückgezogen und auf Grund des
span. zuño behauptet, daſs cenno u. seine Sippe
auf gr. (ἐπι)σκύνιον = ὀφρύς zurückgehe (Ilias
XVII 136 ὥς τίς τε λέων — πᾶν δέ τ'ἐπι-
σκύνιον κάτω ἕλκεται ὅσσε καλύπτων). Aber ein
*scynium hätte ital. scigno ergeben, um von anderen
Bedenken ganz abzusehen. Über die Annahme eines
cinnum oder cinnus wird man hinwegkommen
können. Vgl. Gröber, ALL VI 545.

2199) *cĭnquăgēsĭma (scil. dies); rtr. cunkeisma
Pfingsten; altspan. cinquesma. Vgl. Meyer-L.,
Z. f. ö. G. 1891 p. 768.

2200) *cĭnquăgĭnta (für quinquaginta), fünfzig;
sard. chimbanta (dagegen bindeghi = quindecim,
vgl. Meyer-L., Z. f. ö. G. 1891 p. 768); ital. cinquanta; (rum. cincidieci); rtr. tschunconta, vgl.
Gartner, § 200; prov. cinquanta; frz. cinquante;
cat. cinquanta; span. ptg. cincoenta.
Vgl. Gröber, ALL I 546, V 125 u. VI 382.

2201) *cĭnquĕ (für quinque), fünf; (sard. chimbe,
vgl. Meyer-L., Z. f. ö. G. 1891 p. 768; ital. cinque; rum. cinci; rtr. tschuno, vgl. Gartner § 200;

prov. cinc; frz. cinq; cat. cinch; span. ptg.
cinco. Vgl. Gröber, ALL I 546.

2202) [*cĭnŭcĕā (v. cinis)=rum. cenuşă, Asche;
s. oben cĭnĭs.]

2203) *cĭppĭllŭs, -um m. (Demin. zu cippus),
kleiner Klotz, = span. cepillo, ptg. cepilho, Hobel,
Bürste.

2204) *cĭppŭs (für cĭppŭs), -um m., Spitzsäule,
Grenzstein; ital. cippo „colonna tronca", ceppo
„troncone d'albero", vgl. Canello,AG III 321; prov.
cep-s; frz. cep, sep; cat. cep, cepa; span. cepo,
cepa, Pfahl, Klotz. Vgl. Gröber, ALL I 546.

2205) cĭrcă, Adv. u. Präp., ringsum, in der Nähe,
bei; ital. circa; span. ptg. cerca, nahe, bei.

2206) cĭrcĕllŭs, -um m. (Demin. v. circulus),
kleiner Kreis; (ital. cerchiello, Demin. zu cerchio);
sicil. circeddu sorta di orecchino; rum. cercel
(bedeutet auch „Ohrring"); frz. cerceau, Reif, dazu
das Vb. *cerceler, wovon aber auch schon altfrz.
nur vereinzelt Formen belegt sind; span. cercillo,
zarcillo, Ohrgehäng; ptg. cercilho, Platte, Tonsur.
Vgl. Dz 500 zarcillo u. 540 cerceau.

2207) *cĭrcĭno, -āre (v. circinus), einen Kreis
ziehen; sard. chirchinare, tagliare in tondo, vgl.
Salvioni, Post. 7; rtr. çerçená, vgl. Ascoli, AG I
523 Z. 4 v. u. im Texte; frz. cerner, einschliefsen,
umrändern; span. cercenar, abrunden, beschneiden,
ausroden, vgl. Horning, Z XVIII 215.

2208) cĭrcĭnŭs, -um m. (gr. κίρκινος), Zirkel;
ital. cercine, runder Wulst, Ring, vgl. Flechia,
AG III 337; rum. cearcăn, Kreis, Kranz, Hof um
Sonne oder Mond; frz. cerne, Kreis; span. cercen,
Adv., rundum; ptg. cerce, glatt, flach, eben. Vgl.
Dz 96 cercine.

2209) cĭrcĭto, -āre (v. circus), in der Runde
gehen; rum. cercetez ai at a, prüfen, untersuchen,
beraten u. dgl., vgl. Ch. cerc.

cĭrcĭus s. cerclus.

2210) cĭrco, -āre (v. circus), umkreisen (Gromat.
vet. 326, 17); ital. cercare, suchen, vgl. Flechia,
AG III 170: rum. cerc ai at a, suchen, untersuchen, versuchen, kosten; prov. cat. cercar; altfrz. cerchier; nfrz. chercher; (span. ptg. wird
das Vb. in der Bedtg. „suchen" vertreten durch
buscar, cercar heifst nur „umgehen, umringen").
Vgl. Dz 95 cercare; Gröber, ALL I 546; Wölfflin,
ALL III 515.

2211) cĭrcŭlo, -āre (v. circulus), kreisförmig
machen, kreisförmig umgeben; ital. cerchiare;
(rum. cercuesc ii it i); prov. cerclar; frz. cercler;
(span. cercillar; ptg. cercilhar = *circillare).
Über span. acechar f. acerchar = ad-circulare
vgl. Baist, RF VI 580, s. oben as-sĕcto.

2212) cĭrcŭlŭs, -um m. (Demin. v. circus), Kreis;
ital. cerchio; veron. zércolo; prov. cercle-s; frz.
cercle (altfrz. u. f.); altfrz. Ableitungen von cercle
sind cercler gleichs. *circulare n., cerclal, cercal
gleichs. *circulale, cerchel, gleichs. circulello, vgl.
Förster zu Erec 5782); span. ptg. círculo. S. No
2213.

2213) cĭrcŭs, -um m. (gr. κίρκος), Kreis; ital.
circo „specie d'anfiteatro", cerco „cerchio. Ma
cerco potrebbe anche essere ricavato dal pl. cerchi
= eiro'li", Canello, AG III 322; rum. cerc, Kreis,
Reifen, Einzäunung u. dgl. Sonst ist das Wort nur
als termino techuicus zur Bezeichnung eines für
Kunstreiter etc. bestimmten Rundbaues vorhanden,
(frz. cirque etc.), in der Bedtg. „Kreis" ist das
Dem. circulus eingetreten, (doch auch span. ptg.
cerco).

2214) cīrrŭs, -um *m.*, Haar-, Federbüschel auf den Köpfen der Vögel; davon vielleicht ital. cerro; (sardische Ableitungen: *chirrioni* ciocca di capelli, *chirrionudu* velloso, vgl. Guarnerio, R XX 63); prov. *ser-s*; span. ptg. cerro, Hügel, Höhe, Nacken, Genick, Rückgrat bei Tieren (die Bedeutungsentwickelung würde also eine ähnliche gewesen sein, wie bei dem engl. *top*). Vgl. Dz 438 cerro. S. d. Nachtrag!

2215) *cīsăle *n.* (v. cīdo, cīsum f. caedo, caesum), ein abgeschnittenes Stück; ital. cisale, der zwischen zwei Feldern eingeschnittene Weg, Pl. Schnitzel.

2216) *cīsĕllus, -um *m.* (v. cīdo, cīsum f. caedo, caesum), ein Schneidewerkzeug; frz. ciseau, Meifsel, Pl. Scheere; dazu das Vb. ciseler; cat. sisell; span. cincel; ptg. (cizel), cinzel. Das Wort bedeutet überall „Meifsel", im Ital. wird dafür scalpello (neben cesello) gebraucht. Vgl. Dz 99 cincel (Diez stellte *scilicellus aus *sicilicellus v. sicilis als Grundwert auf; Gröber, ALL I 546; Th. 54 cincel).

[*cīsmo s. *ăccīsmo.]

2217) *cīsōrĭūm *n.* (v. *cīdo, cīsum f. caedo, caesum), ein Schneidewerkzeug; ital. cesoje, Scheere (das übliche Wort ist aber fórbici); rtr. cisore, vgl. Ascoli, AG I 510, Z. 8 v. ob., dagegen Meyer-L., Z. f. ö. G. 1891 p. 768; altfrz. cisoires. Vgl. Dz 364 cesoje; Gröber, ALL I 546.

2218) [*cīspŭs, a, um = ital. cispo, triefäugig? Vgl. Dz 365 *s. v.*]

2219) cīstĕrnă, -am *f.*, Wasserbehälter; ital. cisterna (mail. sisterna, berg. sostergna, vgl. Salvioni, Post. 7), und so auch als gelehrtes Wort in den anderen Sprachen.

2220) cīthără, -am *f.* (gr. κιθάρα; cithara, non citera App. Probi 23), Cither; ital. citera, cetera, cetra, chitarra, vgl. Canelle, AG III 389; rum. ceterǎ, Geige; prov. cidra, citola; altfrz. citere, citole; nfrz. guitare = ital. chitarra u. dieses wieder unmittelbar = gr. κιθάρα; cat. citara; span. citara, guitarra, cithara, guitarra. Vgl. Dz 97 chitarra.

2221) cīto (Adv.), schnell, sogleich; ital. cetto, abruzz. cecto; campobass. ciette, span. cedo, vgl. Meyer-L., Z. f. ö. G. 1891 p. 768; Salvioni, Post. 7. — **citius** = sard. chizzu, per tempo, vgl. Salvioni a. a. O.

2222) [*cīto, -āre (Frequ. v. ciēre), herbeirufen; ital. citare; frz. oiter; span. ptg. citar.]

2223) cītrāgo, -ĭnem *f.* (citrus), Citronenkraut; ital. citraggine, vgl. Salvioni, Post. 7.

2224) [*cītrīnŭs, -um (v. citrus), zitronengelb, soll nach Baist, RF I 441, das Stammwort zu frz. serin, gelber Zeisig (serin de Canaric, Kanarienvogel, span. canario, ebenso ptg., ital. canarino) sein. Gewöhnlich wird das Wort von lat.-griech. siren (σειρήν) hergeleitet. Beide Ableitungen sind wenig glaublich, die erstere, weil citrīn zu *cerrin hätte werden müssen, die zweite, weil dann das Fem. zu erwarten wäre. Das Wort dürfte von serenus herkommen u. den „lustigen, muntern Vogel" bezeichnen sollen. Vgl. Scheler im Dict. unter serin.]

2225) *cītrīŏlŭm *n.* (Demin. v. citrus), kleine Zitrone, = ital. cetriuolo, vgl. Caix, St. 287.

2226) *cītrŭcŭlă, -am *f.* (v. citrus), = frz. citrouille, Kürbis, wohl der gelben Farbe wegen so genannt. Vgl. Scheler im Dict. *s. v.*; Cohn, Suffixw. p. 233, möchte in citrouille eine Umbildung von mittelfrz. citrulle erblicken.

2227) cītrŭs, -um *f.*, Zitronenbaum; span. ptg. cidro, Zitronenbaum, cidra, eine Art Zitroné (das

übliche Wort für diese Frucht ist limon). Vgl. Gröber, ALL I 544. S. oben **cedrus.**

2228) cīv[ī]tās, -tātem *f.*, Bürgerschaft, Stadtgemeinde; ital. città, Stadt; rum. cetate, befestigter Stadtteil, Schlofs, Festung; rtr. tsité etc., vgl. Gartner § 6 (der Begriff wird im Rtr. auch durch mercatus ausgedrückt); prov. ciutat-z; altfrz. cit, ciu·(Thomas, R XXVI 418, erklärt cit = *civitem f. civem u. ciu = civ[em], wegen civis in der Bedtg. von civitas vgl. altfrz. oz = hostis in der Bedtg. von exercitus), vgl. aber auch Meyer-L., Rom. Gr. II p. 8), cité; nfrz. cité, innere, alte Stadt (das gewöhnliche Wert für Stadt ist ville); cat. ciutat; span. ciudad; ptg. cidade. Vgl. Dz 100 città; Gröber, ALL I 546.

2229) [*cīvītātĕllă, -am *f.*, kleine Stadt, Stadtfestung; ital. cittadella; rum. cetățĕ; frz. citadelle (Lehnwort); span. ciudadela; ptg. citadella.]

2230) *cīv[ī]tātīnūs, *cīvītātānŭs, -um *m.* (von civitas), Bürger; ital. cittadino; rum. cetățean; prov. ciutadan-s; frz. citadin (Lehnwort), (citoyen [Neubildung], Staatsbürger); das übliche Wort für „Bürger" im Sinne von Stadtbewohner u. Nichtadeliger ist bourgeois = *burgensis; span. ciudadano; ptg. cidadão. Lat. civis ist völlig geschwunden, vgl. jedoch No 2228.

civis s. **civitatinus.**

2231) clāmātă (Part. P. P. v. clamare), = ital. chiamata, span. llamada, ptg. chamada, Ruf, Trommelsignal zum Zeichen einer beabsichtigten Kapitulation; in letzterer Bedeutung als chamade in das Frz. aufgenommen. Vgl. Dz 542 *s. v.*

2232) clāmo, -āre, rufen; ital. chiamare, dazu die Vbsbsttve chiamo u. chiama, vgl. Canelle, AG III 405; rum. chiem ai at a; prov. clamar; altfrz. claimer; nfrz. clamer (nur in Kompositis gelehrten Charakters, z. B. réclamer, dazu das Vbsbst. réclame); span. llamar; ptg. chamar. Vgl. Dz 97 chiamare.

2233) clāmŏr, -ōrem *m.* (zu clamo), Geschrei; ital. clamore (gelehrtes Wort, auch in den andern Sprachen nur als solches vorhanden).

2234) Stamm clap (*clapio, *clappetto, *claptus etc.) s. **klap.**

2235) [*clapa, -am *f.* (?); wird von Parodi, R XVII 60, als Grundwort angesetzt zu span. ptg. chapa, Platte (von Metall u. dgl.).]

2236) clāră (Fem. v. clarus) = ital. chiara, Eiweifs, auch Sandbank (in dieser Bedtg. wohl = glarea, Kies); prev. glara; frz. glaire (doch ist auch dies Wert vielleicht = glarea). Vgl. Dz 597 glaire. S. unten **glarea.** Vgl. auch Th. p. 100.

2237) clārŭ vĭă = frz. claire-voie, Öffnung, Durchsicht, doch ist vielleicht in voie eine unregelmäfsige Ableitung von voir zu erblicken, vgl. Fafs, RF III 503, der sich wieder auf Littré I 653 beruft.

2238) *clārīnūs, a, um (v. clārus), helltönend; ital. chiarina, clarinetto, Klarinette; span. clarin, Trompete, daneben clarinete (frz. clarinette). Eine andere, gleichfalls zur Bezeichnung eines Blasinstrumentes gebildete Ableitung ist ital. clarone, prov. altfrz. clarion, nfrz. clairon. Vgl. Dz 97 chiarina.

2239) clārŭs, a, um, klar, hell, deutlich, berühmt; ital. chiaro; rum. chiar (Adv.); rtr. clair, vgl. Ascoli, AG I 275 Z. 18 v. u.; prov. clar; altfrz. cler; nfrz. clair, dav. clairet blafsrot, auch Sbst. blasser Wein; span. ptg. claro.

clăssĭcum s. **classūm.**

2240) **classis, -em** f., Abteilung, soll nach Meyer-L., Z. f. ö. G. 1891 p. 768, Grundwort zu ital. *chiasso*, (Wohnviertel einer best. Klasse der Bürgerschaft?) enge Gasse, sein.

2241) ***clāssūm** n.* (für *classicum*), Horn-, Trompetensignal; ital. *chiasso*, Getöse; prov. altfrz. *clas*, Lärm (über altfrz. *glais* vgl. Förster zu Erec 2363); nfrz. *glas*, Glockengeläute. Vgl. Dz 97 *chiasso;* Gröber, ALL 1 547; Canello, AG III 400.

2242) ***claudīco, -āre** (claudus)*, hinken; davon nach Nigra, AG XV 108, piem. *coké;* prov. *cloquar;* frz. *clocher;* pic. *cloguer.* Die übliche Ableitung der Worte ist die von *cloppicare* (s. d.).

2243) **claudo** u. **clūdo, clausi** u. **clūsi, clausum** u. **clūsum, claudĕrĕ** u. **clūdĕrĕ**, schliefsen; ital. *chiudo chiusi chiuso . chiudere;* (lomb. *čoç, čoça* podere, podere ciutato,· vgl. Salvioni, Post. 7); prov. *clau claus claus claure;* altfrz. *clo* (mit offenem *o*) *clos clos* clore; nfrz. *clos* (Pf. fehlt) *clos clore;* cat. *cloch clogui clogut clourer*, vgl. Ferré y Carrio, Gram. cat. p. 52 Z. 9 v. u.; span. ist *claudere* durch cerrar = *serrare* völlig verdrängt, ptg. durch *fechar* [= **factare* v̇. *factum* = *fecho*, eigentl. das Datum unter einen Brief setzen, ihn beenden, schliefsen] u. cerrar, doch ist im Altptg. *chouvir* als schw. Vb. vorhanden. Vgl.· Dz 97 *chiudere;* Gröber, ALL 1 548 u. VI 382.

2244) [***clausico, -āre** (clausus)*, schliefsen; ptg. *chossar*, die Augen schliefsen, dav. *Chosco* „der Sandmann", vgl. C. Michaelis, Frg. Et. p. 11.]

2245) **claustrūm** n. (v. *claudo*), **clōstrūm**, Verschlufs; ital. *claustro, chiostro* = *clostrum*, Kloster (daneben *convento*), *chiostra*, ein von Mauern umschlossener Platz, vgl. Canello, AG III 403; rtr. *claustro;* prov. *claustra;* frz. *cloître*, gleichsam **claustrium* (das übliche Wort für „K[lost]er" ist *couvent*); span. *claustro* (daneben *·convento*, monasterio); ptg. *claustro* (üblicher sind *convento* u. mosteiro). Vgl. Gröber. ALL 1 547, wo die halb irrige Bemerkung „ein Wort erst christlicher Zeit seiner Form wie seiner Bedtg. nach", denn *claustrum* gehört schon der klassischen Latinität an (s. Georges s. v.), wenn auch selbstverständlich nicht in der christlichen Bedtg.

2246) **clausūrā** u. **clūsūrā, -am** f. (v. *claudere*), Verschlufs; ital. *clausura* „dei conventi", *chiusura* „l'atto dol ·chiudere", vgl. Canello, AG III 351; lecc. *chiasura, chesura*, ptg. AG IV 141; venez. *chiesura*, piccolo podere, vgl. Salvioni, Post. 7; — ***clausion-** = prov. *clauso*[n]*s;* frz. *cloison.*

2247) **(clāvā** u.) ***clābā, -am** f.*, Keule, Pfropfreis; ital. *glaba*, Ableger, Senker; valtell. *ĝaváz* pala, *ĝiavaŕótt*, lungo baston per frugare, vgl. Salvioni, Post. 7; span. *chab-asco*, Reis, Gerte, *chaborra*, junges Mädchen (schliefslich junger Sprofs). Vgl. Dz 376 *glaba* u. 439 *chabasca.*

2248) ***clāvārīūm** n.*, Musikinstrument mit Tasten (*claves*); — frz. *clavier.*

2249) **clāvārĭūs, -um** m. (v. *clavis*), Schlüsselbewahrer; ital. *chiavajo, -ro* „chi custodisce le chiavi, e chi le fa", *chiaviere* „chi tiene le chiavi", vgl. Canello, AG III 306.

2250) **clāvĕllūs, -um** m. u. ***clāvĕllā, -am** f.* (Demin. zu *clavus*), kleiner Nagel; ital. *chiavello*, Nagel; sard. *gravellu* garafano; piem. *ciavel, ĝiavel*, vgl. AG XII 395, Salvioni, Post. 7; rum. *caié*, Pl. *cáiele*, Hufeisennagel; prov. *clavel-s;* cat. span. *clavel*, Nelke (vgl. Gewürznägelein); ptg. *chavelho*, Geweih des Ochsen, *chavelha*, Pflock,

[*cavilha*, Pflock, Stift, Zapfen = **cavicula* für *clavicula*].

clāvīcūlā s. **cāvīcūlā.*

2251) **clāvīs, -em** f., Kloben, Schlüssel; ital. *chiave;* rum. *cheie*, Pl. *chei;* rtr. *kláſ, tšáſ* etc., vgl. Gartner § 200; prov. *clau-s;* frz. *clef, clé;* cat. *clau;* span. *llave;* ptg. *chave.*

2252) **clāvīs + cȳmbālūm**, Musikinstrument mit Tasten (*claves*); ital. *clavicembalo, gravicembalo* (daneben *clavicordio* aus *clavis* + *chorda*); frz. *clavecin*, span. *clavecimbano*. Vgl. Dz 101 *clavicembalo.*

2253) **clāvo fīgĕre**, mit Nägeln anheften, kreuzigen, = altfrz. *cloufire*, [*cloufichier*] (z. B. Alexius, rödaction du XIVe siècle, éd. Paonier, Str. 13 v. 2), vgl. Darmesteter, Mots comp. p. 140.

2254) **clāvŭs, -um** m., Nagel; ital. *clavo, chiavo chiovo, chiodo* „con sensi traslati che mancano alle forme arcaiche, p. e. chiodi = debiti", Canello, AG III 399, vgl. auch Flechia, AG II 334; rtr. *cláud*, vgl. Ascoli, AG I 513 Z. 1 v. u. im Texte; prov. *clau-s;* altfrz. *clo;* nfrz. *clou*, dazu das Vb. *clouer* (nicht = *clavare*, welches sich als *claver* hätte erhalten müssen, sondern nach Analogie von *nouer* gebildet); span. *clavo;* ptg. *cravo.* Vgl. Dz 364 *chiodo;* Gröber, ALL 1 547, wo *clovus* neben *clavus* als Substrat angesetzt wird, aber die Entwickelung aus : offenem *o* kann sehr wohl erst in nachlateinischer Zeit erfolgt sein. Vgl. Schwan, Z XII 207 ff.

2255) [**clēpo, clēpsī, clēptum, clĕpĕrĕ**, heimlich wegstehlen; vielleicht Grundwort zu frz. *se clapir*, sich verkriechen, vgl. Dz 549 *clapir.* Wahrscheinlich aber gehört das Wort zu dem Stamme *klap* (s. d.).]

2256) **clērĭcātus, -um** m. (clerus), geistlicher Stand; frz. *clergé.*

2257) **clērĭcus, -um** m. (v. χλῆρος), Geistlicher; ital. *chierico.* frz. *clerc* etc. Vgl. Berger s. v.

2258) [***clētā, -am** f.* = piem. *cea, ceja* gratticcio, vgl. Salvioni, Z XXII 467; prov. *cleda;* altfrz. *cleie*, nfrz. *claie*, Flechtwerk, Hütte; Dz 548 *claie* vermutete, dafs das Wort auf· das gleichbedeutende altir. *cliath*. cymr. *clwyd* zurückgehe. Thurneysen hat das Wort nicht besprochen. Vgl. Nigra, AG XIV 364.]

2259) **clīmāctērĭcŭs, a, um** (gr. χλιμαχτηριχός), auf die sog. Stufenjahre bezüglich : ital. *climaterico;* frz. *climatérique*, vgl. Fafs, RF III 513; span. ptg. *climatérico.*

2260) ***clīnīco** u. ***clīnīo, -āre** (v. clinare)*, (die Augen) neigen; frz. *cligner* (altfrz. auch *clingier*), blinzeln, dazu das Vbsbsttv. *clin.* Vgl. Dz 549 *cligner;* Gröber, ALL 1 547.

2261) **clīnĭcus, a, um** (gr. χλινικός), bettlägerig; nach Dz 446 *enclenque*, C. Michaelis, Studien etc. p. 268 u. 286 ist *clinicús*, bezw. **inclinicús* Grundwort zu span. *enclenque*, kränklich. Förster, Z I 559, hat diese Herleitung mit guten Gründen zurückgewiesen u. für span. *enclenque*, altfrz. *esclenc*, *esclenche* (pic. *esclenque*) das ahd. *slinc*, link, als Grundwort aufgestellt. Ihm haben beigestimmt G. Paris, R VII 346, Ascoli, AG III 449 Anm., Schuchardt, Z VI 425, letzterer jedoch mit dem Vorbehalte, dafs in der Anlautsilbe *en-* (ebenso wie in *enjemplo* etc.) Einmischung des Präpos. *en* zu erblicken sei, während Förster eine rein lautliche Entstehung behauptet hatte. Gegen Förster's Herleitung erhob Baist, Z V 550, Einspruch, das Diez'-sche Grundwort **inclinicus* verteidigend. Förster wiederholte darauf, Z VI 113, nachdrucksvoll seine frühere Beweisführung. Baist entgegnete, Z VI 427, in einem längeren Aufsatze, zog aber *inclinicus* zurück u. setzte dafür auf K. Hofmann's Anregung mlat. *encleticus* (s. Ducange s. v.) als Grundwort ein. Die lebhafte u. eingehende Erörterung, welche die Herkunft des Wortes gefunden, hat manche feine u. wertvolle lautgeschichtliche Bemerkung zu Tage gefördert, zu einem sicheren Ergebnisse aber doch nicht geführt. Alles in allem genommen, scheint es, dafs span. *enclenque* u. altfrz. *esclenc* auseinander gehalten werden müssen, u. dafs ersteres aus *inclinicus* entstellt (i : e erklärt sich aus roman. Position, wie anfangs auch Förster, Z I 559 Zeile 1 v. u. im Text für möglich gehalten hatte), letzteres aber aus ahd. *slinc* entstanden sei. Vgl. über die Frage auch Goldschmidt p. 58.

2262) **clīno, -āre**, neigen (Not. Tir. 109: das Pt. *clīnātus* b. Cic. Arat. 53 [287] u. 86 [327]); ital. *clinare*; prov. *clinar*; altfrz. *cliner*. Vgl. Gröber, ALL I 547 u. VI 382.

2263) ***clīnūs, a, um** (v. *clinare*), geneigt; ital. *chino* (*chini* b. Dante, Purg. 14, 7, ist Plur.: *l'un all' altro chini* = beide aneinander geneigt, aneinander sieh lehnend); prov. *cli-s*; altfrz. *clin* (*aclin*). Vgl. Gröber, ALL I 547, wo *clinis* angesetzt wird.

2264) **elŏāca, -am** f. (spätlat. *clauaca, cloca*), Abzugskanal; ital. *cloáca* „voce stor., condotto soterraneo di grandiosa struttura", *chiavica*, sen. *chioca* „fogna, smaltitojo", vgl. Canello, AG III 389; Caix, St. 268; frz. *le cloaque* (gel. W.). Dz 364 *chiavica*.

2265) onomatopoiet. Stamm **cloc-**, glucken (vgl. auch schriftlat. *glōcire*, glucken, u. *clocitare*, schreien [vom Hirsche]); davon ital. *chiocciare*, glucken, *chioccia*, Gluckhenne; span. *cloquear, clucca*; ptg. *choca*, Gluckhenne, *chocar*, brüten; prov. *clocir*, *glocir*, frz. *glousser* (dialekt. *clousser, crousser*), rtr. *clutschar, glutschar*. Im Zusammenhang damit stehen wohl ital. *accoccolarsi*, auf den Fersen hocken (gleichsam brütend nach Art einer Henne hocken), dazu das Adv. *coccoloni*; span. *aclocarse*, brütend hocken, ptg. *cócaras*, Pl., das Niederhocken, Kauern, *estar en cócaras*, kauern. Vgl. Dz 97 *chiocciare*; Gröber, ALL I 547; Caix, St. 292.

cloca, clocca s. **campana**.

2266) ***clŏchea, *clŏchĭa** (umgestellt aus *cochlea*), **-am** f., Schnecke; davon ital. (*chiocchia*, dazu das Demin.) *chiocciola*, vgl. Dz 364 *s. v.*, chian. *chiocquelo*, venez. *cuogolo*, Kiesel, vgl. Caix, St. 269; Flechia, AG II 335 unten; rum. *ghioacă*, Schale, vgl. Ascoli, AG XIII 456, (*des*)*ghioc ai at a*, schälen; [frz. heifst „Schnecke" *limace* = *limac-em* v. *limus*, span. *caracol* u. *limaza* (nackte Schnecke), ptg. *caracol* u. *lesma*]. — S. Nachtrag zu No 2287.

2267) ***clŏdūs, a, um** (f. *claudus*), lahm; prov. *clod*, (mit offenem *o*), vgl. Gröber, ALL I 547; Flechia, AG II 335 — („lahm" ital. *zoppo*, frz. *estropié, écloppé, perclus*; span. *cojo* (s. **coxus**), *baldado, paralitico*; ptg. *coxo, tolhido, estropeado*). S. **cloppus** u. **claudico**.

2268) ***clŏpā, -am** f. (umgestellt aus *copla* = *copula*), Verknüpfung; ital. (dialektisch) und rtr. *ciopa* u. dgl., vgl. Ascoli, AG I 515; Flechia, AG II 6 u. 335 Z. 1 v. u.

2269) ***clŏppĭco, -āre** (v. *cloppus*), hinken; prov. *clopchar*; frz. *clocher* (daneben *cloper* = *cloppare*); pic. *cloguer*. S. auch **cloppus** u. **claudico**.

2270) ***clŏppūs, a, um**, hinkend, lahm; rum. *şchiop*, dazu das Vb. *şchiopez ai at a*; prov. *clop*;

---

altfrz. *clop*, dazu das Vb. *cloper*. Vgl. Dz 550 *clop*; Gröber, ALL I 547.

clūdo s. **claudo**.

2271) **clūpēā, -am** f., ein Flufsfisch, die Alose (Plin. N. H. 9, 44); davon vielleicht ital. *chieppa, cheppia*, Wels, vgl. Dz 364 *s. v.* (über ital. Dialektformen des Wortes vgl. Salvioni, Post. 7); span. *chopa*; galiz. *jouba*, vgl. Meyer-L., Z. f. ö. G. 1891 p. 768.

2272) ***cŏāctĭco, -āre** (v. *coacto*), zusammendrängen; rtr. *s-quicciar*, quetschen; prov. *cachar, quichar*, (neuprov. *esquichá*, qnetschen); frz. *cacher*, dueken, verstecken (daneben *catir*, gleichsam *coactire*, dem Tuche die Glanzpresse geben, dav. *cati* u. *catis*, Zeug-, Glanzpresse, vgl. Cohn, Suffixw. p. 115, s. auch unten *coacto*, *cvacher*, quetschen; zu *cacher* die Vbsbttve *cache*, Versteck, *cachette*, Schlupfwinkel, *cachot*, Petschaft, *cachot*, Gefängnis, span. *acacharse, agacharse*, sich niederducken (das Simplex *cachar*, zerbrechen, = *quáticare*). Vgl. Dz 260 *quatto*; Horning, Z IX 140.

2273) ***cŏāctĭo, -āre** (*coactus*) = altfrz. *quacier* gerinnen, vgl. Förster zu Yvain 6129 u. G. Paris, R XXVII: 317.

2274) **cŏāctŏ, -āre** (Frequ. v. *cogere*), zusammendrücken; sard. *cattare*, platt drücken; (prov. *quatir*, ducken, frz. *catir*, pressen, entweder = *coactire* oder = *quatire* f. *quatere*, indessen sind beide Ableitungen nicht einwandfrei, vgl. Förster zu Yvain 6129). Vgl. Dz 260 *quatto*.

2275) ***cŏāctūs, a, um** (Pt. P. P. von *cogere*), zusammengedrängt, geprefst; ital. *coatto*, gezwungen, *quatto*, platt, vgl. Canello AG III 372; rtr. *quac*; prov. *quait*; span. *cacho, gacho*, geduckt. Vgl. Dz 260 *quatto*; Förster zu Yvain 6129.

2276) ***cŏāgŭlo, -āre** (v. *coagulum*), gerinnen machen; ital. *quagliare, cagliare*, vgl. Canello, AG III 372, Flechia, AG II 382; d'Ovidio, AG XIII 443 (d'O. vermutet, dafs in *quagliare* etc. sich der Pflanzenname *galion*, ital. *gaglia*, eingemischt habe, weil die betr. Pflanze zur Käsebereitung gebraucht wurde); rum. *in-chieg ai at a*; rtr. *en-cugliar*; prov. *coagular*; frz. *cailler*; cat. *coagular*; span. *cuajar*; ptg. *coalhar*. Vgl. Dz 259 *quagliare*; Gröber, ALL I 548.

2277) **cŏāgŭlūm** n., geronnene Milch; ital. *caglio, quaglio, gaglio*; rum. *chiag*; (frz. *caillot, caillotte*, Gerinsel, *gaillet* = *caille-lait* [?], Labkraut, vgl. Fafs, RF III 492; über *caillou*, Kiesel, vgl. oben **calculus**); span. *cuajo*; ptg. *coalho*. Vgl. Dz 259 *quagliare*; Gröber, ALL I 548.

2278) **cŏāxo, -āre**, quaken; davon nach Cornu, R IX 136, (sard. *chesciare*; cat. *queixarse*; span. *quejar*; ptg. *queixar*), wehklagen. Dz 479 *quexar* hatte das Wort auf *questare* (Frequ. von *queri*) zurückgeführt. Das richtige Grundwort ist *questiare*, u. Baist, Z V 248; Gröber allerdings setzt, ALL V 128, *quaxare* = *coaxare* als Grundwort an.

2279) [*cŏbelīnus, -um m.*, mlat. *gobelinus* (von germ. *kob-*, Haus, Gemach, wovon z. B. mhd. *kobel*, enges Haus, isl. *kofi*, Hütte, mhd. *Koben, Kofen*), Hausgeist, = frz. *gobelin*, Kobold. Dz 599 *s. v.* leitete das Wort aus griech. *κόβαλος*, Gauner, Schmarotzer, ab, was der Bedeutung wegen nicht wohl angeht. Vgl. Kluge unter „Koben" und „Kobold"].

2280) Naturlaut **coc** (lat. *coco*, Petr. 59, 2) zur Bezeichnung des Hahnenschreies, = frz. *coq*, Hahn; davon zahlreiche Ableitungen, z. B. *coqueliner*,

coqueriquer (vgl. kikeriki), krähen, *coquer*, denun-
zieren (gleichsam „ankrähen"), *coquant* kleines Rohr-
huhn, *coquet*, gefallsüchtig (wie ein Hahn stol-
zierend), *cocarde*, Hutschleife (eigentlich Hahnenkamm), *coquerelle*, Judenkirsche (weil sie knallrot
aussieht wie ein Hahnenkamm), *coquelicot*, Klatschrose, wilder Mohn (wegen der roten Farbe) u. a. m.,
dagegen gehört nicht hierher *cocu = cŭcūtus* (s. d.).
Aus *coq d'Inde*, indischer Hahn, entstand *dinde*,
Truthenne, *dindon*, Truthahn (cat. *gall dindi, in-
diot*), vgl. Dz 562 *dinde*. Vgl. Dz 552 *coq* u. *coquelicot*; Gröber. ALL I 549; Joret im Bull. de la
soc. de ling. de Paris No 20|22 (1880|82) p. LIII.

2281) *cŏcă, -am f.* (v. *cocere = coquere*),
Kuchen; rtr. cocca; neuprov. coco; pic. couque;
cat. coca. Vgl. Dz 114 *cuccagna.*

2282) *cŏcānĭă, -am f.* (ooca), Kuchenland,
Schlaraffenland; ital. cuccagna; frz. cocagne, vgl.
Scheler im Anhang zu Dz 722; span. cucaña;
(engl. cokaygne). Vgl. Dz 114 cuccagna, Mackel
p. 34 hält es für möglich, dafs cocagne etc. mit ndd.
kouk, ndl. kock, ahd. chuohho, ndl. Kuchen (Worte,
welche Kluge s. v. für ächt germanisch hält) zusammenhänge. Indessen, wenn „kochen" ein Lehnwort im German. ist, wie auch Kluge s. v. annimmt,
so wird auch „Kuchen" ein solches sein.

2283) *cŏccă, -am f.* u. cŏnc[h]ă, -am f. (gr.
χόγχη), Muschel (die Form cocca erklärt sich vielleicht durch keltischen Einflufs; vielleicht auch war
neben ihr ein Mask. *coccus* [vgl. cymr. cwch „linter,
cymba", Davies, „round concavity, beat, hive, crown
of a hat", Spurrell] vorhanden, vgl. Th. 55, indessen ist die Annahme keltischen Einflusses bezüglich der Nichtnasalierung von cocca nicht unbedingt
notwendig, da cocca sich als einfach reduplizierte,
concha als die nasaliert reduplizierte Form auffassen
läfst, man vgl. cochlca, cochlea); ital. conca, cocca,
Muschel, Becken, Wanne (die üblichen Werte für
„Muschel" sind nicchio u. conchiglia); coccia (= *coccea
f. conchea), kleines Geschwulst, vgl. Flechia, AG
II 335; es gehören hierher wohl auch (vgl. jedoch
hierüber sowie über die Wortsippe überhaupt d'Ovidio
in Gröber's Grundrifs I 521!) die Mask. coccio
(*cocceus f. concheus), Scherbe, u. cocchio (= *coc-
culus), [muschelförmiger Wagenkasten], Kutsche
(slavischer Ursprung dieses Wortes ist abzulehnen,
weil der Palatal sich im Ital. erhalten haben würde;
vgl. auch Caïx, St. 24); prov. cocca, Kerbe, neuprov. coquo, Fahrzeug; frz. coque, Eier-, Nufsschale, coche, Kerbe, dazu das Vb. encocher, die
Sehne einlegen (ital. coccare, wozu auch ein scoc-
care, losschnellen, vorhanden ist); vermutlich ist
von coche, Kerbe, Einschnitt, abgeleitet cochon
(eigentlich zur Mast verschnittenes Tier), Schwein
(span. cochino, Schwein, cochambre, Schmutz), vgl.
Dz 550 s. v. (keltischer Ursprung des Wortes ist
zu verneinen, vgl. Th. 95; nach Behrens, Z XIII
413, sollen in coche, coch-on „tonmalende Lock-
worte" [vgl. mundartl. dtsch. kaf, kuf!] zu erblicken
sein, doch ist das wenig glaubhaft; Settegast, Z
XV 249, bringt mhd. kotze „Hure" als Grundwort
für coche „Sau" in Vorschlag, dagegen sprechen
aber gewichtige, lautliche Bedenken; vgl. auch
Schuchardt, Z XV 97); von coque ist wohl abgeleitet cocon, Gehäuse der Seidenraupe, Demin. zu
coque ist coquille, Muschel (= ital. cochiglia), coche,
Kutsche; cat. conca, Napf; span. coca, Muschel-,
Nufs-, Hirnschale, Kopf (davon abgeleitet cogote,

Hinterkopf), conca, cuenca, Napf, cuezo (= *coccoeus),
Kübel, coche, Kutsche, vgl. aber Schuchardt, Z XV
95, wo magy. kocsi als Grundwort zu cocchio, coche
aufgestellt wird; ptg. conca, Schüssel. Vgl. Dz
101 cocca, 102 cocca und cocchio; Gröber, ALL
I 548; Flechia, AG II 335; Th. p. 54 f.; d'Ovidio,
Gröber's Grundrifs I 521, wo eine Anzahl der hier
besprochenen Werte auf κόχχος (s. d.) u. κόχχαλος
(s. d.) zurückgeführt wird. — S. den Nachtrag!
  cŏccēŭs, a, um (v. cocca), muschelartig, siehe
coccea.

2284) *cŏccīnēllă, -am f.* (Demin. v. *cocca f.
coccum) = frz cénelle*, Frucht der Stechpalme, vgl.
Dz 540 s. v.

2285) *cŏccīnus, a, um*, scharlachfarben; rtr.
kuścen, vgl. Meyer-L., Z. f. ö. G. 1891 p. 768.
Ableitungen von *coccinus* sind ital. cocciniglia,
frz. cochenille, span. cochinilla, vgl. d'Ovidio, AG
XIII 407.

2286) *cŏccum n.* (κόχχος), Fruchtkern, Beere;
ital. cóccola. S. unten κόχχος.
  cŏc[h]lĕă, -am f. (gr. κοχλίας), Schnecke, siehe
clochea.

2287) *cŏc[h]lĕăr, cŏc[h]lĕāre* (cocleare, non cocli-
arium App. Probi 67), cŏc[h]lĕārĭŭm n. (v. cochlea),
muschelartiges Gefäfs, Löffel; ital. cucchiajo, daneben ein Fem. cucchiaja; prov. cuilher-s; frz.
cuiller, daneben das Fem. cuillère: span. cochara;
ptg. colher (altptg. colhar). Vgl. Dz 114 cucchiajo;
Gröber, ALL I 549. — Unklar ist, ob mittellat.
lochea grofser Löffel (altfrz. lousse, neufrz. louche,
wov. pic. fourlauchier, vgl. Doutrepont, Z XX
528) in Beziehung zu cochlear steht. Über bolegn.
cuslir aus *cochlearium vgl. Schuchardt, Z XXII
398, G. Paris, R XXVII 626. — S. den Nachtrag!

2288) *cŏchȳlĭŭm n.* (f. conchylium), Muschel-
oder Schaltier; ital. cochiglia, Muschel; frz. coquille. Vgl. Dz 102 cochiglia.

2589) *cŏcīnă, -am f.* (v. cocere f. coquere),
Küche; ital. cucina; sard. coghina (rum. cucnie);
rtr. cuschina; prov. cozina; frz. cuisine; cat.
cuyna; span. cozina, cocina; ptg. cozinha. Vgl.
Dz 115 cueina; Gröber, ALL I 548.

2290) *cŏcīnarĭus, a, um f.* (coquinarius), zur
Küche gehörig; ital. cucinario „spettante a cucina",
cuciniere, cucinajo „il cuoco delle società religiose
e quelle de' soldati", vgl. AG III 306. S. No 2300.

2291) *cŏcīno, -āre* (f. coquinare), die Küche
besorgen (Plaut. Aul. 3, 1, 3) = ital. cucinare, frz.
cuisiner, ptg. Vgl. Dz 115 cucina.
  cŏcīo s. 2 *cŏctĭo.*

2292) 1. *cŏco (f. coquo), cŏxī, cŏctŭm, cŏcĕrĕ*
(für coquere), kochen; ital. cuoco cossi cotto cuocere; rum. coc copsei copt coace; rtr. Prs. kóiel,
Pt. P. kútz, kuét etc., Inf. kóir etc., vgl. Gartner
§ 146 u. 154; prov. Prs. 3 cueis, cotz, Pf. coc,
Pt. coit cueich, Inf. cozer, cozir, kochen, brennen,
quälen, davon das Sbst. cosenza, Pein; frz. cuis
cuisis cuit cuire; span. cocer (schw. Vb.); ptg.
cozer (schw. Vb., altptg. Pt. P. cóito). Vgl. Gröber,
ALL I 548; Dz 557 cuire.

2293) [2. coco = span. ptg. frz. coco (frz. davon
abgeleitet cocotier), Kokosbaum, Kokosnufs, Schreckgespenst für Kinder (etwa Knecht Ruprecht, über
den seltsamen Bedeutungsübergang vgl. Cornu, R
XI 119), im Frz. bedeutet coco auch Gurgel, Schlund,
ohne dafs sich sagen liefse, wie diese Bedtg. sich
entwickelt hat. Über coco vgl. auch Lentzner, Engl.
Stud. XI 2.]

3. coco (Naturlaut der Hühner) s. *coe.*

2294) 1. cŏctĭo, -ōnem f. (von coquere), das Kochen, Brennen, = frz. cuisson, Kochen, Sieden, Brennen.

2295) 2. cŏctĭo (gewöhnlich cōcĭo), -ōnem m,, Makler; ital. cozzone „sensale di cavalli", scozzone „chi dema cavalli", vgl. Canello, AG III 399 (Dz hält mit Recht scozzone für zusammengesetzt); prov. cussó-s; altfrz. cosson; cat. cussó. Vgl. Dz 112 cozzone; Gröber, ALL I 549.

2296) 3. cŏctĭo, -āre (v. coquere), kochen, brennen; ptg. eoçar, jucken, davon das Vbsbst. coça, das Jucken; (span. coscarse, die Schultern bewegen, wenn sie jucken, dazu das Vbsbsttv. cosquillas, Pl., das Kitzeln). Vgl. Dz 441 coçar.

2297) *cŏeto, -āre (Froqu. u. Intens. v. coquere), tüchtig kochen, in übertragener Bedtg. jem. heifs machen; prov. coitar, antreiben. beschleunigen; altfrz. coitier; cat. cuytar, bedrängen; span. cocharse, sich beeilen (altspan. coytar); ptg. coitar. Vgl. Dz 103 coitar 1: Gröber, ALL I 549 u. VI 382. Rönsch, RF II 315, wollte diese Verba in der Bedeutung „antreiben", namentlich aber altfrz. coitier, cuitier, auf lat. cogitare v. cogere zurückführen, dem aber hat K. Hofmann, ALL III 552, mit gutem Grunde widersprochen u. altfrz. cuitier aus dem Vbsbst. cuite = cocta erklärt.

2298) cŏctŏr, -ōrem m. (v. coquere), Koch, = rum. coptor. In den übrigen rom. Sprachen wird „Koch" entweder durch *cocus (s. d.) = coquus oder durch *cocinarius (= frz. cuisinier) ausgedrückt.

2299) cŏctūrā, -am f. (v. coquere), das Kochen; ital. cottura, das Kochen, das Gekochte); rum. coptură; prov. coitura; (altspan. cocedura); (ptg. cozidura).

2300) *cŏeŭs, -um m. (v. coquere), Koch); ital. cuoco; prov. coc-s; altfrz. c. r. kex, c. o. keu; nfrz. queux (das übliche Wert für „Koch" ist aber cuisinier =*cocinarius; cat. coch; (span.cocinero; ptg. cozinheiro). Vgl. Gröber, ALL I 549. Weder frz. coquin, Schurke (vgl. Dz 552 s. v.), noch frz. gueux, bettelhaft (vgl. Dz 607 s. v.), können mit cocus etwas zu thun haben; ersteres ist wohl Demin. zu coq, der Ursprung des letzteren ist unklar.

cŏdă s. cauda.

2301) cŏdĕx, -dĭcem m., Buch; ital. codice; rum. codică; prov. codi-s; frz. code; cat. codi; span. ptg. codigo. Die lautliche Entwickelung des Wortes ist infolge seiner Verwendung als terminus technicus abnorm gewesen.

2302) [kelt. (Dialekt v. Vannos) codĭoc'h, Haubenlerche; davon vielleicht ptg. cotovia, Lerche; vgl. Dz 442 s. v. (Th. 87 findet mit Recht die Ableitung sehr fragwürdig; Rönsch, Jahrb. XIV 343 (bringt das Wort mit toppo, Schopf [totovia : cotovia] zusammen); Baist, Z V 561, erinnert an χorrós, χόττυφος.]

2303) coemētērĭüm n. (gr. κοιμητηριον), mit spätgriech. Aussprache cĭmĭtērĭum, Ruhestätte, Kirchhof (Eccl.); ital. cimeterio; rum. cinterim, țintirim; prov. cementeri-s; altfrz. cimetire, cimentire; frz. cimetière m., vgl. Cohn, Suffixw. p. 286 u. 289; span. cimenterio; ptg. cemiterio. Vgl. Dz 99 cimeterio; Bianchi, AG XIII 242 (B. nimmt Beeinflussung des coemeterium durch caementarium an].

*cofea s. cupa.

2304) arab. çoffa (Freyt. II 502a), Ruhebank vor dem Hause; ital. sofà; frz. sopha, sofa; span. ptg. sofá. Vgl. Dz 297 sofa; Eg. y Yang. 494.

*cofinus s. cophinus.

2305) *cŏgĭto, -āre (für cōg.), denken; altital. coitare; lecc. euśetu, vgl. AG IV 130; rum. cuget ai at a; prov. cuidar, cuiar; altfrz. cuidier, vgl. Förster, Z II 169 (nfrz. ist das Vb. nur in outrecuider = ultra cogitare, übermütig behandeln, outrecuidant, übermütig, outrecuidance, Übermut, erhalten), span. ptg. cuidar. Vgl. Dz 103 coitare 2; s. auch oben cŏcto, unten cŭgĭto sowie pēnso.

2306) cŏgnātŭs, a, um (gnatus = natus von nascor), blutsverwandt; ital. cognato. Schwager; (nach Meyer-L., Z. f. ö. G. 1891, p. 768, ist das Wert auch im Rtr. vorhanden); rum. cumnat, davon abgeleitet cumnățesc, Adv., schwägerlich, cumnățesc ii it i, sich verschwägern; prov. cunhat-z; (frz. ist das Wort durch beau-frère, belle-sœur, völlig verdrängt worden); span. cuñado; ptg. cunhado. Dazu überall Fem.

2307) cŏgnĭtŭs, a, um (Pt. P. v. cognoscere), bekannt; ital. cógnito „conosciuto", arch. conto „conosciuto, che conosce, pratico (Dante, Inf. 33, 31)'¹, vgl. Canello, AG III 329; [Ableitung von conto ist wohl contigia); prov. cointe, coinde, kundig (auch zierlich, anmutig, weil das Bekannte oft angenehm ist), dazu das Vb. coindar, zu erkennen geben, zusammenges. acoindar, bekannt machen, duv. wieder acoindansa, Vertraulichkeit; altfrz. cointe, kundig, davon das Vb. cointier, cointoïer, unterrichten, zusammenges. accointier, dazu accointance, cointise; percoinder, kundthun. Vgl. Dz 107 u. dazu Scheler im Anhang 756 conciare.

2308) *cŏgnōscēntĭā, -am f. (von cognoscere), Kenntnis; ital. conoscenza; rum.cunoștința; prov. conoissensa, conoichensa; frz. connaissance; span. conocencia; ptg. conhecença.

2309) *cŏgnōscĭtŏr, -ōrem m. (v. cognoscere), Kenner; ital. conoscitore; rum. cunoscător; prov. conoissedor; frz. connaisseur; span. conocedor; ptg. conhecedor.

2310) cŏgnōsco, cognōvĭ, cognĭtŭm, cŏgnōscērē (con + gnosco = nosco), kennen lernen, erkennen; ital. conosco conobbi conosciuto conoscere; rum. cunosc ui ut cunoaște; prov. conosc conoc conogut conoisser, conoicher; frz. connais connus connu connaître; cat. cone(i)xer; (conech etc.); span. conozco conocí conocí (im Altspan. auch starke 3 P. Sg. convuo, 3 Pl. conuviero) conocido conocer; ptg. conhecér (schw. Vb.). Vgl. Gröber, ALL I 135.

2311) (cŏhŏrs,) cŏrs, cŏrtem f., Hofraum; ital. corte; rum. curte (daneben ein Mask. curt, Zelt, Plane, Regenschirm, von Ch. auf mittelgriech. κόρτη, κόρτις zurückgeführt); rtr. curt (davon curtgin, Baumgarten); prov. cort-z; frz. cour; span. ptg. corte. Davon überall zahlreiche Ableitungen, z. B. *cortensis = ital. cortese, frz. courtois, höfisch, *cortens(i)anus = ital. cortigiano, Hofmann, frz. courtisan, span. cortesano; *cortidiare, -zare=ital. corteggiare, den Hof machen (davon corteggio, Gefolge), frz. courtiser (dazu das entlehnte Vbsbsttv. cortège), span. cortezar, cortejar; ptg. Dz 109 corte; Gröber, ALL I 553; G. Paris, R X 56; Canello, AG III 373; Flechia, AG II 12 f.

2312) *cŏlctĭo, -āre (v. ictus, Pt. P. v. icere), stofsen; ital. cozzare, mit den Hörnern stofsen, dazu das Vbsbsttv. cozzo; frz. cosser. Vgl. Dz 112 cozzare.

2313) cŏl[ä]p[h]ŭs, -um m. (griech. κόλαφος), Faustschlag, Backenstreich; ital. colpo, Schlag, Stofs, Streich, Hieb, dazu das Vb. colpire, ferner das Kompos. accoppare „ammazzare", vgl. Caix, St. 137; rtr. culp; prov. colp-s; altfrz. colp; nfrz. coup (dialekt. *choup*, vgl. Fafs, RF III 504), dazu das Vb. *couper*; cat. *cop*; span. *colpe* (dazu das Vb. *colpar*), *golpe*; ptg. *golpe*. Vgl. Dz 104 *colpo*; Gröber, ALL I 550.

2314) **cōlătīcīŭs, a, um** (von *colare*), flüssig, laufend, schiebbar, beweglich; prov. *coladit-z*; frz. *coulis*, flüssiges Metall, Brei, Fem. *coulisse*, Schiebwand, altfrz. *coleïce*, Fallgatter. Vgl. Dz 554 *couler*.

2315) ***cōlĕo, -ōnem** m.* (f. *coleus*), Hode; ital. *coglione*; prov. *colho[n]-s*; altfrz. *coillon*; neufrz. *coïon, couyon*, Memme; span. *cojon*; (ptg. sind *escroto* u. *bolsas* für den Begriff „Hode" eingetreten). Vgl. Gröber ALL I 549. S. **coleus.**

2316) **cōlĕŭs, -um** m., Hode; ital. *coglia = *colea*; rum. *coiu*; prov. *colh-s*; altfrz. *coil*; nfrz. *couille = *colea*. Vgl. Gröber, ALL I 549; siehe auch **coleo.**

***coliandrum** s. **coriandrum.**

2317) **cōlla, -am** f. (gr. *κόλλα*), Leim; ital. *colla*; frz. *colle*; span. *cola*; ptg. *colla* (neben *grude = gluten*). Vgl. Dz 104 *colla*.

2318) **cōllāctĕŭs, -um** m. *(lac)*, Milchbruder; span. *collazo*; ptg. *collaço*. Vgl. Gröber, ALL I 549; Dz 441 *collazo*.

2319) **cōllārĭs, -e** *(collum)*, zum Hals gehörig; prev. *coler-s* Lastträger (vgl. frz. *colporter = collo portare).*

2320) [***cōllătă**, Schlag auf den Hals; prov. *colada*; frz. *colée*, Ritterschlag.]

2321) **cōllātĭo, -ōnem** f., Vergleichung; ital. *collazione* „conferimento, raffronto, conferenza"; *colazione, colezione, colizione* „il mangiar loggermente che si faccia fuori del pranzo e della cena" (in dieser Bedtg. ist das Wort vielleicht von *colatio* v. *colare* abzuleiten, worauf auch die übliche altfrz. Schreibung *colation* hinzudeuten scheint), vgl. Canello, AG III 401; Littré, Dict. *collation* 2; Tobler, Z IV 183, bestreitet die Ableitung von *colare*; vgl. auch Gröber, ALL VI 383.

2322) [**cōllĭbĕrtŭs, -um** m., Mitfreigelassener, Mensch niederen Standes, soll (vgl. Dz 557 *culvert*) das Grundwort sein zu prov. *culvert-z*, schurkisch, gottlos, Sbst. Schurke, altfrz. *culvert, cuivert, cuvert*, gemein, verräterisch, treulos, Sbst. Diener, Schurke. Diese Ableitung ist aber, schon aus lautlichem Grunde, höchst anfechtbar, es scheint das Wort (ein Schimpfwort!) vielmehr aus *culus*, Arsch, u. *viridis*, grün, zusammengesetzt zu sein, also etwa „Grünarsch" d. h. ein Kerl, dessen Hinterer mit Prügel gründlich gefärbt worden ist oder gründlich gefärbt werden soll. Möglicherweise auch beruht das *-vert*, da ja von einer grünlichen Färbung durch Prügel nicht wohl die Rede sein kann, auf Volksetymologie und steht für *versus*.]

2323) 1. **cōllĭgo, cŏllēgī, cŏllēctŭm, cŏllĭgĕrĕ,** sammeln; ital. *coglia (colgo), colsi = *collexi, colto, cogliere;* tosk. venez. *arcorger*, vgl. Salvioni, Post. 7; rum. *culeg, culesei, cules, culege;* prov. *colhir* (schw. Vb., jedoch Präs. *colh*); frz. *cueillir* (schw. Vb., Präs. nach der A-, sonst nach der I-Konj., dav. abgel. *cueillaison* Obsterntezeit, vgl. Cohn, Suffixw. p. 134; Fem. des st. Part. P. *cueillette = collecta*, Ernte); span. *coger* (schw. Vb., Fem. eines abnormen Part. P. *cogecha*, Ernte, nur altspan., in der neueren Sprache ist dafür *cosecha* eingetreten, vgl. Dz 442 *cosecha*, namentlich aber Cornu, R XIII 298, wo *cosecha*, von Diez = *consecta* angesetzt, aus *collecta* erklärt wird, s. unten **cōnsēctă**); ptg. *colher*. Vgl. Risop,

Zur Gesch. d. frz. Konj. auf *-ir* (Halle 1891) p. 58. Körting, Frz. Formenlehre I § 23, 1.

2324) 2. **collīgo, -āre,** zusammenbinden; span. *colgar*, hängen.

2325) ***cōllo, -āre** (gr. *κολλᾶν*), loimen; ital. *collare*; frz. *coller*; span. *(en)colar*; ptg. *collar* (neben *grudar*). S. No 2317.

2326) **cōllŏco, -āre** *(con + loco)*, stellen, setzen, legen; ital. *collocare* „porre a luogo", *coricare corcare* (nach Ulrich, Z XVIII 284, aus ***cŏlĭcāre!*) „porre disteso", *(cucciare,* hinstrecken, ist wohl entlehntes frz. *coucher*). vgl. Canello, AG III 849; rum. *culc ai at a;* prov. *colcar, colgar,* dazu das Shet. *colcha*, Bett; altfrz. *colchier* (die geschlossene Qualität des *o* wollte Förster, Z III 503, aus Einwirkung eines nachtonigen *i* [***cóllicat* für *cóllocat*] erklären, während G. Paris, R X 61, an Anlehnung des Verbs an das Sbst. *culcita* gedacht u. damit wohl das Richtige getroffen hat); ufrz. *coucher*, dazu das Vbabsttv. *couche*, Lage, Schicht; cat. span. *colgar* (span. Präs. Sg. 1 *cuelgo*); ptg. *collocar* (gel. W.), vielleicht gehört hierher auch *chocar*, ausbrüten, wenn angenommen werden darf, dafs es aus *c[ol]locare* entstand. Vgl. Dz 103 *corcare;* Gröber, ALL I 550; Henry, Mém. de la soc. de ling. de Paris VIII 90; Jenkins, Mod. Lang. Notes VIII 5.

2327) **cōllo pŏrtāre,** am Halse tragen, = frz. *colporter* (davon *colportage, colporteur* etc.), vgl. A. Darmesteter, Mots comp. p. 139 f.

2328) **cōllŭm** n., Hals; ital. *collo,* davon abgeleitet *collottola,* Nacken, vgl. Dz 365 *s. v.*; rtr. *kul,* davon „mit einem sonderbaren Suffix" *kuliets, kalöts,* vgl. Gartner § 3 *a*); prov. *col-s;* frz. *col, cou (col* wird gegenwärtig meist nur in der Bedtg. „Halskragen" gebraucht): cat. *col;* span. *cuello;* ptg. *collo.* Vgl. ALL VI 382.

2329) **cōllŭvĭēs, -em** f. *(colluěre),* Spülicht, Unrat; span. *colobia;* mail. *corobia,* vgl. Meyer-L., Z. f. ö. G. 1891 p. 768.

2330) 1. **cōlo, -āre,** durchseihen; ital. *colare;* seihen; rum. *cur ai at a,* fliefsen; prov. *colar;* frz. *couler,* davon abgeleitet *couloir,* Durchseiher, Verbindungsgang (weil er die Gehenden durchläfst), Flur; cat. span. *colar,* seihen; ptg. *coar,* seihen. Vgl. Dz 554 *couler;* s. auch eben **colaticius.**

2331) 2. **cōlo, -uī, -ĭtum, -ĕre,** bebauen; valtell. *cóler,* cultivare il terreno, dazu berg. *cola,* ajuola, vgl. ,Salvioni, Post. 7.

2332) ***cōlŭbrā, -am** f. (für *cólubra;* coluber, non colober App. Probi 177), Natter; ital. (dem Schriftital. fehlt das Wort, es wird durch *vipera* vertreten), sard. *coloro, -a;* sicil. *culóvria;* prov. *colóbra;* altfrz. *culuevre;* nfrz. *couleuvre;* cat. *culébra;* span. *culebra;* ptg. *cóbra* aus *colóbra.* Vgl. Havet, R VI 433 (sehr inhaltsreicher Aufsatz, durch welchen Darmesteters Bemerkung, R V 147, überflüssig gemacht worden ist); Gröber, ALL I 550 (ebenda IV 142 hat Havet eine Vermutung über den Ursprung des lat. *coluber* ausgesprochen, er erblickt darin eine Umbildung des gr. *χέλυδρος).* S. auch unten **cōlŭbrīnŭs.**

2333) **cōlōnŭs, -um** m. (v. *colere),* Bauer, Landmann; ital. *colono,* Landmann, *clown* (englisch) „pagliaccio, il rustico del teatro", vgl. Canello, AG III 323. Sonst ist das Wort samt seinem Primitiv *colere* aus dem rom. Volksspr. gänzlich geschwunden.)

2334) [***cōlŏquīnta, -am** f. *(κολοκύνθη),* Purgiergurke; ital. *coloquinta;* frz. *coloquinte,* dazu das Dem. *coloquinelle,* span. ptg. *coloquintida.*]

2335) **cŏlŏr, -ōrem** m. (v. colo, seihen), die Farbe; ital. colore; prov. color-s; frz. couleur; span. color; ptg. (color) cŏr.

2336) **cŏlŏro, -āre** (v. color), färben; ital. colorare etc.

2337) **cŏlŏstră, -am** f. u. **cŏlŏstrŭm (colustrum)** n., Biestmilch; ital. colostro; rum. corastă, coreastă, corasłă; frz. colostrum (medizinischer Kunstausdruck); span. ptg. colostro, calostro; astur. kuliestro (= *coelestrum). Vgl. Meyer-L., Rom. Gr. I § 119 S. 125.

2338) **cŏlpus, -um** m. (κόλπος; colpus [colfus] findet sich bei dem Ravennatischen Geographen, vgl. Frick, ALL VII 443, u. Gröber, ebenda VII 522; Plur. colfora, dav. viell. frz. gouffre, dessen männliches Geschlecht auffällig ist, vgl. Sittl, ALL II 570, u. Gröber, ebenda VII 522), Meerbusen; ital. span. ptg. golfo, Meerbusen; neuprov. gou(f); frz. golfe, Golf, (gouffre, Abgrund). Vgl. Dz 168 golfo; Gröber, ALL II 442.

colubra s. **colóbra.**

2339) **cŏlŭbrīnŭs, a, um,** schlangenartig; davon nach Ch. p. 72 rum. curpen (die schlangenartig sich windende) Ranke z. B. des Weinstocks, dazu das Vb. curpenesc ii it i, sich krümmen, kriechen.

colucula s. **conucula.**

2340) **cŏlŭmbă, -am** f. u. **cŏlŭmbŭs, -um** m., Taube; ital. colomba, -o (daneben pippione, piccione = lat. pīpionem, Piepvogel); prov. colomba (?); frz. colombe, (gel. W., das übliche Wort ist pigeon = pipionem); im Span. u. Ptg. fehlt das Wort, dafür span. palomo, paloma (v. palumbus) u. pichon; ptg. pomba, pombinha (ebenfalls auf palumbus zurückgehend). S. unten pălŭmbŭs u. pīpīo. Vgl. Berger p. 81.

2341) **cŏlumbārĭŭm** n. (v. columba), Taubenhaus. Graburnenhaus; ital. colombario „sepolcreto a foggia di colombaja", colombajo „colombaja", vgl. Canello, AG III 306.

2342) **cŏlŭmĕllă, -am** f. (v. columna), kleine Säule; venez. colmelo, cormelo, pilastro, vgl. Salvioni, Post. 7; span. colmillo, Hauzahn (der schriftlat. Ausdruck war dens columellaris; bei Isid. 11, 1, 52 findet sich colomelli, wofür vielleicht columellas zu lesen ist, in dem betr. Sinne); ptg. colmilho. Vgl. Dz 441 colmillo.

2343) **cŏlŭmnă, -am** f. (columna, non colomna App. Probi 20), Säule; ital. colonna; lomb. colaña; prov. columna, colona; frz. colonne, altfrz. auch colombe, vgl. Klahn, Über die Entwickelung des lat. mn im Frz. (Kiel 1898 Diss.) p. 35; span. ptg. columna. Vgl. Gröber, ALL VI 383; Berger p. 81.

2344) **cŏmă, -am** f. (gr. κόμη), Haar; ital. chioma, coma; rum. coamă; prov. coma „aux dem Südostfrankreich von Savoyen bis Belgien" Meyer-L., Z. f. ö. G. 1891 p. 768) altspan. ptg. coma. Vgl. d'Ovidio, AG XIII 363.

2345) **cŏmărŏn** n. (κόμαρον), die Frucht des Erdbeerbaums; venez. gomára, -era = *comaria; (auch sicil. agúmara?), vgl. Salvioni, Post 7.

2346) **[cŏmātŭs, a, um,** behaart; ital. comato, chiomato; span. ptg. comato.]

2347) **[*cŏmbāsĭŭm** n. (volksetymologisierende, an basium angelehnte Umgestaltung v.*compagium), Zusammenfügung; ital. combagio, dazu das Vb. combagiare. Vgl. Dz 365 combagio.]

2348) ***cŏmbăttŏ, -ĕre** (für*combattuere), kämpfen; ital. combattere; rtr. cumbatter; prov. combatre; frz. combatre, dazu das Vbsbst. combat; cat.

combatrer; span. combatir; ptg. combater. Vgl. Gröber, ALL I 550.

2349) **cŏmbīnŏ, -āre,** verbinden; dav. ital. s-gombinare, s-gominare, wozu nach Tobler, Z IV 182, die Sbst. gomena, gomona, gumena, Ankertau. Andere Deutungen dieser Worte sehe man oben unter **acumen.** Sonst ist combinare im Rom. nur gel. W.: frz. combiner etc.

2350) kelt. (gall.) **combo,** gekrümmt; ital. comba Thal; prov. comb-s; altfrz. combre; span. combo, combar (das Shet. combos, Pl., Faßlager, gehört wohl ebenfalls hierher). Vgl. Th. p. 255; Meyer-L., Z XIX 277. S. auch unten **concăvŭlo.**

2351) spätlat. **combrus, -um** m. „barrage" (das Wort ist belegt b. Gregor Tur., Hist. eccl. III c. 28; der Ursprung ist dunkel: Zusammenhang mit commorari ist abzuweisen, ebenso solcher mit cumera, cumerus [s. d.]; viell. ist combrus = gall. komboro, kombero, Verbalsubst. zu kombero, welches in Form u. Bedtg. dem lat. confero entspricht, vergleichen kann man auch συμφορά zu συμφέρω, s. Meyer-L., Z XIX 276). Von dem vorauszusetzenden Stamme kombr-, comb- kommen nach G. Paris, R XXIII 243, ital. ingombrare barrer, rendre impracticable (un chemin), dazu das Sbst. ingombro; sgombrare débarasser, dazu das Shet. sgombro; frz. combre, barrage pratiqué dans une rivière, encombrer, faire obstacle à, gêner à (dav. encombre, encombrier, encombrement, combres, décombres, wohl auch altfrz. combes, s. Godefroy). Dagegen gehören die span. u. ptg. Worte (combos, combro, cómoro), welche G. Paris ebenfalls hierher zieht, wohl teils zu combo (s. d.), teils zu cumulus (s. d.), vgl. Meyer-L. a. a. O. — Früher wurde die ganze Sippe als zu cumulus gehörig betrachtet, s. unten cumulus. Cornu, R XXIV 114 stellte cumera, cumerus (s. d.) als Grundwort auf.

2352) **[*cŏmbūstĭo, -āre u. *cŏmbūstŭlo, -āre** (von combustus, Part. P. P. v. comburere), brennen, daraus nach Storm, R V 173, durch Abfall von com- (infolge begrifflicher Anlehnung an bustum, Leichenbrandstätte) *bustiare u. bustulare, welche Verba, indem sie durch Einwirkung des german. brunst v. brennen ein r eingeschoben erhielten (also *brustiare, *brustulare), die Grundwerte würden zu ital. brusciare, bruciare, brustolare; über dazu gehörige Ableitungen vgl. Caix, St. 78, Ascoli, AG II 42, Meyer-L., Ital. Gr. S. 97 Anm., Ulrich, Z XX 537; rum. ustur ai at a; frz. brischar; prov. brus(l)ar, bru(i)zar; frz. brusler (brudler, Adamsspiel 360), brûler; — (span. quemar; ptg. queimar, Verba, die wohl auf cremare beruhen). Dz 70 bruciare hatte *perustare, -ustulare als mutmaßliche Grundworte aufgestellt, was von Caix, St. 78, gebilligt wurde; Böhmer, Jahrb. X 195, hatte an *bustare (von bustum) gedacht. Die Storm'sche Annahme, obwohl anscheinend kühn, hat doch große Wahrscheinlichkeit für sich.]

2353) **cŏmĕdo, ēdī, ēsum, ĕdĕrĕ,** essen; (prov.) span. ptg. comer; in den übrigen Sprachen ist manducare das herrschende Vb. geworden. Vgl. Dz 441 comer; Gröber, ALL II 277; über die Verdrängung von ĕdĕre durch comēdĕre u. manducare vgl. Wölfflin, Sitzungsb. d. k. bayer. Akad. d. Wiss., phil.-hist. Cl., 1894 p. 115.

2354) **cŏmĕs, -item** m. (com u. eo), Begleiter; ital. conte (Begleiter des Fürsten), Graf (Salvioni, Post. 7, zieht hierher venez. comeágna, comagna, compagnia di barche, aber schwerlich mit Recht); prov. c. r. cons, c. o. conte, comte; altfrz. c. r.

quens, c. o. conte, comte, vgl. Förster, Z XIII 541; nfrz. *comte;* span. ptg. conde. In ihrer eigentl. Bedeutung sind comes u. *comitare* durch *companio* u. *accompaniare* völlig verdrängt worden. Vgl. Dz 107 conte.

2355) **cŏmĕs stăbŭlī,** Stallmeister; ital. *contestabile, connestabile; frz. connétable;* span. ptg. condestable. Vgl. Dz 107 *contestabile.*

2356) ***cŏmīn[ī]tĭo, -āre** (*cum* + *initium*), anfangen; ital. *cominciare;* prov. *comensar; frz. commencer,* dazu das Sbet. *commençailles* (altfrz. auch *commençail*), vgl. ital. *incominciglia;* cat. *comensar;* span. *comenzar;* ptg. *começar,* dazu das Vbsbsttv. *começo* (frz. dafür *commencement* = **cominitiamentum,* ital. *comincio* u. *cominciamento*). Vgl. Dz 105 *cominciare;* Gröber, ALL I 550.

2357) **cŏmĭtātus, -um** m. (v. comes), [das Geleit], die Grafschaft; ital. *contado,* Grafschaft, Landschaft, Landbezirk, davon *contadino,* Landbewohner, Bauer; prov. *comtat-z; frz. comté* m. (der Genuswechsel in *Franche comté* erklärt sich aus Anlehnung an die Feminina auf -té — -*tätem*); über altfrz. *comteé* = *comté* + -*tatem* vgl. Darmesteter, R V 150; span. ptg. *condado.* Vgl. Dz 107 conte.

2358) **[*cŏmĭtīssā, -am** f. (v. comes), Gräfin; ital. *contessa;* prov. *comtessa; frz. comtesse;* span. *condesa;* ptg. *condessa.*]

2359) **cŏmma** m. (gr. κόμμα), davon ***cŏmmātŭlum,** kleiner Schnitt, kleines Gepräge u. dgl., wurde von Dz 80 *cammeo* vermutungsweise als Grundwort zu frz. *camaïeu, camée* m. (ital. *cammeo,* span. *camafeo,* ptg. *camafeo, camafeio, camafeu*) aufgestellt. Diese Herleitung entbehrt schon lautlich jeder Wahrscheinlichkeit. Mahn, Etym. Unters. p. 73, entwarf folgende Hypothesenreihe: *gemma, Edelstein,* : *gamma* (altfrz. *game*) : **camma,* davon das Adj. **cammaeus,* woraus ital. *cammeo,* die Verbindung *cammaeus altus* aber wurde die Grundlage für frz. *camaïeu,* span. *camafeo* etc. (mlat. *cam[m]ahutus*). Alles das ist recht sinnreich, aber nicht im mindesten glaubhaft. Littré endlich, dem Scheler im Diet. *s. v. camée* beistimmt, geht aus von dem spätgr. *κάματον* (v. *κάμνειν*) = **camātum,* das also eigentl. das Ausgearbeitete bedeuten würde; frz. *camée* wäre damit allerdings erklärt, nicht aber die anderen Formen des Wortes. Vielleicht läfst sich nachstehende Vermutung wagen. Aus dem bei den Gromatikern häufig gebrauchten (u. zwar auch als Epitheton zu *lapis* gebrauchten) Adj. *gammātŭs* (von *γάμμα*), gammaförmig, rechtwinklig (z. B. Gromat. vet. 243, 5, s. auch Georges unter *gamma*) erklärt sich frz. *camée* als gel. W. ohne sonderliche Schwierigkeit, ebenso aus dem anzunehmenden Dem. **gamma*+*ŏlus* [?] das frz. *camaïeu.* Auch die Bedeutung dürfte mit diesem Ursprungs sich vereinbaren lassen: ein gammaförmiger, rechtwinkeliger Stein wird in der Regel ein künstlich bearbeiteter sein. Ital. *cammeo* könnte vielleicht = **γαμμαῖος* sein. In den span. u. ptg. Worten aber darf man vielleicht volksetymologisierende, an das Adj. *feo, feio,* häfslich, sich anlehnende Umgestaltungen des frz. *camaïeu* erblicken (auf geschnittenen Steinen sind häufig Medusenhäupter u. dgl. dargestellt, sie konnten daher als häfslich, fratzenhaft erscheinen). Nur freilich mlat. *cammahutus* fügt sich solcher Ableitung nicht, indessen bei ein im Mittellatein so häufigen Verballhornungen ist das kein ernstes Bedenken. — Denkbar wäre endlich auch Herkunft der Wortsippe aus dem kelt. Stamme *camb-, camm-.* — Jedenfalls aber ist *camée, camaïeu* als halb-

Körting, lat.-rom. Wörterbuch.

gelehrtes Wort zu betrachten, worauf schon der Anlaut hinweist.

2360) ***cŏmmāudo, -āre,** anempfehlen, befehlen; ital. *comandare;* rum. *comând ai at a;* prov. *comandar; frz. commander;* cat. *comanar;* span. *comandar, comendar;* ptg. *commandar.* Vgl. Gröber, ALL I 550.

2361) **[*cŏmmātĕrcŭlă, -am** f. (Demin. v. *commater*), kleine Gevatterin; span. *comadreja,* Wiesel. Vgl. Dz 441 *comadreja.*]

2362) **cŏmmĕātŭs, -um** m. (v. commeo), das ungehinderte Gehen; ital. *commiato, congedo,* vgl. Canello, AG III 312; prov. *comjat-z,* Urlaub; frz. *congé,* dazu das Vb. altfrz. *congier,* nfrz. (Lehnwort) nach ital. *congedo*) *congédier.* Vgl. Dz 552 *congé.*

cŏmmĭtto s. mĭtto.

2363) **cŏmmūnĭs, -e,** gemeinsam; ital. *comune;* prov. *comu-s; frz. commun,* Pl. als Sbst. *les communs,* Gesindewohnung; span. *comun;* ptg. *commum,* Fem. *commua.*

2364) ***cŏmŏ** für **quŏmŏ,** gekürzt aus **quomodo,** auf welche Weise, wie?; ital. (como), come; rum. *cum;* prov. *com;* altfrz. *come, com;* nfrz. *comme,* davon *comment,* gleichsam *quomo[do]* + *mente;* cat. *com;* span. *(cuemo) como;* ptg. *como.* Vgl. Dz 105 u. 720 *come;* Gröber, ALL I 550. Für comment stellte Cornu, R X 216, *qua mente* als Grundwort auf, vgl. dagegen Tobler, Verm. Beitr. I p. 83.

2365) **cŏmŏsŭs, a, um** (v. coma), stark behaart, = rum. comos.

2366) ***cŏmpānĭo, -ōnem** m. (v. panis), der mit jem. von demselben Brote Essende, der vertraute Genosse, Begleiter; ital. *compagno,* davon *compagnia,* Gesellschaft; prov. altfrz. *compaigns, compaings, companhs,* c. o. *compagnon, compagnon,* davon abgeleitet prov. *companhiers,* Genosse, *companha, companhia,* Gesellschaft, *companhar,* begleitet; frz. *compagnon,* davon *compagnie,* (ac)*compagner;* span. *compaño;* ptg. *companhão, companheiro, companha, companhar.* Vgl. Dz 106 *compagno.*

2367) **cŏmpăro, *cŏmpĕro, -āre** (*com* + *paro* bezw. *com* + *par*), beschaffen; ital. *comperare, comprare,* kaufen; daneben als gel. W. *comparare,* vergleichen, vgl. Canello, AG III 329; rum. *cumpăr ai at a;* rtr. *comprar;* frz. (comperer), gel. W. *comparer;* span. ptg. *comprar.* Vgl. Gröber, ALL I 550.

2368) ***cŏmpăsso, -āre** (v. *passus*), abschreiten; ital. *compassare,* dazu das Vbsbst. *compasso,* Zirkel, Kompafs; prov. *compassar,* anlegen, dazu das Vbsbsttv. *compas,* Schritt, Mafs; altfrz. *compasser,* bauen, verfertigen, dazu das Vbsbsttv. *compas,* Schritt; nfrz. *compasser,* messen, dazu das Vbsbsttv. *compas,* Zirkel; span. ptg. *compas(s)ar,* abzirkeln, dazu das Vbsbsttv. *compas(s)o,* Zirkel. Vgl. Dz 106 *compasso.*

2369) **cŏmpēnso, -āre,** ausgleichen; lomb. *kompensá,* mangiare il pane in giusta proporzione colla pietanza, Salvioni, Post. 7; sonst nur gel. W.

2370) ***cŏmpētĭo, -īre** (f. *competere*), erstreben, wurde von Dz 444 als Stammwort zu span. *cutir,* etwas zu iner Streitsache machen, schlagen, vermutet. Storm dagegen, R V 176, erklärte das Wort für ein auf gelehrtem Wege aus *repercutir* = **repercutire* (f. -*cutěre* = *quatěre*) abgezogenes Primitiv. Diese Herleitung dürfte die richtige sein.]

2371) ***cŏmplāngo, plānxī, plānctŭm, plāngĕrĕ** (*com* + *plango*), beklagen; ital. *compiango piansi pianto piangere;* prov. *complanh plais plant planher;*

17

frz. complains plaignis plaint plaindre; cat. complanyir. Vgl. Gröber, ALL I 551.

2372) **cŏmplĕo, plĕvī, plētum, plērĕ** (com + pleo), anfüllen; ital. complire „complimentare, soddisfare" (vom span. cumplir), compire „finire", cómpiere „che s'usa per lo più al traslato, p. e. compiere un lavoro = compire un lavoro", vgl. Canello, AG III 357, completa : compieta; rum. nur das Part. P. P. als Adj. cumplit, übervoll, mafslos, heftig, grausam etc. erhalten, s. Ch. unter plin; prov. complir, füllen; altfrz. complir, dav. das Partizipialsubsttv. complic, Nachvesper, vgl. Cohn, Suffixw. p. 225 Anm.; nfrz. nur das Kompos. accomplir (das Sbsttv. compliment ist vielleicht nicht = *complementum, sondern = compliement = *complicamentum, eigentl. Zusammenfaltung, Verbeugung); span. cumplir; ptg. nur die Partizipien complente, Sbst., steigende Flut, u. completo, Adj., vollständig, = frz. complet.

2373) [*cŏmplĭcämĕntŭm n. (v. complicare), Zusammenfaltung, Beugung, = frz. compliment, wenn dasselbe nicht = *complementum, bezw. Ableitung aus complir ist.]

2374) [cŏmplĭcĭtŭm (Part. P. P. v. complicare), zusammengefaltet, verwickelt, wird von Dz 551 vermutungsweise als Grundwort aufgestellt für frz. complot, Übereinkunft, verbrecherischer Plan (davon das Vb. comploter); indessen complicitum hätte comploit ergeben müssen, vgl. explicitum = exploit. Auch die von Frisch behauptete Herleitung von pila, Demin. *pilotta, kleiner Knaul, befriedigt nicht, schon weil der Geschlechtswechsel auffällig wäre. Nahe liegt es, den zweiten Teil des Wortes für identisch mit dem engl. plot zu halten. Gewonnen ist aber damit nichts, denn erstlich ist die Herkunft des englischen Wortes dunkel, sodann ist Zusammensetzung mit com- höchst unwahrscheinlich. (Vermutlich ist engl. plot erst aus complot gekürzt.) Vielleicht läfst Folgendes sich wenigstens hören, wobei davon ausgegangen ist, dafs complot im Altfrz. auch „Menge" bedeutet. Lat. cumulus ergiebt comble, das bekanntlich auch adjektivisch im Sinne von „vell" (z. B. von Menschen) gebraucht wird, in Redewendungen, wie la salle est comble u. dgl. Von comble wäre eine Ableitung comblot denkbar, welcher die Bedeutung „kleine Anhäufung (von Menschen)", Zusammenrottung" zukommen würde. Die Bedeutung konnte Ursache werden, dafs das Wort sich lautlich an complir, füllen, anlehnte u. folglich sein b mit p vertauschte, also comblot : complot. Besser noch wäre es vielleicht, von comble zunächst das Verb combtot(t)er = comploter abgeleitet sein zu lassen u. daraus das Sbsttv. complot zu gewinnen; *combloter wäre eine Bildung, die in trembloter ihr ungefähres Gegenstück hätte.— Einfacher aber dürfte es sein, die Frisch'sche Annahme geringfügig abzuändern: von (pita) *pilotta wird abgeleitet *pilottare=frz.peloter,*ploter (dav. das Postverbale plot), Kompos. comploter, dazu das Postverbale complot.

2375) **cŏmpōno, pŏsŭī, pŏsītŭm, pŏnĕrĕ**, zusammensetzen, -stellen; ital. compongo, posi, posto, porre, Part. P. P. composta, Eingemachtes; prov. Part. P. P. compost, zusammengesetzt; frz. Part. P. P. Mask. compost, Dünger, Fem. compote (wohl in Anlehnung an pot ohne Circumflex geschrieben), eingemachte Früchte, vgl. Dz 551 s. v.; das Wort composer gehört nur mittelbar hierher; span. compongo puse puesto poner; ptg. componho puz posto pôr, Part. P. P. composto, Mischung.

cŏmpŏsītŭs, a, um s. **cŏmpōno**.

2376) **cŏmprĕhĕndo, prĕhĕndī, prĕhĕnsŭm, prĕhĕndĕrĕ**, ergreifen; ital. comprendo presi preso prendere; rum. cuprind prinsei prins prinde; prov. compren(c) pris pris prendre u. pendre, penre; frz. comprends pris pris prendre; span. comprendo (altspan. prisi, neuspan. schwach) preso prender; ptg. comprendo (altptg. pres) preso prender. Vgl. Gröber, ALL I 551.

2377) *cŏmptĭo, -ŭre (v. comptus, Pt. P. P. von comere), schmücken; ital. conciare, schmücken, zurichten, dazu das Vbsbsttv. concio, Schmuck, u. das Adj. acconcio, zierlich; rum. nur das Sbsttv. conciu, Kopfputz; rtr. contschar, flicken. Vgl. Dz 366 conciare; Gröber, ALL I 551.

2378) **cŏmpŭlsŏ, -ŭre** (Intens. v. compello), heftig drängen; davon ital. scompuzzare „rovistare, seempigliare, mettere sossopra", vgl. Caix, St. 546.

2379) [*cŏmpūtātŏrĭŭm n., Rechenstube, = frz. comptoir.]

2380) **cŏmpŭto, -ăre**, rechnen, zählen, erzählen; ital. contare, rechnen, cómputo, conto, Rechnung, r-ac-contare, erzählen, racconto, Erzählung; rum. cupet ai at a, messen, rechnen, prüfen, erwägen, schonen; prov. comptar, zählen; frz. compter, zählen, conter, erzählen; span. contar; ptg. contar, zählen, erzählen, dazu das Vbsbsttv. conto, Erzählung. Vgl. Dz 107 contare. S. auch **computus**.

2381) **cŏmpŭtŭs, -um** m. (v. computo), die Berechnung; ital. cómputo (gel. W.), conto; Canelle, AG III 329, zieht auch, u. wohl mit Recht, cómpito „lavere assegnato" hierher; rum. cumpet, Gleichgewicht; frz. compte (altfrz. halbgelehrtes Wort cumpoz, Kalendarium); span. cuento, cuenta; ptg. conto, conta. Vgl. Berger p. 83.

2382) [*cŏnădŭlŏ, -ŭre (con + adulo = adulor), schmeicheln; davon rum. gudur, ai, at a, schmeicheln, schweifwedeln; die lautliche Entwickelung erklärt sich, wenn man von *co-adulo ausgeht.]

2383) **cŏncăvo, -ăre**, bekacken; davon ital. s-conchigarsi; altfrz. conchier; vgl. Mussafia, Beitr. 102; Scheler im Anhang zu Dz 794 eschiter.

cŏncăvo s. **cŏncăvŭlo**.

2384) *cŏncăvŭlŏ, -ăre (v. cavus), aushöhlen; rum. covaicz ai at a, krumm machen, biegen. Dz 104 combe zieht, jedenfalls aber mit Unrecht, hierher, bezw. zu concavo, -are u. concavus, auch ital. comba, Thal (nur in Ortsnamen erhalten, vgl. Murray in den Transact. of the Philol. Soc. 1891/94 p. 281); prov. comb, gekrümmt; altfrz. combe, Thalschlucht; span. combar, krümmen, comba, Krümmung, combo, gekrümmt. Indessen ist es wahrscheinlicher, dafs die Worte auf einen keltischen Stamm comb-, cumbo-, (s. d.) zurückzuführen sind, vgl. Th. 55. Lat. conc[a]va hätte eher congua, conca, als comba ergeben. Storm, R V 175, hält cŭmbă, cŭmbă (gr. κύμβη) für das Grundwort, wogegen lautlich u. begrifflich an sich nichts zu erinnern ist, denn „Kahn", „Kahnhöhlung" konnte sehr wohl zu „Höhlung, Thal" verallgemeinert werden, u. passend weist St. auf den analogen Gebrauch von bassin hin. Aber cumba, cymba scheint, nach seinem Vorkommen zu schliefsen (s. Georges s. v.), der Volkssprache nicht angehört zu haben. Vgl. auch Baist, Z V 244, wo altital. gomberuto ebenfalls auf den Stamm combo- zurückgeführt, über den Stamm selbst aber Auskunft nicht gegeben wird.

2385) **cŏncăvŭs, a, um**, hohl; davon nach Dz 436 span. cárcava, Festungsgraben (so auch ptg.), Leichengrube; cárcavo, Bauchhöhlung eines Tieres. Siehe auch **concavulo**.

cŏnc[h]ä, -am f., Muschel, s. oben *cocca.
cŏnc[h]ĕus s. *cocca.
2386) cŏnchŭla, -am f. (concha), kleine Muschel; ital. concola; sard. cuncula, vgl. Salvioni, Post. 7.
conc[h]ylium s. cochylium.
2387) cŏncĭnno, -āre, zusammenfügen; davon vielleicht unter Anlehnung an *ingeniare (v. ingenium) ital. congegnare, zusammenfügen, vgl. Dz 366 congegnare.
2388) cŏncĭpĭo, cēpī, cēptŭm, cĭpĕrĕ (con + capio), auffassen; ital. concepire (schw. Vb., nur st. Prt. P. concetto neben concepito); prev. concep conceup conceuput concebre; frz. conçois çus çu cevoir; span. concebir; span. conceber.
cŏncŭrro s. cŭrro.
cŏncŭrsŭs s. cŭrsŭs.
2389) *cŏncŭrvĕŭs, a, um (v. curvus), gebogen; rum. cucurbeu, Regenbogen.
2390) cŏncŭrvo, -āre (v. curvus), zusammenkrümmen; span. ptg. corcovar, krümmen, davon corcóva, Höcker, vgl. Dz 442 corcovar.
2391) *cŏncŭrvōsŭs, a, um, krumm; ptg. corcós; krumm, bucklig, vgl. Dz 442 corcovar.
2392) cŏncŭssŭs, a, um (Part. P. v. concutĕre), erschüttert; ital. cosso (aus concosso), kleine Beule. Dz 366 s. v. gab kein Grundwort an.
2393) [*cŏndămno und cŏndĕmno, -āre (con + damno), verurteilen; ital. condannare, condennare; prov. condampnar; frz. condamner; span. condenar; ptg. condemnar. Vgl. Berger p. 84.]
2394) cŏndēnso, -āre (v. densus), dicht machen; span. condesar, aufhäufen, davon condesa, Haufen von Menschen. Vgl. Dz 441 condesa; Baist, RF I 133.
2395) cŏndēscēndo, -ĕre, sich zu jem. herablassen; ital. condescendere; frz. condescendre; span. condescender; ptg. condescender. Vgl. Petschenig, ALL V 138.
2396) cŏndĭo, -īre, würzen; ital. condire (ein dazu gehöriges Subst. actoris condiore giebt es nicht, conditore gehört zu lat. condĕre, bedeutet also „Erbauer, Gründer"; „Konditor" ist ital. confettiere, pasticciere; frz. confiseur, pâtissier; span. confitero; ptg. confeiteiro, doceiro. Vgl. No 2403.
2397) [cŏndĭrēctŭm (*condrēctum, Part. P. P. von condirigere), nach Dz 550 Grundwort zu prov. coderc-s (also für codrec-s), angebautes Land, Aue.]
2398) cŏndĭtĭo, -ōnem f. (v. condĕre), Bedingung; ital. condizione; prov. condicio-s; frz. condition; span. condicion; ptg. condição. Überall nur gel.W.
2399) peruan. condor, condur, Kondor; ital. condore; frz. span. ptg. condor. Vgl. Dz 107 s. v.; Scheler im Dict. s. v.
2400) cŏndūco, dūxī, dūctŭm, dūcĕrĕ, geleiten; ital. conduco, dussi dotto ducere u. durre: vom Partizipialstamme ist abgeleitet conduttiere, Führer, Feldherr; (rum. iŝt adducere [s. d.] für conducere eingetreten); prov. conduc dui duit u. duch duire, altfrz. condui[s] duis duit duire; nfrz. conduis duisis duit duire; span. conducir (schw. Vb.); conduzir (schw. Vb.).
2401) cŏndūctŏr, -ōrem m. (conducere), Mieter; sicil. connutturi pigianale; sonst nur gel. (frz. conducteur etc.) in der Bedtg. „Führer".
2402) condy n., gr. κόνδυ n., Trinkgefäfs, Pokal, ist nach Dz 376 gonda das Grundwort zu ital. gonda, góndola, Gondel; frz. gondole, schmales, hohes Trinkgefäfs, Gondel; span. ptg. góndola.

Diese Herleitung befriedigt wenig. D'Ovidio, AG IV 170 Anm., hielt Herkunft von lt. cūna cūnula für möglich, wogegen Ascoli an demselben Orto Bedenken erhob, ohne sich jedoch unbedingt verneinend auszusprechen.
2403) *cōnfēctŏ, -āre, zubereiten (schriftlat. ist confectura, Zubereitung, vorhanden: c. mellis Col. 9, 4, 5, chartae Plin. N. H. 13, 75); ital. confettare, einmachen, davon confetto, confettiere; span. confitar, davon confito, confitero; ptg. confeitar, davon confeitos, confeiteiro. Im Frz. hat das Primitiv conficere [s. d.] = confire die Bedeutung von confectare übernommen.
cōnfēctūra s. cōnfēcto.
2404) cōnfĭcĭo, fēcĭ, fǎctŭm, fĭcĕre, fertig machen; ital. conficio feci fetto ficere, nur theolog. terminus technicus mit der Bedtg. „die heil. Wandlung vollziehen"; frz. confire fis fis fit, einmachen, davon abgeleitet confiture confiseur.
2405) *cōnfīdāntĭă, -am f. (v. *confidāre), Zuversicht; ital. confidanza; frz. confiance; span. confidencia, confianza; ptg. confidencia, confiança. Vgl. Cohn, Suffixw. p. 77.
2406) *cōnfīdo, -āre (f. confīdĕre), vertrauen; ital. confidare; frz. confier; span. confiar; ptg. confiar. Vgl. Cohn, Suffixw. p. 77.
2407) cōnflīctŭs, -ŭm m. (v. confligo), Kampf; ital. conflitto; frz. conflit; span. ptg. conflicto (gel. W.).
2408) cōnflo, -āre, zusammenblasen; ital. gonfiare, aufblasen, Part. P. P. gonfiato, angeschwollen, daneben als gel. W. conflato, vgl. Canello, AG III 370, Ascoli, AG XIII 454 (A. erklärt das g für c aus der Tonlosigkeit der ersten Silbe, was aber mit golfo aus colpus in Widerspruch steht); frz. gonfler; span. ptg. inflare = hinchar, inchar an Stelle von conflare getreten. Vgl. Gröber, ALL II 439. S. auch unten inflare.
2409) cōnfŏrĭo, -īre, mit flüssigem Kot beflecken; rum. cufur ii it i, Durchfall haben; (frz. das Simplex foirer?).
2410) cōnfŏrto, -āre (v. fortis), stärken; ital. confortare; (prov. conortar, ermutigen, trösten, ist = *conhortare, dazu das Vbsbttv. conortz, Trost); frz. conforter, stärken, erfrischen, trösten, dazu das Vbsbttv. confort; span. (confortar u.) conhortar, dazu die Vbsbttve (conforte u.) conhorte; ptg. confortar, dazu das Vbsbttv. conforto. Vgl. Dz 107 confortare; G. Paris, R I 310, Anm. zu S. Léger 20 e.
2411) cōnfrōnto, -āre (v. frons), gegenüberstellen; ital. confrontare; rum. cufrunt ai at a; prov. confrontar; frz. confronter; span. ptg. confrontar.
2412) 1. *cōnfūndo, -āre (v. fundus), auf den Grund, Boden bringen, rum. cufund ai ut a, eingraben, eintauchen; (in den übrigen Sprachen wird confundare durch affundare vertreten: ital. affondare, span. afondar, ahondar, ptg. afundar, daneben *(in)fund(i)tare f. *(in)fundiare = prev. fonsar, fonzar (auch afonsar); frz. enfoncer; cat. (a)fonsar).
2413) 2. cōnfūndo, fūdī, fūsŭm, fūndĕrĕ, zusammengiefsen, mischen, verwirren, beschämen; ital. confundo, fusi, fuso, fundere; prov. confondo, cofundre; frz. confondre (st. Part. P. P. als Adj. confus); span. ptg. confundir.
2414) cōnfūsĭo, -ōnem f. (v. confundere), Vermischung, Verwirrung; ital. confusione; frz. confusion, u. dementsprechend in den anderen Sprachen.

17*

2415) **cŏngaudĕo, -ēre,** sich mitfreuen; frz. *conjouir.*

2416) **eŏngĕlo, -āre,** zusammenfrieren; sicil. *cuñilari,* vgl. Salvioni, Post. 7.

2417) **cŏngīūs, -um** *m.,* ein Mafs für Flüssigkeiten; ital. *cogno,* ein Weinmafs, vgl. Dz 365 *s. v.;* abgeleitet (?) span. *cangilon,* ptg. *cangirão,* ein Mafs, vgl. Dz 436 *cangilon.*

2418) ***cŏngrūs, -um** *m.* (für *conger* u. *gonger* = gr. γόγγρος), Meeraal; ital. *gongro, grongo,* Meeraal, vgl. Dz 378 *s. v.*

[***cŏnhŏrto, -āre** (f. *cohortari*) s. **cŏnfŏrto.**]

2419) [***cŏ[n] + hūco, -āre,** hierher rufen; frz. (*cohuer,* vgl. *huer,* davon das Vbsbsttv.) *cohue,* Lärm, Gewühl, vgl. Dz 551 *s. v.:* die von Mahn, Et. Unters. p. 124, vermutete keltische Herkunft des Wortes wird von Th. 96 verneint.]

2420) [**cŏnjūgĭūm** *n.,* Verbindung, Ehe; über Formen u. Ableitungen des sonst aus den roman. Volkssprachen geschwundenen Wortes in ital. Dialekten vgl. Flechia, AG II 131.]

2421) **cŏnjŭgo, -āre,** verbinden; altsard. *coiuvare,* maritare; neusard. *cojuare, cojái,* vgl. Salvieni, Post. 7.

2422) [**cŏnjūnctūra, -am** *f.* (*conjungĕre*), Verbindungsstelle, Gelenk; ital. *conjuntura;* altfrz. *conjointure,* vgl. Förster zu Erec 14; span. *conjuntura,* ptg. *conjunctura.* Also nur gel. W., ausg. im Altfrz.]

2423) **cŏnjŭngo, jūnxī, jūnctūm, jūngere,** verbinden; ital. *congiungo* u. *giugno giunsi giunto giugnere* u. *giungere;* prov. *conjonh jons* u. *jos joint jonher;* frz. *conjoins joignis joint joindre;* die altfrz. Formen s. b. *jungere;* (span. ptg. nur das Part. P. *conjunto, conjuncto,* davon die Verba *conjunctar, conjuntar*).

2424) **cŏnjūrātĭo, -ōnem** *f.* (v. *conjurare*), Verschwörung; ital. *congiurazione,* daneben *congiura;* sonst nur als gel. W.

2425) **cŏnjūro, -āre,** zusammen schwören, sich verschwören; ital. *congiurare* (davon das Vbsbsttv. *congiura*), sonst nur gel. W.

2426) **cŏnōpēūm** u. **cŏnōpĭūm** *n.* (gr. κωνωπεῖον, „vermutlich volksetymolog. Umbildung von semit. *kanaph*" F. Pabst), feinmaschiges Mückennetz u. die mit einem Mückennetze umzogene Lagerstätte, das Himmelbett (Hor. Epod. 9, 16; Prop. 3, 11, 45; Juven. 6, 80); ital. *canopè,* Ruhebett; rum. *canapeu;* frz. span. ptg. *canapé.* Vgl. Dz 85 *canopè;* über frz. *canapé* vgl. Blanc in Revue des langues rom. 1890 p. 438.

2427) [**cŏnor, -āri,** versuchen; „n'è il deverbale nel sard. *conos,* conati di vomito", Salvioni Post. 7.]

2428) ***cŏnquaero** und **cŏnquīro, quaesīvī** und **quīsīvī, quaesītūm** und **quīsītūm, quaerĕrĕ** und **quīrĕrĕ,** sich zu verschaffen suchen; ital. *conquido, quisi quiso quidere,* überwinden, unterjochen; rum. *cucerese ii it i,* unterwerfen, erobern; prov. *conquier quis ques* u. *quis querre querer* u. *querir,* erobern; frz. *conquiers quis quis quérir,* erobern; span. *conquerir* (schw. Vb.); im Ptg. fehlt das Vb.]

2429) **cŏnquīsītĭo, -ōnem** *f.* (v. *conquiro*), Nachsuchung; altfrz. *cuisençon,* Serge, Eifer, davon die Adj. *cuençonos, cuesencenavle* u. das Adv. *cusencenosement.* Vgl. Tobler, Z III 571, wo zuerst die richtige Ableitung gegeben ist; Dz 557 *cuire* hatte das Wort mit prov. *cozensa* (s. oben ***coco cocĕre**) in Zusammenhang bringen wollen, u. G. Paris, R IX 334, verteidigt diese Ableitung gegen Tobler.

2430) ***cŏnquisto, -āre** (Intens. v. *conquirere*),

erobern; ital. *conquistare,* dazu das Vbsbsttv. *conquista* u. das nomen act. *conquistatore;* prev. *conquistar,* davon *conquista;* frz. (*conquester*), conquêt, die Errungenschaft, *conquête,* die Eroberung; span. ptg. *conquistar,* davon *conquista, conquistador* etc.

2431) [***cŏnsăcro, -āre** (f. *consecro* v. *sacer*), weihen; frz. *consacrer;* in den übrigen Spr. ist *consecrare* als gel. W. vorhanden.]

2432) [**cŏnsciēntĭă, -am** *f.* (v. *conscire*), Bewusstsein, Gewissen; ital. *coscienz(i)a;* prov. *consciencia,* consiensa; frz. *conscience;* span. *conciencia;* ptg. *consciencia.*]

2433) **cŏnscrībīllo, -āre** (Demin. von *conscribere*), kritzeln; zu vergl. ist das gleichbedeutende ital. *scombiccherare* (**sconchiberare,* **sconscriberare,* **conscriberare*), vgl. Marchesini, Studj di fil. rom. II 6.

2434) [**cŏnsēctă** (Fem. des Part. P. P. v. *consecare*), zerschnitten, = span. *cosecha,* Ernte, vgl. Dz 442 *s. v.;* vgl. Baist, Z V 236; C. Michaelis, St. p. 58, u. Cornu, R XIII 298, setzen *cosecha* = *collecta* an (*collecta : coyecha : cogecha : coxecha,* worin *x* = frz. *ch,* : *cosecha*).]

2435) **cŏnsērvātōrīūm** *n.* (von *conservo*), Aufbewahrungsort; ital. *conservatorio* „luogo di ricovero o di educazione per lo più musicale", *conservatojo* „magazzino", vgl. Canello, AG III 337.

*conservĭus s. **gymnasiarchus.**

2436) **cŏnsērvo, -āre,** bewahren; ital. *conservare;* frz. *conserver;* in den übrigen rom. Spr. dem entsprechend (fehlt rum.).

2437) [***cŏnsīdērĭūm** *n.* (v. *considerare* nach *desiderium* gebildet), Sorge, Sehnsucht; prov. *co(n)sire-s,* daneben *consirer-s* = **considerarium,* von *consire* abgeleitet das Adj. *consiros,* gleichsam **considerosus,* nachdenklich, besorgt.

2438) **cŏnsīdĕro, -āre,** betrachten; ital. *considerare;* prov. *consirar, cos(s)irar;* frz. *considérer* (gel. W., als solches auch im Span. u. Ptg.).

2439) **cŏnsīlĭārĭus, -um** *m.* (v. *consilium*), Ratgeber; ital. *consigliere, -o;* prov. *conseillier-s* [? dasselbe Wort bedeutet „Kissen"]; frz. *conseiller;* span. *consejero:* ptg. *conselheiro.* Vgl. Berger *s. v.*

2440) ***cŏnsīlĭo, -āre** (v. *consilium,* schriftlat. *consiliari,* Rat pflegen); ital. *consigliare;* prov. *conselhar, cosselhar;* frz. *conseiller;* span. *consejar;* ptg. (a)*conselhar.*

2441) **cŏnsīlĭūm** *n.,* Rat; ital. *consiglio;* prov. *conselh-s;* frz. *conseil;* span. *consejo;* ptg. *conselho.*

2442) **cŏnsīstōrĭūm** *n.* (v. *consisto*), Versammlungsort; prov. *consistori-s,* Konsistorium, gel. W., als solches in der entspr. Form auch in den übrigen rom. Sprachen.

2443) **cō[n]s[ŏb]rīnūs, -um** *m.* u. **-a, -am** *f.,* Geschwisterkind von mütterlicher Seite; ital. *cugino,* lecc. *cussiprinu,.* vegl. *consubraina,* friaul. *consovrin,* vgl. Tappertz, Die roman. Verwandtschaftsnamen (Strafsburg 1893 Diss.) p. 115, Salvioni Post. 7; rtr. *cusrin, cusdrin;* prov. *cosin;* frz. *cousin, -e;* cat. *cosí;* span. *sobrino, -a;* ptg. *sobrinho, -a* (im Span. u. Ptg. bedeuten die Worte meist „Neffe, Nichte", „Vetter, Base" ist = *primo, -a,* ptg. auch *coirmão, -ãa*). Vgl. Dz 116 *cugino;* Gröber, ALL I 553; Canello, AG III 341 Anm., wo mit Recht die Ansicht ausgesprochen ist, dafs die starke lautliche Umgestaltung des Wortes im Ital. etc. sich aus seinem häufigen Gebrauchs in der Kindersprache erkläre. — Aus dem span. *sobrina* = frz. *soubrine* durch Suffixvertauschung *soubrette.*

2444) cōnsŏcĕr, -cĕrum *m.*, Mitschwiegervater; **rum.** *cuscru*, Schwiegervater, Schwager, Hochzeitsgevatter, vgl. Ch. unter *socru.*

2445) cōnsōlĭdă, -am *f.*, eine Pflanze, gemeine Schwarzwurz (Symphytum officinale L.); **frz.** *consoude*, Schwarzwurz, vgl. Dz 552 *s. v.* Wegen etwaigen Zusammenhanges von *consolida* mit **frz.** *console*, Konsole, Stützbank, s. **cōnsōlo.**

2446) cōnsōlo, -āre (gut schriftlat. *consolari*), trösten; **ital.** *consolare*, dazu das Vbsbst. *consòlo* (gewöhnlicher *consolazione*); **prov.** *consolar*; **frz.** *consoler* (dazu *consolation*), von *consoler* vielleicht als Vbsbttv. abgeleitet *console*, Konsole (auch **ptg.** *consola*), doch ist freilich der dann anzunehmende Bedeutungsübergang (Trost : Stütze : Stützbänkchen) bedenklich, andererseits ist das sonst als Grundwort vorgeschlagene u. begrifflich recht passende *consolida* lautlich unannehmbar, vgl. Scheler im Diet. *consoler;* **span.** *consolar*, dazu das Vbsbsttv. *consuelo*, Trost; **ptg.** *consolar.* Das Wort trägt überall gelehrten Charakter.

2447) cōnsŏnă, -am *f.*, Konsonant, = **frz.** *consonne;* in den übrigen Sprachen wird dafür das Part. *consonans* = **ital.** *consonante* etc. gebraucht.

2448) cōnsŏrs, sŏrtĕm, gleichlosig, teilhaftig; **ital.** *consorte*, Teilhaber, Mitgenofs, Gatte, Gattin, davon abgeleitet *consorteria*, Genossenschaft.

2449) cōnspŭo, spŭi, spŭtum, spucken; **ptg.** *cospir, cuspir*, vgl. Dz 444 *s. v.* (ital. ist „spucken" = *sputare;* **prev.** *escracar;* **frz.** *cracher* vermutlich vom westgerm. **räkōn*, Stamm *hrak*, vgl. Mackel 47; **span.** *escupir* = **cxspuire* für *cxspuēre*).

2450) cōnsto, stĭtī, stătūrŭs, stāre, zu stehen kommen, kosten; **ital.** *costare*, dazu das Vbsbsttv. *costo*, Preis, Aufwand; **rum.** *cust ai at a*, dazu das Vbsbsttv. *cust;* **prov.** *costar;* **frz.** *coûter*, dazu das Vbsbsttv. *coût*, gewöhnl. im Pl., Kosten; **cat.** **span.** *costar*, dazu *costa;* **ptg.** *custar*, dazu *custo* u. *custa.* Vgl. Dz 554 *coûter.*

2451) cōnstrĭngo, strĭnxī, strĭctum, strĭngĕrĕ, zusammenziehen, zähmen; **ital.** *co(n)stringo, co(n)-strigno, strinsi, stretto, stringere* und *strignere*, zwingen; **prov.** *costrenc streis streit* und *streg strenher;* **frz.** *contrains traignis traint traindre*, zu **altfrz.** *constraindre* des Adj. *constraindable*, vgl. Cohn, Suffixw. p. 503; **span.** *costreñir;* **ptg.** *constranger* u. *stringir.*

2452) *cōnstrŭgo (f. *struo*), **strŭxī, strŭctŭm, strŭgĕrĕ**, erbauen; **ital.** *construo strussi strutto struere;* **prov.** *construi struis struit* u. *strug struire* u. *strurre;* **frz.** *construi(s) struisis struit struire;* **span.** **ptg.** *construir.* Vgl. Gröber, ALL II 102 unter **destrŭgĕre.*

2453) cōnsŭēsco, -ĕre, gewohnt werden; **rtr.** *kuseser*, vgl. Meyer-L., Z. f. ö. G. 1891 p. 768.

2454) *cō[n]s[ue]tūmen *n.* u. ***cō[n]s[ue]tūmīna** [?] (f. *consuetudo, -inem*, das nur im Ital. als gelehrtes Wort erhalten ist). Gewohnheit; **ital.** *costume, costuma;* **sard.** *costumene;* **prov.** *cosdumna, costuma;* **frz.** (*costume*), *coutume f.;* **cat.** *costum;* **altspan.** *costumne;* **neuspan.** *costumbre;* **ptg.** *costume.* Vgl. Dz 110 *costuma* (nimmt Vertauschung des Suffixes *-üdinem* mit *-üme* an); Cornu, R VII 365 (nimmt Übergang von *-üdine : -ünine : -ümine* an); Havet, R VII 593 (nimmt Übergang von *-üdine : -übine : -übne : -ümne* an); Canelle, AG III 367 Anm. 2 (schliefst sich Cornu an); Ascoli, AG III 368 Anm.* (nimmt an, dafs *-üdine, -üdne* zu *-unne* assimiliert u. dies dann mit dem beliebten Suffix

-üm[i]ne, -üme vertauscht sei); Gröber, ALL I 553 (stellt als Grundformen *cos'tumen* u. *cos'tumina* auf u. begründet dies in längerer Auseinandersetzung). Die gröfste Glaubwürdigkeit darf Ascoli's Ansicht beanspruchen, doch darf auch nach dieser **costumen* als wenigstens sekundäres Grundwert angesetzt werden. Vgl. auch Körting, Formenbau des frz. Nomens, Anhang II.

2455) cōnsŭl, -sŭlem *m.*, Konsul: **ital.** *cónsole* u. *cónsolo*, vgl. Canello, AG III 402.

2456) cōnsūmmo, -āre, summieren, vollführen, vollenden (begrifflich hat sich das Vb. mit **consumare* = *consumére*, verzehren, gemischt); **ital.** *consumare*, aufzehren (daneben *consumo sunsi sunto sumere*), *consumato* als Sbst. Kraftbrühe, vgl. Canello, AG III 312; **frz.** *consommer*, vollenden, vollziehen, verzehren, davon *consommé*, Kraftbrühe, *consumer*, verzehren; **span.** *consumar*, vollenden, *consumir*, aufzehren; **ptg.** *consummar*, vollenden, *consumir*, aufzehren.

cōnsūmo s. consummo.

2457) cō[n]sŭo, sŭī, sūtum, sŭĕrĕ, zusammennähen: **ital.** (mit Übergang in die I-Konj. und Palatalisierung des *s*) *cuscire, cucire*, davon Kompos. *sdrucire, sdruscire*, auftrennen, gleichsam **ex-dis-re-suere*, doch würde wohl auch *dis-re-suere* genügen, falls man Umstellung des *d[i]s : sd* annehmen darf, vgl. Caix, St. 56; **rum.** *cos cusui cusut coase;* **rtr.** *kúzer*, Pt. *küt*, vgl. Gartner § 148 u. 172; **prov.** *coser;* **altfrz.** *cosdre;* **nfrz.** *couds cousis cousu coudre* = *co[n]s[ue]re* nach der Betonung des Ind. *cóns[uo]*, u. dieser wieder hat nach Analogie des Inf.'s das *d* angenommen; **cat.** *cusir;* **span.** *coser;* **ptg.** *coser.* Vgl. Gröber, ALL I 553; Dz 115 *cucire;* d'Ovidio, Note etim. p. 52.

2458) *cō[n]s[ū]tūră, -am *f.* (v. *consuo*), Naht; **ital.** *cucitura*, „cucitura doppia che fa costola", daneben (unmittelbar von *cucire*) als allgem. Ausdruck *cucitura*, vgl. Canello, AG III 331; **prov.** *costura;* **frz.** *couturc*, das Nähen, die Naht, davon *couturier, -ère*, gleichsam **consuturarius, -a*, Näher, Näherin.

2459) [cŏntĕmplo, -āre (s. Georges unter *contemplor* am Schlusse), betrachten: **ital.** *contemplare;* **prov.** **span.** **ptg.** *contemplar;* **frz.** *contempler*.]

2460) [*cŏntĕmpŏrānēns, a, um, zeitgenössisch; **frz.** *contemporain*, gel. W., erst seit dem 16. Jahrh. nachweisbar, altfrz. dafür *contemporel*, vgl. Cohn, Suffixw. p. 167; **ital.** **span.** *contemporaneo.*]

2461) *cŏntĕnĕo (f. **contineo**), **tĕnŭī, tĕntum, tĕnĕrĕ**, zusammenhalten, umfassen; **ital.** *contenère* (gel. Part. Präs. *continente*, enthaltsam, als Sbst. Festland, vgl. Canello, AG III 333); dem entsprechend in den übrigen rom. Sprachen; wegen der Flexion s. **tĕnĕrĕ.**

2462) cŏntĕntĭo, -ōnem *f.* (v. *contendere*), Streit; davon nach Caix, St. 208, durch Abfall des Präfixes **ital.** (*tenza* u.) *tenzone;* **prov.** *tensa* u. *tenson* (*tenso-s*); **altfrz.** *tence, tençon*, Streit, Streitgedicht; die Doppelformen würden also einerseits dem (zur A-Dekl. übergetretenen) Cas. root., andrerseits dem Cas. obl. entsprechen u. sich zu einander verhalten wie etwa *l(i)erre* zu *larron.*

2463) cŏntĕntŭs, a, um (Pt. P. P. v. *continére*), zufrieden; **ital.** *contento;* **prov.** *conten-s;* **frz.** *content;* **span.** **ptg.** *contento* (im Span. Lehnwort).

2464) cŏntĕro, trīvī, trītum, tĕrĕrĕ, zerreiben; **span.** *curtir* (für *cutrir*), **ptg.** *cortir*, gerben, vgl. Dz 443 *s. v.*

2465) **cŏntĭnĕntĭă, -am** *f.* (von *continere*), das Ansichhalten, die Haltung, Fassung; ital. *continenza;* dem entsprechend in den übrigen rom. Sprachen.

*cŏntĭngĕsco s. **cŏntĭngo.**

2466) **cŏntĭngo, tĭgī, tăctŭm, tĭngĕrĕ** (*con* + *tango*), berühren, erreichen, treffen, geschehen; altspan. *contir, cuntir,* sich ereignen, davon das Inchoativ *contescer;* neuspan. ptg. (*a*)*contecer.* Vgl. Dz 441 *contir;* Cornu, R X 77.

2467) **cŏntĭnŭo, -āre** (v. *continuus*), fortsetzen; ital. *continuare* (gel. W., u. als solches auch in den übrigen rom. Hauptsprachen vorhanden).

2468) **cŏntĭnŭŭs, a, um** (v. *continēre*), zusammenhängend; ital. *continuo, continovo.*

2469) **cŏntrā, Präp.,** gegenüber, gegen; ital. *contra, contro;* rum. *cătră;* prov. *contra;* frz. *contre;* span. ptg. *contra.*

2470) **cŏntrăctŭs, -um** *m.,* Vertrag; ital. *contratto;* (prov. Adj. *contrag-z,* zusammengezogen); (altfrz. *contrait,* Adj., gelähmt); frz. *contrat;* span. ptg. *contrato;* überall halbgol. Wort.

2471) **cŏntrā + făcĭo, făcĕrĕ,** entgegen machen; ital. *contraffare,* nachmachen; frz. *contrefaire;* span. *contrahacer;* ptg. *contrafazer.* Wegen der Flexion s. **facĭo.**

2472) **cŏntrā + quădro, -āre,** entgegenbauen, = frz. *contrecarrer,* entgegenarbeiten.

2473) **cŏntrā + rōtŭlŭs, -um** *m.,* Gegenrolle, Gegenrechnung, = frz. *contrôle* *m.,* Aufsicht, dazu das Vb. *contrôler.* Aus dem Frz. ist das Wort in die anderen Sprachen übernommen worden. Vgl. Dz 276 *roto*lo.

2474) **cŏntrā + sto, stāre,** gegenüberstehen, im Gegensatz stehen: ital. *contrastare,* dazu das Vb-sbsttv. *contrasto,* Gegensatz; dem entsprechend auch in den übrigen Sprachen.

2475) ***cŏntrātā, -am** *f.* (v. *contra*), Gegend; ital. *contrata, contrada;* rtr. *contrada;* prov. *contrada;* frz. *contrée;* altspan. *contrada.* Vgl. Dz 107 *contrata;* Rönsch, Jahrb. XIV 837; Gröber, ALL I 551.

2476) ***cŏntrĕmŭlo, -āre,** zittern, = rum. *eutremur ai at a.*

2477) **cŏntrībŭlo, -āre,** zermalmen, quälen, = rum. *cutrier ai at a* (die Leute beunruhigen, belästigen), vagabundieren, umherstreifen.

2478) **cŏntrĭbŭo, trĭbŭī, trĭbūtŭm, trĭbŭĕrĕ,** beisteuern, ist nur als gel. W. vorhanden; ital. *contribuere;* frz. *contribuer,* span. ptg. *contribuir.*

2479) **cŏntŭs, -um** *m.* (gr. *xovτός*), Ruderstange; nach Dz 169 *gonzo* das mutmafsliche Grundwort zu span. *gonce,* Thürangel; ptg. *gonzo, engonzo,* „freilich mit einer nicht gewöhnlichen Schärfung des *t*"; das gleichbedeutende got. **rukka-,* vgl. Kluge unter „Rocken"). Vgl. Dz 107 *conocchia;* Gröber, ALL I 551; Cohn, Suffixw. p. 231.

2480) ***cŏnŭcŭlā, -am** *f.* (f. **colucula,* Demin. v. *cŏlus;* der Wechsel von *n : l* beruht vielleicht auf begrifflicher Anlehnung an *cōnus,* Zapfen), Spinnrocken; ital. *conocchia;* frz. *conoille;* nfrz. *quenouille* (span. wird dies Werkzeug *rueca,* ptg. *roca* genannt, auch ital. ist *rocca* vorhanden, das Grundwort ist wohl vorauszusetzendes got. **rukka-,* vgl. Kluge unter „Rocken"). Vgl. Dz 107 *conocchia;* Gröber, ALL I 551; Cohn, Suffixw. p. 231.

2481) **cŏnvĕnĭo, vĕnī, vĕntŭm, vĕnīrĕ,** zusammenkommen; ital. *convengo venni vento venire;*

(über mundartliche ital. Gestaltungen von *convenire* u. *convenitare* vgl. Mussafia, Beitr. 99 f.); rum. *cuvin ŭ it i,* refl. Vb., sich zu jem. begeben, sitzen; prov. *convenh vinc vengut venir;* frz. *conviens vins venu venir,* hat auch die übertragene Bedeutung „zukommen, sich schicken, passen"; span. *convengo vine venido venir;* ptg. *convenho vim vindo vir.* Wegen der Flexion vgl. auch **venio.**

2482) [***cŏnvĕnĭŭm** *n.* u. ***cŏnvĕnĭa** *f.* (v. *convenire*), Übereinkunft; ital. *convegno* u. *convegna;* prov. *covina;* altfrz. *convin, convigne, convine m.;* cat. *conveni;* span. *convenio.* Vgl. Dz 107 *convegno.*]

2483) **cŏnvĕntŭm** *n.,* Übereinkunft, Vertrag, und **cŏnvĕntŭs** *m.,* Zusammenkunft, Gesellschaft, Verein; ital. *convento,* Vertrag, Zusammenkunft, Kloster; rum. *cuvint* (Vertrag, Abmachung, Unterredung), Gespräch, Rede, Ausdruck, Wort; prov. *convent-z, conven-s;* altfrz. *convent;* nfrz. *couvent,* Kloster; span. ptg. *convento.*

cŏnvĕrsātĭo s. **cŏnvĕrso.**

2484) ***cŏnvĕrso, -āre** (f. *conversari*), verkehren; ital. *conversare* u. dem entspr. in den anderen Spr., das Vb. hat die eingeengte Bedtg. „mündlich verkehren, sich unterhalten" angenommen, ebenso wie das dazu gehörige Sbst. *conversatio* im Lat. „Verkehr", im Roman. „Unterhaltung" bedeutet.

2485) **cŏnvĕrsŭs, a, um,** Part. Perf. Pass. v. *convertĕre;* sard. *cumbessu,* storto, vgl. Salvioni, Post. 7.

2486) **cŏnvĕrto, vĕrtī, vĕrsŭm, vĕrtĕrĕ,** umwenden; ital. (*convertere, verso,* üblicher:) *convertire* u. dem entspr. in den anderen Sprachen.

2487) **cŏnvĭnco, vĭcī, vĭctŭm, vĭncĕrĕ,** ersiegen, jem. einer Schuld überführen, unwiderleglich darthun, überzeugen; ital. *convinco vinsi vinto vincere;* prov. *convene venquei vencut venecr;* frz. *convaine vainquis vaincu vaincre;* span. *convencer;* ptg. *convencer,* wegen der Flexion vgl. auch **vinco.**

2488) ***cŏnvĭo, -āre** (v. *via*), den Weg zusammengehen, geleiten; ital. *conviare,* daneben *convogliare* (nach dem Französ.) u. *convogliare* (mit Suffixvertauschung für *convojare*), davon das Vbsbsttv. *convojo, convoglio,* Begleitung, Bedeckung, Wagenzug; frz. *convoyer,* dazu das Vbsbsttv. *convoi.* Vgl. Dz 700 *voyer 2.*

2489) ***cŏnvīto, -āre** (für *invitare,* die Vertauschung der Präp. wurde wohl durch begriffliche Anlehnung des Wertes an *convivium* veranlafst), einladen; ital. *convitare;* prov. *convidar;* frz. *convier;* span. ptg. *convidar;* dazu das Vbsbsttv. ital. *convito,* Einladung, Gastmahl, prov. *convit-z,* altfrz. *convi,* span. ptg. *convite.* Vgl. Dz 108 *convitare;* Gröber, ALL I 551.

2490) [**cŏnvīvĭŭm** *n.,* Gastmahl; ital. *convivio* (üblicher ist *convito*); frz. *convive,* dazu das Adj. *conviviable* in der Verbindung *poésie c.,* poésie qui traite des festins, vgl. Cohn, Suffixw. p. 97.]

2491) **cŏnvīvo, vīxī, vīctŭm, vīvĕrĕ,** zusammenleben, = ital. *convivo vissi vessuto vivere.*

2492) **cŏnvŏco, -āre,** zusammenrufen; ital. *convocare,* dem entsprechend als halbgel. Wort auch in den anderen Sprachen.

2493) **cŏ[ŏ]pĕrcŭlum** *n.* (v. *cooperire*), Deckel; ital. *coperchio;* rtr. nur das Vb. *curclar,* bedecken; frz. *couvercle;* span. *cobija,* Decke, dazu das Vb. *cobijar,* bedecken. Vgl. Dz 441 *cobija;* Gröber, ALL I 551.

2494) **cŏ[ŏ]pĕrĭo, pĕrŭī, pĕrtŭm, pĕrīrĕ**, bedecken; ital. *copro copersi coperto coprire;* sard. *coperrere;* prov. *cobrir;* frz. (*covrir*), *couvrir* (Part. P. P. *couvert*); cat. *cobir, cubir;* span. *cobrir, cubrir;* ptg. *cubrir;* rtr. *cuvrir;* rum. *acoperi.* Vgl. Gröber, ALL I 551 u. VI 378 (*caperire*).

2495) **cŏp[h]īnŭs, um** *m.* (gr. κόφινος), ein grofser Korb, Tragkorb (Isid. 20, 9, 9); ital. *cófano* (das übliche Wort für „Reisekoffer" ist *baule*), (*coffa,* Mastkorb); prov. altfrz. *cofre;* nfrz. *coffre,* vgl. Karston, Mod. Lang. Notes III 374, u. Berger *s. v.* (das übliche Wort für „Reisekoffer" ist *malle* = germ. *malha,* vgl. Mackel 59); span. *cuebano,* (*cofa, -e,* Mastkorb), Demin. *cofin,* Körbchen (frz. *coffin*), was ein **cofinus* v. **cofus* voraussetzt, vgl. Cohn, Suffixw. p. 145; nicht hierher, sondern zu *cuppa* (s. d.) gehört altspan. *cópino,* kleiner Becher. Vgl. Dz 103 *cófano;* Gröber, ALL I 551.

2496) ***cŏprĕŭs, a, um** (für *cypreus* v. *cyprum, cuprum*), kupfern; davon frz. *cuivre,* Kupfer, vgl. G. Paris, R X 49; Gröber, ALL I 551; Dz 557 *cuivre;* Baist, Z VII 116.

2497) ***cŏprŭm** *n.* (für *cyprum, cuprum*), Kupfer; (ital. fehlt das Wort, es wird vertreten durch *rame* = *aeramen*); piem. *crof,* rame, altbol. *covro,* vgl. Salvioni, Post. 8; altfrz. *coevre* (nfrz. *cuivre* = **copreum*); cat. *couvre;* span. ptg. *cobre.* Vgl. Gröber, ALL I 552. — Ital. *copparosa,* Vitriol, frz. *couperose,* span. ptg. *caparrosa* gehen wohl nicht, wie Diez 108 *s. v.* will, auf *cupri* + *rosa,* sondern auf das deutsche *Kupferasche* zurück.

2498) **cŏpŭlă, -am** *f.,* Band; ital. *cópula, cópola,* coppia „pajo", archaisch *cobola, gobola, cobbola,* mental. *gubbia* „coppia di muli", venez. *cubia* „pariglia di cavalli", vgl. Canello, AG III 358, über sonstige dialektische Gestaltungen des Wortes vgl. Caix, St. 79 u. 352, Flechia, AG II 6 u. 338 Z. 15 v. u.; prev. *cobla,* Paar; frz. *couple,* Paar; dazu das Demin. *couplet,* Verspaar. Vgl. Dz 108 *coppia;* Gröber, ALL I 551; s. auch oben ***clopa.**

2499) [***cŏquăstro, -ŏnem** *m.*, Koch, = prov. *coquastró-s,* vgl. Dz 557 *cuire* (frz. *cuistre* kann nicht hierher gehören).]

cŏquīnă s. **cŏcīnă.**

cŏquīnārĭŭs s. ***cŏcīnārĭŭs.**

cŏquīnō, -āre s. **cŏcīno.**

cŏquo, -ĕrĕ s. ***cŏco.**

cŏquŭs s. ***cŏcŭs.**

2500) **cŏr, cŏrdĭs** *n.* (vgl. gr. καρδία), Herz; ital. *cuore;* rtr. *kor, kör, koer* etc., vgl. Gartner § 200; prov. *cor-s;* frz. *cœur* (damit zusammengesetzt vielleicht *courbatu* = *cor + battulus,* besser setzt man aber wohl mit Scheler im Dict. p. 113 *cour* = *court* = *curtum* an); altspan. *cuer* (dafür ist eingetreten *corazon,* gleichsam **corationem;* ptg. *coração,* vgl. Dz 441 *corazon;* Cornu, R IX 129, ist geneigt, *corazon* u. *curation-em* abzuleiten, doch ist das, was er vorbringt, nicht eben überzeugend).

2501) ***cŏrālĭs, e** (v. *cor*), herzlich, = prov. *coral-s.*

2502) **cŏrallĭŭm** *n.* (gr. κοράλλιον) u. **cŏrallĭŭm** *n.,* Koralle; ital. *corallo;* frz. *corail;* span. ptg. *coral.*

2503) ***cŏrātĭcŭm** *n.* (v. *cor*), Herzhaftigkeit, Mut; ital. *coraggio;* prep. *coratge-s;* frz. *courage;* span. *coraje;* ptg. *coragem.* Vgl. Dz 108 *coraggio.*

[***cŏrātĭo, -ŏnem** s. **cor.**]

2504) [**cŏrāx, cŏrăcem** *m.* (gr. κόραξ), Rabe; Cihac p. 56 hält für möglich, dafs rum. *cioará,*

schwarze Krähe, auf *corax* zurückgehe, falls es nicht etwa ein mit lat. *crocire* zusammenhängendes Onomatopoieton sei.]

2505) **cŏrbīcŭlă, -am** *f.* (Demin. von *corbis*), Körbchen (Pallad. 3, 10, 6), = frz. *corbeille;* ptg. *corbelha,* vgl. Dz 553 *s. v.*

2506) **cŏrbĭs, -em** *m. u. f.,* Korb; ital. *corba;* sard. *corve,* bol. *corbe,* Salvioni, Post. 7; rum. *corfă;* (prov. Demin. *gorbel*) (frz. *corbeille,* ptg. *corbelha;* dem Span. fehlt das Wort, es braucht dastro, *canasto, canasta* = gr. κάναστρον, s. oben **canistrum**).

2507) **cŏrbītă, -am** *f.* (v. *corbis*), langsam fahrendes Transport- oder Lastschiff, Korvette (z. B. Cic. ad Att. 16, 6, 1); frz. *corvette;* span. *corbeta;* ptg. *corveta.* Vgl. Dz 108 *corbeta.*

2508) ***cŏrbŭs** u. **cŏrvŭs, -um** *m.,* Rabe; ital. *corbo* (dazu wohl das Vb. *corbellare,* verspotten) u. *corvo;* ossol. *corf,* pav. *crof;* rum. *corb;* rtr. *corv;* altprov. *corb,* davon das Demin. *corbel-s;* (frz. *corbeau* = **corbellus*); cat. *corb;* span. *cuervo;* ptg. *corvo.* Vgl. Gröber, ALL I 552; Parodi, R XXVII 237.

cŏrdă s. **chorda.**

2509) **cŏrdātŭs, a, um** (v. *cor*), sinnig, verständig; span. *cuerdo* (aus *cordado* gekürzt); ptg. *cordo.* Vgl. Dz 443 *cuerdo.*

2510) **cŏrdŏlĭŭm** *n.* (v. *cor* + St. *dol-,* wovon *dolor*), Herzeleid (Plaut. Cist. 1, 1, 67); ital. *cordoglio;* rtr. *cordoli;* prov. *cordolh-s;* span. *cordojo.* Vgl. Dz 108 *cordoglio.* Vgl. Bücheler, Rhein. Mus. XXXVII 517.

2511) ***cŏrdŭbānŭs, a, um** (v. *Corduba*), aus Corduba (Cordova) kommend; ital. *cordovano,* Bockleder, Corduanleder, davon *cordovaniere,* Corduanmacher, auch Schuhmacher (für letzteren Begriff ist *calzolajo* = **calceolarius* das gewöhnliche Wort); prov. *cordoan-s, cortves,* eine Art Leder; altfrz. *corvois, wov. corvisier, corviserie* etc., vgl. Tobler, Z XIII 546: frz. *cordouan,* davon (*cordoannier*) *cordonnier,* Schuhmacher, vgl. Fafs, RF III 486 Mitte; span. *cordoban* („Schuhmacher" heifst span. *zapatero,* ptg. *sapateiro* = frz. *sabotier,* Holzschuhmacher, abgeleitet von span. *zapato,* -a, Schuh, ptg. *sapata, çapato,* prov. *sabato,* frz. *sabot, savate,* eine Wortsippe dunkeln Ursprunges; Scheler im Dict. unter *savate* ist geneigt, sie auf den span. *stap-, sap-,* wovon *stapfen* in *Fufsstapfe* u. dgl., zurückzuführen, s. unten **sapa-;** Dz 674 *sabot* stellt keine Ableitung auf; vielleicht führt folgendes auf die richtige Spur; ital. *zappare* bedeutet „hacken", aber auch „mit dem Fufse stampfen" und geht zurück auf ein lat. *sappa,* vgl. Rönsch, Z I 420, u. G. Paris, R VI 628, dieses *sappa* nun, dessen Grundbedeutung etwa „Stampfe" gewesen sein mag, kann recht füglich zur Ableitung von Worten gedient haben, welche Schuhe, also namentlich kleine Stampfwerkzeuge, bezeichnen. Sonst liefse sich noch an ein **sappus* = prov. altfrz. *sap*), das mutuafslicho Stammwort zu *sappinus,* Tanne, denken, *zapato* etc. würde dann, wie frz. *sabot,* eigentlich einen Holzschuh bedeuten).

2512) **cŏrĭăcĕŭs, a, um** (v. *corium*), ledern; ital. *corazza* „specie di usbergo, che in origine sarà stato di cuoji", vgl. Canello, AG III 348, *s-curraccio* „grembiule", vgl. Caix, St. 551; prov. *coirassa;* frz. *cuirasse;* span. *coraza.* Vgl. Dz 108 *corazza.*

*cŏrĭămĕn s. **cŏrĭŭm.**

2513) **cŏriändrŭm** n. (gr. κορίαννον), Coriander (Coriandrum sativum L.); span. culantro, Coriander: ptg. coéntro, vgl. Dz 443 s. v.; Ascoli, AG VII 143.

[*cŏrīĕŭs s. crŏdi.]

2514) *cŏrīsco, -āre (v. coruscus, über i statt u in der späten Latinität s. Rönsch, Jahrb. XIV 177), blitzen, — ptg. coriscar, blitzen. Vgl. Dz 442 coriscar.

2515) *cŏrīscus, -um m. (vgl. Rönsch, Jahrb. XIV 178), Blitz, = ptg. corisco. Vgl. Dz 442 coriscar.

2516) **cŏrĭŭm** n. (gr. χόριον), Leder; ital. cuojo (vielleicht ist quoglio dasselbe Wort, vgl. Canelle, AG III 302 Z. 14 v. ob.); (rtr. kurám = *cor(i)amen, vgl. Gartner § 68); prov. coir-s; frz. cuir; span. cuero; ptg. coiro, couro.

2517) gr. κορμός, Klotz, davon vielleicht span. corma, Fußklotz, vgl. Dz 442 s. v.

2518) [*cormus, um (?) = frz. corme, Spierling (davon cormier, Spierlingsbaum); ptg. corme, Spierlingsbaum. Vgl. Dz 553 s. v.]

2519) cŏrnĕŏlŭs, a, um (v. cornu), hornartig; ital. corniolo, Kornelkirsche, u. -nbaum (daneben cornio u. cornia) u. corniola, Karneol; rum. corn, Kornelkirschenbaum, coarnă, Karneol; frz. cornouille (= *cornŭcula), daneben cornoille, altfrz. auch corneille, cornille (= *cornicula), Kernelkirsche, cornouiller, Kornelkirschenbaum, cornaline, Karneol, span. cornizola, Kornelkirsche, cornizo u. cornejo (= *cornĭculum), Kornelkirschenbaum, cornerina, Karneol; ptg. cornisolo, Kornelkirsche, corniso, Kornelkirschenbaum, cornelina, Karneol. Vgl. Dz 109 cornio u. corniola; Cohn, Suffixw. p. 228.

cŏrpŭs s. cŏrnĕŏlŭs.

2520) *cŏrnīc[ŭ]lă, -am f. (f. cornĭcula, Demin. v. cornix), Krähe; ital. cornacchia = *cornacula (oder nach gracchia gebildet? vgl. d'Ovidio, AG XIII 382); rtr. cornaigl; prov. cornelha u. cornilha; frz. corneille, altfrz. auch cornaille, vgl. Cohn, Suffixw. p. 1515; cat. corneja, cornella; span. corneja; (ptg. fehlt das Wort, es wird ersetzt durch gralha, -o, auch span. grajo, prov. gralha, altfrz. graille, nfrz. grolle, rum. graur, ital. gracchia = lat. gracŭlŭs, -a [s. d.], vgl. Dz 170 gracco). Vgl. Gröber, ALL I 552.

cŏrnīx s. cŏrŏnīs.

2521) cŏrnū n., cŏrnŭm n., cŏrnŭs m., Horn; ital. corno; sard. corru; rtr. tschiern; rum. corn (bedeutet aufser „Horn, Geweih" auch „Ecke, Winkel"); prov. corn; frz. cor u. corne; davon Demin. cornet, Hörnchen, Düte; cat. corn; span. cuerno, -a; ptg. corno, -a. Vgl. Gröber, ALL VI 383.

2522) cŏrnū + germ. hard = frz. cornard, Hörnerträger, Hahnrei, vgl. Dz 553 s. v.

cŏrnŭm u. cŏrnŭs, Kornelkirsche u. -nbaum, s. cŏrnĕŏlŭs.

2523) [cornu Musae soll, unwahrscheinlich genug, dem ital. prov. span. ptg. cornamusa, Sackpfeife, frz. cornemuse zu Grunde liegen, doch läfst sich eine andere Ableitung nicht geben. Vgl. Dz 109 s. v.]

2524) cŏrnūtus, a, um (v. cornu), gehörnt; ital. cornuto; frz. cornu; span. cornudo u. s. w.

2525) cŏrŏllă, am f. (Demin. v. corona), Kränzehen; seu. corolla corcine, vgl. Salvioni, Post. 7; prov. corolla, Reigentanz; altfrz. carole, dazu das Vb. caroler (auch prov. u. ital. carolar(e). Vgl. Dz 539 carole (s. oben chorauld); Förster,

Z VI 109 (hier zuerst die richtige Herleitung); Gröber, ALL I 552.

2526) [*cŏrŏllĕŭm, *cŏrŏllĭŭm (Demin, v. *corona), kleiner Kranz; davon neap. coruoglio, aret. coroglio, mod. croi, ringförmiges Tuch um den Kopf, vgl. Flechia, AG II 337.]

2527) cŏrŏnă, -am f. (gr. κορώνη), Kranz, Krone; ital. corona, Krone, eruna, Nadelöhr, vgl. Dz 367 cruna, Canello, AG III 323, u. Ascoli's Anmerkung daselbst zu der betr. Stelle; rum. cununa; rtr. prov. cat. corona; frz. couronne; span. corona; ptg. coroa.

2528) *cŏrŏnārĭŭs, a, ŭm, zum Kranze gehörig; ital. coronario, Adj., coronajo, coroniere, Sbst. „chi fa corone". vgl. Canelle, AG III 307.

2529) *cŏrŏnĭllă, -am f. (corona), Krönchen; frz. coronille (mit palat. l), Kronenwicke; span. coronilla. ·

2530) cŏrŏnĭs, -īdem f. (gr. κορωνίς), kleiner Kranz; begrifflich geht hierauf, wohl durch Vermittelung des Mittelgriech., zurück, ist aber durch seltsame Volksetymologie lautlich mit cŏrnīx, -īcem, Krähe, in Zusammenhang gebracht worden ital. cornice, Kranzleiste am Hauptgesimse; frz. corniche; span. cornisa; ptg. corniza sind dem Ital. entlehnt. Vgl. Dz 109 cornice; Meyer-L., Z. f. ö. G. 1891 p 768.

2531) cŏrŏno, -āre (v. corona), bekränzen, krönen; ital. coronare u. dem entsprechend in allen übrigen roman. Sprachen.

2532) *cŏrŏnŭlo, -āre (corona) = cat. curullar, häufen, dazu das Vbsbst. curull, vgl. Parodi, R XVII 59.

2533) *cŏr + pŭlsus = altfrz. cuerpons Herzklopfen, vgl. Förster zu Cliges 3025.

2534) cŏrpŭs n., Körper; ital. corpo = *corpum; rtr. corp etc., vgl. Gartner, Gröber's Grundrifs I 481; prov. cor(p)s, frz. cat. corps (cat. auch cos, davon das Vb. cossar, um den Leib gürten, vgl. Vogel p. 53); span. cuerpo; ptg. corpo. Vgl. ALL VI 383.

2535) corpus + Deminutivsuffix -itto; ital. corpetto „una specie di farsette da portare sopra la camicia", corsetto (aus frz. corset, Leibchen, Schnürleibchen), „busto, camiciuola da notte"; vom frz. corset das Demin. corselet, davon ital. corsaletto „il corpo della corazza", vgl. Canello, AG III 364.

2536) arab. ϙorrah, Geldbeutel (Freytag II 490a), davon vielleicht cat. sarró; span. zurron, Schäfertasche; ptg. surrão. Vgl. Dz 501 zurron. Eg. y Yang. 533.

[*corrēdo, -āre s. Stamm rēd-, vgl. 872.]

2537) cŏrrĭgĭa, -am f., Riemen; ital. coreggia; rum. curé; (rtr. corregia?) prov. correja (mit off. e); altfrz. correie; nfrz. courroie; cat. corretja; span. correa. Vgl. Dz 109 correggia; Gröber, ALL I 552. — Von ital. coreggia das Kompos. scoreggia, Peitsche, davon wieder scoreggiata, Peitschenhieb (frz. écourgée, Karbatsche, das aber auch = excoriata sein kann, vgl. Dz 289 scuriada).

2538) *cŏrrĭgĭŏlŭm n. (corrigia), kleiner Riemen; ital. correggiuolo; neuprov. courrojola; span. correjuela.

2539) cŏrrĭgo, rēxī, rēctŭm, rīgĕrĕ, berichtigen, bessern; ital. corgere in den Compositis accorgo, corsi, corto, corgere, refl. Vb., sich selbst berichtigen, sich klar werden über eine Sache, etwas gewahr werden, bemerken, und: scorgo, scorsi, scorto, scorgere (= ex-corrigere), etwas in Ordnung bringen, einen Zug ordnen u. leiten, geleiten; davon das Intens. ital. scortare, geleiten, span. escoltar, dazu das Vbsbsttv. ital. scorta, Begleitung, Bedeckung, (frz. escorte), span. escolta. Vgl. Dz 366 scorgere. — Cornu, R X 78, setzt auch altspan. escurrir „acompañar á alguno que va de viaje saliendo con él á despedirle" = excorrigere an; Diez 446 engreir hatte das Verbum als auf excurrere zurückgehend betrachtet, und diese Ableitung ist mindestens für das neuspan. escurrir durchaus beizubehalten. Dagegen hat Cornu gewifs das Richtige getroffen, wenn er a. a. O. span. escorrecho von *excorrectus herleitet.

2540) [*cŏrrŏgätä, -am f. (v. corrogare), Aufgebot, vielleicht = frz. corvée, Frohndienst (rogare = frz. rouver, so wenigstens nach gewöhnlicher Annahme, interrogare = enterver, ebenso corrogata = corvée). Vgl. Dz 554 corvée.]

cŏrrōso, -äre s. cŏrrōsŭs.

2541) cŏrrōsŭs, a, um (Part. P. P. v. corrodere), ringsum benagt; prov. cros, Höhle, Grube; (frz. creux, -se, hohl?, dazu das Vb. creuser, aushöhlen). Vgl. Dz 556 creux; G. Paris, R X 47, u. Förster, Z VI 109, haben mit Recht bemerkt, dafs frz. creux, weil altfrz. crues, nicht = corrōsus sein könne, sondern auf ein bis jetzt nicht nachgewiesenes c[o]rŏsus zurückführe.

2542) *cŏrrŏtŭlo, -äre (v. rotulus), zusammenrollen, drehen, schütteln, erschüttern, infolge der Erschütterung stürzen; ital. crollare, dazu das Sbst. crollo „scotimento, rovina", crocchio „cercolo di persone", vgl. Canello, AG III 405, und Caix, St. 89 (wo noch eine ganze Reihe auf rotulare und corrotulare zurückgehender Worte angeführt ist, bei manchen freilich dürfte die Zugehörigkeit zweifelhaft sein), vgl. auch Flechia, AG II 338 oben; prov. crollar; altfrz. crodler; nfrz. crouler, davon Kompos. s'écrouler; cat. crollar. Vgl. Dz 113 crollar; Gröber, ALL I 552, vgl. auch AG I 59.

2543) *cŏrrŏtŭlus, a, um, zusammengerollt; dav. noch Pascal, Studj di fil. rom. VII 94, das ital. Adj. (*crullo) grullo, klumpig, dick, dumm. Die Ableitung ist nicht eben wahrscheinlich.

2544) [*cŏrrŭptĭo, -äre (v. corruptus, Part. P. P. v. corrumpere), eigentlich verderben, ruinieren, dann in Bezug auf die Gemütsstimmung jem. die Laune verderben, ihn ärgern, daher endlich zornig werden, zürnen (besser ist aber wohl die Ableitung von cor ruptum [s. d.], also: „das Herz brechen, betrüben"); ital. corrucciare (aus dem Frz. entlehnt), dazu das Vbsbst. corruccio; prov. corrossar, dazu das Vbsbst. corrot-z; altfrz. corrossier, dazu das Vbsbst. courroux; nfrz. courroucer, dazu das Vbsbst. courroux. Vgl. Dz 109 corruccio u. das Scheler im Anhang 721 (Dz leitete die Wortsippe von cholera ab, was von Scheler berichtigt worden ist; altfrz. corine, Groll, dürfte aber allerdings = *cholerina sein); G. Paris, R I 309 (Anm. zu S. Léger 18c) u. XXVIII 287; Gröber, ALL I 552.]

2545) cŏr rŭptum, gebrochenes Herz, Herzeleid, Betrübnis; ital. corrotto, Trauer, Wehklagen; altprov. altfrz. corrot; altspan. corroto, Kasteiung. Vgl. Gröber, ALL I 553; G. Paris, R XXVIII 287.

2546) cŏrtĕx, -tĭcem m. u. f., Rinde: sard. corteghe; rum: cortece; span. corche, Sandale, Schuh von Korkholz (auch alcorque genannt, welches Wort zugleich ptg. ist), nur mittelbar von corticem: corcho, Korkholz, corcha, Gefäfs aus Kork. Vgl.

Dz 418 alcorque u. 442 corcho. — In der allgemeinen Bedeutung „Rinde" ist cortex durch *scortea (von scortum), ledern, Leder, verdrängt werden: ital. scorza, dazu das Vb. scorzare; rum. scoarţă (dazu das Vb. adescorţá); rtr. scorza, davon das Vb. scorzar; prev. escorca, dazu das Vb. escorsar; frz. écorce, dazu das Vb. écorcer, schälen (daneben écorcher); ital. scorticare, prov. escorgar, (span. ptg. escorchar) = *excorticare, abhäuten, schinden). Vgl. Dz 288 scorza (wo bemerkt ist: „Auch Entstehung von scorza u. scorzare aus cortex mit vorgefügtem s ist denkbar", was nicht gebilligt werden kann); Gröber, ALL II 280 oben.

2547) cŏrtĭcĕŭs, a, um (von cortex), aus Rinde oder Korb; ital. corteccia, Rinde; span. corteza: ptg. cortiça. Vgl. Dz 109 corteccia; Gröber, ALL VI 383.

2548) cŏrtĭnă, am f. (nach Marx s. v. cŏrtina; nach Bergk, Beitr. 1, 118 Anm. 3 entstanden aus convortina, covortina), rundes Gefäfs, Kessel, kesselförmiger Dreifufs, Rundung, Kreis, Vorhang (in letzterer Bedtg. z. B. Isid. 19, 26, 9; Vulg. Exod. 26, 1); ital. cortina, Vorhang; rum. cortiná; prov. cortina; altfrz. curtine; nfrz. courtine; cat. span. ptg. cortina. Vgl. Dz 109 cortina (das Wort wird auf cŏrs = cohors zurückgeführt, soll also eigentlich „Höfchen" bedeutet haben, wogegen die roman. Bodtg. streitet); Storm, R V 176 (St. will das Wort auf gr. χυρτός zurückführen, erwähnt aber, dafs Bugge ein *covortina vom umbr. covortus, courtus als Grundwort ansetze. Scheler im Anhang zu Dz 721 wiederholt Storm's u. Bugge's Ansichten, von denen die letztere übrigens sehr wohl mit derjenigen Bergk's sich vereinigen läfset); Gröber, ALL I 553 (setzt cŏrtina als Grundwort an, ohne sich weiter über das Wort auszusprechen); Marchesini, Studj di fil. rom. II 1 (M., sich auf das venez. coltrina berufend, erklärt cortina als Demin. von *culcta = *culcita f. culcita [vgl. Dz 104 cóltrice], als parallelen Fall betrachtet er cuscino aus *culticinum = *culcitinum. Die letztere Ableitung mag man zugeben, aber damit ist für cortina noch nichts bewiesen). Das Richtige dürfte sein, ein Grundwort cŏrtina (v. convertere = convertere), eigentl. die Windung, das Gewundene, ein auf- oder zurückrollbares Zeug, Vorhang, anzusetzen, welches mit dem (vermutlich mit χυρτός zusammenhängenden) cŏrtina, Kessel etc., nichts zu schaffen hätte.

cŏrūscŭs s. cŏrĭscus.

2549) [*cŏrvĭcĕă, *cŏrvĭcĭă, -am f. (v. corvus), vielleicht = ital. corbezza (davon Demin. corbezzola, -o), Meerkirsche; Anlafs zur Ableitung des Namens von corvus konnte die Farbe sein. Vgl. Flechia, AG II 339 unten.]

cŏrvŭs s. cŏrbŭs.

2550) cŏrvŭs (corbus) mărīnŭs, corvus mărātĭcŭs, Seerabe; — prov. corp-s mari-s; altfrz. cormarage, cormorage; nfrz. cormoran; cat. corbmari; ptg. corvomarinho. Dz 553 cormoran erblickte in dem Worte das bret. môr (Meer) + corb (Rabe) mit vorgesetztem corb = corvus, also ein Doppelkompositum in der Art wie loup-garou, vgl. auch Darmesteter, M. c. p. 238; Scheler im Anhang zu Dz 789; frz. cormoran dürfte sich aber einfach aus c. maticus od. maraticus durch Annahme von Suffixvertauschung erklären lassen. Cohn, Suffixw. p. 143, erachtet die Diez'sche Ableitung für noch annehmbar. Thomas, R XXIV 115, hält cormorant für die ursprüngliche Form u. erklärt sie aus corp marenc, d. i. corp mar-enc (-enc = germ. -ing, für dessen Vorkommen im Frz. Th. Beispiele beibringt).

2551) cŏrylŭs, *cŏlyrus, um f. (gr. κόρυλος), Haselstaude; ital. córilo; frz. coudre; (span. u. ptg. fehlt das Wort, es steht dafür avellano, avelleiro, wohl aus *arbellus für arborellus von arbor abzuleiten, vgl. jedoch No 21). Vgl. Salvioni, Post. 7; Meyer-L., Rom. Gr. II p. 484.

2552) cŏrytŭs, -um m. (gr. γωρυτός), Köcher: span. goldre, Köcher; ptg. coldre. Vgl. Dz 456 goldre; C. Michaelis, Jahrb. XIII 213 ff.

2553) cŏryză, -am f. (gr. κόρυζα), Schnupfen, = ital. corizza.

2554) cŏs, cŏtĕm f., Wetzstein; ital. cote; rum. cute (cohi, gohi, Wetzsteinbüchse; rtr. codér, codár, vgl. AG I 381, II 131, Horning, Z XVIII 234); prov. cot-s (neuprov. codon); altfrz. kou, keu = cotem, queuz = *coteum; vgl. Horning, Z XVIII 233; frz. queux; cat. Dem. codol = cotulus; (span. ptg. piedra, bezw. pedra de amolar). Vgl. Dz 662 queux 1.

2555) [bask. coskha, Stofs des Widders, ist nach Dz 443 cuesco vielleicht das Grundwort (?) zu span. cuesco, Obstkern, coscorron, Beule am Kopf, ptg. cosco, davon coscorrão mit denselben Bedeutungen wie im Spanischen. Über den mehr als seltsamen Bedeutungswechsel spricht sich Dz nicht aus. Die ganze, von Dz übrigens auch nur frageweise vorgebrachte Ableitung darf man ruhig für undenkbar erklären, eine andere freilich bietet sich nicht dar.]

2556) *cŏssānus, um m. (v. cossus), Wurm, = span. ptg. gusano, davon das Vb. gusanear, wie Würmer scharenweise kriechen, wimmeln, vgl. Dz 457 gusano u. 587 fourmiller.

2557) *cŏsso, -ōnem m. (f. cossus), eine Art Larve unter der Rinde der Bäume, = frz. cosson, Kornwurm, vgl. Dz 554 s. v.; Gröber, ALL I 553.

2558) cŏssŭs, -um m. (wegen der Bedeutung s. *cosso); posch. côss, ein Insekt; rtr. coss, Engerling. Vgl. Dz 554 cosson; Gröber, ALL I 553.

2559) cŏstă, -am f., Rippe, Seite (im Roman. auch „Küste"); ital. costa, davon die Demin. costola, costolina, Rippchen, costerella, Rippchen, kleiner Hügel, u. das Vb. ac-costare, nähern; rum. coastă; prov. costa, Seite, auch Präp. nahebei; frz. côte, davon die Demin. (cóteau) coteau, Abhang, côtelette, Rippenstückchen, u. das Vb. accoster, nahe kommen; altfrz. encoste, neben; span. cuesta; ptg. costa. Vgl. Dz 110 costa; Gröber, ALL VI 383.

2560) cŏstātŭs, a, um (v. costa), mit Rippen versehen (Varr. r. r. 2, 5, 8); davon ital. costato, Seite; frz. côté; span. costado. Vgl. Dz 110 costa.

*cŏstūmĕn s. cŏ[n]s[ue]tūmĕn.

2561) [*cŏtītus, a, um, gewetzt; rum. cuțit Messer, vgl. Tiktin, Z XVIII 448.]

cŏtŏnĕŭs s. cydonlus.

2562) cŏs, ĸοττός wird von Baist, Z V 561, mit span. cotovía verglichen. S. oben codloc'h.

2563) cŏtŭlŭs, um m. (v. cos), kleiner Wetzstein; sard. codulu (lucch. còtano, mail. coden); prov. cat. codol, harter Stein. Vgl. Dz 550 cúdol; Caix, St. 296.

2564) cŏtŭrnix, -nīcem f., Wachtel (in dieser Bedtg. ital. quaglia, prov. calha, frz. c[o]aille, altspan. coalla = ahd. quatala?), Rebhuhn; ital. cotornice; rum. poturniċ, männliches Rebhuhn; prov. oodornitz, Wachtel; span. ptg. codorniz, Wachtel.

2565) engl. country-dance = frz. contredanse, vgl. Fafs, RF III 504.

*cŏvă s. eăvŭs.

2566) cŏxă, -am f., Hüfte, Schenkel; ital. coscia, Hüfte, u. coscio „la coscia dell' animale, preparata per vendere o cuocere", vgl. Canelle, AG III 404; rum. coapsă; prov. cueissa; frz. cuisse, davon cuissot, Schlägel des Wildprets; span. cuja, vgl. Baist, Z V 243 u. Meyer, Neutr. p. 154; ptg. coxa. Durch coxa ist crus ganz verdrängt worden. Vgl. Dz 110 coscia; Gröber, ALL VI 383.

2567) *cŏxŭs, a, um, hinkend (das Vorhandensein des Wertes im Lat. ist aus coxo, -ōnem, hinkend, u. coxigare, hinken, zu erschliefsen, siehe Georges unter diesen Worten); cat. coix: prov. cojo; ptg. coxo. Vgl. Dz 110 coscia, Gröber, ALL I 555.

2568) crabro, -ōnem m., Hornisse; ital. calabrone, scalabrone, venez. gralaon; lomb. galavrón; mail. glavarón; pav. gravlón; genues. gravallon; bellun. galegran, vgl. Salvioni, Post. 7; vgl. Dz 361 s. v.; vgl. Flechia, Misc. 201. Siehe Nachtrag.

erămă s. ehrisma.

2569) [*cramac[ulum] (? ?), dav. nach Horning, Z XVIII 216, durch Suffixvertauschung lothr. cremzo, lampe à crémaillère.]

2570) Stamm crap-, craf-, grap-, graf(f)-, sowohl im Keltischen als auch im Germanischen in zahlreichen Ableitungen sich bekundend, dessen Grundbedeutung, wenn verbal aufgefafst, sein mufs „etwas mit gekrümmten Fingern fassen"; auf diesem Stamme beruht eine sehr zahlreiche, vermutlich sowohl durch keltischen als auch durch germanischen Einflufs emporgewachsene, romanische Wortfamilie, deren wichtigste Vertreter sein dürften: ital. graffio, Haken, Kralle, graffiare, kratzen, aggraffare, packen, grappare, packen, grappa, das Anpacken, die Klammer, grappo (dor hakenförmige, gleichsam wie ein krummer Finger packende) Traubenkamm, die Traube, dazu das Demin. grappolo; prov. graffio-s, Haken, Kralle, grap-s, hohle Hand; frz. (norm. grapper, pic. agraper, packeu), grappe (altfrz. crape), Traubenkamm, Traube, agrafe (= ahd. *hrápfa oder kräpfo?), Klammer, (agrafer, packen), grappin, Anker; span. agarrafar, engarrafar, packen, grapa, Klammer, grapon, grofse eiserne Krampe; ptg. grampa, hakenförmiges Werkzeug, grampo, Klammer. Vgl. Dz 171 graffio und 172 grappa; Th. p. 64; Mackel p. 63.

2571) crăs, morgen; altital. crai; sard. cras, crasi; sicil. crai; altspan. cras; sonst ist dies Adv. überall durch [de +] mane ersetzt worden (ital. dimani, domani); rum. mâine; prov. dema; frz. demain (davon lendemain = ille in de mane, der nachfolgende Tag); cat. demà; span. mañana (eigentl. Sbst.); ptg. manhã, -ăa). Vgl. Dz 202 mane.

2572) [*crass[i]ă, -am f. (v. crassus), Fett; ital. grascia, grassa „untume, sugna, e ora i comestibili in genere", vgl. Canello, AG III 370; Dz 377 grascia setzte das Wort in der Bedtg. „Fett, Schmalz" dem frz. graisse gleich, in der Bedtg. „Lebeusmittel" aber wollte er es von gr. ἀγορασία ableiten; Caix, St. 311, stellte granea = frz. grange als Grundwort auf; frz. graisse; span. grasa, Wichse; ptg. graixa, graxa. Sonst wird der Begriff durch cera (s. d.) ausgedrückt. Vgl. C. Michaelis, Misc. 122 Anm. 1.]

2573) crăssŭs, u, um, fett; ital. crasso „grosso-lano, materiale", grasso „pingue", vgl. Canello, AG III 370; rum. rtr. gras; prov. gras; frz.

gras, grasse; c a t. *gras:* s p a n. *graso;* p t g. *graxo.*
Vgl. Dz 172 *grasso;* Gröber, ALL II 440. S. auch
***crassia.**

2574) [***crătălĭs** *m.* (v. *cratus* für *crater*), Misch-
gefäfs, Schüssel, ist das vermutliche Stammwort zu
p r o v. *grazal;* a l t f r z. *grasal, grnal, greal;* a l t-
c a t. *gresal-s;* a l t s p a n. *grial;* p t g. *gral.* Das
Wort bezeichnet bekanntlich das wunderbare Gefäfs,
welches der Heiland beim Abendmahle brauchte etc.
Vgl. Dz 601 *graal,* wo auch andere Ableitungen
erwähnt u. zurückgewiesen werden.]
2575) crătĕllă, -am *f.* (Demin. v. *crates*), eine
kleine Flechte, ein kleiner Rost (im Schriftlatein
findet sich das Wort nur bei dem Auct. de idiom.
p. 381 a, 33 K., s. Georges *s. v.,* in der Bedtg. „ein
hölzerner Packsattel"); i t a l. *gratella, gradella,* geflochtenes Gitter, u. *grètola* = ***cratŭlă,** Stäbchen
eines Käfigs (*c* für *a* durch Einflufs des ahd. *crettili,*
Körbchen), vgl. Dz 377 *s. v.;* Canello, AG III 315;
r u m. *grădĕ,* Pl. *grădele,* Gittersieb, Rute.
2576) [*crătīcea, -am *f* (*crates*), Geflecht, Rost,
Gatter; über Reflexe dieser Form im Piemontesi-
schen etc. (z. B. Val d'Aosta *grisse,* Rost, p i e m.
gersa, Reihe, *grissin,* Brot länglicher Form) vgl.
Nigra, AG XIV 366.]
2577) crătīcŭlus, a, um (*crates*), aus Flechtwerk
bestehend; i t a l. *graticcio;* b e l l u n. *gardis;* m a i l.
gradişa, vgl. Salvioni, Post. 7.
2578) crătīcŭlă, -am *f.* (Demin. v. *crates*), kleines
Flechtwerk, kleiner Rost; i t a l. *gratiglia, griglia*
(dem Frz. entlehnt), Gitter, *satricchio,* feiner Kamm,
vgl. d'Ovidio, in Gröber's Grundrifs I 501[18]; s a r d.
cardija; (p r o v. *grillo, grilho, grello,* Rost); a l t-
f r z. *graïlle, graille,* auch Mask. *graïl, gril,* dazu
das Vb. *graailler, graelier* etc., rösten; n f r z. *grille,*
Rost, dazu das Vb. *griller;* c a t. *graella, grillo;*
s p a n. *grillos* (?), Fufsschellen; p t g. *grelhas,* Rost,
dazu das Vb. *grelhar,* rösten. Vgl. Dz 172 *grata;*
Gröber, ALL II 440; d'Ovidio, AG XIII 393.
2579) crătĭs, -ĕm *f.,* Flechtwerk, Geflecht; i t a l.
grata, Gitter; v e n e z. *grae.* t e s c. *catro* f. *crato,*
cancello rustico, vgl. Salvioni, Z XXII 487; r u m.
gratie, Hürde, Pl. *gratii, gratcru,* Rost; r t r. *grat,*
Flechte; s p a n. *grada;* p t g. *grade.* Vgl. Dz 172
grata; Gröber, ALL II 440. — J. Grimm wollte
a l t f r z. *ré,* Scheiterhaufen, von *cratis* ableiten, es
ist dies aber entschieden abzulehnen; Dz 666 *s. v.*
stellte *rete* „Netz" als Grundwort auf, Förster, Z
I 561, *ratis* „Flofs", Baist, RF I 545, mhd. *ráz*
„Scheiterhaufen", welches ein älteres *rat* voraus-
setzte. Bartsch hatte schon lange vor Baist ebenfalls an ein abd. Wort, nämlich *hrêo, ré,* erinnert,
Z II 311. Die Wahrscheinlichkeit spricht durchaus
für Förster's Annahme.
2580) .kelt. Stamm [**crauc-, crōc-,** kegelförmiger
Haufe (vgl. kymr. *crug* „cippus, tumulus", corn.
cruc „a hillock, a mound, a barrow", bret. *krugell*
„monceau, tas", ir. *cruac* „a rick, a heap", gäl.
cruach „a stack of hay", s. Th. 96); auf diesen
Stamm gehen vielleicht zurück p r o v. *Crau,* Name
eines Kieselfeldes bei Arles, *crauc,* steinig, unfruchtbar. Vgl. Dz 556 *Crau.*
2581) crĕātŏr, -ōrem *m.* (v. *creare*), Schöpfer; in
volkstümlicher Form nur p r o v. c. r. *creaire,* c. o.
creador, a l t f r z. c. r. *creere-s, crierre-s,* c. o. *crea-*
tour; sonst nur als halbgel. Wort. S. Berger *s. v.*
2582) crĕātŭs, a, um (Part. P. P. v. *creare*),
erschaffen; s p a n. p t g. *criado,* Diener (über den
Bedeutungswandel vgl. crĕo, -āre). Vgl. Dz 443
s. v.

2583) *crĕdĕntĭā, -am *f.* (v. *crēdĕre*), Glaube;
i t a l. *credenza;* r u m. *credinţa,* Treue; p r o v. *cre-*
densa, crezensa, Glaube, Treue; f r z. *créance,* Glaube,
Glaubhaftigkeit, *croyance;* c a t. *crezensa;*
s p a n. *creencia;* p t g. *crença.*
2584) *crĕdĕntĭārĭŭs, a, um *m.* (v. *crēdĕrĕ*),
Vertrauensmann; i t a l. *credenziere,* Aufseher über
Tafelgeschirr; r u m. *credinţar, credincer;* f r z. *cré-*
dencier, Speisemeister, *créancier,* Gläubiger; s p a n.
credenciero, Speisemeister (*credencia,* Schenktisch);
p t g. *credenciario.*
2585) **crĕdĕnto, -āre** (v. *crēdĕrĕ*), versichern,
bürgen; a l t f r z. *creanter, greanter, granter,* dazu
das Shet. *creant,* Bürgschaft. Vgl. Dz 556 *crcanter.*
2586) **crĕdĭtŭm** *n.* (Part. P. P.), das leihweise
Anvertraute, das Darlehen; i t a l. *credito;* (v e n e z.
creto fededegno, a l t h o c h i t a l. *creto, creduto,* l o m b.
a kreta, a credito, o b w a l d. *crett,* vgl. Salvioni,
Post. 7); f r z. *crédit* etc.
2587) **crĕdo, dīdī, dītŭm, dĕrĕ,** vertrauen,
glauben; i t a l. *credo credetti creduto crēdere;* r u m.
cred crezui crezut crede; r t r. Prs. *crei,* Pt. *cret,*
Inf. *crér,* vgl. Gartner § 148 u. 154; p r o v. *crei*
crezei crezut crcire u. *crezer;* f r z. (crei) *croi crus*
(*orêu*) *cru* (*croire*) *croire;* a l t c a t. *creire;* n e u c a t.
crech crcgui cregut creurer; s p a n. *creer* (schw.
Vb.); p t g. *crer* (Prs. *creio*).
*crĕmā s. u. *crĕmā s. chrīsmā.*
2588) [***cremaclus, -um *m.* (vgl. griech. *κρε-*
μασ-τήρ) = (?) p r o v. *cremascla,* vgl. Horning, Z
XXI 453. S. unten **kram.**]
2589) **crĕmĭā** pl. *n.* (v. *cremo*), Reisholz; i t a l.
gregna „fascio di biade secche, unione di covoni",
vgl. Caix, St. 347.
2590) **crĕmo, -āre,** verbrennen; l o m b. *gremâ,*
arsicciare; p r o v. *cremar;* s p a n. *quemar;* p t g.
queimar (der Verlust des *r* erklärt sich vielleicht
aus Angleichung an die auf lat. *calēre, calescere*
zurückgehenden Verba). Vgl. Dz 479 *quemar.*
Ascoli, AG XI 447, erklärt s p a n. *quemar,* p t g.
queimar aus **kelmar, *kermar** = *cremare.* Meyer-
Lübke, Z XV 272, erhebt dagegen berechtigte Bedenken. Vgl. auch Cornu in Gröber's Grundrifs
I 720 und 760 f. — Meyer-L., Rom. Gr. I § 180
S. 165, vermutet das Grundwort zu *quemar, quei-*
mar in ***caimare* vom griech. (mittelgriech. neugriech.) *καίματ* = *καυμός.* — Cornu (Gröber's
Grundrifs I 720) hält an *queimo* = *cremo* fest,
indem er als Mittelstufen ***kelmo, *keumo* annimmt.
2591) **crēna, -am** *f.,* Kerbe (Gloss. „crenae
γλυφίδες" bei Plin. N. H. 11, 180 jetzt nach Hdss.
renis); i t a l. *crena,* davon *incrinarsi „fendersi,*
screpolarsi", vgl. Caix, St. 361; r t r. *crenna;* f r z.
cran (= ***crēnum,* doch wäre dann *orcin croin* die
zu erwartende Bildung, es findet sich auch wirklich
belg. *crein* in der Bedtg. „Auskeilung", s. Sachs
s. v.), davon abgeleitet (*carnel*) *créneau,* Zinne,
créner, créneler; Baist, Z VII 116, will
auch *éclanche,* Vorderblatt, u. *éclancher, écrancher,*
Falten aus dem Tuche streichen, auf *crena,* bezw.
auf ***excrenicare* zurückführen; s p a n. abgeleitet
von *crena* ist wohl *carnero,* das gleichsam einge-
kerbte, verschnittene Tier, der Hammel; Demin. zu
crena dürfte *crencha* (auch p t g. *crencha,* c a t.
clenxa), Scheitel, sein, so dafs es also = ***crenicula*
u. nicht, wie Cabrera annahm = *criniculus* wäre;
p t g. *crena,* abgeleitet *carneiro,* Hammel. Vgl. Dz
555 *cran,* 437 *carnero* u. 443 *crencha;* Gröber,
ALL I 555; Mussafia, Beitr. 103. „Die hier angeführten Worte sind schwer zu beurteilen; f r z. *cran*

18*

gebĕrt viell. zu einem Vb. *craner = crenare, vgl. faner von *fenare." Meyer-L., Z. f. ö. G. 1891 p. 768.

2592) crĕo, -āre, schaffen; ital. creare (bedeutet auch „geistig schaffen, bilden, erziehen", daher creanza „Bildung"), dazu das Vbsbst. cria „ultimo nato di una covata" (vgl. lad. cria „fanciulletto", span. cria „covata e piccolo nato", port. cria de egoa „puledro"), vgl. Caix, St. 300; prov. crear, criar; frz. créer; cat. criar; span. ptg. criar (bedeutet auch „erziehen", daher Part. P. P. criado, der Aufgezogene, der zum Hause Gehörige, der Diener, wenn man nicht vorzieht den Bedeutungswandel „Geschaffener, Geschöpf, Mensch, Mann, Diener" anzunehmen. Eine ähnliche Bedeutungsentwickelung liegt vor, wenn altn. fädd, ernährt, auferzogen, im altfrz. fé (phé) die Bedeutung „Knecht" angenommen hat, vgl. Dz 582 fé).

2593) ags. creópan (altsächs. kriupan, ndl. kruipen, altn. krjúpa, niederdtsch. kröp), kriechen; hierauf, bezw. auf das entspr. Verbum einer andern germ. Mundart scheint zurückzugehen prov. crapaut-z, grapaut-z, Kröte; frz. crapaud; cat. gripau. Vgl. Dz 555 crapaud. C. Michaelis, St. 53 Anm. 2, vermutet, dafs diese Worte nebst span. galapago, Schildkröte, neucat. calapat (= span. calapatillo, eine Art Wurm, der dem Getreide u. den Früchten schadet) weder mit ags. creópan noch mit lat. crepare etwas zu thun haben, sondern auf einen idg. Stamm grb zurückgehen. Aber romanische Worte dürfen nicht unmittelbar aus idg. Stämmen abgeleitet, sondern ihr Ursprung mufs in einer der Grundsprachen des roman. Wortschatzes gesucht werden.

2594) *crĕpănto, -āre (von crepare), niederschmettern; prov. crebantar; altfrz. cravanter; span. ptg. quebrantar, brechen. Vgl. Dz 112 crebantar.

2595) crĕpătūră, -am (v. crepare), Rifs, Spalte; ital. crepatura; rum. crepaturǎ; prov. crebadura; (frz. crevasse); cat. crebadura; span. ptg. quebradura.

2596) crĕpĭto, -āre (v. crepare), Geräusch machen, platzen; ital. crepitare, crettare, sich spalten, vgl. Canello, AG III 329; Caix, St. 299; span. grietar, sich spalten, davon das Vbsbst. grieta, Spalte; ptg. gretar, dazu das Vbsbst. greta. Vgl. Dz 456 grietar.

2597) crĕpĭtŭs, -um m. (v. crepare), Geräusch, Platzen; ital. crépito „scoppiettio", cretto „fenditura, screpolatura", vgl. Canello, AG III 329.

2598) crĕpo, pŭĭ, pĭtum, āre, krachen, platzen; ital. crepare; sard. crebare; valsass. vaca crevada, vacca erniosa. (lomb. cre- u. craventà, recere), vgl. Salvioni, Post. 7 u. Z XXII 468; rum. crĕp aí at a; prov. crebar; frz. crever; span. ptg. quebrar, brechen, davon das Kompos. requebrar, die Stimme biegen, Artigkeiten sagen, dazu das Vbsbst. requiebro, freundliche Rede, Liebkosung. Vgl. Dz 112 crepare.

2599) crĕpor, -ōrem m. (v. crepare), das Krachen, Bersten; ital. crepore, Groll, vgl. Dz 366 s. v.

2600) [*crĕscĭo, -ōnem f. (v. crĕscĕre), Kresse („a celeritate crescendi" C. Stephanus); ital. crescione, daneben nasturzio; neuprov. creissoun; frz. cresson; cat. crexen; (span. berro, keltischen Ursprungs [mittelir. biror, corn. beler etc., vgl. Dz 432 berro, Th. 85]; ptg. masturço, mastruço = nasturtium, woven auch span. mastuerzo, sicil. mastrozzu, sard. martuzzu, daneben ascione; ital. nasturzio, auch das wohl durch gelehrte Etymologie

verdrehte frz. nasitort, vgl. Dz 221 nasturzio). Vgl. Dz 112 crescione; Kluge unter „Kresse"; K. will die romanischen Worte aus dem German. [ahd. chresso, got. *krasja?] ableiten, wogegen Mackel, p. 34, das ital. crescione geltend macht; es würde sich dies jedoch aus *krasja hinreichend erklären. Alles in allem genommen, dürfte der german. Ursprung wahrscheinlich sein, schon weil ein lt. crescio eine gar seltsame Bildung wäre.]

2601) crĕsco, crĕvī, crĕtūm, crĕscĕrĕ, wachsen; ital. cresco crebbi cresciuto crescere; rum. cresc ui ut creşte; rtr. crĕşer, vgl. Gartner § 84 u. 172; prov. creis crec u. creg cregut creisser; frz. crois crûs crû croître; cat. crexer; span. crezer (Prs. crezco); ptg. crescer (schw. Vb.). Vgl. ALL VI 383.

2602) crĕtă, -am f., Kreide; ital. creta; lomb. berg. grea, lomb. crea, vgl. Salvioni, Post. 7; rum. cridă; prov. greda; frz. (creie, croie), craie, davon abgeleitet crayon, Kreidestift, dann Bleistift; cat. greda. Vgl. ptg. greda. Vgl. Dz 555 craie; Gröber, ALL II 440.

2603) crĭbĕllŭm n. (Demin. v. cribrum), kleines Sieb; ital. crivello, dazu das Vb. crivellar (vgl. Mussafia, Beitr. 54); prov. nur das Vb. crivellar; altcat. nur das Vb. crivelar; span. garbillo, Sieb von Weidenzweige, dazu das Vb. garbillar, sieben, vgl. Dz 454 garbillo; Caix, St. 106, führt auch altital. garbello und garbellare an.

2604) crĭbro, -āre (v. cribrum), durchsieben; lomb. kribjá; (rum. ciuruesc ii it i); frz. cribler; span. cribar; ptg. crivar. S. auch cribellum.

2605) crĭbrŭm n., Sieb; sard. chibru, vgl. Flechia, Misc. 201; rum. ciur; frz. crible; span. cribo, cribillo, criba; ptg. crivo; sonst ist das Demin. cribellum (s. d.) für das Primitiv eingetreten. Vgl. W. Meyer, Ntr. p. 133.

2606) [crīmĕn n., Verbrechen; ital. crime; prov. crim-s; frz. crime; span. crimen; ptg. crime.]

(crīnīcŭlŭs s. crena).

2607) crīnĭs, -em m., Haar; ital. crine, Haar des Menschen, crino, für gewerbliche Zwecke zubereitetes Rofshaar, crina, Scheitel der Berge (hierfür gewöhnlich criniera, vgl. Canelle, AG III 402); altvenez. crena; neuvenez. crena u. grena, vgl. Salvioni, Post. 7; prov. cri-s; frz. crin, Rofshaar; davon crinière = *criniaria, Mähne; span. crin, Rofshaar; ptg. crina, Rofshaar. In der Anwendung auf menschliches Haar wird crinis im Rom. meist durch capilli (s. d.) vertreten.

2608) crīnītŭs, a, um (v. crinis), behaart; ital. crinito (daneben crinuto); rum. crinit (fehlt b. Ch.); prov. crinit (daneben crinut); frz. crenu (wegen ĭ : e vgl. G. Paris, R VIII 629); span. crinito (daneben crinado); (cat. crinat); ptg. crinito. Vgl. Cloetta, R XIV 571.

2609) *crīspŭs, a, um (für crīspus), kraus; ital. crespo (v. crispus abgeleitet ist nach Caix, St. 349, grispignolo „cicerbita, erba da insalata"); prov. cresp (mit off. e); altfrz. cresp (mit off. e); nfrz. crêpe, krauses Zeug, Krepp, dazu das Vb. crêpir (eine Mauer) mit Kalk bewerfen, décrépir (eine Mauer) des Bewurfs entkleiden; cat. cresp; span. ptg. crespo. Vgl. Dz 556 crêpe; Gröber, ALL I 555.

2610) crīstă, am f. (crista, non crysta App. Probi 24), Kamm (der Vögel); ital. cresta; rum. creastă; prov. cresta; frz. crête; cat. span. cresta; ptg. crista. Vgl. ALL VI 384.

2611) crīstātŭs, a, um (v. crista), mit einem Kamme versehen (von Tieren); ital. cristato; rum.

crestat (im Rum. auch sonstige Ableitungen von
crista, so namentl. ein Vb. cresta „einkerben"), in
den übrigen Sprachen entsprechend.

2612) Völkername Croate, Cravate; davon ital.
cravatta, croatta, Halsbinde; frz. cravate; span.
crobata. Vgl. Dz 112 cravatta; Scheler im Dict.
s. v.

*crŏc[ä]lum s. crōtălŭm.

2613) *crŏcca, -am f., Haken; pic. croque; von
einem vorauszusetzenden *croche sind abgeleitet
crochet, Häkchen, (span. corchete, ptg. colchete)
u. crochu, hakenförmig, vgl. Förster, Z II 86.

2614) *crŏccŭs, a, um (v. crocca od. croccum),
hakenförmig; ital. croccia, Krücke; prov. crossa;
altfrz. croce, crosse; nfrz. crosse; span. croza.
Vgl. Förster, Z II 85; Dz 113 croccia (stellt *crucea
als Grundwort auf).

2615) *crŏceo, -āre (v. croccum), einhaken; altfrz.
crochier, crocher (erhalten in accrocher, décrocher)
u. encrouer, davon Part. P. encroué, eingehakt.

2616) *crŏcŭm n. (wohl mit crŭc-s zusammenhängend), Haken; rtr. criec; prov. frz. croc, davon abgeleitet altfrz. crocu (fälschlich croçu geschrieben). Vgl. Dz 557 croc (wo eine bestimmte
Ableitung nicht gegeben, aber auf altn. krókr u.
dgl. sowie auf cymr. crôg hingewiesen wird); Förster,
Z II 85 (hier zuerst richtige Behandlung der ganzen
roman. Wortsippe); Th. 96 (es werden anscheinend
stammverwandte kelt. Worte angeführt, ohne dafs
kelt. Ursprung der roman. Wortsippe behauptet
würde); Mackel 33 (verneint germanischen Ursprung).
Zu frz. croc gehört das Vb. croquer (eigentl. mit
einem Haken wegraffen, schnell wegnehmen, rauben
(jetzt in übertragener Bedtg. „eine Zeichnung gleichsam hinhaken, rasch entwerfen", davon das Sbst.
croquis, flüchtige Zeichnung, Skizze, vgl. Scheler
im Dict. unter croquer). In der Bedtg. „knacken"
ist croquer Nebenform zu craquer, dies aber laut-
malende Bildung). Von frz. croc. croque ptg. croque
(cloque). Ob frz. croquignole, Nasenstüber, Krach-
gebäck, hierher gehört, mufs dahingestellt bleiben,
vgl. Cohn, Suffixw. p. 260 Anm.

2617) crŏcito, -āre, krächzen (vom Raben); ital.
crocidare.

2618) crŏcus, -um m. (κρόκος), Safran; ital.
gruogo (daneben gel. croco), sard. grogu giallo.

2619) kelt. Stamm crōdi- (aus craudi-, vgl. altir.
cruaid, neuir. gäl. cruaidh, hart, fest, unbiegsam),
davon viell. *crŏdĭŭs, a, um = ital. crojo, starr;
prov. croi. Vgl. Dz 366 crojo (wird von *crudius
= crudus abgeleitet, was aus lautlichem Grunde
abgelehnt werden mufs); Caix, St. 25 (stellt *corieus
v. corium, Leder, als Grundwort auf, eine zu künstliche Ableitung); Th. 83 (hier zuerst die Hinweisung
auf das Keltische).

2620) [*crŏsŭs, a, um, vorauszusetzendes Grundwert zu altfrz. crues, nfrz. creux, hohl, vgl.
G. Paris, R X 47; Förster, Z VI 109. S. No 2541.]

2621) altir. crot, ein Saiteninstrument; daraus
vermutlich prov. rota; altfrz. rote; altspan.
rota. Vgl. Dz 672 rote; Mackel p. 32 (wo die
Herleitung aus ahd. rotā, rottā für *hrotā als unsicher bezeichnet wird); Th. bespricht das Wort
nicht.

2622) crŏtălŭm n. (griech. κρόταλον), Klapper;
ital. crotalo (gel. W.), crocchio (= *croc[a]lum)
„rumore di vaso fesso", vgl. Canello, AG III 405
(d'Ovidio setzt crocchio = corotulus an, AG XIII
380), dazu das Vb. crocchiare, klappern; posch.
grogl, sonaglio rotondo, vgl. Salvioni, Post. 7; (frz.

grelot, Schelle, wovon grelotter, mit den Zähnen
klappern? Eher ist grelot wohl Demin. zu altfrz.
graisle, graille, grelle); span. crótalo (Lehnwort),
davon das Vb. crotorar. Vgl. Dz 366 crocchiare
u. 603 grelot; Gröber, ALL I 555.

2623) [gleichs. *crŭcĭātă, am (v. crux), Kreuz-
zug; ital. crociata; prov. crozada; frz. croisade;
span. ptg. cruzada.]

2624) [crŭcĭo, -āre (v. crux), kreuzigen, martern;
ital. crucciare u. crociare (nur letzteres bedeutet
„kreuzigen" u. ist wohl von croce abgeleitet), hierher
gehören vielleicht auch crogiare, rösten, u. crogiolare, dämpfen, (nach Dz 366 vom ahd. chrose [?],
Geröstetes), vgl. Marchesini, Studj di fil. rom. II 1,
näheres sehe man im nachfolgenden Artikel cru-
ciolum; prov. crozar (crozatz, Kreuzritter); frz.
croiser (aus crois neugebildet, vgl. Th. 93 Z. 1 v.
unten im Texte); span. ptg. cruzar (von cruz
abgeleitet.]

2625) *crŭcĭŏlŭm n. (Cohn, Suffixw. p. 252, setzt
*crösiŏlum an), Schmelztiegel (vgl. den Satz b. Plin.
aes cruciatur „das Erz wird geschmolzen"), davon
nach Marchesini, Studj di fil. rom. II 1, ital. cro-
ciuolo, crogiuolo, Schmelztiegel; span. crisol,
Schmelztiegel, crisuelo, Lampe, crisuela, das Gefäfs
der Lampe (Dz 443 hält bask. crisclua, Lampe, für
das Grundwort, indessen ist das bask. Wort doch
sicher erst aus dem Span. entlehnt; Scheler im Anhang zu Dz 769 und im Dict. unter creuset führt
die Worte nebst frz. creuset auf mhd. krus, ahd.
krause zurück, Littré auf *crucibulum. Beide Ableitungen aber erscheinen als einfach unmöglich,
während die Annahme Marchesini's grofse Glaubwürdigkeit für sich beanspruchen darf.]

2626) *crūdālĭs, e (für crudelis), grausam; (sard.
crueli = crudēlis); frz. cruel, vgl. Förster, Chr.
as 2 espees p. XXXVI u. Z III 565, Berger s. v.

2627) crūdēlĭs, e (v. crudus), grausam; ital.
crudele; prov. crudel-s, cruzel-s; frz. cruel =*cru-
dalis (s. d.); span. ptg. cruel.

2628) crūdēlĭtas, -tātem (v. crudelis), Grausamkeit; ital. crudeltà, crudeltà; sard. crueldadi;
frz. cruauté, vgl. Cohn, Suffixw. p. 61; span.
crueldad; ptg. crueldade.

2629) crūdēsco, -ĕre (crudus), roh werden;
sard. incrueschere, farsi duro, aspro, vgl. Salvioni,
Post. 8.

[*crūdĭŭs s. crŏdi.]

2630) crūdŏsŭs, a, um, grausam; altfrz. crueus
(belegt ist das Fem. crueuse, z. B. b. Philipp Mousket
8478 u. das Adv. crueusement, s. Ducange unter
crudellus), vgl. Förster, Z III 565.

2631) crūdŭs, a, um, roh; ital. crudo; rum.
crud; prov. frz. cru; span. crudo; ptg. crú.

2632) crŭent, -āre, blutig machen; rum. (in)-
cruent ai at a; altspan. cruentar.

2633) crŭĕntŭs, a, um, blutig; ital. cruento;
rum. crunt; span. cruento.

*crūptă s. crȳptă.

2634) ahd. cruse, Kleie; rtr. crisca; ital. crusca;
frz. gruis (wird von Mackel allerdings von crusc
getrennt; Pogatscher, Z XII 555, macht aber ein
ahd. crūsc wahrscheinlich). Vgl. Dz 367 s. v.;
Mackel, p. 25 oben.

2635) crūsta u. *crŭsta, -am f., Rinde; ital.
prov. cat. ptg. crosta; frz. croûte; span. costra;
ptg. crusta. Vgl. Dz 442 costra; Gröber, ALL
VI 384.

2636) crŭx, crŭcĕm f., Kreuz; ital. croce; rum.
cruce; rtr. kruts, kruz, auch Fem. kruse; prov.

crotz; altfrz. *crois;* nfrz. mit gelehrt etymologisierender Schreibweise *croix;* cat. *crotz;* span. ptg. *cruz.*

2637) **(crȳptă), erŭptă** (gr. κρύπτη), Grotte, Gruft; ital. *critta* od. *cripta* (gel. W.) „cella sotterranea nelle chiese ad uso di sepolcreto", *grotta,* Grette, Höhle, vgl. Canello, AG III 327; davon abgeleitet *grottesco,* gleichsam **cryptiscus,* grottenhaft, romantisch, wunderlich, bizarr; sard. *grutta;* (rum. *criptă,* Krypte, ist gel. W.); prev. *crota;* altfrz. *crote, cr(o)ute;* aus *crote* + *porque*(= *porca*) entstand nach Bugge's scharfsinniger Vermutung, R IV 353, nfrz. *cloporte,* Kellerassel (gewöhnlich unpassend aus **closporque* = *clausus porcus* erklärt); nfrz. *grotte* ist Lehnwort aus dem Ital., ebenso *grotesque;* cat. span. ptg. *gruta.* Vgl. Dz 174 *grotta;* Gröber, ALL I 555, II 442.

2638) **cŭbĭcŭlum** *n.*, Schlafgemach; abbruzz. *cuvicchie, cuficchie,* adoperati scherzosamente per camera, lette', Salvioni, Post. 8.

2639) **cŭbĭlĕ** *n.*, Lagerstätte; ital. *covile;* dav. wohl abgel. *coviglio,* Bienenkorb, *covigliata,* Schar, *covigliare,* ricoverare, vgl. d'Ovidio, AG XIII 407.

2640) **cŭbĭtŭm** *n.* u. **cŭbĭtus, -um** *m.* (v. *cubare,* gr. κύβιτον), Ellbogen, Elle; ital. *cúbito,* Elle, *gomito* (altital. *gombito,* viell. an *cumbĕre* angelehnt, Meyer-L., Ital. Gr. S. 171, u. dagegen Förster, Z XXII 509) u. *govito,* Ellbogen, vgl. Canelle, AG III 325; rum. *cot,* Pl. *coate* u. *coturi* mit zahlreichen Ableitungen, so namentl. die Verba *coti,* messen, aichen, Umwege machen u. dgl., und *coteli,* suchen, wühlen; prov. *coide-s, code-s;* altfrz. *cote,* vgl. Förster zu Erec S. 305 ganz unten; frz. *coude;* altspan. *cobdo;* neuspan. *codo;* ptg. *cubito, cotovel(l)o, cóvado.* Vgl. Dz 114 *cubito.*

2641) ***cŭbĭŭm** *n.* (v. *cubare*), Lager, = modenes. *cubi,* vgl. Flechia, AG II 338; rum. *cuib.*

2642) **cŭbo, bŭĭ, bĭtŭm, -āre,** auf dem Lager liegen, ruhen (im Roman. ist die Bedeutung eingeengt worden zu „auf den Eiern sitzen, brüten"); ital. *covare* (Vbsbst. *covo* u. *cova,* Wildlager, sich also noch an die ursprüngliche weitere Bedtg. des Verbums anschliefsend); rtr. *koar;* prov. *coar;* frz. *couver, couvi* in *œuf couvi* ist vielmehr heteroklitisches Participin für *couvé,* sondern = altfrz. *couveis* (= **cubaticium*), *couviz,* aus dem Plur. *couvis* wurde der Sing. *couvi* gewonnen, u. das scheinbare Part. *couvi* gab dann wieder Anlafs zur Bildung des Inf.'s *couvir,* vgl. Cohn, Suffixw. p. 201 Anm.; (span. *estar sobre los huevos;* ptg. *chocar* [vielleicht aus *collocare,* **clocare* entstanden?]). Vgl. Dz 112 *covare.*

2643) ***cŭbŭlŭs, -um** *m.* (v. *cubare*), kleine Lagerstätte; ital. *covolo,* Wildlager (daneben *covile* = *cubile*); (span. *cubil;* ptg. *covil*).

2644) ***cŭcă, -am** *f.* (Stammwort zu *cuculla*) = rum. *cucă.* Fürstenhaube.

2645) **cŭcŭllă** *f.* u. **cŭcŭllŭs** *m.,* dafür auch **cŭcŭllă, *cŭcŭllŭs,* Hülle (besonders des Kopfes); ital. *cucullo, cuculla, cocolla,* Mönchskutte; rum. *cucuiu,* der Kamm (gleichsam die Kapuze) eines Vogels, Geschwulst; prov. *cogula;* (frz. *coule*); cat. *cogulla;* span. *cogulla;* ptg. *cogula.* Vgl. Gröber, ALL I 555 u. VI 384.

2646) **cŭcŭllătŭs** (f. *cucullatus*), **a, um** (von *cuculla*), mit einer Kapuze versehen; cat. *cogullada,* Haubenlerche; span. *cogujada.* Vgl. Dz 441 *cogujada;* Gröber, ALL I 555.

2647) **cŭcŭllĭo, -ōnem** *m.* (v. *cucullus*), Kapuze;

span. *cogujon,* (haubenartige) Ecke eines Kissens. Vgl. Dz 441 *cogujada;* Gröber ALL I 555.
cŭcŭllŭs s. **cŭcŭllă.**

2648) **cŭcŭlo, -āre,** Kukuk rufen; ital. *cuculiare;* (rum. *cucuesc ii it i*); frz. *coucouer, coucouler.*

2649) **cŭcŭlŭs** u. ***cŭcŭllŭs, -um** *m.,* Kukuk; ital. *cuculo;* prov. *cogul-s;* altfrz. *col, cou,* Hahnrei; neufrz. *coucou,* Kukuk; (span. *cuquillo*). Vgl. Dz 114 *cucco;* Gröber, ALL I 556. S. auch **cucus.**

2650) **cŭcŭmă (cŭccŭmă), -am** *f.,* Kochtopf; ital. *cocoma, cogoma,* Topf; (rum. *cumar,* Nachttopf; frz. *coquemar,* Flaschenkessel; span. *comal*). Vgl. Dz 365 *cógoma.*

2651) **cŭcŭmis, -mĕrem** *m.,* Gurke; ital. *cocomero,* rum. *cucumă;* prov. *cogombre-s;* frz. *concombre;* span. *cohombro;* ptg. *cogombro.*

2652) **cŭcŭrbĭtă, -am** *f.,* Kürbis; ital. *cucurbita,* daraus entstellt *cucuzza* (gleichsam *cucucea* in Anlehnung an *cucu-meris*) und daraus wieder durch Umstellung *zucca;* rum. *cucurbită;* prov. *zuc-s, suc-s,* dazu Demin. *zuquet-z;* neu prov. *cougourdo;* altfrz. *gougourde,* coorde; nfrz. *courge,* Kürbis, = *curbea, curvea, gourde,* Kürbis u. Kürbisflasche; (span. *calabaza;* ptg. *cabaça*). Vgl. Dz 115 *cucuzza;* Gröber, ALL I 556.

2653) **cŭcŭs** u. ***cŭccŭs, -um** *m.,* Kukuk; ital. *cucco;* rum. *cuc;* altfrz. *cous* (cas. obl. aber *coup!*), Hahnrei (Ristelhuber will dies Wort von *-cussus,* Part. v. [*con*]*cutere,* herleiten unter Berufung auf Juvenal's *alienum lectum concutere,* vgl. Scheler im Anhang zu Dz 722)|; ptg. *cuco.* Vgl. Dz 114 *cucco;* Gröber, ALL I 556; Th. 56. S. oben No 2649.

2654) **cucutia, -am** *f.,* Name einer Frucht; oder: **eucutium,** eine Kopfbedeckung; davon nach Horning, Z XIX 104, neu prov. *cougousso,* Kopf; G. Paris, R' XXIV 311, bezweifelt diese Ableitung.

2655) ***cŭcŭtĭŭs, a, um** (v. *cucus*), durch Kukuksruf verspottet; prov. *cugut-z,* Hahnrei; frz. *cocu* (indessen dürfte *cocu* wohl durch *coq* beeinflufst werden sein, vgl. Brinkmann, Metaphern 521 ff., u. Scheler im Anhang zu Dz 722, sowie im Dict. *s. v.*); cat. *cucut.* Vgl. Dz 114 *cucco;* Gröber, ALL I 556.
*cŭdĭsum s. **cytisum.**

2656) ***cŭgĭto, -āre** s. **cŏgĭto** (Förster, Z II 169), hat *cŭgito* aus altfrz. *quiet* erschlossen.

2657) **cŭlcĭtă, cŭlcĭtră** (ist belegt), ***cŭlcĕtă, -am** *f.,* Kissen; ital. *cóltrice* (durch Umstellung aus dem Plur. *cúlcitrae;* Behrens, Metath. p. 45, vermutet Anlehnung an *cervice, calice* u. dgl.) „materazzo" u. *coltre* „coperta da lette", vgl. Canello, AG III 397; rum. *cultuc,* Pl. *cultuce* (das Demin. scheint entstellte Dominutivbildung zu sein); prov. *cosser* (*cota*) altfrz. *colstre, coltre, colte, coutre,* *couste,* davon nfrz. Demin. *couette, coite,* Federbett; das altfrz. Kompos. *coute-pointe* (gleichsam *culcitra puncta*), Steppdecke, ist durch volksetymologische Umbildung zu *courte-pointe* und *contre-pointe* geworden, vgl. Fafs, RF III 500; (von *coutre* leitet Ulrich, Z III 266, wohl mit Recht *frz. accoutrer,* prev. *acotrar,* bedecken, bekleiden, ab, Dz 115 *cucire* brachte das Wort in Zusammenhang mit *coudre,* meinte aber, dafs sich auch an *cultura* erinnern liefse; G. Paris, R XIX 287, setzt *accoutrer* = **adcosturare* v. **costura* = **consūtūra* „Naht" an, aus auch unten *culter*); altspan. *colcedra,* cocha, *acólcetra, cozedra;* ptg. *colcha.* Vgl. Dz 104 *cóltrice;* Gröber, ALL I 556; Tailhan, R VIII 611 (bespricht altspan. Formen). S. auch **cŭlcĭtīnŭm.**

2658) *cŭlcĭtīnŭm n. (v. culcita), Kissen; ital. cuscino (vermutlich Lehnwort aus dem Französ.); frz. coussin, vgl. Jenkins, Mod. Lang. Notes VIII 5; span. cojin (vermutlich Lehnwort aus dem Französ.). Vgl. Dz 104 cóltrice; Gröber, ALL I 556.

2659) [*cŭlĕāmen n. (v. culeus); davon nach Rönsch, Jahrb. XIV 179, das von Dz 479 unerklärt gelassene quilma, Mehlsack, wovon wieder esquilmar, ernten, esquilmo, Ernteertrag. Die Wortsippe mufs auch fernerhin als unerklärt gelten.]

2660) cŭlĕx, -īcem m., Mücke, Schnacke; ital. cúlice (gel. W., das übliche Wort ist aber zenzára, zanzára, wohl ein Onomatopoieton, dem rum. ŧenzarin, altfrz. cincelle, span. zénzulo entspricht u. welches samt diesen Worten an lat. zinzulare, zwitschern, summen, sich anlehnt, vgl. Dz 346 zenzára. In den pyrenäischen Sprachen ist mosquito, Demin. von musca, das übliche Wort für „Mücke", jedoch ptg. couce, Schabe). S. auch *cŭlĭcīnŭs.

2661) *cŭlĭcīnŭs, -um m. (Demin. von culex), Schnacke, = frz. cousin. Vgl. Dz 554 cousin; Gröber, ALL I 556 u. VI 384; Ascoli, AG IX 103.

2662) cŭlmĕn n., Gipfel, Kuppe; ital. colmo, gleichsam *culmus, dazu das Vb. colmare, häufen; com. cólman, culmine, sommità „e ne derivano, con comignolo, sard. columinzu e il lomb. colmeña, comignolo" Salvioni, Post. 8; rum. culme; span. cumbre = *cumle, vielleicht in Anlehnung an cum[u]lus; ptg. cume. Vgl. Dz 104 colmo; Gröber, ALL VI 384.

2663) cŭlmŭs, -um m., Halm; davon ptg. colmo, Stroh; abgeleitet von culmus sind wohl span. (astur.) cuelmo, colmena, Bienenkorb, ptg. colmeal, colmea. Vgl. Dz 441 colmena; Mahn, Etym. Unters. 54 (erklärt die Worte aus dem Keltischen, was Th. p. 86 widerlegt).

2664) cŭlpă, -am f., Schuld; ital. culpa; rum. culpă; prov. colpa; frz. (coulpe) coupe (veraltet); cat. span. ptg. culpa. Das Wort ist überall nur gelehrt u. kirchlich; volkstümlich wird der Begriff der sittlichen Schuld durch von fallere abgeleitete Sbsttve ausgedrückt. Vgl. Gröber, ALL VI 384.

2665) *cŭltĕllārĭus u. *cŭltĕllīnārĭus, -um (von cultellus), Messermacher; ital. coltellinajo; (rum. cutitar); frz. coutelier; span. cuchillero; ptg. cutileiro.

2666) cŭltĕllŭs, -um m. (Demin. v. culter), ein (kleines) Messer; ital. coltello, cortello, auch Fem. coltella; (rum. cutit; rtr. kurtiš, daneben aber auch cultellus); prov. coltelh-s; frz. couteau; cat. coltell; span. cuchillo, -a, guchillo, dazu das Vb. guchillar (F. Pabst); ptg. cutel(l)o, -a.

2667) cŭltĕr, -trum m., Messer; ital. coltro, eine Art Pflugeisen; prov. coltre-s; frz. coutre, Pflugmesser, dav. altfrz. accouter (accoustrer mit nur graphischem s), den Pflug mit dem Messer versehen (dagegen neufrz. accoutrer ausputzen, ausstatten, ist besser = *ad-costurare v. *costura aus *consūtūra „Naht" anzusetzen, vgl. G. Paris, R XIX 287), descoutrer abnehmen (dagegen nonfrz. désaccoutrer, den Aufputz abnehmen, = dis-*ad-costurare), vgl. Tobler, Sitzungsb. der Berl. Akad. d. Wiss., philos.-hist. Cl. Bd. LI (1889) p. 1092. In der Bedeutung „Messer" ist culter durch die Demin. cultellus (s. d.) völlig verdrängt werden.

2668) cŭltūră, -am f. (v. colere), angebautes Land (diese Bedtg. nur in der Spätlatinität, z. B. Hier. Ep. 52, 12; Salv. gub. dei 7, 2) = altfrz. couture. Vgl. Dz 115 cucire.

2669) cŭltŭs, a, um (Part. P. P. v. colere), an-gebaut, = ital. culto u. colto, letzteres auch Sbst. mit der Bedtg. „campagna coltivata'" vgl. Canello, AG III 326; Gröber, ALL VI 384.

2670) cŭlŭm + *bŭtare (vgl. oben bōtan und būtr), den Hintern (nach oben) stofsen, = frz. culbuter, Burzelbaum schiefsen, dazu das Vbsbsttv. culbute. Vgl. Dz 557 culbute. Vgl. Darmesteter, Mots comp. p. 104 f.

2671) cŭlŭs, -um m., der Hintere; ital. span. culo; rum. cur; prov. frz. cat. cul, davon frz. das Vb. reculer, nach hinten rücken, zurückweichen; viell. culus vīrīdis (od. versus): altfrz. culverz, s. oben collibertus; ptg. cú.

2672) cŭm, Präp., mit; ital. con (u. co in meco u. dgl.); rum. cu; prov. als Präp. ist com in Ab-sterben, gewöhnlich wird es vertreten durch ab, vgl. oben No 3; frz. com ist nur in Zusammensetzungen erhalten, als Präp. wird es vertreten durch avec = ab hoc, altfrz. auch durch od, ot = apud; cat. wie im Prov.; span. con (go in conmigo etc.); ptg. com.

cŭmbă s. *cŏncăvŭlo am Schlusse.

2673) cŭmĕra, -am f., cŭmĕrus, um m., ein aus Weidenruten geflochtener Korb, wurde von Cornu, R XXIV 114, als Grundwert zu der oben unter combrus (s. d.) verzeichneten Wortsippe aufgestellt, vgl. dagegen G. Paris, R XXIV 117 Anm. (XXIII 243), Meyer-L., Z XIX 275.

2674) cŭmĭnum n. (κύμινον), Kümmel; ital. comino, altfrz. coumin. Vgl. Meyer-L., Z. f. ö. G. 1891 p. 768.

cumma, cummi s. gŭmmă.

2675) [*cŭm-rŭbrēsco, -ēre (rubrigo) wird von Parodi, R XVII 58, als Grundwert zu span. ca-lumbrecerse, resten, angesetzt.]

2676) cŭmŭlo, -āre (v. cumulus), aufhäufen; ital. cumulare (gel. Wort, volkstümlich dafür am-massare, colmare); frz. combler, häufen, anfüllen, dazu das Verbaladj. comble, voll (comble : combler = declive : délivrer). — Nicht zu cumulāre, son-dern zu dem (keltischen?) Stamme combr- (s. oben combrus) gehört die Wortsippe ital. ingombrare, sgombrare, frz. encombrer, décombrer, décombres etc. (auch altfrz. combrer „packen, greifen", eigentl. wohl „jem. festhalten, am Gehen hindern", dürfte hierher gehören, jedenfalls kann man darin nicht mit Scheler, Anhang zu Dz 715, eine „rhinistische" Nebenform zu cobrer, couhrer = cuperāre erblicken). Vgl. Dz 104 colmo.

2677) cŭmŭlŭs, -um m., Haufe; ital. eumulo und mucchio (dies Wort entweder unmittelbar aus cumulus, *muculus entstanden oder aus ammucchiare = *ammuculare, accumulare abgeleitet, erstere An-sicht vertritt Canelle, AG III 397, letztere Storm, AG IV 391 s. v. hielt Entstehung des Wortes aus monticulus oder auch mutulus für möglich, s. auch unten mŭtŭlŭs am Schlusse und unten mŭtŭlŭs); Branne, Z XXI 217, setzt ahd. *muckel, *muhhel als Grundwort an); prov. cómol, Adj., voll; frz. comble, Sbst., Haufe, u. Adj., voll; ptg. combro, cómoro, Erdhaufe. Vgl. Dz 104 colmo; Meyer-L., Z XIX 276.

2678) cŭnă, -am f., Wiege, = obwald. k'iuna; monf. chiuna; lomb. kūna, vgl. Salvioni, Post. 8; span. cuna.

2679) cŭnĕātŭs, a, um (v. cuneus), keilförmig zugespitzt; davon frz. cognée, Axt. Vgl. Dz 551 coin.

2680) 1. *cŭnĕo, -ōnem m., keilförmiges Stück; frz. quignon, ein Runken Brot; span. quiñon (das zugeteilte Stück), Anteil; ptg. *quinhão*. Vgl. Dz 551 *coin*.

2681) 2. **cŭnĕo, -āre** (v. *cuneus*), verkeilen (die roman. Bedtgen haben sich entsprechend denen des Sbsttv.'s gestaltet); ital. *coniare*, verkeilen, stempeln, prägen; sard. *cunzare*, chiudere, vgl. AG XIII 118; rum. (*in*)*cuiu ai at a*, verstopfen, verschliefsen; span. *acuñar*, prägen; ptg. *cunhar*, prägen.

2682) **cŭnĕŭs, -um** *m.*, Keil (im Roman. auch „Stempel"); ital. *conio*; sicil. lecc. *cugnu*, vgl. Salvioni, Post. 8, wo auch andere Dialektformen angeführt werden; rum. *cuiu*; prov. *cunh-s*; altfrz. *coing*; nfrz. *coin* (bedeutet auch „Ecke"); span.' *cuño, cuña*; ptg. *cunho, cunha*. — Über ostfrz. Brotbenennungen von *cuneus* vgl. Horning, Z XVIII 216.

2683) **cŭnīcŭlŭs, -um** *m.*, Kaninchen; ital. *cuniculo*, Kaninchen, unterirdischer Gang, *coniglio*, Kaninchen, vgl. Canello, AG III 352; berg. *canič*, strada sotteranea, vgl. AG XIII 429 u. 433 Anm.; prov. *connil-s*; altfrz. *connil, connin*, dazu das Vb. *connillier* fliehen; nfrz. fehlt das Wort, es wird ersetzt durch *lapin*, welches vermutlich von german. *lappa* (s. d.) herzuleiten ist (gleichsam **lappinus*, kleines Tier mit lappigen Ohren; Dz 624 führte *lapin* auf **clopin* v. *clapir*, sich verstecken, zurück); span. *conejo*; ptg. *coelho*. Vgl. Dz 107 *coniglio*; Gröber, ALL I 384; d'Ovidio, AG XIII 429 ff.; Hehn, Kulturpflanzen u. Haustiere (Berlin 1883) p. 371 u. 479.

2684) **cŭnnus, -um** *m.*, weibliche Scham; ital. *conno*; frz. *con*; span. *coño*.

2685) **cŭnŭlă, -am** *f.* (nur der Pl. ist belegt, Demin. v. *cuna*), kleine Wiege, — ital. *culla*, Wiege; abruzz. *cunele*; romagn. *conla* (prov. cat. frz. *bers*, nfrz. *berceau*; altspan. *brizo:* ptg. *berço*; vgl. oben brac[h]ĭo, neu span. ist *cuna* üblich).

cŭpă s. ***cŭppă.**

2686) **cŭpēdĭa, -am** *f.* (*cupēre*), Naschhaftigkeit; altgenues. *covca*, vgl. Flechia, AG VIII 342, Meyer-L., Z. f. ö. G. 1891 p. 768. Salvioni, Post. 8, setzt als Grundform **cupĭda* (vgl. *cupēdo, -dĭnis*) an, worauf auch altoberital. *covca* u. andere Dialektformen zurückgehen sollen, vgl. auch AG I 266, VIII 342, IX 258, XII 397.

2687) **cŭpella, -am** *f.* (*cūpa*), kleine Kufe, Tonne; neapel. *cupielle*, mastello, vgl. d'Ovidio, AG IV 408.

2688) **cŭpĭdĭtās, -tātem** *f.*, Begierde, = altfrz. *couvoitié*, vgl. Tobler, Götting. gel. Anz. 1877, S. 1618; Scheler im Anhang zu Dz 722 *cúpido*.

2689) ***cŭpĭdĭtĭă, -am** *f.* (v. *cupidus*), Begierde; ital. *cupidigia, cupidezza* (*cupidigia* „desiderio che si rivela negli atti e riguarda specialmente gli onori e più gli averi", *cupidezza* „cupidità interna e generale", vgl. Canello, AG III 342; wenn C. ein **cupiditĭtia* ansetzen will, so erscheint das überflüssig); prov. *cobiticia, cobezeza*; altfrz. *cou-, convoitise* (nfrz. wird der Begriff durch *appétit, envie, désir* ausgedrückt); span. (*cobdicia*), *codicia*; ptg. *cubiça* (daneben *desejo, concupiscencia, paixão*). Vgl. Dz 116 *cúpido*.

2690) ***cŭpĭ[dĭ]to, -āre** (v. *cupidus*), begehren; ital. *cupitare, covidare*; prov. *cobeitar;:* frz. *co*(*n*)*voiter*, vgl. Fafs, RF III 509; Bréal, Mém. de la soc. de ling. de Paris VII 191, setzt ebenfalls **cupitare* als Grundwort an; G. Paris dagegen, R XXIII 285, stellt die Gleichung auf **cupedietare :*

coveitier = *cupiedĭtia : covoitise, es soll *cupĭd-* durch *cup*(*p*)*ēdĭum, cop*(*p*)*edia* beinflufst worden sein. Vgl. Dz 116 *cúpido*; Meyer, Z VIII 234.

2691) **cŭpīdŭs, a, um**, begierig, = (ital. *cupído*), *covidoso*, vgl. AG VIII 342; prov. *cobe*. Vgl. Dz 116 *cupido*.

2692) **cŭpĭo, Ivī, Ītŭm, ĕrĕ**, begehren; sard. *kubere, kubire;* rtr. *cuvir;* prov. *cobir*, zu Teil werden (die Bedeutung hat sich aus *cupere alieui* „für jem. Wünsche hegen" entwickelt), *encobir*, begehren; altfrz. *encovir*. Vgl. Dz 116 *cúpido*.

2693) **cŭppă** u. **cūpă, -am** *f.*, Kufe; ital. *coppa*, Becher, *coppo*, Krug, *cúp-ola* (kleine Schale), halbkugelförmiges Dach; rum. *cofă*, Becher, wird von Diez angeführt, fehlt aber b. Ch., der nur *cupă* verzeichnet; rum. *coppa, cuppa*; prov. *coba*, Schädel, *cuba*, Wanne u. dgl., *cubels*, Kübel; frz. (*cope*), *coupe*, Becher, *coupeau*, Kuppe, *gobelet*, gleichsam **cuppillettum*, Becher, *coupole* (Lehnwort), *cuve*, Kufe; span. *copa*, Becher, *cópino* kleiner Becher, *cuba*, Kufe, *cubilete*, Becher, *alcubilla*, Wassergefäfs, vgl. Dz 418 *s. v.* (dagegen gehört *copete*, Haarstutz, schwerlich hierher); ptg. *copa, copo*, Becher. Vgl. Dz 108 *coppa; cuppa*, ALL I 556. — Von *cuppa* zu scheiden ist die zu ahd **kuppbja* (s. d.) gehörige Wortsippe.

2694) **cŭprĕssus, -um** *f.* (über das Verhältnis des lat. Wortes zum griech. **κυπέρισσος, κυπάρισσος* vgl. d'Ovidio, AG XIII 450); ital. *cipresso;* frz. *cyprès* etc., überall nur gel. W.

cŭprĕŭs s. ***cŏpreus.**
cŭprŭm s. ***cŏprum.**

2695) **cŭpŭlă, -am** *f.* (Demin. v. *cupa*), kleine Tonne, kleines Grabgewölbe (in letzterer Bedeutung inschriftlich belegt, s. Georges); ital. *cupola;* frz. *coupole* (gel. W.). Vgl. Dz 108 *coppa;* Gröber, ALL II 556.

2696) **cŭră, -am** *f.*, Sorge; ital. *cura;* prov. *cura;* frz. ist *cure* nur gelehrtes Wort („Kur"), für „Sorge" ist *sonium* (vgl. über dies Wort Büchelen, Rhein. Mus. XLII 586, u. Lagarde, Mitteilungen II 4) eingetreten = frz. *soin*, prev. *sonhs;* span. ptg. *cura*, Sorge, Seelsorge, Pfarrer (als Mask. in der Bedeutung „Aufseher" wird *cura* schon in der Spätlatinität gebraucht, s. Georges *s. v.* am Schlusse des Abschnittes I). Vgl. Dz 114 *cura*.

2697) [***cŭrātārĭŭs, -um** *m.* (v. *cura*), Besorger von Geschäften; davon nach Dz 116 *cura:* ital. *curattiere*, Makler; frz. *courtier*. Dafs diese Ableitung irrig ist, hat Horning, Ztschr. f. nfrz. Spr. u. Lit. X² 242 u. Z XIII 325 gezeigt. Frz. *courtier* gehört zu *currĕre;* ital. *curattiere* ist wohl dem Frz. entlehnt.]

2698) **cūrātŭs, -um** *m.* (Part. P. P. v. *curare*),' der mit der Seelsorge Betraute, der Pfarrer; ital. *curato;* frz. *curé;* (span. ptg. *cura*). Vgl. Dz 116 *cura*. Im Rumän. ist *curat* als Adj. vorhanden in der Bedeutung von *accuratus*.

cūrātĭo, -ōnem s. **cor.**
*cūrbŭs s. **cŭrvŭs.**

- 2699) **cŭrcŭlĭo** u. **gŭrgŭlĭo, -ōnem** *m.*, Kornwurm; ital. *gorgóglio* u. *gorgoglione;* sard. *isqurzone;* rum. *curculez;* neuprov. *gourgoul;* altfrz. *gourgueillon;* (frz. heifst das Tierchen *charançon*, welches Wort mit dem etymologisch dunkeln mittellat. *calandrius* zusammenhängen dürfte); cat. *coroll*, davon das Vb. *escorcollar*, durchforschen, vgl. Vogel, p. 53; span. *gorgojo;* ptg. *gurgulho*. Vgl. Dz 456 *gorgojo;* Gröber, ALL VI 391.

2700) [cūrĭōsĭtăs, -tătem *f.* (v. *curiosus*), Neugierde; ital. *curiosità* u. dem entsprechend in allen übrigen Sprachen.]

2701) [cūrĭōsŭs, a, um (v. *cura*), interessant, neugierig; ital. *curioso*; rum. *curios*; prov. *curios*, *curos*, besorgt; frz. *curieux*; span. ptg. *curioso*.]

2702) cūro, -āre (v. *cura*), sorgen; ital. *curare* u. dem entsprechend in den übrigen Sprachen. Das Vb. hat neben seiner ursprünglichen Bedtg. diejenige von „(ärztlich besorgen, behandeln) heilen" angenommen; im Frz. wird es auch in der Bedeutung „reinigen" u. dgl. gebraucht (daher *écurer*, scheuern). Im Span. ist neben *curar* ein *curiar* „heilen" vorhanden; Morel-Fatio, R IV 35, u. Cornu, R X 77, halten — u. zwar gewifs mit Recht — beide Verben für etymologisch identisch, während Baist, Z IV 450, verschiedenen Ursprung annimmt, ohne doch sich näher darüber auszusprechen.

2703) [gleichsam *cūrrārĭus, -um *m.* (*currĕre*), Läufer, Schnellläufer; frz. *courrier*.]

2704) cūrrĕ (Impt. v. *currere*) + lŏcŭm = prov. altfrz. *curlieu*, *curlier*, Läufer; nfrz. *corlieu*, ein langbeiniger Vogel, Brachvogel. Vgl. Dz 553 *corlieu* (das Wort wird aus *curre* + *lĕvis* erklärt); Suchier, Z I 430 (hier zuerst die richtige Deutung).

2705) cūrro, cŭcŭrrī, cūrsŭm, cūrrĕrĕ, laufen; ital. *corro corsi corso* `correre`; rum. *curg* (aus *currio*) *cursei curs curg*; rtr. *kor kors kúerer*, vgl. Gartner § 148 u. 172; prov. *cor cors* u. *correc corregut corre* u. *correr, -ir*; altfrz. *cuer co(u)ru(s) couru corre* (*colre*) u. *courir*; nfrz. *cours courus couru courir*, davon (?) abgeleitet *courtier*, Makler (ital. *curattiere*), vgl. Horning, Z XIII 325; cat. span. ptg. *correr* (schw. Vb.); vom span. *correr* ist wohl abgeleitet das Sbst. *corro* (zusammengelaufener) Kreis von Personen, u. *corral*, Laufplatz, Hof, vgl. Dz 442 *s. v.;* Gröber, ALL VI 384.

2706) *cūrsārĭus, -um *m.* (v. *currere*), Läufer, Renner, Umherschweifer; ital. *corsiere*, *-o* „nobile cavallo da corsa", *corsaro* (arch. *corsare*, *corsale*) „chi, autorizzato dal suo sovrano, pirateggia i nemici della stato", vgl. Canello, AG III 307; prov. *corsari-s*, Seeräuber; frz. *coursier*, Renner, *corsaire*, Seeräuber; span. ptg. *corsario*, Seeräuber; ptg. Adj. *corseiro*, unstät. — In anderer Entwickelung wurde das Wort zu mittelgriech. χουρσάριος, χορσάριος, daraus serb. *gusar*, *husar* u. endlich durch Vermittelung des Magyarischen dtsch. *Husar*, frz. *hussard*. Vgl. Léger, Bull. de la soc. de ling. de Paris No 23/26 (1883/85) p. XCVIII.

2707) *cūrsīvŭs, a, um (v. *cursus*), laufend; ital. *corsivo*, laufend, geläufig; *corsia*, laufend (nur Fem. als Attribut zu *acqua*), Sbst. Strom eines Flusses, ein schmaler Gang auf dem Schiffe, vgl. Canelle, AG III 362.

2708) cūrsōrĭus, a, um (*cursus*), zum Laufen gehörig; log. *kussorža distretto*, vgl. AG XIV 135; Salvioni, Post. 8.

2709) cūrsŭs, -um *m.*, Lauf; ital. *corso*, Lauf, Laufbahn, *corsa*, das Rennen; dem entsprechend auch in den anderen Sprachen, z. B. frz. *cours*, u. *course*.

2710) [cūrt- (*curtus*), + băttūtus, Part. Prät. v. *battuere*), vermutlich = frz. *courbatu*, zerschlagen, steif. S. oben cŏr.]

2711) cūrto, -āre (v. *curtus*), kürzen; ital. *s-cortare*; rum. *s-curtez ai at a* (daneben *cruţ ai at a* = *curtiare*); prov. *es-cortar*; frz. *é-courter*; span. ptg. *cortar*.

2712) eūrtŭs, a, um, verkürzt; ital. *corto, scorto;* rum. *scurt* („le *s* dans le mot romain et ital. n'est que prépositif", Ch. *s. v.*); prov. *cort;* frz. *court;* cat. *cort;* span. *corto;* ptg. *curto,* dav. abgel. eine zahlreiche Wortfamilie (*cortar* etc.), welcher auch *cortamão*, Winkelmafs, zuzurechnen sein wird, obwohl C. Michaelis, Frg. Et. 12, eine andere Ableitung (v. lat. *quartabo* [?], fehlt bei Georges) in Vorschlag bringt. ALL VI 384.

2713) cūrvo u. cūrbo, -āre (v. *curvus*), krümmen; ital. *curvare;* com. *corbá;* prov. *corbar;* frz. *courber;* span. *corto;* ptg. *curto,* dav. abgel. eine (*en)corvar;* ptg. (*en)curvar.

2714) (cūrvŭs u.) *cūrbŭs, a, um, krumm; ital. *curvo,* (*corvo* scheint nicht mehr vorhanden zu sein, doch findet sich die Ableitung *corvetta,* mittlerer Sprung des Pferdes); prov. *corp;* altfrz. *corp;* nfrz. *courbe,* davon *courbette;* span. *corvo,* davon *corveta;* ptg. *curvo.* Vgl. Parodi, R XXVII 237. Über *corvetta* vgl. Dz 109 *s. v.* Die Schiffsbenennung *corvetta* gehört nicht hierher, vgl. oben cŏrbĭtă.

2715) [*cūscōlĭŭm *n.*, Scharlachbeere an der Stecheiche (Plin. N. H. 16, 32); cat. *coscoll* (der Baum heifst *coscolla*); span. *coscojo* (der Baum *coscoja*). Vgl. Dz 442 *coscojo;* Gröber, ALL VI 385.

2716) [*cūspĕllŭm (vielleicht zusammenhängend mit *cuspis,* Spitze, Stachel) ist das vorauszusetzende Grundwort zu altvenez. *cósp-elo,* vgl. Mussafia, Beitr. 47; altfrz. *cospel,* nfrz. *copeau,* Spahn. Vgl. Dz 552 *copeau.*]

2717) [*cūspĭcŭlo, -āre (v. *cuspis*), sticheln; davon vielleicht frz. *houspiller* (norm. *gouspiller*), zausen, mifshandeln. Diez 617 vermutete das Grundwort in ags. *hyspan,* verspotten. Littré *s. v.* erklärt das Verbum für entstanden aus *houce* (Rock) + *pigner* (auskämmen), woraus *housse piller,* jem. am Rock packen, ihn mifshandeln. Die von Scheler im Dict. *s. v.* vorgeschlagene Ableitung von *cuspiculare* verdient keinen der beiden Vorzug.]

2718) cūstōdĭă, -am *f.* (v. *custos*), Wache; ital. *custodia;* rum. *custodie;* dem entsprechend in gelehrter Form in den übrigen Sprachen, volkstümlich wird der Begriff „Wache, wachen = Hut, behüten" durch germ. *warda* ausgedrückt.

2719) cūstōdĭo, -īre, behüten; sard. *custoire;* rum. *custodiez ai at a;* span. *custodiar;* ebenso ptg. S. cūstōdĭă.

2720) cūstōs, -ōdem *m.*, Wächter; ital. *custode* u. *custodio;* prov. *custodi-s;* frz. *custode* (gel. W.), *cuistre* (aus dem Nomin. *custor* entstanden, vgl. G. Paris in seiner Ausg. der Vie de S. Alexis p. 184 zu V. 363; Dz 557 *cuire* legte dem Worte die Bedtg. „Pfaffenkoch" bei u. leitete es von *coquaster* oder *cocistro,* wov. *coistron,* ab, womit Scheler im Anhang zu Dz 790 einverstanden zu sein scheint, indessen G. Paris' Ansicht verdient schon um deswillen den Vorzug, weil an der betr. Stelle des Alexius ein „Kirchendiener" weit besser am Platze ist, als ein „Pfaffenkoch"); cat. *custodi;* span. ptg. *custodio.* — S. den Nachtrag.

2721) [*cūtīnă, -am *f.* (v. *cutis*), Haut, scheint als Grundwort angesetzt werden zu müssen für (span. *codena,* Stärke, Festigkeit eines Gewebes) ptg. *códea,* Rinde, Kruste; (auch ital. ist das Wort in Dialekten vorhanden: sicil. *cútina,* neap. *cótena,* neap. piem. *cuna*), vgl. Flechia, AG III 134 f. (namentl. die Anmerkung auf S. 135.) Dz 111 *cotenna.* Diez wollte sp. *codena* aus *cutanea,* ptg. *códea* aus *cutica* ableiten, wogegen schon Caix, Giorn. di fil. rom. II 70, Bedenken erhob.] S. No 2722.

2722) [*cŭtĭnĭă (Fem. eines Adj. *cutinius von
cutis) scheint trotz mancher Bedenken als Grundwort angesetzt werden zu müssen für ital. cotenna,
codenna, Dichtigkeit des Tuches; prov. codena;
frz. couenne, Schwarte, vielleicht auch span. có-
dena, vgl. Flechia, AG III 134 f. (namentl. die Anmerkung auf S. 135); Dz 111 cotenna (Diez setzte
*cutanea als Grundwort an, wogegen schon Caix,
Giorn. di fil. rom. II 70, Bedenken erhob).]

2723) *cŭtĭo, cŭssĭ, cŭssŭm, cŭtĕrĕ (für quatere),
erschüttern, stofsen; davon ital. cozzare, stofsen,
accozzare, zusammenstofsen, -bringen, vereinigen,
vielleicht auch span. cutir, schlagen, vgl. Storm,
R V 176; Diez 444 s. v. führte das Wort auf competere, *competire zurück, was unannehmbar ist.

2724) cŭtĭs, -em f., Haut; sard. cude, sicil.
cuti, piem. cu, vgl. Flechia, AG III 135 Anm.,
„dove anche si tocca del derivate códega ecc."
Salvioni, Post. 8.

cÿăthŭs s. chazzĭ.

2725) cÿclăs, -clădem f. (gr. κυκλάς, vgl. Eguilaz
y Yanguas p. 391), Rundkleid; davon abgeleitet
altfrz. siglaton, singlaton, unten rund zugeschnittenes Kleidungsstück, ein Kleidstoff; prov.
sisclato-s; span. ciclaton. Vgl. Dz 98 ciclaton;
Berger s. v.

2726) cÿenŭs, -um m. (gr. κύκνος), Schwan;
ital. cigno; nfrz. cygne. Vgl. oben cĭcĕn.

2727) cÿdōnĕă (mălă), Äpfel aus Cydonea (auf
Kreta), Quitten, daraus *cŏtōnĕă u. *cŏtōnĕŭs,
Quitte; ital. cotogna; (rum. gutuiă); prov. co-
doing; altfrz. coóing; nfrz. coing; cat. codony;
(span. membrillo de huerto; ptg. marmelo). Vgl.
Dz 111 cotogna; Gröber, ALL I 554; Mussafia,
Beitr. 44.

2728) cÿlĭndrŭs, -um m. (gr. κύλινδρος), Walze;
frz. calandre, Walze; sonst ist cyl. nur als gel.
W. erhalten, z. B. ital. cilindro. Vgl. Dz 538
calandre.

2729) cÿma (cuma), -am f. (gr. κῦμα), junger
Sprosse, Spitze; ital. cima, Gipfel, davon abgel. ci-
miero, der Schmuck oben auf dem Helme, ac-cimare,
frisieren (eigentl. die Haarspitzen stutzen), azzimare,
putzen, vgl. über dies Vb. Schuchardt, Jahrb. XII
114; Dz 128 esmar hatte es aus adaestimare erklärt; sard. chima porro, stelo del ramoluccio;
rtr. cimma; prov. cima; frz. cime, davon cimier,
Helmschmuck, bedeutet auch „Lendenstück" (gleichsam Oberstück, daher das deutsche „Ziemer", nicht
umgekehrt, wie Fafs, RE III 487, behauptet); cat.
scim; span. cima (im Altspan. auch „Zweig" bedeutend), davon cimera, Helmschmuck; ptg. cima.
Vgl. Dz 99 cima; Gröber, ALL I 545.

2730) cÿmbălŭm n. (gr. κύμβαλον), Schallbecken,
Cymbel; ital. cembalo, Cymbel, cimbali, cimberli
„nella frase ,essere in cimberli' essere allegro, esser
brillo" (wohl ein Latinismus; vgl. Psalm 150 „in
cymbalis bene sonantibus"), vgl. Canello AG III 327.

2731) *cÿmbĕllŭm n. (Demin. zu cymbalum),
kleine Cymbel, Instrument zum Anlocken der Vögel
u. dgl.; ital. zimbello, Lockvogel, Lockung, dazu
das Vb. zimbellare, anlocken; prov. altfrz. cembel,
dazu das Vb. cembelar, cembeler; span. cimbel.
Vgl. Dz 346 zimbello.

2732) cÿnănche, -en f. (κυνάγχη, daneben συνάγχη), Halsbräune; altfrz. quinancie, (e)squi-
nancie, vgl. Förster zu Cliges 3025 u. Skeat, Etym.
Dict. s. v. quinsy; span. esquinancia, -encia; ptg.
esquinencia.

cÿprĕssus s. cŭprĕssus.

2733) [*cypsella (?), wird von Mussafia, Beitr.
124, als Grundwort zu altvenez. cesilla angesetzt.]

2734) cÿtīsum n. u. cÿtīsŭs, -um m. (gr. κύτισος),
eine Kleeart (Medicago arborea L.); span. códeso,
eine Kleeart. Vgl. Dz 441 códeso; Gröber, ALL I
556.

D.

2735) dăctÿlŭs, -um m. (gr. δάκτυλος), Dattel;
ital. dattilo u. dattero, vgl. Canelle, AG III 349;
prov. dátil-s; frz. datte; span. dátil; ptg. dátile.
Vgl. Dz 117 dáttero.

2736) *dada, Wort der frz. Kindersprache zur
Bezeichnung des Steckenpferdes (auch im Span. ist
ein ähnliches Wort, tato, vorhanden, während
Italiener und Portugiesen den Begriff umschreiben
müssen); auf ein kindersprachliches dada mit der
Bedeutung „wackeln, schaukeln" scheinen frz. dadais, ein langer, schwubbiger, baumliger Mensch,
u. das Vb. dandiner, schaukeln, wiegen, zurückzugeben, von dem letzteren ist wieder dandin, ein
Mensch, der sich (wohlgefällig) schaukelt, Zier-
püppchen, abgeleitet. Vgl. Scheler im Anhang zu
Dz 790 u. im Dict. dada.

2737) daemŏnĭŭm n. (gr. δαιμόνιον), Gottheit,
böser Geist (in letzterer Bedeutung z. B. Tertull.
apol. 21); ital. demonio, Teufel; prov. demoni-s;
frz. démon; span. ptg. demonio. Vgl. Dz 117
demonio.

2738) [*daga, -am f., vorauszusetzendes Grundwort unbekannter Herkunft zu ital. daga, kurzer
Degen, Dolch; (prov. dalh-s, Sichel = *dagulus?);
frz. dague (altfrz. dail, Sichel = *dagulus?,
davon daillier, dalier, hauen); aus dague + corne
soll nach Dz 558 s. v. dagorne (Kuh mit nur einem
Horn) entstanden sein. Scheler im Dict. s. v. verhält sich dem von der Académie aus ihrem Dict.
gestrichenen) Worte gegenüber sehr skeptisch;
span. daga (dalle, Sichel); ptg. adaga, daga.
Das Wort kann weder aus dem German. noch aus
dem Keltischen abgeleitet werden, vgl. Kluge unter
„Degen"; Th. 56; Dz 116 daga u. 117 dalle. —
Schuchardt, Z XV 111, bemerkt über die Herkunft
von ital. daga etc.: „Der Gedanke an keltische
Herkunft mufs ohne weiters abgewiesen werden,
gewisse Umstände weisen auf Afrika." — Über ostfrz. daye, sich necken, dayement, neckische Unterhaltung in der Spinnstube, altfrz. s'entre-dalier,
sich hauen, vgl. Horning, Z XVIII 217.]

2739) arab. dâhul, Betrüger; vielleicht Grundwort zu prov. altfrz. tafur, Schelm, Spitzbube;
span. tahur, falscher Spieler; ptg. taful, falscher
Spieler, Geck, dazu ein Fem. tafula u. ein Vb.
tafular mit entsprechender Bedtg. Vgl. Dz 313
tafur; Stimmung zu Bertr. de B. (Halle 1892) 12, 33.

2740) arab. dâlălah, Leitung (von dall, leiten);
vermutlich das Grundwort zu frz. dalle, Rinne
(doch könnte das Wort auch auf ahd. dola, Röhre,
zurückgehen; dalle, Diele, beruht wohl auf dem
gleichbedeutenden dil, dillo, indessen ist die Geschichte des Wortes recht dunkel); span. adala,
dala; ptg. dala. Vgl. Dz 116 dala u. 415 adalid;
Baist, Ltbl. 1892 Sp. 24; Eg. y Yang. p. 44.

2741) dălmătĭca, -am f., Mefsgewand; frz. dau-
maire (vgl. grammatica [s. d.]: grammaire).

dămă (damma) s. dāmŭs.

2742) Damaghan, Name einer persischen Stadt,
nach welcher im Arab. ein Thongefäfs damagan

benannt worden sein soll; aus dem arab. Worte entstand dann vielleicht ital. *damigiana*, grofse Trinkflasche; frz. *dame-jeanne*; cat. *damajana*. Für diese orientalische Herkunft des Wortes ist namentl. Devic, Suppl. z. Littré's Dict. S. 31, eingetreten. Alart, R. des l. r. 2e sér. t. V No 1, hat lt. *dimidiana* als Grundwort aufgestellt. Gröber, Z II 352, erkennt in frz. *dame-jeanne* vermutungsweise lat. *domina* = frz. *dame*, das sehr wohl als scherzhafte Benennung einer Flasche habe gebraucht werden können, u. lt. *galbina* = frz. *jaune*, womit die Farbe des Geflechtes der Flasche bezeichnet worden wäre u. wofür zunächst *jane*, dann *jeanne* eingetreten sei. Könnte aber nicht ital. *damigiana* einfache Ableitung von *dama* = *domina* — die Nachkommen von *dominus*, -*a*, haben ja im Ital. sowohl *o* als auch *a* (z. B. **dominicella* = *donzella* u. *damigella*; letzteres Wort für eine Italianisierung des frz. *damoiselle*, *demoiselle* zu halten, liegt keine Nötigung vor) — sein, gleichsam **damensianus* (nach Analogie von *cortigiano* = **cortensianus*)? Das Wort wäre dann ital. Ursprungs, in Frankreich darauf zu *damejane* geworden u. dieses wieder durch volksetymologisierende Schreibweise zu *dame-jeanne*. Wie dem auch sein mag, das frz. Wort setzt jedenfalls die Mitthätigkeit der Volksetymologie voraus. Vgl. auch Fafs, RF III 497.

2743) **dämascēnus**, **a**, **um** (*Damascus*), aus Damascus stammend; [*d*]*amascena* scil. *pruna* = span. *amacena*, ptg. *ameixa*, vgl. Cornu, Gröber's Grundrifs I 767.

2744) **Dämascüs**, -**um** *f.*, die Stadt Damascus; nach dieser Stadt wird ein ursprünglich dort gefertigtes feines Gewebe benannt; ital. *damasco*, *damasto*; frz. *damas*; span. *damasco*; ptg. *damascado* u. *damasquilho*. Aufserdem führt feiner Stahl, bezw. eine daraus geschmiedete Klinge den Namen nach Damascus: ital. *damaschino* etc. Vgl. Dz 117 *damasco*.

[***dämnärīüm s. dömīnīārīüm.**]

2745) ***dämnätīcüm** *n.* (v. *damnum*), Schaden; prov. *damnatge-s*; altfrz. *dom*(*m*)*age*, *dòm*(*m*)*ache*, vgl. Förster zu Erec 1006; frz. *dommage* (der Wechsel von *a* zu *o* erklärt sich vielleicht aus Beeinflussung durch *dominus*, vgl. G. Paris, R XIX 123, vgl. auch Thurot II 446; freilich spricht dagegen, dafs das aus **dominiarium* entstandene *danger* das *o* mit *a* vertauscht hat); altspan. *domage*. Vgl. Dz 562 *dommage*.

2746) **dämno**, **-äre** (v. *damnum*), beschädigen, verdammen; ital. *dannare*; rum. *dåunez ai at a*; prov. *dampnar*; frz. *damner*; cat. *dampnar*; span. *dañar*; ptg. *danar*. Vgl. Dz 444 *dañar*.

2747) **dämnüm** *n.*, Schaden; ital. *danno*; lomb. *dañ*; rum. *daunā*; frz. *dom*, *donn*; prov. *dam-s*, *dan-s*; frz. *damno* in den Eiden, *dam* (das gewöhnliche Wort ist *dommage*), vgl. Klahn, Die Entwickelung von lat. *mn* im Frz. (Kiel 1898 Diss.) p. 29; cat. *dany*; span. *daño*; ptg. *damno*, *dano*. Vgl. Gröber, ALL II 100.

2748) **dämüs** (f. *dama*, *damma*, Damhirsch); ital. *daino* (dem Frz. entlehnt); prov. *dam*; frz. *daim*, dazu neugebildet das Fem. *daine*; cat. *daina* (dem Frz. entlehnt); altspan. *dayne* (dem Frz. entlehnt; das übliche Wort ist im Span. u. Ptg. ist *gamo*, welches seinen Anlaut an *gamuza*, Gemse, angebildet zu haben scheint). Vgl. Dz 558 *daim*; Gröber, ALL II 100.

2749) ahd. **dansön**, ziehen; mutmafslich das Grundwort zu ital. *danzare*, tanzen; prev. *dansar*;

frz. *danser*; cat. *dansar*; span. *dansar*, -*zar*; ptg. *dançar*. Dazu die Sbsttve ital. *danza*, prov. cat. span. ptg. *dansa*, frz. *danse*. Vgl. Dz 117 *danzare*; Mackel 73.

2750) ags. **darad**, **darod**, altn. **darradr**, Speer; vielleicht Grundwort zu ital. span. *dardo*; prov. *dart-z*; frz. *dard*: rum. *dardā*. Da das Wort aber auch im Slav. u. Magyarischen sich findet, so ist Entlehnung von dorther nicht undenkbar. Vgl. Dz 117 *dardo*; Rev. crit. 1883, p. 334; Mackel 68. — Deminutiv zu [*d*]*ard* ist vielleicht ital. *ardiglione*, Schnallennadel; prov. *ardalho-s*; frz. *ardillon*, vgl. Dz 23 *ardiglione*, freilich aber mufs diese Ableitung als sehr zweifelhaft erscheinen, u. d'Ovidio, AG XIII 428 Anm. 2, bezeichnet mit Recht die Herkunft des Wortes als noch ganz dunkel. Näher läge es, Zusammenhang mit lt. *ardalio*, *ardelio* (s. d.) anzunehmen, u. da die Herkunft u. Grundbedeutung des lt. Wortes dunkel ist, so darf in seiner überlieferten Bedtg. vielleicht kein unbedingtes Hindernis erblickt werden. (Vgl. „Schlinge" mit „Schlingel".)

2751) arab. **dârçanah**, Haus der Betriebsamkeit, Schiffbauhaus (vgl. Freytag II 69ª u. 526ª); ital. *darsena* (sicil. *tirzanà*), der innere Teil eines Seehafens, *arzanà* u. *arsenale*, Zeughaus; frz. *darse*, kleiner Binnenhafen, *arsenal*; span. *atarazana*, *atarazanal*, Schuppen, *arsenal*; ptg. *tarazena*, *tercena*, Schuppen, *arsenal*. Der Abfall des *d* erklärt sich aus Vertauschung desselben mit *l*, bezw. aus Auffassung desselben als Artikels. Vgl. Dz 27 *arsenale*; Eg. y Yang. p. 304 (*at-tarsana*).

2752) slav. **darom**, **darmo**, geschenkt, umsonst; dies Adv. soll nach Dz 379 das Grundwort zu dem gleichbedeutenden ital. *indarno* (altfrz. *findet* sich vereinzelt *en dar*, *en dart*) sein. Diez selbst aber bemerkt, dafs die Aufnahme eines slav. Adverbs in das Ital. sehr befremden müsse. Könnte das Wort vielleicht irgendwie mit *dare* „geben" zusammenhängen? etwa entstanden sein aus einer Redensart *in dare non* „auf Nichtgeben" (also umsonst für etwas für einen andern thun u. dgl., vgl. die von Diez angeführte rum. Verbindung *in dare*, zum Geschenk, vgl. auch das deutsche „auf nimmer wiedergeben", womit man ja ebenfalls eine Schenkung andeuten kann)?? Freilich läfst sich nicht leugnen, dafs eine solche Redensart recht wunderlich gewesen wäre, allein in einer Umgangssprache bilden sich ja manche wunderliche Wendungen aus. Jedenfalls viel wunderlicher noch als die allerwunderlichste Redewendung wäre ein slavisches Adverb im Ital. Indes die Möglichkeit slavischer Herkunft einmal zugegeben, so wäre *darno*, aber nicht *indarno* zu erwarten; das *in* könnte wohl kaum mit der Präpos. *in* identifiziert werden, mindestens würde deren Sinn in solcher Verbindung nicht zu verstehen sein: geradezu sinnlos oder vielmehr widersinnig aber wäre hier die Negationspartikel *in*, denn das ergäbe ja „ungeschenkt, nicht umsonst", also das Gegenteil der wirklichen Bedeutung.

2753) dtsch. **Dafs dich Gott!** (Landsknechtsfluch); daraus soll nach Baist, RF VII 413, entstanden sein frz. *asticot*, Regenwurm, *asticoter*, chicanieren, ärgern, *asticoteur*, zänkischer Mensch; um verständlich zu machen, wie *asticot* u. *asticoter* begrifflich miteinander zusammenhängen können, verweist B. auf das deutsche „Wurm" u. „wurmen (es wurmt mich = es ärgert mich)". So recht überzeugend ist die Ableitung aber doch nicht.

19*

2754) dăsÿpūs, pŏdĭs *m.* (gr. δασύπους), der rauchfüfsige Hase; daraus vielleicht durch Umstellung s a r d. *gacciapu;* c a t. *catxap;* s p a n. *gazápo;* p t g. *caçapo,* junges Kaninchen. Vgl. Dz 454 *gazapo.*

2755) *dătĭārĭŭs, a, um (Adj. zu *datio*); i t a l. *daziario,* Adj., u. *daziere* „cbi riscuote i dazj", vgl. Canello, AG III 307.

2756) dătīo, -ōuem *f.* (v. *dare*), das Geben; i t a l. *dazio.* Abgabe; a l t f r z. *dace;* a l t s p a n. *dácio.* Vgl. Dz 117.

2757) dătīvŭs, a, um, zum Geben gehörig; s p a n. p t g. *dádiva,* Gabe, Geschenk, vgl. Dz 444 *s. v.*

2758) dătŭm *n.* (Part. P. P. v. *dare*), das Gegebene (im Roman. das durch Wurf Gegebene, der Wurf, dann das Werkzeug des Werfens, der Würfel. Die Annahme dieses Bedeutungsüberganges hat sicherlich Bedenken gegen sich, dürfte aber nicht zu umgehen sein); i t a l. *dado,* Würfel; p r o v. *dat-z* f r z. *dé (dé* „Fingerhut" ist vielleicht dasselbe Wort u. nicht starke u. höchst befremdliche Kürzung aus **d[igit]atum*, vgl. auch unten **dĭgitalĭs);* s p a n. p t g. *dado.* Vgl. Dz 116 *dado.*

2759) [*daxo, -āre (aus *de + laxare* entstanden) ist nach Schuchardt, Z XV 241, das Grundwort zu s p a n. *dejar* etc. S. unten **dē-laxo.*]

2760) dē, Präp., von; i t a l. *di;* r u m. *de;* r t r. *di;* p r o v. f r z. c a t. s p a n. p t g. *de.* Wie bekannt, ist der Anwendungskreis von *de* im Roman. wesentlich dadurch erweitert worden, dafs diese Präp. einerseits das gänzlich aufgegebene *ex* ersetzt, andererseits zur Umschreibung des Genetivverhältnisses (vielfach auch des Ablativverhältnisses) gebraucht wird (im Rumän. wird jedoch bei dem mit dem best. Artikel versehenen Shst. der Genetiv durch Artikelflexion bezeichnet, vgl. Dz, Gr. II 54; im Altfrz. konnte das possessive Genetivverhältnis durch den Cas. obl., bezw. durch den mit *a = ad* verbundenen Cas. obl. ausgedrückt werden; auch im Rumän. kann *a = ad* zum Ausdruck des Genetivverhältnisses dienen). Vgl. Clairin, Du génitif latin et de la préposition *de.* Paris 1880. — dē + ăb s. dē + ăb ā ăb s. — dē + ăb + ănte, vor; i t a l. *davanti;* p r o v. *davan;* f r z. *devant;* (s p a n. *ante* u. *delante;* alt s p a n. auch *dante,* vgl. Gröber, ALL VI 377; p t g. *diante = de + ante,* daneben *adiante = ad + te + ante).* — dē + ăb = i t a l. *da,* sowohl „von" [auch „zu" bedeutend, indem bald der erste bald zweite Bestandteil die Bedeutung bestimmt (*da* „ als *de + ab* aufzufassen, liegt keine Notwendigkeit vor; r t r. *dad,* vgl. Gartner § 100. (Hamp, ALL V 365, will nur *de + ab* anerkennen.) — dē + ĭntŭs = p r o v. *dedins;* f r z. *dinnen.* — dē + ēx s. dē + ĭpso; aufserdem *de + ex + inde, de + ex + ibi =* alt s p a n. *desent, desi; de + ex + de =* s p a n. p t g. *desde;* de + ex + post =(?) s p a n. *despues; de + ex + per =* r u m. *despre.* Vgl. Gröber, ALL II 279. — dē + ĭn = r u m. *din,* aus. — dē + ĭn + ănte (i t a l. *dinanzi = de + in + antea);* r u m. *dinainte;* p r o v. *denan;* s p a n. *denante, delante;* p t g. *diante,* daneben *adiante.* — dē + ĭntŭs = p r o v. *dins, in;* a l t f r z. *dens, dans;* nfr z. *dans.* — dē + ĭpso (in welcher Verbindung *ipso* verstärkende Kraft hat) = p r o v. *des;* f r z. *dès,* seit (mit Hervorhebung des Anfangspunktes; *dis* darf nicht als *de + ex* erklärt werden, denn daraus würde **deis* entstanden sein); s p a n. p t g. *desde = de + ex + de).* Dz, Gr. II 482, leitete *dès* von *de + ex* ab, ebenso Gröber, ALL II 279, dagegen spricht aber der sonst völlige Schwund des

präpositionalen *ex,* auch würde *d-ex* im Frz. *deis,* bezw. *dis* ergeben haben, vgl. *exire : eissir, issir.* Der von Meyer, Z XI 250 Anm., gegen *de + ex* geltend gemachte Grund, dafs zwei vollständig gleichbedeutende Präpositionen nicht zusammengesetzt werden, kann nicht als stichhaltig gelten, weil *de* u. *ex* eben nicht vollständig gleichbedeutend waren. (Aus dem Eintreten des *de* für *ex* darf nicht auf Gleichheit der Bedtg., sondern mufs auf eine etwas veränderte Auffassung des betr. Raumverhältnisses geschlossen werden.) Meyer's Annahme ist in der Unbedingtheit, womit er sie ausgesprochen, schon um deswillen abzulehnen, weil *de + ex* in der Verbalzusammensetzung öfters erscheint. — dē + pōst = i t a l. *dópo* (f. *dopó), dipoi* (vgl. Canello, AG III 334), nach, nachher; r u m. *după;* s p a n. *despues = de + ipso + post.* — dē + pōstēā = p r o v. *depuys* (daneben *despuys = de + ipso + postea),* seit, seitdem ; f r z. *depuis;* [s p a n. *despues = de + ex* od. *ipso + post];* p t g. *depois.* — dē + ŭndĕ, woher, = i t a l. *donde;* p r o v. *don;* f r z. *dont;* s p a n. *donde.* Vgl. Gröber, ALL VI 146.— dē + vērsŭs = p r o v. *deves, devas,* (*daus, deus, dous),* nach . . . hin, von . . . her; a l t f r z. *devers.*

2761) [*dē + ălbŭs u. *dē + ălbĕŏlŭs, a, um = r u m. *dalb, dalbior,* weifs, nur in der dichterischen Sprache gebraucht, vgl. Cb. *alb.*]

2762) gäl, dēŭrn, neuir. dearna, Handfläche; davon viell. f r z. *darne,* neu p r o v. *darno,* Schnitte von einem Fische (vermittelt müfste der Bedeutungsübergang dadurch worden sein, dafs *darne* eine Schnitte von der Gestalt einer flachen Hand bezeichnet hätte), vgl. Dz 559 *darne;* Th. 97.

2763) dē-aurātŭs, a, um (v. *deaurare*), vergoldet; i t a l. *dorato;* f r z. *doré;* s p a n. *dorado;* p t g. *dourado.* Auch das vollständige Verbum i t a l. *dorare* etc. ist vorhanden.

2764) dēbĕo, būi, bĭtŭm, bēre, schuldig sein, müssen; i t a l. *deggio debbo = debeo* u. *devo=*debo, Part. *dovuto,* Inf. *devere* u. *dovere* (das *o* für *e* beruht auf Anlehnung an *potere, volere);* p r o v. *dei dec degut dever;* f r z. *doi*(s) dus dù *devoir* (über *dift = debet* in den Eiden s. unten **deceo);* s p a n. *deber;* p t g. *-dever.* Der Inf. wird auch substantivisch in der Bedtg. „Pflicht" gebraucht.

2765) dēbĭlĭs, e, schwächlich; i t a l. *debile* und *debole* (letztere Form ist die weit üblichere), dazu das Shst. *debilezza* u. *debolezza,* vgl. Canello, AG III 334; a l t n e a p o l. *devele.*

2766) dēbĭtŏr, -ōrem *m.* (v. *debere*), Schuldner; i t a l. *debitore;* a l t p e r. *devetore,* vgl. Salvioni, Post. 8; r u m. *dator* (gehört wohl nicht hierher); p r o v. c. r. *deveire,* c. o. *deudor;* f r z. *débiteur* u. *detteur* (an *dette* angelehnt); vgl. Cohn, Suffixw. p. 113; c a t. *deutor;* s p a n. *deudor;* p t g. *devedor.*

2767) dēbĭtŭm u. dēbĭtā (Sg. u. Pl. N. des Part. P. P. von *debere*), das Geschuldete, die Schuld; i t a l. *debito* u. *detta,* vgl. Canello, AG III 330, aus *débito* entstand frz. *débiter,* wovon wieder das Shst. *débit* (Dz 560 *débit* leitet die Verba unmittelbar aus lat. *debet* oder *debitum* ab). Scheler im Anhang zu Dz 790 bemerkt, „es schwebt mir immer vor, als ob sich *débiter* auch mittelst *dehibitare* erklären lassen könnte, man nehme *debere = dehibere* im Sinne von *exhibere,* zeigen, zur Schau stellen, in Kauf geben. Godefroy citiert aus ,Le pas de la Bergère': Qui mieux paroit estre paré d'abis, a son povoir il faisoit ses debis." Aber aus **dehibitare* konte auf volkstümlichem Wege *débiter* gar nicht entstehen, letzteres ist vielmehr offenbar ein gelehrtes

Wort, u. als solches läfst es sich nur auf ital.
*debitare zurückleiten; frz. dette (aus dem Ital.);
span. deuda; ptg. divida (wohl an dividir angelehnt).

2768) *dē-cădo, *-ĕre, herunter-, ab-, verfallen;
frz. déchoir, dazu das Sbst. déchet (viell. = decádit
„es fällt ab" oder aus dem Stamme decad- gebildet),
Abgang, d. h. Einbufse an Rohstoff bei der Bearbeitung oder der Lagerung. Vgl. Tobler, Sitzungsb.
d. Berl. Akad. d. Wiss., phil.-hist. Cl. Bd. 51 (1889)
p. 1085.

2769) dĕcānŭs, -um m. (v. decem), der Vorgesetzte von zehn Mann; frz. doyen, der Vorsitzende
einer geistlichen oder gelehrten Körperschaft; altoberital. degan, vgl. Salvioni, Post. 8; sonst ist
das Wort nur als gel. W. erhalten.

2770) dĕcĕm, zehn; ital. dieci; rum. diéce, zece;
rtr. des, deš, deiš etc.; prov. detz; frz. dix; cat.
deu; span. diez; ptg. dez. Die Verbindung der
Einer mit decem erfolgt im Roman. teils mit, teils
ohne et, vgl. Gröber, ALL II 100.

2771) dĕcĕmbĕr, -brĕm m. (v. decem), Dezember;
ital. dicembro; prov. dezembre-s; frz. décembre;
span. diciembre; ptg. dezembro.

*dĕcēno, -āre s. dĭsjŭno, -āre.

2772) dĕcĕo, ŭī, ēre, zur Zierde gereichen, ge-
ziemen; ital. dese = decet, bei Bonvesin; sard.
deghere, dĕxere, deghi, dighi, (sicil. sdécīri „non
essere conveniente"), vgl. Mussafia, R II 117; rtr.
descha = decet, vgl. Ascoli, AG.I 15, XII 400;
(altfrz. Storm u. G. Paris, R III 289, wollten in
den Eiden Z. 9 ed. Stengel „per dreit son | fradra
salvur dist" lesen u. dist als decet auffassen, diese
Annahme ist aber unhaltbar, denn die richtige Lesart ist dift = debet. Das Nähere sehe man in
Koschwitz' Kommentar zu den ältesten frz. Sprach-
denkmälern p. 17 ff.).

2773) dĕcĭbĭlĭs, e (deeet), geziemend, schicklich;
(ital. dicevole); sard. dechivile.

2774) dēcĭdo, cĭdī, cĭdĕrĕ (de+cado), herabfallen;
davon span. dizer u. decir, herabsteigen; ptg.
descer, vgl. Cornu, R VII 595. Dz 444 descer hatte
das ptg. Wort auf desidēre zurückgeführt. Wirklich befriedigen kann keine der beiden Ableitungen.

dĕcĭmo, -āre s. dĭsjŭno, -āre.

2775) dĕcĭmus, a, um (decem), der zehnte;
ital. decimo; oberital. desemo; frz. disme, dime
(Neubildung dixième); altspan. diezmo, Meyer-L.,
Z. f. ö. G. 1891 p. 768.

2776) dĕcĭpĭo, cēpī, cĕptŭm, cĭpĕrĕ (de +
capere), täuschen; ital. nur Part. P. decetto (altsicil. deseta mancanza, Salvioni, Post. 8); prov.
decebre; frz. décevoir. Wegen der Flexion s.
căpĭo. '

[*dĕcīrro s. dē + (ex?) + skĕrran.]

2777) dĕclīno, -āre, abbiegen; ital. dichinare,
sich senken; prov. declinar, dazu das Vbsbst.
decli-s; frz. décliner, niedergehen, zu Ende gehen,
altfrz. auch etwas zu Ende bringen, bis zu Ende
erzählen (Schlufs des Rolandsliedes in O.: „ci falt
la geste que Turoldus declinet", vgl. R XIV 405),
'dazu das Vbsbst. déclin; span. ptg. declinar.

2778) dĕcŏllo, -āre (collum), enthalsen, ent-
haupten; ital. decollare; frz. décoller; span. ptg.
degollar. Vgl. Gröber, ALL VI 389.

2779) dĕcŏlo, -āre, abfliefsen; dav. (od. v. de-
currĕrĕ?) lomb. degóra, eine Art Wasseruhr, vgl.
Salvioni, Z XXII 469.

2780) dēcŏrātŭs, a, um (Part. P. P. v. decorare),

geschmückt; davon vielleicht altfrz. dioré, vgl.
G. Paris, R XIV 274; Förster zu Aïol v. 7164.

2781) [dēcrĕpĭtus, a, um, altersschwach; frz.
décrépit (gel. W.). Über das Vb. décrépir s. oben
crispus, vgl. auch Tobler, Herrig's Archiv, Bd. 97
p. 375.]

2782) decrēsco, -ĕre, abnehmen, kleiner werden;
ital. discrescere.

2783) dĕcŭma f. (decem), der zehnte Teil;
sard. deguma, dazu das Vb. degumare, vgl. Salvioni,
Post. 8.

2784) dĕcŭrĭa, -am f. (decem), ein Zehend;
tessin. digura, vgl. AG I 264; Meyer-L., Z. f.
ö. G. 1891 p. 769.

2785) dĕcus n., Zierde, Schmuck; prev. decs,
decx (b. Appel 25, 31, im Glossar, schwerlich
richtig, mit „Ziel" übersetzt).

2786) dēdĕcet, -ēre, es ist unziemlich; altlomb. desdexceve scouveniente, vgl. Salvioni,
Post. 8.

2787) dēdĭcātĭo, -ōnem f. (dedico), Widmung;
ital. dedicazione; frz. dédicace (gleichsam *dei-
catia); span. dedicacion; ptg. dedicação.

2788) dēdĭco, -āre, widmen; ital. dedicare, u.
dem entsprechend in den anderen Sprachen; frz.
dédier.

2789) dēdo, dĭdī, dĭtum, dēdĕrĕ, hingeben;
rum. dedau dedai dedat deda, überlassen, se deda,
sich hingeben, sich gewöhnen.

2790) dēdūco, dūxī, dūctŭm, dūcĕre, hinab-
führen; ital. deducere, dedurre; frz. déduire etc.
Wegen der Flexion vgl. dūco.

2791) [*dē-ĕo, ĭvī, ĭtum, ĭre, herabgehen, ist
nach Dz 376 Grundwort zu ital. gire; Caix dagegen,
Riv. di fil. rom. II 174 u. St. 35, erblickt in gire
einfaches ire mit prosthetischem Palatal; Meyer-L.,
Ital. Gramm. S. 253, erklärt das anlautende g in
gire aus Übertragung des palatalen e von den mit
e anlautenden Formen (eamus etc.) auf die mit i
anlautenden.]

2792) [*dē-ēseīno, -āre, wurde von Rönsch, Z I
419, als Grundwort zu desinare, frz. dîner etc.
aufgestellt. S. unten dĭsjŭno.]

2793) dē + ĕx s. oben de. Aus den zahlreichen
mit de + ex gebildeten Verbalkompositis seien hier
nur folgende als kennzeichnende Beispiele aufgeführt:[1]

2794)' *dē-ĕx-āffĭdūcĭo, -āre = span. desfiuzar,
deshuciar, desahuciar, jem. aller Hoffnung berauben.
Vgl. Dz 451 fiucia.

2795) [*dē-ĕx-ălăpĕtto, -āre (v. alapa), nach
Bartsch, Z II 306, = prov. deissalabetar.]

2796) *dē-ĕx-balco, oder dē + balco, -āre
(*balcare v. germ. balko = frz. (balc, baue), bau,
Balken, dazu Femin. bauge, Balkenhütte, Stall,

---

[1] Ich weifs wohl, dafs das Vorhandensein mit de + ex
zusammengesetzter Verben von Sachkundigen geleugnet
wird (z. B. von Gröber, Z V 177, u. Meyer-L., Rom. Gr.
II § 603 Anm., vgl. aber ALL II 279); ich vermag mich
aber dieser Ansicht nicht anzuschliefsen. Warum nicht,
das auseinanderzusetzen, würde hier zu weit führen. Wenn
Meyer-L. a. a. O. sagt, dafs ital. destar aus *excitare (=
ezeltare) durch Präfigierung entstanden sei, so hat er selbstverständlich vollkommen Recht, gleichwohl aber geht doch
des- in destare auf de + ex zurück, mindestens für den
Lexikographen, denn dem Grammatiker mag es erlaubt
sein, in destare auf de + ex zurück, mindestens für den
aber dieser Ansicht von *excitare nicht ein Präfix (ex), sondern
lediglich eine Anlautsilbe zu erblicken.

schlechtes Lager, u. *bauche*, Strohlehm) ist vermutlich die in das Lat. übertragene Grundform zu frz. *débaucher*, das also eigentl. bedeuten würde „jem. aus der Balkenhütte, d. h. aus dem Arbeitsschuppen, aus der Werkstätte herausholen, ihn also von der Arbeit weglocken, verführen", daher hätte *se débaucher* zu der Bedtg. „sich der Schwelgerei ergeben" gelangen können; an *bauche* „Strohlehm" schliefst sich an *ébaucher*, eigentl. von Lehm, Thon arbeiten, also „aus dem Groben arbeiten, den Rohentwurf machen u. dgl."; zu den Verben die Sbsttve *débauche* u. *ébauche*. Vgl. Dz 517 *bauche* u. dazu Scheler im Anhang 783.]

2797) [*dē-ĕx-bătto, -ĕre = frz. *débattre*, davon das Sbst. *débat*; in den übrigen Sprachen entsprechend.]

2798) [*dē-ĕx- (od. dis-) cĭlĭo, -āre (v. *cilium*, Augenlid), die Augen öffnen, = ital. *discigliare* (= *disc.*); frz. *déciller*, *dessiller*. Vgl. Dz 560 *déciller*.]

2799) [*dē-ĕx-cĭto, -āre (nach Meyer-L., Rom. Gr. II § 603, *excitare* = [ital.] *escitare* u. dies dann mit *de* präfigiert) = ital. *destare*, wecken, vgl. Dz 368 *s. v.*; Storm, R V 177 Z. 2 v. u, im Texte, stellt *dis-citare* als Grundwort auf, u. das verdient den Vorzug.]

2800) [*dē-ĕx-dīco, dīcere = frz. *dédire*, in Abrede stellen, Lügen strafen. Wegen der Flexion s. dico.]

2801) [*dē-ĕx-fŏllo, -āre (v. *follis*) = span. *desfollar*, *desollar*, abhäuten, (ptg. *esfolar*), vgl. Dz 445 *desollar*.]

2802) [*dē + ĕxĭn (f. *exinde*) = prov. *dessé*, sobald (*dessé que*, sobald als), eine analoge Bildung ist *jassé = jam + exin*[*de*]; immer (in Bezug auf die Zukunft), *anesé*, immer (in Bezug auf die Vergangenheit), ist = *anc* + analogisch übertragenes *sé*, vgl. Gröber, Misc. 44; anders Dz 676 *se*, vgl. P. Meyer, R XIV 579; Thomas, R XIV 577. Sieh **jăm** + **ĕxĭn**.]

2803) *dē + ĕx + **jam** = altfrz. *desja*, nfrz. *déjà*, schon, vgl. Gröber, Misc. 44.

2804) [*dē-ĕx-lēgo,-āre (v. *lex*) = prov.*desleyar* (refl. Vb.), sich gegen das Gesetz, das Recht vergehen, dav. das Vbsbsttv. *deslei-s*, Rechtsverletzung; altfrz. *deslei̯er* (refl. Vb.) mit derselben Bedtg. wie im Prov. (zu unterscheiden von *deslo̯ier = de-ex-ligare*, losschnüren), dazu ebenfalls das Sbst. *deslei*. Vgl. Dz 368 *dileggiare* (Diez hält mit Unrecht *dileggiare* für die italienische Form zu *desleyar*, während in Wirklichkeit *dileggiare = *tilliticare*, kitzeln, ist, vgl. Flechia, AG II 319); Tobler, Z III 575 (hier ist zuerst die Bedeutung von *desleyar* sowie sein Nichtverhältnis zu *dileggiare* festgestellt, vgl. auch G. Paris, R IX 334).]

2805) [*dē-ĕx-pănno, -āre (v. *pannus*, Tuch) = altfrz. *despaner*, (ein Tuch) zerreifsen, vgl. Dz 654 *pan*.]

*dē-ĕx-pēdĭco s. **ĭmpăctĭo**.

2806) [*dē-ĕx-pērgĭto, -āre = ptg. *despertar*, wecken, dazu das Partizipialadj. *despierto*, span. *despierto*, ptg. *desperto*, wach, vgl. Dz 449 *espertar*.]

2807) [*dē-ĕx-pĕtĭo, -īre (für *peto*, *petere*) = span. *despedir* (neben *espedir*), Urlaub fordern, Abschied nehmen, vgl. Cornu, R IX 130. Dz 445 leitete das Verbum sowie das ptg. *despir*, entkleiden, ausziehen, von *de-ex-pedire* ab, was in Bezug auf das ptg. Wort auch aufrecht zu erhalten ist.]

2808) [*dē-ĕx-rāmo od. *dis-rāmo, -āre (von *ramus*), auseinanderästen, trennen, teilen; ital.

disramare, die Bäume beschneiden; rum. *derăm ai at a*, zerstören; prov. *desramar*, *derramar*, entblättern, vernichten; altfrz. *desramer*, *deramer*, zerreifsen; span. ptg. *derramar*, ausbreiten, ausgiefsen. Vgl. Dz 444 *derramar*.]

2809) [*dē-ĕx (oder dis-) -rēno u. -rēnĭco,-āre, die Lenden ausrenken, kreuzlahm machen; ital. nur Part. P. P. als Sbst. *direnato*, Verletzung der Lenden; prov. *desrenar*, *desregnar*; altfrz. *esreiner*; nfrz. *éreinter = *exrenitare*; span. *derrengar*; ptg. *derrear*. Vgl. Dz 117 *derrengar*.]

2810) [*dē-ĕx-rīpo (oder *dis-rīpo), -āre, aus den Ufern, also aus der richtigen Bahn treten; (= span. *derribar*, niederreifsen, eigentl. vom Ufer herabstürzen?); *de-ex-, bezw. *disripāre* soll nach Ulrich, R IX 579, das vorauszusetzende Grundwort sein zu altfrz. *desver*, *derver*, von Sinnen kommen, wahnsinnig werden, es ist diese Ableitung aber von Gröber, Z V 177, hinreichend widerlegt worden. Die richtige Ableitung dagegen deutete Ulrich selbst an, R VIII 264, indem er auf *dis-vadĕre* hinwies, nur hätte er nicht ein *dis-varre* (rr aus dr), sondern ein *dis-vare (vare Analogiebildung zu *stare) als Mittelstufe annehmen sollen. Unnötig künstlich ist Cohn's Ableitung, Z XVIII 202: *desve = *desuātus* (v. *suus*, gleichs. „enteignet, sich selbst entfremdet, irre"), dazu der Inf. *desver*. Eine Parallelbildung zu *d. ist *rêver*. Unannehmbar ist auch Bartsch's, Z II 307, Gleichung *derver = diruĕre*. Andere aufgestellte, aber mit Recht zurückgewiesene Grundwerte sind: *desaevare f. *desaevire*, *dissipare*, *derogare* (: *derver = interrogate : enterver*). Am sinnigsten ist immer noch Diez' Deutung: *dēsĭpit (= *de + sapit) : *desve*, u. aus dieser 3. Pers. entwickelt sich ein Vb. der A-Konj. Leider aber ist der von Diez angenommene Vorgang höchst unwahrscheinlich, schon weil das erste *e* offen ist (wie die stammbetonten Formen in Assonanz bekunden, vgl. G. Paris, R IX 579) und also nicht aus *ē* entstanden sein kann, sondern in einem *ĕ* seinen Ursprung haben mufs. Das Wort ist ganz sicherlich lateinischen Ursprunges, denn man kann es weder aus dem Germanischen noch aus dem Keltischen ableiten. Schwerlich auch ist es ein mot historique u. verdankt irgend einem uns unbekannten Zufalle seine Entstehung. Im Nfrz. lebt das Vb. in *endêver*, ärgerlich sein, fort, dagegen ist das im Altfrz. vorhanden gewesene Sbst. *desverie*, *derverie* abgestorben. Vgl. Dz 561 *desver* u. dazu Scheler im Anhang 791.] S. No 2817.

2811) [*dē-ĕx-săpĭo, *săpĕre (f. *sapĕre); altfrz. *dessavoir*, nicht wissen, vgl. Scheler, Jahrb. X 252; Tobler zu Li dis dou vrai aniel p. 23; span. nur Part. Prät. *de*(*s*)*subido*.]

2812) [*dē-ĕx- + germ. **sazjan** = prov. *dessazir*, aufser Besitz setzen; frz. *dessaisir*.]

2813) [*dē-ĕx-sĕrvĭo, -īre = frz. *desservir*, die Speisen abtragen, dazu das Partizipialsbst. *dessert*, Nachtisch, vgl. Dz 677 *serviette*.]

2814) [dē- (ĕx) + altnfrk. **skĕrran** = nfrz. *déchirer* (altfrz. *eschirer*); vgl. Dz 574 *eschirer*; Mackel 105; Rönsch, RF II 2, schlug *dis-cirrare*, eigentlich „die Locken zerzausen" als Grundwort vor, was schon wegen des *ci = chi* unannehmbar ist, vgl. Mackel a. a. O.]

2815) [*dē-ĕx-trăbo, -āre (v. *trabs*), = altfrz. *destraver*, die Zelte abbrechen, vgl. G. Paris, R VI 629.]

2816) [*dē-ĕx-trĭco, -āre = prov. *destrigar*, hemmen, hindern, schaden (die Bedeutung ist befremdlich, da man nach dem Präfix die gegenteilige erwarten mufs, und vielleicht ist um deswillen diese von Diez aufgestellte Ableitung abzulehnen), dazu das Vbsbst. *destric-s*, Schaden; altfrz. *detrier*. Vgl. Dz 327 *tricare*.]

2817) [*dē-ĕx-v[ad]o, *-vāre (f. *vadēre* nach Analogie v. *stare* gebildet, vgl. *fare* f. *facere*) ist das wahrscheinlichste Grundwort für altfrz. *desver, derver* (ab-, fehlgehen, irregehen), irre, wahnsinnig werden.] Vgl. *de-ex-rīpo u. *desuatus.

2818) dēfĕndo, fĕndi, fĕnsum, fĕndĕre, abwehren, verteidigen; ital. *difendo, fesi, feso, fendĕre*; prov. *defendre*; frz. *défendre*; span. *defender* (Präs. *defiendo*); ptg. *defender*. Vgl. Gröber, ALL II 100.

2819) dēfĕnsŭs, a, um (Part. P. P. von *defendĕre*), verboten; altfrz. *defois*, verbotener Platz, Wiese, Weide; cat. *devesa*, Weide; span. *defesa, dehesa*, Weide. Vgl. Dz 444 *dehesa*; Berger *s. v.*

2820) dēfŏris, von aufsen; ital. *difuori*; frz. *dehors* (das *h* aus *f* ist noch unerklärt).

2821) dē-fŭndo, -ĕre, herabgiefsen, -strömen, berg. *degond*, cadere in giù, essere a piano inclinato; valtell. *degonda*, dondolare; lerm. *degondare*, cominciar a cadere. Vgl. Salvioni, Post. 8, die Ableitung mufs jedoch als sehr zweifelhaft bezeichnet werden.

2822) *dēgĕlo, -āre, auftauen; (ital. *dighiacciare* = *diglaciare*); rum. *deger ai at a*; frz. *dégeler*; span. *dehelarse*; ptg. *degelar*.

2823) dēgrādo, -āre (de u. *gradus*), herabsetzen (Eccl. u. spät. J. C.); ital. *degradare* „tagliare da un grado o ufficio onorevole", *digradare* „scendere di grado in grado", vgl. Canelle, AG III 332; auch sonst als gelehrtes Wort vorhanden.

2824) [*dēgrādŭs, -un m. (für *gradus*), Stufe; prov. *degrat-z*; frz. *degré*; ptg. *degrao*. Vgl. Dz 560 *degré*.]

2825) dē hā[c] hōrā ĭu ăb ănte = frz. *dorénavant*, hinfort, vgl. Dz 563 *s. v.* S. unten hĭc.

2826) dē hā[c] rē; daraus nach Suchier's Annahme, Z I 431, altfrz. *gier, gieres, gierres, giers*. Dz 596 vermutete das Grundwort in *igitur* oder in *ergo* (: *erg : ierg : ger : gier*). Letztere Annahme ist nicht eben wahrscheinlich. Die richtige Ableitung dürfte diejenige von *igitur* sein (*igitur : *igetur : *i[g]edro : *iedre : ierre*), vgl. Cornu, R X 399.

2827) [*dēhausto, -āre (v. *haustus*, Part. P. P. v. *haurire*), wegschöpfen, wegheben, wegnehmen; rtr. *dustar*, wegnehmen, wehren, hindern; altfrz. *doster*. Vgl. Dz 650 *óter* u. No 2869.]

2828) dē, bezw. dīs, + altn. heit, Versprechen, Gelübde; altfrz. *deheit, dehait*, Trauer, Verdrufs, Niedergeschlagenheit, dazu das Vb. *dehaitier, desheitier, deshaiter*. Vgl. Dz 609 *hait*.

2829) dē-hŏnĕsto, -āre (v. *honos*), entehren; span. *denostar*, dazu das Sbst. *denuesto*, Beschimpfung; ptg. *deostar, doestar*, dazu das Sbst. *doesto*; vielleicht gehört hierher auch prov. *desnot-z* (für *denost?*), Spott. Vgl. Dz 444 *denuesto*.

2830) ahd. dehsala, norweg. schwed. teksla, kleine Hacke, = frz. *tille* „hachette des tonneliers, des couvreurs et d'autres artisans", vgl. Bugge, R III 158.

2831) mhd. dĕhsen, schwingen (in der Flachebereitung), wird von Baist, RF I 133, in Zusammenhang mit span. ptg. *tascar*, hecheln, gebracht. S. unten taxare.

dē + īn s. dē.

2832) dē + īndĕ; altvenet. *dende*; prov. *den*; span. altptg. *dende*. Vgl. Gröber, AJL III 267.

2833) dō + īntĕr = rum. *dintre*, zwischen, unter.

2834) dē + īntro = ital. *dentro, drento*, innerhalb; span. ptg. *dentro*. Vgl. Gröber, ALL III 268.

dē + īntŭs s. dē.

2835) *dē-jĕcto, -āre = ptg. *deitar*, s. unten ējĕcto, -āre.

2836) [*dē-lābŭlo, -āre (v. *lab, lap*, wovon abd. *lappa*, nhd. Lappen) = frz. *délabrer*, zerfetzen. Das Vb. läfst sich von *lambeau* nicht wohl trennen, mit *labrum, labellum* nicht wohl in Verbindung bringen. Immerhin mufs die angegebene Ableitung dem Zweifel unterliegen, schon weil das Präfix *de* sich mit der Bedtg. nicht recht vereinigen läfst. Vgl. Dz 624 *lambeau*.]

2837) *dē-lāxo, -āre, ablassen, ist nach Ascoli's scharfsinniger Darlegung, AG XI 422, XII 26, das Grundwort zu span. *dejar*, ptg. *deixar*, lassen (ebenso *dilaxare* das Grundwort zu calabr. *dassare*). „Dafs in span. *dejar*, ptg. *deixar*, kalabr. *dassare* aus *l-* die Präposition *de* eingeflossen ist, insbesondere die von einem *delaxare* (vielleicht aber nicht ausschliefslich), darin gebe ich Ascoli, AG XI 422, Recht. Aber ich kann mich nicht entschliefsen, hier Ergebnisse rein lautlicher Vorgängs zu erblicken, um so weniger, als das eine Mal die erste, das andere Mal der zweite Vokal geschwunden sein würde: *d'laxare, del'xare*. Das ladin. *sar* für *lašar* gewährt, da seine Bedingungen ganz andere sind, keine Stütze für die letztere dieser Aufstellungen. Ich würde ansetzen *daxare* aus *laxare* + *delaxare*, und zwar müfste es sich um eine sehr alte Erscheinung handeln, nicht blofs um eine ,coincidenza ispano-calabrese'. Abgesehen davon, dafs die d-Form auch in Sicilien bekannt ist (*dassari*), erfreut sie sich in Südfrankreich, wenigstens in Languedoc und der Gascogne, einer weiten Verbreitung: *daissa, deissa, daicha, daicha, dacha, decha* neben *laissa, leissa, laicha, leicha, lacha, lecha*. (S. nun Ascoli, AG XII 26 f.)" Schuchardt, Z XV 241. — Diez 445 hatte *desitare* (Frequ. v. *desinēre*) als Grundwort aufgestellt. Von anderer Seite wurde *laxāre* empfohlen, vgl. Coelho, Questões de ling. port. I 292; C. Michaelis, Stud. 236; Coelho, R II 287 Anm.; Tailhan, R IV 262; Cornu, R IX 133. S. unten laxo.

2838) dēlĕcto, -āre (Intens. v. *delicio*) u. dīlĕcto, -āre (Frequ. v. dīlĭgo), ergötzen; ital. *dilettare*; prov. *deleitar, delechar*; altfrz. *deleitier, delitier* (nfrz. ist das Vb. durch *amuser* verdrängt worden); span. ptg. *deleitar*. Vgl. auch dēlĕctŭs.

2839) [*dēlĕctŭs, -um m. und dīlĕctŭs, -um m. (v. dīligo), Ergötzung; ital. *diletto*; prov. *deleit-z*; altfrz. *delit* (nfrz. dafür *amusement)*; span. ptg. *deleite*. Vgl. Gröber, ALL II 101. Vgl. auch dī-lĕctŭs.

2840) *dēlībĕro, -āre (v. de u. *liber*), befreien; ital. *diliberare* (entspricht zugleich in seiner Bedtg. dem schriftlat. *deliberare*); frz. *délivrer*, dazu das Verbaladj. *delivre* etc. Vgl. Dz 195 *liverare*.

2841) dēlīcātŭs, a, um (v. *delicia*), zart, fein: ital. *delicato*; rum. *delicat*; prov. *delg(u)at-z, dalgat-z*; altfrz. *delgié, deugié* (nfrz. *délié* ist wohl besser als *deligatus* v. *deliciae* = *delier* aufzufassen); span. ptg. *delicado*, lecker, *delgado*, zart, fein, schlank. Vgl. Dz 560 *délié*.

2842) dēlīcĭā, -am f. (v. *delicio*, klassisch nur Pl. *deliciae*), Ergötzlichkeit; ital. *lezia, lezio*, Ziererei, vgl. Dz 381 *s. v.*; (frz. *délice*; span. *delicia, delicio*; ptg. *delicia*.) Vgl. Meyer, Ntr. 154.

2843) [dēlĭcĭōsŭs, a, um (v. *deliciae*), köstlich, weichlich; ital. *delizioso* (altital. auch *lezioso*), vgl. Dz 381 *lezia*; frz. *délicieux*; span. ptg. *delicioso*.]

2844) [dēlĭcŭlŭs, a, um (Demin. von *delicus*), von der Mutterbrust eutwöhnt; davon mit Suffixvertauschung ital. *dilegine*, schwach, vgl. Caix, St. 26; Dz 368 *s. v.* hatte das Wort ohne Erklärung gelassen.]

2845) dēlĭcŭs, a, um (v. *delinquo*), von der Mutterbrust entwöhnt; sard. *diligu*, auch sonst in ital. Dialekten vorhanden, vgl. Caix, St. 26.

2846) dēlĭgo, -ĕre (*legĕre*), auswühlen; trent. *delezer*, scegliere, vgl. Salvioni, Post. 8.

2847) dēlĭquo, -äre, abklären; ital. *dileguare*; lomb. *delenguar*; venez. *delenguare*; crem. *deluá*; rtr. *luar*. Vgl. Meyer-L., Z. f. ö. G. 1891 p. 769; Salvioni, Post. 8.

2848) dĕlphīnŭs, -um *m.* (gr. δελφίς, δελφίν), Delphin; ital. *delfino*; prov. *dalfin-s*; frz. *dauphin*; span. *delfin*; ptg. *delfin* (u. *golfinho*, vgl. Cornu in Gröber's Gr. I 767).

2849) [*dēlūdo, -äre (v. *ludus*) od. *dēlūto, -äre (v. *lutre*), davon vielleicht — es ist aber recht sehr zweifelhaft! — altfrz. *delu*, vgl. Suchier im Glossar zu Bd. II der Werke des Phil. de Remi u. Cohn, Deutsche Litteraturztg. 1898 No 40 S. 1529; ebenda wird auch über das altfrz. Sbst. *delui*, gleichbedeutend mit *délai*, gehandelt.]

2850) dēmăgīs = *valde magis* (Gloss. = σφοδρῶς; Lucil. sat. 16, 7); span. *demas*, aufserdem, überdies, auch Adj. mit der Bedtg. „übrig", davon abgeleitet *demasiado*, übermäfsig, *demasia*, Übermafs; ptg. *de mais*. Vgl. Dz 200 *mai*.

2851) dēmăndo, -äre, anvertrauen (im Roman. ist die Bedtg. „jem. etwas abfordern, abverlangen, abfragen" vorherrschend geworden); ital. *demandare* „commettere", *dimandare domandare* (as *commandare* angelehnt) „chiedero", vgl. Canello, AG III 332; prov. *demandar*; frz. *demander*; span. *demandar*, fordern („fragen" ist = *preguntar* = *praecontare* v. *contus*), ebenso ptg.

2852) dē + mănĕ, morgen; ital. *dimani, domani*; (rum. *mâine*); prov. *deman, demá*; frz. *demain* (altfrz. auch einfaches *main*); cat. *demá*; (span. *mañana*; ptg. *a manhã, manhãa*). Vgl. oben **crăs.**

2853) [dē + *mānītĭā (f. *matutina*, scil. *hora*) = rum. *demineaţă*, der Morgen.]

2854) dē mănŭ īpsā = prov. *demanes* (daneben *manes*), sogleich; altfrz. *demanois* (daneben *manois*). Vgl. Dz 560 *demanois*.

2855) dēmĕnto, -äre (von de u. *mens*), bethören; ital. *dementare*, davon *dimenticare*, vergessen; altfrz. *dementer, toben*; span. ptg. *dementar*, des Vorstandes berauben. Vgl. Dz 209 *mente*.

2856) dēmĭtto, -ĕre, absenden; ital. *dimittere*.

2857) dēmōnstro, -äre, beweisen; ital. *dimostrare*; u. dem entspr. in den übrigen Spr. Vgl. Berger *s. v.*

2858) *dēmŏro, -äre (im Schriftlat. Dep.), sich aufhalten; ital. *dimorare*; prov. *demorar*, Vbsbst. *demeure*, vgl. Förster, RSt. III 182, G. Paris, R X 44, Tobler, Gött. gel. Anz. 1872 p. 887, Meyer-L., Rom. Gr. I p. 192; span. ptg. *demorar*, Vbsbst. *demora*.

*dēnārātā s. dēnārīŭs.

2859) dēnārīŭs, -um *m.* (v. *deni*), eine Münze;

Denar; ital. *denaro, danaro, danajo*, Geld, davon abgeleitet *derrata*, gleichsam *den[a]rata*, Ware; frz. *denier*, kleine Münze, Heller, davon abgeleitet *denrée*, Ware, Efewars; span. *dinero*, Münze, Heller, Geld, davon abgel. *dinerada*, eine grofse Menge Geld; ptg. *dinheiro*, Heller, Geld, davon abgeleitet *dinheirame*, eine Menge Geld.

2860) dēnĕgo, -äre, verweigern, abschlagen; ital. *denegare, dinigare*, dazu das Vbsbst. *diniego*; frz. *dénier*, verleugnen, verweigern, dazu Vbsbst. *déni*; span. ptg. *denegar*, dazu Vbsbst. *dengue* (auch cat.; sard. *denghi*), die nur scheinbare Weigerung, Ziererei, daher *hacer dengues*, sich sträuben, zieren. Vgl. Dz 444 *dengue*.

2861) dēnōdo, -äre (von *nodus*), losknoten; ital. *denodare*, aufknüpfen (frz. *dénouer* = *disnodare*); nur scheinbar gehört hierher (denn man beachte das *ue* in *denuedo*) span. *denodar*, wild, unerschrocken, beherzt sein, daher *denodado*, kühn, dazu das Vbsbst. *denuedo*, Kühnheit; ptg. nur das Partizipialadj. *denodado*, kühn, und das Vbsbst. *denodo*, Kühnheit. Vgl. Dz 444 *denuedo*; Cornu, R XIII 300, setzt *denodarse* = *se denôtare*, sich auszeichnen, an, was durch das Vbsbst. *denuedo* begründet erscheint.

2862) dēns, dēntem *m.*, Zahn; ital. *dente m.*; rum. *dinte m.*; prov. *dent-z* dent; frz. *dent f.*; cat. *dent*; span. *diente m.*; ptg. *dente m.* Vgl. Gröber, ALL II 101.

2863) [dēnsō, -äre, dicht machen; cat. *desar*, bergen, Vbsbst. *deso*, Versteck, vgl. Baist, RF I 133.]

2864) dēnsŭs, a, um, dicht; ital. *denso*; rum. *des*; frz. *dense* (gel. W.); span. ptg. *denso*.

2865) dēntārĭă, a, um (v. *dens*), zum Zahn gehörig; dēntārĭă, -am *f.*, Name für verschiedene Pflanzen; ital. *dentaria* „specie di pianta", *dentiera* „rastelliera di denti posticci", vgl. Canello, AG III 307.

2866) dēntātŭs, a, um (v. *dens*), bezahnt; ital. *dentato*; rum. *dintat*; prov. *dentat-z*; frz. *denté*; span. ptg. *dentado*. — (dentale = span. *dental*).

2867) *dēntēllŭs, -um *m.* (Demin. von *dens*), Zähnchen, Zäckchen; ital. *dentello*, Zähnchen, Einzackung, Pl. *dentelli*, Spitzen (das übliche Wort für geklöppelte u. dgl. Spitzen ist *merletti*, wahrscheinl. Demin. v. *merlo*, Saum, u. dies wieder = *mergulus*, Demin. zu *merga* f. schriftlat. *mergae*, Gabel); prov. *dentelh-s* = *denticulus*; frz. *dentelle*, gewirkte etc. Spitzen; span. abgel. *dentellon*, zahnförmige Säulenverzierung (die geklöppelten etc. Spitzen heifsen *encajes*, wohl zusammenhängend mit *caja* = *capsa*, Kasten, gleichsam Einkästelungen); ptg. sind zahlreiche andere Ableitungen vorhanden, z. B. *denticulo*, Zähnchen, Zäckchen, *dentilhães*, ausgezackte Arbeit („Spitzen" heifsen *rendas*, wohl vom deutschen „Rand"). Vgl. Dz 117 *dentello*.

2868) dēntex, -ĭcem *m.* (*dens*), Zahnbrasse; ital. *dentice*; sard. *dentighe*, vgl. Salvioni, Post. 8.

dēntĭcŭlŭs s. dēntēllŭs.

2869) *dē-ŏbsto, -äre = rtr. *dustar*, hindern, verbieten, wehren, vgl. Ascoli, AG VII 523.

2870) [ags. deórling, Liebling; Dz 562 *dorelot* hielt für denkbar, dafs frz. *dorelot*, Zärtling, Liebling (dazu das Vb. *doreloter, dorloter* verzärteln, hätscheln) durch Suffixvertauschung auf ags. *deórling* zurückgehe. Das ist schwer glaublich. Sollte *dorloter* nicht ammensprachliche Ableitung aus dormir (*dormĭtoter) sein und eigentlich „einlullen" bedeuten?]

2871) **dĕōsum** (aus dĕŏrsum), abwärts; ital. giuso (vgl. Flechia, AG II 26 Anm. 1), daraus giù; rum. josu; rtr. giu; prov. jos; altfrz. jus, davon abgeleitet jusant, Sbst., Ebbe; cat. jussa; altspan. yuso; altptg. juso. Vgl. Dz 167 giuso u. 622 jusant; Gröber, ALL II 101.

2872) ***dēpāno, -āre** (v. panus), spulen, Garn abwinden; ital. dipanare; piem. davané, lomb. indevená, berg. indemná (vgl. berg. zumna, giovine), vgl. Salvioni, Post. 8; prov. debanar; span. davanar; ptg. debar, dobar. Vgl. C. Michaelis, Misc. 124.

2873) ***dēpārtĭo, -īre** (v. pars), abteilen, abtrennen, scheiden; ital. dipartire, (dispartire); rum. despart ii it i; prov. departir; (frz. dé-partir, dazu das Vbsbst. départ, Abreise; cat. span. ptg. despartir).

2874) ***dēpārto, -āre** (v. pars), abteilen, trennen; rum. departez ai at a, entfernen.]

2875) **dēpĭlo, -āre**, enthaaren, rupfen; rum. daper (f. deper) ai at a, ziehen, reißen; prov. depilar.

2876) **dēpōno, pŏsŭĭ, pŏsĭtŭm, pōnĕrĕ, ab-**, niederlegen; ital. deporre; altvenez. devost (= depositus), dimesso, vgl. Salvioni, Post. 8; rum. depun usei us une; prov. deponer; (frz. déposer), span. deponer; ptg. depor. Wegen der Flexion s. **pōno.**

2877) **dēpŏsĭtŭm** n. (Ntr. des Part. P. P. von deponere), das Niedergelegte, das anvertraute Gut, Niederlage; ital. span. ptg. depósito; frz. dépót. **dē + pŏste s. dē.**

2878) **dēprĕhĕndo, prĕhĕndĭ, prĕhĕnsŭm, prĕ-hĕndĕrĕ**, ergreifen; rum. deprind, insei, ins, inde (gleichsam etwas erfassen, ergreifen, wegbekommen, so dafs es zur Gewohnheit wird), üben, gewöhnen, ausbilden; altspan. deprehender, ergreifen; frz. déprendre, trennen.

2879) **dēprĭmo, prĕssĭ, prĕssŭm, prĭmĕrĕ**, niederdrücken, = altfrz. depreindre, demütigen, erniedrigen, vgl. Dz 661 preindre; wegen der Flexion s. **prĕmo.** Über die Form u. Bedtg. des Verbs in den übrigen rom. Spr. ist nichts besonderes zu bemerken.

2880) **dē prīmo sāltū**, auf den ersten Sprung, = altfrz. de prinsaut, sogleich, davon abgeleitet das Adj. prinsautier, rasch, behend, vgl. Dz 661 s. v.

2881) **dēpso, dēpsŭĭ, dēpstum, dēpsŏrĕ**, kneten; rum. dipsesc ii it i.

2882) [***dērātātŭs, a, um** (von altnfränk. rāta, w. m. s.), ohne Milz, frei von Milzsucht, = frz. dératé, munter. Vgl. Dz 665 rate, doch erscheint die Herleitung als im höchsten Grade fragwürdig, vgl. unten **rāta.**]

2883) [***dērĕtrānus, a, um** (v. dē + rétro), hinten befindlich, zuletzt; ital. deretano; altvenez. derean, vgl. Z XVII 524, XVIII 16, valbreg. drian, vgl. Salvioni, Post. 8; prov. derreiran; altfrz. deerrain, derrain (über andere prov. und altfrz. Formen vgl. Förster zu Yvain 5891), davon abgeleitet nfrz. dernier, gleichsam *deretranarius.]

2884) [***dērĕtrārĭŭs, a, um** (v. dērĕtro) = dere-tranus; prov. derriers, derrers, daneben derreiran.]

2885) [**dē + rĕtro**, hinten, hinter; ital. dietro, drieto; prov. dereire, derrier; frz. derrière. Vgl. Dz 268 retro.]

2886) **dērĭsĭo, -ōnem** f. (v. deridere), Verspottung

Körting, lat.-rom. Wörterbuch.

= ital. diligione, dilegione, vgl. Tobler, Z III 576; lomb. dereson, vgl. Salvioni, Post. 8.

2887) **dērŭo, -ĕre**, herabstürzen; sard. derruiri, rovinare, vgl. Salvioni, Post. 8.

2888) ***dē- u. dĭrŭpo, -āre** (v. rupes), von einem Felsen herabstürzen; ital. dirupare, davon das Vbsbst. dirupo, Absturz; prov. nur das Vbsbst. deruben, Schlucht; altfrz. nur die Vbsbst. derub, desrube, desrubant, desrubison, Abgrund, Schlucht; span. derrumbar (in Anlehnung an rumpere), dazu das Vbsbst. derrubio, das allmähliche Abfallen des Erdreiches von den Ufern eines Flusses; ptg. derrubar, davon abgeleitet derrubadóuro, Abgrund. Vgl. Dz 120 dirupare.

2889) **dērŭptus, a, um**, herabgestürzt; ital. dirotto.

2890) ***dēsācco, -āre** (von saccus), aussacken, herausziehen, = altfrz. desachier. Vgl. Dz 278 sacar.

2891) [***dē-saevĭo, -īre** (saevus) wurde von Gröber, Z V 177, aber freilich nur mit gröfsten Bedenken, als Grundwort zu altfrz. desver in Vorschlag gebracht; das wahrscheinlichste Grundwort ist *de-ex-vāre (vāre f. vadēre nach Analogie von stāre gebildet). S. oben **de-ex-rīpo, de-ex-vado** u. unten **desuatus.**]

2892) ***dēsărcĭno, -āre** (v. sarcina), entlasten, = rum. desarcin ai at a, entlasten, befreien.

2893) ***dēsătŭllŭs, a, um** (de + satullus, satt), = rum. destul (für desătul), genügend; die gleiche Bedeutung hat auffälligerweise auch indestul, wovon das Vb. indestulex ai at a, befriedigen.

*dēscĕndĕntĭā s. **dēscĕndo.**

2894) **dēscĕndo, scĕndī, scĕnsŭm, scĕndĕre** (de + scando), herabsteigen; ital. discendere „venir giù, provenire e fare calare", herabsteigen „e senza traslati", dazu die Vbsbstve discesa und scesa „che dice anche cataro'", vgl. Canello, AG III 393; prov. descendre, deisc-, deissendre; frz. descendre, herabsteigen u. herabsteigen lassen, dazu das Vbsbst. descente, Landung; span. ptg. descender. Das Vb. hat im Roman. auch die Bedtg. „abstammen" angenommen (descendentes „Descendenten" schon bei Paul. dig. 23, 2, 68), dazu das Sbst. *descendentia = ital. descendenza etc. Wegen der Flexion s. **scĕndo.** Vgl. Dz 397 scendere.

2895) **dēscĕnsus, -um** m. (descĕndĕre), Niederstieg; altspan. dejenjo (gel. W.), vgl. Meyer-L., Rom. Gr. I S. 400.

2896) **dēscrĭbo, scrĭpsī, scrĭptŭm, scrĭbĕrĕ** (de + scribo), beschreiben; ital. descrivere; frz. décrire; span. describir; ptg. descrever. Wegen der Flexion s. **scrĭbo.**

2897) (**dē-,**) ***dĭsĕctă, -am** f. (Fem. des Part. P. v. disecāre), abgeschnittene Sache, Abgeschnittenheit, = frz. disette, Mangel, vgl. Dz 562 s. v. u. dazu Scheler im Anh. 791. — Settegast, RF I 244, erklärte disette für den Deminutiv von desidia, also *disidietta entstanden, mit Recht bad G. Paris, R XII 133, diese Ableitung durch ein Ausrufezeichen gekennzeichnet.

2898) ***dēsĕcto, -āre** (Frequ. v. desecare), abschneiden, = span. decentar, aufschneiden, anfangen Aufbewahrtes zu gebrauchen, vgl. Förster, Z III 561. Dz 446 encentar hatte *deceptare (von decipio) als Grundwort aufgestellt.

2899) [***dēsĕnto, -āre** (v. desens, abwesend), abwesend sein, ist von Wiese, Z XI 555, als Grundwort zu altlomb. desentà, altgenues. xentar, ver-

20

schwinden, aufgestellt worden. Flechia, AG VIII 403, hatte das Wort von *exemptare, bezw. *de-exemptare abgeleitet.]

2900) **dēsĕro, sĕrūī, sĕrtūm, sĕrĕrĕ**, abreiben, = rum. *desir ai at a*, loslösen, zerreifsen.

2901) **dēsērto, -āre** (Frequ. v. *deserēre*), verlassen; ital. *desertare, disertare*; rum. *deşert ai at a*; frz. *déserter*; cat. span. ptg. *desertar.*

2902) **dēsērtōr, -ōrem** *m*. (v. *deserere*), Ausreifser, Deserteur (in dieser Bedeutung schon gut schriftlat.); ital. *de-* u. *disertore*; frz. *déserteur*; span. ptg. *desertor.*

2903) **dēsērtūm** *n*. (Part. P. P. v. *deserēre*), verlassence, unbewohntes Land, Wüste; ital. *deserto*; prov. *desert-z*; frz. *désert*; span. *desierto*; ptg. *deserto*. Vgl. Gröber, ALL II 101.

2904) **dēsīdērīŭm** *n*., Sehnsucht; ital. *desiderio*, *desidero*; prov. *desire-s, dezire-s*, daneben *dezirier-s*; (frz. *désir*). Auf ein anzunehmendes *deside[r]ium* = *desidejo* (mit off. *e*) beruhen: ital. *disio, -a*; sard. *disizu, disiggiu*; prov. *desieg-z*; altfrz. *desiier, desier*, vgl. Tobler, Ltbl. f. germ. u. rom. Phil. 1886 No 9 Sp. 365, u. Cohn, Suffixw. p. 289; cat. *desig (desitg)*; span. *deseo*; ptg. *desejo*. Vgl. Dz 120 *disio* (Diez wollte das Wort aus *dissidium* ableiten, was lautlich einfach unmöglich ist); Förster, Z III 511 Anm. 2 (hier zuerst das richtige Grundwort); Meyer, Ntr. 155 (M. verteidigt *dissidium*, meint jedoch, dafs von einer „falschen Decomposition" *dessēdium* auszugehen sei [vgl. auch, Rom. Gr. I § 115 S. 119]; an Förster's Ableitung tadelt er, dafs sie keine Auskunft über den Verbleib des r gebe, wogegen zu bemerken ist: *desidĕrium* : *de-siejo* = *cellerarius* : *cellerajo*, das r wird durch den nachfolgenden Palatal verdrängt; in *cellerajo* u. dgl. verharrte nun freilich das *j*, während es in *desiejo* vokalisiert ward, *desieio*, woraus *desio*, *disio* durch Suffixvertauschung entstanden zu sein scheint, ganz klar liegt freilich die Entwickelung nicht; Schuchardt, Z XIII 533, nimmt an u. trifft damit gewifs das Richtige, dafs cat. *desitj*, sard. (logud.) *disizu*, (südl. *disiggiu*) auf ein *desīdium* (aus *desīdrium*), dagegen span. *deseo*, ptg. *desejo* auf ein *desidium* zurückgehen. Settegast, RF 1 244, will *disio* von *desidia* ableiten, wogegen G. Paris, R XII 133, mit bestem Rechte Einspruch erhoben hat). Vgl. oben **cōnsīdērīŭm.**

2905) **dēsīdĕro, -āre**, ersehnen; ital. *desiderare*, (*disiare*); lomb. *dese-* u. *desidrar, desirar*; altvenez. u. altgenues. *desirar*, vgl. Salvioni, Post. 8; prov. *desirar, dezirar*; frz. *désirer*, dazu das Postverbale *désir*: (span. *desear*; ptg. *desejar*).

2906) **dēsīdĕrōsŭs, a, um** (v. *desiderare*), sehnsüchtig; prov. *deziros*, daneben *dezirons*.

[**dēsīdīa** s. **dēsĕctā** u. **dēsīdērīŭm.**]

2907) [***dēsīdium** und ***dēsīdium** sind nach Schuchardt's jedenfalls richtiger Annahme, Z XIII 533, die beiden Grundformen zu der oben unter **desiderium** besprochenen Wortsippe.]

2908) [**dēsīdo, sēdī** u. **sīdī, sīdĕre**, sich niedersenken; davon nach Dz 444 *descer* altspan. *decir*, herabsteigen; ptg. *descer*, vgl. dagegen Cornu, R VII 595, wo *decidĕre* als Grundwort aufgestellt wird, was auch nicht befriedigt.]

2909) **dēsīgno** u. **dīssīgno, -āre**, bezeichnen, zeichnen; ital. *designare* „indicare, proporre", *dis(s)egnare* „tracciare le prime lineo d'un quadro, proporsi", vgl. Canello,AG III 332; prov. *desse(i)gnar*, bezeichnen; frz. *désigner*, bezeichnen, *dessiner*, zeichnen; dazu das Vbsbst. *dessin*, Zeichnung; span.

designar, bezeichnen (zeichnen ist *dibujar*, wohl aus dem ital. *bujo*, s. No 1653); ptg. *desenhar*, zeichnen (daneben *buxar*).

2910) [**dēsīto, -āre** (Frequ. v. *desinere*), ablassen; hiervon nach Dz 445 span. *dexar*, lassen, ptg. *deixar*; das richtige Grundwort ist jedoch *delaxāre* (s. ob. *delaxo*), bezw. *daxāre*, vgl. Ascoli, AG XI 422, XII 26, Schuchardt, Z XV 241. Coelho, Questões da ling. port. I 292; C. Michaelis, Stud. 236; Coelho, R II 287 Anm.; Tailhan, R IV 262; Cornu, R IX 133, haben *laxāre* als Grundwort aufgestellt. S. oben **delaxo.**]

dēspĕcto s. **dēspĕctŭs.**

2911) **dēspĕctŭs, -um** *m*., Herabschauen, Verachtung; ital. *despitto*, „disprezzo", *dispetto*, „ira sdegnosa", dazu das Vb. *dispettare* = *despectare*, verachten, vgl. Canello, AG III 319; prov. *despet-z*, *despieg-z*, Unwille; frz. *dépit*, Verdrufs, dazu das Vb. *despiter, dépiter*; span. *despecho*, Verdrufs; ptg. *despeito*, Verachtung, Unwille, dazu das Vb. *despeitar*, verachten. Vgl. Dz 560 *dépit*; Gröber, ALL II 101.

2912) **dēspĕro, -āre**, verzweifeln; ital. *disperare*; prov. *desperar*; frz. *désespérer* = *de-ex-* oder *dis-sperare*; span. ptg. *desesperar.*

2913) **dēspĭcĭo, spēxī, spēctum, spĭcĕrĕ**, herabblicken, = altfrz. *despire*, verachten.

2914) **dēspŏlĭo, -āre**, berauben; ital. *dispogliare*; rum. *despoiu ai at a*; prov. *despolhar, despuelhar*; frz. *dépouiller*, davon viell. *pouillé* (f. *dépouillé*), Register geistlicher Stiftungen, vgl. Scheler im Anhang zu Dz 809, (Diez selbst p. 661 hielt das Wort für entstanden aus *polyptychon*,, bezw. *polypty-carium*); cat. *despullar*; span. ptg. *despojar*. Vgl. Dz 304 *spoglio*; Förster, RSt. III 183.

2915) **dēspŏlĭŭm** *n*., Pl. **dēspŏlĭā**, das, was man einem erschlagenen Menschen oder Tiere abzieht, Rüstung, Balg, infolge dessen überhaupt einerseits Beute, andererseits Hülle; ital. *spoglia, spoglia* (entweder = *spolium* oder gekürzt aus *despolium*); prov. *despuelh-s, despuelha*; frz. *dépouille*, vgl. Förster, RSt. III 183; span. *despojo* (altspan. *espojo*); ptg. *despojo*. Vgl. Dz 304 *spoglio.*

2916) **dēspŏtā, -am** *m*. (gr. δεσπότης), Herr; ital. *dèspota* „padrone assoluto, tiranno, chi si comporta come tiranno", *despóto* „nomo di principe greco nel medio evo", vgl. Canelle, AG III 389; auch in den übrigen Sprachen ist δεσπότης als gel. W. vorhanden.

2917) **dēsquāmo, -āre** (v. *squama*), abschuppen; rum. *descam ai at a*, schleifen; span. *descamar.*

2918) ***dēstĭllātōrĭŭm** *n*. (v. *distillare*) = ital. *distillatojo*, „instrumento da destillare", vgl. Canelle, AG III 337.

2919) **dēstīllo, -āre**, herabträufeln, = ital. *distillare* etc.

2920) [**dēstīno, -āre**, bestimmen; ital. *destinare*, dazu das Vbsbst. *destino*, Geschick; frz. *destiner*, dazu das Vbsbst. *destin*; span. ptg. *destinar*, dazu das Vbsbst. *destino*; dazu das gel. W.]

2921) [***dēstrīctĭă, -am** *f*. (vermutlich Vbsbst. zu einem freilich weder im Lat. noch im Roman. belegten Vb. *destrictiare* v. *districtus*), Strenge; (ital. *distretteza*, Strenge, Schärfe); prov. *destressa, destreissa*, Beklemmung; frz. *détresse*, Beklemmung, Not. Vgl. Dz 561 *détresse.*]

2922) **dēstrīctŭs, a, um** (Part. P. P. v. *destringere*), geschnürt; ital. *distretto*, zusammengezogen, geängstigt, streng, Shst. eingegrenztes Land, Bezirk,

Distrikt; prov. *destreit-z*, geprefst, beengt, Sbst. *destreg-z*, *destreis*, Enge, Zwang, Macht (doch läfst sich das Wort in dem bekannten Liede Bertran's de Born „Pos als baros enoja e lor peza", b. Bartsch, Chrest. prov. 117, 31 auch als „Bezirk, Gebiet" auffassen); frz. *détroit*, Engpafs, Meerenge, daneben das gel. W. *district*, Bezirk. Vgl. Dz 561 *détresse* u. 579 *étroit.*

2923) *dēstrūgo (schriftlat. *destruo*), strūxī, strūctūm, strūgēre, zerstören; ital. *distruggere*, daneben auch einfaches *struggere*, über den wohl etwas erzwungenen Bedeutungsunterschied vgl. Canello, AG III 393; rtr. *diŝtrúdyer*, *diŝtruékr*, vgl. Gartner § 154; prov. altfrz. *destruire*; nfrz. *détruire*; span. ptg. *destruir*. Vgl. Dz 404 *struggere*; Gröber, ALL II 101 u. VI 385. S. *cŏn-strūgo.**

2924) [*dēsüätus (v. *suus*), seiner selbst nicht mächtig, wahnsinnig (vgl. aliéné) soll nach Cohn, Z XVIII 202, das Grundwort zu altfrz. *desvé, dervé* sein. Vgl. dagegen oben *de·ex·rīpo u. *de-ex-vado.]

2925) dētēro, trīvī, trītūm, tērērē, abreiben; span. *derretir*, schmelzen; ptg. *derreter*. Vgl. Dz 444 *derretir*; C. Michaelis, Misc. 124.

2926) dētīneo, -ēre; altvenez. *de-, des-tegnir*, vgl. Salvioni, Post. 8.

2927) dētŏno, -äre, losdonnern; rum. *detun ai at a;* frz. *détonar;* span. ptg. *detonar*.

2928) dē + träns = prov. span. ptg. *detras*, jenseits. Vgl. Dz 325 *tras.*

2929) [*dē-ūndūlo, -äre, hin- und herwogen, -wiegen; vielleicht Grundwort zu ital. *dondolare*, schaukeln. Vgl. Dz 368 *s. v.* S. unten dodo.]

2930) dēüs, -um *m.*, Gott; ital. *dio*, mit angewachsenem Artikel *Iddio* = *il dio;* aus dem volkstümlichen Vokativ *dee* (f. *deus*) entstand wohl die Interjektion *deh*, vgl. Dz 367 *deh* (G. Paris, R XVIII 469, erklärt altfrz. *dehé* aus *dé*, Gott, u. *hé* v. *haïr;* *dehé* ist wohl zu unterscheiden von *dehait*); sard. *deus;* rum. *zeu* (*zäu*); rtr. *deus, diaus, dieus* etc., vgl. Gartner § 96; prov. *deus, dieus;* altfrz. *dieus, diex, dex,* damit zusammengesetzt *dammeldex,* Herrgott, = *dominus ille* [?]*deus;* nfrz. *dieu;* cat. *deu;* span. *dios,* dazu Fem. *diosa;* ptg. *deus.*

2931) dē + ūsquē, bis; prov. *jusqua* = *de usque ad;* frz. *jusque.* Vgl. Dz 622 *jusque.* — Tobler, Herrig's Archiv Bd. 94 p. 462, setzte *jusque* = [in]*de + usque* an.

2932) dēvēllo, -ēre; ital. *diverre.*

2933) dēvēnĭo, vēnī, vēntūm, vĕnīrē, wohin kommen, geraten; ital. *divenire*, werden, dazu das Frequ. *diventare;* prov. *devenir;* frz. *de-venir;* span. *devenir;* ptg. *devir* (das Vb. ist in Michaelis' Wtb. nicht enthalten).

dē + vērsūs s. dē.

2934) *dē-vōlūto, -äre = altfrz. *devouter, -trer,* z. B. Yvain 4536, vgl. Förster zu der Stelle.

· 2935) dēvŏro, -äre, verschlingen; ital. *divorare;* prov. *devorar;* altfrz. *devourer* (bedeutet auch „mifshandeln, verheeren", vgl. Tobler zu Li dis dou vrai aniel p. 32; *devorer* „verfluchen" ist vielleicht = *devoer* = *devotare* mit eingeschobenem *r* nach Analogie von *orer* „[Gutes] wünschen", vgl. Tobler, Z I 480, dagegen Förster, RSt. III 182); span. ptg. *devorar.* Vgl. Paris, R X 44.

2936) dēvōrsus = obwald. *davos,* vgl. Meyer·L., Z. f. ö. G. 1891 p. 769.

2937) dēvŏto, -äre, verfluchen = (?) altfrz. *devourer,* s. dēvŏro.

2938) dēvŏtüs, a, um (Part. P. P. v. *devovēre*), sehr ergeben; ital. *devoto* u. *divoto,* wegen der „sottili differenze di significato" verweist Canelle, AG III 332, auf Tomm. 1457 f.; frz. (*dévoué,* ergeben, daneben das gel. W.) *dévot,* fromm; span. ptg. *devoto,* fromm.

2939) dēxter, tēra, tĕrum, rechts befindlich; ital. *destro;* prov. *destre;* frz. (das Wort ist durch *droit* = *directus* verdrängt worden, ebenso im Rtr. mit Ausnahme des Friaul., vgl. Gartner § 88); span. *diestro;* ptg. *destro.* Vgl. Gröber, ALL II 101.

2940) dēxträlis, ·e (*dexter*); ital. *destrale,* Armband; ostfrz. *detrá.*

2941) [*dēxträrĭüs, -um *m.* (v. *dexter*), Streitrofs; ital. *destriero;* prov. *destrier-s;* altfrz. *destrier.* Vgl. Dz 119 *destriero.*]

2942) dĭābŏlüs, -um *m.* (gr. διάβολος), Teufel; ital. *diavolo;* rum. *diavol;* prov. *diable-s;* frz. *diable,* mit euphemistischer Entstellung *diantre;* span. *diablo;* ptg. *diabo.* Vgl. Canelle, AG III 295 Anm.; Berger *s. v.*

2943) dĭācŏnüs, -um *m.* (διάχονος), Kirchendiener; ital. *diacono;* sard. *giáganu;* sicil. *jácuna,* educanda del monastero; altoberital. *zágano,* *zagan,* diacono; venez. *zago,* chierico, vgl. Mussafia, Beitr. 121, AG IV 334, XII 440, Lorck, Altberg. Sprachdenk. 211, Salvioni, Post. 8; frz. *diacre;* altptg. *diagoo.*

2944) [dĭærēsĭs, -ĭm *f.* (gr. διαίρεσις), Trennung der Silben, soll nach Baist's Vermutung, Z V 563, Grundwort zu span. *sargar,* frz. gercer etc. sein. Vgl. oben cärptĭo.]

2945) dĭæta, -am *f.* (gr. δίαιτα), geregelte Lebensordnung; ital. *dieta;* frz. *diète;* span. ptg. *dieta.* Vgl. Dz 119 *dieta* 1. Davon ist zu unterscheiden: *dieta, -am f.* (v. mlat. *dietare* von *dies,* tagen, d. h. eine politische Versammlung abhalten), Tag, d. h. politische Versammlung; ital. *dieta,* Reichstag; frz. *diète;* span. ptg. *dieta.* Vgl. Dz 119 *dieta* 2.

2946) Dĭäna, -am *f.;* sard. *jana,* Hexe, vgl. Guarnerio, R XX 68 Anm. 1; neapol. *janára.*

2947) *dĭänüs, a, um (v. *dies*), zum Tage gehörig; ital. *diana* (scil. *stella*), Morgenstern, *battere la diana* (auch frz. *battre la diane*), die Reveille schlagen. Vgl. Dz 368 *diana.*

2948) abd. dĭcchĭ, thĭkĭ, dick; davon nach Caix, St. 626, ital. *tecchio* „grosso, badiale", *atticciato* „grosso, tarchiate".

2949) *dīcĭtor, -ōrem *m.* (v. *dicere*), Sager; ital. *dicitore;* (rum. *zicător,* dazu *zicătură,* Wert, Rede); frz. *dizedor;* frz. *discur;* span. *decidor;* ptg. *disidor.*

2950) dīco, dīxī, dīctum u. dīctum, dīcere, sagen; ital. *dico dissi detto di*(*ce*)*re;* rum. *zis zisei zis zice;* rtr. Prs. *ditsēl* etc., Pt. *dit, det,* Inf. *dĭkr,* vgl. Gartner § 148 u. 195; prov. *dic dis dig dire;* frz. *di*(*s*) *dit dire;* cat. *dich digui dit dir;* span. *digo dije dicho decir;* ptg. *digo disse dito dizer.* Vgl. Gröber, ALL II 101 u. VI 385.

2951) dĭctä (Fem. Sg., bezw. N. Pl. Part. P. P. v. *dicere);* ital. *ditta* „casa commerciale (latinisme nelle altre lingue), dovuto ai ragionieri, simile a 'bibita' dovuto ai farmaciati o ai caffettieri), buona fortuna", vgl. Canello, AG III 322; span. *dicha,* Glück (= Pl. *dicta,* das Gesagte, das Gewünschte); ptg. *dita,* Glück. Vgl. Dz 445 *dicha.*

20*

2952) **dictămnŭm** od. **-us**, **-um** *n.* od. *m.* (gr. δίκταμνον u.-ος), Diptam (Origanum Dictamnum L.); ital. *dittamo*; rum. *diptam*; prov. *diptamni-s*; frz. *dictame*; cat. span. ptg. *dictamo*.

2953) **dictătum** *n.* (Part. P. P. v. *dictare*), das Gesagte, das Diktat; ital. *dettato*, Spruchwort, Thema, Styl; prov. *dictat-z*, *dechat-z*, Gedicht; altfrz. *ditié*, eine Gedichtart; span. *dechado*, Vorschrift, Muster, u. *ditado*, satirisches Gedicht, *dictado*, Ehrentitel; ptg. *ditado*, Spruchwort, Redensart. Vgl. Dz 444 *dechado*.

2954) **dicto**, **-āre** (Intens. v. *dicere*), wiederholt sagen; ital. *dettare*; prov. *ditar*, *dechar*, sagen, dichten; altfrz. *ditier*, dichten, verfassen, dazu das Kompos. *enditier*, unterrichten; nfrz. *dicter*, (gel. W.); span. ptg. *dictar*, *ditar*.

2955) [***dictōsus**, **a**, **um** (von Pl. *dicta*, w. m. s.) = span. *dichoso*, glücklich; ptg. *ditoso*.]

2956) **dictŭm** (Ntr. Sg. Part. P. P. von *dicere*) = altfrz. *dis*, *dit*, Spruchgedicht.

2957) **dic + vādĕ**, gleichsam „sprich, marsch! vorwärts!"; altfrz. Interj. *diva*, vgl. Burguy II 399, nfrz. *da* in *oui-da*, *nenni-da*. Vgl. Dz 558 *da*.

2958) [**dīēs** u.] ***dia** (vgl. Haupt's Ztschr. I 372), **-am** *c.*, meist jedoch *m.*, Tag; ital. *di* das übliche Wort ist *giorno* = *diurnum*); sard. *die*; rum. *zi*, Pl. *zile*; rtr. *di*, *dzi* etc., vgl. Gartner § 200 u. Gröber's Grundrifs I 481; prov. *dis*, *dia* (Diez 561 *die* erkannte fälschlich in prov. *dia*, altfrz. *die*, Girartz de Ross. 2368 ed. Hofmann, das got. *thius*, ags. *theóva*, Dienstmann; P. Meyer, R V 113, hat dies Mifsverständnis berichtigt), *die-menche*, *dimanche* = *dies dominica*; Settegast, RF I 247, wollte die prov. u. altfrz. Partikel *genz*, *gez*, *giens* (mit der Negation beim Prädikate verbunden = „nichts") aus *diēm* erklären, es ist dies aber abzulehnen und *genus* oder *gent-* als Grundwort anzusetzen, vgl. Dz 595 *gens*; frz. *di* in *lundi*, *mardi* etc., der Pl. *di[e]s* erhalten in *tandis* = *tantos dies*, *jadis* = *jam habet dies*, vgl. Gröber, Misc. 44 (Dz 619 *jadis* hatte *tandis*, *jadis* aus *tamdiu*, *jamdiu* erklärt); cat. span. ptg. *dia*. Vgl. W. Meyer, Ztschr. f. vgl. Sprachf. XXX 335. Allenthalben ist *diurnum* neben *dies* getreten und hat dasselbe mehr oder weniger (besonders aber im Franzës.) aus dem allgemein üblichen Gebrauche verdrängt. Vgl. Gröber, ALL II 101 u. VI 385.]

2959) [**dīē coenāre** wurde vor einem „savant qui n'est pas romaniste par état" als Grundform für *diner* vorgeschlagen! Vgl. G. Paris, R VIII 95.]

*dieta s. **diaeta**.

2960) ***dīffāmiā**, **-am** *f.*, Verruf, Schande; rum. *defaimă*, Verleumdung, Beschimpfung; span. *disfamia* (u. *disfama*). In den übrigen Sprachen dafür *infamia*, das auch im Span. vorhanden ist.

2961) **dīffāmo**, **-āre** (*dis* u. *fama*), verleumden; ital. *diffamare*; rum. *defaim ai at a*; prov. *difamar*; frz. *diffamer*; span. *disfamar*; ptg. *dif-* u. *desfamar*.

2962) **dīffīcīlis**, **-e** (*dis + facilis*), schwierig; ital. *difficile*; frz. *difficile*; span. *dificil*; ptg. *difficil*. Überall nur gelehrtes Wort; dasselbe gilt von dem dazu gehörigen Sbst. *difficultas* = ital. *difficoltà*, prov. *difficultat-z*, frz. *difficulté*, span. *dificultad*, ptg. *difficuldade*.

dīffīcūltās s. **dīffīcīlis**.

2963) **dīgītālīs**, **-e** (v. *digitus*), zum Finger gehörig; ital. *digitale*, die Pflanze Digitalis, *ditale*, Fingerhut, vgl. Canelle, AG III 374; campob. *dejetále*, venez. *dezial*, vgl. Mussafia, Beitr. 51, Sal-

vioni, Post. 8; altfrz. *deel*; nfrz. (mundartl.) *deau*, das übliche Wort ist *dé*, welches entweder = *datum* (s. d.) ist oder aber durch starke u. gegen alle übliche Lautentwickelung verstofsende Kürzung aus *digitatum* entstand (wenn *dé* = *datum*, so würde sich diese Benennung daraus erklären lassen, dafs ein Fingerhut durch Nadelstiche ein ähnliches Aussehen erhält, wie ein punktierter Würfel); span. ptg. *dedal*. Vgl. Dz 368 *ditello*, Flechia, AG II 320 Anm. — Nach Thomas, R XXVI 419, gebört hierher auch frz. *dayaus*, *daillots*, *andaillots*, Ringe zur Befestigung des Segels.

2964) [***digitarium** *n.* (v. *digitus*), Fingerhut; rum. *degetar*; frz. *doigtier*, Fingerling, Däumling, Fingerhut.]

2965) **dīgītātŭs**, **a**, **um** (v. *digitus*), mit Fingern versehen; ital. *digitato*; rum. *degetat*; frz. *doigté*, frz. ist auch das vollständige Vb. *doigter* „die Finger setzen" vorhanden.

2966) [***dīgītēllus**, **-um** *m.* (v. *digitus*), kleiner Finger, wurde von Dz 368 als Grundwort zu ital. *ditello*, Achselhöhle, angesetzt, welche Annahme sich jedoch mit der Bedtg. nicht vereinigen läfst; *ditello* ist vielmehr = ***titillus** v. *titillare*, kitzeln, die Achselhöhle wird also als „Kitzelort" aufgefafst; wegen der entgegenstehenden lautlichen Bedenken vgl. Flechia, AG II 319 f. Anm.]

2967) **dīgītŭs**, **-um** *m.* (*digitus*, *non dicitus* App. Probi 79, vgl. ALL XI 66), Finger; ital. *dito*, Pl. *diti* u. *dita*; über *dito* vgl. d'Ovidio, Grundrifs d. rom. Phil. I 507; sard. *didu*, neapol. *jidete*, sicil. *jiditu*, lecc. *disetu*, vgl. Salvioni, Post. 8; rum. *deget*; rtr. *det*, Pl. *dets* u. *deta*, vgl. Gartner § 106; prov. *det-z*; altfrz. *deit*; nfrz. *doigt*; cat. *did*; span. ptg. *dedo*.

2968) **dīgnītās**, **-tātem** *f.* (v. *dignus*), Würdigkeit, ist als volkstümliches Wort nur erhalten in prov. *dentat-z*, altfrz. *deintié*, *daintié*, Würdigkeit, Würde, dann das, was zu einer Würde gehört, Kostbarkeit, schliefslich kostbares Essen, Leckerbissen; nfrz. *daintiers*(?), Pl. Vgl. Dz 558 *daintié*; Gröber, ALL II 102 (setzt gegen Marx richtig *dignitas* an; Berger s. v.).

2969) **dīgno**, **-āre** (v. *dignus*), würdigen; ital. *degnare*; prov. *denhar*, dazu das Vbsbst. *denh-s*; frz. *daigner*, dazu das Vbsbst. ***dain** in *dédain*, Verachtung, = cat. *desdeny*; span. *dignar* (gel.W.), *deñar*, dazu das Vbsbst. ***den** in *desden*, Verachtung; ptg. *dignar*. Vgl. Gröber, ALL II 102 (setzt *digno* an; Berger s. v.).

2970) **dīgnus**, **a**, **um**, würdig; ital. *degno*; rum. *demnŭ*; prov. *dignes*, *denhs*; frz. *digne*; span. ptg. *digno*. Vgl. Gröber, ALL II 102 (setzt *dignus* an).

2971) ahd. **dīhein**, kein; darnach gebildet mit gleicher Bedtg. prov. *degu(n)-s*, auch altspan. *degun*, vgl. Dz 560 *s. v.*; Zweifel an der Richtigkeit dieser Herleitung dürften indessen berechtigt sein (sollte *degun* etwa = ***necunus** = *negu-s* sein, so dafs das anlautende *ne-* mit *de-* vertauscht worden wäre, indem man den Begriff „keiner" auffafste als „der eine weg", als der ähnlich brauchte, wie in *duodeviginti* u. dgl.?, freilich hätte dann *negu-s* schwinden sollen, indessen volksetymologisierende Umgestaltungen ziehen ja nicht folgerichtigen Wortschwund nach sich). Schuchardt, Z V 305, erklärt span. *denguno* für durch Dissimilation aus *nenguno* entstanden, eine Annahme, welche auch auf das Verhältnis von *degun* zu *negun* übertragen werden kann.

2972) [*dīlāto, -āre (von *dilatus*), aufschieben, wurde von Dz 560 als Grundwort aufgestellt zu ital. *dilajare* (dem Frz. entlehnt), altfrz. *delaiier* (nfrz. *dilayer*), dazu das Vbsbst. *délai*, Aufschub. Förster, Z VI 108, hat auf die lautliche Unstatthaftigkeit dieser Ableitung hingewiesen (*badare* : *bner*, also *dilatare* : *dilaer*) u. bemerkt, dafs der zweite Teil des Wortes nichts anderes als das Vb. *laier* sein könne; vgl. auch Horning, Zur Gesch. des lat. *C*, p. 6 Anm.]

2973) dīlēctŭs, a, um (Part. P. P. v. *diligo*), lieb, teuer; ital. *diletto*. Als Sbst. hat sich das Wort nebst dem Vb. **dilectare* gemischt mit *delectare* u. dessen Ableitung, s. *delecto* u. *delectus*.

2974) dīlīgens, -ēntis, fleifsig: ital. *diligente*; frz. *diligent*; span. ptg. *diligente*. Überall nur gelehrtes W. Ebenso verhält es sich mit dem Sbst. *diligentia* = ital. *diligenza*, frz. *diligence* (ist seltsamer Weise zur Benennung der Postkutsche geworden, also die Regelmäfsigkeit, womit ein solcher Wagen seine Fahrten machen soll, zum Namen des Wagens selbst); span. ptg. *diligencia*. **diligēntiā** s. **diligēns**.

2975) dīlŭvīŭm n. (v. *diluo*), Überschwemmung, Sündflut; ital. *diluvio*; frz. *déluge* = **dilūvjum?*; span. ptg. *diluvio*. Vgl. Berger *s. v.*

2976) *dīmēnto u. *dīmēntīco, -āre (v. *mens*), aus dem Sinne schlagen, vergessen; ital. *dimentare* u., weit üblicher, *dimenticare*, vgl. Dz 209 *mentar*. In den übrigen Sprachen haben sich für "vergessen" die Ableitungen von *oblivisci* behauptet.

2977) dīmīdīētās, -ātem f. (v. *dimidius*), Hälfte; rum. *jumătate*, dazu das Vb. *jumătățesc ii it i*, halbieren. Die übrigen Sprachen wenden **medietas* an.

2978) dīmīdīo, -āre (v. *dimidius*), halbieren; ital. *dimezzare*; rum. s. unter **dīmīdīetas**; span. *demediar*, *dimidar*; ptg. *dimidiar*. (Im Frz. fehlt ein Vb. für den Begriff des Halbierens, man mufs statt dessen *partager en deux* oder ähnliches sagen.)

2979) dīmīdīus, a, um, halb; frz. *demi*.

2980) [*dīrēctārīŭm n. (v. *dirigo*) = rum. *dreptar*, Winkelmafs, Lineal.]

2981) 1. dīrēctīo, -ōnem f. (v. *dirigo*), Richtung; ital. *direzione f.* u. *dirizzone m* "andata quasi cieca e irrefrenabile", vgl. Canello, AG III 344 u. dazu Ascoli's Anmerkung auf selbiger Seite, welche die unmittelbare Herkunft des zweiten Wortes von *direction*-mit Recht in Frage stellt. Sonst nur als gelehrtes Wort vorhanden.

2982) 2. *dīrēctīo, -āre (v. *directus*), richten; (ital. *dirizzare*); rum. *in-drept ai at a*; prov. *dressar*; frz. *dresser*; cat. *dressar*; span. *derezar*; ptg. *en-derezar* (und *direitar* = **directare*). Vgl. Dz 273 *rizzare*; Gröber, ALL II 103.

2983) dīrēctŭs u. dīrēctŭs, a, um (Part. P. P. von *dirigere*), gerade gerichtet; ital. *diretto*, *diritto* (auch Sbst. "Recht"), *dritto*, vgl. Canello, AG III 319; rum. *drept*; rtr. *dretg*; prov. *dreit*, *drech*; frz. *droit* (auch Sbst. "Recht"); cat. *dret*; span. *derecho*; ptg. *direito*. Vgl. Dz 272 *ritto*; Gröber, ALL VI 103. S. unten **jūs**.

[*dīrēsŭo, -āre s. cōnsŭo.]

2984) dīrīgo, -rēxī, rēctŭm, rīgĕrĕ, richten; (ital. *dirigo ressi retto rigere*); rum. *dreg dresei dres drege*; prov. *dirigir*; frz. *diriger*; span. ptg. *dirigir*).

2985) dīsāstrŭm n., Unstern, Unglück; ital. *disastro*; prov. *desastre-s*; frz. *désastre*; altcat. *desastro*; span. *desastre*; ptg. *desastre*, dazu Ableitungen, z. B. ein Vb. *desastrar*.

2986) [*dīsbārco,-āre, aus dem Schiffe steigen; ital. *disbarcare* "trar di barca, uscir di barca", *sbarcare* "disbarcare, anche scendere della carrozza, e passarsela, vivere", vgl. Canello, AG III 393.]

*dīscārmīno s. cārmīno.

2987) *dīscārrīco, -āre (*dis* u. *carrus*), abladen; ital. *discaricare* und *scaricare* "che dice anche sparare un fucile o altra arma da fuoco", dazu die Vbsbstve *discárica*, *discárico*, *scárica*, *scárico*, vgl. Canello, AG III 393; prov. *descargar*; frz. *décharger*, dazu das Vbsbst. *décharge*; span. *descargar*, dazu das Vbsbst. *descargo*; ptg. *descargar*, dazu die Vbsbstve *descarga*, *descargo*.

[*dīscēno s. *dīsjūno.]

2988) dīscens, -tem m. (Part. Präs. v. *discere*, lernen); sard. *dischente* apprendista, vgl. Salvioni, Post. 8.

2989) *dīscērnīcūlŭm n. (v. *discernere*), Haarnadel; ital. *cernecchio*, Haarbüschel; span.*cerneja*; ptg. *cernelha*. Vgl. Dz 96 *cernecchio*.

2990) dīscērno, crēvī, crētŭm, cērnĕrĕ, unterscheiden; ital. *discernere* "distinguere, riconoscere, e riguarda l'intelletto", *scernere* "scegliere, e riguarda l'atto", vgl. Canello, AG III 394. Dz 397 fafst *scernere* = *excernere* u. stellt es mit prov. *eissernir*, auseinandersetzen, zusammen.

2991) *dīscērpo, -āre (*discerpĕre*), zerreifsen; ital. *scerpare*; rtr. *scarpar*. Vgl. Dz 397 *scerpare*.

[*dīscīto s. *dīsjūno.]

2992) dīscīpŭlus, um m., Schüler; ital. *discepolo*; sard. *ischibbulu*, facimale, irrequieto, vgl. Salvioni, Post. 8; (frz. *disciple*).

2993) *dīscīto, -āre, herausrufen, = ital. *destare*, munter machen, wecken, vgl. Storm, R V 177 Z. 2 v. u. im Texte, s. oben **dē-ēx-cīto**.

[*dēcīro s. dē + (ex?) + skērran.]

2994) dīsclūdo, clūsī, clūsŭm, clūdĕre, abschliefsen, trennen; ital. *dischiudere* u. *schiudere*, doch dürfte letzteres eher = *excludere* sein, vgl. Canello, AG III 394.

2995) [*dīscōnhŏrto, -āre = prov. *desconortar*, mutlos werden, dazu das Vbsbst. *desconortz*, Trostlosigkeit.]

2996) dīscŏŏpĕrīo, pĕrŭī, pĕrtŭm, pĕrīrĕ, enthüllen (Vulg. Levit. 18, 7; Hier. Jesaj. 7, 20, ed 16); ital. (*di*)*scopro* und *scuopro*, *persi*, *perto*, *prire*, vgl. Canello, AG III 394; prov. *descobrir*; frz. *découvrir*; span. *descubrir*; ptg. *descobrir*.

2997) [dīscŏrdīum (*discors*), Zwist = prov. *descortz*, Zwist, eine Dichtungsart.]

2998) dīscōrdo, -āre (v. *discors*), uneinig sein; ital. *discordare*; rum. *descord ai at a*; prov. *descordar*; frz. *discorder*; cat. *discordar*; span. ptg. *discordar* u. *descordar* (in der Bedtg. "ein Musikinstrument verstimmen" ist *descordar* selbstverständlich in *discordar*, con corda abzuleiten).

2999) *dīscrīmĕn n., Scheidepunkt; davon ital. *scrimolo* "discriminatura, e anche orlo del precipizio", sicil. *scrima*, vgl. Caix, St. 548.

3000) [*dīscŭlceo, -āre (*calceus*), entschuhen; dav. rum. *descults*; sard. *isculzu*, barfufs; paduan. *descolze*, engad. *skuz*, barfufs. Vgl. Meyer-L., Z. f. ö. G. 1891 p. 769.]

3001) dīscŭs, -um m. (gr. δίσκος), Wurfscheibe, Teller, Platte; ital. *desco*, Tisch; rum. *disc*, Teller, Becken; prov. *des*; altfrz. *deis*, *dois*, Tisch; nfrz.

dais, eigentl. ein über den Tisch gespanntes Tuch, ein Art Baldachin. Vgl. Dz 559 *dais;* Gröber, ALL II 203.

3002) ***dīscŭtio, cŭssi, cussum, cŭtĕre,** zerschlagen, (bildlich: ein Thema in seine einzelnen Teile zerlegen und dieselben) erörtern; altfrz. *descorre, descour(r)e* abschütteln; neufrz. *discuter* (gel. W.), erörtern. Vgl. Tobler, Sitzungsb. d. Berl. Akad. d. Wiss., phil.-hist. Cl., Bd. 51 (1889) p. 1095.

3003) ***dīsdīgno, -āre,** verachten; ital. *disdegnare* u. *sdegnare,* dazu das Vbsbst. *disdegno,* Verachtung, *sdegno,* Zorn, vgl. Canelle, AG III 394; frz. *dédaigner,* dazu das Vbsbst. *dédain;* span. *desdeñar,* dazu das Vbsbst. *desden.*

3004) ***dīsfīdo, -āre,** die Treue aufkündigen, herausfordern; ital. *disfidare* „chiamare l'avversario a battaglia", *sfidare* „d'uso più comune e con acoezioni speciali: ‚sfidare uno' = ‚pronosticare disperata la sua guarigione'", *diffidare* „non aver fiducia, e intimare", dazu die Vbsbsttve *disfida, sfida* u. das kindersprachliche *spida* „sospensione del giuoco", vgl. Canelle, AG III 394; prov. *desfizar;* frz. *défier;* span. ptg. *desafiar;* altptg. *desfiar.* Vgl. Dz 120 *disfidare.*

3005) ***dīsfōrmo, -āre,** entstellen; ital. *disformare, difformare, sformare;* in den übrigen Sprachen entsprechend.

3006) ***dīsjējūno, -āre,** das Fasten brechen, frühstücken; ital. *sdigiunare* (der übliche Ausdruck ist *far colazione);* rum. *dejun ai at a* (wird von Dz angeführt, fehlt aber bei Ch., der nur *ajunu,* fasten, konnt); prov. *desdejunar;* frz. *déjeuner;* span. *desayunarse* (das üblichere Wort ist *almorzar,* vermutlich von *admorsus = almuerzo;* ptg. *almoçar,* dazu das Vbsbst. *almoço).* Vgl. Dz 167 *giunare.*

3007) ***dīsjūno, -āre** (für *disjejuno),* das Fasten brechen, speisen; ital. *desinare, disinare,* zu Mittag essen (ist wahrscheinlich dem Frz. entlehnt, das eigentl. ital. Wort für den Begriff ist *pranzare* v. *pranzo = prandium),* dazu das Vbsbst. *desinata,* arch. *desinéa;* prov. *disnar, dirnar, dinar;* altfrz. *disner* (auch refl. *se disner,* also eigentl. „sich entfasten"), *digner* (als älteste Formen sind anzusetzen Präs. Sg. 1 *desjun* etc., Pl. 1 *disnons* etc., also verschiedene Gestaltungen für die stammbetonten u. für die flexionsbetonten Formen, die ersteren sind dann der Analogie der letzteren gefolgt), vgl. G. Paris, R VIII 95, Canello, AG III 312; Ascoli, AG III 313 Anm.; altcat. *dinar;* (span. ist das übliche Wort für „Mittagessen" *comida* v. *comer = comedere;* ptg. *jantar =* lt. *jentare,* frühstücken). — Die von G. Paris a. a. O. gegebene Ableitung des vielbehandelten Wortes ist die einzig annehmbare u. wenigstens hinsichtlich der Laute tadellose; begrifflich freilich läfst sich gegen sie das Bedenken erheben, dafs die Verwendung zweier einander so nahestehender Verba, wie **disjejunare = déjeuner* u. **disjunare = diner,* zur Bezeichnung zweier verschiedener Mahlzeiten mindestens befremdlich ist. Indessen läfst sich dies vielleicht durch die Annahme erklären, dafs beide Verba ursprünglich „frühstücken" bedeuteten, dafs aber die übliche Frühstücksstunde in einzelnen Landschaften eine frühere, in anderen eine spätere war, dafs also Angehörige der ersteren Gegenden, wenn sie in eine der letzteren kamen, das dortige Frühstück als eine Art von Mittagsbrot auffassen und die dafür dort übliche Benennung in ihre Heimat als Bezeichnung des Mittagsessens übertragen konnten. — Die wichtigsten der überhaupt erwähnungswerten vor

G. Paris aufgestellten Ableitungen des Wortes sind folgende: 1. von *decoenare* (richtiger *decenare),* Dz 118 *desinare;* 2. von *dis-cenare,* Storm, R V 177; 3. von **de-escinare,* speisen (v. *esca),* Rönsch, Z I 418; 4. von **discinare,* tafeln (v. *discus),* Suchier, Z I 429 (aber sowohl **decascinare,* eine übrigens undenkbare Bildung, als auch **discinare* hätte **disnier* ergeben müssen, auch bleibt bei beiden Annahmen altfrz. *digner* unerklärt, denn die von Suchier gegebene künstliche Erklärung ist ganz unhaltbar, wogegen *digner* sich aus *disjunare* wohl ableiten läfst). — Sonstige in Vorschlag gebrachte Ableitungen, wie z. B. von **decimare* (gleichsam „um 10 Uhr speisen") oder gar von δειπνεῖν, besitzen nur den Wert etymologischer Kuriosa.

3008) ***dīsjūdīco, -āre =** ptg. *desjuïgar,* vgl. C. Michaelis, Frg. Et. p. 20, daneben, von *juïzo* abgeleitet, *desjuïzar.*

3009) **[*dīslăco, -āre** (v. *dis + lăcus),* zerfliofsen; ital. das mutmafsliche Grundwort zu ital. *dilagare* (wonebon auch *allagare),* überschwemmen; frz. *délayer,* verdünnen. Vgl. Förster, Z VI 108. Sieh auch **dīslīquo.]**

3010) ***dīslēgālīs, -e** (v. *dis* u. *lex),* widergesetzlich; ital. *disleale* u. *sleale,* vgl. Canelle, AG III 394.

*dīslīgo s. **dīslīquŏ.**

3011) ***dīslīquo, -āre,** flüssig machen (ital. *dileguare = deliquare);* piem. *deslué;* altvonez. *desleguar;* lomb. *deslenguod,* vgl. Salvioni, Post. 8; prov. *deslegar;* (frz. *délayer* gehört nicht hierher, sondern ist mutmafslich = **dislacare,* vgl. Förster, Z VI 108); span. *desleir* dürfte trotz seiner gleichen Bedtg. ebensowenig hierher zu ziehen sein, nur freilich ist es schwer, ein anderes Grundwort dafür aufzustellen, denn Diez' Vermutung, dafs leir = gr. λύειν, bezw. der Bedtg. nach = παραλύειν sei (weil altspan. *desleido, deleido* „gelähmt" bedeute), hat wenig Ansprechendes; vielleicht darf man an **dislegire* f. *dislegere (legēre : leir = legere : leer)* denken, *dislier* wäre also eigentl. „zerlesen, zerstreuen", woraus sich mit der Bedtg. „los, locker, flüssig machen, verdünnen" entwickeln konnte, statt der Zusammensetzung mit *legēre* könnte man auch solche mit *ligare* annehmen, was wenigstens für leichtere Erklärung des Bedeutungsüberganges sich empfehlen würde, **disligare* ist ja auch sonst, freilich nur als Vb. der A-Konj., erhalten: ital. *dislegare, slegare;* prov. *deslegar, desliar;* frz. *délier (délié* pflegt gewöhnlich auf *delicatus* man an **dislegire* f. *dislegere (legēre : leir = legere* zurückgeführt zu werden, vgl. z. B. Scheler im Dict. s. v., aber wohl mit Unrecht, denn *delicatus* konnte nur *delgié* ergeben, was altfrz. ja auch vorhanden ist, nfrz. aber sich als *deugé* darstellen müfste); cat. *deslligar;* span. ptg. *desligar, desliguar.*

3012) ***dīslōco, -āre** (*dis* u. *locus),* aus einem Orte entfernen; ital. *dislocare, dislogare* (che è anche il contrario di *allogare, appigionare", slogare* „che si dice quasi esclusivamente delle ossa", vgl. Canello, AG III 394.

3013) ***dīsmītto, mīsi, mīssum, mīttere,** wegschicken; ital. *dismettere* „cessar per sempre", *smettere* „cessare a un tratto", vgl. Canelle, AG III 394; frz. *démettre,* abweisen, abdanken, verrenken.]

3014) ***dīsmŏnto, -āre** (*dis* u. *mons),* herabsteigen; ital. *dismontare* „scendere", *smontare* „ascendere, perdere la vivacità del colere", ‚smontare una macchina = scomporla pezzo per pezzo'", vgl.

Canelle, AG III 394; frz. *démonter*, absetzen, unberitten machen, auseinandernehmen; span. ptg. *desmontar* mit im Wesentlichen derselben Bedtg. wie im Frz., doch kann im Span. das Vb. auch „urbar machen“ bedeuten.

3015) *dīspăcto u. *dīspăctīo, -āre (vom Stamme *pac, pag,* festmachen, wovon *pac-tum, pac-iscor, pag-ina* etc., vgl. auch oben *bag*), losmachen, auspacken, etwas locker, frei machen, befördern u. dgl.; ital. *dispacciare* „cavar d'impaccio“ u. *spacciare* „dar la via, spedire“, dazu die Vbsbst. *dispaccio,* Abfertigung, Depesche, *spaccio,* Ort, wo etwas ausgepackt, ausgekramt wird, Verkaufsraum, Vertrieb, vgl. Canelle, AG III 394; prov. *despachar,* als refl. Vb. „sich beeilen“; frz. *dépêcher,* dazu das Vbsbst. *dépêche* (wegen *ct : ch* vgl. **flectire : fléchir,* obwohl allerdings im letzteren Falle der palatale Vokal die Palatalisierung der vorausgehenden Konsonantenverbindung befördert haben könnte, allenfalls liefse sich auch **de-ex-pacticare* ansetzen); möglicherweise ist jedoch *dépêcher = *de-expedicare* (v. *pedica = piège,* Schlinge), bedeutet also eigentl. „aus der Schlinge, frei machen“ (Gegenteil von *empêcher*), dies Vb. könnte dann auch in die Bedeutung eines **despaiter = dispactare* (vgl. *traiter* v. *tractare*) oder **despasser = *dispactiare* (vgl. *chasser* v. *captiare*) eingetreten u. dadurch scheinbar zum Schwesterwort des ital. *dispacciare* geworden sein; altfrz. findet sich auch *despeechier,* u. diese Form würde die Ableitung von **de-ex-pedicare* sichern, wenn sie nicht für Anbildung an *empeechier = impedicare* gehalten werden könnte; span. ptg. *despachar,* befreien etc., dazu das Vbsbst. *despacho,* Depesche. Vgl. Dz 231 *pacciare;* Gröber, ALL IV 425.

3016) **dīspăro, -āre,** etwas Geordnetes auseinandernehmen u. dgl.; ital. *sparare* (wohl zu unterscheiden von *sparire = *ex-parire* f. *parēre* verschwinden).

3017) ***dīspărtīo, -īre** (de u. *pars*), abteilen, trennen; ital. *dispartire, dispartire, spartire;* rum. *despart ii it i;* prov. *departir;* frz. *départir,* davon *département* (f. *département,* vgl. ital. *dipartimento,* auch in Anlehnung an *appartement,* das auf ein erst aus *à part* gebildetes **apparter* zurückzugehen scheint; altfrz. war jedoch *apartiment* u. *apartir* vorhanden); cat. span ptg. *departir.*

3018) **dīspendo, -ĕre,** auswägen; altfrz. *despendre,* verausgaben.

3019) [**dīspenso, -āre** (Intens. v. *dispendo*), auswägen, austeilen, ausgeben; ital. *dispensare;* prov. *despensar;* frz. *dis-, dépenser,* über die Bedeutungsentwickelung dieses Wortes vgl. G. Paris, R XXV 624, u. Lindström, Mélanges de philol. frçse dédiés à C. Wahlund p. 287; span. ptg. *dis-, despensar.*]

3020) **dīspensūs, a, um,** ausgewogen, verteilt; ital. *dispensa* „stanza da tenervi le cose da mangiare, distribuzione, parte d'un'opera che si viene stampando, dispendio etc.“, *dispesa* „spesa“, vgl. Canelle, AG III 366; prov. *despensa,* Ausgabe; frz. *dépense f., dépens m.,* Ausgabe, Kosten, altfrz. *despoise,* Speise, Gut, Gemisch zum Metallgufs, vgl. Tobler (in die dou vrai sens f. p. 29; span. *despensa,* Speisekammer, ebenso ptg. Vgl. Dz 560 *dépens.*

3021) **dīspergo, spĕrsī, spĕrsum, spĕrgĕrĕ,** verstreuen, — ital. *spergere,* verstreuen; (frz. *disperser = *dispersare*).

3022) ***dīspīctīo, -āre** (f. *dīspactio,* vgl. *im-pingo* neben *pango*), lospacken, losmachen; ital. *dispicciare*

„spedire“, *spicciare* „sbrigare“ vgl. Canello, AG III 395.

3023) ***dīsplăcĕo** (f. *displiceo*), plăcŭī, plăcĭtŭm, plăcēre, mifsfallen; ital. *dispiacere,* Sbst., Mifsfallen, *spiacere,* mifsfallen; vgl. Canello, AG III 395; rum. *desplac ui ut e;* prov. *desplazer;* frz. *déplaire;* altcat. *despluer, despler;* span. *desplacer;* ptg. *desprazer.* Wegen der Flexion s. **plăcĕo.**

3024) **dīsplīco, -āre,** entfalten; frz. *déployer.*

3025) **dīspŏlīo, -āre,** ausplündern; ital. *dispogliare;* frz. *dépouiller;* span. *despojar.*

3026) **dīspŏno, pŏsŭī, pŏsītŭm, pŏnĕrĕ,** anordnen; ital. *disponere, disporre;* in den übrigen Sprachen entsprechende Formen; (frz. *disposer*). Wegen der Flexion s. **pŏno.**

3027) ***dīsprĕtīo, -āre** (dis u. *pretium*), für wertlos halten, verachten; ital. *disprezzare, -pregiare,* dazu das Sbst. *disprezzo, -pregio;* rum. *desprețuesc ii it i,* dazu das Sbst. *despreț-s;* frz. *déprécier* (gel. W.), *dépriser;* cat. *despreciar,* dazu das Sbst. *despreci;* span. *despreciar,* dazu das Sbst. *desprecio;* ptg. *despreçar,* dazu das Sbst. *despreço.*

3028) **dīspūto, -āre,** erörtern; ital. *disputare,* dazu das Vbsbst. *disputa;* entsprechende Werte rein gelehrter Art in den übrigen Sprachen.

3029) [***dīsquīdo** (für *disquiro*), -ĕre, untersuchen; davon ital. *disquidio* „alterco, contesa“, vgl. Caix, St. 308.]

3030) [***dīsrādīo, -āre** (dis u. *radius*), auseinanderstrahlen, soll nach W. Meyer, Z X 173, das Grundwort sein zu ital. *sdrajarsi,* sich hinstrecken, lautlich ist dagegen nicht viel einzuwenden, aber der Bedeutungswandel ist schwer zu verstehen. Dz 399 hatte das Wort von got. *straujan* oder ahd. *streujan,* ausbreiten, abgeleitet.]

dīsrāmo s. **dē-ĕx-rāmo.**

3031) ***dīsrēno, *dīsrēnīco, *dīsrēnīto, -āre** (v. *renes*), an den Lenden verletzen, lendenlahm machen; ital. (**direnare,* davon das Sbst. *direnato,* Verletzung an den Lenden); prov. *desrenar, deregnar,* lendenlahm machen, das Kreuz brechen; (altfrz. *esreiner;* nfrz. *éreinter*); span. *derrengar;* ptg. *derrear.* Vgl. Dz 117 *derrengar.*

3032) [***dīsrŏtĕŏlo, -āre** (v. *dis* u. *rotulus*), auseinander rollen, soll nach W. Meyer, Z X 173, u. Ascoli, AG VII 516 Anm. 2, das Grundwort sein zu ital. *sdrucciolare,* straucheln, wovon das Adj. *sdrucciolo,* gleitend. Dz 399 *s. v.* hatte das Wort von dem unbelegten ahd. *strůhhal,* strauchelnd, abgeleitet, allein *st* wird nicht zu *sd.*]

dīssīdīum s. **dēsīdĕrīum.**

3033) **dīssĭpo u. dīssŭpo, -āre,** zerstreuen; ital. *dissipare,* arch. *dicipare* „disperdere i proprj beui“, vgl. Canello, AG III 395. Diez 399 hielt auch *sci(u)pare* für entstanden aus *dissipare,* und Canello a. a. O. hat ihm nicht widersprochen. Nichtsdestoweniger ist diese Ableitung unhaltbar, vgl. d'Ovidio, AG IV 151 Anm. 3, W. Meyer, Z X 172. Sieh unten ***exsaupo.** Sonst ist das Vb. im Roman. nur als gel. Wort vorhanden, z. B. frz. *dissiper,* span. *disipar.* Vgl. Dz 399 *scipare.*

3034) **dīssŏlvo, sŏlvī, sŏlūtŭm, sŏlvĕrĕ,** auseinanderlösen; ital. *disciolgo od. sciolgo* (*scioglio*) *sciolsi sciolto sciogliere* od. *sciorre;* frz. *dissous (dissolu solu = solutus* u. *sous;* = **solsus soudre,* span. *disolver;* ptg. *dissolver.* Vgl. Dz 398 *sciogliere.*

3035) ***dīstālīo, -āre,** zerschneiden, zerteilen; ital. *distagliare* „intersecare, dividere“, *dettagliare* (dem Frz. entlehnt) „particolareggiare", dazu das Vbsbst. *dettaglio*, vgl. Canelle, AG III 364; frz. *détailler*, dazu das Vbsbst. *détail*; span. *detallar* (Lehnwort): ptg. *detalhar* (Lehnwort).

3036) [*dīstrāctīo, -āre (v. *distractus*), auseinanderreifsen, = ital. *straziare*, mifshandeln, vgl. Dz 404 s. v.]

3037) dīstrāctūs, a, um (Part. P. P. v. *distrahere*), abgezogen, = ital. *stratto* (neben *distratto*), zerstreut, seltsam, wunderlich, vgl. Dz 404 *stratto*.

3038) [*dīstrīco, -āre, entstricken; ital. *distrigare*, *strigare*, loswickeln; (prov. *destrigar*, aufschieben, hindern, hemmen, dazu dasVbsbst. *destric-s*, Schaden; altfrz. *detrier* mit derselben Bedtg. wie im Prov. S. No 2816). Vgl. Dz 327 *tricare*.]

3039) (*dīstrīctīo u.) *dīstrīnctīo, -āre (*strictus*, *strinctus*) = ptg. *destrinçar*, *destinçar* (an di*stinguēre* angelehnt), *estinçar*, etwas begrifflich zerlegen, genau fassen, vgl. C. Michaelis, Frg. Et. p. 15.

3040) *dīstrūgo, strūxī, strūctūm, strūgēre, zerstören, = ital. *struggere*, vgl. Dz 404 s. v.

3041) *dīstūrpo, -āre (*turpis*), schänden; davon nach Cornu, R XIII 300, span. *destorpar*, *estorpar*, verstümmeln. S. unten ēxtōrpīdo.

[*dīsvādo s. dē-ēx-vādo.]

3042) [dīū, lang; rtr. *dig, dich*, vgl. Ascoli, AG VII 522; Dz 619 *jadis* wollte frz. *jadis*, *tandis* = *jamdiu, tamdiu* ansetzen, die richtigen Grundformen aber sind *ja[m] [h]a[bet] di[e]s* u. *tan[tos] di[e]s*, vgl. Gröber, Misc. 44.]

3043) [*dīūrnālē n. (*diurnus*), Tagebuch: ital. *giornale*; frz. *journal*; span. ptg. *jornal*.]

dīūrnātā s. dīūrnūs.

3044) dīūrnūs, a, um (v. *dies*), einen Tag dauernd; ital. *giorno*, Tag; rtr. *giorn* etc.; prov. *jorn-s*; frz. *jour*, daneben *journée* = *diurnata*; cat. *jorn*; (span. ptg. *jornada*). Durch *diurnum* ist das Primitiv *dies* in weitem Umfange verdrängt worden. Vgl. Dz 165 *giorno*; Gröber, ALL II 102 u. VI 385.

3045) dīversūs, a, um, verschieden; ital. *diverso*; frz. *divers*.

3046) dīvērto, -ēre, abwenden, ablenken; ital. *divertire*, hat auch die übertragene Bedtg. „zerstreuen, unterhalten, vergnügen", dazu das Vbsbst. *divertimento*, Belustigung; frz. span. ptg. *divertir*.

3047) dīvīdo, vīsī, vīsūm, -ēre, teilen; ital. *divido*, *visi*, *viso*, *videre*; prov. *devezir*, *devire*, bedeutet auch „erklären", Part. P. *devis*, *deviza*, entschieden, bestimmt; span. ptg. *dividir*.

3048) dīvīno, -āre, weissagen; ital. *(in)dovinare*, erraten; frz. *deviner*, wov. *devinail* etc.

3049) dīvīnus, a, um göttlich; ital. *divino*; frz. *devin* (daneben gel. *divin*); span. *divino*, *adivino*.

3050) dīvīsīo, -ōnem f., Teilung; altoberital. *divison*; sonst nur gel. Vgl. Berger s. v.

3051) *dīvīso, -āre (v. *divisus*), teilen, abteilen, unterscheiden; ital. *divisare*, dazu die Vbsbste *divisa*, Teilung, Wahl, Wahlspruch, Abzeichen, *diviso*, Entwurf, Vorhaben; frz. *de-*, *diviser*, dazu die Vbsbste *devise*, Wahlspruch, *devis*, Entwurf, Anschlag; span. *divisar*, halb, undeutlich sehen, im Vorbeigehen erkennen, Vbsbst. *divisa*, Erbteil, Wahlspruch. ptg. *divisar*, erkennen, Sbst. *divisa*, Wahlspruch. Vgl. Dz 120 *diviso*.

3052) arab. *dīwan*, mit Artikel ad-dīwan (Eg. y Yang. p. 61), Register, Büreau, Staatsrat, Kanzlei, Zollamt; ital. *dogana*; prov. *doana*; frz. *douane*; span. ptg. *aduano*, Zollhaus, Mauth. Vgl. Dz 121 *dogana*. — Frz. *divan* gehört ebenfalls hierher.

Die Bedeutungsentwickelung (Amtszimmer : Sitz des Beamten : bequemer Sitz : Ruhelager) ist umgekehrt verlaufen, | wie diejenige von *bureau* (vgl. oben *būrus*); im ersteren Falle ist die Bezeichnung eines Zimmers zu der eines Zimmermöbels, im letzteren die Bezeichnung einer Zimmermobilie zu der eines Zimmers geworden.

3053) arab. djerneit (vgl. Eg. y Yang. p. 413); davon frz. *genette*, Zibet- oder Bisamkatze; span. ptg. *gineta*. Dz 165 *gineta* vermutet richtig Herkunft aus dem Morgenlande u. weist *[fa]ginetta* als Grundwort zurück; das Grundwort *djerneit* wurde von Cherbonneau, Journ. asiat. 1849 I 541, aufgestellt, vgl. Scheler im Anhang zu Dz 780.

dlūto- s. drūd-.

3054) do, dēdī, dātūm, dārē, geben; ital. *do* *diedi* (*diei*) *dato* *dare*; rum. *dau* *dădui* u. *dedui* *dat* *da*; rtr. *doi* *dei* *dat* *dar* (daneben zahlreiche andere Formen, im Fräs. tritt vielfach *dono* ein, vgl. Gartner § 193); prov. *dau* (dafür *don*, *do* = *dono*) *dei* *dat* *dar*; frz. ist das Vb. durch *donare* = *donner* völlig verdrängt worden; cat. *do* *di* *dat* *dar*; span. *doy* *di* *dado* *dar*; ptg. *dou* *déi* *dado* *dar*.

3055) niederdtsch. dobba, Graben; dav. viell. frz. *douve*, Graben (F. Pabst).

3056) dōcēo, dōcūī, dōctūm, dōcēre, lehren; ital. *docēre* (gebräuchlich ist nur das Part. P. P. *dotto*); prov. Part. Präs. *dozèn* (Boëth. 155, ist meist als „ducens" aufgefafst worden), Part. P. *dohtz*, Inf. *dozer*; altfrz. 3 P. Sg. Impf. *doceit* (Fragm. v. Val. Verso 4), 3 P. Sg. Perf. *doist* (Leodegar Str. IV v. 5), 3 P. Pl. Perf. *duystrunt* (Alex. 84), Part. P. P. *doit* (Leodeg, Str. V v. 1), *duit*, Inf. *duire*. Es fallen also *dōcēre* u. *dūcēre* in Altfrz. formal zusammen, stehen einander übrigens auch begrifflich sehr nahe (*docēre* „lehren", *ducēre* „leiten, anweisen"). Vgl. Dz 564 *duire* (Diez war anfänglich geneigt, sämtliche Formen von *ducēre* abzuleiten; nachdem aber der prov. Inf. *dozer* belegt worden war, meinte er, dafs sich wenigstens eine Mischung der Verba *dōcēre* u. *dūcēre* annehmen lasse); Förster, RSt. III 181 (hat das Vorhandensein von *dōcēre*, *dōcēre* nachgewiesen; auf anderem Wege ist Havet, R III 326, zu demselben Ergebnisse gekommen).

3057) dōctōr, -ōrem m. (v. *docēre*), Lehrer; ital. *dottore*; rum. *doftor*; prev. *doctor*; frz. *docteur*; cat. *doctor*; span. *doctor*, *dotor*; ptg. *doutor*. Überall nur gelehrtes Wort, das volkstümliche ist, wie schon im Lat., *magister*.

3058) [dōctūs, a, um (Part. P. P. von *docere*), gelehrt; ital. *dotto*; prov. *doht-z*; frz. *docte* (gel. W.); span. *docto*; ptg. *douto*. Auf *dōctus* geht auch zurück piem. *döjt*, garbo, grazia, modo, cura, assetto; vgl. Nigra, AG XIV 364.]

3059) *dōdēcim (für *duodecim*), zwölf; ital. *dódici*; sard. *dóighi*; (rum. *doi spre dièce*); rtr. *dódiš*, *dódeš* etc., vgl. Gartner § 200; prov. *dotze*; altfrz. *doze*; nfrz. *douze*; cat. *dotse*; span. *doze*. Vgl. Gröber, ALL II 102.

3060) *dōdīcīnā, -am f. (v. *dodecim*), Dutzend; ital. *dodicina* u. *dozzina*, vgl. Canello, AG III 319; (frz. *douzaine*); span. *docena*; ptg. *duzia*.

3061) [*dodo, kindersprachliches Wort, gebildet aus der Wiederholung des Anlautes von *do-rmire*, also = „schlaf', schlaf"; davon vielleicht ital. *dondolare*, schaukeln; frz. *dodeliner*, *dodiner*, schaukeln, wiegen, vielleicht auch *doreloter*, *dorloter*, verzärteln, dazu das Vb. *dorelot*, Zärtling,

Püppchen. Vgl. Dz 368 *dondolare* (wo auch *de-undulare* als mögliches Grundwort aufgestellt wird), 562 *dorelot* (wo auch Herkunft von ags. *deórling* für möglich gehalten 'wird).]

3062) **dŏgä, am** *f.* (gr. δοχή), ein Gefäſs; ital. *doga*, Seitenbrett eines Fasses, Daube; sard. *doa*; rum. *doagä*; rtr. *duba*; prov. *doga*; altfrz. *deuve, douve*; nfrz. *douve*; cat. *doga*; span. Demin. *duela, dovela*; ptg. *aduella*. Prov. *doga* und norm. *douve* bedeuten auch „Grabenrand, Grabendamm, Graben". Vgl. Dz 121 *doga*; Gröber, ALL II 102.

3063) **dŏlbä, dolva, -am** *f.*, Raupe („eruca, vermis modicus" bei Eucherius); frz. *douve*, einWurm in der erkrankten Schafsleber, auch Pflanzenname, vgl. Thomas, R XXVI 421.

3064) mndl. **dolekln** (Demin. v. *dolk*, Dolch) = altfrz. *dolequin*, kurzer Degen. Vgl. Dz 562 *s. v.*

3065) **dŏlĕo, dŏlŭī, dŏlēre**, Schmerz empfinden, schmerzen; ital. *dolgo* u. *doglio* (*dolui* u.) *dolsi, doluto* u. *dolto, -ēre*, dazu die Vbsbsttve *duolo* u. *doglia*, Trauer; sard. *dolu*, Trauer; rum. *doare durú durut duré*, dazu das Vbsbst. *dor*; rtr. Fräs. *do*, es schmerzt, vgl. Gartner § 154; prov. *doler*, dazu das Vbsbst. *dol-s*; altfrz. *doloir, douloir*; nfrz. fehlt das Vb., dagegen ist das Vbsbst. *deuil* vorhanden, welches zu *doloir* sich verhält wie altfrz. *veuil* zu *vouloir*, also an die stammbetonten Formen mit palatalem *l* sich anschlieſst (*dueil* = *doleo, dueille deuille* = *doleam*); span. *doler*, dazu das Vbsbst. *duelo*; ptg. *doér*, dazu das Vbsbst. *dó*. Vgl. Gröber, ALL II 102 (wo zuerst scharfsinnig nachgewiesen wird, dafs ein **dŏlium* nicht angesetzt werden dürfe, freilich aber findet sich dies *dŏlium* bei Commodian. instr. 2, 31, 1, auch *cordolium* ist zu erwägen).

3066) **dŏlĭŭm** *n.*, Fafs; ital. *doglio* (mit off. *o*); piem. *doj, doja*; rtr. *dulya*; waldens. *dula*, (vgl. Meyer-L., Z. f. ö. G. 1891 p. 769): prov. *dulh-s*; altfrz. *doil, doille*; nfrz. *douil*, Traubenbütte. Vgl. Gröber, ALL II 103.

dŏlĭŭm (zu *dolcu*) s. **dŏlĕo.**

3067) **dŏlo, -āre**, behauen; rum. *durez ai at a*, bauen; span. *dolar*, ein Stück Holz oder einen Stein behauen; „*dolare* ist auch süd- u. nordital. u. rätisch" Meyor-L., Z. f. ö. G. 1891 p. 769.

3068) **dŏlōr, -ōrem** *m.* (*doleo*), Schmerz; ital. *dolore*; (rum. *durere*); prov. *dolor-s*; frz. *douleur*; cat. *dolor*; span. *dolor*; ptg. *dôr*.

3069) **dŏlōrōsŭs, a, um**, schmerzlich; ital. span. ptg. *doloroso*; prov. cat. *doloros*; frz. *douloureux*; daneben ital. *doglioso*, rum. *duios*, (span. *dolioso*) = **doliosus*.

3070) engl. **dolt** (mundartlich *dold*), Tölpel, Schöps; davon (?) ptg. *doudo*, einfältig, närrisch, vgl. Dz 445 *s. v.*

3071) griech. δώμα, Haus; prov. *doma*; frz. *dome, dosme, dôme*, Hausterrasse, Altan, flaches Dach, gewölbtes Dach, Kuppel, vgl. G. Paris, R XXIV 274.

3072) **dŏmäbĭlĭs, e** (*domare*), zähmbar; ital. *domevole*.

3073) ***dŏmĕstĭco, -āre** (v. *domesticus*), häuslich, vertraut, zahm machen; ital. *domesticare, dimesticare*; (rum. *dumesticesc ii it i*); prov. *domesgar, domesjar*; (frz. fehlt das Vb., es wird ersetzt durch *apprivoiser* = **apprivitiare*); span. ptg. *domesticar*.

3074) **dŏmĕstĭcŭs, a, um**, häuslich, vertraut, zahm; ital. *domestico, dimestico* (der Übergang

von *do-* zu *di-* erklärt sich „per l'illusione che si trattasse di un *do-* da *de-* come in *domandare, dovere* etc. Lo stesso è avvenuto nell' arc. *diminio* per *dominio* e nel corrispond. fr. *demaine*", Canelle, AG III 335); rtr. *dumiesti* (vgl. auch den Thalnamen *Domleschg*), vgl. Stürzinger, ALL VII 450; rum. *dumestnic*; prov. *domesgue*; frz. *domestique* (altfrz. *damesche*); cat. *domestic*; span. ptg. *domestico*.

3075) **dŏmĭnä, -am** *f.* (v. *domus*), Hausherrin; ital. *donna*, Frau, Weib (ist das übliche Wort für diesen Begriff (daneben sind aber auch *moglie* = *mulier* u. *femina* vorhanden), als ehrende Anrede wird jedoch *signora* gebraucht; *mea domina* = *madonna, monna, mona* ist Bezeichnung der heil. Jungfrau; *madama* u. *dama* ist Gallicismus), vgl. Canelle, AG III 367, wegen *monna* vgl. ebenda 341 Anm. 1, wo das Wort als kindersprachliche Bildung erklärt wird; rum. *doamnă*; rtr. *dunna* (davon Pl. *dunnans* etc., vgl. Gartner § 107): prov. *domna*, Frau, Herrin, daraus gekürzt die Titulatur *na* (die starke Kürzung erklärt sich aus der proklitischen Beschaffenheit eines vielgebrauchten Titels, vgl. Thomas, R XII 585); frz. *dame* (vgl. Förster, Z XIII 543, Klahn, Üb. d. Entwicklg. des lt. *mn* im Frz. [Kiel 1898 Diss.] p. 44) wird nur als Titel gebraucht, besitzt also nicht die allgemeine Bedtg. „Frau" (dafür *femme*), (der Übergang von *o* zu *a* erklärt sich aus dem proklitischen Gebrauche des Wortes in der namentlichen Anrede und seiner darin begründeten Tonlosigkeit, vgl. Ascoli, AG III 330 f. Anm.); cat. *dona*; span. *doña, dueña*, bedeutet sowohl „Frau" im Allgem. (daneben jedoch sind auch *mujer* = *mulierem* u. *hembra* = *femina* vorhanden), als auch wird das Wort als Titel gebraucht, in letzterer Verwendung ist in der gewöhnlichen Sprache *señora* üblicher; ptg. *dona* (daneben in der allgemeinen Bedtg. *mulher*, in der Verwendung als Titel *senhora*). Vgl. Dz 122 *donna*; Gröber, ALL II 103.

3076) [***dŏmĭnärĭŭm** *n.* (v. *dominus*), Herrenrecht, Willkür, Gewalt, (u. ***dămnärĭŭm**?) *n.* (von *damnum*), Schädigung; aus der begrifflichen Mischung dieser beiden Worte scheint hervorgegangen zu sein altfrz. *dangier* (auch *dongier* geschrieben, vgl. Förster, Z XIII 535), Gefahr, u. nfrz. *danger*. Vgl. Dz 559 *danger*; Scheler im Anhang zu Dz 790 u. im Dict. *s. v.* — „*Dangier* hat altfrz. wohl nie die Bedeutung von Gefahr, sondern nur von Herrschaft, Schwierigkeit, was zu der Ableitung von *dominiarium* stimmt. Da *domina* in frz. *dame* ja ebenfalls *o* zu *a* ändert und dasselbe noch in anderen Ableitungen desselben Wortes geschieht, so ist das zweite Etymon *damnarium* überflüssig". Stürzinger, ALL VII 450.

3077) ***dŏmĭnĭcĕllä, -am** *f.* (Demin. v. *domina*), kleine Herrin, Fräulein; ital. *donzella*, Mädchen, Fräulein *damigella* (frz.), Fräulein (das üblicheWort für „Fräulein" ist *signorina*); rum. *domnice*; prov. *donzella*; frz. *damoiselle*; nfrz. *demoiselle* (*mademoiselle*, „Fräulein") (vgl. No 3078); span. *doncella*, Mädchen, Zofe (*señorita*, „Fräulein"); ptg. *donzella*, Mädchen, Ehrenfräulein (das übliche Wert für „Fräulein" ist *senhorita*).· Vgl. Dz 122 *donno*; Gröber, ALL II 103 (wo mit Recht Frankreich als die eigentliche Heimat von *dom(i)nicellus, -a* erklärt wird).

3078) ***dŏmĭnĭcĕllŭs, -ŭm** *m.* (Demin. v. *dominus*), kleiner oder junger Herr, Junker; ital. *donzello*, Junker = junger Herr, unverheirateter junger Mann;

rum. *domnicel;* prov. *donzel-s;* altfrz. *damoisel,* *damoisiaus, dancel, -sel, -zel,* vgl Förster, Z XIII 536, Klahn a. a. O. (s. No 3075) p. 45; nfrz. *damoiseau;* cat. *donzel;* span. *doncel;* ptg. *donzel.* Vgl. Dz 122 *donno;* Gröber, ALL II 103.

3079) **dŏmĭnĭcus** u. **-a** (scil. *dies*), Tag des Herrn; ital. *domenica* (scil. *dies*), Sonntag; rum. *duminica;* rtr. *duméniga, dunéndya* etc., vgl. Gartner § 61; prov. *dimenge-s, dimergue-s;* altfrz. *diemenche = *dia* (f. *dies*) dominica, diemenge, diemoine, dimoinge = dies dominicus;* nfrz. *dimanche* m.; altcat. *dimenge;* neucat. *dominica;* span. ptg. *domingo = dominicus* (scil. *dies*). Vgl. Dz 122 *domenica;* Baist Z VI 117.

3080) [***dŏmĭnĭŏ, -ōnem** m.* (?) (v. *dominus*), Herrenhaus; prov. *donjo-s,* Burgturm; altfrz. *dongeon, doignon;* nfrz. *donjon.* Vgl. Dz 562 *dongeon.* Vgl. aber auch Pogatscher, Z XII 557, s. unten **dungjŏ.**]

3081) **dŏmĭnĭum** *n.* (v. *dominus*), Herrschaft; ital. *do-, diminio, demanio* (vom altfrz. *demaine*), „il dominio del re o dello stato", vgl. Canello, AG III 321: altfrz. *demenie, demeine, demaine,* vgl. Cohn, Suffixw. p. 169; nfrz. *domaine;* span. ptg. *dominio.*

3082) **dŏmĭno, -āre** (v. *dominus;* schriftlat. Dep.), herrschen; ital. *dominare* „signorreggiare", *damare* „termine del giuoco della dama (che però è manifestamente una derivazione seriore)", vgl. Canelle, AG III 367; (rum. *dumnesc ii it i*); (prov. *domnejar;* altfrz. *donnoiier,* den Hof machen, galant sein, ist späte Ableitung von *domna*); frz. *dominer* (rein gelehrtes Wort); span. ptg. *dominar.*

3083) [**dŏmĭnŭlă, dŏmnŭlă, -am** *f.* (Demin. von *domina*), kleine Herrin; ital. *donnola,* Wiesel (es bedarf nicht erst der Bemerkung, dafs das Wort unmittelbar von ital. *donna* abgeleitet ist und also mit lat. *dominula* eigentlich gar nichts zu schaffen hat). Vgl. Dz 368 *s. v.*]

3084) **dŏmĭnŭs, -um** *m.* (v. *domus*), Herr; ital. *donno,* Herr, Gebieter (unübliches Wort, die üblichen Bezeichnungen des Gebieters sind *maestro* und *padrone,* „Herr" als Ehrentitel ist *signor = seniorem*), auch Adj. *donno, -a,* herrlich, grofs; (auch der Vokativ *domine* hat sich in gewissen Wendungen, namentlich in Bezug auf Gott, erhalten); *domino* zur Bezeichnung eines Kleidungstückes (eigentlich eines Winterchormantels) ist ein ursprünglich geistliches u. also gelehrtes Wort, *domino* zur Bezeichnung eines Brettchenspieles ist ein geschichtliches, obschon nicht mit Sicherheit bis zu seiner Entstehung verfolgbares Wort, vgl. Scheler in seinem Diet. *s. v.* (über das Kleidungsstück *domino* bemerkt Canello, AG III 367, „in origine un cappuccio nero che i preti usavano d'inverno portando il ‚Signore' ai malati", u. über den Spielnamen *domino* „maschera con cappuccio, giuoco che si fa con ventiquattro tessere con una faccia bianca e l' altra nera, dal fr. *domino*"); *damo,* Liebhaber (nach Analogie von *dama* gebildet u. zuerst von Lorenzo de'Medici gebraucht); rum. *domn;* prov. *don-s;* (auch Fem.), c. o. *dom;* durch starke Kürzung, welche eine Folge des proklitischen titelhaften Gebrauches des Wortes war, entstand daraus *en, n* (auch *En, 'N, N'* geschrieben), vgl. Thomas, R XII 585; altfrz. c. r. *dans,* c. o. *dame,* vgl. Klahn, Die Entwicklg. des lat. *nm* im Frz. (Kiel 1898 Diss.) p. 44 ff., Förster, Z XIII 542, Ascoli, AG III 330 Anm. „Herrgott" = *dameldrœ, dameldieus,* das *l* des Wortes ist noch nicht befriedigend erklärt, s. No 3081); nfrz. ist das Wort

nicht mehr vorhanden („Herr" im Sinne von Gebieter ist *maître,* als Titel wird *seigneur, sieur* = *seniorem,* bezw. *monseigneur, monsieur* gebraucht); span. *dueño,* Herr = Besitzer (Herr im Gegensatze zu Diener ist *amo*), *don* (aus demVokativ *domine*), Herr als Titel vor Eigennamen (die übliche Anrede „Herr" ist *señor*), aus dem Span. wurde *don* auch in das Ital. übertragen (Dante Inf. 22, 88 hat *donno* proklitisch gebraucht); ptg. *dono,* Herr = Eigentümer, *dom* (als Titel; die übliche Anrede „Herr" ist *señor*). Vgl. Dz 122 *donno;* Gröber, ALL II 103.

3085) **dŏmĭnŭs + (ĭlle?) + dĕŭs,** Herrgott; ital. *domeneddio, domeneddio;* rum. *dumnezeu;* prov. *dompnedeus, domerdieus, damredieus, damridieus, damlideus;* altfrz. *dameldieus, dameldex.* — „Die Verbindung *dominus ille deus* für ital. *domineddio* hat ihre schweren Bedenken. Was soll das *ille* hinter *dominus,* und was soll .es vor *deus,* da *deus* doch heutzutage noch stets ohne Artikel gebraucht wird? Zudem weisen ital. *domine* und rum. *dumne* mit ihrem *e* nicht auf Nom. od. Acc. *dominus* (-um), sondern auf den Vokativ *domine;* das Wort ist natürlich am meisten im Anrufekasus gebraucht worden, und *domine deus* (cfr. deutsches „Herrgott") ist deshalb das Etymon. Imm. Bekker hat zuerst die Etymologie d. *ille deus* aufgestellt wegen altfrz. *dameldieus, dameldieu,* aber die ältesten franz. Formen bis tief ins 12. Jahrh. hinein haben kein *l,* sondern lauten *domine deus* (St. Léger), *damnede*(u), das *l* ist also aus dem *n* entstanden." Stürzinger, ALL VII 450. — Berger *s. v.*

3086) **dŏmĭnŭ- + Suffix -ōn** ist vielleicht enthalten in dem veralteten frz. (*danron?*) *daron,* Hausherr, Vater, vgl. Bugge, R IV 353.

3087) **dŏmĭto, -āre** (Intens. v. *domare*), zähmen; (ital. ist das Primitiv *domare* üblich); prov. *domtar, dondar;* altfrz. *donter, danter;* nfrz. *dompter;* (span. ptg. ist noch das Primitiv *domar* üblich, daneben *amansar,* das auf einer ganz ähnlichen Auffassung des Verbalbegriffes beruht wie *domar,* denn wie dieses mit *domus,* so hängt jenes mit den von *mansus* v. *manere,* bleiben, abgeleiteten u. „Wohnung" bedeutenden Substantiven zusammen).

3088) **dŏmĭtŭs, a, um** (Part. P. P. v. *domare*), gezähmt; prov. *domde,* zahm; span. *duendo,* zahm (vielleicht hängt damit zusammen *duende,* Kobold, Hausgeist, gleichsam der an das Haus gewöhnte, zahme Spukgeist); ptg. *dondo* in der Verbindung *fazer dondo alg. c.,* etwas verderben, eigentl. wohl etwas zahm (u. dadurch unfrisch, matt, schwach) machen; *duende,* Kobold. Vgl. Dz 445 *duendo.* **dŏmo** s. **dŏmĭto.**

3089) **dŏmŭs, -um** *f.,* Haus; ital. *duomo* m., Gotteshaus, Dom; sard. *domu,* Haus; (frz. *dôme,* Kuppel = gr. *δῶμα, dôme,* Dom = ital. *duomo,* vgl. G. Paris, R XXIV 274); span. *domo,* Kuppel; ptg. *domo,* Dom (wohl nur wenig üblich, gewöhnlicher *igreja cathedral,* wie überhaupt „Kathedrale" die im Roman. beliebte Bezeichnung der Domkirche ist). In der Bedtg. „Haus" ist *domus* durch *casa* und *mansio* völlig verdrängt worden. Vgl. Dz 368 *duomo.*

3090) **dŏnārĭŭm** *n.* (v. *dono*), Gabe; span. ptg. *donaire,* (schöne) Naturgabe, Anmut. Vgl. Dz 445 *s. v.*

3091) **dōnīque** (ursprüngliche Form für *donec;* Luer. 2, 1116; 5, 706 u. 995; Orell. inscr. 4780; Vitr. 3, 5, 6 u. öfters, s. Georges *s. v.*), Konj. und

Adv., als Konj. (und nur diese Verwendung ist schriftlat.) = so lange als, bis; als Adverb = zu der Zeit, dann, da (diese, im Romanischen allein übliche, Funktion mufs das Wort bereits im Volkslatein besessen haben, vgl. Gröber, ALL II 103'ff.; Zimmermann, ALL V 567 ff., namentl. aber p. 571 am Schlusse des Aufsatzes); (ital. dunque und adunque, also, folglich, dunque ist inschriftlich belegt, also lateinisch, darf aber nicht ohne weiteres mit donique zusammengeworfen werden); sard. duncas; rtr. dunc; prov. donc (auch adonc), doncs; altfrz. doncques, done (auch adonc); nfrz. done; cat. doncs; altspan. doneas; (neuspan. ist „also" asi, ptg. assim, oder es wird subetantivisch, z. B. span. de esta suerte, ptg. d'esta maneira, umschrieben). Aus der räumlichen Bedeutung der Partikel hat sich also die folgende entwickelt. Vgl. Dz 124 dunque (Diez nahm *atunc aus ad tunc als Grundwort an); Cornu, R VII 364 (C. setzte numquid, -qua als Grundwort an); Förster, RF I 322 (F. wies Diez' Herleitung ab, stellte donique als Grundform auf, nahm aber begriffliche Mischung zwischen donique u. denique an); G. Paris, R XII 133 (verhält sich skeptisch gegen Förster's Aufstellungen); Gröber, ALL II 103 (hält an donique als dem Grundworte fest und sucht nachzuweisen, dafs dasselbe volkssprachlich auch adverbiale Funktion besessen habe); Zimmermann, ALL V 571, IX 591, Z XVI 243 (Z. stimmt Gröber bei), vgl. auch Engländer, ALL VI 467; Stolz u. Schmalz in J. v. Müller's Handbuch etc. II² 315 u. 514, Körting, Ztschr. f. frz. Spr. u. Lit. XVIII 37². Für endgültig entschieden darf indessen die Herkunftsfrage des ital. dunque etc. auch jetzt noch nicht erachtet werden. Zum mindesten dürfte auch gegenwärtig noch die Annahme erlaubt sein, dafs die Gebrauchsweisen der romanischen Partikel das Ergebnis begrifflicher Mischungen sind, wie schon Förster dies ganz mit Recht behauptet hat. Die scheinen in dunque etc. begrifflich mit einander gemengt zu sein donique, denique, tunc u. vielleicht auch de-unde = frz. dont.

3092) **dōno, -āre** (v. donum), schenken; ital. donare; prov. donar; frz. donner (hat die allgemeine Bedtg. „geben" übernommen, ist also an Stelle von dare getreten, infolge dessen fehlt dem Frz. ein eigentliches Verbum für „schenken", die Verbindung faire présent de qlq. ch. ist ein nur unvollkommener Ersatz); span. donar (gewöhnlicher wohl regalar); ptg. doar (wenig üblich, dafür dar, apresentar, regalar).

3093) ***dōnōsūs, a, um** (von donum), begabt; span. ptg. donoso, schön, anmutig. Vgl. Dz 445 donaire.

3094) **dōnum** n., Geschenk; ital. dono; prov. don-s, do-s; frz. don (die üblichen Worte sind présent u. présenter, darbieten, u. cadeau = *capitellum, w. m. s.); span. don (gewöhnlicher presente, regalo v. regalar; letzteres ein Vb. noch unaufgeklärten Ursprunges, nach Diez 266 = *regalare); ptg. dom (daneben presente, dadiva).

3095) ***dōrmĭcŭlo, -āre**, (ein wenig) schlafen, *dōrmĭcŭlōsus, a, um, schläfrig; ital. dormicchiare, dormigliare (Gallicismus); altfrz. dormailler, dormiller, dazu das Adj. dormillous; prov. dormilhar, dormilhos; span. dormijoso (Gallicismus); ptg. dorminhóço (daneben dormilão, vgl. ital. dormigliore u. -ne). Vgl. d'Ovidio, AG XIII 397.

3096) **dōrmĭo, -īre**, schlafen; ital. dormire;

rum. dorm ii it i; rtr. durmi, vgl. Gartner § 170; prov. frz. cat. span. ptg. dormir. Vgl. Gröber, ALL II 106. S. auch dodo.

3097) **dōrmĭtōrĭum** n., Schlafsaal; frz. dortoir (altfrz. dormeor = dormatorium, vgl. Cohn, Suffixw. p. 120).

3098) gäl. **dōrn**, bret. **dorn**, Hand, Faust; davon vermutlich prov. dorn-s, ein kleines Mafs, eine Handvoll; altfrz. dor, dour. Vgl. Dz 563 dour; Th. übergeht das Wort; vgl. auch Hofmann zu Jourdains de Blaivies V. 3859.

3099) **dōrsūm, *dōssūm** n., Rücken; ital. dosso, Pl. dossi, Grauwerk; rum. dos; prov. frz. dos (mit off. o); dazu prov. dorssar, altfrz. dorser „rompre le dos"; span. ptg. dorso. Vgl. Dz 368 dossi u. 672 rosser; Gröber, ALL II 106.

3100) **dōs, dōtem** f., Mitgift; ital. dote u. dota; sard. doda, dazu das Vb. dodadare, vgl. Salvioni, Post. 8; prov. dot-z; frz. dot u. dote; span. ptg. dote.

3101) [***dōtārĭārĭā** (v. dotarium) = frz. douairiere, ausgesteuerte Witwe, vgl. Dz 563 douer.]

3102) ***dōtārĭūm** n. (v. dos), Mitgift, Aussteuer; prov. doari-s, Wittum; frz. douaire, davon douairière, ausgesteuerte Witwe, vgl. Dz 563 douer.

3103) **dōto, -āre** (von dos), aussteuern; ital. dotare; frz. douer. Vgl. Dz 563 douer.

3104) **drāco, -ōnem** m. (gr. δράκων), Drache; ital. dragone, Drache, targone „un' erba odorifera, probabilmente attrav. l'ar. tarchún", vgl. Canelle, AG III 387; rum. drac, Teufel, Dämon; prov. dragon-s, drago-s; frz. dragon, Drache, Dragoner, d. i. eigentl. ein Reiter, der zu einem Drachenbanner gehört; estragon (Lehnwort aus dem Ptg.), Schlangenkraut (das von Diez angeführte gleichbedeutende targon fehlt b. Sachs); cat. span. dragon, Drache, dragontéa, taragontea, taragona, Schlangenkraut; ptg. dragão, Drache, estragão, Kaisersalat (das es- ist vermutlich aus dem arab. el-, ef- entstanden, vgl. Devic unter estragon, Scheler im Anhang zu Dz 749). Vgl. Dz 316 targone; Eg. y Y. 392.

3105) germ. **Stamm drag**, ziehen; auf diesen Stamm scheint zurückzugehen frz. drague, ausgebrautes Malz (vgl. engl. dreg, Hefe, Bodensatz), vielleicht auch frz. drague, Hohlschaufel (vgl. engl. drag, Schleife d. b. Schleppwerkzeug, Haken u. dgl.). Vgl. Dz 563 drague; Mackel p. 67.

3106) altnfränk. ***draibjo** (ahd. treibjo), Sebäfeling, = frz. drageon, Schöfsling, vgl. Dz 563 s. v.; Mackel p. 115.

3107) bret. **draill**, Zeugstücke; davon vielleicht frz. drille, Lappen. Vgl. Dz 564 drille 2 (Diez frug: „vom nord. dril, Wegwurf?", stellte gleichzeitig aber auch kymr. dryll, Stück, Teil, als mögliches Grundwort auf); Th. p. 97. Von drille das Vb. driller, Lumpen sammeln, umherstrolchen.

3108) **drāppus, -um** m., Tuch, Lappen (belegt bei Oribasis, vgl. Rönsch, p. 22, 22 H. Not. Bern. p. 34 Sehm., s. Georges s. v.); ital. drappo, Tuch, davon das Demin. drappello, Fetzen, Fahne; prov. drap-s, drap-z; frz. drap, davon das Demin. drapeau, Fahne; span. ptg. trapo, Lumpen (das übliche Wort für „Tuch" ist panno, paño); altfrz. Dz 123 drappo (Diez ist geneigt, als Grundwort das in einem ahd. Glossar des 12. Jahrb.'s enthaltene trabo „trama, extrema pars vestimenti, fimbria" anzuerkennen); Gröber, ALL II 106 (Gröber, sich darauf berufend, dafs das Wort erst in einer Hds. des 7. Jahrb.'s belegt sei, erklärt, dafs dasselbe romanisch sei u. dem lateinischen Sprachgebiete nicht angehöre,

21*

es sei vielmehr fremden Ursprunges, aber weder griechisch noch keltisch noch deutsch. Dagegen darf man doch einwenden, dafs ein Wort um deswillen, weil es erst in einer Hds. des 7. Jahrh.'s belegt ist, was ja rein zufällig sein kann, noch nicht ohne Weiteres mit dem Stempel der Nichtlatinität zu brandmarken ist; Ascoli, AG VII 144, bemerkt: „druppus è nelle note tironiane, e così si potrà dire voce latina"); Baist, Z VI 117 (B. vermutet in dem von Diez angezogenen ahd. trabo einen Schreibfehler für trádo, weils aber irgend etwas Bestimmtes über den Ursprung von drappo nicht zu sagen); Th. 56 (stellt die Möglichkeit keltischer Vermittelung des Wortes in Abrede).

3109) altnfränk. drastjä od. drastjän (ags. därste, ahd. trestir, nhd. Trester); davon altfrz. drasche; nfrz. drêche, Darrmalz. Vgl. Bugge, R III 147; Mackel p. 52; Dz 563 drasche leitete das Wort vom deutschen dreschen ab.

3110) got. (ga-)drausjan, herabstürzen; davon viell. ital. troscia, durch Nässe entstandene Rinne, stroscia, Wasserspur, stroscio, Geräusch von herabfliefsendem Wasser, dazu das Vb. strosciare, rauschen. Vgl. Dz 407 troscia; Caix, St. 526, erblickt in scatroscio „acquazzone" den „fedele riflesse" des got. gadrausjan, während er die oben aufgeführten Worte zu got. driusan, ahd. tríosan stellt. Warum dem so sein müsse, wird nicht nachgewiesen.

3111) westgerm. ȜrȜscan (ags. ȜȜrscan, ahd. dreskan), dreschen; prov. trescar, dazu das Vbsbst. tresca; altfrz. treschier, dazu das Vbsbst. tresche; (span. ptg. trisear, Geräusch mit den Füfsen machen, trampeln, Unfrieden stiften, wovon das Vbsbst. trisca, Zank, geht auf got. priskan zurück). Vgl. Bugge, R III 147; Mackel p. 83; Ulrich, Z XI 556, stellte *trixare als Grundwert auf.

3112) dtsch. drieseh, unangebautes, brachliegendes Land; prov. trescamp; altfrz. tries, trie, vgl. Horning, Z XXII 498.

3113) ahd. drigil, drȜgil, Diener, = frz. drille, Kamerad, Soldat, vgl. Dz 564 drille 1; Mackel p. 103.

3114) ndd. drinken = altfrz. drinquer, vgl. Mackel p. 100.

driscan s. ȜrȜscan.

3115) Stamm droll- (wovon auch engl. droll, scherzen, Spafsmacher, spafshaft, dtsch. drollig); davon frz. drôle (früher drolle geschrieben, erst seit dem 15. Jahrh. nachweisbar), Adj., spafshaft, lustig, Sbst. komischer, seltsamer Kerl, dazu das Fem. drôlesse. Die Geschichte des Stammes droll ist dunkel und bis jetzt ist nicht festzustellen, ob er ursprünglich romanisch oder germanisch ist, doch ist das Letztere das bei weitem Wahrscheinlichere (möglicherweise hängt droll ursprünglich mit drillen „bohren" zusammen, hat sich aber lautlich an „rollen" angelehnt, so dafs es etwas Kugeliges und Drehendes, daher unter Umständen auch etwas Wunderliches, Possierliches bedeutet; man vergl. vulgärdeutsche Redensarten, wie „das ist zum Kugeln". Vgl. Dz 564 drôle; Th. 98 (Th. bezweifelt, dafs in anklingenden keltischen Worten, wie z. B. gäl. droll „a lazy idiot, a sluggard", der Ausgangspunkt des französisch-deutschen Wortes zu sehen sei).

3116) ndl. droog, trocken, ist das mutmafsliche Stammwort für ital. prov. droga, Spezerei, Gewürz, frz. drogue, span. ptg. droga. Vgl. Dz 123 droga (das dort aufgeführte angebliche Adj. prov. droguit „bräunlich" dürfte gar nicht vorhanden sein,

denn an der betr. Stelle des Liedes „No m'agrada iverns ni pascors" des Raimbaut v. Vaqueiras, Choix IV 275, ist höchstwahrscheinlich statt droguitz zu lesen Droguitz = Drugubitae, vgl. Tobler, Z VI 121); Baist, Z V 560, frägt „sollte nicht neben ndl. droog auch das griech.-lat. trochus, trochiscus einige Beachtung beanspruchen dürfen?" Eine ganz müfsige, weil selbstverständlich zu verneinende Frage. Möglich aber, dafs man an das slav. dorog (russ. dorogii), teuer, denken darf. Die kostbaren morgenländischen Waren (also auch die Spezereien) wurden auch auf dem Landwege nach dem Abendlande gebracht, berührten also auf nicht unbedeutenden Strecken slavisches Gebiet u. konnten daselbst wohl einen slavischen Gattungsnamen erhalten. Kostbare Waren schlechtweg als „teuerss Gut" zu bezeichnen, ist nicht auffällig, sprechen doch auch wir von „Pretiosen".

3117) drömȜn, -Ȝnem m. (gr. δρομών), Schnellsegler (Cod. Just. 1, 27, 2; Cassiod. var. 5, 17; Isid. 19,1,14); ital. dromone; altfrz. dromon, ein gröfseres Kriegsschiff, vgl. Dz 564 s. v.

3118) ahd. drozzä, Kehle; dav. ital. strozza, Kehle, wovon wieder strozzare, erwürgen, vgl. Dz 404 strozza.

3119) ahd. druechen, drücken; davon ital. strucare „spremere", vgl. Caix, St. 610.

3120) german. *drȜd-, traut; ital. drudo; prov. drutz, druda, Geliebter, Geliebte; altfrz. drut, drue. — Dagegen geht piemont. neuprov. dru, üppig, wohlgenährt, altfrz. dru, dicht, dick, wohl genährt, üppig, munter, wov. endruir, dicht machen, vermutlich zurück auf den gallischen Stamm drúto-, dicht. Vgl. Dz 123 drudo; Mackel p. 18; Th. p. 56.

3121) altn. dubba (ags. dubban), einen Streich geben, zum Ritter schlagen, wappnen, rüsten; davon vermutlich ital. addobbare, zurüsten, schmücken; prov. adobar (mit geschloss. o), rüsten, davon das Vbsbst. adob-s; frz. adouber, rüsten (jetzt fast nur noch als terminus technicus beim Schach- oder Damenspiel „eine Figur oder einen Stein berühren, um ihn zurecht zu stellen"), dazu altfrz. das Vbsbst. adob; span. adobar; ptg. adubar, zubereiten, ausbessern, würzen. Vgl. Dz f. 6 addobbare; Mackel p. 23.

3122) *dȜbȜtāntȜā, -am f. (v. dubitare) Zweifel; ital. dottanza, Furcht; span. dudanza, Zweifel.

3123) dȜbȜto, -āre (v. dubius), zweifeln; ital. dubitare (gel. Wort) „essere in dubbio", dottare „temere", vgl. Canello, AG III 325; prov. dobtar, doptar, dotar, zweifeln, fürchten, dazu das Vbsbst. dopte-s; frz. douter, zweifeln, dazu das Vbsbst. doute (redouter, scheuen, fürchten, das Shet. redoute, Schanze, hat damit nichts zu schaffen, sondern ist = ital. ridotta, lt. reducta); span. dudar, dazu das Vbsbst. duda; ptg. duvidar, dazu das Vbsbst. duvida.

3124) spätgriech. δούχα (Accus. v. δούξ = lat. dux), dav. zu unterscheiden ist neugr. δούχας, welches erst aus dem ital. duca gebildet ist, Feldherr, Herzog; ital. duca; rum. ducă; nicht hierher gehören, wenigstens nicht unmittelbar, prov. frz. duc und span. ptg. duque. Dazu die Fominina ital. duchessa etc. Vgl. Dz 124 duca. S. unten dȜx.

3125) dūcālis, -e (dux), zum Führer gehörig; sard. dugali laceio; valtell. dugal, solco aquatico, vgl. Salvioni, Post. 8.

3126) **dŭcătrix, trīcem** *f.*, Anführerin; venez. *dogaressa*, vgl. Ascoli, AG X 258, Salvioni, Post. 8, indessen können *ducatrix* u. *dogaressa* doch nur unter Vorbehalt zusammengestellt werden.

3127) **dŭcătŭs, -um** *m.* (v. *dux*), Feldherrn-, Herzogswürde, Herzogtum; ital. *dŭcato* „il territorio e la dignità d'un duca, e una moneta", (*dogato* „l'ufficio e dignità del doge"), daneben *ducéa* und *duchéa*, Herzogtum (nach dem frz. *duché*), vgl. Canello, AG III 370; prov. *ducat-z*; frz. *duché m.* (altfrz. auch Fem. nach Analogie der Abstrakta auf *-té*, vgl. auch *comté = comitatus*, daneben *comteé = conté + -tat-em*, vgl. Darmesteter, R V 150), ducat, *ducaton*, Dukaten; span. *ptg. ducado*, Herzogtum u. Dukaten. Vgl. Dz 124 *duca*.

3128) **dŭcĕntī, -ōs** (schriftlat. auch *-ae, -a*), zweihundert; ital. *dugento*, gleichsam **ducentum*, also Anbildung an *centum*; sard. *dughentos* u. *duxentos*; venez. *duxento*; lomb. *düsént*; genues. *dúxento*, vgl. Salvioni, Post. 9; (rum. *doue sute*); (rtr. *du tšent, duoi tšent, dua tšent*, vgl. Gartner § 200); (prov. *dui cent*; frz. *deux cent*; cat. *dos cents*); altspan. *ducientos*; nouspan. *do-* u. *doscientos*; ptg. *duzentos*. Vgl. Gröber, ALL II 106.

3129) [**dŭcīlīs (ducĕre)* wird von Cohn, Suffixw. p. 154, als Grundwort angenommen zu frz. *dousil, douzil* (mit palat. *l*), prov. *dosille*, Zwicker, Pflöckchen; Scheler stellte ein **duciculus* auf. Beide Ableitungen befriedigen nicht.]

3130) **dŭco, dŭxī, dŭctŭm, dŭcĕrĕ**, führen; ital. *duco dussi dotto durre*; sard. *dughere*, vgl. AG XIII 120; altvenez. *dur*, vgl. Mussafia, Boitr. 55, Ascoli, AG III 279; rum. *duc dusei dus duce*; rtr. Part. P. P. (kun)*dót*, (kun)*duzút*; prov. *duc duis duit* u. *duch duire duzir* u. *dozer*; frz. (con)*duis duisis* (altfrz. *-duis*) *duit duire*; cat. *duch dugui dut dur*; span. *ducir* (schwach); ptg. (con)*duzir* (schwach).

3131) **dŭctīlīs, -e** (v. *ducere*), dehnbar; prov. *dolha*, Zapfen; altfrz. *douille*, Zapfen, Adj. *douille*, weich, davon Demin. *douillet* (das Shst. *douzil*, auch *dousil* geschrieben, Zwicker, Zäpfchen, gehört nicht hierher). Vgl. Dz 563 *douille* 1 u. 2; Gröber, ALL II 107 u. VI 385.

3132) ***dŭctīo, -āre** (v. *ducere*), leiten, das Wasser leiten, Wasser stürzen lassen; ital. *docciare*, begiefsen, davon das Vbsbst. *doccia* u. *doccio*; frz. *doucher*, davon das Vbsbst. *douche* (die frz. Worte u. ebenso span. *ducha*, Sturzbad, sind wohl Lehnworte). Vgl. Dz 120 *docciare*; Gröber, ALL II 107.

3133) ***dŭctīŭm** *n.* u. **dŭctīā, -am** *f.* (v. *ducere*), Leitung, Wasserleitung, Rinne; rtr. *dutg*; prev. *dotz*; altfrz. *dois*; (span. *ducha*, Reihe, gehört, nach Bedeutung u. Form [*= ducta*] nicht hierher). Vgl. Dz 120 *docciare*; Gröber, ALL II 107.

3134) **dŭctōr, -ōrem** *m.* (v. *ducere*), Führer; ital. *duttore*; (rum. *ducător*); prov. *ductor-s*; frz. (con-)*ducteur*; altspan. *ductor*. Das Wort ist nur gelehrt, als volkstümliches Wort ist für den Begriff eingetreten das auf germ. *witan* zurückgehende Sbst. ital. *guida*, frz. *guide* etc.

3135) [**dŭĕllŭm** *n.* (altlat. Form für *bellum*), Krieg; ital. *duello*, Zweikampf (als ob das Wort mit *duo* zusammenhinge; frz. *duel*; span. *duelo*; ptg. *duello*; das Wort verdankt seine erst späte Einführung in das Romanische einer vielgreifenden gelehrten Etymologie. Vgl. Dz 124 *duello*.]

3136) ***dŭī, dŭŏs** (schriftlat. *duo, duac, duo*),

zwei; ital. *due* (altital. *duo dua duoi* sind Latinismen); rum. *doi*; rtr. *dui, doi, duoi, dux = duos*, vgl. Gartner § 200; prov. *dui, doi*; altfrz. Masc. c. r. *dui, doi, o. o. dous, deus*, Fem. c. r. u. c. o. *dous, deus*. „In Bezug auf den Unterschied des Gebrauches ist zu bemerken, dafs in allen Dialekten vorkommt, vorzugsweise im normannischen, während *doi* vom normannischen ausgeschlossen ist. Bis zu Ende des 12. Jahrh. hat *dui* das Übergewicht, vom 13. Jahrh. an wird dann *doi* herrschend; *dous* wird im 13. Jahrh. von *deus* verdrängt." Knösel, Das altfrz. Zahlwort (Erlangen 1884) p. 21. Vereinzelt findet sich altfrz. auch noch der Genetiv *duorum = deux*; nfrz. *deux*; cat. span. *dos*; ptg. *dous, duas*. Vgl. W. Meyer, Ztschr. f. vgl. Sprachf. XXX 335; Gröber, ALL II 107.

3137) pers. **dulband**, Turban; davon ital. *tulipano*, Tulpe (wegen einer gewissen Ähnlichkeit mit einem Turban so genannt); rum. *tulipan*; frz. *tulipe*; span. ptg. *tulipa, tulipan*. Vgl. Dz 334 *tulipan*; Eg. y Yang. 508.

3138) [**dŭlcīŏr, -ōrem* *m.* (d. h. *dolce, douç-* + *-or*; lat. *dulcor*), Süfsigkeit; ital. *dolciore*; (rum. *dulcoare*); prov. *dolzor-s, doussor-s*; frz. *douceur*; span. *dulzor*; (ptg. *doçura*).]

3139) **dŭlcĭs, -e**, süfs; ital. *dolce*; rum. *dulce*; rtr. *dolts, dultš. dutš* etc., vgl. Gartner § 200; prov. *dolz, dos, dous*; frz. *doux*; cat. *dols*; span. *dulce*; ptg. *doce.* — Von *dulcis* scheint abgeleitet zu sein ital. *dolzaina*, eine Art Blasinstrument; frz. *douçaine* u. *doucine*; span. *dulzaina.* Vgl. Cohn, Suffixw. p. 165 Anm.

3140) ***dŭlcītĭā, -am** *f.* (v. *dulcis*), Süfsigkeit; ital. *dolcezza*; rum. *dulceaţă*; span. *dulceza*.

3141) **dŭlcŏr, -ōrem** *m.* (*dulcis*), Süfsigkeit; rum. *dulcoare*; (frz. *douceur* ist Neubildung vom Adj. aus).

3142) **dŭm + Intĕrĭm**, während; ital. (alt *domentre*, jetzt nur) *mentre*; prov. *dementre, mentre*; altfrz. *dementre(s), mentre*, auch *endementres*, daneben *dementier(e)s = dum interea*; (nfrz. wird „während" durch *pendant que, tandis que* ausgedrückt); altspan. *dementras*; neuspan. *mientras*; alt ptg. *mentres, enmentres* (neuptg. wird „während" durch *durante* ausgedrückt). Vgl. Dz 210 *mentre*.

3143) engl. **dump-y**, kurz u. dick; daraus soll nach Dz 562 durch Reduplikation entstanden sein frz. *dondon*, dickes, rotbackiges Weib (altfrz. war auch ein Adj. *dondé*, dick, vorhanden). Diez' Annahme ist wohl unrichtig; *dondon* dürfte ein den Klang der Trommel nachahmendes Schallwort sein (vgl. dtsch. *tamtam*); der Vergleich eines dicken Weibes mit einer Trommel liegt nahe genug. Mit *dondon* verwandt ist prov. *dondaine*, Dudelsackpfeife. Das Schallwort *don* ist vermutlich auch in *bedon* enthalten, dessen Bedeutungen „kleineTrommel, dicker Bauch" recht klar bezeugen, wie die Leibesdicke scherzhaft als etwas Trommelartiges aufgefafst wird. Auch der erste Bestandteil von *bedon* dürfte als schallnachahmende Silbe zu betrachten sein, doch mag dieselbe Verstümmelung u. Herabsinken zu einem bedeutungslosen Präfix erlitten haben. Ableitungen von *bedon* sind *bedondaine*, Dudelsack, Wanst, *bedaine*, Wanst, altfrz. *bedoneau*, Dachs (eigentl. Dickbäuchlein, eine für das gefräfsige Tier passende Benennung). Vgl. Dz 562 *dondon* und 518 *bedon*.

3144) altir. **dûn** (ursprüngl. *dunos*), Hügel (vgl. die gallischen Städtenamen auf *-dunum*, wie z. B.

Lugdunum); ital. *duna*, Sandhügel am Meere; frz. *dune;* span. *duna;* ptg. *dunas* (nur Pl.). Dz 124 *duna* (leitete das Wort zunächst vom ndl. *duin* = ags. *dün,* nur mittelbar vom kelt. *dûn* ab): Th. p. 58 („der Ursprung ist zweifellos keltisch").

3145) germ. ***dungjô** (vgl. ags. **dung,* Gefängnis, [s. Sievers, Ags. Gramm.² § 284], altn. *dyngja,* Frauengemach;) davon vielleicht frz. *donjon.*Schlofsturm, vgl. Pogatscher, Z XII 557; gewöhnlich wird **dominio* (s. d.) als Grundwort angesetzt.

3146) altn. **dünn** (ndd. *düne*), Flaumfeder, Daune; altfrz. *dum* (davon das Demin. *dumet* u. daraus *duvet,* Flaum. Der Wandel von *m : v* mufs auf Anlehnung an andere Werte auf *v-et*, wie z. B. *livet,* beruhen, oder sollte vielleicht das ndl. *duif,* Taube, die Entwickelung des Wortes beeinflufst haben, indem man die Flaumfedern als Taubenfedern auffafste??). Vgl. Dz 564 *duvet.*

dŭŏ s. **dŭī.**

dŭŏdĕcīm s. **dōdĕcīm.**

3147) **dŭplĭco, -āre** (v. *duplex*), verdoppeln; ital. *duplicare;* tic. *dubigá* piegare; rum. *duplec ai at a;* cat. span. ptg. *duplicar.* S. auch **dŭplo.**

3148) **dŭplo, -āre** (v. *duplus*), verdoppeln; ital. *doppiare;* prov.*doblar;* frz. *doubler;* span. *doblar;* ptg. *dobrar.* Bemerkenswert ist, dafs *duplare* im Roman. auch die Grundbedeutung von *duplicare* „(zweimal) falten, biegen, umbiegen" (daher umschiffen) angenommen hat. — Parodi, R XVII 81, zieht auch cat. *dollar,* ein Vorgebirge umfahren, hierher. Vgl. Berger *s. v.*

3149) **dŭplŭs, a, um,** zweifach, doppelt; ital. *duplo,* Sbet., *doppio,* Adj., *doppia,* eine Goldmünze, *dobla, dobbra* (vom span. *dobla*), eine Münze, vgl. Canelle, AG III 357; rum. *duplu;* prov. *doble;* frz. *double;* span. *doble,* Shst. *dobla,* eine Goldmünze; ptg. *doble, dobra,* Shst. eine Goldmünze.

3150) schwäb. **düppel,** dummer Kerl, soll nach Frisch's von Diez 564 *s. v.* angeführter Vermutung das Grundwort sein zu frz. *dupe,* Schwachkopf, leicht zu betrügender Mensch. Das ist jedoch mehr als unwahrscheinlich. Glaubhafter ist, dafs, wie Chevallet angab u. wie Littré als richtig annimmt, *dupe* ein alter Name für *huppe* = *upupa,* Wiedehopf, sei u. dafs man, weil der Vogel für dumm galt, seinen Namen als Schimpfwort verwertet habe. Über die Verwendung des Vogelnamens „Wiedehopf" zur Bezeichnung eines Dummkopfes vgl. Schuchardt, Z XV 99, wo er u. a. bemerkt: „Rolland, Faune popul. de la France II 99 f., merkt an ,d'où vient le *d* de *dupe*?' die Antwort ist sehr einfach : der *t-* u. *p*-Laut erscheinen hier in umgekehrter Ordnung als in *boudboud,* slov. *udob, udeb, udab, deb, dab, dap,* Russ. *udop,* poln. *dudek* u. s. w. sind parallel mit lat. *upupa,* ital. *bubbola* u. s. w." Horning, Z XXI 454, leitet, wie Diez, *dupe* von *üpupa* ab, indem er das *d* für „prototisch" erklärt, wogegen Schuchardt, Z XXII 95, erwidert, dafs das *d* vielmehr onomatopoietisch sei —, u. das dürfte richtig sein; *d-up*(*p*)*e* ist demnach = [*h*]*uppe* = *upŭpa.* In seltsamem Widerspruche steht freilich damit, dafs das von *huppe* abgeleitete Partizipialadj. *huppé* in dem Sprüchworte „les plus huppés y sont pris" den Sinn von „klug" hat.

3151) **dūrābĭlis, e** (*durare*), dauerhaft; (ital. *durevole*).

3152) **dūrācĭnŭs, a, um** (v. *durus*), hartschälig;

ital. *dŭracine,* hart, fest (von Früchten); span. *durazno,* eine Art Pfirsiche. Von Dz 445 *durazno.*

3153) **dūrē *fătūtŭs, a, um** (v. *fatum*), von hartem Schicksale betroffen; davon altfrz. *durfeü, drufeü,* elend. Vgl. Dz 564 *s. v.;* etwas anders Cohn, Suffixw. p. 185 Anm.

3154) **dūrĭtĭā, -am** *f.* und **dūrĭtās, -tātem** *f.,* Härte; ital. *durezza;* (prev. *duracio-s*); altfrz. *durté;* frz. *dureté* (gel.W.); span. *dureza* (daneben *duracion*); ptg. *duração.*

3155) **dūro, -āre** (v. *durus*), dauern, sich erstrecken; ital. *durare;* prov. *durar;* frz. *durer;* span. ptg. *durar,* davon das Vbsbst. *dura.* Vgl. Dz 125 *durare.*

3156) **dūrŭs, a, um,** hart; ital. *duro;* prov. *dur-s;* rtr. *dûr, dir, deir* etc., vgl. Gartner § 200; frz. *dur;* span. ptg. *duro.*

3157) **dŭsĭus, -um** *m.* (gallisches Wort), der Alp, Elf; rtr. *dischöe,* ostfrz. *dusieu,* vgl. Horning, Z XVIII 218, XX 86.

3158) **dŭx, dŭcem** *m.,* Feldherr, Herzog; ital. *duce* „capitano", *doge,* arch. *dogio* „capo della repubblica a Venezia (doże) e a Genova", vgl.Canello, AG III 370; prov. *duc-s,* Herzog; (schwer zu erklären ist frz. *duc;* möglicherweise wurde lat. *dux,* dessen *u* = *ü* gefafst wurde, als *duca (*duis*) übernommen, dazu Cas. obl. *duc,* welcher dann frühzeitig den Cas. rect. verdrängte; auf die Bildung der Form *duc* kann griech. *δούχα* eingewirkt haben; Meyer-L., Rom. Gr. II § 52, nimmt an, dafs aus *dux* = *duc-s* zunächst der Cas. obl. *duc* u. zu diesem wieder nach *sas : sac* ein neuer Nominativ *dus* gebildet worden sei); (span. *dux,* Doge). Vgl. Dz 124 *duca;* Berger *s. v.* S. oben *δούχα.*

3159) germ. Stamm **dwalo-** (got. *dvals,* thöricht; ags. *dvala,* Irrtum, alts. *dwalm,* Berückung etc.); davon prov. *gualiar,* hintergehen, *gualiart,* betrügerisch. Vgl. Dz 606 *gualiar;* Mackel p. 46; Braune, Z XXII 206, setzt prov. *gualiar* = burg.-got. *dwaligôn an.

3160) burg. **dwĕrh,** ahd. **dwĕrah,** mhd. **twĕr,** quer; davon ital. *guercio,* schielend; rtr. *guersch, uiersch;* prov. *guer, guerle;* altspan. *guercho.* Vgl. Dz 179 *guercio;* Mackel p. 82.

3161) ndl. **dyk, dijk** (ags. *dîc*), Deich; ital. *diga;* frz. *digue;* span. ptg. *dique.* Vgl. Dz 119 *diga.*

3162) **dȳscŏlŭs, a, um** (gr. *δύσκολος*); mürrisch; ital. span. ptg. *díscolo,* mürrisch, vgl. Dz 120 *s. v.*

E.

3163) ags. **east,** Osten, = frz. *est;* span. *este* (altsp. auch *leste*); sonst wird in den rom. Sprachen „Osten" durch *oriens,* bezw. *levans* (scil. *sol*) ausgedrückt, auch im Frz. ist *levant* vorhanden, aber freilich als das neben *est* minder übliche Wort. Vgl. Dz 576 *est.*

3164) ndl. u. dtsch. **ebbe,** Ebbe, = frz. *ebbe,* auch *èbe* u. *èbe* geschrieben, vgl. Dz 565 *èbe.*

3165) **ĕbŏrĕŭs, a, um** (v. *ebur*), elfenbeinern; dav. das Sbst. ital. *avorio,* Elfenbein; prov. *avori-s, evoris;* frz. *ivoire;* cat. *bori;* (span. *marfil;* ptg. *marfim,* Worte, denen vielleicht arab. *nâb-alfîl* zu Grunde liegt, vgl. Baist, RF I 130, s. No 3175). Vgl. Dz 32 *avorio;* Gröber, ALL II 276; Berger *s. v.*

3166) [***ēbrĭācŭlo, -āre** (*ēbrius*), ein wenig berauschen; =(?) ital. (neapol.) *arracchiare, ubbriacare,* vgl. d'Ovidio, AG XIII 387 Anm. 1.]

3167) **ēbrĭācŭs, a, um** (v. *ebrius*), tüchtig angetrunken; ital. *ebbriáco, ubbriaco, briaco* (dazu die Sbattve *ubbriac(c)hezza, briachezza*), *ímbriaco* (wegen des eingetretenen *m* vgl. Ascoli, AG III 442); friaul. *vreác*; prov. *ebriac, ybriai, embriá*, daneben das Shet. *abriaga*, Rauschkraut; frz. (Berry) *imbriat, ebriat*, das Shet. *ivraie*, Rauschkraut; cat. *embriach*; altspan. *embriágo*. Vgl. Dz 125 ebbriaco; Ascoli, AG III 442; Gröber, ALL II 276; Thurot, De la prononciation frçse I 412.

3168) [*ēbrĭĭllŭs, a, um u. *ēbrĭĭllo, -āre** (von *ebrius*) stellte Ascoli, AG III 453, als die mutmafslichen Grundwerte von ital. *brillo, brillare* etc. auf; das nähere sehe man oben unter **beryllus.**]

3169) **ēbrĭo, -āre**, trunken machen: davon nach Ascoli, AG III 455, ital. *brio*, Lebhaftigkeit (nach Ascoli also eigentl. Berauschtheit), Kraft, Mut; prov. *briu-s*; altfrz. *bri*; span. ptg. *brio*. Richtiger aber zieht man diese Worte nebst den sich daran schliefsenden Adjektiven und Verben (ital. *brioso*, prov. *abrivar* etc.) wohl zu dem keltischen Stamme *brigá*, der oben No 1572 besprochen wurde.

3170) **ēbrĭōnĭa, -ilac** *f.* (*ebrius*), Trunkenheit; ital. *sbornia*; frz. *ivroigne, ivrogne*, (das Wort nahm die persönliche Bedtg. „Trunkenbold" an, infolge dessen auch die Maskulinform *ivroin* gebildet wurde, vgl. Cohn, Suffixw. p. 170).

3171) **ēbrĭōsŭs, a, um** (v. *ebrius*), trunken; nach Ascoli, AG III 455, Grundwort zu ital. *brioso* etc., s. oben **ēbrĭo.**

3172) **ēbrĭŭs, a, um** (Gröber setzt *ēbrĭŭs* an, was nicht unbedingt notwendig ist), trunken; ital. *ebbro* (mit off. *e*), rtr. *eiver*; neuprov. *iéuvre*; frz. *ivre*. Vgl. Gröber, ALL II 276.

3173) *ēbrĭōnĭŭs, a, um** (von *ebrius*), trunken; davon ital. *sbornia* „ubbriachezza"; (frz. *ivrogne*, Trunkenbold, wovon *ivrogner, ivrognerie*). Vgl. Ascoli, AG III 442; Caix, St. 505.

3174) **ēbŭlŭm** *n.*, Attich, Niederholunder (Sambucus Ebulus L.); ital. *ebbio*; venez. *giebio* u. *geolo*, vgl. Salvioni, Post. 9; prov. *evol-s*; frz. *'hièble*, dialektisch (Berry) *gèble;* cat. *ebol;* [span. *yedgo, yezgo* ist wohl = gr. *ἀχτῇ, ἀχτέα*]; ptg. *ebulo* u. *engos* (Pl.). Vgl. Dz 125 ebbio; Gröber, ALL II 276.

3175) **ēbŭr** *n.*, Elfenbein; vielleicht noch restweise erhalten aus span. *marfil*, ptg. *marfim*, wenn dasselbe aus *morafil = *ebor-al-fil* entstanden sein sollte, wie Baist, RF I 131, vermutet, dabei aber selbst diesen Vorgang für schwer denkbar erklärt u. dafür arab. *náb-al-fil* als Grundform aufgestellt hat, dafür aber (Eg. y Yang. p. 444 setzt *adm-alfil, malfil* als Grundform an); sonst ist *ebur* durch das Adj. *eboreus* (s. d.) völlig verdrängt worden.

3176) bask. **ecachea**, feiner Regen; davon viell. span. ptg. *escarcha*, Rauhreif, vgl. Dz 448 *s. v.*

3177) [**ēcālvo, -āre** (*calvus*), dav. nach C. Michaelis, Frg. Et. p. 11, *alqueivar*, brachen; Cornu, Gröber's Grundrifs, Ptg. Gramm. § 154 u. 244, hatte *evellicare v. evellere* als Grundwort aufgestellt, was viell. annehmbarer ist.]

3178) **ĕccĕ, ĕccŭm** (vgl. Köhler, ALL V 16), siehe da; ital. *ecco* (*eccomi* etc.); sard. *eccu*; rum. *eacă*; prov. *ec, ve* (= *vidē*) + *ec = vec*, Pl. *vecvos, veus*; altfrz. *eke*, verbunden mit dem Personalpron. der 2 P. Pl. *ekevos, eisvos, eevos, evos*, auch mit verbaler Pluralbildung des ersten Teiles *estevos*, andrerseits mit eingeschobenem Accus. *le ellevos, esteslevos*, vgl. Burguy II 286; span. *ele*,

elo, ela aus *ec-le* etc., *etele, etelo, etela*. Vgl. Dz 125 ecco; Gröber, ALL II 277.

3179) **ĕccĕ + hāc,** da, dort; ital. (lomb.) *seià*; rtr. *aschò*, vgl. Ascoli, AG I 165; prov. *sa, sai;* frz. *cà;* cat. *sa*. Vgl. Dz 259 *quà;* Gröber, ALL III 139.

3180) **ĕccĕ + hāc in trans** = neuprov. (Mentpellier) *sarentras*, vgl. Mushacke, Frz. St. IV 21.

3181) **ĕccĕ + hīc** (Adv.), hier; ital. *ci;* rum. *aici;* prov. *aissi;* frz. *ici, ci;* cat. *assi*. Vgl. Dz 260 *quà;* Gröber, ALL III 139. Vgl. unten **hic.**

3182) **ĕccŭ[m] + hāc,** da, dort: ital. *quà;* rtr. *quà, cáu, cóu,* vgl. Ascoli, AG VII 537; span. *acà;* ptg. *cá*. Vgl. Dz 259 *quà;* Gröber, ALL III 139.

3183) **ĕccŭ[m] + hīc** (Adv.), hier; ital. *qui;* prov. *aquì;* altfrz. *equi, iqui*, vgl. Stengel, Wtb. unter *ici;* span. *aqui*. Vgl. Dz 260 *quì;* Gröber, ALL III 139. Vgl. unten **hīc.**

3184) **ĕccŭ[m] + hīncĕ** = ital. *quinci*, von hier, vgl. Dz 392 *s. v.*

3185) **ĕccĕ + hŏc** (Ntr.), dies; ital. *ciò;* prov. *aiso, so, zo, ço;* frz. *iço, ço, ce* (*cela* = *ecce + hoc* + *illac*); cat. *axó*.

3186) **ĕccŭ[m] + hŏc** (Ntr.), dies; prov. *aquo, aco, quo,* vgl. aber Gröber, ALL III 139.

3187) **ĕccŭ[m] + ībī** = ital. *quivi*, dort, da. Vgl. Dz 392 *quivi*.

3188) **ĕccĕ + illĕ** etc., jener; rum. Masc. Sg. *acel*, Pl. *acei*, Fem. Sg. *acea, aceaja,* Pl. *aceale;* rtr. *tšel, tšela,* Pl. *tšelts, tšeles,* vgl. Gartner § 122; prov. Masc. Sg. c. r. *aicel, celh, cel,* c. o. *cel,* Pl. c. r. *cil,* c. o. *cels,* Fem. Sg. *cela,* Pl. *celas;* altfrz. Masc. Sg. c. r. *icil, cil* (nicht = *ecce + ille,* sondern = *ecce + illi*), c. o. *icel, cel,* Pl. c. r. *icil, cil,* c. o. *icels, cels,* Fem. Sg. *icele,* Pl. *iceles,* über neutrales *cel, ceu* vgl. Förster zu Yvain 1403; nfrz. Masc. Sg. (*celui*), Pl. *ceux,* Fem. Sg. *celle,* Pl. *celles.*

3189) **ĕccĕ + illĕ** etc., jener; ital. *quello, quella,* Pl. *quegli, quelli, quelle;* rtr. *kuél kuéla,* Pl. *kuélts, kuéles,* vgl. Gartner § 122; prov. Masc. Sg. c. r. u. c. o. *aquel,* Pl. c. r. *aquil,* c. o. *aquels,* Fem. Sg. *aquela,* Pl. *aquelas;* cat. *aquell, aquella;* span. *aquel, aquella,* Ntr. *aquello;* ptg. *aquelle, aquella.*

3190) **ĕccĕ + *illui, *illei, illorum,** jener etc.; rum. *acelui, acelii, acelor, acenlor;* prov. *celui, celei, celor;* altfrz. *icelui, icelei, celei, celi;* nfrz. *celui* (das Fem. *celei* ist geschwunden). Vgl. Darmesteter, „Le démonstratif *ille* et le relatif *qui* en roman (in „Mélanges Renier, recueil des travaux publiés par l'école pratique des hautes études", Paris 1886).

3191) **ĕccŭ[m] + *illui, *illei, illorum,** jener etc.; ital. *colui, colei, coloro.*

3192) **ĕccŭ[m] + indĕ** = ital. *quindi,* von dort; altspan. *aquende;* ptg. (*aquende*), *aquem,* diesseits. Vgl. Dz 392 *quinci* u. 424 *aquende;* Marchesini, Studj di fil. rom. II 10.

3193) **ĕccŭ[m] + ĭpsĕ** = span. *aquese,* dieser; altptg. *aquese*. Vgl. Dz 424 *aquese.*

3194) **ĕccĕ + ĭstĕ** etc., dieser; rum. Masc. Sg. *acest,* Pl. *acesti,* Fem. Sg. *aciaste,* Pl. *aceaste;* prov. Masc. Sg. c. r. *cist, cest,* c. o. *cest,* Pl. c. r. *cist, cest,* c. o. *cests,* Fem. Sg. *cesta,* Pl. *cestas,* altfrz. Masc. Sg. c. r. *icist, cist, cis,* c. o. *icest, cest, cet, ce,* Pl. c. r. *icist, cist,* c. o. *icez, cez, ces;* Fem. Sg. *iceste, cette,* Pl. *icestes, cestes, cez, ces;* nfrz. Masc. Sg. c. r. *ce,* Pl. *ces,* Fem. Sg. *cette,* Pl. *ces,*

3195) ĕccŭ[m] + iste etc., dieser; ital. questo, questa, Pl. questi, queste; rtr. kešt, Fem. kešte, Pl. kešts, keštes etc., vgl. Gartner § 122; prov. Sg. Masc. c. r. u. c. o aquest, Pl. c. r. aquist, aquest, c. o. aquestz, Fem. Sg. aquesta, Pl. aquestas; span. aqueste, aquesta, Ntr. aquesto (das übliche Pron. ist abor das einfache este, esta, Ntr. esto); ptg. aqueste, aquesta, Ntr. aquisto, aquesto, (das übliche Pron. ist aber das einfache este, esta, Ntr. esto).

3196) ĕccĕ + *istui, *istei, istorum, dieser; rum. acestui, acestii, acestor; (prov. scheinen die betr. Formen ganz zu fehlen); altfrz. icestui, cestui, cesti, icestei, cestei, cesti; (nfrz. sind diese Formen sämtlich geschwunden).

3197) ĕccŭ[m] + *istul, *istei, istorum, dieser; ital. costui, costei, costoro. — Über sämtliche mit ecce zusammengesetzten Pronomina vgl. Dz 260 quello und questo sowie die betr. Abschnitte in seiner Gramm.

3198) ĕccŭ[m] + mŏdo; davon nach Ch. p. 2 rum. acuma, acum, acmu, jetzt, gleich. Vgl. Krumbacher. Beitr. zu einer Gesch. der griech. Spr. (Weimar 1884), p. 41.

[ĕccŭ[m] + sīc s. aĕquĕ sīc. Vgl. Gröber, ALL VI 385.]

3199) ĕcclēsĭä u. *ĕcclēsĭä, -am f. (gr. ἐκκλησία), Kirche; ital. chiesa; sard. chejia; (rum. u. rtr. ist „Kirche" = basilica, w. m. s.); prov. gleisa, gleisa; frz. église; cat. esglesia; span. iglesia (altspan. eclegia); ptg. igreja. Vgl. Flechia, AG II 54 Z. 8 v. u. im Texte; Ascoli, AG III 443 Anm. 2; Gröber, ALL II 277; Bianchi, AG XIII 237; Berger p. 124 Anm.

3200) bask. echamarra, Zeichen des Hauses; davon nach Larramendi, dessen Ansicht Dz 499 zamarro' wiederholt, (ital. zimarra, langer Rock von Tuch; sard. acciamarra; prov. samarra; frz. chamarre, Pelzrock, davon das Vb. chamarrer, verbrämen); span. chamarra, zamarra, zamarro, Schafpelz. Den von Larramendi angenommenen Bedeutungsübergang für möglich zu halten, ist unmöglich, u. so gehört die Ableitung schon aus diesem Grunde zu der Masse phantastischer Einfälle, welche Larramendi verbrochen hat.

3201) ĕclīpsĭs, -ĭn f. (gr. ἔκλειψις), Sonnen- oder Mondfinsternis; davon das gleichbedeutende ptg. cris m., vgl. Dz 443 s. v.; in den übrigen Sprachen ist das Wort nur in gelehrter Form vorhanden.

3202) [*ec-rāso, -āre (von radere), auskratzen, soll nach Rönsch, RF II 346, das Grundwort zu frz. écraser, zerquetschen, sein. Diese Ableitung ist aber völlig unannehmbar, u. es ist das von Dz 567 s. v. aufgestellte Grundwort altn. kras(s)a, zerreiben, beizubehalten, vgl. auch Mackel p. 46.]

3203) ēdĭctŭm n. (v. edicere), Befehl; davon nach Dz 560 s. v. vermutlich prov. dec (auch Fem. deca), Gebot, Befehl, Gebiet, Grenze, Abgabe, Bufse, Mangel, Gebrechen, indessen ist diese Ableitung sehr unglaubhaft; vgl. No 2785. Sonst ist edictum nur als gel. Wort erhalten, z. B. frz. édit.]

3204) [ēdo, ēdĭ, ēsum, ēdĕre, essen; über die Geschichte dieses Verbums im Lat. u. über die Gründe seines Absterbens vgl. Wölfflin, Sitzungsb. der bayer. Akad. d. Wiss., phil.-hist. CL, 1894 p. 115.]

3205) [gleichs. *ĕffācĭo, -āre (v. facies), aus dem Antlitze entfernen, = frz. effacer, auswischen, auslöschen. S. unten *ĕxfācĭo.]

3206) [ĕffĕro, -āre (v. ferus), wild machen; prov. esferar, scheuchen; frz. effarer, bestürzt machen.

Vgl. Dz 567 effarer, wo treffend bemerkt wird, dafs das Vb. nicht = schriftlat. efferare sein könne, sondern neue Bildung von ferus (welches, wie ferox = farouche, die Bedtg. „scheu" angenommen habe) sein müsse.]

3207) [*ĕf-(ex)-frīdo, -āre (v. dtsch. fridu, Frieden), aus dem Frieden, aus der Ruhe stören, erschrecken; prov. esfredar, esfreiar, dazu das Vbsbst. esfrei; altfrz. esfreder, esfreer, -cüer, esfraer, dazu das Vbsbst. esfroi; nfrz. effrayer, dazu das Vbsbst. effroi (frayeur aber hat mit effrayer nichts zu schaffen, sondern ist = fragorem); hierher gehört wohl auch effraie, Schleiereule (eigentl. Schreckvogel, weil er Böses vorherverkündet). Nicht hierher gehört selbstverständlich altfrz. esfroissier (= *exfrictiare?) krachen, lärmen, wozu das Sbst. esfrois, vgl. Förster zu Yvain 4246. Vgl. Dz 588 frayeur (Diez wollte die Wortsippe von *exfrigidare ableiten, es ist dies aber, wie Förster gezeigt hat, lautlich unmöglich; höchstens das vereinzelte prov. esfreidar mag = exfrigidare sein); G. Paris, R VII 121 unten (hier zuerst die richtige Ableitung, vgl. auch G. Paris, R XI 444, u. P. Meyer, R X 443); Förster, Z VI 109 (hier wird die richtige Ableitung einleuchtend begründet); Mackel p. 94.

3208) ĕffŭndo, -ēre, ausgiefsen; sard. isfundere (= exfundere) bagnare, vgl. Salvioni, Post. 9.

3209) ĕgŏ, ich (Gen. mei, Dat. mihi, mī, Accus. mĕ, Abl. mĕ, Pl. Nom. nōs, Gen. nostrum u. nostri, Dativ Abl. nōbis [nouiscum, non noscum App. Probi 220], Accus. nōs); ital. Sg. c. r. io (prokl. u. abs.) c. o. me (abs.), mi (nur pro- u. enkl.), Pl. c. r. noi (prokl. u. abs.), c. o. noi (abs. Accus.); pro- u. enkl. ne = nos, vgl. Tobler, Gött. gel. Anz. 1874 p. 1904, G. Paris, R VIII 463, Parodi, R XVIII 618, d'Ovidio, AG IX 77; gewöhnlich wird für Dat. u. Acc. das Ortsadverb ci = ecce hic gebraucht; rum. Sg. Nom. eu, Dat. mie (abs.), mi (prokl.) = mihi, Acc. abs. mine (mit slav. Umbildung), prokl. me, Pl. Nom. noi, Dat. nouo (abs.), ni (prokl.), Acc. noi (abs.), ne (prokl.); rtr. Sg. c. r. ieu, ie, io etc. (abs. u. prokl.), c. o. me, mei etc. (abs.), mi (prokl.), Pl. c. r. u. c. o. nos, nus, nus etc. (abs. u. prokl.), vgl. Gartner § 108 f.; prov. Sg. c. r. eu, ieu (abs. u. prokl.), c. o. me (abs.), me, mi (prokl.), Pl. c. r. u. c. o. nos (enklitisch zu ns gekürzt); frz. Sg. c. r. jo, je (nfrz. nur prokl.), moi (abs., also Accus. statt Nom.), c. o. moi (abs.), me (prokl.), Pl. c. r. u. c. o. nous (abs. u. prokl.); cat. Sg. c. r. jo, c. o. mi (abs.), mi, me (prokl.), Pl. c. r. u. c. o. nos od. nosaltres (abs. u. prokl., nosaltres prokl. aber nur als c. r.), span. Sg. c. r. yo, c. o. mi (abs.), Pl. c. r. u. c. o. nos u. nosotros (wie im Cat.); ptg. Sg. c. r. eu, c. o. mim (abs.), me (prokl.), Pl. c. r. u. c. o. nos (abs. u. prokl.). Vgl. Gröber, ALL VI 386.

3210) [*ĕgrāphĭnĭo, -āre (v. graphium, griech. γραφίον, Griffel), würde die Latinisierung lauten von frz. égraffigner, kratzen, vgl. Dz 603 greffe.]

3211) bask. eguiya, Ecke, Kante, eguiļarria, Eckstein; davon nach Larramendi span. guija, guijo, Kiesel, guijarro, Kieselstein, vgl. Dz 456 guijo.

3212) [*ĕgŭtto, -āre (von gutta), herauströpfeln; frz. égoutter, dazu das Vbsbst. égout, Ausgufs, Dachrinne, vgl. Dz 567 s. v.]

3213) eia (zweisilbig, schriftlat. ēĭä), Interj., ei! sard. cá; sicil. jeja; rum. ia; prov. éia; altfrz. aie; span. ea; ptg. eia. Vgl. Dz 125 ea; Gröber, ALL II 277.

3214) gr. εἰχών, -ὥνα f., Bild; davon viell. (?) ital. ancona, Votivbildchen, jedenfalls aber rum. icoanǎ, Heiligenbild; das n nach a im ital. Worte beruht auf volksetymologisierender Anbildung an *anca u. dgl., Krümmung, Höhlung, weil derartige Bildchen in Nischen u. dgl. zu stehen pflegen. Sehr wahrscheinlich übrigens, dafs ital. ancona mit εἰχών überhaupt gar nichts zu schaffen hat, vgl. oben äncōn.

3215) deutsch Eidgenossen; davon neuprov. aganaous (man findet das Wort R XI 105 Z. 6 links u. u. im Text. in der Anm. wird es fälschlich mit étourmeaux [lies étourneaux] erklärt); frz. huguenots. Vgl. Constans, R XI 415 (wo namentl. auch die redaktionelle Anmerkung zu beachten ist). Alle sonstigen Ableitungen des vielbehandeltenWortes sind als reine Phantasiegebilde zu bezeichnen. Warum „Eidgenossen" die frz. Benennung für Calvinisten werden konnte, ist in bekannten geschichtlichen Verhältnissen begründet. Vgl. auch Fafs, RF III 486.

3216) ējěcto, -āre (Intens. v. eïcere), herauswerfen; ital. gettare, dazu das Sbst. getto, gitto; rum. aïept ai at a (mit erweiterter Bedtg. „werfen, richten, erreichen, an etwas rühren, finden", es dürften *adjectare u. ejectare sich gemischt haben); prov. getar, gitar, dazu das Sbst. jet-z; frz. jeter, dazu das Vbsbst. jet; span. jitar (dagegen echar = *ictare, Frequ. v. ïcĕre); ptg. geitar (dazu das Sbst. geito), weit üblicher aber ist deitar = dejectare, welches seine Bedtg. sehr erheblich, namentl. auch auf das geistige Gebiet hin, erweitert hat. Vgl. Dz 161 gettare u. 455 geito; Cornu, R VII 354 (C. stellt jactare als Grundwort auf u. meint, dafs der Wandel von a : e lautlich gerechtfertigt sei, ebenso Stürzinger, ALL VII 450; vgl. auch Clédat, Rev. de philol. frçse et prov. IV 41).

3217) ējŭlo, -āre, heulen; davon ital. ugiulare „guaire, guagnolare", vgl. Caix, St. 646; (span. aullar, heulen, = ululare, vgl. Dz 428 s. v.); Gröber, ALL III 141 iajunare.

3218) [*ēlăquo, -āre (für elaqueo, -āre), losmachen, ist vielleicht das Grundwort zu frz. élaguer, ausmerzen, (einen Baum) aushauen. Dz 567 s. v. dachte an ahd. lah „incisio arborum" oder an das mndl. laecken „vermindern, verdünnen".]

3219) ēlĕctārĭŭm n., Latwerge; ital. lattovaro, lattuaro (also an latte volksetymologisierend angelehnt); prov. lactoari-s; frz. lectuaire, électuaire; span. lectuario, electuario; ptg. electuario. Die Worte sind sämtlich ganz oder doch halb gelehrt. Vgl. Dz 190 lattovaro.

3220) ēlĕctŏr, -ōrem [u. *ēlĕgĭtŏr, -ōrem] m. (v. eligere), Wähler, Kurfürst; ital. elettore; rum. alegǎtor; prov. elegidor-s, eligidor-s; frz. électeur; altspan. elegidor, esleidor; neuspan. elector; ptg. eleitor.

3221) (ēlĕctus) *exlĕctus, a, um (Part. P. P. von eligere), auserlesen, davon frz. élite, vgl.

3222) ēlěēmŏsўnǎ, -am f. (gr. ἐλεημοσύνη), Almosen; ital. limósina; prov. almosna; frz. aumône; altspan. almosna; neuspan. limosna; ptg. esmola (aus elmosa). Vgl. Dz 194 limósina.

3223) ütsch. elen, Elentier (vgl. Kluge s. v.) = frz. élan, Elentier, vgl. Mackel p. 80; Dz 568 s. v. hielt auch Herkunft vom ahd. elaho für möglich. (Das gleichlautende Shet. élan, Aufschwung, ist vermutlich das Vbsbst. zu élancer, steht also für elans.)

3224) ĕlĕphäs, ĕlĕphäns, -äntem u. ĕlĕphäntus, -um m. (gr. ἐλέφας), Elefant; ital. elefante und

Körting, lat.-rom. Wörterbuch.

dem entsprechend in den übrigen Sprachen; altfrz. olifant, Elefant, Elfenbein, Horn (von Elfenbein), vgl. Dz 649 olifant; Berger s. v.

3225) ēlĕvo, -āre, emporheben; ital. elevare u. dem entsprechend auch in den anderen Sprachen; span. neben elevar auch enlevar = *exlevare, worüber zu vgl. Ascoli, AG III 448 Anm.

3226) arab. elğ, ilch Proselyt (vgl. Eg.yYang.388) = span. ptg. elehe, Apostat. Vgl. Dz 445 s. v.

3227) arab. el harbet, eine Art Lanze; davon vermutlich ital. alabarda, labarda, Hellebarde; frz. hallebarde; span. ptg. alabarda. Vgl. Dz 10 alabarda (hier wird das Wort aus dem mhd. hělmbarte, Beil zum Durchhauen des Helmes, abgeleitet); Weise, Ztschr. f. Völkerpsych. XIII 248 (hier die Ableitung aus dem Arab., welche auch Mackel p. 69, für sehr wahrscheinlich erklärt); das W. fehlt bei Eg. y Yang.

3228) Ēligius, frz. Eloy, Name eines Heiligen, (identisch mit dem 685 gestorbenen Bischof von Noyon), Stifter eines Ordens, dessen Angehörige kornblumenblaue Gewänder trugen; daher nach C. Michaelis, Frg. Et. p. 41, der volkstümliche ptg. Name der Kornblume loyo, loio.

3229) ēlĭgo, ēlĕgī, ēlĕctŭm, ēlĭgĕrĕ, auslesen; ital. eleggo lessi letto leggere; rum. aleg alesei ales alege; prov. eleger, elegir, eslire, eslir; frz. élis élus élu élire; span. elegir; ptg. elegir.

3230) arab. el-iksîr, Stein der Weisen; davon nach Dz 126 elissire, Heiltrank; frz. élixir; span. elixir; vermutlich aber ist mit dem arab. Worte das lat. clixura zusammengeflossen, nach Eg. y Yang. p. 389 das gr. ξηρόν.

3231) ēlīsus, a, um (elidĕre), abgestofsen; lomb. lis, slis, genues. lisu, vgl. Salvioni, Post. 9.

3232) ēlīx, ēlīcem f., Wasserfurche; valtell. eles. Vgl. Salvioni, Post. 9.

3233) ēlīxo, -āre, absieden; davon vielleicht ital. lessare, kochen, sieden (freilich ist dann lixare anzusetzen). Dz 380 s. v. leitet das Wort von lix, Lauge, ab.

3234) ĕllĕborus, -um m. (ἐλλέβορος), Niswurz; ital. elleboro; neuprov. elebor, alibor, liboro, limboro; frz. ellébore. Vgl. Schuchardt, Z XIII 532.

3235) ēllўchnīŭm n. (gr. ἐλλύχνιον), Lampendocht; davon ist vermutlich abgeleitet unter Angleichung an lumen frz. lumignon, Docht, Lichtstumpf. Die Entwickelungsgeschichte des Wortes kann man sich an dem mittellat. Formen desselben (licmus, licmen, licimen, licimus, licinium, lichimen, lichimus, linchimus, lignus, licinium) veranschaulichen. Vgl. Scheler, R IV 460.

3236) ēlŏgĭum n. (vgl. gr. εὐλογία), Spruch; ital. elogio; frz. éloge.]

3237) ēlŭcĭdo, -āre (lucidus), erhellen; ostfrz. cloidier blitzen, vgl. Meyer-L., Z. f. ö. G. 1891 p. 769.

3238) bask. emalopa, was dem Schlafe unterwirft, soll nach Larramendi's von Dz 422 angeführter Annahme das Grundwort zu span. amapóla, Mohn, sein. Glaubhafter ist jedoch Mahn's Vermutung, Etym. Untch. p. 125, dafs amapóla Umgestaltung aus papola (v. papaver) sei. An arabischen Ursprung, den Dozy für möglich hält (s. Dz), dürfte nicht zu denken sein.

3239) bask. emandrea, schwaches Weib; davon vielleicht span. mandria, Memme, Dummkopf; ptg. mandrião, Frauenhausrock (möglicherweise gehört

22

auch *mandria*, Faulheit, hierher). Vgl. Dz 466 *mandria*.

3240) **ēmarcūs, -um** *m.* (gallisches Wort), eine Art Reben, die nur mittelmäfsigen Wein geben; davon frz. *marc*, Träber, Trester, vgl. Dz 634 *s. v.* (Von *marc* ist vielleicht abgeleitet *marquais*, Pfütze, und davon wieder *marcassin*, junges Wildschwein, vgl. Dz 634 *marcassin* und dazu Scheler im Anhang 803.)

3241) dtsch. **emberitze, emmeritze**, Ammer; davon frz. *embérize*; auf ein vorauszusetzendes deutsches **embering* führt Bugge, R IV 351, frz. *bréant*, bruant, Goldammer, zurück, u. man wird ihm nur beistimmen können.

3242) **ēmĕndo, -āre**, ausbessern; ital. *emendare* u. *ammendare* (= **ad-m.*); prov. *esmendar*; frz. *émender* und *amender*, dazu die Vbsbsttve *amende* und *amendement*; cat. *esmenar*; span. *enmendar* (Präs. *enmiendo*) = **exmendare*, vgl. Ascoli, AG III 448 Anm.; ptg. *emendar*, dazu das Vbsbst. *emenda*. Vgl. Dz 507 *amender*; Gröber, ALL II 277.

3243) gr. **ἐμπίνειν**; davon nach Dz 657 *pier* span. *empinar*, zechen; vgl. dagegen Liebrecht, Jahrb. XIII 235, wo freilich der Ausdruck so unklar ist, dafs das von L. angonommene Grundwort sich nicht erkennen läfst, nur soviel ergiebt sich, dafs L. als eigentliche Bedtg. des Wortes „heben" ansetzt.

3244) **ēmplăstrŭm** *n.* (gr. *ἔμπλαστρον*), Pflaster auf Wunden u. dgl.; ital. *empiastro*; frz. *emplâtre*; span. ptg. *emplasto*. Vgl. Dz 244 *piastra*. S. auch unten **plăstrŭm.**

3245) **ēn**, Interj., sieh'! = rum. *ean*, Interj. mit der dem Lat. entsprechenden Bedeutung. **ēnăto** s. **ēno.**

3246) **ēncaenīo, -āre** (gr. *ἐγκαινόω*), einweihen (Augustin. tract. 84 in Ioann.); davon ital. *incignare* „adoperar la prima volta, intaccare, manomettere", vgl. Caix, St. 359, Flechia, AG II 357; *incignare* ist auch enthalten in *incinfrignare* „rinfrinzellare, ricucire alla peggio", vgl. Caix, St. 360; Gröber, ALL III 266.

3247) gr. **ἔγκαυμα** von Gröber, Misc. 43, als Grundwort für altfrz. *enque*, nfrz. *encre* (enc[au]ma: *encre* = *diac[o]no-* : *diacre*) aufgestellt worden. Aber abgesehen von der Schwierigkeit, welche die Bedeutung des griech. Wortes („das Eingebrannte, das Brandmal") macht, so würde dasselbe volkslat. gewifs mit dem Hochton auf der Mittelsilbe ausgesprochen worden sein, so dafs deren Ausstofsung nicht möglich gewesen wäre. Auch wäre es seltsam, dafs die dem Grundwerte näher stehende Form erst im Neufrz. üblich geworden sein sollte. Von Worten, welche, wie *encre*, vielgebraucht in der Schülersprache sind, darf man nicht unbedingt erwarten, dafs ihre Entwickelung eine regelrechte sei, mufs vielmehr auf ungeheuerliche Verstümmelungen, welche teils der Laune des Zufalls, teils dem Bequemlichkeitstriebe der Sprechenden das Dasein verdanken, gefafst sein. Und so ist es wohl unnötige Mühe, für *encre* ein neues Grundwort zu suchen, sondern man mag sich mit der Diez'schen Annahme (Dz 183 *inchiostro*) einer „stärksten Abkürzung" beruhigen. S. auch **ēncaustŭm.**

3248) **ēncaustŭm** *n.* (gr. *ἔγκαυστον*), (eigentlich die purpurrote) Tinte, deren die röm. Kaiser sich zur Unterschrift bedienten (Cod. Just. 1, 23, 6); ital. *encausto* u. *inchiostro*, vgl. Canello, AG III 399, u. bezüglich der lautlichen Entwickelung Ascoli's Anmerkung zu Canelle's Artikel (der Ausgang -stro für -sto beruht auf einer Lautneigung des Ital., der

Einschub eines *l* nach dem *c*, also **enclaustum*, auf Angleichung an den Stamm *claud-, claus-*); franceital. *clostre*, vgl. W. Meyer, Z X 53; altfrz. *enque* [auch sicil. *inga*], nfrz. *encre* s. oben *encauma*; altfrz. war neben *enque* auch *errement* = *atramentum* vorhanden, entsprechend dem prov. *airamen-s*; in den pyrenäischen Sprachen, auch im Sard., ist die Bezeichnung für „Tinte" *tinta* = lt. *tincta* v. *tingere*; im Rum. wird die Tinte mit dem slav. Worte *cernale*, „Schwärze" benannt. Vgl. Dz 183 *inchiostro*; Gröber, ALL III 266. S. auch oben **encaumă.**

3249) **ēnĕco, nĕcŭī, nĕctŭm, nĕcāre**, hinmorden, erwürgen (im Romanischen hat das Vb. die besondere [ital. *annegare* = *innecare*; rum. *innec* ai at a]; [rtr. *nagar*; prov. *negar*; frz. *noyer*), enger (: *enecare* = *venger* : *vindicare*), belästigen, überfüllen, altfrz. auch sich vermehren, dazu das Sbst. *engeance*, das Gewimmel, die Brut; [span. *anegar*; ptg. *anegar*, ertränken, aufserdem) *inçar*, bevölkern, *engar*, jem. belästigen, jem. feindlich gesinnt sein. Vgl. Dz 221 *negare* u. 569 *enger*.

3250) [**ἐνεργούμενος, η, ον**, besessen; frz. *energumène*; span. *energumeno* [nur gel. Wort]. — F. Pabst.]

3251) **ēn illum, -am = ellum, -am** (Terenz) = ital. *ello* siehe da! (in der Provinz Molise u. in den Abruzzen), daneben *esso* (aus *ēn ipsum*), siehe dort! Vgl. d'Ovidio in Gröber's Grundrifs I 506.

ēno, -āre, ēnāto, -āre s. oben **ambūlo.**

3252) ***ēnōdiŭs, a, um** (schriftlat. *enodis* von *e* und *nodus*), knotenlos, glatt; davon altspan. *ennodio*, junger Hirsch, der noch kein Geweih hat, vgl. Dz 446 *s. v.*

3253) arab. **ēn schä allah**, wenn Gott wollte, = span. ptg. *oxalá, oj-*, o dafs doch! Vgl. Dz 473 *s. v.* Eg. y Yang., p. 466, ist geneigt, die hebr. Wunschpartikel *ahhalai* (אַחֲלַי 2 Kön. 5, 3, Ps. 119, 5) als Grundwort anzusetzen, indem er annimmt, dafs dieselbe auch punisch gewesen sein könne; es ist aber an der Ableitung aus dem Arab. durchaus festzuhalten.

3254) **ēnthēcă, -am** *f.* (gr. *ἐνθήκη*), ein Behältnis für Geld u. dgl., Inventarium; wird von Dz 369 *s. v.* nach Muratori als Grundwort aufgestellt zu ital. *éndica*, Warenaufkauf, allein es widerspricht der Hochton (vgl. *bottega* = *ἀποθήκη*); eher dürfte das Wort mit gr. *ἔνδικος* zusammenhängen u. ursprünglich den gerichtlich angesetzten Verkaufs- oder Versteigerungstag bezeichnen.

3255) **ĕo, īī, ĭtŭm, īre**, gehen; ital. Präs. Ind. Pl. 2 *ite*, Inf. *ire*, Impf. *iva*, Perf. Sg. 2 *isti*, Pl. 3 *iro*, Part. P. *ito*, alle diese Formen meist nur in der alten u. in der dichterischen Sprache vorkommend; daneben *gire*, welches entweder = *de-ire* (so nach Dz 376 *s. v.*, wo allerdings auch **agire* f. *agere* als mögliches Grundwort aufgestellt wird) oder = *ire* mit prosthetischem (bezw. aus dem vortonigen *e* in *eamus* etc. entstandenem) Palatale, vgl. Caix, St. 35, der sich für palatal verstärktes *ire* ausspricht, wie auch Meyer-L., Rom. Gr. II 368; rtr, *ir* und *zi*, aufserdem kommt auch das Part. P. P. (*ius, ida* etc.) vor, vgl. Gartner § 187; prov. *ir* sowohl allein als auch in der Futurbildung *irai*; frz. *ir* in *irai, irais*; span. Fräs. nur Inf. *ir* (Fut. *iré*, Kond. *iria*), Impf. *iba*, Imp. Pl. 2 *id*, Gerund. *yendo*, Part. P. *ido*; ptg. Präs. nur Inf. *ir* (Fut.

irei, Kond. *iria*), Imp. Pl. 2 *ide*, Impf. *ia*, Gerund. *indo*, Part. P. *ido*. Das Verbum ist also überall nur unvollständig erhalten, die fehlenden Formen werden durch *andare*, *anar*, *aller*, im Frz. Span. u. Ptg. auch (im Perf.) durch *esse* ersetzt. Vgl. Meyer-L., Rom. Gr. II p. 262.

3256) **ĕpĭgrŭs, ĕpĭurŭs** (gr. ἐπίουρος), **-um** *m.*, hölzerner Nagel (Sen. ben. 2, 12, 2 H. Isid. 19, 19, 7. Isid. Gloss. no 624); altspan. *priego*, ptg. *prego*, vgl. Cornu, Gröber's Grundrifs I 768; nach Caix, St. 454, ist *epigrus* das Grundwert zu ital. *pirólo*, *piuolo* (rom. *piro*, neap. *pirolo*, lomb. *birô*, *birôl*), Pflock; da indessen der Abfall des hochtonigen *e* (*épigrus*, denn *epigrus* anzusetzen, liegt ein Grund nicht vor) nicht angenommen werden kann, so ist *epigrus* als Grundwort unwahrscheinlich, und da in *epiurus* der Wegfall des *ü* unerklärlich wäre, so wird man eher Flechia beistimmen, welcher, AG II 316, die Wortsippe nebst *pirone*, Hebebaum, Pl. Gabeln, auf den griech. Stamm περ-, πειο- (wovon das Verb πείρω, die Sbsttve πείρος, πειρούνιον etc.) zurückführt. Auf denselben Stamm gehen wohl auch zurück frz. *piron*, Zapfen, u. *pirouette*, Drehrädchen. Diez 251 *piva* leitete ital. *piuolo* nebst frz. *pivot* von *pipare*, piepen, pfeifen, ab; Scheler im Dict. *pivot* glaubte, dafs das Wort aus *pitot* entstanden sei und auf den Stamm *pit-* (s. unten ‾pīc‾) zurückgehe.

3257) **ĕpĭphānĭā** *n.pl.* (gr. ἐπιφάνεια), Epiphanienfest; ital. *epifania*, *pifania*, *befania* „la festa dell' apparizione"; *befána* „donna brutta, e prima un fantoccio che si portava in giro la vigilia dell' epifania", vgl. Canello, AG III 389, Dz 356 *s. v.*

3258) **ĕpĭscŏpŭs, -um** *m.* (gr. ἐπίσκοπος), Bischof; ital. *vescovo*; (sicil. *vispicu*, Schneegans, vergl. Behrens, Metath. p. 44); prov. *evesque-s*, daneben *bibes* (Girartz de R.); frz. *évéque;* span. *obispo;* ptg. *bispo.*

3259) **ĕpĭstŏlā, -am** *f.* (gr. ἐπιστολή), Brief; ital. *pistola* (das übliche Wort für „Brief" ist *lettera*); frz. *épitre* (nur im kirchlichen u. techn. Sinne, in diesem besitzen auch die anderen roman. Sprachen das Wort). Das übliche Wort für „Brief" ist im Ital. u. Frz. *lettera*, *lettre*, im Prov. *breu-s* = *breve*, in den pyrenäischen Sprachen *carta.*

3260) **ĕpĭtăphĭŭm** *n.* (gr. ἐπιτάφιον), Grabschrift; ital. *epitafio*, *epitaffio* „iscrizione sepolcrale", *pitaffio* „un' iscrizione qualunque, e per lo più burlesca", vgl. Canello, AG III 392; sonst ist das Wort nur als gel. W. vorhanden.

3261) **ĕpĭthĕmā** *n.* (gr. ἐπίθεμα), Aufschlag, Umschlag; ital. *epittima* u. *epitéma* (= *ἐπίθημα*), „fomento", *pittima* „anche ,uomo taccagno', persona noiosa", che quasi sta attaccata addosso", vgl. Canelle, AG III 392; Caix, St. 217, zieht hierher auch *bozzima* „intriso di cruschello, untume e acqua con cui si fregano i fili dell' orditura della tela", davon *imbozzimare* „impiastricciare, spalmare con materia pastosa"; frz. *épithème*, Umschlag, gel. W.; span. *epitima*, Magenpflaster, *bizma*, Pflaster, Umschlag. Vgl. Dz 432 *bizma.*

3262) **ĕquā, -am** *f.*, Stute; sard. *ebba;* rum. *iapă;* prov. *egua*, *ega;* neuprov. *ego*, vgl. Dz 611 *haras;* altfrz. *ive* (*aigue* in LR scheint Masc. zu sein, vgl. Scheler im Anhang zu Dz 719 *cavallo);* cat. *egua;* span. *yegua;* ptg. *egoa*, *egua*. Während also das Fem. sich überall, wenn auch als nur wenig übliches Wort, erhalten hat, so ist das Mask. *equus* fast völlig geschwunden und durch *caballus* (s. d.) ersetzt worden. Vgl. Gröber, ALL II 277.

3263) **ĕquārĭā, -am** *f.* (v. *equus*), Stuterei, ist von Baist, Z VII 117, als Grundwort für span. *enguera* etc. aufgestellt worden. Vgl. oben **angārĭā.**

ĕquŭs s. **ĕquā.**

3264) **ērādīco, -āre** (v. *radix*), an der Wurzel herausreifsen; prov. *esraigar* (daneben *araigar*); altfrz. *esraicher* (nfrz. *arracher*). Vgl. Dz 510 *arracher;* Gröber. ALL I 233. Vgl. No 866.

3265) bask. **ĕrbera** = span. *hervero*, Schlund, Kehle, vgl. Dz 459 *s. v.*, vgl. aber auch Baist, Z V 240, s. unten **herba.**

3266) *****ĕr[e]tŭs, a, um** (Part. P. P. von *erga* = *ērigo*, *erxi* = *erexi*, *er[c]tum* = *erectum*, *ergère* = *erigere*), emporgerichtet, hoch; ital. *erto*, steil, Sbst. *erta*, Anhöhe, *esser all'erta*, auf der Höhe, auf der Warte, Wache, Hut sein, davon frz. *alerte*, span. *alerto*, wachsam, munter, rtr. *erti*. Vgl. Dz 369 *erto.*

3267) **ĕrēmĭtā, -am** *m.* (griech. ἐρημίτης), Einsiedler; ital. *eremita* und *romito*, letzteres auch Adj., vgl. Canelle, AG III 334; in den übrigen Sprachen ist das Wort nur als gel. W. vorhanden. Vgl. Dz 394 *romito;* Berger *s. v.*

3268) **ĕrēmŭs** (u. **ĕrĕmŭs**), **-um** *f.* (gr. ἔρημος), Wüste; ital. *eremo* u. *ermo;* rum. *erm;* prov. *erm;* altfrz. *erme;* cat. *erm;* span. *yermo;* ptg. *ermo.* Vgl. Dz 127 *ermo;* Gröber, ALL II 277; Darmesteter, R V 152 A. 3.

3269) **ĕrgā**, rücksichtlich, in betreff, für, gegen; in dieser Präpos. hat man das Grundwort der altptg. Partikel *ergo* „aufser" vermutet, vgl. Dz 447 *s. v.*, indessen mufs dies in Hinsicht auf die ganz verschiedene Bedeutung entschieden abgelehnt werden (Diez will die Sache annehmbar darstellen, indem er den Satz *nunca soube ren amar ergo vos* übersetzt „niemals liebte ich jemand Euch gegenüber = nie liebte ich jemand Euch ausgenommen", aber dies ist nicht nur gezwungen, sondern widerstreitet der Bedtg. des lat. *erga*, welches wohl im Sinne von „in der Umgebung von etwas", aber nicht in dem von „gegenüber, im Vergleich von etwas" gebraucht werden kann); überdies sieht man nicht ein, weshalb *erga* zu *ergo* geworden sein sollte. Immer noch leichter als aus *erga* würde die Bedtg. des ptg. Wortes aus *ergo* sich gewinnen lassen, wenigstens nach Sätzen mit verneintem Prädikate, doch geht es auch da ohne einen gewissen Zwang nicht ab. Das Wort bedarf also noch der Aufklärung. — Wenn altptg. *ergo* nicht = *erga*, so fehlt diese lat. Präpos. dem Romanischen überhaupt gänzlich.

[*****ĕrgānum** s. *****ărgănum.**]

3270) **ĕrgătă, -am** *f.*, eine Hebemaschine, Krahn; neap. *argáta;* span. *argadilla*, vgl. Mussafia, Beitr. 46 Anm. 2, Schuchardt, Z XV 91 Anm. 2, Meyer-L., Z. f. ö. G. 1891. p. 769.

3271) **ĕrgo**, also, folglich; davon frz. *ergoter*, *argoter*, disputieren, dav. das Sbst. *ergot*, Kauderwälsch, u. *ragot*, Geschwätz (in der Bedeutung „Sporn am Fufse gewisser Vögel", dürrer spitziger Zweig" scheint frz. *ergot*, altfrz. *argot* aus *regot*, *ragot* entstanden zu sein u. zu der unten unter **gar** besprochenen Wortsippe zu gehören, vgl. Nigra, AG XIV 353), davon frz. *ergoté*, span. *ergotéo*, Disputation. Vgl. Dz 573 *ergoter.* — Caix, St. 485, will ebenfalls auf *ergo* zurückführen ital. *rigattare* „agridare alcuno, contendere" u. die dazu gehörige, namentlich in den Dialekten stark vertretene Wortsippe, wozu z. B. auch das Sbst. *regata* „gara,

22*

sfida" gehört. Nicht die Möglichkeit, wohl aber die Wahrscheinlichkeit solchen Zusammenhanges ist zu bezweifeln. An die Möglichkeit zu glauben, kann man durch den Umstand veranlafst werden, dafs ein annehmbares Grundwort zu *rigattare* etc. sonst nicht zu finden sein dürfte, es müfste denn in dem vorauszusetzenden frz. *erigoter*, wovon *erigoté*, gespornt (vgl. Scheler im Dict. unter *ergot*), und *ergot*, Sporn [s. aber oben!], gesucht werden. Geholfen ist damit aber nicht viel, denn der Ursprung dieser frz. Wortsippe ist selbst wieder dunkel (vgl. Dz 509 *argot* 2); was Scheler im Dict. darüber sagt, kann nicht befriedigen, vgl. jedoch Nigra, AG XIV 353 (s. auch oben Z 2 dieses Artikels). Möglicherweise ist *regatta*, *rigatta* mundartliche Nebenform für *righetta*, Dem. v. *riga*, Reihe, u. bezeichnet eigentl. eine kleine Reihe neben einander aufgestellter, zum Wettfahren bestimmter Bote, vgl. das Sbst. *rigattiere*, Teilhaber an einer Budenreihe, Trödler, welches Wort vielleicht wieder durch *ricattare* beeinflufst wurde und infolgedessen das Entstehen eines *rigatta* f. *righetta* veranlafste. — Vgl. auch oben **dē hāc rē**.

3272) **ĕrīcē** für **ĕrīcē**, en *f.* (gr. ἐρείχη), Heidekraut, = calabr. *erga*, und (?) span. ptg. *urce*, *urze*, Heidekraut, vgl. Dz 495 *s. v.*, vgl. dagegen Baist, Z V 556, C. Michaelis, Misc. 161. S. **ulex.**

3273) **ĕrīcĭus, -um** (u. *ĕrīcĭo, -ōnem) m.*, Igel; ital. *riccio*, Igel, auch Adj. (stachlich), kraus, und dann wieder Shst. Locke, dazu das Vb. *arricciare*, kräuseln; rum. *ariciu*; prov. *crisson-s*, dazu das Vb. *erissar*, sträuben; altfrz. *hérisson*, *ireçon* (Dem. v. **eriz*, wovon auch das Vb. *hérisser*, sträuben, vgl. Horning p. 8); nfrz. *'hérisson*; vielleicht gehört hierher auch *oursin*, Seeigel, wenn man volksetymologische Anbildung an *ours* annehmen darf, vgl. Fafs, RF I 490; span. *erizo*, Igel, *riço*, Adj., kraus, Shet., Locke, dazu das Vb. *rizar*, kräuseln; ptg. *ericio*, *ouriço* (beruht das *ou* auf Anlehnung an *ouro* oder ist der Artikel mit dem Worte verwachsen?), Igel, *riço*, samtartiger Wollstoff mit kurzem Haar, auch: Haartoupet, dazu das Vb. *eriçar*, *ouriçar*, *riçar*, sträuben. Vgl. Dz 296 *riccio* 1 u. 2; Cohn, Suffixw. p. 30.

3274) **ĕrīgo, rēxī, rēctum, ĕrīgĕre**, emporheben, aufrichten; ital. *erigere* „mettere in posizione verticale", *érgere* „drizzare in alto", vgl. Canello, AG III 330; (frz. *ériger*, gel. W.); prov. *derger* = *de-erigere*; span. *ercer*, *erguer*, *erguir*, *erigir*; ptg. *erguer*, vgl. C. Michaelis, St. p. 287; Meyer, Z VIII 238; Dz 447 *erguir*; Marchesini, Stndj di fil. rom. II 11; Gröber, ALL V 235 (wo noch span. *yerto*, aufgerichtet, steif, und *enertarse*, steif werden, aufgeführt sind). Vgl. No 3266.

3275) **ĕrīpĭo, rīpŭī, rēptŭm, rīpĕre**, herausreifsen, = prov. *crebre*, Part. *ereubut*, entzücken.

3276) **ĕro, -ōnem** *m.*, Binsenkorb; sard. *erone*, vgl. Salvioni, Post. 9; span. *orone*, vgl. Meyer-L., Z. f. ö. G. 1891 p. 278.

3277) [**ĕrrātĭco, -āre** (v. *errare*), herumirren, = nordital. *radegar*; bologn. *aradgars*; modenes. *andèr aradègh*, vgl. Mussafia, Beitr. p. 92; Bugge, R IV 365.]

3278) **ĕrrātĭcŭs, a, um** (v. *errare*), umherirrend; ital. *erratico*; rum. *ist nur das von e. abgeleitete Verb *rătăcesc ii it* i vorhanden; prov. *erratic*; frz. *erratique*; span. ptg. *errático*. Überall nur gel. Wort.

3279) ***ĕrrātīvŭs, a, um** (v. *errare*), umherirrend; altspan. *radio*, verirrt; ptg. *erradio*, umher-

irrend, vgl. C. Michaelis, Frg. Et. p. 54 *arredio*, entfernt, getrennt; zur selben Wortsippe gehört das interjektionale ptg. *arreda*, aus dem Wege! fort! pfui!, das Vb. *arredar*, entfernen, u. a. Vgl. Dz 480 *radio.*

3280) [**ĕrrāto, -āre** (v. *erro*), umherschweifen, ist von Bugge, R IV 364, als Grundwort für frz. *rêver* (dialekt. *râver*) aufgestellt worden; es ist diese Annahme jedoch unhaltbar: *rêver*, altfrz. auch *resver*, ist Seitenbildung zu *desver* (= *de-ex-*vare*), also = *re-ex-*văre* (*văre* f. *vadēre*). Wenn dies richtig ist, so wird damit auch Diez' Ableitung des Shst. *rêve* v. **rabia* f. *rabies* beseitigt. Vgl. unten unter ***rabia.**]

3281) **ĕrro, -āre,** irren; ital. *errare*, dazu das Vbsbst. *erro*, Irrtum; prov. *errar*; frz. *errer* (davon zu unterscheiden ist *errer* = *iterare*, vgl. auch Fafs, RF III 512 unten); cat. *errar*; span. *errar*, dazu das Vbsbst. *yerro*; ptg. *errar*. Vgl. Gröber, ALL II 278.

3282) [**ĕrrŏr, -ōrem** *m.* (v. *erro*), Irrgang, Irrtum; ital. *errore*; frz. *erreur*, u. dem entsprechend in den übrigen roman. Sprachen.]

3283) **ĕrūcă (ur-), -am** *f.*, Raupe, die wilde Rauke (eine Kohlart, Brassica eruca L.); ital. *ruca*, Raute, dazu die Demin. *ruchetta*; abruzz. *ruche*; veron. mail. *ruga*, vgl. Salvioni, Post. 9; prov. *ruca*; frz. nur das Demin. *roquette*, wilde Rauke, Senfkohl; cat. *eruga*; span. *oruga*, Raupe, Rauke, dazu das Dem. *ruqueta*. Vgl. Dz 277 *ruca*; Gröber, ALL VI 148, der auch ital. *bruco* hierher zieht.

3284) **ĕrunco, -āre,** ausjäten; abruzz. *arongá*, vgl. Meyer-L., Z. f. ö. G. 1891 p. 769.

3285) **ĕrvĭlĭa, -am** *f.* (*ervum*), eine Art Erbse; ital. *rubiglia* (u. mannigfache Mundartformen); rtr. *arvea*; span. *arveja*; ptg. *ervilha*. Vgl. Meyer-L., Z. f. ö. G. 1891 p. 769; d'Ovidio, AG XIII 414.

3286) **ĕrvŭm** *n.*, Erve (eine erbsenähnliche Frucht, Ervum ervilia L.); ital. *ervo*; über dialektische Ableitungen vgl. Flechia, AG II. 376, s. auch AG XIII 142; (rtr. *arbéa*, *arbéia* = *ervilia*, vgl. Gartner § 101); prov. *ers*; frz. *ers* (= **ervus*, *ervoris*); cat. *er*; span. *yervo* (span. *arveja*, ptg. *ervilha* = *ervilia*). Vgl. Gröber, ALL II 278.

3287) **ĕscă, -am** *f.* (von *ĕd-ere*), Essen, Futter, Köder; ital. *esca*; rum. *iască*; rtr. *estga*; prov. *esca*, Zunder; altfrz. *esche*, *aiche* (dazu gehört *aeschier*, pic. *aeskier*, *aekier*, frz. *haque* Lockhering, vgl. Thomas, R XXIV 584); span. *esca*, Köder, *yesca* (= **ĕsca*), Feuerschwamm, *hisca* (mit unorgan. *h*, wie ein solches z. B. auch in *hinchar* = *inflare* zu finden ist), Vogelleim, vgl. Ascoli, AG III 462 (b. Dz 459 *s. v.* wird für *hisca* fälschlich *viscum* als Grundwort aufgestellt); ptg. *isca*, Köder, Zunder. Vgl. Dz 127 *esca*; Gröber, ALL II 278.

3288) **ĕscārĭus, a, um** (*esca*), zur Speise gehörig; sard. *iscarzu*, vgl. Meyer-L., Z. f. ö. G. 1891 p. 769.

3289) bask. **escatima,** Hader (also auch Kränkung, Verkürzung), nach Larramendi, dessen Angabe Dz 448 *s. v.* wiederholt, = span. ptg. *escatima*, Abbruch, Mangel, Elend u. dgl., dav. dasVb. *escatimar*, verkürzen. Parodi, R XVII 63, hält *escatimar* für identisch mit dem gleichb. altspan. *estemar* u. stellt **extremare* als Grundwort auf.

3290) **ĕschără, -am** *f.* (griech. ἐσχάρα), Schorf,

Grind, = ital. éscara; frz. escarre, eschare; span. ptg. escára, vgl. Dz 127 escara.

3291) ĕsco, -āre (esca), essen; sard. iscái, vgl. Salvioni, Post. 9.

3292) ĕsox, -ōcem (ō nach Priscian II 256 K) m., ein Fisch (wahrscheinlich der Hecht); davon nach Cornu, Grundrifs I 771 § 210, ptg. eiroz, iroz, eiró, Meeraal; frz. ésoce, Hecht. Nach Schuchardt, Z XIII 525, ist das ptg. Wort altkelt. Ursprungs (altir. eó, Gen. iach, kymr. eog, brot. eok, Lachs).

[*essere für esse s. sum; vgl. auch Gröber, ALL II 278.]

3293) bask. estalpea, Schutz; davon vielleicht neufrz. (Berry) étauger, étouger, schonen; prov. cstalbi-s; cat. estalvi, Schonung, Sparsamkeit, dazu das Vb. estalbiar, estalviar. Vgl. Dz 576 estalbi.

3294) bask. est-archa, Harpunenhalter, = span. estacha, Harpunentau, vgl. Dz (nach Larramendi) 450 s. v.

3295) ĕsūrīo, -īre, essen wollen: davon vielleicht sard. suria, Gier (Salvioni, Post. 9, führt noch an asuria, es-, asuridu), nicht aber, wie Caix, St. 651, wollte, ital. uzzolo „voglia, appetito", wovon das Vb. inuzzolire.

3296) ĕt, und; ital. ed, e; (rum. wird „und" durch şi = sic ausgedrückt); rtr. ed, e, a; prov. ed, e; frz. et; cat. i; span. y; ptg. e.

3297) ĕtĭām + dĕŭs, bei Gott auch, scheint als Grundform angesetzt werden zu müssen für ital. cziamdio, eziandío, sogar auch, vgl. Dz 369 s. v. Man hat alles Recht, die Bildung für seltsam zu erachten, wird sie aber doch nicht abweisen können, da eine andere Erklärung sich nicht finden lassen dürfte.

3298) ĕt + nĕ = altfrz. enne „n'est-ce pas? vraiment, donc" (Burguy II 287), vgl. Dz 570 s. v.

3299) dtsch. (Eulen)spiegel; davon frz. espiègle, Schelm, espiègerie, Schelmerei. Vgl. Scheler im Diet. unter espiègle.

3300) ĕvādĕ, ĕvādītĕ, ĕvādītīs (von ĕvādĕre, herausgeben); daraus vielleicht die altspan. Interj. evay, evad, evades (gleichsam komm' nur! heran!) siehe da! Vgl. Dz 450 evay, wo abá, abad, weg! Platz da! als eine analoge Bildung angeführt wird, denn es dürfte = a-vade, a-vadite sein (an apage ist nicht zu denken).

3301) ĕvānĕsco, vānŭī, ĕre, verschwinden; ital. rtr. svanir = *exvanire; prov. frz. esvanir, évanouir, aus dem Perf. evanui gebildet, wozu die Bibelstelle Luc. 24, 31 „et ipse evanuit ex oculis sorum" Anlafs gab, vgl. Suchier, Z VI 436 (neben évanouir auch prov. altfrz. envanir = it. invanire); ptg. esva(h)ir. Vgl. Dz 579 évanouir.

3302) ĕvāpōro, -āre (vapor), ausdampfen; arbod. vorá, evaporare, vgl. Salvioni, Post. 9.

*ĕvĕllĭeo, -āre s. *ĕcālvo, -āre.

3303) [*ĕvāso, -āre (v. vasum), ein Gefäfs ausweiten, = frz. évaser, ausweiten, ausbreiten, vgl. Dz 579 s. v.]

3304) ĕx, (ē), aus, ist im Roman. nur in Zusammensetzungen erhalten (ital. s-, vor Vokalen auch sci = š; rum. s-; rtr. s-, š-; prov. es-, eis-; frz. eis-, es-, é-; cat. es-; span. es-, ens-. en-, vgl. Ascoli, AG III 448 Anm.; ptg. es-), als Präposition ist es durch de verdrängt worden.

3305) [*ĕx-ăcŭlĕo, -āre (v. aculeus), stechen; altital. (bei Bonvesin) xaguliar; in Dialekten dazu gehörige Substantiva, z. B. piem. savüj, genues.

saguggio „pongigglione". Vgl. Salvioni, Giorn. storico della lott. ital. VIII 417: Wiese, Z XI 556.]

3306) [*ĕxădāptŭs, *ĕxāptŭs, a, um = ital. sciatto, plump, aret. sciadatto. Vgl. Dz 398 sciatto, Caix, St. 55. Pascal, Studj di fil. rom. VII 95, setzt, u. wohl mit Recht, sciatto = *exsapidus an.]

3307) [*ĕxaequāeŭlŏ, -āre (v. exaequare), gleichmachen; prov. *eigalhar, davon das Sbst. *eigalher, eigaié, eigahié „l'homme qui dans une airée a soin de tourner la garbe pour qu'elle passe tour à tour sous les pieds des chevaux" (Avril); frz. s'égailler „s'éparpiller, s'étendre" (in Bessin, Normandie, ist auch das Verb se dégailler „s'étendre sur le dos, se rouler, prendre ses ébats" vorhanden). Vgl. Joret, R VIII 439.]

3308) ĕxaequo, -āre, gleichmachen; prov. cisgar, cigar, ordnen. Vgl. Jeret, R VIII 439.

3309) ĕxăgĭŭm n. (v. exigo), das Wägen, Gewicht (Theod. et Val. nov. 5); ital. esagio „peso d'una dramma e mezzo", assaggio, saggio, Probe (beim Wiegen), der Versuch (im litterarischen Sinne eine Probeabhandlung, eine Skizze), dazu das Verb assaggiare, versuchen, kosten, vgl. Canello, AG III 392; prov. essai-s, dazu das Vb. essaiar, assaiar; frz. essai, dazu das Vb. essayer; cat. ensaig; span. ensayo, dazu das Vb. asayar, ensayar; ptg. ensaio. Vgl. Dz 279 saggio; Gröber, ALL II 279.

[*ĕxālāpĕtto s. ălāpĕtto.]

3310) ĕxālbo, -āre, weifs machen (Tert. adv. Marc. 4, 8 u. 10); ital. scialbare „sbiancare", vgl. Caix, St. 531.

3311) *exălbus, a, um, bleich; ital. scialbo, sicil. sciarbu, daneben sciarbidu = *exalbidus, vgl. rum. sarbed; lomb. slavi, slavi = *exalbius. Vgl. Schuchardt, Roman. Etym. I. 45; Salvioni, AG IX 221.

3312) *ĕxāltĭo, -āre, erhöhen; prov. eissaussar; altfrz. eshalcier, essalcier, essaucier; nfrz. exaucer, ein Gebet erhöben, d. h. dasselbe günstig aufnehmen, exhausser, erhöhen; span. ensalzar, erhöhen, vermehren. Vgl. Dz 14 alzare.

3313) ĕxāmĕn n., Schwarm; ital. sciame, sciamo, dazu das Vb. sciamare, schwärmen; prov. eissam; frz. essaim, dazu altfrz. das Vb. échemer; span. enjambre, dazu das Vb. enjambrar, schwärmen; ptg. enxame, dazu das Vb. enxamear, schwärmen, überschwemmen, bevölkern. Aufserdem ist examen in der Bedtg. „Prüfung" als gel. Wort in allen Sprachen vorhanden. Vgl. Dz 286 sciame; Meyer, Ntr. p. 85. ¶

3314) *ĕxāncātŭs, a, um (von anca), aus den Hüften gerenkt, = ital. sciancato, lahm.

3315) ĕx + āqua; dav. altfrz. essewer (vgl. engl. sewer), essevour, Kanal.

3316) ĕxāquo, -āre, auswässern, ausspülen; ital. sciacquare; (span. enjuagar, s. exsūco). Vgl. Dz 447 enxuagar. Mit exaquare bringt Caix, Z I 424, auch in Verbindung ital. sciaguattare „diguazzare nell' acqua", indem er es für aus sciacquare u. ahd. watan zusammengesetzt erklärt.

3317) [*ĕxārpo, (vom griech. ἔξαρπάζειν), herausreifsen, wird von Dz 281 als Grundwort angesetzt zu ital. sarpare, salpare, den Anker lichten; rum. sarpa; frz. serper; cat. xarpar, sarpar; span. zarpar, dazu gehört vielleicht das Shet. zarpa, Klaue; ptg. sarpar. Vgl. aber auch C. Michaelis, St. 59 (die ganze Wortsippe soll nebst einer grofsen Reihe anderer zum deutschen Stamme harp gebören, der im Span. als arp, harp, farp, harap, farap, zarp, zarrap, jarap u. endlich gar durch Metathese als *zaparr* eine wichtige Rolle spiele); Baist, Z V 237 (hier ist unzweifelhaft das Richtige getroffen, indem die Wortsippe auf lat. *sarpēre*, abschneiteln, zurückgeführt wird).]

3318) spätgriech. (ἐξάρτιον, Plur.) ἐξάρτια, Schiffsgerät; davon vermutlich ital. *sartie*, *sarte* (Plur.), Tauwerk; altfrz. *sarties*; span. *jarcia*, Packen, Gepäck, Pl. Tauwerk; ptg. *enxarcia*, Tauwerk. Vgl. Dz 282 *sarte*.

3319) *ĕxa(u)gŭrātŭs, a, um (von *augurium*), ohne günstige Vorzeichen, unglücklich; ital. *sciagurato, sciaurato*, dazu das Sbst. *sciagura*, Unglück.

3320) *ĕxaurātŭs, a, um = altspan. *exorado, csorado*, vergoldet. vgl. Cornu, R XIII 302.

3321) [gleichs. *ex-auricŭlo, -āre = frz. *essoriller*, die Ohren abschneiden.]

3322) [*ĕxauro u. *ĕxaurĭno, -āre (von *aura*), auslüften, der Luft aussetzen, in oder an die Luft bringen; ital.*sciorinareu.sorare*; prov.*cis(s)aurar*, in die Luft erheben, s'*eis.*, sich aufschwingen; frz. *essorer*, an der Luft trocknen lassen, s'*ess.*, sich zu hoch (in die Luft) erheben, dazu das Vbsbst. *essor*, Aufschwung. Vgl. Dz 282 *sauro*.]

3323) [gleichsam *ex-băg-ŏttio, -Ire (bag=*vag, vagus*) = (?) nach Parodi, R XXVII 202, ital. *sbagotire, sbigottire*, sicil. *abbantirsi*.]

3324) [*ĕxbălbĭo, -Ire (von *balbus*), herausstammeln; davon frz. *ébaubir* (nur üblich im Part. Prät.), *ébaubi*, verdutzt (eigentlich wohl selbst des Stammeln unfähig gemacht, wertlos gemacht). Vgl. Dz 565 *ébaubi*.]

[*ĕxbălco s. oben dē-ĕx-bălco.]

3325) [*ĕx + bāvĭco, *īn-ĕx + bāvĭco (*baba*) = cat. *embabiecar*; span. *embaucar*; ptg. *embabacar, esbabacar*, betrügen. Vgl. Parodi, R XVII 53.]

3326) [*ĕxblandĭo, -Ire (v. germ. *blauðjan*), schwach, kraftlos machen, = altfrz. *esbloir*, nfrz. *éblouir*, blenden (altfrz. vereinzelt auch *csbleuir* mit Anlehnung an *bleu*, blau); prov. *esblauzir*, *emblauzir*. Vgl. Dz 565 *éblouir*; Mackel p. 119.]

3327) [*ĕxbrāno, -āre (v. germ. *brado*, ahd. *bráto*, Accus. *bráton*), ein Stück Fleisch herausreißen; ital. *sbranare*, zerfleischen; altfrz. *esbraoner*. Vgl. Dz 64 *brandone*.]

3328) [*ĕxbŭllo, -āre (v. *bulla*), Blasen heraustreiben; span. *esbullar*, verwirren, zerstreuen; ptg. *esbulhar*, berauben, plündern (eigentl. wohl in Verwirrung bringen). Vgl. Dz 57 *bolla* am Schlusse.]

3329) [*ĕxcădo, -ĕre, verfallen; ital. *scadēre*; rum. *scad scăzui scăzut scădé*; prov. *esc(h)azer*; altfrz. *escheoir*; nfrz. *échoir*; (span. *descaer, decaer*; ptg. *descahir, decair*). Wegen der Flexion s. *cado.*

3330) *ĕxcădĕsco, -ĕre, herausfallen, herausfallen machen; altptg. *escaecer*; neuptg. *esquecer*, aus dem Gedächtnisse fallen lassen, vergessen. Vgl. Dz 449 *esquecer.*

3331) *ĕxcăldo, -āre, in warmem Wasser baden; ital. *scaldare*, wärmen; rum. *scaldai ai at a*, baden; rtr. *scaldar*; prov. *escaudar*, wärmen; frz. *échauder*, verbrühen; span. ptg. *escaldar*; ab-, verbrühen. Vgl. Dz 545 *chauffer*.]

3332) [*ĕxcălĕnto, -āre (v. *calent-* v. *calēre*), erwärmen; altspan. *escalentar* (daneben *esculecer* = *excalescere*); ptg. *esquentar*, daneben *acaentar, aquentar, aguecer*. Vgl. Dz 485 *calentar*.]

3333) [*ĕxcălfo, -āre (aus *excalefacio, facere*), erwärmen, erhitzen; prov. *escalfar*; frz. *.échauffer*. Vgl. Dz 545 *chauffer*.]

3334) [*ĕxcămbĭo, -āre, auswechseln; ital. *scambiare*; rum. *schimb ai at a*; prov. *escambiar*, *escanjar*, frz. *échanger*, dazu die Vbsbsttve ital. *scambio*, rum. *schimb*, frz. *échange*.]

3335) [*ĕxcămpo, -āre (v. *campus*), aus dem Felde schaffen, wegräumen, ausbreiten; ital. *scampare*, das Feld räumen, sich aus dem Staube machen, sich retten; prov. *escampar*, verbreiten; altfrz. *esc(h)amper*, eilig fliehen; cat. *escampar*, ver-, ausbreiten; span. *escampar*, räumen, leer machen; ptg. Part. P. P. *escampado*, schutzlos, frei, dem Winde ausgesetzt, offen, klar, heiter (vom Wetter), daher hat dann das Verb überhaupt die Bedtg. „aufhören zu regnen, wieder schönes Wetter werden" angenommen. Vgl. Dz 283 *scappare*.]

3336) [*ĕxcăndĭo, -Ire (v. *candēre*, glühen) wird von Dz 573 als mutmaßliches Grundwort zu prov. *escantir*, auslöschen, aufgestellt, indessen dann wäre, wio Diez auch selbst bemerkt, *escandir* zu erwarten, u. dieses würde nicht „auslöschen", sondern vielmehr „entglühen" bedeuten, vgl. *excandescere*; *cantir* wird als ein Wort dunkeln Ursprunges bis auf Weiteres betrachtet werden müssen. Im Neuprov. ist das Vb. *escandi* „chauffer à la flamme" vorhanden.]

3337) [gleichsam *ĕxcantilio, -ōnem ist das in lat. Form gebrachte frz. *échantillon*, Probe, Muster; vermutlich ist das Wort eine Deminutivbildung, welche auf *cant*, *chant* (s. oben *canthus*), Winkel, Ecke, zurückgeht u. eigentlich „Eckchen, Stückchen" bedeutet; vorausgegangen dürfte sein ein *eschantil*, das Sbst. zu einem Vb. *eschantiller*, gleichsam *excantiliare*, zerstückeln. Vgl. Dz 565 *échantillon*; Scheler im Dict. s. v.]

3338) [*ĕxcăpĭto, -āre (v. *caput*), um ein Haupt (z. B. des Viehbestandes) kommen, Einbuße erleiden; ital. *scapitare*, dazu das Shet. *scapito*, Verlust; (prov. *descaptar*.) Vgl. Dz 362 *capitare*.]

3339) [*ĕxcăppo, -āre (v. *cappare*), aus dem Mantel herauskommen, sich los machen, frei werden, entwischen; ital. *scappare*; rum. *scăp ai at a*; prov. *escapar*; frz. *échapper*; span. ptg. *escapar*. Vgl. Dz 283 *scappare*.]

3340) *ĕxcăpŭlo, -āre (*capulus*), den Griff des Schwertes lockern; ital. *scapolare*, losmachen, dazu *scapolo*, locker, lose, frei, Junggesell.

3341) *ĕxcărmĭnĭo, -āre (*carmen*), loskrempeln; ital. *scarminare*; venez. *sgraminar*, vgl. Meyer-L., Ital. Gr. S. 163, d'Ovidio AG XIII 415.

3342) *ĕxcărno, -āre (v. *caro*), ent-, abfleischen, = ital. *scarnare*; frz. *écharner*. Zu der ital. Verb das Adj. *scarno*, fleischlos, vgl. Flechia, AG III 126.

3343) [*ĕxcărpīmĕntŭm n. (v. *excarpere*, schriftlat. *excerpere*), die Herauspflückung, das Herausgepflückto; nach Baist, Z V 246, das Grundwort zu span. *escarmiento*, gleichsam das Herumzupfen an jem., das Durchhecheln, der Verweis, dazu das Vb. *escarmentar*. Glaubhafter sind indessen die von Dz 448 *escarmentar* geäußerten Vermutungen, daß *escarmentar* entweder auf *ex-carminare*, krämpeln, zurückzuführen oder = ital. *scarnamento* (von *ex* u. *carnem*), Aufreizung der Haut, Züchtigung, anzusetzen sei. Cornu, Gröber's Grundriß, I, Gramm. § 247, hat *excrementum*, C. Michaelis, Frg. Et. p. 28 *experimentum* als Grundwort aufgestellt.]

*ĕxcărpĭo s. *cărpĭo.

3344) [*ĕxcărpo, -āre (für *excurpere* = *excerpere*), herauspflücken, dadurch glatt, scharf

zulaufend u. dgl. machen; ital. (*scarpar, davon
das Vbsbst.) scarpa, Böschung, Abhang, auch Schuh
(weil er spitz zuläuft); frz. escarpe (Lehnwort), dazu
das Verb escarper; span. escarpa, dazu das Verb
escarpar, glatt machen. Da das lat. Grundwort
genügt, so ist es unnötig, als solches das german.
skarp, scharf, anzusetzen. Vgl. Dz 284 scarpa;
Mackel p. 64; Scheler im Diet. escarpe (denkt an
lat. scalpere oder dtsch. schrape). Parodi, R XVII
62, führt auf *excarpere auch zurück span. escarapelarse, sich raufen, dazu das Vbsbst. escarapela;
ptg. escarapel(l)ar. Diez 448 escarapelarse hatte
die Worte von scalpellum abgeleitet.]

3345) *excärpsüs, a, um (für schriftlat. ercerptus),
ausgepflückt, ausgerupft; ital. scarso und scarzo,
dürftig, knapp, vgl. Canello, AG III 365; rtr. scars;
prov. escars, escas; frz. échars; cat. escas; span.
ptg. escaso. Vgl. Dz 284 scarso; Ascoli, AG I 28;
Gröber, ALL II 279.

3346) *excärptio, -äre (von *excarptus), heraus-
pflücken, -rupfen, -zupfen; ptg. escarpar; span.
escarzar, Bienenstöcke schneiden, s. exquartio. Vgl.
Dz 448 s. v. (stellt excastrare als Grundwort auf);
Baist, Z V 246 u. IX 147; Gröber, ALL II 279 u.
VI 387.]

3347) [*excärpto, -äre (von *excarptus), herauspflücken, berupfen, bezupfen; ital. (modenes.)scartèr,
schneiden, vgl. Flechia, AG III 125.]

3348) excästro, -äre, verschneiden; wurde von
Dz 448 als Grundwort zu span. escarzar, die
Bienenstöcke im Frühjahr schneiden, aufgestellt, vgl.
dagegen Baist, Z V 246 und IX 147, und sieh oben
excarptio.

3349) [*excauto, -äre (v. cautus), aus der Sicherheit herauskommen, in Gefahr geraten u. dgl., ist
das vermutl. Grundwort zu frz. échouer, scheitern,
stranden. Auch Diez 566 setzt dies Grundwort an,
leitet aber cautare von dem Sbst. cautes, Felsen,
Klippen ab —, indessen dann müfste das Vb. doch
wohl bedeuten „aus den Klippen herauskommen, in
Sicherheit gelangen". Mettlich im Nachtrag zu
No 2902 der ersten Ausg. des Lat.-roman. Wtb.'s
hat Diez' Ableitung mit beachtenswerten Gründen
verteidigt.]

3350) [excävätio, -önem f. (v. excavo), die Aus-
höhlung; ital. escavazione „term. degli idraul.
,scavo', ,spurgo de'fossi e de'canali' e lo scavare",
scavazione „lo scavare", vgl. Canello, AG III 392.]

3351) excävo, -äre, aushöhlen; ital. scavare,
dazu das Sbst. ˈscavo, Ausgrabung.

3352) excēptus, a, um, ausgenommen; altfrz.
essieut (Philipp de Beaumanoir b. Bartsch-Horning
Sp. 589, 19).

3353) excērno, crēvī, crētūm, cērnēre, aussondern; ital. scernere; prov. eissernir, auslesen,
auseinandersetzen; vgl. Z 397 scernere.

3354) [*excärätiüm n. (v. gr. χάραξ), nach Dz
565 das vorauszusetzende Grundwort für altfrz.
escaras, Weinpfahl, nfrz. échalas.]

3355) excīdium n. (excindēre), Zerstörung; lat.
durch Kreuzung mit exilium altfrz. eissil, essil,
Vernichtung, Verderben, dazu das Vb. essillier.

3356) [*excälämīto, -äre (Frequ. von exclamare),
herausschreien; viell. Grundwort zu ital. schiantare,
auf-, zerplatzen, zerspringen, dann transitiv zersprengen, zer-, abreifsen, dazu das Vbsbst. schianto,
Knall, Sprung, Rifs.]

3357) exclämo, -äre, ausrufen; lecc. scamáre,
schiamazzare, vgl. AG IV 140 u. 407, Salvioni,
Post. 9.

3358)[*excälärätĭcüm(v.exclaro)=frz. éclairage,
Er-, Beleuchtung.]

3359) *excälärésco, -escēre, hell werden; prov.
esclarzir; span. esclarecir; span. ptg: esclarecer.
Vgl. Thomas, R XXVI 422 (Th. leugnet den von
Diez angenommenen Zusammenhang der Verba auf
-cir mit denen auf -escēre, ohne jedoch eine bessere
Erklärung zu geben).

3360) *exceläro, -äre (v. clarus), hell machen;
ital. schiarare (daneben schiarire = *exclarescere,
hell werden); frz. éclairer, dazu das Vbsbst. éclair,
éclaircir = *exclarescere; (span. esclarecer, hell
machen, hell werden, ebenso ptg.). — Mit ital.
schiarire scheint der Pflanzenname schiarea, gleichsam *exclarea, Scharlachkraut, in Zusammenhang
zu stehen, bei Dz 398 s. v. ist das Wort unerklärt.

3361) exclaudo, -ēre, aus einem Verschlusse
herauskommen; frz. éclore.

3362) *exclūdo, clūsī, clūsüm, clüdērē, aus-
schliefsen; ital. schiudo si so dēre, aufschliefsen.

3363) [exclūsä, -am f. (Part. P. P. v. excludere);
Aus-, Aufschlufs; frz. écluse, Schleuse; span.
esclusa; ptg. eclusa (aus dem Frz.); (ital. heifst
die Schleuse cateratta, Wasserfall, als Abzugskanal
auch chiavica v. clavis, bezw. von cloaca mit Anbildung an clavis, vgl. Canello, AG III 389). Vgl.
Dz 128 esclusa.]

3164) excöäctĭco, -äre = altfrz. esquachier,
zerquetschen; nfrz. écacher; (span. acachar, aga-
char). Vgl. Dz 260 quatto.

3365) [excöctä, -am f. (Part. P. P. v. excoquere),
das Ausgekochte, = ital. scotta, Molken, vgl. Dz
399 s. v.]

3366) *excöllöco, -äre, wegstellen, -nehmen, aufheben; ital. scorcare, aufheben; rum. scol sculai
sculat scula, aufheben.

3367) [*excöllübrĭco, -äre (von lubricus), ausgleiten; prov. escoloriar, gleiten, kriechen, sich
einschmeicheln; altfrz. escolorgier. Vgl. Bugge,
R IV 354, wo gefragt wird „le sard. iscadriare et
le sic. sciddicari, zillicari, rapportés par Mussafia,
Beitr. p. 107, sont-ils des corruptions de *excollu-
bricare?"]

*excömbino s. excömmino.

3368) gleichsam *excömmino, -äre (v. minare,
bezw. minari), durch Drohungen aus der Fassung
bringen; ital. sgominare, in Unordnung bringen,
daneben in gleicher Bedtg. sgombinare = *excom-
binare, vgl. Canello, AG III 324 Anm. 1; Frequentativ von sgominare ist sgomentare, erschrecken, =
*excomminitare, vgl. Caix, St. 57 u. Riv. di fil. rom.
II 175; Diez 400 leitete sgomentare von *excom-
mentare ab, es würde also eigentlich bedeuten „jem.
aus dem Kommentar, aus dem Zusammenhange,
aus der Fassung bringen", es ist dies aber eine zu
künstliche Erklärung.

3369) [excömmūnĭco, -äre, aus einer Gemein-
schaft ausweisen, bannen; ital. scomunicare etc.,
gel. W.; altfrz. escomengier.]

3370) *excömptĭo, -äre (v. comptus), aus der
Ordnung bringen; ital. sconciare, verwirren, verderben; span. esconzado; ptg. sconso, ungleich,
eckig, stumpf, winkelig, vgl. Meyer, Z X 172; Dz
448 esconso giebt kein Grundwort an; Baist, Z V
561, hatte excuneatus als Grundwort vermutet
(excuneatus v. cuneus, also eigentl. ausgeeckt, behauen, zugeschnitten).]

3371) *ĕxcŏndīco, -ēre, eine Ausrede machen; prov. altfrz. escondire, im Nfrz. ist das Verb infolge volksetymologischer Angleichung mit éconduire = exconducere, jem. herausführen, zusammengefallen, vgl. Fafs, RF III 509 unten. Vgl. Dz 574 escondire.

*ĕxcŏndūco s. ĕxcŏndīco.

3372) [*ĕxcŏnfīcĭo, -ēre, zunichte machen; prov. esconfire (Perf. esconfis, Part. Prät. esconfit). Nach Diez 399 ist das prov. Verbum in das Ital. übernommen worden, hat aber den Inf. des Verbums sconfiggere = *exconfīgĕre erhalten, da es mit diesem Verb auch sonst lautlich zusammenfiel. Diez glaubte dies daraus schliefsen zu müssen, dafs die Bedeutung von sconfiggere „aufs Haupt schlagen, gänzlich schlagen" wohl auf *exconficere, nicht aber zu *exconfigere passe. Man sieht indessen nicht recht ein, warum die Italiener den Provenzalen *exconfire abgeborgt haben sollten; einfacher ist es wohl, anzunehmen, dafs *exconficere Erbwort im Ital. war, seine ursprüngliche Flexion aber nicht bewahrte, sondern dieselbe nach Analogie der Verba auf -ggĕre u. -ggĕre umgestaltete.]

3373) *ĕxcŏnrīmo, -āre (v. rimare, bezw. rimari) = rum. scurm ai at a. durchwühlen, durchsuchen.

3374) [*ĕxcŏnspŭo, -ēre, spucken, wird von Cornu, R IX 130, u. Gröber, ALL VI 386, als Grundwort angesetzt zu rum. scuip ii it i u. -a (daneben stupesc ii it i); cat. prov. altfrz. escopir, escupir; span. ptg. escupir. Vgl. Dz 128 escupir (hält Entstehung durch Umstellung aus exspuere für nicht undenkbar, fügt indessen hinzu: „dem weitverbreiteten Worte scheint eine eigene Wurzel zuzukommen"); Meyer, Z X 173 (setzt *scuppire als Grundwort an, u. dies dürfte das Richtige sein).]

3375) *ĕxcŏrĭātă (scil. scutica), davon ital. scuriado, Peitsche, Geifsel; frz. escourgée, écourgée (norm. courgée); auch span. (u. zugleich bask.) zurriaga, Peitsche, gehört wohl hierher. Dagegen nicht hierher gehört (aber wohin sonst?) frz. escourgeon, Frühgerste, wall. soucrion, soucorion, socouran. Vgl. Dz 289 scuriada u. 501 zurriaga.

3376) *ĕxcŏrno, -āre (v. cornu), enthornen, (einem Stiere, Hirsche etc.) die Hörner wegnehmen; ital. scornare, demütigen, beschimpfen, dazu das Vbsbst. scorno; altfrz. escorner; nfrz. écorner, womit vielleicht écornifler, schmarotzen, zusammenhängt, jedoch ist weder der zweite Bestandteil des Verbums noch die Entstehung seiner Bedeutung recht erklärlich; vielleicht besteht es aus ex + corn(u)a = corne (in der Bedtg. des Deminutivs cornet, Düte) + flare u. bedeutet ursprünglich „aus der Düte schnuppern, den Inhalt einer Düte mit Efswaren beschnuppern, darnach leckern u. dgl." Vgl. Dz 399 scornare u. 566 écornifler.

*ĕxcŏrrĭgo s. cŏrrĭgo.

3377) *ĕxcŏrtĭco, -āre (v. cortex), abrinden, abschälen; ital.scorticare; prov. escorgar; frz. écorcher. (Dagegen ist ital. scorzare; sard. iscorzar; rtr. scorzar; rum. scortofez at a; frz. écorcer; ptg. escorchar = *exscorteare von scortea = ital. scorza, Rinde; sard. iscorza; rum. scoarfa; rtr. scorza; prov. escorsa; frz. écorce; cat. escorsa; span. escorzuelo; vielleicht gehört hierher auch span. escuerzo, escorzon, Kröte, wenn man annehmen darf, dafs die Tier nach seiner rauhen u. narbigen, also in dieser Beziehung rindenähnlichen Haut benannt worden sei.) Vgl. Dz 288 sorza, 109 corteccia, 449 escuerzo; Gröber, ALL I 279.

3378) [*ĕxcrāco, -āre (ex + westgerm. rákón, Stamm hrak), ausspeien, ist, wie es scheint, die lateinisch ausgedrückte Grundform für rtr. scracchiar; prov. escracar, dazu das Vbsbst. crai (neben escracar auch racar; altfrz. rachier; neufrz. cracher). Das anlautende germ. h ist also teils zu c verstärkt worden, teils abgefallen. Vgl. Dz 663 racher; Mackel p. 47.]

3379) [ĕxcrēmentum n., Ausscheidung, Auswurf; dav. nach Cornu, Ptg. Gramm. § 247 in Gröber's Grundrifs, span. ptg. escarm(i)ento, vgl. dagegen C. Michaelis, Frg. Et. p. 28, wo experimentum als Grundwort aufgestellt wird, u. Baist, Z V 246, wo das span. ptg. Wort von *excarpimentum abgeleitet wird.]

[*ĕxcrēnĭco s. crēnă.]

3380) *ĕxcrĕpŭlo, -āre (Demin. zu crepare), platzen, ital. screpolare, bersten, zerspringen, dazu das Vbsbst. screpolo, Rifs, Sprung, Spalt. Vgl. Dz 112 crepare.

3381) *ĕxcŭbĭto, -āre (von cubitum), ausecken, (wie einen Ellenbogen) rechtwinklig machen, = span. ptg. escodar, Steine behauen, dazu das Sbst. escoda, ein Hammer zum Steinbehauen. Vgl. Dz 448 escodar.

ĕxcŭnĕātŭs s. ĕxcōmptĭo.

3382) *ĕxcūro, -āre (v. cura), etw. von Grund aus besorgen, gründlich reinigen, fegen, scheuern; ital. sc-, agurare (das übliche Wort für „scheuern" ist aber strofinare, ein Verbum, dessen Ursprung wohl im griechischen στρέφειν [wovon στροφή, στρόφος = lat. stroppus], drehen, zu suchen ist, denn zu strofinare gehört das Sbst. strofinaccio, Scheuerlappen, eigentl. wohl ein ausdrehbares und auszuringendes Tuch, wie ja auch das gleichbedeutende frz. torchon wahrscheinlich von torquere, drehen, abzuleiten ist, strofinare würde also eigentl. „ausringen" bedeuten; eine andere Ableitung giebt Caix, St. 607: strofinare, strufonare.v. struffo = dtsch. strupf); frz. écurer (das übliche Wort für das Scheuern der Fufsböden ist laver); prov. cat. span. escurar, reinigen (die Verba für „scheuern" sind fregar = fricare, limpiar, lavar, aufserdem das arab. aljofifar, wozu aljofifa, Scheuerlappen) ; (ptg. wird „scheuern" durch esfregar, limpiar, polir, lavar ausgedrückt). Vgl. Flechia, AG III 187; Gröber, ALL VI 387.

3383) ĕxcŭrro, cŭrrī, cŭrsŭm, cŭrrĕrĕ, herauslaufen; ital. scorrere; rum. scurg scursei scurz scurge, laufen, fliefsen lassen, tröpfeln; prov. escorrer; span. escurrir, escorrer, tröpfeln, gleiten u. dgl. (über altspan. escurrir vgl. Coruu, R X 78, und s. oben corrigo); ptg. escorrer. Wegen der Flexion s. oben.

3384) *ĕxcŭrtĭo, -āre (v. curtus), kürzen; ital. scorciare und accorciare, dazu das Sbst. scorcio, Kürzung; prov. accorsar; altfrz. escorcier, accourcier, dazu das Sbst. escors, escuers, Schoofs des Kleides; span. escorzar, dazu das Sbst. escorzo, Kürzung; ptg. escorçar, dazu das Sbst. escorço. Vgl. Dz 287 scorciare; Gröber, ALL II 280.

3385) ĕxcŭso, -āre, entschuldigen; ital. scusare, u. in entsprechender Form als gel. W. auch in den übrigen Spr.

3386) 1. ĕxcŭtĭo, cŭssī, cŭssŭm, cŭtĕrĕ, herausabschütteln, erschüttern, losmachen; ital. scuoto scossi scossi scuotere (viell. = exquātere), vgl. Meyer-L., Ital. Gr. S. 41 A. 1); dazu das Shet. scosso, Erschütterung; sard. scudiri, battere, vgl. Salvioni, Post. 9; rum. scot scosei scos scoate, wegnehmen; prov. escodre, dazu das Sbst. escossa; altfrz.

escorre, escourre, dazu das Sbst. *escousse*. Vgl. Dz 289 *scoutere*. (Vielleicht hängt mit *excutio* auch zusammen prov. *escoissendre*, herausreifsen.)

3387) 2. [*ĕxcŭtĭo, -āre** (von *cutis*), aushäuten, aushülsen, ist vielleicht das Grundwort zu frz. *écosser*, aushülsen (von Erbsen, Bohnen u. dgl.), dazu das Sbst. *écosse, cosse*, Hülse. An Zusammenhang mit dem deutschen „Schote" (erst im Mhd. nachweisbar, altnord. *skauðir*) ist nicht zu denken. Die von Stürzinger, ALL VII 451, in Vorschlag gebrachte Ableitung des Verbs *écosser v. cossis*, bezw. *cossus* (s. d.) ist begrifflich unannehmbar, u. wenn St. behauptet, dafs *excūtiare* ein *équiser* hätte ergeben müssen, so ist das ein offenbarer Irrtum. Vgl. Dz 554 *cosse*.]

3388) *ĕxcŭtŭlo, -āre** (Demin. zu *excutere*) = rum. *scutir ai at a*, erschüttern, schütteln, ausstäuben u. dgl. Vgl. Mussafia, Beitr. 109 Anm.

3389) *ĕxdēmĭco, -āre** (v. *mica*), zerkrümeln, = rum. *sdrumic ai at a* (für *sdumic, sdimic*), abbröckeln, zerstückeln (daneben *smicur ai at a* = *exmiculare*); span. *desmigar, desmigajar*.

3390) *ĕxdĕnto, -āre** (von *dens*), entzahnen, = ital. *sdentare*; frz. *édenter* etc.

3391) [*ĕxdĕrĕvĭgĭlo, -āre** (von *vigilia*), aufwecken, = rtr. *schdrualgiar*, vergl. Stürzinger, R X 257.]

3392) *ĕx + ahd. drozza**, Kehle, = ital. *strozza*, Kehle, davon das Vb. *strozzare*, erwürgen. Vgl. Kluge unter „2. Drossel".

3393) *ĕxēlĭgo, *lēxĭ, lēctŭm, lĭgĕre**, auswählen, = ital. *scelgo, scelsi, scelto, scegliere* (daneben *eleggere = *elegĕre* f. *eligĕre*, das auch in den übrigen Spr. vorhanden ist). Vgl. Dz 397 *scegliere*; Ascoli, AG III 445 Anm.

3394) *ĕxēlĭngŭo, -āre**, entzungen, = ital. *scilinguare* (zungenlos sein, zuugenlos sprechen), stammeln, stottern, vgl. Dz 398 *s. v.*

3395) [ĕxēmplar *n.*, Abschrift, Muster; altfrz. *essemplaire, essampleire* (z. B. Erec 419), auch sonst nur gel. W.] Vgl. Berger p. 131 Anm.

3396) ĕxēmplŭm *n.*, Beispiel; ital. *esempio* (altit. auch *assemplo, assempio, assempro, esempro, essempio*) u. *scempio* „punizione esemplare, strage", vgl. Canello, AG III 365; prov. *eissemple-s*; altfrz. *e(i)ssample*; nfrz. *exemple*; span. *ejemplo, enjemplo*, vgl. Ascoli, AG III 448 Anm.; ptg. *exemplo*. Vgl. Dz 397 *scempio*.

3397) [*ĕxēmptĭo, -āre** (v. *exemptus*), der Wirksamkeit entheben, aufser Thätigkeit setzen, befriedigen, Genüge thun; soll nach Tobler's Vermutung, Gött. gel. Anz. 1877, St. 51, p. 1622, das Grundwort zu altfrz. *essanc(h)ier* sein, zu welchem das einfache *sanc(h)ier*, hemmen, stillen, sättigen, sich verhalte wie *saier* zu *sauare*. Scheler (s. Anhang zu Dz 747) hat *sanchier* anfangs = *stancare*, später = *stantiare*, zum Stehen bringen, angesetzt, beide Grundworte sind aber lautlich unannehmbar; das von Tobler aufgestellte befriedigt lautlich, macht aber Schwierigkeiten hinsichtlich der Bedeutung, es ist deshalb dem von G. Paris aufgestellten *sanitiare*, *exsanitiare* v. *sanus* der Vorzug zuzuerkennen, vgl. R VIII 265.]

3398) [*ĕxēnto, -āre** (v. *ens* für *sens*, Part. Präs. v. *esse*), entseien, d. h. töten; davon (?) nach Caix, St. 537, ital. *scientare* „distruggere".]

3399) ĕxĕo, ĭī, ĭtŭm, -ĭre, herausgeben; ital. *escire* (in den flexionsbetonten Formen *esercire*, wohl in Anlehnung an *uscio* = *ostium*, vergl. Dz 127 *escire*), vgl. Ascoli, AG III 447; dazu das Kompos.

riuscire, gut ausgehen, glücken; rum. *ies ieşii ieşit ieşi*; prov. altfrz. *eissir, issir, uissir* (nfrz. ist nur das Part. Prät. *issu = *exūtus* f. *exitus* noch üblich, dagegen ist das Kompos. *réussir* voll lebendig, vermutlich ist dasselbe Lehnwort aus dem Ital. oder doch erst durch ital. Einflufs wirklich eingebürgert worden); das Part. *reussie*, bezw. *reissie* liegt viell. vor in altfrz. *rissue, ressie, recie* „der Wiederauszug zur Arbeit nach dem Mittagessen", daher einerseits „Nachmittag", andrerseits „Mahlzeit" (Horning, Z XXI 459, scheint anzunehmen, dafs *ressie* irgendwie aus *re-sortie* gekürzt sei); cat. altspan. *exir*. In seinem Anwendungskreise ist *exire* durch *sortire* wesentlich eingeschränkt worden.

3400) [ĕxĕrcĭtŭs, -um *m.*, Heer; ital. *esercito*; span. *ejército*; ptg. *exercito*. Vgl. Dz 229 *oste*; s. auch unten **hostis**.]

3401) [*ĕxfăcĭo, -āre** (v. *facies*), aus dem Antlitze entfernen; ital. nur das Part. *sfacciato* mit der Bedtg. „unverschämt, frech", welche Bedtg. aus der ursprünglichen nur schwer sich erklärt; prov. *esfassar*; frz. *effacer*.]

3402) *ĕxfāscĭo, -āre** (von *fascis*), aus einem Bündel herausnehmen, ein Bündel lösen; ital. *sfasciare, herauswickeln*; rum.*sfăşiez ai at a*, ziehen, zerren, zerreifsen, (daneben *desfăs ai at a*, auch ital. *disfasciare*, aus den Windeln wickeln).

3403) *ĕxfībŭlo, -āre** (fibula), eine Spange öffnen, losnestelu; ital. *sbbiare*.

3404) *ĕxfŏlĭo, -āre** (folium), abblatten; ital. *sfogliare*.

3405) ĕxfrĭco, -āre, reiben; ital. *sfregare*; (altfrz. *froyer*; nfrz. *frayer*;) span. *refregar*; ptg. *esfregar*. Vgl. Dz 147 *fregare* (Diez hält span. *estregar*, streichen, für entstellt aus *esfregar*; Baist, Z V 562, hat die Haltlosigkeit dieser Annahme nachgewiesen u. darauf aufmerksam gemacht, dafs das Verbum wohl mit *strigilis* zusammenhänge). [*ĕxfrīdo s. ĕffrīdo.]

3406) *ĕxfrūct[u]o, -āre** (fructus), entfruchten; prov. *esfruguar*, altfrz. *effruitier*, neu frz. *effriter* (den Ackerboden) aussaugen.

3407) [*ĕx-fŭndŭlo, -āre** (v. fundus), aus dem Boden herausreifsen; ital. *sfondolare*; prov. *esfondrar*; frz. *effondrer*, einschlagen, zertrümmern, untergraben.]

3408) ĕx + altnord. glitra, zurückstrahlen, glänzen, oder + ahd. glizzan, glitzern; davon nach Dz 574 altfrz. *esclistre*, Blitz.

3409) ĕxhālo, -āre, aushauchen; ital. *scialare* „fare vita splendida, sfoggiare, in origine buttarsi fuori", *esalare, asolare* „alitare, pigliare il fresco", vgl. Canello, AG III 365; für zusammengesetzt aus *scialare + liquare* erklärt Caix, St. 54, *scialequare, scialacquare*, verschwenden, verprassen, und man darf ihm beistimmen, jedoch mit dem Vorbehalte, dafs bei *scialacquare* volksetymologische Anbildung an *aqua* stattgefunden habe, dafs das Verb also eigentl. bedeute „(Geld) zu Wasser machen"; für entstanden aus *exhalitus* „respiro" hält Caix, St. 536, *scianto* „riposo, sollievo", und von *asolare* = *exhalare* leitet er, St. 576, ab *sollacca* „respirazione affannosa"; span. *exhalar*. Vgl. Dz 398 *scialare*.

3410) ĕxhĕrbo, -āre (herba), vom Grase befreien, Gras, Unkraut ausjäten; sicil. *scirvari*; sillan. *šerbar*; piem. *serbié*, vgl. Salvioni, Post. 9.

3411) ĕxhĭbĕo, -ēre, darbieten, = ital. *esibire*; davon die Partizipialsbst. *esibita* „presentazione

23

d'un atto qualunque dinanzi all' autorità", vgl. Canello, AG III 390.]

3412) *ĕxhĭbĕrno, -āre, überwintern, = ital. svernare, auch sciovernarsi „essere in isciopero", davon das Shst. scioverno „riposo, sciopero (si dice principalmente delle navi che stanno in porto per isvernare o per altro"), vgl. Caix, St. 543, Salvioni, Post. 9.

ĕxīlīo, -āre s. ĕxīlīum.

3413) ĕxīlīum n., Verbannung, Verbannungsort; prov. eissil-s; altfrz. eissil, essil (halbgol. W.?, vgl. aber Berger p. 155 Anm.), Vertreibung, Treiben in Unglück, Verderben, Zerstörung, Verödung, dazu das Vb. eiss-, essillier, essiler, Die sonstigen Entsprechungen von exilium im Romanischen sind ebenfalls halbgelehrte oder gelehrte Worte.

3414) *ĕxĭtūră, -am f. (v. exire), Ausgang, = ital. uscitura; rum. iesitoare, Abtritt, Latrine.

3415) [ĕxītŭs, -um m. u. *exīta, -am f. (von exire), Ausgang, = ital. cscita, uscita und ĕsito (gel. W.), Warenabsatz, vgl. Dz 369 s. v.; rum. iesit; prov. issit-z, issida; (frz. issue); cat. exit; altspan. éxito.]

3416) ĕx + ahd. klackjan, zerbrechen, = ital. schiacciare, quetschen, knacken, davon das Sbst. schiaccia, Falle.

3417) ĕx + altndd. krûma, Krume; davon prov. esgrumar, zerbröckeln; altfrz. esgrumer, esgruner; cat. esgrumar. Vgl. Dz 575 esgrumer; Mackel p. 19.

3418) ĕx + altnfränk. lĕdĭg-o, -āre, ledig, frei, los machen, bezahlen, = altfrz. eslegier, esligier, elligier, bezahlen. Vgl. G. Paris, R XII 382; Dz 626 lige; Tobler, Jahrb. VIII 342 (stellt exlitigare als Grundwort auf); Förster im Gloss. z. Aïol und Mirabel s. v. (exlitigare); Mackel p. 82.

*ĕxlĕgo s. ĕīgo u. ĕxĕlīgo.

(*ĕx-lītīgo s. lĕdĭg.]

3419) ĕx + germ. Stamm lokk- (wovon locker) oder lukk- (wovon ahd. *lukki, mhd. lücke), davon altfrz. eslochier, losmachen. Vgl. Dz 627 locher; Mackel p. 25.

3420) ĕx + germ. magan (= engl. may, dtsch. mag), kraftlos, mutlos, ohnmächtig werden, kraftlos etc. machen; ital. smagare (nur in der alten Sprache); prov. esmaiar; altfrz. esmaiier, esmoyer; (altspan. desmayar); altptg. esmaiar. Dazu das Vbsbst. ital. smago; prov. csmai; altfrz. esmai, esmoi; (span. desmayo). Vgl. Dz 296 smagare; Mackel p. 45.

3421) [ĕx + *manavītus (vom got. manvjan, bereit machen, wovon altfrz. manevir) = altfrz. esmanevi, bereit, eifrig (aber auch: entfremdet, letzterer Bedtg. wohl nur durch begriffl. Anlehnung an ex + manus zu erklären, „aus der Hand gekommen"). Vgl. Scheler im Anhang zu Dz 802 manevir; Mackel p. 70.]

3422) ĕxmĕndo, -āre (menda), verbessern; (ital. emendare); prov. esmendar; (frz. amender); cat. esmenar; span. enmendar; (ptg. emendar). Vgl. Gröber, ALL III 529. S. auch oben ĕmĕndo.

3423) *ĕxmĕro, -āre (von merus), rein machen; ital. smerare, putzen, polieren; prov. esmerar; altfrz. esmerer; span. ptg. esmerar. Vgl. Dz 296 smerare.

*ĕxmĕŭlo s. ĕxdŏmīco.

3424) [*ĕxmŏrphĭă, -am f. (v. griech. μορφή), Entstellung, = ital. smorfia, Verzerrung des Gesiebtes, Grimasse. Vgl. Dz 386 morfire (die dort

aufgestellte Ableitung vom mndl. morfen, ahd. murpfen, abfressen, kann nicht befriedigen).]

3425) *ĕxmülgĕo, mülsĭ, mülctum (od. mulctum? Marx giebt mulsum an, Wagener, Hauptschwierigkeiten der lat. Formenlehre, dagegen nur mulctum), ausmelken; rum. smulg smulsei smuls smulge, reifsen, ziehen, rupfen.

3426) ĕxmŭndo, -āre (v. mundus), reinigen; prov. esmondar; frz. émonder; span. enmondar „tôrre i groppi ai panni", vgl. Ascoli, AG III 448 Anm.

3427) *ĕxmüngo, -ĕre, schneuzen; ital. smugno smunsi smunto smugnere, austrocknen, ausmergeln.

3428) *ĕxŏpĕro, -āre (v. opus), sich der Arbeit enthalten, = ital. scioperare, dazu die Sbsttve sciópero, Feier, Arbeitastillstand, scioperato, unbeschäftigt, müfsig, scioperone, Müfsiggänger. Vgl. Dz 399 scioperare.

3429) [*ĕxŏrtĭo, -īre (v. exortus, Part. P. von exoriri), hervorgehen, soll nach Rönsch, Jahrb. XIV 175, das Grundwort zu ital. sortire, prov. sortir, frz. sortir, cat. span. surtir, ptg. surdir sein — eine Ableitung, welche nicht erst der Widerlegung bedarf. Andere Ableitungen des Verbums sind: 1. von *surrectire (v. surrectus v. surgere), vgl. Dz 300 sortire. Der Bedeutung nach würde das wohl passen, zumal da das Verb in den pyrenäischen Sprachen insbesondere „hervorquellen" bezeichnet, aber von einem Partizip konnte ein Verb nach der I-Konj. nicht abgeleitet werden; 2. = surdre (= surgĕre), indem darnach eine Scheideform auf -ir (also *surdir, *sordir u. dann mit Übergang des d : t sortir) gebildet worden sei, vgl. Littré s. v.; das aber ist lautlich geradezu undenkbar; 3. von *sevortire = *sevortĕre, vgl. Böhmer, Jahrb. X 200; das ist lautlich unmöglich, auch begrifflich nicht ansprechend; 4. von sortus, der alt- und volkslatein. Nebenform von surrectus (vgl. Festus 297 ed. Müller), vgl. Storm, R V 183, der mit Recht auch auf insorto = insurgé hinweist. Storm's scharfsinnige Ableitung würde sehr annehmbar sein, wenn man nur glauben könnte, dafs ein Vb. auf -ire aus einem Part. sich entwickelt habe. So mufs die Frage nach dem Ursprunge von sortire als eine noch offene gelten. Leider verbieten Rücksichten auf Laut und Begriff lt. sŏrtīre f. sŏrtīri (v. sŏrs) als Grundwort anzusetzen. Vgl. Scheler im Anhang zu Dz 747.]

ĕxŏtīcŭs s. īdīōtīcus.

3430) *ĕxpălĕo, -āre (v. palea), Stroh wegnehmen; ital. spagliare, spallare; sparg[ĕre] + [s]pagliare = sparpagliare, verstreuen; prov. esparpalhar; altfrz. esparpeillier; frz. éparpiller; (span. desparpajar); ptg. ist nur das einfache espalhar, zerstreuen, vorhanden. Vgl. Caix, St. 58; Dz 286 parpaglione leitete ital. sparpagliare etc. von parpaglione etc. = lat. papilionem ab und nahm als Grundbedtg. „auseinanderflattern machen" an.

3431) [*ĕxpăndĭco, -āre (v. expandĕre), ausbreiten; frz. épancher, ausschütten, vgl. Dz 572 s. v.; Gröber, ALL IV 427.]

3432) *ĕxpăndĭo, -īre (für expandĕre), ausbreiten; (ital. venez.) spanare „sbocciare", vgl. Marchesini, Studj di fil. rom. II 9; (frz. épanouir, entfalten, eine unregelmäfsige Bildung, wie auch schon im altfrz. espanir der Schwund des d nach n höchst befremdlich ist, vermutlich ist espanir aus esvanir, épanouir an évanouir angebildet, évanouir aber beruht auf dem Pf. evanui; die Beeinflussung das einen Verbs durch das andere mochte durch begrifflichen Gegensatz, gleichsam „entfalten = aufblühen" und „schwinden = abblühen, welken", veranlafst werden); span. espandir; ptg. ist das Vb. nicht mehr vorhanden, vgl. jedoch das Sbet. espandidura. Ganz abnorm ist die prov., bezw. poitev. Bildung espanauzir. Vgl. Dz 572 épanouir.

3433) **ĕxpando, -ĕre**, ausbreiten; ital. spandere; rtr. sponder, vgl. Meyer·L., Z f. ö. G. 1891 p. 769.

3434) [gleichs. ***ĕxpānnăcŭlum** n. (pannus); dav. nach C. Michaelis, Frg. Et. p. 30, ptg. espennacho (gebildet nach pennacho = *pennaculum), espiallo, am Spinnrocken sitzender Flachs.]

3435) [***ĕxpānno, -āre** (pannus); dav. nach C. Michaelis, Frg. Et. p. 30, ptg. (espĕar, espear) espiar, abspinnen.]

3436) [***ĕxpāntĭco, -āre** (v. pantex), ausbauchen, den Bauch öffnen; rum. spintec ai at a, den Bauch aufschneiden, spalten, vgl. span. despancijar und despanzurrar mit derselben Bedtg.]

3437) [***ĕxpānto, -āre** (v. *expantus für expassus = ital. spanto, ausgebreitet, grofsartig, prächtig) = ital. spantare „meravigliarsi estremamente", vgl. Caix, St. 584.]

3438) [***ĕxpāsso, -āre** (v. passus, Part. Prät. v. pandere), ausbreiten; davon ital. spassarsi, gleichsam sich ausbreiten, sich es behaglich machen, sich belustigen, dazu das Vbsbst. spasso, Belustigung, Spafs. Vgl. Dz 402 spassarsi.]

3439) ***ĕxpāvĕnto, -āre** (Partizipialverb zu expavēre), erschrecken; ital. spaventare, spantare; rum. spăimint ai at a; rtr. spuventar; prov. espaventar, espavantar; altfrz. espaventer, cspauenter, espoenter, espoventer; neufrz. épouvanter, davon das Sbst. épouvantail, Schreckerscheinung, Vogelscheuche; cat. span. ptg. espantar. Vgl. Dz 302 spaventare.

3440) [**ĕxpăveo, -ēre**; über Reflexe dieses Verbs in oberital. Mundarten vgl. Salvioni, Post. 9.]

3441) **ĕxpăvĭdŭs, a, um**, erschreckend; davon venez. spavio, pauroso, lomb. spavi, ombroso, vgl. Salvioni, Post. 9; friaul. spavid, u. auch viell. frz. épave (scheu geworden), verlaufen, herrenlos, auch Sbst. herrenlos gewordene Sache, vgl. Dz 572 s. v.

3442) ***ĕxpăvĭto, -āre** (Frequ. zu expavere), erschrecken; venez. spaviar, vgl. Salvioni, Post. 9; prov. espautar, dazu das Sbst. espaut-z; frz. (pic.) épauter, vgl. Dz 575 espautar. Vgl. auch Caix, St. 53 (sbigottire etc.).

3443) [***ĕxpăv[ŏ]ro, -āre** u. -ĭo, -īre (v. pavor), erschrecken; ital. spaurare und spaurire; rum. spariu ai at a; prov. espaorir, espavordir, espaordir; cat. espavordir; span. ptg. espavorir, daneben espavorecer.

3444) **ĕxpĕcto, -āre**, erwarten; ital. aspettare, dazu das Sbst. aspetto; rum. aşteptă; friaul. astittă. Vgl. Meyer-L., Z. f. ö. G. 1891 p. 769.

3445) **ĕxpĕdĭo, -īre**, losmachen; ital. espedire „mandare, spacciare, sciogliere", spedire „mandare, spacciare", vgl. Canello, AG III 392; sonst ist das Verb nur als gel. W. vorhanden. Nach Parodi, R XVII 65, geht auf expedire zurück auch galliz. espilir „carmenar lana, aligerar etc."

3446) [***ĕxpĕdŭcŭlo, -āre** (v. pediculus), ablausen; ital. spidocchiare; frz. épouiller; span. despiojar. Vgl. Dz 246 pidocchio.

3447) ***ĕxpĕllo, -āre** (pellis), abhäuten; ital. spellare, abhäuten; rum. spala(re), waschen, vgl. Densusianu, R XXVI 100 (früher erklärte man spela aus *experlavare).

3448) **ĕxpĕndo, pĕndĭ, pĕnsŭm, pĕndĕre**, aus-

wägen, auszahlen; ital. spendo, spesi, speso, spendere, ausgeben, dazu das Sbst. spesa, Aufwaud, Kosten, daneben mit gleicher Bedtg. spendio und dispendio; span. ptg. expender, Geld ausgeben, aber auch erwägen, erklären. Vgl. Dz 402 spendere.

3449) ***ĕxpĕndŭlo, *ĕxpĕnsŭlo, -āre** (von pendulus), hängen, schweben; ital. spenzolare (daneben das Simplex penzolare) u. sbonzolare „esser cascante, rovinare", vgl. Canello, AG III 334; rum. spänzur ai at a; (prov. pendeillar, pendegueillar = *pendiculare; frz. pendiller); ptg. pendurar.

3450) ***ĕxpĕnso, -āre** = altfrz. *espenser, dav. das Sbst. espens, Gedanke, Sorge, Kummer, vgl. Förster zu Yvain 1581.

3451) [**ĕx + pĕr** angeblich = rum. spre, nach . . . hin, auf, nach; die richtige Ableitung ist aber von super, vgl. Meyer-L., Z XXII 492.]

3452) ***ĕxpĕrgĭto, -āre** (Frequ. zu expergere), wecken; prov. altspan. ptg. espertar, vgl. Dz 449 s. v.

ĕxpĕrīmentum s. ***ĕxcārpīmentum** u. **ĕxcrēmentum.**

3453) ***ĕxpĕrrīgo, -ĕre** (für expergĕre), wecken; prov. altfrz. esperir (prov. auch resperir), wecken, vgl. Dz 575 s. v.

ĕxpēto s. ***dēĕxpĕtĭo.**

3454) [gleichs. ***ĕxpĭgrĭtĭo, -āre** (piger) soll nach Horning, Z XIX 235 Anm. 2, Grundform sein zu lyon. s'aprĕzi, s'étendre paresseusement.]

3455) [***ĕxpĭlŭceo, -āre** (von pilare), Haare ausrupfen, = frz. éplucher, zupfen, pflücken, gäten, vgl. Dz 247 piluccare.

3456) ***ĕxpĭngo, pīnxĭ, pīctŭm, pīngĕre**, ausmalen (eigentl. aber wohl austechen, d. h. etwas Vorhandenes tilgen, auslöschen); ital. spegnere spento spegnere, auslöschen. Auf ein anderes *expingo (pingo = pango, vgl. impingere, hineinstofsen) scheint zurückzugehen ital. spingo und spigno, spinsi spinto spignere u. spingere, fortstofsen, schieben. Vgl. Dz 402 spegnere u. spignere,

3457) [**ĕxpīro, ĕxspīro, -āre**, ausatmen; frz. expirer, vgl. Leser unter espirer.]

3458) ***ĕxplănco, -āre** (v. planca), Bretter aufmachen, eine Thür öffnen; ital. spalancare, aufsperren; span. espalancar, (die Arme) ausbreiten. Vgl. Dz 401 spalancare.

3459) ***ĕxplăno, -āre** (planus), ausebnen, eben ausbreiten; ital. spianare. — explanata scil. via = ital. spianata, span. explanada, davon frz. esplanade.

3460) **ĕxplĭcātĭo, -ōnem** f. (explicare), Erklärung; ital. spiegazione u. gel. Wort; frz. explication etc.

3461) ***ĕxplĭcĭto, -āre** (v. plicare), auseinanderfalten; ptg. espreitar, sich etwas klar machen, erausspähen, auflauern, vgl. Dz 579 exploit.

3462) ***ĕxplĭcĭtum** (Part. P. P. v. explicare), das Auseinandergefaltete, das Klargewordene, das Ergebnis, der Gewinst, Vorteil; prov. espleit-z (auch Fem. esplecha), Vorteil, dazu das Vb. espleitar, benutzen, bearbeiten, ausführen; frz. exploit, Ausnutzung, Vollführung, That, Betrieb, dazu das Vb. exploiter. Vgl. Dz 579 exploit.

3463) **ĕxplĭco, -āre**, erklären; ital. spiegare; sonst nur gel. Wort; frz. expliquer etc.

3464) ***ĕxpoenītĕo, -ĕre**, büfsen; altfrz. espeneir, espanoir, espenir, espanir; vgl. Tobler, Jahrb. VIII 345; Dz 654 pan.

ĕxpōnēns s. **ĕxpōno.**

3465) **ĕxpōno, pŏsŭī, pŏsītŭm, pōnĕre,** heraus-
setzen; ital. esporre, sporre, vgl. Canello, AG III
393; rum. spun spusei spus spune; prov. csponer,
espondre; (frz. exposer); span. exponer, csponer;
ptg. expor. Das Verb ist halbgelehrten Charakters
u. wird vorwiegend nur in dor Bedtg. „auseinander-
setzeu, erklären" gebraucht. Wegen der Flexion s.
pōno. — Das Part. Präs. exponens setzt Cornu, R
XI 88, als Grundwort zu altptg. espoens, wegen,
an, was nicht recht befriedigt, vgl. Baist, Z VII
634.

3466) **ĕxpŏrrĭgo, rēxī, rēctŭm, rĭgĕre,** hervor-
strecken; ital. sporgere, hervorragen, davon das
Partizipialsbst. sporto, Vorsprung; rtr. Part. Prät.
spuert, vgl. Gartner § 148; span. espurrir, die
Beine auseinanderspreizen. Vgl. Dz 402 sporto u.
449 espurrir; Gröber, ALL V 235, bezweifelt nicht
ohne Grund die Diez'sche Ableitung, ohne doch eine
andere zu geben.—Vgl. *expor[c]tum f. exporrectum
(vgl. erto aus er[c]tum f. erectum) ital. sporto,
Vorbau, Erker, davon das Demin. sportello, Thürchen.

3467) **ĕx + altnfr. prĭkkön,** stechen, = altfrz.
esprequer, stechen, vgl. Dz 575 s. v., Mackel p. 98.

3468) **ĕxprĭmo, prēssī, prēssum, prīmere,** ausdrücken; ital. spremo und spriemo, spressi und
spremei, spresso und spremuto (aufserdem als gel.
Wort espresso „uomo mandato a posta per portare
qualche cosa", vgl. Canello, AG III 393), spremere
u. spriemere; rum. screm ui ut e; frz. épreindre,
auspressen, (gel. W. exprimer, ausdrücken in übertragener Bedeutung); sonst nur als gel. Wort vorhanden.

3469) ****ĕxpŭlĭco** u. **ĕxpŭlĭcĭo, -ăre** (v. pulex),
ausflöhen, = ital. spulciare; rum. das Simplex
puric ai at a; prov. espulgar; frz. épucer; cat.
espussar; span. ptg. espulgar (im Span. bedeutet
das Vb. „ablausen"). Vgl. Dz 258 pulce.

3470) ****ĕxpŭlvĕro, -ăre** (v. pulvis), ausstäuben,
Staub auffliegen lassen; ital. spolverare (daneben
spolverezzare); rum. spulber ai at a; (prov. enpolverar); span. espolvorear, espolvorizar, (empolvar, empolvorar); ptg. empoar, empolvoriçar.

3471) ****ĕxpŭneto, -ăre,** entspitzen, mit der Spitze
herauskommen; ital. spuntare, die Spitze abbrecheu,
mit der Spitze hervorkommen, davon das Sbst.
spuntone, spontone, eine Art Pike; frz. sponton;
span. esponton, vgl. Ascoli, AG III 346 unter dem
Texte; Dz 304 spuntone.

3472) **ĕxpŭrgo, -ăre,** reinigen; ital. espurgare
„nettare, e si dice specialmente di libri dai quali
si escludono errori e sconcezze", spurgare „che
propriamente vale liberarsi dal catarro o da altra
materia incomoda che aderisca alle fauci", vgl.
Canello, AG III 393.

3473) **ĕxquădro, -ăre** (v. quadrum), viereckig
machen; ital. squadrare, davon die Substantiva
squadra, Winkelmafs, eine quadratförmig aufgestellte
Anzahl Menschen oder Schiffe, Geschwader, squa-
drone (eine im Quadrat aufgestellte) Heeresabteilung;
frz. (équarrer, davon das Verbalsbst.) équarré,
Viereck, équerre, Winkelmafs, aufserdem die Lehnworte escadre (escouade), escadron; span. nur das
Sbst. esquadra.

3474) [gleichs. ****ĕxquaerĭo, -ĭre** (quaerĕre); dav.
nach Guarnerio, R XX 64, sard. (log.) ischeriare
scegliere, separare, dazu das Adj. ischeriu.]

3475) ****ĕxquărtĭo, -ăre** (v. quartus), vierteln,
vierteilen, zerreifsen; ital. squarciare, davon sgargiante (für squarciante) „bellimbusto, spaccone",

---

vgl. Caix, St. 561; (frz. écarteler, gleichsam *exquartellare). Vgl. Dz 403 squarciare; Gröber, ALL
II 280 u. VI 387 (exquartiare = cscarzar). S. **ex-
cerptio.**

3476) ****ĕxquărto, -ăre** (von quartus), vierteln,
vierteilen, auch ausvierteln, d. h. aus einem Viertel,
einer Abteilung ausscheiden, entfernen; ital. squartare, vierteln, (scartare ist mindestens in seiner auf
das Kartenspiel bezüglichen Bedtg. = *exchartare,
in der Bedtg. „ausmerzen" dagegen kann es Scheideform zu squartare sein); frz. écarter, entfernen,
dazu das Vbsbst. écart (Diez 284 scartare leitet
écarter ebenfalls von *exchartare ab, dagegen aber
spricht, dafs das Verbum im Altfrz. bereits vor dem
Aufkommen des Kartenspiels sich gebildet findet,
vgl. Littré im Suppl. s. v.; Th., p. 78, meint, dafs
man die roman.Verbum nicht von dem kelt. scar-,
scart- „trennen, sondern" losreifsen könne; da indessen die Ableitung von *exquartare wohl allen
Anforderungen genügt, so liegt kein Grund vor, ein
nichtlat. Grundwort aufzustellen).

3477) **ĕxquīntĭo, -ăre** (v. quintus), verfünfen,
d. h. zerreifsen; prov. cat. esquinsar (prov. auch
esquissar u. esquintar), zerschneiden (Lumpen und
dgl.); span. esquinzar. Vgl. Dz 449 esquinzar;
Gröber, ALL II 280; Vogel, p. 69 Anm., setzt *exscissare (v. scissus) als Grundwort an; ähnlich auch
Baist, Z V 558.

3478) ****ĕxquīrīto, -ăre,** laut schreien; ital.
sgridare, dazu das Sbst. sgrido; rum. strig ai at a
(nach Ch. durch Umstellung von *excritare : *ex-
tricare entstanden); frz. écrier. Vgl. Dz 173 gridare.

****ĕxreno s. dīsrēno.**

3479) ****ĕxsăpĭdŭs, a, um** = ital. sciapido,
scipido, geschmacklos; ptg. enxabido. Vgl. Baist,
Z V 551 Anm. — Wahrscheinlich ist auch ital.
sciatto, dumm, = exsapidus (u. nicht = exaptus)
anzusetzen, vgl. ratto = rapidus, s. Pascal, Studj
di fil. rom. VII 95.

3480) ****ĕxsarītŭm** n. (f. sarītum, Part. P. P. v.
sarire, die Erde behacken, gäten) = prov. eissart-z,
das Gereute, die Rodung; altfrz. eissart; nfrz.
essart; dazu das Vb. prov. eissartar, ausreuten;
frz. essarter. Vgl. Dz 575 essart; Gröber, ALL
H 281.

3481) [****ĕxsaupo, -ăre** (v. germ. saupan), trinken,
ist nach W. Meyer, Z X 172, das Grundwort zu
ital. sciupare, scipare, verderben, die Bedeutung
erklärt er durch die Übergänge „ausgiefsen, weg-
giefsen, verschütten" (vgl. neap. nzuppare, ein-
giefsen). Dz 299 hatte dissipare als Grundwort
aufgestellt u. Canello, AG III 395, ihm beigepflichtet,
Flechia, AG II 341, hatte das Wort auf lat. sŭpare,
sipare zurückführen wollen, was lautlich wegeu des
u unstatthaft ist und auch begrifflich nicht pafst
(supare, auch suppare geschrieben, bedeutet „rück-
links hinstrecken"), aus denselben Gründen ist auch
d'Ovidio's *exsupare, AG IV 151 Anm. 3, nicht
annehmbar. Über das germ. saupan im Ital. vgl.
Caix, St. 667.]

[****ĕxscīdĭum s. rē-ĕxscīdĭum.]**

3482) ****ĕxscŏrtĕo, -ăre** (von scorteus, scortum),
das Fell abziehen, schinden, schälen; ital. scorzare;
sard. iscorzare; rum. scortosez ai at a; rtr.
scorzar; frz. écorcer. Vgl. Dz 288 scorza; Gröber,
ALL II 279, s. oben ****ĕxcŏrtĭco.**

3483) ****ĕxsĕcūto, -ăre,** ausführen; altptg. eixu-
quetar, vgl. v. Reinhardstöttner, Gramm. p. 72,

Behrens, Metath. 103; sonst ist *exsecutare* nur gel. Wort; frz. *exécuter* etc.

3484) *ĕxsēpăro (*exsepero), -āre, trennen, = ital. *sceverare, scevrare*, trennen, dazu das Adj. *scevero, scevro*, abgesondert, vgl. d'Ovidio, AG IV 151 Anm. 3.

3485) ĕxsīcco, -āre (siccus), austrocknen; valmagg. *šecá*, sparpagliare l'erba perchè secchi, vgl. Salvioni, Post. 9.

3486) ĕxsŏlvo (dafür *exesolvo nach *ĕxēlĭgo = sceglio), sŏlvī, sŏlūtūm, sŏlvĕrĕ, auseinander lösen; ital. *scioglio scolsi sciolto sciogliere* u. *sciorre* (daneben *dissciogliere*), vgl. Dz 398 *s. v.*

3487) *ĕxsŏmno, -āre (von *somnus*), = ital. *scionnare* „svegliare", vgl. Caix, St. 542.

ĕxspĭro s. ĕxpĭro.

ĕxspūo s. ĕxcōnspūo.

3488) *ĕxsquāmo, -āre (v. *squama*), abschuppen, = span. ptg. *escamar*, abschuppen, putzen, im Ptg. auch prellen, betrügen; abgeleitet davon dürfte sein span. ptg. *escamotar*, frz. *escamoter* (Lehnwort), verschwinden lassen, durch Kunstgriffe beiseite schaffen, vgl. Dz 573 *escamoter*; keltischer Ursprung des Wortes, den Diez ebenfalls für möglich hielt, wird von Th. p. 99 mit Recht verneint.

3489) ĕxstīnguo, stīnxī, stīnctum, stīnguĕre, auslöschen; ital. *estinguo, stinsi, stinto, stinguere*, '(rum. *sting stinsei slins stinge*); piem. *stenišc*, soffocare, vgl. Salvioni, Post. 9; prov. *estenh esteis* (*estentz*?) *estendre* u. *estenher*; frz. *éteins éteignis éteint éteindre*; cat. ptg. *extinguir*; span. wird „auslöschen" durch *apagar* ausgedrückt. Das rum. prov. frz. Verbum ist = *stinguĕre* (s. d.).

3490) ĕxstīrpo, -āre (v. *stirps*), ausrotten; ital. *estirpare* „distruggere fino dalle radici", *stirpare, sterpare* „sbarbare, svellere", vgl. Canello, AG III 393; frz. *étreper*, die Rasennarbe abnehmen.

[*ĕxstrŏppo, ĕxstrŭppo s. ĕxtŏrpĭdo.]

3491) *ĕxstŭppo, -āre (v. *stuppa*), mit Werg ausstopfen, = frz. *étouper*, zustopfen (kann aber, wie ital. *stoppare*, unmittelbar = *stŭppare* angesetzt werden).

3492) [*ĕxsūcatīvus, a, um (v. *exsucare*) = rum. *uscăţiu*, abgemagert, ausgetrocknet.]

3493) *ĕxsūcĕūs, a, um, saftlos (*exsucus* orator, Quintil. 12, 10, 14), = ital. *sciocco*, geschmacklos, albern, thöricht, vgl. Dz 399 *s. v.*

3494) ĕxsūco, -āre (v. *sucus*), den Saft herauspressen, ausdrücken, trocknen (das Wort findet sich nicht nur bei Caelius Aurelius, wie Diez angiebt, sondern auch bei Vitruv, Anthimius u. Cassiodor); ital. *asciugare*; rum. *usuc* (*usc*) *ai at a*; prov. *eissugar, asugar, echugar*; frz. *essuyer* (daneben als technischer Ausdruck in der Weinbereitung *essucquer*); span. *enjugar*; ptg. *enxugar*. Vgl. Dz 312 *suco*; Gröber, ALL V 483. — Auf einer Mischung von *exsucare + aquare*, wässern, scheint zu beruhen span. *enjuagar*, ausspülen.

3495) *ĕxsūctūs, a, um (Part. P.P. v. *exsugere*), ausgesaugt, trocken; ital. *asciutto*, dazu das Vb. *asciuttare*; rum. *useat*; rtr. *schig*; prov. *eissug*, (das von Diez angeführte frz. Sbst. *essui*, Trockenplatz, gehört nicht hierher, sondern ist Vbsbst. zu *essuyer, exsúctus* hätte *essuit* ergeben, vgl. *frūctus* : *fruit*); span. ptg. *enj-, enxuto*. Vgl. Dz 312 *suco*.

*ĕxsūpo s. ĕxsaupo.

3496) *ĕxsūrdus, a, um, taub, bearn. *šurd*, lothr. *šur*, vgl. Meyer-L., Z. f. ö. G. 1891 p. 769.

3497) *ĕxtācco, -āre (von einem vorauszusetzenden Stamme *tacc-*, verwandt mit *tag-*, wovon *tangĕre*), loslösen; ital. *staccare*; (frz. *détacher*). Vgl. Dz 313 *tacco*.

3498) [*ĕxtendardum n. (von *extend-ĕre + germ. Suffix *hard*), Banner, Standarte; ital. *stendardo:* prov. *estendart-z*; frz. *étendard;* span. ptg. *estandarte*. Vgl. Dz 307 *stendardo*.]

3499) ĕxtĕndo, tĕndī, tēnsŭm, tēndĕre, ausbreiten; ital. *stendo, stesi, steso, stendĕre;* prov. *estendre;* frz. *étendre;* span. ptg. *extender, estender.*

ĕxtĕnto s. ăbstĕnto.

3500) ĕxter, a, um aufsen befindlich; obwald. *ester*, vgl. Meyer-L., Z. f. ö. G. 1891 p. 769.

3501) ĕxtĕrae (scil. *partes domus*), die Aufsenräume des Hauses, = frz. *êtres*, die Räumlichkeiten eines Hauses. Gegenüber dieser unzweifelhaft richtigen Ableitung des Wortes (zuerst aufgestellt von Neumann, Z V 385) sind alle früher versuchten (von *atrium* u. dgl.) unhaltbar. Vgl. Freymond in Vollmöller's Jahresb. I 423 Anm. 151.

3502) ĕxtērgĕo, (u. ĕ tĕrgo), tĕrsī, tĕrsŭm, tĕrgĕre (u. *tĕrgĕre*), abwischen; (ital. nur das Simplex *tergo* tersi terso *tergere*); rum. *şterg ştersei şters;* prov. *esterger, esterser;* cat. *estargir;* span. *estarcir;* (frz. *absterger, déterger;* span. *absterger, deterger;* ptg. *abstergir*, nur gel. Wort, bezw. chirurgischer Ausdruck). Vergleiche Parodi, R XVII 54.

3503) [*ĕxtĕrĭco, -āre (v. *terere*); davon nach Parodi, R XVII 67, span. ptg. *estregar*, abreiben. S. unten *strĭgŭlā.*]

3504) ĕxtĕrĭŭs (Komp. v. *exter*) = prov. altfrz. *esters, estiers*, aufserhalb, ausgenommen, vgl. Dz 576 *s. v.*

3505) [ĕxtĕrnă (scil. *avis*), fremder (Vogel), soll nach Diez 307 das Grundwort zu ital. *starna;* span. ptg. *estarna*, rotes Rebhuhn, sein. Diese Ableitung ist jedoch sehr unglaubhaft, vielleicht beruht das Wort auf einer Differenziierung von *sturnus*.]

3506) *ĕxtĭtĭo, -āre (v. *titio*), entzünden, = ital. *stizzare* (daneben *stizzire*), reizen, ärgern.

3507) ĕxtŏllo, ĕxtŭlī, ĕxtŏllĕre, emporheben, = ital. *estollere* „innalzare" u. *estorre* „eccettuare", vgl. Canello, AG III 330.

3508) [*ĕxtŏl(l)ūtĭo, -āre (zusammenhängend mit *tolūtim*, im Trab, Trott), traben; davon nach Caix, St. 600, ital. *stolzare* „sbalzare, scattare", dazu das Sbst. *stolzo* „salto".]

3509) *ĕxtŏno, -āre, herausdonnern, erschüttern, betäuben, in Erstaunen setzen; altfrz. *estonner* nfrz. *étonner*, vgl. Dz 579 *s. v.*, wo vermutet wird,' dafs das gleichbedeutende prov. *estornar* aus *estonnar* entstanden und dieses letztere Nebenform für *estonare* sei, da ja neben *tonar* auch ein *tronar* sich finde (*tronar* v. tro[n]s = *thronus*).

3510) [*ĕxtŏrcŭlo, -āre (*torculum*) = span. *estrujar*, auspressen, vgl. Dz 321 *torchio;* Gröber, ALL VI 126.]

3511) [*ĕxtŏrpĭdo, -āre (von *torpidus*), starr machen, wird von Diez 311 als Grundwort vermutet zu ital. *storpiare, stroppiare*, lähmen, hindern, dazu das Sbst. *storpio, stroppio;* rtr. *strupschar;* frz. *estropier;* span. ptg. *destorpar, estorpar;* *estropear*. Diese Ableitung ist unannehmbar aus lautlichen Gründen, welche zu ersichtlich sind, als dafs sie einer Darlegung bedürften. Vermutlich geht die Wortsippe auf einen Stamm *stropp-* oder strupp- (wovon stroppus oder struppus, gedrehter Riemen) zurück, welcher die volkstümlich latinisierte Form des griech. στρεφ-, στροφ- darstellen dürfte; *exstroppiare würde demnach ursprünglich bedeuten „herausdrehen, verdrehen, verrenken" woraus sehr wohl die Bedtg. „ein Glied unbrauchbar machen, lähmen" sich entwickeln konnte. Für span. destorpar, estorpar stellte Cornu, R XIII 300, *disturpare als Grundwort auf, was recht ansprechend ist.]

3512) ĕxtŏrquĕo, tŏrsī, tŏrtŭm, tŏrquēre, herausdrehen; ital. storco storsi storto storcĕre; rum. storc storsei stors stoarce; prov. estorcer; altfrz. estordre; cat. span. estorcer (C. Michaelis, Misc. 126, meint, dafs aus estorcer das volkstümliche estrocer, daraus wieder das veraltete estrecer entstanden sei, zu welchem letzteren das bei spanisch schreibenden Portugiesen vorkommende estrece „diminue" als 3 P. Sg. Präs. Ind. gehöre, also für ursprüngliches estruece stehe. Aber dafs aus estruece ein estrece habe werden können, ist wenig glaubhaft; estrecer wird man nicht von frz. étrécir trennen dürfen, dieses aber geht auf ein *strictia (v. strictus) = *estrece zurück). Neben extorquēre, bezw. *extorquĕre ist allenthalben auch *de-ex- (oder dis-) torqu. vorhanden: ital. distorcere; rum. destoarce; prov. destorser; frz. détordre; cat. span. ptg. destorcer.

3513) ĕxtrā, aufserhalb; nur als Präfix erhalten; ital. estra, stra; rum. strā; prov. estra; (frz. span. ptg. extra).

3514) [ĕxtrāvūneŭlŭs, -ŭm m. = rum. străunchiu, Grofsonkel.]

3515) *ĕxtrācŏlo, -āre = rum. străcur ai at a, durchseihen.

3516) ĕxtrāctĭo, -āre (v. tractus), herauszerren; ital. stracciare, zerreifsen, dazu das Vbsbst. straccio, Fetzen; rtr. stratschar; prov. estrassar; span. estrazar, dazu das Vbsbst. estrazo, estraza, Fetzen. Vgl. Dz 300 stracciare. (Frz. Sbst. extraction.)

3517) ĕxtrăctŭs, a, um (Part. P. P. v. extrahere), herausgezogen; ital. estratto, Part., als Sbst. „essenza, unto etc.", stratto, Part., „cavato", als Sbst. „libretto ove si nota checchessia per ordine d'alfabeto", stratta „grande strappata" vgl. Canelle, AG III 393; sonst ist das Wort nur in subst. Bedtg. („Extrakt") als gel. W. vorhanden.

3518) *ĕxtrādo, -āre (f. -trādere) = altfrz. estréer, herausgeben, überliefern, vgl. Dz 578 s. v.

3519) [*ĕxtrāfālcĭo, -āre (falx) = ital. strafalciare, nicht glatt abmähen, falsch handeln, davon strafalcione, Schnitzer.]

3520) [*ĕxtrāhīco, -āre (v. trahere), davon nach Parodi, R XVII 67, span. ptg. estragar, verderben, dazu das Sbst. estrago, astrago, vgl. Priebsch, Z XIX 19. S. unten strāgēs.]

3521) *ĕxtrālūcĕsco, -ĕre = rum. strălucesc ii it i, leuchten.

3522) *ĕxtrāmūto, -āre = rum. stramut ai at a, verwandeln.

3523) *ĕxtrānĕūrĭŭs, a, um, aufserhalb befindlich, — ital. straniero, fremd; (rum. străinatic = *extranaticus); prov. estrangier; frz. étranger; span. extranjero; ptg. extrangeiro. Vgl. Dz 310 stranio.

3524) ĕxtrānĕo, -āre, als fremd betrachten (Apul. apol. 97); ital. straniare (daneben stranare), entfremden, entfernen; rum. străinez ai at a; prov. estranhar; frz. étranger; cat. estranyar; span. estrañar; ptg. estranhar.

3525) [*ĕxtrānĕpōs, -ōtem m. = rum. stranepot, Urenkel.]

3526) *ĕxtrānĕŭs, a, um, aufserhalb befindlich, fremd; ital. estraneo „di fuori, non appartenente a una data cosa", stranio, strangio „straniero", strano „straniero, straordinario, fuori del comune", vgl. Canello, AG III 393; rum. străin; prov. estranh; frz. étrange; cat. estrany; span. estranio, estranno, estraño; ptg. extranco, estranho. Vgl. Dz 310 stranio.

3527) [*ĕxtrāvăcŭo, -āre = genues. straccuá „esser gettato, cadere". Vgl. Flechia, AG III 151.]

3528) *ĕxtrāvăgans, ausschweifend; ital. estravagante, Adj. u. Sbst. „una costituzione pontificia raccolta nel corpo canonico dopo la compilazione dei decretali", stravagante „bizarro, strano", vgl. Canello, AG III 393.

3529) *ĕxtrāvāgo, -āre, ab-, ausschweifen, = ital. stravagare; prov. estraguar; altfrz. estraiier. Vgl. Dz 578 estraguar.

3530) [*ĕxtrāvārĭo, -āre (varius), wird von Parodi, R XXVII 212, als mögliches Grundwort zu ital. strahiliare, genues. stralabia „delirare, farneticare", angesetzt.]

3531) *ĕxtrāvīdĕo, -vīdī, -vīsum, vīdēre = ital. stravedere, mehr sehen, als nötig ist; rum. strāvĕd vĕzui vĕzut vedé, durchsehen, durch etwas hindurch sehen.

3532) *ĕxtrĕmĭo und *ĕxtrĕmŭlĭo, -īre (von tremere), fürchten; ital. stremire, modenes. schermlir (aus scremlir), vgl. Flechia, AG II 384 und III 129.

3533) *ĕxtrĕmo, -āre (extremus); ital. stremare, verringern, beschneiden, dazu viell. das Adj. mail. strimed, meschino, gretto, secco, vgl. Schuchardt, Roman. Etym. I 46; span. ptg. estremar, begrenzen. Parodi, R XVII 63, zieht hierher auch span. escatimar (nach Diez 448 baskischen Ursprungs, s. oben escatima), verkürzen; altspan. estemar.

3534) *ĕxtrĭbŭlo, -āre, auspressen; ital. strebbiare, stribbiare, reiben, glätten. Vgl. Dz 326 trebbia.

3535) ĕxtrīco, -āre, herauswickeln; span. estricar, loswickeln. Vgl. Dz 327 tricare; s. auch oben dĭstrīco.

3536) [*ĕxtrīŭmpho, -āre (v. triumphus), herausjubeln, = lothr. χtrofá, prahlen, vgl. Horning, Z IX 142.]

3537) [ĕxtrōrsŭm, auswärts, nach aulsen; dav. nach Dz 578 estros, Gröber, ALL II 281; prov. altfrz. (a)estros, sofort, unverzüglich. Förster, zu Erec 6592, wird er aber mit Recht Diez' Annahme für unmöglich u. erblickt in estros das Shet. zu dem bekannten Verbum estrosser, welches wieder auf das Shet. altfrz. tros „Stück, Ende" zurückgehe; von dem Partizip estrossé ist abgeleitet das Adv. estros-s(e)ement.]

3538) [*ĕxtŭfo, -āre (v. gr. τῦφος, Dampf, = ital. tufo, τύφειν, dampfen) ist nach Bugge's Vermutung, R IV 354, das vorauszusetzende Grundwort zu ital. stufare, schwitzen machen, schmoren, brühen, dazu das Vbsbst. stufa, Badestube; frz. étouffer (durch Qualm) ersticken, estuba, stuva; frz. étouffer (durch Qualm) ersticken (vgl. Caix, St. 611; statt ou ist freilich u zu erwarten, indessen gr. ṻ kann als ṵ aufgefafst worden sein, oder auch extŭf- ist an *exstŭppare f. exstŭppare=frz.* étouper angeglichen worden), étuver, bähen, schmoren (dazu das Sbst. étuve, Badestube); span. estovar, schmoren, estufar, heizen (dazu das

Sbst. *estufa*, Badestube, Stubenofen). Für die Formen mit *f* darf diese Ableitung angenommen werden, nicht aber für diejenigen mit *v*, da *v* nicht wohl aus *f* entstehen kann (vgl. jedoch z. B. *malefatius* : frz. *mauvais*, nach Schuchardt's Ableitung, Z XX 536). Die Herkunftsfrage der Worte mit *v* aber wird dadurch noch verwickelter, dafs die germanische Wortsippe, deren deutscher Vertreter das Wort „Stube" ist, mit ihnen in verwandtschaftlicher Beziehung zu stehen scheint, ohne dafs doch romanische Herkunft der germanischen Worte oder aber germanische Herkunft der romanischen glaubhaft wäre; auch ist nicht einmal der echt germanische Charakter der deutschen etc. Worte gesichert (vgl. Kluge unter „Stube"). Der germanische Ursprung der Wortsippe ist überdies aus sachlichem Grunde unwahrscheinlich. Warmbadeinrichtungen waren wohl den Römern u. von alters her auch den Slaven, nicht aber den alten Germanen bekannt u. vertraut. Die darauf bezüglichen Worte müssen daher — so ist wenigstens zu schliefsen — entweder dem römischen oder aber dem slavischen Sprachgebiete entstammen. Das letztere ist wenig glaublich, erstlich, weil früher Übergang slavischer Worte in das Romanische wohl ohne Beispiel ist (freilich aber läfst die Möglichkeit des Vorganges sich auch nicht schlechterdings leugnen, da das Germanische vermitteln konnte), sodann u. hauptsächlich aber, weil die betr. slav. Worte (altbulg. *istuba* etc.) selbst Lehnworte zu sein scheinen. Bleibt also, falls man nicht (was vergeblich sein würde) an das Keltische oder Iberische sich wenden will, nur übrig, lateinischen Ursprung anzunehmen, u. dem stellen nun eben die Formen mit *v* sich hindernd entgegen. Bei dieser verzweifelten Sachlage ist vielleicht folgende Vermutung gestattet. Für die Erheizung der Baderäume wurden schon von den Römern Röhren (*tūbi*) angewandt. Es bestand also ein gewisser begrifflicher Zusammenhang zwischen dem anzunehmenden *extūfare, heizen (eigentl. ausdämpfen lassen, also der für ein Dampfbad recht geeignete Ausdruck) u. *tūbus*, Röhre. Dies aber konnte zur Folge haben, dafs, wenigstens in einzelnen Gebieten (Gallien, Spanien), das Verbum diesem Nomen sich lautlich insofern anglich, als es sein *f* mit *v* vertauschte (*extūbare, *-vare* f. *extūfare). Daraus würden frz. *étuver*, span. *estovar* = *extūbare sich erklären. Ob in ahd. *stuba*, altbulg. *istuba* ein *extūba erkannt werden darf, welches sein intervokalisches *b* bewahrte, ist eine nicht von den Romanisten zu beantwortende Frage. Vgl. Dz 311 *stufa*.]

3539) ***ĕtrūso** u. ***ĕtrūsĭto, -āre** (v. *extrudo*, bezw. vom Part. *extrusus*), herausstofsen; davon vermutlich parm. *strusar*, mail. *strüsá*, piem. *strüsé* „trascinare, strisciare", mod en. und regg. *strussiar*. venez. bologn. ferr. parm. *strussiar*, piac. *strüsciá*, romagn. *strusciae*, tosc. u. neap. *struscíare* „strascinare, sciupare, faticare", vgl. Flechia, AG III 155.

3540) [***ĕxtūrbĭdĭo, -īre** (*turbidus*), verwirren; nach Gröber, ALL VI 136, Grundwort zu der unter *exturdio* behandelten Wortsippe.]

3541) ĕxtūrbo, -āre, vertreiben; ital. *storbare*; sard. *isdrobbare*, confondere, vgl. Salvioni, Post. 9.

3542) [***ĕxtūrdĭo, -īre** (von *turdus*, Drossel), ist nach Förster, Z II 84, dem C. Michelis, Misc. 157, beistimmt, das Grundwort zu ital. *stordire*, betäuben; sard. *isturdire*; altfrz. *estordir*; neufrz. *étourdir*; cat. span. ptg. *atordir*, *aturdir*. Begrifflich wird diese Ableitung erst dann annehmbar

sein, wenn der Nachweis gebracht werden wird, dafs die Drossel bei den Romanen im Rufe der Dummheit stand, indessen dann wäre wohl für das Verb die entgegengesetzte Bedtg. (nämlich „entdrosseln, entdummen, zu Besinnung bringen") zu erwarten. Diez 308 *stordire* entschied sich nach längerem Schwanken für das Grundwort *extōrpidīre von *torpidus*, welches aber wegen seines *ō* zurückgewiesen werden mufs. Baist, Z VI 119, hat *tŭrbidus* in Vorschlag gebracht, was auch nicht eben sehr wahrscheinlich ist. An keltischen Ursprung ist schwerlich zu denken, vgl. Th. p. 79. Es mufs das Wort als noch unaufgeklärt bezeichnet werden. Gröber, ALL VI 136, stellt *extūrbidire als Grundwort auf u. fügt, wie Dz, altspan. *estordir* bei. Vielleicht darf man an Zusammenhang mit german. *sturtjan denken („bestürzen").]

3543) ***ĕxŭndŭlo, -āre** (v. *unda*), ein wenig wogen; ital. *sciondolare, *ciondolare* „penzolare all' ingiù", vgl. Caix, St. 284.

3544) [***ĕxūtă** (f. *ĕxŭtă*) = rtr. *aisuda*, *añžuda*, *ainžiuda*, *añžioda*, *inžiuda*, *insuda*, *dadaizöda*, da *issuda*, *dansciuda* (*ñ* = nasalvokalisches *n*), Frühling, vgl. Schuchardt, Z VI 120.]

3545) [**ĕxvāgĭo, -īre** (*vagus*) wird von Parodi, R XXVII 202, als Grundwort zu frz. *esbair*, *ébahir* vermutet. S. aber eben **bado**.]

***ĕxvānĕsco** s. **ĕvānĕsco**.

3546) ***ĕxvārĭo, āre** = ital. *sbagliare* (altital. *svaliare*), vertauschen, verwechseln, sich versehen, irren, dazu das Sbst. *sbaglio*, Irrtum; gleichen Ursprunges ist (abgesehen von dem Präfix) *abbagliare* (daneben *abbarbagliare*), blenden = täuschen, dann auch = blind machen, dazu das Sbst. *abbagliore* (auch vereinfacht zu *bagliore*), Verblendung, Blendung, vgl. Canello, AG III 302; Dz 355 *bagliore* leitete das Wort von *bar* (= *bis*) + *lucolare ab.

3547) ***ĕxvĕllo, vĕlli, vŏlsŭm, vĕllĕre**, ausreifsen; ital. *svello* u. *sveglio svelsi svelto svellere svegliere* u. *sverre*, vgl. Dz 405 *svellere*.

3548) [***ĕxvĕntācŭlŭm** *n.* (v. *ventus*), Auslüftungswerkzeug; frz. *éventail*, Fächer; (ital. das „Fächer" *ventaglio*;) span. ptg. *abanico*, *abano*.]

3549) ***ĕxvĕnto, -āre** (v. *ventus*), auslüften; ital. *sventare*; rum. *svint ai at a*; prov. *esventar*; frz. *éventer*; span. *desventar*; (ptg. *desventar*, die Bindo wegnehmen, gehört nicht hierher).

3550) ***ĕxvĕntŭlo, -āre** (v. *ventus*), ein wenig (aus)lüften; ital. *sventolare*; rum. *svintur ai at a*; altfrz. *esventeler*; (frz. *éventiller*, hierzu das Sbst. *éventail*, gleichsam *exventaculum, Auslüftungswerkzeug, Fächer).

3551) ***ĕxvĭgĭlĭo, -āre** (v. *vigil*), wecken; ital. *svegliare*, dazu das Sbst. *sveglia*, Wecker, ein Blaswerkzeug; frz. *éveiller*. Vgl. Dz 405 *sveglia*.

3552) ***ĕxvŏlo, -āre**, fortfliegen; ital. *svolare*; rum. *sbor ai at a* (*sburá*), davon *sburácesc*, flattern. **ĕx** + german. **warōn** s. **warōn**.

3553) bask. *ezquerra*, link; prov. cat. *esquer*, *-rra*; span. ptg. *esquerro*, *izpuierdo*; ptg. *esquerdo*. Vgl. Dz 461 *izquierdo*.

F.

3554) fába, -am, Bohne; ital. *fava*, Saubohne, (*faginolo*, Stangenbohne); frz. *fève*, Saubohne (*haricot*, Stangenbohne, vgl. No 460); span. *haba*; ptg. *fava*, Saubohne (*feijão*, kleine Bohne).

3555) **făbĕr, -brum** *m.*, Verfertiger (im Roman. ist die allgemeine Bedtg. des Wortes aufgegeben worden und ist die besondere „Schmied" eingetreten); ital. *fabbro, fabro;* rum. *faur;* prov. *fabre-s;* altfrz. *fevre* (nfrz. nur in *orfevre* = *aurifaber* erhalten, sonst durch *forgeron,* abgeleitet von *forger* = *fabricare,* ersetzt); altspan. *fabro* (neuspan. wird der Schmied „*herrero*" oder „*herrador*" von *ferrum* benannt; ptg. heifst der Schmied *forjador* = *fabricatorem* oder *ferreiro* = *ferrarius*).

3556) **făbrĭcă, -am** *f.* (v. *faber*), Verfertigungsstätte, Werkstätte, Bearbeitung, Gebäude (im Roman. hat *fabrica* als volkstümliches Wort die Senderbedtg. „Schmiede" angenommen, als gelehrtes Wort bedeutet es „Grofswerkstätte, Fabrik" u. „Gebäude"), ital. *forgia* (Lehnwort aus dem Frz.) „fucina", dazu das Verb *forgiare* = *fabricare, fabbrica,* Werkstätte, Fabrik, vgl. Canello, AG III 382; Caix, St. 29, wollte auch *foggia* hierher stellen, es ist mit Dz 372 *s. v.* = *fovea* anzusetzen; rum. *faurie* (v. *faur* abgeleitet); prov. *farga;* frz. *forge,* dazu das Vb. *forger* (gel. Wort *fabrique*); cat. *farja;* span. *forja* u. *fraga, fragua* (letzteres das üblichere Wort, *forja* ist dem Frz. entlehnt); ptg. *forja* (Lehnwort) u. *fragoa.* Vgl. Dz 145 *forgia;* Gröber, ALL II 281.

3557) **făbrĭcātă** (scil. *navis*) soll nach Dz 147 *fregata* das Grundwort sein zu ital. *fregata,* Fregatte; frz. *frégate;* cat. span. ptg. *fragata.* Die Ableitung ist nicht eben wahrscheinlich, aber durch eine glaubhaftere vorläufig nicht zu ersetzen, denn was sonst vorgeschlagen worden ist, hat noch viel weniger Wahrscheinlichkeit, man sehe die Vorschläge in Scheler's Dict. *s. v.*

făbrīco, -āre s. **făbrĭcă.**

3558) **făbrīlis, e** (*faber*), zur Arbeit des Schmiedes gehörig; sard. *fraile;* span. ptg. *fabril.* Vgl. Meyer-L., Z. f. ö. G. 1891 p. 769.

3559) **făbŭlă, -am** *f.* (v. *fari*), die Rede, Sage; ital. *favola* „storiella, apologo, il contesto d'un dramma o poema", *fola* (altital. *faula*) „storiella fantastica senza scopi educativi", *fiaba* „fola e fandonia", vgl. Canello, AG III 382, d'Ovidio, AG XIII 361; dazu das Demin. *favella* = *fabella,* Sprache; sard. *faula;* rtr. *fabla;* prov. *faula;* frz. *fable* (*flabe*), dazu die Demin. altfrz. *favele,* Rede, Gespräch, Plauderei, *fablel,* *fabliaus,* Verserzählung; span. *habla,* Sprache, Rede; ptg. *falla,* Sprache, Rede. Vgl. Dz 135 *favola;* Gröber, ALL II 281 u. VI 387.

3560) **făbŭlo, -āre** (v. *fari;* schriftlat. gewöhnlich *fabulari*), sprechen, reden, plaudern; ital. *favolare, favoleggiare,* fabeln, (*favellare* = *fabellare,* reden); prov. *faular;* frz. *fabler,* fabulieren, *habler* (Lehnwort aus dem Span.), plaudern; span. *hablar,* reden; ptg. *fallar,* reden. Vgl. Dz 135 *favola;* Gröber, ALL II 281.

3561) ***făcĕlla, am** *f.* (*fax*), kleine Fackel; altoberital. *faxela,* vgl. AG XII 403; arbod. *faséla;* genues. *fraxella,* vgl. Salvioni, Post 9.

3562) **făc fărīnăm,** mach' Mehl!; daraus sard. *faghe-farina,* Schmetterling (eigentl. Mehlbereiter, Müller, weil die Flügel des Tierchens bestäubt sind); rtr. *fafarinna.* Vgl. Dz 134 *farfalla.*

3563) **făcĭă, -am** *f.* (Nebenform f. *facies,* belegt in Anecd. Helv. 131, 20; *facies, non facis* App. Probi 89), Antlitz; ital. *faccia;* rum. *fațặ;* rtr. *fatscha;* prov. *fassa, facha, fatz;* frz. *face* (halbgel. W.); *facia boris* = pic. *faswe,* gekochter Rindskopf, vgl. d'Outrepont, Z XX 527; cat. *feix;*

(span. *haz* = *faciem,* Shet., u. *hácia* = *facia-m,* Adv., (eigentl. im Angesicht) gegen . . . hin, nach Gröber, ALL II 282, aus *haz* + *a[d]* gebildet, woraus aber nur *haza* hätte entstehen können; *haz* + *ata* (= *ad* + *tenus* oder = arab. 'atta, bis) = *hasta* (altspan. und auch altptg. *fasta*), bis an, davon das Vb. *hastar,* ausdehnen); ptg. *face.* Vgl. Dz 130 *faccia* u. 458 *hasta;* Gröber, ALL II 281.

3564) [***făcīālĕ** *n.* (v. *facies*) = rum. *fațară* „aire de battage", vgl. Ch. 89.]

3565) **făc[ĭăm] ferīre,** das Gesicht schlagen, = span. *zaherir,* verletzeu, schelten, vgl. C. Michaelis, R II 86, in den Frg. Et. p. 38 wird auch das altptg. Sbst. *fazfeiro* „Strafe" aufgeführt. Diez 499 setzte *subferire* als Grundwort an.

3566) **făc[ĭăm] gĕlātŭs,** am Gesicht erfroren, = span. *fazilado, fezilado* (*fatilado*), betrübt, traurig, vgl. Cornu, R IX 131. Baist, R F VII 413, bringt unter Berufung auf mittellat. *fachilator* span. *fazilado* in Zusammenhang mit *fascinare.*

făc[ĭăm] *laigare s. **ăfflātīco.**

3567) [***făcīārĭŭs, -um** *m.* (v. *facies*) = rum. *fățar,* Heuchler (sogenannt, weil er im Angesichte anderer sein wahres Sein verstellt), vgl. Ch. 89.]

3568) **făcĭĕndă** (Part. Fut. Pass. v. *facere*), das, was gethan werden mufs; ital. *faccenda,* Geschäft, *azienda* (= span. *hacienda*), Verwaltung, vergl. Canello, AG III 363; prov. *fazenda,* Geschäft; altfrz. *faciende;* span. *hacienda,* Verwaltung der Güter, verwaltetes Gut, Landgut; ptg. *fazenda,* Ware, Güter. Vgl. Dz 130 *faccenda.*

3569) **făcĭlĭs, -e** (v. *facere*), thunlich, leicht; ital. *facile;* sonst nur als gel. W. vorhanden.

3570) **făcĭo, fēcī, făctŭm, făcĕre,** thun; ital. Präs. Ind. Sg. 1 (*faccio*) *fo* (2 *fai* 3 *fa* Pl. 1 *facciamo* 2 *fate* 3 *fanno*), Pf. *feci* Part. *fatto* Inf. *fare;* rum. *fac făcui făcut face;* rtr. v. B. *fetš* (*făš fa făin fava fan*), Pf. Sg. 3 *fet,* Pl. *fatz, faty,* Inf. *far fa fer;* audere Bildungen sehe bei Gartner § 192 u. 148; prov. Präs. Ind. Sg. 1 *fatch, fas,* 2 *fas,* 3 *fai, fe,* Pl. 1 *fam,* 2 *faitz, fazetz,* 3 *fan;* Pf. *fezi, fis, fi,* Part. *fait, faich, fach,* Inf. *faire, far;* frz. Präs. Ind. Sg. 1 *fais,* 2 *fais,* 3 *fait,* Pl. 1 *faisons,* 2 *faites,* 3 *font;* Perf. *fis,* Part. *fait,* Inf. *faire* (*faire* in der Bedtg. „sagen" ist ebenfalls = *facere* u. hat mit *fari* nichts zu schaffen, vgl. Dz 580 *faire*); cat. Präs. Ind. Sg. 1 *faig,* 2 *fas,* 3 *fa,* Pl. 1 *fem,* 2 *feu,* 3 *fan,* Porf. *fiu,* Part. *fet,* Inf. *fer;* span. Präs. Ind. Sg. 1 *hago,* 2 *haces,* 3 *hace,* Pl. 1 *hacemos,* 2 *haceis,* 3 *hacen,* Perf. *hice,* Part. *hecho,* Inf. *hacer,* davon abgeleitet *hazaña,* That; ptg. Präs. Ind. Sg. 1 *faço,* 2 *faces,* 3 *faz,* Pl. 1 *fazemos,* 2 *fazeis,* 3 *fazem,* Perf. *fis,* Part. *feito,* Inf. *fazer;* davon abgeleitet *façanha,* That. — Über die Entwickelung von *facere* im Romanischen vgl. Rydberg, Le développement de *facĕre* dans les langues romanes, Paris (Upsala) 1893; Andersson, Ltbl. f. germ. u. rom. Phil. 1894 Sp. 304; Meyer-L., Z XVIII 435 u. Roman. Gr. II p. 266; Horning, Z XIX 72; über altfrz. *fecnt* im Jonas vgl. Marchet, Z XXII 401, über *fisdrnt* Mussafia, R XXVII 290.

3571) **făc[ĭŏ] + mŏlam,** Opferschrot bereiten; davon ital. *facimola, facimolo,* Hexerei, vgl. Dz 369 *facimola.*

3572) **făctīcīŭs, a, um** (v. *facere*), künstlich gemacht; ital. *fattizio,* „manufatto, artificiale", dazu das Sbst. *fattezza* „forma delle membra", *fatticcio* „ben complesso, di solide membra", vgl. Canello, AG III 386; frz. *factice* (gel. W.); span. *hechizo,*

Adj., künstlich, als Sbst. Zauber, Zauberei, davon *hechizar*, zaubern, *hechicero*, Zauberer, Hexenmeister, *hechiceria*, Zauberei etc.; ptg. *feitiço*, Adj., künstlich, als Sbst. Zauber, Zaubermittel, Amulett, Götze (in dieser Bedtg. wieder in die anderen romanischen Sprachen übergegangen, z. B. ital. *feticcio, fetiscio,* frz. *fétiche), feticeiro,* bezaubernd, Zauberer, etc. Vgl. Dz 135 *fattizio.*

3573) [*făctĭlĭă (v. *facere)* — prov. *faitilha,* Bezauberung.]

3574) făctĭo, -ōnem f. (v. *facere),* das Machen, das Thun, die Art des Machens, das Parteitreiben, die Partei; ital. *fazione* (u. veraltet *fazzone)* „modo di fare e di contenersi, sembianza", vgl. Canello, AG III 344, dazu das zusammenges. Vb. *raffazzonare* „foggiare, congegnare", vgl. Caix, St. 472; prov. *faisso-s,* Form, Gestalt; frz. *façon,* Form, Gestalt, Art und Weise; *faction* (gel. W.), Partei, auch das Schildwachestehen, die Schildwache; span. *faccion* (gel. W.), Kriegsthat, Schildwache, Partei; ptg. *façāo,* That, Partei. Vgl. Dz 580 *façon.*

3575) *făcto, -āre (von *factum* im Sinne von „Datum"), datieren, das Schlufsdatum (in einem Briefe) setzen, schliefsen; ptg. *fechar,* endigen, schliefsen, sperren, vgl. Dz 451 s. v.

3576) făctōr, -ōrem m. (v. *facere),* der Macher, Schöpfer; ital. *facitore, fattore;* rum. *făcător;* prov. c. r. *faseire,* c. o. *fazedor;* frz. *faiseur* von *fais-,* daneben als gelehrtes Wort *facteur* nur mit ganz eingeengten Bedtgen: *facteur d'instruments,* Instrumentenmacher, *facteur,* schlechtweg: Agent, Kommissionär, Briefträger (ital. heifst der „Briefträger" *postino* von *posta,* span. *cartero,* ptg. *carteiro);* (span. *hacedor* v. *hacer;* ptg. *factor, fazedor* v. *fazer).*

3577) făctōrĭum n., Ölpresse; ital. *fattojo.*

3578) făctŭm n. (Part. P. P. v. *facere),* das Geschehene, die That, das Vorkommnis; ital. *fatto;* rum. *fapt;* prov. *fait, faig;* frz. *fait;* span. *hecho;* ptg. *feito* u. *feita,* That, *fecha,* das Datum, der Briefschlufs (s. oben **făcto),** *fecho,* der Riegel, vgl. Dz 451 *fechar.*

3579) făctūrā, -am f. (v. *facere),* das Machen, das Geschöpf; ital. *fattura,* die Arbeit, die Hexerei, dazu das Vb. *fatturare;* rum. *făptură,* Werk, Geschöpf; prov. *faitura,* Zauber, dazu *faiturier-s, fachurier-s,* Zauberer, *faiturar,* bezaubern. Vgl. Dz 135 *fattizio.*

*făctūro s. făctūrā.

3580) făcŭlă, -am f. (Demin. v. *fax),* Fackel; ital. *facola,* astron. Kunstausdruck: *fiáccola* (aus **flacula),* angebildet an *flamma,* altital. auch *falcola)* „face, candela", vgl. Canelle, AG III 349; rum. *făclie;* prov. *falha;* altfrz. *faille;* (nfrz. wird „Fackel" durch *torche* ausgedrückt, das von **torq[ue]re* herzuleiten ist); span. *hacha;* ptg. *facha.* Vgl. Dz 137 *fiaccola;* Gröber, ALL II 282; Scheler im Anhang zu Dz 725 (frz. *falot* v. *falb).*

3581) faecea (v. *faeceus* v. *faex),* hefenartig, als Sbst. Hefe; ital. *feccia* (aber sard. *feghe* = *faecem),* sicil. *fezza;* rtr. *fetscha.* Vgl. Gröber, ALL H 282.

3582) [*faecīle n. (faex),* viell. Grundwort zu frz. *faisil, fraisil* Krätze (als technischer Ausdruck der Goldschmiede), dazu *faiseleux, -eur,* ouvrier qui relève les décombres, vgl. Tobler, Z XIX 146; Thomas, R XXIII 586, hatte *făc[em]* + *īle* als Grundform aufgestellt, vgl. auch Horning, Z XXII 146.]

3583) faex, faecem f., Bodensatz, Hefe; sard. *feghe;* bearn. *fets;* span. *hez;* ptg. *fez;* (ital. *feccia* = *faecea;* frz. fehlt das Wort, eingetreten dafür ist *lie* vom kelt. Stamme *lig-* [s. d.]).

3584) altn. **flădd** = altfrz. *fé,* s. ob. **creo.**

*faeteo s. foeteo.

*fāgēttŭs s. fāgŭs.

fāgēŭs s. fāgŭs.

3585) [*fāgīnēllŭs, -um m. (v. *fāgus),* vermutlich = ital. *fanello,* Hänfling, vgl. Dz 370 s. v.]

3586) *fāgīnŭs, a, um (von *fagus),* zur Buche gehörig; davon altfrz. *faîne,* Buchecker: nfrz. *faîne.* vgl. Tobler, Z X 573 (Dz 131 *faggio* wird das Wort aus **fāgin[e]a* abgeleitet, was lautlich unmöglich ist). — Wahrscheinlich geht ebenfalls auf **faginus* zurück ital. *faina,* Marder (sogenannt, weil er unter anderem auch Bucheckern frifst?); neuprov. *faguino, fahino;* altfrz. *fayne;* nfrz. *fouine;* cat. *fagina;* span. *fuina;* ptg. *fuinha;* (rtr. *fierna, fiergna* kann nicht hierher gehören, sondern ist wohl eher mit frz. *furet,* Frettchen, verwandt). Vgl. Dz 131 *faina;* Gröber, ALL VI 388, Cohn, Suffixw. p. 169 Anm. — (Nicht hierher gehört frz. *genette,* Bisamkatze, span. ptg. *gineta,* vgl. Dz 165 *gineta.*)

3587) [*fāgōttŭs, um m. (Demin. von *fagus),* kleines Buchenholz, Reisbündel; ital. *fagotto* (auch *fangotto);* prov. frz. *fagot* (Lehnwort); span. *fagote.* Vgl. Dz 131 *fagotto* (leitet das Wort von *fac-s, fax* ab).]

3588) fāgŭs, -um f. (gr. *φηγός),* Buche; (ital. *faggio* = *fageus,* davon abgeleitet *faggetto,* Buchenwald, *faggino,* Buchweizen u. a.; berg. *fagia,* aber) lomb. *fo;* sicil. *fag, fau;* prov. *fau-s* und *faia* (= *fagea);* altfrz. *fau, fou, fo* (daneben *fage* = *fagea),* von *fou* ist abgeleitet das Demin. *fouet* (auch cat. *fuet),* eigentl. Buchenrute, Rute, Peitsche, davon wieder das Vb. *fouetter,* peitschen, vgl. Dz 587 *fouet;* vielleicht aus *bix* + *fouer* (v. *fou)* ist entstanden *bafouer,* geifseln (im moralischen Sinne), verhöhnen, vgl. Tobler, Z X 576; nfrz. ist *fou* geschwunden u. *hêtre* = altnfränk. *hêstr* dafür eingetreten; cat. *fatj;* span. *haya,* ptg. *faia* = *fagea.* Vgl. Dz 131 *faggio;* Suchier, Altfrz. Gr. § 20.

3589) altnfränk. ***falhida** (ahd. *fêhida),* Fehde: davon prov. *faidir,* verfolgen; altfrz. (auch nfrz.) *faide,* Feindschaft, Rache, dazu das Vb. *faidir* u. Adj. *faidiu.* Vgl. Dz 580 *faide;* Mackel p. 117.

3590) [ital. frz. span. ptg. **falbalà,** Faltenbesatz, Falbel, Volant, ist ein (vermutlich aus Italien stammender, in Frankreich erst im 17. Jahrh. aufkommender) Kunstausdruck der Damenmode, für welchen ein Grundwort sich nicht aufstellen läfst (das engl. *furbelow* ist offenbar erst volksetymologisch aus *falbalà* entstanden, nicht aber dieses aus jenem; auch das deutsche Falbel mufs entlehnt sein, vgl. Kluge s. v.). Das Wort dürfte als eine Art von lautmalender, mittelst Reduplikation u. Dissimilation bewirkter Neubildung zu betrachten sein, vielleicht ursprünglich *bal[la]bal[la]là, balbalà* (gleichsam „tanz' tanz' da!") lautend, woraus durch volksetymologische Anlehnung an *farfalla,* Schmetterling (an welches flatternde Tierchen ein flatternder Kleidbesatz erinnern mochte, wie ja gegenwärtig frz. *volant,* zugleich u. also ebenfalls mit dem Fliegen in Bezug gesetzt wird) *falbalà* entstehen konnte, vgl. die span. Nebenform *farfalá* und ähnliche Bildungen in ital. Dialekten, so cremon. piem. *frambalà,* piem. *farabalà.* Vgl. Dz 132 *falbalà;* Scheler im Dict. s. v.] Allerlei Anekdoten über das Wort teilt Kleinpaul mit, Beilage zur Münch. Allg. Ztg. 5. 5. 89. .

3591) **fălcă, -am** f. (für falx), Sichel, == rum. falcă, Kinnbacke (so genannt wegen ihrer gekrümmten Gestalt), dazu das Demin. facé == falcella.

3592) **fălcĭcula, -am** f. (falx), kleine Sichel; piem. fauciu; frz. faucille.

3593) 1. **fălco, -ōnem** m., Falke (Serv. Verg. Aen. 10, 145); ital. falcone; prov. falco-s; frz. faucon; span. halcon; ptg. falcão. Baist, Ztschr. f. dtsches Altert. XXVII 50, hat behauptet, dafs das Wort falko (ahd. falcho) germanischen Ursprunges und zwar von fallan mittelst des Suffixes k abgeleitet sei; ebenso behauptet er a. a. O. den german. Ursprung der zuerst von Firmicus Maternus (um 300 n. Chr.) erwähnten Falkenjagd. Gegen beide Behauptungen hat G. Paris, R XII 99, gut begründete Bedenken ausgesprochen. Vgl. über diese Streitfrage auch Mackel p. 65. Kluge unter „Falke" hält Ursprung des Wortes von dem Völkernamen Volcae „Kelten" für möglich (in Wirklichkeit dürfte dies aber, wenigstens für das Romanische, unmöglich sein), daneben denkt er an Zusammenhang mit der Sippe von „fahl" und endlich räumt er auch die Möglichkeit der Herkunft vom lateinische falco ein, welches letztere er von „falx" ableitet u. ihm die eigentliche Bedtg. „Sichelträger" beilegt.

3594) 2. **fălco, -āre** (v. falx), krümmen (wie eine Sichel), mähen (mit der Sichel); ital. falcare, krümmen; frz. faucher, mähen; (span. falcar, abschneiden?); ptg. nur Partizipialadj. falcato, sichelförmig. Vgl. No 3597.

3595) **fălcŭla, -am** f. (falx), kleine Sichel; trent. ver. focolo; lad. farcla, vgl. AG VII 410, Salvieni, Post. 9.

3596) germ. **falda,** Falte; ital. rtr. falda, davon die Demin. faldella „piccola falda", faldiglia „specie di sottana intirizzita, guardinfante" (aus dem Span. entlehnt), vgl. Canello, AG III 319; prov. falda, fauda; altfrz. falde, faude; span. falda, halda, davon abgeleitet faldriquera, Rocktasche; ptg. fralda, der untere, faltige Teil eines Kleidungsstückes, Schofs, Zipfel. Im Altfrz. ist auch das Vb. fauder, falten, vorhanden. Vgl. Dz 132 falda u. 450 faldriquera; Mackel p. 12. Von altfrz. faude, Zipfel, ist zu unterscheiden das gleichlautende faude (parc ou lieu fermé de claies, principalement à l'usage des brébis" (s. Burguy s. v.), es geht auf ags. fald, fold, Pferch, zurück, vgl. Dz 582 s. v. (u. 450 faldriquera); Mussafia, Beitr. 23 (ital. afaldare).

3597) ahd. **falgan,** berauben; davon nach Dz 132 ital. falcare, diffalcare, einen Abzug von einer Summe machen; frz. défalquer; span. ptg. desfalcar. In Wirklichkeit dürfte *falcare zu Grunde liegen.

3598) **fällă, -am** f. (von fallēre), Betrug (Nov. com. 12, vgl. Georges); ital. falla u. fallo, Fehler, Versehen, Vergehen, dav. das Vb. fallare, täuschen; rtr. nur das Vb. fallar, fehlschlagen; altspan. falla, Betrug, dazu das Vb. fallar, verleugnen; (prov. falha, altfrz. faille gehen auf *fallire zurück). Vgl. Dz 133 fallire.

3599) *fällïo, -ïre (f. fallēre), täuschen, verfehlen, fehlen; ital. fallire; prov. falhir, failhir, faillir, falir, dazu das Vbsbst. falha, Fehler, Mangel; frz. faillir, dazu altfrz. das Vbsbst. faille; altspan. altptg. fallir, falir (im Neuspan. mit Neuptg. ist fallir nur als Lehnwort in der Bedtg. „fallieren, Bankerott machen" vorhanden, „fehlen, mangeln" ist falecer, fallecer). Vgl. Dz 133 fallire.

3600) *fällïtŭs, *faltus (vgl. fal-sus), **a, um** (Part. P. P. v. fallēre, schriftlat. falsus); davon ital. falto, mangelhaft, falta, Mangel (Kompos. diffalta), dazu das Verb faltare, fehlen, mangeln, sard. faltu, mangelnd; prov. falta (u. diffalta), Fehler; frz. faute (Kompos. défaut), Fehler, Mangel; cat. falta; span. ptg. falta, dazu das Vb. faltar. Vgl. Dz 133 faltare; Gröber, ALL II 282.

3601) *fällïvă, -am f. (umgestellt aus favilla), Asche, liegt einer Reihe ital. dialektischer Worte zu Grunde, vgl. Flechia, AG II 342. Auch schriftsprachlich ist ital. falavesca, Flugasche; altspan. fuisca, Funke; ptg. faisca, Funke, davon das Vb. faiscar, Funken sprühen. Vgl. Dz 131 falavesca; Gröber, ALL II 283; s. auch unten făvĭllă und Behrens, Metath. 98.

3602) **fällo, *fälli, *fällēre, *fällēre,** es trügt, verfehlt, fehlt, mangelt, ist nötig; frz. (il) faut, fallut, faldre, faudre (nur altfrz.) u. falloir, das Verbum war bis zum 12. Jahrh. nur persönlich, Horning, RSt. IV 252. Vgl. Dz 133 fallire.

3603) **falsïtās, -tätem** f. (v. falsus), Falschheit; ital. falsità; rum. falsitate, falgitate; frz. fausseté; span. falsidade, falsedad; ptg. falsidade.

3604) **fälsŭm pĕctŭs,** uneigentliche Brust, == span. falsopeto, Wams, daneben balsopeto, grofser Beutel, vgl. Caix, Giorn. di fil. rom. II 69.

3605) **fälsŭs, a, um** (Part. P. P. von fallere), falsch; ital. falso; rum. fals, falş; rtr. falté, faus, fautš etc., vgl. Gartner § 28; prov. altfrz. fals; nfrz. faux fausse; span. ptg. falso.

3606) **fälsŭs *bŭrgŭs,** uurichtige, uneigentliche Stadt, == frz. faubourg, Vorstadt (altfrz. findet sich auch forbourg, forsbourg = foris + *burgus, Aufsenstadt), vgl. Dz 581 s. v.

3607) ahd. **falt,** Falte, s. oben **falda**; von den zur Sippe v. falda gehörigen Ableitungen zeigen t nur span. faltrero, Taschendieb, und faltriquera (daneben jedoch auch faldriquera), Rocktasche, vgl. Dz 450 faldriquera.

3608) (germ. faldastuol) ahd. **faltstuol,** Falt-, Klappstuhl; ital. faldistorio (stôl : storio nach Analogie der Neutra auf -ōrium, wie z. B. dormitorium) u. faldistoro, niedriger Kirchenstuhl; altfrz. faldestueil (aus *faldasteólus, Anbildung an die Deminutiva auf -eólus, -iólus f. -ēolus, -iolus); nfrz. fauteuil; span. ptg. faldistorio, Bischofssessel. Vgl. Dz 133 faldistorio; Mackel p. 30; Pogatscher, Z XII 555.

3609) arab. **falu-,** ital. falbo; prov. falb; altfrz. *falf, falve; nfrz. fauve. Vgl. Dz 132 falbo; Mackel p. 59.

3610) **fäluppa, -am** f. (Corp. Gloss. lat. V 525³², vgl. ALL IX 578, auch 416 u. 445) „quisquiliae, paleao minutissimae, surculi minuti"; ital. faloppa, bozzolo non portato a perfezione. Von diesem, übrigens nur unsicher überlieferten, faluppa will Horning, Z XXI 192, ableiten: 1. ital. involuppare, frz. voloper, envelopper etc. — 2. ital. frappa, frappare, frz. frapper etc. — 3. frz. foupir, fripe, altfrz. felpe. — 4. (vgl. Z XXII 484) frz. *feloupe, fenoupe, fenouperie, foupe, flôpe. Dieser ganze umfangreiche Hypothesenbau ruht auf so schwankender Grundlage, dafs er ernstliche Würdigung nicht verdient.

3611) **fälx, fălcem** f., Sichel; ital. falce (und falcia); (rum. falcă); rtr. faults, faultš, fotš etc., vgl. Gartner § 28; prov. faus; frz. faux; cat. fals; span. falce u. hoz, davon das Vb. hozar, abschneiden; ptg. fouce, foice. Vgl. Dz 460 hoz.

3612) [**fāmă, -am** f. (v. fari), das Gerede, das Gerücht, der Ruf; ital. *fama*; (rum. *faimă*); prov. *fama*; frz. *fâme* (veraltet); span. ptg. *fama*.]

3613) ***fāmēlīeōsus** od. ***fāmīcūlōsus, a, um** (*fames*, nach *siticulosus* gebildet), hungrig; altfrz. *fameillous*, vgl. Suchier zur Reimpredigt 93ᵃ; dazu das Vb. *fameillier* = *famīcūlāre*, vgl. Cohn a. a O. p. 301.

3614) **fāmēs, -em** u. ***-īnă, am** f., Hunger; ital. *fame*; sard. *famini* = **faminem*; rum. *foame*; prov. *fam* (auch cat.) u. *-ina*; frz. *faim; famine*; span. *fam[n]e, hambre*; = **faminem*; ptg. *fome*. Vgl. Dz 458 *hambre* Gröber, ALL VI 388.

3615) **fāmex, -īcem** m., Blutgeschwür; sard. *famigu*; abruzz. *fameče*. Vgl. Meyer-L., Z. f. ö. G. 1891 p. 769.

3616) [**fāmīlīä, am** f., Familie, d. h. sowohl Gesinde als auch Geschlecht; ital. *famiglia*; rum. *familie*; prov. *familla*; frz. *famille* [erst seit dem 14. Jahrh. belegt, vgl. Cohn, Suffixw. p. 154, dazu *familier* = **familarius*]; span. ptg. *familia*.]

3617) ***fāmīlīūs, -um** m., Hausdiener; ital. *famiglio*; rtr. *famaigl*; altspan. altptg. *famillo*. Vgl. Dz 133 *famiglio*.

3618) **fāmōsūs, a, um** (v. *fama*), berühmt; ital. *famoso*; rum. *faimos*; prov. *famos*; frz. *fameux*; span. ptg. *famoso*.

3619) ***fāmūlēntūs, a, um** (für schriftlat. *famelicus*), hungrig; ital. *famulento*; rum. *flămînd* (aus *fămlind* = *fam'lentus*); prov. *famolen*; altfrz. *famelent*; cat. *famolenc*; span. *hambriento*; ptg. *faminto*.

3620) [***fānfă,** onomatopoietisch gebildetes Wort, womit ein lärmendes, geräuschvolles Auftreten, ein Prahlen u. Grofsthun, zunächst aber vielleicht der Trompetenschall bezeichnet werden soll. Das einfache Wort ist mit der Bedtg. „Prahlerei" nur im Altspan. erhalten. Ableitungen sind: ital. *fanfano*, prahlerisch, *fanfanatore*, *farfanicchio* „uomo leggiero e vano, ma pretenzioso", vgl. Caix, St. 315 (u. 80); vielleicht gehört hierher auch *fanfaluca*, sprühende Asche, Lumperei, Posse; frz. *fanfare*, Trompetenschall, *fanfarer*, austrompeten, *fanfaron*, prahlerisch, Prahler; span. *fanfarron*, *farfante*, *farfanton*, Prahler. Vgl. Dz 133 *fanfa*; Storm, AG IV 390, leitete die Worte von griech. πομφόλυξ (wovon ital. *fanfaluca*, Loderasche, mail. *fanfulla*, com. *funfola*, sicil. *fanfonj*, Possen, frz. *fanfreluche*, Flitterkram, wovon wieder *freluquet*, Stutzer, vgl. Dz 133 *fanfaluca*) ab, indem er als Zwischenstufen ansetzt *fanfóla*, *fónfola*, *fănfala*. Es kann das aber kaum befriedigen, und die Annahme, dafs die Wortsippe auf ein schallnachahmendes Wort zurückgeht, dürfte immer vorzuziehen sein.]

3621) **got. fāni** (ags. *fenn*), Kot; davon vermutlich ital. *fango*; prov. altfrz. *fanc*. Vgl. Dz 133 *fango*; Mackel p. 50; d'Ovidio, AG XII 407.

3622) **germ. fānja** (ahd. *fenna* und *fenni*), Kot; prov. *fanha*; frz. *fange*. Vgl. Dz 133 *fango*; Mackel p. 50.

3623) [**fāno, -āre** (v. *fanum*), weihen, heiligen; davon vielleicht span. *fanar*, *fañar*, einem Tiere die Ohren stutzen; ptg. *fanar*, beschneiden. Diez 450 giebt keine Ableitung. Auch das obige Grundwort wird nur mit allem Vorbehalte in Vorschlag gebracht. Lautlich läfst es gewifs annehmbar; was aber die Bedeutung anlangt, so sei darauf hingewiesen, dafs das Beschneiden (Kastrieren) von Tieren n. Menschen im Altertum, freilich vorzugsweise im morgenländischen, als eine Handlung religiöser Weihe

galt. Darf man also annehmen, dafs *fanare* zunächst die Bedeutung „beschneiden" (im engeren Sinne des Wortes) annahm u. dafs dieselbe sodann verallgemeinert ward, so dürfte gegen die vermutete Ableitung nicht eben viel einzuwenden sein.]

3624) **ahd. fano,** Fahne, = frz. *fanon* (also gleichsam **fanōnem*), Lappen, Binde, Handtuch, vgl. Dz 580 *s. v.*; Mackel p. 10.

3625) **far** n., Spelt; ital. *farro*; sard. *farru*, farina, *farre-ru*, samoline d'orze, vgl. Meyer-L., Z. f. ö. G. 1891 p. 769, Salvioni, Post. 9.

3626) **longobardisch fara,** Geschlecht; dav. ital. (lombard.)*fara*(Familiengut), Landgut, vgl. Dz 370 *s. v.*

3627) **german. faran,** fahren; davon scheint abgeleitet zu sein cat. span. ptg. *farándula*, fahrende Schauspielergesellschaft, das Schauspielergewerbe, vgl. Dz 450 *s. v.*

3628) **fārcīmen** n. (*farcire*), Stopfwerk; altfrz. *farcin*, vgl. Thomas, R XX 88.

3629) [**fārcīo, fărsī, fārtum, fārcīre,** stopfen; prov. *farsir*; frz. *farcir* (schwach); sonst scheint das Verb, abgesehen vom Part. P. P. **farsus*, ganz geschwunden zu sein.]

3630) **arab. fār'd,** Kerbe des Pfeils, Zahlung, Löhnung, Tuch, Kleidung, eine der beiden Kameellasten (Freitag III 335ᵃ); davon vielleicht ital. *fardo*, Bündel, Packen, davon abgeleitet *fardaggio*, Soldatengepäck, wohl auch *fardata*, Schlag mit einem zusammengedrehten nassen Lappen; prov. nur das Demin. *fardel-s*, Reisesack; frz. nur das Demin. *fardeau*, Last, Bürde, u. *fardier*, Blockwagen, die Ableitung ist indessen unsicher, vgl. Lammens p. 113; span. *farda* u. *alfarda*, Kerbe im Pfeile, eine (auf Wasserverbrauch gelegte) Steuer, Bündel, *fardo*, Packen, dazu die Demin. *fardel*, Ranzen, *fardillo*, Päckchen, aufserdem *fardaje*, Reisegepäck, vgl. Eg. y Yang. p. 160; ptg. *farda* u. *fardo*, *fardel*, *fardagem* mit denselben Bedeutungen wie im Span. Vgl. Dz 134 *fardo*; Devic im Suppl. zu Littré. (Dz 611 mutmafst, dafs auch frz. *'hart* u. *'harde*, Koppelseil, Strang u. das Pl. tantum *'hardes*, Kleidungsstücke, Sachen, mit *far'd* zusammenhänge. Es ist das abzulehnen, wenigstens was *'hart*, *'harde* anlangt; *'hardes* dagegen kann vielleicht aus *fardes* entstanden sein, vgl. Scheler im Dict. *s. v.*)

3631) **arab. farfara,** viel und verworren reden (Freytag III 339ᵇ); ital. (neap.) *farfogliare*, stottern; frz. (dialektisch) *farfouiller*; span. *farfullar*. Vgl. Dz 134 *farfogliare*. Eine ganz andere Ableitung von *farfouiller*, *farfullar* etc. etc. hat Friesland, Ztschr. f. frz. Spr. u. Lit. XIXᵘ 123, gegeben, s. unten unter **pappio.** vgl. auch Baist, Ltbl. f. germ. u. rom. Phil. 1892 Sp. 24.

3632) [**fărīnă, am** f., Mehl; ital. *farina*; rum. *făină*; prov. *farina*; frz. *farine*; cat. *farina*; span. *harina*; ptg. *farinha*.]

3633) [**fărīnārīūs, a, um** (v. *farina*), zum Mehl gehörig; ital. nur das Demin. *farinajuolo*, Mehlhändler; rum. *făinar*; prov. *farinier-s*; frz. *farinier*; span. *harinero*; ptg. *farinheiro*.]

3634) **fărnĕūs, a, um** (v. *farnus*), zur Esche gehörig; ital. *farnia*, *fargna*, breitblättrige Eiche, vgl. Dz 370 *s. v.*

3635) **fărrāgo, -gīnem** f. (v. *far*), Mengfutter; ital. *farraggine*, Gemengsel, *ferrana*, Wickfutter; sard. *ferraina*; prov. *ferratge-s*; cat. *farratge*; span. *herrén*, Wickfutter; ptg. *ferrā*, *ferrāa*, Mengfutter. Vgl. Dz 137 *ferrana*; Gröber, ALL II 285, VI 388.

3636) [*färrĭcŭlŭm n. (v. far), feines Mehl; davon vielleicht span. harija, Staubmehl, vgl. Dz 458 s. v.]

3637) *farsūro, -āre (farcire), stopfen; dav. nach G. Paris, R XIX 289, altfrz. fastrer, wovon wieder fastras, fatras.

3638) *fărsŭs, a, um (für fartus, Part. P. P. v. farcire), gestopft; ital. fars-etto, Wams (weil es mit Watte u. dgl. gestopft ist), farsata, Wamschofs, (farsa, Füllsel, Pesse, ist Lehnwort aus dem Frz.); prov. fars, Füllsel; frz. farce, Füllsel, Posse; davon ital. span. ptg. farsa, wovon vielleicht wieder span. disfrazar, ptg. disfraçar, verkleiden, maskieren, indessen dürfte das gleichbedeutende cat. disfressar für sp. disfr. auf anderen Ursprung hindeuten. Vgl. Dz 134 farsa; Gröber, ALL II 283.

3639) färtŭs, a, um (Part. P. P. von farcire), gestopft; davon cat. afartar, sättigen; span. harto, satt, gesättigt, genug, hartar, sättigen; ptg. farto (nicht blefs altptg., wie bei Diez angegeben u. von Gröber wiederholt ist); (ital. wird „satt" durch sazio, frz. durch s(a)oúl = *satullus ausgedrückt. Vgl. Dz 458 harto; Gröber, ALL II 283). — Von fartus abgeleitet scheint frz. fatras, Wust, Plunder, zu sein, also für fartas zu stehen, vgl. Dz 458 s. v.; G. Paris, R XIX 289, leitet richtiger fastras, fatras von fastrer = *farsurare ab.

3640) altdt. farwid (ahd. gifarwit, gifarit), Farbe; davon ital. inzafardare (aus *ingifardare von *gifardo = gifarit) „intridere, imbrodolare, impiastrare con materia morbida e viscosa", vgl. Caix, St. 104; frz. fart, fard, Schminke, dazu das Verb farder. Vgl. Dz 581 fard; Mackel p. 64.

3641) fascĭă, -am f., Binde; ital. fascia; rum. faša; rtr. fascia, fäscia, langer, schmaler Wiesenstreifen; prov. faissa, Binde; frz. faisse, Weidenkorbbinde, dazu das Demin. faisselle; cat. faxa; span. faisa, faja, Binde, (haza, Landstrich, das von Diez 458 s. v. vermutungsweise hierher gestellt wird, dürfte besser = facia aufzufassen sein); ptg. faixa, faxa, Binde, Landstreifen.

3642) *fāscĭcellus, -um m. (fascis), kleines Bündel; frz. faisceau, vgl. Cohn, Suffixw. p. 24.

3643) *fāscīnă, -am f. (für fäscĭnă v. fascis), Ruten-, Reisigbündel; ital. fascina; frz. fascine (Lehnwort); span. fascina, hacina.

3644) fāscĭno, -āre, beschreien, behexen (Verg. Ecl. 3, 103); ital. fascinare (mail. fasná), affascinare, bezaubern, davon das Vbsbst. fáscino; altfrz. faisnier, fesnier, vgl. Förster zu Erec 6128; (frz. fasciner; span. fascinar; ptg. fascinar).

3645) fāscĭo, -āre (v. fascia), umwickeln; ital. fasciare; rum. infäş ai at a; prov. faissar; frz. faisser, Kimmweiden flechten; cat. faxar; span. fajar, binden; ptg. faxar.

3646) fāscĭs, -em m. und *fāscĭŭm n., Bund, Bündel; ital. faseio, dazu die Demin. fascetto und fascello; sard. fasche; frz. faix, Bürde; span. fajo und haz; ptg. feixe. Vgl. Dz 134 fascio.

3647) fāscĭs lūrĭdŭs, davon vielleicht frz. falourde = faix lourd, schweres Bündel, eine Last Holz, vgl. Dz 580 s. v.

*fāstīdĭco, -āre s. fāstīdĭo.

3648) fāstīdĭo, -āre (v. fastidium), Ekel, Verdrufs empfinden; ital. fastidiare; (prov fasticar, fasigar, wohl = *fastidicare, vgl. Storm, R V 184); frz. fascher, fächer; altspan. hastiar; (fehlt ptg.). Vgl. Dz 134 fastidio.

3649) fāstīdĭōsŭs, a, um (von fastidium), voll Ekel oderVerdrufs; ital. fastidioso; prov. fastigos; frz. fâcheux; cat. fastigos; altspan. hastioso; ptg. fastidioso. Vgl. Dz 134 fastidio.

3650) fāstīdĭŭm n., Ekel,Verdrufs; ital. fastidio; sard. fastizu; prov. fastig-s, fastic-s (wohl von *fastidicare); altfrz. fasti; cat. fastig; span. fastio, hastio; ptg. fastio. Vgl. Dz 134 fastidio.

3651) *fāstīgĭālis, -e (v. fastigium), zum Giebel gehörig; span. hastial, Wand in der Kirche, welche den Fenstern gegenüber liegt. Vgl. Dz 458 s. v.

3652) fāstīgĭŭm n., Giebel; (davon, aber unrichtig, nach Dz 451 altptg. festo, Höhe, Gipfel, davon abgeleitet enfesta, Bergabhang, span. enfestar, enhestar, aufrichten, enhiesto, aufgerichtet). Vgl. Dz 451 festo (wegen frz. faite, das Diez ebenfalls von fastigium ableitet, s. unten first, firste, wo auch sonst das Richtige zu finden). S. auch No 3651.

3653) [fastus, um m., Prunk; ital. fasto; frz. faste; span. fasto.]

3654) germ. Stamm fat- (davon ahd. faz, fuzza, altn. fat), Bündel, Kleider u. dgl.; span. hato, Kleidervorrat, Habseligkeiten; ptg. fato. Vgl. Dz 458 hato.

3655) Fātă, -am f. (Nebenform zu fatum), Schicksalsgöttin (Orell inser. 1773 u. 5799); ital. fata; sard. fada; piem. faja; prov. fada; frz. fée; cat. fada; span. hada; ptg. fada. Vgl. Dz 135 fata; Gröber, ALL II 283.

3656) *fātĭdus, a, um (umgebildet aus fatuus) ist nach Meyer-L.'s überzeugender Annahme, Z XIX 277, das Grundwort zu fade. S. unten fātŭus.

3657) fātīgo, -āre, ermüden; ital. fáticare; rtr. fadiar; frz. fatiguer etc., gel. W.

3658) *fāto, -āre (von fata), bezaubern; ital. fatare; monf. anfaiée, stregare, vgl. Salvioni, Post. 9; prov. fadar; altfrz. feer, faer, dazu das Sbst. faaison Geschick, Bestimmung; span. hadar. Vgl. Dz 135 fata.

3659) *fātŭtŭs, a, um (v. fatum, vgl. oben dure fatutus), vom Verhängnis des Todes betroffen, verstorben; frz. (feŭ), feu, verstorben, selig. Gewöhnlich wird das Wort von fuit abgeleitet unter Hinweis darauf, dafs in Bezug auf mehrere Personen in der Gerichtssprache furent gesagt wird oder doch gesagt wurde u. dafs im Ital. fu vorhanden ist. Aber aus fuit konnte nimmermehr feu entstehen; furent aber kann künstliche, auf mifsverständlicher Auffassung des feŭ beruhende Bildung sein. So wird man wohl das von Littré aufgestellte Grundwort anerkennen müssen. Vgl. Dz 564 durfeŭ; G. Paris, Vie de St. Alexis p. 191: Cohn, Suffixw. p. 185 Anm.

3660) fātŭtŭs (daraus *fātĭdus, vgl. Meyer-L., Z XIX 277), a, um, geschmacklos, albern; ital. fado (Lehnwort aus dem Frz.), geschmacklos; lomb. fat; prov. fat, fada; frz. fat (ohne Fem.), albern, fade, geschmacklos: fade ist = fatida, wegen des d aus t(i)d vgl. soudain aus subitaneus, vgl. auch sade, geschmacklos: fade = sapidus, vgl. auch de ling. I 90, setzte vapidus als Grundwort an, also vapidus: fade = sapidus: sade, der Übergang von v zu f lasse sich aus Ablehnung an fat — fatuus erklären, vgl. Puitspelu u. G. Paris, R XVII 287. — Braune, Z XVIII 515, will fade aus dem niederdtsch. vadde, fade flau, ableiten: span. enfado, Ekel, Verdrufs, enfadar anekeln, verdriefsen. Vgl. Dz 581 fat; Scheler im Dict. unter fade. S. fātĭdus.

3661) fautum (Part. P. P. v. favere), das Begünstigte, Gepflegte, Gesicherte; altspan. hoto, Sicherheit, davon abolado, enhotado, gesichert; ptg.

fouto, foto, davon afouto, sicher, afoutar, dreist werden. Vgl. Dz 460 foto (Diez stellt lieber fotus, als das von ihm mit Unrecht als unlateinisch bezeichnete fautus als Grundwort auf, aber das port. ou weist auf au); Förster, Z III 563 (schlägt fultus als Grundwort vor); Baist, RF I 445 (empfiehlt das schon von Moraes vorgeschlagene fautus).

3662) faux, faucem, Pl. fauces (*fox, *focem, *foces) f., Schlund, Engpafs; ital. fauci „degli animali", foei „dei fiumi" vgl. Canello, AG III 328; Caix, St. 327, leitet auch froge „la pelle al disopra delle narici" von fauces ab; (Schuchardt, Z IV 126, setzte froge = gallisch frogna an, vgl. dagegen Meyer-L., Z XX 530 u. XII 2, eine Ableitung weifs M.-L. nicht zu geben, doch leugnet auch er Zusammenhang mit fauces, vgl. dazu wieder Schuchardt, Z XXII 393); sard. foghe; neuprov. afous aus l'afous, la fous, Höhlung, vgl. Thomas, R XXVI 412; venez. fuosa, bocca del porto, vgl. Salvioni, Post. 10; span. hoz, Bcrgpafs, Mündung eines Flusses, dazu das Vb. hozar, in der Erde wühlen (von Schweinen), davon wieder hocico, Rüssel (des Schweines); ptg. foz, dazu das Verb foçar, davon wieder focinho, die Bedeutungen der Worte sind dieselben wie im Span. Vgl. Dz 460 hoz 2. — S. unten frogna.

3663) favilla, -am f. (favilla, non failla App. Probi 73), Asche; ital. favilla, davon seltsame Ableitung favalena, folena, fulena „fanfaluca, bioccoletto di cenere volante nell' aria", vgl. Caix, St. 323; aus dem umgestellten falliva (das i gelängt, als wäre das Wort mit dem Suffix -ivus gebildet) ergeben sich eine Reihe dialektischer Formen, vgl. Flechia, AG II 341: sard. faddija = *fallivic[u]la, vgl. Flechia, Misc. 202. Vgl. Gröber, ALL II 283, VI 388; s. auch oben *falliva.

3664) favonius, -um m., der laue Westwind; ital. favonio (gel. W.), fogno „vento furioso con nevischio" (lomb. fogn, davon das Vb. fognar „nevicare con vento"), vgl. Caix, St. 322; abruzz. fahúgne, valmagg. favoñ, vgl. AG I 284, Salvioni, Post. 9; rtr. favugn, favoin etc.; span. fagueño, Westwind (aragones. Wort), vgl. Dz 450 s. v.; Gröber, ALL II 283.

3665) favor, -orem m. (v. faveo), Gunst; ital. favore; frz. faveur; span. ptg. favor.

3666) favus, -um m., Wabe, Wachs-, Honigscheibe; ital. favo, fiavo (angelehnt an flavus), davon abgeleitet fiale, Wabe, fialone, fiadone, Honigseim; rum. fag, davon das Demin. fagur = *fagulus. Vgl. Dz 370 fiavo.

3667) fax, facem f. (fax, non facla App. Probi 133), Span, Fackel; davon nach Dz 131 ital. fagotto etc., indessen liegt die Ableitung von fagus näher; das g im frz. fagot stört nicht, denn das Wort ist dem Ital. entlehnt. Storm, AG IV 390, hält auch facchino, Lastträger, für von fac-s abgeleitet; bezüglich des verdoppelten c verweist er auf macchina u. dgl. Baist, Ltbl. f. germ. u. rom. Phil. 1892 Sp. 25 bemerkt über das Wort: „wahrscheinlich hängt das Wort mit haque-faca zusammen" —, was aber ist haque-faca? S. unten vantkin.

3668) Februarius, a, um m. (Nebenform zu Februarius; vgl. februarius, non febrarius, App. Probi 208), Februar; ital. febbrajo; sard. frearzu; rum. faurar u. faur = februus, daneben als gel. Wort februaric; rtr. fevrer; prov. febrier-s; frz. février; cat. febrer; span. hebrero; ptg. fevereiro. Vgl. Gröber, ALL II 283; Meyer-L., Z XXII 2.

3669) febris, -em u. -im f., Fieber; ital. febbre; rtr. fevra; prov. febre (neuprov. fiebre); frz. fièvre; cat. febra; span. hiebre; ptg. febra. Vgl. Gröber, ALL II 284.

3670) ahd. federa, Feder, mhd. federe, Pelz, flaumiger, federartiger Stoff, = ital. federa, Zwillich, vgl. Dz 370 s. v.

*fedus s. foedus.

*fedus s. foedus.

3671) germ. fehu, vehu (got. faíhu), Vieh, Vermögen, Besitz; ital. fio (und feudo), Lehen, vgl. Canello, AG III 399; prov. feu; altfrz. 1. feu, fieu, davon das Vb. fever, fiever, fieffer, belehnen; 2. Sg. c. o.fiet, Pl. c. o. fiez (das f erklärt sich entweder durch Angleichung an siet = sied, piet = pied und dgl., oder aber durch Angleichung an das mittellat. feudum, dessen d wohl seinerseits ebenfalls auf Angleichung, etwa an allodium, beruht); 3. fief, Vbsbst. zu fiever, auch noch im Neufrz. erhalten; altcat. feu; (span. ptg. feudo). Vgl. Dz 140 fio; G. Paris, R VII 132 behandelt die Frage, ob im Rolandslied O 297 in ö-Assonanz fieus beizubehalten sei; Gröber, Z II 461 (treffliche Besprechung der altfrz. Formen); Mackel p. 125.

3672) ahd. feihan, feihano, feihno, hinterlistig; darauf scheint zurückzugehen ital. fagno, einer, der sich dumm anstellt, aber verschlagen ist, vgl. Dz 369 s. v.

3673) fel, fellis n., Galle; ital. felle u. fiele; rum. fiere; rtr. fel; prov. fel; frz. fiel; cat. fel; span. hiel; ptg. fel. Vgl. Gröber, ALL II 284.

3674) alts. felis (oder ahd. feliso?), ahd. feliso; Felsen, = altfrz. falise, nfrz. falaise, Klippe, vgl. Dz 580 s. v.; Mackel p. 80; Pogatscher, Z XII 557.

3675) felix, -icem f., glücklich; ital. felice; (rum. fehlt das Adj., es ist aber das davon abgeleitete Verbum vorhanden fericesc ii it i, beglücken); prov. und frz. ist das Adj. völlig geschwunden und ist durch Ableitung von augurium ersetzt worden, (s. oben agurium); span. ptg. feliz.

3676) fello, -are, saugen; dav. abruzz. fellata, junges Schaf, vgl. Meyer-L., Z. f. ö. G. 1891 p. 770.

3677) engl. fellow, Bursche, ist das mutmafsliche Grundwort zu frz. filou, Schuft, wegen der Bedeutungsverschiebung vgl. man z. B. das deutsche „Kerl", auch in England selbst wird dialektisch fellow in bösem Sinne gebraucht. Alle sonstigen Ableitungsversuche, deren Gegenstand das vielbesprochene Wort gewesen ist, sind als völlig gescheitert zu betrachten, vgl. Dz 584 s. v. u. Scheler im Dict. s. v.

3678) femella (Demin. v. femina), -am f., Weibchen, = piem. füméla; frz. femelle.

3679) femina, -am f., Weib; ital. femina, femmina; rum. femeie; prov. femena, femna (daneben scheint ein Mask. li feme „das weibliche Tier", gleichsam *feminum f. femineum, vorhanden gewesen zu sein); frz. femme; span. hembra; ptg. fémea. Vgl. Dz 370 femina.

3680) fenestra, -am f., Fenster; ital. fenestra; rum. fereastră; rtr. fenestra; prov. fenestra (mit off. e); frz. fenêtre; cat. finestra; span. finiestra, hiniestra (veraltet, das übliche Wort für „Fenster" ist ventana v. ventus); ptg. fresta, Schräg-, Dachfenster, Luke (das übliche Wort für „Fenster" ist janella = *januella, kleine Thür); C. Michaelis, Frg. Et. 31, setzt auch ptg. estra = fenestra an. Vgl. Dz 497 ventana; Gröber, ALL II 284.

3681) fenile n. (fenum), Heuboden; ital. fenile.

3682) fēnǐcǐsǐcǐum n. (v. *fenum* u. *secare*), Heuschnitt; auf den Plur. [*feni*]*sicia* führt Meyer-L., Z XV 245 (so ist statt 345 zu lesen) zurück ital. *seccia*, die Stoppel(n).

3683) fēno, -āre (v. *fenum*), zu Heu machen, welken lassen: rtr. *fenar, fanar*; prov. *fanar*; altfrz. *fener, faner* (auch nfrz.). Vgl. Dz 580 *faner*.

3684) fēnŭcŭlŭm n. (f *feniculum*), Fenchel; ital. *finocchio*; sard. *fenuju*; rtr. *fenuigl*; prov. *fenolh-s*; altfrz. *fenoïl, fenoille, fenille*; nfrz. *fenouil*; cat. *fonoll*; span. *hinojo*; ptg. *funcho*. Vgl. Dz 140 *finocchio*; Gröber, ALL II 284; Cohn, Suffixw. p. 230.

3685) fēnŭm (u. faenum), n., Heu; ital. *fieno*; rum. *fin*; prov. *fen*; frz. *foin*; cat. *fe*; span. *heno*; ptg. *feno*. Vgl. Dz 586 *foin*.

3686) fēnŭm graecŭm = frz. *fenu-grec*, griechisches Heu, Bockshorn (neben *f.-gr.* auch *senegré*, *senègre, senegrain*, vgl. cat. *sinigrec*); ob der erste Bestandteil dieser Worte = *fenum* anzusetzen sei, wie Bugge, R III 162, annimmt, mufs doch als sehr fraglich erscheinen, oder dürfte Angleichung an *séné*, Senesstrauch, = arab. *sená* vorliegen. Vgl. Baist, RF I 134, wo *semen graecum* als Grundform angesetzt wird, was aber nur *sengré* hätte ergeben können.

3687) ags. feordling, Viertelmünze; ital. *ferlino*, ein Vierteldenar; altfrz. *ferling, ferlin*; altspan. *ferlin*. Vgl. Dz 137 *ferlino*; Mackel p. 99.

3688) fērētrŭm n., Tragbahre; ital. *feretro*; altfrz. *fiertre*.

3689) fērĭā und *fērĭā, -am f. (im Schriftlatein nur Plur. *feriae*), ein bestimmter Tag (Feiertag, Wochentag, Markttag); ital. rtr. *fiera*; sard. *fera*; prov. *fiera, feira*; altfrz. *feire, foire* (gekreuzt mit *forea* v. *forum*?); nfrz. *foire* davon abgeleitet *foirail*, Jahrmarktsplatz (fehlt bei Sachs, belegt z. B. in Rev. d. d. M. 1. 6. 86 p. 487); cat. *fira*; span. *feria* (Lehnwort); ptg. *feira*. Die Bedtg. des Wortes ist allenthalben „Jahrmarkt, Messe", in der Bedtg. „Feiertag" (ital. *feria*) gehört es nur der gelehrten Sprache an, vgl. Canello, AG III 317. Vgl. Dz 139 *fiera*; Gröber, ALL 284; Bianchi, AG XIII 238.

3690) fērĭō, -īre, schlagen; ital. *ferire*, daneben dichterisch *fiedĕre* = *ferĕre*, vgl. *quaerĕre* : *chiedĕre*; prov. *ferir*, altfrz. auch *ferre* (zu *ferir* altfrz. Komposita: *aferir, raferir, entreferir, referir*); span. *herir*; ptg. *ferir*. Vgl. Dz 371 *fiedere*.

3691) fērĭtās, -tātem f. (von *ferus*), Wildheit; ital. *fierità* (daneben *fierezza* = *feritia*), Wildheit; Stolz; frz. *fierté*; (span. *fiereza*; ptg. *fereza*, bedeutet, wie im Span., nur „Wildheit"). fērītĭā, -am f. (v. *ferus*) s. fērītās.

3692) fērmēnto, -āre, gähren; ital. *fermentare*; rum. *frămint ai at a*; frz. *fermenter*; span. ptg. *fermentar*.

3693) irisch fern, fernog (corn. *gwern*), Erle; piemont. prov. *verna*, Erle; frz. *verne* (*vergne*).

3694) fēröcĕa, -am f. (*ferox*), Wildheit; brienz. *feroscia*, aria fiera e robusta, dazu ein Adj. *ferosc*, robusto, vgl. Salvioni, Post. 9.

3695) fērōx, -ōcem, wild, unbändig; valses. *farús*, barbaro; frz. *farouche* (altfrz. auch *harouche*), wild, scheu, vgl. Dz 581 s. v. (So nahe es auch liegt, *farouche* = *feroce*[m] anzusetzen, so ist doch diese Gleichung höchst bedenklich; auf *mordache* = *mordace*[m] darf man sich nicht berufen, weil dies Adj. im Frz. offenbar nur Lehnwort ist.) Die

richtige Ableitung hat wohl Horning, Z XIX 102 (vgl. XXII 484) gegeben, indem er folgendes annimmt: das Grundwort ist *forasticus* v. *foras* (vgl. *domesticus*), daraus entstand *forache, fourache*, aus letzterem durch Umstellung *farouche* mit der Grundbedeutung „scheu"; von älterem *fourache* abgeleitet altfrz. *effourache*, von *farouche* dagegen *effaroucher*; *forasticus* ist auch Grundwort zu prev. *foresgue*, neu prov. *fourèche, fourège*. Cohn, Suffixw. p. 296 f., schwankt zwischen *ferasticus* u. *feroticus*, sowohl das eine als auch das andere Grundwort ist wenig ansprechend. Meyer-L., Rom. Gr. I p. 270, stellte *ferotica* als Analogiebildung zu *silvaticus* auf, aber dann müfste man doch *feratica* erwarten.

3696) *fērrālĭā (v. *ferrum*) = frz. *ferraille*, altes Eisen, dazu das Vb. *ferrailler*, rasseln.

3697) fērrāmēntŭm n. (*ferrum*), eisernes Gerät; ital. *ferramento*; frz. *ferrement*; span. *herramienta*. vgl. Meyer-L., Z. f. ö. G. 1891, p. 770.

[*ferrans s. al-faras.]

3698) fērrārĭŭs a, um (v. *ferrum*), zum Eisen gehörig; ital. *ferrajo*, Schmied; rum. *ferar*, Schmied, *ferarie*, Eisenzeug; span. *herrero, herreria*; ptg. *ferreiro, ferraria*.

3699) fērrēŭs, a, um (*ferrum*), eisern; *ferrea*, bezw. *ferria* = altfrz. *ferges*, vgl. Thomas, R XXVI 425. Über Reflexe von *ferreus* im Ital. u. Rtr. vgl. AG XII 403.

3700) [*fērrĭttā, -am f. (v. *ferrum*), dav. nach Diez 587 *fritte*, *fretto*, (neuprov. *fretto*), eisernes Band, Pl. Gitter; span. *fretes*, Gitterwerk (Wappenausdruck). vgl. aber feter.]

3701) fērro, -āre (v. *ferrum*), mit Eisen beschlagen; ital. *ferrare*; rum. *ferez ai at a*; prev. *ferrar*; frz. *ferrer*; span. *herrar*; ptg. *ferrar*.

3702) fērrūgo, -gĭnem (v. *ferrum*), Rost: span. *herrin*, daneben *herrumbre* = *ferrumen*, aufserdem *robin* = *robiginem* u. *orin* v. *acruginem*; ptg. *ferrugem*; (ital. ist „Rost" *ruggine* = *aeruginem*, ebenso rum. *rugină*; sard. *ruinu, ruinzu* v. *ruju* – *rubeus*; frz. *frügan*, Rostfarbe; prov. *roilh*, *roilha*; frz. *rouille* sind Deminutivbildungen aus *rutiliare*; cat. *rovell* ist vermutlich = *rubellus*. Vgl. Dz 278 *ruggine*; Gröber, ALL V 238.

3703) fērrŭm n., Eisen; ital. *ferro*; sard. *ferru*; rum. *fer*; rtr. *fier*; prov. *fer-s*; frz. *fer*; span. *hierro*; ptg. *ferro*. Vgl. Gröber, ALL II 285.

3704) fērrŭmēn n. = span. *herrumbre*, Rost.

3705) fērrŭm + pēd- (pes) = span. *ferropéa, herropéa, arropéa*, Fufsfessel; ptg. *ferropea*, vgl. Dz 451 s. v.

3706) [fērrŭm + măcŭlā (Masche); davon vielleicht prov. *fremilo-s*, altfrz. *fermillon, fremillon*, wenn man das Wort als „eisenmaschig" auffassen will, wie Dz 582 es zu thun geneigt ist. Burguy in seinem Gloss. s. v. leitet das Wort von *frémir* ab u. übersetzt es mit „frémissant, bruissant, scil. par suite du frottement, du mouvement". Aber wie soll von *frémir* die Ableitung *frémillon* möglich sein! Dagegen ist wohl denkbar, dafs *farmillon, fremillon* eine Weiterbildung aus *fermail*, Verschlufs, Festmachung, = *firmaculum* v. *firmare* ist u. dafs *haubert fremillon* einen festschliefsenden, gut sitzenden Panzer bedeutet.]

3707) fērŭlā, -am f., Rute; obwald. *fiarla*, (span. *caña*)*herla*. Vgl. Meyer-L., Z. f. ö. G. 1891 p. 770; sicil. *ferra, sferza*, veron. *ferla* etc.

3708) [gleichsam *fērŭmen n. (*ferus*), Wild; dav. nach C. Michaelis, Frg. Et. p. 37, cat. *farum*,

Wildgeruch, dazu das Vb. *faromejar*; ptg. *farum,
farun* —, alles sehr fragwürdig.]

3709) **fĕrŭs, a, um,** wild; ital. *fiero*, wild, unbändig, stolz; rum. *fiară*, wildes Tier (= ital.
fiera; prov. *fera*; span. *fiero*; ptg. *fera*); prov.
fer, fier; frz. *fier*; span. *fiero*; ptg. *fero*.

3710) **fĕrvĕo, fĕrbŭī, fĕrvērĕ** u. (altlat. u. poet.)
fĕrvo, fĕrvī, fĕrvĕre, sieden, wallen; ital. *fervĕre;*
[rtr. *fers,* fiers (= gleichsam **fersus*), siedend];
rum. *ferb fersei fert ferbe;* span. *hervir;* ptg.
ferver. Vgl. Gröber, ALL II 285; Parodi, R XXVII
237.

3711) pers. **ferz,** Feldherr, Wessir; prov. *fersa*
(der Feldherr) die Königin im Schachspiele; altfrz. *fierce, fierge;* nfrz. (durch volksetymologische
Umbildung) *vierge.* Aus der Umdeutung in das
Femin. ergab sich dann leicht, dafs die ursprüngliche Feldherrenfigur als „Königin" aufgefafst und
benannt wurde. Vgl. Dz 594 *fierce.*

3712) (**fĕstă** u.) **fĕstă** (scil. *dies*), Feiertag; ital.
festa (mit off. *e*); rtr. *fiasta;* prov. *festa* (mit
off. *e*); frz. *fête* (mit off. *e*); cat. *festa;* span.
fiesta; ptg. *festa.* Vgl. Gröber, ALL II 285;
Gartner § 200.

3713) **fĕstūca, -am** *f.*, Halm; ital. *fistuga;* (rum.
festucă); obwald. *fastig;* frz. *fétu.* Vgl. Meyer-L.,
Z. f. ö. G. 1891 p. 770.

3714) **fĕtă, -am** *f.,* ein Tier, das geboren hat
(vgl. Virg. Ecl. I 50); friaul. *feda;* rum. *fadă;*
piem. *fea;* bearn. *hede;* lyon. *feya;* wallon.
fulye, vgl. Meyer-L., Z. f. ö. G. 1891 p. 770; prov.
feda, fea, Schaf; neuprov. *fedo* (Gascogne), die
Neugeborne, (Languedoc) Mädchen. Vgl. Dz 582
feda; Gröber, ALL II 285.

3715) germ. **feter,** Fessel; dav. altfrz. *frette,*
Eisenband; vgl. Tobler, Sitzungsb. d. Berl. Akad.
d. Wiss., philos.-hist. CL, vom 23. Juli 1896 p. 863;
G. Paris, R XXVI 623.

3716) **fĕto, -āre,** brüten, hecken; rum. *fat ai
at a;* friaul.*fedă,* Lämmer werfen; march. *fetă,*
kalben.

3717) ***fĕto, -ōnem** *m.,* junges Tier; march.
fetó, Knabe; sard. *fetu,* Nachkommenschaft; altfrz. *feon, faon,* Hirschkalb, dazu das Vb. *feoner,
faonner,* Junge werfen; nfrz. *faon* (spr. *fan*), vgl.
Dz 580 *s. v.*

3718) **fĕtŭs, -um** *m.,* Zeugung, das Gezeugte;
sard. *fedu,* Sprofs; ital. *feto,* Festus; rum. *făt,*
Sohn (*făta,* Tochter); prov. *fet,* Festus; (frz. *fétus*).
Vgl. Dz 582 *feda;* Gröber, ALL II 285.

3719) german. ***fettil,** Fessel (Teil des Pferdefufses); davon nach G. Paris, R VII 630, altfrz.
feillon (fellon, fillon, fallon, feslon, felon, frelon),
Fessel (neufrz. *boulet*). Settegast, Z XVI 388 (vgl.
II 312), stellt folgende Ableitungen auf: 1. *feslon*
= abd. *vizzeloch,* indem *-on* für *-och* durch Suffixvertauschung eingetreten sei. — 2. *feillon* = niederdtsch. *fitloch.* — 3. das *a* in *fallon* beruht entweder auf der Vorliebe des Altfrz. für vortoniges
a statt *e* (z. B. *parece* f. *perece*) oder auf der
Angleichung an *fanon.* — 4. *frelon* soll durch Umstellung aus **ferlon* entstanden sein u. im Neufrz.
in der Bedeutung „Stirnhaare" fortleben (also verschieden sein von *frelon* „Hornisse"); als Ableitungen
von *frelon* sieht S. an *freloque* „Quaste", *freluque,
freluche, freluquet.* Diese Aufstellungen sind jedenfalls sehr ansprechend.

3720) dtsch. **fetzen,** mhd. **vetze;** davon ital. *faz-
z(u)olo, fazzoletto,* Taschentuch; altspan. *fazoleto;*
(das *a* der ersten Silbe beruht wohl auf Angleichung

an *facies*). Im Frz. heifst „Schnupftuch" *mouchoir*
v. *moucher* = *muccare,* schneuzen, im Span. *pañuelo*
v. *paño* = *pannus,* Tuch, im Ptg. *lenço* = *linteum.*
Leinentuch, vgl. Dz 370 *fazzuolo* u. 644 *moucher.*

3721) **Fiacrius,** Name eines Heiligen des 7. Jahr-
h.'s; dav. frz. *fiacre,* Lohnkutsche. „Le premier
entrepreneur des voitures ainsi nommées (1640)
demeurait à l'enseigne de saint Fiacre, de là le
nom", Scheler *s. v.*

3722) **fīber, -brum** s. **beber.**

3723) ***fibĭllă, -am** (v. *fibula*), kleine Nadel, =
span. *hebilla* (gallicisch *febilla*), vgl. Dz 458 *hebilla.*

3724) **fĭbră, -am,** Faser, Pl. Eingeweide; ital.
fibra (gel. Wort), Faser, Zaser, *felpa* (aus **ferpa,*
*ferba, *febra), fasriges, zottiges Zeug, Plüsch;
sard. *pelfa,* Lumpen; altfrz. *frepe, ferpe, felpe,*
feupe, Lumpen; nfrz. *fripe,* Lumpen, dazu das Vb.
friper, verlumpen, vergeuden, verprassen, gierig
fressen, *friperie,* Lumpenzeug; vermutlich (?) gehört
hierher auch *fripon,* das also eigentl. einen Lumpen
im sittlichen Sinne bezeichnen würde; vermutlich (?)
aus *felpe* durch Umstellung entstanden ist altfrz.
pelfe, pelfre, Lumpen, Frange, davon das Vb. *pelfer,*
pelfrer, zupfen, rupfen, plündern; cat. *febra,* Fadeu,
pelfa, Lumpen; span. *hebra,* Faden, *felpa,* Plüsch;
ptg. *felpa,* Plüsch. Vgl. Dz 136 *felpa* (Diez giebt
keine bestimmte Ableitung des Wortes, wagt aber
die Vermutung, es sei vielleicht vom ahd. *falwa,*
Salweide, stamme, denn es sei möglich, dafs der
Stoff nach diesem Baume wegen seiner wolligen oder
filzigen Blätter benannt werden sei), 458 *hebra,*
590 *friper* (Diez leitete das Wort von vermeintl. altn.
hripa „tumultuarie agere" ab, aber *hripa* ist nur
neu-isländisch); Bugge, R III 148 u. IV 363 (führte
zuerst *felpa, ferpe, pelfa* auf *fibra* zurück, eine
jedenfalls sehr scharfsinnige Ableitung, welche freilich nicht eben die Wahrscheinlichkeit für sich,
aber auch nicht die Unmöglichkeit gegen sich hat
und an welcher mindestens vorläufig festgehalten .
werden mufs); Scheler im Anhang zu Dz 797 (fafst
aber die Zugehörigkeit von *friper* in der Bedtg.
„gierig essen" u. *fripon* zu der aus *fibra* stammenden
Wortsippe). Nach Horning, Z XXI 192 (vgl. XXII
484), soll *felpe, fripe* auf *faluppa* (s. d.) zurückgehen, es nötigt aber auch diese Annahme zur Ansetzung schwer glaublicher und jedenfalls nicht
nachweisbarer Zwischenstufen. Die Wortsippe harrt
noch einer befriedigenden Deutung. Gröber, ALL
II 285.

3725) **fĭbŭlă, -am** *f.* (aus **figibula* von *figo*),
Nadel; ital. *fibula* „l'osso più sottile della gamba,
una fibbia antica", *fibbia* „fermaglio d'osso o di
metallo", vgl. Canello, AG III 359; rtr. *fibla,*
Schnalle; prev. *fivella* = **fibella,* von *fibula* jedoch
das Vb. *desfiblar,* ausziehen; altfrz. nur die Verba
fubler, feststecken, in Kleidungsstück befestigen,
sich anziehen, einhüllen, davon die Komp. *affubler*
(auch *affumbler*), zu *affubler* das Shet. altfrz. *af-
fublail, affubaü,* vgl. prov. *afublaih-s,* ital. *affib-
biaglio,* vgl. d'Ovidio, AG XIII 402; *desaffubler;*
neufrz. *affubler,* bedecken, einhüllen; cat. *fibla*
(*sivella,* nach Bugge, R III 162, = **fibella,* vgl.
jedoch Parodi, R XVII 58, wo *sivella* = **subilla*
f. *subula* angesetzt wird); span. *hebilla;* ptg. *fi-
vela,* Schnalle = **fibella.* Vgl. Gröber, ALL II 285.

3726) **fĭcātŭm** *n.* (v. *ficus*), die mit Feigen ge-
mästete Leber, dann Leber überhaupt (in dieser
Bedtg. bei Cael. Aur. de sign. diaet. pass. 93); den

romanischen Reflexen des Wortes liegt teils ein
ficătum, bezw. *fécatum* mit geschloss. *e*, teils ein
fĭdĭcum zu Grunde, der Anlafs zu diesen Umbildungen ist noch völlig dunkel; ital. *fégato* = *fīcătum* (die Accentverschiebung ist höchst auffällig
u. ein Anlafs derselben nicht abzusehen); sard.
ficáu (campidanesisch, wird von Gröber, ALL II
288, wegen *c* statt *g* als „Buchform" bezeichnet),
daneben *fidigu*; venez. *figá*; rum. *ficát* (also mit
Bewahrung des lat. Accentes, vgl. R VI, 132, Z. 12
v. o.); prov. *fetge-s*, (Vorstufen sind *fĭgătum*,
fĭgĭdum, *fĭdigum*, vgl. lombard. *fidegh*, bergam.
fidech, piem. *fidich*); altfrz. *feie*, *fie*, *firie* (vgl.
meie, *mirie* = *medĭcus*), hierher gehört das Vb.
fegir, *figier*, gerinnen machen, = *fidicare*, vgl.
G. Paris, R VIII 434, wo auch die Bedeutungsentwickelung besprochen u. auf das mhd. *liberen*
(v. *lĕber*), gerinnen machen, als auf einen analogen
Fall hingewiesen worden ist; nfrz. *foie*, dazu das
Vb. *figer*, gerinnen: span. *higado*; ptg. *fígado*.
Vgl. Dz 135 *fégado* u. 584 *figer* (Diez leitet das
Verb von *fīgĕre* ab); G. Paris, R VI 132 (ausge-
zeichnete Darlegung der lautlichen Entwickelung
des Wortes; unerklärt wird nur die Verschiebung
des Hechtons in *fégado* etc. gelassen; vielleicht darf
in Bezug auf diese folgendes vermutet werden: an
Stelle von *fīcătum* trat im 2. Jahrh. nach Chr. —
denn nach Dacien wurde wohl noch *fīcătum* übertragen — im ganzen Westen (mit übrigens zweifelhafter Ausnahme Sardiniens) *fĭdăcum* oder *fĭdā-
gum* ein, eine vielleicht an *fides*, Darmsaite, sich
anlehnende volksetymologisierende Bildung, woraus
sich *fidegh*, *fetge* etc. entwickelten; ital. *fégado*
würde als halbgelehrte Rückbildung zu betrachten
sein, (anders d'Ovidio, Z VIII 195, jedoch unbe-
friedigend); G. Paris, R VIII 434 (über *figer*);
Tobler, Ztschr. f. vgl. Sprachf. XXIII (NF III) 415;
Gröber, ALL II 288, 424 Anm. u. VI 388 (G. stellt
fĭticum als Grundwort auf, woraus *ficătum*, *ficătum*
durch die Feigenmästung der Gans veranlafst werden
sei, gegen welche Annahme mehrfache Einwendungen
sich erheben lassen); Behrens, Metath. p. 99 u. 81,
Meyer-L., Rom. Gr. I p. 484 (vgl. auch p. 64);
Horning, Z XX 488 (*ficĭdus : ficus = *sŭcĭdus :
sucus*, aus *ficĭdus* durch Umstellung *fidĭcus*).

3727) **fīcēdŭla**, -am *f.*, Feigendrossel; apul.
fácetula; altital. *ficedola*, span. *ficedula*, vgl.
d'Ovidio, AG XIII 402; Meyer-L., Z. f. ö. G. 1891
p. 770.

3728) [-**fīco**, -**fīcare** (in Kompos.), machen; frz.
-*fier*, gel. Form etc.; über ptg. -*vigar* vgl. C. Michaelis, Frgm. Et. p. 19; Gröber's Grundrifs I,
Ptg. G. § 185.]

3729) **fīctŭs, a, um** (Part. P. P. v. *fingere*, aber
in der Bedtg. von *fixus*); ital. *fitto*, eingesteckt,
als Sbst. *fitto*, bestimmte Summe, Pacht-, Mietgeld,
dazu das Vb. *affittare*, vermieten; rtr. *fig*, dicht,
sehr; cat. *fita*, Grenzstein; span. *hito*, fest, eingesteckt (gehört das Wort auch in der Bedeutung
„schwarz" hierher?), als Sbst. Grenz-, Markstein,
hita, eine Art Nagel; ptg. *fito*, eingerammt, als
Sbst. Ziel, *fita*, Band, Streifen, dazu das Vb. *fitar*,
heften, richten, indessen wäre für diese Worte auch
anderweitige Ableitung (s. unten **vĭtta**) denkbar.
Vgl. Dz 141 *fitto*. — Aus (*terra*) *ficta*, trügerisches
Erdreich, erklärt Rönsch, RF III 371, ital. *fitta*,
mürber Boden; Dz 371 *s. v.* hatte abd. *fiuhti*, Erd-
feuchte, als Grundwort vermutet, was aber lautlich
unannehmbar ist. Vgl. Gröber, ALL II 285.

3730) **fīcŭs, -um** *f.*, Feige; ital. *fico*, Feige, u.

fica (in der Redensart *far le fiche; fica* bedeutet
auch „die weibliche Scham"), vgl. Canelle, AG III
403; prov. *figa*; frz. *figue* (Lehnwort; altfrz. findet
sich vereinzelt *fie* = *fī*[c]*a*); span. *figo*, *higo*, *higa*
(in der Redensart *hacer la higa*; *higa* bedeutet auch
„Amulett"); ptg. *figo* u. *figa* (dieselben Bedeutungen
wie im Span.).

3731) *fīdāntīä, -am *f.* (v. *fidare* für *fĭdĕre*),
Zuversicht; ital. *fidanza*, Vertrauen; prov. *fianza*;
frz. *fiance* (gewöhnlich *confiance*); span. *fianza*,
Bürgschaft; ptg. *fiança*.

3732) *fīdāntĭo, -āre (von *fidantia*), versichern,
verbürgen, ge-, verloben; ital. *fidanzare*; prov.
fiansar (?); frz. *fiancer*, davon *fiançailles*, gleichsam *fidantialia*, Verlöbnifs; (span. *fiansar*; ptg.
fiançar scheint zu fehlen). Vgl. Dz 584 *fiancer*.

3733) **fīdēlis, e** (v. *fides*), treu; ital. *fedele*;
sard. *fieli*; altoberital. *feel*; prov. *fidel-s*,
fizel-s, *fiel-s*, *feeilh-s*; altfrz. *fedeil*, *feeil*, *feel*,
feal (viell. nach *leal* gebildet, vgl. Cohn, Suffixw.
p. 62), *feal*, *feau* = *fidalis*; nfrz. *fidèle* (gel. W.);
span. *fiel*; ptg. *fiel*.

3734) **fīdēlĭtās, -ātem *f.* (v. *fidelis*), Treue; ital.
fidelità, *fedel*(*i*)*tà*; prov. *fedaltatz*, *feeltatz*; altfrz. *feelté*, *fealté* *feauté*; nfrz. *feauté* (veraltet),
fidélité (gel. W.); span. *fieldad*, *fidelidad*; ptg.
fieldade, *fidelidade*.

3735) **fīdēs, -em** *f.*, Treue, Glauben; ital. *fede*
u. *fè*, welches letztere „manca di parecchi significati
traslati di fede, p. es. fede, e non fè di nascita
ecc.", vgl. Canello, AG III 400; prov. c. r. *fe-s*,
c. o. *fed*, *fe*, *fei*; altfrz. *fei*, (dazu das Adj. *feable*,
vgl. Cohn, Suffixw. p. 96 Anm.), *foi*; nfrz. *foi*;
span. *fe*; ptg. *fié*.

3736) *fīdo, -āre (f. *fĭdĕre*), vertrauen; ital.
fidare; prov. *fizar*, *fiar*; frz. *fier*; span. *fiar*;
ptg. *fiar*.

3737) **fīdūcīā, -am** *f.* (von *fidĕre*), Zuversicht;
ital. *fiducia*; altoberital. *fiduxia*, *fiuxia*; piem.
fiüsa; altspan. *fiúcia*, *fucia*, *hucia*, davon die
Verba *afiuciar*, *ahuciar*, *defiuzar*, *deshuciar*, *desahuciar*; ptg. *fiuza*. Vgl. Dz 451 *fiúcia*.

3738) **fīdŭs, a, um** (v. *fĭdĕre*), treu; ital. *fido*;
prov. *fi-s*; altfrz. *fi-s*, c. o. *fi*, auch *fis*; (span.
ptg. *fido*, altptg. auch *fius*). Vgl. Dz 584 *fi*.

3739) *fīgĭco, -āre (v. *fīgĕre*), heften, befestigen;
ital. *ficcare*; rtr. *fichiar*, *fitgiar*; prov. *ficar*;
altfrz. *fichier*; neufrz. *ficher* (Part. Prät. *fiché*
umgebildet zu *fichu* nach Analogie von *foutu*, dessen
Bedtg. es euphemistisch übernommen hat; wie *fichu*
die Bedtg. „Hals-, Busentuch" erhalten haben mag,
ist unklar), dazu das Kompos. *afficher*, anheften,
-schlagen, dazu wieder das Vbsbst. *affiche*; altspan. *ficar*, *fincar* (dazu *afincar*, · wov. *afinca-
miento*), *hincar*; ptg. *ficar*, *fincar*. Vgl. Dz 139
ficcare; Gröber, ALL II 286; Ulrich, Z IX 429
(schlägt *ficticare* als Grundwort vor, was schon aus
lautlichen Gründen unannehmbar ist).

3740) **fīgo, fīxī, fīxŭm, fĭgĕre**, heften, stecken;
ital. *figgo fissi fisso* und *fitto*, *figere* und *figgere*;
(altfrz. *claufire* = *clavo figere*, annageln, an das
Kreuz schlagen, davon 3 P. Pl. Perf. *claufisdrent*,
Part. P. *claufiget*, vgl. Stengel, Wörterb. p. 101).

3741) **fīgūră, -am** *f.* (von *fi-n-gĕre*), Gestalt;
ital. prov. *figura*; frz. *figure*; span. ptg. *figura*.
Das Wort trägt überall gelehrten Charakter.

3742) *fīlellum *n.* (Demin. v. *filum*), Fädchen;
davon ital. Dialektworte, wie *filelli*, *fidelli*, *fidelini*,
Fadennudeln (gemeinital. *vermicellini*).

3743) **fĭlĭä, -am** *f.*, Tochter (vielleicht eigentlich „Näherin" bedeutend, vgl. Havet, ALL II 482); ital. *figlia*; rum. *fiă*; rtr. *figlia, figla, fia* etc. (bildet auch einen Plur. auf *-ns*. vgl. Gartner § 107); prov. *figlia, filla*; frz. *fille*; cat. *filla*; altspan: *fija*; neuspan. *hija*; ptg. *filha*.

3744) **fĭlĭästĕr, -trum** (*v. filius*), Stiefsohn; ital. *figliastro*; rum. *fiastru*; prov. *filhastre-s*; frz. *fillâtre* (das gewöhnliche Wort ist *beau-fils*); cat. *fillastre*; span. *hijastro*; (ptg. heifst der „Stiefsohn" enteado — *ante natus*).

3745) **fĭlĭcärĭä, -am** *f.* (v. *filix*), Farrenkraut, = altfrz. *feugière*; neufrz. *fougère*; span. *helguera*; cat. *falguera*; ptg. *felgueira*. Vgl. Dz 135 *felce*; Gröber, ALL II 286.

3746) **fĭlĭcĕlla, -am** *f.* (Demin. v. *filum*), Fädchen; davon (?) frz. *ficelle*, Schnur, Bindfaden, vgl. Dz 584 *s. v.*; Gröber, ALL II 287 u. VI 388 (verwirft mit Recht das von Littré aufgestellte Grundwort *fiscella*). Suchier, Gröber's Grundrifs I 664, erklärt *ficelle* für das Deminutiv zu *faisse* = lat. *fascia* u. vergleicht neuprov. *feisello* neben *faissa*, diese Behauptung entbehrt aber des Beweises u. mufs seiner entbehren, weil sie lautlich unhaltbar ist. Zuzugeben ist freilich, dafs *ficelle* auch von **filicella* nicht wohl abgeleitet werden kann (*pucelle* aus **pulicella* läfst sich nicht vergleichen). Vielleicht geht *ficelle* auf ahd. *fiza* (s.·d.), Band, zurück. An **fidicella* v. *fides*, Saite, zu denken, verbietet leider die Quantität des ersten *i*, falls man nicht ein **feicelle* als Zwischenstufe annehmen will.

3747) [***fĭlĭctäre** oder **fĭlĭctĭle** *n.* (von *filix*), Farrenkraut, scheint als Grundwort zu dem gleichbedeutenden span. *helechar, helechal* angesetzt werden zu müssen. C. Michaelis, St. p. 87, stellte **filictarium* als Grundwort auf, was von W. Meyer, Ntr. p. 111, mit Recht zurückgewiesen wurde.]

3748) ***fĭlĭctum** *n.* u. ***fĭlĭcta** *f.* (v. *filix*), Farrenkraut; rtr. *feletga*; span. *helecho*; ptg. *feto*. Vgl. Dz 135 *felce*; Gröber, ALL II 286 ; Salvioni, Post. 9.

3749) ***fĭlĭo, -äre** (v. *filius*), als Sohn, Kind annehmen, in die Familie aufnehmen; rum. *infiez* (*infiu*) *ai at a*; prov. *afilhar*; frz. *affilier* (gel. Wort); cat. *afillar*; altspan. *afijar*; neuspan. *ahijar*; ptg. *afilhar*.

fĭlĭŏlä s. **fĭlĭŏlŭs**.

3750) **fĭlĭŏlus, -um** *m.* (Demin. z. *filius*), Söhnchen; ital. *figliuolo*; (rum. *fiţor*, gleichsam **filiciolus*); frz. *filleul* (über die Aussprache des Wortes im 17. Jahrh. vgl. Vaugelas, Remarques etc. éd. Chassang II 25, u. Cohn, Suffixw. p. 251), Patenkind; span. *hijuelo*, der kleine Knabe. Dazu die entspr. Feminina ital. *figliuola* etc.

3751) ***fĭlĭŏttus, -um** *m.* (Demin. z. *filius*) = frz. (veraltet und dialektisch) *fillot, hillot*, Diener, vgl. Dz 615 *hillot*.

3752) [***fĭl(ĭ)tĭä, -am** *f.* (v. *filum*), Schnur; Rückbildung aus **fil-(i)tiare*, wovon ital. *filza*, Schnur, Reihe, dazu das Verb *infilzare*, aufreihen, vgl. Dz 371 *filza*.]

3753) **fĭlĭŭs, -um** *m.*, Sohn; ital. *figlio*; rum. *fiu*; rtr. *figl* etc.; prov. *fis, filh*; frz. *fils* (nur scheinbar ursprünglicher c. r.); altspan. *fijo*; neuspan. *hijo*; ptg. *filho*. — Aus *filii ecclesiae* (oder *gregis?*) ist vielleicht verballhornt worden span. *feligres*, neuprov. *felibre*, vgl. Jeanroy, R XXIII 464.

3754) **fĭlĭŭs dē älĭquo** = span. *hidalgo*, Sohn eines Mannes; neuspan. *hidalgo*; ptg. *fidalgo*, Sohn eines Mannes, der etwas besitzt, Sohn eines vornehmen Mannes,

Edelmann. Vgl. Dz 459 *hidalgo*; Tailhan, R IX 432.

3755) **fĭlĭŭs grēgĭs** = (?) span. *feligres*, Pfarrkind, vgl. Dz 451 *s. v.* Vgl. aber auch No 3753.

3756) **fĭlĭx** (u. fĕlĕx) **-ĭcem** *f.*, Farrenkraut; ital. *felce*; sard. *filighe*; sicil. *filici*; rum. *ferece*; neuprov. (limous.) *felze*, (gascogn.) *heus*. Vgl. Dz 135 *felce*; Gröber, ALL II 286.

3757) ahd. ***fĭllazan** (Intens. zu *fillan*), peitschen, sigentl. schinden; davon vermutlich ital. *felzare, ferzare, sferzare*, peitschen, wozu das Shst. *ferza, sferza*, Peitsche. Vgl. Dz 370 *ferzare*; Ulrich, Z XI 557, hat **filitiare* (doch wohl von *filum?*) als Grundwort aufgestellt, aber daraus ist *filzare* entstanden, s. oben fĭlĭtĭä.

3758) germ. ***fĭllo**, Schinder, Peitscher (v. *fillön*, schinden, das Nomen actionis *filla*, Geifselung, ist belegt); davon vermutlich ital. *fello*, gottlos, boshaft, *fellone*, Bösewicht, Verräter, *fellonio*, Treubrüchigkeit; prov. frz. c. r. *fel-s*, c. o. *fello, fellon, felon*, davon *fellonia, felnia, feunia* (nfrz. *félonie* ist dem Ital. entlehnt); altspan. *fellon, felon, fel(l)onia*. Vgl. Dz 136 *fello*; Mackel p. 98; Th. p. 56 (verneint keltischen Ursprung).

3759) **fĭlo, -äre** (von *filum*), den Faden ziehen, spinnen; ital. *filare*; (rum. *firuesc ii it i*); prov. *filar*; frz. *filer*; cat. altspan. *filar*; neuspan. *hilar*; ptg. *fiar*.

3760) german. **filt**, Filz; ital. *feltro*, Filz, davon das Verb *feltrare*, eine Flüssigkeit durch Filz lassen, durchseihen; prov. *feltre-s, feutre-s*; altfrz. *feltre, feutre, fautre*, davon das Verb *fautrer*, walken, stampfen, schlagen; ufrz. *feutre*, Filz, dazu das Vb. *filtrer*; neufrz. *filtre*, Werkzeug zum Seihen (das *i* dieser Worte ist trotz des gelehrten Charakters **filtrarium* höchst auffällig, ebenso im ital. *filtro*, Liebestrank, eigentl. eine durchgeseihte Flüssigkeit; vermutlich ist von letzterem auszugehen, und ist dasselbe vom griech. φίλτρον beeinflufst worden, wenn es nicht geradezu mit diesem identisch ist, u. hat dann seinerseits den Wandel von frz. *feltrer* zu *filtrer* veranlafst; denkbar wäre sogar, dafs auch *feltrare* auf φιλτρον zurückginge); span. *fieltro*, dazu das Vb. *filtrar*; ptg. *feltro*, dazu die Verba *feltrar*, Filzarbeit machen, u. *filtrar*, durchseihen. Vgl. Dz 136 *feltro*; Mackel p. 96. Siehe unten **phĭltrum**.

3761) **fĭlūm** *n.*, Faden; ital. *filo*, Faden, feine Linie, Kante, Schneide, dazu das Verb *af-filare*, schärfen; *fila*, Schnur, Reihe; rum. *fir*; prov. *fil-s* u. *fila*; frz. *fil*, Faden (dazu das Dem. *filet*, kleiner Faden, Netz, streifenartig geschnittenes Fleisch), Schneide, *file*, Schnur, Reihe, davon *filer*, reihen, in einer Reihe gehen, *défiler*, abreiben, daher *défilé*, Weg, wo man nur in einer Langreihe gehen kann, Engpafs; span. *filo, hilo*, Faden, Schneide, davon *afilar*, schärfen, *fila*, Reihe; ptg. *fio*, Faden, *fila*, Reihe, dazu *enfiar*, einfädeln, durchbohren, erschrecken, *afilar, affiar*, zuspitzen. Vgl. Dz 139 *fila*. Wegen rtr. *fil.* vgl. Gartner § 200 u. in Gröber's Grundrifs I 482.

3762) **fĭlūm + grănūm**; davon vermutlich ital. *filigrana*, frz. *filigrane* etc. „ouvrage d'or et d'argent (ou de tout autre métal ductile), composé de fils déliés, de grains et d'autres ornements", vgl. Scheler im Dict. *s. v.* Gelehrte Umbildung aus *filigrane* scheint frz. *filagramme* zu sein, vgl. Fafs, RF III 498.

3763) **fĭlūm + lānä** (oder fĭlänä, abgeleitet von *filum?*); davon vermutlich altfrz. *flaine* (aus *fĭllaine*?), Wollzeug, sowie die gleichbedeutenden Deminutivbildungen ital. *flanella*, *frenella*; frz. *flanelle*; span. *franela*; ptg. *farinella*. Vgl. Dz 141 *flanella* (Diez ist geneigt, die Worte von *velamen* abzuleiten, sich darauf stützend, dafs altfrz. *flaine* „Überzeug" zu bedeuten scheine, aber läge *velamen* zu Grunde, so würde frz. etwa *vlaim*, *flaim* entstanden sein, vgl. z. B. *examen* : *essaim*). Th., p. 59, leitet das Wort vom kelt. Stamme *vlan*- (cymr. *gwlan*, corn. *glan*, bret. *gloan*), „Wolle" ab.

3764) **fīlŭm** (bezw. **fīlī**) **+** **pĕndŭlā** = ital. *filipendula*, frz. *filipendule* (gel. W.), span. ptg. *filipéndula*, „roter Steinbrech, sogenannt, weil an den fadenartigen Würzelchen dieser Pflanze viele Knollen hangen", Dz 140 *s. v.*

3765) **fīlŭm + vānŭm** = span. *hilvan*, Heftnaht, die wieder aufgetrennt wird, also gewissermafsen vergeblich gemacht wurde, vgl. Dz 459 *s. v.*

3766) ***fīmārĭŭs, a, um** (von *fĭmus*), zum Mist gehörig; davon frz. *fumier* (aus *femier* mit volksetymologischer Angleichung an *fumer*), Misthaufe. Vgl. Scheler im Dict. *s. v.*; Fafs, RF III, 496.

3767) **fĭmbrĭa, -am** *f.*, Faden, Troddel, Saum; ital. *fimbria* u. *frangia* (letzteres aus dem Frz. entlehnt), vgl. Canello, AG III 323; rum. *fringhie*; prov. *fremna*, gehört trotz seiner gleichen Bedtg. nicht hierher (Thomas, R XXVI 282, fafst jedoch *fremna* im Boëthiusliede als *fremnha* auf); frz. *frange*; span. *franja* (Lehnwort), ebenso ptg. Vgl. Dz 147 *frangia*; Gröber, ALL II 286.

3768) ***fīmĭtŭs, -um** *m.* (von **fimare* wie *spiritus* v. *spirare*), Mist; prov. *fenda*; neuprov. *fento*; frz. *fiente*; cat. *fempta*; span. *hienda*. Vgl. Gröber, ALL II 287 u. VI 388; Dz 584 *fiente*.

3769) ***fīmo, -āre** (v. *fimus*), misten; prov. cat. *femar*. Vgl. Gröber, ALL II 287.

3770) **fīmŭm** *n.* u. **fīmŭs, -um** *m.*, Mist; (ital. *fimo*, gel. Wort); prov. *fems* (neuprov. *fento* = *fimitus*); altfrz. *fiens*; cat. *fem*. Vgl. Gröber, ALL II 287.

3771) **[*fīnāntĭā, -am** (v. **finare*), Schlufsleistung, Zahlung, bestimmte Summe; ital. *finanza*, Summe, Einkunft u. dgl.; frz. *finance* etc. Das Wort hat erst in der Neuzeit die bekannte erweiterte Bedtg. angenommen. Vgl. Dz 140 *finanza*.]

*fīnctus s. fingo.

3772) **[*fīndĭtŭs, a, um** (Part. P. P. v. *findere*, gebildet nach *venditus* u. dgl.), gespalten; davon frz. *fente*, Spalte; (ptg. *fenda*).]

3773) **fīndo, fĭdĭ, fīssŭm** u. **fīssŭm**, fĭndere, spalten; ital. *fendo, fessi* u. *fendei fesso* (mit geschloss. *e*) und *fenduto fendère*, dazu das Subst. *fesso*, Ritz; rtr. *fender*, dazu das Shst. *fess, fessa*, Ritz; prov. *fendre*; frz. *fendre*, dazu das Shst. *fesse*, Hinterbacke, wovon wieder das Verb *fesser*, peitschen (von Dz 583 wird bemerkt, dafs *fesser* vielleicht vom deutschen *fitzen*, schlagen, abzuleiten sei, weil „die von Substantiven abgeleiteten Verba keine Einwirkung auf ihre Primitiva ausdrücken können". Indessen z. B. *brasser* v. *bras* bedeutet „umarmen", *boucher* v. *bouche* „stopfen", zunächst doch wohl „den Mund"); span. *hender*; ptg. *fender*. Vgl. Gröber, ALL II 287.

3774) **fīngo, fīnxī, fīctum, fīngĕre**, gestalten, bilden; ital. *fingo finsi finto fingère*, erdichten, sich verstellen; altlomb. *infenzerse* (vgl. Salvioni, Post. 9); prov. *fenh feins* und *feis* (auch schwach *feichi*, s. Bartsch. Chrest. prov. 227, 4) *feint fenher*; frz. *feins feignis* (altfrz. *feins*) *feint* (altfrz. auch *faint* in der adj. Bedtg. „träge, nachlässig",

daneben in gleicher Bedtg. das präsentiale *feignant*, wenn es nicht aus *fainéant* entstanden ist (glaublicher jedoch ist, dafs *feignant* volksetymologisch zu *fainéant* umgebildet wurde); vgl. Dz 580 *faint*), *feindre*; cat. span. ptg. *fingir* (gel. W.). Vgl. Gröber, ALL II 287.

3775) **fīnĭo, -īre** (v. *finis*), beenden; ital. *finire*; prov. frz. span. *finir* (altfrz. auch *fenir*); (ptg. *findar* = **finitare*, vgl. Dz 451 *s. v.*). Vgl. No 3779.

3776) **fīnĭs, -em** *m.*, Ende; ital. *fine*; präpositional *fino* (von vorauszusetzendem **finum*?) *a* bis, auch adverbial „sogar"; schon im Schriftlat. wurde der Abl. *fine* präpositional gebraucht. vgl. Georges unter *finis* I b), vgl. auch Bugge, R III 161, wo behauptet wird, dafs das gleichbedeutende *sino* aus *fino* durch Wandel des Anlautes entstanden sei, während Diez 400 *sino* aus *signo* erklärt hatte; beide Erklärungen dürften unhaltbar sein, denn aus *signo* konnte nimmermehr *sino* werden, Umsprung eines anlautenden *f* zu *s* aber ist trotz der von Bugge beigebrachten vermeintlichen Beispiele durchaus unglaubhaft; vielleicht steht die präpositionale *sino* in Zusammenhang mit dem im Volkslatein, wie es.scheint (s. die Belegstellen b. Georges) vielgebrauchten *sinus* oder *sinum*, thönernes Gefäfse zu Wein, Milch u. dgl., so würde man sich halten, etwaige Bedeutungsbeziehungen des einen Wortes zu dem anderen zu erkennen; will man aber an der Gleichung *sino* = *fino* festhalten, so darf man wenigstens den Wechsel von *f* zu *s* nicht als einen Lautvorgang im eigentlichen Sinne des Wortes, sondern mufs ihn als auf irgend welcher volksetymologischen Angleichung beruhend erachten, wie dies Caix, St. p. 197, thut, vgl. auch unten **In fine**; prov. *fin-s, fi-s*; frz. *fin*; span. *fin*; ptg. *fim*.

3777) (dtsch. **fĭnk** (ahd. *fincho*) = ital. venez. *finco*, Finke, vgl. Dz 371 *s. v.* Dafs das deutsche Wort auch das Grundwort sei zu ital. *pincione*; frz. *pinson*; (cat. *pinsá*); span. *pinzon, pinchon*; (ptg. *pintasilgo*), ist durchaus unglaubhaft; auch Herkunft vom kelt. *pinc*, „Fink", an welche Diez 248 *pincione* zu glauben geneigt ist, hat wenig Wahrscheinlichkeit für sich, weil das Wort im Kelt. nicht heimisch ist dürfte, vgl. Th. p. 73. Schuchardt, Z XV 113, ist geneigt, ein lat. **pincio*, *-önem* als Grundwort anzusetzen.]

3778) dtsch. **fĭnne**; davon ital. *fignolo*, Hitzblatter, vgl. Dz 371 *s. v.*

3779) ***fīno, -āre** (v. *fin*- für *fīni*), enden; ital. *finare*, aufhören; prov. *finar*; altfrz. *finer*; span. *finar*; ptg. (au refl.) *finar-se*. Vgl. Dz 150 *finanza*.

3780) ***fīnŭs, a, um** (Neubildung für *finitus*), vollendet, vollkommen, schön, fein; ital. *fino*, daneben *fine*; rum. *fain*; prov. *fin-s, fi-s*; frz. *fin*; span. ptg. *fino*. Vgl. Dz 140 *fino*.

3781) **flo, flerī**, werden; Reste dieses Verbums sind nur im Rumän. im Schriftital. u. in ital. Mundarten erhalten, vgl. Meyer-L., Rom. Gr. II 269.

3782) ***fīrmācŭlum** *n.* (*firmare*), Verschlufs, Schlofs; altfrz. *fermail*, dav. ital. *fermaglio*.

3783) **fīrmĭtās, -tātem** (v. *firmus*), Festigkeit, = altfrz. *ferté*, Festung; sonst nur gel. Wort. Vgl. Dz 682 *ferme*.

3784) ***fīrmo, -āre** (für **fīrmo**), befestigen; ital. *fermare* „arrestare", *firmare* „sottoscrivere", vgl.-Canello, AG III 322; dazu die Vbsbst. *ferma*, die für Pacht, Miete und dgl. getroffene Festsetzung, *firma*, die (bekräftigende) Unterschrift; rät. prov. *fermar*; frz. *fermer*, festmachen, schliefsen, dazu das Vbsbst. *ferme*, Pachtgut, vgl. Dz 582 *ferme*;

span. ptg. *firmar*, unterschreiben („schliefsen = zumachen" ist ital. *chiudere*, span. *cerrar* = *serrare*, ptg. cerrar, auch *fechar*, über letzteres s. oben **factum**).

3785) ***fīrmŭs, a, um** (für **fīrmus**), fest; ital. *fermo*; rät. *ferm*; prov. *ferm-s*; altfrz. *ferm*. Vgl. Gröber, ALL II 287.

3786) abd. **(fir)scurgo**, Schurke; dav. (od. von ndl. *schrok*, Vielfrafs?) viell. ital. *scrocco*, Schmarotzer, dazu das Vb. *scroccare*; frz. *escroc*, Gauner, dazu das Vb. *escroquer*. Vgl. Dz 288 *escroc*.

3787) germ. **first** *m.*, ***firsti, firste** *f.*, das Höchste, der oberste Balken, First; prov. *frest*, (**fresta*); altfrz. *fest*, *freste*, *feste*, (*fête*); neufrz. *faite*; span. (*en*)*hiesto*, Adj., aufgerichtet, dazu das Vb. *enfestar*, *enhestar*; altptg. *festo*, Höhe, Gipfel, *enfesta*, Bergabhang. Vgl. Dz 451 *festo* und 589 *freste*, dazu Scheler im Anhang 772 (Diez leitete die span. u. ptg. Worte sowie ein nach seiner Meinung noch vorhandenes altfrz. **faiste*, woraus wieder nfrz. *faite* entstanden sein sollte, in unzulässiger Weise von *fastigium* ab, während er in Bezug auf *freste* u. *frest* den wahren Ursprung erkannte); G. Paris, R I 96 (hier überzeugende Darlegung des richtigen Sachverhaltes); Mackel p. 96 u. Z XX 517; Horning, Z XXI 454.

3788) altnord. **fīsa** „pedere" (mhd. *vist*, *fist* „crepitus ventris"); davon nach Caix, St. 655, ital. *vescia* „specie di fungo, ma generalmente crepitus ventris"; frz. *vesse* „crepitus ventris", *vesse-de-loup*, eine Pilzart (wegen der Bedeutungsentwickelung vgl. Kluge s. v. *Bofist*).

3789) **fiscĕllă, -am**, *f.* (Demin. zu *fiscus*), Körbchon; ital. *fiscella* (daneben *fistella* nach *cistella*); altfrz. *feissele*, *foissele*, Binsenkorb. Vgl. Dz 371 *fistella* (Diez setzte unnötig ein **fiscettella* an); Rönsch, RF III 371; Gröber, ALL II 287 u. VI 388.

3790) got. **fiskôn**, fischen; davon nach Dz 451 s. v. span. ptg. *fisgar*, fischen, dazu das Vbsbst. *fisga*, Dreizack zum Fischen.

***fissă** s. **findo**.

***fisso** s. **findo**.

3791) **fissūlo, -āre** (v. *fissus*), spalten; davon frz. *fêler*, spalten. Dz 582 s. v. setzt *fissiculare* als Grundwort an.

3792) ***fistĕllă, -am** f. (für **fistella**, Demin. zu *fistula*), Röhrchen; altfrz. *frestele*, Pfeife, Flöte, dazu das Vb. *fresteler* (auch prov. *frestelar*). Vgl. Dz 589; Gröber, ALL II 288.

3793) [**fistŭcă** od. **fĕstŭcă, -am** *f.*, Schlägel, Ramme; rum. *fistău*, Hammer, Keule.]

3794) **fistŭlă, -am** *f.*, Röhre, Pfeife; (ital. prov. *fistola*, Geschwür); rum. *fliscă*, Querpfeife, Ohrfeige (vgl. das „*deu*tsche „Backpfeife"); altfrz. *fesle* (daneben *festre*, *feste*, letzteres wohl an *flûte* angeglichen); nfrz. *fêle*, Blaserohr; (cat. span. *fistola*, Geschwür; span. ptg. *fistula*, Geschwür; auch frz. ist *fistule* als gel. Wort vorhanden; aufserdem besitzt das Ital. als gel. W. zur Bezeichnung eines Musikinstrumentes, vgl. Canello AG III 352). Vgl. Gröber, ALL II 288.

3795) **fistŭlo, -āre** (von *fistula*), pfeifen; ital. *fischiare*, daneben das nach Caix, St. 612, durch Metathesis entstandene *stufelare*; dazu das Vbsbst. *fischio*; rum. *fliscaesc ii it i*. Vgl. Dz 371 *fischiare*; Gröber, ALL II 288; Flechia, AG III 154 (Fl. erklärt modenes. *fiscaer* aus *fist'lare*, *fistulare*); Canello AG III 352 (führt neben *fischiare* auch *fistiare* „mandar fisti" u. aufserdem *fistolare* „suonar

la *fistola*" an). — Im Altfrz. ist *fistula* (s. d.) als *fesle*, *flestre*, *festre* erhalten. Behrens, Z XIV 367, ist geneigt, frz. *flétrir* = **fistulire* mit der Bedtg. „röhrig, hohl, löcherig werden, schwinden, welken" anzusetzen und damit altfrz. *festrir* „brandig werden" zu idontificieren. Diese Ableitung ist indessen nicht recht überzeugend: aus **fistulire* wäre doch zunächst **fēlir* zu erwarten, u. auch die von B. angenommene Bedeutungsentwickelung ist nicht eben glaubhaft.

ahd. **fiuhtî** s. **fīctŭs**.

3796) [***fīxĭco, -āre** (v. *fīxus*), jem. etwas anheften; davon nach Ulrich, Z IX 429, span. *fisgar*, verspotten; die Vermutung erscheint annehmbar.]

3797) ***fīxo, -āre** (v. *fixus*), fest machen; ital. *fissare* „firmare, rendere stabile", *fisare* „guardare intentamente", vgl. Canello, AG III 365; sonst nur gel. W.

3798) **fīxŭs, a, um** (Part. P. P. von *figere*), fest; ital. *fisso* „firmo, stabile", *fiso* „intento cogli occhi", vgl. Canello, AG III 365, sonst nur gel. W.

3799) ahd. **fīza** (aus **fita**), Band, Faden; soll nach Dz 137 das Grundwort sein zu ital. *fetta*, Schnitte, *fettuccia*, Schnittchen, Bändchen; altspan. *fita*, Band; ptg. *fita*, Band, Streifen. Diese Annahme mufs als durchaus unwahrscheinlich bezeichnet werden, mindestens in Bezug auf das Ital., dagegen ist *fiza* möglicherweise Grundwort zu frz. *ficelle*, Schnur, s. **filicella*. Vgl. Flochia, Misc. 202. S. oben No 3746 u. unten **vitta**.

flabbe s. den Nachtrag.

3800) **flăbĕllŭm** *n.* (Demin. v. *flabrum*), Fächer, Wedel; dav. nach Dz 585 altfrz. *flavelle*, Schmeicholei. W. Meyer dagegen, Ntr. p. 133, setzt **flabella* = *fabella* als Grundwort an, was freilich bezüglich des Genus besser pafst, aber *fl* für *f* ist befremdlich (vgl. jedoch *fiaba*), ebenso die Bedtg.

3801) ***flăbŭlo, -āre** (*flare*), blasen; dav. nach Tobler, Herrig's Archiv Bd. 84 p. 225 ital. *folare*, wehen (tosk. *folata di vento*, Windhauch, Windstofs, vgl. No 3828 u. 3842), vielleicht auch frz. *fròler*.

***flăccăster** s. **flăccīdŭs**.

3802) **flăccīdŭs, *flăxĭdŭs, a, um** (von *flaccus*), welk, schlapp; tirol. *flače*; altfrz. **flaiste*, gebildet in Anbildung an die Adj. auf *-estre* *plaistre*, davon das Vb. *flétrir*, welk machen, entkräften, schwächen, entehren (eine ganz andere Ableitung dieses Verbs hat Behrens, Z XIV 367, aufgestellt: er setzt **fistulire*, v. *fistula*, als Grundwort an, s. oben **fistulo**); ob auch nfrz. *flasgue*, kraftlos, matt, hierher gehört, mufs als noch sehr fraglich erscheinen; span. *lácio*, welk. Vgl. Dz 137 *fiacco* (Dz leitet *flasque* von *flaccidus* ab), 586 *flétrir* (Dz leitet *flétrir* richtig von *flaistre*, dieses aber von *flaccaster* ab) und 461 (*lácio*); Caix Z I 422 (bezeichnet *flacido* als noch dunkel); W. Meyer und Ulrich, Z XI 254 Anm. (geben die richtige Ableitung).

3803) ***flăcco, -āre** (v. *flaccus*), schwächen; davon ital. *fiaccare*, pist. (*ab*)*biaccare* „soppestare, infrangere", vgl. Caix, St. 128.

3804) **flăccŭs, a, um**, welk, schwach; ital. *fiacco*; vielleicht ist auch friaul. u. oberital. *flappo*, welk, = *flaccus*, wie Flechia, AG II 344, annehmen geneigt ist, vgl. aber Ascoli's in AG I 514 Anm. 1 aufgestellte Gleichung *flap* = **flavio-* oder **flavi[do]-*; nach Dz 137 ist *fianco* aus *flaccus* entstanden u. soll eigentl. den schwachen, weichlichen Teil unter den Rippen, dann allgemein „Seite" bedeuten, wahrscheinlicher ist aber die Herkunft des Wortes vom germ. Adj. *hlank*, dünn, schmal,

25*

vgl. Mackel p. 66 (das Sbst. westgerm. *hlanka*, abd. *hlancha f.* kann wegen seines Geschlechtes nicht wohl in Frage kommen, wie schon Diez a. a. O. hervorhob, gleichwohl hat es Caix, St. 369, als Grundwort auch für ital. *lacca* „coscia" aufgestellt); Dz 371 hält endlich für möglich, dafs auch ital. *fioco*, schwach, beiser, von *flaccus* abstamme, erachtet jedoch, falls „heiser" als Grundbedeutung anzusetzen sei (was das Sbst. *fiochezza*, Heiserkeit, nahelege), die Herkunft von *raucus* (: *fraucus* : *flaucus*) für wahrscheinlicher u. bemerkt, dafs Rochegude ein prov. *frauc* „faible, lâche" verzeichne; von beiden Ableitungen ist die erste (*flaccus*) immerhin noch die annehmbarere, vielleicht aber lassen sich beide dahin vereinigen, dafs man ein aus *flaccus* nach *raucus* umgebildetes *flaucus* als Grundwort aufstellt; rum. *fleac m.*, Sbst., Pl. *fleacuri f.*, Nichtigkeit, Albernheit; prov. altfrz. *flac, flaque* (Shet. *flanc-s*, nfrz. *flanc*, Seite, frz. *flanc* + dtsch. berg|en| = *flamberge*, Seitenschützer, Schwert, vgl. Dz 585 *s. v.*, Darmesteter, Mots comp. p. 133 f., Fafs, RF III 496, s. aber auch No 3813 am Schlusse); cat. *flac*; span.*flaco*; ptg. *fraco*. Vgl. Dz 137 *flacco*.

3805) [dtsch. **flachs;** davon will Fafs, RF III 491, frz. *filasse*, Flachs, Hauf, ableiten, das jedoch sicherlich besser auf lat. *filum* zurückgeführt wird.]

3806) germ. **flado,** westgerm. **flado;** davon (ital. *fiadone*, Honigwabe): prov.*flauzon-s*;(altfrz.*flaon*), nfrz. *flan*, flacher Kuchen, Fladen; span. *flaon*, Kuchen. Vgl. Dz 137 *fiadone*; Mackel p. 45; (ital. *fiadone* ist besser von *fiavo*, *favo* = *favus* abzuleiten, s. oben **favus.**

3807) **flägello, -äre,** geifseln; [davon (?) nach Caix, St. 559, ital. *sfracellare* „mandar in frantumi", wovon wieder das Sbst. *s-fascelo*, *s-facelo* „rovina" in der Redensart „andar in sfacelo". Die Ableitung ist unhaltbar]. — Altfrz. *flaeler, flaieler.*

3808) **flägellüm** (*flagellum, non fragellum* App. Probi 77) *n.*, Geifsel; ital. *flagello, fragello*; altfrz. c. r. *flaiaus*, c. o. *flael*; prov. *flagel*; nfrz. *fléau* (bisweilen *fleau*, worin die richtige Entwickelung des Wortes vorliegt). Vgl. Dz 585 *fléau*; Rohenberg, p. 44; Mussafia, Beitr. 58; Salvioni, Post. 9.

3809) 1. **flägro, -äre,** flammen; (ital. Vbsbst. *fiara* „vampa, fiamma", *fioraglia* „fiamma di paglia e simile materie", vgl. Caix, St. 318); (auf *flagrare* führt Guarnerio, R XX 64, zurück sard. *flaria* „fior di cenere" u. *farifari* „cinigia, cenere calda con favilla"); rum. *flacar ai at a*, **flammen.**

3810) 2. *flägro, -äre (für *fragro*). doften: sicil. *viarári*; piem. *fiairé*, vgl. Salvioni, Post. 9; sard. *fr-fiagare*; prov.*flairar*; frz.*flairer*; cat.*flairar*; ptg. *cheirar.* Dazu das Vbsbst. sard.*fiagu*, Duft, altfrz. *flair*, cat. *flaira*, ptg. *cheiro*. Vgl. Dz 146 *fragrare*; Bücheler, Fleckeisen Jahrb. 105,111; Gröber, ALL II 424. S. unten **ölëo.** — Nach Cornu, R XI 89 u. Ptg. Gramm. § 146 u. 247 in Gröbers Grundrifs, gehört hierher auch ptg. *faro* f. *fraro*, Geruchsinn des Hundes (ebenso Coelho im Dicc. *s. v.*), vgl. dagegen C. Michaelis, Frg. Et. p. 31.

3811) germ. *flaihan* (abd. *fléhon*), flehen; frz. *flag-orner*, niedrig schmeicheln, hinterbringen, vgl. Caix, Giern. di fil. rom. I 48; [über span.*falagar*, *halagar*, schmeicheln, beschwichtigen, lindern, dazu das Vbsbst. *halágo*, ptg. *afagar*, liebkosen, schmeichelu, vgl. oben **äfflätico**]. Vgl. Dz 457 *halagar*; Baist, RF I 134; Mackel, p. 116.

3812) germ. **flaming** (*vlaeminc*), Vlaeme, Vlamänder; piemont. *fiamengh*, prächtig, herrlich;

altcat. *flamenc*, frisch von Gesicht (vgl. Cervantes, Num. 1, 1, welche Stelle schon von Diez angeführt ist). Vgl. Dz 531 *braiman*. — Mit *flaming* steht wohl im Zusammenhang der Vogelname *Flamingo*, frz. *flamant*, vgl. Cohn, Suffixw. p. 142.

3813) **flämmä, -am** *f.,* Flamme; ital. *fiamma*; rtr. *flama, floma, fiama* etc., vgl. Gartner § 200; prov. *flama*; frz. *flamme*, (daneben *flambe*, vgl. darüber Förster, Z XXII 265, wo Dissimilation des *mm* zu *mb* angenommen wird, u. andrerseits Klahn, Über die Entwickelung des lat. *mm* im Frz. [Kiel 1898 Diss.]. wo *flambe* als aus *flamble*, *flammula* entstanden bezeichnet wird, wie schon Dz 585 gothan hatte); cat. *flama*; span. *llama*; ptg. *chamma.* — Durch Angleichung an *flamme* ist vielL. entstanden frz. *flamberge*, aus *Floberge* Name des Schwertes des Renaud v. Montauban, vgl. Sp. 391 Z. 20 v. o.

3814) **flämmidio, -äre** (von *flamma*), flammen, leuchten; ital. *fiammeggiare*; frz. *flamboyer*; cat. *fiamejar*; span. *llamear*; ptg. *chammejar.*

3815) **flämmifer, a, um,** Flammen tragend; ital. *fiammifero* (gel. W.), Zündholz.

3816) **flämmo, -äre** (v. *flamma*), brennen; ital. *fiammare*; prov. *flamar*; frz. *flammer* (daneben *flamber*); cat. *flamar*; span. (*flamar*, davon) das Sbst. *llamarada*, grofse Flamme; aufserdem *flamear*, flattern, zu *flámula*, Wimpel, der Bedtg. nach gehörig.

3817) **flämmülä, -am** *f.,* Flämmchen; rum. *flammurä*, Banner, Standarte (wegen der flammenartig züngelnden Gestalt so genannt); frz. *flambe* gehört hierher nur bedingungsweise, vgl. oben *flamme*; abgeleitet von *flambe* ist *flambeau*, Fackel, u. das Vb. *flamber*; span. ptg. *flamula*, Wimpel.

3818) [*flämmusco, -äre* = span. ptg. *chamuscar* (altspan. *xamuscar*), sengen, vgl. Dz 439 *s. v.*, vgl. dagegen Parodi, R XVII 60, s. unten **müscä.**]

3819) isländ. **flana**, blindlings laufen; davon (?) vielleicht *flaner*, bummeln (ursprünglich ein nur mundartliches Wort, es findet sich z. B. im Norm., wo es auch „klatschen" = „faire des commérages" bedeutet), vgl. Dz 585 *s. v.*; Scheler im Dict. *s. v.* Schuchardt, Slawo-Deutsches u. Slawe-Ital., Nachtrag 2, nimmt an, dafs *flâner* aus *flandrer* entstanden sei unter Hinweis auf prov. *fland[r]inejar* u. vergleicht tschechisch *flamandrovati, flandati, flamovati.*

germ. **flap** s. **fläccüs.**

3820) niederländ., niederdtsch.,mittelengl.**flappen,** klappen, schlagen; davon wahrscheinlich altfrz. *frapper*, neufrz. *frapper*, prov. *frapar*, ital. *frappare.* Vgl. Dz 588, wo allerdings wahlweise auch altn. *hrappa* (s. d.) als Grundwort aufgestellt wird. Horning, Z XXI 192, will *frapper* von *faluppa* (s. d.) ableiten, was ebenso unnötig wie unglaubhaft ist.

3821) [(*flasca, am* *f.,* ist die vorauszusetzende romanische Urform für ital. *fiasca, fiasco*, Flasche; rtr. *flascha*; altfrz. *flasche*; span. ptg. *frasco.* (Im Prov., Frz., Span. u. Ptg. ist jedoch das übliche Wort für „Flasche" *botelha, bouteille, botella*, vgl. oben **butt-.**) Die Herkunft von *flasca* ist fraglich, doch hat die von Diez 138 *fiasco* geäufserte Vermutung, dafs das Wort durch Umstellung aus *vasculum* entstanden sei, viel Ansprechendes für sich, der Wandel des anlautenden *v* : *f* ist vielleicht aus Anlehnung an *flare*, blasen, zu erklären, da die Flasche ein bauchiges, gleichsam aufgeblasenes

Gefäfs ist. Vgl. Dz 138 *fiasca*; Th. p. 59 („Aus dem Kelt. weifs ich nichts Verwandtes anzuführen, doch könnte man die Umgestaltung von *vasclum* zu *vlascum* kelt. Einflusse zuschreiben, da das Kelt. den Anlaut *vl-* liebt"). Gröber, ALL II 424.]

3822) **flasco, -önem** *m.*, eine Flasche zu Wein (Gregor. dial. 2, 18); ital. *fiascone*; altfrz. *flascon:* nfrz. *flacon.* Vgl. Dz 138 *fiasco;* Gröber, ALL II 424; vgl. oben ***flasca.***

3823) [***flätito, -äre** (v. *flatare*), wiederholt anblasen; ist nach Storm, R V 179, das vermutliche Grundwort zu frz. *flatter*, schmeicheln (prov. *flattar* ist nicht belegt, wohl aber das Shet. *flataire* u. das Kompos. *aflatar*. auch altfrz. *aflatter*). Dz 585 *flatter* leitet das Wort von germ. *flat*, flach, ab; indessen so gut dieses Grundwort seiner Bedtg. nach zu altfrz. *flatir*, platt hinstrecken, zu Boden schlagen, und *flat*, Schlag, pafst, so wenig will es sich mit *flotter* vereinen lassen. Storm's *flätüläre* bjetet weniger begriffliche Schwierigkeiten, denn das schmeichelnde Reden kann sehr wohl bildlich als Blasen, Einblasen von schönen Worten u. dgl. aufgofafst werden (vgl. das deutsche „in die Ohren blasen, Ohrenbläser"). Vgl. oben ***afflatico.|***

3824) **flato, -äre,** blasen; ital. *fiatare*, atmen; davon vielleicht abgeleitet *fiatore*, übler Geruch (vgl. *sentore* v. *sentire*). Vgl. Gröber, ALL II 424 f.

3825) ***flätör, -örem** *m.* (v. *flatare*), das Blasen; (ital. *fiatore* s. *flatu*); altfrz. *flaür, fleür;.* nfrz. (*fleur*, Geruch), davon das Vb. *fleurer*, duften. Vgl. Dz 146 *fragrare*; Suchier, Z I 431 (hier zuerst die richtige Ableitung); Cornu, R IX 413 (C. will *fleur* aus ***fragrorem* erklären; dafs dies nicht statthaft ist, hat Gröber, Z VIII 158, nachgewiesen); Gröber, ALL II 424.

3826) **flatr** (germ. *flat*), platt; davon alt frz. *flatir*, zu Boden schlagen. Vgl. Mackel p. 46.

3827) [***flätüo, -äre** (v. *flatus*), blasen; davon (? oder besser von ***flatütitare?* vgl. Horning, Z XXII 484) altfrz. *flaüter* (durch Umsprung des *u*, vgl. *vidua:* altfrz. *veude*), blasen, ein Blasinstrument spielen, dazu das Sbst.. *flaüte* (daneben *fluhute, flahuste*), Flöte, nfrz. *flûte.* Aus dem Frz. sind Verb und Sbst., wie es wenigstens scheint, in die übrigen Spr. übertragen worden: ital. *flaúto;* rum. *flaut* m. u. *flautä* f.; prov. *flauta, flautar;* span. *flauta*, (*flautar*, davon) *flautado*, Flötenspiel auf der Orgel; ptg. *frauta, frautar.* Vgl. Dz 141 *flauta* (Diez glaubt, dafs auch ital. *fiutare*, riechen, wozu das Vbsbst. *fiuto*, Geruch, aus ***flautare*=*flatuare* entstanden sei, besser aber, freilich auch nicht befriedigend, leitet man wohl diese Worte mit Ascoli, Stud. crit. II 184 Anm., ab von ***flavitare*, Frequ. v. ***flavare*, dieses Vb. wieder von ***flavor-em*=calabr. *hhiavuru*, Geruch, vgl. Canello, AG III 359).]

3828) **flätüs, -um** *m.* (v. *flare*), das Blasen; ital. *flato* „flatus ventris", *fiato* „alito, antic. anche puzzo", vgl. Canelle, AG III 359; wollte auch ital. *folata* „buffe di vento" (von Diez 372 s. v. = *volata* angesetzt) aus *flatus* erklären.

3829) [***flautiölüs, -um** *m.* (v. *flauta*), kleines Blasinstrument, würde die zurücklatinisierte Form lauten von prov. *flautjol-s, flaujol-s*, kleine Flöte, altfrz. *flajol, flageol*, davon wieder nfrz. *flageolet*, vgl. Scheler im Dict. *flûte* 1; Cohn, Suffixw. p. 257. Über *flagorner*, welches von Littré in Zusammenhang mit *flageoler* gebracht wird (s. Dz 585), vgl. oben **flaihan.**]

flävidüs s. oben **fläccüs.**

3830) **flēbilis, -e** (v. *fleo*), weinerlich, kläglich; ital. *flebile* und *fievole*, arch. *fievile*, vgl. Canollo, AG III 359; prov. *feble, freble, freul, frevol*, vgl. Hentschke, Z VIII 122: altfrz. *foible;* nfrz. *faible;* span. *feble;* ptg. *febre*, nicht vollwichtig (von Münzen; der Begriff „schwach, clond", den das Wort in den übrigen Sprachen angenommen hat, ist also im Ptg. auf einen bestimmten Fall eingeengt worden; „schwach" ist ptg. *fraco* = *flaccus, debil* = *debilis*). Vgl. Dz 139 *fievole.*

3831) ***flēctico, -äre** (v. *flectere*), biegen; altfrz. *fléchier* (über nfrz. *fléchir* s. ***fleskire*, eine seltsame, selbstverständlich gelehrte Bildung ist mittelfrz. *infléchible* (bei Hardy), vgl. Cohn, Suffixw. p. 94 Anm. Vgl. Gröber, ALL II 285.

3832) **flēcto, flēxi, flēxüm, flēctērē,** biegen; ital. *fletto flessi fietto flettere* (gel. W., über Spuren volkstümlicher Bildungen vgl. Salvioni, Post. 9); sonst ist das Wort im Roman. geschwunden (auch frz. *fléchir* kann nicht, wie Dz 586 will, auf *flectere* zurückgeführt werden) und wird durch *plicare, curvare* ersetzt.

3833) niederdtsch. **fleet, vleet,** mittelndl. *vlet, vlete* (ags. *fleot*, engl. *fleet*), Wassergraben; davon nach Behrens, Z XIV 368, das gleichbedeutende norm. *flet.*

3834) dtsch. **flennen** (aus *flannjan*; vgl. schwed. *flina*, engl. *frine*); lomb. *frignare*, weinen, davon *frigna* (grinsendes Maul), Felsenöffnung, frz. *frime*, Fratze, Miene. Gesicht. Vgl. Dz 373 *frignare*; Bugge, R IV 356 (hier zuerst die richtige Ableitung von *frime*; Bugge hatte früher, R III 148, *frime* = *forma* angesetzt); ital. *infrigno*, gerunzelt; frz. *refrogner* wird von Bugge nebst altfrz. *fronguir* „froncer la bouche" und *frunz* auf ein german. ***frunjan* = schwed. *fryna*, das Gesicht verziehen, zurückgeführt.

3835) [***flēskio, -ire** (v. *flexus*, ***fiescus*), biegen; ist nach Förster, Z III 262, die vorauszusetzende Grundform von altfrz. *fleskir*, nfrz. (auch *flenchir, flainchir*, doch ist deren Gleichheit mit *fléchir* wohl zweifelhaft); nfrz. *fléchir* (über *infléchible* s. oben *flectico*); Förster vergleicht *fleskir* von *flexus* mit *alaskir* von *laxus*. Dz 586 wollte *fléchir* unmittelbar von *flectere* ableiten; G. Paris, R VIII 628, leitet *fléchir* von dem Adj. *flesche* u. dieses von *fleschier* = ***flescare* ab; Gröber, ALL II 285, scheint in *fléchir* eine Nebenform zu *fléchier* = ***flecticare* (s. d.) zu erblicken.]

3836) mittelengl. **flete,** Flotte; davon vermutlich frz. *flete, flette*, Fähre, engl. *fleet*, Dz 586 s. v. stellte engl. *flat*, flach (*flat-boat*) u. ndl. *vleet*, das obere Gestell eines Schiffes, als mögliche Grundwerte hin.

3837) ***flēxo, -äre** (von *flexus*), beugen; prov. *fleissar* (altfrz. *fléschier*), vgl. Dz 586 *fléchir;* G. Paris, R VIII 628.

3838) **flēxus, a, um** (v. *flectere*) = prov. *fleis, flieys*, vgl. Gröber, ALL II 425.

3839) altnfränk. ***flikka** (ags. *flicce*, nord. *flikki*), Speckseite; (prov. *fleca*); altfrz. *flique*, *fleche;* nfrz. *flèche* (de lard). Vgl. Dz 585 *flèche;* Mackel p. 96.

3840) ags. **flint,** Feuerstein; frz. *flin*, Wetzstein, Donnerkeil; (da das Wort erst seit dem 17. Jahrh. im Frz. aufzutreten scheint, so dürfte es wohl aus dem Deutschen entlehnt sein). Vgl. Dz 586 s. v.; Mackel p. 100.

3841) ndl. **flits,** Bogen; davon nach Dz 147 ital. *freccia*, Pfeil; prov. *flecha;* frz. *flèche* (altfrz. auch *flesche* geschrieben); span. ptg. (alt *frecha*, in der neueren Sprache) *flecha*. Th , p. 59, ist unter der Voraussetzung, dafs die altfrz. Schreibweise *flesche* etymologischen Wert besitze, geneigt, das Wort aus dem Kelt. abzuleiten [altir. *flesc f.* aus **vliscá*, Rute. Stäbchen]. Das ist immerhin wahrscheinlicher, als die Herkunft vom ndl. *flits*, welches selbst der Erklärung bedürftig ist.

3842) **flo, -āre,** blasen; auf *flare* führt Caix, St. 30, 51 u. 67, zurück: 1. ital. *folata (folata di vento*, Windstofs, *folata d'uccelli*, . Schwarm von Vögeln, vgl. No 3801 u. 3828); Diez 372 *s. v.* erklärte das Wort für entstanden aus *volata* (frz. *volée*) v. *volare*, indem *v* durch Anlehnung an *folla*, Gedränge, Menge, in *f* übergegangen sei. Dies würde auf *folata d'uccelli* sehr wohl, nicht aber auf *folata di vento* passen; die letztere Verbindung macht die Caix'sche Ableitung möglich, wobei man annehmen mag, dafs das Wort sein *o* der Anlehnung an *volare* verdanke. — 2. ital. *ronfiare*, rtr. *g-rufflar*, prov. *ronflar*, frz. *ronfler*, schnarchen, = *re-inflare* (Diez 275 verglich das Wort mit bret. *rufla*, das aber selbst entlehnt sein dürfte, u. griech. *ῥοφεῖν, ῥομφάνειν*, schlürfen, das in der Bedeutung zu weit abliegt u. kein *l* in sich hat; Boucherie, Rev. des lang. rom. V, stellte **rhombulare* von *ῥόμβος* als Grundwort auf, was weder der Bedeutung noch der Form nach pafst, denn *ῥόμβος* bedeutet „Kreisel" u. **rhombulare* hätte *rombiare, rombler* ergeben); — 3. tosc. *trenfiare, tronfiare, s-tronfiare*, woraus mit Verlust des Nasals (vgl. Ascoli, AG I 45 Anm. 3) *struffiare, struffare* „soffiare fortemente, sbuffare" (davon *stronfione*, Schnarcher) = **tra[ns]-inflare*, *s-bruffare* „spruzzar colla bocca, soffiar fuori" = **ex pro-flare* (vgl. Virg. Aen. IX 356 *toto proflabat pectore somnum*). — 4. *tranfio*, aufgeblasen, aus **tran-fiato* = **tra[ns]inflatus*, vgl. *gonfio* = *conflatus*. Diez 407 *s. v.* leitete das Wort vom griech. *τρυφᾶν* ab, woher auch das ru m. Vb. *trufi*, sich aufblähen, nebst dem dazu gehörigen Sbst. *trufie*, komme.

3843) **flōcĕllā, -am** (Demin. v. *floccus*), kleine Flocke; ru m. *floce*; Deminutivbildung von *floccus* ist ebenfalls spa n. *fluequecillo, -ito*, kleine Franze.

3844) **flōccīnŭs, -um** m. (v. *flocces*), Weinhefe; ital. *fiòcine* „buccia dell' acino, vinacciuolo", vgl. Caix, St. 320.

3845) **flōcĕōsŭs, a, um** (v. *floccus*), flockig; ital. *fioccoso*; ru m. *flocos*; (frz. *floconneux*); spa n. *fluecoso*.

3846) **flōcĕŭlŭs, -um** m, (Demin. v. *floccus*), kleine Flocke; ital. *fioccolo* „piccolo fiocco di neve", *bioccolo* „fiocco di lana", vgl. Canello, AG III 359, Dz 357 bioccolo.

3847) **flōccŭs, -um** m., Flocke, Faser; ital. *fiocco, fiocca*; sard. *fiocu*; ru m. *floc, floacă*; rtr. *floc*; prov. *floc*; frz. *floc, froc*, flockiger Wollstoff, Mönchskutte, *floche*, Sbst., Quaste, Adj., wellig; von *floc* abgeleitet *flocon*, Flocke; cat. *floc*; spa n. *flueco, fleco*, Troddel, Quaste, (über spa n. *lleco*, unangebaut, vgl. Bugge, R III 163); ptg. *froco*, Flocke. Vgl. Dz 451 *fleco*, 590 *froe*; Gröber, ALL II 425 u. VI 389.

3848) *flōrārīŭs, -um* m. (v. *flos*), Blumengärtner; ital. *fiorajo*; ru m. *florar*; (frz. *fleuriste*).

3849) **flōrēsco, -ēre**, zu blühen anfangen, blühen; ital. *fiorir (fiorisco)*; ru m. *(in)fioresc ii it i*; rtr. *florire*; prov. *florir*; frz. *fleurir (fleuris)*; cat. *florir*; spa n. ptg. *florecer*, daneben ptg. *chorecer*, wov. *chorume* (gleichs. **florümen*), *chorumado* duftig, vgl. C. Michaelis, Frgm. Et. p. 12.

3850) **flōrĭdŭs, a, um** (*flos*), blühend; ital. *flo-*

rido (gel. W.); über das Vorkommen eines mundartlichen *fiordo* vgl. Salvioni, Post. 9.

3851) [***flōrīnŭs, -um** m. (v. *flos*), florentinische Münze mit dem Blumenwappen (Lilie); i tal. *fiorino*; frz. spa n. *florin*; (ptg. *frolença* für *florença*). Vgl. Dz 141 *fiorino*.]

3852) [***flōrĭttŭs, -um** m. (Deminutivbildung zu *flos*), Blümchen; ital. *fioretto*, Rappier (sogenannt wegen des blümchenähnlichen Knöpfchens an der Spitze); frz. *fleuret*; spa n. *florete*. Vgl. Dz 141.]

3853) **flōs, flōrem** m., Blume; ital. *fiore*; rum. *floare*; rtr. *flor, flóur, fióur, flu* etc., vgl. Gartner § 50; prov. *flor-s*; frz. *fleur*; (die Endung *-fleur* in Ortsnamen, z. B. *Barfleur, Harfleur, Honfleur*, hat mit *fleur* = *florem* nichts zu schaffen, vermutlich ist sie volksetymologische Umbildung des skand. *fiord*, vgl. Fafs, RF III 475); cat. spa n. ptg. *flor*.

*flōvĭŭs s. **flŭvĭŭs.**

3854) ***flŭctŭlo, -āre** (Demin. zu *fluctuare*), fluten; ital. *frullare*, rauschen, sausen; (ru m. *flustur ai at a*).

3855) **flŭctŭŏ, -āre** (v. *fluctus*), fliofsen; ital. *fluttuare*, hin- u. herschwanken; spa n. ptg. *fluctuar* (nur gel. W., so auch im Ital.). Sonst wird „fliefsen" im Roman. durch *currěre, colare* (frz. *couler*) ausgedrückt oder *fluctuare* durch den german. Stamm *flut* vertreten; im Rtr. ist das deutsche „fliefsen" als *fliessegig* aufgenommen, vgl. Gartner § 155.

3856) ***flŭctŭs, -um** m. (v. *fluo*), das Fliefsen; ital. *flutto* „forte andata", vgl. Canello, AG III 359. Wegen anderer Worte, welche von *fluctus* abgeleitet zu werden pflegen (s. Dz 141 *fiotta*), vgl. **flut.**

3857) ***flŭĭdŭlŭs, a, um** (Demin. von *fluidus*), zerfliefsend; davon nach Bugge, R IV 368, ital. *frollo*, mürbe *(fluidulus : frollo = stridulus : strillo*, oder = **soltulus : sollo*).

3858) **flŭmĕn** n. (von *fluo*), Flufs; ital. *fiume*; rtr. *flum* neben *fluidi*; prov. *flum-s*; altfrz. *flun-s* (nfrz. ist *fleuve* allein üblich); im Spa n. u. Ptg. ist *rio* = *rivus* das übliche Wort für „Flufs"; in Graubünden hat das deutsche Wort „Flufs" selbst Eingang gefunden, vgl. Gartner, § 20.

3859) dtsch. **Flunder** = frz. *flondre*.

3860) **flŭo, flŭxī, flŭxŭm, flŭěrě**, fliefsen; ital. rtr. spa n. ptg. *fluir* (nur wenig üblich und meist nur von dem Verfliefsen der Zeit gebraucht; so namentl. im Span. u. Ptg.).

3861) germ. Wurzel **flut**, fliefsen (davon altn. *floti*, ags. *flota*, Fahrzeug, vgl. Kluge unter „Flotte"); davon (unter Anlehnung an *flüctus*, wodurch das *tt* sich erklärt) ital. *flotto* „il flusso e rifiusso marino, e il suo rumore", vgl. Canello, AG III 359; *frotto*, Schwarm, gehört wohl nicht hierher, folglich auch nicht *frottola*, possenhaftes Spruchgedicht (dazu das Vb. *frottolare*, ein solches Gedicht fertigen, Schwänke erzählen), doch läfst eine sichere anderweitige Ableitung dieser Worte sich nicht geben; *flotta, fiotta*, Flotte, ist wohl Fremdwort aus dem Frz., ebenso wohl auch *fiottare*, schwimmen; frz. *flot*, Flut (altfrz. *flote*), *flotte*, Flotte (erst seit dem 16. Jahrh. üblich, früher statt dessen *navire, estoire*), *fiotter*, schwimmen; spa n. *flota*, Flotte; dazu das Verb *flotar*, schwimmen (*flotar* bedeutet auch „ausstäuben, reiben" u. findet mit dieser Bedtg. sich auch in der Form *frotar*, ob dies *flotar, frotar* das entlehnte frz. *frotter* [s. unten **frieto**] ist, oder aber ob *flotar* „schwimmen" und *flotar* „reiben" trotz der scheinbar weit auseinandergehenden Bedeutungsverschiedenheit doch ein u. dasselbe Zeitwort darstellen, mufs erst durch genauere Untersuchung des

Vorkommens dieser Ausdrücke festgestellt werden;
vermutlich dürfte sich *frotar* als Lehnwort erweisen,
die Bedtg. „reiben“ aber auch dem Erbworte *flotar*
zuzuerkennen sein); ptg. *frota*, Flotte. Die Wortsippe auf *flŭctus* zurückzuführen, wie Diez 141 *fiotta*
u. 142 *flotta* dies thut, verbietet die Länge des *u*
(vgl. *frŭctus* : ital. *frutto*, frz. *fruit*), doch mag das
einstige Vorhandensein von *flŭctus* die Aufnahme
der german. Wurzel begünstigt haben, und dürfte
das doppelte t von ital. *flotto* aus *fluctus* ererbt
sein. Suchier, Gröber's Grundrifs I 680 u. altfrz.
Gramm. § 13ᵇ, nimmt Kreuzung von *fluctus* mit
altniederfränk. *flôd* an. G. Paris, R XVII 520,
setzte frz. *flot(t)er* = *flovitare* f. *fluitare* an. Vgl.
Mackel, p. 32.

3862) **flūvĭŭs**, **-um** *m.* (von *fluĕre*), Plufe; (rtr.
fluidi); altfrz. *flueve* (= *flŏvius*); *fluive*, *fluie*;
nfrz. *fleuve;* sonst scheint das Wort überall geschwunden, bezw. durch *flumen* od. *rivus* verdrängt
worden zu sein (ital. *fiume*, prov. *flum-s*, span.
ptg. *rio*). Vgl. Gröber, ALL II 425 u. VI 389;
Meyer-L, Rom. Gr. I § 141 Anm.

3863) ***flūxīna** u. ***flūxīna**, **-am** *f.* wird von
Thomas, R XXVIII 184, als Grundwort aufgestellt
zu prov. *floissina*, *floissena*, neuprov. *flausino*,
Kissenüberzeug; frz. ***floine**, *flaine*. Sehr überzeugend ist diese Ableitung eben nicht, da man
nicht begreift, wie *fluxina;* das, nebenbei bemerkt,
eine recht seltsame Bildung wäre, zu der Bedeutung
von *floissina* etc. gekommen sein sollte.

3864) **flūxŭs, a, um** (Part. Perf. P. v. *fluĕre*),
ital. *flusso* „passaggere, caduco“; Caix, AG III
359, betrachtet als Scheideform hierzu *floscio* „sner-
vato, morbido“ (so auch Dz 142 *s.*); Caix, St.
129, führt auf *fluxus* auch zurück *bioccia* „acqua
e neve congelata“ *bioscia* „materia sciolta, fluida“,
abbiosciarsi „infiacchirsi“, Ableitungen, welche nur
unter Annahme eines **flŭxus* oder der Anlehnung
der betr. Worte an ein anderes mit *o* in der Stammsilbe (etwa an *flŏccus*, vgl. rum. *fulg*) statthaft
sind; rum. *fulg*, Shet., Flocke; prov. *fluis*, schlaff;
frz. *floche;* cat. *flux*, *floujo;* span. *flojo;* ptg.
frouxo, träge, schlaff (zu *flojo* und *frouxo* die
Demin. *flojel* u. *frouxel*, Flaumfeder). Vgl. Dz 142
floscio; Gröber, ALL III 508.

3865) engl. **fly-boat**, eine Art Jacht; davon frz.
flibot, kleines Seeschiff; span. *flibote*, *filibote*. Vgl.
Dz 586 *flibot*.

3866) ahd. **fnehan** (mhd. *phnehen*), anhauchen;
davon nach Bugge, R III 147, frz. *faguenas* „odeur
rebutante qui sort d'un corps échauffé“ (*faguenas*
würde umgestellt sein aus *fanegas*, vgl. *talefas* f.
tavelas, *omelette* aus *alemette;* wegen des einge-
schobenen *a* vgl. *canif*, *hanap* u. a.).

3867) **fŏcācĭŭs, a, um** (v. *focus*), zum Herd gehörig (*panis f.*, auf dem Herde in der Asche ge-
backenes Brot, Isid. 20, 2, 15); ital. *focaccia*,
Kuchen; (rum. *pogace;*) prov. *fogassa*, *foguassa;*
frz. *fouace*, *fouasse;* altcat. *fogassa;* span.
hogaza; ptg. *fogaça*. Vgl. Dz 142 *focaccia*.

3868) **fŏcārĭŭs, a, um** (v. *focus*), zum Herd gehörig; ital. *focaja*, Sbst., Kiesel (weil er als Feuerstein gebraucht wurde), *focara* „strumento di ferro
fuso per far fuoco sotto la caldaja“, vgl. Canelle,
AG III 307; rum. *focar;* prov. *foguier-s*, Herd
(daneben *fogal-s*); frz. *foyer*, Herd, heizbarer Raum,
Versammlungszimmer; altcat. *fogar;* span. *hogar;*
(ptg. *fogão*).

3869) ***fŏcīlĭs, -e** (v. *focus* in der rom. Bedtg.
„Feuer“), zum Feuer gehörig; ital. *focile* „acciarino

e schioppo“, *fucile* „soltanto schioppo, e propriamente quello dei soldati“, vgl. Canelle, AG III 335;
das *u* in *fucile* wohl auf Anlehnung an
fucina, ebenso wie frz. *fusil* durch *fuseau* u. dgl.
beeinflufst werden sein dürfte; frz. *fusil*, Flinte,
davon *fusiller*, *fusilier;* span. *fusil* (Fremdw.); ptg.
fuzil (Fremdw.). Das allein übliche Wort zur Bezeichnung der Handfeuerwaffe ist *focilis* nur im
Frz.; der Italiener hat daneben *schioppo* von *stlopus*,
sclopus „Knall“, der Spanier *escopeta* (ebenfalls von
stlopus, *selopus*), der Portugiese *espingarda*, vermutlich von **spingare* für **springare* = deutsch
„springen“ (vgl. Dz 304 *s. v.*); aufserdem stehen
neben *focile* die zahlreichen Benennungen für bestimmte Arten von Schiefsgewehren, wie „Muskete“
(v. *musca*), „Arkebuse“ (v. Hakenbüchse) etc.

3870) **[*fŏcīnā, -am** *f.* (v. *focus*), nach Dz 373
= ital. *fucina*, Schmiede, doch liegt wohl eher
Kürzung aus *officina* mit *u* verdunkeltem *i* vor.]

3871) **fŏcŭs, -um** *m.*, Feuerstätte (im Roman.
„Feuer“); ital. *fuoco*, vgl. Ascoli, AG X 90, u.
dagegen Meyer-L, Rom. Gr. II p. 8; rum. *foc*,
Pl. *focuri;* rtr. *foek*, *fiuk*, *féuk* etc., vgl. Gartner,
§ 200; prov. *foc-s*, *fuoc-s*, *fuec-s;* altfrz. *fou*,
(aus **fow*, **focw*, *focu* + Vok., vgl. Neumann, Z
VIII 386 u. Misc. 169, vgl. auch Förster, Z XIII
544, Schwan, Z XII 207 u. Altfrz. Gr. ⁸ § 148, 2,
Meyer-L, Z XI 540 u. Rom. Gr. I p. 108, Suchier,
Altfrz. Gr. § 31); nfrz. *feu;* Diez 591 leitet frz.
furolles, Pl., Irrlichter, von *feu* ab, indem er sich
auf das ital. *focajuolo* beruft, aber das letztere
ist regelmäfsig aus **focariolus* entwickelt, während
der Ableitung aus *furolles* aus *feu* die erheblichsten
lautlichen Bedenken entgegenstehen; das Wort dürfte
eher mit dem deutschen „Feuer“ zusammenhängen.
Cat. *fog;* span. *fuego;* ptg. *fogo*, davon *foguete*,
Rakete; span. *cohete*, cat. *cuet*.

3872) **fŏdĭco, -āre** (v. *fodĕre*), wühlen; dav. frz.
fouger, aufwühlen, vgl. Dz 587 *s. v.*

3873) ***fŏdĭcŭlo, -āre** (Deminutivbildung zu *forli-
care*), wühlen; prov. *fozilhar;* frz. *fouiller*, (*farfouiller*, umwühlen, wird als aus *parfouiller* entstanden erklärt, doch hat das einen wahrscheinlichkeit für sich, eher dürfte *far-* für *for-* stehen).
Vgl. Dz 587 *fouger;* Gröber, ALL II 426.

3874) **fŏdĭo, fŏdī, fŏssum, fŏdĕre**, graben; altfrz. *foir*, *fouir*.

3875) germ. **fodr** (mit offenem o, von der Wurzel
fôd), Futter, und gleichlautend **fodr** (ebenfalls mit
offenem o, von der Wurzel *fo* mittelst des Suffixes
đro gebildet, vgl. Mackel p. 30, Kluge unter „Futter“);
davon ital. *fodero*, Kleidfutter, Futteral, dazu das
Vb. *foderare;* prov. *fuerre-s;* altfrz. *fuerre;* neufrz. *feurre*, Futterstroh, *fourrage*, Nahrungsfutter,
fourreau, Scheide, *fourrure*, gefütterter Rock, Pelz,
fourrer, einstecken, stopfen; span. *forro*, Unter-
futter, *forrar*, füttern, *forraje*, Viehfutter; dieselbe
Wortsippe gleichlautend im Ptg.
foederātŭs s. *frātĕr*.

3876) **foedus, a, um** (= *fĕdus*); ital. *fedo* (mit
off. e); span. *hedo*, *feo;* ptg. *feio*. Vgl. Dz 451
feo; span. *heder;* ptg. *feder*. Vgl. Dz II 284.

3877) **foetēbūndŭs, a, um** (= *fĕtebundus* von
fetere), stinkend, = span. *hediondo*, vgl. Dz 458
s. v.

3878) **foetĕo, -ēre** (= *fĕteo*), stinken; ital.
fetere, südital. *fiu*, *fieti* = *foeteo*, *foetes*, vgl. Morosi
u. Ascoli, AG IV 135 Z. 3 v. u. im Texte u. Anm.;
span. *heder;* ptg. *feder*. Vgl. Gröber, ALL II 282.

3879) **foetor, -örem** m., Gestank; ptg. *fedor*.

foetus s. *fetus*.

3880) arab. **fôlan**, ein gewisser (vgl. Freytag III 372b); sard. *fulano*; altspan. *fulan*; neuspan. *fulano*; ptg. *fulano, fuão*. Vgl. Dz 452 *fulano*; Eg. y Yang. p. 401 (*fulán*).

3881) [**föliäta, -am* f. (v. *folium*), scil. casa od. **mansio*, = **feuillée* (altfrz. *feuillie*), woraus volksetymologisch *folie*, Lusthaus. Vgl. Littré s. v.; Fafs, RF III 503.]

3882) [**föliätïcum* n. (v. *folium*), Laub; prov. *folhatge-s*; frz. *feuillage*; (ptg. *folhagem*).]

3883) **föliöla, -am** f., Blätterkuchen; dav. span. *hojuela*, Waffelkuchen; ptg. *filhó*, Pfannkuchen, vgl. Meyer-L., Z XV 270 Anm.

3884) **föliösüs, a, um** (v. *folium*), blätterreich; ital. *foglioso*; rum. *foios*; prov. *folhos, fuelhos*; (frz. *feuillu* = **foliûtus*); span. *hojoso*; ptg. *folhoso*.

3885) **föliüm** n., Blatt; ital. *folio* (gel. W. zur Bezeichnung des Buchformates), *foglio* „l'artificiale", *foglia* „quella di natura, o sottil lamina di metallo", vgl. Canello, AG III 337 und 403; rum. *foaie*, f., Pl. *foi* (daneben Sg. *foiu* m.); rtr. *fœly, fœy* etc., vgl. Gartner, § 200; prov. *folh-s, folha, fuelha*; frz. *feuille*, davon das Demin. *feuillet*, davon wieder *feuilleter, feuilleton*; cat. *ful, fulla*; span. (*foja*), *hoja*; ptg. *folho, folha*.

3886) arab. **folk**, Schiff (vgl. Freytag III 373a); davon vermutlich ital. *feluca*, kleines Ruderschiff; frz. *félouque*; span. *faluca*; ptg. *faluga, falua*. (Dozy leitete die Worte vom arab. *harrâka*, kleines See- oder Flufsschiff, ab.) Vgl. Dz 137 *feluca*; Eg. y Yang. p. 394 (*falúca*).

3887) altnord. **folk**, Volk, = prov. altfrz. *folc, fouc*, Herde, Heer. Vgl. Dz 586 *folc*; Mackel, p. 28; Pogatscher, Z XII 555, empfiehlt die Ansetzung eines fränk. **fulk*.

3888) [**föllïcellus, -um* m, (*follis*), kleiner Sack; ital. *filugello, filosello* (an *filum* angeglichen, vgl. Cohn, Suffixw. p. 219), wovon frz. *filoselle, -sèle*, Flockseide; altprov. **folzel, *fouzel*; neuprov. (Languedoc) *fousel*; altfrz. *faucel*; pic. *fauchel*, dav. *deffaucheler* u. *renfaucheler*. Vgl. Thomas, R XXIII 245.

3889) **föllïco**, u.*-dio, -äre* (v. *follis*), sich nach Art des Blasebalges bewegen, schlottern, schwanken, taumeln; ital. *folleggiare* (daneben *folleare*), thöricht (eigentlich nach Art eines Taumelnden oder Trunkenen) reden oder handeln; (rum. *foiesc ii it i* = **follesco*, **follire*, wimmeln, eigentlich wohl sich so unruhig wie ein Blasebalg bewegen); prov. *folejar* (daneben *foleur*), dazu das Vbsbst. *folie*, Thorheit (über *folie* „Lusthaus" s. oben **foliata*); altcat. *fol(l)ejar*; span. *holgar* (auch cat. *folgar*), ausschnaufen, sich erholen, ausruhen, feiern; ptg. *folgar*, dazu die Vbsbstve *fólego*, Atem, Atemholen, *folga*, Rast, Ruhe. Vgl. Dz 459 *holgar*.

3890) **föllïcülüs, -um** m. (Demin. v. *follis*), kleiner Sack, Schlauch; ital. *folliculo, -olo*, Samenhülse, *filucola*, „mulinello di vento", Caix, St. 319; span. *hollejo*, dünne Fruchthaut. Vgl. Dz 459 *hollejo*.

3891) **föllïs, -em** m. (vgl. Ulrich, Z XVII 570), lederner Schlauch, Blasebalg; sard. *fodde*, Blasebalg; ital. *folle*, närrisch, thöricht (der Bedeutungsübergang dürfte gewesen sein „aufgeblasener Balg = aufgeblasener Mensch, Hohlkopf, Thor"); rum. *foale*, Schlauch, Bauch, Wanst; rtr. *fol*, thöricht; prov. *fol.* thöricht; frz. *fol, fou*, thöricht, Thor,

dazu *folie*, Thorheit (altfrz. „thörichte Handlung") u. altfrz. *folor*, Thorheit, vgl. Förster zu Yvain 1640; cat. *foll*, thöricht; span. *fuelle*, Blasebalg; ptg. *folle*, Blasebalg. Vgl. Dz 142 *folle*; Gröber, ALL II 426.

3892) got. **fôn**, Feuer; davon viell. ptg. *fonas*, Pl., Funken, doch ist vielleicht besser das Wort von lat. *fomes* abzuleiten. Vgl. Dz 451 *fona*.

3893) arab. **fondoq, al-fondoc**, Magazin (vgl. Freytag III 375b); ital. *fóndaco*; altfrz. *fondique*; span. *fundago, alhóndiga*; ptg. *alfandega*. Vgl. Dz 143 *fóndaco*.

3894) **fôns** u. **fôns, fôntem* m., Quelle; ital. *fonte*; prov. *fons*; (frz. fehlt das Wort, „Quelle" ist *fontaine* u., weit üblicher, *source* v. *surgère*); cat. *font*; span. *fuente*; ptg. *fonte*. Vgl. Gröber, ALL II 426 u. VI 389. (Frz. gel. W. *fonts*, Taufbecken).

3895) **fôntänä, -am** f., Quelle (Vopisc. Carin. 17, 5, Gromat. vet. p. 315, 28; 324, 2); ital. *fontana*, Quelle, Springbrunnen; rum. *fintínă*, Brunnen; prov. *fontana*; frz. *fontaine*; altcat. span. *fontana*; ptg. *fontainha* = **fontanea*.

3896) **föräcülo, -äre* (v. **foraculum*, Loch) = ital. *foracchiare*, durchlöchern, vgl. W. Meyer, Ntr. 137.

3897) **foräcum* n., Loch, = span. *huraco*, dazu das Vb. *horacar* (daneben *horadar*), durchlöchern; Vgl. Dz 460 *huraco*.

3898) [**föräněüs, a, um* (zusammenhängend mit *forum, foras*), draufsen befindlich, scil nach Baist, Z VI 118, das Grundwort sein zu span. *huraño*, mifstrauisch, scheu (der vermittelnde Begriff würde dann „fremd" sein). Diez 452 *furo* hatte das Wort nebst dem gleichbedeutenden arag. *furo* und dem ital. *furo*, diebisch, von *fur* abgeleitet. Baist stützt seine Ableitung darauf, dafs neben *huraño* auch *horaño, foraño* sich finde, deren erstsilbiges *o* auf *ü* nicht zurückgehen könne. Sicher auf **foraneus* beruht span. *foraneo, forano*, fremd, frz. *forain* (altfrz. auch *deforain*) ist = *föränüs*, vgl. Dz 149 *fuora*. Vgl. Gröber, ALL II 429 unter *furius*; Cohn, Suffixw. p. 164.]

3899) [gleichs. **föräria, -am* f. (*foras*), Aufsenrand; frz. *forière, fourière*, Feldrand, vgl. Horning, Z XX 454.]

3900) **föräs, förïs**, draufsen; ital. *fuora* und *fuori*; rum. *fără*, ohne; prov. *foras, fors, fos, for, fora*; frz. *hors, for-* in Zusammensetzungen, wie z. B. *for-faire*, wo das Adv. dann in der Bedtg. mit dem deutschen „ver-" zusammentrifft; über das *h* in *hors* vgl. Neumann, Z VIII 382 Anm., Ascoli, Misc. 444, Meyer-L., Rom. Gramm. I p. 511 (*de hors* aus *de[f]or[i]s*, was freilich nicht voll zu befriedigen vermag); span. *fuera*; ptg. *fora*. Vgl. Dz 149 *fuora* (Diez zieht auch rtr. *ora, or* hierher; über die rtr. Formen *fœr, four, für* vgl. Gartner § 76). — (**fôris.**) In frz. Zusammensetzungen ist *for[i]s* mehrfach volksetymologisch mit *fau(x)* vertauscht worden: *faubourg, faufiler, faux-fuyant, faux-marcher*.

3901) **förästïcus, a, um** (von *forąs*, b. Placidus belegt), draufsen befindlich, fremd; ital. *forastico*, störrig, rauh, scheu, wild; sicil. *furestico*; prov. *foresgue*; frz. *farouche*; cat. *feresteg*. Vgl. Dz 144 *foresta*; Horning, Z XIX 102, XXII 484. S. ob. **ferox**.

föreeps s. *forfex*.

3902) **förēnsïs, -e** (v. *forum*), fremd; ital. *forese*, Bauer; span. *forense*, fremd. Vgl. Dz 146 *foro*.

3903) [*fŏresta, -am u. -is, -em f. (v. foras? oder von ahd. forst u. dieses von foraha, Föhre?), der Wald aufserhalb des eingezäunten Forstes (parcus); ital. foresta, Wald; prov. foresta u. forest; frz. forêt; cat. span. ptg. floresta (volksetymologisch an flor-em angelehnt. Vgl. Dz 144 foresta).]

3904) fŏrfĕx, -ficem c., Schere; ital. forbice u. forfici, Pl.; sard. forfighe; (abruzz. forćeve = forcipem); über sonstige mundartliche ital. Formen vgl. Mussafia, Beitr. 58, AG XIV 114, Salvioni, Post. 10; rum. foarfece; rtr. forsch; prov. forsa; altfrz. force; nfrz. forces. Vgl. Dz 587 force (wo forpex als Grundwert angesetzt wird); Gröber, ALL II 426.

3905) *fŏrfīco, -āre (v. forfex, ist belegt in der Mulomedicina, vgl. ALL X 422), mit der Schere schneiden; rum. forfechez ai at a.

3906) fŏrfĭcŭla, -am f. (forfex), kleine Schere; ital. forfecchia, kleiner Ohrwurm, vgl. Meyer-L., Z. f. ö. G. 1891 p. 770; d'Ovidio, AG XIII 380.

3907) fŏrĭă, -am f., Durchlauf der Schweine; rtr. fuira; prov. foira; frz. foire. Vgl. Dz 586 foire; Salvioni, Post. 10.

fŏrĭs s. fŏrās.

3908) fŏrĭs ĕxīre, hinausgehen; dav. nach Horning, Z XVIII R 218, wallon. fourêhan.

3909) fŏrĭs făcĕre, aufserhalb (des Rechtes, der Befugnis) handeln, unrecht handeln, sich vergehen, = altital. forfare; prov. frz. forfaire, dazu das Sbst. forfait. Vgl. Dz 145 forfare.

3910) fŏrĭs mĭssŭm = frz. hormis, ausgenommen.

3911) [fŏrĭs *sĭnnātŭs, a, um (vom deutschen Sinn), von Sinnen seiend, wahnsinnig; ital. forsennato; prov. forsenat; frz. forcené. Vgl. Dz 291 senno.]

3912) [*fŏrĭstārĭŭs, a, um (v. foris), draufsen befindlich; ital. forestiere, fremd, forestaro „soprastante delle foreste", vgl. Canelle, AG III 307.]

3913) engl. forlorn, mittelengl. forlore(n), verloren; altfrz. frelore, verdorben, vgl. Dz 588 s. v.

3914) fŏrmă, am f., Gestalt; ital. forma; rum. formă; rtr. furma; prov. forma; neuprov. fourmo (bedeutet auch „Käse"); altfrz. fourme; frz. forme, gel. W. (Bugge, R III 148, wollte auch frime von forme ableiten, hat aber selbst, R IV 356, ein anderes Grundwart aufgestellt, s. oben flennen); cat. forma; span. forma (gel. W.), Ferm, borma, Leisten; ptg. forma. Vgl. Gröber, ALL II 426.

3915) fŏrmācĕŭs, a, um (v. forma), aus Lehmbacksteinen geformt (Plin. N. H. 35, 169) = span. hormazo, Mauer aus Backsteinen; vgl. Dz 460 s. v.

3916) *fŏrmātĭcŭs, -um m. (v. forma), Formengebäck, Käse; ital. formaggio; prov. formatge, fromatge (nprov. auch fourmo = forma u. tumo), piem. toma, sicil. tuma, angeblich = τομή); frz. fromage; span. formaje (das übliche Wort für „Käse" ist aber queso, ebenso ptg. queijo). Vgl. Dz 145 formaggio.

3917) fŏrmĕlla, -am f. (forma), kleine Form; ital. formella.

3918) fŏrmīcă, -am f. (formica, non furmica App. Probi 25), Ameise; ital. formica; rum. furnică; prov. formiga (daneben formil-s, formit-z); altfrz. formie, fourmie (daneben formit-z); neufrz. fourmi f. (früher masc., also = *formicus); cat. formiga; span. hormiga; ptg. formiga. S. auch formicula.

3919) *fŏrmīcārĭŭs, a, um (v. formica), zur Ameise gehörig; ital. formicajo „mucchie di formiche" (daneben formicolajo und formicolio, vgl. Canello, AG III 802), formichiere „quadrupede che si pasce di formiche", vgl. Canelle, AG III 307; rum. furnicar; prov. formiguier-s; (frz. fourmilier, fourmilière = *formic[u]larius, a); span. hormiguero; ptg. formigueiro.

3920) *fŏrmīco, -āre (v. formica), wie Ameisen wimmeln, = ital. formicare; rum. furmic ai at a; prov. formiear; altfrz. formier; span. hormigar, künstlichen Dünger bereiten, hormiguear, wimmeln; ptg. formigar.

3921) fŏrmīcōsŭs, a, um (v. formica), reich an Ameisen; rum. furnicos; span. hormigoso.

3922) fŏrmīcŭla, -am f. (formica), kleine Ameise; tosc. formicola; sard. formija, formigula; gennes. formigoa. Vgl. Salvioni, Post. 10.

3923) *fŏrmīcŭlo, -āre (v. formica), wie Ameisen wimmeln; prov. formigueiar; frz. fourmiller; (span. hormiguear; ptg. formigueiar). Vgl. Dz 587 fourmiller.

3924) fŏrmo, -āre (v. forma), gestalten; ital. formare, und dem entsprechend in den übrigen Sprachen.

3925) fŏrmōsŭs, a, um (v. forma), wohlgestaltet, schön; ital. formoso; rum. frumos; prov. formos; (frz. frimousse, Fratze, = formosa nach Bugge's Annahme, R III 148, vgl. aber R IV 356); altcat. fermos; neucat. hermos; altspan. hermoso; neuspan. hermoso; ptg. formoso. Vgl. Dz 459 hermoso. Dazu das Vbsbst. formositat-em = ital. formosità etc.

fŏrpĕx s. fŏrfĕx.

3926) fŏrnax, -ācem f., Ofen; ital. fornace; prov. fornatz; altfrz. fornais m., daneben fornaz = *fornacium u. fornaise; neufrz. fournaise; span. hornaza = *fornacea; ptg. fornaça, daneben fornalha = *fornacula. Vgl. Cohn, Suffixw. p. 292 (Salvioni, Post. 10, fügt noch hinzu venez. fornasa, lomb. fornà's).

3927) fŏrsĭt (= fors sit), vielleicht, etwa; ital. forsi, furse; sard. forsi, forsi; rtr. forsi, forsa (= forsan?). Vgl. Dz 372 forse (Diez nimmt forsan als Grundwort an); Gröber, ALL II 426.

3928) [gleichsam *fŏrtălĭcĭa, -am f. (fortis), Festung; rum. fortaleţă; span. fortaleza; altfrz. fortelece, und dies hat sich gemischt mit fortece, fortrece, forterece, forteresse, vgl. G. Paris, R XXV 621; anders Tobler, Versbau³ p. 30 Anm. und Sitzungsb. d. Berl. Akad. d. Wiss., phil.-hist. Cl., 23. Juli 1896 p. 854.]

3929) *fŏrtĭă, -am f. (v. fortis), Stärke, Kraft; ital. forza; prev. forza; frz. furce; cat. forza; span. forsa, fuerza; ptg. força. Vgl. Gröber, ALL II 427.

3930) *fŏrtĭārĭŭs, -um m. (v. fortia), eigentlich Zwinger; ital. forziere, Koffer; altfrz. forcier, vgl. Dz 372 forziere.

3931) *fŏrtĭo, -āre (v. fortis), zwingen; ital. forzare; prov. forsar; frz. forcer etc.

3932) fŏrtĭs, -e, stark, kräftig; ital. forte; rum. foarte; prov. frz. cat. fort; span. fuerte; ptg. forte. Vgl. Gröber, ALL II 427.

3933) *fŏrtĭtĭa, -am f. (fortis), Stärke; ital. fortezza etc. Vgl. No 3928.

3934) fŏrtŭnă, -am f. (v. fors), Zufall, Geschick, Glück; ital. fortuna; rum. furtună, Sturm, Unwetter; prev. fortuna; frz. fortune; cat. span. ptg. fortuna. Die Bedeutung des Wortes ist, ausgenommen im Rum., „günstiges Geschick, Glück, Gewinn, Vermögen".

3935) fŏrŭm n. (verwandt mit foras und foris), Aufsenplatz, Platz, Marktplatz (Richtplatz, Gerichtsort u. dgl.); ital. foro, Gericht; prov. for-s; altfrz. fuer, feur, Gesetz, Taxe; neufrz. fur in der Redensart au fur et à mesure „nach Verhältnis" (das u in fur erklärt sich aus der Einwirkung des u in mesure, Meyer-L., Rom. Gr. I p. 284); span. fuero, Gericht, Gesetz; ptg. foro, Gericht, Gerichtshof. In der Bedtg. „Marktplatz" ist forum durch mercatus verdrängt werden. Vgl. Dz 146 foro.

3936) *fŏssă, -am f. (für fŏssa, v. fodĕre), Graben; ital. fossa; rtr. prov. fossa; frz. fosse; cat. fossa; span. fuesa, huesa; ptg. fossa. Vgl. Gröber, ALL II 4.

3937) fŏssātŭs, a. um (von fossa), mit Graben umgeben; davon vermutlich altspan. fonsado, Heer (eigentlich das mit einem Graben umgebene verschanzte Lager); altptg. fosado. Vgl. Dz 452 fonsado.

3938) fŏssŏrĭum n., Grabscheit; obwald. fossui, vgl. Meyer-L., Z. f. ö. G. 1891 p. 770; frz. fossoir.

3939) Fostat, eine Vorstadt von Cairo; davon der Name eines Zeugstoffes (Barchent); ital. fustagno, frustagno; prov. fustani-s; altfrz. fustaigne; frz. futaine; span. fustar, fustal. Vgl. Scheler im Dict. unter futaine; Eg. y Yang. p. 401 (Fustát).

fŏtŭs s. fŭltŭs.

3940) fŏvĕă, -am f., Grube; davon nach Dz 372 ital. foggia, Gestalt (eigentlich Ferm, Grube, in welcher ein Bildwerk gegossen wird; wozu das Vb. foggiare; Caix dagegen, St. 29, erblickt in foggia das frz. forge; lomb. fopa; berg. bresc. pofa; blen. fop m., vgl. Salvioni, Post. 10; span. hoya, hoyo, Grube; ptg. fojo, vgl. Dz 460 hoya.

3941) frăcĭdŭs, a, um, teig, sehr weich; ital. frácido, fráddcio; frazio, Shet., „odore spiacevole, specialmente di cose mangerecce", vgl. Caix, St. 324, Canello, AG HI 398; sard. (log.) frazidu, sicil. fracitu, neap. fraceto, aemil. frazzid, friaul. fraid, vgl. Schuchardt, Rom. Et. I 18; pav. fras, facilmente masticabile, vgl. Salvioni, Post. 10; rum. fraged, süfs, frisch, weichlich, dazu das Vb. fragezesc ü it i, weich werden (auch ital. fracidare).

3942) [*frăctĭcĭŭm n. (v. fractus; nach Dz 589 in Billigung einer Vermutung J. Grimm's Grundwort zu frz. friche, Brachland. Die Ableitung mufe als lautlich unannehmbar bezeichnet werden. Leider kann auch germ. frisk als Grundwort nicht genügen, vgl. das Adj. frais, fraiche. Darf man vielleicht an a *frïscă aus *frïxă (für frïcta von frïgĕre, rösten) denken u. meinen, dafs *frïsca scil. terra zunächst ausgedörrtes Land bedeutet habe?]

3943) [frăctŭm n. (Part. P. P. von frangĕre), Bruchteil; nach Littré Grundwort zu frz. frais, Unkosten, Ausgaben. Die Ableitung ist unhaltbar, weil fractum nur frait ergeben konnte, vgl. factum : fait. Diez 587 s. v. erkannte in frais das mittellat. fredum, freidum, fretum (wohl von ahd. fridu abzuleiten u. eigentlich „Bufeo für Friedensbruch" bedeutend). Arbois de Jubainville hat, R I 143, diese Ableitung näher begründet, wobei ihm freilich Fehler mit unterlaufen. Mackel, p. 92, hält an fractum fest. Nichtsdestoweniger dürfte der Ursprung des Wortes in fridu zu suchen sein. — Auf fracta gehen zurück ital. fratta, Zaun, lomb. frăéza, riparo contro le aeque, pav. fracia, menda, difetto nei tessuti, vgl. Salvioni, Post. 10.]

3944) frăctūră, -am f. (v. fractus), Bruch; ital. frattura; rum. frïntură = *franctura, auch frin-

gatură; prov. fractura, frachura, franhadura; frz. fracture (gel. W.); cat. span. ptg. fractura (gel. W.).

3945) Wurzel frag (wovon fra-n-go), brechen; davon vermutlich span. ptg. fragura, Steilheit, Unebenheit; ptg. fraga, holperiger Boden. Vgl. Dz 452 fraga.

3946) *frăgă, (*frăgĕă), *frăsĕă, -am f. (für frăgum), Erdbeere; ital. fraga, fragola (über Dialektformen vgl. Mussafia, Beitr. 59, Salvioni, Post. 10); rum. fragă; rtr. fraga; neuprov. freisa; frz. fraise (wallon. frève); span. fraga, eine Art Brombeere, fresa, Erdbeere; (ptg. heifst die Erdbeere morango). Vgl. Dz 452 fraga; Gröber, ALL II 427. S. auch fragum.

3947) frăgĭlis, -e, gebrechlich (von fra-n-go); ital. fragile „facile a rompersi o a dameggiarsi materialmente e moralmente", frale, arch. fraile „debole che si usa più spesso in sense morale, anche sest salma', la parte fragile e caduca dell' uomo", vgl. Canelle, AG III 374; frz. frêle, gebrechlich, vgl. Dz 588 s. v.; G. Paris, R XV 620.

3948) [*frăgĭlo, -ōnem m. (v. fragilis), ist die zurücklatinisierte Form von frz. frelon, Hornisse, frelon v. frêle, das Insekt als zartes, dünnes, gebrechliches Tierchen bezeichnend. Vgl. Dz 588 s. v. Ulrich, Z XI 557, will frelon von frêler = *frixulare ableiten, was nicht gebilligt werden kann.]

3949) [frăgĭŭm n., Bruch; ital. frazo ,avanzo, franmento", vgl. Caix, St. 325,· die Ableitung ist jedoch zweifelhaft.]

3950) [frăgmĭnă n. (Pl. v. fragmen), Bruchstücke, = ital. frana, Erdfall, dazu das Verb franare, herabrollen, vgl. Dz 372 s. v.; Bugge, R IV 369, besser aber wird das Wort wohl aus voraginem erklärt, Meyer-L., Z XI 254; rum. fărămă, Stück, Brocken, dazu das Vb. fărăm ai at a, bröckeln.]

3951) frăgŏr, -ōrem m. (v. fra-n-go), das Zerbrechen, Krachen; prov. freior-s, Schrecken; frz. frayeur. Vgl. Förster, Z VI 109; Dz 588 (frayeur) leitete das Wort von frigidus ab.

3952) frăgŏsŭs, a, um, brüchig, zerbröckelt; ptg. fragoso, uneben, rauh. Vgl. Dz 452 fraga.

3953) frăg + quăsso, -āre; daraus ital. fracassare, zerschmettern, dazu das Vbsbst. fracasso; rtr. nur das Sbst. farcas; (prov. frasear, zerbrechen, aus frac[as]sar?); frz. fracasser, dazu das Vbsbst. fracas; span. fracasar, dazu das Vbsbst. fracaso; ptg. fracassar, dazu das Vbsbst. fracasso. Vgl. Dz 146 fracassare (Diez läfst die Wahl zwischen infra + quassare u. frag + quassare); Caix, Z I 423 (frag + quass.); Ulrich, Z IX 429 (v. *fraccare = *fracticare).

3954) frăgro, -āre, duften, (riechen, wittern); sard. fragrare, flairare, fiagare, dazu das Vbsbst. fragru; prov. flairar; frz. flairer, dazu das Vbsbst. altfrz. flair (volksetymologische Umgestaltung von flairer ist fleurer); cat. flairar, dazu das Vbsbst. flaira; ptg. cheirar, dazu das Vbsbst. cheiro. Vgl. Dz 146 fragrare. S. oben *flăgro. Cornu zieht, R XI 89, hierher auch das von Diez 450 unerklärt gelassene ptg. faro, Witterung der Hunde, indem er es als Vbsbst. zu *farar = fragrare auffafst, vgl. dagegen Baist, Z VII 634.

[*frăgrŏr s. flātŏr.]

3955) frăgŭm n., Erdbeere; parm. fro; „per i derivati in -óne v. Studj di fil. rom. VII 226", Salvioni, Post. 10.

3956) frăngo, frēgī, frāctŭm, frāngĕre, brechen; ital. frango, fragno, fransi, franto, frángere, *frágnere* (über mundartliche Ableitungen von dem Particip *franctus*, vgl. Salvioni, Post. 9); rum. *fríng frínsei frínt fríñge;* prov. *franh ·frais frait franher:* altfrz. *fraindre;* neufrz. nur im Kompos. *en-freindre* (das Part. *freint* ist in der Schreibung *frein* zum Vbsbst. mit der Bedtg. „sich brechende Wegen" geworden, vgl. Fafs, RF III 399); altspan. *frangir, franjir;* ptg. *franger.*

3957) [*frankiscus, a, um (v. *Franko*), fränkisch, französisch; ital. *francesco;* prov. *frances;* frz. (*franceis, françois) français* (Fem. *francisca* = *francesche;* nfrz. *française* beruht auf Anbildung an die Adj. auf *-ē(n)sis* = *-eis, -ois*); span. *frances;* ptg. *franzes.* Vgl. Dz 147 *franco;* Mackel, p. 56 und 97, wo behauptet wird, dafs *françoise* nach Analogie von *françois* gebildet sei, vgl. auch Behrens, Ztschr. f. nfrz. Spr. u. Litt. V 72. Über die Bedeutung von *franceis* im Altfrz. vgl. Höfft, *France* u. *franceis* im Rolandsliede (Strafsburg 1891 Diss.), wozu zu vgl. Förster, Ltbl. f. germ. u. rom. Phil. Juli 1891 u. Z XVI 244, Gröber, ebenda p. 286.]

3958) [*fränkitiä (von *Franko*), Freiheit; ital. *franchezza* „libertà nel dire e nel fare", *franchigia* „esenzione, privilegio", vgl. Canello, AG III 342; frz. *franchise,* Freiheit von Abgaben, Freimütigkeit; span. *franqueza,* Freimütigkeit, ebenso ptg. Vgl. Dz 147 *franco.*]

3959) **Franko,** Franke, freier Mann; ital. *franco,* frei; prev. *franc-s;* frz. *franc, franche (franque* als gel. Wert „fränkisch" im neueren Sinne des Wertes); von dem Adj. (Fem.) ist abgeleitet das seit dem 16. Jahrh. vorkommende *franchir,* eigentl. sich mit Freiheit bewegen, (Grenzen) überschreiten, frei handeln, dazu das Kompos. *affranchir,* befreien; span. ptg. *franco.* Vgl. Dz 147 *franco;* Mackel, p. 56. — C. Michaelis, Frg. Et. p. 39, stellt hierher auch ptg. *frango,* junger Hahn.

3960) *frätellus, -um m. (Demin. zu *frater*), Brüderchen; ital. *fratello,* Bruder.

3961) fräter, -trem m., Bruder; ital. *frate, frà,* Ordensbruder; rum. *frate,* Bruder; [*fărtăt,* Gefährte (nach Cihac s. v. = *foederatus*), vgl. aber Hasdeu, Columnă luĭ Traian VII 466]; rtr. *frar,* Bruder; prev. *fratre, fraire,* Bruder, Ordensbruder; frz. *frère,* Bruder, Ordensbruder; altcat. *frare, fra* (neucat. *germá);* span. *fraire, fraile, frai, fray,* Ordensbruder, (*hermano* = *germanus,* Bruder); ptg. *frade, freire, frei, frey,* Ordensbruder, (*irmão,* Bruder). Vgl. Dz 452 *fraire* (wo mit Recht bemerkt wird, dafs span. ptg. *fraire, freire* aus dem Prov. entlehnt sein müssen). S. unten **germanus.**

3962) frätērnitās, -ātem f. (v. *frater*), Brüderlichkeit; ital. *fraternità;* rum. *frăţietate, frăţinătate;* prev. *fraternitat-z;* frz. *fraternité;* cat. *fraternitat;* span. *fraternidad;* ptg. *fraternidade.* Überall nur gel. Wert.

3963) *frätrinus, -um m. (v. frater) Brüderlein; prev. *frari-s* (Ordensbrüderlein, Mönchlein, armes Männchen), arm, elend; altfrz. *frarin, frairin.* Vgl. Dz 587 *frairin.*

3964) [gleichsam *frätrīsca (*frater*) = altfrz. *fraresche,* Erbschaft, *frareschier,* miterben (b. Bartsch-Horning, Sp. 460 Z. 16 u. 19).]

3965) fraudo, -āre (v. *fraus*), betrügen; davon viell. frz. *flouer,* im Spiele betrügen. Vgl. Scheler im Anhang zu Dz 795 *filou.*

3966) fräxinētum n. (*fraxinus*), Eschengehölz; ital. *frassineto;* frz. *frénaie.*

3967) fräxinŭs, -um f., Esche; ital. *frassino;* monf. *frasu, fresu;* rum. *frasin;* prov. *fraisne-s,*

fraisse-s; altfrz. *fraisne, fresne, fresne;* nfrz. *frêne;* cat. *frexe;* span. *fresno;* ptg. *freixo, frexo.* Vgl. Dz 588 *frêne.*

3968) [*mittellat. **frēdūm** *m.* (von ahd. *fridu*), Bufse für Friedensbruch; davon vermutl. frz. *frais,* Kosten, vgl. Dz 587 *s. v.*]

3969) mittelndl. **freht,** Fracht (ahd. *freht,* Verdienst, Lohn); frz. *fret,* Miete eines Schiffes; span. *flete;* ptg. *frete.* Vgl. Dz 148 *fret;* Mackel, p. 88.

3970) ahd. **freidi,** abtrünnig, verwegen; davon prev. *fradel, fraidel, fraiditz;* altfrz. *fradous,* ruchlos, gottlos. Vgl. Dz 587 *fraiditz;* Mackel, p. 115.

3971) altnfränk. *frēk (ags. *frēe,* verwegen, altn. *frēkr,* gierig, nhd. *frech*); davon vermutlich prov. *fric,* altfrz. *frique,* munter, lebhaft. Vgl. Dz 590 *frique* (er geht vom got. *friks* aus u. bringt — sich darauf stützend, dafs neuprov. *fricaud* nicht nur „munter, lebhaft", sondern auch „lecker, köstlich" bedeute — auch *fricandeau,* leckere Speise, gebratene Kalbfleischschnitte, *fricasser,* lecker zubereiten, *fricassée,* leckere Speise, Fricassée, damit in Zusammenhang; das ist unannehmbar, ebenso aber auch Mahn's, Etym. Unters. p. 47, gegebene Erklärung aus *fricare* f. *frictare* v. *frigêre;* die Ableitung dieser Küchenausdrücke ist noch zu finden, s. No 3990); Mackel, p. 105.

3972) frēmitūs, -um m. (v. *fremēre*), Geräusch; ital. *fremito;* rum. *freamĕt;* altfrz. *friente;* span. *frémito;* ptg. *fremito.* Vgl. Dz 589 *friente.*

3973) **frēmo, frēmūi, frēmitūm, frēmērō,** dumpf tosen; ital. *fremère* und *fremíre* (daneben *fremitare);* prev. *fremir;* frz. *frémir* (daneben altfrz. *fremoier),* davon abgeleitet das Shst. *frémissement;* ptg. *fremir.*

3974) frēmŏr, -ōrem m. (v. *fremere*), Getöse, = altfrz. *fremor, fremur.*

3975) frēnŭm n., Gebifs; ital. *freno;* rum. *frin;* rtr. *frein, farein;* prov. *fre-s;* frz. *frein;* cat. *fre;* span. *freno;* ptg. *fre(i)o.* Vgl. Gröber, ALL II 427.

3976) frēquēnto, -āre, zahlreich, oft besuchen; altfrz. *fregunder* (halbgel. W.), Alex. 60 d.; (neufrz. *fréquenter*).

3977) frēsŭs, a, um (Part. P. P. *frendĕre,* mit den Zähnen knirschen); davon viell. ital. *frisone, frosone, frusone,* Kernbeifser (ein Vogel); (sard. *fresare,* spalten). Vgl. Dz 373 *frisone.* — Von dem Fem. *fresa,* welches schon im Spätlat. „(ge)quetschte) Bohne" bedeutet zu haben scheint, wahrscheinlich span. *fris-ol, fris-uelo, frej-ol,* eine Art Bohnen, vgl. Dz 452 *frisol.* — Aufserdem gehen auf *fresa* zurück südostfrz. *fraisa,* Krume, frz. *fraizil, fresée,* vgl. Meyer-L., Z. f. ö. G. 1891 p. 770.

3978) **frico, frieŭi, frictŭm** u. **fricätŭm, fricäre,** reiben; ital. *fregare* (daneben *sfregare),* reiben (auch in obscönem Sinne), dazu das Vbsbst. *frega,* Lüsternheit, *fregola,* das Laichen der Fische; rum. *frec ai et;* prov. *fregar;* altfrz. *froyer;* neufrz. *frayer,* reiben (dafür gewöhnlich *frotter),* streifen, (den Weg) bahnen, dazu das Vbsbst. (altfrz. *fraye),* das Laichen; Bugge, R IV 356, will auf *fringuer,* spülen (aber auch „tanzen" bedeutend), auf *fricare,* bezw. auf das gleichbedeutende span. *fregar* zurückführen und durch Nasalierung erklären; G. Paris, Rev. crit. 1867, II p. 332, hatte das Wort von ahd. *hreingan* „reinigen" abgeleitet, was allerdings ebenso wenig gebilligt werden kann,

26*

das Wort mufs als noch unerklärt bezeichnet werden; cat. span. ptg. *fregar*. Vgl. Dz 147 *fregare*. Für abgeleitet von *fricare* erachten Mussafia, Beitr. p. 60, und Parodi, R XVII 68, auch ital. (mundartlich) *fregola, frecola*, Krümchen, galliz. *faragulla, farangulla*.

3979) [*frīctīnūm *n.* (v. *frictum*) — frz. *fretin*, Abschabsel, Ausschufe, Fischbrut, vgl. Dz 589 *s. v.*]

3980) *frīctīo, -ōnem *f.* (v. *frīg-ĕ-re*, kalt sein, frieren), Frost; frz. *frisson*, Frost, Schauder. Vgl. Dz 590 *frisson* (Diez nimmt */frigitio* als Grundwort an); Gröber, ALL II 427.

3981) *frīctīo, -āre (v. *frictus* v. *fricare*), reiben; ital. *frizzare*, jucken (in der Haut), dazu das Vbsbst. *frizzo*; prov. *fressa*, Wildspur; frz. *froisser* (s. auch unten *frustio*); span. *fresar*, reiben, fressen (von Seidenwürmern gesagt; in dieser Bedtg. viell. vom ahd. *frezzan*), misten, dazu das Vbsbst. *fresa*, Mist, Wildspur. Vgl. Dz 148 *s. v.*

3982) *frīcto, -āre (Intens. zu *fricare*), tüchtig reiben; ital. *frettare*, kehren, dazu das Vbsbst. *fretta*, Eilfertigkeit (eigentl. wohl das rasche Sichbewegen beim Kehren), dazu wieder das Kempos. *affrettare*, beschleunigen; piem. *ferté* (daneben *frocé*), vgl. Salvioni, Post. 10; prov. *frettar*, reiben; neuprov. *freto*, Eilfertigkeit; frz. *frotter*, reiben (das abnorme *o* erklärt sich wohl aus Angleichung an das bedeutungsverwandte *crotter*; Förster freilich, Glossar z Aiol u. Mir. p. 574, bemerkt ausdrücklich „*frotter* (mit off. *o*) nicht v. *frictare*" und Horning rechnet Ztschr. Spr. und Litt. X² 242 die Ableitung von *frot er* aus *frictare* zu denen, die „kurzer Hand abgewiesen werden" müssen); zu *frictare* gehört wohl mittelbar auch die Sippe *frétiller, frétillement, frétille, frétin* etc., s. auch unten *fritillio*. Vgl. Dz 148 *frettare* (wo auch span. *frotar, flotar*, besprochen werden. S. oben *flut*. Vgl. Gröber, ALL VI 389).

3983) [*frīctūlo, -āre (Deminutivbildung zu */frictare*), ein wenig reiben; frz. *fröler*, streifen (das *o* erklärt sich aus *frotter*). Vgl. Dz 148 *frettare*; Tobler, Horrig's Archiv Bd. 84 p. 225, ist geneigt, *fröler* aus */flabulare* zu erklären.]

3984) [*frīctus, a, um (v. *frig-ēre*), kalt; davon vermutlich sard. *frittu*, kalt, wovon *frittore*, Kälte. Vgl. Gröber, ALL II 428.]

3985) frīgdōr, -ōrem *m.* (für *frigdor*, v. *frigidus*), Kälte (*frigdor* ist im Spätlatein mehrfach belegt, s. Georges *s. v.*); ital. *freddore*, rtr. *fredur*; prov. *freidor-s*; frz. *froidor*; cat. span. *fredor*; ptg. *freidor*. Vgl. Gröber, ALL II 428.

3986) [frīgīdāmen *n.* (frigidus); ptg. *friame* (mit Metath. *fiambre*), frische, kalter Gegenstand, vgl. C. Michaelis, Frg. Et. p. 38.]

3987) frīg(ī)dūlōsus, a, um (von *frigidus*), fröstelnd; ital. *freddoloso* (rum. *friguros* = */frigulosus*); frz. *frileux*; (span. *friolejo*). Vgl. Dz 489 *frileux*.

3988) (frīgīdūs), *frīgidūs (nach *rigidus* gebildet), a, um (frigida, non frieda. App. Probi 54, vgl. Förster zu der Stelle), kalt; ital. *freddo* u. *frigido*, das letztere bezeichnet „qualità abituale", vgl. Canello, AG III 330, nicht hierher gehört *frizzo* „motto pungente", vgl. Canello, AG III 388; rtr. *freid*; prov. *freit-z*; frz. *froid*, dazu das Shet. *froidure*, altfrz. auch *froidewr*; cat. *fret*; (span. ptg. *frio*, altspan. *frido*). Vgl. Gröber, ALL II 428; W. Meyer, Z VIII 209.

3989) [*frīgīlla, -am *f.*; auf dieses vermutete Wort will Marchot, Z XIX 100, durch Suffix-

vertauschung zurückführen altfrz. *friou*, Hänfling (?), wozu die Dem. *frioncel, fronzel*.]

3990) frīgo, frīxī, frīctūm, frīgēre, rösten; ital. *friggo frissi fritto friggere*, backen; rum. *frig fripsei fript frige*; prov. *frire, fregir*; frz. *fris* (Perf. fehlt) *frit frire*; Partizipialbildung zu *frire* scheint zu sein *friand, lecker, leckerhaft*; (wegen des *d* vgl. *marchand = mercantem*), vielleicht gehören hierher auch die Speisenamen *fricandeau* u. *fricassée*, deren intervokales *c* sich erklären würde, wenn man annehmen dürfte, dafs es ursprünglich küchenlateinische (etwa zuerst in Klosterküchen übliche), also gewissermafsen gelehrte Worte (vgl. *gelatina*) seien (*fricandellus, *fricassata, *frigs-l.*) wäre */frig-* zu erwarten, aber *c* konnte durch irgend welche Bezugnahme auf *fricare*, etwa wegen des Schabens des Fleisches oder des zur Speisebereitung erforderlichen Brotreibens, eindringen; selbstverständlich ist es auch gestattet, an unmittelbare küchengelehrte Ableitung von *fricare*, reiben, zu denken, nur freilich nicht an ein */fricare* für *frictare*, wie Mahn, Etym. Unters. p. 47, will); cat. *fregir*; span. *freir*; ptg. *frigir*.

3991) frīgōr, -ōrem *m.*, Kälte; rum. *fior* (?), s. Ch. unter frig; prov. *freior-s, frior-s*; span. *frior*.

3992) frīgūs *n.*, Kälte; rum. Pl. *friguri*, Fieberschauer. Auch im Sard. u. Südital. ist das Wort vorhanden, vgl. Meyer-L., Z. f. ö. G. 1891 p. 770.

3993) frīngīllūs, -um *m.*, Fink; ital. *fringuello, filunguello* (lautliche Formen crem. parm. *frangol*, piem. *franguel, frangoi*), Fink. Auf den Stamm *frīg-* *fring-*, von welchem einerseits *fringillus*, andererseits das Vb. *friguttire* (*frigultire, fringulire, fringultire*), zwitschern, abgeleitet ist, führt Diez 589 auch zurück frz. *fringoter, frigotter* (ital. *fringottare*), zwitschern, *fringuer*, hin- und herspringen. Nachzutragen ist noch, dafs frz. auch *fringue*, Fink, vorhanden ist. Thp. 99.

3994) germ. Stamm fris- (wovon ags. *frise*, gelockt, engl. *friz, frizzle*, kräuseln, kraus; davon vermutlich ital. *fregio*, Verbrämung (mit Fransen u. dgl.), Schmuck, Fries, dazu das Verb *fregiare*, einfassen, verzieren; (ob auch *frisato*, gestreiftes Zeug?); frz. (*frise*, Fries, Flausch?) *fraise*, Halskrause, *fraisette*, Krägelchen, dazu die Verba *friser, fraiser*, kräuseln (von *friser* wieder *friseur*, Haarkräusler); span. *friso*, Borde, Fries (*frisa*, wollenes Zeug), *freso*, Franze, (*frazada*, langhaarige Bettdecke?), *frisar*, Tuch aufkratzen. Vgl. Dz 148 *fregio* (Diez stellt kein bestimmtes Grundwort auf, sondern bespricht nur die von andern gegebenen Ableitungen von *phrygiae* *vestes*, von den Völkernamen *Frisa* etc); Atzler, p. 98 (A. vermutet, dafs die Worte mit dem deutschen „Friesel" — „vom Frost sich kräuselnde Haut, Gänsehaut", zusammenhängen); Mackel, p. 93 (stellt ohne weitere Bemerkungen ags. *frise, engl. frizz, frizzle, als Grundworte auf). Die Herkunft der Wortsippe bedarf noch eingehenderer Untersuchung; insofern dieselben „Gekräusel, kräuseln" bedeuten, dürfte allerdings die Herleitung von germ. *fris-* am nächsten liegen, für die sonst *fris-* am nächsten liegen, für das den Wollstoff (Fries) bezeichnenden Worte dagegen empfiehlt sich wohl die Ableitung von Friesland als dem ursprünglichen Zubereitungslande derartiger Zeuge.

3995) germ. frisk, frisch; ital. *fresco*, dazu das Shet. *frescura*; rtr. *fresk, fresly* etc., vgl. Gartner § 200; prov. *fresc*; altfrz. *freis, frois*, vgl. Förster, Aiol und Mirabel p. LIV; nfrz. *frais*, fem. *fraiche =*

*frisca, dazu das Sbst. frechure, noufrz. fraicheur, vgl. Cohn, Suffixw. p. 179; span. ptg. fresco. Vgl. Dz 148 fresco; Mackel, p. 97. — Von frz. frais ist vielleicht abgeleitet altfrz. fresanche, fresange, fraissengue (davon wohl entlehnt sicil. frisinga), junges Schwein, vgl. Mackel, p. 99; Dz 589 wollte das Wort unmittelbar auf ahd. frisking, Frischling, zurückführen.

3996) Stamm frit- (wovon fritinnire, zwitschern); davon vermutlich frz. fredon, Triller, dazu das Vb. fredonner, trillern, vgl. Dz 588 fredon.

3997) [*fritillio, -äre (v. fritillus, Würfelbecher), sich rasch hin- u. herbewegen; davon prov. frezilhar, hüpfen, springen; frz. frétiller kann trotz seiner gleichen Bedtg. doch nicht gleichen Ursprunges sein, sondern ist eher auf ein *frictilliare zurückzuführen, wie schon Dz 589 s. v. richtig bemerkt hat.]

3998) frivolus, a, um, zerbrechlich, wertlos; prov. frevol; sonst nur gel. W. (frz. frivole etc.).

3999) frixorium n., Röstpfanne; friaul. fersorie, vgl. Meyer-L., Z. f. ö. G. 1891 p. 770; Mussafia, Boitr. 60; altfrz. fressouoir, vgl. Bugge, R IV 355 Z 1. v. u.

4000) [*frixülo, -äre (Deminutivbildung zu fricare), soll nach Ulrich, Z XI 557, das Grundwort sein zu frz. fréler, versengen (reibend, zischend brennen). Das ist nicht unwahrscheinlich, dagegen kann man es nicht gutheifsen, wenn Ulrich aus fréler wieder das Sbst. frelon, Hornisse, ableiten will, denn das wäre eine unerhörte Ableitung; frelon ist von fréle nicht zu trennen, vgl. Dz 588 s. v.]

4001) frixürä, -am f. (v. frigëre), Röstpfanne; davon (oder von *frixatura), apul. fersura; frz. fressure, Geschlinge (weil es in der Pfanne gebacken wird), vgl. Littré s. v.; Bugge, R IV 355.

4002) [*frocus, -um m. „terra inculta", s. Ducange s. v.; altfrz. froc, frou, floc, Brachfeld; span. lleco (aus *llueco, *lloco, *floco), Adj., noch nicht angebaut, vgl. Bugge, R III 163. Dz 463 bezeichnet lleco „als unbekannter Herkunft".]

4003) gall. *frognä, Nüster (kymr. ffroen, davon ffroeni u. ffroeniv die Nüstern bewegen, schnauben, ffroenochi, die Nase rümpfen); altfrz. froignier, se cabrer (Godefroy), frz. refrogner, renfrogner, das Gesicht kraus ziehen, froigne, mürrische Miene; span. enfurrañorse, unwillig, mürrisch werden. (Bugge, R IV 356, verglich mit dieser Wortsippe schwed. fryna). Vgl. Schuchardt, Z XXI 201; Z IV 126 hatte Schuchardt auch ital. froge, „Nüstern" zu *frognä gestellt, welcher Annahme Meyer-L., Z XX 530, widersprach, vgl. dazu wieder Schuchardt, Z XXI 199. · Caix, St. No 327, hatte froge aus fauces erklärt.

4004) fröndärIüs, a, um (v. frons), zum Laub gehörig; rum. frunzar, Shet., Laub.

4005) fröndösüs, a, um (v. frons, dis), laubreich, belaubt; ital. frondoso; rum. frunzos; span. ptg. frondoso.

4006) 1. fröns, *fröndem (f. fröndem) f., Laub, Zweig; ital. fronde, fronda; rum. frunzä; (prov. frz. fehlt das Wort, es wird vertreten durch *foliaticum = folhatge-s, feuillage, jedoch findet sich altprov. brondel-s, brondill-s, Zweiglein, altfrz. bronde, auch. piem. bronda. Zweig, neuprov. broundo, Reisholz, welche Worte doch wohl nur auf frondem zurückgeführt werden können, wenn auch Diez 534 bronde es nicht that); span. fronde, fronde, -a frondosidad; ptg. fronde (üblicher ist folhagem), frondosidade.

4007) 2. fröns, fröntem (f. fröntem) f., Stirn; ital. fronte; rum. frunte; prov. front-z, fron-s m.; frz. front m.; cat. front m.; altspan. fruente (also = fröntem), fronte, frunte; neuspan. frente, vgl. Dz 452 s. v.; ptg. fronte (auch frente). Vgl. Gröber, ALL II 428.

4008) fröntäle n. (v. front-em), Stirnblatt; ital. frontale, Stirnband (auch Adj. „zur Stirn gehörig"); (rum. fruntar = *frontarium); prov. frontal-s; frz. frontal, (frontail = *frontaculum, fronteau = *frontellum); cat. span. ptg. frontal.

4009) *fröntio, -äre u. -ire (v. front-em), die Stirn runzeln, in Falten legen, falten; ital. fehlt ein entsprechendes Vb. (*fronzare), man sagt dafür increspar (v. crispus) la fronte, doch ist sard. das Vb. frunziri u. das Vbsbst. frunza, Falte, vorhanden; prov. altfrz. froncir; neufrz. froncer, dazu das Sbst. fronce, Falte (Scheler im Anhang zu Dz 728 meint, dafs man von dem Sbst. fronce ausgehen müsse und dafs dieses = ronce = deutsch runze anzusetzen sei, vgl. auch Fafs, RF III 510); zu frz. fronce gehört auch froncin, francin, Pergament, vgl. Thomas, R XXVIII 186; cat. frunsir; altspan. froncir; neuspan. fruncir; ptg. franzir (wohl angelehnt an franja). Vgl. Dz 149 froncir.

4010) [*frönto, -äre (v. frontem), gleichsam „stirnen", nur in Kompositis (af-frontare, anstirnen, jem. die Stirn bieten, trotzen, con-frontare, zusammenstirnen, Stirn an Stirn bringen, zusammen-, gegenüberstellen, rum. auch in-frontare im Sinne von affr.), in diesen aber in allen roman. Sprachen lebendig.]

4011) abd. frosk, Frosch; dav. nach Nigra, AG XV 111, ital. rospo für *rosco, Kröte; trent. rosco; lad. ruosc, rusc.

4012) früctifico, -äre, Früchte treiben od. tragen; altfrz. frotigier, vgl. Darmesteter, R I 164, Thomas, R XXVI 436.

4013) früctüs, -um m., Frucht; ital. frutto (Pl. frutti und frutta, Tafelobst, vgl. Canello, AG III 403); rum. frupt, Pl. frupturi; rtr. frig; prov. frueh, frut-z, frucha, fruita; frz. fruit; cat. fruyt; span. fruto, fruta (letzteres besonders „Baumfrucht"); ptg. fructo, fructa (letzteres „Obst"), auch fru(i)to, -a. Vgl. Gröber, ALL II 428.

4014) dtsch. Frühstück; frz. fricheti, vgl. Marchot, Z XIX 101.

4015) frümën n., Schlund (Serv. Verg. Ge. I 74; Aen. I 178); davon ital. in-frunire „bramare, desiderare avidamente", vgl. Caix, St. 363; prov. altfrz. enfrun, enfrun, gierig, unersättlich, dazu das prov. Vb. s'enfrunar, gierig essen, vgl. Dz 569 enfrun.

4016) frümëntärIüs, a, um (v. frumentum), zum Getreide gehörig; ital. frumentario, Adj., frumentiere „chi porta i viveri all' esercito", arch. frumentiera „grano acconcio ad uso di minestra", vgl. Canello, AG III 307.

4017) frümëntüm (u. *frü- n., Getreide; ital. frumento, formento; altfrz. frument, froment, forment; neufrz. froment, Weizen; span. ptg. trigo = triticum, Weizen (ptg. auch frumento).

4018) germ. frumjan (ahd. frummjan, ags. frummian), hervorbringen; prov. fornire, liefern, versorgen, ausstatten; sard. frunire; prov. fromir, fornir, fornir; altfrz. formir, fornir; neufrz. fournir; span. ptg. fornir. Vgl. Dz 145 fornire; Mackel, p. 22.

4019) [mittellat. **frunĭo, -īre,** Baumrinde zerreiben, Lohe bereiten; davon nach Dz 591 prov. *frunir,* zerbrechen.]

frunjan s. **flennen.**

4020) [***frūstĭo, -āre** (für **frūstiare,* v. *frustum*); davon vielleicht altfrz. *froissier,* neufrz. *froisser, zerstücken, zerbrechen.* Vgl. Schuchardt, Über einige Fälle bedingten Lautwandels im Churwälschen, p. 9; Littré *s. v.;* Havet, R III 328; Scheler im Anhang zu Dz 797; Förster, Z III 563; Gröber, ALL II 428. Dz 590 stellte *frendere fresnus* oder *fricare frictus* als Grundwerte auf; gegen **frĭctiare* würde wohl auch, wenigstens lautlich, nichts einzuwenden sein. Das Grundwort *frŭstiare* hat gegen sich, dafs die Länge des *u* in *frūstum* durch das ital. *frusto* (Sbst., Bissen, Adj, abgenutzt) u. das frz. *fruste* (Adj. abgerieben) gut bezeugt wird.]

4021) **fu- (fü-, fo-)** ist nach Schuchardt, Z XXI 203, lautsymbolische Silbe in den Verben des Durchsuchens, Durchwühlens, Durchstöberns, wie z. B. frz. *fouiller,* südfrz. *fourfulha,* frz. *farfouiller, fureter, fourgouner;* span. *huronear;* ital. *frugolare, furecchiare.*

4022) dtsch. **fuder** = frz. *foudre,* ein Weinmafs, vgl. Dz 587 *s. v.*

4023) **fūgă, -am** f. (vom St. *füg-,* wovon *fugēre*), Flucht; ital. *fuga,* Flucht (über das *u* vgl. Ascoli, AG I 185 Anm. 4, wo es aber freilich nicht hinreichend erklärt wird, wenn das Wort als ein volkstümliches gelten soll; vielleicht darf man **fŭga* für *fŭga* ansetzen, zumal da man auch **fŭgire* für *fŭgere* aufstellen mufs), *foga,* Eilfertigkeit, Hitze, vgl. Canello, AG III 325; r um. *fugă;* prov. *fug(u)a;* frz. *fugue* (veraltet und selten), *fuie,* Zufluchtsort der Tauben, kleiner Taubenschlag, *(fuite,* Flucht); *fougue* = ital. *foga,* vgl. Caix, Giorn. di fil. rom. II 70; cat. span. ptg. *fuga.* Vgl. Dz 371 *foga.*

4024) ***fūgăcĕŭs, a, um** und **fūgăx, -cem** (von *fuga*), flüchtig; ital. *fugace;* rum. *fugaciu;* (frz. *fuyard* = *füg* + germ. *hard*); span. *fugaz* (daneben *hudizo*); ptg. *fugaz.*

4025) dtsch. **Fugger** (Name der bekannten Augsburger Kaufmannsfamilie) = span. *fúcar,* reicher Mann, auch wallon. *foukeur.* Vgl. Dz 452 *fúcar.*

4026) (**fŭgĭo, fŭgī, fŭgĭtūrŭs, -ĕre,** fliehen, dafür) ***fŭgĭo, -īre;** ital. *fuggire;* sard. *fuire;* rum. *fug ii it i;* rtr. *fugir,* vgl. Gartner § 154; prev. *fugir;* altfrz. *fuir* u. *fuire,* vgl. Förster zu Erec 4983; frz. *fuir;* span. *huir;* cat. ptg. *fugir.* Vgl. Gröber, ALL II 428.

4027) **fŭgĭtīvus, a, um,** flüchtig; ital. *fuggitivo;* lecc. *fušetia,* blalla, vgl. Salvioni, Post. 10.

4028) **fŭgĭto, -āre,** fliehen; altital. *futare,* vgl. Meyer-L., Z. f. ö. G. 1891 p. 770; AG VIII 354.

4029) ***fūgĭtŏr, -ŏrem** (f. *fügitor*), Flüchtling; ital. *fuggitore;* rum. *fugitor;* altspan. *fuidor* (*huidero*).

4030) **fŭlcĭo, fŭlsi, fultum, fŭlcīre,** stützen; ital. *folcire,* südsard. *furćiri,* tarent. *fóćere,* rtr. *fulśer,* vgl. Meyer-L., Z. f. ö. G. 1891 p. 770.

4031) **fŭlcrum** n., Stütze; dav. leitet Diez, Rom. Gr. I² 255, ab frz. *fautre,* grobes Wollzeug, Putztuch, richtiger ist *fautre* wohl = *feutre.*

4032) [**fŭlgĭdŭs, a, um** (v. *fulgēre*), glänzend; daraus durch Anlehnung an *fulvus* ital. *fulvido,* glänzend, vgl. Dz 374 *s. v.*]

4033) **fŭlgŭr, -ŭris** n., Blitz; ital. *folgore;* rum. *fulger;* prov. *foldre-s, folzer-s;* altfrz. *foldre* (auch *esfoldre);* neufrz. *foudre,* Blitzstrahl, Blitz als Leuchterscheinung ist *éclair;* (span. ptg. heifst der Blitz *relámpago* v. *lamp-,* leuchten, hinsichtlich seines Leuchtens, *rayo,* raio = *radius* als Blitzstrahl; das rtr. Wert für „Blitz" ist *cameg,* vermutlich mit **cauma* = gr. καῦμα, Hitze, zusammenhängend). Vgl. Dz 587 *foudre* 1; Gröber, ALL II 428; Salvieni, Post. 10; Meyer-L., Rom. Gr. II p. 19.

4034) **fŭlgŭro, -āre** (v. *fulgur*), blitzen; ital. *folgorare;* rum. *fulgeră ai at a;* (prov.?; frz. *il fait des éclairs;* span. *relampaguear, dar relámpagos;* ptg. *relampaguear, coriscar, raiar).*

4035) **fŭlĭca, -am** f., Bläfshuhn; ital. *folaga;* neuprov. *fóuco,* vgl. Meyer-L., Z. f. ö. G. 1891, p. 770.

4036) **fŭlīgo** u. ***fŭllīgo, -ĭnem** f., Rufs, Schminkschwärze; ital. *fuliggine,* Rufs; rum. *funingine;* (für *funingine* setzt Densusianu, R XXVIII 62, eine Umgestaltung von *fuliginem* zu **fumiginem* an); rtr. *fulin;* span. *hollin;* Baist, Z V 245, ist geneigt, in *holgin, -a,* Zauberer, *-in,* eine Ableitung aus *fuligo,* gleichsam **fuligineus, -a* (rufsige, schwarze, durch den Schornstein kriechende Person), zu erblicken, das *n* statt *ñ* erklärt er aus Suffixvertauschung; ptg. *relampaguear, coriscar, raiar).* Vgl. Dz 459 *hollin;* Gröber, ALL II 429 u. VI 390.

4037) ***fŭllo, -āre** (Verb zu dem Sbst. *fullo,* Walker), walken; ital. *follare,* walken, treten, dazu das Vbsbst. *folla* (Gedränge), Menge, dazu das Kompos. *affollare,* drängen; rtr. *fullar;* prov. *folar;* frz. *fouler,* dazu das Vbsbst. *foule;* (über altfrz. *afoler* s. oben **affollare**): span. *hollar,* dazu die Subst. *huella,* Fufsstapfe, *huello,* Tritt (*afollar,* beschädigen, ist wohl = altfrz. *afoler),* dazu das Vbsbst. *folla.* Vgl. Dz 142 *follare;* Gröber, ALL II 428 u. VI 389.

4038) **fŭllo, -ōnem** m., Walker; ital. *follone;* frz. *foulon.* Vgl. Dz 142 *follare.*

4039) **fŭltŭs, a, um** (Part. P. P. v. *fulcire),* gestützt; davon nach Förster, Z III 563, span. *hoto,* Sbst., Vertrauen, Zutrauen, Sicherheit; ptg. *fouto,* sicher. I½z 460 *s. v.* stellte *fotus* von *foverc* als Grundwort auf u. verwarf das von Moraes vorgeschlagene *fautus* als unlateinisch, jedoch *fotus* ist wegen des ptg. *ou* unannehmbar, gegen *fautus* aber ist im ernstes Bedenken gar nicht zu erheben, zumal da wenigstens das Supinum *fautum* nicht im mindesten unlateinisch ist. Aus *fautus* erklärt sich *fouto* einfacher als aus *fultus,* vgl. auch Baist, RF I 445.

4040) **fŭlvŭs, a, um,** braungelb, = ptg. *fulo,* vgl. Dz 452 *s. v.*

4041) **fŭmātă** (Part. P. P. v. *fumare);* ital. *fumata,* Rauch, *fumea* „fumo, in ispecie i vapori che lo stomaco manda al cervelle", vgl. Canello, AG III 313; frz. *fumée,* Rauch; span. *fumada,* Rauchwolke; ptg. *fumada,* Signalfeuer („Rauchwolke" ist *fumaça).*

4042) **fŭmĭdŭs, a, um** (*fumus*), rauchig; friaul. *fumul,* vgl. Meyer-L., Gröber's Grundrifs I 531.

4043) **fŭmĭgo, -āre** (v. *fumus* u. *ago*), rauchen, dampfen; ital. *fumicare;* rum. *fumeg ai at a;* (frz. *fumiger;* altspan. *fumigar);* neuspan. *humear;* ptg. *fume(g)ar;* wallou. *feunquier,* lothr. *jongé.* Vgl. Meyer-L., Z. f. ö. G. 1891 p. 770.

4044) **fŭmo, -āre** (von *fumus*), rauchen; ital. *fumare;* rum. *fum ai at a;* prov. *fumar;* frz. *fumer;* span. ptg. *fumar.*

4045) **fŭmōsŭs, a, um** (v. *fumus*), rauchig; ital.

fumoso; rum. *fumos;* prov. *fumos;* frz. *fumeux;* cat. *fumos;* span. ptg. *fumoso.*

4046) **fŭmŭs, -um** *m.,* Rauch; ital. *fumo, fummo;* rum. *fum.* Pl. *fumuri;* prov. altfrz. *fum-s, fun-s;* (nfrz. *fumée*); cat. *fum;* altspan. *fumo;* neuspan. *humo;* ptg. *fumo.*

4047) **fŭmŭs tẽrrae** = frz. *fumeterre,* Erdrauch (ein Kraut, Fumaria officinalis L.); ital. ist das Wort in *fummosterno* entstellt, vgl. Dz 374 *s. v.*

4048) ***fūnāmen** *n.* (*funis*), Strickwerk; frz. *funin,* Takelwerk.

4049) **fūnārium** *n.* (*funis*); dav. ptg. *fuéiro,* Wagenbaum, Stangenleiter; vgl. Meyer-L., Z XV 269.

4050) **fūnctĭo, -ōnem** *f.* (v. *fungi*), Verrichtung; altspan. *furcion, enfurcion* = neuspan. *infurciōn,* Pachtzins, Tribut; ptg. *infurçāo.* Vgl. Cornu, R X 80.

4051) **fŭndā, -am** *f.,* Schleuder, Geldbeutel; ital. *fonda, fionda* (aus **flunda, fundula,* vgl. d'Ovidio, AG XIII 362), Schleuder, Beutel (*fonda* + **rhombala* = *frombola,* Schleuder, nach Caix, Z I 423, vgl. dagegen Marchesini, Studi di fil. rom. II 4, wo *frombola* und *fromba* nebst *fromboliere* auf den Stamm **fundibulario-* zurückgeführt werden); prev. *fronda;* altfrz. *fonde;* nfrz. *fronde* (= *fundula, *flunda*); span. *fonda, honda* (das Wort bedeutet „Schleuder", aber auch „Wirts-, Kaffeehaus", welche Bedtg. sich aus der von „Geldbeutel" entwickelt zu haben scheint, ähnlich wie *bourse* „Geldbeutel" u. „Versammlungsort der Kaufleute" bedeutet), dazu das Vb. *hondear,* das Senkblei auswerfen; ptg. *funda.* Vgl. Dz 141 *fionda* u. 451 *fonda;* Gröber, ALL II 429.

4052) **fŭndāmēntum** *n.,* Grundlage; ital. *fondamento* etc.

4053) **fŭndĭbălŭs, -um** *m.* (v. *funda* u. βάλλω), Schleudermaschine; altfrz. *fondéfle,* ein Wurfgerät, vgl. Dz 587 *s. v.*

4054) **fŭndĭbŭlŭm** *n.* (von *fundĕre*), Trichter; span. *fonil,* Trichter; ptg. *funil;* über frz. *fondéfle* s. No 4053; vgl. Dz 451 *s. v.;* Salvioni, Post. 10, zieht hierher auch vic. *fransègolo,* fionda.

4055) [***fŭndītĭo, -āre** (v. *funditus*), bis auf den Grund gehen, im Boden befestigen u. dgl.; prov. *fonsar;* frz. *foncer, enfoncer.* Vgl. Dz 143 *fondo* (Diez leitet die Verba von dem Nom. *fons* = *fonds* = *fundus* ab, bemerkt aber selbst, dafs man von solcher Ableitung im Frz. kaum ein Beispiel finde.]

4056) **fŭndo, -āre** (von *fundus*), gründen; ital. *fondare;* rum. *afund ai at a,* bedeutet auch „tauchen"; prov. *fondar;* frz. *fonder;* cat. *fondar;* span. ptg. *fundar.*

4057) **fŭndo, fūdī, fūsŭm, fŭndĕre,** giefsen; ital. *fonda, fusi fuso* (*fonduto*) *fondĕre,* schmelzen; prov. cat. *fondre,* zerstören; frz. *fondre,* schmelzen; span. ptg. *fundir,* schmelzen. In der eigentlichen Bedtg. „giefsen", „vergiefsen" ist dasVb. durch ital. *mèscere* = *miscere,* *versaré* = frz. *verser,* span. *echar* = *ejectare, verter, derramar* (von *ramus,* eigentl. abzweigen), ptg. *verter, vasar, derramar* ersetzt werden. Vgl. Gröber, ALL II 429.

4058) **fŭndŭs, -um** *m.,* Grund, Boden; ital. *fondo,* Sbst., Boden, Adj., tief (also = **fundus, a, um* im Sinne von *profundus*); rum. *fund,* Pl. *funduri* (nur Sbst.); prov. *fond-s* (nur Sbst.); frz. *fond* und *fonds* (letzteres Sbst., dessen *s* übrigens nicht Nominativ -*s* ist [vgl. Meyer, Ntr. 57, und Horning, Ztschr. f. neufrz. Spr. u. Litt. X² 245], namentl. in übertragener Bedeutung „Vorrat, Ver-

mögensbestand" gebraucht); von *fundus* abgeleitet ist *fondrilles,* Bodensatz (das *r* wohl durch Einflufs von *fondre*), altfrz. auch *fondril,* vgl. ital. *fondiglio;* cat. *fons;* span. *hondo* (altsp. *fondo*), Sbst. u. Adj., Boden, tief; ptg. *fundo,* Sbst. u. Adj. Vgl. Dz 143 *fondo;* Gröber, ALL II 429.

4059) [**fūnēbrĭs, -e** (v. *funus*) u. **fūnēstŭs, a, um** (von *funus*) sind nur als gelehrte Worte erhalten, z. B. frz. *funèbre, funeste.*]

4060) **fŭngĭdŭs, a, um** (*fungus*), schwammig, pilzig; lecc. *fungetu* floscio, vgl. Schuchardt, Rom. Et. I p. 60.

4061) [***fŭnglŭs, a, um** (*fungus*), schwammig, weichlich; cat. *flonjo,* weichlich (von *flux,* span. *flojo* beinflufst); altgal. *fonxe;* span. *fonje.* Vgl. Schuchardt, Roman. Et. I p. 51.]

4062) **fŭngŭs, -um** *m.,* Pilz; ital. *fungo,* Pilz, *funga,* Schimmel; span. *hongo.* Vgl. Gröber, ALL II 429.

4063) ***fŭn(ĭ)ārĭŭs, -um** *m.,* Seiler; ital. *funajo,* (daneben *funajuolo*); rum. *funier;* (frz. *cordier;* span. *cordelero;* ptg. *cordaeiro* von *c[h]orda,* w. m. s.).

4064) ***fŭnĭŏlŭs, -um** *m.* (Demin. von *funis*), kleiner Strick; rum. *fuior m.,* Pl. *fuioare f.*

4065) **fūnĭs, -em** *m.,* Seil, Strick; ital. *fune m.* und *f.;* rum. *funie f.;* (frz. *funin* = *funamen,* Takelwerk).

4066) **fūr, fūrem** *m.,* Dieb; ital. *fure, furo* (wehl Latinismus, das übliche Wort für „Dieb" ist *ladro*); venez. *furo* ghiotto; pesch. *fur* ladroncello, ingordo, vgl. Plcchia, AG VIII 354; Salvioni, Post. 10; rum. *fur;* altfrz. *fur;* (neufrz. *voleur* = **volator-em* v. *volare,* also eigentl. „der, welcher etwas wegfliegen macht"); span. (nur aragones.) *furo,* Adj., menschenscheu, das Sbst. „Dieb" ist *ladron* = *latronem;* (ptg. *ladrāo*). Vgl. Gröber, ALL II 429.

4067) germ. **furbjan,** reiben; ital. *forbire,* reiben, glätten, polieren, dazu das Vbsbst. *furbo* (wohl dem Frz. entlehnt), geriebener Mensch, Schelm; prov. *forbir;* frz. *fourbir,* dazu das Vbsbst. *fourbe,* Schelm. Vgl. Dz 144 *forbire;* Mackel, p. 22.

4068) **fŭrcā, -am** *f.,* Gabel; ital. *forca;* sard. *furca;* rum. *furcă;* rtr. *furca;* prov. *forca;* frz. *fourche* (dazu das Demin. *fourchette*); cat. *forca,* Galgen; span. *horca,* Galgen; ptg. *forca,* Heu-, Mistgabel, Galgen. Vgl. Gröber, ALL II 429. — Die Gabel als Speisewerkzeug heifst ital. *forchetta,* frz. *fourchette,* s pan. *tenedor,* ptg. *garfo.*

4069) ***fŭrcātūrā, -am** *f.* (v. *furca*), Gabelung, der Raum zwischen den beiden Schenkeln und dem Unterleibe; ital. *forcatura;* prov. *forcadura;* altfrz. *fourcheure;* span. *horcadura,* der obere Teil eines Baumstammes, wo die Äste sich gabeln; *horcajadura,* der Raum zwischen den Schenkeln; ptg. *forcadura,* Gabelung. Vgl. Dz 144 *forcatura.*

4070) ***fŭrcĕllā, fŭrcĭllā, -am** *f.* (Demin. von *furca*), kleine Gabel; ital. *forcella;* sard. *furchidda,* vgl. AG XIII 118; rum. *furcé;* prov. *forsela;* altfrz. *fourcele;* Masc. zu *fourcelle* scheint zu sein *forceau,* Stellstange zum Garne (in der Fischerei), vgl. Cohn, Suffixw. p. 48; mit *fourceau* zusammengesetzt ist (*pal-*) *pauforceau,* gleichbed. mit *forceau,* vgl. Thomas, R XXVI 438. Vgl. Dz 144 *forcatura.*

4071) ***fūrco, -āre** (v. *furca*), gabeln, besonders in Kompositis; ital. *inforcare* (auf das einfache *furcare* gehen zurück: *frucare* „cercare tentando con bastone, mestare", *frugare*, durchwühlen, mit gleicher Bedtg. altfrz. *furgier*, span. *hurgar*, ptg. *forcar*, vgl. Dz 149 *frugare;* Canello, AG III 370; desgleichen *furicare* „cercare con ansietà, frugare", vgl. Caix, St. 329); rum. *infurc ai at a;* prov. *enforcar;* frz. *enfourcher;* altcat. *enforcar;* span. *enforcar, enhorcar;* ptg. *enforcar.*

4072) *fürco, -õuem *m.* (v. *furca*), grofse Gabel; ital. *forcone;* (rum. *furcoiu*); frz. (*fourchon*, Zinke, Gabel), *fourgon*, Ofengabel,Wagen mit Gabeldeichsel, Pack-, Güterwagen, vgl. Dz 587 *s. v.;* span. *horcon*, grofse Gabel, *hurgon*, Ofengabel; ptg. fehlt ein entsprechendes Wort.

4073) *fürcüla, -am *f.* (*furca*), kleine Gabel; venez. *forcola*, vgl. Salvioni. Post. 10.

4074) *fürcülo, -äre (Deminutivbildung zu *furcare*), gabeln; ital. *frucchiare* „darsi da fare, mestare", *frugolare* „andar frugando", *frullare* „dimenare col frullino, e quindi il romoreggiare di corpo che si muove rapidamente", vgl. Caix, St. 329, Canello, AG III 370.

fürfur, furfura f. **furfuricellus.**

4075) *[fur]furicellus, -um *m.* (v. *furfur* = ital. *forfore*, -a), feine Kleie; ital. *friscello* „fior di farina che vola nel macinare", vgl. Caix, St. 326.

4076) füriä, -am *f.*, Wut; ital. *furia* „ardere, foga in generale", *foja* „ardore amoroso". Vgl. Dz 372 *foga;* Canelle, AG III 337; rum. *furie;* sonst ist *furia* nur als gelehrtes Wort vorhanden.

4077) [gleichs. fürïdio, -äre (*fur*), wie ein Dieb umherschleichen; dav. nach Guarnerio, R XX 65, sard. *furriare*, girare, rigirare, volgere, involgere, u. die dazu gehörige umfängliche Wortsippe.]

*fürio s. fūro.

4078) füriösüs, a, um, wütend, = ital. *fojoso.

4079) *füriüs, a, um (von *fur*), diebisch; ital. *fujo* (*furio*), diebisch, nichtswürdig (in der Bedtg. „dunkel" ist *fujo* vermutlich = *furvius* f. *furvus*). Vgl. Dz 373 *s. v.;* Gröber, ALL II 429 u. VI 390.

4080) fürnärius, a, um (*furnus*), zum Backofen gehörig; ital. *fornajo*, Bäcker; altoberital. *fornera*, ferno, prestino, vgl. AG XII 404, Salvioni, Post. 10.

4081) fürnilla *n. pl.* (*furnus*); frz. *fournilles*, abgeschnittene Zweige zur Ofenheizung; span. *hornija*.

4082) fürnüs, -um *m.*, Backofen; ital. *forno;* sard. *furnu;* rum. *horn;* rtr. *furn;* prov. *forn-s;* frz. *four;* cat. *forn;* span. *horno;* ptg. *forno.* Vgl. Gröber, ALL II 429.

4083) *füro, -õnem *m.* (von *fur*), Dieb (in der Bedeutung „Frettchen" findet sich das Wort bei Isid. 12, 2, 39); ital. *furone*, Dieb (*furetto*, Frettchen); sard. *furone*, Dieb; prov. *furon-s*, Frettchen; altfrz. *furon, fuiron*, Frettchen (neufrz. *furet*); cat. *furó, fura*, Frettchen; span. *furon, huron*, Frettchen; ptg. *furão*, Frettchen; aus (*furo*) *putorius* „Stinktierchen" erklärt C. Michaelis, Frg. Et. p. 59, durch Annahme volksetymologischer Anlehnung an *touro* ptg. *toirão.* Dafs ein diebisches Tier geradezu als „Dieb" bezeichnet wird, ist nicht befremdlich. Vgl. Dz 149 *furon;* Gröber, ALL II 429.

4084) *füro, -äre (v. *fur*), stehlen; ital. *furare;* rum. *fur ai at a;* prov. *furar;* (frz. *voler*); [span. *hurtar* (v. *furtum*); ptg. *furtar*].

4085) dtsch. furre = furche; ital. *forra*, enge Schlucht, Spalte zwischen Berghöhen, vgl. Tobler, Misc. 73.

4086) fürtüm *n.* (v. *fur*), Diebstahl; ital. *furto;*

rum. *furt*, Pl. *furturi;* prov. *furt-s, fur-s;* (frz. *vol*); cat. *furt;* span. *hurto;* ptg. *furto.* Vgl. Gröber, ALL II 430.

4087) fürüncülus, -um *m.*, Blutgeschwür; ital. *foroncolo;* sard. *furuncu*, vgl. Salvioni, Post. 10.

fürvüs s. fūriüs.

4088) *füsägo, -ïnem *f.* (von *fusus*) = ital. *fusaggine*, Spindelbaum; frz. *fusain;* prov. *fusanh-s*, vgl. Dz 374 *s. v,*

4089) füsärius, -um *m.* (von *fusus*), Spindelmacher; ital. *fusojo;* rum. *fusar;* (frz. *fuselier*); ptg. *fuseiro.*

4090) *füscïnä und füscïnä, -am *f.* (stammverwandt mit *furca*), Dreizack, Harpune; (ital. *fiócina* = *flüscïna?*), Harpune, *bücine* „specie di rete", vgl. Caix, St. 233; sard. *früscina;* venez. *fóssena;* mail. *frosna;* neuprov. *fumo* (Dauphiné), *foxa* (Béarn); altfrz. *foisne*, Heugabel; neufrz. *fouëne*, Aalgabel. vgl. Dz 371 *fiocina;* Gröber, ALL VI 390.

4091) *füscüs, a, um (für *fuscus*), dunkel; ital. *fosco;* sard. *fuscu;* rtr. *fosc;* neuprov. *fousc;* span. *hosco;* ptg. *fosco* (Sbst. *fosca*, falscher Schein, Luftspiegelung, Miene). Vgl. Gröber, ALL II 430.

4092) füsïo, -õnem *f.* (v. *fundëre*), das Aus-, Ergiefsen; prov. *foiso-s*, Überflufs; frz. *foison.*

4093) dtsch. fufshake, dav. viell. ital. *fusciacca, fuciacca*, -o, vgl. Zambaldi *s. v.;* d'Ovidio, Note etim. p. 61.

Fustat s. Fostat.

4094) *füstïcellüs, -um *m.* (Demin. von *fustis*), kleiner Stock, Span; ital. *fuscello;* rum. *fustel, fuscel, fusteiu*, Sprosse. Vgl. Pascal, Studi di fil. rom. VII 93.

4095) füstïculus, -um *m.* (*fustis*), kleiner Stock; sard. *fustiju*, zeppa, vgl. Salvioni, Post. 10.

4096) *füstïcüs, -um *m.* (v. *fustis*), Stock; sard. *fustigu;* ital. *fuzzico, fusico* „stecco, bastoncello", vgl. Caix, St. 324.

4097) *füstïgo u. *füstïgo, -äre (von *fustis*), mit dem Steck prügeln; prov. *fustigar;* span. *hostigar;* ptg. *fustigar*, stänpen. Vgl. Dz 460 *hostigar.*

4098) füstïs, -em *m.*, Knittel, Stock; ital. *fusto*, Stiel, *fusta*, eine Art Fackel und eine Art Schiff; rum. *fust;* prov. *fust-z;* frz. *fût*, Schaft (Kompos. *affut*, Lafette, wovon wieder das Verb *affûter* = ital. *affustare*, schäften); cat. *fust;* span. *fuste, fusta;* ptg. *fusta.* Vgl. Gröber, ALL II 430; Dz 150 *fusta.*

4099) füsüs, -um *m.*, Spindel; ital. *fuso;* rum. *fus;* prov. *fus;* (frz. *fuseau* = *fusellus*); neben *fusel* ist im Altfrz. vorhanden *fuissel*, was ein *fuscellum* voraussetzt, vgl. Thomas, R XXVIII 186; cat. *fus;* span. *huso;* ptg. *fuso.*

4100) füttïo, ŭï, ütüm, ĕrĕ, ein Frauenzimmer beschlafen; ital. *fottere*, davon *fottitójo, fottitore, fottitura;* rum. *fut ui ut e;* prov. *fotre;* frz. *foutre* (auch Sbst. im Sinne von „Canaille"); span. *hoder, joder* (= *fotere*), vgl. Storm, R V 179; ptg. *foder.* Vgl. Gröber, ALL II 430 u. VI 430.

G.

4101) ahd. gabala, gabal, ndl. gaffel, Gabel; sard. *gaffa*, eiserner Haken; [aber sicil. *gavita*, specie di vassajo; abruzz. *govete*, piem. *gavia* = *gabata*, vgl. Salvioni, Post. 10]; prov. *gaf-s;* frz. *gaffe*, dazu das Vb. *gaffer*, haken, vielleicht gehört hierher. auch *gable*, Giebel, vgl. Dz 591 *s. v.;* span.

gafa, dazu das Vb. *gafar*; ptg. *gafa*. Vgl. Dz 150 *gafa*; Tb. p. 63; Skeat, Étym. Dict. *s. v. gable.* S. unten **gaifeu.**

4102) arab. *chinzir* **ǧabali,** Berg-, Wildschwein; span. *jabali*, Eber, *jabalina*, Sau; ptg. *javali.* Vgl. Dz 461 *jabali*; Eg. y Y. 425.

4103) **gäbäta, gäväta, *gauta, -am,** Schüssel ital. (vgl. No 4101) *gavetta* (Umbildung aus *gabata*), hölzerne Schüssel, *gota*, Wange (weil die Wange schüsselartig gerundet ist; das üblichere Wort aber ist *guancia* ━ *wankja); (rum. heifst die Wange *falcă* ━ *falcem*, Sichel); rtr. *gaulta*, Wange (lautlich ist der Einschub des *l* bemerkenswert, der auch in oberital. Mundarten sich findet, so altmail. *golte*, modenes. *golta;* die Erklärung des Vorganges ist schwierig, falls man nicht analogische Anlehnung annehmen will); nprov. *gaveto*, *gamato*, *gato*, Trog, *gauta*, Wange; frz. *jatte*, Napf, (pic.) *gafe*, daneben *jafe*, Kropf der Vögel, vgl. Horning, Z XVI 530 (wo H. auch *giffe*, *gifte* auf *gabata* zurückführen will), *joue*, Wange (über *joufflu*, pausbäckig, vgl. Cohn, Suffixw. p. 197); (altfrz. auch *jadeau*, Napf, = *gavatellus); cat. *galta*, Wange, (*galtera*, Wulst, Kropf); span. *gábata*, hölzerner Napf, *gaveta*, Schublade, (*galtera*, Helmbacke); pan. "Wange" heifst *mejilla* ━ *maxilla* u. *cachete* v. *cacho* = *capulus*); (ptg. heifst die "Wange" *face* ━*faciem*). Vgl. Dz 158 *gavetta*, 170 *gota;* Gröber, ALL II 430 (Gr. führt auch das sard. Wert für "Wange" *cávanu* an und bezeichnet dessen Grundlage als unbekannt, sollte es nicht auf *cavus* zurückgehen?); Mackel p. 57 setzt frz. *jatte* ━ altnfränk. *gabita an, vgl. Pogatscher, Z XI 555.

4104) altn. **gabb,** Verspottung; ital. *gabbo*, Scherz, Scherzrede; dazu das Vb. *gabbare;* prov. altfrz. *gab, -er;* altspan. *gab;* gabar; ptg. *gabar*, leben, vgl. Dz 627 *lobe.* Vgl. Dz 150 *gabbo;* keltischer Ursprung des Wortes ist ausgeschlossen, vgl. Th. p. 60; Mackel, p. 59; Berger p. 316.

4105) ahd. **gabûro,** Bauer, = rtr. (trient.) *gaburo*, starker Mann; cremon. *gabeurr*, roher Mensch, vgl. Dz 374 *gaburo.*

4106) bask. **gaeoitsua,** blinder Schlüssel; daraus viell. entstellt span. *ganzua*, Nachschlüssel; ptg. *gazua*, vgl. Dz 453 *ganzua.* Glaubhafter dürfte aber sein, dafs die Werte zusammenhängen mit ital. *gancio*, Haken, frz. *ganse*, Schlinge, span. ptg. *gancho*, Haken, u. mit diesem auf den kelt. Stamm *camb-, camm-*, krumm, zurückgehen.

4107) mittellat. **gadalis** (wohl vom germ., bezw. altnord. *gata*, Gasse, eigentl. also bedeutend "zur Gasse gehörig"); prev. *gazal-s*, *gaal-s*, sich auf den Strafsen umhertreibendes Frauenzimmer, Hure; altfrz. *jael*, davon *jaelise*, *gaalise*, *gaelise*, Unzucht. Vgl. Tobler, R II 237; Th. p. 101.

4108) altn. **gaddr,** Stachel; davon (?) frz. *gade*, *gadelle*, Stachelbeere, vgl. Joret, R VIII 440.

4109) [***gädus, -um** (?) (griech. γάδος) m., ein Fisch; frz. *gade*, Trusche (ein Fisch); das Grundwert ist aber völlig unsicher; dunkel ist der Ursprung von frz. *gadelle*, Stachelbeere, vgl. jedoch No 4108.]

4110) [**gaesum** *n.*, Wurfspiefs; frz. *gèse*, Pike (altfrz. *gieser* ━ *gesärum, Rol. O. 2075, indessen dürfte das Wort zu streichen sein, wie es auch in der That von Müller u. Gautier beseitigt werden ist).]

4111) arab. **ǧâfl,** plump; span. *zafio*, plump; ptg. *safio*, vgl. Dz 498 *zafio*; Eg. y Y. p. 518.

4112) ags. **gafol** (v. *givan*, geben); davon der doch von dem german. Stamme *gab-* ital. *gabella*, Abgabe, Steuer; prov. *gabela*; frz. *gabelle*, Salz-

steuer; span. *gabela*; ptg. *gabella.* Vgl. Dz 150 *gabella* (wo die Ableitung aus dom German. mit Recht derjenigen aus dem arab. Verbum *gabala*, einnehmen, vorgezogen wird).

4113) ahd. **gâhi,** rasch, schnell, Jähe; davon nach gewöhnlicher, aber jedenfalls irriger Annahme ital. *gajo*, frisch, munter, lebhaft; prov. *gai, jai;* frz. *gai*, davon das Sbst. *gaité;* altspan. *gayo;* ptg. *gaio.* Vgl. Dz 151 *gajo;* Baist, Z V 247 (B. behauptet, aus *gâhi* habe nur ital. *gacco, gago*, span. *gafo*, nicht aber *gajo* etc. entstehen können, und stellt als Grundwort den Eigennamen *Cajus, Gaius* auf, s. oben **Cajus,** vgl. dagegen Mackel, p. 40; G. Paris, R XI 164, hält allerdings die Diez'sche Ableitung für bedenklich, mag aber auch Baist's Grundwort nicht annehmen. Ein zwingender Grund, von Diez' Ableitung abzugehen, liegt nicht vor, wie Mackel a. a. O. genügend gezeigt); Schuchardt, Z XI 494, stellte *gavius als Grundwort auf unter Hinweis auf den Vogelnamen *gavia*, Möve (aber prov. *jai-s*, frz. *geai*, Häher!); Schwan, Altfrz. Gramm. (erste Ausg.) § 181 Anm., schlug ahd. *wâhi* als Grundwort für *gai* u. ahd. *gâhi* als Grundwort für *geai* vor. Vielleicht darf man an *vagus* oder auch an *va[r]ius* denken, sowohl die lautliche wie die begriffliche Entwickelung würde in jedem der beiden Fälle erklärlich sein: der Wandel von lat. *v* zu *g* kommt ja vereinzelt vor, u. sowohl von "umherschweifend, beweglich" als auch von "bunt, lebhaft (von Farben)" kann man zu der Bedeutung "munter" gelangen, indessen soll dies hier nur Vermutung, nicht Behauptung sein.

4114) langob. **gaida,** Speer; sard. *gaja*, eingesetztes keilförmiges (in seinem Schnitte einem Speere ähnliches) Stück am Kleide; mail. cremon. *gheda;* piem. parm. *gajda.* Vgl. Dz 375 *ghiera*, s. auch unten **gèro.** Caix, St. 245, zieht hierher auch aret. *cadie, caide* "gheroni".

4115) oberdtsch. **gaifen,** krumm ausschneiden; davon mit Dz 150 sard. *gaffa* etc., siehe oben **gabala.** Die Herleitung ist unwahrscheinlich, weil *ai* nicht zu *a* vereinfacht worden ist würde und weil überdies nicht zu ersehen ist, wie ein ganz spezifisch oberdeutsches Wort in das Sardische etc. hineingekommen sein sollte.

4116) bask. **gait,** schlecht; dav. nach C. Michaelis, Jahrb. XIII 210, span. (in Aragonien u. Catalonien) *guit, guito*, störrisch (von Maultieren gesagt); nichts damit zu thun hat vermutlich das von Dz 378 unerklärt gelassene und bis jetzt noch von niemandem befriedigend erklärte ital. *guitto*, schmutzig, filzig. (Tobler, R II 240, erklärte ital. *guitto* für identisch nuit *gretto* von mhd. *grit* (s. d.), über welches zu vgl. Dz 173; Mussafia, R II 479, hat diese Annahme mit gutem Grunde zurückgewiesen: Caix, St. 355, wollte *guitto* aus *vietus* (s. d.) ableiten, vgl. dagegen G. Paris, R VIII 619).

4117) germ. **gait-** (got. *gaits*); lothr. *gaie*, *gaiette*, Geifs; jurass. *gaise* ━ abd. *geiz;* (henneg. wallon. *gate*). Vgl. Dz 593 *gare;* Mackel, p. 114.

4118) kelt. Stamm ***galâ** (altir. *gal*, Tapferkeit, Kriegslust, tapfere That); davon vielleicht mit Einmischung eines *i* (gleichsam *galius) mittelst des german. Suffixes *hard;* ital. *gagliardo*, kühn, frech, munter, kräftig, üppig; prov. *galhard;* frz. *gaillard;* span. *gallardo;* ptg. *galhardo.* Vgl. Dz 151 *gagliardo;* Th. p. 61; Salvioni, R XXVIII 97, führt noch abruzz. *guajarde*, piem. *goagliardo* an.

4119) [**gala**; auf ein irisches Wort *gala*, Windhauch (engl. *gale*, kühler Wind) glaubte Diez 153 zurückführen zu können prov. galerna, Nordwestwind, frz. galerne, span. ptg. galerno, allein das irische Wort ist erst aus dem Englischen entlehnt, vergl. Th. p. 61, auch sonst scheint keltischer Ursprung der roman. Worte ausgeschlossen, eine anderweitige Ableitung bietet sich aber auch nicht dar.]

4120) [griech. γάλα; auf γάλα, Milch, glaubte Rönsch, RF III 371, zurückführen zu dürfen ital. gallare, obenauf schwimmen, den Mut erheben, sich freuen, denn die Milch, d. h. die Sahne, schwimme obenauf, mitgewirkt soll hinsichtlich der Bedtg. haben der Stamm γαλ-, wovon γαληνός, heiter, γαλήνη, Heiterkeit, hinsichtlich der Schreibung aber lat. gallus. Einer Widerlegung bedarf diese Phantasie nicht. Vgl. No 4142.]

4121) germ. (burg.?) Stamm galaubo- (got. galaubs, kostbar); davon prov. galaubia, galaubey, Aufwand, Pracht, vgl. Dz 592 s. v., Mackel, p. 46.

4122) [ahd. ga-laupan, laufen, davon nach Dz 153 ital. galoppare, schnell laufen, dazu das Vbsbst. galoppo; prov. galaupar; frz. galoper; span. ptg. galopar. Da jedoch nordfrz. Formen mit anlautendem w vorhanden sind, so ist die Ableitung unmöglich, vgl. Mackel p. 124, wo das von Skeat (Etym. Dict. galop) aufgestellte Grundwort nd. wallen, ags. weallan empfohlen wird. Wenn Rönsch, RF I 445, die Worte aus lat. quadrupedare entstanden sein lassen will, so ist das eben nur ein sinniger Einfall, auf den näher einzugehen sich nicht lohnt. Schuchardt, Slawo-Deutsches p. 79, deutet das Wort aus dem Slavischen. Vgl. auch Geldschmidt p. 65. Körting, Ztschr. f. frz. Spr. u. Lit. XXI 98, hat *valuppare, *valupare für vapulare, vapulari in Vorschlag gebracht, s. unten vapulo.

4123) [gleichs. *galbĭnĭtĭa, -am f. (galbĭnus), Gelbsucht; frz. jaunisse (altfrz. auch jauniz m., s. Godefroy), vgl. Cohn, Suffixw. p. 36.]

4124) [galbĭnŭs, a, um, gelb; (ital. giallo, kann nicht unmittelbar, sondern nur durch Vermittelung des altfrz. jalne auf galbinus zurückgeführt werden, Diez 164 stellt ahd. gëlo als Grundwort auf; das ahd. gëlo dürfte auch in dem ersten Bestandteile des altfrz. Kompositums galebrun, galubrun, Name eines dunkelfarbigen Tuchstoffes, zu erkennen sein, vgl. Dz 619 isanbrun); rum. galbăn, galbin (gel.W.); altfrz. jalne; nfrz. jaune; (span. jalde; ptg. jalde, jalne, jardo, jarðo, wohl Lehnwort aus dem Frz.). Vgl. Dz 164 giallo; Gröber, ALL II 431 (nach G.'s Annahme eignet das Adj. nur dem Frz. zu u. ist aus diesem in das Ital., Span. u. Ptg. übertragen worden. Zweifel hieran dürften aber wohl gestattet sein); Vogel, p. 87 Anm., bemerkt, dafs für frz. jaune, span. jalde auch gr. hyalinos „glasgrün" als Grundwort aufgestellt werden könne, aber ὑάλινος bedeutet doch nur „gläsern".

4125) galbŭlŭs, -um m. (v. galbus), Goldamsel; ital. gálbero (wird von Diez unter Hinweis auf Jagemann's Wörterbuch angeführt, scheint aber thatsächlich der Sprache zu fehlen, die dafür rigogolo = *aurigalgalus besitzt. Die dialektischen Formen, parmes. brosc. galbéder, bergamask. galbér, mail. galbée, paves. galbé gehen unmittelbar auf *galbus, aber nicht unmittelbar auf galbulus zurück, noch weniger auf galba + ἴκτερος, wie Diez annahm; „ein *galberius thäte ihnen teilweise Genüge", Gröber, ALL II 432); span. gálbulo, gálgulo (gel. Wort, volkstümlich ist oriol und oropéndula). Vgl. Dz 152 galbero; Gröber, ALL II 431 u. VI 390. Sieh auch oben aureolus.

4126) gr. γάλη = ἐξέδρας εἶδος wird von Diez 153 vermutungsweise als Grundwort zu galea, galleria etc. aufgestellt; die glaubhaftere Ableitung sehe man oben unter *calaria.

4127) gălĕa, -am f., Helm; altfrz. jaille, Kübel; (neufrz. gleichbedeutendes jale scheint ein *gala vorauszusetzen; von jale abgeleitet ist altfrz. jalon, galon, Getreidemafs; Tobler, Misc. 75, erklärt jalle, jale aus gerula, w. m. 8); ptg. galheta, kleiner Krug. Vgl. Dz 619 jale.

4128) gr. γαλέα, γαλεός, eine Art Haifisch (galeos bei Plin. N. H. 32, 25); dav. cat. gallihuda, gallinuda; span. galeo, galea, galludo, galeocane, vgl. Baist, Z V 243.

4129) galerand, Rohrdommel, vgl. Cohn, Suffixw. p. 30.]

4130) dtsch. Galgen; davon nach Horning, Z XVIII 220 u. XXI 456, frz. jauge, Wagenstange, Hebel, Mefsrute, dazu das Vb. jauger, aichen, ferner: galon, jalon, altfrz. jalet, jalois, jalaje. — S. oben aequalifico.

4131) gălgŭlŭs, -um m., Goldamsel; rum. grangur.

4132) gallĭōn n. (griech. γάλιον), Taubnessel; ital. gaglio.

4133) ir. gall, Steinpfeiler; vielleicht Grundwort zu altfrz. gal, eine Art Stein, vgl. Dz 592 s. v., Th. p. 100.

4134) galla, -am f., Gallapfel; ital. galla; frz. galle (gale, Krätze, wovon se galer, sich kratzen, kann dasselbe Wort sein, da galla im Span. auch ein knolenartiges Geschwulst u. Geschwulst überhaupt bedeutet u. von da aus der Weg zur Bedtg. „Ausschlag" nicht eben weit ist, doch kann man sich auch an Zusammenhang mit callum, Schwiele, denken); span. agalla bedeutet auch „Geschwulst", im Pl. die Mandeln im Halse; ptg. galha. Vgl. Dz 592 gale; Th. p. 100 (wo der von Pictet vermutete keltische Ursprung von gale abgelehnt wird).

4135) arab. gallah, Einkünfte von einem Lande oder Hause; span. guilla, (reiche) Ernte; ptg. guilha, vgl. Dz 456 guilla; Eg. y Yang. 415.

4136) (gallĭcŭlă, -am f., die grüne Wallnufsschale, dafür vermutlich) *gallĭcĭa, *gallĭcĭus; davon nach Dz 181 ital. guscio, Schale von Nüssen, Eiern, Schaltieren, dazu das Vb. sgusciare, schälen; tosc. galleusa; frz. gousse, Schote, Hülse. Vgl. Dz 181 guscio. Die Diez'sche Ableitung mufs aber als lautlich unhaltbar angesehen werden. Scheler im Dict. unter gousse (wozu das Dem. gousset, eigentl. Höhlung unter der Achsel, dann kleines Geldtäschchen, das unter der Achsel getragen zu werden pflegte), ist geneigt, das Wort mit dtsch. hülse, vl a em. hulsche zusammenzustellen, indessen auch das kann nicht befriedigen, namentl. hinsichtlich des ital. Wortes. Bezüglich dieses letzteren sei folgende Vermutung gestattet: guscio scheint ursprüngl. nicht sowohl die „Hülse" oder „Schale" als vielmehr die durch eine Hülse oder Schale umschlossene (kleine) Höhlung zu bedeuten (man denke z. B. an die Redensart entrare in un guscio d'uovo). Könnte also guscio nicht aus *(an)güstüm (v. angustus), Enge, entstanden sein mit Angleichung an uscio?

4137) (canis) gallĭcŭs, Windhund; span. ptg. galgo, Windhund. Vgl. Dz 453 s. v.; frz. (noix-) gauge, Wallnufs, vgl. G. Paris, R XV 631 Z. 3 v. u.; (span. galga, Ausschlag am Halse, hat damit nichts zu thun, sondern ist == *gallica von galla oder *gallica = *callica v. callum).

4138) gǎllīnǎ, -am f., Henne; ital. gallina; rtr. gaglina; rum. gáinǎ; prov. galina, galinha; frz. geline (das übliche Wort ist aber poule = pulla), über das e in geline vgl. Meyer-L., Ztschr. f. frz. Spr. u. Lit. XX² 66; cat. span. gallina; ptg. gallinha.

4139) gǎllīnācěūs scil. fīmus, Hühnermist; rum. gáinaf; span. gallinaza; ptg. gallihaça.

4140) gǎllīnārǐūm n. (v. gallina), Hühnerstall; rum. gáinārie; (span. gallineria).

4141) Galli ǒffa, „Almosen, das man in den Klöstern nach San Jago pilgernden Franzosen reichte" (Dz 151 nach Covarruvias); davon vermutlich ital. gaglioffo, Schelm, Taugenichts; lomb. gajoffa, Schleppsack (Bettelsack), in gleicher Bedtg. rtr. gaglioffa; henng. wallon. galoufe, gaioufe, galofa, Fresser; cat. galyofol; span. gallofo, Schelm, gallofa, Bettelbrot. Vgl. Dz 151 gaglioffo.

4142) *gǎllo, -āre (schriftlat. gallari, b. Varr. sat. Men. 119 u. 150), schwärmen, wie die Galli (Priester der Cybele); davon ital. gallare, ausgelassen, lustig sein, sich freuen u. dgl., dazu das Vbsbst. galla, womit wohl span. gallo in der Verbindung tener mucho gallo, viel Stolz haben, gleichzusetzen ist. Vgl. Dz 374 s. v. (Diez meint allerdings, das lat. Vb. liege in seiner Bedeutung zu weit ab, indessen ist das doch wohl unrichtig).

4143) gǎllūs, -um m., Hahn; ital. gallo; über mundartliche Ableitungen vgl. Flechia, AG II 323; prov. gal, jal, jau, galh; (frz. cog, jedoch altfrz. auch jal, jal, jau: lothr. jó in coquilijo für frz. coquelicot, vgl. G. Paris, R XXIV 310); span. ptg. gallo. Vgl. ingǎllo.

4144) gǎllūs Mǎtthīǎs (für gallus Matthiae); daraus angeblich galimatias (frz.), wirres Zeug, vgl. Dz 593 s. v.: Faſs, RF III 507; ungefähr gleichbedeutend mit galimatias ist das bezüglich seiner Ableitung ebenfalls völlig undurchsichtige frz. galimafré, Mischmasch. (Charencey im Bull. de la soc. de ling. de Paris No 27/32 [1885/86] p. CXLVII, erblickt in gali- ein Pejorativpräfix, wie dies schon Littré u. Darmesteter in Bezug auf cal- thaton, das sie dem gali für gleichwerthig erachteten).

4145) got. *gama, Hirsch; davon vielleicht span. ptg. gamo, Damhirsch. Vgl. Dz 453 gamo (= dama). ahd. gaman s. gana.

gǎmbǎ s. cǎmbǎ.

4146) *gǎmbǎrus, -um (= cammarus) m., Meerkrebs, Hummer; ital. gámbero; sicil. gámmeru; venez. gambaro; sard. cámbaru; neuprov. gambaro; jambre, chambre; altfrz. jamble (wird jedoch besser von chamula abgeleitet, vgl. R XXVI 430 u. XXVII 634); cat. gammarió; span. ptg. camarão, Krabbe, der „Hummer" heifst ptg. lagosta). Vgl. Dz 155 gámbero; Gröber, ALL II 433 u. VI 390.

gǎmēllǎ s. cǎmēllǎ.

4147) [γάμμα; davon ital. gamma, Tonleiter; frz. gamme. Vgl. Scheler im Dict. unter gamme].

gammātus s. comma.

4148) ahd. *gamuz, Gemse; davon vielleicht ital. camozza; rtr. comuotsch, chamotsch; neuprov. camous; frz. chamois (gleichsam *camensis); cat. gamussa; span. gamuza, camuza; ptg. camuça, camurça. Vgl. Dz 82 camozza; Mackel, p. 47.

4149) germ. Verbalstamm gana-, ganja-, gähnen (ags. gánjan, engl. yawn, ahd. geinōn): davon vermutlich das zusammengesetzte Verb ital. (gana,

heftige Begier, vgl. Dz 155 s. v.), ingannare, betrügen; rum. ingǎn u. ingǎim ai at a, verspotten, auch stammeln; prov. enganar, betrügen; altfrz. enganer, täuschen, betrügen, gaignar(d)s habgierig; cat. gana, Begier; span. gana, engañar; ptg. gana, enganar. Dazu das Vbsbst. ital. inganno, Betrug, prov. engan-s, span. engaño, ptg. engano, rtr. gomgia, giamgia, gomgnia, Spott. Dz 183 inganno bezeichnet allerdings diese Ableitung in Bezug auf ingannare, inganno (nicht aber in Bezug auf gana, wozu er 175 guadagnare auch noch span. altptg. ganar, erwerben, ptg. ganancia, gança, Gewinn, gançar, guançar, gewinnen, zieht) als „nach Begriff u. Laut unhaltbar" und meint, dafs namentlich doppeltes aus einfachem n sich nicht rechtfertigen lasse. Indessen nn, das übrigens nur im Ital. sich findet, läfst sich aus nj gewinnen oder auch aus Anlehnung an gannire erklären. Was aber den Begriff anlangt, so ist wohl folgende Bedeutungsentwickelung denkbar: „nach etwas den Mund aufsperren, nach etwas schnappen, gierig trachten (vgl. lat. inhiare), etwas um jeden Preis zu erlangen suchen, etwas ergattern, ergaunern, trügerisch handeln, betrügen." Auch die rum. u. rtr. Bedeutung „spotten" läfst sich aus „den Mund aufsperren" wohl gewinnen, da vor jem. den Mund aufzureifsen als ein Zeichen der Nichtachtung und Verhöhnung gelten kann. Diez ist geneigt, die Wortsippe aus ahd. gaman, Spiel, Scherz, herzuleiten, und Baur, Z II 593, stimmt ihm wenigstens bezüglich der rtr. Worte bei; indessen Mackel, p. 66, bemerkt richtig, dafs aus gaman wohl *gamanum entstanden sein würde, woraus sich ital. inganno etc. nicht herleiten lasse. Freilich aber ist auch die Ansetzung von germ. gana-, ganja nicht ohne Bedenken. Namentlich ist es schwer glaublich, dafs der germ. Stamm auch in das Rumän. eingedrungen sein sollte, jedoch kann rum. ingana trotz seiner verschiedenen Bedtg. wohl aus dem Ital. entlehnt sein. Immerhin aber ist Baur's Annahme, Z II 593, dafs roman. gannare = volkslat. *gannare f. schriftlat. gannire, kläffen, sei, sehr der Erwägung wert. Die Bedeutungsentwickelung würde dann ganz ähnlich der oben für gana- aufgestellten gewesen sein. Alles in allem genommen ist unter den für ingannare etc. aufgestellten Ableitungen diejenige Baur's doch die wahrscheinlichste. Freilich läfst sich die Bedeutung von span. altptg. ganar, gewinnen, ptg. ganancia, gança, Gewinn, wovon wieder das Vb. gançar (guançar ist wohl zu german. waibanjan zu stellen)- schwer damit vereinigen, gleichwohl dürfte es nicht unmöglich sein.

4150) gǎněǎ, -am f., gemeine Kneipe, Bordell; ital. gagno, Schuppen; (mail. sguansgia „merctrice"?, vgl. Caix, St. 334).

bask. ganga s. gǎnglǐōn.

4151) gr. γάγγαμον, Fischernetz, = sicil. gangamu, Fischernetz, vgl. Dz 374 s. v.

4152) gǎnglǐōn n. (γάγγλιον), eine Art Geschwulst; ital. gangola, Mandel, Drüse am Halse; Dz 453 führt auch span. ganguear, näseln, aangoso, näselnd wohl das von Larramendi vorgeschlagene bask. ganga, Zäpfchen im Halse, näher; ganz dunkel ist span. ptg. gago, näselnd, das es nicht einmal onomatopoietisch sich deuten läfst.

4153) gǎngraenǎ, -am f. (γάγγραινα), Knochenfrafs; ital. cangrena, Krebs (Krankheit); frz. cangrène, gangrène, vergl. Faſs, RF III 495;

span. ptg. *cangrena, gangrena.* Vgl. Dz 84 *can-grena.*

4154) arab. **ganîmah**, Beute; davon altspan. *qalima,* Beute, Diebstahl, vgl. Dz 453 *s. v.;* Eg. y Yang. p. 405.

4155) **gännĭcŭlo, -āre** (*v. gannire*), winseln, = (?) ital. *gagnolare,* winseln, vgl. Dz 374 *s. v.*

4156) **gännĭo, -īre,** kläffen, winseln; ital. *gan-nire;* span. *gañir;* ptg. *ganir.* Von *gannire* (oder von germ. *ganja?*) abgeleitet ist wohl frz. *gagnon, wagnon,* Hofhund, Diez 591 *s. v.* dachte an Ablei-tung von *canis.* — Vgl. No 4149.

4157) ***gänno, -āre** (f. *gannire*) ist das mut-maßliche Grundwort zu ital. (*in*)-*gannare* etc., falls man die Wortsippe nicht auf german. *gana-, ganja-* (s. d.) zurückführen will.

4158) dtsch. **gans** = span. *gansa* und *ganso,* letzteres auch Adj. dumm, bäurisch (davon viell. ital. *gonzo,* roh, tölpelhaft, vgl. Dz 376 *s. v.*). Vgl. Dz 155 *ganta.*

4159) **gäntă, -am** *f.,* Gans (Plin. H. N. 10, 52); prov. *ganta* (neuprov. *ganto*); altfrz. *gante, jante.* Vgl. Dz 155 *ganta;* Gröber, ALL II 433.

4160) corn. **gar,** Pl. **garrow,** Bein, (kymr. *gar,* Schenkel, bret. *gar,* Schienbein); davon ital. *gar-*(*r*)*etto* und *-a,* Sehne über der Ferse, Kniebeuge; prov. *garra,* Kniebug (zu erschließen aus dem Vb. *sguarar* „couper le jarret", nach Dz 157 Z. 1 v. o.); altfrz. *garret;* neufrz. *jarret,* Kniekehle, davon *jarretière,* Strumpfband; *garrot,* Knebel (ursprüng-lich wohl ein knieförmig gebogenes und an der Biegung drehbares Werkzeug, ein Schraubstock und dgl.), hierher gehört auch frz. *ergot,* Sporn, vgl. Nigra, AG XIV 353, s. auch oben *ergo;* span. ptg. *garra,* Kralle, *garrote,* Knebel (davon das Vb. *garrotear,* erwürgen); *jarrete,* Kniekehle. Vgl. Dz 157 *garra.* Vielleicht ist davon abgeleitet auch prov. *garric-s,* Steineiche, *garriga,* Steineichenwald, altfrz. *jarris,* cat. *garrig, garriga,* vgl. Dz 593 *garric.*

4161) arab. **garâmah** = span. ptg. *garrama,* Abgabe, Steuer, Raub, Erpressung, vgl. Dz 454 *s. v.;* Eg. y Yang. p. 410.

*gärănŭm s. ***ārgänŭm.**

4162) bask. **garau-illa,** totes Korn; davon nach Dz 454, der sich wieder auf Larramendi beruft, span. *garulla,* ausgekernte Traube.

4163) dtsch. **gar aus!** (im Sinne von *ganz aus-getrunken!*); davon vermutlich frz. *ca(r)rousse,* Sauferei; span. *caráuz,* das Austrinken auf die Gesundheit jemandes. Vgl. Dz 328 *trincare.*

4164) ahd. **garawî, garwî,** Schmuck (*gariwen* aus **garawi,* bereiten, schmücken, = ahd. *gerben*); davon nach Dz 156 ital. *garbo,* Rundung, Zier-lichkeit, Anstand, Anmut, dazu das Verb *garbar,* Anstand haben, gefallen (prov. *garbier,* prahlerisch); frz. *garbe, galbe,* zierliche Rundung, Schwellung, (wohl Lehnwort aus dem Ital., vgl. Mackel, p. 63); span. ptg. *garbo,* Anstand, dazu das Vb. span. *garbar,* sich zieren. Vgl. Dz 156 *garbo.*

4165) [germ., bezw. indogerm. Wurzel **garb, grb, grab** (graben); auf diese Wurzel führt C. Michaelis, S. p. 51 ff., eine große Schar romanischer Worte der verschiedenartigsten Bedeutung zurück, z. B., um nur spanische Worte anzuführen — *garbullo, garbear, garbin, garfa, garabato, garapacho, agar-rafar, grapa, graf, grampa, garambaina, galfarro, galafate* etc. Auf das höchst Bedenkliche dieses Verfahrens hat bereits Caix, Giorn. di fil. rom. II 66, aufmerksam gemacht. Die ernsthafte Wortforschung

auf romanischem Gebiete kann mit solchen Phan-tasieen unmöglich rechnen. S. auch unten **grab.**]

4166) ahd. **garba,** Garbe; prov. *garba,* altfrz. *garbe,* dazu das Vb. *garber;* nfrz. *gerbe.* dazu das Vb. *gerber;* cat. span. *garba,* dazu das Verb *garbar.* Vgl. Dz 595 *gerbe;* Mackel p. 48.

4167) bask. **garb** (aus *garau*), Korn, **+ antzua,** trocken; davon nach Diez (Larramendi) 454 span. *garbanzo,* Kichererbse.

4168) germ. **gard-,** Garten; ital. *giardino;* prov. *gardi-s, jardi-s, jarzi-s,* auch Fem. *jardina,* frz. (pic.) *gart, jart* (vgl. Förster zu Erec 5742), *jardin* (mundartlich *gardin*); span. *jardin;* ptg. *jardim.* Vgl. Dz 164 *giardino;* Mackel, p. 70; ebenfalls gehört hierher wohl *gozzo* (gekürzt aus ital. span. u. ptg. Wort für entlehnt aus dem Frz.).

4169) onomatopoietische Lautverbindung **garg, gorg** zur Bezeichnung gurgelnder Geräusche u. Dinge (vgl. lat. *gurges, gurgulio,* Gurgel, *gargarizare,* gurgeln, ahd. *quërcha, quërchela*); damit gebildet ital. *gargatta, gar-, gorgozza, gorgozzule,* Gurgel, dazu das Vb. *gargagliare, gorgogliare,* gurgeln, ebenfalls gehört hierher wohl *gozzo* (gekürzt aus *gargozzo*), Kropf, vgl. Dz 376 *s. v.;* rtr. *gargata;* prov. *gargamela;* altfrz. *gargate* (picardisch), *gargamelle* (bei Rabelais); nfrz. *gargouiller,* plät-schern, kollern, davon *gargouille,* Traufröhre, Wasserspeier, daneben *gargoule,* das noch nicht genügend erklärt ist, vgl. Cohn, Suffixw. p. 234 (jurassisch *garguelotte,* Gurgel); cat. *garganta,* Gurgel; span. *garganta,* Gurgel, *gorgomillera,* Schlund, *gargola,* Traufröhre; ptg. *garganta,* Gur-gel, *gargarejar,* gurgeln, *gargalhada,* lautes Ge-lächter. Zu den angegebenen Worten sind überall zahlreiche Ableitungen vorhanden, zu ihnen gehören vermutlich auch ital. *gergo, gergone,* (Gegurgel), Kauderwälsch; prov. *gargon-s;* frz. *jargon;* alt-span. *girgonz;* neuspan. *jerga, jerigonza;* ptg. *geringonça;* ferner altfrz. *gargoter,* brausen, sieden, davon wieder das auch nfrz. Sbst. *gargot(t)e,* Gar-küche. Endlich dürfte in Hinblick auf die frz. Verba *jargonner,* (*jargouiller, jarguer*), wie eine Gans schreien, kauderwälschen, *jargauder,* die Gans treten, hierher auch gehören frz. *jars* (aus *jarg-s?*), Gänserich, wovon wieder abgeleitet wäre *gaser, jaser* (aus *jarser, jargser*), schwatzen (eigentlich gackern?), u. von *jaser* ist wohl auch *gazouiller* nicht zu trennen. Die glucksenden Laute der Wasser-vögel können wohl als ein Gurgeln aufgefaßt werden; überdies kann die lange Gurgel der Gans Anlaß gegeben haben, sie und ihr Geschrei nach dem Gurgeln zu benennen. Ableitung der Worte vom altnord. (*gasi*), Gänserich, Schnatterer (vgl. Dz 620 *jars,* 621 *jaser;* Scheler im Diet. *s. v.*), ist un-wahrscheinlich, da ein Einschub des *r* nicht zu erklären wäre: an keltischen Ursprung ist nicht zu denken, vgl. Th. p. 103. Vgl. Dz 156 *gargatta,* 160 *gergo,* 593 *gargote;* 620 *jars,* 621 *jaser.*

4170) arab. **garî,** schön, artig; span. ptg. *gar-rido,* zierlich, artig, reizend, vgl. Dz 454 *s. v.*

4171) Stamm **garmen-,** Geschrei, Rufen; davon vielleicht altfrz. *guermenter,* klagen, jam-mern (also gleichbedeutend mit *gaimenter,* prov. *gaimentar,* welches aus ah germ. *wai* = ahd. *wê* mit Anlehnung an *lamentare* abgeleitet ist). Vgl. Dz 592 *gaimenter.*

*gäröfŭlŭm s. **cărȳophȳllŭm.**

4172) arab. **ǵarrah,** Wassergefäß (Freytag I 260a); ital. *giara,* zweihenkliger Krug; prov. *jarra;* frz. *jarre;* span. *jarra;* altptg. *zarra;* ptg.

jarra. Vgl. Dz 164 *giara*, Eg. y Yang. p. 431 (*charrah*). — Baist, Z V 242, leitet auch span. *charro* von arab. *ġarrah* ab.

4173) **garrio, ire,** schwatzen; obwald. *garrir*, vgl. Meyer-L., Z. f. ö. G. 1891 p. 770.

4174) **garr[ire]** + **bull[ire];** daraus nach Dz 156 ital. *garbuglio* etc. Caix, St. 33, hat aber mit Recht als ersten Bestandteil des Wortes *gropp[are]* aufgestellt, vgl. unten **krupp-.** C. Michaelis, St. 51, leitete das Wort von der Wurzel *grb, grab, garb,* ab, s. oben **cäräbus** (Meerkrebs, vgl. Nigra, AG XIV 277) u. **garb** u. unten **grab.**

4175) **gärrulo, -äre,** schwatzen (Fulg. myth. 1 praef. p. 20 M.) = cat. span. *garlar*, vgl. Dz 454 s. v.; Gröber, ALL II 433.

4176) mhd. **garwe, garbe** (ahd. *garawa*), Garbe, Scharfgarbe; dav. vielleicht ital. (venez. trient.) *garbo*, bitter, vgl. Th. Braune, Z XVIII 525.

4177) germ. **gasalho,** Stubengenosse, Geselle; davon prov. *gasalha,* Gesellschaft, dazu das Verb *agasalhar*, sich versammeln, vgl. Tobler, R II 238; altfrz. *gazaille;* span. *gasajar, agasajar*, freundlich bewirten, dazu das Vbsbst. *agasajo;* ptg. *gasalhar, agasalhar.* Vgl. Dz 158 *gasalha.*

4178) altnfränk. **gaspildjan,** verzehren, ausgeben, = prov. *guespilhar*, vergeuden (in der Bedeutung „necken, zerren" gehört das Vb. zu *guespe,* Wespe); frz. *gaspiller.* Vgl. Dz 593 *gaspiller;* Mackel p. 48 Anm. Horning, Z XXII 485, erklärt *gaspailler*, *gaspiller* aus altfrz. *gast*(e) (= *waste*) + *paille* „Spreu"; zu *gaspiller* gehöre *gaspillon* = *gast* + *pillon* „épis, grains incomplètement battus qui restent après le nettissage", der Ursprung des *pillon* (= *pilionem*?) sei dunkel.

gassi s. **garg.**

4179) dtsch. **gast** = comask. *gast* (*gasto*), Geliebter, Gatte, vgl. Dz 375 *gasto.*

4180) got. **gastaldan,** erwerben, besitzen; davon nach Dz 363 ital. *castaldo* (venez. *gastaldo*), *castaldione,* Gutsverwalter, Haushofmeister; prov. (wald.) *gastaut-z*, dazu das Vb. *gastaudciar;* frz. Eigenname *Gastaud.* Besser jedoch erkennt man in den Worten vielleicht Zusammensetzung des lat. Stammes *cast-*(rum, -ellum) mit dem german. Suffixe *walt.*

4181) gr. **γάστρα,** der gewölbte Bauch eines Gefäßes; ital. (sicil.) *grasta,* Blumentopf, vgl. Dz 377 s. v.

4182) **gaudens, *gaudiens** (Part. Präs. v. *gaudēre*) freuend, freudig, wurde von Ulrich im Gloss. zum Sacrifice d'Abraham, R VIII 390, als Grundwort für das rtr. Adverb *gugent, gient* „gern" aufgestellt. Daſs dies unzulässig sei, hat Stürzinger, R X 247, nachgewiesen u. seinerseits im Hinblick auf die Form *bugient* das lt. *volens* in Vorschlag gebracht, was freilich auch nicht befriedigen kann.

4183) **gaudeo, gävisus süm, gaudēre,** sich freuen; ital. *godēre,* genieſsen, *gioire* (Lehnwort aus dem Frz.) „godere internamente", vgl. Canello, AG III 317; levent. *góita* (= *gaudīta*), gioja; altlomb. *zoviso,* giojoso, *strajaviso* bei Bonvesin, vgl. Salvioni, Post. 10; rtr. *dyólder* u. *galdékr,* vgl. Gartner § 172; prov. *gauzir, jauzir;* frz. *jouir, (gaudir,* gel. W., dav. viell. *gaudriole,* Scherz); altptg. *goevir.* Das Verb ist im ganzen wenig üblich, die gebräuchlichen Ausdrücke für „sich freuen" sind vielmehr ital. *aver piacere,* frz. *être charmé, enchanté, bien aise* de qlq. ch., span. ptg. *regocijarse, regozijarse*(abgeleitet von *gozo* = *gaudium*?). Vgl. Dz 168 *godere.*

4184) [***gaudiätica** (*gaudium*); davon nach Mar-

chesini, Studj di fil. rom. II 8, venez. *gauzega* (aus **galzadega,* **gauzadèga) „gozzoviglia".]

4185) ***gaudibiliä** n. pl. (v. *gaudēre*), angenehme Dinge; ital. *godoviglia, gozzoviglia* „baldoria, allegria ,crapula'", vgl. Caix, St. 37; Dz 376 wollte das Wort von *gozzo* (aus **gargozzo*, s. oben **garg**), Kropf, herleiten. S. jedoch unten **got.**

4186) **gandïbündüs, a, um** (v. *gaudere*), froh; prov. *jauzion, jauzionda,* froh, vgl. Dz 168 *goderc.* ***gaudiëllüm** s. ***jöcälis, *jökëllus.**

4187) [***gaudiöla,** n. pl. (*gaudium*), Freude; dav. nach Nigra, AG XV 112, piem. *bresc. joia,* Freude, Munterkeit, Freudenfeuer; frz. ***(jo)joie,* wovon die bei Diez 166 zu altn. *jol* (s. d.) gestellte Wortsippe: ital. *giulivo,* frz. *joli.*]

4188) **gaudïüm, Pl gaudia** n. (*gaudēre*), Freude; ital. *gioja;* piem. *goj;* altoberital. *gouço,* vgl. Salvioni, Post. 10; prov. *gaug-z, joi-s, joia* (s. den Schluſs dieses Artikels); frz. *joie* (altfrz. auch *jói* m., vgl. Förster zu Erec 6636); cat. *gotg;* span. *joya,* (ob *gozo,* Vergnügen, wovon wieder *gozar,* genieſsen, *regocijo,* Lustbarkeit, *regocijarse,* sich freuen, = *gaudium* ist, muſs als fraglich erscheinen; Baist, Z IX 148, stellt die Gleichung *gustus* = *gozo* auf; auch Dz 456 schwankt zwischen *gaudium* u. *gutus,* vgl. über die Frage Schuchardt, Z XI 493 f., wo angenommen wird, daſs **ausare* u. **gaudiare* zusammengetroffen seien); Ford, R XXVII 288, nimmt an, daſs *gozo* aus [*ne-*]*gotium* entstanden sei, was durchaus unglaubhaft ist; ptg. *joia, (goza,* siehe das Span.). Im Span. u. Ptg. hat *joya, joia* ausschlieſslich die Bedtg. „Kleinod, Geschmeide", das ital. prov. *gioja, joia* bedeutet sowohl „Freude" als auch „Kleinod"; vermutlich ist nur *joia* „Freude" = *gaudia, joia* „Kleinod" aber = *joca,* worauf denn auch ital. *giojello* etc. zurückgehen würden, vgl. Canello, AG III 346 Anm. Vgl. Dz 168 *godere,* 456 *gozo;* Gröber, ALL II 431 (unter *galbinus;* Gr. erklärt prov. *joia,* ital. *gioja,* span. ptg. *joya, -ia* für Entlehnungen aus dem Frz.; dieselbe Annahme berechtigt, sie wird aber unnötig, mindestens zum gröſsten Teile, sobald man *gioja* etc. „Kleinod" = *joca* ansetzt). S. Nachtrag! gr. *γαυλις, γαυλιδα* s. **cälärïä.**

4189) [***gaulus, -um** m., Trinkgefäſs, ist irrig von einigen als Grundwort zu frz. *jale* angesetzt worden, vgl. oben **galea.**]

4190) got. **gaumô,** Gaumen (altengl. *goma,* mittelengl. *gome,* neuengl. *gums,* Zahnfleisch); dav. genues. *gôme,* geschwollene Drüsen; südfrz. *gamo, gomo, goume, gamoun, gomoun,* Vogelkropf, Kropf. Vgl. Schuchardt, Z XXI 200 Anm.

4191) got. **gaúrs,** betrübt; davon vermutlich altfrz. *gorre, gorret,* mager, arm, dazu das Verb *gourret,* betrügen, stehlen. Vgl. Dz 601 *gorre.* ***gävëä, *gävëölä, *gävëölo** s. **cävëä, *cävëölä, *cävëölo.**

4192) **gäviä -am** f., Möve; davon ital. *gabbiano;* (lomb. neap. *gavina;* sard. *cau* [*marinu*] = **gavus*?); span. *gavia; gaviota, gaviota, (guincho,* auch ptg.); ptg. *gaivota,* Möve, *gaivão,* Seeschwalbe. Im Frz. heiſst die Möve *mouette* (altfrz. *moue* = germ. **mawe,* vgl. Mackel, p. 116). Vgl. Dz 159 *gavia;* Gröber, ALL II 436 u. IV 390; Schuchardt, Z XI 494.

4193) **Gäzä** (*Γάζα*), Stadt in Palästina; davon *gaze,* ein durchsichtiges Gewebe; span. *gasa,* vgl. Dz 595 *gaze.*

4194) arab. **ġazâir,** Algier; davon vermutlich ital. *ghiazzerino,* (in Algier gefertigtes) Panzerhemd; prov. *jazeran-s;* altfrz. *jazerant, jazerenc;*

span. *jacerina*; ptg. *jazerina, jazerão* (wohl aus altfrz. *jazerant*). Vgl. Dz 162 *ghiazzerino*; Eg. y Yang. p. 427 (*chazâir*). Vgl. No 116.

4195) bask. **gazmuña**, einer, der küfst; davon nach Dz (Larramendi) 455 span. *gazmoño*, scheinheilig (eigentl. einer, der zum Scheine Heiligenbilder u. Reliquien küfst).

4196) **gĕhenna, -am** f. (hebr. Wort), Hölle; altfrz. *gehene*, Folter, Qual, Zwang; neufrz. *gêne*, dazu das *gêner*, quälen, belästigen. Vgl. Dz 595 *gêne*.

4197) ahd. **gelli** (german. *gaili*, vgl. Mackel, p. 115), Prunk, Stolz; davon vielleicht (denn die Sache ist höchst zweifelhaft) nach Dz 152 ital. *gala*, Prachtkleid, davon wieder abgeleitet *gallone*, Tresse, Borte, *galante*, artig, nett, anständig, höflich, *galanteria*, Artigkeit, *galanteggiare*, schön thun; altfrz. *gale*, Munterkeit, Wohlleben, Freudenfest (in dieser Bedtg. findet sich auch *galerie*), dazu das Adj. *galois, galeis* (franco-prov. *galé*) hübsch, nett, und das Verb *galer*, Feste feiern (daneben auch *waler*, s. Ducange, *galare*), *régaler*, jem. froh machen, gut bewirten u. dgl., vgl. Scheler im Dict. *s. v. u.* im Anhang zu Dz 742, Suchier, Z I 431 (Diez 266 hatte ital. *regalare*, dazu das Sbst. *regalo*, Geschenk: frz. *régaler, régal*; span. ptg. *regalar, regalo* von lat. *regelare*, auftauen, erwärmen, herleiten wollen, vgl. dagegen W. Meyer, Z XI 255); neufrz. *gala, gallon, galant, galanterie* (sämtlich Lehnworte aus dem Ital.); span. *gala, galon, galano, galante, galanteria, galantear*; ptg. *gala, galan, galante, galantaria, galantear*. Suchier, Z I 431, stellte, weil er wegen des altfrz. *waler* ursprünglichen Anlaut mit *w* annahm, mittelndl. *wale* (ags. *weala*), Reichtum, als Grundwort auf, und Mackel, p. 42, hat sich ihm angeschlossen. Indessen das vereinzelte *waler* kann doch kaum voll beweiskräftig sein, denn in Italien steht ihm kein *gualare* gegenüber. Auch wäre schwer abzusehen, wie das mittelndl. Wort zwar nach Italien, aber nicht nach der Provence übertragen worden sein sollte. Höchstens wird man die altfrz. Worte auf *waler* zurückführen dürfen. Andererseits ist jedoch durchaus zuzugeben, dafs das Diez'sche Grundwort (verteidigt von Baist, Z V 247) höchst fragwürdig ist, namentlich hinsichtlich seines Begriffes, vermöge dessen man erwarten sollte, dafs rom. *gala* etwa „Lüsternheit, Geilheit" bedeutete. Es dürfte sich vielleicht eher empfehlen, mit Périon den Ursprung der Wortsippe (ausschliefslich des altfrz. Bestandteiles) in gr. χαλά, schöne Dinge. zu suchen (wegen χ : *g* vgl. z. B. χόλπος : *golfo*).

abd. **geinôn** s. *gana-*.

4198) ahd. **geisla**, Geifsel, Rute; davon prov. *giscle, ciscle*, Rute, Busch; engad. *geisla, gaisla, jaisla*. Vgl. Nigra, AG XIV 383.

4199) [**gēlātīnă, -am** f. (von *gelare*) = frz. *gélatine*, gleichsam gefrorene, eisähnliche Speise, Sülze, vgl. Scheler im Dict. *s. v.* Selbstverständlich ist *gélatine* eine rein gelehrte, bezw. künstliche Bildung, wie deren die romanische Speisezettel so viele aufweist. Gerade diese Thatsache aber berechtigt uns, bei der Herleitung von Speisenamen von der Forderung lautlicher Regelmäfsigkeit abzusehen u. z. B. für *fricassée* trotz des intervokalischen *c* einen Typus *fricatiata* anzusetzen.]

4200) engl. **gelding**, Wallach, = frz. *guilledin*, vgl. Dz 608 *s. v.*; Fafs, RF III 487.

4201) [gleichs. **gēlīvītrum** n., Glaseis; vall-

bross. *gelejvro*, prov. *gelibre*, frz. *givre*, Raubfrost, Reif. Vgl. Nigra, AG XIV 282.]

4202) **gĕlo, -āre** (*gelu*), gefrieren, gefrieren machen; ital. *gelare*, dazu das Vbsbst *gelo* (= *gelu*?), Frost; rum. (*de*)*ger ai at a*, dazu das Vbsbst. *ger*; prov. *gelar*, dazu das Vbsbst. *gel-s*; frz. *geler*, dazu das Vbsbst. *gel* u. *gelée* (auch Speisename), die Anwendung der Worte in der Bedtg. „Frost" wird durch *froid* sehr eingeschränkt; cat. *gelar*, dazu das Vbsbst. *gel*; span. *helar*, dazu das Vbsbst. *hielo, yelo*; ptg. *gelar*, dazu das Vbsbst. *gelo*.

gĕlu s. **gĕlo**.

4203) vlam. **geluye, gluye**; davon viell. prov. *glueg-z* (neuprov. *clui*), Garbe, grobes Roggenstroh zum Dachdecken; frz. *glui*. Vgl. Dz 599 *s. v.* (Diez hielt auch Ableitung vom kymr. *cloig* für möglich, vgl. dagegen Th. p. 101.)

4204) *g**ēmĕllīcius, -um** m. (von *gemellus*) = span. *mellizo*, Zwilling, vgl. Dz 468 *s. v.*

4205) **gĕmĕllŭs, a, um** (Demin. von *geminus*), doppelt, zugleich geboren, als Sbst. Zwilling; ital. *gemello*, Zwilling. *giumella*, eine zwei Hände füllende Menge, vgl. Canello, AG III 334; prov. *gemel*; rtr. *gemel, schumel*; frz. *jumeau* (das *u* an Stelle des *e* ist bis jetzt weder für das Ital. noch für das Frz. erklärt; Gröber, ALL II 436, nimmt für das Ital. Anlehnung an das begriffsverwandte *giunto* an, für das frz. Wort aber hält er Beeinflussung des vortonigen *e*, bezw. *i* durch nachfolgenden Labial für möglich u. verweist auf *Gemmeticum : Jumièges, fimier : fumier, bibentem, bevant : buvant*, aber *Gemmeticum* ist durch volkstümliche Legende, die man bei Wilhelm v. Jumièges nachlesen kann, mit *jumeaux* in begrifflichen Zusammenhang u. infolge dessen auch in Übereinstimmung bezüglich des Anlautes gesetzt worden: *fumier* beruht auf volksetymologischer Anlehnung an *fumus*, in *bibentem* endlich ist *i* interlabial, steht also unter anderen Bedingungen, als *e* in *gemellus*; überdies mufs doch wohl vorausgesetzt werden, dafs der Wandel des Anlautes im ital. u. frz. Wort auf eine u. dieselbe Veranlassung zurückgehe); (span. *Gemelos*, die Zwillinge als Sternbild); Baist, Z V 562, erklärt das von Dz 468 unerklärt gelassene Sbst. *mella*, Scharte, aus (*ge*)*mella* „mit derselben Übertragung wie in gr. διπλόη". Vgl. Dz 376 *giumella*, 622 *jumeau*; Gröber, ALL II 436 u. VI 390.

4206) **gĕmĭnŭs, a, um**, doppelt; (ital. *gemino*); sicil. *jémmalu*; moden. *zemna*; (rum. *gemin, gemen*; span. ptg. *gemeo*), ptg. *gemeo*.

4207) **gĕmĭtŭs, -um** m. (v. *gemĕre*), Seufzen; ital. *gemito*; rum. *gemĕt* m., Pl. *gemete* f.; prov. *gem-s*; cat. *gemeg*; ptg. *gemido*).

4208) **gĕmmă, -am** f., Knospe, Juwel. Gemme, Kleinod; ital. prov. *gemma*; frz. (*jame*) *gemme*; span. *yema*; (ptg. *goma*, Knospe, dazu das Vb. *gomar*, knospen?, vgl. W. Meyer, Z XI 256 Z. 8 [s. d.] an, sich darauf berufend, dafs viele Knospen klebrig seien). Vgl. Gröber, ALL II 437.

4209) **gĕmmārĭŭs, a, um** (v. *gemma*), zum Juwel gehörig; ital. *gemmaio* „il luogo dove si trovano le gemme", *gemmiero, -e* „il gioielliere", vgl. Canelle, AG III 307.

4210) **gĕmmūlă, -am** f. (*gemma*), kleine Knospe; lomb. *zembola, zembol*, vgl. AG I 303, Salvioni, Post. 10.

4211) **gĕmo, gĕmŭī, gĕmĭtŭm, gĕmĕre**, seufzen; ital. *gémere*; rum. *gem ui ut e*; prov. *gemir*; altfrz. *geindre*; nfrz. *gémir*; cat. span. *gemir*;

ptg. *gemer*. Über ital. Dialektformen vgl. Salvioni, Post. 10.

4212) Gĕmōnīae (scil. **scalae**), eine Art Treppe am nordwestl. Abhange des Capitolin, wohin die Leichname der im Carcer Mamertinus Hingerichteten geschleift u. dann in den Tiber geworfen wurden, — frz. *gémonies*, Quälereien.

4213) gĕnä, -am *f.*, Wange (im Plur. auch „Augenlider“); rum. *geană*, Augenlid (dichterisch auch „Morgenröte“); prov. *gena*, Wange. (Dz 155 erblickte in ital. *ganascia*, frz. *ganache*, Kinnbacke, ein Augmentativ von *gena*, vgl. dagegen W. Meyer, Z XI 255, der gr. *γνάϑος* als Grundwort aufstellt).

4214) gr. *γενεά*, Erzeugung; davon vermutlich ital. *genia* (sicil. *jinia*), Gezücht; altspan. *ginca*, Geschlecht. Vgl. Dz 375 *genia*.

4215) gĕnĕr, -rum *m.*, Schwiegersohn; ital. *genero*; rum. *ginere*; prov. *genre-s*; frz. *gendre*; cat. *gendre*; span. *yerno*; ptg. (auch altspan.) *genro*. Vgl. Dz 498 *yerno*.

4216) [gĕnĕrālīs, -e (v. *genus*), allgemein; ital. *generale*; frz. *général*, u. dem entsprechend in den übrigen roman. Sprachen.]

4217) [gĕnĕrōsŭs, a, um (v. *'genus*), edel; ital. *generoso*; frz. *généreux*, und dem entsprechend in den übrigen roman. Sprachen.]

4218) gĕnĕstä, gĕnīstä, -am *f.*, Ginster (Spartium junceum L.); ital. *ginestra*; neuprov. *genesto*; frz. *genêt* (wallon. *dinièse*); span. *hiniesta*; ptg. *giesta*. Vgl. Dz 459 *hiniesta*; Gröber, ALL II 437 (wo ital. *genestra*, sicil. *ginestra* angeführt).

4219) [*gĕnīseus, *gĕnīscus, *gĕnīscus, -um, *m.* (v. *genius*, s. Ducange *s. v.*); altfrz. *genoisse*, *genaiche*, *genicier*, *geneschier*, Hexenmeister, vgl. Horning, Z XVIII 218.]

4220) gĕnītŭs, a, um (Part. Perf. P. v. *gignĕre*), geboren; (ital. ist nur dasVb. *agenzar*, verschönern, als Lehnwort aus dem Prov. vorhanden; verzasch. *gentá* figliare, vgl. Salvioni, Post. 10); prov. *gens* — *gent-s*, c. o. *gent* (edel geboren), edel, schön (dazu das Komp. c. r. *genser*, c. o. *gensor*), dazu das Verb *agenzar*, gefallen; altfrz. *gent* (dazu Komp. *gensor*), dazu das Vb. *agensier*; span. *gento*; (nach Dz im Anhang 776 ist ptg. *qui-, quejando*, seltener *quejendo*, wie beschaffen, aus der Partikel *que* „wie“ + *jendo* = *genitus* entstanden, vgl. hierüber Körting, Ztschr. f. frz. Spr. u. Lit. XVIII¹ 280). Vgl. Dz 160 *gente*; Gröber, ALL II 437.

4221) gĕnīŭs, -um *m.*, Genius, Verstand, Witz; ital, *genio*; (prov. *genh-s*, ist wohl = *ingenium*); frz. *génie*; span. ptg. *genio*. Die Bedeutungsentwickelung des Wortes ist offenbar durch *ingenium* beeinflufst worden.

4222) gĕns, gĕntĕm *f.*, Volk; ital. *gente*; sard. *zente*; rum. *gintă*; prov. *gent-z*; frz. *gent*; cat. *gent*; span. ptg. *gente*. Vgl. Gröber, ALL II 437. — In der allgemeinen Bedtg. „Wesen, Ding, etwas" (vgl. *minime gentium*) lebte *gens*, *gent-* fort in prov. altfrz. *gens*, *ges* (mit der Negation verbunden „nichts“), altfrz. *jant* „Ding" (vgl. z. B. *Amis et Am.* 1277), ital. *chente* aus *che gente*, wie *geartet*. Vgl. unten ne + *gent*.

4223) gĕntīana, -am *f.*, Enzian; ital. *genriana*; frz. *gentiane*; span. ptg. *genciana*; in allen diesen Schriftsprachen nur in der Volksmundarten aber vielfach umgestaltet. Vgl. Gilliéron, Rev. des patois gallo-romans II 36.

4224) gĕntīlīs, e, edel; ital. *gentile*; frz. *gentil*.

4225) *gĕntīlītīä, -am *f.* (von *gentilis*), Adel;

ital. *gentilezza* „nobiltà di sentire e di operare, cortesia", *gentilizia*. *gentiligia* „nobiltà di sangue", vgl. Canello, AG III 343; altfrz. *gentilice*, *gentelise*; neufrz. *gentilesse*.

4226) *gĕnŭcŭlo, -äre (v. *genuculum*), knieen; ital. (*in-)ginocchiare*; rum. (*in)genunchiez ai at a*; prov. (*a)genolhar*; frz. (*a)genouiller*; cat. altspan. *agenollar*; (span. *arrodillarse* v. *rodilla* = **rotella*, Demin. v. *rota*); ptg. (*a)joelharse.

4227) gĕnŭcŭlŭm *n.* (f. *geniculum*, Demin. von *genu*, vgl. Frick, Comment. Wölfflin. p. 344 Anm.2), Knie; ital. *ginocchio*, davon das Demin. *ginocchiello*, Strumpfband (span. *cenojil*, vgl. Dz 438 *s. v.*); rum. *genunchiu*; rtr. *dżanóly* etc., vgl. Gartner, § 200; prov. *genolh-s*; altfrz. *genouil*; nfrz. *genou*; cat. *genoll*; altspan. *hinojo* (neuspan. dafür *rodilla* = **rotella*, Demin. von *rota*); ptg. *joelho*, *giolho*. Vgl. Dz 165 *ginocchio*; Gröber, ALL II 437; Cohn, Suffixw. p. 230.

4228) gĕnŭs *n.*, Geschlecht; davon (? vgl. unten ne+**gent**) die Verneinungspartikel prov. *gens*, *ges*, altfrz. *giens* (vgl. über letzteres Perle, Z II 411); die Bedeutungsentwickelung war eine ähnliche wie bei *rem* = frz. *rien*. Vgl. Dz 595 *gens* (wo die Möglichkeit ausgesprochen wird, dafs *genz* = *gentium* in der Verbindung *minime gentium* sei); G. Paris, Mém. de la soc. de ling. I 180 u. R VIII 135. — Gelehrte Neubildungen sind ital. *genere*, frz. *genre*, span. *genero* (ebenso ptg.).

4229) gr. *γεϱανός* s. **ärgānŭm.**

4229) ndl. **gereide, gerei,** Zeug, Vorrat u. dgl.; davon altfrz. *agrei*, Ausrüstung, Vorrat, dazu das Vb. *agreier*, ausrüsten; neufrz. *agrès*, Pl., Takelwerk, dazu das Vb. *agréer*, mit Takelwerk ausrüsten. Vgl. Dz 504 *agrès*.

4230) gĕrmānŭs, -a, Bruder, Schwester; val-tell. *germaen*, berg. *kermá*, vgl. Salvioni, Post. 10; cat. *germá*, *germana*; span. *hermano*, *hermana*; ptg. *irmão*, *irmãa*. Vgl. Dz 495 *hermano*. Siehe oben **frater.**

4231) gĕrmen *n.*, Keim; ital. *germe*, dav. *germoglio*, *-iglio*, vgl. d'Ovidio, AG XIII 408; frz. *germe*, vgl. Körting, Formenbau des frz. Nomens, Anhang II.; span. ptg. *germe*.

4232) gĕrmĭne, -äre, keimen; ital. *germinare*; frz. *germer*; span. ptg. *germe*. Vgl. Berger p. 141.

4233) gĕrŭlä, -am *f.* (v. *gerere*), ein tragbares Gefäfs (oder **gĕrŭlŭm** [v. *gerra*], ein aus Ruten geflochtenes Gefäfs?); ital. *gerla* u. *gerna* „cesta, oppure vettura", vgl. Canello, AG III 349, Caix, St. 180; neuprov. *gerlo*, Tragkorb; altfrz. *gerle*, *jarle*, Bütte (aber *geurle*, Beutel, ist = dtsch. *gü̂rtĕl*); neufrz. *jale* (altfrz. *jalle*), Mulde, *gerlon*, Zuber des Papiermüllers; cat. *gerla*, Tragkorb. Vgl. Dz 161 *gerla*; Gröber, ALL II 437; Tobler, Misc. 75.

4234) gĕrrēs -em, *m.*, der Schrätz, ein Seefisch (Sparus smaris L.); davon abgeleitet altprov. *gerlet* (Demin. zu **gerrulus*); neuprov. *gerle*, *gerla*; altfrz. *gerre*, *jarre*, *jarret* (dies auch nfrz.), *jarlet*. Vgl. Bauquier, R VI 266; Gröber, ALL II 438.

4235) *gĕstä, -am *f.* (zum Fem. gewordenes Ntr. Pl. des Part. Perf. Pass. v. *gerĕre*), That; (ital. prov. *gesta*; ital. (venez.) auch *gestra* „famiglia, razza", vgl. Marchesini, Studj di fil. rom. II 8); altfrz. *geste* (Erzählung von Thaten, Geschichte, Geschlechtsgeschichte, Chronik), Geschlecht, Stamm, vgl. Rajna, R XIV 405. Vgl. Dz 161 *gesta*; Gröber, ALL II 438.

4236) ahd. **get-îsaru,** Jäteisen; daraus vielleicht (nach Dz 167) durch volksetymologische, an *arma* sich anlehnende Umbildung i t a l. *giusarma,* eine schneidende Waffe; p r e v. *jusarma, gasarma;* alt-f r z. *gisarme, guisarme, wisarme.*

4237) **geusiae, -as** *f.* *pl.* (Wort gallischen Ursprungs, bei Marcellus dreimal belegt), Schlund, Kehle, auch wohl Gaumen, inneres Zahnfleisch; (i t a l. *trangugiare,* verschlingen); r u m. *gusă,* Kehle; l u c c h e s. *gogia,* Kehle; a l t f r z. *geuse,* Kehle, davon n e u f r z. *gosier.* Vgl. Meyer-L., Z XV 242 u. XX 536; Schuchardt, Z XXI 199. Nach Kluge, Paul's Grundrifs der germ. Phil. Iˢ 332, steht *geusia* f. *ceusia* u. ist german. Wort (ndl. *kias,* Backenzahn). S. unten **gösa.**

4238) arab. **ghouchia,** Satteldecke; f r z. *housse,* vgl. Devic, Mém. de la soc. de Paris V 37. Früher wurde das Wort vom altdeutschen *hulsti, hulst* abgeleitet, vgl. Scheler im Dict. *s. v.,* Mackel p. 21.

4239) [*gībběrūtūs, **a, um** (v. *gibber*), bucklig; p r o v. *geberut;* c a t. *geperut.* Vgl. C. Michaelis, St. 33 Anm.; Baist, Z V 244.]

4240) [**gïbbōsūs, a, um** (v. *gibbus*), höckerig, bucklig; i t a l. ptg. *gibboso;* r u m. *ghebos;* · p r o v. *gibos;* f r z. *gibbeux;* s p a n. *giboso.*]

4241) **gïbbūs, -um** *m.* (auch *gybbus,* *gŭbbus,* vgl. griech. *κυφός*), Buckel, Höcker, und **gibbus** *(gybbus),* **a, um,** bucklig; i t a l. *gibbo, gobbo, gobba,* Buckel (mittelbar gehört hierher wohl auch *gomberuto,* ungestaltet, krumm); r u m. *gheb* .u. *ghebă,* dazu das Vb. *gheboʒeʒ ai at a,* krümmen; p r o v. *gibba, giba;* f r z. *gobin* (vom ital. *gobbo*), ein Buckliger; nach Dz 619 soll f r z. *jabot,* Kropf (wovon das Verb *jaboter,* undeutlich sprechen) für *jibot* stehen und aus *gibbottus* zu erklären sein; Horning, Z XVI 531, setzt für *jabot* als Grundwort *gabata* an; s p a n. *giba;* ptg. *gibba, geba.* Vgl. Dz 168 *gobbo;* Marchceini, Studj di fil. rom. II 4. Vgl. unten **gŭffūs.** — Parodi, R XVII 52, zieht hierher auch c a t. *agoviar, ajapir,* krümmen, s p a n. *agobiar,* u. giebt überhaupt eine Übersicht der zu *gibbus* gehörigen Sippe.

4242) germ. ***gîga** (mhd. *gige*), Geige; i t a l. p r o v. *giga;* a l t f r z. *gigue* (Lehnwort), auch *gigle,* Geige; n e u f r z. *gigue,* Tanz mit Musik, auch Rehkeule (weil dieselbe eine ähnliche Gestalt hat wie eine Geige), in letzterer Bedtg. davon abgeleitet *gigot,* Hammelkeule; s p a n. *jiga,* Geige, eine Art Tanz, *jigote,* gehacktes Fleisch; p t g. *giga,* Geige, eine Art Tanz, auch ein flacher Weidenkorb (in dieser Bedtg. auch *gigo*), *gigote,* Ragoût. Vgl. Dz 164 *giga* u. dazu Scheler im Anhang 730 (Scheler vermutet als gemeinsames Grundwort der german. und roman. Substantiva ein german. Verb mit der Bedtg. „tremēre, motitare", welchem Sinn ahd. *geigan,* dem altn. *geiga* nach zu schliefsen, wirklich gehabt zu haben scheine); Mackel, p. 108.

4243) **Gigās, -āntem** *m.* *(Γίγας),* Gigant, Riese; i t a l. *gigante,* Riese; p r o v. *jayan-s;* f r z. *géant;* s p a n. ptg. *gigante.* (Das Wort ist also nur in den gallischen Sprachen volkstümlich.) Vgl. Dz 595 *géant.*

4244) ndl. **gijlen,** gähren (vom Biere); davon vielleicht das gleichbedeutende f r z. *guiller,* aber freilich ist das palatale *l* befremdlich, vgl. Bugge, R III 152; Scheler im Dict. *s. v.*

4245) ahd. **gîlan, gîljan** (aus *gi-îlan*), fortstreben, eilen; n e u p r o v. *gilhá,* forteilen; f r z. (norm.) *giler.* Vgl. Dz 596 *giler* (bezüglich des gleichbedeutenden

comask. *zelá* schwankt Diez zwischen *gilan* und *zilôn,* letzteres dürfte annehmbarer sein).

4246) westgerm. **gilda,** Opferschmaus, Festversammlung, Gilde; i t a l. *geldra,* Gesindel; p r o v. *gelda,* Trupp, Haufen; davon viell. *geldon-s* (Mitglied einer bewaffneten Schar), Lanzenträger (gehört dies Wort zu *gilda,* so dürften auch i t a l. *gialda,* Lanze, u. *gialdoniere,* Lanzenträger, hierher zu ziehen sein); a l t f r z. *gelde,* Haufe, *gueude,* Gilde. Vgl. Dz 160 *geldra;* Mackel, p. 96.

4247) **gĭngīvā, -am** *f.,* Zahnfleisch; i t a l. *gengiva;* s a r d. *zinzia;* r u m. *gingie;* (rtr. *gingiva*); p r o v. *gengiva;* f r z. *gencive* (= *****gingiva); c a t. *geni(v)a;* s p a n. *eneia;* p t g. *gengiva.* Vgl. Dz 160 *gengiva;* Gröber, ALL II 438.

4248) mhd. **gît,** Gierigkeit (nhd. *Geiz*); davon nach Caix, St. 562, ital. *sghescia* „fame eccessiva".

4249) **gīzērĭŭm** *n.* (belegt ist nur der Pl.) und ***gigeria** *n. pl.,* Eingeweide des Geflügels; a l t f r z. *juisier,* Leber u. Eingeweide eines Vogels; n e u f r z. *gésier,* Fleisch-, Vor-, Drüsenmagen des Geflügels. Vgl. Dz 596 *gésier;* Gröber, ALL II 438.

4250) ***glăcĭā, -am** *f.* (f. *glacies*) u. ***glăcĭŭs, -um** *m.,* Eis; i t a l. *ghiaccia* u. *ghiaccio* (im S a r d. durch *gelu* ersetzt, so auch im Span. und Ptg.); r u m. *ghiaţă;* r t r. *glatscha* u. *glatsch,* vgl. Gartner, § 200; p r o v. *glassa* u. *glatz;* f r z. *glace* u. *glas* in *verglas* (vergleich Glaseis, Glatteis); c a t. *glas;* (s p a n. *hielo, yelo;* ptg. *gelo*). Vgl. Gröber, ALL II 488.

4251) ***glăcĭārĭus, a, um** *(glacies),* zum Eise gehörig, i t a l. *glacier,* Gletscher; den übrigen rom. Sprachen fehlen entspr. Ausdrücke, i t a l. sagt man *ghiacci perpetui,* s p a n. *monte de hielo,* p t g. *monte de gelo.* F. Pabst.

4252) [***glăcĭŏ, -āre** (v. *glacies*), auf dem Eise glitschen; a l t f r z. *glaçoier, glacier,* gleiten, damit zusammenhängend n f r z. *glacis,* Gleite, Abdachung. Vgl. Dz 597 *glacier.*]

4253) [***glăcĭdūs, a, um** (v. *glacies*), eisig; soll nach Bianchi, Storia della preposizione *a* (Firenze 1877) p. 261, das Grundwort sein zu i t a l. *ghiado,* äufserste Kälte, p i e m. *sgiad,* Schrecken, Schauder, während Dz 161 *s. v.* das Wort von *gladius* abgeleitet hatte. Zunächst ist Bianchi's Annahme geahnt würde *(glacidus : ghiado = placitum : piato),* u. begrifflich kann sie die bessere zu sein scheinen. Gleichwohl dürfte sie abzulehnen sein, denn 1. *ghiado* ist nicht wohl zu trennen von p r o v. c a t. *glay,* Schrecken, Erstaunen, dazu das Vb. *esglayar* (altspan. *aglayo, aglayarse*), welche Worte wohl auf *gladius,* nicht aber auf *glacidus* zurückgeführt werden können; 2. i t a l. *ghiado* bedeutet in bestimmten Verbindungen (z. B. *tagliato a ghiado*) auch „Messer", ebenso das dazu gehörige *aghiadare* nicht blofs „erstarren", sondern auch „niederstechen", dieser Umstand aber empfiehlt unbedingt die Ableitung von *gladius,* denn der Bedeutungsübergang von „Schwert" zu „Kälte, Schrecken, Erstaunen" läfst sich aus bildlicher Anwendung des Wortes erklären in der vermittelnden Bedeutung „durchbohrender Schmerz" findet sich *gladius* in lateinischen Hymnen öfters gebraucht), während man von „eisig" schwerlich zu dem Substauzbegriff „Messer, Schwert" gelangen kann. Flechia dürfte daher ein Rechte sein, wenn er, AG IV 377, Bianchi's Annahme zurückweist, vgl. auch Nigra, AG XV 124.]

4254) **glăcĭo, -āre** (v. *glacies*), zu Eis machen; f r z. *glacer,* überzuckern. Vgl. Dz 597 *glacer.*

Hinzuzufügen ist nach C. Michaelis, Frgm. Et. p. 42, galic. *lazar*, gefrieren, *lazo*, Frost (wegen des Abfalls des anlautenden *g* vgl. *lirŏo* aus *glisem*).

4255) **glädïolus, -um** *m.*, Schwertel (eine Pflanze); ital. *ghiaggiuolo, giaggolo;* frz. *glaïeul* (daneben gelehrtes *gladiole*).

4256) **glädïüs, -um** *m.*, Schwert; ital. *ghiado*, s. oben ***glacïdus;** (*glave*, Schwertfisch, welches Wort Dz 598 von *gladius* ableitet, ist überhaupt kein italienisches Wort); Tobler, Ztschr. für vgl. Sprachf. XXIII 418, erklärt ital. *giavelotto*, Wurfspeer, altfrz. *gavelot, gavrelot, gaverlot, garlot*, neufrz. *javelot*, für welche Worte Dz 164 keltischen Ursprung gemutmafst hatte, für eine Deminutivbildung aus *gladius*, setzte also französisch ***glavelot* als Grundform an; dafs dies lautlich unzulässig ist, hat Th. p. 63 gezeigt und mit Recht ein ***gabalellus* (wahrscheinlich keltischer Herkunft, vgl. altir. *gabul, gobul*, kymr. *gafl*, bret. *gavl* „gegabelter Ast, Gabel der Schenkel") als Grundwort empfohlen; prov. *glazi-s*, Schwert, u. *glai-s*, Schwertlilie (sind Reflexe zweier verschiedener lat. Flexionsformen: *gladi* u. *gladio* = *gladjō*, denn *glai* steht für *glaj, glaĵ*, vgl. prov. *raĵ* u. *rai* aus *radjo*, s. Ascoli, AG X 272; über prov. cat. *glai, esglay*, Schrecken, Erstaunen, s. oben ***glacïdus);** prov. *glavi-s* (frz. *glaive*), Schwert, ist Kreuzung von *gladius* mit kelt. *clâdivo*, vgl. Ascoli a. a. O. u. dagegen G. Paris, R XVIII 330 (wo bemerkt wird, dafs *glaive* erst vom 13. Jahrh. ab auftrete), u. Meyer-L., Roman. Gr. I p. 43, indessen dürfte Ascoli's Annahme doch zu Recht bestehen; frz. *glai*, Schwertlilie, u. *glaive*, Schwert (*gladius* + kelt. *clâdivo*). Vgl. Dz 161 *ghiado* u. 589 *glaive* (Diez hielt Entstehung von *glavi* u. *glaive* aus *gladium* für möglich u. bestritt kelt. Ursprung); Berger p. 141, Meyer-L., Ltbl. 1899 Sp. 277.

4257) dtsch. **glaette** = frz. *glette*, Silberglätte, vgl. Dz 599 s. v.

4258) **gländärïus, -um** *m.* (v. *glans*), Eichelbaum, Eiche; rum. *ghindar;* prov. *glandier*, Adj.; cat. *glander*, Adj.

4259) **gländülä, -am** *f.* (Demin. v. *glans*), Mandel im Halse; ital. *ghiandola;* rum. *ghindurä;* prov. *glandola;* frz. *glandule* (gel. W.); cat. span. ptg. *glandula*, Drüse.

4260) **gländülösüs, a, um** (v. *glans*), voll von Drüsen; ital. *ghiandoloso;* rum. *ghinduros;* prov. *glandulos;* frz. *glanduleux;* span. ptg. *glanduloso*.

4261) **gläns, 'gländem** *f.*, Eichel; ital. *glande, ghiande* u. *ghianda*, vgl. Canello, AG III 402; rum. *ghindă;* prov. *glan-s, glant-z*, daneben *aglan-s* (entstanden, wie Dz 503 s. v. meint, durch Einflufs des gr. *ἄχυλος* oder des got. *akran;* das Richtige aber hat Cornu, R VII 108, getroffen, der in dem *a* den Rest des mit dem Substantiv verwachsenen Artikels erkennt); altfrz. *glande, agland;* neufrz. *gland;* cat. *aglá;* span. *lande*, Eichel (das übliche Wort ist *bellota* = arab. *ballú't*), *landre*, Drüsengeschwulst; ptg. *lande*, Eichel (das übliche Wort ist *bolota*). Vgl. Dz 462 *lande*, 503 *aglan;* Cornu, R VII 108.

4262) **glärĕă, -am** *f.*, Kies; ital. *ghiaja*, Kies; *greto* (= *ghiareto*, *glaretum*), steiniger Flufsboden, vgl. Flechia, AG II 44 Anm.; altspan. *glera;* span. *leira*, Schelle, Erde; „Kies" heifst frz. *gravier* (von *grava* und dieses keltischen Ursprungs, vgl. cymr. *gro* etc., s. Th. p. 102), span. *arena gruesa* (das Adj. ebenfalls kelt. Herkunft), casquijo), ptg. *saibrŏo* (v. *sabulum*), *cascalho* (dies Wort

sowie das span. *casquijo* von *cascar* = *quassicare*, zerschlagen). Vgl. Dz 375 *ghiaja*. — Prov. *glara*, frz. *glaire* ist vermutlich = *clara* (s. d.); an keltischen Ursprung der Worte ist nicht zu denken. Vgl. Dz 597 *glaire;* Th. p. 100.

4263) **glastum** *n.*, Waid (keltisches Wort, belegt bei Plin. N. H. 22, 2) = ital. ptg. *glasto*, Waid; rum. *glast*, vgl. Dz 176 *guado*. Im Ital. ist neben *glasto* auch *glastro* vorhanden, aufserdem *guado* = germ. *waid* (altfrz. *guaide, waide*, neufrz. *guède*, vgl. Mackel, p. 117).

4264) **glättïo, -ïre**, kläffen; ital. *ghiattire;* prov. altfrz. *glatir;* neufrz. *clatir;* span. ptg. *latir* (im Span. ist die Bedtg. des Verbs, welche in den übrigen Sprachen auf „kläffen, bellen" sich beschränkt, zu „schlagen, klopfen, zucken, pochen, stechen" erweitert). Vgl. Dz 162 *ghiattire*.

4265) ***glaucëllüs, -um** *m.* (schriftlat. *glaucion*), eine Pflanze (Chelidonium glaucium L.), = rum. *ghiocel, diocel*.

4266) **glëbä (glaeba), -am** *f.*, Erdscholle; ital. *gleba* u. (*ghieva*) *ghiova* (das *o* beruht auf Anlehnung an *globus*, oder vielmehr *ghiova* ist geradezu = *glöbus* anzusetzen [*ghiova* : *globus* = *frutta* : *fructus*], vgl. Ascoli, AG III 355 Anm.), archaisch auch *chiova*, vgl. Canello, AG III 355; sard. *lea;* rum. *glie;* prov. *glieva* (daneben *gleza*, das mit *gleba* in Beziehung zu schaffen hat, vgl. No 4270; frz. *glèbe* (gel. W.); (cat. span. ptg. *gleba*); ptg. *leiva* = *glebea*, Meyer-L., Rom. Gr. I § 291.

4267) ***glïro, -önem** und **glïs, glïrem** *m.*, eine Art Maus oder Ratte (Sciurus glis L.); ital. *ghioro;* prov. *glire-s* (u. *gles*?); frz. *loir* (davon *lérot*) und *liron*, Bilch, Rellmaus, Siebenschläfer; span. *liron;* ptg. *lirŏo* u. *leirŏo*. Vgl. Dz 163 *ghiro*, Gröber, ALL II 439. — „Neben ital. *ghiro*, berry. *lire* = *glïre* steht frz. *loir*, bergam. *gler*, tessin. *gera* (mit off. *e*), alb. *ger*, die auf ein *glïre* (vgl. *strïgis* und *strïgis*) weisen." Meyer-L., Rom. Gr. I § 44.

4268) ***glïrülus, -um** *m.* (v. ***glïrus* f. *glis*), Ratte; neuprov. *gréule*, vgl. Thomas, R XXVIII 191.

4269) engl. **glïster** (v. *glitan*), dav. nach Th. Braune, Z XX 366, altfrz. *esclistre*, Blitz; Goldschmidt, Z XXII 260, bringt dafür ***slïster** (v. *slitan*) in Vorschlag. S. unten **slïster.**

4270) mittellat. ***glïteus, a, um** (v. *glis, glïtis*), „humus tenax" in den Isid. Gloss., kreidig, sehlammig, zäh; prov. *gleza*, Thonerde; frz. *glaise*. Vgl. Dz 598 *glaise*.

4271) ahd. ***glïtzan** (Iterativ zu ahd. *glïtan*), glitschen; davon vermutlich (lomb. *giç*, liscio, vgl. Salvioni, Z XXII 472); altfrz. *glicier* (pic. *glicher* scheint anderen Ursprung zu haben); neufrz. *glisser*. Vgl. Dz 599 *glisser;* Mackel p. 100.

4272) [**glöbösus, a, um** (v. *glöbus*), kugelförmig; ital. *globoso;* rum. *globos;* frz. *globeux;* span. ptg. *globoso*.]

4273) **glöbüs, -um** *m.* (*glovus, non glomus* App. Probi 71), Kugel; ital. *globo* (gel. Wort), Kugel, *ghiova*, Erdklumpen, vgl. Ascoli, AG III 355 Anm.; (rum. *glob*, Pl. *globuri;* prov. *globel-s* = *globellus;* frz. *globe*, span. ptg. *globo*). Das Wort trägt überall gelehrten Charakter; das volkstümliche roman. Wort für „Kugel" ist *balla* u. *bulla*.

4274) ***glöcïo, -äre** (schriftlat. *glocïre*, griech. *χλώζειν*), glucken (von Hühnern); aus diesem Vb. entstandene oder doch ihm entsprechende schallmalende Worte sind: ital. *chiocciare;* rum. *clocei*

(wird von Dz angeführt, fehlt b. Ch.); neuprov. *clouchá* u. *cloussi*, glucken, *clousso*, Henne; frz. *glousser*; span. *cloquear*; (ptg. *cacarejar* ist mehr „gackern" als „glucken"). Vgl. Dz 97 *chiocciare*.
4275) **glömüs, -mёris** n., Klofs, Knäuel; ital. *ghiomo*, dazu das Vb. *agghiomare*; lucches. *diomo*, vgl. Caix, St. 333, Mussafia, Beitr. 63; rum. *ghem*, dazu das Vb. *ghemuesc ü it i*; (frz. *agglomérer*, gel. W.).
4276) [*glömüscёllus, *glömïscellus, -um m., Knäuel; altfrz. *lemussel, lemuissel, lemoissel, loinsel, loincel, loncel,· loissel, luissel* (wegen des Abfalls des anl. *g* vgl. *loir* aus *glirem*). Vgl. Thomas, R XXVI 83.]
4277) [**glörïä, -am** f., Ruhm; ital. prov. *gloria* (vielleicht ist von *gloria* abgeleitet das prov. Vb. *glorir*, das man in Bartsch's Chrest. prov. 279, 39 in der Bedtg. „quälen" liest, es würde dann eigentlich bedeuten „die Glorie, den Heiligenschein erlangen"); frz. *gloise*, vgl. Berger s. v.; span. ptg. *gloria*.]
4278) [*glörïёttä, -am f. (Demin. zu *gloria*), kleine Herrlichkeit; frz. *gloriette*, Lusthäuschen, Gartenlaube; span. *glorieta*. Vgl. Dz 599 s. v.]
4279) **glösä, -am** f. (mit off. *o*; schriftlat. *glossa* = gr. γλῶσσα); Glosse: ital. *glossa, glosa* „spiegazione d'una parola in un libro antico", *chiosa* „breve interpretazione d'un passo. *Chiosa* dice anche „macchia' e il ‚piombo col quale si saldano le rotture delle pentole'" (in dieser letzteren Bedtg. ist es offenbar = *clausa*), vgl. Canello, AG III 356; prov. *glosa*; frz. *glose*; cat. *glosa*; span. ptg. *glosa*. Vgl. Gröber, ALL II 439; Pogatscher, Die griech., lat. etc. Lehnwörter im Altengl. § 72 (wo auf ags. *glêsan*, welches ebenfalls einfaches *s* hat, hingewiesen wird).
4280) **glumä, -am** f., Hülse, Schale, Balg (mittellat. *gloma* [= *glûma*] „acus, aceris"); frz. *gloume* (u. gelehrt *glume*), Bälglein, Spelze der Gräser. Vgl. Ascoli, AG III 463, dagegen Meyer-L., Z. f. ö. G. 1891 p. 770. Vgl. auch Salvioni, Post. 10.
4281) [*glümüsecёllum n. (v. *glümus*, vgl. *grümus* u. *glòmus*), Knäuel, wird von Thomas, R XXVIII 791, als Grundwort zu bearn. *gusmet* (*-el*?) angesetzt.]
4282) **glüs, glütem** f., Leim; prov. *glut-z*; frz. *glu*, Vogelleim; (ital. *visco, vischio* = *viscum*; span. *visco* u. *liga*; ptg. *visco*). Vgl. Gröber, ALL II 439.
4283) **glüto, -önem** m. (v. *gluttire*), Schlemmer; davon ital. *gluttoneria*, Gefräfsigkeit, Schlemmerei, daneben *ghiottoneria* (v. **glüttus*) „avidità di cibi delicati" u. *ghiottornia* „cibo o cosa ghiotta", vgl. Canello, AG III 397; frz. (c. r. *gluz*, c. o.) *glouton*, dav. *gloutonnerie*.
4284) *glüttïo, -ïre (schriftlat. *glüttïre*), verschlingen; ital. *inghiottire*; rum. *inghit* ai a; prov. *englotir*; frz. *engloutir*; cat. altspan. *englutir*. Vergl. Dz 163 *ghiotto*. S. auch *ïngluttïo.
4285) **glüttus, -um** m. (für schriftlat. *glüttus* u. *glütus* v. *gluttire*), Schlemmer; ital. *ghiotto*; prov. *glot-z*; altfrz. *glut-z, glot-z*; (neufrz. *glouton*). Vgl. Dz 163 *ghiotto* (wo auch prov. *glot-z*, Bissen, Schluck, u. ital. *ghiozzo*, Gründling, zu dieser Wortsippe gezogen werden, das letztereWort wohl nicht mit Recht); Gröber, ALL II 439.
4286) **glÿcÿrrhïzä, -am** f. (gr. γλυκυρρίζα), Süfsholz, Lakrizen; ital. *legorizia, regolizia* (volksetymologisierende Umbildungen); altfrz..*recolice*; nfrz. *réglisse*; prov. *regalicia, regulezia*; span.

regaliz, (orozúz); ptg. *regaliz*, (üblicher *alcaçúz*). Vgl. Dz 267 *regolizia*. S. auch **ïïqüïrïtïä.**
4287) gr. γνάθος, Kinnbacken; davon ital. *ganascia*, Kinnbacken; frz. *ganache*. Vgl. Dz 155 *ganascia* (wo die Worte von *gena* abgeleitet werden); W. Meyer, Z X 255 (hier die richtige Ableitung).
4288) **gnömön, -önem** m. (γνώμων), Zeiger an der Sonnenuhr, = span. *nemon* (gleiche Bedtg.), vgl. Dz 472 s. v.
4289) kelt. (ir. gäl.) **gob, gop,** Schnabel, Mund; davon vermutlich frz. *gobbe*, Mästkugel, Nudel, Pille, *gober*, gierig verschlingen. Vgl. Dz 599 *gobbe*; Th. p. 60. Zusammensetzungen mit *gobe* sind *gobe-affront*, ein Mensch, der sich aus Beleidigungen nichts macht, *gobe-mouche*, Fliegenschnapper, Aufpasser u. a.; von *gober* abgeleitet ist vielleicht *goberger*, foppen. Dagegen hat mit *gob* nichts zu schaffen *gobelet* (Demin. zu *cuppa*), Becher.
4290) **göbïo, -önem** m., Gründling, = frz. *goujon*, vgl. Dz 601 s. v.; lyon. *goifon* (= *gofionem*), vgl. Horning, Z XXI 455.
4291) germ. **god, got,** Gott; davon altfrz. *goi* in den Beteuerungsformeln *vertu-goi* = *vertu de Dieu* (daran angelehnt *vertu-guieu*), *mort-goi, sanggoi, jarnie* (= *je renie*)-*goi*, vgl. Dz 600 *goi*.
4292) niederdtsch. **goden dag** = altfrz. *godendac*, scherzhafte Benennung einer Art Hellebarde der Flamänder, vgl. Dz 600 s. v.
4293) bret. **goelann, gwelan,** eine Art Möve, = frz. *goëland, goëlette*, ein Seevogel und eine Art Segelschiff, vgl. Dz 600 s. v.; Th. p. 101; Cohn, Suffixw. p. 141 (über den Ausgang *-and* bei Vogelnamen).
*göfïo s. göbïo.
4294) bret. **goge,** Spott, Spitzbüberei, vielleicht das Grundwort (wenn nicht vielmehr das bret. Wort dem Frz. entlehnt ist, wie Th. p. 101 anzunehmen scheint) zu altfrz. *gogue*, Scherz, Kurzweil, dazu das Vb. *se goguer*, sich belustigen; neufrz. *goguettes*, Possen, Spottreden, *gogaille*, lustiges Gelage, *goguenard*, possenhaft. Vgl. Dz 600 *gogue.*
4295) hebr. **goj,** Volk, davon vulgärjüdisch **goje,** christliche Dienerin; davon wieder neuprov. *gougeo,* Magd; frz. *gouje,* Dirne, *goujat,* Trofsbube. Vgl. Dz 601 *gouge.*
4296) arab. **golab** (= pers. *gul,* Rose, + *âb,* Wasser), Rosenwasser; ital. *giulebbe* u. *giulebbo,* eine Art Syrup; prov. frz. *julep;* span. *julepe;* ptg. *julepo.* Vgl. Dz 166 *giulebbe;* Eg. y Y. 434.
4297) arab. **gomual,** Schiffsseil; davon viell. (?) ital. *gómona, gómena, gúmina,* Ankertau; neuprov. *gumo* u. frz. *goumène,* Tau; span. ptg. *gúmena,* Ankertau. Vgl. Dz 169 *gómona;* Tobler, Z IV 182 (*combinare*); Eg. y Yang. 416.
gömphüs s. cöntüs.
*göntüs s. cöntus.
ndl. **goos s. gösa.**
4298) [*gorilla, -am f., Gorilla (soll nach Cohn, Suffixw. p. 54, lateinisch sein, fehlt aber in den Wörterbüchern); ital. *gorilla,* frz. *gorille* (mit palatalem *l*).]
4299) altn. **gorm-r,** Schlamm, davon vermutlich frz. *gourme,* Schleim aus den Nüstern der Pferde, davon abgeleitet *gourmand* u. *gourmet,* ein Mensch, der schmutzig ist, beim Essen den Mund sich mit Schleim u. dgl. beschmiert, dann ein Mensch, der so gierig ifst, dafs er die Reinlichkeit darüber aufser Acht läft, endlich ein Mensch, der mit grofsem Appetit, mit Geschmack ifst, ein Feinschmecker;

ptg. *gosma*, Speichel, Schleim, dazu das Verb *gosmar*, Schleim ausbrechen. Vgl. Dz 601 *gourme* 2; Scheler im Dict. *s. v.;* Gröber, ALL IV 121 (scheint *vormus* aus *morvus* = *morvus* als Grundwort anzunehmen); Schuchardt, Z XI 494, hält die rom. Worte *gourme* u. *morve* u. dtsch. „Wurm" für identisch, vgl. dagegen Behrens p. 78.

gorre s. **gürdus.**

4300) [*gösa*, **güsa** wurde von Dz 607 *geuse* als Grundwort zu der oben unter *geusiae* besprochenen Wortsippe aufgestellt mit Einschlufs des frz. *geuse* od. *guense* „Gans". d. h. eine geschmolzene Eisenmasse von bestimmter Form; der Ursprung dieses letzteren Wortes ist dunkel; nach dem Dict. gén. soll es aus dem deutschen *guss* entstanden sein; Bauer im Bull. de la soc. de ling. de Paris No 23/26 (1883/85) p. CV stellt ndl. *goos* „Gans" als Grundwort auf.]

4301) bask. **gose-utsa,** lauter Hunger, = span. *gazuza*, grofser Hunger, vgl. Dz 455 *s. v.;* der sich auf Larramendi beruft.

4302) kelt. Stamm **got-** (in altir. *gothimm*, kymr. *godineb*, Unzucht, Hurerei); davon vermutlich neuprov. *goda*, faule Dirne; altfrz. *godon*, liederlicher Mensch, *goder*, stark zechen; neufrz. *gouine*, liederliche Dirne (dazu zahlreiche dialektische Formen : henneg. *godinele*; burg. *godineta*, *gaudrille* etc.), *godard*, leckerhafter Mensch, *godiveau*, eine Art Gebäck, *godailler*, stark zechen, vielleicht auch *gaudriole*, Witzrede, aufserdem eine Menge dialektischer Worte, wie z. B. champ. *godin*, niedlich; hierher gehört wohl auch altfrz. *goz*, *gouz*, Knirps, Zwerg, Hund, über welches Wort zu vgl. Förster zu Erec 794. Vgl. Dz 599 *goda;* Scheler im Diet. unter *godailler;* Th. .p. 101. — Wahrscheinlich gehört hierher auch ital. *gozzoviglia*, Schwelgerei, nächtliches Gelage, während Diez 376 *gozzo* das Wort von *gozzo* (= *gorgozzo* v. *gurga*) ableitet.

4303) ahd. ***goto, *gota** = nhd. Gote (s. Kluge *s. v.*), d. h. Pate, Patin; davon ital. (mundartlich) *gudazzo*, -a, vgl. Dz 378 *s. v.*

4304) kelt. **goumou** (dafür *goumon* zu lesen im Katholicon von Lagadeuc?) = frz. *goëmon*, Tang, vgl. Bugge, R IV 358.

4305) germ. Stamm **grab-** (wovon *graben*); auf diesen Stamm führt C. Michaelis, St. 51 f., eine ganze Reihe romanischer Worte zurück, vgl. oben **garb.** Mafsvoller geht Scheler im Dict. unter *grabuge* vor, wenn er für möglich erachtet, dafs frz. *graver*, *grabeler*, reinigen, putzen (wovon *grabeau*, eigentl. das, was beim Putzen abfällt, Brocken), *grabouiller*, verwirren (davon *grabouil*, Wirrwarr, dem nach Sch.'s Annahme ital. *garbuglio* entspricht, s. aber oben **garr[ire]** + **bull[ire]**), *grabuge*, Wirrwarr, Zänkerei (vgl. über dieses Wort auch Dz 642) auf *grab-* oder auf *krabbeln* zurückzuführen seien; in ähnlicher Weise führt Nigra, AG XIV 277, *grabuglio* auf *carabus*, Meerkrebs, zurück.

4306) [**gräbätülus,** -um *m.* (Demin. v. *grabatus*), kleines Ruhebett; davon vielleicht ital. *carabattola* „masserizia di poco pregio", vgl. Caix, St. 253.

4307) [**gräbätüs,** -um *m.* (χράββατος), Ruhebett, = frz. *grabat* (gel. W.), schlechtes Bett.

4308) [***grăcïllio, -ônem** *m.* (v. *gracilis);* davon viell. frz. (dialektisch) *grelon*, Hornisse, vgl. Dz 588 *frelon.*]

4309) **grăcïlïs, -e,** schlank; ital. *gracile;* prov. *graile*, schlank, dünn (als Sbst. Horn, Trompete, mit Bezugnahme auf die schlanke Gestalt solcher

Tonwerkzeuge); frz. *grêle* (altfrz. auch Sbst. mit derselben Bedtg. wie im Prov., davon viell. *grelot*, Klapper, Schelle, *grelotter*, mit den Zähnen klappern, Nigra, AG XV 117, scheint *grelot* (*grelotter*) für aus *greulot*, *grevelot* entstanden zu erachten u. dies wieder mit dem ahd. *griul*, *griuwel* „Schauder" in Verbindung zu bringen; *grelot* würde demnach eigentl. „ein Schütteln vor Grauen" (oder auch vor Kälte) bedeuten; von *gracilis* abgeleitet ist vielleicht auch frz. *grésillon* (vgl. 4382), Grille, Fessel, welche auseinanderliegende Bedeutungen durch den Begriff des Dünnen verbunden werden. vgl. Dz 603 *grêle* und 178 *grillo); frz. *grêle*, Hagel (dazu das Vb. *grêler*, hageln, Pt. *grêlé*, verhagelt, pockennarbig, viell. gehört hierher auch das Adj. *grelu*, armselig; *grésillon*, Griesmehl (über die Redensart *avoir des grésillons* od. *grillons* od. *crignons dans la tête* vgl. Delboulle, R XX 287), werden wohl besser von ahd. *grioz*, *greoz* [s. d.] abgeleitet. — Diez 456 *grillo* leitet auch altfrz. *grel*, Schöfsling, von *gracilis* ab u. hält das gleichbedeutende cat. *grill*, *grillo* (dav. span. *grillar*, sprossen), ptg. *grelo* für Lehnworte aus dem Frz.

4310) **grăcülă,** -am *f.* u. **grăcülüs** (u. **grăgülus,** vgl. Ascoli, AG XIII 455), -um *m.,* Dohle; ital. *gracchia*, Krähe, Dohle (daneben *gracco* [u. *graccio*], das wohl nicht = *graecus* anzusetzen, sondern als Rückbildung aus dem Demin. zu betrachten ist, vgl. Scheler im Anhang zu Dz 730); zu *gracchia* das Vb. *gracchiare;* (rum. *graur*), prov. *gralha;* frz. *graille*, daneben *grolle*, für welches Wort W. Meyer, Z X 172, **gra(v)ulus* als Grundform aufgestellt hat: cat. *gralla;* span. *graja*, *grajo;* ptg. *gralha*. Vgl. Dz 170 *graco* u. 605 *grolle;* Gröber, ALL II 440. S. No 4349.

4311) ***grädïo, -ïre** (v. *gradus*), steigen; ital. *gradire*, steigen (das übliche Wort ist *salire*); (frz. *gravir*, klimmen). Vgl. Dz 603 *gravir.*

4312) **grädüs, -um** *m.,* Schritt, Stufe, Grad; ital. *grado*, Stufe, Grad; (prov. *degra-z;* frz. *degré);* span. *grado;* ptg. *grao* (auch *degrao*). Vgl. Dz 560 *degré.*

4313) **graecus, a, um,** griechisch; (ital. *greco*); venez. *griego*, lomb. *greo*, (sard. *pizarega*, pece greea lecc. *griecu;* prov. *grie[g]us;* altfrz. *grieus;* neufrz. *grec grecque* u. *grèque*), greca = *grièche* in *ortie-grièche*, kleine Brennnessel, u. *pie-grièche*, Würger (ein Vogel); span. *griego;* ptg. *grego*. — Von altfrz. *grieu* leitet Nigra, AG XV 116 u. 283, ab frz. *grieve*, Dressel, *grivois* (prov. *grivaus*), munterer Soldat, auch Adj. „lustig", *grivoise* eine Art Tabaksdose, *griveller*, gaunern.

4314) **graec[us]** + **ulf** (= *wolf*); davon vielleicht frz. *grigou*, Knauser, Schlucker (eigentlich knickriger Grieche; das Wort mochte aus den Erfahrungen, welche die Kreuzfahrer bezüglich der Gewinnsucht der Byzantiner machten, entstanden sein). Vgl. Dz 604 *s. v.* (Diez hat allerdings Bedenken gegen diese Ableitung, aber es dürfte sich kaum eine andere finden lassen.)

4315) **grallae, -as** *f.* (= *gradulae* von *gradus*), Stelzen; davon vielleicht ital. (dialektisch) *garla*, *sgarla*, Bein, u. hiervon vielleicht wieder abgeleitet das gleichbedeutende **garlone*, *galone*. Vgl. Caix, St. 333.

4316) germ. **gram** (dtsch. *gram*, Gram); ital. *gramo*, dazu das Vb. *gramare;* prov. *gram;* altfrz. *gram*, *graim*, *grain* (auch Sbst. *graigne*), dazu das Vb. *gramoiier*, *gremoiier*, betrüben, *engramir*,

28*

ergrämen, sich ereifern. Vgl. Dz 171 *gramo; Mackel*
p. 42; Tobler, Mitteil. I 256.

4317) grämen n., Gras; sard. *ramen,* gramigna;
span. *grama.*

4318) grämïneus, a, um (*gramen*), grasig;
ital. *gramigna;* sard. *raminzu;* venez. *gramégna*
etc., vgl. Salvioni, Post. 11.

4319) grämmätïcä, -am f. (γραμματική), Grammatik; altoberital. *gramaia;* prov. *grammaira*
(wohl Lehnwort aus dem Frz.); frz. *grammaire*
(über die lautliche Entstehungsgeschichte dieses
Wortes, das im altfrz. *mire* = *medi[c]um* ein Gegenstück besitzt, vgl. Tobler, R II 241. G. Paris, R
VI 129, u. Körting, Formenbau des frz. Nomens,
Anhang I); sonst nur gel. W. Vgl. Dz 602 *grammaire;* AG XII 407.

4320) grämmätïcüs, -um m. (γραμματικός),
Grammatiker; altgenues. *gramaigi,* altvenez.
gramego, vgl. AG VIII 357 (s. auch AG VII 507
u. I 429 sowie Giorn. stor. di lett. ital. XXIV 269)
u. Salvioni, Post. 11; rtr. *garmádi,* ein unver-
schämter Mensch (veranlaßt ist diese Bedtg. durch
das brüske Betragen mancher Schreiber, bezw. Beamten gegen die bäuerliche Bevölkerung), vgl.
Ascoli, AG VII 507 No 14; prev. *gramatge-s,*
gramádi-s, gramázi-s, einer, der zu schreiben versteht; altfrz. *grammaire,* Schreiber, (neufrz.
grammairien, Grammatiker), vgl. Tobler, R II 244.

4321) [germ. ***grana,** ahd. *grana,* Schnurrbart,
ags. *granu,* altn. *grön,* Bart, Lippe, vgl. Kluge
s. v. Granne (vgl. lat. *granus,* Zopf, Isid. 19, 23, 7);
davon ital. *granata,* Besen; prov. *gren-z,* Bart;
altfrz. *grenon, guernon, grignon,* Bart der Oberlippe und des Kinns; span. *greña,* verworrenes
Haupthaar (altspan. auch *greñon, griñon,* Bart);
ptg. *grenha,* verworrenes Haupthaar. Vgl. Dz 172
greña.]

4322) gränärïüm n. (von *granum,* Kornboden;
ital. *granaro, granajo;* rum. *gränar;* prov. *granier-s, (grani-s);* frz. *grenier;* cat. *graner;* span.
granero; ptg. *granél.*

4323) [*gränätärïüs, a, um* = ital. *granatajo*
„chi fa granate (da spazzare)", *granatiere* (frz.
grenadier) „soldato che in antico lanciava granate,
cioé palle che spazzano via i nemici, o fatte forse a
guisa di mele granate", vgl. Canello, AG III 307.]

4324) *gränätëllä (v. *granum*) ital. *granatella*
„piccola gr."; *granatiglia* „legname nobile per impi-
allacciare tavole e simili", *granadiglia* (vom span.
granadilla, granadillo) „il fior di passione", vgl.
Canello, AG III 319.

4325) gränätüs, a, um (von **granare* v. *granum*),
mit Körnern oder Beeren versehen; davon der Name
der Frucht, des Baumes, des Steines u. viell. auch
der Feuerwaffe „Granate, Granat" (über die Feuerwaffe vgl. oben **granatarius.**

4326) grändïs, -e, große; ital. *grande;* rtr.
grand, vgl. Gartner § 105 u. 196; prov. *grant-z,
gran-z;* altfrz. *grans, granz* (über die Verbindung
en grant, grande, ginez, grandes vgl. Tobler, Li
dis dou vrai aniel p. 21; Diez' Angaben 569 *engrant*
sind veraltet); neufrz. *grand,* dazu das Sbst. *grandeur* (altfrz. *grandure,* altfrz. auch das Vb. *en-
graignier,* größer werden od. machen, abgel. vom
Komparat. c. o. *graignor,* c. r. *graindres);* cat.
grand; span. *grande;* ptg. *grande, gran.* Durch
grandis ist *magnus* im Roman. fast völlig verdrängt
worden.

4327) *gründïtïä, -am f. (v. *grandis*), Größe;

ital. *grandezza;* prov. *grandeza;* (frz. *grandeur,*
gleichsam **grandiörem);* span. ptg. *grandeza.*

4328) grando, -dïnem f., Hagel; ital. *grandine,
grandina;* rum. *grindiná;* (frz. *gréle* von *griog;*
span. ptg. *granizo* = **granitium;* ptg. auch
saraiva, wozu das Vb. *saraivar,* bis jetzt unerklärte
Worte, vgl. Dz 486 s. v.).

4329) *gränëä, -am f. (v. *granum*), Scheune,
prov. *granja;* frz. *grange* (altfrz. auch *granche*
= **granica,* daraus ital. **granscia, grascia,* Ge-
treidevorrat, Lebensmittel, vgl. Caix, St. 38, wodurch
Diez' 377 ausgesprochene Vermutung, daß das Wort
von *agorasia* [s. d.] abzuleiten sei, hinfällig wird);
span. ptg. *granja.* Vgl. Dz 171 *granja;* Berger
p. 131 A.

4330) *gränïo, -ïre (v. *granum*), körnicht machen,
punktieren, = ital. span. ptg. *granir(e).*

4331) *gränïtüm n. (Part. P. P. von *granire*),
körnichter Stein, Granit; ital. *granito;* frz. *granit;* span. *granito;* ptg. *granito.* Vgl. Dz 171
granito. (Diez setzt span. *granido* an.)

4332) *gräno, -äre (v. *granum*), körnen; frz.
grainer, vielleicht auch *glaner* (das a aus den
flexionsbetonten Formen auch in die stammbetonten
eingedrungen), Körner suchen, Ähren lesen, dazu
das Sbst. *glanure;* (prov. heißt das Vb. *grenar, gl-,*
wobei wohl Schwächung des a zu e in den flexionsbetonten Formen u. dann Übertragung des e auch
auf die stammbetonten Formen anzunehmen ist).
Vgl. Dz 598 *glaner* (Diez spricht über den Ursprung
des Wortes eine eigene Meinung nicht aus, sondern
bemerkt nur, daß die mittellat. Form *glenaverit* ein
stammhaftes e vorauszusetzen scheine, u. erwähnt,
daß Leibnitz das Wort aus dem Kelt. habe herleiten
wollen; in Bezug hierauf sagt Th. p. 100: „Zur
Ableitung von gemeinkelt. *glan* „rein" stimmt
namentlich der Vokal von *glenaverit* u. prov. *grenar*
schlecht").

4333) gränösüs, a, um (von *granum*), voll von
Körnern; ital. *granoso;* rum. *gräuntos;* (frz.
grenu = **granutus);* span. ptg. *granoso.*

4334) *gränücëlüm, *gränücellum, *gränücïölum
n. (Deminutiva v. *granum*) = rum. *gräunt, grä-
unṭel, gräuncior.*

4335) gränüm n., Korn, Kern; ital. *grano,* Korn,
Getreide, *grana,* Scharlachbeere, vgl. Canello, AG
III 403; rum. *gräu,* Pl. *gräne, gräie, grauri;* prov.
gran-s, gra-s, Korn, *grana,* Scharlachbeere; frz.
grain, Korn, *graine,* Samenkorn (altfrz. auch in der
Bedtg. Scharlachbeere); dazu das Vb. *grainer* (Komp.
égrener); cat. *gra;* span. *grano, grana;* ptg.
gräo, Korn, *gräa, grã,* unechte Kochenille, Schar-
lach. Vgl. Dz 171 *grano.*

granus s. **grana.**

4336) gräphïüm n. (γραφίον), Griffel; prov.
grafi-s, Griffel (altfrz. *grafe);* frz. 1. *greffe,* Schreibstube (also „Griffel" ist zur Bedtg. „Schreibzeug,
Schreibraum" erweitert worden), davon *greffier,*
Schreibbeamter, von altfrz. *grafe,* Griffel, ist abgeleitet altfrz. *esgraffer,* ausradieren, neufrz. *égraffigner,* mit fortwährenden Ausstreichungen schreiben,
sudeln; zu prov. *grafi* gehört *grafinar,* ritzen,
2. *greffe,* Pfropfreis (sogenannt wegen seiner griffel-
artigen Gestalt), dazu das Verb *greffer,* pfropfen.
Vgl. Dz 603 *greffe.*

*grässüs s. **crässüs. *grätïcülä** s. **crätïcülä.**

4337) grätïä, -am f., Anmut, Liebenswürdigkeit,
Gunst, Dank; ital. *grazia;* rtr. *gratsia* etc., vgl.
Gartner § 6; prov. *gracia* (u. *grat-z* = *gratum);*
frz. *gráce;* span. *gracia;* ptg. *graça.* Dazu über-

all zahlreiche Ableitungen, z. B. ital. *graziosità*, *grazioso*, *graci-* (im Span. als Sbst. Witzbold, Possenreifser, Clown), *graziola* (Gandkraut) etc.

4338) 1. *grätĭo, -äre* (v. *gratia*), in Gnaden gewähren, Gunst erweisen, danken; ital. *graziare*, gnädig gewähren, begnadigen; *ringraziare*, danken; span. Part. Prät. *graciado*, gnädig.

4339) 2. *grätĭo, -īre* (von *gratus*), angenehm sein u. a. machen; ital. *gradire* „aggradire, rendere grato, piacere", arch. *grazire* (aus dem Prov.) „ringraziare, mettere in grazia, concedere in grazia", vgl. Canello, AG III 387; prov. *grazir*, danken; davon abgeleitet *grazimen-s*, Dank, *grazire*, danken; der „Dank" u. „danken" werden sonst romanisch durch *merces* [und *mercedare*] ausgedrückt.

grätĭs s. **erätĭs.**

4340) **grätŭs, a, um,** angenehm, dankbar: ital. *grato*, dankbar, *grado*, Gefallen, Belieben, Wunsch, vgl. Canello, AG III 384 (*malgrado*, wider Willen, trotz); prov. *grat-z*, Wille, Wunsch, Gunst, Genehmigung, Anmut (dazu das Vb. *grejar*, bewilligen, gefallen), *malgrat*, trotz; frz. *gré* in Verbindungen, wie z. B. *bon gré*, guter Wille, *à son gré*, nach seinem Gefallen, *savoir gré*, Dank wissen, *malgré*, trotz u. a., dazu das Vb. *gréer*, gefallen, genehmigen, davon wieder *agrément*, Genehmigung, Annehmlichkeit, *agréable*, angenehm; span. ptg. *grado*, Sbst., wie im Frz. meist nur in bestimmten Redewendungen gebraucht, dazu das Vb. *agradar* = frz. *agréer*; *grato*, Adj. Vgl. Dz 170 *grado*.

4341) [*gravǎ, -am* f. (wohl dem Keltischen entlehnt, vgl. cymr. *gro*, Kieselstein, bret. *groan*, *grouan*, Kies, vgl. Tb. p. 102), Kies, ist das vermutliche Grundwort zu (ital. *grebiccio* (?) „terrene sterile e sabbioso", vgl. Caix, St. 346); rtr. *grava*, *greva*, Sandfläche; prov. *grava*; frz. (*grave*), *grève*, sandiger Platz (nach dem so geheifsenen Platz in Paris wird eine Arbeitseinstellung *grève* genannt, weil früher strikende Arbeiter sich auf diesem Platze zu versammeln pflegten); dav. *gravier*, Kies, *gravelle*, Blasengries, *gravois*, Schutt; cat. *grava*, Kies. Vgl. Dz 604 *grève*.]

4342) [*gravämēnto, -äre* (v. *gravis*, beschweren, sich beschweren, klagen, wird von Scheler im Anhang zu Dz 797 als Grundwort vermutet zu prov. *gaymentar*), altfrz. *guermenter* (nach Scheler aus *gramenter* versetzt); (neufrz.*gaimenter*, wehklagen). Besser aber erblickt man wohl mit Dz 592 *s. v.* in *gaimenter* eine nach dem Muster von *lamenter* vorgenommene Ableitung von der Interj. ital. *guai*, altfrz. *wai* etc. = got. *vai*, ahd. *wê*, damit ist auch altfrz. *waimenter* erklärt.]

4343) ndd. **graven,** graben; frz. *graver*, eingraben; span. *grabar* (Lehnwort). Vgl. Dz 603 *graver*; Mackel, p. 47.

4344) **grävĭdus, a, um,** schwer; ital. *gravido*; sard. *graidu*; piem. *gravi*, bramoso; venez. genues. piem. berg. *grávia*, gravida, vgl. Salvioni, Post. 11, über weitere Dialektformen vgl. Schuchardt, Roman. Et. I 38.

grävĭo s. **grävo.**

4345) **grävĭs, -e,** schwer; ital. *grave* u. *greve* (letzteres Anbildung an *lieve*), vgl. Canello, AG III 315; über die Frage, ob *grezzo*, *greggio* hierher gebẻrt, wie Fumi, Misc. p. 100, behauptet hat, vgl. oben **aġrestis;** sard. *grae* (?); rum. *greu*, frz. *grev*; prov. *greu-s* (nach *leu-s* = *levis*); frz. *grief*, Kummer; cat. *greu*; (frz.) span. ptg. *grave*; dazu das Vb. ital. *aggrevare*, beschweren, prov. *agreujar*, altfrz. *agregier*; neufrz. *rengréger* =

reingraviare, verschlimmern. — *gravis* hat im Roman. (abgesehen vom Rumän., wo *greu* nach Ch. auch „lourd" bedeuten kann) nur die Bedeutung „schwer = ernsthaft, ernstlich, bedenklich", „schwer = gewichtig" wird durch *pensans* (ital. *pesante*), *pensatus* (span. ptg. *pesado*), *luridus* (frz. *lourd*), „schwer = schwierig" durch *difficilis* ausgedrückt. Vgl. Dz 173 *greve*; Gröber, ALL II 441; d'Ovidio, R XXV 299 (über die Verbreitung von *grevis*).

4346) **grävĭtäs, -ätem** f. (v. *gravis*), Schwere; ital. *gravità* u. dem entspr. als gel. Wort in den übrigen roman. Sprachen; prov. *greugetat-z*; altfrz. *grieté.*

4347) *grävĭtĭǎ, -am f.* (v. *gravis*), Schwere; ital. *gravezza*; rum. *greațǎ* (bedeutet im Macedo-Rum. „Gewicht", im Daco-Rum. dagegen „Schwere des Kopfes oder des Magens, Übelkeit"); prov. *greveza*, *grevessa*; cat. span. ptg. *graveza*.

4348) *grävo u. *grävĭo, -äre* (v. *gravis*), beschweren, jem. das Dasein erschweren, jem. kränken, beleidigen; ital. *gravare*; prov. *gravar*, *grevar*, *greviar*, *greujar*; altfrz. *grever*, *gregier*; cat. span. ptg. *gravar.* S. auch **ingravare.**

4349) [*gravĭlĭus, *graulŭs, -um* m., Krähe; nach W. Meyer, Z X 172, Grundwort zu rum. *graur*, frz. *grolle*.]

4350) **grẻmĭo, -īre** (*gremium*), im Schofse sammeln; dav. nach Pascal, Studj di fil. rom. VII 94, ital. *germire*, riempiero. S. unten **krimman.**

4351) **grēmĭŭm** *n.*, Schofs; ital. *grembo* (aus *grembio*, vgl. *grembiale*). *parä[re]* + *gremium* = *s-paragrembo*, Schürze. Vgl. Dz 377 *s. v.;* Caix, St. 586.

grẻvĭs s. **gravĭs.**

4352) **grĕx, grĕgem** *m.*, Herde; ital. *gregge*, Schafherde; sonst ist das Wort im Roman. geschwunden u. wird ersetzt durch *manata* v. *manus*, also eigentlich eine Handvoll (ital. *manata*, prov. span. ptg. *manada*, vgl. Dz 200 *magione*) und *troppellus*, ein Wort von unbekannter Herkunft, denn mit frz. *trop* = germ. *þorp* dürfte es mit G. Paris, R X 60 Anm. 2, bemerkt, nicht zusammenhängen (prov. *tropel-s*, frz. *troupeau*).

4353) ahd. **grifan,** greifen; ital. (das Vb. fehlt, vorhanden aber ist das Vbsbst.) *grifo*, Greifer, Rüssel (wovon, vermutlich unter Anlehnung an *grugnire*, grunzen, *grufolare*, mit dem Rüssel wühlen, vgl. Dz 378 *s. v.*) u. das Adj. *griffagno*, räuberisch; prov. *grifar*, packen, dazu das Adj. *grifanh;* altfrz. *grifer*, packen, dazu das Vbsbst. *grif*, Kralle; u. das Adj. *grifaigne*, räuberisch, bedrohlich; neufrz. *griffer*, *griffe*. Vgl. Dz 604 *grif*; Mackel, p. 110.

4354) altdtsch. **grim,** grimmig, zornig; ital. *grimo*, runzlich (weil der Zornige die Stirn runzelt); prov. *grim*, betrübt, dazu die Shet. *grima* u. das Vb. *grimar*. Vgl. Dz 378 *grimo* und 605 *grim*; Mackel, p. 100.

4355) ags. **grĭma,** Gespenst; davon soll nach Dz 456 *grima* und 605 *grimoire* abgeleitet sein frz. *grimace*, Gesichtsverzerrung, und vielleicht auch *grimoire*, Zauberbuch (Buch, um Gespenster, Geister zu beschwören); cat. span. *grima*, Grausen, Schaudern; span. *grimazo*; ptg. *engrimanço*, Zerrbildung, unverständliches Geschwätz, Betrug. Doch führt man *grimace* etc. wohl besser auf *grimmizón* (s. d.) zurück. Vgl. Mackel, p. 111.

4356) ahd. **grimmida** = ital. (lemb.) *grinta*, finsteres, unfreundliches Gesicht; rtr. *grinta*, Grimm, Zorn. Vgl. Dz 378 *grimo.*

4357) ahd. *grimmizôn (aus *gramitjan; belegt ist das Sbst. grimmiza), grimmig sein; davon ital. grinza, Runzel, grinzo, runzlig; frz. grincer, mit den Zähnen knirschen. Vgl. Dz 378 grimo; Mackel, p. 100. S. auch oben grima.

4358) ahd. grinan, grinjan, greinen; ital. digrignare, die Zähne fletschen; prov. grinar, grinsen, knurren; frz. (pic.) grigner, die Zähne fletschen. Vgl. Dz 173 grinar.

4359) ahd. grioz, greoz, Gries; (ital. greto, steiniger Ufersand, = *greot, altn. griot, vgl. Dz 377 s. v.); prev. greza, gressa, grobkörniger Sand; (neuprov. gres, Sandstein); frz. grés, Sandstein; Ableitungen von greoz sind vielleicht (falls die Worte nicht auf gracilis beruhen) altfrz. gresle (neufrz. gréle), Hagel, grésille (neufrz. grésil, -llon), Grauheln, wovon wieder die Verba grêler und grésiller. Vgl. Dz 604 grès; Mackel, p. 128.

4360) germ. gripan, greifen; frz. gripper, ergreifen; hierher gehört vielleicht auch ital. grippo, Raubschiff (span. gripo, Kauffahrer), vgl. Dz 605 gripper; Mackel, p. 110, setzt auch frz. grimper, klettern, = mhd. gripen an; Diez 605 s. v. hatte das Vb. v. mndd. klimban abgeleitet.

4361) germ. grîs, grau; ital. griso, davon grisetto, grauwollenes Zeug; grigio (= mittellatein. griseus, germ. *greisja, vgl. Kluge unter „Greis"); rtr. grîtsch; prov. gris; frz. gris, davon griset, Name verschiedener Tiere, grisette, graues Kleid, einfach gekleidetes Mädchen, Mädchen niederen Standes; cat. span. ptg. gris (davon span. griscla, graues Zeug). Vgl. Dz 173 griso; Mackel, p. 108.

4362) [mhd. grît, Gier; davon nach Dz 173 ital. gretto, Geiz, Knickerei, Adj. knickrig; frz. gredin, bettelhaft (vgl. auch got. grédus). Mackel, p. 111, bemerkt mit Recht, dafs diese Ableitung irrtümlich sei, falls grît wirklich langes i habe, dafs aber Zugehörigkeit zu der Sanskritwurzel grdh „gierig sein" nicht zu verkennen sei. S. oben galt.]

4363) mhd. griul, griuwel, Gräuel, Grauen, Schauder (dazu das Adj. mhd. grulih, mhd. griuwelich, nhd. gräulich); davon nach Nigra, AG XV 117, neuprov. grivolá, schauern; schweizerrom. grevolá, grivolá, vor Kälte zittern, gre-, gribolon, Gänsehaut (im bildlichen Sinne). gribolhou, Schauerwesen, d. i. der Teufel, greuletta, gruletta, Frostod. Furchtschauer, greulá, grullá, schauern (entsprechende Worte auch in frz. Mundarten); frz. grelotter, vor Kälte klappern, dazu das Sbst. grelot (das Geklapper), die Klapper, die Schelle (bisher wurde grelot von gracilis [s. d] abgeleitet, Nigra's Annahme verdient aber den Vorzug).

4364) englisch grogram, grogeran, grogoram (aus frz. gros grain entstanden), dav. frz. gourgouran, eine Art Seidengewebe (auch grog, Grog soll aus grogram entstanden sein), vgl. Thomas, R XXVI 428.

4365) bret. (chadenn) gromm, krumme Kette, Kinnkette; davon frz. (*gourme) gourmette, Kinnkette, dazu die Verba gourmer, die Kinnkette anlegen, gourmander, jem. gleichsam die Kinnkette anlegen, jem. tüchtig rüffeln, ausschimpfen. Vgl. Dz 601 gourme 1; Th. p. 102.

4366) *grössärïüs, a, um (v. grossus), grob, = frz. grossier.

4367) grössüs, a, um, dick (Cassiod. hist. eccl. 10, 33); ital. grosso; (sard. russu); rtr. griess etc., vgl. Gartner, Gröber's Grundrifs I 482; rum. gros, groasă; prov. gros; frz. gros, grosse; cat.

gros; span. grueso; ptg. grosso, dazu das Sbst. ital. grossura, altfrz. grossure, (neufrz. grossesse), span. grosura. Vgl. Dz 174 grosso; Gröber, ALL II 441.

4368) grüïcüla, -am f. (Demin. von grus) = span. grulla; ptg. grulha, Kranich, vgl. Dz 456 s. v.

4369) ndl. gruizen (ndd. gruzen), zermalmen; davon vermutlich frz. gruger, zerbeifsen, égruger, klein stofsen, vgl. Dz 606 gruger.

4370) [schweiz. grumlete, Bodensatz; davon leitet Dz 378 ital. gromma, Weinstein, ab, eber dürfte aber an *grümmus f. grümus zu denken sein.]

4371) [*grümülo, -äre, zu Klumpen werden, gerinnen, = frz. (se) grumuler, gerinnen, vgl. Dz 175 grumo.]

4372) grüm[m]üs, -um m., Erdhaufen, Hügel; davon ital. grumo, Klümpchen, grúmolo, Herz des Kohles, (gromma, Weinstein = *grümma?); venez. grumo, mucchio; rum. grum; (zweifelhaft ist die Zugehörigkeit von: altfrz. grume, allerlei Getreide; neufrz. gourmette, Schiffsknecht [eigentl. kleiner Bursche, gleichsam kleines Häufchen, Kegel; das Primitiv liegt vor in dem aus dem Englischen entlehnten groom, kleiner Lakai)]; span. grumo, Klümpchen, grumete, (kleiner) Schiffsjunge; ptg. grumo, Klümpchen. Vgl. Dz 175 grumo.

4373) gründä, -am f., Dach; ital. gronda, Dachtraufe, Hohlziegel zu Dachrinnen, gleiche Bedeutung haben die Ableitungen grondoja u. arch. grondea, ngl. Canello, AG III 307.

4374) gründio, -îre u. grünnio, -äre (grundio, non grunnio App. Probi 124), grunzen; ital. grugnare, dazu das Sbst. gronda „broncio", vgl. Caix, St. 350; rtr. grognar; prov. gronhir, grognir; altfrz. grondir, grondre, grognir, dazu das Vbsbst. groing, knurriges Gesicht; neufrz. gronder; cat. grunyir, dazu das Vbsbst. grony; span. gruñir; ptg. grunhir. Vgl. Dz 175 grugnire; Gröber, ALL II 441 u. VI 391.

4375) [*grünnïölo, -äre (Deminutivbildung zu grunnire), grunzen; auf ein derartiges Grundwort mutmafslich zurückgehende italienisch - dialektische Verba hat Caix, St. 647, zusammengestellt.]

4376) [mhd. gruo, grön, Wiese; davon nach Dz 606 frz. gruyer, Forstmeister.]

4377) grüs, grüem m. u. f. (grus, non gruis App. Probi 128), Kranich; ital. grue; prov. grua; lomb. alttosc. gruga; rum. grue; prov. grua; frz. grue, davon abgeleitet gruyer, kranichartig; cat. grua; span. gru, grua, daneben grulla; ptg. grua, grou, daneben grulha = gruicula. Vgl. Gröber, ALL II 441.

4378) altndd. grüt, Grütze; prov. grut-z; altfrz. (u. mundartlich neufrz. gru, davon abgeleitet) gruel = neufrz. gruau, Grütze. Vgl. Dz 606 gruau; Mackel, p. 19.

4379) ndl. grüwïsôn, grüïsôn, nhd. grausen; davon nach Nigra, AG XV 117, ital. gricciolo „brivido, capriccio, raccapriccio", venez. grizzolo, sgrisolo, bresc. grizol, sgrizol, mail. sgrisor etc.

4380) ahd. grüzzi, Grütze; ital. gruzzo, gruzzolo, Haufe zusammengetragener Dinge. Vgl. Dz 378 gruzzo; Kluge unter „Grütze". Rönsch, RF III 372, stellte griech. γρύτη, Gerümpel, als Grundwort auf.

4381) kymr. grwag, grwegys, Hosen; davon vermutlich das gleichbedeutende frz. grègues. Vgl. Dz 608 s. v.; Schuchardt, Z IV 148; Th. p. 102.

4382) **gryllus** = **grīllūs, -um** *m.*, Grille; ital. *grillo;* rum. *grier;* rtr. *grilg, grilla;* prov. *gril-s;* frz. *grill-on* (daneben *grésillon,* wohl von *gracilis,* vgl. jedoch Dz 604, der in *grésillon* ein Demin. v. *gryllus* erkennt u. auf *oisillon* von *avis* hinweist); cat. *grill;* span. *grillo;* ptg. *grilho.* Vgl. Dz 173 *grillo;* Gröber, ALL II 441.

4383) **grȳphūs, -um** *m.* (f. *grypus, gryps*),'Greif; ital. *griffo, grifone;* (prov. *grifó-s*); frz. *griffon;* span. *grifo;* ptg. *grypho, grifo.* Vgl. Dz 604 *grif.*
gr. *γρύτη* s. **gruzzi.**

4384) **gūbērnācūlūm** (v. *gubernare*), *n.,* Steuerruder; ital. *gubernaculo* (gel. W., daneben *governale* = **gubernale*); lomb. *guarnač;* (prov. *govern-s*); frz. *gouvernail;* span. *gobernallo, gobernalle;* ptg. *governalho, governalhe.*

4385) **gūbērnātōr, -ōrem** *m.* (von *gubernare*), Steuermann, Lenker, Leiter; ital. *governatore;* prov. *governaire;* frz. *gouverneur;* span. *gobernador;* ptg. *governador.* Im Roman. hat, mit Ausnahme des Prov., das Wort nur die übertragene Bedtg. „Statthalter"; für „Steuermann" ist gebräuchlich ital. *timoniere* (v. *timo,* eigentl. Deichsel), *piloto, pilota* (wohl von ndl. *pijlen*); frz. *pilote;* span. *piloto;* ptg. *piloto, timoneiro.*

4386) **gūbērno, -āre** (gr. *κυβερνᾶν*), steuern; ital. *governare,* regieren, davon *governo,* Regierung (jedoch hat *governare* auch die Bedtg. „steuern" bewahrt); neap. *covernare;* (Salvioni, Post. 11, zieht hierher auch sard. *guerrare, querrare,* nascondere, aber gewifs nicht mit Recht); prov. *governar,* dazu die Vbsbsttve *govern-s* und *governamen-s;* frz. *gouverner,* dazu das Vbsbst. *gouvernement;* span. *gobernar,* dazu die Vbsbst. *gobierno, gobernamiento;* ptg. *governar,* dazu das Vbsbst. *governo.* Vgl. Gröber, ALL II 442.

4387) **gūbērnūm** *n.,* Steuerruder; ital. *governo* etc., s. **gūbērno.**

4388) **gūbiă (gūviă), -am** *f.,* Hohlmeifsel, ital. *gubbia* (daneben *gorbia, sgorbia* = **gúlbia*); (neuprov. *gubio*); frz. *gouge* (span. *gubia*); ptg. *goiva.* Vgl. Dz 179 *gubia;* Bugge, R IV 358 (B. stellt **gulbium* als Grundwort auf); Gröber, ALL II 442; Gade, p. 41.

4389) mhd. **gülle,** Pfütze; altfrz. *goillr* (Lyoner Yzopet 124) u. andere ostfrz. Formen, vgl. Meyer-L., Z XIX 279.

4390) dtsch. **gürtel** = altfrz. *geurle,* Geldbeutel, davon *gourlier,* Gürtelmacher, vgl. Tobler, Misc. 75; P. Meyer, R XI 60 Anm.

4391) ahd. ***gufan,** schreien; dav. nach Th. Braune, Z XVIII 525, vielleicht ital. *gufo,* Ohreule. S. unten **hūf.**

4392) [***gūffūs, a, um,** ist das vorauszusetzende, seiner Herkunft nach völlig dunkle Grundwort zu ital. *goffo,* plump, tölpelhaft; frz. *goffe;* span. *gofo.* Vgl. Dz 168 *goffo.*] (Diez vermutete das Grundwort in *κωφός*); Marchesini, Studj di fil. rom. II 4, hält *goffo* u. venez. *gufo* „incurvato leggiermente della persona" für identisch u. führt beide auf **gubbus,* bezw. **gufus* (vgl. *rufus* neben *ruber*) = *gibbus* zurück. Nach Th. Braune, Z XVIII 524, gehört die Wortsippe zu dem germ. Stamme *goff-, guff-, gap-, jap-* „das Maul aufsperren" (auch Diez hatte bereits an Zusammenhang zwischen *goffo* u. bayr. *goff* „Dummkopf" gedacht).

4393) **Guillotin,** Name eines frz. Arztes (gest. 1814); nach ihm benannt ist das von ihm erfundene Mordwerkzeug frz. *guillotine.*

4394) **gūlă, -am** *f.,* Schlund; ital. *gola;* aus *gul*[oso] + **lupone* (v. *lupus*) ist nach Caix, Z I 422, zusammengesetzt *guluppone* „divoratore, ghiottone"; rum. *gurá;* prov. *gola, guola;* altfrz. *gole, goule,* dav. ostfrz. *gulits,* mit einem Spalte versehener Deckel eines Wasserbehälters, vgl. Horning, Z XXI 455; neufrz. *gueule;* cat. span. ptg. *gola* (span. ptg. auch *gula*), davon abgeleitet span. *gollizo,* Kehle, vgl. Dz 456 *s. v.*
*gūlfūs s. *κόλπος* (unter *C!*).

4395) **gūlo, -ōnem** *m.,* Schlemmer; ital. *gólo, golóne,* vgl. AG XIII 478.

4396) **gūmiă, -am** *f.,* Leckermaul, Fresser, = span. *gomia,* Fresser, vgl. Dz 456 *s. v.*

4397) **gūmmä, -am** *f.* (schriftlat. gewöhnlicher *gummi, cummi*), Gummi, Kleber (z. B. b. Plin. N. H. 22, 95 p. 787 ed. Elzev.); prov. *goma;* frz. *gomme;* cat. *goma;* span. *goma;* ptg. *gomma.* Vgl. Gröber, ALL II 442.

4398) **gūnnä, -am** *f.,* Pelz (Schol. Bern. Verg. Ge. 3, 883); ital. *gonna, gonnella,* Frauenrock; prov. *gona, gonella;* frz. *gonne,* eine Art Biertonne (die Bedtg. „Rock" wird bei Sachs nicht mehr angegeben), *gonnelle,* Panzerhemd; altspan. *gona,* Frauenrock. Vgl. Dz 169 *gonna;* Th. 64 (nach Th. ist der schon von Diez vermutete keltische Ursprung des Wortes zweifellos, als Grundform setzt er **vúná* an); Gröber, ALL II 443.

4399) germ. **gunþ(i)fano** (ahd. *gundfano*), Kriegsfahne; ital. *gonfalone,* Banner, davon *gonfaloniere,* Bannerträger; prov. *gonfanon-s, confano-s;* altfrz. *gonfanon, confanon;* neufrz. *gonfalon;* span. *confalon;* altptg. *gonfaldo.* Vgl. Dz 169 *gonfalone;* Mackel, p. 22.

4400) **gūrdūs, a, um,** dumm, tölpelhaft (vgl. Quintil. 1, 5, 57); calabr. *vurdu;* prov. *gort,* steif; altfrz. *gort,* geschwollen, erfroren; neufrz. *gourd,* starr, steif, dazu das Vb. *gourdir, s'engourdir,* starr werden, erstarren; cat. *gort,* dick; span. *gordo,* fett, dick, *gordo,* einfältig, dumm; ptg. *gordo,* fett, dick. Vgl. Dz 169 *gordo;* Gröber, ALL II 443. Zu *gurdus* gehört wohl auch ital. *incordare* in der Bedeutung „steif werden". — [Sollte aus *gurdus, -a* durch regressive Assimilation vielleicht entstanden sein das von Dz 170 *s. v.* unerklärt gelassene ital. span. ptg. *gorra,* span. auch *gorro,* eine Art Bauernmütze? Th. Braune, Z XVIII 523, leitet *gorra* u. ebenso altfrz. *gorre,* Falbel, Zierrat, Schmuck vom niederdeutschen *gorre, gorde,* Gurt, Binde, ab. Nigra, AG XIV 112, stellt die Worte zusammen mit ital. *gorra,* (sicil. *agurra*),neuprov. *gourro,* vinine, vinco; romogn. *gor,* rossiccio, trevig. *goro* rosso-castagno; pav. *goranéi,* frz. *goret,* span. *gorrion,* Sperling. Als Grundwort vermutet er ein Adj. mit der Bedtg. „rot-, kastanienbraun", etwa *burrus,* aber eben nur Vermutung soll das sein.]

4401) **gūrgä, -am** *f.* und **gürgẽs, -gĩtem** *m.,* Strudel, Schlund, Gurgel (letztere Bedeutung erst, aber ausschliefsl. im Roman.); ital. *gorga, gorgia,* davon abgeleitet *gorgo,* vermutlich abgeleitet aus letzterer Form ist *gozzo* (= **gorgozzo*), Kropf, wovon *sorgozzone, sergozzone* (*sor-, ser-* = *super*), Schlag gegen die Kehle, vgl. Dz 376 *gozzo;* prov. *gorca, gorx* = *gorc-, gorg-s;* (altfrz. *gort, gourt*); neufrz. *gorge;* cat. *gorch,* Strudel, *gorja,* Kehle; span. *gorga,* Strudel (bedeutet auch „Futter der zahmen Falken", eigentl. das, was in den Schlund gesteckt wird); ptg. *gorja,* Kehle, davon *gorgear,* trillern, zwitschern· (auch span.), *gorgeador,* Schwätzer, u. zahlreiche andere

Worte. Vgl. Dz 170 *gorgo*; Gröber, ALL II 443;
s. auch oben **garg.**

4402) 1. **gürgülĭo, -ōnem** *m.*, Gurgel, Luftröhre;
rum. *gurguiu*, eine Art Wasserleitungsröhre; prov.
gorgolh-s, Gurgel; (span. *gargola*, Traufröhre; ptg.
gargalo, Flaschenhals). Vgl. Dz 170 *gorgo*.

4403) 2. **gürgülĭo, -ōnem** *m.* (Nebenform zu
curculio [s. d.]), Kornwurm; ital. *gorgoglione*;
sard. *urguzone*.

4404) 3. ***gürgülĭo, -āre**, gurgeln; ital. *gorgogliare*, strudeln; rum. *gurguiu ai at a*, aufblähen, sich hoch einnisten; daneben *gurgut ai at a*
= ***gurgutiare**.

4405) ***gürgütĭa, -am** *f.* (in Corp. Gloss. IV be-
legt), Gurgel; ital. *gorgozza*, *gargozza*, Gurgel,
Luftröhre; frz. *gargousse*, eigentl. Würgort, d. h.
Ort, an dem man durch Engigkeit oder Dunst fast
erstickt wird, Kneipe, Spelunke, vgl. Horning, Z
XVIII 239 Anm. 4.

4406) bask. **gur-mina** „Zuneigungsübel", davon
nach Dz 457 (Larramendi) span. *gurramina*, Pan-
toffelheldentum.

4407) **gūsto** u. ***gūsto, -āre**, kosten, schmecken;
ital. *gustare*; rum. *gust ai at a*; prov. *gostar*;
frz. *goûter*; span. *gustar* u. *gostar*; cat. *gostar*;
ptg. *gostar* u. *gustar*.

4408) ***gūstŭs** (f. *gŭ*-), **-um** *m.*, das Kosten, der Geschmack; (ital. *gusto*); rum. *gust*, Pl. *gusturi*;
(rtr. *gust*); prov. *gost*; altfrz. *gost*; neufrz.
goût; (cat. *gust*); span. (*gusto* u.) *gozo*, vgl.
Baist, Z IX 148; ptg. *gosto*. Vgl. Dz 456 *gozo*;
Gröber, ALL II 443.

4409) **gŭttă, -am** *f.*, Tropfen (im Roman. auch
„Gicht"); ital. *gotta*; rum. *gutä*; prov. *gota*;
altfrz. *gotte*; neufrz. *goutte;*-cat. *gota;* span.
gota; ptg. *gota*. Vgl. Dz 170 *gotta*; Gröber,
ALL II 443.

4410) ***gŭttĭo, -āre** (*gutta*), tröpfeln; ital. *goc-
ciare*, dav. das Sbst. *goccia* (mundartl. *gozz*, *gouzz*,
vgl. Dz 376 *goccia*, Förster, Z V 99. Dem ital.
goccia entspricht der Bedeutung nach prov. *goteiar*,
ptg. *gotejar*.

4411) [***gŭttrĭo, -ōnem** *m.* (v. *guttur*), Kropf,
= prov. (altfrz.) *goitron*, Kehle, daraus zurückgebildet neufrz. *goitre*, Kropf, vgl. W. Meyer, Ntr.
p. 61; Dz 600 *goître* setzte das Wort = ***guttur**
an: G. Paris, R X 59, hält das Wort für savoyardisch.]

4412) **gŭttŭlă, -am** *f.*, Tröpfchen; neap. *ghiotta*,
venez. *giozza*, vgl. d'Ovidio, AG XIII 964.

4413) **gŭttur** *n.*, Kehle; sard. *gutturu*, *uturu*;
sicil. *guttura* gozzo; rtr. *guotter*. — S. No 4411.

4414) [***gŭttŭrărēŏlă, -am** *f.* (v. *guttur*) = ital.
gottolagnola „pelle che pende sotto il collo ai buoi",
vgl. Caix, St. 345.]

4415) **gŭttŭs, -um** *m.*, Krug mit engem Halse
(eigentlich wohl Röhre); ptg. *goto*, Schlund. Vgl.
Dz 456 *goto* (D. setzt das Wort = *guttur* an);
G. Paris, R X 59 (wo der von Dz 600 *godet* ausgesprochenen Vermutung, dafs frz. *godet*, eine Art
Becher, = ***guttettus** sei, mit Recht die Unmöglichkeit des Überganges von *tt : d* entgegengehalten u.
godet zu *goder* [s. oben **got**] gestellt wird). -

4416) [kymr. corn. **gwas**, Bursche, =] mittellat. *vassus*, soll das mutmafsliche Grundwort sein zu ital.
vassallo, Lehnsmann; prov. frz. *vassal*, dazu frz.
das Demin. *vaslet*, *varlet*, *valet*, Bursche, Diener
(auch ital. *valetto*); span. ptg. *vas(s)allo*. Das Suffix
allo kann keltisch sein, vgl. Th. p. 82. — Aus
vassus vassorum entstand vielleicht prov. *vasvassor*, *valvassor*, frz. *vavasseur*, Unterlehnsmann;

(aus dem Prov. ist wohl entlehnt ital. *varvassore*,
barbassoro, altval. *vervesor*). Vgl. Dz 338 *vassallo;*
Th. p. 82; Kögel, Paul-Braune's Beitr. VII 176,
setzte *vassus* als *vattas*, der Verpfändete, von *vadi*,
gavadjan, an, vgl. Mackel p. 51. — Sehr nachdrücklich hat neuerdings Windisch (Berichte der k.
sächs. Gesellsch. d. Wissensch., philol.-hist. Klasse
1892 p. 157) den keltischen, bezw. den gallischen
Ursprung von *vassus*, *vassallus* verteidigt. Die von
ihm vorgebrachten Gründe können aber kaum als
beweisend gelten. Befremdlich wäre namentlich bei
gallischer Herkunft von *vassus*, *vassallus*, dafs diese
Worte erst seit dem 8. Jahrh. in Gebrauch gekommen zu sein scheinen (Windisch selbst bemerkt
p. 158: „Wie merkwürdig, dafs die gallischen
Wörter so bedeutsam erst in Zeiten hervortreten,
in denen die alte gallische Sprache so gut wie aus-
gestorben war!" Wenn er das damit erklärt, dafs
„damals die breiten galloromanischen Volksschichten
durchdrangen", so steht dies wohl in Widerspruch
mit der thatsächlichen geschichtlichen Entwickelung). Noch befremdlicher wäre es, dafs gallische
Worte zur Bezeichnung eines staatsrechtlichen Begriffes gewählt worden wären. Der Fall stände
sicherlich ganz vereinzelt da. — Handelte es sich
nur um *vassus*, so könnte man, da b u. *v* ja so
häufig wechseln (vgl. die zahlreichen Beispiele,
welche Parodi, R XXVII, hierfür gesammelt hat),
in *vassus* das substantivirte Adjektiv *bassus* „der
Niedere" erblicken, aber freilich darf man von einem
lat. *bassus vassus* nicht ableiten, nur in *vassallus*
vassalis oder *vassellus* wären denkbar. Anzunehmen, dafs ***vassellus** etwa nach *caballus* zu
vassallus umgebildet worden sei, würde phantastisch
sein, so sehr man auch geltend machen könnte,
dafs „Vassall" u. „Rofs" praktisch eng verbundene
Begriffe waren. Denkbar aber ist die Entwickelung
von (bassus) ***vassus : *vassalis** : altfrz. *vassal-s*,
daraus mittellat. *vassallus* (nach *cheval-s* = *caballus*
u. davon ital. *vassallo* etc.

4417) kymr. **gwill, gwilliad**, Landstreicher; damit
scheint zusammenzuhängen frz. *guilledou in courir*
le g., sich nachts umhertreiben, vgl. Th. p. 103.

4418) kymr. **gwrysg**, Zweige, Äste; davon oder
doch von einem kelt. Stamme ***vrïsc** (unter Einmischung des lat. *ruscum*) vielleicht ital. *frusco*,
Reisig: friaul. *brusc*, Reisig; prov. cat. *brusca*,
Gerte. Vgl. Dz 373 *frusco* (und dazu Scheler im
Anhang 758); Schuchardt, Z IV 148; Th. p. 83;
Rönsch, Jahrb. XIV 176 (R. wollte *frusco* aus
frutex herleiten); Caix, Z I 423 (C. erblickte in
frusco eine Zusammensetzung aus *fr[onda]* + *rusco*
= *ruscum*). Pascal, Studj di fil. rom. VII 93, erklärt *frusco* als Rückbildung aus *fruscello*, u. dies
aus *fuscello* = ***fusticellus**.

4419) **gymnäsĭărchŭs, -um** *m.* (γυμνασίαρχος),
Vorsteher eines Gymnasiums, (dann etwa Aufseher
eines Übungsplatzes u. dgl.); davon nach Dz 551
frz. *concierge*, Thürhüter, Hausmeister. Diese Ableitung ist scharfsinnig, aber nicht überzeugend.
Das Wort dürfte doch aus ***conservium** (aus *conservare*, vgl. *exterminium* v. *exterminare*) entstanden
sein u. ursprünglich der Handlung des Hütens, dann
den Hüter (vgl. *la garde* und *la garde*) bezeichnet
haben, wie dies Scheler im Dict. s. v. recht glaubhaft auseinandergesetzt hat.

4420) gr. *γυμνήτης*, ein Leichtbewaffneter; davon
vermutlich ital. *ginnetto*, ein leichtes Pferd, *gian-
netta*, ein Spiefs (wie ihn leichtbewaffnete Krieger
führen); frz. *genet*, span. *genet* u. span.

jinete, leichter Reiter, leichtes Pferd, jineta, eine
Art des Reitens; ptg. ginete, gineta mit denselben
Bedeutungen wie im Span., doch bezeichnet gineta
auch eine Lanze. Vgl. Dz 455 ginete (wo erwähnt
wird, dafs Mayans y Siscar das Wort von dem
Völkernamen Cinetes ableiten wollte).

4421) gr. γύψ, γυπός m., Geier; davon ital.
gheppio, Wannenweihe, vgl. Dz 375 s. v.

4422) gўpsŭm n. (γύψος), Gyps; ital. gesso;
(frz. plâtre); span. yeso u. algez (= arab. al-ǧeç);
ptg. gesso. Vgl. Dz 419 algez.

4423) gўro (gīro), -āre, (im Kreise) herumdrehen
(von gr. γῦρος); ital. girare; rtr. prov. girar;
frz. girer, dav. girouette, (sich drehende)Wetterfahne,
vgl. No 4426; (virer ist nicht = gyrare, sondern =
*virare, nach Storm, R V 187, = vibrare); span. ptg.
girar. Vgl. Dz 166 giro; Gröber, ALL II 438. — Von
girare abgeleitet ist ital. girandola, Feuerrad (dann
als Fremdwort in die übrigen Spr. übergegangen).

4424) gўr[āre] + falco, eine Falkenart, Stefs-
falke; ital. girfalco, gerfalco; prov. girfalc-s;
frz. ger/aut; span. gerifalte. Vgl. Dz 165 girfalco.

4425) gўr[āre] + ronzare (v. rondiare v. ronda
= rotunda), daraus nach Caix, Z I 423, ital.
gironzare „andare in giro".

4426) gўr[āre] + rouette (Demin. von roue =
rota), daraus nach Caix, Z I 423, frz. girouette,
Wetterfahne. S. aber No 4427.

4427) *gўrovăgus, a, um, sich im Kreise dre-
hend; davon nach Thomas, R XXIV 119, *girou
(vgl. sarcophagus : sarcou), dav. das Dem. girouette,
Wetterfahne.

4428) *gўrŭlus, -um m. (Demin. von gyrus),
Kreisel, = ital. girlo, Drehwürfel. Vgl. Gröber,
ALL II 438.

4429) *gўrŭs, -um m. (γῦρος), Kreis; ital. giro;
rum. giur, dazu das Vb. (pre)giur, ai, at, a;
prov. gir-s; (frz. dafur cercle); span. ptg. giro.
Vgl. Dz 166 giro; Gröber, ALL II 438.

H.

4430) ndl. haakbus, Hakenbüchse; daraus unter
Anlehnung an arcus ital. arcobugio, archibuso,
Kugelbüchse; frz. arquebuse; span. arcabuz. Vgl.
Dz 23 arcobugio.

4431) ahd. habaro, Hafer, = frz. haveron, havron,
averon, wilder Hafer (daneben aveneron v. avena),
vgl. Dz 613 haveron; Mackel, p. 13 u. 47.

4432) arab. 'habbat-al-'hulua, Anis; sard. cat.
matafaluga, Anis; span. batafaluga, batafalua,
matalahuga, -hua, -huva. Vgl. Dz 431; Eg. y Yang.
342.

4433) hăbĕo, hăbŭī, hăbĭtŭm, hăbēre, haben;
ital. Präs. Ind. Sg. 1 (obbo, aggio) ho 2 hai 3
(have) ha Pl. 1. (avemo) abbiamo 2 avete 3 hanno;
Konj. (aggia) abbia; Imperf. aveva; Perf. ebbi avesti
etc.; Plusqpf. (Imperf.) Konj. avessi; Fut. avrò;
Prät. Fut. avrei; Inf. avere; Part. Prät. avuto. —
rum. Präs. Ind. Sg. 1 amu 2 ai 3 (a) are Pl. 1
avemu (amu) 2 aveti (ati) 3 au; Konj. Sg. 1 (să)
amu 2 ai 3 aiba Pl. 1 avemu 2 aveti 3 aiba;
Imperf. aveamu; Perf. avui; Plusqpf. avusemu;
Fut. voiu od. oiu avea; Impf. Fut. avéreasiu (im
avé[re]); Part. Prät. avutu. — rtr. (aus den von
Gartner, § 177, gegebenen Paradigmen werde das
aus b 1 genommene herausgegriffen) Präs. Ind. Sg. 1
ai 2 as 3 a Pl. 1 véin 2 veis 3 an; Konj. Sg. 1

ádyi 2 ádyes 3 ádyi Pl. 1 véi(d)yen 2 véi(d)yes
3 ádyen; Impf. vével; Plusqpf. (Impf.) Konj. avés,
[a]vési; Fut. (fehlt in b 1, in i 2 varó); Inf. avé;
Part. Prät. dyu. — prov. Präs. Ind. Sg. 1 ai 2 as
3 a Pl. 1 avem 2 avetz 3 an; Konj. aja; Imperf.
avia; Perf. a(i)c, aguist etc.; Plusqpf. Ind. (Kond.)
agra; Plusqpf. (Impf.) Konj. agues; Fut. aurai;
Impf. Fut. (Kond.) auria; Inf. aver; Part. Prät.
avut, agut. — altfrz. Präs. Ind. Sg. 1 ai 2 as
3 at Pl. 1 avommes avons 2 aveis avez 3 ont; Konj.
Sg. 1 aie 2 aies 3 ait Pl. 1 aiemes aiiens ayens
2 aieis aies 3 aient; Impf. aveie avoie; Perf. aüi
eui oui ou u; Plusqpf. (Impf.) Konj. aüsse eusse
2 aieis aies 3 aient; Impf. aveie avoie; Perf. aüi
eui oui ou u; Plusqpf. (Impf.) Konj. aüsse eusse
euï oui ou u; Plusqpf. (Impf.) Konj. aüsse eusse
Meyer-L. im Ltbl. f. germ. u. rom. Phil. 1892
S. 68 u. 70; Prät. Fut. averoie auroie aroie; Inf.
aveir avoir; Part. Prät. aüt eut eu u (ein näheres
Eingehen auf die Formen der einzelnen Dialekte
mufs der Grammatik vorbehalten bleiben; vgl. über
das Perf. Suchier, Z II 255). — neufrz. Präs. Ind.
Sg. 1 ai 2 as 3 a Pl. 1 avons 2 avez 3 ont; Konj.
aie etc.; Impf. avais; Perf. eus; Plusqpf. (Impf.)
Konj. eusse; Inf. avoir; Part. Prät. eu (altfrz. haute
= habüta im Dialogue Grég. lo Pape, ed. Förster
p. 56, 18, vgl. Z. 17 des lat. Textes). — cat. Präs.
Ind. Sg. 1 he 2 has 3 ha Pl. 1 (havem) hem 2 haveu
3 han; Konj. haja; Prät. havia; Perf. hagui;
Plusqpf. Ind. (Kond.) haguera; Plusqpf. (Impf.)
Konj. eusse; Fut. avoir; Part. Prät. eu (altfrz. haute
haver; Fut. Prät. hagut. — span. Präs. Ind. Sg.
1 hé 2 has 3 ha Pl. 1 (habemos) hemos 2 (habedes)
habeis 3 han; Konj. haya; Impf. habia; Perf. hube;
Plusqpf. Ind. (Kond.) hubiera; Plusqpf. (Impf.)
Konj. habiese; Fut. habré; Fut. ex. hubiere; Impf.
Fut. habria; Inf. haber; Part. P. habido. — ptg.
Präs. Ind. Sg. 1 hei 2 has 3 ha Pl. 1 h(av)emos
2 h(av)eis 3 hão; Konj. haja; Impf. havia; Perf.
houve; Plusqpf. Ind. (Kond.) houvera; Plusqpf.
(Impf.) Konj. houvesse; Fut. haverei; Fut. ex. hou-
vér; Impf. Fut. (Kond.) haveria; Inf. haver; Part.
Prät. havido. — Habere ist im Roman. nicht nur
Begriffsverb, sondern auch Formenverb, indem es
zur Bildung der zusammengesetzten Präterita ge-
braucht wird; im Ptg. überwiegt jedoch in dieser
Anwendung ter = tenere. Über prov. aib, ab =
(?) babeo, habet vgl. Settegast, RF I 237 u. oben
No 382. — Über das ital. Sbst. aggio = (?) habeo
vgl. Tobler, Z IV 183.

4434) dtsch. habersack = frz. havresac, Tornister, vgl. Dz 614 s. v.

4435) *hăbīlio, -āre, kleiden; frz. habiller,
daraus ital. abbigliare; altptg. abilhar; (span.
habillado, -amiento) vgl. d'Ovidio, AG XIII 402.

4436) hăbĭlĭs, -e, handlich, beweglich; davon (?)
vielleicht prov. (altcat. altspan. altptg.) ávol,
aul, schlecht, elend, dazu das Sbet. avoleza, vgl.
Hentschke, Z VIII 122 (die Bedeutung erklärt H.
folgendermafsen: „habilis ursprünglich „was leicht
zu haben ist', daher „gering im Werte, gering,
schlecht, elend"; das ist freilich eine sehr eigenartige
Deutung; Dz 514 s. v. hatte das Wort auf *ad-
vŏlus = advolatus herbergeflogen, heimatlos, fremd'
zurückgeführt, was freilich ebensowenig gebilligt
werden kann.

4437) hăbĭto, -āre, wohnen; sard. avitá; alt-
getus. altromagn. altabruzz. avi-, avetare,
vgl. Salvioni, Post. 10.

4438) hăbĭtŭs, -um m., Kleidung, Kleid; ital.
abito, daraus frz. habit.

hāc s. ĕcce + hāc u. ĕccŭ[m] + hāc.

häc hōrä s. hīc haec hoc.

4439) engl. **hack,** Mietpferd; davon, beziehentlich von dem entsprechenden Worte eines andern germanischen Dialektes vermutlich **altfrz.** *haque,* *haquet,* Klepper (im Nfrz. hat *haquet* die Bedtg. „Block-, Rollwagen"); altspan. *faca;* span. *haca;* ptg. *faca.* Vgl. Dz 181 *haca.*

4440) dtsch. **hacken** = pic. *héquer,* vgl. Förster, Z III 264.

4441) engl. **hackney,** Zelter, Pafsgänger; davon oder von dem entspr. Worte eines anderen german. Dialektes ital. *acchinea, chinea;* frz. *haquenée,* Zelter; altspan. *facanea;* neuspan. *hacanea;* ptg. *facanea.* Vgl. Dz 181 *haca.*

4442) aldt. **hadllo,** Hader, = frz. *haillon,* Lumpen, vgl. Dz 608 *s. v.;* Mackel, p. 152.

4443) (cymr.) bret. **(haearn, haern), harn** (cymr. *haearn*), Eisen; daraus mittelst des frz. Suffixes *-ois* = lt. *-iscus* (vgl. *franciscus : françois*) frz. *harnois,* *harnais,* altfrz. auch *harnas,* Rüstung, Harnisch, dazu das Vb. altfrz. *harnaschier, harneschier, harnasquier,* neufrz. *harnacher.* Aus dem Frz. ging *harnais* dann in die anderen Sprachen über, in denen das Suffix *-ais* mit *-es(e)* = *-ensis* vertauscht wurde: ital. *arnese;* prov. *arnes,* dazu das Vb. *arnascar, arnassar; span.* ptg. *arnés.* Vgl. Dz 26 *arnese;* Th. p. 26 ff. (Th. bemerkt mit Recht, dafs *harnais* weder aus cymr. *haearnaeth* noch aus bret. *harnez* entstanden sein könne; um deswillen ist man genötigt, Verbindung des keltischen Wortes mit romanischem Suffixe anzunehmen, freilich bleibt dabei bedenklich, dafs das Suffix *-ois* = *-iscus* sonst nicht zu Stoffbezeichnungen u. im Frz. überhaupt nur wenig gebraucht wird: befremdlich ist auch, wie Th. richtig hervorhebt, die Art der Ableitung des Verbs *harnaschier,* für welche ein Seitenstück sich schwerlich finden lassen dürfte. Nichtsdestoweniger ist es wohl nicht erlaubt, die Herleitung von *harnais* aus dem Keltischen anzuzweifeln, nur wäre zu wünschen, dafs dieser Ableitung eine sachliche Stütze gegeben würde durch den Nachweis, dafs Eisenrüstung, sei es zuerst, sei es vorzugsweise bei den Kelten üblich gewesen sei. Wer aber an keltischen Ursprung durchaus nicht glauben will, dem bleibt kaum etwas anderes übrig, als *arnese* etc. = *arnensis* anzusetzen, das von einem Sbst. *arnum* od. *arnus* ebenso abgeleitet wäre, wie z. B. *forensis* v. *forum; *arnum* oder *arnus* aber würde zur Wurzel *ar* gehören, wovon auch *arma, armus* etc. Nahe läge es, ao ein *armensis* (v. *arma*) zu denken, aber inlautendes *m* kann nicht zu *n* werden, wenigstens nicht im Ital. Andererseits freilich erinnert die allgemeine Bedtg. „Werkstatt, Gerät", welche gerade ital. *arnese* besitzt, gar sehr an *arma.* Die Aspiration im Frz. stände etwaiger Herleitung des Wortes aus dem Latein ebenso wenig entgegen, wie in *'haut* oder *'huitre.*)

4444) haedīle n. (der Plur. *haedilia* ist belegt), Ziegenstall; sard. *eili, ailé,* vgl. Salvioni, Post. 11.

4445) *haedius, a, um (*haedus*), zum Bock gehörig; cors. *éghjiu* „che anche compare, in veste di diminutivo, nel. tic. *jö* etc.", Salvioni, Post. 11.

4446) haedus, -um m., Böckchen; sard. *edu;* rum. *ied.* Vgl. Gröber, ALL III 138.

4447) ags. **häfene,** Hafen, = altfrz. *(h)ávene, ave, 'havle, 'havre;* neufrz. *havre.* Vgl. Dz 614 *havre;* Mackel, p. 63.

4448) haemätītēs, -am m. (αἱματίτης), Blutstein; ital. *ematite, amatita* „il minerale", *matita* „il

---

toccalapis", vgl. Canello, AG III 392; frz. *hématite,* Blutstein. Vgl. Dz 352 *amatita.*

4449) haemōrrhŏïdēs f. pl. (αἱμορροΐδες), Hämorrhoiden; daraus entstellt das gleichgedeutende venez. *maroéle,* vgl. Salvioni, Post. 11; cat. *morenas;* span. *almorranas;* ptg. *almorreimas.* Vgl. Dz 421 *almorranas.*

haerētĭcus s. Nachtrag 4449a.

4450) ags. **haer,** Haar, = norm. *'hair,* Haupthaar, vgl. Mackel, p. 51.

4451) altnord. **hâfr,** ein Netz; davon mit gleicher Bedtg. frz. *'haveneau* und *'havenet,* vgl. Bugge, R IV 361.

4452) altfränk. **haga** (ndl. *haag*) = frz. *'haie,* Hecke, dazu altfrz. das Vb. *hayer,* einhegen. Vgl. Dz 608 *haie;* Mackel, p. 40.

4453) altfränk. **hagustald,** Hagestolz, = altfrz. *'hestaudeau* für *haistaldel,* Kapaun (gleichsam der im Cölibat lebende Vogel). Vgl. Dz 615 *hétaudeau;* Mackel, p. 49.

4454) haerens (Part. Präs. v. *haerēre*); davon venez. *rent,* neben, piem. *arent,* wald. *arönt,* vgl. Meyer-L., Z. f. ö. G. 1891 p. 770; ptg. *rente,* eigentlich anhängend, ganz nahe bei. Vgl. Dz 669 *rez.*

4455) dtsch. **hahn;** davon vielleicht als Deminutivbildung frz. *'hanneton,* Maikäfer (engl. *cock-chafer*). Vgl. Mahn, Etym. Unters. p. 79; Dz 610 *hanneton.*

4456) got. **haifsts,** Streit, Zwietracht; davon nach Dz 353 ital. *astio, aschio,* Groll, Neid, Hafs, dazu die Verba *astiare, aschiare, adastiare,* grollen; Wiese, Z XI 554, hat gr. αἶσχος als Grundwort aufgestellt, s. oben αἶσχος.

4457) engl. **(to) hail** (a ship) = frz. *'héler* (un navire), ein Schiff anrufen, vgl. Dz 614 *s. v.*

4458) germ. **haim,** Dorf, = altfrz. *'ham,* davon abgeleitet *'hamel,* frz. *hameau,* Weiler. Vgl. Dz 610 *hameau;* Mackel, p. 114.

4459) germ. ***haist-** (got. *haifsts*), Eifer, Streit u. dgl.; davon ital. (*astio* s. oben **haifsts** und αἶσχος), astivamente, eilig; prov. *astiu,* Eile; frz. *haste, hâte,* Eile, dazu das Vb. *hâter* u. das Adj. *hâtif.* Vgl. Dz 613 *hâte;* Möller, Paul's u. Braune's Beitr. VII 459; Mackel, p. 114.

4460) altnord. **hala,** ziehen; frz. *'haler,* am Seile ziehen; span. *halar;* ptg. *alar.* Vgl. Dz 181 *halar;* Mackel, p. 46.

4461) mhd. **halberant** m., gleichsam eine Halbente, = (?) frz. *'halbran,* junge wilde Ente; span. *albran.* Vgl. Dz 609 *halbran;* Mackel, p. 157.

hālēc s. **āllēc.**

4462) hālīto, -āre, stark hauchen; ital. *alitare;* sard. *alidai;* nicht hierher gehört frz. *haleter,* dessen ist vielmehr gleichs. *alittare* (v. *ala,* Flügel), flattern, ebenso span. *aletear* von *aleta* abgeleitet, vgl. Tobler, Sitzungsb. d. Berl. Akad. d. Wiss., philos.-hist. Cl., 19. Januar 1893.

4463) altfränk. **halla,** Halle, = altfrz. *hale;* neufrz. *halle.* Vgl. Dz 609 *halle;* Mackel, p. 60.

4464) hālo, -āre, hauchen; abruzz. *alá;* campob. *jalá,* sbadigliare, vgl. Meyer-L., Z. f. ö. G. 1891 p. 770, Salvioni, Post. 11.

4465) germ. **halsbérc,** Panzerhemd; ital. *usbergo, osbergo;* prov. *ausberc-s;* altfrz. *'halbere, 'haubere, osberg,* vgl. G. Paris, R XVII 425; neufrz. *'haubert.* Vgl. Dz 336 *usbergo;* Mackel, p. 71.

4466) dtsch. **halt;** ital. *alto* in *far alto,* Halt machen, u. in einigen anderen Redewendungen; altfrz. *'halt,* Aufenthalt, Wohnung; neufrz. *'halte,*

Halt auf dem Marsche; span. *alto*, halt! Vgl.
Dz 610 *halt*.

4467) dtsch. **halt alle hie**; davon (?) frz. *hallali* (Jagdruf).

4468) **hämä, -am** *f.* (ᾰμη), Wassereimer; altfrz.
aime, Weinmaſs, Ohm, vgl. Dz 504 *s. v.*

4469) arab. **hamâl**, Lastträger (*hamal*, tragen),
== **genues**. **cors**. *camallu*, Lastträger, *camallá*,
tragen, vgl. Schuchardt, Z XXIII 334 u. 422 (Ascoli).
arab. **hamalet s. amuletum**.

4470) ***hamïca, -am** *f.*, Angelhaken; dav. viell.
wallon. *ainche, inche* (vgl. prov. *anquet, inquet*);
norm. *aingue*, vgl. Horning, Z XVI 527.

4471) germ. ***hamjan**, verstümmeln (vgl. ahd.
hamal, verstümmelt, *ham*, krank, ahd. Hammel);
davon vielleicht der zweite Bestandteil in ital.
magagna, Gebrechen (dialekt. *mangagna*); altfrz.
méhaing, Verstümmelung, *méhaigner*, verstümmeln;
der erste Bestandteil dürfte germ. *man* sein. Vgl.
Dz 199 *magagna*; Ulrich, Z III 265; Mackel, p. 53.

4472) ostfries. **ham(m)**, über den Giebel hervor-
ragendes, schräg herabhängendes Strohdach eines
Bauernhauses; damit scheint etymologisch zusammenzuhängen altwallon. *hamelète* „petit bout
de toit en triangle que l'on construit au sommet
d'un pignon" (neuwallon. „coiffe qu'ont parfois les
enfants en naissant"[?].) Vgl. Behrens, Festg. f.
Gröber p. 356.

4473) **hämüla, -am** *f.*, kleiner Wassereimer:
mail. *amera*; venez. *amule*; friaul. *emole*, vgl.
Ascoli, AG I 486, Meyer-L., Z. f. ö. G. 1891 p. 770;
Salvioni, Post. 11.

4474) **hamüs, -um** *m.*, Haken; ital. *amo*, Fisch-
angel, dazu das Demin. *ancino*, Haken; altfrz.
ain, Angel; neufrz. *hameçon*, Angel; span. *an-
zuela*; ptg. *anzol*. Vgl. Dz 18 *amo*; 505 *ain*.

4475) *[h]anc + hôdïe (nach Analogie v. *hanc
ad horam* == *ancora* gebildet) == ital. *ancói, ancúi,
ancuó* etc. (nur dialektisch), heute; prov. *ancui*.
Vgl. Flechia, AG II 350 f.

4476) ags. **handseax** = altfrz. *hansacs*, eine
Art Messer, vgl. Mackel, p. 133.

4477) ndl. **hangmat**, Hängematte; ital. *amáca*;
frz. *hamac*; span. *amaca, amahaca*; ptg. *maca*.
Vgl. Dz 14 *amaca*.

4478) altn. **hanigfat**, Honigfaſs, = frz. *hanafat*,
Maſs für Honig, vgl. Dz 610 *s. v.*

4479) germ. **hanka**, Hüfte, — ital. *anca*; prov.
anca; altfrz. *hanche*; span. ptg. *anca*. Vgl.
Bugge, R III 152; Mackel, p. 57; Dz 16. S. auch
oben **ankja**.

4480) ahd. **hansa**, Schaar, = frz. *hanse*, Handels-
gesellschaft, vgl. Dz 610 *s. v.*

4481) ahd. **hanthabâ**, Handhabe, = frz. *hampe*,
Griff einer Waffe, vgl. Dz 610 *s. v.*

4482) germ. **hapja** (ahd. *heppa*), Sichelmesser;
ital. *accia, azza*, Axt; prov. *apcha*; frz. *hache*;
span. *hacha*; ptg. *facha, acha*. Vgl. Dz 5 *acha*
(Diez stellte dtsch. *hacke* als Grundwort auf, womit
das durch *apcha* sich nicht vereinbaren läſst); Förster,
Z III 264 (hier zuerst die richtige Ableitung);
Mackel, p. 52.

4483) altnfränk. **happa**, Sichel, = frz. *happe*,
Halbkreis von Eisen, Krampe, dazu das Vb. *happer*,
packen, vgl. Dz 611 *happe*; Mackel, p. 60.

4484) **häpsüs, -um** *m.* (ᾰψος), Flausch, Büschel;
davon vielleicht neuprov. *aus*, Schaffell, vgl. Dz
512 *s. v.*

4485) ***häräceum** *n.* (v. *hara*, wov. ital. *arla* „por-
cile", vgl. Caix, St. 161), Stall; davon vielleicht

frz. *haras*, Stuterei, vgl. Scheler im Dict. *s. v.* Dz
611 *haras* ist geneigt, das Wort auf arab. *faras*,
Pferd, zurückzuführen, ebenso Baist, Ltbl. f. germ.
u. rom. Phil. 1892 S. 24. Ob das Vb. *harasser*,
altfrz. auch [*h*]*araser* (vgl. Wilmotte, Ztschr. f. frz.
Spr. u. Lit. XX² 27) zu *haras* gehört, muſs dahin
gestellt bleiben, die Bedtg. des Verbs („abmatten")
deutet eher auf Zusammenhang ·mit *har* hin (s.
unten **haro**).

4486) ahd. **harên**, rufen; davon altfrz. *harer*,
harier aufreizen, drängen, *haraler*, *hareler*, beunruhigen, dazu das Shet. *harele*, Aufstand. Vgl. Dz
611 *harer*. S. auch **hariwaldo** u. **haro**.

4487) altnfränk. **hariban(n)**, Heerbann, = altfrz. *arban*; neufrz. (volksetymologisch umgebildet)
arrière-ban, Landsturm, vgl. Mackel, p. 72; Faſs,
RF III 487.

4488) germ. ***hariberg-, *heribêre** (altnfränk.
heribërga), Herberge; ital. *albergo*, dazu das Vb.
albergare; prov. *alberc-s, alberga*, dazu das Verb
albergar, arbergar; altfrz. **alberge, herberge, -c*,
dazu das Vb. *albergier, herbergier*; neufrz. *auberge,
héberge*; altspan. *albergo*; neuspan. *albergue*,
dazu das Vb. *albergar*; ptg. *albergue*. Vgl. Dz 11
albergo; Mackel, p. 81; Jubainville, R I 139; Braune,
Z X 262 (setzt *adalberga* als Grundwort zu *alberga* an).

4489) germ. **haring**, Häring (*aringus* ist auch
schon im Latein. belegt, vgl. Rose, Hermes VIII
225); ital. *aringa*; prov. *arenc-s*; frz. *hareng*;
span. ptg. *arenque*; vgl. Dz 24 *aringa*; Mackel,
p. 45.

4490) **härïölüs, -um** *m.*, Wahrsager; davon ital.
arlia, Aberglaube; vgl. Caix, St. 162. Sollte nicht
auch die oben unter *ardalio* aufgeführte Wortsippe
(ital. *arlotto* etc.) hierher gehören? Aus der
Bedeutung „Wahrsager" konnte sich wohl die von
„fahrender Gaukler, Müfsiggänger etc." entwickeln.

4491) ahd. ***hariwaldo, heriwalto**, Herold; vermutlich das Grundwort zu ital. *araldo* (daneben
farabutto, neap. *frabutto, frabbotta* „imbroglione,
sicofante", vgl. Canello, AG III 337, Caix, St. 313);
altfrz. *heralt, hiralt*, daneben auch indeklinables
hera, vgl. Förster zu Yvain 2204; neufrz. *héraut*;
altspan. *haraute, faraute*; span. *haraldo, he-
raldo*; ptg. *arauto*. Vgl. Dz 22 *araldo*; Mackel,
p. 62; Kluge unter „Herold"; P. Meyer, R XI 36
Anm. 4 (M. verwirft die von Diez zuerst aufgestellte
Ableitung von *hariwaldo* als dem Laute u. dem
Sinne nach ungenügend u. befürwortet die Ableitung
von ahd. *harên*, rufen, welche bereits von Scheler
im Dict. *s. v.* und, wenigstens mittelbar, auch von
Suchier, Z I 432, empfohlen worden war; vgl. auch
oben **ardalio**).

4492) altnfränk. ***harja** (ahd. *harra, hairra*),
Sackleinewand, = frz. *haire*, härenes Gewand, vgl.
Dz 609 *s. v.* (D. stellt ahd. *hâra* als Grundwort
auf); Mackel, p. 51.

4493) ahd. **harluf**, Faden; davon vielleicht abgeleitet altfrz. *harligote, haligote*, Fetzen, *harigoter, haligoter*, zerfetzen, vgl. Dz 609 *haligote*.

4494) gr. ἁϱμαλα (arab. *kharmal*), gemeine
Harmelraute; ital. *armora*; frz. *harmale*; cat.
armalá; span. (und teilweise auch ptg.) *harma,
alfarma, harmaga, alhargama, amargaza, gamarza*.
Vgl. Baist, Z V 241; Eg. y Yang. p. 162.

4495) altnfränk. **harmjan**, beschimpfen, plagen;
altfrz. *hargner*, hadern, zanken (norm. *harguigner*
= *harwanjan), dazu das Sbst. *hargne*, Verdrieſs-
lichkeit, u. das Adj. *hargneux* (norm. *hargneux*),

zänkisch, störrig. Vgl. Dz 612 *hargne* (D. bemerkt
mit Recht, dafs das *i* in norm. *harigneux* auffällig
sei); Mackel. p. 54.

4496) ahd. **harmo,** Hermelin; davon ital. *armellino, ermellino*; prov. *ermin-s, ermini-s*; altfrz.
erme, ermine; nfrz. *hermine*; span. *armiño*; ptg.
armelina, arminho. Vgl. Dz 25 *armellino*; Kluge
unter „Hermelin", s. auch oben **armenius.**

4497) ahd. **harmskara,** Schmerzteil, Strafe, =
altfrz. *haschière* (gleichsam **ha[rm]skaria*), Strafe,
Pein, vgl. Dz 612 *s. v.;* Mackel, p. 39.

4498) ahd. **haro, hero, herot** (alts. *herod*), hierher; davon ital. *arri*, Ruf der Maultiertreiber, vgl.
Caix, St. 165; frz. *'haro,* Zetergeschrei (eigentlich
der Ruf, mit welchem man jem. heranzukommen
gebietet), dazu das Vb. *'haroder,* schreien. Vgl. Dz
612 *haro;* Jeanroy, Revue des Universités du
Midi I 99, nimmt eine onomatopoietische Interjektion *'hare* (u. *'hale), 'hari, 'haro* an; von *'hare*
leitet er ab *harer* u. *haler,* durch Ruf antreiben,
treibjagen (dav. wieder *'harasser,* jem. durch Verfolgung ermatten, dazu das Postverbale *'harasse),*
zu *'haro, harau* aber soll gehören *'harauder, -oder,
'herauder,* das also mit *'heraut* nichts zu thun
habe; endlich soll aus *'hare* entstanden sein *d[eh]are-
d[eh]are* = *dare-dare, dar-dar* hui!

4499) arab. **hâron,** träge (vgl. Eg. y Yang. 421);
dav. nach C. Michaelis, Frg. Et. p. 37, span.
faron, faul, foronear, haronear, zögern, zaudern;
ptg. *faronejar.*

4500) germ. **harpa,** Harfe (findet sich bei Ven.
Fort. carm. 7, 8, 63): ital. *arpa,* Harfe, dazu das
Vb. *arpeggiare,* Harfe spielen; prov. *arpa, arpar;*
frz. *'harpe,* altfrz. auch das Vb. *harper;* span.
ptg. *arpa.* Vgl. Dz 26 *arpa.* S. auch ἅρπη.

4501) ἅρπη, Sichel (Haken, Kralle und dgl.);
davon ital. *arpione,* Thürangel, *arpignone,* grofser
Haken, *arpicare,* klettern (auch *inarpicare*): prov.
arpa, Kralle, *arpar,* ankrallen, packen; frz. *'harper,*
packen, *se 'harpigner, se 'harpailler,* sich raufen
(von *harpailler* abgeleitet *harpailleur, arpailleur,*
daraus volksetymologisch or*pailleur* „Schatzgräber",
vgl. Thomas, R XXIV 585), *'harpin,* Haken, *'har-
pon,* Harpune, *'harpeau,* Enterhaken, *'herpé,* mit
Nebenklauen versehen (von Hunden), norm. *'herper,*
packen (vgl. Dz 614 *herpé*); span. *arpa,* Kralle,
davon *arpar, arpon*; ptg. *farpa, (f)arpão, farpar,
farpear.* Dazu zahlreiche anderweitige Ableitungen.
Vgl. Dz 26 *arpa* (Diez will die ganze Wortsippe
auf germ. *harpa* zurückführen, indem er sich auf
die hakenförmige Gestalt der Harfe bezieht und
indem er sich auf das anlautende *'h* der frz. Worte
beruft, das nicht wohl griechischen Ursprunges sein
könne. Aber es ist schwer glaublich, dafs das
german. Saitenwerkzeug zur Entstehung einer Wortsippe so weit abliegenden Begriffes Anlafs gegeben
habe, denkbar andererseits ist, dafs die frz. Aspiration durch die german. Homonym hervorgerufen
wurde. Dz hält für möglich, dafs auch ital.
frappa, ausgeschnittene Zacke im Tuche, *frappare,*
auszacken; span. *harapo,* Lappen ,ptg. *farapo,*
Lappen, zu der in Rede stehenden Wortsippe gehören. Das ist mindestens unwahrscheinlich); Horning, Z XXI 192, setzt *faluppa* (s. d.) als Grundwort an; C. Michaelis, St. p. 57 („stimmt Diez
nicht nur bei, sondern will auch span. *har-
zarpa* die gleiche german. Herkunft vindizieren,
weil der Wechsel von *s : h* auch im Roman. statt-
fände"); gegen die Aufstellung der Michaelis'schen

u. auch gegen die der Diez'schen Ableitung hat
mit Recht Einspruch erheben u. gr. ἅρπη als Grundwort aufgestellt Baist, Z V 234.

4502) german. **hartjan,** hart machen: ital. *ardire,* kühn werden, *ardito,* hühn; frz. *hardir, en-
hardir,* Part. *hardi,* kühn.

4503) ahd. ***harwa,** herb; ital. (dialektisch, auch
in rtr. Mundarten) *garbo,* bitter. Vgl. Dz 375 *s. v.*

4504) arab. **'haschischin,** ein Mitglied der Sekte
der Haschischtrinker (Fanatiker, die auf Befehl
ihrer Oberen auch Mordthaten verübten); ital.
assassino, Meuchelmörder; prov. *assassi-s, ansessi-s;*
frz. *assassin;* span. *asesino;* ptg. *assassino.* Vgl.
Dz 29 *assassino;* Eg. y Yang. 293.

4505) dtsch. **hase** = frz. *'hase,* Häsin, vgl. Dz
613 *s. v.;* Mackel, p. 42.

4506) [germ. **hasla** (?), Zweig; davon vielleicht
frz. *hallier,* Busch, Gesträuch, Hecke, vgl. Dz
610 *s. v.*]

4507) ahd. **haspa, haspil,** Haspel: ital. *aspo,
naspo* (aus dem Vb. *inaspare),* Garnwinde; altfrz.
hasple; span. *aspa.* Vgl. Dz 28 *aspo;* Mackel,
p. 9.

4508) **hästä, -am** *f.,* Schaft, Lanze: ital. *asta;*
altfrz. *aste, 'haste, 'hante* (Dz 610 *s. v.* leitete
hante aus *amitem* ab, vgl. dagegen Förster, Z II 84);
Bugge, R IV 359, führt auf *hasta* auch zurück
altfrz. *'haste* (auch prov. *aste*), ein Stück Fleisch,
das am Spiefse gebraten werden soll oder gebraten
worden ist, nebst den Ableitungen *'haster,* rösten,
trocknen, *'hastier* (neufrz. *hâteur*), Bratmeister,
'hastier, Bratapiefs (neufrz. *'hâtier,* Feuerbock),
norm. *'hâtelet,* Schnitte gebratenen Schweinefleisches
(neufrz. *'hâtelet, attelet,* kleiner Spiefs am Webstuhle,
*'hâtelettes,*Roastschnittchen),*'hâtille,*frisches Schweinefleisch, Metzelsuppe. Bugge nimmt an, dafs auf
die Bedeutung dieser Werte das ahd. *harst, harsta,*
Röstwerkzeug, ein Stück gebratenen Fleisches, eingewirkt habe u. dafs auch die Aspiration der Worte
auf *harst* zurückzuführen sei; für ein auf *harst*
unmittelbar beruhendes Deminutiv hält er altfrz.
haterel, hasterel, Genick, Nacken (nach Dz 613 *s. v.*
aus ahd. *halsâdara* entstanden); Marchot, Z XVI
381, meint, dafs *haterel* wohl mit *haste* nichts zu
schaffen habe, dafs er aber eine befriedigende Erklärung des Worts nicht geben könne; nfrz. *hâ-
tereau,* Schweinsleberschnitte. Einfacher würde es
sein, die ganze Wortsippe auf ahd. *harst* zurückzuführen; die Ableitung von *hasta* hatte schon
Tobler, Jahrb. XII 208, in Zweifel gezogen; span.
asta, Schaft, Lanze; ptg. *hasta, hastea, haste,
aste.* Auf *hasta, hansta* führt Thomas, R XXIV
584, zurück *hanse* „d'une épingle avant que
la tête y soit mise" (es soll Anlehnung an *ansa*
stattgefunden haben). — Über *hastilla* etc. vgl.
*astilla etc.

4509) **hästarius, a, um** (v. *hasta),* zum Spiefs
gehörig: ital. *astario* „miles hastatus", *astajo* „chi
fa aste", vgl. Canello, AG III 307.

hästicula s. **stĭpa; hastilla** s. **astilla.**

hasva s. **ăvē.**

4510) altnfränk. **hatjan** (got. *hatjan,* alts. *hetean,*
hetten, nhd. *hetzen*): prov. *aïr* (Boët. 197 *aissent*),
ahir (das Vb. ist höchst selten, dafür *azirar, aïrar,*
= **adirare*); altfrz. *hadir, haïr (has = *hâtio),*
dazu das Sbst. *haement,* vgl. Cohn, Suffixw. p. 108;
neufrz. *haïr,* dazu das Shst. *haïne, haine* (= **ha-
tina ?).* „Hassen" ist ital. *odiare, aver in odio,
abbominare;* span. *odiar, aborrecer,* ebenso ptg.
Vgl. Dz 609 *haïr;* Mackel, p. 45 u. 51.

4511) bask. **hatsa**, Atem; davon nach Dz 414 span. *acezo*, Atem, Hauch, *acezar*, keuchen.

4512) arab. **ʿhatta**, bis, = altspan. altptg. *fata*, *ata*, bis, vgl. Dz 490 *té*; Eg. y Yang. p. 397.

4513) dtsch. **haube** = altfrz. *huve*, dazu das Demin. *huvette* (= ital. [mundartlich] *oveta*). vgl. G. Paris, R III 113. S. auch unten **hûba** u. **hûfa**.

4514) dtsch. **haubitze** (aus dem czech. *haufnice*, Steinschleuder, vgl. Kluge unter „Haubitze"); frz. *obus*; span. *obuz*. Vgl. Dz 648 *obus*.

4515) dtsch. **hauch**; davon vermutlich (mit angewachsenem Artikel) ital. *lochio* „soffio, alite", vgl. Caix, St. 385.

4516) altnord. **haugr**, Hügel, = norm. *hogue*, Hügel (in Ortsnamen), vgl. Dz 616 *s. v.*; Mackel, p. 120.

4517) altengl. **hauke** (ags. *hafoc*, neuengl. *hawk*), Habicht, Falke; dav. vermutl. frz. *ʾhagard*, störrig (zunächst vom Falken gebraucht), vgl. Dz 608 *s. v.*

4518) germ. **hauniþa**, Hohn; ital. *onta*, Schande, dazu das Vb. *ontare*; prev. *anta*, *onta*, dazu das Vb. *antar*; frz. *ʾhonte*, dazu das Vb. altfrz. *hontoiier*, *ahonter*; altcat. *onta*; altspan. *fonta*, dazu das Vb. *afontar*; (neuspan. *deshonra*, *vergüenza*, *infamia*, *ignominia*, ebenso ptg.). Vgl. Dz 227 *onire*; Mackel, p. 118.

4519) germ. **haunjan**, höhnen; ital. *onire*; prov. *aunir*; altfrz. *ʾhonir*, beschimpfen. Vgl. Dz 227 *onire*; Mackel, p. 119.

4520) **haurio hausi haustum haurire**, schöpfen; sard. chiogg. *orire*, attinger acqua, Salvioni, Post. 11; friaul. *auri*, vgl. Meyer-L., Z f. ö. G. 1891 p. 770.

4521) **hauritorium** n., Schöpfgefäfs; sard. *oridorzu*, vgl. Mussaha, Beitr. 89.

4522) [*haustō, -āre (Frequ. zu haurire), ist nicht, wie Dz 650 *öter* annahm, Grundwert zu prov. *ostar*; frz. *öter*, wegnehmen, es gehen diese Verba vielmehr auf *obstare* (s. d.) zurück, vgl. Ascoli, AG VII 523.]

hauwa s. 2 hoc.

4523) türk. **haviār**, Kaviar; ital. *caviale*; frz. *caviar*; span. *cabial*; ptg. *caviar*, *cavial*. Vgl. Dz 93 *caviale* (wo ein Grundwort nicht angegeben wird); Scheler im Dict. unter *caviar*.

4524) arab. **ʿhazin**, traurig, unglücklich, = span. *hacino*, traurig, unglücklich, vgl. Dz 457 *s. v.*

hazjan s. ad + hazjan.

4525) englisch **hearse**, Gatter; dav. viell. nach C. Michaelis, Frg. Et. p. 16, ptg. *hessa*, *eça*, Leichengerüst; Cornu, Gröber's Grundrifs, Ptg. Gr. § 148, setzt ersa v. *erigëre* als Grundwort an.

4526) dtsch. **hĕbdŏmäs, -ädem** f. (ἑβδομάς), Woche; altital. *domada*; rtr. *jamna* (über die Lautentwickelung des Wortes vgl. Ascoli, AG VII 531), *emda*, *edma*; veg l'iet. *yedma*; altbologn. *edema*; brese. *dèma*, vgl. Salvioni, Post. 11; wallon. *emmežu*, Wochentag, vgl. Meyer-L., Z. f. ö. G. 1891, p. 770; cat. *doma*; span. *hebdomada* (neben *semana*); altptg. *doma*. Das übliche roman. Wort für die Woche ist *septimana* (s. d.). Vgl. Dz 294 und 776 *settimana*; Gröber, ALL V 466.

4527) [**hĕbĕs, -ĕtem**, stumpf; ital. *ebete*; rum. *hebet*, geistig stumpf, schwachsinnig, dazu das Vb. *hebĕucesc ii it i*; frz. nur die gelehrten Worte *hébété*, *hébétude*, *hébéter*.]

4528) *****hĕctĭeūs, a, um** (ἑκτικός), an Brustübeln leidend; ital. *etico*; span. *enteco*, kränklich, schwächlich; altptg. *etego*, sonst nur gel. Wert. Vgl. Dz 446 *enteco*.

4529) **hĕdĕrä, -am** f., Ephou; ital. *édera*, *éllera*; rum. *iederă*; prov. *edra*; altfrz. *ierre*; neufrz. (mit angewachsenem Artikel) *lierre* m.; span. *hiedra*; ptg. *hera*. Vgl. Dz 126 *édera*.

4530) ndl. **heer**, mhd. nhd. **herr**, = frz. (*pauvre*) *hère*, armer Schlucker, vgl. Dz 614 *s. v.* Förster, Z III 262, erkennt in *hère* das altfrz. (bezüglich seiner Herkunft ganz dunkle) Sbst. *here f.*, welches „Gesicht" u. „Aufnahme" zu bedeuten scheint, vgl. dagegen G. Paris, R VIII 628. S. No 4556.

4531) ahd. *****heiēn**, brennen; davon vielleicht frz. *ʾhavir*, versengen, vgl. Dz 613 *s. v.*; Mackel, p. 116.

4532) ahd. **heigir** (auch *****heigiro?**), heiger, Reiher; ital. *aghirone*; prev. *aigron-s*; altfrz. *hairon*; neufrz. *ʾhéron*, dazu das Demin. *aigrette*, Silberreiher; cat. *agró*; span. *airón*; ptg. *airão*. Vgl. Dz 8 *aghirone*; Mackel, p. 118.

4533) ndl. **heilbot** (ein Fisch) = frz. *hellebut*. Vgl. Behrens, Festg. für Gröber p. 155.

4534) dtsch. **heilig(e drei Könige)**; dav. nach Horning, Z XVIII 220, wallon. (*le jour delle*) *heylle*, Epiphaniastag.

4535) altnord. **heit**, Versprechen, Gelübde; altfrz. *ʾhait*, Vergnügen (*dehait*, Niedergeschlagenheit, Krankheit), dazu das Vb *ʾhaitier*, erfreuen, ermuntern (*dehaitier*, betrüben); neufrz. *souhait*, Wunsch, dazu das Vb. *souhaiter*. Vgl. Dz 609 *hait*; Mackel, p. 117.

4536) germ. **hĕlm-**, Helm; ital. *elmo*; prev. *elm(e)-s*; altfrz. *ʾhelme* u. *elme*, vgl. G. Paris, R XVII 425; neufrz. *ʾheaume*; altspan. *elmo*; neuspan. *yelmo*; ptg. *elmo*, davon (auch span.) *elmete*, almete, Pickelhaube (woraus, wie es scheint, das gleichbedeutende frz. *armet* f. altfrz. *healmet* entstand, vielleicht mit Anlehnung an *arma*). Vgl. Dz 126 *elmo*; Mackel, p. 81; Fsfs, RF III 495 f.

hĕlmbarte s. el harbet.

4537) ahd. **hĕlza**, Schwertgriff, = ital. *elsa*, vgl. Dz 369 *s. v.*; Mackel, p. 102; s. auch unten **hilt**. Auf *hĕlza* führt Themas, R XXV 81 u. XXVI 427, zurück altfrz. *heusse*, *euse*, Radpflock, neufrz. *heuse*, piston d'une pompe, *esse*, Achsenpflock, *esseret*, Locheisen, vgl. Gade p. 37.

4538) **hēmĭcrānĭä -am** f. (ἡμικρανία), einseitiger Kopfschmerz; ital. *emigrania*, *magrana*; sard. *meragna*, le tempie, *migragna*, emicrania, vgl. Salvieni, Post. 11; frz. *migraine*; span. *migraña*; ptg. *hemicrania* (das übliche Wort ist *enxaqueca* u. *xaqueca* = arab. *schaqîqah*, Dz 498 *xaqueca*; auch im Span. ist *jaqueca* gebräuchlich). Vgl. Dz 200 *magrana*; Eg. y Yang. 512.

4539) **hēmĭnä, -am** f. (ἡμίνα), ein Mafs; prov. *emina*, *mina*; altfrz. *emine*; neufrz. *mine*; span. *hemina*; das Wort bezeichnet überall ein Mafs, aber in Hinsicht auf die Gröfse desselben u. auf die Art des zu messenden Dinges herrscht Verschiedenheit. Vgl. Dz 640 *mine*.

4540) engl. **hen-bane**, Bilsenkraut (eigentlich Hühnertod). = frz. *hanchbane*, vgl. Dz 610 *s. v.*

4541) **hĕpär, -ätĭs** n. (ἧπαρ), Leber; ital. *epate*, Leber, *epa*, Bauch; rum. *hipotă*. Das übliche roman. Wert für „Leber" ist *ficatum* (s. d.), bezw. *****fitäcum. *****fidacum. Vgl. Dz 369 *epa*.]

4542) **hĕrbä, -am** f., Kraut; ital. *erba*; sard. *erba*; rum. *iarbă*, Pl. *ierburi*; rtr. *erva*, *iarva*; prov. *herbu*; frz. *herbe*, davon herbier. das erste Magen der Wiederkäuer (span. *hervero*, *ervero*, vgl. Baist, Z V 240; Dz 459 *hercero* hielt es von Larramendi das Wort für baskisch); cat. *herba*; span. *yerba*; ptg. *herva*, *relva*. Vgl. Gröber, ALL III 138.

4543) **hĕrbācĕŭs, a, um** (v. *herba*), grasartig; ital. *erbaceo* (Adj.), *erbaccia* (Sbst.) „mala erba", *erbaggio*, Kräuter, Gras, vgl. Canelle. AG III 348.

4544) **hĕrbārĭŭs, a, um** (von *herba*), zu den Kräutern gehörig, ital. *erbario* „libro che tratta delle erbe medicinali", *erbajo* „luogo dove ci sia moita erba fresca", vgl. Canelle, AG III 307: rum. *ierbar*, Kräutersammler; frz. *herbier* 1. Kräuter magen, 2. Herbarium: span. *hervero, ervero*, Kräutermagen (s. oben **herba**).

4545) **hĕrbōsŭs, a, um**, kräuterreich; ital. *erboso*; rum. *ierbos*; prev. *erbos*; frz. *herbeux*; span. *hcrboso*; ptg. *hervoso*.

4546) [gleichs. ***hĕrbūlātus, a, um** (*herba*), verkräutert; dav. viell. ptg. *arboado*, vergiftet, vgl. C. Michaelis. Rev. Lusit. I, Meyer-L., Z XV 269.]

4547) ***hĕrbūtus, a, um** (*herba*), grasreich; prov. *herbut*; frz. *herbu*; span. *herbudo*; (ital. *erbuta*, grasreicher Ort).

4548) altnfränk. **hĕrda, Herde, =** altfrz. *'herde*, Herde, Rudel, vgl. Dz 614 *s. v.*; Mackel, p. 81. Als ein Deminutiv zu altfrz. *herde*, neufrz. *harde* betrachtet Jeanroy, Rev. des Universités du Midi I 99, frz. *haridelle*, das sich in der Satire Ménippée noch in dem Sinne von „Herde" gebraucht findet. Jeanroy zieht hierher auch altfrz. *hardel*, Taugenichts, Lump, *hardelle*, gemeine Dirne; diese Worte dürften aber wohl zu *hart*, *harde*, Strick (Plur. *hardes*, Gepäck, Bündel) gehören, deren Ursprung dunkel ist.

4549) [**hĕrēdĭtārĭŭs, a, um** (v. *heres*), die Erbschaft betreffend; ital. *ereditario* (Adj.), und *ereditiera* (Sbst.) „donna che aspetta eredità", vgl. Canelle AG III 307: „der Erbe" ist *erede*; prov. *eretier-s*, Erbe; frz. *héritier*, Erbe; span. *heredero*; ptg. *herdeiro*. Vgl. Ascoli, AG XIII 282; Berger *s. v.*]

4550) **hĕrēdĭtās, -ātem** *f.* (v. *heres*), Erbschaft; ital. *eredità*; (prov. *heretatge-s = *heretaticum*; frz. *héritage*, span. *herencia*; ptg. *herança*.)

4551) **hĕrēs, -ēdem** *m.*, Erbe; ital. *erede*, daneben als volkstümliche Form *redo*, vgl. Caix, St. 478; sard. *herede*; prov. *er-s*; frz. *hoir*; cat. *hereu*; (span. nur das Vb. *heredar*) altptg. *herel*. Das übliche Wort ist jedoch (abgesehen vom Ital.) *hereditarius* (s. d.). Vgl. Gröber, ALL III 138; Ascoli, AG XIII 282; Rajna, Rendiconti dell' Accademia dei Lincei 1891 Nov.

4552) **hĕrī, gostern; ital. rum. *ieri*, vgl. Meyer-L., Ital. Gramm. p. 60 Anm.; rtr. *ier*, s. Gartuer § 34; prev. *her*, *icr*; frz. *hier*; altcat. *yr*; neucat. *ahir*; span. *ayer = ad heri* (vgl. sicil. *ajeri*); (ptg. [h]*ontem*, nach Diez 459 *s. v.* = *ante diem*, richtiger nach Cornu, R XI 91, = *ad noctem*). Über Zusammensetzungen mit *heri*, wie z. B. *heri + serum =* altfrz. *arsoir*, vgl. Flechia, AG II 11.

heriban s. **hariban**.

heribĕrga s. **haribĕrga**.

4553) **Hernequin.** Der Graf H. v. Boulogne († 882) ist die geschichtliche Persönlichkeit, welche zu der Entstehung der Sage von der *maisnie Hellequin* Anlafs gegeben hat. Der Eigenname ist zu dem Appellativ ital. *arlecchino*, frz. *harlequin*, Hanswurst geworden, vgl. Raynaud, Etudes romanes dédiées à G. Paris par ses élèves frçs (Paris 1891) p. 51. Dagegen hängt ital. *Anichino* vermutlich mit Giovanni zusammen, vgl. Horning, Z XXII 481 u. XX 340.

4554) **hĕrōs, -ōem** *m.*, Heros, Held; ital. *eroe*; frz. *'héros*, dav. *l'heroine* etc. (nur gel. W.).

4555) **hĕrpēs, -ētem** *m.* (ἕρπης), Ausschlagkrankheit; mail. *derbeda*; piem. *derbi*, monf. *derbia*; piac. *derbga*, vgl. Salvioni, Post. 11; lad. *diervet*; vgl. Ascoli, AG VII 524 Anm.; frz. *dartre.* Die Worte beruhen auf Mischung von *herpes* mit dem Adj. *derbiosus*, grindig. Vgl. Horning, Z XX 86 (H. will, wohl allzu kühn, auch neuprov. *darboun* „Maulwurf" von *herpes* ableiten); cat. span. ptg. *herpe*, Hautflechte, vgl. Dz 459 *s. v.*

4556) [mhd. **herr**; (frz. *hère* in *pauvre hère*, armer Kerl; vgl. Dz 614 *s. v.*); Förster, Z III 262, glaubt, dafs *hère* u. altfrz. *here*, Gesicht, dasselbe Wort seien, wogegen G. Paris, R VIII 628, berechtigte Einwända erhoben hat. S. No 4530.]

4557) **hĕrŭlus, -um** *m.* (*herus*), der kleine Herr; piem. *orlo*, herrisch, stolz, vgl. Nigra, AG XV 112.

4558) altnfränk. ***hĕstr** (ndl. *heester*, Staude, mhd. *heister*, junger Eichen- od. Buchenstamm), = frz. ***hêtre*, Buche, vgl. Dz 615 *s. v.*; Mackel, p. 88.

4559) **hĕtta**, ein Ding von keinem Werte; ital. *ette*; sard. *etta.* Vgl. Dx 369 *ette*; Gröber, ALL III 138.

4560) ahd. **hetzan**, hetzen; daraus viell. altfrz. *hesser.* hetzen, doch ist auch ndd. *hitsan* als Grundwort denkbar. Vgl. Dz 379 *izza*; Mackel, p. 91.

4561) mittelgriech. ἐξάμιτος, ξάμητος, sechsfädig: ital. *sciámito*, Samt; prov. altfrz. *samit*; (neufrz. *heifst* der Samt *velours = villosum*); span. *jamete* (das übliche Wort ist *terciopelo* von *pilus*, Haar); (ptg. *velludo = *villutum* f. *villosum*). Vgl. Dz 287 *sciámito*.

4562) ***hībĕrnācĕŭs, a, um**, winterlich; dav. viell. ital. *vernaccia*, eine Art Weifswein (viell. so genannt wegen seiner schmutzig weifsen Farbe, welche der schmutzigen Schnees sich vergleichen läfst, oder viell. weil er erst im Winter trinkbar wird); frz. *vernage*, (*grenache*, *garnache*, *brenèche* f.), frischer Birnmost. Vgl. Thomas, R XXVIII 175. — ***hibernicium =* (?) frz. *vernis*, Firnis.

4563) **Hībernĭā, -am** *f.*, Irland; ital. *bérnia*, *sbernia*, ein (in Irland gefertigter) grober Stoff, eine altväterische Tracht; frz. *bernie*, *berne*, wollenes Tuch, Mantel, davon vielleicht das Vb. *berner* (mit einem Tuche oder Mantel) prellen, in die Luft wippen; span. *bernia.* Vgl. Dz 49 *bérnia* u. 521 *berner.*

4564) **hībĕrno, -āre** (*hibernus*), überwintern; ital. *invernare*, *vernare*; rum. *iernez ai at a*; prov. *ivernar*; frz. *hiverner*; cat. *ivernar*; span. ptg. *invernar.*

4565) **hībĕrnŭs, a, um**, winterlich; davon das Sbst. ital. *inverno*, *verno*, vgl. Ascoli, AG III 442; sard. *ierru*; rum. *iarnâ*; rtr. *invérn*, *umviérn*, vgl. Gartuer § 200; prov. *ivern-s*; frz. *hiver*; cat. *ivern*; altspan. *yvierno*; neuspan. *invierno*; ptg. *inverno.* Vgl. Dz 185 *inverno*; Gröber, ALL III 138.

4566) **hībīscum** *n.* (ἰβίσκος), Eibisch (Althaea officinalie L.); ital. *malva-visc[hi]o*, wilde Malve, vgl. Ascoli, AG III 444 Anm.

4567) bret. ***hībŏk** (ir. *seboc*, aus dem Ags. entlehntes Wort, ags. *heafoc*), Habicht; davon vielleicht frz. *'hibou* (altfrz. auch *houpi*), Uhu; cat. *siboc.* Vgl. Th. p. 22 ff.; Dz 615 *hibou* (D. hielt das Wort für eine lautnachahmende Bildung).

4568) **hīc haec hŏc**, dieser, diese, dieses; davon ist erhalten: 1. Ntr. Sg. *hoc* α) prov. *oc*, *o*, dies, es, als Bejahungspartikel „ja" (vgl. über *oc* Chabaneau, R IV 338 u. V 232); β) *ecce + hoc =* ital. *ciò*; prov. *aisso*, *so*; altfrz. *iço*, *ço*; neufrz. *ce* cat. *axo, ço; γ) eccu[m] + hoc = prov. aquó, acó, doch ist dies vermutlich Neubildung nach aissó; δ) per + hoc = ital. però, deswegen, indessen, span. pero; ε) pro + hoc = prov. poroc; altfrz. poruec, deswegen, pruec, pruekes (über den eigentümlichen Gebrauch dieses Wortes vgl. G. Paris, R VI 588, über das auslautende c in diesem Worte sowie in avuec, illuec s. W. Meyer, Z IX 144), nonpor(h)uec, neporoc, indessen, nichtsdestoweniger; ζ) ab + hoc = frz. avuee, avec, avecque (gleichsam ab + hoc + quod) mit; η) hoc + ille = altfrz. oïl, neufrz. oui, vgl. Grimm, Gr. III 768; Tobler, Ztschr. f. vgl. Sprachf. XXIII 423 und Z II 406 Anm.; Cornu, R IX 117 (der betr. Artikel trägt die Überschrift oïl = hoc illic, welche im Artikel selbst nicht begründet wird); über die Bejahungspartikel hoc + *illum (Ntr.), altfrz. oel, ol, al, wallon. (Lüttich) awé vgl. Förster zu Yvain 1403, G. Paris, R XXIII 102; Marchet, Z XIX 102; altfrz. war auch hoc + ego = oje vorhanden (die Bejahung hatte also die Form eines prädikatlosen Satzes: „das [tbue, thust, thut etc.] ich, du, er"; Dz 652 oui erklärte die Partikel aus hoc + illud, was lautlich unmöglich ist, denn ill[ud] hätte el ergeben, vgl. cel = ecce + ill[um]). 2. Abl. Sg. Mask. hoc in der Verbindung hoc anno, heuer; (ital. uguanno [über die Bildung dieses Wortes vgl. Ascoli, AG VII 527 Anm. 2 No 2], davon uguannotto, kleiner Fisch, vgl. Bugge, R IV 366, gleicher Herkunft u. Bedtg. ist avannotto, vgl. Caix, St. 4, wonach Dz 353 s. v. zu berichtigen ist; viell. beruht auf hoc anno auch ital. guanno, wonach dann wieder *guoggi, lomb. goggi gebildet ist, vgl. Salvioni, Z XXII 472; sard. occannu; sicil. a-guannu; rtr. uón; prov. ogan; altfrz. oan; span. hogaño; cat. en-guany; altptg. ogano. 3. Acc. Sg. Fem. hanc in hanc ad horam = ital. ancora; prov. ancar; frz. encore, vgl. oben ad hanc horam; eine gleichartige Verbindung ist hanc ad noctem = prov. ancanuech, diese Nacht; altfrz. enquenuit; nach Analogie gebildet (unter Weglassung von ad, das iu ancar, encore, ancanuech, enquenuit nicht mehr empfunden wurde) ital. (mundartl.) ancoi, heute (gleichsam hanc + hodie); prov. ancui; altfrz. eneui; aus diesen Zusammensetzungen löste sich der erste Bestandteil als Konjunktion mit der Bedtg. „noch, auch" ab: ital. anche, anco (ersteres an che, letzteres an die Nomina auf -o angebildet), rtr. aunc (prev. anc, altfrz. ainc, jemals, ist dagegen aus umquam gekürzt, der Wechsel des Vokales beruht auf Angleichung an ans, ains). 4. Abl. Sg. Fem. hac in der Verbindung hac + hora = (prov. aora, altfrz. aore, beide mit offenem o) span. ptg. agora, ahora, jetzt; (Suchier, Z I 431, setzt auch prov. ara, frz. ore (mit offenem o) = ha[c h]ora an; Cornu dagegen erklärt, R VI 381 u. VII 358 (vgl. auch Böhmer, RSt. III 137 u. 142), dies Adverb aus ad horam, was von G. Paris, R VI 629, gebilligt wird; Gröber endlich (s. u.) erblickt in ore den einfachen Ablativ hora = ital. ora u. erklärt die offene statt der zu erwartenden geschlossenen Beschaffenheit des o aus Angleichung an oi = hòdie; Cornu's Ansicht hat wohl die gröfste Wahrscheinlichkeit für sich, obwohl freilich auch sie nicht voll befriedigen kann, da schwer einzusehen ist, wie aus a[d h]ora[m] prov. ara habe werden können, und noch schwieriger versteht man prov. era, er, „jetzt", wovon ladin. eira, eir „auch" u. rum. iară, iar „wiederum" vermutlich nicht zu trennen sind, vgl. Schuchardt, Z XV 240). Nach Suchier, Z I 431,

soll der Abl. ha[c] auch im altfrz. giers, gierres enthalten sein, denn er setzt es = de ha[c] re an, während Dz 596 das Wort von igitur oder ergo herleiten wollte, s. ob. dē hāc rē, vgl. auch Cornu, R X 399. Vgl. Gröber, ALL III 138 u. VI 391. S. auch unten *ipsus, a, um.

4569) hĭc, hier; sard. igu-e; prov. frz. i (neufrz. y geschrieben; die gewöhnliche Ableitung des Wertes von ibi ist unhaltbar); cat. altsp. altptg. hi; aufserdem in den Verbindungen: 1. ad + hic = span. ptg. ahi, dort, dahin. 2. eccu[m] + hic = ital. rtr. qui, hier; [sard. cú-ch-e, cu-gh-e, cu-e, dahin?]; prov. aqui, dert, hier; altfrz. iqui, enqui; cat. span. ptg. aqui. 3. ecce + hic = ital. ci; rum. aici; prov. aicsi, aissi; frz. ici, ci; cat. assi. 4. de + ex + hic = altspan. desi; ptg. deshi, von da am. 5. in + cecu[m] + ecce + hic = rum. incoaci, s. Ch. p. 56 unter coace. Vgl. Gröber, ALL III 139.

4570) ndl. hĳgen, streben, keuchen; davon altfrz. *hier, keuchen, davon das Shet. 'hie, Gewalt, Nachdruck, (nfrz. bedeutet das Wort „Ramme, Stampfe"), vgl. Dz 615 s. v.; Scheler im Anhang 801.

hīlārĭus s. léir.

4571) altfränk. *hĭlt, Schwertgriff, = altfrz. 'helt (c. r. helz u. heux), dazu dasVb. enheldir, die Klinge in den Griff stecken. Vgl. Dz 369 elsa; Mackel, p. 102; s. auch oben hēlza.

4572) hĭnnĭo, -īre, wiehern; frz. 'hennir (spr. 'hannir). — Die in den übrigen Sprachen üblichen Verba für „wiehern" entfernen sich teils vom lat. Grundwerte, teils scheinen sie auf dasselbe gar nicht zurückzugehen: ital. *innitrire (gleichsam *hinnitrire f. *hinnitire), annitrire, nitrire, vgl. Flechia, AG II 381: dazu das Sbst. nitrito; prov. annilhar, inhilar, endilhar; cat. renillar; altspan. reïnchar, relinchar (scheint *re-inflare zu sein); ptg. rinchar; dazu sard. anninnijare; rum. rinchez u. nechez ai at a (= *rhonchissare). Nachahmung der Tierstimme liegt allen diesen Bildungen zu Grunde. Vgl. Dz 181 hennir.

hĭnnītĭo, -īre s. hĭnnĭo, -īre.

4573) hĭnnīto, -īre, laut wiehern; (neap. annicchiare, vgl. d'Ovidio, AG XIII 383).

4574) hĭo, -āre, klaffen; davon rum. id[rc] u. hiesc u it i, klaffen, wohl nur gel. W.

4575) hĭrcūs, -um m., Bock (die Quantität des i ist zweifelhaft, vgl. Gröber, ALL III 139); ital. irco; span. hirco.

4576) hĭrpĕx, -ĭcem m., Egge; ital. erpice, dazu das Vb. erpicare, vgl. Flechia, AG II 9 u. 11; frz. 'herse (altfrz. 'herce, daneben 'haise, 'hese), dazu dasVb. 'hercer, -ser, eggen, wovon das Demin. altfrz. 'herceler, neufrz. 'harceler, zerhacken, peinigen, reizen; rtr. erpst. Vgl. Dz 609 'haise u. 614 'herse; dazu auch im Anhang zu Dz 800 'herse. Vgl. auch Flechia, AG II 9 u. 11; Gröber, ALL III 270 u. VI 392; Horning, Z IX 497.

4577) hĭrtūs, a, um, struppig; ital. irto, struppig; ptg. hirto, steif, starr; nach Dz 498 auch span. yerto, starr, steif (von Dz irrtümlich mit „struppig" übersetzt); altfrz. enherdir (z. *hirtus ?), struppig werden, sich sträuben. Baist, Z VI 119, vermutet, dals yerto aus dem Vb. enertarse, enyertarse, starr werden (von iners) abgeleitet sei.

4578) *hīründĭnĕlla, -am f. (Demin. v. hirundo), kleine Schwalbe; ital. rondinella; rum. rinduné; prov. irondella, randola, randolo; altfrz. aron-delle; neufrz. hirondelle.

4579) hǐrǔndo, -ǐnem *f.* (*hirundo, non harundo*
App. Probi 165), Schwalbe; ital. rondine; sard.
rundine; (rum. rinduneă? Ch. hat nur rinduné):
prov. ironda; altfrz. arondc; (cat. *ironeta?
oroneta, oreneta; span. golondrina, wohl von
golondro (von gula abzuleiten?), Lust, l'egierde,
es wäre dann die Schwalbe als frefslustiger oder be-
gattungslustiger Vogel aufgefafst worden, indessen
hat Cornu, R XIII 302, doch sehr scharfsinnig die
Verwandtschaft zwischen golondrina u. hirundinem
verteidigt; Parodi, R XXVII 238, vermutet, dafs
golondrina viell. aus *golondina entstanden sei und
dies aus *volandina, vgl. vulandrina in Montferrat;
ptg. andorinha). Vgl. Dz 275 róndine; Gröber,
ALL III 139; Behrens, Metatb. p. 103 und 80. Vgl.
auch No 4570.

4580) *hǐspǎnǐǒlus, a, um (*Hispania*), spanisch;
ital. spagnuolo; frz. espagnol Adj., espagnol,
épagnol, épagneul, langhaariger Jagdhund, vgl.
Cohn, Suffixw. p. 250; span. español.

***hǐspǐdosus s. hǐspǐdus.**

4581) hǐspǐdus, a, um, struppig; altfrz. hisde,
hide, dav. hideux (*hispǐdosus); südfrz. hispre
(hispidus + asper).

4582) ndd. hǐssen (schwed. hissa), in die Höhe
ziehen; ital. issare; frz. 'hisser; span. ptg. izar.
Vgl. Dz 185 issare; Mackel, p. 101.

4583) hǐstǒrǐǎ, -am *f.* (ιστορια), Geschichte;
ital. storia; frz. histoire etc., vgl. Berger s. v.

4584) hǐstrǐx, hǐstrǐcem *f.*, Stachelschwein;
neap. éstrece, Igel, vgl. Salvioni, Post. 11.

4585) ahd. hǐuflǐâ; davon vielleicht neapol.
guoffola, vuoffula, Wange, vgl. Dz 378 guancia;
Braune, Z XVIII 526.

4586) ahd. hǐur (unhiuri), grausig, schrecklich,
vgl. ags. hyre, freundlich, mild); davon (?) frz. ahurir
(gleichsam *ad-hiurire), bestürzt machen, verdutzen,
vgl. Dz 618 hure (wov. das Vb. viell. besser abzuleiten).

4587) ahd. hǐzza (aus *hitja), Hitze; davon ital.
izza, Zorn; Unwille; altfrz. hicier, hetzen, enhicier,
aureizen. Vgl. Mackel, p. 100; Dz 379 izza. Sieh
eben ***ad-hizzare.**

hlank, hlanka s. flaccus.

4588) ahd. hlosên, lauschen; davon nach Caix,
St. 649, ital. usolare „spiare, origliare"; Herkunft
vom got. hausjan, hören, dürfte wahrscheinlicher sein.

4589) germ. hnapp-, Napf; ital. anappo, nappo;
prov. enap-s; frz. 'hanap, ('henap), davon 'hanepier, Hirnschale. Vgl. Dz 16 anappo; Mackel, p. 57.
Pascal, Studj di fil. rom. VII 94, will von hnapp,
bezw. von napf, ableiten ital. in-, anaf(f)iare, begiefsen, es wird jedoch dies Vb. besser = *inafflare
angesetzt.

4590) altn. hnǐppǐ, Bündel, soll nach Dz 647
das Grundwort sein zu prov. nipa, Putzgerät, frz.
nippe, Putzsachen, dazu das Vb. nipper, mit Putzsachen ausstatten. Mit Recht bemerkt aber Mackel,
p. 101, dafs diese Ableitung unmöglich ist, „da h
nicht unausgedrückt geblieben wäre".

4591) mittelndl. hobant (für hoofdband, altn.
höfudbendur), Tau zur Befestigung des Mastes, —
frz. 'hauban, Rüstseil, Haupttau. Vgl. Dz 613 s. v.

**4592) mittellat. hobellarius (— [?] altengl. hobeler
von hobby, Pferdchen, Klepper, Klepperreiter) = [?]
frz. 'hobereau, Landjunker. Vgl. Dz 616 hobin.

4593) engl. hobby, kleines Pferd; davon ital.
ubino, Klepper; altfrz. 'hobin, Zelter. Vgl. Dz
616 hobin.

4594) 1. hǒc, hierher; sard. in-ogh-e, hier, her;

(rtr. ennáu, nau, enná, ennò ist wohl = in + hāc,
vgl. Ascoli, AG VII 537). Vgl. Gröber, ALL III 138.

**4595) 2. germ. hoc, Haken, Hacken: davon nach
Förster. Z V 97 f., frz. 'houer, hacken (hoc : 'houer
= croc : encrouer), 'haver, an sich ziehen, 'hocher
(mit dem Haken ziehen u. dadurch) schütteln, dazu
die Vbsbsttve 'houe, Hacke, (nur altfrz.) 'havet,
Haken, 'hochet, Klapper. Vgl. Dz 613 haver (leitet
haver u. havet von ahd. habên = engl. have ab),
617 'houc ('houe, 'hoyau u. das honneg. Vb. 'hauer,
aufhauen, von ahd. houvà, houvan), 616 hocher
(zusammenhängend mit ndl. hotsen); Förster, Z V
97 f.; Mackel, p. 124 (setzt altd. *hauwa als Grundwort für houe an). Die Förster'sche Annahme empfiehlt sich durch ihre Einfachheit und durch die
von ihr gebotene Möglichkeit der ungezwungenen
Erklärung einer ganzen Wortsippe.

hǒc ǎnno s. hic haec hoc.

4596) hǒdǐē, heute: ital. oggi; rtr. ots; prov.
huei; altfrz. hui; neufrz. (aujourd') hui; span.
hoy; ptg. hoje. Vgl. Dz 226 oggi. Über hanc +
hodie s. oben hic haec hoc.

**4597) hǒdǐē + dǐ[ēm] = ital. oggidì, heute;
(frz. aujourd' hui); span. hoydia. Vgl. Dz 226
oggi.

4598) hǒdǐē + mǎgǐs; ital. oggimai, omai,
schen; prov. altfrz. hu(e)imais. Vgl. Dz 226
oggi.

**4599) fries. hokke, Mantel, Kapuze, = altfrz.
'hoche, langes Gewand, vgl. Dz 616 s. v.

4600) ahd. hol, Höhle; davon frz. 'halot, Kaninchenhöhle, vgl. Dz 610 s. v.; ähnlich von ahd. holi,
frz. 'hulotte, vgl. Dz 618 s. v.

4601) [*hǒmǎgǐum (oder *hǒmǐnǎtǐcum?) n. (v.
homo), Lehnshuldigung, Huldigung; ital. omaggio;
prov. homenatge-s; frz. hommage; span. homenaje; ptg. homenagem. Vgl. Dz 355 uomo.]

**4602) dtsch. (mundartlich) hombeere, himpel-
beere,** Himbeere; dav. ital. (mit angewachsenem
Artikel) lampione, lumpone (dialektisch ámpola,
ampói etc.); rtr. ampóm etc., vgl. Gartner § 22.
Vgl. Dz 380 lampione; Salvioni, Z XXII 465.

4603) *hǒmǐnōsus, a, um, menschlich, = rum.
omenos.

4604) hǒmo, -ǐnem m., Mensch; ital. uomo, Pl.
uomini; rum. om, Pl. oameni; rtr. om, um, vgl.
Gartner § 200: prov. hom; frz. homme, on; cat.
home; span. hombre; ptg. homem. Vgl. Dz 335
uomo. Über altfrz. en, an vgl. Förster, Z XIII
541; über altfrz. om, om(s), om(m)e vgl. die Gramm.

**4605) griech. ὁμορος, -ον (homorus), angrenzend,
benachbart; davon frz. omore f., Bereich des, z. B.
von einer Mauer geworfenen, Schattens (A. Daudet,
Numa Roumestan, Ausg. vom J. 1894 p. 10 unten).

4606) hǒnēstǔs, a, um (von honos), ehrenwert;
ital. onesto (altfrz. honeste; neufrz. honnête;
span. honesto; ptg. honesto). Vgl. Gröber, ALL
III 139.

4607) hǒnōr, -ōrem m., Ehre; ital. onore;
prov. [h]onors; frz. honneur; span. ptg. honor
u. honra (das übliche Wort ist honra).

4608) hǒnōro, -āre, ehren; ital. onorare; altlomb. onderar; altoberital. (des-)orar, vgl. Salvioni, Post. 11; altprov. onrar; (frz. honorer);
span. ptg. honrar.

4609) ndl. hop, Hopfen; davon frz. 'houblon
(= houb-el-on); altwallon. hubillon. Vgl. Dz
616 s. v.

4610) [altn. hopa, weichen; davon viell. altfrz.
hober, sich rühren, seine Stelle verlassen. Dz 615

s. v. will das Vb. auf kymr. ob, weggehen, zurückführen, aber ein solches Wort ist im Kymr. nicht
vorhanden, vgl. Th. p. 103.]

4611) ags. **hoppan** (ahd. *hupfan*), hüpfen; davon
vielleicht frz. *'houpée*, das Aufsteigen einer Welle,
vgl. Dz 617 *s. v.*

. 4612) ndl. **hoppe**, Hopfen; davon nach Dz 617
s. v. frz. *'houppe*, Troddel, Quaste (sogenannt wegen
der Ähnlichkeit mit der fleckig aussehenden Hopfen-
blüte), dazu das Vb. *'houpper*, betroddeln; span.
hopo, zottiger Tierschwanz. Vgl. Dz 617 *houppe;*
G. Paris, R X 60 Anm. 2.

4613) Naturlaut **hoq;** davon frz. *'hoquet*, das
Schluchzen, vgl. Dz 616 *s. v.*

4614) 1. **hōrā, -am** *f.* (ὥρα), Stunde; ital. *ora*
(archaisch auch *ore*, Sg., womit *ancore*, *tuttore* für
das gewöhnliche *ancora*, *tuttora* zusammengesetzt
sind, vgl. Canelle, AG III 403); das Adv. *ora* ist
= Abl. *horā*, *allora*, damals, ist gleichsam *ad ill-*
+ *horā;* rum. *oarā;* rtr. *óra, óura, úra*, vgl.
Gartner § 200; prov. *ora;* das Adv. *ara, era, er*
ist vermutlich aus *ad horam* entstanden, vgl. oben
hic haec hoc No 4; frz. *heure* (Sbst.); das Adv.
ore, or (mit off. *o*) ist entweder aus *ha[c] hora*
oder aus *ad horam* oder endlich (mit Angleichung
an *oi = hodie*) aus einfachem *horā* entstanden, vgl.
oben **hic haec hoc** No 4; dem ital. *allora* entspricht *alors*, daneben einfaches *lors*, dessen ursprünglich substantivische Bedeutung noch in der
Verbindung *lors de* + Sbst. fortlebt; cat. span.
ptg. *hora*. Vgl. Dz 227 *ora*. — Über die Verbindungen *ad horam*, *ha[c] hora* s. oben **hic haec hoc;**
vgl. überdies den Artikel **ad haue horam** (*hanc ad
horam*) = ital. *ancora*, frz. *encore* etc. (nachgetragen werde hier, dafs altfrz. *uncore* vermutlich
aus *oncore* durch Angleichung an *unc, onc* entstanden ist); *trans horam* = ital. (mundartlich)
strasora, vgl. Flechia, AG III 149; *horis quantum*,
horis sic quantum = rum. *oare-cât, oari-cât, ori-
și-cât*, eine Zeit lang, etwas, vgl. Ch. *cât; hora in*
direct-= prov. *orendrei;* altfrz. *orendroit*, immer-
fort, vgl. Dz 649 *s. v.;* (*de ex hora magis* = frz.
désormais, von nun an. Vgl. Gröber, ALL III 139
u. VI 391.

4615) 2. altnord. **hóra**, Hure, = norm. *hore*,
vgl. Dz 616 *s. v.;* Mackel, p. 32.

4616) [*hŏrdĕārīōlus od. -um ?**, Gerstenkorn am
Auge: ital. *orzaiolo* „orzuolo, bruscolo all' occhio",
vgl. Caix, St. 432.]

4617) **hŏrdĕōlŭs, -um** *m.* (v. *hordeum*), Gerstenkorn am Auge; ital. (lombard.) *orzöl* etc.; sard.
arzolu; (rum. *orsișór =*hordicĭŏlus*); frz. *orgeol-et*,
orgel-et: span. *orzuelo;* ptg. *hordeolo* (gel. W.;
die volkstümlichen Worte für „Gerstenkorn" gehen
auf *triticeolum*, Weizenkorn, zurück: *treçol, tressol,
tresso, terçól, tersól, tresóol, treçouro, treçougo,
treçôlho, tiçouro, torçâo*, zum Teil, wie man sieht,
auf volksetymologischen Anbildungen an *aurum*,
oculus etc. beruhende Formen). Vgl. Caix, St. 432;
C. Michaelis, Misc. 158 No 43.

4618) **hŏrdĕum** *n.*, Gerste; ital. *orzo;* rum.
orz m., Pl. *orzuri* u. *oarze* *f.;* friaul. *uardi(?);*
prov. *ordi;* frz. *orge;* span. *orzuelo;* alttptg.
orge (neuptg. heifst die „Gerste" *cevada*). Vgl.
Dz 229 *orzo;* Gröber, ALL III 141. S. oben No 2157.
*hŏrdĭeŏlŭs s. hŏrdĕŏlŭs.

4619) dtsch. **hornfisch;** daraus entstellt frz.
orphie, Hornhecht, vgl. Joret, R IX 125.

4620) dtsch. **hornwerk** = span. *hornabeque;*

---

ptg. *hornaveque* (mit ders. Bedtg. wie im Deutschen),
vgl. Dz 460 *hornabeque*.

4621) [*hōrŏlŏgĭārĭŭs, -um** *m.*, Uhrmacher;
ital. *orologiajo, oriuolajo, oriolajo;* frz. *horloger;*
span. *relojero;* ptg. *relogeiro, relojoeiro*.]

4622) **hōrŏlŏgĭŭm** *n.* (ὡρολόγιον; *orilegium*, non
orologium, wofür wohl *orologium*, non *orilegium*
zu lesen ist, App. Probi 206), Uhr; ital. *orológio*
(daneben *oriuolo*); prov. *relotge-s;* frz. *horloge* (bedeutet nur „Turmuhr", dagegen *montre* [*monstra*],
Vbsbst. v. *montrer*, „Taschenuhr", *pendule* = *pendula* „Zimmeruhr"); span. *reloj;* ptg. *relogio*.
Vgl. Dz 228 *oriuolo*.

4623) arab. **'horr**, frei, **al-'horríjah**, Freiheit
(Freytag 360a, 361a); davon span. ptg. *horro, forro*,
frei, *alforria*, Freiheit. Vgl. Dz 460 *horro;* Eg.
y Yang. 424.

4624) *hōrrĕārĭus, a, um** (*horreum*), zum Speicher gehörig; prov. *orgier*, Getreidehändler, vgl.
Themas, R XX 447.

4625) **hōrrĕsco, hōrrŭī, hōrrĕscĕrĕ** (inchest. zu
horrēre), schaudern; rum. *uresc ii it i;* die übrigen
Sprachen kennen nur *abhorreo* (s. d.).

4626) **hōrrĕŭm** *n.*, Scheune, Speicher; ital. *or*
in *Or San Michele;* sard. *orrin;* frz. *orge* in *salorge*, Salzhaufen. Vgl. Bugge R III 157.

4627) **hōrrĭdŭs** (u. *hōrĭdus?), a, um** (*horreo*),
struppig, starrend, schauderhaft; ital. *orrido*,
schauderhaft, *ordo*, schmutzig, unrein (das Wort
hat geschlossenes *o*, weshalb Gröber, ALL III 141,
es von dem prev. u. frz. Worte trennen will; nach
den Normen der Lautlehre ist dies Verfahren selbstverständlich durchaus richtig, indessen, wie z. B.
das frz. Adv. *or* trotz seines offenen *o* nicht von
hora losgelöst werden kann, so wohl auch *ordo* nicht
von *horridus*, u. wie bei *or*, so dürfte auch bei
ordo die abnorme Vokalqualität irgendwie zu erklären sein, ohne die Ableitung selbst in Frage·zu
stellen); dazu das Sbst. *ordura*, Schmutz; altoberital. *orrio*, vgl. AG XII 418, Salvioni, Post. 11;
prov. ort, fem. *orde*, schmutzig, dazu die Sbsttve
ordura und *orreza* und das Vb. *ordeiar* (gleichsam
horrididiare), *orrezar;* neuprov. orri, orre; altfrz. ort, fem. *orde*, dazu das Sbst. *ordure* (auch
noch neufrz.) und das Vb. *ordoiier*. Vgl. Dz 228
ordo; Gröber, ALL III 141.

4628) **hōrrĭpĭlo, -āre** (*horrere* u. *pilus*), sich
sträuben (von den Haaren), sich entsetzen; davon
viell. ptg. *arripiar*, schaudern, vgl. Dz 426 *s. v.*

4629) **hōrtōr, -ārī**, ermahnen; nur erhalten in
den Zusammensetzungen; ital. *esortare;* prov.
conortar; altfrz. *enortar* (das *o* ist in allen drei
Verben offen) etc. Vgl. Gröber, ALL III 141.

4630) **hōrtŭs, -um** *m.*, Garten; ital. *orto* (mit
off. *o*); sard. *ortu;* rtr. *iort;* prov. altfrz. *ort;*
cat. *hort;* span. *huerto;* ptg. *horto*. Das Wort
ist im Ital. u. Frz. (vielleicht auch im Span. u. Ptg.)
durch das german. *gard*- (s. d.) aus dem Gebrauche
verdrängt worden. Vgl. Gröber, ALL III 141 (und
II 431).

4631) ahd. **hosa**, Hose; ital. *uosa*, Hose, dazu
das Demin. *usatto*, Stiefel; prov. *osa;* altfrz.
hose, heuse, dazu das Vb. *hoser, heuser;* neufrz.
Demin. *houseaux*, hohe Gamaschen; altspan. *huesa;*
altptg. *osa*. Vgl. Dz 335 *uosa;* Mackel, p. 32 u.
Z XX 418.

4632) **hŏspĕs, -pĭtem** *m.*, der Gastlichkeit Em-
pfangende oder Gewährende, der Gast, der Wirt;
ital. *ospite* (u. das Lehnwort *oste*, letzteres meist
nur „Wirt" bedeutend, vgl. Canelle, AG III 330);

r u m. *oaspete, oaspĕt, oasp;* **p r o v.** *(h)oste-s;* **a l t f r z.** *oste;* **n e u f r z.** *hôte;* **c a t.** *hoste;* **s p a n.** *huesped;* **p t g.** *hospede.* Vgl. Dz 230 *oste;* Gröber, ALL III 141.

4633) ***hŏspĭtālārĭūs, a, um** (von *hospitalis*), Gastlichkeit erweisend; **i t a l.** (veraltet) *ostelliere* „ŏsteria ed oste", spedaliere „cavaliere gerosolomitano, o servente d'ospidale", vgl. Canello, AG III 307; **f r z.** *hôtelier,* Gasthofsbesitzer.

4634) **hŏspĭtālĕ** (Ntr. des Adj. *hospitalis,* gastlich), Fremden-, Gasthaus; **i t a l.** *ospitale, ospedale, spedale* „ricovero per i malati", arch. *ostale* „ostello", *(ostello* „albergo, dimora", Umbildung des frz. *hostel, hôtel),* vgl. Canello, AG III 314; **(p r o v.** *hospital);* **f r z.** *(hôpital,* Krankenhaus), *hôtel,* Gasthaus, gröfseres Wohnhaus (jedoch *Hôtel-Dieu,* Krankenhaus); **s p a n.** **p t g.** *(hospital).* Vgl. Dz 320 *oste.*

4635) ***hŏspĭtārĭūs, a, um** (v. *hospes*), gastlich; **i t a l.** *ostiero, ostiere,* Wirt *(osteria,* Wirtshaus); **r u m.** *ospĕtar,* Wirt, *ospĕtare, ospĕtărie,* Gasthaus; **s p a n.** *hospedero,* Wirt *(hospederia,* Herberge, daneben *hospedaje* und *hosteria);* **p t g.** *hospedeiro,* Wirt (auch Adj. „gastfrei"), *(hospedaria,* Wirtshaus, daneben *hospedagem).*

4636) ***hŏspĭtātĭcŭm** *m.,* Bewirtung, (daun die bewirtete Person, auch eine unfreiwillig in der Fremde sich aufhaltende, der Geisel); **i t a l.** *ostaggio, staggio* „pegno" u. *statico* „persona data in pegno", vgl. Canelle, AG III 347; **p r o v.** *ostatge;* **f r z.** *ôtage;* **s p a n.** *hostaje,* Geisel *(hospedaje,* Gasthaus). Vgl. Tobler, Z III 568; Diez 229 *ostaggio* stellte **obsidaticum* als Grundwort auf; Förster, Z III 261, empfahl **hostaticum* (v. *hostis).*

4637) [**hŏspĭtĭŭm** *n.* (*hospes*), Gastfreundschaft, Gastzimmer, Herberge (romanisch nur in dieser letzteren Bedtg.); **i t a l.** *ospizio;* **r u m.** *ospeţ, oaspeţ;* **f r z.** *hospice;* **s p a n.** **p t g.** *hospicio).*

4638) **hŏspĭto, -āre** (v. *hospes* :] schriftlat. *hospitari,* Gast sein), Gastfreundschaft empfangen und ansüben; **s a r d.** *ospedái;* **r u m.** *ospĕtez ai a,* bewirten; **(p r e v.** *ostatjar,* jem. beherbergen, aufnehmen); **(f r z.** *ôter;* Lücking, Die ältesten frz. Mundarten p. 151, wollte *ôter* aus *hospitare* erklären, in Wirklichkeit leitet sich aber dies Wort von *obstare* ab, vgl. Ascoli, AG VII 523); **s p a n. p t g.** *hospedar.*

4639) **hŏstĭs, -em** *m.,* Feind (im Roman. mit leicht erklärlicher Bedeutungsverschiebung „Heer", für den Begriff „Feind" ist *inimicus* eingetreten); **i t a l.** *oste,* dazu das Vb. *osteggiare,* bekriegen; **r u m.** *oaste;* **p r e v. a l t f r z.** *ost,* dazu das Vb. *osteiar, ostoiier;* **s p a n.** *hueste;* **p t g.** *hoste.* In den neueren Sprachen sind jedoch die üblichen Worte für „Heer" *exercitus* u. **armata.* Vgl. Dz 229 *oste;* Gröber, ALL III 141.

4640) bret. **houlenn,** Pl. *houl,* Woge; davon viell. frz. *'houle,* Woge; **c a t.** **s p a n.** *ola.* Vgl. Dz 227 *ola;* Th. p. 69 (Th. bezweifelt den keltischen Ursprung des Wortes). Vielleicht darf man unter Bezugnahme darauf, dafs frz. *'houle* die „hohle See" bedeutet *(il y a de la houle,* die See gebt hohl) das Grundwort wenigstens des frz. Wortes im ahd. **hulĭ,* Höhle, suchen, das ebenfalls in der Form *'houle,* aber in anderer Bedtg. („Bordell") im Altfrz. vorhanden war, vgl. Mackel, p. 20. *'houle* bedeutet übrigens auch „Kochtopf" u. mufs in dieser Bedtg. = lt. *olla* angesetzt werden *(olla* : [*h*]*oule* = *Gall*[*i*]*a* : *Gaule*); dies aber legt die Vermutung nahe, dafs auch *'houle, ola,* Wege = *olla* sein könne. Eine „Hohlwege" als „Topf" zu bezeichnen, ist gewifs

nicht dichterisch schön, aber doch wohl begrifflich möglich. — Von ahd. **huli* ist viell. abgeleitet frz. *'houlette,* Schäferstab, d. h. ein Stab, dessen gekrümmter Griff eine Art von Höhlung bildet, oder Stab, der zu einem Teile ausgehöhlt ist, um als Blasinstrument zu dienen; Scheler wollte das Wort von *agolum,* Hirtenstab (nur bei Paulus ex Fest. 29, 16 belegt) herleiten, was lautlich nicht wohl angängig ist.

4641) altn. **hrafla,** wegschnappen, bezw. eine der altn. Form entsprechende ahd. Ableitung (gleichsam nhd. *raffeln*) von ahd. *raffōn,* hastig reifsen, raffeln, scheint neben *raffōn* das Grundwort zu sein zu **i t a l.** *raffio,* Haken, (piem. *rafa,* Raub), *arraffare, arraffiare,* mit Gewalt reifsen, *ruffa-raffa,* Reifserei (romagn. *riffe-raffa);* **r t r.** *raffar, riffa, raffa;* **a l t f r z.** *raffer* (lothr. *raffoua),* dazu das Subst. *raffe;* **n e u f r z.** *rafler,* wegraffen, dazu das Subst. *rafle* (altfrz. *rofle,* Krätze, leitet Mackel p. 63 von ahd. **rapfa* ab); **s p a n.** *rifi-rafe* (vielleicht ist hierher zu ziehen auch *rifar,* streiten, wenn es nicht eine unregelmäfsige Wiedergabe von „raufen" ist). Vgl. Dz 261 *raffare;* Mackel, p. 72.

4642) germ. Stamm ***hrak,** davon westgerm. **rakōn,** speien; davon **i t a l.** (mundartlich, bezw. comask.) *raed,* ausspeien; **r t r.** *scracchiar;* **p r o v.** *racar* (daneben *escracar);* **a l t f r z.** *rachier,* **n e u f r z.** *cracher* (das anlautende *c* kann nicht = germ. *h* sein, sondern ist wohl als schallnachahmender Zusatz aufzufassen). Vgl. Dz 663 *racher;* Mackel, p. 47.

ahd. **hräpfa s. erap.**

4643) (altn. **hrappa,** schelten, jem. anfahren; davon nach Dz 588 (prov. *frapar*) frz. *frapper,* schlagen, klopfen, jedoch ist die Ableitung höchst zweifelhaft, vgl. Mackel, p. 136; weit wahrscheinlicher ist die ebenfalls von Diez in Vorschlag gebrachte Herleitung von ndl. *flappen* s. No 3820.

4644) althd. **hrîbâ,** Hure (dazu ist vorauszusetzen ein Mask. **hriber,* Hurer, Lotterbube); davon vermutlich **i t a l.** **s p a n.** *ribaldo* (daraus mit Anlehnung an *rubare,* rauben, *rubaldo,* dazu das Fem. *rubalda,* eine Art Pickelhaube); **p r o v.** *ribaut-z, ribalda;* **f r z.** *ribaud, ribaude* (altfrz. auch *riber,* huren), *ribaudequin,* ein Wurfgerät. Vgl. Dz 268 *ribaldo,* indessen ist diese von Diez gegebene Ableitung wohl nicht für allseitig sicher zu erachten. Devic, Mém. de la soc. de ling. de Paris V 37, leitet *ribaud* ab von arab. *ribât* „maison de réfuge où, d'après un témoignage du 10° siècle, se réunissaient des soudards et des bandits." S. auch unten *riban.*

4645) altnfränk. **hrîm,** Reif; davon das gleichbedeutende **f r z.** *frimas,* (pic. *frimer,* reifen), *frimaire,* Reifmonat. Vgl. Dz 589 *s. v;* Mackel, p. 135.

4646) germ. Bedtg., Kreis, Versammlung; **i t a l.** *aringo,* Rednerplatz, *aringa,* öffentliche Rede, dazu das Verb *aringare,* öffentlich reden, *aringhiera, ringhiera,* Rednerstuhl; **p r o v.** *arenga;* **f r z.** *'harangue,* dazu das Verb *'haranguer;* **s p a n. p t g.** *ranchear,* aufstellen). Vgl. Dz 25 *aringo;* Mackel, p. 136. S. auch **ring.**

4647) ahd. **hringa,** antfr. **ringa,** Schnalle, = altfrz. *renge,* Schwertgürtel, vgl. Dz 668 *s. v.* **hripa s. fibra.**

4648) altnfränk. ***hrōk** (mit off. *o;* ahd. *hruoch*), Saatkräbe, = altfrz. **fruec;* neufrz. *freux.* Vgl. Dz 589 *freux;* Mackel, p. 30 u. 135.

4649) altnord. **hrōkr,** anmafsend, = frz. *rogue,* übermütig, vgl. Dz 671 *s. v.*

4650) ahd. **hrômjan,** lärmen (nhd. rühmen), =
ital. *romire,* brausen, lärmen, davon *rumicciare*
„far rumore coi piedi", *ramaccio* „strepite", vgl.
Dz 394 *romire;* Caix, St. 494.

4651) germ. **hrôpan,** rufen; davon nach Schwan,
Altfrz. Gr. § 44b, 4, altfrz. ro(u)ver, das gewöhnlich = *roḡare* gesetzt wird (s. d.).

4652) altnord. **hros(s)** = nerm. *harousse,* (Refs),
Mähre, vgl. Dz 277 *rozza;* Mackel, p. 36.

4653) altnord. **hroshvalr,** dtsch. **rosswall;** davon
nach Bugge, R III 157, frz. *rohart,* Elfenbein von
Wallrossen (älters Formen des Wortes sind *rochal,
rohal*).

4654) Schallwort **hu** = altfrz. *'hu* (Interjektion),
davon *'huer,* schreien, *'huard,* Schreier, *chat-'huant,*
Nachtkauz (eine Eule), *'huette,* Eule. Vgl. Dz 617
s. v. S. unten **káiwa.**

4655) ahd. **hûba** (altn. *húfa*), Haube, = ital.
(nur das Demin.) *oveta;* altfrz. *huve,* davon das
Demin. neufrz. *huvet,* eine Art Kopfputz (das Wort
fehlt b. Sachs). Vgl. Dz 618 *s. v.;* Mackel, p. 19;
G. Paris, R III 113. S. auch **hûfa.**

4656) ***hûcco, -âre** (v. *hûc*), herrufen, schreien;
piemont. *úché,* friaul. *ucá;* prov. *ucar, uchar;*
altfrz. *'huchier* (daneben *húier,* vgl. Förster zu
Erec 119); pic. *'huguer;* neufrz. *'hucher.* Vgl.
Dz 618 *hucher;* Flechia, AG III 158; Gröber, ALL
III 141. — „Vielleicht gehört hierher auch franco-
prev. *houtserô,* Waldgeist, der aus Bäumen neckend
ruft." F. Pabst.

4657) ahd. **hûf, hûvo,** Ohreule, = ital. *gufo,*
vgl. Dz 378 *s. v.* S. oben **gufan.**

4658) altn. **hûfa,** Kopfbedeckung von Filz
oder Fell; davon (!!) nach Bugge, R IV361,frz. *'hure,*
zottiges, struppiges Haupthaar, behaarter Kopf,
Wildschweinskopf (*húfa* = *'hue,* daraus mit eingeschobenem r [vgl. Tobler, R II 243] *hure*). Dz 618
s. v. stellt ein bestimmtes Grundwort nicht auf,
vermutet aber, dafs *hure* aus *'hule* entstanden und
letzteres = ahd. *hiuwila,* Ohreule, sei.

4659) ahd. **hufô** (schwache Form zu *houf*), Haufe;
davon vielleicht ital. *covone,* Garhe, vgl. Scheler
im Anhang zu Dz 757; wahrscheinlicher indessen
ist die von Dz 366 vermutete Herleitung des Wortes
aus *cavus,* wonach dasselbe eigentlich bedeuten
würde „eine hohle Hand oder eine hohle Hand voll
Ähren".

4660) ndl. **huising** „ligne d'amarrage faite avec
deux fils de caret très fins, commis ou entrelacés
ensemble" = frz. *lusin* (aus *l' usin* entstanden) mit
gleicher Bedtg. Vgl. Behrens, Festg. f. Gröber
p. 161.

4661) [ndl. (ge-?) **hukken,** hocken; davon nach
Dz 621 vielleicht frz. *juc,* Hühnerstange, wozu das
Vb. *jucher,* sich auf die Stange setzen, um zu
schlafen (von den Hühnern). Baist, Z VI 425,
vermutet das Grundwert in *juk, juk,* Joch, dem
er auch die Bedtg. „hölzerne Querstange" beilegt,
vgl. dagegen Mackel, p. 26, dessen Gründe unwider-
legbar sein dürften. Th. Braune freilich stimmt,
Z XVIII 514, Baist bei, indem er noch auf ostfries. *jük,* Querholz zum Tragen von Lasten, hinweist.]

huktje s. **hûtĭca.**

4662) dtsch. **hûlen, heulen;** frz. *huler, uler,*
wovon *hulotte,* Eule, vgl. Braune, Z XVIII 527.

4663) ahd. ***hulĭ** (mhd. *hüle*), Höhle; davon altfrz. *'houle,* Bordell; neufrz. *hulotte,* Kaninchenhöhle, vgl. Dz 617 *houle* u. 618 *hulotte;* Mackel,
p. 20. S. auch eben No 4640.

4664) altnfränk. **hulis** (ahd. *hulis, huls*), Stechpalme, = altfrz. *'hous;* neufrz. *'houx,* davon
'houssoir, Besen, *'housser,* fegen, vgl. Dz 617 *s. v.;*
Mackel, p. 21.

4665) ndl. **hulk,** ein Lastschiff; davon nach Caix,
St. 429 (ähnlich auch Baist, Z VII 124, wo ndl.
huker als Grundwert aufgestellt wird) ital. *orea,
urca; frz. 'hourque;* (span. ptg. *urca*). Dz 495
urca stellte lt. *orca* als Grundwert auf, was aber
nur für span. *urca* in der Bedeutung „Sturmfisch"
zutreffend sein dürfte.

4666) altdtsch. ***hultĭ, hulst** = frz. *'housse,*
Satteldecke, vgl. Scheler im Dict. *s. v.;* Mackel,
p. 21. Devic hat dagegen arab. *ghouchia* als
Grundwert aufgestellt, Mém. de la soc. de ling. de
Paris V 37.

4667) **hûmānŭs, a, um** (*homo*), menschlich; ital.
umano; frz. humain etc. Dazu das rein gel. Subst.
ital. *umanità, frz. humanité* etc. Vgl. Berger *s. v.*

4668) **hûmecto, -āre,** befeuchten; frz. *humecter*
(gel. W.). Vgl. No 4672; Berger *s. v.*

4669) **hûmĕrālĭs, -e** (v. *humerus*), zur Schulter
gehörig; dav. valtell. *omrái, ombrái* cinghia della
gerla, *lombral,* ritortola, vgl. Salvioni, Post. 11;
vielleicht auch (span.) ptg. *humbral, umbral* (daneben *humbreira, hombreira*), Thürschwelle, Ober-
sturz, vgl. C. Michaelis, Misc. 160; Baist, Z VII
124, erklärte umbral aus *luminare,* was mehr Wahrscheinlichkeit für sich hat.

4670) [h]**ûmĕrŭs,-um** m., Schulter; ital. *umero,
omero;* rum. *umĕr;* prov. *hume-s(?);* (frz. *épaule=*
spatula, auch ital. ist das übliche Wort *spalla*);
span. *humero, hombro;* ptg. *hombro, ombro.*]

4671) [***hûmĭco, -āre,** befeuchten; davon nach
Caix, St. 42, ital. (tosc.) *lumacaglia, limmecaola*
(= *l'umacaglia* etc.) „pioggerella", dazu das Verb
(mit von dem Sbst. übernommenem anlautenden *l*)
limicare, lamicare „piovigginare". Dz 380 *lamicare*
leitete das Wort von *lambicare* (von *lambere*) ab.
S. unten ***lämbĭco.**]

4672) [***hûmĭdĭo, -īre, *hûmĭdĕsco, -ĕre,** befeuchten; ital. *umidire;* rum. *umezesc ii it i;*
(prov. *humectar;* frz. *humecter* = *humectare*);
span. ptg. *humedecer.*]

4673) [**hûmĭdĭtās, -tātem** f., Feuchtigkeit; ital.
umidità; (rum. *umezcalā*) prov. *humiditatz; frz.
humidité;* span. *humidad, humedad;* ptg. *humidade* nur gel. Worte.]

4674) ***hûmĭdōsŭs, a, um,** feucht; ital. *umidoso;* rum. *umedos.*

4675) [(h)**ûmĭdŭs, a, um,** feucht; ital. *umido;*
rtr. *umid, tume, tumek,* vgl. Gartner § 92 α; rum.
imed u. *uméd;* prev. *humid;* neuprov. *ime;* frz.
humide (gel. W.); wallon. *um(e), wime,* vgl. Horning, Z XIII 323; cat. *humid;* span. *húmedo,
húmido;* ptg. *húmido.*]

4676) [**hûmĭlĭo, -āre** (v. *humilis*), erniedrigen;
ital. *umiliare;* rum. *umilesc ii it i;* prev. *humiliar;* frz. *humilier;* cat. *humiliar;* span. *humillar;*
ptg. *humilhar.* (Überall nur gel. W.). Vgl. Berger *s. v.*

4677) **hûmĭlĭs, -e** (v. *humus*), niedrig; ital.*umile;*
prov. *(h)umil-s;* frz. *humble;* span. ptg. *humilde*
(das *d* erklärt sich aus Anlehnung an *humildad,*
vgl. Marchesini, Studj di fil. rom. II 12), vgl. Dz
460 *s. v.* Vgl. G. Paris, R X 62 Anm. 5 (erklärt
mit Recht das ital. prov. span. u. ptg. Wort für
gelehrt). Das übliche Wert für „niedrig" ist im
Roman. *bassus* geworden, *humilis* hat vorwiegend
nur die übertragene Bedtg. „demütig".

30*

4678) **hūmĭlĭtās, -tātem** *f.*, Niedrigkeit, Erniedrigung; ital. *umilità*, (daneben *umilianza*); (rum. *umilinţă* = *humiliantia*); prev. *humilitat-z*; frz. *humilité*; span. *humildad*, (daneben *humildanza*); ptg. *humildade*. Überall nur gelehrtes Wert, als solches ist auch *humiliatio* allenthalben vorhanden. Vgl. Berger *s. v.*

4679) ahd. ***humjan** (?), summen, = frz. *hogner*, brummen, murren, vgl. Dz 616 *s. v.*; Mackel, p. 24.

4680) dtsch. **hummer** = frz. *'homard*, vgl. Dz 616 *s. v.*

4681) [***hūmo, -āre** ist die vorauszusetzende Grundform für frz. *'humer*, schlürfen, ohne dafs dieselbe sich erklären liefse, denn Zusammenhang mit *humidus* anzunehmen, ist zu gewagt, obwohl man noch wallen. *ume* (s. No 4675) ein lat. ***huma**, ***humus** für *humidus*, ansetzen darf; Naturausdruck, wie Diez 618 *s. v.* fragend vermutet, kann das Wort aber auch nicht sein.]

4682) **hūmŏr, -ōrem** *m.*, Feuchtigkeit; ital. *umore*; frz. *humeur* etc., nur gelehrte Werte.

4683) dtsch. **hūn(d)ĭn;** davon viell. altfrz. *honnine*, Raupe (vgl. *chenille* v. *chien*), s. Thomas, R XXVIII 192.

4684) altn. **hūnn**, Mastkorb, = frz. *'hune;* span. *huna.* Vgl. Dz 618 *hune;* Mackel, p. 133.

4685) zentralamerikanisch **Huracan**, Sturmgott; davon ital. *uracano*, Orkan; frz. *ouragan;* span. *huracan;* ptg. *furacão.* Vgl. Dz 336 *uracano;* Liebrecht, Jahrb. XIII 238.

4686) altnfränk. **hurd(ĭ)**, Hürde, = altfrz. *horde*, Schranke; davon das Vb. *horder*, einzäunen, u. das Sbst. *hordeïs*, Umzäunung. *Horde* scheint auch enthalten zu sein in dem zweiten Bestandteile der Zusammensetzung *bouhourt*, *bohort*, *behort*, ein ritterliches Spiel, dazu das Verb *bohorder* (davon ital. *bagordo*, *bigordo*, *bagordare*; prov. *beort-z*, *biort-z*, *bort-z*; altspan. *bohordo*, *bofordo*; altptg. *bofordo*. Der erste Bestandteil des Wortes ist dunkel; Diez vermutet darin den Stamm *bot-*, „stofsen“, vielleicht aber darf man eher an *burg* denken; aus *behorder* entstand *bourder*, (mit Turnierthaten) prahlen, aufschneiden). Vgl. Dz 36 *bagordo;* Mackel, p. 21.

hurl s. **ūlūlo.**

4687) serb. **husar;** frz. *hussard*, s. ob. **cūrsārius.**

4688) [mittellat. **hutĭca, -am** *f.* (wohl mit dtsch. *hütte* zusammenhängend), Kasten, = altfrz. *'huge*, neufrz. *'huche*, Kasten, Mehlkasten; span. ptg. *hucha*, grofser Kasten. Vgl. Dz 618 *huche;* Th. Braune, Z XVIII 513, nimmt wohl mit Recht ostfries. *huktje*, kleiner Koben, als Grundwort an.]

4689) ahd. **hutta**, mhd. **hütte**, = frz. *'hutte;* span. *huta.* Vgl. Dz 618 *hutte;* Mackel, p. 112.

4690) schweizerdtsch. **hutte**, Tragkorb, = frz. *'hotte*, Tragkorb, vgl. Dz 616 *s. v.*

4691) ahd. **hûwo, hûo**, Eule; dav. nach Braune, Z XVIII 527, ptg. *huivar*, heulen.

4692) german. Verbalwurzel **hwat**, wetzen; davon nach C. Michaelis, Jahrb. XIII 202, span. *guadaña*, Sichel, vielleicht auch *guadijeño*, Dolch, indessen zieht M. vor, letzteres Wort von dem Städtenamen *Guadix* herzuleiten. Dz 175 *guadagnare* glaubte, dafs *guadaña* (ptg. *guadanha*) sich auf german. *weißaznjo* zurückführen lasse.

4693) **hўŏscўămŭs** u. **-um** (ὑοσκύαμος), Bilsenkraut; ital. *giusquiamo;* frz. *jusquiame:* span. *josquiamo.* Vgl. Dz 168 *giusquiamo.*

hystrix s. **histrix.**

I.

4694) **Iaspĭs, -pĭdem** *f.* (ἴασπις), Jaspis; ital. *diaspro*, Jaspis; prov. altfrz. *diaspe*, bunter, nach Art des Jaspis gefärbter Stoff, davon neufrz. *diapré*, buntfarbig; span. ptg. *diaspero*, *diasp(o)ro.* Vgl. Dz 119 *diaspro.*

4695) **ĭbĕx, ĭbĭcem** *m.* (die Quantität des anlautenden *i* ist ungewifs), Steinbock, = altfrz. *ibiche* (gelehrtes Wert; neufrz. *biche* hat damit nichts zu schaffen, vgl. oben **bukk-**). Vgl. Dz 523 *biche.*

4696) **ĭbĭ**, da, dort; ital. *ivi*, *vi* (ist auch, weil mit proklit. *ve* = *vos* sich mengend, zum Prenominaladverb geworden, vgl. Canelle, AG III 396; über das zweite *i* in *ivi*, welches neben dem *e* in *dove* befremdlich ist, vgl. Meyer-L., Ital. Gramm. p. 61, Canello, Riv. di fil. rom. I 215, d'Ovidio, AG IX 93); sard. *bi;* (prov. frz. altspan. altptg. *i*, *hi*, *y* ist besser auf *hic* als auf *ibi* zurückzuführen.) Vgl. Dz 185 *ivi;* Gröber, ALL III 142.

4697) arab. türk. pers. **ibrĭq** = ital. *bricco* „vaso stagnato nel quale si fa il caffè“, vgl. Caix, St. 220.

4698) ***ĭcto, -āre** (Intensiv v. *icĕre*), schlagen; span. *echar*, stofsen, werfen (namentl. aber auch als Modalverb gebraucht), dazu das Sbst. *echo.* Dz 161 *gettare* leitete *echar* von *ejectare*, Cornu, R VII 354, von *jactare* ab.

4699) **ĭctŭs, -um** *m.* (*icĕre*), Schlag; ptg. *eito*, Reihe, Reihenfolge, Ordnung (der Bedeutungswechsel läfst sich verstehen aus dem adverbialen Ausdrucke *a eito*, Schlag auf Schlag, hintereinander), vgl. C. Michaelis, Frg. Et. 17; Ascoli, AG VII 601 dort auch obwald. *ig.* S. oben **actum** u. **addĭctum.**

ĭdiōtā s. **ĭdiōtĭcus.**

4700) **ĭdiōtĭcŭs** (von *idiotes*), ungebildet; davon nach Caix', St. 68 überzeugender Ableitung ital. *zotico*, bäuerisch, ungeschliffen; (Ménage stellte *exoticus* als Grundwort auf, wogegen Dz 412 mit Recht bemerkt, dafs ital. *z* keinem *x* entspreche); Liebrecht, Jahrb. XIII 231, wollte das Wort auf ahd. *zota*, mhd. *zote* zurückführen; Förster, Z V 391, erklärte *zotico* für abgeleitet von span. ptg. *zote* (frz. *sot*), Dummkopf, welches Wort von Dz 347 *zote* als entweder vom rabbinischen *schoteh*, Dummkopf, oder vom ir. *suthan*, Schelm, Betrüger, herkommend bezeichnet wird (bezüglich der letzteren Ableitung bemerkt Th. p. 83, dafs die Bildung der betr. keltischen Werte zu vieldeutig sei, als dafs sich damit der kelt. Ursprung des roman. Wertes beweisen liefse). In Wirklichkeit dürfte *zote* = *idiota* sein, wie dies Caix a. a. O. angesetzt hat. Von *sot* ist viell. abgeleitet lothr. *sotré*, Kobold, vgl. Horning, Z XVIII 228. Vgl. auch Studi di fil. rom. VII 97.

4701) **ĭd(em) *ĭpsŭs** (f. *ipse*), **a,** = ital. *desso*, *o*, selbst (üblicher ist *stesso* = *iste* **ipsus*); rum. *dins.* Vgl. Dz 367 *desso.*

4702) [**ĭdōnĕŭs, a, um**, geeignet; altfrz. *idoine* (gel. W.).]

4703) **ĭdŭs** *f. pl.*, die Iden; davon (richtiger aber wohl von **uetatosus*) ist viell. abzuleiten ptg. *idoso*, *dioso*, sehr alt, vgl. C. Michaelis, Frg. Et. 21 unten.

4704) **ĭgĭtŭr**, also, folglich; daraus vermutlich altfrz. *gier(r)es*, *giers*, vgl. Cornu, R X 399; Dz 596 *s. v.* schwankte zwischen *igitur* und *ergo;* Suchier, Z I 431, vermutete den Ursprung des Wortes in der Verbindung *de hac re* (s. d.).

4705) ĭgnīārĭus (scil. *lapis*) *m.*, Feuerstein, oder **ĭgnīārĭŭm** *n.*, Feuerzeug, = **rum.** *amnar*, Feueranzünder.

4706) ĭgnŏro, -āre, nicht wissen; **ital.** *ignorare* (gel. W.); aus der 1. P. Sg. *ignoro* ist herausgebildet das Adj. *gnorri* (*fare il gnorri*), vgl. Schuchardt, Roman. Et. I 12; Bianchi, AG X 343 u. XIII 236, setzte *gnorri* = *ignarus* an.

4707) *ĭlĕx, -ĭcem (schriftlat. *īlex;* Ulrich Z XIX 576, setzt **iĭllex** an) *f.*, Stech- oder Steineiche; **sard.** *elighe;* **ital.** *elce*, davon abgeleitet das gleichbedeutende *elcina;* **prov.** *euze-s,* **cat.** *alzina;* **frz.** *yeuse;* **span.** *encina;* **ptg.** *enzinha, azinho, azinheiro, -a.* Vgl. Dz 126 *elce;* Gröber, ALL III 143; d'Ovidio in Gröber's Grundrifs I 507.

4708) ĭlĭă *n.* (Pl. v. *ĭlĕ*), Gedärme; **rum.** *iie,* Leistengegend, Seite etc.; **rtr.** *iglia,* Weiche; **prov.** *ilha, ila;* (**altfrz.** *iliers;* **cat.** *illada;* **span.** *ija-r, ija-da* gleichsam *iliare,* *iliata*); **ptg.** *ilhal* = *iliale, ilharga,* gleichsam *iliarica.* Vgl. Dz 460 *ijar;* Gröber, ALL III 142.

4709) [*ĭlĭcĕrnă, -am *f.* (von *ilex* nach dem Muster von *querna* gebildet) = **prov.** *iserna,* Eiche, vgl. Dz 619 *s. v.*]

4710) ĭlĭcētum *n.* (v. *ilex*), Steineichenwald, = **ital.** *lecceto* (vgl. No 4711), vgl. Dz 126 *elce.*

4711) ĭlĭcĕŭs, a, um (von *ilex*); davon **ital.** *leccio,* Steineiche, vgl. Dz 126 *elce;* Gröber, ALL III 143.

4712) ĭllāc (*ille*), da, dort; **ital.** *là;* (**rum.** *la,* Präpos, mit der Bedtg. von *ad*, nach Dz, Gr. II² 482, = *illac,* nach Ch. p. 136 = *ad* mit einem vorgesetzten „euphonischen" *l*); **rtr.** *là;* **prov.** *la, lai;* **frz.** *là;* **cat.** *lay;* **span.** *allá;* **alttptg.** *alá* (das *a* erklärt sich durch Angleichung an *aquel* u. dgl., wenn man nicht vorzieht, *allá* = *eccu*[m] + *illac* anzusetzen[?]). Vgl. Dz 185 *là.* Vgl. Gröber, ALL III 265 (wo auch **sard.** *cuddà* = *eccum illoc* citiert wird).

4713) ĭlle + ăbŏcŭlus = **piem.** *lajöl, l'ajöl* (das „Blindtier"), Eidechse, vgl. Nigra, AG XIV 369.

4714) *ĭllī (für *ille,* nach Analogie von *qui* gebildet), **ĭlla,** (**ĭllum** f. *illud*), jener, jene, jenes; a) Nom. Sg. Mask. *ĭllī* = α) als Personalpronomen: **ital.** *elli, egli* (entstanden aus *elli* in Hiatusstellung, in welcher *i* Palatalisierung des vorangehenden *i* bewirken mufste); (**rum.** *el* = *illus* oder *illum*); (**rtr.** *el,* über welches zu vgl. Gartner § 108, dürfte = *ille* oder *illus* sein); **prov.** *elh* (häufiger *ell, el* = *iĭle*); **frz.** *il;* **cat.** *ell* (= *elh* aus *elli, illi*); **altspan.** *elli, elle;* **neuspan.** *él;* **neuptg.** *elle.* β) als Artikel **ital.** *il,* (daneben *lo, l'* = *illum*); **rum.** *l,* *le* (wird dem Nomen enklitisch suffigiert, *le* nur den auf *-e* auslautenden Substantiven); **rtr.** *il, l';* **prov.** *li* (daneben *lo, le, l'*); **altfrz.** *li,* (daneben *le*), dafür **neufrz.** *le;* **cat.** *li,* (daneben *lo,* jetzt nur *lo*); **span.** *el* = *il*[lum]; **ptg.** *o* = [ill]u[m]; b) Nom. Sg. Fem. *ĭlla* = α) als Personalpronomen **ital.** *ella;* **rum.** *ia;* **rtr.** *ella;* **prov.** *ela, elha;* **frz.** *elle;* **cat.** *ella;* **span. ptg.** *ella;* β) als Artikel **ital.** *la;* **rum.** *a* (wird dem Nomen enklitisch suffigiert); **prov.** **frz.** **cat.** **span.** *la;* **ptg.** *a.* c) Nom. Sg. Ntr. *ĭllum;* als neutrales Personalpronomen wird gebraucht **ital.** *egli;* **rtr.** *e;* **prov.** *el;* **altfrz.** *el, ol,* (*il*), vgl. G. Paris, R XXIII 163; (**neufrz.** *il*); **cat.** *ell;* **span.** *ello;* (**altptg.** *ello*). Die Frage, ob in diesen Bildungen, bezw. wenigstens in einem Teile derselben, wirklich ein Neutrum vorliegt oder ob die neutrale Funktion auf das Mask.

übertragen worden ist, steht der Grammatik, nicht dem Wörterbuche zu entscheiden zu. Vgl. hierüher namentlich Horning, RSt. IV 229, Gröber, Z IV 463 u. Körting, Ztschr. f. frz. Spr. u. Lit. XVIII 133. — d) Dat. Sg. *illi* = **ital.** *gli;* **rum.** *i;* **rtr.** *li;* **prov.** *lhi, li;* **altfrz.** *li;* (**neufrz.** fehlt die Form); **cat.** *li;* **span.** (*li*), *le;* **ptg.** *li* (*lhe*). Die Formen werden nur pro- u. enklitisch in Verbindung mit dem Verbum gebraucht. — e) Nach Analogie von *cui* gebildeter Dativ Sg. *illui* = **ital.** **rum.** **rtr.** **prov.** **frz.** *lui;* die Form hat die Funktion eines Cas. obl. überhaupt, übernommen und fungiert als solche sowohl in als auch aufserhalb der Verbindung mit dem Verbum, aufserdem wird sie auch als absoluter Cas. rect. gebraucht. Das Nähere müssen die Grammatiken der Einzelsprachen lehren. — f) Nach Analogie von *cui* gebildeter weiblicher Dat. Sing. *illac* + *-i* = *illei* = **ital.** **rum.** **rtr.** **prov.** **altfrz.** *lei* (**prov.** auch *lieis* = *illae* + *ius*). Die Form hat die Funktion eines Cas. obl. überhaupt übernommen u. wird aufserhalb der Verbindung mit dem Verb auch als Cas. rect. gebraucht (so namentl. im Ital.). Das Nähere haben die Grammatiken der Einzelsprachen zu lehren. — g) Acc. Sg. Mask. *illum* = α) als Personalpronomen **ital.** *lo;* **rum.** *o;* **rtr.** *el;* **prov.** *lo;* **altfrz.** *lo, le;* **neufrz.** *le;* **cat.** *ell;* **span.** *le;* **ptg.** *o.* Die Formen werden nur pro- u. enklitisch in Verbindung mit dem Verbum gebraucht. β) Als Artikel **ital.** *il, lo, l';* **rum.** *l,* *le* (s. oben Nom.); **rtr.** *il, l';* **prov.** *lo;* **altfrz.** *lo, le, l',* **neufrz.** *le, l';* **cat.** *lo;* **span.** *el;* **ptg.** *o.* — h) Acc. Sg. Fem. *illam* = als Personalpronomen u. als Artikel **ital.** *la;* **rum.** Pron. o, Art. *a;* **rtr.** **frz.** **cat.** **span.** *la;* **ptg.** *a.* — i) Acc. Sg. Ntr. s. Nom. Sg. Ntr. — k) Nom. Plur. Mask. *illi* = α) als Personalpronomen **ital.** *egli-no* (d. i. *illi* + Endung der 3 P. Pl.); **rum.** *ei;* **rtr.** (*els*); **prov.** *ilh* (*els*); **frz.** *il*(*s*); (**cat.** *ells;* **span.** *ellos;* **ptg.** *elles*); β) als Artikel **ital.** *gli, li, i;* **rum.** *i;* (**rtr.**) *ils;* **prov.** *li, il;* **altfrz.** *li;* (**neufrz.** *les;* **cat.** **span.** *los;* **ptg.** *os*); β) als Artikel **ital.** *gli, li, i;* **rum.** *i;* **rtr.** *ils;* **prov.** *li, il;* **altfrz.** *li,* (*les*); (**neufrz.** *les;* **cat.** **span.** *los;* **ptg.** *os* = *illos*). — l) Accus. Plur. Mask. *illos* = α) als Personalpronomen (**ital.** *gli, li* = *illi;* **rum.** *ei, ii;* **rtr.** *els*); **prov.** *elhs, los;* **frz.** *eux, les;* **cat.** *ells;* **span.** *ellos, los;* **ptg.** *elles, os.* β) als Artikel (**ital.** *gli, li, i;* **rum.** *i;* **rtr.** *ils*); **prov.** *los;* **frz.** *les* (auch Nom.); **cat.** **span.** *los;* **ptg.** *os.* — m) (Nom. u.) Accus. Plur. Fem. (*illae* und) *illas* = α) als Personalpronomen **ital.** c. r. *elle-no* (vgl. *eglino*). c. obl. *le;* **rum.** *iale, le;* **rtr.** *ellas, las;* **prov.** *elhas, las;* **frz.** *elles, les;* **cat.** **span.** *ellas, las;* **ptg.** *ellas, as.* — n) Gen. Plur. *illorum* = **ital.** *loro;* **rum.** *lor;* **rtr.** *lur, lour;* vgl. Gartner § 117; **prov.** *lor.* Die Formen fungieren als Dat. Plur., als Cas. obl. des Plur. aufserhalb der Verbindung mit dem Verbum u. als Pron. possess. der 3. P. bezüglich auf mehrere Besitzer. — Vgl. über *ille* etc. im Roman. A. Darmesteter, Le démonstratif *ille* et le relatif *qui* en roman. (in: Mélanges Renier), Paris 1886, wo man auch alle weitere Litteratur angegeben findet. — Über die Verbindungen *eccu*[m] + *illic,* *ecce* + *illic* s. oben die betreffenden Artikel. Vgl. Gröber, ALL III 264.

4715) ĭllīc, dort, daselbst; **ital.** *li;* **rtr.** *li* (in *lient* = *illic intus*); **cat.** *ayli* (vgl. Gröber, ALL III 265); **span. ptg.** *al-li* (*al-li* + *inde* = **altspan.** *allende*); **ptg.** *alem,* von dort aus, jenseits). Vgl. Dz 192 *li* u. 420 *allende.*

4716) **illöe**, da, dort, = sard. *illö-e;* rum. *aco-lo;* rtr. *lou;* altfrz. *iluecque, iluec* = *il(l)-loco,* vgl. Dz 619 *iluec;* Gröber, ALL III 265; Ascoli, AG VII 527 Anm. 2 No 2; W. Meyer, Z IX 144.

4717) **illùe deörsum** = altfrz. *là jus laïs,* von daher, vgl. G. Paris, R XXVII 317 (dagegen Mussafia, R XXVIII 112 u. XXVIII 113).

4718) **ill[um] ànn[um] quan[do]** = prov. *lanquan,* als. vgl. Dz 624 *s. v.*

4719) **ill[um] indictum** (scil. *mercatum*) = frz. *lendit,* Jahrmarkt zu St. Denis, vgl. Dz 625 *s. v.*

4720) **illümīno, -āre** (v. *lumen*), erleuchten, = ital. *illuminare;* frz. *illuminer* etc.; nur gel. W.

4721) **illüstris, -e,** erleuchtet, erlaucht; ital. *illustre* etc., nur gel. W.

4722) **illüstro, -āre,** erleuchten; ital. *illustrare* etc., nur gel. W.

4723) **illüvīēs, -em** *f.,* Überschwemmung; davon nach Caix, St. 43, ital. *loja,* Kot, Schlamm; vgl. dagegen W. Meyer, Z XI 256, wo *lorea,* Treberwein, als Grundwort angesetzt wird; Dz 381 *s. v.* hatte an *alluvies* gedacht; Canelle, AG III 324, schlug *lurida* vor; venez. *loja* „scrofa" wird von Marchesini, Studj di fil. rom. II 8, ebenfalls auf *illuvies* zurückgeführt.

imāgīnātīo s. **imāgīno.**

4724) **imāgīno, -āre** (v. *imago*), sich vorstellen (im Schriftlatein in dieser Bedtg. nur Deponens); ital. *immaginarsi;* frz. *s'imaginer;* span. ptg. *imaginar;* überall nur gel. Wort, ebenso hat rein gelehrten Charakter das Sbst. *imaginatiö-nem* = ital. *immaginazione;* frz. *imagination;* span. *imaginacion;* ptg. *imaginação.*

4725) **imāgo, -inem** *f.* (*imago, non emago,* App. Probi 175. vgl. ALL XI 63), Abbild, Bildnis; ital. *im[m]agine);* friaul. *maine;* (frz. *image,* vgl. Berger *s. v.;* span. *imágen;* ptg. *imagem*). Über das wunderliche *imago regato* am Schlusse der pistojes. Hds. der ital. Übersetzung des Liber consolationis des Albertus v. Broscia vgl. Mussafia, R XXVII 289.

4726) [***imbarrīco,** -āre* (vom Stamm *barr,* w. m. s.), versperren; prov. span. ptg. *embargar,* versperren, hindern, aufhalten, dazu das Vbsbst. prov. *embarc-s,* span. ptg. *embargo,* Hindernis. Der Bedtg. nach entsprechen ital. *imbarrare,* frz. *embarrasser.* Vgl. Dz 445 *embargar.*]

4727) **imbēcĭllŭs, a, um,** kraftlos, = frz. *imbécile,* einfältig (gel. W.), vgl. Cohn, Suffixw. p. 56 Anm.; (ital. *imbecille* = *imbecillis,* vgl. Rönsch, RF II 313).

4728) [***imbēllīo, -īre** (v. *bellus*), schöner werden, schöner machen; ital. *imbellire;* frz. *embellir* etc.]

4729) **imber, imbrem** *m.,* Regen; sard. *imbre.*

4730) **imbĭbo, -ēre,** einsaugen; ital. *imbevere;* sard. *impipiri;* mail. *imbibi;* viell. auch com. *imbui,* insinuare, vgl. Salvioni, Post. 11.

4731) [***imbīno, -āre** (v. *bini,* vgl. *combinare*), vereinigen, = rum. *imbin ai-at a.*]

4732) [***imblāndīo, -īre** (von *in* + *blandire*), schmeicheln, = rum. *imblânzesc ii it i;* die übrigen Sprachen kennen nur das Simplex.]

4733) [***imbōnīo, -īre** u. -o, -āre (von *bonus*) = ital. *imbonire;* rum. *imbun ai at a.*]

4734) [***imbörso, -āre** (f. *in- *vorsare*); dav. nach Parodi, Rom. XXII 299; ital. (mundartlich) *'nbursà* (Mortara), piem. *'nbusć* etc. rovesciare, capovolgere.]

4735) [***imbrāco, -āre** (v. *bracae*), Hosen anziehen, = rum. *imbrac ai at a,* an-, bekleiden.]

4736) [***imbrāncīo, -īre** (v. *branca,* w. m. s.), handgemein werden, = rum. *imbrancesc ii it i,* sich schlagen.]

4737) **imbrēx, -brĭcem** *c.,* Hohlziegel; ital. *ámbrice;* neap. *crmece;* belogn. *embs;* nach Gröber, ALL III 275, altfrz. *lambre* (aus *l'ambre*), davon neufrz. *lambris,* Getäfel; wahrscheinlicher ist aber doch wohl, und zwar gerade der Bedeutung wegen, die Ableitung von *ambrices,* die zwischen Dachsparren und Ziegeln untergelegten Latten. Dz 624 *lambre* leitete das Wort von *lamina* ab.

4738) **imbrĭcŭlus, -um** *m.* (*imbrex*), kleiner Hohlziegel; dav. nach Salvioni, Post. 11, mod1n. regg. *lambreccia.*

4739) [***imbŭeco, -āre** (v. *bucca*), in den Mund stecken; ital. *imboccare;* rum. *imbuc ai at a;* frz. *emboucher;* span. ptg. *embocar.*]

4740) [***imbūtŭm** *n.* (vermutlich vom Stamme *bütt-,* aber an das Part. P. Pass. von *imbuere* angelehnt), Trichter; ital. *imbuto,* (daneben *imbottatojo,* gleichsam **imbuttatorium*); prov. *embut-z;* span. *embudo.* Vgl. Dz 182 *imbuto.*]

4741) [***imbŭvŭlo, -āre** (v. *bos, bovem*), gleichsam einochsen, = rum. *imbour ai at a* „flétrir avec la marque de la tête de bœuf (les criminels étaient anciennement stigmatisés avec la marque du pays)", Ch. p. 28.]

imītātīo s. **imīto.**

4742) **imīto, -āre** (schriftlat. gewöhnlich Deponens), nachahmen; ital. *imitare;* frz. *imiter;* prov. cat. span. ptg. *imitar;* überall nur gel. Wort, ebenso das Sbst. *imitātio-n-em* = *-zione, -tion, -cion, -ção.*]

4743) [***immānīs, -e,** ungeheuer; ital. *immane;* rum. *manin* (nach Ch. p. 157 aus *immanis* durch Umstellung entstanden, was nicht recht glaublich ist).]

4744) **immēnsŭs, a, um** (in u. *metior*), ungemessen; ital. *immenso;* frz. *immense* etc., nur gel. Wort.

4745) **immērgo, -ēre,** eintauchen; ital. *immergere;* sard. *imberghere,* vgl. Salvioni, Post. 11.

4746) **immo,** ja; sard. *emmo, imo,* vgl. Gröber, ALL III 266; Salvioni, Post. 11.

4747) [***immōbĭlīs, -e** (*in* u. *mobilis*), unbeweglich; ital. *immobile;* (frz. *immobile, -meuble*); span. *inmóble* u. *inmóvil;* ptg. *immovel.* Dazu das gel. Sbst. *immobilitas* = ital. *immobilità* etc.]

4748) [***immōlo, -āre** (in u. *mola*), opfern; ital. *immolare;* frz. *immoler* etc., nur gel. W.]

4749) [***immūltīo, -īre** (in u. *multus*), vermehren, — rum. *immulţesc ii it i.*]

4750) [***immūndītīā, -am** *f.* (in u. *mundus*), Unreinigkeit; ital. *immondezza* „il contrario di pulizia e mondezza", *immondizia* „sudiciume", vgl. Canelle, AG III 343; frz. *immondice.*]

imo s. **immo.**

4751) [***impāco, -āre** (in u. *pax*), in Frieden bringen, = rum. *impac ai at a,* versöhnen.]

4752) ***impācto** u. ***impāctīo, -āre** (siehe oben Stamm bag-), eigentl. wohl hineinpacken, verstopfen, dann vermehren, hindern; ital. *impacciare,* dazu das Vbsbst. *impaccio;* rtr. *ampaichar, ampaig;* prov. *empachar, empach-z;* (frz. *empêcher* dürfte besser auf *impedicare* zurückzuführen sein, falls man nicht **impacticare* ansetzen will); cat. *empaitar;* span. ptg. *empachar, empacho.* Vgl. Dz 231 *pacciare;* Bréal, R II 329; Gröber, ALL IV 425. — Parodi, R XVII 71, ist geneigt, ein Grundwort **pappjare*

v. *pappeus v. pappa, Brei, auzusetzen, impacciare
würde also eigentl. „ankleben" bedeuten.
4753) *Ĭmpăgo, -gīnem f., Anklebung; trient.
ampazena, fiale. favo, vgl. engad. paigna, palma.
Vgl. Salvioni, R XXVIII 92.
4754) [*Ĭmpălătīco, -āre (v. palatum), vielleicht
Grundwort zu span. empalagar, Ekel vor etwas
bekommen, vgl. Storm, R V 179.]
4755) [*Ĭmpănāta, -am f. (panis), Gehäck; dav.
(oder von *repanata) viell. ptg. rabanada, ein Gebäck, „armer Ritter", vgl. C. Michaelis, Frg. Et.
p. 54.]
4756) *Ĭmpăro, -āre (in u. paro) = ital. imparare, geistig erwerben, lernen; prov. emparar,
amparar, in Besitz nehmen; frz. s'emparer; span.
ptg. amparar, verteidigen, beschützen. re-imparare
= frz. (se) remparer, (sich) verschanzen, dazu das
Vbsbst. rempar, rempart, Wall, vgl. Dz 235 parare.
4757) Ĭmpārtĭo, -īre (v. in u. pars, schriftlat.
gewöhnlich impertire), einteilen, = ital. impartire;
rum. imparțesc ii it i; span. impartir.
4758) [*Ĭmpāstōrĭo, -āre (v. *pastorium, von
pascere, Spannkette der Pferde auf der Weide), den
Pferden die Fessel, die Kette anlegen, = ital. impastojare (Gegenteil spastojare); frz. empêtrer
(Gegenteil dépêtrer). Vgl. Dz 238 pastoja.]
Ĭmpătiēns, Ĭmpătiēntĭă s. pătiēns, pătiēntĭă.
4759) [*Ĭmpēdēsco, -ēre, verhindern, = altspan.
ptg. empecer, beschädigen, hindern, dazu das Sbsttv. empiezo u. empecimiento, Hindernis. Vgl. Dz
445 empecer (Dz schwankt, ob er empecer = empe-
decer oder = emperdecer, v. perda, Verlust, ansetzen soll).]
4760) Ĭmpēdĭco, -āre (in u. pedica), verstricken,
verhindern; altital. impedicare; rum. impiedic
(inchiedic) ai at a; prov. empedegar; altfrz.
empeechier, empechier, daneben von piège empiegier;
neufrz. empiéger, empêcher. Vgl. oben Ĭmpăcto
u. Gröber, ALL IV 425. S. oben No 3015.
4761) Ĭmpēdīmentum n., Hindernis; altfrz.
empedementz (im Eulabalied; „ein halb latein.Wort"
Koschwitz im Kommentar p. 69; Darmesteter, RV
161 Anm., setzte *impedamentum als Grundform au).
4762) [*Ĭm-pēlăgo, -āre (in u. pelagus), sich
auf das Meer begeben. = cat. empelagar.]
4763) [*Ĭmpēllĭcĭātŭs, a, um (in u. pellis), mit
einem Pelz bekleidet, = ital. impellicciato; rum.
impielițat.]
4764) [*Ĭmpēllĭto, -āre (in u. pellis), in die
Baumhaut, Rinde einsenken, pfropfen, = prov. empeltar, dazu das Sbst. empeut-z; altfrz. nur das
Sbst. empeau, Pfropfreis; cat. empeltar, dazu das
Sbst. empelt, vgl. Dz 568 empeltar.]
4765) [*Ĭmpēnno, -āre (in u. penna), mit Federn
versehen, = ital. impennare, beflügeln; rum. im-
pěnes ai at a; prov. empennar; frz. empenner;
ptg. empennar.]
4766) [Ĭmpēnsa n. pl. (v. impendere), das zum
Steifmachen der Wäsche verwendete Material; altfrz. empoise, Stärke, dav. das Vb. empoiser, neufrz. empeser, stärken, vgl. Horning, Z XXII 94.]
4767) Ĭmpērātŏr, -ōrem m. (v. imperare), Kaiser;
ital. imperatore u. -dore; rum. impărat; prov.
emperaire, emperador; altfrz. emperere, empereor;
neufrz. empereur; cat. emperaire, emperador;
span. ptg. im-, emperador, -a.
4768) [Ĭmpērātrīx, -īcem (imperare), Kaiserin;
ital. imperatrice; rum. impărăteasă; prov. em-
peraïritz; frz. impératrice; span. emperatriz; ptg.
imperatriz.]

4769) [*Ĭmpērgÿro, -āre (gyrus) = rum. im-
pregiurez ai at a, umringen.]
4770) Ĭmpērĭālĭs, -e (imperium), kaiserlich; ital.
imperiale; frz. impérial etc.
4771) [Ĭmpērĭŭm n. (impero), Reich; ital. imperio; (rum. impărăție); prov. emperi-s; frz. empire (über die lautliche Entwickelung des Wortes
vgl. Cohn, Suffixw. p. 284); span. ptg. imperio.]
4772) Ĭmpěro, -āre, befehlen, herrschen; ital.
imperare, daneben imperiare v. imperium; (rum.
impărățesc ii it i); prov. imperar, emperiar; cat.
span. ptg. imperar. Das Frz. kennt nur régner.
4773) Ĭmpětĭgo, -ĭnem f., Krätze, Flechte; ital.
impetiggine, empetiggine; (rum. pecingene); span.
empeine; ptg. impigem, empigem. Vgl. Dz 446
empeine.
4774) Ĭmpětro, -āre, erlangen; rtr. emparar,
(durch Bitten erlangen, bitten, fordern), fragen, vgl.
Ascoli, AG VII 524.
4775) *Ĭmpětro, -āre (in u. petra), versteinern;
ital. impietrare, inpietrire; rum. impietresc ii it i;
prov. empereizir; altfrz. empierrer; span. ptg.
empedrar (bedeutet auch „pflastern").
4776) Ĭmpětŭs, -um m. (impes), Andrang, An-
sturm; ital. impeto (gel. W.) u. empito „ch'é un
impeto violento o continuato con foga di rapir seco
i corpi che incontra", vgl. Canelle, AG III 322.
4777) [*Ĭmphantāsmo, -āre (v. phantasma) =
altfrz. enfantosmer, behexen, vgl. Dz 580 fantôme.]
4778) Ĭmpīco u. *Ĭmpĭcĭo, -āre (in u. pico), ver-
pichen; ital. impeciare, impegolare, bekleben (daneben appicare); altfrz. empoisser, auspichen (empeser,
stärken, ist wohl = *impensare, schwer machen);
span. impic[āre] + unctāre, salben, = empeguntar,
die Schafe einer Herde mit Pech zeichnen. Vgl.
Dz 240 pegar.
4779) *Ĭmpīgno, -āre (pignus), verpfänden;
span. empeñar, verpfänden, nötigen, veranlassen;
ptg. empenhar.
4780) Ĭmpīngo, -pēgī, -pāctŭm, -pīngĕre, hinein-
stoßen; ital. impign-o u. -pingo, pinsi, pinto, pingere
u. pignere; rum. imping, pinsei, pins, pinge; prov.
empenher, enpendre; cat. empenyer.
4781) [*Ĭmpīno, -āre (in u. pinus), wie eine
Fichte emporrichten, = span. ptg. empinarse, sich
bäumen, vgl. Dz 477 pino.]
4782) Ĭmplĕo, plēvī, plētŭm, plēre (in u. pleo),
anfüllen; ital. empiere, empire; sard. (log.) umpire, davon das Sbst. umpiolu (viell. auch upuale),
Eimer, vgl. Flechia, Misc. 205; rum. implu (umplu)
ui ut é; prov. emplir, umplir; frz. emplir; cat.
umplir; span. henchir, vgl. Ascoli, AG III 463;
altptg. emprir; ptg. encher. Vgl. Dz 459 henchir.
Ĭmplĭcĭto s. Ĭmplĭco.
4783) Ĭmplĭco, -āre (in u. plico), hineinfalten
(im Roman. hat sich daraus die Bedtg. „etwas zu
einem bestimmten Zwecke biegen d. h. verwenden,
brauchen" entwickelt); ital. impiegare, davon das
Partizipialsbst. impiegato, Beamter; prov. emplegar,
daneben empleitar = implicitare; frz. employer
(altfrz. auch emploiter), dazu die Partizipialsubstantiva employé, Beamter, und emplette (verwendete Summe),
Einkauf (emplette aus empleite nach delte gebildet).
Vgl. Dz 568 emplette.
4784) Ĭmplōro, -āre, flehen; ital. implorare;
frz. implorer etc.; überall nur gel. W.]
4785) Ĭmpŏlītŭs, a, um, ungeglättet; ital. im-
pulito; frz. impoli etc.; überall nur gel. W.
4786) Ĭmpŏtēns, ohnmächtig; ital. impotente;
(frz. impuissant, angebildet an das Sbst. puissance,

bezw. an den Stamm *pūsj-*, wovon *je puis* etc.);
überall nur gel. W.

4787) [Impŏtĕntĭă -am *f.* (*impotens*), Ohnmacht;
ital. *impotenzia* und *-za;* (rum. *neputinţă;* die
Zusammensetzungen des Stammes *pot-* mit *in* haben
im Rumän. verstärkende Bedtg.; *imputeresc* und *im-
puternicesc ii it i*, stärken, bevollmächtigen); prov.
impotencia; frz. *impotence* (daneben *impuissance*);
cat. span. ptg. *impotencia*.]

4788) Impraegno, -āre (*in* und *praegnas*),
schwängern (Mythogr. lat. 2, 85 u. Eccl.); ital.
impregnare, schwängern, erfüllen; prov. *emprenhar;*
frz. *imprégner;* span. *empreñar;* ptg. *emprenhar.*
Vgl. Dz 256 *pregno.*

4789) [*Imprĕssŭlo, -āre (v. *impressus* v. *im-
primere*) — rum. *impresur ai at a*, drücken, umringen etc.]

4790) Imprĭmo, prĕssĭ, prĕssŭm, prĭmĕre, eindrücken, = frz. *empreindre*, prägen (daneben das
gel. W. *imprimer*, drucken), dazu das Partizipialsbst. *empreinte* (gleichsam *imprimita* f. *impressa*),
Gepräge, = ital. *imprenta* und *impronta*, prov.
span. *emprenta* (wohl Lehnwort aus dem Frz.).
Vgl. 661 *preindre* u. 182 *imprenta.*

4791) (Imprŏmŭtŭo, daraus) *Imprŭmŭto, -āre,
leihen, entleihen; ital. *improntare;* mail. *imprü-
medá;* piem. *amperumé*, *amprámé*, vgl. Dz,
AG VII 351; Salvioni, Post. 11; rum. *imprumut
ai at a*, dazu das Vbsbst. *imprumut;* frz. *emprunter*,
dazu das Vbsbst. *emprunt.* Vgl. Dz 162 *improntare;* Rönsch, Z III 102; G. Paris, R X 62.

4792) [*Imprōnĭco, -āre (v. *pronus*), vorwärts
neigen; davon nach Dz 568 vielleicht prov. altfrz.
embronc, geneigt, gebeugt, traurig. Vgl. unten **in**
+ kelt. Stamm **brogno.**]

4793) Imprŏpĕrĭum *n.,* Beschimpfung; sard.
improverzu. Vgl. Berger *s. v.*

4794) Imprŏpĕro, -āre, Vorwürfe machen; ital.
improverare, *rimproverare*, dazu die Verbalsbsttve
rimprovero u. *rimproverio; *span. ptg. *improperar.*
Vgl. Dz 182 *improverare* (Diez hält das lat. Verb
für ein Kompositum von *properare*, eilen, das ist
irrig, es ist aber vielleicht volksetymologische Umbildung von *improbrare*).

4795) Impŭgno, -āre (*pugnus*), in die Faust
nehmen; frz. *empoigner.*

4796) [*Impŭlvĕro, -āre (v. *pulvis*), mit Staub
bestreuen; ital. *impolverare;* (rum. *spulber ai at a*
= *expulverare*); prov. *enpolverar;* frz. *empoudrer;*
span. *empolvorar*, *empolvar;* ptg. *empolvoriçar*,
empoar.]

4797) Impŭnē + mĕntĕ, straflos; ital. *impune-
mente;* frz. *impunément*, vgl. Tobler, Z II 551.

4798) *Impŭngo, pŭnxĭ, pŭnctŭm, pŭngĕrĕ,
hineinstechen, = rum. *impung*, *punsei*, *puns*, *punge;*
die übrigen Sprachen kennen nur das Simplex.

4799) Impŭto, -āre, (einschneiden), ins Kerbholz
schneiden, in Rechnung setzen; ital. *imputare*,
jem. eine Schuld beimessen; rum. *imput ai at a;*
frz. *imputer* (nur gel. W.), (altfrz. Part. Perf.
empeie, Pred. des hl. Bernh., RF H 173, vgl. Horning, Z XVI 242); *enter*, pfropfen, dazu das Vbsbst. *ente*, Pfropfreis, vgl. Dz 570 *s. v.;* span.
ptg. *imputar.* Vgl. Dz 570 *enter* (altfrz. *emboter*,
einpacken, kann mit *imputare* nichts zu schaffen
haben, es gehört vielmehr zum Stamme *butt-*); Th.
p. 99.

4800) Impŭtrēsco, -ĕre, verfaulen; (ital. *impu-
tridire*); rum. *imputrezesc ii it i;* span. *empo-
drecer.*

4801) Imus, a, um, unterst; valtell. *andá a
im*, ruinare in fondo, *su im*, in fondo, tic. *da im
a som*, da cimo in fondo, tesc. *da imo a sommo*,
vgl. Ascoli, AG VII 411; Salvioni, Post. 11.

4802) In, in; ital. *in*, (*ne, n'*); rum. *in; rtr.
in;* prov. frz. cat. span. *en;* ptg. *em.*

4803) *Ināddo, -ĕre, hinzugeben; (rum. *inaddi*,
wird von Dz 423 *añadir* angeführt, fehlt aber bei
Cb.); span. (*ennadir*, *enadir*. *enadir*), *añadir;*
altptg. *emader.*

4804) [*Inaegrōto, -āre, krank werden; altfrz.
engruter (Adamspiel 87).]

4805) [*Inăfflo, -āre, anblasen; ital. *in(n)affiare*,
begiessen, dav. *inaffiatojo*, Giesskanne; Pascal, Studj
di fil. rom. VII 94, leitet das Vb. vom deutschen
(*h)napf* ab.]

4806) *Ināltĭo, -āre, in die Höhe richten; ital.
in(n)alzare; rum. *inalţ ai at a;* (span. *ensalzar*,
wo das *s* wohl auf Angleichung an die sonstigen
mit *-ens* anlautenden Zusammensetzungen beruht;
span. ptg. *enaltecer*).

4807) *Inălto, -āre, in die Höhe richten; rum.
naltá.

4808) *Inăltŭs, a, um, in die Höhe gewachsen,
= rum. *inalt*, nalt, hoch; die übrigen Sprachen
kennen nur das einfache *altus*, doch findet im Prov.
sich auch *naut*, dazu das Sbst. *nauteza*, vgl. Dz
646 *naut.*

4809) Inănis, -e, nichtig; span. *enano;* ptg.
anão, geringfügig.

4810) In + ăntĕ, vor, vorn; ital. *innante*, *in-
nanti*, (*innanzi* = *in* + *antea*); rum. *inainte*, *nainte;*
prov. *enant*, *enam*, *enans.*

4811) Ināquo, -āre, zu Wasser machen; piem.
neivé, macerare, vgl. Salvioni, Post. 11.

4812) *Inărmo, -āre, bewaffnen; rum. *inarmez
ai at a;* altfrz. *enarmer*, den Schild mit einem
Riemen als Handhabe versehen, dazu das Vbsbst.
enarme, Schildriemen, vgl. Dz 569 *enarme.*

4813) *Ināspĕrĭo, -īre (v. *asper*), rauh machen,
erbittern; ital. *inasprire;* rum. *inăsprescu ii it i;*
die übrigen Sprachen verwenden *exasperare*, in
gleicher Bedtg.: frz. *exaspérer;* span. ptg. *ex-
asperar.*

4814) [*In-auro, -āre (v. *aura*, vgl. *exaurare*)
= neuprov. *enaurá*, erheben.]

4815) In + kelt. Stamm brogno-, brügno- (ir.
bron, kymr. *brwyn*, Trauer, Kummer, vgl. Th. p. 98);
auf diese Verbindung geht vermutlich zurück (ital.
broncio, finsteres Gesicht); prov. altfrz. *embronc*,
geneigt, gebeugt, traurig, bekümmert (die sinnliche
Bedtg. hatte sich demnach erst aus der nichtsinn-
lichen entwickelt, ein allerdings ungewöhnlicher, aber
nicht unmöglicher Vorgang. Diez 568 *embronc*
leitete das Wort von lat. *improvnicare* ab, bezw.
hielt es für dessen verkürztes Partizip, das dürfte
jedoch für lautlich unmöglich zu erachten sein,
wenigstens was das Französ. anlangt. Dagegen darf
man für das Verb *bronchier*, *en-*, *embronchier*,
senken (mit "einhüllen", vgl. Förster im Gloss. zu
Chev. as 2 esp.) *pronicare*, *improvnicare* als Grundwort annehmen; ob altfrz. *bronchier*, senken, und
neufrz. *broncher*, straucheln, dasselbe Wort seien,
wie Förster a. a. O. annimmt, muss um so mehr
dahin gestellt bleiben, als Förster seine Ansicht
nicht begründet hat. G. Paris, R VIII 618, meint,
dass *embronc* u. ital. *broncio* nicht getrennt werden
dürfen u. dass im Altfrz. auch einfaches *bronc* vorhanden war. Vgl. auch W. Meyer, Z VIII 219
(M. stimmt P. bei). Vgl. oben Stamm **brocc-**.

4816) **īn** + Stamm **bütt** (s. d.); davon nach Nigra's sehr wahrscheinlicher Annahme, AG XIV 377, piem. *ambossúr*, Trichter, u. die entspr. Worte in prov. Mundarten; viell. gehört hierher auch das gleichbedeutende ital. *imbuto*, altfrz. *embut*. Flechia, AG VIII 383, hatte *ambossúr* = *inversorio* angesetzt.

4817) [***īncăbăllīco, -āre** (v. *caballus*), reiten, = rum. *incalic ai at a*; prov. *encavalgar*; sonst nur *caballicare*, w. m. s.]

4818) [***īn-cădo, -ěre**, in etwas einfallen, sich auf etwas stürzen, etwas in Angriff nehmen; prov. *encar* u. *enquar*, anfangen; auszugehen ist von der 3. P. Sg. Präs. Ind. *encd|dit|*, nach welcher dann der Inf. *encar* gebildet u. dadurch das Vb. in die A-Konj. hinübergeführt wurde. Diez 570 *s. v.* stellte *inchoare* als Grundwort auf.

4819) ***īncaenīco, -āre** (v. *caenum*), beschmutzen, = span. *encenagar*, besudeln, vgl. Storm, R V 178.

4820) ***īncălcěo, -āre** (v. *calx*), jem. auf den Fersen sein, jem. verfolgen, (daneben die an *calceus* sich anschliefsende Bedeutung „beschuhen"); ital. *incalciare, incalzare*; rum. *incalţ ai at a*; prov. *encausar*, dazu das Vbsbst. *encaus*; altfrz. *enchaucer*, dazu das Vbsbst. *enchaux*; altspan. *encalzar*; altptg. das Vbsbst. *encalço*. Vgl. Dz 183 *incalciare*.

4821) **īncănto, -āre**, bezaubern; frz. *enchanter*.

4822) ***īncăpĭo, cēpī, căptŭm, căpěre** = rum. *incap ui ut é*, enthalten, umfassen.

īncărnātĭo s. **īncărno**.

4823) [***īncărnītīo, -āre** (v. *caro*), in das Fleisch hineinstechen, = ptg. *encarniçar*, reizen, erbittern, Vgl. Dz 503 *acharner*.]

4824) **īncărno, -āre** (v. *caro*), zu Fleisch machen, zu Fleisch werden, = ital. *incarnare*, span. *encarnar* etc., überall nur gelehrtes Wort, dasselbe gilt von dem Sbst. *incarnatio*, vgl. Berger s. v.

4825) ***īncărrīco, -āre** (v. *carrus*), aufladen; ital. *incaricare, incarcare*; rum. *incarc ai at a*; prov. *encargar*; cat. *encarregar*; span. *encargar*; ptg. *encarregar*.

4826) [***īncăstro, -āre** (v. *castrum*), in einen geschlossenen Raum hineinbringen; ital. *incastrare*, einpassen, einfügen; prov. *encastrar*, einfassen; span. *encastar, engastar*, (dagegen mufs *engazar, engarzar*, aufreihen, zusammenfügen, anderen Ursprunges sein, wie Baist, Z IX 147, richtig bemerkt, während C. Michaelis, St. 258, in *engastar* und *engazar* Scheideformen erblickte und für beide, so scheint es wenigstens, *incaustare* als Grundwort ansetzte; die Ableitung von *engazar, engarzar* ist noch zu finden); frz. (*encastrer*), *enchâtrer*.]

4827) [***īncăvo, -āre** (v. *cavus*) = frz. *s'engouer*, sich vollstopfen (eigentl. sich die Mundhöhle füllen). Vgl. Dz 594 *gave*, auch *s'engaver*.]

4828) **īncěndo, cěndī, cēnsum, -ěre**, anzünden; venez. *encender*, prurire; abruzz.*ngenne*, frizzare, vgl. Salvioni, Post. 11. S. auch **incensus**.

4829) **īncēnsŭs, a, um** (Part. Perf. Pass. von *incendere*), angezündet; davon ital. *incenso*, Weihrauch, *inceso*, Brennmittel, dazu das Vb. *incensare*, räuchern, vgl. Canelle, AG III 366; (prov. ist das Verb *encender* noch vorhanden; ob das Part. *enocs* substantivisch gebraucht wird, mufs dahin gestellt bleiben); frz. *encens*, Weihrauch, davon das Verb *encenser*, beräuchern; span. *incienso* (=*incēnsum); ptg. *incenso*. Das vollständige Verbum liegt vor in: ital. *incendere*; prov. *encendre*; cat. *encen-*

drer; span. *encender*; ptg. *encender*. Vgl. Gröber, ALL III 266.

4830) **īncēpto, -āre**, anfangen; ital. *incettare*, Waren einkaufen, um sie wieder zu verkaufen (also Anfangskäufe machen), dazu das Vbsbst. *incetta*. Vgl. Dz 379 *incettare*. — Diez 446 *encentar* wollte auch span. *encentar*, ptg. *enceitar, encetar*, anschneiden, auf *inceptare* zurückführen, für das Span. III 561, wo **insectare* als Grundwort aufgestellt worden ist.

4831) **īnchŏo** (*incoho*), **-āre**, anfangen, = (?) prov. *encar, enquar*, vgl. Dz 570 *s. v.* S. oben **īncado**.

4832) **īncīdo, cīdī, cīsŭm, cīděrě**, ein-, ab-schneiden; nach Dz 352 das Grundwort zu ital. *ancidere*, töten, vgl. dagegen Caix, St. 1, u. Fumi, Misc. 95, wo *ancidere* nebst prov. *aucir(e)* über-zeugend auf *occidere* zurückgeführt werden (*occi-dere* : *aoccidere* : *auccidere* : *alcidere* : *ancidere*, letzteres eine venetische Form).

īncīens s. **īncīncta**.

4833) **īncīlě** (= *incidile* v. *incido*), Abzugsgraben; davon nach Caix, St. 358, ital. *incigliare* „solcare per la seconda il campo"; vielleicht auch frz. *siller*, furchen, wovon *sillon*, Furche. Dz 678 leitete *siller* von altn. *síla*, Furche, ab, vgl. Mackel, p. 112; Scheler im Anhang zu Dz 814 stellte **seculare* v. *secare* als Grundwort auf.)

4834) ***īncīncta** (Präp. oder Negationspräfix + *cincta* [Fem. Sg. Part. Perf. Pass. v. *cingere*]), ein-gegürtet oder ungegürtet, schwanger; ital. *incincta*; prov. *encencha*; frz. *enceinte* (ist auch Sbst. mit der Bedtg. „Umschliefsung, Umzäunung"); (span. *encinta* wird von C. Michaelis, Misc. 126, auf *īnciens, īncientem* zurückgeführt). Vgl. Dz 183 *incinta*; Gröber, ALL II 266 u. VI 391.

4835) **īncĭngo, cīnxī, cīnctŭm, cīngěre**, um-gürten; ital. *incingo* od. *cigno, cinsi, cinto, cignere* u. *cingere*; rum. *incing, insei, ins, inge*; prov. *enceuher*; frz. *enceindre*. Vgl. auch **īncīncta**.

4836) **īncĭpĭo, cēpī, cēptŭm, ěre**, anfangen; rum. *incep ui ut é*; rtr. *anscheiver, antscheiver*, davon vielleicht *insuda, inziuda, anziuda* (= **in-ciputa*, Frühling, vgl. Schuchardt, Z VI 120). In den übrigen Sprachen wird „anfangen" durch **comi-nitiare* (s. d.) ausgedrückt, jedoch glaubt Parodi, R XVII, 61, auch das gleichbedeutende span. *em-pezar* = **incipěre* (: **enzepar* : *empezar*) ansetzen zu dürfen.

4837) ***īncīrco, -āre**, im Kreise herumgehen; rum. *incerc ai at a*, versuchen, erproben; prov. *encercar*, encercar, herumgehen.

4838) [***īncīsīcŭlo, -āre** (v. *incisus*), kleine Ein-schnitte machen; ital. *incischiare, cincischiare* „tagliuzzare", vgl. Caix, St. 279.]

4839) **īncīsŭs, a, um** (Part. P. P. von *inciděre*), ein-, angeschnitten; davon nach Parodi, R XVII 61, cat *encidm, anciám*, Salat, vgl. auch Flechia, AG VIII 362.

4840) ***īnclāvo, -āre** (v. *clavis*), einschliefson; ital. *inchiavare*; rum. *inchiavdre* at a; prev. *enclavar*; frz. *enclaver*, dazu das Vbsbst. *enclare*, (*enclouer* v. *clou* = *clavus*); (span. *enclavijar*; ptg. *enclavinhar*, die Finger ineinander verschränken).

4841) [**īnclīnātĭo, -ōnem** f. (v. *inclinare*), Nei-gung; ital. *inchinazione*; rum. *inchināţiune*; frz. *inclinaison*; span. *inclinacion*; ptg. *inclinação*.]

īnclīnĭcŭs s. **clīnĭcŭs**.

4842) **īnclīno, -āre**, neigen; ital. *inclinare*
„essere propenso", *inchinare* „fare un inchino, e
abbassare", vgl. Canello, AG III 351; rum. *inchin*
ai at a; prov. *inclinar, enclinar; frz. incliner;*
cat. *enclinar;* span. ptg. *inclinar.*
4843) [*****īnclīnŭs, a, um** (v. *inclino*), geneigt;
frz. *enclin, enclint,* vgl. Leser p. 82.]
4844) [*****īncōgnōscēntīo, -āre** (v. *cognosco*), in
Kenntnis setzen, = rum. *incunoștiințez ai at a.*]
4845) [*****īncōlpo, -āre** (v. *κόλπος* = *****golfus*) =
(?) ital. (mit Umstellung) *infolcarsi* „cacciarsi, im-
pacciarsi in alcuna cosa", vgl. Caix, St. 362.]
4846) [**īncŏmmŏdo, -āre,** unbequem sein; ital.
incommodare etc., überall nur gel. W.]
4847) [**īncŏmmŏdŭs, a, um,** unbequem; ital.
incommodo etc.; überall nur gel. W.]
4848) [**īncŏmmūno, -āre** (v. *communis*) = altfrz. *encommuner,* gemeinsam haben, mitteilen, vgl.
Leser p. 82.]
4849) [*****īncōncăvŭlo, -āre** (v. *cavus*) = rum.
incovăiez ai at a, biegen, beugen.]
4850) [*****īncōnflo, -āre,** aufblasen, = rum. *inghinf*
(für *inghinflu*) *ai at a.*]
4851) [*****īncōnvēnto, -āre** (von *conventum*), zu
einemÜbereinkommen gelangen, = rum. *incuviintez*
ai at a.]
4852) *****īncōrdo (īnchŏrdo),-āre**(v.*corda, chorda*),
ein Instrument mit Saiten beziehen; ital. *incordare*
(in der Bedtg. „steif werden" gehört das Verb zu
gurdus, w. m. s.); rum. *incord ai at a,* spannen;
span. *encordar;* ptg. *encordoar,* besaiten.
4853) *****īncŏrōno, -āre** (v. *corona*), bekränzen, =
rum. *incunun ai at a.*
4854) **īncrăsso, -āre** (v. *crassus*), dick, fett
werden; ital. *ingrassare;* rum. *ingras ai at a;*
prov. *engraissar;* altfrz. *encrassier;* neufrz.
engraisser; altcat. *engrassar;* span. *encrasar,*
beschmieren, *engrasar,* fett machen; ptg. *engraxar.*
4855) [*****īncrātīĕŭlo, -āre** (v. *crates*), verflechten,
verfilzen, = ital. *incatricchiare* „arruffare, imbrogliare", vgl. Caix, St. 357.]
4856) *****īncrēdo, crēdīdī, crēdītŭm, crēdĕre,** anvertrauen, = rum. *incred zui zut c,* (daneben
incredițenz ai at a = *****incredentiare);* prov. *en-
creire.*
4857) **īncrēdŭlus, a, um,** ungläubig; berg. *in-
créol,* cupo, triste, malimonico, vgl. Salvioni, Post. 11.
4858) [**īncrĕpo, -āre,** anfahren, schelten; altfrz.
encreper (gel. W.), vgl. Berger *s. v.*]
4859) *****īnerēsco, crēvī, crētŭm, crēscĕre,** auf
etwas wachsen; ital. *incresce* (daneben *rincresce*),
crebbe, cresciuto, *crescere,* es wächst (mir) auf,
wird mir zuviel, wird mir unangenehm, verdriefst
mich, thut mir leid, dazu die Adj. *inscrescevole* u.
increscioso, vgl. Seifert, Gloss. z. Bonvesia p. 38;
rtr. *encrescher;* altfrz. *encreistre,* dazu das Adj.
encraissaule, vgl. Leser p. 82 (*encroistre* wird sowohl transitiv u. persönlich in der Bedtg. „vermehren" als auch intransitiv u. unpersönlich in der
Bedtg. „es ist verdriefslich" gebraucht, vgl. Förster
zum Yvain 2782). Dz 379 *increscere.*
4860) *****īnerīsto, -āre** (v. *crista*), kammartig einschneiden, = rum. *increstez ai at a.*
4861) *****īncrŭcīo, -īre** (v. *crux*), kreuzweis legen,
= rum. *incrucesc ii it i,* (daneben *incruciez ai*
at a).
4862) *****īncrŭēnto, -āre** (von *cruentus*), blutig
machen, = rum. *incruent ai at a;* (ital. u. span.
ist, bezw. war einfaches *cruentare, cruentar* vorhanden).

4863) **īncŭbo, -āre,** auf etwas liegen, = rum.
incuib ai at a, sich einnisten, sich einrichten.
4864) **īncŭbŭs, -um** *m.,* Nachtgeist, Alp; ital.
incubo, gel. W. (umbrisch *enco,* friaul. *vencul,* vgl.
Flechia, AG II 10 Anm. 1); frz. *incube* (gel. W.);
spau. ptg. *incubo,* gel. W. Vgl. W. Meyer, ALL
V 228.
4865) [*****īncŭgo, īncŭgīnem** *f.* (f. *****incūdo, -dīnem*);
über roman. Formen, welche ein *incūginem* voraussetzen, vgl. W. Meyer, Z VIII 211 u. 232, Cohn,
Suffixw. p. 268 Anm. u. 273.]
4866) [**īncŭltŭs, a, um,** ungepflegt; ital. *inculto,*
ungebildet, *incolto,* unangebaut, vgl. Canelle, AG
III 326; frz. *inculte* etc.]
4867) [*****īncŭmŭlo, -āre** (v. *gyrus*), umringen,
einschliefsen, = rum. *incungiur ai at a,* dazu auch
ein Vbsbst. *incungiur,* Kreis, Umkreis.]
4868) *****īncŭmŭlo, -āre** (v. *cumulus*), aufhäufen,
durch Aufhäufung den Weg versperren, hindern;
ital. *ingombrare* (Gegensatz sgombrare = *****exoumu-
lare,* wegräumen), dazu das Vbsbst. *ingombro;* prov.
encombrar, dazu das Vbsbst. *encombre-s;* frz. *encombrer,* dazu das Vbsbst. *encombre,* das im Pl.
„Schutt" bedeutet. Vgl. Dz 104 *colmo.* S. No 2351.
4869) [*****īncŭpīdĭo, -īre,** begehren; prov. *enco-
beir* (Gir. de Ross. ed. Förster v. 348 u. 827), dazu
das Sbst. *cobeida,* vgl. Thomas, R XXVI 425.] '
4870) **īncŭrvo, -āre,** krümmern; sard. *incrubái.*
4871) **īncŭs, (-cŭdo), -cŭdem** *f.,* Ambos; ital.
incude, ancude, incudine, ancudine; über piemont.
Formen vgl. Nigra, AG XIV 368; rtr. *ankúny,*
ankúin, inkúiny etc., vgl. Gartner § 78; (prov. *en-
cluget-z;* neuprov. *enouse, enclusi, encluge); frz.*
enclume, (das *l* in dem Worte erklärt Cornu, R VII
366, durch die Entwickelung von *incudine : inculine :*
incluline : inclunine : inclumine); Havet dagegen,
R VII 594, hat folgende Reihe aufgestellt: *incudinem*
: *encumne : encnume : enclume;* beide Reihen,
namentlich aber die erste, sind nicht eben wahrscheinlich, eher möchte man glauben, dafs *enclume*
seine Entstehung einer volksetymologischen Umgestaltung, etwa einer Anlehnung an *clou,* verdankt,
vermöge deren aus *encumne* ein *enclume* entstand,
vgl. Körting, Formenbau des frz. Nomens, Anhang II); (cat. *enclusa);* span. *yunque, ayunque;*
ptg. *incude* (nur dichterisch, das übliche Wort ist
bigorna = *bicornis,* auch ital. *bicornia,* frz. *bigorne;* span. *bigornia).* Vgl. Dz 183 *incude,* 524
bigorne; Gröber, ALL III 266 u. VI 391, Cohn,
Suffixw. p. 268 Anm. u. 273. S. auch **īncugo.**
4872) **īndāgo, -īnem** *f.,* Aufsuchung; hierauf
führt G. Paris, R XIX 449 ff., zurück frz. *andain*
(altfrz. auch *ondain, undain).* Die Bedeutungsentwickelung würde gewesen sein „Aufspürung, Spur,
Weg, Weg des Mähers, des Soilers etc." Settegast,
Z XV 250, stimmt ihm bei und betrachtet auch
für span. *andamio* (aus *****andaimo?*) u. altptg.
andaime denselben Ursprung. Guarnerio, R XX
257, bringt sardische auf *indago* zurückgehende
Worte bei, darunter *ándala,* traccia, *ándera,* viuzza,
Meyer-L., Z XXI 276, spricht in Bezug auf *ándala*
berechtigte Zweifel aus.
4873) [*****īndātīno, -āre** (v. *datum*) = (?) rum.
indatin ai at a, üblich sein, pflegen (eigentl. wohl
gleichsam eindatiert, seit langen Daten d. h. Zeiten
da sein); es ist jedoch sowohl die Form- wie die
Bedeutungsentwickelung des Wortes wunderlich.]
4874) **īndĕ,** von da, daher; ital. *indi* u. (pro-
n. enklitisch) *ne;* archaisch *ende, enne,* vgl. Canelle,
AG III 396; rum. *inde;* rtr. *in, en, n,* vgl.

Gartner § 116, (navend = in ab inde); prov. eht, en, ne; altfrz. int, ent; neufrz. en; cat. ne, vgl. Vogel. p. 108; altspan. altptg. ende. Vgl. Dz 138 inde; Gröber, ALL II 266.

4875) Indĕ + ăd = ptg. inda (gewöhnlich ainda = ab inde ad), noch, vgl. Dz 461 s. v.

4876) *Indēbīlis, e, unschwach; altfrz. endeivle (auch das Simplex deivle kommt vereinzelt vor); vgl. Cohn, Festschrift. für Tobler p. 276.

4877) [*Indēbīto, -āre (von debēre), Schulden machen; ital. indebitare; prov. endeptar, endeutar; frz. endetter; span. endeudar; ptg. endividar.]

4878) In + dē + ad + Intūs = rtr. endadens, Eingeweide, vgl. Dz 571 entrailles.

4879) In + dēfīcīt; daraus vielleicht modenes. indévcs „dicesi della persona svogliata e che non appetisce verun cibo", vgl. Flechia, AG II 351.

4880) [*Indēlēgo, -āre, nach einem Orte senden, irgendwohin richten, = span. endilgar, leiten, führen, vgl. Dz 446 s. v.]

4881) [*Indēlōngo, -āre (v. longus), in die Länge ziehen, = rum. indelung ai at a (daneben indelungesc ii it i), lang machen.]

4882) In + dē + mănĕ = prov. (mit angewachsenem Artikel) lendema-s, der einem bestimmten Tage nachfolgende Tag; frz. lendemain.

4883) [*In-de-mănătīcŭs, a, um (v. manus) = rum. indemǎnǎtic, zur Hand seiend, bequem.]

4884) [*Indēmăno, -āre (von manus) = rum. indemǎnez ai at a, zur Hand sein, behilflich sein.]

4885) Indĕ-*mīno, -āre, durch Drohungen von der Stelle bringen, = rum. indemn (für indemin) ai at a, nur in übertragener Bedeutung: aufmuntern, ermutigen; frz. emmener, fortführen.

4886) *Indēnso, -āre (v. densus), dicht machen; rum. indes ai at a, drücken, pressen; die übrigen Sprachen brauchen dafür condensare.

4887) In + dē + rĕtro, rückwärts, zurück; ital. indietro; rum. inderät, dazu das Vb. inderǎtnicesc ii it i, wiederspenstig sein (eigentl. wohl der hinterste, letzte bei etwas sein).

4888) [*Indēsătūllo, -āre (v. satullus) = rum. indestulez ai at a, zur Sättigung gereichen, sattsam vorhanden sein, genügen.]

4889) In + dĕūs = span. en + dios, davon endiosar, vergöttern, endiosarse, (in Andacht) verzückt sein, stolz sein (daher das sard. [log.] endiosare „invagbirsi, elettrizzarsi, divinizzarsi", vgl. Flechia, Misc. 201).

4890) Indĕx, -īcem c., Anzeiger; ital. indice, Index, endice „guardanidio", vgl. Canello, AG III 322 und Caix, St. 311; neap. énnece; lomb. endes; bologn..enns; monf. ende, lende, vgl. Salvioni, Post. 11; rtr. (mit angewachsenem Artikel) lindes, lineš, auch indiš, endeš, Nestei, vgl. Gartner § 92; ptg. éndes u. endèš, Nestei, vgl. C. Michaelis, Z VII 110; sonst ist index nur als gel. Wort vorhanden. Vgl. Gröber, ALL III 267.

[*Indiǎbŏlo s. Indrǎcio.]

4891) *Indīcto, -āre, ansagen; ital. endettare, verabreden; valtell. indeciá, vgl. AG XII 408, Salvioni, Post. 11; altfrz. enditier, benachrichtigen.

4892) Indīctŭm n. (Part. Perf. Pass. v. indicere), das Angesagte, Bekanntgemachte, (die öffentlich verkündete Steuer, Abgabe); prov. endce, Mangel (infolge hoher Steuern), davon endechat, mangelhaft; span. ptg. endecha (= indicta), Klagelied

um einen Toten (eigentl. wohl Ansage eines Todesfalles). Vgl. Dz 560 dec. S. No 4719.

4893) Indĭcŭlum n., kurze Angabe; venez. endégolo, endégola, dégola, modo, pretesto, sotterfugio; berg. andégola pretesto, vgl. Salvioni, Post. 11.

4894) Indĭcŭs, a, um (India), indisch; ital. indico „indiano, e una specie di colore", indaco „soltanto il coloro", vgl. Canelle, AG III 334; vgl. auch Salvioni, Post. 11.

4895) *Indīrēctĭo, -āre (v. directus), richten, ital. indirizzare, richten, dazu das Vbsbst. indirizzo, die Aufschrift eines Briefes (wodurch bestimmt wird, nach welcher Richtung derselbe gesandt werden soll); rum. indrept ai at a = *indirectare; (prov. adreissar; frz. adresser); cat. endressar; span. enderezar, dazu das Vbsbst. endereço. Vgl. Dz 273 rizzare.

4896) In dīrēctŭm = prov. endreit (nach einer bestimmten Richtung gelegener) Ort, Platz; frz. endroit. Vgl. Dz 272 ritto.

4897) *Indīrĭgo, -ĕre = rtr. endriescher „risapere, essere informato", vgl. Ascoli, AG VII 525.

4898) Indīsco, -ĕre, genau lernen; altneap. endiscere, vgl. Salvioni, Post. 11.

4899) [*Indŏlōro, -āre (v. dolor) = rum. indur ai at a, Mitleid empfinden.]

4900) [*Indrǎcĭo, -īre (v. draco), = rum. indracesc ii it i, vom Drachen d. h. Teufel besessen machen, also eine dem frz. endiabler = *indiabolare entsprechende Bildung.]

4901) Indŭctĭlis, -e (v. inducere), zum Überziehen geeignet, davon vermutlich rtr. anduschiel, Blutwurst; altmail. induiere; frz. andouille (eigentlich also wohl die Därme, welche über die geformte Fleischmasse übergezogen werden, so dafs das Wort ursprünglich nur die Wurstschalen bezeichnete). Vgl. Dz 508 andouille; G. Paris, R XI 163 u. XIX 451 (ebenda 452 Anm. findet man andere, von Mistral vorgeschlagene, aber unannehmbare Ableitungen des Wortes). S. oben albondoca.

4902) Indūlcĭo, -āre u. -īre (von dulcis), süfs machen; ital. indolciare, indolcire; rum. indulcesc ii it i; span. endulzar, endulcir; die übrigen Sprachen brauchen *addulcīre, -āre; prov. adolcir, adossir (daneben adolzar, adoussar); frz. adoucir; auch span. adulcir; ptg. adoçar.

4903) Indŭlgĕntĭae, -as f. pl., Ablafs; ptg. endvenças, enduencas, Charwoche (besonders grüner Donnerstag u. Charfreitag), vgl. C. Michaelis, Frg. Et. p. 22.

4904) [*Indŭplĭco, -āre (v. duplex), falten; rum. induplec, falten, biegen, beugen, den Sinn jemandes leiten u. dgl.]

4905) Indūro, -āre (v. durus), härten, hart, stark werden; ital. indurare; frz. endurer etc.

4906) [Indūstrĭă, -am f., reger Fleifs; ital. industria u. dem entsprechend als gelehrtes Wort auch in den übrigen Sprachen.]

4907) Indūtĭae, -as f. pl., Waffenstillstand; ital. indugio; altoberital. induxia, vgl. Salvioni, Post. 11; Ascoli, AG III 280.

4908) Inēbrĭo, -āre (v. ebrius), berauschen; ital. inebriare (daneben imbriacare); frz. enivrer; (span. embriagar; ptg. embriagar).

4909) [Inĕrto, -are (v. iners), soll nach Baist, Z VI 119, das Grundwort sein zu span. enertarse, steif werden; es ist das wenig glaublich, es wird vielmehr enertarse nebst dem Adj. yerto, starr, nicht von hirtus (s. d.) getrennt werden dürfen; die

Ansetzung eines *hirtus neben hirtus kann um so
weniger bedenklich sein, als die Quantität des i nur
auf Rückschlufs aus ital. irto, ptg. hirto angesetzt
wird (s. Marx s. v.), diese Adjektiva aber sehr wohl
gelehrte Werte sein können.]

4910) Inēsco, -āre, anködern; ital. inescare.

4911) [*Infācīo, -āre (v. facies) = rum. infaţ
ai at a. (die Oberfläche einer Sache) bedecken, bekleiden.]

4912) Infāmīā, -am f., Schande; ital. infamia
u. dem entsprechend als gel. Wort in den übrigen
Sprachen; die volkstümliche Bezeichnung des Begriffes „Schande" erfolgt im Roman. durch das
germ. hauniþa (s. d.) u. durch negiertes honor.

4913) Infāmīs, -e, verrufen, ehrlos; ital. infame;
frz. infâme und dem entspr. als gel. Wort in den
übrigen Spr.

4914) Infāns, -āntem c., unmündig, Kind; ital.
infante „bambino, il principe ereditario di Spagna",
fante „uomo a piedi, servitore", vgl. Canelle, AG
III 395; von fante abgeleitet fanciullo, Kind, fan-
teria, Fufsvolk, u. a.; rum. fante, Bube (im Kartenspiel); rtr. uffönt, fantschello, Kind, fantschella,
Magd; prov. enfant-z, enfa-s, Kind, davon abgeleitet enfanteza, Kindheit, enfantis, kindlich, enfantar, gebären, enfantamens, Niederkunft, enfantillage, Kinderei; frz. enfant, Kind, davon abgeleitet
enfantin, enfanter, enfantement, enfantillage; (cat.
fadri; altspan. fadrin, junger Mensch, nach Parodi, R XVII 68, aus *in-funtino- : *fandin :
*fardin : fadrin); span. infante, Kind, Prinz,
Fufssoldat (das übliche Wort für „Kind" ist hijo,-a
oder niño), infanteria, Fufsvolk (aus dem Span.
wurde dies Wort dann in die übrigen Sprachen
übertragen) und andere Ableitungen; ptg. infante
mit denselben Ableitungen wie im Span. Vgl. Dz
370 fante; Gröber, ALL III 267.

4915) [Infāntīā, -am f., Kindheit; ital. infanzia,
(fanciullezza); (prov. enfanteza); frz. enfance;
span. infancia, (daneben niñez); ptg. infancia.]

4916) Infārcīo, -īre, hineinstopfen; ital. infarcire.

4917) *Infārīno, -āre (v. farina), mit Mehl bestreuen; rum. infăinez ai at a; frz. enfariner;
span. enharinar; ptg. enfarinhar.

4918) *Infāscīo, -āre (v. fascia), einbinden, einwickeln; ital. infasciare; rum. infaş ai at a; ptg.
enfoxar, enfaixar; (in den anderen Sprachen nur
das Simplex: prov. faissar; cat. faxar; span.
fajar; dem Frz. fehlt das Wort).

4919) Infaustus, a, um, unglücklich; berg. in-
fost (mit geschloss. o, gleichs. *infōstus), cupo,
mesto, vgl. Salvioni, Post. 11.

4920) Infēcto, -āre (Intens. v. inficere), färben,
= ptg. enfeitar, schminken, schmücken, putzen.
Vgl. Dz 415 afeitar.

4921) Infērcīo, -īre, hineinstopfen, = sard.
inferchire (log.), infirchi, infilchi (nördl.), vgl.
Flechia, AG II 355 letzte Zeile im Texte.

4922) [Infērīo, -īre (für inferre)=ital. inferire,
(eine Folgerung in die Rede hineintragen), folgern,
schliefsen.]

4923) *Infērnīcōla, am m., Höllenbewohner;
altfrz. fernicle, vgl. Gade in Körting's Formenbau
des frz. Nomens, Anhang VI.

4924) Infērnum n., Hölle; ital. inferno; rtr.
unfiern; prov. enfer[n]-s; frz. enfer; cat. infern;
span.inferno; ptg. inferno.Vgl. Gröber, ALL III 267.

4925) Infēro, -fērre, hineintragen; darauf will
Salvioni. Post. 12, sard. inferrere, innestare, zurückführen.

4926) [*Infērrīo, -āre, mit Eisen versehen; altfrz. enfergier, vgl. Thomas, R XXVI 425.]

·4927) Infērrum (v. ferrum) = ital. inferrare,
in Ketten legen; rum. inferez ai at a, mit dem
Brandeisen kennzeichnen, brandmarken.

4928) Infērus, a, um, unten befindlich; arbed.
infru, vgl. Salvioni, Post. 12.

4929) [*Infērvēnto, -āre (v. fervere) = rum.
inferbint ai at a, erhitzen.]

4930)Infīgo, fīxī, fīxūm, fīgēre, hineinbefestigen;
ital. infiggo, fissi, fitto, figgere; rum. infig, fipsei,
fipt, fige. Über rtr. enfis vgl. Ascoli, AG III 576.

4931) *Infīlīo, -āre (v. filius), an Kindesstatt
annehmen, = rum. infiez ai at a; die übrigen
Sprachen haben dafür affiliare und als gel. Wort
adoptare.

4932) *Infīlo, -āre (v. filum), den Faden einziehen, ein-, auffädeln; ital. infilare, (daneben infilzare = *infilitiare); rum. infir ai at a, (daneben
infirip ai at a = *infilicare); frz. enfiler; span.
enhilar; ptg. enfiar.

4933) In fine u. in fīnem, am Ende, bis zu Ende;
ital. infino, auch einfaches fino, (das gleichbedeutende sino kann unmöglich aus fino entstanden sein,
freilich ebenso wenig auch aus signum, wie Dz 400
annahm; in Wahrheit dürfte sino = si non sein.
Begrifflich scheinen allerdings „wenn nicht" u. „bis"
weit auseinander zu liegen, indessen ist ein Be-
rührungspunkt doch zu finden. Man denke an solche
Konstruktionen, wie z. B. ad eum non veniam, si
non [od. nisi] me invitaverit „ich werde nicht zu
ihm kommen, aufser wenn = bis er mich eingeladen
haben wird", so wird man zugeben müssen, dafs
der mit si non eingeleitete Bedingungssatz auch als
Zeitsatz aufgefafst u. dafs si non mit „bis" übersetzt werden kann. Einerseits hierdurch, andererseits aber durch den Anklang von si no[n] an fino
mag der Anstofs gegeben worden sein, dafs das
erstere mehr u. mehr in die Bedeutung des letzteren
eintrat u. sogar zur präpositionalen Verwendung
gelangte); frz. enfin; span. en fin; ptg. em fim.
Vgl. Dz 371 fino.

4934) [mittellat. Infīngārdūs. a, um (v. in und
fingere gebildet, eigentl. „Einer, der sich in einen
Zustand, z. B. in Krankheit, gleichsam hinein-
heuchelt, hineinverstellt"] = ital. infingardo, träg,
langsam, davon abgeleitet infingardia, Trägheit,
infingardire, faulenzen etc. Vgl. Dz 580 faint.]

Infirmītās, Infirmo s. Infirmūs.

4935) Infirmūs, a, um, schwach, = ital. infermo, krank, dazu das Shst. infermità, Krankheit;
die üblicheren Worte sind jedoch malatto und
malattia; altfrz. enferm; span. enfermo. Sonst
sind infirmus, infirmitas, infirmare im Roman. nur
als gelehrte Worte vorhanden. Vgl. Berger s. v.

4936) Inflāgro, -āre, in Brand setzen, = (?) rum.
inflacar ai at a.

4937) Inflāmmo, -āre, entflammen; ital. in-
fiammare; frz. enflammer.

4938) Inflātīo, -ōnem f., Aufschwellung; ital.
enfiagione.

4939) Inflo, -āre, hineinblasen; ital. infiare;
rum. influ (unflu) ai at at; rtr. enflar, finden, vgl.
Ascoli, AG VII 527; prov. enflar, eflar; frz. enfler;
cat. inflar; span. inflar und hinchar, dazu das
Vbsbst. hincha, Hafs (eigentl. Aufgeblasenheit gegen
jem., Feindschaft); ptg. inflar u. inchar, dazu das
Vbsbst. incha. Vgl. Dz 459 hinchar; Ascoli, AG
III 463; Gröber, ALL II 439 gonflare.

4940) **Inflōrēsco, flŏrŭī, -ēscĕre,** zu blühen anfangen, = rum. *infloresc ii it i,* blühen.

4941) ***Infŏco, -āre** (v. *focus*), anzünden; ital. *infocare,* (daneben *affocare*); rum. *infoc ai at a;* (prov. *afogar*); altspan. *enfogar;* (ptg. *afoguear*).

4942) **Infŏdĭo, fŏdī, fōssŭm, fŏdĕre,** vergraben, = frz. *enfouir.*

4943) [***Infŏllo, -āre** (v. *follis*), in den Blasebalg blasen, = rum. *infoiez ai at a,* aufblasen.]

4944) [***Infōrmŏsīto, -āre** (v. *formosus*) = rum. *infrumosețez ai at a,* schön werden.]

4945) **Infrā,** unter; ital. *fra;* rtr. *éifer* in den Verbindungen *or-éifer = foris + infra, ent-éifer = intra + infra, vi-éifer = via + infra,* sgl. Ascoli, AG VII 584 Anm. 2; (prov. *infra, denfra*).

4946) [***Infrātĭo, -īre** (v. *frater*) = rum. *infrățesc ii it i,* verbrüdern (ital. *affratellare;* frz. *fraterniser,* gleichsam **fraternizare,* gr. **φρατερ-νίζειν.*)]

4947) **Infrēno, -āre** (v. *frenum*), zügeln: ital. *infrenare;* rum. *infrin ai at a;* prov. *enfrenar;* (frz. *refréner*); cat. span. *enfrenar;* ptg. *enfrear.*

4948) [***Infrīgŏro, -āre** (v. *frigus*) = rum. *infior ai at a,* schaudern machen.]

4949) **Infrĭngo, frēgī, frāctŭm, frĭngĕre,** brechen; ital. *infrango, infragno, fransi, franto, frangere, fragnere;* rum. *infring, frinsei, frint, fringe;* (prov. *esfranher*); altfrz. *enfraindre;* neufrz. *enfreindre.* Vgl. Dz 587 *fraindre.*

4950) [***Infrŏnto, -āre** (v. *frons*), die Stirn bieten, = rum. *infrunt ai at a;* die übrigen Sprachen haben *affrontare.*]

4951) [**Infrŭcto, -āre** (v. *fructus*) = rum. *infrupt ai at a,* refl. Vb., sich vollstopfen.]

[***Infrūmĭno** s. **frūmen.**]

4952) **Infŭlcĭo, -īre,** einstopfen; sicil. *infurgiri;* lomb. *infulcir;* mail. *infolci,* vgl. Salvioni, Post. 12.

4953) [**Infŭltŭs, a, um** (Part. Perf. Pass. von *infulcire*), vollgestopft, = ital. (mit Abfall der ersten Silbe) *folto,* gedrängt, vgl. Dz 372 *s. v.*

4954) [***Infūmŭlo, -āre** (v. *fumus*) = rum. *infumur ai at a,* refl. Vb., „se remplir de fumées, s'en faire accroire, se donner des airs, s'imaginer.]

4955) ***Infŭndo, -āre** (v. *fundus*) = sard. *infundere,* bagnare: rum. *infund ai at a,* gründen; [altfrz. *effonder* (hat sich in seiner Bedeutung mit **infundulare* gemischt)].

4956) [***Infŭndŭlo, -āre** (v. *funda*), nach einer Richtung hin·schleudern, werfen, = altfrz. *effondrer,* zu Boden werfen, niederstürzen, niederschmettern.]

4957) ***Infŭrco, -āre** (v. *furca*), aufgabeln: ital. *inforcare;* rum. *infurc ai at a;* prov. *enforcar;* frz. *enfourcher;* altcat. *enforcar;* span. *enhorcar;* ptg. *enforcar.*

4958) ***Infŭrĭo, -āre** (v. *furia*), in Wut geraten, = ital. *infuriare;* rum. *infuriez ai at a.*

4959) [***Ingălbīnĭo, -īre** (v. *galbinus, galbanus*) = rum. *ingălbiniesc ii it i,* gelb werden.]

4960) [***Ingăllo, -āre** (von *gallus*), davon nach Gröber, ALL II 435, vielleicht frz. *enjôler,* kräbend singen, ankrähen, beschwatzen; Diez 150 *gabbia* leitete das Wort von **caveola = geôle* ab und legte ihm die Grundbedeutung „in den Käfig locken" bei, hielt es also für gleichbedeutend und gleichen Ursprunges mit span. *enjaular.* Die Diez'sche Ableitung ist mit der Grundbedeutung des Verbums „krähen, piepsen" unvereinbar; die Gröbersche, obwohl begrifflich wie lautlich kaum zu be-

mängeln (Bedenken kann höchstens *ll : ul* erregen), ist doch auch nicht voll überzeugend. Gröber selbst scheint das empfunden zu haben, denn er deutet die Möglichkeit an, dafs der Ursprung des Wortes im mhd. *jolen,* ndd. *jaulen* zu suchen sei, u. damit dürfte er das Richtige getroffen haben.]

4961) [gleichs. ***ingēnĭātor, -ōrem** *m.* (von *ingenium*). der Ausdenker, Erdenker, Ratfinder praktischer Mann, Techniker; ital. *ingegnare* (Fremdwort aus dem Frz.): prov. *enginhaire;* frz. *ingénieur,* (span. *ingeniero,* gleichsam **ingeniarius;* ptg. *engenheiro, ingenheiro*). Vgl. Dz 184 *ingegno.*]

4962) ***Ingēnĭo, -āre** (v. *ingĕnĭum*), klug, schlau sein; ital. *ingegnare,* nachstellen, *ingegnarsi,* auf Mittel sinnen; prov. ptg. *engenhar,* nachstellen; altfrz. *engignier,* überlisten; neufrz. *engeigner,* betrügen, *s'ingénier,* auf Mittel sinnen; span. *ingeniare,* ausdenken. Vgl. Dz 184 *ingegno.*

4963) [**Ingēnĭōsŭs, a, um** (v. *ingenium*), talentvoll, erfinderisch; ital. *ingenioso;* prov. *ginhos, geignos,* listig; frz. *ingénieux;* span. ptg. *ingenioso.* Vgl. Dz 184 *ingegno.*]

4964) **ingĕnĭŭm** *n.,* Verstand, Erfindungsgabe; ital. *ingegno;* (über ital. *gnégnero* vgl. Salvioni, R XXVIII 97); prov. *engenh-s, engein-s, genh-s, gein-s,* Klugheit, List, Kriegsmaschine; frz. *engin,* List, Maschine; altspan. *engeño;* neuspan. *ingenio;* (im Ptg. scheint das Wort zu fehlen oder doch nur als eigentliches Fremdwort üblich zu sein). Vgl. Dz 184 *ingegno.*

4965) **ingĕnūcŭlo, -āre,** knieen; ital. *inginochiare.*

4966) ***Inglācĭo, -āre** (*glacies*), zu Eis werden, = rum. *inghieț ai at a.*

4967) [**Inglūttĭo, -īre** (schriftlat. *inglūtio*), hinunterschlingen,—ital. *inghiottire;* rum. *inghit ai at a;* prov. *englotir;* frz. *engloutir;* cat. altspan. *englotir;* (neuspan. *engullir;* ptg. *engulir,* wohl von *gula*). Vgl. Dz 163 *ghiotto.*

4968) [**Inglŭvĭēs, -em** *f.,* Kropf, Gefräßigkeit; davon nach Caix, St. 341. *gobbio, gubbio* (für **ghiubbio*) „gozzo degli uccelli", *ingubbiare* „riempir di cibo"; wahrscheinlich aber leitet man wohl *gobbio* von *gobb'lus, gobbulus* (Demin. von *gobbus, gibbus*) ab; *ingubbiare* kann zu *gobbio.* aber vielleicht auch zu *kucb. gob, gop* (s. d.) gehören.]

4969) engl. **Ingot,** Barre (von Gold und dgl.); vielleicht daraus (mit angewachsenem Artikel) frz. *lingot,* Metallbarre oder -klumpen. Andererseits freilich macht man guten Grund, den umgekehrten Sachverhalt zu vermuten, nämlich dafs engl. *ingot* erst aus frz. *lingot,* dessen *l* als vermeintlicher Artikel abgeworfen worden wäre, entstanden sei. Wenn dem so ist, mufs *lingot* v. *lingua* abgeleitet werden, obwohl dies begrifflich nicht sehr nahe liegt. Vgl. Dz 627 *s. v.;* Scheler im Diet. *s. v.*

4970) **In + gränd[ĭs]** = altfrz. *en grant, en grande, en grandes,* vgl. hierüber Tobler zum Li dis dou vrai aniel p. 21, wodurch das von Diez 569 Gesagte ergänzt u. berichtigt wird.

4971) [***Ingrănĕo, -āre** (v. **granea = grange,* Scheune)=altfrz. *engrangier,* Getreide in die Scheune bringen, vgl. Tobler zu Li dis dou vrai aniel p. 27.]

4972) **Ingrăvĭdo, -āre,** schwängern; venez. *ingraviar;* piem. *angravié,* vergleiche Salvioni, Post. 12.

4973) **Ingrăvĭo, -āre** (v. *gravis*), beschweren, = rum. *ingreuiez ai at a* (daneben *ingerunez*); altfrz. *engregier,* jem. beschweren, kränken u. dgl.

4974) *ĭngrēdĭo, -īre; nach Dz 446 Grundwort
zu span. engreir, stolz machen (die Grundbedeutung
würde dann sein „einherschreiten, einherstolzieren
machen"; auch das deutsche „stolz" hängt wohl
mit „Stelze" zusammen, s. Kluge unter „stolz").

4975) *ĭngrēsso, -āre (Frequ., bezw. Intens. zu
ingredi), hineinschreiten (mit dem Nebenbegriff des
Ungestümen, Hastigen, Wilden); davon vermutlich
altfrz. s'engresser, sich in eine Sache verrennen,
auf einer Sache bestehen, halsstarrig sein u. dgl.;
von dem Vb. ist wohl abgeleitet das (auch prov.)
Adj. engres, hitzig, heftig, leidenschaftlich, eigen-
willig, auch ein Sbst. engresserie war vorhanden,
daneben engres, als Sbst. Angriff. Vgl. Dz 569 engrès; Th. p. 98 (keltischer Ursprung des Wortes
wird verneint).

4976) *ĭngrōsso, -āre (v. grossus), vergröfsern;
ital. ingrossare; rum. ingros ai at a; prov.
engrossar; frz. engrosser; span. engrosar; ptg.
engrossar.

4977) ĭngŭĕn, -ĭnĭs n., die Weichen, die Schamteile; ital. inguine; neuprov. (mit angewachsenem
Artikel) lengue; frz. aine m.; span. ingle. Vgl.
Dz 184 inguine; Gröber, ALL III 267 (wo noch sard.
imbena, cat. angonal, ptg. ingua angeführt werden).

4978) *ĭngŭīnālĭā n. pl. (v. inguen) = ital.
inguinaglia, anguinaglia, die Leisten (als Teil des
Unterleibes). Vgl. Dz 184 inguine. S. No 4977.

4979) *ĭngŭlĭo, -āre (v. gula); davon nach Caix,
St. 365, ital. ingojare „inghiottire"; Flechia, Nom.
loc. del Nap. 10, hatte *ingluviare als Grundwort
aufgestellt.

4980) *ĭngŭlo, -āre (v. gula), hinunterschlucken;
(rum. ingurluesc ii it i); prov. engollar; frz.
engouler; span. engullir; ptg. engulir.

4981) *ĭnhăbŭtēeco, -ēre (Inchoativbildung zu
dem Partizip *habūtus f. habītus) = rum. in-
avutesc ii it i, mit Habe, Vermögen versehen, be-
reichern.]

4982) *ĭnhĭberno, -āre (v. hibernus) — rum.
iniernez ai at a, einwintern, der Kälte aussetzen.

4983) ĭn + ĭllāc + ĭntro = rum. inlăuntru,
Adv., darin, Sbst., das Innere (daneben inăuntru
= in + intro).

4984) ĭnĭmīcŭs, a, um (in + amicus), feindlich,
als Shet. Feind; ital. nemico; prov. enemic-s;
frz. ennemi; span. enemigo; ptg. inimigo. Das
Wort hat auch die Bedeutung von hostis übernommen
(s. oben hostis).

4985) *ĭnĭnsĭto, -āre (v. insĭtus v. inserĕre) =
ital. innestare, nestare, pfropfen, dav. das Vbsbst.
innesto, nesto, Pfropfreis. Vgl. Flechia, AG II 354;
Dz 379 innesto wollte die Worte unmittelbar aus
insitus ableiten. Ulrich, Z XI 557, stellte *innexi-
tare als Grundwort auf.

ĭn + ĭntro s. ĭn + ĭllāc + ĭntro.

4986) ĭn ĭpsō ĭllō pāssū; altfrz. en es lo pas,
eneslepas sofort, vgl. Meyer-L., Z XIX 280.

4987) [*ĭnĭquĭtĭo, -āre (vgl. Rönsch, It. u. Vulg.
p. 165), quälen; ptg. enguiçar, behexen, vgl. C.
Michaelis, Frg. Et. p. 27.]

4988) *ĭnĭquo, -āre (iniquus), belästigen; ptg.
engar, quälen, plagen, sich an eine widerliche Kost
gewöhnen, dazu die Shet. inquina, enquina, inqui-
nação, vgl. C. Michaelis, Frgm. Et. p. 23, ebenda
vermutet M., dafs altptg. enguear = iniquiare sei.

4989) ĭnĭquŭs, a, um, ungünstig abgeneigt, =
altvenez. altlomb. altgenues. inigo, enigo,
vgl. Salvioni, Post. 12; prov. enic, unwillig, aufge-
bracht, vgl. Dz 569 s. v.

4990) *ĭnĭrrīto, -āre, anreizen, = rum. („avec
t copulatif intercalé", s. Ch. p. 129 s. v.) intărit
ai at a, anreizen, auf-, erregen. S. ĭntĕrĭto.

4991) ĭnĭtĭo, -āre, anfangen; über mundartliche
Gestaltungen dieses Wortes im Ital. u. Rtr. (z. B.
mantuan. nizzar, trient. snizzar etc.), vgl. Flechia,
AG II 356, u. Mussafia, Beitr. 69.

4992) *ĭnjŭgo, -āre (v. jugum), einjochen, =
rum. injug ai at a.

4993) ĭnjūrĭo, -āre (v. jus), jem. Unrecht thun,
beleidigen; ital. ingiuriare; sard. inźuŕźar; rum.
injur ai at a; prov. enjuriar; frz. injurier; cat.
span. ptg. injuriar.

4994) ĭnjūstŭs, a, um, ungerecht; ital. ingiusto;
frz. injuste etc.

4995) *ĭnlăquĕo, -āre (v. laqueus), ins Netz
ziehen, ver-, umstricken; ital. inlacciare; (rum.
inlăţu(i)esc ii it i; prov. enlassar, enlaissar; frz.
enlacer, span. enlazar; ptg. enlaçar).

4996) *ĭnlĭgo, -āre, binden, fesseln; altfrz.
enloiier, enlaiier; ptg. enlear (wohl Lehnwort aus
dem Frz.). Vgl. Dz 446 enlear.

4997) ĭn mănū tĕnĕnt-, in der Hand haltend,
in Bereitschaft habend, bereit seiend, ohne Verzug;
ital. immantinente, sofort; (prov. mantenen, sogleich, jetzt; frz. maintenant). Vgl. Dz 182 immantinente.

4998) *ĭnnăto, -āre, (hinein)schwimmen, = rum.
innot ai at a.

4999) *ĭnnĕbŭlo, -āre, mit Nebel bedecken; ital.
innebbiarsi; rum. innegur ai at a; ptg. ennevoar.

5000) *ĭnnĕco, -āre = rum. innee ai at a,
ertränken.

*ĭnnēxĭto, -āre s. *ĭnĭnsĭto.

5001) *ĭnnŏeto, -āre (v. nox), übernachten; ital.
annottare; rum. innoptez ai at a; prov. anoitar;
altfrz. anuitier; neufrz. anuiter.

5002) *ĭnnŏcŭus, a, um, harmlos; sard. inno-
kidu (also gleichs. *innocidus), vgl. Meyer-L., Z. f.
ö. G. 1891 p. 771; Roman. Gr. II § 358.

5003) *ĭnnŏdo, -āre (v. nodus), kneten, = ital.
innodare; rum. innod ai at a.

5004) ĭnnŏvo, -āre (v. novus), erneuern; ital.
innovare; (rum. innoesc ii it i); prov. innovar;
frz. innover; span. ptg. innovar.

5005) ĭnnŭbĭlo, -āre, umwölken, trüben; (ital.
annuvolar[si]); rum. innour ai at a; (span. ptg.
anublar[se]).

5006) *ĭnŏcŭlo, -āre (v. oculus), pfropfen; ital.
inocchiare u. inoculare (letzteres auch in übertragener
Bedtg.), vgl. Canello, AG III 352.

5007) *ĭnŏdĭo, -āre (v. odium), ärgern; ital.
annojare, annoiare; rum. innoesc ii it i; prov.
enoiar, dazu das Sbst. enuei-s; frz. ennuyer, ennui; cat. enujar;
span. ptg. enojar, enojo, nojo. Vgl. Dz 224 noja;
Gröber, ALL III 267.

5008) *ĭnquaero (für inquiro), quaesīvī, quaesītūm, quaerēre, nachforschen, fragen; ital. in-
chiedere; rtr. ankuretz, vgl. Gartner § 148; prov.
enquerre, enquerir; frz. enquérir (dazu das Partizipialsbst. enquéte); span. ptg. inquirir.

5009) inquĭĕ(tĭ)tŭdo, -dĭnem f., Unruhe; altfrz. enquetume, vgl. Boucherie, Rev. des lang. rom.
1876 (2) p. 45 u. 1877 (1) p. 263; Sechier, Comment. Wölff. p. 75 Anm.; Cohn, Suffixw. p. 271.

5010) [*ĭnrādĭcĭno, -āre (v. radix), einwurzeln,
= rum. inrădăcinez ai at a; frz. enraciner.]

5011) *ïnraueo, -äre (v. raucus), heiser werden; (ital. arrocare); frz. enrouer; (span. enronquecer; ptg. enrouquecer).

5012) [*ïnrēpïdus, a, um (v. repēre); dav. nach Cohn, Festschr. f. Tobler p. 277, altfrz. enrede, enred(er)is].

5013) ïnrēvērens, unehrerbietig; dav. nach Tobler zu Chevalier au lyen ed. Holland v. 6165 (vgl. Cohn, Festschr. f. Tobler p. 276), altfrz. enrievre, böse; Thomas, R XXVI 425, hat *inreprobus, d. i. reprobus mit intensivem in, als Grundwort aufgestellt.

5014) *ïnsäbäno, -äre (v. σάβανον), in ein Tuch hüllen, = sicil. insavonari, in das Leichentuch hüllen. Vgl. Dz 278 sábana.

5015) *ïnsäceo, -äre (v. saccus), in den Sack stecken, einstecken, = prov. ensacar; frz. ensacher. Vgl. Dz 278 sacar.

5016) *ïnsängüïno, -äre (von sanguis), blutig machen; ital. insanguinare; rum. insanger ai at a; (prov. ensanglentar = *insanguinolentare; frz. ensanglanter; cat. span. ensangrentar); ptg. ensanguentar.

*ïnsängüïnölēnto s. ïnsängüïno.

5017) ïnsänïä, -am f., Vernunftlosigkeit; daraus vielleicht gekürzt span. saña, Wut; ptg. sanha. Vgl. Dz 485 saña; Cornu, R X 81, stellte *sania = sanies als Grundwort auf, in Gröber's Grundriſs I 744 dagegen nimmt auch er insania an.

5018) *ïnsäpïdüs und ïnsïpïdüs, a, um (von sapere), geschmacklos, albern; ital. sciapido, scipido, fade; (rum. sarbed?); span. enjabido; ptg. enxabído. Vgl. Dz 399 sapido.

5019) *ïnsäpōno, -äre (v. sapo), einseifen; ital. insaponare; span. enjabonar; ptg. ensaboar.

5020) *ïnsärto, -äre (sarcire), hineinstopfen; span. insartar. S. auch ïnserto.

5021) [*ïnscïēntĭo, -äre (v. scientia), in Kenntnis setzen, = rum. inştiinţez ai at a.]

5022) ïnscrïbo, scrïpsï, scrïptüm, scrïbēre, einschreiben; ital. inscrivo, scrissi, scritto, scrivere; rum. inscriu, isei is, e; prov. frz. inserire; span. inscribir; ptg. inscrever.

5023) *ïnsēeto, -äre (Intens. von secare), anschneiden; davon span. encentar: ptg. enceitar, encetar, vgl. Förster, Z III 561. S. oben ïncēpto.

5024) *ïnsēllo, -äre (v. sella), den Sattel auflegen; rum. inşeuez ai at a; prov. ensellar, enselar; cat. ensellar; span. ensillar.

ïnsēmēl s. ïnsïmül.

5025) *ïnsēmēntĭo, -äre, besäen; rum. insēminţ ii it i; frz. ensemencer.

5026) ïnsēpēlĭo, -ïre, begraben; frz. ensevelir; (ital. insepolto, span. insepulto).

5027) *ïnsērēno, -äre (v. serenus), aufheitern, = ital. inserenare; rum. insenin ai at a.

5028) ïnsēro, sērüï u. sēvï, sērtüm u. sätüm, sērēre, einfügen, einpfropfen, — rum. inşir ai at a, auf-, einreihen, ordnen; span. engerir; ptg. enxerir, einfügen, einpfropfen. Vgl. Dz 447 enxerir.

5029) *ïnsēro, -äre (v. serus), spät werden, Abend werden; rum. (unpers. Vb.) inseara insera inserat insera; (prov. aserar); altfrz. enserir (daneben aserir).

5030) [ïnsērto, -äre (v. inserēre), einfügen, = abruzz. 'nzertare, innestare; span. ptg. enj-, enxertar, einpfropfen. Vgl. Dz 447 enxerir. S. auch ïnsarto.

5031) [*ïnsētüm (nach dem Perf. sévi gebildetes

Partizipialsubst.) = ital. inseto, Einpfropfung. Vgl. Flechia, AG II 352.]

5032) ïnsïbïlo, -äre, hineinzischen; dav. (?) nach Caix, St. 366, ital. insipillare, inzipillare „indettare, istigare".

5033) ïnsïdĭae, -as f. pl., Hinterhalt; dauphin. enxisiei; ptg. enscia, vgl. Meyer-L., Z. f. ö. G. 1891 p. 771.

5034) ïnsïgnĭä n. pl. (v. insignis), Abzeichen, Auszeichnungen; ital. insegna, Zeichen, Kennzeichen, Fahne; prov. cusenha; frz. enseigne; altspan. enseña; neuspan. ptg. insignia. Vgl. Dz 184 insegna; Berger s. v.

5035) *ïnsïgno, -äre (v. signum), erkennbar machen, lehren; ital. insegnare, dazu das Vbsbst. insegnamento; rum. insenin ai at a; prov. ensenhar, enseygnar; frz. enseigner, dazu das Vbsbst. enseignement; cat. escnyar; span. enseñar; ptg. ensinar, dazu das Vbsbst. insino. Vgl. Dz 184 insegnare.

5036) ïnsïmül u. ïnsēmēl, zugleich, zusammen (vgl. Hamp, ALL V 364); ital. inşembre, insembra, insieme; prov. ensems; frz. ensemble; altspan. ensemble, ensembra; altptg. ensembra; (neuspan. neuptg. junto). Vgl. Dz 184 insembre; Gröber, ALL III 268 u. VI 391.

5037) *ïnsïnüo, -äre (v. sinus), in den Busen stecken; span. ensenar, dazu das Partizipialsubst. span. ptg. ensenada, -seada, Meerbusen, Bucht. Vgl. Dz 446 ensenada.

5038) *ïnsōcĭo, -ïre (v. socius) = rum. insoţesc ii it i, begleiten; die übrigen Sprachen brauchen associare.

5039) ïnsōmnĭum n., Schlaflosigkeit; ital. insogno, vgl. Mussafia, Beitr. 115, 171, Ascoli, AG III 451, Salvioni, Post. 12.

5040) [*ïnsŏrōrĭo, -ïre (v. soror) = rum. insorarese ii it i, Schwestern werden, vereinigen.]

5041) *ïnspïco, -äre (v. spica), Ähren treiben, — rum. spic ai at a.

5042) *ïnspïno, -äre (v. spina), dornig, spitzig machen, — rum. inspin ai at a.

5043) [*ïnstärĭo, -ïre (v. stare), in Stand setzen, — rum. instărese ii it i, reich machen.]

5044) ïnstauro, -äre, veranstalten; altfrz. estorer, errichten, bauen, schaffen, einrichten, dazu die Sbsbst. estorée, estorement, Zurüstung. Vgl. Dz 577 estorer.

5045) *ïnstïgülo, -äre (v. instigare), anreizen, = (?) ital. (aber) inzigolare, vgl. Caix, St. 368.

5046) ïnstïpo, -äre, hineinstopfen; span. entibar, stützen, dazu das Vbsbst. entibo, Stütze. Vgl. Dz 446 entibo.

5047) [ïnstïtŭo, üï, ütüm, ĕre, einrichten; ital. i(n)stituire; frz. instituer etc., überall nur gel. Wort.]

ïnstrüetïo s. ïnstrüo.

5048) [ïnstrümēntüm n. (v. instruēre), Werkzeug; ital i(n)strumento; frz. instrument etc., überall nur gel. W.; (jedoch altfrz. estrument).]

5049) [ïnstrüo, strüxï, strüetüm, strüēre, herrichten, unterrichten; ital. i(n)struire; frz. instruire etc., überall nur gel. W. (ausgen. altfrz. estruire), ebenso das dazu gehörige Sbst. instructio.]

5050) ïnsübülüm n., Schaft des Geschirres am Webestuhl, ital. subbio, Weberbaum, davon subbiello „perno dei cignoni delle carrozze", vgl. Caix, St. 92; frz. ensouple; span. enjullo. Vgl. Dz 311 subbio.

5051) ïnsüfflo, -äre, einhauchen, — rum. insuflu ai at a.

5052) **Insŭlă, -am** *f.*, Insel; **ital.** *isola, Ischia,* vgl. Ascoli, AG III 458; **sard.** *iscra, iša;* **prov.** *isla, ilha, iscla;* **altfrz.** *isle;* **neufrz.** *ile;* **cat.** *illa ;* **span.** *isla;* **ptg.** *insula, ilha.* **Vgl.** Ascoli, AG III 458; Gröber, ALL III 268.

5053) **Insŭlānus, -um** *m.* *(insula),* Inselbewohner; **ital.** *insolano.*

5054) **Insŭlsŭs, a, um** *(in* u. *salsus),* ungesalzen, geschmacklos; **span.** *soso,* (das gleichbedeutende *zonzo* soll nach Diez dasselbe Wort sein, dagegen spricht aber, dafs daneben auch *zonco* sich findet); **ptg.** *insosso, ensosso,* dav. *ensossar.* **Vgl.** Dz 489 *soso.*

5055) ***Intaedĭo, -āre** (von *taedium*) = **ptg.** *entejar,* Ekel empfinden, dazu das Vbsbst. *entejo,* Ekel, vgl. Dz 446 *entejar.*

5056) [***Intăgmĭno, -āre** (vom Stamme *tag*), anrühren; **prov.** *entamenar,* anschneiden; **frz.** *entamer.* **Vgl.** Dz 570 *entamer;* Flechia, AG II 357; Th. p. 99 (wo keltischer Ursprung abgelehnt wird).]

5057) [***Intălĭo, -Ire** (v. *talis*) = **rum.** *intaresc ii it i,* in einen solchen Zustand jem. versetzen, dafs er stark ist, kräftigen, bekräftigen.]

5058) [**Intāmĭno, -āre** (aus *in-tag-mino*), angreifen (u. dadurch entweihen) = **frz.** *entamer.* S. No 5056.]

5059) ***Intărdĭo, -āre** (v. *tardus*) = **rum.** *intarziu ai at a,* verzögern, aufschieben.

5060) **Intĕgĕr, gra, grum** (vom Stamme *tag*), unberührt, heil, ganz; **ital.** *integro* (*intégro*) „chi non fa difetto, incorrotto", *int(i)ero* „che non manca di alcuna delle sue parti", vgl. Canello, AG III 389; davon das Vb. *intirizzare,* steif (unrührbar) machen; **rum.** *intrég;* **rtr.** *entir, antir,* vgl. Gartner § 34; **prov.** *integre, entegre, entieyr, entier;* **frz.** *entier;* davon **altfrz.** *enterin* (gleichsam **integrīnus*), vollkommen, wovon wieder das (auch im **Nfrz.** vorhandene) Vb. *entériner,* etwas vollkommen ordnen, gerichtlich bestätigen; **cat.** *integro, entir;* **altspan.** *entergo;* **neuspan.** *integro* (gel. W.), *entero;* **ptg.** *integro* (gel. Wort), *inteiro,* dazu der gerichtliche Ausdruck *entregue,* in gehöriger Form u. vollkommen geordnet, eingehändigt, ausgeliefert; von *inteiro* sind abgeleitet *inteiriço,* unversehrt, vollständig, *inteiriçar,* straff, steif, steif machen. **Vgl.** Dz 184 *intero;* Gröber, ALL III 268.

5061) **Intĕgro, -āre** (v. *integer*), in Ordnung bringen; **ital.** *integrare* (gel. W.); **rum.** *integresc ii it i,* vervollständigen, beenden; **prov.** *enteirar;* (**frz.** *intégrer*): **cat. span. ptg.** *integrar* (gel.Wort), *entregar,* ausliefern, aushändigen (eigentl. wohl eine Übergabe in gehöriger, vollkommener Form vollziehen), dazu das Vbsbst. (auch Adj.) *entrego, -ue,* Übergabe. **Vgl.** Dz 447 *entregar.*

5062) [***Intĕllēctĭo, -Ire** (v. *intellegere*) **rum.** *inţeleptesc ii it i,* in Kenntnis setzen.]

5063) **Intĕllēctŭs, -um** *m.* (v. *intellegere*), Einsicht, = **ital.** *intelletto* (gel. W.).

5064) **Intĕllēgo, lēxī, lēctŭm, lĕgĕre,** einsehen; **ital.** *intelligere* (gel. W.); **rum.** *inţeleg lesei les lege;* **rtr.** *entellir,* anklékr, vgl. Gartner § 154.

5065) [***Intēmpŏro, -āre** (v. *tempus*) = **rum.** *intimplu ai at a,* geschehen, sich ereignen.]

5066) [**Intēndo, tēndi, tēntŭm, tēndĕre,** nach einer bestimmten Seite hin richten (im Roman. besonders von dem Richten des Ohres gebraucht, daher: hören, vernehmen, verstehen); **ital.** *intendere;* **rum.** *intind, tinsei, tins, tinde* (hat die eigentl. Bedtg. bewahrt u. dieselbe noch mehr erweitert, indem es auch „ausbreiten, entfalten, richten"

u. dgl. bedeutet): **prov.** *frz.* *entendre;* (dazu das ganz gelehrte Sbst. *intendance*); **cat.** *entendrer:* **span. ptg.** *entender.*

5067) ***Intĕnĕbrĭco, Intĕnĕbro, -āre** (von *tenebrae*), verdunkeln; **ital.** *intenebrare* (u. *-brire*); **rum.** *intunec* (f. *intunerec*) *ai at a;* **span.** *entenebrar;* (**ptg.,** auch **span.,** *entenebrecer*).

5068) ***Intĕnĕbrĭcŭs, a, um** (v. *tenebrae*), dunkel; **rum.** *intunerec;* **prov.** *entenerec.*

5069) [***Intĕnĕrĭo, -Ire** (v. *tener*), zart, weich, gerührt machen; **ital.** *intenerire;* **rum.** *intineresc ii it i;* **prov.** *atendrir, atenrezir;* **frz.** *attendrir*); **span.** *enternecer;* **ptg.** *enternecer, enternecer.*]

5070) **Intēntīvŭs, a, um** (v. *intendere*), aufmerksam (Georges giebt unter Bezugnahme auf Prise. 15, 36 als Bedtg. „steigernd" an), = **altfrz.** *ententiu-s,* vgl. Suchier, Z I 430; sonst nur gel. W. **frz.** *entente,* zwischen, unter; (**ital.** *tra* = *intra*); **sard. intre; rum.** *intre, intru;* **rtr.** *d-enter;* **prov.** **frz. cat. span. ptg.** *entre.* **Vgl.** Gröber, ALL III 269.

5072) ***Intĕrālĭă** *n. pl.,* innerliche Dinge, = **prov.** *intralias,* Eingeweide; **frz.** *entrailles.* **Vgl.** Dz 571 *entrailles.*

5073) **Intĕr + ămbōs,** zusammen; **ital.** *intrambo, intrambi, intrambe,* beide, (daneben *intramendue*); **prov.** *entrambs;* **span. ptg.** *entrambos.* **Vgl.** Dz 185 *intrambo.*

5074) **Intĕrānĕă** *n. pl.,* Eingeweide: **ital.** *entragno,* (daneben *le interiora, intestini, budella, visceri*); (**rtr.** *endedans* = *in + de + intus;* **prov.** *intralias* = *interalia;* **frz.** *entrailles*); **altfrz.** *entraigne,* vgl. Cohn, Suffixw. p. 163 u. 241; **span.** *entrañas,* (daneben *intestinos, tripas, visceras*); **ptg.** *entranhas,* (daneben *intestinos, tripas*).

5075) [**Intĕrĕst,** es ist daran gelegen, = **frz.** *intérét* (gel. W.), Sbst., Angelegenheit, Interesse: die übrigen Sprachen brauchen in dieser Bedtg. den substantivierten Inf. *intercsse* (**ital. ptg.** *interesse,* **span.** *interes*).]

5076) **Intĕr gĕntem;** dav. **frz.** *entregent,* Lebensart.

5077) **Intĕr + hŏcque** = **ital.** *introcque,* unterdessen; **rtr.** *antroqua, bis,* vgl. Ascoli, AG VII 526 f.; ebenda **Inter + hŏc + In** = **rtr.** *entochen,* bis an.

5078) **Intĕr + hŏcquē + ips-** = **altfrz.** *entrues, entruesque,* vgl. Ascoli, AG VII 527 Anm. No 2; Gröber, ALL VI 291 (frägt = *intro[r]sum ?*).

5079) [**Īn +** *(in* + (altnfränk. **tarlan,** mit Umlaut) **terian** (= zerren): davon vielleicht **altfrz.** *entarier,* reizen, indessen ist ein gewichtiges Bedenken gegen diese Ableitung die von Förster, Z III 263, nachgewiesene Dreisilbigkoit des einfachen Verbums *tarier.* **Vgl.** Dz 685 *tarier;* Scheler im Anhang zu Dz 815; Mackel, p. 47 unten.]

5080) [**Intĕrĭor, -us** für, die, das Innere] **ital.** *interiore* etc.; überall nur gel. Wort.]

5081) [***Intĕrĭto, -are** (v. *interitus*), zu Grunde richten, tötlich ärgern, = (?) **rum.** *intăritura,* reizen, kränken. **Vgl.** Densusianu, R XXVIII 65. Sehr berechtigteZweifel an dieser Ableitung hatSchuchardt, Z XXIII 419, ausgesprochen. S. No 4986.]

5082) ***Intĕrlŏco, -āre** (v. *lŏcus*) = **rum.** *interloc ai at a,* zusammenbringen, irgend wohin bringen.

5083) **Intĕr + mĕdĭŭm** = **ital.** *intermezzo,* Zwischenspiel; **s p.** *entremes*(?). **Vgl.** Dz 447*entremes.*

5084) ***Intĕrnĕco, -āre,** hinmorden; davon vielleicht **m e d e n e s.** *arnghér* „ananorbare, soffocare, appestare, attoscare", vgl. Flechia, AG II 8.

5085) **Intĕro, trīvi, trītum, tĕrĕre**, hineinreiben; ital. *intridere* (*intrisi, intriṣo* nach Analogie. z. B. von *risi, riso*. danach wurde dann auch der Inf. *intiedere* zu *intridere* umgebildet, vgl. Ascoli, AG X 86 Anm.), kneten.

5086) **Intĕrrŏgātĭo, -ōnem** *f.* (v. *interrogare*), Frage; ital. *interrogazione;* rum. *intrebăciune;* frz. *interrogation* etc.; überall nur gel. Wort, das Gleiche gilt von dem Nom. act. *interrogator.*

5087) **Intĕrrŏgo, -āre**, fragen; (ital. *interrogar*); rum. *intreb ai at a;* prov. *interrogar, entervar;* altfrz. *enterver* (in einzelnen Mundarten noch jetzt vorhanden); (wegen *rouver* s. *hrópan*); neufrz. *interroger;* cat. span. ptg. *interrogar.* Das Wort ist nur gelehrt (abgesehen von dem wenig üblichen prov. *entervar,* altfrz. *enterver*); die volkstümlichen Ausdrücke für „fragen" sind im Romanischen *demandare* = ital. *domandare, dimandare,* frz. *demander,* etc., u. *percontare* (im Schriftlat. Deponens) = span. *preguntar,* ptg. *perguntar.* Vgl. Dz 554 *corvée.*

5088) [*Intĕrtĭo, -āre** (von *tertius*), in dritte Hand legen, in dritter Hand finden, wiedererkennen, = altfrz. *entercier,* wiedererkennen, vgl. Dz 571 s. v. Vgl. G. Paris, Alexius p. 180.]

5089) [*Intervĭtĭle, *Intervĭtĭcĭum** *n.,* eine Art Clematis; neuprov. *entrevedil,* entrevige, entrevadis, entrevedieu, altfrz. *entrevedieux* (*entreveniena* bei Godefroy s. v. dürfte ein von G. übernommener Druckfehler sein). Vgl. Thomas, R XXVIII 181.]

5090) *Intĕrŭnĭo, -īre** (v. *unus*), vereinigen, = rum. *intrunesc ii it i.*

5091) **Intĕxo, tĕxŭī, tĕxtum, tĕxĕre**, hineinweben; ital. *intessere;* rum. *inteṣ ui ut e.*

5092) *Intĭbĕŭs, a, um** (Adj. zu *intibum,* Endivie, Cichoria Endivia L.); dav. ital. prov. *endivia,* Endivie; frz. *endive;* span. ptg. *endivia.* Vgl. Dz 126 *endivia.*

5093) **Intĭmus, a, um,** innerst; aemil. *emda,* Bettzeug, altvenez. *éntima* etc., vgl. Mussafia, Beitr. 53, Meyer-L., Z. f. ö. G. 1891 p. 771, Salvieni, Post. 12.

5094) **Intĭngo, tīuxī, tīnctŭm, tīngĕre,** eintauchen; ital. *intigno, tinsi, tinto, tignere;* rum. *inting, tipsei, tipt, tinge;* die übrigen Sprachen kennen nur das einfache Verbum.

5095) [*Intĭtĭo, -āre** (*titium*), anzünden; altfrz. *entitier,* vgl. Horning, Z XVIII 237.]

5096) *Intŏno, -āre** (v. *tonus* = τόνος, Ton, also verschieden von *intonare,* donnern), anstimmen, = ital. *intonare;* frz. *entonner* etc.

5097) *Intŏrno, -āre** (v. *tóρνος*) = rum. *intorn ai at a,* um-, ver-, zurückdrehen.

5098) **Intŏrquĕo, tŏrsī, tŏrtŭm, tŏrquēre,** umdrehen, = rum. *intorc, torsi, ors, oarce,* drehen.

5099) [*Intŏrtĭlo, -āre** (*tortilis*) = frz. *entortiller,* wickeln, ringeln; span. *entortijar.* Vgl. Dz 323 *torto.*]

5100) *Intrŭmo, -āre** (v. *trama*), ein Gewebe anfangen, = rum. *intram ai at a,* wieder in Ordnung bringen, wiederherstellen.

5101) *Intr[a]ārmo, -āre** (v. *arma*) = rum. *intrarmez ai at a,* bewaffnen.

5102) [**In trānsăcto** (von *transigere,* durchstofsen, durchführen) im Stofs, mit Gewalt, ohne Rücksicht, ohne Umstände, = altfrz. *entresait,* ohne Umstände, geradezu, sofort, norm. *entresiais.* Vgl. Dz 571 *entresait.* S. auch oben **ad transactum.**]

5103) [ital. **Intrecclato** (s. No 5104), daraus frz. *entrechat,* Kreuz-, Luftsprung.]

5104) [*Intrĭchĕo, -āre** (v. *τρίχα*), dreifach teilen (das Haar, um es zu flechten, dann flechten), ist das mutmafsliche Grundwort zu ital. *intrecciare* (zunächst von treccia = *trichea,* Strähne, Flechte), flechten, vorflechten, verwickeln. (Aus dem Partizip *intrecciato* entstand durch volksetymologische Umdeutung frz. *entrechat,* eigentlich ein verwickelter Sprung beim Tanze, Kreuzsprung, vgl. Dz 571 s. v.; Fafs, RF III 504.) Vgl. Dz 326 *treccia;* Scheler im Dict. *tresse.*]

5105) **Intrīco, -āre** (vgl. über das Verbum Dieterich, Pulcinella p. 98 Anm. 2), verwickeln; ital. *intricare* „rendere difficile", *intrigare* „imbrogliare, brogliare", dazu die Vbsbttve *intrico* u. *intrigo,* vgl. Canelle, AG III 371; aus dem Ital. dann prov. *entricar;* frz. *intriguer,* davon das Vbsbst. *intrigue;* span. *entricar, en-, intrincar;* ptg. *intricar* u. *intrigar.* Vgl. Dz 327 *tricare.*

5106) *Intrĭsto, -āre** (v. *tristis*), betrüben; ital. *intristare, intristire,* böse, gottlos werden (attristare, contristare, betrüben); rum. *intrist ai at a,* betrüben; prov. *entristezir;* (frz. *attrister*); cat. *entristir;* altspan. *entristar;* neuspan. ptg. *entristecer.*

5107) **Intro, -āre,** eintreten; ital. *intrare;* frz. *entrer;* prov. span. ptg. *entrar.*

5108) [*Intrŏĭto, -āre** (v. *introitus*), hineingehen; davon nach Baist, Z V 564, span. *antruejar,* den Sonntag vor Eintritt der Fasten feiern, dazu das Vbsbst. *antruejo,* welches C. Michaelis, St. 263, als Scheideform zu *introito* ansah.] S. **Intrŏĭtŭs.**

5109) **Intrŏĭtŭs, -um** *m.* (v. *introire*), Eintritt; altspan. *entroido, antruido;* neuspan. *antruejo,* (das wohl durch Suffixvertauschung aus *antriudo* entstanden ist und zu welchem das Vb. *antruejar* gehört), Karnevalssonntag. Vgl. Dz 447 *entroido.* S. **Intrŏĭto.**

5110) **Intro + ŭsquĕ** = altfrz. *trosque, tresque,* bis, vgl. Dz 622 *jusque.*

5111) **Intro + ŭsquĕ + ad** = (rtr. *antróqua?*); prov. *truesc'a,* bis; altfrz. *trosqu'a, tresqu'a,* daneben *tresci* (nach *desci* = *de ex* + *ecce hic* gebildet) *que, entresci que* bis; nach letzterer Konjunktion ist, mit gleicher Bedeutung, *enfresci que* gebildet (*enfres* vermutlich aus *envres, envers* = *inversus* entstanden). Vgl. Dz 622 *jusque;* Gröber, ALL VI 149.

5112) [*Intŭdĭtĭo, -āre** (vom Stamme *tud,* wovon *tundere;* davon vielleicht ital. *intuzzare, rintuzzare,* stumpf machen, dämpfen. Vgl. Ascoli, AG I 36; Dz 379 s. v. wollte das Wort von *intutiare* von *tueri tutus* ableiten, was begrifflich zu unannehmbar ist. Möglicherweise gehört zu *intuzzare* das Adj. *tozzo,* dick, kurz, vgl. Dz 406 s. v.]

5113) **In + tŭm** = altspan. *enton,* damals; (ptg. *então*).

5114) **In + tŭncĕ** = span. *entonces,* damals (altspan. auch *enstonze, estonzas* = *ex* + *tuncce*), vgl. Dz 446 *enton.*

5115) **Intŭs,** drinnen; ital. (mundartl.) *ento;* prov. *ins;* altfrz. *ens,* vgl. Dz 570 *ens.* Über *de* + *intus* s. oben unter **de.**

5116) **Inŭlă, -am** *f.,* Alant (Inula Hellenium L.); ital. *enola, ella, lella;* frz. *aunée* = *ilunata* für *inulata;* span. ptg. *énula, ala.* Vgl. Dz 126 *enola;* Gröber, ALL II 267.

5117) **Invădo, vāsī, vāsŭm, vădĕre,** eindringen; ital. *invado, vasi, vaso, vadere;* prov. *envazir;*

32

frz. *envahir;* span. ptg. *invadir.* Vgl. Dz 571 *envahir.* Vermutlich gehört hierher auch span. *embair,* geistig einnehmen, in Erstaunen setzen, vgl. Cornu, R XIII 301; Parodi, R XXVII 202, setzt *embair = *invagïre* an.

5118) **Iuvälïdus, u, um,** schwach, krank; neap. *'mmáleto,* vgl. Salvioni, Post. 12.

5119) [**Invägïno, -äre** (*vagina*), in die Scheide stecken; dav. vielleicht (mittel)ital. *ammainare* (wegen des *nv: mm* vgl. *inventare: ammentar*), vgl. Flechia, AG IV 372 (dagegen Canello, AG III 321), u. d'Ovidio, AG XIII 367.]

5120) **Iuvēnēno, -äre** (v. *venenum*), vergiften; ital. *invelenire;* rum. *inveninez ai at a;* prov. *enverinar, everinar;* frz. *envenimer;* cat. *enverinar;* span. *envenenar;* ptg. *envenenar.*

5121) **Invēnto, -äre,** erfinden; ital. *inventare* (*ammentare,* vgl. No 234); frz. *inventer* etc.

5122) **Invērmīno, -äre** (v. *vermis*), Würmer bekommen; ital. *inverminare* u. *-ire;* rum. *inverminez ai at a.*

5123) [**Invērsōrium,** Eingufs; dav. nach Flechia, AG VIII 383, piem. *ambossúr,* Trichter, s. aber **in + bütt.**]

5124) **In + vērsūs,** gegen; ital. *inverso;* prov. frz. *envers* (mail. *invers = inversum,* Norden, vgl. Dz 272 *ritto*); span. *embes.* Vgl. No 5111.

5125) **Invēstïo, -īre** (v. *vestis*), bekleiden; ital. *investire;* sicil. *mmestiri,* vgl. Salvioni, Post. 12; frz. *investir,* dazu das Sbst. *invétison,* freier Raum um ein Haus; span. *embestir;* überall nur gel. Wort u. zwar Kunstausdruck der Kriegssprache „(einen Platz) angreifen, berennen, einschliefsen". Vgl. Dz 185 *incestire.*

5126) **Invĕtĕratus, a, um,** veraltet; sard. *embedéradu,* inveterato, crónico, vgl. Salvioni, Post. 12.

5127) **Invētŭlo, -äre** (v. *vetulus*), alt werden; ital. *invecchiare;* (rum. *invechesc ii at i;* prov. *envelhezir, envielhezir;* frz. *envieillir;* cat. *envellir;* span. *envejecer;* ptg. *envelhecer*).

5128) **Invĭcem,** wechselweise; neap. *énfrece,* vgl. Salvioni, Post. 12.

5129) **Invĭcīno, -äre** (v. *vicinus*), benachbart sein; rum. *invecinez ai at a,* benachbart sein; (frz. *avoisiner;* span. *avecinar;* ptg. *avi-, avezinhar*).

5130) **Invĭdïā, -am** f., Neid; ital. *invidia,* dazu das Verb *invidiare;* tesc. *imbízía, bízía* (= *imbidia*), vgl. Parodi, R XXVII 389; prov. *enveja,* dazu das Verb *envejar;* frz. *envie,* dazu das Verb *envier,* davon wieder das Vbsbst. *envi,* Wetteifer; span. *envidia,* dazu das Vb. *envidiar;* ptg. *inveja, en-,* dazu das Vb. *invejar, en-.* Vgl. Dz 571 *envis.* Berger s. v.

5131) **Iuvīnco, vīcī, vīctūm, vīncēre = rum.** *inving, vinsei, vins, vinge,* siegen, (das einfache Verb fehlt dem Rumän., während andererseits die übrigen Sprachen das zusammengesetzte nicht kennen).

5132) **Invīo, -äre** (v. *via*), auf den Weg bringen, schicken (bei Solin 2, 4 kommt *inviare* einmal vor, aber in der Bedtg. „betreten"); ital. *inviare;* prov. *enviar;* frz. *envoyer;* (altfrz. auch *en + voyer = inde viare*); cat. span. ptg. *inviar, enviar.* Vgl. Dz 700 *voyer 2.*

5133) **Invīrĭdĭo, -īre** (v. *viridis*), grün werden; ital. *inverdire;* rum. *inverzesc ii it i;* (span. ptg. *enverdecer*).

5134) **Invīte,** ungern; lomb. *inevid, inévida,* di mal veglia; valm. *nivida;* valses. *invi;* gennes. *mainvio,* malvolentieri; valtell. *de nevit,* impetuosammentc, *nivit, navit* impeto, vgl. Salvioni, Post. 12.

5135) **Iuvītīo, -äre** (v. *vitïum* in seiner roman. Bedtg., wonach es „böse Gewohnheit, Gewohnheit überhaupt, Belustigung" u. dgl. bezeichnet); rum. *inváț ai at a,* gewöhnen, dazu das Vbsbst. *inváț* (böse) Gewohnheit; prov. *envezar,* belustigen; altfrz. *envoisier,* sich belustigen, dazu die Sbstve *envoisie, envoisure,* Freude, Lust, Scherz, aber auch Betrügerei, Schurkerei. Vgl. Dz 344 *vizio.*

5136) **Iuvīto, -äre,** einladen; ital. *invitare;* sard. *imbidai;* lomb. *invidá;* rum. *imbiu ai at a;* prov. *envidar;* frz. *inviter;* cat. span. ptg. *envidar* (sp. ptg. auch *invitar*).

5137) **Iuvītūs, a, um,** widerwillig; ital. *invito;* obwald. *nuidas,* vgl. AG VII 541; frz. *envis;* altspan. *ambidos, amidos.* Vgl. Dz 422 *ambidos* u. 571 *envis.*

5138) **Iuvŏlo, -äre** (*in* u. *vola,* hohle Hand), in die hohle Hand hineinbringen, stehlen (vgl. Rönsch, Collect. philol. p. 75, 162, 283); ital. *involare,* stehlen, dazu das Vbsbst. *emblée;* prov. *envolar;* frz. *embler,* dazu das Vbsbst. *emblée,* verstohlener, heimlicher Weise, (das übliche Vb. für „stehlen" ist *voler = volare* in transitiver Bedtg. „fliegen machen"); aus *de + involare* ist wohl entstanden altfrz. *damble(ir)r,* fliegen machen, vgl. Leser p. 79. Vgl. Dz 568 *embler;* Scheler im Anhang zu Dz 791.

5139) **Iuvŏlūcro, -äre,** einwickeln; dav. nach Cornu, Gröber's Grundrifs I 767, span. *emburujar,* ptg. *emburulhar, barulhar, marulhar,* verwirren, vgl. R XXVII 231.

5140) [**Iuvŏlŭcŭlo, -äre** (v. *volvere* abgeleitet) = ital. *invogliare,* einpacken, dazu das Vbsbst. *invoglio,* Paket; (*involgiare,* Lust erwecken, ist gleichsam *involiare,* vgl. *voglio = *volio* f. *volo, voglia,* Lust). Vgl. Flechia, AG II 20; d'Ovidio, AG XIII 400 (hier wird auch der Pflanzenname *vilucchio,* convolvulus arvensis, aufgeführt).]

5141) [**Iuvŏlūtŭo, -äre** (von *involutus* abgeleitet nach Analogie von *fluctuare, aestuare* u. dgl.), daraus (??) *involuppare* (vgl. *pipita = pituita,* s. Dz 249 *pipita*) u. daraus ital. *inviluppare.* (dazu das Sbst. *inviluppo*); frz. *envelopper,* (dazu das Sbst. *enveloppe*); altcat. *envolpar.* So will Storm, R V 187, die schwierige Wortsippe versuchsweise erklären, für welche Diez 341 *viluppo* keine Deutung beizubringen wufste u. für welche auch Scheler im Anhang zu 751 keine Lösung fand. Aber auch Storm's Annahme kann nicht befriedigen, weil aus *tu = tv* nimmermehr *pp* werden konnte (*pipita* aus *pituita* beruht auf volksetymologischer Umbildung). Ebenso wenig genügt Horning's Annahme, Z XXI 192, wonach (*in*)*viluppare* etc. aus *faluppa* (s. d.) entstanden sein soll. Körting, Ztschr. f. frz. Spr. u. Litt. XXI 104, vermutet, dafs *involuppare* auf Kreuzung von *invŏlūtāre* „einwickeln" mit *stŭppāre* „stopfen" beruhe.

5142) [**Iuvŏlvo, -äre** (f. *involvēre*) = rum. *inholb ai at a,* wenden, drehen.

5143) **Iuvŏlvo, vŏlvī, vŏlūtūm, vŏlvĕre,** hineinwälzen, einhüllen; ital. *involvo* und *-volgo, volsi, volto, volvère* u. *volgere;* span. ptg. *envolver.*

5144) [**Iuvŏrso, -äre,** umstürzen; davon nach Flechia, AG VIII 383, piem. *ambossé,* gennes. *imbosá,* capovolgere, rovesciare. Nigra, AG XIV376, verwirft, ohne jedoch ein neues Grundwort aufzustellen, diese Ableitung, weil sich die Worte von ital. *buzzo,* Bauch, prov. *boza,* Bauch der Wiederkäuer, *abuxar,* auf den Bauch legen, etc. nicht trennen lassen.]

5145) [*invülto, -äre (v. *vultus* = altfrz. *vout*) =
frz. *envoûter*, gleichsam Böses in ein Antlitz hinein-
wünschen, mittelst eines Wachsbildes verwünschen,
bezaubern, behexen. Vgl. Dz 572 *s. v. u.* Scheler
im Anhang zu Dz 793; *envoûter*, einwölben, ist =
*invol(vi)tare.]

ïpsä hörä, ïpsä ïllä hörä s. *ipsus.

5146) *ïpsus (f. *ipse; ipse, non ipsus* App. Probi
156), **a, um,** selbst; ital. (*isso*), esso, dazu das
Adv. *issa = ipsa* scil. *hora*, jetzt; sard. (log.)
isu, issu; rum. *ins;* prov. *eps, eis* (wird von Ulrich, Z XXI 236, unter Berufung auf Sueton, Aug.
88, aus **icsc* f. *ipse* erklärt); (altspan. *essi =
ipse + hic);* neuspan. *ese;* altptg. *ciso;* neuptg. *esse.* Aufserdem ist das Pron. in Zusammensetzungen erhalten: 1. **id ipsus** = ital. *desso,*
der; rum. *dins,* mit dem Artikel *dînsul = id ipse*
ille. — 2. **ad ïpsum** = (?) ital. *adesso,* jetzt;
prov. *ades;* altcat. *ades;* altspan. *adieso.* Vgl.
No 183. — 3. **ad id ipsum** = rum. *adins,* eben
deswegen, gerade. — 4. **ïstē ïpsus** = ital. *stesso,*
vgl. Ascoli, AG III 443. — 5. **met + *ipsimus**
= ital. *medesimo,* selbst; prov. *medesme, mesesme,*
(daneben *meteis, medes = met + ipse);* frz. *même;*
span. *mismo;* ptg. *mesmo.* — 6. **ïpsa + mente**
= prov. *epsamen, eissamen,* auf gleiche Weise;
altfrz. *e(n)sement.* — 7. **ïpsa hora** = altspan.
esora, jetzt. — 8. **ïpsa ïlla hora** = altfrz. *epslor,*
sofort. — 9. **long- + ïpsum** = ital. *lunghesso,*
längs. — 10. **supra + ïpsum** = ital. *sovresso,* über,
auf. — 11. **in ïpso ïllo passu** = altfrz. *eneslepas.* — Im Rumän. sind auch sonst zahlreiche
mit *ipse* gebildete Verbindungen vorhanden (vgl. Ch.
p. 128), ebenda wird von dem Pron. *ins* auch ein
Verbum *insusesc ii it i* mit der Bedtg. „sich etwas
aneignen" abgeleitet. Vgl. Dz 129 *esso;* Gröber,
ALL III 269 u. VI 391; Rydberg, Zur Geschichte
des frz. *e* II 2 (Upsala 1898) p. 304 ff.

5147) **ïra, -am** *f.,* Zorn; ital. *ira;* altfrz. *ire;*
dazu das Adj. *irous.*

5148) ïräcündïä, -am *f.,* Zorn; altptg. *rigonha,*
vgl. Cornu, R XI 95; altfrz. *iracundie.*

5149) ïräscor, ïräscï, zürnen; altfrz. *iraistre.*

5150) *ïrax, -äcem, zornig; altfrz. *irais.*

5151) ïrredēmptus, a, um (Part. Perf. Pass. v.
redimere) = ital. *irredento,* unerlöst.

5152) ïrrïgo, -äre, bewässern; bagnard.
(Wallis) *erzyé,* vgl. Meyer-L., Z. f. ö. G. 1891
p. 771.

5153) ïrrïto, -äre, anreizen; ital. *irritare;* rtr.
anridar; frz. *irriter;* span. *enridar.*

5154) ïschïätïcus, a, um (ischias), zum Hüftweh
gehörig, ital. *sciatico.*

5155) ahd. *ïsenbrün, eisenbraun, = prov. altfrz. *isanbrun,* ein Stoff von brauner oder schwärz-
licher Farbe. Vgl. Dz 619 *s. v.*

5156) ïsïcïüm *n.* (f. *insicium* v. *insico = inseco),
Wurst; davon nach Caix, St. 52, ital. *ciccia*
„carne", *sicciolo* oder *cicciolo, cicciottoro* „pezzetto
di carne tagliuzzata"; aus dem Kompositum *salia
insicia = *salisicia* entstand nach Caix ital. *salsiccia,* Bratwurst; prov. *saussissa;* frz. *saucisse;*
cat. *salsitja;* span. *salchicha.* Diez 280 *salsa*
leitete letzteres Wort unmittelbar von *salsus* ab,
u. dies dürfte doch die gröfsere Wahrscheinlichkeit
für sich haben. Vgl. Gröber, ALL II 272.

5157) *ïstus (f. *iste), **a, *um** (f. *-ud),* dieser,
jener, altital. *esto;* rum. *ist;* prev. *est;* altfrz.
ist (nur in den Eiden); cat. span. ptg. *este.* —
Aufserdem in den Zusammensetzungen: 1. **ecce +**

iste *s.* oben *s. v.* — 2. **eccu[m] + iste** *s.* oben *s. v.*
— 3. **iste + ipsus** = ital. *stesso,* vgl. Dz 403 *s. v.;*
Ascoli, AG III 443. — 4. **ïsto die** = rum. *astäzi.*
heute. — 5. **ïsta matutïna** = ital. *stamattina,*
heute Morgen. — 6. **ïsta sera** = ital. *stasera,*
heute Abend. — 7. **ïsta[m] nocte[m]** = ital. *sta-
notte,* heute Nacht. — 8. **ad ïstam horam** =
altfrz. *asture,* jetzt, vgl. Diez, Gr. II² 471. —
9. **ante + ïst' + ïpsum** = ital. *testeso, testè,* neulich, vgl. Dz 406 *testeso.* — (10. **momento ïsto**
oder **ïsto ïsto** vermutete Rajna, Giorn. di fil. rom.
II 57, als Grundform für das ital. altspan. altptg.
tosto, sogleich, prov. altfrz. *tost,* neufrz. *tôt* in
bientôt, tantôt; Rajna begründet seine Annahme
geistvoll u. gewandt, gleichwohl ist sie wenig glaubhaft, und die von Diez 323 *s. v.* befürwortete Ab-
leituug von *tostus* (von *torrere*) dürfte durchaus
vorzuziehen sein, vgl. auch Canello, AG III 324;
an *toto cito* zu denken ist ans naheliegendem lautlichen Grunde unstatthaft.) Vgl. Gröber, ALL III
273. (Über Ntr. *istum* vgl. Neue II³ 397.)

5158) ïtĕr *n.,* Weg, Reise; ital. *erre* in *perder
l'erre* „imbriacarsi", vgl. Canello, Z I 567; altmail. *edro;* altfrz. *erre* (auch neufrz.), *oirre,*
Weg, Reise, Unternehmen, Plan. Vgl. Dz 573 *erre;*
Ascoli, AG III 444 Anm.; Meyer, Ntr. 62; Rydberg, Zur Geschichte des frz. *e* II² (Upsala 1898)
p. 307.

5159) *ïtĕro, -äre (v. *iter), reisen, wandern
(schriftlat. *iterare,* wiederholen, welches Vb. als gel.
Wort im Roman. erhalten ist); altfrz. *edrer (edrers
Alex. 38 e, *edrat* Leod. 69), *errer,* davon das adverbial gebrauchte Part. *errant,* daneben *erranment),*
sogleich; span. *hedrar,* zum zweiten Male um-
backen, =*iterare,* wiederholen). Vgl. Dz 458 *hedrar,*
573 *erre.*

5160) arab. **ïthmïd;** daraus vielleicht entstellt
frz. *antimoine,* Antimon, Spiefsglanz, vgl. Devic,
Suppl. p. 10; Littré, Dict. *s. v.;* Fafs, RF III 493.

5161) got. **ïup** (germ. *uppa), auf; davon vielleicht
cat. span. *upa, aúpa,* auf! munter!, dazu das
Vb. *upar,* sich vom Boden erheben. Vgl. Dz 495
upa.

5162) anfränk. **ïw,** Eibe; frz. *if;* span. ptg.
iva. Vgl. Dz 185 *iva;* Mackel, p. 108.

5163) [gr. **ĭξαλος,** schnell springend (?); wurde
von Salmasius als Grundwort zu occit. frz. *isard,*
cat. *isart* und *sicart,* Gemse, angenommen, vgl. Dz
619 *isard,* Diez bemerkt, sehr zweifelhaft", richtiger
hätte er gesagt „ganz unmöglich".]

J.

5164) **jăcĕo, ŭï, (cïtum), ēre,** liegen; ital.
giacio, giacqui, giaciuto, giacère; rum. *zac, zăcui,
zăcut, zace;* rtr. Präs. *žaiel,* Part. Perf. *zažée,* Inf.
že, vgl. Gartner § 154; prov. *jatz, jac, jagut,
jazer;* altfrz. *gis, jui, jeu, gesir;* neufrz. *gésir
(unvollständiges Zeitw.; der übliche Ausdruck für
„liegen" ist *coucher, être couché,* davon die Sbsttve
gîte (= jacta, falls man annehmen darf, dafs das
i im altfrz. *giste* nur analogisch sei, anders fafst
Horning, Z XIX 75, die Sache auf, indem er *jacita*
ansetzt), Nachtlager (vgl. Braune, Z X 262), *gésine,*
Kindbett (prov. *jasina);* cat. *jaich, jequi, jegut,
jaurer;* span. üblich sind nur die 3. P. Präs. *yace,*
die 3. P. Impf. *yacia,* Inf. *yacer* („liegen" wird
gewöhnlich durch *estar* mit Beifügung von *echado,*

extendido etc. ausgedrückt); die 3. P. Sg. Perf.
yógo wurde zu yogó umgebildet u. danach ein
Inf. yogar geschaffen, vgl. Morel-Fatio, R XXIV
592 u. XXVI 476, wo M.-F. die von Foulche-
Delbosc in der Revue hispanique IV 113 erhobenen
Einwände zurückweist; ptg. jaço, jouve, jacido,
jazer. Vgl. Dz 596 gésir.

5165) [gleichs. *jăcĭle, Plur. jăcĭlia (jacēre),
Lagerstätte: ital. giaciglio, span. yacija, vgl.
d'Ovidio AG XIII 408.]

5166) Jacob; von diesem Eigennamen vermutlich
infolge irgend einer zufälligen Veranlassung (von
dem Namen eines Häuptlings von Beauvais um 1358)
der Name des Kleidungsstückes „Jacke" (eigentlich
ein Panzerhemd, Kriegswamms); ital. giaco; frz.
jaque; span. jaco; ptg. jaco. Vgl. Dz 164 giaco.
Von Jacob ist auch abgel. engl.-frz. jockey, vgl.
The Academy 1892 I 593.

5167) [*jăctărĭŭs, -um (und *jăctĭcĭŭs, -um,
beide Worte von jactare, schütteln), davon nach
Rönsch, RF III 371, ital. gáttero, gáttice, die von
Diez 375 s. v. unerklärt gelassenen Benennungen
der „Espe"; die Bedeutung würde mit dieser Ableitung sich gut vereinigen lassen, vgl. frz. tremble
(v. tremulus) „Zitterespe", lautlich aber ist sie
schon des Hochtones wegen völlig unannehmbar.
Die Ableitung der Worte bleibt noch zu finden.]
jăcto s. ējĕcto.

5168) [*jăcŭlo, -āre (schriftlat. jaculari), schleudern; davon vielleicht frz. jaillir, hervorsprudeln,
vgl. Dz 619 s. v. Da indessen im Altfrz. jalir
(also mit nicht palatalem l) die übliche Form ist
und daneben picardisches galir besteht, so ist die
Ableitung von *jaculare immerhin zweifelhaft; Diez
dachte an das deutsche „wallen". Vermutlich sind
jaillir, jalir einerseits u. galir andererseits auseinander zu halten; das letztere mag german. Ursprunges sein, das erstere aber doch = *jaculare
sein; das Vorhandensein von jalir erklärt sich aus
Anbildung an das neben saillir vorhanden gewesene
salir = salire. Wie sich gicler, sprudeln, zu jaculare verhält, ist nicht recht klar, es scheint ein
halbgelehrtes Wort zu sein. Vgl. Dz 619 s. v.;
Scheler im Dict. s. v.]

5169) jăcŭlŭm n. (von jacēre), Wurfnetz; ital.
jacolo „dardo", giacchio „rete pescatoria", vgl.
Canello, AG III 352; Gröber, ALL III 141.

5170) *jājūno, jējūno, -āre, fasten; ital. giunare
(gewöhnlich digiunare): südsard. giaunái; campob. jajonare, vgl. Salvioni, Post. 12, AG XII 440
s. v. çazunar; rum. ajun ai at a (doch ist dies
wohl = *ad[je]junare anzusetzen, vgl. ajunge =
adjungere); rtr. gazunar, giginar; prov. jejunar,
junar (?). (Gröber zieht auch dejunar hierher, indem er darin eine „Umdeutung mit de" erblickt;
es wäre dies aber nur dann denkbar, wenn dejunar
„entfasten, frühstücken" hiefse, da dies nicht der
Fall, so wird man dejunar für eine rein lautliche
Umbildung von jejunare zu halten haben, zu erwarten wäre freilich diejunare, es ist aber begreiflich, dafs für di + Vok. = dj einfaches d eintrat,
da die zweite Silbe mit j anlautete); frz. jeûner;
cat. dejunar; span. ayunar; ptg. jejuar. Vgl.
Dz 167 giunare; Gröber, ALL III 141; Berger, jeûne.

5171) jăm, schon; ital. già; prov. altfrz. ja,
degja; neufrz. ja in déjà = de + ex + jam;
span. altptg. ya; neuptg. já. Vgl. Dz 163 già;
Gröber, Misc. 44.

5172) jăm + ĕxĭn = prov. jassé, bereits von
da an, immer. Vgl. Dz 676 se; Gröber, Misc. 44

(hier zuerst die richtige Ableitung); Thomas, R XIV
577, hatte in dem zweiten Bestandteile semel erkannt, Diez 676 se hatte semper vermutet, was
P. Meyer, R XIV 579, zu billigen scheint. Siehe
auch unten sēmĕl.

5173) jăm hăbĕt dĭēs; daraus frz. jadis, einstmals (vgl., was die Bildung anlangt, naguère und
piéça). Vgl. Dz 119 s. v. (jadis wird = jamdiu
angesetzt); Gröber, Misc. 44 (hier zuerst die richtige
Ableitung).

5174) jăm + hōdīe; daraus altfrz. gehui, jehui,
juhui, jui, iewi, heute. Vgl. Gröber, Misc. 44.

5175) altnfränk. *jangelon (ndd. ndl. jangeln),
bellen, belfern; prov. janglar; altfrz. jangler,
klaffen, klatschen, spotten. Vgl. Dz 620 jangler;
Mackel, p. 72. Thomas, R XXVIII 193, will die
betr. Verba auf lat. zinzulare zurückführen, was
nicht befriedigen kann.
jănto s. jĕnto.

5176) jānŭa, -am f., Thür; sard. jana u. enna;
(abruzz. votayanue;) westr. genna; ptg. janella.
Vgl. Meyer-L., Z. f. ö. G. 1891 p. 771.

5177) jānŭārĭŭs, *jenŭārĭŭs, -um m., der Monat
Januar; ital. gennajo; sard. bennarzu; (rum.
ianiariu) rtr. gianer; prov. januier-s; frz. jan-
vier; cat. janer; span. enero; ptg. janeiro. Vgl.
Gröber, ALL III 142.

5178) *jānŭĕllă, -am f. (Demin. von janua),
Thürchen, = ptg. janella, Fenster. Vgl. Dz 497
ventana.

5179) pers. jâsemîn, arab. jâsamûn (vgl. Freytag
IV 514b), Jasmin, = ital. gesmino, gelsomino;
neuprov. jaussemin, jensemil; frz. span. jasmin;
ptg. jasmim. Vgl. Dz 161 gesmino; Eg. y Yang.
432.

5179a) germ. jëhan, aussagen, zugestehen; davon
ital. gecchire (gecchito, demütig) in aggecchirsi,
sich demütigen; prov. jequir (altcat. altspan.
jaquir), erlauben, überlassen, im Stich lassen; altfrz. gehir, gestehen, sagen. Vgl. Dz 159 gecchire;
Mackel, p. 78.
jējūno s. *jājūno.

5180) jĕnto und jănto, -āre, frühstücken; rtr.
jentar, gientar, Mittagessen; astur. jintar; altspan. yantar, Fem., Speise; ptg. yantar, frühstücken. Vgl. Dz 498 yantar; Gröber, ALL III
142; Cornu, R XIII 307.

5181) [*jŏcă (Nebenform zu jocus), Scherz, Freude,
Lust, ist das mutmafsliche Grundwort zu ital.
gioja; prov. joja, Freude, Kleinod; ptg. joia. Die
übliche Ableitung von gaudia ist bedenklich, weil
ein *jauja, *gauja fehlt, während doch gaug =
gaudium u. jauzir = gaudēre vorhanden sind; auch
legt frz. joyau die Vermutung nahe, dafs joja
mindestens in der Bedtg. „Kleinod" = *joca sei.
Vgl. Canello, AG III 346 Anm.]

5182) *jŏcălĭs, -e (v. jocus), lustig, freudemachend,
erfreuend; mutmafslich (s. aber unten jocus u. *jokellus) das Grundwort zu ital. giojello, Geschmeide,
Juwel); prov. joiel-s; altfrz. joiel, joël; neufrz.
joyau; span. joyel; ptg. joiel, Canello, AG III 346
Anm. Diez 168 godere leitete das Wort von *gau-
diellum ab und bezeichnete das entspr. mittellat.
jocale als eine unrichtige Bildung; Scheler im Dict.
unter joie stimmt Diez bei.

5183) *jŏcătŏr, -ōrem m. (von jocare), Spieler;
ital. giocatore, giuocatore; rum. jucátor (bedeutet
auch „Tänzer", wird überdies als Adj. gebraucht);
prov. joguaire; frz. joueur; cat. span. jugador;
ptg. jogador.

5184) *jŏco, -āre (schriftlat. *jocari*, v. *jocus*), scherzen, spielen; ital. *giuocare, giocare*; rum. *joc ai at a*; prov. *jogar*; frz. *jouer*, dazu das kindersprachliche Sbst. *joujou*, Spielzeug, ferner gehört hierher *jouet*, Spielball; cat. span. *jugar*; ptg. *jogar*. Vgl. Dz 621 *jouer*.

5185) jŏcŭlārĭs, -e (v. *joculus*), scherzhaft, spafshaft; ital. *giocolare*, -o, „giocoliero", *giullare* „chi nel medio evo andava intorno per le piazze e per le corti facendo giuochi e recitando versi", vgl. Canello, AG III 355; rum. *jucărie* (f. *jucărărie* = *jocularia*), Spielzeug; prov. *joglar-s*; cat. *juglar*; span. *joglar; juglar*, dazu *jugleria*, Possenreifserei: altptg. *jogral*. Vgl. Dz 165 *giocolare*; Gröber, ALL III 269.

5186) jŏcŭlātŏr, -ōrem m. (v. *juculari*), Possenreifser; ital. *giocolatore*, Spielmann; altfrz. *joglere, jogleor*; neufrz. *jongleur*, (der Einschub des *n* mufs auf volksetymologischer Anbildung, vielleicht an das in der älteren Sprache vorhanden gewesene Verb *jangler*, spotten, beruhen). Vgl. Dz 165 *giocolare*.

5187) *jŏcŭlo, -āre (schriftlat. *joculari*, v. *joculus*), scherzen, spassen: ital. *giocolare*, gaukeln; prev. *joglar*, spielen; frz. (picardisch) *jongler*, scherzen. Vgl. Dz 165 *giocolare*.

5188) jŏcŭs, -um m., Spiel; ital. *giuoco*; rum. *joc*; prov. *jog-s, jueg-s*; frz. *jeu* (dazu nach Förster, Z XXII 267 u. 513, das Dem. *joel, joyau*, gleichs. **jokellus*); cat. *jog*; span. *juego*; ptg. *jogo*. Vgl. Dz 621 *jouer*.

5189) Jŏhānnēs (Ἰωάννης); von diesem Eigennamen die Benennung des Hanswurstes in dem ital. volkstümlichen Lustspiele: *zanni*. Vgl. Dz 411 s. v.

5190) [gleichs. *jŏkěllus, -um m. (Dem. v. *jŏcus*), nach Förster, Z XXII 267 u. 513, = frz. *joel, joyau*, (ital. *giojello* Lehnwort aus dem Frz.)]

5191) altn. jŏl, Freudenfest in der Weihnachtszeit; davon ital. (?) *giulivo*, fröhlich, heiter; (prov.) das Sbst. *jolivitat-z*, Lustigkeit); altfrz. *jolif*, fröhlich, dazu das Verb *joliver, jolier*, sich freuen; neufrz. *joli* (aus *jolif* durch Suffixverkennung entstanden, vgl. Rothenberg p. 68), hübsch, nett; span. *juli* (veraltet), artig, niedlich. Vgl. Dz 166 *giulivo*; Mackel, p. 34. S. oben **gaudiola**.

5192) Jŏvĭa (dĭes), -am f., Donnerstag; venez. *zuoba, ziobu, zoba*; lomb. *žobia*; gen n es. *zeuggia*; piem. *žŏbia*; obwald. *gievia*, vgl. Salvioni, Post. 12.

5193) [*Jŏvĭālĭs, -e (*Jovis* zu *Juppiter*), = ital. *gioviale*; frz. *jovial*, unter dem Zeichen des Juppiter geboren.]

5194) Jŏvĭs bārbă u. bārbă Jŏvĭs; ital. *barba di Giove*, Mäusedorn; prov. *barbajol*; frz. *joubarbe*; span. *jusbarba*, (*chubarba*?). Vgl. Dz 185 *jusbarba*.

5195) Jŏvĭs dĭēs, Donnerstag; ital. *giovedì*; sard. *giobi*; piem. *gioves*; rum. *joi* (= *Jovis* scil. *dies*); prov. *jous* = *Jovis* und *dijous* = *dies Jovis*; frz. *jeudi*; cat. *dijous*; span. *jueves* = *Jovis*; (dem Ptg. fehlt das Wort, „Donnerstag" wird durch *quinta feira* ausgedrückt). Vgl. Dz 165 *giovedì*.

5196) jŭba, -am f., Mähne; sard. *jua*.

5197) jŭbe (Imperat. v. *jubēre*) = frz. *jubé*, die Emporkirche. „La partie de l'église ainsi désignée tient son nom de ce que les chanoines ou les diacres y adressaient au célébrant les paroles: ,Jube, Domine, benedicere'. — Il faut, je pense, considérer comme indépendante de notre jubé la locution *venir à jubé*, se soumettre par contrainte; serait-ce en à dire à l'adversaire: *jube*, ordonne, je ferai tout ce que tu voudras'?" Scheler im Diet. s. v.

5198) jŭbĭlo, -āre, schreien; ital. *giubilare*, frohlocken; sard. *giuilare*, rufen: engad. *jüvler*, obwald. *jivlar*; vgl. Meyer-L., Z. f. ö. G. 1891 p. 771; span. ptg. *jubilar*, jauchzen; sonst nur gel. W. Vgl. Dz 166 *giubilare*.

5199) *jūdaeŭs, a, um, jüdisch; davon altfrz. *juiu*, dazu das Fem. *juiwe*, aus welchem sich wieder die (auch neufrz.) Maskulinform *juif* entwickelte, vgl. Suchier, Z VI 438; Rothenberg p. 74.

5200) *jūdēnsĭs, -e, jüdisch, = altfrz. *juis*, Fem. *juise*, vgl. Tobler zum Li dis dou vrai aniel p. 33.

5201) jūděx, -dĭcem m., Richter; ital. *giudice*; sard. *zuighe*; altoberital. *cuxo, zuse*: venez. *zudese*; lomb. *giüdes*, vgl. AG I 439, VIII 406, X 92 A., XII 440, Salvioni, Post. 12: neapel. *jureche*, vgl. Ascoli, AG X 107; rum. *jude*, (das übliche Wort ist *judecător*); prov. *jutge-s*; (frz. *juge* ist Vbsbst. zu *juger*; nach Bos, R XIX 300, soll frz. *juge* auf *judicum* zurückgehen. Meyer-L., Z XV 275, bemerkt dagegen sehr mit Recht: „Man wird doch dabei bleiben müssen (s. Z VIII 233), dafs *judice* durch *judicare* in seiner Entwicklung beeinflufst worden sei"); cat. *jutge*; span. *juez, juje* (nur altspan.); ptg. *juiz*. Vgl. Dz 622 *juge*.

5202) *jūdĭcātŏr, -ōrem m. (v. *judicare*), Richter; ital. *giudicatore*; rum. *judecător*; prov. *jutjaire, jutjador*; ptg. *julgador*.

5203) jūdĭcĭŭm n. (v. *judex*), Urteil; ital. *giudizio*; rum. *judeţ*; prov. *judici-s, juzizi-s, juzi-s*; altfrz. *jüise* u., aber nur im Reime, *jüis*, vgl. Horning, Z XVIII 241, Cohn, Suffixw. p. 38 Anm.; neufrz. fehlt das Wort, dafür *jugement* = **judicamentum* u. *sentence* = *sententia*; cat. *judici, juhii*; span. *juicio*; ptg. *juizo*. Vgl. Berger *juise*.

5204) *jūdĭco, -āre (v. *judex*), richten, urteilen; ital. *giudicare*; altoberital. *cuiar, çuegar*; venez. *zudejar*, vgl. AG VIII 406, XII 440, Salvioni, Post. 12; rum. *judec ai at a*; prov. *jutgar, jutjar*; frz. *juger*; cat. *jutjar*; span. *juzgar*; ptg. *julgar* (altfrz. *juigar*).

5205) *jūdĭvŭs, a, um; nach Pabst, Neue philolog. Rundschau 1893 No 15 S. 235 Anm., Grundwert zu span. ptg. *judio*.

5206) jŭgālĭs, -e, zum Joch gehörig; sard. *giuali, fiod*, obligat d. *gigala*; ptg. *jugo*.

5207) (*bos*) jŭgārĭŭs = rum. *boŭ jugar*, Zugochse.

5208) jŭglans, glāndem f., Wallnufs; canav. *jüla*, noce campana o reale, vgl. Nigra, AG XV 283.

5209) *jŭgŭlārĭā n. pl. (v. *jugulum*) = ital. *giogaia* (aus **gioghiaja*) „pelle che pende sotto al collo dei buei", vgl. Caix, St. 340.

5210) jŭgŭlātŏr, -ōrem m. (von *jugulum*), Erwürger, = rum. *junghietor*.

5211) *jŭgŭlo, -āre (v. *jugulum*), abkehlen, = rum. *junghiu oi at a*, erwürgen.

5212) jŭgŭlŭm n. (auch *jugulus* m.), Kehle; ital. *jugolo*, Kehlhöhle; südsard. *zugu, logudor. tugu*; rum. *junghiu* (als Bedeutung giebt Ch. s. v. „achtename, point de côté, pleurésie"); prov. *jo-s*; frz. *joug*; cat. *jou*; span. *yugo*; ptg. *jugo*.

5213) jŭgŭm n, Joch; ital. *giogo*, über dialektische Formen vgl. Flechia, AG III 173; rum. *jug*; prov. *jo-s*; frz. *joug*; cat. *jou*; span. *yugo*; ptg. *jugo*.

jujuba s. zīzīphŭm.

5214) **jūlīŭs**, -um m., der Monat Juli; ital. giulio, gewöhnlich aber luglio (wohl aus l'iulio [vgl. rum. iulie], also durch Anwachsen des Artikels u. Wegfalls des anlautenden i, welches die, anlautend nur im proklitischen gli sich findende, Palatalisierung des l hätte bewirken müssen, entstanden); piem. liign; sicil. giugnetto; rum. iulie (mit i, nicht mit j anlautend, wodurch die Ansetzung eines ital. iulio an Wahrscheinlichkeit gewinnt); prov. jul-s, julh-z; altfrz. juinet, juignet, jugnet (die Deminutivform beruht wohl auf german. Einfluſs, [vgl. J. Grimm, 'Gr. II 360], daneben auch jule, juil, julot); neufrz. juillet; cat. julh; span. julio; ptg. julho. Vgl. Dz 381 luglio, 622 juillet; Gröber, ALL III 269 (führt als Fälle des Wandels von j zu l an ital. luglio; sicil. lugliu; „friaul. lúj = fulius" (lies julius); Barad, Z XIX 270).

5215) **jūmĕntŭm** n. (aus jugmentum), Lasttier; ital. giumento; engad giumaint; frz. jument, Stute: Ableitung davon ist vielleicht frz. jumar(t), angeblicher Bastard von Hengst (oder Esel) und Kuh oder von Bulle und Stute (Eselin), Diez 622 jumart bemerkt aber: „doch ist das occit. Wert gimêre, gimérou, was etwas an chimuera mahnt", und damit dürfte der wahre Ursprung des Wortes angedeutet sein, jumart würde dann auf etymologisierender Umbildung beruhen.

5216) [*jūnc-ētŭm n. (v. juncus), ein mit Binsen bewachsener Ort, = ital. giuncheto. Vgl. Dz 167 giunchiglia.]

5217) [*jūnc-īlīă, -am f. (v. juncus) = ital. giunchiglia, eine Art Narcissen; frz. jonquille; span. junquillo. Vgl. Dz 167 giunchiglia; d'Ovidio, AG XIII 408.]

5218) *jūnco u. *jūnco, -āre (v. juncus), mit Binsen bestreuen; ital. giuncare; frz. joncher.

5219) jūncŏsŭs, a, um (v. juncus), voll von Binsen; ital. giuncoso etc.

5220) **jūncto**, -āre (v. jungĕre), zusammenfügen; span. juntar; ptg. juntar (mit der Bedeutung „anhäufen").

5221) **jūnctūra**, -am f., Band, Gelenk; frz. jointure.

5222) **jūncŭs** u. *jūncŭs, -um m., Binse; ital. giunco; prov. jonc-s; frz. jonc; cat. jonch; span. junco; ptg. junça, Binse, junço, Pumpenstock. Vgl. Gröber, ALL III 273.

5223) **jūngo, jūnxī, jūnctŭm, jŭngĕre**, zusammenfügen; ital. giungo und giugno, giunsi, giunto, giugnere u. giungere; dazu das Partizipialsbst. giunta, Zulage, Zugabe, auch Ankunft, weil giungere die Bedtg. „wohin gelangen" erhalten hat; prov. jonh, jons, joint, jonher und jondre; frz. joins, joignis (altfrz. joins), joint, joindre; (span. ptg. sind dafür juntar üblich; ptg. ist joindre vorhanden, aber nur in der Bedtg. „anspannen").

[*jūnīettŭs, -um s. jūnius.]

5224) **jūnīor, -ōrem** (Komp. zu juvenis), jünger; ital. giuniore, juniore „opposto di seniore", gignore „il garzone che apprende un mestiere", vgl. Canelle, AG III 341.

5225) **jūnīpĕrŭs, -um** m. (iunepirus, non iinipirus App. Probi 197), Wachholderstrauch; ital. ginepro; sard. nibaru; (rum. ienuper); rtr. dziniêer, vgl. AG I 327 geneura; prev. ginebre; altfrz. geneivre,-oivre; vgl. Meyer-L., Roman. Gramm. I p. 119, vgl. auch R XI 140; frz. genièvre; cat. ginebre; altspan. ginebro; nouspan. enebro;

ptg. zimbro. Vgl. Dz 165 ginepro; Gröber, ALL III 142.

5226) **jūnīŭs, -um** m., der Monat Juni; ital. giugno; rum. iunie; prov. junh-s; frz. juin; cat. juny; span. junio; ptg. junho.

5227) **jūnīx, -īcem** f. (für juvenix), junge Kuh; sicil. giniia, (rtr. gianitscha; prov. junega = juvenca); frz. génisse. Vgl. Dz 595 génisse.

5228) **jūrāmĕntŭm** n., Eid; ital. giuramento; rum. jurămint; prov. jurament-z, juramen-s; frz. jurement, (das übliche Wort für „Eid" ist serment = sacramentum), daneben juron, Eid, Fluch; cat. jurament; span. ptg. juramento.

5229) **jūrātŭs, a, um** (Part. Perf. Pass. von jurare), beeidigt; ital. giurato, u. dem entsprechend in den übrigen Sprachen.

5230) **jūro, -āre**, schwören; ital. giurare; rum. jur ai at a; prov. jurar; frz. jurer; cat. span. ptg. jurar.

5231) 1. **jūs** n., Recht; ital. giure (gel. Wort); das Wort ist im Roman. durch directum (s. d.) verdrängt worden.

5232) 2. **jūs** n., Brühe, == frz. jus; verjus (= viride jus), Saft unreifer Trauben.

5233) **jūstītīă, -am** f., Gerechtigkeit; ital. giustizia „la virtù morale per la quale si dà a ciascuno il suo", giustezza „esattezza, convenienza", vgl. Canello, AG III 343; prov. justicia; frz. justice, Gerechtigkeit, justesse, Richtigkeit, vgl. Mussafia, R XVIII 535, vgl. Cohn, Suffixw. p. 40 (auch p. 38 Anm.), Köritz, Frz. S vor Kens. (Straßeburg 1886 Diss.) p. 144, Horning, Z XVIII 244; span. justicia u. justeza (wie im Frz. unterschieden; ptg. justiça u. justeza (wie im Frz. unterschieden).

5234) *jūstītīārīŭs, -um m., Rechtswahrer; altfrz. justisier. Vgl. Berger s. v.

5235) **jūstŭs, a, um**, gerecht; ital. giusto und dem entsprechend in den übrigen Sprachen (rtr. gist), überall gel. W., vgl. Gröber, ALL III 273.

5236) **jūvĕncŭs, a, um**, jung (subst. bedeutet juvencus auch „junger Stier", das Fem. „junge Kuh"); ital. giovenco, -a, junger Stier, junge Kuh; rum. junc, juneă; prov. junega; (frz. Dem. jouvenceau); galiz. žuvenka.

5237) **jūvĕnīs**, jung; ital. giovine u. giovane; rum. june; rtr. dyuven, džuren etc., vgl. Gartner § 200; prov. jove; altfrz. juefne, jofne, jovene, jouene;—neufrz. jeune; cat. jove; span. joven; ptg. jovem. Daneben ist als gelehrtes Wort juvenilis erhalten, aufserdem in einzelnen Sprachen das Demin. *juvencillus (z. B. prov. jovencel-s). · Vgl. Gröber, ALL II 425 (unter fluvius).

5238) *jūvĕntĭă, -am f. (v. juvenis), Jugend, ital. giovinezza; rum. juneaţă; frz. jeunesse; die übrigen Sprachen haben juventus bewahrt (auch ital. gioventù).

jŭvĕnīx s. jūnīx.

5239) **jūvĕnta, -am** f., Jugend; altfrz. jovente, daneben innovatorisch = *juventia.

5240) **jūvĕntŭs, -ŭtem** f., Jugend; ital. gioventù; prov. joventut-z, (cas. rect. jovén-z); span. juventud; ptg. juventude.

5241) **jūvo, -āre**, helfen; ital. giovare.

5242) **jŭxtă** (u. *jŭxtā), neben, gemäfs; ital. giusta u. giusto; prov. josta; altfrz. juste und joste. Vgl. Gröber, ALL III 273.

5243) [*jūxto (*jŭxto), -āre (v. juxta) nahe zusammenkommen, anstofsen; ital. giustare und giostrare (über die Einfügung des r vgl. Storm, R V 168), mit den Waffen zusammenstofsen, turnieren, dazu das Vbsbst. *giusta* u. *giostra*, Turnier; prov. *justar, jostar*; dazu das Sbst. *justa* und *josta*, Turnier; dazu das zusammenges. Vb. *ajostar*, vereinigen, hinzufügen; frz. *jouter*, dazu das Shst. *joute* und das zusammenges. Verb *ajouter*; span. ptg. *justar*. Vgl. Dz 168 *giusta*; Gröber, ALL II 274.]

K.

5244) arab. **ka'ab,** Beinchen, Knöchlein; davon vielleicht nach Dozy, Gloss. 341, das gleichbedeutende span. *taba.* Diez 489 *s. v.* vermutete das Grundwert in *'tábaq*(arab.), dünner Knochen zwischen den Rückenwirbeln. Vgl. Eg. y Yang. 497.

5245) ndl. **kaai,** niederdtsch. **kaje,** Düne; dav. viell. altfrz. *caye,* Sandbank, neufrz. *quai,* Uferstrafes, vgl. Braune, Z XVIII 521 (wenn aber dort auch altfrz. *cahute,* neufrz. *cajute* damit in Zusammenhang gebracht wird, so ist das ein Mifsgriff). Weit weniger wahrscheinlich wurde von Diez 94 *cayo* (span. *cayos,* Sandbänke, Riffe), altir. *cai,* Weg, als Grundwort aufgestellt, vgl. auch Th. 54. Nicht zu dieser Wortsippe gehört ital. *chiaja* = *plagia* v. *plaga.*

5246) arab. **kabâbat,** eine indische Pflanze (Freytag IV 2b), = ital. *cubebe,* ein Gewürz; prov. *cubeba;* frz. *cubèbe;* span. ptg. *cubeba.* Vgl. Dz 114 *cubeba.* Vgl. Eg. y Yang. 346 (*cubeba*).

· 5247) hebr. **kabbâlah,** Geheimlehre; ital. *cábala,* Kunst der Prophezeiung aus Zahlen, Geheimlehre, geheime Ränke, Intriguen; frz. *cabale;* span. ptg. *cábala.* Vgl. Dz 75 *cabale.* (Nach anderer Annahme ist das Wort in seiner modernen Bedtg. ein Akrostichon, gebildet aus den Anfangsbuchstaben der im J. 1670 ernannten englischen Minister: Clifford, Ashley, Buckingham, Arlington, Lauderdale); Eg. y Yang. 351.

5248) ndl. **kabeljauw,** Kabeljau; frz. *cabeliau;* span. (mit Umstellung, vgl. ndl. *bakkeljau*) *bacallao, bacalao,* Stockfisch. Vgl. Dz 536 *cabeliau.*

5249) arab. **kadim,** alt, erfahren; ptg. *cadimo,* erfahren, geschickt, listig. Vgl. Dz 435 *s. v.*; Eg. y Yang. 353.

5250) ndl. **kaecken,** die Kiefern (bei Fischen) ausschneiden; frz. *caquer,* Häringe aufschneiden u. einpöckeln. Vgl. Dz 539 *s. v.*

· 5251) dtsch. **käfer** (ahd. *kevar, kevaro*); davon can. *gebra, guebra,* *begra,* Maikäfer, vgl. Nigra, AG XIV 365.

5252) arab. **kâfir,** ungläubig, ruchlos, undankbar (Freytag IV 47a); davon span. ptg. *cafre,* roh, grausam; ob frz. *cafard* (früher auch *caphard* geschrieben), scheinheilig, hierher gebört, wie Dz 435 *cafré* annimmt, ist höchst zweifelhaft, vgl. Scheler in Dict. *s. v.*; Eg. y Yang. 354.

· 5253) ahd. **kaha,** Krähe; span. *cayo,* Dohle, daraus durch Verbindung mit dem schallnachahmenden Vb. *zumbar,* summen (*zumbacayo*), *zumacaya, zumaya,* Käuzchen. Vgl. Dz 438 *cayo* und 500 *zumaya.*

5254) türk. **kahvé,** arab. *qahwa,* Kaffee; ital. *caffè;* frz. *café* etc. Vgl. Lammens p. 65.

5255) griech. **χαῖμα, χαῖμός** (f. καῦμα, καυμός), Brand; davon nach Meyer-L, Roman. Gramm. I § 180, vielleicht span. *quemar,* ptg. *queimar,* brennen. Die Annahme entbehrt der Wahrscheinlichkeit. Diez 479 hatte *cremare* als Grundwert aufgestellt, und daran wird man festhalten müssen,

so befremdlich auch der Schwund des *r* ist. S. oben **cremo.**

5256) mejik. **kakahuatl,** Cacaobaum; frz. *cacoyer;* span. *cacagual;* ptg. *cacaoeiro.* Das einfache *kaka* hat ital. frz. span. ptg. *cacáo* (ital. auch *cacea*), Cacao, ergeben. Vgl. Dz 76 *cacáo.*

5257) [griech. **χαλ(ο),** schön, ist vielleicht durch ironischen Gebrauch zur frz. Pejorativpartikel *cali-, cal-* geworden, welche z. B. in *califourchon* vorliegt. Andere Vermutungen sehe man bei Darmesteter, Traité des mets composés p. 111, vgl. auch Nigra, AG XIV 272.]

5258) arab. **kân (wa)kân,** „es war (u.) es war (einmal)", beliebter Anfang arabischer Erzählungen; davon nach Lammens p. 73 frz. *canean,* Geschwätz, böser Klatsch.

altgerm. ***kampa* s. campus.**

5259) ndl. **kaper,** Freibeuter (v. *kapen,* Freibeuterei treiben), = (?) frz. *capre,* Freibeuter, vgl. Dz 539 *s. v.*

5260) ahd. **karg,** listig; davon ital. *gargo,* verschlagen, tückisch; (piem. *gargh,* träge), vgl. Dz 375 *gargo.*

5261) arab. **karîvija,** Zuckerwurzel; frz. *chervis, chiroui;* span. *chervía;* ptg. *chirivía, alchirivía, alquirivía.* Vgl. Dz 440 *chirivia;* Eg. y Yang. 374.

5262) pers. **kâruhhâ,** Bernstein (eigentl. Strohräuber); frz. *carabé;* span. ptg. *carabe.* Vgl. Dz 436 *carabe:* das Wort fehlt bei Eg. y Yang. 361.

5263) Eigenname **Kaschmir;** frz. *cachemire;* Kaschmirshawl; span. *casimiro,* feiner Wollstoff; ptg. *casimira.* Vgl. Dz 437 *casimiro.*

5264) altd. **kasto** (ahd. *chasto*), Kasten; davon frz. *chaton,* Ringkasten, gefaster Stein, dazu das Verb *chatonner.* Vgl. Mackel p. 71. Siehe oben **capsa.**

kätä s. cätä.

5265) griech. **χαταμήνια,** Monatsregel der Frauen; dav. viell. frz. (*cn*)*catamini,* heimlich, vgl. Suheler im Dict. *s. v.*

5266) ahd. **kataro,** Gatter; davon nach Caix, St. 260 ital. (lucch.) *catro* „cancello", gewöhnlich wird das Wort von *clathrus* abgeleitet.

5267) griech. ***χατόστραχον,** Grundstückverzeichnis (ein χατάνδρα, Personalverzeichnis, ist in einem Papyrus belegt, Notices et extraits des manuscrits de la bibl. imp. XXVIII 2 p. 132); davon nach Ulrich, Z XXII 132, ital. *catastro;* frz. *cadastre;* span. *cadastro —,* aber ὄστραχον bedeutet nicht Grundstück. Gewöhnlich erklärt man „Kataster" aus *capitastrum,* vgl. Dz 93 *catastro.*

5268) burg. ***kaupjan,** kaufen, = prov. *caupir, chaupir,* sich einer Sache bemächtigen, vgl. Dz 545 *caupir;* Mackel, p. 119.

5269) germ. **kausjan,** prüfen, wählen (nhd. *kiesen*); (altital. *ciausire,* wählen, Lehnwort); prov. *causir, chausir,* dazu die Sbsttve *causiment-z, causit-z,* Wahl; frz. *choisir,* dazu das Sbst. *choix;* altcat. *scosir* = prov. *escausir,* auswählen; altspan. *cosido* (Adj.); alt ptg. *cousir* u. das Shet. *cousimento;* der übliche Ausdruck für „wählen" ist span. *escoger, elegir;* ptg. *escolher, eleger*). Vgl. Dz 548 *choisir;* Mackel, p. 141.

5270) germ. ***kausôn** = frz. *causer,* plaudern, vgl. Mackel, p. 124.

5271) altd. ***käwa,** Krähe; (ital. *ciovetta, civetta.* Käuzchen, = frz. *chouette*); prov. *cau-s, chau-s,*

Eule, dav. abgeleitet das gleichbedeutende *chauana*, vielleicht auch *caucala* (frz. *choucas*), Nebelkrähe; altfrz. *choe*, (pic. *cawe, caue*), davon nfrz. *chouan* (daneben auch *chevéche*, vgl. Horning, Z XX 339); *Hornoule, chouette*, Eule, (aus *chouan* vielleicht durch volksetymologische Umdeutung *chat-huant*, Nachteule, vgl. Fafs, RF III 487, u. Cohn, Suffixw. p. 142, s. auch oben unter *calva sorex*), über die altfrz. Vergleichung *noir comme choe* vgl. Cornu, Z XVI 520; span. *chova, choya*, eine Art Krähe. Vgl. Dz 547 *choe*; Mackel, p. 124.

5272) ahd. **kegil**, Kegel, = frz. *quille*, vgl. Dz 97 *chiglia*; Mackel, p. 103: über ostfrz. auf *kegil* zurückgehende Worte vgl. Horning, Z XVIII 218.

5273) sscr. **khanda**, Stück, Zucker in krystallartigen Stücken; darauf, bezw. auf das aus Indien entlehnte arab. *qand, qandat*, Kandiszucker, will Dz 84 *candire* zurückführen ital. *candi* u. *zucchero candito*, krystallisierter Zucker, *candire*, in Zucker sieden; frz. *sucre candi*, Kandiszucker, *se candir*, sich krystallisieren; span. *azúcar cande*. Vgl. Dz 84 *candire*. Man darf aber wohl auch an lat. *candire = candère* denken, zum mindesten glauben, dafs das Eindringen des morgenländischen Wortes durch seine Klangähnlichkeit mit dem lateinischen begünstigt werden sei.

5274) dtsch. **kiefer** (Teil des Kopfes) = frz. *gifle*, Wange, Schlag auf die Wange, vgl. Bugge, R III 150; Horning, Z XVI 531, vermutet, dafs *gife, gifle* auf *gabata* (s. d.) zurückgehen.

5275) dtsch. **kiel** (ndl. *keel*, altn. *kjölr*); davon ital. *chiglia*; frz. *quille*; span. *quilla*; ptg. *quilha*. Vgl. Dz 97 *chiglia*; Mackel, p. 128.

5276) altnfränk. **kinan**, den Mund verziehen (grinsen); davon altfrz. *chignier* in *es-, tres-, re(s)-chignier*, auch neufrz. *rechigner*, ein verdriefsliches Gesicht schneiden (prov. *re[s]chinhar*), dazu (?) das Adj. *rechin* (woraus ital. *arcigno*?), wohl auch *enreski*, rauh, steinig. Vgl. Förster, Lit. Centralbl. 1876 No 23 Sp. 964 f. u. Z III 265; Mackel 90 u. 109; G. Paris, R VIII 629; Scheler im Anhang zu Dz 810: Scheler im Dict. wollte *rechigner* von dtsch. *resche*, hart, rauh, spröde, ableiten, was durch die neben *rech.* stehenden Verba *eschignier* u. dgl. selbstverständlich widerlegt wird. — [Diez 162 wollte auf ahd. *kinan* auch zurückführen: ital. *ghignare* (daneben *sghignare*), heimlich lächeln, dazu das Vbsbst. *ghigno*; prov. *guinhar*, dazu das Sbst. *guinh-s*; frz. *guigner*, mit den Augen winken, seitwärts blicken, spähen; span. *guiñar*, blinzeln, dazu das Sbst. *guiño*; frz. *guiño* bedeutet als nautischer Kunstausdruck „vom Kurs abweichen", und das ptg. *guinar* hat ausschliefslich diese Bedeutung.) Aber da altfrz. auch *wignier* sich findet (vgl. Förster, Z III 265), so kann weder ahd. *kinan* noch ahd. *ginén* (ags. *ginjan*), gaffen, Grundwert sein; auch ahd. *winchan* (*winkjan*), ags. *wincian* genügt nicht, wie schon Diez ausführt u. Mackel, p. 101 bestätigt. An keltischen Ursprung ist nicht zu denken, vgl. Th. p. 63. Das Wort kann nach Zeugnis seines Anlautes nur germanischer Herkunft sein. Aber das Grundwort bleibt noch zu finden. Als blofse Vermutung werde folgendes vorgebracht: Die ursprüngliche Bedeutung des Verbums dürfte eher „sich entfernen, abweichen" als „spähen, blinzeln" sein, denn die letztere läfst sich wohl aus der ersteren entwickeln — „spähen" u. unter Umständen auch „blinzeln" (wenn beim Sehen in die Ferne die Augen halb geschlossen werden), bedeutet „hin- u. hersehen, seitwärts sehen" —, nicht aber umgekehrt.

Das germ. *wit*, weit, dürfte demnach einen begrifflich geeigneten Ausgangspunkt darbieten. Darf man annehmen, dafs von *wit* ein Verbum *witanjan* abgeleitet sei (vgl. *waiðanjan*, ahd. *weidenen*), so würde die Gleichung sich aufstellen lassen: *waiðanjan : gagner = *witanjan : guigner* oder = *sparanjan : épargner*, welche allerdings zunächst nur für das Frz. Geltung haben würde, während für das Ital. *guidagnare* (vgl. *guadagnare*), für das Prov. *guidanhar* zu erwarten wäre. Indessen wäre denkbar, dafs das Wort zunächst nur französich gewesen u. von Nordfrankreich aus über die anderen romanischen Sprachgebiete verbreitet worden wäre. Aber, wie gesagt, es soll das nur Vermutung sein, welche gern preisgegeben werden wird, sobald ein anderer sie als unstatthaft nachweist u. sie durch eine glaubhaftere ersetzt. Oder darf man vielleicht an ein *windjan aus *windan* denkeu? d + Hiatus -*i* (*j*) wäre dann, entgegengesetzt dem üblichen Verfahren, behandelt worden wie in *verecundia : vergogne, Compendium : Compiègne*, u. *guigner* würde sich zu *guinder* (ital. *ghindare*) ähnlich verhalten wie dtsch. „wenden" zu „winden".]

5277) altn. **kingr, kengr**, Biegung; davon vielleicht frz. *guingois*, Ungleichheit, Schiefheit, vgl. Dz 608 s. v.

kip, kipf (vgl. Braune. Z XVIII 522) s. **chiff.**

5278) altndd. **kitl**, Kitzel; davon nach Caix, St. 277, ital. (aret.) *cidelo* „solletico", s. auch oben **catulio.**

5279) dtsch. **kittel** (engl. *kiddl*); dav. viell. frz. *guidel, guidelle, guideau*, grofses Sperrnetz, vgl. Thomas, R XX 445.

5280) german. (schallnachahmender) Stamm **klak-** (*klakjan), zerbrechen, spalten; ital. *schiacciare*, knacken, quetschen, vgl. Dz 397 s. v.; ferner nach Varnhagen, RF III 413, Nigra, AG XIV 378: neuprov. *claco*, Schlag, *esclaco*, Tropfen; altfrz. *esclachier*, brechen, *esclache, esclave*, Tropfen (Rol. 1981), *esclechier*, teilen, *escleche*, Teilung einer Erbschaft, *clac*, Lärm, *claque*, Schlag; neufrz. *claquer*, klatschen, *claquard*, schwatzhaft, *écleche*, Zerstückelung eines Lebens; cat. *claca*, Geschwätz. Vgl. über *claque, claquer* etc. Dz 549 *claque* (wo mhd. *clac*, Krach, ndl. *klakken*, klatschen, als Grundwerte aufgestellt werden); Flechia, AG II 27; Parodi, R XVII 66.

5281) altn. **klampi**, Klammer; frz. *clamp*, Klammer, davon norm. *acclumper*, anheften, vgl. Dz 548 *clamp*. Zu demselben Grundwerte gehört wohl auch span. *calambre*, ptg. *ca(i)mbra*, Krampf, vgl. Dz 435 *calambre*.

5282) german. (schallnachahmender) Stamm **klap** (wovon nhd. Klappe, klappen, Klapper, klappern etc.); auf diesem in das Romanische übernommenen Stamme beruht eine äufserst zahlreiche und vielgestaltige romanische Wortsippe, welche von Varnhagen, RF III 403, neuerdings eingehend untersucht und in ihren Verzweigungen verfolgt worden ist, mitunter allerdings wohl mit einem allzu grofsen, auf Irrpfade führenden Jagdeifer. Im Nachstehenden seien die Hauptergebnisse der V.'schen Untersuchung kurz zusammengefafst. 1. Auf ein *klappare gehen zurück: ital. *chiappare*, erhaschen, vgl. Dz 364 s. v.; Flechia, AG II 5; rtr. *clapper, clappar*, fangen, packen; prov. *clapar*, schlagen; (frz. *glapir*, kläffen, vgl. Dz 598 s. v., wo *clabaud*, Kläffer, mit einbezogen wird; V. dagegen hält Herkunft vom germ. Stamme *galpa*, wovon altsächs. *galpon*, bellen, altengl. *gielpan*, laut rufen, für wahrscheinlicher);

span. *chapar*, *chapear*, ein Pferd mit einem flachen Hufeisen beschlagen, plattieren, (galic. *chapar*, *schnappen*); ptg. *chapar*, plattieren, prägen, stempeln. Dazu die Sbsttve ital. *chiappa*, *chiappo*, Fang, Gewinn, *chiappone*, eine Art Gebifs, *chiappino*, (klappernder) Pantoffel; sicil. *ciappula*, Falle; lomb. *ciap*, Knoten, *ciapara*, Knoten der Halsbinde; ueuprov. *clapóun*, *clapardo*, Klapper; *clapin*, Stück eines Hufeisens (weil es klappert); altfrz. *clapet*, *clapete*, Klapper, *clapoison*, Handgemenge; wallon. *clapot*, Viehschelle; (Patois v. Dombes *clapon*, Schwein, weil es schmatzt); neufrz. *clapée*, das Bewerfen (gleichsam das Anklatschen) eines Hauses, *chapin* (Lehnwort aus dem Span.), Pantoffel, *claponnière*, *clamponnière* (auch *-er*), klapprig gehendes Pferd mit zu langen u. dünnen Fesseln; span. ptg. *chapa*, dünne (klappernde) Platte (vgl. über diese Worte eben **cappa** u. Baist, RF I 107, Z VI 426, an der letzteren Stelle widerruft Baist das an der ersteren Gesagte, vgl. endlich auch Parodi, R XVII 60, der *chapa* nebst ital. *chiappa* auf ein lat. *clapa* zurückführt, ohne sich über dies *clapa* weiter auszusprechen); span. *chapin* (auch *chapel*); ptg. *chapim*, Pantoffel. Ferner, indem der Stamm auf das Knacken gespaltenen Holzes angewandt wurde: ital. *s-chiappa*, *s-tiatta*, *s-tiampa*, Holzsplitter, (vielleicht auch in die Bedtg. von *schiatta*, Geschlecht, eingetreten); neuprov. *clapo*, *clapás*, *clapóun*, (daneben auch *esclapo* etc.), Holzsplitter, Hobelspan; altfrz. *claphout* (= mndl. *klaphout*, Klappholz), Holzplanke, *esclape*, Holzsplitter, (in der Bedtg. „Wuchs" scheint das Wort mit ital. *schiappa* für *schiatta* zusammenzuhängen); span. *chapuz*, ein Stück Holz zum Stützen des Mastbaumes. Weiter, indem der Stamm auf das Splittern des Steins und die dadurch erzeugte Masse, Haufen, übertragen wurde (vgl. mhd. *klaph*, abgerissener Fels): ital. *chiappolo*, Haufen (von allerlei Kram, daher *chiappola*, Kleinigkeit, wozu das Vb. *chiappolare*, in den Trödel werfen, wegwerfen); rtr. *clap*, Stein, Wegstein, Strecke von einem Wegstein bis zum andern; friaul. *clap*, Stein, *clapadà*, steinigen; altprov. *clapiera*, Steinhaufen; neuprov. *clap*, *clapo*, Steinsplitter, Stein, auch Haufen, *aclapar*, aufhäufen (Dz 548 *clap* wollte diese Werte aus dem Keltischen ableiten, vgl. dagegen Th. p. 95), *aclap*, Steinhaufen, *clapás*, *esclapás*, Steinblock; altfrz. *clapier*, Steinhaufen; neufrz. *clapis*, Marmorsplitter. Endlich zieht V. auch altprov. und neufrz. *clapier*, Kaninchenbau (eigentlich also nach V. Steinhaufen), neuprov. *clapo*, *clapié*, *clapar* hierher. — 2. Auf einem Typus *exklappare* beruhen: ital. *schiappare*, spalten, bersten, daneben *spaccare*, vgl. Salvioni, Fonetica del dialetto mòderno della città di Milano p. 181, Behrens, Metath. p. 29; friaul. *sclapà*, dazu das Sbst. *sclap*, Spalt, Rifs; neuprov. *esclapà*. — 3. Der Typus *exclapitare* liegt zu Grunde den Werten: ital. *schiattare*, bersten, zerplatzen; prov. *esclatar*; frz. *esclatar*, *éclater*, (bedeutet im Altfrz. auch „bespritzen"), dazu die Sbsttve *esclate*, Splitter, Stock, *éclat*, Splitter, Spalte, Knall; cat. *esclatar*, dazu das Sbst. *esclat*. Dz 285 *schiattare* leitete diese Sippe von ahd. *skleizën* ab; Mackel p. 116 stimmte dem bei, fand aber (u. zwar sehr mit Recht!) „die Erhaltung des isolierten *t* bei einem so früh entlehnten Worte" bedenklich; Ascoli, Ztschr. f. vgl. Sprachf. XVI 209, stellte ein altroman. Thema *sclapit-* auf; vgl. auch Mussafia, Beitr. 202. Die Diez'sche Ableitung ist jedenfalls aufzugeben u. anzuerkennen ist, dafs das Grundwort

esclapitare grofse Wahrscheinlichkeit für sich hat. — 4. Aus einem *claptus* (gebildet nach *captus*, *raptus*), zusammengeklappt, platt gedrückt, soll hervorgegangen sein ital. *chiatto*, flach, platt, plattnasig, *chiatta*, *sciatta*, *zatta*, *zattera* (aus *sciatta* wohl frz. *chatte*), flaches Fahrzeug, Barke; span. ptg. *chato*, platt, *chata*, Barke. Diez 245 *piatto* leitete die span. u. ptg. Worte von *plattus* ab, ebenso Caix, St. 659, aber V. bemerkt mit Recht, dafs ital. *chiatto* dem entgegenstehe. — 5. Dem Typus *exclappotare*, bezw. *clappoticare* entsprechen: neuprov. *clapouteja*, *chapoutà*, *chapouteja*, plätschern; *esclapoutà*, zerteilen ; altfrz. *esclapoter*, „dafür mit volksetymologischer Anlehnung an *boe*, *boue*, Schmutz, *esclabo(u)ter*, *esclavoter*, bespritzen (mit Kot, Blut)", daraus' neufrz. *éclabousser* (mit Anbildung an andere Verba auf *-ousser*, wie *pousser*, *tousser*, *trousser* etc.), neufrz. auch *clapoter*, plätschern; span. *chapotear*, ins Wasser treten oder schlagen. — 6. Die Form *klaf(f)* für *klapp* liegt vor in: ital. *schiaffare* (daneben *schiaffeggiare*), werfen, schlagen, ohrfeigen, dazu das Sbst. *schiaffo*, Ohrfeige; neuprov. *clafà*, *clofà*, schlagen, *clofado*, Regengufs, *esclafà*, *esclofà*, schlagen, zerquetschen, *esclafi*, hervorspritzen lassen, als Sbst. Regengufs, cat. *esclafar*, *esclàfassar*, zerbrechen, *esclafir*, krachen; frz. *esclaffer*, bersten, brechen; span. *chafar*, zerdrücken.

5283) dtsch. **klatsch;** davon vielleicht span. *chasco* (auch sard. *ciascu*, neuprov. *chasso*), das zum Klatschen dienende Ende der Peitschenschnur, lustiger Streich, Posse, dav. Dz 439 *s. v.*

5284) ahd. **klep,** Klippe; davon vielleicht ital. *greppo*, Felsstück, (venez. *grebano*); rtr. *grip*. Vgl. Dz 377 *greppo*.

5285) dtsch. **kletz,** schmutzig (*bekletzen*, besudeln); davon ital. *chiazza*, Hautfleck, *chiazzare*, sprenkeln, vgl. Dz 364 *chiazza*.

5286) mhd. **kliben,** kleben; davon nach Bugge, R III 149, frz. *galipot*, Fichtenharz.

5287) ndl. **klieven,** spalten; frz. *cliver*, spalten, vgl. Dz 549 *s. v.*; Mackel, p. 101.

5288) schallnachahmender Stamm **klik,** klatschen; dav. frz. *cliquer*, *clich-*, klatschen, dav. das Vbsbst. *clique*, eigentl. das Klatschen, dann die Personen, welche (jem. be)klatschen, Rotte, zu bestimmtem Zweck verbundene Gesellschaft (ähnlicher Bedeutungsübergang bei *claque*). Vgl. Dz 549 *clique*.

5289) ahd. **klimban,** klimmen; davon nach Dz 605 *grimper*, klettern; daneben stellt Dz auch ndl. *grijpen* (hochdtsch. *gripan*, greifen) als Grundwort auf, u. Mackel 60 hält dies für das Richtigere, ohne durchschlagende Gründe anzuführen; *gripan* ist im Frz. als' *gripper*, ergreifen, erhalten, vgl. Dz 605 *gripper*.

5290) altnfränk. ***klinka** — frz. *clinche*, *clenche* (altfrz. *clenque*), pic. *cliquet*, Riegel, vgl. Dz 549 *clinche*; Mackel, p. 96.

5291) ndl. **kluken,** klingen, klappern; dav. frz. *clinquant* (vielleicht auch = dtsch. *klingklang*), Rauschgold, dav. abgeleitet *quincaille* (f. *clinquaille*), Klapperzeug, Kurzwaren, *requinquer* (sich mit Klapperzeug behängen), sich aufputzen. Vgl. Dz 549 *clinquant*.

5292) [ahd. **kliozan,** spalten; davon nach Dz 549 frz. *clisse* (altfrz. *clice*), *éclisse*, gespaltener Zweig; Mackel, p. 111 zieht die Worte nebst dem Vb. altfrz. *esclicier*, zersplittern, zu ahd. *sclizzan*, u. dies dürfte das Richtige sein.]

33

5293) ahd. **klochôn, schlagen,** = ital. *chioccare,* schlagen, vgl. Dz 364 *s. v.*
klok s. **cămpänä.**

5294) ndd. **klôt,** Klofs: nach Dz 577 das mutmafsliche Grundwort zu frz. *crotte,* Kot, crotter, beschmutzen. Vielleicht aber dürfte besser vom Verbum auszugehen u. in diesem eine an *croûte* = *crusta* angelehnte Umbildung vom germ. *krattôn* (ahd. *chraʒʒón,* kratzen) zu erblicken sein; die ursprüngliche Bedtg. wäre demnach „kratzen", welche, verengt auf das Abkratzen des Schmutzes, zu der Bedtg. „beschmutzen" hinüberführen konnte.

5295) longob. **klüba,** Kolben, gespaltener Stock zum Vogelfang; dav. nach Meyer-L., Z XX 533, nordital. *ɣeɣabelte* Stange.

5296) altnord. **klûtr,** ein Stück Tuch, Fetzen; davon nach G. Paris, Jahrb. XI 157, altfrz. *clut,* Stück Tuch, Fleck, dazu das Demin. *clutet* u. die Verba *cluter,* zerstückeln, *clustrer,* kleine Stückarbeit ausführen, *recluter,* flicken, ital. *reclutare,* span. *reclutar,* wozu das Sbst. *recluta; recluter* soll dann nach G. Paris die Bedeutung „eine Truppe gleichsam ausflicken, durch Nachschub vervollständigen u. dgl." angenommen haben und durch Wandel des *l* in *r* zu *recruter* geworden sein. Indessen hat Tobler Misc. 73 überzeugend nachgewiesen. dafs frz. *recrue* (womit altfrz. *recreüe* in „corner la r.* zum Rückzug blasen" identisch zu sein scheint) als Partizipialsbst. von *recroistre* u. *recruter* als eine Ableitung aus diesem Shet. zu betrachten ist. Danach ist auch Mackel's Angabe auf p. 19 zu berichtigen.

5297) ahd. **knebll;** davon altfrz. *enkenbeler,* knebeln, vgl. Mackel, p. 180.

5298) altnfränk. ***knif** oder altnord. **knlfr,** Messer, = frz. *canif,* Federmesser, vgl. Dz 539 *s. v.;* Mackel p. 110.

5299) rnnd. **knijpe,** Falle, schlechtes Wirtshaus; davon viell. frz. *guenipe,* liederliches, schmutziges Weibsbild (die Person also nach der Örtlichkeit benannt, wie dies ja auch in „Frauenzimmer" der Fall ist), vgl. Dz 606 *guenipe.*

5300) mhd. **knoche,** Knochen (eigentlich wohl Gelenk); dav. ital. *nocca,* Knöchel, vgl. Dz 387 *s. v.* Gröber, ALL IV 136, erblickt in ital. *nocchio,* Obstkern, Knorren, ein Demin. von *nocca,* während Diez 387 *s. v.* das Wort = *nucleus* angesetzt hatte; ein triftiger Grund, von Diez' Grundwort abzugehen, liegt aber kaum vor, denn wenn Gröber einwendet, dafs die Bedeutungen sich nicht decken, so läfst sich doch sagen, dafs zwischen „Stein im Obste" u. „Knorren im Aste" eine begriffliche Brücke leicht geschlagen werden kann.

5301) dtsch. **kobalt** (ein Mineral); ital. *cobalto;* frz. *cobalt;* span. ptg. *cobalto.* Vgl. Dz 101 *cobalto).*

5302) magy. **koesi,** Kutsche; nach Schuchardt, Z XV 95, Grundwort zu ital. *cocchio* etc.

5303) dtsch. **Kohlsaat;** dav. viell. frz. *colza(t),* Raps, s. Sachs-Villatte *s. v.*

5304) altnfrk. ***kökar** (aga. *cocur* Gl. Lips.); altfrz. *cuevre, cuivre,* Köcher, vgl. Mackel p. 29 u. Z XX 518.

5305) *κόκκος,* Kern einer Frucht (*κόκκαλος*), Pinienkern; dav. nach d'Ovidio, Gröber's Grundrifs I 521, süd ital. *cuoccolo,* Nufsschale, *lecces.* *coccalu,* Hirnschale, tosc. *cóccola,* Beere, vielleicht auch ital. *cocca* (Hohlraum, Rumpf eines Schiffes) eine Art Schiff, *coccia,* Scherbe. Diez wollte die letzterenWorte von *concha, concheum* ableiten (ebenso

cocchiglia), d'O. bemerkt aber dagegen mit Recht, das der Schwund eines *n* im Toskanischen beispiellos sei.

5306) czech. **kolesa,** Räderfuhrwerk; ital. *calesse,* Kalesche, *calesso;* frz. *calèche;* span. *calesa;* ptg. *calexe.* Vgl. Dz 78 *calesse.*

5307) mhd. **kolien (queiien),** quälen, peinigen; davon vielleicht ital. *collare,* foltern, wippen, dazu das Vbsbst. *colla,* Folter; weder griech. *χολάζειν* noch *χολᾶν* kann Grundwort sein, ersteres seiner Form, letzteres seiner Bedtg. wegen nicht. Dagegen ist Ulrich's Vermutung, Z XIX 576, sehr ansprechend, wonach *collare* aus **cordulare* „schnüren" entstanden wäre. Vgl. Dz 365 *collare.*

5308) kelt. **kombro,** Zusammenhäufung; nach Meyer-L., Z XIX 275, Grundwort zu frz. *(en)combrer* etc. S. oben **cumerus.**
χοϱίανδϱον s. **collandrum.**

5309) germ. ***kottä** (ahd. *chogga*), zottiges Wollzeug, Decke, Mantel, Kleid; prov. *cota,* Rock; altfrz. *cote;* neufrz. *cotte,* Kleid, auch als zweiter Bestandteil in *redingote* (= engl. *riding-coat,* Reitreck) enthalten. Vgl. Mackel, p. 35.

5310) griech. **κοττίζω,** würfeln (Corp. gloss. lat. II 354); dav. altvenez. *scoteçar,* rum. *cutezare,* riskieren, wagen. Vgl. Densusianu, R XXVIII 66.

5311) dtsch. **kracke,** schlechtes Pferd; dav. frz. *criquet,* kleines Pferd, vgl. Dz 557 *s. v.*

5312) ndl. **kraecke,** eine Art grofser Schiffe; dav. ital. frz. span. ptg. *caracca, carraca* (frz. auch *car(r)aque),* eine Art Schiff, vgl. Dz 88 *s. v.*

5313) german. schallnachahmender Stamm **krak** (ahd. *krach); davon frz. *crac, craquer,* Krach, krachen; hierher gehört viell. auch ital. *scracchiare, scaracchiare,* verspotten (Flechia freilich, AG III 121, stellte andere Grundwerte auf, vgl. aber d'Ovidio, AG XIII 399) vgl. Dz 555 *crac.*

5314) ndl. **kram,** eiserner Haken; davon (und nicht vom griech. *χϱέμασϑαι,* vgl. jedoch Horning, Z XXI 453) sind vermutlich abgeleitet prov. *cremasclo* (gleichs. **cremasculum,* wobei man an cremare denken könnte); frz. *crémaillon, cremaillère* (burg. *cramail),* wallon. *cramá,* champ. *cramaille),* Kesselhaken; span. *gramallera.* Vgl. Dz 556 *crémaillon.*

5315) dtsch. **krampf;** frz. *crampe* (= ndl. *cramp),* Krampf (aus der Bedtg. „Klammer" gehört das Wort zu **krampo),* vgl. Mackel, p. 60; über die Gestaltungen dieses Wortes in ital. u. rtr. Mundarten vgl. Flechia, AG II 349.

5316) altnfränk. ***krampo,** Eisenhaken; davon frz. *crampon,* Klammer, dazu Mackel p. 71 (M. ist übrigens geneigt, **kráppo* = ahd. *chrápfo,* Haken, als Grundwort anzusetzen).

5317) ndd. **krän,** Krahn, = frz. *crône,* Krahn, vgl. Dz 557 *s. v.*

5318) ndl. **kräneke,** Armbrust; davon vermutlich frz. *cranequin,* Werkzeug zum Spannen der Armbrust, dazu *cranequinier,* Armbrustschütze, vgl. Dz 555 *cranequin* u. 557 *crone;* Ducange *s. v.* Crenkinarii.

5319) [ahd. **krapbô** (auch *kraphjô?*), Haken; davon nach Dz 171 ital. *graffio,* Haken, Kralle, dazu die Verba *graffiare, aggraffare;* prov. *grafio;* frz. *agrafe,* Klammer, dazu das Vb. wallon. *agrafer,* ergreifen, viell. auch frz. *crapand.* Kröte, d. h. das mit sich festhakenden Plattfüfsen versehene Tier, ital. Nigra, AG XV 109; span. *garfio, garfa,* Haken, Kralle, dazu die Verba *agarrafar, engarrafar.* Vgl. Dz 171 *graffio.* Desselben Ursprunges

sind nach Dz 172: ital. *grappa*, Klammer, *grappo*, *grappolo*, Traubenkamm, Traube, *grappa*, das Zu greifen, *grappare*. *aggrappare*, packen; prov. *grapa*, Klammer, Kralle, *grap-s*, gekrümmte Hand; frz. *grappe* (altfrz. auch *crape*), Traube, *grappin*, Anker, *grapper* (nur dialektisch), packen; span. *grapa*, Haken, (die „Traube" heifst *racimo*); vielleicht gebërt hierher auch cat. *esgarrapar*, kratzen, vgl. unten schrapen; ptg. fehlen entsprechende Worte, (die „Traube" heifst *uva*). Vgl. Dz 172 *grappa*; Mackel, p. 56. S. jedoch oben No 2570.]
*krasja s. eréscio.

5320) altnord. krassa, zerreiben; davon nach Dz 567 und Mackel p. 46 frz. *écraser*, zerquetschen. Diese Ableitung ist jedoch bedenklich, da das Wort erst vom 16. Jahrh. an erscheint. Vielleicht urteilt man daher richtiger(?), wenn man eine gelehrte Bildung *exrasare* annimmt (— Ascoli, AG I 179 Anm. 4, setzt *scrasare* an u. vergleicht rtr. *scrasuoir*, Dreschflegel —), in welcher, als sie in die allgemeine Sprache überging, die Lautgruppe *csr* zu *cr* vereinfacht wurde. Rönsch, RF II 316, stellte ein lat. *ecrasare* als Grundwort auf, aber dasselbe wird durch gelegentlich vorkommendes *ccbicere* und dgl. nicht hinreichend gestützt.

5321) german. *krattôn (ahd. *chrazzón*), kratzen; prov. *gratar;* frz. *gratter.* Vgl. Mackel, p. 71.

5322) dtsch. kraus(beere), kräusel(beere); frz. *groseille*, Johannisbeere (gr. *verte*, Stachelbeere); cat. span. *grosella;* ptg. *groselha.* Vgl. Dz 174 *grosella*.

5323) altndd. (*kraustjan), *kröstjan (got. *kriustan*), knirschen; ist das mutmafsliche Grundwert zu ital. *crosciare*, knirschen; prov. altfrz. *croissir*, *croistre* (mit geschloss. *o*); span. *crujir.* Vgl. Dz 113 *crosciare;* Mackel, p. 198.

5324) ahd. krëbiz, Krebs; davon altfrz. *escrevisse* (bedeutet auch „Harnisch"); neufrz. *écrevisse.* Vgl. Dz 567 *s. v.;* Mackel, p. 80.

5325) [altndd. krëvet = altfrz. *crevette*, kleiner Krebs, vgl. Mackel, p. 80. Vgl. oben capra.]

5326) schallnachahmender Stamm krik; davon neuprov. *cricot*, Heimchen; frz. *criquet* (mundartlich [pic.] *créqueillon*, *crinchon*), dazu das Vb. *criquer.* Vgl. Dz 556 *criquet.*

5327) altnord. kriki, kleine Bucht, = frz. *crique* (mit derselben Bedtg.), vgl. Dz 556 *s. v,;* Mackel, p. 93.

5328) ahd. krimman, mit Schnabel oder Krallen hauen; ital. *ghermire* „afferrare, artigliare" u. *gremire* „che, secondo il Fanf., direbbe lo stesso di *ghermire* e secondo il Tomm. (Diz. it.) 'riempiere', cf., per la evoluzione ideologica, fitto da figgere, che dice 'conficcato' e spesso, folto'", vgl. Canello, AG III 396; Dz 377 *gremire.* Pascal, Studj di fil. rom. VII 94, leitet *gremire* von *gremium* ab, u. wohl mit Recht.

5329) ahd. krippja, Krippe; ital. *greppia* (mundartlich *creppia*); prov. *crepia*, *crepcha;* frz. *crèche;* (span. heifst die „Krippe" *pesebre;* ptg. *presepe* u. *presepio* = *praesaepe*, *praesaepium*). Vgl. Dz 172 *greppia;* Mackel, p. 96.

5330) [altnord. krôkr, Haken; davon nach Dz 567 rtr. frz. prov. *croc*, Haken, wovon wieder abgeleitet frz. *crochet* (= span. *corchete*, ptg. *colchete*), *crochu*, *accrocher*, auch *encrouer* = *incrocare*, an einem Haken aufhängen. Mackel, p. 33 bemerkt aber dagegen sehr mit Recht, dafs nord. *k* weder zu *ch* werden (*crochet* etc.), noch auch völlig schwinden konnte (*encrouer*). Vermutlich beruht

die Wortsippe auf dem (mit lat. *cruc-em* sich lautlich und begrifflich berührenden) german. Stamme *kruk*, wovon *krukjo*, ahd. *chruccha*, ndl. *kruk*, ags. *cryce* etc., vgl. Kluge unter „Krücke". Auf denselben Stamm gehen zurück ital. *crocco*, Haken, *croccia*, Krücke, frz. *crosse*, Krummstab. Die entsprechende keltische Wortsippe ist aus lat. *cruce(m)* entlehnt, vgl. Th. p. 96.

5331) griech. xρότaλον n., Klapper; dav. nach Pascal, Studj di fil. rom. VII 92 (vgl. auch 95) ital. *crocchio*, vocio confuso, adunanza, u. (?) *rullo*, sordo rumoro.

5332) altnfränk. krûka, Krug; davon vermutlich prov. *crugó-s;* frz. *cruche* (altfrz. auch *crue*, *cruie*), *cruchon*, vgl. Mackel, p. 19. Dz 557 führte die Worte auf kymr. *cruc*, Eimer, zurück, aber dies ist selbst nur Lehnwort, vgl. Th. p. 97.

5333) altndd. krûma, Krume, Brocken; davon altfrz. *esgrumer*, zerbröckeln, vgl. Mackel, p. 19.

5334) german. Stamm krupp- (davon altnord. *kroppr*, Rumpf, Leib, *kryppa*, Höcker, ags. *cropp*, Kropf, Gipfel, Bîschel, ahd. *kropf*); davon ital. *gruppo*, *groppo*, Klumpen, Knoten, Haufen, Gruppe, *groppa*, das Hinterkreuz des Pferdes; prov. *cropa* = ital. *groppa;* frz. *groupe*, Gruppe, *croupe*, Kruppe, dav. abgeleitet *croupier*, *croupière*, *croupir;* span. *grupo*, *gorupo*, *grupa;* ptg. *garupa* = frz. *croupe.* Vgl. Dz 174 *groppo;* Canello, AG III 327, wo unterschieden werden *gruppo* „riunione di più oggetti", u. *groppo* „nodo", während *groppa* unerwähnt bleibt; Tb. p. 64 bemerkt dafs cymr. *cropa*, Kropf, u. gäl. *crup-*, neuir. *crap-* nicht einheimisch sind: Caix, St. 33, erklärt ital. *garbugliare* aus *grobagliare* aus *gropp[are]* + *bugliare.* — Hierher gehört wohl auch frz. *rabougrir*, verkrüppeln, (umgestellt aus *ragroubir* mit Anlehnung an das Adj. *bougre*), *abougri*, verkümmert. Vgl. Dz 633 *rabougrir.*

5335) mhd. krûse, Krug (davon mhd. *kriusel*, kleiner Krug, Kreisel, vgl. Kluge unter „Krause" u. „Kräusel"); ital. *crogiuolo*, Schmelztiegel; altfrz. *croisel*, *croiseul*, *creusol*, Lampe; neufrz. *creuset*, Schmelztiegel; span. *crisol*, Schmelztiegel, *crisuelo*, Lampe, *crisuela*, das Gefäfs der Lampe. Vgl. Scheler im Dict. unter *creuset;* Dz 443 *crisuelo* wollte die span. Worte von bask. *criselua*, Lampe, ableiten, während in Wahrheit das bask. Wort dem Span. entlehnt sein dürfte.

5336) südslav. kučka, magy. kutya, kuszi sind nach Schuchardt, Z XV 96, die Grundwerte zu der von Diez 114 *cuccio* besprochenen Wortsippe: ital. *cuccio*, kleiner Hund, sicil. *guzzu*, -*a*, prov. *goz*, *gossa;* cat. *gos;* span. *gozque;* ptg. *gozo;* (altfrz. *gous*, vgl. Scheler im Anhang zu Dz 716).

5337) got. *kundjan (von *kunds*, zu *kuni*, Geschlecht), das Geschlecht fortpflanzen; span. cat. *cundir*, sich verbreiten, fortpflanzen, Spröfslinge treiben. Vgl. Dz 443 *s. v.*

5338) dtsch. kupferasche; daraus frz. *couperose*, Vitriol, vgl. Darmesteter, Mots comp. p. 231; Fafs, RF III 493.

5339) ahd. *kupphja, Haube; ital. *cuffia*, *scuffia;* frz. *coiffe*, davon das Vb. *coiffer*, den Kopfputz ordnen, dazu das Nomen aeterie *coiffeur;* span. *cofia*, *escofia;* ptg. *coifa*. Vgl. Dz 115 *cuffia;* Mackel, p. 21; Behrens, p. 82.

5340) dtsch. kurreln, kollern, gurgeln; davon nach Braune, Z XVIII 528, ital. *chiurlare;* span. ptg. *chirlar.*

33*

5341) german. **kúska, *kúskja** (ahd. *chúsk,*
chúski, enthaltsam, mäfsig, keusch); davon vielleicht
altfrz. (nur in Pass. 350) *cusche-ment,* geziemend,
vgl. Dz 557 s. v.; Mackel, p. 20.

5342) altnord. **kveldúlfr** (aus *kveld,* Abend, und
úlfr, Wolf), ahd. ***ehwiltiwolf, *kiltwolf,** Werwolf;
daraus frz. *guilledou* in „*courir le g.,* aller la nuit
dans des lieux suspects", vgl. Bugge, R III 151.

5343) altnord. **kverk,** Gurgel, Hals; dav. prov.
frz. *carcan* (altfrz. auch *charchant, cherchant),*
Halseisen, vgl. Dz 539 *carcan.*

5344) ndl. **kwakkel,** ahd. **quatala, wahtale,**
Wachtel; ital. *quaglia* (scheint dem Frz. entlehnt
zu sein, vgl. d'Ovidio, AG XIII 413); rtr. *quacra;*
prov. *calha;* altfrz. *coaille;* neufrz. *caille;*
altspan. *coolla* (das übliche span. Wort für
„Wachtel" ist *codorniz* = *coturnicem,* ebenso ptg.).
Vgl. Dz 259 *quaglia;* Mackel, p. 74. S. oben
No 2564.

5345) griech. *κυνάγχη* (daneben *συνάγχη),*
Halsbräune; altfrz. *quinancie, (e)squinancie,* vgl.
Förster, Anm. zu Oligès V 3025, und Skeat, Et.
Dict. s. v. *quinsy;* span. *esquinancia, -encia;* ptg.
esquinencia. F. Pabst.

5346) türk. **kyrbátsch,** Karbatsche; frz. *cra-*
vache, Reitpeitsche; span. *corbacho,* vgl. Dz 108
corbacho.

5347) **kyrie eleison; daneben** ital. (aret.) *crialeso*
„raganella che si suona la settimana santa", vgl.
Caix, St. 301; Nigra, AG XIV 368 u. XV 418.

L.

5348) ndl. **laar,** leer; davon vielleicht altfrz.
larris (mittellat. *larricium*), leeres, unangebautes
Feld, vgl. Dz 625 s. v., wo ndl. *laer,* unangebautes
Feld. = mittelndl. *laar,* offener Platz im Walde,
als Grundwort aufgestellt wird, diese Substantiva
sind aber doch nur Adj. in substantivischer Verwendung.

5349) **[läbărum** n., die von Konstantin d. G. eingeführte Reichsfahne; davon abgeleitet ptg. *laba-*
reda, lavareda, Flamme (die Begriffe „Fahne" und
„Flamme" werden im Roman. öfters vertauscht, vgl.
z. B. *oriflamme* = [?] *labari fl.*). Vgl. Dz 461 *la-*
baredo. S. No 1066.]

5350) mndl. **labay,** Schwätzmaul, = wallon.
labaie „gourgandine, coureuse, impudique". Vgl.
Behrens, Festg. f. Gröber p. 158.

5351) 1. **läbĕllūm** n. (Demin. v. *labrum,* Wanne),
kleine Wunne; ital. *avello,* Steinsarg, (mail. *navell,*
modenes. *lavello,* Steingefäfs). Vgl. Dz 353 *avello.*

5352) 2. ***läbĕllūm** n. (Demin. zu *labium),* kleine
Lippe, herunterhängendes Stückchen, Fetzen; altfrz. *labeau,* Fetzen, davon nach Dz 624 frz. *lam-*
beau, Lappen; span. *lampel,* Turnierkragen. Vgl.
unter ***lămbĕllūs.**

5353) **[*läbĕŭs, a, um** (v. *labes),* fehlerhaft; dav.
nach Dz 462 ptg. *laivo,* Schmutzfleck.]

5354) ***läbĭă, -am** f. (für *labes*), Flecken; ptg.
eiva, Fehler, Gebrechen, dazu das Verb *eivar(se),*
schlecht werden, vgl. Michaelis, Misc. 125; Dz 445
liefs das Wort unerklärt. Meyer-Lübke, Z XI 270,
bezweifelt die Entstehung aus *eiva* aus **la-*
bia, weil der ptg. Artikel nicht *l(a)* lautet; er ist
geneigt, das Wort aus kelt. *aiba* „das Äufsere" zu
erklären, das sich nach der schlechten Seite hin
entwickelt hätte, wogegen das Masc. *aibo* in Prov.
die gute Bedeutung zeige (vgl. Thurneysen, Keltor. 85).

5355) **[läbīnă, -am** f. (von *labi*), Erdfall (Isid.
16, 1, 4); Dz 512 wird vermutungsweise *labina* als
Grundwort zu ital. *lavina,* prov. *lavanca,* frz.
lavange, lavanche, Lawine, aufgestellt, besser jedoch
sind diese Worte für Umgestaltungen von *ava-*
lange, avalanche (von **ad-vallare*) zu erachten.
Dagegen beruht selbstverständlich rtr. *lavina* auf
labina.]

läbĭūm s. **läbrūm.**

5356) **läbŏr, -ōrem** m., Arbeit; ital. *lavoro;* rtr.
lavur; prov. *labor-s;* frz. *labeur, (-our),* vgl. R X 45;
span. *labor;* ptg. *lavor* (bezeichnet vorzugsweise
nur die Feldarbeit). Der übliche Ausdruck für Arbeit ist, abgesehen vom Ital. (wo aber neben *lavoro*
auch *travaglio* vorhanden ist), prov. *trabalh-s,*
trebalh-s (auch *trabalha*); frz. *travail;* span. *tra-*
bajo; ptg. *trabalho.* Ursprüngliche Bedtg. dieses
Wortes dürfte „Qual" sein u. das Grundwort **tre-*
palium (v. *tripalis*), ein aus drei Pfählen bestehendes
Marterinstrument, vgl. P. Meyer, R XVII 421.

5357) **[*läbŏrēcŭs, -um** m. (v. *labor*), scheint
die, freilich höchst al·norme, Grundform zu sein für
span. *labriego,* Feldarbeiter, Bauer; ptg. *labrego,*
vgl. Dz 461 s. v.; Schuchardt, Z XIII 531.]

5358) **läbŏro, -āre** (v. *labor*), arbeiten; ital.
lavorare; rtr. *lavurer;* prov. *lavorar;* frz. *la-*
bourer, ackern, pflügen; span. *labrar,* arbeiten;
ptg. *laborar, lav-,* Mühe, Not haben. Abgesehen vom
Ital. (wo indessen neben *lavorare* auch *travagliare*
vorhanden ist), ist *laborare* verdrängt worden durch
prov. *trebalhar, trabelhar;* frz. *travailler;* span.
trabajar; ptg. *trabalhar.* Die ursprüngliche Bedtg.
dieses Verbs scheint „quälen" gewesen zu sein; das
mutmafsliche Grundwort ist **trepalium,* ein aus
drei Pfählen bestehendes Marterinstrument, vgl.
P. Meyer, R XVII 421. — Über frz. *labour* vgl. R X 45.

5359) **[*läbrīllum** n. (Demin. zu *labrum,* Wanne)
= span. *lebrillo,* ein Gefäfs, vgl. Dz 462 s. v.;
Parodi, R XVII 69, zieht hierher auch cat. *gibrell,*
Schlüssel (aus **llabrell, *llibrell*).]

5360) **läbrūm** n. und **läbĭūm** n., Lippe; ital.
labbia, Gesicht, *labbro,* Pl. *labbra,* Lippe; frz.
lèvre; span. ptg. *labio.* Von *labrum* leitet Dz 624
délabrer, zerfetzen, ab, was nur dann gebilligt
werden kann, wenn man altfrz. *labcau* = *labellum*
(Demin. zu *labium*) ansetzt und selbst dann noch
wegen des b (ptg. *lèvre*) bedenklich ist.

5361) **läbrŭscă (vītĭs),** wilde Rebe; ital. *lam-*
brusca, lambruzza, daneben *raverusto, ravirusto,*
(Dz 351 zieht auch *abrostino* hierher, „indem *sc,*
wie in *mistio* f. *mischio* u. a., in *st* ausartete u. l
als Artikel verstanden ward"); rum. *leuruscă* und
rouruscă; neuprov. *lambrusco;* frz. *lambruche*
(fehlt b. Sachs); cat. *llambrusca;* span. ptg. *la-*
brusca, Dz 187 *lambrusca* u. 351 *abrostino;*
Gröber, ALL III 274. S. auch oben **brŭscus.**

5362) **läbŭrnūm** n. breitblättriger Bohnenbaum;
tosc. *avorno, avornio,* vgl. Salvioni, Post. 12.

5363) **lăc, lăctem** n. (f. *lac, lactem* ist mehrfach
belegt) n., Milch; ital. *latte;* sard. *lacte;* rum.
lapte; rtr. *latg;* prov. *lait-z, lach-z;* frz. *lait;*
cat. *llet;* span. *leche;* ptg. *leite.* Vgl. Gröber,
ALL III 274.

5364) **lacca, -am** f., eine Geschwulst an den
Schienbeinen; davon wohl ital. *lacca* in der Bedtg.
„Kniekehle"; Dz 380 s. v. stellte griech. *λάκκος,*
Grube, Loch, als Grundwort auf.

5365) **lăcĕrtă, -am** f. und **lăcĕrtŭs, -um** m.,
Eidechse; ital. *lacerta* u. *lucerta;* über mundartliche
Formen des Wortes vgl. Flechia, AG III 160 f.;

(sard. caluscerta, caluxertula); rtr. lusciard; frz. lézard, (altfrz. auch laissarde); span. ptg. lagarto, (ptg. lagarta, Raupe). Vgl. l)z 186 lucerta; Caix, St. 380.

5366) lăcērtŭs, -ŭm m., Oberarm; davon ital. lucertolo „parte della coscia del bove“, vgl. Caix, St. 391.

5367) lăcĭnĭa, -am f., Fetzen; sard. laginza.

5368) *lăcĭnĭārĭă, am f. (v. lacinia, Fetzen) = frz. lasniere, lanièrs, Riemen, vgl. Bugge, R III 154. Littré leitete das Wort von laniare, Scheler von lana ab, der letztere hat jedoch seine Annahme mit derjenigen Bugge's vertauscht, vgl. Anhang zu Dz 732.

5369) lăcrĭmă, -am f., Thräne; ital. lacrima, lagrima; rum. lacrimă, lacrămă; prov. lacrima, lacrema; altfrz. lairme, lerme; neufrz. larme; cat. llagrima; span. ptg. lagrima. Vgl. Dz 625 larme.

5370) lăcrĭmătōrĭŭs, a, um (v. lacrima), gegen das Thränen dienlich; ital. lacrimatorio, Adj., lacrimatojo. -a „eminenza rossigna posta nel grand' angolo dell' occhio, della quale sgorgano le lagrime“, lagrimatojo, -a „canto fra il naso e la guancia sotto l'angolo interne dell' occhio“, vgl. Canelle, AG III 337.

5371) lăcrĭmo u. *lăcrĭmĭco, -āre (v. lacrima), weinen; ital. lagrimare (das übliche Wort für „weinen“ ist piangere = plangĕre); rum. lacrimez ai at a; prov. lagrimar, lermar, lagremeiar; altfrz. lărmier; neufrz. larmoyer, (das übliche Wort für „weinen“ ist pleurer = plorare, daneben crier); cat. llagrimejar; span. lagrimar, (das üblicheWort ist llorar); ptg. lagrimar, lagrimejar, (das übliche Wort ist chorar = plorare).

5372) [*lăctĕo, -ōnem m. u. *lăctūceus, -um m. (v. lac), das säugende Tier, Brusttier; span. lechon, Schwein (eigentlich Spanferkel). lechuzo, saugendes Maultier. Vgl. Dz 462 lechon.]

5373) lăctēs (Pl.) f., die Milchen; ital. *latti in lattinelle (= latti + animelle?) „animelle, intestini“, vgl. Caix, St. 373; rum. lapti.

5374) lăctūcă, -am f. (v. lac), Salat. Lattich; ital. lattuga; rum. lăptŭcă; prov. lachuga; frz. laitue; cat. llatuga; span. lechuga; ptg. alface). Vgl. Gröber, ALL III 274.

5375) lăcūnă (lacona b. Vairo), -am f. (von lacus), Sumpf, Vertiefung, Grube, Lücke. ital. lacuna „vuoto, mancanza, specialmente nei manoscritti“, lagunà „marbasso presso terra“, vgl. Canello, AG III 371; Diez 628 ist geneigt, auch prov. lona, Sumpf, von lacuna abzuleiten, bemerkt aber selbst, dafs dann launa, höchstens lăuna zu erwarten gewesen wäre, somit ist die ebenfalls von Diez vermutete Herleitung von altnord. lôn, Sumpf, wohl die bessere (vgl. dagegen Meyer-L., Z. f. ö. G. 1891 p. 771). Mackel, p. 33 enthält sich des Urteils. Dagegen gehört wohl sicher hierher ptg. lagoa, vgl. Meyer-L., Rom. Gr. I § 67.

5376) lăcŭs, -um m., See; ital. laco, lago; rum. lac. Pl. lacuri rtr. lăk, lĕk etc., vgl. Gartner § 200; prov. frz. altcat. lac (altfrz. auch lai); span. ptg. lago. Vgl. Berger s. v.

5377) ags. lâdman, Geleitmann, Lootse; davon (?) frz. locman, Lootse, u. (mit Anbildung an gouverneur) lamaneur, vgl. Scheler im Anhang zu Dz 802; Diez 628 locman stellte ndl. loodsman als Grundwert auf.

5378) mittelndl. laecke, Fehler; davon vielleicht span. lacra, Narbe, Gebrechen, Mangel, dazu das

Vb. lacrar, schadeu, vgl. Dz 462 s. v. Näher aber liegt es wohl, an lat. lacer, a, um zu denken.

5379) laena, -am f., ein Stück langhaariges Wollzeug; ital. liena, grobe wollene Decke.

5380) laesĭō, -ōnem f. (v. laedere), Verletzung; altspan. lision, Verletzung, ptg. aleijão (C. Michaelis. Frg. Et. p. 2). vgl. Dz 463 s. v.

5381) *laeso und *laesĭo, -äre (v. laesus), verletzen; cat. lesiar, verstümmeln; span. lisiar; ptg. lexar. Vgl. Dz 463 lisiar.

5382) laetāmen n., Dünger, = ital. altspan. letame, venez. leame, loame, lomb. ledam, mail. alldam, monf. aliám, genues. liamme, sard. ladamini (vgl. Salvioni, Post. 12), vgl. Dz 381 s. v.; Flechia, AG II 58.

5383) „laeto, -äre (Palladius), düngen; obwald. letame; vermutlich gehört richtiger auch hierher und nicht zu oletare ital. (lucches.) letare, besudeln.“ Meyer-Lübke im Nachtrag zur 1. Ausg. dieses Wtb.'s.

5384) laetĭŏ, a, um, fröhlich; ital. lieto; altfrz. lié; neufrz. nur noch erhalten in der Verbindung faire chérc lie. Vgl. Dz 626 lie; AG XII 386. — (laelitia = altfrz. lë-, liesse, -ce.)

5385) ndl. lueye, Lade; davon das gleichbedeutende frz. layette, vgl. Dz 625 s. v.; in der Bedtg. „Windeln“ aber dürfte das Wort eher auf deutsch „Lage“ zurückgehen. Auf dem Stamme lag beruht vielleicht auch span. ptg. laya, Art, Beschaffenheit (eigentl. aber ein Ackerwerkzeug, mit welchem immer mehrere neben einander stehende Leute arbeiten), andere freilich erklären das Wort für baskisch, vgl. Dz 462 laya.

5386) lăgănŭm n. (λάγανον), platter Kuchen, die Lage oder Schicht eines sogen. Blätterkuchens; davon vermutlich abruzz. lágana; span. launa, Metallplatte, vgl. Dz 462 s. v.

5387) germ. lagjan, legen; von Thomas, R XXVI 431, als Grundwort zu altfrz. laier, lassen, aufgestellt. S. latan.

5388) ags. lagu, lag, Gesetz, = altfrz. lague, Gesetz, dazu das Kompos. utlague, ullague = ags. ūt-lag, engl. out-law, aufserhalb des Gesetzes stehend, geächtet. Vgl. Dz 623 lague; Mackel, p. 41.

5389) ahd. lahhă, Lache, Sumpf, = ital. lacea, tiefer Grund, vgl. Dz 380 s. v.

5390) laleus, -um m., Laie; ital. laico; altfrz. lai; (neufrz. laïque); span. lego; ptg. leigo. 5391) ir. lald (ncuir. gäl. luoidh, kymr. *llaedd, altbret. *laiô), Hymne, Lied; dav. nach früherer Annahme prov. lais; altfrz. lais, lai, Lied, vgl. Dz 623 s. v.; A. de Jubainville, R VIII 422; Th. p. 103. — G. Paris, R XIV 606. bemerkt über die Herkunft von frz. lais, lai: „C'est peut-être en dehors du celtique qu'il faut se résoudre, comme on le faisait autrefois, à chercher l'explication du mot. L' allemand du moyen-âge, le scandinave, rendent le fr. lai par leich, leik, et il est à remarquer que l' all. leich, à côté du sens de „morceau de musique“ et de „lai brëton“, a, comme le mot français, celui de „poème composé de strophes dissemblables ou de vers inégaux“. Or, la forme ancienne de ces mots est en gotique laik, en anglosaxon laïc, lac, d'où le mot français sortirait tout naturellement. Ç'aurait été le nom donné par les Anglais aux morceaux de musique exécutés par les jongleurs bretons, et ce nom aurait été adopté par les Français, quand ils le connurent.“

5392) altdtsch. laið (ahd. leid), unangenehm; widerwärtig; ital. luido, häfslich, laidare, kränken; prov. lait, dazu die Vb. laizar, kränken, daneben in gleicher Bedtg. *laidir* (auch ital. **laidire*) = **laiðjan*; frz. *laid*, dazu altfrz. die Verba *laider* und *laidir* u. das abgel. Shet. *laidenge*, Kränkung (vgl. prov. *ledena* f. *laidenha*); altspan. *laido*, dazu das Vb. *laizar* (aus dem Prov.); altptg. *laido*, dazu das Vb. *laidar*. Vgl. Dz 186 *laido*; Mackel, p. 117; Cohn, Suffixw. p. 178.

5393) german. **laidô-**, Führung (ags. *lád*, Weg, Reise, Fahrt); davon vielleicht frz. *laie*, durch den Wald gehauener Weg; möglich aber auch, dafs alts. *laia*, Fels, Stein, als Grundwort anzusetzen ist, vgl. Dz 623 *laie* 2; Mackel, p. 115.

5394) got. **laigón**, lecken; dav. vermutlich prov. *lagotear*, schmeicheln, *lagot-z*, Schmeichelei; span. *lagotear*, schmeicheln, vgl. Dz 623 *lagot*; Mackel, p. 116.

5395) germ. ***laisa** (abd. *waganleisa*, altnfränk. u. abd. *lesa*, Falte); davon vermutlich rtr. *laischnar*, *lischnar*, streicheln (?); norm. *alise*, Geleise; altepac. *lizne*, glatt, *deleznar*, gleiten. Vgl. Dz 194 *liscio*; Mackel, p. 108.

5396) **lällo, -äre**, singen, trällern; davon ital. *lillare*, *lellare* „balloccarsi" vgl. Caix, St. 381.

5397) burg. **lam, lahm**, = piemont. *lam*, schlaff; prov. *lam*, hinkend, vgl. Dz 624 *s. v.*; Mackel, p. 43.

5398) **lämä, -am** f. (aus *lac-ma*), Lache, Sumpf; ital. span. ptg. *lama*, Sumpf, vgl. Dz 187 *s. v.*

5399) **[*lämbĕllüs, -um** m. (Demin. zu **lamber*), kleiner Fetzen: ist nach Ascoli, Ztschr. f. vgl. Sprachf. XVI 125, das vermutliche Grundwort zu frz. *lambeau*, Lappen: span. *lampel*, Turnierkragen, Dz 624 *s. v.* stellte **labellum* (Demin. zu *labium*), wovon altfrz. *labeau*, als Grundwort auch für *lambeau* anf.]

5400) **lämbĕro, -äre**, zerlecken; dav. nach Caix, St. 376. sard. *lambrire* „mangiare avidamente", dazu das sard. Adj. *lambrido* od. *limbrido* „ghiotto"; ital. *lembrugio* „ghiotto"; ptg. *lambujem*, *-gem* „avanzi d'un piatto, ghiottornie", *lambugeiro* „ghiotto"; span. *lameron* „goloso".

5401) **[*lämbĭco, -äre** (v. *lamhere*), ein wenig belecken oder bespülen; davon nach Dz 380 ital. *lamicare*, rieseln, fein regnen. Vgl. dagegen Caix, St. 42, s. oben **hūmĭco.**]

5402) **[*lambico, -äre** (v. *al-lambiq*), probieren; ital. *lambicare* „passare per il lambicco, esaminare attentamente", und *beccare* in *beccarsi* (*il cervello*) „fantasticare", vgl. Canelle, AG III 396.]

5403) **lämbo, -ĕre**, lecken; = sard. *lambere*; span. *lamer*, lecken; ptg. *lamber*, lecken, *lambear*, gierig essen, schlemmen, *lambedór*, Lecker, *lambião*, Naschkatze, *lambida*, das Lecken, und zahlreiche andere Ableitungen.

5404) **lämĕlla, -am** f. (Demin. zu *lamina*), Metallblättchen, Blech; altfrz. *alemele* (aus *la lemele*), Schneide, Schwertspitze: neufrz. *alumelle*, vgl. Scheler im Dict. *s. v.*; Fafs RF III 496. — Aus altfrz. *aleme*, *alemelle* scheint durch Suffixvertauschung *alemette* und daraus durch Umstellung *amelette*, *omelette*, Eierkuchen (eigentlich flacher, platter, scheibenähnlicher Kuchen), entstanden zu sein, wobei gelehrt etymologisierende Anlehnung an *ovum* stattgefunden haben mag. Alle sonstigen Ableitungen des vielbehandelten Wortes sind phantastisch. Vgl. Dz 187 *lama*; Scheler in Dict. unter *omelette*; Fafs, RF III 502.

5405) **lämĕnto, -äre**, wehklagen: ital. *lamentare*; frz. *lamenter*, (danach gebildet altfrz. *waimenter*,

gaimenter von *wai* = weh); span. ptg. *lamentar.* Vgl. Dz 592 *gaimenter.*

5406) **lämĭnä u. lämnä, -am** f., Platte. Blatt, Blech, Scheibe; ital. *lama* „lastra d'acciajo ridotta tagliente, di spada, di coltello, di sega", das Wort ist wahrscheinlich aus dem Frz. entlehnt, vgl. Canello, AG III 367; sicil. *lanna*; com. *lamna*; rum. *alamä*, Messing; prov. *lamina*, *lama*, Platte; frz. *lame*, Platte, Klinge (im Altfrz. auch Grabstein); span. *lamina*, Platte, *laña*, eiserner Haken, Klammer; ptg. *lamina*, Platte, Klinge. Vgl. Dz 187 *lama*, (Diez 624 wollte auch altfrz. *lambre*, neufrz. *lambris* von *lamina* ableiten, vgl. aber oben **ĭmbrĕx**). Vgl. auch Gröber, ALL III 275.

5407) ***lämĭnärĭüs, -um** m. (v. *lamina*), Messingschläger, Weifsblechschläger; ital. *laminajo*; rum. *alämar*; span. *laminero.*

5408) Stamm **lamp-** (aus *lampas* [s. d.] herausgebildet), leuchten; davon abgeleitet ital. *lampo*, Lichtschein. Blitz; prov. *lamp-s*, *lam-s*; neuprov. *lan*; cat. *llamp*, *llampeg*; span. ptg. *lampo*, relámpago, vgl. Dz 187 *lampo*; die Worte lassen sich aber auch als Postverbalia zu *lampare* auffassen.

5409) **lämpäs, -ädä** f. (*λαμπάς*), Lampe; ital. *lampa*, *lampada*, *lámpana*, davon abgeleitet *allampanato* „magrissimo" (gleichsam so mager, dafs eine Lampe durchscheinen kann), vgl. Caix, St. 148; altoberital. *lampea*; piem. *lampia*; rum. *lampă*; prov. *lampa*, *lampea*, *lampeza*; frz. *lampe*; cat. *llántia*; span. *lampada*, *lampara*. Span. *lamparilla* als Benennung eines feinen Gewebes ist volksetymologische Umgestaltung des frz. *nomparreille*, vgl. Thomas, R XXVIII 194. Ptg. *lampada*, davon *lampadejar*, aufblitzen. Vgl. Gröber, ALL III 507 u. VI 392.

5410) ndl. **lamperkîn** (Demin. zu *lamper*, *lamfer*), kleiner Schleier; frz. *lambrequin*, Helmdecke, Stickerei am Fensterbrett, Bogenbehänge. Vgl. Dz 624 *lambeau.*

5411) ***lämpĕträ (*lämprĕda), -am** f., Lamprete; ital. *lampreda*; frz. *lamproie*; span. ptg. *lamprea.* Vgl. Dz 187 *lampreda* (die roman. Worte nötigen zur Ansetzung von **lamprĕta* f. *lamprēta*).]

5412) ***lampo, *lampĭdio, -äre**, leuchten; ital. *lampeggiare*; lecc. *derlampare*; span. ptg. *lampejar*. S. auch **lamp-.**

5413) arab. **lamta**, eine Art Antilope: davon nach Caix, St. 303. ital. *dante*; span. ptg. *danta*, *anta*, *dante*, ante „bufalo e pelle di bufalo". Vgl. Eg. y Yang. 267.

5414) **länä, -am** f., Wolle; ital. *lana*; rum. *lână*; rtr. *lana*, lena etc., vgl. Gartner § 200; prov. *lana*; frz. *laine*; cat. *llana*; span. ptg. *lana.*

5415) **länärĭüs, -um** m. (v. *lana*), Wollhändler; rum. *lânar*; frz. *lainier*; span. *lanero.*

5416) **läncĕä, -am** f. (*lancea*, *non lancia* App. Probi 72), Lanze; ital. *lancia* (bed. auch „Boot"); span. ptg. *lanza*; prov. *lansa*; frz. *lance*; cat. *llansa*; span. *lanza*, Lanze, *lancha*, Boot; vgl. Gröber, ALL III 510. Vgl. Dz 187 *lancia.*

5417) **läncĕärĭüs, -um** m. (v. *lancea*), Lanzenträger; ital. *lanciajo* „chi fa lance", *lanciere* „soldato a cavallo e armato di lancia", vgl. Canello, AG III 307: rum. *lăncer*; prov. *lancier*; altcat. *llancer*; span. *lancero*; ptg. *lanceiro.*

5418) **läncĕo, -äre** (v. *lancea*), die Lanze schleudern; ital. *lánciare*, dazu das Sbst. *lancio*, Schwung, Sprung; prov. *eslansar*; frz. *lancer*, *élancer*, dazu das Sbst. *élan* (für *élans*); span. *lanzar*, dazu das Sbst. *lance*: ptg. *lançar*, dazu die Sbsttve *lance* u. *lanço*. Vgl. Dz 187 *lancia*.

5419) kelt. landā (ir. *land*, *lann*, kymr. *llan*, corn. *lan*), Fläche, freier Platz (bret. *lann*, *lan*, Haide); ital. prov. *landa*, Haide; frz. *lande*; span. *landa*. Vgl. Dz 187 *landa*; Th. p. 65.

5420) dtsch. landsknecht; ital. *lanzichenecco*; frz. *lansquenet*; span. *lasquenete*. Vgl. Dz 188 *lanzichenecco*.

5421) lānĕŭs, a, um (v. *lana*), wollen; frz. *lange*, Wolle, Wollkleid. Vgl. Gröber, ALL III 508.

5422) langā, -ŭm f. u. langŭrŭs, -ŭm *m.*, eine Eidechsenart; über die Gestaltungen dieses Wortes in ital. u. neuprov. Mundarten vgl. Caix, St. 380.

5423) [lāngūĕo, -ēre u. lāngŭĕsco, -ĕre, ermattet sein, schmachten; ital. *languire*; rum. *lĭnzecesc ĭĭ ĭt ĭ*; prov. frz. span. ptg. *languir*.]

5424) [lāngŭĭdŭs, a, um (*langueo*), .matt, erschlafft; ital. *languido;* dakorum *ländced;* makedorum. *langet*, vgl. Horning, Z XIX 75; prov. *languios*=*languidosus;* (altfrz. *languide*); span. ptg. *languido*.]

5425) [lāngŭŏr, -ŏrem *m.*, Mattigkeit; ital. *languore;* rum. *lănguoare* (bedeutet „Nervenfieber"); prov. *languor-s;* frz. *langueur;* span. ptg. *langor*.]

5426) [*lănĭārĭŭs, -ŭm *m.* (v. *lanio*), Würgvogel (Name für eine bestimmte Falkenart); ital. *laniere;* prov. frz. *lanier*. Vgl. Dz 188 *laniere*.]

5427) lănĭŏ, -āre, zerreifsen (*se laniare*, gleichsam sich vor Schmerz zerreifsen, wehklagen, sich beklagen); ital. *lagnarsi*, dazu das Sbst. *lagna*, Klage, Jammer, daneben *laniare* „stracciare", vgl. Canello, AG III 341; prov. *se lanhar*, dazu das Sbst. *lanha;* altfrz. *laigner;* altspan. *lañarse*. Vgl. Dz 186 *lagnarsi*.

5428) *lănĭŭs, a, um (belegt ist das Sbst. *lanius*, Metzger), rissig, mit zerrissenen Fleischteilen, mit geschwundenem Fleischteilen, abgezehrt; sard. *lanzu*, magor.

5429) lānōsŭs, a, um (v. *lana*), wollig: ital. *lanoso;* rum. *lânos;* frz. *laineux;* cat. *llanos;* span. ptg. *lanoso*.

5430) lāntērnā (lātērnā), -äm f., Laterne; ital. *lanterna;* prov. *lanterna;* frz. *lanterne* (ob das Plur. tantum *lanternes*, Albernheiten, u. das Verb *lanterner*, Albernheiten sagen, dummes Zeug schwatzen, feilschen u. nicht kaufen, trödeln, hierher gehören, mufs als sehr zweifelhaft erscheinen, vgl. Scheler im' Dict. *s. v.*); cat. *llanterna;* span. *linterna;* ptg. *lanterna*. Vgl. Gröber, ALL III 508.

5431) [lāpāthum *n.* (λάπαϑον), Sauerampfer; sard. *alabattu;* sicil. *lapazzu;* lomb. *laváz*, *slaváz;* obw. *lavazza;* span. *lampazo*, vgl. Meyer-L., Z ö. G. 1891 p. 771, Salvioni, Post. 12; dafs daraus cat. *paradella*, span. *paradela* nicht entstanden sein kann, bemerken Baist, Z V 560, u. Scheler im Anhang zu Dz 808 sehr mit Recht.]

5432) [gr. λάπαϑος, Grube; Diez 462 scheint Zusammenhang zwischen diesem Worte und ptg. *lapa*, Grotte, Platte, Schüsselmuschel, für möglich zu halten. Eher dürfte an *lápη* (s. d.) zu denken sein, vorausgesetzt, dafs dies Wort zur Bedeutung „(schleimige) schlammige Vertiefung" gelangen konnte.]

5433) griech. λάπη, Schleim; davon span. *lapa*, Schimmel auf Flüssigkeiten, Kahm, vgl. Dz 462 *lapa 2*. Vgl. No 5432.

5434) lăpīdĕŭs, a, um (*lapis*), steinern; davon nach Parodi, R XIX 484, ital. *laveggio* (steinernes Gefäfs), fester, eherner Kessel; Salvioni, Post. 12, zieht auch sard. *lapia*, abruzz. *lapijja* hierher. Vgl. Guarnerio, R XX 67 Anm.; Meyer-L., Z XVI 276 Anm. Diez 380 *s. v.* leitete *laveggio* von **lebeticum* (s. d.) ab.

5435) lăpīllŭs, -um *m.* (Demin. zu *lapis*), Steinchen, Edelstein; ital. *lapillo:* Diez 513 erblickte in *lapillus* auch das mutmafsliche Grundwort zu altfrz. *avel*, wünschenswert, vgl. dagegen G. Paris, Chans. du 15e siècle p. 7, wo aber ein neues Grundwort nicht aufgestellt wird. Ein Typus **habellum* von *hab-ēre*, bezw. von *av-oir* würde befriedigen, aber freilich ist eine solche Ansetzung aus bekanntem Grunde mehr als bedenklich, indessen sind ja abnorme Wortbildungen nicht für schlechterdings unmöglich zu erachten.

5436) lăpĭs, -ĭdem *m.*, Stein; wohl nur erhalten in sard. *labide*. span. *laude*, *lauda*, Grabstein, vgl. Baist, Z V 245 unter *losa*.

5437) german. lappa, Lappen; ital. (comask.) *lapina*, Ohrfeige (gleichsam Schlag auf die Lappen); rtr. *lapi*, Lump; prov. cat. (*l)lepar*, schlabbern; frz. *laper*, schlabbern (bängt damit irgendwie zusammen *lambiner*, trödeln, bummeln?), *lapeau*, träger Mensch, (vermutlich gehört hierher auch *lapin*, *lapereau*, Kaninchen, gleichsam kleines Tier mit Läppenohren; Dz 624 *s. v.* leitete die Worte vom Stamme *clap* ab), *lopin*, Fleischlappen (wird von Scheler im Dict. *s. v.* mit dem deutschen „Lumpen" in Zusammenhang gebracht); span. *lapo*, Schlag mit flacher Klinge. Vgl. Dz 188 *lapo* u. 628 *lopin;* Mackel, p. 73.

5438) [lapsănă, -am f. (λαψάνη), Ackersenf; sard. *lassana*, Senf.

5439) lāpsŭs, -um *m.*, das Gefäll des Wassers; prov. (*es)laus*, vgl. Autorde u. Thomas, *L'eslaus d'un étang*, Annales des Universités du Midi IX 232 u. Bonnet, ebenda 334.

5440) *lăquĕōlŭs, -um *m.* (Demin. zu *laqueus*), kleine Schlinge: ital. *lacciolo*, *lacciuolo;* (rum. *laţigor* = **laquiciolus*); prov. *lassol-s*.

5441) lăquĕŭs (volkslatein. **laceus*), -um *m.*, Schlinge; ital. *laccio*, davon auch das Verb *lacciare*, schnüren, *intralciare* = *intra + allacciare* (vgl. sicil. *intirlazzari*, frz. *entrelacer*), vgl. Caix, St. 82; rum. *laţ;* rtr. *latsch;* prov. *latz*, dazu das Verb *lassar;* altfrz. *las;* neufrz. *lac* (c nur graphisch), dazu das Vb. *lacer;* cat. *llas;* span. *lazo;* ptg. *laço*. Vgl. Dz 186 *laccio;* Gröber, ALL III 274.

5442) Lār, -em *m.*, Herdgott, Herd; span. ptg. *lar*, Herd; cat. *llar;* vielleicht sind auf *lar* zurückzuführen auch ital. *alare*, Feuerbock, u. span. *llares*, Kesselhaken. Vgl. Dz 188 *lar*.

5443) *lărgĭŏ, -ire (schriftlat. *largiri*) u. *lărgo, -āre, spenden, zugestehen, einräumen, gestatten; ital. *largire*, schenken, *largare* (und *allargare*), geräumig machen, *largare* (altital. auch *laggare*, *lagare*) wird auch in der Bedeutung „zulassen, lassen" gebraucht, welche aus der von „einräumen, gestatten" sich leicht entwickeln konnte, vgl. Caix, St. 41; rum. *largesc ii it i*, erweitern, loslassen; prov. *largar*, erweitern; span. ptg. *largar*, loslassen, verlängern, dazu das Vbsbst. *larga*, Verzögerung, Aufschub; (im Frz. ist nur das Kompos. *élargir*, erweitern). Vgl. latan.

5444) *lārgïtïā, -am f. (v. *largus*), Freigebigkeit, Breite; ital. *largezza* u. *larghezza*, (daneben *largità* in der Bedtg. „Freigebigkeit"); frz. *largesse*, Freigebigkeit, (*largeur*, Breite). span. *largueza*, *largura* (letzteres nur in der räumlichen Bedeutung); ebenso ptg.

5445) lärgüs, a, um, reichlich (im Roman. nur in Bezug auf den Raum gebraucht: „geräumig, weit"); ital. *largo*; rum. prov. *larg* (prov. auch *larc*); frz. *(larc)*, *large*; cat. *llarg*; span. ptg. *largo*.

5446) lärïdüm u. lärdüm *n.*, Pökelfleisch; ital. *lardo*; rum. *lard*; prov. *lart-z*; frz. *lard*; cat. *llard*; span. ptg. *lardo*. Das Wort bedeutet im Roman. „Speck". Vgl. Gröber, ALL III 508.

5447) lärïx, -ïcem *f.*, Lärchenbaum; ital. *larice*; rtr. *larisch*; (frz. *mélèze* d. i. vermutlich *mel* + *lece* = **lerce* = *laricem*, also Honiglärche, vgl. Dz 638 *s. v.*); (cat. *cedro d'olor*); span. *alerce* (zunächst aus dem arab. *alerce*, dieses aber wieder aus *larix*, ygl. Eg. y Yang. p. 151, Dz 410 *s. v.*); ptg. *lariço*, *-co*. Vgl. Cornu, R VII 109 u. XIII 285. — Für frz. *mélèze* (in Alpenmundarten *melze*, welches zu dem gelehrten *mélèze* sich verhält wie *Isère* zu *Isära*, *Genève* zu *Geneva*) setzt Meyer-Lübke, Z XV 244, ein latein. **melix* an, das sich möglicherweise an ein Wort der vorrömischen Sprache der betr. Gegend anlehne. Vgl. auch Nigra, AG XV 119 (piem. *merʒo* = *marʒen* u. *malezo* = *malezen*).

5448) griech. λάρυγξ, -νγγος *m.*, Kehlkopf; dav. viell. frz. *larigot* (*boire à tire-larigot*, reichlich trinken), vgl. Fleury, Bull. de la soc. de ling. de Paris No 27/32 (1885/88) p. XXIX („L'auteur montre que larigot ou larigau [Cotgrave] a signifié et signifie encore dialectalement „*larynx*" en même temps que „*petite flûte*" et que c'est sans doute ce mot qu'il faut reconnaître dans la locution en question; mais il est bien douteux que larigot qui est inconnu en moyen âge, vienne de λάρυγξ, mot qui n'avait pas passé en latin." G. Paris, R XXIII 287).

5449) ahd. ***lask** (altn. *löskr*), lasch (vgl. Kluge *s. v.*); davon nach Gröber, ALL III 509, (ital. *lasco*, schlaff, träge); prov. *lasc*; altfrz. *lasche*, feig; neufrz. *lâche* (altcat. *laix*). Hierzu würde dann wohl auch das Vb. prov. *lascar*; frz. *lâcher*; span. *lascar*; altptg. *laiscar*, loslassen, gehören (Gröber spricht sich darüber nicht ganz klar aus). Aber germ. **lask* konnte französ. nur *lais* ergeben, vgl. Mackel, p. 147, nicht aber *lâche*, und da dies doch wohl von *lasc* etc. nicht getrennt werden kann, so wird man das Gröber'sche Grundwort fallen lassen müssen, so ansprechend es an sich auch ist. (Man könnte allerdings annehmen, dafs *lâche* die in das Mask. übertragene Femininform, also = **laska* sei, allein man sieht nicht ein, warum **lask *laska* sich anders entwickelt haben sollte, als z. B. *frisk *friska* = *frais*, *fraiche*.) Diez 188 *lasciare* erklärte die Worte aus **lascus*, **lascare* für *laxus*, *laxare*, aber auch das ist, namentl. in Bezug auf *lâche*, nicht wohl annehmbar. Vgl. auch Ulrich, Z IX 429 (*lâcher* = **laxicare*); G. Paris, R VIII 448 (*lâche* Ptcpladj. v. *lâcher*).

5450) ahd. ***laska,** Lasche, Fetzen, Lappen (siehe Kluge unter „Lasche"); davon nach Gröber's gewifs richtiger Annahme, ALL III 510, span. ptg. *lasca*, Lappen, Schnitte. Dz 462 *s. v.* (*lasco* = *laxa*).

lässïtüdo s. **lässüs.**

5451) lässo, -äre (*lassus*), ermüden, ermatten; ital. *lassare*.

5452) lässüs, a, um, müde, matt; ital. *lasso*; prov. frz. *las*, (in Verbindung mit *ai, ha, hé* interjektional gebraucht; prov. *ai las!*, altfrz. *ha las!*, neufrz. *hélas!* ach!); span. *laso*; ptg. *lasso*. — Das dazu gehörige Sbst. *lassitudo* wird ersetzt

durch ital. *lassezza*, (daneben *lassitudine*); altfrz. *lasté* = **lassitatem*; neufrz. *lasseté* (üblicher ist das gel. Wort. *lassitude*); (span. *lasitud*); ptg. *lassidāo*. Vgl. Dz 189 *lasso*.

5453) altdtsch. **last** (Gen. *leste*, Stamm *hlasta*), Last; ital. *lasto*, Schiffslast; frz. *lest*, *laste*; span. *lastre*, dazu das Vb. *lastrar*, ein Schiff beladen, (auch *lasto*, eine Art Schuldverschreibung, gehört wohl hierher); ptg. *lasto*, (viell. gehört hierher auch das Vb. *lastar*, bezahlen, falls es nicht = **laxitare* ist). Vgl. Dz 189 *lasto*; Mackel, p. 136; Dz 462 *lasta* leitet dies Wort u. *lasto* von ahd. *leistjan*, leisten, ab.

5454) altsächs. **latan** (got. *lētan*, ags. *laetan*), lassen, ist nach Scheler im Dict. unter *laisser* das Grundwort zu dem gleichbedeutenden altfrz. *laiier* (auch prov. *laihar*, *laiar*); besser dürfte das Wort = **lagare* = **largare* (s. oben **largïo**) anzusetzen sein, vgl. Caix, St. 41, wobei anzunehmen wäre, dafs der Schwund des *r* schon in vorromanischer Zeit erfolgt sei; vgl. auch Förster, Gloss. z. Aiol u. Mir. *laier*. Denkbar ist, dafs nach **maiier* (= *magan*), das einst vorhanden gewesen sein mufs, denn vgl. *esmaiier*, ein *laiier* neben *laisser* gebildet worden sei. Bröhan, die Futurbildung im Altfrz. (Greifswald 1889 Diss. p. 24) hat sich gegen die Ansetzung eines **lagare* ausgesprochen.

5455) läter, lätërem *m.*, Ziegel; südsard. *ladiri*.

5456) lätërälïs, -e (*latus*), seitlich; span. ptg. *adrale*.

5457) lätëreülüs, -um *m.*, Backstein; span. *ladrillo*; ptg. *ladrilho*, vgl. Dz 462 *ladrillo*.

5458) lätësco, -ëre (v. *latus*), breit werden; rum. *laţese ii it i*.

5459) [*lätïa, -am *f.* (*latus*), Breite; altfrz. *laise*, *laize* (ähnliche Bildungen sind *graisse* = **crassia*, *espeisse* = **spissia*, *estrece* = **strictia*), vgl. G. Paris, R XVIII 550; Horning, Z XVIII 240, setzt *laize*, *laece* = **latitïa* an.]

5460) lätïnüs, a, um (v. *Latium*), lateinisch; ital. *latino*, lateinisch, *ladino* „scorrevole, proprio sollecito nell' operare, lubrico nel parlare", vgl. Canelle, AG III 384; sard. *ladinu*, chiaro; altoberital. *lain*, italiano, vgl. AG XII 410; piem. *leini*, vgl. Salvioni, Post. 12, wo noch Weiteres angeführt wird; rum. *larin*; prov. *lati-s* (bedeutet als Sbst. „Sprache" überhaupt); frz. *latin*; cat. *llati*; span. *latino*, lateinisch, *ladino*, schlau; ptg. *latino*, *latim*, lateinisch, *ladino*, schlau. Vgl. Dz 189 *latino*. — Über rtr. *dalinameing* = *ladinameing* vgl. Ascoli, AG VII 533.

5461) [ahd. ***latja** (mhd. *letze*), Palissade; davon nach Dz 193 ital. *liccia*, *lizzia*, Schranke (des Turnier- oder Kampfplatzes); prov. (*laissa*), *lissa*; frz. *lice*. Indessen höchstens für prov. *laissa* kann diese Ableitung zugestanden werden, u. auch da hätte das ai unerklärt, vgl. Mackel, p. 52, besser wird man *laissa* mit frz. *laisse* auf *laxus*, bezw. *laxare* zurückführen, vgl. Dz 623 *laisse*; *liccia* etc. sind von *licium*, Faden, herzuleiten, der Begriff bildet durchaus kein Hindernis, denn eine Schranke kann durch einen starken Faden, Seil u. dgl. sehr wohl gebildet werden. Keltischer Ursprung der Worte ist abzulehnen, vgl. Th. p. 66.]

5462) läträtüs, -um *m.* (v. *latro*), Gebell; ital. *latrato*; rum. *lătrat*; span. *ladrido*; ptg. *ladrado*.

5463) lätrïnum *n.*, Bad; sard. *ladrinu*, pezzanghera, fango (also in der Bedtg. von *latrina*), vgl. Salvioni, Post. 12.

5464) 1. **lātro, -āre**, bellen; ital. *latrare*; rum. *latru ai at a*; prov. *lairar*; cat. *lladrar*; altspan. ptg. *ladrar*. — Aus **ba(läre)* für *belare* + *latrarc* erklärte Caix, Z I 422, span. *baladrar*, (ptg. *braadar, bradar*), schreien; Dz 430 erblickte in diesem Vb. „eine Umbildung des altspan. *balitar*, blëken. durch Einmischung von *ladrar*, bellen".

5465) 2. **lātro, -ōnem** *m.*, Räuber: altital. *latro, ladro,* (das übliche ital. Wort für „Räuber" ist *brigante,* s. **brikan**); rum. *lotra*; prov. c. r. *lairre-s,* c. o. *lairron,* davon abgeleitet *laironia;* altfrz. c. r. *lairre-s,* c. o. *larron;* neufrz. *larron;* metzisch *layr, haler* (= *haut ler*), Hühnerhabicht, vgl. Horning, Z XVIII 221; (cat. *lladre?*); span. *ladron,* davon abgeleitet *ladroneria;* ptg. *ladrāo.* Dazu die Verba: rum. *lotresc ii it t;* prov. *lairronar;* altfrz. *larronner.*

5466) **lātrōcīnīum** *n.* (v. *latro*), Räuberei; (ital. sard. *ladroneccio*); prov. *laironici-s;* frz. *larcin,* Diebstahl; cat. *lladronici;* rtr. *ladronetsch;* altfrz. *larronesse*); span. *ladronicio;* ptg. *ladroicio.* Vgl. Dz 625 *larcin;* Behrens. Metath. p. 94; Meyer-L., Rom. Gramm. I p. 483 (etwa Mitte der Seite).

5467) ***lātrūncēllus, -um** *m.* (f. *latrunculus* v. *latro*), kleiner Räuber, Dieb; ital. *ladroncello;* altfrz. *larronsel;* (neufrz. *larroneau = *latronellus*); span. *ladroncillo.* Vgl. Cohn, Suffixw. p. 28 Anm.

5468) german. **latta,** Latte; ital. *latta,* Holzstück, (auch Weifsblech); rtr. *latta;* prov. *lata;* frz. *latte;* span. ptg. *lata.* Vgl. Dz 190 *latta;* Goldschmidt p. 55. In der Bedeutung „Weifsblech" kann das Wort nebst seinen Ableitungen (ital. *ottone,* Messing, vermutlich = *l'attone, lattone;* rtr. *latin, letón,* vgl. Gartner § 17; cat. *llautó;* span. *laton, alaton;* ptg. *latão*) nicht germanischen Ursprunges sein. Die italienischen u. französ. Formen *latta, *lattone,* *laiton* scheinen auf den Stamm lact-, Milch, hinzuweisen, begrifflich würde das wohl passen, denn warum sollte man das Weifsblech nicht als „Milchblech d. h. milchfarbenes Blech" aufgefafst haben?, aber dafs von *lact-* ein **lacta* u. **lacton* abgeleitet worden seien, ist undenkbar. Diez 230 *ottone* stellt romanisches (it.) *latta* als Grundwort auf, damit ist aber selbstverständlich nichts gewonnen, da es eben den Ursprung von *latta* zu bestimmen gilt. Scheler im Dict. unter *laiton* vermutet Zusammenhang zwischen mittellat. *lato* u. ags. engl. *lead,* Blei, sowie zwischen ital. **lottone* und dtsch. *Lot.* Damit wird man schwerlich einverstanden sein können. Sei dieser verzweifelten Sachlage sei folgende Vermutung erlaubt. Es liefse sich denken, dafs lat. *lactare,* über dessen schriftlat. Bedeutungen man Georges *s. v.* nachsehe, die technische Bezeichnung für „Weifsblech schlagen (gleichsam Blech milchen)" gewesen sei; aus *lactare* aber konnte als Vbsbst. **lacta* = *latta* entstehen (span. *laton,* ptg. *latāo* würden dann als Lehnworte anzusehen sein.

5469) **lātūs, a, um,** breit; ital. *lato;* rum. *lat;* prov. *lat-z;* altfrz. *let;* neufrz. *lé,* Breite; (span. ptg. *lato*).

5470) **lātūs** *n.,* Seite) ital. *al-lato,* zur Seite bei, neben; sard. *latus,* vgl. Salvioni, Post. 12; prov. *latz,* neben; altfrz. *lez, lez* (neufrz. noch in Ortsnamen erhalten, z. B. Plessislez-Tours). Vgl. Dz 625 *lés.*

5471) german. ***laubja** (ahd. *louba*), Laube; ital. *loggia,* Gallerie, dazu das Vb. *alloggiare;* rtr. *laupia,*

Emporkirche; prov. *lotja;* frz. *loge,* dazu das Vb. *loger* und die abgel. Sbsttve *logis, logement,* Wohnung; span. *lonja (laubja + lat. longa?),* Vorhalle; ptg. *loja.* Vgl. Dz 196 *loggia:* Mackel, p. 119.

5472) [***laūdānum,** Opiumtinktur; daraus durch volksetymologische Umbildung *lait d'ānon,* vgl. Darmesteter, Mots nouv. p. 176; [Fafs, RF III 495.]

5473) **laudātor, -ōrem** *m.* (v. *laudare*), Lober; ital. *laudatore;* rum. *lăudator;* prov. c. r. *lauzaire,* c. o. *lauzador;* (frz. *loueur*); span. *loador;*

5474) [***laudēmīa, -am** *f.* (v. *laus*), Gutheifsung bezw. Genehmigung des Lehnsherrn, bezw. der dafür zu zahlende Betrag, Lehnsgebühr (auch *laudemium*); ital. *laudemio;* prov. *laudeme-s, lauzime-s, lauzisme-s;* span. *laudemio.*]

5475) **laudo, -āre,** loben; ital. *lodare;* rum. *laud ai at a;* prov. *lauzar;* frz. *louer,* vgl. Dz 629 *s. v.;* cat. *lloar;* altspan. *laudar;* neuspan. *loar;* ptg. *louvar.*

5476) **laurēārīus, -um** *m.* (v. *laurus*), Lorbeerbaum; frz. *laurier;* (span. Gramm. *laurel*); sonst ist das einfache *laurus* (s. d.) üblich.

laureus s. laurus.

5477) **laurēx, -īcem** *m.,* junges Kaninchen; davon nach Dz 464 ptg. *loura, lousa* (wo *s* = *ç*), Kaninchenhöhle; die Ableitung ist sehr zweifelhaft.

5478) **laurī bācea** = ital. *orbacca,* Lorbeere, vgl. Dz 387 *s. v.;* Mussafia, Beitr. 84; Salvioni, Post. 12.

5479) **laurī fōlīum** = genues. *ofeuggio,* Lorbeer, vgl. Salvioni, Post. 12.

5480) **laurūs, -um** *f.,* Lorbeer; ital. *lauro,* gel. Wort, *alloro* (aus *illa laurus, l'aloro*), das volkstümliche Wort für „Lorbeer", vgl. Canelle, AG III 400; mail. *lóri* (= *laureus*), com. *lóiro, óiro* (= **laureus*), vgl. Salvioni, Post. 12; rum. *laur;* prov. *laur-s;* (frz. *laurier*); cat. altspan. *lauro;* (neuspan. *laurel*); ptg. *louro.*

5481) **laus, laudēm** *f.,* Lob; ital. *laude* u. *lode, lauda* u. *loda,* dazu noch *lodo,* Vbsbst. v. *laudare,* vgl. Canelle, AG III 402; aufserdem noch *laudore,* gleichsam **laudorem;* rum. *laudă;* prov. *lauzor;* altfrz. *los, m.* (= *laus,* nicht *laudes,* vgl. Tobler, Sitzungsb. der Berl. Akad. d. Wiss., philos.-hist. CL, 23. Juli 1896 p. 859, G. Paris, R XXV 623), davon das Vb. *aloser,* lobpreisen; (frz. *louange*); span. *loa* (und *loor*); ptg. *loa, louvor.* — Wie von *lau[d]* die Ableitung ist frz. *lou-ange,* so von *los* (weil tonlos auch *lus, lis*) ital. *lusinga,* Lobhudelei, dazu das Vb. *lusingare,* schmeicheln, und das Nomen setorie *lusinghiere,* Schmeichler; frz. *lauzenga, lauzenja,* davon *lauzengar, lauzengier-s, lauzenge-s;* span. *lisonja,* dazu *lisonjar, lisonjero;* ptg. *lisonja,* dazu *lisonjear, lisongear, lisongeiro.* Vgl. Dz 197 *lusinga.*

5482) got. **laus** (ahd. *lôs*), leer, leicht, lieblich; davon vermutlich span. *lozano,* fröhlich, munter, zierlich; ptg. *lousão.* Vgl. Dz 464 *lozano.*

5483) (*lapides*) **lausiae,** Plattensteine [?] (die Wortverbindung findet sich in der Lex metalli Vipascensis, Ephem. epigr. III 181); auf den in *lausiae* enthaltenen, vermutlich (hispano-)keltischen Stamm *lau-* scheint zurückzugehen: piemont. *losa,* Grabplatte, prov. *lausa,* altfrz. *lause* (?), cat. *llosa,* span. *losa,* ptg. *lousa,* vgl. Schuchardt, Z VI 424; Diez' 197 Ableitung der Worte von *laudes* ist unhaltbar, vgl. Baist, Z V 245, Gröber, ALL III 510.

Auf demselben Stamme *laus-* beruht wohl auch ital. *losanga*, verschobenes Quadrat, Raute (als heraldische Figur); frz. *losange*; cat. *llosange*; span. *losange* (auch *lisonja*). Andere, sehr wenig glaubwürdige Ableitungen dieser Wortsippe sehe man bei Scheler im Diet. unter *losange*.

5484) altdtsch. **laut** (Wurzel *hlut*, altnord. *hlautr*, ags. *hlyt*, ahd. *lôʒ*), Los; ital. *lotto*, Glücksspiel; frz. *lot*, Anteil, davon *lotir* (daneben *aloter*, wov. *alottement*), altfrz. *losen*, neufrz. Teilung machen, *loterie*, Losspiel; span. *lote*, Los, *loto*, ein zu versteigernder Gegenstand, *loteria; ptg. lote*, Sorte, Losgewinn, *loto* und *loteria*, Losspiel. Vgl. Dz 197 *lotto*; Mackel, p. 120.

5485) [****lăvăncŭs, -um** m. (v. *lavare*, über das Suffix vgl. Dz, Gr. II⁸ 377), = span. ptg. *lavanco*, wilde Ente, gleichsam Waschente, Tauchente, vgl. Dz 462 *s. v.*]

5486) ***lăvăndă, -am** (Fem. des Part. Fut. Pass. v. *lavare*) = ital. *lavanda*, Waschung; dasselbe Wort ist wahrscheinlich ital. *lavanda, lavendola*, Lavendel; frz. *lavande*; span. *lavandula*; (ptg. heifst das Kraut mit arabischem Namen *alfazema*). Vgl. Dz 190 *lavanda*, wo bemerkt ist: „das Kraut soll seinen Namen daher haben, weil es zum Waschen des Körpers gebraucht wird."

5487) ***lăvătūra, -am** (*lavare*), Waschung; rum. *lăutură*; ital. *lavatura*; rum. *lăutură*; prov. *lavadura*; frz. *lavure*; span. ptg. *lavadura*.

5488) **lăvo, -āre**, waschen; ital. *lavare*, dazu das Vbshst. *lava*, eigentl. Waschung, dann Schmelzung, geschmolzene Masse, vgl. Dz. 380 *s. v.* (von *lava* ist vermutlich wieder abgeleitet *lavagna*, Schiefer, Diez 380 *s. v.* führt freilich das Wort auf dtsch. *leie* zurück; Nigra, AG XIV 284, will *lava* vom griech. λᾶας, Stein, ableiten, doch ist seine Darlegung zwar scharfsinnig, aber nicht überzeugend); rum. *lau, lăui* (= lt. *lăvī*), *lăut* (= lt. *lautus*), *lăua* od. *lá;* prov. *lavar;* frz. *laver;* span. ptg. *lavar*.

5489) **lăxă** (Fem. v. *laxus, a, um);* davon nach Dz 462 durch Umstellung span. *lasca*, Platte, dünner, flacher Stein, Lederstreif (eigentl. also „das Lockere"); ptg. *lasca*, Schnitte.

5490) [***lăxĭco, -āre** (v. *laxo*), soll nach Ulrich, Z IX 429, Grundwort zu frz. *lâcher* sein; diese Annahme ist mindestens unnötig, vgl. oben **lask**.]

5491) **lăxo** u. ***lăxĭo, (*lăxĭeo), -āre**, weit, schlaff machen, losmachen, nachlassen (im Roman. hat sich die Bedtg. des Zeitworts bis zu der von „lassen", namentlich „zulassen, geschehen lassen" überhaupt erweitert); ital. *lasciare* = **laxiare;* sard. *laxare, lassare;* rum. *las ai* r. rtr. *(la)schar;* prov. *laissar;* frz. *laisser;* cat. *deixar;* altspan. *lexar, leixar*, daraus span. *dejar* (vgl. oben ***desito**); ptg. *leixar, deixar*. Diez 188 *lasciare* erklärte auch, u. wohl mit Recht, *lâcher* etc. als aus **lascare* (richtiger aus **lascus* für *laxus*) entstanden, während Gröber, ALL III 509, für die Wortsippe ahd. **lask* (s. d.) als Grundwort aufstellte, Ulrich aber, Z IX 429, **laxicare* = *lâcher* ansetzte. Über span. ptg. *dejar, deixar* vgl. oben **desito** und dort angeführte Litteratur.

5492) **lăxŭs, a, um**, schlaff, locker; darauf gehen nach Diez 188 *lasciare* vermutlich zurück die oben unter **lask** (s. d.) besprochenen Adjektiva, (anderer Ansicht ist Gröber, ALL III 509; bezüglich des frz. *lâche* ist dann anzunehmen entweder, dafs es ein aus *lâcher* abgeleitetes Adj. ist (vgl. G. Paris, R VIII 448), oder aber dafs das Femin. **lasca* =

lâche auch als Mask. gebraucht worden sei. Unzweifelhaft auf *laxus* dürfte zurückgehen prov. *laissa*, frz. *laisse*, Leitriemen (für Hunde), gleichsam Los- oder Lockerriemen, von dem die Hunde losgekoppelt werden. Auch altfrz. *laisse*, assonierende Strophe, kann nur = *laxa* sein, wenn auch freilich die Begriffsentwickelung nicht klar ist. Endlich gehören begrifflich zu *laxus* die zusammengesetzten Verba prov. *s'eslaissar*, altfrz. *s'eslaissier*, sich loslassen, wohin stürzen, dazu die Sbsttva prov. altfrz. *eslais*, auch ital. *slascio*. Diez 463 will auch span. *lejos*, fern, aus *laxus* (*laxos*) erklären und das wohl mit Recht. — Ital. *bislacco* „seemposto, stravagante" ist besser = *bis* + germ. *slak*, weichlich, als = *bis* + *laxus* anzusetzen, vgl. Caix, St. 207 u. 370.

5493) bask. **laya**, zweizackiges Ackerwerkzeug; span. (mit gleicher Bedtg. u. Form) *laya* (dagegen gehört nicht hierher ptg. *laia*, Art). Vgl. Schuchardt, Z XXIII 199.

5494) **Lazarus** (biblischer Eigenname); davon ital. *lazzarone*, Bettler, *lazzeretto*, Krankenhaus; prov. frz. *ladre*, aussätzig, (pic. *lazaire*, arm, elend); span. *lazaro*, Bettler, *laceria*, (ptg. *lazeira*), Armut, *lazareto*. Vgl. Dz 190 *lazaro*.

5495) pers. **lazvard**, arab. **lāzvardi**, lazurähnlich; daraus (mit Abfall des als Artikel betrachteten *l*) ital. *azzurro* (vgl. Dz 33) dunkelblaue Farbe; prov. frz. *azur*; span. ptg. *azul*. Vgl. Eg. y Yang. 326.

lĕaenă s. **lĕo.**

5496) ***lĕbĕtĭcŭm** oder ***lĕbĕtĭŭm** n. (v. *lebes*), Becken; davon nach Dz 380 *s. v.*; ital. *laveggio* „specie di pentola, vaso da tenervi il fuoco", *reggio* „col secondo significato", vgl. Canelle, AG III 396; Caix, St. 653; W. Meyer, Z VIII 216. Guarnerio, R XX 67 Anm., setzt *laveggio* = *lapideum* (s. d.) an, welche Ableitung lautlich durchaus befriedigt.

5497) [***lĕccător, -ōrem** m: (v. ahd. *lëkkôn*), Lecker; prov. c. r. *lechadier-s*, c. o. *lechadeor;* altfrz. c. r. *lechierre-s*, c. o. *lecheor*.]

5498) [***lĕctārĭă, -am** f. (v. *lectus*), Lager; ital. *lettiera*, Bettstelle; prov. *leitiera*, Säufte; frz. *litière;* span. *litera;* ptg. *leitira*. Vgl. Dz 192 *lettiera*.]

5499) **lĕctĭcă, -am** f. (v. *lectus*), Säufte; ital. *lettiga;* rum. *leʃticâ, leptică;* span. *lechiga*.

5500) 1. [***lĕctĭo, -ōnem** (v. *lectus*), das Lager, — altfrz. *liçon* (Alexiuslied 54ᵇ), vgl. Stengel im Gloss. unter *lincol;* Förster, RSt III 178; G. Paris, R VII 132.]

5501) 2. **lĕctĭo, -ōnem** f. (v. *legĕre*), das Lesen, der Lesestoff; (ital. *lezione);* prov. *leisso-s, lisso-s;* frz. *leçon*, (in der roman. Schweiz *aliésson* = *illam lectionem*, vgl. Cornu, R VII 109); (span. *leccion;* ptg. *liçăo*).

5502) **lĕctor, -ōrem** m. (v. *legĕre*), Leser; ital. *lettore*, (daneben *leggitore*); frz. *lecteur;* (span. *leedor);* ptg. *leitor.*

5503) ***lĕctōrĭle** n. (v. *lector*), Lesepult, = span. *atril* (aus **latril, letril* letztere Form findet sich in der Bedeutung „Leuchterstuhl"), vgl. Dz 427 *s. v;* Cuervo, R XII 108.

5504) ***lĕctōrĭnŭm** n. (v. *lector*), Lesepult; altfrz. *lettrin* (davon genues. *letterin* für ital. *leggio);* neufrz. *lutrin*. Vgl. Dz 630 *lutrin;* Gröber, ALL III 510.

5505) **lĕctŭs, -um** m., Bett; ital. *letto;* prov. *lieg-z, lieh-z, leit-z, let-z;* frz. *lit;* span. *lecho;* ptg. *leito*. Vgl. Horning, C p. 9.

5506) altnfränk. **lĕdig**; ital. *legio*, Vasall; prov. *litge-s*: frz. *lege*, *lige*, dav. die Sbsttva *ligée* u. *ligesse*. Vgl. Dz 626 *lige* (wo Näheres über die Bedeutungsentwickelung zu finden ist); Mackel, p. 82. G. Paris führt auf *ledig* zurück auch altfrz. *eslegier*, *esligier*, *ell*-, auslösen, bezahlen, kaufen, s. R XII 382; Tobler, Jahrb. VIII 342, hatte das Wort aus *exlitigare* gedeutet, was wegen *eslegier* unannehmbar ist.

5507) [*ledola** (v. germ. *laido-*, wovon frz. *laie*, vgl. Mackel p. 115), nach Caix, St. 479, Grundwort zu ital. *redola*, *revola* „viuzza nei campi", doch dürfte spätlat. *vereda* den Vorzug verdienen.]

5508) ndl. **leeg**, ledig, = frz. *lège*, ohre Ladung (von Schiffen), vgl. Dz 625 s. v.

5509) **lēgālis**, -e (v. *lex*), gesetzlich; ital. *legale* „di legge, secondo legge", *leale* „conscienzioso e schietto", vgl. Canello, AG III 374; prov. *legal-z*; frz. *loyal*, *légal*, (gel. W.); span. ptg. *leal*, (*legal*, gel. W.). Dazu überall das Sbst. *legalitas*: ital. *lealtà*, (*legalità*); prov. *legaltat-z*; frz. *loyauté*, (*légalité*); span. ptg. *lealdad*, -*e*, (*legalidad*, -*e*). **lēgālitās** s. **lēgālis**.

5510) *lēgĕndā**, -**am** f. (v. *legère*), Erzählung, Legende; ital. *leggenda*, daneben *lienda* „discorso lungo, cosa nojosa", vgl. Caix, St. 379; von *leggenda* abgeleitet *leggendario*, als Adj. „spettante a leggenda", als Sbst. „raccolta di leggende", *leggendajo* „chi recita e vende leggende", vgl. Canelle, AG III 308; sard. *lenda*, lomb. *lienda*, borm. *leganda*, piem. *landa*; frz. *légende*; span. ptg. *legenda*, *lenda*.

5511) **lēgītīmus**, **a**, **um**, gesetzmäfsig; altperus. *legetimo*, altoberital. *leemo*, vgl. AG XII 410, Salvioni, Post. 12.

5512) *lēgīvum** n. (v. *legère*, vgl. gr. *λογεῖον*), Lesepult, = ital. *leggio*, vgl. Dz 380 s. v.

5513) **lēgo**, **lēgī**, **lēctūm**, **lĕgĕre**, lesen; ital. *leggo*, *lessi*, *letto*, *leggere*; (lomb. *leća*, scolta); rtr. *ledyer*, vgl. Gartner § 148, 154, 172; prov. *legir*; frz. *lis*, *lus* lu, *lire*; cat. *llegir*, vgl. Vegel p. 115; span. *leer*; ptg. *leio*, *li*, *lido*, *ler*.

5514) **lēgūmen** n. (v. *lego*), Hülsenfrucht, Gemüse; ital. *legume*; rum. *legum*; prov. *legum-s*, *lium-s*; altfrz. *legun*, *leün*; cat. *llegum*; span. *legumbre*; ptg. *legume*. **leich** s. **laid**.

5515) [dtsch. **leie** (ndl. *lei*), Schiefer; davon nach Diez 380 s. v. ital. *lavagna* (aus *la-agna*), Schiefer; näher aber liegt es wohl *lavania*, abgeleitet von *luva*, als Grundwort anzusetzen, Schiefer und Lava gleichen sich in Farbe. Vgl. Th. p. 84.]

5516) ir. Stamm *lēiri-**, **lēri-** (altir. *leir*, thätig, rüstig, fleifsig); davon vielleicht prov. *leri*, munter, fröhlich, vgl. Th. p. 104; Dz 625 s. v. setzte *hilarius* = *hilaris* als Grundwort an.

5517) gr. *λείριον*, Lilie; davon nach Baist, Z V 664, span. ptg. *lirio*, Schwertlilie.

5518) ahd. **leistjan**, leisten; davon nach Dz 462 span. ptg. *lasto*, eine Art von Schuldverschreibung, s. oben **last**.

5519) longob. ahd. **lĕkkōn** (altndd. **lĭkkōn**), lecken; ital. *leccare*, dazu das Sbst. *leccone*; rtr. *lichiar*; prov. *lechar*, *lichar*, *liquar*, dazu das Sbst. *lec-s*, Lecker, u. das Adj. *lecai*, *licai*, *licaitz*, leckerhaft, wozu wieder das Sbst. *licaiaria* u. *licazaria*; frz. *lécher*; besser aber setzt man für die genannten Verba wohl lat. *ligicāre* vom Stamme *lig*, wovon *lingĕre*, als Grundwort an, vgl. Ascoli, AG XIV 338. (Cat. *llepar*, ein Wort dunkeln Ursprunges; span.

lamer = *lambere*; ptg. *lamber*.) Vgl. Dz 190 *leccare*; Mackel, p. 104. — Prov. *lecai* gelangte von der Bedtg. „leckerhaft" zu derjenigen von „Sehmarotzer", daher neuprov. *laccai*, Nebenschöfsling (eigentl. Mitesser) des Getreides, u. auf dem Worte in dieser Bedtg. beruht wohl ital. *lacchè*, Diener, frz. *laquais*, span. ptg. *lacayo*. Die Heimat des Wortes ist Frankreich, wo es seit dem 14. Jahrh. gebraucht wird, u. seine ursprüngliche Bedeutung entweder „Lecker" oder „Mitesser, Nebenschöfsling" (weil der Lakai seinem Herrn unmittelbar zu folgen pflegt, von ihm gleichsam ebenso unzertrennlich ist, wie ein parasitischer Nebenschöfsling vom Haupthalme u. dgl.). Vgl. Dz 185 *lacayo*; Ulrich, Z IX 629, leitete *lcccare* von *licticare* ab (höchst unnötig!).

5520) *lēmŭrĭus**, **a**, **um** (*lemures*), gespenstisch; borm. *lemoeuria*(?), persona macilente, vgl. Salvioni, Post. 12.

5521) **lēnĭo**, -**īre** (von *lenis*), besänftigen; ital. *lenire*; (rum. *liniştesc ii ii i*); prov. span. ptg. *lenir*.

5522) **lēnĭs**, -**e**, sanft; ital. *lene*, *leno*; rum. *lin*; prov. *len*, *le*; (span. ptg. ist das Wort unüblich, statt dessen werden *suave*, *blando* u. a. gebraucht, ebenso fehlt das Wort auch im Frz., wo namentlich *doux* sein Stellvertreter geworden ist).

5523) 1. **lēns**, *lendinem** (f. *lendem*) f., Ei einer Laus, Nifs, ital. *lendine*; sard. *lendine*, *lendiri*; rum. *lindină*; rtr. *lend-el*, vgl. Ascoli, AG VII 442 Anm. 4; prov. *lende*; frz. *lente*, jetzt *lente* (*lende* : *lendinem* = *image* : *imaginem*; über das *t* in *lente* vgl. Thomas, R XXV 82, seine Erklärung ist jedoch nicht recht befriedigend, vielleicht beruht *t* auf volksetymolog. Angleichung an das Adj. *lentus*, die „langsame Laus"; über das *s* in *limous*. *lenze* vgl. ebenfalls Thomas a. a. O. u. über A. Meyer-L., Z XXI 153: ersterer vermutet Angleichung an *piuze* = *pulicem*, letzterer setzt ein *lendicem* an); cat. *llemena* (aus *lenena*, *lendena*), vgl. Storm, R V 179; span. *liendre*; ptg. *lendea*. Vgl. Dz 191 *lendine*; Ascoli, AG IV 398; Meyer, Ntr. 67; Gröber, ALL III 511.

5524) 2. **lēns**, **lēntēm** f., Linse; ital. *lente*; rum. *linte*; friaul. *lint*; in den übrigen Sprachen ist das Deminutiv *lenticula* (s. d.) gebräuchlich.

5525) mhd. **lentern**, langsam gehen; davon (mit volksetymologischer Anlehnung an *il* endort) frz. *lendore*, Schlafmütze (pic. *lendormi*; altfrz. war auch ein Adj. *landreux* vorhanden). Vgl. Dz 625 *lendore*; Fafs, RF III 486; Scheler im Dict. s. v. *lanterne*.

5526) *lēntīcŭlā** (für *lenticula*), -**am** f. (Demin. v. *lens*, Linse); ital. *lenticchia* u. *lentiglia* (Lehnwort aus dem Frz., vgl. d'Ovidio, AG XIII 391, wo über die ganze Sippe sehr eingehend gehandelt wird); (rum. *lintigoară*); rtr. *lentiglia*; prov. *lentilha*; frz. *lentille*; cat. *llentia*; span. *lenteja*; (ptg. *lentilha*). Vgl. Gröber, ALL III 511; Cohn, Suffixw. p. 28 u. 152.

5527) *lēntīgo**, -**īnem** f. (v. *lens* 2), linsenförmige Flecken auf der Haut; ital. *lentiggine* u. *lintiggine*, Sommersprossen; rum. *lintiţe* (Pl.); (frz. *lentilles*; [span. *pecas*]; ptg. *lentilhas* [u. *sardas*]).

5528) **lēntīscus**, -**um** m., Mastixbaum; ital. *lentischio*; sard. *listincu* u. *lesticanu*, sicil. *stincu*, vgl. Salvioni, Post. 12.

5529) **lēntŭs**, **a**, **um**, langsam; ital. *lento*; prov. *len-s*; frz. *lent*; span. *liento*, feucht, *lento*, langsam; ptg. *lento*, langsam, feucht. Vgl. Gröber, ALL III 512.

5530) **lĕo, -ōnem** *m.*, Löwe; ital. *lione;* rum .*leu;* prov. *leo-s;* frz. (*le-*), *lion,* dazu das Dem. *lionceau,* vgl. Cohn, Suffixw. p. 24; cat. *lleo;* span. *leon;* ptg. *leāo.* — Dazu das Fem.: ital. *leonessa,* *lionessa;* rum. *leoae;* prov. *leona;* frz. *lionne;* cat. *lleona;* span. *leona;* ptg. *leóa.* Lat. *leaena* ist also überall verloren. Vgl. Berger *s. v.*

5531) mittellat. **lĕōnīnŭs, a, um** = ital. span. etc. *leonino,* technischer Ausdruck für einen Hexameter oder Pentameter, in welchem das Schlußwort mit dem in der Cäsurstelle stehenden Werte reimt. Näheres bei Dz 191 *s. v.*

5532) [gleichs. ***lĕpădĕllĭo, -ōnem** *f.* (Dem. zu *lepas,* eine Muschelart); frz. **levaillon, lavagnon* (*ll* zu *gn* dissimiliert), *lavignon, lavognon, avignon,* Gienmuschel, vgl. Thomas, R XXVI 432; ob span. *lapa, lapado,* ptg. *lapa,* neuprov. *lapedo, alapedo* hierher gehören, bezweifelt Thomas wegen des *p.*]

5533) **lĕpŏrărĭŭs, a, um** (v. *lepus*), zum Hasen gehörig: ital. *leprajo* „persona a cui nelle cacce si consegnano le lepri", *levriere, -o* „il can da lepri, il bracco" (*canis leporarius* in der Bedtg. „Windbund" findet sich zuerst in der Lex salica), *leporario, leprajo* „parco", vgl. Canello, AG III 308 u. 404; frz. *lévrier,* Windhund; span. *lebrel;* ptg. *lebrel* u. (*cão*) *lebreiro.* Vgl. Dz 192 *levriere.*

5534) **lĕpra, -am** *f.,* Krätze; ital. *lebbra;* (frz. *lèpre;* altfrz. *liepre*).

5535) **lĕpŭs, -ōrem** *m.* u. *g. c.,* Hase; ital. *lepre* *f.;* rum. *iepure m.;* rtr. *légur, lèvra* etc., vgl. Gartner § 200; prov. *lebre-s;* frz. *lièvre m.;* cat. *lebra;* span. *liebre f.;* ptg. *lebre f.*

5536) mhd. **lerz,** link; sard. *lerzu;* schief, schräg; ital. *lercio,* schmutzig (die Bedeutungsentwickelung ist dunkel), dazu die Komposita *sbilercio* aus *bislercio* „taglio torto fatto nelle carni dai macellai" (vgl. Caix, St. 504) u. *gualercio* (aus **guatalercio?*) schielend, schmutzig. Vgl. Dz 380 *lercio.* Schuchardt, Romau. Etym. I 48, setzt *lercio* = **lurcidus* an.

5537) **leucŏīŏn** *n.* (λευκόϊον) = (?) ptg. [**leu-*] *goivo,* Levkoje, vgl. Dz 455 *s. v.*

5538) **leuga** od. **leuca (*lecua), -am** *f.,* eine gallische Meile; ital. *lega* (aus dem Prov. entlehnt); prov. *legua, lega;* frz. *lieue;* cat. *llegoa,* span. *legua;* ptg. *legoa.* Vgl. Dz 190 *lega;* Gröber, ALL III 510; W. Meyer, Z XI 539 (wichtig!).

5539) **lēvāmĕn** *n.* (v. *levare*), Hebemittel; rtr. *levon-t;* prov. *levan-s;* frz. *levain,* Sauerteig. Vgl. Dz 626 *levain.*

5540) ***lĕvănto, -āre** (Partizipialverb zu *lĕvare*), heben, = span. ptg. *levantar,* vgl. Dz 463 *s. v.*

5541) [***lĕvātĭcĭus, a, um** (*levare*), hebbar; frz. (*pont-*)*levis,* Zugbrücke; span. (*puente*) *levadiza;* ptg. (*ponte*) *levadiça;* (ital. *ponte levatojo*).]

5542) **lĕvātŏr, -ōrem** *m.* (v. *lĕvare*), Hober; ital. *levatore;* rum. *luător;* prov. altspan. *levador.*

5543) ***lĕvātōrĭŭm** *n.* (v. *levare*)= ital. *levatojo,* Zugbrücke, vgl. Flechia, AG II 22.

5544) ***lĕvātūră, -am** *f.* (v. *lĕvāre*), Erhebung; ital. *levatura;* rum. *luătură;* prov. *levadura;* frz. *levure,* Hefe; span. ptg. *levadura.*

5545) **lĕvĕ** *n.* (Ntr. v. *lĕvis?*), Lunge; sard. *leu,* Lunge (des Rindes); rtr. *leiv;* prov. *leu, *lio-ianos;* ptg. *leve.* Vgl. Dz 463 *s. v.* (Diez meint, die Lunge sei *leve* genannt worden, „weil sie wegen ihrer schwammigen Beschaffenheit leichter ist als andere Eingeweide"); Gröber, ALL III 512.

5546) 1. ***lĕvĭārĭus, a, um** (v. *levis*), leicht, leichtsinnig; ital. *leggiero* (über *leggiadro* [= **leviator?*]

vgl. R XXV 305, s. auch No 5553); prov. *leugier;* frz. *léger;* cat. *lleuger;* span. *ligero;* ptg. *ligeiro.* Vgl. Dz 193 *lieve;* Gröber, ALL III 512.

5547) 2. ***lĕvĭărĭus, a, um** (*levare*), zum Heben gehörig; frz. *levier,* Hebel, *levière,* Netzseil.

5548) ***lĕvĭo, -āre** (v. *levis*), leicht machen, lindern; ital. *alleggiare,* (daneben *alleggerire*); rtr. *levgiar,* dazu das Sbet. *lievgia,* Hebebaum; prov. *leujar;* altfrz. *legier,* (neufrz. nur das Kompoe. *alléger*); cat. *alleujar;* span. ptg. *alijar* (hat nur die Bedtg. „ein Schiff löschen"). Vgl. Dz 193 *lieve:* Gröber, ALL III 513.

5549) **lĕvĭs, -e,** leicht; ital. *lieve;* prov. *leu;* span. ptg. *leve.* Vgl. Dz 193 *lieve.*

5550) ***lĕvĭstĭcum** (f. *ligusticum*), Liebstöckel; ital. *levistico, libistico;* frz. *livèche.* Vgl. Gröber, ALL III 513. S. unten No 5593.

5551) [***lĕvĭto, -āre** (v. *levare*), den Teig aufgehen lassen; gebildet aus dem analogischen Partizip **levitus* für *levatus* (vgl. *cubitus* statt **cubatus* u. dgl.); ital. *levitare;* span. *leudar, lleudar, alevadar, aleudar;* ptg. *levedar.* Vgl. Dz 193 *liévito.*]

5552) ***lĕvĭtŭs, a, um** (für *levatus,* vgl.†*cubitus* für **cubatus* u. dgl.), gehoben, als Shst. der gehobene, aufgegangene Teig; ital. *lievito* der gehobene, aufgegangene Teig; ital. *lievito;* span. *leudo* (altspan. auch *liebdo*); ptg. *levedo.* Vgl. Dz 193 *liévito.* — Aus dem Fem. **levita* ergab sich: prov. *leuda, leida, ledda, lesda,* erhobenes Geld, Abgabe, Wegegeld; altfrz. *leude;* altspan. *lezda;* arag. *leuda.* Vgl. Dz 625 *leude;* Flechia, AG II 24 (*l.* Vbsbst. v. *levitare*). (Thomas, R XXVIII 196, setzt *licita* als Grundwort für *lesda* etc. an u. hat damit jedenfalls das Richtige getroffen, vgl. No 5569.)

5553) ***lĕvĭŭs, a, um** (für *levis*), leicht; (ital. **leggio,* dav. *leggiadro,* vgl. Dz 380 *s. v.,* Gröber ALL III 519, u. ob. No 5546); sard. *leggiu;* sard. *lebiu;* (ein Subst. **lĕvium* muß das Grundwort zu frz. *liège,* Kork, sein; Diez 626 *s. v.* hält *liège* für das Primitiv des Verbs *leger,* was unmöglich ist; vgl. Gröber, ALL III 512).

5554) got. **lĕvjan,** verraten; davon vermutlich span. *aleve, treulos, Verräter;* ptg. *aleive,* Treulosigkeit, Verrat. Vgl. Dz 419 *aleve.*

5555) **lĕvo, -āre,** heben, dazu das Partizipialsbst. *levante,* Himmelsgegend, wo die Sonne sich erhebt, Osten (Gegensatz *ponente*); rum. (*l)ieu ai at a;* prov. *levar;* frz. *lever,* dazu die Partizipialsbstve *levant,* Osten (Gegensatz *couchant*) u. *levée,* Erhebung, Aufgebot; cat. *llevar* („Osten" ist cat. *solixent*); span. (*levar u.) llevar;* vgl. Cornu, R IX 134; frz. *levar,* dazu (auch im Span.) das Partizipialsbst. *levante,* Osten (ptg. wird dafür auch gesagt *nascente*). Vgl. Dz 192 *levante.*

5556) **lēx, lēgem** *f.,* Gesetz; ital. *legge;* rum. *lege;* prov. *lei-s, ley-s;* frz. *loi;* cat. *lleg;* span. *ley;* ptg. *lei.*

5557) ***lĭbĕllŭs** (für *libella*), **-um** *m.,* Wage; ital. *livella* u. *libello,* Wage; prov. *livel-s, nivel-s;* frz. *niveau,* wagorechte Fläche (auch in der Bedtg. „Grundwage" ist das Wort noch üblich), dazu das Verb *niveler;* span. *nivel,* dazu das Vb. *nivelar;* ebenso ptg. (auch *livet*). Vgl. Dz 193 *libello.*

5558) **lĭbĕllŭs, -um** *m.* (Demin. v. *liber*), kleines Buch; ital. *libello,* kleines Buch, *livello* „censo che si paga per uno stabile, in orig. il contratto d'obligazione scritto in un rotolo apposta", vgl. Canello, AG III 381.

5559) liber, a, um, frei; ital. libero; frz. span. libre, nur gelehrtes Wort, der volkstümliche Ausdruck dafür ist *francus.

5560) liber, -brum m., Buch; ital. libro; rum. lior (bedeutet „Hanf, Flachs", hat also die ursprüngliche Bedtg. „Bast" annähernd bewahrt); prov. libre-s; franco-prov. laivro; frz. livre; cat. llibre; span. libro; ptg. livro. Das Wort zeigt in der Erhaltung des i überall halbgelehrtes Gepräge. Vgl. Berger s. v.

5561) libero, -äre (v. liber), frei machen (daraus hat sich im Roman. die Bedtg. „etwas losmachen, etwas aus einem Gewahrsam herausgeben, etwas aushändigen, etwas liefern" entwickelt); ital. liberare „mettere in libertà", antic. liverare, livrare „ultimare, e sempre vivo col valore di ‚consegnare'", vgl. Canello, AG III 381, s. auch ebenda 313; (rum. iert ai at a = *libertare); prov. livrar, liurar; frz. libérer, livrer, dazu das Partizipialsbst. livrée, das von dem Herrn an den Diener Gelieferte, besonders die Kleidung (auch ital. livrea, span. librea); außerdem das zusammenges. Vb. délivrer; cat. llibrar; span. librar; ptg. livrar (im Span. u. Ptg. überwiegt die lat. Bedtg.). Vgl. Dz 195 liverare.

5562) [*liberto, -äre (f. liberare) = rum. iert ai at a.]

libiola s. *biliola.

5563) librä, -am f., Wage, Pfund; ital. lira (eigentl. ein Pfund Silber), eine Münze; libra „la costellazione", libbra „il peso", vgl. Canello, AG III 381; frz. livre. Vgl. Dz 381 lira. — Aus der Verbindung qua libra? von welchem Gewichte? soll nach Mahn, Etym. Unters. p. 5, entstanden sein das Shet.: ital. calibro, der Durchmesser einer Röhre; frz. span. ptg. calibre. Wahrscheinlicher ist aber, daß das Wort auf arab. qâlab, Modell, zurückgeht. Vgl. Dz 78 calibro; Canelle AG III 349.

5564) libräriüs, -um m. (v. liber), Buchhändler; ital. libraro, librajo „chi vende libri", librario, Adj., vgl. Canelle, AG III 308; frz. libraire; span. librero; ptg. livreiro; davon abgeleitet ital. libreria, Buchhandlung; frz. librairie; span. libreria; ptg. livraria. Vgl. Berger s. v. libraire.

5565) gr. (libs) λίψ, λίβα, Südwestwind; davon ital. libeccio, Südwestwind; prov. labech, (neuprov. abech); altfrz. lebeche, lebech. Vgl. Dz 193 libeccio.

5566) licet, licuit, licere, es ist erlaubt, steht frei; ital. lece; (rtr. lišent) frz. loisir, Mufse (altfrz. auch Vb.); galiz. lezer, vgl. Dz 628 s. v.

5567) dtsch. licht; dav. ital. licchia „scintilla", vermutlich auch lucch. linchetto, Irrlicht, vgl. Caix, St. 378 u. 384.

5568) lelnium n. (v. licium), gezupfte Leinewand; com. valsess. berg. lisign, filaccica, faldella; span. lechino, Charpie; ptg. lichino. Vgl. Dz 462 lechino.

5569) liceitus, a, um, erlaubt; ital. lecito; prov. lezda; cat. lezde, leuda; span. lezda, vgl. Meyer-L., Z. f. ö. G. 1891 p. 772; Horning, Z XIX 75; Thomas, R XXVIII 196.

5570) licium n., Faden; davon ital. liccio, Aufzug beim Weben, liccia, lissa, der zum Absperren eines Raumes dienende Faden, das Sperrseil, die Schranke (des Turnier- oder Kampfplatzes); rum. iț u. ișa, Kette; prov. lissa, (auch laissa = laxa); frz. lice; span. lizos, Aufzug beim Weben, liza. Dz 193 liccia leitete die Wortsippe von ahd. lazi

ab, s. oben *latja. — Von frz. lice ist wohl abzuleiten lisière (für *licière), Saum (span. lisera), vgl. Rönsch, RF I 447; Diez 194 lista hielt das Wort für entstanden aus *listière von ahd. lista, Leiste; Mackel, p. 108 leitete es von der german. Wurzel lis „gehen" ab.

5571) [*lictico, -äre (v. lingere), lecken: davon nach Ulrich, Z IX 629, ital. leccare. Siehe oben lëkkön.]

5572) [*lidigus, a, um (umgestellt aus liquidus), flüssig; mail. mod. ledeg; sard. parm. regg. lidgo, vgl. Meyer-L., Rom. Gr. I p. 483.]

5573) [mhd. liehe, wilde Sau; damit steht vielleicht in Zusammenhang das gleichbedeutende frz. laie, vgl. Dz 623 s. v.]

5574) kelt. Stamm lig-, liegen (davon ir. lige, Lager, cymr. lle, corn. le, bret. lec'h, Ort (vgl. Suchier, Afrz. Gr. p.57); mit dem Suffix -id abgeleitet llaid „limus, lutum, coenum", bret. lec'hid, leit „tout sédiment d'eau et autre liquide, vase, limon, lie"); davon prov. lhia, Weintrester (eigentl. Bodensatz); frz. lie, dazu das Adj. liard, eigentlich schmutzfarben, weifslich grau, weifslich, als Shet. liard, Name einer weifslichen (silbernen) Münze (Dz 626 s. v. hält das Wort für entstanden aus südfrz. li hardi = span. ardite, das vielleicht auf bask. ardia, Schaf, zurückgeht, vgl. Dz 424 ardite; Zweifel an dieser Herleitung äußerte bereits Liebrecht. Jahrb. XIII 234, dagegen verteidigt Gerland, Gröbers's Grundrifs I 330, baskische Herkunft); span. lia; ptg. lia. Vgl. Dz 192 lia (Diez dachte an Ableitung von levare); Th. p. 66 u. 105 (hier die richtige Ableitung). Schuchardt, Z XXIII 196 u. 422, zieht hierher noch eine Reihe anderer Wörter, so namentlich span. légamo, Schlamm, oberital. lita, nita, léda, südfrz. nito (feiner) Flufssand.

5575) liga- + cöllüm = frz. licou, Halfter, vgl. Dz 626 s. v.

5576) ligämën n. (v. ligare), Band; ital. legame, modenes. legame (vielleicht identisch mit gombina, Riemen am Dreschflegel), vgl. Flechia, AG IV 386; prov. liam-s, dazu das Vb. aliamar; frz. lien.

5577) ligämëntum n. (v. ligare), Verband; ital. ligamento („termine anatomico"), legamento „il ligam. e ogm altro legame", vgl. Canelle, AG III 333.

5578) *ligäminäriüs, -um m. (v. ligamen), Leithund, Spürhund; prov. liamier-s; altfrz. liemier; neufrz. limier. Vgl. Dz 627 s. v.

5579) ligätio, -önem f. (v. ligare), das Binden; (rum. legăciune); prov. liazo-s; frz. liaison; span. ligazon; ptg. ligação. Vgl. Gröber, ALL III 513.

5580) *ligätürä, -am f. (v. ligare), Bindung, Band; ital. legatura; rum. legătură; prov. ligadura, liadura; (frz. ligature); span. ptg. ligadura. Überall nur gelehrtes Wort.

5581) [*ligico, -äre (rom St. lig, wov. lingëre), lecken; hiervon, u. nicht vom german. lëkkön, scheinen abgeleitet werden zu müssen die oben unter No 5519 genannten Verba (ital. leccare, frz. lécher etc., vgl. Ascoli, AG XIV 338).]

5582) lignämën n. (v. lignum), Holzwerk, = (ital. legname, davon legnamaro, gleichsam *lignamarus, Holzhacker.

5583) lignäriüs, -um m. (v. lignum), Holzhändler; ital. legnajo, legnamaro, Holzhacker (s. lignamen); rum. lemnar, Zimmermann, Köhler; span. leñero, Holzhändler; ptg. lenheiro.

5584) *lignidus, a, um (lignum), holzig; mail.

crem. legned, holzicht, faserig, zäh, vgl. Schuchardt, Roman. Etym. I p. 47.

5585) *lĭgnĭvŭs, a, um (v. lignum), hölzern, = rum. lemniu.

5586) lĭgnōsŭs, a, um (v. lignum), holzig; ital. legnoso; rum. lemnos; frz. ligneux; span. leñoso; ptg. lenhoso.

5587) lĭgnŭm n., Holz; ital. legno; sard. linu; rum. lemn; rtr. lenn; prov. lenha; altfrz. leine, laigne; (neufrz. wird das Wort durch bois ersetzt); cat lleny; span. leño; ptg. lenho. Vgl. Gröber, ALL III 513. (Marx s. v. setzte lignum an.)

5588) 1. lĭgo, -ōnem m., Hacke; arrag. ligona, galiz. legon. vgl. Meyer-L., Z. f. ö. G. 1891, p. 772.

5589) 2. lĭgo, -āre, binden; ital. ligare, legare; rum. leg ai at a; prov. liar; frz. lier; cat. lligar; span. ptg. ligar, liar; von ligare abgeleitet ist span. legajo, Bündel, ptg. negalho, gleichsam *ligaculum, vgl. Cornu, R IV 367.

5590) lĭgula, -am f. (Nebenform zu lingula, s. Georges s. v.), kleine Zunge; span. ptg. legra, langgestreckter Bohrer, Schädelbohrer.

5591) *lĭgūra, -am f., Band; frz. liure, Seil; ostfrz. lurelle, Wickelband, Windel, vgl. Horning, Z XVIII 222. Vgl. auch G. Paris, R XXIII 614 (gegen Horning's Annahme). Behrens, Festg. f. Gröber p. 161, stellt als Grundwort zu lure das mnd. ludere (ahd. ludara, luthara), Kinderwindeln, auf.

5592) lĭgŭrīnŭs, a, um (v. Ligur), ligurinisch, genuesich; davon ital. luccherino (venez. lugarin), Zeisig, weshalb aber der Vogel so genannt wurde, ist unklar. Vgl. Dz 381 s. v.

5593) lĭgŭstĭcŭm n., Liebstöckel; daraus durch Verwechslung mit ligustrum ital. ruvistico, rovistico, Hartriegel, Rainweide, vgl. Dz 395 s. v. Siehe oben levisticum.

5594) persisch lĭlach, Syringe; ital. lilac; frz. lilas; span. lilac; ptg. lilá. Vgl. Dz 193; Eg. y Y. 439.

5595) lĭlĭŭm n., Lilie; ital. giglio; sard. lillu, lizu; sicil. gigghiu; rtr. gilgia; friaul. zi; prov. lili-s u. liri-s (vgl. gr. λείριον); frz. lis; span. ptg. lirio (= gr. λείριον). Vgl. Dz 165 giglio; Baist, Z V 564; Gröber, ALL III 269.

5596) germ. lĭm (ags. altuord.) lĭm, Glied; davon nach Dz 463 span. ptg. leme, Steuerruder (wovon wieder span. leman, Steuermann u. a.), span. frz. limon, Deichsel; denn Steuerruder und Deichsel seien als Glied oder Gelenk des Schiffes, bezw. des Wagens aufgefafst worden. Diese Ableitung ist indessen sehr unwahrscheinlich. Vielleicht steht leme für lemme (das Span. vereinfacht ja Doppelkonsonanz), lemme aber wäre Umbildung von griech. λέμμα (v. λέπω, schälen), Steuerruder u. Deichsel würden dann das „Abgeschälte" bedeuten, eine für geglättete Stangen ganz passende Benennung; limon würde dann aus leme nach dem Muster von timone = temonem gebildet worden sein, vgl. jedoch No 5615.

5597) lĭmă, -am f., Feile; ital. lima (bedeutet auch „Plattfisch"); frz. lime; span. ptg. lima.

5598) *lĭmācĕŭs, a, um u. *lĭmācĕa, a, um (v. limax, Wegschnecke); ital. limaccia, lumaccia, lumaca, Schnecke; rtr. limaga, lumaga, lumaja; prov. limassa, limatz; frz. limace, limas; cat. llimach; span. limaza; (ptg. lesmo, vgl. Meyer-L., Roman. Gr. I § 44). Vgl. Dz 197 lumaccia; Gröber, ALL III 513 u. VI 392.

5599) lĭmāndă (Part. Fut. Pass. von limare); davon vielleicht frz. limande, Plattfisch (ital. lima),

sogenannt wegen seiner rauhen Haut. „Das Suffix anda drückt hier, wie auch anderwärts, Zweck oder Bestimmung aus", Dz 627 s. v.

5600) *lĭmbĕllŭs, -um m. (Demin. v. limbus), schmaler Saum; ital. limbello „ritaglio di pelle d'animale fatto dai conciatori". Vgl. Caix, St. 382.

5601) lĭmbŭs, -um m., Rand, Saum; ital. (limbo), lembo; (frz. limbe; ptg. limbo.)

5602) līmen n., Schwelle; (sard. liminarźu, soglio), com. limni, termini, vgl. Salvioni, Post. 12.

5603) lĭmĕs, -ĭtem m., Grenzscheide, Steig; (prov. limit-z;) span. linde; ptg. linda, Feldgrenze, vgl. Tailhan, R IX 434, dazu das Vb. (auch span.) lindar, angrenzen. Vgl. Dz 463 linde; Meyer-L., Z. f. ö. G. 1891 p. 772 (es wird auch vionnaz. leda angeführt); Salvioni, Post. 12, führt an valsass. limeda, Feldrand, gosch. slimat, sponda di campo, piem. lümi, lümid, siepe divisoria.

5604) *lĭmĭnārĭs, -e (v. limen), zur Schwelle gehörig; davon ptg. (liminar), limiar, Schwelle, vgl. C. Michaelis, Misc. 159.

5605) līmĭtārĭs u. *līmĭtārĭă (v. limes) = prov. lindar-s, Schwelle; ptg. lindeira, Oberschwelle. Vgl. Dz 463 lindr; C. Michaelis, Misc. 159.

5606) *līmĭtĕllŭs, -um m. (Demin. v. limes) = frz. linteau, Oberschwelle; span. ptg. lintel, dintel. Vgl. Dz 463 linde; C. Michaelis, Misc. 159; Cohn, Suffixw. p. 289, erklärt auf Grund einer sehr eingehenden Erörterung lintel aus *limitale f. limitare.

5607) līmĭto, -āre (v. limes), abgrenzen; span. ptg. lindar, angrenzen, vgl. Dz 463 linde.

5608) līmo, -āre (lima), feilen; ital. limare; frz. limer; span. ptg. limar.

līmōsŭs s. līmŭs.

5609) lĭmpĭdo, -āre (limpidus), hell, klar machen; (rum. limpezesc ii it i); span. limpiar; ptg. limpar.

5610) lĭmpĭdŭs, -um, klar, hell; ital. limpido, (lindo „pulito e logoro"), vgl. Canello, AG III 330; mail. lamped; sard. limpiu, netto; venez. lamped; rum. limped; neuprov. lindo; frz. limpide (gelehrtes Wort); span. limpio, lindo, vgl. Morel-Fatio, R XXII 484; ptg. limpido, limpo, lindo. Vgl. Dz 194 lindo; W. Meyer, Z VIII 216 (bezweifelt die Länge des i in limpidus und erblickt in lindo das ahd. lindi); Schuchardt, Roman. Etym. I 18.

5611) pers. līmū, laimûn, Zitrone(nbaum); ital. lima u. limone; prov. limon-s; frz. limon, (limonier, Zitronenbaum); span. lima und limon; ptg. lima und limão, (limoeiro, Zitronenbaum). Vgl. Dz 194 limone; Eg. y Yang. 439.

5612) *līmŭlĭca, -am f. (lima), die kleine Feile; piem. limóca, Schwertlilie, vgl. Nigra, AG XIV 370.

5613) *līmŭlĭco, -āre (lima), feilen, langsam feilen; piem. limočâ, zögern, vgl. Nigra, AG XIV 370.

5614) [*līmŭlĭo, -īre (v. līmula, Demin. zu lima), feilen; rum. lămuresc ii it i, säubern, verfeinern u. dgl.]

5615) 1. līmŭs, a, um, schief; davon frz. limon, Wagengabel.

5616) 2. līmŭs, -um m., Schlamm; ital. limo; rum. im; prov. lim-s; altfrz. lun-s, lum, vgl. Leser p. 90; (frz. limon); cat. lim; span. ptg. limo. — Dazu das Adj. limosus = ital. limoso; rum. imos; prov. limos; (frz. limoneux); span. ptg. limoso.

5617) lĭnctŭs, a, um, geleckt; mail. lenč, lucciante, vgl. Salvioni, Post. 12.

5618) **lĭnĕā, -am** f., Linie; ital. *linea* (bedeutet auch Geschlechtsreihe, Geschlecht); rum. *linie*; prov. *linha*, daneben *linh-s* = **lineum*, vgl. Lindström, L'Analogie etc. p. 133; frz. *ligne*; cat. span. *linea*; ptg. *linha* (bedeutet auch „Naht", daher *alinhavāo*, Heftnaht, *alinhavar*, heften, eigentlich *a linha vā = illa linea vana*, verlorener, ungültiger, weil wieder aufzutrennender Faden, vgl. C. Michaelis, Misc. 118). Vgl. Dz 194 *linea*.

5619) [*lĭnĕātĭcum* n. (v. *linea*), Geschlechtsreihe, Geschlecht; ital. *lignaggio, legnaggio*; prov. *linhatge-s*; altfrz. *lignage*; span. *linaje*; ptg. *linhagem*.]

5620) **lĭnĕo, -āre,** Linien ziehen; ital. *lineare*; rum. *liniez ai at a*; frz. *ligner*, davon das Partizipialsbst. *lignée*; span. *linear*.

5621) **lĭnĕŭs, a, um** (v. *linum*), leinen; frz. *linge*, Leinewand. Vgl. Dz 627 s. v.; Gröber, ALL III 514.

5622) engl. **lĭng** (holl. *leng*, dtsch. *lange*, isl. *langa*) = frz. *lingue* ein Fisch (*lota molva*), vgl. Thomas, R XXV 82.

5623) **lĭngo, lĭnxĭ, lĭnctŭm, lĭngĕre,** lecken; sard. *lingere*; altlomb. *lenzer*; sicil. *linciri*; feltr. *lender*, vgl. AG I 413, Salvioni, Post. 12; rum. *ling, linsei, lins, linge*; rtr. *lenžer*.

5624) **lĭngŭā, -am** f., Zunge, Sprache; ital. *lingua*; sard. (logud.) *limba*; rum. *limbă*; prov. *lengua, lenga*; frz. *langue*; cat. *llengua*; span. *lengua, lenga*; ptg. *lingua, lingoa*. — Dazu die Demin. ital. *linguetta* etc.

5625) [*lĭngŭātĭcum* n. (v. *lingua*), Sprache; ital. *linguaggio*; prev. *lenguatge-s*; frz. *langage*; span. *lenguaje*; ptg. *linguagem*.]

5626) **lĭngŭlā, -am** f. (Demin. v. *lingua*), kleine Zunge, = rum. *lingurā*, Löffel.

5627) dtsch. **lĭnk;** nach Diez' Vermutung ist ital. *bilenco*, krumm, schief, zusammengesetzt aus *bis + link*, vgl. Dz 357 s. v.

5628) [*lĭnŏttŭs, -um* m. (v. *linum*, Flachs, Hanf) = frz. *linot* (auch *linotte*), Hänfling, vgl. Dz 627 s. v.]

5629) **lĭntĕŏlŭm** n. (Demin. v. *linteum*), leinenes Tuch; ital. *lenzuolo*, Betttuch, Bahrtuch u. dgl.; rum. *linţeol*; rtr. *lenziel*; prov. *lensol-s*; frz. *linceul*, (im Alexiuslied 54ᵇ ist statt *lincol* zu lesen *liçon = lectionem*, s. oben *lectio*), vgl. Cohn, Suffixw. p. 251; cat. *llensol*; span. *lenzuelo*; ptg. *lençol, lançol*. Vgl. Dz 191 *lenza*; Gröber, ALL III 512.

5630) **lĭnter, -trem** f., Kahn, = rum. *luntre*, Kahn.

5631) **lĭntĕŭs, a, um** (*linum*), linnen; ital. *lenzo* (mit off. *e*), Leinewand, *lenza* (= *lintea*), Leine, cat. *llens*, Leinewand; span. = **lenteum*; ptg. *lenço*. Vgl. Dz 191 *lenza*; Gröber, ALL III 512; Meyer-L., Roman. Gr. I § 44; d'Ovidio, Gröber's Grundrifs I 508.

5632) **lĭntrārĭŭs, -um** m. (v. *linter*), Kahnführer, = rum. *luntrar*.

5633) **lĭnŭm** n., Lein, Flachs, Schnur; ital. *lino*; rum. *in*; prov. frz. *lin* (bedeutet altfrz. auch „Reihe"); cat. *lli*; span. *lino*; ptg. *linho*.

5634) „ahd. **lĭoba,** pl. fem., Liebe; davon viell. francoprov. *lyóba*, Lockruf für die Kühe; vgl. Bridel, Gloss. du Patois de la Suisse Rom. s. v. *lioba*." F. Pabst.

5635) altdtsch. **lĭppa** = altfrz. *lipe*; neufrz. *lippe*, dicke Unterlippe, davon *lippée*, Bissen, vgl. Dz 627 *lippe*; Mackel, p. 100.

5636) **lĭquĭdŭs, a, um,** flüssig; über die Gestaltungen dieses (sonst im Roman. nur gelehrten Wortes) in ital. Mundarten s. Flechia, AG II 325. Siehe auch oben **lidigus* u. Salvioni, Post. 13.

5637) **lĭquĭrĭtĭā, -am** f. (volksetymologische Umbildung von γλυκύῤῥιζα), Süfsholz (Veget. 4, 9): ital. *legorizia*, s. oben *glycyrrhiza*. Vgl. Dz 267 *regolizia*.

5638) **lĭquo, -āre,** schmelzen; valmagg. *lová* (wenn es nicht aus *dlová = deliquare* gekürzt ist); piem. *sluvée*, vgl. Salvioni, Post. 12.

5639) **lĭrā,** -am f., die zwischen zwei Furchen aufgeworfene Erde; (ital. ist das Wort nur in *delirare* „uscir dal solco" erhalten); ital. *lire*, Furche. Vgl. Caix, St. 304; Gröber, ALL III 514.

5640) Wurzel **lĭs,** gehen (german. Vb. *lisan, lais*, *lis* in ahd. *waganleisa*, Wagengleis); davon frz. (norm.) *alise*, Gleise, (*lisière*, Rand, nach Mackel p. 108, s. jedoch oben *licium* u. unten *lista*); cat. *llis-car*, ausgleiten; span. *deslizar*, ausgleiten, *deleznar*, gleiten. Vgl. Dz 194 *liscio*; Mackel, p. 108.

5641) german. Thema **lĭsja,** davon das Adj. **lisi*, leise, sanft, [= lat. **liseus*]; hiervon vielleicht ital. *liscio*, glatt, dazu das Vb. *lisciare, ligiare*, glätten, (eigentl. sanft machen); prov. *lis*, dazu das Verb *lissar*; frz. *lisse*, dazu das Vb. *lisser*, glätten, polieren (nach Mackel Lehnworte aus dem Ital.); span. *alisar*. Vgl. Dz 194 *liscio*; Mackel, p. 111. Diese Ableitung mufs aber als sehr fragwürdig erscheinen, u. griech. λισσός dürfte als Grundwort vorzuziehen sein.

5642) altfränk. ***liska,** Binse (?); davon vermutlich ital. *lisca*, Halm, Gräte; frz. *laiche*, Riedgras, *lèche*, feine Schnitte; cat. *llescar*, in Schnittchen schneiden. Vgl. Dz 194 *lisca*; Mackel, p. 97; Fafs, RF III 501 (wo vermutet wird, dafs *lèche* durch Einwirkung von *lécher* zu seiner Bedeutung gekommen sei).

5643) dtsch. **lĭst** = rtr. *list*, List, vgl. Dz 192 *lesto*.

5644) german. **lĭsta,** Leiste; ital. *lista*, Streifen, Liste, (daneben *listra*), dazu das Vb. *listare*, streifen, säumen; prov. *lista, listre*, dazu das Verb *listar, listrar*; frz. *liste*, dazu das Vb. *lister, liter*; span. *lista*, dazu das Verb *listar, alistar*; ptg. *lista, listra*, dazu das Vb. *listrar*. Vgl. Dz 194 *lista*; Mackel, p. 108. — Für abgeleitet von *lista* erklärte Diez a: a. O. frz. *lisière*, Saum, span. *lisera*, besser aber führt man dies Wort wohl auf **liciaria* von *licium* (s. d.) zurück, wobei freilich eine Unregelmäfsigkeit in der Entwickelung des *c + Hiatus -i* angenommen werden mufs.

5645) dtsch. **lĭst-ĭg;** ital. *lesto*, geschickt, klug, listig, gewandt, dazu das Vb. *allestare, allestire*, zurecht machen; frz. *leste*, gewandt, flink (wohl aus dem Ital. entlehnt); span. *listo*. Vgl. Dz 192 *lesto*; Mackel, p. 98.

5646) ***lĭttĕra** (schriftlat. *littera*), **-am** f., Buchstabe, im Pl. Brief (im Roman. ist diese Bedeutung auch auf den Sing. übertragen); ital. *lettera* (mit offenem u. mit geschloss. *e*); sard. *littera*; (rum. *literă*); rtr. *littera*; prov. *letra*; frz. *lettre*; cat. *lletra*; span. *letra*; ptg. *let(t)ra*. Vgl. Gröber, ALL III 514.

5647) [**lĭttĕrārĭŭs, a, um** (v. *littera*), zum Schrifttum gehörig; ital. *letterario*, Adj. *letterajo* „cattive letterato", vgl. Canelle, AG III 308; frz. *littéraire*; entsprechend in den übrigen Sprachen, überall nur gel. Wort, (ebenso sind *litteratus* und *litteratura* [s. d.] als gel. Wort vorhanden).]

5648) lĭttĕrätūra, -am f., Schrifttum; altfrz. letrĕure (Cambr. Psalter 70, 15 u. öfter); littérature ist erst seit dem 14. Jahrh. belegt, vgl. Berger s. v. 5649) lĭtūs n., Gestade; ital. lito u. venez. lido, vgl. Ascoli, AG X 86 Anm.

5650) ahd. lĭuhtan (got. liuthjan), leuchten; dav. nach Caix, St. 395, ital. lutare „scintillare", luta, lutarina „scintilla". Caix zieht hierber auch die frz. Dialektworte éberluter (Berry), aberluder (Champ.), welche von Diez 520 bellugne aus bis + *lucare erklärt werden.

5651) lĭvēsco, -ĕre (liveo), bläulich werden; rum. vilcezesc ii it i, braun u. blau schlagen, quetschen. Meyer-L., Z. f. ö. G. 1891 p. 772, verwirft diese Ableitung.

5652) [*lĭvĭcĭdŭs, a, um (v. lividus) = rum. vilced, blau von Schlägen, zerhauen. Vgl. Behrens, Metath. p. 23; W. Meyer, Z VIII 210, stellte *viscidus als Grundwort auf.]

5653) lĭvĭdŭs a, um, bleich; piem. eslivio, smorto, vgl. Salvioni, Post. 13.

5654) *lĭxĭvă, -am f. u. *lĭxĭvŭm n. (für lixivia, lixivium, v. lix), Lauge; ital. lisciva; rum. leşie; rtr. lischiva; prov. leissiu-s; frz. lessive („grofse Wäsche"); cat. lleixiu; span. lejia; ptg. lixivia. Vgl. Dz 194 lisciva; Gröber, ALL III 514.

5655) [*lĭxĭvātŭs, a, um (v. *lixiva), gelaugt, gewaschen; davon nach Caix, St. 540, ital. scilivato „sbiancato, pallido".]

5656) lĭxo, -āre (v. lix), laugen, sieden; ital. lessare, kochen, sieden, davon das Sbst. lesso, geschmortes Fleisch; sard. lixare. Vgl. Gröber, ALL III 514.

5657) [*lŏba, -am f., Büschel; lomb. lōva, pannocchia, vgl. Salvioni, Post. 13.]

5658) ahd. lobōn, loben; davon altfrz. lober, spotten, wozu das Sbst. lobe, Spott. Vgl. Dz 627 lobe; Mackel, p. 33. Der Bedeutungswechsel bewegte sich auf der Bahn „loben, schöne Worte machen, berücken, täuschen, zum Besten haben, spotten". Auch ein Nomen actoris loberre(s), lobeor war vorhanden.

5659) lŏbŭs, -um m. (λοβός u. λοπός), Hülse, Schote; daven vermutlich ital. loppa, Hülse des Korns, Spreu, wovon wieder abgeleitet lolla (aus *lopola), Spreu, u. buccio, buccia (aus *lobuccio, -a), Schale, Rinde, Hülse, Haut (in der letzteren Bedtg. soll das Wort auf praeputium zurückgehen). Vgl. Dz 381 loppa, 360 buccio.

5660) lŏcālĭs, -e (v. locus), örtlich; ital. locale (Adj.); frz. local (Adj. u. Sbst., gel. W.); span. ptg. nur Sbst. lugar (alt logar = *locare f. locale), Ort, vgl. Dz 464 lugar.

5661) [*lŏcārĭŭm n., Mietzins; prov. loguier-s; frz. loyer. Vgl. Dz 629 louer.]

5662) [*lŏcchea, -am f. (umgestellt aus cochlea f. cochlear), Löffel; frz. (pic.) lousse, wall. losse, Suppenlöffel, vgl. Horning, Z XXI 456.]

5663) lŏcĕllŭs, -um m. (Demin. v. locus), Kästchen; altspau. locilo, jetzt lucillo, steinernes Grab; altfrz. lucel, luiseau, Sarg, Bahre. Vgl. Dz 464 lucillo; Gröber, ALL III 514.

5664) 1. lŏco, -āre (v. locus), vermieten; ital. locare (bedeutet meist „setzen, stellen", selten „vermieten", das übliche Wort für den letzteren Begriff ist affitare = *affictare v. fictus für fixus, vgl. Dz 141 fitto); prov. logar, loyar; frz. louer; (span. wird „vermieten" durch alquilar vom arab. al-kira, Mietpreis, ausgedrückt, vgl. Dz 421 alquile; ptg. ist das übliche Wort für „vermieten" alugar,

alquilar ist auf das Vermieten von Pferden beschränkt). Vgl. Dz 629 louer.

5665) 2. lŏco (Abl. Sg. v. locus), Adv., auf der Stelle, sofort; altital. loco, hier; altfrz. lues, (lucc, dort = iluec = illo loco); span. luego; ptg. logo. Vgl. Dz 196 loco; Gröber, ALL III 514.

5666) lŏcŭlŭs, -um m. (Demin. v. locus), Fleckchen; davon ital. (modenes.) lógher f. lóghel, Landgut, vgl. Flechia, AG II 358.

5667) [lŏcŭm tĕnēns, -tem m., Platzhaber, Stell-Vertreter; ital. luogotenente; frz. lieutenant; (span. ptg. einfach teniente, tenente).]

5668) lŏcŭs, -um m., Ort; ital. luogo; rum. loc; prov. loc-s, lucc-s; frz. lieu; (span. ptg. lugar = *locare f. locale); cat. lloc. Über die vielerörterte Lautentwickelung von lŏcus : altfrz. lou : (neufrz.) lieu hat neuerdings Schwan, Z XII 207 ff., eingehend gehandelt, vgl. auch Neumann, Z VIH 386, Misc. p. 169, Suchier, Altfrz. Gramm. p. 57 (lieu soll aus Kreuzung von locus mit gall. lech entstanden sein) u. namentlich Förster, Z XIII 545 (*leu : lieu = deu : dieu, Matthaeu-m : Maheu : Maheu. Über das g in luoga gegenüber dem c in fuoco vgl. Ascoli, AG X 90, u. dagegen Meyer-L., Rom. Gramm. II p. 8. Vgl. auch W. Meyer, Z IX 541.

5669) lŏcŭsta, lūcŭsta, -am f. (volkslat. *lacŭsta, wohl mit Angleichung an lacerta), Heuschrecke; ital. ligusta (das übliche Wort für Heuschrecke ist aber cavalletta, vgl. das deutsche „Heupferd", oder grillo; inzwischen findet sich aliustra, das vielleicht auf locusta zurückgeht, vgl. Storm, R V 168); rum. lăcustă; prov. langosta; lyon. lüsta; tess. ligùsta; altfrz. langoste, langausta, laouste; (neufrz. sauterelle = *saltarella, kleine Springerin); cat. llangosta; span. langosta; ptg. lagosta. Das Wort ist vielfach auch die Bezeichnung des Seekrebses; diese Gebrauchsübertragung beruht auf der ungefähren äufseren Ähnlichkeit beider Tiere. Vgl. Gröber, ALL III 507; Förster, Z XIII 536; Salvioni, Post. 13; Berger p. 166.

5670) altnfränk. loddárl = frz. lodier, wollene Bettdecke. Vgl. Dz 628 s. v.; Mackel, p. 36.

5671) ndl. loef, die gegen den Wind liegende Seite eines Schiffes, = frz. lof, davon das Verb louvoyer, lavieren, vgl. Dz 628 lof.

5672) got. lôfa, flache Hand; davon vielleicht altspan. lua, Handschuh; ptg. luva. Vgl. Dz 464 lua.

5673) lŏgĭcus, a, um, logisch; altflorent. loico, logisch, loica, Logik.

5674) span. Logroño (Städtenamen); dav. viell. als nach dem Herkunftsorte benannt (mit Wegfall der als Artikel betrachteten Anfangssilbe) ptg. gronho, Birne, vgl. C. Michaelis, Frg. Et. p. 40, früher hatte M., Rev. lusit. I, das Wort aus [ne-] gronho v. negro erklärt, vgl. Z XV 269.

5675) dtsch. lohe; davon ital. luoja, lojola, lujola „scintilla", vgl. Caix, St. 394.

5676) altndd. lok, Schlofs, = altfrz. loc, Schlofs, Klinke, dazu das Demin. (auch neufrz.) loquet, Klinke (ital. lucchetto). Vgl. Dz 627 loc; Mackel p. 146.

5677) german. Stamm lokk- (locker); dazu frz. locher, leckern, schütteln, dazu das zusammengesetzte altfrz. Vb. eslochier, losmachen. Vgl. Dz 627 locher; Mackel, p. 25.

5678) altnord. lôkr, lockerer, herabhängender Gegenstand; davon vermutlich frz. logue, Fetzen, Lumpen. Aus bis (s. d.) + lôk, ist vielleicht entstanden: rtr. *bargliocca*, Hängelämpchen, herabfallende Locke; neuprov. *barlocco*, Anhängsel, zierliche Kleinigkeit; frz. *breloque* (dialektisch auch *berloque*). Vgl. Dz 628 *loque*; Scheler im Dict. unter *berloque*, wo auch näher auf die Doppelbedeutung des Wortes eingegangen wird.

5679) **lōliārīum (crĭbrum)**, eine Art Sieh: ptg. *joeiro*, Schwinge, Wanne, indessen ist die Ableitung nicht einwandfrei.

5680) **lōlĭūm** *n.*, Lolch (Lolium temulentum L.); ital. *loglio* u. *gioglio* (vgl. *lilium* : *giglio*); sard. *luzzu*; friaul. *üej*; prov. *juelh-s*, (frz. *ivraie* von *ebriacus, a, um*, vgl. Scheler im Dict. *s. v.*; *vorge*, vielleicht entstanden aus *l'olium, olium, olge, orge*, für den Vorschlag eines *v* freilich dürfte eine Rechtfertigung nicht zu finden sein); cat. *jull*; span. *joyo; joio*. Vgl. Dz 165 *gioglio;* Gröber, ALL III 269 u. 515.

5681) [Volksname ***Lombardī** (Longobarden): davon sicil. *lumbardu*, Schenkwirt; altfrz. *lombart*, wucherisch; neufrz. *lombard*, Leihhaus (das übliche Wort für diesen Begriff ist jedoch *mont- de- piété*). Die Erklärung der betr. Bedeutungsübergänge gehört in die Kulturgeschichte, bezw. in die Geschichte der Volkswirtschaft. Vgl. Dz 628 *lombard.*]

5682) altn. **lŏn**, Lache; davon viell. prov. *lona*, Lache, vgl. Mackel, p. 33. S. oben **lăcŭnă**.

5683) **lŏngă mĕntĕ** = frz. *longuement*, daraus dürfte eine volksetymologische Umbildung sein *de longue main*, vor langer Zeit. Vgl. Fafs RF III 514.

5684) ***lŏngŭnĭa, -am** *f.* od. *n. pl. (longanon)*, Abtritt; altfrz. *longaigne*, vgl. G. Paris, R XXI 406, Tobler, Z XVII 317.

5685) **lŏngānōn** *n.*, Mastdarm, eine Art Wurst; altfrz. *longain*, (daneben *longaigne*), Exkremente. Aufserdem die Ableitungen mit der Bedtg. „Wurst"; (rtr. *ligiongia*, genues. *lüganega=lucanica* s. d.); cat. *llangonissa;* span. *longaniza*. Vgl. Dz 464 *longaniza;* Gröber ALL III 515 u. VI 392.

5686) **lŏngē** (Adv. zu *longus*), fern; tic. *da lönž*, Salvioni, Post. 13; prev. *lonh, luenh, loina, luene;* frz. *loin*, dazu das Vb. *éloigner;* span. *lueñe;* ptg. *longe*. Vgl. Gröber, ALL III 515.

5687) **Lŏngīnus, -um** *n.*, Name eines Heiligen; dav. viell. frz. *longis*, langsamer Mensch.

5688) ***lŏngĭtānŭs, a, um** (*longus*), fern; ital. *longitano, lontano*, wov. das Vb. *allontanarsi;* altoberital. *lonçean*, vgl. Salvioni, Post. 13; prev. *lonhdá;* frz. *lointain*. Vgl. Dz 196 *lontano;* Gröber, ALL III 515.

5689) [***lŏngĭtĭă, -am** *f.* u. ***lŏngŏr, -ōrem** *m.* (v. *longus*), Länge; ital. *lunghezza;* prov. *longesa*, (daneben *longura*); frz. *longueur;* span. *longura, longor;* ptg. *longura, longor*.

5690) **lŏngĭtūdo, -ĭnem** *f.* (v. *longus*), Länge, ist als gel. W. zur Bezeichnung der geographischen Länge überall erhalten.

5691) **lŏngŭs, a, um,** lang: ital. *lungo;* sard. *longu;* valm. *löng*, ossol. *leng*, vgl. Salvioni, Post. 13; rum. *lung;* rtr. *lunk, léunk, liunk* etc., vgl. Gartner § 200; prov. *lonc;* frz. *long;* cat. *lluny;* span. *luengo;* ptg. *longo*. Vgl. Gröber, ALL III 515.

5692) **lŏqŭĭtŏr, -ārī** (Intens. v. *loqui*), sprechen; (rum. *locotesc ii ît î*, schwatzen).

5693) **lŏrā** u. **lŏrĕă, -am** *f.*, Tresterwein, Krätzer; ital. (tosc.) *loja*, vgl. W. Meyer, Z XI 256 (Diez 381 hatte *alluvies*, Caix, St. 43, *illuvies* als Grundwort aufgestellt; Canello, AG III 324, dachte an

Körting, lat.-rom. Wörterbuch.

lurida); ladinisch *lora* (ebenso in mehreren oberital. Mundarten, bresc. crem. *lura*); rum. *liuriu*.

5694) **lōrāmĕntum** *n.*, Riemenzeug; sard. *loramentu*.

5695) ***lōrāndrūm** *n.* (volksetymologische, an *laurus* angelehnte Umbildung von *·rhododendron*), Oleander, Lorbeerrose; ital. *oleandro* (aus *l'orandrum*), frz. *oléandre;* span. *oleandro, eloendro;* ptg. *loendro, eloendro*. Vgl. Dz 226 *oleandro*.

5696) **lōrum** *n.*, Riemen: sard. *loru*, dazu das Vb. *allorare;* valverz. *loeura* (= **loria*), fettuccia di covio, vgl. Salvioni, Post. 13.

5697) **lōtĭum** u. ***lōtĭum** *n.* (f. *lautium*), Urin; sard. *lozzu*, fango, guazzo; valses. *lozza*, sterco vaccino senza letame, vgl. Post. 13, Horning, Z XXII 486. **lōtūrā** s. **lăvātūra.**

5698) altgerm. ***lŏþr** (mit offenem o) = mhd. *luoder*, Lockspeise; ital. *logoro*, altes Leder, Köder, dazu das Vb. *logorare*, verzehren, schwelgen, u. das Adj. *logoro* abgerissen (nach Salvioni, Post. 13, soll *logorare* = *lücrare* sein); prov. *loire-s*, dazu das Vb. *loirar*, ködern; altfrz. **luerre, loirre, loerre* (vgl. Förster, RSt III 185); nfrz. *leurre*, dazu das Vb. *leurrer*. Vgl. Dz 196 *logoro;* Mackel, p. 30; Caix, St. 375.

5699) **lūbrĭco, -āre** (*lubricus*), glatt machen; ital. *lubricare;* (rum. *lunec at at a*, gleiten); span. ptg. *lubricar*.

5700) **lūbrĭcus, a, um,** schlüpfrig; ital. *lubrico*, schlüpfrig; span. *löbrego*, dunkel, traurig, vgl. Förster, Z III 562, über den Bedeutungswandel („schlüpfrig, feucht, im Schatten befindlich, sonnenlos, dunkel") vgl. Cuervo, R XII 109, (Dz 464 *s. v.* leitete das Wort von *lugubris* ab, ebenso C. Michaelis, St. p. 292; Baist, Z VII 120, stellte **rubricus* für *rúbricus* als Grundwort auf, worin ihm Parodi, R XVII 69, beistimmt unter Berufung auf span. *calumbrecerse*, rot werden, = (?)**cumrubrescere*); Gröber, Z VIII 319, meinte, dafs gegen Förster's u. Cuervo's Ableitung Bedenken bestehen bleiben. Das Richtige hat wohl Schuchardt gefunden, wenn er, Z XIII 531, *löbrego* von *lucubrum* (s. d.) ableitet. Vgl. auch Behrens, Metath. p. 59.

5701) [***lūcānă, -am** *f.* (vom Stamme *luc*, leuchten), = prov. *lugana*, Licht, von den gleichen Stamme auch *lugart-z*, Morgenstern, *alucar* (altfrz. *aluchier*), anzünden. Vgl. Dz 630 *lueur*. Auf den Stamm *luc*- ist auch rtr. *laschanna*, Blitz, zurückzuführen, vgl. Schuchardt, R IV 254.]

5702) **lūcānĭcă, -am** *f.*, eine Art Wurst; in oberital. Mundarten *luganega*, (genues. *lüganega*), vgl. Dz 381 *s. v.* Vgl. No 5685.

5703) **lūcĕo, lūxĭ, lūcĕre,** leuchten; ital. *lüeere;* (sard. *lughente*, hell); prov. *luzer, luzir;* frz. *luire* (altfrz. auch *luisir*); cat. *lluir;* span. *lucir;* ptg. *luzir*.

5704) [**lūcĕrnă, -am** *f.* (*luceo*), Lampe; ital. *lucerna;* nach Dz 629 frz. *lucarne* (altfrz. auch *lucanne*), kleines Dachfenster, vgl. dagegen W. Meyer, Z XI 255 Z. 10 v. u., wo Zusammenhang mit dem deutschen „Luke" vermutet wird. Und dies dürfte das Richtige sein, jedenfalls ist die Diez'sche Ableitung unhaltbar.]

5705) **lūcĕrnārĭŭs, -um** *m.* (*lucerna*), Leuchter; ital. *lucernario* „abbaino", *lucernajo* „chi fa lucerne", *lucerniere* „specie di sostegno per le lucerne", vgl. Canello, AG III 308.

5706) **lūcēsco, -ĕre** (Incheat. v. *lucēre*), anfangen zu leuchten; rum. *lucesc ii ît î*. S. auch **lūcĕo.**

5707) **lūcĭdo, -āre** (*lucidus*), hell machen; rum. *luciez ai at a.*

35

5708) **lūcĭdus, a, um,** hell; ital. *lucido;* (sard. *lughidu, luzzidu, (luzzigu);* sicil. *lucidu;* neap. *luceto;* aemil. *luzzid;* lomb. *lücid;* rum. *luciu = *lucius);* (frz. *lucide);* span. *lucido, lúcio;* ptg. *lucido.* Vgl. Schuchardt, Roman. Et. I 18.

5709) **lūcĭfěr, -ŭm** m. *(lux* u. *fero),* Morgenstern; ital. *lucifero;* rum. *luceăfer;* prov. frz. *lucifer;* span. *lucifero, lucero;* ptg. *lucifer.* Überall nur gelehrtes Wort.

5710) **lūcĭŭs, -um** m., Hecht; ital. *luccio;* rtr. *lusch;* prov. *luz;* altfrz. *lus;* (neufrz. *brochet);* cat. *llus;* (span. *sollo);* ptg. *lucio.* Vgl. Gröber, ALL III 515.

5711) ***lūcŏr, -ōrem** m., Glanz; altital. *lucore;* sard. *lugore;* prov. *lugor-s;* frz. *lueur;* cat. *lugor,* vgl. Morel-Fatio, R X 517. Vgl. Dz 630 *lueur;* Gröber, Z VIII 158, ALL III 515.

5712) **lūcro, -āre** *(lucrum),* gewinnen; abruzz. *lucrá,* verzehren (nach Salvioni, Post. 13; soll auch ital. *lograre, logorare* hierher gehören); rum. *lucres ai at a,* etwas betreiben; prov. span. ptg. *lograr.* Vgl. Dz 464 *logro.*

5713) **lūcrŭm** n., Gewinn; rum. *lucru* (bedeutet „Angelegenheit, Geschäft, Sache"); prov. *logre-s;* (frz. *lucre);* span. ptg. *logro,* davon das Kompos. span. *malogro,* ptg. *mallogro,* Mißerfolg, dazu das Vb. *mal(l)ograr,* vereiteln. Vgl. Dz 464 *logro;* Gröber, ALL III 515.

5714) **lūctă, -am** f., Ringkampf; ital. *lotta* (mit off. o); rum. *luptă;* prov. *lucha, locha* (dies nur in ital. Hdsch.); altfrz. *luite;* neufrz. *lutte;* cat. *luyta, lluyta;* span. *lucha;* ptg. *luta.* Vgl. Gröber, ALL III 515.

5715) **lūcto, -āre** *(lucta),* ringen, kämpfen; ital. *luttare, lottare;* rum. *lupt ai at a;* prov. *luchar, lochar, loitar;* altfrz. *luitier, (loitier* nur in anglonorm. Texten); neufrz. *lutter;* span. *luchar;* ptg. *lutar.* Vgl. Gröber, ALL III 515.

5716) **lūctŭs, -um,** Trauer; altlomb. *lugio,* vgl. Salvioni, Post. 13.

5717) **lūcŭbro, -āre,** bei Nacht (oder bei Licht) arbeiten; davon ptg. *lobregar, -igar, lombrigar, lubrigar,* undeutlich sehen, wovon wieder *lóbrego, lóbrigo* (auch span.), dunkel. Vgl. Schuchardt, Z XIII 531, der auch span. gal. *lubriecon,* Dämmerung, span. *lobrecar,* dunkel werden, hierher zu ziehen geneigt ist. — Über ptg *lubriscante* zu *navegante* s. **navigo.**

5718) **lūcŭbrum** n., schwaches Licht; dav. nach Horning, Z XVIII 221, ostfrz. *lour(e),* Spinnstube, ab. Über poitev. *louvres* vgl. Horning, Z XXII 487. Zu *luc.* gehört auch neuchâtel. *lövr,* nächtl. Gang zum Mädchen, *luvrey,* Abend, vgl. Ürtel, Beitr. zur Kenntnis des neuchât. Patois, Darmstadt 1897, p. 62. Zu Horning's Etymologie von ostfrz. *loure* vgl. G. Paris, Romania XXIII 614. Behrens, Festg. für Gröber p. 159, deutet, einer Vermutung Contejean's (Gloss. du patois de Mont-béliard p. 343) folgend, *loure* als *l'ovre,* „Werk, Werg, Spinnstube".

mhd. **ludere** s. **lĭgūra.**

lŭdr s. **lūră.**

5719) **lues, -em** f., Verderben; sard. *lua,* veleno, peste, dazu die Verba *luare, alluare,* vgl. Salvioni, Post. 13.

5720) **lūgěo, -ēre,** trauern; (ital. *lúgere),* davon nach Caix, St. 390, *lucciolare* „piangere (ravvicinato a *lucere,* come per accennare al luccicare della lagrime"), ämil. *lüssi* „piangere", mantuan. *lasagnar* „ravvicinato alla sua volta a *caragnar* dall' a. a.

ted. *karón".* — Alles sehr zweifelhaft. „Dal part. viene il mil. *lücá,* piangere, piagnucolare" Salvioni, Post. 13.

5721) ahd. **lugina,** Lüge, = (?) modenes. *luchina,* falsche Erzählung, vgl. Dz 381 *s. v.*

5722) **lūgŭbris, -e** (v. *lugēre),* traurig; ital. *lugúbre;* frz. *lugubre* etc., überall nur gelehrtes Wort. Über *lugubris* = (?) span. ptg. *lóbrego* s. oben **lūbrĭcus,** vgl. auch No 5717.

5723) **lūmbāgo, -gĭnem** f., Lendenlähmung; ital. *lombaggine.*

5724) ***lūmbĕă, -am** f. (v. *lumbus),* Lende; ital. (medenes.) *lonza, lunza;* frz. *longe,* vgl. Dz 628 *s. v.;* cat. *llenca;* span. *lonja.* Vgl. Gröber, ALL III 517.

5725) **lūmbrīcus, -um** m., Eingeweidewurm, Regenwurm; ital. *lombrico, lombrio;* genues. *ombrigo;* rum. *limbric;* prov. *lumbric-s, lombric-s;* frz. *lombric;* cat. *llambrich;* span. *lombriz, lambrija* (wohl mit Angleichung an *lamer);* ptg. *lombriga.* Vgl. Dz 462 *lambriga;* Gröber, ALL III 517; Ascoli, AG X 94 Anm. 2.

5726) **lūmbŭlūs, -ŭm** m. (Demin. v. *lumbus),* Lende. — frz. *nomble,* Hirschziemer, vgl. veron. *lombolo,* venez. *nombolo,* piac. *nombal.* Vgl. Dz 647 *s. v.*

5727) **lūmbŭs, -um** m., Lendo; ital. *lombo;* sard. *lumbu;* rtr. *lomas,* die Weichen; prov. *lomb-s;* cat. *llom;* span. *lomo;* ptg. *lombo.* Vgl. Dz 464 *lomo;* Gröber, ALL III 517.

5728) **lūměn** n., Licht; ital. *lume;* rum. *lume* (bedeutet „Welt, Menge"); prov. *lum-s;* (frz. *lumière* = ***luminaria);** cat. *llum;* span. *lumbre* (jetzt nur in bildlichem Sinne gebraucht); ptg. *lume.*

5729) **lūmĭnārě,** Pl. **lūmĭnārĭă** (von *lumen),* Fensterladen; (ital. rum. *luminare,* Licht; span. ptg. *luminar,* großes Licht); altspan. *lumnera,* Thürfenster über der Oberschwelle, vielleicht auch *umbral* (wenn = *l'umbral, lumbral),* Oberschwelle, vgl. Baist, Z IV 124; (gallic. *lumiéira;* ptg. *lumieiro,* Thürfenster; altptg. auch *lumear, lomear, lumiar, lomiar),* vgl. C. Michaelis, Misc. p. 159.

5730) **lūmĭnārĭŭs, -a, um** (v. *lumen),* leuchtend; ital. *luminiera* „lucerniere", *lumindra, lumindria* „festa con grande illuminazione", vgl. Canello, AG III 308; prov. *lumeira,* Licht; frz. *lumière,* Licht; span. *luminaria,* Licht; ptg. *lumieiro, lumieira,* Lampenstock, Leuchtfeuer, Thürfenster (s. oben **luminare),** luminaria, Licht.

5731) **lūmĭno, -āre** (v. *lumen),* erleuchten; ital. *al-* u. *illuminare;* rum. *luminez ai at a;* prov. *alumenar, alumina, il-, elluminar;* frz. *alumer, illuminar* (gel. Wort); span. *alumbrar, iluminar;* ptg. *allumiar, illuminar.* Vgl. Berger *s. v.*

5732) **lūmĭnōsŭs, -a, um** (v. *lumen),* hell; ital. *luminoso;* rum. *luminos;* prov. *luminos;* frz. *lumineux;* cat. *lluminos;* span. ptg. *luminoso.* Überall nur gel. W.

5733) **lūnă, -am** f., Mond; ital. rum. *lună;* prov. rum. *luna;* frz. *lune;* cat. *lluna;* span. ptg. *luna.*

5734) **Lūnae dĭēs,** Montag; ital. *lunedì;* rum. *luni;* prov. *dilus, diluns = dies lunae,* daneben *luns;* frz. *lundi;* cat. *dilluns;* span. *lunes;* (ptg. *segunda feira).* Vgl. Dz 197 *lunedì.*

5735) **lūnātĭcŭs, -a, um** (v. *luna),* mondsüchtig; ital. *lunatico;* rum. *lunatic;* prov. *lunatic;* frz. *lunatique;* cat. *lunatic;* span. ptg. *lunatico.* Überall nur gelehrtes Wort.

5786) [*lūnīttä, -am f. (Demin. v. luna), kleiner Mond; ital. lunetta, mondförmige Öffnung in einem Gewölbe; frz. lunette, Brillenglas. Vgl. Dz 630 lunette.]

5787) lūnūlä, -am f. (Demin. v. luna), kleiner Mond; ital. lulla, (mondförmige) Daube im Fsfs-beden, vgl. Dz 381 s. v.

5788) mhd. lunz, Schläfrigkeit; davon ital. lonzo, schlaff, vgl. Dz 381 s. v.

luoder s. lōþr.

5789) ahd. luogẽn, lugon; dav. ital. alloccare, lauern, vgl. Caix, St. 109; vielleicht desgleichen lucherare, scheel ansehen, luchéra, Blick, Miene; frz. reluquer (norm. auch das einfache Vb. luquer), anschielen. Vgl. Dz 630 luquer; Mackel, p. 128.

5740) lūpä, -am f., Wölfin, Hure; ital. lupa, Wölfin, lova, Hure, vgl. Canelle, AG III 325; rtr. luppa, Wolfsgeschwulst; frz. louve, Wölfin, loupe (gel. W.), kreisförmige Geschwulst unter der Haut, dann rundes Glas, Lupe. Vgl. Dz 629 loupe.

5741) [*lūpëä (v. lupus) = ital. loffia, eine Art Pilz, auch „crepitus ventris", vgl. frz. vesse de loup; span. lupia, Wolfsgeschwulst. Vgl. Dz 629 loupe; Caix, St. 386.]

5742) lūpīnus, a, um (lupus), zum Wolf gehörig; lomb. lüvin, monf. alvin, parm. anvein, vgl. Salvioni, Post. 13, indessen gehören alvin u. auvein gewifs nicht hierbei.

5743) lūpūlūs, -um m. (Demin. v. lupus), kleiner Wolf; ital. lopporo „uncino, strumento per estrarre oggetti caduti nel gozzo". Anwendung von Tiernamen zur Benennung von Werkzeugen ist ja häufig. Vgl. Caix, St. 389.

5744) lūpūs, -m m., Wolf; ital. lupo, vgl. Flechia, AG II 360; belog. louv, uncino; monf. luva, forca di legno, vgl. Salvioni, Post. 13; rum. lup; rtr. luf, louf etc., vgl. Gartner § 200; prov. lop-s, lup-s; altfrz. lou, leu; neufrz. loup; cat. llob; span. lobo, dazu die Zusammensetzung (mit Einmischung von lucubrum) entrelubrican, lubrican, zwischen Wolf u. Hund d. h. Dämmerungszeit, vgl. Cuervo, R XII 110 (über den Sinn dieser Redewendung vgl. Brinkmann, Metaphern p. 215 ff.); ptg. lobo.

5745) lūpūs + altnfränk. wërewulf = frz. loupgarou, Werwolf, vgl. Dz 629 s. v.; Mackel, p. 14; Darmesteter, Mots comp. p. 19; eine ganz analoge u. gleichbedeutende Bildung ist frz. brucolaque = altslav. vlŭkodlākŭ, bulg. vrŭkolak, vgl. Gaster, Z IV 585, u. Baist, RF III 643.

5746) lūra, -am f. (Georges setzt lūra an), Schlauch, = frz. loure, Sackpfeife, vgl. Dz 629 s. v.

5747) [germ. lūranjan, lauern, würde nach Dz 629 die vorauszusetzende Grundform für frz. lorgner, heimlich betrachten (davon lorgnette, -on, Augenglas, altfrz. lorgne, scheel), sein, vgl. dagegen Mackel, p. 25.]

5748) [*lūrcëūs, a, um (v. lurcare, fressen), gefräfsig, = ital. lugio „ghiotto", vgl. Caix, St. 393.]

5749) *lūrcīdus, a, um, schmutzig; dav. nach Schuchardt, Roman. Etym. I 48, ital. lercio, schmutzig (vgl. sbilurciare : sbilereare); lercia, Schmutz, südeard. lurzina, luzzina, Pfütze, Schuchardt, Roman. Et. I 48; Diez leitete die Wertsippe von mhd. lerz (s. d.) ab.

5750) *lūrīdūs, a, um (schriftlat. lūridus); blafsgelb; ital. lúrido (gel. W.), lordo „sporco", vgl. Canello, AG III 324; bis + luridus = bolordo (frz. balourd), schwerfällig, tölpelhaft; prov. lort-z, un-

gehorsam (neuprov. auch „schmutzig"); altfrz. lord, lort (mit off. o), blöde; neufrz. lourd, schwerfällig, schwer; span. ptg. lerdo, schwerfällig. Der Weg des Bedeutungswandels mufs gewesen sein: „gelblich, schmutzig gelb, faulfleckig, faul, träge, langsam, unbeholfen." Vgl. Dz 197 lordo; Gröber, Grundrifs I 697); Cornu, Grundrifs I 767 § 171; d'Ovidio, Grundrifs I 515; Meyer-L., Ital. Gr. § 53 p. 36. S. auch oben aurëūs.

5751) lūscīnīölä, -am f. (Demin. v. luscinia), Nachtigall; ital. lusignuolo, usignuolo, rosignuolo; prev. rossignol-s; frz. rossignol (altfrz. auch lousignol); cat. rossinyol; span. ruiseñor (altspan. roseñol); ptg. rouxinhol. Vgl. Dz 275 rosignuolo; Gröber, ALL III 518; Fafs, RF III 488.

5752) *lūscūs, a, um (schriftlat. lūscus), schielend; ital. losco, blödsichtig; rtr. losch, hochmütig; prov. losc, schielend; altfrz. lois (Meyer-L.), d'Ovidio „Glanz"); Ztschr. f. frz. Spr. u. Lit. XX² 67), losche, losque; neufrz. louche; (span. ptg. lusco). Vgl. Gröber, ALL III 518; G. Paris, R X 59.

5753) lūstro, -āre (lustrum), hell machen; ital. lustrare; rum. lustruesc ü it i; frz. lustrer; span. ptg. lustrar. Nur gel. W.

5754) lūstrūm n. (stammverwandt mit lucēre), leuchten), Reinigung (die im Roman. vorwiegende Bedtg. ist „Glanz"); ital. lustro; rum. lustru; frz. span. ptg. lustre. Nur gel. W.

5755) lūtëūs, a, um (v. lutum), lehmig, kotig; dav. (ital. lucia „vaso di terra cetta"? vgl. Caix, St. 392); mail. lozza, slozza, melma, vgl. Salvioni, Post. 13, s. auch oben lotium; rtr. lozza, Schlamm; prev. lot-z; altfrz. lois, schmutzig, nichtsnutzig(?); span. loza, aus Thon gefertigtes, irdenes Geschirr. Vgl. Dz 464 loza; Gröber, ALL III 518; Horning, Z XVIII 221.

5756) *lūtīdus, a, um (lutum), schmutzig; span. ludio; (ptg. lodro), vgl. Meyer-L., Roman. Gr. I § 128, u. Cornu, Gröber's Grundrifs, I 748 § 113. Nach Schuchardt, Roman. Et. I 47, gehört ludio zu ludir, reiben (galiz. luirse sich durch Reiben abnutzen), denn es bedeute in der Gaunersprache „(abgeriebene) Kupfermünze", auch „gerieben, verschmitzt".

5757) lūto, -āre (v. lutum), beschmutzen; ital. lutare, lotare; sard. luddi; rum. lutuesc ü it i.

5758) lūtōsūs, a, um (v. lutum), kotig; ital. lutoso, lotoso; sard. ludosu; rum. lutos; prov. lutos; span. ptg. lodoso.

5759) lūträ u. *lūtrīä, -am f., Fischotter; ital. lontra, (in oberital. Mundarten lodria, ludria); prov. luiria, loiria; frz. loutre, vgl. G. Paris, R X 42; span. lutria, nutria; ptg. lontra. Vgl. Dz 196 lontra; Meyer-L., Rom. Gramm. I § 147 p. 140.

5760) [*lūtūlä, -am f. (Demin. zu lutum), Kot; davon nach Caix, St. 388, ital. lontora „pillacchera".]

5761) [*lūtūlo, -āre (lutum), beschmutzen; davon nach Parodi, R XVII 69, galliz. lujar, lijar, beschmutzen, dazu das Vbsbst. lijo, ebenso span. lixoso, lijoso, Schmutz, = *lutulosus.]

5762) lūtum (u. *lōtum) n., Kot; ital. luto, loto; sard. ludu; rum. lut; span. ptg. lodo (u. ludro). Vgl. Horning, Z XVIII 221.

5763) lūx, lūcem f., Licht; ital. luce; prov. luz; cat. lluz; span. ptg. luz.

5764) griech. λυχν- (licn-); davon nach Scheler im Dict., 3. Ausg. s. v. ligne (vgl. Cohn, Suffixw.

p. 251), frz. ligneul, Pechdraht; man sieht aber nicht ein, warum das Wort nicht — lineolum von linea sein soll.

5765) *lycisce (lycisca), ein Hundename; prov. leissa, Jagdhündin zur Zucht; altfrz. leisse; neufrz. lice. Vgl. Dz 626 lice.

5766) lȳnx, lyncem c. (λύγξ), Luchs; ital. lonza, Unze; frz. once (aus l'once, lonce); span. ptg. onza. Vgl. Dz 196 lonza.

M.

5767) ndl. maatgenot, Mahlgenosse, ist nach Breusing, Niederdeutsches Jahrb. V, das Grundwort zu frz. matelot (altfrz. matenot). Andere Ableitungen s. unter mattegenoet.

5768) Mac Adam, Name eines im J. 1835 verstorbenen Baumeisters; davon frz. macadam, eine Art Strafsenpflasterung.

5769) [*māccīttus, -um m. (maccus) = altfrz. machet, ein Vogel (Eule?), vgl. Förster zu Cliges 6432.]

5770) [*mācco, -āre, quetschen, stampfen, ist das vorauszusetzende, aber in keiner Weise zu belegende Grundwort zu ital. maceare, ammaccare, smaccare, quetschen, stampfen, dazu das Vbsbst. macco, Zerquetschung, Gemetzel, Brei, besonders Bohnenbrei; (Salvioni, R XXVIII 98, stellt *macicare statt maccare als Grundwort auf; rtr. smaccar; prov. macar, machar; altfrz. maquer, dazu die Sbsttve macheüre, Gemetzel, maque, Hanfbreche (auch neufrz.), maquet, in Bolzen; cat. macar; span. macar, dazu das Vbsbst. maca, Quetschung an Früchten, Fleck. Vgl. Dz 382 macco u. 382 maciulla (denn auch dies ital. Wort, „Hanfbreche" bedeutend, zieht Diez, u. zwar mit Recht, zu maccare); Th. p. 66 erklärt bret. mac'ha „opprimer, oppresser" für einen früh aus dem festländischen Vulgärlatein entlehnten Stamm. Auch das Rumänische besitzt hierher gehörige Worte: mātcă, Schlägel (zum Butterrühren), măcău, Stock. — Der Stamm der ganzen Wortsippe, zu welcher auch lat. macula (eigentl. kleine Quetschung, welche einen blauen Fleck verursacht) gehört, ist offenbar mac-, wovon auch griech. μάσσειν, kneten. Vgl. auch Gröber, ALL III 519.]

5771) maccus, -um m., Dummkopf, auch stehender Name des Hanswurstes in den Atellanen, — sard. maccu, einfältig. Vgl. Dz 382 s. v.; Gröber, ALL III 519; Dieterich, Pulcinella p. 88.

5772) mācellārīŭs, -um m., Fleischwarenhändler; ital. macellaro, macellajo, Fleischer, dazu das Vb. macellare, schlachten; rum. măcelar, dazu das Vb. măcelăresc si it i, töten, niedermetzeln; prov. mazelier-s, dazu das Vb. mazellar. Vgl. auch Caix, St. 400.

5773) mācĕllŭm n., Fleischmarkt, = ital. macello.

5774) mācĕr, a, um, mager; ital. macro; magro; rum. macru; prov. magre, maygre; frz. maigre; cat. magre; span. ptg. magro.

5775) mācĕrĭa, -am f., Mauer aus Lehm, = (ital. macìa); piem. maséra; altfrz. maisière, Fachwand, davon maisèré, gemauert.

5776) mācĕro, -āre, abmagern; ital. macerare; rtr. maserar; altfrz. mairier, marrier, merrer, vgl. Tobler, Gött. gel. Anz. 1867 p. 918; Horning, Z XIX 72.

5777) (chorea) Machabaeorum; davon vermutlich frz. (la danse) macabre, Totentanz, vgl. Dz 631 s. v., wo verwiesen wird auf Grimm, Myth. p. 810; Wackernagel, Ztschr. f. dtsch. Altert. IX 314. Etwas anders erklärt G. Paris, R XXIV 129 (vgl. XXIV 588), das Wort; er weist überzeugend nach, dafs dessen richtige Form nicht macabre, sondern Macabré ist, Macabré aber ist seiner Ansicht nach ein Personenname (Macabré = Macabé = Macchabaeus), viell. der Name des ersten Totentanzmalers. Über Form u. Bedeutung des Worts in frz. Mundarten vgl. Horning, Z XXI 233.

5778) māchĭnă, -am f. (μηχανή), Maschine; ital. macchina, Maschine, macina „la pietra che serve a tritare il grano", vgl. Canello, AG III 373; rum. măcină; frz. machine (gel. W.); span. máquino, machina, Maschine, maña (aus mac'na), Fertigkeit; ptg. machina, manha. Vgl. Dz 382 mácina, 466 maña; Gröber, ALL III 519.

5779) *māchīnānŭs, -um m. (v. machina) = ital. magnano, Schlosser; frz. (mundartlich) magnan, magnier, mignon; cat. manyá. Vgl. Dz 466 maña; Flechia, AG III 175.

5780) *māchīnēŭs, -um m. (v. machina) = ital. macigno (eigentl. Stein, der zum Mahlen verwandt wird), Bruchstein, vgl. Dz 382 mácina.

5781) *māchĭno, -āre (schriftlat. machinari und dies nur in übertragener Bedtg. „auf etwas sinnen"), mahlen; ital. macinare; rum. macin ai at a. Vgl. Dz 382 mácina.

5782) māchĭo (= māccĭo), -ōnem m., Gerüstarbeiter (Isid. 19, 8, 2; das Wort ist vielleicht german. Ursprungs = *matja); prov. masso-s; frz. maçon; (span. mazon, wovon das Vb. mazonar); (ital. heifst „der Maurer" muratore, span. albañil; ptg. alvanel,-il, alvanir, wohl von albus, eigentlich Weifstüncher. Vgl. Dz 631 maçon; Mackel, p. 116; Gröber, ALL III 519).

5783) mācto, -āre, schlachten; prov. span. ptg. matar, schlachten, töten, davon das Nomen actoris matador. Vgl. Dz 468 matar. Die Ableitung ist indessen nicht ohne Bedenken, vielleicht setzt man statt mactare besser *mattare aus *maditare (befeuchten), trunken machen, betäuben, als Grundwort an. Möglich auch, dafs matar auf got. maitan (s. d.) „schlagen", zurückgeht.

5784) *māctră, -am f. (μάκτρα), Backtrog; neap. matra; (mail. marna; neuprov. mastra; wallon. mairi, kneten). Vgl. Dz 382 mádia.

5785) mācŭlă, -am f., Fleck, Masche; ital. macula, macola „piccolissima macchia, specialmente morale", macchia „tacca, tratto di bosco", maglia „punto o costa a calza", vgl. Canello, AG III 352; (rum. măgură, bewaldete Anhöbe, gleichsam ein dunkler Fleck im Landschaftsbilde?); prov. macula (gel. Wort), malha, malla, Masche; frz. maille, Masche; cat. macula (gel. Wert), malla, Masche; span. malla, Fleck, Gebüsch, abgeleitet mancilla, Fleck, Wunde, malla, Masche, (Baist, Z VII 121, zieht hierher auch mangla, Mehltau, Reiffrost); ptg. macula (gel. Wort), magoa, Fleck, malha, Masche, Schäferei (s. unten maculata), (nach Baist gehört hierher auch mangra, Mehltau). Vgl. Dz 198 macchia; Gröber, ALL III 519 (wo sehr hübsch bemerkt wird, dafs das n in span. mancha, mancilla sich aus Anlehnung an mancus erkläre). S. auch unten māgŭlīā, măpālīă.

5786) [*mācŭlānŭs, -um m., = span. majano, Steinhaufe, vgl. Gröber, ALL III 520.]

5787) [***măcŭlătă** (v. *macula*): ausgehend von der Thatsache, dafs *macula* im Roman. auch die Bedtg. „bewachsener Fleck, Umzäunung, Pferch" besitzt u. daraus leicht diejenige von „Hürde" entstehen konnte, wie denn wirklich ptg. *malha* auch „Schäferei" bedeutet, leitet Gröber, ALL III 520, cat. *mallada*, Schafstall, Schäferhütte, span. *majada*, ptg. *malhada* von *macula* ab und ist geneigt, auch für sard. (logudor.) *madáu*, Schafstall, den gleichen Ursprung anzunehmen. Siehe unten **magalia.**]

5788) măcŭlo, -āre (v. *macula*), beflecken; ital. *macolare, macchiare, magliare* (s. oben unter **macula** die entspr. Sbattva); span. *manchar*, beflecken; ptg. *magoar*. Über frz. *maculer* vgl. Berger *s. v.*

5789) mădīdŭs, a, um, nafs, feucht; davon nach Baist, Z V 563 (vgl. RF I 442), ital. *mattono*, Backstein; frz. (mundartlich) *maton*, eine Art Käsekuchen, auch Backstein, cat. *mató*, Rahmkäse. Diez 208 *mattone* leitete die Wortsippe aus dem deutschen „Matz, Matte (Käsematte)" ab, Baist dagegen hält das deutsche Wort für dem Romanischen entlehnt. Flechia, AG IV 373, empfahl unter Hinweis auf neap. *mantone* das bereits von Muratori vorgeschlagene lat. *maltha*, Kitt, als Grundwort. Vermutlich sind alle die Worte, welche sich auf Milch u. Käse beziehen, von *matta* (s. d.) abzuleiten, vgl. Förster, Z III 563; Schuchardt, Z VI 121. — Auf *madídus*, bezw. **madītus, *mattus* (s. u. *matus*) geht viell. auch zurück ital. *matto*, durchnäfst, betrunken, besinnungslos, unverständig; piem. *mat*, wov. wieder *matot*, unverständiges Kind, Fant, Bursche, *matota* und gekürzt *totu*, Mädchen; frz. *mat* in *du pain mat*, teigiges schweres Brot, vgl. Behrens, Z XIV 369, Förster, Z XVI 252.

5790) ahd. **mado, mădo;** davon (bezw. von einem latinisierten **mado, -onem*) frz. *man*, Larvo des Maikäfers (*man : *madonem = paon : pavonem*), vgl. Jeret, R IX 120.

5791) maena, -am *f.* (μαίνη), ein kleiner Meerfisch; span. *mena*.

5792) maestus, a, um, traurig; ital. *mesto*; (rum. *mistret*, nach Ch. *s. v.* = **maesticius*, elend armselig); prov. *mest-s*; ptg. *mesto*.

5793) mitteludl. **maffelen** (*moffelen*), muffeln; dav. frz. *mafflé, mafflu*, pausbäckig, vgl. Th. Braune, Z XXI 219.

5794) [**măgălĭă** u. **măpălĭă** *n. pl.*, Zelte, Hütten; davon nach Dz 465 u. 471 span. *majada*, Schafstall, *naguela*, Hütte; ptg. *malhada*, Schafstall. Vgl. jedoch Gröber, ALL III 520, wo mit Recht diese Ableitung als lautlich unmöglich bezeichnet u. für *majada, malhada* eine **maculata* (s. d.) als Grundwort aufgestellt wird. Will man bei Gröber's Annahme sich beruhigen — welche ein triftiger Grund, sie anzuzweifeln, sich nicht darbietet —, so könnte man den Ursprung des Wortes im griech. μαλλός, Flocke, Zotte, Welle, vermuten und daraus entstandenes **malliata*, Wollvieh, annehmen. Der Umstand, dafs gerade die pyrenäischen Sprachen viele griech. Elemente in sich bergen, würde solcher Annahme zu einiger Stütze gereichen können.]

5795) got. **magaps** (ahd. **magad,** Magd; davon (?) viell. oberital. u. rtr. *matta*, Mädchen, (dazu *matto*, Knabe, s. aber No 5789), sard. *máuglia* (= *mattuglia?*), Kinderschwarm. Vgl. Dz 384 *matto* 2.

5796) măgĭcus, a, um, magisch, zauberisch; altfrz. *artimaire* (= *art[em] magica*, s. oben **ars magica.** S. auch **magus.**

5797) măgĭdă, -am *f.*, Schlüssel; ital. *mádia,*

Backtrog (lat. *magis, -idem* = gr. μαγίς, μαγίδα); sicil. *maidda*; prov. *mag-s*; frz. (mundartlich) *meie, maid, met*; ptg. *malga* aus **madga* f. *magda* (Meyer-L., Roman. Gr. I p. 480). Vgl. Dz 382 *mádia*; W. Meyer, Z VIII 216; Behrens, Metath. p. 45; Flechia, AG IV 372; Gröber, ALL III 521.

5798) măgĭs (über die Bildung des Wortes vgl. O. Keller, ALL IV 316), mehr; ital. *ma*, vielmehr, aber, *mai*, jemals; rum. *mai, ma*, mehr, noch, ungefähr; rtr. *ma, mo*; prov. *mais*, mehr, *mas*, aber; frz. *mais*; cat. *may*; span. ptg. *mais, mas*. Vgl. Dz 200 *mai*; Gröber, AG IV 372; Gröber, ALL III 521 (nimmt an, dafs *magis* bereits im Latein einsilbig gewesen sei).

5799) măgĭstĕr, -rum *m.* (v. *magis*), Lehrer, Meister; ital. *maestro* u. (seltener) *mastro*, vgl. Canello, AG III 390, dazu das Fem *maestra* u. *maestressa*; rum. *măiestru*; prov. *magestre-s, maestre-s*; frz. *maitre*, dazu das Fem. *maitresse*; altspan. *mestro, mestre*, (neuspan. *maestre, maestro*; ptg. *mestre*). Dazu zahlreiche Ableitungen, z. B. ital. *maestria* etc. (frz. aber *maitrise*). Meisterschaft; ital. *maestrale* (gleichsam Herrwind, Hauptwind), Nordwestwind, vgl. Canelle, AG III 374; prev. (frz.) *mistral*; cat. *mestral*; span. *maestral*. Vgl. Dz 199 *maestro*.

5800) măgĭstĕrĭum *n.*, Meisterschaft; altfrz. *maestire*, vgl. Cohn, Suffixw. p. 284; Berger p 168.
măgĭstră s. **măgĭstĕr.**

5801) *măgĭŭs, -um *m.* u. **măgă, -am** *f.* (für *magus, -a*), Zauberer, -in; davon nach Baist, Z VII 113, u. C. Michaelis, Misc. 138, span. *mego*, ptg. *meigo* (durch Liebenswürdigkeit und Sanftmut bezaubernd), sanft, gefällig. Dz 468 *mego* wollte das Wort von *mitificus*, lieber noch von *mitigatus* ableiten, was lautlich unmöglich ist.

5802) măgnŭs, a, um, grofs; ital. *magno* (nur gel. W., u. auch als solches nur in Verbindungen wie *Alessandro magno* u. dgl. üblich); sard. *mannu*; frz. **main*, (gelehrt *magne* in *Charlemagne*); aus dem volkstümlichen Gebrauche ist *magnus* durch *grandis* (s. d.) völlig verdrängt worden. *Tam magnus* + *tantum* = **tamanto*, gekürzt **mant[o]*, daraus mit Anlehnung an **main* frz. *maint*, vgl. Schuchardt, Z XV 241 (s. auch unten **manti**).

5803) ahd. **magan,** mhd. **mage,** nhd. **magen;** davon ital. (modenes.) *magone*, Kropf der Vögel, (lucch.) *macone* „ventriglio dei polli", vgl. Caix, St. 397; rtr. *magun*, Magen, auch „Verdrufs", davon *magonar*, Magenschmerzen haben, *magunia*, Ärger, Kummer, vgl. Stürzinger, R X 257. Vgl. Dz 382 *magone*; Mussafia, Beitr. p. 76.

5804) ahd. **mâgo,** mhd. **mâhen,** Mohn, = frz. (norm.) *mahon*, wilder Mohn, vgl. Dz 656 *pavot*.

5805) ahd. **mahal,** Gericht (got. *mapl*, ags. *mêðel*, vgl. Mackel, p. 56); altfrz. *mall* (*public*), öffentliche Gerichtsverhandlung, vgl. Dz 632 *s. v.*

5806) türk. **malmun,** Affe; ital. *monna*, span. ptg. *mona*, frz. *mone*, Affin, Nonnenaffe, vgl. Z XV 96; viell. aber ist *monna* gekürzt aus *madonna*.

5807) got. **maitan,** ahd. **meizan,** schlagen; dav. nach Caix, St. 424, ital. *mezzo* (mit geschloss. *e*), weich, welk (*frutto mezzo*, eigentl. eine gequetschte u. dadurch weich, fleckig gewordene Frucht), mundartlich (luches. neap.) *nizzo*. Dz 385 *mezzo* stellte **mitius* für *mitis* als Grundwort auf, was lautlich unannehmbar ist. — Diez 467 *mata* u. 468 *matiz* leitet vermutungsweise von *maitan* „(Holz) fällen" ab span. *mata*, Busch, Gebüsch, Strauch, Staude, ptg. *mato*, Gebüsch, span. *matiz*, die Abstufung des Grüns in einem Walde, die Schattierung der Farbe, dazu das Vb. *matizar*, schattieren.

5808) amerikanisch **maiz, Mais,** = span. *maiz* etc., vgl. Dz 465 *s. v.*

5809) *mājālis, -em *m.*, geschnittenes männliches Schwein; ital. *majale.*

5810) *mājēnsis, -e (v. *Majus*) = ital. *maggese,* Brachfeld (weil im Mai das Feld umgebrochen wird), vgl. Dz 382 *s. v.*

5811) mājēstās, -ätem *f.*, Majestät; ital. *maestà;* altfrz. *maïsté;* neufrz. *majesté;* span. *majestad;* ptg. *magestade.* Vgl. Berger *s. v.*

5812) mäjŏr, -ōrem (Komp. zu *magnus*), gröfser; ital. *maggiore;* rum. *mare* (bat die Bedtg. des Positive erhalten „grofs, bedeutend" u. dgl.); prov. c. r. *majer maer,* c. o. *major;* frz. c. r. *maire,* Shst., Vorsteher, c. o. *majeur* (gel. W.): cat. *major;* span. *mayor;* ptg. *major, mór.* Vgl. Berger p. 173.

5813) Mäjŏrcä, die Insel Majorca; davon ital. *majolica,* unechtes Porzellan, vgl. Dz 382 *s. v.*

5814) [*mäjŏrīnŭs (v. *major*), = span. *merino,* Bezirksrichter; ptg. *meirinho.* Wegen des Bedeutungswandels vgl. frz. *maire.* Vgl. Dz 469 *merino.*]

5815) Mäjŭs, -um *m.,* Mai; ital. *maggio;* Mai; rum. *mai;* prov. frz. cat. *mai* (prov. *maia,* Maibaum, Birke); span. *mayo,* davon *mayota,* Maifrucht, Erdbeere, vgl. Dz 468 *s. v.;* ptg. *maio, mayo.* Vgl. Dz 200 *mago.*

5816) gr. *μάκαρ* u. *μακάριος,* selig; dav. ital. *macári, magári* (= *μακάριε*), *magára,* Interj., wenn doch! möchte doch! (Miklosich, Türkische Elemente etc., hat allerdings die Diez'sche Ableitung bestritten); *maccherone,* Fadennudel (so genannt, weil sie eine bei Leichenessen übliche Speise war, vgl. Liebrecht, Jahrb. XIII 230; besser dürfte indessen das Wort von *maccare* [s. d.] quetschen, kneten, abzuleiten sein). Vgl. Dz 381 *macári,* 382 *maccherone.*

5817) ndl. **makelaar,** Mäkler; davon frz. *maquereau,* Kuppler, vgl. Dz 633 *s. v.*

5818) malūcia, -am *f.* (vgl. Lattes, ALL VIII 441), Windstille; volkstümlich. um den Anklang an *malus* zu vermeiden, umgedeutet in **bonacia* = ital. *bonaccia,* später abermals in das Ital. aufgenommen in der Form *maccheria,* arag. *makkaria.* Vgl. de Lollis, Studj di filol. rom. I 418; Meyer-L., ALL VII 445; Ascoli, AG XIII 451 Anm.; Salvioni, Post. 13.

5819) mälägmä *n.* (*μάλαγμα*), Erweichungsmittel; davon ital. etc. *amalgamare* (Kunstausdruck in der Erzbearbeitung), vgl. Dz 14 *s. v.*

5820) mälä hōrä, zur bösen Stunde; dav. viell. durch starke Kürzung altfrz. *mar.*

5821) [*malaldus, a, um (*male* + Suffix -*ald*) daraus durch Dissimilation des ersten *l* *maraldus, ist nach Bugge, R III 155, die Grundform zu frz. *maraud,* armseliger Mensch; Bettler, Lump, Bummler, Taugenichts; davon das Vb. *marauder,* plündernd umherstreifen, und das Nomen actoris *marodeur,* plündernder Umherstreifer. Dz 634 *maraud* glaubte das Wort von *marrir,* betrüben, sich verirren, ableiten zu müssen, was laut lich u. begrifflich nicht wohl angeht. Mahn wollte *marodeur* aus *morator-em* erklären, was unmöglich gebilligt werden kann. Rönsch, Jahrb. XIV 183, schlug hebr. מָרוּד (*marúd*) „heimatlos, umheirrend" als Grundwort vor, und damit könnte man sich allenfalls befreunden, wenn nicht Bugge's Ableitung als die einfachere u. von allen Bedenken freie unbedingt den Vorzug verdiente. Cohn, Festschr. f. Tobler p. 285, leitet

frz. *maraud, marauder* von altfrz. *marote (v. *Maria* [s. d.], liederliches Weib) ab, hinweisend auf ptg. *marota,* geiles Weib, span. *marota,* Fuchs, Horning, Z XXII 487, will *maraud* von (*mas*), *marem,* Mann, ableiten, ebenso ptg. *marão,* Schelm. Die Bedeutungsentwickelung von *maraud* soll nach H. sein: „männliches (nicht kastriertes), schwer zu mästendes, unansehnliches, kränkliches Tier".]

5822) malandria *n. pl.,* Räude; ital. *malandra.*

5823) [Malchus, biblischer Eigenname (Name des Kriegsknechtes, dem Petrus das eine Ohr abhieb); davon nach C. Michaelis, Misc. 140, das (von Dz 470 *s. v.* unerklärt gelassene) ptg. *mouco,* schwerhörig, das also eigentl. „einohrig" bedeutet haben würde. Der „Einfall" der gelehrten Dame, denn nur als einen solchen bezeichnet sie ihre Vermutung, ist ganz ansprechend. Bugge, R IV 367, wollte das Wort von **mūcus* = gr. *μῦχος* ableiten, was weniger befriedigt.]

5824) mälŭ (Adv. zu *malus*), schlecht; ital. *male* (auch als Shet. gebraucht); prov. frz. cat. span. ptg. *mal* (davon prov. abermalige Adverbbildung *malament*). Neben dem Adv. ist ein Sbst. *mal,* das Übel, vorhanden, das ebensowohl = *male* als auch = *malum* sein kann.

5825) [mälŭ + aeger; daraus nach Dz 614 *heingre* frz. *malingre,* kränklich, abzuleiten; besser erklärt man das Wort wohl aus *mal-* + -*ing* + unorganischem *r* (vgl. *tristre*).]

5826) mälŭ + ăntŭ, übel voran; davon prov. *malan-s,* Unglück, (man könnte auch an *mal*[*us*] + *annus* denken, dann aber würde das Wort von dem gleich zu erwähnenden getrennt werden, was unthunlich erscheint), *malanans,* unglücklich, *malanansa,* Unglück.

5827) mälŭ + *a[u]gŭrōsŭs = prov. *malauros,* unglücklich; frz. *malheureux.*

5828) [mälŭ *cădītŭs, a, um (für *casus*) = span. *maleaido,* unglücklich, arm. Vgl. Dz 637 *méchant.*]

5829) mälŭ + dīcĕrĕ, verfluchen; ital. *maledire;* sard. *maleighere;* altoberital. *maleexir,* vgl. AG XIV 210; altgenues. *mareitó,* vgl. AG VIH 367, Salvioni, Post. 13; prov. *maldir, maudir;* altfrz. *maleïr, maldire;* frz. *maudire;* span. *maldecir;* ptg. *maldizer,* (üblicher *amaldiçoar*). **mälĕdīctŭs, -ōnem** *f.* s. Nachtrag.

5830) [*mälŭ + *făctŏriä = span. *malfetria,* Übelthat, vgl. Dz 431 *behetria.*]

5831) mälŭ + făctŭm; altfrz. *maufait,* Übelthat.

5832) mälĕficŭs, a, um, übel handelnd; altoberital. *malveghéra, maliarda,* vgl. AG XII 412; Salvioni, Post. 13.

5833) mälŭ + hăbĭtŭs, a, um, sich übel behabend, unwohl, krank; (ital. *malato,* vermutl. Part. P. v. *malare,* vgl. *ammalare,* krank machen; *ammalato;* neben *malato* altital. *malatto,* wohl angeglichen an *atto* = *aptus,* davon das Sbst. *malattia);* über ital. mundartliche Formen des Wortes vgl. Flechia, AG VIII; prov. *malapte, malaute,* dazu das Sbst. *malautia,* abgeleitet **malaveitja* u. *malavetjar,* daraus *malavejar,* sich übelbefinden, wozu das Sbst. *malavêch, malavei,* Unbehagen, vgl. Tobler, Z III 573; frz. *maladie;* (cat. *malalt,* dazu das Shet. *malaltia);* altspan. *malato;* im Neuspan. wird „krank" durch *malacho* = **malaceus* ausgedrückt; im Ptg. sind die üblichen Ausdrücke für „krank" *doente* = *dolent-* u. *infermo.* Vgl. Dz 200 *malato* (Diez stellt

male aptus als Grundform auf); Cornu, R III 377
(hier zuerst die richtige Ableitung); Rönsch, Z I
419; Caix, Giornale di fil. rom II 71; Tobler, Z III
573; Gröber, ALL III 522 (hier sehr interessante
Bemerkungen über die ital. Worte).

5834) **mălĕ + lĕvo** (od. ēlĕvo), **-āre**, übel erziehen; davon nach Dz 465 *malvar*, prov. *malvat-z*,
böse, davon *malvadesa*, Bosheit; altspan. *malvar*,
böse machen; neuspan. *malvado*, boshaft. Vgl.
dagegen die überzeugenden Bemerkungen von Gröber,
ALL III 524. S. **mălĕ + vătīŭs.**

5835) **mălĕ + nātŭs**, unedel geboren, gemein,
schlecht; prov. *malnat;* frz. *mauné;* das prov.
Wort wurde als *monatt* in das Lombardische übertragen u. erhielt sich begrifflich mit *male+nitidus*
= *malnett* mischend, die Bedtg. „schmutziger
Mensch, Leichenwächter, Wächter von Pestkranken"
(die *monatti* in Manzoni's Promessi Sposi), vgl.
Nigra, AG XIV 372.

5836) **mălĕ + săpĭdŭs, a, um**, übelschmeckend,
= frz. *maussade*, geschmacklos (vgl. altfrz. *sade*,
süfs). Vgl. Dz 674 *s. v.*

5837) **mălā + *tolta** (v. *tollere*) = ital. *mala-
tolta* (*moneta*), erprefstes Geld, *maltolto, malntolta*,
Gelderpressung; frz. *maltôte;* altptg. *maltosta*,
mallatosta, Abgabe von Wein. Vgl. Dz 632 *maltôte.*

5838) **mălĕ + vătīŭs, a, um**, arg gebogen, ver-
bogen, schlecht (vgl. in Bezug auf den Bedeutungswandel *tortus* = frz. *tort*), ist das von Gröber
Misc. 45 u. ALL III 523, aufgestellte Grundwort
für ital. *malvagio* (das von Gr. mit Recht für aus
Frankreich entlehnt erklärt wird); prov. *malvatz*,
malvaza u. (nach Analogie der Partizipien Prät.
der A-Konj.) *malvado*, wozu dann wieder ein auch
in das Span. übertragenes Mask. *malvado* u. schliefslich im Span. ein Inf. *malvar* gebildet ward; frz.
mauvais; (altspan. *malvazo*). Sonst wird der
Begriff „schlecht" im Roman. durch einfaches *malus*
(s. d.) ausgedrückt. Diez 201 *malvagio* stellte got.
balvavēsis (v. *balvavēsei*), bezw. german. *balvāsi*
(nach Mackel, p. 71 wohl besser *balowāsi*) als
Grundwort auf, vgl. dagegen Bugge, R IV 362,
wo statt dessen *malvatius*, abgeleitet von *malvatus* = *male levatus*, in Vorschlag gebracht wird,
ohne dafs freilich die Art einer solchen Ableitung
glaubhaft gemacht würde. Abenteuerlich war Hofmann's im ALL I 591 geäufserter Einfall, dafs
mauvais auf lat. *malvax*, weichlich, v. *malva* (das
seinerseits mit μαλακός, μάλθα etc. zusammenhängen u. eigentlich „weiche Pflanze" bedeuten soll)
zurückgehe. Noch verwickelter ist Cohn's Ableitung,
Z XIX 458: *malévolus : mélevolus : *malvulus :
*malvus : *malvax : mauvais.* Unter allen diesen
in Vorschlag gebrachten ist die Gröber'scho Ableitung immer noch die annehmbarste, aber freilich
hat sie gegen sich, dafs sich für den nach ihr anzunehmenden Gebrauch von *male* in verstärkendem
Sinne („arg = sehr") sonst im Romanischen wohl
kein Beispiel finden dürfte. Auch würde *male
vatia* zu *mauvaice* geworden sein; Gröber bemerkt
dies selbst, fügt aber hinzu, dafs *mauvaise* aus
dem Mask. *mauvais* hervorgegangen sei, wie das
Fem. *douce, douze* aus dem Mask. *douz.* Dabei ist
jedoch übersehen, dafs *dulcis* ein (für das Frz.) ein-
förmiges Adjektiv ist, dessen Fenin. gar nicht anders als aus dem Mask. herausgebildet werden
konnte, während *malvatius* ein organisches Fem.
besessen hätte u. nicht abzusehen wäre, warum dasselbe schon in allerfrühester Zeit zu Gunsten einer
Analogiebildung hätte aufgegeben werden sollen.

Das Richtige hat jedenfalls Schuchardt getroffen,
wenn er, Z XIV 181, XIX 577 u. XX 536, *malifatius* (vgl. *bonifatius*) als Grundwort aufstellt,
denn der Wandel von *f : v* ist nicht beispiellos
(vgl. **scrofellae** f. *scrofulae : *escrovelles : écrouelles,
wo allerdings auch eine andere Erklärung möglich
ist, s. unten **scrobellae**); der Bedeutung nach pafst
malifatius, das übrigens inschriftlich belegt ist,
vortrefflich, vgl. *malum fatum : maufé* u. griech.
δυστυχής.

5839) **mălĕ + vīcīnus**, in böser Weise Nachbar;
ital. *malvicino;* altfrz. *malvoisin;* nach Dz 465
gehören hierher auch span. *malsin*, ptg. *malsim*,
Angeber, Aufhetzer, wozu das Vb. *malsinar*, verleumden; Lagarde, Mitteilungen I 90, dagegen führt
die span-ptg. Worte auf hebräisches מַלְשִׁין (*malschin*) zurück u. dürfte damit Recht haben.

5840) **mălēvŏlēntĭa, -am** f., Übelwollen; ital.
malevolenza, malevoglienza (nach *voglio* etc. gebildet); frz. (*malveuillance*, dafür, vermutlich durch
Angleichung an *veiller*) *malveillance.*

5841) **mălēvŏlŭs, a, um** (*male* u. *volo*), übel-
wollend; ital. *malevolo* und *malevole;* frz. *mal-
veillant = malevolens*), s. No 5840 Z. 1 v. u.

5842) german. **malha**, Tasche, Sack; ital. prov.
mala, Felleisen; frz. *malle;* span. ptg. *mala.* Vgl.
Dz 200 *mala;* Mackel, p. 59.

mălĭfātĭus s. **male + vatius.**

5843) **mălĭgnus, a, um** (v. *malus*), boshaft;
ital. *maligno*, dazu das Sbat. *malignità;* altoberital. *malegno;* frz. *malin* (vgl. Cohn, Suffixw.
p. 169), *maligne* etc. (gel. W.). Vgl. Berger *s. v.*

5844) **mălīnă, -am** f, (v. *malus*) = span. *malina*,
böses Wetter.

5845) **mălleo, -āre** (v. *malleus*), hämmern; ital.
magliare; prov. *malhar;* frz. *mailler;* span.
majar; ptg. *malhar.* Vgl. Dz 200 *maglio;* Gröber,
ALL III 524.

5846) **mălleŏlŭs, -um** m. (Demin. v. *malleus*),
kleiner Hammer; ital. *malléolo* „estremità inferiore
della tibia", *magliuólo* „tralcio che serve a ripro-
durre le viti", vgl. Canello, AG III 389; altfrz.
maillol (mit Suffixvertauschung *maillot*), neufrz.
maillole, Rebenschofs, vgl. Cohn, Suffixw. p. 258:
span. *majuelo.*

5847) **mălleŭs, -um** m., Hammer, Schlägel; ital.
maglio; rum. *maiǔ;* prov. *malh-s;* frz. *mail*, dazu
das Demin. *maillet;* cat. *maly;* span. *mallo*, ptg.
malho. Vgl. Dz 200 *maglio.*

5848) **mallus, -um** (für **mallo, -ōnem**) m.,
Zwiebelstiel; dav. ital. *mallo*, grüne Nufsschale.
Vgl. Dz 383 (wo gefragt wird „*mallo* = frz. *malle*,
Behälter?" Es ist mit „nein" zu antworten, vgl.
No 5842: Caix, Riv. di fil. rom. III 111.

malschin s. **mălĕ vīcīnus.**

5849) aitnord. engl. **malt**, Malz; frz. *malt*, vgl.
Dz 632 *s. v.*

5850) **maltha, -am** f., Kitt, Mörtel; ital. *malta*
„cemento" (davon *maltire* „infrangere", vgl. Caix,
St. 399), *mota* (aus *mauta*) „fango", vgl. Canello,
AG III 349; rtr. *maulta, molta*, Mörtel. Vgl. Dz
383 *malta;* frz. *moellon* = *maltellonem*, s. unten
medulla. S. auch oben **ătrĭplĕx** u. **mădīdŭs.**

5851) **mălūm** *n.* (daneben *melum*, s. Petronius
ed. Bücheler, cap. 56 p. 37, Z 16 ff., vgl. Sittl,
ALL II 610; die roman. Worte setzen durchweg
melum, bezw. griech. μῆλον voraus; vgl. d'Ovidio,
AG XIII 447), Apfel; ital. *melo*, Apfelbaum; dazu
die Zusammensetzung *melarancia*, Apfelsine; rum.

mer; rtr. *meil,* Apfel; wallon. *meléi,* Apfelbaum. Vgl. Dz 384 *melo;* Gröber, ALL III 528.

5852) **mălum + fătüm** = (prov. *malfadatz,* gleichsam *male *fatatus,* Bösewicht); frz. *maufé,* Teufel, vgl. Cohn, Suffixw. p. 185, Berger *s. v.,* Behrens, Z XIV 365; (cat. *malfadat,* gleichsam *male *fatatus,* unglücklich; altspan. *malfadado).* Vgl. G. Paris, R V 367; Gröber, ALL III 522; Dz 637 *maufé* erklärte das Wort aus *male factus.*

5853) **mălüm lücrüm,** übler Gewinn, = span. *malogro,* schlechter Erfolg; ptg. *mallogro,* dazu das Vb. *mal(l)ograr,* vereiteln. Vgl. Dz 464 *logro.*

5854) **mălüs, a, um,** schlecht; ital. *malo;* sard. *malu;* rtr.*mal;* prov. altfrz. *mal* (in den ältesten altfrz. Denkmälern auch *mel);* cat. *mal;* span. *malo;* ptg. *máo.*

5855) **mălvă, -am** *f.,* Malve: ital. *malva;* rum. *nalbă;* prov. *malva;* frz. *mauve;* cat. span. ptg. *malva.* Über Reflexe von **malba* in ital. Mundarten vgl. Parodi, R XXVII 236.

5856) **mălvă + ïbīscüm** (*ιβίσχος*) = ital.*malvavischio,* Eibisch; mail. *malvavésk,* venez. *malvischiu;* piac. mant. *bonavisé* (also scheinbares *malus* mit bonus vertauscht), vgl. Salvioni, Post. 13; frz. (*mauvisque*), *guimauve* = (*i*)*rimauve* = *ibi-*[*scum*] + *malva;* span. *malvavisco;* ptg. *malvaiscáo.* Vgl. Gröber, ALL III 524; Dz 201 *malvariscáo.*

*mălvăx s. **mălē + vătïüs.**

5857) **mămïlla, -am** *f.* (*mamma*), Brustwarze; ital. *mamella,* sard. *mamidda;* frz. *mamelle* etc.

5858) **mămmă, -am** *f.,* Mutterbrust, Mutter; ital. *mamma;* rum. *mámă;* frz. *maman;* daraus entstellt das Kinderwort *nanan,* Zuckerwerk, vgl. Rolland, R XXV 592; span. *mamá, máma;* ptg. *mamma, maman.*

5859) [***mammo** (Wort morgenländischen Ursprungs): ital. (*gatto*)*mammone,* Meerkatze, vgl. Dz 383 *s. v.*]

5860) ***mamphur** (vgl. Festus ed. Müller p. 132, s. Bugge, R III 154), ein Drechslerwerkzeug (vgl. Meyer-L. in: Philol. Abhandlungen für Schweizer-Sidler): davon ital. *manfa* „cocchiume, bastone che tappa il fondo del tino", neap. *máfaro,* Deckel, tosc. *mánfano,* sicil. *máfaru,* davon *mafarata,* Gefäfs; auch ital. *manfanile* „manico del correggiato, unito alla vetta con una striscia di cuoio": valser. *manavril* u. *-fril,* valtell. *manabriel,* manico del correggiato, vgl. Salvioni, Post. 13. Vgl. Caix, St. 401. S. auch ***manfurluum.**

5861) hebr. (rabbinisch) **mamser** = span. *munser.* Hurenkind, vgl. Dz 466 *s. v.*

5862) [***manabella, -am** *f.* (für *manabula, manibula*), Griff; dav. nach Thomas, R XXVI 436, frz. ***manevelle** (mundartlich *menevelle*), *manivelle* (daneben altfrz. *manoelle*), Griff, Kurbel.]

5863) [***mänēchüs, -um** *m.* (*μήναχος*), Mondkreis an der Sonnenuhr; davon nach Mahn, Herrig's Archiv LVI 422, ital. *almanacco,* Kalender; frz. *almanac;* span. *almanaque;* ptg. *almanách.* Vgl. Scheler im Dict. unter *almanach,* wo unter anderen auch Lenormant's Vermutung angeführt wird, dafs das Wort aus dem koptischen *al* „Rechnung" und *men* „Gedächtnis" zusammengesetzt sei, eine Annahme, welche durch das im Spätgriechischen (bei Porphyrius, zitiert von Eusebius) vorkommende *άλμενιχιακά* „Kalender"gestützt werde. Vgl. Dz 13 *almanacco.*]

5864) [ahd. **manag,** mancher, viel; davon nach Caix, St. 396, ital. *macca* „quantità, abbondanza".

Das dürfte jedoch abzulehnen sein (Assimilation von *nc : cc* ist unerhört; das Verhältnis zwischen *concha* u. *cocca,* welche Worte Caix als Beispiel anführt, ist ein ganz anderes). Das Wort gehört zu *maccare* (s. d.). Auch frz. *maint* hat mit *manac* nichts zu schaffen, vgl. Muckel, p. 43. S. unten **manti.**

5865) **mänätio, -önem** *f.* (*manāre*), das Fliefsen; ital. *menagione,* Durchfall; prov. *menazo-s;* altfrz. *menoison,* vgl. Tobler, Sitzungsb. der Berl. Akad. d. Wiss., phil.-hist. CL, 19. Jan. 1893.

5866) **mäncïpïüm** *n.* (*manus* u. *capio*), Sklave; prov. altfrz. *mancip, massip,* junger Bursche; span. *mancebo,* dazu ein Fem. *manceba.* Vgl. Dz 465 *mancebo;* Meyer, Neutr. p. 155; Gröber, ALL III 524.

5867) **mäncüs, a, um,** verstümmelt; ital. *manco,* mangelhaft, *monco,* verstümmelt, vgl. Canelle, AG III 324, dazu die Verba *mancare* u. *moncare;* rum. *manc,* mangelhaft; rtr.*muncar,* verstümmeln; prov. altfrz. *manc* (daneben *esmankié*), mangelhaft, dazu das Vb. *mancar, manquer,* mangeln, fehlen; neufrz. *manchot,* einarmig, *manquer;* cat. span. ptg. *manco, mancar,* (*manco* wird mit besonderem Bezugs auf das Fehlen eines Armes oder einer Hand gebraucht). Vgl. Dz 201 *manco.*

5868) ndl. **mande,** Korb; (Braune, Z XXI 214, macht darauf aufmerksam, dafs im Ostfries. das Wort sich in der Form *manne* findet), = frz. *manne* (pic. *mande*), Korb, vgl. Dz 633 *s. v.*

5869) ndl. **mandekin,** Tragkorb, = frz. *mannequin,* Tragkorb, vgl. Dz 633 *manne.*

5870) **mândïbüla, -am** *f.* (v. *mandēre*), Kinnbacken; span. *bandibula;* ptg. *mandibula* (gel. Wort, der übliche Ausdruck ist *queixo*). Vgl. Dz 430 *bandibula.*

5871) **mândo, -äre** (*manus* u. *dare*), übergeben, anvertrauen; ital. *mandare,* schicken; prov. *mandar,* entbieten, auftragen, senden; frz. *mander,* entbieten, berichten, melden u. dgl.; cat. span. ptg. *mandar.*

5872) **mândră, -am** *f.* (*μάνδρα*), Herde; ital. *mandra* u. *mandria,* Herde, davon ital. (*mandriale, madriale*) *madrigale,* eigentl. Hirtengedicht, Madrigal; (frz. *madrigal*) span. *mandrial, madrigal.* Vgl. Dz 199 *madrigale.*

5873) **mândrägörăs, -am** *f.* (*μανδραγόρος*), Alraun; ital. *mandragola;* rum. *mătrăgună;* prov. *mandragora;* frz. *mandregore* (volksetymologisch umgestaltet zu *mandegloire* u. *main de gloire,* vgl. Fafs, RF III 491); span. ptg. *mandragora.*

5874) [**mândücăta** (v. *manducare*) = ital. *mangiata;* Part. u. Sbst., arch. *mangéa,* Sbst., = frz. *mangée,* vgl. Canelle, AG III 313.]

5875) **mândücătör, -örem** *m.* (von *manducare*), Kauer, Esser; ital. *mangiatore;* rum. *măncător;* prov. c. r. *manjaire,* c. o. *manjador;* frz. *mangeur;* cat. *mangeor.*

5876) **mândüco, äre,** kauen, essen; ital. *mangiare* (dem Frz. entlehnt, vgl. d'Ovidio, AG XIII 429 Anm. 2), (mundartlich *manare*); sard. *mandigare;* rum. *mănc ai* = *a;* rtr. *mangiar;* prov. *manjar;* altfrz. *mangier* (vgl. Cornu, R VII 420, Förster, Z I 562); frz. *manger;* cat. *manjar;* span. *manducar,* gel. W., pan. ptg. *manjar* (Lehnwort; das übliche Wort für „essen" ist im Span. und Ptg. *comer* = *comedere*). Vgl. Dz 202 *mangiare;* Förster, Z I 562; Cornu, R VII 420; P. Meyer, R VII 432; Gröber, ALL III 525. Über die Konjugation des Verbums im Altfrz. s. besonders Förster, Cornu u. Meyer an den angeführten Stellen.

5876) mānĕ n., Morgen, morgens; ital. mane f., Morgen (stamane, heute Morgen), dimani, domani, morgen; rum. măine, morgen; prov. man, ma, Morgen, demán, demá, morgen; frz. (main, Morgen), demain, morgen; cat. demá, morgen; (span. mañana, Morgen u. morgen; ptg. manhã, Morgen, á manhã, morgen). S. oben **crās.**
*mānĕā s. **mānūā.**

5877) mānĕo, mānsī, mānsūm, mānēre, bleiben, sich aufhalten; ital. manēre (veraltet, üblich dagegen ist rimango, masi, maso u. masto, manēre), dazu altital. das Sbst. maniere, maniero, dem prov. maner-s, altfrz. maneir, -oir nachgebildet, mit der Bedtg. „Herrensitz, Burg"; rum. măn măsei mas mănĕ; posch. mani, dormire (valbreg. manentar, stallare), vgl. Salvioni, Post. 13; prov. (re-, per-) maing, mas, mazut u. mas, maner, aufserdem manĕre = maner-s, Sbst., Burg, manent = ansässig, wohlhabend, davon manentia, Reichtum; altfrz. meins mes meins manui, mes ma(n)su manu, manoir u. maindre, vgl. Burguy II 34; sbst. Inf. manoir, Burg, Partizipialsbst. manant, ansässiger Mann, Bauer, auch Adj., wohlhabend, reich, dazu das Sbst. manantie, Wohlhabenheit, vgl. Dz 633 manant; (vielleicht ist = manere anzusetzen auch span. manir, das Fleisch mürbe werden lassen, vgl. Dz 466 s. v.); über ptg. maer vgl. C. Michaelis, Frg. Et. p. 43.

5878) [***manfurīnum** (v. mamphur) = frz. mandrin (Benennung eines Werkzeugs), vgl. Bugge, R III 154.]

5879) măngānŭm n. (μάγγανον), Werkzeug, Maschine; davon ital. mángano, Schleuder, manganello, Armbrust; rum. mângălă; prov. manganel-s, Steinschleuder; altfrz. mangoneau; (vielleicht gehört hierher auch als Ableitung span. manganilla, listiger Streich). Vgl. Dz 202 mángano (hier wird auch sp. manganilla einbezogen, während es 633 zu frz. manigance, Kunstgriff, gestellt und also von manica abgeleitet wird).

5880) germ. **man *hamjan,** (einen Menschen) verstümmeln; ital. magagnare, verstümmeln, dazu das Vbsbst. magagna (mundartlich mangagna), Verstümmelung, Gebrechen; prov. magagnar; altfrz. méhaigner, verstümmeln, dazu das Vbsbst. me(s)haing, méhaing, Verstümmelung, Krankheit, Gebrechen. Vgl. Dz 199 magagna; Ulrich, Z III 266 (magagnare soll aus ahd. mangôn entstanden sein, was eine ganz unstatthafte, mindestens ganz unnötige Annahme ist); Mackel, p. 64.

5881) 1. mănĭā, -am f., böser Geist, Popanz; davon nach Caix, St. 44, maniato, selbst (eigentlich der Popanz in Person, leibhaftig), auch mannaro (aus *maniaro = *maniarius) in lupo mannaro, der böse Wolf (ein Schreckgespenst). Diez 383 hielt maniato für entstanden aus miniato (v. minium), mit Sorgfalt gemalt, leibhaftig. Die Caix'sche Erklärung des Wortes verdient unbedingt den Vorzug.

5882) 2. mănĭā, am f. (μανία), Wut; ital. mania „furore, pazza fissazione", smania „brama ardente che si mostra negli atti", vgl. Canello, AG III 389, dazu das Vb. smaniare, toben; rum. mănie; prov. mania; frz. manie; cat. mania ptg.mania. Überall nur gel. W. Vgl. Dz 401 smánia.

5883) mănĭcā, -am f. u. **mănĭcus** m. (vgl. No 5889) (v. manus), Armel (im Roman. auch die Handhabe, Stiel u. dgl.); ital. mánico, Griff, Heft; rum. mănică; (prov. manga, mancha, marga, margua);

frz. manche f., Ärmel m., Stiel, manchon, Muff (ostfrz. mäsä, Stiel des Dreschflegels, vgl. Z XVIII 222); span. ptg. mango, Griff, manga, Ärmel (hat aber auch die Bedeutung „Schar, Haufe, Menge", welche von manus übertragen worden ist). Vgl. Dz 203 mánico.

5884) [***mănĭcāntĭā, -am** f. (von manicare von manica) = frz. manigance, Kunstgriff (eigentlich wohl ein Taschenspielergriff, mittelst dessen ein Gegenstand dadurch, dafs er unbemerkt in den Ärmel geschoben, verschwinden gemacht wird). Vgl. Dz 633 s. v., wo auch span. manganilla, listiger Streich, hierher gezogen wird, während es richtiger von manganum (s. d.) abzuleiten ist.]

5885) [***mănĭcĭā** n. pl. (v. manus), Handschuhe, die als Trinkgeld gegeben werden, daher (?) ital. mancia, Trinkgeld, vgl. Dz 383 s. v.]

5886) 1. mănĭco, -āre (v. mane), des Morgens kommen; rum. mănec u. măincc ai at a, früh aufstehen.

5887) 2. *mănĭco, -āre (v. manus), handhaben; (ital. maneggiare; frz. manier); span. manear, einem Pferde den Spannstrick anlegen (manejar, handhaben); ptg. manear (daneben manejar, handhaben). Vgl. Dz 468 menear (die Gleichheit von menear u. manear ist freilich nicht völlig zweifellos). — Zu ital. maneggiare das Vbsbst. maneggio, Handhabung (insbesondere diejenige des Pferdes, daher auch Reitbahn, frz. manège).

5888) mănĭcŭlā, -am f. u. ***mănĭcŭlŭs** m. od. -um n. (Demin. v. manus), kleine Hand, Griff; ital. manecchia „il manico dell' aratro", maniglia „il manico della sega, manetta", maniglia, s-maniglia „vezzo ai colmi", vgl. Canello, AG III 352; d'Ovidio, AG IV 163 Anm., wollte maniglia auch in der Bedtg. „Armband" von manicula statt von monilia ableiten, vgl. dagegen G. Paris, R IX 623; rum. mănunchiu (= *manuculum), Stiel, Griff, Packen und dgl.; span. manija, Griff, (manilla, Armband), manojo (= *manuculum), eine Handvoll, ein Bündel; ptg. manolho, Garbe, manojo, Bündel, (manilha, Armband). Vgl. Gröber, ALL III 525; d'Ovidio, AG XIII 395. S. unten **mănŭpŭlŭs.**

5889) mănĭcus; das Wort ist belegt, vgl. (R XXVIII 66) Corp. gloss. lat. V 115 u. 174. Vgl. No 5883.

5890) *mănĭo, -āre (v. mania), wüten; ital. smaniare, wüten; rum. mănu ai at a, zur Wut reizen.

5891) mănĭōsus, a, um (v. mania), wütend, = rum. manios.

mănĭpŭlŭs s. ***mănŭpŭlus.**

5892) hebr. **mănna,** Manna = ital. manna; frz. manne; span. ptg. maná.

5893) span. **mannekin,** Männchen, = frz. mannequin, Gliederpuppe, span. maniquí. Vgl. Dz 633 mannequin.

5894) [***mănnŭlā, -am** f. (Demin. v. manna), Körnchen, war von Baist, Z V 562, als Grundwort zu span. mangla, ptg. mangra aufgestellt worden, Baist selbst aber hat, Z VII 121, diese Annahme fallen lassen u. empfohlen, die Worte von macula (s. d.) abzuleiten.]

5895) mannus, um m., eine Art gallisches Pferd; dav. nach Baist, Z XIV 186, span. mañera.

5896) ahd. **Manogald, Managolt** (vermutlich „Halsbandwart" bedeutend); davon vielleicht ital. (auch span.) manigoldo, Henker. Das Nähere sehe man bei Dz 383 s. v.

5897) Mansard (Jules Hardouin), Name eines frz. Baumeisters (gest. 1666 zu Paris); davon frz. mansarde, Benennung einer Art Dachfenster, bezw. Dachstube. Vgl. Scheler im Dict. s. v.

5898) mänsïo, -ōnem f. (v. manere), das Bleiben, der Raum, in dem man bleibt, wohnt, das Haus, die „Bleibe"; ital. magione (nicht volkstümliches Wort, volkstümlich ist vielmehr casa, in Sardinien domus); (sard. masone bedeutet „Herde", vgl. Flechia, Misc. 202); lecc. masunu, covile, vgl. Salvieni, Post. 13; prov. maisó-s; frz. maison; (altspan. mayson, altptg. maison (auch meijon) sind Lehnworte, das volkstümliche Wort für „Haus" ist casa). Vgl. Dz 200 magione; Gröber, ALL III 525.

5899) mänsïōnärïus, a, um (v. mansio), zum Aufenthalte, (im Roman.) zum Hause gehörig; altoberital. masenar, vgl. AG XII 413, Salvioni, Post. 13; altfrz. maisnier, Hausverwalter(?). Vgl. Gröber, ALL III 525.

5900) [*mänsïōnätä f. (v. mansio), Hausgenossenschaft, Gesinde, Gefolge, = (ital. masnada, Lehnwort); prov. mainada; altfrz. maisniée, maisgniée; (span. mesnada, manada, Lehnwort). Vgl. Dz 200 magione; Gröber, ALL III 525.]

5901) [*mänsïōnätïco, -äre (v. *mansionaticum), haushalten, = frz. ménager, wirtschaften, sparen, dazu ménager, -ère, gleichsam *mansionaticarius, a, wirtschaftlich, Haushälter, -in.]

5902) [*mänsïōnätïcum n. (von mansio), Haushalt, Hauswirtschaft, = frz. ménager, davon wieder ménager, -ère (s. oben), ménagerie. Vgl. Gröber, ALL III 525.]

5903) [*mänsïōnïlĕ (v. mansio), Haus, Heim, = altfrz. mesnil; neufrz. ménil, vgl. Dz 638 s. v. Vgl. Gröber, ALL III 525.]

5904) [*mansüärïus, -um m. (mansum), Ansiedler; davon nach Nigra, AG XIV 371, piem. maśuvé, mezzajuolo, messaro.]

5905) mänsüĕtärïus, -um m. (v. mansuetus), Tierbändiger; piem. maśuvé, mezzadro (vgl. Nigra, AG XIV. 371); rum: mänsärär, Schäfer; span. mansero, Führer des Leithammels oder -ochsen.

5906) mänsüĕtïnus, a, um, zahm (eigentl. an die Hand gewöhnt); ital. mastino, Hausbund; prov. masti-s; frz. mâtin; span. mastin; ptg. mastim. Vgl. G. Paris, R XXI 597; Dz 200 magione setzte *mansionatinus als Grundform an.

5907) [*mänsüeto, -äre, zähmen; sard. masedái.

5908) mänsüĕtümen f. (f. mansuetudinem), Sanftmut; altfrz. mansuetume (gel. W.).

5909) [*mänsum n. (subst. Part. Perf. Pass. von manēre), Haus; prov. mas; altfrz. mes; cat. mas. Vgl. Dz 206 mas; Gröber, ALL III 525.]

5910) [*mänsüs, a, um, zahm; ital. manso, zahm, manzo, zahmer Ochse, Ochse überhaupt, Rindfleisch, vgl. Canello, AG III 365; prov. mans, zahm; rum. mänz, a, Füllen, Klepper, dazu das Vb. mänzesc ii it i; span. manso, zahm, als Subst. Leithammel, Leitochse; ptg. manso, zahm. Vgl. Dz 203 manso (Diez hielt die Worte für Kürzungen aus mansuetus).

5911) mäntēlĕ n., Handtuch, Tischtuch; span. manteles (Pl.), Tischzeug; ptg. mantees. Vgl. Gröber, ALL III 526.

5912) mäntĕllüm n., Hülle, Decke; ital. mantello, (daneben das aus dem Frz. entlehnte mantó), Mantel, vgl. Canello, AG III 350; prov. mantel-s; frz. manteau; cat. mantell; (span. mantillo; span. ptg. manteo, aus dem Frz. entlehnt). Vgl. Dz 302 manto; Gröber, ALL III 526; Cohn, Suffixw. p. 216. S. No 5916.

**5913) kelt. *mantï, grofse Anzahl; prov. frz. maint-z, mant-z, maint. Vgl. Dz 632 maint (Diez schwankte, ob er dafs Wort vom kymr. maint, Gröfse, Menge, oder vom ahd. Sbst. managóti, Menge, oder

vom ahd. Adj. manag ableiten sollte); Th. p. 105 (hier zuerst die Ableitung aus dem Kelt); Mackel, p. 43. Ganz anders erklärt Schuchardt, Z XV 241 das Wort: „aus tam magnus + tantus ergab sich roman. tamanto; daraus wiederum wurde manto abgezogen. Im Frz. lehnte sich maint an main aus magnus an; ob muiius irgendwie einwirkte, wäge ich nicht zu unterscheiden." — Das Fem. mainte wird im Altfrz. in Verbindung mit comunalment auch adverbial gebraucht u. erscheint dann in der Form maintre, vgl. Förster, Z II 88.

5914) mäntïcä, -am f., Mantelsack; (ital. mántaco [u. mantice?], Blasebalg]); (cat. mancua, Blasebalg). Vgl. Dz 383 mantaco u. 466 manteca (Diez zieht hierher auch rum. manticä, cat. mantega, span. manteca, ptg. manteiga, Butter; Cornu, Gröber's Grundr. I 763 § 151 u. Schuchardt, Z VI 121, vermuteten Zusammenhang dieser Worte mit matta [s. d.], später aber nahm Sch., Z XIII 531, Zusammenhang mit dem slav. Stamme ment- an. Keine dieser Ableitungen kann als glaubhaft gelten).

5915) *mäntïlĕ n., Decke; prov. mandil-s, Tellertuch; span. ptg. mandil, Schürzs, Pferdedecke. Vgl. Dz 466 mandil.

5916) [*mäntïllä f. (Demin. v. mantum), kleiner Mantel; span. mantillo, mantilla; ptg. mantilha; das Wort ist als Lehnwort auch in andere Sprachen übergegangen.]

**5917) sscr. mantri, Ratgeber; davon vermutlich das zunächst ptg. Wort mandarin, Bezeichnung für einen chinesischen höheren Beamten. Vgl. Scheler im Dict. s. v.

5918) mäntüm n. od. mäntüs m., Mantel (Isid. 19, 24, 15); ital. span. ptg. manto (ital. auch ammanto; cat. manta). Vgl. Dz 203 manto; Gröber, ALL III 526.

5919) mänüä, -am f. (v. manus), eine Handvoll; ital. manna, Bündel, Garbe, dazu das Vb. ammanare, zusammentragen, dav. abgeleitet manata; rtr. monna, Garbe; (prov. manada, eine Handvoll); altfrz. manvée = *manuata, eine Handvoll; span. maña = *manca, eine Handvoll, Bündel, abgeleitet manada, Handvoll. Vgl. Dz 200 magione u. 466 maña; Rönsch, Jahrb. XIV 178; Th. p. 87; Gröber, ALL III 526; Caix, St. 45.

**5920) [mäuü ädjüto,- äre, = altfrz. manaïier, schützen, schonen, dazu das Shst. manaie, prov. manaya, Schutz, Schonung, Gnade. Vgl. Dz 633 manaier. Die Ableitung mufs aber als sehr bedenklich erscheinen, weil *manaidier zu erwarten wäre; da jedoch auch manaide, menaide sich finden, so ist das von Diez angenommene Grundwort nicht unbedingt abzuweisen.]

5921) mänüälïs, -e (v. manus), mit der Hand gefafst; eine Hand füllend; ital. manuale, Adj., als Shet. „libro che contieno il ristretto d'una scienza od arte", manovale, Adj., als Sbst. „bracciante che ajuta il muratore"; vgl. Canelle, AG III 335; span. mangual; ptg. mangoal, Streitkolben, Dreschflegel, vgl. Dz 466 mangual.

5922) män[ü]ärïus, a, um (v. manus), zur Hand gehörig; ital. mannaja, mannara „accetta maneggevole o da usare a due mani", maniera „quasi il modo di tenere le mani, e poi il modo di contenersi in genere", maniero „agg. di falcone, agevole, che si lascia portare in mano", vgl. Canello, AG III 308; rtr. manera, Handbeil; prov. manier, handlich, maneira, Benehmon; frz. manière, altfrz. auch manire (= *manĕria), vgl. Cohn, Suffixw. p. 283 u. 287; im Altfrz. war auch ein Adj. manier, geschickt, vorhanden; span. *manero*, handlich, *manera*, Benohmen; ptg. *maneira*. Vgl. Dz 203 *manicro* u. 383 *manaja*.

5923) **mănŭm lĕvo, -āre**, die Hand erheben (zum Eide); ital. *mallevare*, bürgen; prov. *manlevar*; span. *manlevar*; altptg. *malevar*. Vgl. Dz 201 *mallevar*.

5924) **mănŭ păro, -āre** = altspan. altptg. *mamparar*, mit der Hand bewahren, beschützen, (das in der neueren Sprache übliche Wort ist *amparar* = *imparare*), dazu das Kompos. altspan. *desmamparar*, in Stich lassen, (in der neueren Sprache *desamparar* = *de* + *ex* oder *dis* + *imparare*). Vgl. Dz 465 *mamparar*.

5925) ***mănŭpŭlŭs, -um** m. (für *manipulus*), Bündel; ital. *manipolo*, Bündel, (Diez zieht hierher auch *manópola*, Panzerhandschuh, Gröber *manocchia*); sard. *mannuju*, Bündel; abruzz. *manoppie*; (rum. *mănunchiu* ist wohl = **manuculum*); neuprov. *manoul*; altfrz. *manoil*, vgl. Cohn, Suffixw. p. 210; hierher scheint auch zu gehören frz. *menevel* (= **manapellum* f. **manipellum*), Hanfbündel, vgl. Thomas, R XXVIII 200; cat. *manoll*; span. *manojo* (besser wohl = *manuculum*), (*manopla*, Panzerhandschuh); ptg. *molho* aus *manolho* (besser wohl = **manuculum*), (*manopla*, Panzerhandschuh). Vgl. Dz 203 *manópola* u. 466 *manojo*; Gröber, ALL III 526 (die daselbst angeführten Formen lassen sich zum Teil ebenso gut auf **manuculum* zurückleiten) u. VI 392. Zu *manipulus* gehört wohl auch neuprov. *manoufle*, Handbekleidung, vgl. Dz 233 *pantófola*.

5926) **mănŭs, -um** f., Hand; ital. *mano*, (altital. auch *mana*); rum. *mănă*; rtr. *man, máun, móun* (auch als Masc. gebraucht, vgl. Gartner, Gröber's Grundrifs I 480); prov. *ma(n)-s*; frz. *main* (hat im Altfrz. auch die Bedtg. „Haufe"); cat. *ma*; span. *mano*; ptg. *mão*. Dazu das Demin. ital. *manette*, frz. *menottes*, Handschellen, vgl. Dz 638 *menottes*.

5927) **măn[ŭs]** + **ŏpĕră** = ital. *manovra*, Handgriff, Handzeug), Tauwerk; prov. *manobra*; frz. *manœuvre*, Handhabung, Behandlung, Tauwerk, als Mask. Handlanger, dazu das Vb. *manœuvrer* (altfrz. *manovrer*), eigentlich mit der Hand arbeiten, verfertigen, handhaben; span. *maniobra*, Handarbeit, dazu das Vb. *maniobrar*; ptg. *manobra, manobrar*. Vgl. Dz 203 *manovra*.

5928) **mănŭs rēctă** = ital. *manritta, marritta*, rechte Hand. vgl. Dz 272 *ritto*.

5929) **mănŭ tĕnĕo, -ēre**, aufrecht halten; ital. *mantenēre*; prov. *mantener*; frz. *maintenir*, dazu das Partizipialadv. *maintenant* (ital. *immantinente*) eigentlich beim Handhalten (vgl. dtsch. „im Handumdrehen"), im Augenblick, eben, jetzt, und das Vbsbst. *maintien*, Haltung, dav. abgeleitet ostfrz. *maintagne*, Stiel des Dreschflegels, vgl. Horning, Z XVIII 223; span. *mantener*; ptg. *manter*. Wegen der Flexion siehe **tĕnēre**. Vgl. Dz 203 *mantenere*.

5930) got. **manvjan**, bereit machen; prov. *amanavir, amanvir, -oir, amarvir*, bereit sein, dazu das Partizipialadj. *amanoitz, amarvitz*, bereit; altfrz. *manevir, amanevir*, dazu das Partizipialadj. *amanevi, manevi*. Die Einbürgerung des german. Wortes mufste durch seinen Anklang an *manus* begünstigt werden. Vgl. Dz 633 *manevir*; Mackel, p. 70.

5931) got. **manvus**, bereit; davon prov. *marvier*, bereit, *marves*, Adv., bereitwillig, unbedenklich. Vgl. Dz 633 *manevir*.

măpăliă s. **măgăliă**.

5932) **mắppa, -am** f., Serviette, Tischtuch; (ital. nur dialektisch:) piemont. *mapa*, neap. *mappina*, Wischlappen, lomb. *mappa*, Quaste, Büschel; (der übliche ital. Ausdruck für „Tischtuch" ist *tovaglia* [= prov. *toalha*, altfrz. *toaille*, neufrz. *touaille*, Handtuch] = germ. *þwahlja*, vgl. Mackel, p. 50); frz. *nappe*, Tischtuch; span. ptg. heifst das „Tischtuch" *manteles, mantees*). Vgl. Dz 646 *nappe*.

5933) [Wurzel **mar**; aus einer Wurzel *mar*, deren Grundbedeutung „Dunkelheit, Wirre u. Unordnung" sein soll, leitet C. Michaelis, Jahrb. XIII 206, span. *maraña*, Verwirrung, *marañar*, verwirren, ab; es liegt aber gar kein Grund vor, auf eine Wurzel zurückzugeben, da diese sich sehr wohl von german. *marrjan* (s. d.) ableiten lassen, wie dies Dz 205 *marrir* gethan hat.]

5934) altnord. **mara**, Alp; dav. der zweite Bestandteil in frz. *cauchemar*, Alpdrücken (der erste Bestandteil ist *calca-v. calcare*, pressen, drücken); (die übrigen roman. Hauptsprachen haben für „Alpdrücken" andere Benennungen: ital. *incubo*; span. *pesadilla* (altsp. auch *mampesada*); ptg. *incubo, ephialta, pesadelo*). Vergleiche Dz 635 *cauchemar*; Mussafia, Beitr. 78 Anm.; Flechia, AG II 9 f (wo zahlreiche Ausdrücke aus Mundarten für „Alpdrücken" angeführt werden); Mackel, p. 42.

5935) german. **marahskalk**, Pferdeknecht; ital. *mariscalco, maliscalco, maniscalco*, Hufschmied, aber auch Marschall (in dieser Bedtg. ist jedoch das Lehnwort *maresciallo* üblicher), vgl. Canello, AG III 361; prov. *manescalc-s*; frz. *maréchal*; span. ptg. *mariscal*. Vgl. Dz 204 *mariscalco*; Mackel, p. 46.

5936) griech. **μαραναθά** (1 Kor. 16, 21), davon rum. *mucharmatha*, Nebenform zu *cháram*, Bann, Fluch; dav. viell. auch span. *marrano*, ptg. Fluch; dav. viell. auch span. *marrano*, ptg. *marrão*, getaufter Jude (eigentl. „verflucht", vgl. Barad, Z XIX 271; Eg. y Yang. bemerkt über das Wort nur (p. 446): „de árab. *marrán*, que, según el P. la Torre es voz usada por los árab. del campo en el imperio marroquí con la propia acepción"; Diez 467 stellte keine eigene Ableitung auf, sondern begügte sich mit der Angabe älterer Deutungen (von hebr. *muhal*, sich aulfehnen, od. von span. *marrar*, fehlschlagen), welche aber unannehmbar sind).

5937) **mărăthrum** n. (μάραθρον), Fenchel (Anethum foeniculum L.); rum. *mărar*.

5938) **mărcĕo, -ēre** und **mărcēsco, -ĕre**, welk werden; ital. *marcire*; rum. *mărcezesc*; prov. *marcesir, marcezir*; altfrz. *marcir, marchir*; span. nur das Part. *marchido* und das Demin. *marchito*, davon abgeleitet das Vb. *marchitar*; ptg. *murcharse*). Vgl. Leser p. 91.

5939) **mărcĭdŭs, a, um** (*marceo*), welk, morsch; ital. *marcido* „che tende a marcire", *marcio* „già marcito", vgl. Canello, AG III 388; rum. *mărced*; prov. *marcit-s*; (frz. *fané* = **faenatus* v. *faenum*, Heu); altcat. *marcit*; span. *marcido, marchito*; (ptg. *murcho* = *murcidus*). Vgl. Schuchardt, Rom. Et. I 18.

5940) [**Marci** (?) **panis**, Markusbrot, ist die vermutliche Grundform zu ital. *marzapane*, Marzipan; frz. *massepain* (angeglichen an *masse*, vgl. Fafs, RF III 501; span. *mazapan*; ptg. *mazapão*). Im ersten Teile des Wortes ist, namentl. in Rücksicht auf das Ital., statt *Marci* vielleicht besser anzusetzen μάζα oder *martius*, doch sind auch diese Annahmen bedenklich genug. Vgl. Dz 206 *marzapane*; Scheler im Diet. unter *massepain*.]

5941) [**märco, -äre** (von *marcus*), hämmern; davon nach Scheler frz. *marcher*, eigentl. mit den Füfsen hämmern, treten, gehen, s. Dict. *s. v.*; diese Herleitung verdient sicherlich den Vorzug vor den sonst gegebenen, über welche zu vgl. Dz 634 *s. v.* Zu erwägen würde höchstens sein, ob nicht german. *marka*, Grenze, Anspruch erheben darf, als Grundwort zu gelten, *marcher* würde dann eigentlich bedeuten „nach einem Ziele, bis zu einer bestimmten Grenze gehen". Von *marcher* das Vbsbst. *marche.* Aus dem Frz sind entlehnt ital. *marciare, marcio;* span. ptg. *marchar, marcha.* Canello, AG III 372, leitet auch ital. *marcare*, kennzeichnen, von *marcus* ab (also würde das Verb eigentlich bedeuten „durch einen Schlag kenntlich machen").

5942) **märcŭlŭs, -um** *m.* (Demin. zu *marcus*), kleiner Hammer; span. *macho*, Hammer, davon abgeleitet *machete*, kurzer, breiter Säbel, und die Verba *machar, machacar, machucar*, stampfen, viell. auch *machado*, eine Holzart; (nicht undenkbar ist, dafs auch span. *macho*, Mann, desselben Ursprunges ist, vorausgesetzt, dafs das Wort zunächst eine obscöne Bezeichnung für das männliche Glied gewesen sei; C. Michaelis, Misc. 135, und Gröber, ALL III 527, setzen allerdings *macho* = *masculus* an, was Diez nicht zu thun wagte, weil *s* vor *c* nie austrete; wenn aber ital. *marcone*, Ehemann, von *marcus*, Hammer, abzuleiten ist, wie dies kaum anders angeht, so würde die Gleichung *macho* = *marculus* gestützt werden). Das Vb. **marculare* ist auch im rtr. *marclar*, hämmern, erhalten. Vgl. Dz 465 *macho.* S. unten **masculus.**

5943) **märcŭs, -um** *m.*, grofser Hammer; davon vielleicht ital. *marcone*, Ehemann, wenn man annehmen darf, dafs das Wort zunächst obscön das männliche Glied bezeichnet habe, vgl. Barad, Z XIX 270; s. oben **märcŭlŭs.**

5944) **märe** *n.*, Meer; ital. *mare*; rum. *mare*; prov. *mar-s*; frz. *mer f.*; cat. span. ptg. *mar.*— Neben *mare* scheint lat. vorhanden gewesen zu sein ein **mara*, eigentlich Seewassertümpel, dann Lache, Pfütze überhaupt, = frz. *mare* (s. aber unten). Ableitungen von lat. *mare* mit derselben Bedeutung „Lache, Pfütze" sind: ital. *marese* = **marensis;* altfrz. *maresc*, neufrz. *marais* = **mariscus*, dav. wieder altfrz. *marescot, maresquel, maraischiere, marescage*, neufrz.; span. *marisma* = (?) *maritima;* ital. *marazzo* = **maratium.* Vgl. Dz 204 *mare.* Höchst auffällig ist jedoch das *a* in frz. *mare* (vgl. *quare : car*), daher scheint Braune's Vermutung Z XXI 214, dafs das Wort = ahd. *mari*, stehendes Binnengewässer, sei recht annehmbar zu sein.

5945) **märgä, -am** *f.*, Mergel; ital. *marga;* rum. *margă;* (neuprov. *marlo* = *margila;* altfrz. *marle;* neufrz. *marne;* cat. span. ptg. *marga.* Vgl. Gröber, ALL III 526; Th. p. 107.

5946) **märgärītä, -am** *f.* (μαργαρίτης), Perle; ital. *margarita* u. *margherita;* auch sonst als gelehrtes Wort vorhanden; der volkstümliche Ausdruck für „Perle" ist *perla*, wohl = **pernula*, kleine Muschel.

märgĭlä s. **märgä.** Vgl. Dz 685 *marne.*

5947) [gleichs. ***märgĭno, -äre** *(margo)*, den Rand erreichen; dav. nach Bos, R XIX 301, frz. *marner*, über die Höhe der gewöhnlichen Fluten steigen (vom Meere).]

5948) **märgo, -ĭnem** *c.*, Rand; ital. rum. *margine*, prov. frz. cat. *marge;* span. *margen;* ptg. *margem.*

ahd. **mari** s. ob. **mare** am Schlusse.

5949) **Maria;** davon, bezw. von der Koseform *Marion* abgeleitet frz. *marionnette*, (eigentlich Mariechen) Püppchen, Puppe, vielleicht auch *marotte* (wenn aus **mariotte* entstanden), Puppe, Spielzeug, Steckenpferd. Vgl. Dz 635 *marionnette.* — Über andere, allerdings wohl nicht recht sichere, Ableitungen vom Namen *Mario* (frz. *Marot, Marote*, viell. auch *maraud* u. *marauder*, span. ptg. *marota*, ital. *mariuolo*) s. oben **malaldus**, vgl. Cohn, Festschr. f. Tobler p. 285 f., Michaelis, Misc.

5950) **Maria, *posa**, Maria, setze dich, = span. ptg. cat. *mariposa*, Schmetterling. Näheres über diese volkstümliche Benennung, zu welcher Ähnlichkeiten namentlich auch in germanischen Sprachen sich finden, sehe man bei Storm, R V 180. In sard. *maniposa* ist in dem ersten Bestandteile vielleicht *manus* oder *manēre* zu erkennen, ja vielleicht ist *maniposa* die ursprüngliche Form, *mariposa* nur Umbildung. Eine Bildung ähnlicher Art ist das gleichbedeutende ptg. *pousalousa* = **posa* + **laus(i)a(e)* (s. d.), Grabstein. Vgl. Dz 467 *s. v.* u. dazu Scheler im Anhang 774.

5951) ***märĭnärĭŭs, a, um** (v. *marinus* v. *mare*), zum Seewesen gehörig; ital. *marinajo*, Seemann; frz. *marinier*, (altfrz. auch *maronier*, vgl. Dz 636 *maron*); span. *marinero;* ptg. *marinheiro.*

5952) **märĭnŭs, a, um** (v. *mare*), zum Meer gehörig; ital. *marino*, Adj., *marina*, Sbst., Küste, Seewesen; frz. *marine;* span. *marino, -a;* ptg. *marinho, -a.* Dazu das Verb ital. *marinare*, einsalzen.

*märĭscŭs s. **mare.**

5953) **märĭs lūcĭŭs, -um** *m.*, Meerhecht; ital. *merluzzo*, Stockfisch; prov. *merlus;* frz. *merluche;* (cat. das einfache *llus*) span. *merluza;* (ptg. heifst der „Stockfisch" *badejo* oder *bacalháo*). Vgl. Dz 212 *merluzzo;* vgl. dagegen Jeret, R IX 121 f., welcher die ganze Wortsippe auf *merula* zurückführt, s. No 6124.

5954) altfrk. **mariswin**, Meerschwein, = frz. *marsouin*, Braunfisch. Das „Meerschweinchen" heifst frz. *cochon d'Inde*. Vgl. Dz 636 *s. v.;* Mackel, p. 14.

5955) **[*märītätĭcum** *n.* (v. *maritus*), Ehe; ital. *maritaggio;* frz. *mariage;* span. *maridaje;* (ptg. *maridança* = **maritantia*).]

5956) **[*märītĭcium** (v. *maritus*) = rum. *măritiş*, Heirat.]

5957) **märītĭmŭs, a, um** (v. *mare*), zur See gehörig; ital. *marittimo*, Adj., *maremma*, Sbst. Küstenlandschaft, vgl. Canello, AG III 320; von *maremma* wieder abgeleitet das Adj. *maremmano;* altfrz. *maremme* = *maremma;* (span. *marisma*?). Vgl. Dz 383 *maremma.*

5958) **märīto, -äre**, verheiraten; ital. *maritare;* rum. *marit ai* at a; prov. *maridar;* frz. *marier;* cat. span. ptg. *maridar.*

5959) **märītŭs, -um** *m.*, Ehegatte; ital. *marito;* prov. *marit-z;* frz. *mari;* span. ptg. *marido.*

5960) germ. **mark**, Zeichen; ital. *marchio*, dazu das Vb. *marchiare*, daneben *marcare*, indessen läfst sich *marchiare* besser = **marculare, marcare* = **marcare* v. *marcus* ansetzen, vgl. Canello, AG III 372; prov. altfrz. *marc;* (neufrz. *marque*, dazu das Vb. *marquer;)* span. ptg. *marca*, dazu das Vb. *marcar.*) Vgl. Braune, Z XXI 213. S. No 5961.

5961) german. **marka**, Zeichen, Grenze, Grenzlandschaft; ital. *marca;* prov. *marca;* frz. *marche;*

span. ptg. *marca*. Vgl. Mackel, p. 57; Braune, Z XXI 213.

5962) [*markēnsis, -e (v. *marka*), zur Grenzmark gehörig; ital. *marchese*, Markgraf; frz. *marquis*; span. *marques*; ptg. *marquez*. Das Wort ist aufserhalb Italiens Lehnwort.]

5963) dtsch. Markgraf; span. *margrave* etc.

5964) ndl. marlijn, meerling, dünnes Schiffsseil, = ital. *merlino*; frz. *merlin* (mit gleicher Bedeutung); ptg. *marlim*, vgl. Dz 638 *s. v.*; Braune, Z XXI 215.

5965) ndl. marlpriem, eine grobe Nadel zum Nähen der Segel; frz. *marprime*, vgl. Themas, R XXVIII 197.

5966) gr. μαρμαρίτης (v. μαρμαίρω, blitzen, funkeln), blitzend, funkelnd; daraus vermutlich entstand durch Kürzung (unter Anlehnung an die schallnachahmende Verbindung *marm-*, die in frz. *marmotter*, murmeln, vorliegt) ital. (nur mundartlich) *marmita*, Fleischtopf (von Metall), davon *marmitone*, Topfjunge, Küchenjunge; frz. *marmite* (wohl Lehnwort aus dem Lomb.), davon *marmiton*; da *marmite* auch in die Bedeutung „Suppe, welche in Wohlthätigkeitsanstalten den Armen verabreicht wird" übergegangen ist (vgl. die Verbindung *sœurs de la marmite*, barmherzige Schwestern, welche Suppe austeilen), so erklärt sich daraus das Adj. *marmiteux*, bettelhaft, hüngrig; cat. span. ptg. *marmita*, davon *marmiton*. Dz 204 *marmita* bemerkt „die Herkunft ist unsicher; am meisten empfiehlt sich noch Frisch's Deutung, der einen Naturausdruck vom Sieden des Wassers darin erkennt". Scheler im Dict. *s. v.* ist geneigt, das Wort von *marmo(r)* abzuleiten. Andere haben an arab. *marmi'd* „Ort, wo Fleisch gebraten wird" gedacht. Für μαρμαρίτης spricht besonders der Umstand, dafs *marmita* nicht einen Topf schlechtweg, auch nicht einen irdenen Topf, sondern einen Topf von Metall, also einen blinkenden Topf bedeutet.

5967) marmor n. (μάρμαρος), Marmor; ital. *marmo*; rum. *marmure*; prov. *marme-s*; frz. *marbre*; unmittelbar von *marmor* abgeleitet ist vielleicht *marmouret*, *marmouset*, (kleine Marmorfigur), kleine groteske Figur, vgl. Scheler im Dict. *s. v.*; span. *marmol*; ptg. *marmore*.

5968) marmorēus, a, um (*marmor*), marmorn; davon vielleicht frz. *moire*, Wasserglanzstoff, abgeleitet *moiré*, vgl. Tobler, Z X 574. Die übliche Ableitung aus dem Arabischen (vgl. Dz 641 *moire*) ist unhaltbar, 'da das betr. arab. Wort *mokayyar* (daraus ital. *mocojardo*, *mocajarra*, eine Art Wollzeug, auch *camojardo* genannt, wohl mit Anlehnung an *camelus*) nicht *moire* ergeben haben würde.

5969) (*Vergilius*) Māro, -ōnem; davon vielleicht mittelfrz. *maron*, Führer durch die Alpen, (neufrz. *marron*, Bernhardinerhund, ist vermutlich dasselbe Wort, denn dieser Hund ist ja auch eine Art Alpenführer). Wegen des Bedeutungswandels vgl. *Cicero : cicéron* (Dante!). Möglicherweise ist auch ital. *marrone*, frz. *marron*, Kastanie (dav. *marronnier*, Kastanienbaum), dasselbe Wort wie *Maro* u. stellt des Namens ursprüngliche Bedeutung dar. Vgl. Dz 384 *marrone* u. 636 *maron*.

5970) Marocco (Ländername); dav. frz. *maroquin*, marokkanisches Leder.

5971) marra, -am *f.*, Hacke zum Ausjäten des Unkrautes; ital. *marra*, Hacke, davon abgeleitet *marrone*, Radhaus, wohl auch *marruca*, *marrucajo*, Dornstrauch; rum. *màrăcine*; span. ptg. *marra*, Radhaue, (wahrscheinlich auch *marron*, Widder,

vgl. aber ob. marculus u. marcus). — Caix, St. 406, führt auf *marra* zurück auch ital. *marrancio* „coltellaccio da macellajo", lomb. *maransa* „potatojo", sard. *marrazzu* „ferro da tagliar le unghie ai cavalli", altspan. *marrazo* „ascia per far legna", ital. *marrascura* (= *marra* + *scure*) „arnese per ripulire le viti". S. auch unten marran (unter „span.") und mas.

5972) arab. marrah, einmal, = cat. span. *marras*, einst, vgl. Dz 467 *s. v.*; Eg. y Yang. 446.

5973) ndl. marren, anbinden; dav. frz. *amarrer*, démarrer, ein Schiff an-, losbinden, dazu das Sbst. *amarre*, das zum Anbinden dienende Tau; span. ptg. *amarrar*, dazu das Sbst. *amarra*. Vgl. Dz 15 *amarrar*, wozu ein anderes mögliches Grundwort arab. *marr* angeführt wird. Vgl. auch Braune, Z XXI 214.

5974) german. marrjan, hemmen, ärgern; davon vermutlich ital. *smarrire*, hindern, verwirren; rtr. *smarir*, verlieren; prov. altfrz. *marrir* (auch *esmarrir*), sich verirren (vgl. Cohn, Z XVIII 207), verlieren, namentlich den Weg verlieren, sich verirren, beunruhigen, täuschen, betrüben u. dgl., dazu das Vbsbst. altfrz. *marriment*, *marrement*, mittelfrz. *marrisson*, vgl. Cohn, Suffixw. p. 128 Anm.; span. *marrido*, betrübt, *marrar*, sich verirren (*marrar* in der Bedeutung „ein Schwein verschneiden", womit wieder *marrano*, -a, Schwein, auch Schweinefleisch, und vielleicht auch [vgl. jedoch oben maranatha!, Barad, Z XIX 271] das Adj. *marrano*, gebannt, verflucht, eigentlich getaufter, aber des Unglaubens verdächtiger Jude zusammenhängt, kann kaum dasselbe Wort sein, eher ist es von *marra* abzuleiten, das ja wohl nicht blofs „Hacke", sondern auch ein „gekrümmtes, zum Verschneiden geeignetes Messer" bedeutet haben kann, also von *marra* in dieser Bedtg. einerseits *marrare* (vgl. Braune, Z XXI 214), andererseits *marranus*; *maraña*, Verwirrung, *marañar*, verwirren (s. oben mar). Vgl. Dz 205 *marrir* u. 467 *marrano*; Mackel, p. 70.

5975) marrūbĭum n., Andorn (eine Pflanze); ital. *marrobio*; span. *marrubio*; ptg. *marroyo*, vgl. Meyer-L., Z. f. ö. G. 1891 p. 772.

5976) mārtēllus, um m., Hammer; ital. *martello*; rtr. *martell*; prov. *martel-s*; frz. *martcau*; cat. *martell*; span. *martillo*; ptg. *martello*.

5977) [*mārtĭs, -am *f.* (v. *Martius*), = ital. *marza*, Pfropfreis (weil das Pfropfen im März geschieht), vgl. Dz 384 *s. v.*]

5978) Mārtīnŭs; der Name des heil. Martin ist auf verschiedene Tiere übertragen worden, ebenso auf verschiedene Werkzeuge; ital. *martin pescatore*, ein Seefisch, *martinetto*, Winde zum Spannen der Armbrust; sard. *puzone de Santu Martinu*, ein Fisch; frz. *martinet pécheur*, Eisvogel, *oiseau s. Martin*, Martinsvogel, *martin*, Hausschwalbe, auch Leuchter mit einem schwalbenschwanzartigen Griffe; span. *martin pescador*, ein Fisch, *pajaro de San Martin*, Martinsvogel, *martinete*, kleiner weifser Reiher. Vgl. Dz 205 *martin pescatore*.

5979) [*mārtĭo, -āre (v. *Martius*) = span. *marcear*, die Schafe (im März) scheeren, vgl. Dz 384 *marza*.]

5980) Mārtĭs dĭēs, Dienstag; ital. *martedì*, *marti*; rum. *marți*, nach Ch. p. 159 = *Martis mit* zu ergänzendem *dies*; prov. *dimars* = *dies Martis*, auch *mars* allein; frz. *mardi*; cat. *dimars*; span. *martes*; (ptg. *terça feira*). Vgl. Dz 205 *martedi*.

5981) **Märtĭŭs, -um** *m.*, März: **ital.** *marzio*,
Adj., *marzo*, März, vgl. Canello, AG III 343; **rum.**
mart; **prov.** *mart-z* (über neuprov. u. a. Ableitungen von *martius* vgl. Behrens, Metath. p. 83);
frz. cat. *mars*; **span. ptg.** *marzo*.

5982) german. **martu-,** Marder; **ital.** *martora;*
prov. *mart-z* (neuprov. *marto*); **frz.** *marte,* martre;
cat. span. ptg. *marta.* Vgl. Dz 205 *martora;*
Gröber, ALL III 527; Kluge unter „Marder", wo
der germanische Ursprung des Wortes sehr wahrscheinlich gemacht wird; Braune, Z XXI 215.

5983) **martyr, -tyrem** *m.* (μάρτυρ), Zeuge, Mär-
tyrer; **lomb.** *mártol*, ganzo, semplicione, vgl. Salvieni, Post. 13; sonst nur gel. W.; jedoch **frz.**
(*Mont*)martre.

5984) **martyrĭŭm** *n.* (μαρτύριον), Blutzeugnis,
Märtyrertum; **ital.** *martirio* (altital. *martiro, mar-
tire*) „pena sofferta per la fede, pena angosciosa",
martorio (arch. *martoro, martore*) „anche uno strumento da martoriare e l'atto del martoriare", vgl.
Canello, AG III 327; dazu die Verba *martirare,
martirizzare;* (**rum.** *marturisi* nur in der ursprüngl.
Bedtg. „bezeugen"); **prov.** *martire-s, martir-s,* dazu
das Vb. *martiriar, marturiar;* **frz.** *martyre,* dazu
das Vb. *martyriser;* **span.** *martirio,* dazu die Verba
martiriar, martirizar; **ptg.** *martyrio.* dazu das Vb.
martyrizar. Vgl. Dz 205 *martirio;* Berger *s. v.*

5985) **Marulf(us)** (Personenname) zur. viell.
frz. (mundartl.) *marou*, Kater, vgl. Marchot, Pho-
nologie d'un patois wallon p. 127, s. aber auch
Horning, Z XXII 487.

5986) [**mäs, märem** *m.*, männlich, Männchen (von
Tieren); davon nach Diez **cat.** *marrá*, Widder;
span. *marron;* **ptg.** *marrar,* mit den Hörnern
stofsen. Vgl. Dz 467 *marron* (Diez zieht hierher
auch **span. ptg.** *marra,* Hammer, Haue, *morueco,*
Widder, auch Mauerbrecher. Aber *marra* ist doch
offenbar = lat. *marra*, u. auch *marrá, marrar,*
marron sind sicherlich von *marra*, nicht von *mas*
abzuleiten, worauf schon das doppelte r hinweist;
morueco dürfte auf *moro,* Maure, zurückgehen unter
Bezugnahme auf die Vielweiberei der Muhamedaner.)
— Von *mas* *marem* will Horning, Z XXII 487,
frz. *maraud* ableiten, s. oben **maldaldus;** ferner
vermutet Horning, Z XVIII 223, dafs von *mas marem* ein Fem. **marasca* abgeleitet worden sei mit
der Bedtg. „Mannweib, Kupplerin", woraus durch
Umstellung **mascara* (vgl. **ptg.** *mascárra,* wie aber
dieses Wort hierher gezogen werden kann, ist unerfindlich!) u. weiter zu **mascra, masca,* Kupplerin,
Hexe, Larve geworden sei. Die Hypothese ist sinnreich, gleichwohl aber sehr unwahrscheinlich.]

5987) ahd. **masar,** Knorren im Ahornholz; **altfrz.** *mazre, madre,* eine Holzart: **neufrz.** *madré,*
gefleckt. Vgl. Dz 631 *madré;* Mackel, p. 58.

5988) **mäscŭlŭs, a, um** (*masculus, non masclus*
App. Probi 4), männlich; **ital.** *mascolo, masculo,*
Adj. und Sbst., letzteres bedeutend „stantuffo,
una parte del petriere" *moschio, mastio,* Adj. und
Subst., vgl. Canello, AG III 353; **rum.** *mascur,*
verschnittenes männliches Schwein; **r.tr.** *maschel;*
prov. altfrz. *mascle, masle;* **neufrz.** *mâle;* **cat.**
mascle; **altspan.** *masclo, maslo,* vielleicht gehört
hierher auch **span. ptg.** *macho,* Mann, männlich,
doch dürfte das Wort besser von *marculus* [s. d.]
abzuleiten sein). Vgl. Dz 465 *macho; C.* Michaelis,
Misc. 135; Gröber, ALL III 527 (Gröber verteidigt
die Annahme von *macho* = *masculus* gegen das
von Diez geäufserte, allerdings nicht stichhaltige,
autliche Bedenken).

5989) arab. **masi'h,** geschmeidig (Freytag IV
177b) = **ptg.** *macío,* vgl. Dz 465 *s. v.;* Eg. y Y. 440.

5990) germ. Stamm **masq,** wovon ahd. **maska,**
Masche; davon vielleicht **frz.** *masque* (Mask. nach
casque), Larve (eigentlich wohl maschige Gesichts-
verhüllung, allerdings wäre neufrz. *mâque,* bezw.
mâche zu erwarten, aber das *k* kann erhalten geblieben sein, ebenso wie in *marka* : *marque* u. a.,
vgl. Mackel p. 142, oder es mag durch Einflufs des
ital. *maschera* sich behauptet haben), dazu das
Vb. *masquillier, maquiller,* schminken, vgl. Förster,
Z III 565 (dagegen dürften **altfrz.** *marguillier,
margoillier, merguillier,* beflecken, gegen Förster's
Annahme von *masquillier* zu trennen und auf ein
*margiliare v. **margila* v. *marga,* Mergel, zurückzuführen sein, wovon auch **neufrz.** *margouillis,*
Mistpfütze). Die sonst übliche Herleitung von *masque*
aus **mastica* (v. *masticare*), die die kleine Kinder
kauende Hexe, kann trotz des Vorkommens des
Wortes schon im frühen Mittellatein nicht befriedigen, denn aus **mastica* konnte nur **masche, *mâche*
(Feminin! schon wegen des Begriffes) werden, zumal
da das Vb. *mâcher* daneben sich behauptet hat.
Aus arab. *mascharat,* Gelächter, aber, welches Mahn
als Grundwort aufgestellt hat, konnte wohl **ital.**
maschera, **span** **ptg.** *mascara,* nicht aber **frz.**
masque entstehen. Zu german. *masq* gehören vielleicht auch **prov.** *mascarar,* (das Gesicht) schwarz
macheu; **altfrz.** *mascarer, mascurer;* **neufrz.**
mâchurer; **cat.** *mascára,* Schmutzfleck im Gesicht;
span. ptg. *mascara,* dazu das Verb *mascarrar.*
Vgl. Dz 206 *máschera;* Scheler im Dict. *masque.*
Über Horning's Ableitung des *maschera* etc. von
*marasca (Fem. zu *mas*), Z XVIII 223, s. oben
mas am Schlusse.

5991) **mässä, -am** *f.,* Klumpen, Masse, Landgut;
ital. *massa,* (von lat. *massa* in der Bedtg. „Landgut" abgeleitet:) *massaria, masseria,* Meierei, **mas-
saio, -a,** Hausverwalter, *-in, *masserizia,* Hausrat,
vgl. Gröber, ALL III 526 (Diez 206 *mas* u. Caix,
St. 407, leiten die Worte irrig von *mas* = **mansum*
„Haus" ab): hierher gehört wohl auch *masso,* grofser
in der Erde liegender Stein, vgl. Dz 384 *s. v.;* **prov.**
massa; **frz.** *masse;* **span.** *masa;* **ptg.** (**cat.**)
massa.

5992) **mastĭco, -äre,** kauen; **ital.** *masticare;*
rum. *mestec* ai *at a;* **prov.** *mastegar, maschar;*
frz. *mâcher,* davon *mâchoire,* *machelière ,* Kinnbacken (letzteres Wort Kreuzung von *maxilla* mit
masticare); **cat.** *mastegar;* **span. ptg.** *mastigar,*
masticar, mascar.

5993) **masticum** *n.* (f. *mastice,* μαστίχη), Mastix-
harz; venez. *mastago,* mastk; vgl. Salvioni, Post. 13.

5994) **mastix, -tīcem** *f.* (μάστιξ), Mastixbaum;
ital. *mastice,* vic. *mástése,* vgl. Salvioni, Post. 13.

5995) altnord. **mastr,** Mast, = **prov. altfrz.**
mast; neufrz. *mât* (vgl. Mackel p. 63); **ptg.** *masto,*
mastro. Vgl. Dz 207 *masto.*

5996) pers. *schach* **mât,** der König ist tot („La
voz *mâta* es un adj. que los persas empleau en el
sentido de „maravillado, sorprendido", Eg. y Yang.
429); **lav. ital.** (*scacco*) *matto,* schachmatt; **prov.**
mat; frz. (*échec et*) *mat;* **span.** (*jaque y* oder
jaqui)*mate;* **ptg.** (*chaque é*) *mate;* dazu das Vb.
ital. *mattare,* matt setzen; **prov.** *matar;* frz.
mater (altfrz. auch *amatir*); **span.** *matar.* **ptg.** *matar.*
Vgl. Dz 207 *matto.*

5997) **matărĭ, -am** *f.* (keltisches Wort), Wurfspiefs der Gallier; davon **prov.** *matrat-z;* **altfrz.**

matras, Wurfspeer, dazu das Vb. prov. *matrasseiar*, altfrz. *matrasser*, zerquetschen. Vgl. Dz 636 *matras*; Th. p. 107. S. auch **matrellus**.

5998) **mătaxă, -am** *f.* (*μάταξα*), rohe Seide, Seil; ital. *matassa*, Strähne, Gobind; altfrz. *meesse*, neufrz. (mundartl.) *maisse*, vgl. Thomas, R XXVIII 199; rum. *mătasă*, Seide; prov. *madaisa*, Strähne, Gebind; franch-comt. *masse*; altfrz. *madaise*; cat. *madeixa*; span. *madeja*: ptg. *madeixa*. Vgl. Dz 207 *matassa*; Gröber, ALL III 528.

5999) **Mate**, Name eines Platzes im alten Paris, auf welchem die Diebe zusammenzukommen pflegten; davon *matois*, schlau. Vgl. Dz 636 *s. v.*; Scheler u. Littré *s. v.*

6000) *__**mătěă, mattea, -am** *f.*, Keule, Schlägel; ital. *mazza* u. *mazzo* (Straufs von Blumen, sog. wegen der keulenartigen Form), davon *ammazzare*, totschlagen (auch das Simplex *mazzare* ist vorhanden); (sard. *mattulu*); (rum. *măciucă*); rtr. *mazza*, dazu das Vb. *mazzar*; prov. *massa*, dazu das Vb. *massar*; frz. *masse*, davon abgeleitet *massue*, gleichsam *mat(t)euca*; span. *maza, mazo*, dazu das Vb. *mazar*; ptg. *maça, maço*, dazu das Vb. *maçar*; abgeleitet altptg. *massuca*, *massua*. Vgl. Dz 208 *mazza*; Gröber, ALL III 528 u. VI 129; G. Paris, R XVIII 551; Caix, Z I 425 (wo ital. *massacrare*, frz. *massacrer* aus *ammazzare* + *sacrare* erklärt wird — höchst unwahrscheinlich, vgl. No 6014).

6001) *__**mătěŏlă, -am** *f.* (Demin. v. *matea*), kleiner Hammer, Schlägel; ital. *mazzuola*; prov. *massola*. Vgl. Dz 208 *mazza*.

6002) **măter, -trem** *f.*, Mutter; ital. *madre* (rum. fehlt das Wort; rtr. ist der übliche Ausdruck *mamma*); prov. *maire*; frz. *mère*; cat. *mayra*; span. *madre*; ptg. *mai*, (*madre* ist nur als Anrede geistlicher Frauen u. dgl. erhalten).

6003) **mătěrĭă, -am** *f.*, Stoff, insbesondere Bauholz (die letztere Bedtg. ist die übliche im Roman., soweit das Wort überhaupt volkstümlich geworden ist); ital. *materia*, Stoff, *madiere*, Holzboden; altvenez. *madero*, Holz; rum. *materie*; prov. *materia*, *madeira*; frz. *matière*, altfrz. auch *matire*, vgl. Cohn, Suffixw. p. 283; span. *materia, madera* u. *madero*; ptg. *materia, madeira*. Vgl. Dz 465 *madera*; Flechia, AG II 367; Salvioni, Post. 13; Berger *s. v.*

6004) *__**mătěrĭāměn** *n.* (v. *materia*), Zimmerholz; prov. *mairam-s*, Stabholz; frz. *merrain*. Vgl. Dz 638 *merrain*.

6005) *malum* **Mătĭānŭm**, eine Art Apfel; davon vielleicht altspan. *mazana*, jetzt *manzana*, Apfel; ptg. *mazãa*. Vgl. Dz 466 *manzana*.

6006) arab. **ma'tmŏrah**, Keller (Freytag III 71ᵃ), — span. ptg. *mazmorra*, unterirdischer Kerker, vgl. Dz 468 *s. v.*; Eg. y. Yang. 448.

6007) [*__**mătrēllă, -am** *f.*, *__**mătrēllŭs, -um** *m.* (v. *matara*), kleiner Speer, Splitter, Hölzchen und dgl.; davon vermutlich frz. *méreau*, *marelle*, *mérelle*, Stein in Brettspiel, Brettspiel u. dgl. Vgl. Scheler im Dict. unter *marelle*. Ital. *murielle* „lastre che servono ad un giuoco fanciullesco" ist vermutlich dasselbe Wort, angeglichen an *murus*, vgl. Caix, St. 420.]

6008) **mătrĭcālĭs, -e**, zur Gebärmutter gehörig; mail. *mà medregal*, isterismo, vgl. Salvioni, Post. 13.

6009) **mătrĭcŭla, -am** *f.*, Stammrolle; altvenez. *marriegola*, vgl. Meyer-L., Z. f. ö. G. 1891p. 772; Salvioni, Post. 14, wo das *ie* aus Anlehnung an *riegola* erklärt wird.

6010) **mătrĭcŭlārĭŭs, -um** (v. *matriculā*); Stammrollenbewahrer; davon vermutlich frz. *marguillier*, Küster (eigentl. Kirchenbuchbewahrer od. -schreiber); altfrz. *marreglier*. Vgl. Dz 635 *marguillier* (hier wird unter *matricula* das „Armenregister" verstanden); Berger *s. v.*; Meyer-L., Ltbl. 1899 p. 276 u.

6011) *__**mătrīnă** u. *__**mătrănă, -am** *f.* (v. *mater*), Taufmutter, Patin, — ital. *madrina*; prov. *mairina*; frz. *marrine* (altfrz.) u. *marraine*, vgl. Cohn, Suffixw. p. 299; span. *madrina*; ptg. *madrinha*. Vgl. Dz 636 *marraine*; Förster zu Chev. as II espees 10769.

6012) **mătrīx, -īcem** *f.* (v. *mater*). Zuchttier, Stammmutter; ital. *matrice*; sard. *madrighe*, lievito; rum. *matrice*; frz. *matrice*; span. ptg. *matriz*, sämtlich gel. W., ausgenommen das sardische.

6013) **mătrōnālĭs, -e** (v. *matrona*), zur Ehefrau gehörig; ital. *matronale*, daneben *madornale* „grosso, solenne", vgl. Canello, AG III 384.

6014) ndrtsch. **matsken**, *__**matseken**, **matsekern**, in Stücke hauen; davon vermutlich frz. *massacrer*, niedermetzeln, *massacre*, Gemetzel. Vgl. Dz 636 *massacre*; Mackel, p. 116; Caix, Z I 425, hielt das Wort für zusammengesetzt aus (*am*)*mazzare* (von *matea*) + *sacrare*.

6015) **mattă, -am** *f.*, Matte; ital. *matta*; frz. *natte*, vgl. Dz 646 *natte*; wahrscheinlich gehört hierher auch span. ptg. *nata*, Rahm (gleichsam die auf der Milch liegende Decke), ebenso span. *nateron*, Schmierkäse, frz. *mate*, *matte*, *maton*, gerennne Milch, vgl. Förster, Z III 563; Schuchardt, Z VI 121; Diez 472 leitete *nata* von *matare* ab; Baist, Z V 564 u. RF I 442, stellte teils deutsch „Matte, Matz" (das selbst auf *matta* zurückgeht), teils lat. *nacta*, *natta* als Grundwort auf, letzteres ist aber schon um deswillen unmöglich, weil dies Wort nicht, wie Baist annahm, „Fell, Pelz", sondern „Walker" bedeutet (s. Georges *s. v.*). Vgl. Gröber, ALL IV 129; Schuchardt, Z XIII 531. (Sch. widerruft hier seine, Z VI 121, ausgesprochene Vermutung, dafs span. *manteca*, ptg. *manteiga*, Butter, von *matta* abzuleiten seien [vgl. auch Cornu, Gröber's Grundrifs I 763 § 151] u. nimmt Zusammenhang der Worte mit dem slav. Stamme *ment-* an, was aber doch wohl recht zweifelhaft ist; die Worte müssen als noch unaufgeklärt gelten), vgl. oben **mantica**). — Von *matta* abgel. ist viell. ptg. *moita*, motta de plantas arborescentes, vgl. C. Michaelis, Frg. Et. 46.

6016) mittelndl. **mattegenoet**, **mattenoet**, Teilhaber einer matte (d. h. eines aus Rohr u. dgl. geflochtenen Behälters, in welchem der Seemann seine Habseligkeiten birgt); dav. nach Stoett, Nord en Zuid XVIII 5 p. 4, frz. *matenot* (vgl. G. Paris, R III 156 Anm.), *matelot*. Andrerseits sind altnord. *mata-*, *mötunautr*, Tischgenosse (vgl. Bugge, R III 156, Mackel p. 120), u. *maatgenot*, Wahlgenosse (vgl. Breusing, Niederdtsch. Jahrb. V), als Grundworte aufgestellt worden. Diez 636 *s. v.* wollte das Wort von lt. *matta* ableiten. Aufserhalb des Frz. ist *marinarius* Bezeichnung des Matrosen.

6017) **mātūrēsco, -ĕre**, reifen; friaul. *madreši*, vgl. Meyer-L., Z. f. ö. G. 1891 p. 772.

6018) *__**mātūrīco, -āre** (v. *maturus*) = span. ptg. *madrugar* (altspan. *madurgar*), früh aufstehen. Vgl. Dz 465 *madrugar*.

6019) **mātūrŭs, a, um**, reif; ital. *maturo*; prov. *madur-s*; altfrz. *meür*; neufrz. *mür*; span. ptg. *maduro*, dazu das Vb. *madurar*; von *maduro* abgeleitet ist nach C. Michaelis, Misc. 136, span. *madroño*, Erdbeerbaum. Vgl. Dz 645 *múr*.

6020) **matūs, a, um,** bis zur Albernheit betrunken, dämlich (Petron. ed. Bücheler Kap. 41, p. 28, 1, vgl. Sittl, ALL II 610); dafür ist viell. zu lesen *mattus* = **maditus* f. *madidus* (s. d.). Vgl. Dz 384 *s. v.*

6021) **mātūtīnŭs, a, um,** morgendlich; ital. *matutino*, Adj., *mattino* u. *mattina*, Sbst., Morgen, vgl. Canello, AG III 331; (rum. *demineaţă*, gleichsam *de *manitia* scil. *hora*); prov. *mati* (daneben *maitin*, was auch altfrz. vorkommt); frz. *matin;* cat. *mati*; (span. *mañana;* ptg. *manhã*). Vgl. Dz 202 *mane*.

6022) dtsch. **matz,** ungeschickter Mensch; davon nach Dz 637 *s. v.* frz. *mazette*, Stümper, auch schlechtes Pferd. G. Paris, R III 113, verglich *mazette* mit mundartl. ital. *mazzetta* (v. *mazza*, Stock) und dürfte damit das Richtige getroffen haben, vgl. altfrz. *bourt*, Maultier, u. *bourdon*, Stab. Nach Behrens, Z XIV 363, ist *mazette* Dem. zu dtsch. *Meise* (ahd. *meiza*), welches im Bas Valais als *muire* erhalten ist.

Maurūs s. mōrūs.

6023) altdtsch. ***mauwa,** vorgestreckte Lippe, = frz. *moue*, verzogener Mund, vgl. Dz 644 *s. v.;* Mackel, p. 124.

6024) germ. ***mawe, *maiwi-** (ags. *maew*), Möve, = altfrz. *moue;* pik. *mauve*, (*miawe* bei Marie de France); neufrz. *mouette*. Vgl. Dz 644 *mouette;* Mackel, p. 116.

6025) **māxĭllă, -am** f., Kinnbacke; ital. *mascella*, davon abgeleitet *mascellare*, Backenzahn; rum. *măsè*, Pl. *măsele;* obw. *mišlar* (= **maxillaris*); prov. *maissella*; altfrz. *maisselle;* neufrz. *mâcheliére* = **maxillaris* + *masticare*; (span. *mejilla*, daneben *quijada;* ptg. *queixo*).

6026) [**māxĭmă** scil. *sententia*, Grundsatz; ital. *massima;* frz. *maxime;* span. ptg. *maxima*. — **maximus** = altfrz. *maisme*.]

6027) hebr. **mazzal,** Stern, Schicksal; dav. span. *desmazalado*, unglücklich, vgl. Ascoli, AG X 48 Anm.

6028) **mĕā dŏmĭnă** (s. auch ob. **domina**) = ital. *madonna, monna,* Frau (insbesondere die heilige Jungfrau; in der Bedtg. „Äffin" ist ital. *monna*, ebenso span ptg. *mona*, frz. *mone* volksetymologische Umgestaltung von türk. *maimun*, Affe, vgl. Schuchardt, Z XV 96; neuprov. *monno;* frz. *monnine*. Altspan. findet sich *mienna* für *mi duenna,* vgl. Cornu, R IX 134. Vgl. Dz 216 *monna.* (Im Span. Ptg. bedeutet *mona* auch „Betrunkenheit", wird also ebenso wie das deutsche „Affe" gebraucht.)

6029) **mĕăm fĭdēm** = ital. *mia fè,* daraus *gnaffe,* bei meiner Treue, wahrlich, vgl. Dz 376 *s. v.*

6030) [***mĕăŭs, a, um** (v. *meus*), darf nicht mit Dz 739 als Grundform für frz. *mien* angesetzt werden; *mien* ist vielmehr = *meum*, wie *tuen* = *tuum*, vgl. Mussafia, Z III 267; Cornu, R VII 593.]

6031) kelt. **medg** (wo zwischen *d* u. *g* ein Vokal geschwunden ist), Molken; dav. das gleichbedeutende (prov. *mergue*) frz. *mègue*. Vgl. Dz 638 *mègue;* Th. p. 108 („der keltische Ursprung ist sicher"); Gröber, ALL III 528 (stellt fragend *melca* als Grundwort auf.)

6032) **mĕdĭa** scil. *calcea*, halbes Beinkleid, = span.*media*, Strumpf; ptg. *meia*, vgl. Dz 468 *media*.

6033) **mĕdĭānus, a, um** (v. *medius*), in der Mitte befindlich; ital. *mezzano*, (daneben *mediano*, vgl.

Canello, AG III 346); frz. *moyen;* span. *mediano.* Vgl. Dz 213 *mezzo;* C. Hofmann, ALL IV 43 (handelt über german. *meiden*, Pferd, = *medianus*).

6034) **mĕdĭātor, -ōrem** *m.,* Mittelsmann; davon ital. (ursprünglich nur nordital.) *mezzadro*, Pächter (daneben *mezzainolo*), vgl. d'Ovidio, R XXV 304.

6035) **mĕdĭca** scil. *herba*, medischer Klee, = span. *mielga*, Schneckenklee, vgl. Dz 469 *s. v.*

6036) **mĕdĭcāmēntūm** *n.* (v. *medicor*), Heilmittel, = altfrz. *megement*, vgl. Tobler, R II 244.

6037) [***mĕdĭcātīcīum** *n.,* Heilmittel, = altfrz. *megeïs, mégis,* eine (mit Arznei vergleichbare) chemische Mischung aus Wasser, Asche, Alaun etc., welche man beim Weifsgerben braucht, daher *mégir*, weifsgerben, *mégie,* das Weifsgerben, davon altfrz. *megeïcier*, neufrz. *mégissier,* Weifsgerber. Vgl. Tobler, R II 244; Scheler im Dict. unter *mégie;* Dz 637 *mégir.*]

6038) ***mĕdĭcātrīx, -īcem** *f.* (v. *medicor*) oder *medicatrissa*, -am, Heilerin, Ärztin, = altfrz. *megeresse,* vgl. Tobler, R II 244.

6039) **mĕdĭcīnă, -am** *f.* (*medicus*), Heilmittel, = sard. *meighina;* venez. lomb. *medesina;* piem. *meisina;* genues. *mexina*, vgl. Salvioni, Post. 14; rtr. (bergellisch) *maschdina, meschdina,* vgl. Redolfi, Z VIII 191, Behrens, Metath. p. 25; prov. *medecina, medissina, meizina, metzina;* altfrz. entsprechende Formen, sonst nur als gelehrtes Wort vorhanden.

6040) ***mĕdĭcīnūs, -um** *m.* (schriftlat. nur Adj.), Arzt, = frz. *médecin* (gel. W.). S. **mĕdĭcŭs.**

6041) **mĕdĭco, -āre** (*medicus*), heilen, = sard. *meigare,* lomb. venez. *medegá;* genues. *megá;* levent. *madiê;* vergl. Salvioni, Post. 14; rtr. *madejar;* lothr. *muayi*, vgl. Meyer- L., Z. f. ö. G. 1891 p. 772; altfrz. *megier,* neufrz. *mégir,* bei Dz 637 *s. v.* als ungewisser Herkunft bezeichnet, ist eine an *mégis* = **medicaticium* [s. d.] sich anlehnende Neubildung; sonst ist das Wort, aber auch blofs als ein gelehrtes, nur noch im Ital. vorhanden; der übliche Ausdruck für „heilen" ist im Prov. u. Frz. altfränk. **werjan* = prov. *garir*, frz. *guérir* (auch ital. *guarire*), im Span. und Ptg. *curare, sanare.*

6042) **mĕdĭcŭs, -um** *m.,* Arzt; (ital. *medico*, gel. W., ebenso im Span. u. Ptg.); sard. *meigu;* venez. *medego;* genues. *mego;* ossol. *meg;* prov. altfrz. *mege-s, metge-s,* (*meide-s, meie-s, mie-s*); das gleichbed. *mire-s* wird von Tobler, R II 241, ebenfalls auf *me[d]i[c]us* zurückgeführt, vgl. G. Paris, R VI 129, während Dz 640 es = *medicarius* angesetzt hatte; Körting, Formenbau des Frz. Nomens p. 313, erblickt in *mire-s* das Postverbale zu *mirer* „beschauen". Gorra, Studj di filol. rom. VI 582, hat wieder die Möglichkeit einer lautlichen Entwickelung von *medicus* zu *mires* zu behaupten.

6043) [***mĕdĭĕtādānus, a, um** (v. *medietas*) = frz. *mitoyen,* in der Mitte befindlich, nach *moyen* gebildet. — Vielleicht aber geht es auf **medietadana* zurück = frz. *mitaine*, Halbhandschuh, in zwei Hälften geteilter Handschuh, Fausthandschuh; Nebenform zu *mitaine* ist das gleichbedeutende *miton*, u. von *miton* abgeleitete *mégir* sein *mitonner*, eigentl. mit Handschuhen streicheln, dadurch weich u. warm machen, hätscheln u. dgl. Scheler im Dict. *s. v.* leitete *mitaine,* miton vom deutschen „Mitte" ab, worin ihm Dz 213 *mezzo* vorangegangen war.]

6044) [gleichs. **mĕdĭĕtans, -antem,** die Mitte, die Hälfte bildend; dav. (?) wall. *mitã,* Hälfte, Mitte, vgl. Marchot, Z XVI 383, G. Paris, R XXII 355,

Horning, Z XVIII 224, s. jedoch auch unten **medium tempus.**]

6045) ***mēdĭĕtārĭŭs, -um** m. (v. medietas), Pächter, der den Ertrag zur Hälfte mit dem Eigentümer teilt: neuprov. meytadier, Pächter; frz. métayer = *medietarius, vgl. d'Ovidio, R XXV 304, dazu métairie, Meierhof. Vgl. Dz 213 mezzo.

6046) **mēdĭĕtas, -ātem** f. (medius), Mitte (über das Vorkommen des Wortes im Schriftlatein vgl. Wölfflin, ALL III 458); ital. medietà „presso i geometri, l'esser medio, la proporzionalità", metà (arch. meità) „una delle due parti in cui fu diviso l'intero", vgl. Canello, AG III 331; sard. mesidade; (rum. jumătate = *dimidietas); prov. meitat-z, mitat-z; frz. moitié; cat. meytat; span. mitad; ptg. metade. Vgl. Dz 213 mezzo.

6047) (in)**mēdĭō lŏcō** = ptg. em meogoo, vgl. Cornu, Gröber's Grundriſs I 768 § 130 u. 244, C. Michaelis, Frg. Et. p. 20.

6048) **mēdĭŭm tĕmpŭs** (vgl. Wölfflin, ALL VIII 505) = frz. mitan, Mitte, vgl. Horning, Z IX 141; von mitan ist abgeleitet mitanier, Pächter (vgl. métayer = *medietarius). Dz 213 mezzo wollte mitan vom deutschen „Mitte" ableiten. Eine andere, weniger ansprechende Ableitung des Wertes gab Marchot, Z XVI 383 (s. ob. No 6044).

6049) **mēdĭŭs, a, um**, in der Mitte befindlich; ital. (medio u.) mezzo, vgl. Canello, AG III 346; rum. miez; prev. mieg; frz. mi (in parmi, midi, milieu); span. medio; ptg. meio; cat. mitx. Vgl. Dz 213 mezzo. Wegén des Rtr. vgl. Gartner § 200. **medius dies s. meridies.**

6050) **mēdĭŭs lŏcŭs** = ital. miluogo, Mitte; rum. mijloc; prov. mieg luoc; frz. milieu. Vgl. Dz 640 miljeu.

6051) altnfränk. **mĕdu**, Met, = altfrz. mies, miez, vgl. Dz 640 s. v.; Mackel, p. 77 und Z XX 518.

6052) **mĕdŭllă, -am** f., Mark; ital. midolla, vgl. Behrens p. 79; sard. meuddu, neuddu; lomb. miòla; tic. nivóla, ñola; piem. miòla, aemil. mrólla(?), vgl. Salvioni, Post. 14; rum. mĕduă; prov. meola, muelha; frz. moelle (für *meolle, wohl mit Angleichung an molle, vgl. Behrens, Metath. p. 119), davon abgeleitet moelleux, markig, dagegen wohl kaum moellon, Bau-, Bruchstein (Scheler im.Dict s. v. ist geneigt, das Wort auf einen Typus *mediolus zurückzuführen, was auch nicht eben sehr glaublich ist; vielleicht ist folgende Entwickelung denkbar: maltha [s. d.], malta, *maltella, *maltellōn-, *mautellon-, *motellon-, moellon, freilich aber lassen sich hiergegen gewichtige lautgeschichtliche Einwendungen erheben, andererseits ist zu beachten, daſs im Ital. mota = maltha vorhanden ist); span. medula, meollo; ptg. medulla, miolo.

6053) **mĕdŭllārĭs, -e** (medulla), im Mark befindlich; rum. mĕdular („membre du corps et d'une corporation, société etc." Ch.); prov. medular; frz. médullaire; span. medular; ptg. medullar. Überall nur gel. Wort.

6054) ndl. **mees**, Meise; davon frz. mésange, vgl. Dz 638 mésange; Mackel p. 89; Faſs, RF III 489.

6055) keltischer Stamm **mein-** od. **meinn-**, rohes Metall; davon abgeleitet: 1. ital. miera; prov. mina; frz. mine; span. ptg. mina, Schacht, Erzgrube, unterirdischer Gang, Mine (über das Wort in dieser Bedtg. vgl. Canello, AG III 320). 2. das Verb ital. minare; prov. minar; frz. miner;

span. ptg. minar, einen Schacht, Stollen graben, untergraben; 3. prov. meniera; frz. minière; altspan. minera; ptg. mineira, Bergwerk; 4. ital. minerale; prov. mineral; frz. minéral u. minerai; span. ptg. mineral, Erz. Vgl. Dz 214 mina 1 (Diez — u. ebenso Canelle, AG III 320 — will die Wortsippe von minare, führen, ableiten; dem widerspricht das i im Frz.); Th. p. 66 (hier die richtige Ableitung).

6056) ***mējo, -āre** (schriftlat. mejĕre), pissen; sard. meare; vegl. mejá; span. mear; ptg. mijar. Vgl. Dz 468 mear; Gröber, ALL III 528. S. unten *pīstīo.

6057) **mĕl, mĕllĭs** n., Honig; ital. mele, miele; rum. miere; prov. mel-s; frz. miel; span. miel; ptg. mel.

6058) **mĕlănchŏlĭă, -am** f. (μελαγχολία), Schwermut; span. malenconia, enconia, encono, Zorn, Wut, dazu das Vb. enconar, erbittern (was jedoch auch auf aconitum zurückgehen kann). Vgl. Dz 446 encono.

6059) **mĕlănchŏlīcŭs, a, um**, schwermütig, = ptg. merencorio, verdrieſslich, vgl. Dz 468 s. v.; Behrens p. 119.

6060) **mēlăpĭum** n. (μῆλον + ἄπιον), Apfelbirne; ital. melappio.

6061) **mĕlca, -am** f. (wohl dem German. entlehnt), mit Gewürz versetzte geronnene Milch; dav. viell. (rum. makeie, gesäſster Schaumkäse); prov. mergue-s; (frz. mègue, Molken, ist keltischen Ursprungs, vgl. Th. p. 108). Vgl. Dz 638 mègue; Gröber, ALL III 528.

6062) **mēlĭmēlum** n. (μελίμηλον), Honigapfel; span. membrillo, Quitte; ptg. marmela. Davon abgeleitet span. mermelada, ptg. frz. marmelada, -e, eingemachte Quitten. Vgl. Dz 468 membrillo.

6063) **mēlīnus, a, um** (meles), zum Marder oder Dachs gehörig; sard. melinu, falbe, (obwald. mélen, vgl. Ascoli, AG VII 409), vgl. Salvioni, Post. 14.

6064) **mēlĭor, mēlĭŭs** (Komp. zu bonus), besser; ital. migliore, meglio; prov. melhor, melh-s; frz. meilleur (altfrz. c. r. mieldre), mieux; cat. millor; span. mejor; ptg. melhor.

6065) **mēlĭōro** (melior), mach gut (auch ptg.), gedeihen, vergleiche Dz 468 s. v.

6066) **Mĕlĭta, -am** f. (Μελίτη), Malta; davon, viell. mit volksetymologischer Anlehnung an mel, altfrz. melite, melide, Schlaraffenland, vgl. Förster zu Erec 2358 u. Z XXII 529.

*melix s. larix.

6067) ndl. **melkswyn**; davon nach Roulin bei Littré, Suppl. s. v., frz. marcassin, Frischling des wilden Schweins. Dz 644 s. v. stellt das Wort zu prov. margas, margasse, schlammige Pfütze; Scheler im Anhang zu Dz 803 zu marquais, Pfütze (v. marga).

6068) ***mĕllācĕa, -am** f. (mel), Honigextrakt; ital. melazzo (venez.) u. melasse (dem Frz. entlehnt); frz. mélasse; span. melaza. Vgl. d'Ovidio, R XXV 302.]

6069) **mĕllārĭŭs, a, um** (mel), zum Honig gehörig; rum. miere, Honigverkäufer. mel + lārix s. lărix.

6070) [***mĕllīgĕră**, honigtragend; daraus nach Dz 466 vielleicht altspan. mangia, Honigtau; ptg. mangra. Diese Ableitung ist mehr als zweifelhaft.]

6071) **mĕllĭtŭlŭs, a, um** (v. mel), honigsüſs; davon nach Storm, R V 181, span. ptg. melindre, Honigkuchen, süfsliches Wesen.

6072) ahd. **melma,** Staub; ital. *melma,* Schlamm; sard. *molma,* vgl. Dz 384 *melma;* Braune, Z XXI 215.

6073) **mēlōta, -am** *f.* (*μελωτή*), Schaffell; davon, bezw. von dem an *κάμηλος* angeglichenen *καμη-λωτή* nach Rönsch, Z I 418, ital. *cambellotto, ciambellotto,* (daneben *cammellino*), ein Wollstoff aus Ziegen- oder Kamelhaar; frz. *camelot;* span. *camelote, chamelote;* ptg. *chamalote, camelão.* Dz 79 *cambellotto* leitete das Wort unmittelbar von *κάμηλωτή* ab; G. Paris, R VI 628, meint, dafs weder *καμηλωτή* noch *μηλωτή* Grundwort sein könne, stellt aber ein anderes Grundwort nicht auf; Baist, Z V 556, stellt zu *cambellotto* das mhd. *schamelât,* womit aber nichts gewonnen ist. Ein Ungenannter hat nach Scheler im Anhang zu Dz 717 arab. *seil el kemen,* Name der Angoraziege, als Grundwort aufgestellt (vgl. Journal officiel, 12. Mai 1874). Auch das kann nicht befriedigen. Somit ist das Wort noch ein Rätsel. Zusammenhang mit *camelus* oder doch Angleichung daran dürfte nicht zu bezweifeln sein. Möglicherweise liegt von *camelus* beeinflufste Bildung aus dem scheinbaren Stamm *cam* (in *camisia*) vor. Vgl. auch Cohn, Herrig's Arch. Bd. 103 p. 227; Thomas, Essais philol. p. 259.

6074) **mēmbrātus, a, um** (*membrum*), starkgliedrig; altfrz. *membré* (zu unterscheiden von dem Homonym *membré* = *memoratus*), daneben *membru* u. *membreux,* vgl. Cohn, Suffixw. p. 192.

6075) **mĕmbrūm** *n.,* Glied; ital. *membro* u. dem entsprechend in den übrigen Sprachen; dem Rum. fehlt das Wort. Vgl. Gröber, ALL III 529.

6076) **mĕmŏrĭā, -am** *f.,* Gedächtnis; ital. *memoria,* gal. W.; entsprechend in den übrigen Sprachen. Vgl. Berger *s. v.*

6077) **mĕmŏro, -āre** (*memor*), in Erinnerung bringen; ital. *membrare;* prev. *membrar, lembrar,* altfrz. *membrer;* altspan. *membrar, nembrar;* ptg. *lembrar.* Das Part. Perf. Pass. *membrado, membrat, membré* hat adjektivische Bedtg. „klug, besonnen". Vgl. Dz 209 *membrar.*

6078) **mĕndă, -am** *f.,* Fehler; ital. rtr. prov. *menda;* altfrz. *mende.* Vgl. Gröber, ALL III 529.

6079) **mĕndīco, -āre,** betteln; ital. *mendicare,* (prev. *mendiguejar*); frz. *mendier;* span. ptg. *mendicar* u. *mendijar.*

6080) **mĕndīcus, -um** *m.,* Bettler; prov. *mendic-s.*

6081) **mĕndum** *n.,* Fehler, Gebrechen; sard. *mendu.*

6082) ahd. **menni,** Halsband; ital.(comask. *men,* genues. *menu,* Hundehalsband), *manigoldo* (*goldo* = *wald*), der mit dem Halsbande (Halseisen, Halsschlinge) Waltende, der Henker. Davon dem Ursprungs nach verschieden ist der Pflanzenname *comask. menegold,* mail. *meregold,* ptg. *manigot,* Lattich, denn diese Werte gehen zurück auf den deutschen Eigennamen „Mangold", über welchen zu vgl. Kluge *s. v.* Vgl. Dz 383 *manigoldo.* S. No 5896.

6083) **mēns, mĕntem** *f.,* Gemüt; ital. *mente* (sowohl mit off. wie mit geschloss. *e*); sard. *mente;* rum. *minte;* prov. *ment;* frz. *ment* (nur-in Verbindung mit vorausgehendem Adj.; hierher gehört vermutlich auch *comment,* prov. *comen,* denn es dürfte aus *qua* + *mente* entstanden sein, vgl. Cornu, R X 216, Diez 105 come erklärte die Worte aus *quomodo mente*); cat. *ment;* span. *miente;* ptg. *mente.* Vgl. Gröber, ALL III 529; Dz 210 *s. v.*

6084) **mēnsă, -am** *f.,* Tisch; ital. *mensa, mesa* (über mundartl. Formen vgl. Salvioni, Post. 14);

rum. *masă;* rtr. *méza, méiza* etc., vgl. Gartner § 71; prov. *mensa;* span. ptg. *mesa.* Im Ital. u. Frz. ist *tabula* = *tavola, table* das übliche Wert für „Tisch".

6085) **mēnsĭo, -ōnem** *f.* (*metiri*), das Messen, = altfrz. *moison,* Mafs, vgl. Dz 642 *s. v.;* hierher gehört wehl auch *moise,* Bandbalken, vgl. Scheler im Dict. *s. v.*

6086) **mēnsīs, -em** *m.,* Monat; ital. *mese;* rtr. *méints* etc., vgl. Gartner § 71; prov. *mes;* frz. *mois;* span. *mes;* ptg. *mez.*

6087) **mēnsūla, -am** *f.* (*mensa*), Tischchen; ital. *mensola,* lomb. *mesola;* genues. *meisoa,* madia, vgl. Salvioni, Post. 14.

6088) **mēnsūrā, -am** *f.* (*metiri*), Mafs; ital. *misura;* rum. *măsură;* prov. *mensura, mesura;* frz. *mesure;* cat. span. ptg. *mesura.* Vgl. Gartner § 200.

6089) **mēnsūro, -āre** (*mensura*), messen; ital. *misurare;* rum. *măsur ai at a;* prov. 'mesurar; frz. *mesurer;* cat. span. ptg. *mesurar.*

6090) **mĕntă, -am** *f.,* Krauseminze; ital. sard. *menta;* rum. *mintă;* prev. *menta;* frz. *mente;* cat. *menta;* span. *mienta;* (ptg. heifst die „Krauseminze" *hortela*). Vgl. Gröber, ALL III 529.

6091) **mĕntāstrŭm** *n.,* wilde Minze; ital. *mentastro;* span. *mastranto, mastranzo.* Vgl. Dz 467 *mastranto.*

6092) **mĕntĕ hăbĕo, -ēre,** im Sinne haben, gedenken; ital. *mentovar* (wohl Lehnwort aus dem Frz.); prov. *mentaure,*(amentaver); afrz. *mentoivre, mentevoir,* (*amentoivre, amentevoir, ramentevoir*). Vgl. Dz 209 *mentare;* Gröber, ALL III 529.

6093) **mēntĭo, -īre** (schriftlat. gewöhnl. Deponens), lügen; ital. *mentire;* rum. *minţ ii it i;* prov. frz. cat. span. ptg. *mentir.*

6094) *****mēntĭōnĕā, -am** u. *****mĕntītīo, -ōnem** *f.* (*mentiri*), Lüge; ital. *menzogna;* (sard. *mentida*); rum. *minciune* (für *minticiune*); prov. *mensonja, mentizó-s;* frz. *mensonge m.* (an le *songe* angeglichen); vgl. Suchier, Gröber's Grundrifs I 632; anders, aber jedenfalls uurichtig, fafst Cohn, Suffixw. p. 170, die Sache auf; (cat. *mentida;* span. ptg. *mentira"*. Vgl. Dz 211 *menzogna* (Diez hielt das Wort für eine Anbildung an *calogma*); Förster, Z III 259 (stellt das richtige Grundwort auf); Fafs, RF III 508 (wiederholt die Diez'sche Annahme).

6095) **mēntītōr, -ōrem** *m.* (v. *mentiri*), Lügner; ital. *mentitore;* rum. *minţitor;* prov. *mentire, mentiroso);* ptg. *mentidor.*

6096) 1. **mĕnto, -āre** (v. *mens*), erwähnen; ital. (am-, ram)*mentare;* altfrz. *mentoivre,* ptg. *mentar,* (altspan. auch *enmentar*); ptg. *mentar,* (altptg. auch *amentar*). Vgl. Dz 209 *mentar.*

6097) 2. *****mĕnto, -ōnem** *m.,* Kinn; ital. (nur mundartlich) *mentone;* rtr. *mentun;* prov. *mentó-s;* frz. *menton;* (span. ptg. wird „Kinn" durch *barba* ausgedrückt). Vgl. Gröber, ALL III 529.

6098) **mĕntŭlă, -am** *f.,* das männliche Glied; ital. *mentula* (pene, pinee marine", *minchia* „pene, pesciolino dette anche cazzo di re", *minchione* „nella frase fare la minchia fredda'. Alla stessa base, con genere mutato, risallrà anche il fior. *ménchero* (da *mencro-, menclo-*) minchione", vgl. Canello, AG III 353; Caix, St. 411; sard. *mincia;* sicil. calabr. *ainchia.* Vgl. Dz 385 *minchia;* Gröber, ALL III 529.

6099) **mĕntŭm** *n.,* Kinn; ital. *mento.* S. **mento.**

6100) **mĕrcāns, -ōntem** *m.* (Part. Präs. v. *mercari*), Kaufmann; ital. *mercante,* (daneben *merca-*

tante, gleichsam *mercatant- von einem Frequ.
*mercatare); prov. mercadan-s. (daneben mercadier-s,
gleichsam *mercatarius); altfrz. marcheant (das
a der ersten Sylbe beruht auf Angleichung an
marcher); neufrz. marchand. Vgl. mĕrcātŏr.

6101) mĕrcātŏr, -ōrem m. (v. mercari). Kaufmann; ital. mercatore, (das übliche Wort ist mercante, mercatante); (span. mercader = mercatarius); ptg. mercador. Vgl. mĕrcāns.

6102) mĕrcātŭs, -um m. (v. mercari), Markt;
ital. mercato; prov. mercat-s, (daneben mercadal-s);
frz. marché; span. mercado, dazu das Vb. mer-
cadear; ptg. mercado, dazu das Vb. mercadejar.
Vgl. Dz 634.

6103) mĕrcēnārĭŭs, -um m. (v. meroes), Lohn-
arbeiter, Tagelöhner; ital. mercenario, mercenajo;
auch in den übrigen Sprachen (mit Auswahme des
Rum.) in entspr. Form.

6104) [*mĕrcĕrĭŭs, -um m. (merces), Krämer;
frz. mercier, vgl. Cohn, Suffixw. p. 287.]

6105) mĕrcēs, -ēdem f., Lohn, Dank, Gnade,
Erbarmen; ital. mercede „premio, compense", mercé
„grazia", vgl. Canelle, AG III 400; prov. merce-s,
mercei-s, dazu das Vb. mercejar, um Gnade bitten,
wovon wieder das Sbst. mercejaire, Bittflehender;
frz. merci f. (daneben Postv. merci m., vgl. Fafs, RF
III 508), dazu altfrz. das Vb. mercier, neufrz. nur
das Kompos. remercier; span. merced; ptg. mercé.
Der Begriff „danken" wird nur im Frz. und Prov.
durch ein von merces abgeleitetes Verbum ausgedrückt, sonst durch Ableitungen von gracia; ital.
ringraziare, span. ptg. agradecer. Vgl. Dz 211
meroe.

6106) *mĕrĕo, -āre (schriftlat. Deponens), Handel
treiben; ital. mercare, (üblicher sind mercantare,
mercatare, daneben negoziare), (frz. marchander);
span. ptg. mercar.

6107) mĕrcūrĭālĭs, -e, zum Merkur gehörig; (ital.
mercorella, marcorella, Bingelkraut); frz. mercuriale,
Rede des Parlamentspräsidenten (sog. weil die Ver-
sammlungen des pariser Parlaments am Mittwoch
stattzufinden pflegten), mercoret, Bingelkraut;
span. ptg. mercurial, Bingelkraut. Vgl. Dz 385
mercorella.

6108) Mĕrcūrĭī dĭēs, Mittwoch; ital. mercoledi;
(sard. mercuris; rum. miercuri = Mercurii soil.
dies; prov. dimercre-s = dies Mercurii, auch einfach mercre-s); frz. mercredi (daneben mécredi);
cat. dimecres; (span. miercoles; ptg. quarta feira).
Vgl. Dz 211 mercoledi; Gröber, ALL III 529.

6109) mĕrdă, -am f., Leibeskot; ital. sard.
rtr. merda (friaul. mierda); neuprov. merdo;
frz. merde; cat. merda; span. mierda; ptg. merda.
Vgl. Gröber, ALL III 530.

6110) mĕrēndă, -am f., Vesperbrot; ital. merenda, dazu das Vb. merendare; rum. merindă,
dazu das Vb. merindez ai at a; rtr. merenda;
neuprov. merendo; altfrz. marende, dazu das
Vb. marender, vgl. Cohn, Suffixw. p. 82; span.
merienda, dazu das Vb. merendar; ptg. merenda,
dazu das Vb. merendar. Vgl. Gröber, ALL III 530.

6111) mĕrĕo, -ēre, verdienen, lohnen, = altlomb. prov. altfrz. merir, vgl. Dz 638 s. v.

6112) mĕrētrĭx, -trīcem f., Hure; altvenez.
altlomb. meltris, vgl. Meyer-L., Z. f. ö. G. 1891
p. 772.

6113) *mĕrēŭs, a, um (v. merus), rein = rum.
mereu.

6114) mĕrgo, mĕrsī, mĕrsŭm, mĕrgĕre, eintauchen, vgl. mergo, mersi, merso, mergere; (Fem.

des Part. P. P. mersa = tic. valsass, mersa
„große Menge", vgl. Salvioni, Post. 14); rum.
merg mersei mers merge, gehen; in den übrigen
Sprachen ist nur das Kompos. emergère und auch
dies nur als gel. W. erhalten.

6115) *mĕrgŭlă, -am f. (Demin. v. merga), kleine
Gabel, Zinks; ital. merla, merlo, Zinne der Mauer,
dazu das Vb. merlare, mit Zinnen versehen; (frz.
merlon; span. merlon; ptg. merlão). Vgl. Dz 211
merlo; Horning, Z XXI 456, hält mit Littré für
möglich, dafs merlon v. merle abgeleitet sei.

6116) 1. mĕrgŭs, -um m. (mergo), Taucher,
(Wasservogel; davon abgeleitet ital. marangone,
(aus mergone, vgl. Flechia, AG II 364), Taucher;
(prev. margulh-s); (frz. plongeon; span. mergánsar
= mergus anser; ptg. margulhão). Vgl. Dz 383
marangone.

6117) 2. mĕrgŭs, -um m. (mergo), Rebengosenk;
davon abgeleitet ital. margotta, margolato, Ab-
senker; frz. marcotte (dialektisch auch margotte).
Vgl. Dz 204 margotta; Parodi, R XVII 70, zieht
hierher auch span. mugron (s. unten mucro), wovon das Vb. mugronar, murgonar.

6118) mĕrgŭs ānsĕr = span. mergánsar, Taucher
(ein Wasser Vogel). Vgl. Dz 469 s. v.

6119) mĕrīdĭānus, a, um (meridies), zum Mittag
gehörig; ital. meridiano „circolo massime terrestre,
orologio solare", meriggiano, Adj., meriggiana, Sbst.
„il mezzodì", vgl. Canelle, AG III 347; aus dem
Fem. meridiana entstand wahrscheinlich: prov.
meliana, Mittagszeit, Mittagsruhe; altfrz. meriienne
(nfrz. méridienne), vgl. Tobler, Z XIII 536; Berger s. v.

6120) mĕrīdĭēs, -em m. (über die Bildung des
Wertes vgl. Stowasser, ALL I 273); ital. meriggio.
Von meridies leitet Caix, St. 412, ab ital. meria,
es ist dies aber vielmehr Verbalsbst. zu meriare,
s. unten merldio. Sonst haben die roman. Sprachen
medius dies erhalten: ital. mezzodì; frz. midi;
span. mediodia; ptg. meiodia.

6121) mĕrīdĭo, -āre (meridies), Mittagsruhe
halten; ital. meriggiare und meriare, dazu die
Verbalsbstve meriggio, meriggia, mcrio, meria,
schattiger, kühler Ort, vgl. Canello, AG III 346,
u. Caix, St. 412.

6122) mĕrĭtŭm n. (merco), Verdienst; ital. merito
u. merto „più ristretto di sense che non merito",
vgl. Canelle, AG III 330; frz. mérite (gel. W.).

6123) dtsch. *merk, Zeichen; altfrz. merc,
Zeichen, Mafs, vgl. Braune, Z XXI 213.

6124) mĕrŭlă, -am f., 1. Amsel, 2. ein Fisch
(Meeramsel); ital. merla u. merlo, Amsel, smerlo,
Lerchenfalke, smeriglione, Schmierling (ein Raubvogel); rum. mierlă; rtr. marlotta; prov. merla;
frz. merle; cat. merla; span. mierlo, mierla; ptg.
melro. Dazu die dem ital. smeriglione entsprechenden Ableitungen prev. esmerilho-s, span. esmerejon,
ptg. esmerilhão. Vgl. Dz 296 smerlo; Gröber, ALL
III 530. — Auf den Fischnamen merula führt Joret,
R IX 121 ff., mit Recht zurück die romanischen
Fischbenennungen: ital. merla, Meeramsel, merluzzo, Stockfisch (Diez 212 hielt merluzzo für die
entsprechenden Bildungen im Frz. etc. für entstanden
aus maris lucius); prov. merle, merlot,
merlan (altfrz. merlenc, es ist also der Stamm
mer[u]l- mit dem german. Suffixe -enc verbunden
werden, vgl. Dz 638 s. v., Mackel p. 96), merluche;
span. merluza.

6125) mĕrŭs, a, um, lauter, rein; ital. mero:
(rum. mereu = *mereus); prov. mer, mier; altfrz.
mier, (über das Vorkommen des Wortes im altfrz.

Mundarten vgl. Bréal, R II 329); cat. mer; span. ptg. mero.

6126) arab. meskîn, arm, elend (Freytag II 335ᵇ); ital. meschino; prov. mesqui; altfrz. meschin, meschine, Bursche, Mädchen; neufrz. mesquin; span. mezquino; ptg. mesquinho. Vgl. Dz 212 mesquino; Ég. y Yang. 451; Berger s. v.

6127) mēspīlūs, -um m. u. mēspīlum n., Mispel; norm. melié, saintong. mele, vgl. Meyer-L., Z. f. ö. G. 1891 p. 772; altfrz. melle (aus mesle?), vgl. Cohn, Dtsche Litteraturztg. 1898 No 40 Sp. 1528. — Ital. nespolo, Mispelbaum, nespola, Mispel; altfrz. nèple; neufrz. nèfle, Mispel, nèflier, Mispelbaum; cat. nespla, Mispel, nespler, Mispelbaum; span. néspera, níspola, Mispel, níspero (u. níspola), Mispelbaum; ptg. nespera, Mispel, nespereira, Mispelbaum. Vgl. Dz 222 néspola; Gröber, ALL IV 132.

6128) mĕssĭo, -ōnem f. (v. metĕre), das Abmähen, die Ernte; altoberital. messon, vgl. Salvioni, Post. 14: prov. meisso-s; frz. moisson, dazu das Vb. moissonner (das oi beruht wohl auf Angleichung an foison, foisonner). Vgl. Dz 642 moisson; Gröber, ALL III 530. S. auch unten mĕssĭs.

6129) mĕssĭs, -em f. (v. metĕre), Ernte; ital. messe; rtr. meass; (prov. meissó); altfrz. mes; (neufrz. moisson); span. mies; ptg. messe. Im Sard. eine Ableitung messèra. Vgl. Gröber, ALL III 530.

6130) mĕssĭs aestīva = altfrz. (neufrz. mundartl.) mestive, Ernte, dazu das Vb. mestiver etc., vgl. Horning, Z XIX 104 (G. Paris, R XXIV, leitet das W. vom Part. *mestum ab).

6131) [*mĕsso, -āre (Frequ. von metĕre), abmähen; span. mesar, die Haare ausraufen, vgl. Dz 469 s. v.]

6132) mĕssōria, -am f., Mähersichel; venez. lomb. messora; piem. messoira; monf. amsuria; (mail. missúria, me-, mussüra = *messura), vgl. Salvioni, Post. 14 (ebenda mondovit. muçuera).

6133) [*mĕssūlārĭus, a, um, zur Ernte gehörig; rum. măsălar, Erntemonat (August).]

6134) mĕtă, -am f., Heuschober, Spitzsäule; ital. meta, Misthaufe, Grenzstein, davon abgeleitet metule „stile del pagliaio", vgl. Caix, St. 413; sard. meda, Haufe, auch Adj. u. Adv. mit der Bedtg. „viel", vgl. Flechia, Misc. 205; lomb. meda; trent. mea; valses. meja, (berg. medil, blon. madil, mucobietti di fieno, vgl. Salvioni, Post. 14); altfrz. moie (daneben moi u. moet), Mafs, (vgl. Horning, Z XVIII 224), Haufe, dav. das Vb. amoier, nach einem Ziele richten, vgl. Tobler zu Li dis dou vrai aniel p. 24; mete, mette, Grenzstein; auf ein Demin. metula geht wohl zurück meule (: metula = altfrz. reule : regula, s. aber dagegen Meyer-L., Z XIX 97, wo *mōla als Grundform angesetzt wird, vgl. auch Nigra, AG XIV 371, wo valbr. melja, meja = metula beigebutet wird), Misthaufe, wovon wieder das gleichbedeutende mulon (prov. moló-s), das freilich auch von mul (s. d.) abgeleitet werden könnte, vgl. Dz 639 meule u. 645 mulot; span. meda, Haufe, almear (für almedar), Heuschober; meta, Grenzstein; ptg. meda und medão, Haufe, meta, Grenze. Vgl. Dz 212 meta; Marchesini, Studj di fil. rom. II 8, führt venez. mèa in der Verbindung irar (sic!) a mèa „tirare al proprio desiderio" auf meta zurück.

6135) *mĕtăllĕă, -am f., Metallmünze; ital. medaglia, davon abgeleitet medaglione; altfrz. meaille, maille; neufrz. médaille (Lehnwort); span.

medalla; ptg. medalha. Vgl. Dz 208 medaglia; Gröber, ALL III 530.

6136) *mĕtăllĕārĭus, -um m. = ital. medagliajo „venditor di medaglie o die monete antiche" medagliare „collezione di medaglie e monete, e il luogo dove si conservano", vgl. Canello, AG III 308.

6137) mĕtăllŭm n. (μέταλλον), Metall; nur als gel. W. vorhanden: ital. metallo; prov. metalh-s; frz. métal (altfrz. auch metail, vgl. Tobler zu Li dis dou vrai aniel p. 26); span. metal; ptg. metal. Vgl. Berger s. v.

6138) mĕtaxa, am f. (μάταξα, με-), Seidengespinnst; ital. matassa; franche-comt. mâsse; span. madeja; ptg. madeixa. Vgl. Dz 207 matessa; Gröber, ALL III 528. Vgl. No 5998.

6139) mĕtĭor, mēnsus sum, mētīrĭ, messen; sard. span. ptg. medir; dav. medida, Mafs, comedido, mafsvoll, gesittet.

6140) mĕtĭtor, -ōrem m., Schnitter; sard. medidore.

mĕtĭpsĕ s. ĭpsĕ.

6141) mĕto, -ĕre, ernten; ital. mietere (über mundartl. Formen und Ableitungen vgl. Salvioni, Post. 14); rtr. meder; prov. meire, vgl. Meyer-L., Z. f. ö. G. 1891 p. 772.

6142) metrum n. (μέτρον), Mafs; piem. méder, ein Mafs; über andere mundartl. Formen vgl. AG IV 337, IX 199, Salvioni, Post. 14; sonst nur gel. W. (Im Ptg. das Vb. medrar, zunehmen, wachsen, gedeihen, dazu das Sbst. medra.)

6143) mĕtŭla, -am f. (mēta), kleiner Haufen, Grenzstein; dav. nach Dz 639 frz. meule (neuprov. molo mit off. o, span. muela), Heuschober, es kann aber nur *mōla als Grundwort angesetzt werden, vgl. Meyer-L., Z XIX 97 (wo dagegen cat. mulb, span. mojom, altptg. moiom von metula abgeleitet werden, was indessen keineswegs wahrscheinlich ist, vgl. G. Paris, R XXIV 310, die Worte sind vielleicht zu mutŭlus zu stellen; Salvioni, R XXVIII 99, will mucchio aus *mucchiare, *mecchiare v. *mecchia = metula erklären —, eine unannehmbare Vermutung). — S. No 6134.

6144) mĕtus, um m., Furcht; span. miedo; ptg. medo; prenz. mei, mej-me, batti soffia, vgl. Salvioni, Post. 14.

6145) *mĕūs, a, um (Pron. poss. d. 1. P.), mein; ital. mio, mia (altital. auch mo, ma); sard. meu, mia; rum. mieu, mea; rtr. miu (mi), meia (ma); prov. mieu-s (mo-s), mia (ma); frz. (altfrz. c. r. mes, c. o.) mon, (altfrz. meie) ma; cat. meu mon, mia (ma); span. mio mi, mia; ptg. meu, mia (ma). Vgl. Gröber, ALL III 350. — Frz. mien ist = meum, vgl. Cornu, R VII 593, s. ob. *mĕănŭs.

6146) [ndl. meyrkoet, Meerhuhn; davon vielleicht frz. macreuse, Trauerente, vgl. Gröber, Misc. 43, es wird jedoch mit Recht die Ableitung nur vermutungsweise aufgestellt.]

6147) mĭcă, -am f., Krümchen; als Sbst. ist das Wort erhalten in lomb. minga; frz. miche, Stück Brot, mie, Demin. miette, Krümchen; span. miga, Brotkrume (Demin. migaja), dazu das Vb. migar, zerbröckeln; ptg. migas, Pl., Brosamen (Demin. migalha), dazu das Vb. migar. — Außerdem lebt mica fort in adverbialer Bedtg. zur Verstärkung der verbalen Verneinung in: ital. mica, miga; prov. mica, miga, mia; frz. mie; altcat. altptg. mega. Im Rum. ist mica zum Adj. (mic, mica) mit der Bedeutung „klein, gering" geworden. Vgl. Dz 213 mica. — Ableitungen von mica sind namentlich im Rumän. ungemein zahlreich (vgl. Ch. p. 162), aber auch in den übrigen Sprachen fehlen sie nicht, z. B. ital. *miccino, miccinino, miccicchino, micolino*, ein Wenig, ein Bifschen: frz. *mioche*, Knirps.

6148) **Michael** (Eigenname); dav. abgeleitet ital. *michelaccio* „fannullone, vagabondo" (eigentlich ein Michaelwallfahrer); frz. *miquelet*, Sehnapphahn, Räuber; span. *miquelito, micalete,*Vagabund, Räuber. Vgl. Caix, St. 416.

6149) **micŭla, -am** *f.* (*mica*), Krümchen; berg. *migla*, valtell. *migol*; engad. *mivla*, vgl. Meyer-L., Z. f. ö. G. 1891 p. 772.

6150) **mīctus, -um** *m.*, das Pissen; sicil. *mittu*, Salvioni, Post. 14.

6151) **mĭgro, -āre**, aus-, umherziehen; brianç on. *meirar*, vgl. Meyer-L., Z. f. ö. G. 1891 p. 772. **mīlax, -ācem** *f.*, s. Nachtrag zu No 5447.

6152) [**miles**, non *milex* App. Probi 30; dafs aber *milex* keine volkslat. Form war, hat Ascoli, gezeigt, AG XIII 283.]

6153) bret. **milfid, milvid**, Lerche; damit ist identisch (wenn auch vielleicht nicht daraus entstanden) frz. *mauvis*, Weindrossel, davon abgeleitet *mauviette*, gemeine Lerche, *mauviard*, Singdrossel. Vgl. Dz 637 *mauvis*; Th. p. 107.

6154) **mīlia** (Pl. v. *mille*), tausend, scil. Schritt, Meile: ital. (*miglia*), *miglio*; rum. *milã*; prov. *milha*; (frz. *mille* m, = lat. *mille*); cat. span. *milla*; ptg. *milha*.

6155) **mīliācĭus, a, um** (v. *milium*), aus Hirse bestehend; davon frz. *miliasse*, Hirsebrei.

6156) **mīliārĭus, a, um** (v. *milium*), zum Hirse gehörig; rum. *mãlaiu*, Pl. *mãlaiuri*, Shet., Hirsegras; frz. *miliaire*, Adj.

6157) **milimindrus, -um** *f.*, eine Pflanze (Isid. 17, 9, 41 u. Gloss., s. Löwe, Prodromus p. 417); span. *milmandro*, Bilsenkraut; ptg. *meimendro*. Vgl. Dz 469 *milmandro*.

6158) [**mīlĭtārĭs, -e** (*miles*), zum Kriegsdienst gehörig; ital. *militare*; rum. *militar*; frz. *militaire*; span. ptg. *militar*. Nur gel. W.]

6159) [**mīlĭtĭā, -am** *f.* (*miles*), Kriegsdienst, Heer; ital. *milizia*: frz. *milice*; span. ptg. *milicia*. Nur gel. W.]

6160) **mīlĭum** *n.*, Hirse; ital. *miglio*; sard. *mizu*; rtr. *meigl*; prov. *meilh-s, milh-s*; frz. *mil*, davon *millet*, Hirsegras; cat. *mill*; span. *mijo*; ptg. *milho*. Vgl. Gröber, ALL VI 392.

6161) **mīllĕ**, Pl. **mīllĭā**, tausend; ital. *mille*, Pl. *miglia* (davon das Sbst. *miglio*, Meile); sard. *milli*; rum. *mie*, Pl. *mii*; rtr. *mille, mile*, Pl. (aber auch als Sing. gebraucht) *mila*, vgl. Gartner § 200; prov. *mil*(i), *miri*, Pl. *milia*, (davon das Sbst. *milier-s*; frz. *mille, mil*, Pl. *mille* (auch Sbst. *mille*, Meile), dazu das Sbst. *millier*; cat. Sg. u. Pl. *mil*; span. Sg. u. Pl. *mil*; ptg. Sg. u. Pl. *mil*. Vgl. Gröber, ALL III 531. S. No 6154.

6162) **mīllĕ grānă**, tausend Körner; davon der altspan. Name des körnerreichen Granatapfels *milgrana, mingrana*, vgl. Dz 469 *s. v.*

6163) **mīllēsĭmus, a, um**, tausendst; ital. *millesimo*, u. dem entsprechend in den übrigen Sprachen (frz. aber *millième*): *millesimo* etc. wird auch substantivisch in der Bedtg. „Jahreszahl" gebraucht. Über die abgeleitete in der Bedtg. „Jahreszahl" gebraucht.

6164) [***mīllēsōlĭdārĭus** = norm. *milsoudier*, tausend Sous besitzend, sehr reich, vgl. Dz 640 *milsoudor*.]

6165) *căbăllŭs* **mīllĕ sōlĭdŏrŭm**, ein tausend Solidi wertes, also kostbares Schlachtrofs, = prov. *milsoldor-s*; altfrz. *milsoudor, missoudor*. Vgl. Dz 640 *milsoudor*.

6166) **mīllĭārĭum** *n.*, Meilenstein; engad. *müler* (mit palat. *l*), vgl. Meyer-L., Z. f. ö. G. 1891 p. 772. — In der Bedtg. „ein tausend (Schritt)" lebt *m.* fort in ital. *migliajo*, venez. *mićr*, mail. *miée*; altoberital. *migliar, miglio*, vgl. AG XII 415, Salvioni, Post. 14.

6167) [***mīllĭo, -ōnem** *m.* (*mille*), ein grofses Tausend, eine Million; ital. *milione*; frz. *million*; span. *millon*; ptg. *milhão*.]

6168) ***mīlvānŭs, -um** *m.* (v. *milvus*), Gabelweihe, Taubenfalke: (ital. *nibbio* = **milvius*); prov. frz. *milan*, Hühnergeier; span. *milano*; ptg. *milhano*. Vgl. Dz 214 *milano*. — C. Michaelis, Misc. 119, zieht hierher auch cat. *miloca*, Windvogel, (Papierdrache (wegen des Bedeutungsüberganges vgl. engl. *kite*), valencian. *miloja*; arag. u. mallorc. *milocha*; span. *birlocha* (f. *bilocha* mit Anlehnung an *nébula birla*), über frz. *milan*, das ein **milānus* vorauszusetzen scheint, vgl. Cohn, Suffixw. p. 143; von *milvanus* abgeleitet ist *mil(l)ouin*, Name einer Entenart, u. dav. wieder *mil(l)ouinan*.

6169) ***mīlvĭŭs, -um** *m.*, Hühnergeier, = ital. *nibbio*; sicil. *nigghiu*; altfrz. *nieble*; altspan. *nebli*, Edelfalke: ptg. *nebri*. Vgl. Dz 386 *nibbio*; Gröber, ALL IV 131 (wo *néb'lus* als Grundwort angesetzt wird wegen der Formen mit *e* und *ie*; indessen darf man doch vielleicht an *milvius* festhalten, wenn anzunehmen gestattet ist, dafs *ie* in altfrz. *nieble* — denn span. *nebli*, ptg. *nebri* ist doch wohl nur Lehnwort — auf volksetymologischer Angleichung an *nébula* beruhe).

6170) **mīlvus, -um** *m.*, Hühnergeier; sicil. *miula*, Königsweiher.

6171) ahd. **mīlzi**, Milz; ital. *milza* (mail. *nilza*), dazu das Adj. *smilzo*, milzlos, bauchlos, mager; neuprov. *melso*; (frz. *rate*, vermutlich = altnfränk. *rãta*, eigentl. Honigseim, die Bedeutungsübertragung wird daraus erklärt, dafs die Milz als lockeres zelliges Gewebe eine ungefähre Ähnlichkeit mit Honigwaben habe, vgl. Dz 665 *s. v.*, Mackel p. 38); span. *melsa*; (ptg. *baço* auch span. *bazo*, von Diez 431 *s. v.* nicht erklärt, sondern nur mit neuprov. *bescle*, altfrz. *bascle* zusammengestellt, vielleicht aus **vasium* f. *vasum* entstanden, wofür der Umstand spricht, dafs der lat. Plur. *vasa* auch „Hoden, Schamglied" bedeutet, also zur Bezeichnung eines schwammigen, weichlichen Körperteiles gebraucht wird; *bascle, bescle* würden dann = *vasculum* sein). Vgl. Dz 214 *milza*; Mackel p. 99.

6172) bret. **min**, Schnauze; davon vermutlich frz. *mine*, Gesichtsausdruck, Geberde, vgl. Th. p. 68; Diez 214 *mina* 1 leitete das Wort von **minare* = frz. *mener* ab, aber *i* konnte unmöglich *i* bleiben.

6173) kelt. Stamm **mĭn-**, fein, klein; davon vermutlich sard. *minnanna*, Grofsmütterchen (die gleiche Bedeutung haben altlimous. *mina*, gasc. *menina*; frz. *minon, minette*, Kätzchen, (henneg. *minette*, Mädchen; *mignon*, niedlich, Liebling (auch ital. *mignone*), wovon *mignard*, niedlich, zart, *mignoter*, liebkosen etc. Diez 640 stellte für diese Wortsippe ahd. *minnja*, Liebe, als Grundwort auf, vgl. auch Caix, St. 417 (wo *mignotta* „meretrice" hinzugefügt wird) u. Mackel p. 101; cat. *minyo*, Bübchen; span. *menino*, Edelknabe, *menina*, Hoffräulein; sicil. *minino, menino*, Knäbchen, *minina, menina*, Mädchen. Vgl. Dz 214 *mina* 2; Th. p. 69; Nigra, AG XIV 280.

6174) **mĭnae, -as** *f. pl.*, Zinnen; span. *amena*; ptg. *ameia*.

6175) *mĭnācĭā, -am f. (schriftlat. nur Pl. *minaciae*), Drohung; ital. *minaccia*; (rtr. *schmanatscha*); prov. *menassa*; frz. *menace*; cat. *menassa*; span. *amenaza*; ptg. *ameaça*. Dazu die entsprechenden Verba: ital. *minacciare*; prov. *menassar*; frz. *menacer*; cat. *menassar*, span. *amenazar*; ptg. *ameaçar*. Vgl. Dz 215 *minaccia*; Gröber, ALL IV 116.

6176) mĭnātŏr, -ōrem m. (*minari*), Antreiber, Führer; ital. *menatore*; rum. *minātor*; prev. *menador*; frz. *meneur*.

6177) [*mĭncĭdus, a, um (f. *micidus* [*micidiores* f. *minores* bei den Gromatikern] v. *mica*, lomb. *minga*), winzig, wird von Schuchardt, Roman. Etym. 1 p. 31, als Grundwort zu ital. *mencio*, frz. *mince* angesetzt, vgl. jedoch unten **mĭnūtio.**]

6178) mĭnĭmŭs, a, um, sehr klein, kleinster; ital. *minimo* u. *menomo*, vgl. Canello. AG III 320; davon abgeleitet (wohl nach französ. Muster) *marmocchio*, keines Kind, vgl. Caix, St. 405; *marmaglia*, geringes Volk; prov. nur die Ableitungen *mermar*, vermindern, *mermaria*, Verringerung; altfrz. *merme*, klein, gering, davon abgeleitet *marmot*, kleines Kind, Affe (dazu vielleicht als Fem. *marmotte*, Murmeltier, wenn man das Wort nicht aus *murem montis* deuten will, was aber wenig glaubhaft ist, vgl. Jeanroy, R XXIII 237, s. auch unten **murmuro**), *marmaille*, Kinderschar; span. *mermar*, verringern, *merma*, Verringerung; dagegen kann altspan. *mermar*, altptg. *mermar* „vermehren" seiner Bedtg. wegen nicht wohl hierher gehören, C. Michaelis, Frg. Et. p. 62, will es aus *maximare* erklären, was freilich recht unglaublich klingt. Jeanroy, R XXIII 237, will auch *marmot*, *marmeau*, *marmouset* von *merme* ableiten. Vgl. Dz 212 *merme*; Flechia, AG II 366. S. unten **murmuro.**

6179) mĭnĭo, -āre (v. *minium*, Zinnober), rot färben; ital. *miniare*, rot färben, davon *miniatura* kleines Bild, vielleicht auch *mignotta*, Blutegel (weil er rot gezeichnet ist); span. *minia*, punktieren. Vgl. Dz 215 *miniare*.

6180) [mĭnĭstĕr, -trum m., Diener; ital. *ministro* und dem entsprechend in den übrigen Sprachen, nur gelehrtes Wort mit bekannter eingeengter Bedeutung.] Vgl. Berger s. v.

6181) *mĭnĭstĕrĭārĭŭs, -ŭm m. (*ministerium*), Bediensteter; prov. altfrz. *menestrier*, Handwerker, Künstler, Musiker; neufrz. *ménétrier*, Spielmann. Vgl. Dz 212 *mestiero*.

6182) *mĭnĭstĕrĭālĭs, -em m. (*ministerium*), Bediensteter; prov. *menestral-s* (daneben *menestrier-s*), Handwerker, Künstler; altfrz. *menestrel*; span. *menestral*. Vgl. Dz 212 *mestiero*; Berger s. v.

6183) mĭnĭstĕrĭŭm n. (*minister*), Dienstleistung (im Roman. mit erweiterter Bedtg. „nötige Verrichtung, Bedürfnis, Notwendigkeit" u. „Handwerk"); ital. *mestiero* u. *mestiere*; prov. altfrz. (im Eulalialied *menestier*, vgl. G. Paris, R XV 445, Cohn, Suffixw. p. 283), *mester*, *mestir*, *mestier*; neufrz. *métier*; (span. altptg. *menester*, Amt, Bedürfnis); neuptg. *mistér*, Bedürfnis, Gewerbe. Vgl. Dz 212 *mestiero*; Gröber, ALL IV 516 u. VI 393, 398.

6184) mĭnĭstro, -āre (*minister*), bedienen; ital. *ministrare* (bei Tisch aufwarten, die Suppe auftragen), die Suppe anrichten, davon das Sbst. *minestra*, Suppe, wovon wieder *minestrajo* „chi mangia ingordamente minestra, chi ne vende", vgl. Canello, AG III 308. Vgl. Dz 385 *minestra*; Gröber, ALL III 116.

mĭnnja s. oben **mĭn.**

6185) mĭno, -āre, (Vieh) durch Schreien und Prügeln forttreiben (daraus hat sich die romanische Bedtg. „führen" entwickelt); ital. *menare*; rum. *min ai at a*; prev. *menar*; frz. *mener*; cat. *menar*; altspan. *menar*. Vgl. Dz 209 *menare*. — Als *terminus technicus* wird *minare* (s. ob. **mein-**) im Mittellat. und dann im Roman. gebraucht, um das Führen eines Ganges unter der Erde zu bezeichnen (ital. *minare*; prov. *minar*; frz. *miner*; span. ptg. *minar*; dazu das Vbsbst. ital. prov. span. ptg. *mina*, frz. *mine*, unterirdischer Gang, Mine). Vgl. Scheler im Dict. *mine* 2.

6186) mĭnor, -ōrem (Komp. zu *parvus*); ital. *minore*; prov. *menre-s*; frz. *moindre*, (*mineur*, gel. W.); cat. span. ptg. *menor*. S. unten **mĭnŭs.**

6187) *mĭnŭo, -āre (schriftlat. *minuĕre*), vermindern; ital. *menovare*; aus dem Part. **menuo* für *menuto* entstand vielleicht (vgl. 6189!) *menno* „privo di facoltà virile etc.", wovon wieder *mannerino* „castrato, giovane, bucollo", vgl. Caix, St. 46 und 402; prov. *minuar*; frz. *minuer*; (neufrz. *diminuer* ist gel.W.); cat. *minvar*; span. *menguar*, dazu das Vbsbst. *mengua*, Mangel; ptg. *men-, mingoar* (vgl. C. Michaelis, Frg. Et. p. 46), dazu das Vbsbst. *men-, mingoa*, Mangel. Vgl. Dz 209 *menovare*; Gröber, ALL IV 116.

6188) 1. mĭnŭs, weniger; ital. *meno*; prov. *meins, mens, menhs, mes*; frz. *moins*, (als pejoratives Präfix *més-*, woraus ital. *mis-*), vgl. Neumann, Z XIV 574 (gegen Meyer-L., Ztschr. f. frz. Spr. u. Lit. X[1] 278); span. ptg. *menos*. Vgl. Dz 215 *mis*; Gröber, ALL IV 116.

6189) 2. mĭnŭs, a, um, kahlbäuchig (Varro r. v. 2, 2, 6); dav. viell. ital. *menno*, verschnitten; neapol. *menna*, Brust (*mina* „Brust ohne Milch" Festus), vgl. d'Ovidio, Gröber's Grundriß I 503.

6190) [*mĭnŭs āllĭgāntĭā = frz. *mésalliance*, Mißheirat.]

6191) [*mĭnŭs cădēns = altfrz. *mescheant*; neufrz. *méchant*, (übel ausfallend, unglücklich, elend), schlecht, boshaft. Vgl. Dz 637 s. v.]

6192) [*mĭnŭs cădēntĭā (v. *cadēre* für *cadēre*), Unfall. — altfrz. *mescheance*, Unheil. Vgl. Dz 637 *méchant*.]

6193) [*mĭnŭs cădo, -ēre (für *cadēre*) = altfrz. *mescheoir*, übel fallen, übel ausschlagen. Vgl. Dz 637 *méchant*.]

6194) [*mĭnŭs căpŭt = prov. *mescap-s*, übles Ende; frz. *méchef*, dazu das Vb. altfrz. *meschever*; span. *menoscabo*, dazu das Vb. *menoscabar*, *mescabar*; ptg. *menoscabo* (altptg. *mazcabo*) vgl. Dz 209 *menoscabo*.]

6195) [*mĭnŭs prĕhĕndo, -ēre = frz. *méprendre*, fehlgreifen, irren.]

6196) [*mĭnŭs prĕtĭo, -āre = frz. *mépriser*, verachten.]

6197) [*mĭnŭs sĕdĕo, -ēre, = altfrz. *messeoir*, mißfallen, dazu das substantivisch gebrauchte Part. *messéant*, Mißfallen, Mißerfolg (?), dav. *messéante*, (auch neufrz.) Unschicklichkeit. Vgl. Förster, Z IV 381.]

6198) [*mĭnŭs stăntĭā (v. *stare*) = altfrz. *mesestance*, Ungelegenheit, Unannehmlichkeit u. dgl.]

6199) *mĭnūtārĭŭs, a, um (v. *minutus*), auf Einzelheiten bezüglich; ital. *minutario* „raccolta di minuzie di lettere" (fehlt in den Wörterbüchern, wird aber von Villari häufig gebraucht zur Übersetzung des mittelalterlichen Kanzleiausdrucks *minutarium*), *minutiere* „orefice di fino" vgl. Canello, AG III 308.

6200) **mĭnūtĭă, -am** *f.*, Kleinigkeit; ital. *minuzia* „cosa di nulla“, *minugia* „budello e corda di budello“, vgl. Canello, AG III 343; venez. *menusa*, bellun. *menusan*, minutame, vgl. AG XII 414, Salvioni, Post. 14; ptg. *munças*, Kleinigkeiten, hierher gehört wohl auch *miuça*, Wirbel der Spindel. Vgl. Dz 385 *minugia*.

6201) [***mĭnūtĭārĭus, -um** *m.* (von *minutiare*), Zerkleinerer, = frz. *menuisier*, Tischler.] Die in den übrigen Hauptsprachen üblichen Ausdrücke für „Tischler“ sind: ital. *falegname* (aus *facere* und **lignamen*), legnajuolo = **lignariolus*; span. *carpintero* = *carpentarius* v. *carpentum*; ptg. *carpinteiro*, marceiro, marceneiro = *mercenarius* (?).

6202) ***mĭnūtĭo, -āre** (v. *minutus*), zerkleinern; ital. *minuzzare* u. (am)mencire, ersteres auf den stammbetonten, letzteres auf den flexionsbetonten Formen beruhend (**minútio : minuzzo*, aber **minutiámus : menciámo*), zu *mencire* das als Adj. gebrauchte verkürzte Particip *mencio*, klein, fein, winzig; rum. *mărunțesc ii it i*; rtr. *manizar*; prov. *menuzar*; altfrz. *menuisier* und *mincier* (verhalten sich wie ital. *minuzzare* u. *mencire*), zu *mincier* das Verbaladj. *mince* (Diez 640 erklärte *mince* aus altnord. *minst*, ahd. *minnist* „mindest“, vgl. Caix, St. 110, und G. Paris, R VIII 618; Schuchardt, Roman. Etym. I p. 31, setzt *mince* = **mincidus* f. *micidus* [s. d.] von *mica* an); altspan. *menuzar*. Vgl. Dz 215 *minuto*; Gröber, ALL III 117.

6203) **mĭnūtūlus, a, um** (*minutus*), sehr klein; lomb. *menüder* etc., vgl. Salvioni, Post. 14.

6204) **mĭnūtŭs, a, um** (Part. P. P. v. *minuĕre*), verkleinert, klein; ital. *minuto*, Adj. u. Sbst., als letzteres mit der Bedtg. „Minute“; sard. *minuda*, venez. *menuo*, genues. *menûo*, pesch. *munuda* bestiame minuto, monf. *amni*, minuto d'essa, vgl. Salvioni, Post. 14; rum. *mărunt*; prov. *menut*; frz. *menu*, als Sbst. mit der Bedtg. „Speiseliste“ (gleichsam „Speiseklein“; im Plur. kann das Wort in mehrfacher Bedeutung gebraucht werden: „kleine Einkäufe, Lustbarkeiten etc.“); dazu das gel. W. *la minute*, die Minute; span. *menudo*, klein, *minuto*, Minute; ptg. *miudo*, klein, *minuto*, Minute. Vgl. Dz 215 *minuto*.

6205) **mĭrābĭlĭs, -e** (*mirari*), wunderbar; ital. *mirabile*, Adj., *meraviglia*, maraviglia (=*mirabilia*), Wunder, vgl. Canello, AG III 337 u. 403; dazu das Vb. *meravigliare*; rum. das Adj. fehlt, das Sbst. hat die Form *minune*, von Ch. =**mir[abil]ionem* angesetzt, dazu das Vb. *minunes ai at a*; prov. *meravelha*, meravilla, dazu das Vb. *meravelhar*; frz. *merveille* (vgl. Darmesteter, R V 145, Cohn, Suffixw. p., 94 u. 154), dazu das Vb. *émerveiller*; cat. *maravella*, dazu das Vb. *maravellar*; span. *maravilla*, dazu das Vb. *maravillar*; ptg. *maravilha*, dazu das Vb. *maravilhar*. Vgl. Dz 203 *maraviglia*.

6206) [**mĭrācŭlŭm** *n.*, Wunder; ital. *miracolo*, Wunder, arch. *miraglio* (frz. Lehnwort, vgl. AG XIII 399), Spiegel, vgl. Canello, AG III 353; levent. *murécc* Spiegel; prov. *miracle-s* u. *miracla*, Wunder, *miralh-s*, Spiegel; altfrz. *mirail*, Spiegel, dazu das Vb. *mirailler*; frz. *miracle* (gel. W.); span. *milagro*; ptg. *milagre*. Vgl. Dz 469 *milagro*; Meyer, Ntr. 136; Berger *s. v.*]

6207) **mĭrātŏr, -ōrem** *m.* (*mirari*), Bewunderer; ital. *miratore*; rum. *mirător*; prov. *miraire*, *mirador*; cat. span. ptg. *mirador*.

6208) ***mĭrātōrĭŭm** *n.* (*mirari*), Ort oder Werkzeug des Schauens; ital. *miradore*, Spiegel (das übliche Wort ist *specchio* = *speculum*); prov. *mirador-s* (das übliche Wort ist *miralh-s*), Spiegel; frz. *mĭroir*, Spiegel; span. ptg. *mirador*, Schauturm, Warte. Vgl. Dz 641 *miroir*.

6209) **mĭro, -āre** (schriftlat. gewöhnlich Deponens), bewundern (im Roman. ist die Bedtg. verallgemeinert zu „schauen“); ital. *mirare*; rum. *mir ai at a* (hat die Bedtg. „bewundern“ bewahrt); prov. *mirar*; frz. *mirer*, dav. viell. das altfrz. Sbst. *mire-s* (vgl. ital. *guida* v. *guidare*, *spia* v. *spiare* u. dgl.) Beschauer (des Urins), Arzt (s. ob. *medicus*); cat. span. ptg. *mirar*.

6210) dtsch. **mischmasch** = frz. *micmac*, Spitzbüberei, vgl. Dz 639 *s. v.*

6211) (**mĭscĕo** u.) ***mĭscĕo, -ēre**, mischen; ital. *mescire* (Part. P. P. *misto*); span. *mecer*; ptg. *mexer*. Vgl. Dz 468 *mecer*; Gröber, ALL IV 117. S. unten **mĭscŭlo**.

6212) ***mĭscĕĭtā, -am** *f.* (für *mixta*) = ital. *mescita* „il luogo ove si mescono o minestre o vini od olii“, vgl. Canello, Riv. di fil. rom. I 17; Storm, R V 177 Anm.

6213) ***mĭscĭto, -āre** (v. *misceo*), mischen, = ital. *mestare*; rtr. *maschadar*; friaul. *messedá*, vgl. Storm, R V 177; Ascoli, AG I 44; Mussafia, Beitr. 79; Gröber, ALL III 118, leitete *maschadar* von *mascha*, Masche, Schlinge ab.

6214) ***mĭscŭlo, -āre** (*miscere*), mischen; ital. *mescolare*, meschiare, mischiare, mistiare „quasi sinonimi“, dazu die Verbalsbsttve *méscola* „mestola e cazzuola da muratore“, *mischia*, mistia „combattimento corpo a corpo, quistione ardente“, *méschia* „vino con mele infuso“, vgl. Canello, AG III 353; außerdem die Partizipialsubstantiva *mescolata*, meschiata, mischiata, (archaisch auch das dem Französ. entlehnte *mes-*, *misléa*, *melléa*, *meléa* „mischia, zuffa“), vgl. Canello, AG III 313; prov. *mesclar*, davon abgeleitet *mesclanha*, gleichsam **misculanea*, Gemisch; frz. *méler*, dazu das Partizipialsbst. *mélée* (altfrz. *mesléé*), Handgemenge; abgeleitet *mélange*, Mischung; außerdem die Zusammensetzung *pélemélé* (altfrz. auch *mesle-pesle* u. *mesle-mesle*), unter-, durcheinander, *péle* ist wohl nur lautliche Umbildung von *méle*, möglicherweise mit begrifflicher Anlehnung an *pelle*, Schaufel, als ein zum Auf- u. Durcheinanderwerfen verschiedener Gegenstände dienendes Werkzeug, vgl. Dz 656 *péle-méle*; cat. *mesclar*; span. *mezclar*, dazu das Vbsbst. *mezcla*; ptg. *mesclar* (daneben *misturar* = **mixturare*), dazu das Vbsbst. *mescla*. Vgl. Dz 215 *mischiare*; Gröber, AL III 117.

6215) **mĭsĕllŭs, a, um** (Demin. v. *miser*), unglücklich; ital. *misello*; rum. *mişel*, elend; prov. altfrz. *mesel* (Fem. altfrz. *mesiele*, vgl. Stengel, Gloss. p. 167 Anm.), aussätzig; (altspan. *mesyllo*). Vgl. Dz 638 *mesel*; Gröber, ALL IV 118.

6216) **mĭsĕr, a, um**, elend; ital. *misero*; altmail. *mesero*; altrum. *meser*; (prov. *mezre*, Alexiuslied 89a, wenigstens setzt G. Paris *mezre* = *misera* an, während Stengel, Gloss. p. 67, darin *medre* = *matrem* erkennt, der Sinn der Stelle gestattet die eine wie die andere Auffassung; aus *mezre* soll nach Diez 632 entstanden sein altfrz. *mais*, maise, elend, wozu das Sbst. *maisetet*, Elend, es erscheint jedoch diese Ableitung wenig glaublich, denn sonst pflegt *sr*, *sr* zu r vereinfacht oder zu *zdr*, *sdr* erleichtert zu werden, auch das *ai* ist befremdlich; vielleicht ist *mais* nichts anderes als

das adjektivisch gebrauchte Adverb *mais* „aber“,
es wäre dann anzunehmen, dafs von *mais* zunächst
das Adverb *maisement* (gleichsam „aberig, in Aber-
lage, d. h. in Mifslage, Übellage befindlich“) und
daraus das Adj. *mais* gebildet werden wäre. Doch
soll das eben nur eineVermutung sein). Span. ptg.
misero.

6217) *mĭsĕrēsco, -ĕre (v. *miser*), elend werden
(schriftlat. *miserēscĕre* ist inchest. zu *miserēre*,
Mitleid haben), = rum. *mişeles ii, it i*, elend
werden.

6218) [mĭsĕrĭă, -am *f.* (*miser*), Eleud; ital. *miseria; frz. misère* etc., nur gel. W., vgl. Berger *s. v.*).]

6219) *mĭssă, -am *f.* (für *missa* v. *mittere*), Messe;
ital. *messa; frz. messe;* span. *misa; ptg. missa.*
Vgl. Dz 212 *messa.* S. unten **mĭtto.**

6220) *mĭssŭm *n.* (für *missum* v. *mittĕre*), das
aus der Küche in das Speisezimmer Geschickte, das
Gericht, die Speise: ital. *messo; frz.* mets (in Anlehnung an *mettre* mit *ts* geschrieben, vgl. Förster,
Z XIX 106, wo die Annahme Braune's, Z XVIII
514, dafs *mets* = niederdtsch. *met* in „Mettwurst“
sei, widerlegt wird). Vgl. Dz 638 *mets.*

6221) altofränk. **mĭta**, Milhe, = frz. *mite*, Milbe,
auch kleine Kupfermünze u. dgl., davon abgeleitet
mitaille, woraus mit Einschub eines r (vgl. *regesta
: registre, cannabis : chanvre, tristis :* altfrz. *tristre*
u. dgl.) *mitraille*, davon ital. *mitraglia*, vgl. AG
XIII 411 (normann. *mindraille* mit Anlehnung an
mendre-s = *minor*), Haufe kleiner Metallstücke:
span. *mita*, Milbe, davon abgeleitet *metralla*, Kar-
tätschenzeug. Vgl. Dz 215 *mita* u. 641 *mitraille.*

6222) [mĭtĭgo, -āre (*mitis*), mild, gelind, sanft
machen; ital. *mitigare* „render mite“, *miticare*
„carezzare“, vgl. Canello, AG III 375. Aus dem
Part. P. P. *mitigatus* erklärte Diez 468 span. *mego,*
sanft, gefällig, ptg. *meigo* (*mitigatus : mego* =
cordatus : cuerdo)].

6223) *mĭtĭo, -āre (v. *mitis*) = ital. *mezzare*,
teigig werden, dazu das Adj. (verkürztes Part.) *mezzo,*
teigig. weichlich, welk. Vgl. Dz 385 *mezzo* (Diez
setzt ein Adj. *mitius* als Grundwort an, wobei das
e unerklärt bleibt); Gröber, ALL IV 118 (hier die
richtige Ableitung); Flechia, AG IV 375.

6224) mĭtră, -am *f.*, eine Art Mütze; ital. *mitra,
mitria* „il berretto episcopele“, *mitera* „mitra, un
berrettone di carta che si metteva in capo ai con-
dannati, e quindi uomo da forca“, vgl. Canelle, AG
III 398; auch sonst ist das Wort als gel. Wort
vorhanden.

6225) arab. **mi'traqah**, Hammer (Freytag III 53b);
ital. *matracca;* span. ptg. *matraca*, Klapper; vgl.
Dz 468 *s. v.;* Eg. y Yang. 448.

6226) *mĭtto, misi, *mĭssum, *mĭttĕre (schriftlat. *mitto, misi, missum, mittere*, vgl. Marx *s. v.*),
schicken (im Roman. ist diese Bedtg. zu derjenigen
„etwas von einem Orte zu einem andern bringen,
setzen, stellen, legen“ verallgemeinert worden und
zum Ausdrucke des Begriffes „schicken“ sind andere
Verba, namentl. *mandare* u. *inviare* eingetreten);
ital. *metto misi messo mettere;* rtr. *met,* (Perf.
fehlt), *mess* u. *mes, meter* etc.; vgl. Gartner §§ 148,
166 u. 200; prov. *met mis mes metre; frz. metś
mis mis mettre* (das *i* im Part. Prät. beruht auf
Angleichung an das Perf., die regelrechte Form *mes*
ist altfrz. als Shst. in der Bedtg. „Bote“ vorhanden);
altcat. *meto mes mes metre,* neucat. ist *metrer*
schwaches Vb. mit dem starken Part. Prät. *mes;*
span. *meter* (schwach); ptg. *metter* (schwach).
Vgl. Dz 213 *mettere;* Gröber, ALL IV 118.

6227) mĭtŭlŭs, -um *m.* (μιτύλος), Miesmuschel;
ital. *mitilo* „un genere di molluschi“, *nicchio*
„conchilia, guscio, nicchia, cappello a preti, natura
della femina“, vgl. Canello, AG III 366; aufserdem
gehört hierher *nicchia*, muschelartige Vertiefung,
Nische (= frz. *niche*, das aber als Vbsbst. zu
nicher = *nidificare* aufgefafst werden mufs; span.
ptg. *nicho*); (frz. *moule* = *mutulus* mit Anlehnung
an *musculus;* cat. *muscla* = *musculus*), span. *al-
meja; ptg. a-meija, a-meijon.* Vgl. Dz 222 *nicchio;*
Gröber, ALL IV 118.

6228) mĭxtĭcĭŭs, -um *m.* (*mixtus*), Mischling;
(ital. *meticcio*); prov. *mestis; frz. métis;* span.
mestizo; ptg. mestiço. Vgl. Dz 212 *mestizo.*

6229) *mĭxtĭcŭlŭm *n.* (Demin. zu *mixtum*) =
frz. *méteil*, Mengkorn, vgl. Dz 638 *s. v.*

6230) mĭxtŭm (Part. P. P. von *miscēre*) = prov.
mest, zwischen, unter, vgl. Dz 638 *s. v.*

6231) mŏbĭlĭs, -e (*movere*), beweglich; ital.
mobile, Adj., *mobiglia* (= *mobilia*), Möbel, vgl.
Canello, AG III 403; valtell. *moglia* (aus *móila,
movila*), certo numero di bestie bovine, vgl. Salvioni, Post. 14; obwald. *muvel,* Viehstand, vgl.
Meyer-L.,Z. f. ö. G. 1891 p. 772; prov. *moble;* altfrz. *mueble* (= *mōbilis,* indem der Vokal von
mŏvere auf das Adj. übertragen wurde, vgl. Förster,
Z III 561; G. Paris, R X 50; Gröber, ALL IV
118); neufrz. *meuble;* cat. *moble;* span. *mueble*
(Lehnwort aus dem Frz.); ptg. *movel.* Das Wort
ist überall auch Shst. mit der Bedeutung „bewegliche Habe, Hausgerät, Möbel“. Vgl. Gröber, ALL
IV 118.

6232) mŏbĭlĭtăs, -tătem *f.* (*mobilis*), Beweglichkeit; ital. *mobilità,* dem entspr. in den übr. Spr.

6233) [*mŏceo, -ēre, wird von Schuchardt, Roman. Etym. I p. 80, als Grundwort zu frz. *moisir,*
schimmeln, vermutet.]

6234) [*mŏchŭs, -um *m.,* Wicke, = ital. *moco,*
vgl. Dz 385 *s. v.*]

6235) [mŏdĕrnŭs, a, um (v. *modo*), neu (Prisc.
de accent. 46 p. 528, 18 K.; Cassiod. Var. 4, 51);
ital. *moderno;* frz. *moderne* (gel. W.); span.
ptg. *moderno.*]

6236) [mŏdĕro, -āre (*modus*), mäfsigen; ital.
moderare; frz. *moderer* etc.]

6237) [mŏdĕstŭs, a, um (*modus*), bescheiden;
ital. *modesto;* frz. *modeste* etc.]

6238) mŏdĭŏlŭm *n.* (*modium*), Dotter (Plin. Val.
1, 64 in., wo falsch *nediola*); prov. *moiol-s;* neuprov. *mouiolo;* frz. *moyeu.* Vgl. Dz 644 *moyeu* 2
(da Diez das lat. *modiolum* nicht kannte, konnte
er die richtige Ableitung nicht finden und verfiel
darauf, *mutulus* v. *mutulus* als Grundwort anzusetzen); Gröber, ALL IV 119 (hier die
richtige Grdw.), vgl. auch Cohn, Suffixw. p. 252.

6239) mŏdĭŏlŭs, -um *m.* (*modius*), Nabe; (ital.
mozzo = *modius*, vgl. Dz 386 *s. v.*, *miolo,* Trinkgeschirr, in welcher Bedtg. *modiolus* auch im Lat.
vorkommt, vgl. Mussafia, Beitr. 79); prov. *molh-s,*
u. *muiol-s; frz. moyeu.* Vgl. Dz 644 *moyeu* 1.

6240) mŏdĭŭs, -um *m.,* ein Hohlmafs; von *modius*
leitet Caix, St. 414, eine lange Reihe ital. (meist
mundartlicher) Worte ab, welche „Krug“ oder ein
ähnliches Gefäfs bezeichnen (*mezzina, mezzuolo,
muzuoli, mozzina* etc.); aufserdem ist *modius* erhalten
im ital. *mozzo,* Nabe, *moggio,* Getreidemafs; prov.
muei-s, Getreidemafs, Scheffel; frz. *muid;* span.
moyo; (das ptg. Wort für den Begriff ist *al-
queire*, wohl arabischen Ursprungs). Vgl. Dz 216
moggio.

6241) **mŏdŏ**, eben, jetzt; ital. *mo*, (in Mundarten mancherlei andere Formen, z. B. sard. *moi*, *immoi*, comask. *ammò*, neap. *mone*, venez. *mojà* = *modo jam*); rum. *amŭ*. Vgl. Dz 385 *mo*.

6242) bask. **modorra**, Baumstumpf; darauf soll zurückgehen span. ptg. *modorro*, ein im tiefen Schlafe Liegender (weil ein solcher Mensch gleichsam so bewufstlos u. klotzig ist wie ein Baumstumpf), *modorra*, tiefer, betäubender Schlaf (altptg. auch „Haufen"), *modorrar*, betäuben, *modurria*, Stumpfheit, Dummheit. Vgl. Dz 469 *modorra*.

6243) ***mŏdĕllŭs, -um** *m.* (Demin. von *modus*), Form, Muster; ital. *modello*; frz. *modèle* (Lehnwort); span. ptg. *modelo*. Vgl. Dz 215 *módano*.

6244) **mŏdŭlŭs, -um** *m.* (Demin v. *modus*), Form; ital. *modulo* „modello", *módano*, *módene*, *módine* „certo modelle di cui si servono gli artefici nei loro lavori", vgl. Canello, AG III 349; com. *mòvad*, modo, vgl. Salvioni, Post. 14, die Ableitung ist aber durchaus unglaubhaft; prov. *molle-s*; altfrz. *modle*; neufrz. *moule*; span. ptg. *molde*. Dazu das Vb. ital. *modulare*, frz. *mouler*, span. ptg. *moldar*, *moldear*. Vgl. Dz 215 *módano*; Gröber, ALL I 245 unter *attitulare*.

6245) **mŏdŭs, -um** *m.*, Art, Weise; ital. *modo* (über das *o* statt *uo* vgl. Ascoli, AG X 88 f.) u. *moda*, letzteres nur in der Bedtg. „Mode", vgl. Canello, AG III 403; rum. *mod*, Pl. *moduri*; prov. *mo-s*, *modi-s*; (altfrz. *mœuf* [wegen des *f* s. unten **sitis**] „Modus", nach Gröber, Z II 459 und XI 287, ist das Wort Verbalsbst. zu *mouvoir*, vgl. dagegen G. Paris, R VIII 135, u. namentlich Ascoli, AG X 100; es dürfte an der üblichen Gleichung *mœuf* = *modus* festzuhalten sein, schon weil es nicht eben wahrscheinlich ist, dafs die Altfranzosen sich einen neuen Kunstausdruck für den grammat. Begriff „Modus" geschaffen haben, übrigens würde ein von *mouvoir* gebildetes *mœuf* ein übel gewählter Ausdruck für den Begriff „Modus" sein): neufrz. *mode* m., Modus, *mode* f. Mode; („Art u. Weise" wird durch *manière* ausgedrückt); cat. span. ptg. *modo*, Art, Weise, *moda*, Mode.

6246) **moecho, -āre** (f. *moechari*), huren: ital. *meccare* (im Quadriregio belegt).

6247) dtsch. **moffel, muffel**, ein Mensch mit dicken, herabhängenden Lippen; davon frz. *mufle*, Schnauze, norm. *moufler*, maulen, pik. *moufeter*, die Lippen verziehen. Vgl. Dz 645 *mufle*. S. auch unten **muff**.

6248) **mŏlă, -am** *f.* (*mola*), Mühlstein, Mühle; ital. *mola*; rum. *moară*; prov. *mola*; frz. *meule*, Mühlstein; (*moulin* = *molinum, Mühle); cat. *mola*; span. *muela*; ptg. *mó*, Mühlstein, (*moinha*, Mühle). — Auf *mŏla* führt Meyer-L., Z XIX 97, auch zurück frz. *meule* (wov. *mulon*), Heuschober, neuprov. *molo* (*mulò*), cat. *mól*, span. *muelo*; Diez setzte diese Worte = *mētula* [s. d.], an, was lautlich unstatthaft ist.

6249) **mŏlārĭs, -em** *m.* (*mola*), Backenzahn; ital. *molare*; frz. *molaire* (span. *molar* (auch *mola*); ptg. *molar*.

6250) **mŏlārĭŭs, a, um** (*mola*), zur Mühle gehörig; rum. *morar*.

6251) ***mŏlēcŭla, -am** *f.* (Demin. von *moles*), kleine Masse; davon nach Caix, St. 419, ital. *mollica* (altital. *mulicola*, chian. *muliquála*) „minuzzolo". Diez 216 *molla* leitet *mollica*, das er aber *mŏllica* betont, von *mollis* ab.

6252) **mŏlēs, -em** *f.*, Steinmasse, Hafendamm; [ital. *molo*, Hafendamm (das Verhältnis von *molo*

zu *moles* ist aber unklar, vgl. Gröber, ALL IV 436; eingehend haben über *molo* und *mōle* gehandelt Ascoli, AG IV 360 Anm., u. d'Ovidio, AG XIII 370: der erstere setzt, jedoch mit allem Vorbehalte, frz. *môle*, aber eben nur dieses = *mŏdulus* an, der letztere kommt zu keinem festen Ergebnisse); frz. *môle*; span. *muelle* (wohl mit Angleichung an *mollis*); ptg. *mólhe*. Vgl. Dz 216 *molo*.

6253) **mŏlēstĭā, -am** *f.*, Beschwerde, u. **mŏlēstŭs, a, um**, beschwerlich; ital. span. ptg. *molestia*, *molesto* (gel. W.).

6254) **mŏlīnārĭŭs, -am** *m.* (*molinus*), Müller; ital. *molinaro*, *mulinaro*, *mugnajo* letzteres wohl von *mugnere* in der Bedeutung „berausdrücken", der Müller wird also als derjenige bezeichnet, welcher das Mehl aus dem Kerne herausdrückt; (rum. *morar* = *molarius*); frz. *meunier*; span. *molinero*; ptg. *moleiro* (vgl. C Michaelis, Frg. Et. p. 47), *moendeiro*. Vgl. Dz 219 *mulino*.

6255) ***mŏlīno, -āre** (*molina*), mahlen; ital. *mulinare* „meditare, fantasticare", also eigentlich „Gedanken mahlen", vgl. Marchesini, Stud. di fil. rom. II 5.

6256) **mŏlīnŭs, a, um** (*molo*), zum Mahlen gehörig (Pl. Fem. *molinae*. Mühle, Ammian. 48, 8, 11); ital. *molino*, *mulino*, Mühle; (rum. *moară* = *mola*); prov. *molin-s*, *moli-s*; frz. *moulin*; cat. *moli*; span. *molino*; (ptg. *moinho*). In veränderter Bedeutung ist übergetreten ital. *mulinello*, Wirbelwind. Derselbe Bedeutungswandel liegt vor in *remolinare — ital. *molinare*, wirbeln, *rcmolino*, Wirbelwind; altfrz. *remouliner*, dazu *remoulin*, Haarwirbel, Stern am Kopfe eines Pferdes; span. *remolinar*, wirbeln, *remolino*, Wirbelwind; ptg. *re(do)moinhar*, *re(do)moinho*. Vgl. Dz 219 *mulino*.

6257) **mŏlĭo, -īre** (v. *moles*, schriftlat. gewöhnlich *moliri*), auf etwas sinnen; span. *molir*, etwas unternehmen; ptg. *mollir*, aussinnen.

6258) **[*mŏlĭo, -ōnem** (v. *moles*), Haufe; sard. *mullone*, Haufe, Grenzstein; span. *mojon*; altptg. *moiom*. Vgl. Gröber, ALL IV 119; Dz 469 *mojon* stellte *mutulus* als Grundwort auf.]

6259) **mŏllĭcĕllus, a, um** (*mollis*), sehr weich; bellun. *monesél*, vgl. Salvioni, Post. 14.

6260) ***mŏllĭo, -āre** (*mollis*), weich, geschmeidig, feucht machen, benetzen; (ital. fehlt das Vb. der Bedeutung nach entspricht *ammollare*, das einfache *mollare* bedeutet „nachgeben, nachlassen, schlaff werden"; Verbalsbst. zu *mollare* ist *molla* (eigentl. nachgehender, elastischer Gegenstand. daher) Sprung-, Stahlfeder, davon wieder *molletta*, Haken am Brunnenseil, im Pl. kleine Zangen); prov. *molhar*; frz. *mouiller*; cat. *mullar*; span. *mojar*; (*mollhar fehlt, wohl statt des vorhanden *molhar*, Stahlfeder, *molleta*, Lichtputze,' *mollete*, weiches Brötchen, vgl. frz. *pain mollet*, *molleju*, Drüse, wovon wieder *mollejon*, *mollcjuela*; ptg. *mollera*, weiche Stelle am Kopfwirbel; auch der Kopfwirbel selbst); ptg. *molhar*; (dem ital. *molla* entspricht *mola*, Sprungfeder). Vgl. Dz 216 *molla*; Gröber, ALL IV 119.

6261) **mŏllĭs, e**, weich; ital. *molle*; rum. *moale*; rtr. *moll*; prov. *molh-s*; frz. *mol*, *mou*, *molle*; als Sbst. altfrz. *mol*, Wade, neufrz. das Demin. *mollet*; ital. Sbst. *mou*, weiches Eingeweide, besonders Lunge eines Tieres, vgl. Dz 644 *s. v.*; von *mollet* wieder abgeleitet *molleton*, weicher wollener Stoff, vgl. Dz 642 *s. v.*; cat. *moll*; span. *mole* u. *muelle*, davon abgeleitet das Adj. *mollar*, weichlich, u. das

Shst. *mollera*, gleichsam **molliaria*, weiche Stelle am Scheitel, auch der Scheitel selbst, vgl. Dz 469 *s. v.*; ptg. *molle*, davon abgeleitet *molleira*, weiche Stelle am Scheitel, Vorderkopf, *molleja*, Kalbsdrüse etc.

6262) **möllītiä, -am** *f.* (*mollis*), Weichheit; ital. *mollezza*; rum. *moleațǎ*; prov. *molleza*; frz. *mollesse*; span. ptg. *molleza*.

6263) **mölo, mölüi, mölītüm, mölēre,** mahlen; (ital. fehlt das Vb., dafür *macinare* = **machinare*, ebenso rum. *macinà*); rtr. *moler*, Part. Prät. *miokt*, *miot*, vgl. Gartner § 148; prov. *mol molc molut molre*; frz. *mouds moulus moulu moudre* (über das Shst. *moule*, *meule*, Schober, vgl. *métula* u. *möla*, bezw. Meyer-L., Z XIX 97); span. *moler*; ptg. *moér*.

6264) **mömëntum** *n.*, Augenblick; ital. *momento* u. dem entsprechend in den übrigen Sprachen.

6265) **mönäehüs, -um** *m.* (μόναχος), Mönch; ital. *monaco*; tic. *mónik*, bellun. *münego*, sagrestano, vgl. Salvioni, Post. 14; prov. *monge-s*; frz. *moine* (halbgol. Wort, das ein **monius* vorauszusetzen scheint), vgl. Berger *s. v.*; span. ptg. *monje, -ge*; altptg. *móogo*, *mogo* für *móago*, vgl. C. Michaelis, Frg. Ét. p. 46. Vgl. unten *müseīo*.

6266) **mönästērïüm** u. ***-ërïüm** *n.* (μοναστήριον), Kloster; ital. *monastero*; prov. *monestier-s*, *mostier-s*; altfrz. *munstier, monstir* (= **monisterium*); neufrz. *moutier*; span. *monasterio*; ptg. *mosteiro*. Vgl. Cohn, Suffixw. p. 284.

6267) **mönēdula, -um** *f.*, Dohle; ital. *monedula*, südital. *monitula*, vgl. d'Ovidio, AG XIII 370.

6268) **mönëo, -ēre,** erinnern, mahnen; span. *muñir*, einladen; ptg. *monir* (gel. W.), rügen. Vgl. Dz 471 *s. v.* S. auch oben **ädmönēsto*.

6269) **mönētä, -am** *f.*, Münze; ital. *moneta*; prov. *moneda*; frz. *monnaie*; span. *moneda*; ptg. *moeda*.

6270) [**mönētärïüs, a, um** (*moneta*), zur Münze gehörig; ital. *monetario*, Adj. u. Shst., *monetiere*, Sbst., „l'ufficiale della zecca", vgl. Canello, AG III 308.]

6271) **mönīlě** *n.*, Halsband; davon, bezw. von dem Pl. *monilia* nach Dz 203 ital. *maniglia*, *smaniglia*, Armband; frz. *manille*, Armring; span. *manilla*. D'Ovidio, AG IV 163, stellte *manicula* als Grundwort auf, aber G. Paris hat wohl Recht, wenn er, R IX 623, volksetymologische Anlehnung von *monilia* an *manus* annimmt.

6272) **mönïto, -äre,** ermahnen; sicil. *ammunitari*, vgl. Salvioni, Post. 14.

6273) [**mönöchördön** *n.* (μονόχορδον), ein einsaitiges Musikwerkzeug; ital. *monocordo*; altfrz. *manacorde*; frz. *manicordion* (mit Anlehnung an *manus*); span. **manicordio*, vgl. Dz 216 *monocordo*; Faß, RF III 504; Berger *s. v.*]

6274) **möns, möntem** *m.*, Berg; ital. *monte*; rum. *munte*, Berg, u. *mont*, Höcker; rtr. *munt*; prov. frz. *mont*; cat. *munt*; span. ptg. *monte*.

6275) **möns gaudīī** ist nach gewöhnlicher Annahme die Grundform für altfrz. *monjoie*, welches als Appellativ „Anhöhe, Hügel" (in dieser Bedtg. auch *monjoi*) bedeutet, als Nomen proprium Name des altfrz. Banners u. altfrz. Schlachtruf ist. Man sehe Näheres bei Gautier zum Rolandslied V. 3095. Glaubhaft ist diese Ableitung nicht eben, indessen ist sie doch annehmbarer als die von *meum gaudium*. Die Untersuchung des Wortes ist Aufgabe der Kulturgeschichte, nicht der Sprachgeschichte.

6276) [***mönsträuïcüm** *n.* (*monstro*) = span. *mostrenco, mostrenca*, herrenloses Gut, „weil der Finder, um es zu erwerben, es öffentlich ausrufen u. vorzeigen mufste", Dz 470 *s. v.*]

6277) **mönstro, -äre,** zeigen; ital. *mostrare*, dazu das Vbsbst. *mostra*, Muster, Probe, auch Zifferblatt; rum. *mustru ai at a*, jem. Vorstellungen machen, jem. tadeln (vgl. frz. *remontrer*); prov. *monstrar*; altfrz. *mo(n)strer*; neufrz. *montrer*, dazu das Vbsbst. *montre*, die Zeige, Taschenuhr; cat. span. ptg. *mostrar*.

6278) **mönstrüm** *n.*, Ungeheuer; ital. *monstro* u. ebenso als gel. W. in den übrigen Sprachen.

6279) ***möntänēüs, a, um** (*mons*, vgl. Sittl, ALL I 439), zum Berg gehörig; ital. *montagna*, Gebirge; rum. *muntean*; prov. *montanha*; frz. *montagne*, davon *montagnard*, Gebirgsbewohner; (span. *montaña*, davon *montañera*, Gebirgsfutter d. i. Eichelmast für die Schweine); ptg. *montanha*, dav. die Adjektiva *montanheiro* u. *montanhez*.

6280) **möntänüs, a, um** (*mons*), zum Berg gehörig; ital. *montano*; frz. *montain* (*le montain*, der Bergfink, vgl. Cohn, Suffixw. p. 163 Anm.); span. *montano*.

6281) ***möntärïüs, a, um** (*mons*), zum Berg gehörig; span. *montero*, Gebirgsjäger; ptg. *monteiro*. Vgl. Dz 469 *montero*.

6282) [***möntätürä, -am** *f.* (*mons*); ital. *montatura* „l'arnamento d'un ordigno, d'una officina etc.", *montura* „divisa e corredo dei soldati" (beide Worte wohl nach dem Französ. gebildet), vgl. Canello, AG III 385; frz. *monture*, Ausrüstung, Reittier (die Bedtg. erklärt sich aus derjenigen von *monter*); span. *montura*, Lasttier.]

6283) **möntïeëllüs, -um** *m.* (*mons*), kleiner Berg, Haufe; ital. *monticello*, dazu das Vb. *ammonzicchiare*, vgl. d'Ovidio, AG XIII 398; rum. *munticel*; prov. altfrz. *moncel*, dazu das Vb. *amonceler*; neufrz. *monceau*; span. *montecillo*.

6284) ***mönto, -äre** (*mons*), steigen, steigen machen, in die Höhe kommen, reiten, in die Höhe bringen, ausstatten; ital. *montare*; prov. *montar*; frz. *monter*; span. ptg. *montar*. Dazu das Partizipialsbst. ital. *montante*, frz. *montant*, span. *montante*, die Höhe einer Summe, Betrag (span.) ptg. *montante* bedeutet auch einen mit zwei Händen zu führenden Degen.

6285) [**möntüösüs, a, um** (*mons*), bergig; ital. *montuoso*; rum. *muntos* (daneben *muntenos*); prov. *montuos*; frz. *montueux*; span. ptg. *montuoso*.]

6286) [**mönümëntüm** *n.* (*moneo*); ital. *monumento*; rum. *mormint*; prov. *monumen-s*; frz. *monument*; span. ptg. *monumento, monumiento*.]

6287) [ndl. **moocke**, Bauch; davon, bezw. vom ahd. **mauche*, vermutlich prov. *mauca*, Bauch; cat. *moca*. Vgl. Dz 637 *s. v.*]

6288) **mörä, -am** *f.*, Verzug; ital. span. ptg. *mora* (gel. W.).

6289) arab. **morabl'tí** (ein Völkername); davon prov. *marabotin*, eine Münze; span. ptg. *maravedi*. Vgl. Dz 466 *maravedi*; Eg. y Yang. 444.

6290) **mörätor, -örem** *m.*, Verweiler; sard. *moradore, abitante*.

6291) **mörbïdüs, a, um** (*morbus*), krank; ital. *morbido, mail. morbi*; sard. *sicil. morbidu*, aemil. lomb. *morbid* etc., s. Schuchardt, Roman. Etym. I p. 18; *morvido*, weich; span. ptg. *morbido*, krank, weichlich, weich, dazu das Shst. *morbidez*, Weichheit. Vgl. Dz 385 *mórbido*.]

6292) [*mŏrbīlĭo, -ōnem (morbus) = ital. morbiglione, morviglione, Masern, Windpocken, vgl. Dz 386 s. v.]

6293) *mŏrbīllus, -um m. (morbus), eine leichte Krankheit; ital. morbillo; frz. morbilles, Rötheln, vgl. Cohn, Suffixw. p. 55.

6294) [*mŏrbŭs, -um m. (vgl. Wölfflin, Sitzungsb. der bayer. Akad. d. Wiss., phil.-hist. Cl., 1894 p. 113), Krankheit; das Wort ist in seiner allgemeinen Bedtg. im Roman. durch das von male + habitus abgeleitete Sbet (ital. malattia, prov. malautia, frz. maladie), durch infirmitas (ital. infermità, span. enfermedad, ptg. enfermidade) u. durch *dolentia (ptg. doença) aus dem gewöhnlichen Gebrauche fast völlig verdrängt werden, wenn es auch im Ital., Span. u. Ptg. als gel. W. (morbo) noch fortlebt. Ob frz. morve (westfrz. morche == *morbica?), Rotz (wovon nach gewöhnlicher Annahme morfondre, gleichsam morve fondre, dem Pferde Schnupfen verursachen), span. muermo, ptg. mormo auf morbus zurückzuführen sind, mufe dahingestellt bleiben, bezüglich des gleichbedeutenden prov. vorma, cat. vorm ist es entschieden zu bezweifeln. Vgl. Dz 217 mormo u. 643 morfondre; Gröber, ALL IV 121 (G. führt aufser den bei Diez stehenden Worten noch an sicil. morvu, Rotz, bergamask. morvá, stinken, rtr. morf, Rotz, u. führt die ganze Sippe auf morvus == morbus zurück; vgl. auch Schuchardt, Z XI 494, Ulrich, Z XVIII 285; Horning, Z XV 496 u. XXI 457, Behrens Metath. p. 78 Anm.).]

6295) bask. morcoa, dicker Darm; davon span. morcon, Blutwurst, vgl. Dz 470 s. v.

6296) [*mŏrdācŭla, -am f. (v. mordax wie tenacula v. tenax), Zange; ital. mordacchia; altfrz. mordacle (gel. W.); neufrz. mordache (Lehnwort aus dem Ital., seit 1560 belegt; span. mordacilla. Vgl. Cohn, Suffixw. p. 295.]

6297) mŏrdāx, -ācem (mordeo), bissig, = (?) frz. mordache, Zange (vgl. span. mordacilla, Zange), vgl. Dz 643 s. v., vgl. aber No 6296!

6298) mŏrdĕo, mŏmŏrdī, mŏrsum, mŏrdēre, beifsen; ital. mordo morsi morso mórdere; rtr. morder, Part. Prät. mors, vgl. Gartner § 148; prov. mordre (Part. Prät. mors); altfrz. (mort) mors mors mordre; span. ptg. morder. Vgl. Gröber, ALL. IV 120.

6299) altnfränk. *morþr (*morðor), Mord, = frz. meurtre, davon abgeleitet meurtrier.

6300) altnfränk. *morþrjan (morðjan), mordeu. = frz. meurtrir (gehört hierher auch altfrz. mordreor, mordrisseor? s. Godefroy). Vgl. Mackel p. 34.

6301) ? mittelndl. morfen (besser ist auszugehen von ahd. *murphian), abfressen; ital. morfire, tüchtig fressen, dazu die Sbsttve morfia, Fresse, Maul, smorfia, Verzerrung des Gesichts; altfrz. morfier, fressen. Vgl. Dz 386 morfire; Braune, Z XXI 216. Die Ableitung ist aber sehr unsicher.

6302) ndl. morilje, Morchel (ein Pilz); frz. morille (pic. merouille, meroule), Morchel, vgl. Dz 643 s. v.

6303) *mōrĭo, -īre (schriftlat. morior, mortuus sum, mori), sterben; ital. muoro (muojo), morii, morto, morire; rum. mor, murii, murit u. mort, muri; rtr. morir, Part. Prät. mort, miert etc., vgl. Gartner § 148; prov. mor mori morts morir; frz. meurs, mourus, mort, mourir; cat. moro, mori, mort, morir; span. muero, mori, muerto, morir; ptg. morrer, Part. Prät. morrido u. morto.

6304) mŏrs, mŏrtem f., Tod; ital. morte; rum. moarte; rtr. mort; friaul. muert; prov. mort-z; frz. cat. mort, dazu das Kompositum mort dieu == morbleu, vgl. Dz 643 s. v.; span. muerte; ptg. morte. Vgl. Gröber, ALL IV 121.

6305) [*mŏrsĭcĕllŭs, -um (Demin. zu morsus), Bissen, Stück; altfrz. morcel, morsel; neufrz. morceau. Vgl. Gröber, Misc. 46; Diez 643 s. v. stellte als Grundform *morsellus auf.] *morsellus s. morsus.

6306) mŏrsĭco, -āre (Intens. zu mordēre), beifsen; ital. morsicare, morsecchiare. morseggiare; valsass. musgá: rum. mușc (für mursic) ai at a; (span. mordicar, mordiscar; ptg. mordicar).

6307) mŏrsŭs == *mōsus, -um m. (mordeo), Bifs; ital. morxo, Bifs (dazu die Deminutiva morsello, morsino, Bissen), morsa, Verzahnung einer Mauer, Schraubstock, dagegen gehört höchst wahrscheinlich nicht hierher muso, Schnauze (dazu die Deminutiva musetto, Schnäuzchen, musello, Unterlippe der Pferde), dazu das Vb. musare, gaffen, vgl. Canello, AG III 361: die Annahme, dafs ō zu ū geworden, ist äufserst bedenklich, denn tōtus = (?) tutto u. *tōtāre == (?) *tūtāre = (?) frz. tuer (AG I 36 Anm.) sind unannehmbar; prov. mors, Bifs, (mus, Schnauze, dazu das Demin. mursel, das Vb. musar, gaffen, die Zeit vertändeln, dudeln, wovon wieder das Vbsbst. musa, muza, das Gaffen, thörichtes Warten, musart-z, Gaffer); frz. mors, Gebifs, (museau == [?] *morsellus, Maul, Schnauze, davon muselière, Maulkorb, museler, den Maulborb anlegen; muser, gaffen, dazu das Vbsbst. muse, das Gaffen, das Zeitvertrödeln, davon wieder amuser, jem. die Zeit vertrödeln lassen, jem. unterhalten, musard, Gaffer); span. *mozo, enthalten in mozalvete, mozalbito, mozalbillo, Gelbschnabel, Naseweis (der zweite Teil des Wortes ist vermutlich von albus abzuleiten), vgl. Storm, R V 181. Vgl. Dz 220 muso; Gröber, ALL IV 120. S. No 6411.

6308) mŏrsŭs găllīnae == frz. morgeline, Hühnerdarm, Vogelkraut (eine Pflanze), vgl. Dz 552 coq.

6309) mŏrtālĭs, e, sterblich; dav. sard. mortallaza, Sterblichkeit. vgl. Salvioni, Post. 14.

6310) mŏrtārĭŭm n., Mörser, Mörtel; ital. mortajo; rum. moțăriu; prov. frz. mortier; span. mortero; ptg. morteiro. Vgl. Dz 217 mortajo.

6311) mŏrtīcīnŭs, a, um (mors), abgestorben; ital. lana morticina, Wolle von toten Tieren, morticino, kleine Leiche; rum. mortăcină, Aas; span. mortecino, halbtot, kraftlos, carne mortecina, Fleisch von natürlich gestorbenen Tieren; ptg. mortesinho, -zinho, Leichnam (namentlich eines natürlich gestorbenen Tieres).

6312) mŏrt[ŭ]ŭs, a, um (mors), abgestorben; todt; ital. morto; rum. mort; rtr. mort; prov. mort-z; frz. mort, ptg. morte == morta talea == ein mittelalterliches Erbrecht, vgl. Dz 643 s. v.); cat. mort; span. muerto; ptg. morto. Vgl. Gröber ALL IV 121.

6313) mōrŭm n., Maulbeere, u. mōrus, -um f., Maulbeerbaum; ital. moro, Maulbeerbaum u. mora, Maulbeere; (daneben für „Maulbeerbaum" als volkstümliches Wort gelso, gekürzt aus morogelso, vermutlich == morus celsus für m. celsa, vgl. Dz 375 gelso); rum. murá; rtr. mura; prov. mora; altfrz. meure; neufrz. mûre; cat. mora; span. mora; ptg. amora, davon abgeleitet nach C. Michaelis, Misc. 139, morango, moranga, Erdbeere. Vgl. Gröber, ALL IV 120.

6314) *mōrŭs, a, um (das Demin. morulus bei Plaut. Poen. 5, 5, 10 [1148], allerdings an zweifel-

hafter Stelle), dunkelschwarz; ital. moro, Mohr (doch ist das Wort vielleicht besser = Maurus anzusetzen; kaum aber darf man annehmen, dafs der Volksname Maurus und das Adj. morus dasselbe Wort seien), davon abgeleitet morello, schwarzbraun, morella, Nachtschatten (auch prov.); altfrz. morel, moreau, dazu das Sbst. morelle, Nachtschatten; span. ptg. moro, Mohr, Mauro. davon abgeleitet morisco, maurisch, moreno (morenillo, morenito, morenado), bräunlich, vielleicht auch morondo, geschoren, „weil die Mohren das Haupthaar abschnitten" (Dz 470 s. v.). Vgl. Dz 217 morello.
6315) corbus + bret. mōr, Meer. + vran, Rabe, = (?) frz. cormoran, Seerabe, vgl. Dz 553 s. v. S. No 2550.

6316) slav. morž, Wallrofs; davon das gleichbedeutende frz. morse, vgl. Bugge, R IV 363 (eine andere, aber von ihm selbst als irrig erkannte Ableitung hatte Bugge, R III 157, gegeben).

6317) mōs, mōrem m., Sitte; das Wort ist nur erhalten im frz. Pl. mœurs; die sonst üblichen roman. Ausdrücke für „Sitte" sind usus (= uso) u. *consuetumen = ital. costume; prov. costum-s, costuma, coslumna; frz. coutume; span. costumbre; ptg. costume, s. oben *consuetumen. S. unten murk.

6318) german. mosa-, (got. niodferfränk. *mussa, Braune, Z XXI 216), Moos; unter dem Einflusse des german. Wortes scheint lat. muscus, Moos, Schaum (ital. musco, rum. muşchiu, rtr. mustl, span. musco [daneben moho], ptg. musgo] sich zu prov. mossa; frz. mousse (davon abgeleitet mousseron, Moospilz, mousser, schäumen), cat. molsa entwickelt zu haben. Vgl. Dz 644 mousse; Mackel p. 32; Gröber, ALL IV 125. S. unten muf.

6319) arab. mostarabi, arabisch; davon span. mozarabe, ptg. musarabe, vgl. Eg. y Yang. 460.

6320) Mosul (asiatische Stadt); dav. ital. mussolo, mussolino, Nesseltuch, Mufslin; frz. mousseline; span. muselina; ptg. musselina. Vgl. Dz 221 mussolo.

6321) dtsch. mott, mutt, ausgehäufte Moorerde, Rasenstücke u. dgl.; ital. motta, herabgesunkene Erde; frz. motte, Erdscholle; span. ptg. mota. Vgl. Dz 218 motta. Es dürfte indessen diese Ableitung nicht über jeden Zweifel erhaben sein; dahingestellt bleibe auch, ob altfrz. (u. neufrz. mundartl.) muterne, Maulwurf, das von Horning, Z XVIII 225, nicht befriedigend erklärt wird, hierher gehört.

6322) [mōtŭs, -um m. (moveo), Bewegung; ital. ptg. moto, sonst fehlt das Wort, in der übertragenen Bedtg. „Beweggrund, Antrieb" wird es durch motivum = ital. motivo, frz. motif, span. ptg. motivo ersetzt.]

6323) mōvĕo, mōvī, mōtŭm, mōvēre, bewegen; ital. muovo mossi mosso muovère; prov. mou moc mogut mover u. moure; frz. meus mus mū mouvoir; cat. moch mogui mogut mourer; span. ptg. mover.

6324) [*mōvītā (Part. Prät. zu movēre, = altfrz. muete, neufrz. meute, Erhebung, Aufstand, Jagdzug, Koppel, dazu die Zusammensetzung émeute, Aufstand; altspan. muebda. Vgl. Dz 639 meute; Förster, Z III 562.]

6325) [*mōvītīno, -āre (v. *movitus), in Bewegung setzen, = ital. ammutinarsi, sich empören; frz. mutiner, in Aufruhr bringen; span. amotinar. Vgl. Dz 639 meute.]

6326) [*mōvītīnus, -um (v. *movitus) = frz. mutin, Aufwiegler, Meuterer, vgl. Dz 639 meute.]

6327) kelt. Stamm mūc- (altir. múchaim, ich verberge etc.); davon vermutlich ital. smucciare, entschlüpfen; sicil. ammucciari, verstecken (Lehnwort aus dem Französ.); rtr. miccqr, entwischen; engad. mitsch, mütsch, müsch, Duckmäuser, vgl. Schuchardt, Boman. Etym. I p. 38; frz. musser (pic. mucher), verstecken. Vgl. Dz 645 musser (Diez dachte an Ableitung aus dem Deutschen); Caix, St. 575 (schliefst sich Diez an); Th. p. 108 (stellt den Stamm múc- auf); Mackel p. 20 („ob man altfrz. mucier etc. zu abd. müggon, wechseln, tauschen, aus lat. mutare stellen darf, bleibt fraglich"); W. Meyer, Z XI 256 („als Etymon dürfte ein dem mhd. vermuchen ,heimlich auf die Seite schaffen' eng verwandtes germanisches Verbum anzusetzen sein, vgl. Kluge s. v. ,meuchel'").

6328) *mūccĕŭs, a, um (*muccus = mūcus), schleimig, feucht u. dgl.; davon ital. moccio (venez. mozzo), Schleim, Rotz, davon mocceca, moccicone, Rotzkerl, dummer Junge, moccicare, laufen (von der Nase), maccichino, Schnupftuch; venez. mozzo, rtr. mutschegna, Rotz; dagegen sind besser von *muctius aus *muctius abzuleiten (vgl. Schuchardt, Roman. Etym. I p. 58): ital. moscio; friaul. muess; lad. musch; engad. muosch; prov. mois, moih, feucht, traurig. davon das Vb. mozir, schimmeln, amosir, düster werden; neuprov. mouis, feucht; altfrz. mois, (feucht), albern, davon (indessen ist wegen des einfachen s die Ableitung nicht unbedenklich) das Verb moisir, schimmeln; cat. moix, traurig. Vgl. Dz 385 moccio u. 642 moisir (Diez leitet das Wort von mucere oder mucescere ab, vgl. dagegen Gröber, ALL IV 122). S. unten *mūccīdus u. mūsteus.

6329) *mūccīdus, a, um (*muccus für mūcus), schleimig, feucht, schimmelig; ital. mucido, schimmelig, weich, welk, moscio, schlaff, welk, davon ammoscire, welken; rum. muced, schimmelig; rtr. musch, feucht; (friaul. moscid, teigig); limous. mousti. feucht; cat. mustich, schlaff; frz. moite (muccidus : moiste, moite = pyxida, *buxida : boîte), vgl. Förster, Z III 260, andrerseits aber Schuchardt, Roman. Etym. I p. 57, Horning, Z XV 503 Anm ; gask. kat. musti; span. mustio, traurig. Vgl. Dz 217 moscio (Diez schwankt zwischen musteus und muccidus); Förster, Z III 260 (beweist die Gleichung moite = muccidus); G. Paris, R VIII 628 (stimmt Förster bei); Gröber, ALL IV 122; Schuchardt, Roman. Etym. I p. 58: „Die Wörter, welche Gröber unter muccidus u. mucceus verteilt, verteile ich unter *mustidus u. musteus". S. unten *mūstīdus.

6330) *mūcco, -āre (muccus), schleimen, schneuzen; frz. moucher, schneuzen, davon mouchoir, Schnupftuch, moucheron, Lichtschnuppe (eigentlich das, was beim Schneuzen des Lichtes abfällt), mouchard, Schnüffler; eine andere Entwickelung von muccare scheint in prov. mochar, frz. (eigentlich nur picardisch) moquer, verspotten, vorzuliegen (sc moquer de qlq. würde also eigentl. bedeuten „sich über jem. schneuzen, jem. so mifsachten, dafs man sich geflissentlich vor ihm ausschneuzt"); auch span. mueca (altsp. moca), Grimasse, Vorspottung, gehört wohl hierher. Vgl. Dz 643 moquer u. 644 moucher; Scheler im Dict. unter moquer; Gröber, ALL IV 123. Über frz. mouchard s. auch unten musca.

6331) *mūccōsus (mūcōsŭs, v. *muccus, mūcus), a, um, schleimig; ital. (mucoso, gel. W.), moccioso;

rum. mucos; prov. moucos; frz. muqueux; cat. mocos; span. mocoso; ptg. mucoso.
*mŭcŭlŭs s. mŭccŭs.

6332) *mŭccŭs, -um m. (schriftlat. mūcus), Schleim; ital. nur das Demin. moccolo, eigentlich das, was beim Schneuzen (muccare) des Lichtes abfällt, Lichtschnuppe, dann Lichtstumpf, davon abgeleitet moccolaja, Lichtschnuppe; sard. muccu; rum. muc, Lichtschnuppe, Lichtstumpf, Docht; rtr. moc-s, mocca, Rotz, Lichtschnuppe; prov. moc-s, Lichtschnuppe; cat. moch, Schleim, dazu das Vb. mochar; span. moco, Schleim; ptg. monco, Retz, moncar, schneuzen; Bugge, R IV 367, setzt das von Diez 470 unerklärt gelassene, von C. Michaelis, Misc. 140, auf Malchus (s. d.) zurückgeführte Adj. móuco, harthörig, = *mŭcus an, in welchem er wieder das griech. μυχός = ἄφωνος erkennt; möglicherweise aber ist mouco adjektivisch gebrauchtes schriftlat. mūcus, der Bedeutungswandel würde dann etwa gewesen sein „rotzig, albern, dumm, nicht verstehend", also gleichsam harthörig. vgl. ital. moccecca, moccicone, s. oben mŭcceŭs. Vgl. Dz 385 moccio; Gröber, ALL IV 123 u. VI 394; Flechia, AG II 367. — Caix, St. 404, erklärte lucches. marmocchiaja „coriza" für entstanden aus redupliziertem moccolaia, u. das hat grofse Wahrscheinlichkeit für sich. — Aus einem *miccă für *mucca dürfte frz. mèche etc. in seiner Entstehung beeinflufst werden, vgl. Horning, Ztschr. f. nfrz. Spr. u. Lit. X² 243, siehe unten myxa.

6333) abd. *mŭckel, *mŭhbel, Klumpen; davnach Braune, Z XXI 218, ital. mucchio, Haufen. S. oben cŭmŭlus u. unten mŭtŭlus.

6334) [mūcŏr, -ōrem m., Schimmel; sard. mugore; vielleicht span. mugre (f.), fettiger Schmutz auf Kleidern, dazu die Adj. mugriente u. mugroso (ferner gehören hierher astur. mugor, Schimmel, altfrz. mucrir, schimmeln, mucre, schimmlig, vgl. Schuchardt, Roman. Etym. I p. 62); mugre würde auf dem lat. Nom. beruhen u. auf die schriftlat. Form zurückgehen, während der sonstigen Wortsippe (mit Ausnahme des ptg. mouco, wenn es = *mucus ist) mūccus zu Grunde liegt. Vgl. Dz 470 s. v.]

6335) mūcro, -ōnem m., Spitze, = span. mugron, Senker, Pfropfreis, vgl. Dz 470 s. v.; vgl. dagegen Parodi, R XVII 70. S. oben No 6117.

mūcŭs s. mŭcceŭs.

6336) ndl. mŭf, schimmlig, muffig; ital. muffo, schimmlig, muffa, Schimmel, muffare, schimmeln; neuprov. muffir, schimmeln; frz. mofette, moufette, Stickluft; span. moho, Schimmel (auch Moos), dann in übertragener Bedeutung Trägheit, Faulheit, daher mohino, verdriefslich, auch ein tückischer Maulesel;' ptg. mofo, Schimmel, mofina, mofineza, Knickerei, mofino, mürrisch, filzig. Vgl. Dz 218 muffo, Braune, Z XXI 220.

6337) ndd. mŭff, Pelzwerk zum Händewärmen; davon ital. camuffare = capo muffare, den Kopf vermummen; prov. moflet, weich; frz. moufle, Fausthandschuh; moufl-r (daneben mafler, vgl. Cohn, Suffixw. p. 197), die Backen aufblasen, dürfte besser von moffel (s. d.) abzuleiten sein; dagegen gehören hierher die mundartlichen Worte: pic. mouflu, weich (in der Bedeutung „wohl ausgestopft" ist das Wort an moffel zu verweisen; ebenso ben neg. moflu, dickbackig, wohl auch span. mofletes, Pausbacken, wallon. mofnès, weich. Vgl. Dz 218 muffare; Mackel p. 24; Braune, Z XXI 220.

6338) got. (fränk.) *mŭffatôn, brummen; pic. moufeter, die Lippen bewegen, vgl. Braune, Z XXI 220.

6339) dtsch. mŭffel, kurze Schnauze, närrischer Mensch; frz. mufle, Maul, Fratze, Tölpel, vgl. Braune, Z XXI 221.

6340) bask. mŭga, Grenze: davon vielleicht span. mogote, einzeln stehender Berg, im Pl. Klippen, auch die Gabeln der Hirschgeweihe; altptg. mogo, Grenzstein. Vgl. Dz 469 mogo.

6341) mūgĭl, -em m., ein Seefisch; davon ital. múggine, vgl. frz. muge; span. múgil, mújol; ptg. mugem. Vgl. Dz 219 múggine.

6342) mūgĭlo, -ăre, schreien (vom Waldesel); sard. muilare, vgl. Dz 219 múggine.

6343) mūgĭo, -īre, brüllen (wie ein Rind); (ital. rum. muire ii it i; prov. mugir; altfrz. muire; neufrz. mugir; span. mujir; ptg. mugir. Vgl. Dz 664 Z 3 v. oben.

6344) *mūgŭlo, -āre, brüllen; ital. mugulare, -olare „propriamente del cane", mugghiare „propriam. del leone, ed è un urlare per furore e dolore", mugliare „delle vacche", vgl. Canello, AG III 356, d'Ovidio, AG XIII 439; Braune, Z XXI 218, setzt mugghiare = schweizerdtsch. muggeln, „brüllen" an; sard. muilare; frz. mugler, ? meugler (fehlt b. Sachs). Vgl. Dz 219 mugghiare; Gröber, ALL IV 123 n. VI 395.

6345) ndl. mŭl, Staub (vgl. dtsch. Maulwurf); davon frz. mulot, grofse Feldmaus, vgl. Dz 645 s. v.

6346) mūlă, -am f., Mauleselin; ital. prov. cat. span. ptg. mula, davon span. ptg. (auch in ital. Mundarten) das Demin. muleta mit der Bedeutung „Krücke" (No 6354). Vgl. Dz 471 muleta. S. mūlēŭs.

6347) [*mūlaster, -rum m. (mulus, vgl. Wölfflin, ALL IV 412), schlechtes Maultier, = frz. mulâtre, Mischling, Mulatte.]

6348) [*mūlăttŭs, -um m., kleines Maultier, = ital. mulatto; span. ptg. mulato. Vgl. Dz 470 mulato.]

6349) mūlcĕo, -ēre, streicheln, = ital. mólcere, vgl. Gröber, ALL IV 123.

6350) mūlctra, -am f., Melkfafs; ital. meltra, meutra; berg. smelter, bigonciuolo; obwald. meltra. Vgl. Salvioni, Post. 14: „l'e si spiegherà o da un derivate, o sarà per immissione del germ. melken, come già ha detto l'Ascoli, AG I 39".

6351) mūlctrāle n., n., Melkfafs; valser. mentrál, sorta di vaso ecc., Salvioni, Post. 14.

6352) mūlgĕo, mūlsī, mūlsŭm, mŭlgēre, melken; ital. mungo u. mugno, munsi, munto, mungere u. (mulgere = mulgère scheint mit mungere, schneuzen, vermengt worden zu sein), davon mongana, saugenden Kalb, vgl. Dz 385; sard. mulliri; rum. mulg mulsei muls mulge; prov. molser; (neuprov. adzustá = adjustare; francoprov. aryá = *arreare, vgl. W. Meyer, Z XI 252; frz. traire = trahere; cat. muñir; span. altspan. mulger, arag. muir, (ordeñar = *ordiniare); ptg. mungir, das übliche Wort ist aber ordenhar. Vgl. Dz 219 mungere; W. Meyer, Z XI 252; Gröber, ALL IV 123.

6353) mūlĭĕr, *-ĕrem (schriftlat. -ĕrem) f., Weib; ital. moglie = mulier, mogliére = *muliĕrem, daneben mogliera; rum. muiere; friaul. muir; prov. molher, moiller; cat. muller; span. mujer; ptg. mulher, molher.

6354) **müllĕus, a, um**, rötlich; sard. *murzu*, vgl. Meyer-L., Z. f. ö. G. 1891 p. 772. — [*calceus* **müllĕus**, Schuh von rotem Leder; Dz 219 hält es mit Recht für nicht unbedenklich, dafs darauf zurückzuführen sei ital. *mula*, eine Art Pantoffel; frz. *mule*; span. *mulilla*. Einfacher ist es wohl, in dem roman. Worte das lat. *mula* (s. d.) zu erblicken; wenn die Krücke *muleta* genannt werden konnte, warum nicht der Pantoffel *mula?*.]

6355) ***müllus, -um** (f. *müllus*) m.*, Meerbarbe; ital. *mullo*; frz. das Demin. *mulet*. Vgl. Dz 219 *muggine*; Gröber, ALL IV 124.

6356) ***mülsă** (f. *mülsa*) scil. *aqua*, eine Art Met, = ital. *mulsa*; florent. *molsa*, mesticauza di miele ed acqua, Salvioni, Post. 14; rum. *mursă*, ein Getränk.

6357) **mülsūră, -am** f. (*mulcco*), das Melken, = rum. *mulsură*. S. No 6356.

6358) ***mültă** (f. *mülta*), **-am** f., Geldstrafe; ital. *multa* (gel. W.); rum. *mulţam* m., Genugthuung, Erkenntlichkeit, dazu das Vb. *mulţamesc ii it i*, vergelten, belohnen, befriedigen; altfrz. *multe*, dazu das Vb. *multer;* span. ptg. *multa*.

6359) **mültĭtūdo, -dĭnem** f., Menge; altfrz. *multitune*, neufrz. *multitude* (gel. W.), vgl. Cohn, Suffixw. p. 269 Anm. u. 271; Berger *s. v.*

6360) [***mülto, -ōnem** m. (aus *mulĭto* für ***mutilo** v. *mutilus*), Hammel (= verstümmelter verschnittener Widder); ital. *montone* (venez. *moltone*); prev. *moltó-s*, *moton;* frz. *mouton;* cat. *moltó;* altspan. *moton;* (neuspan. *carnero;* ptg. *carneiro*). Vgl. Dz 216 *montone;* anders Gröber, ALL IV 127, der mit beachtenswerten Gründen die Ansetzung von ***multo** bestreitet u. keltischen Ursprung des Wortes behauptet.]

6361) **mültüs, a, um**, viel; ital. *molto;* rum. *molt;* prov. altfrz. *molt;* (nenfrz. ist das Wort, welches übrigens altfrz. nur neutral gebraucht werden konnte, völlig geschwunden u. durch *beaucoup* = *bellus colaphus* [s. d.] ersetzt); cat. *molt;* span. *mucho* u. proklit. *mui;* ptg. *muito*. Vgl. Gröber, ALL IV 124.

6362) **mülüs, -um** m., Maultier; ital. *mulo* und dem entsprechend in den übrigen Sprachen (frz. *mul*, dazu *mule, mulet;* altfrz. *mul* u. *mur*, vgl. Eurén, Etude sur l' *R* française, Upsala 1896, p. 23; das gleichbedeutende span. ptg. *macho* erklärt C. Michaelis, Misc. 135, aus *muacho, mu-lacho*.

6363) pers. **mūmĭjă**, Mumie, = ital. *mummia;* frz. *momie, mumie;* span. *mómia,* dazu das Adj. *momio*, abgemagert; ptg. *múmia*. Vgl. Dz 219 *mummia;* Eg. y Yang. 457.

6364) dtsch. **mummeln;** dav. viell. ital. (modenes.) *mumiar*, ohne Zähne kauen, vgl. Dz 386 *s. v.*

6365) dtsch. **mummen** (in *rermummen*) = altfrz. *momer*, Maskerade spielen; davon neufrz. *momerie*, Mummenschanz. Vgl. Dz 642 *momer*.

6366) **mündānus a, um** (*mundus*), zur Welt gehörig; frz. *mondain* (gel. W.), dazu das Sbst. *mondanité, mondanéité*, vgl. Cohn, Suffixw. p. 167 Anm.

6367) altnfränk. ***mundboro** (ahd. *muntboro*), Beschützer, = altfrz. *mainbour, mambourg*, Beschützer. davon *mainbournir*, schützen, *mainbournie*, Schutz, Vormundschaft, *mainbournissere* (Nom. act.). Vgl. Dz 631 *mainbour;* Mackel p. 31; Fafs, RF III 485.

6368) **mündē** (Adv. v. *mundus*), rein, = frz. (jetzt veraltet) *mon*, wahrlich; wegen der Bedeutungs-

entwickelung vgl. *pure*, das auch von „rein" zum Beteuerungsadv. geworden ist. Vgl. Dz 642 *s. v.* Humbert erblickt (Neue Jahrbb. f. Philol. u. Pädeg., Bd. 141/142 p. 350) in *mon* das Pron. possess. Das ist unhaltbar, wie genaue Prüfung gerade der von Humbert angezogenen Stelle des „Bourgeois gentilhomme" (III 3) bezeugt.

6369) [***mündĭo, -āre** (v. *mundus*), säubern, abschneiden, stutzen u. dgl., wird von Th. p. 69 als Grundwort aufgestellt zu co mask. *mugnà*, abstutzen; sicil. *mugnuni*, grofser Armmuskel; altfrz. *moing*, verstümmelt. *esmoignoner, esmougonner*, verstümmeln, *moignon*, Fleischstück, Stummel; cat. *munyó;* span. *muñon*, grofser Armmuskel, davon abgeleitet *muñeca, muñeco*, Handwurzel, Faust, Puppe. In Zusammenhang damit steht vielleicht das von Diez 448 aufgeführte, aber nicht voll erklärte span. Vb. *escamondar*, einen Baum putzen. Diez 219 *muñon* (vgl. dazu Scheler im Anhang 735) enthält sich der Aufstellung eines bestimmten Grundwortes. Wegen *escamondar* s. No 6421.]

6370) **mündĭtĭă, -am** f. (*mundus*), Sauberkeit; ital. *mondezza* (daneben *mondia);* sonst scheint das Wort überall zu fehlen.

6371) **mündo, -āre** (*mundus*), säubern; ital. *mondare*, säubern, schälen, dazu die Substantiva *mondatura, mondazione;* frz. *monder;* span. ptg. *mondar*, Bäume abputzen, Unkraut ausjäten u. dgl., dazu die Substantiva *monda* u. *mondadura*. Vgl. Gröber, ALL IV 124.

6372) 1. **mündüs, a, um**, rein; ital. *mondo;* prev. altfrz. *mon, monde;* span. ptg. *mondo*. Vgl. Dz 642 *mon*.

6373) 2. **mündüs, um** m., Welt; ital. *mondo;* sard. *mundu;* rtr. *mund;* prov. *mon-s, mond;* frz. (*mont*), *monde;* cat. *mon;* span. *mundo;* ptg. *mundo*. Vgl. Gröber, ALL IV 124: Berger *s. v.*

6374) **mūnĭa** *n. pl.*, Leistungen, Pflichten, Tagewerk; sard. *mungia*, faccende di casa, vgl. Salvioni, Post. 15.

6375) **mūnĭo, -īre**, befestigen; ital. *munire;* prev. frz. cat. span. ptg. *munir*.

6376) abd. **muntwalt** = ital. *mondualdo, manovaldo*, Vormund, vgl. Dz 385 *s. v.*

6377) ahd. (mhd.) **muosgadem**, Musraum d. h. Raum, in welchem Mus aufbewahrt wird, Speisekammer, davon vermutlich das im Alexiuslied 51 d sich findende altfrz. *musgode*, Vorratskammer, Speisevorrat, Vgl. Storm, R II 85; Berger *s. v.*

6378) mhd. **mupfen**, den Mund verziehen, spötteln, davon vermutlich cat. span. ptg. *mofar*, verhöhnen, wozu das Sbst. *mofa*. Vgl. Dz 469 *mofa*.

6379) dtsch. (bairisch) **mur**, losgebrochenes Gestein (altn. *mor*, feiner Staub); davon vermutlich ital. *mora*, Haufen abgehauener Zweige; frz. *moraine*, Steingerölle; span. *moron*, Hügel. Vgl. Dz *moron* (470 *moron* dagegen leitet Diez span. *moron* vom bask. *murua* ab).

6380) [***mürătălĕ** (*murus*), Ort an der Mauer, = span. *muladar*, Miststätte; ptg. *muradal*. Vgl. Dz 470 *s. v.*]

6381) **mürĕĭdüs, a, um** (*murus*), träge (Pompon. bei Augustin. de civ. dei 4, 16; Serv. Verg. 8, 636); davon piem. *mürs*, villanzone, zotico; ptg. *murcho*, abgewelkt, welk, vgl. Dz 471 *s. v.*

- 6382) **mū-, *mürēnă, -am** f. (μύραινα), Muräno; ital. *morena;* rum. *mreană;* frz. *murènc;* span. *murena, morena;* ptg. *moreia*.

mürex, -ĭcem s. **mūrĭcārĭum.**

6383) mūrĭă, -am *f.*, Salzbrühe; ital. *moja*, daneben *salamoja*; rum. *mură*, *maore*, Krautsuppe, dazu das Vb. *mureʒ ai at a*, pökeln, daneben *saramură*, Salzbrühe; rtr. *muora*, *müra*, Salzbrühe; neuprov. *mouiro*, *muro*, daneben *saumiero*; frz. *muire*, daneben *saumure*; cat. *salmorra*; span. (*moje*, Kraftbrühe; daneben) *salmuera*, davon abgeleitet *salmor(r)ejo*; ptg. *salmoura*. Vgl. Dz 216 *moja*; Gröber, ALL IV 120.

6384) mūrĭcarĭum *n.* (*mūrus*), Mauerwerk, Steinhaufe; altfrz. *murgier*, neufrz. *murger*, *merger*; auf **mūrex*, *-ĭcim* u. *-ĭcem*, weisen hin abruzz. *morga*, ital. *muriccia*, rtr. *muris*, vgl. Thomas, R XXV 85; Horning, Z XXI 454.

6385) mūrĭcŭlus, bezw. **mūrĭcŭlus*, *-um* (*murus*), kleine Mauer; trev. *morégolo*, vic. *morégo*, lomb. *morigō*, pav. *morgō*, veron. *moracciola*, vgl. Salvioni, Post. 15.

6386) ndd. **murk** (schwed. **mork**), finster; darauf ist vielleicht zurückzuführen frz. *morguer*, ein finsteres, trotziges Gesicht machen, dazu das Sbst. *morgue*, finsteres, trotziges Gesicht, dann auch ein (düsterer) Gefängnis- oder Leichenraum, vgl. Scheler im Dict. unter *morgue*. Diez 643 *s. v.* enthiält sich der Aufstellung eines Grundwortes. Eingehend, aber ohne irgendwelches annehmbares Ergebnis haben den Ursprung von *morguer*, *morgue* erörtert Chance u. Mayhew, The Academy 1893 No 1084 p. 131, No 1085 p. 154 u. No 1087 p. 199. Horning, Z XXI 457, will frz. (norm.-pic.) *morgue* von **mōrĭca* (v. *mōs*, *mōrem*) ableiten, indem er an die Bedtg. von *morosus* erinnert u. lothr. *moriges* (= **moritia*?) „politesses, grimaces et façons" vergleicht. Das kann aber auch nicht befriedigen.

6387) mūrmŭro, -āre (*murmur*), murmeln; ital. *mormorare*, dazu das Sbst. *mormorio*; span. ptg. *murmurar* (span. auch *mormurar*). — Im Zusammenhange mit *marmotte* steht vielleicht frz. *marmotte*, Murmeltier, ital. *marmotta*, span. ptg. *marmota*, das ja volksetymologische Anlehnung dieses Substantivs an das Verb anzunehmen, wie solche auch im Deutschen stattgefunden hat (s. Kluge *s. v.*). Will man nicht unmittelbare Ableitung von *marmotte* aus *marmotter* annehmen, so dürfte das Wort als Deminutivbildung zu altfrz. *merme* = *minimus* (s. d.) u. folglich als Fem. zu *marmot* zu betrachten sein (vgl. Jeanroy, R XXIII 287: „notre opinion est que les mets *marmot*, *marmeau*, *marmouset* se rattachent à la même famille, que tous dérivent de la racine *merme* [*minimus*]"). Entstehung aus *murem montis* oder *murem montanum* ist höchst unwahrscheinlich (Bos allerdings, R XXII 550, bemerkt: „en résumé *marmot*, ladin. *marmont* = *murem montis*, a signifié d'abord marmotte, puis singe, enfin petit enfant. Quant à *marmeau*, petit enfant, il s'est probablement confondu avec *marmot*, grâce à la prononciation qui est la même pour les deux mets et au sens, qui, dans *marmot* marmotte et singe, a abouti à celui de petit enfant, signification de *marmeau*." Eine Bemerkung der Redaktion fügt zu diesen Worten noch *marmouet*). Vgl. Dz 205 *marmotta* und 635 *marmotter*.

6388) altfränk. **murni*, finster, = prov. *morn*; frz. *morne*, vgl. Dz 643 *s. v.*; Mackel p. 22.

6389) dtsch. **murre**, krummes Gesicht; dav. nach Braune, Z XXI 216, prov. *mor*, *mórre*; altfrz. *mourre*, Schnauze; span. *murron*, dicklippiges Maul. S. aber No 6425.

6390) [mūrrēūs, a, um (v. *murra*, Myrrhenbaum), scheint das Grundwort zu sein zu ital. *mogio*, dämlich, dumm; span. *múrrio*, schwermütig, davon *murria*, Schwere im Kopfe. Bezüglich des Bedeutungswandels ist darauf hinzuweisen, dafs *vinum murratum* einen mit Myrrhen angemachten Wein von bitterem Geschmacke bezeichnet, so dafs folglich *murreus* wohl zu der Bedtg. „von Myrrhenwein trunken, dämlich, kopfschwer" gelangen konnte. Diez 471 *murrio* stellt ein Grundwort nicht auf.]

6391) mūrta, -am *f.* (*myrta*, non murta App. Pr. 195), Myrtenbeere; sard. *murta*.

6392) *mūrtēllus, -am *f.* (Demin. von *murtus*), kleine Myrte; ital. *mirtilla*, Heidelbeere, *mortella*, Heidelbeerstrauch; frz. *myrtil*, *myrtile*. Vgl. Dz 386 *mortella*.

6393) [mūrtūs, -um *f.* (μύρτος), Myrte; ital. *mirto*; frz. *myrte*; span. ptg. *mirto*.]

6394) bask. **murua**, Hügel, davon viell. span. *moron*, Hügel, vgl. Dz 470 *s. v.* (eine andere Erklärung von *moron* giebt Diez 217 *mora*, wo er das Wort vom deutschen *mur* ableitet).

6395) mūrūs, -um *m.*, Mauer, ital. *muro* und *mura* „che però si sarà svelto da *murus* come frutta da *fructus*", vgl. Canello, AG III 403; prov. *mur-s*; frz. *mur*; span. ptg. *muro*.

6396) mūs, mūrem *m.*, Maus; (ital. *topo* = **talpus* f. *talpa*, *sorcio* = **sorcium* aus *soricem*); rtr. *mieur*; (frz. *souris* = **soricem* f. *soricem*); altspan. *mur*, davon abgeleitet *musgaño*, junge Maus; *murecillo*, Muskel; (das übliche span. Wert für „Maus" ist *raton*, *rato*, wohl von german. *rato*); altptg. *mur*, davon abgeleitet *murganho*, junge Maus (zwischen *mur* und *murganho* liegt das im Prov. erhaltene *murga* = **murica*); (das übliche ptg. Wort für „Maus" ist *rato*, *ratinho*). Vgl. Dz 220 *mur*; Gröber, ALL V 132.

[*mūsa s. mūso.]

6397) mūs ārānēūs, Spitzmaus; ital. (*toporagno*, comask. aber *musderagn*); rtr. *misiroign*; frz. *musaraigne*; span. ptg. *musaraña*, *-nha*. Vgl. Dz 220 *musaraña*.

6398) mūscă, -am *f.*, Fliege; ital. *mosca*; rum. *muscă*; prev. *mousca*; frz. *mouche*; cat. span. ptg. *mosca*. — Frz. *mouchard* ist nur volksetymologisch mit *mouche* in Zusammenhang gebracht u. infolge dessen auch *mouche* die Bedeutung „Spion" übertragen werden, vgl. Fafs, RF III 485; in Wirklichkeit gehört *mouchard* „Schnüffler" zu *moucher* = **muccare* (s. d.). Dagegen ital. *moscardo* v. *musca*. Vgl. Gröber, ALL IV 124. — Deminutivbildungen zu *musca* sind: ital. *moschetta*, kleine Fliege, *moschetto*, Muskete; altfrz. *mouchette*, Bolzen; neufrz. *émouchet*, eine Art Sperber (ital. *mochardo* genannt); *mousquet*, Muskete; span. ptg. *mosqueta*, Moschusrose; *mosquete*, Muskete; *mosquito*, Mücke. — Zu den Ableitungen von frz. *mouche* sind besonders hervorzuheben *moucheter*, Fliegenflecke machen, sprenkeln, *émoucher*, die Fliegen abwehren. Vgl. Dz 217 *moschetto*. — Parodi, R XVII 60, setzt *musca* auch als Grundwort an zu span. *mosca*, (Feuerfliege), Funke, *moscella*, *charamusca*, *chamuscar* (auch ptg.), *xamuscar*, *jamuscar*, in Brand stecken, = **submuscare*.

6399) [mūscārĭūm = ital. *moscajo*, Fliegenschwarm.

6400) mūs caecūs, mūs *caecūlūs, Blindmaus, Fledermaus; span. *murciego*, *murciegalo*; ptg. *morcego*; (ital. heifst die „Fledermaus" *pipistrello*, *vipistrello* = **vespertillus* für *vespertilio*; frz.

chauve-souris = calvam *soricem). Vgl. Dz 471
murciego.

6401) *müscĕă, -am f. (musca) = ital. moscia,
kleine Fliege; rtr. moscia, Bremse, vgl. Gröber,
ALL IV 124 (dagegen Ascoli, AG XIII 286 Anm. 2).

6402) müscĭdŭs, a, um (muscus), bemoost, =
rtr. misch, müsch, mitsch, mutsch, schimmelig, vgl.
Gröber, ALL IV 124.

6403) [*müscĭō, -ōnem m. (musca), Name eines
kleinen Vogels; davon die Vogelnamen prov. moizeta,
ein Raubvogel; henneg. mouchon, kleiner Vogel;
norm. moisson, Sperling, dazu das Demin. moisonel,
moixnel = neufrz. moineau, volksetymologisch an
moine angelehnt, vgl. Fafs, RF III 488; eine andere
Ableitung aus moisson ist norm. moisseron, Finke;
wallon. mohon, Sperling; cat. moxó, wovon moxeta,
ein Raubvogel. Vgl. Dz 641 moineau.]

6404) müscŭlŭs, -um m. (kleine Maus), Muskel
(im Roman. entwickelt sich aus der Bedtg. „Muskel"
diejenige von „Muschel", was darin begründet sein
dürfte, dafs das Muscheltier eine gewisse äufsere
Ähnlichkeit mit einer Muskel hat); ital. musculo,
muscolo, Muskel; rum. muşchiu; rtr. muschla,
Muschel; prov. muscle-s, moscle-s; frz. muscle,
Muskel; moule (altfrz. mousle, auch muisle), Miesmuschel; cat. musclo, Muskel, muscla, Muschel;
span. ptg. musculo, alttpg. musgoo, Muskel (im
Span. auch Mäuschen). Vgl. Gröber, ALL IV 124.

6405) 1. müscŭs u. *müscŭlŭs, -um m., Moos;
ital. musco u. muschio; rum. muşchiu; rtr. mustl,
müschiel, miskel, meschel; (prov. mousse; frz.
mousse s. oben mosa; auf *musca jedoch geht vermutlich zurück frz. *musgue, mugue, wovon das
Demin. muguet, Maiblume, italianisiert mughetto,
mugherino, vgl. Scheler im Dict. unter muguet,
freilich setzt auf diese Ableitung nicht ohne Bedenken
und überhaupt nur unter der Voraussetzung zulässig, dafs mugue aus einer prov. oder frankoprov.
Mundart in das Französ. übertragen worden sei,
Diez 645 mugue; span. ptg. musgo (das übliche
span. Wert ist moho, s. oben muf). Vgl. Gröber,
ALL IV 125.

6406) 2. müscŭs, -um m., Bisam, Moschus (pers.
muschk, arab. al-misc); ital. musco, muschio; prov.
musc-s; frz. musc; cat. almesc (= arab. almisc);
span. musco u. amusco, (auch Adj. in der Bedtg.
„moschusfarbig", dunkelfarbig"), almizcle; ptg. al-
miscar. Vgl. Dz 220 musco u. 471 musco.

6407) [müsĭcă, -am f. (μουσική), Musik; ital.
musica; frz. musique etc., überall nur gel. W.]

6408) [müsĭmo, -ōnem m. (μούσμων), ein sar-
dinisches Tier, vermutlich der Muflone (Plin. 8, 199),
das Wort scheint aber auch einen nichtkastrierten
Esel bezeichnet zu haben (s. Georges s. v.); ist nach
Caix, St. 415, das Grundwert zu ital. miccio, Esel,
lomb. müssa, friaul. muss. Diese Ableitung ist
sehr wenig glaubhaft; vermutlich bilden diese Worte
mit zahlreichen ital., meist mundartlichen Adjek-
tivon, welche die Bedtg. „matt, schlaff, träge"
haben (z. B. ital. mogio, muso, neapol. muscio-
matteo, ferrar. moss etc.), eine grofse, auf musteus mostig, dickflüssig, zurückgehende Sippe, vgl.
Schuchardt, Roman. Etym. I p. 60.

6409) [*müslo, -ōnem c., Katze (vgl. Wölfflin,
Sitzungsb. der bayer. Akad. d. Wiss., phil.-hist.
Cl., 1894); davon (??) neapol. muscio, -a, daneben
muchione, grofse Katze; ital. micio. Vgl. Schuchardt, R. E. I p. 60.]

6410) müsīvŭm (μουσεῖον), scil. opus, Mosaik;
ist im Romanischen durch wunderliche zunächst

wehl volksmäfsige, an Musa oder musica sich anlehnende, u. später durch gelehrte etymologisierende
Umbildung gestaltet worden zu ital. musaico; prov.
musec, mozaic; frz. mosaïque (altfrz. findet sich
musike); span. ptg. mosaico. Vgl. Dz 220 musaico.

6411) [*müso, -āre (verhält sich zu *müssare wie
mücus zu müccus), summen (viell. eigentlich das
Brummen, das „Spinnen" des musio, der Katze),
leise singen, ein Musikinstrument (leise) blasen;
scheint als Grundwort angesetzt werden zu müssen
für frz. muser, die ursprüngl. Bedtg. würde dann
etwa sein „(etwas gedankenlos) vor sich hinsummen,
hinsingen, dudeln", dann weiter „gedankenlos, müfsig
sein, gaffen" (daher musard, Müfsiggänger, Gaffer);
amuser qlq. würde eigentl. bedeuten „jem. andudeln,
jem. etwas vorsingen u. ihn dadurch unterhalten",
zunächst viell. in Bezug auf Kinder gesagt, die
man in den Schlaf lullt. Verbalsbst. zu muser
würde sein muse (gleichs. *musa), eigentlich das
Summen, dann ein summendes Musikinstrument,
Hirtenpfeife u. dgl. (vgl. comeuuse u. musette), endlich der zum Summen oder Pfeifen gespitzte Mund,
in letzterer Bedtg. würde dann museau abgeleitet
werden sein.] Vgl. No 244 u. Nachtrag dazu.

6412) *müstăceus, a, um (vom griech. μύσταξ,
Schnurrbart); dav. die zur Bezeichnung des Schnur-
barts dienenden Substanstiva: ital. mustaccio, mostacchio; rum. mustaţe; rtr. mustazz; frz. moustache f.; span. mostacho; (ptg. heifst der Schnur-
bart bigode, das freilich eigentlich den Knebelbart
bezeichnet). Vgl. Dz 218 mostaccio; Gröber, ALL
IV 125.

6413) müstē(l)lă, -am f. (Demin. v. mus), Wiesel;
(ital. donnola, Demin. zu donna = domina); piem.
rtr. mustella, misteila; prov. mostela; altfrz.
musteile, moustoile, moutele, vgl. Cohn, Suffixw.
p. 215; (neufrz. heifst das Wiesel belette, vermutlich Demin. von belle, s. oben bellus; im Obwald.
karmun, daneben carmön-; span. comadreja „Gevatterin"; ptg. doninha). Vgl. Flechia, AG II 51
unten; Gröber, ALL IV 125.

6414) müsteus, a, um (mustus) u. *müstĭdus,
bezw. (mit „Endungswechsel daraus hervorgegangen") müstĭus, a, um, mestig, klebrig, feucht (?),
grün; hieraus sind nach Schuchardt, Roman. Etym.
I p. 57 ff., die oben unter muccexus u. muccidus verzeichneten Wörter zurückzuführen mit Ausnahme
von ital. moccio, venez. mozzo, lad. mutschegna.
Man wird Schuchardt, der seine Annahme eingehend
begründet, Recht geben müssen, nur mit dem Vorbehalte, dafs frz. moite sich sehr wohl auch von
muccidus scheiden läfst, was übrigens auch Sch.
anerkennt. S. auch eben müsimo.

6415) müstĭo, -ōnem m. (v. mustus), Mosttrinker
(Isid. 12, 8, 16); ital. moscione, Mostfliege, Säufer.
Vgl. Dz 386 s. v.; Gröber, ALL IV 126.

6416) müstŏsus, a, um (mustum), mostig, most-
farbig, schmutzig; althearn. mostoos, schmutzig
grau (das Wort findet sich auch sonst in südfrz.
u. ital. Mundarten, vgl. Schuchardt, Roman. Etym.
I p. 59).

6417) müstŭm n., Most; ital. mosto, davon
mostarda, Mostrich, Senf; rum. must, dav. muştar,
Mostrich, muştuesc uii uit ui, mit Mostrich versehen; prov. most-z, davon mostarda; frz. moût,
davon moutarde; cat. most, davon mostarda und
mostassa, mostalla; span. mosto (altspan. auch
mozo, vgl. Baist, Z IX 148), dav. mostaza, Mostrich,
mostear, mit Mostrich versehen; ptg. mosto, davon

mostarda. Vgl. Gröber, ALL IV 126; Dz 218
mostarda.

6418) **mūtĭlo, -āre,** verstümmeln, stützen; ital.
mutilare und so auch als gel. Wort in anderen
Sprachen (frz. *mutiler*); span. *motilar,* das Haar
scheeren.

6419) [***mūtellus, -um** m. (*mutulus*), Sparrenkopf; ital. *mutiglione,* woraus (durch Anlehnung
an *modulus*) *modiglione,* vgl. d'Ovidio, AG XIII
410.]

6420) **mūtĭlus, a, um,** verstümmelt, mit ge-
stutztem Haar; cat. *motxo,* hörnerlos, abgestumpft;
span. ptg. *mocho* (wohl aus *mulitus* für *mutilus,*
wie ja auch gewöhnlich Annahme *mouton* aus
*multo *mulito* f. *mutilo* entstanden ist, wogegen
freilich Gröber, ALL IV 127, beachtenswerte Bedenken ausgesprochen hat), davon *muchacho,* Knabe
(eigentlich der kleine Geschorene), auch *mochin,*
Scharfrichter, eigentl. Verstümmler, endlich vielleicht
muchuelo, Ohreule; *motilon,* Laienbruder, schliefst
sich an das Vb. *motilar,* scheeren, an. Vgl. Dz 218
mozzo (vermutet german. Ursprung und stellt nur
fragweise *mutilus* als Grundwort auf); Baist, Z VI
118; Gröber, ALL IV 126. Wegen *muchacho* vgl.
auch Dz 470 *s. v.* (Wenn Diez 469 auch sard.
mullone, Grenzstein, Haufe, span. *mojon,* altptg.
moiom auf *mutilus* zurückführen will [vgl. jedoch
Dz 386 *mucchio*], so wird man ihm darin wohl beistimmen können, zumal da Meyer-L.'s Ableitung,
Z XIX 97, von *mētula* (s. d.) nicht zu befriedigen
vermag, vgl. G. Paris, R XXIV 310.)

6421) ***mūtĭŭs, a, um,** abgestumpft(von Hörnern);
ital. *mozzo,* stumpf, verstümmelt, dazu *mozzare,*
smozzare, (*smussare* ist Lehnwort aus dem Frz.);
prov. *mois,* stumpf, dazu das Vb. *amosir,* stumpf
werden; frz. *mousse,* Adj., stumpf, dazu das Vb.
émousser, und *mousse,* Shet., junger Bursche, eigentl.
Geschorner; span. ptg. *mozo, -ço,* jung, dav. sp.
mocedad, Jugend. Vgl. Dz 218 *mozzo* u. 470 *mos*
(*mozo* soll = *mustus,* frisch, sein); Baist, Z VI 118
(stellt *muticus* als Grundwort für *mozo* u. *mousse*
auf); Gröber, ALL IV 126. Auf *mutius* geht wohl
auch die unten unter **mutzen** aufgeführte Wortsippe zurück. — Parodi, R XVII 61, zieht auch
lig. *muttu,* stumpf, u. span. *escamondar,* die Bäume
beschneiden, hierher, glaubend, dafs *escamondar*
aus *ex* + *capum* (= *caput*) + *mutare* (: *montar:*
mondar) gedeutet werden könne.

6422) **mūto, -āre,** ändern; ital. *mutare;* rum.
mut ai at a; prov. *mudar* (bedeutet insbesondere
„mausern"); frz. *muer* (fast nur in der Bedeutung
„mausern" gebraucht, das übliche Vb. für „ändern"
ist *changer* = *cambiare,* w. m. s.), gebräuchlich ist
dagegen *remuer* (prov. *remudar*), bewegen; cat.
span. ptg. *mudar.* (Settegast, RF I 250, wollte
span. *tomar* von *mūt(v)are* ableiten; Vgl. Dz 645
muer, s. No 6426.)

6423) **mūtĭo, -īre,** mucksen; sard. *mutire,*
rufen; prov. altfrz. *motir,* anzeigen. Vgl. Dz
218 *motto.*

6424) ***mŭttŭm** n., Mucks (vgl. *mutmut,* Muck,
Apul. bei Charis. 240, 28); ital. *motto* (Lehnwort
aus dem Frz.), Spruch; prov. *mot-z,* Wort; frz.
mot, Wort, Ausspruch; cat. *mot;* span. ptg. *mote,*
Spruch (Lehnwort aus dem Frz.). Vgl. Dz 218
motto; Gröber, ALL IV 127 u. V 136.

6425) **mūtŭlŭs, -um** m., Kragstein, Sparrenkopf,
Dielenkopf; span. *mutulo* wollte Diez 386 ital.
mucchio zurückführen; Storm dagegen hat, AG IV
391, Entstehung des Wortes aus *muculus* =

cumulus (s. d.) in Vorschlag gebracht, vgl. auch
Canello AG III 397, die Diez'sche Ableitung verdient
jedoch wohl als die einfachere den Vorzug; Braune,
Z XXI 218, setzt *mucchio* = ahd. *muckel,* Klumpen,
an, eine ebenso fragwürdige wie entbehrliche Hypothese. — Darf man annehmen, dafs *mutŭlus* zu
mutlus, *mutrus* geworden sei, so würde man damit
das Grundwort für eine weitverzweigte Wortsippe
gewinnen, als deren romanischer Grundtypus span.
morro, gerundeter Körper. namentl. ein rundlicher
Felsen, rundlich aufgeworfener Mund (Flunsch) gelten
kann. Es würden hierher etwa gehören: ital. *mútria*
„musoneria", vgl. Caix, St. 421, *morione,* kugel-
artiger Helm, Pickelhaube, venez. *moraqia,* mantuan. *moraccia,* Maulhalter der Pferde; prov.
morut, dicklippig, *mor-s, morra,* Schnauze, *moralha,*
Visier; altfrz. *morion,* Pickelhaube, *mourre,*
Schnauze; frz. *moraille, moraillon,* Maul- oder
Nasenzange für Pferde: hierher gehört wohl auch
morue, Stockfisch (ursprünglich wohl, wie das span.
morros, die klumpenartigen eingesalzenen Eingeweide
des Fisches bezeichnend); cat. *morallas,* Maulkorb,
morralet. Futtersack für Pferde; span. *morro* (s. ob.),
runder Körper, Klumpen, kleiner runder Felsen,
aufgeworfener Mund, Pl. *morros,* kleine Klumpen
eingesalzene Fischeingeweide, *morra,* Schädel, *chamorra* (= *clava* aus *calva* + *morra*). Kahlkopf,
chamorro, geschoren, *murion, morrion,* Pickelhaube;
ptg. *morro,* kleiner runder Hügel, *morrião,* Pickelhaube. Vgl. Dz 217 *morione,* 439 *chamorro,* 470
morro (vgl. Gröber's Grundrifs I 331), 644 *morue*
(Diez scheint die Wortsippe vom bask. *muturra*
ableiten zu wollen, es ist aber nicht anzunehmen,
dafs ein bask. Wort eine so weite Verbreitung im
Roman. gefunden habe); Mussafia, Beitr. 50 (vgl.
auch Scheler im Anhang zu Dz 775); s. oben No
6389.

6426) **mūtŭo, -āre,** leihen; wird von Settegast,
RF I 237, als mögliches Grundwort zu span. *tomar,*
nehmen, angenommen, vgl. G. Paris R XII 133.

6427) **mūtŭs, a, um,** stumm; ital. *muto;*
sard. *mudu;* rum. prov. altfrz. *mut;* neufrz.
nur das Demin. *muet* = *mutettus;* cat. *mud;*
span. ptg. *mudo.*

6428) dtsch. **mutzen,** stutzen; davon nach Dz 14
almussa das mittellat. *almutia,* ein kurzes (gleichsam gestutztes) Mäntelchen, Kappe, endlich Mütze;
ital. nur das Demin. *mozzetta;* prov. *almussa,*
almucela; frz. *aumuce, aumusse* (davon altfrz. das
Demin. *aumucette*); span. *almucio,* dav. *almucella,*
almoçala, almocela; altptg. *almucella, almocella.*
Einfacher aber leitet man die Wortsippe wohl von
lat. ***mūtĭŭs** (s. d.) ab.

6429) 1. **mȳxa, -am** f. (μύξα), Dille, Schnauze
der Lampe; im Zusammenhange mit diesem griech.-
lat. Worte stehen vielleicht: ital. *miccia,* Lunte,
davon aret. *mecello,* „capezzolo della mammella",
vgl. Caix, St. 410); prov. (*mecca*), *mecha,* Docht;
frz. *mesche, mèche,* Docht, Lunte; span. *mecha,*
Docht, Lunte; cat. *metxa,* Lunte; ptg. *mecha,*
Lunte. Es scheinen aber in diesen Worten (von
denen die eingeklammerten Lehnworte sind) *myxa*
und *micca,* bezw. *miccia* für *mucca, mŭccea*
(*mŭccus*) durch einander gegangen zu sein, vgl.
Hornig, Ztschr. f. neufrz. Spr. u. Lit. X* 243. —
„Docht" wird ausgedrückt durch ital. *stoppino*
von *stuppa;* sard. *zaffo* (eigentl. Zapfen); rum.
muc; rtr. *lumelg* v. *lumen;* cat. *bled, ble;* ptg.
pavio v. *pabulum* (s. d.), vgl. Dz 231 *pabilo* und
213 *miccia;* Gröber, ALL IV 127.

6430) 2. mȳxa, -am f. (μῦξα), eine Art Pflaumenbaum; ptg. ameixa, meixa, vgl. Eg. y Yang. 258.
S. oben al-meśmaś.

6431) myxön, -önem m. (μύξων), Schleim- oder Rotzfisch; davon (?) ital. mazzone (für *muccione, *muscione) „muggine", vgl. Caix, St. 408.

N.

6432) ndl. naak, aak, Nachen; dav. nach Behrens, Z XIV 366 (vgl. XIII 366) neuprov. lacoun, acoun, frz. accon, wallon. nâke.

6433) arab. nabab, Fürst (im muhamedanischon Indien); frz. etc. nabab, reicher Mann, Krösus. arab. nâb-al-fil s. ĕbūr.

6434) altn. nabbi, Knorren, Zwerg (auch in letzterer Bedtg. schon im Altnord. vorhanden, vgl. Joret, R IX 435); frz. nabot, Knirps, Zwerg. Vgl. Dz 645 s. v.

6435) naevŭlŭs, -um m. (Demin. von naevus), kleines Mal, Fleckchen, = modenes. niel, vgl. Flechia, AG II 367.

6436) naevus, -um m., Muttermal, = ital. neo, Muttermal; sien. niego; rum. neag, Schwiele, Blatternarbe und dgl. Vgl. Dz 386 neo.

6437) arab. nafâh, Duft; davon ital. lanfa, nanfa „acqua odorosa distillata dall' arancio", vgl. Caix, St. 371; (frz. naffe; span. nafa). Vgl. Eg. y Yang. 462.

6438) sanskr. nâgaranga (davon pers. naranj), eigentlich Elefantenneigung d. h. Lieblingsfrucht des Elefanten, Apfelsine (vgl. Lassen, Indische Altertumskunde I 274); ital. arancia, -o (mail. naranz, venez. naranza), davon das Adj. rancio, orangengelb, vgl. Canello, AG III 391; rum. nărânță; frz. orange (volksetymologisch an or angeglichen, gleichsam Goldfrucht); (cat. taronja); span. naranja; ptg. laranja. Vgl. Dz 22 arancio.

6439) arab. nâ'ib, Stellvertreter; davon vielleicht (aber eben auch nur vielleicht!) ital. naibi, ein Kartenspiel; span. ptg. naipe, Spielkarte. Vgl. Dz 471 naipe; Eg. y Yang. 463.

6440) kurdisch nakera (arab. nakara, ausgraben); davon vermutlich ital. nacchera, gnacchera, naccaro, Perlmuschel, auch Pauke, im Pl. Klapper (ein anderes Wort für „Perlmuschel" ist madriperla); altfrz. nacaire; neufrz. nacre; span. nácar, nácara; ptg. nacar. Vgl. Dz 221 nácchera; Eg. y Yang. 462.

6441) altnord. nâm, Wegnahme; altfrz. nans, namps (Pl.), Pfänder, bewegliche Habe, davon das Vb. (auch neufrz.) nantir, verpfänden. Vgl. Dz 646 nans; Mackel p. 44.

6442) nānus, -um m., nāna, -am f., Zwerg, Zwergin; ital. nano, -a; rum. nan, -ă; prov. nan-s, -a; frz. nain, -e; cat. altspan. nano, -a; neuspan. enano, -a; ptg. ando, anāa.

6443) nāpŭs, -um m., Steckrübe; ital. napo, navone; sard. napu, napa; venez. naon, mail. navon; prov. nap; prov. das Demin. nabet-z; frz. das Demin. navet, Rübe, navette, Rübsen; cat. nap; span. nabo, naba; ptg. nabo. Vgl. Gröber, ALL IV 128.

6444) [narcīssus, -um m. (νάρκισσος), Narzisse; ital. narcisso und narciso; frz. narcisse; span. ptg. narciso; überall nur gel. W.]

6445) *nārīco, -āre (naris) = (?) frz. narguer, die Nase rümpfen, spotten; davon abgeleitet narquois, verhöhnend, verschmitzt, als Sbst. (näselnde) Gaunersprache. Vgl. Dz 646 narguer.

6446) [*nārīcŭlā, -am f., Nasenloch, = lomb. narié, Schleim (valsass. margéll für nargéll infolge von Mischung mit morca, morchia, venez. snaròchio, moccio), vgl. Salvioni, Post. 15; altfrz. narille, vgl. Gröber, ALL IV 128.]

6447) sanskr. nârîkela (pers. nárghil), Kocosnuſs; dav. frz. narghileh, narguilé, Wassertabakspfeife, so genannt, weil man als Wasserbehälter oft eine Kocosnuſsschale brauchte, vergl. Lammens p. 179; Eg. y Yang. 463.

6448) *nārīnā, -am f. (naris) = frz. narine, Nasenloch, vgl. Gröber, ALL IV 128.

6449) nārīs, -em f., Nasenloch; ital. nare, Nasenloch; bellun. snare, narici; (venez. snarar, schneuzen, snara, Schnupfen, vgl. Salvioni, Post. 15); sard. nare, Nase; rum. nare, Nasenloch; prov. nar-s; (span. nares), Nase.

6450) *nārīx, -īcem f. (naris), Nasenloch; ital. narice (nach Ascoli, AG XIII 284, Plur. eines narīca), Nasenloch; cat. nariz; span. ptg. nariz, Nase, Geruch. Vgl. Gröber, ALL IV 128.

6451) bask. narri(a), narra, Schlitten, Schleife, = span. narria (mit gleichen Bedeutungen). Vgl. Schuchardt, Z XXIII 199.

6452) nārro, -āre f., erzählen; sard. narrere (?), sagen; (frz. narrer, erzählen). Vgl. Gröber, ALL IV 129.

6453) ahd. narwa (schwed. narf), Narbe, rauhe Seite des Leders; ital. navera, Wunde, dazu das Verb naverare, innaverare, verwunden; sard. nafra, Fleck, nafrar, beflecken; prov. nafra, Wunde, nafrar; frz. navrer, verwunden, (norm. nafre, Wunde); cat. nafrar, verwunden. Vgl. G. Paris, R I 216; Baist, Z V 556 (erinnert an die ursprüngliche, im engl. narrow „eng" erhaltene Bedeutung des Stammes narwa-); Dz 221 leitete die Wortsippe vom ahd. nabagár, altnord. nafar, Bohrer, ab. Priebsch, Z XIX 16, zieht hierher auch, u. gewiſs mit Recht, alt ptg. anafragar(se) „morrer, impossibilitarse para servir", nafragarse, altspan. navargarse, naufragar. C. Michaelis, Frg. Et. 47, will diese Worte auf naufragar „Schiffbruch leiden" zurückführen, doch ist, was sie sagt, zwar geistvoll, aber nicht überzeugend.

6454) *nāscĕntia, -am f. (nasci), Geburt; altlomb. alttosk. nascenza, escrescenza, tumore, vgl. Salvioni, Post. 15.

6455) nāscŏr, nātŭs sum, nāscī, geboren werden; ital. nasco nascqui nato nascere; rum. nasc născui născut naşte; rtr. néser, Part. Prät. nat, naschiid, vgl. Gartner § 148 u. 172; prov. nais nasquei nat-z (Fem. nada) naisser; frz. nais naquis né nuître; cat. nasch nasqui nat und nascut naixer und neixer; span. nazco naci nacido nacer; das starke Partizip ist erhalten in altspan. nadi, neuspan. nadie = (homines) nati, nada, nichts, = (res) nata, der Übergang aus der positiven in die negative Bedtg. vollzog sich aus Anlaſs der Verbindung mit verneintem Prädikate in gleicher Weise, wie bei frz. personne u. rien, vgl. Dz 471 nada, Cornu, R X 80; ptg. nascer (schwaches Verb, das starke Part. Prät. ist erhalten in nada, nichts; nadie, niemand, fehlt, dafür ninguem).

6456) nassä, -am f., Fischreuse; ital. nassa; rtr. nassa; neuprov. nasso; frz. nasse, nanse; span. nasa; ptg. nassa. Vgl. Gröber, ALL IV 129.

6457) nastŭlŭs, -um m. (Demin. zu *nassa*), kleines Netz; davon r u m. *nastur*, Knoten u. dgl.; vielleicht ist ital. *nastro*, Band, dasselbe Wort, vgl. Ch. p. 176; Diez 386 leitete *nastro* (comask. *nastola*) nebst r u m. *nastur* u. wallon. *nále* von ahd. *nestila*, mhd. *nestel* ab.

6458) nāstūrcīŭm n., eine Art Kresse; ital. *nasturzio*; sard. *martuzzu*; piemont. *bistorcé*; neuprov. *nastoun*; frz. *nasitort*; span. *mastuerzo*, vgl. Baist, RF I 131; ptg. *mastruço*. Wie man sieht, ist das Wort volksetymologischer Umbildung sehr unterworfen gewesen. Vgl. Dz 221 und 736 *nasturzio*; Behrens, p. 79; Gröber, ALL IV 129.

6459) nāsŭs, -um m., Nase; ital. *naso*; r u m. *nas*, Pl. *nase* u. *nasuri*; prov. *nas*, *naz*; frz. *nez*; c a t. *nas*; s p a n. ptg. *naso*.

6460) nāsūtŭs, a, um (*nasus*), groſsnaſsig; ital. *nasuto*; (r u m. *năsos* = *nasosus*; s p a n. ptg. *narigudo*, gleichsam *naricutus* von *narix*).

6461) nātālīs, -e (*natus*), zur Geburt (insbesondere des Heilands) gehörig; ital. *natale*, Weihnachten; prov. *nadal*; frz. *noël*, vgl. Todd, Mod. Lang. Notes VI 169; (s p a n. *natividad*); ptg. *natal*. Das Wort ist aber auch allenthalben in seiner allgemeinen Bedtg. üblich.

6462) nātātŏr, -ōrem m. (*natare*), Schwimmer; ital. *natatore*, *notatore*; r u m. *innotător*; (frz. *nageur*); s p a n. ptg. *nadador*.

6463) *nātīca, -am f. (v. *natis*, vgl. Rönsch, Z III 103), Hinterbacke; ital. s a r d. *nática* (über sonstige ital. Dialektformen vgl. Salvioni, Post. 15); prov. *natja*, *nagga*; friaul. *nadie*; altfrz. *nache*; neufrz. *nage*; s p a n. *nalga*; ptg. *nadeca*. Vgl. Dz 221 *nática*; Gröber, ALL IV 129.

6464) [nātīŏ, -ōnem f. (*natus*), Volk; ital. *nazione*; r u m. *naţie*; prov. *nacio-s*; frz. *nation*; c a t. *nacio*; s p a n. *nacion*; ptg. *naçāo*. Überall gel. W.]

6465) nātīvŭs, a, um (*natus*), angeboren, natürlich; ital. *nativo*, *natio* (s a r d. *nada*, ceppo, liguaggio); frz. (*natif*, gebürtig), *naïf*, natürlich; s p a n. ptg. *nativo*. Vgl. Dz 645 *naïf*.

6466) german. natjan, netzen; davon, bezw. von einem lat. *natiare*, leitet Meyer-L., Z XV 244, ab südostfrz. *nazé*, den Hanf rösten, lyon. *nezé*, savoy. *negé*. Puitspelu hat *naxiare* von *naxa*, *nassa*, Fischreuse, als Grundwort aufgestellt.

6467) nătŏ, -āre (vgl. Mayor, ALL IV 531), daneben *nŏto, -āre*, schwimmen; ital. *natare*, *notare*, *nuotare*; s a r d. *nadar*; r u m. *innot ai at a*; rtr. *nudar*; prov. *nadar*; altfrz. *noer*; (neufrz. *nager = navigare*); span. ptg. *nadar*. Vgl. Dz 225 *notare*; Gröber, ALL IV 135.

nättä s. **mättä.**

6468) [nātūră, -am f., Natur; ital. *natura* und dem entsprechend als gel. Wort auch in den übrigen Sprachen, ebenso das Adj. *naturalis*.]

nätŭs, a, um s. **nāscor.**

6469) nauclērus, -um m. (ναύκληρος), Schiffspatron; ital. *nocchiere*, Fährmann, „woher frz. *nocher* entlehnt ist" Meyer-L., Z. f. ö. G. 1891 p. 773. S. auch **naviculārius** u. **nauticarius.**

6470) naulŭm n. (ναῦλον), Fährgeld; ital *naulo*, *nolo*, Fracht, davon *noleggiare*, ein Schiff mieten; (frz. *nolis*, Schiffsmiete, Fracht, davon *noliser*, ein Schiff mieten; altspan. *nolit*). Vgl. Dz 224 *nolo*.

6471) nausĕă, -am f. (ναυσία), Seekrankheit, Unbehagen, Ungemütlichkeit; valtell. *nöss*, puntiglio, capriccio (auch sonst ist oder war das Wort in ital. Mundarten vorhanden, vgl. Salvioni, Post. 15);

prov. *nausa*, Zank, Lärm; frz. *noise*; c a t. *nosa*. Vgl. Dz 647 *noise*. Über rtr. *nauša*, *noša* vgl. Gartner § 83.

6472) nautīcārīŭs, -um m., Schiffsherr; prov. *nauchier-s*, Fährmann; frz. *nocher* (s. aber oben *nauclerus*, doch liegt ein zwingender Grund, Meyer-L.'s Ableitung anzunehmen, nicht vor; (c a t. *nauxer*). Vgl. Gröber, ALL IV 130; Förster, Z III 566; Diez 224 *nocchiere* leitete die Worte von *nauclerus* ab.

6473) 1. *nava, -am f. (*navis*), (einem Schiffbauche vergleichbare, wannenartig vertiefte, sumpfige, baumlose, von Höhen umschlossene) Ebene, Flachland; span. ptg. *nava*; altfrz. *nave*, *nove*, *noue*; neufrz. *noue*. Vgl. Schuchardt, Z XXIII 185.

6474) 2. bask. nava, Ebene (daher der Landname *Navarra*); dav. nach Dz 472 *s. v.* das gleichlautende span. ptg. *nava*, vgl. jedoch No 6473.

6475) nāvĭă, -am f., ein Fahrzeug, = c o m. *nabbia*, remigazione per un tratto convenuto, Salvione, Post. 15; r u m. *naie*, Schiff.

6476) nāvĭcĕllă, -am f. (Demin. v. *navis*), ein kleines Schiff; ital. *navicella* (Dialektformen bei Salvioni, Post. 15); (neuprov. *nacello*); frz. *nacelle*, Nachen; (span. *nacela*). Vgl. Dz 645 *nacelle*; Gröber, ALL IV 130.

6477) nāvĭcŭla, -am f. (*navis*), Schifflein; davon nach Salvioni, Post. 15, vic. berg. *naégia*, piem. *navia*, nottola, die Ableitung kann aber unmöglich richtig sein.

6478) nāvĭcŭlārĭŭs, -um m. (*navis*), Lohnschiffer; ital. *nocchiero*, *nocchiere*, *navicchiere*, Fährmann; sicil. *nucchieri*; altspan. *naucher*, *nauchel*. Vergleiche Förster, Z III 566; Dz 224 *nocchiere*; Gröber, ALL IV 130, setzen *nauclerus* als Grundwort an, u. es ist allerdings die Möglichkeit dieser Ableitung einzuräumen; jedenfalls ist *nauclerus* als gel. Wort im prov. *naucler-s* u. span. *nauclero* erhalten.

6479) nāvĭgĭŏlŭm n. (Demin. von *navigium*), Schifflein; davon r u m. *năişoară*.

6480) nāvĭgĭŭm n. (*navigo*), Schiff; prov. *navigi-s*, *navei-s*; frz. *navire*, vgl. Tobler, R II 243; span. ptg. *navio*. Vgl. Dz 472 *navio*; Meyer, Ntr. 153.

6481) nāvĭgo, -āre, schiffen; ital. *navigare*, daneben *navicare*, schiffen; frz. *nager*, schwimmen (altfrz. auch schiffen); span. ptg. *navegar*, schiffen. Vgl. Dz 645 *nager*. — Der ptg. Seekrebsname *navegante* soll nach C. Michaelis, Frg. Et. p. 50, durch Volksetymologie aus *lovagante*, *lubagante*, *lubegante* (galic. *lombregante*), *lubrigante* aus *lubrieus* entstanden sein.

6482) nāvīs, -em f., Schiff; ital. *nave*; (rum. *naie*); prov. *nau-s*; (altfrz. *nau*); frz. *nef* (nur in uneigentl. Bedeutung); cat. *nau*; span. ptg. *nave*, *nao*, *nau*. Vgl. 1 **nāva.**

naxa s. **natjan.**

6483) [*nassus oder *nassus ist das vorauszusetzende, aber ebenso unbelegbare, wie undeutbare (viell. aus *tassa* entstellte) Grundwort für ital. *nasso*, Eibenbaum. Vgl. Dz 386 *s. v.*]

6484) nē, nicht; das Wort ist im Roman. wohl gänzlich verloren; das r u m. verneinende Präfix *ne*, z. B. in *nemic*, *nemica*, Nichts (*mic = mica*) oder in *neom*, Unmensch, ist slavischen Ursprungs.

6485) nĕbŭlă, -am f. Nebel; ital. *nebula* „nebulosità, macchia", *nebbia* „nuovola vicina a terra", vgl. Canello, AG III 359, über Dialekt-

formen vgl. Ascoli, AG XIII 459, Salvioni, Post. 15;
sicil. negghia; sard. neula; rum. negură; rtr.
nebla; prov. nebla, neula; altfrz. nieule; neufrz. nèble (bedeutet nur „kalter, stinkender Nebel",
der Ausdruck für Nebel überhaupt ist brouillard,
s. oben unter bru); cat. neula; span. niebla;
ptg. nevoa. Vgl. Dz 222 nevula (wo Dz bemerkt,
dafs im Sard., Prov. u. Cat. das betr. Wort auch
ein oblatenähnliches Backwerk bezeichne); Gröber,
ALL IV 130.

6486) nĕbŭlōsŭs, a, um (nebula), nebelig; ital.
nebuloso, nebbioso; rum. neguros; frz. nébuleux;
span. ptg. nebuloso.

[*nĕbŭlŭs s. mīlvĭŭs.]

6487) nĕc, nĕquĕ, und nicht; ital. nè; (sard.
nen, durch non beeinflufst); rum. nicì = neque;
rtr. ne; prov. ne, ni; frz. ni; cat. ni; span.
ni; (ptg. nem, durch non beeinflufst). Vgl. Gröber,
ALL IV 131.

6488) [nĕcasse, notwendig; friaul. nisiss, vgl.
Meyer-L., Z. f. ö. G. 1891 p. 773.]

6489) nĕ + gĕnt (s. oben gent), nicht etwas =
nichts (vgl. dtsch. ne-wiht); ital. niente (altital.
auch nejente, s. Körting. Formenbau des frz. Nomens p. 131 Anm.); altfrz. neiant, noiant; neufrz. néant. Vgl. Körting, Ztschr. f. frz. Spr. und
Lit. XVIII² 275. Dz 233 s. v. hatte nec + ent,
Ascoli, AG XI 417 u. XII 24 ne + inde als Grundform aufgestellt.

6490) nĕcĕssĭtas, -tätem f., Notwendigkeit; altital. nicistà, vgl. Salvioni, Post. 15.

6491) nĕc + gŭttă = rtr. nagutta, daneben in-
guotta, vgl. Ascoli, AG I 37; Stürzinger. R X 257.

6492) nĕco, -āre, töten (im Romanischen ist die
allgemeine Bedtg. auf die besondere von „ertränken"
eingeengt worden); ital. annegare (venez. negare)
= adnecare, (nicht, wie Diez annimmt, = enecare,
denn das Vorkommen dieses Verbs in der Bedtg.
„ertränken" bei Gregor v. Tours kann nichts beweisen); rum. innec ai at a; rtr. nagar; prov.
negar; frz. noyer; cat. span. ptg. anegar. Vgl.
Dz 221 negare; Gröber, ALL IV. 131.

6493) nĕc + quĕm = ptg. ninguem, niemand,
vgl. Dz 472 s. v.

6494) [*nĕcŭlo, -āre, = (?) ital. nicchiare etc.,
stinken, vgl. Caix, St. 422, s. aber Nigra, AG XV
119. S. unten nīdĭfĭco.]

6495) nĕc + ŭnŭs, nicht einer, niemand; (ital.
niuno); rtr. nagiun; prov. negu-s; altfrz. negun;
cat. ningun; span. ninguno (das n in der ersten
Silbe aus ningulus, keiner); (ptg. nenhum, daneben
ninguem). Vgl. Gröber, ALL IV 131.

6496) [*nĕglĕctĭo, -īre, vernachlässigen; ital.
neghiettire, vgl. d'Ovidio, AG XIII 438.]

6497) *nĕglĕctōsŭs, a, um, nachlässig; ital.
neghittoso, vgl. Salvioni, Post. 15.

6498) nĕglĕgens, -tem, nachlässig; ital. neg-
ghiente.

6499) nĕglĕgĕntĭa, -am f., Nachlässigkeit; florent. negghienza. Vgl. No 6591.

6500) nĕglĕctŭs, -um m. (neglego), Vernach-
lässigung, = prov. neleit-z, neleg-z, Nachlässigkeit,
Fehler. Vgl. Dz 647 s. v.

6501) nĕglĕgo, lĕxī, lĕctŭm, lĕgĕre, vernachlässigen; ital. negligo neglessi negletto negligère;
frz. négliger (gel. Wort); span. ptg. drückt man
„vernachlässigen" durch descuidar = de-ex- (oder
dis-?) cogitare oder desat(t)ender aus. Wie das
Vb. neglegere, so ist auch das Sbst. neglegentia im
Roman. nur als gel. W. vorhanden.

6502) nĕgo, -āre, verneinen; ital. negare, prov.
negar; frz. nier; cat. span. ptg. negar.

6503) [nĕgōtĭātŏr, -ōrem m. (negotium), Geschäfts-
mann; ital. negoziatore; rum. negoțitor; frz. négociateur; span. ptg. negociador; überall nur
gel. W.]

6504) [*nĕgōtĭo, -āre (negotium), Geschäfte treiben
(schriftlat. negotiari); ital. negoziare; rum. negoț
ai at a; frz. négocier; span. ptg. negociar, überall
nur gel. W.]

6505) [nĕgōtĭŭm n. (nec + otium), Geschäft;
ital. negozio; rum. negoț; prov. negoci-s; frz.
négoce; cat. negoci; span. ptg. negocio; überall
nur gel. W. — Ford, R XXVII 288, will gozo,
Lust, Vergnügen, aus [ne]gotium ableiten!]

6506) altnord. nei, nein, nicht, = altfrz. naie
mit gleicher Bedtg. Vgl. Dz 645 naie; Mackel p. 177.

6507) nē (od. něc?) + īps- = prov. altfrz.
neis, nis, daneben prov. negueis = neque ipsum;
die Partikel bedeutet „sogar, selbst"; der Umschlag
ursprünglich negativer in positive Bedtg. hat nichts
Befremdliches. Vgl. Dz 646 neis.

6508) nē (od. něc?) + īpsĕ + ūnŭs, nicht einmal
einer = keiner; ital. nissuno, nessuno; prov.
neisu[n]-s; altfrz. nesun, nisun. Vgl. Dz 222
nessuno.

6509) νεκρομάντης, Totenbeschwörer, Zauberer
(vgl. νεκρομαντεία); ital. negromante, nigromante;
prov. nigromancia-s = *nigromantianus; frz. ne-
gromancien; span. ptg. nigromante. Vgl. Dz 222
negromante. Vgl. No 6510.

6510) νεκρομαντία, Totenbeschwörung, Zauberei
(der erste Bestandteil des Wortes wurde volksetymologisch an niger angeglichen, vgl. dtsch. „Schwarz-
künstler"); ital. negromanzia; altfrz. nigremance;
ningremance, lingremance, ingremance, (vgl. Tobler,
Misc. 75 Anm. 2); span. necromancía; ptg. negromancia, nigromancia. Vgl. Dz 222 negromante.

6511) nēmă n. (νῆμα), Gespinnst, = span. nema,
Siegel des Briefes (eigentl. um den Brief geschlungener
u. angesiegelter Faden), vgl. Dz 472 s. v.

6512) nēmo, -ĭnem (ne + homo), niemand; ital.
(nur mundartlich) nimo, nimmu, der schriftital.
Ausdruck ist nessuno = ne + ipse + unus; sard.
nemus (?); rum. nime; (prov. negus = nec + unus,
neisus = ne + ipse + unus; frz. personne aus ne
. . . personne, nicht jemand; span. nadi, nadie
= nati scil. homines, s. oben nāscŏr; ptg. nenhum
= non unus, ninguem = nec + quem). Vgl. Dz 386
nimo; Gröber, ALL IV 131.

6513) nēnĭă, -am f., Lied (eigentlich Leichen-
gesang; aber auch Kinderlied, Tändellied); dav. (??)
abgeleitet ital. ninnolo, nannolo „inezia, giocattolo";
vgl. Caix, St. 423.

6514) nepeta, -am f., Katzenminze; (ital. nepitella, mail. nevedina), lucc. niebita, vgl. Meyer-
L., Z. f. ö. G. 1891, p. 773, Salvioni, Post. 15.

6515) nĕpōs, -pōtem m., Enkel, Neffe; ital.
nepote, nipote, (daneben nieto zu dem Fem. nieta =
*nepta gebildetes Mask., vgl. Caix, Giorn. di fil. rom.
II 68); venez. nievo; genues. nevo; monf. nee,
venez. neva; march. nebbo, vgl. Salvioni, Post. 15;
rum. nepot; prov. c. r. neps, nebs, c. o. nebot;
altfrz. c. r. nies, (daneben nieus, nierz, vgl.
Suchier, Z I 430), c. o. nevot, nevod; neufrz. neveu, Neffe, (petit-fils, Enkel); cat. net, nebodo;
span. nieto = *neptus, Enkel (sobrino, Neffe);
ptg. neto, Enkel (sobrinho, Neffe).

6516) *nĕpōtä, -am f. (nepos), Enkelin, Nichte; venez. neboda; rum. nepoată; prov. cat. neboda.

6517) *nĕptä, -am f. (für neptis, neptis, non nepticula App. Probi 171), Enkelin, Nichte; (ital. nieta, vgl. Caix, Giorn. di fil. rom. II 68); sard. nepta; calabr. niepite; prov. nepta; cat. (neta); span. nieta; ptg. neta. Vgl. Dz 647 nièce; Gröber, ALL IV 131 u. VI 395.

6518) nĕptĭä, -am f. (inschriftlich belegt, vgl. Gröber, Misc. 46), Enkelin, Nichte; ital. nezza; rtr. nezza, niazza; prov. netsa; frz. nièce. Vgl. Dz 647 nièce; Gröber, Misc. 46 und ALL IV 131 (das ie in nièce erklärt Gr. aus Anlehnung an nies, während Horning, Lat. C. vor e u. i p. 22, es aus dem Hiatus -i gedeutet hatte, ebenso Ascoli, AG X 88 Anm. u. 268 f. Anm., vgl. dagegen Gröber, Z XI 287; die letztere Erklärung dürfte vorzuziehen sein, vgl. *pettia : pièce, s. unten pett-, wo man eher mit Gröber das ie aus Anlehnung an pied = pĕd- erklären darf).

6519) Nĕptūnus, -um m., der Meergott Neptun; davon nach Suchier's scharfsinniger u. durchaus glaubhafter Annahme altfrz. neuton, nuiton (an nuit angelehnt), luiton, neufrz. lutin, eigentlich Wassergeist, dann Nachtkobold, Gröber's Grundrifs I 634: zu lutin das Vb. lutiner, poltern, spuken. Diez 630 s. v. hatte ein *nŏctōn-em v. nox als Grundwort angenommen.

6520) nĕrvūs, -um m. u. nĕrvĭüm n., Nerv, Sehne; ital. nervo „nervi, quelli del corpo animale", nerbo „quello da picchiare", vgl. Canello, AG III 361, Parodi, R XXVII 237; sard. nerviu; rum. neuru; rtr. nierv; prov. nervi-s; frz. nerf; cat. nirvi; span. niervo, nervio; ptg. nervo. Dazu das Adj. ital. nervoso; prov. nervios; frz. nerveux; cat. nirvios; span. nervioso; ptg. nervoso. Vgl. Dz 472 nervio; Gröber, ALL IV 132.

6521) nĕscĭo quālĭs = rum. niscare, niscarea, niscari, irgend einer, etwas.

6522) nĕscĭūs, a, um, unwissend; ital. nescio; monf. ness; prov. nesci; altfrz. nice, niche; cat. neci; span. necio, dazu das Vb. necear, alberne Possen treiben, u. das Shet. necedad, Albernheit; ptg. nescio, necio, dazu das Vb. necear. Vgl. Dz 647 nice; Gröber, ALL IV 132. — Über ital. nesci in der Redensart fare il nesci = fare il gnorri, den Unwissenden spielen, vgl. Bianchi, AG XIII 236, u. Schuchardt, Rom. Etym. I p. 10 (ebenda wird über mail. nescio u. nescit, in der Redensart fà·nescit, gehandelt).

*nĕspĭlūs s. mĕspĭlus.

6523) ahd. nestila, Schleife; davon nach Dz 386 ital. nastro, Band, indessen darf man wohl ein lat. *nastulus als Grundwort ansetzen, s. oben nastŭlūs.

6524) nĕx, nĕcem f., Tod; sard. neghe.

6525) nĕxūs, -um m. (necto), Verknüpfung; rum. necs; span. ptg. nexo, vielleicht gehört hierher auch nesga, Keil oder Zwickel im Kleide, vgl. Dz 472 s. v.

6526) ndd. (nibki), nif, (altnord. nebbi, nef), Schnabel, Nase; davon ital. niffo (davon niffolo), niffa, Rüssel; rtr. gniff; prov. nefa, dicker Teil des Schnabels der Raubvögel; limous. niflo, Nasenloch, niflá, schnüffeln; frz. (picard. nifler), renifler, schnüffeln. Vgl. Dz 223 niffa; Mackel p. 90; Braune, Z XXI 222.

6527) dtsch. nike (nücke); frz. niche, Schelmerei, Schabernack, Posse, vgl. Braune, ZXXI 223.

6528) nhdtsch. nicken = frz. niquer, mit dem Kopf wackeln, dazu das Sbst. nique, davon mundartlich das Demin. niquet, Mittagsschläfchen. Vgl. Dz 647 nique; Mackel p. 100.

6529) *nīdĭāx, -ācem (nidus) = ital. nidiace, aus dem Neste genommen, unerfahren, einfältig, albern; (prov. nizaic, niaic); frz. niais. Vgl. Dz 222 nido.

6530) *nīdĭcus, a, um (nidus) = span. niego (für nidego), Nestfalke; ptg. ninhejo, im Nest gefunden. Im Zusammenhang hiermit scheinen zu stehen prov. nec, unwissend, albern (vgl. frz. niais); frz. nigaud, Dummkopf, alberner Mensch. Vgl. Dz 212 nido u. 646 nec; Schuchardt, Z XIII 531.

6531) *nīdĭīco (oder nīdĭco?), -āre, nisten, = (ital. nicchiare, stinken, eigentl. nach dem Neste riechen?); frz. nicher, nisten (altfrz. auch niger, nigier), davon nichée, Brut, Hecke; vielleicht gehört hierher als Vbsbst. (oder = *nidica) niche, Nische (eigentl. also Nest); vgl. aber oben mĭtŭlŭs. Vgl. Dz 647 nicher; Schuchardt, Z XIII 531; Nigra, AG XV 119.

6532) nīdŭlūs, -um m. (Demin. v. nidus), Nestchen, = (??) ital. nidio, Nest; (ptg. ninho? S. No 6533).

6533) nīdūs, -um m., Nest; ital. nido; rtr. niu, ñif, ñieu, nuf; prov. niu-s; frz. nid,(ni); span. nido; (ptg. ninho; Cornu, R XI 90, erklärt das Wort für entstanden aus *nio = nidum, vermutlich aber geht es auf ninna, Wiege, zurück). Vgl. Dz 222 nido; Ascoli, AG X 99.

nīf s. nībbi.

6534) nīgĕllä, -am f. (Demin. v. niger), römischer Schwarzkümmel (Nigella arvensis, Lychnis githago); ital. nigella, schwarzer Mehltau im Korne; (rum. neghină); prov. niela; frz. nielle (auch Pflanzenname); cat. niella; span. neguilla; ptg. nigella.

6535) nīgĕllūs, a, um (Demin. v. niger), schwärzlich; ital. niello, schwärzliche Zeichnung auf Gold oder Silber, dazu das Vb. niellare, prev. niel-s, dazu das Vb. nielar; altfrz. neel, dazu das Vb. noieler, noeler; neufrz. niel, gewöhnlich niellure, dazu das Vb. nieller; span. niel, dazu das Vb. nielar; ptg. niello. Vgl. Dz 223 niello.

6536) nĭgĕr, -grä, -grum, schwarz; ital. nero, schwarz, negro, Neger, vgl. Canello, AG III 374; rum. negru; prov. negre, neir, ner; frz. noir, (nègre); cat. negre; span. negro, (im Span. daneben ein anderes Adj. für „schwarz" hito, dessen Herkunft dunkel ist, vgl. Dz 459 s. v.).

6537) nīgrāster, a, um (niger), schwärzlich; frz. noirâtre, vgl. Wölfflin, Sitzungsb. d. bayer. Akad. d. Wiss., phil.-hist. CL, 1894 p. 97, wo auch ein canaster (v. canus, grau) nachgewiesen wird.

6538) nīgrēsco, -ēre (niger), schwarz werden; (ital. negreggiare, nereggiare, annerare, annerire); rum. negrese ii it i; prov. negrezir, (negrejar); frz. noircir; span. negrecer, negrecer, (negrear); ptg. annegrecer, (negrejar).

6539) nīgrīco, -āre, schwärzlich sein; lecc. nervecare, annerirsi; neap. negrecato, annerito, Salvioni, Post. 15.

6540) nīgrīnā, -am f. (niger) = rum. neghină, Schwarzkümmel (Pflanzenname).

6541) nīgrĭtĭä, -am f. (niger), Schwärze: ital. negrezza; (frz. noirceur); span. negrura; ptg. negridão, cor negra).

6542) nĭmbūs, -um m., Platzregen, Wolke; ital. nimbo „l'aureola dei santi", nembo „temporale" vgl. Canello, AG III 322; Gröber, ALL IV 132.

6543) **nīmis**, zuviel, — (obwald. *menna*, vgl.
Meyer-L., Z. f. ö. G. 1891 p. 773); prev. *nemps*,
(dazu vereinzelt ein Komp. *nemés*, vgl. Thomas, R
XVII 98), vgl. Dz 647 *s. v.*
ningo s. nīvo.
6544) **ningulus, a, um** (vgl. *singulus*), keiner;
das Wort lebt im Roman. nicht fort, hat aber die
Entwickelung von *nec unus* zu span. *ninguno* statt
niuno beeinfluſst.
6545) ***nīnnā, -am** f.*, Wiege; ital. *ninna*,
Wiegenlied, Kind (in letzterer Bedtg. mundartlich
auch *ninno*); rtr. *ninnar*, einwiegen; cat. *nina*,
Puppe, Pupille; span. *niño*. Kind, *niña*, Augapfel;
ptg. *ninha*, Wiege. *fazer ninha*, einschlafen. Vgl.
Dz 223 *ninno*; Gröber ALL IV 132. S. auch oben
nīdus.
6546) **nī quā**; daraus nach Cornu, R XI 89,
altptg. *nega, nego*, wenn nicht; vgl. Baist, Z
VII 634.
6547) [**nītēdūlā, nītē(l)lā, -am** f. (v. *niti*), Hasel-
maus; davon vielleicht span. (*anedilla, *aredilla*),
ardilla*, Eichhörnchen, woraus wieder ein Primitiv
arda gebildet wurde; ptg. *harda*. Vgl. Dz 424
arda.]
6548) **nītīdūs, a, um**, glänzend, blank; ital.
(*nitido* u.) *netto*, dazu das Vb. *nettare; nett, nettu*;
rum. *neted*, dazu das Vb. *netezesc ii it i*; rtr.
neidi, platt, *nett*, rein; prov. frz. cat. *net*, dazu
das Vb. prov. *netejar*; frz. *nettoyer*; cat. *netejar*;
span. *neto, nitido*; ptg. *nedeo*. Vgl. Dz 222
netto; Gröber, ALL IV 132; Salvioni, Post. 15.
6549) **nītor, -ōrem** m., Glanz; sard. *nidori*.
6550) **nīvēūs, a, um** (*nix*), schneeig; davon (oder
von dem Vb. *neiger*), frz. *neige*, Schnee, vgl. Dz
646 *s. v.*
6551) ***nīvo, -āre** (v. *nix*, schriftlat. ist nur das
Part. Prät. *nivatus* belegt), schneien; ital. *nevare*,
(üblich ist *nevicare*); sard. *nivare*; (mittelital.
nengue; rum. *ninge ninse, nins ninge* — *ningo*,
ninxi, ningere); rtr. *nevar*, vgl. Gartner § 148,
engad. *naiver*, lad. *neväe*, vgl. Meyer-L., Z. f. ö.
G. 1891 p. 773; vallantron. *nóva*, vgl. Salvioni,
Post. 15; prov. *nevar*; frz. *neiger* (altfrz. auch
neger) — *niveare*, davon viell. *neige*, Schnee; cat.
span. ptg. *nevar*. Vgl. Gröber, ALL IV 133;
G. Paris, R IX 623.
6552) **nīvōsūs, a, um** (*nix*), schneeig; ital.
nevoso; rum. *neuos*; (frz. *Nivôse*, gel. W., *neigeux*
— *niveosus*); span. ptg. *nevoso*.
6553) **nix, nīvem** f., Schnee; ital. *neve*; rum.
neuă; rtr. *neif*, vgl. Gartner § 200; prov. *neu*,
nieu; altfrz. *neif, noif*; (nfrz. *neige* v. [?] *neiger*);
cat. *neu*; span. *nieve*; ptg. *neve*. Vgl. Gröber,
ALL IV 133: G. Paris, R IX 623.
6554) **nōbīlis, -e**, edel; ital. sard. *nobile*; rtr.
nobel, niebel; prev. frz. cat. span. *noble* (altfrz. *nobile* gel. W. mit derselben Accentverschiebung
wie z. B. in neufrz. *mobile*; ein *nobilius* anzusetzen, ist nicht nur unnötig, sondern auch unstatthaft); ptg. *nobre*. Vgl. Förster, Z III 562 (setzt
**nōbīlis* an); G. Paris, R X 50; Gröber, ALL IV 133.
6555) **nōcēo, nōcūi, nōcītūm, nōcēre**, schaden;
ital. *nuoco nocqui· nociuto nuocěre*; prov. *notz
noc nogut nozér*; frz. *nuis nuisis* (altfrz. *nui*) *nui
nuire* (altfrz. auch *noisir, nuisir*); span. ptg.
scheint das Vb. völlig zu fehlen, „schaden" wird
durch span. *dañar*, ptg. *damnar* ausgedrückt.
6556) [***nōcībīlis, -e**, — frz. *nuisible*, schädlich.]
6557) **nōcīvūs, a, um** (*noceo*), schädlich; ital.
span. ptg. *nocivo*; (frz. *nuisible*, altfrz.. auch

nuisable sind künstliche Ableitungen vom Stamme
des Part. Präs., vgl. Cohn, Suffixw. p. 93).
6558) **nōctantěr** (*nox*), nachts; altfrz. *nuitantre.*
Vgl. Dz 648 *s. v.* (wo das Wort als aus dem Ablativ
noctante entstanden erklärt wird, während es doch
als Adverbialbildung aus dem Partizipialstamme
aufzufassen ist); Gröber, ALL IV 134.
6559) ***nōcto, -āre** (*nox*), Nacht werden; ital.
annottare; rum. *noptez ai at a*, die Nacht verbringen, *innoptez*, Nacht werden, nächtigen; prov.
anoitar; altfrz. *anuitir, anuitier*, (neufrz. *s'a-
nuitier*, sich bis in die Nacht verspäten). Vgl. Dz
648 *nuitantre.*
6560) **nōctūa, -am** f., Nachteule; dav.ital.*nottola.*
6561) **nōdo, -āre** (*nodus*), knoten; ital. *anno-
dare*; rum. *nod* u. *innod ai at a*; prov. *nozar*,
noar; frz. *nouer*; cat. *nuar*; span. *anudar.*
6562) **nōdōsūs, a, um**, knotig; ital. *nodoso* etc.
6563) **nōdūs, -um** m., Knoten; ital. *nodo*; rum.
nod; prov. *not-z, no-s*; frz. *nœud*; cat. *nu*; span.
nodo, nudo; ptg. *nó.*
6564) **nōmēn** n., Namen; ital. *nome*; rum.
nume; prov. frz. cat. *nom*; span. *nombre* aus
altsp. *nomne*, (*nom, non*); ptg. *nome*, (*não*). Vgl.
Dz 472 *nombre*. — Aus dem Abl. *nomine* sollen
nach Cohn, Herrig's Arch. Bd. 103 p. 236, die prov.
Kurzformen *n', en, nos, no* „Herr(in)" entstanden sein.
6565) **nōmĭno, -āre** (*nomen*), nennen; ital.
nominare, dazu das Vbsbst. *nominata* u. daneben
noméa „fama alquanto spregevole", vgl. Canello,
AG III 314; levent. *lumina*, nennen; (valses.
nomia, lumida, Beiname; sard. *luminada* fama,
vgl. Salvioni, Post. 15); (rum. *numesc ii it i*);
prov. *nomnar*; frz. *nommer*; altcat. *nomenar*;
span. *nombrar*; ptg. *nomear.*
6566) **nōn**, nein, nicht; ital. *non*, nicht, *no*,
nein; rum. *nu*; prov. *non*, nicht, *no*, nein; frz.
non, nein, *ne* (aus *nen*, vgl. Förster, Z III 542),
nicht; cat. span. *no*; ptg. *não.* Vgl. Dz 646 *ne*;
Gröber, ALL IV 134.
6567) **nōnāgīntā**, neunzig; (ital. *novanta* von
nove, über Dialektformen § AG XI 300 u. 449;
rum. *nouezeci* — *novem + decem*; rtr. *novanta*),
nunanta etc., vgl. Gartner § 200; prov. *nonanta*;
altfrz. *nonante*, vgl.Knösel p. 14; (neufrz. *quatre-
vingt-dix*; cat. *novanta*; span. *noventa*; ptg.
noventa).
6568) **nōn ĕgo** — altfrz. *naie, naje*, neiu, vgl.
G. Paris, R VII 465, Förster, zu Erec 4806.
6569) **nōn + ĭl**[le] — altfrz. *nenil*, nein; neufrz. *nenni.* Vgl. Dz 646 *ne.*
6570) **nōn + jām** — ptg. *nanja*, nicht schon,
nicht etwa, vgl. C. Michaelis, Z VII 105.
6571) **nōn + māgĭs** — mail. *nomá, domá*, vgl.
Cornu, R XIX 286.
6572) **nōnnūs, -a**, Kinderwärter(in) (Orell. inscr.
2875 u. 4670); ital. *nonno, -a*, Grofsvater, -mutter;
sicil. *nunnu, -a*, Vater, Mutter; sard. *nonnu, -a*,
Pate, Patin; neuprov. *nono*, Nonne, Grofsmutter;
frz. *nonne, -nain*, Nonne; span. *ñoño, -a* alters-
kindisch. Vgl. Dz 224 *nonno*; Gröber, ALL IV 134.
6573) **nōnūs, a, um**, neunter; ital. *nono*; rum.
nouele); prov. *non-s*; (frz. *neuvième*; cat. *nové*,
neunte); span. ptg. *nono.* Das Fem. *nona* wird
substantivisch in der Bedtg. „neunte Tagesstunde"
(d. i. nach mittelalterlicher Zeitrechnung 3 Uhr
nachmittags) gebraucht, vgl. Dz 224 *s. v.*
6574) **ags. norð**, Nord; ital. *norte* (nach Braune,
Z XXI 225, — got. *naurths*); prov. frz. *nord*;
span. ptg. *norte.* Vgl. Dz 647 *nord*; Mackel p. 35.

6575) **nŏstĕr, nŏstră, nŏstrŭm** (nos), unser;
·ital. nostro; rum. nostru; rtr. nos, Fem. nossa;
prov. nostre; frz. nôtre, notre (Flur. in proklit.
Stellung nos); cat. nostre; span. nuestro; ptg.
nosso.

6576) **nŏtă, -am** f., Merkmal, Note; ital. nota;
altaien. nuota, macchia; tic. nóda, berg. nöda,
segno che si fa sulle capro par fissarne la proprietà,
vgl. Salvioni, Post. 15. — Zu nota das Vb. notare
in der entspr. Form u. Bedtg.; frz. note etc.;
überall nur gel. W., ebenso notare u. notitia.

6577) ***nŏtīdus, a, um** (f. nŏtus v. noscĕre), bekannt; sard. nodiu, vgl. Salvioni, Post. 15.
*nŏto s. nāto u. nŏta.

6578) **nŏvăcŭlă, -am** f., Scheermesser; cat. na-
valla; span. navaja; ptg. navalha. Vgl. Ḍz 472
navaja; Gröber, ALL IV 135.

6579) [***nŏvĕllārĭŭs, -um** m. (novellus); ital.
novellario „chi é vago di saper tutte le nuove",
novelliere, -o „chi conta o scrive novelle, in antico
anche il corriere che portava le nuove", vgl. Canello,
AG III 308.]

6580) **nŏvĕllŭs, a, um** (Demin. v. novus), neu;
ital. novello; rum. nuie; rtr. Fem. nujala, vgl.
Ascoli, AG VII 540; prov. novel, novelh; frz.
nouvel nouveau nouvelle; cat. novell; span. ptg.
novel. Das Fem. hat die substantivische Bedeutung
„Erzählung, Novelle" erhalten.

6581) **nŏvĕm**, neun; ital. nove; rum. noue;
rtr. nŏf, nŭf, noef; vgl. Gartner § 200; prov.
nove, nou, nau; altfrz. nuef, vgl. Knösel p. 11;
neufrz. neuf; cat. nou; span. nueve; ptg. nove.

6582) **Nŏvĕmbrĭs, -em** m., November; ital. novembre; rum. noembrie; prov. frz. cat. novembre;
span. noviembre; ptg. novembro.

6583) **nŏvĭtās, -ātem** f. (novus), Neuheit; ital.
novità, nuovità; rum. noutate; prov. novitat-z;
(frz. nouveauté); cat. novedat; span. novedad;
ptg. novidade.

6584) ***nŏvĭtĭŭs, a, um** (novus), neu, = ital.
novizzo, Sbst., „il fidanzato", novizio, Adj. u. Sbst.,
„propriamente chi é nuovo in qualunque esercizio,
e in ispecie chi da poco è entrate in convento.
Similmente si distinguono novizza a novizia", vgl.
Canelle, AG III 343; frz. novice.

6585) ***nŏvĭŭs, a, um** (novus), neuvermählt;
prov. cat. novi, novia, noiva; junger Ehemann;
junge Ehefrau, novias, Hochzeit; span. novio; ptg.
novio. Vgl. Ḍz 472 novio.

6586) [***nŏvtīae, -as** (volksetymologische, an novius
angelehnte Umbildung von nūptiae), Hochzeit; ital.
nozze; (sard. nunsas = nuptias u. nuntas = nūptas;
rum. nŭntă = nūpta); rtr. nuazza, nozza; prov.
nossas; frz. noce(s); cat. noces). Vgl. G. Paris,
R X 397; Gröber, ALL IV 134; Suchier, Gröber's
Grundrifs I 632, setzt für ital. nozze, frz. noces,
prov. nassas ein *nŏctiae v. nox (vgl. dtsch. Braut-
nacht) als Grundwort an, aber daraus hätte frz.
*nuisses entstehen müssen.

6587) **nŏvŭs, a, um**, neu; ital. nuovo; rum.
nou; rtr. nuof, nief etc., vgl. Gartner § 48; Ascoli,
AG VII 540; prov. nou, nueu; frz. neuf; cat.
nou; span. nuevo; ptg. novo.

6588) **nŏx, nŏctem** f., Nacht; ital. notte; sard.
nocte; rum. noapte; rtr. nueig; prov. nuech; frz.
nuit (aus nuĕit); in noctem = anoi, onoi „heute"
im Patois des Dép. de la Meuse, vgl. Langlois, R
XX 285; cat. nit; span. noche; ptg. noite. Vgl.
Gröber, ALL IV 134.

6589) ***nūbă, -am** f. (für nubes), Wolke, = (sard.
nue = nubem); frz. nue.

6590) [***nūbătĭcum** n. (*nuba), Gewölk, = frz.
nuage.]

6591) **nūbĭlŭs, *ūbĭlŭs, a, um** (nubes), wolkig;
ital. nuvolo, nuvola, nugolo, nugola, Wolke; über
Dialektformen vgl. Mussafia, Beitr. 82, Salvioni,
Post. 15; rum. nour; prov. nuble-s; (frz. nue =
*nubam, nuage = *nubaticum); span. nublo; (ptg.
nuvem).

6592) [***nūbo, -āre** (nubes) = frz. nuer, (mit
Wolken) beschatten, schattieren, dazu das Partizipialehst. nuance, Schattierung. Vgl. Ḍz 648 nuer.]

6593) **nūcālīs, -e** (nux), nufsähnlich; dav. prov.
nogalh-s, Kern; frz. noyau, Kern; span. nogal,
Nufsbaum. Vgl. Ḍz 648 noyau.

6594) ***nūcārĭŭs, -um**, Nufsbaum; (ital. noce;
rum. nuc); venez. com. noghèra, vgl. Mussafia,
Beitr. 83; (friaul. nuglar = *nucularis); prov.
noguier-s; frz. noyer; cat. noguer; (span. nogal);
ptg. nogueira.

6595) **nūcella, -am** f. (nux), Nüfschen; neap.
nocella, venez. nosela, vgl. Mussafia, Beitr. 82;
(frz. nucelle, Eikern des Samens, vgl. Cohn, Suffixw.
p. 23).

6596) ***nūcĕŏlŭs** (nux) = (?) ital. „nocciuolo,
l'albere che fa le noci avellane; e nocciolo, l'invo-
lucro osseo dei semi nella frutta. Ma l'accento
sulla prima fa supporre che si tratta piuttosto d'un
nuovo derivato di noce", Marchesini, Studi di fil.
rom. II, 9.

6597) **nūcētum** n. (nux) = span. (provinciell)
nocedo, Nufsbaum, nocedal, Nufsbaumpflanzung.

6598) **nūcĕŭs, a, um**, zum Nufsbaum oder zur
Nufs gehörig; davon ital. nocciolo.

6599) arab. **nucha**, Rücken-, Nackenmark; davon
vermutlich ital. prov. nuca, Nacken, Genick; frz.
nuque; span. ptg. nuca. Diez 225 (vgl. AG III
402) wollte das Wort auf *nŭca (v. nux) ableiten,
aber das ŭ widerspricht, und auch begrifflich befriedigt die Ableitung wenig. „Die arabische Herkunft befürwortet namentlich Defrémery im Journal
asiatique, August 1867, p. 182", s. Scheler im Anhang zu Ḍz 736; Eg. y Yang. 465 stellt mujj als
Grundwort auf.

6600) **nūclĕŭs, -um** m. (nux), Obstkern; ital.
nucleo u. noechio, Stein im Obste, Knorren; nach
Caix, Riv. di fil. Rom. II 176 u. St. 36, soll auch
gnocco, Mehlklos, Knödel, wofür Ḍz 376 s. v. hair.
nock als Grundwort aufstellte, = nucleus sein
(nucleus : nocchio : njocco), vgl. auch Canello, AG
III 351 (stimmt Caix bei, während d'Ovidio, AG
XIII 363, über Annahme bevorzugt); über nocceolo
vgl. Schuchardt, ZXXIII 333; span. nucleo. Vgl. Ḍz
381 nocchio; Caix, AG IV 135 (Gröber erblickt
in nocchio eine Deminutivbildung zu ital. nocca,
Knöchel, s. oben knoche).

6601) **nūcŭla, -am** f. (nux), Nüfschen; sien.
romagn. nocchia, vgl. Mussafia, Beitr. 83.

6602) dtsch. **nudeln** = frz. nouilles, Nudeln, vgl.
Ḍz 648 s. v.

6603) **nūdĭus tērtĭus**, vorgestern; tarent. nusterza; obwald. sterzas, vgl. Meyer-L., Z. f. ö. G.
1891 p. 773.

6604) **nūdo, -āre**, entblöfsen; ital. nudare; frz.
dénuer.

6605) **nūdŭs, a, um**, nackt; ital. nudo; prov.
nut-z; frz. nu; span. ptg. nudo.

6606) dtsch. **nüstern**; davon leitet Caix, St. 650,
ab ital. usta „odor della fiera, passata", ustolare

„schiattire del cane che sente l'odore della fiera", piemont. *nast* „fiuto". Den Abfall des anlautenden *n* erklärt Caix aus dessen Verwechslung mit dem bestimmten Artikel.

6607) nūgālis, -e (*nugae*), unnütz, schlecht; davon prov. **nualh-s*, faul, träge, dazu Komparativ *nuallor*, Ntr. *nualz*, u. die Ableitungen *nuallos*, faul, *nualheza*, Faulheit, *nualhar*, faulenzen, *nualla*, Possen; altfrz. *noals*, *nuals*, *nuaillos*. Vgl. Dz 648 *nualh*; Gröber, ALL IV 136.

6608) nūllūs, a, um, kein; ital. *nulla*; sard. *nudda*, Null; rum. *nulǎ*, Null; rtr. prov. frz. *nul* (frz. *nul* aus *ne-ul*); cat. *null*; span. *nulo*; ptg. *nullo*. Das Wort trägt überall gelehrten Charakter, denn da das Romanische die Verneinung des Prädikates bevorzugt, so ist der Gebrauchskreis des negativen Adjektivs innerhalb der Volkssprache ein sehr eingeengter. Vgl. Gröber, ALL IV 136.

6609) nūm (Fragepartikel); nach Cornu, R VII 363, erhalten in altfrz. *dumne*, *dunne* (= *num* + *nam*), womit im Oxforder Psalter *nonne* und *numquid*, im Cambridger Psalter *nonne*, in beiden Psaltern auch *numquid* u. *numquid non*, in den Quatre livres des rois *num*, *numquid*, *numquid non*, *nonne* übersetzt werden. Für den Wandel von anlautendem *n : d* führt Cornu an prev. *degun* = (?) *nec unum*, wie Chabaneau, Grammaire limousine p. 101 behauptet, altfrz. *doment* = *nominant* (Alexiuslied 10a in der Lambspringer Hds., gewöhnlich liest man *doinent*). Die Annahme ist scharfsinnig, aber doch, weil für den Wandel von *n : d* nur anfechtbare Beispiele vorgebracht werden, wenig glaublich; in *dumne*, *dunne* wird *donec* (*donique*) + *non* enthalten sein.

6610) nūmĕrātor, -ōrem (*numero*), Rechenmeister, = rum. *numěrător*, Zähler.

6611) nūmĕro, -āre, zählen; ital. *numerare*, *noverare*; tic. *lombrá*, berg. bresc. crem. *romná*, valsass. *ornd*, bologn. *armnar*, valbreg. *drombar*, vgl. Salvioni, Post. 15; rtr. *dumbrar*, vgl. Cornu, R XIX 286; rum. *numěr ai at a*; prov. *numbrar*, *nombrar*; frz. *nombrer*; cat. span. ptg. *numerar*. Das üblichere roman. Vb. für „zählen" ist *computare*. Vgl. Dz 387 *novero*.

6612) nūmĕrūs, -um m., Zahl; ital. *numero* u. *novero*, vgl. Canello, AG III 366; altoberital. *nomero*, berg. *rómen*, vgl. Salvioni, Post. 15; rum. *numěr*; prov. frz. *nombre*; cat. span. ptg. *número*. Vgl. Dz 387 *novero*.

6613) nūmquam (*numquam*, *non numqua* App. Probi 210, vgl. ALL XI 65), niemals; prov. *nonca*; altfrz. *nonque*; cat. *nunque*; span. ptg. *nunca*. Vgl. Gröber, ALL IV 146.

6614) nūndĭnae, -as f. pl., Jahrmarkt; sard. *nundinas*, fiera. vgl. Salvioni, Post. 15.

6615) nūntĭūs, -um m., Bote; ital. *nunzio*, *nuncio*; venez. *nonzolo*, sagrestano, becchino, vgl. Salvioni, Post. 15; frz. *nonce*, Nuntius (vgl. *annoncer*, *o* aus *ū*); span. ptg. *nuncio*. Vgl. Gröber, ALL IV 395.

nūptā, nūptīae s. **nŏvtīae*.

6616) nūrā, **nŏrā* (für *nurus*), Schwiegertochter; ital. *nuora* (das *uo* erklärt sich durch Einflufs von *sócera*, viell. auch von *sŏror*, vgl. Meyer-L., Ital. Gramm. § 58 p. 41); sard. *nura*; sicil. *nora*; rum. *norá*; altfrz. *nore*; (neufrz. *belle-fille*); cat. *nora*; span. *nuera*; ptg. *nora*. Vgl. Dz 225 *nuora*; Gröber, ALL IV 134.

6617) altnfränk. **nuska*, Spange; ital. *nusca* „collana, vezzo, monile"; prov. *nosca*, Schnalle;

altfrz. *nosche*. Vgl. Dz 648 *nosche*; Caix, St. 425; Mackel p. 21.

6618) **nūtrīcātĭo, -ōnem* f. (schriftlat. *nūtr-*), Säugung; altfrz. *norriçon*, *norreçon*, Säugling; neufrz. *nourrisson*, vgl. Horning, Z VI 436 und Cohn, Suffixw. p. 126, wo eine sehr künstliche Erklärung gegeben wird; Diez, Gramm. II² 345, stellte *nutritio* als Grundwort auf.

6619) **nūtrīcĭā, -am* f. (schriftlat. *nūtr-*), Amme; sard. *nodriza*; prov. *noyrissa*; cat. *nudrissa*; frz. *nourrice*, Amme, vgl. Horning, Z VI 436. S. nūtrīx.

6620) nūtrīcĭūm *n.*, Ernährung; rum. *nutret*, Nahrung, Futter (für Tiere).

6621) nūtrīco, -āre, nähren; sard. *nurdiái*; altoberital. *nudrigar*, *nuriar*; venez. *nudrigao*, nutrianto ripulire; mail. *nö-*, *nedrügá*, ripovernare, sviscerare polli, vgl. Salvioni, Post. 15.

6622) **nūtrīmen n.* (*nutrire*), Nahrung, = prov. *noirim-s*, vgl. Gröber, ALL IV 136.

6623) **nūtrĭo, -īre* (schriftlat. *nūtrio*), nähren; ital. *nodrire*, *nutrire*; (rum. *nutresc ii st i*, fehlt bei Ch.); rtr. *nudrir*, dazu *nursa*, *nuorsa*, das (aufgefütterte) Vieh, vgl. Ascoli, AG VII 541; prov. *noirir*; frz. *nourrir*; cat. *nudrir*, *notrir*; (span. ptg. *nutrir*). Vgl. Gröber, ALL IV 136.

6624) nūtrītĭo, -ōnem *f.*; Ernährung; ital. *nutrizione*; (frz. *nourriture* = **nūtritura*); span. *nutricion*; ptg. *nutrição*.

6625) **nūtrīx, -trīcem* f. (schriftlat. *nūtrix*), Amme; ital. *nodrice*, *nutrice*; (sard. *nodriza* = *nutricia*); prov. *noirissa*, *noyrissa*; frz. *nourrice*; cat. *nudrissa*); span. ptg. *nutriz*. Vgl. Horning, Z VI 436; Gröber, ALL IV 136.

6626) nūx, nūcem f., Nufs; ital. *noce*; sard. *nughe*; valses. *noga*, grossa noce; rum. *nuc*; rtr. *nusch*; prov. *notz*; frz. *noix*; cat. *nou*; span. *nuez*; ptg. *noz*. Vgl. Gröber, ALL IV 135.

6627) nūx pērsĭcā = venez. *naxpergosa* „frutto bastardo che nasce dall' innesto dell' albicocco sul pesco", vgl. Marchesini, Studj di fil. rom. II 9.

O.

6628) ōbdūro, -āre, verhärten, hart sein; prov. *abdurar*, härten, dazu das Partizipialadj. *abdurat-z*, hart, u. das Nomen actoris *abduraire*, abgehärteter Krieger, altfrz. *adurer*. Vgl. Dz 503 *adurer*. Einfacher ist es aber wohl, die Grundwerte **abdurare* u. **addurare* anzusetzen, formal u. begrifflich würde dann das prev. Verb mit dem deutschen „abhärten" übereinstimmen. S. oben abdūro.

6629) ōbēdĭo, -īre (schriftlat. gewöhnlich *oboedīre*), gehorchen; ital. *ubbidire*, rtr. *ubadir*; prov. *obezir*; frz. *obéir*; cat. *obehir*; span. ptg. *obedecer*. Vgl. Gröber, ALL IV 422.

6630) ōbēx, ōbĭcem *c.*, Querbalken; lothr. *uš* (nach Meyer-L.'s Annahme, Z f. ö. G. 1891 p. 773).

6631) [**ōblātā, -am* f. (v. *offerre*), Opferkuchen; leichtes Gebäck; lomb. *obiá*, ostia; altfrz. *oblaie*; neufrz. (volksetymologisch an *oublier* angelehnt) *oublie*. Vgl. Dz 651 *oublie*; Fafs, RF III 501.]

6632) ōblīgo, -āre, verbinden, verpflichten; alt-venez. *ubigar*; sonst ist das Vb. als gel. W. vorhanden.

6633) ōblīquo, -āre, schräg durch etwas gehen; davon viell. altfrz. *beliver* (Rom. de Rou III 8105, vgl. dazu Andresen's Anm.).

6634) **ŏblĭquŭs, a, um**, schief, schräg, = ital.
bieco, sbieco, vergleiche Dz 357 bieco; Canelle, AG
III 392; Horning, Z XX 330 („wahrscheinlich ist
obliquus unter Einwirkung des pejorativen Suffixes
-eco zu bieco geworden"); d'Ovidio, Gröber's Grundrifs I 538 (stellt blaesius als Grundwort auf).
Horning dürfte das Richtige gefunden haben.

6635) ***ŏblīto, -āre** (v. oblitus), vergessen; ital.
obbliare, ubbliare; rum. uit (aus ult, *ulit, ublit?)
ai at a; prev. oblidar; frz. oublier, dav. oubliettes,
Stätte des Vergessenwerdens, Verliefs; cat. altspan. oblidar; neuspan. olvidar.

6636) **ŏblīvīōsŭs, a, um** (oblivium), vergefslich;
ital. obblivioso, obblioso; rum. uitācios = *obli-
taciosus; prov. oblidos; frz. oublieux; span.
olvidoso.

6637) **ŏblīvīŭm** n., Vergessenheit; ital. obblio
und obblia. In den übrigen Sprachen dafür das
Verbalsbst. prov. oblit-z, oblida, frz. oubli, span.
olvido. Vgl. Dz 225 obblio; Meyer, Ntr. p. 155.

6638) [***ŏblūla, -am** f., kleiner Spiefs, spitzer
Stein (Dem. v. obelus, ὀβελός), daraus *bŏlūla u.
daraus wieder *bŏdūla, woraus prov. bozola, bola,
frz. borne, Grenzstein, Grenze, vgl. Nigra, R XXVI
558; die Ableitung ist gewifs sehr scharfsinnig, setzt
aber eine allzu komplizierte Lautentwickelung voraus. Vorläufig wird man also wohl an der oben
unter bod- gegebenen Etymologie festhalten müssen,
so schwer das auch fällt.]

6639) **ŏbscūrŭs, a, um**, dunkel; ital. oscuro;
rtr. škür, šťχir etc., vgl. Gartner § 200; altfrz.
oscur; frz. obscure (gel. W.); span. obscuro,
oscuro; ptg. obscuro, escuro.

6640) **ŏbsĕquĭae, -as** f. (obsequi), Leichen-
begängnis (schriftlat. exsequiae, indessen ist obse-
quiae inschriftlich belegt, s. Georges s. v.); prov.
obsequias; frz. obsèques; span. ptg. obsequias.
Vgl. Dz 226 obsequias u. 648 obsèques.]

6641) **ŏbsĕrvo, -āre**, beobachten; ital. osservare;
frz. observer etc.; überall nur gel. W.

6642) **ŏbstācŭlŭm**, Hindernis; ital. ostacolo;
frz. obstacle etc.; überall nur gel. W.

6643) **ŏbsto, -āre**, widerstehen, (abwehren, abhalten, ein Hindernis beseitigen, weguehmen); rtr.
dustar = de-obstare, verhindern; prov. ostar, weg-,
fortnehmen; frz. óter. Vgl. Ascoli, AG VII 523
(hier die Ableitung von obstare bewiesen); Dz 650
óter stellte *haustare als Grundwort auf; Lücking,
Die ältesten frz. Mundarten p. 143, empfahl *hospitare, vgl. Neumann, Z II 159, u. G. Paris, R VII
131.

6644) **ŏbtĕndo, -ĕre**, vorspannen; davon (??) sard.
attensu, distante, vgl. AG XIII 116.

6645) **ŏbtūro, -āre**, verstopfen; ital. atturare.

6646) **ŏbvĭăm, -āre**, entgegen; valses. in obbia, in
obbio, incentro; sard. obia, incentro, vgl. Salvioni,
Post. 15; piem. obja (vgl. gobja, giovedì, =jōvia),
s. Nigra, AG XIV 372; vielleicht ital. uggia
(= óbviam), Vorbedeutung, namentlich böse Vorbedeutung (eigentlich das in den Weg Kommende),
Widerwille, Unlust, auch schädlicher Schatten (davon
aduggiare, nachteilig beschatten, belästigen) und
ubbia (= ob viam?), schlimmeVorbedeutung, Ahnung,
abergläubische Furcht. Vgl. Dz 408 ubbia und
uggia. Canello, Riv. di fil. rom. II 112, glaubte
ubbia aus dem Stamme lub-, wovon lubet, lubido,
ableiten zu können; es würde dann das anlautende
l als Artikel aufgefafst und abgefallen sein. Vgl.
dagegen G. Paris, R IV 499. Keltischen Ursprung
verneint Th. p. 85. Aus ital. ubbia dürfte durch

Anwachsen des Artikels neufrz. lubie, Laune,
Grille, entstanden sein, vgl. G. Paris, R IV 499.
Das ital. uggia ist vielleicht besser auf ódia zurück-
zuführen, wie schon Diez a. a. O. andeutete, vgl.
Canello, AG III 347.

6647) **ŏbvĭo, -āre**, begegnen, abhelfen, verhindern;
ital. ovviare, hindern: altspan. uviar, ubiar,
hubiar, huyar, begegnen, widerfahren, helfen; neuspan. obviar, hindern, antuviar, beschleunigen,
dazu das Sbst. antuvio. Vgl. Dz 496 uviar.

6648) **ŏccāsĭo, -ōnem** f., Gelegenheit; ital. occa-
sione „opportunità", (vgl. Canelle, AG III 338;
rum. obviar, hindern, beschleunigen); prov.
occaiso-s, ochaiso-s, Gelegenheit, Vorwand,
Beschuldigung, dazu das Vb. occasionar, beschuldigen; altfrz. ochoison, vgl. Cohn, Suffixw. p. 131;
neufrz. occasion; span. ocasion; altptg. acai-
jon (galic. acaison), neuptg. cajão, vgl. Michaelis,
Frg. Et. p. 1. Vgl. Dz 361 cagione.

6649) **ŏccĭdēns, -ēntem** m. (Part. Präs. von
occido = ob + cado), Westen; ital. occidente; frz.
occident etc., überall nur gel. W.; die volkstümlichen Ausdrücke für „Westen" sind ital. ponente;
frz. ouest; span. oeste, poniente; ptg. oeste,poente.

6650) **ŏccīdo, eīdī, eīsŭm, cīdĕre**, töten; ital.
uccido, cisi, ciso, cidĕre, (über altital. ancidere,
alcidere vgl. Caix, St. 1, u. Fumi, Misc. 95, anders
Gröber, ALL I 233, s. oben ăbcīdo); prov. auci
aucis aucis aucire; altfrz. oci ocis oc(c)ire,
ochirre; altcat. aucire.

6651) **ŏccĭpŭt** n., Hinterkopf; davon nach Caix,
St. 266, ital. ceppicone (aus *ceppitone, *occipi-
tone) „testa", die Ableitung ist jedoch sehr fragwürdig.

6652) **ŏccīsĭo, -ōnem** f. (occĭdo), Mord; altfrz.
occision.

6653) **ŏccīsor, -ōrem** m. (occĭdo), Mörder; ital.
uccisore; (altital. ucciditore; rum. ucigător;
prov. aucizedor); altfrz. occiseire, occiseor; neufrz. (occiseur noch bei Molière; der jetzt übliche
Ausdruck ist assassin = arab. haschischin); span.
(occisor, die üblichen Ausdrücke sind aber homicida,
matador, asesino, ebenso im Ptg., wo jedoch
assassino).

6654) **ŏcĕllus, -um** m. (oculus), Äuglein; sard.
ogeddu.

6655) [**ŏcco, -āre**, das Land bestellen, eggen (wohl
auch die Erde auflockern, graben, also Höhlungen
machen); davon vermutlich [altfrz. ouche, ousche,
pflügbares Land (Diez 651 leitet das Wort von
einem mittellat. olca ab, u. lautlich ist das gewifs
annehmbarer); span. hueco, hohl, Höhlung, (wenn
nicht v. *vocare = vacuare), ahuecar; Erdschollen
zerschlagen, aushöhlen; ptg. ouco, óco, hohl, leer
(wenn nicht v. *vocare). Vgl. Dz 460 hueco, siehe
unten **vōcare**.]

6656) **ŏccŭpo, -āre**, einnehmen, beschäftigen;
ital. occupare; frz. occuper etc., überall nur gel.
W.; ebenso das Sbst. occupatio = ital. occupazione etc.]

***ŏccŭs, *ŏccŭm** s. **ŏcco**.

6657) **ŏcĕănŭs, -um** m. (ὠκεανός), Weltmeer;
ital. oceano; rum. noian (s. Ch. p. 180 s. v., doch
ist die Ableitung höchst zweifelhaft); frz. océan;
span. ptg. oceáno, mar gel. W.]

6658) **ŏctāvŭs, a, um** (octo), der achte; ital.
ottavo; altoborital. ochiavo, altgenues. oitavá,
piem. üeava, vgl. AG II 399; Salvioni, Post. 16;
(rum. optulea); rtr. ottavel; prov. octau, ochau,

ocheu; (altfrz. uitme, uitisme, witisme, uituin, vgl. Knösel p. 38; neufrz. 'huitième; cat. vuyté, vuytena); span. octavo; ptg. oitavo.

6659) ŏcto, acht; ital. otto; über lemb. vot etc. vgl. Salvioni, R XXVIII 109; sard. octo; rum. optu; rtr. oig; friaul. vott; prov. oit, och, ueich; altfrz. uit, oit, wit, vgl. Knösel p. 11; frz. 'huit; cat. vuyt; span. ocho; ptg. oito. Vgl. Gröber, ALL IV 422.

6660) Ŏctŏber, -brem m. (octo), Oktober; ital. ottobre; neapel. ottovre; lomb. ogiovere; altvenez. otore; mail. (Land) occiover. vgl. Salvioni, Post. 16, andere Dialektformen, zum Teil sehr wunderlicher Art, AG IX 218 u. 225; rum. octomvric; prov. octobre-s, octembre-s, octoyreis(?); frz. octobrè; cat. span. octubre; ptg. outubro.

6661) ŏctŏgintä, achtzig; ital. ottanta; (rum. optu dieci); rtr. ottanta; prov. ochanta; altfrz. huitante; (neufrz. quatre-vingt); cat. vuytanta; span. ochenta; ptg. oitenta.

6662) ŏcŭlārĭŭs, a, um (oculus), zu den Augen gehörig; ital. occhiaja (piem. ojera), Augenhöhle, (occhiale, Augenglas); rum. ochelari, Brille; frz. œillière, Augenzahn, Scheuleder, Visier (die Brille heifst lunettes; span. anteojos, espejuelos; ptg. oculos).

6663) [*ŏcŭlāta (*ŏcŭlāre v. oculus) = ital. occhiata, Blick; frz. œillade; span. ojada; ptg. olhada.]

6664) [*ŏcŭlēttŭs, -um m. (Demin. zu oculus)= frz. œillet, Nelke; (ital. garofano; span. clavel; ptg. cravo, craveiro=clavus. Vgl. Dz 648 œillet.]

6665) *ŏcŭlo, -āre (oculus), beäugeln; ital. occhiare, occhieggiare; rum. ochiez ai at a und ochiesc ü it i; prov. ocleiar; (frz. œillader); span. ojar, ojear; ptg. olhar = adoculare,. vgl. Cornu, R XI 90.

6666) ŏcŭlŭs, -um m. (oculus, non oclus App. Probi 111), Auge; ital. occhio; sard. oju; rum. ochiu; rtr. œgl. ily, ely, il, el, ŏts, vgl. Gartner § 200; prov. olh-s; frz. œil, Pl. yeux, vgl. Koschwitz u. Meyer-L., Ltbl. f. germ. u. rom. Phil. 1892 No 2 Sp. 68 u. 70, Behrens, Z XIII 405; cat. ull; span. ojo; ptg. olho, dazu viell. als Dem. (ulhó) ilhó, Schnürloch, vgl. Z XV 270. Vgl. Gröber, ALL IV 422.

6667) ŏdĭŭm n., Hafs; ital. odio; vom Plur. odia vielleicht uggia, vgl. Canello, AG III 347 u. 403, s. oben ŭbvĭäm; valses. öj in der Verbindung avéi in öj, mail. com. in ögiu, vgl. AG XII 403, Salvioni, Post. 16; prov. odi-s (gel. W.); span. ptg. odio (gel. W.). S. oben hatjan u. in odio.

6668) ŏdŏr, -ōrem m., Geruch, Duft; ital. odore (daneben olore, vgl. Canello, AG III 387); prov. odor-s; frz. odeur; span. ptg. odor. S. unten olor.

6669) ŏestrŭs, -um m. (οἶστρος), Begeisterung; ital. span. ptg. estro, Begeisterung, vgl. Dz 130 s. v.

6670) ŏffä, -am f., Bissen; ital. offa, Backwerk, Pastete; sard. offa, Bissen. Vgl. Gröber, ALL IV 422.

6671) ŏffělla, -am f. (offa), kleiner Bissen; südital. fella, fedda, vgl. G. Meyer, Idg. Forsch. II 72.

6672) ŏffěro, ŏffěrre, darbieten; ital. offrire; frz. offrir, dazu das Sbst. offerte = *offerta f. oblata.

ŏffĭcĭālĭs, *ŏffĭcĭārĭŭs s. ŏffĭcĭŭm.

6673) ŏffĭcīnä, -am f., Werkstätte; ital. officina und fucina „(con influenza di fuoco) l'officina del

fabbro", vgl. Canelle, AG III 334. Diez 373 s. v. leitete fucina unmittelbar von 'focus ab. S. officina. — Cohn, Herrig's Archiv Bd. 103 p. 242, ist geneigt, *ŏpĭcina für ŏf(f)ĭcīna (s. d) als Grundwort für usine anzusetzen.

6674) [ŏffĭcĭŭm n., Pflicht; ital. officio, offizio, ufficio, uffizio, davon abgeleitet officiale, uffiziale = officialis, Beamter, Offizier; eine andere Ableitung ist frz. officier = *officiarius, vgl. Canello, AG III 335.]

6675) *ŏffĭcīna, -am f. (f. officina), Werkstatt; dav. nach Thomas, R XXVI 450, frz. *oisine, uisine, wisine, huisine, usine, Fabrik (vgl. otiosa : oiseuse : uiseuse : wiseuse : huiseuse). Liöfse sich officina gebildete *opicina v. opus. S. No 6673.

6676) ŏffōco, -äre, ersticken; ital. affogare.

6677) ŏffŭla, -am f. (offa), kleiner Bissen; südital. uoffola, vgl. Meyer-L., Z. f. ö. G. 1891 p. 773.

oghlan s. uhlan.

6678) gr. οἰβοῖ (Interjektion) = ital. oibò (comask. aibai), o bewahre! vgl. Dz 387 s. v.

6679) griech. οἶστρος, Bremse; ital. estro (Aufgeregtheit vom Bremsenstich), Begeisterung.

*ŏlcä s. ŏeco.

6680) ŏlĕārĭŭs, -um m. (oleum), Ölmüller, Ölhändler; ital. oliere; rum. olcier, oloier; frz. huilier, Ölflasche.

6681) ŏlĕo, -ēre, riechen; ital. olere (florent. ogliente, duftig); prov. oler; altfrz. oloir; (neufrz. sentir); span. oler; (ptg. cheirar). Vergl. Gröber, ALL IV 422. S. eben flägro.

6682) ŏlĕōsŭs, a, um (oleum), ölig; ital. olioso, oleoso; rum. oleios, oloios; frz. huileux; span. ptg. oleoso.

6683) [*ŏlĕtĭo, -äre (olere), riechen; ital. lezzare, stinken, dazu das Sbst. lezzo, Gestank. Vgl. Dz 381 lezzo; Canelle, AG III 392, setzt das Grundwort *olidiare an. Vgl. No. 6688.]

6684) ŏlĕto, -äre (oletum), besudeln; ital. (lucches.) letare, besudeln, vgl. Caix, St. 377; Gröber, ALL III 422; einfacher setzt man aber das Vb. = letäre (s. d.) an.

6685) ŏlĕtŭm n., Kot, — ital. (lucches.) leto „sudicio di sterco", vgl. Caix, St. 377; Gröber, ALL IV 422.

6686) ŏlĕŭm n. (ἔλαιον), Öl; ital. olio, oleo, oglio; rum. oleiu, oloiu; prov. oli-s; frz. huile (über den halbgel. Charakter des Wortes vgl. Meyer-L., Roman. Gr. I § 518 p. 439); cat. oli; span. olio, oleo; ptg. oleo. Vgl. auch Berger s. v. u. dazu Meyer-L., Ltbl. 1899 Sp. 275. Trotz aller ihr gewidmeten Untersuchungen bleibt die lautliche Entwickelung von oleum im Romanischen (Germanischen u. Keltischen) noch immer ein Rätsel. — Das Dem. oli(v)ette wurde in der Redensart danser les olivettes, zum Pfeife tanzen, volksetymologisch umgestaltet zu jolifettes, vgl. Thomas, R XXVIII 193.

6687) [*ŏlĭdĭo, -äre (olidus), riechen; davon nach Canello, AG III 392, olezzare „mandare buon odore", lezzare „mandare odore cattivo", dazu die Sbst. olezzo, lezzo. Diez 381 lezzo stellte *oletiare als Grundwort auf, wogegen Canelle a. a. O. bemerkt „lo zz sonoro esclude questa base".]

6688) ŏllä, -am f., Kochtopf; ital. olla „pignatta, latinismo o lombardismo", oglia „nella frase oglia podrida, specie di vivanda farcita, sp. olla podrida", vgl. Canelle, AG III 350; lomb. ola, orcio; rum. oală; prov. ola; altfrz. oule, houle, eule, vgl.

Meyer-L., Ztschr. f. frz. Spr. u. Litt. XX' 68; (neufrz. oille, Olla podrida; das übliche Wort für „Topf" ist das vermutlich aus dem Niederländischen entlehnte pot); cat. span. olla; (ptg. olha, Kochtopf, Fleischsuppe). Vgl. Dz 473 olla u. 617 houle; Gröber. ALL IV 422.

6689) öllārĭŭs, -um m., Töpfer; rum. olar; prov. olier-s; span. ollero; ptg. olleiro, olero.

6690) *öllĭcĕllă, -am f. (Demin. zu olla), Töpfchen, = rum. ulcé (für olicé).

6691) ŏlŏr, -ōrem, Geruch; ital. (odore), olore; sard. odore (üblicher ist fiagu v. fragrare); rtr. odor (üblicher ist fried, entstanden durch Mischung von fragrare und flare, bezw. flatus)]; prov. olor; altfrz. olour (odour; cat. odor), olor; span. olor; (ptg. odor). Vgl. Dz 226 olore; Gröber, ALL IV 422 (Gröber erklärt roman. odor für ein gel. Wort, olor aber für Neubildung aus olere).

6692) ŏmīttő, mīsī, mīssum, mĭttĕre, unterlassen; ital. ommettere, omettere; frz. omettre etc.

6693) [ŏmni + ūmquam; dav. altmail. omiunca, ogni quando, vgl. piem. minkatant, ogni tante, engad. minča, ogni minčün, ognuno, siehe Nigra, AG XIV 372.]

6694) ŏmnĭs, -e, jeder, ganz; ital. ogni (altital. onni, onne); sard. omnia, jeder, jede. Vgl. Dz 387 ogni; Gröber, ALL IV 423 u. VI 395. In den übrigen Sprachen ist totus, bezw. *tottus für omnis eingetreten.

6695) ŏnōcrŏtălŭs, -um m. (ὀνοκρόταλος), Kropfgans; dav. ital. agrotto, grotto, Kropfvogel, Löffelgans, Pelikan. Vgl. Dz 351 agrotto; Baist, RF I 445.

6696) ŏnŭs, n., Last; sard. onus.

6697) ŏnўx, ŏnўchă m. u. f. (ὄνυξ), ein gelblicher Edelstein; ital. onice, niccolo, niccolino, nichetto; (frz. onyx); cat. oniquel; span. onique; (ptg. onyx). Vgl. Dz 386 nichetto.

6698) *ŏpăcīvŭs, a, um (opacus), schattig; dav. ital. bacio (aus bacivo), mit vielen mundartlichen Nebenformen (comask. ovich, vagh, romagn. bégh, genues. luvegu etc.). Vgl. Dz 354 bacio; Flechia, AG II 329.

6699) ŏpăcŭs, a, um, schattig; ital. opaco, schattig, ómbaco, nach Norden gelegener Ort, vgl. Caix, St. 428; Canello, AG III 399; neuprov. ubac, Nordseite. Vgl. Dz 354 bacio; Flechia, AG II 2.

6700) ŏpĕră, -am f., Arbeit, Werk; ital. opera u. (mit eingeschränkter Bedtg.) opra, altital. auch ovra, vgl. Canelle, AG III 330; frz. œuvre, (opéra, Fremdwort); span. huebra, Tagewerk, Morgen Landes, (als Fremdwort' span. ptg. ópera, Oper). Vgl. Dz 460 huebra.

6701) ŏpĕrārĭŭs, -um m. (opera), Arbeiter; ital. operario und operajo, Adj. u. Shet., altital. auch operiere, ovriere, ovrero, nur Sbst., vgl. Canello, AG III 308; prov. obrier-s, ubrier-s; frz. ouvrier; span. obrero; ptg. obreiro.

6702) ŏrĭgănon n. (ὀρείγανον, -ος, ὀρίγανον, -ος), eine Pflanze (Wohlgemut); ital. origano, régamo, vgl. d'Ovidio, Gröber's Grundrifs I 505.

6703) *ŏpĕrātĭcum m. (opera), Arbeit, Werk; (ital. ovraggio); prev. obratge-s; frz. ouvrage.

6704) ŏpĕrŏ, -āre, wirken, verfahren; ital. operare; prov. obrar; frz. ouvrer, (opérer, gel. Wort); span. ptg. obrar.

6705) ŏppĭlŏ, -āre, verstopfen; sard. obbilai, inchiodare, vgl. Salvioni, Post. 16.

6706) [ŏpĭnĭō, -ōnem f., Meinung; ital. opinione; frz. opinion etc.; überall nur gel. W.]

6707) [*ŏppāllo, -āre (palla), bedecken; davon nach Bugge, R III 153, mittellat. opellanda, langer Überrock, und dav. (?) wieder das gleichbedeutende frz. 'houppelande.]

6708) ŏppōno, pŏsŭĭ, pŏsĭtŭm, pŏnĕrĕ, entgegenstellen; ital. oppongo, posi, posto, porre; (frz. opposer); span. opongo, puse, puesto, poner; ptg. opponho, oppuz, opposto, oppor.

6709) [ŏppŏsĭtĭo, -ōnem f., Entgegensetzung; ital. opposizione etc.; nur gel. W.]

6710) ŏpto, -āre, sich etwas ausersehen; span. otar, otear, ansehen, betrachten, vgl. Dz 473 s. v.

6711) ŏpŭlŭs, -um f., Feldahorn, Masholder (Acer campestre L.); ital. oppio, Ahorn, und (mit angewachsenem Artikel) loppio, Mafsholderbaum, davon alloppicarsi, allappicarsi „dormicchiare", vgl. Caix, St. 149; neapel. aduobbio; bellun. ogol; bergamask. opel; friaul. vóul; (frz. obier, Wasserholunder, das Diez 648 s. v. von opulus ableitet, ist = *alburius [s. d.]). Vgl. Dz 387 oppio; Gröber, ALL IV 423; Ascoli, AG XIII 457.

6712) ŏpŭs n., Werk, Arbeit, Bedürfnis; ital. uopo, Nutzen, Vorteil, Notwendigkeit; logud. obus, opera; rum. op, Notwendigkeit, Bedürfnis, Mühe; prev. ops, obs, Bedürfnis, Gebrauch; altfrz. oes (Bedtg. wie im Prov.); altcat. ops (Bedtg. wie im Prov.); altspan. huevos. Das Wort wird überall meist nur mit einem Verbum zur Bildung modaler Begriffsausdrücke verbunden, wie dies schon in der lat. Verbindung opus est geschah. Vgl. Dz 335 uopo.

6713) bask. oquertzea, sich verdrehen; davon nach Diez (Larramendi) 473 s. v. span. oqueruela, Knoten, das sich beim Nähen im Faden bildet.

6714) ŏrā s. *ŏrŭm.

6714) ŏrātĭo, -ōnem f. (oro), Rede, Sprache; ital. orazione, Rede, Gebet; prov. orazio(n)-s, orazo-s, Gebet; frz. oraison, Rede, Sprache, Gebet (in letzterer Bedtg. daneben prière); span. oracion, Rede, Gebet; ptg. oração, Rede, Gebet.

6715) [ŏrātŏr, -ōrem m. (oro), Redner; ital. oratore, Redner, Betender, Bittender; prev. oraire, Bitter; frz. orateur, Redner; span. ptg. orador, Redner, Prediger, (im Ptg. auch Beter, Fürbitter, Flehender).]

6716) ŏrbĭdŭs s. ŏrbŭs.

6716) ŏrbĭtă, -am f. (orbis), Wagengleis; ital. orbita; berg. orbeda, unbebautes Grundstück, Landstreifen etc.; frz. (altpic. ordière, daraus durch Angleichung an orne, ourne, Furche, = ordinem) ornière, vgl. Meyer-L., Z XXII 440, wallon. ourbire (span. ptg. orbita, Planetenbahn). Vgl. Dz 650 ornière (Diez stellt dafür *orbitaria als Grundwort auf; Nigra, R XXVI 559, *orbilaria v. orbile); Förster, Z III 261 (setzt *orma + aria = ornière an); Gröber, ALL IV 423.

6717) *ŏrbŭlus, a, um (orbus), ein wenig blind, wird von Nigra, R XXVI 559, als Grundwort zu prov. orlio, limous. borli, frz. borgne, einäugig, angesetzt.

6718) ŏrbŭs, a, um, der Augen beraubt, blind (in dieser Bedtg. bei Apul. met. 5, 9); ital. orbo (daneben auch Reflexe von *orbidus, vgl. Schuchardt, Roman. Etym. I p. 46); rum. orb, dazu die Verba orbesc ii it i, blenden, blind werden, u. orbec ai at a, wie ein Blinder umhertappen; rtr. orv, jerv; friaul. uarb; prov. orb-s, dazu das Vb. orbar; eyssorbar, yssorbar = *exorbare; altfrz. orb, dazu das Vb. essorber; cat. orb. Vgl. Dz 227 orbo; Gröber, ALL IV 423.

6719) **ŏrcă, -am** *f.*, Tonne, auch eine Art Walfisch; borgota r. *orca*, irdenes Ölgefäfs, viell. auch berg. *orca*, Holzbündel; (prov. *dorca, dorc-s*, Krug; das *d* dürfte aus *l* entstanden u. *l* der angewachsene Artikel sein); span. ptg. *urca*, eine Art Schiff, ein grofser Seefisch. Vgl. Dz 495 *urca*, 562 *dorca*.

6720) [***ŏrcĕă -am** *f.* (von *orca*), Tonne; darauf geht zurück pi a c. *orza*, grofses Ölgefäfs; viell. ferner span. *orza*, Topf, Krug (es bedeutet aber auch eine aus dem Brette oder sog. Schwerte bestehende Vorrichtung an der linken Seite des Schiffes zur Unterstützung des Gleichgewichts); in ähnlicher Bedtg. sind vorhanden ital. *orza* (Seil am linken Ende der Segelstange, linke Schiffsseite), prov. *orsa*, frz. *ourse*, *orse*, Backbord, Windseite, ptg. *orza*. Dazu das Verb ital. *orzare*, span. *orzar*, mit halbem Winde segeln. Diez, von der Annahme ausgehend, dafs der Begriff „links" in *orza* etc. der wesentliche sei, stellte 229 *s. v.* mittelndl. *lurts* „links" als Grundwort auf, dessen Anlaut als vermeintlicher Artikel abgefallen sei. Das ist scharfsinnig, aber nicht überzeugend. Man darf ***orcea** als Grundwort für die ganze Sippe annehmen: eine an der linken Schiffsseite angebrachte Tonne mag die ursprügliche Form der mit dem Worte *orza* bezeichneten Ein richtung gewesen sein u. der linken Schiffsseite einen technischen Namen gegeben haben. Benennungen einer Seite nach einem dort befindlichen Gegenstande kommen ja auch sonst vor, vgl. das deutsche „Steuerseite. Schwertseite".]

6721) **Ŏrcŭs, -um** *m.*, (Gott der) Unterwelt; ital. *orco*, Gespenst, Popanz; s a r d. *oreu*, Gespenst; o s s o l. *örk*, cretino, semplicione; altspan. *uerco*, *huergo*, Hölle, Teufel, Leichenbahre, trauriger Mensch. Vgl. Dz 228 *orco* (Diez zieht hierher auch neuprov. frz. *ogre*, Menschenfresser, span. *ogro*); Gröber, ALL IV 423 (Gröber stellt mit Recht die Zugehörigkeit von *ogro*, *ogre* in Abrede, stellt aber eine neue Ableitung auf, vielleicht ist das Grundwort *augur*, Wahrsager, Hexenmeister, unheimlicher Mensch).

6722) ags. **ordâl**, Urteil, = altfrz. *ordel*, Gottesurteil; (neufrz. *ordalie*). Vgl. Dz 649 *ordalie*.

6723) **ŏrdĭno, -āre**, (*ordo*), ordnen; ital. *ordinare*; prov. *ordenar*; altfrz. *ordener*; (neufrz. *ordonner*, angelehnt an *donner* in *donner un ordre*, hat die verschärfte Bedeutung „befehlen"); c a t. *ordenar*; span. *ordenar*, (daneben *ordeñar*, melken), eigentl. die Kühe in Ordnung bringen); ptg. *ordenar* (daneben *ordenhar*, melken). Vgl. Dz 473 *ordeñar*, 649 *ordonner*. S. oben **mŭlgĕo**.

6724) ***ŏrdĭo, -īre** (schriftlat. *ordiri*), ein Gewebe anreihen, zetteln; ital. *ordire*; r u m. *ursesc ii it i*; obwald. *urgir*; prov. *ordir*; frz. *ourdir*; cat. *ordir*; span. ptg. *urdir*.

6725) ***ŏrdītūră, -am** *f.* (**ordire*), die Anzettelung eines Gewebes; ital. *orditura*; r u m. *urziturá*; (frz. *ourdissure*); span. ptg. *urdidura*.

6726) **ŏrdŏ, ŏrdĭnem** *m.*, Reihe, Ordnung; ital. *ordine*; prov. *orde-s*; (rtr. *ordra*); altfrz. *orne*, *ourne* (bedeutet auch die Ackerfurche); neufrz. *ordre*; cat. *orde*; span. *órden*; ptg. *ordem*. Vgl. Dz 650 *orne*; G. Paris, R X 56; Gröber, ALL IV 423.

6727) pers. **ordu**, Kriegsheer, Lager; davon vielleicht i t a l. *orda*, Horde; f r z. '*horde*. Vgl. Dz 228 *orda*; Kluge unter „Horde".

6728) bask. **oregna** (Plur. *oregnac*), Hirsch; dav. viell. f r z. *orignac*, *original*, Elentier.

6729) **ŏrgănŭm** *m.* (ὄργανον), Werkzeug (im Roman. volkstümlich in der besonderen Bedeutung „Tonwerkzeug, Orgel", in welcher Bedtg. das Wort schon bei Quintilian u. a. vorkommt, s. Georges); ital. *organo*; r u m. *organ*; prov. *orgnes* (Pl.); f r z. *orgue*; c a t. *orga*; span. *órgano*; ptg. *orgão*. Vgl. Dz 228 *organo*. S. oben ***arganum.**

6730) [***ŏrīcĭus** (*ora*) = ital. *orice* und *órice* „orlo", vgl. Caix, St. 431.]

6731) **ŏrĭēns, -ĕntem** *m.* (Part. Präs. von *oriri*), Osten; ital. *oriente*, (das übliche Wort ist aber *levante*); f r z. *orient*, (das übliche Wort ist *est* = ags. *eást*); span. ptg. *oriente*, (die üblichen Worte sind *este*, *levante*).

6732) [***ŏrĭēntālĭs, -e** (*oriens*), östlich; ital. *orientale*; f r z. *oriental* etc.; überall nur gel. W.]

6733) **ŏrīgo, -gĭnem** *f.*, Ursprung; ital. frz. *origine*; altfrz. *orine*; span. *origen*; ptg. *origem*.

6734) ***ŏrĭpĕlārgŭs, -um** *m.* (ὀρειπέλαργος), Bergstorch; davon nach Suchier; Z I 432, altfrz. *orpres*, ein Vogel.

6735) **ŏrno, -āre**, schmücken; ital. *ornare*; prov. *ornar*; frz. *orner*; span. ptg. *ornar*.

6736) **ŏrnŭs, -um** *f.*, wilde Bergesche (Fraxinus ornus L.); ital. *orno*; r u m. *urm*; f r z. *orne*; span. *orno*.

6737) **ŏro, -āre**, reden, bitten, beten; ital. *orare*; prov. *orar*; altfrz. *orer*; (neufrz. ist das Wort durch *prier* völlig verdrängt); span. ptg. *orar*.

6738) **ŏrphănŭs, -um** *m.* (ὀρφανός), Waise; ital. *orfano*; prov. *orfe-s*, dav. abgeleitet *orfanol-s*; frz. *orphelin*; span. *huerfano*; ptg. *orfão*, *orphão*. Dazu überall eine entspr. Femininform.

6739) mbd. **ortband** „indicante certa striscia metallica posta all' estremità (*ort*) della guaina"; davon nach Caix, St. 430, ital. *oribandolo* „specie di cintura antica".

6740) ***ŏrŭlă, -am** *f.* u. ***ŏrŭlŭm** *n.* (Demin. v. *ora*), Rand, Saum; ital. *orlo*, dazu das Vb. *orlare*, einfassen, säumen; altfrz. *orle*, *ourle* (neufrz. ist das Demin. *ourlet* üblich), dazu das Verb *ourler*; span. *orla*, *orilla*, dazu das Verb *orlar*; (ptg. *ourela*, *ourelo* [Lehnwort]). Vgl. Dz 228 *orlo*; Flechia, AG II 376; C. Michaelis, Jahrb. XI 294 (will ital. *orlo* u. span. *orla* vom frz. *orle* ableiten und letzteres auf ein keltisches Grundwort zurückführen, vgl. dagegen Th. p. 70); Gröber, ALL IV 423.

6741) ***ŏrŭm** *n.* (für *ora*), Rand, Saum; s a r d. *oru*; lombard. *œur*; friaul. prov. altfrz. *or* (altfrz. auch *ur*). Vgl. Dz 228 *orlo* (Diez leitet von *ora* auch ab prov. *valenz. vora*, Flufsrand, Ufer; cat. *bora*; das *v* soll zur Vermeidung des Hiatus in *la ora* eingetreten sein, eine höchst unglaubliche Annahme); Gröber, ALL IV 423. Siehe auch **ŏrŭlă.**

6742) **ŏrўza**, daneben ***ŏrŭză, -am** *f.* (ὄρυζα), Reis; ital. *riso*; rum. *orez*; prov. *ris*; frz. cat. *riz*; span ptg. *arroz*. Vgl. Dz 272 *riso*; Gröber, ALL IV 424.

6743) bask. **osa ulea**, die ganze Wolle, = (?) span. *zalea*, Schafpelz mit der ganzen Wolle. Vgl. Dz 499 *s. v.*

6744) **ŏscŭlŭm** *n.*, Kufs; prov. altfrz. *oscle*, (die bei der Verlobungskufs gemachte) Schenkung. Vgl. Dz 650 *oscle*. In seiner eigentlichen Bedtg. ist *osculum* durch *basium* (s. d.) völlig verdrängt worden.

6745) gr. **ὀσμή**, Geruch; dav. nach Diez 229 i t a l. *orma*, Fufsstapfe, Spur (eigentl. Witterung), dazu das Vb. ormare, die Spur verfolgen; rum. urmă, Spur, dazu das Vb. urm ai at a, folgen; span. husma, husmo, Geruch, dazu das Vb. husmar, husmear, wittern. Vgl. d'Ovidio, AG XIII 368.

6746) *össämĕn n. (os, ossis), Gebein; ital. ossame; rum. osime.

6747) *össämĕntum n. (os, ossis), Gebein; rum. osemint. Pl. (Fem.) oseminte; frz ossements; span. osamenta, Gebein.

6748) össifrägä, -am f., Seeadler (Falco ossifrngus L); frz. orfraie. Vgl. Dz 649 s. v.; Suchier, Z I 432; Gröber, ALL IV 424.

6749) össüm n. (Nebenform v. os, ossis, s. Georges), Knochen; ital. osso; sard. ossu; rum. os, Pl. oase (Fem.); rtr. öss, iess; friaul. uèss; prov. frz. os; cat. os; span. hueso; ptg. osso. Vgl. Gröber, ALL IV 424.

6750) öss(ŭ)ösŭs, a, um (os, ossis), knochig; itall. ossoso; rum. osos; prov. ossos; frz, osseux; span. ososo, oseoso, huesoso; ptg. ossuoso.

6751) östiärīŭs, (*ŭstiārīŭs), -um m. (ostium), pförtner; ital. ostiario „chi ha il primo dei tre ordini sacerdotali minori, e usciere. Anche usciale, portiera, confrontato con usciaja, monstra di risalire a un ostiario-", vgl. Canello. AG III 309; frz. huissier; altspan. uxier. Vgl. Dz 337 uscio.

6752) östiölüm n. u. *östiŭlă, -am f. (*ŭstiölŭm, *ŭstiölă, Demin. v. östiŭm, *ŭstiŭm), Thürchen; ital. usciuolo; rum. uşcior, Thürpfosten, uşciorà, Pförtchen; prov. ussol-s; vielleicht gebört hierher ptg. ichó, ichóz, Falle, Schlinge zum Fangen von Kaninchen u. Rebhühnern, vgl. C. Michaelis, Rev. lusit. I, Meyer-L., Z XV 269.

6753) östiŭm (*ŭstiŭm, vgl. Parodi, Studj di filol. class. I 441, Bianchi, AG XIII 236) n. (os, oris), Thür, Ein-, Ausgang; ital. uscio, Ausgang; rum. uşă, Thür; rtr. usch, isch; prov. uis, us, ucis, huis, Thür, Ausgang; frz. huis; Thür; lothr. ox, öx; altspan. uzo. Vgl. Dz 337 uscio; Baist, Z IX 148; Gröber ALL IV 149.

6754) griech. όστρακον, Scherbe; mittellat. astracum, *astrium, Estrich, Pflaster; ital. lastrico, altfrz. cistre, estre, vgl. G. Meyer, Zur neugriech. Gramm. p. 4, Ulrich, Z XXII 261. S. oben κατ-όστρακον.

6755) östrĕä, -am f. (όστρεον), Auster; ital. ostriea; frz. huitre; cat. ostria; span. ptg. ostra. Vgl. Dz 618 huitre; Gröber, ALL IV 424.

6756) bask. ostuquia, etwas Gestohlenes (davon nach Dz 473 s: v. (Larramendi) span. ostugo, Versteck, Winkel, Spur.

6757) *ötīlĭŭs, -um m. (Demin. von ötus = ώτος, Bergeule), Käuzchen, = span. autillo, Käuzchen, vgl. Dz 428 s. v.

6758) [ötīösĭtäs, -ätem f. (otium), Müfsiggang; ital. oziosità; (frz. oisiveté, von oisif abgeleitet); span. ociosidad; ptg. ociosidade.]

6759) [ötīösŭs, a, um (otium), müfsig; ital. ozioso; altfrz. oiseus; (frz. oisif, gleichsam *otj̆vus); span. ptg. ocioso. Vgl. Dz 649 oisif.]

6760) [ötīŭm n., Mufse; ital. ozio; span. ptg. ocio.]

6761) [*övätă (v. övum, Ei) u. *övätă (v. övis, Schaf) sind (ersteres von Diez 230 ovata, letzteres von Rönsch, RF I 447) als Grundwerte aufgestellt worden zu ital. ovata, Wulst zum Füttern der Kleider, Stopfwerk, Watte; frz. ouate; span. huata (der übliche Ausdruck für „Watte" ist aber span. algodon, bezw. algodon basto; das Ptg. besitzt huata überhaupt nicht, sondern kennt für „Watte"

nur das Wort algodão, bezw. algodão em rama). Begrifflicher Zusammenhang zwischen *övätă von övis und „Watte' liegt ja sehr nahe („Schafwolle, lockere, flockige Wolle"), auch zwischen övätă von övum u. „Watte" liefse sich eine Bedeutungsbrücke schlagen („eiförmiges, rundliches Polster, Puffer, weiche, wollige Masse"). Nichtsdestoweniger sind beide Ableitungen, namentlich aber die von övätă, nicht ganz überzeugend, insbesondere ist es undenkbar, dafs, sei es övätă, sei es övätă, französisches ouate ergeben habe. Eine ganz andere Erklärung hat Scheler im Dict. unter ouate gegeben oder vielmehr von de la Monnoye entlehnt. Er weist erstlich darauf hin, dafs ouate ursprünglich nicht nur Rohseide, sondern auch eine Art Flaum- oder Daunenseide, sodann darauf, dafs mundartlich auch die Form ouette, also eine Deminutivbildung, gebraucht werde; aus letzterer aber lasse sich das Primitiv *oue gewinnen, und dieses führe auf *avica. Aber auch dies ist höchst unglaubhaft. Das frz. ouate ist offenbar Lehnwort aus dem Ital. und hat seinerseits wieder dem Span. huata das Dasein gegeben; das mundartliche ouette ist Umbildung des unfranzösisch klingenden ouate. Somit bleibt ital. ovata zu erklären übrig, u. dieses mag man, so lange ein besseres Grundwort nicht gefunden ist, auf *övätа zurückführen dürfen, zumal das Adjektiv ovatus, a, um, eiförmig, mehrfach belegt ist; die ursprüngliche Bedtg. des Wortes würde darnach gewesen sein „eiförmige u. eiweifse, rundliche Zotte oder Flocke von Rohseide, Wolle u. dgl."]

6762) övīärīŭs, a, um (ovis), zu den Schafen gehörig; rum. oier, Schäfer, oierie, Schäferei; (span. ovejero, Schäfer; ptg. ovelheiro = *ovicularius).

6763) *övĭcĕllă, -am f. (Demin. v. ovis), Schäfchen; rum. oieşé, auch im Pflanzennamen (Urtica urens), das „Schäfchen" heifst oiţă.

6764) övīcŭlă, -am f. (Demin. v. ovis), Schäfchen (ital. lucches. abbacchio = *ovacula, vgl. Caix, St. 127; das übliche ital. Wort für „Schaf" ist pecora); prov. ovelha; altfrz. œille; neufrz. ouaille = ovalia (wird nur in bildlichem Sinne gebraucht; das übliche Wort für „Schaf" ist brebis = rervecem, *berbicem, vgl. ital. bérbice; sard. arveche; rum. berbec; rtr. berbeisch; prov. berbitz); cat. ovella; span. oveja; ptg. o(v)elha. Vgl. Dz 651 ouaille; Gröber, ALL IV 424.

6765) övīle n., Schafstall; rtr. nuvil, vergl. Meyer-L., Z. f. ö. G. 1891 p. 773.

6766) övĭs, -em f., Schaf; rum. oaie, Pl. oi; (altfrz. oue). Sonst ist das Wort entweder durch das Deminutiv ovicula (s. d.) oder durch zu andern Stämmen gehörige Worte, namentlich durch *berbix (s. d.) u. durch das singularisch gebrauchte pecora völlig verdrängt worden. Vgl. Dz 651 ouaille.

6767) *övo, -äre (ovum), Eier legen; rum. ou ai at a; prov. ovar; span. huevar, aovar; ptg. ovar. Der ital. Ausdruck für diesen Begriff ist far le uova der franzôs. pondre = ponère.

6768) *övüm (schriftlat. övum, vgl. Meyer-L., Roman. Gr. § 48 S. 51) n., Ei; ital. uovo (sicil. ovu), dazu das Demin. uovolo (auch span. ovillo), eiförmige Zierrat an Gebänden (im Frz. wird in dieser Bedtg. das Primitiv ove als sp!. W. gebraucht), vgl. Dz 653 ove; sard. rum. ou; rtr. oef, ief etc., vgl. Gartner § 200; prov. ov-s; frz. œuf; cat. ou; span. huevo, ovillo, Knäuel; ptg. ovo. Vgl. Gröber, ALL IV 425.

6769) ŏxălĭs, -ĭda f. (ἰξαλίς), Sauerampfer; frz. oseille = *ăcĕtŭlă unter mutmafslicher Anlehnung an oxalis. Vgl. Dz 650 s. v.

6770) *ŏxȳsăcchărŭm (ὀξύ + σάχχαρον), ein Getränk, = ital. ossizzacchera, suzzacchera „bevanda fatta d'aceto e di zucchero"; daraus soll nach Caix, St. 665, als vermeintliches Primitiv zurückgebildet worden sein zozza „moscolanza di liquori, bevanda spiritosa".

P.

6771) [pābŭlum n., Nahrung (im Roman. in Sonderheit die Nahrung des Feuers d. h. der Docht); sard. pavilu, Docht; rtr. pavaigl; prov. pabil-s; span. pabilo; ptg. pavio. Vgl. Dz 231 pabilo; Flechia, AG II 368; Caix, St. 112 (Caix führt das gleichbedeutende, aber auch in der Bedtg. „Papier" vorkommende sien. papejo, papijo, papeo an, das er von papyreus ableitet, dieses Grundwort auch für die von Diez zusammengestellten Worte ansetzend, wie dies schon Ascoli, AG I 177 Anm. 3, gethan hatte. Die Betonung der romanischen Worte [pabilo etc.] spricht allerdings zu Gunsten der von Ascoli und Caix behaupteten Ableitung. Über Reflexe von pabulum vgl. AG XIV 115, Salvioni, Post. 16. — Auf ein *patulum für pabulum weisen zurück ital. pacchio, Nahrung, pacchia, Weide, pacchiare, schwelgen, vgl. Gröber, ALL VI 395.

6772) Stamm pac-, pag-, festmachen (vergleiche pac-tum, pac-s = pax, pa-n-go); davon ital. pacco, Packen, dazu das Demin. pa(c)chetto = frz. paquet, span. paquete. Vgl. Dz 231 pacco; Th. p. 70. S. oben bag-.

6773) dtsch. Packan (ein Mensch, der derb zugreift): dav. viell. frz. pacant, Grobian, vgl. Behrens, Festg. für Gröber p. 163.

6774) pāco, -āre (pax), zum Frieden bringen (im Roman. hat sich die besondere Bedtg. „Gläubiger durch Bezahlen zur Ruhe bringen, bezahlen" entwickelt); ital. pacare „acquietare", pagare, appagare „mettere in pace i creditori", vgl. Canello, AG III 371; dazu das Sbst. paga, Zahlung, Lohn; prov. pagar, payar, dazu das Sbst. paga; frz. payer, dazu das Sbst. paie, -ye; cat. span. ptg. pagar, dazu das Sbst. paga. Vgl. Dz 232 pagare.

6775) *pāctĭo, -āre (vom Stamme pac-), festmachen; ital. impacciare, festmachen, dadurch hemmen, hindern, dispacciare, losmachen, befördern, spacciare, losmachen, Waren lösen, absetzen; verkaufen, hierzu die Verbalsubstantiva impaccio, Hindernis, dispaccio, Depesche, spaccio, Verkauf. Vgl. Dz 231 pacciare; Gröber, ALL IV 425.

6776) *pāoto, -āre (vom Stamme pac-), festmachen; prov. empachar, verhindern vgl. ital. impacciare, s. oben pactio), dazu das Vbsbst. empach-s, despachar, losmachen; cat. empaitar; span. ptg. empachar, despachar. Vgl. Dz 231 pacciare; Gröber, ALL IV 425.

6777) pāctŭm n., Vertrag (insbesondere Pachtvertrag, Pacht); lomb. pajò, span. pecho, pecha, Pachtzins, Zins, dazu das Vb. pechar, Zins zahlen; ptg. peito, peita, dazu das Vb. peitar. Vgl. Dz 475 pecho.

6778) [*paedans, -antem m. (Part. Präs. von *paedare vom griech. παῖς, sich mit Kindern abgeben, Kinder erziehen, lehren), Lehrer; ital.

pedante, schulmeisterlicher Mensch; frz. pédant; span. ptg. pedante. Vgl. Dz 239 pedante.]

6779) paeōnĭă, -am f. (παιωνία), Pfingstrose; ital. peónia; frz. pivoine; span. peonía; ptg. peónia u. peonía. Vgl. Dz 668 pivoine. S. unten papaver.

6780) păgānŭs, -um m. (pagus), Heide; ital. pagano, davon das Vb. paganizzare, Heide werden, pagania, Heidentum; rum. păgân, dazu das Verb păgânesc ii it i, Heide werden, păgânie, Heidentum; prov. pagan-s, payan-s; frz. payen; span. pagano (bedeutet auch noch „Bauer"); ptg. pagão.

6781) păgēnsĭs, -e (pagus), zum Laude gehörig: ital. paese, Land, davon paesano, Landmann; friaul. pais; prov. paes, Land, (pages, Bauer, ist Seitenbildung zu pagan); frz. pays, Land, davon abgeleitet altfrz. païsant, neufrz. paysan, Landmann, paysage, Landschaft; cat. pais; (altspan. pagés, Bauer; span. ptg. pais, Land, davon paisano, Landmann). Vgl. Dz 231 paese; Gröber, ALL IV 425.

6782) pāgĭnă, -am f. (vom Stamme pag-), die (eingeheftete) Seite eines Buches; ital. pagina, (panin, vgl. AG XI 446 u. XIV 211); rum. pagină, paghină; prov. pagina; frz. page; cat. span. ptg. página. Horning, Z XXI 458, führt auf pagina zurück altfrz. parche, Buch-, Registerdeckel, was aber Kürzung aus parchemin sein dürfte.

6783) pāgĭno, -āre, zusammenfügen; valtell. painà, preparare; valverz. despagnà, separare, dispajare, vgl. AG VII 579, Salvioni, Post. 16.

6784) pāgmĕntum n., Bekleidung, befestigte Masse; dav. viell. ital. palmento, Kelter, Mühle, vgl. Flechia, Nel 25° anniversario cattedralico (Torine 1888) p. 8.

6785) pāgŭr (φάγρος), ein Fisch; ital. pagro, parago; sard. paguru; sicil. pauru; genues. pago, ptg. pargo, vgl. Salvioni, Post. 16.

6786) got. paida, Gewand; davon lombard. pataia „gherone, camicia" und zahlreiche andere italienisch-mundartliche Worte, vgl. Caix, St. 190; vgl. auch Meyer-L., Z XV 244, wo ital. südost.-frz. patta, Hemde, Litze, Saum, rtr. pataja Unterteil des Hemds hierher gezogen wird, s. endlich Nigra, AG XIV 293.

6787) gr. παιδίον, mit verschobenem Accent *παίδιον (Demin. v. παῖς), Knabe; ital. paggio, jugendlicher Diener; frz. page, -je; span. page, -je; pagem. Vgl. Dz 232 paggio.

6788) pālă, -am f., Spaten, Wurfschaufel, Schulterblatt; ital. pala, Schaufel, dazu das Demin. paletta, Spatel, Palette; prov. pala; frz. pale, pelle; abgeleitet von pala in der Bedtg. „Schulterblatt" ist wohl auch paleron, Vorderbug, vgl. Z 653 s. v.; span. pala, paleta, hierher gehört wohl auch paleto, Damhirsch, eigentl. Hirsch mit schaufelartigen Geweihen; ptg. pala, schaufelartiger Gegenstand, (z. B. Mützenschirm, Lichtschirm), paleta, Palette, vgl. Dz 474 paleto, n. 656 pelle.

6789) παλαίειν, ringen: davon vielleicht prov. pelear, streiten, dazu das Sbst. pelea, Streit; span. pelear, dazu das Sbst. peléa; ptg. pelejar, dazu das Sbst. peleja. Vgl. Dz 475 pelear. Caix, St. 156, stellt pilus, Filz, Haar, als Grundwort auf und betrachtet als zu derselben Wortsippe gehörig auch ital. appilistrarsi „azzuffarsi", span. empelotarse „rissare", pelamesa „rissa" etc. Die Grundbedtg. der betr. Verba würde also sein „jem. an den Haaren raufen, zausen". Diese Annahme hat grofse Wahrscheinlichkeit für sich.

6790) slav. (russ.) **palásch,** (serb.) *paloš,* magy. *pallos,* eine Art Säbel, Palasch; ital. *palascio;* altfrz. *palache,* vgl. Schuchardt, Z XV 95.

6791) **pälätïnūs, a, um** (*palatinum*), zum Palast gehörig (in dieser Bedtg. erst romanisch); ital. *palatino,* Adj. zu *palazzo, paladino,* Bewohner des (kaiserlichen) Palastes, Edelmann, Held, vgl. Canello, AG III 384; frz. *paladin, -tin;* span. ptg. *paladino,* als Sbst. „Ritter", als Adj. „öffentlich, offenbar", dazu das Vb. altspan. *espaladinar,* erklären, darlegen (die Bedtg. dieser Worte weist auf *palam* hin); ptg. *paladim.* Vgl. Dz 474 *paladino.*

6792) **pälätïüm** n., Palast (in dieser Bedtg. ist das Wort schon im Schriftlat. belegt, s. Georges) und **pälätum** n., Gaumen; ital. *palazzo,* Palast, daneben *palagio* „vece più ristretta di significazione, e riserbata ora ai poeti", vgl. Canello,˙AG III 343; *palato,* Gaumen; altoberital. *palaxio,* Palast; genues. *paxo.* Palast; sard. *palau,* Gaumen; rum. *palat,* Palast, *pălătuş* (= **palatuceum*), Gaumen; prov. *palatz, palais,* Palast, *paladar-s,* Gaumen; frz. *palais,* Palast u. Gaumen (die Übertragung der letzteren Bedtg. auf *palais* beruht auf der Anschauung, dafs der Gaumen gleichsam die Wölbung, die gewölbte Decke des Mundes ist); cat. *palaci,* Palast, *paladar* — **palatare,* Gaumen; span. ptg. *palacio,* Palast, *paladar* (ptg. auch *padar*), Gaumen, dazu span. das Vb. *paladear,* zum Schmecken bringen, schmeckbar machen. Vgl. Dz 653 *palais;* Fafs, RF III 494.

pälätūm s. **pälätïüm.**

6793) **pälëä, -am** f., Spreu; ital. *paglia,* Stroh; rum. *paiu* m., Pl. *paie* f., (dazu das Vb. *păiesc* ii *it* i) gedroschenes Stroh verschaffen; prov. *palha,* davon *palhola,* (Stroh)lager; frz. *paille,* davon *paillasse* u. *paillasson,* Strohsack, *paillard,* (Mensch, der sich auf Stroh wälzt), armseliger oder liederlicher Kerl, vermutlich gebört hierher auch *palier* (= *pal(e)arium*), Treppenabsatz, weil derselbe früher mit Stroh belegt zu werden pflegte, vgl. Fafs, RF III 504; ˙cat. *palla;* span. *paja;* ptg. *palha,* davon *espalhar,* (Stroh) ausbreiten. Vgl. Dz 232 *paglia.*

6794) ***pälëöla, -am** f. (*palea*), kleiner Strohhalm; frz. *pailleule,* Name einer Seepflanze an der Küste von Granville, vgl. Cohn, Suffixw. p. 252.

6795) **pälëär** n., Wampe; dav.(?)ital.*pagliolaja,* „giogaja dei buoi", vgl. Caix, St. 433.

*pälëärïüm s. **pälëä.**

6796) **pälëūsïs, -e** (*palam*), offenbar; ital. *palese,* davon zahlreiche Ableitungen, so namentlich das Vb. *palesare,* offenbaren.

6797) [***pälïtïüm** n. (*palus*), Gepfähle, Pfahlwerk; ital. *palizzo,* frz. *palissade* etc. — Vielleicht gebört hierher auch frz. *balise,* Bake, Beje, span. *baliza,* ptg. *abalizar,* vgl. Scheler im Dict. *balise.*]

6798) ***pälïto,-önem** m. (*palitari*), Landstreicher, Bettler; ital. *paltone, paltoniere;* prov. *pulton-s;* altfrz. (auch prov.) *paultonier, pautonnier* = **palitonarius.* Vgl. Dz 388 *paltone;* Gröber, ALL IV 426.

6799) **palla,** Obergewand, Mantel, + kelt. **toc,** Kopfbedeckung, — frz. *paletoc, paletoque, paletot,* ein (ursprünglich von Bauern getragener) Mantel mit Kapuze, Überrock, davon abgeleitet *paltoquet,* Bauer; span. *paletoque.* Vgl. Dz 653 *palletot* (sic!); Scheler im Dict. unter **paletot.**

6800) **pällïdūs, a, um,** bleich; ital. *pallido,* frz. (*pasle*), *pâle* (nach Schuchardt, Romau. Etym.

I p. 31, hat folgende Entwickelung stattgefunden: *pallido : pallio : palli : palle : pâle,* vgl. *rancidus : rancio : ranci : rance;* vielleicht aber setzt man lieber ein **patïlus,* Analogiebildung zu *rutïlus,* an), vgl. Körting, Ztschr. f. frz. Spr. u. Lit. XXI 84; span. ptg. *pardo,* grau, dunkel, *purdal,* grauer Vogel, Sperling. Vgl. Dz 474 *pardo.*

6801) **pällör, -örem** m. (*palleo*), Blässe, Schimmel; davon leitet C. Michaelis, Misc. 120, ab ptg. *bolor,* Schimmel, Moder, *bolorento,* schimmelig, *bolorecer,* schimmeln, vgl. Meyer-L., Roman. Gr. I 354.

6802) **pälmä, -am** f., flache Hand, Palme (so genannt wegen ihrer mit einer flachen Hand vergleichbaren Blätter); ital. *palma,* flache Hand, Palme, *palmo,* Spanne; rum. *palmă,* flache Hand; prev. *palma, palm-s;* frz. *palme,* Palmenzweig, (*palmier,* Palme), *paume,* flache Hand, (mit der flachen Hand geschlagener) Ball; cat. *palma, palmo;* span. ptg. *palma,* flache Hand, Palme, *palmo,* Spanne. Dazu das Vb. **palmare* = altfrz. *paumier, paumoier,* anfassen; neufrz. *paumer,* mit der Hand messen; span. ptg. *palmear,* mit der flachen Hand schlagen, Beifall klatschen. Vgl. Dz 656 *paumier.*

6803) **pälmärïūs, -um** m. (*palma*), Palmenträger, Pilger; ital. *palmiere;* altfrz. *paumier;* span. *palmero.* Vgl. Dz 233 *palmiere.*

6804) **pälmätä** (*palma*) = ital. *palmata* „colpo di palma, regalo", *palméa* „convenzione, mercate", vgl. Canelle, AG III 314; altfrz. *palmée, paumée* (in letzterer Form auch noch neufrz.).

6805) ***pälmöllä, -am** f. (Demin. v. *palma*) = frz. *paumelle,* Platte, Segelhandschuh, zweizeilige Gerste (in letzterer Bedtg. auch *palmoule* = **palmulla,* vgl. Cohn, Suffixw. p. 20; die Entwickelung der letzteren Bedeutung ist rätselhaft).

6806) **pälmes, -mïtem** m., Rebschofs, Zweig; dav. viell. wall. *pot,* Äbre, vgl. Marchet, Z XVI 386.

6807) **pälpëbra** und ***pälpëträ, -am** f., Augenwimper; ital. *palpebra* u. *palpebra* (sard. *pibirista*) (rum. *pleopă*); rtr. *palpeders,* (*palpebers*); prov. *palpéla;* frz. *paupière;* (cat. *pestaya, pestanya* von *pistare,* stampfen, eigentl. mit Franzen besetzter Verstofs an Kleidern); span. *párpado,* Augenlid; (*pestaña,* Augenwimper); ptg. *palpebra* (gel. W., volkstümlich ist *pestana*). Vgl. Dz 233 u. 738 *palpebra* u. 243 *pestare;* Ascoli, Ztschr. f. vgl. Sprechf. XVI 200; Mussafia, Beitr. 85; Havet, R VI 434; Gröber, ALL IV 427 u. VI 395.

6808) **pälpo, -äre,** streicheln; ital. *palpare,* betasten, schmeicheln; span. *popar,* liebkosen; ptg. *poupar,* schonen, sparen. Vgl. Dz 477 *popar.*

6809) **pälüdösūs, a, um,** sumpfig; ital. *paludoso, paduloso;* rum. *paduros;* span. *paludoso.*

6810) ***pälümbärïüm** n. (*palumbus*), Taubenhaus; rum. *porumbar;* spau. *palomar;* ptg. *pombal.*

6811) **pälümbūs, -um** m., Holztaube; ital. *palombo,* wilde Taube; rum. *porumb;* frz. *palombe,* Ringeltaube; cat. *paloma;* span. *palomo, -a,* Taube; ptg. *pombo, -a,* Taube. S. oben **cölümbä.** Vgl. Gröber, ALL IV 427.

6812) **pälūs, -um** m., Pfahl; ital. *palo;* rum. *par;* prev. *pal-s;* altfrz. *pel, piel;* neufrz. *pieu* (vgl. Meyer-L., Gr. I p. 200; Diez vermutete in **piculus* das Grundwert); cat. *pal;* span. *palo;* ptg. *palo.* Vgl. Dz 657 *pieu.*

6813) **pälūs, -lüdem** u. ***-dülem** f., Sumpf; altfrz. *palud* (noch jetzt erhalten in den Namen

Palace de la Palud zu Lausanne); rtr. palieu;
ital. padule m.; sard. paule f.; rum. pădure m.;
altspan. ptg. paúl m. Im Rumän. hat das Wort
die Bedeutung „Wald" angenommen. Vgl.
Dz 388 padule; Gröber, ALL IV 425; Behrens, Metath.
p. 97.

6814) Pamphilus, -um m., Name einer bekannten
mittelalterlichen lat. Schulkomödie; davon scheint
nach G. Paris' Vermutung abgeleitet zu sein frz.
pamphlet, Schmähschrift. Näheres über das schwierige
Wort, dessen Ableitung zu den seltsamsten Vermutungen
Anlaß gegeben hat, sehe man in Scheler's
Dict. s. v.

6815) *pămpīnŭllŭs, -um m. (Demin. zu pampinus),
Schößling, = span. pimpollo, Schößling,
Knospe; ptg. pimpolho, Schößling am Weinstock.
Vgl. Dz 477 pimpollo. C. Michaelis, Frg. Et. p. 52
setzt pimpollo, -lho = pini pullus an.

6816) pămpīnŭs, -um m., Weinranke, Weinlaub;
ital. pampino; prov. pampol-s; frz. pampre; span.
ptg. pámpano.

6817) pănărīcīŭm n. (aus gr. παρωνυχία), Nagelkrankheit,
Nagelgeschwür; ital. panereccio (daneben
patereccio); prov. panarici-s; frz. panaris; cat.
panadis; span. panarizo, panadizo; ptg. panaricio;
über mundartliche Formen des Wortes vgl.
Flechia, AG II 368: Behrens, Metath. p. 97.

6818) pănărīŭm n. (panis), Brotkorb (im Roman.
Korb überhaupt); ital. paniere „cestello, in origine
il cestello del pane", panajo, Adj., vgl. Canello,
AG III 309; rum. paner; prev. frz. panier; cat.
paner; span. panero, panera; ptg. paneiro. Vgl.
Dz 233 paniere. — Über neugriech. πανέρι vgl.
Marchot, Z XXI 300 Anm., u. dagegen Meyer-L.,
Z XXII 1.

6819) [*pănătă, -am f. (panis), = ptg. pada,
ein Laib Brot, kleines Brot, vgl. Dz 474 s. v.]

6820) [*pănătārīŭs, -um (panis), Bäcker, = span.
panadero; ptg. padeiro, vgl. Dz 474 pada.]

6821) engl. pancake, Pfannkuchen; frz. pannequet,
vgl. Themas, R XXVI 437.

6822) pāndo, -ĕre, ausbreiten; trevis. pandar,
vgl. Meyer-L., Z. f. ö. G. 1891 p. 773.

6823) pāndūră, -am f. (πανδοῦρα), ein musikalisches
Instrument; ital. pandúra, pandóra, auch
volksetymologisch mandóla, ein Saiteninstrument,
Zither; frz. pandore, mandore, mandole; altspan.
pandurria, volksetymologisch umgestaltet in
bandurria, bandóla; ptg. bandurra. Vgl. Dz 233
pandura.

6824) pāndŭs, a, um, gekrümmt; span. pando,
ein wenig gekrümmt; nach Bugge, R III 156, ist
von pandus abgeleitet, bezw. aus *pand-ard entstanden
frz. panard (nur üblich in der Verbindung
cheval panard „cheval dont les pieds de devant
sent tournés en dehors"); die Vereinfachung von nd
zu n findet sich auch in prenons aus prendons.

6825) pānīcŭm u. pānīcīŭm n. (panis), wälscher
Fench, italienischer Hirse (Panicum italicum L.);
ital. panico (Canelle, AG III 380, führt das vom
deutschen Pfennig stammende fénici „centesimi,
parola burlesca" als Scheideform zu panico an, er
scheint also Pfennig von panicum abzuleiten, das
aber ist unstatthaft, vgl. Kluge unter „Pfennig");
rum. părinc; rtr. paniccia; friaul. pani; prev.
frz. cat. panis, daneben panic; span. panizo;
ptg. painço. Vgl. Ascoli, AG IV 353 Anm. 3;
Gröber, ALL IV 427.

6826) *pānīfīco, -āre, Brot bereiten,. backen;

altfrz. panegier, -chier, pannequier, vgl. Thomas,
R XXVI 436.

6827) pănīs, -em m., Brot; ital. pane; rum.
paine; rtr. pan, paun etc., s. Gartner § 200;
prov. pan-s, pa-s; frz. pain; cat. pa; span. pan;
ptg. pam, pão. Vgl. Cohn, Suffixw. p. 30.

6828) *pannācula (panna), -am f., Butterfaß;
obwald. penaglia, engad. panaglia, lomb. panaglia
etc. Vgl. Salvioni, R XXVIII 101.

6829) pănnŭlŭs, pănnĕllŭs, -um m. (Demin.
zu pannus), Lumpen; ital. pannello, ein Stückchen
Tuch; rum. pánurá, gewöhnliches Tuch; frz. panneau;
span. pañuelo = *panneolus, Taschentuch.

6830) pănnŭs, -um m. (πῆνος), Lappen, Tuch;
ital. panno, Tuch; (rum. pánurá); rtr. ponn;
prov. altfrz. cat. pan; span. paño, dav. viell.
frz. pagnote, Lump; ptg. panno. Vgl. Dz 654
pan; Gröber, ALL IV 427.

6831) [*pănsă (aus *pand-sa v. pando), ausgebreitete
Gegenstand, — rum. pănză, Leinewand,
Platte, dazu das Vb. impänzesc ii it i, ausbreiten,
ordnen.]

6832) Pantaleon, Name eines besonders in Venedig
verehrten Heiligen; davon ital. pantalone, eine
stehende Charakterfigur im volkstümlichen ital.
Lustspiel, auf diese Benennung scheint frz. pantalon,
Beinkleid, zurückgeführt zu müssen; vermutlich
gehörten lange Beinkleider zum kennzeichnenden
Anzugs des Pantalone. Vgl. Dz 388 pantalone;
Scheler im Dict unter pantalon.

6833) *pantānum n., Sumpf; ital. pantáno,
Sumpf; rtr. pantan, Kot; cat. pantan, Sumpf;
span. (ptg.) pantano. Vgl. Dz 233 pantano;
Gröber, ALL IV 428.

6834) pāntĕx, -īcem m., Wanst; ital. pancia;
abgeleitet von pantex ist vermutlich venez. pantegan,
Ratte, vgl. Dz 264 ratto (Stier, Ztschr. für
vgl. Sprachf. XI 131, leitete das Wort von ποντικός
ab); rum. pántece; prov. pansa; frz. panse, dav.
pansu u. pansé, dickwanstig, vgl. Cohn, Suffixw.
p. 201; cat. panxu; span. ptg. pansa. Abgeleitet
aus pantex scheinen zu sein span. pantorrilla;
ptg. panturra, Dickbauch, panturrilha, Wade.
Vgl. Dz 233 pancia u. 474 pantorrilla; Flechia,
AG II 371. S. auch unten pat am Schlusse.

6835) panthēr, -rem m. u. panthērā (πάνθηρ)
f., Panther; ital. pantera; prev. pantera; frz.
panthère; span. pantera; ptg. panthera.

6836) [gleichs. *păntīco, -āre (v. *panticu für
pantex), Leibschmerzen haben (?), soll nach Pascal,
Studj di fil. rom. VII 96, Grundwert sein zu neap.
spantecare, spasimare.]

6837) pānūcŭlă, -am f. (Demin. zu panus),
Büschel am Hirse; ital. pannocchia; neuprov.
panonio; frz. panouille, panouil, (panicule), vgl.
Cohn, Suffixw. p. 231; cat. panolla; span. panoja.
Vgl. Dz 233 pannocchia; Gröber, ALL IV 428.

6838) pānŭs, -um m. (πῆνος, πᾶνος), gehaspeltes
Garn; davon vielleicht (falls man das Wort nicht
besser = penna ansetzt) frz. panne, Pelzsamt;
davon prev. penna, pena, altspan. pena, peña
ist in der Bedtg. „Pelzwerk" wohl dasselbe Wert).
Vgl. Dz 654 panne.

6839) păpă, păppă, -am f., 1. Benennung der
Speise in der Kindersprache, 2. Name des Vaters
in der Kindersprache, 3. Papst. In der zweiten
Bedtg. ist das Wort unverändert in allen roman.
Sprachen vorhanden (doch ist ital. u. span. papa
Lehnwort, die volkstümlichen Worte in der Kindersprache
sind ital. babbo, span. taita). In der

dritten Bedtg. ist es ebenfalls allgemein romanisch und mit Ausnahme des frz. pape lautlich unverändert. In der ersten Bedtg. lebt es fort in: ital. *pappa* (sard. *paba*), daneben *pappo*, dazu zahlreiche Ableitungen, wie *pápero*, junge Gans (sogenannt, weil sie besonders reichlich gefüttert werden will, vgl. Dz 388 *s. v.*, wo auch span. *parpar*, Gänsegeschrei, als hierher gehörig angeführt ist), *sbaffiare* „mangiare avidamente", vgl. Caix, St. 501, *impippiare* „riempir di cibo, imbeccare", *pappagorgia* „pinguedine sotto il mento", *pappardella* „specie di minestra", *spanfierona*, *pifferona* „denna molto pingue", *paffuto* (venez. *papoto*), fett, venez. *papota*, fleischige Backe; sard. *papai*, essen; rum. *papă*; altfrz. *papin*, *papette*, dialektisch *empafer*, vollstopfen; span. *papá*, davon *papudo*, vollgefressen, kropfig, *papula* (auch ital. und schon im Lat. vorhanden), (Kropf), Geschwulst, Geschwür. Parodi, R XVII 71, zieht hierher auch cat. *patxorra*, span. ptg. *pachorra* „flemma". Vgl. Dz 234 *papa*; Caix, St. 85, 436, 583 u. 501.

6840) **papae!**, Interj., = ital. *pape*, vgl. Dz 388 *s. s.*

6841) **păpă + găllŭs**, ein Hahn, bezw. Vogel, welcher „Papa" ruft; ital. *puppagallo*; rum. *papagal*; prov. *papagai-s*; altfrz. *papagai* u. *papegaut*; (neufrz. ist das Wort durch *perroquet* verdrängt worden); cat. *papagall*; span. ptg. *papagayo*. Nur vermutungsweise darf man für diesen Vogelnamen *papa* + *gallus* als Grundform ansetzen, denn augenscheinlich gehört er in seinem zweiten Bestandteile zu denen, welche teils volksetymologischer Angleichung, teils schallnachahmender Umbildung in hohem Grade ausgesetzt waren; möglich auch, dafs das Wort einer morgenländischen Sprache entlehnt u. dann romanisierend umgestaltet werden ist, vielleicht darf man an arab. *babagá* denken, vgl. Eg. y Yang. 468. Ein anderer Name des Papagei's ist ital. *parrocchetto*, frz. *perroquet*, span. *perico*, *periquito*, er ist als Deminutiv zu *Petrus* aufzufassen. Vgl. Dz 234 *pappagallo* u. 237 *parrocchetto*.

6842) **păpă + lărĭdŭm** (Speck), soll nach Génin, Récreat. philol. I 433 (s. Dz 235 *pappalardo*), die Grundform sein zu ital. *pappalardo*, Heuchler, frz. *papelard*, indem das Wort eigentlich einen Menschen bezeichne, der sich pfaffenhaft fromm (*papa*) anstelle, heimlich aber Speck (*laridum*) esse(!). Das ist ein schlechter Witz, aber keine Ableitung. Das Wort ist offenbar eine Bildung, wie z. B. *vieillard*, *richard* u. dgl., u. setzt ein Verbum **papalare* (frz. **papeler*) voraus, das in seiner Bedeutung etwa dem volkstümlichen deutschen „papeln" (soviel wie „plappern, schwatzen") entsprechen dürfte, womit man ihn nicht die Bedtg. „päpsteln, zum Papst halten, den Papisten spielen" beilegen will, ein *papelard* ist also entweder „einer, der (Gebete) plappert" oder ein „Päpstler". Vgl. Scheler im Dict. *s. v.*

6843) **păpăvĕr** n., Mohn; ital. *papávero*; sard. *pabaule*; vogher. *pavóra* (aus **pavavra*); mail. *pópola*, lod. *pómpola*, pav. *popolón*, com. *popolana*, vgl. Salvioni, Post 16; altfrz. *pavo* (mit off. *o*) = **papavum*, vgl. Förster zu Erec 2412; prov. *paver-s*; frz. *pavot* = **[pa]pav-ottus* (viell. angebildet an *calocottonus*?); span. *ababa*, *ababol* (wo das anlautende *a* als arabischen Artikel zu fassen ist), *amapola* (wenn entstanden aus *ababóla*), die lautlichen Gestaltungen dieser Worte scheinen durch das arabische *habba baura* „Samen des Brachfeldes" beeinflufst worden zu sein; ptg.

papoula. Vgl. Dz 413 *abába*, 422 *amapóla*, 656 *pavot*; Gröber, ALL IV 428; Tobler, Z IV 374 (erklärt *pavot* als entstanden aus *papav : pavau : pavó* u. dann mit Vertauschung des Ausganges -*ó* mit dem Suffix -*ot* endlich *pavot*, Tobler ist auch geneigt, *ponceau*, hochrot (eigentl. Sbst. „Klatschrose"), für eine Deminutivbildung zu dem aus *paver* entstandenen *pavot* zu halten, vgl. die altfrz. Formen *pooncel*, *pouencel*, die aber auch zu *paon* = *pavonem* geboren können. G. Paris, R X 302, bemerkte, dafs *ponceau* vielleicht mit *paeonia* (altfrz. *peone*, *pione*, neufrz. *pivoine*) in Zusammenhang stehen könne. Diez 660 *s. v.* hatte *ponceau* v. **púnicellus* (vgl. *punicans* b. Apulej.) = **phoeniceus*, purpurfarben, hochrot, abgeleitet).

6844) **[*păpīlĭa, -am** f. (v. *papyrus*); nach Thomas, R XXVI 439, Grundform zu neuprov. *pavello* jeue des chaisiers (daneben das Masc. *pavel*), frz. *paveille*.]

6845) **păpīlĭo, -önem** *m.*, Schmetterling, Zelt; ital. *parpaglione*, Schmetterling (dialektisch mit Suffixvertauschung *pápecia*, *pépacia*, vgl. Caix, St. 435; möglicherweise ist auch das ebenfalls „Schmetterling" bedeutende *farfalla* eine Umgestaltung aus *parpapl-*; zu *farfalla* gehört wieder das Vb. *sfarfallare*, gleichsam die Zunge flattern lassen, windiges Zeug schwatzen, aufschneiden, womit ptg. *farfalha*, Windbeutelei, im Pl. Späne, Schnitzel, übereinstimmt, vgl. Dz 134 *farfalla*); von *parpaglione* leitete Diez 236 *s. v.* ab *sparpagliare* (prev. *esparpalhar*), altfrz. *esparpeillier*, neufrz. *éparpiller*, span. *desparpajar*, umherstreuen (eigentl. nach Diez' Auffassung „flattern lassen", also mit dem neuprov. *esfarfalhá* v. *farfalla* übereinstimmend); Caix dagegen, St. 58, meint, u. wohl mit Recht, dafs diese Verba nicht getrennt werden dürfen von ital. *spagliare*, ptg. *espalhar*, streuen, sei es, dafs *sparpagliare* aus *spagliare* durch Reduplikation oder aus der Verbindung *sparg[ere] + spagliare* entstanden sei, *spagliare* aber wird von Caix aus **dispaleare* v. *palea*, Spreu, erklärt. In der Bedeutung „Zelt" hat sich *papilion-* italienisch zu *padiglione* gestaltet, ohne dafs zu ersehen wäre, wodurch der Wandel der zweiten Silbe veranlafst worden sei; venez. *pavégo*, veron. *poêja*, valmagg. *pavéja*, vergleiche Salvioni, Post. 16; prov. *parpalho-s*, Schmetterling; pabalho-s, Zelt; altfrz. *paveillon*, Schmetterling; neufrz. *papillon*, Schmetterling; *pavillon*, Zelt; cat. *papalló*, Schmetterling; span. (*mariposa*, Schmetterling), *pabellon*, Zelt; ptg. (*borboleta*, *mariposa*, Schmetterling), *pavilhão*, Zelt. Vgl. Dz 231 *padiglione* u. 236 *parpaglione*.

6846) **păpīlla, -am** *f.*, Brustwarze, Zitze; ital. *papilla*; sard. *pabedda*; frz. *papille*; span. *papila*; ptg. *papula*.

6847) **[*păppĭo, -äre**, essen, kauen; darauf führt Friesland, Ztschr. f. frz. Spr. u. Lit. XIX² 123, zurück: altfrz. *papier*, stammeln, u. davon wieder 1. *farfoulier* (wallon.) brédouiller = ital. *farfogliare*, span. *farfullar*, stammeln, *farfolloso*, stammelnd, *farfulla*, Stotterer; frz. *fafier*, *farfeyer*, stammeln, *farfeyeux*, *fafiard*, Stammler, *fafée*, lautes Lachen, *fafiguard*, Murrkopf, *fafiot*, bestürzt. — 2. *fafouye(?)*, petite béguenle, petite indiscrète, femme, fille qui farfouille volontiers, qui dérange tout, *farfeyer*, tripoter, farfouiller, *farfouiller*, durchstöbern, zerzausen (span. *farfullar*, hasten, neuprov. *farfouillá*, sich rühren) etc. etc. Die ganze Zusammenstellung ist ebenso unbewiesen wie unkontrollierbar.]

6848) **păppo, -āre,** essen; ital. *pappare*; sard. *papai*; rum. *pap ai at a*; span. ptg. *papar.* Auf *pappāre* will Friesland, Ztschr. f. frz. Spr. u. Lit. XIX¹ 123, zurückführen: frz. *faffée* (über die Bedtg. des Werts s. G. Paris, R XVI 423; Stimming, Ztschr. f. frz. Spr. u. Lit. XVI 134), *fafelu*, gros, dodu, gras, neuprov. *faf, fafa, fafech, fefet, fafia, fofie,* jabot d'oiseau (Mistral), *faficirat,* contenu du jabot.

6849) ***păpūcĕă, -am** *f.* (für *pupacea*) = rum. *păpușă,* Puppe.

6850) **păpŭlă, -am** *f.,* Blatter, Hitzbläschen, = span. ptg. *pápula,* kleine Geschwulst, Blase, Beule, Flechte.

6851) **păpȳrĭŭs, a, um** (*papyrus*), papieren; prov. *papiri-s;* frz. *papier,* Papier, dazu *paperasse,* altes Papier, Wisch, *papetier,* Papiermacher etc. Vgl. Dz 654 *papier.* S. No 6771 u. 6852 (*păpȳrŭm*).

6852) **păpȳrŭm** *n.* (πάπυρος), Papier; ital. (mundartlich) *papijo, papejo* = **papyrium,* Papier, Docht; sard. *pabiru,* Papier, *pavilu,* Docht; rtr. *pavaigl, pavier, pavel,* Docht; prev. *pabil-s,* Docht; span. *papél,* Papier, davon *papeleta,* Zettel, *papelero,* Papiermüller, *papelera,* Schreibkasten, *papillota,* Papierwickel, Haarwickel (das Wort ist auch in das Frz. übergegangen) ist eine andere Entwickelung von *papyrum* (?) ist *pabilo* (u. *pábilo*), Docht, dav. *despabilar,* ein Licht putzen; ptg. *papel,* Papier (Ableitungen den spanischen entsprechend, vgl. Dz 231 *pabilo* (Diez leitete die „Docht" bedeutenden Worte von *pabulum* ab, was lautlich unmöglich ist); Ascoli, AG I 177 Anm. 3; Caix, St. 112; Gröber, ALL IV 428. Über frz. mundartliche Pflanzennamen, welche auf *papyrum* zurückgehen, vgl. Thomas, R XXVIII 197.

6853) **păr, părem,** gleich; ital. *pari,* vgl. Canello, AG III 314; rtr. *per,* vgl. Gartner § 102; frz. *pair* (altfrz. *per*), Sbst., der Ebenbürtige, Standesgenosse, *paire f.* = Pl. *paria,* Paar; span. *parias* (ptg. *pareas*) = *paria* + *s,* eigentlich Ausgleichszahlung, Tribut, Zins, davon die altspan. Vb. *pariar,* Tribut zahlen, vgl. Dz 475 *parias.* Über *par* = Paar s. unten ***pārīŭm.**

6854) **părăbŏlă, -am** *f.* (παραβολή), Gleichnis (im Roman. ist die Bedtg. erweitert zu der allgemeinen „Rede, Wort"); ital. (*parabola* „la curva descritta da un progetto, narrazione della quale per via di raffronto si ricava un insegnamento"), *parola* (altital. *paravola, paraola, paraula*), Wort, vgl. Canello, AG III 382; prov. *paraula;* frz. *parole;* altspan. *paraula;* span. *palabra;* altptg. *paravoa;* ptg. *palavra.* Vgl. Dz 236 *parola.*

6855) ***părăbŏlo, -āre** (v. *parabola* in der roman. Bedtg.), reden; ital. *parlare;* prov. *paraular, parlar;* altfrz. *paroler,* vgl. Cornu, R IV 457 u. VII 420; neufrz. *parler;* span. *parlar;* ptg. *palrar.* Vgl. Dz 236 Körting, Ztschr. f. frz. Spr. u. Litt. XXI qq.

6856) **părădīsŭs, -um** *m.* (παράδεισος), Paradies; ital. *parudiso* u. dem entsprechend als gel. Wort auch in den andern Sprachen; in volkstümlicher Umgestaltung neap. *paraviso;* frz. *parvis,* Vorhof der Kirche, eine Bedeutung, die auch anderwärts sich entwickelt hat. Vgl. Dz 655 *parvis;* Berger s. v. u. dazu Meyer-L., Ltbl. f. g. u. r. Phil. 1899 S. 177.

6857) ***părăgaudă, -am** *f.,* ein Kleid mit Besatz: ital. *paraguai* „specie di veste che copre tutta la persona. Vien tratta a ragione dal lat. *paragauda* con ravvicinamento a *parare* e *guaio* (Fanf.)", Caix, St. 438.

6858) **părăgrăphŭs, -um** *f.* (παράγραφος), Paragraph; ital. *paragrafo,* Paragraph (ebenso in entspr. Form in den übrigen Sprachen); außerdem *paraffo* = frz. *parafe, -phe,* „la cifra o ghirigoro che i notai appongono ai loro atti", vgl. Canello, AG III 390. Vgl. Dz 655 *parafe.*

6859) ***παρακονάω** (ἀκόνη), an etwas wetzen, reiben; davon vermutlich ital. *paragonare* (am Probierstein streichen, erproben), vergleichen, davon das Sbst. *paragone,* Vergleichung; frz. *parangon,* Vergleichung; span. *paragon, parangon.* Vergl. Tobler, Z IV 373; Diez 235 *paragone* hielt die span. Form des Wortes für die ursprüngliche und dieselbe für entstanden aus Verbindung der Präpositionen *para* + *con.*

6860) **paralytĭcŭs, a, um** (παραλυτικός), gelähmt; ital. *parlético.*

6861) [***paratella, -am** *f.,* pflegt als Grundwort angesetzt zu werden für frz. *parelle,* Gemüseampfer (daneben *pareille,* vgl. Fals, RF III 493); cat. *paradella;* span. *paradela.* Indessen diese Ableitung ist höchst fragwürdig, schon weil nicht zu ersehen ist, zu welchem Primitiv das angeblich lateinische Wort Deminutivbildung sein soll; auch würde ein *paratella französisch *partelle* haben ergeben müssen. Diez 655 (u. 808) parole leitete das Wort von *pratum* ab, aber auch das ist nicht recht annehmbar; vgl. jedoch Behrens, Metath. p. 72, wo neuprov. *pradella* zur Stütze der Diez'schen Ableitung angeführt wird. Die Ableitung der Worte ist somit noch zu finden; vermutlich ist das französische Wort von dem spanischen u. catalanischen zu trennen.]

6862) [***părătĭcum** *n.* (*par*), Gleichheit, Ebenbürtigkeit, Adel; ital. *paraggio;* prov. *paratge-s;* frz. *parage.* Vgl. Dz 235 *paraggio.*]

6863) **părăvĕrēdŭs, -um** *m,.* Pferd (kelt. Wort, sigentl. Nebenpferd, belegt ist das Wort bei Cassiod. Var. 5, 39 u. spät. JCt.); ital. *palafreno* (angeglichen an *frenum*), Zelter; prov. *palafrei-s;* altfrz. *palafreit;* neufrz. *palefroi;* cat. *palafre;* span. *palafren;* ptg. *palafrem.* Vgl. Dz 232 *palafreno;* Darmesteter, R V 144 Anm. 9; Gröber, ALL IV 429.

6864) [***părcŭs, -um** *m.* (gebildet aus dem Stamme *spar,* schonen, sparen, wovon *parcere,* und dem Suffixe -*co*), Schonung d. h. ein Stück Land (Wald u. dgl.), das geschont, nicht von jedermann betreten werden soll u. deshalb eingezäunt ist; vermutlich das Grundwert zu ital. *parco;* prov. *parc-s;* frz. *parc,* dazu das Demin. *parquet,* Abteilung, abgeschlossener Raum, u. das Vb. *parquer,* einpferchen; span. steg. *parque.* Die Ansetzung eines Sbst.'s *parcus ist um so statthafter, als das Adj. *parcus* im Schriftlatein bekanntlich vorhanden ist. Vgl. Dz 235 *parco;* Th. p. 70 (verneint mit Recht keltische Herkunft)]

6865) **părēns, -ēntem** *m.* (*pario*), Vater, Pl. Eltern, Verwandte; ital. *parente;* rum. *părinte;* prov. frz. cat. *purent;* span. *parinte;* ptg. *parente.* Vgl. Cohn, Suffixw. p. 69.

6866) **părĕo** (u. ***părēsco**), **părŭī,** (**părĭtŭm**), **părēre** (u. **părēscēre**), erscheinen, scheinen, offenbar sein; (auf Befehl erscheinen (in der letzteren Bedtg. ist das Vb. im Romanischen durch *obedire* völlig verdrängt worden); ital. *paro* u. *pajo parvi parso* und *paruto parēre,* dazu das Partizipialadj. *parvente,* sichtbar, und das Vbsbst. *parvenza,* Schein; rum. *pare părù părut părĕ;* rtr. *pardi, parĕi* etc., vgl. Gartner § 154; prov.

par u. pareis parec parut u. paregut parer und pareisser, dazu das Partizipialadj. parven, sichtbar u. das Vbsbst. parvensa, Schein, vgl. Dz 655 parven; frz. parais parus paru paraître aus paroistre (altfrz. auch par, per == par[e]o, part, pert == paret, paroir = parēre); cat. parexer (altcat. auch parer); span. ptg. parecer.

6867) **pārĭcŭlŭs, a, um** f. (par) gleichartig; ital. parecchio (arch. pareglio), ähnlich, Pl. einige, manche, pariglia „coppia di cavalli simili, contraccambio", dazu die Verba apparecchiare (arch. apparegliare) „preparare" u. apparigliare „pareggiare, mettere in coppia", vgl. Canello, AG III 353; rum. păreche, Paar; prov. parelh, gleichartig, ähnlich; frz. pareil; cat. parelh; span. parejo; ptg. parelho. Vgl. Dz 236 parecchio; Gröber, ALL IV 429.

6868) **pārĭēs, *pārētem** (für pārĭētem) m., Wand; ital. parete (v. paries abgel. vic. pareagna, mascellu, vgl. Salvioni, Post. 16); rum. părete; rtr. prei; prov. paret-z; frz. paroi; cat. pared; span. pared; ptg. parede. Vgl. Gröber, ALL IV 429.

6869) [**pārĭētārĭa, -am** f. (paries), Mauerkraut; Glaskraut; ital. parietaria; (rum. părechernițâ); prov. paritaria; span. ptg. parietaria.]

6870) **pārĭo, pĕpĕrī, pārtŭm, pārĕre**, gebären; nur erhalten im friaul. pari, figliare u. im span. ptg. parir, 1. P. Präs. Sg. Ind. pairo. (Die sonstigen Ausdrücke für „gebären" sind: ital. partorire, dar od. metter alla luce; prov. enfantar; frz. enfanter (dichterisch), mettre au monde, accoucher.)

6871) **pārĭo, -āre** (par), gleichmachen, durch Zahlung ausgleichen, zahlen; (prov. pairar); frz. parier, wetten; altspan. pariar, Tribut zahlen, s. oben par. („Wetten" beifst ital. scommettere; span. apostar, hacer una apuesta, poner; ptg. apostar, fazer una aposta, pór.) Vgl. Dz 653 pairar.

6872) [**pārĭŏlŭm** n. (nach Flechia, AG IV 368, von par, was aber höchst unwahrscheinlich ist), Kochkessel; ital. pajuolo; rtr. pariel; prov. pairol-s; altfrz. peirol; cat. perol; span. perol; ptg. parol, Kufa. Vgl. Dz 476 perol (wollte die Wortsippe auf lat. patina zurückführen, was schlechterdings unmöglich ist); Schuchardt, R IV 256 (stellte kelt. pair, per als Grundwort auf, was recht annehmbar erscheint, doch mufs man annehmen, dafs das kelt. Wort schon in das Volkslatein übergegangen sei); Gröber, ALL IV 429 (stellt *pariolum auf.)]

6873) [**pārĭŭm** n. (par), Paar; ital. paro „solo in a paro", pajo „due cose, le quali stanno naturalmente insieme", (daneben par „due cose simili in generale"), vgl. Canello, AG III 309; (das „Paar" heifst rum. păreche; prov. paria; frz. paire; span. par, pareja; ptg. par, parelha).

6874) **parmanus** (*pomus), Apfel aus Parma; dav. nach Förster, Z XXIII 427, altfrz. parmain, permain, neufrz. permaine, Parmäne (Name einer feinen Apfelart). Andere setzen parmain == permagnus an.

6875) **pāro, -āre**, bereiten (im Roman. hat sich daraus die Bedeutung „hinhalten" und „abhalten, schützen" entwickelt, der vermittelnde Begriff ist „sich zu etwas bereit machen, sich fertig stellen"); ital. parare; prov. parar; altfrz. parer, zurecht machen, Früchte abschälen, enthülsen, vgl. Förster zu Erec 3176; frz. parer; cat. span. ptg parar, (ptg. pairar), ertragen, ablenken, unentschlossen sein, lavieren, dürfte dasselbe Wort sein, vgl. Dz 474 s. v., wo allerdings auch, aber schwerlich mit

Recht, bask. pairatu, leiden, als Grundwort vermutet wird). Zu dem Verbum das Shet. ital. parata (frz. parade etc.), Stellung zur Abwehr, Schutzwehr. Mittelst para- in der Bedeutung „schützen" werden zahlreiche Komposita gebildet, z. B. ital. parapetto, frz. parapet, Brustschutz, Brustwehr; — ital. parasole. frz. parasol, Sonnenschutz, Sonnenschirm; — frz. parapluie, Regenschutz, Regenschirm; —ital. paravento, Windschutz, Windschirm u. a. Vgl. Dz 235 parare.

6876) **pārŏchĭā, -am** f. (für παροικία), Parochie; ital. parrócchia (gel. Wort, das volkstümliche ist pieve = plêbem); rum. parochie; frz. paroisse; span. parroquia; ptg. parochia (gel. W.). Vgl. Dz 237 parrochia; Gröber, ALL IV 430.

6877) *pārŏchŭs, -um** m., Pfarrer; ital. pârroco, Pfarrer; rum. paróh; prov. paroc-s, Pfarrkind (dieselbe Bedtg. hat frz. paroissien == *parochianus, aufserdem bedeutet das Wort „Gebetbuch", „Pfarrer" ist frz. curé); span. ptg. párocco, Pfarrer. Vgl. Dz 237 parrochia.

6878) **pārrā, -am** f., Name eines Vogels, etwa Schleiereule. Grünspecht: als Vogelname lebt das Wort im prov. parro, Krähe u. im venez. parúçola (vgl. veron. speronzola, lomb. parasóla), vgl. Salvioni, Post. 16; das im Cat. Span. Ptg. sich findende Wort parra, Weinranke, Rebengeländer (dazu das Vb. parrar, die Zweige ausbreiten) ist vielleicht trotz seiner ganz andersartigen Bedtg. doch auf das lat. parra zurückzuführen: eine Weinrebe, welche an einen Baumstamm sich hinaufwindet und mit ihren Ranken an demselben sich festhakt, läfst sich wohl vergleichen mit einem Vogel, welcher, wie der Specht, einen Baumstamm hinaufklettert, indem er mit Schnabel und Krallen sich festhält. Vgl. Dz 475 parra.

6879) **pārs, pārtēm** f., Teil, Seite, Richtung; ital. rum. parte; rtr. part, Teil, vart, Richtung, vgl. Gartner § 72; prov. frz. cat. part; span. ptg. parte. Im Prov. wird part präpositional in der Bedtg. „über, jonseits, aufser" gebraucht; auch im Frz. wird par(t) in gewissen Verbindungen (de par le roi u. dgl.) in propositionaler Weise gebraucht, vgl. Dz 655 part.

6880) [*pārsĭto, -āre** (Frequentativ zu parcere), schonen; rum. păstrez ai at a, schonen, hüten etc.]

6881) **pārtĕm tĕnērĕ**, die Partei jemandes halten; — rum. pârtinesc ii it i, jem. begünstigen.

6882) [*pārtēnsĭānŭs, -um** m. (von part- abgeleitet wie *artensianus == ital. artigiano von art-, vgl. Flechia, AG II 12 ff.); ital. partigiano, Parteigänger, danach der Waffenname partigiana, Partisane, Hellebarde; frz. partisan, Parteigänger, partuisane, pertuisane (angebildet an pertuisier, durchstofsen), Hellebarde. Vgl. Dz 237 partigiana.]

6883) *pārtĭcĕllā, -am** f. (Demin. zu pars), Teilchen; ital. particella; rum. pârticé; prov. parcela; frz. parcelle; span. partecilla; ptg. parcella. Vgl. Cohn, Suffix. p. 20.

6884) **pārtĭcĕps, -cĭpem**, teilhaft; ital. (partecipe), partefice.

6885) **pārtĭcŭlārĭs, -e** (particula, Demin. v. pars), einen Teil betreffend, besonders; ital. particolare; frz. particulier etc.; überall nur gelehrtes Wort, ebenso das davon abgeleitete Sbst. particularitas == ital. particolarità, frz. particularité etc.

6886) **pārtĭo, -īre** (pars), teilen (im Roman. hat sich hieraus die Bedtg. „fortgehen, abreisen" entwickelt, eine Begriffswandlung, welche in derjenigen des deutschen „scheiden" ein Gegenstück besitzt);

ital. partire; prov. frz. cat. span. ptg. partir.
Vgl. Dz 237 partire. — Von partire leitet Thomas,
R XXVIII 201, ab frz. paltret (aus *partret, par-
teret), eine Art Messer.

6887) [*pārtītā, -am f. (Part. P. P. von partir),
Teil, Abreise (s. partio); ital. partita (daneben in
der Bedeutung „Abreise" partenza = *partentia);
prov. partida; frz. partie (daneben in der Bedtg.
„Partei" parti, Vbsbst. v. partir), in der Bedtg.
„Abreise" départ, Vbsbst. v. départir; span. ptg.
partida.]

6888) pārtītǐo (u. *pārtǐo?), -ōnem f. Teilung;
ital. partizione, partigione; prov. parsó; frz. (nur
altfrz.) parçon, parson (daneben partison, vgl. Darmesteter, R V 152; Cohn, Suffixw. p. 124), davon
abgeleitet pars-, parçonnier; gleichsam *par(ti)tio-
narius, Teilhaber, Partner; span. particion; ptg.
particão. Vgl. Darmesteter, R V 152.

6889) pārvŭlŭs, a, um (Demin. v. parvus), klein;
ital. parvolo, pargolo, dazu das Demin. pargoletto;
ptg. parvoo, parvo, Dummkopf (Fem. parvoa) mit
mancherlei Ableitungen, vgl. C. Michaelis, Frg. Et.
p. 50. Vgl. Dz 388 párgolo.

6890) pārvŭs, a, um, klein; ital. parvo; rum.
parv; span. ptg. parvo; das Wort ist überall
veraltet u. halbgelehrt; die üblichen Ausdrücke für
„klein" sind: ital. piccolo; prov. petit-z; frz. cat.
petit; span. pequeño; ptg. pequeno, welche Worte
auf ein Stamm pic(c)-, pit- (s. d.) zurückgehen.

6891) ahd. parzjan, barzjan, wüten; dav. (?) nach
Dz 388 pazzo ital. pazziare, toll sein, pazzo, toll (s.
No 6929!), strapazzare (frz. estrapasser, spa u. estrapazar), eigentl. (nach Diez!) jem. übermäfsig narren,
verhöhnen, mifshandeln, dazu das Sbst. strapazzo,
Beschwerde. Besser aber führt man mit Caix, St. 62
u. Riv. di fil. rom. II 175 (vgl. auch G. Paris, R
VIII 619), u. Scheler im Dict. (unter estrapade)
strapazzare auf strappare (zusammenhängend mit
dtsch. straff, strapfen) zurück. Dafs frz. estrapasser
u. span. estrapazar aus dem Ital. entlehnt seien,
ist nicht zu bezweifeln, vgl. G. Paris, R VIII 619;
Caix' gegenteilige Bemerkung in den Aggiunte etc.
der Studj p. 205 ist völlig unhaltbar.

6892) pāscēölŭs, -um m. (φάσκωλος), Beutel,
Börse; davon (?) rum. paschiulă, Sack, Tasche.

6893) paschă, -am f. u. paschā n. (hebr. חֶסְפ),
Osterfest; ital. pasqua, gleichsam *pascua (angelehnt an pascĕre); sard. pasca; rum. paşti f.;
prov. pasca, pasqua; frz. pâque, auch Pl. pâques;
cat. pasqua; span. pascua; ptg. pascoa. Vgl. Dz
237 pasqua; Fafs, RF III 506.

6894) paschālīs, -e (pasqua), österlich; ital.
pasquale etc.

6895) pāsco, pāvī, pāstūm, pāscere, füttern,
weiden lassen; ital. pascere (schw. V.); rum. pasc
pascui pascut paşte; prov. Präs. pais paihs, (Perf.
nicht belegt), Part. Prät. pascut, paisut, Inf. paisser,
paiher; frz. pais (pus) pu paitre; cat. peixer;
span. pacer; ptg. pascer.

6896) [*pāscūārēttă, -am f. (pascua), Blümchen,
das auf der Weide, Wiese blüht, = frz. pâquerette
(angelehnt an pâque), Gänseblümchen, vgl. Fafs,
RF III 493.]

6897) pāscŭum, *pāscŭlum n., Weide; flor.
pascuo; ital. pascuo, lomb. paskwè, piazza; rtr.
pasky, vgl. Meyer-L., Z. f. ö. G. 1891 p. 773
pascui loco = ptg. pacigo, pascigo, vgl. C. Michaelis, Frg. Et. p. 22.

6898) [Pasquino, Name einer Bildsäule in Rom,

an die man im 16. Jahrh. Spottschriften zu heften
pflegte; davon ital. pasquinata, pasquillo, Spottschrift; frz. pasquin, Spafsmacher; span. pasquin,
Spottschrift; ptg. pasquim. Vgl. Dz 237 Pasquino.]

6899) (uva) pāssa (vgl. passum, Wein aus ge-
trockneten Trauben) = span. pasa, getrocknete
Weintraube; ptg. passa. Vgl. Dz 475 pasa.

6900) *pāssă (v. *passare) + manus; daraus nach
Dz 238 ital. passamano, Besatz, Berte; frz. passement; span. pasamano (bedeutet auch Treppen-
geländer); ptg. passamanes. Vermutlich aber beruhen die an manus anklingenden Formen auf
volksetymologisierenderUmbildung; die thatsächliche
Grundform dürfte *passamentum sein, die ja auch
in frz. passement u. im ptg. passamento (Hingang,
Tod) vorzuliegen scheint. Auf Zusammensetzung
mit passa- beruhen dagegen frz. passe-poil (*passa
+ pilum), passe-port etc., auch span. pasacalle,
Gassenhauer, pasajuego, ein Ballspiel etc.

6901) [*pāssātīcārīŭs, -um m. (*passaticum),
einer, der einen Weg zurücklegt; ital. passaggiero,
passeggiero, -e; frz. passager; span. pasajero; ptg.
„vergänglich".]

6902) [*pāssātǐcŭm n. (passare), offener Weg,
Durchgang, Durchzug; ital. passaggio; frz. passage;
span. pasaje; ptg. passagem. Von ital. passaggio
das Verb passaggiare, passeg., wandeln.]

6903) pāssĕr, -ērem u. pāssăr, -ărem („passer,
non passar" App. Probi 163), Sperling; ital. pas-
sere, passero u. passera, Sperling; rum. páshere,
Vogel; prov. passer, passera; frz. passe (in den
Ardennen) (passereau, vgl. Horning, Z XIX 71),
passerelle = *passerellus, passerella, Sperling (das
üblichere Wort ist aber moineau, s. den muscio);
span. pájaro, Vogel; ptg. passaro. Vgl. Dz 475
páxaro.

6904) pāssǐo, -ōnem f. (patior), das Leiden;
ital. passione; prov. passio-s; frz. passion; span.
pasion; ptg. paixão. Vgl. Berger s. v.

6905) *pāsso, -āre (v. passus, Pt. Pf. v. pandĕre),
weit aufmachen, gangbar, durchgehbar machen,
durchgehen lassen, durchgehen; ital. passare, auch
appassirsi, verwelken, gehört wohl hierher, der
Übergang zur inchoativen Konjug. mag durch die
Bedtg. veranlafst worden sein; (rum. pasá gehört
nicht hierher, sondern zu pensare); prov. passar;
frz. passer; cat. passar; span. pasar; ptg.
passar. Vgl. Dz 238 passare.

6906) pāssŭs, -um m. (pando), Schritt; ital.
passo, davon s-passo, schreiten, gehen; rum.
prov. frz. cat. pas (im Frz. wird das Wort als
Verstärkung der verbalen Verneinung gebraucht u.
ist infolge dessen auch für sich verneinender Bedtg.,
= „nicht" fähig geworden); span. paso, davon
pasear, gehen, pasear, pasear, paseo, Spaziergang; ptg.
passo. Vgl. Dz 655 pas.

6907) pāstă, -am f. (πάστη), ein Gericht von
gemischten u. eingebrockten Speisen, Ragoût, Brei;
ital. pasta, Teig; prov. pasta; frz. pâte; span.
ptg. pasta. Vgl. Dz 238 pasta.

6908) [*pāstătŭm n., Teiggebäck, Pastete; frz.
pâté (bedeutet auch „Tintenklecks", „Farbenauftrag"
u. dgl.), daraus pâtissier, Pastetenbäcker; („Pastete"
und „Pastetenbäcker" heifsen ital. pasticcio, pasticciere; span. pastel, pastelero; ptg. pastel,
pasteleiro).]

6909) pastǐllŭs, -um m. (pasta), kleines Teiggebäck; ital. (pastillo, Plätzchen, pastello, aus
Farbenteig geformter u. getrockneter Stift zum

Malen; (frz. *pastel*, Malstift, *pastille*, Plätzchen, Räucherkerzchen; span. *pastel*, Farbstift, Pastete, Klecks), *pastillo*, *pastille*, Plätzchen, ptg. *pastel*, Farbstift, Pastete, *pastilha*, Plätzchen, Räucherkerzchen. Vgl. Dz 238 *pasta*; Cohn, Suffixw. p. 48.

6910) **pastīnăcă, -am** *f.*, Möhre, Karette; ital. *busnaga* (aus dem Span. entlehnt), wilder Fenchel, vgl. Caix, St. 240; (frz. *panais*, altfrz. auch *pasnaie*, Möhre, vgl. Gröber, ALL IV 430, Cohn, Suffixw. p. 304); span. *biznaga* (in seiner Lautbildung durch das Arabische beeinflufst), Fenchel, wilde Petersilie, vgl. Baist, Z IX 147. Aufserdem als gel. W. ital. *pastinaca*; (rum. *păstărnac*); prov. *pastenaga*; cat. *pastanaga*; span. ptg. *pastinaca*.

6911) **pastīno, -āre** (*pastinum*), einen Weinberg umgraben; ital. *pastinare*, vgl. AG IX 177 Anm.; neap. *pastenare*, Salvioni, Post. 16.

6912) **pāstīo, -ōnem** *f.* (*pasco*), Fütterung; ital. *pasciona*; rum. *păsciune*; frz. *.paisson*.

6913) **pāstōr, -ōrem** *m.*, Hirt; ital. *pastore*; rum. *păstor*; prov. *pastre*; frz. *pâtre*; cat. span. ptg. *pastor*.

6914) **pāstōrīŭs, a, um** (*pastor*), zum Hirten gehörig; ital. *pastoja*, Spannkette der Pferde auf der Weide, davon die Verba *impastojare*, diese Kette anlegen, *spastojare*, diese Kette abnehmen. Vgl. Dz 238 *pastoja*. S. No 4758.

6915) **pāstūra, am** *f.* (*pastus*), Weide, Futter; ital. *pastura*; (rum. *păstura* bedeutet „frischer Honig, Honigwabe, Rohwachs“, die ursprüngliche Bedtg. ist also befremdlich eingeengt werden); prov. *pastura*; frz. *pâture*; cat. span. ptg. *pastura*. Abgeleitet von *pastura* ist ital. *pasturale*, unterer Teil des Pferdefufses, die sog. Fessel, wo die Spannkette angelegt wird, u. mit gleicher Bedeutung frz. *pâturon*, vgl. *empêtrer* (= *impasturer*), die Spannkette anlegen, *dépêtrer*, diese Kette abnehmen. Vgl. Dz 238 *pastoja*.

6916) **pāstŭs, -um** *m.* (*pasco*), Fütterung, Futter; ital. *pasto*; (rum. *pascut*); prov. *past-z*; frz. *pât* (bedeutet nur „Hundefutter“), dazu die Zusammensetzung *appât = *appastus*, Lockfutter, Köder, Pl. *appas* (für *appâts*), repas, Mahl, Reize; cat. *past*; span. ptg. *pasto*.

6917) Stamm **pat, patt**; auf einen Stamm *patt*, *pat*, der vermutlich niederdeutschen Ursprunges ist und dessen Grundbedeutung „(auf breiten Füfsen) watscheln, (mit breiten Pfoten) berühren, betatschen" zu sein scheint. (vgl. die volkstümlichen deutschen Ausdrücke „Patsche, patschen"), geht eine umfangreiche romanische Wortsippe zurück. Dieselbe ist besonders im Französischen stark vertreten u. scheint erst von dort aus auch in andere roman. Sprachen verpflanzt worden zu sein. Die wichtigsten der hierher gehörigen frz. Worte sind: *patte*, Pfote, Tatze (Nigra's Annahme, dafs *patte* aus *tappe* umgestellt sei, AG XIV 293, ist unnötig), *patin* (ital. *pattino*), eigentl. breiter, plumper Schuh, Schlittschuh, davon *patiner*, *patinage* etc., *pataud*, plumpfüfsig, Patschfufs, Tolpatsch etc., *patois*, plumpe Sprache, Bauernsprache, Volksmundart (vgl. Gröber, Misc. 46, sonst wurde das Wort als aus *patrois* v. *patrie* entstanden erklärt, vgl. Dz 655 *s. v.*), *patoier*, patscheln, *patauger*, im Schlamma herum patschen, *patouiler*, plätschern, im Kote patschen, dazu das Vbsbst. (*patouille*). span. *patrulla* (daraus ital. *pattuglia*, frz. *patrouille*, eigentl. das Herumpatschen, Umherwaten, herumpatschende, durch dick u. dünn watende Gesellschaft; endlich umher-

ziehende Streifwache, vgl. d'Ovidio, AG XIII 411; dazu das Vb. span. *patullar*, woraus vermutlich tosc. *patullarsi*, baloccarsi). Auch im Span. und Ptg. ist die Wortsippe ziemlich entwickelt, ihre wichtigsten Vertreter sind hier: *pata*, Pfote, Tatze (das Wort bedeutet im Span. auch „Gans", im Ptg. „Ente", dazu das Mask. *pato*), *patada*, Fufstritt, *patagon*, breitfüfsig, span. *patan*, plumper Kerl, Bauer, ptg. *patão*, Tölpel, *patão*, Holzschuh, span. *patin*, ptg. *patim*, Schlittschuh (das Wort ist auch Demin. zu span. *pátio*, ptg. *pateo*, Hof, welche Worte nebst dem gleichbedeutenden cat. neu prov. *pati*, altprov. *pazimen-s* wohl ebenfalls hierher gehören und eigentlich „Trampelplatz" bedeuten dürften, nach anderen freilich sind sie Umgestaltung eines afrikanischen Wortes *pathaton*, vgl. Dz 475 *pátio*; C. Michaelis, Frg. Et. p. 51, setzt *pátio = *patidus* an), span. ptg. *patear*, trampeln. In ital. Mundarten findet sich *pata* teils in der Bedeutung „Fufs", teils in der von „Latz, Klappe an Kleidern, Lappen" (eigentl. wohl fufssohlenartig geschnittenes Tuch, übrigens geht das Wort in dieser Bedtg. wohl auf got. *paida* zurück, vgl. Meyer-L., Z XV 244), *pattino* u. *pattuglia* wurden schon erwähnt. Vgl. Dz 238 *patta* u. 239 *pattuglia*. (233 *pantófola* spricht mit Diez dahin aus, dafs ital. *pantófola*, Pantoffel, rum. *pantofla*, frz. *pantoufle*, span. *pantuflo*, auch cat. *plantofa* für *pantofla* in dem ersten Bestandteile wohl auf *patta* zurückgehe, in dem zweiten aber eine Anbildung an *manoufle*, Muff, = *manupula* sei. Aber dafs in *pat* ein Nasal eingetreten sei, ist schwer glaublich. Die betr. Worte gehören in ihrem ersten Bestandteile vermutlich zu dem scheinbaren Stamme *pant-*, wov. span. *pantorrilla*, ptg. *panturrilha*, Wade [s. ob. *pantex*], u. bezeichnen eigentlich wohl bauchige, weite Schuhe; bezüglich des zweiten Bestandteils der Worte wird man Diez beistimmen dürfen. Sieh auch unten **pauta.**

6918) **πατάσσειν**, schlagen, klopfen; davon vielleicht ital. *batassare*, schütteln, vgl. Dz 356 *s. v.*

6919) amerikanisch **patata** = span. ptg. *patata*, *batata*, Erdapfel, vgl. Dz 475 *s. v.*

6920) [**Pătăvĭŭm** *n.*, Padua; davon nach Littré durch Umstellung aus *padoue-soie* frz. *pou-de-soie*, *pout-de-soie*, *poult-de-soie*, glanzloser Seidenstoff. Jedoch erscheint diese Ableitung als sehr fragwürdig. Vgl. Scheler im Dict. *s. v.*; Fsfs, RF III 500.]

6921) **pătĕllă, -am** *f.* (Demin. zu *patera*), Schüssel, Platte; ital. *padella*, Pfanne, Tiegel; altfrz. *paiele*, *paele*; neufrz. *poêle*; span. *padilla*, Pfanne, *paila*, Becken. Vgl. Dz 659 *poêle* 1 (Diez zieht auch ptg. *pella*, Ball, hierher, das Wort dürfte aber zum Stamme *ball* [s. d.] gehören).

6922) **pătēna, am** *f.*, Schüssel; ital. *patena*; prov. *padena*; (frz. *patène*); span. ptg. *patena*. — Aus Kreuzung von *patena* mit *plattus* (s. d.) haben sich ergeben oberital. *piadina*, ferr. *piadna*, friaul. *pladine*, frz. *platine*) u. *plataine*. Vgl. Mussafia, Beitr. 87; Cohn, Suffixw. p. 226.

6923) **pătēns, -ēntem** (Part. Präs. von *patēre*), offen; ital. *patente*, offen, klar, als Shst. offener Brief, Patent (in letzter Bedtg. als gel. W. auch in den übrigen Sprachen); sard. *padente*; prov. *paten-s*, offen, frei.

6924) **pătĕr, -trem** *m.*, Vater; ital. rtr. *padre*; rum. *tată*); prov. *paire*; frz. *père*; cat. *paire*; span.

ptg. padre (iu der Kindersprache dafür span. taita; ptg. tatá).

6925) **pătĕră, -am** f. (pateo), Opferschale, span. patera (daneben paténa, entstanden durch Suffixvertauschung aus patīna), Deckel, grofse Schaumünze; ptg. patera, Opferschale, gel. Wort. Vgl. C. Michaelis, St. p. 252; Caix, Giorn. di fil. rom. II 68. S. auch **pătīnă.**

6926) [**pătībĭlĭs, -e** (patior), erträglich, empfindsam; ital. patibile „passibile e paziente", patevole „tolerabile", vgl. Canello, AG III 320.]

6927) [**pătībŭlŭm** n., Halsblock; ital. patibolo, Galgen, Rad, Richtplatz.]

6928) *****pătīdus, a, um** (patēre), geräumig; dav. nach C. Michaelis, Frg. Et. 51, span. ptg. pátio, páteo, Hof, s. ob. **pat-,' patt.**

6929) **pătĭēns, -ĕntem** (Part. Präs. von pati), erduldend, geduldig; ital. pasiente; frz. patient, (als Sbst. der zur Hinrichtung Verurteilte); span. ptg. paciente. — *****patius** (für paticus) = ital. pazzo, geistig leidend. Vgl. Nigra, AG XV 130.

6930) **pătĭēntĭă, -am** f. (pati), Geduld; ital. pazienza; frz. patience (als Pflanzenname wird das Wort von Littré für volksetymologisch aus dem deutschen „Pattich" = lat. lapathium entstanden erklärt, was schon um deswillen höchst unwahrscheinlich, weil patience gar kein volkstümliches Wort ist); span. ptg. paciencia; überall nur gelehrtes Wort. Vgl. Berger s. v.

6931) **pătĭnă, -am** f., Schale; davon nach Diez 476 abgeleitet prov. pairol-s, Pfanne (*patinol, *patnol, *patrol, pairol); span. perol. Ableitung aus patera dürfte aber näher liegen. Möglich auch, dafs das Wort keltisch ist. S. auch oben **părĭolum.**

6932) *****pătĭo, -īre** (schriftlat. patior, passus sum, pati), dulden, leiden; ital. patire „soffrire, e arch. padire patire, digerire; con quest' ultimo significato, e con quello di scontare la vece vive ancora in parecchi dialetti ital." vgl. Canello, AG III 384; rum. paţiu (paţesc) păţii paţit, paţi; (frz. pâtir); span. ptg. padecer. Neben *patire ist sufferre = *sufferīre als Synonymum getreten u. namentlich im Ital., Prov. u. Frz. das eigentlich übliche Verbum geworden.

6933) [**pătrīnŭs, *ānus, -um** m. (pater), Pate; ital. padrino; prov. pairi-s; frz. parrin u. parrain = *patranus, s. Förster zu Chev. as 2 esp. 10769; Cohn, Suffixw. p. 298; span. ptg. padrinho. Vgl. Dz 655 parrain.

6934) **pătrŭus, a, um** m. (pater), väterlich; sard. padriu, chiaro, vgl. Salvioni, Post. 16.

6935) **pătrōnŭs, -um** m. (pater), Schutzherr; ital. patrono, Schutzherr, patrone, Schiffsherr; padrone, Dienstherr, vgl. Canello, AG III 384; sard. padronu; frz. patron, Schirmherr, in übertragener Bedtg. Vorbild, Muster, Modell, vgl. über diesen Bedeutungswandel Scheler im Dict. s. v.; span. padron und ptg. padrão sind gegenwärtig nur in der abgeleiteten Bedtg. „Vorbild" etc., sowie in bestimmten technischen Bedeutungen üblich.

6936) [*****paucīnŭs, a, um** (Demin. zu paucus), wenig; (ital. pochino, v. poco abgeleitet); rum. puţin, dazu das Vb. impuţinez ui at a, mindern, abschwächen u. dgl.; nach Schuchardt, Z XV ist puţin = ital. piccino.]

6937) **paucĭtās, -ātem** f. (paucus), Wenigkeit, geringe Anzahl; altital. pochità, von poco; rum. puţinatate, v. puţin; span. poquedad; ptg. pouquidade.

6938) **paucŭs, a, um,** wenig; ital. poco; (rum.

das Demin. puţin); rtr. pauk, pok, poetχ etc., vgl. Gartner § 200; prov. pauc-s (bedeutet auch „klein"); altfrz. poc, poie, Adj., poc, poi (Adv. = pauco, vgl. Meyer-L., Z IX 144 u. Roman. Gr. I § 289, s. auch Ascoli, AG X 265 Anm. 1), pau, pou, peu = pau(c)um, Adv.; neufrz. peu, nur Adv., vgl. Dz 657 s. v.; cat. poc; span. poco; ptg. pouco.

6939) **paupĕr, -pĕrem** (pauper mulier, non paupera mulier App. Pr. 42), arm; ital. povero; páuper, póver, pére, puere, vgl. Gartner § 72; prov. pobre; frz. pauvre; cat. span. ptg. pobre.

6940) **paupĕrtās, -ātem** f. (pauper), Armut; ital. povertà; frz. (povérta), pauvreté; span. pobredad; (ptg. pobreza = *pauoeritia).

6941) **pausă, -am** f. (παῦσις), Unterbrechung, Stillstand; ital. pausa „fermata", posa „riposo, quiete", vgl. Canello, AG III 328; rum. paos m., Ruhe; prov. pausa, pauza; frz. pause; cat. span. ptg. pausa.

6942) [*****pausa + *lausa** (vgl. oben No 5483) = ptg. pousalousa, Schmetterling (eigentlich ein der Kindersprache angehöriges, dem Reime zu Liebe gebildetes Wort). Vgl. Dz 467 mariposa; Storm, R V 180: Baist, Z V 246; C. Michaelis, Misc. 145.]

6943) **pauso, -āre** (pausa), aufhören, ruhen (im Roman. hat sich die transitive Bedeutung „ruhen lassen, zur Ruhe bringen, niedersetzen" entwickelt, so dafs das Verbum sich begrifflich mit pono, posui positum ponere berührt, dessen Perfekt- und Supinstamme es auch lautlich nahe steht); ital. pausare, aufbören, posare, niedersetzen, riposare, ruhen lassen, ruhen, dazu das Sbst. riposo, ruhen; prov. pausar, repausar (aufserdem depausar, dispausar, espausar, empausar, perpausar, supausar für deponere etc.); frz. pauser, poser, reposer (aufserdem déposer, disposer, exposer, imposer, proposer, supposer für deponere etc.); span. pausar, posar, dav. abgeleitet posada, Ruheplatz, Gasthaus, Wohnung; ptg. pausar, posar. Vgl. Dz 239 pausare.

6944) altnfränk. *****pauta** (vielleicht zusammenhängend mit dem Stamme patt, pat), Pfote; prov. pauta, poe. Vgl. Dz 659 poe; Mackel p. 119; über mundartliche Formen vgl. Gröber, ALL IV 443.

6945) **pāvă, -am** f., Pfauhenne; (rum. păună); span. pava; (ptg. pacoa).

6946) **Pavĭa,** Städtename; davon vielleicht ital. pavese, ein (in Pavia verfertigter?) grofser Schild; auch palvese; frz. pavois; span. pavez; ptg. pavez. Vgl. Dz 239 pavese; Schuchardt, Z XV 112.

6947) [**pāvĭdŭs, a, um** (paveo), zaghaft; ital. pávido; posch. pavio; ptg. pávido.]

6948) **pāvīmĕntŭm** n. (pavio), Estrichboden; ital. pavimento u. pavimiento sul quale gira la macina del molino. La controprova di questa etimologia è palmiento che si trova per pavimento nelle Hist. rom. presso il Muratori, Antiqu. it. III 309: `tutto lo palmiento della sala era coperto di tapiti'. Palmento è svelto da pav'mento paumento, con l' au in al, come in aldace, laldare, cfr. Ascoli I 157", vgl. Canello, AG III 332; rum. pamint; prov. pavement-z, payment-z; frz. pavement (u. pavé), paviment in Dial. Greg. 35, 11 u. 94, 24 ist wohl Latinismus; cat. paviment; altprov. pavimiento; neuspan. ptg. pavimento; fast überall nur gel. W. Vgl. Cohn p. 109 Anm.

6949) **pāvĭo, -īre,** schlagen u. stampfen, pflastern; ital. paver (für *pavir), pflastern, pavé, Strafsenpflaster, vgl. Dz 656 pavir.

6950) **pāvo, -ōnem** m., Pfau; ital. pavone, paone, pagone, dazu das Vb. pavoneggiarsi, sich brüsten;

rum. *păun*, dazu das Vb. *păunesc ii it i*, sich brüsten; prov. *pao-s, pau-s*; frz. *paon* (spr. *pan*), dazu das Vb. *pavaner*, gleichsam **pavanare* von **pavanus*, wie ein Pfau stolzieren, seltener *panader*; cat. *pago*; span. *pavo, pavon*; ptg. *pavó, pavão*, (die erstere Form bedeutet „Truthahn"), dazu das Vb. span. ptg. *pavonearse*, sich brüsten.

6951) **păvŏr, -ōrem** *m*. u. ***păvūra, -am** *f*. (*paveo*) (*pavor, non paor* App. Probi 176), Furcht; ital. *paura* (vgl. Förster, Z III 500 u. dagegen G. Paris, R X 46 [s. auch VII 472], Cornu, R XIII 296, Cohn, Suffixw. p. 177 Anm.), dazu das Vb. *s-paurar, s-paurir*, erschrecken; sard. *pore*; prov. *pavor-s, paor-s*, dazu das Vb. *espavordir, espa-ordir, espaorir*, altfrz. *paour*; neufrz. *peur*; cat. wie prov.; span. *pavor, pavura*, dazu das Vb. *espavorecer*; ptg. *pavor*, dazu das Vb. *espavorecer*. ***păvūra** s. **păvŏr**.

6952) **păx, păcem** *f*., Friede; ital. *pace*; rum. *pace*; prov. *patz*; frz. *paix*; cat. *patz*; span. ptg. *paz*. — Über *paisible* s. unten ***plăcĕbĭlis**.

6953) **păxĭllŭs, *păxĕllŭs, -um** *m*. Ptahl; prov. *paissel-s*; frz. *paisseau*; vgl. Cohn, Suffixw. p. 49. Vgl. Dz 653 *paisseau*; Gröber, ALL IV 430; För-ster, Z V 99, ist geneigt, **plaxum* (Grundform von prov. *plais*, altfrz. *plessié* etc.) von *pax-illus* abzuleiten, aber die Annahme, dafs *l* nach *p* ein-geschoben worden sei, ist doch kaum statthaft, man wird an dem von Diez 658 *plais* aufgestellten Grundwerte *plexum* festhalten u. den Wechsel von *e* zu *a* aus Anlehnung an *paissel* erklären müssen. Für Ableitungen aus *paxillus* erklärt Caix, St. 440, ital. *passone* („legno lungo e grosso", *passina* „ar-chitrave", prov. *paisso*.

6954) **pĕccātŏr, -ōrem** *m*. (*pecco*), Sünder; ital. *peccatore*; (rum. *păcătuitor*); prov. *peccaire*; frz. *pécheur*; span. *pecador*; ptg. *peccator*.

6955) **pĕccātŭm** *n*. (*pecco*), Sünde; ital. *peccato*; rum. *pacat*; prov. *peccat-z*; frz. *péché*; cat. *pecat*; span. *pecado*, dazu das Dem. *pecadillo*, wov. ital. *peccadiglio, -a*, frz. *péccadille*; ptg. *peccado*.

6956) **pĕcco, -āre**, sündigen; ital. *peccare*, dazu das Vbsbst. *pecca*, Fehler, Mangel; (rum. *paca-tuesc ii it i*); prov. *peccar*, dazu das Vbsbst. *pecca*, Fehler; frz. *pécher*, dazu altfrz. das Vbsbst. *pec*, Mitleid, vgl. Gaspary, Z XIII 325; cat. *peccar*; span. *pecar*, dazu das Vbsbst. *peca*, Fleck; ptg. *peccar*, dazu das Vbsbst. *pecha*, Fehler, (*pecar*, wurmstichig werden, *peco*, verdorben, von Früchten, dürften zu dem Stamme *pik*, stechen etc., gehören, vgl. das deutsche „einen Stich bekommen").

6957) **pĕcŏră** *n*. (Pl. v. *pecus*), Kleinvieh, Schafe, dann als Sing. gefafst Schaf; ital. *pecora*, Schaf, friaul. *piora*, venez. *piegora*, lomb. *pegara*, genues. *pegoa*, tic. *pavra*, monf. *pejora*, valses. *peura*, vgl. Salvioni, Post. 16; vgl. Dz 389 *s. v.* S. oben **ovis**.

6958) ***pĕcŏrārĭŭs, -um** *m*. (*pecus*), Schäfer; ital. *pecorajo*; rum. *păcurar*; ptg. *pegureiro*.

6959) **pĕctĕn, -ĭnĭs** *n*. (*pecten, non pectinis*, App. Probi 21, vgl. ALL XI 61), Kamm; ital. *pettine*, davon abgeleitet *pettignone*, die mit Haaren bewachsene Gegend der Schamteile (prov. *penche-nilh-s*, frz. *pénil*, span. *empeine*; schon im Lat. wird *pecten* auch in dieser Bedtg. gebraucht, s. Georges); rum. *piepten*; prov. *penche-s*; frz. *peigne*; cat. *pinte*; span. *peine*, Kamm, *pechina*, Kammmuschel (schon *pecten* hat auch diese Bedtg.); ptg. *pente*. Vgl. Dz 243 *péttine*.

6960) **pĕctĭnārĭŭs, -um** *m*. (*pecten*), Kamm-macher; ital. *pettinajo*; rum. *pieptenar*; frz. *peignier*; cat. *pentiner*; span. *peinero*; ptg. *pentieiro*.

6961) **pĕctĭno, -āre** (*pecten*), kämmen; ital. *pettinare*; rum. *piepten ai at a*; prov. *penchenar*; frz. *peigner*; cat. *pentinar*; span. *peinar*; ptg. *pentear*. Vgl. Dz 243 *péttine*.

6962) [**pĕctĭnōrĭŭm n.* (*pecten*) = frz. *peignoir*, Überwurf der Frauen beim Kämmen.]

6963) ***pĕctŏrĭnă, -am** *f.*, Brust; ital. *petturina*, Schnürleib; rtr. *pichiurina*, Brustfleisch, vgl. Ascoli, AG I 88 Z. 1 v. ob.; prov. *peitrina*, Brust (auch Harnisch); frz. *poitrine*; span. *petrina* (veraltet) Brust, *pretina*, Gürtel. Vgl. Dz 659 *poitrine*; Gröber, ALL IV 430.

6964) **pĕctŭs** *n.*, Brust; ital. *petto*, davon abge-leitet *pettiera*, Brustriemen; sard. *pectus* (?); ca-nav. *pitro*, gozzo = *pectore*, vgl. Nigra, AG XV 120; rum. *piept*, dazu das Vb. *pieptesc ii it i*, sich vollstopfen; rtr. *pez*; prov. *peitz*; frz. *pis*, (das übliche Wert ist *poitrine*, eine andere Ableitung ist *poitrail*, Brustriemen); cat. *pit*; span. *pecho* (über altspan. *pechos*, Sg., vgl. Cornu, R XIII 303), Brust, *peto*, Brustharnisch; (*espetarse*, sich brüsten, dürfte trotz seiner Bedtg. mit *pectus* nichts zu thun haben, sondern nebst *espetar*, anspiefsen, zu got. **spiuta*, Spiefs, gehören, also eigentl. bedeuten „sich wie ein Spiefs gerade halten, stolz einher-gehen"); ptg. *peito*. Vgl. Dz 476 *peto* u. 658 *pis*; Gröber, ALL IV 431. — C. Michaelis, Misc. 143, glaubt, dafs der erste Bestandteil in span. *pinta-cilgo*, Distelfink, ptg. *pintasilgo, pintacirgo* aus *pectus* durch Anlehnung an *pinta* (= **pincta* f. *picta*), Farbenfleck, entstanden sei, während sie in dem zweiten mit Baist, Z VII 121 (vgl. auch Z V 239), das Adj. *syricus*, welches auch „hochrot" be-deuten soll, erkennt; das Wort würde demnach einen rotbrüstigen Vogel bezeichnen. Einfacher ist es aber doch wohl, unmittelbare Zusammensetzung mit *pinta* anzunehmen. Diez 477 *s. v.* erklärte den Namen aus *pictus passerculus*.

6965) **pĕcŭārĭŭs, a, um** (*pecu*), zum Vieh ge-hörig; ital. *pecarajo*; Ableitung ist viell. span. *piara*, Herde, vgl. Dz 476 *s. v.*

6966) **pĕcŭlĭum** *n.*, Vermögen (an Vieh), vgl. span. *peguj-al*, Meyer-L., Z. f. ö. G. 1891 p. 773.

6967) **pĕcŭs, -ŏris** *n.*, Kleinvieh; sard. *pecus*; altumbr. march. *peco*; rum. *pĕcure*, Pl. fem., Rindvieh; prov. *pec*; ptg. *pego*, vgl. Meyer-L., Z. f. ö. G. 1891 p. 773, Salvioni, Post. 16 (Dz 650 *pec*). — Abgeleitet von *pecus, pecoris* sind vermut-lich auch frz. *picorer*, (Vieh plündern), marodieren; span. *pecoréa*, (auf Vieh gerichteter) Plünderungs-zug, vgl. Dz 657 *picorer*. S. eben **pecora**.

6968) ***pĕdă, -am** *f.* (Vbsbst. zu *pedāre*) = frz. *pie*, Koppel, Feld, vgl. Thomas, R XXVI 442.

6969) **pĕdāmĕntum** *n.* (*pes*), Stützpfahl; rtr. *piong*; neap. *pedamiento*, fondamento, sicil. *pi-damentu*, vgl. Salvioni, Post. 16.

6970) **pĕdānĕus, a, um** *m* (*pes*), zum Fufs gehörig; sard. *peagna*, Base, venez. *peagno*, lomb. *pedan*, vgl. Salvioni, Post. 16; altfrz. *paaigne*, vgl. Cohn, Suffixw. p. 163.

6971) [**pĕdātĭcŭm n.* (*pes*), Wegegeld, Zoll; ital. *pedaggio*; frz. *peage*; span. *peaje*; ptg. *peage*, *peagem*. Vgl. Dz 239 *pedaggio*.]

6972) [**pĕdātĭo, -ōnem f.* (*pes*), Grundlage, = prov. *peazo-s*; altfrz. *peason*, vgl. Dz 656 *peason*.]

6973) **pĕdĕs, -ĭtem** *m.* (*pes*), Fufsgänger; davon nach Diez 658 *s. v.* mittelst deutschen Suffixes

abgeleitet frz. *pitaud*, (Fufsgänger, armseliger Kerl),
Bauer, die Ableitung ist aber irrig.

6974) **pĕdĕster, tris, tre** (*pes*), zu Fufs gehend;
altfrz. *peestre*, (*piestre*); neufrz. *piètre*, armselig. Vgl. Tobler, Ztschr. f. vgl. Sprachf. XXIII
(NF III) 418; G. Paris, R VI 156; Scheler im Anhang zu Dz 808; Diez hatte diese Ableitung in der
1. Ausg. seines Wtb.'s gegeben, sie später aber
fallen lassen, worauf sie von Tobler a. a. O. wieder
aufgenommen wurde.

6975) **pĕdĭcă, -am** *f.* (*pes*), Schlinge; ital.
piedica; venez. *peca*; sard. *peica*; (neapol. *pedicone*, ceppo); lomb. *pédeg*, lento; com. *pedegá*,
operar lentamonte, vgl. Salvioni, Post. 6; rum.
piedică; frz. *piège* m. = *pĕdicum*, vgl. Neumann,
Z XlV 554 u. 561; ptg. *pejo*, Hindernis, Widerwille, Bescheidenheit, Beschämung, dazu das Vb.
pejar, hindern. Vgl. Dz 476 *pejo*, 657 *piège*.

6976) **pĕdĭcŭlōsus, a, um** (*pediculus*), voll von
Läusen; ital. *pediglioso* (Gallicismus, vgl. d'Ovidio,
AG XIII 393); frz. *pouilleux*.

6977) (**pĕdĭcŭlus**) *pĕdŭcŭlŭs, -um* m. (*pes*),
Laus; ital. *pidocchio*; sard. *piogu*; rum. *păduchie*;
rtr. *pluogl, podl*; prov. *peolh-s*; altfrz. *peoil,
pevu*; neufrz. *pou*; cat. *poll*; span. *piojo*; ptg.
piolho. Vgl. Dz 246 *pidocchio*; Gröber, ALL IV
431; Cohn, Suffixw. p. 28.

6978) (**pĕdĭna**) = ital. *pedina*, Bauer im Schachspiel; (diese Figur heifst frz. *pion*, span. *peon*,
ptg. *pião*, Worte, welche auf den Stamm *pic-*,
stechen, zurückgehen u. eigentlich einen mit einer
Pike oder sonstigem spitzen Werkzeuge bewaffneten
Soldaten bezeichnen).] S. unten **pĕdo.**

6979) [*pĕdĭŏla, -am* *f.* (*pes*), Fufsriemen; dav.
nach C. Michaelis, Frg. Et. p. 52; span. *pihuela,
piguela* (ptg. mit Nasalierung *pinguela*) Riemen
am Fufse des Falken, dazu das galic. Vb. *apiolar*,
auch ptg. *peyóo, peyó, pió, pióz* soll hierher gehören. Alles dies klingt sehr unwahrscheinlich.
Die Worte sind vielleicht mit ital. *pinolo* verwandt u. gehen mit diesem auf den Stamm *pic*
(s. d.) zurück. S. auch No 6988.]

6980) **pĕdĭs ŭngŭlă** = span. *pesuña*, Klaue;
ptg. *pesunha*, vgl. Dz 476 *pesuña*.

6981) [*pĕdĭtĭcŭlō, -āre* (*peditum*) = frz. *pétiller*, sprudeln, knistern, schäumen, ungeduldig sein,
begierig sein (in der letzteren Bedtg. leitet Scheler
im Dict. *s. v.* das Wort von *pistare*, stampfen, ab
und beruft sich dafür auf die bei Palsgrave sich
findende Ferm *pestiller*; das dies Verb aber von
Palsgrave mit *paddyll* = *patauger* übersetzt wird,
so erscheint seine Identität mit neufrz. *pétiller* als
sehr zweifelhaft). Vgl. Dz 243 *petardo*; Ascoli,
AG III 455.]

6982) [*pĕdĭto, -ōnem* m. (*pes*), Fufsgänger;
frz. *piéton*, vgl. Dz 240 *pedone*.]

6983) **pĕdĭtŭm** n. (*pedere*), „crepitus ventris";
ital. *peto*; neap. *pireto* (?), venez. *peto*, lomb.
pet, vgl. Salvioni, Post. 6;. frz. cat. *pet*, (davon
leitete Vogel p. 84 das prov. cat. frz. Adj. *petit*,
klein, ab, was, trotz aller Ästhetik, auf den ersten
Blick gefallen kann, näherer Prüfung aber nicht
Stand hält, s. unten **pett-**); ptg. *peito*. Davon abgeleitet ital. *petardo*, frz. *pétard*, Thorbrecher,
Petarde. Vgl. Dz 243 *petardo*.

6984) **pĕdo, pĕpĕdi, pĕdĭtŭm, pĕdĕre**, crepitum
ventris edere: prov. *peire*; altfrz. *poire*; span.
peer, dazu das Sbst. *pedo*; ptg. *peidar*, dazu das
Sbst. *peido*.

6985) [*pĕdo, -ōnem* m. (*pes*), Fufsgänger; ital.

pedone; prov. *pezon-s*, davon abgeleitet *pezonier-s*.
(Mit diesen Worten berührt sich begrifflich frz.
pion, Fufssoldat, Bauer im Schachspiel, in dieser
Bedtg. auch span. *peon*, ptg. *pião*, davon abgeleitet *pionnier*, Schanzgräber, ital. *picconiere*,
span. *piconero*, Worte, welche auf den Stamm *pic-*,
stechen, zurückgehen u. eigentlich einen mit einem
spitzen Werkzeuge ausgerüsteten Soldaten bezeichnen;
in Bezug auf *pion* ist jedoch ein zwingender Grund,
von dem bei Diez 240 angesetzten Grundwerte
pedone abzugehen, nicht vorhanden. Vgl. Horning,
Ztschr. f. neufrz. Spr. u. Litt. X² 243; Fafs, RF
III 505.)]

6986) *πηλώτης* (v. *πηλόν*), Steuermann (vgl.
πηδόν,-άλιον); davon nach Breusing's ansprechender Vermutung, Niederdeutsches Jahrb. V, ital.
pedoto, piloto, pilota (wohl angelehnt an *pila*),
Steuermann, Lotse; frz. *pilote;* span. ptg. *piloto.*
Das niederländische *pijloot* ist offenbar aus dem
Romanischen entlehnt, nicht umgekehrt. Vgl. Dz
247 *piloto.*

6987) **pĕdŭlĭs, e** (*pes*), zum Fufs gehörig; ital.
pedule, Socke.

6988) *pĕdŭlĭă* n. pl. (*pedulis*, v. *pes*), Gamaschen,
(s. Georges)=(?)span. *pihuela*, Fufsschelle, am Fufs
befestigter Riemen; (ptg. *pioz*). Vgl. Gröber, ALL
IV 431; Diez 477 *s. v.* erklärte *pihuela* für unmittelbar aus *pes, pedem* abgeleitet. S. No 6979.

6989) **pēgmă** n. (*πῆγμα;* *pegma, non pcuma*
App. Probi 85), ein zusammengefügtes Ding; davon
nach C. Michaelis, Misc. 142, vielleicht lomb. *pelma*,
Honigseim; rtr. *pelma*, glattes, flaches Backwerk,
Honigfladen; span. *pelmazo* (das Vorhandensein
eines Primitivs *pelma* erscheint zweifelhaft), platt-
gedrückte Masse, als Adj. schwerfällig. Dz 476
pelmazo nahm mit span. Wortableitern griech.
πέλμα, Fufssohle, als Grundwort an; Baist Z V
241 (vgl. auch RF I 442) stellte lat. *pemma* (gr.
πέμμα), süfses Backwerk, als Grundwort auf, aber
der dann anzunehmende Einschub eines *l* ist höchst
bedenklich. Morel-Fatio, R IV 48, meint, dafs *pelmazo* aus *plombazo* = *plumbaceum* entstanden sei.
Vgl. Meyer-L., Rom. Gr. II 449.

6990) neugriech. *πεῖρος, πειροῦνιον*, Zapfen (?);
dav. nach Flechia, AG II 313, vgl. Parodi, R XXVII
221, bologn. modem. piem. *biron*, tappo, piuola,
sicil. *piruni*. Vgl. oben **epigrus.**

6991) *pējŏr*, *pējŭs*, für schriftlat. *pejor, pejus*,
(Komp. zu *malus*), schlimmer; ital. *peggiore, peggio;*
sard. *peus*; rtr. *pir, pigiur, pis;* prov. c. r. *pejer,
pieger*, c. o. *pejor, peyor, peits;* frz. *pire* = *pejor,
pis* = *pejus;* cat. *pitjor;* span. ptg. *peor.* Vgl.
Gröber, ALL IV 431.

6992) türk. **peksimet** = ital. *pasimata* „pasta con
zafferano e cantucci cotta a pane", vgl. Caix, St. 439.

6993) [**pĕlăgŭs, -um** m. (*πέλαγος*), Meer (im
Roman. besonders Abgrund des Meeres, Abgrund
überhaupt); ital. *pelago;* venez. *pielego;* prov.
peleg-s, peleagre-s; frz. *pelaigre, pal.*; (cat. das Vb.
empelegar, sich auf's Meer begeben); span. *pié-
lago;* ptg. (*pelago*), davon. Vgl. Dz 240 *pelago.*]

6994) mittelengl. **pelfe**, Beute (neuengl. *pelf*,
Geld); davon altfrz. *pelfre*, Beute, *pelfrer*, plündern, vgl. Dz 476 *pelfre*; Mackel p. 88.

6995) **pĕlĭcānus, -um** m. (*πελεκάν, -ᾶνος*), Kropfvogel, ital. *pelicano,* frz. *pélican* etc., überall nur
gel. W.

6996) **pĕllārĭŭs, -um** m. (*pellis*), Fellarbeiter,
Kürschner; (ital. *pellicciere, pellicciajo* = *pelli-
ciarius*); rum. *pielar;* prov. *pelier-s* (u. *pelissier-s*);

frz. *peaussier*; cat. *pellisser*; span. *pellejero* =
pellicularius; ptg. *pelliqueiro*).
    *pĕllĭcĭārĭŭs s. **pĕllārĭŭs.**
    6997) [***pĕllĭcĭo, -āre** (*pellis*)=(?)altfrz. *pelicer*,
rupfen (am Felle); vermutlich ebenfalls auf *pellis*,
bezw. auf ein **péllisco, -āre*, zurückzuführen sind
span. *pellizar*, ptg. *belliscar*, zupfen, zwicken.
Vgl. Dz 475 *pelliszar*.]
    6998) **pĕllĭcĭŭs, a, um** (*pellis*), aus Fellen ge-
macht; ital. *pelliccia*, Pelz; frz. *pelisse*, ptg.
pellissa. Vgl. Dz 240 *pelliccia*; Cohn, Suffixw.
p. 31.
    6999) **pĕllĭcŭlă, -am** *f.* (Demin. v. *pellis*), kleines
Fell; tarent. *piddekya*, Eihäutchen, vgl. Meyer-L.,
Z. f. ö. G. 1891 p. 773; neap. *pellecchia*, canav.
plija, vgl. AG XIV 114; luech. *pecchia*, pelliccia
della castagna, vgl. Pieri, AG XII 172 Anm.;
aret. *peglia*, ricci della castagna ist wohl = **pileu*
od. **pellea*, vgl. d'Ovidio, AG XIII 400; span.
pelleja, Hure (in dieser Bedtg. findet sich das Wort
bereits im Latein gebraucht, siehe Georges), vgl.
Dz 475 *s. v.*
    7000) **pĕllĭs, -em** *f.*, Fell; ital. *pelle*; sard.
pedde; rum. *piele*; rtr. *pial*; prov. *pel-s*; frz. *peau*;
cat. *pell*; span. *piel*; ptg. *pelle*. Vgl. Gröber,
ALL IV 432.
    7001) [***peltrum** ist das vorauszusetzende, völlig
rätselhafte Grundwort für ital. *peltro*, Zinn; altfrz. *peautre* (auch *espeautre*); span. ptg. *peltre*.
Vgl. Dz 240 *peltro*. Auch keltischer Ursprung erscheint ausgeschlossen, vgl. Th. p. 70.]
    pĕmmă s. **pēgmă.**
    7002) **pĕndent-** (Part. Präs. v. *pendēre*); dav.
viell. mundartl. frz. *podant*, (Ohr-)Gehänge, lothr.
pudă, Fiemen, welcher die beiden Teile eines
Dreschflegels verbindet, vgl. Behrens, Festg. f.
Gröber p. 164; Horning, Z IX 509, nahm an, dafs
pudă aus *prodan* (Part. Präs. v. *prendre*) entstanden sei, vgl. auch frz. Stud. V 117.
    7003) ***pĕndīco, -āre** (*pendēre*), schweben; prov.
penjar; frz *pencher*; (altspan. *pingar*). Vgl. Dz
656 *pencher*; Gröber, ALL IV 432.
    7004) ***pĕndĭcŭlo, -āre**, leise schwingen; mant.
pingolar, vgl. Salvioni, Post. 16.
    7005) ***pĕndĭōlus, a, um** (f. *pendŭlus*), schwe-
bend; ital. *penzolo*, dazu das Vb. *penzolare* (dagegen gehört *pinzigliare* wohl zu *pendilis*). S. No
7017.
    7006) ***pĕndītă** (Part. Prät. zu *pendēre*) = frz.
pente, Abhang, vgl. Dz 656 *s. v.* (wo auch das
Kompos. *soupente*, Hangriemen, angeführt ist);
Gröber, ALL IV 432.
    7007) [***pĕndĭx, -īcem** *f.*, = ital. *pendice*, Ab-
hang, vgl. Dz 389 *s. v.*]
    7008) **pĕndo, pĕpĕndĭ, pēnsŭm, pĕndĕrĕ**, hängen;
ital. *pendere*, dav. das Sbst. *pendaglio*, vgl. d'Ovidio,
AG XIII 412; rtr. *pender*; prov. *pendre*; frz.
pendre, dav. das Sbst. *pendaison*; cat. *pendrer*;
span. ptg. *pender*. Vgl. Gröber, ALL IV 432.
    7009) **pĕndŭlŭs, a, um** (*pendēre*), schwebend;
ital. *pendulo* (gel. W.) u. *pendolo* (halbgel. Wort),
vgl. Canello, AG III 335; vermutlich ist auch *pentola*, Topf, = *pendula* anzusetzen u. das t für *d*
aus Anlehnung an *ventola* zu erklären, vgl. Gröber,
ALL IV 432, auch Diez ebenda 389 *s. v.* diese schon
von Ménage aufgestellte Ableitung, welche sachlich
darin begründet ist, dafs bei offenem Feuer der
Topf darüber hängen u. also schweben mufs. Auf
ein **pendiolus* scheint ital. *penzolo*, schwebend, zu
deuten, vgl. No 7005 u. 7017.

    7010) **pēnĭcĭllŭs, -um** *m.* (Demin. von *penis*),
Pinsel; (ital. *pennello*); frz. *pinceau*; cat. *pinsell*;
span. ptg. *pincel*. Das *i* statt *e* erklärt sich wohl
aus Anlehnung an *pingere*. Vgl. Cohn, Suffixw.
p. 50.
    7011) **pēnĭcŭlus, -um** *m.* (*penis*, gekreuzt mit
penna) = ital. *pennechio*, Spinnrocken voll Flachs
od. Wolle.
    7012) **pĕnnă, pīnnă, -am** *f.*, Feder; ital. *penna*,
Feder; rum. *pană*; prov. *pena*, *penna* (bedeutet
auch „Pelzwerk"); frz. *panne* (s. ob. *panus*), *penne*,
(gel.W., iud.Bedtg. „Feder", „Schreibfeder" ist *plume*
das übliche Wort); cat. *penna*; span. *pena* (nur
in bestimmten technischen Bedeutungen, das allgemeine Wort für „Feder", bezw. „Schreibfeder" ist
pluma); ptg. *penna*. Die bei Dz 654 *panne* aufgeführten Worte gehören zu *panus* (s. d.). Vgl.
Dz 241 *penna*; d'Ovidio, Gröber's Grundrifs I 503·
Anm. S. **pinma.**
    7013) ***pĕnnăcŭlŭm** *n.* (*penna*), Federbusch; ital.
pennacchio; rum. *pĕnuşă*; (frz. *panache* gehört
zu *panus*); span. ptg. *penacho*. Vgl. Dz 654
panache.
    7014) [***pēnsămĕntum** *n.* (*pensare*), das Er-
wogene, = prov. *pensament-z*; span. *pensamiento*,
Gedanke; ptg. *pensamento*. S. ***pēnsārĭŭs.**
    7015) ***pēnsārĭŭs, a, um** (*pensum*); ital. *pen-
siero* „atto del pensare, l'idea", aber auch „cappiotto
da fermare la conocchia" (in letzterer Bedeutung
auch *pensiere*), vgl. (Canello, AG III 309 u.) Caix,
St. 445.
    7016) [***pēnsătă** (*pensare*), das Erwogene, = frz.
pensée, Gedanke. S. **pēnsārĭŭs.**]
    7017) **pēnsīlĭs, -e** (*pendeo*), schwebend, Pl. **pen-
silia**, zur Aufbewahrung aufgehängte Früchte;
davon leitet Caix, St. 446, ab ital. *pensolo* „frutta
appese", einfacher ist aber als Grundwort **pendiolus*
aufzustellen (vgl. auch das gleichbedeut. aretinische
pendoli = *penduli*, scil. *fructus*); ferner führt Caix,
St. 158, auf *pensilis* zurück *appisolarsi* „dormie-
chiare" (eigentl. „sich schaukeln, um einzunicken"),
pisolo „sonnerollo". Hierher gehört wohl auch
ital. *penzigliare*, schweben, vgl. d'Ovidio, AG XIII
412. — Auf *pênsile* beruht wahrscheinlich frz.
poêle (aus *poisle*), heizbarer Raum, Ofen (vgl. lat.
balneae pensiles „Badezimmer mit einem von unten
erwärmten hohen Fufsboden" Val. Max. 9, 1, 1;
Plin. 9, 168; Macrob, Sat. 3, 15, 3 [s. Georges],
griech. *πάλακαυστα*) vgl. *peseo*. Vgl. Dz 659 *poêle*
3; Scheler im Dict. *s. v.*
    7018) **pēnsĭo, -ōnem** *f.* (*pendo*), Zahlung, Miet-
zins; ital. *pigione*, Mietzins; sonst nur als gelehrtes
Wort mit der Bedtg. „Jahrgehalt, Ruhgehalt": ital.
pensione; frz. *pension* etc. Vgl. Salvioni, Post. 16.
    7019) **pēnso, -āre** (Intens. zu *pendo*), wägen,
erwägen; ital. *pensare* (gelehrtes, aber frühzeitig
auch von der Volkssprache übernommenes Wort,
d'Ovidio, Gröber's Grundrifs I 509 Anm.), denken,
pesar, wiegen, vgl. Canello, AG III 366; valses.
pisée, essere indeciso; prov. *pezar*, wägen, wiegen,
pensar, *pessar*, denken, dazu das Vbsbst. *pensa*,
Gedanke, Verstand; frz. *peser*, wiegen, *panser*,
einen Verwundeten pflegen, verbinden, *penser*, denken;
cat. span. ptg. *pesar*, wiegen, wägen, *pensar*,
denken, dazu das Vbsbst. *pensa*, Gedanke. Das
Rum. besitzt nur in Verbum: *pasa*, denken, sich
bekümmern. Vgl. Dz 243 *peso*; G. Paris, Mém. de
la soc. de ling. I 161 u. R XXV 624. — Zu *pensare* gehört das Partizipialadj. ital. *pesante*, frz.
pesant, auch dazu das Sbst. altfrz. *pesantume*,

Schwere, Kummer, span. pesadumbre, ptg. pesadume, vgl. Cohn, Suffixw. p. 271. Siehe auch **pēnsūm**.

7020) [***pēnsīvus, a, um**, gedankenvoll; (ital. pensivo, dafür gewöhnlich pensieroso, auch pensoso); prov. pensiu-s; frz. pensif; (span. ptg. pensativo, pennoso).]

7021) **pēnsūm** n. (pendo), Gewicht; ital. peso; rum. păs (bedeutet „Kummer"); prov. pes; frz. poids (für pois, das d beruht auf gelehrter graphischer Angleichung an pondus); cat. pes; span. ptg. peso. Vgl. Dz 243 peso.

7022) **pĕntĕcŏstē, -en** f. (πεντηκοστή), Pfingsten; ital. pentecosta; frz. pentecoste, pentecôte (das o war ursprünglich offen, wurde aber später geschlossen, vgl. Faſs, RF III 506; G. Paris, R X 58, Förster zu Yvain 5 f.); (rtr. cunkeisma); span. ptg. penta-, pentecostes (ptg. auch pentecoste) m. (altspan. cisquesma).

7023) **pĕpo, -ōnem** m. (πέπων, -ονος), eine Art Melone, Pfebe; davon viell. ital. popone, Wassermelone, pippolo „granello, acino", pipita (gekreuzt mit pituita), Keim, Spröſsling, auch Pſips d. h. kleine Schuppe an der Zungenspitze des Federviehes; rum. pepene, Wassermelone; (frz. pepin, Obstkern, davon pepinière, Baumschule); span. pepino, Gurke, pepita, Obstkern. Pſips bei Hübnern; ptg. pepino, Gurke. Der Bedeutungsübergang von „Melone" zu „Obstkern" ist schwer zu erklären. noch mifslicher sind pépie, pipita, pepita mit der Bedtg. von pepo zu vereinigen; es scheinen diese Worte auf einem volkstümlichen Stamme *pip- zu beruhen, der (ähnlich wie pūpa) zur Bezeichnung des Kleinen, Winzigen dienen soll. Vgl. Dz 657 pepin; Caix, St. 450 (frägt „varianti dei lat. pappus indicante il granello di diverse frutta?").

7024) **pĕr**, durch; ital. per; rum. pre (per + ad s. No 7026 per + extra = preste, peste, per + in = prin, per + inter = printre, pentru, ex + per = apre, de + ex + per = de-pre); prov. per; frz. par (in den ältesten Denkmälern findet sich auch per; im Altfrz. wird par, wie lat. per, zur Verstärkung des Adjektivs gebraucht, jedoch nicht mit diesem verbunden); altspan. altptg. per, neuspan. neuptg. ist por, nach Diez = pro, dafür eingetreten, jedoch hat sich im Ptg. per in einzelnen Verbindungen erhalten (vgl. aber über per, por, par in den romanischen Sprachen die treffliche u. inhaltsreiche Untersuchung von Cornu, R XI 91, u. dazu Baist, Z VII 635). —Vgl. Dz 655 par und Gr. II² 484; Cornu, R XI 91; Baist, Z VII 635.

7025) **pĕra, -am** f., Ranzen; dav. levent. peráca, vgl. Salvioni, Post. 16.

7026) **pĕr + ād** = (rum.) span. ptg. para, nach, für, wegen. rum. pre. Vgl. Cornu, R XI 95.

7027) **pĕrāmbūlo, -āre**, durchwandern, umhergehen, = rum. preumblu (primblu, plimb) ai at a.

7028) **pĕrca, -am** f. (πέρκη), Bartsch; neap. perchia, vgl. Salvioni, Post. 16.

7029) **pĕrcĭpĭo, cēpī, cēptūm, cĭpĕre**, erfassen, bemerken; ital. percepire, erhalten, bekommen; altoberital. percevêr; rum. pricep ui ut e, bemerken; prov. percebre; frz. percevoir; cat. percebre, percebir; span. percebir, percibir, perceber; ptg. perceber.

7030) [**pĕrcōgnĭto, -āre**, davon perchoinded = percognitavit „er lieſs wissen", nur in der Clermonter Passion V. 113, vgl. Dz 107 conto.]

7031) **pĕrcōnto, -āre** (schriftlat. gewöhnlich percontari v. contus, eigentl. mit der Ruderstange den

Grund erproben, dann auskundschaften), fragen; span. preguntar, fragen; ptg. perguntar, dazu das Vbsbst. pregunta, pergunta, Frage. Vgl. Dz 478 preguntar.

7032) **pĕrcŭtĭo, cŭssī, cŭssum, cŭtĕre**, durchstoſsen; span. percudir, eine Sache verderben; ptg. percudir, tödlich verwunden, (percutir, schlagen, stoſsen). Vgl. Dz 443 oudir.

7033) **pĕr dĕūm**, bei Gott; altfrz. perdiex, perdieu, perbieu; neufrz. parbleu (mit euphomistischer Umgestaltung); span. pardios, pardiez. Vgl. Dz 475 pardiez, 655 parbleu; Cornu, R XI 91 (Cornu widerlegt Diez' Behauptung, daſs die span. Interjektion dem Altfrz. entlehnt sei).

7034) ***pĕrdĭtā** (Part. Prät. v. perdère) = ital. perdita, Verlust; (prev. perdement-z); frz. perte; (span. pérdida); ptg. perda).

7035) **pĕrdĭtĭo, -ōnem** f. (perdere), Verderben; ital. perdizione; prov. perdicio-s, perdecio-s; span. perdicion; ptg. perdiçāo.

7036) **pĕrdīx, -dīcem** c., Rebhuhn; ital. perdice, pernice; prev. perdiz; altfrz. perdix, perdrix, pietrix; über altfrz. Ableitungen vgl. Cohn, Suffixw. p. 42; neufrz. perdrix; span. ptg. perdiz. Vgl. Dz 244 prrdice.

7037) **pĕrdo, -dĭdī, -dĭtūm, -dĕre**, verderben, verschwenden, verlieren (letztere Bedtg. ist die im Roman. übliche); ital. perdere; rum. pierd ui ut e; rtr. perder; prov. frz. perdre; cat. perdrer; span. ptg. perder. Vgl. Grœber, ALL IV 432.

7038) [***pĕrdōnābĭlĭs, -e** (perdono) = altfrz. pardonables, pardonnables, zur Vergebung geneigt, vgl. Tobler, Li dis dou vrai aniel p. 34.]

7039) ***pĕrdōno, -āre**, vergeben, verzeihen; ital. perdonare, dazu das Vbsbst. perdono; prov. perdonar, dazu das Vbsbst. perdo-s, daneben perdonansa u. perdonamen-s; frz. pardonner, dazu das Vbsbst. pardon; span. perdonar, dazu das Vbsbst. perdom, daneben perdonanza; ptg. perdoar, dazu das Vbsbst. perdāo.

7040) **pĕrēgrīnūs, a, um** (per + ager), fremd (im Roman. ist das Wort Sbst. mit der ursprünglichen Bedtg. „einer, der über Land zieht, Wanderer"; ital. (peregrino, Adj., „insolito, squisito"), pellegrino Pilger, pellegrivch, eine Art Kleid, vgl Canelle, AG III 361; (rum. peregrin, Pilger; rtr. peregrin, Fremder); prov. peregri-s; frz. pèlerin (daneben pélerin); (cat. peregri; span. ptg. peregrino). Vgl. Gröber. All. IV 431.

7041) **pĕrĕo, īi, ītum, īre**, zu Grunde gehen; ital. perire; rum. pier pierii pierit pieri; prov. perir; frz. périr; cat. perir; span. ptg. perecer.

7042) [***pĕrēxcāmbĭo, -āre** = rum. preschimb ai at a, austauschen.]

7043) [***pĕrēxcūrto, -āre** (curtus) = rum. prescurtez ai at a, kürzen.]

7044) [***pĕrēxsūco, -āre** (sucus), austrocknen, = ital. prosciugare, vgl. Dz 312 succo.]

7045) [***pĕrēxsūctus, a, um** (sūcus), tüchtig ausgetrocknet, geräuchert, = ital. prosciutto, prosciutto, Schinken, vgl. Dz 312 succo.]

7046) [***pĕrēxtrāĭcĭo, -ĕre** = rum. pestrec ui ut e, ohnmächtig werden.]

7047) [***pĕrfācĭo, -ĕre** (schriftlat. perficio), vollenden; rum. prefac ui ut e; prev. frz. parfaire.

7048) ***pĕrfāctūs, a, um** (schriftlat. perfectus v. perficere), vollendet, vollkommen; frz. parfait.

7049) **pĕrfĕctūs, a, um** (Part. Prät. v. perficere), vollendet, vollkommen; ital. perfetto; prov. per-

feit-z; (frz. parfait = *perfactus); span. pérfecto;
ptg. perfeito.

7050) **pĕrfĭdĭă, -am** f., Treulosigkeit; ital. perfidia u. dem entsprechend als gel. W. auch in den übrigen Sprachen; in volkstümlicher Form mit bemerkenswertem Bedeutungswandel cat span. ptg. porfia (altspan porfidia, altptg.perfia). Hartnäckigkeit, dazu das Vb. porfiar, hartnäckig streiten. Vgl. Dz 477 s. v.

7051) [pĕrfĭdŭs, a, um, treulos: ital. perfido; frz. perfide etc, überall nur gel. W.]

7052) *pĕrgămīnum (für pergamenum v. Pergamum, Stadt in Mysien, angeblicher Ursprungsort der Pergamentbereitung), Pergament; ital. pergamino; sard. bargaminu; prev. pargami-s; altfrz. parcamin, permint; frz. parchemin; cat. pergami; span. pergamino; ptg. pergaminho. Vgl. Dz 655 parchemin; Gröber; ALL IV 433; Cohn, Suffixw. p. 219.

7053) [pĕrgămŭm n. (πέργαμον), Burg. Anhöbe (s. Georges s. v.); ital. pergamo, Gerüst, Kanzel, vgl. Dz 389 s. v.]

7054) pĕrgŭla, -am f., Vorbau, Veranda; ital. pergola u. pergolo; neap. prievolo u. piercolo, vgl. Meyer-L., Z. f. ö. G. 1891 p. 773; venez. pergola, ballatojo, pulpite; valtell. pèrgol, pergamo, vgl. Salvioni, Post. 17.

7055) pĕrīcŭlōsŭs, a, um (periculum), gefährlich; ital. pericoloso, periglioso; rum. pericolos; prev. perillos; frz. périlleux; cat perilos; span. peligróso; ptg. perigoso.

7056) pĕrīcŭlŭm n., Gefahr; ital. pericolo, periglio; sard. perìgulu; valses. prigu; piem. privu; genues. peigo, vgl. Salvioni, Post. 17; rum. pericol; prov. perilh-s; frz. péril; cat. perill; span. peligro; ptg. perigo.

7057) [*pĕrītīo, -āre (v. *peritium, Durchgang), wurde von Bartsch, Z II 308, als Grundwort zu frz. percer aufgestellt. S. unten pĕrtūso, pĕrtūsĭo.]

7058) [*pĕrīto, -āre (peritus); ital. peritare, abproben, schätzen, taxieren (in dieser Bedtg. nur mundartlich) als Reflexiv sich scheuen (die vermittelnde Bedtg. war wohl „sich erproben, sich versuchen, zaghaft an etwas herangehen“). Diez 389 s. v. vermifste zwischen peritarsi und peritus den logischen Zusammenhang, glaubte einen solchen aber zwischen peritarsi und dem span. apretar = *appectorare, drücken, drängen, zu finden.] Man wird ihm hierin schwerlich beistimmen können.]

7059) pĕrītŭs, a, um, erfahren, = ital. span. ptg. perito. Daneben wird „erfahren“ durch expertus = ital. esperto, frz. expert (daneben expérimenté), span. ptg. experto ausgedrückt.

7060) *pĕrlīngo, -ĕre = rum. preling, linsei, lins, linge, Refl., leck sein, Wasser durchlassen.

7061) *pĕrlŏngo, -āre (longus) dav. rum. perlungesc i it i, verlängern; prov. cat. perlongar, daneben prolongar, welches letztere auch in den übrigen Sprachen vorhanden ist; ital. prolungare, frz. prolonger, span. ptg. prolongar.

7062) [pĕrlŏngŭs, a, um, sehr lang; davon nach Caix, St. 590, ital. spilungone „uomo lungo e magro“ (sicil. spirlungo, altgenues. perlongo, mager); span. pilongo, mager); ptg. perlongo, mager);

7063) *pĕrlŭcro, -āre (lucrum) = rum. perlucrez ai at a, vollkommen machen.

7064) *pĕrmĭtto, mīsī, mīssŭm, mĭttĕrĕ, erlauben; ital. permettere; prov. frz. permettre

(permetre); span. permitir; ptg. permittir. Wegen der Flexion im Ital, Prev. u. Frz. s. *mĭttĕrĕ.

7065) pĕrnă, -am f., Bein. Hinterschinken, eine Art Muschel; altumbr. altabruzz. neap. sicil. perna; neuprov. perno, Schinken; span. pierna, Bein; ptg. perna. Vielleicht gehört hierher auch ital. span. ptg. perno, Haspe, Zapfen, span. pernio, eisernes Band an Thüren u. Fenstern, doch ist das nicht eben wahrscheinlich, schon weil im Span. ie zu erwarten wäre. Im Ital. ist perna verloren, aber die Ableitung pernocchia, Perlmutter, vorhanden. Vgl. Dz 242 perno, 476 pierna; Gröber, ALL IV 433. Thomas R XXVI 400, setzt auch prov. perna, Nackenschleier, Kopftuch etc. = lt. perna an.

7066) pĕnĭo, -ōnem m. (perna), Frostbeule an den Füfsen; davon nach Caix, St. 444, mit Angleichung an piede ital. pedignoni „geloni ai piedi“.

7067) *pĕrnŭlă, -am f. (Demin. v. perna), kleine Muschel, Perle; ital. prov. perla, davon ital. perlato, frz. perlé „fatto a guisa di perla“, vgl. Canello, AG III 314; frz. perle; cat. span. ptg. perla (ptg. auch perola). Vgl. Dz 241 perla (Diez stellt als Grundwort *pirola, Birnchen, v. pirum auf, *pernula erscheint ihm bedenklich); Gröber, ALL IV 433 (G. verteidigt pernula).

7068) gr. πεϱονάν, durchbohren; dav. (?) nach Thomas. R XX\I 441, neuprov. perna(r), spalten, perno, Spalt.

7069) *pĕrpĕndĭum n. (vgl. suspendium), lotrechte Lage, lotrecht gelegter Stein; sicil. parpagnu; rtr. parpauu; frz. parpaing, parpain, perpin, dazu das Vb. perpigner; span. perpiaño. Vgl. G. Paris, R XXVII 401. Thomas, R XXVI 437 u. 442, hasta *perpaginem (vgl. compaginem) als Grundwort aufgestellt.

7070) pĕrpĕtŭālĭs, -e (perpetuus), durchgängig; ital. perpetuale; (rum. púrure, Adv., beständig, immer); prov.perpetual-s; frz. perpétuel; altspan. altcat. perpetual. — Auch perpetuus ist als gel. Wort im Ital., Span., Ptg. vorhanden: perpetuo, davon das Vb. perpetuar(e), fortwähren lassen.

7071) pĕrpŭnctŭs, a, um (pungo), durchstochen; davon prev. perponh-s, gestepptes Wamms; frz. pourpoint (pour- für par-); span. perpunte, gestepptes Wamms, pespunte, das Steppen; ptg. pespunto, das Gesteppte, dazu das Verb pespuntar, steppen. Vgl. Dz 661 pourpoint.

7072) pĕrscrūto, -āre, untersuchen; span. pe-scudar.

7073) pĕrsĭcŭs, -um f. (persica, non pessica App. Probi 149, vgl. ALL XI 62), Pfirsichbaum, (malum) pĕrsĭcŭm, persischer Apfel, Pfirsiche; ital. persico, Pfirsichbaum, persica, Pfirsiche; rum. persic (piersic), persica; prov. pessequier-s, presseguir-s, presega; frz. pécher, pèche; cat. presseguer, pressegq; span. pérsico, prisco, péjego, albérchigo; ptg. pecegueiro, pecego, alperche. Vgl. Dz 242 persica.

7074) pĕrsōnă, -am f., Person; ital. persona; rum. persoană; prov. persona; frz. personne; cat. span. persona; ptg. pessoa.

7075) pĕrsōnālĭs, -e (persona, persönlich), = ital. personal-; frz. personnel etc.

7076) [pĕrsūādĕo, sūāsī, sūāsŭm, sūādĕre, überreden, überzeugen; = ital. persuado, suasi, suaso, suadere; span. ptg. persuadir.]

7077) pĕrtĭcă, -am f., Stange; ital. pertica, friaul. piertie; prov. perga; frz. perche; cat.

42*

perca; (span. piértica, percha; ptg. percha). Vgl.
Dz 657 perche; Gröber, ALL IV 432.

7078) stans pěrtĭcă; davon nach Bugge, R III
163, ital. stamberga, Stangengerüst, Bude, schlechte
Hütte, Braune, Z XVIII 520, deutet stamberga
als „Steinberge", Unterschlupf in einem Felsen, vgl.
Steinbock : stambecco; altfrz. estamperche, auf-
gerichtete Stange. Vgl. Dz 403 stamberga (Diez
hielt das Wort für deutschen Ursprungs).

7079) pěr tōtŭm ĭndě — rum. pertutinde,
überall.

7080) *pěrtrāĭcĭo, -ěre — rum. petrec ui ut e,
durchlaufen, verbringen.

7081) pěrtŭndo, tŭdī, tŭsŭm, tŭndere, durchstofsen; sard. pertunghere, Part. pertuntu; rum.
pătrund, trunsei, truns, trunde, durchdringen.

7082) *pěrtūso und pěrtūsĭo, -āre (pertusus),
durchbohren; (ital. pertugiare, dazu das Vbsbst.
pertugio, Loch); sard. pertusare, dazu das Vbsbst.
pertusu; (rum. patrunde); prov. pertusar, dazu
das Vbsbst. pertus; altfrz. [*pertuisier, daraus in
Folge der Flexionsbetonung percier, pik. perchier,
dazu das Vbsbst.) pertuis, Loch; neufrz. percer.
Vgl. Dz 242 pertugiare u. dazu Scheler im Anhang
zu Dz 738; Bartsch, Z II 308 (s. oben *pěrītĭo,
-āre); G. Paris, R XV 453 (dagegen, aber ohne
zureichenden Grund, Behrens, Frz. St. III 62);
Gröber, ALL IV 433.

[*pěrūstĭo, *perūstŭlo s. cŏmbūstĭo, cŏmbūstŭlo.]

7083) *pěrvĭgĭlĭo, -āre (schriftlat. pervigilo),
die Nacht hindurch wachen. — rum. priveghies
ai at a.

7084) pěrvĭgĭlĭŭm n., das Wachbleiben durch
die Nacht hindurch; rum. priveghiu, Totenwache;
span. ptg. pervigilio, Wachbleiben, Schlaflosigkeit.

7085) pěrvĭncă, -am f. (vinca pervinca), Sinn-
grün; ital. pervinca; valses. pervenca, ghirlanda;
frz. pervenche; span. pervenca, pervensa; ptg.
pervinca.

7086) pěrvĭus, a, um, wegbar; altsien. perbio,
vgl. Parodi, R XXVII 237.

7087) pēs, pědem m., Fufs; ital. piede, (in adverbialen Verbindungen piè), vgl. Canelle, AG III
400; rtr. pe, péi, pié etc., vgl. Gartner § 200;
prov. pe-s; frz. pied; cat. peu; span. pie; ptg.
pé. — Aus dem Stamm pede u. dem abd. stal,
Stellung, Stand, ist zusammengesetzt ital. piedestallo, Fufsgestell; frz. piédestal; span. ptg. pedestal, vgl. Dz 246 piedestallo. — Aus altfrz.
*pief für pied ist nach Tobler, Misc. 72, entstanden
frz. *pieffer, piaffer, mit den Füfsen stampfen (vom
Pferde); Gröber, Z X 293, erhebt gegen diese ansprechende Ableitung mehrere Bedenken, unter denen
die Zweisilbigkeit des ia das gewichtigste ist, und
will das Wort auf einen schallnachahmenden Stamm
pi-, pe-, zum Ausdruck von Vogelstimmen diene,
zurückführen, so dafs es mit den meist nur mundartlichen Verben pianner, piauler, schreien (vom
Truthahn), piailler, piasser, piepen, zu einer Sippe
gehören würde; wie aber damit die Bedtg. von
piaffer vereinbart werden könnte, ist schwer abzusehen. Gröber hebt hervor, dafs das Shet. piaffard,
Prahler, bei Du Bartas, La Semaine V 828, vom
Pfau gebraucht werde u. sich eigentlich auf das
häfsliche Schreien dieses Vogels beziehe, aber ebenso
gut kann man nach dem Zusammenhange der Stelle
unter piaffard den einherstolzierenden Vogel verstehen. Alles in allem genommen dürfte die Tobler-
sche Ableitung doch vorzuziehen sein. Dafs frz.

Vokalverbindungen, welche ihrer Entstehung nach
einsilbig sein sollten, zweisilbig gebraucht werden,
findet sich ja auch sonst.

7088) pěstĭs, -em, Pest; ital. peste etc.

7089) *pěstŭlŭm n. (für pessulum), vgl. Gramm.
lat. ed. Keil VII 111 u. 205), Riegel; ital. pestio
(mundartlich peschio — *pesculum); prov. peile;
neuprov. pesteu; altfrz. pesle, pèle, vgl. Thurot,
Prononciat. frçse II 261; neufrz. pène f.; cat.
pestell; span. ptg. pecho (u. pestillo — *pestillum).
Vgl. Dz 476 pestillo (das Wort wird unzureichend
erklärt); Bugge, R IV 367; Ascoli, AG III 456 und
461; Caix, St. 447; Gröber, ALL IV 434.

7090) gr. πέταλον n., ein ausgebreiteter Gegenstand, Blatt, Platte etc.; dav. nach Diez 659 altfrz.
poesle, neufrz. poéle m., Thronhimmel. So unwahrscheinlich diese Ableitung auch ist, kann sie doch
zur Zeit durch eine bessere nicht ersetzt werden.

7091) *pětĭēns, -ēntem m. (für petens, Part.
Präs. v. petěre), — ital. peziente, pezzente, Bettler;
ptg. pedinte. Vgl. Dz 389 pezzente.

pětīgo s. ĭmpětīgo.

7092) pětĭŏlŭs, -um m. (Demin. zu pes, Füfschen),
Stiel am Obst; ital. picciuolo, Stiel am Obst; rum.
picior, Fufs; (frz. pétiole m.); span. peciolo, Stiel
am Obst, pezuelo, kleine Spitze. Vgl. Dz 389 pic-
ciuola.

7093) pětĭtă, -am f. (Part. P. P. v. petere) —
ital. patita (u. die Verlobte, vgl. Caix, St. 441.

7094) pětĭtōr, -ōrem m. (v. petere), Bewerber,
Bettler; ital. petitore; rum. pețitor; span. ptg.
pedidor.

7095) pětĭtŭm n. (Part. P. P. v. petere), — span.
ptg. pedido, Abgabe.

7096) mejikan. petlacalli; daraus viell. span.
petaca, Reisekoffer, vgl. Dz 476 s. v.

7097) mejikan. petlatl; daraus vielleicht span.
petate, Binsenmatte, vgl. Dz 476 s. v.

7098) pěto, pětĭvī, pětītŭm, pětěrě, erstreben,
bitten, fordern; (ital. ist das Vb. nur erhalten in
dem Kompos. competere, aufserdem neapolitanisch
in der Verbindung andar pezzendo, vgl. Caix, St.
256); rum. pețesc ii it i, werben (um ein Mädchen); (frz. prov. cat. nur das gel. W. compéter,
compétir); span. ptg. pedir (mit allgemeiner Bedeutung).

7099) pětră, -am f. (πέτρα), Stein; ital. pietra;
rum. piatră; prov. peira; frz. pierre (nicht hierher gehört pitre, s. *pisturio); cat. pedra; span.
piedra; ptg. pedra.

7100) [*pětrārĭa (petra); nach Nigra, AG XV
120, Grundform zu piem. pitré, Hühnermagen (so
genannt, weil sich in ihm häufig Steine finden.]

7101) *pětrīcă, -am f. (petra), Steinicht; dav.
sard. pedrighina, neuprov. peiregas, pierraille,
peiregá, empierrer, viell. auch span. pedregoso,
pierregulho, vgl. Horning, Z XXI 458, und
Meyer-L., Roman. Gr. II 399.

7102) *pětrō, -ōnem m. (petra), grófser Stein,
Treppe; ital. petrone (z. B. span. XI Anm. 2, ist
geneigt, ital. verone, Balkon, für aus perrone entstanden zu erachten, womit man sich nimmermehr
zufrieden geben kann); (rum. pietroiu); prov.
peiro-s; frz. perron.

7103) pětrösělīnön n. (πετροσέλινον), Petersilie;
ital. petrosellino, petrosémolo, prezzemolo, pitur-
sello, vgl. Caix, St. 453; rum. petrinjel; prov.
peressilh-s, peyressilh-s, (pelitre-s); frz. persil; (cat.
pelitre, danebe julivert); span. perigil; (ptg. ist

das übliche Wort salsa, das von Diez angeführte aipo = apium bedeutet „Eppich, Sellerie"). Vgl. Dz 243 petrosellino.

7104) [*pĕtrŭncŭlōsŭs, a, um (petra), vielleicht = rum. pĕtrŭnchios, schwerfällig, roh.]

7105) Pĕtrŭs, -um m,, Peter; auf diesen Personennamen gehen vermutlich zurück die Tiernamen; 1. span. perro, Hund, (auch Adj. mit der Bedtg. „bartnäckig"), vgl. Dz 476 s. v., wo auch das gleichbedeutende sard. perru angeführt ist; 2. ital. parrocchetto (vielleicht mit Anlehnung an párroco), Papagei; frz. perroquet; span. periquito, vgl. Dz 237 parrocchetto. Dafs Tiere mit gebräuchlichen Personennamen benannt werden, ist ja eine überall gewöhnliche Erscheinung. Für span. perro wäre allerdings pedro (vgl. Pedro) zu erwarten, es ist aber begreiflich, dafs in dem Tiernamen der ursprüngliche Lautbestand weniger sorgfältig erhalten wurde, als in dem Personennamen; 3. frz. pitre, Dem. pierrot, Hanswurst. „Span. perro, langued. perre, Hund, könnte iberischen Ursprungs sein; das Baskische gewährt aber keine Stütze dafür." Schuchardt, Z XXIII 199.

7106) kelt. (brit. gall.) Stamm pĕtt-, Teil, Stück; davon wahrscheinlich 1. das Shet. ital. pezzo, -a, Stück; prov. peza, pessa; frz. pièce; span. pieza, (das gleichbedeutende pedazo dürfte = pittacium [s. d.] sein); ptg. peça. Vgl. Th. p. 70 ff.; Dz 243 schwankte in der Aufstellung des Grundwortes zwischen kymrisch peth und griech. πέζα; Gröber, Misc. 47, stellt als Grundwort ein Adj. **pet-ius, a, um (zu pes), füfsig, auf, welches er aus dem bei Sulpicius Severus, Dialegi II 1, 4, ed. Halm, vorkommenden Sbst. tripeccias (= *tripetias, Accus. Pl.) = griech. τρίποδας erschliefst; es erscheint aber diese Ableitung als zu künstlich, indessen auch wenn man sie ablehnt, darf man mit Gröber annehmen, dafs der Diphthong in pièce u. pieza ans Anlehnung an pied- = ped- sich erkläre (Ascoli, AG X 84 Anm. und 268 f. Anm., nimmt an, dafs das nachtonige i den Diphthongierung des e bewirkt habe). Wenn Gröber keltischen Ursprung des Wortes auch um deswillen zurückweist, weil das Vorhandensein eines derartigen Wortes in den pyrenäischen Sprachen befremdlich erscheine, so darf dagegen vielleicht bemerkt werden, dafs Nomina, welche, wie *pettia, als Mafsbezeichnungen gebraucht werden, durch den Handel sich leicht von Land zu Land verpflanzen und dafs die Einbürgerung von *pettia in Hispanien durch die begriffliche und lautliche Ähnlichkeit mit pĕd- (pes) und dessen Ableitungen begünstigt werden mufste. 2. Das Verb *pettare, *pĭttare, teilen (vgl. genues. pittà, picken), davon wieder das Shet. ital. pietanza (an ptetà angelehnt), Speiseanteil eines Klostergeistlichen; prov. pitanza; frz. pitance; span. pitanza; ptg. pitança. Vgl. Th. p. 72; auch Diez 247 pietanza hatte bereits diese Ableitung angedeutet. (Zu frz. pitance gehört wohl auch pitaud, armseliger Kerl, Lümmel etc.) 3. Das Adj. altital. pitetto, pititto, klein; prov. petit-z; frz. cat. petit (= gallisch *pettituos), dazu prov. altfrz. cat. das Deminutiv petitet. Vgl. Th. p. 71 f.; Diez 251 pito führte das Adj. auf den von ihm für keltisch gehaltenen Stamm pit- (s. pĭe) zurück. 4. Cat. pisarra; span. ptg. pizarra, Schiefer, vgl. Dz 477 s. v., indessen mufs diese Ableitung als unsicher bezeichnet werden, denn wenn sie auch von Diez begrifflich annehmbar gemacht worden ist, so ist sie doch lautlich keineswegs unanfechtbar, vgl. unten pizzari. Pascal,

Studj di fil. rom. VII 95, zieht zum Stamme pett- auch ital. pettegola (gleichs. *petticula), Vettel, aber schwerlich mit Recht.

7107) dtsch. pflug = lombard. più (aus plò); ladin. plof, vgl. Dz 23 arátro.

7108) gr. φανός, Leuchte; davon oder von φάρος, Leuchtturm, wollte Diez 133 ableiten ital. falò, Freudenfeuer, fanale, Schiffslaterne, falotico, wunderlich (flackerig?); frz. falot, Laterne, fanal, Schiffslaterns; ptg. faról. Leuchtturm; (nicht hierher gehört solbstverständlich das rätselhafte, auch von Diez 450 s. v. unerklärt gelassene faro, feiner Geruch, s. No 7115). Die Gleichung *phanālis = fanale mag man sich gefallen lassen, nicht aber die von φανός oder φάρος = falò. Die letztere dürfte vielmehr zum Stamme fla „blasen" gehören u. eine Art onomatopoietischer Bildung sein, welche das Flackern der Flammen nachahmen soll.

7109) p[h]ălăngă, -em f. (φαλάγγη), Tragebaum, Walze; ital. palanca, Pfahl; ptr. palanc); rtr. palanca, (palanh, Schleifholz); prov. palenc-s; frz. palan, Takel, Hisse, palanque, Pfahlwerk, dazu das Vb. palangucr, palanquer, aufhissen; cat. palenca; span. palanca, Hebebaum, davon palancada, Schlag; ptg. alavanca (angeglichen an levare, heben, u. mit arabischem Artikel), Hebebaum, pancada, Schlag. Vgl. Cornu, R IX 134; Gröber, ALL IV 426. Sieh auch planca.

7110) phăntăsĭă, -am f., Gedanke, Einfall; ital. fantasia u. dem entsprechend als gel. W. auch in den übrigen Sprachen.

7111) *p[h]ăntăsĭo, -āre (φαντάζειν), Erscheinungen sehen, Beängstigungen haben; prov. pantaisar, träumen, angstvoll, beklommen sein, dazu das Vbsbst. pantais, Boklommenheit, Verwirrung, Not; cat. pantexar, dazu das Vbsbst. pantex; altfrz. pantaisier, panteisier, pantoisier, dazu das Vbsbst. (auch Adj.) pantois; neufrz. (mit Suffixvertauschung) panteler, keuchen. Vgl. Dz 654 pantois (Diez wollte das Wort aus dem Keltischen ableiten, vgl. dagegen Th. p. 109); G. Paris, R VI 628 f. (hier die richtige Ableitung); Caix, St. 111; Gröber, ALL IV 428.

7112) phăntāsmă n. (φάντασμα), Erscheinung, Gespenst; ital. fantasma u. fantasima „che, come vuole la sua forma popolare, non ha l'accezione filosofica di fantasma", vgl. Canelle, AG III 398; prov. fantauma; frz. fantôme, Gespenst, davon prov. enfantosmer, behexen, vgl. Horning, Z XIX 55, wo die Lautentwickelung von fantôme eingehend besprochen u. das Wort als Erbwort erwiesen wird; cat. fantarma; span. phantasma; ptg. ph- u. fantasma. Vgl. Dz 580 fantôme.

7113) *phărmăco, -āre (φάρμακον), (durch Tränke) bezaubern, = rum. farmec ai at a, bezaubern.

7114) φάρμακον n., Gift, Zaubertrank. = rum. farmec.

7115) phărus, -um m. (φάρος), Leuchtturm; hierauf führt C. Michaelis, Frg. Et. p. 31, indem sie eine kühne (allzu kühne!) Metapher der Jägersprache annimmt, zurück ptg. faro, Geruchsinn der Hunde; Cornu, R XI 89, leitet das Wort von flagrare ab. Dagegen führen auf pharus zurück span. farolear, ptg. farejar, sich wie eine Fackel bewegen (in der Bedtg....wittern"gehört ptg. f. zu faro). 7116) phăsĕōlŭs, -um m. (Demin. von phaselus = φάσηλος), Bohne; ital. fagiolo, fagiuolo; rum. fasola; prov. faisol-s; frz. (faséole) flageolet (angeglichen an flageolet = *flautiolus, Flöte), vgl.

Fafs, RF III 491; altspan. *faséolo*; neuspan. *frisol(es)*, *frijol*, *frisuelo*; ptg. *feijāo*. Vgl. Dz 452 *frisol* (nimmt *fresa* als Grundwort an).

7117) **phäsiänus, -um** *m.* (*Phasis*), Fasan; ital. *fagiano*; prov. *faisan*; frz. *faisan*, *faisant*; cat. *faisa*; span. *faisan*; ptg. *faisāo*. Über frz. *faisan* statt *faisien* vgl. Cohn, Suffixw. p. 139.

7118) **phïäla, -am** *f.* (*φιάλη*), Tasse, Schale; ital. *fiala*; rum. *fiala*; prov. *fiala*, *fiola*; frz. *phiole*. Vgl. Dz 657 *phiole*.

7119) [**phïlölögia, -am** *f.* (*φιλολογία*), Philologie; ital. *filologia*; frz. *philologie*, zuerst 1547 in der Vitruvübers. Martin's vorkommend, vgl. Revue d'hist. litt. de la France IV 284.]

7120) **phïlösöphüs, -um** *m.*, Philosoph, ist, wie *philosophia*, allenthalben ein blofs gel. W.; nur im Rum. hat es eine volkstümliche Bedeutungsentwickelung genommen, über welche Shaineanu, R XVII 599, eingehend u. interessant gehandelt hat (*firoscos* = Narr). Vgl. auch Behrens, Metath. p. 31.

7121) **phïltrüm** *n.* (*φίλτρον*), Liebestrank; ital. *filtro* „bevanda magica e setaccio da filtrare" und *feltro* „specie di cannello non tessuto da farne cappelli, e colatojo", vgl. Canello, AG III 322, s. aber oben unter **filt**.

7122) **phlëbötömüs, -um** *m.* (*φλεβοτόμος*), Lanzette zum Aderlassen; piemont. *fiama*; prov. *fleeme-s*; altfrz. *fleme f.*; neufrz. *flamme f.*; (span. *fleme*). Vgl. Dz 137 *fiama*; Ascoli, AG VII 532 rechts; Gröber, ALL IV 435.

7123) **phlegma** *n.*, Phlegma; dav. viell. frz. *flemmard*, Faulpelz, wenn das Wort nicht etwa mit dem Namen der Vlaemen zusammenhängt.

7124) **phoenix, -īcem** *m.*, Phönix; vgl. *fenix*, uccello di San Maria, vgl. Salvioni, Post. 17.

7125) **φυïξ** (*πῶιξ*, *πῶυξ*), ein unbestimmter Wasservogel; davon (u. zwar aus dem Nominativ) nach Dz 452 *s. v.* span. *foja*, Halsbandente.

7126) **φράττειν**, umzäunen; davon nach Dz 373 *s. v.* ital. *fratta*, Zaun, einfacher setzt man aber wohl *fracta* scil. *soepes* als Grundwort an, ein Zaun ist ein durchbrochenes, weil aus in Zwischenräumen gesetzten Stangen bestehendes Gehege.

7127) **phrënëtïcus, a, um**, rasend; sard. *frenediga*, dazu das Vb. *frenedigar*, vgl. Salvioni, Post. 17.

7128) Stamm **φρυγ-** (*φρύγανον*, *φρύγιον*, Reisholz); davon nach Rönsch, RF III 371, das von Diez 373 unerklärt gelassene ital. *frusco*, dürres Reisig an Bäumen, *fruscolo*, Splitter; näher liegt es wohl an *frúsculum* = *frústulum* von *frustum* (vgl. *pesculum* = *pestulum* [s. d.]) zu denken.

7129) griech. **φύσημα**, das Blasen, Schnauben; dav. nach Tobler, Sitzungsb. d. Berl. Akad. d. Wiss., phil.-hist. Cl., 23. Juli 1896, ital. *fisima*, wunderlicher Einfall, Grille, vgl. G. Paris, R XXV 621. Schuchardt, Z XXI 129. setzt *fisima* = [so-] *phisma* an, u. dies hat die gröfsere Wahrscheinlichkeit für sich.

7130) schallnachahmender Stamm **pi** zum Ausdruck des Vogelgepiepes; davon ital. *piare*, piepen, *piulare*, jammern, piepen (s. unten *plorare*); frz. *piailler*, *piauler*, *pianner*, *piasser* vielleicht auch *piaffer*, vgl. Gröber. Z X 253, s. oben **pes**); span. *pita*, Lockruf für die Hühner (vgl. dtsch. „put, put"), *pitar*, pfeifen, *pito*, Pfeife. Vgl. Dz 244 *piare*, 477 *pito*.

7131) Stamm **pïc-, pïec-**, eigentlich den Schall bezeichnend, welchen das Hacken gewisser Vögel (Specht = *picus*, Elster = *pica*) mit dem Schnabel

hervorbringt (vgl. dtsch. picken), sodann in die Bedeutung des Stechens, andrerseits des Spitzseins übergehend, aus der letzteren entwickelt sich wieder diejenige des Kleinseins, denn was spitzig. ist zugleich dünn u. fein, womit sich ja das Kleine nahe berührt: die wichtigsten Vertreter der auf diesem Stamme beruhenden ungemein zahlreichen u. vielgestalteten Wortsippe sind etwa die folgenden: 1. ital *picco*, Bergspitze; prov. frz. *pic*; span. ptg. *pico*; 2. ital. *pieca*, Spiefs, Pieke; frz. *pique*; span. ptg. *pica*; 3. ital. *piccare*, stechen; rtr. *pichir*; prov. *picar*; frz. *piquer*, davon *piqûre*, Stich; span. ptg. *picar*, dazu im Ital. die Komposita *appiccare*, gleichsam festpicken, anmachen, gleichbedeutend damit *im-*, *appicciare* (von Diez 240 *pegar* zu *pico*, -*āre* gestellt, was wegen des *i* unthunlich ist, vgl. No 7132), *spiccare*, *spicciare*, vgl. Pascal, Studj di fil. rom. VII 97; 4. lat. *pica*, *picca*, Elster; ital. *pica*; prov. *piga*; frz. *pie*; span. *pega* (das *e* beruht wohl auf Anglcichung an *pega* = *pïcem*, Pech), *picaza*; ptg. *pega*, vgl. Gröber, ALL IV 435; 5. lat. *piccus* = *picus*, *picculus*; Specht; ital. *picchio*; rtr. *pichialenn* (= *piccula lignum*); prov. frz. *cat. pica*, aufserdem (?) mit ganz anderer Bedtg. frz. *pieu* (= *piculus*?), Pfahl; vielleicht auch span. *pequeño*, (= *pecc-eño*); ptg. *pequeno* (das *e* aus *i* entstanden, *pequeno* erklärt sich wohl aus der Tonlosigkeit; Th. p. 73 denkt an Zusammenhang mit dem kelt. Stamme *bacc-*, *bicc-* „klein"); 8. lat. *pietio*, -*āre*, picken, hacken, stechen; ital. *pizzare* (nur mundartlich), stechen, davon das Vbsbst. *pizza*, das Stechen, Jueken, *pizzicare*, picken, zwicken, dazu das Vbsbst. *pizzico*, Zwick, (*pinzar* = *pinctiare*, vgl. *pingo*, *pinctus*, stechen, dazu das Vbsbst.) *pinzo*, Stachel, *pinzette*, Kneipzange; rum. *pisc*, Schnabel, Spitze, *pisc ai at a*, picken, *pitigoiu*, Meise; prov. *pezugar*; frz. *pincer*, *épincer*, *épinceler*, zwicken, stechen, dazu das Vbsbst. *pince* (dazu das Demin. *pincette*), Kneipzange; span. *pizcar*, kneifen, dazu das Vbsbst. *pizca*, ein Bifschen, pinchar, stechen; ptg. *pisco*, Buchfink, *piscar*, nur in der Verbindung *piscar os olhos*, die Augen zukneifen, blinzeln; 9. frz. *picot*, Spitzkeil, Spitzhacke, *picoter*, prickeln, *pioche* (aus *piocha*), Hacke, *picoter*, sticheln, *pion*, eigentl. Hacker, Bauer, davon ausgerüsteter Arbeiter oder Soldat, vgl. Horning, Ztschr. f. nfrz. Spr. u. Litt. X² 243 u. Z XVIII 226, wo lyon. *piví*, pioche, hiuzugefügt wird; 10. vielleicht gehört hierher auch span. ptg. *picáro*, Ginster, „vielleicht für *picorno* von *pico*, (Pfriem), Ginster, vielleicht weil diese Pflanze lange dünne Stengel treibt, weshalb wir sie Pfriemenkraut nennen"; 11. ital. *piccáro* = span. *picaro*, Bettler, Lumpenkerl, Spitzbube (die Grundbedeutung ist wohl „Aufpicker"). Vgl. Dz 245 *picco*, 246 *piccolo*, 251 *pizza*, 477 *pico*; Ulrich, Z IX 429; Th. p. 72 ff.; Gröber, ALL IV 435; Schuchardt, Z XI 500 (s. oben unter **biquadro**). Eine eingehende Untersuchung der umfangreiche Wortsippe fehlt noch. Bei einer solchen würden namentlich auch folgende zwei Punkte zu erwägen sein: 1. das Verhältnis des Stammes *pic(c)-* zu der um das gallo-lateinische *beccus* (s. d.) sich schliefsenden Wortfamilie; 2. das Verhältnis des Stammes pic zu einer Anzahl ihm begrifflich nahestehender, bei Diez 251 pito behandelter Worte, nämlich mailänd. pitin, wenig; sard. piticu, klein; rum. petic, ein Stückchen Zeug oder Tuch, dazu das Vb. peticesc, flicken; prov. pitar, schnäbeln; altfrz. pite, eine sehr kleine Münze, (hennog. pete, Kleinigkeit), peterin, winzig, apiter, mit den Fingerspitzen berühren, (Scheler im Dict. s. v. vermutet, dafs auch pivot, Zapfen, hierher gehöre, also aus *pitot entstanden sei); span. pito, ein Bifschen (nur in den Verbindungen no darsele un pito, etwas für nichts achten, no valer un pito, gar nichts wert sein), piton Knospenansatz, pitorra, Schnepfe (d. i. Vogel mit spitzem Schnabel); ptg. pito, pita, -ada, geringe Menge (z. B. eine Prise Tabak), prtiscar, ein wenig nehmen, nippen. Es bedarf hinsichtlich dieser Worte noch der Feststellung, ob ein selbständiger Stamm pit- anzusetzen, oder ob pit- nur für eine Nebenform pic- anzusehen, oder endlich ob pit- als zusammenfallend mit pett- (s. d.) zu betrachten sei. — Man darf vermuten, dafs die oben unter *pedicla aufgeführten Worte dieser Sippe zuzuzählen sind, endlich auch vermuten, dafs zwischen der Sippe pic- u. den unter epigrus u. πεῖρος genannten Worten Beziehungen bestehen.

pĭcĕa s. pĭe.

7132) **pĭcĕa, -am** f. (pix), Pechföhre; lomb. peša; venez. pad. veron. pezzo; friaul. lad. pezz; besanç. jur. pess. Vgl. Meyer- L., Z. f. ö. G. 1891 p. 773.

7133) ***pĭcĭdus** (pix) u. **pĭdĭdŭs**, pechig; sard. pighidu, pidigu, vgl. Meyer-L., Ital. Gr. § 294 u. Roman. Gr. I § 410 u. 426; neuchâtel. pedz, vgl. Horning, Z XXII 488.

7134) **pĭco, -āre** (pix), mit Pech bestreichen, ankleben; (ital. impeciare = *impiciare, impegolare = *impiculare, appicciare, impicciare = *ap-, impiciare; berg. pegà, vgl. Mussafia, Beitr. 53, Salvioni, Post. 17. Diez zieht hierher auch appicare, das aber zum Stamme pic gehören dürfte, wohin man besser auch, wegen ihres i, ap- u. impicciare stellt; sard. impigare; prov. empegar; frz. empoisser, teeren, empeser [wohl angelehnt an peser, schwer sein], stärken); span. ptg. (auch prov.) pegar, leimen, heften. Vgl. Dz 240 pegar.

7135) **pĭctŏr, -ōnem** m. (pingo), Maler; ital. pittore; (frz. peintre = *pinctor; span. ptg. pintor, pintador).

7136) **pĭctūrǎ, -am** f. (pingo), Malerei; ital. pittura; frz. peinture = *pinctura; span. ptg. pintura.

7137) **pĭcŭlǎ, -am** f. (Demin. v. pix), ein wenig Pech; ital. pegola, Pech; rum. pácurá; prov. peille.

pĭcŭs s. pĭe.

7138) πιεῖν, trinken, = frz. picr, zechen (gelehrt gebildetes und nur ganz vereinzelt vorkommendes Wort), vgl. Dz 657 s. v.

7139) **pĭĕtās, -ātem** f., Frömmigkeit; ital. pietà; frz. piété, Frömmigkeit; pitié, Mitleid, dazu das Adj. pitayable; dem entsprechend als gelehrtes Wort auch in den übrigen Sprachen. Über frz. pitié vgl. Darmesteter, R V 152 Anm. 4; Cohn, Suffixw. p. 205.

7140) **pĭger, gra, grum**, faul, = (ital. pigro), logud. priu, gallur. preu, tardo, altoberital. prego, pegro, pegaro; rtr. paiver. Vgl. Salvioni, Post. 17. S. **pĭgrĭtĭǎ.**

714i) **pĭgmĕntŭm** n. (pingo), Färbemittel, Tinktur, Kräutersaft; altoberital. piumento, vgl. AG XII

422: prov. pimenta, pimen-s, Gewürz; altfrz. piment, eine Art Gewürzwein (neufrz. bedeutet das Wort „spanischer Pfeffer, Beifsbeere"); span. pimiento, pimienta, Pfeffer; ptg. pimenta, Pfeffer. Vgl. Dz 247 pimiento.

7142) ***pĭgnĕro, -āre** (schriftlat. pígnero von pignus). verpfänden; ital. pegnorare; rtr. pindrar; (prov. enpenhar = *inpignare; im Frz. fehlt das Vb., es wird ersetzt durch engager, mettre en gage, gage aber ist = germ. wadjo, vgl. Mackel p. 51); altspan. pendrar; neuspan. prendar; ptg. penhorar. prendar. Vgl. Gröber, ALL IV 436; über die span. ptg. Worte haben besonders gehandelt Cuervo in der Einleitung zu seinen Apuntaciones criticas sobre el lenguage bogotane (vgl. Morel-Fatio, R VIII 620 Anm.) u. Cornu, R IX 135.

7143) ***pĭgnŭs** n. (Pl. pĭgnŏrǎ, schriftlat. pĭgnus, pĭgnora); Pfand; ital. pegno; altvenez. lu pegnora; rtr. pens; (frz. gage = german. wadjo, vgl. Mackel p. 51); span. prenda; ptg. penhór, prenda. Vgl. Dz 468 medrar; Gröber, ALL IV 436. S. **pĭgnĕro.**

7144) **pĭgrĭtĭǎ, -am** f. (piger), Faulheit; ital. pigrizia „ch'è nel volere", pigrezza „ch'é nella natural crassezza", vgl. Canello, AG III 343; neap. priezza, Lustigkeit (Folge des arbeitsfreien, faulen Lebens), dazu das Vb. prejare. Vgl. Salvioni, R XXVII 104; prov. percza; frz. paresse, dazu das Adj. paresseux, faul; span. pereza, dazu das Adj. perezoso; ptg. preguiça, davon das Adj. preguiçoso. Vgl. Dz 247 pigrezza.

7145) 1. **pĭlǎ, -am** f. (aus pisula v. piso), Mörser, Trog, — ital. pila: rum. piuă; frz. pile, Walkstock; span. pila, Trog; ptg. pildo, Mörser.

7146) 2. **pĭlǎ, -am** f. Pfeiler; ital. pila; frz. pile (bedeutet auch „Haufen, Stofs", ebenso im Span. und Ptg.), davon abgeleitet pilier, Pfeiler; span. pila, davon abgeleitet pilar, Pfeiler, Wassertrog (in dieser Bedtg. von 1. pila); ptg. pilha.

7147) 3. **pĭlǎ, -am** f., Ball; altvenez. pela; span. ptg. pella, Ball, Knäuel; sonst zur Ableitungen ital. pillotta, kleiner Ball, pillola, Pille, billoro „ciottolo", vgl. Caix, St. 203, piota „zolla erbosa", vgl. Caix, St. 47 (während er piota in der Bedtg. „Fufs" für von pes abgeleitet erachtet; Diez 390 s. v. hielt plotus, plautus für das Grundwert); von pillola ist wieder abgeleitet pilldcchera, Klunker, vgl. Dz 411 záccaro; prov. pelota; frz. pelote, peloton, (pillule, Pille, gel. W.); span. ptg. pelota. Vgl. Dz 475 pella; Scheler im Dict. pelote.

7148) [***pĭlĕārĭǎ, -am** f. (pileus) = rum. pălărie, Hut.]

7149) |**pĭlĕŭs, -um** m., Hut, = ital. span. pileo.]

7150) [***pĭlĭcĕllŭs, -um** m. (Demin. von pilus), Härchen; daraus nach Caix, St. 443, ital. pedicello „cosa da nulla".]

7151) ***pĭlĭo, -are**, plündern (wohl Nebenform zu pilare, welches im Spätlatein mit der Bedtg. „plündern" angetroffen wird, s. Georges unter pilo; die Erhaltung des ĭ als i im Roman. beruht auf Einwirkung des nachtonigen i); ital. pigliare, nehmen; rtr. pigliar, fangen; prov. pilhar; frz. piller, rauben; (cat. span. pillar; ptg. pilhar). Vgl. Dz 246 pigliare (Diez schwankte zwischen pilare und expilare); Gröber, ALL IV 436.

7152) **pĭlo, -āre** (pilus), enthaaren, rupfen (im Roman. auch schälen); ital. pelare; prov. pelar; frz. peler, (davon der erste Bestandteil in pele-mele = pila + miscula, die Schreibweise pêle, pesle beruht auf Angleichung an *méle)*; c a t. s p a n. *pe-lar*; p t g. *pellar*. Vgl. Dz 240 *pelare*.

7153) [*pilorcium (?) *n.*; i t a l. *pilorcio* „avaro", *pilorei* „ritaglı di pelle che si adoperano come con-cime", *spilorcio* „taccagno", vgl. Cauello, AG III 399; Caix, St. 451, ist geneigt, auch *pirchio*, geizig, hierher zu ziehen.]

7154) pīlōsūs, a, um (*pilus*), haarig; i t a l. *piloso* u. *peloso*, vgl. Cauello, AG III 333; rum. *pěros*; p r o v. c a t. *pelos*; s p a n. p t g. *peloso;* (f r z. *pelouse*, Rasenplatz).

7155) [*pīlūcco, -āre (*pilus*), Haare ausraufen; i t a l. *piluccare*, Trauben abbeeren; r t r. *spluccar*, ausrupfen; p r o v. *pelucar;* f r z. *é-plucher* (pik. *pluquer*, mit den Fingerspitzen auflesen). — Dazu das Sbst. s a r d. *pilucca*, Haarschopf; i t a l. *perrucca*, *parrucca*, (falscher Schopf), Perücke; r u m. *parrocă;* f r z. *perruque;* s p a u. *peluca;* p t g. *peruca*. Vgl. Dz 247 *piluccare*.]

7156) [*pīlūcěūm *n.* (*pilus*), Haar: i t a l. *peluzzo*, *peluccio*, Haar; f r z. *peluche*, haariges Gewebe, Plüsch; c a t. *pelussa*, Wollhaar der Früchte, dasselbe s p a n. *peluza*, *pelusa*. Vgl. Dz 656 *peluche*.]

7157) [*pīlūriā, -am *f.* (*pilus*), Haare, Wolle; i t a l. *peluria* „la prima lanuggine degli animali", *peluja* „peluria. la buccia interiore delle castagne", vgl. Cauello, AG III 337.]

7158) [*pīlūtīum *n.* (v. *pilum*) ist nach Diez 440 die Grundform zu s p a n. p t g. (*pluzo*), *chuzo*, Wurfspiefs, Pfeil.]

7159) pīlūs, -um *m.*, Haar (am Leibe); i t a l. *pelo*, davon abgeleitet *appilustrarsi* „azzuffarsi" (vielleicht auch span. *pelear*, kämpfen, s. oben *πα-λαίειν*), vgl. Caix, St. 156; r u m. *per;* p r o v. *pel-s*, *pelh-s;* f r z. *poil;* c a t. *pel;* s p a n. p t g. *pelo*.

7160) [*pīmpīněllā, -am *f.*, Pimpernelle; i t a l. *pimpinella;* r u m. *pimpiné;* f r z. *pimprenelle*, vgl. Cohn, Suffixw. p. 20; c a t. *pampinella;* s p a n. *pim-pinela*. Der Ursprung des Wortes ist unaufgeklärt; gemeinhin führt man es auf *bipennella*, *bipennula* zurück; an *pampinus* zu denken verbietet der Sinn. Vgl. Scheler im Diet. *pimprenelle*.]

7161) ndd. ndl. engl. pīn, Nagel; p t g. *pino*, Nagel, Zwecke, vgl. Dz 477 *s. v;* Th. p. 87 ver-neint keltischen Ursprung.

7162) *pīnācěā, -am *f.* (*pinus*) = i t a l. *pinaccia*, eine Art Schiff; f r z. *pinasse;* s p a n. *pinaza*. Vgl. Dz 248 *pinaccia*.

7163) Stamm pīnc-; auf einem Stamm *pinc*- (vielleicht mit *pu-n-go* zusammenhängend), stechen, scheint zu beruhen c a t. s p a n. p t g. *penca*, stach-liches Blatt (z. B. der Brennnessel), Peitsche. Kel-tischen Ursprung des Wortes, den Diez 475 *s. v.* vermutete, stellt Th. p. 78 in Abrede.

7164) [*pīncīo, -ōnem *m.*, Finke; nach Schu-chardt, Z XV 153, Grundwort zu i t a l. *pincione;* f r z. *pinson*.]

7165) [Pīndārus, -um *m.*, Pindar; dav. f r z. *pin-dariser*, geziert, schwülstig, schreiben (zuerst von Le Maire im J. 1516 gebraucht, vgl. Revue d'hist. litt. de la France IV 283).]

pīncūs, a, um s. pīnus.

7166) pīngo, pīnxī, *pīnctum (für pīctum), pīngěre, malen; i t a l. *pingo*, *pinsi*, *pinto*, *pingere;* (r u m. *pinge* in *depinge*, fehlt b. Cibac); p r o v. *penh*, *peis* und *peins*, *peint*, *penher;* f r z. *peins*, *peignis*, *point*, *peindre;* c a t. s p a n. p t g. *pintar* = *pinctare*). Vgl. Dz 656 *peindre;* Gröber, ALL IV 437.

7167) pīngūīs, -e, fett; s a r d. *pingu*, Schmalz,

Fett; valtell. valbreg. *penk*, Butter; m a i l. c o m. *pené*, grasso. rigoglioso, vgl. Salvioni, Post. 17; s p a n. *pringue*, fett, *pringar*, mit Fett bestreichen. Vgl. Dz 478 *pringue*, wo bemerkt ist „Einschiebung des r nach einem Konsonantanlaut ist im Span. nicht unhäufig".

7168) pīnī pūllus; dav. nach C. Michaelis' höchst unglaubhafter Vermutung, Frg. Et. p. 52, i t a l. *pimpollo*, p t g. *pimpolho*. Siehe oben pam-pīnus.

7169) ndd. pinke, eine Art Lastschiff; davon i t a l. *pingue*, *pingue*, *pinco;* p t g. *pinque m.* Vgl. Dz 248 *pinque*.

7170) pīnnā, -am *f.*, Feder, Mauerspitze, Zinne; i t a l. *penna*, Feder, davon *pennone*, Fahne; s a r d. *pinna*, Feder; r u m. *panā*, Feder, Pinsel; p r o v. *penna;* f r z. *penne;* c a t. *(penna*, Feder), *penya*, Klippe, Fels; s p a n. *peña*, Klippe, Fels; p t g. *penha*, Klippe, Fels. Vgl. Dz 241 *penna;* Gröber, ALL IV 437.

7171) pīnnācūlūm *n.* (*pinna*), Zinne, — i t a l. *pennacchio;* f r z. *pinnacle* (gel. W.), Zinne, Gipfel. Vgl. Dz 241 *penna*.

7172) *pīnnīo,-ōnem *m.* (*pinna*), Zinne, = i t a l. *pignone*, Mauerdamm; f r z. *pignon*, Zinne. Vgl. Gröber, ALL IV 437.

7173) *pīnsīo, -āre (v. *pinsus*) = i t a l. *pigiare*, pressen. Vgl. Dz 390 *s. v.;* Gröber, ALL IV 487.

7174) pīnso, -āre (auch pīso, -āre), zerstampfen; r u m. *pisez ai at a;* c a m p e h. *pesá;* o b w a l d. *pisar;* p r o v. *pizar*, stofsen; f r z. *piser;* s p a n. *pisar*, treten, dazu *pisa*, Fufstritt, *pisada*, Stofs mit dem Fufse, Fufsstapfe; p t g. *pisar*, *pisa*, *pi-sada* (wie im Span.), auíserdem *pisão*, Walkmühle.

7175) pīnūs, -um *f.*, Fichte; i t a l. *pino*, (davon das befremdlich gebildete *pincio*, Fichtenapfel); n e a p. *pigno*, s i c i l. *pignu* (= *pineus*), Fichte; v e n e z. *pigna*, Fichtenzapfen; r u m. *pin;* p r o v. *f r z.* *pin;* c a t. *pi;* s p a n. *pino;* p t g. *pinho*, (pino, Höhepunkt. vgl. Dz 477 *s. v.*).

7176) pīpěr, -ěris *n.*, Pfeffer; i t a l. *pepe*, *pevere;* r u m. *piper*, *pebe-s;* f r z. *poivre;* c a t. *pebre;* s p a n. *pebre;* p r o v. *pebre-s;* f r z. *poivre;* c a t. *pebre;* s p a n. *pebre;* (p t g. *pimenta*).

7177) pīpīlo, -āre, piepen; i t a l. *pigolare* (wohl an *pic* angelehnt); p t g. *pipilar*. Vgl. Dz 251 *piva*.

7178) pīpīo, -ōnem *m.* (*pipo*), Pieprogel (Täub-chen); i t a l. *pippione*, *piccione*, Taube; p r o v. *pi-jo(n)-s;* altf r z. *pipion;* f r z. *pigeon;* s p a n. *pichon*. Vgl. Dz 245 *piccione*.

7179) pīpo, -āre, piepen; das Vb. ist nur vor-handen im f r z. *piper*, auf einer Lockpfeife blasen (die Erhaltung des zwischenvokalischen *p* erklärt sich wohl aus der schallnachahmenden Beschaffen-heit des Wortes), sonst nur das Vbsbst.: i t a l. *pipa*, *piva*, Pfeife, Röhre (auch gleichsam röhrenartiges Fafs, Tonne), davon *piffero*, Querpfeife; r u m. *pipă;* r t r. *fifa;* p r o v. *pimpa;* f r z. *pipe*, davon abgeleitet *piffre*, Dickwanst (gleichsam pfeifenhaft aufgeblasener Bauch), *s'empiffrer*, sich vollstopfen, (nach Diez gehört hierher auch *pivot* = i t a l. *piuolo*, Zapfen, s. jedoch oben unter epigrus); s p a n. p t g. *pipa*. Vgl. Dz 251 *piva*.

7180) [pīrātā, -am *m.* (*πειρατής*), Seeräuber; i t a l. *pirato;* f r z. *pirate* etc. (gel. W.).]

7181) [*pīrīnūlus, -um *m.* (*pirus*), kleine Birne; kleiner Zapfen; dav. nach Nigra, AG XIV 359, i t a l. *prillo* u. dav. wieder *prillare*, girare come un pirlo o un paleo, *brillare* (infolge rascher Be-wegung flimmern), glänzen. S. oben *běrўllo*.]

7182) [*pĭrĭŏlum n. (vom griech. Stamme πειρ-, wovou πείρω etc.), ist das mutmafsliche Grundwort zu ital. piruolo, pijuolo, piuolo, Zapfen; frz. piron, Zapfen, pirouette (angelehnt an rouette), Drehrädchen. Vgl. Flechia, AG II 314 ff.; Horning, Z XXII 561, wo vermutet wird, dafs altfrz. wirevitte (Roman de Rou, ed. Andresen III 6473) = altn. vedhr-viti, Wetterzeichen, -fahne viell. Grundform zu girouette sei. S. oben ēpīgrŭs u. auch unten quĭrl u. pĭrula am Schlusse.]

7183) *pĭrŭlă, -am f. (Demin. zu pirum), kleine Birne; davon nach Dz 241 ital. etc. perla, Perle, besser aber ist *pernula (s. d.) als Grundwort anzunehmen. Dagegen sind Deminutivbildungen zu pirum altspan. birlo (neuspan. birla), Kegel; ptg. pirlito, pŭrito, Birnchen (davon pirliteiro, pil-, pelriteiro, perliteiro, ein dem wilden Birnbaum nahe verwandter Laubholzbaum), pirlete, Mensch nur so grofs wie eine Birne, Knirps, bilro, Kegel, vgl. C. Michaelis, Misc. p. 119. Vgl. auch Nigra, AG XIV 294, wo die Zugehörigkeit der unter dieser u. unter der vorausgehenden Nummer angeführten Wortsippe zu pirula nachdrücklich u. mit guten Gründen verteidigt wird, unerklärt bleibt aber doch, wie in einer Anzahl der betr. Worte das kurze i sich als i habe behaupten können.

7184) pĭrŭm n., Birne; ital. pera; rum. pară; prov. pera; francoprov. poro; frz. poire; cat. span. ptg. pera.

7185) pĭrŭs, -um f., Birnbaum; ital. pero; rum. pĕr; (prov. perier-s, peirier-s; frz. poirier; cat. perer; span. peral; ptg. pereiro).

7186) pĭscārĭŭs, a, um (piscis), zu den Fischen gehörig; davon ital. pescaja „riparo che si fa nei fiumi per rivolgere il corso dell' acqua a' mulini o simili edifizj, chiusa d'acque per farvi la pesca", pischiera „piscina, e anche pescaja"; (auf einer Neubildung piscar- + ia beruhen pescaria „piscina", pescheria „pescagione, la presa che si fa pescando, l'arte della pesca, ed ora comunemente il luogo dove si vende il pesce"), vgl. Canello, AG III 309 u. 336; rum. pĕscar, Fischer; ptg. peixeiro, Fischhändler.

7187) pĭscātor, -ōrem m. (piscis), Fischer; ital. pescatore; frz. pécheur; span. ptg. pescador.

7188) pĭscātrix, -trīcem f., Fischerin; sard. piscadrixi, lofio pescatore, vgl. Salvioni, Post. 17.

7189) pĭscīna, -am f., Fischteich; sard. pischina, dav. appischinare, allagare, vgl. Salvioni, Post. 17.

7190) pĭscĭo; -ōnem m. (piscis), grofser Fisch; ital. pescione; prov. peisso-s; frz. poisson, Fisch; ptg. peixão. Vgl. Gröber, ALL IV 437.

7191) pĭscĭs, -em m., Fisch; ital. pesce; rum. pește; prov. peis; (frz. poisson = *piscionem; „auch das, Frz. besitzt das einfache Wort in der Zusammensetzung pourpois" Meyer-L. Z. f. ö. G. 1891 p. 773 f.); cat. pex; span. pez; ptg. peixe. Vgl. Gröber, ALL IV 437.

7192) *pĭsco, -āre (schriftlat. piscari, v. piscis), fischen; ital. pescare; (rum. pĕscăresi ii it i und pescuesc ii it i); prov. pescar; frz. pécher; cat. span. ptg. pescar.

7193) pĭscōsŭs, a, um (piscis), fischreich; ital. piscoso, pexcioso; rum. pescos; span. pescoso.

7194) pistĭllum u. *pī-, n. (pistare), kleiner Mörser; ital. pestello, Stöfsel (frz. pistil, Pistill; span. pistilo; ptg. pistillo); altfrz. pestel, pistel, vgl. Leser p. 101; Cohn, Suffixw. p. 48.

7195) [*pĭstĭo, -āre (Nebenform für pistare, stampfen); ist nach Ulrich n R IX 117, das voraus-

zusetzende Grundwort für ital. pisciare, pissen; rum. piş ai at a; rtr. pischar; prov. pissar; frz. pisser (pik. picher); cat. pitzar; (span. mear = *mejāre für schriftlat. mējĕre, jedoch span. pija, ptg. pissa, Phallus; ptg. mijar). Bezüglich des sehr befremdlichen Bedeutungswandels verweist Ulrich auf das deutsche „das Wasser abschlagen" als auf eine begrifflich nahestehende Redeweise. Der Zusammenhang dürfte aber ein anderer sein, freilich ein obscöner: es dürfte nämlich *pistiare der vulgäre Ausdruck für das Sichhin- u. herbewegen des männlichen Gliedes in der Erektion befindlichen männlichen Gliedes in der Scheide und das dadurch erzeugte Ausspritzen der Samenfeuchtigkeit gewesen sein, diese Verrichtung als ein „Stampfen" zu bezeichnen, liegt ja nahe genug. Eine Stütze findet diese Annahme in der Bedeutung des span. ptg. pija, pissa, männliches Glied. (Man denke auch an „Urin" von ούρά.) Diez 249 stellte fragweise ein *pipisare, *pipsare, *pissare als Grundwort auf, was in keiner Weise befriedigen kaun. Gröber nimmt *pitissare = gr. πυτίζειν, ausspucken, ausspritzen, als Grundwort an, ALL IV 438, woran auch Diez schon gedacht hatte, indessen sind dagegen lautliche Bedenken geltend zu machen.]

7196) 1. pĭsto und *pĭsto, -āre (Erequ. von pinsĕre), stampfen; ital. pectare (dazu das Kompos. calpestare = calce pistare, mit Füfsen treten), davon das Vbsbst. pesta, Tritt, Fufsspur, betretener Weg, Spur des Wildes; sard. pistare; prov. pestar; frz. nur das Vbsbst. piste; span. pistar, dazu das Vbsbst. pista; ptg. nur das Vbsbst. pista. Vgl. Dz 243 pestare (wo ital. pistagna, Vorstofs am Kleide, span. pestaña, ptg. pestana als Ableitung von dem Vb. angeführt wird); Gröber, ALL IV 437.

7197) 2. *pĭsto u. *pĭsto, -ōnem m. (pistare), Stampfe, Kolben; ital. pestone; frz. piston (bedeutet auch „Klapphorn"); (span. pison); ptg. piston.

7198) Pĭstŏja, Städtename; davon vermutlich als nach dem ersten Verfertigungsorte ist abgeleitet ital. pistóla, kurzes Schiefsgewehr; frz. pistole (dazu das Demin. pistolet); span. ptg. pistola. Die Ableitungssilbe ist freilich höchst befremdlich, was man aber bei einem offenbar künstlich gebildeten Worte hinnehmen darf. Ob der gleichlautende Münzname derselben oder anderer Herkunft ist, mufs dahingestellt bleiben. Vgl. Dz 250 pistola; Mahn, Etym. Unters. p. 97; Scheler im Dict. s. v.

7199) pĭstor, -ōrem m. (pistare), Stampfer, Bäcker; ital. pistore, (das übliche Wort ist aber fornajo v. furnus, jedoch venez. pistor; prov. pestre-s; der „Bäcker" heifst frz. boulanger, s. oben unter buidelen und bulla; span. panadero v. panis; ptg. padeiro).

7200) pĭstrīnārĭus, -um m. (pistrinum), Stampfmüller; lomb. prestiné, fornajo, vergl. Salvioni, Post. 17.

7201) pĭstrīnum und *pĭstrīnum n. (pinso), Stampfmühle; ital. pistrino „maneggio, opera secreta", venez. pestrin „macina", lomb. prestin „fabbrica del pane"; frz. pétrin, Backtrog. Vgl. Caix, St. 452.

7202) *pĭstŭrĭo, -īre (für *pisturire v. pistum, pinsere), Teig mit Füfsen treten, dann mit den Händen kneten; prov. pestrir; altfrz. pestrir; neufrz. pétrir. Vgl. Dz 657 pétrir; Gröber, ALL IV 438.

7203) 1. pīsŭm (Part. P. P. v. pinsere), gestampft, = span. piso, (festgestampfter) Boden, Stockwerk.

7204) 2. **pīsŭm** *n.* schriftlat. *pīsum* (= *πῖσον*), Erbse; ital. das Demin. *pisello* (neben *cece*═*cĭcer*, Kichererbse; sard. *pisu*; venez. *biso*, pisello; ossol. tic. *pisö*, poro, vgl. Salvioni, Post. 17; prov. *pes* (daneben *cezer-s*); frz. *pois* (daneben *chiche*); cat. *pesol*; (span. *cicercha* = *cicercula*; ptg. *ervilha* v. *ervum*). Vgl. Gröber, ALL IV 438.

7205) ahd. **piteppen, pideppan**, mhd. **beteben**, betäuben; davon nach Caix, St. 317, *affatappiare* „abalordire, intorpidire", *fatappio* „stordito".

7206) *πιττάχια*, Pl. v. *πιττάχιον*, Läppchen, Schmierpflaster; davon ital. *petecchie*, rote Flecken auf der Haut, Fieber-, Blutflecken; frz. *pétéchies*; span. *petequias*. Vgl. Dz 243 *petecchie*.

7207) **pĭttācĭŭm** *n.* (*πιττάχιον*), ein Stück Zeug oder Papier; davon ital. *petazza* „bagatella, inezia", vgl. Caix, St. 448; rum. *pitac*, Papier, Schein, Anweisung, Befehl u. dgl.; prov. *pedás*, Flickwort, *petazar*, flicken; frz. (*rapetasser*, zusammenflicken); span. ptg. *pedazo*, Stück. Vgl. Dz 475 *pedazo*.

7208) **pītuītă, -am** *f.*, Schnupfen (Pippa der Hühner) (nur die letzte Bedtg. ist, abgesehen von dem gel. frz. *pituite*, im Romanischen erhalten); ital. *pipita* (aus *pitvita*?); sard. *pibida*; lomb. *pù*- u. *pevida*; bologn. *puidha*, *puigula*; piem. *puija*, *pevija*; genues. *peja*, vgl. Salvioni, Post. 17; rtr. *pivida*; prov. *pepida*; frz. *pépie*; cat. *pebida*; span. *pepita*; ptg. *pevide*. Vgl. Dz 249 *pipita*; Canello, AG III 390 (wo ital. *pituita* „flemma, catarro nasale" als gel. W. angeführt wird); Storm, R V 187; Gröber, ALL IV 439. S. No 7023.

7209) **pĭŭs, a, um**, fromm; ital. *pio*; prov. *pius*; frz. *pie*, (das übliche Wort ist *pieux* = *piosus*); span. ptg. *pio*.

7210) **pĭx, pĭcem** *f.*, Pech; ital. *pece*; (rum. *păcură* = *picula*); prov. *peg-z*, *pez*; frz. *poix*; cat. *pega*; span. ptg. *pes*.

7211) bask. **pĭzarrĭ**, Spaltstein; span. *pizarra*, ptg. *piçarra*, südsard. *bizarra*, Schiefer. Vgl. Schuchardt, Z XXIII 200. S. oben No 7106.

7212) **plăcĕntă, -am** *f.*, Kuchen, = rum. *plăcintă*, Kuchen.

7213) **plăcĕo, plăcŭī, plăcĭtum, plăcĕrē**, gefallen; ital. *piaccio* *piacqui* *piaciuto* *piacere*; rum. *plăc* *plăcui* *plăcut* *placé*; rtr. Fräs. *plăi*, Part. *pližiu*, Inf. *plžé*, *plužékr*, vgl. Gartner, § 154; prov. *platz* *plac* *plagut* *plazer*; frz. *plais* *plus* *plu* *plaire*, *-sir*; cat. *plaich* *plagui* *plagut* *plaurer*; span. (nur unpers.) Präs. *place*, Perf. *plugo*, Inf. *placer*, über den Konj. *plegue* vgl. Morel-Fatio, R XXII 486; ptg. (nur unpers.) Präs. *praz*, Perf. *prouve* (alt *prougue*), Part. *prazido*, Inf. *prazer*. S. No 7217.

7214) **plăcībĭlĭs, -e** (in der Bedtg. gekreuzt mit *placabilis*, später lautlich u. begrifflich angelehnt an *pax*), gefällig, angenehm, still, ruhig, friedlich; ital. *piacevole*; rtr. *pascheivel*; prov. *pazible*; frz. *paisible*; span. (*apla-*), *apacible*; ptg. *apracivel*. Vgl. Cornu, Z XV 529; Cohn, Suffixw. p. 100.

7215) **plăcĭtum** *n.* (bezw. *plactum* nach *actum*, *factum*, Part. P. P. v. *placēre*), das, was einem Nachthabenden gefällt, Verfügung, Gegenstand einer behördlichen Entscheidung, Rechtsache, Streitsache, ital. *piato*, daneben *plácito* als gel. Wort und *chiaito* „lite, intrigo, voce meridionale", vgl. Canello, AG III 358, dazu die Verba *piatire*, *piateggiare*; neap. *chiajeto*; sard. *piaito*, *pleto*; brianz. *piec*, piato; rtr. *plaid*, dazu das Vb. *plidar*; prov. *plait-s*, *plag-s*, dazu das Vb. *plaideiar*; altfrz. *plait*,

plaid, dazu das Vb. *plaidier*, *plaidoiier*; über *plait* vgl. Horning, Z XIX 75; neufrz. *plaider*, Vb., *plaidoyer*, Sbst., Verteidigungsrede; cat. *plach*; span. *pleito*, dazu das Vb. *pleitear*; ptg. (altptg. *placito*) *pleito*, *preito*, dazu das Vb. *preitejar*, hierher gehört wohl auch wenigstens mittelbar *plazo*, Vertrag, *prazo*, Termin. Vgl. Dz 245 *piato*; Ascoli, AG I 81 Anm.; Thomsen, Mém. de la soc. de ling. III 120; W. Meyer, Z VIII 217: Gröber, ALL IV 439 (hier eine sehr eingehende Untersuchung über die lautliche u. begriffliche Entwickelung des Wortes, es wird nachgewiesen, dafs die Heimat desselben in Frankreich zu suchen ist, von wo aus es in die übrigen roman. Gebiete übertragen wurde).

7216) **plăco, -āre**, besänftigen; dav. nach Nigra, AG XIV 355, engad. *balčar*, besänftigen, u. zahlreiche mundartliche Verba mit der Bedtg. „nachgeben, schwächen, ermangeln" u. dgl. Vgl. auch R IV 132.

7217) **plăcŭĭt** (*placere*), es hat gefallen, es ist beliebt, genehmigt, beschlossen, gewährt werden; davon vielleicht über *plácvit*, mit verschobenem Accente *placvít*, *plevit* (vgl. *aqua* : *ewe*), darnach dann der Inf., bezw. das altfrz. Vb. *plevir*, gewähren, verbürgen, versichern, welches aus dem Frz. in das Prov. übertragen wurde. (Man vgl. die Entstehung des Wortes s. unter No 7220 u. 7240.—Von *plevir* abgeleitet das mittellat. Söst. *plevium*, Bürgschaft, Pfand, davon wieder altfrz. *pleige* u. das Vb. *pleigier*.

7218) **plăgă, -am** *f.* (*πληγή*), Schlag, Wunde (im Roman. mit erweiterter Bedeutung auch „Not, Bedrängnis"); ital. *piaga*; rum. *plagă*; prov. *plaga*, *plaja*; frz. *plague*; cat. *plaga*; span. *llaga*, *jaga*; ptg. *praga*.

7219) **plăgĭa, -am** *f.* (schriftlat. *plaga*), Gegend (im Roman. besonders „Gestade"); ital. *piaggia* (daneben *spiaggia*, neapol. *chiaja*); prov. *plaja*; altfrz. *plaie* (neufrz. *plage*); cat. *platja* (span. *playa*); ptg. *praia*. Vgl. Dz 244 *piaggia*; Gröber, ALL IV 442.

7220) [got. **plaihvan**, altnfräuk. **plēhan** (ahd. *pflēgan*), verbürgen, versichern (diese Bedtg. ist im Altsächs. belegt, s. Kluge unter „pflegen"); davon vielleicht prov. altfrz. *plevir*, verbürgen, dazu dann Vbabst. prov. *plieu-s*, frz. *pleige*, Bürgschaft. Vgl. Bartsch, Z II 309; Behaghel, Z I 468; Mackel p. 78 f. (M. verhält sich nach eingehender Untersuchung zweifelnd gegen die Ableitung aus dem German.); Dz 658 *s. v.* stellte als Grundwort *praebere* auf, vgl. dagegen G. Paris, R XIII 133.] S. **placuit**.

7221) ndl. **plak**, Scheibe, Fleck; frz. *plaque*, Platte, davon *plaquer*, plattieren, *placard*, etwas Auf- oder Eingelegtes, Wandschrank. Vgl. Dz 658 *plaque*. Aus *plaque* + *seing* = *signum* ist gebildet frz. *plaquesing* „écuelle dans laquelle le vitrier détrempe le blanc", vgl. Thomas, R XXVIII 203.

7222) **plāna, -am** *f.*, Hobel; lomb. *piona*; genues. *čuna*; rtr. *plauna*; frz. *plane*, vgl. Gade p. 54. Vgl. Mussafia, Beitr. 88.

7223) **plancă, -am** *f.*, Bohle, Brett; ital. (piemont.) *pianca*, Steg; prov. *planca*, *plancha*, Brett; frz. *planche*; span. (*plancha*, Metallplatte, Blech), vielleicht gehört hierher auch *lancha*, Nachen, vgl. Baist, Z V 561; (ptg. *prancha*, Brett). — Nicht hierher, sondern zu *phalanga* (s. d.) gehören die von Diez 244 *pianca* u. 401 *spalancare* aufgeführten

Worte ital. span. ptg. *palanca*, Pfahl, ital. *spalancare*, aufsperren, span. *espalancar*, aus-
. breiten,*esparrancar*, die Beine spreizen (über letzteres Vb. s. Dz 449 *s. v.*; Caix, St. 103), vgl. Cornu, R IX 134; Gröber, ALL IV 426 u. 442 (wo mit Recht bemerkt wird, dafs cat. *planxa*, span. *plancha*, ptg. *prancha* aus dem Frz. entlehnt sind).

7224) [*plängĭtör, -örem** *m.* (*plango*), einer, der klagt oder weint; ital. *piangitore, piagnitore*; rum. *plângător*; span. *plañidor*; ptg. *prantendor*.]

7225) **plängo, plänxi, pläuctum, plängĕre,** klagen; ital. *piango piansi pianto piangere* und
. *piagnere*; rum. *plâng plânsei plâns plânge*, prev. *planh plains* u. *plais plaint planher*; frz. *plains* (altfrz. *plaing*) *plaignis* (altfrz. · *plains*) *plaint plaindre*; cat. *planyer*; span. *plañir* (ptg. *prantear* = **plancticare*).

7226) **plänītĭa, -am** *f.* (*planus*), Ebene: ital. *pianezza*.

7227) **pläntä, -am** *f.*, Pflanze; ital. *pianta*(*cianta*), dav. *piantone*, Setzling; rum. *plantă*; prov. *planta*; frz. *plante*, dazu das Vbsbst. *plantage*, Pflanzung; cat. span. *llanta*; ptg. *planta* (gel. W.).

7228) **pläntägö, -gĭnem** *f.*, Wegerich; ital. *piantaggine* (halbgel. W., der übliche Ausdruck ist *petacciuola*, das wohl Deminutivbildung zu *pittacium* (s. d.) ist); rtr. *plantaggiens* (gel. W.); prev. *plantatge-s*; frz. *plantain*; cat. *plantatge*; span.*llantem*, daneben mundartlich *plantaje*; ptg. *tanchagem*. Vgl. Dz 463 *llanten*; Tobler, Z X 573; Gröber, ALL IV 443.

7229) [*pläntĭtĭům** *n.* (*planta*), Pflanzung; davon der rtr. Ortsname *Plantaditz, Plantitz*, vgl. Buck, Z X 571.]

7230) **plänto, -äre** (*planta*), pflanzen; ital. *piantare* u. *chiantare* „in „chiantarla a uno' accoccarla, cf. arch. *acchiantare* allignare', usato da Fra Jacopone", vgl. Canelle, AG III 358; frz. *planter*.

7231) [*plänülä, -am** *f.* (*planus*), Werkzeug zum Ebenen, Glätten, der Hebel, = ital. *pialla* (: *planula* = *lulla* : **lunula*), dazu das Verb *piallare*, hobeln. Vgl. Dz 389 *s. v.*]

7232) **plänüs, a, um,** platt, eben, flach (im Roman. auch „sanft, leise"); ital. *piano*; prov. *plan-s, pla-s*; frz. *plain* (bedeutet als Sbst. „offenes Meer"); span. *llano*; ptg. *chão*. Das Adj. wird auch als Sbst. in der Bedtg. „Ebene, Fläche" gebraucht: auf dem Fem. *plana* beruhen die Sbstve *plana*, Fläche, Platz, Rang, *plaina*, Werkzeug zum Glätten, Ebenen: Hobel.

7233) ***plästrüm** *n.* (gekürzt aus ἔμπλαστρον), Pflaster (als Heilmittel); ital. *piastra*, Metallplatte, eine Münze, dazu die Ableitungen *piastrello*, kleines Pflaster, *piastrone*, Panzerplatte, vielleicht gehört hiefher auch *lastricare* (man angenommen werden darf, dafs das Vb. aus **plasticare* entstand), mit Platten belegen, pflastern, wovon wieder das Vbsbst. *lástrico*, Pflaster, u. daraus möglicherweise durch Abfall des als Artikel aufgefafsten *l ástrico*, Estrich, s. jedoch eben No 994 u. 6754; frz. *plâtre*, Gips; (ptg. *piastrão*, Panzerplatte). Vgl. Dz 244 *piastra.*

7234) **plätänüs, -um** *f.* (πλάτανος), Platane; ital. *platano*; piem. *piaju, -e*, wald. *ciaja*, wilde Platane, Ahorn, vgl. Salvioni, Post. 17; rum. *páltin*; prov. *platani-s*; frz. (*platane*), *plane*; cat. span. ptg. *platano*.

7235) **plätĕä** (u. **plätĕä, *plättĕa**, angelehnt an *plattus*, vgl. Suchier, Gröber's Grundrifs I 631; Mussafia, R XVIII 533, u. dagegen Horning, Z XVIII 240), **-am** *f.* (πλατεία), Strafse (im Roman.

„Platz"); ital. *platéa*, Boden, Bauplatz, *piazza*, Platz, vgl. Canello, AG III 357; sard. *piatta*; rum. *piaţa*; rtr. *plaz*; prov. *plassa*; frz. *place*, dazu das Vb. *placer*; cat. *plassa*; (span. *plaza*, *plazo*; ptg. *praça, praço*). Vgl. Dz 245 *piazza*; Gröber, ALL IV 443.

7236) **plätĕssä, -am** *f.*, Plattfisch; (frz. *plie*, von Diez 658 *s. v.* = **plata* angesetzt unter Hinweisung auf *oublie* = **oblata*, doch ist das nicht annehmbar); span. *platija*; (ptg. *patruça*).

7237) ***plättüs** u. ***platus, a, um** (vgl. *platessa*, Plattfisch, b. Auson. Ep. 4, 60), platt, flach (im Roman. auch Sbst. mit der Bedtg. „Teller"); ital. *piatto*, (nach Diez soll hierher gehören, u. zwar als Lehnwort aus dem Span., auch *sciatta*, flaches Fahrzeug, vgl. Canello, AG III 358; Caix, St. 659, stellt aufserdem *zatta*, *zattera* „piattaforma di tavole galleggiante" hierher, Marchesini, Studi di fil. rom. II 7, bemerkt dagegen „*zatta* non è da **platta*, ma da *stlata* o *stlatta*, e sarà forma prettamente toscana", indessen *stl* würde schou im frühen Latein zu *l* vereinfacht worden sein, vgl. *lis* aus *stlis*; Baist, Z VII 124, meint, dafs gr. ψῆττα den gleichen Begriff, wie *sciatta*, enthalte, bemerkt aber auch selbst, dafs dns Wort zu weit abliege); rtr. prov. frz. *plat* (altfrz. *plate*, Metallplatte); span. *chato*, (nach Baist, Z VII 124, ist altspan. *xato*, *jato*, Kalb, dasselbe Wort, weil die flache Nase bei den verhältnismäfsig dicken Kopf des Kalbes auffällig sei, Diez 498 *s. v.* hatte *xato* vom arab. *scha't*, junger Zweig, ableiten zu dürfen geglaubt, was allerdings sehr bedenklich ist), *chata*, flaches Schiff, (*plato*, Teller, *plata*, Silber; davon abgeleitet *platina*); ptg. *chato*, (*prato*, Teller, *plata*, Silber). Vgl. Dz 245; Gröber, ALL IV 443.

7238) mhd. **platzen;** davon nach Caix, St. 588, ital. *spiaccicare* „chiacciare, premere", doch bemerkt Caix selbst „anche diretta derivazione da piatte è possibile", was freilich nicht eben einleuchtet.

plautus s. **plōtus.**

7239) ***pläxüs, a, um** (f. *plexus*); dav. vermutlich prov. *plais, plaissa*, Hecke, *plaissat-z, plaissadit-z*, eingezäunter Platz, *plaissar*, einzäunen; altfrz. *plaissié, plaisseiz, plaissier*; (neufrz der Ortsname *Plessis*). Das *a* für *e* beruht vielleicht auf Angleichung an *planta*, eine Hecke ist ja zugleich eine Pflanzung. Vgl. Dz 658 *plais* (hier wird *plexus* als Grundwort aufgestellt); Förster, Z V 99.

7240) [*plĕbĕo, -ēre**, sich verpflichten (Lex Utin. 173, 11, vgl. ALL III 498); prov. altfrz. *plevir*, versichern rund garantieren. Das lat. Wort ist aber jedenfalls erst aus dem romanischen herausgebildet, also aus dem Substant. *plebēre* der Ursprung von *plevir* nicht aufgeklärt wird, S. eben **placuit.**]

7241) [*plĕbĭum** *n.*, Bürgschaft (Capit. Caroli M. 85, 13, vgl. ALL III 498); prov. *plieus*; altfrz. *pleige, plege*, s. aber **plebeo.**]

7242) [*plĕbrüm** (= *plē-* + *brum*), Gerät zum Füllen; davon vermutlich ital. *pévera*, Trichter. Vgl. Dz 389 *s. v.*; Mussafia, Beitr. 89 (hier die richtige Ableitung); Ascoli, Studj critici II 96; Gröber, ALL IV 444. S. unten ***plēträ.**]

7243) **plĕbs, plĕbem** *f.* (*pleues, non pleuis* App. Probi 91), Volksmasse; ital. *pieve* „parrocchia che ha sotto di sè parecchi villaggi", *plēbe* (gel. W.), vgl. Canello, AG III 357; venez. *pjove*, genues. *čeive*, vgl. Salvioni, Post. 17; von *pieve* abge-

43*

ist *piovano*. Landdechant (auch rum. *pleban*). Vgl. Dz 390 *pieve*.

7244) plĕcta, -am *f.* (*plectere*) geflochtene Leiste; span. *pleita*. Binsenflechte, vgl. Dz 477 *s. v.*; Gröber, ALL IV 444; Meyer-L., Z. f. ö. G. 1891 p. 774, bezweifelt jedoch mit Recht diese Ableitung.

7245) *plĕctus, a, um (*plectĕre*), geflochten; venez. *pleto*, piegato, berg. *plĕć*, curvo, chino, vgl. Salvioni, Post. 17.

7246) [*plēnārĭs, e (*plenus*), völlig, = (?) altfrz. *plener, -ier*, vgl. Cohn, Suffixw. p. 281].

7247) [*plēnĭo, -ĭre (*plenus*), füllen; rum. *plinesc ii it i*; prov. *plenir*.]

7248) plēnĭtās, -ātem *f.*, Fülle; rum. *plinătate*; prev. *plenetat-z*; altfrz. *plenté*.

7249) [*plēnĭtūrosus, a, um (*plenus*), reichlich; frz. *plantureux*, vgl. Faſs, RF III 513; Tobler, Z I 480.]

7250) plēnŭs, a, um, voll; ital. *pieno*; rum. *plin*; rtr. *plen*, *pien* etc., vgl. Gartner § 200; prov. *ple-s*; frz. *plein*; cat. *ple*; span. *lleno*; ptg. *cheio*.

7251) plērŭs, a, um, meist; rtr. *bler*, *blear* etc., vgl. Ascoli, AG I 101.

7252) [plētrĕ, -am *f.* (*plere*), Trichter; dav. ital. *petriolo*, (mundartlich: comask. *plédria*, mail. *pidria*, venez. *piria*, romagn. *pidarja*); friaul. *plere*. Vgl. Dz 389 *pévera*; Ascoli, Studj critici II 96; Gröber, ALL IV 444.]

7253) plētūra, -am *f.*, Fülle, (Vollplatz); davon nach Thomas, R XXVI 444 prov. *pledura*, *pleidura* (aber auch *plesdura!*), altfrz. *pleure*, Bauplatz.

7254) plĭcĕ, -am *f.*, Falte; ital. *piega*, daneben die Masc. *plico* „pacchetto propriamente di lettere", *piego* „pacchetto di lettere e d'altri fogli", vgl. Canello, AG III 357; frz. *pli m.* (Vbsbst. zu *plier*, vgl. *cri* zu *crier*); (span. *pliego*); ptg. *prega*.

7255) *plĭcĭtus, a, um (Part. P. P. von *plicare*), gefaltet, gebogen; friaul. *plett*; neuprov. *plech*, *pleich*, gebogen, gekrümmt, *plecho*, Faſsreifen, *plechá*, mit Reifen versehen. Vgl. Gröber, ALL IV 444.

7256) plĭco, -āre, falten (im Roman. auch „biegen, beugen, krümmen"); ital. *piegare*; prov. *plegar*, *plejar*; frz. *plier*; span. *llegar*; ptg. *cheger*. Das Vb. bedeutet im Span. u. Ptg. (zuweilen auch im Altital.) „nähern, ankommen", der vermittelude Begriff ist „(die Schritte, den Weg nach eiuem Ziele hin)biegen, hinlenken". Vgl. Dz 463 *llegar*.

7257) [*plĭctĭo, -āre (*plictus*) wurde von Diez 659 *s. v.* als Grundform zu frz. *plisser*, falten, aufgestellt; Gröber dagegen, ALL IV 444, nimmt an, daſs das Vb. aus dem Pl. *plis* in der Redewendung *faire des plis* abgeleitet sei, denn ein *plictiare* habe *plessier* ergehen müssen. Diese Annahme ist aber bedenklich, denn aus *plis* konnte doch nur *pliser* entstehen. Gröber vergleicht *poisser*, das seiner Ansicht nach aus *poix* = *picem* gezogen worden sein soll, einfacher ist es aber doch, *picio* = *poisse* anzusetzen.]

7258) ahd. *plodar*, entartet, feig; davon nach Bugge, R IV 364, frz. (champ.) *pleutre*, träge. Diez 253 *poltro* leitete das Wort vom ahd. *polster* ab.

*plōpus s. pōpŭlus.

7259) plōrātĭo, -ōnem *f.* (*plorare*), das Weinen; altvenez. *plorason*, vgl. Salvioni, Post. 17.

7260) plōro, -āre, klagen; ital. *plorare* „lamentarsi", *piulare* „lamentarsi ingiustamente", vgl. Canello, AG III 357, indessen dürfte *piulare* mit *plorare* nichts zu schaffen haben, sondern auf den

Stamm *pi-* (s. d.) zurückzuführen sein, dagegen wird *piurare* „piagnucolare" von Caix, St. 455, wohl mit Recht = *plorare* angesetzt, vgl. p i e m. *pjieré*, s. AG XIII 421; prov. *plorar*; frz. *pleurer*, dazu das Vbsbst. *pleurs*, Pl., Thränen; span. *llorar*; ptg. *chorar*, dazu das Adj. *chorăo*, weinerlich.

7261) plŏtŭs, plautŭs, a, um, plattfüſsig; ital. *piota*, Sohle, Scholle (Caix, St. 47, leitet das Wort in der erateren Bedtg. von *ped-*, in der letzteren von *pilus* ab, aber mindestens in der Bedtg. „Sohle" dürfte *piota* zweifellos = *plota* sein); d'Ovidio, AG IV 163, will auch *chiotto*, neapel. *chiuote*, langsam, auf *plotus* zurückführen, s. unten unter q uietus; mailänd. *pioda*, Steinplatte; neuprov. *plauto*, Sohle. Vgl. Dz 390 *piota*; Bugge, R IV 368; Flechia, AG II 359; Gröber, ALL IV 443; Salvioni, Post. 17.

plŏvĭă s. plŭvĭă.
plŏvo s. plŭō.

7262) plūmă, -am *f.*, Feder; ital. *piuma*; prov. *pluma*, dazu das Vb. *plumnr*, rupfen; frz. *plume*; span. ptg. *pluma* (gel. W.).

7263) *plūmācĕŭm *n.* (*pluma*), Federkissen, Kopfkissen; ital. *piumaccio*, *pimaccio*; span. *chumazo*. Vgl. Dz 440 *chumazo*.

7264) plūmbācĕŭs, a, um (*plumbum*), bleiern; davon nach Morel-Fatio, R IV 48, span. *pelmazo*, s. oben pēgmă.

7265) *plūmbĭco, -āre (*plumbum*), das Lotblei auswerfen; frz. *plonger* (pic. *plonkié*), untertauchen. Vgl. Gröber, ALL IV 445. S. plūmbo.

7266) *plūmbo, -āre (*plumbum*), das Lotblei auswerfen; ital. *piombare*, loten, untertauchen; prov. *plombar*. Vgl. Gröber, ALL IV 145.

7267) plūmbŭm *n.*, Blei; ital. *piombo*; (sard. *piumu*); rum. *plumb*; rtr. *plumm*; prov. *plom-s*; frz. *plon*; neufrz. *plomb*; cat. *plom*; (span. *plomo*); ptg. *chumbo*, (*prumo*, Senkblei). Vgl. Gröber, ALL IV 445.

7268) (*plŭo, plŭī, plŭĕre, dafür *plŭvo, -ĕre, regnen; ital. *piovere*; sard. *pioere*; rum. *plod*; rtr. prov. *plover*; altfrz. *plovoir*; neufrz. *pleuvoir*; cat. *plourer*; span. *llover*; ptg. *chover*. Vgl. Gröber, ALL IV 444.

7269) plūrālĭs, -em *m.*, Plural; altfrz. *plurel*, daraus mit Anlehnung an *singuler* (= *singularis*) *plurer*, daraus *plurier*, gleichsam *plurarius*, endlich durch gelehrte Wiederannäherung an *pluralis* neufrz. *pluriel*. Vgl. Förster, Z IV 379; G. Paris, R X 302 (wo bemerkt wird, daſs *pluriel* bis vor Kurzem *plurié* ausgesprochen worden sei).

7270) plūs, mehr; ital. *più*; rtr. *plu*, *plc*, *pli* etc., vgl. Gartner § 200; prov. *plus*, (daneben *pus*, das aber, ebenso wie cat. *pus*, schwerlich = *plus* sein dürfte; Vogel p. 103 setzt es = *postea* an, was aber auch bedenklich ist, eher würde *pus* aus dem Negleichsfalle); altspan. *chus*, vgl. Dz 440 *s. v.*; (neuspan. ptg., auch cat. ist als Steigerungspartikel *magis* an Stelle von *plus* getreten).

7271) [*plūsōrēs, *plūsĭōrēs (*plus*), mehrere; altital. *plusori*; prov. *plusor*; frz. *plusieurs*. Vgl. Dz 659 *plusieurs*.]

*plŭtĕă (f. *pluteum*) s. chŏçç.

7272) (plŭvĭă, dafür) *plŏvĭă, -am *f.*, Regen; ital. *pioggia*; sard. *pioza*; valses. *canner*. *piobia*, vgl. AG XIV 113; rum. *ploaie*; rtr. *plievja*; ptg. (poi.) frz. *pluie*; cat. *pluvja*; span. *lluvia*; ptg. *chuva*. Vgl. Gröber, ALL IV 445.

7273) *plŭvĭălĕ *n.* (*pluvia*) = ital. *pieviale*, *piviale*, Regenmantel, dann eine Art Priestermantel (sog. Vespermantel), vgl. Förster, Z IV 377; Diez 390 *picviale* leitete das Wort von *pieve* = *plebem* (s. d.) ab.

7274) **(plŭvīosus)**, **plŏvīŏsŭs**, **a**, **um** (*pluvia*), regnerisch; ital. *pioggioso, piovoso;* prov. *ploios;* frz. *pluvieux;* cat. *plujos;* span. *lluvioso, llovioso;* ptg. *chuvoso.*

7275) **[*pod-** (= *ped-*) + **inquus**, daraus nach Baist, Z VII 122, das bei Dz 477 unerklärte span. *podenco,* ptg. *podengo,* Dachshund.]

7276) **[pŏdĕx**, **-īcem** *m.*, der Hintere, = ital. *podice.*]

7277) **πόδιον** *n.* (Demin. v. **πούς**), Seil an dem unteren Zipfel des Segels; ital. *poggia;* Seil an dem rechten Ende der Segelstange; frz. *poge* (Lehnwort). Vgl. Dz 391 *poggia.*

7278) **pŏdīŭm** *n.* (**πόδιον**), Tritt, (Erhöhung); ital. *poggio,* Anhöbe, dazu das Vb. *poggiare,* steigen, *appoggiare,* anlehnen, stützen; prov. *pueg-z, puoi-s;* altfrz. *pui* (neufrz. nur in Ortsnamen, z. B. *Puy-de-Dôme),* dazu das Vb., auch neufrz. *appuyer,* stützen, wovon das Vbsbst. *appui,* Stütze; span. ptg. *poyo,* steinerne Bank vor dem Hause, *apoyar,* stützen. Vgl. Dz 252 *poggio.*

7279) **(poenă**, dafür) ***pēnă**, **-am** *f.,* Strafe; ital. sard. *pena;* rtr. *peina;* prov. *pena;* frz. *peine;* cat. span. ptg. *pena.* Vgl. Gröber, ALL IV 432.

7280) **poenītĕntīa**, **-am** *f.,* Reue; altfrz. *pe-neance,* sonst überall nur gel. W., vgl. Cohn, Suffixw. p. 79; Berger *s. v.*

7281) **[*poenītĕntīārīŭs**, **a**, **um** (*poenitentia,* Reue); ital. *penitenziario* „casa di correzione, il confessore cui sono riservati certi casi, e *penitenziere* con questo secondo significato", dal. Canello, AG III 309; entsprechende gelehrte Bildungen auch in anderen Sprachen.]

7282) altnfränk. ***poko** (ags. *pocca),* Tasche, ist die mutmafsliche Grundform zu frz. *poche,* Tasche, vgl. Mackel p. 36; Dz 659 *s. v.*

7283) **pŏlĕntă**, **-am** *f.,* Gerstengraupen, == ital. *polenta.*

7284) **[pŏlĕtrŭs** u. ***pŏlĕdrus**, **-um** *m.* (vielleicht mit gr. **πῶλος**, Füllen, zusammenhängend?), junges Pferd; ital. *poledro, pulédro, poledrino* = ***poletrinus;* sard. *puddedru;* rtr. *pulieder;* prov. *poudrel-s;* altfrz. *poltre,* daneben *poutrain* = *poletranus,* vgl. Cohn, Suffixw. p. 300; (neufrz. *poutre* bedeutet· „Tragbalken", „Füllen" ist *poulain* = ***pullanus);* cat. span. ptg. *poltro.* Vgl. Dz 252 *polédro* (Diez wollte das Wort unmittelbar aus griech. *πωλίδιον* ableiten); Gröber, ALL IV 445.

7285) **pŏlīo**, **-īre**, abputzen; ital. *polire, pulire;* rum. *polisc* ii it i; prov. frz. cat. *polir;* im Frz. davon abgeleitet *polission,* eigentlich einer, der durch fortwährendes Sichumhertreiben die Strafsen glättet, Bummler, Gassenjunge, vgl. Dz 660 *s. v,* Cohn, Suffixw. p. 126; span. *pulir;* ptg. *polir, puir, buir,* vgl. C. Michaelis, Misc. 121.

7286) **[*pŏlītīă**, **-am** *f.* (*polire*), Reinlichkeit; ital. *pulizia,* (daneben *pulitezza, politezza),* Reinlichkeit, Artigkeit, Höflichkeit; (frz. *politesse* = ***polititia,* Glätte, Feinheit, Höflichkeit); span. *policia,* (daneben *polideza*); ptg. *policia,* (daneben *polidez*).]

7287) **[pŏlītīă**, **-am** *f.* (*πολιτεία*), Staatsverwaltung; ital. *polizia;* frz. *police;* span. ptg. *policia.* Vgl. Dz 252 *polizia.*]

7288) **pŏlītūră**, **-am** *f.* (*polire*), Glättung; ital. *pulitura;* rum. *poliitură;* (frz. *polissure*); span. *pulidura;* ptg. *polidura.*

7289) **pŏllĕn** u. **pŏllis**, **-īnem** *m.*, Blütenstaub; sard. *poddine,* fior di farina; (lecc. *ponnula),* vgl. AG IV 189; Salvioni, Post. 17.

7290) **pŏllĕx**, **-īcem** *m.*, Daumen; ital. *pollice;* sard. *poddighe* (über sonstige mundartliche Worte, welche meist die Bedtg. „Haspe" haben, vgl. Salvieni, Post. 17); rtr. *polsch;* prov. *polce-s;* frz. *pouce;* cat. *polsc.* Vgl. Gröber, ALL IV 445. Sieh auch **pŏllīcārīs** u. **pŏlўptўchă.**

7291) **pŏllīcārīs**, **-e** (*pollex*), zum¡Daumen gehörig; rum. *policar,* Daumen (dieselbe Bedtg. auch in den übrigen Sprachen); prov. *polgar-s;* frz. *pochier;* cat. *pulgar;* span. *pulgar;* ptg. *pollegar.* Vgl. Dz 253 *pollegar;* Meyer-L., Z. f. ö. G. 1891 p. 774.

7292) griech. **πόλος**, **πολίδιον**, Wirbel, (Thür)-angel, Zapfen; davon nach G. Paris' überzeugender Darstellung, R XXVII 484, ital. *puleggia,* Rolle, Walze an einem Aufzuge; prov. *poleja, poulejo;* frz. *poulie,* dazu das Vb. *poulier;* span. *polea;* ptg. *polé.* Diez 661 *poulier* hatte diese Worte von ags. *pullian,* ziehen, abgeleitet.

7293) ahd. **(polstar)**, **bolstar**, Polster, Pfühl; davon (?) vermutlich ital. *poltro,* faul (eigentl. also etwa „auf Kissen liegend"), feig, davon abgeleitet *poltrone,* Feigling; frz. span. *poltron;* ptg. *poltrão.* Vgl. Dz 253 *poltrone.*

7294) **pŏlўptўchă** *n. pl.* (*πολύπτυγα*), Kontrolle, Civilliste (eigentl. zusammengefaltete Blätter); davon vielleicht nach Scheler im Anhang zu Diez 740 ital. *pólizza,* Zettel, Schein, Anweisung; prev. *poliza, polissia;* frz. *police;* cat. *polissa;* span. *póliza.* Indessen ist doch diese Ableitung lautlich mehr als bedenklich. Aus lautlichem Grunde ebensowenig das von Diez 253 aufgestellte Grundwort *pollex,* Daumen (im Mittellat. auch „Siegel" bedeutend, weil ein solches mittelst des Daumens aufgedrückt wird) gebilligt werden. G. Paris, R X 620 Z. 1 v. u., sich auf *pódiza* berufend, vermutet, dafs dasselbe u. mit ihm vielleicht auch *pólizza* auf mittellat. *apodixa* = *ἀπόδειξις* zurückgehe. Und das wird man für das verhältnismäfsig Wahrscheinlichste erachten müssen. Die *apódixa* würde also ***pódixa, *pódissa, pólissa* (daraus, indem issa mit dem Suffix *-izza* vertauscht wurde, *pólizzo,* wobei freilich das Suffix verlegt wurde); der Grund, weshalb *d* zu *l* wurde, ist freilich nicht abzusehen, denkbar wäre, dafs es geschehen sei, um den unangenehmen Anklang an das im Ital. zu fortlebende *pódice* = *pódicem* zu vermeiden. — Wegen frz. *pouillé,* das nach Dz 661 *s. v.* auf *polyptychum* zurückgehen soll, s. oben **dĕspŏlīō.**

7295) **pŏlўpus**, **-um** *m.* (*πολύπους*), Polyp, Meerspinne; ital. *polpo;* tarent. *vurpo;* aemil. venez. *folpo;* frz. *poulpe* (halbgel.), *pieuvre;* span. *pulpo;* (ptg. *polypo).* Vgl. Meyer-L., Z. f. ö. G. 1891 p. 774.

7296) ***pōmătă** (*pomum*) = ital. *pomata,* Haarsalbe (vielleicht sogenannt mit Bezugnahme auf apfelartigesWeichseinoder Aussehen); frz. *pommade;* span. ptg. *pomada.* Vgl. Dz 253 *pomata.*

7297) **pōmētŭm** *n.* (*pomum*), Obstgarten; ital. *pometo;* rum. *pomet, pometuri.*

7298) **pŏmphŏlўx**, **-ўgem** *f.* (*πομφόλυξ),* Hüttenrauch; davon vielleicht ital. *fanfaluca,* Lodersasche, nichtsnutziges Zeug, Possen, daraus viell. gekürzt mail. *fanfulla*, Possen; altfrz. *fanfelue*, (daraus gekürzt *falue*); neufrz. *fanfreluche*, Flitterkram, davon abgeleitet *(fan)freluquet*, Geck, Stutzer. Vgl. Dz 133 *fanfaluca*.

7299) **pŏmŭm** *n.*, Apfel; ital. *pomo* u. *pome* (Plur. *pomi*, *pome*, *poma*); prov. *pom-s* u. *poma* (letzteres nur als Bezeichnung eines kleinen Wertes); frz. *pomme f.*; span. ptg. *poma*, Kugel, Halbkugel. S. oben **mālum**, bew. **mēlum**.

7300) **pŏnēns**, **-ēntem** (Part. Präs. v. *ponere*) = ital. *ponente*, Himmelsgegend, wo die Sonne gleichsam sich niederlegt, Westen, vgl. *levante*, Osten; (rum. *apus*, Part. Prät. v. *apune = apponere*); prov. *ponent-z*; frz. *ponent*, *ponant* (das übliche Wort ist aber *couchant*); *poniente*; ptg. *poente*. Im Frz. Span. und Ptg. ist das deutsche „West" = frz. *ouest*, span. ptg. *oeste* das übliche Wort; daneben in allen rom. Sprachen als gel. W. *occidens*. Vgl. Dz 253 *ponente*.

7301) **pŏno**, **pŏsŭī**, **pŏsĭtŭm**, **pŏnĕre**, stellen, setzen, legen; ital. *pongo posi posto porre*; rum. *pun pusei pus pune*; prov. *pon pos post ponre* u. *pondre*, Eier legen (auch im Frz u. Cat. nur mit dieser eingeengten Bedtg., vgl. Dz 660 *pondre*); frz. *pondre*, (dispŏnere etc. = *disposer* mit Anlehnung an *poser = pausare*); cat. *pondrer* (Pf. *pongué*); span. *pongo puse puesto poner*; ptg. *ponho pus posto pór*.

7302) **pŏns**, **pŏntem** (schriftlat. *pŏntem*) *m.*, Brücke; ital. *ponte*; neap. *ponde*; rum. *punte*; rtr. *punt*; prov. cat. *pont*; span. *puente*; ptg. *ponte*. Vgl. Gröber, ALL IV 445.

7303) ***pŏntĭcēllŭs**, **-um** *m.* (Demin. von *pons*), kleine Brücke. = ital. *ponticello*; frz. *ponceau*.

7304) **pŏntĭcŭs**, **a**, **um** (*ποντικός*); davon vermutlich mod. *pondegh*, venez. *pantegan*, Ratte, vgl. Stier, Ztschr. f. vgl. Sprachf. XI 131; Mussafia, Beitr. 69 u. 91; Flechia, AG II 370.

7305) [*pŏnto**, **-ōnem** *m.*, Fähre; obw. *pantun*, vgl. Meyer-L., Z. f. ö. G. 1891 p. 774.]

7306) ***pŏpŭlo**, **-āre** (*populus*), bevölkern (lat. *populare* hat andere Bedeutungen), ital. *popolare*; rum. *impoporez ai at a*; prov. *poblar*; frz. *peupler*; cat. span. *poblar*; ptg. *povoar*.

7307) [**pŏpŭlōsŭs**, **a**, **um** (*populus*), volkreich; ital. *popoloso*; rum. *poporos*; prov. *populos*; frz. *populeux*; cat. *populos*; span. ptg. *populoso*; überall nur gel. W.]

7308) 1. **pŏpŭlŭs**, **-um** *m.*; Volk; ital. *popolo*; sard. *pobulu*; altvenez. *puovolo*; altlomb. *povoro*, *-ero*; vic. *spovolare*, divulgare un segreto; sard. *ispobulare*, spopolare, vgl. Salvioni, Post. 17; rum. *popor*; rtv. *pievel*; prov. *poble-s*; frz. *peuple*; cat. *poble*; span. *pueblo*, *puebro*, Volk, Stadt, Dorf; ptg. *povo*. Vgl. Gröber, ALL IV 446.

7309) 2. **pŏpŭlŭs** und ***plŏpŭs**, **-um** *f.*, Pappel; ital. *pioppo*; rum. *plop*; friaul. *pòul*; neuprov. *piblo*, *pipoulo*, *piboul*, *bieule*; frz. (*peuple*, davon abgeleitet *peuplier*); cat. *clop*, span. *pobo*, Weifspappel, *chopo*, Schwarzpappel; ptg. *choupo*. Vgl. Dz 249; Gröber, ALL IV 446; d'Ovidio, AG XIII 361 u. 364 unten; Ascoli, AG XIII 457.

pŏrcă s. **pŏrcŭs**.

7310) [***pŏrcăr** + **ĭa**, Schweinestall, Schweinerei; ital. *porcheria*; prov. *parcaria*; frz. *porcherie*; span. *porqueria*; ptg. *porcaria*.]

7311) ***pŏrcārĭcĭŭs**, **a**, **um** (*porcus*), zum Schwein gehörig; ital. *porchereccio*; rum. *porcăreață*, Schweinestall; span. *porqueriza*.

7312) **pŏrcārĭŭs**, **-um** *m.*, Schweinehirt; ital. *porcaro*, *porcajo*; rum. *porcar*; prov. *porquier-s*; frz. *porcher*; cat. *porquer*; span. *porquero*; ptg. *porqueiro*.

7313) **pŏrcēllŭs**, **-um** *m.* und **pŏrcēllă**, **-am** *f.* (Demin. v. *porcus*), Schweinchen; ital. *porcello*, *porcella*, davon abgeleitet *porcellana*, eine Seemuschel (eigentl. ein obscöner Ausdruck mit Anlehnung an *porcus* in dessen Bedeutung „weibliche Scham"), mit diesem Worte wurde dann wieder ein muschelartig feiner, weifser Thon, das Porzellan, benannt (frz. *porcelaine*, span. *porcelana*, ptg. *porcellana*), vgl. Mahn, Etym. Unters. p. 11; Dz 254 *porcellana*; lomb. *porsël*; monf. *porsé*; rum. *purcel*; prov. altfrz. *porcel*; neufrz. *pourceau*, span. *porcel*. Die Femininform überall entsprechend.

7314) **pŏrcĭllăcă**, **-am** *f.*, Portulak; daraus entstellt das gleichbedeutende ital. *porcellana*. Vgl. Dz 254 *portulaca*. S. unten **pŏrtŭlācă**.

pŏrcŭlŭs s. **pŏrcŭs**.

7315) **pŏrcŭs**, **-um** *m.*, Schwein; ital. *porco*; sard. *porcu*; (bellinz. *porla*, troja); rum. *porc*; rtr. *pierc*; prov. frz. *porc*; cat. *porch*; span. *puerco*; ptg. *porco*. Vgl. Gröber, ALL IV 447. Dazu das Fem. *porca*, *puerca*, Sau; span. *puerca*, ptg. *porca* hat auch die (obscön.) übertragene Bedtg. „Schraubenmutter", das gleichbedeutende span. *tuerca* soll nach Gröber, ALL VI 127 Anm., eine volksetymologische, an torcer sich anlehnende Umbildung von *porca* - sein, unmittelbarer Zusammenhang mit *torquere* ist aber doch wohl weit wahrscheinlicher.

7316) **pŏrcŭs**, Schwein, + **spīnă**, Dorn; davon ital. *porcospino*, auch *porco spinoso*, (das übliche Wort ist aber *istrice*, das wohl auf *hispidus* zurückgeht, gleichsam **hisp[i]tricem [?]*); neuprov. *porc espin*; frz. *porc-épic*, wohl entstellt aus *porc épin*, vielleicht mit Anlehnung an *pic*, *piquer*, *piquère*, vgl. Dz 660 *s. v.*; span. *puerco espin*; ptg. *porco espinho*.

7317) ***pŏrphȳrŭs**, **-um** *m.*, Porphyr; ital. *pórfido*; sonst ist das Wort nur in gelehrter Form vorhanden.

7318) [**pŏrrĭgo**, **rēxī**, **rēctum**, **rĭgĕre**, hinstrecken; ital. *porgo porsi porto porgère*; sard. *porrere*; altfrz. *puirier*, darreichen; span. *espurrir*, ausstrecken; astur. *purrir*. Vgl. Dz 661 *puirier*. S. unten **prōcēro**.]

7319) **pŏrro**, vorwärts, fern; prov. *por*, *porre*; altfrz. *puer* (wie prov. *por* nur in Verbindung mit bestimmten Verben, wie z. B. *jeter*, *traire*, *voler*, und in der Bedeutung „heraus, fort, weg" gebraucht). Vgl. Dz 660 *por*.

7320) **pŏrrŭm** *n.*, Lauch; ital. *porro*; rum. *por*; rtr. *puorfs*; prov. *porre-s*; frz. *porreau* = **porrellum*, daneben mit volksetymologischer Umbildung *poireau*, vgl. Fafs, RF 491; span. *puerro*; ptg. *porro*. Vgl. Gröber, ALL IV 447. — Ob span. cat. ptg. *porra*, Keule mit dickem Ende (auch ungehobelter Kerl) u. das Adj. *porro*, ungeschliffen, plump, bäuerisch, hierher gehören, bleibe dahingestellt, denkbar aber ist es immerhin; der Vergleichspunkt des Lauches mit der Keule würde in der dicken Knolle des ersteren zu finden sein. Vgl. Dz 478 *porra*; Cohn, Herrig's Archiv Bd. 103 p. 218 f.

7321) **pŏrtă**, **-am** *f.*, Thor; ital. *porta*; rum. *poartă*; prev. *porta*; frz. *porte*; cat. *porta*; span. *puerta*; ptg. *porta*. Vgl. Gröber, ALL IV 447.

7322) **pŏrtārĭŭs, -um** m. (porta), Pförtner; ital. portiere; rum. portar; prov. frz. portier; cat. porter; span. portero; ptg. porteiro.

7323) **pŏrtātŏr, -ōrem** m. (porto), Träger, Bringer; ital. portatore; rum. purtator; prov. portador-s; frz. porteur; cat. span. ptg. portador.

7324) **pŏrtĭcŭs, -um** f. (porta), Säulengang, Vorhof; ital. portico; piem. porti; rtr. pierten(?); prov. porge-s; frz. porche (portique gel. W.). Vgl. Dz 660 porche; Gröber, ALL IV 447.

7325) **[pŏrtĭo, -ōnem** f., Anteil; ital. porzione; rum. porţie; prov. porcio-s; frz. portion; cat. portió; span. porcion; ptg. porção.]

7326) **pŏrto, -āre,** tragen; ital. portare, dazu das Vbsbst. porto, Beförderung, Fuhrlohn; rum. port ai ut a; rtr. prov. portar; frz. porter, dazu das Vbsbst. port, Haltung; cat. (span. ptg.) portar. Vgl. Gröber, ALL IV 447.

7327) **pŏrtŭlŭ, -am** f. (porta), Pförtchen; berg. sporcia, chiurada di campo, riparo di campo, vgl. Salvioni, Post. 17.

7328) **pŏrtŭlācă, -am** f., Portulak; ital. prov. portulaca, ital. auch porchiacca; (frz. pourpier, vermutlich = pullipes); span. verdolaga (volksetymologisch an verde angelehnt); ptg. verdoaga, verdoega, beldroega. Vgl. Dz 264 portulaca.

7329) **pŏrtŭs, -um** m., Hafen; ital. porto (neap. puorto); rum. port; prov. frz. cat. port; span. puerto; ptg. port. Vgl. Gröber, ALL IV 447.

7330) **pŏsca, -am** f., Limonade; ital. posca.

7331) **[pŏsĭtă** (Part. P. P. v. ponĕre) = ital. posta, Post(eigentl. wohl „Ablagerung"); (frz. poste); span. ptg. posta. Vgl. Dz 254 posta.]

7332) **[pŏsĭtĭo, -ōnem** f., Stellung, Lage; ital. posizione; frz. position etc.; überall nur gel. W.

7333) **[pŏsĭtūră, -am** f. (pono), Stellung, Lage; ital. positura u. postura „che meglie si dice delle cose inanimate", vgl. Canello, AG III 332; rum. pusătură; frz. posture; span. ptg. postura; überall nur gel. W.

7334) **pŏssĭbĭlĭs, -e,** möglich; ital. possevole; sonst nur gel. W.

7335) **(pŏssŭm** und) ***pŏtŏ, pŏtŭī, (posse,** dafür) ***pŏtĕre,** können; ital. posso (puoi può possiamo potete possono) potei potuto potère; rum. pot und pociu (poţi poâte putem puteţi pot) putui putut puté; rtr. pos (pos po puden pudeis pon), Part. Prät. podù, Inf. podé etc., vgl. Gartner § 182 ff.; prov. posc (potz pot podem potets podon); frz. puis u. peux (pèux peut pouvons pouvez peuvent) pus pu pouvoir (altfrz. poeir, pooir); cat. puch (pots pot podem podeu poden) pogué pogut poder; span. puedo (puedes puede podemos podeis pueden) pude podido poder; ptg. posso (podes pode podemos podeis podem) pude podido poder. Vgl. Gröber, ALL IV 448.

7336) **pŏst** und ***pŏstĭus,** hinter, nach; ital. poi; sard. pustis; rum. apoi; friaul. pó; prov. pos, pueis; frz. puis (im Alexiuslied 3ᵃ präpositional gebraucht); cat. puix; span. pues; ptg. pos. Vgl. Dz 252 poi; Gröber, ALL 447; Neumann, Z XIV 549; Schuchardt, Z XV 240 (stellt *postium als Grundform für puis auf).

7337) **pŏst + aurīcŭlă** (auris); daraus span. pestorejo, Genick (eigentlich der Teil des Kopfes hinter den Ohren), vgl. Dz 476 s. v. Ein gleichgebildetes und gleichbedeutendes Wort ist span. pescuezo, ptg. pescoço, dessen zweiter Bestandteil cuezo (v. cocca, concha [?]), Kübel, sein soll, vgl. Dz 476 pescuezo.

7338) ***pŏstcēnĭŭm** n. (post + cena), Nach-, Nachtmahl; ital. pusigno, Nachtimbifs; rtr. pušéin, pušéň. Vgl. Storm, R V 178; Dz 392 pusigno; Ascoli, AG VII 410; Gröber, ALL IV 447; Meyer-L., Ital. Gr. p. 39 § 56; Caix, St. 591, will auch ital. spuntino „pasto fuor d'ora" hierher ziehen, wohl mit Unrecht, denn das Wort dürfte mit spuntare = *expunctare zusammenhängen.

pŏstĕ s. post.

7339) **pŏstĕă,** nachher, = ital. poscia, nachher.

7340) ***pŏstĕĭlĭŭs, -um** m..(Demin. von postis), Pfahl, = prov. postel-s; frz. poteau. Vgl. Dz 660 poteau.

7341) **pŏstĕ + mānĕ** = rum. poimâine, übermorgen; (ital. posdumane, posdomani = post + de + mane; die entspr. Ausdrücke der anderen Sprachen sind: prov. sobredema = super + de + mane; frz. après demain; span. despues de mañana; ptg. depois de manhã).

7342) **[*pŏstĕrĭo, -ōnem** m., der Hintere; altfrz. poistron, vgl. Thomas, R XXVI 445.]

7343) **pŏstĕrŭlă, -am** f. (post), Hinterthürchen, = ital. postierla; prov. posterla; altfrz. posterle; neufrz. poterne; span. poterna. Vgl. Dz 660 poterne; über mundartlich ital. Formen vgl. Salvioni, Post. 17.

7344) **pŏstĭlēnă, -am** f. (post), Schwanzriemen; ital. posolino (sicil. pistulena, veron. pósena). Vgl. Caix, St. 458.

7345) **pŏst + ĭlla** (scil. verba auctoris), Glosse, Randbemerkung; ital. postilla; prov. das Verb postillar; frz. postille (mit palat. l), apostille; span. postila; ptg. postilla. Vgl. Dz 254 postilla.

7346) **pŏstĭs, -em** m., Pfosten; rtr. piestg; (prov. postel-s; frz. poteau = *postellus); altfrz. cat. posť. Vgl. Gröber, ALL 448.

7347) ***pŏstŏstĭum** n., Hinterthür; frz. potuit (s. Suchn im Suppl.) für *potuis.

7348) **[*pŏs[t]ŭlă, -am** f. = ital. pósola, Kreuzgurt; (prov. poils). Vgl. Thomas, Essais philol. p. 360; Cohn, Herrigs Archiv Bd. 103 p. 340.]

7349) **ποθαμός** (gekürzt aus neugriech. ἀποθανμός, Tod); dav. vell. venez. potamò in audar a potamò, sterben, vgl. G. Meyer, Z XVI 523.

7350) **[pŏtĕntĭă, -am** f. (potens), Kraft, Macht; ital. potenzia, potenza; frz. potence (in der Bedtg. wohl angelehnt an pot = postis), Krücke, Galgen. Vgl. Dz 660 potence. Der Begriff „Macht" wird im Roman. teils durch den Inf. *potère = frz. pouvoir, teils durch neue Ableitungen, z. B. frz. puissance, ausgedrückt.]

7351) **pŏtĕstās, -ātem** f., Macht; ital. potestà „facoltà, potere", podestà m., Amtmann, Statthalter, vgl. Canello, AG III 385; prov. postat-s, Gewalt, Befehlshaber; altfrz. poestet, poesteis, Gewalt, Befugnis, dazu das Adj. poestif, poesteis, mächtig; span. ptg. potestad, -e, Macht, (in der ältern Sprache auch „Machthaber"). Vgl. Dz 390 podestà.

7352) **pŏtĭo, -ōnem** f., Trank; (ital. pozione); altoberital. pozzone; prov. poizo-s, Trank; frz. poison (altfrz. f., neufrz. m. nach Analogie der mittelat. des Suffixes -on gebildeten Masculina, vgl. Ascoli, AG III 345), giftiger Trank, Gift; span. pocion, Trank, ptg. poção, Arznei, über Ableitungen z. B. pozzона f. poçonha vgl. C. Michaelis, Frg. Et. p. 51. Vgl. Dz 255 pozione; Ascoli, AG III 345 Anmerkung.

7353) **pŏtīŏno, -āre** (potio), tränken; prov. poisonar; span. ponzoñar, vergiften, dazu das

Vbsbst. *ponzoña*, Gift; ptg. *peçonha*, Gift, davon *peçonhentar*, vergiften.

7354) [**pŏtĭs**; Scheler im Gloss. zu Froissart *s. v.* nimmt an, dafs das von Diez 660 unerklärt gelassene altfrz. *posnée*, Kraft, Übermut, Gepränge, durch **potinare, *potinus* auf *potis* zurückgehe; es hat dies a nicht eben viel Wahrscheinlichkeit für sich.] her

7355) altndd. **pott-**, Topf; prov. *pot-z* (zu erschliefsen aus *potaria*); frz. *pot*, davon abgeleitet *potage*, Suppe, *potager*, Gemüsegarten, *poisson* (altfrz. *poçon*), ein Flüssigkeitsmafs, vgl. Thomas, Essais philol. p. 308, Cohn, Herrig's Archiv, Bd. 103 p. 209; span. ptg. *pote*. Vgl. Dz 255 *pote*; Mackel p. 35; Th. p. 74.

7356) dtsch. **pottasche** = frz. *potasse*; span. *potasa*; ptg. *potassa;* (ital. heifst die Pottasche *soda*). Vgl. Dz 660 *potasse*.

7357) [frz.Interjektion **pouah**; davon (?) abgeleitet frz. *pouacre*, unflätig, vgl. Dz 66 *s. v.*]

7358) ***präctīco**, **-ăre** (*πράσσειν*), handeln; span. *platicar*, unterhandeln, dazu das Shet. *plitica*, auch altfrz. *platique* (Commines I 8).

7359) **prae**, vor, = rum. *prea*, Adv., sehr.

7360) **praebĕndă**, **-am** *f. praebēre*), Nahrungsgeld; ital. *prebenda* „rendita ferma di cappella o di canonicato, vendita, lucro, profenda", *prefenda* „rendita di canonicato", *provenda*„vettovaglia,vitto", *profenda* „propriamente la quantità di biada che si dà alle bestia, e una 'antica misura di biade", vgl. Canello, AG III 382; rum. *premindă*, Präbende; prov. *prebenda*, *prevenda*, *prenda;* frz. *provende*, (das *o* f. *e* beruht auf Einflufs des *v*, ebenso in *provoire*, *provost*, vgl. Tobler b. Cohn, Suffixw. p. 81), Mundvorrat, Proviant; cat. span. ptg. *prebenda*. Vgl. Dz 255 *prebenda;* Ascoli, AG X 7.

praebĕo s. **plaihvan.**

7361) **praecănto**, **-ăre**, durch Zaubersprüche weihen; neapol. *percantare*, incantare; altoberital. *preganto*, incanto, vgl. Salvioni, Post. 18.

7362) **praecŏgĭto**, **-ăre**, vorher bedenken, = rum. *precuget ai at a.*

7363) **praecōno**, **-ăre**, rühmen, = (?)frz. *pröner* (dazu das Shet. *pröne m.*), predigen, span. ptg. *pregonar*. Diez 661 *s. v.* leitete *pröne* von *praeconium* ab, was unzulässig ist. Meyer-L., Ltbl. f. germ. u. rom. Phil. 1891 No 2 stellte *πρόνοος* als Grundwort auf, vgl. aber dagegen Koschwitz, Ltbl. etc. 1892 Sp. 68. S. unten **prŏcĭno.**

7364) [***praecŏnvĕnto**, **-ăre** (*conventum*) = rum. *precuvintez ai*, *at a*, eine vorläufige Rede halten.]

7365) **praecŏquŭm**, **praecŏcŭm** *n.* (belegt ist der Pl. *praecŏca*, Edict. Diocl. 6, 58), frühreife Frucht, Pfirsiche; daraus durch Vermittelung des arab. *alberqûq* ital. *albercocco*, *albicocco*, *bacoco* (neapol. *precoche*); frz. *abricot*; span. *albaricoque*; ptg. *albricoque*. Vgl. Dz 10 *albercocco*.

7366) **praedă**, **prēda**, **-am** *f.*, Beute; ital. *preda;* rum. *pradă;* prov. *preda*, *preza;* frz. *proie;* span. *preda*.

7367) **praedātĭo**, **-ōnem** *f.* (*praeda*), das Rauben, == rum. *prădăciune*.

7368) **praedātōr**, **-ōrem** *m.* (*praedare), Räuber; ital. *predatore;* rum. *prădător;* prov. c. r. *preaire*, c. o. *preador;* altfrz. *predeur.*

7369) **praedĭcātōr**, **-ōrem** *m.* (*praedicare*), Prediger; ital. *predicatore;* prov. *prezicaire;* frz. *prêcheur;* span. ptg. *predicador.*

7370) 1. **praedĭco**, **-āre**, bekannt machen; ital. *predicare*, predigen; dazu das Vbsbst. *predica*, Predigt; altgenues. *princhar;* (valses. *pricca*, parola, *prichée*, cianciare), über andere mundartl. Formen vgl. AG XII 428, Salvioni, Post. 18; prov. *prezicar*, dazu das Vbsbst. *prezie-s*, daneben *prezicamen-s;* frz. *prêcher* (altfrz. *prechier* und auch *preechier*, vgl. Darmestetor, R V 150); dazu das Vbsbst. *prêche;* span. ptg. *predicar*, dazu das Vbsbst. *predica*. Vgl. Dz 661 *prêcher*.

7371) 2. **praedĭco**, **-ĕre**, vorhersagen; ital. *predicere;* rum. *prezic (isei is ice); frz. prédire;* span. *predecir;* ptg. *predizer*. Wegen der Flexion s. **dīco.**

7372) **praedo**, **-āre**, plündern; ital. *predare;* rum. *prad ai at a;* frz. *dépréder;* span. ptg. *depredar.*

7373) [**praefātĭo**, **-ōnem** *f.* (*praefari*), Vorrede; ital. *prefazione;* frz. *préface* (gleichsam *praefatia); span. *prefacion;* ptg. *prefaçăo, (prefácio*, Eingang der Messe).]

7374) [**praefēctŭs,-um** *m.*(*praeficio*),Vorgesetzter; ital. *prefetto;* frz. *préfet;* span. perfecto; ptg. *prefeito.*]

7375) **praegnĭs**, **-e** u. ***praegnŭs, a, um** (für *pragnans*),schwanger; ital. *pregno;*prov. *prenh-s;* altfrz. *prains*, *emprains;* (span. *preñado*); ptg. *prenhe*, *prenhada* (nur Fem.). Vgl. Dz 253 *pregno;* Gröber, ALL IV 448.

7376) ***praegno**, **-āre** (*praegnans*), schwängern; ptg. *prenhar;* die übrigen Sprachen kennen nur das Kompos. *impraegno* (s. d.). Vgl. Dz 256 *pregno.*

7377) **praejūdĭco**, **-āre**, vorläufig urteilen; ital. *pregiudicare* und dem entsprechend auch in den übrigen Sprachen.

7378) [***praelātĭo**, **-āre** (*praelatus*) = frz. *prélasser*, prälatenhaft grofs thun, sich in die Brust werfen.]

7379) [**praemĭŭm** *n.*, Belohnung; ital. *premio;* frz. *prime f.* (dem Englischen entlehnt, vgl. Scheler im Dict. *s. v.*); span. ptg. *premio.*]

7380) [***praeōrdĭo**, **-īre** = rum. *preurzesc ii it i*, vorherbestimmen.]

7381) **praepăro**, **-āre**, vorbereiten; ital. *preparare;* frz. *préparer;* span. ptg. *preparar.*

7382) **praepŏsĭtŭs**, **-um** *m.* (Part. P. P. v. *praeponere*), Vorgesetzter; ital. *prevosto*, Propst; (rum. preot); frz. *prévôt;* span. ptg. *preboste*, Profofs, *prioste*, Syndicus. Vgl. Dz 256 *prevosto.*

praepūtĭŭm s. **lŏbŭs.**

7383) **praesăgă**, **-am** *f.* scil. *avis*, vorherverkündender Vogel, Käuzchen (im Schriftlat. ist nur das Adj.*praesagus* vorhanden); frz. *fresaie*, Schleiereule (das anlautende *f* erklärt sich wohl aus Anlehnung an das ungefähr gleichbedeutende *effraie*). Vgl. Dz 588 *fresaie;* Holthausen, Z X 293 (glaubt das anlautende *f* aus einer Vermischung von lat. *praesaga* u. ahd. *forasaga* erklären zu können, vgl. dagegen W. Meyer, Z XI 255); Fafs, RF III 488; Ascoli, AG X 7 Anm.

7384) **praescrībo**, **scrīpsī**, **scrīptum**, **scrĭbĕre**, vorschreiben, = rum. *prescriu isei is ie*, abschreiben.

7385) **praesēns** (P. Präs. v. *pracesse*), gegenwärtig, hat in Anlehnung an das Vb. *praesentire* (s. d.) romanisch die substantivische Bedeutung „Geschenk" erhalten: ital. *presente;* prov. *prezen-s;* frz. *present;* span. ptg. *presente*, daneben ist es aber auch als Adj. gebräuchlich. Vgl. Dz 256 *presente.*

7386) [praesëntïä, -am f. (praesens), Gegenwart; ital. presenza; frz. présence; span. presencia; ptg. presença.]

7387) [praesëntïo, sënsï, sënsum, sëntïre, voraus empfinden; ital. presentire; rum. presimţesc ii it i; frz. pressentir; span. ptg. presentir. Wegen der Flexion s. sëntïo.]

7388) [praesënto, -äre (praesens), gegenwärtig machen (im Roman. „darbieten"); ital. presentare; frz. présenter; span. ptg. presentar. Vgl. Dz 256 presente.]

7389) praesëpe n., Krippe; valsos. parseif, mangiatojo, grappia, vgl. Salvioni, Post. 18, u. Salvioni, R XXVIII 108, wo cremon. trevis, travis besprechen wird.

7390) [*praestïdïgïtator, -örem m., Schnellfingerer, Taschenspieler; frz. prestidigitateur, vgl. Bréal, Mém. de la soc. de ling. VIII 47.]

7391) [praestïgïätor, -örem m., Gaukler, Taschenspieler; frz. prestigiateur.]

7392) [praestïgïum n., Blendwerk; frz. prestige, Blendwerk, Zauber.]

7393) 1. praesto, -äre, verschaffen, gewähren (im Roman. „leihen"); ital. prestare; prov. prestar; frz. prêter; span. ptg. prestar. Dazu das Vbsbst. ital. presto (daneben préstito, préstita, imprestito), Anleihe; frz. prêt. Vgl. Dz 256 prestare.

7394) 2. praesto, Adv., bei der Hand, = ital. presto, geschwind, gleich, flugs.

7395) praestus, a, um (praesto), gegenwärtig, zur Hand (belegt ist nur praestus b. Gruter. inser. 669, 4, officio praestus fui; Georges faſst das Wort als Adverb auf); ital. presto, bereit; prov. prest; frz. prêt; span. ptg. presto (daneben ptg. prestes, indekl., vgl. lestes neben lesto). Vgl. Dz 256 presto.

7396) praetëndo, tëndï, tëntum, ëre, vorschützen; ital. pretendo, tesi, teso, tendere; frz. prétendre, (ein Recht vorgeben, beanspruchen, sich bewerben), davon vermutlich pretantaine, (Liebeswerbung) in courir la pr., auf galante Abenteuer ausgehen, wohl auch prétintaille, (anspruchsvolle) Kleidverzierung.

7397) praetër + quöd; daraus nach Dz 447 vielleicht altptg. ergo, aufser, ausgenommen; Marchesini, Studj di fil. rom. II 11, nimmt foris + quod als Grundform an, u. das scheint glaubhafter.

7398) [prändëo, prändï, pränsum, prändëre, frühstücken; (ital. pranzare v. pranzo); sard. prandere, vegl. prandare, vgl. Meyer-L., Z. f. ö. G. 1891 p. 774; rum. pränz ii it i.

7399) prändïüm n., Frühstück; ital. pranzo; rum. pränz; altfrz. (wallon.-lothr.) prangiére, gleichs. *prandiaria, Frühstückszeit. Vgl. Gröber, ALL IV 448.

7400) [pract, Gartenbeet; davon vielleicht ital. (aretin.) pràce, Raum zwischen zwei Furchen, vgl. Dz 391 s. v.

7401) [präson n. (πρᾶσον), eine Art Seetang; davon nach Dz 389 vielleicht ital. persa, Majoran, diese Ableitung erscheint jedoch wenig glaublich.

7402) [*prätärïa (pratum)=frz. prairie, Wiese.]

7403) „prätellum n., kleiner Wiesenplatz; altfrz. pra(i)el, preël; neufrz. préau, kleine Wiese, (Kloster-, Gefängnis-)Hof, Spielplatz. Eine ital. Ableitung ist pratellina, Gänseblümchen'.—Beiläufig sei erwähnt, daſs auch die Bezeichnung „Priölken" für die abgesonderten Trinkräume im Ratskeller zu Bremen auf pratellum zurückgeht." F. Pabst, vgl. auch W. v. Bippen, Der Bremer Ratskeller (Bremen 1890), p. 20.

7404) πράττω, thun, handeln, ist das vermutliche Grundwort zu ital. barattare, bösen Handel treiben, prellen, betrügen, sbarattare, zu Grunde richten, baratto, (betrügerischer) Handel; prov. baratar, desbaratar, barat-z, barata; altfrz. bareter, barat; noufrz. barat, baratterie, Unterschleif, (vielleicht gehört hierher auch baratter, buttern, der Bedeutungswandel würde sich durch die Begriffe „durcheinander rühren, verwirren" vermitteln lassen); cat. baratar, barata; altspan. ptg. baratar; (daneben baratear), barata, dazu das Adj. barato, wohlfeil. Vgl. Dz 41 baratto; Skeat. Etym.-Dict. s. v. barter, führt aus kelt. Mundarten einige entsprechende Worte auf. Parodi, R XXVII 212, ist geneigt, die Wortsippe (u. dazu noch ital. sbaragliure, cat. barallar, span. barajar, ptg. baralhar etc.) von *baru für *varu für varius abzuleiten.

7405) [*prätärïölum n. (pratum), kleine Wiesenpflanze), wird von Nigra, AG XIV 373, als Grundform aufgestellt zu piem. can. plaröl, mon f. plarô, genues. praeléu, fungo pratajuolo.]

7406) prätüm n., Wiese; ital. prato; rum. prat; rtr. pra, pre, prau, pro etc., vgl. Gartner § 200 u. in Gröber's Grundriſs I 482; prov. prat-z; frz. pré; cat. prat; span. ptg. prado.

7407) prëcärïüs, a, um (precor), zum Bitten gehörig; ital. precario, Adj., preghiero u. preghiera, Bitte, Gebet, vgl. Canello, AG III 310; prov. pregaria, Gebet, frz. prière; span. plegaria (das übliche Wort ist oracion, ebenso ptg. oração). Vgl. Dz 477 plegaria.

7408) prëco, -äre (schriftlat. gewöhnlich precari), bitten, beten; ital. pregare, dazu das Vbsbst. priego, prego, priega, prega; ptg. pregar; frz. prier; cat. span. ptg. sind die üblichen Verba für „beten" orar u. rezar = recitare).

7409) prëhëndo, daraus *prëndo, pr(ëh)ëndï, pr(ëh)ënsum, prëhëndëre = *prëndëre, greifen, nehmen; ital. prendo presi preso prëndere; rum. prind prinsei prins prinde; rtr. prendel, Pf. fehlt, prin prénder, vgl. Gartner § 166 und 196; prov. pren u. prenc pris pres u. pris prendre u. p(r)enre; frz. prends pris pris prendre; cat. prench prengui pres pendrer; (span. ptg. prender, schw. Vb., doch Part. Prät. preso neben prendido und altptg. Pf. pres neben prendi). Vgl. Gröber, ALL IV 448.

7410) prëhënsïo, daraus *prënsïo, -önem f. (prehendo), Ergreifung. Gefangennahme, Gefängnis; ital. prigione; prov. preiso-s; frz. prison; span. prision; ptg. prisão. Vgl. Dz 256 prigione; Ascoli, AG III 845 Anm.

7411) [*prëhënsïönärïüs, -um m. (prehensio); ital. prigioniere; prov. presonier-s; frz. prisonnier; span. prisionero; ptg. prisioneiro.]

7412) prëmo, prëssï, prëssum, prëmëre, drücken; ital. premo premei (dichterisch pressi) premuto (dichterisch presso) premere, ausdrücken, dazu das Kompos. spremere; prov. prem prens (preins prems) u. preindre; neufrz. nur Komposita empreindre, épreindre, welche in ihrer Flexion der Analogie der Verba auf -cindre —-ingëre folgen; span. nur in Kompositis, z. B. oprimir, das übliche Verb für „drücken" ist apretar, vermutlich = *appectorare = b; ptg. premer (dafür gewöhnlich espremer), das übliche Vb. für „drücken" ist apertar. Vgl. Dz 661 preindre. S. auch prëssüs.

7413) prësbÿtër, -tërum m. (πρεσβύτερος), Priester; ital. prete (arch. preite, priete), „sacerdote", daneben *pre* (nur proklitisch gebraucht, vgl, Canello, AG III 400); rum. *preot;* prov. *preste-s;* altfrz. *prevoire;* frz. *prêtre;* span. (*preste*), *presbitero;* ptg. (*preste*), *presbytero.* Vgl. Dz 256 *prete.*

7414) **prêsso, -āre** (Intens. v. *premere*), drücken; ital. *pressare;* frz. *presser.*

7415) **prêssōrĭum** n., Kelter; valsass. *spirsór* etc., vgl. Salvioni, Post. 18; obwald. *parsui* (?), vgl. Meyer-L., Z. f. ö. G. 1891 p. 774.

7416) **prêssūrā, -am** f. (*pressus*), Druck, Bedrückung; ital. prov. *pressura,* Drangsal.

7417) **prêssūs, a, um** (Part. Prät. v. *premere);* darauf gehen mehrere Partizipialsubstantiva und -adverbia zurück: ital. *presso, appresso,* nahebei, *pressocchè,* beinahe; prov. *pres,* nahe; frz. *presse.* Presse, *près,* nahebei, (*après,* nach, *presque,* beinahe): cat. *pressa,* Eile; span. *priesa,* Eile, *prensa,* Presse; ptg. *pressa,* Eile, *prensa,* Presse. Vgl. Dz 256 *presso;* Gröber, ALL IV 449.

7418) ahd. **pret,** Brett; davon das Demin. ital. *predella,* Fufsschemel, dazu das Kompos. *arcapredola, arcipredola* „specie di arca o cassa che serve anche di sedile". Vgl. Dz 391 *predella;* Caix, St. 87.

7419) ***prêtĭo, -āre** (*pretium*), schätzen; ital. *prezzare, pregiare,* schätzen (*sprezzare, spregiare,* verachten), vgl. Flechia, AG III 126; rum. *pretuesc ii it i;* prov. *prezar;* frz. *priser,* (*apprécier*); span. *preciar;* ptg. *preçar.*

7420) [**prêtĭōsŭs a, um,** kostbar; ital. *prezioso;* frz. *précieux* etc. und dem entsprechend in den übrigen Sprachen, überall nur gel. W.]

7421) [**prêtĭŭm** n., Wert, Preis; ital. *prezzo* „il valore mercantile computato in denaro", *pregio* „il valore intrinseco o ideale d'un oggetto", vgl. Canelle, AG III 344; rum. *pret;* prov. *pretz;* frz. *prix;* cat. *preu;* span. *precio;* ptg. *preço.*]

7422) ahd. **prezelinc,** Kuchen; davon vielleicht ital. *berlingozzo,* Gebäck, *berlingare,* schmausen u. dabei plaudern. Vgl. Dz 356 *berlingare,* Doutrepont, Z XXI 231, zieht zu dieser Sippe auch pic. *berlèze,* schwatzen, *berlèk,* Schwätzerin.

7423) ags. **prïka,** ndl. **prik,** engl. **prick,** Nagel; davon vielleicht das gleichbedeutende span. *priego;* ptg. *prego.* Vgl. Dz 478 *priego;* Th. p. 87.

7424) altnfränk. ***prïkkön** (ags. *priccian,* ndl. *prikken*), stechen, — altfrz. *esprequer,* stechen, vgl. Mackel p. 98.

7425) **prïmārĭŭs, a, um** (*primus*), zu dem od. den Ersten gehörig; ital. *primario* „primo di condizione", *primiero* „antico, quasi pristino", arch. *primajo* „primo", vgl. Canello, AG III 310; rum. *primar* (bedeutet „Vetter", vgl. span. *primo*); prov. *primer, primier, premier;* frz. *premier,* (*primaire* gel. W.); cat. *primer;* span. *primero,* (*primario* gel. W.); ptg. *primeiro.*

7426) **prïmā + *vērā** (= *ver*) u. **prïm**[**o**] + **vērā** (= *ver*), Frühsommer, Frühling; ital. *primavera;* rum. *primăvară,* rtr. *primavera;* prov. *primavera,primvera-s;* altfrz. *primevoire,* Frühlingsblume, vgl. Darmesteter, R V 144 Anm. 8; cat. span. ptg. *primavera,* Frühling. Vgl. Gröber, AG III 449; Dz 339 *ver.* . S. **prïmŭm tēmpŭs.**

7427) **prïmïcērĭŭs, -um** m., Oberster; davon ital. *primicerio;* rum. *primicer,* Tanzanführer, und nach Dz 661 altfrz. *princier,* vornehmer Herr, indessen betrachtet man das Wort wohl besser als von *prince* abgeleitet; frz. *primicier;* span. *primicerio,* vgl. Cohn, Suffixw. p. 284 u. 289.

7428) **prïmïtĭae, -as** f. pl., Erstlinge; frz. *prémices.*

7429) **prïmītīvŭs, a, um** (*primus*), ursprünglich; davon vermutlich mit volksetymologischer Anlehnung an *plume* frz. *plumitif,* Urtext, Concept, vgl. Scheler im Dict. s. v.; Fafs, RF III 506; lecc. *primatiu,* primaticcio, vgl. Salvioni, Post. 18.

7430) **prïmŭm tēmpŭs** = frz. *printemps,* Frühling, dazu das Adj. *printanier,* vgl. Dz 339 *ver.* **prïmŭm vēr** s. **vēr** u. No 7426.

7431) **prïmŭs, a, um,** erster; ital. *primo;* (rum. ist das Wort nur in *primăvară,* Frühling, erhalten, die Ordinalzahl heifst *inteiu* = *anterius v. ante); rtr. *prim, prem, amprem, parmér* etc., vgl. Gartner S. 198; prov. *prim,* vorzüglich, fein, *aprimar,* verfeinern, (die Ordinalzahl heifst *primier-s,* premier-s); frz. *prime,* (veraltet, dafür premier); cat. *prim*(o), zart, erhaben, vorzüglich, (die Ordnungszahl heifst *primer*); span. *primo,* (daneben *primero*), das Wort ist auch Sbst. mit der Bedtg. „Vetter" (nämlich ersten Grades); ptg. *primeiro.* Vgl. Dz 256 u. 478 *primo.*

7432) **prïmŭs + sāltŭs,** erster Sprung; frz. *de* prim(e)-*saut,* auf den ersten Ansatz, dazu das Adj. *prinsautier.* Vgl. Dz 661 *prinsautier.*

7433) **prïncēps, -cĭpem** m. (*primus* und *capio*), Fürst; ital. *principe,* (daneben *prenze, prince,* Lehnworte aus dem Prov. u. Frz., vgl. d'Ovidio, Gröber's Grundrifs I 508); prov. *frz. prince;* span. ptg. *principe.* Vgl. Dz 661 *prince;* Gröber, ALL IV 449.

7434) ***prïncïpĭssā, -am** f., Fürstin, Prinzessin; ital. *principessa;* frz. *princesse;* (span. *princesa;* ptg. *princeza*).

7435) **prïŭs,** früher; daraus durch Angleichung an *poscia* (= *postea*) ital. *pria,* vorher, vgl. Dz 391 s. v.

7436) dtsch. **privatdiener** = ital.(venez.)*privatin,* vgl. Marchesini, Studj di fil. rom. II 10.

7437) [***prïvātĭa, -am** f., Abtritt; altfrz. *privaise,* vgl. G. Paris, R XVIII 550; Horning, C p. 25; Cohn, Suffixw. p. 293.]

7438) **prïvātŭs, a, um,** abgesondert; ital.*privato;* prov. *privat-z,* vertraut, davon das Vb. *privadar,* vertraut machen, zähmen; frz. *privé* etc.; altspan. *privado,* schnell eilig (wohl gelehrte Schreibung für *brivado,* u. dies zum kelt. Stamme *brigâ-* [s. d.] gehörig), vgl. Baist, span. Gramm. (in Gröber's Grundrifs) § 40; C. Michaelis, Frg. Et. p. 53, vermutet Herkunft von *prius.*

7439) **prïvō, -āre,** berauben; ital. *privare;* frz. *priver;* span. ptg. *privar.*

7440) **prō,** vor, für; daraus nach gewöhnlicher Annahme (sard. *po*); altfrz. *por;* neufrz. *pour;* span. ptg. *por.* Vgl. Dz 254 *por* u. Gr. II² 484; s. aber Cornu, R XI 91. Die ursprüngliche Form *pro* ist erhalten (?) in dem Sbst. ital. prov. altfrz. span. ptg. *pro,* Vorteil, (altfrz. auch *prou, preu*). Vgl. Dz 256 *pro,* s. aber No 7451. S. oben **per.**

7441) **prō = por + ăd;** daraus nach gewöhnlicher Annahme altspan. altptg. *pora;* neuspan. neuptg. *para,* um. Vgl. Dz 254 *por;* sieh aber Cornu, R XI 91. S. oben **per.**

7442) **prōbē,** tüchtig; davon nach Dz 256 *pro* (die Ableitung ist aber irrig, die Worte gehören vielmehr zu *pro*[*de*], vgl. Förster, Z XV 526 Anm. 1) prov. *pro* (auch *pron?*), genug, viel, sehr; altfrz. *proef, prou;* france-prov. *práo;* cat. *prou.*

7443) [**pröbĭtās, -ātem** f., Rechtschaffenheit; ital. *probità;* span. *probidad,* nur gel. W.]

7444) [**pröblum** (verwandt mit *opprobrium)
wird von W. Meyer, Ntr. p. 133, als Grundwort zu
ital. probbio, Schimpf, angesetzt.]

7445) **pröbo, -āre**, für gut befinden, billigen,
erproben; ital. provare, dazu das Vbsbst. prova,
pruova, Probe; rum. nur das Vbsbst. prubă, Probe,
das Vb. proba ist ein Neologismus; prov. provar,
proar, dazu die Sbsttve prova, Probe, u. proansa,
Prüfung; frz. prouver, dazu das Vbsbst. preuve;
cat. probar, proba; span. probar, prueba; ptg.
provar, prova.

7446) [**pröcědo, cessi, cessum, cěděre**, vorgehen;
ital. procédere; rum. purced cesei ces cede; prov.
proceder, procedir, procezir; frz. procéder; cat.
proceir; span. ptg. proceder, nur gel. W.]

7447) [**pröcěro, -āre** (prŏcěrŭs), stecken; davon
nach Tobler, Mitt. I 266 (vgl. auch Förster, Z II 87
ruer), altfrz. puirier, darreichen (*procerare müfste
dann durch Dissimilation zu *pocrare geworden
sein, befremdlich bliebe aber immerhin das ü). Diez
661 s. v. hatte porrigere als Grundwort aufgestellt.
Vgl. Scheler im Anhang zu Dz 809.]

7448) [**pröcěssüs, -um** m., das (gerichtliche) Vor-
schreiten; ital. processo; rum. purces; prov.
proces; frz. procès; cat. proces; span. proceso;
ptg. processo, nur gel. W.]

7449) [**pröcïno, -āre** (vgl. Ducenge s. v.), viel
redon, predigen; dav. nach Förster, Z XV 522,
altfrz. *proisnier, predigen, dazu das Vbsbst.
proisne, prosne, prône, Predigt, u. das Adj. prosne,
prorne, beredt. Im Altfrz. findet sich prosne auch
in der Bedtg. „eine Art Einfriedigung" gebraucht
(vgl. G. Paris, R XXI 122), u. dies lat Cornu,_Z
XVI 517, veranlafst, volkslat. protulum (vgl. Loewe,
Prodr. Gloss. lat. 376) aus prothyrum, Einfriedigung
vor der Thüre (Vitruv IX 5) als Grundwort aufzustellen. S. oben **praecöno**.]

***pröda** s. **prora.**

7450) **prödeo, -īre**, herausgeben; rtr. pruir.

7451) ***pröds, pröde** (letzteres in der Itala belegt, vgl. Rönsch, Collect. philol. p. 305), nützlich,
tüchtig, ausreichend; davon ital. prode, prodo,
pro, Nutzen, Vorteil, produomo, wackerer Mann,
prodezza, Tüchtigkeit; piem. pron, abbastanza;
rtr. prus, fromm; cat. prou = prod[e] (vgl. Ollerich, Über die Vertretung dentaler Konsonanz durch
u im Catal., Bonn 1887 Diss., p. 16); prov. prod,
Nutzen, Vorteil, pros, -a, wacker, prodom, prozom,
wackerer Mann, proeza, Tüchtigkeit; altfrz. prod,
prot, pros, prud (wohl mit Anlehnung an prudent),
tüchtig, pro-doem, pruzdum, preudoume, tüchtiger
Mann, proece, proeïsse, prooïse (vgl. Cohn, Suffixw.
p. 32 u. 36 Anm.), Tüchtigkeit; neufrz. preux,
wacker, prud-homme, tüchtiger Mann, (nach Dz 661
soll davon das Adj. prude, geziert, abgezogen sein,
es ist das' aber wenig glaubhaft, u. die alte Annahme, wonach prude = *prudus f. prudens ist,
ist besser, — oder prude = providus??). Tobler, Z II
569, frägt, ob preudomme, preudefemme nicht vielleicht aus preu d'omme, preu de femme entstanden
sei, u. ist, wohl mit Recht, geneigt, die Frage zu
bejahen. Nach G. Paris, R XVII 100, ist altfrz.
empreu, empreut (vgl. Förster zu Chev. au lion V.
3167) „eins" = in prode, u. seineVerwendung beim
Zählen beruht auf Volksaberglauben („compter porto
malheur; il est donc tout naturel qu'on ait rem-
placé un par une .parole de bon augure, après laquelle on n'hésitait plus à dire: et deus et trois et
quatre"), volksetymologische Anlehnung an un zeigt
die Form emprun. Dunkel ist die Entstehung des

Advers. prov. proosamen, altfrz. prousement,
tüchtig, vielleicht = *prodosa mente? Das span.
prohombre ist wohl Nachbildung des prov. Wortes;
altspan. altptg. prol, Vorteil. Vgl. Dz 256 pro
u. 661 prude; G. Paris, R III 42; Gröber, ALL IV
450. Am eingehendsten hat Förster, Z XV 524,
die Wortsippe untersucht u. ist zu folgenden Haupt-
ergebnissen gelangt: 1. prode = ital. prode, prò,
prov. prod, pro, altfrz. prot, prou; cat. prou;
prodis = proz; von prode abgel. *proditia = altfrz. procce etc., *prodösus, wov. altprov. proosamen, altfrz. prousement. — 2. pro[r]sus, a, um
= prov. altfrz. pros, Fem. prosa, prouse, dazu das
Adj. prov. prosamen, altfrz. prosement Cligès
5921 Hds. S. (unerklärt bleibt dieser Ableitung die
altprov. altcat. Femininform pros, man wird sie
doch auf prodis zurückführen müssen). — 3. prö-
vidus, a, um = altfrz. prode (auch Masculinform!),
vgl. Boucherie, Rev. des lang. rom. V 343. —
4. Neben einander standen die Verbindungen:

proz (= prodis) om,   cas. obl. pro ome
proz (= prodis) d'ome,   „   „   prou d'ome
prodes (= providus) om, „   „   prod[e] ome
Nach Analogie von proz om (u. prodes om) wurde
proz d' ome in prodom umgebildet.

7452) **pröduco, düxī, düctum, dücěre**, vorführen,
hervorbringen; ital. produrre; frz. produire;
span. produzir; ptg. produzir. Wegen der Flexion
s. **duco.**

7453) [**pröfänüs, a, um**, nicht heilig; ital. pro-
fano; frz. profane etc.; nur gel. Wort, ebenso das
Vb. profanare.]

7454) **pröfěctüs, -um** m. (proficere), Vorteil,
Erfolg; ital. profitto (dem Frz. entlehnt, daneben
proveccio), dazu das Vb. profittare; prov. profieq-z,
dazu das Vb. profeitar; frz. profit, dazu das Vb.
profiter; cat. profit; (span. provecho, wohl =
*provectus); altptg. profeito; neuptg. proveito.
Vgl. Dz 257 profitto.

7455) [**pröfěssio, -önem** f. (profiteri), Gewerbe;
ital. professione; frz. profession etc.; nur gel.W.]

7456) [**pröfěssör, -örem** m. (profiteri), öffentlicher
Lehrer; ital. professore; frz. professeur; span.
profesor (daneben catedrático v. cathedra); ptg.
professor.]

7457) [**pröfïlo, -āre** (von filum, das auch Form,
z. B. einer Rede, bedeuten kann, s. Georges s. v., so
war es möglich, dafs *filare die Bedtg. „entwerfen,
skizzieren" erlangte; wie freilich profilare zur Bedtg.
„von der Seite abzeichnen" kommen konnte, ist
unklar), von der Seite abzeichnen; ital. profilare,
dazu das Vbsbst. profilo, Seitenansicht; frz. profiler
(Lehnwort), dazu das Vbsbst. profil; span. ptg.
perfilar, dazu das Vbsbst. perfil. Vgl. Dz 257
profilo.]

7458) **pröfündüs, a, um**, tief; ital. profondo;
prov. preon-s; frz. profond; span. ptg. profundo.

7459) [**prögrěssüs, -um** m. (progredi), Fortschritt;
ital. progresso; frz. progrès etc.; nur gel. W.]

7460) [**pröhïbeo, hïbüī, hïbïtüm, hïbëre**, verbieten; ital. proibire, (das starke Part. proibito
ist noch als Adj. üblich, vgl. Canello, AG III 390);
span. ptg. prohibir.]

7461) **prö + höc** = altfrz. poruec, poroec, pruec,
preuc, pruekes, über die eigenartige Bedeutungsentwickelung des Wortes vgl. G. Paris, R VI 588;
Tobler, Jahrbuch XV 253.

7462) **pröïndě**, daher; altspan. altptg. po-
rende, poren; darum, neuptg. porem, jedoch, aber

44*

(nach Diez 477 *s. v.* hat sich diese Bedtg. durch Kürzung der Verbindung *nâo porem* entwickelt).

7463) prŏmĭno, -āre, vor sich hintreiben (Apul. Met. 9, 27); altfrz. *se pourmener,* sich vorwärts treiben, spazieren gehen, dazu das Sbst. *pourmenoir,* Spaziergang; neufrz. *se promener,* dazu das Sbst. *promenade,* halbgel. Worte. Vgl. Dz 209 *menare.*

7464) *prŏmĭtto, mĭsĭ, mĭssŭm, mĭttere (schriftlat. *promittere*), versprechen; ital. *promettere;* prov. *promettre;* frz. *promettre;* span. *prometer* ptg. *prometter.* Wegen der Flexion u. wegen der Quantität des *i* s. oben ***mĭtto.**

7465) prŏmptŭs, a, um (Part. P. P. v. *promĕre*), bereit; ital. *pronto,* dazu das Vb. *prontare,* betreiben, drängen; frz. *prompt;* span. *pronto;* ptg. *prompto.* Dazu die Sbstve ital. *prontezza, prontitudine,* Bereitwilligkeit, Behendigkeit; frz. *promptitude;* span. *pronteza, prontitud;* ptg. *promptidão.*

7466) prŏmŭscĭs, -cĭdem *f.* (Nebenform für *proboscis*), Elefantenrüssel; altfrz. *promoistre,* vgl. Thomas R XXVIII 204.

7467) prŏno, -āre, vorwärts neigen; valtell. *impronâ,* adagiare, versare; berg. *imprunâ,* gettare a terra; berg. *prunâ zo,* piantare provvisoriamente. Vgl. Salvioni, Post. 18.

7468) prŏnus, a, um, vorwärts geneigt; davon viell. piem. *pron,* panico capellino (*aira flexuosa L.*), vgl. Salvioni, R XXVIII 104; com. *prona.* sito in declivio; berg. *imprù,* prono, inclinato, vgl. Salvioni, Post. 18; obw. *prun.*

7469) [prŏnūntĭātĭo, -ōnem *f.,* Vortrag, Rede, Aussprache; ital. *pronunziazione;* frz. *prononciation* etc.]

7470) [prŏnūntĭo, -āre, aussprechen; ital. *pronunziare;* frz. *prononcer;* span. ptg. *pronunciar.*]

7471) prŏpāgo, -ĭnem *f.,* Setzling, Senker; (ital. *propaggine,* daneben *provana*); sard. *probaina;* prov. *probaina;* altfrz. *provain;* neufrz. *provin;* span. *provena;* (ptg. *propagem*). Vgl. Dz 257 *propaggine;* Flechia, AG II 372; Tobler, Z X 573; Gröber, ALL IV 450.

7472) prŏpe, nahebei, = ital. *pruovo;* prov. *prop;* altfrz. *pruef.* S. **prĕssŭs.**

7473) prŏpīnquŭs, a, um, nahe, = prov. *probenc.*

7474) [*prŏpĭtānŭs, a, um (: *prope* = **longitanus : longe*), = prov. *probda-s,* vgl. Gröber, ALL IV 450.]

7475) *prŏpĭŭs, a, um '(*prope*), nahe, = prov. *propi-s;* frz. *proche.* Vgl. Dz 661 *proche.*

7476) [prŏpŏsĭtŭs, a, um (Part. P.P. v. *proponere*), vorgesetzt; ital. *proposito,* proposto, Vorsatz, (vielleicht gehört hierher auch *profosso* „l'officiale cui spetta provvedere al buon ordine del campo e del quartiere", doch ist das Wort zunächst aus dem Deutschen entlehnt), vgl. Canello, AG III 380.]

7477) prŏprĭĕtārĭŭs, -um (*proprius*), Eigentümer; ital. *proprietario;* frz. *propriétaire;* span. ptg. *prop(r)ietario.*

7478) [prŏprĭĕtās, -ātem *f.,* Eigentum; ital. *proprietà;* prov. *proprietat-z;* frz. *propriété,* Eigentum, Eigentümlichkeit, *propreté,* Eigenheit, Sorgfalt, Genauigkeit, Reinlichkeit; span. *prop(r)iedad;* ptg. *propriedade.*]

7479) prŏprĭŭs, a, um, eigen; ital. *proprio, propio;* rum. *propriu* (fehlt b. Cihac); prov. *propri-s;* frz. *propre* (bedeutet auch „reinlich"); cat. *propi* (?); span. *proprio, propio;* ptg. *proprio.* Vgl. Dz 257 *propio.*

7480) prŏrā (πρῷρα), daraus durch Dissimilation ***prŏdā, -am** *f.,* Vorderteil des Schiffes; ital. *proda,*

genues. *prua,* vgl. d'Ovidio, AG XIII 367; prov. *proa;* frz. *proue;* cat. span. ptg. *proa.* Vgl. Dz 258 *prua;* Canello, AG III 360; G. Paris, R IX 486 u. X 42 (erklärt frz. *proue* = genues. *prua*); Gröber, ALL IV 449.

7481) prŏ[r]sus, a, um, gerade, recht, brav; dav. nach Förster, Z XV 526, rtr. prov. altfrz. altcat. *pros,* Fem. *prosa* (altfrz. *prouse, preuse,* wozu das Masc. *preux*). .S. No 7497.

7482) prŏscĭndo, -ĕre, spalten; valtell. *proscender,* pesch. *prosenda,* spacciare, disnodare il terreno coll' aratro, Salvioni, Post. 18.

7483) prŏsĕquor, sĕquĭ, folgen, begleiten; ital. *proseguire;* frz. *poursuivre.*

7484) *prŏstro, -āre (zurückgebildet aus dem Part. *prostrātus* v. *prosternĕre*), niederstrecken; ital. *prostrare;* prov. *prostrar;* span. *postrar;* ptg. *prostrar.* Vgl. Dz 257 *prostrare.*

7485) prŏthȳrum, -a (πρόϑυρον), Einfriedigung vor der Thüre (Vitruv IX 5), dafür volkslat. **prŏtūlum** (vgl. Loewe, Prodr. gloss. lat. p. 376); daraus nach Cornu's Annahme, Z XVI 517; altfrz. *prosne,* eine Art Einfriedigung, vgl. auch G. Paris, R XXI 122; Cornu spricht sich darüber nicht aus, ob er dies Wort für identisch mit *prône,* Predigt (s. oben *procino*) erachtet; da er sich aber auf die das letztere betreffenden Citate bezieht, so mufs man allerdings glauben, dafs er Identität annimmt, u. dann freilich wäre es interessant zu wissen, wie er sich den Bedeutungsübergang vorstellt (etwa „Vorhofspredigt"?).

7486) πρωτόϰολλον(πρῶτος + ϰολλᾶν, leimen), eigentl. das einer Urkunde vorgeheftete Blatt, dann die Urkunde selbst; ital. *protocollo;* frz. *protocole,* (das übliche Wort für das gerichtliche Protokoll ist *procès-verbal*); span. *protocolo;* ptg. *protocollo;* altptg. *portacollo,* wov. volksetymologisch abgel. *cartapolinha,* amtliches Schreiben, vgl. C. Michaelis, Frg. Et. p. 10. Vgl. Dz 258 *protocollo.*

7487) prŏvĭdĕo, vĭdĭ, vīsum, vĭdēre, vorhersehen, sorgen; ital. *provvedere;* frz. *pourvoir* etc. Wegen der Flexion s. **vĭdĕo.**

7488) prŏvĭdus, um, vorsichtig, bedachtsam, klug; dav. nach Förster, Z XV 527, altfrz. *prode-s,* klug, wacker, in norm. Schreibung *prude.* S. oben **prŏdis.**

7489) [prŏvīncĭā, -am *f.,* Provinz; ital. *provincia;* prov. *proensa;* frz. *Provence, province;* span. prov. *provincia.* Vgl. Gröber, ALL IV 450.]

7490) prŏxĭmŭs, a, um (Superl. zu *prope,* *pro- pior*), der nächste; ital. *prossimo;* prov. *prosme;* altfrz. *proisme;* (cat. *proxim*); (span. *prójimo;* ptg. *eximio*). Vgl. Gröber, ALL IV 450.

7491) prūdēns, -ēntem, klug; ital. *prudente;* frz. *prudent,* (*prude* = **prudus* od. = *providus;* span. ptg. *prudente;* überall nur gel. W., das Gleiche gilt von dem Sbst. *prudĕntĭā.* [***prūdĭs** s. **prŏdĭs.**]

7492) prŭīnā, -am *f.,* Reif; davon nach Ascoli, AG III 111 Anm. 4, ital. *brina,* gefrorner Tau; lomb. *pruina;* rtr. *pruina, prugina, purgina,* prov. *bruina,* feiner, kalter Regen; frz. *bruine,* dazu das Verb *bruiner.* Diez 359 *brina* war geneigt, dies Wort mit venez. *borina* von *vapor* abzuleiten, vgl. auch Caix, St. 237; in Bezug auf *bruine* meinte Diez 535 *s. v,* dafs uns die Wurzel des Wortes verborgen sei.

7493) prūnĭcĕus, a, um (*prunus*), zum Pflaumenbaum gehörig; sard. *pronizza,* pruno selvatico, vgl. Salvioni, Post. 18.

7494) [*prūnīcīā, -am *f.* (v. *pruna*), glühende Kohle = ital. (modenes.) *burnisa*, heifse Asche, vgl. Flechia, AG II 330. S. auch oben brūnītīŭs. Vgl. auch Caix, St. 225, wo ital. brúnice „brace spenta, cinigia" als hierher gehörig angeführt wird.]

7495) (prūnŭm, dafür) *prūnā, -ea, -am *f.*, Pflaume; ital. *pruna, prugna, brugna*; altvenez. *prona*; prov. *pruna*; frz. *prune*; cat. altspan. *pruna*; (nouspan. *ciruela*=*cereola* v. *cera*; ptg. *ameixo*). S. prunus.

7496) prūnŭs, *-eus,-um *f.*, Pflaumenbaum; ital. *prugno*; (prov. *prunier-s* = *prunarius*; frz. *prunier*; cat. *pruner*; span. *ciruelo* = *cereolus*; ptg. *ameixieira*). In der frz. Schweiz u. in Savoyen haben die Reflexe von *prunus pruna* ein *m* statt *n* infolge der Berührung mit dtsch. *pflaume* (griech. προῦμνον), vgl. Meyer-L., Z XX 535.

7497) prūrīgo, -gīnem *f.*, das Jucken; lomb. *pü-* u. *spiūrisna*; piem. *prüisu*, vgl. Salvioni, Post. 18.

7498) prūrīo, -īre, daraus durch Dissimilation *prūdio, -īre und *prūdo, -ĕre, jucken; ital. *prudĕre*; prov. *pruir, pruzer*; cat. ptg. *pruir*. Vgl. Dz 258 *prudere*; Gröber, ALL IV 450; Flechia, AG III 144.

7499) psāltērĭum *n.* (ψαλτήριον), Psalter; ital. span. *salterio*; prov. *salteri-s*; frz. *psautier*.

7500) psōrā, -am *f.* (ψώρα), Krätze, Räude; davon nach Rönsch, Z I 420, span. *sorra*, Fuchs (altspan. *zurra*), *zurrar*, das Haar abschaben; ptg. *zorra*, Fuchs, *zorro*, listig. Der Fuchs würde also den Namen deswegen erhalten haben, weil er im Sommer das Haar verliert und dadurch ein schäbiges, räudiges Aussehen erhält. Diez 500 *zorra* spricht sich ähnlich aus. Gerland, Gröber's Grundrifs I 331, leitet span. ptg. *zorra*, -o von bask. *zurra, zuhurra*, klug, vorsichtig, ab.

7501) ptīsānā, -am *f.* (πτισάνη), Gerstentrank; ital. *tisana*; frz. *tisane*; span. ptg. *tisana*. Vgl. Dz 320 *tisana*.

7502) πτωχός, Bettler; davon vielleicht das gleichbedeutende ital. *pitocco*. Vgl. Dz 390 *s. v.*

7503) pūblīco, -āre (*publicus*), veröffentlichen; ital. *pubblicare, piuvicare*; altpad. *spiovegare*; frz. *publier* etc.

7504) pūblīcŭs, a, um, öffentlich; ital. *pubblico*; frz. *public* (gel. W.) etc.; volkstümlich sind z. B. alttosc. *piuvico*, venez. *pjóvego* (angelehnt an *piove*=*plebem*), vgl. AG IV 341, Salvioni, Post. 18.

7505) [pūdŏr, -ōrem *m.* (*pudet*), Scham; ital. *pudore*; frz. *pudeur* etc., überall nur gel. W.]

7506) *pŭĕl[lī]cellus, -a (Demin. zu *puellus*, -a), kleiner Knabe, kleines Mädchen; ital. *pulcella, pulzella* (Lehnwort); rtr. *purscel, purscella*; prov. *piucel-s, piucella, pieucela*; (altfrz. *puceau, puleelle*; neufrz. *pucelle* gehen wahrscheinlich auf *pūllicellus, -a*, kleiner Floh, zurück, vgl. Förster, Z XVI 254; altcat. *punceyla*; altspan. *puncella, poncella*; altptg. *pucella*). Vgl. Dz 258 *pulcella*; Gröber, ALL IV 450. Caix, St. 589, zieht auch ital. *spillónzora*, junge Frau, hierher (*pullonzola* = *pulzellona*).

7507) pūĕrcŭlŭs, -um *m.* (Demin. von *puer*), kleiner Knabe; ital. (pistoj.) *burchio* „bambino, fanciulletto", vgl. Caix, St. 236.

7508) got. pŭggs, Beutel; damit scheint, wenn auch nur mittelbar, zusammenzuhängen ital. (venez.) *ponga*, Kropf der Vögel; rum. *pungă*, Beutel. Vgl. Dz 391 *ponga*.

7509) [pūgillār *n.*, Schreibtafel; rum. *pughilar*, Notizbuch; span. *pugilar*, Schreibtafel.]

7510) pūgīllŭs, -um *m.* (Demin. v. *pugnus*), eine Handvoll; davon ital. *pigello* „mucchietto, manata", vgl. Caix, St. 449.

7511) pūgĭo, -ōnem *m.*, Dolch; davon nach Diez (die Ableitung ist aber sehr fragwürdig) 479 span. *puya, pua*, Spitze, Stachel, Dorn; ptg. *pua*. Das roman. Wort würde demnach auf dem lat. Nom. beruhen und zugleich Geschlechtswandel erlitten haben (*pugio : pugia*). Nigra, AG XIV 359, will die Worte von *pŭpa*, Brustwarze, ableiten, indem er an die Beziehung zwischen *pectus* u. *pecten* erinnert. S. unten pūpā.

7512). *pūgīōnālīs, -e (*pugio*), zum Dolch gehörig; ital. *pugnale*, Dolch; (frz. *poignard*, = Stamm *pung-* + germ. Suffix *hard*); altfrz. *poignal* (wird aber von Förster, Z XV 523, mit Recht = *pugnale* von *pugnus* angesetzt); span. *puñal*; ptg. *punhál*. Vgl. Dz 258 *pugnale*.

7513) *pūgnāle (*pugnus*) = altfrz. *poignal*, Dolch, vgl. Förster, Z XV 523.

7514) pūgnŭs, -um *m.*, Faust; ital. *pugno*; sard. *punzu*; rum. *pumn*, dazu das Vb. *pumnesc ii at i*, mit Fäusten schlagen; rtr. *puing*; prov. *ponh-s*; frz. *poing*; cat. *puny*; span. *puño*; ptg. *punho*. Vgl. Gröber, ALL IV 450.

7515) *pūlējŭm *n.* (schriftlat. *pŭlějum, pŭlēgium*), Flohkraut; ital. *pu-, poleggio*; sard. *puleju*; rtr. *poley*; friaul. *polecutt*; neuprov. *pouleiot*; frz. *pouliot*, (mundartlich *poli*); cat. *poliol*; span. *poleó*; ptg. *poejo*. Vgl. Dz 252 *poleggio*; Gröber, ALL IV 451 (fehlt rum. *poleiu*, prov. *puleg-s*).

7516) *pūlĕx, *-īcem *m.* (schriftlat. *pūlex*), Floh; ital. *pulce, puce f.*; sard. *puleghe*; sicil. *purci*; rum. *purice*; rtr. *pelisch*; prov. *puse-s, piause-s*; frz. *puce*; cat. *pussa*; span. ptg. *pulga*. Vgl. Dz 258 *pulce*; Gröber, ALL IV 451.

7517) *pūlīcella, -am *f.* (*pūlex*), kleiner Floh; davon nach Förster's ansprechender Vermutung, Z XVI 254, frz. *pucelle*, Mädchen.

7518) *pūlīco, -āre (*pulex*), flöhen; ital. *spulciare*; rum. *puric ai at a*; prov. *espulgar*; frz. *épucer*; span. ptg. *espulgar*.

7519) *pūlīcōsŭs, a, um (*pulex*), reich an Flöhen; ital. *pulcioso*; rum. *puricos*; span. *pulgoso*.

7520) *pūllānŭs, -um *m.* (*pullus*)=(frz. *poulain*, Füllen, vgl. Dz 661 *s. v.*; Cohn, Suffixw. p. 300.

7521) pūllī pēs, davon vielleicht frz. *pourpier*, Hühnerfufs, vgl. Dz 254 *portulaca*. pūllĭcella s. pūĕllīcĕllus.

7522) pūllīcēnŭs, -cīnus, -um *m.*, junger Vogel; ital. *pulcino*, Küchlein, davon *pulcinello*, Hühnoben, vgl. Dietrich, Pulcinella p. 244. sard. *puddighinu*; prov. *pouzi-s*; altfrz. *pulcin*; neufrz. *poussin*. Vgl. Dz 661 *poussin*; Gröber, ALL IV 451; Cohn, Suffixw. p. 56.

7523) *pūllīo, -ōnem *m.*, junger Vogel; altfrz. *poillon*.

7524) pūllo, -āre, sprossen; ital. *pollare*, keimen, quellen; ptg. *pular*, keimen, hüpfen, klopfen. Vgl. Dz 391 *pollare* u. 479 *pular*.

7525) pūllŭlo, -āre (Demin. v. *pullare*), keimen, sprossen, zeugen; ital. *pullulare, pullolare*, keimen, sprossen, quellen; frz. *pulluler* (bedeutet auch „wimmeln"); span. *pupular*; ptg. *pul(l)uar*.

7526) 1. pūllŭs, -um *m.* u. *pūllā, -am *f.*, junges Tier, besonders junges Huhn; ital. *pollo*; rum. *puiu* (bedeutet auch „Punkt, Winzigkeit, kleines Ding", dazu die Verba *puies ai at a* und

puiesc ii it i „faire des petits, moucheter, tácheter");
über sard. Ableitungen von *pullus*, worunter z. B.
puẑẑone, Vogel, vgl. Guarnerio, R XX 68; rtr.
pulam, Geflügel; prov. *pol-s;* altfrz. *polle;* neufrz. *poule;* cat. *polla;* span. *pollo, polla;* ptg.
pollo, junger Vogel, *pollia*, junge Hühnchen, auch
junge Mädchen. Vgl. Gröber, ALL IV 451 u. VI
396 (= IV 270); Baist, Z V 562, leitet von *pullus*
auch ab das Demin. span. *polilla*, Kleidermotte;
ptg. *polilha*, Diez 477 *s. v.* hatte *pulvis* als Grundwort aufgestellt, s. unten *pūlvīcūlă.

7527) **pullus, a, um** (Dem. v. *purus*), rein; tarent. *puddu*, weich (der Bedeutungsübergang ist
schwer verständlich, bleibt es auch, wenn man an
das andere Adj. *pullus*, „schwärzlich, dunkel"
denkt, dessen *u* vermutlich kurz war; Meyer-L.,
Z. f. ö. G. 1891 p. 774, übersetzt *pullus* mit „locker",
es ist unersichtlich, welches *pullus* u. mit welchem
Rechte).

7528) **pūlmĕntum** *n.*, Brei; rtr. *purmaint;*
(ptg. *polme*), vgl. Meyer-L., Z. f. ö. G. 1891
p. 774.

7529) **pūlmo, -ōnem** *m.* (schriftlat. *pŭlmo*),
Lunge; ital. *polmone;* sard. *pimonc;* rum. *plă-
mină*, (rtr. *lev, lomm*); prov. *polmo-s;* frz. *poumon;*
(cat. *pulmo*, span. *pulmon*, das übliche Wort ist
aber *bofe;* s. oben **buf;** ptg. *pulmão*, daneben *bofe*).
Vgl. Gröber, ALL IV 452.

7530) **pūlpă, -am** *f,*. Dickfleisch; ital. *polpa;*
sard. *pulpa;* rum. *pulpă;* (cat. span. *pulpa*);
ptg. *polpa.* Vgl. Gröber, ALL IV 452.

7531) **pūlpĭtum** *n.*, Brettergerüst; (ital. *pulpito;*
frz. *pupitre* = *pulpitulum*, vgl. Scheler im Anhang zu Diez 809; Diez selbst stellte 662 *pupitre*
zu *pulpitum*.]

7532) [*pūlpo, -ōnem* *m*, (*pulpa*), dickfleischige
Frucht, Melone; dav. nach Cohn, Herrig's Archiv
Bd. 103 p. 229, (ital. *popone?*); frz. *poupon*,
woraus (mit volksetymol. Anlehnung an *pompe*)
pompon.]

7533) **pūls, pūltĕm** *f.*, Gerstenmehlbrei; ital.
polta, vgl. AG XII 422; davon abgeleitet *pattona*
(aus *paltona*) „polenta di castagne", vgl. Caix, St.
442; rtr. *pult;* über südfrz. Nachkömmlinge von
puls vgl. Schuchardt, Z XI 492; altfrz. *pout*, vgl.
Förster zu Yvain 2853, vgl. auch R IX 580; cat.
pultres (Pl.); span. *puches* (Pl.), Brei, dazu *pu-
chada*, Mehlpflaster, *puchero, puchera*, Breitopf,
Kochtopf. Vgl. Dz 479 *puches;* Gröber, ALL IV
452.

7534) [*pūlsārĭă, -am* *f.* (v. *pulsare*) scheint als
Grundform aufgestellt werden zu müssen zu frz.
poussière, (vom Winde aufgetriebener) Staub, vgl.
Horning, Ztschr. f. nfrz. Spr. u. Lit. X² 243 und
Z IX 499, Nigra, AG XIV 373, wo auf lyon. *poussa*
hingewiesen wird; Diez 660 *poussière* nahm an, dafs
poussière aus *pourrière* entstanden sei, was einen
unannehmbaren Lautwechsel voraussetzt.]

7535) [*pūlsātīlla, -am* *f.* (*pulsus*), Instrument
zum Anschlagen; ital. *pulsatilla*, Kuhschelle; frz.
pulsatille, gel. W.]

7536) **pūlso, -āre** (Intens. zu *pellere*), stofsen,
treiben; (ital. *bussare*, klopfen, wenigstens stellt
Caix, St. 16, diese Ableitung auf, indem er wegen
des Schwundes von *l* auf *puce* = *pulce, pucino* =
pulcino, *sodo* = *soldo*, *utimo* = *ultimo* verweist,
nichtsdestoweniger erscheint die Annahme beden-
lich; Diez 361 *s. v.* vermutete in dem oberdeutschen
buchsen = engl. *box* das Grundwort); prov. *polsar*,
dazu (?) dasVbsbst. *possa, poussa*, Brustwarze, eigentl.

wohl Knospe; frz. *pousser*, dazu das Vbsbst. *pousse*,
Schöfsling (mundartl. findet sich das Wort auch
in der Bedtg. „Staub", vgl. Horning, Ztschr. für
nfrz. Spr. u. Litt. X² 243); span. ptg. *pulsar*,
pujar, puxar. Vgl. Dz 258 *pulsar* u. 660 *possa;*
Gröber, ALL IV 452.

7537) **pūlsūs, -um** *m.* (*pulsare*), Stofs, Schlag;
ital. *polso*, (nach Diez 358 *s. v.* gehört hierher
auch *bolso*, Adj., herzschlächtig, engbrüstig, von
Pferden gesagt, auch prov. findet sich *bols* in
solcher Bedeutung); sard. *bulzu;* rum. rtr. *puls;*
prov. *pols;* frz. *pouls;* cat. *pols;* (span. ptg.
pulso). Vgl. Dz 258 *pulsar;* Gröber, ALL IV 452.

7538) **pūltārĭūs, -um** *m.* (*puls*), Topf; span.
puchero, puchera, Kochtopf.

7539) [*pūltĭlla* *n. pl.* (*puls*), breiige Masse,
Schlamm; ital. *poltiglia;* altfrz. *poutilles*, pagli-
uzzi, bruscoli, *poultiee*, polvere, letame, sporcizie,
putrl, -tiel, -teau, fanghiglie, vgl. d'Ovidio, AG
XIII 433.

7540) [*pūltūră, -am* *f.* (*puls*), Brei; altfrz. *po-
ture, pouture, peuture*, Nahrung; neufrz. *pouture*,
Schrot zum Viehmästen. Vgl. Förster, Z IV 378;
Jeret, R IX 579.

7541) **pūlvĕrārĭūs, a, um** (*pulvis*), zum Staub
gehörig; ital. *polverajo*, Pulverhändler, *polveriera*,
Staubwolke, vgl. Canello, AG III 310.

7542) **pūlvĕro, -āre** (*pulvis*), mit Staub bestreuen,
nur in Zusammensetzungen: ital. *impolverare*,
spolverare, spolverezzare;* rum. *spulber ai at a;*
prov. *enpolverar;* (frz. *poudrer* v. *poudre*); span.
empolvar v. **pulvus*, empolvorar, espolvorear, espolvorizar;* ptg. *empoar* v. **pulvus, empolvoriçar.*

7543) [*pūlvĕrōsūs, a, um*, staubig; ital. *polveroso;* rum. *pulberos;* prov. *polveros;* (frz. *poudreux);* span. ptg. *polvoroso.*

7544) [*pūlvīcūlă, -am* *f.* (*pulvis*), Stäubchen,
Staubtierchen; davon nach Diez 477 *s. v.* span.
polilla, Kleidermotte; ptg. *polilha;* vgl. dagegen
Baist, Z V 562, wo *pullus* (s. d.) als Grundwort
aufgestellt wird, die Diez'sche Ableitung ist aber
die begrifflich bei weitem vorzuziehende.]

7545) **pūlvĭs, -ĕrem** *f.* u. **pūlvūs, -um** *m.* oder
pūlvūm *n.*, Staub, Pulver; ital. *polvere;* sard.
piuere = **puvere;* rum. *pulbere;* rtr. *pulvra;*
prov. *podra;* frz. *poudre*, dazu das Demin. *poudrette*, Düngmehl, (*poussière* gehört nicht hierher,
sondern ist = **pulsaria, s. d.); cat. *pols;* span.
pólvora, polvo; ptg. *pó.* Vgl. Dz 660 *poudre;*
Meyer, Ntr. 57; Gröber, ALL IV 452.

7546) **pūlvīscŭlŭs, -um** *m.* (*pulvis*), Stäubchen;
ital. *polvischio.*

7547) **pūmĕx, -ĭcem** *m.* (schriftlat. *pūmex*),
Bimstein; ital. *pomice*, (rum. *pimice*); frz. *ponce;*
span. *pómez;* ptg. *pómes.* Vgl. Dz 660 *ponce;*
Gröber, ALL IV 452.

7548) 1. **pūnctĭo, -ōnem** *f.* (*pungere*), das Stechen;
ital. *punzione* „pungimento, compunzione"; (das
Mask. *punzone*, Stichel, gehört nicht hierher, sondern zu **punctiare*, vgl. Ascoli, AG III 344
Anm.

7549) 2. **pū- u.*pūnctĭo, -āre** (*pungere*), stechen;
ital. *ponzare, punzellare*, stechen, dazu das Sbst.
punzone m., Stichel, *Pfriemen*, vgl. Ascoli, AG III 344
Anm. 2, ferner *pungello* = **pungellum, pungellone*.
punzello, -are, punzecchiare, punziglio etc.; frz.
nur die Sbst. *poinçon*, Pfriemen, *poncif;* cat. *punxar;*
span. *punzar*, dazu das Sbst. *punzon*, Pfriemen;
ptg. *punzar.* Vgl. Dz 258 *punzar;* Gröber, ALL
IV 452; d'Ovidio, AG XIII 398.

7550) *puncto u. puncto, -are (punctum), stechen,
etwas auf einen Punkt hinrichten; ital. pontare,
puntare, stemmen, drängen, spuntare, abspitzen,
entspitzen, gleichsam herauspunkten, d. h. anbrechen
(vom Tage u. dgl.), dazu das Sbst. spuntone, Sponton;
frz. pointer, zuspitzen, davon das Vbsbst. pointe,
Spitze; span. esponton, Sponton. Vgl. Dz 391
pontare.

7551) punctorĭum n., Stecher; sard. puntorzu,
stimolo.

7552) *punctum n. (schriftlat. punctum), Punkt;
ital. punto, (-a); sard. punctu; rum. impunt;
prov. ponch-s; frz. point; cat. span. punto;
ptg. ponto. Vgl. Dz 258 punto; Gröber ALL IV
453.

7558) pungo, *punxi, *punctum (schriftlat.
punctum), pungere, stechen; ital. pungo u. pugno
punsi punto pungere und pugnere; rum. impung
punsei puns punge; rtr. Part. Prät. špont, špundú,
vgl. Gartner § 148; prov. ponh poins point ponher;
frz. poins poignis point poindre; cat. punyir;
span. ptg. pungir. Vgl. Gröber, ALL IV 453.
[*punĭcellus s. papaver am Schlusse.]

7554) punĭo, -ĭre, strafen; ital. punire; prov.
frz. cat. span. ptg. punir.

7555) pupilla, -am f., Augapfel; sard. pobidda;
neap. pepella.

7556) pupillaris, -e (pupillus), zum Mündel gehörig; sard. pubiddari.

7557) puppa (schriftlat. pupa), -am f., Mädchen,
Puppe (die ursprüngliche Bedtg. dürfte „Brustwarze"
gewesen sein); ital. poppa, Brustwarze, davon das
Vb. poppare, säugen; rtr. popa, Puppe; prov.
popa, Brustwarze; altfrz. poupe, Brustwarze;
davon poupard, Säugling; neufrz. poupée, gleichsam *puppata, Puppe. Vgl. Dz 253 poppa; Gröber,
ALL IV 453; Nigra, AG XIV 288 u. XV 107 (es
werden eine Reihe von Worten, welche „Zahn,
Spitze eines Werkzeugs" bedeuten, z. B. span.
ptg. puya, pua, sav. püva, piem. büva, auf
pupa zurückgeführt; der Zahn, die Spitze eines
Werkzeugs habe mit der Brustwarze das Hervorragen gemeinsam. Diez 479 brachte die Worte mit
pügio in Zusammenhang, was allerdings unmittelbar
nicht richtig sein kann. Aber auch Nigra's Ableitung ist nicht recht glaublich. Es scheint, dafs
neben pic „stechen" (s. d.) in Anlehnung an pün-
gere ein gleichbedeutender Stamm *puc getreten
sei, von welchem als Seitenstück zu pica ein *puca
„Spitze" abgeleitet wurde). — Über die Benennung
der Klatschrose als pupa (lomb. püa etc.) in ital.
Mundarten vgl. Nigra, AG XV 122.

7558) [*puppia (= *puppa); davon nach Caix,
St. 456, ital. poccia, Brustwarze, pocciare, säugen.]

7559) puppis, -em f., Hinterteil des Schiffes;
ital. prov. poppa; venez. pope; frz. poupe;
cat. span. ptg. popa. Vgl. Gröber, ALL IV 453.

7560) pupulus, -um m. (Demin. von puppa),
Knäblein, = ital. (medensa.) bubel, vgl. Flechia,
AG II 326.

7561) pure, rein, schlechtweg, = ital. rtr. pure,
doch, dennoch, et + pure = appure, und doch. Vgl.
Dz 391 pure.

7562) [*purettus, a, um (abgeleitet v. purus);
davon vielleicht ital. pretto, lauter, rein, vgl. Dz
391 s, v.; Diez selbst aber macht darauf aufmerksam, dafs diese Ableitung lautlich nicht unbedenklich sei.]

7563) purgo, -are, reinigen; ital. purgare; prov.
purgar; frz. purger; cat. span. ptg. purgar.

7564) puritas, -atem f. (purus), Reinheit; ital.
purità; prov. purtat-z; frz. pureté (altfrz. purté);
span. puridad (altspan. poridad, das Wort bedeutete u. bedeutet noch auch „Geheimnis, eigentl.
die jem. anvertraute reine lautere Wahrheit über
eine Sache"), daneben pureza = *puritia; ptg.
puridade, daneben pureza. Vgl. Dz 478 poridad.

7565) puro, -are, reinigen; ital. purare; frz.
purer; span. porar.
[*puronius s. pus.]

7566) purpura, -am f. (πορφύρα), Purpur; ital.
porpora; frz. pourpre; span. ptg. purpura, púrpura.

7567) purus, a, um, rein; ital. span. ptg.
puro; prov. cat. frz. pur.

7568) pus, puris n., Eiter; ital. frz. span. ptg.
pus (gel. W.); rum. dafür punoiu (für puroiu) =
*puronius, od. -um. S. auch puter.

7569) (pustula), *pu-, *pustilla, -am m., Bläs-
chen; ital. (pustula), pustola; rum. pușté; prov.
pustula, pustella, postella; frz. (pustule); cat. pustula; span. pústula, postilla; ptg. pustula. Vgl.
Dz 478 postilla.

7570) [*putea, *puteacola, -am f. (v. puteal),
Brunnen; davon nach Caix, St. 459, ital. (mundartlich) pozza, davon abgeleitet pozzanghera „buca
d'acqua piovana"); span. poza, Tümpel; ptg.
poça.]

7571) puteālis, -e (puteal), zum Brunnen gehörig; span. pozal Brunneneimer, Brunnendeckel.

7572) puteārius, -um m. (puteus), Brunnengräber;
rum. pușar; span. pocero; ptg. poceiro.

7578) puteo, -ere, übel riechen; ital. putire;
sard. pudire; altlomb. pudir; rum. put țíi țít
ți, prov. pudir; altfrz. puir; neufrz. puer;
cat. pudir.

7574) Puteoli, -os m., Pozzuoli, Stadt in Campanien; davon ital. pozzolana, verwitterte Lava,
vgl. Dz 391 s. v.

7575) puter, -is, -e, faulich, morsch; sard. pu-
dre, quarzoso, mit vielen Ableitungen, vgl. Salvioni,
Post. 18; span. podre, Eiter; ptg. podre, faulig,
modrig, vgl. Dz 477 s. v.

7576) putesco, -ere, faulig werden; sard. pu-
dexciri.

7577) puteus, -um m., Brunnen; ital. pozzo;
rum. puț; prov. potz, poutz; frz. pui(t)s; cat.
pou; span. pozo; ptg. poço, poça. Über die lautliche Entwickelung von puteus vgl. Mussafia, R
XVIII 549, G. Paris, ebenda 551, Horning, Z XIX
232; Meyer-L., Rom. Gr. I p. 139. Zu puteus das
Vb. prov. pozar, pousar, schöpfen; frz. puiser;
über canav. pozzar vgl. Nigra, AG XV 120.

7578) [*putidana, -am f. (putidus), stinkendes
Frauenzimmer, Hure, = ital. puttana; rtr. pu-
tanna; frz. putaine; span. putaña, auch ein
Mask. frz. putain. Vgl. Gröber, ALL IV 453.]

7579) [*putidio, -are (putidus), stinken; ital.
puzzare, davon das Vbsbst. puzzo, puzza, Gestank.
Vgl. Dz 392 (Diez leitet puzzo unmittelbar von
putidus ab, indem er Ausfall des d annimmt);
Gröber, ALL IV 453.]

7580) putidus, a, um (puteo), stinkend; ital.
putto, verhurt (als Sbst. in der Bedtg. „Knabe",
wozu das Fem. putta, Mädchen, ist das Wort gelehrte Erneuerung von puteus vgl. Mussafia, R
XVIII 549, G. Paris, ebenda 551); sard.
pudidu; altprov. altfrz. put, stinkend, schlecht,
pute (c. o. putain), Hure; altspan. púdio, widerlich. Vgl. Dz 259 putto; Förster, Z III 565; G. Paris,
R IX 333; Gröber, ALL IV 453. „Nur span. pudio
gehört hierher" Meyer-L., Z. f. ö. G. 1891 p. 774.

7581) [*pŭtīnācēns (puteo), stinkend, scheint das
Grundwort zu sein zu prov. putnais, stinkend;
frz. punais, stinkend, punaise, Wanze (viell. besser
= *pūnax, pūnācem punisches Insekt? vergl.
deutsche Ausdrücke, wie „Franzose, Schwabe" für
Ungeziefer.). Vgl. Dz 662 punais u. dagegen Cohn,
Suffixw. p. 293.]

7582) pŭto, -āre, beschneiden; ital. potare;
prov. podar; altfrz. poder, dazu das Sbst. poŭn,
gleichsam *putönem, schneidendes Werkzeug; span.
ptg. podar, dazu das Sbst. span. podon, ptg.
podão, Hippe. (Putare in der Bedtg. „glauben"
fehlt dem Roman., nur ital. putare „stimare" in
der Verbindung puta il caso, vgl. Canello, AG III
325.) Vgl. Dz 254 potare.

7583) pŭtŏr, -ōrem m. (puteo), Fäulnis, fauliger
Geruch; altoberital. pudor, puor; arbed. pūdur,
vgl. Salvioni, Post. 18; rum. putoare; prov. pu-
dor-s; altfrz. puor, pueur; cat. pudor.

7584) pŭtrēsco, -ĕre (putreo), faulen; rum.
putrezesc ŭ ĭt ĭt; span. podrecer; ptg. apodre-
cerse.

7585) [pŭtrīdŭs, a, um (putreo), morsch, faul;
ital. putrido; rum. putred; prov. putrid; frz.
putride; span. podrido; ptg. putrido, podrido.]

7586) [pŭtrīmēn n. (pŭtreo?); dav. nach Ulrich,
Z XI 557, frz. purin, Jauche, da aber pŭtrimen
zu erwarten wäre, so ist die Ableitung unsicher,
vielleicht darf man an *pūrinum v. purus denken,
die eigentl. Bedtg. wäre dann „reine, klare d. h.
nicht mit festen Stoffen gemischte Jauche".]

7587) *pŭtrīo, -īre (schriftlat. putrēre); faulen;
(ital. putridire); prov. poirir; frz. pourrir, dazu
das Sbst. pourriture = *putritura; cat. span.
pudrir, podrir;.ptg. ist nur das partizipiale Adj.
podrido vorhanden, dazu das Sbst. podridão, Fäulnis.

7588) pŭtrūösŭs, a, um (putror), faulig, = rum.
puturos.

7589) *pŭtālŭs, -um m. (Demin. zu putus),
Knäblein; davon nach Caix, St. 243, ital. buttero.
Hirt(enknabe), mundartl. auch „Kind".

7590) pŭtŭs, -um m., Knabe (Verg. catal. 9, 2);
ital. putto (gel. Wort); span. puto, Lustknabe,
gehört zu putidus. Vgl. Dz 259 putto; Gröber,
ALL IV 453.

7591) pyrĕthrŭm n. (πύρεθρον), Bertramswurz
(Anthemis pyrethrum L.); ital. pilatro; prov.
pelitre-s; frz. pyrèthre (gel. W.); span. ptg. pelitre. Vgl. Dz 247 pilatro.

pŭxīs, pyxīs s. bŭxīdă, bŭseīdă.

Q.

7592) arab. qafīlah, Reisegesellschaft; davon
vielleicht span. ptg. cáfila, Karawane, Haufen,
Menge, vgl. Dz 435 s. v.; Eg. y Yang. 354.

7593) arab. qahvah (Freytag III 511b), aus Beeren
gekochter Trank, Kaffee; ital. caffè; frz. span.
ptg. café. Vgl. Dz 76 caffè; Eg. y Yang. 356
(cahue, vinum); Lammens p. 65 (qahwa).

7594) arab. qalafa, qallaf, ein Schiff verkitten
(Freytag III 491ᴀ); davon vermutlich ital. calafatare, ein leckes Schiff ausbessern; prov. calafatar;
frz. calafater, calfeutrer; span. calafatear, -fetar;
ptg. calafetar. An Herleitung aus calefactare ist
nicht zu denken. Vgl. Dz 77 calafatare u. Scheler
im Anhang zu Dz 716; Lammens p. 98 (bei Eg y
Yang. fehlt das Wort). Behrens, Z XIV 370, ver-

mutet, dafs calafatare aus span. cala, („Wasser-
tracht eines Schiffes", vielleicht mit calare, s. ob.
No 1760, zusammenhängend) u. *fatare, stopfen,
vom Stamme fat-, s. oben No 3654, zusammengesetzt sei.

arab. qâleb s. lībră.

7595) pers. qarabah, Flasche mit weitem Bauche;
davon vermutlich ital. caraffa; sicil. carrabba;
frz. carafe; span. garrafa, ebenso ptg. Vgl.
Littré, Suppl. s. v.; Diez 88 caraffa stellte arab. garafa, schöpfen, als
Grundwort auf. Vgl. Eg. y Yang. 409 (zarafa,
Kübel); Lammens p. 75 läfst die Ableitung unentschieden.

7596) arab. qâza, Schüssel; ital. cazza, Kessel;
frz. casse; span. cazo; ptg. caço. Vgl. Lammens
p. 80; Eg. y Yang. 366.

7597) arab. qermazî (aus sskr. krmi-ja, wurm-
erzeugt, Freytag III 334ᴀ), scharlachfarbig; ital.
carmesino, crémisi, cremisino, carminio; frz. (mundartlich kermoisi), cramoisi, carmin; span. carmesi,
carmin, quérmes; ptg. carmesim, carmim. Vgl.
Dz 89 carmesino; Eg. y Yang. 863; bei Lammens
fehlt das Wort.

7598) arab. qin'târ (vielleicht vom lat. cente-
narius, Freytag III 505a), ein grofses Gewicht; ital.
quintale; prov. frz. span. ptg. quintal, Centner.
Vgl. Dz 261 quintale; Eg. y Yang 475; Lammens
p. 195.

7599) got. *qiwarus (altnfränk. kokar), Köcher;
ist das mutmafsliche Grundwort zu dem gleichbedeutenden altfrz. cuevre, quevre, cuivre, quivre,
coivre, quoivre (vgl. Förster, Z I 156). Vgl. Kluge
unter „Köcher"; Mackel p. 29 (verhält sich zweifelnd
gegen Kluge's Ableitung); C. Michaelis, Jahrb. XIII
308 (weifs mit cuivre nichts anzufangen); Diez 554
couivre setzte ahd. kohhar als Grundwort an.

7600) arab. al- qo'ton (Freytag III 469b), Baumwolle, Kattun; ital. cotone, Baumwolle; prov.
alcoto u. altfrz. auqueton, (neufrz. hoqueton),
gestepptes oder gesticktes Wams; frz. coton,
Baumwolle; span. alcoton, algodon, Baumwolle;
ptg. algodão, Baumwolle, cotão, wollichter Samen,
Panzerhemd mit groben Maschen. Vgl. Dz 111
cotone; Eg. y Yang. 182; bei Lammens fehlt das
Wort.

7601) *quădra, -am f., Viereck; sard. (Sassari)
carra, Platz, Hauptstrafse, carrada, botte, carra-
della, botticello, carrazzolu u. carricciola, doglietto,
carradamini, bottume, vgl. Guarnerio, R XX 257.

7602) quădrăgēsima, -am f., das (40täg.) Fasten;
ital. quaresima, vgl. Canello, AG III 374; rum.
päresimi (Pl. Fem.); rtr. quarasma; prov. caresma;
frz. carême; cat. quaresma; span. cuaresma; ptg.
quaresma. Vgl. Dz 260 quarésima; Gröber, ALL
V 126.

7603) quădrăgēsīmus, a, um, der 40ste; ital.
quadragesimo, (quarantesimo; rum. patruzecilea;)
rtr. quarantavel; prov. caranten; frz. quarantième; cat. quaranté; span. ptg. cu-, quadra-
gésimo.

7604) *quădrágīntä, *quarranta (schriftlat.
quadraginta, vgl. Wölfflin, ALL V 106), vierzig;
ital. quaranta; sard. baránta; (rum. patru dieci);
rtr. kurónta etc., vgl. Gartner § 200; prov. *quaranta; frz. quarante, davon quarantaine = *quarantena = davon nach 40 (Tagen, Jahren etc.),
aus dem Frz. ist wohl ital. quarantena, quarantina
entlehnt, vgl. Canello, AG III 319; cat. quaranta;
span. cuarenta; ptg. quarenta. Vgl. Stengel,

Z IV 188; d'Ovidio, Z VIII 83; Seelmann, Ausspr. p. 52 u. 392; W. Meyer, Grundrifs I 371; Gröber, ALL V 125 u. VI 396.

7605) **quädräns, -äntem** *m.*, vierter Teil, ein Zeitmafs; ital. *quadrante*, Quadrant; (Caix, St. 465, führt auf *quadrans* auch zurück *quarra* „quarteruola, la quarte parte dello stajo", aber einfacher ist es *quadra anzusetzen); prov. *quadran-s* und frz. *cadran*, Sonnenuhr; span. ptg. *cu-, quadrante*, Quadrant.

7606) [***quädräriä, -am** *f.* (*quadrum*), Steinbruch, = frz. *carrière* (carrière, Laufbahn, ist = *carraria v. *carrus*). Vgl. Dz 259 *quadro*.]

7607) **quädrätüs, a, um** (*quadrare*), viereckig; ital. *quadrato*, Viereck, (daneben als Sbst. das Fremdw. *carré*), vgl. Canelle, AG III 814; prov. *cairat-s*; frz. *carré*: span ptg. *cu-, quadrado*.

7608) [***quädrëllüm** *n.* (Dem. v. *quadrum*), kleines Viereck, kleines vierkantiges Holz; ital. *quadrello*, Viereck, Bolzen; prov. *cairel-s*; frz. *carreau* (bedeutet auch „Fensterscheibe"); span. ptg. *cu-, quadrillo*. Vgl. Dz 259 *quadro*.]

7609) [***quädrïfürcüm** *n.* (*furca*), Viergabelung; prov. *carreforc-s*, Kreuzweg; frz. *carrefour*. Vgl. Dz 540 *carrefour*.]

7610) **quädrïga, -am** *f.*, Viergespann; tessin. *kadriga*; lad. *kudreya*, Pflug; obw. *kudria*, vgl. Meyer-L., Z. f. ö. G. 1891 p. 774.

7611) [***quädrïllo, -önem** *m.*, scheint das Grundwert zo sein zu frz. *carillon*, Glockenspiel, es scheint das Wort also ursprünglich das gleichzeitige Geläute von vier Glocken zu bezeichnen. Vgl. Dz 539 *carillon*. Nigra, AG XIV 362, bestreitet mit gutem Grunde die übliche Erklärung von *c.* und deutet es als „viereckige (Kub-)Glocke".]

7612) **quädrïmus, a, um**, vierjährig; bünd. *kwadrim*, vgl. Meyer-L., Z. f. ö. G. 1891 p. 774.

7613) (**quädrïvïüm**, dafür) ***quädrüvïüm** *n.* (quatuor u. *via*) = ital. *carrobbio* (viell. an *carrus* angelehnt), Kreuzweg, vgl. Dz 363 *carrobio*; prov. *cairoi-s*; altfrz. *carroi, carrouge*, vgl. Thomas, R XXVI 417.

7614) **quädro, -äre** (*quadrus*), viereckig machen, viereckig sein, passen; ital. *quadrare*; frz. *carrer*; span. ptg. *cu-, quadrar*.

7615) [***quädro, -önem** *m.*, = prov. *cairo-s*; viereckiger Stein. Diez 553 hielt für möglich, dafs auch altfrz. *coron*, Ende, Zipfel, Rand, aus *quadrônem* entstanden sei, das gleichbedeutende *cor* aber aus *quadrum*. Dann würde vielleicht die mittelgriech. Form *χόδρα* vermittelt haben. Densusianu, R XXVIII 62, bestätigt Diez' Ableitung u. bespricht zugleich da-co-rum. *cadrou* „Brotviertel" u. „Wald" bedeutet (im Macedo-Rum. bedeutet das Wort nur „mit Wald bewachsener Berg"). Die eigenartige Zweiheit der Bedtg. wird von D. leidlich befriedigend erklärt.]

7616) [***quädrübrächiä, -am** *f.*, Vierarm; lothr. *ketebraš, kuctebruš* etc., Salamander, vgl. Marchet, Z XIX 102.]

7617) **quädrüm** *n.*, Viereck; ital. *quadro*, Viereck, Rahmen, Gemälde; prov. *caire-s*, viereckiger Stein, Burg; (frz. *cadre*, Rahmen); span. ptg. *quadro*, Viereck, Rahmen, Gemälde, daneben *catre*, eine Art Bettgestell, vgl. Storm, R V 174. Vgl. Dz 259 *quadro*. — *Quadrum* ist viell. = ostfrz. *quarre, queirre*, abgelegener Ort, *kwar*(e), Ecke, wovon *quoirage, quoiraille*, Klatscherei der Frauen, *quouarié*, klatscheu, vgl. Horning, Z XVIII 227.

7618) [***quädrüpëdium** *n.*, Vierfufs: dav. nach Marchot, Z XVI 380 lüttich. *caiatpeš*, in Martincour *catrepis*. vgl. Horning, Z XVIII 126.]

7619) [***quädrüpëdo, -äre** (das Part. Präs. ist mehrfach belegt, z. B. Verg. Aen. 11, 614), auf vier Beinen gehen; ist von Rönsch, RF I 445, als Grundform aufgestellt worden zu ital. *galoppare*, laufen, dazu das Vbsbst. *galoppo*, Laufen, *galuppo*, Laufbursche, Trofsknecht; prov. *galaupar*; frz. *galoper* (mundartlich *waloper*), dazu das Vbsbst. *galop*, wovon *galopin*, Laufbursche: span. ptg. *galopar*, dazu das Vbsbst. *galopo*. Die Ansetzung von *galopare = *quadrupedare* ist überraschend u. geistvoll, aber nicht haltbar. Ebenso wenig kann aber auch die von Diez 153 aufgestellte Grundform Präfix *ga* + got. *hlaupan* (germ. *laupan*) befriedigen, da die nordfrz. (u. mhd.) Formen mit anlautendem *w* es unmöglich machen, in dem *ga-* das german. Präfix zu erkennen, vgl. Mackel p. 124, wo Skeat's im Etym. Dict. unter *galop* gegebene Ableitung von nd. *wallen*, ags. *weallan* empfohlen wird. Endgültig dürfte die Frage nach der Herkunft von *galoppare* aber auch durch Skeat nicht gelöst sein. Möglicherweise ist *galoppare* aus *valuppare, *valupare f. *vapulare* entstanden, s. unten **vapülo**.|

7620) [***quaerëndo, -äre** (von dem Abl. Gerundii *quaerendo*), suchen; davon nach Caix, St. 256, ital. *carendare* „ricercare, accattare".]

7621) **quaero, quaesïvï, quaesïtüm, quaerëre**, suchen, fragen; ital. *chiedo chieggio chieggo chiesi* und *chiedei chiesto chiédere* (dichterisch *chérere*), fragen, fordern, bitten; sard. *cherrere*, volere, vgl. Guarnerio, R XX 64; valdisc. *quer*, chiedere; valm. *quer*, pettinare (gehört gewifs nicht hierher!), vgl. Salvioni, Post. 18: rum. *cer cerui cerut cere*, fordern, verlangen, fragen; rtr. *ankurély*, vgl. Gartner § 148: prov. *quer* u. *quier quis* u. *ques quis queis quist* u. *quesut querre* u. *querer*, suchen, fragen; frz. *quiers quis quis quérir* (altfrz. *querre*), suchen; span. *quiero quise* (*quisto* und) *querido querer*, fordern, wünschen, wollen, liebeu; ptg. *quero quiz quido querer*, fordern, wünschen, wollen. Vgl. Dz 364 *chiedere*.

7622) [***quaesïto, -äre** (*quaesitus*), suchen, = frz. *quêter*, dazu das Vbsbst. *quête, enquête*.]

7623) [***quaesïco, -äre** (*quaerere*), suchen; valses. *kastejer*, cercare, vgl. Nigra, AG XIV 367.]

7624) [**quaestïo, -önem** *f.* (*quaerere*), Frage; ital. *questione* u. *quistione*, vgl. Canello, AG III 333; frz. *question* etc.: überall nur gel. W.]

7625) **quä + hörä** = rtr. *cura, cur*, wann; tic. *cüra*; valtell. *quóra*; prov. *quora, quoras, cora, coras*. Vgl. Dz 662 *quora*.

7626) dtsch. **qual**, gekreuzt mit lat. *squalor*, = cam. *skevál* m., Schmerz, vgl. Nigra, AG XIV 379.

7627) [***quäläniä, -am**, *f.* (*qualis*) scheint die freilich ganz abnorm gebildete Grundform zu sein für span a. caloña, Eigenschaft, Beschaffenheit, Ähnlichkeit, vgl. Dz 435 s. v.; altspan. ist auch ein Adj. *calanno*, „ähnlich, gleichartig" vorhanden, welches Cornu, R XIII 298, für nach dem Muster von *tamaño* = *tam magnus* aus *qualis* abgeleitet erklärt.]

quä + lïbrä s. **lïbrä**

7628) **quälïs, -e**, wie beschaffen; ital. *quale*. rum. *care*; prov. *qual-s, cal-s*; frz. *quel*; span. *cual*; ptg. *qual*.

7629) **quälïs + quäm** (Pron. indef.) = ital. *qualche*; (rum. *care-va* = *qualis* + *vult*); prov. *qualsque*; frz. *quelque*: span. *cualque*; (ptg. *qual-*

45

quer == *qualem quaerat*, auch span. *cualquiera*, *quienquiera*, vgl. cat. *quisvulla*, altspan. *sivuelque*, *sivuelqual*, auch ital. *qualsivoglia*). Vgl. Dz 260 *qualche* u. Gramm. II² 454.

7630) **quālĭs + quăm + ūnus** == ital. *qualcuno* und *qualcheduno* (das *d* soll zur Vermeidung des Hiatus eingeschoben sein, vgl. Caix, St. 48); frz. *quelqu'un*. Vgl. Dz 260 *qualche*.

7631) [**quālĭtās, -ātem** *f.* (*qualis*), Beschaffenheit; ital. *qualità*; frz. *qualité* etc.; überall nur gel. W.]

7632) **quăm**, wie, als; (ital. *che*; rum. *ca* == *qua*); prov. *quam*, *quan*, wie; (frz. *que*); span. *cuan*, wie; ptg. *quão*, wie. Vgl. Dz 479 *quan*. Auf *quam* geht wohl auch zurück die altital. altspan. altptg. Konjunktion *ca* „dafs, weil" (die Bedeutungsübertragung beruht vielleicht auf Anlehnung an *quia* oder an *quod*), vgl. Gröber, ALL V 127. Dz 75 *s. v.* führte *ca* auf *quare* zurück.

7633) **quāmdīŭ**, so lange als, == prov. *quandius*, vgl. Dz 662 *s. v.*

quā mĕntĕ s. **quōmŏdŏ + mĕntĕ**.

7634) **quamsĭ**, wie wenn; altfrz. *quanse*, *quainse*, vgl. Förster zu Cligès 4553; wallon. *quanze*, vgl. Horning, Z XVIII 227.

7635) **quăndŏ**, wann; ital. *quando*; rum. *cănd*; prov. *quan*, *can*, *cant*; frz. *quand*; cat. *quand*; span. *cuando*; ptg. *quando*.

7636) **quăntŭs, a, um**, wie viel; ital. *quanto*; rum. *căt*; prov. *quant*, *cant*; frz. *quant* (im Nfrz. nur in *quant à* u. *quantes fois* gebräuchlich, sonst durch *combien* ersetzt); span. *cuanto*; ptg. *quanto*.

7637) **quārĕ**, deswegen; prov. *quar*, denn; frz. *car* (altfrz. auch *ker*); cat. *car*. Vgl. Dz 87 *car*; Gröber, ALL V 127. Über die Bedeutungsentwickelung von *car* vgl. z. B. Wölfflin, Sitzungsb. der bayer. Akad. d. Wiss., phil.-hist. Cl., 1894 p. 104; Wehrmann, RSt. V 436; Körting, Ztschr. f. frz. Spr. u. Litt. XVIII¹ 263; über *cor* für *car* vgl. Förster zu Ille et Galeron 457.

7638) [dtsch. **quark**; davon vielleicht nach Scheler im Anhang zu Dz 678 span. ptg. *charco*, Pfütze. Diese Ableitung ist aber schon um deswillen wenig glaubhaft, weil „Quark" ein erst in spät mhd. Zeit aus dem Slavischen entlehntes Wort ist n. ursprünglich mit *tw* anlautet, vgl. Kluge *s. v.* Diez 439 stellte basc. *charcoa* als Grundwort auf, indem er auch auf bask. *charcea*, besudeln, verwies. Indessen auch dies dürfte abzulehnen sein. Mehr Wahrscheinlichkeit hat die von Liebrecht, Jahrb. XIII 232, vorgeschlagene Ableitung aus dem Nordischen: altn. *kjörr*, schwed. *kärr*, Sumpf, dän. *kjerr*, Pfütze; Zweifel bleiben freilich dabei reichlich übrig.]

7639) ***quărtārĭŭm** *n.* (*quartus*), Viertel; ital. *quartario* „la quarta parte d'un barile", *quartiere* „la quarta parte d'uno scudo con stemma, o d'un palazzo, o d'una città, ed ora anche l'alloggio dei soldati", vgl. Canello, AG III 310; frz. *quartier*.

7640) **quārtŭs, a, um**, vierter; ital. *quarto*; (rum. *patrulea*); rtr. *kuart*, *kuartável*, vgl. Gartner, § 200; prov. *quart-z*; altfrz. *quart* (neufrz. *quatrième*); cat. *quart*; span. ptg. *cu-*, *quarto*.

7641) **quăsĭ**, wie wenn, gleichwie; ital. *quasi*, prov. *cais*.

7642) **quăsĭllŭm** *n.*, Körbchen; sard. *cusiddu*.

7643) ***quăssĭco, -āre** (*quassus*), brechen; (sard. *cascar*); neuprov. *cascá*, eggen; span. ptg. *cascar*, zerbrechen, schlagen, davon *casco*, Scherbe,

auch Kopf (vgl. *testa*), endlich Helm (auch ital. *casco*, frz. *casque*, davon wieder das Demin. *casquette*, Mütze), *casca*, Hülse, *cascajo*, gebrochene Steine, Kies, *cascada*, Wasserbruch, Wasserfall. Vgl. Dz 437 *cascar*; Gröber, ALL V 127.

7644) ***quăssĭo, -āre** (*quassus*), zerbrechen; ital. *accasciare*, mürbe machen, ermüden, dazu das Sbst. *accasciamento*; prov. *caissar*; altfrz. *quaissier*, zerbrechen. Vgl. Dz 91 *cass*; Gröber, ALL V 127.

7645) **quăsso, -āre**, zerbrechen; ital. *squassare*, dazu das Vbsbst. *squasso*, vgl. Flechia, AG III 145; prov. *quassar*; altfrz. *quasser*; neufrz. *casser* (in der Bedtg. „für nichtig erklären" ist das Verbum gel. W. u. == lat. *cassare*); cat. *cassar*. Vgl. Dz 91 *cass*; Gröber, ALL V 127. S. auch oben **frăg-**, + **quăsso** u. No 1804.

7646) **quăssŭs, a, um** (Part. P. P. v. *quatĕre*), zerbrochen; prov. *cass*; altfrz. *quas*. Vgl. Dz 91 *cass*; Gröber, ALL V 127.

7647) [**quătĕrnă** (*quattuor*); davon vielleicht nach G. Paris, Mém. de la soc. de ling. I 287, prov. *cazerna*, Kaserne (die eigentl. Bedtg. würde nach Paris' Ableitung sein „ein für vier Soldaten bestimmtes Wachhaus"); frz. *caserne*; span. ptg. *caserna*. Diez 90 *caserma* stellte die Gleichung auf *caserna* : *casa* == *caverna* : *cava*. Das ital. *caserma*, rum. *căsarmă* erscheint sowohl nach der Paris'schen wie nach der Diez'schen Ableitung als befremdliche Bildung; auch das Lehnwort sein, in welchem das *n* in volksetymologischer Anlehnung an *arma* mit *m* vertauscht ward, freilich bliebe die Anlehnung unvollkommen, da ja ital. *casarma zu erwarten gewesen wäre. Nach Lammens p. 73 geht *caserne* auf arab. *qaisárīya* u. dieses auf lat. (*castra*) *caesarea* zurück.]

7648) **quătĕrnĭo, -ōnem** *m.* (*quaternus*), ein Quartbogen Papier (erst sehr spätlat.); prov. *quaregnon-s*, *carrignon-s*, Schreibbogen. Vgl. Dz 537 *cahier*.

7649) ***quătĕrnŭm** *n.* (*quatuor*), viermal gebrochener Schreibbogen, kleines Heft; ital. *quaderno*, Heft; prov. *cazern-s*; frz. *cahier*, davon das Demin. *carnet*, gleichsam *quaternettum, Notizbuch. Vgl. Dz 537 *cahier*.

7650) ***quătŏtto, -āre** (*quatĕre*); davon nach Bugge, R IV 352, frz. *cahoter*, stofsen, schüttelnd bewegen, dazu das Vbsbst. *cahot*. Scheler im Dict. *s. v.* will, namentl. auch in Berücksichtigung des wallon. *kihoter*, das Verbum lieber aus dem deutschen Stamme *hot*, wovon *hotze*, Wiege, ableiten.]

7651) [***quătrīnĭcă** (v. *quatrinus abgeleitet, wie *unicus* v. *unus*, *trinica v. *trinus*) davon nach C. Michaelis, Misc. 158, span. ptg. *cu-*, *quatrinca*, *catrinca*, Vierheit.]

7652) **quătt[u]or**, vier; ital. *quattro*; sard. *battor*; rum. *patru*; rtr. *quater* etc., vgl. Gartner § 200; prov. frz. cat. *quatre*; span. *cuatro*; ptg. *quatro*. Vgl. Gröber, ALL V 127.

7653) **quătt[u]ŏrděcĭm**, vierzehn; ital. *quattordici*; sard. *battordighi*; (rum. *patru spre disce*); rtr. *quatordisch* etc., vgl. Gartner § 200; prov. frz. *quatorze*; cat. *catorze*; span. *catorce*; ptg. *quatorze*. Vgl. Gröber. ALL V 127.

[***quăxo** s. ***quēstĭo.**]

7654) **quĕrcĕŭs, a, um** (*quercus*), zur Eiche gehörig; ital. *quercia*, *querce*, Eiche, daneben *rovere* == *robur-e*; (sard. *kerku* == *quercus*); (prov. *casne-s*, *casse-s*; frz. *chêne* == *caxinus; span. *encina* == *ilicina v. *ilex*, daneben *roble* und *carrasca*;

ptg. *roble* und *carvalho*, unbekannter Herkunft, was auch von *carrasca* gilt, denn die Ableitung des Wortes von *cerrus* [s. d.] ist höchst unsicher). Vgl. Gröber, ALL V 128; Meyer-L., Gramm. d. rom. Spr. I p. 352; Bianchi, AG XIII 197. Über *carrasca* u. *carvalho* vgl. die Bemerkungen Schuchardt's, Z XXIII 198 (für *carrasca* u. die daran sich anschliefsende Sippe setzt Sch. einen, vermutlich iberischen, Stamm *carr-, garr-* an).

7655) [*quĕrcĭcŭlŭm n. (*quercus*) ist nach C. Michaelis, Misc. 147, das Grundwert für span. (nach ihrer Annahme aber ursprünglich ptg.) *quejigo*, grüne Eiche, als Mittelstufen setzt sie *quessiculum*, *queixigoo* an. Diez 479 s. v. leugnet, dafs das Wort von *quercus* abgeleitet werden könne, giebt aber ein anderes Grundwort nicht an, vgl. auch Schuchardt, Z XXIII 197, welcher jedoch eine bestimmte Ableitung nicht in Vorschlag bringt, sondern nur entweder Herkunft von *capsa* (vgl. das forezische *chausse*) oder iberischen Ursprung vermutet.]

7656) [*quĕrcĭnĕŭs, a, um (v. *quercus*); davon nach Dz 488 ptg. *cerquinho* in *carvalho cerquinho*, Steineiche, *cerquinho* würde also aus *quercinho* umgestellt sein.]

7657) [*quĕrcĭnus (v. *quercus*, schriftlat. ist nur *quercinus* vorhanden) wurde von Diez 546 *chéne* als Grundwert angesetzt zu prov. *casne-s*, Eiche; altfrz. *quesne, chesne*; neufrz. *chêne*. Die richtigen Grundwerte für *casne* und *chesne* können aber nur *cassinus, caxinus* sein, vgl. oben *cassinus*; *quesne* ist vielleicht gelehrte Annäherung an *quercus*, falls man nicht für diese eine Form an der Diez'schen Ableitung festhalten will.]

7658) (quĕrcus), *cĕrquus, -um f., Eiche; sard. *kerku*, perug. *cerqua*; neap. *cercola*; (ptg. Adj. *cerquinho*). Vgl. Meyer-L., Z. f. ö. G. 1891 p. 774.

7659) [quĕrĕlă, quĕrĕllă, -am f. (*queror*), Klage; ital. *querela*; rtr. prov. *querela*; frz. *querelle*, dazu das Vb. *quereller*; cat. span. *querella*; ptg. *querela*. Vgl. Gröber, ALL IV 128.]

7660) quĕrĭmōnĭă, -am f. (*queror*), Klage; davon ptg. (*querimunha*) *caramunha*, Klagelied, klägliche Fratze, vgl. C. Michaelis, Misc. 121.

7661) altnord. qu-, kverkband, Halsband, = frz. *carcan*, Halseisen (altfrz. auch *chanchant, cherchant*). Vgl. Dz 539 *carcan*; Bugge, R III 146.

7662) [*quĕrnŭs (*quercus*); davon span. Eiche; *alcornoque* (= *al*, arab. Artikel, + *corno* = *quernu-* + *oco* = *hueco* v. *occare*, w. m. s.), Korkbaum, vgl. Dz 418 s. v., indessen ist diese Ableitung nicht ohne Bedenken.]

7663) *quĕrquĕtă und quĕrquĕdŭlă, -am f. (schriftlat. nur *querquedula*), Krickente; ital. *farchetola*, vgl. Flechia, AG IV 385 vgl. auch XIII 370; Meyer-L., Ital. Gr. p. 409; venez. *cersegna*; prov. *sercela*; frz. *cercelle, sarcelle*; cat. *xerxet*; span. *cerceta, zarzeta*. Vgl. Dz 96 *cerceta*; Gröber, ALL IV I 539; Cohn, Suffixw. p. 305.

7664) *quĕstĭo, -āre (*questus*), klagen; davon nach Baist, Z V 248, (sard. *cesciare*); cat. *queixarse*; span. *quejar*; ptg. *queixar*. Diez 479 *quexar* hatte *questare* als Grundwort aufgestellt; Cornu, R IX 136, und Gröber, ALL V 128, führen das Verbum auf *coaxare*, bezw. *quaxare* zurück.

*quētĭo s. quĭētĭo.
*quētŭs s. quĭētŭs.

7665) quī, quae, quŏd, Relativpronomen; erhalten sind; 1. Nom. Sg. Masc. *qui* = ital. *chi* (nur ohne

vorangehendes Nomen, sonst *che*); *chi* (*che*); (rum. *cine*; *care* = *qualis*); rtr. *tχi, i* (gewöhnlicher ist *ke*), vgl. Gartner § 127; cat. *qui* (*que*), vgl. Vogel § 107; frz. altspan. altptg. *qui* (neuspan. *que, quien*; neuptg. *que, quem*). — 2. Gen. Sing. *cujus* = sard. *cuju*; span. *cuyo*; ptg. *cujo*, relatives Possessivpron., welches auch weibliche Form besitzt. — 3. Dat. Sg. *cui* (*cūi*?) = ital. *cui*; rum. *cui*; friaul. *cui*; prov. *cui*; altfrz. *cui*; neufrz. *cui*; cat. altspan. altptg. *qui*. Die Form wird als Cas. obl. überhaupt gebraucht, besonders in Verbindung mit Präpes., das Nähere hat die Grammatik anzugeben; im Rum. besitzt *cui* genetivische Bedtg. — 4. Accus. Sg. Masc. *quĕm* = sard. *chen*; prov. *quin*; cat. *quin*, span. *quien* (Pl. *quienes*); ptg. *quem*. Die Form hat allgemeine Bedeutung erlangt, namentlich auch die Funktion des Nominativs, übernommen. — 5. Nom. u. Acc. Sg. *quod* = ital. sard. *che*; rum. *ce*; prov. frz. cat. span. ptg. *que* (altfrz. auch *qued*). — 6. Nom. Plur. Masc. *qui* wie der Sg. — Die Unterscheidung des Masc. und Fem. sowie des Sing. und Plur. ist durchweg gefallen, vielfach aufgegeben oder doch gelockert ist die Scheidung zwischen Casus rectus u. Casus obliquus. Die näheren Angaben darüber sind Sache der Grammatik. Vgl. Darmesteter, Le démonstratif „ille" et le rélatif „qui" en roman (in Mélanges Renier, Paris 1886); Ascoli, AG VII 450; Gröber, ALL V 129.

7666) quiă, weil; *quia* ist im Frz. in einzelnen aus der scholastischen Philosophie stammenden Ausdrücken, z. B. *être à quia* „nicht antworten können" gebräuchlich, vgl. P. Meyer, R IX 126. — S. No 7632.

7667) *qu[ĭ]ētĭo, -āre, beruhigen, = altfrz. *coisier*, vgl. Gröber, ALL V 128.

7668) quĭēto u. *quēto, -āre (*quietus*), in Ruhe bringen, beruhigen, in Ruhe lassen, verlassen, aufgeben; ital. *chetare*, beruhigen, *quitare, chitare* (Lehnwort aus dem Frz.), aufgeben; (rum. *incetez ai at a*, ablassen, unterbrechen); (frz. *quitter* s. unten *quītīdus*); span. ptg. *quedar*, ruhig lassen, ruhig bleiben, (*quitar*, ledig machen, frei lassen, wegnehmen). Vgl. Dz 96 *cheto*. S. unten *quītīdus*.

7669) qu[ĭ]ētŭs, a, um (*quies*), ruhig; ital. *quieto* „internamente tranquillo", *cheto* u. (seltener) *queto* „chi non si move e non parla"; Diez 96 zieht hierher auch *chiotto*, still, ruhig, indem er darin die Italianisierung des frz. *coi* erblickt, d'Ovidio dagegen, AG IV 163, setzt *chiotto*, bezw. neapel. *chiuote* = *plotus* an, vgl. auch Canello, AG III 816; sard. *chietu*; bolegn. *coto*; (rum. *incet*); rtr. *queu*; prov. *quet-z*; frz. *coi*, Fem. *coite* (wohl nach Analogie von *cuite, fuite* etc. gebildet); span. ptg. *quedo*.

7670) quĭnăm, welcher?; davon (?) vielleicht das gleichbedeutende ital. (mundartliche) *quegno*; rum. *cine*; prov. *quin, quinh*, Fem. *quina, quinha*. Vgl. Dz 662 *quin*; Monaci, Riv. di fil. rom. II 54; Caix, Giorn. di fil. I 47.

7671) quĭndĕcĭm, fünfzehn; ital. *quindici*; sard. *bindighi*; (rum. *cinci spre zece*); rtr. *quindesch*; prov. frz. *quinze*, davon *quinzaine*; cat. *quinse*; span. ptg. *quince*. Vgl. Gröber, ALL V 129.

quĭnquăgĭntă s. *cĭnquāgĭntă.
quĭnquĕ s. *cĭnquĕ.

7672) [(quĭnquĭnă), *cĭnquĭnă = ital. *cinquina*, *china* „doppio cinque al gioco dei dadi", vgl. Canello, AG III 395.]

7673) **quīntä** (Fem. v. *quīntus*) = altfrz. *quinte*, Burgfriede (die Entstehung dieser Bedeutung bleibt noch zu erklären); span. ptg. *quinta*, Landhaus mit Grundstücken, Villa („so benannt, weil die Pächter solcher Landgüter ein Fünftel des Ertrages an die Eigentümer abzugeben hatten" Diez 479 s. v.).

7674) **quīntänä** (scil. *via*), **-am** *f.*, eine Strafse im röm. Lager. (dann wohl ein auf dieser Strafse eingerammter Pfahl für militärische Übungen, zu vergleichen mit den Zielpuppen, nach denen unsere Soldaten schiefsen); ital. *quintana, chintana*, hölzerner Mann, der beim Lanzenrennen als Ziel dient; prov. *quintana*; altfrz. *quintaine*, auch *quittaine, cuitainne*. Vgl. Dz 261 *quintana*; K. Hofmann, RF II 356.

7675) **quīntūs, a, um,** der fünfte; ital. *quinto*; sard. *quintu;* (rum. *cincilea*); rtr. *quint, quintável*, vgl. Gartner § 200; prev. *quint;* frz. *quint* (die übliche Form ist *cinquième*); cat. *quint;* span. ptg. *quinto*.

7676) dtsch. **quirl**; davon vielleicht ital. *chiurlo*, „eine Art Vogelfang, bei welchem eine Eule auf einen Pflock gestellt wird u. auf einem Fofas stehend beim Anziehen der Schnur sich dreht", also eine quirlartige Bewegung vollzieht, s. Scheler im Anhang zu Dz 751; von *chiurlo* ist abgeleitet *chiurlare*, wie eine Eule schreien. Mehr Wahrscheinlichkeit, als diese (zuerst von Schneller gegebene) etwas weit hergeholte Ableitung hat wohl die Annahme für sich, dafs *chiurlare* eine onomatopoietische Bildung sei und *chiurlo* das davon abgezogene Verbalsubstantiv, eigentl. „Eulenschrei" bedeutend, dann „Vogelfang mittelst einer schreienden Eule". Diez 336 zog *chiurlare* zu *urlare*, bemerkend, dafs „die Natur des anlautenden *ch* zweifelhaft sei". Sicher geht dagegen auf *quirl* zurück das gleichbedeutende lomb. *curlo*, während tosk. *prillo* „trottola", *prillare* „girare", *piroletta* „rapido movimento in giro fatto colla persona" wohl zu **piriolum* u. *pirinulus* (s. d.) gehören, nicht aber zu mhd. *twirl* = *quirl*, vgl. Caix, St. 462, Nigra, AG XIV 294 u. 359.

7677) [gleichs. ***quīrītäculo, -äre,** wimmern; ital. *gridacchiare*, prov. *crizalhar*, frz. *criailler*, vgl. d'Ovidio, AG XIII 382.]

7678) **quīrīto, -äre,** schreien; ital. *gridare*, dazu die Verbalsubstantiva *grido* und *grida*, vgl. Canello, AG III 405; prov. *cridar, criar;* frz. *crier*, dazu das Vbsbst. *cri* u. das Kompos. *s'écrier;* span. ptg. *gritar*, dazu das Vbsbst. *grito* (altspan. auch *cridar, gridar, crida, grida, grido*). Vgl. Dz 173 *gridare*.

7679) **quīs, quīd,** wer? was?; für *quis* ist *quī* (s. d.) eingetreten; *quid* = ital. *che;* rum. *ce;* rtr. *che;* prov. *que;* frz. *que. quoi* (daneben *quid* auch das persönliche *qui* neutral gebraucht); cat. span. ptg. *que*. Vgl. Gröber, ALL V 129.

7680) **quīsque,** jeder, = prov. *quec-s*, vgl. P. Meyer, R II 80, daneben *usquec-s* = *unusquisque;* die von Diez, Gr. II² 454, angeführte Form *cac* ist zu beanstanden, vgl. P. Meyer a. a. O.

7681) **quīsquě + ūnūs, a,** ein jeder; ital. *ciascheuno, ciascheduno;* prov. *cascun, chascun;* altfrz. *chascun, chescun;* neufrz. *chacun,* daraus zurückgebildet *chaque* (im Altfrz. nur selten, erst seit dem 16. Jahrh. häufig gebraucht, vgl. Neumann, Z XIV 576); cat. *cascun, quiscu* (wohl gelehrte Rückbildung; altspan. *cascun*. Vgl. Dz 98 *ciascuno* u. 543 *chaque*; Caix, St. 20, u. Giorn.

di fil. rom. I 47; P. Meyer. R II 80. Vgl. auch oben **cata,** dessen Anlautsilbe wohl auf die Gestaltung derjenigen von *quisque* eingewirkt hat.

7682) **quī** (für *quis*) **säpīt,** wer weifs?; daraus sard. *chiså*, vielleicht; span. *(qui sab) quizá. quizás;* ptg. *quiça (quizais*). Vgl. Dz 479 *quizá*.

7683) dtsch. **quietschen;** davon vielleicht ital. *squittire*, zwitschern, schreien; vielleicht hängt mit *quietschen* auch zusammen span. *quicio*, Thürangel (dazu das Kompos. *resquicio*, Öffnung, Loch, eigentl. wohl der Spalt, der bei der Bewegung der Thürangel sich ergiebt). Diez 479 bezeichnet die Herkunft dieser Worte als unermittelt. Vogel, p. 69, setzt *resquicio = *re-ex-scidium* (vom Stamm *scid*, wovon *scindo*) an, ebenso die begriffsverwandten cat. Worte *esquey*, Spalte, = **ex-scidium*, esqueixar (span. *desquiciar*) = **exscidiare*, bezw. **de-ex-scidiare*. Aber bei *quicio* versagt diese sonst sehr ansprechende Ableitung. Möglich auch, dafs *quicio* ein schallnachahmendes Wort ist zur Versinnlichung des Quietschens der Thürangel.

7684) ***quītīdus** (aus **quītus* f. *quiētus*), ***quīttus,** **a, um,** ruhig, befriedigt, (von Sorgen, Verpflichtungen etc.) befreit, frei, u. ***quītīdo, *quītto, -äre** in Ruhe lassen, verlassen; prov. Adj. *quiti*, vgl. Förster, Rhein. Mus. 1878 p. 296; frz. *quitte, quitter;* span. ptg. *quitar, quito.* — Eine ganz andere Erklärung von *quitter, quitte* gab Suchier, Kremont. Wölffl. p. 71; danach soll *quiētus* im Fränkischen zu *kwit* geworden sein. Rein lautlich erklärt *quiētare = quitter* Meyer-L., Rom. Gr. I § 376, nach Darmesteter's Vorgang, R V 152 Anm.

7685) **quŏd,** weil (im Roman. „dafs"); ital. *che* (altital *ched);* rum. *cä;* prev. *quez, que;* frz. cat. span. ptg. *que* (altfrz. auch *qued*).

7686) **quŏmŏdŏ,** wie; ital. (como), *come,* wie (dann, wie das deutsche „wie", Konjunktion mit der Bedeutung „da, als"); rum. *cum;* prov. *com, coma,* daneben *co;* altfrz. *com, cum;* neufrz. *comme;* span. ptg. *como* (altspan. *com*). Vgl. Dz 105 *come;* Vising in der Festschrift f. Tobler p. 113.

7687) [**quŏmŏdŏ** = *com* + **mēntě** = sard. *comenti;* prov. *comen;* frz. *comment* (altfrz. *cument*). Vgl. Dz 105 *come;* Tobler, Vermischte Beitr. p. 83 (verteidigt die Diez'sche Ableitung; Littré im Dict. s. v. (leitet *comment* v. *quomodo + inde* ab, was G. Paris, R X 216 Anm. 1, billigt; Cornu, R X 216 (stellt *qua mente* als Grundform auf, was auch von Weyman, Z XIX 106, empfohlen wird). Über altspan. *commo, quommo, como, cuemo* vgl. Cornu, R XIII 299.]

7688) **quŏtä, -am** *f.* (Fem. v. *quŏtus*) = ital. *quota*, der bei Ausgaben oder Einnahmen einer Gesellschaft auf den Einzelnen entfallende Anteil, dazu das Vb. *quotare*, ordnen; prov. *cota;* frz. *cote*, dazu das Vb. *coter*, beziffern, cotiser, eine Quote, einen Beitrag bezahlen, ferner von *cote* abgeleitet *coterie*, eigentlich eine Gesellschaft mit gemeinsamem Rechnungswesen; span. ptg. *cota*, Bezifferung (am Rande), Randbemerkung, davon das Verbum *cotar, acotar*. Vgl. Dz 261 *quota*. Aus *quota (hora) est?* scheint entstanden zu sein ital. *otta*, Stunde, aus *quota* wurde zunächst *cotta*, dann, indem das *c = che* aufgefafst wurde, *ch'otta* scil. *è*?), vgl. Gandino, Riv. di fil. ed istruz. class. Juni 1881; G. Paris, R X 626; Canello, AG III 350, setzte *otta = volta* an, sich namentlich auf *talotta = talvolta* berufend. Vgl. auch Scheler im Anhang zu Dz 761. Diez selbst 387 *otta* vermutete das Grundwort zu otta u. dotta = d'otta in got. uht.

7689) quŏttīdīānus, a, um, täglich; lecc. uttisana, giorno di lavoro, vgl. AG IV 138.

7690) quŏttīdīē, täglich; ptg. cutio.

7691) quŏtŭmŭs, a, um (quot), der wievielste; davon ital. cottimo „prezzo pattuito", vgl. Caix, St. 297.

7692) schwed. qvittra, zwitschern; damit hängt vielleicht zusammen frz. guilleri, wenn entstanden aus *guidderi (vgl. Aegidius : Giles, cicada : cigale), Gezwitscher des Sperlings. Vgl. Bugge, R III 152 Z. 1 v. oben.

R.

7693) ndl. rau, Segelstange, + leik, Saumtau, davon frz. ralingues (Pl. Mask.), eine Art Segeltaue, vgl. Dz 664 s. v.

7694) arab. rabâb, ein Musikwerkzeug; davon vielleicht ital. ribeba, Schäfergeige; vermutlich volksetymologische, aber noch der Aufklärung bedürftige, Umgestaltung des Wortes ist die Form ribeca, wovon wieder prov. rabey; frz. rebec (hiervon nach Scheler im Dict. s. v. u. im Anhang zu Diez 809 das von Diez 662 s. v. unerklärt gelassene frz. rabâcher, immer dasselbe dumme Zeug schwatzen, fortwährend Albernheiten ableiern; diese Ableitung ist indessen nicht eben wahrscheinlich, da sich das Verbum schwerlich von dem gleichbedeutenden ital. abbacare trennen lassen dürfte, über dessen Ableitung oben unter *abaco gehandelt worden ist; Nigra, AG XIV 375, leitet rabâcher von rapum, Rübe (im Romanischen „Schwanz"), ab, das Verbum bedeute eigentl. „strascinare il discorso ripetendo); neben rebec altfrz. auch rabelle; cat. rabaquet; span. rabel; ptg. rabeca, rabel, arrabil. Das auslautende l der pyrenäischen Formen beruht wohl auf Anlehnung an rebellare. Vgl. Dz 269 ribeba; Lammons p. 202.

7695) râ bârbârŭm, reubârbârŭm n., Rhabarber (sogenannt, weil er an den Ufern des Flusses Ra d. i. der Wolga in besonderer Menge wuchs); ital. rabarbaro; frz. rhubarbe; span. ptg. ruibarba. Vgl. Dz 261 rabárbaro; Cornu, R XIII 113. Sieh auch reubârbârŭm.

7696) ndl. rabauw, Schurke, Spitzbube: davon vielleicht frz. ravauder, wie ein Schurke reden, aufschneiden, vgl. Baist, Z V 560 (nur sieht man nicht ein, warum dann das Wort nicht unmittelbar aus frz. ribaud abgeleitet werden soll, da ja ndl. rabauw sicherlich Lehnwort aus dem Frz ist). Diez 666 hielt ravauder, aufschneiden, u. ravauder (= re-ad-validare) ausbessern, für dasselbe Wort; Scheler im Anhang zu Diez 810 möchte ravauder (u. das dazu gehörige altfrz. ravaut, Aufschneiderei) zu dem Stamme rav-, wovon ravasser (von rêve), unruhig träumen, stellen. Könnte ravauder in der Bedtg. „dummes Zeug reden, aufschneiden" nicht von Vaud, „Waldenser, Ketzer" abgeleitet sein und also eigentlich bedeuten „gotteslästerlich reden"?

7697) *răbīă, -am f. (für rabies), Wut; ital. rabbia; frz. rage, davon altfrz. ragis, wütend, vgl. Förster zu Erec 1398; span. rabia; ptg. raiva. Nach Diez 669 s. v. gehört hierher auch frz. rêve (altfrz. resve mit nur graphischem s, vgl. prov. reva), rêve würde also Scheideform zu rage sein u. lautlich in dem ptg. raiva sein Gegenstück besitzen. Der Ansicht Diez' hat sich Scheler im Dict. ange-

schlossen u. dieselbe noch dahin erweitert, dafs er altfrz. receler (nach Diez 669 revel = rebellare) für eine Deminutivbildung zu rêver erklärt und mittelfrz. redder, rasen, aus *rabidare deutet. Diese Erweiterung der Dioz'schen Annahme dürfte entschieden abzulehnen sein: receler weist durch seine Bedtg. „ausgelassen sein" sichtlich auf rebellare hin, *rabidare aber konnte nur *rauder ergeben, das in frz. rôder vermutlich erhalten ist, denn Diez' Gleichung 671 rôder = rotare ist mehr als bedenklich. Cohn freilich urteilt. Festschr. für Tobler p. 284, als gegen sie nichts einzuwenden sei, obwohl er kurz vorher sich geneigt gezeigt hatte, rôder (früher roder, rauder geschrieben) = rodère anzusetzen. (*rabidare : redder darf man nicht mit debita : dette verteidigen wollen, denn dette ist Lehnwort, der Fall ist also ein anderer). Auch die Ansetzung von rêve = *rabia ist zweifelhaft, denn wenn sich Diez auf caive = cavea beruft, so ist dem entgegen zu halten, dafs caive besser = cava angesetzt und überdies durch sein anlautendes c als halbgelehrtes Wort sich verrät, auch saive = *sapius eignet sich nicht zum Vergleiche, da es Lehnwort zu sein scheint. Bugge, R IV 364, stellte die Gleichung rêver = *erratare auf u. begründete sie geistvoll, sie mag kübn erscheinen, oder vielmehr, sie ist kühn, ja überkühn. Auch Cohn's Annahme, Festschr. f. Tobler p. 268, dafs rêver aus receler zurückgebildet sei, vermag keineswegs zu befriedigen. Vermutungsweise sei unter allem Vorbehalte noch folgendes ausgesprochen (vgl. auch Ztschr. f. frz. Spr. u. Litt. XVIII[1] 271): wie calefacere durch *calfar (also mit Übergang in die A-Konj.) zu chauffer geworden ist, so konnte ein *revadere durch revad zu rever werden (vgl. desver aus *disvâre f. disvadère), wobei die 3 P. Sg. va förderlich sein konnte. Die ursprüngliche Bedtg. von rêver „umherirren" würde zu dieser Ableitung gut stimmen.

7698) [*răbīdŏ, -āre (rabidus), altlomb. ravejando; altvenez. ravajoso etc., vgl. Salvioni, Post. 18.]

7699) [răbīdŭs, a, um (rabies; rabidus, non rabiosus App. Pr. 211), wütend; ital. rabido; sicil. rabbiu; ptg. rabido u. raivoso = *rabiosus. Sieh auch oben bârbârŭs.]

7700) *răbīŏ, -āre (schriftlat. rabiěre), wüten; ital. rabbiare; (prov. *rabar, davon Partizipialadj. rabatz, wütend); frz. rager, (über rêver s. *rabia); span. rabiar; ptg. raivar.

7701) răbīŏsŭs, a, um, wütend; ital. rabbioso; prov. rabios; (frz. rageur), rageuse; span. rabioso; ptg. raivoso.

7702) răca (u. răga), -am f., Oberkleid; dav. sard. raghedda, tunica, vgl. Salvioni, Post. 18.

7703) răcăna, -am f., eine Art Oberkleid; sard. ragkana, sajo, vgl. Salvioni. Post. 18.

7704) răcēmŭs, -um m., Traube; ital. racemo, dav. racimolo (gracimolo), racimolare (gracimolare), vgl. Caix, St. 114; prov. razim-s; frz. raisin; span. racimo; ptg. racemo. Vgl. Dz 664 raisin.

7705) arab. rahīq, leicht, gelinde; ital. span. rafez, rabez, leicht, gering, schlecht; altptg. refece. Vgl. Dz 480 rafez; Eg. y Yang. 478.

7706) altnord. rackï (besser rakkï), Hund; davon viell. prov. racca, raca, schlechtes Pferd, Schindmähre, davon wieder abgeleitet frz. racaille, elendes Gelichter, Pöbel. Vgl. Dz 663 raca.

7707) mittelengl. rade, Rhede, ital. rada; frz. rade; span. rada; ptg. rada. Vgl. Dz 261 rada; Mackel p. 41.

7708) rädent- (Part. Praes. v. *radére*) streichend, streifend; dav. vermutlich altital. *radent, redente*, nahe bei, berg. *aredet*, engad. *ardaint*. Vgl. Salvioni, R XXVIII 92.

7709) *rädicä, -am *f.* (für *radix*), Wurzel; sard. *raiga, arraiga*; chian. *raga* „sterpo, radica"; abgeleitet span. *raigon*, alte, dicke Wurzel. Vgl. Caix, St. 470.

7710) rädielnä, am *f.* (*radix*), Wurzelwerk (Pelag. 2); sard. *raighina*, (*rešini*); rum. *rădăeinä*, Wurzel; prov. *racina;* frz. *racine*, (über volksetymologische Auslegung des Familiennamens *Racine*, als wäre derselbe aus *rat + cygne* entstanden, vgl. Fafs, RF III 483). Vgl. Dz 662 *racine;* Gröber, ALL V 129.

7711) [*rädico, -äre (*radere*), kratzen, = ital. (mundartlich) *ragare* „radere, tagliare"; davon nach Canello, AG III 328, vielleicht *ragazzo*, Knabe (eigentlich der Geschorne, vgl. *toso*, Knabe, vielleicht = *tonsus*). S. No 7723.]

7712) rädicüla, -am *f.*, kleine Wurzel; ital. *radicchio;* sard. *raiga*, ramolaccio; trev. *raicio*, vgl. Salvioni, Post. 18.

7713) rädio, -äre (*radius*) strahlen; ital. *radiare*, raggiare, razzare; rum. *deraz ai at a;* prov. rayar; altfrz. *raiier, roiier*, strahlen, strömen; von *raiier* ist abgeleitet *rayère* (fälschlich *reillère* geschrieben), Wasserleitungsrohr, vgl. Thomas, R XXVIII 207; neufrz. *rayer*, streifen; cat. *rajar*, strahlen; span. *rayar*, Linien ziehen, streifen, mit gleicher Bedtg. ptg. *raiar*. Vgl. Dz 262 *raggio*.

7714) [*räditurä -am *f.* (*radere*) = ital. *raditura*, Abschabsel, das Abgekratzte.]

7715) rädiüs, -um *m.*, Stab, Halbmesser, Strahl; ital. *raggio*, Strahl, razzo, Strahl, Speiche, razza, Speiche, (als gel. Wort aufserdem radio, ein Armknochen), vgl. Canello, AG III 347; rum. *razä;* prov. *raig-z*, rai-s, Strahl, Strom, raya, Strahl, Strich, Streif; rai, daneben (auch neufrz.) *raie*, Strich, Streif, u. das abgeleitete *rayon*, Strahl, Umkreis; cat. *raya;* span. ptg. *rayo*, Strahl, daneben raya, Strahl, Streif, Strich. Vgl. Dz 262 *raggio*. S. unten räta.

7716) rädix, -icem *f.*, Wurzel; ital. *radice* (daneben *radica*); sard. *raighe;* venez. *raise;* piem. *reis;* lomb. *radis, aris;* tic. *ris;* parm. *ravisa*, vgl. Salvioni, Post. 18; prov. *radits, razits, raïts;* rtr. *radiz, radžiš, riš* etc., vgl. Gartner § 200; altfrz. *raïz;* (neufrz. *radis*, Radieschen); span. ptg. *rais*. — Ulrich, Z XI 557, glaubt, dafs aus einem „Kompromifs der Nominativform *rádix* u. der Accusativform *radicem*" zu erklären sei ital. razza, Geschlecht, Stamm; (prov. *Rassa*, nur bei Bertran de Born, vermutlich ein Versteckname, möglicherweise aber doch Appellativ und „Sippschaft" bedeutend, vgl. Stimming in seinem Gloss. *s. v.*); neuprov. raza; frz. *race;* span. raza; ptg. *raça*. Andere Ableitungen sind folgende: 1. = ahd. *reiza*, Linie, vgl. Diez 265 *s. v.* (verteidigt von Meyer-L., im Nachtrag zu No 6612 der ersten Ausg. des Lat.-rom. Wtb. s) und dagegen Mackel p. 116; 2. = *ratio*, Canello, Riv. di fil. rum. I 132; 3. = slav. *raz*, Schlag, Gepräge, Gattung, vgl. Gröber, Z XI 558. Die von Ulrich, Diez und Canello aufgestellten Grundworte scheitern, abgesehen von anderem, schon an dem Umstande, dafs razza, race etc. durchweg erst in der nachmittelalterlichen Sprache auftritt, also weder im Volkslatein noch im Altgermanischen wurzeln kann. Gröber's Annahme hat, abgesehen von anderem,

das lautliche Bedenken gegen sich, dafs das *z* im slav. *raz* stimmhaft, *zz, c* in *razza*, race aber stimmtonlos ist. Vermutlich ist race das Vbsbst. zu *racer* = *raptiare „Raubvogelzucht treiben, Falken u. dgl. züchten", dann „züchten" überhaupt, vgl. Körting, Ztschr. f. frz. Spr. u. Litt. XXI¹ 94.

7717) rädix förtis = (prov. *rafc-s*), Rettig; frz. *raifort*, vgl. Scheler im Dict. *s. v.*

7718) rädo, räsI, räsum, rädêre, scharren, schaben, kratzen, scheren; ital. *rado* (*rasi*) raso radere; sard. *racrez*, riempir raso; rum. *rad rasei* radere; sard. *racrez*, riempir raso; rum. *rad rasei* radere, vgl. frz. *rai rais rais raire*, davon *radeire*, Rasierer (vgl. frz. *raseur* = *rasorem); frz. nur Inf. *rere, raire* u. Part. Prät. *rais, rez* (*-de-chaussée*); germ. u. rom. Phil. 1892 No 2 p. 69 u. 72.

7719) rädülä, -am *f.* (*radere*), Kratzeisen; frz. *raille*, Schüreisen, davon das Vb. *railler*, kratzen, durchhecheln, verspotten; vgl. Gröber, ALL V 129. Vielleicht beruht auf *radulare auch das bei Diez 480 *s. v.* unerklärt gebliebene span. *rajar*, spalten (die eigentl. Bedtg. würde dann etwa sein „durchschaben"), davon das Vbsbst. *raja*, Spahn, Spalt; ptg. *rachar*, racha. S. No 7733.

***rädülo s. rädülä.**

7720) dtsch. **raedel**; davon nach Dz 392 ital. *randello*, Packstock, Prügel, *arrandellare*, zusammenknebeln, (comask. *rat* = *raedel*, *reglia* = *reitel*). Eine höchst fragwürdige Ableitung.

räfänus s. räphänus.

7721) dtsch. **raffel** (Werkzeug zum Scharren), **raffeln;** davon ital. *raffio*, Haken, um etwas zu packen; *arraffiare*, packen; frz. *rafle*, Ausplünderung (dagegen ist *rafle*, Grind einer Wunde, = ahd. *rapfa, Krätze, Räude, vgl. Mackel p. 63). Vgl. Dz 261 *raffare*.

7722) ahd. **raffön**, raffen; davon ital. *arraffare*, raffen, reifsen, hierher gehört wohl auch *rafftca*, Sturmwind, vgl. Caix, St. 473, ü. Storm, R V 182; rtr. *raffar;* altfrz. *raffer;* (neufrz. *rafle*, Sturmwind, wohl von dem gleichbedeutenden span. *ráfaga* beeinflufst u. zugleich an das Vb. *affaler* = *afhalen* angelehnt, vgl. Storm a. a. O.; ptg. *refega*, Windstofs): Vgl. Dz 261 *raffare*.

7723) rägä, -am *f.* (vom gr. ῥάκη, nur spätlat., gewöhnlich *racana*), eigentlich Lumpenrock, eine Art Oberkleid, vermutlich Rock, wie ihn Knechte u. dgl. tragen; davon sard. *raghedda*, tunica, u. nach Diez 392 ital. *ragazzo*, Knecht, Bursche, junger Mensch, Knabe, dazu das Fem. *ragazza*, Mädchen. Die Ableitung ist höchst unwahrscheinlich, indessen noch durch keine bessere ersetzt; wenn Förster, Z XVI 254, vermutet, dafs *ragazzo* mit *regatius (s. Ducange) zusammenhänge, so führt das doch zu keinem annehmbaren Ergebnisse. Vielleicht dafs *garzo* (aus frz. *gars*) zu *garazzo (gleichsam pejorativ) erweitert und dies dann zu *ragazzo* umgestaltet wurde. S. auch rädico.

7724) [*ragio, -ire, schreien (von gewissen Tieren); rum. *ragesc ii st ĭ;* frz. *raire* = ragêre, schreien (vom Hirsche). Vgl. Flechia, AG II 370 ff.; s. auch oben brag-; G. Paris, R IX 483. Nach Parodi, R XVII 71, gehört hierher auch cat. *ragull*. Braune, Z XXI 224, setzt raire = ags. *rârjan* an.]

7725) [*ragülo, -äre, wie ein Esel schreien, = ital. *ragliare, ragghiare*, vgl. Flechia, AG II 378 ff., XIII 371, s. auch oben unter brag-. Vgl. d'Ovidio, AG XIII 439.]

7726) dtsch. **rahm;** davon frz. *ramequin*, Käsegebackenes, vgl. Dz 664 *s. v.*

7727) dtsch. **rahmen** = rum. *rnmă*, Rahmen der Buchdrucker; frz. *rame*, *ramette*; span. *rama*. Vgl. Dz 664 *rame* 2.

7728) arab. **rahn**, Pl. **rehûn**, Pfand (Freytag II 203b); dav. span. *rehen*, Geisel, Bürge; ptg. *refem*, *arrefem*. Vgl. Dz 482 *rehen*; Eg. y Yang. 491.

7729) **rüja, -am** *f.*, Rochen; ital. *razza*; frz. *raie*; span. *raya*; ptg. *arraia*.

7730) altnord. **raka**, reiben, = frz. *raguer*, zerreiben, vgl. Dz 663 *s. v.*; Mackel p. 47.

7731) westgerman. ***räkōn** (Stamm *hrak*), speien; prov. *racar*; altfrz. *rachier* (pik. *raquer*). Das gleichbedeutende prov. *es-cracar*, rtr. *scracchiar*, neufrz. *cracher* scheint zu demselben Stamme zu gehören, doch macht die Erklärung des anlautenden *c* grofse Schwierigkeit, falls man dasselbe nicht als blofs onomatopoietisch halten will. Vgl. Dz 663 *racher*; Mackel p. 47 u. 136 f.

7732) [***rällïä, -am** *f.* (*rallum*), Pflugschar; prov. *relha*; altfrz. *reille*; span. *reja*; ptg. *relha*. So C. Michaelis, Misc. 149; Diez 267 *relha* stellte *regula* als Grundwort auf, ebenso Gröber, ALL V 235.]

7733) **rällūm** *n.* (*radere*), Pflugreute; davon ital. *ralla*, rautenförmige Klinge, *rallone*, Scharre zum Rühren; sard. *raglia*, (eingekratzte) Reihe; cat. *ralla*, Linie; span. *ralla*, Reibeisen; ptg. *ral(l)o*, Reibeisen, Raspel, dazu das Vb. cat. span. *rallar*, reiben; ptg. *ralar*. Vgl..Gröber, ALL V 129 (auch neuprov. *raio*, Gebirgskamm, wird von Gr. hierher gezogen, aber das Wort gehört wohl zu *radius*); Diez 262 stellte **radiculare* als Grundwort für *rallar* etc. auf.

7734) abd. ndl. **ram**, Widder, = pik. *ran*, Widder, vgl. Dz 664 *s. v.*

*rämärïüs s. **rämüs**.

7735) **rämëllüs, -um** *m.* (Demin. v. ramus) = frz. *rameau*, Zweig. Vgl. Dz 664 *rame* 1.

7736) **rämëntum** *n.* (*radimentum*), Span, Splitter; aemil. *romeint*, valsass. *rüment*, com. *rument*, spezzatura di cucina; monf. *armenta*, obw. *rament*. Vgl. Meyer- L., Z. f. ö. G. 1891 p. 774; Salvioni, Post. 18.

7737) arab. **ramla,** Sandfläche, = cat. span. *rambla*, Sandfläche, vgl. Dz 480 *s. v.*; Eg. y Yang. 478.

7738) **rämïcëllüs** u. ***-scëllus, -um** *m.* (Demin. zu ramus) = altfrz. *rameissel*, *ramoissel*, vgl. Förster, Z XIII 536; frz. *rainceau*, *rinceau*, Laubwerk.

7739) altnfränk. **ramjau** = prov. *ramir*, *arramir*, gerichtlich zusichern, bestimmen; altfrz. *arramir*, *aramir*. Vgl. Mackel p. 45.

7740) [***rämo, -önem** *m.* (*ramus*), grefser Ast; frz. *ramon*, (astartiger, buschiger) Besen zum Kaminfegen, davon *ramoner*, den Kamin fegen, u. *ramoneur*, Kaminfeger; span. *ramon*, Laubwerk. Vgl. Dz 665 *ramon*.]

7741) **rämösüs, a, um** (ramus), = frz. *rameux*, ästig.

7742) burg. ***ramp** *f.* (mhd. rampf), Krümmung, Krampf; davon nach Mackel p. 60 ital. *rampa*, Kralle, Klaue, *rampo*, Haken, *rampone*, Haken, davon wieder *rampognare*, gleichsam **rampionare*, jem. mit Haken bearbeiten, durchbecheln, verspotten, *rampogna*, Verhöhnung; prov. *rampa*, Krampf, *rampoinar*, verhöhnen; altfrz. *ramponer*,*ramposner*, verhöhnen, *ramposne*, Verhöhnung; cat. *rampoina*, Fetzen. Diez 262 *rampa* erklärt **rampare* für identisch mit **rappare* u. leitet die Worte aus ndd. *rapen*, bezw. bair. *rampfen*, packen. — Von *rampa*

in der Bedtg. „Klaue" ital. *rampare*, mit der Klaue schlagen, (sich) mit den Klauen stützen, klettern; frz. *ramper*, klettern, *rampe*, Stütze, Erhöhung, Rampe. Vgl. Dz 262 *rampa*. Sieh unten **rapōn.**

[***rampä s. rapon.**}

[***rampo, -äre s. rapōn.**]

7743) ***rämülä, -am** *f.* (für ramulus, Demin. v. ramus) = rum. *ramurä*, Zweig, Gezweig.

7744) ***rämülösüs, a, um** (ramulus) = rum. *ramuros*, mit Zweigen versehen.

7745) **rämüs, -um** *m.*, Ast; ital. *ramo* und *rama*; davon abgeleitet mittelst des german. Suffixes *-ing ramingo*, eigentlich von Ast zu Ast fliegend, unstät, junger Raubvogel; eine andere Ableitung ist vielleicht *ramarro*, Kupfereidechse, vgl. Flechia, AG III 162, s. oben unter **aeramen;** rum. *ram;* prov. *ram-s*, daneben *rama*, dav. abgeleitet *ramel-s*, Strauch, *ramier-s*, Busch, *ramenc-s*, junger Raubvogel, *ramar*, Zweige treiben; altfrz. *rain*, davon abgeleitet *ramier* = **ramarius*, wilde Taube, *ramingue*, störrisch (eigentl. vom Falken, jetzt vom Pferde gesagt); neufrz. *rameau* = **ramellus*; cat. *ram;* span. *ramo*, *rama*, davon *ramero*, *ramera*, junger Falke (das Fem. hat auch die Bedtg. „Hure", der vermittelnde Begriff ist „unstät, sich umhertreibend"); ptg. *ramo*, Zweig, *rama*, Astwerk, abgeleitet *rameiro*, junger Raubvogel. Vgl. Dz 664 *rame* u. 262 *ramingo*.

7746) ***rämüscëllus, -üm** *m.* (ramus), kleiner Zweig; ital. *ramoscello;* frz. *raincel*, *rincel*, *rinceau*, vgl. Thomas, R XXV 89, Horning, Z XXII 562.

7747) **räuä, -am** *f.*, Frosch; ital. *rana;* frz. (mundartlich) *raine*; span. *rana;* ptg. *rä*, *räa*. Vgl. Dz 603 *grenouille.*

7748) germ. ***ranc**, verdreht; davon ital. *ranco*, kreuzlahm, *rancare*, hinken, *dirancare*, ausrenken; prov. *ranc-s*, verrenkt, *ranc-s*, Klippe (gleichsam aus dem Boden gerenkter, gerissener Stein); altfrz. *ranc*, kreuzlahm; neufrz. *rancart*, Winkel; cat. *ranc(o)*, kreuzlahm, *rancó*, Winkel; span. *rencon*, kreuzlahm, *arrancar*, ausrenken, *rancon*, *renco*, *rincon*, Winkel; ptg. *rincão*, Winkel. Vgl. Dz 263 *ranco*, 483 *rincon*, 664 *ranc*; Mackel p. 60.

7749) **răncēsco, -ēre** (ranceo), ranzig werden; (ital. *rancidire;* rum. *răncezesc ii it i;* frz. *rancir;* span. *ranciar;* ptg. *rançar*).

7750) **răncidüs, a, um**, ranzig; ital. *rancido*, *rancio*, vgl. Storm, R V 171 Z. 3 v. o.; sard. *ranchidu;* sicil. *rancidu*, *-itu;* neap. *g-ranceto*, aemil. *ranz*, *rans* (ranzed, ranzagh), lomb. *ransc*, *rans*, friaul. *ranzid*, vgl. Schuchardt, Roman. Etym. I 16; rum. *rancid;* frz. *rance*; cat. *ranci;* span. *rancio;* ptg. *ranço*, ranziger Geruch oder Geschmack, dazu das Adj. *rançoso*.

7751) **răncör, -örem** *m.*, ranziger Geschmack oder Geruch (im Roman. auch in übertragener Bedtg. „bitteres Gefühl, Groll, Hafs"); ital. *rancore;* rum. *răncoare;* prov. *rancor-s*, dav. viell. das Vb. *rangurezir*, Boëth. 176, vgl. Böhmer, RSt. III 137; altfrz. *rancœur;* cat. *rancor;* altspan. *rancor;* neuspan. *rencor;* ptg. *rancor.* Vgl. Dz 263 *rancore.*

7752) [***răncōrïä, -am** *f.* (rancor), bitteres Gefühl, Groll, Hafs; ital. prov. *rancura* (wohl an *cura* angelehnt); altfrz. *rancure*, daraus neufrz. *rancune;* span. *rencura;* ptg. *rancura.* Vgl. Dz 263 *rancore;* Förster, Z V 98 u. III 500.] .

7753) got. *randa, *randus, Rand; ital. a randa, dicht daran; prov. a randa, bis ans Ende, randar (den Saum eines Kleides einfassen), schmücken. putzen, rando(n)-s, Ungestüm, Heftigkeit (eigentl. das Streben, ans Ende zu gelangen, vorzudringen), randonar, anrennen, antreiben, de randon, a randon, mit einem Schlage, heftig, plötzlich; altfrz. randir, andringen, randon, de u. a randon, randoner mit derselben Bedtg. wie im Prov.; span. randa, Spitzenbesatz, randal, netzförmiges Gewebe, de rendon, de rondon, mit einem Schlage, plötzlich, heftig; ptg. renda, Spitze. Kante. de rondão, de roldão, plötzlich, heftig. Vgl. Dz 263 randa; Kluge unter „Rand"; Mackel p. 59.

7754) [*ränětta, -am f. (Demin. zu rana), kleiner Frosch; davon frz. (mit volksetymologischer Angleichung an reine) reinette, froschartig gefleckter Apfel. Vgl. Dz 667 s. v.; Faß, RF III 490.]

7755) |mittellat. rangifer, -um m., Renntier; ital. rangifero; frz. rang(i)er, rangifère (das übliche Wort ist renne = altnord. hrein, rén); span. rangífero. Vgl. Dz 264 rangifero.]

rank s. ranc.

7756) *ränücülüs, -um m. (Demin zu rana), Frosch; ital. ranocchio u. -a; sicil. ranunchiu, larunchia (also = *ranunculus, -a), neap. ranonchia, vgl. Salvioni, Post. 18; prov. granolha; altfrz. renouille; neufrz. grenouille (das anlautende g erklärt sich wohl aus Anlehnung an graisset = *crassetus, Demin. v. crassus, fett; prov. gresset, Laubfrosch). Vgl. Dz 603 grenouille; Gröber, ALL V 130.

7757) ränüncülüs, -um m. (Demin. zu rana), Frosch (im Roman. auch Pflanzenname, z. B. friaul. narunchel etc., vgl. Behrens p. 26); ital. ranunculo, -olo, vgl. Canello, AG III 353; neapel. tosc. granonchia u. ran-, francbecomt. renouille, vgl. Cohn, Suffixw. p. 232. S. auch oben ränücülus.

7758) Stamm rap-, etwa „rauh" bedeutend; dav. nach Schuchardt, Roman. Et. I p. 28, berg. rapa, Runzel, rapat, runzlich, rapatà, Kröte.

7759) räpä, -am f. (schriftlat. gewöhnl. rapum), Rübe; ital. rapa, davon ravizza, Rübenkraut, ravizzone, Rübsamen, ferner raperonzo, raperonzolo, ramponzolo, Rapunzel (frz. raiponce; span. reponche, ruiponce; ptg. ruiponto), vgl. Dz 264 raperonzo; sard. raba; lomb. piem. rava; (rum. rapiţa, Raps); rtr. rava; neuprov. ravo; frz. rave (mundartlich reve); cat. rabe, rave m.; (span. rábano). Vgl. Gröber, ALL V 130 (führt auch tirol. ref an).

7760) räpäx, -äcem, räuberisch; ital. rapace; piem. lüeravaç, altoberital. lovo ravaxe, (reißender) Wolf, vgl. Salvioni, Post. 18; span. rapaz, räuberisch (bedeutet auch „junger Bursche, Knabe", eigentl. wohl „Kind", weil kleine Kinder nach allem greifen, dazu das Fem. rapaza, Mädchen), davon abgeleitet rapagom, Bursche, rapaceria, Kinderei; ptg. rapace, räuberisch, rapaz, Knabe, Bursche, rapaca, Mädchen, rapagão, Bursche. Vgl. Dz 481 rapaz; Caix. St. 466, zieht hierher auch ital. rabacchio, gleichsam *rapaculus, Knabe, ist aber geneigt, die ganze Wortsippe von *rapare, scheeren, abzuleiten. Die Diez'sche Auffassung dürfte indessen die bessere sein.

7761) räphänüs, -um m. (ῥάφανος), Rettig; ital. rafano, ravano, ravanello, vgl. Flechia, AG II 373; sard. rabanella; prov. rabanel-s; cat. ravanet; span. rábano; ptg. rabão. Vgl. Dz 480 rabano; Gröber, ALL V 130. S. oben rädix förtis.

7762) räpïcïus, a, um (rapa), zur Rübe gehörig; lomb. ravisa, foglia di rapa, piem. ravissa, venez. ravisse, la pianta della rapa dopo toltone il bulbo, vgl. Salvioni, Post. 18.

7763) räpïdüs, a, um (rapere), reißend (auch „steil", also in der Bedtg. von ripidus); ital. rapido und ratto, rasch, vgl. Flechia, AG II 325 Anm. 2, u. Canello, AG III 330, (Diez 392 setzte ratto = raptus an); rum. räpede, dazu das Verb räped ü it i, antreiben, drängen; prov. rabeg-z; altfrz. rade; (neufrz. rapide); span. ptg. rápido, raudo, davon raudal, Gießbach. Vgl. Dz 481 raudo. — Zu rapidus gehört vielleicht auch (vgl. Cohn, Festschr. f. Tobler p. 174) das altfrz. Adj. reve, heftig, u. das Sbst. reffe f., abschüssiges Gelände, vgl. Horning. Z XV 495; Nigra, AG XV 121 (bespricht aemil. lomb. ratta, rata, Anhöhe).

7764) räpïnä, -am f. (rapere), das Wegraffen; davon vielleicht prov. raina, Streit, (eigentlich Rauferei).

7765) [*räpïnäriüs = prov. robinier-s, reißend.]

7766) räpïo, räpüï, räptüm, räpëre, raffen, rauben; ital. rapire; rum. rapesc ü it i; frz. ravir, entzücken, eigentl. hinreißen; davon abgeleitet ravin, Rißweg, raviner, einen Rißweg hervorbringen, aushöhlen, ravage, Durch-, Zerreißung, ravager, verwüsten, vgl. Dz 666 ravir; nach Diez 480 s. v. gehört hierher auch span. ptg. rabo, Schwanz (eigentl. das, was nachgezogen, nachgeschleppt wird, vgl. das deutsche „Schleppe"), davon abgeleitet raboso, zottig, rabear, -ejar, schwänzeln, viell. auch raposa (selten raposo), Fuchs, der also nach seinem zottigen Schwanze benannt worden sein würde, vgl. Dz 481 s. v. (s. auch unten rapum!); nach Bugge, R III 156, ist aus ptg. rabo + tela, Leinewand, entstanden, frz. rapatelle „teile fuite de queue de de cheval".

7767) räpïstrum n., Name eines Küchenkrautes; neapel. rapesta, vgl. Salvioni, Post. 18.

7768) räpüm n., Rübe; venez. ravo.

7769) german. rapōn, raffen; davon ital. arrappare, wegreißen, (rampare, klettern, frz. ramper, kriechen, nebst dem Partizipialadj. rampante frz. rampant u. dem Vbsbst. rampe, Stützpunkt beim Klettern, Sims, Geländer, Erhöhung. gehört zu rampa, Klaue, welches wieder von german. *ramp. Krümmung, Krampf, herzuleiten ist); prov. rapar, reißen, raffen, klettern; span. ptg. rapar, die Haare wegraffen, wegputzen, scheeren. Vgl. Dz 264 rappare (262 rampa will Diez auch rampare, ramper aus ndd. ndl. rapen ableiten, u. Mackel p. 60 stimmt ihm darin bei, indem er auf prov. rapar, klettern, sich beruft; indessen die Ableitung von rampa, bezw. *ramp ist doch die näher liegende; die Bedtg. „klettern" des prov. Verbum scheint nicht einmal hinreichend sichergestellt, aber auch wenn sie fest-stände, würde sie sich erklären lassen, ohne dafs es notwendig wäre, rapar u. rampare für dasselbe Wort zu erachten).

7770) mhd. rappe, Kamm der Traube, = (?) ital. rappa, Büschel, vgl. Dz 392 s. v.

7771) mhd. rappe, Grind, = ital. rappa, Schrund an den Füßen der Pferde, vgl. Dz 264 rappare.

*räpso s. räptïo.

7772) räptörïus, a, um (rapĕre), raubvogelartig, habgierig, geizig, gemein, launenhaft; frz. ratier, dazu das Vb. rater, Launen haben, einer Erwartung nicht entsprechen, versagen; span. ratero. Vgl. Jeanroy, Revue des Universités du Midi I 101. Span. ratear, kriechen, läfst sich ebensowohl mit rato, Ratte (s. d.) wie mit raptarius in Zusammenhang bringen.

7773) [*räptĭo, -āre (raptus), rauben; altptg. rausar, rauxar, rousar, roixar, Frauenraub begehen, dazu das Vbsbst. rouçom. Vgl. Dz 481 rausar. Gröber, ALL V 131, setzt, u. wohl mit Recht, *rapsare als Grundwert an. — Auf *raptiare ist wohl auch zurückzuführen frz. racer, (Raubvögel, z. B. Falken) züchten, dav. das Vbsbst. race, prov. rassa, ital. razza, Zucht, Brut, Rasse, Geschlecht. Andere Ableitungen des Worts sehe man oben unter radix.]

7774) *räpto, -āre (Intens. v. răpere), rauben; prov. rautar, wegreifsen; ptg. raptar, Frauenraub begehen. Vgl. Dz 481 rausar u. 666 raptar. — Vielleicht sind = raptare, *arreptare anzusetzen auch span. ptg. rebatar, arrebatar, entreifsen, vgl. Dz 482 rebatar. S. auch räptārius.

7775) räptör, -örem m. (răpēre), Räuber; ital. rattore, (rapitore); (rum. răpitor); (frz. ravisseur); cat. span. ptg. raptór. Die üblichen Worte für den Begriff „Räuber" sind aber latro (s. d.) und *brigant- (s. oben brĭkan).

7776) räptŭs, -um m. (rapĕre), das Reifsen, Rauben; ital. ratto; (rum. răpit); prov. rap-z; frz. rapt (gel. W.); cat. span. ptg. rapto, aufserdem span. rato, (Rifs, Ruck), Nu, Augenblick, Weile. Vgl. Dz 481 rato.

7777) *räpŭlum n. (rapum), kleine Rübe, (kleiner Schwanz, s. rapum); dav. wahrscheinlich frz. râble, Hinterstück, vgl. Nigra, AG XIV 374. S. unten rütäbŭlŭm.

7778) räpŭm n., Rübe; hierauf führt Nigra, AG XIV 373, eine umfangreiche romanische Wortsippe zurück, welche sonst gewöhnlich zu rapēre (s. d.) „schleppen" gestellt wird: span. rabo, Schwanz („la rapa distinguendosi, fra le radici bulbose esculente, per la sua coda dritta e sottile"), raposa, Fuchs (mit seinem Schwanze benannt), zahlreiche Benennungen des Teufels, z. B. frz. rabo(u)in etc.

7779) arab. râqama (Freitag II 181ᵇ, hebr. rākam ποικίλλειν, vgl. Rönsch, Z I 419), Streifen in einen Stoff weben; ital. ricamare, sticken, dazu das Vbsbst. ricamo, Stickerei; frz. récamer (das übliche Wort ist aber broder aus border v. bord, Rand); span. ptg. recamar, dazu das Vbsbst. recamo. Vgl. Dz 269 ricamare; Eg. y Yang. 480 raca, euere.

7780) rūrēsco, -ĕre (rarus), dünn werden, abnehmen, sich·mindern; rum. raresc ii it i; span. rarecer, ralecer, daneben ralear = *radear; ptg. rarar, ralear.

7781) [rārĭtās, -ātem f. (rarus), geringe Anzahl, Seltenheit; ital. rarità; rum. raritate; prev. raritat-z, raretat-z; frz. rareté; cat. raretat; span. raridad; ptg. raridade.]

7782) ags. rârjan, schreien (vom Hirsche); davon nach Braune, Z XXI 224, frz. raire. S. aber oben ragîre.

7783) rūrŭs, à, um, selten; ital. raro „che si riferisce al pregio", rado „che si riferisce al tempo e allo spazio", vgl. Canello, AG III 360; zu rado das Verbum diradare, verdünnen; prov. rar-s; frz. rare, (ob das altfrz. Adv. relment „selten" in LRois 11 = *rerment, reremant angesetzt werden darf, ist fraglich, vgl. Leser p. 106); cat. rar; span. ptg. raro, ralo. Vgl. Dz 392 rado.

7784) arab. râs, Kopf (Freytag II 103ᵃ); span. res, ein Stück Schlachtvieh; ptg. rez. Vgl. Dz 483 res; Eg. y Yang. 482.

7785) altnord. rôs, Wasserrinne, Rennen, Lauf, prov. rasa, Lauf, Rinne; altfrz. rasse, raisse. Vgl. Mackel p. 48; Rausch, Z II 104.

7786) mittellat. Rascĭā, -am f., Landesname (ein Teil Slavoniens); davon vielleicht ital. rascia, eine Art Zeug, Sarsche, vgl. Dz 264 raso.

7787) *rāscŭlo, -āre (v. *rasculum v. rās-), kratzen, schaben; ital. raschiare, schaben, davon raschia, Krätze; rtr. raschlar, rechen; prov. rasclar, schaben (im Neuprov. „eggen"); frz. racler; cat. rasclar, rechen. Vgl. Gröber, ALL V 132; Ascoli, Studj crit. II 105 (nahm *rastlum für rastrum als Grundwert an); Dz 264 rascar leitete die Wertsippe auf *rasiculare zurück. Über frz. râler (raller), schreien wie ein Hirsch, vgl. Horning, Z XXII 487.

7788) *rāscŭlŭm n. (v. rās-), ein Werkzeug zum Schaben oder Kratzen; neuprov. rascle, Egge; frz. racle, Kratzeisen, râle, Ralle, Wiesenschnarrer, vgl. Horning, Z XXII 486, auch raclet, raiclet im Lyoner Yzopet, von Förster p. XXVIII aus graculus gedeutet, gehört nach H. hierher; cat. rascle, Rechen. Vgl. Gröber, ALL II 132, Ascoli, Studj critici II 105 (nahm *rastlum für rastrum als Grundwert an); Diez 264 rascar leitete die Wortsippe auf *rasiculare zurück.

7789) *rasĕā, -am f. (rasis), eine Art Pech; ital. ragia, Harz; rtr. rascha, raischa. Vgl. Dz 392 ragia; Ascoli, AG I 362; Gröber, ALL V 131.

7790) *rasĭcā, -am f. (rasis) = frz. rache, Bodensatz des Theers, vgl. Dz 663 s. v.

7791) *rāsĭco, -āre (rasus), kratzen, schaben; (ital. rasco, Schabeisen; prev. rasca; altfrz. rasche, Krätze, Grind); sard. rasigare, abkratzen; cat. span. ptg. rascar, kratzen; auch span. ptg. rasgar, kratzen, zerreifsen (wovon rasguñar, rascunhar, kratzen, einen Grundrifs machen, skizzieren, rasgon, rasgão, Rifs, rasgo, geschwungener Schriftzug) gehört wohl zu rasicare und nicht, wie Diez zu, resecare. Vgl. Dz 264 rascar; Gröber, ALL V 131.

7792) rāso, -āre (rasus), scheeren; ital. sard. rasare; neuprov. rasá; frz. raser; cat. arrasar; span. ptg. rasar. Vgl. Dz 264 rasare; Gröber, ALL V 131. — Ein Partizipialadjektiv zu einem Verb *rasère ist ital. rasente, prov. rasen, an etwas streifend, dicht daran, nahe bei, vgl. Dz 669 rez.

7793) rāsor, -örem m. (Nomen acteris zu radère); sard. rasore, Rasierer; frz. raseur, Aufschneider.

7794) german. *rasपōn, kratzen, zusammenscharren; ital. raspare, abkratzen (daneben das dem Französ. entlehnte rapare „ridurre in polvere"), vgl. Canello, AG III 314 und 364; dazu das Sbst. raspo, graspo (das anlautende g erklärt sich aus Anlehnung an grappola und dgl.), Traubenkamm, Räude; prov. raspa, Traubenkamm; frz. râper, abkratzen, abschaben, dazu das Vbsbst. râpe, Raspel, wovon wieder abgeleitet rapière, gleichsam *rasparia, schartige Klinge, alter Degen, vgl. Dz 665 s. v.; span. ptg. raspar, schaben, raspa, Raspel. Vgl. Dz 264 raspare; Mackel p. 71.

7795) rāstĕllŭs, -um m. (Demin. v. raster), kleine Hacke, Karst; ital. rastello, daneben rastrello, Rechen; über rtr. rascladar s. oben; frz. râteau, davon abgeleitet râtelier, Raufe, Gestell; span. rastillo, rastrillo, Haken, Gatter; ptg. rastel(l)o, -ilho. Vgl. Dz 264 rastro.

7796) **rāstrūm** *n.* (*radēre*), Hacke, Harke; ital. *rastro*, Rechen; span. **rastro**, Werkzeug zum Schleppen oder Schleifen, Schlitten, Schleppnetz, die beim Schleppen auf dem Boden entstehende Spur, Fährte; ptg. *rasto*, *-stro* mit derselben Bedtg. wie im Span. Vgl. Dz 264 *rastro*.

7797) **rāsūrā, -am** *f.* (*radēre*), das Schaben, Kratzen; ital. *rasura* (daneben *raditura*, das Abschabsel); rum. *răsură* (daneben *răsătură*); prov. *rasura*; frz. *rasure*; cat. span. ptg. *rasura*.

7798) **rāsūs, a, um** (Part. P. P. v. *radēre*), geschoren; ital. *raso*, ein glattes Zeug; prev. *ras*, entblöſst, beraubt; frz. *ras*, glattes Zeug; *rez* (eigentlich gleichsam geschorener, glatter Boden), ebene Fläche, *rez-de-chaussée*, der mit der Straſse auf einer Fläche liegende Teil des Hauses, Erdgeschofs; span. *raso*, glattes Zeug, davon abgeleitet *rasilla*, Sarsche; ptg. *rez*, wagerechte Fläche, *rez de chão*, Erdgeschofs. Vgl. Dz 669 *rez*.

7799) altnfränk. **rāta**, Honigseim, altfrz. *ree*, *raie* (neufrz. *rayon de miel*), Honigwabe, davon(?) *raton*, eine Art Kuchen; nach gewöhnlicher Annahme ist frz. *rate*, Milz, ebenfalls = *rāta*, die Bedtg. würde sich vermitteln lassen (die Milz hat als leckeres Zellengewebe eine gewisse Ähnlichkeit mit einer Honigwabe), aber das zwischenvokalische t steht entgegen, gleichwohl ist eine andere Ableitung nicht zu finden; von *rate* ist abgeleitet altfrz. *ratier*, milzsüchtig, mürrisch, geizig (vgl. Scheler im Anhang zu Dz 810) und neufrz. *deráté*, milzlos, frei von Milzsucht, munter. Vgl. Dz 262 *raggio* u. 665 *rate*; Mackel p. 38; Horning, Z XXII 487 (*rate* sell ursprüngl. das Fem. zu *rat*, Ratte, sein, vgl. *musculus*, Mäuslein und Muskel, span. *pajarila*, Vöglein und Milz).

7800) arab. **ratam, ratamah** (Freytag II 120ᵃ), Ginster, = span. ptg. *retama*, Ginster, vgl. Dz. 483 *s. v.*; Eg. y Yang. p. 482.

7801) ndl. **ratelen, ratelu**, klappern; dav. vielleicht frz. *râler*, röcheln, *râle*, Ralle (ein Sumpfvogel). Vgl. Dz 664 *râler*.

7802) *rătĕllūs, -um* *m.* (Demin. v. *ratis*), Flofs; prov. *radelh-z*; frz. *radeau*. Vgl. Dz 663 *radeau*.

7803) **rātĭo, -ōnem** *f.*, Berechnung, Geschäft, Überlegung, Vernunft; ital. *ragione* und *razione* (letzteres ein Gallicismus für *porzione*), vgl. Canello, AG III 343; vgl. auch Canello, Riv. di fil. rom. I 132, s. oben unter **radix**; prov. *razo-s*; frz. *raison*, Vernunft, u. *ration* (gel. W.), Anteil; span. *razon*, Vernunft, *racion*, Anteil; ptg. *razão*, Vernunft, *ração*, Anteil. Vgl. Dz 265 *razione*.

7804) *rātĭōcĭno, -āre* (*ratio*, schriftlat. Deponens), schlieſsen, folgern; ital. *raziocinare*.

7805) **rātĭōnābĭlis, -e** (ratio), vernünftig; (ital. *ragionevole*; frz. *raisonnable* etc,

7806) [*rătĭōno, -āre* (*ratio*), vernunftgemäfs, denken, reden; ital. *razionare* „raziocinare" und *ragionare* „discorrere ragionatamente", vgl. Canello, AG III 343; prov. *razonar*; frz. *raisonner*; span. *razonar*; ptg. *razoar*.]

7807) **rātīs, -em** *f.*, Flofs; davon nach Förster, Z I 561, altfrz. *ré*, Scheiterhaufen. Diez 666 stellte *rete* als Grundwort auf; Bartsch, Z II 311, mhd. *rāz*, dagegen G. Paris, R VII 630; Baist, RF I 445, stimmt Bartsch bei.

7808) ahd. **rato** *m.*, *ratta* *f.*, Ratte; ital. *ratto*; prov. frz. *rat*; span. *rato*, *-ōn*, davon *ratonar*, benagen; ptg. *rato*, *-ão*, davon *ratar*, benagen. Vgl. Dz 264 *ratto*; Mackel p. 42; Th. p. 75. Nach Horning, Z XXII 487, gehört hierher auch frz.

rate, Milz, s. ob. **rāta**. Über span. *ratero*, *ratear*, frz. *rater*, *ratier* vgl. Jeanroy, Revue des Universités du Midi I 101, s. oben **răptārĭus**.

7809) arab. **ar-ratt** (Freytag II 106ᵇ), ein Gewicht; altspan. *arrate*, ein Gewicht von 4 Pfund; neuspan. *arrelde*, *arrel*; ptg. *arratel*. Vgl. Dz 425 *arrel*; Eg. y Yang. 286 (*ar-retl*).

7810) *raucĭdĭus, a, um* (*raucus*), etwas rauh (von der Stimme); davon vielleicht nach Dz 666 *rance* (für das Gefühl); cat. *rost*; (nach Förster zu Ch. as II esp. 11692 und Z III 261, gehört hierher auch altfrz. *roiste*, steil, wozu das Sbst. *rostece*, vgl. Leser p. 109), indessen ist diese Ableitung mehr als unwahrscheinlich. Eher darf man wohl an Zusammenhang mit german. *raustjan*, rösten, denken: scharf gebratene Dinge erhalten eine rauhe Oberfläche.

7811) *raucus, a, um*, rauh; francoprov. *rustu*, vgl. Horning, Z XV 502.

7812) **raucŭs, a, um**, heiser; ital. *rauco* „aspro e forte", *roco* „di sueno debole", vgl. Canello, AG III 328; auf Vermischung von *raucus* mit *flaccus*, bezw. auf einem **flaucus* beruht vielleicht *fioco*, heiser, vgl. Dz 371 *s. v.*; burg. *roš*, ro; (cat. *ronc*, heiser; span. altptg. *ronco*, diese pyrenäischen Worte gehen auf *roncare* vom gr. ῥόγχος zurück). Vgl. Dz 484 *ronco*.

7813) altnord. **rauð-r**, rot, + *hval-r*, Wal; davon abgeleitet frz. *rorqual*, rötlich aussehender Walfisch, vgl. Bugge, R III 157.

7814) german. **raustjan**, ahd. **rōstan**, rösten; ital. *arrostire*, davon *arrosto*, *arrostito*, Braten; prov. *raustir*; frz. *rôtir*, davon *rôti*, Braten; cat. *rostir*. Vgl. Dz 276 *rostire*; Mackel p. 119.

7815) altnfränk. *rauz* (got. *raus*), Rohr; prov. *raus*, dazu das Demin. *rauzel-s*; frz. nur das Demin. *roseau* (aus *rosel*), Binse, altfrz. auch das Fem. *roselle*, *-celle*. Vgl. Dz 665 *raus*; Mackel p. 118.

7816) [*răvĭcŭcĭo, -īre* (*ravis*), heiser werden, wird von Ch. p. 226 als lat. Typus angesetzt zu rum. *raguşesc ii it i*, heiser werden.]

raz s. oben **rādīx**.

7817) **Rāzī** od. **Rhazis**, Name eines arabischen Arztes, nach diesem benannt ein von ihm eingeführtes Heilmittel frz. *blanc-Rhasis*, daraus volksetymologisch *blanc-raisin*, Bleiweifs, vgl. Fafs, RF III 495.

7818) **rĕ** (untrennbare Partikel in Kompositis); über die Schicksale dieses Präfixes im Roman. ist namentlich hervorzuheben: 1. in ital. Mundarten erscheint sie vielfach in der Form *ar-*, vgl. Flechia, AG II 26; 2. im Altptg. ist das aus *re* entstandene *er*, ar trennbare Partikel mit der Bedtg. „nach dazu, aufserdem, auch", vgl. hierüber die höchst interessante Untersuchung von Cornu, R IX 580, XI 87, vgl. auch C. Michaelis, Frg. Et. p. 55 (wo u. a. darauf aufmerksam gemacht wird, dafs *re* wieder durch Verfügung von *ar-* verstärkt werden kann).

7819) [**rĕ + ăb + ālto, -āre** (*altus*); davon nach Muratori, dessen Annahme Diez 393 *s. v.* nicht gerade gutheifst, aber auch nicht mifsbilligt, ital. *ribaltare*, umstürzen. Besser erklärt Caix, St. 49, das Wort aus *rivoltare* == *revoltare* von *volvere*; auch auf got. *valtjan* weist er hin.]

7820) [**rĕ + ăd** + altnfränk. *bōtan*, stofsen; daraus frz. *raboter*, hobeln, davon *rabot*, Hebel, südfrz. *rufi*, rauh, rauzipen, burg. *raibó*, Unebenheit, waadtl. *rabou*, uneben, auch ital. *ributtare*, prov. *rebotar*, zurückstofsen. Vgl. Dz 663 *raboter*; Mackel p. 28; Schuchardt, Rom. Et. I p. 25; Gade p. 26.]

7821) [*rĕ + ăd + gŭsto, -āre (gustare) = frz. ragoûter, den Appetit reizen, dazu das Vbsbst. ragoût, ein den Appetit reizendes Gericht. Vgl. Dz 663 ragoûter.]

7822) [*rĕ + ăd + vălĭdo, -āre (validus) = frz. ravauder, flicken. vgl. Dz 666 s. v.]

7823) [*rĕ + ădvĕrso, -āre (adversus) = ital. ravversare (daraus rabberciare, sicil. abbirsari) „raccommodare, ravviare", vgl. Caix, St. 467.]

7824) [rĕ + ăd + *vĭrĭdĭo, -īre (viridis) = altfrz. raverdir (daneben reverdir), wieder grün werden, davon das Partizipialsbst. raverdie (daneben renverdie), Frühlingslied, vgl. O. Schultz, Z IX 150.]

7825) [rĕ + *ămărĭco, -āre (amarus), verbittern, = ital. rammaricarsi, sich beklagen, dazu das Vbsbst. rammárico, Klage, Kummer. Vgl. Dz 15 amaricare.]

7826) rĕbĕllo, -āre, sich auflehnen; ital. re-, ribellare, (daneben *rovellare, arrovellare, ergrimmen, wütend machen, wovon das Sbst. rovello, rovella, Ingrimm, von Diez 394 von rubellus abgeleitet); prov. revellar, sich auflehnen, dazu das Sbst. revel-s, Auflehnung; altfrz. revéler, sich auflehnen, Übermut treiben, sich belustigen, dazu das Sbst. revel mit den entspr. Bedeutungen, vgl. oben unter *rabia; (neufrz. rebeller, gel. W.); dazu das Sbst. rebelle, Aufrührer; (span. rebelar, davon rebelde, aufrührerisch, rebeldía, Widersetzlichkeit; ptg. rebellar). Vgl. Dz 669 revel; Tobler, Z X 578; Scheler im Diet. unter réver glaubt, dafs reveler in der hier in Rede stehenden Bedtg. von révcr abgeleitet sei; Cohn, Festschr. f. Tobler p. 275, nimmt das Umgekehrte an.

7827) [*rĕbĕrsĭo, -āre (= reversare); dav. nach Parodi, R XXVII 220, ital. rabberciare, aggiustare medamente.]

7828) rĕbŭrrŭs, a, um, sich emporsträubendes, struppiges Haar habend; davon nach Gröber, ALL V 234, neuprov. rebous; frz. rebours, (struppig), Gegenstrich, davon das Verb rebourser, rebrousser, gegen den Strich des Haares fahren, Diez 70 broza brachte das Wort in Zusammenhang mit brosse etc., s. oben *burstja, u. diese Ableitung verdient ganz entschieden den Vorzug. C. Michaelis, St. 261, wollte die Worte aus revorsum ableiten, was unhaltbar ist.

[*rĕbĕrsĭo s. rĕpĕdĭto.]

7829) [*rĕcăchĭnno, -āre (cachinno), hell auflachen; ist nach Diez 267 das Grundwort zu prov. reganhar, reganar; altfrz. recaner, recaignier; neufrz. ricaner (ri- für re- durch Anlehnung an rire), grinsen, höhnisch lachen; span. reganar; ptg. reganhar. Littré und Scheler zweifeln mit Recht an dieser Ableitung, der erstere setzt ahd. geinón, gähnen, als Grundwort an u. dürfte damit das Richtige getroffen haben; frz. recaner scheint durch gelehrten Einfluss italienisches Präfix erhalten zu haben, vgl. No 7833.]

7830) [*rĕcăpĭto, -āre (caput), zu Ende bringen, besorgen, geschäftlich ordnen; ital. ricapitare, bestellen, dazu das Vbsbst. ricapito, Besorgung, Vertrieb, Anweisung; span. recaudar, (nach Köpfen) Steuer erheben, dazu das Vbsbst. recaudo, recado, Steuererhebung, Anweisung, Geschenk; ptg. recadar, recado. Vgl. Dz 482. Auf die span. Wortsippe scheint (ital.) recare = recchén eingewirkt zu haben, vgl. No 7833.]

7831) *rĕcăptātŏr, -ōrem = ital. riccattatore, Wiederkäufer, Einlöser. Vergleiche Flechia, AG II 374 f.

7832) *rĕcăpto, -āre = ital. riccattare, wiederkaufen; frz. racheter; altspan. altptg. recabdar, erlangen, erreichen. Vgl. Dz 482 recaudar; Flechia, AG II 374 f.

7833) abd. recebĕn, recken, ausstrecken, (hinhalten); davon ital. recare, darreichen, bringen, vgl. Dz 393 s. v.

7834) *rĕcēno, -āre (cena), eine zweite Mahlzeit halten; frz. (in östl. Mundarten) reciner, vgl. Horning, Z XVIII 227.

7835) rĕcēns, -ēntem, frisch, neu; ital. recente; altvenez. resente; rum. rece (aus Kreuzung von recens mit *ricidus f. rigidus entstanden, vgl. Schuchardt, Roman. Etym. I p. 20); prov. recenz(?); frz. récent (gel. Wort); span. reciente, recien; ptg. recente.

7836) rĕcēnto, *rĕcēntĭo, -āre (recens), frisch machen, reinigen; ital. (neap.) arrecentare „risciacquare il bucato", (modenos.) arzinzer, spülen; prov. recensar u. retensar; (cat. rentar = recentare); span. recentar (veraltet). Altfrz. rechinsier, raïncier, auffrischen, spülen. neufrz. rechinser, auswaschen (in der Tuchbereitung), rincer, spülen, werden von Scheler im Anhang zu Diez 811, und Flechia, AG II 29 ff., ebenfalls von recentiare abgeleitet, indessen mit Unrecht, wie Scheler im Diet. s. v. selbst bemerkt (vgl. auch Nigra, AG XIV 380, der allerdings Ableitung von *recentiare, woraus *serincer geworden sein könne, für denkbar hält, schliefslich aber, AG XV 121, mit Behrens, Üb. recipr. Metath. p. 47, Umstellung von recentiare in retenciare annimmt); G. Paris, R IX 482, führt das erstgenannte altfrz. Vb. auf altfrz. cinces = ital. cenci, Lumpen, zurück, und damit darf man sich in Bezug auf rechinsier einverstanden erklären, nur freilich ist wieder die Herkunft von cinces ganz dunkel. Diez 670 rincer stellte altnord. hreinsa als Grundwort für rincer auf, vgl. dagegen Förster, Z VI 112: Schuchardt, Z VI 424, dachte an ein *re-initiare, dann wäre aber *rencer zu erwarten, vgl. commencer; Littré s. v. brachte *resincerare in Vorschlag. Das richtige Grundwort zu frz. rincer ist lat. *requiniare (s. d.), vgl. Thomas, R XXVIII 204.

7837) rĕcĭdīvŭs, a, um, rückfällig, wiederkehrend; obw. arsdiv; lad. friaul. arsiva, vgl. Meyer-L., Z. f. ö. G. 1891 p 774; Salvioni, Post. 18.

7838) rĕcīdo, -ĕre, (wieder) abschneiden; prov. rezir, Girartz de Ross. O 6124.

7839) rĕcĭpĭo, cĕpi, cĕptum, cĭpĕre, empfangen; ital. ricevere; prov. recep receup receuput, recebre, dazu das Vbsbst. recepta, Rezept; frz. reçois reçus reçu recevoir, dazu das Partizipialsbst. recette; span. recibir, recebir; ptg. receber.

7840) [*rĕcĭrcĕllātŭs, a, um (circellus = circulus), geringelt, = frz. recercelat-z; altfrz. recercele, vgl. Dz 540 cerceau.]

7841) rĕcĭto, -āre, laut vortragen; cat. resar, hersagen, beten; span. ptg. rezar. Vgl. Dz 483 rezar.

7842) rĕcŏctus, a, um, wiedergekocht; ital. ricotto; sard. regottu.

7843) rĕcŏgnōsco, nōvī, nĭtum, -ĕre, (wieder-) erkennen; ital. riconoscere; rum. recunoaște; prov. reconoscer, reconnoisser; frz. reconnaître; span. reconocer; ptg. reconhecer. Wegen der Flexion vgl. cŏgnōsco.

7844) rĕcŏlligo, -ĕre, sammeln, (ital. raccogliere); mail. regój; frz. recueillir, dazu das Sbst. récolte.

7845) rĕcŏndo, -ĕre, zurücklegen, verwahren; mail. regoná, raccogliere, vgl. Salvioni, Post. 18.

7846) rĕcŏrdo, -āre (-āri), sich erinnern; ital. ricordarsi, dazu das Vbsbst. ricordo; sard. regordare; lomb. regordá; astig. arordé; monf. ariordé, vgl. Salvioni, Post. 18.

7847) *rĕcrēdo, -ĕre, den Glauben ändern, den Glauben verlieren; ital. ricreder(si), andern Sinnes werden, die Partizipien ricredente u. ricreduto haben die Bedeutung „überführt, überzeugt", eigentlich wohl „das, was der Wahrheit entspricht, w'eder glaubend, zu diesem Glauben zurückgebracht"; prov. (se) recreire, den Glauben an sich selbst, den Mut verlieren, recrezen, recrezut, an sich selbst verzagend oder verzagt, mutlos, feig, auch den Glauben ändernd, im Glauben geändert, abtrünnig; altfrz. (se) recreire, recréant, recreu mit derselben Bedtg. wie im Prov.; altspan. recreer, den Mut verlieren. Vgl. Dz 269 ricredersi.

7848) rĕcrēpo, -āre, wiederhallen lassen; davon nach Dz 112 crepare span. requebrar, in kleine Stücke brechen (hier lebt also die eigentliche Bedtg. von crepare noch fort), die Stimme (angenehm) ertönen lassen, schmeicheln, liebkosen, dazu das Vbsbst. requiebro, Schmeichelei, Liebkosung.

7849) rĕcrēsco, crēvī, crētum, crēscĕre, wieder wachsen; ital. ricrescere; frz. recroitre; über recrue s. oben unter klutr; span. recrecer; ptg. recrescer. Wegen der Flexion s. crēsco.

7850) *rĕctĭo, -āre (rectus) = ital. rizzare, aufrichten, vgl. Dz 273 s. v.

7851) [rĕctŏr, -ōrem m. (regĕre), Leiter; ital. rettore; frz. recteur etc., überall nur gel. W.]

7852) rĕctŭs, a, um (rego), aufgerichtet, gerade, recht; ital. ritto, recht, vgl. Dz 272 s. v.

7853) *rĕcŭlo, -āre (culus), zurückweichen; ital. rinculare = re-in-culare; frz. reculer; span. recular; ptg. recuar. Vgl. Dz 271 rinculare.

7854) rĕcŭpĕro, -āre, wieder erlangen; ital. recuperare, ricuperare „ritornare in possesso di cose perdute", ricoverare, ricovrare „anticamente quanto recuperare, ora, come neutro pass., rifuggirsi", dazu das Vbsbst. recúpero, ricóvero, vgl. Canello, AG III 375; prov. recobrar, sich erholen, cobrar (aus recobrar zurückgebildet), bekommen; frz. recouvrer, wieder bekommen, genesen d. i. die Gesundheit wiederbekommen, altfrz. coubrer, bekommen, (Scheler im Anhang zu Dz 720 zieht hierher auch altfrz. combrer, packen, besser aber deutet man das Wort aus spätlat. combrus, vgl. oben No 2351); span. recobrarse, sich erholen, cobrar, bekommen; ptg. cobrar, bekommen. Vgl. Dz 101 cobrar.

7855) rĕcŭtĭo, -ĕre, zurückprallen machen, aufrütteln; span. ptg. recudir, zurückspringen, in Bewegung versetzt werden, herbeieilen, beistehen, altspan. recodir; zurückkehren. Vgl. Dz 443 cudir.

7856) rēdārĭus, a, um (reda, rheda), zum Wagen gehörig; valtell. redée, la parte posteriore del carro, vgl. Salvioni, Post. 18.

7857) [*rēdo, -āre (entweder vom got. rêdan, raten, ordnen, zurecht machen, sorgen, vgl. Mackel p. 86 f. und Kluge unter „Rat", oder vom kelt. Stamme rêd-, *reidho-, fertig machen, vgl. Th. p. 76), ordnen, rüsten, bereiten, sorgen; ital. arredare, zurecht machen, zurüsten, schmücken; prov. aredar, arrezar; altfrz. arréer, arroiier; span. arrear; ptg. arreiar. — Ital. corredare, schmücken, ausstatten; prov. conrear; altfrz. conreer, -oiier; nfrz. corroyer, Felle, Thon u. dgl. bearbeiten. —

Prov. desreiar, aus der Ordnung kommen, verwirrt werden; altfrz. desroiier. Vgl. Dz 265 redo.]

7858) [*rēdŭm n. (entweder vom got. *rêds, Shst. zu rêdan, vgl. Mackel p. 85 f., oder vom kelt. Stamme rêd-, *reidho-, fertig machen, vgl. Th. p. 76), Ausstattung. Ausrüstung, Gerät; ital. arredo, Zurüstung, Gerät, Putz; prov. *arrei-s; altfrz. arroi; span. arreo; ptg. arreio. — Ital. corredo, Ausrüstung, Ausstattung; prov. conrei-s; altfrz. conroi, corroi, Zurichtung von Fellen und dgl.; cat. correu, Wohlthat; span. correo, Aus-, Abfertigung (berührt sich in der Bedtg. „Kurier, Post" mit correr = currere). — Prov. desrei-s, Unordnung, Verwirrung; altfrz. desroi, derroi. Vgl. Dz 265 redo.]

7859) rēddo, dĭdĭ, dĭtŭm, dĕre, daraus (durch Anbildung an prendere) rendo, -ĕre, wiedergeben; prov. rendre, dazu das Sbst. renta; frz. rendre (angebildet an prendre, vgl. Giorn. stor. della lott. ital. VIII 438; Suchier, Gröber's Grundriſs I 631), dazu das Vbsbst. rente; span. rendir, dazu das Sbst. renta; ptg. render, dazu das Sbst. renda. Vgl. Dz 267 rendere.

7860) rēdēmptĭo, -ōnem f. (redimĕre), Loskaufung; (ital. redenzione, Erlösung): altoberital. reenzon; (prov. redemcio-s, rezenzo-s, Erlösung, Lösegeld;) altfrz. raançon; neufrz. rédemption (gel. W.), rançon, Loskauf, Lösegeld; span. redencion; ptg. redempção, redenção. Vgl. Dz 665 rançon.

7861) [rēdēmptŏr, -ōrem m. (redimĕre), Erlöser; ital. redentore etc., überall nur gel. W.]

7862) dtsch. reden; davon vielleicht altfrz. 663 s. v. zieht vor, das Wort von ndl. doten, engl. dote, kindisch werden, kindisch sein, abzuleiten, aber das will weder zur Bedtg., noch zur Bildung recht passen (die Verfügung des re- an ein german. Verbum, das doch erst spät eingeführt sein könnte, wäre befremdlich). Scheler im Anhang zu Dz 810 u. im Diet. s. v. ist geneigt, in redoter eine Ableitung von altfrz. reder zu erblicken, das nach seiner Meinung aus rabidare (: *rabder, *radder, *redder) entstanden sein u. also mit rêver=(?)*rabiare in Zusammenhang stehen soll. Cohn, Festschr. f. Tobler p. 281, will für redoter, radoter lat. reductāre als Grundwort aufstellen (wegen des et : t beruft er sich, was aber ein Fehlgriff ist, auf floter u. jeter), aus redoter soll dann reder zurückgebildet worden sein, wie rêver aus reveter (was eben irrig ist), vgl. dagegen Suchier, Gött. gel. Anz. Jahrg. 159 p. 25. S. oben *răbĭă.

7863) vlaem. redening, Rechnung; altfrz. reelenghe, relanghe, renenghe, Rechenstube. Vgl. Thomas, R XXVIII 206.

7864) rĕdĕo, -īre, zurückgehen; ital. riedere.

7865) rĕdĭmo, ēmī, ēmptŭm, ĭmĕre, loskaufen, erlösen; ital. redimere (Part. Prät. redento), rimedire (gekreuzt mit rimedio) „riscattare, riparare, provvedere", vgl. Caix, St. 486, Meyer-I., Rom. Gr. I p. 483; altoberital. reémer; prov. rezemer, Perf. u. Part. Prät. redems (daneben aber auch schwaches Perf.); altfrz. raendre (Part. Präs. mit volksetymologischer Umbildung roiamant, gleichsam roi amant, aus raement, Erlöser, vgl. Tobler, Mitteilungen I 266, Faſs, RF III 485); span. redemir, redimir; ptg. remir. Vgl. Dz 483 remir.

7866) **rĕdūco, dūxī, dūctūm, dūcĕre,** zurückführen; ital. *ridurre,* dazu das Partizipialsbst.
ridotto, (*raddotto*), Rückführrort, Sammelplatz,
Schanze; belegn. *ardúser,* radunare; frz. *réduire,*
dazu das Partizipialsubst. *reduit,* Sammelplatz, daneben *redoute* (aus dem ital. *ridotto* mit Anlehnung
an *redouter*), Schanze, vgl. Fafs, RF III 503;
span. *reducir,* dazu das Sbst. *reducto;* ptg. *re-
duzir,* dazu das Sbet. *reduto.* Wegen der Flexion
s. oben **dūco.** Vgl. Dz 270 *ridotto.*
rĕdūcto s. **reden.**
rĕdūctūs s. **rĕdūco.**
7867) **rĕdūplīco, -āre,** verdoppeln; ital. *rad-
doppiare* = *re-ad-dupl.; frz. *redoubler* etc.
7868) vlaem. **reep** „corde à laquelle sont atta-
chés plusieurs hameçons" — wallon. *répe* (mit
gleicher Bedtg.), vgl. Hehrens,Festg. f. Gröber p. 164.
7869) [***rĕ-ĕx-bāttūo, -ĕre** = rum. *rĕsbat ui ut e,*
durchdringen.]
7870) [**rĕ-ĕx-cāpto, -āre** = ital. *riscattare,*
loskaufen, dazu das Vbsbst. *riscatto.*]
7871) [***rĕ-ĕx-cīto, -āre** (v. *excitus,* Part. Perf.
Pass. v. *excīre*), wecken; prov. *reissidar.* Vergl.
Thomas, R XXVIII 207.]
7872) [***rĕ-ĕx-cōllŏco, -āre** = rum. *rĕscol ai at a,*
von neuem aufheben.]
7873) [***rĕ-ĕx-cŏndo, -ĕre** = prov. *rescondre,*
rascundre (Part. Prät. *rescost*), verbergen.]
7874) [***rĕ-ĕx-cŏquo, -ĕre** = rum. *rĕscoc, copsei*
copt coace, gar kochen.]
7875) [**rĕ-ĕx + eūtĭo, eūssī, eūssum, eūtĕre,**
losschütteln; ital. *riscuoto scossi scosso scuotere,*
losmachen, loskaufen, dazu das Vbsbst. *riscossa;*
prev. *rescodre,* Perf. u. Part. Prät. *reseos,* dazu
das Sbst. *rescossa;* altfrz. *rescorre,* Perf. u. Part.
Prät. *rescos;* neufrz. *recourre,* dazu das Sbst.
recousse. Vgl. Dz 289 *scuotere.*]
7876) [***rĕ-ĕx-fācĭo** (facies) = rum. *rĕsfaţ ai
at a,* aufdecken, seben lassen.] ·
7877) [***rĕ-ĕx-fīlo, -āre** (*filum*) = rum. *rĕsfir ai
at a,* entreiben, lösen.]
7878) [***rĕ-ĕx-fŏlĭo, -āre** (*folium*) = rum. *rĕsfoiez
ai at a,* blättern.]
7879) [***rĕ-ĕx-frīngo, -ĕre** = rum. *rĕsfring
frinsei frīni fringe,* brechen, in die Höhe ziehen,
zurückbiegen.]
7880) [***rĕ-ĕx-jūdĭco, -āre** = rum. *rĕsjudec ai
at a,* entscheiden, erwägen.]
7881) [**rĕ-ĕxpāndo, -ĕre** = frz. *répandre,* ausbreiten (das Wort, bezw. *repandere,* scheint in den
übrigen roman. Sprachen ganz zu fehlen).]
7882) [***rĕ-ĕx-pīngo, -ĕre** = rum. *rĕsping pinsei
pins pinge,* zurückstofsen.]
7883) [***rĕ-ĕx-plīco, -āre** = rum. *rĕspic ai at a,*
erklären.]
7884) [***rĕ-ĕx-pōst-mānĕ** = rum. *rĕspoimăine,*
übermorgen.]
7885) [***rĕ-ĕx-sālĭo, -īre** = rum. *rĕsar* (für
rĕssar) *ii it i,* seitwärts springen, verderben.]
7886) [***rĕ-ĕx-scīdĭūm** n. (vom Stamme *scīd,*
wovon *scindĕre*) ist nach Vogel p. 69 das mutmafsliche Grundwort zu span. *resquicio,* Thürangel in
ähnlicher Weise setzt er an cat. *esquey,* Spalte, =
exscidium, cat. *esqueixar,* abreifsen, span. *des-
quejar* = *de-ex-scidiare,* prov. *esquissar,* zerreifsen,
cat. span. *esquinsar* = *exscissare.* Vgl. oben
*****ĕxquīntĭo** und **quietschen,** Vogel's Ableitung ist
ansprechend, aber nicht überzeugend, es widerstrebt
ihr span. *quicio,* das doch von *resquicio* nicht
wohl getrennt werden kann, u. befremdlich ist ganz

ihr, dafs *ī* sich als *i* erhalten haben soll, ganz
besonders aber mufs man daran Austofs nehmen,
dafs *sci-* sich als *squi-* darstellen soll.]
7887) [***rĕ-ĕx-tōrno, -āre** = rum. *rĕstorn ai
at a,* um-, verkehren.]
7888) [***rĕ-ĕx-tōrquĕo, -ēre** = rum. *rĕstorc
torsei tors toarce,* verdrehen.]
7889) [***rĕfīndĭcūlā, -am** f. (*findĕre*), kleine
Spalte, = altspan. *rehendija;* neuspan. *hendrija,*
rendija. Vgl. Dz 483 *rendija.*]
7890) [***rĕflāto, -āre** (*flare*) = modenes. *arfiar,*
atmen, vgl. Flechia, AG II 19.]
7891) **rĕflĕcto, flĕxī, flĕxum, flĕctere,** zurückbeugen (romanisch vorwiegend in übertragener Bedeutung: eine Sache gleichsam biegen, um sie zu
erproben, daher erwägen, überlegen, angebahnt
wurde diese Bedeutungsübertragung durch die Verbindung *animum reflectere,* vgl. z. B. Verg. Aen. 2,
741); ital. *rifletto flessi flesso* u. *flettuto, flettere;*
frz. *refléter,* zurückstrahlen, brechen (vom Lichte),
dazu das Vbsbst. *reflet,* Widerschein, *réfléchir,* erwägen (über altfrz. *reflocher, flocher* vgl. Leser
p. 105); cat. span. ptg. *reflectir,* daneben *reflexar*
(*reflegar*).
7892) **rĕflĕxĭo, -ōnem** f., das Zurückbeugen (im
Romanischen „die Betrachtung, Erwägung"); ital.
riflessione; frz. *réflexion;* span. *reflexion;* ptg.
reflexão, dazu das Vb. *reflexionar.*
7893) **rĕfŏdĭo, -ĕre,** aufgraben; über ital. mundartliche Reflexe dieses Verbums — sie haben auffälligerweise die Bedeutung „pfropfen, Pfropfreis" —
vgl. Salvioni, Post. 19.
7894) ***rĕfrāngo, frēgī, frāctum, frāngĕre** und
rĕfrīngo etc., zerbrechen; ital. *re-* und *rifrango,
fransi, fratto, frangere;* prov. *refranh frais frait
franher,* wiederholen, dazu das Vbsbst. *refranh-s*
und *refrait-z,* Verswiederholung, Refrain, daneben
refrinher mit dem Vbsbst. *refrim-s* aus *****refrinh-s,*
vgl. O. Schultze, Z XI 249 Anm., Diez meint, dafs
refrim sich (nebst *frim*) an *fremitus* anlehne; altfrz. *refrains fraius* und *freins fraint* und *frait
fraindre,* dazu das Vbsbst. *refrain;* span. *refringir*
(gel. W.), sich brechen (vom Lichte); ptg. *refranger*
(gel. W.), sich brechen (vom Lichte); Part. Präs.
refrangente u. *refringente;* Fremdwort ist das Sbst.
span. *refran,* ptg. *refrão,* Sprüchwort. Vgl. Dz
266 *refran;* O. Schultze, Z XI 249.
7895) ***rĕfrĭco, -āre,** wieder reiben; span. *refregar,*
reiben, dazu das Vbsbst. *refriega,* Reibung, Zwist,
Streit. Vgl. Dz 147 *fregare.*
7896) ***rĕfrīgĕrĭūm** n., Erfrischung, Erholung,
Ruhe, Trost, Freude, Wonne spendende Sache; ital.
re- u. *rifrigerio;* prov. *refrigeri-s;* altfrz. *refrigeri* (gel. W.), vgl. Leser p. 106; cat. *refrigeri;*
span. ptg. *refrigerio.*
rĕfrīngo s. **rĕfrāngo.**
7897) ***rĕfūso, -āre** (v. *refusus* in der Bedtg.
„verschmäht"), verweigern; ital. *rifusare* (daneben
riñutare, gleichsam *****refutare* für *refutare,* freilich
bleibt das Eindringen des *l* unerklärlich, dazu das
Vbsbst. *rifiuto*); rum. *refus ai at a;* rtr. *refuser*
(daneben *refudar; rehuzor,- sar* aber
ist = *****retusare,* nicht = *recusare*); frz. *refuser*
(daneben *réfuter*) aber altfrz. *rêuser,* neufrz. *ruser*
= *****retusare,* nicht = *recusare,* die Bedeutungsentwickelung scheint gewesen zu sein „zurückprallen, vom geraden Wege abbiegen, einen Seiten-
weg einschlagen, auf Seitenwegen nach etwas streben,
listig handeln, listig sein", dazu das Vbsbst. *ruse,*
List); cat. *refusar;* span. *rehusar* (daneben *refutar*);

ptg. refusar (daneben refutar). Vgl. Dz 270 rifusare; Andresen, Jahrb. XII 471; Scheler im Anhang zu Dz 742 u. im Dict. s. v.; Gröber, ALL V 234.

7898) [rĕfūto, -āre, zurücktreiben, zurückweisen; ital. rifiutare, dazu das Vbsbst. rifiuto; prov. refudar; frz. réfuter; cat. span. ptg. refutar. Vgl. Dz 393 rifiutare; Rönsch, RF III 458.]

7899) [*rĕgālīmen n. (regalis), Königreich; (ital. reame); prov. reyalme-s; frz. royaume; altspan. realme, reame; (neuspan. ptg. reino). Vgl. Dz 265 reame; Meyer, Ntr. p. 81.]

7900) rĕgālīs, -e (rex), königlich; ital. regale u. (üblicher) reale, vgl. Canello, AG III 374; prov. rejal-s, real-s, rial-s; frz. royal; span. ptg. real (als Shet. Name einer Münze und Benennung eines königlichen Hauptquartieres oder Heerlagers). Vgl. Dz 481 real.

7901) [*rĕgāmbo, -āre (gamba); davon vielleicht frz. regimber, mit den Hufen ausschlagen, indessen ist in Hinsicht auf das gleichbedeutende altfrz. regiber diese Ableitung sehr fragwürdig, wie schon Dz 667 s. v. hervorgehoben hat.]

rĕgĕlo s. geili.

7902) [rĕgĕstūm n. (schriftlat. gewöhnlich Pl. regesta), Verzeichnis, Register; ital. registro (daneben resta, Reihe, vgl. Storm, R V 168); prov. frz. registre; span. registro, Register, ristra, Reihe (von Zwiebeln u. dgl.), dazu das Vb. ristrar, reihen; ptg. registo und registro. Vgl. Dz 267 registro; Storm, R V 168. S. auch rēstis.]

7903) rĕgīā, -am f., Königsburg, = ital. reggia (daneben als Adj. regio, regia), vgl. Canello, AG III 349.

7904) [*rĕgīmĕn n. (für régimen von regère), Leitung; prov. regime-s; frz. régime (bedeutet insbesondere auch die Leitung des persönlichen Lebens, Lebensweise). Vgl. Dz 265 reame.]

7905) [rĕgīmĕntūm n. (regére), Leitung, Regierung; ital. reggimento; frz. régiment etc.; das Wort dient auch zur Bezeichnung einer unter einheitl. Leitung stehenden Truppenmasse, Regiment.]

7906) rĕgīnā, -am f. (rex), Königin; ital. regina u. reina (so auch im Sard.); prov. regina, reina; frz. reine; span. reina, reyna; ptg. reinha, rainha.

7907) ahd. Reginhard, Personenname (soviel wie „ratkundig, Ratgeber" bedeutend); dav. frz. renard, Fuchs (dazu altfrz. renardie, Verschlagenheit). Vgl. Dz 668 renard; Mackel p. 133.

7908) rĕgīo, -ōnem f., Gegend; ital. (regione, Gegend), rione, Stadtviertel, vgl. Canello, AG III 374; (prov. regio-s, rejo-s); altfrz. royon m., vgl. Scheler im Anhang zu Dz 741, Meyer-L., Ztschr. f. frz. Spr. u. Litt. XX² 67; neufrz. région (gel. W.); (span. region; ptg. região).

7909) rĕgno, -āre, herrschen; ital. regnare; prov. regnar, renhar; frz. régner; span. reynar, reinar; ptg. reinar.

7910) rĕgnūm n. (regnare), Herrschaft, Königsreich; ital. regno; prov. regne-s, reyne-s (daneben regnat-z); frz. règne; span. reyno, reino; ptg. reino.

79 11) rĕgo, rēxī, rēctum, rĕgĕre, richten, leiten; ital. reggo ressi retto reggere; prov. regir; frz. régir; span. regir; ptg. reger. Über die Komposita von regere vgl. Ascoli, AG III 326 Anm., Gröber, ALL V 234.

7912) rĕgŭlā, -am f. (regère), Stab, Schiene, Richtschnur, Regel; ital. regola, Regel; Caix, St. 480, leitet von regula ab auch reggetta „verga,

striscia metallica". indem er annimmt, dafs es aus *regella durch Suffixvertauschung entstanden sei, u. auf span. riel, Barre, hinweist, für welches auch Diez 483 regula, Stab, als Grundwort ansetzt; rum. regulă; prov. regla, Regel (relha, Pflugschar, neuprov. relho, reio, Hebel, Hebebaum, Brecheisen, Fensterstab, Pflugschar; altfrz. reille, Eisenstab); frz. règle (altfrz. reule, riule), Regel, neufrz. auch Lineal; (cat. rella, Pflugschar); span. regla, Regel, Lineal, (reja, Pflugeisen, eisernes Fenstergitter); ptg. regra, Regel, regoa, Lineal, (relha, Pflugmesser). Vgl. Dz 267 relha u. 483 reja (Diez leitet span. reja und ptg. relha von reticulum ab), vgl. ferner 483 ringla, wo Diez auch cat. rengla, Reihe, span. ringla, ringlera, Reihe, ringlero, ringlon, Zeile, von regula ableitet, indessen dürften die Worte wohl auf got. *hriggs, Ring, zurückzuführen sein; C. Michaelis, Misc. 149 (hier wird für relha etc. als Grundwort *rallia aufgestellt, s. oben s. v.); Gröber, ALL V 235 (fafst die ganze Sippe unter regula zusammen, indessen dürfte *rallia doch zu berücksichtigen sein); Th. p. 77 (glaubt, dafs vielleicht gall. rīcā, Furche, das Grundwort sei).

7913) [1. rĕgŭlo, -āre (regula), regeln; ital. regolare; rum. regulez ai at a; prov. reglar; altfrz. ruiler. regeln (daneben ruiner, Balken einkerben, vgl. Littré s. v.); frz. régler; cat. span. ptg. regular, ptg. auch regrar; überall gel. oder halbgel. Wert mit diesem Worte u. altfrz. ruiler.]

7914) 2. rĕgŭlo, -āre (gula) = (?) span. regoldar, rülpsen, dazu das Vbsbst. regueldo, vgl. Dz 482 s. v.

7915) ahd. rĕh, mhd. rĕch, Reh; davon nach Caix, St. 476, ital. recchiarella „pecora che non ha figliato".

7916) rĕlcĭo (dreisilbig), lēcī, lĕctum, rĕlcere, zurückwerfen; ital. recere, ausspeien; valmogg. reš; rtr. riecer, vgl. Dz 393 s. v.; Ascoli, AG VII 411; Gröber, ALL V 236.

7917) dtsch. reif, Band, Strick; davon vielleicht ital. refe, Zwirn, vgl. Dz 393 s. v.; C. Michaelis, Jahrb. XI 293, stellte arab. refi', dünn, als Grundwert auf.

7918) [*rĕ-īmīto, -āre = span. ptg. remedar, arremedar, nachahmen, vgl. Dz 483 s. v.]

7919) altnord. ahd. reĭn, Rain; frz. rain, Grenze, vgl. Dz 663 s. v.; Mackel p. 117.

[*rĕ-īn-crēsco s. *re-in-crēsco.

7920) [*rĕ-īnflo (= *re-unflo), -āre, wieder einblasen; davon nach Caix, St. 51, ital. ronfiare, schnarchen; prov. ronflar; frz. ronfler (altfrz. auch fronchier, ronchier = *roncare). Diez 275 ronfiare verglich bret. rufla, gr. ῥομφεῖν, ῥομφάνειν und erblickte in allen diesen Worten „Naturausdrücke", Boucherie stellte *rhombulare, schwirren (vom Kreisel, von der Spindel), als Grundwort auf, vgl. Scheler im Dict. unter ronfler. Vgl. Gröber, ALL V 239.]

7921) [gleichs. *rĕ-īn-fōrmĭcĭum = frz. renformis, neuer Bewurf einer Mauer, dazu das Vb. renformir. Vgl. Thomas, R XXVIII 209.]

7922) [*rĕ-īn-frānc(o) + (rĕ-īn-fr)ēsco, -āre; daraus nach Caix, St. 487, ital. rinfrancescare „rinnovare, rimettere in vita".

[*rĕ-īnītĭo s. rĕcĕnto.]

7923) kelt. Stamm reino- (wovon der Flufsname Rhenus, Rhein); davon nach Th. p. 110 comask. rin, Bächlein; altfrz. rin, Quelle (Aiel et Mirabel ed. Förster v. 3921, durch welche Stelle, da in ihr rin durch den Reim gesichert ist, wohl Tobler's in Gött. gel. Anz. 1874 p. 1043 ausgesprochener Zweifel an dem wirklichen Vorkommen des Wortes behoben wird). Näher liegt wohl die Ableitung vom ahd. *rinná*, Rinne, vgl. Dz 670 *s. v.;* Mackel p. 100.

7924) **rĕ + īn + pĕctŭs** = ital. *rimpetto*, gegenüber, vgl. Dz 393 *s. v.*

7925) altn. **reisa,** Zug, = altfrz. *raise*, Kriegszug, vgl. Dz 664 *s. v.;* Mackel p. 117 (Mackel führt auch neufrz. *raise, rèse* an, diese Worte scheinen aber nicht vorhanden zu sein).

7926) dtsch (nassauisch) **Reiss,** Mafsbezeichnung für Dachschiefer, = lothr. *resse*, eine Ladung Schiefer, vgl. Behrens, Festg. f. Gröber p. 165.

7927) ***rĕītŭs, -ātem** *f. (reus)*, Schuldbarkeit; ital. *reità;* rum. *rĕutate*, Bosheit, Falschheit.

reiza s. **rādīx.**

7928) arab. **rekb,** Zug von Reisenden auf Lasttieren; cat. span. *récua*, Koppel-Lasttiere; ptg. *récova.* Vgl. Dz 482 *récua;* Eg. y Yang. 480 *(recúb).*

7929) [**rĕlātīo, -ōnem** *f. (referre)*, Berichterstattung; ital. *rilazione;* frz. *relation* etc.]

7930) **rĕlāxo, -āre,** locker lassen; ital. *rilasciare* u. *rilassare,* vgl. Canelle, AG III 365; frz. *relaisser,* matt hetzen, als refl. Vb. (sich erholen, ausspannen), sich aufhalten, dazu das Vbsbst. *relais*, Haltepunkt, Umspannungsort. Diez 667 setzt auch *relayer,* ablösen, = *reloxare* an, richtiger aber dürfte **rela[r]gare* als Grundwort aufzustellen sein, vgl. oben **lātan.**

7931) **rĕlĕvo, -āre,** aufheben; ital. *rilevare*, dav. das Vbsbst. *rilievo, -levo,* Abhub, Überbleibsel einer Mahlzeit, die emporgehobenen, erhabenen Teile eines Bildwerkes; frz. *relever,* dazu das Vbsbst. *relief;* span. *relevar, relieve;* ptg. *relevar, relevo.* Vgl. Dz 668 *relief.*

7932) [**rĕlīgīo, -ōnem** *f. (religēre)*; Religion; ital. *religione;* altlomb. *relion;* rum. *relighie;* prov. *religio-s;* frz. *religion;* cat. *religió;* span. *religion;* ptg. *religião.*]

7933) [**rĕlīgīōsŭs, a, um** *(religio)*, religiös; ital. *religioso;* altlomb. *relioso;* rum. *relighios;* religios; frz. *religieux;* cat. *religios;* span. ptg. *religioso.*]

7934) [**rĕlĭnquo, lĭquī, lĭctum, lĭnquĕre,** zurück-, verlassen, = altfrz. *relinquir, relenquir,* in Stich lassen.]

7935) [**rĕlĭquĭā, -am** *f.,* Überrest; erhalten in ital. Mundarten (z. B. venez. *leriquia,* paduan. *requilia* etc.) u. im altfriaul. *ariquile.* Vgl. Joppi, AG IV 335; Behrens, Metath. p. 25.]

7936) **rĕlūcĕo, -ēre,** leuchten; ital. *rilúcere;* sard. *rilughere.*

rĕ + ahd. **luogen** s. **luogen.**

7937) **rēm** (Accus. Sg. *v. res)*, Ding, Sache; prov. *ren, re, rei, re-s,* Sache, Ding, etwas, jemand, *granre(n), ganre(n)* = *grandem rem,* viel, lange, *aldres,* etwas anderes; frz. *(altfrz. roi, Sache, z. B. Am. et Am. 985 je n'en sai autre roi, vgl.* Körting, Ztschr. f. frz. Spr. u. Litt. XVIII[1] 280 Anm. 40), *ne + rien,* nichts; altptg. *rem, algorrem,* etwas. Vgl. Dz 670 *rien.* (Ital. *niente* s. No 6489.)

7938) [**rĕmācto, -āre** = span. *rematar,* töten, den Garaus machen, zu Ende bringen, vollenden, dazu das Sbst. *remate,* Ende. Vgl. Dz 468 *matar.* (Diez setzt der Ableitung ein Fragezeichen bei, das sehr berechtigt ist, denn vgl. No 5783).]

7939) **rĕmănĕo, mānsī, mānsŭm, mānēre,** zurückbleiben; ital. *rimanere;* rum. *rĕmâne;* rtr.

rumaner; prov. *remaner, re-, romanre;* span. ptg. *remanecer.* Wegen der Flexion s. **mănĕo.**

7940) **rĕmĕmŏro, -āre,** wieder erinnern; ital. *rimemorare* „richiamare alla memoria", *rimembrare* „ricordare", vgl. Canello, AG III 399.

7941) **Rēmī, -os** *m.* = frz. *Rheims;* davon ital. *renso,* (aus Rheims bezogener) feiner Flachs, vgl. Dz 393 *s. v.*

7942) **rĕmīssŭs, a, um** *(v. remittĕre)*, ausgelassen, geschmolzen (vom Fette gesagt); altfrz. *remes, remais,* Talg. Vgl. Thomas, R XXVIII 208.

7943) **rĕmĭtto, mīsī, mīssŭm, mīttĕre,** zurückschicken; ital. *rimettere* und dem entspr. in den übrigen Sprachen, s. oben ***mĭtto.**

7944) ***rēmo, -āre** *(remus)*, rudern; ital. *remare* (daneben *remigare);* prev. *remar;* frz. *ramer* *(remare : ramer* = **fenare : faner)*, dazu dasVbsbst. *rame,* Ruder; span. ptg. *remar.* Vgl. Dz 664 *rame;* Th. p. 109.

7945) [***rĕmŏlīno, -āre** *(molina)*, mühlenradartig wirbeln; ital. *remolinare,* dazu das Vbsbst. *remolino,* Wirbel; altfrz. *remoulincr,* dazu das Sbst. *remoulin,* Haarwirbel; span. *remolinar,* dazu das Sbst. *remolino;* ptg. *remoinhar,* dazu das Sbst. *re(do)moinho.* Vgl. Dz 219 *mulino.*]

7946) [***rĕmŏlo, -ĕre,** wieder mahlen, = frz. *remoudre,* davon die Verbalsubstantiva *remous, remote,* Wasserwirbel, Strudel. Vgl. Dz 219 *mulino.*]

7947) ***rĕmŏro, -āre** (schriftlat. *remorari)*, säumen, zagen; daraus nach Caix, St 482, ital. *rembolare* (aus **remolare, *remorare),* zögern.

7948) ***rĕmūlco, -āre** *(remulcum)*, ins Schlepptau nehmen; ital. *rimurchiare, rimorchiare* = **remulculare;* neuprov. *remoucá;* frz. *remorquer;* cat. span. *remolcar;* (ptg. *rebocar,* wohl entstellt aus *remorcar,* vielleicht durch irgend welche volksetymologische Angleichung, daneben *reboquear).* Vgl. Dz 271 *rimurchiare;* G. Paris X 61; Gröber, ALL V 236.

7949) ***rĕmūlcūm** *n.* (für *remúlcum, v.* griech. ῥυμουλχέω aus ῥυμόν u. ἕλχω), Schlepptau; ital. *rimorchio* = **remulculum;* frz. *remorque;* span. *remolque;* (ptg. *reboque).* — Caix, St. 15, zieht hierher auch, und wohl mit Recht, ital. *burchio, burchia,* bedeckter Nachen mit Rudern, span. *burcha,* indem er die Worte aus **rimburchio* = **remulculum* erklärt, was um so statthafter, als das Vb. *rimburchiare* vorhanden ist.

7950) **rĕmūndo, -āre,** reinigen; ital. *rimondare;* lemb. *remondá* etc.

7951) [***rĕmūssĭco, -āre** *(mussare),* knurren, murren; dav. viell. ptg. *remusgar, resmungar,* zanken; ebenso gehen diese *resmonear, resmoninhar* viell. auf ein **remussinare* zurück, vgl. C. Michaelis, Frg. Et. p. 56.]

[***rĕmūssīno,** s. **rĕmūssĭco.**]

7952) **rēmŭs, -um** *m.,* Ruder; ital. *remo;* prov. *rem-s;* (frz. *rame* v. *ramer* = **remare,* s. d.); span. ptg. *remo.*

7953) **ren** *n.,* Niere; rtr. *rain;* span. *rene;* ptg. *rim.*

7954) **rĕnĕgo, -āre,** verleugnen; ital. *rinegare;* altfrz. *reneiier, renoiier;* neufrz. *renier.*

7955) ***rĕnīo, -ōnem** *m. u. f.* (für *ren),* Niere; ital. *rognone, argnone, arnione (ar* = *re,* s. d.); rtr. *rain;* prov. *renho-s, ronho-s;* altfrz. *regnon, roignon;* nfrz. *rognon, (rein),* vgl. Suchier in Gröber's Grundriss I 665 u. dagegen Horning, Z XXI 459; cat. *rinyo, ronyo, (ren);* span. *riñon, (rene);* ptg. *rinhão, (rim).* Vgl. Dz 274 *rognone;* Gröber, ALLV 236.

7956) rĕnŏvo, -āre, erneuern; ital. rinovare, rinnovare; prov. renovar (daneben renovelar, renoelar), davon renou-s, Wucher (d. h. immer neue Geldforderung), renovier-s, Wucherer; span. renovar, dav. renuevo, Schöfsling, renovero, Wucherer. Vgl. Dz 668 renou.

7957) *rēnŭncŭlŭs, rēnĭcŭlŭs, -um m. (Demin. v. ren), Niere; rum. rinichiu, rinic, rănunchiu, rărunchiu; rtr. ranunchels. Vgl. Dz 274 rognone; Gröber, ALL V 236.

7958) [rēnŭntĭo, -āre, berichten, verkünden (im Roman. hat sich die Bedtg. „einen Verzicht erklären" entwickelt); ital. rinunziare; frz. renoncer: altspan. regunzar, berichten, vgl. Cornu, R X 405; span. renunciar, verzichten, dazu die Vbsbsttve renuncia und renuncio; ptg. renuneiar, dazu das Sbst. renuncia.]

7959) [*rĕ-ŏbdūro, -āre == rum. rabd ai at a, aushalten, ertragen, erproben.]

7960) schwed. repa, reifsen (davon reppling, Schnitte, norweg. repel u. ripel, Stück); damit verwandt odeʰ doch zusammenhängend ist nach Bugge, R III 157, frz. riblette. geröstetes Fleischschnittchen (daneben griblette, wohl an griller angelehnt). Scheler im Dict. s. v. wies auf germ. rib, rip, Rippe, als das mutmafsliche Grundwort hin.

7961) schwed. repa, ndd. repe, Hanfbreche; davon nach Bugge, R III 156, vielleicht das gleichbedeutende frz. ribe.

7962) rĕpāro, -āre, wiederherstellen; ital. riparare, verwahren, schützen, abhelfen, dazu dasVbsbst. riparo, Abhilfe, Schutzwehr; frz. réparer; span. reparar, dazu das Vbsbst. reparo; ptg. reparar u. repairar (vgl. plana und plaina), aus letzterer Form ist wohl durch Abfall des Präfixes entstanden pairar, widerstehen, ab-, aushalten, wenn man es nicht, was vielleicht besser, == parare ansetzen will (wegen der Bedtg. vgl. para in den Zusammensetzungen parasole etc.). Vgl. Dz 235 parare und 474 pairar (Diez ist geneigt, pairar von dem bask. pairatu, leiden, abzuleiten).

7963) rĕpāsco, -ĕre, füttern, ernähren; ital. ripascere, weiden; frz. repaitre, dazu das Vbsbst. repas (aus repast, vgl. appas aus appast-s, neufrz. appât, s. Scheler im Diet. unter appas).

7964) rĕpāstĭno, -āre, wieder behacken, wieder umgraben; ital. ripastinare.
*rĕpāstŭs s. repas.

7965) rĕpātrĭo, -āre (patria), heimkehren (bei Solin, Ambrosius und Cassiodor belegt); prev. repairar, dazu das Sbst. repaire-s; altfrz. repairier, dazu das Sbst. repaire, Heimat, Behausung (neufrz. repère, Zufluchtsort, Schlupfwinkel). Vgl. Dz 668 repairer; Gröber, ALL V 238.

7966) rĕpāuso, -āre, ausruhen (nur im spätesten Latein); ital. riposare, dazu das Vbsbst. riposo; rum. repʿos, posai, posat, posa (bedeutet „für immer ausruhen, sterben"); prov. repausar; frz. reposer, dazu das Vbsbst. repos; span. reposar; ptg. repousar.

7967) [*rĕpēdĭto, -āre (pedĕre); davon nach Cornu, R X 589, span. reventar, bersten; ptg. rebentar, arrebentar. Diez 482 rebentar leitete die Worte von ventus ab, was Parodi, R XXVII 217, verteidigt hat; Rönsch, Jahrb. XIV 179, stellte crepare als Grundwort auf mit der Annahme, dafs dasselbe in Anlehnung an repente umgebildet worden sei.]

7968) [*rĕpēntācŭlŭm n. (v. repens), (eigentlich hinabneigend, abfallend) ist nach Caix, St. 50, das

Grundwert zu ital. ripentaglio, Gefahr. Diez 393 s. v. leitete das Wort von repoenitere ab (ebenso d'Ovidio, AG XIII 414) u. verglich es mit altfrz. repentaille, Reukauf.]

7969) [rĕpĕtĭtĭo, -ōnem f. (repetere), Wiederholung; ital. ripetizione; frz. répétition etc.; überall nur gel. W.]

7970) [rĕpĕto, pĕtĭvĭ, pĕtĭtŭm, pĕtĕre, wiederholen; ital. repetere u. ripetere; frz. répéter etc.; überall nur gel. W.]

*rĕpĭdŭs s. rĭpĭdŭs.

7971) [*rĕpĭlo, -āre (pĭlus); dav. (mit noch unerklärtem Bedeutungswandel) span. repelar „hacer dar al caballo una carrera corta", dazu das Sbst. repelon, ital. repolone, ptg. repolon. Vgl. Thomas, R XXVIII 210.]

7972) rĕplŭm n., Thürrahmen (Vitruv 4, 6, 5); davon (?) vielleicht valencian. span. ptg. ripio, kleine Steine, die zum Ausfüllen der Zwischenräume des Pflasters dienen, auch Schutt, davon span. ripiar, mit Schutt ausfüllen; span. ptg. ripia, Futterbrett, vgl. Dz 483 ripio.

7973) rĕpo, rēpsĭ, rēptŭm, rēpĕre, kriechen; ital. ripire, klettern (wohl mit Anlehnung an *ripidus, steil); rtr. reiver (?), kriechen, vgl. Ascoli, AG VII 411; prov. nur das Part. Präs. repen-s. Vgl. Dz 394 ripire.

7974) [*rĕpoenĭtĕo, -ēre, berouen; ital. repentirsi u. ripentirsi; prov. frz. span. repentir (refl. Vb.); ptg. arrependerse.]

7975) rĕpōno, pŏsŭĭ, pŏsĭtŭm, pŏnĕre, zurückstellen; ital. riporre; sard. rebustu, dispensa, credenza; rum. repune; prov. altfrz. rebondre (Part. rebost, reboz), verbergen, begraben; span. reponer; ital. repolon. Wegen der Flexion s. pŏno. Vgl. Dz 666 rebondre. Über die Sbst. altfrz. repostail. repostailles, wovon ital. ripostiglio, -a, vgl. d'Ovidio, AG XIII 414.

7976) vlaem. ndl. reppen, ziehen, reifsen, rucken; dav. viell. wallon. wallon. „trainer volontairement à torre le bout de l'échasse", vgl. Behrens, Festg. f. Gröber p. 165.

7977) [rĕpraesēntātĭo, -ōnem f. (repraesentare), Dar-, Vorstellung; ital. ripresentazione; frz. représentation etc.; überall nur gel. W.]

7978) [rĕpraesēnto, -āre, dar-, vorstellen; ital. ripresentare u. frz. représenter etc.

7979) [rĕprĕ[hĕ]ndo, dĭ, sŭm, ĕre, zurücknehmen; ital. riprendere; frz. reprendre etc. Wegen der Flexion s. oben prĕ[hĕ]ndo.

7980) [gleichsam *rĕprĕhēnsālĭā, *rĕprēnsālĭā (reprehendĕre) == ital. ripresaglia, rappresaglia, frz. représaille; span.ʿ represalia. Wegen zur Schadloshaltung Zurückgenommene Wiedervergeltung: frz. représaille; span. represalia. Vgl. Dz 271 ripresaglia; d'Ovidio, AG XIII 413.]

7981) [*rĕprŏbĭco, -āre (reprobare), vorwerfen; davon nach Caix, St. 115 (u. 12), prov. repropchar, vorwerfen, dazu das Vbsbst. repropche-s; frz. reprocher, dazu das Vbsbst. reproche; davon wieder ital. rimprocciare, rimbrocciare, imbronciare, bronciare, bronciolare u. das Verbaladj. broncio); span. ptg. reprochar, dazu das Sbst. reproche. Diez 668 reprocher hatte *repropiare „vorrücken" als Grundwort aufgestellt u. *appropiare : approcher verglichen. Ein zwingender Grund zum Aufgeben der Diez'schen u. zur Annahme der Caix'schen Ableitung liegt nicht vor.]

7982) [*rĕprŏbĭto, -āre (Frequent. v. reprobare), mifsbilligen, verwerfen; davon nach Caix, St. 115 (u. 13) ital. rimbrottare, vorwerfen, schelten, wovon wieder die sinnverwandten Verba *rimbrottolare*, *rimbrontolare*, *brontolare* (daraus vielleicht aret. *bartulare* „romoreggiare dol tuono", angelehnt an *urlare*, vgl. Caix, St. 192).]

7983) **rĕprŏbo, -āre**, mifsbilligen, verworfen; ital. *riprovare*; altfrz. *reprover*, dazu das Sbst. *reprover*; neufrz. *reprouver*; span. *reprobar*; (ptg. scheint das Verbum zu fehlen). Vgl. Dz 668 *reprocher*; Caix. St. 115.

7984) **rĕpŭllŭlo, -āre** (re u. *pullus*), wioderhervorsprossen; davon vielleicht nach Dz 483 *s. v.* span. *repollo*, Knospe, Kopfkohl; ptg. *repolho*.

7985) **rĕpūto, -āre**, anrechnen, zurechnen; rtr. *ravidar*; prov. *reptar*, tadeln, anklagen; altfrz. *reter*; altspan. *reptar*, dazu das Sbst. *riepto*, *rieto*; nouspan. *retar*, herausfordern, dazu das Sbst. *reto*; ptg. *reptar*. Vgl. Dz 267 *reptar*.

7986) *__rĕquaero, quaesīvī, quaesītum, quaerēre__, aufsuchen, verlangen; ital. *richiedere*, dazu das Partizipialsbst. *richiesta*; altoberital. *re-* u. *riquerir*; prev. *requerre*, dazu das Sbst. *requesta*; frz. *requérir*, dazu das Sbst. *requéte*; span. *requerir*, dazu das Sbst. *requesta*; ptg. *requerer*, dazu das Sbst. *requesta*. Wegen der Flexion s. **quaero**.

7987) **rĕquīēm** (Accus. Sg. v. *requies*), Todesruhe, Totenmesse (in letzterer Bedtg. erst romanisch); davon angeblich frz. *requin*, Haifisch, weil ein solcher Fisch den Tod und folglich die Totenmesse verursache. Vgl. Dz 668 *s. v.* .Offenbar ist das aber nur eine halb gelehrte, halb volksetymologische Deutung. In Wirklichkeit dürfte das Wort germanischen Ursprunges sein u. etwa mit ags. *hraca*, Rachen, Kohle, abd. *rahho* zusammenhängen.

7988) [*__rĕquīnquio, -āre__, reinigen (das Verbum *quinquare* mit der Bedeutung *lustrare* wird von Charisius angeführt); dav. altfrz. *recincier*, pic. *rechinchier*, neufrz. *rincer*, spülen.] Vgl. No 7836.

7989) **rĕquīrīto, -āre** (Intens. v. *requīrĕre*), nach etwas nachfragen, ist das vermutliche Grundwort zu frz. *regretter*, bedauern (die eigentliche Bedtg. würde dann sein „nach etwas eifrig fragen, etwas vermissen, sich nach etwas sehnen"; dazu das Vbsbst. *regret*; wenn man an der Erhaltung des t Anstofs nimmt, so liefse sich vielleicht ein nochmals intensiv abgeleitetes *requirititare* ansetzen. Vgl. Dz 667 *regretter* (empfiehlt *requiritari*); Böhmer, RSt. III 357 (befürwortet *requiritare*); G. Paris, R VII 122 u. zu Alexius 26e, stellte got. *gretan*, weinen, klagen, als Grundwort auf, worin ihm Mätzner vorangegangen war u. Scheler im Diet. *s. v.* ihm nachfolgte; Mackel p. 86 (erklärt nach eingehender Untersuchung, dafs germanischer Ursprung unglaubhaft u. die Ableitung von *requīritare* [sic! lies *requīritare*] noch immer die wahrscheinlichste sei); über andere ganz unmögliche Grundwerte, die man in' Vorschlag gebracht hat (so Rahn, Etym. Unters. p. 36, *regratare* v. *gratus*, Chavée, Rev. de ling. I 224, *recretare* v. *recretum* v. *recrescere*), vgl. Scheler im Dict. *s. v.*

7990) [*__rĕquo, -āre__ (v. *requa* für *requies*), ruhen, wird von Nigra, AG XIV 297, als Grundwort zu frz. *rêver* angesetzt —, eine unhaltbare Annahme. Vgl. No 7697.]

rēs s. rēm u. **hāc rē** u. No 7937.

7991) [*__rĕsābīum n.__ (resapĕre Apul. Herb. 80); viell. Grundform zu span. ptg. *resabio*, *resaibo*, Nachgeschmack, dazu das Vb. *resabiar*, vgl. Schuchardt, Roman. Etym. I p. 15.]

7992) dtsch. **resche**, hart, rauh, spröde; davon nach Dz 666 *s. v.* (rtr. *reš*, vgl. Gartner § 22);

frz. *rèche*; pic. *rèque*, rauh, herb, vgl. dagegen Förster, Z III 264, und Mackel p. 90. Darf man vielleicht in *rèche* ein Verbaladjektiv zu *rescher* = *resecare* (vgl. *oschier* aus *absecare*) erblicken? Die Grundbedeutung würde dann etwa sein „eingeschnitten, uneben". S. auch oben **kīnan**.

7993) [**rēscīndo, scīdī, scīssūm, scīndere**, zerreifsen; ital. *rescindo*, *rescisi*, *rescisso*, *rescindere*.]

7994) **rēscrībo, scrīpsī, scrīptum, scrībēre**, wiederschreiben; ital. *rescrivere*, zurückschreiben, *riscrivere*, nochmals schreiben, vgl. Canello, AG III 332; frz. *récrire*; span. *rescribir*; ptg. *rescrever*; wegen der Flexion s. **scrībo**.

7995) **rēsěco, -āre**, abschneiden; ital. *resecare*, *risecare*, *risegare* „ricidere, rimuovere"; von *risecare* das Vbsbst. *risico* (für *riseco*), welches (vgl. span. *risco*) eigentlich wohl eine gleichsam abgeschnittene, jäh abfallende Klippe, also eine gefahrvolle Stelle bezeichnet (vgl. span. *risco*, Klippe) und daher zur der übertragenen Bedtg. „Gefahr" gelangen konnte, von *risico* dann wieder das Vb. *risicare*, in Gefahr setzen, wagen. Freilich wäre von *risecare* zu erwarten *riseco*, allenfalls *risco*, es kann aber das *i* der zweiten Silbe in *risico* auf Angleichung an dasjenige der ersten Silbe beruhen, vielleicht auch zuerst im Verbum eingetreten sein, um das zu übertragener Bedeutung gelangte *resecare* von dem die ursprüngliche Bedtg. bewahrenden zu scheiden; piem. *resì*, Grummet, altligur. *resego*, friaul. *ariesi*, *ricsi*, vgl. Salvioni, R XXVIII 92; frz. *risquer*, dazu das Sbst. *risque* (Lehnworte aus dem Ital.); span. *risco*, Klippe, *riesgo*, Gefahr, *arriscar*, *arriesgar*, wagen; ptg. *risco*, Klippe, Wagnis, Gefahr (vermutlich gehört hierher auch *risca*, *risco*, Federzug, Linie, da sich die Züge der Feder u. die Linien mit über die Papierfläche gemachten Schnitten vergleichen lassen). Aus dem Partizipialadj. span. ptg. *arriscado*, wagehalsig ist vielleicht gekürzt das gleichbedeutende *arisco*, indessen lassen sich berechtigte Zweifel dagegen erheben. Vgl. Dz 271 *risicare* und 424 *arisco*; Canelle, AG III 371 Anm. (handelt über die Bedeutungsentwickelung, indessen ist das, was Diez darüber gesagt hat, den Vermutungen Canello's vorzuziehen); Devic brachte arab. *rizq*, Schicksal, als Grundwort in Vorschlag.

7996) **rēsēmīno, -āre** (*semen*), wieder besamen, besäen; rum. *rěseamin ai at a*, ver-, zerstreuen.

7997) **rēsex, -sěcem (palmes)**, junge Rebe, die beschnitten wird, Stürzel; abruzz. *reseka*, vgl. Meyer-L., Z. f. ö. Gr. 1891 p. 774.

7998) **rēsīcco, -āre**, trocknen; dav. tic. *rescare* vo. wieder *rescana*, Vorrichtung zum Trocknen der Roggengarben. Vgl. Salvioni, R 104.

7999) **rēsīlīo, -īre** (dafür *rēsālīo*), -īre, zurückspringen; ital. *risalire*; ossol. *arsai*, spaventarsi; rum. *resar ii it i*; frz. (? *résilier*, von einem Kaufe u. dgl. zurücktreten); span. *resalir*, hervor-, überragen, *resilir*, zurückprallen; ptg. *resa(h)ir*, hervor-, überragen.

8000) **rēsīnā, -am** f. (ῥητίνη), Harz; ital. *resina*; rum. *răjină*; prev. *rezina*, *rozina*; frz. *résine*; cat. *resina*, *rehina*; span. ptg. *resina*.

8001) [*__rēsīnum n. u. rēsīnā, -am f.__ ist nach W. Meyer, Ntr. 137, das vorauszusetzende Grundwert zu altfrz. *re(i)sne* (agn. *redne*=*rebne*), Zügel, neufrz. *rêne*. Gemeinhin wird *retina* als Grundwort angesetzt; Dz 265 *rédina*; Gröber, ALL V 237; d'Ovidio, AG 450 (er setzt ein griech. *ῥησίνη* an).]

8002) rĕsŏlvo, sŏlvī, sŏlūtum, sŏlvĕre, auflösen (im Roman. auch in übertragener Bedeutung „eine Frage u. dgl. lösen, entscheiden"); ital. risolvere; frz. résoudre; span. ptg. resolver. Wegen der Flexion s. sŏlvo.

8003) rĕsŏno, sŏnŭī, sŏnītum, sŏnāre, wiederhallen; ital. risonare; rum. resun ai at a; prov. resonar; frz. résonner; cat. resonar; span. resonar; ptg. resonar, resoar.

rĕsŏrtīo s. sŏrtīo.

8004) rĕspĕcto, -āre (respectus), berücksichtigen, achten; ital. rispettare; prov. respeitar, aufschieben; altfrz. respitier, aufschieben; neufrz. respecter (gel. W.), achten; (span. respetar, achten; ptg. respeitar). Vgl. Gröber, ALL V 237.

8005) rĕspĕctŭs, -um m. (respicere), Berücksichtigung, Achtung (im Roman. auch „Aufschub", eigentl. wohl die rücksichtsvolle Behandlung einer Sache); ital. rispetto, Achtung, respitto (aus dem Frz. entlehnt), Aufschub (resquitto mit gleicher Bedtg., vgl. Canello, AG III 319); prov. respeit-z, Aufschub, Erwartung; frz. répit, Aufschub, (altfrz. respit bedeutet auch „Gleichnifs, Sprichwort", vgl. Förster zu Erec 1), respect (gel. W.), Achtung; (span. respecto und respeto, Achtung; ptg. respeito, Achtung). Vgl. Dz 668 répit; Gröber, ALL V 237.

8006) rĕspīro, -āre, atmen; ital. respirare; frz. respirer etc.

8007) rĕsplĕndeo, -ēre, glänzen; altvenez. respiender; prov. replandir, resplandre; frz. resplendir.

8008) rĕspŏndĕo, spŏndī, spŏnsŭm, spŏndēre, antworten; ital. rispondo, sposi, sposto, spondēre, dazu das Partizipialsbst. risposta (altital. auch responso, risposò); sard. respundiri; rum. respund, spunsei, spuns, spunde, dazu das Sbst. respuns; rtr. rispuender, Part. Prät. respus, ripost, vgl. Gartner § 148 und 172; prev. respon, respos, respondut, respondre, dazu das Sbst. respos, respost; frz. répondre, dazu das Sbst. réponse; cat. responder, Perf. respongué, dazu das Sbst. respons; span. ptg. responder, dazu die Sbst. responso, respuesta, -sposta.

rĕspŏnsŭm s. rĕspŏndĕo.

8009) rĕstaurātīo, -ōnem f., Wiederherstellung; ital. ristorazione („bedeutet auch Erquickung"); prov. restauracio-s; frz. restauration; span. restauracion; ptg. restauração.

8010) [rĕstauro, -āre, wiederherstellen (im Roman. auch „die leibliche Kraft wiederherstellen, erquicken"); ital. restaurare „rimettere a nuovo", ristorare „riconfortare, in ispecie lo stomaco", dazu die Vbsbsttve restauro, ristauro, ristoro, vgl. Canello, AG III 332; prov. restaurar; frz. restaurer, davon restaurant, der Erquicker, Gastwirt, Gastwirtschaft; span. ptg. restaurar.]

8011) rĕstĭcula, -am f., kleines Seil; sard. restija, cordetta, vgl. Salvioni, Post. 19.

8012) rĕstīs, -em m., Seil, Schnur; ital. resta, eine Schnur von Zwiebeln u. dgl.; sard. reste, Seil; neuprov. rest, Schnur von Zwiebeln u. dgl.; cat. rest; Seil; span. ristra, Schnur von Zwiebeln (doch ist auch Ableitung von regestum denkbar, vgl. Storm, R V 168), dazu das Vb. ristrar, reihen; ptg. reste, Schnur von Zwiebeln. Vgl. Dz 268 resta; Gröber, ALL V 237; Caix, Giorn. di fil. rom. II 69.

8013) [rĕstĭtūo, -ĕre, wiedererstatten; ital. restituire und ristituire; frz. restituer; span. ptg. restituir.]

8014) [*rĕstīvŭs, a, um (restare), widerspenstig; ital. restio; prov. restiu-s; frz. rétif. Vgl. Dz 268 restio.]

8015) rĕsto, -āre, übrig, zurück bleiben; ital. restare u. ristare, vgl. Canelle, AG III 332, dazu die Vbsbsttve resto, Rest, resta, Gabel zum Einlegen der Lanze (gleichsam Ruheort der Lanze); prov. restar, davon abgeleitet (altfrz. arestuel), Handhabe der Lanze; frz. rester, davon das Vbsbst. reste, Rest; span. restar, dazu die Vbsbsttve resto, Rest, ristre, enristre, Lanzeneinlage, (denkbar wäre aber, dafs diese Worte auf regestum oder auch auf restis zurückgingen); ptg. restar, dazu die Vbsbsttve resto, Rest, reste, riste, ristre, Lanzeneinlage, Lanzengabel. Vgl. Dz 268 resta.

8016) rĕstrīngo, strīnxī, strīctum (rom. *strīnxī, *strīctum), stringĕre, beschränken; ital. restringo u. restrigno (auch ri-), restrinsi, restrinto, restringere und -ignere; prov. restrenh restreis restrech und restreit restrenher; frz. restreins restreignis (altfrz. restreins) restreint restreindre; span. ptg. restringir, dazu Partizipialadj. restricto.

8017) [*rĕsŭfflo, -āre = ital. risoffiare, wieder blasen; rum. resuflu ai at a, blasen; span. resoplar, stark atmen.]

8018) rĕsŭrgo, sŭrrēxī, sŭrrēctum, sŭrgĕre, auferstehen; ital. re- u. risurgo u. -sorgo, sorsi, sorto (= *surctus nach súrgere) surgere; prov. resors (auch ressors = *re-ex-surgo) resors resors res(s)orger; altfrz. resorc(-t) resors (daneben die gelehrte Lohnform resurrexit, vgl. Suchier, Z VI 437) resors resordre (neufrz. span. ptg. resurgir, gel. W.). — Aus dem Partizip *resür[c]tus ist abgeleitet ital. (*risortire, davon risorto, s. weiter unten); frz. ressortir (gleichsam *re-ex-sürtire), zurückspringen, zurückschnellen (von einer Feder u. dgl.), dazu das Vbsbst. ressort, Schnellkraft, Feder; im Altfrz. bedeutet res(s)ortir auch „sich zurückziehen, zu jem. flüchten, bei jem. Schutz suchen, an jem. appellieren, der Gerichtsbarkeit jemandes unterstehen", dem entsprechend bedeutet das Vbsbst. res(s)ort (ital. risorto), Gerichtsbarkeit, Zuständigkeit. Vgl. Dz 300 sortire 1 u. 2.

8019) [rĕsŭscĭto, -āre, wieder erwecken; ital. risuscitare; frz. résusciter etc.]

8020) [rĕtĕ n.) *rētis, -em f. Netz; ital. rete, Netz, rezza (= retia), eine Art Spitzen, vgl. Dz 393 s. v. u. dagegen Rönsch, Z I 420, dessen Bemerkung, dafs rētiā, -am f., Garn, das Grundwort sei, richtig sein kann, aber nicht sein mufs; rtr. ret; prov. retz (?); neuprov. ret u. arret (aus la ret) f. u. m., vgl. Horning, Z XVIII 235; altfrz. rei, roi, Plur. reis, roiz, auch für den Sing. gebraucht (cf. repas für repast, rais für rai, etc.), vgl. Tobler, Sitzungsb. d. Berl. Akad. d. Wiss., phil.-hist. CL, 19. Januar 1893; auf den Plur. retia führt Horning, Z XIX 104 zurück; frz. (mundartl.) resse, rasse, Korb; vgl. dagegen G. Paris, R XXIV 311; span. red, dazu das Vb. redar; ptg. rede. (Das in Frankreich übliche Wort für „Netz" ist *filettum, Demin. v. fīlum; — prov. filet-z; frz. filet.)

- 8021) rētīăcŭlum n. (rete), Wurfnetz; genues. reçaggia, vgl. AG IX 105, XIII 423, Salvioni, Post. 19; sicil. rizzaghiu.

8022) *rētĭca, -am f. (rete), Netz, davon nach Meyer-L., Rom. Gr. II p. 455, ostfrz. rège, Getreidesieb, vgl. dagegen Horning, Z XXI 459.

8023) [*rētĭcellum n. und *rētĭcella, -am f. (Demin. zu rete), Netz, = ital. reticella; rum. reţe;

span. redecilla. Vgl. Dz 668 réseau; Gröber, ALL V 237 u. 453 Anm.]

8024) [*rĕtĭchetta lautet die zurücklatinisierte Form zu ital. racchetta, Netz zum Ballschlagen; frz. raquette; span. ptg. raqueta. Vgl. Dz 261 racchetta. Befremdlich bleibt das Wort aber immerhin u. vielleicht faſst man es besser als Scheideform zu rocchetta auf, s. unten rocche.]

8025) rētīcŭlŭm n. (Demin. v. rete), kleines Netz, = frz. réticule (gel. W., das volksetymologisch zu ridicule umgeformt wurde), Haarnetz, Strickbeutel.

8026) *rĕtīlĕ n, netzartige Umzäunung, Hürde, = span. ptg. redil, Pferch, Schafstall.

8027) [*rĕtīnŭ, -am f. (ist von rĕtĭnēre nicht zu trennen, so wunderlich die Bildung auch ist, vgl. jedoch retin-aculum; d'Ovidio äuſserte in Gröber's Grundriſs I 512 die Vermutung, dafs der Imperativ rétine auf die Bildung des Wortes von Einfluſs gewesen sein könne), Zügel; ital. rétina u. rédina, vgl. Canello, AG III 405; prov. regna (wohl mit volksetymologischer Anlehnung an regnare); frz. rêne, s. oben *resinum; cat. regna; span. rienda (aus *redina, *renida, *renda); ptg. rédea. Vgl. Dz 265 rédina; Gröber, ALL V 237.]

8028) rētīnācŭlŭm n., Halter, Klammer, Seil; sard. redinaja, Seil.

8029) rētīnĕo, rētīnŭī, rĕtĕntum, rĕtīnēre, zurückhalten; ital. ritenere, u. dem entsprechend in den übrigen Sprachen. Wegen der Flexion s. tĕnĕo.

8030) *rītīnnīto, -āre, wieder klingeln; frz. retentir, wiederhallen, schallen, tönen.

8031) rētīŏlum n. (Demin. v. rete), Netz; ital. rezzuola; sard. rezzólu; altfrz. reseuil. Vgl. Ascoli, AG IX 102; Gröber, ALL V 453 Anm.

8032) [*rētīŭm (rete), Netz; altfrz. roiz; dav. das Dem. roisel, resel = neufrz. réseau. Vgl. Gröber, ALL V 453 Anm.; Diez 668 hatte réseau = *reticellum angesetzt, was Gröber, ALL V 237, wiederholte, später aber a. a. O. berichtigte.]

8033) rĕtŏrquĕo, tŏrsī, tŏrtŭm, tŏrquēre, zurückdrehen; ital. ritórcere, wegen der Flexion s. tŏrquĕo; logud. redorchere.

8034) rĕtŏrtă, -am f. (Fem. des Part. P. P. v. retorquere); davon ital. ritorta, Bindweide, Weidenband; prov. redorta; frz. riorte (bedeutet neufrz. „Schlingstrauch") und rouette, vgl. Tobler, Ztschr. f. vgl. Sprachf. XXIII 418, u. G. Paris, R VI 156; auſserdem frz. retorte, Kolbenflasche, span. ptg. retorta. Vgl. Dz 272 ritorta.

8035) rĕtrāho, trāxī, trāctum, trăhĕre, zurückziehen; ital. ritrarre; rum. retrage; prov. frz. retraire.

8036) [rĕtrībŭo, ŭī, ūtum, ĕre, wiedergeben; ital. ritribuire, u. dem entspr. auch in den andern Sprachen.]

8037) rĕtro, rückwärts, zurück; prov. reire; altfrz. riere; span. redro (ptg. fehlt das Adv., vorhanden aber ist das davon abgeleitete Vb. redrar, einen Weinberg hochmals behacken). Vgl. Dz 268 retro. S. oben ăd + rĕtro, dē + rĕtro.

8038) rĕtrōcēdo, -ēre, zurückweichen; sard. trokere.

8039) [*rĕtrōĭĕntĭă (v. retro + ire) = (?)prov. retroensa, retroencha, Lied mit Kehrreim; altfrz. retroenge, retroenche, rotruange, rotruenge etc. Vgl. Dz 668 retroenge; Suchier, Z XVIII 282, erklärt r. als „Melodie eines Rotrou-Liedes", vgl. auch P. Meyer, R XIX 40.

8040) [*rĕtrōnĕă, -am f. = span. redruña,

linke Hand, linke Seite, weil sie gegen die rechte zurücktritt, vgl. das altspan. Vb. redrar, ausbeugen. Vgl. Dz 482 redruña.]

8041) rĕtrōrsŭs, rückwärts gekehrt, — ital. ritroso, hartnäckig. vgl. Dz 394 s. v. — Von ad + retrorsum leitet Nigra, AG XIV 376, gewiſs mit Recht ab altgenues. arreosso a ritroso, neugenues. arroså, ritirare etc.

8042) [*rĕtūmĭdo, -āre (tumidus), wieder anschwellen; davon vielleicht span. retoñar, wieder ausschlagen, davon das Vbsbst. retoño, Schöſsling. Vgl. Dz 483 retoño: Th. p. 87.]

8043) reubărbărŭm n., Rhabarber; ital. rabarbaro, rebarbaro; prov. reubarba; altfrz. reobarbe, neufrz. rhubarbe; altcat. riubarbara, riubarber; neucat. riubarbaro; span. ptg. ruibarbo. Vgl. Dz 261 rabarbaro: Cornu, R XIII 113.

8044) rĕŭs, a, um, schuldig; ital. reo „colpevole", ritroso, hartnäckig, vgl. Canello, AG III 318; rum. reu; rtr. reu; prov. reu-s; altcat. reu; noueat. span. ptg. reo.

8045) nhd. (mundartlich) reupsen, rülpsen, = frz. (altpik.) reuper, vgl. Dz 669 s. v.; Leser p. 108; Braune, Z XXI 224.

8046) *rĕvăllo, -āre (vallum), umwallen; davon vielleicht *rivallo u. davon wieder das Demin. rivellino (mit Anlehnung an rivella, riva), ein Befestigungswerk, Auſsenwall; frz. ravelin; span. rebellin; ptg. revelim, Vgl. Storm. R V 185. Diez 272 rivellino liefs das Wort unerklärt.

8047) rĕvĕho, -ēre (aus revehĕre soll *revēre entstanden sein), bringen, (ein)führen; daraus soll nach Cohn, Festschr. f. Tobler p. 273, im Frz. la rève u. *rever hervorgegangen sein, wov. das Vbsbst. la rève, Zoll für eingeführte Waren.

8048) rĕvĕlo, -āre, enthüllen; ital. rivelare; frz. révéler etc.]

8049) rĕvĕnĭo, -īre, wiederkommen; ital. rivenire; frz. revenir etc. Wegen der Flexion s. vĕnĭo. [*rĕvĕnto s. *rĕpĕdīto.]

8050) [rĕvĕrso, -āre, umwenden (im Roman. namentlich in ein gefülltes Gefäſs umwenden, umver-, übergieſsen); ital. riversare; rum. revărs ai at a; frz. reverser, umgieſsen, renverser = *reinversare, umstürzen; span. revesar, sich übergeben; ptg. revessar, sich übergeben; auch span. rebosar, überflieſsen, gehört wohl hierher. Siehe rĕvĕrsŭs.

8051) rĕvĕrsŭs, a, um, umgewandt, umgekehrt; ital. riverso „gettato a terra, sost. manrovescio, disgrazia", riverscio, rivescio, rovescio „supino, rivoltato, contrario, e sost. nelle frasi un rovescio di pioggia, un rovescio di bastonate", dazu das Vb. riversciare, rivesciare, rovesciare, „ribaltare, mettere sossopra", vgl. Canelle, AG III 351; (Caix, St. 490, zieht hierher auch rivelto „bocconi, supino", behauptend, es sei aus riverto, der Nebenform von riverso, entstanden); prov. revers, verkehrt; frz. revers, Rück-, Kehrseite, Glücksumschlag, nicht hierher gehört revêche, störrisch, spröde, s. jedoch unten robustus, vgl. Förster, Z XVI 248: ebensowenig altfrz. revoit, überführt ist vielmehr = revictus, vgl. Tobler, Gött. gel. Anz. 1874 p. 1050; G. Paris, R III 505; Scheler im Anhang zu Dz 742, wie sich das prov. Vb. revir, überführen, dazu verhält, ist dunkel); span. reves, Rückseite, Glückswechsel; ptg. revés, Rückseite, Glücksweehsel, revessa, Gegenstrom, revessar, sich übergeben, revesso, widerspenstig. Vgl. Dz 272 rivescio; C. Michaelis, St. 261.

8052) **rĕvĕrto, -ĕre,** zurückkehren; ital. *rivertire;* prov. *revertir;* span. *reverter,* überfliefsen; ptg. *reverter,* zurück-, heimfallen. Das übliche rom. Wort für „zurückkehren" ist **retornare.*

rĕvīctūs s **rĕvĕrsūs.**

8053) **rĕvīdĕo, vīdī, vīsum, vīdēre,** wiedersehen; ital. *rivedere;* frz. *revoir* etc., dazu das Partizipialsbst. *rivista, revue.* Wegen der Flexion s. **vīdĕo.**

8054) **rĕvīndīco, -āre,** Gegenrache nehmen; prov. *revenjar;* frz. *revancher* (altfrz. *revengier),* dazu das Vbsbst. *revanche.* Vgl. Dz 339 *vengiare.*

8055) **rĕvīsīto, -āre,** wiederholt besuchen; *rivisitare* u. *rovistare, ruvistare* „frugacchiare, specialmente fra carte e libri", dazu das Sbst. *rivista* (*rivista* dagegen ist Partizipialsbst. zu *rivedere* = *revidere,* vgl. frz. *revue* von *revoir*); altfrz. *revider* für **revisder. -vister?* Vgl. Dz 394 *rovistare;* Canello, AG III 334.

8056) **[rĕvŏlūtĭo, -āre** (revolvere), Umwälzung; ital. *rivoluzione;* frz. *révolution* etc.]

8057) **[*rĕvŏlto, -āre** (**voltus* für *volutus*), umwenden, -wälzen; ital. *rivoltare* (als refl. Vb. „sich empören"), dazu das Vbsbst. *rivolta;* frz. *révolter,* dazu das Vbsbst. *révolte;* ptg. *revoltar, revolta;* (im Span. scheint das Vb. zu fehlen).]

8058) **rĕvŏlvo, vŏlvī, vŏlūtum, vŏlvĕre,** umwenden, -wälzen; ital. *rivolgere;* pesch. *ruvulù,* arruffato per freddo o vento, vgl. Salvioni, Post. 19; burg. *revódre;* span. *revolver,* (vielleicht gehört hierher auch *revolcarse,* sich umherwälzen, wenn man es = **revolvicare* ansetzen darf); ptg. *revolver.*

8059) **rēx, rēgem** *m.,* König; ital. *ré;* prov. *rei-s;* frz. *roi,* davon das Demin. *roitelet* (daneben volkstümlich *ratelet,* an *rat* angelehnt), Zaunkönig, vgl. Fafs, RF III 489: span. *rey;* ptg. *rei.*

8060) **rhētórīca, am** *f.* (ῥητορική), Redekunst; dav. valbross. *artolica,* Frechheit, vgl. Nigra, AG XIV 355.

8061) **rheuma** *n.* (ῥεῦμα), Flufs (als Krankheit), Katarrh, Schnupfen; (ital. *reuma, rema);* sard. *romadia, raffredore;* (prov. *rauma;* frz. *rhume,* dazu das Vb. *s'enrhumer,* sich erkälten; span. *rheuma, reuma;* ptg. *reuma).* Vgl. Dz 669 *rhume.*

8062) **rhŏdŏdĕndrŏs** *f.* u. **-ŏn** *n.* (ῥοδόδενδρος); daraus durch Anbildung an *lorus = laurus* ***lorandrum,** Rosenbaum, Lorbeerrose, Oleander; davon u. zwar, wie es scheint, mit Anlehnung an *oleum* ital. *oleandro;* frz. *oléandre;* span. *oleandro, eloendro;* ptg. *eloendro, loendro.* Vgl. Dz 226 *oleandro.*

8063) **rhŏmbūs, -ūm** *m.,* Kreisel, ein verschiedenes Quadrat; ital. *rombo* (mit vorgefügtem lautmalenden *f frombo*), Gesumse, wie es ein Kreisel verursacht, *romba, fromba, rombola, frombola,* Schleuder, dazu das Vb. *rombolare, frombolare,* schleudern, *frombola* bedeutet auch „kleiner, abgerundeter Stein". Vgl. Dz 394 *rombo.* — Auf *rhombus* scheint auch zurückzugehen ital. *rombo,* Windlinie (Bedeutungsübergang ist dunkel, doch scheint der Begriff „brausen, sausen" vermittelt zu haben); frz. *rumb,* davon vielleicht *arrumer,* die Windlinien auf der Seekarte zeichnen (das Vb. fehlt bei Sachs); span. *rumbo;* ptg. *rumbo, rumo.* Vgl. Dz 275 *rombo.*

8064) **rhŷthmūs** *m.* (ῥυθμός), musikalischer Takt; ital. *ritmo, ritimo,* vgl. Canello, AG III 404; frz. *rythme* etc.

8065) ahd. **rīban,** reiben; davon nach Dz 670 *riote* vielleicht ital. *riotta,* Streit, dazu das Verb

riottare; prov. *riota;* altfrz. *riote,* dazu das Vb. *riotter.* Diese Ableitung ist jedoch mehr als unwahrscheinlich. Vielleicht darf man die Wortsippe als Deminutivbildung zu *reus* (ital. *rio*) auffassen, *riottare* würde also eigentlich bedeuten „ein wenig Verschuldung, Schuldbarkeit hervorbringen, ein wenig sündigen, Unfug, Krakehl treiben u. dgl."; in diesem Falle würde das Wort von Italien ausgegangen sein. — Eher könnte man auf *riban* zurückzuführen geneigt sein die oben unter *hríba* behandelte Wortsippe, doch liegt ein zwingender Grund dafür nicht vor. — Nigra, AG XIV 297, leitet von *riban* ab frz. *rièble,* Krebskraut, indem er auf den Zusammenhang des gleichbed. *grateron* mit *gratter* verweist, nichtsdestoweniger ist wegen des *ie* die Ableitung unannehmbar.

8066) altnfr. **rībban,** reiben (ndl. *rijven,* harken, rechen, also glätten); davon vielleicht prov. *ribar,* einen Nagel umschlagen; frz. *river,* dav. *rivet,* Niete, Vernietung, *rivetier,* Brecheisen. Vgl. Dz 670 *river.* — Mackel p. 100 u. 110; Gade p. 57 empfiehlt, u. wohl mit Recht, Ableitung von *rive = ripa,* Uferkranz.

8067) gallisch **rīcā,** Furche; davon nach Th. p. 74 das gleichbedeutende prov. *rega, arrega;* altfrz. *roie;* neufrz. *raie.* Diez 262 *raggio* hatte das Wort von *rigare,* bewässern, abgeleitet. Vgl. auch Th. p. 77 u. 109.

8068) **rīcīnūs, um** *m.,* ein Ungeziefer, Milbe; (ital. *ricino);* sard. *righinu;* obw. *reižen;* frz. (mundartl.) *roisne, rouane;* span. *rezno.* Vgl. Dz 463 *rezno;* Meyer-L., Z. f. ö. G. 1891 p. 775; Horning, Z XXI 460.

8069) ahd. **rīdan,** drehen; davon frz. *rider,* runzeln, kräuseln, dazu Vbsbst. *ride,* Runzel, Krause, davon das Demin. *rideau* (gefalteter, also gleichsam gekräuselter) Vorhang, vielleicht gehört hierher auch *ridelle,* Gatter eines Leiterwagens, vgl. Scheler im Diet. *s. v.;* span. *enridar,* runzeln, kräuseln. Vgl. Dz 669 *rider;* Mackel p. 111.

8070) **rīdĕo, rīsi, rīsŭm, rīdēre,** lachen; ital. *rido,* *risi riso ridere;* rum. *rid risei ris ride;* rtr. Präs. *ri, ries, ritsel,* Part. Prät. *ris* u. *rit,* Inf. *ri,* vgl. Gartner § 148 u. 154; prov. *ri ris ris rire;* frz. *ris ris ri rire;* cat. *ri(u)rer;* span. *reir;* ptg. *rir.*

8071) engl. **rīding-coat,** Reitrock; = frz. *redingote,* Reiserock, Überrock, vgl. Dz 667 *s. v.*

8072) [gleichs. ***rīdītŏr, -ōrem** *m.* (rideo), Lacher; ital. *riditore;* frz. *rieur;* span. *reidor.*]

8073) ahd. **riemo,** Ruder, = frz. *rime,* Ruder, dazu das Vb. *rimer,* vgl. Scheler im Anhang zu Dz 810.

8074) dtsch. **rippel** (**ripil*), Kamm mit eisernen Zinken; davon vielleicht ital. *rebbio,* Zinke der Gabel, vgl. Dz 392 *s. v.*

8075) mhd. **riffeln,** durchhecheln; altfrz. *riffler,* raffen, kratzen, ritzen, davon das Vbsbst. *riffle,* Spiefsgerte; neufrz. *rifler,* kratzen, hobeln, davon *riflard,* Rauhhobel. Vgl. Dz 270 *riffa;* Mackel p. 100; Gade p. 57.

8076) dtsch. **riffeu,** reffen, raufen; davon ital. *riffa,* Streit, besonders Streit beim Spiele, *arriffare,* würfeln; altfrz. *riffer,* raffen, kratzen; cat. *rifar.* ptg. *rifa,* Streit, *rifar,* streiten. Vgl. Dz 270 *riffa;* Mackel p. 100.

8077) ahd. **rīga,** Kreislinie; ital. *riga,* Zeile, *rigo,* Lineal, *rigoletto,* Ringeltanz, *rigato,* gestreift, *rigottato,* kraus, aus *girare + riga girigoro,* Kreislinie, vgl. Caix, St. 88; viell. gehört hierher auch ital. rigattiere, Teilhaber an einer Budenreihe, Krämer (viell. an ricattiere v. ricattare angelehnt); rigattiere würde ein Sbst. *rigatta (viell. nach ri- catta gebildet) für righetta voraussetzen u. dieses könnte in rigatta, regatta, Gondelwettfahrt (eigentl. die zur Wettfahrt aufgestellte Gondelreihe) erhalten sein; prov. rigot, krauses Haar, rigotar, kräuseln; altfrz. rigot, Gürtel, damit gebildet die Phrase (boire) à tire-larigot = à tire le rigot, vgl. Ray- naud, R VIII 100, riolé, gestreift. Vgl. Dz 670 rigot u. riolé; Mackel p. 111 f.

8078) [*rīgā, -am f. (rigare), Wasserrinne; davon nach Dz 262 prov. rega, arrega, (Wasser)furche; altfrz. roie; neufrz. raie; Deminutivbildung von riga ist nach Scheler im Dict. s. v. neufrz. rigole, Rinne, Kanal, während Diez 670 s. v. das Wort aus dem Keltischen abgeleitet hatte, was Th. p. 109 widerlegte. Caix, St. 484, zieht hierher ital. regghia = *rigula, Kanal, Wassergraben, span. reguera, Kanal, regona, breiter Graben. Vgl. No 8067.]

8079) engl. right-whale = frz. rétoile, echter Walfisch, vergleiche Littré IV 1688 s. v.; Fass, RF III 489.

8080) rīgīdǔs, a, um, starr; ital. rigido und reddo, vgl. Canello, AG III 330 u. Caix, St. 477; altoberital. ridi; piem. reidi; vallanz. reind; piac. reingh, vgl. Salvieni, Post. 19; altfrz. roit; frz. roide, vgl. Dz 671 s. v.; vielleicht auch span. recio, hart, rauh, stark, dick, arreeirse, frieren, arreciar, dick werden. Vgl. Dz 482 recio. Cohn, Festschr. f. Tobler p. 279, zieht hierher auch anglenorm. redde, rede.

8081) rīgo, -āre, benetzen; ital. rigare.

8082) [rīgor, -ōrem m., Starre; ital. rigore; rum. recoare; frz. rigueur etc., nur (gel. W.).]

*rīgǔlā s. *rīgā.

8083) germ. rīkja, ahd. rīhhi, reich; ital. ricco; prov. ric-s; frz. riche; span. ptg. rico. Dazu das Sbst. ital. ricchezza, Reichtum, gleichsam *rikitia; frz. richesse etc. Vgl. Dz 269 ricco; Mackel p. 107.

8084) ahd. rīm, *rīma, Reihe, Reihenfolge, Zahl; ital. rima, Reim (d. h. Reihenfolge bestimmter Lautverbindungen im Versausgange), dazu das Vb. rimare; prov. rim-s und rima, rimar; frz. rime, dazu das Vb. rimer, reimen, arrimer, schichten; span. ptg. rima, dazu das Vb. rimar; cat. span. arrimar (altspan. adrimar), zusammenstellen, an- lehnen. Vgl. Dz 270 rima; Kluge unter „Reim"; Mackel p. 108 u. 120 Anm. 2; Th. p. 77.

8085) rīmā, -am f., Spalte, — pesch. rima, crepatura delle mani; ptg. rima, Spalte.

8086) rīmātǒr, -ōrem m. (rimare), Forscher; rum. rimător, einer, der wühlt, Schwein.

8087) rīmo, -āre (schriftlat. gewöhnlich rimari), aufwühlen, durchstöbern; rum. rim ai at a, wühlen; prov. span. rimar, untersuchen.

8088) altnfränk. ring, ital. rango, Raug, rancio, eine Matrosenabteilung (beide Worte aus dem Frz. entlehnt = rango = rang, rancio von ranger), vgl. Canello, AG III 323; prov. renc-s, arrenc-s, Reihe, dazu das Vb. rengar, arrengar, reihen, ordnen; frz. rang, dazu das Vb. ranger, arranger; span. rancho, geschlossene Gesellschaft. Vgl. Dz 665 rang; Mackel p. 96.

8089) altnfränk. ringa, Schnalle, = altfrz. renge, Schnalle, Gürtel, vgl. Dz 668 s. v.; Mackel p. 97.

8090) ndl. ringband, Halsband, ist nach Diez 673 s. v. das mutmaßliche Grundwort zu frz. ruban

(in der älteren Sprache auch riban), Band. Der von einigen (z. B. von Skeat im Dict. s. v. riband) behauptete keltische Ursprung des Wortes wird von Th. p. 110 in Abrede gestellt.

8091) *rīngo, -ěre (schriftlat. ringi), die Zähne fletschen, grollen; (ital. ringhiare = *ringulare); rum. ringesc ii it i; cat. renyir, zanken; neu- prov. renó, Zank; span. reñir, dazu das Vbsbst. riña, Zank, Demin. rencilla; ptg. renhir. Vgl. Dz 483 reñir; Gröber, ALL V 238.

8092) rīpā, -am f., Ufer; ital. ripa, riva, frz. rive, dav. viell. river, rivetier (u. unten ribban), vgl. Gade p. 57; span. ptg. riba.

8093) *rīpārīā, -am f. (ripa), Ufer; ital. riviera, (daneben auch Fem. Adj. riparia, vgl. Canello, AG III 310); prov. ribeira; neuprov. (Neu-Hengstett) biariara, vgl. Behrens, Metath. p. 82; frz. rivière, Pluís; span. ribera, vera; ptg. ribeira, veira. Vgl. Dz 272 riviera.

8094) *rīpātīcǔm od. *rīpāgīǔm n. (ripa), Ufer; ital. rivaggio; prov. ribatge-s; frz. rivage.

8095) [*rīpīdǔs, a, um (ripa), uferartig ab- schüssig = ital. ripido, steil, vgl. Dz 394 s. v.; nach Cohn, Festschr. f. Tobler p. 279, ist *repidus (v. repere) statt ripidus anzusetzen; Schuchardt, Roman. Etym. I p. 46, hält ripidus für umgebildet aus rapidus.]

8096) *rīpōsus, a, um (ripa) = rum. ripos, steil.

8097) dtsch. rippe, ribbe, can. ribja, costola, vgl. Nigra, AG XIV 377.

8098) altnord. *rīs (dän. ris) = frz. ris, Reif, vgl. Mackel p. 110.

8099) (*rīsātā (risus v. ridēre) = ital. risata, Gelächter; frz. risée; span. ptg. risada; rum. risět, Pl. risěte, gleichsam *risitus, Pl. *risita).]

8100) corn. risc, (rusc), Rinde; davon vermut- lich piemont. lomb. rusca, Rinde; prov. rusca, ruscha; altfrz. rusche, rouche; neufrz. ruche, (aus Rinde gefertigter) Bienenkorb. Vgl. Dz 673 ruche; Th. p. 111.

8101) [rīsībīlīs, -e (risus), lächerlich; ital. risi- bile; frz. risible etc.]

8102) skandinavisch rīst-, Rost, rösten; davon vermutlich frz. rissoler (aus *rist-oler), braun braten (ebenso ital. rossolare aus *rost-olare), vgl. Dz 670 s. v.

8103) ahd. rīsta, Flachsbündel, — piemont. rista, Hanf, vgl. Dz 268 resta 1; Nigra, AG XV 121.

8104) rīsus, -um m., das Lachen; ital. riso; rum. ris; prov. frz. cat. ris; span. risa; ptg. riso.

8105) rītǔs, -um m., Gebrauch; ital. rito; frz. rite etc., überall nur gel. W.

8106) [rīvālīs, -e (rivus), zum Bach gehörig, Nebenbuhler (romanisch nur in letzterer Bedeutung, welche übrigens bereits schriftlateinisch ist; ital. rivale; frz. rivale, ptg. rival.]

8107) [rīvālītās, -ātem f. (rivalis), Nebenbuhler- schaft; ital. rivalità; frz. rivalité etc., nur gel. Wort.]

8108) rīvǔlǔs, -um m. (Demin. v. rivus), kleiner Bach; daraus vielleicht ital. rigoro, Bach, vgl. Dz 670 rigole.

8109) rīvǔs, -um m., Bach; ital. rivo, rio; prov. riu-s; altfrz. riu; (dagegen gehört nicht hierher, weil nicht aus *rivicellus entstanden, neufrz. ruisseau, vgl. Förster, Z V 96, s. unten rū-).

8110) [*rīvūscĕllus, -um m.; nach Thomas, R XXV 90, u. Pieri, AG Suppl. V 235 Anm., Grundwert zu frz. ruisseau —, eine unannehmbare Ableitung. Vgl. Cohn, Herrig's Archiv Bd. 103 p.240f.]

8111) rīxā, -am f., Zank; ital. rissa, baruffa, (ressa, folla), vgl. Canello, AG III 322; span. rija; ptg. rixa, reixa. Vgl. Gröber, ALL V 238. Salvieni, R XXVIII 105 (es wird nur die lautliche Anomalie des ital. ressa hervorgehoben).

8112) rīxo, -āre (schriftlat. meist rixari), zanken; ital. rissare; (prov. raissar = reissar?, reizen, dazu das Adj. raisso-s, begierig, vgl. Dz 664 raissar); span. rijar; ptg. reixar, rixar.

8113) arab. rizma, Bündel, Pack, Papierstofs; ital. risma, ein Ries Papier; frz. rame; span. ptg. resma. Vgl. Dz 272 risma.

8114) [ahd. rôa, altn. rô, Ruhe; davon viell. die span. ptg. Interjektion ro, ru, rou, still (gebraucht beim Einwiegen der Kinder), davon abgeleitet span. rorro, Wiegenkind. Vgl. Dz 483 ro.]

8115) arab. robb, Obsthonig (Freytag II 106b); davon das gleichbedeutende ital. robbo, rob; frz. span. rob, (ar)rope; ptg. (ar)robe. Vgl. Dz 273 s. v.; Eg. y Yang. 290.

8116) rōbīgo, -īnem f., Rost, = span. robin. Vgl. Dz 278 ruggine; Gröber, ALL V 238. Siehe oben *aerugo, *ferrūgŏ u. unten rūtīlio. — Über altfrz. ruyn, ruym, Rost, vgl. Leser p. 110, siehe auch oben *aerugo.

8117) rōbŏrĕus, a, um (robur), eichen; tic. arvöjea, rovereto, vgl. AG IX 203.

8118) rōbŏro, -āre (robur), kräftigen; davon span. robra, urkundliche Bekräftigung; ptg. róbora, révora, Mannbarkeit. Vgl. Dz 484 robra.

8119) rōbŭr, -ŏris n., Kraft (ist im Roman. Name des hervorragend kräftigen Baumes, der Eiche, geworden); ital. rovere, Steineiche; prov. roure-s; frz. rouvre; span. ptg. roble. Vgl. Dz 276 rovere.

8120) rōbŭstŭs, a, um (robur), stark; ital. robusto, rubesto, altfrz. robuste vgl. Chw. as 2 esp. 396); auf ein *ro-,*rubestico geht zurück altfrz. rovesche, ruvesche, revesche, neufrz. revêche, dessen ursprüngliche Bedtg. nicht „verkehrt", sondern „rauh" ist, vgl. Förster, Z XVI 248; frz. robuste etc., nur gel. W.

8121) [*rŏccā, -am f., *rŏcciā, -am f.,*rŏccŭm n. (gänzlich unbekannter Herkunft), Fels, Klippe, Stein; ital. rocca, rocoia, dazu die Verba diroccare, (ein Felsschlofs) niederreifsen, dirocciare, von einem Felsen hinabwerfen, weitere Ableitungen von rocca sind rocchio = *rocculum, Felsstück, Klotz, vgl. Dz 394 s. v. (wo auch das gleichbedeutende rocchione, ronchione angeführt ist), *roccaglia = frz. rocaille, Haufen kleiner Steine, endlich scheint auch der kunstgeschichtliche terminus technicus rococo hierher zu gehören, obwohl weder seine Bildung noch seine Bedeutungsentwickelung recht klar ist; prov. roc-s, rochier-s, davon das Vb. derocar, derrocar, von einem Felsen hinabwerfen; frz. roc, roche, rocher, dazu die altfrz. Verba rochier, mit Steinen werfen, aroquer, arochier, zerschmettern, dérocquer, dérochier, von einem Felsen herabwerfen (nach Förster gehört hierher auch das im Altfrz. seltene roissier, neufrz. rosser, prügeln, man darf aber dies Verb, schon seiner Bedeutung wegen, wohl = *rŭptiare ansetzen); cat. roc, Stein, Kiesel; span. roca, Felsen, dazu das Vb. de(r)rocar, von einem Felsen hinabstürzen; ptg. roca. Vgl. Förster, Z II 86; Diez 273 rocca leitete die Wortsippe von rūpes, bezw. *rŭpja (aus rūpea) u. *rŭpica ab, es

ist dies aber wegen des offenen o in rocca etc. unzulässig; Th. p. 77 bemerkt: „der einzige keltische Dialekt, dem rocca seit lange angehört, ist das Bretonische; dort heifst der Fels roc'h f., Pl. rec'hier, reier. Das Etymon von rocca ist also auf dem Festlands zu suchen". Darnach dürfte keltischer Ursprung abzulehnen sein. — Aus bis (s. d.) + rocca scheint entstanden zu sein span. barrueco, berrueco, schiefrunder Stein, schiefrunde Perle, auch Adj. schiefrund, ptg. barroco mit derselben Bedtg. wie im Span., wohl auch barroca, Höcker im Erdboden, Grube (gewöhnlich wird jedoch für barroca das arab. borqah als Grundwort aufgestellt), aus barroco ist das frz. baroque entlehnt. Vgl. Dz 430 barrueco (die dort vermutete Beziehung des Wortes zu verrūca, Warze, mufs als sehr zweifelhaft erscheinen.]

8122) ahd. rocch (germ. rokk-), Rock; ital. rocchetto, roccetto (wohl aus frz. rochet), Chorhemd; (arrocchettare, fälteln, gehört wohl, wie das gleichbedeutende frz. enrocar, zu altn. hrucka, Falte, Runzel); frz. rochet; span. ptg. roquete. Vgl. Dz 274 rocchetto.

8123) ahd. roccho, Spinnrocken, = ital. rocca, davon rocchetta (frz. raquette, zu unterscheiden von raquette, Rakete = racchetta, eigentl. das Rackett beim Ballspiel, welches Wort aber viell. mit rocchetta identisch ist, denn man vgl. den Zusammenhang zwischen frz. fusée, Rakete, u. fuseau, Spindel); span. rueca; ptg. roca. Vgl. Dz 274 rocca. S. eben No 8024.

8124) [*rŏccīdus, a, um (rocco), felsig, steinicht, dürr, steil; prov. raust, cat. rost; altfrz. roiste; vielleicht gehört hierher auch ital. rostigioso, rauh, schuppig, vgl. Schuchardt, Roman. Et. I p. 47.]

8125) *rŏdīco, -āre (rodĕre), nagen; neuprov. rouga, roujà, roungà, rouigà; altfrz. rogier, rongier; neufrz. ronger (mundartlich rouger). Vgl. G. Paris, R X 59 (deutet ronger aus *rondicare f. *rodicare); Gröber, ALL V 238, wo bemerkt wird, dafs der Einschub des n auf Einwirkung von manger oder runger = rumigare beruhen möge; Diez 672 ronger leitete das Wort von rumigare ab. Vgl. No 8167.

8126) *rŏdīcŭlo, -āre (rodicare), nagen, = ptg. *roilhar, rilhar, vgl. Bugge, R IV 368; Gröber, ALL V 239.

8127) rōdo, (rōdī) rōsī, rōsum, rōdĕre, nagen; ital. rodo, rosi, roso, rodere; sard. rodere; rum. rod, rosei, ros, roade; r tr. ruir; prov. (roire), rozer; altfrz. rore (daneben derore), vgl. G. Paris, R X 43, Leser p. 80; span. ptg. roer. Vgl. Gröber, ALL V 239.

8128) altengl. roebroth, Rehbocksauce; davon vielleicht frz. Robert in sauce à la Robert, vgl. Fafs, RF III 502.

8129) ndl. roef, Schiffskämmerchen, = span. rufo, ein Platz in einer Barke, vgl. Dz 277 ruffa.

8130) rōgātĭo, -ōnem f., das Bitten; Beten; altfrz. rovaison, rouvaison.

8131) dtsch. Roggen, altsächs. roggo = altfrz. (wallon.) regon, regon; rugon ab (dem Westgotischen entlehntes?) *rogôn scheint zurückzugehen prov. rao, neuprov. rên. Vgl. Thomas, R XXVI 447.

8132) [*rŏgĭum n. (s. oben *arrogium), Bach; davon nach Gröber, Misc. 48, altfrz. *roi, rui, Bach. S. unten rū; vgl. auch Horning, Z IX 510.]

8133) [*rŏgīscĕllum n. (Demin. von rōgĭum), kleiner Bach; davon nach Gröber, Misc. 48, frz. ruisseau, Bach, vgl. aber Horning, Z IX 510; ital.

ruscello würde dann Lehnwort aus dem Frz. sein. S. unten rū.]

8134) rŏgo, -āre, bitten, ital. rogare; rum. rog, rugai, rugat, ruga; rtr. rugar, vgl. Ascoli, AG VII 411; altfrz. rover, rouver (viell. angelehnt an ein *lover, *louver = *loquare für loqui), (über vus roevet im Rolandslied V. 1792 vgl. Marcbesini, Studj di fil. rom. II 26); Schwan, Altfrz. Gramm, (2. Ausg.) § 44b, will german. hrôpan als Grundwort ansetzen; span. ptg. rogar.

8135) pers. rokh, mit Bogenschützen besetztes Kameel; ital. rocco, Thurm im Schachspiel, dazu das Vb. roccare; prov. frz. roc, dazu die Verba roquer, déroquer; span. ptg. roque. Vgl. Dz 274 rocco.

8136) [*rōmănciŭm n. (romanice), Dichtung in romanischer Sprache; ital.romanzo; rtr. romansch; prov. romans, davon das Vb. romansar in das Romanische übertragen; altfrz. romanz, dazu cas. obl. mit analogischem t romant, wovon engl. romantic, neufrz. romantique (vgl. Hirzel, Ztschr. f. dtsches Altert. XXXIII 226); abgeleitet von romanz das Vb. romancier, in das Roman. übertragen; neufrz. roman, romantique; span. ptg. romance, dazu das Vb. romanzar, romancear. Vgl. Dz 274 romanzo; Voelker, Z X 485.]

8137) rōmănĭce, *rōmănce, romanisch; altfrz. romanz, vgl. Meyer-L., Rom. Gr. I p. 252.

8138) [*rōmārĭŭs, -um m. (Roma), Wallfahrer, der nach Rom pilgert; ital. romero (daneben romeo, vgl. Bianchi, AG XIII 178 Anm. 2); altfrz. romier; span. romero; ptg. romeiro, davon romaria, Wallfahrt. Vgl. Dz 275 romeo.]

8139) [*rŏnchĭzo, -āre (roncare), schnarchen; rum. rinches ai at a (daneben nechez ai at a), wiehern.]

8140) rŏncho, rŏnco, -āre (ρόγχος), schnarchen; sard. roncare, wie ein Esel schreien; prov. ronca, schnarchen; altfrz. ronchier, fronchier, schnarchen, schnauben; cat. span. ptg. roncar. Vgl. Dz 275 ronfiare, 484 roncar (vgl. Scheler im Anhang 777), 591 froncher; Gröber, ALL V 239. Siehe oben rĕ-inflo.

8141) [*rŏnĕă, -am f., Krätze, Räude, soll nach Gröber, ALL V 239, das Grundwort sein zu ital. rogna, vgl. jedoch Meyer-L., Z VIII 215 (rogna, Postverbale zu rognare = *ro-ndicare); (sard. runza); rum. riie; rtr. rugnia; prov. ronha; frz. rogne; cat. ronya; span. roña; ptg. ronha. Diez 274 rogna wollte das Wort aus robiginem erklären, was begrifflich kaum, lautlich völlig unmöglich ist; Miklosich, Rum. Lautl. IV 61, verteidigt die Zugehörigkeit des rum. riie (aus *rinje) zur Wortsippe u. setzt *ronea als Grundwort an; W. Meyer, Z VIII 215, stellt vermutungsweise für rum. riie *aranea als Grundwort auf.]

8142) ahd. rono, umgefallener Baumstamm; dav. nach Dz 671 s. v. pic. rognie, Baumstamm.

8143) engl. roof, bedachen; davon viell. spau. arrufar, krümmen. Vgl. Dz 277 ruffa.

8144) rōs, rōrem m., Tau; sard. rosu, rore; (rum. rouă, roá); prov. ros. Vgl. Dz 275 ros; W. Meyer, Ntr. p. 56. S. oben ărrōo u. unten rōscĭdo.

8145) rŏsă, -am f., Rose; ital. rosa; venez. riosa; lomb. rosa; rum. rușă; prov. rosa; frz. rose; cat. span. ptg. rosa; überall nur gel. W. Vgl. Dz 275 rosa.

8146) ahd. rosû, Kruste; prev. rausa, rauza,

Kruste im Weinfafs, Weinstein, Hefe, vergl. Dz 665 s. v.

8147) [*rōsārĭŭm n. (rosa), = ital. rosario „certa serie di preghiere, e la corona per farne il computo", rosajo „pianta di rose", vgl. Canello, AG III 310; frz. rosier, Rosenstrauch, rosaire, Rosenkranz; span. rosario,Rosenkranz; ptg.roseira, Rosenstrauch, rosario, Rosenkranz.]

8148) [*rōscĭdo, rōscĭo, -āre (roscidus v. ros), betauen; ital. (*rugiare, davon das Partizipialsbsttv.) rugiada, Tau; (prov. arrosar, benetzen, rosada, Tau, ebenso frz. arroser, rosée, s. oben arroso); cat. ruxar, davon das Partizipialsbst. ruxada; span. ptg. rociar, dazu das Vbsbst. rocio. Vgl. Dz 275 ros. S. oben ros.]

8149) *rōsĭco, -āre (rosus v. rodere), nagen; ital. rosicare; prov. rosegar; neuprov. rousigá. Vgl. Gröber, ALL V 239. Eine ähnliche Bildung ist span. ptg. rozar (= *rosare od. rôsitare von rosus), abweiden, ausjäten, an etwas hinstreifen, hierher gehört wohl auch ptg. rojar, den Boden streifen, schleifen, schleppen, wovon das Sbst. rojão, das Schleppen. Vgl. Dz 484 rozar.

8150) rōs mărĭnŭs, Rosmarin; ital. ramerino; prov. ramani-s; frz. romarin; cat. romani; span. romero; ptg. rosmaninho. Vgl. Dz 262 ramerino.

8151) altnord. rosmhvalr, dänisch rosmer, Walrefs; daraus nach Bugge, R III 157, frz. morse, Walrofs.

8152) [german. ross- (*hrossa-), Rofs; auf diesen german. Stamm scheint zurückzugehen, aber freilich mit sehr befremdlicher Lautentwickelung ital. rozza, Mähre, daneben ronzino, Klepper (mittellat. runcinus); prov. rossa, davon rossi-s, roci-s, Klepper, daneben ronci-s (mittellat. runcinus); frz. rosse, davon altfrz. roucin, neufrz. roussin, untersetzter Hengst (daneben altfrz. roncin, pic. ronchin, vgl. Förster, Z XIII 538); span. rocin, davon rocinante; ptg. rossim. Vgl. Dz 277 rozza (wenn Diez am Schlusse des Artikels bemerkt „beide Wörter verlangen noch eine schärfere Untersuchung", so gilt das noch heute, leider aber fehlen zu dieser solchen Untersuchung die Handhaben); Mackel p. 36 („frz. rosse etc. zu germ. hross zu stellen ist schwierig"). Vielleicht läfst folgendes sich aufstellen: 1. rozza, rossa, rosse nebst den n-losen Deminutiven gehören zu germ. ross-, wobei ital. zz aus Anlehnung an rozzo, prov. frz. ss aus Anlehnung an russus (= frz. roux, rousse) sich erklärt (Pferde von auffällig roter Farbe sind oft abgerackerte, schlechte Tiere). 2. Die dem mittellat. runcinus entsprechenden Worte gehen auf den Stamm runc- (wovon runco, Gäthacke, vgl. ital. runca, Hippe, Spiefs mit einer Sichel, s. Diez 394 s. v.) zurück, *runcinus würde dann ursprünglich eine bedeutet haben „dürres Pferd, Klepper, dem die Rippenknochen wie Haken oder Spiefse hervorstehen."]

8153) ahd. rōst, Rost, Gatter; ital. rosta, Röststätte, Gitter, Sperrung, Fächer, (ursprünglich wohl nur ein gitterartiger, durchbrochener) Wedel, davon das Vb. arrostare, wedeln. Vgl. Dz 394 rosta.

8154) rōstrŭm n. (rodere), Schnauze, Schnabel; rum. rost, Schnabel, Mund; cat. span. rostro, Gesicht; ptg. rosto. Vgl. Dz 484 rostro; Gröber, ALL V 242.

8155) rŏtă, -am f., Rad; ital. rota, ruota; rum. roatâ; rtr. roda, roeda etc., vgl. Gartner § 200; prov. roda; frz. (ruede, ruee, dann von rouer aus gebildet) roue, vgl. Meyer-L., Rom. Gr. I

p. 192; cat. *roda;* span. *rueda;* ptg. *roda.* (Frz. ro(t)e ist keltisch, s. No 8163.)

8156) [*rōtāceus, a, um** (*rota*) = rum. *rotaş*, zum Rade gehörig.]

8157) [*rōtānum** *n.* (*rota*), Wagengleis, vermutlich Grundform zu prov. *rodan*, altfrz. *rouain*, vgl. Horning, Z XVIII 228.]

8158) [*rōtātōrīum** *n.* (*rotare*); davon vielleicht span. ptg. *redor,* Umkreis, span. *alrededor* (aus *al de-redor*), rings, ptg. *ao redor.* Vgl. Morel-Fatio, R IV 39, u. Storm, R V 182; Diez 482 *redor* stellte fragweise *rotulus* als Grundwort auf.]

8159) rōtĕllā u. *rōtīllā, -am** *f.* (Demin. von *rota*), kleines Rad; ital. *rotella,* Rädchen, Kniescheibe; prov. *rodela,* Kniescheibe; altfrz. *roele*, runder Schild; neufrz. *rouelle,* .Rädchen; (die „Kniescheibe" heifst *rotule, palette*); span. *rodela,* runder Schild, *rodilla,* Knie, (das Wort bedeutet auch „Wischlappen", weil ein solcher radartig gewuuden werden kann, vgl. frz. *torchon,* falls es von *torquere* abzuleiten ist); ptg. *rodella,* Rundschild, Wurf-, Kniescheibe. Vgl. Dz 276 *rotella.*

8160) [*rōtĕūs, a, um** (*rota*), radartig; davon nach Caix, St. 491, ital. *roccia* „paglia ravvolta a rotolo".]

8161) altnfränk. rotjan, mürbe machen, = altfrz. *roir,* neufrz. *rouir,* Flachs im Wasser mürbe machen, dazu das Shet. *roise* (vgl. mhd. *rözen*), wovon wieder das Vb. *enroiser.* Vgl. Dz 672 *rouir;* Mackel p. 33.

8162) rōto, -āre (*rota*), wie ein Rad im Kreise herumdrehen, wälzen, sich im Kreise bewegen, rädern; ital. *rotare;* (rum.) *rotesc ii it i;* prev. *rodar;* frz. *rouer;* (*róder,* umherschweifen, gehört schwerlich hierher, es nüſste denn Fremdwort aus dem Prov. oder Span. sein, vgl. Dz 671 *s. v.;* ist *róder* aber Erbwort, wogegen kaum begründeter Zweifel erhoben werden kann, so ist es etwa aus **rabidare,* umherrasen, zu deuten); span. ptg. *rodar.*

8163) kelt. rotta, ein Saiteninstrument; altfrz. *rote.*

8164) rōtŭlo, -āre (*rotula* v. *rota*), rollen; ital. *rotolare* (daneben *ruzzolare* = **rotiolare*); sard. *lodurare;* trent. *rodular;* venez. (? *rigolar;* genues. *ariguá*), vgl. Salvioni, Post. 19; rum. *rotilez ai at a;* prov. *rotlar;* altfrz. *rooler,* daneben *roeler* = **rotellare;* neufrz. *rouler;* span. *rolear, arrollar;* ptg. *rolar.* Vgl. Dz 276 *rotolo.*

8165) [rōtŭlŭs, -um *m.* (Demin. v. *rota*), kreisförmig gerollter Gegenstand; ital. *rotolo, ruotolo,* „volume", *rullo* „cilindro pesante, birillo", *rocchio* (aus **roculus* f. *rotulus,* AG I 245) „tronco cilindrico, pezzo di salsiccia", *rolo, ruolo* (= frz. *rôle*) „elenco de' soldati", vgl. Canello, AG III 354: prov. *rotle-s, rolle-s;* frz. *rôle;* span. *rollo,* Rolle, *rol,* Liste, *rolde,* ein Kreis von Personen oder Sachen; ptg. *rol,* Liste, *rola,* Rolle, Walze.

8166) [*rōtŭndĕllŭs, a, um** (Demin. v. *rotundus*), rund; ital. *ritondello;* frz. *rondeau,* Lied mit Kehrreim (italianisiert *rondó*). Vgl. Canello, AG III 350.]

8167) *rōtŭndĭo, -āre** (*rotundus*), abrunden, ringsum abschneiden; prov. *redonhar;* altfrz. *roognier;* neufrz. *rogner;* span. *desroñar.* Vgl. Dz 671 *rogner;* G. Paris, R XII 382; Gröber, ALL V 240. — Vgl. No 8125.

8168) rōtŭndo, -āre (*rotundus*), rund machen; ital. *rotondare* (altital. *aritonnar,* die Haare abrunden, abschneiden); (rum. *rătunzesc ii it i;* prov.

aredondir; frz. arrondir: cat. arrodonir; span. ptg. redondear).

8169) rōtŭndŭs, a, um, rund; ital. *rotondo, ritondo, tondo,* davon *bistondo,* rundlich, und das Sbst. *tondino,* Reif, Teller, vgl. Dz 406 *tondo;* rotonda auch Sbst. Rundraum, *ronda* (= frz. *ronde*), Rundwache, nächtliche Patrouille, vgl. Canello, AG III 386 u. 395; sard. *tundu;* lomb. *redond* und *regond;* canav. *arjünd;* friaul. *torond,* vgl. Salvioui, Post. 19; rum. *ratund;* rtr. *radund;* prov. *redon;* frz. *rond;* cat. *redó, rodó;* span. ptg. *redondo* (nach Pavodi, R XVII 72, gehört hierher auch span. *tolondro* „stolto, babbeo"). Vgl. Gröber, ALL V 240; Behrens, Metatb. p. 24.

8170) ahd. rouba (aus **raubha,* das Wort wird von Braune, Z XXII 197, nachgewiesen), Raub, Beute, Rüstuug, Kleid; ital. *roba,* Kleid, *ropa* „batuffolo", vgl. Caix, St. 492; rtr. *rauba,* roba, *ropa* etc., vgl. Gartner § 200; prov. *rauba;* frz. *robe* (altfrz. auch *reube*); span. robo, Raub, *ropa* (altspan. *roba*), Kleid, Zeug, Gerät; ptg. *roubo,* Raub, *roupa* (altptg. *rouba*), Kleid, Zeug, Wäsche, Gerät. Vgl. Dz 273 *roba;* Mackel p. 27 u. 120.

8171) ahd. roubôn, rauben; ital. *rubare, rauben;* prov. *raubar;* frz. *dérober,* (altfrz. auch *reuver*); span. *robar* (altspan. auch *robir* = *raubhjan,* vgl. Braune, Z XXII 199); ptg. *roubar.* Vgl. Dz 273 *roba;* Mackel p. 27 u. 120.

8172) Stamm rū-, fliefsen (vgl. *Rûmo,* Tiber, *ruma,* säugende Brust); davon nach Förster, Z V 96, altfrz. *ru,* Bach, davon das Demin. *ruicel;* neufrz. *ruisseau* (ital. *ruscello*). Dz 642 *ru* hatte **rivicellus* als Grundwort aufgestellt, Thomas R XXV 90, u. Pieri, AG Suppl. V 235 Anm., **rivuscellus* an. (Vgl. auch Th. p. 110 u. Horning, Z IX 510.) G. Paris, R XV 453, verbietet, ebenso auch Horning, der Gröber'schen Annahme; Leser p. 109. Für endgültig beantwörtet darf man die Ursprungsfrage noch nicht erachten.

rŭbĕllŭs s. *ārrŭbĕllo u. rĕbĕllo.**

8173) rŭbĕo, -ēre, rot sein; (ital. *rovente,* glühend); sien. *rovire,* vgl. Salvioni, Post. 19.

rŭbĕr s. aŭrĕŭs.

8174) rŭbĕtum *n.,* Brombeergebüsch; ital. *roveto;* lomb. *roveda,* berg. *ruida,* monf. *arvejo,* romagn. *arvid,* rovo, vgl. Salvioni, Post. 19.

8175) rŭbĕŭs, a, um, rot; ital. robbio, *roggio,* aufserdem das Shet. *rubbio,* ein Mafs für Korn „weil die Einteilung desselben innen rot gezeichnet war", vgl. Dz 395 *s. v.;* canav. *rubja, gialla,* vgl. AG XIV 114; rum. *roib;* prov. *rog;* frz. *rouge,* dazu das Vb. *rougir,* rot werden, viell. gehört hierher auch altfrz. *roige* (prov. *roi*), Name einer Getreideart, vgl. Themas, R XXVI 448; cat. *rotji;* span. *rubio.* Vgl. Dz 274 *roggio.* S. rŭssŭs.

8176) rŭbĭā, -am *f.,* Färberröte; ital. *robbia;* rum. *roibă;* prov. *roga, roja,* cat. *roja;* span. *rubia;* ptg. *ruiva.* Vgl. Dz 274 *roggio.*

8177) rŭbĭcŭlus, a, um, rötlich; ital. *rubecchio.*

rŭbīgo s. rōbīgo.

8178) *rŭbīnŭs, -um** *m.* (*rubeus*), roter Edelstein, Rubin; ital. *rubino;* prov. *robi-s;* frz. *rubis;* span. *rubin, rubi;* ptg. *rubim, rubí.* Vgl. Dz 277 *rubino.*

8179) rŭbor, -ōrem *m.,* Röte; dav. span. *arrebol,* Abend-u. Morgenröte.

8180) rŭbrīcā, -am *f.* (*ruber*), roter Merkstrich, Seitenabschnitt; ital. *rubrica;* frz. *rubrique* etc., überall nur gel. W.

*rūbrĭeūs s. **lūbrĭcus.**

8181) **rūbūs, -um** m., Brombeerstrauch; ital. *rogo, rovo; s*ard. *ruu, arrù,* sicil. *ruvettu;* calabr. *ruviettu;* rum. *rug;* (spau. ptg. *rubo);* (der frz. Name dieses Strauches ist *ronce = rumicem*). Vgl. Dz 394 *rogo.*

8182) **rūcto** und ***rūcto, -āre,** rülpsen; ital. *ruttare;* lomb.(?)*rücá;* prov. *rotar;* frz. roter; cat. *rotar.* Vgl. Gröber, ALL V 240; „ital. *ruttare. rutto* sind nicht Erbwörter, die frz. Ausdrücke gehören kaum hierher", Meyer-L., Z. f. ö. G. 1891 p. 775.

8183) **rūctŭs** u. ***rūctŭs, -um** m. (v. **rugĕre),* Rülpsen; ital. *rutto;* lomb. *rüć, roit, rouit,* vgl. Salvioni, Post. 19; prov. *rot-z;* frz. cat. *rot;* ptg. *arroto;* (die span. Ausdrücke für „rülpsen, Rülpsen" sind *regoldar, regueldo* [s. oben **regulo** 2] und *eructar, eructo,* gel. W.). Vgl. Dz 642 *rot;* Gröber, ALL V 240.

8184) **rūdīs, -e,** roh; ital. *rude;* sard. *arrui,* indomito; viell. auch frz. *rude,* das ein gelehrtes oder entlehntes Wert sein müfste, was nicht recht wahrscheinlich ist; besser wird man *rude* von *rugĭdus* (s. d.) ableiten.

8185) ***rūdĭŭs, a, um** (für *rudis),* roh, — ital. *rozzo,* vgl. Dz 394 s. v.; Gröber, ALL V 241.

8186) ***rūdo, -ĕre** (schriftlat. *rūdĕre),* brüllen, — prov. *ruzer,* grunzen; abgeleitet (?) cat. *rondinar,* grunzen, brummen. Vgl. Dz 674 *ruzer;* Gröber, ALL V 240; Parodi, R XVII 72.

8187) **rūdus, rūderis** n., Gerölle, Schutt; aemil. *rud,* vgl. Meyer-L., Z. f. ö. G. 1891 p. 775; AG XII 428.

8188) mhd. **ruf** (ahd. *hruf*), Aussatz, Schorf; ital. (mundartlich) *ruff,* ; *rufa, rofia,* Ausschlag, Grind, vgl. Dz 277 *ruffa.* — Abgeleitet von *ruff* ist vielleicht ital. *ruffiano,* Kuppler (die ursprüngliche Bedtg. wäre dann etwa „krätziger, schmutziger Mensch"); prov. *rufian-s;* frz. *rufien;* span. *rufian.* Das Wort auf *rufulus,* rötlich, zurückzuführen, ist aus begrifflichem Grunde kaum statthaft. Vgl. Dz 278 *ruffiano.*

8189) **rūgă, -am** f., Runzel, Furche; ital. *ruga,* Runzel (altital. auch „Gasse"); prov. *ruga,* Runzel, *rua,* Gasse; frz. *rue,* Gasse, Strafes, vgl. Meyer-L., Ztschr. f. frz. Spr. u. Litt. XV 92, die Ableitung mufs jedoch als zweifelhaft erscheinen; cat. span. **rüga* scheint hinzudeuten altfrz. *roie,* Streifen, Erec 223; span. *arruga,* Runzel, *rua,* Gasse; ptg. *ruga, arruga,* Runzel, *rua,* Gasse. Vgl. Dz 278 *ruga.* — Über frz. *ruc* vgl. No 8229.

8190) **rūgĭdus, a, um** (*ruga);* dasWort ist neuerdings inschriftlich belegt, vgl. Schuchardt, Z XXII 532, (angesetzt wurde es schon von Förster, Z III 259), faltig, runzlich, rauh; ital. *ruvido,* rauh; viell. auch frz. *rude,* vgl. Schuchardt, Roman. Etym. I p. 26. Vgl. No 8194.

8191) **rū-, *rūgĭo, -īre,** brüllen; ital. *ruggire,* daneben *rugliare, rugghiare = *rugulare;* rum. *rugesc ii it i;* prov. *rugir;* altfrz. *ruir;* (neufrz. *rugir,* gel. W.; frz. *bruire* wird wohl besser als Scheideform zu *braire = *bragire* aufgefafst); span. ptg. *rugir.* Vgl. Dz 532 *braire;* Flechia, AG II 379; Th. p. 92.

8192) **rū-, *rūgītŭs, -um** m. (*rugire),* das Brüllen; span. ptg. *ruido,* Lärm, vgl. Dz 484 s. v.; frz. *rut* (altfrz. *ruit*), das Brunstgeschrei des Hirsches, die Brunst dieses Tieres, vgl. Dz 674 s. v.

8193) ***rūgŭlo, -āre** (*rugire),* brüllen; ital. *rugliare, rugghiare.* v. d'Ovidio, AG XIII 438.

Körting. lat.-rom. Wörterbuch.

8194) **rūīdŭs, a, um,** rauh, uneben (fiudet sich nur einmal u. überdies an unsicherer Stelle, Plin. 18, 97); davon (richtiger aber wohl von *rugĭdus,* s. d.); ital. *ruvido,* rauh. Vgl. Dz 395 s. v.; Gröber, ALL V 241; Förster, Ž III 259, stellte **rūgĭdus,* faltig, v. *ruga* als Grundwort auf und verglich **ripidus* v. *ripa,* seitdem ist das Wort iuschriftlich belegt worden, vgl. Schuchardt, Z XXII 532; Paris, R VIII 628, bezweifelt die Förster'sche Ableitung. Vgl. No 8190.

8195) ndl. **ruim,** Schiffsraum; davon vermutlich span. ptg. *arrumar* (span. auch *arrumbar);* das ptg. Verb besitzt die allgemeine Bedtg. „ordnen, aufräumen". Vgl. Dz 275 rombo.

8196) [**rūīnā, -am** f. (*ruere*), Sturz, Untergang, Trümmer; ital. *ruina, rovina;* rum. *ruină;* prov. *ruina, roina;* frz. *ruine;* span. ptg. *ruina,* dazu das Adj. span. *ruin;* ptg. *ruim, roim,* elend. Vgl. Dz 484 s. v.]

8197) ***rūīno, -āre** (*ruina*); umstürzen, zu Grunde richten; ital. *ruinare* „andar in rovina", *rovinare* „andare o mandare in r.", vgl. Canello, AG III 336; rum. *ruinez ai at a;* frz. *ruiner;* cat. span. ptg. *ruinar.*

8198) **rūīnōsŭs, a, um** (*ruina),* baufällig, eingestürzt; ital. *ruinoso;* rum. prov. *ruinos;* frz. *ruineux;* cat. *ruinos;* span. ptg. *ruinoso.*

8199) **rūmĕx, -ĭcem** c., Sauerampfer, ein (zackiges) Brandgeschofs; davon ital. *rómice* u. *rómbiee;* prov. *ronser-s,* Dornbusch, daneben *roize,* vgl. Schuchardt, Roman. Etym. I p. 28; neuprov. *roumese, rounse;* frz. *ronce,* Dornbusch. Vgl. Dz 671 *ronce.*

8200) **rūmĭgo, -āre,** wiederkäuen; ital. *rugumare,* (daneben mundartlich *rumare,* vielleicht = *ruminare,* darüber sowie über andere mundartliche Formen vgl. Flechia, AG II 7); rum. *rumeg ai at a,* daneben *rugumă,* vergl. Behrens, Metath. p. 23; prov. *romiar;* altfrz. *rungier;* (neufrz. *ruminer,* gel. W., = *ruminare;* *ronger* gehört nicht hierher, sondern ist = **rodicare,* bezw. **rondicare,* w. m. s.); cat. span. ptg. *rumiar.* Vergleiche Dz 672 *ronger;* Gröber, ALL V 241.

rūmĭno s. **rūmĭgo.**

8201) dtsch. **rumpf;** davon vielleicht cat. *rom,* stumpf (die ursprüngliche Bedeutung würde also gewesen sein „ohne Kopf u. Glieder, ohne Spitzen"); span. *romo;* ptg. *rombo* (ist auch Shet. mit der Bedtg. „Loch", ursprünglich vielleicht „Rumpf"). Vgl. Dz 484 rombo.

8202) **rūmpo, rūpī, rūptum, rūmpĕre,** brechen; ital. *rompo, ruppi, rotto, rompere;* rum. *rump (rup), rupsei, rupt, rumpe (rupe);* rtr. *rumper,* Part. Prät. *rut, rot, rot,* vgl. Gartner § 148 und 172; prov. frz. *rompre;* cat. *romprer;* span. ptg. *romper.* Vgl. Gröber, ALL V 241.

8203) **rūmpus, -um** m., Weingesenk; lomb. *romp,* la vite mandata sugli alberi, vgl. Salvioni, Post. 19.

8204) ahd. **runan,** mhd. **runen,** belasten, beladen; davon rtr. *runar,* Holz zusammenschleppen, *runa,* Bürde, Last, Haufe (v. Heu u. dgl.). Vgl. Buck, Z X 571.

8205) ahd. **rûnazôn,** summen, brummen; ital. *ronzare,* summen, davon *ronzone,* grofse Brummfliege; vielleicht gehören hierher auch span. *ronzar,* *roznar,* mit Geräusch kauen; cat. *roncejar;* span. *roncear,* brummig, mürrisch sein, widerwillig arbeiten, zaudern, davon span. *roncero,* ptg. *ronceiro,*

48

langsam, träge. Vgl. Dz 394 *ronzare* und 484 *roncear*, Baist, Z V 558 (hält die span. Worte für onomatopoietisch).

8206) **rūncĭna**, **-am** *f.*, Hobel; davon (?) frz. *rouanne*, Ritzeisen.

[*rŭnclnŭs* s. **ross-**.]

8207) **rūnco, -āre**, ausgäten; ital. *roncare, roncigliare*, ausgäten, dazu das Vbsbst. *ronca, ronco, ronciglio, roncone*, Hippe. Vgl. Dz 394 *ronca*; Gröber, ALL V 241; d'Ovidio, AG XIII 402, welcher bemerkt, dafs die Sippe durch *uncus* beeinflufst worden zu sein scheine.

8208) altndd. **rûnôn**, raunen, = altfrz. *runer*, flüstern; altspan. *adrunar*, erraten (vgl. got. *runa*, Geheimnis). Vgl. Dz 673 *runer*; Mackel p. 19.

8209) abd. **rŭnza**, Runzel, = altfrz. *ronce*, vgl. Mackel p. 174.

8210) abd. **rŭozzen**, die Erde aufwühlen; davon nach Caix, St. 493, ital. *ruciare*, pascere dol maiale, grufolare.

8211) **rŭo, -ĕre**, stürzen; sard. *ruere*.

rŭpēs, *rŭplca, *rŭpla s. ***rŏcĕŭm**.

8212) [***rŭpa** od. ***rŭba, -am** *f.*, Runzel; die Ansetzung dieses Wortes scheint gefordert zu werden durch ptg. *rofo*, Runzel (auch Adj. „nicht poliert, rauh"), südfrz. *roufo, rifo* etc., vgl. Schuchardt, Rom. Etym. I p. 25; Braune, Z XXII 200.]

8213) dtsch. **rupfen**; mit diesem Verbum, bezw. mit germ. *raufan* + *rupa*, scheinen zusammenzuhängen ital. *arruffare*, das Haar zerzausen, verwirren, *ruffa*, Gezause, Gedränge, *baruffa*, Rauferei; rtr. *barufar*, raufen; prov. *barrufaut-z*, Raufer; cat. *arrufar*, kräuseln; span. *rufo*, kraus, *arrufarse*, (die Stirn kraus ziehen), zornig werden; ptg. *arrufar*, kräuseln. Vgl. Dz 277 *ruffa*; Schuchardt, Roman. Etym. I p. 25.

8214) **rŭptă** (Part. P. P. v. *rumpere*), gebrochen; ital. *rotta*, Bruch, Niederlage; dieselbe Bedeutung haben prov. span. ptg. *rota*, altfrz. *route*; neufrz. *déroute*; prev. *rota*, altfrz. *rote* bedeutet auch „Bruchteil eines Heeres, Rotte", daher altfrz. *arouter*, in Ordnung stellen. Aus *rupta via*, durchgebrochene Strafse, erklärt sich frz. *route*, Strafse, wovon *routier*, wegkundig, *routine*, Wegkunde, Übung. Vgl. Dz 276 *rotta*; Gröber, ALL V 241.

8215) [***rŭptĭo, -āre** (*ruptus*), brechen; (davon vermutlich frz. *rosser*) durchprügeln (eigentlich so prügeln, dafs die Knochen brechen, vgl. ital. *rotto*, durchgeprügelt). Alle anderen Ableitungen des vielbehandelten Wortes sind höchst zweifelhaft. Vgl. Dz 672 *rosser*; Scheler im Dict. *s. v.*]

8216) **rŭptūră, -am** *f.* (*ruptus*), Bruch, Rifs; ital. *rottura*; rum. *ruptoare*; frz. *roture*, urbar gemachtes, geroutetes Land, Bauerugut, dav. *roturier*, Kötter, Bauer, (*rupture*, gel. W.); span. ptg. *rotura* (daneben *rompedura*). Vgl. Dz 276 *rotta*.

8217) [***rūscă, -am** *f.* ist das voraussetzende, aber bezüglich seines Ursprunges ganz dunkle Grundwert zu prov. *rusca*, Baumrinde (auch piemont. u. lemb. *rusca*); altfrz. *rusche* (norm. *ruque*), neufrz. *ruche* (aus Baumrinde gefertigter Bienenkorb, Schiffarumpf). Dz 673 *ruche* hielt das Wort für keltisch, Th. p. 111 verneint dies. — Vgl. valses. *scheurtz*, levent. *scherz*, Bienenkorb; das Wort ist Masculinbildung zu *scorza*. Vgl. Salvioni, R XXVIII 106.]

8218) ***rūscĭdus, a, um** (*ruscum*), mäusedornfarbig; ptg. *ruço, russo*; hellgrau, rötlich; span. *rucio*; gal. *ruzo, ruzio*.

8219) **rūscŭm** *n.*, Mäusedorn; ital. cat. span. ptg. *rusco*. Ans *fr*[*onda*] + *rusco* ist nach Caix, Z I 423, entstanden *frusco, fruscolo*, Zweig. Sieh oben **brūscum**. Vgl. Baist, Z V 557.

8220) abd. **ruspan**, starren; davon vielleicht (s. aber *rūspŭdus*) ital. *ruspo*, rauh, neu gemünzt. Vgl. Dz 395 *ruspo*.

8221) [***rūspĭdus, a, um**, rauh, kratzig; dieses Wort scheint gefordert zu werden von (ital. *ruspo*, rauh, ungemünzt, *rospo*, widerhaariger Mensch, Kröte); oberostital. *ruspio*, rauh, vgl. Schuchardt, Rom. Etym. I p. 28; Sch. zieht hierher auch, bezw. zu *rūspare* ital. *raspare*, raspeln (abd. *raspôn*), *rasposo*, südsard. *raspidu*, südfrz. *raspous* etc., span. ptg. *rispido* (beeinflufst durch *hispidus*), etc.]

8222) **rūspo, -āre**, kratzen, scharren, durchforschen, = ital. *ruspare*, scharren (von Hühnern), vgl. Dz 395 *s. v.*; Gröber, ALL V 242. S. auch **rūspĭdus**.

8223) dtsch. **russen** (abd. *ruzzôn*), schnarchen; ital. *russare*, schnarchen. Vgl. Dz 395 *s. v.*

8224) **rūssĕŭs** u. **rūssŭs, a, um**, rötlich; ital. *rosso*; sard. *ruju*; rum. *ros*; prov. *ros*; frz. *roux*; cat. *roxo*; span. *rojo*; ptg. *roxo*. Vgl. Dz 276 *rosso* und 484 *rúcio*; Gröber, ALL V 242. Über *rucio, ruço* s. **rūscĭdus**.

8225) ***rūsteum** *n.* (*rustum*), Brombeerstrauch; neuprov. *rouis*, Busch, *rouisso*, dürrer Zweig, *rouissoun*, kleiner Busch, vgl. Thomas, R XXIV 586.

8226) **rūstum** *n.*, Brombeerstrauch; neap. *rusta*, *rustina*, Brombeere, vgl. Schuchardt, Rom. Etym. I p. 63.

8227) [***rūstĭdus, a, um** (für *rusticus*), bäurisch; prov. altfrz. *ruste* (*ruiste* = *rustus*), derb, heftig; obwald. *risti*; neufrz. *rustre*, dazu das Sbst. prov. *rustat-z*, altfrz. *rustié*. Vgl. Dz 673 *ruste*.]

8228) **rūtă, -am** *f.*, Raute; ital. *ruta*; mail. *rüga*; monf. *ridda*; rum. *rută*; prov. *ruda*; frz. *rue*; cat. span. ptg. *ruda*.

8229) [***rūta, -am** *f.* (aus *ruita* f. *rūta*), möglicherweise Grundwort zu frz. *rue* (gewöhnlich = *rūga* augesetzt, das aber der Bedeutung nach schlecht pafst), Strafse; was die Bedtg. anbelangt, so ist von der Verbindung *rūta caesa* (s. Georges *s. v. ruere*) auszugehen.]

8230) **rūtăbŭlŭm** *n.*, Ofenkrücke, = ital. *riavolo*; ital. *redabl*; altfrz. *roable*, neufrz. *râble*, Ofenkrücke (damit vielleicht identisch, vgl. jedoch Nigra, AG XIV 374 (s. unter ***rapulum**), *râble*, Hinterstück bei Tieren, weil die Hauptknochen dieses Teils mit einer Krücke sich an Gestalt vergleichen lassen); altspan. *rodavilla*, vgl. Dz 663 *s. v.*

8231) ***rūtĭlĭo, -āre** (*rutilus*), rötlich werden, rosten; prov. *roilhar*, rosten, dazu das Verbalsbst. *roilh-z, rozilh-z, roilha*; altfrz. *rouillier*, dazu das Vbsbst. *roil, rolhe*, Rost; neufrz. *rouiller*, dazu das Vbsbst. *rouille*. Vgl. Dz 278 *ruggine* (wo die Worte irrtümlich als Deminutivbildungen zu *rubigo* hingestellt werden); Gröber ALL V 238.

8232) **rūto, -āre** (*ruere*), werfen, schleudern, = frz. *ruer*, schleudern. Vgl. Dz 673 *ruer* (wo das Vb. unmittelbar von *ruere* hergeleitet wird); Förster, Z II 87; Gröber, ALL V 242.

rūtŭbă s. **ăd-rūtŭbo**.

S.

8233) **S;** von dem Namen des Buchstabens ist fälschlich abgeleitet worden *esse*, Achseupflock (gehört zu *axis*) u. *esseret*, Locheisen (geht auf germ. *hëlza* zurück), vgl. Thomas, R XXV 81 und XXVI 427; Gade p. 37.

8234) **säbăjă, -am** *f.*, ein Gerstentrank der Armen in Illyrien; davon ital. *zabaione*, composto di rossi d'uova, zucchero etc., vgl. Caix, St. 658.

8234a) Span. **sábalo** (woher?), Alose, Alse, = frz. *savalle*, vgl. Thomas, R XXVIII 211.

8235) **säbănŭm** *n.*, auch **săvănŭm** *n.*, (σάβανον), daneben ***säbănă** *f.*, grofses leinenes Tuch, Handtuch, Serviette u. dgl.; galloital.-sicil. *savanu*, *savu*, Leichentuch, dazu das Vb. *insavonare*, in das Leichentuch hüllen; prov. *savena*, Schleier, Segel; altfrz. *savene*; span. *sabana*, *savana*, Altartuch, Betttuch, *sabanilla*, Schnupftuch. Vgl. Dz 278 *sábana*; Gröber, ALL V 452.

8236) **säbbätŭm** *n.* (תבּשַׁ, σάββατον u. σαμβάτιον, vgl. W. Schulze in Kuhn's Ztschr. XXXIII 366, G. Meyer, Idg. Forschungen IV 326), Sabbat, Sonnabend; ital. *sabbato*; sard. *sabbadu*; rum. *sâmbătă*; rtr. *sonda*; prov. *dis-sapte*; altfrz. ***sedmedi*, *semedi* (gleichsam *septima dies*); vgl. Förster zu Aiol et Mirabel p. 600 Sp. 2 Z. 4 v. o., K. Hofmann, RF II 355; neufrz. *samedi*; cat. *dissapte*; span. ptg. *sábado*. Vgl. Dz 675 *samedi*; Gröber, ALL V 454.

8237) dtsch. **sabel, säbel**, Säbel (die Herkunft des auch in slav. u. finnischen Sprachen verbreiteten Wortes ist unbekannt, germanisches Erbwort kann es nicht sein, vgl. Kluge *s. v.*; davon ital. *sciabla*, *sciabola*; frz. *sabre* (davon *sabretache* = Säbeltasche); span. *sable*; im Ptg. fehlt das Wort. Vgl. Dz 286 *sciabla*.

8238) **säbĕllŭm** (Demin. v. ***sabum** = *sabulum*), Sand; neuprov. *savel*, *saveu*, grober Sand, vgl. Gröber, ALL V 454.

8239) **säbīna, -am** *f.*, Sevenbaum; ital. *savina*; span. *sabina*.

8240) ***säbīus** (**säpīdus**), **a, um**, weise; oberital. *savio*; sard. *sâbiu*; rtr. *sabe*; prov. *savi*; frz. *saive*, *sage*; cat. *sabi*; span. ptg. *sabio*; altptg. auch *saibo*, s. Gröber's Grundrifs I 747 Anm. 3. Vgl. Schuchardt, Rom. Etym. 1 p. 61. S. **saplus.**

8241) **säbŭcŭs, sämbŭcŭs, -um** *m.*, Holunderbaum; ital. *sambuco*; rum. *soc*; rtr. *suitg*, *sumvei*; prov. *sauc-s*; altfrz. *sëu*, *sëhu*, (dav. das Diminutiv mit eingeschobenem [?] r) *seu-r-eau*, *sureau*, vgl. Tobler, Ztschr. f. vgl. Sprachf. N. F. III 414, und dazu G. Paris, R VI 131, eine andere Erklärung giebt Scheler im Dict. *s. v.*; eine Nebenform ist *sëuyer* = ***sabucarius**, rätselhaft ist das ebenfalls vorkommende *sëur*; über ostfrz., auf ***sabucula** + *iônem* zurückgehende Worte vgl. Horning, Z XVIII 228; Nigra, R XXVI 156; neufrz. *sureau*; cat. *sauch*; span. *sabuco*, *sahuco*, *saúco*; ptg. *sauco*. Vgl. Dz 682 *sureau*; Gröber, ALL V 454; Ascoli, AG I 70 Anm.

8242) [***säbĭum** *n.* (*sapére*) = ptg. *saibo*, Nachgeschmack. vgl. Schuchardt, Roman. Et. I p. 15.]

8243) **säbŭlo, -ōnem** *m.*, Kies; ital. *sabbione*; rtr. *sablun*; frz. span. *sablon*. Vgl. Gröber, ALL V 454.

8244) **säbŭlŭm** *n.*, Sand; ital. *sabbia*; frz. *sable*; span. *sábolo*, davon *sablon*, (das übliche Wort für „Sand" ist aber *arena*, ptg. *area*, *areia*, ptg. *saibro* bedeutet „Kies"). Vgl. Gröber, ALL V 454.

8245) **säbŭrră, -am** *f.* (*sabulum*), Schiffssand, Ballast; ital. *saburra*, *savorra*, *zavorra*; sard. *saurra*; rum. *saburâ*; prov. *saorra*; frz. *saburre* (gel. W.); cat. *sorra*; span. *zahorra*, *sorra*; ptg. *saburra*. Vgl. Dz 345 *zavorra*; Gröber, ALL V 454.

8246) **säbŭrro, -āre** (*saburra*), belasten, beladen; ital. *zavorrare* etc., s. **säbŭrră.**

8247) [**săcea + bŏta** (s. oben **bŏtan**) = frz. *saquebute*, span. *sacabuche*, eigentl. ein Haken an der Lanze, womit Fufssoldaten Reiter von den Pferden zogen (*saccare*) u. zur Erde stiefsen (*bôtan*), dann eine Art Posaune, vgl. Delboulle, R XIII 404.]

8248) **săcco, -āre** (*saccus*), durch einen Sack seihen (im Roman. auch „in den Sack stecken, wegnehmen, plündern"); ital. (***saccare*, davon· das Vbsbst.) *sacco*, Plünderung, *saccheggiare*, plündern; prov. *ensacar*, einstecken; altfrz. *sachier*, *de-sachier*, herausziehen, (***saquer*, plündern, davon das Vbsbst.) *sac*, Plünderung, *saccager*, plündern; span. ptg. *sacar*, herausziehen, *saquear*, plündern. Vgl. Dz 278 *sacar*.

8249) **săcĕŭs, -um** *m.* (σάκκος), Sack; ital. *sacco*: prov. *sac-s*; frz. *sac*; span. ptg. *saco*, (daneben span. *zaque*, Schlauch). In der Bedtg. „Plünderung" etc. ist *sacco* etc. Verbalsbst. von *saccare*. Vgl. Dz 278 *sacco*; Caix, Giorn. di fil. rom. II 69.

8250) [**sacc(us) + dtsch. mann** = ital. *saccomanno*, Packknecht; neuprov. *sacaman*; span. *sacomano* (wohl angelehnt an *mano*, Hand), Plünderung. Vgl. Dz 278 *sacco*.]

8251) [**säcĕr, a, um**, heilig; ital. *sacro* u. *sagro*, vgl. Canello, AG III 371; span. ptg. *sacro*. Über das Sbst. ital. *sacro*, Stofsvogel, frz. span. ptg. *sacré* vgl. oben **çaqr** u. Dz 279 *sacro*.]

8252) **săcrāmentum** *n.* (*sacro*), Schwur, Eid; (ital. *sacramento* und *sagraments* (altital. auch *sacramento*), dazu das Vb. *sacramentare*, sagr. (*saramentare*), sacramentare, vgl. Canello, AG III 374; prov. *sagramen-s*); altfrz. *sairement*, davon das Vb. *sermenter*; neufrz. *serment*, dazu das Verb *assermenter*, vereidigen; (span. ptg. *sacramento*, bedeutet vorwiegend nur „Sakrament", dazu das Vb. *sacramentar*, die Sakramente spenden). Vgl. Dz 676 *serment*.

8253) **säcrātŭs, a, um** (*sacro*), geheiligt, geweiht; ital. *sacrato* u. *sagrato*, ersteres bedeutet als Sbst. „Kirchhof", letzteres ·„Fluch", vgl. Canello, AG III 371; (frz. *sacré*;) span. ptg. *sagrado*.

8254) **säcro, -āre** (*sacer*), heiligen, weihen; ital. *sacrare*; prov. *sagrar*, davon das Sbst. *sagrason*, Weihe; frz. *sacrer* (gel. W.), davon ·das Vbsbst. *saere*, Weihung, Krönung; span. ptg. *sagrar*.

8255) **saecŭlŭm** *n.*, Jahrhundert (im Roman. auch „Zeitlichkeit, Welt" im Gegensatz ·zur*Ewigkeit u. zum geistlichen Leben); ital. *secolo*; altoberital. *segoro*, *segolo*; altpiem. *sevol*; (rum.Фseclu); rtr. *secul*); prov. *segles-s*; altfrz. *seule*, *siegle* (über die Bedtg. des Wortes vgl. Förster zu Yvain 1549); neufrz. *siècle*; cat. *sigle*; span. *siglo*; (ptg. *seculo*). Vgl. Gröber, ALL V 455; Canello, AG III 294 Anm.; Berger *s. v.*

8256) **saepe,** oft (über den· Schwund von·*saepe* u. seine Ersetzung durch *subinde* u. *frequenter* vgl.

Wölfflin, Sitzungsb. der bayer. Akad. d. Wiss., phil.-hist. Cl., 1894 p. 101); ital. siepe; sard. sebbi; venez. sieve; bellun. siech; monf. sef; vegl. siap, vgl. Salvioni, Post. 19.
saepes s. sēpēs.

8257) saetä (= sētä), -am f., Haar, Borste; ital. seta (altital. soia, saja, doch kann letzteres = saga sein, ersteres ist frz. soie), haariges Zeug, Seide, davon setone, Haarseil, setola, Borste, Bürste, vgl. Canello, AG III 386; piem. seia; gen. seiga; rum. sitä, Haarsieb; prov. seda, Seide; frz. soie, Borste, Seide, (séton, Haarseil); span. seta, Borste, seda, Seide; ptg. seda, Seide. Vgl. Dz 294 seta; Gröber, ALL V 467. — G. Paris, R VIII 628, vermutet, dafs altfrz. sëon, neufrz. son, Kleie, aus *sedon = *saetonem, Haarsieb, entstanden sei; indessen auch die von Littré vorgeschlagene Ableitung von secundum ist annehmbar. Altfrz. sëon wurde nachgewiesen von Förster, Z III 262. — Abgeleitet von saeta = seta ist u. a. ital. setino, altfrz. saïn, Seidenschnur, vgl. Gröber, ALL V 468.

8258) *saetaceum = set n. (saeta), Haarsieb; ital. staccio (neapol. setaccio); prov. cat. sedas; altfrz. saas; neufrz. sas; span. cedazo; (ptg. tamiz = ital. tamigio; prov. frz. tamis; span. tamis = *tamitium, unbekannter Herkunft). Vgl. Dz 305 staccio; Gröber, ALL V 467; Canello, AG III 848.

8259) saetülä, -am f. (Demin. v. saeta), kleine Borste; ital. setola, Borste, Bürste; mail. sedola; tic. sedra; venez. séola, vgl. Salvioni, Post. 19; obw. seidla. Vgl. Flechia, AG III 137.

8260) [*saevācūs, a, um (saevus?), schlecht, böse, um, = prov. savai-s, savaia, vgl. Dz 675 s. v.; Gröber, ALL V 455.]

8261) [saevīo, -īre, wüten, = frz. sévir (gel. Wort).]

8262) [saevītīä, -am (saevire), Wut; ital. sevizia, Wildheit, Grausamkeit; frz. sévices; span. ptg. sevicia.]

8263) [got. *safareis, Schmecker; davon nach Dz 674 s. v. frz. safre, gefräfsig.]

8264) *sägä, -am f. (für sagum), keltisches Wort, wollenes Tuch, Überwurf, Mantel; ital. saja, Wamma, sajo, ein Zeugstoff, Sarsche; prov. saia, grober Mantel, Sarsch; frz. saie m. u. f.; cat. saya, grober Mantel; span. saya, Frauenüberkleid, sayo, Kittel; ptg. saia, Unterrock, saio, Reitrock. Vgl. Dz 280 saja; Gröber, ALL V 456; Th. p. 77.

8265) pers. sägarí (türk. zägrí), Rücken oder Kreuz eines Tieres (z. B. Esels), die Rückenhaut; ital. zigrino (mundartlich sagrin), raubes, geprefstes Leder; frz. chagrin, gepreßtes Leder, (in übertragener Bedtg. „Kummer", vermittelt wird dieselbe mit der ursprünglichen durch den Begriff „rauh, reibend", der Kummer reibt gleichsam das Gemüt, wirkt auf dasselbe ähnlich wie eine rauhe, kratzige, Fläche auf die Haut, dazu das Verb chagriner, bekümmern. Vgl. Dz 541 chagrin; Scheler im Dict. s. v.; eine etwas andere Ableitung giebt Lagarde, Mitteilungen I 90 (als Grundwort stellt er auf sarki).

8266) sägēnä, -am f. (σαγήνη), Schleppnetz; ital. sagena, Streichnetz; berg. saina; frz. seine, Fischergarn. Vgl. Dz 676 seine.

8267) sägīmēn n. (für sagina), Fett; ital. saime; piem. sim, sego; prov. sagin-s, sain-s; altfrz. saïn, saïm, vgl. Cohn, Suffixw. p. 58; zu saïn das Vb. saimer, schmälzen, ensaïmer, neufrz. ensimer, die Wolle einfetten, essimer, mager machen, vgl. Thomas, R XXV 88; neufrz. saïn in sain-doux;

cat. sagin, sagi; span. sain, dav. sainete, Leckerbissen, Würze (in übertragener Bedtg. Zwischenspiel, gleichsam Theaterleckerbissen). Vgl. Dz 280 saime; Gröber, ALL V 456.

8268) sägīttä, -am f., Pfeil; ital. saetta; rum. sägeatä; prov. saieta; altfrz. saiete, saiette, (neufrz. flèche, s. oben flīts); (cat. sageta); span. saeta; ptg. setta. Vgl. Gröber, ALL V 456. Über altital. sita, moderaes. silta, vgl. Flechia, AG III 189.

8269) [sägīttärīūs, -um m. (sagitta), Bogenschütze; ital. sagittario „il segno dello zodiaco" saettiere „arciere", vgl. Canello, AG III 310; (rum. sägetätor); frz. sagittaire (Zeichen des Tierkreises).]

8270) sägītto, -äre (sagitta), mit Pfeilen schiefsen; ital. saettare; span. saetear, asaetar; ptg. assettear.

8271) sägmä n. (σάγμα), *salma (vgl. Isid. Et. 20, 16, 5), Saumsattel, ital. salma, Last, der irdische Leib (gleichsam die Bürde des Geistes), daneben soma, dazu das Vb. assommare, belasten (vgl. jedoch oben *as-sagmo), vgl. Canello, AG III 375; prov. sauma, Lasttier, somella, kleine Last, Eselin; frz. somme, Last; span. salma, jalma, enjalma, Saumsattel, dann auch Tonnengehalt. Vgl. Dz 280 salma; Rönsch, Z III 103, (glaubt, dafs aus sagma zunächst *sauma [vgl. pegma, non peuma App. Probi 85] u. daraach salma entstanden sei); Gröber, ALL V 456.

8272) sägmärīūs, a, um (sagma), zum Saumsattel gehörig; ital. somajo, Adj., somaro, Esel, somiere, Saumtier, vgl. Canello, AG III 310; prov. saumier-s, saumiera, Maultier; frz. sommier, Saumtier, davon sommelier (= sommier-ier, altfrz. auch sommier), Maultiertreiber, Knecht, Kellner, vgl. Tobler, R II 244.

8273) [*sägūlo, -äre (saga) = prov. saillar, sallar, verhüllen, vgl. Dz 280 saja; Gröber, ALL V 456.]

8274) sägum n., kurzer Mantel; sard. sau. S. saga.

8275) ahd. sahar, Ried, Binse; damit scheinen zummenzuhängen altfrz. sarrie, Binsengeflecht; prov. cat. span. sarria, Netzkorb, grofser Tragkorb; span. sera, Binsenkraut, ptg. seira, Binsenkraut. Vgl. Dz 486 sarria.

8276) ahd. altnfränk. sal m., Haus, Wohnung; ital. sala, grofses Gemach; rum. salä; prov. sala; frz. salle; span. ptg. sala, von sala abgel. ital. salone; frz. span. salon; ptg. saldo. Vgl. Dz 280 sala; Mackel p. 42.

8277) säl, sälīs n., Salz; ital. sale, davon das Vb. salare, salzen, insalare, wovon das Partizipialsbst. insalata, Salat; rum. sare; rtr. sal, sel etc., vgl. Gartner § 200; prov. sau-s, dazu das Verb salar; frz. sel, dazu das Vb. saler, abgeleitet sind salière, Salzfafs, salade (Fremdwort) m., Salat; span. ptg. sal, davon salar, salada.

8278) sälärīūs, a, um (sal), zum Salz gehörig; ital. salaja, Salzverkaufstelle, saliera, Salzfafs, salario; Besoldung (diese Bedtg. besafs salarium, eigentlich Salzration, schon im Lat.), vgl. Canello, AG III 310; entsprechende Worte auch in den ánderen Sprachen.

8279) säl(e) + pīco, -äre (s. oben Stamm pīc-) = prov. span. ptg. salpicar, (mit Salz) besprengen, vgl. Dz 485 s. v.

8280) sälicastrum n., wilder Weinstock; ital. venez. saligastro.

8281) sälicētūm, sälictum, sälīcētä (salix), Weidengebüsch; ital. saliceto, salceto; berg. salec;

rum. *sâlcet*; prov. *sauzeda*; frz. *saussaie*; span. *salceda*. Vgl. Dz 675 *saule*.

8282) [*sälĭdä, -am** f.*, (*salidus : sal = *ripidus : ripa*) scheint die Grundform zu sein da ital. *soda*, Laugensalz (vgl. *topo* mit *talpa*); frz. *soude*; span. ptg. *soda*. Vgl. Dz 297 *soda*.]

8283) sälīnae, -as *f. pl.*, Salzwerk; ital. *salina* etc.

8284) sälīo, sälŭī, sältum, sälīrĕ, springen; ital. *salire*; rum. *sar ii it i*; prev. *salir, salhir*; frz. *saillir*, hervorsprudeln, -ragen; span. *salir*, hinausgehen; altptg. *salir*; neuptg. *sahir*, aus-, herausgehen. Vgl. Dz 485 *sahir*.

8285) sälīva, -am *f.*, Speichel; ital. *scialiva*.

8286) [*sälīvīcŭlo, -äre (*saliva*), wird von Caix, St. 577, als Grundwort angesetzt zu ital. *solleccherare, solluccherare* „struggersi di tenerezza, desiderio etc.", eigentl. „andar in breda, struggersi".]

8287) sälīx, -īcem *f.*, Weide; ital. *salice, salce*, salcio; venez. *sálese* u. *salghér = *salicarius*; lomb. *sares, sarsa*; tic. *sareša = *salicea*, vgl. Salvioni, Post. 19; rum. *salce*; prov. *sauze-s, sautz*; (frz. *saule = *ahd. *sâlaha*, vgl. Mackel p. 44); span. *salce, sauce, sauz*; ptg. *salgueiro = *salicarius*, über Ableitungen von *sal[i]ce = *seice*, vgl. C. Michaelis, Frg. Et. p. 57. Vgl. Dz 675 *saule*.

8288) sal + hŏrrĕŭm = frz. *salorge*, (Salzspeicher), Salzvorrat, Salzhaufe, vergleiche Bugge, R III 157.

8289) sälmäcĭdŭs, a, um, salzig sauer; prev. *samaciu*; altfrz. *saumache*; mit Suffixvertauschung: ital. *salmastro*; frz. *saumâtre*. Vgl. Dz 280 *salmastro*.

8290) säl + mŭrĭä = ital. *salamoja*, Salzbrühe; rum. *salamurá*; frz. *saumure*; cat. *salnorra*; span. *salmuera*; ptg. *salmoura*. Vergl. Dz 216 *moja*.

8291) säl nītrum = ital. *salnitro*, Salpeter; sard. *salamidru*; abruzz. *salmitre*; mail. *salmitria*, vgl. Salvioni, Post. 19; rum. *salitră*; prov. *salnitre*; (frz. *salpêtre = sal + petrae*); cat. *salnitre*; span. *salitre, salitro*; ptg. *salitre*. Vgl. Dz 485 *salitre*.

8292) *sälo, -äre (*sal*), salzen; ital. *salare*; rum. *sar ai at a*; prov. *salar*; frz. *saler*; cat. span. ptg. *salar*.

8293) „Salomon"; über den altfrz. Ausdruck *uevre Salomun* zur Bezeichnung kostbarer Geräte (d. h. solcher Geräte die aus dem Schatze des salomonischen Tempels stammen sollen) vgl. Ducange *s. v. Salomon* und *Salomoniacus*. An letzterer Stelle führt Ducange auch ein spanisch-lateinisches Adj. *salomoniegus*, bzw. *salomoniego* an." F. Pabst.

8294) ahd. salo = ital. *salamoja*, Salzbrühe; dav. ital. *salávo*; frz. *sale*. Vgl. Dz 280 *salávo*.

8295) säl pĕtrae = frz. *salpêtre*, Salpeter; span. *salpedres* (veraltet). Vgl. Dz 675 *salpêtre*. Siehe oben säl nitrum.

8296) (salpitta) salapitta, -am *f.* (Nebenform für *salpicta*), schallende Backpfeife (Arnob. 7, 33); davon ital. (lucch.) *salapita* „rimprovero", vergl. Caix, St. 497.

8297) säl(e) + pŭlvĕro, -äre = frz. *saupoudrer*, mit Salz bestreuen.

8298) sälsīcĭä (fartä), Salzwürste (Acron. Horat. sat. 2, 4, 60); ital. *salsiccia*, Wurst, daneben *salciccia*; frz. *saucisse* und das daven abgeleitete *saucisson*; span. ptg. *salchicha*. Vgl. Dz 280 *salsa*. Anders erklärt die Worte Caix, St. 52, indem er

als Grundform das seltene *insicium, isicium*, Wurst, bezw. *salis isicia* ansetzt; aus dem einfachen *isicium* leitet er ab ital. *ciccia* „carne", *cicciolo, sicciolo, cicciottoro* „pezzetto di carne tagliuzzata". Vgl. oben Isīcĭum.

8299) sälsŭs, a, um, gesalzen; ital. prov. *salsa*, Salzbrühe, Sauce; frz. *sauce*; span. *salsa*, Sauce, *sosa*, Salzpflanze; ptg. *salsa*, Sauce (bedeutet auch „Petersilie"). Vgl. Dz 280 *salsa* und 297 *soda; salsus* scheint auch enthalten zu sein in dem ersten Bestandteile des Kompositums ital. *salsapariglia*, eine Pflanze oder Wurzel aus Peru; frz. *salsepareille*; span. *zarzaparilla*. Angeblich ist das Wort zusammengesetzt aus span. *zarza* (dunkles Wort, vgl. No 8370), Brombeerstrauch, u. *Parillo*, Name eines Arztes, der jene Wurzel zuerst anwandte, vgl. Dz 281 *salsapariglia*. Wie dem auch sein mag, offenbar ist das Wort Gegenstand volksetymologischer Entstellung gewesen.

8300) [gleichsam *sältärĕlla, -am *f.*, Tänzerin; frz. *sauterelle*, Heuschrecke; über andere auf *saltare* zurückgehende Benennungen dieses Tieres s. Nigra, AG XV 123.]

8301) sälto, -äre (Frequ. v. *saltare*), springen; ital. *saltare*; rum. *salt ai at a*, prov. *sautar*; frz. *sauter*; span. u. ptg. *saltar*; frz. *sauter*; ptg. *saltar*.

8302) sältŭärĭus, a, um (*saltus*), zum Walde gehörig; venez. *saltaro*; lomb. *sal-* u. *soltée*, guardaboschi, vgl. Salvioni, Post. 19.

8303) sältŭs, -um *m.*, Waldgebirge; ital. *salto* (veraltet), Wald; sard. *saltu*; bellun. *saltre*, bosco; span. *soto*, Gehölz; altptg. *salto*; neuptg. *souto*. Vgl. Dz 489 *soto*.

8304) sältŭs, -um *m.* (*saltare*), Sprung; ital. *salto*; (rum. *sáltat*); prov. *saut-z*; frz. *saut*; span. ptg. *salto*.

8305) sälŭs, -ūtem *f.*, Heil, Wohl, ital. *salute*; prov. *salut-z*; frz. *salut* m. (vgl. No 8307); span. *salud*; ptg. *saude*.

8306) sältätĭvŭs, a, um (v. *saluto, salus*) = prov. *salutatiu-s*, heilsam; vermutlich gehört hierher auch das gleichbedeutende ptg. *saudio*, falls es aus *saudio* entstanden ist. Vgl. Dz 485 *sadio*.

8307) sältŭto, -äre (*salus*), grüßen; ital. *salutare*; rum. *sârut ai at a*; prov. *saludar*; frz. *saluer*; cat. span. *saludar*; ptg *saudar*. Dazu das Vbsbst. ital. *saluto*, Gruß; rum. *sârut*, Kuß; prov. *salut-z*; (ptg. *saudaçâo*).

8308) sälvätor, -örem *m.* (*salvare*), Retter, Erlöser; ital. *salvatore*; prov. c. r. *salvaire*, c. o. *salvador*; frz. *sauveur*; span. ptg. *salvador*.

8309) sälvĭä, -am *f.*, Salbei; ital. *salvia*; rum. *salvie, galie, žulie* (von Diez angeführt, fehlt bei Cihác); prov. *salvia*; frz. *sauge*; span. *salvia*; ptg. *salva*. Vgl. Dz 675 *sauge*.

8310) [*sälvĭtĭä, -am *f.* (*salvus*), Wohlbehaltenheit; ital. *salvigia* „franchigia, asilo", vgl. Canello, AG III 343.]

8311) sälvo, -äre, retten; ital. *salvare*; prov. *salvar*; frz. *sauver*; span. ptg. *salvar*.

8312) sälvo hŏnŏrĕ; daraus rtr. *salvanóri m.*, Schwein; vgl. Gartner § 4.

8313) sälvŭs, a, um, wohlbehalten; ital. *salvo*; prev. *salv-s, sal-s*; frz. *sauf*; span. ptg. *salvo*; vielleicht gehört hierher auch span. *zafo, zafo*, frei von Hindernissen, ledig, welche Worte Diez 499 *zafo* mutmaßlich von arab. *saha*, abrinden, abhäuten, abschaben, putzen, ableitet.

sämbūcŭs s. säbūcŭs.

8314) abd. **sambuoh, sambuh,** Sänfte. = altfrz.
sambue, Pferdedecke. Vgl. Dz 675 s. v.; Mackel
p. 128.

8315) **sămpsă, -ain** f., das mürbe gemachte Fleisch
der Oliven, woraus dann Öl geprefst wird, = ital.
sansa, vgl. Gröber, ALL V 457.

8316) **sămpsūchum** n. (σάμψυχον), Majoran;
lecc. sánseca, also mit dem griech. Accente, vgl.
Salvioni, Post. 19.

8317) **sănctīfĭco, -āre,** heiligen, = span. santiguar, das Kreuzeszeichen machen, vgl. Dz 485 s. v.

8318) **sănctītās, -ātem** f. (sanctus), Heiligkeit;
ital. santità; frz. sainteté etc.

8319) **sănctŭs, a, um** (sancire), heilig; ital.
santo, san; rum. sănt; prov. sant-z, san-s, sain-s,
saint-z, sain-z; frz. saint (altfrz. wird saint auch
als Sbst. in der Bedtg. „Glocke" gebraucht); cat.
sant; span. ptg. santo.

8320) **[sănct(ŭs) dĕŭs** scheint die Grundform zu
sein für span. sandio, wahnsinnig, mürrisch (die
Bedtg. erklärt sich wohl dadurch, dafs nach dem
Volksglauben Geisteskranke häufig als unter Gottes
unmittelbarem Schutze stehend gelten oder auch im
Gegenteile für vom Teufel besessen gelten, infolge
dessen bei der Berührung eine Art Teufelsbannung,
etwa durch den Ausruf santo dios angezeigt erscheinen kennte), dazu das Sbst. sandez, Wahnsinn,
Einfalt; ptg. sandeu, Fem. sandia, verrückt, dazu
das Sbst. sandice, -ece, Wahnsinn, u. das Vb. san-
dejar, Unsinn reden. Vgl. Dz 485 sandio; Baist,
Z VII 633; C. Michaelis, Misc. 149.]

8321) **săndălĭŭm** n. (σανδάλιον, σάνδαλον), Sandale; ital. sandalo, Pantoffel (der Bischöfe etc.);
frz. sandale; span. ptg. sandalia. Vgl. Dz 281
sandalo 2.

8322) ***săngŭĕm** (für sanguinem) lăxo, -āre =
ital. salassare, zur Ader lassen; altptg. Part. P.
P. sanguileixado. Vgl. Dz 395 salassare.

8323) **săngŭĭlĕntŭs, a, um** (sanguis), blutig, =
frz. sanglant, davon abgeleitet ensanglanté.

8324) **săngŭĭnārĭŭs, a, um,** blutig, blutdürstig;
ital. sanguinario etc.

8325) **săngŭĭnĕŭs, a, um** (sanguis), blutig; ital.
sanguineo u. sanguigno, vgl. Canello, AG III 341;
(frz. statt des Adj. sanguin üblicher sanglant =
sanguilentus u. das Part. Prät. ensanglanté); span.
sanguino u. sanguino; ptg. sanguineo u. sanguino,
sanguinho, Kelchtuch, auch Pflanzentuch (Hartriegel), sanguinha, Immergrün.

8326) **săngŭīno, -āre** (sanguis), zur Ader lassen;
ital. sanguinare, segnare; (rum. sángerez ai at a);
prov. sangnar; frz. saigner; cat. span. ptg.
sangrar. Vgl. Dz 395 salassare.

8327) **[săngŭīnŏlĕntŭs, a, um** (sanguis), blutig;
ital. sanguinolento, -e; span. ptg. sanguinolento,
blutig, blutdürstig.]

8328) **săngŭīnōsŭs, a, um** (sanguis), blutig;
ital. sanguinoso; rum. sángeros; prov. sanguinos,
sancnos; frz. saigneux; cat. sanguinos; span.
ptg. sanguinoso.

8329) **săngŭĭs** (sanguen), **săngŭĭnĕm** u. **săngŭĕm**
(s. Georges) m., Blut; ital. sangue; sard. sambene;
rum. sänge; rtr. saung, in der Mundart von
Lugano senguen, vgl. Ascoli, AG I 269); prov.
sanc-s; frz. sang, (sang-froid scheint volksetymologische Umgestaltung von sens froid zu sein); cat.
sanch; span. sangre; ptg. sangue. Vgl. Gröber,
ALL V 457.

8330) **săngŭīsūgă, -am** f., Blutegel; ital. san-

guisuga; frz. sangsue; (span. sanguijuela); ptg.
sanguesuga.

8331) **[*sănĭă, -am** f. (für sanies), verdorbenes
Blut; davon nach Cornu, R X 81, sard. sangia,
dazu das Adj. sangiosu; span. saña, Wut; ptg.
sanha. Diez 485 s. v. schwankte zwischen insania
u. sanna als Grundwort.]

8332) **sănītās, -ātem** f. (sanus), Gesundheit;
ital. sanità; rum. sănătate; prov. sanetat-z,
santatz; frz. santé; cat. sanitat; span. sanidad;
ptg. sanidade.

8333) **[*sānĭtĭo, *ēxsānĭtĭo, -āre** (sanus); davon
nach G. Paris, R VIII 265, altfrz. sancier, sanchier, essanicier, essancier, essanchier, heilen; Tobler,
Gött. gel. Anz. 1877 Stück 51 p. 1622, hatte
exemptiare (s. d.), Scheler im Anhang zu Dz 747
*stantiare, zum Stehen bringen, als Grundwort auf-
gestellt.]

8334) **săno, -āre** (sanus), heilen; ital. sanare;
lomb. sanâ, frz. (Berry) sener, cener, kastrieren,
vgl. Behrens, Z XIV 364; span. sanar; ptg. saar,
sarar, vgl. Cornu, R XI 95.

8335) gr. σάνταλον, Sandel; ital. sándalo;
frz. sandal; span. ptg. sándalo. Vgl. Dz 281
sándalo 1.

8336) **sānŭs, a, um,** gesund; ital. sano; (rum.
sănătos); prov. sa-s; frz. sain; span. sano;
ptg. são.

8337) **săpă, -am** f., Mostsaft; sard. saba; frz.
sève, Pflanzensaft; span. sava; ptg. seiva, sefe,
Saft, vgl. Dz 677 sève.

8338) ***sapa-**; von einem Thema sapa-, welches
aus stapa (german. stap-, wovon „Stapfe" etc.)
vereinfacht worden sein soll, leitet Scheler im Dict.
unter savate ab: 1. ital. ciabatta, Schuh, davon
ciabattiere, Schuhmacher; prov. sabata; frz..sa-
vate, davon savetier; span. zapato, zapata, davon
zapatero; ptg. sapata (Diez 97 ciabatta stellte
árab. sabat von sabata, beschuhen, als Grundwort
auf, vgl. dazu Flechia, AG III 169, aber bei Freytag
II 275a findet sich nichts, was dieser Behauptung
als Stütze dienen könnte). — 2. Frz. sabot, Holzschuh, auch Kreisel, dazu das Vb. saboter, in Holz-
schuhen gehen, kreiseln (auch prov. sabotar,
schütteln). Diez 674 liefs das Wort unerklärt. —
3. Frz. semelle (aus *sebelle = *sapella), Sohle. Die
Ansetzung eines Stammes sapa = stapa ist jedoch
mehr als bedenklich, denn die Vereinfachung des
anlautenden st : s würde wohl im Französ. beispiellos sein (saison ist nicht = stationem, ital.
stagione, sondern = sationem). Das mutmafslich
richtige Grundwort für die unter 1 u. 2 aufgeführten
Worte ist lat. sappa (s. No 8350), vgl. Rönsch, Z I
420, u. G. Paris, R VI 628, s. oben **cordubanus.** Da
sabot „Holzschuh" bedeutet, so liefse sich auch an
Ursprungsverwandtschaft mit sappinus, franz. sapin,
denken. — Was semelle anlangt, so ist es von den
behandelten Worten entschieden zu trennen, schon
weil im Altfrz. auch die Form somelle sich findet.
Bugge, R III 157, erklärt das Wort aus *subella,
Deminutiv von suber; geschieht des Wandels von
b zu m beruft er sich auf samedi für *sabedi, übersieht aber dabei, dafs das m in samedi auf volksetymologischer Angleichung an sedme = septimus
beruht, vgl. C. Hofmann, RF II 355. Auch begrifflich will die Ableitung nicht recht passen, denn
Korksohlen waren und sind doch im Vergleich zu
Ledersohlen wenig üblich. Man darf als Grundwort
für somelle, semelle wohl *summella (Demin. von
summus, -a) annehmen: die Sohle ist für den Schuh-

verfertiger die oberste Platte des Schubes, für den Schuhtragenden freilich der unterste Teil, aber oben u. unten sind doch eben nur relative Begriffe.

8339) **säpĭdus, a, um** (sapere), schmackhaft; ital. *sapido;* béarn. *sabre* (angelehnt an *sabrous* etc.); frz. *sade.* S. **säbius** u. **säpius.**

8340) **säpĭēns, -ĕntem** (Part. Präs. v. *sapere*), weise; ital. *sapiente* „chi ha sapienza", *sappiente* „di odore troppo aeute", *saccente* „saputo", vgl. Canello, AG III 338; (frz. *savant,* gleichsam **sapentem,* gelehrt); sonst ist *sapiens* durch **sapius, *sabius* (s. d.) verdrängt worden.

8341) **säpĭēntĭä, -am** f., Weisheit; ital. *sapienza;* prov. *sabenssa;* (frz. *sagesse* v. *sage = *sabius*); span. ptg. *sapiencia.*

8342) **säpĭo, säpŭi** u. **säpĭī (säpĭvī), säpĕre,** dafür ***säpĕre,** wissen; ital. *so seppi saputo sapĕre* (aus der Verbindung *non so che* entstanden mancherlei indefinite Pronominalien, z. B. **valbross.** *skwe,* qualche, vgl. Nigra, AG XIV 379); rtr. Präs. *sai, sa, se;* Part. Prät. *savu, sapu, salpv, salbv,* Inf. *savair, savé,* vgl. Gartner § 191; prov. *sai saupi sauput saber;* frz. *sais sus su savoir;* Marchot, Z XV 383, erklärt die **wallon.** Pronominalien *in'saci, in'sacuç, in'sawüs* od. *in'sawis, sacuä* aus *une savez (vous) qui, une savez (vous) quoi, savez (vous) quant;* cat. *sé sabi sapigut saber,* vgl. Vogel p. 114; span. *sé supe sabido saber,* ptg. *sei soube sabido saber.* Vgl. Dz 281 *sapere;* Gröber, ALL V 457.

8343) [**säpĭt + nätä** (s. oben unter *nascor*) = span. *sabe nada,* davon vielleicht frz. *sabrenas,* schlechter Handwerker, der seine Sache nicht versteht, Pfuscher, vgl. Bugge, R IV 365.]

8344) ***säpĭŭs (= säpĭdus), a, um** (*sapĕre*), weise, klug (*nesapius,* unwissend, bei Petr. 50, 5 ist schlechte, *nesapus* bessere Lesart); ital. *sapio;* verdrängt durch *savio, saggio,* vgl. Canello, AG III 338; prov. *satge-s;* (frz. *sage*). Vgl. Dz 279 *saggio* 1; Gröber, ALL V 458; Schuchardt, Roman. Etym. I p. 61. S. **säbius.**

8345) **säpo, -ōnem** *m.,* Seife (Plin. 28, 191, angeblich keltischen Ursprungs); ital. *sapone;* sard. *sabone;* rum. *săpon;* prov. *sabo-s;* frz. *savon;* cat. *sabó;* span. *xabon, jabon;* ptg. *sabāo.*

8346) ***säpönärĭŭs, a, um** (*sapo*), zur Seife gehörig, als Sbet. Mask. Seifensieder; ital. *saponajo* (Fem. *saponaria, saponaja* „pianta medicinale, e forse savonéa specie di medicamento", vgl. Canello, AG XII 310); rum. *săponar;* frz. *savonnier;* span. *xabonero, jabonero;* ptg. *saboeiro.*

8347) [***säpōno, -āre** (*sapo*), einseifen; ital. *insaponare;* (rum. *săponesc ii üt i*); prov. *savanar;* frz. *savonner;* span. *jabonar, xabonar;* ptg. *ensaboar.*]

8348) **säpŏr, -ōrem** *m.,* Geschmack; ital. *sapore, savore,* specie di salsa; lomb. venez. *savór;* sard. *sabore,* vgl. Salvioni, Post. 19.

8349) ***säpŏrōsus, a, um** (*sapor*), schmackhaft; venez. *sauroso;* südfrz. *sabrans;* cat. *sabros;* span. ptg. *sabroso;* wallon. *sapreux;* frz. *safre,* gefräßig, norm. *sapre* (ist Mischung von *sapidus* u. *saporosus*). Vgl. Schuchardt, Rom. Etym. I p. 17; Horning, Z XV 503.

8350) ***sappä, -am** f. (über das Vorkommen des Wortes vgl. Rönsch, Z I 420; G. Paris, R VI 628), Hacke, Haue; ital. *zappa,* Hacke, davon das Vb. *zappare,* hacken, mit dem Pulse stampfen; rum. *sapă;* rtr. *zappa;* frz. *sape,* eine Art Sichel, *saper,* untergraben, davon das Vbsbst. *sape,* Untergrabung,

u. das Nomen aeteris *sapeur,* Schanzgräber. Diez 345 *zappa* vermutete in griech. *σκαπάνη,* Grabscheit, *σκάπτειν,* graben, das Grundwort. — Darf man annehmen, dafs **sappa* auch „Hacke des Fufses" bedeutete, so würde damit ein sehr passendes Grundwort für die oben unter ***sapa-** behandelte Wortsippe gefunden sein.

8351) **säppĭnus, -um** *f.,* eine Art Tanne oder Fichte, = frz. *sapin,* vgl. Dz 675 *s. v.;* Gröber, ALL V 459.

8352) **sappīrŭs, sapphīrus, -am** *m.* (*σάπφειρος*), Sapphir; ital. *saffiro, zaffiro;* frz. *saphir;* span. *zafiro;* ptg. *saphira.*

8353) ***sappŭs, -um** *f.,* Tanne; prov. *sap-s;* altfrz. *sap,* davon *sapeie,* gleichsam **sappeta,* Tannenwald, vgl. Dz 675 *sap;* Gröber, ALL V 459; Horning, Z IX 505 No 46.

8354) arab. **sâqah,** Nachtrab; span. *zaga,* Nachtrab (in dieser Bedtg. jetzt gewöhnlich *rezaga*), der hintere Teil eines Dinges, auch adverbial „hinten", vgl. Dz 499 *zaga;* Eg. y Yang. 519 (*za'aca*).

8355) pers. **saquirlât(h)** „pannus conco tinctus" (Vullers); dav. span. *escarlate,* Scharlachfarbe; ital. *scarlatto;* prov. *escarlat;* frz. *écarlate.* Vgl. Dz 284 *scarlatto;* Eg. y Yang. p. 391 (der Artikel ist sehr unklar; es wird davon Zusammenhang zwischen *coquirlât* u. *ciclaton* behauptet); Berger p. 320.

8356) **särăcēnus, a, um s. schakīr.**

8356) **särcĕllum,** Hacke; **valtell.** *sarcél;* com. *sciarscela,* vgl. Salvioni, Post. 19.

8357) [**särcĭnä, -am** *f.,* Gepäck; altital. *sarcina;* neap. *sárcena,* fastelletto di legna minute; rum. *sarcină,* dazu die Verba *sarcina,* belasten, u. *desarcina,* entlasten; span. *sarcia;* altptg. *sarcina.*]

8358) [**särcĭo, särsī, särtŭm, särcīre,** flicken, ausbessern; davon sard. *sarzíri;* teram. *sesíre;* lomb. *sarśi,* piem. *sarzi,* mandare, vgl. Salvioni, Post. 19; vielleicht auch span. *zurcir,* stopfen, schlecht nähen; cat. *surgir,* mit weiten Stichen nähen; ptg. *cirzir, serzir,* stopfen, ausbessern. Vgl. Dz 500 *zurcir.*]

8359) **särcŏphăgŭs,-um** *m.* (*σαρκοφάγος*), Sarg; altfrz. *sarcou, sarqueu,* daraus durch Gleichsetzung des Ausganges mit dem Deminutivsuffixe *xarkeuil,* gleichsam **sarcolium;* neufrz. *cercueil* (über den palatal. Auslaut des Wortes vgl. Cohn, Suffixw. p. 256). Die Ausdrücke der übrigen roman. Hauptsprachen für den Begriff „Sarg" sind: ital. *bara, feretro, cassa da morto;* prov. *taüt, vaise* (ebenso auch altfrz.), von arab. *attabût* aus *al-tabút;* span. *ataud, feretro;* ptg. *ataude, esquife, caixāo.* Vgl. Dz 541 *cercueil* (Diez stellt.abd. sarc als Grundwert auf) und 30 *ataud;* Gröber, ALL V 459.

8360) **särcŭlo, -āre** (*sarculum*), behacken; ital. *sarchiare;* posch. *sarclá;* rtr. *zarclar;* prov.*serclar, sanclar* (?); frz. *sarcler;* span. *sachar.* Vgl. Dz 485 *sacho;* Gröber, ALL V 459.

8361) **särcŭlŭm** *n.,* Hacke (zu Gartenarbeit); ital. *sarchio* (daneben *sartojo = *saritorium,* vgl. Caix, St. 500); frz. *sarcl-et, sarcl-oir;* span. *zcg, sacho.* Vgl. Dz 485 *sacho;* Gröber, ALL V 459.

8362) **särdä, -am** *f.,* eine Art Sardelle, = ital. *sarda,* (venez. *sardón,* berg. *sardó,* veron. com. *sardena*), vgl. Salvioni, Post. 20; prov. *sarda.*

8363) ***särdĕllä, -am** *f.,* Sardelle; ital. *sardella;* rum. *sardé.* Vgl. Dz 281 *sardina.*

8364) **särdĭnä, -am** *f.,* Sardine; ital. *sardina;* frz. *sardine;* span. *sardina;* ptg. *sardinha.* Vgl. Dz 281 *sardina.*

8365) **Sardinia** oder **Cerritania** (frz. *Cerdagne*, span. *Cerdaño*, Landschaft in den Ostpyrenäen) scheint Grundwert zu sein zu altfrz. *sartanie* (*perrun de s.* Rol. 2312), oder auch *Sardinia* u. *Cerritania* haben sich zu *sartanie* gekreuzt; jedenfalls dürfte das altfrz.Wort als geographische Bezeichnung aufzufassen sein. Vgl. Schultz-Gera, Z XXIII 334.

8366) **särdōnius, a, um,** sardonisch, sardisch; ital. *sardonia*, Wasserranunkel; frz. *sardonie*, giftiger Hahnenfufs. *sardoine*, Karneol; span. ptg. *sardonia*, giftiger Hahnenfufs.

8367) **särdŏnyx, -nȳcha** und **-nȳcem** *c.*, Sardonyx; ital. *sardonico*, Karneol; frz. *sardoine*; span. ptg. *sardonica* (span. auch *sardonice, sardonique*).

8368) **särgus, -um** *m.*, ein Meerfisch; ital. *sarago*, genues. *sagau*, Brassen (ein Fisch); frz. *sarge*; span. ptg. *sargo.* Vgl. Meyer-L., Z. f. ö. G. 1891 p. 775.

8369) **sārio, -īre,** behacken; piem. *sarire*, sarchiare, dazu das Shet. *saritura.*

8370) ***särīs(s)ä, -am** f.* (schriftlat. *sarisa*, aber griech. *σάρισα*), eine Art Lanze; davon vielleicht span. *zarza*, Brombeerstrauch (weil er Stacheln hat, nach der Lanze benannt). Möglich auch, dafs *zarza* = griech. *κίρσιον*, Distel, ist. Aus *zarza* und *Parillo*, dem Namen eines Arztes, soll zusammengesetzt sein span. *zarzaparilla*, eine Medizinalpflanze; ital. *salsapariglia*; frz. *salsepareille.* Vgl. Dz 281 *salsapariglia* (*zarza* wird von Diez nicht erklärt). Vgl. No 8299.

sarki s. **sâgarî.**

8371) **särmĕntum** *n.*, Reis(holz), Rebe; ital. *sarmento*; frz. *sarment*; span. *sarmiento*; ptg. *sarmento.*

8372) **sarnä, -am** *f.*, Räude (Isid. 4, 8, 6); cat. span. ptg. *sarna.* Vgl. Dz 486 *s. v.*; Gröber, ALL V 460. (Bei Georges fehlt das Wort.) „Man darf *sarna* für iberisch halten, bask. *sarra* und *zarragarra* bedeuten dasselbe, vgl. kymr. *sarn(f.)*; Estrich, *sarnaid*, krustig. Allerdings hat Aizquibel nur *sarna* als bask. Form, *sarra* bedeutet bei ihm ‚Schlacke‘, doch v. Eys denkt, und wohl mit Recht, daran, dafs beide Worte auch nach ihrer Bedeutung zusammengehören (Dict. 373)." Gerland in Gröber's Grundrifs I 331.

8373) **särpo, -ĕre,** kratzen (?), ausschneiteln; aus dem diesem Verbum zu Grunde liegenden Stamme *sarp-* ist vermutlich gebildet 1. ein Shet. **sarpo,* Ding oder Werkzeug zum Kratzen, = frz. *sarpe, serpe*, Gartenmesser; span. *zarpa*, Klaue, Tatze, 2. ein Verbum **sarpare,* mit der Tatze, bezw. mit der Hand erfassen, besonders in einzelnen Rucken erfassen, z. B. ein zuzuwindendes Seil oder einen zu lichtenden Anker = ital. *sarpare, salpare*, die Anker lichten; rum. *sarpá;* frz. *serper;* cat. *xarpar;* span. ptg. *zarpar.* Vielleicht ist ebenfalls von dem Stamme *sarp-* abgeleitet frz. *serpillère, -lière*, kratziges Tuch, Packleinewand. Vgl. Baist, Z V 237; Dz 281 *sarpare* (denkt an griech. *ἁρπά-ζειν, ἐξαρπάζειν*) u. 676 *serpe* (Diez zieht hierher auch span. *serpu*, galic. *jerpa*, Rebsenker; Baist, Z V 238, leitet das Wort nebst dem dazu gehörigen Verbum *jirpear*, die sog. Tauwurzeln am Weinstocke entfernen, den Boden um den Weinstock auflockern, lieber von *serpere* ab).

8374) **sarrälä, -am** *f.*, Hasenkohl (Isid. 17, 10, 11); span. *surraja*; ptg. *serralha.* Vgl. Dz 486 *sarraja.* (Das Wort fehlt bei Georges.)

8375) **sartāgo, -īnem** *f.*, Pfanne, Tiegel; ital. (sicil. sard.) *sartania*; roman. *sartaina*; prov.

sartan-s; span. *sarten*; ptg. *sartagem, sartāo, sartā.* Vgl. Dz 486 *sarten.*

8376) **särtŏr, -ŏrem** *m.* (*sartus* v. *sarcire*), Flicker, Schneider; ital. *sartore*; span. **sartre, sastre*; (das frz.Wort für „Schneider" ist *tailleur* v. *taliare*, spalten, das altspan. *alfayate*, ptg. *alfaiate*, s. oben **al‘hâġah**). Vgl. Dz 486 *sarten.*

8377) **sasiä, -am** *f.* (so ist b. Plin. 18, 141, statt *asia* zu lesen), Roggen; cat. *xeixa*; span. *jeja*, eine Weizenart. Vgl. W. Meyer, Z X 172, aber auch XVII 566 u. Roman. Gr. I p. 341 (*jeja* = **saxea*). Baist, RF III 644; Gröber, ALL V 460. Schuchardt, Z XVI 522, ist geneigt, prov. *sais*, grau, auf *sasia* (statt auf *caesius*) zurückzuführen.

8378) vulgär-arab. **sasia,** Mützs; davon ital. *cicia* „berretto di lana rosso con nappa turchina all' uso del levante", vgl. Caix, St. 274.

8379) [**sätīětäs, -ätem** *f.* (*satis*), Sättigung; ital. *sazietà;* span. *saciedad;* ptg. *saciedade.*]

8380) [1. **sätīo, -äre** (*satis*), sättigen; ital. *saziare;* sard. *sazzare;* frz. *sasier* in *rassasier* = **re-ad-satiare;* span. ptg. *saciar.*]

8381) 2. **sätĭo, -ōnem** *f.* (*satus* von *sero, sevi,* satum, serere), Saatzeit, Jahreszeit (im Schriftlat. bedeutet das Wort „das Säen, die Saat"); ital. (mundartlich) *sason*, Zeit, das schriftlat. Wort für „Jahreszeit" ist *stagione* = *stationem*, wovon vermutlich auch das Wort einzeln stehende ital. *stagione* und altspan. *estadio;* frz. *saison;* cat. *sahó;* span. *sason;* ptg. *sazão.* Vgl. Dz 305 *stagione* und 674 *saison* (an letzterer Stelle neigt sich Diez zur von Scheler aufgestellten, aber ganz unhaltbaren Ansicht zu, dafs *saison* etc. = *stationem* sei); Gröber, ALL V 460.

8382) **sätĭs,** genug; altfrz. *sez.* S. **ad + sätis.**

8383) **sätĭsfäcĭo, -fäcĕre,** genugthun; ital. *soddisfare* (gleichs. *sub-dis-facĕre*), vgl. Ascoli, AG X 860; frz. *satisfaire* (gel. W.).

8384) ***sätĭŭs, a, um,** satt, = ital. *sazio*, satt; rum. *saţiu*, Sättigung.

8385) [***sätŭllo, -äre** (*satullus*), sättigen; lomb. *sagolá* u. *savolá;* mail. *sagá* (= **satulare*), stuccare, vgl. Salvioni, Post. 20; rum. *in-de-stulez ai at a,* befriedigen.]

8386) ***sätŭlŭs, a, um** (Demin. v. *satur*), satt; ital. *satollo* = lomb. *savól, sagól,* daneben *soc* = **satulus,* vgl. Salvioni, Post. 20; rum. *satúl;* rtr. *sadul;* prov. *sadol;* altfrz. *saoul;* neufrz. *soûl;* (span. ptg. *saciado, fartado* v. *fartus* v. *farcire,* stopfen). Vgl. Dz 681 *soûl;* Gröber, ALL V 460.

8387) **sätur,** satt; posch. *sadro;* ossol. *sar,* vgl. Salvioni, Post. 20.

8388) **sätŭrēja, -am** *f.,* Saturei (eine Pflanze); ital. *satureja, santoreggia;* mail. *segrigóla;* piem. *saréa, seréa;* (venez. *saurosa*), vgl. Salvioni, Post. 20; prov. *sadreia;* frz. *sarriette;* span. *saxegrida* u. *ajedrea;* ptg. *saturagem, segurelha,‘ cigurelha.* Vgl. Dz 282 *satureja* = mit Recht auf die „freie" d. h. volksetymologische Behandlung der Kräuternamen aufmerksam gemacht wird.

8389) **Sätürnüs, -um** *m.,* Saturn; in Anbetracht dessen, dafs der Planet Saturn als düster u. unheilvoll galt, darf auf seinen Namen vielleicht folgende Wortsippe zurückgeführt werden: ital. (mundartlich *saturno, saturnu, soturno,* tückisch, schriftsprachlich) *sornione,* Duckmäuser (das gleichbedeutende *susornione* u. das Vb. *susorniare,* murmeln, sind wohl an *susurrare* angelehnt); prov. *sorn-s,* düster, *sornura,* Düsterheit; altfrz. *sorne,* Dämmerung, dav. vielleicht *sornette,* dunkles Geschwätz, alberne

Rede, Posse, vgl. Scheler im Anhang zu Dz 815; Diez 680 leitete (*sorne*) sornette vom kymr. *swrn* „ein Bifschen" ah, vgl. Th. 113, der sich sehr zweifelnd dazu verhält; frz. *sournois*, gleichsam *saturnensis*, tückisch, (hierher gehört wohl auch das im Pariser Argot übliche Sbst. *sorgue*, Nacht, vgl. das gleichbedeutende span. Argotwort *sorna*); span. *sorna*, Trägheit (ursprünglich vielleicht düsteres, mürrisches Wesen); ptg. *soturno*, finster, unfreundlich. Das Gegenstück zu der begrifflichen Entwickelung von *Saturnus* würde das Adj. ital. *gioviale*, frz. *jovial*, heiter (v. *Jov-*, *Juppiter*) darbieten. Vgl. Scheler im Anhang zu Dz 746 u. im Dict. unter *sournois*; Storm, R V 184; C. Michaelis, Misc. 157; Diez 299 *sorn* suchte das Grundwort entweder im Keltischen (worüber Th. p. 97 sich nicht weiter ausspricht) oder im lat. *taciturnus*.

8390) dtsch. **saufen** = frz. *soiff'er* (mit Anlohnung an *soif*), davon *soiffeur*, Säufer, vgl. Fsfs, RF III 486.

8391) german. **saur-** (mhd. *sór*), getrocknet, dürr; ital. *sauro*, dunkelbraun (der Bedeutungsübergang von „getrocknet" zu „dunkelbraun" erklärt sich wohl aus der bräunlichen Farbe mancher getrockneter Gegenstände), *soro*, dumm (gleichsam „dürr im Kopfe"); prov. *saur-s*, hellbraun, goldfarbig; frz. *saure*, gelbbraun. Vgl. Dz 282 *sauro*; Mackel p. 119.

8392) **saurīx, sörīx, -īcem** *m.*, eine Eulenart; davon wahrscheinlich frz. *souris* (mit Anlehnung an *sorex*) in *chauve-souris*, Fledermaus, vgl. Baist, Z V 564. Andere Ableitungen sehe man oben unter **cälvä sörĕx.**

8393) **sävīllŭm** *n.* (*suavis*), eine Art süfses Kompot (Cato r. r. 84); davon nach Caix, St. 271, sehr fragwürdiger Annahme ital. *ciambella* „cibo di farina con ovo, zucchero e burro, di forma circolare"; aus dem ital. Worte scheint. wieder frz. *gimblette*, eine Art Kringel, entlehnt zu sein.

8394) ***säxĕa, -am** *f.* (Fem. des Adj. *saxeus*, *a*, *um*, steinig); dav. nach Meyer-L., ZXVII 566, cat. *xeixa*, span. *jeja*, Winterweizen. Vgl. auch Schuchardt, Z XVI 522. . S. oben **sasīa.**

8395) **säxum** *n.*, Felsen; ital. *sasso*; ptg. *seixo*.

8396) ahd. **sazjan**, setzen; ital. *sagire*, in Besitz setzen, davon *sagina*, Besitz; prov. *sazir*, ergreifen, wegnehmen, davon *sazina*, Besitzergreifung; frz. *saisir*, davon *saisine*; span. ptg. *asir* (*azir*), ergreifen. Vgl. Dz 279 *sagire*; Mackel p. 72; Storm, R V 166. S.· chen **āpīseo.**

8397) ahd. **scaban, scapan**, kratzen; davon vielleicht ital. (chian.) *scappiere* „digrossare cells scure", *scappia* „ritaglio", vgl. Caix, St. 524.

8398) **scäbĕllŭm** *n.* (Demin. v. *scamnum*), Schemel, Fufssohle zum Takttreten; davon ital. *sgabello*, Schemel; sard. *scambellu*; borm. *sgambella*; prov. *escabel-s*; frz. *escabeau*; span. *escabelo*; ptg. *escabello* (halbgel. W.), vgl. Gröber, ALLV 460; aufserdem vielleicht prov. *cascarel-s*. Schemel, Glöckchen; span. ptg. *cascabel*, *cascabillo*. Der Bedeutungsübergang erklärt sich aus der Verwendung des Wortes zur Bezeichnung eines Schallwerkzeuges, die lautliche (reduplicierende) Entwickelung aber wieder aus der schallnachahmenden Bedeutung. Vgl. Dz 437 *cascabel*; Salvioni, Post. 20: „nè i termini galli nè gli italiani soddisfanno a questa base", welche Behauptung aber nicht begründet wird.

8399) ***scăbīă, -am** *f.* (für *scabies*), Krätze; ital. *scabbia*; rum. *sgaibă*, Geschwulst. Vgl. Gröber, ALL V 460.

8400) **scăbīōsŭs, a, um** (*scabies*), krätzig; ital. *scabbioso*; rum. *sgăibos.*

8401) [***scăbro, -āre** (*scaber*) = cat. span. ptg. *escarbar*, *escarvar*, kratzen. Vgl. Baist, Z V 240; Diez 448 *escarbar* zieht auch cat. *esgarrapar* hierher und stellt ndl. *schrapen*, mhd. *schrapfen* als Grundwort auf, vgl. unten No 8480.]

8402) [**scaenā, scēnā, -am**, Scene, Bühne; ital. *scena*; frz. *scène*; span. *escena*; ptg. *scena*; nur gelehrtes Wort.]

8403) **scaevus, a, um**, link, = (?) prov. *escai*, vgl. Dz 573 *s. v.*

8404) **scălā, -am** *f.* (*scandere*), Leiter, Treppe (schriftlateinisch ist das Wort nur im Plur. üblich); ital. *scala*; rum. *scară*; prov. *scala*, *escala*; frz. *échelle*, abgeleitet *échelon*, Stufe; cat. span. *escala*; ptg. *escala* (daneben *escada* aus *escanda*, *escalada*, vgl. Cornu, R IX 129, u. Coelho, R H 287 Anm.), *escalão*, Stufe

8405) ***scălārĭŭm** *n.* (*scala*); ital. *scalére* „scalinata", *scaléo* (u. -a) „scala a mano semplice o doppia, un mobile di legno o di ferro che riposa sulla propria base, con larghi ripiani per comodo di tenervi vasi di fiori", vgl. Canello, AG III 310; frz. *échalier* (leiter-, gatterartige) Zaun von Pfählen oder Ästen, vgl. Dz 565 *s. v.*; daneben *escalier* (Lehnwort aus dem Span.), Treppe; (span. *escalera* = **scalaria*, Treppe; ptg. *escaleira*).

8406) **scălmŭs, -um** *m.* (*σχαλμός*), Ruderholz; ital. *scalmo*, *scarmo*; neuprov. *cscaume*; frz. *échome*; span. *escalmo*, *escalamo*. Vgl. Dz 283 *scalmo*.

8407) **scălpĕllo, -āre** (*scalpellum*), mit einem Messer ritzen; ital. *scarpellare*, ritzen, meifseln; span. ptg. *escarapelarse*, sich zausen (wird von Parodi, R XVII 62, wohl mit besserem Rechte = **ex-carpere* abgeleitet). Vgl. Dz 448 *escarapelarse*.

8408) **scălpĕllŭm** *n.* (Demin. v. *scalprum*), kleines Messer, Lanzette u. dgl.; ital. *scarpello*; lomb. *scopél* (das *o* statt *a* von *scolpire*), vgl. Salvioni, Post. 20; span. *escarpello*. Vgl. Dz 448 *escoplo.*

8409) **scălpo, scălpsi, scălptŭm, -ĕre**, schaben, scharren, aufscharren, zerwühlen, zertreten; davon nach Cohn, Herrig's Archiv Bd. 103 p. 222, ital. *.scalpitare*, *scalpicciare*, *-eggiare*, zerstampfen, prov. *chaupir*, zertreten. Vgl. den Nachtrag zu No 5268.

8410) **scălprŭm** *n.* (*scalpére*), Kneif, Moifsel, Gartenmesser u. dgl; altfrz. *eschnlpre*, Schubmesser, Meifsel; neufrz. *échoppe*; span. *escoplo*, *escopa*; ptg. *escopro*. Vgl. Dz 448 *escoplo*; Scheler im Dict. unter *échoppe* 2; Meyer, Ntr. p. 132.

8411) [***scălptūrĭo, -īre**, kratzen; ital. *scaltrire* (eigentl. jem. abkratzen, polieren), schlau machen, fein abrichten, davon *scaltro*, schlau, *scaltrezza*, Schlauheit, (?) *calterire*, ritzen. Vgl. Dz 396 *scaltrire*. Über andere vielleicht hierher gehörige Worte (*scalore* „prurito", pizzicore", venez. *catorigole*, tirol. *cattarigole* „prurito", vielleicht = **sculpturrigo* f. *scalpurrigo*, vgl. Caix, St. 525, während Flechia, AG II 322 Anm. 2, die Worte vom Stamme *cat-*, *gat-* ableitet.]

8412) **scambŭs, a, um** (*σχαμβός*), krummbeinig, = (?) span. *zambo*, krummbeinig, vgl. Dz 499 *s. v.*

8413) **scămĕllŭm** *n.* (Demin. von *scamnum*), Schemel; valverz. *sgamél*; altfrz. *eschamel*, Schemel; prov. *esca(i)mel-s*; cat. *escambel* (span. ptg. *escamel*, Polierbank). Vgl. Dz 127 *escamel*; Gröber, ALL V 460.

8414) scämnūm *n.*, Bank; ital. scanno, dazu das Demin. scannello; lomb. skañ; valm. sceñ; rum. scaun, dazu das Dem. scăunel; prov. escann-s; altfrz. eschame; altcat. escany; span. escaño, dazu die Demin. escañuelo, escañillo.
8415) [ahd. *scancho (ags. scanca), Schienbein; davon vielleicht ital. zanca, cianca, Bein, Stiel; prov. sanca; span. zanca, zanco; ptg. sanco. Die Ableitung muſs aber als sehr fragwürdig erscheinen. Vgl. Dz 345 zanca; Caix, St. 272, stellt mhd. schinkel, nhd. schenkel als Grundwort auf.]
8416) scandālā, -am *f.*, Spelt; ital. scandella (also mit Suffixvertauschung); cat. span. ptg. escandia. Vgl. Flechia, AG II 382 f.; Diez, welcher scandala als altlat. Wort nicht kannte, stellte 283 candidus als Grundwert auf.
8417) *scāndālĭŭm *n.* (scandere), Senkblei; ital. scandaglio, dazu das Vb. scandagliare, scandigliare, mit dem Senkblei messen; prov. escandalh-s, dazu das Vb. escandalhar, escandelhar, (neuprov. escandaliá, eine Tonne aichen); span. escandallo, dazu das Vb. escandallar; (frz. plomb u. sonde, letzteres Vbsbst. zu sonder = *subundare; ptg. prumo u. sondo). Vgl. Dz 283 scandaglio; d'Ovidio, AG XIII 415.
8418) [scāndālīzo, -āre (σχανδαλίζειν), Ärgernis geben; ital. scandalizzare, scandalezzare; prev. escandalizar; frz. scandaliser; span. ptg. escandalizar. Überall nur gel. Wort.]
8419) scāndālum *n.* (σχάνδαλον), Ärgernis; ital. scandalo; frz. scandale, (vermutlich volkstümliche Form des Wortes ist altfrz. eschandre, neufrz. esclandre, Lärm); spàn. ptg. escándalo. Vgl. Dz 574 esclandre.
8420) scāndŭlā, -am *f.*, Schindel; ital. (eigentl. lomb.) scandola, ein anderer üblicher Ausdruck ist assicella, asserello; rum. scandură; frz. échandole; (span. tablilla; ptg. ripa [woher?]). Vergleiche Dz 565 échandole.
8421) scāphĭŭm *n.* (σχάφιον), Becken; davon ital. (sienes.) scafarda „terrina, scedella, minestra", vgl. Caix, St. 512.
8422) *scāpĕllŭs, *scāpĕttŭs, -um *m.* (Demin. v. scapus), kleiner Schaft, kleiner Cylinder: ital. gavetta, modenes. sgavetta, vgl. Flechia, AG III 137, Caix, St. 102; altfrz. eschevel, eschevet; neufrz. échevau (in der Bedtg. durch écheveler = *excapillare beeinfluſst; Nigra, AG XIV 281, leitet, u. wohl mit Recht, das Wort überhaupt von chef ab). Vgl. Dz 566 écheveau; Scheler im Dict. *s. v.*; Gröber, ALL V 461.
8423) *scāpĭculus, -um *m.* (scapus), kleiner Stengel; neuprov. escabil, Kohlstrunk u. dgl. Vgl. Themas, R XXVIII 182.
8424) scārābaeŭs, *scarafaius, -um *m.* (σχαραβαῖος), Käfer; ital. scarafaggio; altoberital. scaravauço; valmagg. źgravaš; venez. scaravazo; berg. scareás, vgl. Salvioni, Post. 20; prov. escaravai-s; span. escarabajo. — Auf *scarabus = σχάραβος beruhen: ital. scarabone; prov. escaravat-z; frz. escarbot (escharbot, escharbotte), mittelfrz. auch escharaveau = *scarabellus; ptg. escaravelha. Vgl. Dz 283 scarafaggio; Ascoli, AG X 8; Gröber, ALL V 461.
8425) scārīfĭco, scārīfo, -āre (Passiv scarifieri), ritzen; ähnliche Bildungen sind die gleichbedeutenden Verba ital. scalfire (Part. scalfitto) u. ard. scráffiri, vgl. Dz 396 scalfire. Diez 486 hält für entstellt aus scarificare auch span. sarjar, sajar, aufritzen; ptg. sarrafar, sajar. Baist, Z V 563, will sarjar

aus διαίρεσις, sarrafar aus σχαριφᾶσθαι herleiten; Dies dürfte unmöglich sein: sarjar geht wohl auf sar(r)ire zurück, der Ursprung von sarrafar ist dunkel.
8426) scārus, -um *m.* (σχάρος), ein Fisch; ital. scaro; obw. scarun, vgl. Meyer-L., Z. f. ö. G. 1891 p. 775.
*scarwahta s. schaarwacht.
8427) [scĕlĕtŭs, -um *m.* (σχελετός), ausgetrockneter Körper; ital. scheletro, Gerippe; frz. squelette m.; span. ptg. esquelete. Vgl. Dz 285 scheletro.]
8428) [scēptrŭm (σχῆπρον) *n.*, Scepter; ital. scettro; frz. sceptre; span. sceptro, scetro; ptg. sceptro.]
8429) hebr. schauph (קאְשׁ), schnappen; dav. nach Rönsch, RF III 460, ital. ceffare, schnappen, haschen, ceffo, Schnauze, (sicil. acciaffari = ceffare), vielleicht auch zaffo, Häscher. Diez 363 ceffo stellte ein bestimmtes Grundwort nicht auf.
8430) dtsch. schaarwacht (*scarwahta); davon ital. sguarguato und guaraguato (mit Anlehnung an guardare), davon das Vb. sguaraguardare; altfrz. eschurgaite, Wächter, davon das Vb. eschargaitier; neufrz. échauguette, Warte. Vgl. Dz 566 échauguette; Caix, St. 101; Mackel p. 74.
8431) ndl. schaats, Schlittschuh; ital. (aret.) scaccie „trampoli" im Sing. „gruccia su cui pesa la civetta"; frz. échasse (eschace), Stelze. Vgl. Dz 566 échasse; Caix, St. 510.
8432) arab. schabaka, Netz; ital. sciabica, eine Art Netz; neuprov. cissaugo; frz. essaugue, aissaugue; altspan. escabe,jabequa; span. jabeca, jabega. Vgl. Dz 498 xabeca; Caix, St. 124; Eg. y Yang. 311. — Nichts mit schubaka scheint zu schaffen zu haben, sondern dunkeln Ursprunges zu sein (ital. sciabecco, woraus vermutlich volksetymologisch entstand stambecco, zambecco), frz. chebec, kleines dreimastiges Kriegschiff; span. jabeque; ptg. chaveco. Vgl. Dz 96 chaveco und die dort u. 498 angeführten Bemerkungen Dozy's. Nach Eg. y Yang. 426 gehen die Worte auf arab. schabec, Schiff, zurück.
8433) [dtsch. schachtel; daraus nach Diez 396 *s. v.* ital. scatola, Schachtel; nach Kluge unter „Schachtel" ist das umgekehrte Verhältnis anzunehmen. Wenn dies richtig ist, so bleibt wohl nichts übrig, als scatola von german. skatta- (got. skatt-s) abzuleiten.]
8434) mhd. schafe, Gestell; ital. scaffale, Gestell mit Fächern; sicil. rtr. scaffa, Gestell, genues. scaffo, Bettstelle. Vgl. Dz 395 scaffale.
8435) dtsch. schaffen; rtr. schgiaffeir, befehlen, vgl. Gartner § 20.
8436) pers. schâh, König; ital. scacco, Schachspiel, davon scacchiero, -ere, Schachbrett; prov. escac-s; frz. échec (neufrz. gewöhnlich im Plur. échecs), davon échiquier, Schachbrett, échiqueté, gewürfelt; échec „Miſserfolg, Schlappe" ist wohl mit échec „Schach" identisch (Littré freilich, Z XVII 570, erklärt es für das Vbsbst. zu échouer; span. jaque, xaque (nur als Zuruf „Schach"!, das Schachspiel heiſst ajedrez), xaquel, jaquel, Schachbrett; ptg. xaque, Schach!, xadrez, Schachspiel, Schachbrett. Vgl. Dz 282 scacco; Eg. y Yang. p. 391; über das Schachspiel im mittelalterlichen Frankreich vgl. Strohmaier in der Festschr. f. Tobler p. 38.
8437) holländ. schaprade, Schrank, Kasten; dav.

p t g. *escaparate*, Schaukasten, Schaufenster, vgl. C. Michaelis, Frg. Et. p. 28.

8438) arab. **schaqîqah**, einseitiges Kopfweh (Freytag II 437ᵇ),—s p a n. *xaqueca*, *jaqueca*; p t g. *xaqueca*, **enxaqueca**. Vgl. Dz 498 *xaqueca*; Eg. y Y. p. 512.

8439) arab. **scha'râ**, ein mit Büschen bewachsener Ort; davon vermutlich s p a n. *xara*, *jara*, wilder Rosmarin; p t g. *xara*; s p a n. p t g. *xaral*, ein mit *xara* bewachsener Ort, vielleicht auch s p a n. *xaro*, *jaro*, borstig (da *xara* auch „Spiefs" bedeutet). Vgl. Dz 498 *xaro*; Eg: y Yang. 430. — Nigra, AG XIV 278, zieht hierher auch f r z. *jarre*, (borstiges) Sommerhaar, a l t f r z. *guarre*, scheckig, p r e v. *garro*, grau, *garri*, Maus.

8440) arab. **scharâb**, Trank,Wein, Kaffee (Freytag II.407ᵇ); i t a l. *sciroppo*, *siroppo*; f r z. *sirop*; s p a n. *jarope*, *xarope*; p t g. *xarope*, *enxarope*. Vgl. Dz 295 *siroppo*; Eg. y Yang. 513.

8441) arab. **scharîf**, edel (Freytag II 414ᵃ); s p a n. *xarifo*; *jarifo*, schön, schön gekleidet, vgl. Dz 498 *s. v.*; Eg. y Yang. 431.

8442) arab. **scharkiin**, mittellat. **saracenus, a, um**, sarazenisch; i t a l. *saracino*, hölzerner Mann, nach welchem die Ritter mit der Lanze stiefsen, *saracenico*, *saracinesco*, sarazenisch, s a-, *seracinesca*, Riegelschlofs, Fallgitter, *saracinare*, schwarz werden (von Weintrauben); f r z. *sarassin*, Buchweizen, *sarassine*, Gatter; s p a n. *saracino* (*trigo s*. Buchweizen), *saracina*, verwirrtes Gefecht; (im P t g. scheinen die Werte zu fehlen, Adj. *sarraceno*).

8443) ahd. **scharpe** (altnfränk. **skarpa*, vgl. Kluge unter ,,Schärpe", Mackel p. 57), Tasche; i t a l. *sciarpa*, *ciarpa*, Gürtel; f r z. *écharpe*; s p a n. p t g. *charpa*. Vgl. Dz 287 *sciarpa*.

8444) [arab. **scha't**, junger Zweig (Freytag II 471ᵇ); davon vielleicht s p a n. *xato*, -*a*, *jato*, -*a*, Kalb, vgl. Dz 498 *s. v.*, wo mit Recht die Ableitung als sehr zweifelhaft bezeichnet wird.]

8445) **schĕdă, -am** *f.* (*σχίδη*, *σχέδη*), Papyrusstreif; i t a l. *scheda* „pezzette di carta da notarvi indicazioni", *sceda* „mostra, saggio, abbozzo", vgl. Canelle, AG III 373.

8446) **schĕdĭum** *n.* (*σχέδιον*), aus dem Stegreifs verfertigtes Gedicht; i t a l. *schizzo*, Entwurf, dazu das Vb. *schizzare*; f r z. *esquisse*, dazu das Vb. *esquisser*; s p a n. *esquicio*; (ptg. wird der Begriff durch *bosquejo*, *esboço*, *ensaio*, *primeiras linhas* ausgedrückt). Vgl. Dz 286 *schizzo*.

8447) **schĕdŭlă, -am** *f.* (Demin. von *scheda*), Zettel; i t a l. *cedola*; p r o v. *cedula*; f r z. *cédule* (gel. Wort); s p a n. *cédula* = *scedula*, *esquela* = (?) *skedula*; p t g. *cedula*. Dz 94 *cédola*.

8448) dtsch. **schellfisch;** daraus f r z. (*esclefin*, *aiglefin*) *aigrefin*, vgl. Jeret, R IX 125.

8449) dtsch. **schelm** = altfrz. *chelme*, Unruhstifter; rtr. *schelm*, vgl. Dz 546 *s. v.;* Gartner, § 200.

8450) ndl. **schalvis**, Schellfisch, s. Nachtrag zu No 788, s. auch No 7448.

schenkel s. *scancho.

8451) dtsch **schenken** = i t a l. *cioncare* „trincare", vgl. Caix, St. 282; f r z. *chinquer*, zechen, vgl. Dz 127 *escancíar*.

8452) ahd. **schermscûvla**, eine Schaufel zum Ausschöpfen des in ein Schiff eingedrungenen Wassers; daraus (?) nach Caix, St. 556, das alsdeabedeutende i t a l. *sessola*, sard. *assula* (aus *sassula*).

8453) mhd. **scherzan** = i t a l. *scherzare*, dazu das Vbsbst. *scherzo*, vgl. Dz 397 *scherzare*.

8454) **schidiă, -am** *f.* (*σχίδιον*), Holzspan; i t a l.

scheggia, Splitter, *scheggio*, Felsenriff. Vgl. Dz 397 *scheggia*.

8455) ***schidŭlă, -am** *f.* (Demin. v. **schida* für *schidia*), kleiner Span; f r z. *esquille*, Knochensplitter, vgl. Dz 575 *s. v.;* Gröber, ALL V 130 u. dagegen Cohn, Suffixw. p. 210.

8456) dtsch. **schiefsen;** damit soll nach Parodi, R XVII 66, zusammenhängen c a t. *esquitxar*, spritzen, sowie auch eine Reihe mundartlich i t a l. Verba, über welche Flechia, AG II 27, gehandelt hat (modenes. *schizzer*).

8457) **schĭsmă** *n.* (*σχίσμα*),Spaltung; i t a l. *scisma* „separazione religiosa", *cisma* „discordia e malumere", vgl. Canelle, AG III 374; p r o v. *scisma;* a l t f r z. *cisme;* (n e u f r z. *schisme*); s p a n. *cisma*, (volkstümliche Scheideform hierzu ist vielleicht *chisme*, c a t. *xisme*, böse Nachrede, Klatsch, wodurch Zwiespalt herbeigeführt wird; seltsam ist, dafs der Plur. *chismes* „alte Möbel, altes Gerümpel" bedeutet, sollte dies so verstanden werden, dafs damit Mobilien, die eben nur noch zum Zerhacktwerden benutzbar sind, bezeichnet würden?); p t g. *scisma*, *cisma*. Vgl. Dz 100 *cisma;* 440 *chisme*.

8458) gr. **schĭstŏs,-ē,ŏn** (*σχιστός*),gespalten; dav. vermutlich f r z. *zeste*, der Sattel in der Nufs, wodurch der Kern derselben gespalten wird, vgl. Dz 701 *s. v.;* Meyer-L., Rom. Gr. I p. 483.

8459) dtsch. **schlaff;** m a i l. *sloffi*, v e n e z. *slofio*, vgl. Schuchardt, Z XXI 130.

8460) dtsch. **schlandern;** davon nach Caix, St. 265, i t a l. *slandrina*, *cendralina* (vielleicht auch *ciondolina* mit Anlehnung an *ciondolare*) „denna sciatta".

8461) dtsch. **schlappe, *slapfe;** dav. i t a l. *schiaffo*, Maulschelle (venez. veron. *slepa*, mail. *sleppa*); n e u-p r o v. *esclafá*, schlagen. Vgl. Dz 397 *schiaffo*.

8462) dtsch. **schleppen** = r t r. *slepiá*, vergleiche Gartner § 20.

8463) dtsch. **schmeifsen**, beschmieren; davon vielleicht i t a l. *smuciare*, mit Firnis bestreichen, dazu das Vbsbst. *smacia* „macchia che i verniciatori fanne al legno col pennello, in guisa che paiono macchie naturali", vgl Caix, St. 573.

8464) dtsch. **schminke;** dav. i t a l. *mecca* (aemil. *smeco*) „vernice per le dorature", vgl. Caix, St. 409.

8465) dtsch. **schnapphahn** = f r z. *chenapan*, vgl. Dz 546 *s. v.*

8466) dtsch. **schneider;** r t r. *šneder*, *šnaider*, vgl. Gartner § 20.

8467) mhd. **schoc**, Haufe; davon vermutlich i t a l. *ciocco*, Klotz; a l t f r z. *choque*, *chouquet*, Stamm; n e u f r z. *choc*, Stefs, dazu das Vb. *choquer*, stofsen; s p a n. p t g. *choque*, dazu das Vb. *chocar*. Vgl. Dz 100 *ciocco*. Die Ableitung darf aber noch nicht für sicher gelten. Horning, Z XVIII 215, möchte *choquer* von der ostfrz. Interjektion *choc* ableiten. S. unten **söccŭs.**

8468) **schŏlă, -am** *f.* (*σχολή*), Schule; i t a l. *scuola;* r u m. *scoală;* p r o v. *escola* (halbgel. Wort); f r z. *école* (halbgel. W.), dazu altfrz. das Vb. *escoler;* c a t. *escola;* s p a n. *escuela;* p t g. *escola*. Über a l t-s p a n. *escuellas*, Truppenabteilungen, vgl. Cornu, R XIII 301.

8469) ***schŏlārĭŭs, -um** *m.* (*schola*), Schüler; i t a l. *scolare* = *scholaris*, *scolajo;* r u m. *şcolar, şcoler;* p r o v. *escolar-s;* f r z. *écolier;* c a t. *escolá;* s p a n. *escolar*.

8470) andl. **scholle** (ein Fisch); davon altfrz. *scolkin*, *scoleken*. Vgl. Behrens, Festg. f. Gröber p. 156.

8471) **Schomberg**, Name eines deutschen Feldherrn; davon span. chamberga, weiter Überrock (sogenannt, weil die Einführung dieses Kleidungsstückes in Spanien durch den Marschall Schomberg veranlaßt worden sein soll), vgl. Dz 439 s. v.

8472) dtsch. **schon** = rtr. šon, vergl. Gartner, § 20.

dtsch. **schopf** s. zopf.

8473) mittelengl. **schoppe, Schuppen, = frz.** échoppe, kleine Bude, vgl. Dz 566 s. v.; Mackel p. 13.

8474) dtsch. **schoppen** = frz. chope, chopine, Maſs für Flüssigkeit, dazu das Vb. chopiner, zechen (damit verwandt écope, Schöpfkanne = altndd. *skópa od. *skopo), vgl. Dz 548 chopine; Mackel p. 32 f.

8475) ndl. **schoppeu,** mit dem Fuſse fortstoſsen; davon viell. (?) ital. zoppo, lahm, davon zoppicare, hinken; rtr. zopps; frz. chopper, (altfrz. auch sopper), anstoſsen, (altfrz. chope, Klotz); cat. das Vb. ensopejar, straucheln; span. zopo, zoupo, lahm, untüchtig; ptg. zopo, altersschwach. Vgl. Dz 347 zoppo; P. Meyer, R XIV 126, zieht hierher, bezw. zu schupfen, auch prev. açupar; altfrz. açoper, achoper, anstoſsen, u. man darf ihm wohl beistimmen.

8476) arab. **schorp**, Trank (Freytag II 407b); ital. sorb-etto (angelehnt an sorbere), süſser, kühlender Trank; frz. sorbet; span. sorbete; ptg. sorvete. Vgl. Dz 299 sorbetto; Eg. y Yang. 495 (xorba).

8477) dtsch. **schörl** = span. ptg. chorlo, ein eisenhaltiges Gestein, vgl. Dz 440 s. v.

8478) arab **schoruq,**Südostwind (Freytag II 415a); ital. scirocco, scilocco, sirocco; prov. frz. siroc; span. siroco, jiroque, jaloque; ptg. xaroco. Vgl. Dz 287 scirocco; Eg. y Yang. p. 514.

8479) mittelndl. **schrantsen,** zerreiſsen; davon vielleicht frz. serancer, hecheln, dazu das Sbst. seran, Hechel. Vgl. Dz 676 seran.

8480) ndl. **schrapen,** kratzen, zusammenkratzen; davon vermutlich ital. scaraffare, wegraffen; altfrz. escraper, abkratzen, (vielleicht gehört hierher auch escrafe, escreffe, Fischgräte); cat. esgarrapar, esgarrifar, kratzen, scharren (das Vb. könnte aber auch zu der oben unter kraphô besprochenen Wertsippe gehören, also in es-garrapar zu zerlegen sein, vgl. Vogel p. 87, wo ndd. grapen oder gripen als Grundwort aufgestellt wird); span. escarbar; ptg. escarvar (nach Baist, Z V 240, = *scabrare, s. d.). Vgl. Dz 396 scaraffare. 448 escarbar, 574 escraper.

8481) vlaem. **schroode, schroye,** Zettel; davon (?) nach Scheler im Dict. s. v. frz. écrou (altfrz. escroue, escroe), dessen ursprüngliche Bedeutung ebenfalls „Zettel", die jetzige „Liste, Register" ist, dazu das Vb. écrouer, in die Liste (eines Gefängnisses) eintragen. Vgl. aber auch No 8530.

8482) dtsch. **Schuhflicker;** frz. choufliqueur, vgl. Mém. de la soc. de ling. VIII 51.

8483) dtsch. **schuft**=ital. ciofo, niederträchtiger Mensch, vgl. Dz 365 s. v.

dtsch. **schupfen** s. schoppen.

8484) dtsch. **schutt;** davon vielleicht ital. ciotto, ciottolo, Kiesel, Stein. Diez 365 s. v. liefs die Worte unerklärt.

8485) [**sciēntiā, -am** (scire), Kenntnis, Wissenschaft; ital. scienza; rum. ştiinţă; prov. sciensa; frz. science; cat. span. sciencia, ci-; ptg. sciencia.]

8486) *sciūtā, -am f. (Primitiv v. scintilla) = rum. scântă, Funken, Tropfen, ein Wenig.

8487) **scintillā, stincilla; -am** f. (*scinta),

Funken; ital. scintilla (Buchwert); sard. (logud.) istinchidda; rum. scânteiu m.; prov. scintilla, cintilla; altfrz. escintele, (e)stencele; nfrz. étincelle (mittelfrz. auch das gel. W, scintille, dazu das Vb. santiller, vgl. Cohn, Suffixw. p. 49); span. centrlla; ptg. scintilla, cintila. Vgl. Dz 579 étincelle; Behrens, Recipr Metath. p. 94.

8488) **scintillo, -āre** (scintilla), funkeln; ital. scintillare; rum. scânteiez ai at a; prev. sintillar; altfrz. estenceller; neufrz. étinceler; span. centrllar, centellear; ptg. scintillar, sintillar. Vgl.Behrens. p. 94.

8489) **scio, -ire,** wissen; rum. ştiu ştiui ştiut şti; sonst ist das Vb. nur noch im Sard. erhalten, das Part. Präs., bezw. das Gerundium aufserdem im prev. esciens, escient, essien, esient etc. (mon e., mit meinem Wissen, meines Wissens), altfrz. escient, escientre; im übrigen ist das Vb. durch *sapêre (s. d.) = sapére völlig verdrängt. Vergl. Dz 281 sapere.

8490) *sciSa (für scissa) = span. ptg. sisa, Auflage (eigentl. der als Steuer abgeschnittene Teil des Vermögens), vgl. W. Meyer, Z X 173; Diez 487 s. v. setzte censa als Grundwort an. S sciso.

8491) *sciso, -āre (für *scissare v. scissus) = span. sisar, ptg. scisar, abschneiden, vgl. Dz 487 sisa.

8492) *scitānūs, a, um (v. scitus nach Analogie von cert-anus gebildet), bewuſst, = cat. sutano, Pron. indef., ein gewisser; span. citano, zutano. Vgl. Dz 501 zutano.

sciūrus s. **sciŭrus.**

8493) ahd. **sclag,** altofränk. **slag,** eingeschlagene Spur, Fuſstapfe; prov. esclau-s, Hufschlag; altfrz. esclo. Vgl. Dz 574 esclo; Mackel p. 39.

sclap-, sclapit- s. **klap-.**

8494) ndl. **sclarela, -am** f., Schalmei; ital. schiareia; mail. scarleiu.

8495) [***sclavus, -um** v. m. (altdtsch. slavo), Sklave; ital. schiavo, davon schiavina, grober Pilgerrock; prov. esclau-s; altfrz. esclo, daneben esclave, davon escluvine, grober Pilgerrock; neufrz esclave, davon esclavage, Sklaverei; span. esclavo, davon esclavina, grober Pilgerrock; ptg. escravo. Vgl. Dz 285 schiavo; Mackel p. 89. Die Geschichte des Wortes ist wohl einfach die folgende: das deutsche Wort slave, eigentlich den kriegsgefangenen Slaven bezeichnend, wurde nach Italien verpflanzt und ersetzte dert als technischer Ausdruck des Begriffes „Sklave" das alte servus, welches den dienenden Mann überhaupt bezeichnete; da aber sl als Anlaut im Ital. unüblich ist, folgte das Wort der Analogie der zahlreichen mit sch- (= excl-) anlautenden Worte (über den Einschub von c in sl vgl. Mackel p. 171 f., wodurch die Behauptungen Baist'e, Z VI 2 f., widerlegt werden), wurde also zu *sclavo, schiavo, mit diesem neuen Anlaute trat es in die übrigen roman. Sprachen ein u. in das Deutsche zurück; möglich auch, daſs scl für sl = spätgriech. σκλ ist.]

8496) vorahd. oder altnfränk. **s(c)litan** (ahd. sliggan, scliggan), schlitzen, spalten; altfrz. esclier, zersplittern. Will man nicht annehmen, daſs sclitan für slitan zu grunde liegt, so dürfte der Einschub des c aus Anlehnung an esclater zu erklären sein. Vgl. Dz 574 esclier; Mackel p. 108.

8497) ***sclöppūs, -um** m. (v. stloppus), Schlag, Klatsch; ital. schioppo, scoppio, Knall, dazu das Vb. schioppare u. scoppiare, knallen; von schioppo, bezw. scoppio abgeleitet frz. escopette, span.

escopeta, Stutzbüchse. Baist, Z V 247, ist geneigt, auch cat. *esclop*, schwerer Holzschuh, auf *scloppus* zurückzuführen, „nach dem Laut, den er im Gehen hervorbringt". Vgl. Dz 398 *schioppo*; Gröber, ALL V 461; Flechia, AG III 129; Canelle, AG III 351; d'Ovidio, AG XIII 364.

8498) scŏbīnä, -am *f.* (*scobis*), grobe Feile; ital. *scuffina* „lima piatta"; frz. *écouane*, *écouenne*, *écuène*, Raspel; span. *escofina*. Vgl. Caix, St. 550; Gade p. 35; Cohn, Suffixw. p. 202.

8499) *scŏcūlŭs, -um *m.* (für *scopulus*). Klippe; ital. *scoglio*; prev. *escuelh-s*; frz. *écueil*; span. *escollo*; ptg. *escolho*. Vgl. Dz 287 *scoglio*; Gröber, ALL V 461; d'Ovidio, AG XIII 360 u. 384 (*scoglio* = *scoculus*, dieses beruht auf Angleichnng von *σκόπελος* au *specula*; regelmäfsig entwickelt sind nur die frz., die ptg. u. die genues. Form, während die übrigen auf Übertragung beruhen, wobei Kreuzungen stattgefunden haben mögen; das ital. Wert scheint durch das frz. beeinflufst zu sein. Ascoli, AG XIII 461, setzt *écueil* = *scovljo* an; wegen der Palatalisierung des *l* verweist er auf *trib[u]lare* = cat. *trillar*, prov. *trilhar*, rum. *triá* aus *trilja*; span. *escollo* ist nach A. ein Catalanismus, ital. *scoglio* hat sein *gl* von *scoglioso* = *sco[v]ligoso* = *scopulosus* übernommen.

8500) [altsächs. scola, ags. scolu, Schaar, Ableitung (vgl. Kluge unter „Scholle"); damit scheint in Zusammenbang zu stehen prev. *escala*. Schar; altfrz. *eschiele*, vermutlich ist das rom. Wort an *skara* angelehnt worden, oder *skara* ist das Grundwort und hat Anlehnung au *scala* erfahren. Die letztere Annahme dürfte den Vorzug verdienen. Vgl. Mackel p. 39.]

8501) ahd. scolla, Schelle; ital. rtr. *zolla*, Schelle, Vgl. Dz 412 *s. v.* — Auf *scolla* pflegt auch zurückgeführt zu werden frz. (ursprüngl. wollonisch) *houille* (span. *hulla*, *hulha*), Steinkohle, und da german. *sk* auch sonst wallonisch als *'h* sich darstellt (vgl. *hó* für *hot* = ndl. *schoot*, *hârd* für mittelndl. *kaerd*, so ist die Ableitung annehmbar, so befremdlich sie auch dem ersten Blick erscheinen mag. Vgl. Dz 617 *houille*; Mackel p. 171.

8502) scŏlўmŏs, -on *m.* (*σκόλυμος*), eine Art Distel; davon span. *escolimoso*, (stachlich), störrig, rauh, hart, vgl. Dz 448 *s. v.*

8503) scŏmber u. scŏmbrus, -um *m.* (*σκόμβρος*), Makrele; ital. *scombro*.

8504) scŏpä, -am *f.*, Reis, Pl. Besen; ital. *scopa*, Besen, Birke; prov. *escubo*; altfrz. *escouve*; span. *escoba*; ptg. *escova*, Bürste. Vgl. Flechia, AG III 134.

8505) mittelengl. scōpe, Schippe, = frz. *escope*, *escoupe*, Schaufel, Schöpfkelle, vgl. Mackel p. 171.

8506) [*scŏpīlīo, -önem (*scopa*) = frz. *écouvillon*, Wischer zum Abputzen; span. *escovillon*. Vgl. Dz 567 *écouvillon*.]

8507) scŏpo, -āre (*scopa*), kehren; ital. *scopare*.

8508) scŏpŭlä, -am *f.*, Besenreis; sard. *iscobula*, *spazzo*, *iscobulare*, *spazzolare*, vgl. Salvioni, Post. 20.

scŏpŭlŭs s. scŏcūlŭs.

8509) scŏpŭs, -um *m.* (*σκοπός*), Ziel; ital. *scopo*; rum. *scop*; span. ptg. *escopo*; überall nur gel. Wort.]

8510) ags. score = frz. *écore*, Klippe, vgl. Dz 566 *s. v.*; Mackel p. 35.

8511) [scŏrīä, -am *f.*, Schlacke; ital. *scoria*; rum. *sgurä*; frz. *scorie*; span. ptg. *escoria*.]

8512) [scŏrpīo, -önem *m.* u. scŏrpīŭs, -um *m.* (*σκορπίων*), Skorpion; ital. *scorpione* und *scorpio*, (nach Caix. St. 563, gehört hierher auch *sgorbio*, „macchia d'inchiostro caduta sulla carta"); rum. *scorpie*; prev. *scorpio(n)-s*, *escorpio(n)-s*; frz. *scorpion*; cat. *escorpí*; span. *escorpion*; ptg. *escorpião*. Vgl. Salvioni, Post. 20. C. Michaelis, Frg. Et. p. 28, zieht auch galic. *escaparate*, Stachelfisch, hierher: es soll aus *escorparate* entstanden sein.]

scŏrtĕŭз, a, um s. *excŏrtīco*.

8513) altnddtsch. *scot (ags. *sceot*), Steuer, Zeche, = ital. *scotto*; prov. altfrz. *escot*; neufrz. *écot*; span. ptg. *escote*. Vgl. Dz 288 *scotto*; Mackel p. 32.

8514) altnddtsch. *scot (ahd. *scoʒ*, mhd. *schoʒ*), Schöfsling; altfrz. *escot*; neufrz. *écot*, Baumstrunk. Aus e(s)cot + *pertica* entstand vielleicht *écoperche*, Rüstbaum und daraus wieder *goberge*, Prefsstange, vgl. Littré *s. v.*; vgl. Fafs, RF III 498. Vgl. Dz 288 *scotto*; Mackel p. 32.

8515) mittelndl. scōte, Schote, Segelleine; altfrz. *escote*, neufrz. *écoute*, vgl. Mackel p. 171.

8516) ahd. scotto = ital. *scotta*, „siero non rappreso che avanza alla ricotta", vergleiche Caix, St. 547.

8517) ahd. scōʒ, Schofs, = ital. (lemb.) *scoss*, Schofs; wall. *hó* für *hot* = ndl. *schoot*, vgl. Dz 399 *scosso*.

8518) [mittellat. scramus (Herkunft unbekannt) = altspan. *escramo*, Wurfspiefs, vgl. Dz 448 *s. v.*]

8519) [ahd. scranchelön, scrangolön, wackeln; davon die altspan. gleichbedeutende ital. *gringolare*, *dringolare* (dav. frz. *gringolé*, gerollt, geschlängelt, *gringole*, Schlangenkopf, *dégringoler*, herabrollen); vgl. Caix, St. 309.]

8520) ahd. scranna, Bank, = ital. *scranna*, Bank, Richterstuhl, vgl. Dz 399 *s. v.* S. auch serēnīä.

8521) [*scrēnīä (soreuna, screona in der Lex Sal., *screunia* in der Lex Burg.) scheint die, vermutlich einer german. Sprache angehörige (vielleicht mit *scranna*, Bank, identische) Grundform zu sein zu altfrz. *escregne*, *escriegne*, *escrienne*, unterirdisches Gemach, Kellerstube; neufrz. *écraigne*, Ort für abendliche Zusammenkünfte der Dorfbewohner. Vgl. Dz 574 *escregne*.]

8522) [serība, -am u. spätlat. -äuem *m.* (*scribo*), Schreiber, Schriftsteller; (ital. *scrivano*); frz. *écrivain*; (span. ptg. *escribano*). Vgl. Meyer-L., Z. f. ö. G. 1891 p. 775.]

8523) scrībo, -scrīpsī, scrīptŭm, scrībĕre, schreiben; ital. *scrivo* scrissi *scritto* scrivere; rum. *scriu scrisei scris scrie*; rtr. Präs. *skri*, *skrize*, Part. Prät. *skritt*, *skret*, *skretʒ*, Inf. *skri*, vgl. Gartner § 148 u. 154; prov. *escriu scris escrit* (*escrich*) *escriure*; altfrz. *escrif escris escrit* (*escriut*) *escrivre*; neufrz. *écris écrivis écrit écrire*; cat. *eseriu escrigui escrit escriurer*; span. *escribir*, Part. Prät. *escrito*; ptg. *escrever*, Parz. Prät. *escripto*. Vgl. Gröber, ALL V 462.

8524) [*scrīcīŭs, -um = ital. *scriccio*, *scricciolo*, Zaunkönig. Das Grundwort ist ein rein hypothetisches und trägt unlateinisches Aussehen, was man allenfalls als schallnachahmend entschuldigen könnte; möglicherweise aber ist *scriccio* nur die Italianisierung des slav. *zar-itsch*, *zar-ewitsch*, Kaiserssohn. Vgl. Dz 399 *scriccio*.]

8525) scrīnīum *n.*, Schrein; ital. *scrigno*; rum. *serin*; prov. *escri(n)-s*; frz. *écrin*; (span. ptg. *escrinio*).

8526) **scrīptŏr, -ōrem** m. (sriptus), Schreiber, Schriftsteller; ital. scrittore; rum. scrütor; (frz. écrivain=*scribanem für scribam); sp. ptg. escritor.

8527) **scrīptŏrīŭm** n. (scriptus), Schreibzeug; ital. scrittojo, daneben das Adj. scrittorio, (vgl. Canello, AG III 337); rum. scrütor; prov. escriptoris; frz. écritoire; cat. escriptori; span. ptg. escritorio.

8528) **scrīptūră, -am** f. (scriptus), das Schreiben, die Schrift; ital. scrittura; rum. scrütură; prov. escri(p)tura; frz. écriture; cat. escri(p)tura; span. ptg. escritura.

8529) *scrŏbĕllae, -as f. (Demin. zu scrobis), kleine Gruben, Höhlungen, =(?) frz. écrouelles (aus écrovelles?) Drüsengeschwulste (welche von innen betrachtet sich als Höhlungen darstellen), vgl. Scheler im Dict. s. v.; Diez 567 s. v. leitete das Wort von lat. scrofulae ab, aber der Übergang eines zwischenvokalischen f in v ist im Frz. schwer glaublich (in malfatius : mauvais handelt es sich um f nach Kons.). Darf man aber ein *scrobulae (u. mit Suffixvertauschung *scrobellae) für scrofulae ansetzen (vgl. Ascoli, Misc. 427, u. Bücheler, Rhein. Mus. 42, 585), so würde die Diez'sche Ableitung statthaft sein; durch die Bedtg. wird sie jedenfalls empfohlen. Cohn, Suffixw. p. 19, verhält sich den aufgestellten Ableitungen gegenüber zweifelhaft, ohne eine neue zu geben; viell. ist écrouelles Dem. zu écrou.

8530) [**scrŏbīs, -em** f., Grube, soll nach Diez 567 Stammwort zu frz. écrou, Schraubenmutter, sein, indessen scröb- konnte nur escruef, escreuf, écreuf ergeben, vgl. pröbo mit altfrz. pruef; auch die Bedtg. macht Schwierigkeit; écrou kann von ndl. schroef, engl. screw, mhd. schrûbe kommen, vgl. übrigens auch No 8481.]

8531) **scrŏfā, -am** f., Sau; ital. scrofa; pav. scrova; venez. scrova, scroa; rum. scroafă. **scrofūlae, -as** s. **scrŏbellae.**

8532) ahd. **scrōtan**, schneiden, schroten; davon nach Caix, St. 565, ital. sgretolare „stritolare, dirompere coi denti".

8533) [**scrŭpŭlŭs, -um** m., Besorgnis, Zweifel; ital. scrupulo u. scrupolo; frz. scrupule (gel. W.); span. ptg. escrúpulo.]

8534) **scrūtīnīŭm** n., Durchsuchung; ital. squittino, Stimmenwahl, vgl. Tobler, R II 240; Mussafia, R II 478 Z. 4 v. u. im Texte; sonst nur als gel. W. vorhanden.

8535) *scrūtīnīo, -āre (scrutinium), durchsuchen; ital. scrutinare; neuprov. escudrinhá; span. escudriñar; ptg. escoldrinhar (daneben esquadrinhar, volksetymologisch umgestaltet). Vgl. Dz 449 escudriñar.

8536) *scūīrŭs, *scūrīŭs, -um m. (für sciurus = σκίουρος), Eichhörnchen; dav. ital. scojatto, scojattolo; (sard. schirru, Marder; rtr. scùrat; friaul. schiratt); prov. escuról-s; frz. écureuil, daneben écurieu als Wappenausdruck, vgl. Cohn, Suffixw. p. 249; span. esquirol, esquilo; ptg. esquilo. Vgl. Dz 287 scojattolo; Gröber, ALL V 462; Nigra, AG XII 296.

8537) **scŭlpo, -ĕre**, meißeln; ital. scolpire. Vgl. Gröber. ALL V 462.

8538) [**scŭlptŏr, -ōrem** m. (sculpĕre), Bildhauer; ital. scultore; frz. sculpteur; span. ptg. escultor.]

8539) [**scŭlptūră, -am** f. (sculpere), Bildhauerei; ital. scultura; frz. sculpture; span. ptg. escultura.]

8540) german. **scūm-,** Schaum; ital. schiuma; prov. escuma; frz. écume; span. ptg. escuma. Vgl. Dz 286 schiuma; Mackel p. 19.

*scŭppĭo s. ĕxcōnspŭo.

8541) ahd. **scûr** (got. skúra), Schauer, Regenschauer; davon viell. ital. sgrollone „acquazzone"; vgl. Caix, St. 566.

8542) ahd. **scûra**, Scheuer, = prov. escura, Stall; nicht hierher gehört frz. écurie, altfrz. escuerie, ital. scuderia = *scutaria v. scutum, vgl. Meyer-L., Ltbl. f. germ. u. rom. Phil. 1888 Sp. 304, vgl. auch R XVI 624. Vgl. Dz 567 écurie; Mackel p. 19.

8543) **scūtārīŭs, -um** m. (scutum), Schildmacher, Schildträger; ital. scudajo, Schildmacher, scudiere, Schildträger, vgl. Canello, AG III 310; rum. scutar, Oberschäfer; prov. escudier-s, escuier-s, Schildträger, Knappe; altfrz. escuyer; neufrz. écuyer; span. escudero; ptg. escudeiro. — Auf scutaria beruhen ital. scuderia, Marstall, altfrz. escuerie, frz. écurie, s. oben scûra.

8544) **scūtĕllă** (u. *scūtella), -am f. (scutum), Schüssel; ital. scodella (altital. scudella); rtr. scadella; prov. escudella; frz. écuelle; cat. escudella; span. escudilla; ptg. escudela. Vgl. Dz 567 écuelle; Gröber, ALL V 462; Meyer-L., Ltbl. f. germ. u. rom. Phil. 1892. Sp. 71.

8545) ahd. **scūtilôn**, schütteln; davon ital. scotolare, Flachs schwingen, vgl. Dz 399 s. v.

8546) [*scūtīo, -ōnem m. (scutum) = frz. écusson, Wappenschild, vgl. Dz 567 s. v.]

8547) **scūtŭm** n., Schild; ital. scudo, Schild, auch eine mit Wappenschild gezierte Münze; rum. scut; prov. escut-z; frz. écu; cat. escut; span. ptg. escudo. Vgl. Dz 567 écu; Ascoli, AG X 86 Anm.

scynnion (σκύννιον) s. *cinnus.

8548) **scȳphus, -um** m. (σκύφος), Becher; ital. scifo.

8549) **sēbūm** n., Talg; ital. sevo, sego; sard. seu; rum. seu; rtr. seiv; prov. seu-s; frz. suif (*sebu, *seub, *suif, vgl. Ascoli, AG X 260, vgl. dagegen G. Paris, R XVIII 235 [„je pense que suif peut s'expliquer par la contamination de suis = sius et de sif = siu, sius provenant de sebus sevus seuus et siu de sebu scvu seuu"]); cat. seu; span. ptg. sebo. Vgl. Dz 294 sevo; Gröber, ALL V 463 [„bezüglich des f] Z X 300, dagegen Ascoli, AG X 106. Frz. suif mufs als noch unerklärt gelten.

8550) *sēcālē n. (für sēcāle), Roggen; ital. ségale, segola (mail. segra, trev. segála, piemont. seil); rum. secară; rtr. segal; prov. seguel-s; seigle; cat. segol. Vgl. Dz 289 ségale; Meyer, Ntr. p. 115 (setzt *sicula als Grundwort an); Ascoli, AG III 465 f. Anm.; Gröber, ALL V 463; Koschwitz u. Meyer-L., Ltbl. f. germ. u. rom. Phil. 1892 Sp. 68 u. 71.

8551) **sēcēssŭs, -um** m. (secedere), abgelegener Ort; ital. scesso, cesso, Abtritt, vgl. Dz 364 s. v.; Canello, AG III 395.

8552) (**sēcīŭs), sētīŭs** (Komp. v. secus), geringer; ital. sezzo (daneben sezzajo = setiarius), zezzo, der letzte. vgl. Dz 400 s. v.

8553) **sēco, -āre**, schneiden; ital. secare „tagliare", segare „dividere colla sega", dazu das Vbsbst. sega, Säge, sciare „tagliare l'onda a ritroso", dazu das Vbsbst. scia „solco che lascia la nave sull' onda", vgl. Canello, AG III 371; venez. siegare; prov. segar; altfrz. soüer; neufrz. scier (das c beruht nur auf etymologisierender Schreibung), dazu das Sbst. scie; span. ptg. segar. Vgl. Dz 676 scier; Ascoli, AG II 128; d'Ovidio, AG XIII 367.

*sēcrētārīŭs s. sēcrētŭs.

8554) sēcrētŭs, a, um (Part. P. P. v. *secerno*),
geheim; ital. secreto; rum. secret; prov. sécret-*z*;
frz. secret (gel. W.); nach Tobler, Gött. gel. Anz.
1874 p. 1048 gehört hierher auch altfrz. *seri*
„still, ruhig‟, worin ihm Suchier, Z I 432, beistimmt, während G. Paris, R III 505, die Ableitung
sehr mit Recht bezweifelt (*seri* „still, ruhig‟ kann
von *seri* „klar‟, prov. seré-*s* nicht getrennt werden
u. geht mit diesem auf *serenus* zurück), vgl. Scheler
im Anhang zu Dz 4. Ausg. p. 774 (in der 5. Ausg.
fehlt der Artikel befremdlicher Weise); cat. secret;
span. ptg. secreto. Das Wort ist überall nur
gelehrt, ebenso das davon abgeleitete Shst. *secretarius*, Geheimschreiber, = ital. segretario; altfrz. segrayer, officier forestier chargé des beis segrais, dav. segrayage, segrayer, s. auch unten
segregagium; frz. secrétaire etc.

8555) [sēctă, -am f., Sekte; ital. setta; frz.
secte (frz. *suite* darf nicht = *secta* angesetzt
werden, vgl. Ztschr. f. frz. Spr. u. Litt. XV² 173,
sondern ist nach *fuite* gebildet); span. ptg. secta;
überall nur gel. W.]

8556) sēcŭlă, -am f., Sichel; ital. segolo; frz.
(mundartl.) seille.

8557) [*sēcŭlo, -āre (Demin. v. *secare*); davon
viell. frz. siller, (eine Wasserfläche) durchfurchen,
davon sillon, Furche, möglicherweise gehört hierher
auch altfrz. ciller, peitschen, wovon sillon, Peitschen-
litze. Vgl. Scheler im Anhang zu Dz 789 u. 814;
Diez 678 stellte altn. sila, Furche, als Grundwort
zu siller auf, was Mackel p. 112 abzulehnen anräth.]

8558). sēcŭndŭm (*sequi*), entlang, längs, gemäfs;
daraus nach Tobler, Ztschr. f. vgl. Sprachf. XXIII
415, durch Einschub von *r* nach Ausfall des *c*
altfrz. seron, soron, sorone (G. Paris, R VII 346,
erklärt das *r* einfach aus Vertauschung der Liquiden)
und sodann neufrz. selon (altfrz. auch *selonc*);
span. segun. Diez 676 *s. v.* deutete *selon* aus
secundum gemischt mit *longum*. Scheler im Dict.
s. v. u. im Anhang zu Dz 812 stellte, wie dies
früher schon Orolli gethan hatte, *sub longum* oder
sub longo als Grundform auf. Förster, Z I 564,
hat Tobler's Annahme näher begründet, sind Zweifel
daran zulässig. Ital. (astig.) siond.

8559) sēcŭndŭs, a, um (*sequi*), der folgende, der
zweite; ital. secondo; sard. segundu; venez.
segondo; (rum. alu doilea); rtr. sekunt, sagont
etc.; prov. segonz; frz. second (gel. W., vgl.
Berger p. 240, das übliche ist deuxième); cat.
segon; span. ptg. segondo. Vgl. Gröber, ALL V 463.

8560) [*sēcŭrănŭs, a, um (*securus*), ein gewisser;
prov. seguran; ptg. sicrano. Vergleiche Dz 487
sicrano.]

8561) sēcŭrĭs, -ĭm f., Beil; ital. secure, scure;
rum. secure; span. segur; ptg. segure, -a.

8562) [sēcŭrĭtās, -ātem f. (*securus*), Sicherheit;
ital. sicurità (daneben sicurezza); frz. sûreté;
span. seguridad; ptg. seguridade (daneben segu-
reza).]

8563) sēcŭrŭs, a, um (*se* + *cura*), sicher; ital.
sicuro; sard. seguru; lomb. sigûr; valgand.
seûr; rum. sigur; rtr. sigur; prov. segur-*s*; altfrz. seûr; neufrz. sûr; cat. segur; span. ptg.
seguro.

8564) sēcŭs, nebenbei, s. sard. segus, indietro.

8565) *sēcŭto, -āre, folgen; sard. segudare;
neap. secotare; sicil. assicutari, vgl. Salvioni,
Post. 20.

8566) [sēdă (für *sedes*) wird von Thomas, R XIV
275, als Grundwort zu prov. sea, cea, Sitz, ange-

setzt, freilich ist das prov. Wort selbst nur pro-
blematisch. Vgl. Cohn, Herrig's Archiv Bd. 103
p. 242.]

8567) sēdĕcĭm, sechszehn; ital. sedici; frz. seize
etc.

8568) *sĕdĕnto, -āre (Partizipialverb zu *sedere*),
setzen; ital. (as)sentare; prov. sentar; altfrz.
assenter (vgl. Tobler, Gött. gel. Anz. 1874 p. 1040
u. dagegen Scheler im Anhang zu Dz 745, Tobler
leugnet das Vorhandensein des Verbs *assenter*,
Scheler verteidigt es, u. man wird ihm beistimmen
müssen); span. sentar, asentar, dazu das Vbsbst.
asiento; Sitz; ptg. sentar, assentar, dazu das Vbsbst. assento. Vgl. Dz 292 sentare.

8569) sēdĕo, sēdī, sēdĕre, sitzen; ital. siedo
(seggio, seggo) sedei sedere; dazu das Vbsbst. (sedio,
sedia) seggio, seggia, Sitz, assedio, asseggio, Belagerung (davon wieder assediare, belagern, vgl.
span. asedio, asediar, ptg. assedio, assediar), von
sedio sind wieder abgeleitet die Deminutive sediuola
u. seggiola, vgl. Canello, AG III 389; rum. *șed*
șezui șezut șede; rtr. sézer, vgl. Gartner § 199;
prov. seder, sezer, seer (Pf. sec); frz. sis sis
seoir (altfrz. siet etc.); cat. seurer (Präs. seu);
span. seo (*sovo*) seer u. ser; ptg. seer, seer. Das
Verb ist vielfach aufser Gebrauch gesetzt oder doch
auf unpersönlichen Gebrauch beschränkt worden,
so namentlich im Frz., Span. u. Ptg., in welchen
Sprachen „sitzen‟ durch être assis, bezw. estar
sentado ausgedrückt wird. Im Span. u. Ptg. hat
sich sedere mit esse gemischt, vgl. Dz, Gr. II³ p. 174.
Über die Frage, ob in den Futuren des Verbs subst.
ital. sarò, prov. frz. serai, cat. seré, span. seré,
ptg. serei die Zusammensetzung *essere + habeo*
oder sedere + habeo vorliegt, vgl. Trier, Om futurum
og konditionalis af det romanske verbum essere (in :
Det filologisk-historiske Samfunds Mindeskrift i
Anledning af dets 25aarigeVirksomhed, Kopenhagen
1879, p. 226). Suchier, Z III 151, Cornu, R VII 353,
G. Paris, R IX 174 (alle diese Gelehrten sprechen
sich mehr oder weniger entschieden für sedere +
habeo aus), Thurneysen, Das Verbum être und die
frz. Konjugation, Halle 1882, p. 23; Bröhan, die
Futurbildung im Altfrz., Greifswald 1889, p. 88
(Th. u. Br. verteidigen essere+habeo). Eine sichere
Entscheidung für oder gegen eine der beiden Annahmen ist nach Lage der Sache nicht zu fällen,
denn jeder von beiden läfst sich Berechtigung zu-
erkennen; aus allgemeinem Grunde dürfte aber doch
essere + *habeo* vorzuziehen sein.

8570) sēdĕs, -em f. (*sedeo*), Sitz, = ital. sede,
sard. sase, altfrz. sed, se; span. sede; ptg. *sé*,
bischöflicher Sitz (gel. W.).

8571) *sĕdīco, -āre (*sedeo*), sitzen machen, setzen;
prov. setjar, setzen, dazu das Vbsbst. setge-*s*,
asetjar; belagern; altfrz. segier, assiegier, besetzen,
belagern; neufrz. siéger in dm Kompos. assiéger,
belagern, dazu das Vbsbst. siège, Sitz, Belagerung,
(siéger, Sitzung halten, dürfte erst wieder von siège
abgeleitet sein); span. sosegar; ptg. socegar, beruhigen, besänftigen, = *subsedicare*, dazu das
Vbsbst. sosiego, socego, Stille, Ruhe (auch ital.
sussiego, ernstes Wesen). Vgl. Dz 289 sedio und
489 sosegar (letzteres Vb. wollte Diez von subaequare
ableiten, erst Storm, R V 184, stellte das richtige
Grundwort auf); Gröber, ALL V 463; C. Michaelis,
Misc., 156 (vgl. auch Frg. Et. p. 58, andrerseits
Meyer-L., Z XI 270), leitet das span. ptg. Vb.
von *sessicare* ab, sich auf altptg. sessegar, asses-
segar berufend, für sosegar aber „die Einschwärzung

des Präfixes *sub* zugebend. Man darf sich aber bei Storm's Ableitung wohl beruhigen.

8572) sĕdīmen *n.*, Bodensatz; Salvioni, Post. 20, führt hierauf zurück canav. *sim*, cortile (u. *simp*, casa colonia), die eigentl. Bedeutung des Wortes würde dann „Siedelung" sein.

8573) [sĕdīmĕntŭm *n.* (*sedeo*), Bodensatz, = ital. *sedimento*; auch sonst als gelehrtes Wort vorhanden.]

8574) [sĕdītīo, -ōnem *f.*, Aufruhr, = ital. *sedizione*; auch sonst als gelehrtes Wort vorhanden.]

8575) sĕdūco, dūxī, ductum, dūcĕre, verführen; ital. *sedurre* (frz. *séduire*) ist aus *seduire*, *sozduire*, *subtusducēre*, entstanden, vgl. ital. *sodurre* aus *subducere*. vgl. Meyer-L., Z. f. ö. G. 1891 p. 775. Wegen der Flexion s. **dūco**.

8576) sĕgĕs, sĕgĕtem *f.*, Saat; logud. *seda*, biada mietata, *asseghedare*, Getreide einfahren.

8577) sĕgmĕn *n.*, abgeschnittenes Stück: davon nach Diez 487 *s. v.* vielleicht span. *sien* *f.*, Schläfe ; Diez beruft sich darauf, dafs auch *tempus*, weil es von der Wurzel *tem*, schneiden, herzuleiten sei, einen ähnlichen Bedeutungswandel aufweise. Nichtsdestoweniger bleibt die Ableitung mehr als fragwürdig. — Aus dem Pl. *segmina* leitet Bugge, R IV 368, nordital. u. lad. *sonda*, Teil, ab. Mettlich zu No 7348 der ersten Ausg. des lat.-rom. Wtb.'s setzt frz. *seime*, Hornspalte, Hornkluft = *segmina* an u. wohl mit Recht.

8578) [*sēgrēgāgĭum (v. *segregare*, vgl. *segregus* und *segrex*), Absonderung, ist nach Mettlich das Grundwort zu frz. *ségreyage*, Waldrecht (Abgabe, welche die Vasallen beim Holzkaufe an den Lehusherrn zu entrichten hatten); ebenfalls mit *segregare* (welches übrigens als gel. W. *ségréger* vorhanden ist) sollen zusammenhängen *ségrais*, abgesondertes Forstrevier, *ségrayer*, alleiniger Besitzer eines Waldgrundstückes, und *ségrayeur*, Mitteilhaber an einem Koppelwalde. Aber die Worte sind doch von altfrz. *segrayer*, *segreer* = *secretare* nicht zu trennen, auch wird das Shet. *segrayer* „l'officier forestier chargé des bois segrais" mittellat. durch *secretarius* wiedergegeben. Vgl. Scheler im Diet. unter *segrais*.]

8579) [*sēgŭllum, **sĕgŭtĭlum** *n.*, Kennzeichen einer Goldmine; span. *segollo*, vgl. Meyer-L., Z. f. ö. G. 1891 p. 775.

8580) *canis* **sĕgŭsĭŭs** (richtiger *segutius* geschrieben, vgl. Horning, Z XVIII 238), ein Hund bestimmter Race; ital. *segugio*, Spürhund; prov. *sahus*; altfrz. *säus*, *séus*; span. *sabueso*, *subejo*, Kläffer; ptg. *sabujo*. Vgl. Dz 290 *seguçio*; Gröber, ALL V 464; Baist, Z XII 265; Th. p. 22. — Von *,Segusia = Susa* ist vielleicht abgeleitet ital. *susina*, Pflaume, vgl. Dz 405 *s. v.* Caix, St. 65, führt jedoch *susina*, Pflaume, auf *,sücina* f. *sücina* v. *,ucus* zurück, so dafs das Wort eigentl. ..die saftige (Frucht)" bedeuten würde. Vgl. Werth, Z XII 265.

8581) bask. **seinzaya** (*seiña*, Kind, + *zaya*, Wache) = span. *cenzaya*, Kinderwärterin, vgl. Dz 438 *s. v.*

8582) arab. **sekkah**, Prägstock (Freytag II 382ᵃ), = ital. *zecca*, Münzstätte, davon *zecchino*, eine Goldmünze; span. *zeca, ceca, seca*. Vgl. Dz 412 *zecca*; Eg. y Yang. 367.

8583) sēlīnŏn *n.* (σέλινον), Eppich; ital. *sédano*, Sellerie; frz. *céleri*; (span. *ápio*; ptg. *aipo*). Vgl. Dz 289 *sédano*.

8584) sĕllă, -am *f.* (aus *sedla* v. *sedeo*), Sessel (im Roman. auch Sattel); ital. *sella*; sard. *sedda*; rum. *şe*; rtr. *sialla*; prov. *sella*; frz. *selle*; cat.

sella; span. *silla*, ptg. *sella*. Vgl. Gröber, ALL V 464.

8585) sĕllārĭŭs, un *m.* (*sello*), Sattler; ital. *sellajo*, rum. *şear*; prov. *selier-s*; frz. *sellier*; cat. *seller*; span. *sillero*; ptg. *selleiro*.

8586) *sĕllo, -āre (*sella*), satteln; ital. *sellare*; rum. *inşcuez ai at a*; prov. *ensellar*; frz. *seller*; cat. *ensellar*; span. *ensillar*; ptg. *sellar*.

8587) sĕmĕl, einmal; ital. (lombard.) *sem, sema*, *semma*, vgl. Dz 399 *s. v.*; Salvioni, Post. 20. — Thomas, R XIV 577, erklärte den zweiten Bestandteil in prov. *ancsé, dessé, jassé* aus *semel*; Diez 676 *se* hatte darin *semper* zu erkennen geglaubt, was P. Meyer unter Hinweis auf *anc sempre, de sempre*, *ja sempre* verteidigt, vgl. R XIV 579. Gröber, Misc. 44, setzt *se = exin* an, s. oben **jám** + **ĕxin**.

8588) sĕmĕn *n.*, Samen; ital. *seme*; ptg. *sem. semen graecum s.* **fēnum graecum**.

8589) *sēmĕntĭŭ, -am *f.* (für *sementis*), Saat; ital. *semenza*; rum. *semínţă*; prov. *semensa*; frz. *semence*; altcat. *semença*.

8590) sēmĕntĭs, -em *f.* (*semen*), Saat; ital. *semente*, *sementa*; span. *simiente*; ptg. *semente*.

8591) sēmĕnto, -āre, säen (schriftlat. bedeutet das Vb. „Samen bringen"); ital. *sementare*; rum. *insemint ai at a = *insementiare* (daneben *inscmint. ii it i = *ital. semenzire*, Samen tragen); span. ptg. *sementar*.

8592) sēmĭcŏctŭs, a, um, halbgekocht; davon vermutlich span. *sancochar*, halb gar kochen, vgl. Rönsch, Jahrb. XIV 344; Diez 485 *s. v.* stellte *subcoctus* als Grundwort auf.

8593) sēmĭnārĭŭm *n*, (*seminare*), Pflanzschule; ital. *seminario*, frz. *séminaire* etc., nur gel. W.

8594) sēmĭnātŏr, -ōrem *m.* (*seminare*), Säer; ital. *seminatore*; rum. *semănător*; prov. *semenaire*; frz. *semeur*; cat. span. *sembrador*; ptg. *semeador*.

8595) *sēmĭnātūră, -am *f.* (*seminare*), das Säen, die Aussaat; ital. *seminatura*; rum. *semănătură*; (frz. *semaille* = *seminalia*); span. *sembradura*; ptg. *semeadura*.

8596) sēmĭno, -āre (*semen*), säen; ital. *seminare*; rum. *seamin ai at a*; prov. *semenar, semnar*; frz. *semer*; cat. *sembrar*; altspan. *semnar*; neuspan. *sembrar*; ptg. *semear*.

8597) sĕmĭtă, -am *f.*, Fufsweg; sard. *semida*, Spur; rtr. *senda*, Pfad; altfrz. *sente*, davon angeblich das Demin. *sentinelle*, eigentlich die einer Schildwache vorgeschriebene Wegstrecke, dann die Schildwache selbst, vgl. Wedgwood, R VIII 438, vgl. dagegen G. Paris, R VIII 439 Ann., wo hervorgehoben wird, dafs ital. *sentinella*.das ältere Wort sei; cat. *senda*; span. *senda*. Vgl. Dz 291 *senda*; Gröber, ALL V 465. S. No 8610.

8598) *sēmĭtārĭŭs, -um *m.* (*semita*), Fufspfad; ital. *sentiero, sentero*; prov. *sentier-s*; frz. *sentier*; span. *sendero*. Vgl. Dz 291 *senda*; Gröber, ALL V 465.

8599) [*sēmo, -āre (*semus*), halbieren; ital. *scemare*, verringern; prov. *semar*; altfrz. *semer*, absondern, trennen; (neufrz. *se chémer* = ital. *scemarsi*, mager werden). Vgl. Dz 284 *scemare*; Th. p. 78 empfiehlt, die Worte von einem keltischen Stamme *seimi-, sēmi-* abzuleiten; da indessen das Ad. *semus* (s. d.) bezeugt ist, so liegt kein Grund vor, von dem lat. Grundworte abzugehen.]

8600) *sēmŭs, a, um (*semis*, vgl. über das Vorkommen des Wortes Marchesini, Studj di filol.

rom. II 5), halb; ital. *scemo* (altital. *scmo*), verringert; prov. *sem-s*, verringert; (span. *jeme*, Maſs von der Länge eines halben Fuſses). Vgl. Dz 284 *scemo*; Th. p. 78. S. oben **sēmo.**

8601) **sĕmpĕr,** immer; ital. *sempre;* sard. *semper;* rtr. prov. altfrz. cat. *sempre* (im Prov. und Altfrz. bedeutet das Wort „sogleich"); span. *siempre;* ptg. *sempre.* Vgl. Gröber, ALL V 465. S. oben **sēmēl.**

8602) arab. **senâ,** Senesstaude; ital. *scna;* frz. *séné;* span. *scna* und *sen, -e;* ptg. *senne.* Vgl. Dz 291 *sena; Eg.* y Yang. 492.

8603) **Sĕnĕcă, -am** *m.,* römischer Philosoph; davon ptg. *seneca, sengo,* weiser Mann, *sengo,* spruchweise, klug, vgl. C. Michaelis, Z VII 102.

8604) **sĕnĕcta, -am** *f.,* Greisenalter; altoberital. *senecchia,* genues. *seneta,* vgl. AG XIV 214.

8605) **sĕnex, sĕnem** *m.,* Greis; sard. *seneghe;* tront. *seneghir,* appassire, vgl. AG XIV 214; Salvioni, Post. 20.

8606) **sĕnĭŏr, -ŏrem** *m.* (Komp. zu *senex*), der Ältere (im Roman. ehrende Anrede „Herr"); ital. *sere* (*messere*) = *senior, signore*(*signora*) = **seniorem,* dazu die Demin. *signorino, -a,* vgl. Canello, AG III 341; prov. *senher* = *senior,* c. o. *senhor;* frz. *sire* = *senior,* sieur (in *monsieur,* doch auch noch einzeln gebraucht) = *seniorem;* span. señor, (señora); ptg. *senhor,* senhora (proklitisch volkstümlich verkürzt zu *séu, séo, seó, só,* vergleiche C. Michaelis, Misc. 143). Von *seniorem* = *signore* abgeleitet ital. *signoria,* Herrschaft, prov. *senhoria,* (daneben *senhorat-z, senhoratge-s, senhorejamen-s* dazu die Adj. *senhoril-s, senhoriu-s*). Vgl. Dz 294 *signore.*

8607) **sĕnsŭs, -um** *m.* (*sentio*), Sinn, Verstand; (ital. *senso;*) prov. *sens, sentz;* frz. *sens* (in der Verbindung *sens froid* ist *sens* mit *sang* vertauscht worden, also *sang-froid;* in den Verbindungen *sens dessus dessous* und *sens devant derrière* ist *sens* falsche Schreibung für *c'en,* vgl. Littré IV 1893); span. *seso;* ptg. *siso.* Vgl. Dz 787 *seso;* Gröber, ALL V 465.

8608) [**sĕntĕntĭă, -am** *f.* (sentire), Meinung; ital. *sentenzia, sentenza;* prov. *sentensa;* frz. *sentence;* span. *sentencia;* ptg. *sentença.*]

8609) [**sĕntĭcĕllă, -am** *f.* (Demin von *sentis*), kleiner Dorn, = rum *simcĕ,* Stachel, Klinge u. dgl.]

8610) **sĕntĭmĕntŭm** *n.* (*sentire*), Gefühl; ital. *sentimento;* frz. *sentiment* etc.

8611) **sĕntĭnă, -am** *f.,* Schiffsbodenwasser, = ital. span. ptg. *sentina;* frz. *sentine.* — Nach Diez 292 würde *sentina* auch das Grundwort sein zu ital. *sentinella,* Schildwache; frz. *sentinelle;* span. *sentinela, centinela;* ptg. *sentinella;* das Wort hätte dann ursprünglich die Schiffswache bezeichnet, welche auf das Eindringen des Wassers in den Kielraum 'zu achten hatte. Eine höchst unwahrscheinliche Erklärung. Nach Wedgwood, R VIII 438, ist frz. *sentinelle* Deminutiv zu altfrz. *sente* = *semita,* Fußspfad, und bezeichnet eigentlich die von einem Wachposten zu begehende kleine Wegstrecke. Aber, wie G. Paris, R VIII 439 Anm., richtig hervorhebt, ist das Wort von Italien ausgegangen und kann·folglich nicht von einem altfrz. Primitiv abgeleitet werden. Trotz aller Bedenken wird man nicht umhin können, ein von *sentire* (in dem ital. Bedtg. „hören") abgeleitetes *sentina,* gleichsam „die Lausche,. Lauer", als Grundwort für *sentinella* anzusetzen. — „Liefse sich *sentinelle* nicht vielleicht doch aus *sentina* herleiten? Zur Bezeichnung einer einzelnen Person wird *sentinelle* auf

K ö r t i n g, lat.-rom. Wörterbuch.

demselben Wege gelangt sein wie *la recrue* und wird also wohl ursprünglich als Kollektiv· „die Wachmannschaft" gehoifsen haben. Wenn man nun bedenkt, dafs *sentina* im Lat. auf Menschen bezogen etwa ‚die Hefe, der Auswurf' bedeutet und hinzunimmt, dafs heutzutage dio während des Manövers zurückbleibende Wachmannschaft allgemein den Schmähnamen „Schwamm" (genau dem lat. *sentina* sinnentsprechend) trägt, so könnte man damit wohl zu der Bedeutungsentwicklung kommen: *sentinelle* ‚Spitzname der aus dem Kampf zum Schutz des Lagers oder der Stadt zurückbleibenden Mannschaft' — später ‚Wache' überhaupt und zuletzt ‚Posten', ‚Schildwache'." Mettlich.

8612) **sĕntĭo, sĕnsī, sĕnsum, sĕntīre,** fühlen, wahrnehmen (im Roman. auch insbesondere „mit dem Gehöre wahrnehmen, hören"); ital. *sentire;* rum. *simt ii it i;* rtr. prov. frz. cat. span. ptg. *sentir.* Vgl. Gröber, ALL V 465.

8613) **sĕpăro, -āre,** trennen; ital. *separare* „dividere, staccare", sceverare, *scevrare, sevrare* „distinguere", vgl. Canello, AG III 375; prov. *separar;* frz. *séparer* (gel. W.), trennen, *sevrer* (= *separare?* vgl. R V 145, andrerseits Meyer-L., Rom. Gr. I p. 620), (ein Kind) entwöhnen; span. ptg. *separar.* Vgl. Dz 677 *sevrer.*

8614) **sĕpĕlĭo, sĕpĕlīvī** und **sĕpĕllĭī, sĕpŭltŭm, sĕpĕlīre,** begraben; ital. *seppelire* (Part. Prät. *sepolto*); frz. *ensevelir* (altfrz ist auch das Simplex *sevelir* vorhanden); altspan. *sepelir, sebellir, sobollir,* daraus neu span. *zabullir, zambullir,* untertauchen, vgl. C. Michaelis, R II 88; Diez 498 hatte das Vb. von *sub-bullire* abgeleitet. Parodi, R XVII 73, glaubt, dafs *zabullir* sowie span. *arrebollarse* „precipitarsi dall' alto" auf ahd. *polón* „girare, scuotere" zurückgehen. Der übliche Ausdruck für „begraben" ist frz. span. ptg. *enterrer, enterrar* = *interrare,* daneben span. ptg. *sepultar.*

8615) **sĕpĕs, -em** *f.,* Zaun; ital. *siepe* = *sĕpem;* rtr. *seiff;* prov. *sep·s,* davon *sebissa,* Hecke; altfrz. *seif,* über altfrz. *sevil* vgl. Förster zu Erec 4976; span. *seve;* ptg. *sebe.* Vgl. Gröber, ALL V 465.

8616) **sĕpĭă, -am** *f.* (σηπία), Tintenfisch; ital. *seppia;* abruzz. *secce;* venez. *sepa;* frz. *sèche;* span. *xibia, jibia,* vgl. Bianchi, AG XIII 237; ptg. *siba.* Vgl. Dz 292 *seppia;* Gröber, ALL V 465.

8617) **sĕps, sĕpa** *c.* (σηψ), kleine Eidechse; ital. *sepa* „sorta di lucertola solita per lo più a stare fra' sassi", vgl. Caix, St. 555; vielleicht gehört hierher auch span. ptg. *sapo,* Kröte, vgl. Dz 485 *s. v.*

8618) **sĕptĕm,** sieben; ital. *sette;* sard. *septe;* rum. *şepte;* rtr. *sett,* vgl. Gartner § 200; prov. *set; set-z, sept;* cat. *set;* span. *siete;* ptg. *sete.* Vgl. Gröber, ALL V 466.

8619) **Sĕptĕmbĕr, -brĕm** *m.,* September; ital. *settembre;* rum. *septemvrie;* prov. *setembre;* frz. *septembre;* cat. *setembre;* span. *setiembre,* ptg. *setembro.*

8620) **sĕptĭmänä, am** *f.,* Woche; ital. *settimana* (sard. *chida, chedda,* vielleicht von griech. *χῆδος,* Sorge, cbida würde dann eigentl. die Zeit der Sorge, der Arbeit bedeuten); rum. *septămână;* (rtr. *emda, edma v. hebdomada*); prov. *setmana:* frz. *semaine;* (cat. *doma;*) span. *semana* = *hebdomada;* ptg. *semana* (Lehnwort; altptg. *doma* = *hebdomada*). Vgl. Dz 294 *settimana;* Gröber, ALL V 466. Über rtr. *janna* vgl. Ascoli, AG VII 531.

8621) **sĕptĭmŭs, a, um** (septem), der siebente; ital. settimo; (rum. alu septelea, septima ist erhalten in dem Sbst. septime, ein Siebentel; rtr. setavel, siatavel etc., vgl. Gartner § 200); prov. sete(n)-s; altfrz. sedme, septime, setime, vgl. Knösel p. 38; (neufrz. septième; cat. seté, Fem. setena); span. séptimo, seteno; ptg. septimo. Vgl. Gröber, ALL V 466.

8622) **sĕptŭāgĭntā**, siebzig; ital. settanta; (rum. septezeci); rtr. setanta, siatanta etc., vgl. Gartner § 200; prov. setanta; altfrz. septante, setante, sietante, vgl. Knösel p. 14; (neufrz. soixante-dix); cat. setanta; span. ptg. setenta.

8623) **sĕptum** n., Gehege; span. seto, Zaun; ptg. septo (gel. Wort), Scheidewand. Vgl. Dz 487 seto; Gröber, ALL V 465 (Gr. zieht hierher auch das ital. Adj. setto, geteilt, es dürfte dies aber = sectus sein, vgl. setta, Sekte, = secta).

8624) **sĕpŭlcrŭm** n., Grab, = ital. sepolcro, vgl. Gröber, ALL V 466.

8625) [**sĕpŭlto,-āre** (Intens. zu sepelire), begraben, = span. ptg. sepultar.]

8626) **sĕpŭltūrā, -am** f., Begräbnis; ital. sepoltura etc.

8627) ***sĕqŭĕntĕ** (Abl. Sg. v. sequens), Adv., nach, gemäfs; rtr. suenter; prov. seguentre; altfrz. soventre. Vgl. Dz 681 soventre.

8628) ***sĕquo, -ĕre** (schriftlat. sequi), folgen; ital. seguire (daneben seguitare); prov. segre und seguir; altfrz. sevre, sievre, sivre, sieure; neufrz. suivre; span. ptg. seguir. Vgl. Dz 682 suivre.

sĕrā s. **sĕrŭm**.

8629) [***sĕrānum** n. (serus), Abendzeit; altfrz. serain, serein; ptg. serão, Abendzeit, sarao, sarau, Abendfest, Ball, vgl. C. Michaelis, Misc. 152.]

8630) [***sĕrānŭs, a, um** (für serenus)= altfrz. serain-s, heiter, vgl. Scheler im Anhang zu Dz 4. Ausg. 775.]

8631) [***sĕrātā** (serus) = frz. soirée, Abend.]

8632) **pers. serbend**, eine Art Gesang; ital. sarabanda, ein Tanz mit Gesang; frz. sarabande; span. zarabanda; ptg. sarabanda. Vgl. Dz 281 sarabanda.

8633) [**sĕrēnĭtās, -ātem** f., Heiterkeit; ital. serenità; frz. sérénité etc.]

8634) **sĕrēnŭs, a, um**, heiter; ital. sereno; rum. senin; prov. sere-s; frz. serein; cat. sere; span. ptg. sereno. Vermutlich dasselbe Wort in substantivischer Anwendung u. in seiner Bedeutung an serum, Abend, angelehnt ital. (neap.) serena, Abendtau; prov. seré; frz. serein; span. ptg. sereno. Vgl. Storm, R V 182, s. auch unten unter **serus**. — Zu serenus dürfte auch gehören die Wortsippe altfrz. seri (sieri), heiter, ruhig, still, serieté, Stille, Ruhe, asserir (falls es soviel wie „ruhig werden" bedeuten sollte), endlich asserisier, befriedigen, Tobler, Gött. Gel. Anz. 1874 p. 1048, stellte für seri in der Bedtg. „ruhig, still" secretus als Grundwort auf, worin ihm Suchier, Z I 432, beistimmte, während G. Paris, R III 505, berechtigte Bedenken dagegen aussprach. Scheler im Anhang zu Dz 4. Ausg. (in der 5. fehlt der Artikel) 775 weist auf altfrz. asseyrin, einen Schmerz stillen, hin, aus welchem ein Stamm segr- zu erschliefsen sei, „wobei unzweifelhaft von securus abgesehen werden mufs", man hätte also wohl wieder an secretus zu denken. Somit wird über die Herkunft der Wortsippe recht verschiedenartig geurteilt. Die Ableitung von serenus liegt begrifflich unstreitig

am nächsten, ist aber lautlich nur unter der Voraussetzung statthaft, dafs seri ein prov. Lehnwort sei, wobei freilich wieder befremden mufs, dafs im Prov. zwar sere-s, aber nicht seri-s vorhanden ist.

8635) **sĕrĭā, -am** f., Tonne, Fafs; davon abruzz. sire; (berg. valtell. serióla, canale d'acqua); span. sera; ptg. seira, vielleicht auch ital. ziro, zirla „orcio di terra", sard. ziru, sicil. 'nsiruni „vaso da portar acqua", indessen zieht Caix, St. 662, das arab. zir, grofses Gefäfs, als Grundwort vor.

8636) **sĕrīcā, *sürīcā, -am** f., Baumseide; ital. sargia, eine Art wollenes Zeug, davon sargáno, sargina, grobes Tuch, (Caix, St. 570, zieht hierher auch ital. sirighella, sinighella „l'ultima peluria che si leva dal bozzolo nel trarre la seta"); rum. saricã; prov. serga, sargua; frz. serge, sarge, (vielleicht gehören hierher sarrau, sarrot, Kittel, sarrean, Schürze); cat. sarja; span. ptg. sarga, jerga, aufserdem vielleicht sarco (= *saricum), langer Überrock, xergo, jergo, grofser Sack, xergon, jergon (ptg. xergão, enxergão), schlecht gemachtes Kleid, Strohsack. Vgl. Dz 281 sargia; Gröber, ALL V 466.

8637) **sĕrĭcŭla, -am** f. (aus securicula v. securis), kleines Beil; neap. sarrecchia, vergl. Salvioni, Post. 20.

8638) **sĕrĭēs, -em** f., Reihe; ital. serie; rum. șir m.; frz. série (gel. W.); span. ptg. serie.

8639) [**sĕrĭĕtās, -ātem** f. (serius), Ernsthaftigkeit; ital. serietà; span. seriedad; ptg. seriedade.]

8640) ***sĕrĭōsus, a, um** (serius); ernst; ital. serioso; frz. sérieux (auch Sbst. „Ernst"); span. ptg. serioso.

8641) [gleichs. ***sĕrītus, a, um** (v. *serīre, Abend werden, vgl. altfrz. aserir), abendlich; altfrz. serit, seri (abendlich), still, ruhig.]

8642) [**sĕrĭŭs, a, um**, ernst; ital. span. ptg. serio.]

8643) **sĕrmo, -ōnem** m., Rede (im Roman. „Predigt"); ital. sermione; prov. sermo-s; frz. sermon, dazu das Verb sermonner; span. sermon; ptg. sermão.

8644) **sĕrōtīnus, a, um**, spät; sill. serôdden; tic. saróden; obw. saruden; ptg. serodio. Vgl. Meyer-L., Z. f. ö. G. 1891, p. 775; Salvioni, Post. 20.

8645) **sĕrpēns** (dafür auch sĕrps, Ven. Fort. 8, 6, 195 cod. Vat.), **sĕrpĕntem** c. (serpĕre), Schlange; ital. serpe, serpente; sard. serpente; rum. șerpe; rtr. serp; prov. serp-s, serpent-z; altfrz. (serpe); cat. serp, serpent; span. sierpe, serpiente; ptg. serpe; Dz 293 serpe; Gröber, ALL V 466: Th. p. 79.

8646) [***sĕrpĕntĭcŭlā, -am** f. (scrpens) = ital. sabandija, Wurm, Insekt. Vgl. Parodi, R XVII 72.]

8647) **sĕrpo, -ĕre**, kriechen; ital. serpiri, serpeggiare.

sĕrps s. **sĕrpēns**.

8648) [***sĕrpŭllĕōlo-**, (serpullum), Quendel; dav. nach Nigra, AG XIV 373, punjól (Mundart von Valle di Castelnuovo).]

8649) **sĕrpŭllum** n. (ἕρπυλλον), Quendel; ital. serpillo (gel. Wort), sermollo, sermollino; sard. armidda; rum. sarpunel und șerpun; neuprov. serpoul; frz. serpolet, cat. serpoll; span. serpillo (gel. Wort), serpol; ptg. serpol, serpão. Vgl. Dz 399 sermollino; Gröber, ALL V 467.

8650) **sĕrrā, -am** f., Säge; ital. serra, davon saracco, Handsäge, vgl. Caix, St. 499; neuprov.

serro; cat. *serra;* span. *sierra;* ptg. *serra.* Vgl. Gröber, ALL V 467.

8651) **sĕrrācŭlŭm** *n.* (*serrare*), Verschlufs, Schlofs (im Schriftlat. bedeutet das Wort „Steuerruder"); ital. *serraglio;* prov. *serralh-s;* frz. *sérail;* span. *cerraje, -a, serrallo.* Vgl. Dz 293 *serraglio* (wo bemerkt ist: „Das ital. *serraglio* hat auch das türkische, eigentlich persische *serai,* Palast des Sultans, in sich aufgenommen, dafür span. *serrallo,* frz. *sérail",* vgl. auch d'Ovidio, AG XIII 424).

8652) **sĕrrāgo, -ĭnem** *f.,* Sägemehl, = span. *serrin,* vgl. Dz 487 *s. v.*

8653) **sĕrrālĭā, -am** *f.* (serra), gezackter Strunksalat; span. *sarraja, cerraja,* Saudistel; ptg. *serralha,* Gänsedistel, Hasenkraut. Vergl. Dz 486 *sarraja;* Gröber, ALL V 467.

8654) ***sĕrrā, -āre** (für *serare* von *sera,* Latte, Riegel), verschliefsen; ital. *serrare,* davon das Vbsbst. *serra,* Schlofs (bedeutet auch die gleichsam geschlossene Menge, das Gedränge); rum. die Sbst. *zar,* Schlefs, *sertar* (v. *serratus* abgeleitet), Schublade; rtr. *sarar;* prev. *serrar, sarrar;* frz. *serrer,* davon das Vbsbst. *serre f.,* Kralle (gleichsam die zusammengekrallte, zusammengeschlossene Hand) und *serre f.,* das festgeschlossene Gewächshaus, Treibhaus; span. ptg. *cerrar.* Vgl. Dz 293 *serrare;* Gröber, ALL V 467.

8655) **sĕrtā, -am** *f.;* Schnur, = span. *sarta,* vgl. Dz 486 *s. v.*

8656) [***sĕrtĭo, -īre** (v. *sertum* v. *serere*) = neuprov. *sartir;* frz. *sertir,* einen Edelstein fassen, vgl. Dz 677 *sertir;* Scheler im Diet. *s. v.* hält das Vb. für gekürzt aus **insertire.*]

8657) **sĕrŭm** u. ***sōrum** *n.,* Molken; ital. *siero;* sard. *soru;* rum. *zer;* span. *suero* auch *siero,* vgl. Morel-Fatio, R XXII 487; ptg. *soro.* Vgl. Dz 489 *suero.*

8658) **sĕrŭm** *n.* u. ***sērā, -am** *f.* (*serus*), späte Tageszeit, Abend; ital. *sera,* davon (mit Anlehnung an *serenus*) *serenata,* Abendlied; aret. *sierla* „uottola" = **serula,* vgl. Caix, St. 569; rum. *seară,* davon *inseră,* Abend werden; rtr. *sera;* prov. *ser-s,* davon *aserar,* Abend werden; frz. (*seir*) *soir* (daneben *soirée*), davon altfrz. *aserier, aserir, enserir,* Abend werden; aus *ad serum* in der Mundart des Dép. de la Meuse *áçó, acey* „gestern", vgl. Langlois, R XX 285; (der span. Ausdruck für „Abend" ist *tarde* v. *tardus;* über ptg. *serão* etc. s. oben **sērānŭm**). Vgl. Dz 292 *sera;* Gröber, ALL V 466 u. VI 397.

8659) **sĕrvā, -am** *f.* (*servire*), Dienerin, Sklavin; ital. *serva;* rum. *searbă;* rtr. *prov. serva;* altfrz. *serve;* (neufrz. *servante*); span. *sierva;* ptg. *serva.*

8660) arab. **serval, serual,** eine weite Beinbekleidung; damit scheint zusammenzuhängen span. *zaragüelles,* eine Art Hose mit Falten; ptg. *ceroulas,* Unterhosen. Vgl. Dz 499 *zaragüelles.* Eg. y Yang. (setzt *sarágüil* als Grundwert an).

8661) **sĕrvĭēns, -ēntem** *m.* (Part. Präs. v. *servire*), Dienstmann, Diensthuondcr; ital. *serviente* (u. als frz. Lehnwort *sergente,* Sergeant, vgl. Canello, AG III 338; prov. *serven-s,* Diener; altfrz. *serjant,* Diener; neufrz. *sergent,* Gerichtsdiener, Sergeant; span. (*sergente,* Gerichtsdiener), *sargento,* Sergeant; ptg. *sargente,* Gerichtsdiener, *sargento,* Sergeant. Vgl. Dz 292 *sergente.*

8662) **sĕrvĭo, -īre,** dienen; ital. *servire;* rum. *şerbesc îi it i;* prov. *servir, sirvir,* davon abgeleitet *sirventes,* Dienstlied, vgl. Tobler b. Giese, Der

Troubadour Guill. Anelier v. Toulouse (Solothurn 1877) p. 24; Bartsch, Z II 132; Rajna, Giorn. di fil. rom. I 89 u. 200 u. II 73; P. Meyer, R VII 626; frz. cat. span. ptg. *servir.* — Zu frz. *servir,* bezw. zu dem Part. Prät. *servi* gehört scheinbar *serviette* (nach Diez = **servitietta* v. *servito*); glaublicher ist, dafs das Wort eine volksetymologische Umbildung von ital. *salvietta* (v. *salvare*) darstellt, aber freilich sind auch hiergegen Bedenken möglich, denn 1. könnte *salvietta* aus *serviette* umgestaltet sein, zumal da das übliche ital. Wort für den Begriff *tovagliuolo* ist, *salvietta* den Eindruck eines Fremdwortes macht; 2. ist das *i* in *salvietta* ebenso befremdlich wie in *serviette.* Bei dieser Sachlage darf eine neue Vermutung als statthaft erscheinen: von altfrz. *serve* = *serva* wurde ein Deminutiv **servette* abgeleitet u. dieses späterhin in Anlehnung an *servir* und *service* zu *serviette* umgestaltet, welcher Wandel dadurch veranlafst wurde, dafs das Primitiv *serve* der Sprache verloren ging u. infolge dessen **servette* um so leichter in begriffliche Beziehung zu andern Worten gesetzt werden konnte. Aus der Verbindung *serve de l'eau* ist nach Littré's Deutung (s. auch Scheler *s. v.*) entstanden *serdeau,* Diener, der die Tafel abdeckt, Abtragezimmer, Pagenefszimmer. Diese Erklärung ist aber höchst fragwürdig.

8663) **sĕrvĭtĭŭm** *n.* (servire), Dienst; ital. *servizio* „lo stato in cui si serve all' altrui autorità o volontà", *servigio* „atto con cui si serve all' altrui desiderio o bisogno", davon *servigiale* „servitere, o propriamente la conversa del chiostro", *servisiale* „in ant. servente, ed. ora clistere", vgl. Canello, AG III 343; prov. *servisi-s* (daneben *servis*); frz. *service;* span. *servicio;* ptg. *serviço.*

8664) **sĕrvĭtōr, -ōrem** *m.* (servire), Diener; ital. *servitore, servidore;* rum. *şerbitor;* prov. *servire* (dazu auch ein Fem. *serviris* = *servitricem*); frz. *serviteur* (gel. W.); cat. span. ptg. *servidor.*

8665) **sĕrvĭtrix, -trīcem** *f.,* Dienerin; (altital. *servirissa* = **servitrissa,* vgl. Ascoli, AG XI 356, dagegen G. Paris, R XVIII 329); prev. *serviris.*

8666) **sĕrvĭtūs, -ūtem** *f.* (servire), Sklaverei; ital. *servitù* etc.; das Wort ist durch Ableitungen von **sclavus* (ital. *schiavitù,* frz. *esclavage* etc.) aus dem gewöhnlichen Gebrauche verdrängt worden.

8667) **sĕrvo, -āre,** bewahren, erhalten; ital. *servare* „mantenere, salvare", *serbare* „tenere o mettere in serbo" (ähnlich unterscheiden sich auch *riservare* u. *riserbare*), vgl. Canello, AG III 362; rum. *serbez ai at a* (bedeutet „feiern", eigentlich also den Feiertag beobachten); prov. *servar;* frz. *server* (nur in Zusammensetzungen, z. B. *observer*), dazu das Vbsbst. *serve,* Wasserbehälter, Pfütze; altcat. altspan. *servar.* Vgl. Parodi, R XXVII 237.

8668) **sĕrvŭs, -um** *m.,* Diener, Sklave; ital. *servo;* rum. *şerb;* rtr. *serv;* frz. *serf;* span. *siervo;* ptg. *servo.*

8669) kelt. *seasc-a,* Rohr, Schilf; davon das gleichbedeutende prov. *sescha, cesca;* (altfrz. *seschon,* Gesträuch); span. *xisca, jisca.* Vgl. Dz 677 *sescha;* Th. p. 111.

8670) ***sĕsĕcŭs** (vgl. *circumsecus, extrinsecus*) wird von Baist, Z VII 122, als Grundwort angesetzt zu span. ptg. *sesgo,* schräg, wovon das Vb. *sesgar,* schräg schneiden oder drehen. Sehr wenig wahrscheinlich. Ulrich, Z IV 383, leitet *sesgar* von einem Partizip **sexus f. sectus* ab, aber ein solches Partizip ist ein Unding. Man mufs mit Diez 487 *sesgo* wiederholen, dafs die Herkunft des Wortes unbekannt ist. Am ehesten darf man noch an *subsecare* denken.]

*sĕssīco, -āre s. sĕdīco.

*sĕssīto, -āre s. sĕxtā.

8671) *sĕssüm n., Gesäfs; ital. *sesso*; altfrz. *ses*; span. *sieso*; ptg. *sesso*. Vgl. Gröber, ALL V 467.

sētā s. saetā.

sētūla s. saetula.

sētāceum s. saetāceum.

8672) [sĕvĕrītās, -ātem *f.* (*severus*), Strenge; ital. *severità*; frz. *sévérité*; span. *severidad*; ptg. *severidade*.]

8673) [sĕvĕrŭs, a, um, streng; ital. *severo*, frz. *sévère* (gel. W.); span. ptg. *severo*.]

8674) sĕx, sechs; ital. *sei*; sard. *six*; rum. *şese*; rtr. *sis*, vgl. Gartner § 200; prov. *scis*; altfrz. *sis*, *sies*, vgl. Knösel p. 11; neufrz. *six*; cat. *sis*; span. ptg. *seis*. Vgl. Gröber, ALL V 468.

8675) sĕxāgīnta, sechzig; ital. *sessanta*; (rum. *şése zeci*); rtr. *sesanta*, *saşanta* etc., vgl. Gartner § 200; prov. *sessanta*; frz. *soixante*; cat. *seixanta*, *xeiscanta*; span. *sesenta*; ptg. *sessenta*.

[*sĕxo s. ***sĕsĕcus.]**

8676) sĕxtā (Fem. v. *sextus*) = span. *siesta*, Mittagsruhe (eigentl. Ruhe in der 6. Stunde nach Sonnenaufgang), dazu das Vb. *sestear*, Mittagsruhe halten; ptg. *sesta*. Vgl. Dz 487 *siesta*; Caix, St. 132; Cornu, R XIII 305, hält *siesta* (eigentlich „die Zeit, welche man liegend verbringt") u. *siesto* (eigentlich „Platz") für Verbalsbsttve zu *sestare* = **sestiare*. — Baist, Z VII 122 und RF III 516, will auf *sexta*, bezw. *sextus* auch zurückführen ital. *sesta*, *seste*, Zirkel, *sesto*, Abgemessenheit, *sestare*, *assestare*, abmessen; altspan. *siesto*. Platz, Ordnung, Mafs; span. *asestar*, ein Geschütz richten; altptg. *sesto*, Ordnung, Mafs. Diez 293 *sesta* stellte für diese Wortsippe gr. ξυστόν, Richtscheit, als Grundwort auf, was freilich nicht genügen kann. Vielleicht darf man ein **sĕ×sĭtāre* (Intens. zu **sessare* v. *sessus*), setzen, stellen, ordnen, abpassen, annehmen, *sesto* u. *sesta*, auch *siesta* (vgl. Cornu, R XIII 305) würden Verbalsubstantiva sein, mit der Bedeutungsentwickelung von *sesta* liefse sich diejenige von *compasso* vergleichen (s. oben **cŏmpāsso**).

8677) sĕxtārĭŭs, -um m. (*sextus*), ein Mafs; ital. *sestario*, *sestajo* „la sesta parte del congio", *sestiere* „la sesta parte d'una città, e anche una misura da vino": *stajo* „una misura di granaglie", dav. abgeleitet *staj*(u)*óro* „il campo in cui si semina uno stajo di grano" u. *stioro* „la quarta parte dello stajoro", vgl. Canello, AG III 310; prov. *sestier-s*; frz. *setier*; span. ptg. *sextario* (gel. W.).

8678) sĕxtŭs, a, um, der sechste; ital. *sesto*; (rum. *alu şeselea*); rtr. *sizável* etc., vgl. Gartner § 200; prov. *sest* u. *seisén*; altfrz. *sistes*, *sismes* etc., vgl. Knösel p. 37; (neufrz. *sixième*); (cat. *sisé*, Fem. *sisena*); span. ptg. *sexto*. Vgl. Gröber, ALL V 468.

8679) sĕxŭs, -um m., Geschlecht; ital. *sesso*; frz. *sexe*, vgl. Gröber, ALL V 468, wo mit Recht in dem Worte ein Lehnwort vermutet wird.

8680) sī, wenn, ob; ital. *se* (*si nŏn* = *sino*, bis?); rum. *sǎ* (im jetzigen Rum. bedeutet die Partikel „dafs"); näheres über die Bedtg. von *sǎ* sehe man bei Lambrior, Revista pentru Storie etc. I 37; prov. altfrz. *si*, *se*; span. prov. *si*; ptg. *se*. .

8681) sĭbīlātŭs, -um m. (*sibilare*), das Pfeifen; rum. *şuerat*. S. sĭbīlo. .

8682) sĭbīlo, *sīfīlo (vgl. Ascoli, Misc. 427; Bücheler, Rhein. Mus. 42, 585), ***sŭbīlo, sŭfīlo, -āre** (angelehnt an *sufflo*), pfeifen; ital. *sibilare*, *sibillare*, *sufilare*, *sufolare*, *zufulare*, *zufolare*, *ciufolare*, *subilare*, *subbillare*, *sobillare*, vgl. Canelle, AG III 382, u. Flechia, AG III 154; (rum. *şuer ai at a*); rtr. *schiflar*, *schular*; prov. *siblar*, *siular*; altfrz. *sibler*, *subler*, *chifler*, *siffler*; neufrz. *siffler*; cat. *xiular*, *xillar*; span. *silbar*, *chiflar*, *siular*, *siloar*. Vgl. Dz 440 *chifflar* u. 678 *siffler*; Gröber, ALL V 468. — Hierzu das Vbsbst. ital. *ciufolo*, *zúfolo*, Pfeife; prov. *chufla*, *chifla*; frz. *chufle*; span. *chifla*, *chufa*. Vgl. Dz 100 *ciúfolo*.

8683) sĭbīlŭs, a, um (*sibilo*) *sibilus. non sifilus* App. Pr. 179), pfeifend; davon nach Baist, Z VII 121, span. *silguero*, *jilguero*, (Pfeifer), Hänfling; *-cilgo* dagegen in *pintacilgo*, Hänfling, leitet Baist von *syricum*, *siricus*, hochrot, ab (Z V 239 freilich stellte er *silguero* und *-cilgo* gleich). Anders Dz 477 *pintacilgo*. Vgl. No 8714.

8684) sĭc, so; ital. *sì* (auch Bejahungspartikel); rum. *şi*; prov. *si*; frz. *si* (über die syntaktische Verwendung von altfrz. *si*, namentlich über seinen Gebrauch in der Bedtg. „bis", für welchen auch im Altital. sich Beispiele finden, vgl. Dz 677 *si*, Scheler im Anhang zu Dz 813; Tobler zu Li dis dou. vrai aniel p. 24 und 30 und Mitteil. I 237; Gaspary, Z II 95; vgl. G. Paris, R VII 468); Gefsner, Z II 572· (dagegen G. Paris, R VIII 297); span. *si* (auch Bejahungspartikel); ptg. *sim* (auch Bejahungspartikel). Vgl. Dz 294 *si* u. 677 *si*.

8685) [sĭcārĭŭs, -um m. (*sica*), Meuchelmörder; ital. *sicario*, Mörder, *sgherro*, Schläger, Raufer, vgl. Canello, AG III 302 u. 311; Diez 400 *sgherro* stellte für dies Sbst. fragend ahd. *scarjo*, Hauptmann, als Grundwort auf.]

8686) sĭccānĕŭs, a, um, trocken; ital. *seccagno*, *seccagna*, Untiefe.

8687) sĭccātĭo, -ōnem (*siccare*), das Trocknen; ital. *seccazione*; rum. *secǎciune*.

8688) sĭccātŏrĭŭs, a, um, trocknend; ital. *seccatojo*; sard. *siccadroxu*; piem. *skáu* (?), vgl. Salvioni, Post. 20.

8689) *sĭccīna, -am *f.* (*siccus*), getrocknetes Fleisch; cat. span. *cesina*, *cecina*; ptg. *chacina* (angelehnt an den Ortsnamen *Chacim*), vgl. C. Michaelis, Frg. Et. 10.

8690) sĭccĭtās, -ātem *f.* (*siccus*), Trockenheit; (ital. *siccità*, *secchità*); neap. genues. *sesda*; (ostfrz. *setie*?); altoberital. *secea*, vgl. AG XII 431, Salvioni, Post. 20; rum. *secetà* (gel. W., das übliche ist *sécherese* von *sécher*, altfrz. auch *séchesse*); span. *sequedad*; ptg. *sequidade*, *sequidão*. Vgl. Meyer-L., Z. f. ö. G. 1891 p. 775.

8691) sĭcco, -āre (*siccus*), trocknen (hat im Roman. auch die übertragene Bedeutung „jem. gleichsam ausdörren, langweilen, belästigen", ebenso bedeutet das Sbst. **siccatura* = ital. *seccatura* „Langweile" u. auch, persönlich gefafst, „langweiliger Mensch"); ital. *seccare*; rum. *sec ai at a*; prov. *secar*; frz. *sécher*; cat. *secoar*; span. ptg. *secar*, *seccar*.

8692) sĭccŭs, a, um, trocken; ital. *secco*; rum. prov. frz. cat. *sec*; span. *seco*; ptg. *secco*.

8693) sīcĕra, -am *f.* (σίκερα n. = hebr. שֵׁכָר), ein berauschendes Getränk bei den Hebräern; ital.

sidro, Obstwein, auch cidro; rum. ţighir; frz. cidre; span. cidro. Vgl. Meyer-L., Rom. Gr. I p. 446; Horning, Z XIX 72.

8694) sīcīlīs, -em f., Sichel; venez. sesola; vegl. secla; rtr. saizla, vgl. Gartner, Z XVI 343; lad. sesla; rum. secere. Vgl. Meyer-L., Z. f. ö. G. 1891 p. 775; Salvioni, Post. 20; Horning, Z XIX 75 Anm.

8695) *sīcīlo, -āre (sicilis) = rum. secer ai at a, mit der Sichel abmähen, ernten.
sīcūlā s. ‣ēcālĕ.
[*sīcūlīcēllūs s. *cīsĕllūm.]

8696) *sīdĕro, -āre (schriftlat. siderari v. sidus), hirnwütig werden; ital. assiderare, vor Kälte erstarren (der Bedeutungsübergang wird durch den Begriff des Starrseins vermittelt).

8697) [*sīdīā, -am f. = ital. sizza „vento rigido tramontano".]

8698) sīdūs n., Gestirn, Witterung; ital. sido, strenge Kälte (die allgemeine Bedtg. „Witterung" ist also verengt worden, freilich ist hierbei auffällig, dafs die Verengung auf die Kälte u. nicht auf die Hitze sich bezieht).
sīfīlo s. sībīlo.

8699) sīgīllo, -āre (sigillum), siegeln; ital. si-, suggellare; prov. selhar; frz. sceller; span. ptg. sellar.

8700) sīgīllum n. (signum), Siegel; ital. sigillo u. suggello,' vgl. Canello, AG III 322; altoberital. seello; prov. selh-s; altfrz. sëel, seau; neufrz. sceau; cat. sellό; span. ptg. sello. Vgl. Gröber, ALL V 469.

8701) altnord. sigla, segeln, wird von Diez 295 als Grundwort aufgestellt zu altfrz. sigler (davon sigle, Segel) u. cingler, segeln (cingler „peitschen" ist = *cingulare v. cingulum); span. singlar; ptg. singrar. Die Ableitung ist aber, was cingler etc. anbetrifft, schwer glaublich, auch Mackel p. 190 stellt sie nur vermutungsweise auf. Vielleicht darf man an *cingulare (v. cingulum) denken, die Bedeutung würde sich dann etwa so entwickelt haben: „den Gürtel umbinden, Kleider schnüren, aufschnallen, Segel schnüren, reffen, ziehen, Segel in Bewegung setzen, segeln".

8702) sīgno, -āre (signum), bezeichnen; ital. segnare; rum. semnez ai at a; prov. senhar; frz. seigner in enseigner, signer (gel. W.); cat. (en)senyar; span. (en)señar; ptg. (en)senhar.

8703) sīgnūm n., Zeichen; ital. segno (Diez 400 setzt auch ‣sino „bis" = signum an, worin ihm Bugge, R III 161, Caix, St. p. 197, und Canelle, AG III 374, beistimmen; nichtsdestoweniger bleibt diese Ableitung unglaubhaft, s. oben finis; sard. semu; rum. semn; rtr. sen, Glocke (indessen ist dies Wort wohl ebenso wie altfrz. sein, neufrz. [toc]sin besser von sanctus abzuleiten, segn, Zeichen; prov. sen in senhal; frz. seing, signe (gel. W.), davon abgeleitet signal; cat. seny; span. seña; ptg. senha. Vgl. Gröber, ALL V 468.
sīla s. sēcūlo.

8704) sīlēntīūm n. (silere), Stillschweigen; ital. silenzio; frz. silence, vgl. Meyer-L., Rom. Gr. § 134; span. ptg. silencio; überall nur gel. W.]

8705) sīlēx, -īcem m., Kiesel; ital. (silice), selce, über mundartl. Formen vgl. Musaafia, Beitr. 96 (frz. caillou s. oben calculus); span. guijo, guija, guijarro s. oben eguiya, daneben pedernal, wohl von petra; ptg. seixo s. saxeus (daneben calhão s. oben calculus, cascalho, brelho, penedo).

8706) Silhouette, Name eines früheren Finanzministers

unter Ludwig XV., darnach frz. silhouette, Schattenrifs, vgl. Dz 678 s. v.

8707) sīlīcĕus, a, um (silex), kieselig; sard. sizzillu, quarzo; piem. saliss; lomb. sariz, seriz, sceriz, serisc, selce, granito, vgl. Salvioni, Post. 20.

8708) sīlīcula, -am f., kleine Schote; ital. salecchia.

8709) sīlīgo, -gīnem f., Winterweizen; obw. salin, vgl. Meyer-L., Z. f. ö. G. 1891 p. 776.

8710) sīlīquā, -am f., Schote (eine Mafsbestimmung); davon nach Rönsch, Jahrb. XIV 343, das von Diez 400 unerklärt gelassene ital. serqua, Dutzend; sard. tilíba (siliba?), vgl. Meyer-L., Z. f. ö. G. 1891 p. 776.

8711) sīlvā, -am f., Wald; ital. selva; rum. silhă; rtr. prov. selva; altfrz. selve; (neufrz. bois s. buxus, forêt s. foresta); cat. span. ptg. selva. Vgl. Gröber, ALL V 469; Parodi, R XXVII 236.

8712) Sīlvānūs, -um m. (silva), ein Waldgott; ital. salvano; ein böser Dämon, Alp. Vgl. Dz 395 s. v.; Flechia, AG II 10 Anm. 2, vgl. auch AG IV 334 A.

8713) sīlvātīcūs, a, um (silva), zum Wald gehörig (im Roman. „wild"); ital. salvatico, wild (von Tieren), selvatico, wild (von Pflanzen), selvaggio; waldig, vgl. Canelle, AG III 347; abgeleitet selvaggina, salvaggina, Wildpret; rum. silbatic; prov. salvatge; frz. sauvage, davon altfrz. sauvagine, Wildpret; span. salvaje, davon salvajina, Wildpret; ptg. salvagem, selvagem, wild, carne selvagina, salvagina, Wildpret. Vgl. Dz 281 salvaggio.

8714) [*sīlybum; von diesem Worte, dessen Bedeutung „eine Art Distel" sein soll, das aber weder im lat. noch im griech. Wörterbuche zu finden ist (griech. σίλυβος bedeutet „Troddel"), leitet Baist, Z V 239, ab span. jilguero, Distelfink, u. den zweiten Bestandteil in dem gleichbedeutenden span. pintacilgo, ptg. pintasirgo; eine andere Deutung des letzteren Wortes giebt aber Baist selbst, Z VII 121. S. No 8683.]

8715) sīmīā, -am f. u. sīmīus, -um m., Affe; ital. scimia, scimmia (daneben babbuino); prov. simia u. simi-s, cimi-s; frz. singe m.; (span. jimia, mono; ptg. mono, macaco).

8716) sīmīlā, -am f., feines Weizenmehl; ital. simila „fior di farina", semola, Kleie, vgl. Canello, AG III 334; frz. semoule (altfrz. simle); span. ptg. semola. Vgl. Dz 291 scmola.

8717) [sīmīlīs, -e, ähnlich; ital. simile; altneap. semele; rum. saman (rtr. simgliont); prov. semble-s; (frz. semblable, gleichsam *similabilis); span. simil (gel. Wort, der übliche Ausdruck ist semejante = *similantem); ptg. simil (gel. W., der übliche Ausdruck ist semelhante).]

8718) sīmīlo u. sīmīlīo, -āre (similis), ähnlich sein, gleichen, ähnlich scheinen, scheinen; ital. somigliare, simigliare, sembiare, sembrare (= frz. sembler); rum. samăn ai at a; rtr. simgliont, ähnlich; prov. semblar, semelhar; frz. sembler; cat. semblar; span. semblar (= frz. sembler); ptg. semelhar. Vgl. Dz 290 sembrare; Gröber, ALL V 469. — Zu dem Vb. das Partizipialsbst. ital. sembiante, Anschein, Antlitz; prov. semblan-z; frz. semblant, span. semblante.

8719) sīmplĕx, -plīcem, einfältig, einfach; ital. semplice, dazu das Demin. semplicello; (rtr. simbel, sembel; frz. simple; cat. ximple); span. sencillo, von Diez 486 = *simplicellum angesetzt, wird von Cornu, R IX 137, von *singellus (für singulus abgeleitet); die lautliche Möglichkeit dieser Ableitung darf man zugehen, andererseits aber auch ihre begriffliche Schwierigkeit nicht verkennen: eine Notwendigkeit von *simplicellus abzugehen, liegt jedenfalls nicht vor; (ptg. simple). Vgl. Gröber, ALL V 469.

8720) [simplicitäs, -ätem f. (simplex), Einfalt, Einfältigkeit; ital. semplicità etc.]

8721) *simplüs, a, um (für simplex), einfältig, einfach; ital. scempio, albern, dumm, dazu das Vb. scempiare, auseinanderfalten, erklären; rum. simplu. Vgl. Gröber, ALL V 469 u. VI 397.

8722) Simson, hebr. Eigenname, = frz. Sanson, dav. sansonnet, scherzhafte Benennung des Staars, vgl. Dz 675 s. v.

simülo s. simïlo.

8723) simüs, a, um, aufwärts gebogen, platt; (von der Nase); davon nach Baist, Z V 563, span. sima, Höhle. Diez 487 liefs das Wort unerklärt und für unerklärt mufs es auch jetzt noch gelten. Vielleicht darf man an χῦμα == *cima, Woge, denken, denn die Wölbung einer Höhle ist mit derjenigen einer Woge vergleichbar, es würde dann sima für cima oder zima stehen.

8724) germ. sin, Sinn, Verstand; ital. senno; rtr. sen; prov. sen-s; altfrz. sen; cat. seny; altspan. altptg. sen. Vgl. Dz 291 senno.

8725) sinäpi (σίναπι), Senf; ital. sénape (vgl. d'Ovidio, Grundrifs der rom. Phil. I 506); (sard. senabre, daneben lassana = lapsana); rtr. senev; altfrz. seneveil, senveil = *sinapiculum, senevel = sinapale, vgl. Cohn, Suffixw. p. 51; neufrz. sanve, séneté; span. jenābe; (ptg. mostarda, s. mustum). Vgl. Gröber, ALL V 469.

8726) sinoerus, a, um, aufrichtig; sard. sinkeru; sonst nur gel. W.

8727) *sindälē n. (für sindon, σινδών),. Nesseltuch, Musselin; ital. zendale, zendado; prov. zendal-s, sendat-z; altfrz. span. ptg. cendal, eine Art Zeug. Vgl. Dz 346 zendale; Gröber, ALL V 476 unten, wo auch altfrz. signe angeführt ist.

8728) sinē, ohne; prov. sens, ses, senos; altfrz. sens, sans (e aus i erklärt sich aus der Proklisis); neufrz. sans; altspan. sines; neuspan. sin; ptg. sem. Vgl. Dz 292 senza. Über ital. senza s. oben absentia. — Über altfrz. senne, das in seiner Bodtg. sich mit sine zu berühren scheint, vgl. Leser p. 111.

8729) [*sinēfidïcus, a, um (v. sine fide); treulos; altfrz.senzfege (Poème Mor. 165 d), vgl. Cohn, Herrig's Archiv Bd. 103 p. 220.]

8730) *singēllus, a, um (für singulus), einzeln; (span. sencillo, einfältig, vgl. Cornu, R IX 137, s. jedoch oben simplex) ptg. singélo, einzeln, vgl. Dz 487 s. v.; Gröber, ALL VI 397.

8731) *singlüttio, -ire u. *-äre (für singultire), den Schlucken haben; ital. singhiottire und singhiozzare, singozzare, davon das Vbsbst. singhiozzo, singozzo, Schlucken. Vgl. Dz 295 singhiozzo; Gröber, ALL V 470; Flechia, AG II 377. Siehe *singlüttüs.

8732) *singlütto, -äre (für singultare), den Schlucken haben; (ital. singhiozzare, singozzare = *singluttiare; rum. sughiț ai at a = *suggluttare f. sugglutire); prov. sanglotar; frz. sangloter; (span. sollozar; ptg. soluzar, gleichsam *suggluttiare f. *sugglutire, davon das Vbsbst. sollozo, soluzo). Vgl. Dz 295 singhiozzo; Flechia, AG II 377; Gröber, ALL V 470. S. auch *singlüttüs.

8733) *singlüttüs, -um m. (= singultus, angeglichen an gluttire), der Schlucken; (ital. singhiozzo,

singozzo, Vbsbst. zu *singluttiare; rum. sughiț, Vbsbst. zu sughița = *suggluttiare f. suggluttire); rtr. sanglut; neuprov. senglout; frz. sanglot; cat. senglot; (span. sollozo; ptg. soluzo, Vbsbst. zu sollozar, soluzar, gleichsam *suggluttiare?). Vgl. Dz 295 singhiozzo; Flechia, AG II 377; Gröber, ALL V 470. — Im Span. ist neben sollozo ein onomatopoietisches Wort hipo vorhanden, vgl. Dz 459 s. v.; Thomas, R XXV 389; Meyer-L., Z XXI 309.

8734) singüläris, -e, einzeln; ital. singolare, Adj., cinghiale, cignale, cinghiare, cignare, Eber (weil er einsam lebt; rum. singur; span. sulone (v. solus); prov. senglar-s; frz. (singulier = *singularius, Singular), sanglier; altspan. sennero; nouspan. señero = *singularius; (ptg. varrāo von verres). Vgl. Dz 99 cinghiare und 486 sendos; Gröber, ALL V 470.

singüläriüs s. singüläris.

singültio s. *singlüttio.

singülto s. *singlütto.

singültüs s. *singlüttüs.

8735) singülüs, a, um, einzeln; (ital. sciugnolo „acempio, sottile", vgl. Caix, St. 544, wo aber als möglich hingestellt ist, dafs das Wort aus scempio = *simplus + ugnolo = unulus entstanden sei); vegl. sanglo, allein; altfrz. sangle (mundartlich noch jetzt vorhanden, altspan. sennos; neuspan. sendoz; ptg. senhos, selhos, sendos. Vgl. Dz 486 sendos; Gröber, ALL V 470.

8736) german. siniskalk, ältester Diener; ital. siniscalco, sescalco, Oberhofmeister; prov. senescal-s; frz. sénéchal; span. ptg. senescal. Vgl. Dz 295 siniscalco; Mackel p. 56.

8737) sinïstěr, a, um, link; ital. senestra; rtr. saniester; prov. altfrz. senestre; (neufrz. sinistre, gel. W., unüblich, sénestre, halbgel. W., links, das übliche Wort für letzteren Begriff ist aber gauche, wohl von altnfränk. *walki, welk, vgl. Mackel p. 8 Anm. u. 52); cat. sinistre; span. siniestro, daneben izquierdo, s. oben ezquerra) ptg. sestro (daneben esquerdo). Vgl. Gröber, ALL V 470.

8738) sinōpis, -Ida (σινωπίς) f., roter Eisenocker; ital. senopia, rote Farbe: sard. sinobida, zenobida; frz. sinople, grüne Farbe im Wappen; span. sinoble, grüne Farbe; ptg. sinople. Vgl. Dz 679 sinople.

8739) sinüs, -um m., Busen; ital. seno; rum. sin; prov. sen-s, se-s; frz. sein; cat. span. seno; ptg. seio.

8740) sïphōn m. ·(auch lat. sïpho, -önem m.), Heber, Spritze, Wasserhose; venez. sion; frz. siphon etc. Diez 400 zieht hierher auch ital. sione, Wirbelwind.

8741) [*siphōnïä, -äm f. (σίφων); davon vielleicht ital. fogna, Abzugsgraben, wozu das Verb fognare, das Wasser ableiten (vgl. Dz 372 fogna, wohl aber an *fūndia, *fūndiare zu denken sein, vgl. verecundia : vergogna).]

8742) sïpo, -äre, auf den Rücken legen; davon vielleicht ital. scipare, (zerdrücken), zerreifsen, verderben, vgl. Flechia, AG II 341.

8743) sï quaerät; daraus span. siquiera, wenigstens; ptg. sequer. Vgl. Dz 487 siquiera.

8744) Siren, -ēna f. (Σειρήν, sirena, non serena App. Probi 203, vgl. ALL XI 64), Sirene; davon vielleicht frz. serin, Zeisig, vgl. Dz 676 s. v. Diese Ableitung ist jedoch nicht eben wahrscheinlich, auch (passer) citrinus ist kein annehmbares Grundwort, vermutlich serin = serein = serenus.

8745) [*sīrīco, -āre (v. gr. σειράν, mit dem Seile ziehen), ist vielleicht das Grundwort zu cat. span. ptg. sirgar, bugsieren, dazu das Vbsbst. sirga. Vgl. Dz 487 sirgar.]

8746) sīrūs, -um m. (σειρός, σιρός), unterirdische Getreidekammer; davon nach Dz 487 s. v. neuprov. silò; span. silo; die Ableitung ist jedoch zweifelhaft.

8747) *sīsārūm n. (σίσαρον, schriftlat. siser n.), Rapunzel; ital. ptg. sisaro, Zuckerwurzel. Vgl. Gröber, ALL V 471.

8748) sīsȳmbrīum n. (σισύμβριον), Quendel; posch. susembro, menta, vgl. Salvioni, Post. 20.

8749) sīsȳrīnchīōn n. (σισυρίγχιον), ein Zwiebelgewächs, = cat. sissirinxo, eine Iris-Art. Vgl. Baist, Z V 564.

8750) sītěllā, -am f., ein bauchiges Gefäfs; ital. (mundartlich) sidella, sedela; rtr. cidella; altfrz. seel = *sitellus; neufrz. seau. Vgl. Dz 289 secchia; Gröber, ALL V 471.

8751) [*sītīcŭlŏ, -āre (sitis), dürsten; prov. cedelar, cedejar; altfrz. sezeler, seeillier, seillier. Vgl. Dz 680 soif; Scheler im Anhang zu Dz 814 f.]

8752) sītīcŭlōsus, a, um (sitis), durstig; altfrz. sedeillous, seeillous, vgl. Suchier zur Reimpredigt 93c, Cohn, Suffixw. p. 301.

8753) [*sītīnă, -am f. (v. sitis nach Analogie von famina abgeleitet) = altfrz. seine (seïne), Durst, Dürre, vgl. Gröber, AG V 471; G. Paris, R XII 383.]

8754) sītīs, -ĭm f., Durst; ital. sete; logud. sidis, vgl. Salvioni, Post. 20; rum. sete; prov. set-z; frz. soif; altfrz. auch sei, soi (das f in soif erklärt Gröber, Z II 459 u. X 300, für eine verhältnismäfsig späte, rein graphische Anfügung; Varnhagen, Z X 296, meint, dafs f aus der dentalen Spirans (engl. th) u. diese aus t entstanden sei; Ascoli, AG X 100 u. 106, erblickt in soif eine nach Analogie vollzogene flexivische Bildung; vgl. auch Karsten, Modern Language Notes III 169, u. dagegen Wilmotte, Moyen Age II 87, ferner: G. Paris, R XVIII 328, Gröber, Z XIII 545, Meyer-L., Roman. Gr. I p. 470 „nach Nom. nois, Acc. noif = nivem bildete man Acc. soif zum Nom. suis"); cat. span. sed; ptg. sede. Vgl. Dz 680 soif und Scheler im Anhang zu Dz 814.

. 8755) alts. sittian (ahd. sizan), sitzen; daraus erklärt man Diez 488 sitio u. 677 setiar prov. setiar, assetiar, setzen; cat. siti, Stelle; span. ptg. sitiar, belagern, dazu das Vbsbst. sitio, Belagerung, Lage, Stellung (in letzterer Bedtg. wohl von lat. situs abzuleiten, wovon auch *situare, *situatio).

8756) sī tōtum = prov. sitot, wenn all, wenn schon (vgl. ital. tuttochè), vgl. Dz 679 s. v.

8757) sītŭlā, -am f. u. *sītŭlŭs, -um m., Eimer; ital. secchia, secchio = *sicula, *siculus; ladin. sedla; prov. selha, selh-s; frz. seille; ptg. selha. Vgl. Dz 289 secchia; Gröber, ALL V 468.

8758) sītus, -um m., Lage, Ort; altital. seto, Gestank. „situs ,Ort' bedeutet auch ,Gestank', gleichsam über Geruch, der vom langen Liegen an einem Orte herrührt, vgl. stantio und das neap. sedeticcio, ptg. sediço = *sed-iticius." d'Ovidio in Gröber's Grundrifs I 502.

8759) sīvě, oder, = rum. sau, oder.

8760) sī + věl = prov. sivals; altfrz. sivels, sireals, sivaus, wenn wenigstens, wenn auch nur. Vgl. Dz 696 veaus.

8761) ahd. skafjan, schaffen, bilden, ordnen; prov. escafir, davon Part. Prät. escafit, (zierlich

gebildet), fein oder schlank gewachsen; altfrz. escavi, eschevi = altnfränk. *skapid, schlank; cat. escafida, mit engem Leibchen bekleidet. Vgl. Dz 573 eschevi; Mackel p. 49.

8762) altnfränk. skāk, Raub; prov. escac-s, Raub; altfrz. eschiec, échec. Vgl. Dz 282 scacco; Mackel p. 39.

skala s. skalja.

8763) german. skalja, Schale, Schuppe; ital. scaglia, Schuppe, dazu dasVb. scagliare, abschuppen; frz. écaille, dazu das Vb. écailler, (écale, Schale der Hülsenfrüchte, = altfränk. skala). Vgl. Dz 283 scaglia; Mackel p. 50: Braune, Z XXII 203.

8764) got. skalks, Diener; ital. scalco, Küchenmeister, vgl. Dz 396 s. v.

8765) german. skankjan, schenken, einschenken; ital. (*scanciare, dazu das Sbst.) scancia, scansia, Gestell für Gläser u. Bücher; rtr. cidella; eineschenken; altfrz. eschancier, einschenken; span. escanciar; ptg. escançar. Vgl. Dz 127 escanciar; Mackel p. 55.

8766) german. skankjo, Schenk; frz. échanson, Mundschenk; span. escanciano; ptg. escançāo. Vgl. Dz 127 escanciar; Mackel p. 55.

8767) german. skap, Gefäfs, Fafs (vgl. Kluge unter „Scheffel"); davon ital. scaflo „sorta di misura antica di grano, misura di calcina del peso di 1000 libbre", vgl. Caix, St. 513.

8768) griech. σκάφη, Schiff + ἀνήρ (ἀνδρός), Mann; daraus frz. scaphandre, Taucheranzug (F. Pabst).

8769) german. *skapino (ahd. skeffino u. skeffin), Schöffe, Richter; ital. scabino, schiavino; frz. eschevin, échevin; span. esclavin. Vgl. Dz 282 scabino; Mackel p. 49.

8770) german. skara, Schar; ital. schiera (= *skarja), Schar, davon vielleicht scherano, Strafsenräuber (marodierender Soldat); prov. esqueira (= skarja?), daneben escala; dazu das Vb. escarir, abteilen, zuteilen, davon wieder escarida, das Los, Schicksal; altfrz. eschiere (daneben eschiele), escherie, die Zuteilung, das Los, dazu das Verb escharir, zuteilen. Vgl. Dz 286 schiera; Mackel p. 39. S. unten skarjan.

8771) german. *skarba, Scherbe (vgl. engl. scarf, Scherbe, zu scarf, verscherben d. h. die Enden zweier Hölzer zusammenfügen); frz. écarver, beim Schiffsbau zwei Planken an den Enden ineinander falzen; span. escarba, die Verbindung zweier Bretter beim Schiffsbau. Vgl. Dz 448 escarba (wo auf bask. eingemengt habe).

8772) german. *skarjan, ab-, zuteilen; prov. escarir; altfrz. escharir, s. oben skara. Vgl. Dz 286 schiera; Mackel p. 49: Th. p. 78 (wo vermutet wird, dafs hier das keltische Stamm scareingemengt habe).

8773) german. skarp-, scharf; davon vermutlich (vgl. aber oben excarpo) ital. scarpa (gleichsam scharf abfallender Boden), Böschung, Abhang, wohl auch scarpa, Schuh (mit scharf zugeschnittener Spitze), davon scappino, Pantoffel; frz. écarpe (Lehnwort), Böschung, dazu das Vb. écharper (dazu das Dem. escharpiller) u. escarper, senkrecht abschneiden, escarpin (escapin), leichter Schuh; span. ptg. escarpa, dazu das Vb. escarpar, escarpin, escarpim, leichter Schuh. Vgl. Dz 284 scarpa; Mackel p. 64.

8774) [gleichsam *skarpicella, -am f. (skarp), Ausschnitt, Schlitz, Kleidtasche, Tasche; ital.

scursella, Tasche, frz. escarcelle; vall. skerpia, skrepia, skeúrpia, kleine Holzdose. Vgl. Nigra, AG XIV 377.]

8775) german. skarts = mittelndl. *skaerd, ndl. schaard, Scharte, zerhauen; frz. (henneg.) écard, wallon. hárd, Scharte; dazu dasVb. écarder, harder; cat. esquerdar, brechen, spalten. Vgl. Dz 88 cardo; Mackel p. 64.

8776) german. *skarwahta, Scharwacht, = altfrz. eschargaite, Wächter. S. oben schaarwacht.

8777) got. sknuts, Schofs; davon vermutlich span. escote, runder Ausschnitt an einem Kleide, dazu das Vb. escotar. Vgl. Dz 448 escote.

8778) westgerm. ahd. skölla, Schelle, Glöckchen; ital. squilla, Glöckchen; rtr. schella; prov. esquella, esquelha; altfrz. eschiele; span. esquila. Vgl. Dz 305 squilla; Mackel p. 82.

8779) dtsch. skörman, schirmen, verteidigen, fechten; davon abgeleitet ital. scaramuccia, Gefecht, Scharmützel, daneben schermugio; prov. escaramuza; frz. escarmouche(altfrz. auch escarmie); span. escaramuza; ptg. escaramuça. Der erste Bestandteil des Wortes ist volksetymologisch an skara angeglichen worden. Vgl. Dz 284 scaramuccia; Mackel p. 171.

8780) ahd. skörnön und skirnön (*skirnjan), spotten; ital. schernire, spotten, dazu das Sbst. scherno, Spott (vgl. ahd. skörn); prov. esquernir, escarnir, dazu das Sbst. esquern-s; altfrz. eschernir, escharnir, dazu das Sbst. eschern; span. escarnir, dazu das Sbst. escarnio; ptg. escarnir, dazu das Sbst. escarnho. Vgl. Dz 258 scherno; Machel p 102.

8781) altnfränk. skörran, kratzen; prov. esquirar; altfrz. eschirer, kratzen, (über neufrz. déchirer s. oben unter de + ex + skörran). Vgl. Dz 574 eschirer; Mackel p. 105. Caix, St. 592, zieht hierher auch ital. squarrato, gespalten, neapol. sguarrare, zerreifsen, u. wirklich stehen diese Worte dem prev. esquirar begrifflich nahe.

skif s. skip.

8782) ags. skilling, Schilling (zusammenhängend mit ahd. scëllan, klingen); ital. scellino; prov. frz. span. escalin. Vgl. Dz 284 scellino; Mackel p. 99.

8783) ahd. skina u. skëna, Stachel; ital. schiena, Rückgrat; sard. schina; prov. esquena, esquina; frz. échine; span. esquena, (das übliche Wort ist aber espinazo v. spina); ptg. esquina (hat die Bedtg. „Ecksparren, Ecke", das übliche Wort für „Rückgrat" ist espinhaço, auch spina). Vgl. Dz 286 schiena; Mackel p. 106.

8784) ahd. skinko, Beinknochen, Schinken; dav. ital. stinco (mundartlich auch schinco), Schienbein, vgl. Dz 404 stinco.

skipa s. skip.

8785) altnord. skip, ags. scip, ahd. skif, Schiff; ital. schifo, Boot: altfrz. esquif, eskip, dazu das Vb. eskiper, esquiper (vgl. altnord. skipa, ordnen, s. Mackel p. 94, vgl. jedoch auch G. Paris, R IX 167), ein Schiff ausrüsten (neufrz. équiper überhaupt ausrüsten, davon wieder équipage, Schiffsmannschaft, Ausrüstung, Gefährt); span. ptg. esquife, dazu die Verba esquifar u. esquipar (Lehnwort). Vgl. Dz 286 schifo; Mackel p. 93.

8786) altnord. skipari (ags. sciper), Schiffer, = altfrz. eschipre, eskipre, Schiffmann. Vgl. Dz 286 schifo; Mackel p. 94.

8787) ahd. skirm, Schild, Schutz; ital. schermo, Schirm, vgl. Dz 285 s. v.

8788) ahd. skirmjan, schirmen, schützen. verteidigen, fechten; ital. schermire, fechten; prov. altfrz. escrimir, escrimir; neufrz. escrimer (= ital. schermare); span. ptg. esgrimir. Vgl. Dz 285 schermo; Mackel p. 103. S. auch skirmön.

8789) ahd. skirmön, schirmen, schützen, verteidigen, fechten; ital. schermare, dazu das Shet. scherma, scrima, Fechtkunst; frz. escrimer (Lehnwort); cat. escrimar; (span. ptg. esgrima, Fechtkunst). Vgl. Dz 285 schermo; Mackel p. 103.

8790) got. afskiuban, schieben; über etwaige roman. Ableitungen von diesem german. Verbum vgl. Parodi, R XVII 64.

8791) germ. skiuhan, *skiuan, scheuen; ital. schivare, schifare, meiden, verschmähen; rtr. schivir; prov. esquivar; altfrz. eschiver, eschevir; (neufrz. esquiver). Vgl. Dz 286 schivare; Mackel p. 126.

8792) altnfränk. *skītan, scheifsen; altfrz. eschiter, besudeln (vgl. venez. schito, comask. schit, Mist). Vgl. Dz 574 eschiter; Mackel p. 110. Sieh oben cäcö.

8793) altndd. *sköpa (mhd. schuofe), Schöpfgefäfs, oder altndd. *skopo (nndd. schopen), Schoppen, = frz. échope, Schöpfkanne. Vgl. Dz 566 échope; Mackel p. 32.

skot s. scot.

sköte s. scöte.

8794) altnfränk. *skrago, Schragen; davon vielleicht (altfrz. *escraon), neufrz. écran, Feuerschirm, vgl. Dz 565 s. v.; Mackel p. 45.

8795) altnord. skrapa, mittelndd. skrapen; altfrz. escraper, abkratzen, vgl. Mackel p. 47.

8796) schwed. skrilla, ausgleiten, = altfrz. escriler, ausgleiten, vgl. Dz 575 s. v.; Mackel p.101.

8797) ahd. slac, Schlag; davon nach Caix, St. 538, ital. scilacca „picchiata, colpo di frusta o altro".

8798) ahd. slack, kraftlos, schwach; davon nach Caix, St. 370, ital. lacco „debole, floscio", wozu die Verba allaccarsi „stancarsi" und allacchirsi „infiacchirsi".

8799) ahd. slaf, schlaff; davon nach Caix, St. 387, ital. loffo „grullo" (venez. slofio , fiacço").

8800) ahd. slahta, Geschlecht; ital. schiatta; prov. esclata; altfrz. esclate. Vgl. Dz 285 schiatta; Mackel p. 137.

8801) got. slaihts, ahd. slöht (holländ. sleihls), schlicht; ital. schietto, rein, glatt (neapol. schitto, nur); rtr. schliett, schnurgerade; prov. esclet, rein, glatt. Vgl. Dz 398 schietto; Mackel p. 137.

8802) german. slaitön (ahd. sleigen), schlitzen; daraus nach Dz 285 schiantare prov. esclatar, platzen; frz. éclater, dazu das Vbabst. éclat. Da Jedoch „die Erhaltung des isolierten t bei einem so früh entlehnten Worte" diese Ableitung unwahrscheinlich macht (vgl. Mackel p. 116), so verdient der von Ascoli, Ztschr. f. vgl. Sprachf. XVI 209, aufgestellte Typus *exclapitare den Vorzug, s. oben klap. Dunkel bleibt das etwaige Verhältnis des gleichbedeutenden span. estallar, ptg. estalar zu esclatar. Parodi, R XVII 67, führt die span. ptg. Worte auf assula, *assulare zurück.

8803) mhd. slam, Schlamm; damit scheint zusammenzuhängen ital. sciambrottare, sciambottare, sciabordare „diguazzare, agitare nell' acqua", (lomb. slambrotá „imbrodolare, intrugliare", ladin. slambrottar „parlar confuso, indistinto"), vgl. Caix, St. 533.

8804) ndd. slap, schlaff, schlapp; davon vermutlich frz. salop, salope, nachlässig im Äufsern,

teidigen, fechten: ital. schermire, fechten; prov. altfrz. escrimir, escirmir; neufrz. escrimer (= ital. schermare); span. ptg. esgrimir. Vgl. Dz 285 schermo; Mackel p. 103. S. auch skirmön.

schmutzig; auf die Gestaltung des Wortes mag Anlehnung an das Adj. sale Einfluſs gehabt haben; das o der zweiten Silbe scheint auf ein slop = slap hinzudeuten. Vgl. Dz 675 salope; Scheler im Dict. s. v.; Schuchardt, Z XXI 230. Tobler, Sitzungsb. d. Berl. Akad. d. Wiss., phil.-hist. Cl., 23. Juli 1896 p. 864, meint, daſs salop für salot (v. sale) stehe; vgl. G. Paris, R XXV 623: ihm zufolge ist salope eine Kürzung aus marie-salope „Baggerschiff", salope aber ein ursprünglich niederländisches Wort (s. unten sloep), das Masc. salop würde dann Neubildung sein. Man darf indessen wohl an Diez' Ableitung festhalten.

8805) vlaem. sledde, slede, Schlitten (vgl. scleida „vehiculi species" b. du Cange); dav. viell. altfrz. esclaidage, „impôt sur les marchandises qui étaient transportées sur des charrettes ou des traîneaux" (Godefroy). Vgl. Behrens, Festg. f. Gröber p. 153.

8806) ndd. slendern, schlendern, müſsig sich umhertreiben; davon nach Dz 187 landra ital. slandra, landra (venez. slandrona), umherstreifende Dirne; neuprov. landrin, landraire, Tagedieb. Nach Diez gehören hierher auch als Zusammensetzungen mit male ital. malandrino, Straſsenräuber; neuprov. span. malandrin, sowie eine Reihe mundartlicherWorte (comask. malandra, Hure; prov. vi(l)-landrier, Pflastertreter; neuprov. mandrouno, Kupplerin, mandro, Fuchs).

8807) ags. slīdan, gleiten, = altfrz. eslider, gleiten, vgl. Dz 575 s. v.

8808) ahd. slīfan, straucheln; davon vermutlich ital. scivolare (aus *scilovare) „sdrucciolare", vgl. Caix, St. 545.

8809) ahd. slimb, schief, krumm; ital. sghembo (piemont. sghimbo), schief, bresc. slemba, schief geschnittene Scheibe; aus sghimb + biescio (s. oben bifax) scheint zusammengesetzt zu sein schimbescio, schimbecio, schräg.

8810) ahd. slinga, Schlinge; rtr. slinga, Schlinge, Schleuder; frz. élingue, dazu das Verb élinguer, eslinder, schleudern; span. eslinga; ptg. eslinga. Vgl. Dz 295 slinga. Vgl. No 8811.

8811) dtsch. slinge, Schlinge; frz. élingue, Schlinge, Schleuder, u. viell. auch norm. vélingue, Name einer Algenart. Vgl. Thomas, R XXXVIII 211. Vermutlich wurde das frz. Wort schon dem Ahd. entlehnt.

8812) ahd. slink, link; davon vermutlich ital. sghengo, schräg, krumm; aus bis + slink scheint zusammengesetzt ital. bilenco, krumm, schief; ladin. baleng, sbalengh, schlecht gehend; romagn. baleing, krumm, davon das Vb. sbalincâ, verrenken. Vgl. Dz 357 bilenco; Caix, St. 10. — S. oben ellnīcūs.

8813) ndl. slippen, schlüpfen; ital. schippire, entwischen, vgl. Dz 398 s. v.; einem sleppan scheint zu entsprechen ital. alleppare, allippare, fliehen, vgl. Caix, St. 150. Parodi, R XVII 69, stellt hierher auch genues. lépegu, Schlüpfrigkeit; cat. llepissos, klebrig.

8814) german. *slister (v. slītan), der Spalt(er) der Wolken, der Blitz; dav. nach Goldschmidt, Z XXII 269, altfrz. esclistre, escliste, wallon. éclite. S. oben glister.

8815) ahd. slitâ, slito, Schlitten, = ital. slitta.

8816) altfränk. slitan, schlitzen, = altfrz. esclier, zersplittern. Vgl. Dz 285 schiantare; Mackel p. 108. S. oben s(c)litan.

8817) ndl. sloep, Schaluppe; ital. scialuppa (aus dem Frz.); frz. chaloupe; span. chalupa. Vgl. Dz 542 chaloupe.

8818) ahd. smâhî, Schmach; ital. smacco, Schimpf, smaccare, beschimpfen. Vgl. Dz 401 smacco.

8819) ndl. smak oder mittelniederländ. smacke, smaeke, = frz. semaque, ein Flufsschiff, = frz. (vgl. Braune, Z XXII 203), ein Flußschiff, = frz. semaque, ein Küstenfahrzeug, vgl. Dz 676 s. v.

8820) german. *smalt, Schmelz; ital. smalto, Schmelz (bedeutet aber auch „Mörtel, Kitt", wohl in begriffl. Anlehnung an maltha); (rum. smaltz?); frz. émail (wohl abgezogen aus dem Nom. esmalz nach Analogie derjenigen Substantiva auf -alz, welche im Cas. obl. auf etymologisch berechtigtes -ail auslauten; span. ptg. esmalte. Vgl. Dz 296 smalto; Mackel p. 52.

8821) german. smaltjan, schmelzen (vgl. schwed. smälta „schmelzen" u. „verdauen"), = ital. smaltire, verdauen, vgl. Dz 296 smalto.

8822) smārāgdūs, -um m. (σμάραγδος), Smaragd; ital. smeraldo; prov. esmerauda, (auch maracde, maraude); frz. émeraude; span. ptg. esmeralda (altspan. auch esmeracle. Vgl. Dz 296 smeraldo.

8823) *smĭrĭlĭs und *smĭrĭlĭum n. (f. smyris), Schmirgel; ital. smeriglio; (rum. smirida = lat. smyrida); frz. émeri; span. ptg. esmeril. Vgl. Dz 296 smeriglio; Gröber, ALL V 471.

8824) mhd. snarchen, schnarchen; davon das gleichbedeutende ital. sarnacare, sornacare, sarnacchiare, vgl. Caix, St. 580.

8825) ndd. snau, ndl. snauw, ein kleines Seeschiff, = frz. senau, vgl. Dz 676 semaque.

8826) ndd. snel, behende, schnell; ital. snello; prev. isnel, irnel; altfrz. isnel, ignel. Vgl. Dz 297 snello.

8827) ahd. snepfa, Schnepfe; ital. sgneppa, Waldschnepfe, vgl. Dz 400 s. v.; (lucch. seneppino „beccaccina", vgl. Caix, St. 554).

8828) russ. soboll, Zobel; davon ital. zibellino; prov. sebeli-s, sembeli-s; altfrz. sable; neufrz. zibeline; span. zebellina, cebellina; ptg. zebelina. Vgl. Dz 346 zibellino.

8829) span. sobrina (= consobrina), daraus durch Suffixvertauschung frz. soubrette, könnt das neckische, mutwillige Nichte im Lustspiel. [Vgl. No 8831.]

8830) sōbrīnus, -um m. u. sōbrīna, -am f., zweites Geschwisterkind; rtr. savrin; span. sobrino, -a, Neffe, Nichte. S. oben consobrinus.

8831) sōbrĭūs, a, um (sobrius, non suber App. Probi 31), nüchtern; ital. sobrio; frz. sobre. — (Der Gedanke, daſs frz. soubrette, Kammermädchen, Zofe, vielleicht = *sobrietta sei u. eigentlich eine nüchterne, verständige Dienerin bezeichne, ist sowohl lautlich als auch begrifflich durchaus unhaltbar, vermutlich ist soubrette aus span. sobrina durch Suffixvertauschung entstanden, s. No 8829.)

8832) bask. soca (oder kelt. *sôca?), Seil, Tau; ital. soga, lederner Riemen (mundartlich Tau); prov. suga; altfrz. seuve, Tau, dav. souage, neufrz. suage; (span. soguilla), span. ptg. soga, Seil, Tau. Vgl. Dz 297 soga; Flechia, AG III 143; Th. p. 79 (Th. läſst slmcinuecā, vgl. *sôca einheimisch sei u. auf älteres *soucâ zurückgehe oder ob es aus dem Volkslatein eingeführt wurde). Thomas, R XXV 92.

8833) sŏccŭs, -um m., eine Art leichter Schuh; ital. zoccolo (Demin. v. zocco), Holzschuh, daneben das Plur. tantum cioce „ciabatte", vgl. Caix, St. 280; prov. zoc-s, Holzschuhe (neuprov. soc, souc); span. zueco, dazu das Demin. oócalo, zoclo. Vgl. Dz 679 soc; Gröber, ALL V 471. — Nicht hierher gehören: 1. frz. soc, Pflugschar; dieses Wort ist vielmehr =

kelt. *súccos anzusetzen u. bezeichnet eigentlich die
aufwühlende Schweinsschnauze, vgl. Th. p. 112. —
2. Ital. zocco, Baumstumpf; prov. soc-s u. soca;
frz. souche, vgl. Förster zu Yvain 292; cat. soca,
wovon socar, einen Baum unten abbauen. Vermutlich bilden diese Worte mit den bei Dz 100 ciocco
behandelten eine gemeinsame Sippe, welche auf mhd.
schoc in der ursprünglichen Bedtg. „Haufe" oder
vielleicht auch auf german. stock zurückgeht. Die
letztere Ableitung würde sich begrifflich sehr empfehlen, ist aber lautlich nur dann annehmbar, wenn
man den Wandel im Anlaute (st : z, s) durch Anlehnung an irgend ein begriffsverwandtes Wort (u.
ein solches könnte allerdings soccus sein) erklären
darf, Scheler's im Dict. unter souche gegebene Ableitung von *caudica ist zu künstlich. Über die
Wortsippe ital. ciocco, cionco, Klotz, frz. souche
etc., vgl. die ausführliche Untersuchung Schuchardt's, Z XV 104 (besonders S. 106 Anm. 2).
Ein Grundwort wird von Sch. nicht aufgestellt.

sŏcĕr s. sŏcĕrŭs.

8834) **sŏcĕrä** u. **sŏcrä, -am** f. (schriftlat. socrus),
Schwiegermutter; ital. suocera; sard. sogra; rum.
soacră; rtr. sŏra, sira; neuprov. sogro; (frz.
belle-mère); cat. sogra; span. suegra; ptg. sogra.
Vgl. Gröber, ALL V 472.

8835) **sŏcĕrŭs** und **sŏcrŭs, -um** m. (schriftlat.
socer), Schwiegervater; ital. suocero; sard. sogru;
rum. socru; rtr. sŏr, sir; neuprov. sogre; altfrz. suere (zweisilbig), suevre, suivre, vgl. Förster,
Z I 156 Anm.; (neufrz. beau-père); cat. sogre;
span. suegro; ptg. sogro. Vgl. Gröber, ALL V
472.

8836) [**sŏcīetās, -ātem** (socius) f., Gesellschaft;
ital. società; frz. société etc., überall nur gel. W.]

8837) [**sŏcīo, -āre** (socius), vereinigen; ital. as-
sooiare; rum. insoțesc ii it i; prov. associar;
frz. associer; cat. associar; span. asociar; ptg.
associar.]

8838) **sŏcĭŭs, -um** m., Genosse; ital. (socio und
sozio, letzteres „con accezione quasi sempre burlesca"), sóccio „accomandita di bestiamo a metà
guadagno, e chi piglia il bestiame in accomandita,
ch'é il significato primitivo", vgl. Canello, AG III
348; sard. sozzu, società; campob. suocce, eguale;
lomb. sŏš, accomandita di bestiame, ossol. sŏš,
rumore, lamento vivace, vgl. Salvioni, Post. 20 (die
schwer verständlichen Bedeutungsänderungen bespricht S. nicht); rum. soț; (span. ptg. socio).

sŏcrŭs s. sŏcĕrä.

8839) arab. **sokkar,** mit Artikel **assokkar,** Zucker
(Freytag II 334a); ital. zucchero; (rum. záhár);
prov. sucre-s; frz. sucre; span. ptg. azúcar. Vgl.
Dz 347 zucchero; Eg. y Yang. 325 (as-súcar).

8840) **sŏl, sŏlem** m., Sonne; ital. sard. sole;
rum. soare; (rtr. soleilg); prov. sol (Boëthius 98),
daneben solelh-s == soliculus; (frz. soleil); cat.
span. ptg. sol. Vgl. Gröber, ALL V 472.

8841) **sŏlārīŭm** n. (sol), Söller, flaches Dach;
ital. solajo, solare, Zimmerdecke, Stockwerk; prov.
solar-s, solier-s, Stockwerk, plattes Dach; altfrz.
solier, Söller, Speicher. Vgl. Dz 312 suolo.

8842) **sŏlārīŭs, a, um** (solum bezw. von solea),
zum Boden gehörig; davon frz. soulier, Schuh (von
solea, Sohle, vgl. das deutsche „Sohle"), Rothenberg
p. 54 setzte jedoch *subtalare, Meyer, Ntr. 114,
*subtelare als Grundwort an, s. unten unter sub-
telare; span. ptg. solar, Grund, Boden, Bauplatz,
Stammhaus, solera, soleira, Schwelle, Bodenstück.
Vgl. Dz 312 suolo.

8843) **sŏlātīŭm, (*sŏlācĭŭm) n.,** Trost; ital.
sollazzo, (-ccio), Belustigung, dav. das Vb. sollazzare,
belustigen; prov. solatz, dazu das Verb solassar;
altfrz. soulas, dazu das Vb. soulacier; cat. solas;
span. solaz. Vgl. Dz 299 sollazzo; Gröber, ALL
V 472.

8844) **sŏlĕä, -am** f., Sohle (im Roman. auch
„Schwelle)", (in letzterer Bedtg. daneben *sŏlĭŭm,
während dieses Wort im Schriftlat. nur „erhabener
Sitz, Thron" bedeutet); ital. soglia, Schwelle (auch
„Plattfisch, Scholle"), soglio, Thron; belliaz. sŏja,
zoccolo; valcoll. sŏja, zoccoli ferrati, vgl. Salvioni,
Post. 20; prov. suelh-s, Schwelle; frz. seuil, Schwelle,
(sole, Plattfisch, Schelle); (cat. sola == sola, Pl. von
solum); ptg. solha, Plattfisch, Schelle. Vgl. Dz
312 suolo. Solea ist mit Unrecht als Grundwort
zu altfrz. çole, çoule, sole (Name eines Spieles)
aufgestellt worden, wie Thomas, R XXVIII 178,
nachgewiesen hat, ohne aber eine neue Ableitung
zu geben.

8845) **sŏlĕo, sŏlĭtus sum, solēre,** pflegen; ital.
solère; prov. soler; altfrz. soloir, souloir; span.
soler; ptg. soer. Das Perf. fehlt überall.

8846) [**solfa** d. i. (la) sol fa, d. h. die drei
letzten rückwärts gelesenen Silben der musiktheo-
retischen Formel ut re mi fa sol la; ital. prov.
span. ptg. solfa, Tonleiter, dazu das Verb ital.
solfeggiare; frz. solfier (dazu das Sbst. solfège ==
ital. solfeggio, Notenschlüssel, Noten-ABC); span.
solfear; ptg. solfejar, die Tonleiter spielen. Im
Frz. heißt die Tonleiter gamme == ital. gamma
(s. oben γάμμα). Vgl. Dz 298 solfa.]

8847) **sŏlĭcŭlŭs, -um** m. (Demin. v. sol), Sonne;
alto berital. solecchia, -icchio, Sonnenschirm; vgl.
d'Ovidio, AG XIII 380; rtr. solaigl, Sonne; prov.
solelh-s; frz. soleil. Vgl. Gröber, ALL V 472.
S. oben sŏl.

sŏlĭdä s. sŏlĭdŭs.

8848) [**sŏlĭdātŭs, -um** m. (v. solidus in der
roman. Bedeutung „Münze, Sold"), Mietling, Lohn-
krieger; ital. soldato; (prov. soudadier-s, gleichsam *soldatarius); (altfrz. soudoyer, gleichsam
*solidicarius); neufrz. soldat (Lehnwort); span.
ptg. soldado.]

8849) [**sŏlĭdĭtīä, -am** f. (solidus), Festigkeit, ==
ital. soldezza etc.]

8850) **sŏlĭdo, -āre** (solidus), dicht machen; ital.
(soldare, in Sold nehmen, also v. soldo, Bezahlung),
saldare, löten, vgl. Canello, AG III 330; frz. souder,
löten; span. ptg. soldar. Vgl. Dz 298 soldo.

8851) **sŏlĭdŭs, a, um,** fest, dicht; ital. (solido),
soldo, eine (ursprünglich dicke goldene) Münze,
Lohn, saldo, fest, unbeschädigt (über das a == o vgl.
Ascoli, AG III 330 Anm.), sodo, fest, derb, vgl.
Canello, AG III 330; bellinz. sülid; mail. piem.
sŏli; monf. sore, liscie, vgl. Salvioni, Post. 21;
prov. sol-s, eine Münze; frz. sou (solide, fest, ist
gel. Wort); span. sueldo; ptg. soldo. Vgl. Dz
298 soldo; Gröber, ALL V 472; Schuchardt, Roman.
Etym. I p. 43, nimmt für frz. (u. cat.) sol, sou
ein *solus für solidus an, aber dann wäre da, da
das o kurz und offen ist, frz. *seul, *seu zu erwarten. Möglicherweise ist sol, woraus sou, die
gesprochene Abkürzung sol. des Münznamens solidus,
wie etwa louis statt louisd'or, kilo statt kilogramm
u. dgl. gesagt wird (vgl. auch E. B. engl. nob,
snob, mob, Kürzungen aus nobilis, sine nobilitate,
mobilis). — Aus dem Fem. solida erklärt Diez
297 s. v. ital. soda, Laugensalz, frz. soude,
span. ptg. soda. Besser aber dürfte *salida (von

sal wie *ripidus* von *ripa*) als Grundwort anzusetzen sein. .

8852) [*sōlĭsco, -ĕre (*sol*), sonnen, = cat. *solcir*,
verbrennen, vgl. Parodi, R XVII 72.]

8853) [*sōlĭtānŭs, a, um (*solus*), einsam; altfrz. *soltain*, vgl. Gröber, ALL V 472.]

8854) [sōlĭtās, -ātem (*solus*) *f.*, Einsamkeit; ital.
solità; span. *soledad*; ptg. *saudade* (*soidade,
soledade*), schmerzliche Sehnsucht, dazu das Adj.
saudoso, sehnsuchtsvoll. Vgl. Dz 486 *saudade*.

8855) [sōlĭtūdo, -īnem *f.* (*solus*), Einsamkeit;
ital. *solitudine*; (prov. *soleza*, gleichsam *solitia*):
frz. *solitude*; span. *solitud*; ptg. *solitude, -dão*.]

8856) sōlĭum s. sōlĕa; in der Bedtg. „Wonne"
lebt das Wort fort in lomb. *söi*, vgl. Meyer-L.,
Z. f. ö. G. 1891 p. 776.

8857) [sōllĕmnis, -e, feierlich; ital. *solenne*; (frz.
solennel = *sollemnalis*); span. ptg. *solemne*.]

8858) [sōllĕmnĭtās, -ātem *f.* (*solemnis*), Feier-
lichkeit; ital. *solennità*; prov. *solemnitat-z*; frz.
solennité; span. *solemnidad*; ptg. *solemnidade*.]

8859) [sōllĕmnĭzo, -āre (*solemnis*), feiern (August.
Serm. 93, 5 Mai); ital. *solennizzare*; frz. *solen-
niser*; span. ptg. *solemnizar*.]

8860) sōllĭcĭto, -āre, erregen, reizen, in Bewegung
setzen; ital. *sollicitare, sollecitare*; piem. *siüst*, dav.
siüst, Sorge, *siustos*, sorgenvoll, vgl. Salvioni, Post. 21;
frz. *se soucier*, sich bekümmern, sorgen, davon das
Vbsbst. *souci*, Sorge, *solliciter* (gel. Wort), nach
etwas trachten. Vgl. Dz 681 *souci*.

8861) sōllĭcĭtŭm (Neutr. v. *sollicitus, a, um*,
erregt) = altfrz. *solloit, souloit*, Aufregung, vgl.
Scheler im Anhang zu Dz 815.

8862) sōlī (Genet. v. *sōlum*) + ĕquă (= altfrz.
ive) hielt Diez 680 *s. v.* für die mögliche Grundform
für frz. *solive*, Querbalken unter dem Boden eines
Zimmers. Die Ableitung ist höchst unglaubhaft,
wie nicht erst nachgewiesen zu werden braucht.
Denkbarer ist, dafs *solive* ein Verbalsbst. zu *sou-
lever*, gleichsam *süllĕvĭă* ist, wie ebenfalls bereits
Diez vermutete; das *o* statt des *u* erwartenden *ou*
liefse sich aus Anlehnung an *sol* erklären. Ebenfalls gestattet dürfte sein, *solive* für unmittelbar
von *solum* abgeleitet zu halten.

8863) sōlŭm *n.*, Fufsboden, Fufssohle: in ersterer
Bedtg. ital. *suolo*; prov. *sol-s*; frz. *sol*; span.
suelo; ptg. *solo*; in letzterer Bedtg. ital. *suola*;
prov. *sola*; frz. *sole*, davon *soulier*, Schuh; span.
suela; ptg. *sola*. Vgl. Dz 312 *suolo*. Sieh auch
oben sōlĕa.

8864) [*sōl(u)tŭlŭs, a, um (Demin. v. [*sol*[*u*]*tus*)
= ital. *sollo*, locker, vgl. Dz 401 *s. v.*; Bugge,
R IV 368.]

8865) sōlŭs, a, um, allein; ital. *solo, -etto*;
rtr. *sul*, davon *sulet, persults* mit derselben Bedtg.
wie das Primitiv, vgl. Gartner § 51; prov. *sol-s*,
davon *solet-z*; frz. *seul*; span. *solo*; ptg. *só, soa*.

8866) sōlvo, sōlvī, sōlŭtŭm, sōlvĕre, lösen;
ital. *solvere* (Part. Prät. *soluto*); rtr. *solver* (Part.
Prät. *siut* mit der Bedeutung „gefrühstückt", vgl.
Gartner § 148); prov. *solvre, soldre* (Part. Prät.
sout-z); altfrz. *solvre, soldre* (Part. Prät. *solt,
sout*); neufrz. span. in ab-, re-, *dissoudre*; cat.
soldrer; span. *solver*; ptg. *solver* (nur in Kompositis). Vgl. Gröber, ALL V 472; Dz 681 *soudre*.

8867) arab. sommáq, eine Staude (Freytag II
355b); ital. *sommaco*; prov. frz. *sumac*; span.
zumaque; ptg. *sumagre*. Vergleiche Dz 299 *sommaco*. Das Wort fehlt bei Eg. y Yang.

8868) sōmnĭcŭlōsŭs, a, um (*somniculus*), schläfrig;

ital. *sonnachioso, sonniglioso*; sard. *sonnigosu*;
prov. *sonalhos*; frz. *someilleux* (ital. *sonniglioso*
u. *somnoglioso*, vgl. d'Ovidio, AG XIII 388). Vgl.
Dz 680 *sommeil*.

8869) sōmnĭcŭlŭs, -um *m.* (Demin. v. *somnus*),
Schlaf; prov. *somelh-s*, dazu die Verba *somelhar*
u. *somnejar*, schlafen; frz. *sommeil*, dazu das Vb.
sommeiller. Vgl. Dz 680 *sommeil*.

8870) sōmnĭo, -āre (*somnium*), träumen; ital.
sognare; frz. *songer*; span. *soñar*; ptg. *sonhar*.

8871) sōmnĭŭm *n.* (*somnus*), Traum; ital. *sogno*;
prov. *songe, sonje* (cat. *so*); span. *sueño*; ptg.
sonho. Vgl. Gröber, ALL V 472.

8872) [sōmnōlĕntĭă, -am *f.*, Schläfrigkeit; ital.
sonnolenza u. *-zia*; (rum. *somnorime*); frz. *somno-
lence* (gel. W.): span. ptg. *somnolencia*.]

8873) [sōmnōlĕntŭs, a, um (*somnus*), schläfrig;
ital. *sonnolento*; frz. *somnolent* (gel. W.); span.
ptg. *somnolento*.]

8874) sōmnŭs, -um *m.*, Schlaf, Schlummer; ital.
sonno; sard. *sonnu*; rtr. *siemi*; prov. *somm-s*, *somi-s,
som-s*; frz. *songe*; (cat. *so*); span. *sueño*; ptg.
sonho. Vgl. Gröber, ALL V 473.

8875) [sōnăĭlŭm *n.* (*sonare*), Klingel, Schelle;
prov. *sonalhs*; frz. *sounaille*; span. *soneja*.

8876) sōnchos, -on *m.* (σόγχος), Gänsedistel;
ital. *sonco*; mail. *sonzĭ*, vgl. Salvioni, Post. 21.

8877) dtsch. sonder, mhd. sunder; davon viel-
leicht altfrz. *sundre* (Horn 4658), abgesonderte
Schar, Rudel. Mettlich vermutet (nach mündlicher
Mitteilung) das Grundwort in *synodus*.

8878) *sōnĭŭm *n.* (für *senium*, über das Vorkommen des Wortes vgl. Rönsch, RF II 314, und
Bücheler, Rhein. Mus. XXXXII 586, s. auch Lagarde,
Mitteilungen II 4), Entkräftung, Verdrufs, Ärgernis,
Sorge; altital. *sogna* (mit geschl. o), Sorge, Sorgfalt, *bisogno* (= *bis* + *sonium*), eigentlich wohl
arge, schlimme Sorge, Not, dazu das Vb. *bisognare*,
nötig sein; prov. *sonh-s, besonh-s, besonha*, dazu
Vb. *besonhar*, nötig sein; frz. *soin*, Sorge,
Sorgfalt, dazu die Vb. *soigner*, sorglich pflegen,
besoin, Bedürfnis, *besogne*, Geschäft, altfrz. auch
essoigne, essoine, Notwendigkeit, Bedürfnis, Entschuldigung, *essoignier*, sich entschuldigen, *ensoi(n)-
gnier*, beschäftigen, *resoigner*, fürchten, *suignante*,
Buhlerin, *soignentage*, Buhlschaft. Vgl. Dz 297
sogna (ein bestimmtes Grundwort wird nicht aufgestellt; die Gleichsetzung des *bis-* *be* in *bisogno,
besoin* mit dem pejorativen Präfixe *bis* verwirft
Diez, weil Begriff und Schreibung dagegen streite,
indessen was die letztere anlangt, so genügt es
daran zu erinnern, dafs man auch *bisulcus, bisyl-
labus* u. nicht *bissulcus, bissyllabus* schreibt; begrifflich aber läfst sich *bisogno, besoin* „Not" recht
wohl als „böse Sorge" auffassen; Mackel p. 21
(Mackel stellt prov. *essonha*, altfrz. *essoigne,
essoine* neben Sorge, Not, daraus das Vb. *bisognare*,
neufrz. *besogne* zu germ. got. *sunja*; prov. *sonh-s*
aber nebst frz. *soin* fafst er als Verbalsbst. zu
dem Vb. *sonhar, soignier*); Gröber, ALL V 473
(Gr. nimmt das von Bücheler a. a. O. aufgestellte
Grundwort *sonium* an, meint jedoch, dafs die Zusammensetzung mit *bi-, be-* die Herleitung aus dem
Latein etwas schwierig mache).

8879) sōno, -āre (*sonare*), tönen; ital. *sonare*; prov.
sonar; frz. *sonner*; cat. *sonar*; span. ptg. *sonar*.

8880) sōnŭs, -um *m.*, Ton, Klang, Schall; ital.
sono (Dem. *sonetto*); prov. *so(n)-s* (Dem. *sonet-z*);
frz. *son* (Dem. *sonnet*); span. *sueno, son*
(*sonido*; *soneto*).

8881) **sŏphĭsma** n., spitzfindige Rede, Grübelei; ital. *fisima*, Grille, vgl. Schuchardt, Z XXI 130; Tobler, Sitzungsb. der Berl. Akad. d. Wiss. (phil.-hist. CL), 1896 p. 831 hatte das Wort von griech. φύσημα abgeleitet, was wegen des Verbums *fisicare*, spitzfindig reden, = *sophisticare* nicht annehmbar erscheint.

*sŏphĭstĭco, -āre s. sŏphĭsma.

8882) **sŏrbĕo, -ēre**, schlürfen; ital. sorbire; rum. sorb ii it i; neuprov. sourbi; cat. sorbir; span. sorber; ptg. sorver. Vgl. Gröber, ALL V 473. — G. Paris, R VI 148 und 436, hält für möglich, dafs aus einem Partizip *sorpsus hervorgegangen sei ein Vb. *sorpsire (woraus einerseits *sopsire, *sompsire, andererseits *sorsire, *solsire), und dafs in diesem vorliege das Grundwort zu prov. sompsir, somsir, sumpsir, sumsir, ertränken, dazu das Shst. somsis, Abgrund (Beëth. 182), frz. sancir, versinken, Sancy, Solsis (Ortsname), Abgrund. Diez 682 sumsir stellte summergere als Grundwort auf. Die Paris'sche Ableitung, obwohl sie nicht gerade überzeugend ist, mufs doch als die wahrscheinlichere gelten. — Sicher geht auf ein Part. *sor[p]sus zurück das ital. Shet. sorso, Schluck.

8883) **sŏrbŭm** n., Elsbecre, *sŏrbă, -am f., Elsbeerbaum; ital. sorbo, sorba; rum. sorb; neuprov. souorbo, sorbo; frz. sorbe; span. serba (aus suerba); ptg. sorva. Vgl. Dz 487 serba; Gröber, ALL V 473.

8884) **sŏrdes, -em** f., Schmutz; ital. sorde.

8885) **sŏrdĭdŭs, a, um**, schmutzig (ital. sordido); prov. sordejer, sordejor = sordidior, -orem, dazu das Vb. sordejar = *sordidiare, schlechter werden: altfrz. sordeior = sordidiorem, sordeis = sordidius (s. oben *antius); burg. šurde dagegen gehört schwerlich hierher, sondern mufs als noch dunkel bezeichnet werden; span. (auch ptg.) cerdo, Schwein, cerda, ein Haufen Schweinsborsten, vgl. Dz 438 cerdo; ptg. (xurdo, zuor) zurdarse, sich im Schlamme wälzen, zodreiro, gleichsam *sordidiarius, Schwein, vergl. C. Michaelis, Misc. 164.

8886) **sŏrdĭtĭă, -am** f. (sordes), Schmutz, Schmutzigkeit; ital. sordezza; (span. sordidez; ptg. sordidez, sordideza).

8887) **sŏrĕx, -ĭcem** u. *-īcem, Spitzmaus; sard. sorighe; ital. sorcio (für sorce); vonez. sorése, berg. sórek u. sorék; valtell. soriee, topolino, vgl. Salvioni, Post. 21; rum. çoaric; prov. soritz; frz. souris (altfrz. souriz, wohl nach eriz = ericius, Igel, gebildet, aber mit Wahrung des weiblichen Genus); span. sorce. Vgl. Dz 299 sorce; Gröber, ALL V 473.

8888) bask. **sorguĭňa, sorguĭna**, Hexe; davon nach Diez 461 s. v. span. jorgina, jorguina, Hexe, enjorguinar, rufsig machen „wie die durch den Schornstein fahrenden Hexen thun". Baist, Z V 244, setzte sorguina = soror divina an, widerrief dies aber, RF III 516, u. erklärte baskischen Ursprung für wahrscheinlich; W. Meyer, Z VIII 225, vermutete in jorgina ein Feminin zu dem Eigennamen Jorge. Man darf sich wohl bei der Diez'schen Ableitung beruhigen.

8889) **sŏrĭx, -ĭcem** m., eine Art Eule; davon vielleicht frz. souris in chauve-souris, Fledermaus. S. oben **saurīx.**

8890) **sŏrōr, -ōrem** m., Schwester; altital. suor, Nonne, suora, Schwester, Nonne, vgl. Canelle, AG III 400; (neuital. sorella); vegl. saur, seraur; piem. sóre; mesolc. sew; lecc. saluri; valses.

sróo; ossol. sror; valm. šru, vgl. Salvioni, Post. 21; rum. sorä, Plur. surori; rtr. sor etc., vgl. Gartner § 107; prov. c. r. sore, sorre, sor, c. o. seror; altfrz. c. r. soer, suer, sor, c. o. soror, serur, sercur; neufrz. sœur; altcat. span. ptg. sor, Nonne (der Begriff „Schwester" wird in den pyrenäischen Sprachen durch germana = cat. germana, span. hermana, ptg. irmãa ausgedrückt).

8891) **sŏrōcŭla, -am** f. (soror), Schwesterlein; ital. sirocchia.

8892) [*sŏrōrīsco, -ēre = rum. insorăresc ii it i, (zwei Grundstücke) vereinigen, s. Ch. p. 257.]

8893) **sŏrōrĭŭs, -um** m. (soror), Schwestermann; altfrz. sororge, serorge, serourge. Vgl. Dz 676 serorge; Gröber, ALL V 473.

8894) **sŏrs, sŏrtem** f., Los, Schicksal; ital. sorte; rum. soarte; rtr. prov. frz. cat. sort (daneben frz. sorte, Sorte); span. suerte; ptg. sorte. Vgl. Gröber, ALL V 473.

8895) [*sŏrtārīŭs, -um m. (sors), Losdeuter, Schicksalmacher, Zauberer; ital. sortiere, Wahrsager; (prov. sortilhier-s); span. sortero; (ptg. sorteador). S. sŏrtĭārĭŭs.]

8896) *sŏrtĭārĭŭs, -um m. (sors), Losdeuter, Schicksalmacher, Zauberer; frz. sorcier, Zauberer, dazu das Fem. sorcière, dazu sorcerie, Zauberei. Vgl. Dz 680 sorcier; Gröber, ALL V 474.

8897) *sŏrtĭcŭlă, -am f. (sors), Zauberring; span. sortija, Ring; ptg. sortilha. Vgl. Dz 489 sortija; Gröber, ALL V 474.

8898) [sŏrtĭlĕgus, a, um, weissagerisch; frz. sortilège, Zauberei.]

8899) 1. *sŏrtĭo, -īre (sors), durch das Los zuteilen, losen, erhalten, in Lese teilen, sortieren; ital. sortire; rum. sortesc ii it i; frz. sortir (Präs. sortis); span. surtir (daneben sortear); ptg. sortir (daneben sortear). Vgl. Dz 300 sortire 2.

8900) 2. [*sŏrtĭo, -īre (v. *sortus f. *surtus = *surctus = surrectus), hervorgehen; davon nach Storm, R V 183, vielleicht, sortire, herausgeben; prov. frz. sortir (bedeutet im Altfrz. auch „entspringen, entkommen"); span. surtir, hervorquellen; ptg. surdir. Vgl. Dz 300 sortire 1. Alles Nähere sehe man oben unter *ĕxŏrtĭo.]

8901) ags. **sōtig** (v. sót, Rufs), rufsig; davon nach Dz 682 suie prov. suga, suia, sueia, Rufs; frz. suie; cat. sutje. Die Ableitung erscheint zweifelhaft, doch darf man vielleicht annehmen, dafs das german. Wort an sūcus angelehnt worden sei. Besser noch gefällt Horning's Annahme, Z XIII 323, dafs suie = *sūdīcā = sūçĭdā sei.

8902) ndl. **spaak, speek**, Speiche, Hebebaum, = span. ptg. espeque, Hebebaum, vgl. Dz 449 s..v.

8903) mhd. **spachen**, bersten machen, spalten, = ital. spaccare, spalten, spaccarsi, bersten, vgl. Dz 401 s. v.

8904) *spăcŭs oder *spăgŭs, -um m. (vielleicht von σπάω, vgl. Sittl, ALL II 133, aber dagegen Schuchardt, Z XV 114), Faden, = (? s. spartĭcus!) ital. spago, Bindfaden; sard. ispau; friaul. spali. Diez 401 leitet das Wort richtig aus sparticus ab. Vgl. Gröber, ALL V 474.

8905) dtsch. **spalt; davon vielleicht ital. spaldo (venez. scronete, spalto), Erker, ursprünglich viell. Mauerrinschnitt, vgl. Dz 402 s. v.

8906) ndl. **spanen**, ein Kind entwöhnen; davon das gleichbedeutende frz. (pic.) épanir, vgl. Dz 575 s. v.

8907) ahd. **spanga**, Spange, Riegel; davon nach Dz 402 *s. v.* ital. spranga, Spange, Riegel, Querholz; befremdlich ist aber der Einschub des r.

8908) ahd. **spanna**, Spanne; ital. rtr. spanna, dazu das Vb. spannare, Tuch oder Netze abspannen (doch könnte man dafür auch *expannare v. pannus als Grundwort ansetzen); altfrz. espan (Vbsbst. zu *espaner?); neufrz. empan, Spanne. Vgl. Dz 301 spanna; Mackel p. 61.

8909) σκανός, selten, = ital. (sicil.) spanu, selten, vgl. Dz 402 *s. v.*

8910) german. *sparanjan, sparen; ital. sparagnare, sparmiare, risparmiare; rtr. sparegnar; frz. épargner. Vgl. Dz 302 sparagnare; Ulrich, Z III 265; Mackel p. 53.

8911) **spärgo, spärsi, spärsum, spärgěre**, streuen; ital. spargo, sparsi, sparso und sparto, spargere, (über spar-pagliare u. dgl. vgl. Caix, St. 58, s. oben unter **papilio**); rum. sparg, sparsei, spart, sparge; prov. esparcer (Part. Prät. espars); frz. nur das Part. Prät. épars; cat. espargir; span. esparcir; ptg.. esparzir; (altspan. altptg. auch espargir). Vgl. Dz 449 esparcir.

8912) *sparticus, -um *m.* (v. spartum, griech. σπάρτον, span. esparto), Bindfaden; davon nach Diez 401 ital. spago, sard. ispau (s. jedoch No 8904). Vgl. Schuchardt, Z XV 114.

8913) **spartum** n. (σπάρτον), Pfriemengras; span. ptg. esparto, dav. span. espartero, Pfriemengrasverarbeiter, span. espartena, ptg. espartenha, cat. espardenya, Spartschuh (auch südfrz. espartino, -illıo etc.). Im span. ptg. alpargata, -e, Hanfschuh, liegt nach Schuchardt, Z XV 115, Mischung aus (dem noch unerklärten, s. ob. No 10 abarquia) span. ptg. abarca, Schuh aus rohem Leder, und espargata vor; frz. épart, Binse.

8914) **spärus, -um** *m.*, Goldbrachsen; ital. sparlo = *sparulus; frz. spare, gel. W., sparaillon.

8915) german. **sparwâri**, Sperber; ital. sparaviere, sparviere; prov. esparvier-s; altfrz. esparvier, espervier; neufrz. épervier (in der Bedtg. „Laufbursche" ist das Wort aus épreuvier, d. i. Austräger von Druckbogen [épreuves], umgebildet); cat. esparver; altspan. esparvel; (neuspan. gavilan; ptg. gavião, vermutlich entsprechend einer Grundform *capillanus von *capillus von *căpus, Falke, von capio, capere, vgl. Dz 454 gavilan). Vgl. Dz 302 sparaviere; Mackel p. 40. — Diez 302 vermutet mit Ménage, dafs mit sparviere etc. in Zusammenhang stehe ital. spavenio (= sparvenio?), Name einer Krankheit des Rindviehs und der Pferde, in welcher die Tiere den kranken Fufs so aufheben, wie ein Sperber es thut; altfrz. esparvain; neufrz. éparvin; cat. esparvenc (valenc. esparver); span: esparavan. Die Ableitung ist höchst fragwürdig.

8916) **späsmūs, -um** *m.* (σπασμός), Krampf; ital. spasimo, dazu das Vb. spasimare, in Krämpfe verfallen; prov. espasme-s, dazu mit seltsamem Einschub eines *l* das Vb. esplasmar, plasmar, espalmar; frz. das Vb. pâmer; span. espasmo, pasmo, dazu das Vb. espasmar, pasmar; ptg. pasmo. Vgl. Dz 302 spasimo.

8917) **späthä, -am** *f.* (σπάθη), Schwert; ital. spada; rum. spadă; rtr. spada; prov. espada, espaza, dazu das Vb. espazar, mit dem Schwerte töten; frz. épée; cat. span. ptg. espada. Vgl. Dz 301 spada; Gröber, ALL V 474.

späthülä s. **spätülä.**

8918) *spätīo, -āre (spatium; schriftlatein. ist spatiari üblich), einherschreiten; ital. spaziarsi, spazieren gehen; spazzare, ausräumen, (Unrat) wegschaffen, kehren, davon spazzatume, spazzatura, Kehricht, spazzatojo, Kehrwisch, spazzola, Bürste, spazzolare, kehren; prov. espassar, ausbreiten, (das Vb. kann aber auch = *expassare sein); (span. espaciar, ausbreiten, ausdehnen, espaciarse, sich ergehen; ptg. espaçar, ausdehnen, verschieben, sich ergehen). Vgl. Dz 302 spazzare.

8919) [spätīōsūs, a, um (spatium), geräumig; ital. spazioso; prov. espacios; frz. spacieux; span. espacioso; ptg. espaçoso.]

8920) spätīum n., Raum; ital. spazio, Raum, spazzo, Platz, vgl. Canello, AG III 344; prov. cspazi-s; frz. espace; cat. espay; span. espacio; ptg. espaço.

8921) spätülä, -am *f.*, Rührlöffel, Schulterblatt; ital. spatola, Spatel, spalla, Schulter, vgl. Canello, AG III 354; von spalla ist abgeleitet *spallacciato, schulternblofs, daraus wieder sparaciato, offen, entblöfst, vgl. Caix, St. 585; spalliera, Rücklehne, Spalier (frz. espalier); rtr. spadla, Schulter; prov. espatla; altfrz. espalle, espalde; neufrz. épaule (die Lautentwickelung noch nicht befriedigend erklärt, vgl. Förster, Z XXII 513), davon épaulette, Achselklappe; cat. espattla; span. espalda, espalla; ptg. (espalda), espadoa. Vgl. Dz 301 spalla; Gröber, ALL I 245 u. V 474.

8922) [*spätūlūs, -um *m.* (Nebenform zu spatula in der Bedtg. „Schulter, Stütze, Deckungsort"); ital. spalto (Lehnwort aus dem Span.) „quel terreno sgombro da qualunque impedimento, che circonda la strada coperta o la controscarpa, e dell' estremità superiore del parapetto o della controscarpa va ad unirsi alla campagna con dolce pendio", spaldo (Lehnwort aus dem Span.) „sporto, ballatojo in cima alle torri o alle mura, vallo"; span. espalto, in der Bedeutung gleich dem ital. spalto; espaldo-n „valla artificial de altura y cuerpo correspondiente para resistir y detonar el impulso de algun tiro o rechazo". Vgl. Canello, AG III 397.]

8923) *spěcĭä, -am *f.* (für species), Ansehen, Erscheinung, Einzelerscheinung, Stück, Warengattung, Gewürz; ital. spezie (eigentl. Plur.); sard. ispessia; prov. especia; altfrz. espice, espesse, Gewürz; neufrz. épice, Gewürz, (espèce, Art); span. especia, Gewürz, especie, Gattung; ptg. especie. Vgl. Dz 303 spezie; Gröber, ALL V 475.

8924) [spěcĭālĭs, -e (*specia), besonder; ital. speciale und speziale (letzteres auch Shet. in der Bedeutung „Apotheker"); frz. spécial etc., nur gel. Wort. Vgl. Berger p. 128.]

8925) [spěcĭālĭtäs, -ätem *f.* (species), Besonderheit; ital. specialità, spezialità, spezialtà; frz. spécialité, überall nur gel. W.]

8926) [*spěcĭārĭä, -am *f.* (*specia), Gewürzladen, Apotheke; ital. spezieria, Apotheke (daneben farmacia): rum. spiterie; prov. especiaria; frz. épicerie, Gewürzladen; span. especería, Gewürzladen; ptg. especiaria, Gewürz.]

8927) [*spěcĭārĭŭs, -um *m.* (*specia), Gewürzkrämer, Apotheker; (ital. speziale); rum. spiter; prov. cspessier-s; frz. épicier; cat. especier; span. especiero; ptg. especieiro.]

8928) [spěcĭēs, -em *f.* (wegen der Bedeutung s. *specia); ital. specie „qualità", (spezie „aromi, droghe"). Im übrigen s. **spěcĭä.**]

8929) [spěctācŭlŭm n. (spectare), Schauspiel; ital.

spettacolo; frz. spectacle; span. ptg. espectáculo; überall nur gel. W.]

8930) **spĕcto, -āre,** schauen; uur ital. spettare, betreffen, angehen, gehören (vgl. lat. spectare ad aliquam rem).

8931) [***spĕcŭlārĭŭm** n. (speculum), Guckloch; davon nach Wedgwood, R VIII 437, prov. espitlori, Pranger (eigentlich Loch zwischen zwei Balken, durch welches der Kopf des Verbrechers hindurchgesteckt wurde); frz. pilori (das Wort müfste dann entlehnt sein), cat. espitlerra; ptg. pelourinho. Suchier, Z III 611, bemerkt hierzu: „die Ableitung befriedigt nicht, doch weifs ich keine bessere". Nach Baist, Z V 233, soll pilori aus pilonin, Demin. zu pilon v. pilum entstanden sein, vgl. dagegen die triftigen Einwendungen von G. Paris, R XI 163. Canello, AG III 336 Anm., wollte in allzu kühner Weise pilori in Zusammenhang bringen mit berlina (s. oben unter bera). Diez 657 pilori enthielt sich der Aufstellung eines bestimmten Grundwortes. Die Wedgwood'sche Ableitung dürfte immerhin die annehmbarste sein, zumal wenn man erwägt, dafs ein Wort von solcher Bedeutung starken Umwandlungen und volksetymologisierenden Umdeutungen besonders leicht ausgesetzt sein mufste. Das frz. pilori ist zweifelsohne an pilier angelehnt worden.]

8932) ***spĕcŭlo, -āre** (f. speculari), spähen, beobachten; sard. spegulai, osservare.

8933) **spĕcŭlŭm** n. (specēre); Spiegel; ital. specchio, speglio, (daneben als gel. W. speculo, speculo), vgl. Canello, AG III 353; sard. ispiju; valbreg. spégual; rtr. (spegel = dtsch. spiegel); friaul. spieli; prov. espelh-s; (frz. espiègle, Schelm, espieglerie, Schelmenstück, vom' deutschen Eulenspiegel; das übliche Wort für „Spiegel" ist miroir; daneben glace, Wandspiegel); cat. espelh; span. espejo; ptg. espelho. Vgl. Dz 302 specchio; Gröber, ALL V 475.

8934) ahd. **spĕh,** Specht; altfrz. espeche (pic. épèque); neufrz. épeiche. Vgl. Dz 573 épeiche; Mackel p. 78.

8935) ahd. **spĕhôn,** spähen; ital. spiare, dazu die Sbsttve spia, spione, Späher; rtr. spiar; prov. espiar, dazu das Sbst. espia; altfrz. espier, dazu das Sbst. espie f.; frz. épier, dazu das Sbst. espion (Lehnwort); span. ptg. espiar, dazu das Sbst. espia, espion; ptg. espião. Vgl. Dz 303 spiare; Mackel p. 78. S. unten 2. **spĭco.**

8936) altfränk. **spĕht,** Specht, = altfrz. *espeit, espoit (Münchener Brut, V. 3958). Vgl. Mackel p. 82.

8937) altnfränk. ***spĕllôn** (ahd. spëllón, got. spillon), erklären, deuten; prov. espelar, erklären; altfrz. espeler (espelir, espeloir, espelre); neufrz. épeler, buchstabieren. Vgl. Dz 573 épeler; Mackel p. 83.

8938) **spĕltā, -am** f., Spelt; ital. spelta, spelda; rtr. spelta; prov. espeuta; frz. épeautre (aus *espealte, vgl. fautre mit filt, s. oben filt); cat. span. ptg. espelta. Vgl. Dz 302 spelta; Gröber, ALL V 475.

sper s. speut.

8939) [***spĕrāntĭā, -am** f. (sperare), Hoffnung; ital. speranza; prov. esperansa; frz. espérance (daneben espoir); span. esperanza (daneben espera); ptg. esperança (daneben espera).]

8940) **spĕro, -āre,** hoffen; ital. sperare; prov. esperar, frz. espérer (gel. Wort, vgl. G. Paris, R XV 615), dazu das Vbsbst espoir; cat. span. ptg. esperar (dazu das Vbsbst. espera).

8941) **spēs, spĕm** f., Hoffnung; ital. speme und spene = spem. Vgl. Dz 402 speme.

8942) [burg. oder fränk. ***speut,** Spiefs (altgerm. Thema ***speuta**); daraus nach Suchier, Z I 429, prov. espeut-z, espieut-z; altfrz. (espieut), espieu (Cas. rect. espieu-s, dazu, als wenn ieu = iel wäre, ein neuer Cas. obl. espiel, espieil), aus espieu durch Suffixvertauschung espier; eine andere Gestaltung des german. speut, speot kann sein espiet, woraus vielleicht espié, das aber auch auf espieu zurückgehen kann, wie estrié auf estrieu. Diez hatte 573 espiet vom spiculum, 575 espier vom ahd. sper und espiet vom abd. spioz, speoz abgeleitet.] S. auch unten **spit.**

8943) **sphaerā, -am** f. (σφαῖρα), Kugel; ital. sfera „corpo o figura rotonda", spera „sfera, specchio, imagine resa dallo apecchio, diamante lavorato a sfera ecc.", vgl. Canello, AG III 363.

8944) **sphaerŭlā, -am** f. (sphaera), kleine Kugel; ital. sperla, vgl. AG XII 432.

8945) **spĭcā, -am** f. u. **spĭcŭm** n., Spitze, Ähre; ital. spiga, davon spigolare, Ähren lesen, wovon wieder spigolatura, Ährenlese; sard. ispica; piac. spig, spigolo; veron. spigo, spicchio; rum. rtr. spic (rtr. auch spig mit der Bodtg. „Bergspitze", also sich berührend mit dem Stamme picc-, pic-, w. m. s.); prov. espica, espic; frz. épi; cat. span. ptg. espiga. Vgl. Gröber, ALL V 475.

8946) **spĭcae granā;** dav. viell., vgl. C. Michaelis, Frg. Et. p. 52, ptg. (espigagrana), pagrana, pragana, paragana, Granue an der Kornähre.

8947) 1. **spĭco, -āre** (spica), Ähren bekommen; ital. spigare; rum. inspic ai at a; prov. espigar; frz. épier; cat. span. ptg. espigar.

8948) 2. ***spĭco, -āre** (vgl. con-spicari), spähen; wird von Pascal, Studj di fil. rom. VII 90, als Grundwort zu ital. spiare, frz. épier angesetzt, aber das i von spicare müfste kurz sein und kann daher nicht roman. i entsprechen. S. **spĕhôn.**

8949) **spĭcŭlŭm** n., Spitze, Stachel; ital. spiculo „punto dolla saetta", spigolo „il canto vivo dei solidi", spicchio „una delle particelle che compongono il bulbo della cipolla e simili" (Gröber, ALL V 475, meint, dafs die Bodtg. von spicchio die Ableitung von spiculum nicht gestatte, es ist aber wohl nicht von der Bedtg. „Scheibe", sondern von der aus „Knolle, Knopf, Kopf, Fruchtansatz" auszugehen). vgl. Canello, AG III 354, wo auch spillo „ago con capocchia, zipolo" auf spiculum zurückgeführt wird, während es wohl zu spinula (s. d.) gehört, mit spillo fällt dann selbstverständlich auch das von Canello, AG III 380, ebenfalls zu spiculum gestellte squillo hinweg; span. espiche, Degen, Pflock, davon espichar, stechen, spiefsen; ptg. espicho, Zapfen, davon das Vb. espichar, stechen. Vgl. Dz 402 spigolo, 449 espiche, (573 épieu wollte Diez irrtümlich auch dieses Wort von spiculum ableiten, s. unten unter **speut**); Gröber, ALL V 476.

8950) dtsch. **spierling,** ein Fisch (Stint); frz. éperlan (aus *esperlenc); span. eperlano, eperlan (Lehnwort aus dem Frz.). Vgl. Dz 573 s. v.; Mackel p. 96.

8951) **spīnā, -am** f., Dorn, Rückgrat; ital. spina, dazu das Demin. spinetta, ein Musikinstrument (so genannt „weil es mit zugespitzten Federkielen gespielt ward", Diez 303 s. v.); sard. inspina; frz. spina; frz. épine, Dorn, (das „Rückgrat" wird durch échine = abd. skina ausgedrückt, s. oben unter **skina,** jedoch sagt man moelle épinière Rückenmark, davon das Demin. épinette, Spinett; über

épinard, Spinat, vgl. oben **aspanakh** u. No 8952
cat. span. *espina*; ptg. *espinha*. Vgl. Gröber,
ALL V 476. S. auch **spīnūs**.

8952) [***spīnācĕŭs, a, um** u. ***spīnäx, -ācem**
(*spina*), dornig, sind die scheinbaren Grundformen
zu ital *spinace*, Spinat (so genannt „wegen seiner
gezackten Blätter", Diez 803 *s. v.*): rum. *spanac*;
(prov. *espinar*); altfrz. *espinoche*; (neufrz. *épinard* = prov. *espinar* + analogisches *d*); cat.
cspinac; span. *espinaca*; (ptg. *espinafer*, scheinbar
von *spinifer*). In Wirklichkeit gehen jedoch diese
Worte auf pers. *aspanakh* (s. d.), *isfanádj, isfinádj*
zurück, allerdings mit begrifflicher u. lautlicher Anlehnung an *spina.*]

8953) **spīnētūm** *n.* (*spina*), Dornenhecke; ital.
spinelo; rum. *spinet*; frz. *épinaie.*

8954) **spīnōsūs, a, um** (*spina*), dornig; ital.
spinoso; rum. *spinos*; prov. *espinos*; frz. *épineux*;
cat. *espinos*; span. *espinoso*; ptg. *espinhoso.*

8955) **spīnŭlä, -äm** *f.* und ***spīnŭlūs, -um** *m.*
(Demin. v. *spina*, **spinus*), kleiner Dorn, Nadel;
ital. (*spilla*, daraus das mittelfrz. *espille*, Nadel),
spillo, Stecknadel, Bohrer, Zapfen (daneben mit
gleicher Bedtg. *squillo*, vgl. *resquitto* neben *respitto*
= *respectus*, s. Canello, AG III 319 und 380, wo
freilich *spillo* fälschlich = *spiculum* angesetzt wird);
neuprov. *espinglo*, Stecknadel; frz. *épingle* (das
g erklärt sich wohl als blofs graphischer Einschub;
épinle = *spin'la* hätte in *nl* eine ganz vereinzelt
dastehende Buchstabenverbindung dargeboten, man
vermied dies, indem man ein *g* einschob, wozu Worte
wie *angle, · ongle* ein Vorbild gewährten. Es ist
daher unnötig, für *épingle* ein anderes Grundwort
zu suchen. G. Paris stellte, R IX 623, als solches
*sp[h]ingula, Demin. v. *sphinx*, auf, sehr scharfsinnig,
aber schon um deswillen nicht beifallswert, weil
dann *épingle* wohl nur eine Schmucknadel bezeichnen
würde. Ascoli, AG IV 141 Anm., glaubt, dafs *épingle*
aus *spingula* entstanden sei, sich auf das Vorhandensein dieses Wortes in der Mundart von Lecce
berufend; *spingula* aber betrachtet er als die nasa-
lierte Nebenform von **spicula* u. vergleicht *minga*
= *mica*, *combito* = *cubito*. Nun ist zwar nicht
gerade undenkbar, dafs ein *spinula* zu *spingula*
geworden sei, wenn auch nicht durch Nasalierung,
sondern auf dem Wege volksetymologischer Umgestaltung, indem man *spinula* an *pungere, pingere*
anlehnte. Aber nichts zwingt uns zu der Annahme,
dafs frz. *épingle* diese Entstehung hinter sich habe,
eher könnte man an Beeinflussung durch das deutsche
spange denken. Auch in Bezug auf lecces. *spingula* ist dies keineswegs sicher. Vgl. Dz 303 *spillo*;
Gröber, ALL V 476; Nigra, AG XIV 299.

8956) **spīrācŭlum** *n.* (*spirare*), Luftloch; ital.
spiraculo, *spiracolo, spiraglio*; frz. Canelle, AG III
353, d'Ovidio, AG XIII 426; altfrz. *espirail.*

8957) **spīrītūs, -um** *m.*, Geist; ital. *spirito*;
rum. *spirt, spirit*; prov. *esperit-z*, *sperit-z*; frz.
esprit (in seiner Lautgestaltung beeinflufst durch
den liturgisch häufig gebrauchten Dativ *spiritui*
sancto, wie überhaupt die Lautentwickelung von
spiritus durch die kirchliche Bedtg., welche das
Wort erhielt, in unregelmäfsige Bahnen gelenkt
wurde, vgl. Berger p. 128); cat. *esperit*; span.
espíritu; ptg. *espirito*. Vgl. Dz 303 *spirito.*

8958) **spīro, -āre**, hauchen, blasen; ital. *spirare*;
(frz. nur in Kompos. *respirer, expirer, aspirer, con-
spirer*, daneben auch das Simplex *espirer* [?]); span.
ptg. *espirar*. Über das etwaige Vorkommen des
Wortes im Altfrz. vgl. Leser unter *espirer.*

8959) **spīssŭs, a, um,** dicht, dick; ital. *spesso,*
dick, derb, das Adv. oft; rtr. *spess*; sard. *ispissu;*
prov. *espes*; altfrz. *espeis*; altfrz., *espes* u. *espois*
(noch von Scarron im Reime mit *bois* gebraucht),
dazu das Sbst. *espoisse*, gleichs. **spissea*, u. das
Vb. *espoissier*, vgl. Meyer-L., Rom. Gr. I § 111;
neben *espoisse* (Sbst.) auch *espessetume*; neufrz. zu
épais die Verba *épaissir* u. *dépaissir*, wozu wieder
das Sbst. *dépaissement*, Verdünnung, vgl. Cohn,
Suffixw. p. 111; neufrz. *épais*; cat. *espes*; span.
espeso; ptg. *espesso*. Vgl. Dz 303 *spesso*; Gröber,
ALL V 478.

8960) german. **spīt-,** Spiefs; ital. *spito*, Bratspiefs (nur in Neapel üblich); frz. *épois*, Plur.,
(Sg. **époi* f. **époit*), die obersten Enden am Hirschgeweih; span. ptg. *espeto*, Bratspiefs. — Daneben
ital. *spiedo, spiede* (*spiedone, schidone, schidione*),
Jagd-, Bratspiefs, wohl von dem got. Thema **spiuta-
= burg. **speut* (vgl. Kluge unter „Spiefs" 1); prov.
espeut-z, espieut-z; [altfrz. *espieu, espiet* (vgl.
Suchier, Z I 429, s. oben unter **speut**)]; span.
espedo, espiedo. Vgl. Dz 304 *spito*; Mackel p. 92
u. 127.

8961) **spīthāmä, -am** *f.* (σπιϑαμή), Spanne; ital.
spitamo; span. *espita*. Vgl. Dz 304 *spitamo.*

spïuta s. **spit.**

8962) **splēn, splēnä** (σπλήν) m., Milz; sard. *ispiene*
u. *spreni*; tic. *spiena*; altneap. la *splene*; neura.
spienza (engad. *splëda*), vgl. Salvioni, Post. 21;
rum. *splinä*. S. oben unter **milzl.**

8963) [***splēnātĭcŭs** u. **splēnētĭcŭs, a, um** (*splen*),
milzsüchtig, hypochondrisch; ital. *splenetico*; rum.
splinatic; span. *esplenético, esplénico*; ptg. *esple-
netico*; überall nur gel. W.]

8964) [**splēndĭdŭs, a, um,** glänzend; ital. *splen-
dido*; frz. *splendide*; span. ptg. *espléndido.*
Überall nur gel. W.]

8965) [**splēndŏr, -ōrem** *m.*, Glanz; ital. *splen-
dore*; venez. *spiandor*; berg. *spiandur*; bures.
sbiaudore, Salvioni, Post. 21; frz. *splendeur*; span.
ptg. *esplendor*, daneben *esplendidez* u. *-dideza*.]

8966) german. **spōla** (ahd. *spuola*), Spule; ital.
spola, spuola, Weberschiffchen; rtr. *spol*; altfrz.
espolet, Spindel; neufrz. **espoule* = Spule, espóle,
espoule, époulle = ital. *spola, spuola*; span. *espolin.*
Vgl. Dz 304 *spola*; Mackel p. 34; Behrens, Z XIII
406; Braune, Z XXII 204.

8967) **spŏlĭum** *n.*, abgezogene Haut, erbeutete
Rüstung, Beute; ital. *spoglio* u. *spoglia* (= *spolia*,
Pl.), Beute, auch die abgestreifte Haut der Schlange,
irdische Hülle; ob *scoglia*, abgestreifte Schlangen-
haut, Schildkrötenpanzer, mit *spoglia* identisch ist,
mufs fraglich erscheinen, obwohl Canello, AG III
380, sich dafür ausspricht, denn man könnte auch
Herkunft von ahd. *scala*, Schale (= frz. *écale*)
unter Anlehnung an *spoglia* annehmen; altspan.
espojo, Beute. Vgl. Dz 304 *spoglia.*

8968) **spŏndä, -am** *f.*, Fufsgestell des Bettes,
Ruhebett, ital. *sponda*, Bettlehne, Rand, Brust-
wehr; rtr. *spunda*; friaul. *spuinde*; prov. *esponda;*
altfrz. *espunde* (bedeutet auch das umgebogene
Ende des Hufeisens; volksetymologisch wurde das
Wort zu *éponge* umgestaltet, vgl. Fafs, RF
III 498); Dz 402 *sponda*; Gröber, ALL V 478.

8969) [***spŏndŭs, a, um** (zusammenhängend mit
sponte, spontaneus) = altfrz. *spoine, espoine,
esponge*, freiwillig, als Shet. freier Wille. Vgl.
Förster, Z II 85; Leser unter *espoine*.]

8970) **spōngĭä** und ***spōngä, -am** *f.* (σπογγιά),
Schwamm; ital. *spugna, sponga*; prov. *esponja,*

esponga; frz. éponge; cat. esponga; span. ptg.
esponja. Vgl. Ascoli, AG I 525 Anm. 5; Gröber,
ALL V 478. — Über eine besondere Bedtg. von
spongia („panis aqua diu malaxatus") s. Isid. Orig.
XX 2, 16; davon durch arab. Vermittelung sicil.
sfincia, eine lockere Mehlspeise, vgl. über die vielgestaltige dazu gehörige Wortsippe Schuchardt,
Roman. Et. I p. 54.

8971) spönsälia n. pl. (sponsus), Verlobung; frz.
épousailles; span. esponsalias, esposayas, espon-
sales; ptg. esponsalias, esponsaes. Siehe spönsälitium.

8972) *spönsälitium n. (sponsus), Verlobung,
Verlöbnis, Trauung; ital. sposalizio; prov. esposalici-s; span. esponsalicio. S. spönsälia.

8973) spönso, -äre (Intens. v. spondēre), (sich)
verloben, verheiraten, ital. sposare; prov. esposar;
frz. épouser; span. ptg. esposar. Vgl. Dz 304
sposo.

8974) spönsüs, -um m., spönsä, -am f. (spön-
dēre), Verlobter, Verlobte, Gatte, Gattin; ital.
sposo, sposa; prov. espos, esposa; frz. époux,
épouse (bedeutet nur „Gatte, Gattin"); span. ptg.
esposo, esposa. Vgl. Dz 304 sposo.

8975) german. sporo (ahd. sporo), Sporn, Pl.
Sporen; ital. sperone, sprone, dazu das Vb. spero-
nare, spronare; prov. espero-s, dazu das Verb
esperonar; altfrz. esperon, esporon, neufrz. épe-
ron, dazu das Vb. éperonner; altspan. esporon;
neuspan. espolon (daneben espuera, espuela), dazu
das Vb. espolear; ptg. espordo (daneben espora),
dazu das Vb. esporear. Vgl. Dz 303 sperone;
Mackel p. 33.

8976) spörtä, -am f., Korb; ital. sporta; span.
espuerta; ptg. esporta.

8977) spörtëllä, -am f. (Demin. von sporta),
Körbchen; ital. sportella, Handkörbchen, (sportello,
Thürchen, gehört wohl nicht hierher, sondern ist
Demin. zu sporto = *expor[c]tum f. exporrectum,
Erker, Vorbau); span. esportilla.

8978) spörtülä, -am f. (Demin. v. sporta), Körbchen, Geschenk, Sportel; ital. sportula, davon
leitete Flechia ab to sc. spocchia „Bauernstolz",
welche Bedtg. sich wohl aus der früheren „Einkünfte" ergab, vgl. d'Ovidio, Gröber's Grundrifs I
521; span. ptg. espórtula.

8979) alts. språ (ndl. spreeuw, ndd. sprê), Staar;
davon altfrz. esprohon, Staar, vgl. Dz 575 s. v.;
Mackel p. 33.

8980) dtsch. spratzen, spritzen, sprützen =
ital. sprazzare, sprizzare, sbrizzare, spruzzare,
vgl. Dz 402 sprazzare; Braune, Z XXII 202, setzt
mhd. sprinzeln (s. d.) als Grundwort an.

8981) dtsch. *sprecken (vgl. mhd. spreckel), (Haut-
flecken) besprengen; daher von *disprecāre
„verwünschen, (dem Unglück) preisgeben"? vgl.
d'Ovidio, Gröbers Grundrifs I 512 — vermutlich
ital. sprecare, verschütten, verschwenden, vgl. Dz
403 s. v.

8982) ahd. springä, Fessel; span. esplingue,
Falle oder Schlinge zum Vogelfang, vgl. Dz 449
s. v.; Baist, RF I 114; Mackel p. 98.

8983) altdtsch. springen, springen; ital. springare, mit den Füfsen zappeln (davon vielleicht spin-
garda für *springarda, Mauernbrecher, = span.
espingarda, kleine Kanone); altfrz. espringuer,
springend tanzen, davon espringuerie, espringale,
ein Tanz (espringale bedeutet auch eine Wurfmaschine); neufrz. esp(r)inguer; vielleicht gehört
hierher auch span. ptg. brincar, tanzen, spielen,

vgl. Storm, R V 173; Baist, Z V 550, s. blinkan.
Vgl. Dz 304 springare; Mackel p. 100.

8984) dtsch. springstock = frz. (volksetymolog.
umgestalt) brin d'estoc, kurzer Speer. Vgl. Dz
533 s. v.

8985) mhd. sprinzeln (Iterativ zu ahd. mhd. sprin-
zen, springen); dav. nach Braune, Z XXII 202, rtr.
sbrinzlar, benetzen, zerbröckeln; ital. sprizzare etc.,
s. oben No 8980; Diez 402 sprazzare hatte die
Worte vom dtsch. spritzen, spratzen abgeleitet, u.
zwar mit vollem Rechte.

8986) german. Wurzel sprow, zerstieben, sprühen;
davon altfrz. esproher, besprengen; vielleicht auch
span. espurriar. Vgl. Dz 575 s. v.; Mackel p. 33.

8987) ahd. spruk, dürres Reisig; dav. nach
Braune, Z XXII 202, ital. sprocco, sbrocco, dürres
abgebrochenes Hölzchen; (richtiger ist sbrocco wohl
als s-brocco aufzufassen).

8988) spümä, am f. u. ahd. sküm, Schaum;
ital. spuma, schiuma; rum. spumä; prov. escuma;
frz. écume; cat. escuma; span. ptg. espuma,
escuma. Vgl. Dz 286 schiuma.

8989) spümo, -äre, schäumen; ital. spumare,
schiumare; rum. spum ai at a; frz. écumer;
span. ptg. espumar, escumar.

8990) spümösüs, a, um (spuma), schäumig; ital.
spumoso, schiumoso, u. dem entsprechend auch in
den übrigen Sprachen.

spürcidus s. spürcus.

8991) spürco, -äre (spurcus), verunreinigen; ital.
sporcare; rum. spure ai at a.

8992) spürcüs, a, um, schmutzig; ital. sporco,
(spurcido, an sucido angeglichen, vgl. Schuchardt,
Roman. Etym. I p. 46); rum. spurc (Sbst.), Pl.
spurcuri, Unflat. Vgl. Gröber, ALL V 478.

8993) spüto, -äre (Intens. zu spuere), speien, =
ital. sputare.

8994) spütüm n. (spuere), Speichel, Auswurf, =
ital. sputo, davon abgel. sputacchio, -äre, sputaglio,
vgl. d'Ovidio, AG XIII 399; span. ptg. esputo.]

8995) [*squälido, -äre (squalidus); davon nach
Parodi, R XVII 66, span. esquilar (aus *esqueilar,
*escailar, *escaliar) „tosar gli animali, quasi spo-
liare un animale del suo ornamento".]

8996) squälidüs scil. ägër, wüster Acker, =
span. escalio, Brachacker, vgl. Dz 447 s. v.

8997) squämä, -am f., Schuppe; ital. squama;
venez. scama; rum. scamä (bedeutet „Faser");
span. ptg. escama.

8998) squämo, -äre (squamare), schuppen, abschuppen; ital. squamare; rum. scam ai at a;
span. ptg. escamar.

8999) squämösüs, a, um (squama), schuppig;
ital. squamoso; rum. scamos; span. ptg. escamoso.

9000) sti, Interjekt., still!; dem lat. Rufe entspricht ital. zitto; rum. cit; frz. chut (davon
chuchoter, flüstern, chucheter, zwitschern); span.
chito, chiton; ptg. chite, chiton, chitão. Vgl. Dz
347 zitto.

9001) [stäbilio, -ire (stabilis), fest machen; ital.
stabilire, davon stabilimento, Festsetzung, Stiftung;
prov. establir, davon establimen-s, Gründung; frz.
établir, festsetzen, errichten, davon établissement,
Anlage, Niederlassung; span. establecer, davon
establecimiento; ptg. estabelecer, davon estabelecimento. Vgl. Dz 578 établir.]

9002) [stäbilis, -e, feststehend; ital. stabile;
frz. stable; span. estable; ptg. estabil, estavel.]

9003) [stăbĭlĭtās, -ātem f. (stabilis), Festigkeit; span. estabilidad; ptg. estabilidade, estabelidade.]

9004) stăbŭlo, -āre (stabulum), stallen; ital. stabulare „fare stabbio, porre le bestie nello stabbio“, stabbiare „aggravarsi il ventre (delle bestie), concimaro, ingrassare un terreno, tenendovi fermo quasi in stalla il bestiame“, vgl. Canello, AG III 360.

9005) stăbŭlŭm n. (stabulum, non stablum App. Probi 142), Stall, ital. stabbio, Dünger; abruzz. stabble; bellun. stavol; posch. stablo; valtell. stabel, vgl. Salvioni, Post. 21; (rum. staul, Stall, Schäferei); frz. étable (halbgel. W.), Stall; span. establo; ptg. estabulo. Vgl. Dz 306 stallo; Flechia, AG II 368 u. III 147; Neyer, Ntr. p. 137.

9006) [stădĭŭm n. (στάδιον), ein Längenmaſs, Rennbahn; ital. stadio (gel. W.); staggio (wohl v. stare neugebildet, gleichsam *staticum == frz. étage), Wohnung, Aufenthalt, vgl. Canelle, AG HI 347.]

9007) german. *stadjan, zum Stehen bringen; davon ital. staggire, anhalten, hemmen, mit Beschlag belegen, dazu das Sbst. staggina, Beschlagnahme. Vgl. Storm, R V 167; Dz 403 staggire stellte ahd. stătigón oder stătion als Grundwert auf.

9008) mittelndl. staede, staje, Stütze, Hilfe; davon frz. étai, starkes Tau zum Halten des Mastes, étaie, Stütze, étayer, stützen; span. estay, Stag; ptg. esteio, Stütze, Stützbalken. Vgl. Dz 578 estai.

9009) *stăgnĭco, -āre (stagnum, in der Bedtg. möglicherweise vom german. stanga, Stange, Barre, beeinfluſst, vgl. Bauquier, R VI 452), den Lauf des Wassers hemmen, stauen, stopfen (im Ital. u. Ptg. in übertragener Bedtg. „matt machen, ermüden, ermatten“); ital. stancare, matt machen, davon das Adj. stanco, matt, müde (mano stanca, gleichsam die matte, schwache d. i. die linke Hand); rum. stăng, link; prov. estancar, stauen, davon estanc-s, stilles, zum Stehen gebrachtes Gewässer, Teich, auch Adj. mit der Bedtg. still stehend; frz. étancher, stillen, stauen, dazu (?) das Sbst. étang, Teich (altfrz. auch Adj. estanc, matt); span. estancar, stauen, dazu die Sbstve estanque, Teich, estanco. Aufenthalt an einem Orte, Niederlage; ptg. estancar, stauen, dazu estanco u. estanque, Teich (auch Adj. mit der Bedtg. „still stehend“; neben estanque auch tanque, vgl. span. atancar, aufhalten, prov. cat. tancar, stopfen). Vgl. Dz 306 stancare; Gröber, ALL V 479 (hier zuerst das richtige Grundwort!). S. auch stăgnŭm u. stanga.

9010) stăgno, -āre (vgl. Rönsch, RF II 467), stauen; ital. stagnare, hemmen; cat. estanyar; span. restañar. Vgl. Dz 306 stancare; Gröber, ALL V 479.

9011) 1. stăgnŭm n., Teich; ital. stagno; sard. istagnu; prov. estanh-s; (frz. étang); cat. estany; span. estaño; ptg. estanho, ruhiger See (daneben estanhada). Vgl. Dz 306 stancare; Gröber, ALL V 479. S. auch stăgnĭco.

9012) 2. stăgnum n. (schriftlatein. gewöhnlich stannum geschrieben), Zinn; ital. stagno; sard. istagnu; prov. estanh-s; frz. étain, tain; cat. estanh; span. estaño; ptg. estanho. Vgl. Gröber, ALL V 478; Flechia, AG III 147; Dz 305 stagno.

9013) altnfränk. *staka, Pfahl; ital. stacca; prov. estaca; altfrz. estaque, estache; span. ptg. estaco, abgel. estacada, (frz. estacade). Vgl. Dz 305 stacca; Mackel p. 41.

9014) german. stall m., Stall; ital. stallo, stalla, Stall, davon stallone, Zuchthengst; prov. altfrz. estal, Aufenthalt (Ableitung von stall ist auch das Vb. estaler, urinieren, vgl. Toynbee, R XXI 617); neufrz. étalon, Zuchthengst; altspan. estalo, estala, Stall; altptg. stala, Stall. Vgl. Dz 306 stallo; Mackel p. 59.

9015) german. stall n., Gestell; prov. estal-s; altfrz. estal; neufrz. étal, Stand, Ladentisch, Fleichbank (in dieser Bedtg. auch étau), davon das Vb. étaler, ausstellen, zur Schau stellen, wovon wieder étalage, Schaustellung, Auslage. Vgl. Dz 306 stallo; Mackel p. 59; Braune, Z XXII 204.

9016) [*stăllātĭcŭm n. (stall) = ital. stallatico, Dünger, stallaggio, Stallmiete, vgl. Canello, AG III 348.]

9017) [*stăllo, -ōnem m. (stall), Stallhongst, Zuchthengst; ital. stallone; frz. étalon. Vgl. Dz 306 stallo.]

9018) german. stāmen n., Grundfaden, Aufzug; ital. stame; gekrämpelto Wolle, Faden; frz. étaim; span. ptg. estambre (ptg. auch estame), Wollengarn; Kammwolle, Staubfaden, dazu das Vb. estambrar, Wolle zu Strickgarn drehen, Staubfäden treiben. Vgl. No 9037.

9019) [*stāmĕntŭm n. (stare), Stand, = span. estamento, Ständeversammlung, estamiento, Zustand. Davon vielleicht das in Belgien übliche frz. Wort estaminet, Bierwirtschaft, obwohl Scheler im Dict. s. v. sich dagegen ausspricht.]

9020) stāmĭnĕŭs, a, um (stamen), voll Fäden, faserig; ital. stamigno, Siebtuch; prov. estamenha; frz. étamine („eine unvolkstümliche Übertragung“, Cohn, Suffixw. p. 169); span. estameña; ptg. estamenha. Vgl. Dz 306 stamigno.

9021) german. stampōn, stampfen; ital. stampare, treten, drücken, pressen, drucken, dazu das Vbsbst. stampa, Presse (zu stampare gehört wohl auch stampella „bastone per reggersi in gambe, gruccia“, vgl. Caix, St. 593); sard. stampai, durchlöchern; prov. estampar, drücken, pressen; frz. étamper; span. ptg. estampar, dazu das Vbsbst. estampa, Kupferstich (frz. estampe), ferner estampilla (ital. stampiglia, frz. estampille), Stempel, vgl. d'Ovidio, AG XIII 415. Vgl. Dz 306 stampare; Mackel p. 72. — Vielleicht gehört hierher auch prov. estampir, rauschen, ertönen, davon estampida, Lärm, Zank, auch Bezeichnung einer Liedergattung (ganz ähnliche Bedeutungen hat ital. stampita); altfrz. estampir, wovon estampie == estampida; cat. estampir, getriebene Arbeit verfertigen (gleichsam Beulen schlagen); span. ptg. estampido, heftiges Geräusch, Krach, Knall. Vgl. Dz 576 estampie; Mackel p. 72.

9022) ahd. stanga, Stange; ital. rtr. stanga, Stange, Riegel; rum. stangă; frz. étangues (Pl.), Gestänge, Zange; stangue, Ankerstange. Vgl. Dz 307 stanga. — [Bauquier, R VI 852, wollte auch die oben unter stagnico behandelte Wortsippe auf stanga zurückführen, und er dürfte mindestens insoferu Recht habon, als das german. Wort die Bedtg. der romanischen beeinfluſst zu haben scheint.]

stănnŭm s. 2. stăgnum.

stans pĕrtĭca s. stans pĕrtĭcă.

9023) *stăntĭă, -am f. (stare), der Ort, wo man steht, Aufenthaltsort; ital. stanza, Aufenthalt, Wohnung, Zimmer; prov. estansa, Stellung, Lage; frz. étance, Stütze, daneben étançon; span. ptg. estancia, Aufenthaltsort, Zimmer. Vergl. Dz 307 stanza.

9024) [*stantĭfĭcă, -am f. (Bedeutung?) soll nach Baist, Z V 243, das Grundwort sein zu span. estantigua, Gespenst; gewöhnlich setzt man das Wort = statua antiqua an. Munthe, Z XV 228, erklärt estantigua für entstanden aus bueste antigua, indem er sich beruft auf folgende Stelle im „Tractado del calor natural" des Francisco de Villalobos (Saragossa 1544): „No sabemos si es alguna fantasma que aparece á unos y no á otros como trasgo o come la bueste antigua." Die ältesten Belegstellen, welche M. für das Wort gefunden hat, gehören der ersten Hälfte des 16. Jahrb.'s an. Morel-Fatio, R XXII 482, u. C. Michaelis, Frg. Et. p. 31, bestätigen Munthe's Annahme.

9025) ahd. stap, Stab, Stock; dav. als Dem. can. stapel, Stange zum Obstabpflücken, dazu das Vb. staplar, pflücken, vgl. Nigra, AG XIV 380.

9026) ndl. stapel, Stapelplatz; dav. (?) frz. étape, Warenniederlage, vgl. Dz 579 s. v. Besser vielleicht betrachtet man étape, *étappe als Postverbale zu einem *étapper = dtsch. stappen, stapfen. — In der Bedtg. „Anhäufung" lebt stapel fort im canav. tapell „Heuhaufen", dazu das Vb. taplar „far i mucchi del fieno nei grati", vgl. Nigra, AG XIV 382.

9027) ahd. stapho, staffo, Tritt; davon ital. (auch rtr.) staffa, Steigbügel, davon das Demin. staffetta (= frz. estafette, span. estafeta), Schnellreiter, Eilbote, eigentl. wohl ein Reiter, der, weil er eilen muß, nirgends auf seinem Wege absteigt, sondern in den Bügeln bleibt; eine weitere Ableitung von staffa ist staffile, Bügelriemen, davon staffilare, mit Riemen peitschen, staffilata, Hieb; frz. estafilade, Schmarre. Vgl. Dz 403 staffa.

9028) stătēra, -am f., Wage; ital. stadera; engad. stadaira, altven. stadiera, vgl. Meyer-L., Z. f. ö. G. 1891 p. 776.

9029) *stătĭcum n. (stare), Ort, an dem man steht, Standraum; ital. staggio, Aufenthalt, Wohnung, Stockwerk, Stange; altoberital. staexi, vgl. AG XII 433; prov. estatge-s (daneben estatga); frz. étage. Vgl. Dz 305 staggio; Gröber, ALL V 479.

9030) stătĭo, -ōnem f. (stare), Standort, Haltort; ital. stazione, Wohnung, Stätte, Aufenthalt, Haltort, davon das Vb. stazionare; prov. stagione (bestimmte, feststehende, regelmäßig eintretende Zeit), Jahreszeit, davon das Vb. stagionare, zeitigen, zur Reife bringen, vgl. Canelle, AG III 343; (nichts zu schaffen mit stagione hat trotz gleicher Bedtg. frz. saison; span. sazon; ptg. sazão = *sationem, Saatzeit); frz. station (gel. Wort); span. estacion, Haltert, Zustand, Tages- u. Jahreszeit; ptg. estação. Vgl. Dz 305 stagione.

9031) [stătŭŭ, -am f. (statuo), Standbild, Bildsäule; ital. statua; frz. statue; span. ptg. estatua, dav. ptg. estatelado (f. estatulado), unbeweglich wie eine Bildsäule hingestreckt, vgl. C. Michaelis, Frg. Et. p. 30.]

9032) [*stătŭo, -āre (für statuĕre) soll nach Bartsch, Z II 308, das Grundwort sein zu dem von Diez 576 s. v. unerklärt gelassenen prov. estalvar, geschehen, sich ereignen, aber sowohl lautlich als auch begrifflich ist die Ableitung unhaltbar; eher mag man german. stall in der Bedtg. „Stelle" als Grundwort annehmen, ein Adj. *estalliu, *estalliva „an der Stelle befindlich" würde dann dazwischen liegen.]

9033) [stătūră, -am f. (stare), Leibesgröße, Gestalt; ital. statura; frz. stature; span. ptg. estatura.]

9034) [stătŭs, -um m. (stare), Stand, Zustand (im Roman. auch Staat); ital. stato; prov. estat-z; frz. état; span. ptg. estato.]

9035) altnfränk. *staup- (ahd. stouf, Becher, altn. staup, ags. steap) = altfrz. *estou, esteu, Becher. Vgl. Mackel p. 119.

9036) dtsch. steinberge, Unterschlupf in einem Felsen; davon nach Braune, Z. XVIII 520; ital. stamberga, Stangengerüst. S. oben stans pertica.

9037) dtsch. steinbock, Steinbock; ital. stambecco; rtr. stambuoch; altfrz. bouc-estain, Fem. étagne (womit étagne, itagne, Drehreep, Hißtau, wohl nicht identisch sein kann, es hängt wohl mit stamineus zusammen); vgl. Dz 403 stambecco; Delbouille, R XVII 598.

stek s. stik.

9038) stēllă, -am f., Stern; ital. stella (mundartlich strella, strela, vgl. Flechia, AG III 152); sard. istella; sicil. stidda; rum. sté; rtr. steila; prov. estela; altfrz. esteile (gleichsam *stēla); neufrz. étoile; cat. estela; span. ptg. estrella. Vgl. Gröber, ALL V 479.

9039) [*stēllĭo, -īre (stella) = rum. stelesc ii it i, funkeln.]

9040) ags. steórbord, Steuerbord; frz. stribord, rechte Seite des Schiffes; span. estribord. Vgl. Dz 681 stribord.

9041) stěrcŭs, -ŏrīs n., Mist; ital. sterco; sard. istercu; altlomb. stercora; span. estiércol; ptg. esterco. Vgl. Gröber, ALL V 480.

9042) stěrĭlĭs, -e, unfruchtbar; rtr. stierl, vgl. AG VII 409; tic. sterlu, bestia che non da latte, vgl. AG IX 241, Salvioni, Post. 21.

9043) [*stěrnăx, -ācem (sterno), zu Boden werfen; davon nach Caix, St. 587 und 594, ital. starnazzare, sparnazzare (angeglichen an spargère), Erde aufwerfen, aufstieben lassen, verschütten, starnacchiarsi, sich zu Boden werfen.]

9044) [*stěrnĭtă, -am f. (sterno); davon nach Caix, St. 597, ital. sterta „distesa del grano sull' aja", vgl. normann. éternir „étendre la litière des bestiaux".]

9045) stěrno, străvī, strātum, stěrnĕre, hinbreiten, hinstreuen; davon sard. sterriri, distandere i covoni; piem. sterni, pflastern, vgl. Salvioni, Post. 21; rum. astern; rtr. stierner; wallon. sterni; viell. gehört hierher auch prov. estern-s, esterna, Weg, Spur, wovon wieder esternar, verfolgen, vgl. Scheler im Anhang zu Dz 794. Diez 576 s. v. ließ das Wort unerklärt.

9046) stěrnŭto, -āre (Frequ. v. sternĕre), niesen; ital. sternutare, starnutare; rum. stărnut ai at a; prov. estornudar, stornudar, estrunidar; frz. éternuer; cat. esternudar; span. estornudar; (ptg. espirrar, Wort unbekannter Herkunft; an spirare oder exspirare zu denken, liegt nahe, das richtige Grundwort dürfte indessen damit nicht gefunden sein).

engl. stick s. stik.

9047) ahd. stĭga, Stiege; ital. stia, Hühnerstiege, vgl. Dz 403 stia; Canelle, AG III 876, leitete stia v. stivare = span. s. d.) ab.

9048) *stĭgo, -āre, antreiben, — ital. stigare, daneben instigare, vgl. Gröber, ALL V 480.

9049) ahd. stĭhhil, Stachel; davon viell. altfrz. esteil, Pfahl, vgl. Dz 576 s. v.

9050) german. Wurzel stik, stek, stechen; davon ital. stecco (= ahd. stěccho, stěhho, s. Kluge unter „stechen"), Dorn, stecca, Stab, Scheit, stecchire (zum Stab werden), vertrocknen, stecchetto, kleines spitzes Hölzchen, stecchetta, Stäbchen, vgl. Canello,

AG III 364; altfrz. *estiquer, esteguer, estichier,* stecken, stechen; neufrz. *asti(c), astiquer, asticoter; étiquette,* angestecktes Zettelchen (henneg. *estiquete,* zugespitztes Hölzchen). Vgl. Dz 403 *stecco* u. 579 *étiquette;* Doutrepont, Z XXI 229, leitet *astiquer* (wozu *astic,* *asti* Postverbale sein soll) von engl. *stick* ab. S. auch unten **stüdio.**

9051) [**stilllä, -am** *f.,* Tropfen, = ital. *stilla.*]

9052) **stilllïcïdïum** *n.,* das Träufeln, die Dachtraufe; über die romanischen (mundartlichen) Reflexe dieses Wortes vgl. Nigra, AG XIV 380.

9053) [***stilllïgia** (*stilla, stiria*) = rum. *stiregie,* Rufsflocke.]

9054) [**stilllo, -äre,** tropfen = ital. *stillare.*]

9055) **stülüs, -um** *m.* (στῦλος), Stiel, Griffel, Schreibweise; ital. *stelo,* Stiel, *stilo,* Dolch (dazu das Demin. *stiletto*), *stila,* Griffel, Schreibart, vgl. Canello, AG III 320; frz. *style;* in der Mundart von Tournay *kordüstil* = *corps du style* (*style* in der Bedtg. von „métier, occupation") homme appartenant au corps des métiers", vgl. Doutrepont, Z XX 527; span. ptg. *estilo.*

9056) **stïmülüs, -um** *m.,* Stachel; ital. *stimolo,* (mundartlich *stombol, stombel, stombia*); piem. *stembo;* rum. *strämur;* span. ptg. *estímulo;* altptg. *estim-o.* — „Nur die auf *stumulus weisenden Formen, die Schuchardt, Vocalismus III 237, Mussafia, Beitr. 57 Anm. beibringen, sind volkstümlich" Meyer-L., Z. f. ö. G. 1891 p. 776.

*stïncïllä s. **scïntïllä.**

9057) **stïnguo, -ěre,** auslöschen; ital. *stinguo stinsi stinto stinguere;* rum. *sting stinsei stins stinge;* rtr. *stenscher;* prov. *estenh esteis* (*estents?*) *estenher* u. *estendre;* frz. *éteins éteignis éteint éteindre;* (span. ptg. *extinguir*). Vgl. Gröber, ALL V 480.

9058) [***stïpä, stïva, -am** *f.* (für **stïpa* von *stipare*); ital. *stiva, stevola,* Pflugsterz (*stiva* scheint Lehnwort zu sein, *stipa,* Reisig, dagegen ist = **stïpa* v. *stipare*); sard. *isteva;* neuprov. *esteco;* cat. span. ptg. *esteva,* Pflugsterz, eine Stange zum Zusammenpressen der Schiffsladung. Vgl. Gröber, ALL V 480. S. auch **stïpo** u. **stïpülä.** Nicht hierher gehört ital. *stecola, stegola,* das vermutlich auf *hasticula* zurückgeht, vgl. Mussafia, Beitr. 111, Meyer-L., Roman. Gr. I p. 65.]

9059) **stïpätüs, a, um** (*stipare*), umgeben, umringt; davon nach Dz 414 *s. v.* span. *acipado,* dicht, fest, vgl. jedoch Baist, Z IX 146.

9060) **stïpo, -äre,** zusammenbäufen; ital. *stivare,* zusammenstopfen, *stiva,* Ballast, *stipare,* stopfen, dichtmachen, verschliefsen, vgl. Canello, AG III 376; frz. *estiver, estive;* span. ptg. *estivar,* ein Schiff beladen, *estiva,* Packung; vielleicht gehört hierher auch cat. *estimbarse* „riempirsi", vgl. Parodi, R XVII° 67; span. *entibar,* stützen, *entibo,* Stütze. Vgl. Dz 307 *stivare* u. 446 *entibo;* C. Michaelis, St. p. 247; Förster, Z I 560; Baist, Z V 551 und 553. S. unten **striepe.**

9061) **stïpülä** und **stüpülä** (vgl. Rönsch, Jahrb. XIV 341), **-am** *f.,* Stoppel; ital. *stoppia;* sard. *istula;* vic. *stéola,* vgl. Mussafia, Beitr. 57 f.; rtr. *stubla, stula;* prov. *estobla;* altfrz. *estoble, estouble, estoulc,* = *stüpüla,* *esteble, esteule, éteule* = *stïpüla,* vgl. AG XIII 365 Anm. 4 (Mackel p. 24 ist geneigt, **stuppula* für urgerman. zu halten und als Grundwort von *estobla, estoble* etc. anzusehen, auch Braune. Z XXII 202; Pabst im Nachtrage zu No 7779 der ersten Ausg. des lat.-rom. Wtb.'s); neufrz. *éteule;* (span. *rastrojo,*

wohl von *rastrum,* Hacke; ptg. *rastolho, restolho,* wohl ebenfalls von *rastrum* mit Angleichung an *restare*). Vgl. Dz 308 *stoppia;* Gröber, ALL V 481. — Aus *stïpülä* für *stïpula* v. ***stïpa** beruht ital. *stevola,* Pflugsterz, (violl. auch *stegola,* s. jedoch No 9058) vgl. Riv. di fil. rom. I 212, u. Caix, St. 595. — Aus dem normann. *étieule* = *stipula* entsprang nach Littré (unter *étioler*) das Vb. *s'étieuler,* zu Stroh werden, woraus wieder nfrz. *étioler,* welk werden.

9062) **stïrïä, -am** *f.,* Eiszapfen; davon nach Dz 438 das gleichbedeutende span. *cerrion,* vergleiche dagegen Baist, Z VII 634, welcher, auf die Nebenform *cencerrion* sich berufend, bask. *cincerria, cinzarria,* Schelle (= span. *cencerro*) als Grundwort ansetzt.

9063) **stïrïcïdium** *n.* (*stiria*), das Schneeflockenfallen; friaul. *strezri;* obw. *stancě,* valm. *strasil, trasél, gelicidio,* vgl. Salvioni, Post. 21, Meyer-L., Z. f. ö. G. 1891 p. 776.

9064) **stïrps, stïrpem** *f.,* Baumstamm, Baumwurzel, Strunk u. dgl.; ital. *sterpe, sterpo* „ramoscello mal vivo", *stirpe* „razza" dazu das Verb *sterpare,* ausreifsen, vgl. Canello, AG III 322; rtr. *sterp* u. *sterpa,* Reisig, Hagedornstrauch, grobes Gras. Vgl. Gröber, ALL V 480.

stlöppüs s. **sclöppüs.**

stïva s. **stïpä.**

9065) **sto** (volkslat. *stao*), **stětï, stätum, stäre,** stehen; ital. *sto stetti stato stare;* rum. *stau stetei* u. *stătui stăt* u. *stătut sta;* rtr. Präs. *što* etc., Inf. *star,* vgl. Gartner § 193; prov. *estar* (Präs. Ind. *štar,* vgl. Mackel p. 165, setzt *estout* = *stultus* an, wovon er auch dtsch. *stolz* ableitet.

9072) **stölüs, -um** *m.* (στόλος), Seefahrt, Flotte (Plaute. 2, 9 p. 143, 1 W); ital. *stuolo* (nicht *stolo,* wie bei Diez steht), Mannschaft; rum. *stol,* Flotte; prov. *estol-s,* Flotte, Heer; altcat. *estol,*

Flotte, Heer; altspan. estol, Mannschaft, Begleitung. Vgl. Dz 311 stuola.

9073) stŏmăchŭs, -um m. (στόμαχος), Magen; ital. stomaco; rum. stomach; prov. frz. estomac; span. ptg. estómago; überall nur gel. W.

9074) ndl. stomp, stumpf; davon frz. estompe, Wischer, dazu das Vb. estomper, mit dem Wischer zeichnen, schattieren, vgl. Scheler im Dict. s. v.

9075) [*stŏpěo, -ēre ist das scheinbar, aber eben nur scheinbar vorauszusetzende Grundwert zu rtr. stovair, štué, müssen, als unpers. Vb. „es ist nötig", vgl. Gartner § 194; altfrz. estovoir, unpers. Vb., Präs. estuet, es ist nötig, Pf. estut. Dz 577 estovoir stellte studere als Grundwort auf, was weder lautlich noch begrifflich befriedigen kann; Tobler, Ztschr. f. vgl. Sprachf. XXIII 421 (vgl. dazu die beistimmende Bemerkung Ascoli's, AG VII 600), erklärte estuet für entstanden aus est ues = est op[u]s; Behaghel, Z I 468, befürwortete Herleitung vom ahd. stuén, urgerman. staučn; Bartsch, Z II 307, nahm *statuēre f. statuěre als Grundwort an und liefs daraus zunächst estavoir (wohl nur als Sbst. in der Bedtg. „Geschäft, Angelegenheit") entstehen, vgl. dagegen G. Paris, R VII 629; Suchier, Grundrifs p. 636, setzt estovoir = stŭpēre an. Das Rätsel der Herkunft von estovoir dürfte indessen doch leicht zu lösen sein: estoir = stare „stehen" wurde altfrz. auch uupersönlich in der Bedtg. „es steht an, es ziemt sich, es gebührt sich, es ist erforderlich" gebraucht, zu der in 3 P. Sg. Perf. estut wurde nun nach Analogie von put : povoir ein Inf. estovoir u. weiter ein Präs. estuet (nach puet) gebildet. ahd. stopfōn s. *stŭppă.

9076) [dtsch. storch; Caix, St. 598, fragt, ob sich davon ital. stolco „fagiano nero" ableiten lasse. Gewifs nicht.]

9077) stŏrěă, -am f., geflochtene Matte; ital. stuoja u. stoja, Matte; lomb. störa; piem. störia, stör; frz. esterre, estère (wohl Lehnwort aus dem Span.), store (wohl Lehnwort aus dem Engl.); span. estera (aus estuera); ptg. esteira. Vgl. Dz 308 stoja.

9078) [mlat. stŏrīum n. (στόλιον), Flotte; davon vielleicht altfrz. estoire f., Flotte, vgl. Dz 311 stuola; Guessard, Bibl. de l'Ecole de chartes, 2ième série II 315.]

9079) ahd. *stoufli (Demin. v. stouf, Schale, Becher) = ital. stoviglie, stoviglie, -ia, Küchengeschirr, vgl. Dz 404 s. v.; Caix dagegen, St. 61, stellt *testuilia (v. testa, Scherbe) als Grundwort auf u. dürfte damit das Richtige getroffen haben. Braune, Z XXII 206, stellt ahd. stubîl (Dem. zu stubâ) als Grundwort auf.

9080) strāgēs, -em f., Niederlage, Vernichtung; davon vielleicht span. ptg. estrago, Verheerung, Zerrüttung, dazu das Vb. estragar; Parodi dagegen R XVII 67, setzt für estragare ein *extrahicare als Grundwort an. C. Michaelis hatte, St. 287, Ursprung aus extravagare vermutet, vgl. Dz 450 s. v.

9081) ndfränk. *strak (ahd. strach), ausgestreckt, = altfrz. estrac, hager, schmal, vgl. Dz 578 s. v.; Mackel p. 41.

9082) mhd. strâl, Pfeil, = ital. strale, Pfeil, vgl. Dz 404 s. v.

9083) *strambŭs, a, um (= strābus, στραβός, schielend?), schief gedreht; ital. strambo, schiefbeinig, davon strambità, Verkehrtheit, strambotto, Name einer Liedergattung; rum. stramb, verdreht, schief; prov. estramp, ungereimt (von Liedern);

span. estrambosidad, das Schielen, estrambote, Schweifvers, Schweifstrophe, estrambótico, ungereimt, sonderbar (auch ptg.). Vgl. Dz 310 strambo; Gröber, ALL V 480.

9084) strāmēn n., Streu; ital. strame; obw. strom; frz. étrein; ptg. estruma, vgl. Meyer-L., Z. f. ö. G. 1891 p. 776.

9085) strāmīněus, a, um (stramen), strohern; ital. stramigno.

9086) dtsch. strampeln; davon vermutlich ital. strambellare, zerreifsen; rtr. stramblir, erschüttern. Vgl. Dz 310 strambo, wo auch ital. stramba, Binsenstrick, hierher gezogen u. mit bair. strempfel, Wiede, verglichen wird, aber stramba gehört doch wohl zu *strambus. Da übrigens strampeln erst nhd. ist (s. Kluge s. v.), so erscheint die Ableitung von strambellare einigermafsen bedenklich (dafür extremulare?).

9087) ndl. ahd. strand = altfrz. estrand, estran; frz. étrain, vgl. Dz 579 s. v.

9088) strāngŭlo, -āre = altfrz. étrainler; neufrz. étrangler, erwürgen; ptg. estrangular; (span. estrangol).

9089) german. Wurzel strap, ziehen (vgl. straff); davon ital. strappare, ziehen, ausreifsen, dazu das Vbsbst. strappata, Rifs, Ruck; aus strappare, *trappare entstand tarpare, schneiden, vgl. Nigra, AG XIV 382; von strappare abgeleitet ist strapazzare, (ausrenken), mifshandeln, ablagen, vgl. Caix, Riv. di fil. rom. II 175 u. St. 62 (Diez 388 hatte strapazzare von pazzo abgeleitet, s. oben unter parzjan): prov. estrepar, (herauszieben), vertilgen (jedoch läfst sich hierfür sowie für altfrz. estreper auch exstirpare als Grundwort aufstellen); altfrz. estraper, estreper, Stoppeln abhauen; frz. étraper, Stoppeln absicholn, étrape, Sichel zum Stoppelschneiden, estrapasser, strapasser (Lehnwort), mifshandeln, estrapade, (Lehnwort), das Ziehen; span. estrapada (Lehnwort), das Ziehen, estrapazar, mifshandeln. Vgl. Dz 404 strappare, 578 estraper.

9090) strātă, -am f. (sterněre), gepflasterte Strafse; ital. strada; prov. estrada, davon estradier-s, gleichsam *stratarius, Strafsenräuber; altfrz. estrée (plg. étrée), davon estraiier, estraer, umherirrend, verlassen, vgl. Scheler im Anhang zu Dz 795, estraiere, herrenlos gewordenes, dem Fiskus verfallenes Gut; span. ptg. estrada. Vgl. Dz 309 strada.

9091) strātŭm n. (sterněre) = ital. strato, erhöhter Sitz; prov. estrat-z, estrá-s; frz. estrade (Lehnwort); span. ptg. estrado.

9092) got. straujan, streuen, (auf den Boden werfen, hinstrecken); dav. vermutl. ital. sdrajarsi, sich der Länge nach hinstrecken, vgl. Dz 399 s. v.

9093) ahd. strecchan, (zu Boden) strecken; davon vermutlich ital. straccare, abmatten, stracco, erschöpft, prov. estracar, estraguar, ermüden. Vgl. Dz 404 straccare; Ulrich, Z IX 429, setzte straccare = *extraccare, *extracticare an. Nigra, AG XV 107, hat für s-traccare und frz. traquer lat. *tragicare (s. d.) als Grundwort aufgestellt u. damit das Richtige getroffen.

9094) strēnă und *strēnnă, -am f., Neujahrsgeschenk; ital. strenna; sard. istrina; sicil. strina; vallenz. screina; altfrz. estreine, estraine, estrine, vgl. Cohn, Suffixw. p. 225; prov. estrena; frz. étrenne; cat. span. estrena; ptg. estreia. Vgl. Gröber, ALL V 480, d'Ovidio, Z XXIII 316 f.

9095) strĕpo, -ĕre, rauschen; sien. strepire, vgl. Salvioni, Post. 21.

9096) german. *strîban, sich abmühen, streben; davon vermutlich prov. estribar, streiten, kämpfen; altfrz. estriver, dazu das Sbst. estrif, Streit. Vgl. Kluge unter „streben"; Mackel p. 109.

9097) [ahd. strich, Strich, Linie; davon vermutlich ital. striscia, Streif, strisciare, streifen, vgl. Dz 404 striscia. Caix, St. 63 (verdruckt für 64), setzte ein *strigea, *strigia für striga, Strich, Reihe, als Grundwort an und dürfte damit das Richtige getroffen haben.]

9098) german. strick; venez. strica „cordone"; viell. ist von strick abzuleiten auch ital. straccale „cigna, arnese di corio che s'attacca al basto e che fascia i fianchi della bettia, tirella", vgl. Caix, St. 602.

9099) dtsch. stricken; daraus vermutlich frz. étriquer, zusammenziehen (davon étriquet, eine Art Netz, vgl. Mackel p. 144), sowie trscoter (= *es-tric-oter), vgl. Scheler im Dict. s. v. Die übrigen roman. Hauptsprachen entbehren eines Verbums für den Begriff „stricken", derselbe wird ausgedrückt: ital. fare la calza; span. trabajar con mallas, á punto de aguja (medias etc.); ptg. fazer meia, trabalhar a ponto de malha. Vgl. Dz 692 tricoter.

9100) *strictĭo, -āre (v. strictus), zusammenziehen, eng machen; -ital. strizzare, verengen, pressen; altfrz. estrecier; (nfrz. étrécir, rétrécir). Vgl. Dz 579 étroit; Gröber, ALL V 481.

9101) strictor, -ōrem m., Stange zum Obstabpflücken u. dgl.; davon (??) monf. starciá, vgl. Salvioni, Post. 21.

9102) strictŭs, a, um (v. stringere), zusammengezogen, stramm (im Roman. „eng"); ital. stretto; rum. strimt (= *strinctus), davon die Verba strimtez ai at a und strimtorez ai, at a, drücken, drängen; (auch ital. ist *strinctus als strinto „aggiunte per lo più di vesti" vorhanden, vergleiche Canello, AG III 322); prov. estreit; frz. étroit; span. estrecho; ptg. estreito. Vgl. Dz 579 étroit.

9103) strīdor, -ōrem m., das Zischen, Schwirren; sard. istriore.

9104) strīdŭlo, -āre, zischen, schwirren; ital. strillare.

9105) strīdŭlŭs, a, um, zischend, schwirrend; ital. stridulo, Adj., strigolo u. strillo, lautes Geschrei, dazu die Verba strigolare u. strillare. Vgl. Dz 404 strillo; Canello, AG III 388 u. 405; Gröber, ALL V 481.

9106) 1. strīga, -am f., Strich, Schwaden; (ital. striscia = *strigea od. *strigia, Streif, strisciare, streifen, s. oben unter strich); ptg. estriga, Flachssträhne, vgl. Dz 450 s. v.

9107) 2. strīgă, -am f., Hexe; ital. strega (mundartlich stria), Hexe, (daneben stregona), stregone, Hexenmeister, dazu das Vb. stregare, behexen; rum. strigă, Hexe, strigoiu, Vampir; ptg. estria. Vgl. Dz 310 strega.

strīgĭlis s. *strīgŭlo.

9108) strīgo, -āre (striga), behexen, = ital. stregare.

9109) *strĭgŭlă, -am f. (für strigilis), Striegel; ital. striglia, stregghia, dazu das Vb. stregliare; sard. istriglia; rtr. striglia; neuprov. estriho; frz. étrille, dazu das Vb. étriller; d'Ovidio, AG XIII 442, nimmt an, dafs das i in étrille durch Einfluſs des deutschen striegel hervorgerufen worden sei; cat. estrij-ol; span. estrij-ol; dafür das arab. almohaza, das Vb. estrillar ist im Alt-

span. vorhanden (nouspan. dafür almohazar); möglicherweise ist von dem Stamme strig- abgeleitet span. estregar, abreiben, vgl. Baist, Z V 962 (Diez 147 fregare hielt estregar für entstellt aus exfricare; Parodi, R XVII 67, setzt *ex-tericare von terēre als Grundwort an); die ptg. Ausdrücke für „Striegel" sind broça (= frz. brosse) u. almofaça. Vgl. Dz 310 stregghia; Gröber, ALL V 481.

9110) nfränk. *strike (mhd. striche) = altfrz. estreque, Streichholz, vgl. Mackel p. 145.

9111) german. Stamm string-, streng-, strang-, Strang; ital. stringa, Schnürriemen, davon stringare, zusammenziehen; span. estrinque, estrengue, Seil, Tau; ptg. estrinca, estrinque, Seil, dazu das Vb. estrincar, drehen. Vgl. Dz 310 stringa u. 450 estrinque.

9112) stringo, strīnxī, strīctum, stringere, zusammenziehen; ital. stringo u. strigno, strinsi stretto (u. strinto) stringere und strignere; sard. istringhere; rum. string strinsei strins (u. strimt) stringe; rtr. straindscher (Part. Prät. strant), vgl. Gartner § 148 u. 172; prov. estrenh estreis estreit u. estrech estrenher; frz. étreins étreignis étreint étreindre; cat. estrenyer; span. estreñir. Vgl. Dz 579 étreindre; Gröber, ALL V 481.

9113) german. Wurzel strīp, strŭp, streifen; davon vermutl. bologn. stervetta, calza di staffa, calza senza pedule, vgl. Nigra, AG XV 126; prov. estrcup-s, estrep-s, estriop-s, estriub-s, Steigbügel (vgl. dtsch. striepe, strippe); altfrz. estrieu, estriu, estrie, estrief, mit Suffixvertauschung (vgl. Tobler. Jahrb. XV 262, G. Paris, R V 380; Suchier, Z I 430) estrier, dazu das Vb. désestriver, aus den Bügeln bringen; neufrz. étrieux, Quer-, Stützpfeiler, vgl. Cohn, Suffixw. p. 254, étrier, Steigbügel, dav. étrivière, Steigbügelriemen; cat. estreb; span. estribo, Steigbügel, (auch „Strebepfeiler", in letzterer Bedeutung wohl vom german. *strîban, streben), dazu das Vb. estribar, sich stützen; ptg. estribo, estribeira, estribar etc. Vgl. Baist, Z V 553; Mackel p. 127; Scheler im Dict. unter étrier. Nach Nigra, AG XIV 299, soll auch ital. stivale hierher gehören, nämlich aus strivale entstanden sein.

9114) strītto, -āre, langsam einhergehen; davon nach Caix, St. 639, ital. tretticare „camminare a gambe larghe quasi barcollando". Näher aber liegt es, an ahd. trëtan zu denken.

9115) strīx, strīgem f., Ohreule; sard. istriga, istria, vgl. Salvioni, Post. 21.

9116) strŏmbŭs, -um m. (στρομβός), eine Art gewundener Schnecken; davon nach Caix, St. 608, ital. strombola „arnese da scagliar sassi, ruota idraulica".

9117) ndl. stromp, mittelnd. strump, Stumpf, Stummel, (Strumpf); dav. viell. wallon. (Malmedy) strompe, aiguillon pour piquer les bœufs, vgl. Behrens, Festg. f. Gröber p. 165.

9118) ahd. stropalôn, struppig sein; davon nach Caix, St. 606, ital. strobile „strano, duro".

9119) strŏppus u. strŭppus, -um m. (στρόφος), Riemen; ital. stroppa, Strippe, stroppolo, eine Art Tau; prov. estrop-s; frz. étrope, Tauring für das Ruder; cat. estrop; span. estrovó, Tau an der Rolle; ptg. estropo,. Ruderstrippe. Vgl. Dz 311 stroppolo; Gröber, ALL V 481; Meyer-L., R. Gr. II p. 435. — Viell. gehen auf strŏppus zurück die Verbalsippen: 1. ital. stroppiare (= *stroppulare?), storpiare, verstümmeln (die ursprüngliche Bedtg. würde dann etwa gewesen sein „ein Stück Leder in kleine Riemen zerschneiden, es dadurch unansehnlich machen, verhunzen"), dazu das Sbst. stroppio, Hindernis, Hemmung; frz. estropier (Lehnwort); span. ptg. estropear. S. oben **extŏrpĭdo**. — 2. ital. stropicciare, reiben, anstreifen, strofinare, reiben, wischen, dazu die Sbsttve stropiccio u. stropiccio, Reibung, strofinaccio, Wischtuch, vgl. jedoch **strupf**.

9120) **strŭĕs, -em** f., Haufen, = rum. sdroae. ***strŭgo** s. ***dēstrŭgo**.

9121) ahd. **strŭhhŏn**, straucheln; davon nach Diez 399 sdrucciolo (vgl. Caix, St. 552) ital. sdrulicare (gleichsam *strucolare), sdrucciolare, aret. strucchiare, straucheln, gleiten, davon das Adj. sdrucciolo, gleitend, schlüpfrig, span. esdrújulo; ptg. esdrúxulo. Weit wahrscheinlicher ist aber Ascoli's Annahme, AG VII 516 Anm. 2, dafs sdrucciolare = *disrotoleare sei, vgl. auch Meyer-L., Ital. Gr. § 193.

strŭndĭus, strŭntus s. strunz.

9122) ahd. **strunzan**, abschneiden, = ital. stronzare, beschneiden, vgl. Dz 404 s. v.

9123) ndd. **strunt** (ahd. *strunz), Kot; ital. stronzo, stronzolo; obw. strien; altfrz. estront; neufrz. étron, stront. Vgl. Dz 404 stronzare. — Meyer-L., Z. f. ö. G. 1891 p. 776 setzt das im Corp. Gloss. lat. II 189, 38 belegte lt. strundius, struntus als Grundwort an.

9124) dtsch. **strupf**, ausgerauftes Zeug (ahd. stroufen, rupfen, abtreifen); davon ital. struffo, strufolo, ein Haufen Lumpen, vgl. Dz 404 struffo. Caix, St. 607, leitet von struffo wieder strufonare, strofinare, scheuern, ab, für dies Verbum liegt aber wohl das gr. στρόφος näher, vgl. oben **exclīro**.

strŭppus s. strŏppus.

9125) **strūthĭo, -ōnem** m. (στρουθίων), Straufs; ital. struzzo; rum. struț; prov. estruc-s, estrus; frz. autruche = avis struthio; cat. estrus; span. avestruz; ptg. abestruz. Vgl. Dz 311 struzzo.

stŭche s. *stŭdĭo.

9126) ahd. **stucchi**, Kruste, Bewurf; ital. stucco, Gyps, Stuck; frz. stuc; span. ptg. estuco, estuque. Vgl. Dz 311 stucco.

9127) **stŭdĕo, -īre**, sich beeifern; berg. stödi, putzen, vgl. Salvioni, Post. 21.

9128) [***stŭdĭo, -āre** (studium), 1. studieren, = ital. studiare etc., s. unten **studium**; 2. sorgsam aufbewahren, = sard. stuggidi, sicil. stujari; neap. atojare, putzen, vic. stozare, levare la polvere, monf. stusée, putzen, abwaschen, vgl. AG XIV 116 u. 118, Salvioni, Post. 21; prov. estujar, davon das Sbst. estui-s, Behältnis, in welchem etwas sorgsam aufbewahrt wird; altfrz. estuiier, estoiier, dazu das Sbst. estui; neuftz. étui; span. estuche (altspan. auch estui); ptg. estojar, dazu das Sbst. estojo. Darf man diese von Langensiepen, Herrig's Archiv XXV, aufgestellte und von Canello, AG III 347, befürwortete Ableitung annehmen, so würde span. estuche u. das gleichbedeutende ital. astuccio für ein dem Prov. entlehntes Wort zu erachten sein. Diez 30 astuccio stellte bd mhd. stüche, ahd. *stüchjo als Grundwort auf, ebenso Scheler im Dict. s. v. Über die dagegen zu erhebenden Bedenken vgl. Mackel p. 20. Nach Goldschmidt, Festschr. f. Tobler p. 166, ist germ. stëkan das Grundwort zu altfrz. estoiier, einstecken (estiquer, estequer, estecher), wozu das Postverbale estui, étui. Vielleicht darf man annehmen, dafs *stüdiare sich mit [cu]stödire gekreuzt habe. S. auch oben **stik, stek**.

9129) [**stŭdĭŏsŭs, a, um** (studium), eifrig, befliesen; ital. studioso etc.]

9130) **stŭdĭŭm** n., das Bemühen; ital. studio, Studium, stoggio „carezza, lusinga", vgl. Canelle, AG III 347; prov. estudi-s (Vb. estudiar, -ziar), altfrz. estúdie, estuide, (dazu das Vb. estudier); frz. étude, dazu das Vb. étudier; span. estudio, dazu das Vb. estudiar; ptg. estudo, dazu das Vb. estudar. Das Shet. wie das Vb. sind überall nur gelehrte Worte, was besonders im Frz. deutlich wahrnehmbar ist, vgl. Berger p. 134. S. oben ***stŭdĭo**.

9131) **stŭlla**, Zeitpunkt, Stunde; daraus ital. trastullo, Zeitvertreib, dazu das Vb. trastullare, vgl. Dz 407 s. v.; aus trastullo, bezw. *trastul(l)ia entsteht nach Storm, R V 185, span. *terstulia, tertulia, Abendgesellschaft.

9132) **stŭltŭs, a, um**, thöricht, = ital. stolto. Nach Goldschmidt, Festschrift f. Tobler p. 165, gehört hierher auch altfrz. estout, tollkühn. S. oben **stolt**.

9133) ahd. **stunda**, Stunde; altsard. istunda, Zeitpunkt; cat. estona. Vgl. Dz 407 trastullo.

9134) ahd. **stung**, Stich; davon vielleicht prov. estonc-s, Stofs? Vgl. Dz 577 s. v.

9135) ahd. **stunk**, Gestank; davon nach Caix, St. 611, ital. stucco „sazio", stucchevole „sazievole", stuccare „saziare. nauseare".

stŭpĕo s. stŭpĕo.

9136) **stŭppa, -am** f., Werg (στύππη); ital. stoppa, Werg, davon das Demin. stoppino, Docht, u. das Vb. stoppare, (mit Werg) vollstopfen; sard. istuppa; rum. stupă; rtr. stuppa; prov. estopa; frz. étoupe, dazu das Demin. étoupin, Stöpsel, u. das Vb. étouper, hierher gehört auch étenf, ausgestopfter Spielball; cat. estopa; span. ptg. estopa, dazu altspan. das Vb. estopar. Vgl. Dz 308 stoppa; Gröber, ALL V 481. — Darf man voraussetzen, dafs ahd. *stopfón = stopfen aus *stuppare entstanden ist, welche Annahme Kluge s. v. freilich für bedenklich erachtet, so würden mittelbar auf stŭppa zurückgehen: 1) frz. étouffer, ersticken, eigentl. also vollstopfen, vgl. Scheler im Diet. s. v.; Diez 334 leitet das Vb. von τῦφος = ital. tufo, tuffo,. Dunst, Dampf, ab, wobei aber befremden mufs, dafs ein Sbst. *touf(fe) im Frz. nicht vorhanden ist. 2) ital. stoffa, stoffo, Zeug, Stoff (das Sbst. setzt ein Vb. *stoffare, stopfen, voraus und mufs, wenn dies richtig, ursprünglich Zeug zum Ausstopfen von Löchern u. dgl. bedeutet haben); frz. étoffe, dazu das Vb. étoffer, ausstaffieren; span. estofa, dazu das Vb. estofar, durchnähen, füttern; ptg. estofa, dazu das Vb. estofar, füttern, steppen, und das Adj. estofo, voll. Vgl. Dz 307 stoffa; Mackel p. 79.

stŭpŭlă s. stĭpŭlă.

9187) ahd. **stŭrillng**, junger Krieger, (= prev. esturlenc), Kämpfer, vgl. Dz 578 s. v.; Mackel p. 25.

9138) ahd. **stŭrjo, sturo**, Stör; ital. storione; frz. estourgeon; span. esturion; ptg. esturião, esturjão. Vgl. Dz 309 storione.

9139) ahd. **sturm**, Sturm; ital. stormo, unruhige Bewegung, Getümmel, Handgemenge, dazu das Vb. stormire, lärmen; rtr. sturm, Sturm; prov. estorn-s, estor-s, Sturm, Kampf, dazu das Verb estormir; altfrz. estor, dazu das Verb estormir. Vgl. Dz 309 stormo; Mackel p. 21; Th. p. 78; Braune, Z XXII 205, macht auf das Vorhandensein eines mhd. sturn aufmerksam.

9140) **stŭrnŭs, *stŭrnellus, *stŭrnĭnŭs, -um** m., Staar; ital. storno, stornello; sard. istrunellu; prov. estornelh-s; frz. étourneau; cat. estornell;

span. estornino; ptg. estorninho. Vgl. Gröber, ALL V 482.

9141) ndl. stuurman (oder mhd. stuirman) = altfrz. esturman, estirman, Steuermann, vgl. Dz 578 esturman; Mackel p. 112.

9142) dtsch. stutz (mundartlich stotz), ein abgeschnittenes Stück, Stumpf; davon vielleicht ital. tozzo, ein tüchtiges Stück, Brot, tozzo (Adj.), dick u. kurz; span. tocho, grob, plump, dumm. Vgl. Dz 406 tozzo u. 492 tocho.

stutzen s. **stock.**

9143) st**ȳ**rax, -**ră**cem *m.*, Storax; ital. storace; sard. istorache.

9144) bask. **sua**, Feuer, + **carra**, Flamme; daraus nach Diez (Larramendi) 488 *s. v.* cat. span. socarrar, versengen, dazu das Vbsbst. socarra, Halbbraten, dann mit übertragener Bedtg. Betrug, List (womit man jem. gleichsam sengt), vgl. soflama = *subflamma, kleine Flamme, betrügerische Rede.

9145) sü**ā**v**ī**s, -**e**, lieblich, angenehm; ital. soave; prov. soau-s, suau-s, sanft, sacht, ruhig; altfrz. soef. Vgl. Gröber, ALL V 482. — Zu altfrz. soef findet sich das Sbst. suatume (gleichsam *suavitumen), daneben suatisme, vgl. Leser p. 114.

9146) sü**b**, unter; als Fräpos. nur erhalten, und auch blofs in einem sehr eingeschränkten Gebrauche, im span. so, ptg. sob, sonst durch subtus verdrängt. In weiteren Umfange hat sich sub als Präfix behauptet: ital. sub-, so-; rum. su-; prov. so-, se-; frz. sou-, se-; span. sub-, su-, so-, sa-, za-, cha-, vgl. C. Michaelis, R II 89; ptg. sub-, sob-, su-, so-. 9147) süb**ă**ct**ŭ**s, **a, um** (Part. Prät. v. subigĕre), durchgearbeitet; davon ital. sovatto, soatto, sovattolo, starker Riemen (eigentlich durchgearbeitetes, gegerbtes Leder). Vgl. Dz 401 sovatto.

9148) [*sü**b**ă**go, -ăre** (für subigĕre), durcharbeiten, kneten; span. sobar, kneten; ptg. sovar, vgl. Dz 488 sobar. Die Ableitung ist jedoch sehr unglaubhaft.]

9149) sübbr**ă**chī**ă** *n. pl.*, Achselhöhle; (sard. suercu; span. ptg. sobaco, vgl. Dz 430 barcar).

9150) [sübb**ŭ**ll**ī**o, -**ĭre**, leicht aufschäumen; davon vielleicht span. zabullir, untertauchen, vgl. Dz 498 s. v.; vgl. jedoch C. Michaelis, R II 88, u. oben s**ĕ**p**ĕ**l**ī**o.]

9151) sübc**ē**no, -**ăre**, von unten verzehren; sard. sukenare.

sübc**ō**ct**ŭ**s s. **s**ē**mĭc**ŏ**ctus.**

9152) [*sübc**ō**nf**ū**ndo, -**ăre** = rum. sucufund, scufund ai, at, untertauchen.]

9153) [gleichs. sübdīsf**ă**cĭo, -**ēre**; ital. soddisfare s. oben **satisfacio.**]

9154) [süb**dĭ**t**ŭ**s, **a, um** (Part. Prät. v. subdĕre), unterthan; ital. suddito; (rum. sudit [Lehnwort]); prev. cat. subdit; span. ptg. súbdito.]

9155) [*süb**dĭ**ürno, -**ăre**, verweilen; ital. soggiornare; frz. sojorner, séjourner; séjourner; über die Entwickelung des Präfixes vgl. Förster zu Erec 2456.]

9156) [*süb**dĭ**ürnum = ital. soggiorno, Aufenthalt; prov. sojor[n]-s; frz. séjour; altspan. sojorno. Vgl. Dz 165 giorno.]

9157) [*süb**ĕ**ll**ă**, **a, um** (suber); davon nach Bugge, R III 157, frz semelle, Sohle, eigentlich Korksohle, vgl. aber oben **sapa.**] S. auch sübüla.

9158) sü**b**ĕo, **ī**, **ĭ**tum, -**ĭre**, herangehen, sich einer Sache unterziehen; (ital. subire); rum. suiu suii suit sui, steigen, steigen machen, erhöhen; (frz. subir, erleiden, dulden; span. ptg. subir, hinaufgehen, steigen, in die Höhe bringen.

9159) sü**b**ĕr *n.*, Kork, = ital. sughero u. sovero; engad. šuver; ptg. sovro, vgl. Meyer-L., Z. f. ö. G. 1891 p. 776; Dz 405 *s. v.*; ven ez. suro; tic. sudar, südria, Salvioni, Post. 21.

9160) sü**b**ĕr**ĕ**us, **a, um** (suber), zur Korkeiche gehörig; sard. suerzu, suphere.

9161) sü**b**ex, süb**ĭ**cem (süb**ĭ**cem) *m.*, Unterlage, Stütze; ital. (lucch.) sóvice, sedile, sostegno delle betti, vgl. Meyer-L., Ital. Gr. p. 91 Anm. Caix, St. 582, hatte sublica als Grundwort aufgestellt.

9162) [*süb**f**ano, *süb**h**ano, -**ăre** (dunkeln Ursprunges = prov. sofanar, soanar, verachten, vgl. Förster, Z VI 110; Diez 489 sosonar stellte für soanar *subsannare als Grundwort auf, aber Ausfall des s ist unannehmbar. S. unten subsanno.]

9163) süb**f**ŭndo, -**ăre** = span. zafondar (altspan. safondar), untertauchen; ptg. chafundar.

9164) sü**b** + altnord. heit (s. d.) = frz. souhait, Wunsch, dazu das Vb. souhaiter. Vgl. Dz 609 hait; Mackel p. 117; s. oben unter heit.

9165) süb**h**ircus, -**um** *m.*, Achselhöhle; sard. suereu (nordsard. suiscu), ascella, vgl. Salvioni, Post. 21.

9166) süb**ĭ**go, -**ĕre**, unter etwas treiben; sard. suigere.

9167) *süb**ĭ**ll**ă**, -**am** *f.* (für subula), Pfriemen, Meifsel; span. ptg. sovela (altspan. sobiella), vgl. C. Michaelis, Misc. p. 157; Parodi, R XVII 58, setzt auch cat. sivella, civella = *subilla an, sieh eben **fĭb**ū**l**ă**.

9168) süb**ĭ**nd**ĕ**, wiederholt, oft; ital. sovente; rtr. savens; prov. sovent; frz. souvent. Vgl. Dz 301 sovente; Gröber, ALL V 482.

9169) süb**ĭ**t**ā**n**ĕ**us, **a, um** (subito), plötzlich, = ptg. subitáneo.

9170) *süb**ĭ**t**ā**n**ŭ**s, -**um** (subito), schnell, plötzlich; prov. sobtan-s; frz. soudain; über hierher gehörige altfrz. Worte (sotainement etc.) vgl. Förster zu Yvain 3174. Vgl. Dz 681 soudain; Gröber, ALL V 482.

9171) 1. sü**b**ĭto, sogleich; = ital. subito (gel. W., auch span. ptg.); altfrz. soute, soude.

9172) 2. sü**b**ĭto, -**ăre**, plötzlich erscheinen, = cat. sobtar, eilen, vgl. Gröber, ALL V 482.

9173) [süb**j**ĕcto, -**ăre** (Intens. v. subjicĕre), unterwerfen; ital. suggettare, soggettare; span. sujetar; ptg. sujeitar.]

9174) [süb**j**ĕct**ŭ**s, **a, um** (Part. P. P. v. subjicĕre), unterworfen, in Rede stehend; ital. suggetto, soggetto; prov. subjet-z, suget-s; frz. sujet; span. sugeto, sujeto; ptg. sujeito.]

9175) süb**j**ŭgo, -**ăre**, unterjochen; ital. soggiogare.

9176) sü**b** l**ĕ**ōn**ĕ** = ital. sollione, „Zeit der Hundstage, weil die Sonne alsdann im Zeichen des Löwen steht", Diez 401 s. v.

9177) [*süb**l**ĕv**ĭ**o, -**ăre**, erleichtern; frz. soulager (für *souleger), angeglichen an soulacier v. solatium), erleichtern, trösten; span. soliviar, erleichtern, aufheben. Vgl. Dz 681 soulager.]

sü**b**lica s. subex.

9178) [süb**l**īm**ĭ**s, -**e**, erhaben; ital. frz. span. ptg. sublime, dazu das Vb. ital. sublimare; span. ptg. sublimar.]

sü**b**limo s. sü**b**limis.

9179) [*süb**l**ĭngüän**ĕ**ōl**ŭ**m = ital. scilinguagnolo „filamento sotto la lingua", vgl. Caix, St. 539.]

9180) süb**l**üstris, -**e**, dämmerhell; abruzz. selustre; teram. sellustre; mesolc. u. valbreg. salustre, solüstar, Blitz; valtell. salustro, Furcht.

Vgl. Meyer-L., Z. f. ö. G. 1891 p. 776; Salvioni, Post. 21.

9181) [sŭbmēntĭo, -ōnem f., heimliches Denken; prov. somenso-s, Hintergedanken, Befürchtung (Flamenca 1135).]

9182) [*sŭbmērgŭlĭŭs, -um m. (submergere) = span. somorgujo, Taucher, dazu '.as Vb. somorgujar, untertauchen (für damit identisch hält Parodi, R XVII 72, das synonyme somormujar, vielleicht mit Anlehnung an mojar — *molliare. Vgl. Dz 489 somorgujo).]

9183) [*sŭbmĭcŭlo, -āre (micare); davon nach Bugge, R IV 365, frz. sémiller, sich mutwillig geberdeu, sémillant, lebhaft, unruhig, dazu altfrz. sémille, loser Streich. Diez 676 sémillant wollte das Wort vom kymr. sim ableiten, Th. p. 111 bemerkt, dafs ein kymr. sim nicht vorhanden sei und dafs, falls man bei einer keltischen Ableitung bleiben wolle, sich nur der kelt. Stamm sivum „sich hin- u. herbewegen" darbiete.]

9184) sŭbmĭtto, mīsī, mīssum, mīttĕre, herablassen, unterwerfen etc.; ital. sommettere (daneben sottomettere); rum. sumete; frz. soumettre; span. someter; ptg. sometter, submetter. Wegen der Flexion s. mitto.

9185) [*sŭbmūsco, -āre (musca) = span. ptg. chamuscar, s. oben mūsca am Schlusse.]

9186) sŭbo, -āre, brünstig sein; sard. assuare; norm. sué; ptg. zuar, vgl. Meyer-L., Z. f. ö. G. 1891 p. 776.

9187) sŭbōrno, -āre, anstiften, anstellen; span. saornar.

9188) [*sŭbpŭtĕo, -āre (puteus) = altvenez. sepozar; span. chapuzar, zapuzar, zampuzar, untertauchen, vgl. Scheler im Anhang zu Dz 768; Marchesini, Studj di fil. rom. II 11; Diez 489 s. v. liefs das Wort unerklärt u. stellte dasselbe mit dem gleichbedeutenden cat. prov. cabussar, prov. accabustar zusammen. Diese Verba sind indessen wohl von *capum = caput abzuleiten, vgl. Parodi, R XVII 58.]

9189) sŭbrādo, *-āre (f. -ĕre), von unten abschaben; span. zurrar, gerben, peitschen, davon vielleicht altspan. zurra, span. ptg. zorra, Fuchs (weil er im Sommer das Haar verliert), Rönsch, Z I 420, leitete das Wort, welches auch „Hure" bedeuten kann, vom griech. ψωρα, Krätze, Räude, ab; ptg. surrar. Vgl. Dz 500 surrar und zorra. 9190) [*sŭbrŭpo, sŭrrŭpo, -āre (rupes), einen Felsen untergraben, ist das vermutliche Grundwort zu rum. surp ai at a, zerstören.]

9191) sŭbsānno, -āre, verhöhnen; altspan. sosaña, verspotteu, dazu das Sbst. sosaña; altptg. sosano; prov. soanar, Vbsbst. soan, altfrz. seoner, Vbsbst. seon, vgl. Tobler, Sitzungsb. d. Berl. Akad. d. Wiss., phil.-hist. Cl., 23 Juli 1896 p. 851, vgl. G. Paris, R XXV 621. Vgl. Dz 489 sosanar. S. sŭbfano u. summum.

9192) [*sŭbsēdĭco, -āre (Kausativ zu subsīdēre), sitzen machen; davon nach Storm, R V 184, span. sosegar, beruhigen, besänftigen; ptg. socegar. Dazu das Vbsbst. ital. sussiego, gesetztes Wesen; span. sosiego, Ruhe, Stille, Gelassenheit; ptg. socego. Diez 489 sosegar stellte subaequare als Grundwort auf.]

9193) [sŭbstāntĭa, -am f. (substare), Wesen; ital. sostanzia, sustanza, sostanza; frz. substance etc., überall nur gel. W.]

9194) sŭbtĕrno, -ĕre, darunter streuen; wallis. sotedre (?), vgl. Meyer-L., Z. f. ö. G. 1891 p. 776.

9195) sŭbsto, -āre, Stand halten; ital. sostare, hemmen, stillen, beruhigen, dazu das Vbsbst. sosta, Stillstand; prov. ptg. sostar, einhalten, dazu das Vbsbst. prov. sosta. Vgl. Dz 300 sostare.

9196) [*sŭbsŭpro, -āre, das Untere nach oben kehren; span. zozobrar, Schiffbruch erleiden und dgl., dazu dasVbsbst. zozobra, böser Sturm, Drangsal. Vgl. Dz 500 zozobrar.]

9197) [*sŭbtānŭs, a, um (subtus), unten befindlieh, unterirdisch; ital. sottano, darunter befindlich, als Sbst. sottano u. sottana (= frz. soutane, span. sotana, ptg. sotaina), Untergewand, vgl. Dz 301 sotto; aufserdem davon vielleicht durch Abfall des tonlosen Präfixes ital. rtr. tana, Höhle wilder Tiere (vgl. comask. trana, Höhle, — *subterrana); auch frz. tanière ist wohl = *subtanaria anzusetzen, altfrz. taisniere, tesniere (gleichsam taissonnière, Dachshöhle), würde dann als volksetymologische Umbildung anzusehen sein. Vgl. Dz 405 tana.]

9198) [*sŭbtēlāre n. (v. subtel, Fufshöhle); davon nach Meyer, Ntr. p. 114, durch Suffixvertauschung frz. soulier, Schuh; Rothenberg p. 154 hatte subtalare (v. talus) als Grundwort angesetzt, worauf sehon Scheler im Diet. hingewiesen hatte. Allerdings wird durch die altfrz. Form soller diese Ableitung befürwortet. Indessen kann soller = subtelare, soulier aber nach Dz 312 suolo = solarium sein.]

9199) sŭbtērrānĕŭs und *sŭbtērrānus, a, um, uuterirdisch; ital. sotterrano; altfrz. soterrin = *subterrīnus; frz. souterrain; span. subterráneo, soterráneo, soterraño; ptg. soterraneo.

9200) [*sŭbtērro, -āre, be-, vergraben; ital. sotterrare; prov. span. ptg. soterrar (prov. auch sotzterrar) = subtus *terrare.]

9201) *sŭbtīlĭo, -āre (subtilis), verdünnen, verfeinern; ital. sottigliare (daneben sottilizzare = *subtilizzare); rum. subtiez ai at a; prov. sotilar; altfrz. soubtillier; (neufrz. subtiliser; span. sutilizar; ptg. subtiliçar = subtilizare).

9202) sŭbtīlĭs, -e, fein, dünn; ital. sottile; rum. subtire; prov. sobtil; altfrz. sotil; (neufrz. subtil; span. sútil; ptg. subtil). Vgl. Gröber, ALL V 483.

9203) sŭbtīlĭtās, -ātem f. (subtilis), Feinheit; ital. sottilità; rum. subtiritate, subtietate, prov. sotiletat-z; (frz. subtilité); span. sutilidad; daneben sutileza = *subtilitia; ptg. subtilidade, subtileza.

9204) [*sŭbtītīllīco, -āre, kitzeln; daraus (durch *subtilliticare = solleticare, kitzeln, vgl. Dz 411 s. v.; Flechia, AG II 320 Anm.]

9205) sŭbtŭs (sub), unten; ital. sotto; sard. subtu; rum. subt, supt; rtr. sutt; prov. sotz; frz. sous; cat. sotz; altspan. altptg. soto. Vgl. Dz 301 sotto; Gröber, ALL V 483.

9206) sŭbtŭs + bēccŭs (s. d.) = ital. sottobecco, Schlag unter das Kinn; aus diesem ital. Worte entstand vielleicht frz. sobriquet, Spottname, das dann eigentlich einen verspottenden Schlag, Hohnstreich bedeuten würde, vgl. Bugge, R III 158; Diez 679 s. v. erklärte das Wort aus sot, thöricht, + briquet = ital. bricchetto, kleiner Esel (eigentl. wohl kleiner Spitzbube, weil Demin. v. bricco).

9207) sŭbtŭs + ŏcŭlum; davon vielleicht ital. sottecco, sottecchi (venez. sotochio = sott' occhio), verstohlener Weise, vgl. Dz 401 sottecco.

9208) sŭbtŭs + sŏlĕă; daraus vielleicht rum. subtoaie, die Grundschwelle eines Gebäudes.

9209) **sŭbtŭs +.(sŭb)ǎlārĭs, -e** (*ăla*), unter den Achseln befindlich; davon rum. *subtsoară*, Achselhöhle.

9210) **sŭbŭlā, -am** *f.*, Pfriemen u. dgl.; ital. *subbia*; rum. *sulă*; (span. ptg. *sovela* = *subilla*). Vgl. Dz 405 *subbia*. Ascoli. Stud. crit. II 96 (vgl. auch d'Ovidio, AG XIII 381), wollte aus *sŭbŭla*, bezw. aus *sutula*, *sucula* ableiten ital. *succhio*, Bohrer, besser aber faſst man dieses Wort als Postverbale zu *succhiare* = *suculare* (s. No 9226) auf. „Ich möchte mit Ascoli *succhiare* aus *subula* ableiten und auch frz. *souchet*, Löffelente, sowie *soulciet*, *-cie* (Graufink), alias *grosbec*, hierherziehen: beide wegen des starken Schnabels gleichsam *subulicatus*. *Souchet*, Cyperngras (pfriemartig) gehörte dann auch hierher." Mettlich. — Aus einem *subula* ist entstanden lomb. *sŭel*, altlomb. *suello*, aoɯiarino della ruota o della mela, chiodino di legno per le scarpe, vgl. Nigra, AG XIV 381.

sŭb + ŭmbrā s. **sŭbŭmbro.**

9211) **sŭbŭmbro, -āre,** beschatten (über das Vorkommen des Verbums vgl. Rönsch, Z III 104); davon das Vbsbst. cat. span. ptg. *sombra*, Schatten (das Verbum findet sich nur im Prov.: *sotzumbrar* = *subtus umbrare*, im Dialekt des Dauphiné *solombrar*, wozu das Adj. *souloumbrous*; altspan. ist neben *sombra* auch *solombra* vorhanden, vermutlich beruhen diese Bildungen auf antonymer Anlehnung an *sol*: Schatten vor der Sonne; von *sombra* span. sombrero (altspan. auch *solombrero*), ptg. *sombreiro*, Schattenspender, Hut, Sonnenschirm. Hierher gehört endlich wohl auch frz. *sombre*, düster (vgl. altfrz. *essombre*, schattiger Ort). Vergl. Dz 488 *sombra*. Über frz. *sombrer* s. unten **sumbla.**

9212) **[*sŭbŭndo, -āre,** (*unda*), untertauchen; frz. *sonder*, (das Senkblei in das Meer) tauchen, dazu das Vbsbst. *sonde*, Senkblei; span. ptg. *sondar*, dazu das Vbsbst. *sonda*. Vgl. Dz 299 *sonda.*]

9213) **sŭbvĕnĭo, vĕnī, vĕntum, vĕnīre,** beistehen, zu Hilfe kommen; ital. *sovvenire*, zu Hilfe kommen, *sovvenirsi*, (sich zu Hilfe kommen), sich erinnern; frz. *se souvenir*, sich erinnern (*le s.*, die Erinnerung, das Andenken), *subvenir* (gel. W.), unterstützen; span. *subvenir* (gel. W.), unterstützen.

9214) **sŭbvĕrsŭs, a, um,** umgewandt; ital. *sovescio* „superficie rivoltata del campo", vgl. Caix, St. 581.

9215) **sŭccēdo, cēssī, cēssum, cēdĕre,** nachfolgen; ital. *succedo*, *cessi*, *cesso*, *cedere*; frz. *succéder* (gel. W.); span. *suceder*; ptg. *succeder.*

9216) [**sŭccēssĭo, -ōnem** *f.* (*succedĕre*), Nachfolge; ital. *successione* (gel. W.) und dem entsprechend in den übrigen Sprachen.]

9217) [**sŭccēssŏr, -ōrem** *m.* (*succedĕre*), Nachfolger; ital. *successore* u. dem entsprechend in den übrigen Sprachen.]

9218) kelt. **sŭccos,** Schweineschnauze, dann die zum Aufwühlen des Bodens dienende Pflugschar, = frz. *soc*, Pflugschar, vgl. Th. p. 112. Diez 679 *s. v.* leitete das Wort von *soccus* (s. d.) ab.

9219) **sŭccŭtĭo, cŭssī, cŭssum, cŭtĕre,** erschüttern; prov. *secodre*; altfrz. *secourre* (mundartlich noch jetzt vorhanden); (frz. *secouer* = *succutare*, dazu das Partizipialsbst. *secousse* = *succussa*; span. *sacudir* = *succutire*).

9220) [**sŭccŭto, -āre** (für *succutĕre*), erschüttern, schütteln, stoſsen; frz. *secouer*, siehe oben unter **succutio.** Nach Caix, St. 530, ist = *succutare* anzusetzen auch ital. *sciagattare* „malmenare, sconquassare", auf diesem Verbum aber scheint wieder

frz. *saccader*, stofsen, zu beruhen, doch dürfte es durch span. *sacudir* beeinfluſst worden sein. Anderer Ansicht über die Herleitung von *saccader* etc. ist Scheler im Dict. *s. v.*, doch ist das, was er sagt, schwerlich annehmbar.]

9221) **sŭcĭdŭs, *sūdīcus, *sūdīcius, a, um** (*sucus*), klebrig, schmutzig; ital. *sucido*, *sudicio* (umgestellt aus *sucidio*), *sozzo*, vgl. Flechia, AG II 325 Anm. 2, Canello, AG III 398; berg. *sôse* in *lana del sôse*, lana sucida; neuprov. *sous*; frz. *surge* in *laine surge*, ungewaschene Wolle (*surge* = *sudica*, woraus *suie*, *surie*, *surje*, *surge*, vgl. *medicum : mirie*, *mirje*, *mirge*); cat. *sutse*; span. (*sohez*, *soez* = *sudicius*?), *sucio* = *sucidus*; ptg. *sujo* = [?] *sudicus*. Vgl. Dz 311 *sucido* u. 488 *sohez* (wo dies Wort = *suis* f. *sus* angesetzt wird, s. No 9249); G. Paris, R VII 103. S. unten **suis.** Horning, Z XIII 323, führt in sehr ansprechender Weise frz. *suie* auf *sūdĭca* = *sūcida* zurück. Diez 682 *s. v.* leitete das Wort von ags. *sôtig* „rufsig" ab (s. ob. No 8901), es ist dies aber lautlich höchst unglaubhaft u. sachlich höchst unwahrscheinlich. — Meyer-Lübke, Z VIII 216 f., stellte für ital. *sudicio*, *sozzo* aus *sucidus* die Entwickelungsreihe auf *sucidus* : *sudicus*, mit *-i* *sudicius*, woher span. *sohez*, ital. *sudicio*; andrerseits *socjido* : *socjdo* : *sotjdo* : *sodjdjo* : *sozzo*. Schuchardt, Z XV 239, hält Entstehung von *sozzo* aus *sudi(c)us* für möglich. Vgl. auch Ascoli, AG XIII 298 Anm.; Horning, Z XIX 75.

sūcĭnŭs, -um s. **segūsiŭs** am Schlusse.

9222) **sūco, -āre** (*suus*), säugen; ital. *sugare*; prov. *sucar*; altspan. *sugar*. Vgl. Dz 312 *suco.*

9223) **sūctĭo, -āre** (Intens. zu *sugēre*), säugen; ital. *succiare* „ritrarre l'umore da un altro corpo", *suzzare* „asciugare imbevendo un corpo asciutto", vgl. Canelle, AG III 345; rtr. *tschitschar*; altfrz. *sucier*; neufrz. *sucer*; span. *chupar* (u. *chuchar*, davon vermutlich das Sbst. *chucha*, Nachtkeule, weil sie nach dem Volksglauben an Kindern saugt); ptg. *chuchar*, *chupar*. Vgl. Dz 312 *suco* u. 440 *chucha*; Gröber, ALL V 483.

9224) **sūctĭo, -ōnem** *f.* (*sugĕre*), das Saugen; prov. *succio-s*; frz. *succion*. Vgl. Dz 312 *suco.*

9225) **sūcŭlā, -am** *f.* (für *sūcŭla*, Demin. v. *sus*, angelehnt an *sugere*) = prov. *sulha*, Schweinchen, davon *sulhon*, Meerschweinchen, *sulhar*, beschmutzen. Vgl. Dz 681 *souil* (wo die Worte von dem Adj. *suillus* abgeleitet werden); Gröber, ALL V 483.

9226) **sūcŭlo, -āre** (Demin. zu *sugēre*), saugen; ital. *succhiare*, saugen (*succhiare*, bohren, ist gewifs, wie schon Diez 405 *s. v.* annahm, dasselbe Wort, denn das Bohren läſst sich sehr wohl als ein Einsaugen des Werkzeuges in das betr. Material auffassen, als daß man auch nicht notwendig, für das Sbst. *succhio*, Bohrer, ein Grundwort *suc'la* für *sŭt'la* aufzustellen, wie Gröber, ALL V 485, gegenüber Ascoli, Studj crit. II 96, succhio aus *sŭbŭla* abzuleiten; cat. *xuclar*, saugen.)

9227) **sūcŭs, -um** *m.*, Saft; ital. *suco*, *sugo*, (*succo* gel. W.); valtoll. *suci* il sueco delle piante, vgl. Salvioni, Post. 21; rum. *suc*; prov. *suc-s*; frz. *suc* (gel. W.), cat. *such*; span. *xugo*, *jugo*, (*suco*, gel. W.); ptg. (*suco*, gel. W.), daneben *sumo*). Vgl. Dz 312 *suco*; Gröber, ALL V 483.

9228) ags. **sud** = frz. *sud*, Süden, vgl. Dz 682 *s. v.*; Mack-l p. 19.

9229) **sūdārĭum** *n.*, Schweifstuch; vegl. *sedarúl*, vgl. AG IX 153.

9230) **sūdēs** *f. pl.* (Plur. v. *sudis*, Pfahl), Einpfählung, Schweinestall (in der Bedtg. angelehnt an sus); prov. soude, sout; altfrz. (in Mundarten auch noch neufrz.) sou, soue, seu, Schweinestall. Vgl. Horning, Z XVIII 509, vgl. auch Thomas, R XXV 91.

9231) ǀsûdo, -äre, schwitzen; ital. sudare; rum. asud ai at a; prov. suar; frz. suer; cat. suar; span. sudar; ptg. suar. — Von sudare will C. Michaelis, Frg. Et. p. 57, ableiten ptg. sardas, Sommersprossen, das Wort soll aus süd- + Suffix -ardo entstanden sein; höchst unglaubhaft!

9232) sûdör, -örem m., Schweifs; ital. sudore; rum. sudoare; prov. suzor-s, suor-s; frz. sueur; cat. suor; span. sudor; ptg. suor.

9233) hochdtsch. sûf, sauf; davon nach Caix, St. 667, ital. zuffa „polenta di grau turco tenera che si prende col cucchiaio"; basoffia, bazzoffia „minestra, vivanda liquida in generale"; span. bazofia „avanzi di tavela mescolati insieme".

9234) süfferëntiä, -am f. (sufferre), Erduldung; ital. sofferenza; rum. suferinţă; prev. sufrensa (bedeutet „Erlaubnis"); frz. souffrance; span. sufrencia (daneben sufrimiento); (ptg. soffrimento).

9235) süffëro, ferre, *süff[e]rïo, -ïre, erdulden; ital. sofferire, soffrire; rum. sufer ii it i; prov. suffrir, soffrir; frz. souffrir; cat. span. sufrir; ptg. soffrer.
*suffex s. supplex.

9236) *süffïctüs, -a, um (f. suffixus), angefügt; ital. soffitto, soffitta, Zimmerdecke, Plafond; rum. sufit; frz. soffite; span. soffite.

9237) süfflo, -äre, an-, aufblasen; ital. soffiare; sard. sulare; rum. suflu ai at a; rtr. sufflar; prev. suflar; frz. souffler, davon souffler, Blasebalg, Ohrfeige (der vermittelnde Begriff ist etwa „Pfiff"); altspan. suflar; neuspan. sollar und soplar (wie sich das letztere frz., welchem ptg. soprar [neben assobiare] entspricht und welchem ital., bezw. bolognes. soppiare, venez. supiare gegenüberstehen, zu sufflare verhält, ist ganz unklar; Marchesini, Studj di fil. rom. II 12, setzte obsuplare als Grundwort an, aber ein derartiges Verb ist dem Latein unbekannt, nur obsuflare ist vorhanden). Vgl. Dz 297 soffiare u. 440 chillar; Gröber, ALL V 484.

9238) süfföco, -äre, ersticken; ital. soffocare, -gare; frz. sufloquer (gel. W.); span. su-, sofocar; ptg. suffocar.

9239) [*süffräctä, -am f. (v. *suffrangere für suffringere), Abbruch, Mangel; altital. soffratta; prov. sofraita, soffracha; altfrz. souffraite. Vgl. Dz 297 soffratta.]

9240) [*süffräctösüs, -a, um (*suffracta), Mangel habend, bedürftig; altital. soffrettoso; prev. sofraitos; frz. souffreteux (volksetymologisch an souffrir angelehnt, vgl. Fafs, RF III 513). Vgl. Dz 297 soffratta.]

9241) *süffrängo, -ёre = prov. sofraigner, sofranher, jem. Abbruch thun, jem. schädigen, im Stich lassen.

9242) süffümo, -äre, räuchern, = span. sahumar (angeblichen an ahumar). Vgl. Dz 485 s. v., wo suffumigare als Grundwort aufgestellt wird; Gröber, ALL V 484.

9243) süffülcio, -ïre, stützen; ital. soffolcere, soffolgere.

9244) süggründä, -am f., Wetterdach; ital. gronda, Traufe, Dachrinne; rtr. grunda; altfrz. souronde; neufrz. séveronde (henneg. souvronte). Vgl. Dz 174 gronda.

9245) sügo, süxi, süctum, sügёre, saugen; ital. suggere; sard. suere, Part. sutto; rum. sug suptei supt suge.

9246) (süï, sïbï), sё, (seiner), sich; ital. se, si; rum. şie, sine, şi, se; rtr. sei etc., vgl. Gartner § 108 ff.; prov. se, si; frz. soi, se; cat. si, se; span. si, se; ptg. si, se.

9247) süïllüs, a, um (sus), schweinisch; davon (ital. sugliardo, schmutzig; vielleicht auch ciolla „donna sudicia, sciatta", vgl. Caix, St. 281, wo aber auch Ableitung von got. bisauljan, beschmutzen, für möglich erachtet wird; selvo „fungo porcino", vgl. Caix, St. 553); prev. solh-s, Schmutz, dazu das Vb. solhar, beschmutzen; frz. souil u. souille, Sauschwemme, souillon, Schmutzkittel, souiller, beschmutzen; span. sollo, ein Seefisch; ptg. solho; vielleicht gehört hierher auch span. zulla, Menschenkot, zullarse „cacare". Vgl. Dz 681 souil u. 488 sollo (an ersterer Stelle wird auch span. sollastre „schmutzig" zu suillus gestellt, was man billigen kann; in der Bedtg. „pfiffiger Mensch, Schelm" aber gehört sollastre zu sollar = sufflare); vgl. auch Gröber, ALL V 484.

9248) süïnüs, a, um (sus), schweinern; davon (wenn nicht vom german. swin) ital. ciuino, saino „porcellino d'India", lomb. cion, suni, Schwein, vgl. Caix, St. 289.

9249) süïs, -em f. (für sus s. Georges s. v.), Schwein; davon nach Dz 488 s. v. span. sohez, soez, schmutzig, niederträchtig. Diese Ableitung kann aber ebensowenig wie diejenige von *sudicius befriedigen. Vielleicht besteht soez aus dem Stamme su-, Schwein, + -ez (Genetivsuffix, = got. -is), so dafs es dem Eigennamen Fernandez etc. entsprechend gebildet wäre.

9250) slav. (poln.) suknia, Rock; davon altfrz. soucanie, souscanie, sosquanie, sorquanie, Frauenunterrock, davon wieder das neufrz. (nicht deminutivel!) souquenille, gröber Leinewandkittel; viell. ist quenille, Lumpenrock, aus (sou)quenille entstanden. Vgl. Tobler in den Sitzungsberichten der Berliner Akad. d. Wissensch., philos.-hist. Cl. Bd. LI (1889), p. 1088.

9251) sülcüs, -um m., Furche; ital. solco; rtr. sugl, suoigl; neuprov. souco; cat. solch. Vgl. Gröber, ALL V 484.

9252) sülfür, -is n., Schwefel; ital. solfo, zolfo; sard. sulfuru (rtr. sulper); prev. solfre-s; frz. soufre; cat. sofre; span. azufre; ptg. enxofre. Vgl. Dz 298 solfo; Gröber, ALL V 484.

9253) arab. sulhâm, selhâm, Mantel; davon nach Eg. y Yang. p. 370 u. C. Michaelis, Frg. Et. p. 12 span. çulame, zorame, zorame, ptg. solhame, çurame, zorame, cerame, coromen, Mantel.

9254) ahd. sulza, Sülze; ital. solcio; prov. solz, soutz, ugl. Dz 401 solcio.

9255) süm, fûl, ёssё, sein; ital. Präs. sono sei è siamo siete sono, Pf. fui, Part. P. suto (stato), Inf. essere, vgl. Flschia, AG III 141; rum. Präs. sint eşti este (ii) sintem sinteţi sint, Perf. fui und fusei, Part. fost, (Inf. fi = fieri), vgl. Lambrior, Revista pentru Storie etc. I 37 u. dazu W. Meyer, Z VIII 142; rtr. Präs. sun ais u. eis e esen eses en u. sun, Perf. fuvel, Part. P. staus), Inf. eser, ёster, vgl. Gartner § 177; prov. Präs. sui und soi 2. est 3. es u. est 1. esmes u. em 2. etz 3. son, Perf. fui, (Part. P. estatz), Inf. esser; frz. Präs. suis es est sommes êtes sont, Perf. fus, (Part. P. été), Inf. être; cat. Präs. se ets es som sou son, Perf. fuy, Part. P. sigut, Inf. ser; span. Präs. soy (nach

Baist, Z XVI 532, soll *soy* Anbildung an die 2 P.
Pl. *sois* sein, da diese auch für die 3 P. Sg. eres
eintrat[?]) eres es *somos sois son*, Perf. *fui*, Part. P.
sido, Inf. *ser*; ptg. Präs. *son es he somos sois são*,
Perf. *fui*, Part. P. *sido*, Inf. *ser*.

9256) altnord. **sumbla**, untersinken: davon das
gleichbedeutende frz. *sombrer*, vgl. Wedgwood, R
VIII 439.

9257) **sümen** *n.* (f. *sugmen*), Brust, Euter; sard.
sume.

9258) **sümmä, -am** *f.*, Summe; ital. *somma;*
rum. *sumă;* prov. *somma, soma;* frz. *somme;*
cat. span. *suma;* ptg. *summa*.

9259) **sümmüm** *n.*, das Oberste; ital. *sommo,*
Gipfel; prov. *som-s;* altfrz. *som, son (par, en
som, son*, oben, hinauf), davon das Demin. *sommet;*
(hierher gehört nach Diez-auch neufrz. *son*, Kleie
d. h. das Oberste im Sieb, in Rücksicht jedoch auf
das von Förster, Z III 262, nachgewiesene altfrz.
sëon erklärt man *son* besser aus *sedon* = *saeton*
oder auch aus *secundum,* vgl. G. Paris, R VIII 628,
s. oben **saeta**), Tobler. Sitzungs. der Berl. Akad. d.
Wiss., phil.-hist. Cl., 23. Juli 1896 p. 851, erblickt
in *seon* das Vbsbst. zu dem Vb. *seoner, soaner* =
subsannare, verhöhnen, verspotten, verabscheuen,
verwerfen, *seon* würde also eigentl. „Abhub, aus-
geschiedene Masse" und dergl. bedeuten, siehe
aber auch G. Paris, R XXV 621; span. *somo,
(en somo*, eben); ptg. fehlt das Wort, dafür *cima*.
Vgl. Dz 299 *sommo;* Gröber, ALL V 485. — Von
der Verbindung *en som (son)* möchte Cohn, Herrig's
Archiv Bd. 103 p. 235, ableiten frz. *ensouaille* (in
„sekundärer Lautung" *ensonaille*), Steuerruderstrick
an einer Art grofser Flufskähne. Thomas, Essais
philol. p. 290, hatte das Wort mit altfrz. *sewe,
soue*, Strick, in Zusammenhang gebracht.

9260) **sümmus, a, um**, höchst; ital. *sommo;*
tic. *valtell. som, somb*, vgl. Salvioni, Post. 21.

9261) [**sūmo, sümpsī, sūmptum, sümĕre**, nehmen;
ital. *as-sumo sunsi sunto sumere*, aufnehmen, dazu
das Sbst. *assunzione* (span. *asuncion*, ptg. *as-
sumpção*), Aufnehmung in den Himmel, Himmelfahrt,
vgl. Gröber, ALL V 485; sard. *sumere*, scolare,
gocciolare, vgl. Salvioni, Post. 21.]

9262) **sūmptüösüs, a, um** (*sumere*), kostspielig;
ital. *sontuoso, suntuoso;* frz. *somptueux* (gel.
Wort) etc.

9263) **süpĕr** u. **süprä**, über; altital. *sor;* rum.
spre, vergleiche Meyer-L., Z XXII 492; früher erklärte man *spre* aus *ex-per;* prov. *sobre;* frz.
(*soure, seure*), *sur*, vgl. G. Paris, R X 51; Förster,
Ltbl. 1890 No 4, zu Aiol S. 614; span. ptg. *sobre*.
Vgl. Dz 682 *sur*.

9264) **süpĕränüs, a, um** (*super*), übergeordnet;
ital. *sovrano;* frz. *souverain;* span. ptg. *sobe-
rano*.

9265) **süpĕrcïlïüm** *n.*, Augenbraue; ital. *supercilio* „sopracciglio", *cipiglio* „increspamento della
fronte, guardatura d'adirato", vgl. Caix, St. 285,
Canello, AG III 397; frz. *sourcil*, dazu das Vb.
sourciller; span. *ceja;* ptg. *sobrancelha*.

9266) ***süpĕrcülüs, a, um** (*super*), überflüssig,
übermäfsig; ital. *soverchio*, davon *soverchieria*
(daneben *superchieria*) Übervorteilung, Mifshand-
lung; frz. *supercherie*, Hinterlist; altspan. ptg.
sobejo; span. *supercheria*. Vgl. Dz 301 *soverchio;*
Gröber, ALL V 485.

9267) **süpĕrnä** scil. *aqua*, = prov. *su-, soberna*
sobern-s, Strömung; frz. *souberne, souberme*, Ober-
wasser. Vgl. Dz 681 *suberna*.

9268) **süpĕro, -äre**, über jem. od. etwas hinaus-
kommen, überragen, überwinden; ital. *superare*,
soprare; prov. span. ptg. *sobrar*.

9269) [***süpĕrpĕllïtïüm** *n.* = prov. *sobrepelitz*,
Chorhemd; frz. *surplis* (aus *surpelice* mit Angleichung an *plier*, vgl. Fafs, RF III 500), vgl. Dz 240
pelliccia.]

9270) **süpïnus, a, um**, rücklings; altoberital.
sou(u)in; genues. *survin;* monf. *sovrin* (mit Einmischung von *supra*), vgl. Salvioni, Post. 21; altfrz. *sovin*.

9271) altndd. **suppa**, Suppe; (ital. *zuppa*, Kalt-
schale, Weinsuppe, vgl. Canello, AG III 379); prov.
sopa, davon das Vb. *sopar*, zu Abend essen; frz.
soupe (bedeutet eigentlich Brotschnitte, weshalb
G. Paris, R X 60 Anm. 2, die Herkunft des Wortes
vom german. *suppa* bezweifelt; erkennt man diesen
Zweifel als berechtigt an, so würde das Wort ein
Rätsel sein, denn selbst *süppare* würde als Grundwert nicht annehmbar sein, indessen ist G. Paris'
Bedenken doch kaum gewichtig genug gegenüber
der inneren Wahrscheinlichkeit der üblichen Ableitung; von *soupe* das Vb. *souper*, eigentlich eine
Erfrischung zu sich nehmen, dann zu Abend speisen;
dagegen gehört *super*, saugen (von der, Pumpe),
wohl nicht hierher; span. ptg. *sopa*, mit Fleischbrühe übergossene Brotrinde, Suppe mit Brot, dazu
das Vb. *sopar* (nur span.), Brühe über Brotschnitten
giefsen; nicht hierher gehört wohl das span. ptg.
chupar, saugen, dies Verbum scheint vielmehr,
ebenso wie frz. *super*, dem lat. *süppare* (bei Georges
mit der Bedtg. „auf den Rücken legen" angegeben)
zu entsprechen, der Bedeutungswandel ist auffällig,
vielleicht unerklärlich, vermittelt wird er durch
den Begriff „drücken" (vgl. ptg. *chuparse*, sich
hinter Erdklöfse verstecken, sich drücken, vom
Feldhuhne), dann das Saugen läfst sich wohl als ein
Drücken auffassen. — Vgl. Dz 299 *sopa;* Mackel
p. 21.

9272) **süppĕdänĕüs, a, um**, unter die Füfse
gesetzt; ital. *suppedáneo* „panchette da posarvi
i piedi", *soppediano, soppidiano, suppediano* „una
specie di madia da tenervi la farina di castagne",
vgl. Canello, AG III 341.

süppléo s. **supplío**.

9273) **süpplĕx, -ïcem**, demütig, hilfflebend;
ital. *supplice*, demütig bittend, *soffice*, geschmeidig,
weich, vgl. Canello, AG III 326; dio Gleichung
soffice = *supplicem* dürfte aber trotzdem, dafs Diez 401
s. v. sie aufgestellt und verteidigt hat, doch als
lautlich unmöglich zu beanstanden sein; man wird
in *soffice* ein **sufficem* von **suffex* (aus *sub + fac-*,
vgl. *carnifex* u. dgl.) mit der Bedtg. „(sich) unter-
duckend" zu erblicken haben. (**supplex** = frz.
souple?)

9274) **süpplïco, -äre** (*supplex*), demütig bitten
(eigentl. die Kniee beugen); ital. *supplicare*, bitten,
davon das Sbst. *supplica*, Bittschrift, *soppiegare*,
in wenig falten; rum. *suflec ai at a*, umfalten, auf-
krempeln; prov. *supplicar, soplejar;* frz. *supplier;*
span. *suplicar;* ptg. *supplicar*.

9275) [***süpplïo, -ïre** (für *supplere*), ausfüllen,
= ital. *sopplire, sopperire;* belun. *supir;* (frz.
supléer, gleichsam **suppleare*); span. *suplir*. Vgl.
Caix, St. 573.]

süppo s. **suppa**.

9276) **süpnŏno, pŏsŭī, pŏsĭtum, pŏnĕre**, darunter
setzen, voraussetzen; ital. *supporre* „fare un'
ipotesi", *sopporre* „mettere sotto", vgl. Canello,

53*

AG III 335; rum. supune; prov. supponer; (frz. supposer); span. suponer; ptg. suppór.

9277) altnord. **sûr**, sauer, = frz. sur, vgl. Dz 682 s. v.; Mackel p. 19.

9278) **sûrcĕllus, -um** m. (surcus), Zweig; com. mail. sciorscéll, vgl. Salvioni, Post. 21.

9279) *****sûrctus, a, um** (für surrectus v. surgere, vgl. Ascoli, AG III 326 Anm.), hervorgegangen; davon vermutlich ital. sortire, heraus-, hervorgehen; frz. sortir etc., s. oben **ĕxŏrtĭo.**

9280) **sûrcŭlŭs, -um** m. (Demin. v. surus), Zweig, Schöfsling; ital. sorcolo, Pfropfreis; (rum. surcel. surcé „büchette, planure, éclat, copeau de bois", vgl. Ch. p. 277); ptg. súrculo, Moosstengel.

9281) **sûrdûs, a, um,** taub; ital. sordo; sard. surdu; rtr. surd; prov. sort-z; frz. sourd; cat. sort; span. sordo, taub, (surdo, link, vgl. Dz 500 sl v., indessen ist die Hierhergehörigkeit des Wortes mehr als fraglich, vgl. Baist, Z VII 125, wo absurdus als Grundwort aufgestellt wird); ptg. surdo. Vgl. Gröber, ALL V 485.

9282) **sûrgo, sûrrĕxĭ, sûrrēctum, sûrgĕre,** emporrichten, sich erheben, hervorgehen, entspringen (letztere Bedtg. ist die im Roman. übliche); ital. surgo sursi surto surgere und sorgere, dazu das Partizipialsbst. sorgente, Quelle; prov. sorger Perf. und Part. P. sors; frz. sourdre und *reso[u]rdre, dav. source (= *sursa f. surrecta). Quelle, ressource, Hilfsquelle, surgeon, Schöfsling, Wurzelreis; span. ptg. surgir. Vgl Dz 681 sourdre.

9283) **sûrĭo, -ĭre,** in der Brunst sein (Apul. apol. 38, Arneb, 5, 28); ital. zurrare und (durch Umstellung) ruzzare, dazu das Vbsbst. zurro (auch zurlo), Lüsternheit, Kitzel, vgl. Dz 412 zurlo; Caix, St. 496.

9284) **sûrrĭdĕo, -ēre,** lächeln; ital. sorridere, dazu das Sbst. sorriso; frz. sourire, dazu das Sbst souris; span. sonreir.

9285) **sûrsûm, sûsum,** aufwärts; ital. suso; rum. sus; rtr. si; prev. frz. sus, davon vielleicht abgeleitet (nach dem Muster von souverain) suzerain, Oberlehnsherr; span. altptg. suso. Vgl. Dz 312 suso; Gröber, ALL V 485.

9286) **sûs, sŭem** c., Schwein; sard. sue.

9287) arab. as-sûsan, Lilie; davon ital. susino „aggiunto dato all' unguento di giglio", vgl. Caix, St. 613.

9288) **sûseĭto, -āre,** aufregen; davon nach Caix, St. 116, ital. susta, Sprungfeder, (mettere in susta „mettere in modo, agitazione"); sard. assustu, Schreck; über rtr. Reflexe vgl. AG VII 464; span. ptg. susto, Schreck. Diez 300 sostare leitete die Worte von substare ab.

9289) **sûspĕctĭo, -ōnem** f. (suspicere), Verdacht; (ital. sospetto = suspectus); prov. sospeissó-s; altfrz. souspeçon m.; neufrz. soupçon; (span. sospecha = suspecta); ptg. suspeiçäo. Vgl. Horning, Z VI 435; Gröber, ALL V 485; Diez 681 soupçon stellte suspicio als Grundwert auf, vgl. dazu Ascoli, AG III 345 Anm.

9290) **sûspĕcto, -āre** (Intens. v. suspicére), argwöhnen; ital. sospettare. span. sospechar; ptg. suspeitar.

9291) **sûspĕctŭs, -um** m. (suspicére), Verdacht; ital. sospetto; span. sospecha; ptg. suspeita.

9292) **sûspĕndo, -ēre,** aufhängen; ital. sospendere; (frz. Partizipialsbst. soupente, Tragriemen); span. sospender.

süspicĭo, -ōnem f. s. **sûspĕctĭo.**

9293) **sûspīco, -āre,** argwöhnen, = altfrz. sochier, vgl. Dz 681 soupçon.

9294) *****sûspīrācŭlum** n., Luftloch; prov. sospiralh-z; frz. soupirail.

9295) **sûspīro, -āre,** hauchen, atmen; ital. sospirare; rum. suspin ai at a; prov. sospirar; frz. soupirer; cat. span. ptg. suspirar, seufzen, sich nach etwas sehnen.

9296) **sûstĕnto, -āre** (Intens. v. sustinere), unterhalten; ital. sostentare; span. ptg. sustentar.

9297) **sûstĭnĕo, tĭnŭī, tĕntum, *tĕnēre,** aufrecht halten; ital. sostenere; tic. sosná, governare il bestiame, sosnás, mangiar bene, vgl. Salvioni, Post. 21; prov. sostener; frz. soutenir = subtus tenere; span. sustener, sostener; ptg. sostér.

9298) **sûsûrro, -āre,** summen, davon nach Caix, St. 276 (die Annahme ist aber unhaltbar) ital. „per alterazione onomatopoetica") ciciorare „grillettare dei liquidi in ebullizione"; span. zurriar, zurrir, daneben zumbar (schallnachahmendes Wort), vgl. Dz 500 zumbar, 501 zurrir.

9299) **sûsûrrŭs, -um** m., Gesumse; davon vielleicht (Meyer-L., Z. f. ö. G. 1891, p. 776, verwirft die Ableitung mit Recht) span. ptg. chorro, jorro, Sprudel einer Flüssigkeit, vgl. Dz 440 s. v.

9300) [got. **sûthjŏn,** kitzeln; ital. sojare, übertrieben schmeicheln; altfrz. suer, chuer; neufrz. choyer, mit Sorgfalt pflegen, hätscheln. Vgl. Bugge, R III 147, vgl. jedoch R IV 453, s. oben **căvĭĕo;** für sojare dürfte indessen süthjôn als Grundwort beizubehalten sein.]

*****sûtûla** s. **sûbûla.**

9301) **sûûs, a, um,** sein; ital. Sg. suo, sua, Pl. suoi, sue. rum. Sg. (seu), sa, Pl. sei, sale; rtr. Sg. (sis, siu, sea), Pl. ses, (seas); prov. Sg. sieu(s) son, sa, soa, Pl. soi, ses; frz. Sg. (ses), son, sa, Pl. ses; cat. Sg. son, su, Pl. sos, ses; span. suyo, su, so, suya, Pl. sus, sos, suyas; ptg. Sg. seu, sua, Pl. seus, suas. Vgl. Gröber, ALL V 485.

9302) got. **sviglja,** Pfeifer; davon ital. sveglia, insofern das Wort den Bläser eines gewissen Blasinstrumentes u. dieses letztere selbst bezeichnet (in der Bedtg. „Wecker" ist sveglia das Vbsbst. zu svegliare = *exvigilare). Vgl. Dz 405 s. v.

9303) german. **swank,** Schwank; davon ital. sguancio (daneben schiancio), Schiefheit, Quere; vermutlich gehören hierher auch schincio, schief, quer, schencire, schief gehen. Vgl. Dz 400 sguancio.

9304) mhd. **swenkel,** Schwengel; davon ital. ghinghellure „tentennare, dimenarsi", davon chinchilloso, ghinghilozzo, Schaukel, vgl. Caix, St. 337.

9305) ahd. **swînan,** hinschwinden; davon ital. svignare „scomparire, fuggire prestamente", vgl. Caix, St 614.

kymr. **swrn** s. **Sătûrnus.**

9306) nidd. *****switten,** schwitzen; davon frz. suinter. ausschwitzen? Vgl. Mackel p. 102. Diez 692 setzte ahd. suizan als Grundwort an, was noch unmöglicher ist.

9307) σύβαξ, σύβαχος, schweinisch; dav. vielleicht ital. ciacco, Schwein, vgl. Dz 365 s. v.

9308) sȳcŏphănta, -am m. (συκοφάντης), Vorleumder; über das früheste Vorkommen (16. Jahrb.) des frz. Wortes sycophante vgl. Revue d'hist. litt. de la France IV 286.

9309) [sȳllăbă, -am f., Silbe; ital. sillaba; frz. syllabe; span. sílaba; ptg. syllaba; überall nur gel. W.]

9310) **sȳmbŏlŭm** n., Beitrag zu einem Schmause; davon vermutlich prov. altfrz. cembel, Zusammen-

kunft zur Kurzweil; altfrz. *cembeler*; altspan.
cembellar, turnieren, vgl. Dz 346 *zimbello*.
9311) **sympathicus, a, um,** mitfühlend; davon
canav. *sampati*, der sympathische Nerv, vgl.
Nigra, AG XV 123.
9312) **symphonia, -am** *f.* (συμφωνία), ein musikalisches Instrument; ital. *zampogna*, *sampogna*,
Hirtenflöte, Schalmei, Sackpfeife; vgl. Canelle, AG
III 389; rum. *cimpoae*; prov. *sinphonia*; altfrz.
symphonie, *chifonie*; span. *zampoña*; ptg. *sanfonha*. Vgl. Dz 281 *sampogna*.
9313) **syndicus, -um** *m.* (σύνδικος), Richter;
ital. *sindaco*, Rechnungs-, Verwaltungsbeamter;
sard. *sindigu*; tic. *sindi*, *sendi*, vgl. Salvioni,
Post. 21.
9314) **synodus;** davon altfrz. *sane m.*, vgl.
Förster zu Erec 4020. S. auch oben **sonder.**
9315) **syrinx, syringa** *f.* (σῦριγξ), Rohrpfeife;
ital. *sciringa, scilinga*; mail. *serenga*; prov. *siringua*; frz. *seringue*, Spritze; span. *siringa, xeringa,
jeringa*; ptg. *seringa, xeringa*. Dz 287 *sciringa*,
9316) **syrma** *n.* (σύρμα). Schleppe; ital. *sirima*,
Schlußteil einer Strophe, Abgesang; rum. *sărmă*;
Faden. Vgl. Dz 400 *sirima*.

T.

9317) schallnachahmender Stamm germ. **tab, tap,**
dient zum Ausdruck eines Schlaggeräusches; davon
1. frz. *taper*, klapsen, tappe, Klaps, Schlag mit der
Hand (vgl. ndd. *tappe*, Pfote), *tapin*, Trommelschläger,
tapage, Geklopse, Lärm. Vgl. Dz 684 *tape*; Caix,
St. 118, zieht hierher ital. *tafferuglio* „tramestio,
battaglia confusa", *zaffata* „colpo, percossa", bei
letzterem Worte hält er jedoch auch Zusammenhang mit *zaffo*, Zapfen, für möglich. — 2. Prov.
altfrz. *tabust, tabut*, Lärm, Verwirrung, dazu die
Verba *tabustar, tabussar, tustar, turtar, tabuster,
tabuter* (vielleicht auch *tarabuster*), klopfen, beunruhigen u. dgl. Vgl. Dz 682 *tabust*; Caix, St. 117,
zieht hierher ital. *trambusto*, Wirrwarr, *trambustare*, in Wirrwarr bringen, auch *tambussare*,
ausprügeln, dürfte hierher gehören (Caix, Z I 424,
erklärte das Vb. für zusammengesetzt aus *tamburare*
+ *bussare*). — 3. Altfrz. prov. tabor, tabour,
Trommel (davon das Demin. *tabouret*, trommelartiger
Sitz), dazu das Vb. *tabourer, tabouler*. Mit Nasalierung ital. *tamburo*, dazu das Vb. *tamburare*,
ferner ital. *tamburajo*, Trommelmacher, *tamburiere*,
Tabouretmacher, vgl. Canelle, AG III 311; frz.
tambour, dazu das Demin. *tambourin* (ital. *tamburino*, span. *tamborin, tamborino*) u. davon wieder
das Vb. *tambouriner*; span. ptg. *tambor, atambor*
mit zahlreichen Ableitungen, z. B. span. *tamborear*,
trommeln, *tamboril*, kleine Trommel, *tamborilear*,
trommeln. Vgl. Dz 314 *tamburo*, wo die Wortsippe
vom pers. *'tambûr*, arab. *'tonbûr* abgeleitet wird,
in welche Ableitung sich aber tabor, tabour nicht
fügen. Eg. y Yang. 503 führt die Wortsippe über
arab. *odambûr* auf griech. τύμπανον zurück. Am
richtigsten wird man wohl annehmen, daß der
Stamm *tab, tap* sich mit dem arab. u. dem griech.
Werte gekreuzt hat. S. auch unten **tap.**
9318) indianisch **tabak,** Tabakspfeife (in den
europäischen Sprachen Tabak); ital. *tabacco*, davon
tabacchiera, Tabaksdose; frz. *tabac*, davon *tabatière*, Tabaksdose; *tabagie*, Rauchstube; span. ptg.
tabaco. Vgl. Dz 312 *tabacco*.

9319) **tabanus, -um** *m.*, Bremse; ital. *tafáno;*
venez. lomb. piem. *tavan*; rum. *taun*; prov.
altfrz. *tavan*; neufrz. *taon = tabonem*, vgl.
Horning, Z IX 512; cat. *tavá*; span. *tábano;*
ptg. *tabão*. Vgl. Dz 313 *tabáno*; Gröber, ALL VI
117; vgl. auch R XX 377.
'tabaq s. **ka'bah.**
9320) **tabella, -am** *f.* (*tabula*), Brettchen, Schreibtäfelchen; ital. *tabella* (gel. W.), die Schnurre oder
Klapper (statt der Glocke) in der Karwoche; sard.
taedda; rtr. *tavella*; altfrz. *tavelle*; span. *tabilla*,
vgl. Meyer-L., Z. f. ö. G. 1891 p. 776.
9321) **taberna, -am** *f.*, Hütte, Schenke; ital.
rtr. *taverna*; frz. *taverne*; (cat. span. ptg. *taberna*). Vgl. Gröber, ALL VI 118.
9322) **tabes, -em** *f.*, das Schmelzen, Hinschwinden;
davon valses. *tavée*, squagliarsi della neve, ossol.
töf, terrene sgombro della neve, vergl. Salvioni,
Post. 22.
9323) arab. **'tabîq**, etwas an einander Passendes;
davon vielleicht span. ptg. *tabique*, Zwischenwand
von Steinen u. Lehm. Vgl. Dz 489 *s. v.*
9324) **tabula, -am** *f.*, Brett, Tisch; ital. *tavola*
(mittelbar gehört hierher auch *taffio*, Gastmahl,
wozu das Vb. *taffiare*, = mhd. *tafel, tavelen*, vgl.
Caix, St. 620); sard. *taula*, Diele; piem. *tabia,
Schustertisch; genues. *taggia*, carrucola; berg.
tabia, Hütte; venez. *tola*, Tisch; france-prov.
taula; frz. *tôle*, Eisenblech, table, Tisch; cat. *taula;*
span. *tabla*; ptg. *taboa*. Vgl. Dz 689 *tôle*; Gröber,
ALL VI 118. Wegen *taffiare* s. auch **tafla.**
9325) [*tabulaceum *n.* (*tabula*), Brett, = ital.
tavolaccio, hölzerner Schild; aus dem ital. Worte
entstand wohl durch Umstellung das gleichbedeutende frz. *talevas*. Vgl. Dz 683 *talevas*.]
9326) [**tabularium** *n.* (*tabula*), Archiv; ital.
tabulario, Archiv, *tavoliere*, Spieltisch, (*tavoliere*,
Bankier, = *tabularius*, Rechnungsbeamter), vgl.
Canello, AG III 371.]
9327) **tabulatum** *n.*, Tafelei, Stockwerk; ital.
tavolato, Bretterwand, Getäfel, Verschlag; rtr.
klavau; span. *tablado*; ptg. *taboado*, vgl. Meyer-
L., Z. f. ö. G. 1891 p. 776; über mundartliche
ital. Formen, vgl. Salvioni, Post. 22.
9328) [*tabulellum *n.* (*tabula*) = frz. *tableau*,
tafelartige, übersichtliche Darstellung.]
9329) **tabulo, -āre**, mit Brettern belegen; frz.
taveler (zunächst wohl = mhd. *tavelen* von *tafel*
= altfrz. *tavele, tabella*, Spielbrett, Brettspiel),
spielbrettartig d. h. scheckig machen. Vgl. Dz 686
taveler.
9330) arab. **at-tabût**, Sarg; sicil. *tabbutu;*
prov. *taüt-z, taüc-s* (ebenso auch altfrz.); span.
ptg. *ataud, atahud*. Vgl. Dz 30 *ataud*; C. Michaelis,
R II 91; Eg. y Yang. p. 299.
9331) Stamm **tac-** (vgl. *tac-tus*), **tacc-** (vielleicht
darf man ein Vb. *tagicâre* aufstellen, vgl. AG XIV
338), einen Gegenstand berühren u. ihn dadurch
entweder beflecken oder verletzen (ein Zeichen des
Eindrückens auf ihm hinterlassen oder ihn an dem
Orte, wo er sich befindet, andrücken, daran befestigen); 1. ital. *taccia*, Fleck, (daneben *tecca*);
rtr. *tak*, Fleck; prev. *taca*; frz. *tache*, dazu das
Vb. *tacher*, vermutlich identisch damit ist altfrz.
techier, entechier, entichier; neufrz. *enticher*, beflecken, anstecken mit einer Krankheit, span.
anstecken; span. ptg. *tacha*, dazu das Vb. *tachar*.
— 2. Ital. *tocca*, Einschnitt, Kerbe; rtr. *taccar*,
kerben. — 3. Ital. *tacco, taccolo* (Häkchen), *taccone*,

ein auf den Schuh befestigtes Stück Leder, Flicken, insbesondere der Schuhabsatz; *attaccare*, angreifen, fest machen, *s-taccare*, losmachen; frz. *attacher*, befestigen, *attaquer* (Lehnwort aus dem Ital.), angreifen, *détacher*, lostrennen; span. ptg. *atacar*, befestigen; vielleicht gehört hierher auch span. ptg. *taco*, Pflock, Zapfen, Pfropfen, da ja auch hier der zu Grunde liegende Begriff derjenige des Festmachens ist. Vgl. Dz 313 *tacco* (Diez scheint der Ansicht zuzuneigen, dafs der Stamm *tac* entweder keltischen oder germanischen Ursprunges sei. Das erstere aber ist unbedingt abzulehnen, vgl. Th. p. 80; das letztere wohl ebenfalls, denn altnord. *taca*, ags. *tacan*, engl. *take* dürften zu der roman. Wortsippe nur im Verhältnis der Urverwandtschaft stehen). Auch Caix wollte, St. 616 (vgl. damit auch Canello, AG III 383), für ital. *tecca*, altfrz. *teche* german. Ursprung wahrscheinlich machen, indem er got. *taikns*, ags. *tâcen*, alts. *têcen* als Grundwort aufstellte, überzeugend ist diese Annahme jedoch keineswegs, s. unten **taikns**. Ulrich, Z IX 429, setzt für die ganze Wortsippe **tacticare* als Grundwort an, aber ct konnte nur tt, nicht *cc* ergeben. S. auch unten **têkan**. — Möglicherweise gehört zu dem Stamme *tac-*, *tacc-* auch ital. *taccagno*, knickerig (eigentl. wohl „fest an etwas haltend", vgl. *attaccare*), *taccagnare*, knickern, um Kleinigkeiten zanken, vgl. aber No 9341; frz. *taquin*, *taquiner*; span. *tacaño*. Diez 312 *taccagno* nahm Zusammenhang dieser Wortsippe mit ahd. *zâhi*, zäh, an. S. No 9341 f.

9332) **tăcĕo, tăcŭī, tăcĭtum, tăcēre,** schweigen; ital. *taccio tacqui taciuto tacere*; rum. *tac tăcui tăcut tăcé*; rtz. Präs. *tái*, Part. P. *tižiu*, Inf. *tazékr*, vgl. Gartner § 154; prov. *tatz* u. *tai tais* (auch *tac?*), *taisit tazer taisser* taire; frz. *tais tus tu taire*, refl. Vb., (altfrz. *taisir*); (span. *callar*, ptg. *calar* von *calare*, w. m. s.; indessen ist *tacere*, bezw. der Imperat. *tace* wohl in der Interjektion *ta*, *tate*, still! erhalten, vgl. Dz 489 *ta*).

tăcĭtŭrnŭs s. Sătŭrnŭs.

9333) **taedā, (tēdă), -am** *f.*, Fackel; ital. *teda*; valtell. *tea*, pino alpestre; trent. *tia*, vgl. Salvieni, Post. 22; rum. *zadă*; rtr. *teja*, *tegia*, *tiev*, *teu*; cat. *teya*; span. ptg. *tea*, dazu das Vb. *atear*, anzünden, vgl. Dz 490 *tea*; Gröber, ALL VI 118. S. auch **daeda.**

9334) **taedĭum** *n.*, Ekel, Verdrufs; altröm. *tiegio*; friaul. das Vb. *dedeá*; ptg. das Vb. *entejar*, vgl. Salvioni, Post. 22; Meyer-L., Z. f. ö. G. 1891 p. 776.

9335) umbrisch **tafla** (= lat. *tabula*); davon nach Flechia, AG III 155, ital. *taffiare*, tafeln, *taffio*, Gastmahl, vgl. jedoch Caix, St. 620, s. oben **tabula.**

9336) pers. **tâfteh**, ein Zeugstoff, Taffet; ital. *taffetà*; frz. *taffetas*; span. *tafetan*; ptg. *tafetá*. Vgl. Dz 313 *taffetà*. Bei Eg. y Yang. fehlt das Wort.

9337) altdtsch. **tagadine**, gerichtlicher Termin; davon vielleicht prov. *taïnar*, *ataïnar*, aufschieben, verzögern, beunruhigen, dazu das Vbsbst. *ataïna*; altfrz. *taïner*, *ataïner*, dazu das Vbsbst. *taïne*, *ataïne*, Beunruhigung. Vgl. Dz 683 *taïnar*.

9338) **Tagarros,** Name eines afrikanischen Flusses; davon span. ptg. *tagarote*, ägyptischer (am Tagarros heimischer) Falke. Vgl. Dz 490 *s. v.*

9339) [***tăgĭco, -āre,** berühren, in Berührung bringen; vielleicht Grundwort zu ital. *taccare* etc., vgl. Ascoli, AG XIV 338. S. oben **tac.**]

9340) mittelgriech. *τάγιστρον*, Futtersack der Pferde; rum. *taistră*; (das deutsche „Tornister"

geht auf *τάνιστρος* zurück). Vgl. G. Meyer, Idg. Forsch. II 441.

9341) ahd. **tâha**, Dohle; davon *taccola*, Elster, *taccolare*, (wie eine Elster) plaudern, *taccolo*, Schäkerei. Vgl. Dz 405 *taccola*; Caix, St. 627. — Vielleicht gehört hierher auch ital. *taccagno* (wie eine Elster auf etwas erpicht), gierig, geizig, knauserig, *taccagnare*, (wie eine Elster kreischen), zanken; frz. *taquin*, geizig, zänkisch, *taquiner*, necken (die Worte dürften aus dem Ital. entlehnt sein, vgl. Mackel p. 134); span. ptg. *tacaño*, *tacanho*, hinterlistig, heimtückisch. Diez 312 *taccagno* stellte ahd. *zâhi* (got. **tâhs*), zäh, als Grundwort auf, vermutlich mit Rücksicht auf lomb. *zaccagnà*, zanken, aber die Bedtg. „zanken" pafst nicht wohl zu „zäh". Scheler im Dict.⁸ *taquin* verweist auf ndl. *tagghen*, zanken, aber dafs ein so weit verbreitetes roman. Wort niederländischen Ursprung haben sollte, ist von vornherein unwahrscheinlich.

9342) german. **tâhja**, zäh; davon sicil. *taja*, Lehm; rtr. *zais*, Schlamm; altfrz. *tai*, Schlamm. Vgl. Dz 683 *tai*; Mackel p. 40.

9343) got. ***tâhs** (ags. *tôh*, hochd. zäh); damit scheint zusammenzuhängen ital. *taccagno*, knickerig, dazu das Verb *taccagnare*, frz. *taquin*, *taquiner*; span. *tacaño*. Vgl. Dz 312 *taccagno*. Vielleicht aber gehört die Wortsippe zu dem Stamme *tac-*, *tacc-*, (s. d., s. auch No 9341).

9344) arab. **at-taïfôr,** kupfernes Becken, = span. *ataifor* „piatto fondo per servire a tavola, tavola rotonda in uso presso i Mori", vgl. Caix, St. 619; Eg. y Yang. 299 (*at-taufôr*).

9345) arab. **taïfurija,** Schüssel, = ital. *tafferia* „largo piatto, catino di legno", vgl. Caix, St. 619.

9346) got. **taikns,** alts. *têcen*, ags. *tâcen*, Zeichen; davon nach Caix, St. 616, ital. *tecca*, *taccola*, Flecken, Fehler, Mangel; altfrz. *teche*, *teke* (wovon *techier*, *entechier*, *entichier*, neufrz. *enticher*, anstecken, beflecken). Indessen diese Worte können doch kaum von *tacca*, *tache* u. überhaupt von der ganzen Sippe des Stammes *tac-*, *tacc-* (s. d.) getrennt werden. Auch bliebe, wenn man *técn-* als Grundwort ansetzen wollte, der Schwund des stammhaften n befremdlich (aus diesem Grunde würde vom got. *tâcan* auszugehen). Die Vokalverschiedenheit zwischen frz. *teche* u. *tache*, *techier* u. *tacher* erklärt sich wohl einfach daraus, dafs einmal der Vokal der stammbetonten, das andere Mal derjenige der flexionsbetonten Formen herrschend wurde (*teche* : *tacher* = *aime* : *amer*); ital. *tecca* aber dürfte dem Franzés. entlehnt sein.

9347) arab. ***talaq,** ein Mineral, Talk (Freytag III 66b); ital. *talco*; frz. *talc*; span. ptg. *talco*. Vgl. Dz 314 *talco*; Eg y Yang. p. 501.

9348) **tălĕă, -am** *f.*, abgeschnittenes Stück, wird von Diez 313 als Grundwort zu ital. *taglio*, *taglia*, neap. *talya* (Scheit), frz. *taille* u. s. w. angesetzt, besser aber betrachtet man wohl diese Worte als Verbalsbsttva zu *taliare*.

9349) **tălĕntŭm** *n.* (*τάλαντον*), Gewicht, Geldsumme (im Roman. in übertragener Bedtg. „geistiger Schatz, geistige Begabung, Geistesanlage, Gemütsstimmung, Neigung, Behagen, Lust"); ital. *talento*, dazu das Vb. *attalentare*, gefallen, belieben; prov. *talen-z*, dazu das Vb. *atalentar*; frz. *talent*, dazu das Vb. altfrz. *atalenter*; span. *talento*, (altsp. *taliento*), *talante*; ptg. *talentão* und *talante*. Vgl. Dz 314 *talento*; Gröber, ALL VI 119. Vgl. auch

Ascoli in den Supplementi, disp. V p. 32, des AG
u. d'Ovidio, Note etimologiche (Neapel 1899, estratto
dal vol. XXX degli Atti della R. Accademia etc.),
und.: „Talento", memoria letta alla R. Acc. di
Nap. 1897.

9350) (*täliārium n. (taliare), Gerät, auf welchem
gehackt und geschnitten wird, Hackbrett; ital.
tagliere, Hackbrett, Anrichteteller; rum. taler;
(prov. talhador-s; frz. tailloir); span. taller,
daneben tajadero; ptg. talher. Vgl. Dz 313 taglia.]

9351) [*täliātôr, -ôrem m. (taliare), Schneider;
ital. tagliatore (das übliche Wort für „Schneider"
ist aber sartore v. sartus v. sarcire); rum. täietor;
prov. talhaire, talhador; frz. tailleur; span.
tajador, Vorschneider (das übliche Wort für
„Schneider" ist sastre v. sarcire); ptg. talhador,
Schlächter (das übliche Wort für „Schneider" ist
alfaiate von arab. al-háǧah, w. m. s.). Vgl. Dz 313
taglia.]

9352) *täliātūrā, -am f. (taliare), Schnitt; ital.
tagliatura; rum. täieturā; span. tajadura.

9353) täliō, -āre, spalten, schneiden; ital. tagli-
are; rum. täiu täiai täiat, täiā; prov. talhar; frz.
tailler; cat. tallar; span. tajar; ptg. talhar.
Dazu die Verbalsbstve taglia, Schnitt, Einschnitt,
Wuchs, Schnitt in das Vermögen, Steuer, taglio,
Schneide; prov. talh-s, Schnitt, talha, Abgabe; frz.
*tail in détail, Abschnitt, taille, Schnitt, Taille,
Steuer; span.tajo, Schnitt, talle (Fremdwort), Wuchs,
Gestalt; ptg. talho, Schnitt, Hackblock, talha, Ein-,
Zuschnitt. Vgl. Dz 313 s. v. — Baskischen Ur-
sprunges dagegen scheint zu sein das begriffsverwandte
span. talar, Bäume abbauen, verwüsten, dazu das
Vbsbst. prov. cat. span. ptg. tala, Verwüstung.
Vgl. Dz 490 tala; Gröber, ALL VI 119.

9354) tālis, -e, so beschaffen, solch; ital. tale;
prov. tal; frz. tel; cat. span. ptg. tal.

9355) tāl(l)a, -am f., Zwiebelbülse; ptg. tala.

9356) *tālo, -ônem m. (f. talus), Fußknöchel,
Ferse; ital. tallone, (Deminutivbildung zu einem
*talius f. talus scheint zu sein tagliuola, Fangeisen,
vgl. pedica zu pes, s. Dz 405 s. v.); prov. talo(n)-s;
frz. talon; span. talon; ptg. talāo. Vgl. Dz 314
tallone, Gröber, ALL VI 119.

9357) tälpä, -am f., Maulwurf; ital. talpa und
talpe, Maulwurf, (topa u. topo, Ratte, Maus, vgl.
Canelle, AG III 349); frz. taupe, Maulwurf; cat.
taup; span. topo; (ptg. toupeira, escava-terra).
Vgl. Dz 490 topo.

9358) tam,, so (sehr); sard. span. tan; ptg.
täo.

9359) tämārīcium n., tämārīx, -rīcem f., Tamariske; ital. tamerice; sard. tamarittu, tamarighe.

9360) malaiisch tambāga, Kupfer; davon vielleicht ital. tombacco, Tombak; frz. tombac; span.
tumbaga; ptg. tambaque, -baca. Vgl. Dz 320
tombacco.

tambūr s. tab.

*tämbūrārīūs s. tab.

9361) tämdīū, so lange; prov. tandius; frz.
tandis (= tam dis = tantos dies), vgl. Dz 684
tandis.

9362) tämen, jedoch, dennoch; sard. tamis (?),
vgl. Meyer-L., Z. f. ö. G. 1891 p. 777.

9363) [*tamïsïūm n. (vielleicht keltischen Ursprunges, vgl. Th. p. 80) ist der latein. Typus zu
ital. tamigio, Haarsieb, dazu das Verb tamigiare,
sieben; prov. frz. tamis, dazu das Vb. frz. tamiser;
span. ptg. tamiz. Vgl. Dz 314 tamigio, wo das
Grundwort in ndl. teems, Kleie, vermutet wird.]

9364) ahd. tampf, Dampf; davon vermutlich
ital. tanfo, Modergeruch, vgl. Dz 406 s. v. Sieh
aber tappo (No 9374).

9365) arab. tamr, bezw. tamr hindī, indische
Dattel; ital. tamarindo, Tamarinde; frz. tamarin;
span. támara, Dattel, tamarindo; ptg. támara,
tamarinho, tamarindeiro. Vgl. Dz 314 tamarindo.
Eg. y Yang. p. 502.

9366) german. tang, Tang; davon nach Jeret,
R IX 303, frz. tangue, tanque, ein als Dünger
verwendbarer Strandschlamm.

9367) tängo, tētïgī, täctum, tängēre, berühren;
sard. tangere; rtr. tangēr; prov. tanher; span.
tañer; ptg. tanger. Die Bedtg. des Verbs ist überall
auf ein Sondergebiet, z. B. des Rührens, Spielens
von Saiteninstrumenten, eingeschränkt worden; im
Prov. hat tanher die übertragene Bedtg. „sich ge-
ziemen". — Im Frz. ist tangère in dem Kompos.
attaindre erhalten. Das roman. Vb. für den allgemeinen Begriff „be-, anrühren" ist toccare.

9368) german. Wurzel tanh, fest zusammenhalten
(vgl. Kluge unter „zäh"); davon vermutlich ital.
tanghero, grob, plump; altfrz. tangre, hartnäckig,
auf etwas bestehend, tangoner, drängen. Vgl. Dz
684 tangoner; Th. p. 113 (wo für nicht unwahrscheinlich erklärt wird, dafs die betr. Worte auf
den kelt. Stamm dangino-, wovon altir. daingen,
fest, u. a., zurückgehen).

9369) ahd. tanna, Tanne, Eiche; davon vielleicht
(aber eben nur vielleicht, denn auch keltischer Ursprung ist denkbar) frz. tanner, rot gerben, dazu
das Vbsbst. tan, Lohe, u. das Partizipialadj. tanné,
lohfarbig (ital. tanè, sard. tunau). Vgl. Dz 683
tan; Th. p. 113; s. auch Bugge, R IV 366.

9370) täntūs, a, um, so grofs; ital. tanto;
prov. tan-z (als Adv. tant); frz. tant (nur adverbiales Neutr.), tandis = tanz dis = tantos dies;
span. tanto, daneben als Adv. tan, das aber auch
= tam sein kann; ptg. tanto, daneben als Adv.
tāo (tāo : tanto = sāo : santo, es kann jedoch auch
= tam sein).

9371) german. schallnachahmender Stamm tap,
hochd. zap (wovon „zappeln"), leicht mit der Pfote
(Hand, Fufs) schlagen, klapsen (vgl. niederd. tappe,
Pfote, engl. tap, Klaps); frz. tape, Schlag mit der
Hand, dazu das Vb. taper, tapoter, klapsen, vgl.
Dz 684 tape. — Auf die hochdeutsche Form des
Stammes (mit Nasalierung) gehen zurück ital.
zampa, Pfote, Tatze, zampare, mit der Pfote schlagen,
zampicare, zampeggiare, zampettare, die Pfoten
(Beine) bewegen, zappeln, strampeln, trippeln, ciam-
pare, ciampicare, inciampare, inciampicare, (mit
der Pfote) straucheln, stolpern, dazu das Vbsbst.
inciampo, Fehltritt, Anstofs, Hindernis; hierher
gehören wohl auch zappa, (krumme, mit Nägeln
versehene, zum Graben geeignete Pfote), Hacke,
wov. zappare (frz. saper), hacken, vgl. Dz 684 tape u.
auch Canello, AG III 378, auch Schuchardt, Z XV
110. Wenn aber Diez 363 ceffo u. Canello a. a. O.
auch ital. ceffo, Schnauze, ceffare, schnappen,
haschen, zaffo, Häscher, hierher ziehen, so ist das
wohl allzu kühn; möglicherweise gehört ceffo, ceffare
zu tappo (s. d.), Zapfen, denn ein zugespitztes Maul
oder eine Schnauze hat eine zapfenähnliche Form,
e für a findet sich auch in zeppa, zeppo und beruht
wohl auf Einwirkung des anlautenden Konsonanten.
Hierher gehören auch: span. tapia, Lehmwand,
tapiar, mit Lehmwänden umfassen; ptg. taipa,
Wand von Kleiberlehm, dazu das Vb. taipar; südfrz. tapi, atapi mit den Füfsen feststampfen etc.

Vgl. Schuchardt, Z XXIII 196, wo richtig bemerkt wird: „die roman. Wörter brauchen nicht aus dem Germanischen entlehnt zu sein; sie werden grofsenteils nur onomatopoietisch sich mit germanischen berühren."

9372) **täpētĕ** *n.* und **täpētŭm, täpētĭŭm** *n.* (τάπης, τάπητος), Decke, Tapete; ital. tappeto; prov. tapit-s; altfrz. tapiz, vgl. Horning, Z XVIII 237; frz. tapis; span. ptg. tapete, tapiz. Vgl. Dz 315 tappeto; Gröber, ALL VI 120. — Nach Dz 312 soll auch ital. tabarro, Waffenrock; frz. tabard; span. ptg. tabardo auf tap-ete zurückgehen, denn es bezeichne eigentlich einen deckenähnlichen, dicken Rock u. der Wandel von p : b habe in cap-ut : cab- sein Gegenstück. Nichtsdestoweniger ist diese Ableitung höchst unwahrscheinlich. Eher möchte man an Zusammenhang mit dtsch. tapfer, dapper, dessen Grundbedeutung ja „fest, gedrungen, voll, gewichtig" ist. denken, doch würde man freilich p u. nicht b zu erwarten haben. Das Wort ist auch im Keltischen sowie im Mittelgriech. vorhanden (bymr. tabar, mittelgriech. ταμπάριον) macht aber hier wie dort den Eindruck eines Fremdwortes. — Von frz. tabard soll abgeleitet sein tabarrin, Hanswurst, weil Possenreifser angeblich einen tabard trugen, vgl. Scheler im Dict.³ s. v.

9373) griech. ταπεινός, niedrig, demütig; davon vermutlich ital. tapino, armselig. dazu das Verb tapinare, armselig leben, vgl. Dz 684 tapir.

9374) westgerman. **tappo**, ahd. **zupfo**, Zapfen, Pfropfen; ital. tappo, „turacciolo", zaffo „tappo grosso di ferro o di legno", zeppa „piccolo cumo di legno", zeppo „stecca con cui i battiloro rimendano i pezzi", tappata, zeppata, zaffata „il colpo che danno i liquidi sgorgando con forza, sbuffata di malo odore etc.", zeppare, vollpfropfen, zeppo, gepfropft, zipolo, Zäpfchen im Hahne .eines Fasses, zampillo, Wasserstrahl, vgl. Canello, AG III 377, wo in einer Anm. auch tanfo, Modergeruch (nach Diez 406 = ahd. tampf) hierhergezogen wird, denn es bedeute eigentlich den muffigen Geruch, der sich in geschlossenen Gefäfsen u. dgl. entwickelt; über die etwaige Zugehörigkeit von ceffo, ceffare s. oben unter tap; prov. tampir, verstopfen; frz. tapon, tampon, Zapfen, Pfropfen, zupfropfen; mutmafslich gehört hierher auch se tapir (altfrz. s'atapir), sich niederducken, verstecken (eigentlich also wohl sich in einen Winkel gleichsam hineinstopfen), tapin, versteckt, heimlich (auch prov. tapi-s), tapiner, verstecken, en tapinois (altfrz. en tapinage), in heimlicher Weise; span. tapon, Zapfen, Stopfen, tapar, hineinstopfen, verdecken, tapa, Deckel, vielleicht auch zampar, eilig verdecken, verschlingen; ptg. tapar, verstopfen, zudecken, tampa, tampão, Deckel, tampo, Deckelstück. Vgl. Dz 315 tapa; 412 zeppa u. zipolo; 684 tapir.

9375) arab. **taqvīm**, Ordnung, Kalender; ital. taccuino, Almanach, Notizbuch, vgl. Ascoli, AG X 47 Anm.

9376) [***tărăbĕlla, -am** *f.* (aus Kreuzung zwischen tarabra f. terebra u. taratrum entstanden), Bohrer; prov. taravela, vgl. Thomas, R XXVI 435 Anm. 3.]

9377) arab. ***tărah**, entfernt, beseitigt (Freytag III 47ª); ital. prov. tara, Abzugsrechnung; frz. tare; span. ptg. tara, dazu das Vb. ital. tarare etc. Vgl. Dz 315 tara; Eg. y Yang. 304.

9378) kelt. Stamm **tarati-**, Bohrer; davon (ital. taradore, gleichsam *taratorem, Bohrwurm, Rebenwurm); rtr. teráder, Bohrer; prov. taraire, Bohrer; altfrz. tarere; neufrz. tarière; span. taladro;

ptg. trado. Vgl. Dz 315 taraire; W. Meyer, Ntr. p. 133; Th. p. 80.

tarchūn s. **draco**.

9379) **tărdē**, langsam, spät; (ital. tardi); cat. span. ptg. tarde (cat. auch tarda), späte Tageszeit, Abend, vgl. Dz 490 tarde.

9380) [***tărdīco, -āre** (tardus), zögern; altfrz. targier, atargier, vgl. Dz 685 targer; Gröber, ALL VI 120]

9381) [***tărdīo, -āre** (tardus), zögern, = rum. (in)tărzĭu ai at a; prov. tarzar, vgl. Dz 685 targer.]

9382) **tărdīvus, a, um** (tardus), langsam, träge; ital. tardivo; rum. tărzĭu; prov. tardiu, tarziu; frz. tardif; span. ptg. tardío. S. auch **tărdūs**.

9383) **tărdo, -āre** (tardus), zögern, zaudern; ital. tardare; prov. tardar; frz. tarder; span. ptg. tardar. S. auch ***tărdīo** u. ***tărdīo.**

9384) **tărdūs, a, um**, langsam; ital. tardo; prov. tart; frz. cat. tard; span. ptg. tardo. S. auch **tărdīvus**.

9385) Stadtname **Tărĕntŭm** (Τάρας, Τάραντα); dav. ital. tarántola, tarantella, Erdspinne, Tarantel; frz. tarantule; span. tarántula, tarántola; ptg. taranta, tarantella. Vgl. Dz 315 tarántola.

9386) altnord. **targa**, Schild; ital. targa, prov. targa; altfrz. tarje; neufrz. targe; span. ptg. targa; span. atarjéa, Einfassung. Vgl. Dz 315 targa; Mackel p. 63; s. oben **addaraqah.**

9387) arab. **targomān, torgomān**, Ausleger; ital. targomanno und turcimanno, Dolmetscher; prov. drogoman-s; frz. drog(o)man, dragoman u. truchemán, truchement; span. dragoman u. trujaman; ptg. trugimáo, vgl. Dz 123 dragomanno.

9388) ndd. **targen** (= german. tarjan), zerren, wurde von Diez 685 als Grundwort zu altfrz. tarier, entarier, reizen, quälen, ausgestellt. Da jedoch das Verbum dreisilbig ist, wie Förster, Z III 263, nachgewiesen hat, so ist diese Ableitung unhaltbar (Braune, Z XXII 206, stellt deshalb ags. *tarigan als Grundwort auf, für enterier ein *terigan, diese Verba sind aber unbelegt). Vielleicht ist tari-er = *taritare, dissimiliert aus *taritrare für taratrare vom Stamm taratr- (s. d.), die eigentl. Bedtg. würde demnach „bohren" sein. — Dagegen scheint mit targen verwandt zu sein sard. atturigare, belästigen, vgl. ital. zerigare aus dem mhd. zergen, vgl. Caix, St. 661.

9389) ägyptisch-arabisch ***tarīdah**, Schleppschiff; davon vermutlich ital. prov. cat. span. tarida, Lastschiff; von tarida dürfte wieder abgeleitet sein ital. tartana, kleines Seefahrzeug, frz. tartane, span. ptg. tartana. Vgl. Dz 316 tarida und tartana; Eg. y Yang. 503.

9390) arab. ***ta'rifa**, Bekanntmachung (Freytag III 142ª); ital. tariffa, Warenverzeichnis; frz. tarif; span. ptg. tarifa. Vgl. Dz 316 tariffa; Eg. y Yang. 503.

9391) arab. ***tārima**, Bettstelle; dav. vielleicht span. ptg. tarima (ptg. auch tarimba), Pritsche, Schemel, vgl. Dz 490 tarima; Eg. y Yang. 503.

9392) pers. **tark, tarkasch**, Köcher; ital. turcasso; altfrz. tarcais, turcais (volksetymologisch an turc angelehnt), vgl. C. Michaelis, Jahrb. XIII 315; Förster, Z I 156. S. oben **cărchēsĭŭm.**

9393) **tărmĕs, -mĭtem** *m.*, Holzwurm; ital. tarma (daneben tarlo, wohl = *tarmulus), Motte, Made; rtr. tarma; span. tarma, Holzwurm. Vgl. Dz 316 tarma. — Bugge, R IV 350, zieht hierher auch prov. arda (neuprov. arto); altfrz. arte, artre, daneben *artuison, artuson, artison*, Kleidermotte, endlich **sard.** **prov.** **cat.** *arna*. Den Abfall des *t* erklärt Bugge aus Dissimilation, bei *arna* aus Analogiebildung; unerklärt bleibt aber der Ausgang *-ison, -uison, -uson*. Böhmer stellte dafür *artitio* (s. d.) v. *artire* als Grundwort auf, was nicht befriedigen kann. Vgl. Gröber, ALL VI 120; Ascoli, AG IV 400.

9394) ahd. **tarni**, verhüllt; davon nach Dz 687 **frz.** *terne*, trüb, wozu das Vb. *ternir*, trüben. Vgl. dagegen Bugge, R IV 366, welcher *tetrinus* als Grundwort aufstellt. Bugge macht gegen Diez geltend, dafs die Mehrzahl der in das Frz. übergegangenen german. Worte dem auf niederdeutscher Lautstufe stehenden Altniederfränkischen entnommen sei u. dafs deshalb für *terne* ein *darne* erwartet werden müsse. Das ist an sich richtig. Indessen sind um deswillen doch Entlehnungen aus dem Hochdeutschen nicht unbedingt abzuweisen.

9395) [*tarpo, -āre (unbekannten Ursprunges) = **ital.** *tarpare*, die Flügel stutzen, vgl. Dz 406 *s. v.*]

9396) schallnachahmender Lautkomplex **tartar** (vgl. *turtur*); davon **prov.** *tartarassa*, Hühnergeier (**neuprov.** *tardarasso*); **ptg.** *tartaranha*. Vgl. Dz 686 *tartarassa*.

9397) arab. **tartara**, wanken (Freytag I 188b); davon vielleicht **ital.** *tartagliare*, (mit der Zunge unsicher sein), stottern; **rtr.** *tartagliar*; **prov.** *tartalhar*; **span.** *tartajear*, schwanken, unruhig sein, stammeln, dazu das Adj. *tartamudo* (daneben *tato*, wohl aus *tarto* erleichtert), stotternd; **ptg.** *tartarear*, dazu das Adj. *tátaro*. Indessen ist die Wortsippe vielleicht als onomatopoietisch zu betrachten, vielleicht auch als entstanden aus einem *tartus, *tartare = *tardĭtus, *tardĭtare* v. *tardus*, vgl. *matto* aus *madĭtus*. Vgl. Dz 316 *tartagliare*.

9398) altnfränk. **tas** (ags. ndl. *tas*, ahd. *zas*), Haufe; **prov.** *tat-z*; **frz.** *tas*, davon das Verb *tasser*, entasser. Vgl. Dz 686 *tas*; Mackel p. 61; Th. p. 114.

9399) ahd. **tasca**, Tasche, = **ital.** *tasca*; **prov.** *tasqueta* (Demin. von *tasca*); **frz.** (mundartlich) *tache, tasque, tasse*, dazu das altfrz. Vb. *entaschier*, einstecken, vgl. Förster zu Yvain 3174. Es mufs dahingestellt bleiben, ob das germanische Wert dem Romanischen oder das romanische dem Germanischen entlehnt oder ob beide Sprachstämme es einem dritten entnommen haben. Sollte vielleicht *tasca* ─ *taxa, *taxica v. taxare, *taxicare* sein u. eigentl. eine „abgeschätzte Summe, dann einen mit einer bestimmten Summe gefüllten Beutel, dann Beutel, Tasche" überhaupt bedeutet haben? Vgl. Dz 317 *tasca;* Kluge unter „Tasche"; Mackel p. 66.

9400) arab. **tassah,** Napf, Becken (Freytag III 55a); **ital.** *tazza*, Trinkschale; **prov.** *tassa;* **frz.** *tasse;* **span.** **ptg.** *taza*. Vgl. Dz 318 *tazza;* Eg. y Yang. 504.

9401) **tata, -am** *m.*, Vater; **ital.** (mundartlich) *tata*, Vater, damit hängt viell. zusammen *daddoli* „meine", vgl. Caix, St. 302; **rum.** *tatá; rtr.* *tat*, Grofsvater, *tata*, Grofsmutter; **span.** **ptg.** *tato*, Brüderchen, *tata*, Schwesterchen, *taita*, Vater. Vgl. Dz 318 *tata;* Gröber, ALL VI 121, wo auch ptg. *tataravô*, Urgrofsvater, angeführt ist. — Über alt**frz.** *taie*, Grofsmutter (*tayon*, Grofsvater, **pic.** *ratayon*, Urgrofsvater) oben **atavia** (wo statt „Öheim" zu lesen ist „Ahnin"), bezw. G. Paris, R XXIII 327 Anm.

9402) engl. **tatters** (von dem Stamme *toddón-*, gl. Kluge unter „Zotte"), Lumpen, Fetzen ; damit

scheint zusammenzuhängen **ital.** *tattera*, Lumpen, Fetzen, vgl. Dz 406 *s. v.*

9403) **taurā, -am** *f.*, unfruchtbare Kuh; **ptg.** *toura;* abgeleitet von *taura* ist das **prov.** Adj. *tórija*, *turga*, unfruchtbar (von Frauen u. deshalb nur Fem.), vgl. Dz 493 *s. v.*

9404) *taurellus, -um* *m.* (*taurus*), junger Stier; **frz.** *taureau*.

9405) **taurūs, -um** *m.*, Stier; **ital.** *tauro, toro;* **rum.** *taur;* **prov.** *taur-s;* **frz.** das Demin. *taureau;* altcat. *taur;* neucat. *span.* *toro;* **ptg.** *touro*.

9406) *taxeā, -am* *f.*, Speck (gallisches Wert, Afran. com. 284, vgl. Isid. 20, 2, 24); davon vielleicht **span.** *tasajo*, ein Stück Rauchfleisch; **ptg.** *tassalho;* auch das gleichbedeutende **cat.** *tasco* gehört wohl hierher. Vgl. Dz 490 *tasajo;* Liebrecht, Jahrb. XIII 232, stellte *tessella*, Demin. v. *tessera*, als Grundwort auf; Hehn, Kulturpflanzen u. Haustiere etc. (2. Ausg.) p. 532, führte die Worte auf *taxo*, Dachs, zurück und setzte „Dachsfett" als Grundbedtg. an.

9407) *taxĭeo, -āre (taxare)* wird von Ulrich, Z IX 429, als Grundwort angesetzt zu **frz.** *tacher*.

9408) **taxĭllūs, -um** *m.*, Klötzchen; **ital.** *tassello;* kleiner Pflock; altfrz. *tassiel;* neufrz. *tasseau*, Trag-, Querleiste (Meyer-L., Z. f. ö. G. 1891 p. 777, bezweifelt, dafs *tasseau* hierher gehört). Vgl. Dz 317 *tassello*.

9409) *taxĭto, -āre (Frequ. zu taxare)*, dieses wieder vom Stamme *tag*), berühren, betasten; **ital.** *tastare*, dazu das Vbsbst. *tasto*, Taste, Griff; **prov.** *tastar;* **frz.** *táter* (altfrz. auch *tanster*, vgl. Förster, Z II 84), davon abgeleitet *à tátons*, tappend, blindlings, *tátonner*, herumtappen; **altspan.** *tastar*, dazu das Vbsbst. **span.** **ptg.** *traste*, Griff an einem Saiteninstrument, davon **span.** *trastear*, die Saiten befestigen, **ptg.** *trastejar*, einrichten, möblieren (im Span. heifst dasselbe Vb. „das Dach decken"). Es mag indessen zweifelhaft sein, ob diese mit tr anlautenden Worte, welche von **span.** *trasto*, Hausrat etc. doch kaum zu trennen sind, wohl *taxitare* gehören u. nicht lieber von *transtrum* (s. d.) oder auch von *tra[n]stare*, quer stehen, abzuleiten sind, *traste*, trasto würde dann eigentl. ein querstehendes Ding bedeuten, als welches der Griff an einem Saiteninstrumente, aber ein inmitten eines Raumes stehendes Möbel sehr wohl aufgefafst werden kann. Vgl. Dz 318 *tastare;* Flechia, AG II 357; Gröber, ALL VI 121.

9410) **tāxo, -āre**, abschätzen; **ital.** *tassare*, dazu das Vbsbst. *tassa;* Caix. St. 615, zieht hierher auch *taccio* „cottimo", nach seiner Meinung aus *tascio* entstanden, sowie, St. 625, *tartassare* „maltrattare, biasimare vivamente", nach seiner Ansicht aus *taxare* „con raddoppiarsion intensivo" hervorgegangen; **venez.** *tasca*, compite, lavoro assegnato, vgl. Salvioni, R XXVIII 108; **prov.** *taxar*, dazu das Vbsbst. *taxa;* **frz.** (altfrz. *tausser*, *tauxer*, dazu) das Verbalsbst. *taus*, *taux*, Abgabe, vgl. Förster, Z VI 110; Scheler im Anhang zu Dz 816 (Diez 686 erblickte in *taux* die altfrz. Nominativferm von *tail*); hierher gehört auch *táche* = *tasche* ─ *taxa* (Schatzung, Auflage), Aufgabe, woron *trich"er*, sich (an einer Aufgabe) bemühen; vermutlich mit *táche* identisch ist *tache*, Tasche (eigentl. abgeschätzte Summe, Inhalt eines Beutels, s. oben **tasca**): gelehrte Worte sind *taxer* u. *taxe;* **span.** *tasar*, dazu das Verbalsbst. *taxa;* (vielleicht gehört hierher auch **span.** **ptg.** *tascar*, Hanf brechen, worin sich die eigentliche Bedtg. von *taxare*

„scharf anrühren" (vgl. Gell. II 6, 5] erhalten haben würde, vgl. Baist, RF I 133; Diez 490 *s. v.* leitete das Wort von ahd. *zaskôn*, raffen ab); ptg. *taxar* (altptg. *tousar*), dazu das Vbsbst. *taxa*. Vgl. Dz 686 *taxer*; Th. p. 113.

9411) **taxo, -önem** *m.* (vom hebr. שׁדִק, vergl. Rönsch, Z I 420), Dachs, ital. *tasso* = *taxus* (neapel. *mologna* v. *mēlo, -önem* [vgl. Isid. 12, 2, 40] v. *mēles); rtr. *taiss*; prov. *taiso-s* (daneben *tais* = *taxus); frz. *taisson* (das übliche Wort für „Dachs" ist aber *blaireau*, s. oben *ablatarellus); span. *texon, tejon,* daneben *tasugo*; ptg. *teixugo.* Vgl. Dz 317 *tasso;* Gröber, ALL VI 121.

9412) [*taxönārĭā, -am *f.* (*taxo*), Dachshöhle; vielleicht das Grundwort zu altfrz. *taisniere, tesniere,* Höhle, neufrz. *tanière.* Vgl. Dz 684 *s. v.*]

9413) **tāxus, -um** *f.,* Taxus-, Eibenbaum; ital. *tasso;* (tic. *taissin,* ginepro); span. *tejo;* ptg. *teixo.*

9414) **tēctŭm** *n.* (*tĕgĕre*), Dach; ital. *tetto;* prov. *teg-z;* frz. *toit;* span. *techo;* ptg. *tecto, teito.* Vgl. Gröber, ALL VI 122.

9415) mittelengl. **tedĭr,** neuengl. *tedder,* Spannseil für weidendes Vieh; dav. das gleichbedeutende altfrz. *tierre (thierre, tiere),* vgl. Behrens, Festgabe f. Gröber p. 166.

9416) **tĕgĭllŭm** *n.,* kleine Decke; lecc. *tiedda,* padella, vgl. AG IV 137.

9417) **tĕgĭmĕn** *n.* (*tegĕre*) = (?) ital. *tiemo,* Wagendecke (daneben *tegame,* das auch „Tiegel" bedeutet u. in dieser Bedeutung vielleicht mit dem deutschen Worte, welches (irrig!) aus der idg. Wurzel *dig* „kneten" abgeleitet wird, zusammenhängt, siehe aber **tegula**). Vgl. Flechia, AG II 56.

9418) **tēgŭlā, -am** *f.* (*tegĕre*), Ziegel; ital. *tegola* (daneben *tegolo*), *teglia, tegghia* „vaso di rame ad uso di cucina" (also eigentlich ein Deck- oder Deckelgefäfs; da *teglia, tegghia* doch unzweifelhaft = *tegula* ist, so wird man auch *tegame* „Tiegel" von *tegere* ableiten u. im deutschen „Tiegel" ebenfalls *tegula* erblicken dürfen), vgl. Canello, AG III 295, und III 356; rum. *ţiglă* (dem Deutschen entlehnt); prov. *teula* und *teule-s;* altfrz. *tiule,* vgl. d'Ovidio u. Ascoli, AG XIII 439 u. 459; neufrz. *tuile,* davon *tuilerie,* Ziegelei; Deminutivbildung zu *tegula* ist wohl *tillette,* ein als Probe dieuendes Stück Schiefer; span. *teja* u. *tejo;* ptg. *telha* u. *tijolo.* Vgl. Dz 319 *tegola;* Gröber, ALL VI 122. — Nicht hierher gehört das von Diez 491 *s. v.* = *tegula* angesetzte sard. cat. span. ptg. *tecla,* Tasto, es dürfte darin eine Deminutivbildung halbgelehrter Form von *theca* (s. d.) zu erkennen sein.

9419) vlaem. **teil,** teel, Tiegel (*tegula*?); davon pic. *telet,* Milchnapf, vgl. Doutrepont, Z XX 529, s. auch R XXIII 315; Marchet, Z XVI 386, leitet das Wort von *testula.*

9420) got. **tékan,** berühren, nehmen; wird von Canelle, AG III 383, als Grundwort angesetzt zu ital. *attaccare* u. der ganzen sich daran schliefsenden Sippe (s. oben **tac-**), zu welcher Canello auch ital. *acciaccare* „ammaccare, pestare", *azzeccare* „toccare attaccando, colpire, investire", span. *achacar* „imputaro (quasi attaccare, offendere)" zieht. Zugeben mag man, dafs die Entwickelung des Stammes *tac-* in einzelnen Ableitungen durch das got. Vb. beeinflufst worden ist.

9421) **tēlă, -am** *f.,* Gewebe, Leinwand; ital. prov. *tela;* frz. *toile,* dazu das Demin. *toilette,* kleine Tischdecke, bedecktes Tischchen, Putztisch, Putz; cat. span. ptg. *tela.* Vgl. Dz 689 *toilette.*

9422) altnfränk. **tĕld,** Vorhang, Decke, Zelt; frz. *taud, taude,* Plane, Schutzdach, *taudis,* Schutzgerüst, Hütte, dazu altfrz. *taudir,* bedecken (vielleicht gehört hierher auch span. ptg. *toldo,* Zelt, s. unten **tholus**), vgl. Dz 686 *taudir;* Mackel p. 84.

9423) altnord. **telgja,** ein Schneidewerkzeug; davon nach Jeret, R IX 435, frz. *tille,* Beilhammer. Bugge, R III 158, hatte schwed.-norweg. *teksla,* ahd. *dehsala,* Hacke, als Grundwort aufgestellt, was lautlich nicht genügt. Vgl. Mackel p. 103.

9424) **tĕllus, -ūrem** *f.,* Erdboden, Erdoberfläche; südsard. *tella, telloruxi,* vgl. Meyer-L., Z. f. ö. G. 1891 p. 777.

9425) arab. **telsam** (Pl. *telsamän*), Zauberbild (Freytag III 64b); davon ital. *talismano,* Talisman; frz. span. ptg. *talisman.* Vgl. Dz 314 *s. v.;* Eg. y Yang. 501.

9426) griech. *τελωνεῖον,* Zollhaus; altfrz. *tonlieue, tonliu,* vgl. Suchier, Altfrz. Gr. p. 55.

9427) **tĕmo, -önem** *m.,* Deichsel; ital. sard. *timone* = *timonem;* rtr. *timun;* prov. *timó-s;* frz. *timon;* cat. *timó;* span. *timon;* ptg. *timão.* Vgl. Gröber, ALL VI 125.

9428) [**tĕmpĕrāmĕntŭm** *n.* (*temperare*), richtige Mischung; ital. *temperamento;* rum. *stimpărămint;* prov. *tempramen-z;* frz. *tempérament;* span. ptg. *temperam(i)ento;* überall nur gel. Wort.]

9429) **tĕmpĕro, -āre,** mäfsigen, in das richtige Verhältnis bringen; ital. *temperare;* rum. *stimpar ai at a;* prov. *temprar, trempar,* einweichen; frz. *tremper* (bedeutet im Altfrz. auch „ein Musikinstrument stimmen"). (*tempérer;*) Braune, Z XXII 210, setzt sehr unnötig *tremper* = got. *trimpan* „durch Stampfen einweichen" an; cat. *temperar;* span. *templar,* dazu das Vbsbst. *temple;* ptg. *temperar.* Vgl. Dz 691 *tremper.*

9430) **tĕmpĕstas, -ātem** *f.* (*tempus*), Unwetter, Sturm; ital. *tempesta* u. *tempestate, -de;* prov. *tempesta* u. *tempest-z;* frz. *tempéte;* span. *tempestad;* ptg. *tempestade.*

9431) **tĕmplŭm** *n.,* Tempel; ital. *tempio;* rum. *timplă f.;* prov. *temple-s;* frz. cat. *temple;* span. ptg. *templo.*

9432) **tĕmpŏră** (Plur. von *tempus*), Schläfe; ital. *tempia;* rum. *timplă;* prov. *templa;* frz. *tempe* (altfzr. *temple);* daneben prov. altfrz. *ten, tin,* vielleicht vom mhd. *tinne,* Schläfe, vgl. W. Meyer, Ntr. p. 43 (ebenda p. 44 wird frz. *temple* besprochen); (span. siein, vielleicht = *segmen);* ptg. *tempora* (daneben *fonte de cabeça*). Vgl. Dz 319 *tempia* und 688 *tin;* Gröber, ALL VI 123.

9433) [*tĕmpŏrĕllā, -am *f.* (Deminutivbildung zu *tempus, temporis);* davon vermutlich ital. *tempella,* eine Art Klosteruhr, *tempellare,* mit einer Klosteruhr) sich langsam (perpendikelartig) hin- u. herbewegen, *tempellone,* hin- und herschwankender, unschlüssiger Mensch, Tölpel. Vgl. Dz 406 *tempello* u. Schuchardt, XV 122.

9434) [*tĕmpŏrīvŭs, a, um* (*tempus*) = rum. *timpuriu,* vereitig, vorzeitig.]

9435) **tĕmpŭs, -öris** *n.,* Zeit; ital. *tempo;* rum. *timp;* prov. *temptz, tems;* frz. *temps;* cat. *temps;* span. *tiempo;* ptg. *tempo.* — Von *temps* will Tobler, Sitzungsb. der Berl. Akad. d. Wiss., phil.-hist. Cl., 23. Juli 1896 p. 869 ableiten altfrz. *tenser;* vgl. dagegen R XXV 623, XXVI 581, Z XXI 130.

tĕnācĭtās s. **tĕnāx.**

9436) **tĕnācŭlŭm** *n.* (*tenēre*), ein Werkzeug zum Halten; ital. *tanaglia,* Zange; prov. *tenalha;* frz.

tenaille. Vgl. Dz 315 tanaglia; Mackel p. 137; Gröber, ALL VI 123; Behrens, Z III 407, zieht hierher auch, u. wohl mit Recht, frz. etnette, kleine Zange, vermutlich entstanden aus (un)e t(e)nette. Vgl. d'Ovidio, AG XIII 426.

9437) tĕnäx, -ācem (tenēre), fest haltend, haftend; ital. tenace, dazu das Sbst. tenacità; sard. tenaghe, Stiel; span. ptg. tenaze, tenaz, Zange. — Frz. tenace, Adj. (gel. W.); span. tenaz, dazu das tenacear, hartnäckig auf etwas bestehen, mit Zangen zwicken.

9438) [*tĕndä, -am f. (Vbsbst. zu tendĕre), ausgespannter Gegenstand, Vorhang, Zelt, = ital. tenda; rum. tindă; prov. tenda; (frz. tente = *tendita); span. tienda; ptg. tenda. Vgl. Dz 319 tenda; Gröber, ALL VI 123.]

9439) [*tĕndo, -īnem f. (tendĕre), Sehne, = ital. tendine; (frz. tendon; span. tendon; ptg. tendão). Vgl. Dz 319 tenda.]

9440) tĕndo, tĕtĕndī, tĕnsum, tĕndĕre, spannen; ital. tendo tesi teso tendĕre; rtr. tender; rum. nur in Kompos., z. B. intind tinsei tins tinde; prov. frz. tendre; cat (en)tench tengui tes tendrer; span. ptg. tender. Vgl. Gröber, ALL VI 123.

9441) tĕnĕbrae, -äs f., Finsternis; (ital. tenebre; prov. tenebras; frz. ténèbres); span. tinieblas; ptg. trevas. Vgl. Dz 494 treva; Gröber, ALL VI 123.

9442) [tĕnĕbrōsŭs, a, um (tenebrae), finster; ital. tenebroso, u. dem entsprechend in den übrigen Sprachen.]

9443) tĕnĕo, tĕnŭī, tĕntum, tĕnēre, halten; ital. tengo tenni tenuto tenēre; rum. ţin ţinui ţinut ţiné; rtr. Präs. teny, tiny etc., Inf. tené, tényer, vgl. Gartner § 190; prov. tenh tinc tengut tener u. tenir; frz. tiens tins tenu tenir; cat. tinch tingui tingut tenir; span. tengo tuve tenido tener; ptg. tenho tive tido ter.

9444) tĕnĕr, a, um, zart; ital. tenero; rum. tinĕr; prov. tenre, tendre; frz. cat. tendre, dav. altfrz. tandron, Knorpel, neufrz. tendron, Brustknorpel, vgl. Förster zu Yvain 4529: durch tandron wurde tandram,-ain (ital. tenerame), gleichs. *teneramen, verdrängt, vgl. Thomas, R XXV 448; span. tierno; ptg. terno. Vgl. Dz 491 tierno.

9445) [*tĕnĕrārīŭs, a, um (tener), zartes Fleisch habend; span. ternero, Kalb; ptg. terneira, Kalb.]

9446) [*tĕnĕrīnŭs, -um m. (tener); vielleicht Grundform zu frz. tarin (mundartlich térin, tairin), Zeisig, eigentl. zarter Vogel. Vgl. Dz 685 s. v.]

9447) *tĕnĕrĭtĭä, -am f. (tener), Zartheit, Zärtlichkeit; ital. tenerezza; rum. tinereaţă (bedeutet „Jugend d. h. zartes Alter"); prov. tenreza, tendreza; cat. tendreza; span. terneza; ptg. terneza.

9448) tĕnŏr, -ōrem m. (tenēre), ununterbrochener Verlauf, Andauer, Lauf, Inhalt eines Schriftstückes, Stimmhöhe; ital. tenore etc.]

9449) [tĕnsĭo, -ōnem f. (tensus von tendĕre), Spannung; ital. tensione und dem entspr. in den übrigen Sprachen; sard. tasoni, reta da uccellare, vgl. Salvioni, Post. 22.]

9450) *tĕnso, -āre (Frequ. v. tendĕre)=(?) altfrz. tenser, verteidigen, schützen; indessen ist die Bedeutungsentwickelung sehr unklar. Vgl. G. Paris, R IV 480, XXV 624, Salvioni, R XXVI 281. S. oben tĕmpus u. unten tins, besonders aber No 9454.

9451) tĕnsŭs, a, um (Part. P. P. v. tendĕre), gespannt; ital. tesa, Spannung, Spannweite der Arme, Klafter; tic. tes, satollo; ptg. toise, ein

Längenmaſs, dazu das Vb. toiser (altfrz. auch teser), messen; (span. tieso, straff, steif, starr, hart); ptg. teso. Vgl. Dz 689 toise; 491 tieso; Baist, Z VII 123, setzt span. tieso = tersus an, dagegen zieht er tez, Glätte (von Diez 491 s. v. von tersus abgeleitet) zu tensus, bemerkt aber, daſs tez wahrscheinlich einen ganz anderen Ursprung habe, ohne jedoch zu sagen, welchen. Vgl. No 9486.

9452) [tĕntätĭo, -ōnem f. (tentare), Versuchung; ital. tentazione u. dem entsprechend in den übrigen Sprachen.]

9453) tĕntĭo, -ōnem f. (tendĕre), Dehnung (im Roman. Kraftanspannung, Kampf); ital. tenzone, (daneben tencione, tenza), Streit, Streitlied; prov. tenso-s (daneben tensa), Streit. tençon, daneben tenre. Vgl. Dz 687 tencer.

9454) [*tĕntĭo, -āre (tendĕre), die Kräfte anspannen, streiten, kämpfen (vgl. lat. contendere, contentio); ital. *ticciare (aus *tinciare) in bisticciare „contendere, garrire", vgl. Caix, St. 208; (prov. tensar = *tensare); altfrz. tencier, bestencier, auch tenser (No 9450 gehört wohl hierher); neufrz. tancer, ausschelten. Vgl. Dz 687 tencer (wo *tenciare irrig von tentus von tenere abgeleitet wird); Baist, Z VI 119; G. Paris, R IV 480.

9455) tĕnto, -āre (Intens. v. tendo), erproben, versuchen; ital. tentare; rtr. prov. tentar; frz. tenter, über eine besondere Beutg. des Verbs im Altfrz. („die Charpiewiecke in cine Wunde legen") vgl. Förster zu Erec 5199; cat. span. ptg. tentar. Gröber, ALL VI 124.

9456) tĕnŭīs, -e, dünn; altfrz. tenve, tenvre, teneve, dazu das Vb. atenver, vgl. Leser p. 114.

9457) tĕnŭs, bis an; ptg. té, bis, vgl. Dz 490 s. v. S. oben äd + tĕnŭs.

9458) tĕpĭdŭs, a, um (tepēre), lau; ital. tiepido, dazu das Sbst. tepidezza, tiepidezza = *tepiditia; sard. tebiu u. tebidu; venez. tivio; sicil. tepidu, -itu; neap. tiepolo = *tepulus; aemil. tevd; lomb. teved; friaul. tiep-, tep-, tip-, tivid; prov. tebe, Fem. tebeza; altfrz. tieve (daneben tedde), dazu das Vb. atevir, attiédir, vgl. Leser p. 72; frz. tiède, dazu das Shet. tiédeur, gleichsam *tepidorem; cat. tebi; span. ptg. tibio, dazu das Sbst. tibieza. Vgl. Dz 687 tiède; Schuchardt, Roman. Etym. I p. 18; Salvioni, Post. 22.

9459) tĕpŭlŭs, a, um, lau; neap. tiepolo; lothr. tevlo; wallon. tevene, tene, tievene, tiene, vgl. Schuchardt, Roman. Etym. I p. 39; piem. cepp, friaul. clipp, vgl. Nigra, AG XV 108.

9460) *tĕrĕbĕllŭm n. (Demin. zu terebrum), Bohrer; ital. trivello, Bohrer; prov. taravel-s, Bohrer; span. teruvela, (Bohrwurm), Motte; ptg. travoella, Bohrer. Vgl. Dz 315 taraire; Gröber, ALL VI 124.

9461) tĕrĕbĭnthĭnŭs, a, um (Adj. zu terebinthus = τερέβινθος, Terebinthenbaum); ital. terebentina, trementina; rum. trementin, termentin, trepetin; prov. terebentina, terbentina, terebinte; frz. térébenthine; cat. trementina; span. trementina, trementia; ptg. terebinthia, termentina, trementina.

tĕrĕbĭnthŭs s. tĕrĕbĭnthĭnŭs.

9462) hebr. tĕrĕfa (טְרֵפָה), zerrissenes Fleisch, unreine Speise (im späteren Vulgärhebräisch, bezw. im Judendeutsch Adj. mit der Bedeutung „unrein, schlecht, ungerecht"); davon vermutlich prov. trefa-s, trafan-s, betrügerisch, wozu das Vb. trefanar u. das Sbst. trefart-z; span. trefe, falsch, treulos, schwach, dünn; ptg. trefo, tréfego, verschmitzt, arglistig. Vgl. Dz 494 trefe.

9463) **tĕrgo, tĕrsī, tĕrsŭm, tĕrgĕre,** abwischen; ital. tergo tersi terso tergĕre; rum. ş-terg tersei ters terge; prov. esterzer, Part. Prät. ters; altfrz. terdre; altspan. terger. Vgl. Gröber, ALL VI 124. S. unten tĕrsŭs.

9464) altnfränk. **terî** (ahd. ziarî), Zier; prov. tieira, teira, tiera, (geordnete) Reihe, (ordentliches) Benehmen; altfrz. tiere. Vgl. Dz 687 tiere; Mackel p. 13.

9465) **tĕrmĕn** n. u. **tĕrmĭnŭs, -um** m., Grenzpunkt, bestimmter Zeitpunkt; ital. termine, término; rum. ţérm m. u. ţermure f.; prov. frz. cat. terme; span. término; ptg. termo.

9466) **tĕrnī, ae, a,** je drei; dav. sard. ternare, zählen.

9467) **tĕrră, -am** f., Erde, Land; ital. terra; rum. ţară; rtr. tera, tiara; prov. terra; frz. terre; cat. terra; span. tierra; ptg. terra. Vgl. Gröber, ALL VI 124.

9468) [***tĕrrācĕŭs, a, um** (terra), zur Erde gehörig; ital. terraccio „terreno smosso", terraccia, schlechtes Erdreich, terrazzo, terrazza (frz. terrasse, span. terrazo), Erderhöhung, Wallgarten, Altan, vgl. Canello, AG III 348.]

9469) **tĕrrae + mŏtŭs;** ital. terremoto und terremuoto, Erdbeben; (frz. tremblement de terre); span. ptg. terremoto.

9470) **tĕrrănĕŏla, -am** f., Erdmänchen (ein Vogel); venez. taragnola, chiurlo; locc. tarañola, alladola, vgl. Salvioni, Post 22.

9471) **tĕrră + fŭndŭs;** daraus vielleicht frz. tréfords, Grund u. Boden, doch ist die Ableitung von trans + fundus die glaublichere. Vgl. Dz 691 s. v. u. Scheler im Dict. s. v.

9472) [***tĕrrănŭs, -um** m. (terra) = rum. ţaran, Landmann: (span. terrin).]

9473) **tĕrră + plānŭm = frz. terre-plein (für plain), Erdwall, vgl. Fafs, RF 503.

9474) [***tĕrrārĭŭs, a, um** (terra); prov. terrier-s; Landbesitzer; span. terrera, ein Stück Land (auch Ackerlerche); frz. terrier, Tierhöhle, Dachshund, Mauerläufer (ein Vogel), terrière, Erdgrube, Fuchs-, Kaninchenbau; ptg. terreiro, grofser freier Platz.]

9475) **tĕrră + tŏrŭs;** daraus nach Dz 687 s. v. prov. tertre-s; altfrz. tertre, teltre, (daneben terne); neufrz. tertre, Anhöhe. Diese Ableitung ist indessen höchst fragwürdig. Besser erblickt man wohl in tertre ein ter-trum, d. i. den Stamm ter, wovon ter-ra, ter-lus = tellus, mit dem Suffixe -trum; Thomas, R XXV 95, schwankt zwischen *tertrum u. *tertrum.

9476) **tĕrră + tŭbĕr;** daraus vermutlich ital. tartufo, tartufolo, Trüffel, com. tartigoi, spugnole, vgl. Salvioni, Post. 22, (frz. tartufe, scheinheilig; die Bedeutungsgeschichte dieses Wortes liegt aufserhalb des Bereiches eines etymologischen Wörterbuches; man sehe das Nähere in den Einleitungen zu den besseren Ausgaben des Molière'sches Lustspieles), vgl. Dz 333 truffe. S. tŭbĕr.

9477) [**tĕrrēnŭs, a, um** (terra), erdisch, irdisch, **tĕrrēnŭm** n., Erdreich, Boden; ital. terreno; (rum. ţarină, ţarnă); span. ptg. terreno. Vgl. No 9482.]

9478) **tĕrrĕo, -ēre,** schrecken; ital. atterrire.

9479) **tĕrrĕstĕr, īs, e** (terra), irdisch; ital. terrestre u. terrestro; prov. frz. span. ptg. terrestre.

9480) **tĕrrĕŭs, a, um** (terra), erdig; ital. span. ptg. terreo.

9481) [**tĕrrĭbĭlĭ̆, -e** (terrēre), schrecklich; ital. terribile; frz. span. ptg. terrible.]

9482) ***tĕrrīnŭs, a, um** (terra), zur Erde gehörig; altfrz. terrin, neufrz. terrain, vgl. Förster, Z XV 523.

9483) [**tĕrrītorĭum** n. (terra), Landgebiet; ital. territorio; frz. tcrritoire etc., nur gelehrtes Wort. — Prov. terrador u. altfrz. terredoir setzen ein *terratorium voraus, vgl. Thomas, Essais phil. p. 14.]

9484) **tĕrrŏr, -ŏrem** m. (terrēre), Schrecken; ital. terrore; frz. terreur; span. ptg. terror.

9485) **tĕrrōsŭs, a, um** (terra), erdig; ital. terroso; prov. terros; frz. terreux; span. ptg. terroso.

9486) **tĕrsŭs, a, um** (Part. P. P. v. tergere), rein, sauber, artig; ital. terso; cat. ters; span. ptg. terso, poliert, glatt. Vgl. Gröber, ALL VI 124. S. oben tĕrgo. — Nach Baist, Z VII 123, gehört hierher span. tieso, kräftig, fest (der vermittelnde Begriff soll „tadellos" sein); Diez 491 setzt tieso = tĕnsus an, wogegen er von tĕrsus ableitet das Sbst. span. ptg. tez, glatte Oberhaut, u. das Vb. atezar, das nach Diez „glätten" bedeuten soll, während es in Wirklichkeit „schwärzen" bedeutet, zu tieso gehört das Vb. at(i)esar, straff, steif machen. Die ganze Wortsippe bedarf noch der Aufklärung.

9487) [**tĕrtĭārĭŭs, a, um** (tertius), das Drittel enthaltend; ital. terziario „il triplice piovere degli antichi templi tescani", terziere „la terza parte d'un fiasco di vino o d'una città", vgl. Canello, AG III 311.]

9488) [***tĕrtĭŏlŭs, a, um** (tertius), drittor; ital. terzuolo, das Männchen von Falken oder Habicht (weil angeblich der je dritte Vogel im Neste ein Männchen ist), terzeruolo, ein kleines Schiefsgewehr, Terzerol (Schiefswaffen sind mehrfach nach Vögeln oder Insekten benannt); prov. tersol-s, tresol-s, ein Raubvogel; frz. tiercelet; span. torzuelo; ptg. trecó. Vgl. Dz 319 terzuolo.]

9489) **tĕrtĭŭs, a, um,** dritter; ital. terzo; (rum. al-trei-lea); rtr. terts, tierts etc., vgl. Gartner § 200; prov. tertz; frz. tiers (die übliche Ordinalzahl ist troisième); cat. ters (daneben tercer); span. tercio u. tercero; ptg. terceiro. Vgl. Gröber, ALL VI 124.

9490) **tĕrtĭŭs pĭlŭs;** daraus span. tercio-pelo, Samt (eigentlich aus droidrähtigen Seidenfäden gewebter Stoff), vgl. Dz 491 s. v.

9491) ***tĕstă, -am** (schriftlat. tĕsta) f., Scherbe, Hirnschale (im Roman. „Kopf"); ital. testa; rum. ţeastă (bedeutet „Hirnschale"); prov. testa; tète; cat. testa; ptg. testa; span. tiesta. Vgl. Dz 319 testa; Gröber, ALL VI 124.

9492) [**tĕstāmĕntŭm** n. (testari), letzter Wille; ital. testamento u. dem entsprechend in den übrigen Sprachen.]

9493) ***tĕstĭfĭco, -āre** (schriftl. Deponens), bezeugen; span. testiguar, vgl. Dz 491 testigo.

9494) ***tĕstĭfĭcŭs, -um** m. (testificare), Zeuge, — span. testigo, vgl. Dz 491 s. v.]

9495) **tĕstĭmŏnĭŭm** n. (testis), Zeugnis; ital. testimonio (bedeutet „Zeuge", daneben mit gleicher Bedtg. auch testimonia); prov. testimoni-s, testemoni-s; frz. témoin (hat die persönliche Bedeutung „Zeuge" erhalten, „Zeugnis" ist témoignage, gleichsam *testimoniaticum); span. testimonio u. testimonia (letzteres Wort bedeutet auch „Zeuge"); ptg. testemunho, Zeugnis, testemunha, Zeuge.

9496) [*tēstūīlia *(testu)*; davon nach Caix, St. 61, ital. *stoviglia*, Küchengeschirr; Diez 404 *s. v.* hatte ahd. **stoufili* (Demin. zu *stouf*, Becher) als Grundwort aufgestellt.]

9497) (tēstū *n.* u.) *tēstum (schriftlat. *tēstum) n.*, irdenes Gefäfs, Napf; ital. *testo*, Scherbe, Topf; mundartl. Formen b. Salvioni, Post. 22; frz. *test*, *tét*, Scherbe, Schale, Hirnschale, davon *tesson*; span. *tiesto;* ptg. *testo*. Vgl. Dz 319 *testa;* Gröber, ALL VI 124.

9498) tēstūdŏ, -dīnem *f. (testa)*, Schildkröte; ital. *testudine* u. *testuggine*, vgl. Ascoli, AG II 119 Anm. (*testuggine* = *testudjine*, dagegen nehmen W. Meyer, Z VIII 211, u. d'Ovidio, AG IX Anm. 1, Suffixwechsel an, also **testugine*, vgl. Cohn, Suffixw. p. 268); (aber frz. *tortue* = **tortuca;* span. *tortuga*, *galapago;* ptg. *tartaruga*, *cágado*). S. unten **tŏrtūcā*.

9499) tēstūlā, -am *f.*, Scherbe; ital. *teschio*, vgl. Gröber, ALL VI 124.

9500) tēter, a, um, häfslich; davon nach Cornu, Gröber's Grundrifs I 767, ptg. **dedro*, **derdo; lerdo*, vgl. dagegen Schuchardt, Z XIII 530.

9501) tētrīcūs, a, um, unfreundlich, finster; davon vielleicht span. *terco*, hartnäckig, hart, vgl. Dz 491 *s. v.* Diez ist geneigt, auch ital. *terchio*, grob, ungeschliffen, hierher zu ziehen. Die Ableitung kann unmöglich befriedigen, doch bietet eine andere sich nicht dar.

9502) [*tētrīnus, a, um (für *tetricus);* nach Bugge, R IV 366, Grundform zu frz. *terne*, düster. S. oben tarni.]

9503) got. gatêvjau, ordnen, têva, Ordnung, taujau, thun, machen; damit scheint zusammenzuhängen span. ptg. *ataviar*, schmücken, *atavio*, Schmuck, vgl. Dz 427 *ataviar*.

9504) tēxo, tēxūī, tēxtum, tēxēre, weben; ital. *téssere;* rum. *ţes ui ut e;* prov. *teisser;* altfrz. *tissir*, *tistre* (davon das Partizipialsubst. *tissu*, Gewebe); neufrz. *tistre* (veraltet), *tisser*, dazu *tisserand* (vgl. ital. *tesserandolo*), Weber, *tissu* (dav. span. *tisú*, *tesú*), Gewebe, vgl. Dz 688 *s. v.*, s. unten textor; cat. *teixir;* span. *tejer;* ptg. *tecer*. Vgl. Gröber, ALL VI 125.

9505) (tēxtŏr), *tēxūtŏr, -ŏrem (*texere*), weben; ital. *tessitore* (daneben *tesserandolo*, wohl aus frz. *tisserand* durch Anfügung des Deminutivsuffixes entstanden); prov. *teisseire;* altfrz. *tissier* = **texarius;* neufrz. *tisserand* (ein Wort befremdlicher Bildung, anscheinend entstanden aus *tissier* + Suffix *enc*, also eigentl. *tisserenc*, vgl. Rothenberg p. 21); cat. *texidor;* span. *tejedor;* ptg. *tecedor*.

9506) tēxtūrā, -am *f. (texere)*, Gewebe; ital. *testura* (daneben *tessitura*); (rum. *ţesătură)* prov. *texura*, *tezura)*; frz. *tissure*, daneben als gel. Wort *texture;* cat. *testura* (u. *tejedura*); ptg. *textura* (daneben *tecedura*).

9507) thălămŭs, -um *m. (θάλαμος)*, Ehebett; span. *tálamo (tambo)*, Bettdecke; ptg. *thálamo*, *tamo* (veraltet), Hochzeitsfest, *tambo*, Brautbett, vgl. Dz 490 *tambo*.

9508) thăllŭs, -um *m. (θάλλος)*, ein grüner Stengel; ital. *tallo*, Schöfsling, Stengel; frz. *talle* (Lehnwort) *f.;* span. *tallo;* ptg. *talo*. Vgl. Dz 314 *tallo*.

9509) altnfränk. parrjan, dörren; prov. frz. *tarir*, trocknen, vgl. Dz 686 *s. v.;* Mackel p. 70.

9510) chines. the, tschâ, Thee; ital. *tè* (daneben

---

ciâ), Thee (als Luxusgetränk); frz. *thé;* span. *té*, daneben *cha;* ptg. *chá*. Vgl. Dz 318 *tè*.

9511) [thēātrūm *n. (θέατρον)*, Theater; ital. *teatro;* frz. *théâtre;* span. *teatro;* ptg. *theatro*.]

9512) thēcā, -am *f. (θήκη)*, Scheide, Futteral; ital. *teca* „custodia, astuccio", *tega* „baccello, resta", vgl. Canello, AG III 372; genues. *teiga*, baccello; com. *tega;* berg. *tiga;* monf. *teja;* rum. *teaeă;* rtr. *teia*, Futteral, Kissenüberzug, (für *taie-d'oreiller* volksetymologisch *téte-d'oreiller*, vgl. Fafs, RF III 500); ptg. *teiga*, *teigula*, Binsenkorb. Vgl. Dz 683 *taie*, 491 *teiga* (an letzterer Stelle wird es als zweifelhaft bezeichnet, ob *tciga* = *theca* oder = *teges* sei; die Ableitung von *theca* dürfte den Vorzug verdienen).

9513) got. theihan, gedeihen; davon ital. *tecchire*, attecchire, zunehmen, wachsen; altfrz. *tehir*, wachsen. wachsen lassen, vgl. Dz 406 *tecchire*.

9514) [thēmă *n. (θέμα)*, Satz, Behauptung; ital. *tema;* frz. *thème;* span. *thema*, *tema* (bedeutet auch „Hartnäckigkeit", scil. in der Behauptung eines Satzes, dazu das Adj. *tematico*, *thematico)*; ptg. *thema*, Satz, *teima*, Hartnäckigkeit. Vgl. Dz 491 *tema.*]

9515) Thēŏdōrūs, -um *m.* (für *Thĕŏdŭlus)*; davon nach Tobler, Z XXII 92, altfrz. **Taudoret*, *Taudoret*, Name einer Fabel (*Theoduli fabula)*.

9516) thēsaurŭs, -um *m. (θησαυρός);* ital. *tesoro;* prov. *thesaur-s*, *tesaur-s;* frz. *trésor* (Diez nimmt an, dafs *tr* aus **thnesaurus* für *thensaurus* zu erklären sei, einfacher ist es wohl, darin eine Volksetymologie zu erblicken); span. *tesoro* (altspan. auch *tresoro)*; ptg. *thesouro*. Vgl. Dz 691 *trésor*.

9517) altnord. pilja, Diele; davon vermutlich frz. *tillac*, Schiffsverdeck, freilich aber macht die Endung *-ac* Bedenken, vgl. Dz 688 *s. v.* Scheler im Dict. *s. v.* ist geneigt, einen Typus **tegulacum* anzusetzen, aber daraus hätte etwa *tillai* werden müssen (vgl. *tillette* v. *tegula)*.

9518) *thīūs, -um *m.*, *thīā, -am *f. (θεῖος, θεία)*, Oheim, Tante; ital. *zio*, *zia;* prov. *tia*, *sia;* span. ptg. *tio*, *tia*. Vgl. Dz 847 *zio*.

9519) thŏlŭs, -um *m. (θόλος)*, Kuppel; davon nach Dz 492 *s. v.* span. ptg. *toldo*, Zelt. Baist, Z VII 123, hat diese Ableitung bestritten, u. allerdings sind die von ihm geltend gemachten Gründe beachtenswert, wenn auch nicht gerade überzeugend. Vermutlich hat man *toldo* (nebst dem dazu gehörigen Verbum *toldar)* auf die german. Wurzel *teld*, ausspannen, zurückzuführen (s. oben tēld).

9520) german. porp, Dorf (die ursprüngliche Bedeutung des Wortes scheint gewesen zu sein „Haufe, Menge von Menschen oder Tieren, Schar, Herde"; davon nach Storm, R I 490, ital. *troppo*, zu viel; prov. frz. *trop*, vgl. auch Joret, R X 588, Bugge in Bezzenberger's Beiträgen III 112, Mackel p. 35, Braune, Z XXII 213; Diez 330 *tropa* hielt *turba* für das mutmafsliche Grundwort. — Für sehr zweifelhaft mufs erachtet werden, ob mit *troppo*, *trop* zusammenhängen (ital. *truppa* =) frz. *troupe*, Haufe (mittelfrz. auch *trope)*, dazu das Demin. *troupeau* (prov. *tropel)*, Herde, wovon wieder altfrz. *atropeler* (prov. *atropelar)*, zusammenhäufen; span. frz. *tropa*, Haufen, dazu das Demin. *tropel*, Haufe, Herde. Gegen die Zusammenstellung dieser Sippe mit *trop* hat sich ausgesprochen G. Paris, R X 60 Anm. 1. In Anbetracht dessen, dafs an *tropa* sich anzuschliefsen scheinen die Verba span. ptg. *tropellar*, *atropellar*, über den Haufen werfen, *tropezar*, *tropeçar*, stolpern (daneben ptg. *tropicar*, span. *trompicar*); ptg. *tropear*, trampeln, *tropido*, Getrampel, *trapear*, klatschen, *trapejar*, klappen, ptg. *trapezape*, Degengeklirr (vgl. Dz 494 *tropezar*, Mussafia, Beitr. p. 112), scheint es wohl nicht zu kühn, an Herleitung von der germanischen Wurzel *trapp* (wovon *trappen*, *trampeln*, *treppe*) zu denken; das *o* für *a* würde dann auf Angleichung an *trop* beruhen, wobei anzunehmen wäre, dafs die Wertsippe von Frankreich aus in die pyrenäischen Sprachen übertragen wurde. Die ursprüngliche Bedtg. von *troupe*, *tropa* würde also „Getrampel, trampelnde Menge" sein. Im Französischen sollte man allerdings *trope* erwarten, aber *troupe* mochte aus *troupel*, *troupeau* gewonnen werden, wo die Verdumpfung des vortonigen *o* in *ou* nicht befremden kann. — S. unten *trŏpo.

9521) altnord. **þorpari**, Dorfbewohner; davon nach Caix, St. 622, ital. *tarpano* „uomo goffo, zotico".

9522) altnfränk. **þrastela**, Drossel, = frz. (*trasle*), *trâle*, vgl. Dz 690 *s. v.*; Mackel p. 12.

9523) got. **þreihan**, drängen; davon vermutlich altptg. *trigar*, antreiben, beschleunigen, *trigança*, Eile, vgl. Dz 494 *trigar*.

9524) westgerman. **þrëscan**, dreschen; davon ital. *trescare*, trampeln, tanzen, dazu das Vbsbst. *tresca*, Tanz; prov. *trescar*, dazu das Vbsbst. *tresca*; altfrz. *treschier*, dazu das Vbsbst. *tresche*; span. ptg. *triscar* = got. *þriscan*. Vgl. Dz 327 *trescare*; Mackel p. 83; Bugge, R III 147; Ulrich, Z XI 556, stellte *trixare* als Grundwort auf.

9525) **thrŏnŭs, -um** *m.* (ϑρόνος), Thron; ital. *trono*; prov. *tron-s*, *tro-s*, Himmelszelt; altfrz. *tron*, Himmelszelt; neufrz. *trône*, Thron; span. *trono*; ptg. *throno*. Vgl. Dz 693 *tron*.

9526) griech. **ϑύλακος**, Sack; rum. *tileagă*, Sack; prov. *taleca*; span. *talega*; ptg. *taleiga*. Vgl. Dz 490 *talega*.

9527) **thymiāma** *n.* (ϑυμίαμα), Räucherwerk; damit hängt zusammen altfrz. *timoine*, Räucherwerk (Rolandslied O 2958).

9528) **thymīnus, -a, -um** (ϑύμινος von ϑύμιον), zum Thymian gehörig; ital. *témolo*, eine Art Forelle, weil ihr Fleisch nach Thymian riecht; span. *tímalo*. Vgl. Dz 406 *témolo*. S. **thymŭm**.

9529) **thymŭm** = **tūmum** *n.* (*tymum*, *non tumum* App. Probi 191), Thymian; dav. sard. *tumbu*, lecc. *tumu*, genues. *tumao*, vgl. Salvioni, Post. 22; span. *tomillo*; ptg. *tomilho*. Vgl. Gröber, ALL VI 135.

9530) **thynnŭs** = **tŭnnŭs, -um** *m.* (ϑύννος), Thunfisch; ital. *tonno*; prov. frz. *thon*; span. *atum*; ptg. *atum*. Vgl. Dz 321 *tonno*; Gröber, ALL VI 135.

9531) **[*thÿrsicŭs, -a, -um** (thyrsus), strunkig, klotzig, stumpfartig; davon nach Bugge, R V 185, span. ptg. *tosco*, grob, rauh (bei Diez 493 *s. v.* unerklärt), sowie *tocho*, grob, bäuerisch, ferner aragones. *toza*, Stumpf, *tozo*, knirpsartig, *tozar*, stofsen (bei Diez 493 *s. v.* von *tunsus* abgeleitet), *tocha*, Stange; Baist, Z V 560, stellt für *tocho*, *tozo*, *tosar*, *tuditus*, *tutticus* als Grundwort auf; vgl. auch Ascoli, AG I 36 Anm. S. auch unten **tŭditio**.

9532) **thÿrsŭs, tŭrsŭs, -um** *m.* (ϑύρσος), Strunk, Thyrsusstab; ital. *tirso* „il bastone delle baccanti", *torso* „il gambo dei cavoli, il busto d'una statua mutilata", vgl. Canello, AG III 328; Diez 323 *toso* ist geneigt, auch ital. *toso*, Knabe, — *thyrsus*

anzusetzen, so dafs das Wort die gleiche Grundbedeutung haben würde wie *garzone* (s. oben *cardeo*), indessen läfst sich *toso* (nebst *tosa*, Mädchen, prov. *tos*, altfrz. *tose*, Mädchen, *tosel*, Knabe) doch sehr wohl von *tonsus* (s. d.) ableiten, vgl. Canello, AG III 328, wo auch Zusammenhang von *ragazzo* mit *radicare* (s. d.), scheeren, vermutet wird; prov. altfrz. *tros*, Strunk, Stumpf, Bruchstück (aber *trons*, *tronce*, *tronsó-s*, *tronçon* von *trunceus*), viell. gehört hierher auch frz. *trousse*, Bündel, Packen, vgl. G. Paris, R IX 333 u. XVI 605, s. unten **tŏrōsä**; span. ptg. *trozo*, *trozo*, dazu die Verba span. *trosar*, *destrosar*, ptg. *torçar*, zerstücken, abschneiden, aber *tronsar* = *trunceare*. Vgl. Dz 322 *torso*; Gröber, ALL VI 136.

9533) altnfränk. **tibher**, ahd. **zöber**, Opfertier; altfrz. *toivre*, *atoivre* (wohl = *l'atoivre* für *la toivre*), Vieh, das Wort bedeutet aber anscheinend auch „Bugspriet" (eigentl. wohl einen daselbst zum Schmuck angebrachten Tierkopf); altptg. *sevro*, *zevra*, ein Stück Vieh. Vergleiche Dz 689 *toivre*; Mackel p. 92.

9534) **tĭbĭä, -am** *f.*, Schienbein; ital. *tibia* (gel. W.); rum. *ţeavă* (fehlt b. Cihac); frz. *tige*; (span. ptg. *tibia*, Schienbein, Flöte).

9535) mitteldd. **tĭck**, ahd. **zëcke**, mhd. **zëcke**, Holzbock; ital. *zecca*; rtr. *zecc*, *zecla*; frz. *tique*. Vgl. Dz 346 *zecca*; Mackel p. 99; Braune, Z XXII 206.

9536) **tĭbŭrtīnus, -um** *m.* (Tibur), Kalkstein; ital. *travertino*, sien. *tevertino*, montag. *trevetino*.

9537) **tĭgĕllum** *n.* (tignum), kleiner Balken; abruzz. *tiyello*; ptg. *tijela*, vgl. Meyer-L., Z. f. ö. G. 1891 p. 777.

9538) **tĭgrĭs, -ĭm** *m.* u. *f.*, Tiger; ital. *tigre*; prov. *tigre-s*, (*trida*, Tigerin, *trido-s*, junger Tiger, viell. verderbt aus τίγριδα); frz. span. ptg. *tigre* (Fem. frz. *tigresse* etc.).

9539) got. **tikkein**, Ziege (siehe Kluge unter „Ziege"); davon vielleicht ital. *ticchio*, wunderlicher Einfall (wegen der Bedtg. vgl. *capriccio* v. *capra*). Vgl. Dz 406 *s. v.* Die Ableitung ist indessen höchst fraglich. Eher wird man Scheler bestimmen, der im Dict. unter *tic* dieses frz. Wort nebst dem ital. zu *tukkon* (s. d.) stellt.

9540) **tĭlĭä, -am** *f.*, Linde, Lindenbast; ital. *tiglio*, Linde, dav. *tigliare*, entbasten; lomb. *tei*, tiglio, *teja*, il filamento della canape, vgl. Salvioni, Post. 22; rum. *teiŭ*; rtr. *tiglia*, *teglia*; neuprov. *tiho*, *teiho*; frz. *tille*, Lindenbast, *teille*, durch Pochen von der Schäbe abgetrennter Hanf, dazu die Verba *tiller*, *teiller*; die „Linde" heifst *tilleul* — *tiliolus*; span. *tilo*, *tila*; ptg. *tilia*. Vgl. Dz 686 *tiglio*; Gröber, ALL VI 125; Schuchardt, Roman: Etym. I p. 49[1].

9541) **[*tĭlĭŏlŭs, -um** *m.* (Demin. zu *tilia*) = frz. *tilleul*, Linde.]

9542) nord. **tĭmbr** = altfrz. *timbre*, eine Anzahl Hermelin-, Marder- u. anderer Felle. Vgl. Dz 688 *timbre*; Mackel p. 99.

9543) **tĭmĕo, tĭmŭī, tĭmĕre**, fürchten; ital. *temere*; rum. *tem ui ut e* (bedeutet „eifersüchtig sein"); prov. cat. span. ptg. *temer*; (altcat. *tembre*); altfrz. *temeir*, *tamer*, vgl. Förster zu Erec 5045.

9544) **tĭmĭdŭs, -a, um**, furchtsam; ital. *timido*; sard. *timiu*; (span. ptg. *temido*).

tĭmo s. **tēmo**.

9545) **tĭmŏr, -ŏrem** *m.*, Furcht; ital. *timore* (daneben *tema*; rum. *teamă*); prov. *temor-s*; span. ptg. *temor*.

9546) *tĭmōrōsŭs, a, um (timor), furchtsam; ital. timoroso, span. ptg. -eroso, temoroso.

9547) tīnă, -am f. und tīnŭm n., Weinbutte; ital. tino, Pl. tini u. tine; rtr. tigna; prov. tina; frz. tine; cat. span. ptg. tino, -aja, -alha. Vgl. Gröber, ALL VI 125.

9548) [*tīnāle n. (tina); prov. tinal-s, Stange zum Tragen der Weinbutten, Hebebaum; altfrz. tinel, tineau; neufrz. tinet. Vgl. Dz 688 tinel; Förster, Z III 565 Anm.]

9549) tĭncă, -am f., Schleie; ital. sard. tinca; prov. tenca; frz. tanche; cat. span. ptg. tenca. Vgl. Dz 684 tanche; Gröber, ALL VI 125.

9550) *tĭnctă,- am f. (Part. P. P. von tingo), Tinte; sard. cat. span. ptg. tinta. Vgl. Dz 183 inchiostro. S. oben ĕncaustum.

9551) *tīnĕllum n. (Demin. v. tinum), kleine Weinkufe; ital. tinello, tinella, Zuber (tinello bedeutet auch „Speisezimmer für geringere Leute", eigentlich wohl ein mit einer Tonne vergleichbarer Raum, Schuppen, Bude); frz. tinel (Lehnwort aus dem Ital.), Gesindespeiseraum; span. tinelo; ptg. tinello. Vergl. Förster, Z III 565 Anm.; Canello, AG III 390 (C. vergleicht bezüglich des Bedeutungswandels von tinello das frz. tonnelle, kleine Tonne, tonnenartige Laube).

9552) tĭnĕă, -am f., Motte; ital. tigna; prov. teina; frz. teigne; span. tiña; ptg. tinha. Das Wort bedeutet auch „Kopfgrind". Vgl. Dz 320 tigna.

9553) tĭngo, tĭnxī, tĭnctŭm, tĭngĕre, färben; ital. tingo u. tigno tinsi tinto tingere u. tignere; lomb. tenž, Part. tenč, bruno, macchia di nero sulla faccia, vgl. Salvioni, Post. 22; prov. tenh teis teint tenher; rtr. tenśer (Part. P. P. tinté u. tintśă, vgl. Gartner § 148); frz. teins teignis teint teindre; cat. tenyir; span. teñir; ptg. tingir. Vgl. Gröber, ALL VI 125.

9554) tĭnnĭo, -īre, klingeln; sard. tinnire, ptg. tinir. Vgl. Gröber, ALL VI 125.

9555) tĭnnīto, -āre, klingeln; neap. 'ndinná; neuprov. tintá; frz. tinter. Vgl. Gröber, ALL VI 125.

9556) fränk. tins (Zensus, Zins); davon nach Suchier, Z XXI 131, altfrz. tenser, rechten, streiten. Tobler, Sitzungsb. der Berl. Akad. d. Wiss. phil.-hist. CL, 23. Juli 1896 p. 869, wollte das Vb. von tempus herleiten, vgl. G. Paris, R XXV 623 f., Salvioni, R XXVI 231, Schuchardt, Z XXI 235. Man wird an dem üblichen Grundworte *tensare, vgl. G. Paris, R IV 480, festhalten oder *tentiare (s. No 9454) als Grundwort ansetzen müssen.

9557) tĭntĭnnĭo, -īre, klingeln; ital. tintinnire, vgl. Gröber, ALL VI 125.

9558) abd. *tĭpfōn, *zĭpfōn, ndl. tippen, die Haarspitzen schneiden; davon vielleicht comask. zifá via, kurz abschneiden; altfrz. tifer, putzen (besonders in Bezug auf den Kopfputz); neufrz. attifer. Vgl. Dz 688 tifer; Mackel p. 100.

9559) [*tīro, -āre, ziehen (wohl zusammenhängend mit dem Sbst. tiro, Zögling, über dessen Ableitung vom Stamme ter zu vgl. Vaniček, Etym. Wörterb. der lat. Spr. p. 105), ist das vorauszusetzende Grundwort zu ital. tirare, ziehen, zielen, schiefsen; dazu die Sbsttva tiro, Zug, Schufs, Wurf, Gezerre, Zank, attiraglio = frz. attirail, Gerät, Trofs; rtr. trar, tra (mit trahere gemischt, vgl. Gartner § 197); prov. tirar, ziehen, schleppen, rauben, ärgern, drauf tirassar, schleifen, atirar, schön anziehen, putzen, tira, Zug; frz. tirer, davon tire, Zug (bedeutet altfrz.

auch „Verdrufs", vgl. das deutsche „Abspannung"), tir, Schufs, attirail, Gerät, attirer, anziehen, schmücken, altfrz. tiracier, tirassier, schleifen; span. ptg. tirar, davon das Sbst. tiro, Zug (wohl auch tira, langgezogenes Band, Binde, im Ptg. auch „Eile" bedeutend); span. estirazar, schleifen. Die übliche Ableitung der Wortsippe von german. tëran od. terran, got. tairan, zerren (vgl. Dz 320 tirare), ist unhaltbar, vgl. Mackel p. 105.]

9560) tĭthȳmăllus, -um m. (τιθύμαλλος), Wolfsmilch; ital. titimalo, -maglio.

9561) *tĭtĭllĭco, -āre (titillare), kitzeln; ital. dileticare, (solleticare), dilicare, vgl. Caix, St. 305, (neapol. tillecare); die Ausdrücke für „kitzeln" in den übrigen roman. Hauptsprachen sind: prov. gatilhar = frz. chatouiller, vermutlich = *cattuculare (v. cattulus), eigentl. kätzeln (altprov. castiglar ist ungewisser Herkunft); span. hacer cosquillas; ptg. fazer cócegas, cosquillas u. coças sind wohl Ableitungen von coçar, coscar = *coctiare, *cocticare. Vgl. Dz 441 coçar, 544 chatouiller; Flechia, AG II 319 (sehr wichtige u. interessante Bemerkungen); Gröber, ALL VI 125. S. oben *cattŭcŭlo.

9562) tĭtĭo, -ōnem m., Feuerbrand; ital. tizzone; rum. tăciune; prov. tizo(n)-s; frz. tison; span. tizon, davon tiznar, rufsig machen, tizne, Rufs, tizna, Schwärze; ptg. tisna, tisne, tisnar, tição. Vgl. Dz 320 tizzo; Gröber, ALL I 244.

9563) *tĭtĭum n., Feuerbrand; ital. tizzo (daneben stizzo, Brand, stizza, Zorn, davon stizzire, reizen, vgl. Canello, AG III 404); ital. tizzo das Vb. attizzare, anzünden; rum. das Vb. aţiţ ai at a; (rtr. stizzar, löschen, kann vielleicht als *extitiare gedeutet worden); prov. das Vb. atisar, reizen (das gleichbedeutende atuzar ist wohl nebst ital. intuzzare, anstofsen, auf *tutiare u. *tutus für tusus zurückzuführen; altfrz. enticier; frz. das Vb. attiser; cat. das Vb. ticiar, vgl. Ollrich p. 11; span. tizo, dazu das Vb. atizar; ptg. das Vb. atisar. Vgl. Dz 320 tizzo; Ascoli, AG III 345 Anm.; Gröber, ALL I 244; Baist, Z V 559.

9564) german. titta, Zitze; ital. tetta (davon das Vb. tettar) u. zitta, davon zezzolo, auch cizza; rum. ţiţă; rtr. tezzar, cicciar, saugen, säugen; prov. teta; frz. tette, das Vb. téteron, teteron, vgl. Salmon, R XX 285; (cat. dida, Amme, auch sard. dula, ddedda, Zitze); span. ptg. teta, dazu das Vb. span. tetar. Vgl. Dz 320 tetta; Mackel p. 97. S. unten zĭtze.

9565) altnfränk. *tĭtto, Zitze, = frz. teton, Brustwarze. Vgl. Diez 330 tetta; Mackel p. 98.

9566) [tĭtŭlo, -āre (titulus), betiteln; ital. titolare (daneben titoleggiare); rum. titulez ai at a u. titluesc ii it i; frz. titrer; span. ptg. titular.]

9567) [tĭtŭlŭs, -um m., Titel; ital. titolo; rum. titlu; rtr. titel; frz. tiltre (?); altfrz. title; neufrz. titre; cat. title; span. tilde (das lautliche Verhältnis von tilde zu titulus ist übrigens noch nicht genügend klar gestellt): ptg. til (tilde u. til bedeutet „kleiner Strich", „Titel" ist italien. gel. W.). Vgl. Dz 491 tilde; Gröber, ALL VI 126.]

9568) kymr. toc, Mütze; davon (?) ital. tocca, Mütze; frz. touque; span. toca; ptg. touca. Vgl. Dz 320 tocca (wo auch ital. tocco, Schnitte von Brot u. dgl.: rtr. tocc[?], Schnitte); span. tocon, Stummel, hierher gezogen werden; das ital. u. rtr. Wort gehören aber wohl zu dem Vb. toccare, span. tocon („könnte dem span. taccon, dtsch. Stock, in der Bedeutung „Stamm, Baumstumpf" entsprechen", Th. p. 80); Th. a. a. O. bezweifelt die keltische

Herkunft der Wortsippe leugnet sie aber nicht geradezu.

9569) [*tŏceo, -āre (von dem schallnachahmenden toc „poch"); vorauszusetzende Grundform für ital. teccare etc., vgl. Schuchardt, Z XXII 397. Schuchardt hat seine Ableitung toccare < toc nochmals befürwortet Z XXIII 331.]

9570) osk. tŏfŭs, -um m. (lat. *tobus, urital.thôbos, vgl. Meyer-L., Z. f. ö. G. 1891 p. 777), Tufstein; ital. tufo (eigentl. nur neapel, bezw. oskisches Wort); rtr. tuf; frz. tuffe, tuf; ptg. tufa; span. toba; cat. tova, roher Ziegelstnin, Zahnstein, pumpernickelartiges Brot. Vgl. Dz 334 tufo; Gröber, ALL VI 125.

9571) tŏga, -am f., Toga; trent. (ursprünglich venez.?) tioga, vgl. Salvioni, Post. 22.

9572) [tŏlĕrāntĭā, -am f. (tolerare), Duldung; ital. tolleranza; frz. tolérance etc., nur gel. W.]

9573) [tŏlĕro, -āre, dulden; ital. tollerare; frz. tolérer etc., nur gel. W.]

9574) tŏllo, (sūstŭlī, sŭblātŭm) tŏllĕre, auf-, wegnehmen; ital. toglio tolsi tolto tollere togliere torre; prov. tolh tolc tolt (tout) u. tolgut, toldre; altfrz. tol tols u. tolui tolu toldre u. tolir; cat. tolre, tulirse, gliederlahm werden; altspan. toller; neuspan. tullirse (scil. de miembros), gliederlahm werden; ptg. tolherse (de membros), gliederlahm werden, davon tolido, tolhido, gelähmt u. daraus vermutlich gekürzt tolo, (lahm, unbeholfen), dumm, wovon wieder abgeleitet toleima, Dummheit, toleirão, Dummkopf. Vgl. Dz 492 tolo u. 495 tullirse, Gröber, ALL VI 126.

*tŏlūtārĭŭs s. tröttŏn.

*tŏlūto s. trottŏn.

9575) [*tŏmācĭnŭlă, -am f. (Demin. v. tomacina, Bratwurst); davon vermutlich mail. tomasèla; ital. tomasella „specie di polpetta con zucchero e uova che si mangia fritta a pezzetti", vgl. Caix, St. 630. Salvioni, Post 22. setzt (das belegte) tomaculum als Grundform an.

9576) [german. *tŏman (vgl. altsächs. tômian), ledig, frei machen; davon nach Diez 492 s. v. cat. span. ptg. tomar, wegnehmen, nehmen, (wahr-nehmen, empfinden, fühlen, leiden. Die Ableitung hat nicht eben viel Wahrscheinliches für sich, ebensowenig wird man die von Settegast, RF I 250, aufgestellte Grundwort mutuare annehmen können, vgl. G. Paris, R XII 133. Eher möchte man doch an *tomāre von tomus, τόμος, Schnitt, denken: ein Stück eines Gegenstandes (für sich) abschneiden ist ja auch eine Besitzergreifung, also ein Nehmen; freilich würde man dann im Span. das Präs. tuemo erwarten, aber auch das Sbst. tŏmus (s. d.) bewahrt sein o, und wenigstens im Span. u. Ptg. ist tomo kein blofs gelehrtes Wort.]

9577) [*tŏmārĭum n. (tomus), Schnittleder [?], — ital. tomajo, Oberleder der Schuhe?].

9578) mejikanisch tomatl, eine Frucht, Goldapfel; cat. tomátec, tomaco; span. ptg. tomate. Vgl. Dz 492 tomate.

9579) tŏmĕntum n., Polsterung; span. ptg. tomiento, -ento; vgl. Meyer-L., Z. f. ö. G. 1891 p. 777; abruzz. tumende, fiocchi rari della lana tessuta, vgl. Salvioni, Post. 22.

9580) tŏmĭx, -īcem f. (θῶμιξ), Binsenschnur; sard. tumixi, funo di sparto; span tomiza; ptg. tamiça. Vgl. Dz 492 tomiza.

9581) [tŏmŭs, -um m. (τόμος), Abschnitt, Band eines Buches; ital. tomo; frz. tome; span. ptg. tomo, Band, Buch, Umfang, Dicke, Gröfse, Gewicht. Vgl. Dz 492 tomo.]

9582) kymr. ton (aus *tŭnnă, *tŭndâ), Haut, Oberfläche; aus dem betr. keltischen Stamme ist vermutlich hervorgegangen ptg. tona, dünne Rinde, Schale von Bäumen u. Früchten, vgl. Dz 492 s. v.; Th. p. 78.

9583) tŏndĕo, tŏtŏndī, tŏnsŭm, tŏndĕre und *tŏndĕre, scheren; ital. tondere (daneben tosare = *tonsare); sard. tundere; rum. tund tunsei tuns tundé; prov. frz. tondre; cat. tondrer; span. tundir, Tuch scheren (Schafe u. dgl. scheren ist esquilar, vielleicht vom germ. Stamme sker oder von ex + κείρειν?): ptg. tosquiar = *tonsicare. Vgl. Gröber, ALL VI 135 unter tundëre.

9584) [*tŏndĭtă (Part. P. P. v. *tondêre f. tondêre) = frz. tonte, Schur.]

9585) tŏnĭtrŭs, -um m. (tonare), Donner; prov. tonédre-s; altfrz. tonei(r)re; nfrz. tonnerre; altspan. tonidro. Vgl. Dz 330 trono; Gröber, ALL VI 126. S. unten tŏno.

9586) *tŏnĭtus, a, um (Part. P. P. v. tonare), betäubt (eigentl. durch den Donner); ital. tonto, dumm, dazu das Vb. intontire, dumm werden; span. ptg. tonto, dumm, dazu das Vb. span. tontar, betäuben. Vgl. Dz 492 tonto; Caix, St. 633.

9587) dtsch. tonne, ahd. tunna (auch irisch u. gälisch tunna, s. Kluge unter „Tonne"); davon ital. to(n)nello „misura da olio e da vine", (tünnel, tünnele „galleria" = engl. tunnel), vgl. Canello, AG III 890; rum. toană; prov. tona; frz. tonne, dazu die Deminutiva tonneau, Fafs, tonnelle, (tounenartige) Laube. Vgl. Dz 321 tona; Mackel p. 24.

9588) tŏno, tŏnŭī, tŏnāre, donnern; ital. tonare, tuonare, daneben (mit eingeschobenem, auf Schallnachahmung beruhenden r) tronare, dazu die Substtve tuono, trono; rum. tun ai at a, dazu das Sbst. tun, von *tonitus abgeleitet tontesc îi it i, dumm machen; prov.tronar, dazu das Sbst. tron-s, tro-s; frz. tonner; altcat. span. tronar, dazu das Sbst. tron; altptg. tronar, dazu das Sbst. trom; (neuptg. troar, tronejar = *tronicare). Vgl. Dz 330 trono.

9589) tŏnsĭo, -ōnem f. (tonsus), Schnur (im Rom. Scherwolle, Fell mit Wolle, Vliefs); ital. tosone m. (dem Frz. entlehnt); frz. toison; span. tuson (viell., ebenso auch das ptg. Wort dem Frz. entlehnt); ptg. tosão. Vgl. Dz 323 tosone; Ascoli, AG III 345 Anm.

9590) *tŏnso, -āre (tonsus), scheren; ital. tosare; (rum. tușinez ai at a); span. tusar, atusar; ptg. tosar.

9591) tŏnsŏrĭus, a, um, zur Schur gehörig (tonsoria, Schero); sard. tosorgiu, il tempo della tosatura; monf. tsurie, dasurie; genues. tesóje; romagn. tusur, vgl. Salvioni, Post. 22; piem. tesoira; prov. tosoira; altfrz. tesoire; altspan. tisera; ptg. tesoura (?), tixera. Vgl. Dz 319 tesoira.

9592) [tŏnsūră, -am f., Schur; ital. tonsura; rum. tunsură; frz. tonsure; span. ptg. tonsura.]

9593) tŏnsŭs, a, um (Part. P. P. von tondêre), geschoren; ital. toso, tosa, Knabe, Mädchen; prov. tos, tosa; altfrz. tos-el, tose. Vgl. Dz 323 toso (Diez wollte die Worte von thyrsus ableiten); K. Hofmann, RF I 138 u. 326; Canello, AG III 328.

9594) [tŏnŭs, -um m. (τόνος), Ton; ital. tono, tuono; frz. ton; span. ptg. tono.]

9595) german. Stamm top, topp, hervorstehendes Ende, oberste Spitze, Topp, Zopf (vgl. Kluge unter

„Zopf"); dav. ital. toppo „pezzo di grosso pedale", ciuffo „capelli più lunghi sul fronte e anche cespo" (hierzu die Deminutiva toppetto u. ciuffetto), toppare „dar delle busse", intoppare, anstofsen, vgl. Canello, AG III 378, wo aufserdem hierher gezogen werden, wohl nur mit sehr zweifelhafter Berechtigung, toppa „serratura, pezzo di panno o simile che si cuce sulla rottura del vestimento", tonfare u. zombare „dar delle busse", zubbare „saltare, giocare de' ragazzi", zuffare, raufen, zuffa, Geraufe (das hierfür nächstliegende Grundwort ist „zupfen", vgl. Dz 412 zuffa); Caix, St. 643, zieht hierher auch tufazzolo „ciocca di capelli arricciati, ricciolo", glaubt jedoch, dafs tufa (s. d.) ein noch besseres Grundwort sei; altfrz. top, Schopf, to(u)pon, Stöpsel; neufrz. toupet, Büschel, toupie, Klötzchen, Kreisel; span. tope, Knopf, Ende eines Dinges, topar, antreffen, begegnen, tupir, stopfen; ptg. atupir, entupir, stopfen, anhäufen. Vgl. Dz 321 toppo; Mackel p. 35; Th. p. 81.

9596) [tŏpāzŭs, -um m. (τόπαζος), Topas; ital. topazio; frz. topaze; span. topacio; ptg. topazio.]

9597) [mhd. topf; hierzu stellt Dz 689 prev. topi-s, Kochgefäfs; frz. topin, tupin (mundartlich), vgl. dagegen Mackel p. 36. Die Worte gehören wohl eher zum Stamm top u. dürften ursprünglich ein Gefäfs bedeuten, welches auf einen Dreifufs aufgesetzt wird.]

9598) tŏpĭa n. pl., Gartenverzierung; lomb. topja, pergoluto di viti, auch sonst mundartlich vorhanden, vgl. Salvioni, Post. 22.

9599) [*tŏpĭta (vom Stamme top) wird von Rönsch, Jahrb. XIV 343, als Grundwort angesetzt zu ital. (mundartlich) tottovilla, Haubenlerche; frz. cochevis (Marchot, RF X 754, erklärt cochevis aus cochet, Dem. v. coq, + vis = vivus); ptg. cotovia (bedeutet „Lerche" überhaupt). Vgl. Dz 442 cotovia; Th. p. 87 (hält die Annahme kelt. Ursprungs für bedenklich).]

[*tŏrcă s. *tŏrtīco.]
[*tŏrco s. *tŏrtīco.]
*tŏrctūră s. tŏrtūră.
*tŏrctŭs s. tŏrtŭs.

9600) tŏrcŭlār (torquĕre) n., Kelter, Presse; span. trujal, Ölmühle, vgl. Dz 494 s. v.

9601) tŏrcŭlŭm n. (torquĕre), Presse; ital. torculo, torchio (bedeutet auch „Fackel"); rtr. torkel, Presse; prov. troll-s, Kelter, dazu das Vb. trolhar; frz. treuil, Kelter, Winde; span. estrujar, auspressen. Vgl. Dz 321 torchio; Gröber, ALL VI 126.

9602) tŏrmĕntŭm n. (torquĕre), Marter, Plage; ital. tormento; prov. tormens, turmenz; frz. tourment; span. ptg. tormento, Marter, tormenta, Seesturm, dazu das Vb. ital. tormentare; frz. tourmenter; span. ptg. tormentar.

9603) [*tŏrnīco, -āre (tornare), turnen, turnieren; ital. torneare (Lehnwort), dazu das Sbst. torneo; prov. torneiar, dazu das Sbst. tornei-s; frz. tournoyer, dazu das Sbst. tournoi; span. ptg. tornear, dazu das Sbst. torneo. Vgl. Dz 322 torno.]

9604) tŏrno, -āre (v. τόρνος); prehen; ital. tornare; rum. torn turn ai at a; rtr. prov. tornar; altfrz. torner; neufrz. tourner, davon chantourner = cantum (Ecke, Kante) tornare; cat. span. ptg. tornar. Vgl. Dz 322 torno; Gröber, ALL VI 127; über die Bedeutungsentwickelung von tornare vgl. Lindström, Mélanges de philol. frçse dédiés à C. Wahlund p. 281.

9605) tŏrnŭs, -um m. (τόρνος), Drehscheibe (im Roman. zugleich Vbsbst. zu tornare mit der Bedtg. „Umlauf, Drehung, kreisförmige Bewegung, Reihenfolge"); ital. torno, dazu das Adv. intorno, ringsum; prov. torn-s, dazu das Adv. entorn; frz. tour (dazu das Kompos. atour, Zurechtkehrung, Ordnung, Putz), davon die Adverbialien autour, à l'entour; span. ptg. torno. Vgl. Dz 322 torno; Gröber, ALL VI 127.

9606) tŏrōsŭs, a, um (torus), fleischig; hiervon wollte Rönsch, RF II 473 (vgl. auch Seelmann, RF II 539), ableiten prov. trossa, Packen, wozu das Demin. trossel-s u. das Vb. trossar; frz. trousse, Bündel, Packen (nach Rönsch auch „Widerrist des Pferdes"), wovon das Demin. trousseau u. das Vb. trousser; (span. troxa, -ja; ptg. trouxa). Diese Ableitung ist, wie auch nur die flüchtigste Prüfung zeigt, völlig unhaltbar, u. wenn Seelmann, RF II 539, sie anscheinend ernsthaft verteidigt hat, so darf man darin doch blofs einen etymologischen Scherz erblicken. Aber auch mit *tortiare können die Worte nichts zu schaffen haben, da ihr o geschlossen ist, weshalb Diez' Angabe 321 torciare zu berichtigen ist, vgl. Förster, Z II 172 u. III 563. Am wahrscheinlichsten ist wohl G. Paris, R IX 333 u. XVI 605, thyrsus (s. d.) als Grundwort anzusetzen, worauf auch lomb. torsa, torza, Stroh- oder Heubündel, altfrz. torscau = trousseau, ital. torsello hinweisen.

tŏrpĭdŭs s. ĕxtŭrdĭo.

9607) tŏrquĕo, tŏrsī, tŏrtum, tŏrquĕre, (dafür) *tŏrkĕre, drehen; ital. torco torsi torto torcere; rum. tore torsei tors toarce; rtr. torscher; prov. torser (Pf. tors, Pt. P. tortz); altfrz. tort tors tors tordre, dazu das Kompos. bestordre, verdrehen, bestors, schief; neufrz. tort, Sbst.; cat. span. ptg. torcer. Vgl. Dz 689 tordre; Gröber, ALL VI 127.

9608) *tŏrquīdŭs, a, um (torquĕre), gewunden, gebogen; venez. torzio (andar a t. herumbummeln); genues. a torsiu; südfrz. a torge, torche à tort et à travers, vgl. Schuchardt, Roman. Etym. I p. 28.

9609) [tŏrquīs und tŏrquēs, -em m. (torquĕre), gedrehter Gegenstand, z. B. Halsband; span. torce, Halsband, davon abgeleitet troza, Seil, (dazu atrozar, schnüren), torzal, Schnürchen, Schleife. Vgl. Gröber, ALL VI 127.]

9610) [tŏrrēns, -ēntem m., Giefsbach, = ital. span. ptg. torrente; frz. torrent.]

9611) tŏrrĕo, -ēre, röeten; rtr. torrer; cat. span. ptg. torrar (span. auch turrar, esturar). Vgl. Dz 492 torrar.

9612) [tŏrsĭo, *tŏrtĭo, -ōnem f., Drehung, Krümmung; ital. torzione, Erpressung; frz. torsion, Drehung; span. (torzon) toreson, Bauchgrimmen. Vgl. Dz 492 toreson.]

9613) [*tŏrso, -āre (v. *torsus f. tortus) = frz. torser, Windungen an eiuer Säule machen. Vgl.]

9614) *tŏrsŭs, a, um (für tortus), gedreht, gekrümmt, = altfrz. tors, davon torse, Fackel.

9615) tŏrta, -am f. (torquĕre), gewundenes Gebäck, Torte; ital. torta; rum. turtă; frz. tourte (daneben tarte, viell. = (?) *tarcta für tracta, vgl. Scheler im Dict. s. v.), dazu das Demin. tartine; span. ptg. torta. Vgl. Dz 323 torta.

9616) [*tŏrtīco, -āre (tortus), drehen, ist nach Ulrich, Z IX 429, das mutmafsliche Grundwort zu frz. torcher, wischen, scheuern, wozu torche, (zusammengedrehtes Stroh-)Bündel, Wisch, Fackel, torchon, Scheuerwisch; von den frz. Worten können nicht getrennt werden prov. torcar, wischen, ebenso cat. torcha, Fackel; span. torca, Strohbündel, entorchar, winden, flechten, umwickeln, antorcha, Fackel, ptg. tocha, Fackel. Dieser Ableitung steht die Bedeutung entgegen, welche letztere nicht gestattet, in dem Substantive torche ein Verbalnomen zu erblicken, sondern umgekehrt Entwickelung des Verbs aus dem Sbst. fordern würde. Denn von dem Begriffe des Drehens aus kommt man wohl leicht zu dem Begriffe eines zusammengedrehten, ausgewundenen Gegenstandes, der auch ein zum Putzen dienender Wisch u. dgl. sein kann, nimmermehr aber ist zu glauben, dafs ein Vb. mit der Bedtg. „drehen" zu der Bedtg. „putzen" gelangt sei, man müfste denn gerade annehmen wollen, dafs *torcare sich an das lautähnliche tergere begrifflich angelehnt habe. Man mufste also von *tortica und nicht von *torticare ausgeben, die Ansetzung eines *tortica aber ist ein Unding. Diez 321 torciare stellte *tortiare als Grundwort auf, dies genügt jedoch höchstens für das ital. torciare, zusammendrehen, torcia, Fackel (zu erwarten wären *torzare u. *torza, vgl. forza u. forza v. fortia). Gröber, ALL VI 128, stellt *torca, *torcare als Grundformen für frz. torche, torcher auf, erklärt die entspr. ital. span. u. ptg. Worte für entlehnt aus dem Frz. u. behauptet, dafs *torca (*torcare) von torquere ganz zu trennen und überhaupt nicht lateinisch sei. In den beiden ersten Punkten seiner Annahme wird man ihm beistimmen können, schwerlich aber im letzten, zumal da dann gar nicht abzusehen wäre, aus welcher Sprache *torca in das Frz. gekommen sein könnte, denn irisch torc, Halsband, welches Gröber erwähnt, ist doch sicherlich Lehnwort. Warum aus dem Stamme tark, tork, auf welchen torquēre zurückgeht (vgl. Vaniček, Etymol. Wörterb. der lat. Spr. p. 106), nicht ebenso ein Nomen *torca sollte abgeleitet worden sein können, wie etwa fŭrca (für *fŭlca) v. fŭlc-, wov. fŭlc-īre u. dgl., ist nicht abzusehen. Was die Bedtg. anlangt, so darf man annehmen, dafs *torca zunächst „Dreher, Umfasser" bedeutet u. das ringartige Strohband und dgl. bezeichnet habe, mit welchem z. B. ein Strohwisch u. dgl. zusammengebunden wird, die dann eingetretene Bedeutungserweiterung ist gewifs nicht befremdlich.]

9617) törtĭlis, -e (tortus), gedreht, gewunden; ital. tortile, dav. abgeleitet attortigliare, attorcigliare (das c von torcere), intortigliare, tortiglioso, tortiglione, stortigliato, (torticchiare ist Analogiebildung); frz. tortiller; span. entortijar. Vgl. d'Ovidio, AG XIII 398.

9618) [*törtĭnă (tortus) = ital. (Mundart von Siena) tartina, Schildkröte, vgl. Caix, St. 624.]

9619) [*törtĭo, -āre (tortus), drehen; davon vielleicht ital. torciare, zusammendrehen, torcia, Fackel. Vgl. Dz 321 torciare u. dagegen Gröber, ALL VI 128. S. oben unter *törtīco u. törösŭs.]

9620) [*törcĭŏlo, -āre (tortus), drehen: wird von Caix, St. 27 u. 641, als Grundwort aufgestellt zu ital. druzzolare u. truciolare „ridurre il legno in sottili falde arrotolate".]

9621) *törtŭcă, -am f. (tortus), Schildkröte (so genannt wegen ihrer gleichsam gedrehten, gedrechselten Schuppen oder wegen ihrer krummen Füfse und auch weil das ganze Tier den Eindruck des Runden u. Kuglichen macht); ital. tartaruga; prov. tortuga, tartuga; frz. tortue; cat. span.

tortuga; ptg. tartaruga. Vgl. Dz 316 tartaruga; Gröber, ALL VI 128.

9622) [*törtŭlo, -āre (tortus), drehen; aus avvitare + tortulare erklärt Caix, Z I 423 u. St. 175, ital. avvitortolare „attorcere insieme".]

9623) törtŭm n. (Part. P. P. v. torquēre), das Gedrehte, Verdrehte, das Unrecht; ital. torto; (rum. tort hat keine Bedeutungsübertragung erlitten, sondern bedeutet einfach „filure, filage", s. Cihac unter torc); prov. tort-z; frz. tort; span. tuerto; ptg. torto. Vgl. Dz 323 torto.

9624) törtŭră -am (tortus), Verrenkung; ital. tortura, Folter; frz. torture etc.

törtŭs a, um s. törtă u. törtŭm.

9625) törŭlŭs, -um m. (Demin. v. torus), Wulst; ital. torlo, tuorlo, Dotter; piement. torlo, Beule. Vgl. Dz 328 tuorlo; Gröber, ALL VI 127. Schuchardt, Z XXII 262, leitet von torulus auch ab venez. turlon, Kuppe des Kirchturms (vgl. alban. turls, Kirchturm), wobei er Einmischung von turris annimmt.

9626) törŭs, -um m., Wulst; lomb. tör, töir, trouco d'albero, mon f. tore, rami più grossi dell' albero; piac. tör, pedale, genues. tö, vgl. Salvioni, Post. 22; span. tuero; ptg. toro, Rumpf, Holzklotz, Holzscheit, atorar, zustopfen; Deminutivbildung zu torus ist viell. span. tozuelo (für *torsuelo?), Nacken, indessen kann man wohl auch an thyrsus (s. d.) denken, vielleicht sogar an Zusammenhang mit torcer, drehen. Vgl. Dz 493 tozuelo.

9627) törtŭm (Part. P. P. v. torrēre), geröstet, heifs, eilends, sofort (bezüglich der Bedeutungsübertragung vgl. das vulgärdeutsche „brühwarm" z. B. etwas erzählen); ital. tosto, schnell, sofort (mundartlich ist das Wort noch Adj. mit der Bedtg. „hart, fest" scil. gebacken); prov. tost; neuprov. tuest; frz. tôt; cat. tost; altspan. altptg. tosto. Vgl. Dz 323 tosto; Gröber, ALL VI 129; Rajna, Giern. di fil. rom. II 57, erklärte tosto als entstanden aus [momen]to [i]sto oder [is]to [i]sto, was allzu künstlich ist, vgl. Ascoli, AG VII 145, siehe auch Zeitlin, Z VI 284. S. auch oben Sp. 502 Z. 10 ff.

9628) [*töttus = *töttus (s. den Schlufs des Artikels), a, um, ganz (im Pl. „alle"); ital. tutto (für das u an Stelle des o ist eine befriedigende Erklärung noch nicht gefunden); sard. tutto, totta (nur Pluraladverb mit der Bedeutung „gesamt"); rum. tot, Fem. toată, Pl. Masc. toți, Fem. toate; rtr. tutt, tu(o)ts; prov. tot-z, Pl. c. r. tuit, tug, was ein *tŭcti vorauszusetzen scheint, woraus auch ital. tutti sich erklären würde, freilich aber giebt *tŭcti ein neues Rätsel auf, indessen auch jede andere Erklärung von tutti, tug stöfst auf gröfste Schwierigkeiten, (vgl. Cornu, R VII 361, Förster, Z III 498, Neumann, Z VIII 264); altfrz. touz. Pl. c. r. tuit; neufrz. tout; Fem. toute; cat. tots, Pl. c. r. tuyt; span. ptg. todo (ptg. Ntr. tudo) = totus. Vgl. Gröber, ALL VI 129 (Gröber erklärt die Verdoppelung des tt in *tottus aus einer reduplizierten Bildung *tottotus u. beruft sich dafür auf ital. tuttuto, quasi q. gar, rum. cu totulŭ tot); altfrz. prov. trastols, trestolz = trans + totus; span. tod-ito. Unter diesen Worten scheint namentlich ital. tututto für Gröber's Ansicht zu sprechen, indessen bleibt das Bedenken, dafs, wenn man mit Gröber *tottotus ansetzt, der Wegfall der hochtonigen Anlautssilbe unbegreiflich ist, wenn man aber ein *tötötus annehmen wollte, daraus nur *toto, bezw. *touto hätte entstehen können; Gröber meint nun freilich, aus *tottotus sei tott-tus, tottus entstanden, aber schon der Hochton auf der ersten Silbe erregt Zweifel, namentlich in Hinblick auf ital. *tutútto*. Vielleicht ist **tottus* Analogiebildung zu **quottus* (vergleiche *cottidie*) für *quotus* (vergleiche ital. *ch'otta* aus **quotta*, siehe oben **quo-tus**). Möglicherweise auch erklärt sich das *tt* in **totto*, **totta* einfach als ein Fall der Konsonanten-dehnung, welche ja im Latein recht häufig auftritt, z. B. *lĭttera* : *lĭttera*, *mĭttĕre* : *mĭttĕre*, *mŭcus* : *mŭccus* (s. Stolz, Lat. Gr. p. 222, vgl. auch Körting, Formenbau des frz. Nomens p. 72 Anm.). — „Das Francoprov. (Vaud) hat zum Sing. *to*, *tot*, einen doppelten Plural: *ti* msc., *tite* fem. und *tot* msc., *tote* fem. — Das altfrz. *trestuit* erscheint als *tréti*. — In den Ormonts sagt man im Pl. *tui*." (Nach Bridel.) F. Pabst. — Frz. *itou*, ebenso, ist vermutlich aus *a tou* entstanden (*i* für *a* in Anlehnung an *itel*). Vgl. Behrens, Z XIII 411. Man liest *itou* z. B. bei Moliere, Dom Juan II. Nigra, AG XIV 365, erklärt *itou*; lyon. *etó*, *etou* = *et* + *tout*.

9629) **tŏtŭs**, **a**, **um**, ganz (romanisch im Pl. „alle"); span. ptg. *todo* (ptg. Ntr. *tudo*). Siehe ***tottus**.

9630) ahd. **toufan**, tauchen, eintauchen; ital. *tuffare*, eintauchen, vgl. Dz 408 *s. v.*; Braune, Z XXII 199.

9631) ahd. **toug**, **touc** (Prät. mit Präsensbedtg. von *tugan*, taugen); davon (?) ital. *togo* „buono, acconcio", vgl. Caix, St. 629.

9632) engl. **tow**, ein Schiff am Seile ziehen; frz. *touer*, dazu das Sbst. *toue*, ein als Fähre dienender Nachen; span. ptg. *atoar*. Vgl. Dz 689 *touer*.

9633) 1. **tŏxĭcŭm** *n.* (τοξικόν), Pfeilgift, Gift; ital. *tosco*; piem. *tósi*; valses. *tósga*, genues. *tóssego*, altoberital. *tósseo*, vgl. Salvioni, Post. 22; rum. *tocsicǎ*; prov. *tueissec-s*; altfrz. *toxiche*; span. *tósigo*; ptg. *tóxigo*. Vgl. Dz 323 *tosco*.

9634) 2. **tŏxĭcŭm** *n.* (τοξικόν), ein Strauch (Plin. H. N. 26, 74); span. *toxo*, *tojo*, Ginster; ptg. *tojo*, Dorngestrüpp. Vgl. Baist, Z V 561; Diez 493 *toxo* liefs das Wort unerklärt.

9635) [***trăbācŭlo**, **-āre** (**trabare* v. trabs), mit Balken versperren, hemmen, durch Hemmung Mühe bereiten, plagen, uabarbeiten, arbeiten, nach Diez 325 das mutmafsliche Grundwort zu ital. *travagliare*; prov. *trebalhar*; frz. *travailler*; span. *trabajar*; ptg. *trabalhar*. Wahrscheinlich gehen die Werte zurück auf ein **trepalium*, **trebalium* (wohl gebildet aus *tres* + *palus*, Pfahl), ein aus drei Balken bestehendes Martergerüst, vgl. P. Meyer, R XVII 421.] S. ***trăbăculum**.

9636) [***trăbācŭlŭm** *n.* (trabs), kleines Gebälk, Gerüst (dann begrifflich Sbst. zu dem Vb. **traba-culare* in der Bedtg. „arbeiten"); davon nach Dz 325 ital. *travaglio* (dem Frz.'entlehnt, vgl. d'Ovidio, AG XIII 313), Notstall, Arbeit; prov. *trebalh-s* (selten *trabalh-s*); frz. *travail*; span. *trabajo*; ptg. *trabalho* (das span. u. ptg. Wort sind dem Frz. entlehnt oder doch durch das Frz. beeinflufst). Das wahrscheinliche Grundwort aber ist **trepalium*, **trebalium* (s. Ducange unter *trepalium*), ein aus drei Balken bestehendes Martergerüst, vgl. P. Meyer, R XVII 421.]

9637) dtsch. **traben**; davon vielleicht frz. *traban* (für *trab-ant*), *draban*, (Läufer), Trabant, Leibsoldat. Vgl. Dz 690 *traban*.

9638) [***trăbĭco**, **-āre** (trabs), mit einem Balken durchstofsen; ist nach Scheler im Anhang zu Dz 739 Z. 13 v. o. das Grundwort zu prev. *traucar*, durchlöchern, wozu das Sbst. *trauc-s*, Lech; frz.

trouer, wozu das Shet. *trou*; cat. *traucar*, wozu das Shet. *trau*. Diez 694 *trou* leitete die Werte von **trabucare* (= trans + germ. *buk*, Bauch, also eigentlich den Bauch durchstofsen) ab. Scheler's Erklärung dürfte, weil einfacher, den Verzug verdienen, weil sie nicht, weil ein **trab[i]căre*, **travcăre* doch wohl frz. **trocher* ergeben hätte; vielleicht darf man **tŏrcare* (s. oben *tortico*), **trōcare* „drehen, bohren, durchlochen" als Grundwort ansetzen, wobei dann freilich anzunehmen wäre, dafs die stammbetonten Formen sich sehr früh an die flexionsbetonten angeglichen hätten.]

ahd. **trabo** s. **dräppus**.

9639) [***trābo**, **-āre** (trabs), Balken zusammenfügen, mit Balken versperren, hemmen; prov. *travar*, hemmen; frz. *entraver*, hindern, fesseln, dazu das Vbsbst. *entrave*, Hindernis, Pl. Fesseln; altfrz. *destraver*, entfesseln; span. *trabar*, zusammenfügen, fesseln, dazu das Vbsbst. *traba*, Band; ptg. *travar*, dazu das Vbsbst. *trava*. Vgl. Dz 326 *trabar*.]

9640) **trābs**, **-ābem** *f.*, Balken; ital. *trave*, abgeleitet *trabacca*, Zelt; prov. *trau-s*, Balken, *trap-s*, Zelt, davon *destrapar*, abspannen; altfrz. *tref*, Balken, (Zeltpfahl), Zelt (Suchier, Z I 433 (vgl. auch die These Wechssler's zu seiner Diss.: die roman. Marienklagen, Halle 1893), wollte *tref* in der Bedeutung „Zelt" vom ags. *träf*, zum Gottesdienst bestimmtes Zelt, ableiten, wahrscheinlich aber leitet man auch dies *träf* selbst vom lat. *trabs* ab, vgl. G. Paris, R VI 629 u. XXIII 313), davon *atraver*, das Zelt aufschlagen, *destraver*, das Lager abbrechen; span. *trabe*, Balken; ptg. *trave*. Vgl. Dz 690 *tref*.

9641) [***trăbŭco**, **-āre** (trans + german. *buk*, Bauch), über den Haufen stürzen; ital. *traboccare*, herabstürzen, *trabocco*, Wurfmaschine (angelehnt an *traboccare* = trans + **buccare* v. *bucca*, aus dem Munde laufen, überlaufen); prov. *trabucar*; frz. *trébucher*, umstofsen, stürzen, straucheln. Vgl. Dz 694 *trou*. S. oben **bŭk** u. ***trăbĭco**.]

trăceo, **-āre** s. **trakk-**.

9642) [***trăcŏrrŏtŭlo**, **-āre**, hinüberkollern; davon nach Pascal, Studj di fil. rom. VII 97, ital. *tracollare*, wanken, schwanken.]

9643) **trăcta**, **-am** *f.*, Blattkuchen; davon nach Scheler im Dict. *s. v.* frz. (**tarcte*), tarte, Torte.

9644) **trāctātŏr**, **-ōrem**~*m*, (tractare), einer, der etwas betreibt; ital. *trattatore* „negoziatore", trattore (= frz. *traiteur*) „chi dà da mangiare verse pagamento" (vgl. Canello, AG III 386; span. *tratador*, Unterhändler; ptg. *tratador*; Handelsmann, Betrüger.

9645) **trāctātŭs**, **-um** *m.*, Be-, Abhandlung; ital. *trattato*; frz. *traité*; span. ptg. *tratado*.

9646) [***trāctĭco**, **-āre** (tractus), ziehen, wird von Ulrich, Z IX 429, als Grundwort zu der unten unter *trakk-* verzeichneten Wortsippe aufgestellt.]

9647) ***trāctĭo**, **-āre**~(tractus), ziehen, einen Zug, einen Strich machen; ital. *tracciare*, (einen Strich nachgehen, längs eines Striches vorgehen und also selbst wieder im Gehen einen Strich ziehen), nachspüren, dazu das Vbsbst. *traccia*, Spur; frz. *tracer*, Linien ziehen, zeichnen, entwerfen, dazu das Vbsbst. *trace*, Entwurf (auch prov. *trassa*); cat. *trassar*, dazu das Vbsbst. *trassa*; span. *trazar*, dazu das Vbsbst. *traza*; ptg. *traçar*, dazu das Vbsbst. *traça*. Vgl. Dz 324 *tracciare*; Gröber, ALL VI 130 (Gröber meint, dafs die cat. span. Worte — die ptg. übergeht er — dem Frz. entlehnt seien, weil sie nur in abgeleiteter Bedtg. verwendet würden, aber wenigstens ptg. traca bedeutet auch „Spur").

9648) **trăcto, -äre** (tractus), behandeln, betreiben; ital. trattare; rum. treptez ai at a; prev. traitar; frz. traiter; span. tratar; ptg. tratar. Hierzu das Vbsbst. ital. tratta; rum. treaptă; span. trata.

9649) ***trăctör, -örem** m. (trahere), Zieher; ital. trattore „tiratore, e chi dai bozzoli fa trarre la seta", vgl. Canello, AG III 386; prov. trachor (neben tra(i)dor), Verräter, vgl. Dz 224 tradire.

965C) **trăctŭs, -um** m. (traho), Zug, Landstrich; ital. tratto; mail. trač, ein Jagdgerät; prov. trat-z, Zuckung; frz. trait, Zug; span. ptg. trato, Verkehr, Umgang.

9651) [***trădĭo, -īre** (für tradĕre), verraten; ital. tradire; (rum. trădau dei dat da = *tradare); prov. trair, trahir; frz. trahir; cat. trair; span. fehlt das Vb., dafür vender, hacer traicion, ser traidor; ptg. trahir. Vgl. Dz 324 tradire.]

9652) **trădĭtĭo, -önem** f. (tradĕre), Übergabe (im Roman. auch „Verrat"), Überlieferung; ital. tradizione, Überlieferung, (tradimento, Verrat; altoberital. tradizone, traiçgon; prov. traiso-s, traazo-s, tracio-s, trassio-s, Verrat; frz. (tradition, Überlieferung), trahison, Verrat; span. (tradicion, Überlieferung), traicion. Verrat; ptg. (tradicão, Überlieferung), traiçăo, Verrat. Vgl. Dz 324 tradire.

9653) **trădĭtör** u. ***trădītor** (vgl. G. Paris, R XXII 617), -örem m. (tradĕre), Verräter; ital. traditore; (rum. trădător); sard. traitore; genues. treitó; prov. c. r. traire, o. o. traidor (daneben trachor = *tractorem); frz. traître; span. traidor; ptg. traidor. Vgl. Dz 324 tradire. Neumann, Z XIV 573, wollte frz. traître aus *tradictor erklären, indessen *traditor (zu *tradīre f. tradĕre) genügt vollständig.

9654) [***trădo, -däre** (für tradĕre) = rum. trădau dei dat da, verraten; prev. tradar.]

9655) **trădūco, dūxī, dūctum, trădūcĕre**, hinüberführen, übersetzen; ital. tradurre; frz. traduire; span. traducir, übersetzen, (altspan. trocir, hindurchgehen, sterben); ptg. traducir. Vgl. Dz 494 trocir. Wegen der Flexion s. dūco.

9656) [**trădūctĭo, -önem** f. (trăducĕre), Hinüberführung (im Roman. „Übersetzung"); ital. traduzione; frz. traduction; span. traduccion; ptg. traducção.]

9657) **trădūx, -dūcem** m, (traducĕre), Weinranke; ital. tralce (aus *tradŭcem : trădĭcem : tranĭcem, trance, tralce), daneben tralcio; venez. trosa, viticcio; lomb. tros, trósa, tralcio, vgl. Salvioni, Post. 22. Vgl. Dz 407 s. v.

9658) [***trăfānŭs, a, um** (aus trans + fanum gebildet nach Anologie von profanus) = prev. trafan-s, trefa-s, betrügerisch?. Siehe jedoch oben těrěfa.]

9659) ***trăgĕa, -am** f. (für trahea), Schleife; davon vielleicht ital. treggia, Schleife, Schlitten, vgl. Dz 407 s. v.

9660) **trăgēmătă** n. pl. (τραγήματα), Naschwerk; ital. treggéa; prov.¿dragea; frz. dragée; span. dragéa, grajéa; ptg. gragea, grangea. Vgl. Dz 326 treggéa.

9661) [***trăgĭco, -äre** (traho), ziehen, zerren, quälen; dav. nach Nigra's, sehr wahrscheinlicher Annahme, AG XV 107, ital. straccare, abmatten; frz. (pic.) traquer, hetzen, détraquer, verwirren, dav. tracasser.]

9662) [***trăgīnum** n. (*tragĕre), vgl. tragum), ein Werkzeug zum Schleppen, eine Schleife u. dgl.; ital. traino, trainare, wohl aus dem Frz. entlehnt, jedoch scheinen trascinare, strascinare, schleppen (wozu die Sbsttve strascino u. stráscico, Schleife), ein früheres *traxinare vorauszusetzen, vgl. Caix, St. 66 (Diez 407 leitete diese Verba sowie trassinare, spüren, von prov. traissa, Schleppe, ab, wogegen Caix mit Recht bemerkt „non ci pare verosimile che voci tanto pepelari siano state formato da una vece straniera che in italiano non fu mai usata", den Wandel von g in š erklärt Caix aus der „tendenza onomatopoetica assimilativa alla sibilante iniziale", befremdlich bleibt aber die Sache immerhin); rum. das Sbst. fehlt, dagegen ist vorhanden ein Vb. tragän ai at a, das hierher zu gehören scheint; prov. trahi-s, dazu das Vb. trahinar; frz. train, train, dazu das Vb. trainer (nach Cohn, Suffixw. p. 67, soll das Verhältnis umgekehrt sein), schleppen, traineau, Schlitten; span. tragin, dazu das Vb. traginar. Vgl. Förster, Z XV 522.

9663) ***trăgo** (schriftlat. traho), träxī, trăctum, trăgĕre, ziehen; ital. traggo trassi tratto trággere u. trarre; rum. trag traxi tras trage; prov. trai trais trait und trach (trag) traire; altfrz. trais trait traire; neufrz. trais (Perf. fehlt) trait traire; cat. trech tragui tret traurer; span. traer, davon traje (ptg. trajo), Tracht, Benehmen, vgl. Dz 493 trage; (ptg. trazer, vgl. C. Michaelis, Frg. Et. p. 60). Vgl. Gröber, ALL VI 131.

9664) [gleichsam. ***trăgūcŭlum** n. (trahere); dav. nach Thomas, R XXVI 448, frz. travouil, dévidoire.]

9665) **trăgŭlă, -am** f. (*tragĕre), Schleppnetz; ital. draglia, Fährseil, fliegende Brücke; rum. traglă, Schleppe; prov. tralh-s, Schlepptau; neuprov. traio, dralho, Leitseil, Fährseil; frz. traille, Fährseil, Fähre; cat. tralla, Seil; span. tralla, Strick; ptg. tralha, Fischnetz, Saumtau; (hierher gehört wohl auch span. trahilla, trailla, Schleifkarren). Vgl. Dz 690 traille u. 493 trailla; Gröber, ALL VI 131.

trăhă, trăhĕă s. ***traga**.

9666) [***trăhĭco, -äre** (trahĕre), ziehen; davon vermutlich sard. tragare (mit dem Munde einziehen, trinken), verschlucken, verschlingen; span. ptg. tragar, dav. Dz 493 tragar.]

trăho s. ***trăgo**.

9667) **trăĭcĭo, jēcī, jēctum, ĕre**, hinüberbringen; rum. trec oi ut e, dazu die Komposita pestrec = per-extra-traicere, petrec = per-traicere; wald. treze, südostfrz. trezi, vgl. Meyer-L., Z. f. ö. G. 1891 p. 777.

9668) ***trăjēcto, -äre** (trajectus), hinüberbringen; ital. tragettare, tragittare, dazu Sbst. trag(h)etto, über welches vgl. Nigra, AG XV 127.

9669) **trăjēctŏrĭum** n. (traicĕre), Trichter; rtr. tartschöra. Vgl. Meyer-L., Z. f. ö. G. 1891 p. 777; Mussafia, Beitr. 89 Anm.

9670) **trăjēctŭs, -um** m. (traicere), das Hinüberbringen; ital. tragetto, tragitto; frz. trajet.

- 9671) german. Stamm **trakk-** (wovon s-trecken), ziehen, schleppen; dav. vermutl. ital. traccheggiare, hinziehen, verschleppen, trödeln, tändeln; frz. trac, (der durch das Laufen verursachte Zug, (Strich auf dem Boden), Fährte, (traquer, Netze [um das Wild] ziehen, u. déttaquer, verrenken, gehören wohl zu *tragicāre, s. No 9661; span. ptg. traque, (ein sich hinziehendes Feuer), Lauffeuer, Knall, dazu das

Vb. span. *traquear*, knallen, schütteln; ptg. *traquejar*, verfolgen. Vgl. Dz 690 *trac;* Ulrich, Z IX 429, stellt *traccare* aus *tracticare* als Grundwert der ganzen Sippe auf, u. auch ital. *straccare* soll nach ihm = *extraccare* sein, während Diez 404 dies Vb. von ahd. *strecchan* ableitet.

9672) **trämä, -am** *f.* (*trahēre*), Einschlag am Gewebe (im Roman. auch in übertragener Bedtg. „Anschlag"); ital. *trama*, dazu das Vb. *tramare;* frz. *trame*, dazu das Vb. *tramer;* span. ptg. *trama*, dazu das Vb. *tramar.*

trämäcülüm s. * **trïmäcülüm.**

9673) **trämïtto, mïsï, *mïssum*, mïttere,** hinüberschicken: ital. *tramettere* etc. Wegen der Flexion s. **mïtto.**

9674) [***trämöntänus, a, um***, jenseits der Berge befindlich; ital. *tramontano;* altfrz. *tresmontain;* nfrz. *tramontain* (dem Ital. entlehnt). S. No 9696.]

9675) dtsch. **trampeln;** damit zusammenhäugend ital. *trampoli*, Stelzen; prev. *trampol-s*, Getrappel; frz. *tremplin.* Vgl. Dz 407 *trampolo.* Über andere Ableitungen vgl. Caix, St. 640.

tränex, -nècem s. **tränsïtus.**

9676 **träns,** jenseits, über . . . . hinweg; ital. *tra*, zwischen; rum. *tra* (nur in Zusammensetzungen; prov. *tras*, quer durch, hinter; frz. *très* (über das Mafs hinaus), sehr, vgl. No 9718; cat. span. ptg. *tras, traz*, hinter, nach. Über die lautliche Behandlung von *trans* im Ptg. vgl. C. Michaelis, Frg. Et. p. 59.

9677) **tränsäctum** (*transigere*), durchgestofsen, abgethan, abgemacht; altital. *in trasatto*, ohne Umstände, jedenfalls davon *trasattarsi*, sich ohne Umstände etwas aneignen; prov. *atrasait, atrasag* (= *ad* + *transactum*); altfrz. *entresait* (= *in* + *tr.*), noch jetzt norm. *antresiais.* Vergl. Dz 571 *entresait.*

9678) **tränsënua, -am** *f.*, Netz zum Vogelfang; rtr. *tarsenna.*

9679) **tränsëo, ïï, ïtum, -ïre,** hinübergehen; sard. *transire*, staunen (vgl. deutsche Redensarten, wie „aus dem Häuschen kommen" = „von Sinnen kommen, vor Freude aufser sich geraten"); neap. *trasire*, entrare; lemb. *strasi*, assiderare, *stresid,* intirizzito; vic. *traseggio*, viottole, vgl. Salvioni, Post. 22; Meyer-L., Z. f. ö. G. 1891 p. 777; prov. Part. P. *transit-z*, ohnmächtig; über frz. *transir*, hinscheiden, (vor Kälte vergehen), erstarren, altspan. *transir*, hinscheiden, *transido*, matt, kraftlos. Vgl. Dz 325. *transir.* — (Die Ansetzung von frz. *transir* = lt. *transire* ist indessen höchst bedenklich, denn Lehnwort oder Buchwort kann das Verb kaum sein, als Erbwert aber müfste es *tresir* lauten; dazu kommt, dafs im Altfrz. die Schreibung *transsir* sehr gewöhnlich ist, u. dafs das Shet. *transe* von *transir* 'sich nicht trennen läfet.) Vgl. No 9683.

9680) [**trä(ns)fälso, -äre** (*falsus*), fälschen; ital. *trafalsare* „falsare, alterare totalmente", davon *strafalcione* (für *trafalsone*) „grosso aproposito", vgl. Caix, St. 603.]

9681) [***tränsïeo, -äre*** (*trans*), hinübergiefsen; nach Parodi, R XVII 73, Grundwort zu span. *trasegar;* aus einem Gefäfs ins andere giefsen; in cat. *trescolar* jedoch erblickt Parodi eine Zusammensetzung von *trans* + *colare.* Siehe unten **tränsvïco.**]

9682) **trä(ns)** + **ïnflätus** = ital. *tronfio* (für *tronfiato*), aufgeblasen, hochmütig (begrifflich angelehnt an *tronfiare* = *trionfare*), vgl. *gonfio* = *conflatus*, *stronfiare* = *ex* + *trans* + *inflare.* Dz

407 *tronfio* vermutete Zusammenhang dieses Wortes mit griech. τρυφή.

9683) **tränsïtüs, -um** *m.* (*transire*), Übergang; ital. *transito*, Übergang vom Leben zum Tode. Diez 325 s. v. stellt hierher auch span. ptg. *trance*, entscheidender Augenblick, Todesstunde, Zuschlag in einer Versteigerung, frz. *transe*, dazu das Vb. *transir* erstarren; Baist, Z IX 147, stellt *trance* zu dem Vb. *tranzar*, den Zuschlag erteilen u. zieht dasselbe zu der Sippe des ital. *trinciare* (s. unten *trinico*); in der Bedtg. „Todesschauer" u. dgl. ist *trame, transe* vermutlich = *tráncem* (v. *trans* + *nex*, Tod) anzusetzen (vgl. frz. *tréfonds* aus *trans* + *fundus*).

9684) [**tra(ns)** + **lïnëä;** davon ital. *tralignare* „uscir dal proprio lignaggio, degenerare", vgl. Caix, St. 83.]

9685) **trä(ns)** + **lüc-,** davon ital. (sienesisch) *straloccare*, blitzen, Iadinisch *tarlugar, tarlujé* (vgl. lombard. *straluscid, starlugiá*), vgl. Caix, St. 7; neuprov. *trelusi*, gläuzen, *trelus*, Glanz.

9686) **trä(ns)möntänüs, a, um**, jenseit der Gebirge befindlich; ital. *tramontana*, Nordwind, vgl. Dz 407 s. v. S. No 9674.

9687) [***trä(ns)mötïo, -äre*** (*motus*) = (?) frz. *trémousser*, sich lebhaft hin- und herbewegen, vgl. Dz 691 s. v.; besser = *tre* + *mousser*, schäumen.]

9688) [***trä(ns)pässo, -äre***, hinübergehen, sterben, = frz. *trépasser*, dazu das Sbst. *trépas.*]

9689) [***trä(ns)sällo, -ïre***, hinüber-, quer durch etwas springen; frz. *tressaillir* gleichs. durch den Leib springen (von einem Kälte- oder Angstgefühle), durchfahren, durchschauern, dann: schaudern.

9690) **tränstïllüm** *n.* (Demin. v. *transtrum*), kleiner Querbalken; altfrz. *trestel*, Gebälk, Gerüst, Gestell; neufrz. *tréteau.* Vgl. Dz 691 *tréteau.*

9691) **tränsträm** *m.*, Querbalken, Querbank; altfrz. *traste*, Querbalken; vielleicht gehört hierher auch span. ptg. *trasto*, alter Hausrat (die eigentl. Bedtg. müfste dann „Gebälk, Holzwerk" sein). Vgl. Dz 493 *trasto;* AG XIII 335.

9692) **trä(ns)vëcto, -äre**, hinüberschaffen; davon ital. *trabattare* „passare", vgl. Caix, St 174. Siehe oben **ädvëcto.**

9693) **trä(ns)vërsüs, -um**, quer, schief; ital. *traverso*, schief, schräg, *traversa*, Querbalken, dazu das Vb. *traversare*, durchqueren; venez. *tresso*, vgl. Mussafia, Beitr. 116; prev. *travers*, quer, verkehrt, davon *traversier-s*, sich kreuzend; frz. *travers* (auch *traverse*), Quere, dazu das Vb. *traverser;* span. *traves*, Quere, *travieso*, schief, *atravesar*, quer legen; ptg. *través*, Quere, *travessa*, Querbalken, *travesso*, quer, *atravessar*, quer legen; *travesso*, aus der rechten Bahn kommen. Vgl. Dz 494 *travieso.*

9694) [***tränsvïco, -äre*** (*vices*), nach Diez 493 *trasegar* das mutmafsliche Grundwort zu cat. *trafagar*, aus einem Gefäfs in das andere giefsen, umgiefsen, umkehren, dazu das Shet. *trafaq;* span. *trasegar*, dazu das Sbst. *trasiego* (Parodi, R XVII 73, setzt für *trasegar* ein *transïcäre* als Grundwort an); ptg. *trasfegar*, dazu das Sbst. *trasfega;* aufserdem soll ein span. ptg. Sbst. zu *trasegar* sein *trasgo*, Poltergeist, der alles umwirft. Vgl. Dz 493 *trasgo.* Diese Ableitungen sind im höchsten Grade unwahrscheinlich. Das span. *trasegar*, Präs. *trasiego*, dürfte = *trans* + *secare* sein (vgl. Verbindungen wie *trasegar los mares*, die Meere durchfahren, *trasegar los campos*, die Felder durchstreifen); bezüglich der Bedeutungsentwickelung des Verbs „durchschneiden : umschütten (Wein)" vgl. das deutsche „verschneiden (den Wein)". Die cat. und ptg. Worte aber gehören wohl zu der Sippe: ital. *tráffico*, Handel, *trafficare*, Handel treiben; prov. *trafeg-z, trafei-s*; frz. *trofic.* dazu das Vb. *trafiquer* (Lehnworte); cat. *tráfag*, Handel, Kunstgriff, Umgiefsung, dazu das Vb. *trafagar*; span. *tráfico*, *tráfago*, dazu das Vb. *traficar, trafugar*; ptg. *tráfego*, dazu das Vb. *trafeguear*, daneben *trasfegar*. Die Herkunft dieser Sippe ist dunkel; man ist versucht, an ein *tra(n)s-*ficare* (= *facĕre*) zu denken. Ebensowenig dürfte auf *transvicare*, *travicare*, *travcare*, *traucare* zurückgehen frz. *troquer* (Lehnwort), tauschen, dazu das Sbst. *troc*; span. *trocar*, dazu das Sbst. *trueco*; ptg. *trocar*, dazu das Sbst. *troco.* Grundwort viell. *törcare*, *trócare*. Vgl. Dz 329 *trocar.*

9695) *trä(ns)võlo, -äre, davon fliegen; ital. *travolare*; altfrz. *trauler*, sich davon machen. Vgl. Dz 693 *tróler*; Scheler im Dict. unter *tróler.* S. *trottülo.

9696) träpētum *n.*, Olivenkelter, Ölpresse; sicil. lecc. *trapittu*, frantojo, vgl. Salvioni, Post. 23.

9697) german. trappa, Falle; ital. (trappa), *trappola*, Falle, dazu das Vb. *attrappare, trappolare*, in der Falle fangen, betrügen; prov. *trapa*, dazu das Vb. *atrapar*; frz. *trappe*, dazu das Vb. *attraper*, wovon wieder das Vbsbst. *attrape*; span. *trampa*, dazu das Vb. *atrapar* u. *atrampar.*

9698) dtsch. trappen; dav. frz. *treper*, trampeln, festtreten, dav. (?) wieder *trépigner*, stampfen. Vgl. Braune, Z XXII 208.

9699) gr. τρανλός, lispelnd; davon viell. ital. *troglio*, Stotterer, vgl. Dz 407 *s. v.*

9700) trĕcĕnti, ae, a, dreihundert; sard. *treghentos*; venez. *tresento*; lomb. *trésent*; valm. *trasint*; genues. *trexento*, vgl. Salvioni, Post. 22, davon viell. auch ital. *tregenda*, Geisterschar (eigentlich unzählige Menge, wie ja auch im Lat. *trecenti* zum Ausdruck einer unbestimmten grofsen Zahl gebraucht wird; siehe Georges) vgl. Dz 407 *s. v.*

9701) trĕdĕcĭm, dreizehn; ital. *tredici*; (rum. trei spre diéce): rtr. *tredeš* etc., vergl. Gartner § 200; prov. *treze*; frz. *treize*; cat. *tretse*; span. *trece*; ptg. *treze.*

9702) *trĕgĭntä (für triginta), dreifsig; ital. *trenta*; (rum. *treizeci*); rtr. *trenta*; prov. *trenta*; frz. *trente*; cat. *trenta*; span. *treinta*; ptg. *trinta.* Vgl. Gröber, ALL VI 131.

9703) ndl. trek-Ijser, Zugeisen; davon frz. *tricoises* (pl.), Zange der Hufschmiede, vgl. Dz 692 *s. v.*; Littré *s. v.* erklärt das Wort für entstellt aus *turcoises*, vgl. auch Nigra, AG XIV 300.

9704) dtsch. trekken, ziehen; davon nach Dz 326 ital. *treccare*, (jem. einen Streich spielen), betrügen; prov. *trichar*, wozu das Sbst. *tric-s*; frz. *tricher* (altfrz. daneben *trechier*; auch *triguer*, auslesen, soll nach Diez auf *trekken*, auszichen, hinweisen). Storm, R V 172, befürwortet dagegen (ebenso Ulrich, Z XI 556) die Herleitung von lat. *trĭcare* (s. d.), welche Diez wegen des ĭ, das nicht zu *e* habe werden können, mit Recht beanstandet hatte; man mufs also *trĭccare* für *trĭcare* ansetzen, wie übrigens Storm auch gethan. — Auf *trekken* führt Dez 427 *s. v.* auch zurück span. ptg. *atracar*, ein Schiff heranziehen. — Nicht hierher gehört dagegen frz. *traquer* (s. No 9661), Wild mit Netzen umstellen, treiben, wov. *tracasser*, hin- u. herhetzen, beunruhigen.

9705) gr. τρῆμα, der Punkt auf einem Würfel, —span. *crema*, Punkt, bezw. zwei Pünktchen über einem Buchstaben, Trema.

9706) *trēma (v. *trĕmĕre) + mŏdĭŭs, in steter zitternder Bewegung befindliches Gefäfs, ist die vermutliche Grundform zu ital. *tramoggia*, Mühltrichter; prov. *tremueia*; frz. *trémie*; (ptg. *tremonha). Vgl Dz 325 *tramoggia.*

9707) [*trĕmĕllŭs, -um m. (tremere); ist nach Scheler im Anhang zu Dz 817 vielleicht das Grundwort zu altfrz. *tremel, tremeau, trumel*, (das sich hin- u. herbewegende) Bein, Beinkleid (davon *estrumelé*, ohne Beinkleid, hosenlos, vgl. G Paris, R X 399 u. 590; früher R VIII 293, hatte Paris das Wort von *struma*, *strumella*, angeschwollene Drüse abgeleitet), *trumelière*, Beinharnisch; neufrz. *trumeau*, Ochsenkeule. Siehe unten trumm. — Auf *tremellus, -a* scheinen auch zurückzugehen piem. *tremo*, Eberesche, Zitteresche, valtell. *tremej*, a-bed. *tremèla*, nover. *tre-* u. *tramolina*, piem. *tümell*, valsass. valtell. *tamarin*, mondov. *tamaris*, tameris, frz. (mundartlich) *timier*, (ptg. *tramazeira), vgl. Nigra, AG XV 124.]

9708) bret. tremeni, durchgehen, hinübergehen, kymr. tramwy (= *tra + mwy*), häufig gehen; damit soll nach Diez 693 in Zusammenhang stehen neuprov. *trimá*, schnell gehen; pik. trimer, eifrig gehen oder arbeiten; altspan. *trymar.* Th. p. 114 scheint diese Ableitung stillschweigend zu verneinen. Die Worte werden germanischen Herkunft sein (mhd. *trimen*, wackeln). Oder darf man ein lat. *trĭmare* (von *trimus*, dreijährig) ansetzen mit der Bedtg. ein wie kleines Kind trippeln, unruhig hin- und herlaufen"?

9709) trĕmo, ui, ĕre, zittern; davon prov. altfrz. *tremir*, zittern; altspan. *tremer*; ptg. *tremer.* Nach der gewöhnlichen, auch von Diez 555 vertretenen Annahme soll ebenfalls auf *tremĕre* zurückgehen prov. *cremer* (selten vorkommend), *cremetar = *tremitare(?)*, fürchten; altfrz. *cremre*, *criembre*, *cremir*, *-oir*; nfrz. *craindre.* Der Wandel von anlautendem *tr* zu *cr* ist aber im Verhältnis von Lateinisch zu Französisch so unerhört, dafs man ihn wohl überhaupt nicht annehmen kann; span. *crema* für gr. *τρῆμα* ist keine hinreichende Stütze. Was Flechia, AG II 384, darüber sagt, kann nicht befriedigen. Neuerdings jedoch hat Ascoli, AG XI 439, das *c* für *t* sehr ansprechend aus keltischer Einwirkung erklärt.

9710) trĕmŏr, -ōrem *m.* (tremere), das Zittern; ital. *tremore*; (span. *tremblor*); frz. *trémeur.*

9711) *trĕmŏrōsŭs, a, um (tremor), zitternd; ital. *tremoroso*; rum. *tremuros*; span. *tembloroso.*

9712) *trĕmŭlo, -äre (tremĕre), zittern; ital. *tremolare*; rum. tremur ai at; rtr. prov. *tremblar*; frz. *trembler*; (span. *temblar*, angeglichen im Anlaut an *temer = timĕre*, vgl. Ascoli, AG XI 447, Meyer-L., Z XV 272); ptg. *tremolar.* Vgl. Dz 327 *tremolare*; Gröber, ALL VI 132.

9713) *trĕmŭlōsŭs, a, um (tremulus), zitternd; ital. *tremoloso*; rum. *tremuros*; span. *tembloso* (daneben *tembloroso).

*trepalium s *trabaculum.

9714) gr. τρέπειν, wenden; davon vielleicht cat. *trepar*, bohren, vgl. Dz 494 *s. v.*

9715) trĕpĭdo, -äre (trepidus), in unruhiger Bewegung sein; ital. *trepidare* (gel. W.); rum. *treapäd ai at a*; altspan. ptg. *trepidar*, zaudern.

9716) trĕpĭdŭs, a, um, unruhig; ital. *trepido* (gel. W.); (sienes. *intrettire*, Furcht haben); rum. *treapäd*; span. ptg. *trépido.*

9717) dtsch. treppe; davon vielleicht cat. *trepar*; ptg. *trepar*, klettern, vgl. Dz 494 *s. v.*

9718) [*três, gallolat. Form für tras, trans; frz. três (ē nicht zu ei, oi entwickelt wegen der Proclisis des Wortes); de + três = altfrz. detreis, detrois, rückwärts, hinten (daneben detries aus detriers, angeglichen an riers aus retro), vgl. Förster zu Erec 2838.]

9719) três, triā, drei; ital. tre; rum. trei; rtr. tri, tre etc., vgl. Gartner § 200; prov. trei, tres; altfrz. treis; neufrz. trois; cat. span. ptg. tres.

9720) westgerman. treuwa (got. triggva, ahd. triuwa), Sicherheit, Bürgschaft; ital. tregua, Waffenstillstand; prov. treva, trega, tregua, dazu das Vb. trevar; altfrz. treve, trieve, trive, davon s'atriver, sich verbünden; neufrz. trêve; span. tregua; ptg. tregoa. Vgl. Dz 326 tregua u. 691 trevar; Mackel p. 126.

9721) [triāngūlūm n. (tres + angulus), Dreieck; ital. triangolo; rum. triunghiu; prov. frz. triangle; cat. trianglu; span. ptg. triángulo.]

9722) tribūlā, -am f. (gewöhnlich tribulum; tribula, non tribla App. Probi 200), Dreschflegel ital. trebbia = *tribula; mail. tribia u. trebbia, erba di cui si fanne spazzole; (venez. trigoli, tribolo acquatico), vgl. Salvioni, Post. 22; rum. trier = tribulum; cat. trilla; span. trilla und trillo; ptg. trilha u. trilho. Vgl. Dz 326 trebbia; Storm, R V 172; Gröber, ALL VI 132. tribūlā s. tribūlā.

9723) tribūlo, -āre (tribulum), dreschen, plagen; ital. tribulare „far soffrire e soffriro", tribolare „far soffrire", trebbiare, tribbiare „battere il grano per separare i chicchi dalla paglia", vgl. Canello, AG III 360, dazu das Sbst. tribolo, Trübsal; sard. triulare; mail. trobiá, tramenare il pesto, strubbiá, battere; berg. ströbiuná, fare le infime faccende di casa, vgl. Salvioni, Post. 22; rum. trier ai at a; prov. tribolar, trebolar, treblar, quälen, trüben; altfrz. tribler, trüben (daneben triboillier, beunruhigen); cat. span. trillar, dreschen; ptg. trilhar. Vgl. Dz 326 trebbia; Gröber, ALL VI 132.

9724) tribūo, ūī, ūtum, ēre, zuteilen; altspan. treverse, (sich etwas beilegen, anmaßen), sich erdreisten. Vgl. Dz 427 atreverse. S. oben āttribūo.

9725) [tribūs, -um f., Volksstamm; ital. tribù (gel. Wort nach Analogie von virtu u. dgl. gebildet, vgl. Marchesini, Studj di fil. rom. II 6).]

9726) tibūtūm n. (Part. P. P. von tribuěre), Tribut; altfrz. treut; sonst nur gel. Wort; ital. tributo, frz. tribut etc.

9727) *trīcco u. *trīcco, -āre (für tricare. tricari), Winkelzüge machen; davon nach Storm, R V 172, u. Ulrich, Z IX 556, ital. treccare, betrügen; prov. trichar, dazu das Sbst. tric-s, trig-s, Betrug; frz. tricher (altfrz. auch trecher). Diez 326 treccare stellte deutsch trekken als Grundwort auf.

9728) [*trīchěā, -am f. (v. gr. τρίχα); wird von Dz 326 treccia als Grundwort angesetzt zu ital. treccia, Flechte, wozu das Vb. trecciare; prov. tressa; frz. tresse, wozu das Vb. tresser; span. trenza; ptg. trança. Diez begründet seine Annahme damit, dafs zu einer Haarflechte drei Teile gehören (?) u. dafs für dieselbe im Ital. u. Prov. auch trina, trena gesagt werde. Nichtsdestoweniger ist die Ableitung höchst unglaubhaft. Als Grundwort mufs *trectiare oder *trictiare angesetzt werden, ersteres könnte vielleicht Scheideform zu *tractiare, letzteres Ableitung von *triccare (s. d.) sein. Übrigens würde *trectiare, *trictiare nur für treccia(re), tressa(r),

tresse(r) Geltung haben können; span. trenzar; ptg. trançar dürfte zu der Sippe von *trinitiare (trīnus) gehören. — Ein denkbares Grundwort zu trecciare würde auch *tertiare v. tertius sein.]

9729) trīchīlā, -am f., Laubhütte; sard. trija, uva galletta, di cui fassi il pergolato; genues. treggia, vgl. Salvioni, Post. 22; prov. trelha, Weinlaube, Geländer; frz. treille, davon treillis, Gitter. Vgl. Dz 691 treille; Gröber, ALL VI 132.

9730) trīco, -ōnem m. (tricare), Ränkeschmied; comask. trigon, Zögerer. Vgl. Dz 327 tricare.

9731) trīco u. *trīcīa, -āre (schriftlat. meist tricari von trīcae, Possen, vgl. Dieterich, Pulcinella p. 98 Anm. 2), Schwierigkeiten machen; ital. (neapol.) tricare; prov. trigar, hemmen, zögern, davon trigor-s, Verzug; (frz. trigaud, Fintenmacher, dazu das Verb trigauder). Vgl. Dz tricare. Siehe oben *trīceo.

9732) [*trīcěūlo, -āre (tricare) wird von Ulrich, Z XI 557, als Grundwort zu ital. trillare, schütteln, trillern, aufgestellt, es ist dies aber schon lautlich unmöglich, denn es wäre *trigliare zu erwarten. Eher darf man, wenigstens für trillare, trillern, an tritillare, zwitschern, denken. Diez 327 läfst das Wort unerklärt. Vgl. auch No 9758.]

9733) trīdens, tridentem m., Dreizahn, Dreizack, dreizackige Gabel u. dgl.; piem. valses. ossol. trent, lomb. trienza, tic. tardens, vgl. Salvioni, Post. 22; südostfrz. trā, trě.

9734) trīfōlīūm n., Dreiblatt, Klee; ital. trifoglio, tréfolo, Klee; sard. trovorsu; rum. trifoiù; rtr. treifeigl; prov. trefueil-s; altfrz. trefeuil; (neufrz. trèfle, das Wort beruht wohl auf Kreuzung von trefueuil mit treble, dreifach, -blättrig; cat. span. trébol; ptg. trévo). Vgl. Dz 327 trifoglio; Gröber, ALL VI 132.

9735) [trīfōrīūm n. (tres und fores), dreifache Thür; altfrz. trifoire, thüräbnliche Einfassung, vgl. Dz 692 s. v.]

9736) trīfūrcium n. (furca), ein dreizackiges Werkzeug; sard. trebuzzu; rtr. tarvuoš, vergl. Meyer-L, Z f. ö. G. 1891 p. 777.

9737) gr. τρίγλη, Seebarbe; ital. triglia; (frz. trigle); span. trilla. Vgl. Dz 327 triglia; d'Ovidio, AG XIII 443.

9738) *trīlīcīūm n. u. trīlīx, -īcem, dreifädiges Zeug, = ital. traliccio, Zwillich; mail. tarlis; altfrz. treslis; neufrz. treillis; span. terliz. Dz 324 traliccio.

9739) *trīmācūlūm n. (tri u. macula) oder wohl besser *trāmācūlūm n. (trans + macula), Quermäsche, ein aus drei Lagen bestehendes Netz; ital. tramaglio; frz. tramail (norm. tremail). Vgl. Dz 324 tramaglio.

trīmen s. tremenī.
*trīmo, -āre s. tremenī.

9740) got. trīmpan, schreiten; davon ital. trim-pellare „andar piano, indugiare", vgl. Caix, St. 640.

9741) trīmūs, a, um, dreijährig; rtr. trime.

9742) [*trīnīco, -āre (*trīnīcus)[s. d.], in drei Teile zerlegen, dritteln, zerschneiden (vgl. squarciare = *exquartiare, écarteler = *exquartellare), ist das mutmafsliche Grundwort zu prov. trinquar (das Vb. ist wohl nicht belegt, vorhanden aber ist das Vbsbst. trinquada = frz. tranchée), dafür trenzar, trenchar (der Eintritt des e für ī ist allerdings befremdlich, es läfst sich aber vielleicht Anlehnung an tres annehmen); frz. trancher, wovon das Sbst. tranche, Schnitte; span. ptg. trincar, zerstücken. Darf man nun glauben, dafs nach Analogie von *quartiare (= spuarciare) u. *exquintiare (= sp. esquinzar) für *trinicare gebildet worden sei ein *trīntiare, so gelangt man zu ital. trinciare, wovon das Sbst. trincio, Schnitte; cat. trinxar; span. ptg. trinchar (wohl aus dem Ital. entlehnt). Auf *trintiare in der Sonderbedtg. „das Haar dreifach teilen" dürfte auch zurückgehen span. trenzar, flechten, wozu das Sbst. trenza; ptg. trançar, wozu das Sbst. trança, s. oben unter trichēā. — Sonst sind als Grundwerte zu der Sippe trinciare, trancher etc. aufgestellt worden: *truncare v. truncus (neuerdings scharfsinnig verteidigt von W. Förster, Z XIII 537; darnach geht nur trencar, trancher auf truncare zurück, trinciare etc. aber sind Lehnworte aus dem Frz.), *dirimicāre v. dirimēre, *interimicare v. interimere (vgl. Langensiepen, Herrig's Archiv XXXV p. 395), internecare (vgl. Diez 328 trinciare, wo diese Ableitung auf das prov. entrencar gestützt wird), *trīccare (vgl. Ulrich, Z XI 556), *trenuicare v. dtsch. trennen u. a. Alle diese Ableitungen sind aus leicht ersichtlichen Gründen völlig unannehmbar. Nur ein Grundwort mit ĭ in der Stammsilbe kann genügen, aber freilich das von Ulrich a. a. O. aufgestellte *trīccare ist unbrauchbar.]

9743) [*trinīcus, a, um (v. trinus wie unicus von unus), dreifach; davon ital. trinca, Seil zum Festbinden des Schiffes (eigentlich wohl ein dreifach gedrehtes besonders festes Seil); span. ptg. trinca, Dreiheit. Vgl. Storm und Bugge, R V 186 Anm.; C. Michaelis, Misc. 158; Diez 494 s. v. hielt das Wort für entstellt aus trinitas.]

9744) hochdtsch. trinken, ndd. drinken; ital. trincare; frz. trinquer, drinquer; vgl. Dz 328 trincare; Mackel p. 100.

9745) dtsch. Trinkgeld; frz. tringuelte (b. Rousseau), vgl. Sachs, Ltbl. f. germ. u. rom. Ph. 1895 Sp. 53.

9746) trīnūs, a, um (tres), dreifach; davon vermutlich ital. trina, Tresse (eigentl. wohl dreifache Litze); span. trina, Dreiteil im Wappen. Vgl. Dz 326 treccia.

9747) trīplo, -āre, verdreifachen; berg. intrepiá.

9748) trīplus, a, um, dreifach; altfrz. trēble; berg. trepe.

9749) [*trīppa, -am f. ist das vorauszusetzende, aber bezüglich seiner Herkunft völlig dunkle Gruudwort zu ital. trippa, Bauch, Wanst; frz. tripe; span. ptg. tripa. Vgl. Dz 328 trippa; Skeat, Etym. dict. s. v. tripe.]

9750) altfränk. trippōn, trippeln; davon altital. treppiare, zerstampfen, vgl. Caix, St. 120; prov. trepar, hüpfen, springen; altfrz. treper, auch triper. Vgl. Dz 691 treper; Mackel p. 98. S. auch oben trimpan.

9751) [*trīpūlum f. trīplum, gemischt mit fīlum, gleichs. *trīfūlum, dreifach gedrehter Faden, scheint die Grundform zu sein zu ital. trefolo, Litze.]

9752) trīquĕtrūs, a, um, dreieckig; davon nach Storm, R V 186, ital. trinchetto, das (dreieckige) Focksegel; frz. trinquet v. trinquette; cat. triquet; span. tringuete; ptg. traquete. Die Formen mit n beruhen wohl auf Angleichung an *trinca (von *trinicare, s. d.) oder *trinicus. Vgl. Dz 328 trinchetto.

9753) trīstīs, -e (tristis, non tristus App. Probi 56), traurig; ital. tristo; rum. trist; rtr. trist; prov. trist-z; frz. triste; cat. trist; span. ptg. triste. Vgl. Gröber, ALL VI 133.

9754) trīstītīā, -am f., Traurigkeit; ital. tristezza (daneben tristizia mit der Bedeutung „malvagità"); rum. fehlt das Sbst.; prov. tristicia, tristesse; frz. tristesse; span. ptg. tristeza.

[*trītīcēōlūm n. s. *hōrdēōlūs.]

9755) trītīcum n., Weizen, = altsard. tridigu; borm. tridigh; span. ptg. trigo, vgl. Dz 494 s. v.

9756) *trītĭo, -āre (tritus), zerreiben; prov. trizar, trissar, trisar; vielleicht gehören hierher auch lomb. triza, Werkzeug, um die geronnene Milch geschmeidig zu machen; span. triza, Krümchen. Vgl. Dz 693 trissar; Gröber, ALL VI 133; Horning, Z XVIII 238.

9757) *trīto, -āre (Frequent. v. terere), zerpulvern, fein machen, das Feinste aussuchen, auslesen, auswählen; ital. tritare „pestare finamente, esaminare sottilmente", (altital. auch triare = frz. trier), vgl. Canello, AG III 886; frz. trier; cat. triar. Vgl. Dz 692 trier; Horning, Z XXII 490.

9758) *trītŭlo, -āre (tritare), etwas leise reiben u. dadurch erschüttern; davon vielleicht ital. trillare in der Bedeutung „schütteln". Ulrich, Z XI 557, stellte *trīculare v. trīcare als Grundwort auf, was weder lautlich noch begrifflich pafst.]

9759) trītūs, a, um (Part. P. P. v. terēre); engad. trid, vgl. Meyer-L., Z. f. ö. G. 1891 p. 777.

9760) trīŭmpho, -āre, triumphieren; ital. trionfare; frz. triompher; span. triumfar; ptg. triumphar, triunfar. — Auf ein volkslateinisches *trumpare (vgl. das auch schriftlatein. triumpus) in der Bedtg. „Freudenlärm machen" (vgl. dtsch. „Trumpf") führt Settegast, RF I 250, zurück die Wortsippe: ital. trombare, trompeton, dazu das Sbst. tromba, Trompete und Wirbelwind (eigentl. stofsweises Geblase), prov. trompa, Trompete; frz. tromper, (posaunen, ausposaunen, jem. gleichsam ausposaunen, austrompeten, sich über jem. lustig machen, jem. foppen, narren), betrügen, täuschen, vgl. Tobler, Gött. Anz. 1874 p. 1044; dazu das Sbst. trompe, Trompete, Rüssel, trombe, Wasserhose, Demin. trompette, wovon wieder span. trompar bedeutet nur „betrügen" („trempeten" ist trompetear), trompa, Trompete, Rüssel, (Wirbel), Kreisel (in dieser Bedtg. auch trompo); ptg. (das Vb. fehlt), trompa, Klapphorn, trombeta, Trompete, tromba, Rüssel. Diez 329 tromba dachte an Ableitung von tuba. Vgl. G. Paris, R XII 133 (bezeichnet Settegast's Ableitung als „très ingénieuse et fort vraisemblable"); Horning, Z IX 142 (macht auf lothr. χtrōfá = extriumphare aufmerksam). Mackel p. 24 setzt altn. trumba, Posaune, als Grundwort au, sollte dies aber nicht entlehnt sein? Braune, Z XXII 211, führt tromba, trompe etc. auf german. *trumba, trumpa vom Stamme trum, trump zurück. Die Wortsippe bedarf jedenfalls nochmaliger Untersuchung, bei welcher zu berücksichtigen sein wird, dafs auch im Slav. entsprechende Worte vorhanden sind.

9761) [trīŭmphŭs, -um m., Triumph; ital. trionfo; frz.'triomphe; span. triunfo; ptg. triumpho.]

9762) trīvīum n., Kreuzweg; davon nach Diez 692 prov. trieu-s, Weg, Strafse, Bahn; altfrz. triege, vgl. Förster zu Yvain 1101. Hinzuzufügen ist noch ital. trivio „il luogo al quale fanno capo tre vie, piazza", trebbio „trivio, luogo di convegno, trattenimento", vgl. Canello, AG III 338 (s. auch Flechia, AG III 173). Nach Schuchardt, Z IV 125, weisen trieu, triege auf die keltischen Stämme treg-, trog-, vgl. dazu Th. p. 114, hin, diese Annahme wird durch Endlichers Glossar bestätigt, vgl. Zimmer, Kuhn's Ztschr. XXXII 232. Mit der Ableitung von *trĕvĭum*, wofür man freilich *trĕvĭum* ansetzen mufe, um zu *trieu, triege* zu gelangen, darf man sich wohl zufrieden geben. Vgl. auch Förster, Z I 149 oben.

9763) [trŏchlĕä, -am *f.*, Kloben, Winde, = n e a p. *t(e)róocciola*, vgl. Schuchardt, Z XXIII 333; span. *trocla*, vgl. Caix, Giorn. di fil. rom. II 70.]

9764) altnd. u. abd. trog, Trog; ital. truogo, truogolo; rum. troc; altfrz. troc (norm. treu und tros). Vgl. Dz 408 truogo; Mackel p. 32. S. No 9773.

9765) *Trŏjä, -am *f.*; daraus (durch scherzhafte Bezugnahme auf das trojanische Pferd, welches mit Kriegern angefüllt war wie eine trächtige Sau mit Ferkeln) ital. troja, Mutterschwein (die Erhaltung des o u. j erklärt sich wohl aus dem gelehrten Ursprunge des Wortes); sard. *troju*, schmutzig; prov. *trueia*, Mutterschwein; frz. truie; cat. truja; span. troya, Kupplerin. Vgl. Dz 324 troja; Gröber, ALL VI 134.

9766) [trŏphaeŭm *n.* (τροπαῖον), Siegeszeichen; ital. trofèo; frz. trophée; span. ptg. trofèo. Vgl. Dz 329 trofèo.]

9767) [*trŏpätŏr, -ŏrem *m.* (*tropare*, w. m. s.), Finder, Dichter; ital. trovatore; prov. trobaire, trobador; altfrz. troveré-s, troveor, trouvere-s, trouveor; neufrz. trouvère.(gelehrte Modernisierung des altfrz. Wortes), Dichter, troubadour (= prov. trobador), Minnesänger, trouveur, Finder.]

9768) [*trŏpo, -äre (aus *tŭrbo*?) ist scheinbar das Grundwort zu ital. trovare, finden; rtr. truvar, Recht sprechen, ein Urteil finden; prov. trobar, finden, dichten; frz. trouver; cat. trobar; span. ptg. trovar). Diez 331 stellte turbare mit der Bedtgsentwickelung „durcheinanderwerfen, durchstöbern, durchsuchen, finden" auf, sich darauf berufend, dafs im ital. trovare die Begriffe „finden" u. „suchen, holen" sich berühren u. das altptg. trovar die Bedtg. von turbare noch habe, sowie dafs neapel. struvare = disturbare u. cotravare = conturbare sei, vgl. auch Schuchardt, Z XX 536. Nichtsdestoweniger hielt man wegen contropare (s. unten) diese Ableitung für höchst unwahrscheinlich, wenn man auch zugab, dafs in neapel. struvare, controvare, altptg. trovar in der That turbare vorliege. G. Paris, R VII 418, leitete *tropare von tropus in der kirchensprachlichen Bedtg. „Melodie" ab, was sehr anspricht, aber nicht überzeugend ist. Braune, Z XVIII 516, stellte ahd. truopan, truoban, trôban (got. dröbjan) „in Unruhe bringen, verwirren" als Grundwort auf, eine Ableitung, welche begrifflich sich mit der von Diez vermuteten (trovare = turbare, vgl. dazu auch Schuchardt, Z XX 536) nahe berührt, übrigens aber nicht annehmbar ist, weil ein gemeinromanisches u. ganz ohne Zweifel uraltes Verbum nicht althochdeutschen Ursprunges sein kann. Eher könnte man *tròvare aus *tòrvare (v. torvus) „finster, scharf blicken, spähen" als Grundwort ansetzen. Baist, Z XII 264, machte auf ein in der Lex Visigoth. öfters vorkommendes contropare „untersuchen, untersuchend vergleichen" aufmerksam. Darnach sowie im Hinblick auf rtr. truvar „ein Urteil finden" u. altfrz. trouver une loi könnte man vermuten, dafs *tropare ursprünglich ein Ausdruck der Gerichtssprache gewesen ist. Und dies legt wieder den Gedanken an germanischen Ursprung nahe, da ja die germanischen Rechtsanschauungen für frühromanische Zeit

Körting, lat.-rom. Wörterbuch.

(Zeit der germanischen Staatengründungen in den ehemaligen römischen Provinzen) so grofse Bedeutung besitzt u. so manche darauf bezüglichen Worte in das Romanische übergegangen sind. So sei denn eine Frage gestattet, die man phantastisch nennen, aber bei der verzweifelten Sachlage verzeihen mag. Kann *torpare vielleicht eine Ableitung von german. *porp* (s. d.) sein? Lautlich steht dem nichts entgegen, wenigstens nicht für das Rtr., Prov. und Frz., welche zunächst in Betracht kommen, denn das ital. trovare dürfte, freilich schon früh, entlehnt sein, span. trovar, ptg. trovar sind es sicher: anlautendes german. *þ* erhielt sich, daher *þrop* : trop, aber intervokalisches *p* wurde zu *v* verschoben (z. B. *scapin* : *eschevin*), also *þorp-are* : *þorpare* : *tropare* : trovar, trouver. Was den Begriff anlangt, so würde die Bedeutungsentwickelung etwa folgende gewesen sein können: *þorp* (= nhd. Dorf, vermutlich urverwandt mit lt. turba) bedeutet ursprünglich wohl „Gedränge, Menge" ganz im allgemeinen (vgl. altnord. *pyrpja*, drängen), dann wohl „die auf einem bestimmten Landgebiete wohnende Menschenzahl", also etwa „Bauernschaft, Gemeinde", *torpare konnte demnach bedeuten „eine Genossenschaft (Bauernschaft, Landgemeinde, Gaubevölkerung) versammeln, eine Versammlung abhalten" (vergleiche schweizerisch *dorf*, Zusammenkunft), insbesondere dann „einen Gerichtstag abhalten", woraus dann die weitere Bedeutung „Recht sprechen, ein Urteil finden" (so noch im Rtr.) sich leicht ergeben konnte. Vgl. „über eine Sache befinden, Sachbefund".) — Ganz neuerdings hat Schuchardt (Roman. Etym. II) die Herkunft von travare aus turbare überzeugend erwiesen mit der Begründung, dafs turbare ein Kunstausdruck der Fischerei („pulsen") u. als solcher volktümlich war.

9769) german. *trottōn, mhd. trotten, laufen; ital. trottare, traben, dazu das Sbst. trotto; prov. trotar; frz. trotter, dazu das Sbst. trot, abgeleitet trotier, Pafsgänger, Zelter; span. ptg. trotar. Vgl. Mackel p. 35; Diez 331 trottare stellte *tolutare (vgl. tolutim) als Grundwort auf; vgl. auch Th. p. 115.

9770) [*trottŭlo, -äre (Deminutivbildung zu germ. trottōn) = frz. tröler (vgl. *rotulus : rôle), sich herumtreiben, vgl. Th. p. 115; Diez 693 s. v. dachte an das deutsche „trollen" u. vermutete für das german. Verb germ. roman. Verb keltischen Ursprung.]

9771) trŭa, -am *f.*, Rührlöffel; abruzz. trua, vgl. Meyer-L., Z. f. ö. G. 1891 p. 777.

9772) trŭctä, -am *f.*, Forelle; ital. trota (mit off. o, was ebenso befremdet wie das einfache t), altital. auch truita; rtr. truta; prov. trocha; neuprov. trouito, trucho, troucho; frz. truite; span. trucha; ptg. truta. Vgl. Dz 331 trota; Gröber, ALL VI 134.

9773) kelt. Stamm trŭgo-, eleud; davon wahrscheinlich prov. truan-s, Fem. truanda (neben truan-s auch trufan-s), Bettler, Landstreicher, truandar, bummeln, betteln; frz. truand, dazu das Vb. truander; (aber trucher [ital. truccare, prov. truchar] ist nicht = trügicare, sondern = *trūdicare, vgl. Nigra, AG XV 281); span. truhan (altspan. auch trufan), dazu das Vb. truhanear; (altptg. truanear, Possen treiben, truania, Gaukelspiel truão. Vgl. Dz 332 truan; Scheler im Anhang zu Dz 750; Tb. p. 81.

9774) [*trŭgĭnŭs, -um *m.·.(v. german. *trūgi-s*, wovon das Demin. trūgila-s), Hartriegel, ist nach

Bugge, R III 159, die vorauszusetzende Grundform zu dem gleichbedeutenden frz. troène.]

9775) trŭĕllä u. trŭllä, -am f. (Dem. v. trua), Maurerkelle; ital. trulla; sard. trudda; neuprov. truelo; frz. truelle; span. trulla; ptg. trolha. Vgl. Gröber, ALL VI 134. — Vielleicht gehört hierher auch ital. intruglio, d'Ovidio freilich, AG XIII 410, möchte das Wort lieber zu intrudere stellen.

9776) german. trulljan (altn. trylla), Zauberei treiben; altfrz. truillier, bezaubern; viell. gehört hierher auch ital. truglio, listig. Vgl. Dz 694.

trumba s. triŭmpho am Schlusse.

9777) dtsch. trumm, kurzes dickes Stück eines Ganzen; davon prov. trumel-s, Keule; frz. trumeau, Fensterpfeiler, vgl. Dz 694 s. v. Über trumeau in der Hedtg. „Ochsenkeule" s. oben unter *trĕmĕllŭs.

9778) *trŭncĕŭs, a, um (truncus), verstümmelt; prov. trons, stumpf, davon trónso-s, Stumpf; altfrz. trons, tronce, tronçon (auch neufrz.), Stumpf, troncener, verstümmeln; pic. tronche, Klock; span. tronzo, abgeschnitten, tronzar, abschneiden. Vgl. Gröber, ALL VI 134; Diez 322 s. v. zog die Worte zu thyrus = tŭrxus.

9779) [*trŭncĭo, -ōnem m. (truncus), Stumpf, altfrz. trançon, neufrz. tronçon, vgl. Förster, Z XIII 537.]

9780) trŭnco, -äre (truncus), abschneiden, stutzen; ital. troncare; (frz. tronquer); cat. span. ptg. troncar. S. auch oben trĭnĭco.

9781) *trŭncŭlo, -äre (*trunculus), verstümmeln, = rum. trunchiz ai ai a.

9782) *trŭncŭlŭs, -um m. (Demin. v. truncus) = rum. trunchiu, Stamm, Stumpf u. dgl.

9783) trŭncŭs, -um m., Stamm, Stumpf; ital. tronco (ist auch = troncato = truncatus); sard. truncu; (rum. trunchiu = *trunculus); prov. tronc-s; frz. tronc (dav. trognon, gleichsam *trunchionem, Kohlstrunk, vgl. Dz 693 s. v.); cat. tronch; span. tronco. Vgl. Gröber, ALL VI 134.

9784) [trŭo, -ōnem m., Mensch mit grofser Nase (eigentlich Seerabe; davon nach Diez 693 vielleicht piemont. trogno, trugno (gleichsam *trünius), drolliges od. häfsliches Gesicht, Fratze; frz. trognef. Die Ableitung ist sehr unwahrscheinlich. Näher liegt es, an kymr. trwyn, Nase (vom Stamme *trŏgn-, *trŭgn-, vgl. Th. p. 114) zu denken, wie denn schon Diez auch keltischen Ursprung für möglich hielt. Vgl. No 9788.]

9785) trŭso, -äre (Intens. v. trudo), stofsen, = prov. trusar, (wozu das Kompos. atruissar), vgl. Dz 694 s. v.

9786) kymr. trwyn, Nase, Schnauze; damit hängt viell. zusammen frz. trogne, Vollmondsgesicht, versoffenes Gesicht, und eine Reihe mundartlicher gallo-ital., südfrz. u. wallon. Worte, vgl. Schuchardt, Z XXI 201.

9787) altnord. trylla, Zauberei treiben, = altfrz. truillier, bezaubern, vgl. Dz 694 s. v.; Mackel p. 112. S. No 9776.

9788) gr. τρύπανον, Bohrer; ital. trépano, trapano; davon nach Caix, St. 434, pannare (aus trapan[n]are) „bucare, forare"; frz. trépan, davon trépaner. Vgl. Dz 327 trepano.
gr. τρυφή s. träus + inflätüs.

9789) türk. tschäpräk, Pferdedecke, = frz. chabraque. Vgl. Dz 541 s. v.

9790) pers. tschaugan, Klöpfel; davon vermutl. frz. chicane, Klöpfel-, Maispiel, Streit bei diesem Spiele, Rechtsverdrehung, vgl. Littré s. v. u. Scheler

im Dict. unter chiche. Sonst brachte man chicane in Zusammenhang mit chiche (siehe oben cĭccum) knauserig, oder leitete es aus dem Baskischen ab, vgl. Dz 98 cica.

9791) schallnachahmende (zum Ausdruck des Saugens dienende) Lautverbindung tschotsch (vgl. dtsch. zutschen); dav. ital. cioccare, saugen, ciótola, Trinknäpfchen; comask. ciot, Kind. ciotin, Lämmchen; r tr. tschutt, Lämmchen; span. chotar, saugen, choto, Zicklein. Vgl. Dz 10 ciocciare.

9792) tū (Gen. tŭī, Dat. tĭbī, Accus. tē, Abl. tē, Pl. Nom. Gen. vĕstrī, vĕstrüm, Dat. vōbīs, Accus. vōs, Abl. vōbīs), du; ital. Sg. c. r. tu, c. o. te, ti, Pl. c. r. voi, c. o. voi, (vi = ibi, vergl. ci, uns, = ecce + hic, vgl. d'Ovidio, AG IX 77, Parodi, R XVIII 618 Anm.); rum. Sg. c. r. tu, Dat. ție, ți, Accus. tine, Pl. Nom. voi, Dat. voao, Accus. voi; rtr. Sg. c. r. tu, Dat. ti, tgi etc., Accus. te, tei, ti etc., Pl. c. r. u. c. o. vus, vgl. Gartner § 109; prov. Sg. c. r. tu, c. o. tei, te, ti, Pl. c. r. u. c. o. vos, c. o. us; frz. Sg. c. r. tu (u. toi)), c. o, toi, te, Pl. c. r. u. c. o. vous; cat. Sg. c. r. tu, c. o. te; Pl. c. r u. c. o. vos; span. Sg. c. r. tu, c. o, ti, te; Pl. c. r. vos, c. o. vos, os; ptg. Sg. c. r. tu, te; Pl. c. r. vos, c. o. vos, os; ptg. Sg. c. r. u. c. o. vos.

9793) *tūbĕllüm n. (Demin. zu tuber), kleine Knolle, = span. tobillo, Fufsknöchel. Vgl. Dz 491 s. v.; W. Meyer, Z X 173 (M. verteidigt Diez' Ableitung gegen Baist, welcher, Z VII 123, das Wort von tuba hatte ableiten wollen).

9794) tŭbĕr n., Knolle, Beule, Erdschwamm, Trüffel; davon sard. tuvara tartufo, und vermutlich frz. truffe, Trüffel; ptg. trufa. Ferner scheinen mittelbar oder unmittelbar hierher zu gehören: 1. cat. trumfo, trumfa, Knollengewächs, Patate; span. turma, Knollengewächs (turma de tierra), Trüffel). Man hat, um die Herkunft dieser u. der unter 2 genannten Worte von tuber für glaubhaft zu halten, freilich sehr zu beherzigen, dafs volkstümliche Pflanzennamen oft die seltsamsten, allen Lautregeln spottenden Entstellungen erleiden. — 2. Ital. tartufo = terrae tuber (s. d.), Trüffel; rtr. tartufel; neuprov. (mundartlich) tartifle; frz. (mundartlich) tartoufle; ptg. turtulho, (verwandte Bildungen scheinen zu sein span. cotufa; Erdapfel; sicil. catatufulu); angemerkt mag hierbei werden, dafs „die Kartoffel" heifst ital. span. patata; frz. pomme de terre; ptg. batata; das ital. span. ptg. Wort ist einer amerikanischen Ursprache entlehnt, vgl. Dz 475 s. v. — 3. Ital. truffa, Knollenbeutelei, Posse (eigentl. wohl schwammiges, inhaltsleeres, nichtsnutziges Ding), dazu das Vb. truffare, jem. foppen; abgeleitet ist truffaldino, Possenreifser; prov. trufa, dazu das Verb trufar; frz. truffe, dazu das Vb. truffer; span. trufa, dazu Trüffel; rtr. trufar; ptg. trufão, Scherz. Vgl. Dz 383 truffa u. truffe. S. oben terrae tŭbĕr.

9795) [tūbŭlŭs, -um m. (Demin. v. tuba), kleine Röhre; dav. nach Cihac p. 280 rum. tilv „siphon"; span. tolva, vgl. Ascoli, AG XIII 458 Anm. am Schlusse.]

9796) tūbŭs, -um m., Röhre; über das Vorkommen dieses Wortes in Ortsnamen vgl. Buk, Z X 568; auch lyon. tou.

9797) tŭcĕtŭm n., Rollfleisch; dav. mit Suffixvertauschung catal. tocin, Speck; span. tocino; ptg. toucinho. Vgl. Dz 492 tocino; Gröber, ALL VI 135.

9798) altndd. *tûda, Düte, Röhre; prov. tudel-s, Röhre, Pfeife; altfrz. tuel; neufrz. tuyau; span. ptg. tudel. Vgl. Dz 384 tudel; Mackel p. 19.

*tŭdīco s. tukkôn.

9799) [*tŭdītĭo, -āre (tundĕre), stofsen; davon
ital intuzzare, rintuzzare. (an-, abstofsen), stumpf
machen, bändigen, dazu das Adj. tozzo, dick und
kurz: prov. atuzar, estuzar. Hierher gehören auch
die oben unter thyrsieus verzeichneten span. Worte
(ausgenommen tozco), wozu noch hinzuzufügen cat.
toix, stumpf, tossa, Masse, tossal, Hügel, Gipfel,
tozut, hartnäckig. Auf ein *tŭdĭtare scheinen
zurückzugehen ital. attutare, stutare, abstumpfen.
Auffällig ist hier, wie in intuzzare etc. lat. ŭ =
rom. u. Vergleiche Ascoli, AG I 36 Anm.; Baist,
Z V 560.]

9800) tūfă, -am f., Helmbüschel; davon rum.
tufă, Busch; ital. tufazzolo „ciocca di capelli arricciati, ricciolo"; [frz. touffe, Büschel von Haaren,
Federn und dgl., wenn es nicht = ahd. *tuppha,
Zopf, ist, was wegen des ou wahrscheinlich], span.
ptg. tufos, Seitenlocken. Vgl. Caix, St. 643; Diez 334
leitete tufos von τύφος an. S. No 9814.

9801) [*tūīto, -āre (v. tueri) stellt Cihac p. 296
als Grundwort zu rum. uit ai at a, betrachten,
auf.]

9802) german. *tukkôn, zucken (eigentlich rasch
ziehen); davon nach gewöhnlicher Annahme ital.
toccare, anrühren; (rum. tocă, wohl dem Ital. entlehnt); prov. tocar; altfrz. toquer, tochier; neufrz. toucher; span. ptg. tocar. Vgl. Dz 320 toccare. Die Bedtg. der roman. Verba ist mit dem
Grundwerte tukkôn nicht wohl vereinbar, gleichwohl ist eine andere Ableitung kaum statthaft,
wenn sie auch mehrfach versucht worden ist (so
haben Boucherie, Rev. des lang. rom. V [1870] 350,
u. Nigra, AG XIV 337, *tŭdicare, v. tud-, tundĕre,
„stofsen", als Grundform aufgestellt; Schuchardt
hat, Z XXII 397, das Vb. toccare für abgeleitet
von der Interjektion toc „poch" erklärt, u. G. Paris,
R XXVII 626, hat ihm darin teilweise beigestimmt).
Die Ansetzung eines romanischen, bezw. volkslatein.
Stammes tucc- ist ja theoretisch möglich, entbehrt
aber jeder thatsächlichen Stütze. Man mag die
Einwurzelung von germ. *tukkôn u. seine eigenartige Bedeutungsentwickelung im Rom. durch die
Lautähnlichkeit des Wortes mit dem Stamme tac-,
tacc- „berühren" erklären. — Aus tocc + signum
frz. tocsin, Zeichen mit der Sturmglocke, vgl. Dz
689 s. v.; Mackel p. 22.

9803) tŭmbă, -am f. (τύμβος), Grab (Prud.
περὶ στεφ. 11, 9); ital. tomba; sard. tumba; rum.
tumbă; prov. tomba; frz. tombe, davon tombeau;
cat. tomb; span. ptg. tumba. Vgl. Dz 320 tomba;
Gröber, ALL VI 135.

9804) [*tŭmbo, -āre (v. german. tūm-, tumb-,
vgl. Braune, Z XXII 206, wovon tumôn, mit volksetymologischer Anlehnung an tumba, Grabhügel,
dann überhaupt Hügel, Haufe, so dafs sich mit
*tumbare ursprünglich wohl der Sinn verband „über
einen Haufen stürzen"; für das Prov. und Frz.
kann man auch Beeinflussung durch altnord. tumba,
mit dem Kopfe voran stürzen, annehmen); ital.
tombolare (setzt ein *tombare voraus), fallen; prov.
tumbar, tombar; frz. tomber, dazu das altfrz.
Nomen actoris tombere-s, Springer, Tänzer; neben
tomber bestand auch tombir in der Bedtg. von
„crouler", dav. das Nom. act. (at)tombiseur, Stefs-
falke, vgl. Cohn, Suffixw. p. 129 Anm.; eine, allerdings befremdliche, Ableitung von tomber scheint
zu sein tombereou, Sturzkarren; span. tumbar;
ptg. tombar. Vgl. Dz 321 tombolare. Darf man
annehmen, dafs das b nach m ein rein parasitisches

sei (wofür Caix, St. 631, Beispiele anführt). so würde
sich für tombolare auch *tumbulare aus *tumulare
v. tumulus als Grundwort aufstellen lassen (s. unten
tumulus), tombare würde dann als Rückbildung aufzufassen sein.

9805) ahd. tŭmôn, taumeln (nhd. tummeln), —
ital. tomare, fallen, vgl. Mackel p. 20. S. No 9806.

9806) ahd. tŭmôn, taumeln; altfrz. tumer. fallen,
vgl. Mackel p. 20. Caix, St. 666, vergleicht auch
ital. zubbare „saltare, ginocare dei ragazzi" mit
ahd. tŭmôn, nhd. (mundartlich) zumpeln, bemerkt
aber selbst sehr richtig „la perdita della nasale
sarebbe contro le tendenze della lingua". S. No 9805.

9807) ahd. tŭmphĭlo, Tümpel; ital. tónfano,
tiefe Stelle im Wasser, Strudel; prov. tomplina;
neuprov. toumple. Vgl. Dz 406 tónfano; Mackel
p. 23.

9808) *tŭmūltus, -um m., Lärm, Wirrwarr; altfrz. temoute, und dav. nach Tobler, Sitzungsb. d.
Berl. Akad. d. Wiss., phil.-hist. Cl., 23. Juli 1896
p. 859. das Vb. *temousser, trémousser, sich lebhaft hin- u. herbewegen, vgl. aber G. Paris, R
XXI 623. S. No 9687.

9809) tŭmŭlŭs, -um m., Haufe; davon nach
Caix, St. 631, ital. tombolo „cosa rotonda, massa
della polenta" (wegen des b vgl. cambera, bombero,
cocombero, rimburchio aus camera, vomer-em, cu-
cumer-em, *remulculum). Von tombolo ist vielleicht
abzuleiten tombolare, (über einen Haufen) fallen,
woraus dann wieder tombare zurückgebildet worden
sein könnte. S. oben *tŭmbo.

*tūmum s. thŷmŭm.

9810) *tŭndĭtŭs, a, um (Part. P. P. v. tundere),
gleichs. vor den Kopf gestofsen, daher den Kopf gefallen; span. tonto. dumm.

9811) tŭndo, tŭtŭdī, tūsum, tŭndere, stofsen;
die von Gröber, ALL VI 135, unier tundere angeführten Verba gehören zu tondĕre = tondēre.

tunna s. tonne.

*tūnnŭs s. thŷnnŭs.

9812) altnord. tŭndr, Zunder, — altfrz. (normann.) tondre, vgl. Diez 689 s. v.; Mackel p. 22.

9813) ahd. tuoh, Tuch; ital. tocca „specie di
drappo di seta intessuto d'oro e d'argento", tocco
„parte o pezzo di checchessia", vergleiche Caix,
St. 628.

9814) (vor)ahd. *tuppa, *tuppha, *zuppha, Zopf,
= frz. touffe, Büschel von Haaren, Federn u. dgl.
Vgl. Dz 689 s. v.; Mackel p. 22. S. jedoch ob. tūfă.

9815) tŭrbă, -am f., Schar; prov. altfrz. torba,
torbe, Schar; neufrz. tourbe, tat. torb. Verwirrung; ptg. torva, Unordnung. Vergl. Gröber,
ALL VI 135. — Nicht zu turba gehören die Wertsippen, deren Vertreter im Frz. trop u. troupe sind,
s. oben unter þorp.

9816) german. *turba (ahd. zurba), Rasen, =
altfrz. torbe, Torf; neufrz. tourbe, vgl. Mackel
p. 21.

9817) tŭrbĭdo, -āre, trüben; vic. turbiar, venez. intur-, -torbiar, vgl. Salvioni, Post. 23.

9818) tŭrbĭdŭs, a, um, unruhig; ital. tórbido;
sard. torbidu (südsard. trullu); sicil. turbidu,
-itu; (trubbulu; neap. truvolo); lomb. torbi etc.,
turbio. S. Schuchardt, Roman. Etym. I p. 18; span.
turbio. S. *exturdio.

9819) tŭrbĭseus, -um m., ein Strauch (Keller-
hals = span. torvisco; ptg. trovisco. Vgl. Dz 493
torvisco.

9820) tŭrbo, -ĭnem m., Wirbelwind; ital. tur-
bine, Wirbelwind; rum. tulbină, Wirbel im Wasser;

frz. tourbillon, Wirbel des Windes u. des Wassers; span. torbellino, Wirbelwind, (turbion, Platzregen); ptg. turbão, vgl. Thomas, R XXV 583, torvelinho (daneben turbilhão), Wirbelwind, (hierher,' gehört wohl auch turbilho, Kreiselschnecke). Vgl. Gröber, ALL VI 136. — Abgeleitet, wenn auch nicht von turbo, wie Diez 694 turbot annimmt, so doch vom Stamme turb-, ist wohl auch frz. turbot, ein kreiselartig gestalteter Fisch, Steinbutte. — Über altfrz. turbin vgl. Leser p. 116.

9821) **türbo, -āre** (turba), verwirren; ital. turbare; venez. turgar;³rum. turb ai at a; prov. turbar, torcar; cat. span. turbar; ptg. torvar (daneben turbar).¼— Diez 331 trovare u. Schuchardt, Z XX 536, haben turbare als Grundwort zu trovare etc. aufgestellt. Im zweiten Hefte der „Roman. Etymologien" (erschienen im Dec. 1899 in den Sitzangsberichten der Wiener Akad. d. Wiss.) hat Schuchardt seine, bezw. die Diez'sche Ableitung in scharfsinnigster Weise begründet, so dafs sie nun als sicher angenommen werden darf, vgl. No 9768 am Schlusse.

9822) [**türbŭlĕntŭs, a, um** (turbulare), unruhig; ital. turbulento; prov. turbolen-s; frz. turbulent; span. ptg. turbulento.|

9823) ***türbŭlo, -āre** (Demin. v. turbare), verwirren, stören; rum. turbur ai at a; frz. troubler (altfrz. auch tourbler), dazu das Vbsbst. trouble. Vgl. Dz 694 trouble; Gröber, ALL VI 136.

9824) ***türbŭlōsŭs, a, um** (turbulare), wirr, trüb, = rum. turburos.

9825) [***türbŭlŭs, ā, um** (turbare), wirr, trüb, = cat. torbol, tarent. torvolo, mail. torbor, wild, vgl. Meyer-L., Z. f. ö. G. 1891 p. 777; friaul. torgol.]

9826) [***turchensls**, türkisch; davon ital. turchese (daneben turchina), ein morgenländischer Edelstein, Türkis, turchino, türkisfarbig, blau; frz. turquoise; span. turquesa; ptg.³turqueza. Vgl. Dz 334 turchese.]

9827) **tŭrdŭs, -um** m., Drossel; ital. tordo; rum. sturz („le s est seulement prépositif" Cihac p. 268 s. v.); frz. tourde, Drossel, tourd, Meerdrossel (schon turdus hatte diese Doppelbedeutung); span. ptg. tordo. — S. chen **`extŭrdlo.**

9828) **türībŭlum** n., Räucherpfaune; ptg. triboo.

9829) **tŭrīo, -ōnem** m., junger Zweig; damit bängt wohl zusammen cat. toria, Senker, Ableger, vgl. Dz 492 s. v.

9830) **Turlupin**, angeblich Name eines Possenreifsers unter Ludwig III.; daher (?) frz. turlupin, alberner Witzling, davon turlupinade, Posse. Vgl. Dz 694 s. v.

9831) mhd. **turm**, Turm; davon (oder von altnord. nhd. turn?) span. tormo, hoher einzeln stehender Felsen, vgl. Dz 492 s. v. .

9832) **türma, -am** f.,₤Schwarm; sard. truma, armento di cavalli; altlomb. ital. torma, vgl. Salvioni, Post. 23.

9833) **türpīs, -e**, häfslich, schimpflieh; cat. span. ptg. torpe, vgl. Gröber, ALL VI 136.

9834) **tŭrrīs, -em** f., Turm; ital. torre; sard. turre, rtr. turr; prov. tor-s; frz. tour; cat. torra; span. ptg. torre. Vgl. Gröber, ALL VI 136. . ***türsüs s.¦thŷrsŭs.** .

. 9835) **türtür, -ŭrem** m., Turteltaube; ital. tortora; prov. tortre-s; frz.¦tourtre; cat. tortra; span. tórtolo, -a; (ptg..rola). Vgl. Gröber, ALL VI 137.

9836) ***türtŭrĕllă, -am** f. (für turturilla, Demin. zu turtur), Turteltäubchen; ital. tortorella u. .tortolella; rum. turturé; frz. tourterelle u. tourtereau; span. tortolilla, tortolillo; (ptg. rolinha).

9837) **türŭndă, -am** f. (bei Georges· türunda), Nudel; davon nach Caix, St. 634, vielleicht ital. torrone „confezione di mandorle, pasta di zucchero e albume". Die Ableitung ist jedoch unhaltbar (torrone dürfte abgeleitet von torre sein, gleichs. „Turmkuchen", vgl. den Ausdruck „Baumkuchen").

9838) [***tŭso, -āre** (tusus v. tundere) ¦ist nach Baist, Z VI 118, das Grundwort zu span. tusar, atusar, scheeren; den Bedeutungsübergang erklärt er nicht. Diez 495 hatte die Verba von tonsus abgeleitet, was freilich wegen des o unmöglich ist.]

9839) [**tussīlāgo, -gĭnem** f., Huflattich; frz. tussilage.]

9840) **tŭssĭo, -īre** (tussis), husten; ital. tossire; rum. tuşesc ii at i; prov. tossir; frz.tousser; cat. tossir; span. toser; ptg. tossar, tossir, tussir.

9841) **tŭssĭs, -em** f., Husten; ital. tosse; rum. tusă; rtr. tuss; prov. tos; frz. toux; cat. span. tos; ptg. tosse. Vgl. Gröber, ALL VI 137.

9842) **tŭto, -āre** (Intens. v. tueri), schützen, decken; frz. tuer, eigentlich zudecken, tuer le feu, das Feuer zudecken u. es dadurch zum Verlöschen bringen, daher auslöschen und in besonderer bildlicher Anwendung auf das Leben endlich „töten" (vgl. deutsche Redewendungen, wie „das Lebenslicht jemandes auslöschen, ausblasen"). Gegen diese von Diez 334 tutare gegebene Ableitung u. Bedeutungsentwickelung dürfte sich nichts Triftiges einwenden lassen, denn auch der Umstand, dafs das Vb. nur im Frz. vorhanden ist — denn die von .Diez zu tutare gestellten anderen Zeitwörter gehören zu *tuditare (s. d.) u. *tuditiare —, giebt keinen ausreichenden Gegengrund ab. Das von Ascoli, AG I 36 Anm., aufgestellte Grundwort *tōtare (von tōtus), also eigentlich „ganz und gar töten", (vgl. assommer von ad + summare) wird also abzulehnen sein, um so mehr, als, wenn man es gelten lassen wollte, nicht tuer, sondern, weil toute = *totta (nicht tota), *touter erwartet werden müfste.

9843) **tūtor, -ōrem** m., Beschützer; sard. tudore, altvic. tudor, berg. didor, vgl. Salvioni, Post. 23.

9844) **tūtŭlŭs, -um** m., Toupet; davon .(trotz ŭ?) nach Caix, St. 121, ital. tutolo „parte interna, midollo della pannocchia" und span. ptg. tútano (span. auch tuétano), Knochenmark, indessen bemerkt Caix selbst·sehr mit Recht: „il significato del lat. tutulus pare troppo remoto". Diez 495 liefs span. tutano unerklärt, und es wird nebst tutolo auch fernerhin für unerklärt gelten müssen, wenn man es nicht von tutus ableiten will, mit Rücksicht darauf, dafs das Mark als eine besonders geschützte Masse aufgefafst werden kann, aber freilich macht ue in span. tuétano Schwierigkeiten. .

9845) **tūŭs, a, um**, dein; die roman. Formen entsprechen ganz denen von suus (s. d.).

9846) german. **þwahlja**, Handtuch (mhd. twehele); ital. tovaglia, Handtuch; prov. toalha; frz. touaille, dazu altfrz. das Vb. toaillier; waschen, reiben (ob altfrz. tooil, Schmutz, Pfütze, Lache, tooillier, toeillier, beschmutzen [vgl. Förster zu Yvain 1179], hierher gehören, mufe als sehr zweifelhaft erscheinen); span. toalla; ptg. toalha. Der im gewöhnlichen Leben übliche Ausdruck ·für „Handtuch" ist übrigens ital. asciugamano, frz. serviette (daneben· essuie-mains, Küchenhandtuch); span.

paño de manos (doch ist toalla vielleicht gebräuch-
licher, ptg. ist toalha allein üblich). Vgl. Dz 323
tovaglia; Mackel p. 50; d'Ovidio, AG XIII 415.

twirl s. quirl.

9847) týmpänŭm n. (τύμπανον), Pauke; ital.
timpano, Pauke, timbro, Klangfarbe, vgl. Canelle,
AG III 331; frz. tympan, Trommelfell, timbre,
Hammerglocke, Klangfarbe, vgl. Littré s. v. u. Ro-
ques, R XXVI 462 (im Altfrz. bedeutet das Wort
noch „Pauke"); span. ptg. tim-, tympano. S. ob.
tab, tap.

9848) tympänïon n., kleine Pauke; sard. tim-
panźos, polpucci; neap. tompagna, fondo della
botte; lecc. tampaña, cocchiumo, vergl. Salvioni,
Post. 23.

9849) griech. τυπή, Schlag; davon nach Baist,
Z V 558, ital. (mundartlich) tepa, topa, Erdscholle
(„soviel Erde oder Rasen, als der Spaten oder die
Hacke mit einem Schlag oder Stich aushebt");
span. ptg. tepe, Stück, Rasen. Diez 491 tepe liefs
die Worte unerklärt und that wohl daran. — Behrens, Z XIV 368, leitet span. ptg. tepe etc., wozu
er auch neuprov. tepe, Rasen, tepo, teipo, Rasenstück, stellt, vom german. tip (nhd. zipf-el) „Spitze,
Gipfel, Ende" ab und nimmt als vermittelnde Bedeutung „mit Gras bewachsene Erderhöbung" an.

9850) týphus, -um m. (τύφος), Qualm, Dunst,
Aufgeblasenheit, Dünkel, Stolz (nur im Kirchenlatein
u. auch da nur in übertragener Bedtg.); ital. tufo,
tuffo, Dunst; veron. tuin, afa; bellun. togo,
tuffo, vgl. Salvioni, Post. 23; frz. toffar, tuffar,
stinken; neuprov. toufe, erstickender Dunst;
lothr. toffe, erstickeud; span. tufo, Dunst; ptg.
tufo, Puffe, Wasserblase. Ableitungen sind tufar,
aufblasen, atufar, erzürnen, tufão, Wirbelwind (vgl.
τυφών). Vgl. Dz 334 tufo; Caix, St. 611 u. 644.
S. oben *extufo.

9851) [týrännŭs, -um m. (τύραννος), Tyrann;
ital. tiranno; altfrz. tirant; neufrz. tyran;
span. tirano; ptg. tyranno. Überall nur gel. W.]

9852) *týrïŭm n. (Tyrus) = altfrz. tire, eine
Art morgenländisches Zeug, vgl. Dz 688 s. v.

U.

9853) ŭbĕr, -ĕris n., Euter; ital. (mundartlich)
uver, uvero, uvar, vgl. AG I 290; rtr. lüvro, livro
(l' ist Artikel), vgl. Nigra, AG XV 118; rum. uger;
span. ptg. ubre.

9854) ŭbĭ, wo; ital. ove; frz. où.

9855) ŭdo, -āre, befeuchten, = rum. ud ai at a.

9856) ŭdŭs, a, um, feucht, = rum. ud.

9857) got. uŋo, überflüssig; ital. a uffo, umsonst, auf fremde Kosten; span. á ufo, aus eigenem
Antrieb. Hierher gehört vielleicht auch prev.
ufana, ufanaria, Eitelkeit, ufanier-s, üppig, prahlerisch; span. ufo, Schmarotzer, ufano, eitel, ufania,
ufanidad, Eitelkeit, ufanarse, sich überheben; ptg.
ufo, -ano, eitel, ufania, Eitelkeit, ufanar, eitel
machen. Vgl. Dz 335 uffo; Mackel p. 25.

9858) tartar. uhlan (türk. oghlan), Lanzenreiter;
frz. uhlan, vgl. Léger, Bull. de la soc. de ling. de
Paris 20/22 (1880/82), p. XLI.

uht s. quotŭs.

9859) [*ŭlĕĕŏlŭm n. (Demin. v. ulcus) = rum.
urcior; kleines Geschwür, Gerstenkorn.]

9860) ŭlĕx, -īcem m., ein rosmarinähnlicher
Strauch (Plin. H. N. 33, 76); davon (ferrar.

urcina? und) nach Baist, Z V 556, u. C: Michaelis,
Misc. 161, span. urce (altspan. urga), Heidekraut,
Erika; ptg. urce, urge, urgem, urg(u)eira. Dz 495
urce hatte erice als Grundwort aufgestellt. Vgl.
Meyer-L., Z. f. ö. G. 1891 p. 777; Salvioni,
Post. 23.

9861) ŭlīgo, -īnem f., Feuchtigkeit des Bodens;
altspan. légano; span. légamo, Schlamm, vgl.
Dz 463 s. v., jedoch ist die Ableitung sehr zweifelhaft.

9862) ŭlmārĭŭm n., Ulmenpflanzung; rum. ulmărie.

9863) ŭlmētŭm n., Ulmenpflanzung; ital. ol-
meto; rum. ulmet; frz. ormaie; span. olmeda;
ptg. olmedo.

9864) ŭlmŭs, -um f., Ulme; ital. olmo; sard.
ulmu; rum. ulm; prov. olme-s; frz. orme
(das r erklärt sich wohl aus Dissimilation in der
Verbindung l'olme, vgl. R XXIII 287 Anm.); cat.
span. ptg. olmo. Vgl. Dz 650 orme; Gröber, ALL
VI 145.

ŭlnă s. alina.

9865) *ŭlpĭcŭlŭm (Demin. v. ulpicum), Lauch;
ital. upiglio, Knoblauch. Vgl. Dz 408 s. v.; Gröber,
ALL VI 145; d' Ovidio, AG XIII 423.

9866) *ŭltrā (für ŭltra), jenseits; ital. oltre:
prov. oltra; frz. outre, davon outrer, gleichsam
*ultrare, übertreiben, outrage, allzustarke, über-
triebene Äulserung und dgl., Beschimpfung; (siehe
No 9867); cat. oltra.

9867) [(*ŭltrāgĭum (od.*ŭltrātĭcum?) n. (ultra),
Übertreibung, Mafslosigkeit, Beleidigung; ital.
oltraggio, dazu das Vb. oltraggiare; prov. ou-
tratge-s; frz. outrage, dazu das Vb. outrage;
span. ultraje, dazu das Vb. ultrajar, ebenso ptg.
(Lehnwort).]

9868) [*ŭltrāta, -am f. (ultra), das Land jenseits des Meeres; altfrz. oltrée, outrée (ein Kreuz-
fahrerruf), vgl. G. Paris, R IX 144, Cohn, Z XVIII
205.]

9869) ŭlŭcŭs, -um m., Kauz; tosc. olocco; ge-
noss; oucco; piem. oloc, vgl. Salvioni, Post. 23.
S. alucus.

9870) ŭlŭlātŏr, -ŏrem m. (ululare), Heuler; ital.
urlatore; rum. urlător; span. aullador (Adj.);
ptg. uivador.

9871) ŭlŭlātŭs, -um m. (ululare), Geheul; rum.
urlat. — *ululitus statt ulalatus ist nach Cornu,
Z XVI 520, die Grundform zu span. ptg. alarido,
Kriegsgeschrei (gewöhnlich wird das Wort aus dem
Arabischen abgeleitet, vgl. Eg. y Yang. p. 39).

9872) ŭlŭlo, -āre, heulen; ital. ululare „ürlar
lungamente o con interruzioni", urlar „gridar forte
e incomposto", vgl. Canello, AG III 349; sard.
urulare; rum. url ai at a; prov. ulular, ullular;
frz. 'hurler (altfrz. auch 'huler, uler, davon vielleicht 'hulotte, Eule; cat. udolar; span. aullar
(altspan. auch ulular); ptg. huivar, uivar. Vgl.
Dz 336 urlare; Gröber, ALL VI 148; Meyer-L., Z
XXII 6; Braune, Z XVIII 527 (unhaltbar).

9873) ŭlvā, -am f., Sumpfgras; neuprov. ouvo;
lyon. orves; span. ova, vgl. Meyer-L., Z. f. ö.
G. 1891 p. 777.

9874) *ŭmbĭlīco, -āre (von umbilicus in der
Bedtg. „Mittolpunkt"), balancieren; ital. bilicare,
ins Gleichgewicht bringen; rum. buric ai at a,
klettern.

9875) ŭmbĭlīcŭs, -um m. (umbilicus, non imbi-
licus App. Probi 58), Nabel; ital. ombilico, ombe(l)-
lico, bellico; sard. umbiligu; rum. buric; rtr.

umblic; prov. umbrilh-s; neuprov. embourigon; frz. nombril (aus l'ombril), vgl. Förster, Z XIII 538; cat. ombril; span. ombligo; ptg. um-, embigo. Vgl. Dz 226 ombelico; Gröber, ALL VI 145.

9876) **ümbrä**, -am f., Schatten; ital. ombra; rum. umbrä; rtr. umbriva; prov. ombra; frz. ombre; cat. span. ptg. sombra, gleichsam sub + umbra, s. oben subumbra. Vgl. Dz 488 sombra; Gröber, ALL VI 145.

9877) **ümbräculum** n., Laube; sard. umbraju.

9878) **ümbrätïcum** n., Beschattung; ital. ombraggio; frz. ombrage; (span. sombrajo, sombraje, Laube, aus sub + umbr.).

9879) ***ümbrĕllä**, -am f. (Demin. von umbra), kleiner Schatten, Sonnenschirm; ital. ombrella und ombrello; rum. umbré; frz. ombrelle; altspan. umbrella.

9880) **ümbro** und ***ümbrïco**, -äre, beschatten; ital. ombrare; (rum. umbresc ü it i); prov. ombrejar; frz. ombrer; cat. sombrejar; span. ptg. sombrar, sombrear = *subumbricare.

9881) **ümbrösüs, a, um** (umbra), schattig; ital. ombroso; rum. umbros; prov. umbros; frz. ombreux; span. ptg. sombroso = *subumbrosus.

9882) **ümquäm**, jemals, ital. unqua; altfrz. onque(s). Vgl. Gröber, ALL VI 146.

9883) **ünä hörä** = rum. uneoarä, zuweilen.

9884) **ünä dĕ ïn hörä** = rum. ordineoarä (der erste Bestandteil des Wortes ist slavisch), ehemals, vgl. Cibac p. 183 oarä.

9885) ***ünciä**, -am f. (für üncia), Unze; ital. oncia, rum. unţä; prov. ooza; frz. once; cat. unsa; span. onza; ptg. onça, Vgl. Gröber, ALL VI 146.

9886) **üncïnus**, -um m., Häkchen; ital. uncino; sard. unchinu.

9887) [***ünctïfïco**, -äre (unctus + facere) = venez. onfegare „ungere leggermente una cosa", vgl. Marchesini, Studj di fil. rom. II 9.]

ünctum s. *üngo.

9888) **ünctüösüs, a, um** (unctus), salbungsvoll, fettig, ölig, schmierig; ital. untuoso; rum. untos; frz. onctueux = ünct-; span. ptg. untoso (span. auch untuoso).

9889) **ünctüra**, -am f. (unctus), das Salben, die Salbe; rum. unturä; prov. onchura, ointura = ünct-; span. ptg. untura.

9890) **ündä, -am** f., Welle; ital. onda; rum. undä; prov. onda; frz. onde; cat. span. ptg. onda. Vgl. Gröber, ALL VI 146.

9891) **ündĕ**, woher; ital. onde; rum. unde, unde, rtr. dan und-er; prov. on; altfrz. ont; cat. on; altspan. ond; ptg. onde. Vgl. Gröber, ALL VI 146.

9892) ***ündĕcïm** (für ündecim), elf; (ital. undici (vgl. auch Salvioni, Post. 23); rum. un spre zeci; rtr. undisch, vgl. Gartner § 200; sard. undighi); prov. onze; frz. onze (warum sagt man im Neufrz. le onze und nicht l'onze?); cat. onse; span. once; ptg. onze. Vgl. W. Meyer, Z VIII 226; d'Ovidio, Misc. 407; Gröber, ALL VI 146.

9893) (ündo u.) ***ündïdïo**, -äre (unda), wogen; ital. ondeggiare; rum. undez ai at a; prov. ondejar; frz. ondoyer; cat. ondejar; span. ptg. ondear.

9894) **ündösüs, a, um** (unda), wellenreich; ital. ondoso; rum. undos; prov. undos; span. ptg. undoso.

9895) **ündülätus, a, um** (*undulare), gewellt;

davon vielleicht span. orondado, wellenförmig, vgl. Dz 473 s. v.

9896) **üngo, ünxï, ünctüm** u. ***ünctum, üngĕre**, salben; ital. ugno u. ungo unsi unto ugnere und ungere; sard. unghere; (piem. oit = *üctus für ünctus); rum. ung unsei uns unge; rtr. unscher, Part. Prät. ont, unt, ontχ, untχ, vgl. Gartner § 148 u. 172, Meyer-L., Z. f. ö. G. 1891 p. 777; prov. onh oins oint onher; frz. oins oignis oint oindre; cat. ungir; span. ptg. ungir. Vgl. Dz 648 oindre.

9897) [**üngüĕntärïŭs**, -um m. (ungo), Salbenhändler, = rum. untär, Butterhändler.]

9898) **üngüĕntum** n., Salbe; friaul. unzint, vgl. Salvioni, Pest. 23.

9899) **üngülä**, -am f., Nagel; ital. ungula, ungola „membrana sottile che talvolta si stende sopra la tunica dell' occhio", unghia, ugna „tanto l'unguis quanto l'ungula dei Latini", vgl. Canello, AG III 356; sard. unghia, rum. unghiä; rtr. ungla; prov. ongla; frz. ongle; cat. ungla; span. uña; ptg. unha. Vgl. Dz 495 uña; Gröber, ALL VI 146.

9900) **ünïcörnïs**, -em m., Einhorn; ital. alicorno, licorno (= *l'icorno für *licorno, nicorno?); prov. unicor(n)-s; frz. licorne; span. unicornio; ptg. alicornio. Vgl. Dz 193 licorno; Baist, RF I 445.

9901) ***ünïo, -önem** f. (für ünio), Zwiebel; frz. oignon, (sonst wird „Zwiebel" im Roman. durch *cēpüllä ausgedrückt, s. oben s. v,). Vgl. Ascoli, AG III 345 Anm.; Dz 648 s. v.; Gröber, ALL VI 146.

9902) [**ünïo**, -ïre (unus), einigen; ital. unire; prov. frz. cat. span. ptg. unir.]

9903) [**ünïo, -önem** f., Vereinigung; ital. unione; frz. union; span. union; ptg. união.]

9904) **ünïtäs, -ätem** f., Einigkeit; ital. unità; prov. unitat-z; frz. unité; überall nur gel. W.

9905) ***ünïvĕrsälïs, -e** (universus), allgemein; ital. universale; frz. universel; span. ptg. universal. Nur gel. W.

9906) **ünïvĕrsïtäs, -ätem** f. (universus), Gesamtheit; ital. universitä; frz. université; span. universidad; ptg. universidade; überall nur gel. Wort.

9907) [**ünïvĕrsum** n., Weltall; ital. universo; frz. univers; span. ptg. universo.]

9908) ***ünülüs, a, um** (Demin. v. unus) = ital. ugnolo „scempio, sottile", vgl. Caix, St. 648.

9909) **ünüs, a, um**, ein, eins; ital. uno; rum. un, Fem. una, daraus durch Kürzung (a), o; rtr. än, in etc., vgl. Gartner § 200; prov. un-s, hun-s, u-s; frz. un; cat. un; span. uno; ptg. um, hum.

9910) **üpüpa, -am** f., Wiedehopf; ital. upupa; (hieraus mundartlich poppa, popo, buba, woraus wieder auch schriftsprachlich bubbola; rum. pupäză = *upupacea; prov. upa; frz. 'huppe (vielleicht beeinflußt vom dtsch. Wiedehopf), daneben pu(t)put u. pupue, dazu das Vb. pupuler; span. abubilla, daneben putput (schallnachahmendes Wort); ptg. poupa. Vgl. Dz 336 upupa; Schuchardt, Z XXII 95; Horning, Z XXI 454. S. oben düppel.

9911) **ürcĕölüs** u. ***ürcĕölüs, -um** m. (Demin. v. urceus), Krug; ital. orciuolo; ulcior; span. urcéolo, Kelch der Blumen.

9912) ***ürcĕüs, -um** m. (für ürceus), Krug; ital. orcio; span. orza. Vergleiche Gröber, ALL VI 148.

9913) altnfränk. **urdēl**, Urteil; altfrz. *ordel*, Gottesurteil; neufrz. *ordalie*. Vgl. Dz 649 *ordalie*; Mackel p. 114.

9914) german. **urgŏlī; ital.** *orgoglio* (archaisch *argoglio*) u. *rigoglio*, Stolz, vgl. Canello, AG III 397, dazu das Adj. *orgoglioso*, stolz; prov. *orgolh-s, erguelh-s*, dazu das Adj. *orgolhos, erguelhos*, und das Vb. *orgoillar*, stolz sein; frz. *orgueil*, dazu das Adj. *orgueilleux* (altfrz. *orguilleus)*; cat. *orgull*, (altcat. auch *argull*); span. *orgullo* (altspan. auch *ergull, arguyo*), dazu das Adj. *orgulloso*; ptg. *orgulho*, dazu das Adj. *orgulhoso* u. das Vb. *orgulharse*, stolz sein. Vgl. Dz 228 *orgoglio*; Mackel, p. 22.

9915) ***ūrīnă, -am** *f.* (für *ūrina*), Urin; ital. *orina;* rtr. *urina;* neuprov. *ourino;* altfrz. *orine;* (neufrz. *urine);* cat. *orina;* span. *orina;* ptg. *ourina.* Vgl. Gröber, ALL VI 148.

9916) griech. *ούριος (ουρος),* windig; davon vielleicht span. *huero* (altspan. auch *guero,* wozu das Vb. *engüerar),* unbefruchtet (von Eiern); ptg. *goro,* angebrütet. Vgl. Dz 460 *huero.*

9917) **ūrna, -am** *f.*, Urne, Krug; ital. *orna* (mundartliche Formen bei Salvioni, Post. 23).

9918) bask. **urraca,** Elster; davon vielleicht das gleichlautende und gleichbedeutende span. ptg. *urraca* (altspan. auch *furraca).* Vgl. Dz 495 *s. v.;* Liebrecht, Jahrb. XIII 232.

9919) **ūrsă, -am** *f.*, Bärin; ital. *orsa;* rum. *ursoae;* prov. *orsa, ursa;* frz. *ourse;* span. *osa, ursa;* ptg. *ursa.*

9920) **ūrsus, -um** *m.*, Bär; ital. *orso;* sard. *ursu;* rum. *urs;* rtr. *uorss;* prov. *ors, urs;* frz. *ours;* cat. *os;* span. *oso;* ptg. *urso.* Vgl. Dz 473 *oso;* Gröber, ALL VI 148.

9921) **ū-, *ūrtīcă, -am** *f.(ūrĕre),* Brennessel; ital. *urtica, ortica;* rum. *urzieă;* rtr. *urtschiclas;* prov. *ortiga, urtica;* frz. *ortie;* cat. span. *ortiga;* ptg. *ortiga, urtiga.* Vgl. Gröber, ALL VI 148.

9922) ***ūrtĭcărĭŭm** *n.* (*urtica*), Brennesselfeld; ital. *orticajo;* rum. *urzicar;* (span. *ortigal*).

9923) ***ūrtĭco, -āre** *(urtica)*, mit Brennesseln stechen; (ital. *orticheggiare)*; rum. *urzic ai at a;* frz. *ortier;* span. *ortigar;* ptg. *urtigar.*

9924) kelt. Stamm ***urto-**, Widder, Stümpfel; davon vielleicht ital. *urtare*, stofsen, dazu das Sbst. *urto,* Stofs; prov. *urtar;* altfrz. *'hurter, dehurter;* neufrz. *'heurter,* dazu das Sbst. *'heurt* (vgl. mhd. *buhurt).* Vgl. Dz 336 *urtare;* Th. p. 81. Näher aber liegt es wohl, ein ***ūrtare** (Frequent. zu **ūrgeo, ūrsī, *ūrtum, ūrgere**) als Grundwort aufzustellen.

***ūsăntĭă** s. **ūsātĭcum.**

9925) ***ūsātĭcum** *n.* (*usare*), Gebrauch; ital. *usaggio* (daneben *usanza);* prov. *uzatge-s;* frz. *usage* (daneben *usance);* span. *usaje* (daneben *usanza);* ptg. *usagem,* eine Abgabe, (*usança,* Gebrauch).

9926) [***ūsătĭle** (***usare)*, Gerät; vielleicht das Grundwort zu ital. (comask.) *usedèl,* (mail.) *usadej,* Küchengerät; altfrz. *ustil, ostil,* Gerät, Werkzeug; neufrz. *outil,* dazu das Vb. *outiller.* (Die Abltg. *ontil* v. *utensilia,* s. No 9935 ist unhaltbar. Vgl. Dz 652 *outil.)*

[***ūsĭnă** s. oben ***ōfĭcĭna.**]

9927) [**ūsĭtātŭs, a, um** (Part. P. P. von *usitare),* gebräuchlich; ital. *usitato;* frz. *usité;* span. *usitado* (auch das Vb. *usitar* ist vorhanden); (ptg. *uso).*]

9928) **ūso, -āre** *(usus),* gebrauchen; ital. *usare;* prov. *usar, uzar;* frz. *user;* cat. span. ptg. *usar.*

9929) **ūsquĕ,** bis, — prov. altfrz. *usque,* vgl. Gröber, ALL V 148.

***ūstĭŏlnm** s. ***ōstĭŏlum.**

***ūstĭŭm** s. **ōstĭŭm.**

9930) ***ūstrīno, -āre** *(ustrina),* brennen: davon ital. *strinare* „bruciacchiare", vgl. Caix, St. 604; lomb. *vênez.* tirol. *strinar.*

9931) **ūstŭlo, -āre,** brenzeln; sard. *ušare, uscrai;* lecc. *uscare;* cors. *uschiju,* arsiccio, vgl. Salvioni, Post. 23; neuprov. *usclá.*

9932) **ūsūra, -am** *f. (usus),* Kapitalzins (im Roman. Wucher); ital. *usura;* prov. *uzura;* frz. *usure;* span. ptg. *usura.*

9933) ***ūsŭrārĭŭs, -um** *m. (usura),* Wucherer; ital. *usuriere, usurario, usurajo* (die beiden letzteren auch Adj.), vgl. Canello. AG III 311; prov. *usurier-s; frz. usurier;* span. *usurario, usurero;* ptg. *usurario, usureiro.*

9934) **ūsŭs, -um** *m.*, Gebrauch, Nutzen; ital. *uso;* frz. span. ptg. *uso.*

9935) **ūtēnsĭlĭă** *n. pl. (uti),* Gerät; (ital. *utensili);* (rum. *unealtă;* frz. *ustensile),* [*outil?* vgl.W.Meyer, Ntr. p. 17, Cornu, R XIII 296, Cohn, Suffixw. p. 160, Ltbl. f. germ. u. rom. Phil. 1891 No 9 Sp. 142]; (span. *utensilio;* ptg. *utensilios*).

9936) **ūtĕr, -rēm,** Schlauch; ital. *otre, otro;* sard. *urdi;* sicil. *utru;* bologn. *ludri;* piem. *oiro;* can. *cor* (gekreuzt mit *uber),* vgl. Salvioni, Post 23; prov. *oire-s;* frz. *(ouiltre, ouistre),* outre, vgl. G. Paris, R X 59; span. ptg. *odre.* Vergl. Gröber, ALL VI 149.

9937) **ăgs. ūtlugh,** ein aufserhalb des Gesetzes Befindlicher, ein Geächteter; altfrz. *utlague, ullague,* vgl. Mackel p. 64.

9938) **ūtrŭm** *(uter),* nach Cornu, R XI 109, = altfrz. *ore* in dem Satze QLDR p. 336 „Quel d'ure, devum en Ramoth Galaath par bataille faire aler u nun aler?". Die Ableitung als höchst zweifelhaft erscheinen.]

9939) **ūva, -am** *f.,* Traube; ital. *uva;* arum. *auo;* romagn. obwald. *eua;* span. ptg. *uva.* Vgl. Meyer-L., Z. f. ö. G. 1891 p. 777.

9940) [***ūvĕttă, -am** *f.*(Demin. v. *uva),* Träubchen; frz. *luette* (= ***l'uette),* Zäpfchen, vgl. Fafs, RF III 494.]

9941) **ūvŭla, -am** *f.,* Tränbchen, Zäpfchen; ital. *ugola.*

9942) **ūxŏr, -ŏrem** *f.,* Eheweib, — prov. *oisor;* altfrz. *oissor (uxor* bei Uguçon, neap. *'nzorare,* ammogliare, vgl. Salvioni, Post. 23). Vgl. Gröber, ALL VI 149.

9943) [***ūxŏro, -āre** *(uxor),* beweiben; rum. *insor insur ai at a,* ein Weib geben; neap. *'nzorare,* ammogliare. Vgl. Otto, RF VI 427.]

V.

9944) [***văcāntĭă, -am** *f. (vacare),* Freizeit; ital. *vacanzia;* rum. *vacanza;* frz. *vacance;* span. *vacancia;* (ptg. *vacação).*]

9945) [***văcīvus, a, um** (v. *vacans* v. *vacare*), leer, frei, ist nach Schuchardt, Z XIII 532, das Grundwort zu sard. *bagantiu, baga(u)diu,* ledig, unbefafst.]

9946) [***văcārĭă, -am** *f. (vacuus),* Brachfeld, davon vielleicht frz. *jachère* (altfrz. *gachière, gaschière,* pic. *gaquière, ghesquière, garquière).* Eine mehr als zweifelhafte Ableitung. Vgl. Dz 619 *jachère.*]

9947) **väccä, -am** *f.*, Kuh; ital. *vacca*; prov. *vaca*, davon *vaquier-s, -a*, Kuhhirt, *-in*; frz. *vache*, davon *vacher, -ère*, Kuhhirt, *-in*; span. ptg. *vaca* (ptg. auch *vacca*), dav. *vaquero, -eiro*, Kuhhirt. Vgl. Parodi, R XXVII 197. Auf *vacca* geht auch zurück tic. *vakója* (die auf den Sing. *vakóra* übertragene Pluralform *vakój*), vgl. Salvioni, R XXVIII 108. . *vaccalarius* (nach *caballarius* gebildet) = frz. *bachelier?*

9948) **väcillo, -äre**, wanken; ital. *vacillare* „essere in procinto di cascare", *vagellare* „vacillar colla mente", vgl. Canello, AG III 322 (mundartlich) *baggiolare* „far all' altalena", *baggiola* „altalena", vgl. Caix, St. 179; sonst nur gel. W. Vgl. Parodi, R XXVI 197.

9949) **väcivus, a, um** (*vacare*), leer; span. *vacío*, leer, davon das Vb. *vaciar*, ausleeren; ptg. *vasio*, dazu das Vb. *vasar* (vielleicht angelehnt an *vasum*). Vgl. Dz 496 *vacio*; Meyer-L., Z. f. ö. G. 1891 p. 777; Salvioni, Post. 23.

9950) **väco, -äre**, frei, leer sein; (ital. *vacare*); sard. *bagare, bagante, vacanto, bagantinu*, terreno non seminato, *bagadía*, ragazza nubile, *baganza*, festa, vgl. Salvioni, Post. 23; (prov. *vacar*; frz. *vaquer*); span. ptg. *vacar, vagar*.

9951) **väcuo, -äre** leeren; sard. *svacá, votare*, neap. *vacolare, evacuare*, vgl. Salvioni, Post. 23.

9952) **väcüus, a, um**, leer; sard. *bacu*; sicil. *vaculu*, leggiero, vgl. Salvioni, Post. 23.

9953) **vädě + věn(I);** span. *vaiven*, Schwankung, Thürklinke; ptg. *vaivem*. Vgl. Dz 496 *vaiven*.

9954) **vädo, -äre** (*vadum*), durchwaten; ital. *guadare*, waten, (*guazzare*, abspülen, wozu das Sbst. *guazzo*, s. unter **wazzar**) prov. *guasar*, waten; frz. *guéer*, abspülen: span. ptg. *vadear*, waten, (vielleicht gehört hierher auch das vermutlich dem Prov. entlehnte span. *esguazar*, waten, wozu das Shet. *esguazo*, Furt). Vgl. Dz 175 *guado*. S. unten **watan** u. **wazzar**.

9955) **vädo, -ěre**, gehen; über die Konjugationsreste dieses Verba in den roman. Sprachen vgl. Meyer-L., Roman. Gr. II p. 263 f. In der Umbildung *vare* (nach *stare*) ist das Vb. erhalten in altfrz. *desver* = *de-ex-vare* u. frz. *rêver* = *re-exvare*, s. oben **de-ex-vado.**

9956) **vädösůs, a, um** (*vadum*), seicht; ital. *guadoso*; rum. *vădos*; span. *vadoso.*

9957) **vädüm** *n.*, seichte Stelle, Furt; ital. *vado, guado*; sard. *vadu*, com. *voo*; rum. *vad*; prov. *guá-s, ga-s*; (frz. *gué*, vgl. G. Paris, R XVIII 328 Anm. 5: „gué ne vient pas de *vadum*, mais d'un mot allemand qui avait sans deute un *t*"); span. *vado*; ptg. *vado, vao*. Vgl. Dz 175 *guado*. S. unten **watas** u. **wazzar.**

9958) **vae!** weh!; ital. *guai*; rum. *vai*; altfrz. *wai*; neufrz. *ouais* (in Zusammenhang damit scheint zu stehen das Vb. prov. *gaymentar*, wehklagen, altfrz. *waimenter, gaimenter*, daneben *guermenter*, das wohl von dem kelt. Stamme *garmen-*, wovon altir. *gairm*, bret. *garm*, Geschrei, abzuleiten ist u. nach dessen Analogie *wai-menter* gebildet sein dürfte, vgl. Dz 592 *gaimenter*, Th. p. 100); span. ptg. *guay*, davon ptg. *guaiar*, seufzen, *guaia*, Wehklage.

9959) altnord. **väg**, Woge, = frz. *vague*, davon das Vb. *vaguer*; altptg. *vagua*; neuptg. *vaga*. (Dagegen von mhd. *wogen* prov. *vogar*; frz. *voguer*, dazu das Vbsbst. *vogue*.) Vgl. Dz 695 *rague*; Mackel p. 184; Braune, Z XXII 215.

9960) **[vägäbůndus, a, um**, umherstreifend: frz. *vagabond*; span. *vagahundo, -mundo.*]

9961) **vägäcěůs, *bägäcěůs, a, um** (*vagari*), bummelnd, strolchend; viell. Grundform zu ital. *bajazzo* (dem Frz. entlehnt); altfrz. *bajas*, Fem. *bajasse*. S. oben No 1140 u. 1159.

9962) **[*vägätIvus, a, um** (*vagari*), umherschweifend; dav. viell. nach Schuchardt, Z XIII 632, ptg. *vadio*, herumstreifend, müfsiggehend. Sonst wurde das Wort von arab. *baladi* abgeleitet, vgl. Cornu, Gröber's Grundrifs I 757 § 131. Siehe oben No 1165.]

9963) **vägInä, -am** *f.*, Scheide; ital. *vagina* „il canale uterale della femina, o fodero", *guaina* „fodero, e propriamente quelle della spada", vgl. Canello, AG III 362; altfrz. *gaine;* neufrz. *gaîne;* span. *vaina* (bedeutet auch „Schote", in dieser Bedtg. davon *vainilla* u. *vainica*, Vanille, = ital. *vainiglia;* frz. *vanille;* ptg. *bainilha, bao-, baunilha,* vgl. Dz 337 *vainiglia*); ptg. *bainha.* Vgl. Dz 176 *guaina.*

9964) **vägIo, -Ire**, quäken; ital. *vagire*, wimmern (von Kindern), *guaire*, wimmern (von geschlagenen Hunden); friaul. *vayí*. Vgl. Canello, AG III 362.

9965) **vägo, -äre** (schriftlatein. meist *vagari*), umherschweifen; ital. *vagare;* (frz. *vaguer*); span. ptg. *vagar.*

9966) altnord. **vägrek**, Strandgut; frz. *varec, varech*, Wrack (das Wort bedeutet aber auch „Seegras"; prov. *varec* hat nur diese Bedeutung; der vermittelnde Begriff ist schwer anzugeben, „das vom Meere Ausgestofsene" kann er kaum sein). Vgl. Dz 695 *varech;* Liebrecht, Jahrb. XIII 235.

9967) **vägůs** u. ***bägus** (s. Parodi, R XXVII 201), **a, um**, unstät, flüchtig, locker; ital. *vago* (hat eine erhebliche Bedeutungserweiterung erfahren, indem aus der Bedtg. „locker" sich einerseits die von „ungebunden, lüstern, ausschweifend, verliebt", andererseits die von „frei in der Bewegung, uneingeengt, anmutig, reizend" entwickelt hat), davon *vaghezza*, Lüsternheit, Lust, Reiz, *vagheggiare, gaveggiare*, (vgl. Meyer-L., Rom. Gr. I p. 488), lüstern sein, verliebt sein, liebäugeln; altfrz. *vai;* neufrz. *vague* (gel. W.); span. ptg. *vago.* Vgl. Dz 408 *vago.*

9968) got. **vahstus**, Wachstum; davon vielleicht abzuleiten span. *vástago*, Schöfsling eines Baumes. Vgl. Storm, R V 187; Diez 496 *s. v.* liefs das Wort unerklärt.

9969) got. **vainags**, ahd. **wěnag**, mhd. **wěnig**, elend, gering, wenig; davon nach Bugge, R III 150, frz. *ginguet*, dürftig, knapp, *guinguet*, schlechter Wein, *gringalet*, Schwächling, Schwachkopf, (altfrz. *guingalet*, *guinganet*, kleines Pferd).

9970) got. ***vaipils** (v. *vaipjan*, vgl. *faurvaipjan* u. vgl. *maitils* v. *maitjan*), Winde; davon nach Meyer-L., Z XIX 94; ital. *guaffile* (longob. *waipfil);* frz. *gabieu*, gestützter Holzkegel zum Taudrehen.

9971) **Väldēnsis**, Waldenser, Ketzer; dav. neufrancoprov. *voddi*, Zauberer, Halunke, vgl. *Bulgarus : bougre*. — F. Pabst.

9972) Petrus **Väldus;** dav. frz. *vauderie*, Ketzerei, Zauberei, widernatürliche Unzucht, *vaugois*, Waldenser, Zauberer, *vaudoisie*, Waldenserversammlung, Hexensabbat. — F. Pabst.

9973) **välěo, välůI, välItum, välěre**, in Kraft sein, stark sein, gelten; ital. *valere*, taglio *valsi valuto valere;* prov. *valh valc valgut valer;* rtr. *varái* etc., vgl. Gartner § 154; frz. *vaux valus valu valoir*, dazu das Partizipialadj. *vaillant*, wacker;

cat. *valdrer;* span. *valer* (Präs. *valgo*); ptg. *valer* (altptg. Pf. *valvi*).

9974) **välgüs, a, um,** säbelbeinig; davon nach K. Hofmann, RF II 360, frz. *vouge,* (säbelbeiniges, krummes Messer), Hippe, Sauspiefs, zweischneidige Hellebarde. Begrifflich scheint das Wort an *vanga,* Hacke, angelehnt zu sein; letzteres Wort ist im ital. *vanga* erhalten. Das richtige Grundwort zu *vouge* dürfte übrigens *vidúvium* (s. d.) sein.

***välïtlä** s. ***vïdülïtlä.**

9975) |***vällätä, -am** f. (*valles*), Thalsenkung; ital. *vallata* „paese chiuso tra due linee parallele di monti", *vallea* = frz. *vallée,* Thal, vgl. Canello, AG III 314.]

9976) **vällës** u. **vällïs, -em** f., Thal; ital. *valle;* rum. *vale;* prov. *val-s, vau-s;* frz. *val, vau;* cat. *vall,* span. ptg. *valle.* Aus dem frz. (norm.) Ortsnamen *Valdevire, Vaudevire* neufrz. *vaudeville.*

9977) **vällïcula, -m** f. (*vallis*), kleines Thal; sard. *addiju,* valletta; lomb. *valega* u. *vuleč,* valleta, vgl. Salvioni, Post. 23.

9978) **vällüm** n., Wall; ital. *vallo;* (frz. *rempart,* s. oben **imparo**); span. ptg. *vallo.*

9979) **vällüs, -um** f. (Demin. v. *vannus*), Futterschwinge; davon vielleicht ital. *vaglio* (medenes. *vallo*), Sieb, dazu das Vb. *vagliare.* Gröber, ALL VI 137, setzt mit Recht ***valleus** an. Vgl. Mussafia Beitr. 117.

9980) **välör, -örem** m. (*valere*), Wert, Tüchtigkeit; ital. *valore;* prov. *valor-s;* frz. *valeur;* span. ptg. *valor.*

9981) serb. **vampir, vampira,** blutsaugendes Nachtgespenst; ital. *vampiro;* frz. *vampire.* — F. Pabst.

9982) **vangä, -am** f.; Hacke, Karst: ital. *vanga.*

9983) [**vänïtäs, -ätem** f., Eitelkeit, Nichtigkeit; ital. *vanità;* prov. *vanetat-z;* frz. *vanité* (gel. W.); span. *vanidud.*]

9984) [***vänïtïä** = ital. *vanezza;* prov. *vaneza,* Prahlerei.|

9985) ***vänïto, -äre** (Intens. v. *vanare*), prahlen; ital. *vaniare,* dazu das Sbst. *vanto;* prov. *vantar;* frz. *vanter.* Vgl. Dz 337 vantare.

9986) [***vännëllüs, -um** m. (Demin. v. *vannus*), kleine Schwungfeder; vielleicht Grundwort zu ital. *vanello* (daneben *pavoncella* v. *pavo*), Kibitz; frz. *vanneau;* der Kibitz soll so benannt sein „von dem Federbusche auf dem Kopfe, den er aufrichten und niederlassen kann, dessen einzelne Teile also mit Schwungfedern verglichen werden", Diez 337 *vanno.* Glaubhafter aber dürfte es sein, dafs dieser Vogelname ein Deminutiv von *vannus* ist.]

9987) **vänno, -ëre,** schwingen, worfeln; piem. *vanné;* tirol. *vander,* vgl. Meyer-L., Z. f. ö. G. 1891 p. 777; Mussafia, Beitr. 117.

9988) **vännülus, -um** m., kleine Schwinge: levent. *ven·tru,* vgl. Salvioni, Post. 23.

9989) **vännus, -um** f., Futterschwinge, ital. *vanni,* Schwungfedern; borm. *van,* vaglio; (frz. in gleicher Bedeutung *vanneaux*). Vgl. Dz 337 *vanno.*

9990) ***väno, -äre** (schriftlat. *vanari*), leere Worte sagen, prahlen; prov. *vanar.*

9991) **vantkln** (altndl.), kleiner Fant, Bürschchen; davon nach Dz 130 ital. *facchino,* Packträger; frz. *faquin;* span. *fachin, faquin.* Vgl. aber Storm, AG IV 390, s. oben **fäx.**

9992) **vänüs, a, um,** leer, eitel, nichtig; ital. *vano;* valmogg. *van̄,* molle; prov. *van-s, va-s;* frz. *vain;* span. *vano;* ptg. *vão.*

Körting, lat.-rom. Wörterbuch.

9993) **väpïdüs, a, um,** kahmig; wallon. *vape,* vgl. Horning, Z XV 502. S. **fätuus.**

9994) **väpör, -örem** m., Dampf; (ital. *vapore,* daneben) *vampore,* welche letztere Form es nahe legt (vgl. jedoch Meyer-L., Z. f. ö. G. 1891, p. 777), dafs auch *vampa,* Glut, u. *vampo* in *menar vampo* „insuperbire" (nebst *avvampare,* glühen) zu *vapore* gehören (dem ital. *vampa* entspricht vielleicht span. *lumpa,* Prahlerei, wegen der Bedtg. vgl. ital. *bória,* vermutlich von *vaporeus*), vgl. Dz 409 *vampo,* Canello, AG III 404; prov. *vapor-s;* frz. *vapeur;* span. ptg. *vapor.*

9995) **väpörëüs, a, um** (*vapor*), dampfig, heifs; davon vermutlich rum. *boarä, borä, burä,* Dampf, Dunst, Ausströmung von Luft; sard. *borea;* cat. *boira,* Nebel. Vgl. Caix, St. 237. — Diez 359 war geneigt, auch ital. *bória,* Prahlsucht, *boriarsi,* prahlen, hierher zu ziehen, u. wohl mit Recht.

vappä s. **vapul.**

9996) ags. **vapul,** Wasserblase; darauf will Diez 177 *guappo* zurückführen ital. (neapel. mailänd.) *guappo, guapo,* hochmütig; normann. *gouaper,* schorzen; span. ptg. *guapo,* kühn, galant, schön geputzt, *guapeza,* Prahlerei. Der vermittelnde Begriff würde „inhaltsleer, hohl, nichtig" sein. Näher aber liegt es doch wohl, ein lat. ***vappus** als Grundwort anzusetzen, wozu das bei Catull, Horaz u. a. vorkommende Sbst. *vappa* „Taugenichts, Verschwender" das volle Recht geben dürfte.

9997) **väpülo, -äre** (für *vapulari*), geprügelt werden; dav. viell. (über ***valúpäre,** ***valúpäre*) ital. *galoppare* (angelehnt an *zoppare, galzoppare,* hacken); frz. *galoper* etc. (geprügelt werden u. irfolgedessen) springen. S. Körting, Ztschr. f. frz. Spr. u. Lit. XXI 109.

9998) ***väpülüs, a, um** (für *vapidus*), kahmig. neap. *vapolo,* molle di uovo, vgl. Salvioni, Post. 23.

9999) **vära, -am** f. (*varus*), Querholz; span. ptg. *vara.* S. oben **barr-.**

10000) sskr. **varanda** (s. Petersburger Wtb., s. v.), Altan: dav. frz. etc. *véranda(h).*

10001) **värïeo, -äre** (*varicus*), die Füfse auseinandersperren, grätscheln; ital. *varcare* „passare", *valicare* „passare alti menti", dazu die Verbalsbsttve *varco* und *valico,* vgl. Dz 409 *varcare;* Canello, AG III 361. Caix, St. 126, zieht hierher auch ital. *abbaccare* (aus *valcare,* ***halcare, ***abbalcare,* wie *soggo* für ***solgo* aus *solco*) „accavalciare un fosse", *bocco* „salto".

10002) **värïëgätüs, a, um,** bunt, = ital. *vergato* „macchiettato, taccato", vgl. Caix, St. 654.

10003) [***värïo, -önem** m. (*varius*), = comask. *vairon;* frz. *véron,* ein kleiner bunter Fisch, Elritze. Vgl. Dz 697 s. v.]

10004) [***värïölä, -am** f. u. **-us, um** m. (*varus*), Blatternkrankheit; ital. *vajuole* (Pl. Fem.), *vajuolo;* rtr. *virola;* neuprov. *vairóla;* altfrz. *vairole;* neufrz. (*petite-*) *vérole;* cat. *verdla;* span. *viruéla;* (der ptg. Ausdruck ist *bexigas* = *vessicas* von *vessica*). Vgl. Dz 337 *vajuolo* (wo die Wortsippe auf *varius* zurückgeführt wird); Gröber, ALL VI 137.]

10005) **värïüs, a, um,** mannigfaltig, bunt; ital. *vario* (archaisch *varo*) u. *vajo* „machiettato di nero, nereggiante, un animale simile allo scoiattolo colla pelle bigia e bianca, e la sua pelle stessa", Canelle, AG III 311; sard. *baržu, balžu;* prov. *vair-s,* Grauwerk, wovon *vairador,* Kürschner; altfrz. *vair, ver,* bunt, *vair,* Grauwerk (erhalten mit volksetymologischer Umgestaltung in *pantoufle*

57

de verre, vgl. Fafs, RF III 514). Vgl. Dz 409 vajo.

10006) [*văro, *băro, *vărro, *bărro, -ăre (vara, Querholz, Stange); ital. varare, (mittelst Stangen, untergelegten Querhölzern u. dgl.) ein Schiff vom Stapel lassen, barrare, versperren; prev. varar; altfrz. varer; neufrz. barrer; span. varar, barar (bedeutet auch „scheitern"); ptg. varar (bedeutet auch „ein Schiff ans Land ziehen" u. „scheitern"). Vgl. Dz 337 varare. Siehe oben barr-.]

10007) (văs u.) văsum, Pl. văsă n., Gefäfs; ital. vaso (vielleicht gehört hierher auch básıa „vaso, scodello", vgl. Caix, St. 187, wenn man ein lat. *vasia od. *vasea annehmen darf); rum. vas; prov. vas; frz. vase (gel. Wort); cat. vas; span. ptg. vaso. Vgl. Gröber, ALL VI 138.

10008) văsĕllum n. (Demin. v. vas), kleines Gefäfs; ital. vaseello, Schiff; rtr. va chi; prov. vaissel-s; frz. vaisseau, Schiff, vaisselle, Geschirr; cat. vaixell; span. bajel; ptg. baixel. Vgl. Dz 338 vascello; Gröber, ALL VI 138.

10009) [*vasco, -ăre (v. vascus, krumm), krümmen; davon nach W. Meyer, Z XI 252, span. buscar, (eigentl. sich um etwas krümmen, quälen, ängstigen) Angst. Absehen, Ekel vor etwas haben, dazu das Vbsbst. basca, (eigentl. Krümmung. Zuckung), Angst, Ekel; ptg. vasca, krampfhafte Zuckung. Neigung zum Erbrechen, Ekel; prov. basca, Mifsbehagen. Diez 431 basca vermutete baskischen Ursprung.]

10010) văsĕllum n. (Demin. von vas), kleines Cefäfs; ital. vascolo „piccol vaso", fiasco (*clasco, *vasclo) „vaso grande e panciuto", vgl. Canello, AG III 353, daneben auch fiavca; altfrz. flasche, davon abgeleitet fluscon; neufrz. flacon; span. flasco, frasco; ptg. frasco. Vgl. Dz 138 fiasco; Th. p. 59.

10011) *văsĕllum n. (Demin. von vas), kleines Gefäfs; ital. vavello „vaso, piccolo vaso, antic. anche vascello", vagello „caldaja, caldaja grande per uso de' tintori, un colore, anticamente anche vasello, arnia", davon vasellajo, -aro, -iere „il fabbricatore di vasi", vagellajo, -ara „tintor di vagello, e anche vasellajo", vgl. Canello, AG III 364.

10012) [*văsĭcă, -am f. (vas), Gefäfs, = ital. vasca, Kufe, vgl. Dz 409 s. v.; Gröber, ALL VI 138]

10013) văsto, -ăre (vastus), verwüsten (im Roman. verderben); ital. guastare, dazu das Vbsbst. guasto; prov. guastar; frz. gáter, (altfrz. auch guastir = ahd. wastjan), dazu altfrz. das Adj. gastin, wüst, u. das Sbst. guastine, Wüste; von gaste + paille das Vb. gaspailler, gaspiller, (das Stroh) vergeuden, verschwenden; span. gastar; ptg. gastar; altptg. guastar). Vgl. Dz 178 guastare; Meyer-L., Ztschr. f. frz. Spr. u. Litt. XX' 65 (vastare hat sich gemischt mit germ. wôst).

10014) [*vastrapa; davon nach P. de Lagarde's in seinen „Mitteilungen", Bd. II (Göttingen 1887) p. 1, ausgesprochener, sehr wenig wahrscheinlicher Vermutung frz. guêtre, Gamasche. Diez 606 stellte das Wort zu den gleichbedeutenden ital. sard. gheita, piemont. gheta, neuprov. gueto, wallon. guett, champ. guéte, henneg. guetton, nahm als Grundbedeutung „Lappen" an u. glaubte, dafs auch ital. guáttera (daneben sguattera), Scheuerfrau, venez. guaterone, Fetzen, altfrz. guitreux, bettelhaft, zu derselben Sippe gehören; der Aufstellung eines Grundwortes aber enthielt er sich. Nigra, AG XIV 366, hält das r in guêtre für blofs eingeschoben, ghêtta aber sei er auf ein Thema

*gájdita zurückführen, das mit longob. gaida „pilum vestimenti" zusammenhängen soll; es ist das zu compliciert, um glaubhaft zu sein. Rönsch, RF II 314, wollte guêtre auf vestitura zurücklühren (!). Scheler im Dict. s. v. schlug cestis als Grundwert vor, was auch nicht sonderlich gefallen kann. Caix, St. 351, vermutete, dafs guattera (woneben auch ein Masc. guattero vorhanden ist) auf ahd. watan zurückzuführen sei und eigentlich eine im Wasser watende Person bezeichne. Auch für guêtre etc. liefse der gleiche Ursprung sich annehmen. Jedenfalls wird bei den von Diez zusammengestellten Worten der Anlaut den Gedanken an germanische Herkunft nahe legen, wenn es auch nicht eben sehr glaublich ist, dafs sie sämtlich auf ein Grundwort zurückgehen. Das frz. guêtre etc. gehört vielleicht zu der Wurzel von ahd. gi-wêt-an „verbinden, zusammenbinden". Das ital. guattera aber scheint mit germ. wat, wovon got. wotô, westgerm. watar (ahd. wazzar), zusammenzuhängen. — Aus vustrapa, bezw. aus vastrapes ist vielleicht verballhornt ital. gualdrappa, lange Satteldecke, span. ptg. gualdrapa, vgl. Dz 176 gualdrappa.]

10015) văstŭs, u, um, weit; ital. vasto, weit, guasto (vgl. guastare), verdorben; altfrz. guaste; neufrz. vaste, weit; span. vasto, weit; ptg. gusto, verderben, vasto, weit. Vgl. Dz 178 guastare.

10016) vătĭllŭm, bătĭlĭŭm n., Schaufel; ital. badile, Feuerschaufel; tic. vadil, vei, piem. veil; span. badil. Vgl. Dz 35 badile; Parodi, R XXVII 216.

vătĭus s. mălŏ + vătĭŭs.

10017) vĕctĭs, -em m., Hebebaum; ital. vette, Hebebaum; prov. veit-z; altfrz. vit, das männliche Glied. Vgl. Dz 696 veit; Gröber, ALL VI 138.

*vĕctŭlă (s. übĭēs), vgl. Nigra AG XV 299.

10018) vĕctŭră, -am f. (vehére), Fuhre (im Rom. Fuhrwerk, Wagen); ital. vettura, davon vetturino, Fuhrmann; lemb. vicüra; frz. voiture. Vgl. Parodi, R XXVII 216.

10019) altn. vedhr-viti, Wetterzeichen, -fahne; altfrz. wirewite, wirewire (Roman, de Rou ed. Andresen Ill 6473), vgl. Thomas, R XXV 97, Horning, Z XXII 561. S. oben pĭrĭŏlum.

10020) vĕgĕtamen n,. belebende Kraft; span. vegedambre, vergl. C. Michaelis, Wortschöpfung p. 42.

10021) vĕhĕs, -em f., Fuhre, Fuder; davon, bzw. von *veges, ital. veggia, Fuder, Fafs, vgl. Dz 409 s. v.; Gröber, ALL VI 139.

10022) altn. *veif (altengl. waif „a stray cattle", neuengl. waif, herrenlose Sache) = altfrz. gaif in chose gaive, herrenlose Sache, dazu das Vb. guever, im Stich lassen. Vgl. Dz 591 gaif; Mackel p. 117.

10023) vĕl, sei es; davon rum. ver, vre, sei es, u. durch Eintügung des adverbialen s altfrz. veaus, viaus, viax, wenigstens. Vgl. Dz 696 veaux.

10024) vĕlă, -am f., gallischer Pflanzenname; davon altfrz. velar = frz. vélar; erysimum (Plin. H. N. 22, 158); dav. frz. vélar, erysimon, sisymbrion officinale.

- vĕlāmĕn + lānă.

10025) [*vĕllĕĭtăs, -tătĕm f. (velle), Wollen; ital. velleità; frz. velléité. Mifsgebildetes gel. W.]

10026) vĕllŭs, -ĕrĭs n., Vliefs; ital. vello, Vliefs, Wolle; altfrz. veil, vele, viaure. Vgl. Förster, Z IV 379; Gröber, ALL VI 139.

10027) vēlo, -āre (velum), verhüllen, bedecken; ital. velare; span. ptg. velar, trauen, priesterlich einsegnen (eigentl. die Braut verschleiern, vgl. lat. nuberel. Vgl Dz 496 velar.

10028) [*vĕltrūs, -um m. (für vertrogue), Windhund, Spürhund; (ital. veltro); altoberital. veltres; prov. veltre-s; altfrz. viautre; (span. ptg. heifst der Windhund galgo = canis gallicus). Vgl. Dz 339 veltro; Gröber, ALL VI 139; Ascoli, AG XIII 288.]

10029) vĕlūm n., Vorhang, Segel (im Volkslat. scheint das Wort auch die Bedtg. „Fahrzeng“ besessen oder vielmehr ein velum v. vehere neben velum v. √ ves bestanden zu haben, vgl. Pfannenschmidt, ALL IV 413 u. von der Vliet, ALL X 16): ital. velo, Schleier, vela, Segel, vgl. Canello. AG III 403: rum. vĕl, Segel (in der Bedtg. „Schleier“ scheint das Wort im Rum. nicht vorhanden zu sein, vgl. Cihac p. 305); prov. vela, Segel; frz. voile f., Segel, m., Schleier (mundartlich bedeutet das Wort in Lothringen „Holzflofs“, scheint also die Bedtg. von lat. velum = *vehilum zu bewahren, vergl. Pfannenschmidt a. a. O.); span. vel», Schleier, vela, Segel: ptg. veo, Schleier, vela, Segel.

10030) vēnā, -am f., Ader; ital. vena; rum. vind; prov. vena; frz. veine; cat. span. vena; ptg. rêa, veia.

10031) vēnātīo, -ōnem f. (venari), das Jagen, das Wildpret; prov. venaiso-s; frz. venaison, Wildpret. Vgl. Dz 697 venaison.

10032) vēnātŭs, -um f. (venari), das Jagen, das Wildpret; span. venado, Grofswildpret, eine Art Hirsch; ptg. venado, Hirsch. Vgl. Dz 496 venado.

10033) *vēndĭtā (vendêre), Verkauf; ital. rtr. vendita; frz. vente; span. venta, Verkauf, Verkaufsort, Wirtshaus; ptg. venda (Bedtg. wie im Span.). Vgl. Dz 497 venta; Gröber, ALL VI 139.

10034) vēndĭtīo, -ōnem f. (vendêre), Verkauf; altfrz. vençon, vgl. Thomas, Essais philol. p. 24 Anm., Cohn, Herrig's Archiv Bd. 103 p. 211.

10035) vēndo, vēndĭdī, vēndĭtum, vēndĕre, verkaufen; ital. vendere; rum. vend ui ut e; prov. frz. cat. vendre; span. ptg. vender.

10036) vēndĭtōr, -ōrem m. (rendere), Verkäufer; ital. venditore; rum. vinzător; frz. vendeur; span. vendedor; ptg. vendedor, Verkäufer, (vendeiro, Schenkwirt).

10037) vēnĕno, -āre (venenum), vergiften; ital. (venenare), velenare, avvelenare; rum. invenines ai at a; prov. enverinar; frz. envenimer; cat. enverinar; span. envenenar; ptg. venenar, envenenar.

10038) vēnĕnōsŭs, a, um (venenum), giftig; ital. venenoso, velenoso; rum. venenos; frz. vénéneux; venimeux; span. ptg. venenoso.

10039) vēnēnum n., Gift; ital. veneno; rum. venin; prov. vene-s, veri-s; altfrz. velin, venim, gleichs. *venimen, viell. angelehnt an crimen, vgl. Thomas, R XX 88: neufrz. venin; cat. veri: span. veneno (altspan. auch venin).

10040) Vēnĕrīs dīēs, Freitag; ital. venerdi; sard. chenábura, chenáura, cenabara = coena pura (Fastenkost), vgl. Rönsch, Collect. philol. p. 13¹²: prov. (di)venres, vendres; frz. vendredi; span. viernes; (ptg. sexta feira). Vgl. Dz 399 venerdi.

10041) vēnētīcus, a, um, venetisch: rum. venetic (venezianisch), fremd, Ausländer, Ankömmling.

10042) vēnĕtŭs, a, um, seefarbig, bläulich; rum. vinĕt, bläulich, bleich; prov. venet.

10043) vēnīo, vēnī, vēntum, vēnīre, kommen; ital. vengo venni venuto venire; sard. (log.) bénnere, vgl. Flechia, Misc. 200; rum. vin venii

venit veni; rtr. Präs. viny, veny, Perf. vinyii, 3 P. Sg. nyit; Part. vinyús, vinyida, nyv, nyvda; Inf. vinyé, nyi. nyikr, nikr etc., vgl. Gartner § 190; prov. venh vinc (venc) vengut venir; frz. viens vins venu venir: cat. vineh vingui vingut venir; span. vengo vine venido venir; ptg. venho vim vindo vir.

10044) vēno, -āre (schriftlat. venari), jagen; rum. vinez ai at a; prov. venar: frz. vener. ein Haustier hetzen, um dessen Fleisch mürbe zu machen. Sonst ist *venare im Roman. durch *captiare verdrängt worden

10045) vēnōsŭs, a, um (vena). aderig: ital. venoso; rum. vinos; frz. veineux; span. ptg. venoso.

10046) [*vēntālĭŭm n. (ventus). Windloch, Luftloch: ital. ventaglio (Lehnwort aus dem Frz.), Fächer, ventaglia, Visier: prov. ventalha, Fächer, Visier; frz. ventail, Luftloch, vantail. Thürflügel, éventail, Fächer; span. ventalle, Fächer: (ptg. heifst der „Fächer“ leque n abanico). Vgl. Dz 339 ventaglio; d'Ovidio. AG XIII 424.]

10047) [*vēntānā, -am f. (ventus), · Windloch, Öffnung in der Wand. = span. ventana, Fenster, vgl. Dz 497 s. v. S. oben fĕnĕstrĕ.]

10048) vēntĕr, -trem m., Leib, Bauch; ital. ventre, dav. ventresca (neuprov. ventresco), Wanst; sard. bentre; rum. vintre; frz. venter; prov. frz. cat. ventre, dav. frz. ventrière, Gürtel; span. vientre; ptg. ventre. Vgl. Gröber, ALL VI 139.

10049) vēntĭlābrum n., Wurfschaufel; dav. viell. mit Suffixvertauschung mail. ventorá, vgl. Salvieni, Post. 23.

10050) vēntĭlo, -āre (ventus), lüften; ital. ventilare „esporre al vento“, ventolare „esporre al vento e ondeggiare al vento“, vgl. Canello, AG III 335; frz. ventiler; span. ptg. ventilar.

10051) vēntrĭcŭlŭs, -um m. (Demin. von venter), kleiner Bauch; ital. ventricolo „lo stomaco degli animali in genere“, ventricchio, ventriglio „il ventricolo carnoso dei volatili“, vgl. Canello, AG III 353; (rum. vintricel; prov. ventrelh-s u. -ilh-s: cat ventrell; altfrz. ventreil,-oil; (neufrz. ventricule); span. ventrecillo; ptg. ventriculo). Vgl. d'Ovidio, AG XIII 394.

10052) [*vēntŭlărūm n. (ventus), Sieb; alttosc. ventola, voglio.]

10053) [*vēntrĭscŭla, -am f. (venter), Bauchstück: altfrz. ventresche, ventresque: span. ptg. ventrecha. Vgl. d'Ovidio, AG XIII 394.]

10054) vēntŭs,-um m., Wind: ital. vento; sard. bentu; rum. vint; prov. vent-z; frz. cat. vent, (frz. vent d'amont, Ostwind, vent d'aval, Westwind, aus letzterer Verbindung span. ptg. vendaval, Südwestwind, vgl. Dz 697 vent d'amont): span. viento: ptg. vento. Vgl. Gröber, ALL VI 139.

10055) vēntŭs āquĭlŭs (aquilo): daraus vielleicht ital. ventavoto, Nordwind, vgl. Dz 409 s. v.

10056) ags. veole, altnfränk. welc = altfrz. welke. Seemuschel, vgl. Dz 700 s. v.; Mackel p. 81.

10057) vēprēs (nicht vépres), -em m., Dornbusch; ital. vepre: frz. (mundartlich) vèvre, vavre, vgl. Horning, Z XVIII 233 und XIX 104.

10058) vēr n., Frühling; (ital. primavera); rum. vară (dazu das Vb. vāres ai at a, den Sommer hindurchbringen), primăvară; prov. ver, prim-vers; altfrz. ver, primevere; (neufrz. printemps): cat. primacero; span primavera. Frühling, verano, Sommer; ptg. primavera, Frühling, verão, Frühling, Sommer.

10059) [*vĕrănĕă, -am (*veranus v. ver); davon nach W. Meyer, Z XI 253, span. (astur.-galiz.) braña, Sommerweide. C. Michaelis, St. 227, hielt braña u. breña, Dorngebüsch (ptg. brenha, bei Diez 433 unerklärt unter Hinweis auf bask. breña = be ereña, besäte Tiefe) für Scheideformen, was Meyer mit Recht in Abrede stellt.]

10060) [*vĕrăntĭă, *vărăntĭă, -am f. (verus), ächte Farbe (vgl. griech. ἀληϑινόν), wird von Diez 593 als Grundwort zu frz. garance (pik. waranche), eine Pflanze zum Rotfärben, (span. granza, Krapp) aufgestellt. Diese bereits vor Diez mehrfach in Vorschlag gebrachte Ableitung ist nichtsdestoweniger unwahrscheinlich. Darf man vielleicht Herkunft vom ahd. wĕrēn „Gewähr leisten" vermuten (vgl. ahd. wĕrēnto = frz. garant, vgl. Kluge unter „gewähren", Mackel p. 80)? In der Bedeutung würde ein *guarantia dem *verantia gleich stehen, wie dieses ein dauerhaftes Färbemittel bezeichnen.]

10061) vĕrātrum n., Nieswurz; wald. veraire; berg. gelăder, vgl. Salvioni, Post. 23.

10062) vĕrax, -ācem, wahrhaft; davon vermutlich altoberital. vraxe; frz. vrai, wahr (ursprüngl. altfrz. c. r. u. c. o. verais, vrais, dann, indem das s als Nominativ-s angesehen wurde, c. r. vrais, c. o. vrai u. dazu neugebildet das Fem. vraie, wirklich klar gestellt ist indessen die Geschichte von vrai noch nicht), vgl. Suchier, Gröber's Grundrifs I 625. Körting, Formenbau des frz. Nomens p. 247 Anm. 3. Diez 700 s. v. stellte *veracus als Grundwort auf, aber es ist das eine unannehmbare Form. Vgl. auch Ascoli, AG X 92 Anm.; Cohn, Suffixw. p. 294.

10063) vĕrbasceŭm n., Wollkraut, = .ital. barbasso, vgl. Salvioni, Post. 23 u. guaraguasca, vgl. Nigra, AG XV 118; span. ptg. barbasco, vgl. Porodi, R XXVII 217. Vgl. Dz 430 s. v.

10064) vĕrbēnă, -am f. (gewöhnlich nur Plur. verbenae, Blätter u. zarte Zweige des Lorbeers und dgl.); ital. verbena, berbena, Eisenkraut, verména, Schöfsling; rum. brebena; frz. verveine, Eisenkraut; span. ptg. verbena. Vgl. Dz 409 verména.

vĕrbĕr, vĕrbĕră s. vĕrbŭm.

10065) vĕrbĕro, -āre (verber), peitschen, = ital. verberare etc.; sard. berberare.

10066) vĕrbŭm n., Wort; ital. verbo (gel. W.); rum. vorbă = verba (volkstüml. W., auch in der erweiterten Bedtg. „Sprache", dazu das Vb. vorbesc ii it i, sprechen): sard. belvu, parola, superstizione, vgl. Salvioni, Post. 22; rtr. vierf, Pl. verv; frz. verbe (gel. Wort), verve = verba, Gerede, schwungvolle Rede, Schwung, Begeisterung, vgl. Förster, Z IV 381, G. Paris, R X 302 u. XII 133 (Settegast, RF I 251, hatte verbera als Grundwort aufgestellt, vgl. auch Rönsch, RF I 447; Diez 697 s. v. dachte an das inschriftliche lat. verva, Widderkopf); cat. verb; altspan. vierbo; nouspan. ptg. verbo. Das volkstümlichen Gebrauche ist, abgesehen vom Rum., verbum in der Bedtg. „Wort" überall durch parabola oder muttum vordrängt worden.

10067) vĕre, wahrlich, = altfrz. voir, voire, vgl. Dz 700 s. v.

10068) vĕrēcŭndĭă, -am f., Scheu, Scham; ital. verecondia, vergogna; vgl. Canello, AG III 342; Diez 376 zieht hierher auch gogna, Pranger, Schandpfahl, Halseisen, u. Marchesini, Studj di fil. rom. II 5. stimmt ihm hierin bei, während Canello, AG III 395, in der Qualität des o ein begründetes Bedenken gegen diese Herleitung erblickt, gleichwohl wird sich eine bessere nicht finden lassen;

prov. vergonha; frz. vergogne; span. vergüenza (davon vielleicht toskanisch sguerguénza „malestro, fallo contro qualcuno", vgl. Canello, AG III 342); ptg. vergonha. Vgl. Dz 339 vergogna; Gröber, ALL VI 140.

10069) [*vĕrēda, -am f. (veredus), für Pferde gangbarer Pfad, = cat. span. ptg. vereda, Pfad, vgl. Dz 497 s. v.; Gröber, ALL VI 140; Baist, Z VII 124 (wo wegen des cat. veral die Ableitung von veredus angezweifelt wird). Caix, St. 479, ist geneigt, in ital. redola, resola „viuzza nei campi" eine Deminutivbildung zu *verada zu erblicken, hält es aber auch für denkbar, dafs redola für *ledola stehe u. zu altnd. leidh, frz. laie gehöre; es dürfte aber redola = *veredula vorzuziehen sein.]

10070) vere dictum = frz. verdict (gel. W.), Wahrspruch der Geschworenen; ital. verdetto.

10071) [*vĕrēdo, -āre (veredus), wie ein Pferd hin- u. herlaufen; frz. (veraltet) vréder, hin- und herlaufen, vgl. Dz 700 s. v., dagegen Gröber, ALL VI 140.]

10072) vēre + ūnus = ital. veruno (altital. auch vernullo), keiner; rum. verun, vreun, irgend einer. Vgl. Salvioni, Z XXII 479. Dz 409 s. v. hatte vel + unus als Grundform aufgestellt.

vĕrĭcŭlŭm s. vĕrŭcŭlum.

10073) vĕrĭtăs, -ātem f. (verus), Wahrheit; (ital. verità); prov. vertat-z; (frz. vérité); span.verdad; ptg. verdade.

10074) [*vĕrmĭcĕlŭs, -um m. (Demin. zu vermis), Würmchen; ital. vermicciuolo; rum. vermigor.]

10075) vĕrmĭcŭlŭs, -um m. (Demin. v. vermis), Würmchen, Scharlachwurm, Scharlachfarbe (vgl. Vulg. Exod. XXXV 25); davon ital. vermiglio (dem Frz. entlehnt), hochrot; prov. vermelh; frz. vermeil; cat. vermell; span. bermejo; ptg. vermelho. Vgl. Dz 339 vermiglio; Gröber, ALL VI 140; d'Ovidio, AG XIII 426.

10076) [*vĕrmĭnārĭŭs, a, um (vermis), zum Wurm gehörig; ital. verminaria „semenzajo di vermini che si fa nel letame", verminara „aggiunto d'una specie di lucertola", vgl. Canelle, AG III 311.]

10077) vĕrmĭnōsŭs, a, um (vermis), würmerreich; ital. verminoso; rum. verminos; prov. vermenos; span. ptg. verminoso.

10078) vĕrmis, em u. *-īnem m., Wurm; ital. verme, vermine; sard. berme; rum. verme; rtr. vierm; prov. verme-s, ver(m)-s; frz. ver; cat. verm, verme; altspan. bierven; neuspan. ptg. verme. Vgl. Meyer, Ntr. 67; Gröber, ALL VI 140.

10079) vĕrm[is] + *mŏlŭtŭs (molĕre) = frz. vermoulu, von Würmern zerfressen (eigentl. zermahlen), wurmstichig.

10080) kelt. Stamm vĕro- (aus veiro-), biegen; davon ist Th. p. 82 geneigt abzuleiten die gewöhnlich auf lat. viria (s. d.) u. vibrare (s. d.) zurückgeführten Worte.

10081) vĕrrēs, -em m., Eber; ital. verre, -o; sard. berre; rum. vier; (prov. frz. verrat, altfrz. auch ver): cat. verro; span. (verraco, varraco, barraco; ptg. varrão, barrão, barracco). Vgl. Dz 697 verrat; Gröber, ALL VI 140. Meyer-L., Roman. Gr. I 340, leitet von verres ab span. berrear; ptg. berrar „brüllen", berra „Brunst", vgl. auch Parodi, R XXVII 219.

10082) [*vĕrrīcŭlo, -āre (v. verrere), fegen, ist nach Diez 410 das Grundwort zu ital. vigliare (aus *vergliare), die Spreu vom gedroschenen Korn mit kleinen Besen abkehren, dazu vigliuolo, Spreu. S. aber auch unten villus.]

10083) **vĕrro, vĕrsum, vĕrrĕre,** schleifen, fegen, kehren; span. ptg. *barrer, varrer,* kehren. Vgl. Parodi, R XVII 54 u. XXVII 220.

10084) [***verrŭbĭum** *n.* wird von Parodi, R XXVII 239, als Grundform zu altbergam. *gaṛoḅi* (anderwärts *garobia*) aufgestellt, ohne dafs Parodi über Ableitung u. Bedtg. dieses *verrubium* sich ausspricht.]

10085) **vĕrrŭcŭ, -am** *f.*, Warze; ital. *verruca,* (Caix, St. 224, zieht hierher auch *brucolo* „Iolla, pustola", *briccolato* „butterato, segnato dalle pustole del vaiuolo", es würden dies also Deminutivbildungen sein und ein **verrucula, -um* voraussetzen); frz. *verrue;* span. ptg. *be-, verruga.* — Für entstanden aus *bis* (s. d.) + *verruco* (oder aber aus *bis* + *rocca*) hält Diez 430 frz. *baroque,* schiefrund, verschroben, span. *barrueco,* berrueco, ptg. *barroco,* ungleiche, nicht recht runde Perle, auch Adj. schiefrund, barock, während das ptg. Fem. *barroca,* Vertiefung im Erdboden, aus arab. *borqah* (Pl. boraq, vgl. Freytag I 111a) entstanden sein soll. Überzeugend ist diese Erklärung keineswegs, u. was Rönsch, RF II 315, zu ihrer Verteidigung sagt, ist einfach phantastisch. Ebenso wenig befriedigt Littré's Herleitung der Wortsippe aus dem Kunstausdruck baroco der scholastischen Logik. Vielleicht hängen die Worte zusammen mit ital. *barrocchio* (= *bis* + *rotulus,* vgl. Caix, St. 89) „treccie ravvolte dietro al capo", also wohl soviel wie „Haarknoten am Hinterkopf". Die lautlichen Bedenken, welche dieser Vermutung entgegenstehen, werden vielleicht durch die Erwägung gemildert, dafs ptg. *barroco,* span. *barrueco* ursprünglich offenbar ein Kunstausdruck der Perlenfischer und Perlenhändler zur Bezeichnung einer höckrigen (also annähernd doppelkugeligen) Perle und als solcher regelwidriger Lautbehandlung ausgesetzt war. Vgl. Parodi, R XXVII 220.

10086) **vĕrrŭnco, -āre,** sich kehren, sich wenden, bes. in der Religionssprache *bene verruncare,* einen guten Ausgang nehmen, gut ausschlagen; davon wollte Rönsch, RF II 315, herleiten span. ptg. *barruntar,* erraten, voraussehen, wovon *barrunta,* Scharfblick im Voraussehen, *barrunte,* Späher, Kundschafter. Die Ableitung ist höchst unwahrscheinlich. Diez 431 *s. v.* bringt, sich stützend auf altspan. *barutar,* das Vb. in Verbindung mit prov. *barutar* (= **buratar*), frz. *bluter,* Mehl sieben (altfrz. *buleter*), welchen Wortsippe vermutlich auf *bure,* grobes wollenes Zeug, zurückgeht u. in letzter Linie auf lat. **būreus* (= *būrrus*) beruht, s. oben unter **buidelen** und ***būreus.** Die Grundbedeutung von barruntar würde folglich sein „(mit den Gedanken) etwas gleichsam durchsieben, durch allseitige Erwägung nur mehreren Möglichkeiten die richtige herausfinden u. dgl." Gewifs ist Diez' Ableitung scharfsinnig. Überzeugen kann sie aber gleichwohl nicht. Der Ursprung von *barruntar* mufs für noch dunkel gelten.

10087) [***vĕrsālĭum, *bērsālĭum** *n.,* (Dreh)-scheibe; ital. *bersaglio,* Scheibe.]

10088) [***vĕrsīeus, a, um,** schielend; ptg. *vesgo,* vgl. C. Michaelis, Frg. Et. p. 11.]

10089) **vĕrso, -āre** (Frequ. zu *vertĕre*), drehen, wenden (im Roman. besonders „ein Gefäfe umwenden u. dadurch seines Inhaltes entleeren, ausgiefsen"); ital. *versare;* rum. *vărs ai at a;* prev. *versar;* frz. *verser;* (Diez zieht hierher auch span. *bosar,* rebosar = *vorsare;* das übliche Verb für „giefsen" ist im Span. *echar* = *ejectare,* im Ptg. *vasar* v. *vasum* u. *deitar* = *dejectare*). Vgl. Dz 340 versar.

10090) [***vĕrsōrĭum** *n.,* ein Werkzeug, das man kehrt u. wendet; venez. *versor,* Pflug; piem. *ambussor,* imbute. Vgl. Salvioni, Post. 23.]

10091) 1. **vĕrsŭs, -um** *m.,* Vers; ital. *verso;* (lad. vers, *viers,* Ton, Laut, Schrei (vgl. ital. *barciare,* schreien, s. R XXVII 221); rum. prov. frz. cat. *vers;* span. ptg. *verso.*

10092) 2. **vĕrsŭs,** gegen; ital. *verso;* rtr. *envers;* prov. *vers,* (*ves*), *vas;* frz. *vers;* cat. *envers.* Vgl. Dz 696 *vas;* Gröber, ALL V 141.

10093) [***vĕrtĕbĕllŭm** *n.* (*vertēre*), ein Gerät zum Fischfang (*vertebolum* in der Lex Sal.); altfrz. *vervier;* neufrz. *verveux.* Vgl. Dz 49 *bertovello;* Gröber, ALL VI 141.]

10094) [***vĕrtĕbrĭnŭ, -am** *f.* (*vertebra* v. *vertēre*), ein Werkzeug zum Drehen; davon vermutlich ital. *verrina,* Bohrer (*verricello,* Haspel); sard. *berrina,* barrina; cat. *barrina;* viell. auch span. *barrena,* wenn es nicht mit ptg. *verruma* zu arab. *barimah* (Freytag I 114b) gehört. Diez 340 *verrina* leitete die Sippe von *veruina* (s. a.) ab.]

10095) **vĕrtex, -tĭcem** *m.,* Scheitel; ital. *vertice;* rtr. *gvertša,* vgl. Meyer-L., Z. f. ö. G. 1891 p. 778; Mussafia, Beitr. 103 Anm.

10096) ***vĕrtĭbĕllŭ, -am** *f.,* drehbares Ding, Ring; frz. *vertevelle, vervelle,* Ring am Fufse des Falken; neuprov. *bartavello,* vgl. Themas, R XXVI 435: Parodi, R XXVII 221.

10097) **vĕrtĭbŭlŭ, -am** *f.,* Wirbelsäule; valsess. *vertibbie,* ferro del catenaccio, in cui passa la spranghetta, vgl. Salvioni, Post 23.

10098) [***vĕrtĭcellus, *bĕrtĭcĕllus, -um** *m.;* viell. Grundform zu frz. *berceol, berceau,* Wiege, *berceles,* wiegen. Siehe No 10102.]

10099) **vĕrtĭcĭllŭm, -um** *m.,* Wertel; sard. *vertigheddu;* lecc. *furteciddu;* altsicil. *furticellu,* vgl. Salvioni, Post. 23.

10100) **vĕrtĭcŭlŭ, -am** *f.,* Gelenk; mail. *vertega,* bandella; altmail. *vertegh,* fusajuolo; campab. *wurticchia;* sicil. *virticchia.* Vgl. Salvioni, Post. 23; Parodi, R XXVII 217.

10101) **vĕrtĭgo, -ĭnem** *f.* (*vertēre*) Schwindel; (ital. *vertigine,* Schwindel); aus *vertiginem* entstand nach Tobler, Misc. 72, frz. *avertin* (aus *l'avertin* = *la vertin*), Drehkrankheit der Schafe.

10102) [***vĕrtĭo, -āre,** drehen, schaukeln; (dav. od. Rückbildung aus *berceler,* s. No 10098); frz. *bercer,* wiegen.]

10103) **vĕrto, vĕrtī, vĕrsŭm, vĕrtĕre,** drehen; ital. *vertere* (nur in sehr eingeschränkter Bedtg. „sich um etwas drehen, etwas betreffen"); prov. altfrz. cat. span. ptg. *vertir* (meist nur in Kompositis: als Simplex ist das Vb. in seiner allgemeinen Bedtg. durch *tornare* verdrängt worden). Vgl. Gröber, ALL VI 141.

vĕrtrāgŭs s. **vēltrŭs.**

10104) ***vĕrtŭcŭlŭm** *n.,* Wirbel; prov. *vertoulh-z;* altfrz. *vertoil,* vgl. Thomas, R XXVI 450.

10105) oskisch **veru,** umbrisch **vero,** Thor einer Stadt; wurde von Diez, R II 326, als Grundwort aufgestellt zu ital. *verone,* Balkon, Erker. Diez 409 *s. v.* vermutete. dafs *verone* aus **vironem* (von *vir*) entstanden sein u. dieses eine Nachbildung des griech. ἀνδρών sei. Baist, Z VII 124, bezweifelt die Diez'sche Ableitung, wufste aber nichts Besseres an ihre Stelle zu setzen. So scharfsinnig Diez' u. Bugge's Vermutungen auch sind, so macht doch keine von beiden den Eindruck der Wahrscheinlichkeit. Man wird auf lat. *vēru,* Spiefs, zurückgreifen

müssen, welches im Plur. eine durch Spiefse her-
gestellte Umzäunung von Altären bedeuten kann
(s. Georges *s. v.*), *verone* würde demnach ursprünglich das lanzettartige Gitter eines Balkens, dann
diesen selbst bezeichnet haben. Die Vermutung,
dafs cat. *barana*, Geländer, span. *baranda*, ptg.
varanda gleichen Ursprung mit *verone* haben, liegt
nahe, ist aber unhaltbar. Diese Worte sind vielmehr, wie das englische *veranda*, indischer Herkunft,
s. oben **varanda**.

10106) **vĕru** *n.*, Spiefs: davon vermutlich ital.
viera, ghiera, Pfeil, vgl. Mussafia, Beitr. 119. Diez
375 *ghiera* hatte dtsch. *gêr* als Grundwort aufgestellt. Deminutivbildung aus *veru* ist vermutlich
ital. *ver(r)etta*, Spiefs. S. auch osk. **veru.**

10107) ***vĕrūcŭlo, -āre** (*veruculum*), verriegeln;
frz. *verrouiller*; ptg. *ferrolhar.*

10108) **vĕrūculum** *n.* (Demin. v. *veru*), kleiner
Spiefs (im Roman. Riegel); piem. *froi*; prov.
verrolh-s; frz. *verrouil, verrou*: ptg. *ferrolho* (angeglichen an *ferrum*). Vgl. Dz 697 *verrou*: Gröber,
ALL VI 141.

10109) **vĕrūĭnă, -am** *f.* (*veru*), Spiefs; davon nach
Diez 340 ital. *verrina*, Bohrer, (*verricello*, Haspel):
sard. *berrina*, *barrina*; cat. *barrina*; vielleicht
auch span. *barrena*, während ptg. *verruma* „wohl
besser auf das gleichb. arab. *bairam* oder *barimah*, Freitag I 114b, zurückgeleitet" wird. Die
ganze Ableitung ist schon wegen des *rr*, das doch
kaum aus *rv* entstanden sein kann, nicht eben
wahrscheinlich. Das richtige Grundwort, wenigstens
für das ital. sard. u. cat. Wort, dürfte ***vertebrina**
(v. *vertebra* v. *vertere*) sein.

10110) **vĕrūtus, a, um** (*veru*), mit einem Spiefs
versehen; sard. *ber(r)uda*, munito di branche, di
corna, vgl. Salvioni, Post. 23.

10111) **vĕrvăctŭm** *n.*, Brachfeld; sard. (logud.)
barvattu (schrittal. fehlt das Wort u. wird durch
maggese v. *maggio*=Majus ersetzt); prov. *garag-z*;
frz. *guéret*; span. *barbecho*; ptg. *barbeito*. Vgl.
Dz 42 *barbecho*. — Auf ein ***verratto, *veracta**=
vervacta will W. Meyer, Z XI 264, ital. *fratta*,
Hecke, zurückführen. Diez 373 *s. v.* hatte das Wort
vom griech. φράττειν abgeleitet. Einfacher ist es
wohl, an *fracta*, scil. *saepes*, zu denken. Vgl. Parodi, R XXVII 222.

vĕrvĕx s. **bĕrbīx.**

vēsīcă s. **vēssīcă.**

10112) ags. **vesle, wesle**, Wiesel; davon nach
Diez 700 mit Suffixvertauschung altfrz. (?) *voison*
(lothr. *veho, véchoŭ*; wallon. *wiha*), Iltis, Stinktier; span. *veso* (fehlt in neueren Wörterbüchern).
Vgl. jedoch unten **vīsĭo.**

10113) **vĕspă, -am** *f.*, Wespe; ital. *vespa*; rum.
vespă; rtr. *vespia*; prov. *vespa*; frz. *guêpe* (ostfrz. *wes* will Horning, Z XVIII 230, von dtsch.
wespe ableiten); cat. *vespa*; span. *avispa*; ptg.
vespa, bespa. Vgl. Dz 606 *guêpe*; Gröber, ALL
VI 141.

10114) **vĕspĕr, -um** *m.* u. **vĕspĕră, -am** *f.*, Abend
(im Roman. nur in der kirchlichen Bedtg. „Vesper",
während für „Abend" *sera, serum* eingetreten ist);
ital. *vespero*; sard. *pesperu*; prov. *vespra*; frz.
vêpre; cat. *vespra*; span. *vísperas*; ptg. *vesperas*,
Vgl. Gröber, ALL VI 141.

10115) ***vĕspĕrtīllŭs, -um** *m.* (für *vespertilio*),
Fledermaus (ital.*vipistrello, vipistrello, vespistrello,
pipistrello*; neap. *barbastréjo* = *vespertillus*, vgl.
Salvioni, Post. 23. Vgl. Dz 390 *pipistrello.*

10116) ***vĕssīcă, -am** *f.* (für *vesica*), Blase; ital.

vescica; sard. *buscica*; rum. *beşică*; rtr. *veschia*;
prov. *vesiga*; frz. *vessie*; span. *vejiga*; ptg.
bexiga. Vgl. Gröber, ALL VI 141; Parodi, R XXVII
222.

10117) ***vĕssīcula, -am** *f.* (f. *vessicula*), kleine
Blase, neapol. *vessecchia.*

vĕstĕr s. **vŏstĕr.**

*vĕstīllă s. **vītīllă.**

10118) **vĕstīmentum** (*vestire*), Bekleidung; ital.
vestimento; rum. *veştmînt*; prev. *vestimen-z*; frz.
vêtement; cat. *vestiment*; span. *vestimento*; ptg.
vestimenta (bedeutet fast nur „priesterliche Kleidung").

10119) **vĕstīo, -īre**, bekleiden; ital. *vestire*; rtr.
vestir; prov. *vestir*; frz. *vêtir*; cat. span. ptg.
vestir.

10120) **vĕstīs, -em** *f.*, Kleid; ital. *vesta*; span.
ptg.) *veste* u. *vesta*, vgl. Canelle. AG III 402: sonst
durch *vestimentum. vestitura, habitus, roba* ersetzt,
vgl. die betr. Artikel. Vgl. Gröber. ALL VI 141.

10121) **vĕstītūră, -am** *f.* (*vestire*), Kleidung; ital.
vestitura; frz. *vêture*; ptg. *vestidura*
(u. *vestido*). Rönsch's Vermutung, RF II 314, dafs
frz. *guêtre* auf *vestitura* zurückgehe, ist völlig unhaltbar, sieh oben **vastrapa.**

10122) **vĕtĕrānus, a, um**, alt; ital. *veterano*;
sien. *vetrano*, uomo d'età; friaul. *vedran*; rum.
bătrîn; frz. *vétéran*; span. ptg. *veterano*; volkstümlich ist das Wort nur im Rumänischen.

10123) **vĕtĕrnus, a, um**, alt; darauf führt Cornu,
Gröber's Grundrifs I 767, zurück ptg. *modorna*,
modorra, Zeit vor Tagesanbruch, tiefer Schlaf;
Laut u. Begriff lassen aber diese Ableitung als sehr
fragwürdig erscheinen. Vgl. Parodi, R XXVII 222.

10124) **vĕto, -āre**, verbieten; ital. *vietare*; altoberital. *vedar, devear*; altfrz. *véer*; span.
vedar.

10125) **vĕttōnĭca, -am** *f.*, Betonie (eine Pflanze);
ital. *bettonica, brettonica* (vielleicht angelehnt an
bretto, unfruchtbar); altfrz. *vetoine*; neufrz.
bétoine; ptg. *betónica* (gel. W.). Vgl. Dz 66
brettonica; Gröber, ALL VI 142.

10126) **[*vĕtŭlĭtĭă, -am** *f.* (*vetulus*), Alter; ital.
vecchiezza; prov. *ve-, vilheza* (daneben *veltat-z* =
vetulitatem); frz. *vieillesse*; span. *vejez*; ptg.
velhice.]

10127) **vĕtŭlŭs** = ***vĕcŭlŭs, a, um** (*vetulus*, non
vectus App. Probi 5), alt; ital. *vecchio* u. *veglio*
(letzteres nur Sbst. „Greis"), vgl. Canello, AG III
354: rum. *nechiu*; rtr. *vegl* etc., vgl. Gartner
§ 200; prov. *vielh*; frz. *vieux, vieil*; cat. *vell*;
span. *viejo*; ptg. *velho*. Vgl. Dz 338 *vecchio*;
Gröber, ALL VI 138.

10128) **vĕtŭs, -ĕrem**, alt; ital. *vieto* und *vetro*
(nur in Eigennamen, z. B. Orvieto, Castelvetro);
niederengad. *védar*, ranzig (entspr. Formen mit
ähnlicher Bedtg. auch in anderen Mundarten, vgl.
Nigra, AG XV 127); altfrz. *vies*; span. *v(i)edro*
(nur in Eigennamen, z. B. Murviedro, u. in der
adverbialen Verbindung *de vedro*, von alters her);
ptg. *vedro* (nur in Eigennamen, z. B. Torres ve-
dras). Vgl. Dz 338 *vecchio*; Caix, Giorn. di fil.
rom. II 70.

10129) **vĕtūstus, a, um**, alt; sard. *vedustu.*

10130) **vĕxo, -āre**, beunruhigen, quälen; ital.
vessare; span. *véjar*; sonst nur gel. W.

10131) **vĭă, -am** *f.*, Weg; ital. *via*; prov. *via*;
frz. *voie*; cat. span. ptg. *via*. Vgl. Dz 341 *via*;
W. Meyer, Ztschr. f. vgl. Sprachf. XXX 335; Gröber,
ALL VI 142. S. unten **vĭcĭs.**

10132) **vīāns, -āntem** m. (Part. Präs. v. *viare*), Wanderer; ital. *viante*, Wanderer, *biante*, Landstreicher. Vgl. Dz 357 *biante*; Canello, AG III 362.

10133) **vīārīūs, a, um** (*via*), die Wege betreffend; frz. *voyer*, Wegeaufseher. Vgl. Dz 700 *s. v.*

10134) **vīātīcūm** n. (*via*), Reisegeld (im Roman. Reise); ital. *viatico*, Sterbesakrament, *viaggio*, Reise, vgl. Canello, AG III 348, dazu das Verb *viaggiare*; (rum. *viadi*, wird von Diez angeführt, fehlt bei Cibao); prov. *viatge-s*; frz. *voyage*, dazu das Vb. *voyager*, wovon wieder das Nomen actoris *voyageur*; span. *viaje*, dazu das Vb. *viajar*, wovon *viajador*; ptg. *viagem*, Ableitungen wie im Span. Vgl. Dz 341 *viaggio*.

10135) **vībro, -āre**, schwingen; davon nach Bugge, R V 187, prov. *virar*, drehen (*vibrare : virar =
libra : lira*, vgl. aber unten); davon *viron, environ*, ringsum; frz. *virer*, davon auch das Adv. *environ*, span. ptg. *virar*; (ital. nur das Kompos. *invironare*). Dagegen aber spricht unbedingt die Kürze des lat. i gegenüber dem roman. *i*. Aus demselben Grunde ist auch, um von anderem abzusehen, das von Diez 342 *virar* vermutete Grundwort *vīrine* (s. d.) völlig unannehmbar. Auch die von Thurneysen p. 82 befürwortete Herleitung aus dem kelt. Stamme *veiro-, vēru-* „biegen" ist lautlich u. begrifflich bedenklich. Da nun auch die begrifflich sehr ansprechende, aber lautlich unannehmbare Ableitung von *gyrare* abzuweisen ist, selbst wenn man mit Parodi, R XXVII 225, an Kreuzung von *gyrare* mit *vibrare* u. *viria* glauben wollte, so wird man nicht umhin können, ein volkslateinisches *vīrare* anzusetzen. Dieses *vīrare* dürfte zunächst aus *vīsare* entstanden sein u. auf die idg. Wurzel *vi*, flechten, drehen, zurückgehen, also auf diejenige Wurzel, von welcher u. a. sskr. *vê-tica*, Band, gr. *ítéa*, Weide, abd. *wîda*, Weide, altbulg. *viti*, flechten, lat. *vimen, vitis* etc. abgeleitet werden. Eine durch *s* erweiterte Form dieser Wurzel zeigt das Sbst. *vis* (ursprünglich wohl „Band" bedeutend, daher so häufig die Verbindung *vires nervique*) im Plur. *vir-es; *vir-ā-re* würde also das aus der erweiterten Wurzel abgeleitete Verbum sein. — Auf ein nasaliertes *vimbrare, *vimblare* führt Bugge, R III 149, zurück altfrz. *vimblet, guimbelet*, Bohrer (daneben *guibelet*, neufrz. *gibelet*), aber auch dieser Ableitung widerspricht das kurze *i* in *vibrare; gibelet* dürfte zu *gibe, gibet* gehören (sieh oben unter **cūpico** am Schlusse), bei *guimbelet, guibelet* deutet der Anlaut auf germanischen Ursprung hin, man vergleiche zu dänisch *vimmel, guibelet* deutet der Anlaut auf germanischen Ursprung hin, man vergleiche zu dänisch *vimmel, Bohrer.

10136) **vībūrnūm** n.; Mehlbeerbaum; (ital. *ri-burno*); tosc. *vavorna*; frz. *viorne;* span. *viorna*; ptg. *viburno* (gel. W.). Vgl. Dz 699 *viorne*; Gröber, ALL VI 142.

10137) *****vīca, -am** f., Wechsel (vgl. *vices, vicarius*); span. *vega*, Feld, welches abwechselnd mit verschiedenen Früchten bestellt wird, fruchtbares Gefilde, Aue; ptg. *veiga* (daneben *vega* mit der Bedtg. „Mal"). Vgl. Schuchardt, Z XXIII 186.

10138) **vīcārīūs, -um** m. (*vicis*), Stellvertreter (im Mittellat. „Richter"); prov. (frz.) *viguier*, Schultheifs, Landvogt (altfrz. wird auch *voyer*, welches ebenfalls aus *vicarius* entstanden sein kann, in ähnlicher Bedtg. gebraucht); span. *veguer*. Vgl. Dz 699 *viguier* und 700 *voyer*. Hierher gehört auch lad. *vogára*, mandra comunale, vgl. Salvioni, R XXVIII 109. S. unten **vīdĕatur**.

10139) *****vīcĕcŏmes, -ĭtem** m., Stellvertreter eines Grafen; altfrz. *viscomte;* neufrz. *vicomte;* (ital. *visconte*); span. ptg. *visconde*.

10140) **vīcĕdŏmīnūs, -um** m., Stellvertreter des Herrn, = frz. *vidame*, Stiftsamtmann, vgl. Dz 699.

10141) [*****vīcĕndă, -am** f. (*vicis*), Wechsel, = ital. *vicenda*, Abwechslung, Vergeltung, vgl. Dz 410 *s. v.*]

10142) **vīcĭă, -am** f., Wicke; ital. *veccia*; prov. *vessa;* frz. *vesce;* cat. *vessa;* span. *veza*, *arveja, algarroba;* (ptg. *ervilhaca*). Vgl. Dz 689 *vesce;* Gröber, ALL VI 142.

10143) **vīcīnĭă, -am** f. (*vicinus*), Nachbarschaft; rum. *vecinie*.

10144) **vīcīnĭtās, -ātem** f. (*vicinus*), Nachbarschaft; ital. *vicinità;* rum. *vicinătate;* prov. *vezinetat-z;* (frz. *voisinage*); span. *vecindad;* (ptg. *convizinhança*).

10145) **vīcīno, -āre** (*vicinus*), Nachbar sein; ital. *vicinare;* rum. *vecinez ai at a; frz. *avoisiner;* span. *avecinar, aveçindar;* ptg. *vizinhar, avezinhar*.

10146) **vīcīnūs** und *****vīcīnus, a, um** (*vicus*), benachbart, Nachbar; ital. *vicino;* rum. *vecin;* prov. *vezin-s, vezi-s;* frz. *voisin;* cat. *vehi;* span. *vecino;* ptg. *vizinho*.

10147) (**vīcīs, -em** f., Pl.) **vīcēs**, Wechsel (im Roman. Vervielfältigungsadverb „mal"); prov. *vetz, fez;* frz. *fois* (das *f* beruht viell. auf Angleichung an *font* in den Multiplikationsformeln, z. B. *deux fois deux font quatre;* Hulthausen, Z X 292, erklärt das *f* aus Satzphonetik; vgl. auch Bianchi, BG 376 Anm. 1); span. ptg. *vez.* — Daneben *****vicāta** ital. *fiata, via* [?] (altital. *vicata, fia*, altgenues. *foiee*. Vgl. Dz 340 *via;* Caix, St. 28 über nähere und überzeugende Begründung dieser Ableitung).

10148) **vīctīmo, -āre** (*victima*), opfern; rum. *vătăm ai at a*, verwunden. Die Ableitung ist aber unsicher.

10149) [**vīctŏrĭă, -am** f., Sieg; ital. *vittoria;* valtell. *vicioria* (scheint Erbwort, zu sein, vgl. AG XIV 215); frz. *victoire;* span. *victoria*, vitoria; ptg. *victoria.*]

10150) **vī- u. *vīctūālĭă** n. pl., Lebensmittel; ital. *vettovaglia;* neap. *vettaglia;* ptg. *vitualha, bitalha.*

10151) [**vīctūs, -um** m. (*vivĕre*), Lebensunterhalt, Nahrung; ital. *vitto;* rum. *vipt;* altspan. *victo.*]

10152) peruanisch **vīcunna**, ein wolltragendes Tier; ital. *vigogna;* frz. *vigogne;* span. *vicuña;* ptg. *vigunha.*

10153) **vīcūs u. vīculus, -um** m., Stadtviertel, Gasse, = ital. *vico*, Gasse; valbreg. *vig;* rtr. *viky;* vegl. *vigla;* ptg. *beco*, kleine Strafse, vgl. C. Michaelis, Frg. Et. p. 51.

10154) **vīdĕ** (2. Sg. Imperat. v. *vidēre*), sieh!; daraus nach Diez 458 span. *he* (aus *fe = ve*) in *he-lo, he-la* u. dgl. — Auf Kreuzung von *vide* und *ecce* scheint prov. *vec* zu beruhen, vgl. Suchier, Gröber's Grundrifs I 630.

10155) **vīdĕātur**, es möge (gut) scheinen; dav. nach Cornu, Z XVI 521, das provz. Sbst. *veiaire-s*, Urteil, Meinung, Ansicht. Diez 696 setzte das Wort = *vicārium* „Richterspruch" an.

10156) **vīdĕo, vīdī, vīsum, vīdēre**, sehen; ital. *vedo* u. *veggo vidi* u. *veddi veduto* u. *vistu vedēre;* rum. *věd* u. *věz vězui vězut vedě;* rtr. Präs. *věi, vets, veigi* etc., Part. *viu*, Fem. *vaisda* etc., Inf. *vdzér, vekr* etc., vgl. Gartner § 148 und 198;

prov. *vei vi vezut* u. *vegut* (daneben *vis* u. *vist*) *vezer*; frz *vois vis vu voir*; cat. *vech vegui vegut veurer*; span. *veo vi* (altsp. *vidi*) *visto ver* (altsp. *veer*); ptg. *vejo vi visto ver* (altptg. *veer*). — Zu ital. *vedere* gehört vermutlich das Sbst. *vedetta*, Wacht, Wache, es dürfte durch Suffixvertauschung aus *veduta*, Aussicht, entstanden sein, u. eigentl. einen Auslugpunkt bezeichnen. Diez 409 meint, dafs *vedetta* aus *veletta*, welches wieder auf *veglia* zurückgehe, entstanden sei, dann aber wäre *veglietta* zu erwarten, *veletta* dürfte vielmehr ebenso span. Lehnwort (= *veleta* v. *velar* = *vigilare* im Ital. sein, wie *vedette* ital. Lehnwort im Französ. ist.

10157) **vĭdīmus** (1 P. Pl. Perf. Ind. Act. v. *videre*); davon frz. *vidimer* (gel. Wort), eine Abschrift beglaubigen, vgl. Dz 699 *s. v.*

10158) [**vĭdŭlĭtĭa, -am** *f.* (v. *vidulus*, Korb, Koffer) ist nach Diez 337 das vorauszusetzende Grundwort zu ital. *valigia*, Felleisen, frz. *valise*, dazu das Vb. *dévaliser*; span. *balija*, dazu das Vb. *desbalijar*. Übergangsstufen würden gewesen sein *velligia*, *volligia*. Ascoli, AG I 512 Anm., stellte unter Hinweis auf rtr. *valiğie* ein *valitia* (von *val-ère*) mit der Bedtg. „le cose di qualche prezzo che il viaggiatore porta seco" als Grundwort auf. Aber das Suffix -*itia* verbindet sich nicht mit einem Verbalstamme. Die Diez'sche Deutung verdient also den Vorzug. Devic *s. v.* macht darauf aufmerksam, dafs ein arab. *oualiha* „Kornsack" und ein pers. *walitchè* „grefser Sack" vorhanden seien, das roman. Wort also vielleicht morgenländischen Ursprung haben könne.]

10159) **vĭdŭŭs, a, um,** verwitwet; ital. *vedovo*; rum. *văduv*, daneben *vădană* (gleichsam *vidana*), Witwe; prov. nur das Fem. (*vidua*), *veusa, vezoa, veuva*; frz. *veuf*; cat. span. *viudo*; ptg. *viuvo*.

10160) **vĭdŭvĭum** *n.* (keltisches Wort), *δίχελλα*; prov. *vezoig-s*, Spaten; [?] frz. *vouge*, Hippe, vgl. W. Meyer, Z X 173, viell. auch *besoche* (prov. *besoč*), Grabscheit, vgl. Meyer-L., Roman. Gr. I p. 44 (Thomas, R XX 444, vgl. XXV 443 u. XXVII 223, setzt *besoche* = *bisocca* an). Vergl. oben **valgus.**

10161) dtsch. **viertel;** davon vielleicht frz. *velte*, ein Mafs, Mafsstock, vgl. Bugge, R III 159.

10162) ***vĭĕtŭs, a, um** (*vietus*), welk; ital. *guizzo*, welk, schlaff. *viegio, biegio* „debole; infermiccio", (*vizzio*, welk, ist wohl gekürztes Partizip eines Verbum *vizziare* = *vi(e)tiare*, vgl. Gröber, ALL VI 141). Vgl. Caix, St. 656.

10163) **vĭĕtus, a, um,** welk; davon viell. ital. *guitto* „sordido, abbietto, vile"; von dem ital. Worte scheint abgeleitet zu sein span. *guiton* „vagabondo, ozioso, accattone". Vgl. Caix, St. 355, vgl. dagegen G. Paris, R VIII 619, der *guiton* für german. Ursprunges erklärt. S. No 4117 gait.

10164) [**vĭgĭlāntĭvŭs, a, um** (*vigilans*), wachsam, — altfrz. *vigilantif*, Name des Rosses Rolands, vgl. Fafs, RF III 496.]

10165) ***vĭgĭlātŏr, -ōrem** *m.* (*vigilare*), Wächter; ital. *vegliatore, vegghiatore*; rum. *veghietor*; frz. *veilleur*; span. ptg. *velador*.

vĭgĭlĭa s. **vĭgĭlĭo.**

10166) **vĭgĭlo, -āre** (*vigil*), wachen; ital. *vigilare* „invigilare", stare attenti", *vegliare*, *vegghiare* (*veggiare*) „vigilare, star desti", vgl. Canello, AG III 356; dazu das Sbst. *veglia, vegghia* (nicht aber gehört hierher *veletta, vedetta*, s. oben unter **videre** am Schlusse); (sard. *bizare*; rum. *veghies ai at a*; rtr. *vigliar*; prov. *velhar*; frz. *veiller*, dazu das

Sbst. *veille*; (*vigie*, Schiffswache, ist Lehnwort aus dem Ptg.); cat. *vetlar*; span. *velar* (vgl. *digitus*: *dedo*, s. d'Ovidio, AG XIII 440), dazu das Sbst. *vela*, wovon wieder *veleta*, Wächter, Wetterfahne; ptg. *vigiar* (dazu das Sbst. *vigia*), *velar*, vgl.d'Ovidio, AG XIII 370. Vgl. Dz 339 *veglia*; Gröber, ALL VI 142.

10167) ***vī- u. vĭgĭntī** (für *viginti*), zwanzig; ital. *venti*; (rum. *doue zeci*); rtr. *vainch* etc., vgl. Gartner § 200; prov. *vint*; frz. *vingt*; cat. *vint*; span. *veinte*; ptg. *vinte.* Vgl. Gröber, ALL VI 142.

10168) **vĭgŏr, -ōrem** *m.*, Kraft; ital. *vigore*; (berg. *viú*); prov. *vigor-s*; frz. *vigueur*; span. ptg. *vigor*; überall nur gel. Wort.

10169) ***vĭgŏrōsŭs, a, um** (*vigor*), kräftig; ital. *vigoro×o*; frz. *vigoureux*; span. ptg. *vigoroso.*

10170) altnord. **vĭgr**, Speer, = altfrz. *wigre*, Speer. Vgl. Dz 701 *s. v.*, Mackel p. 93.]

10171) altnord. **vĭk**, Bucht, Winkel des Mundes, der Haare oberhalb der Schläfen; davon nach Diez 607 prov. *guisquet-z*, Pförtchen; altfrz. *guischet*, pik. *wisket*; neufrz. *guichet*. Diese Ableitung wird aber von Mackel n. 95 mit guten Gründen bestritten. Das Grundwort mufs stammhaftes *s* besessen haben, es ist noch aufzufinden. Braune, Z XVIII 529, leitet *guischet* von ahd. *wiskan* wischen, huschen, ab, darnach würde *guischet* eigentlich etwa „Schlupfpförtchen" bedeuten.

10172) ags. **vīle**, List; prov. *guila*, Trug, Spott, Tücke, dazu das Vb. *guilar*, betrügen, foppen (wovon wieder das Vbsbst. *guil-s*); altfrz. *guile*; neufrz. *guille*; ptg. *guilba*. Vgl. Dz 607 *guile*; Mackel p. 110 u. 183.

10173) [***vīlīācĕŭs, a, um** (*vilis*), gemein; ital. *vigliacco*, feig; span. *bellaco*, niedrig, schlecht, spitzbübisch; ptg. *velhaco*. Vgl. Dz 341 *vigliacco*. ALL VI 143.]

10174) **vīlĭs, -e**, gemein, wohlfeil, gering; ital. *vile*, dav. viell. *vigliume*, Spreu, piem. *biüm*, Holzstaub, vgl. Parodi, R XXVII 223; prov. *vil-s*; frz. *vil*; span. ptg. *vil.*

10175) **vīlĭtās, -ātem** *f.* (*vilis*), Gemeinheit; ital. *vil(i)tà*; prov. *viltat-z*; frz. *vileté*; span. ptg. *vildad, -e.*

10176) ***vīlītĭā, -am** *f.* (*vilis*), Gemeinheit; ital. *vilezza*; span. ptg. *vileza.*

10177) **vīllā, -am** *f.*, Landgut, Meierei (im Roman. auch „Stadt"); ital. *villa*, Landhaus (Stadt = *città*); sard. *bidda*; prov. *villa*, Stadt; frz. *ville*, Stadt; cat. span. ptg. *villa*, Marktflecken (Stadt = *ciudad, cidade*). Vgl. Dz 341 *villa*; Gröber, ALL VI 143.

10178) 1. ***vīllānŭs, a, um** (*villa*), ländlich, bäurisch, gemein; ital. *villano*; prov. *vila-s*; frz. *vilain*; span. *villano*; ptg. *villão*. Dazu das Sbst. ital. *villana*, prov. *villana*; prov. *vilania* (daneben *vilanatge-s*), niedere Geburt, bäurisches Wesen, Rohheit, Beschaffenheit.

10179) 2. [***vīllānŭs, a, um** (*villus*), zottig; dav.(?) span. *vilano* u. *milano*, Wolle der Distelblüte, vgl. Dz 469 *milano*.]

10180) ***vīllātĭcŭm** *n.* (*villa*), Dorf; ital. *villaggio*, davon *villeggiare*, auf dem Lande leben, *villeggiatura*, Landwohnung; frz. span. *village, -je*; ptg. *villagem.*

10181) **vĭllōsŭs, a, um** (*villus*), zottig; ital. *veloso*, zottig, haarig (*velluto*, Samt); prov. *velous*; frz. (*velous*) *velours*, Samt; cat. *vellós*, zottig; span. ptg. *velloso*. Vgl. Dz 697 *velours*; Gröber, ALL VI 143. S. **vĭllūtŭm.**

10182) **vīllŭs, -um** m., Zotte; ital. vello, Wolle (kann auch = vellus sein); sard. biddu, stame; prov. veló-s (= *villonem), Fell, Vliefs; span. vello, Milchhaar; ptg. vello, Fell. Vgl. Gröber, ALL VI 143. — D'Ovidio, AG XIII 419, leitet von villus, bezw. von *villeus ab ital. vigliare, die beim Dreschen ausgefallenen Ähren mit kleinen Besen auflesen.

10183) **vīllūtum** n. (villus), Wollzeug, Samt; ital. velluto; altfrz. velueau = *villutellum; neufrz. velours, Samt, velouter, samtartig weben; span. velludo, veludo; ptg. veludo (bedeutet auch „Tausendschönchen"). Vgl. Dz 697 velours.

10184) **vīmĕn** n., Weide, = ital. vimine; flor. vine, berg. 'em u. vema; posch. vima, com. vimni, vgl. Salvioni, Post. 24; span. vimbre und mimbre, Weide, vgl. Dz 469 mimbre; Jeanroy, Le latin vimen et ses dérivés en provençal et en français, Annales des Univ. du Midi VII 129.

10185) **vīmĭnĕŭs, a, um** (vimen), aus Flechtwerk bestehend; davon, bezw. aus vim'nea f. viminea nach Dz 695 vielleicht frz. vanne (altfrz. venne), Gatter, kleine Schleuse in Mühlgräben.

10186) **vīnācĕŭs, a, um** (vinum), von Wein; ital. vinaccio, schlechter Wein; rum. vinaţ, Wein; prov. vinaci-s; frz. vinasse, Trester, Träber; span. vinaza, Krätzer; ptg. vinhaça, Krätzer, vinhaço, Bodensatz des Weines.

10187) **vīnĕĭcŭlŭm** (vincire), Band; ital. vinciglio „legame, vincolo", vinzaglio, guinzaglio „vincolo, legame messo al collo dei cani da caccia", vgl. Caix, St. 123 u. 354; span. vencejo, Band, vgl. Dz 497 s. v.; d'Ovidio, AG XIII 418, stellt *vincillus, *vincilleus als Grundform auf.

10188) **vīncīdŭs, a, um,** biegsam; ital. vincido, floscio, mancio, fatto flossibile, perchè appassito e stantio; (sard. binchidu, reif, viell. v. vincĕre abzuleiten). Vgl. d'Ovidio, AG XIII 419; Schuchardt, Roman. Etym. I 49 u. 55.

10189) **vīncīo, vīnxī, vīnctum, vīncīre,** binden, umbinden; nur erhalten in ital. avvinco, avvinsi, avvinto, avvincere, umschlingen, vgl. Gröber, ALL VI 143.

10190) **vīnco, vīcī, vīctŭm, vīncĕre,** siegen; ital. vinco vinsi vinto vincere; rum. inving vinsei vins vinge; rtr. venscher; prov. venzer; frz. vaincs vainquis vaincu vaincre (altfrz. vaintre, vgl. Förster, Z I 562); cat. span. ptg. vencer.

10191) **vīncŭlo, -āre,** binden; nur erhalten in ital. avvinchiare, umstricken. Vgl. Gröber, ALL VI 143.

10192) **vīncŭlŭm** n., Band, Fessel; ital. vinchio, Weidenzweig, vinco (gleichsam *vincum, vgl. d'Ovidio, AG XIII 417), Weidenband, Weide; span. ptg. vinculo, Band, vinco, die Rinne, welche ein stramm geschnürtes Band in den umschnürten Gegenstand eindrückt. Vgl. Flechia, AG II 34; C. Michaelis, Misc. 163 u. Rev. Lusit. I, vgl. Z XV 269 (vinculum = ptg. *vincro, brinco, Schmuck), vgl. auch R XXVII 225; Gröber, ALL VI 143. [*vīncum s. vīnculum.]

10193) **vīndēmĭā, -am** f. (vinum und demĕre), Weinlese; ital. vendemmia (das e erklärt sich aus Anlehnung an vendere); prov. vendanha; frz. vendange; ptg. vindima. Vgl. Dz 697 vendange.

10194) **vīndĭco, -āre** (vim und dicĕre?), rächen; ital. vendicare, vengiare (aus dem Frz. entlehnt); sard. vindicare; rum. vindec ai at a (bedeutet „beschützen, retten, heilen"); prov. venjar, venjar, dazu das Kompos. revenjar; frz. venger, dazu das

Kompos. revancher (altfrz. revengier), wovon das Vbsbst. revanche; cat. venjar; span. vengar; ptg. vingar. Vgl. Dz 339 vengiare; Gröber, ALL VI 143.

10195) **vīndĭcta, -am** f., Rache; ital. vendetta.

10196) **vīnĕā, -am** f. (vinum), Weinberg, Schutzdach; ital. vinea, eine Kriegsmaschine, vigna, Weinberg; vgl. Canelle, AG III 341; von vinea das Vb. svignare, sich (aus dem Weinberg) heimlich entfernen, fortstehlen, vgl. scampare; prov. vinha; frz. vigne, dazu das Dem. vignette (Weinstöckchen), rankenartige Arabeske, vgl. Dz 699 s. v.; span. vina; ptg. vinha.

10197) **vīnī *ŏpŭlēns** (f. opulentus) soll nach Diez 699 Grundform zu frz. vignoble, Weingelände, sein. Das ist aber ebenso unannehmbar wie Scheler's Deutung des Wortes aus vinobre = vinum + obre von operari. Darf man in vignoble vielleicht eine scherzhafte Bildung (*vineopolis oder) *vinopolis (dann, mit Anlehnung an vigne, vignople, vignoble) nach Analogie von Grenoble = Gratianopolis erblicken? Thomas, R XXV 96, stellt ein Grundwort *vineobulum auf, dies aber ist eine unmögliche Bildung. Cohn, Herrig's Archiv Bd. 103 p. 242, vermutet, dafs prov. vinobre, frz. vignoble entstanden sei aus *vinóp[h]orum (Nachbildung des griech. οἰνοφόρος).

10198) **vīnĭtŏr, -ōrem** m., Winzer; sard. vemiedore.

10199) **vīnōsŭs, a, um** (vinum), weinig; ital. vinoso; rum. prov. vinos; frz. vineux; cat. vinos; span. ptg. vinhoso.

10200) **vīnŭm** n., Wein; ital. vino; rum. vin; prov. vin-s, vi-s; frz. vin; cat. vi; span. vino; ptg. vinho.

10201) **vīnŭm ācrĕ,** Essig; ital. vinagro; prov. vinagre-s; frz. vinaigre; span. ptg. vinagre. Vgl. Dz 505 aisil.

10202) **vīo, -āre** (via), gehen, reisen; frz. (*voyer, auf den Weg, bringen, in) convoyer, geleiten, envoyer, schicken. Vgl. Dz 700 voyer 2.

10203) **vīolā, -am** f., Veilchen; ital. viola; rum. vioard; prov. viola, viula; frz. viole; cat. span. ptg. viola. Dazu das Demin. violetta, violette. Vgl. Nigra, AG XV 299.

10204) **vīpĕra, -am** f., Viper; davon nach Diez 342 vira u. 596 givre frz. (guivre) givre (jetzt nur in heraldischem Sinne gebraucht) ein Wurfgeschofs, gleichsam eine losfahrende Schlange (in dieser Bedeutung ist auch prov. vira u. altfrz. vire vorhanden); vgl. Parodi, R XXVII 225), Viper, vira, Pfeil, Bolzen, span. vir-ote, Speer. Vielleicht aber fafst man vira, vire besser als Vbsbst. zu virare (siehe oben **vibro**) auf. — Schwerlich sind dagegen auf vipera zurückzuführen, wie dies Diez 597 thut, prov. gibres, givre-s, (schlangenartig von Bäumen, Dächern etc. berabhängende Eiszapfen), an den Zweigen hängender Reif, gefrorener Tau, dazu das Vb. gibrar; frz. givre; cat. gebre, dazu das Verb gebrar. — Gehört zu vipera auch frz. vivrogne m. (gleichsam *viperoneum) Schafräude?

10205) **vīpĭo, -ōnem** m., eine Art kleiner Kranich; davon nach Caix, St. 199, ital. bibbio „fistione, specie d'uccello di palude".

10206) [**vīrāscā, -am** f. (virēre), grünender Zweig, = ital. span. frasca (span. daneben verdasca, Gerte, v. viridis), grüner Zweig, belaubter Ast, dazu das Vb. enfrascarse sich in Gostrüpp verwickeln; rtr. sfrascar, Äste abhauen. Vgl. Dz 372 frasco; W. Meyer, Z XI 254.]

10207) **vīrga, -am** f., Rute; ital. verga; rum. vargă, dazu das Vb. varghes ai at a, streifig machen; prov. verga; frz. verge; cat. span. ptg. verga. Vgl. Gröber, ALL VI 144.

10208) ***vīrgĕllă, -am** f. (für virgula von virgn), kleine Rute; ital. vergella; venez. sverzela, brianz. svergela, vgl. Salvioni, Post. 24; rum. vergé; (prov. vergil-s m.; span. verguilla; ptg. verguilha).

10209) **vīrgo, ·gīnem** f., Jungfrau; ital. vergine, (unmittelbar auf dem Nom. scheint zu beruhen ital. vergra, jungfräuliches Land, vgl. Marchesini, Studj di fil. rom. II 10); rum. vergură; prov. verge, vergene; altfrz. vi-, vergine, verge; nfrz. vierge (volkstümliches Kirchenwort, daher auch das i); cat. verge, varge; span. virgen; ptg. virgem. Vgl. Gröber, ALL VI 144.

10210) **[vīrgŭlă, -am** f. (Demin. v. virga), kleine Rute; ital. vergola „verghetta, e una specie di seta addoppiata e torta", virgola, Komma, vgl. Canello, AG III 323; frz. virgule, Komma; span. ptg. vírgula, Komma.]

10211) ***vīrĭă, -am** f. (nur im Plur. belegt), Armband; (rtr. vera = *vira); altfrz. verge; Ring, Reif; ob das gleichbedeutende ital. viera ebenfalls hierher oder aber zu vĕru (s. d.) gehört, mufs zweifelhaft erscheinen. Vgl. Dz 342 virar; Mussafia, Beitr. 119; Tobler z. Li dis dou vrai aniel p. 83.

10212) **vīrĭdĕ aĕris; vielleicht Grundform zu frz. verderis (b. Cotgrave), Grünspan, woraus durch volksetymologische Umbildung entstanden zu sein scheint neufrz. vert-de-gris (altfrz. verte gres läfet freilich sich damit nicht gut vereinigen). Vgl. Fafs, RF III 494 u. die dort citierten etymologischen Werke.

10213) **vīrĭdĕ jūs, grüne Brübs, — frz. (vert jus) verjus, Saft unreifer Trauben, vgl. Dz 697 s. v.

10214) **[*vīrĭdīāns** (Part. Präs. v. *viridiare)— prov. verjans, Zweig.]

10215) **[*vīrĭdīārīŭm** n. (viridis), Garten; ital. versiere; prov. frz. vergier,-gat; cat. verger; span. ptg. vergel (Lehnwort). Vgl. Dz 340 verziere; Gröber, ALL VI 143.

10216) **[*vīrĭdīātŭs, a, um** (Part. P. P. v. viridiare) = ital. (mundartlich) verzo, vers, verza, (sverza)=*verzato,a, Kohl, aus *viridiatus,a, (für schriftsprachliche Ausdruck ist cavolo verzotto); rum. varză; rtr. versi; (frz. chou de Milan); span. berza, davon bercero, Kräuterhändler; ptg. versa (Lehnwort, ebenso das span. berza; dagegen geht das ptg. Adj verçado, belaubt, unmittelbar auf *viridiatus zurück). Vgl. Gröber, ALL VI 143. Diez 340 verza stellte viridia als Grundform auf.]

10217) **vīrĭdĭs, -e** (uiridis, non uirdis App. Probi 201), grün; ital. verde; sard. birde; rum. verde; rtr. verd, (berdiscores, ramiscelli secchi); prov. frz. cat. vert; span. ptg. verde, versa, bersa, Kohl, vgl. Parodi, R XXVII 226. Vergl. Gröber, ALL VI 143.

10218) **[*vīrĭdŭcus, -um** m. (viridis), grüne Rute; ital. verduco, (rutenartige, dünne) Degenklinge; span. ptg. verdugo, grünes Reis, Rute, Klinge, Henker (weil er mit Ruten schlägt). Vgl. Dz 497 verdugo.]

10219) **[*vīrĭdūmen** n., das Grün; ital. verdume; altfrz. verdum, dazu das Vb. éverdumer, vergl. Thomas, R XXV 448.]

10220) **[*vīrĭdūră, -am** f., (viridis), Grünheit; ital. verdura; prov. verdura (daneben verdor-s, das auch „Frühling" bedeutet); frz. verdure; span. ptg. verdura.]

10221] **vīrīlĭa** n. pl. (virilis), männliche Glieder; dav. nach C. Michaelis, Rev. Lusit. I (vgl. Z XV 269), ptg. brilhas, Oberschenkel.

10222) **vīrĭŏla, -am** f., Armband; calabr. valora, vgl. Meyer-L., Z. f. ö. G. 1891 p. 778.

10223) **[*vīrtūōsŭs, a, um** (gleichs. *virtutosus von virtus), tugendhaft; ital. virtuoso; rum. virtos; prov. vertuos, vertudos = *virtutosus; frz. vertueux; cat. virtuos; span. ptg. virtuoso; überall nur gel., meist überdies aus dem Ital. entlehntes Wort, unmittelbar aus virtù, vertu abgeleitet, nicht aus virtut-.]

10224) **vīrtūs, -tūtem** f., Tugend; ital. vi-, vertù; sard. virtude; rum. virtute; rtr. vartid; prov. vertut-z; frz. vertu, dazu altfrz. das Vb. esvertuer; cat. virtud, (altspan virtos = virtus, also Nom. Sg. mit der kollektiven Bedtg. „Streitmacht", daher mit dem Plur. des Prädikats verbunden, vgl. Cornu, R X 81; Diez 497 s. v. verwarf diese Ableitung mit Unrecht); ptg. virtude. Vgl. Gröber, ALL VI 144.

10225) **vīscĭdŭs, a, um** (viscum), klebrig; ital. viscido; sard. bischidu, sicil. viscidu, neap. visceto, weich, mürbe, vgl. Schuchardt, Roman. Etym. I p. 18. Diez 410 s. v. setzt auch ital. vincido, durch Feuchtigkeit erweicht, = viscidus an, wohl mit Unrecht; vielleicht verhält sich vincido zu vincêre (f. vincîre), binden, vinden, (vgl. avvincêre), wie z. B. arido zu arêre oder scäpido zu (in +) sapêre, u. bezeichnet eigentlich die Weichheit eines gewundenen nassen Tuches, vgl. das deutsche „windelweich", vgl. auch d'Ovidio, AG XIII 419.

10226) **vīscōsŭs, a, um** (viscum), klebrig, zäh; ital. vischioso = *visculosus; rum. văscos; prov. viscos, viscous; frz. visqueux; cat. viscos; span. ptg. viscoso.

10227) **vīscŭm** n., Mistel, Vogelruite, Vogelleim; ital. vischio, veschio = *visculum, Mistel, Vogelleim (mundartlich viscla, Gerte), vesco, Vogelbeere; rum. văsc, Leim; rtr. vischia, Rute; prov. vesc-s; neuprov. vesc, visch, viscle; cat. vesch, visch; span. visco, Kitt; ptg. visco, Vogelbeere. Vgl. Gröber, ALL VI 144; Mussafia, Beitr. 121. Diez 459 u. 607 stellt hierher auch span. hisca, Vogelleim, und frz. gui, Mistel, aber das erstere Wort ist vermutlich = esca (s. d.), vgl. Ascoli, AG III 462, der Ursprung des letzteren ist aber noch zu suchen. — Über ostfrz. auf viscum zurückgehende Worte vgl. Horning, Z XVIII 229; Duvau, Mén. de la soc. de ling. VIII 189.

10228) **[*vīsĭco, -āre** (visêre), besehen; dav. nach Parodi, R XXVII 227, venez. sbisegar; friaul. bisigá, frugare, frugacchiare.]

10229) **vīsĭo, -ōnem** m. (?), Gestank (Corp. gloss. lat. II 209, 51 mit βδόλος glossiert); dav. nach Meyer-L., Z XV 246, altfrz. voison, Stinktier. Vgl. auch Horning, Z XVIII 230, wo *voison als Grundfoim aufgestellt und mancherlei darauf zurückgeführt wird, z. B. frz. vesser, crepitum ventris edere, ital. vescia, crepitus ventris (auch eine Art Schwamm).

10230) **vīsĭo, -ōnem** f., Gesicht, Erscheinung; ital. visione (gel. W.); frz. vision (gel. W., altfrz. avisun); ptg. visäo (aber abujäo = abusionem). Vgl. Parodi, R XXVII 227; Cornu, Gröber's Grundrifs I 741.

10231) **vīsĭto, -āre** (visus), besichtigen, besuchen; ital. visitare, dazu das Vbsbst. visíta; prov. visitar, vezitar; frz. visiter, dazu altfrz. das Vbsbst. visite; span. ptg. visitar, dazu das Vbsbst. visita.]

10232) **vīs mäjŏr; davon frz. vimaire, Sturmwind. Vgl. Dz 699 s. v. Wenig wahrscheinlich!

10233) [*vīspus, lebhaft, munter; ital. vispo, vgl. Parodi. R XXVII 227.]

10234) [*vīstūs, a, um (Part. P. P. zu videre) scheint das Grundwort zu sein zu ital. visto, munter, flink, schnell (die Grundbedtg. würde dann etwa sein „augenblicklich"); prov. vist-z, schnell; altfrz. viste; neufrz. vite (nur Adv.), dazu das Sbst. vitesse. Diez 343 entschied sich nach längerem Schwanken für Annahme einer Kürzung aus avvisto. Frz vi(s)te dürfte Kürzung aus vista[mente] sein. Im Ptg. hat visto die Bedeutung „geschickt", während im Span. eine solche nicht vorhanden zu sein scheint. Unklar bleibt das etwaige Verhältnis von ital. visto zu dem ungefähr gleichbedeutenden vispo u. der Ursprung des letzteren Wortes. — Das Fem. vista lebt als Sbst. mit der Bedtg. „Ansicht, Gesicht" u. dgl. im Ital. Prov. Span. u. Ptg. fort (frz. dafür vue = *viduta, also ebenfalls Partizipialehst. u. Fem.).]

10235) vīsūm (Part. P. P. v. videre) = altital. viso, Meinung, Ansicht (daher avviso, Meinung, Meinungsmittcilung, Nachricht, avvisare, meinen, eine Meinung mitteilen, benachrichtigen); prov. altfrz. vis (neufrz. avis, wovon aviser; vis = visus hatte auch die Bedeutung „Angesicht, Antlitz", dafür neufrz. visage, gleichsam visāticum. Vgl. Dz 343 viso.

10236) vīsus, -um m., Gesicht, Sehkraft, Anblick, Erscheinung; ital. span. ptg. viso, Gesicht, Angesicht, Miene, Erscheinung (im Span. auch Aussichtspunkt, Gesichtspunkt): altfrz. vis, Angesicht.

10237) vītă, -am f., Leben; ital. vita; prov. vita, vida; frz. vie; cat. span. ptg. vida.

10238) vītālīs, -e (vita), zum Leben gehörig; ital. vitale; frz. vital; span. ptg. vital; überall nur gel. Wort.

10239) vītěllum n., Eidotter; sard. oideddu (mit Einmischung von ovum), vergleiche Salvioni, Post. 24.

10240) vītěllūs, -um m., Kalb; ital. vitello; rum. vițel; rtr. vedél, vadél etc., vgl. Gartner § 106; prov. vedel-s, vedelh-s; altfrz. veel, davon vélin, Pergament aus Kalbsleder, véler, kalben; neufrz. veau; cat. vedell; span. ternero von terno = tener, becerro v. bask. beicecorra; ptg. vitela (das Fem. *vitella ist auch im Ital. Rum. Prov. Span. u. Cat. erhalten, im Rumän. überdies ein Primitiv vită, also = *vita, oder = vīta, Leben, mit der allgemeinen Bedeutung „Tier, Geschöpf"), daneben ternéira. Vgl. Dz 696 veau.

10241) *vītěus, a, um (vitis), zur Rebe gehörig; francoprov. vissa, Rebe; frz. vis, Wendeltreppe, vgl. Horning, Z XVIII 236.

10242) vītěx, -īcem f., Keuschlamm, Abrahamsbaum; davon ital. vetrice, vermutlich an vetro angelehnt), Wasserweide, prov. veze, vgl. Dz 410 s. v.; Salvioni, Post. 24.

10243) vītīātūs, a, um (Part. P. P. v. vitiare), verdorben (im Roman. „abgefeimt, schlau"); (ital. viziato, verdorben, schlau, durchtrieben; prov. viziat-z, veziat-z, vezat-z); altfrz. voisié, davon Sbst. voisdie, gleichsam *vitiat -ia (?), Schlauheit), das Verb euvoisier bedeutet „belustigen". Vgl. Dz 344 vizio.

10244) [*vītíceus, a, um (vitre), zur Rebe gehörig; davon nach Parodi, R XXVII 228, neuprov. bedis, bedisso, salice, vimine.]

10245) vītīcŭlă, -am f. (Demin. v. vitis), kleine Rebe; davon ital. viticcia, engad. vdail", span. vedija, vgl. Marchesini, Studj di filol. rom. V 13,

Meyer-L., Z. f. ö. G. 1891 p. 778; sicherlich gehört hierher auch frz. (ville, veille) orille, (rankenähnliches Bohrinstrument), Zapfenbohrer. vgl. Tobler, Ztschr. f. vgl. Sprachf. XXIII 414 (T. hält das r für eingeschoben zur Hiatustilgung, wie in grammaire, mire); Bugge, R III 160 (B. meint, dafs r einfach nach v eingeschoben sei, wie z. B. in fronde = fundo [richtig aber fundula], vgl. G. Paris, R VI 133; Gade p. 62 orielle erhielt sein r nach Analogie von drille.

10246) vītīgīneus, a, um (vitis), zum Weinstock gehörig; sard. bidighinzu, vitlccio, vgl. Salvioni, Post. 24.

10247) vītīlīā n. pl. (vitilis v. viere), geflochtene Gegenstände, Körbe u. dgl.; davon nach Diez 698 frz. vétille, Kleinigkeit, dazu vétiller, sich mit Kleinigkeiten abgeben. Diese Ableitung ist unhaltbar, ebensowenig kann man mit Scheler im Dict. s. v. in vétille ein Demin. von vetus erblicken. Auch an vitta ist nicht wohl zu denken, obwohl Horning, Z XXII 481, diese Ableitung befürwortet. Das richtige Grundwort dürfte *vēstĭlia (vestire), Kleider, Kleiderkram, sein. Anlehnung an vētus mag dabei stattgefunden u. frühen Schwund des s veranlafst haben. Auch *vitticula (v. vitta) wäre ein allenfalls annehmbares Grundwort, vgl. Cibao p. 24 beatā, indessen verdient *vestilia wegen seines ĭ den Vorzug, bezüglich der Bedtg. vgl. dtsch. „Lumpereien".

10248) vītīlīs, -e (viēre), geflochten; dav. nach Bianchi's sehr unwahrscheinlicher Annahme, AG XIII 210, ital. bilie, legnetti o bastoncelli certi, bucati a una estremità ed inflati da corde, i quali passano conquesto per i bucchi degli arcioni e si rivolgono alle funi delle sonde per tenerle in tirare e per questo sforzo rimangon curvati (also Packstöcke, das Wort bedeutet auch „krumme Beine".)

10249) [vītīōsūs, a, um (vitium), lasterhaft; ital. vizioso, lasterhaft, vezzoso, (Lüsternheit erweckend), reizend; altfrz. viseux, schlau; frz. vicieux, lasterhaft; span.vicioso, lasterhaft, üppig wachsend, (von Pflanzen); ptg. vicioso, lasterhaft, verdorben, viçoso, üppig.]

10250) vītīs, -em f., Rebe, Ranke; ital. vite, Rebe, Schraube (weil dieselbe rebenartig gewunden ist); rum. vițā, Zweig; [prov. vit-z; altfrz. vis (vgl. oben No 10241), Wendeltreppe; neufrz. vis, Schraube; dazu das Vb. visser, („die Rebe" heifst pied od. cep de vigne)]; span. vid; ptg. vide, Rebe. Vgl. Dz 699 vis (= vit[i]s?).

10251) vītīūm n., Laster; ital. vizio, Laster, Lüsternheit, vezzo, Lüsternheit, Lust, Liebreiz, Liebkosung, dazu die Vb. avvezzare, invezzare, gewöhnen, disvezzare, entwöhnen; rum. invaț, gleichsam *invitium, schlechte Gewohnheit, Gewohnheit, dazu das Vb. invăț ai at a, gewöhnen, üben, desvăț a, entwöhnen; prov. vici-s, Laster, Fehler; vetz, Gewohnheit; frz. vice (gel. W.), Laster; span. vicio, Laster, Lüsternheit, böse Gewohnheit, zu üppiges Wachstum, dazu die Verba vezar, avezar, gewöhnen, malvezar, zum Bösen gewöhnen; ptg. vicio, Laster, viço, Üppigkeit des Wachstums, vezo, böse Gewohnheit, dazu die Verba vezar, avezar, gewöhnen. Vgl. Dz 344 vizio.

vīto, -āre s. wītan.

10252) [*vītrārīūs, a, um (vĭtrum; zum Glas gehörig; ital. vetrario (Adj.), „chi fa il vetro", vetrajo „fornace per far il vetro", arch. vetriera „vetrata", vgl. Canello, AG III 311; frz. verrier, vitrier, Glas(mach)er, verrière, Glasscheibe; span. vidriero, vidriera (Bedtg. wie im Frz.)

58*

ptg. heifst der „Glaser“*vidraceiro*, die „Glasscheibe“ *vidraça*. — Weitere frz. Ableitungen sind *verrerie*, (*vitrerie*), Glashütte, -handlung; span. *vidrieria*; ptg. *vidraria*.]

10253) *vitrĭculum *n.* (Demin. v. *vitrum*), Gläschen, Glasstein, = frz. *véricle*, falsche Edelsteine, vgl. Dz 697 *s. v.* Über *béricles*, *bésicles* s. oben **beryllus.**

10254) vĭtrĭeŭs, -um *m.*, Stiefvater; logud. *hidrigu*; rum. *vitrig*, dazu das Fem. *vitriga*; (ital. *patrigno*, *matrigna*; frz. *beau-père*, *belle-mère*; span. *padrastro*, *madrastra*; ptg. *padrasto*, *madrasta*).

10255) [*vitrīnĭo, -ire (*vitrum*), glasieren, soll nach Diez 339 das Grundwert zu frz. *vernir*, lackieren, und davon sollen dann wieder abgeleitet sein frz. *vernis*, Glanzfarbe, Lack (wozu das Verb *vernisser*, lackieren) = ital. *vernice* (wozu die Verba *verniciare* u. *vernire*); prov. *vernit-z* (wozu das Vb. *vernissar*); span. *bernis*, *barnis* (dazu das Vb. *barnisar*); ptg. *vernis* (dazu das Vb. *envrrnisar*). Aber sowohl die Annahme eines Grundwortes *vitrinire* als auch die Ableitung des Sbst. *vernis* (gleichsam *vernitium*), *vernice* (gleichsam *vernicem*) erscheint als höchst bedenklich. Die Wortsippe mufs als noch dunkel gelten. Ganz unglücklich ist Reynaud's Vermutung, Revue de philol. frçse et prev. X 288, dafs *vernis* mit engl. *fair* zusammenhänge.]

10256) [*vitrinus, a, um (*vitrum*), gläsern; prov. *veirin-s*, vgl. Dz 339 *vernice*.]

10257) [*vitrĭo, -āre (*vitrum*), glasieren; ital. *vitriare*; sard. *imbidriar*; span. *vidriar*, *vedriar*, vgl. Dz 339 *vidriar*.]

10258) [*vitrĭŏlum *n.* (*vitrum*), Vitriol; ital. *vitriuolo*; prov. *vitriol-s*; frz. *vitriol*; span. ptg. *vitriolo*. Vgl. Dz 343 *vitriuolo*.]

10259) vĭtrŭm *n.*, Glas; ital. *vetro*; prov. *veires*; altfrz. *veire*, *voire*; neufrz. *verre*, (*vitre f.*); span. *vedro*; ptg. *vidro*.

10260) [vĭtrŭm + glăcĭēs = frz. *verglas*, Glatteis, vgl. Dz 697 *s. v.*]

10261) vĭttă, -am *fi*, Binde; sicil. *vitta*, Tuchstreifen; rum. *beată*, Streifen, Randleiste; prov. *veta*, Band; span. *veta*, Band; ptg. *beta*, Streifen im Tuche. Vgl. Dz 497 *veta*; Gröber, ALL VI 145. — Das ital. *vetta*, welches „Gipfel“, aber auch „Rute, Reis“ bedeutet u. von Diez 410 aus *vitta* erklärt wird, ist wohl in der ersten Bedtg. = *evĕcta* (v. *evectus* v. *evehere*), „das, was hervorragt, hervorsteht“, in der zweiten = *vecta f. vedis*; d'Ovidio, freilich leitet, Gröber's Grundrifs I 503, *vetta* in der Bedtg. „Gipfel“ von *vitta* ab, er weist dabei hin auf neap. *'ncoppa* = in cima neben *coppola*, Mütze. — Zweifelhaft kann man sein, ob zu *vitta* gehört die Wortsippe ital. *fetta*, Schnitte, *fettuccia*, Schnittchen; sard. *fitta*, dazu das Demin. *fittichedda*; sicil. *fitta*, dazu das Demin. *fittida*; neapol. *fella* (aus *fittula*); altspan. *fita*, Band. Flechia, Misc. 202, spricht sich dafür aus. Diez dagegen 137 *fetta* hatte es verneint und ahd. *fiza* (aus *fita*), Band (vgl. nhd. Fetzen) als Grundwert aufgestellt, was freilich auch nicht befriedigen kann. Vielleicht darf man in *fetta*, *fitta* ein Partizipialsbst. erblicken (*fittus* statt *fissus*, schriftlat. *fissus*, v. *findĕre* [s. d.], nach Analogie von *fittus*, *fictus* f. *fixus*, *rictus* f. *rectus*). — Nach Dz 457 soll span. ptg. *guita*, starker Bindfaden, dem ahd. *witu*, Haarband, entsprechen, dieses aber aus *vitta* entstanden sein.

10262) [*vĭtŭlă, -am *f.* (v. *vitulari*, jubeln) soll nach Diez 341 das Grundwert sein zu ital. *viola* (wovon *violino*, *violone*), Violine; rum. *vioară*; prov. *viula*, *violo*; altfrz. *viele*, *vielle*; neufrz. *viole*, *-on*; span. ptg. *viola*. Das Wort kann aber schwerlich von der german. Sippe ahd. *fidula*, mhd. *videle*, nhd. *fiedel*, altn. *fiþla*, ags. *fiðele*, engl. *fiddle* getrennt werden, u. da diese wegen der inlautenden dentalen Spirans lateinischen oder romanischen Ursprunges nicht sein kann (vgl. Kluge unter „Fiedel“), so dürfte eher die roman. Sippe samt dem mittellat. *vitula* german. Herkunft sein. Überdies würde ein von *vitulari* abgeleitetes Verbalsbst. wehl „Jubel“, nicht aber ein (lustiges) Musikinstrument bedeuten können.]

10263) vĭtŭlus, -um *m.*, Kalb; ital. *vecchia* in *marino*, Seekalb; sard. *viju*.

10264) vīvăcĭŭs (Ntr. Komp. v. *vivax*), lebhafter; davon ital. (a)*vaccio*, eilig, *avacciare*, eilen (altmail. *viazo*, altvenet. *viaza*); prov. *vivatz*, *viatz*, schnell; altfrz. *vius*; cat. *viats*. Vgl. Diez 698 *vins* und 353 *avacciare* (wo dies Verb irrig von *abactiare* abgeleitet wird; Caix, St. 3; Gröber, ALL VI 145.

10265) vīvē (*vivus*), lebhaft, sehr; daraus nach Diez 410 die ital. Steigerungspartikel *vie, via*; letztere Form dürfte indessen, wenn sie nicht, was sehr wohl denkbar, aus dem Zahladv. *via* (s. oben unter vīeĭs) entstanden ist, mindestens durch dasselbe beeinfluſst worden sein.

10266) [*vīvĕndă *n. pl.* (*vivere*); ital. *vivanda* (Lehnwort aus dem Frz.), Vorrat, dazu das Komp. *provianda*; prov. *vianda*; frz. *viande*, Lebensmittel, Nahrung, Fleisch. Vgl. Dz 698 *viande*. Die Ableitung von *viande* ist indessen lautlich (Ausfall eines zwischenvokalischen *n*!) und begrifflich (*vivenda* zu lebende Dinge!) höchst bedenklich; besser leitet man frz. *viande* von *vitanda* als „die in den Abstinenztagen zu meidende Speise, das Fleisch“.]

10267) vīverră, -am *f.*, Frettchen; piemont. *vinvéra*, Wiesel, vgl. Plechia, AG II 56, Nigra, AG XIV 270 u. XV 277.

10268) vīvĭdŭs, a, um, lebhaft; canav. *vivi*, vgl. AG XIV 115.

10269) vīvo, vīxi, vīctum, vīvĕre, leben; ital. *vivo* *vissi* *vissuto* *vivere*; (rum. *viez* *ai* *at* *a* und *vieţuesc* *ii* *at* *i*); rtr. Präs. *vi*, Inf. *viver*, Part. Brät. *vit*; prov. *viu* *visqui* *vescut* *viure*; frz. *vis* *vécus* (altfrz. *vesqui*) *vécu* *vivre*; cat. *visch* *visqui* *vigut* *viurer*; span. *vivir* (altspan. Pf. *vesqui*); ptg. *viver*. — Ital. *chi vive*? = frz. *qui vive*? wer da? (nach Clédat, Rev. de philol. frçse et prov. IX 233 soll *qui vive* entstanden sein aus *vive qui*, d. h. *qui est le vivat que vous poussez*? (höchst unglaubhaft!).

10270) [mittellat. vīvŏlae (= *vivulae*?), die Speicheldrüsen des Pferdes; ital. *vivole*; (frz. *avives*, altfrz. *vives*; span. *abivas*, *adivas*). Vgl. Dz 343 *vivole*.]

10271) [*vīvŏtĭcus, a, um (v. *vivĕre*), lebhaft; soll nach Thomas, Essais philol. p. 240, die Grundform sein zu frz. *vicche*, *vioge*, *viouge*, munter, vergnügt. Horning, Z XIX 177 Anm., erblickte in *vioche* eine Bildung mit dem Suffix -*öccus*. Ob das Sbst. *vioche* (gleichbedeutend mit *viorne*) ebenfalls = *vivoticum* anzusetzen sei, mufs dahingestellt bleiben. Vgl. Cohn, Herrig's Archiv Bd. 103 p. 224.]

10272) vīvŭs, a, um (*vivo*), lebendig, lebend; ital. *vivo*;

rum. *viu;* prov. *.viu-s;* frz. *vif;* cat. *viu*, span. ptg. *vivo.*

10273) mittelndl. **vlacke**, von der Meerflut am Strande zurückgelassene Lache, = frz. *flaque,*Pfütze, Lache, vgl. Dz 585 *s. v.*

10274) **vīx**, kaum, = (astig. *veis*, volta, vgl. Salvioni, Post. 24; man wird das Wort aber zu *vices* stellen müssen); rtr. *vess;* (altspan. *avés* = *ad* + *vix*). Vgl. Dz 428 *avés;* Gröber, ALL VI 145.

10275) ndl. **vleet**, ostfries. **flāt**, Nagel-, Glattroche; dav. viell. frz. *flet*, ein Plattfisch. Vergl. Behrens, Festg. f. Gröber p. 154.

10276) vlaem. **vlo(o)te**, eine Roobeart, = pic. *flote* (mit derselben Bedtg.). Vgl. Behrens, Festg. f. Gröber p. 155.

10277) **vŏcālis, -em** *f.* (scil. *littera*). Vokal; altfrz. c. r. *voieus*, c. o. *voel;* neufrz. *voyelle.*

10278) ***vŏcāns** (Part. Präs. v. **vŏcare* = *vacare*) = altfrz. *voians*, leer. Vgl. Tobler, Z I 22.

10279) [***vŏcĕo, -āre** (*vox*), die Stimme ertönen lassen; davon nach Parodi, R XVII 52, galliz. *abujar, aboujar, abroujar* „atolondrar, aturdir á gritos"; ptg. *bosear, bousear*, sprechen.]

10280) ***vŏcītus** u. ***-dus, a, um** (für **vacitus*, *-dus, vacuus*), leer; ital. *voto*, leer, dazu das Vb. *votare;* sard. *boitu, boidu;* venez. *vodo;* lomb. *vöid;* piemont. *void;* rtr. *vid;* (über rtr. Formen vgl. Gartner, Gröber's Grundrifs I 482); prov. *voit, vuei, voig*, dazu das Vb. *voiuar, vuiar;* altfrz. *vuit*, dazu das Verb *vuidier;* nfrz. *vide*, dazu das Vb. *vider* u. das Kompos. *dévider*, die Haspel entleeren, abhaspeln; cat. *vuid*, dazu das Vb. *vuidar*. Vgl. Dz 411 *voto* u. 699 *vide* (Diez setzte *voto* = *volto*, „gewölbt, hohl" an u. leitete *vide, vider* v. *viduus, viduare* ab); G. Paris, R II 311 Anm. z. 102c; Bugge, R II 327; Schuchardt, R IV 256 (hier zuerst die richtige Deutung); Tobler, Z I 22; Förster, RSt. III 180; Flechia, AG IV 371 Anm.; Scheler im Anhang zu Dz 818; Gröber, ALL VI 146; Cornu, Gröber's Grundrifs I 777; Horning, Z XIX 75.

10281) ***vŏco, -āre** (für *vacare*), leeren, = sard. *bogare*, herausnehmen; Verbaladjektiv zu *vocare* ist vielleicht span. *hueco*, ptg. *o(u)co*, leer, hohl, vgl. Ascoli, AG X 434; Gröber, ALL VI 147, Parodi, R XXVII 229; Dz 460 (leitete *hueco, ouco* v. *ŏccare* ab, s. oben. ŏcco).

10282) **vŏlā, -am** *f.*, hohle Hand; daraus nach Diez' 698 scharfsinniger Vermutung altfrz. *vole, veule*, leer, flüchtig, *vain(e)vole, vanvole, ventvole*, nichtige Sache; neufrz. *veule*, (hohl, nicht Stand haltend, nachgiebig), weich, schwach. Vgl. Scheler im Anhang zu Dz 818.

10283) [***vŏlātā, -am** *f.* (volare), Flug; ital. *volata*, Flug, dazu *flug Vögel, Windstofs, vgl. Canelle, AG III 362; Caix, St. 30, wollte *folata* auf *flatus* (s. d.) zurückführen; frz. *volée;* span. *volada*. Vgl. Dz 372 *folata* (Diez erklärte das *f* des Wortes aus Anlehnung an *folla*).]

10284) **vŏlātīcus, a, um** (volare), geflügelt, flüchtig; ital. *volatico* „volubile, volatile", *volagio* (vom frz. *volage*) „volubile", *volatica* (Sbst.) „empetigine", vgl. Canelle, AG III 348; über mundartliche hierher gehörige Worte vergleiche Flechia, AG III 146.

10285) [**vŏlātīlīs, -e**, geflügelt; ital. *volatile;* mail. *golac;* frz. *volaille, volatille*, Geflügel; span. ptg. *volátil.*]

10286) **vŏlĕntiā, -am** *f.* (volo), Wille, Neigung; ital. *volenza* in *benevolenza*, (altital. *voglienza* =

volientia); mail. *golar;* rum. *vointã;* prov. *volensa* in *benevolensa;* (frz. *veillance* in *bienveillance*, dazu das Adj. *bienveillant*, das *ei* beruht wohl auf Angleichung an *veillant*); span. ptg. *volencia* in *benevolencia*.

10287) **vŏlo, -āre**, fliegen; ital. *volare, svolare;* rum. *sbor sburai sburat sburã;* prov. *volar;* frz. *voler* (bedeutet seit Ende des 16. Jahrh.'s auch „stehlen", eigentl. wohl scherzhaft „fliegen machen"), dazu das Vbsbst. *vol*, Diebstahl, das Nom. act. *voleur*, Dieb, das Dem. *voleter* u. das Komp. *embler* = *indevolare;* cat. span. ptg. *volar;* ptg. *voar*. Vgl. Scheler zu Dz 791.

10288) **vŏlo, vŏlŭī, *vŏlĕre**, wollen; ital. *voglio volli voluto volére;* rum. *voiŭ* u. *vreu vrui vrut voĭ u. vré;* rtr. Präs. *vœly, vi* etc., Inf. *vulér, vulé vuelc* (3 P. *volc*) u. *volgui volgut voler;* frz. *veux voulus voulu vouloir;* cat. *volch volgui volgut voldrer;* (span. ptg. *querer* = *querere*).

10289) [***vŏlsūra, -am** *f.*, Wölbung, = frz. *voussure*.]

10290) ***vŏltūs, a, um** (Part. Perf. P. von *volvĕre*), gewölbt, gewandt; ital. *volta*, Gewölbe, Wendung, dazu das Vb. *voltare;* rum. *boltã;* prov. chian. *voluto volére;* rum. *voiŭ* u. *vreu vrui vrut voĭ u. vré;* rtr. Präs. *vœly, vi* etc., Inf. *vulér, vulé vuelc* (3 P. *volc*) u. *volgui volgut voler;* frz. *voûte*, Gewölbe, *volte* (aus dem Ital), Wendung, dazu das Vb. *voltiger* (= ital. *volteggiare);* span. *vuelta* u. *bóveda*, dazu das Vb. *voltear*, (hierher gehört wohl auch das zugleich portugiesische *vulto, bulto* in der Bedtg. „Klumpen"); ptg. *abóbeda*, Gewölbe, *volta*, Gewölbe, Wendung, dazu das Vb. *voltar, voltear*. Vgl. Dz 345 *volto* u. 484 *bulto;* Gröber, ALL VI 147.

10291) [***vŏltŭlo, -āre** (*voltus*), wälzen, wenden; ital. *voltolare, scoltolare*, wälzen, rollen (aret. *chian. butolare*), vgl. neapol. *votare*, sicil. *vutari*, *sbutari* = *voltare*, vgl. Caix, St. 242; frz. *vautrer;* sich wälzen. Vgl. Dz 696 *vautrer;* Braune, Z XXII 215, aretr. *vautrer* = mittelndl. *walteren*, wälzen, an. *voltrer, voutrer* = *walteren*.]

10292) [***vŏlŭcŭlŭm** *n.* (volvere) = ital. *vilucchio*, Winde, genues. *verlúgoa;* mail. *verúgola* u. *velúgora*, vgl. Salvioni, Post. 24; Flechia, AG II 20; Gröber, ALL VI 147; Parodi, R XVII 57 (zieht die Sippe span. cat. *embullar, borujo*. *gorullo, aborujar, arrebujar* zu *voluculo-*).]

10293) **vŏlŭmen** *n.* (volvere), Rolle, Schriftrolle, Buch; ital. *volume*, Buch u. dgl., *vilume* „confusione, farragine, per influenza di *vile*, quasi ammasso di cose vili", vgl. Canelle, AG III 335; frz. *volume* etc.; span. *baluma;* ptg. *avolumado*, cresciuto in volume, ingombrato, vgl. Parodi, R XXVII 229.

10294) **vŏlŭntārīŭs, a, um** (*voluntas*), freiwillig; ital. *volentieri;* prov. *volontiers;* altfrz. *volentiers, -antiers*, vgl. Förster, Z XIII 533; neufrz. *volontiers;* cat. *volenters*. Vgl. G. Paris, R X 62 etc., vgl Gartner, § 180; prov. *volh* und *vuelh volter, voutrer* = *walteren*) beruhe); Gröber, ALL VI 147; Förster, Z XIII 533.

10295) **vŏlŭntās, -ātem** *f.*, Wille; ital. *volontà;* frz. *volonté* etc. Überall nur gel. W. Über das *e* in altfrz. *volenté* (volanté) und Ableitungen (*volentiers, volenterif* etc.) vgl. Förster, Z XIII 533.

10296) ***vŏlūto, -āre**, wälzen, gekreuzt mit *stùppare*, stopfen; ital. *inviluppare*, einwickeln; aret. *aguluppare;* cors. *ingaluppá;* neuprov. *agouloupá;* frz. *envoloper, envelopper*. Vgl. Körting, Ztschr. für frz. Spr. u. Litt. XXI 104; Parodi, R XXVII 289.

10297) *völütülo, -äre s. *völtülo, -äre. Von volutulare leitet Parodi. R XVII 55, ab altspan. bolondron, Haufe.

10298) [völvä, -am f. (volvere), Hülle eines Pilzes, Gebärmutter; ital. volva „borsa o calice de' funghi"; rum. velvä, Gehäuse der Apfelkerne. Vgl. Canello, AG III 327: Salvioni, Post. 24. S. vülva.]

10299) [*völvīeo, -äre (volvere), drehen; cat. holcar, embolicar. einwickeln; span. volcar, umkehren; (ptg. emborcar, umkehreu, vgl. Parodi, R XXVII 227). Vgl. Dz 498 volcar; Gröber, ALL VI 148.]

10300) *völvīto, -äre, wälzen; davon nach Parodi, R XXVII 230 (vgl. auch Meyer-L., Roman. Gr. I p. 340), span. bovedar, abovedar; ptg. abohadar, abobadilha, balvedouro.

10301) völvo, völvī, völütum, völvěre, rollen, drehen; ital. volgo volsi volto volgere; prov. volf (Perf. fehlt) vout volvre; span. ptg. volver, drehen, kehren, zurückkehren. Vgl. Gröber, ALL VI 147; Parodi, R XXVII 229.

10302) [*völvülus, -um m. = ptg. volvo, Darmverschlingung.]

10303) vömĕr, -mĕrem m., Pflugschar; ital. romero: istr. gombro; béarn. vume. Vgl. Meyer-L., Z. f. ö. G. 1891 p. 778; Flechia, AG II 848 Anm.; Parodi, R XXVII 231 u. 239.

10304) vömĕrĭüs, a, um (vomer), zur Pflugschar gehörig; ital. gumeja, gumea (modena. gmera), Pflugschar; prov. vomier-s = *vomarium. Vergl. Flechia, AG II 347; Caix, St. 356.

10305) [*vŏmītĭo, -äre (v. vomere), sich erbrechen, wird von C. Michaelis, Revista Lusitana Bd. 1 als Grundwort angesetzt zu altptg. boomsar, neu-ptg.(?) bolsar, erbrechen, vgl. Meyer-Lübke, Z XV 269. — Über Reflexe von *vömicäre u. vömīre s. Parodi, R XXVII 231 u. 239 (P. zieht hierher auch altfrz. abosmer, abosmir, indem er es aus *bomire + abominare erklärt); AG I 351, II 347.]

10306) ndl. voorloop, Vorlauf (viell. Benennung des dem Schlichthobel verarbeitenden Scharfhobels), davon nach Scheler im Anhang zu Diez 817 (limous. garlopo) frz. varlope, Schlichthobel; cat. span. ptg. garlopa (bedeutet im Cat. auch eine Art hölzernen Steigbügels). Diez 696 hatte ndl. weer-loop „Wiederlauf" als Grundwort angesetzt; vgl. auſserdem Baist. Z V 560, wo die niederländische Herkunft bezweifelt wird, wohl mit Unrecht: richtig dagegen ist die Bemerkung, daſs das Wort in die pyrenäischen Sprachen aus dem Französ. eingeführt worden sei. Caix, St. 184, zieht hierher auch ital. barlotta „pialla". Vgl. Behrens, Festgabe f. Gröber p. 167: Gade p. 60.

10307) vörägo, -gīnem f., Abgrund; daraus ital. frana, Absturz, Erdfall; vgl. W. Meyer, Z XI 254, der sich wieder auf Flechis beruft; Flechia in der Festschrift zu Ascoli's 25jährigem Amtsjubiläum p. 3 ff.; Parodi, R XXVII 232.

10308) vöstěr, a, um (vos), euer; ital. vostro: rum. vostru; rtr. viess; prov. vostre-s; frz. vôtre, votre; cat. vostre; span. vuestro; ptg. vosso.

10309) vötö, -äre, geloben; ital. votare; altlomb. vodhar; com. vodáss, votarsi; frz. vouer; span. ptg. votar.

10310) vötüm n. (vovēre), Gelübde, Wunsch; ital. voto „promessa religiosa", boto „imagine, statua e propriamente quella massa pure voto, nel fior. e sen. persona melensa, scimunita, che sta lì quasi a modo di statua", vgl. Canello, AG III 362; Caix, St. 215, leitete boto in der Bedtg. „dumm" nebst botacchiola

„sciocca, sempliciona" von got. bauths (s. d.) ab; prov. vot-z, Gelübde, dazu das Vb. votar; boti-s (s. ital. boto), dumm; frz. vœu, dazu das Vb. vouer; span. ptg. voto, Gelübde, dazu das Vb. votar; boto, dumm; auſserdem cat. span. ptg. boda = vota, Ehegelübde, Hochzeit. Vgl. Dz 432 boda u. 700 vœu; Parodi, R XXVII 233.

10311) vŏx, vöcem f., Stimme; ital. voce, (davon vielleicht das Vb. bociare, kläffen, vgl. Dz 358 s. v.); sard. boże; rum. boce, dazu das Vb. bocesc ü it i, schreien; rtr. guš, vgl. Gartner, Gramm. p. 188, Parodi, R XXVII 238; prov. votz; frz. voix; span. ptg. voz.

10312) schwed. vränger, Rippen des Schiffes; davon vermutlich frz. varangue, das erste der im Kiel befestigten Seitenstücke eines Schiffes: span. varenga, das Bruchstück eines Schiffes. Vgl. Dz 695 varangue.

10313) kelt. Stamm vroicä- (wovon kymr. grug, corn. grig, Heidekraut); davon vielleicht prov. bru, Heidekraut; frz. bruyère; cat. bruguera (auch mail. brughiera). Vgl. Dz 535 bru; Schuchardt, Z IV 148 u. Roman. Etym. I p. 67 (s oben brue); Th. p. 94 (Thurneysen äuſsert Bedenken gegen die Herleitung der roman. Worte vom Stamme vroicä-).

10314) slav. vrukolakü, Werwolf, = frz. brucolaque, Vampyr, vgl. Gaster, Z IV 585; G. Paris, R X 304; Baist, RF III 642.

10315) Vülcänus, -um, Vulkan; genues. borcán, Hölle, vgl. Parodi, R XXVII 233.

10316) [vülgärïs, -e, gemein; ital. volgare; prov. vulgar; frz. vulgaire; span. ptg. vulgar.]

10317) [vülgüs, -um n., Volksmasse; ital. volgo; rum. vlog: span. ptg. vulgo.]

10318) vülnüs n., Wunde; dav. viell. ptg. vurmo, burmo, brumo, Eiter, vgl. Cornu, Gröber's Grundr. I 767; Parodi, R XXVII 232, will das Wort zu frz. gourme, neufrz. bourme stellen, vgl. auch Z XI 494.

10319) vülpēcülä, -am f. (Demin. von vulpes), Püchschen; prov. volpilh (Adj.), feig (wie der Fuchs); altfrz. golpil, goupil (vgl. Cohn, Suffixw. p. 171), goupille, Fuchs, dazu das Vb. goupillier, feige handeln; altspan. gulpeja, vulpeja. Vgl. Dz 168 golpe; 481 raposa; 700 volpilh; Gröber, ALL VI 147. S. auch vülpes.

10320) vülpēs, -em f., Fuchs; ital. volpe, Fuchs, golpe, eine Krankheit des Getreides, welche dasselbe rot färbt, vgl. Canello, AG III 362; tosc. golpe, lomb. golp; sicil. urpi; rum. vulpe; rtr. golp; prov. volpes; (altfrz. die Demin. goupille, goupil, wourpille, werpille, dazu das Vb. goupillier, sich wie ein Fuchs verkriechen, sich feige benehmen; nicht hierher gehört (vgl. G Paris, R XIV 306), sondern dunkeln Ursprunges ist altfrz. guespeillon, neufrz. goupillon, Wedel; vermutlich ist das Wort abzuleiten von dem german Stamme wisk, wips (vgl. englisch wisp) „wischen", vgl. Thomas, Essais de philol. frçse p. 309, Nigra, AG XV 115; altspan. vulpeja, gulpeja). Vergl. Dz 168 golpe; Gröber, ALL VI 147; Parodi, R XXVII 234 und 239.

10321) *vültör, -örem m. (für vultur), Geyer; ital. avoltore; frz. vautour; altfrz. voutre; frz. vautour (Lehnwort aus dem Prov.); cat. voltor. Vgl. Dz 32 avoltore; Gröber, Misc. 42 u. ALL V 147.

10322) vültür, -ürem m., Geyer; span. buitre, davon abgeleitet buitron, Rebhühnernetz, Fischreuse; ptg. abutre. Vgl. Dz 32 avoltore; Gröber, ALL VI 147.

10323) *vŭltŭrĭŭs, -um m. (für vultur), Geyer; ital. avoltojo; (sard. anturzu); neapel. aurtoro. Vgl. Dz 32 avoltore; Flechia, AG II 347; Gröber, Misc. 42 u. ALL VI 147.

10324) vŭltŭrnŭs (vŏltŭrnŭs), -um m., Südost-Drittel-Südwind; span. ptg. bochorno, heifser Nordwind. Vgl. Dz 432 s. v.; Baist, Z VI 216.

10325) vŭltŭs (vŏltŭs), -um m., Gesicht; ital. volto; prov. volt-z; altfrz. vout; span. vulto, hulto; ptg. vulto. Vgl. Dz 434 bulto. S. No 10290.

10326) vŭlva, -am f., Hülle, Tasche, Gebärmutter; piem. vorva, bresc. olva, vgl. Meyer-L., Z. f. ö. G. 1891 p. 778; Salvioni, Post. 24. Siehe oben vŏlva.

W.

10327) ndl. waag, dtsch. Wage; davon nach Behrens, Festgabe f. Gröber p. 168, frz. wague f., „mesure pour la charbon de terre, dans le Hainaut".

10328) mittelndl. wacharme, weh armer!; davon frz. (waearme) wacarme, (Wehruf), Geschrei, Lärm. Vgl. Dz 695 s. v.; Mackel p. 184.

10329) german. *wadjan, wetten, verpfänden; ital. gaggiare in ingaggiare, dazu das Sbst. gaggio, Pfand; prov. engatjar, gage-s; frz. gager in engager, dégager, dazu das Shet. gage; span. ptg. gage. Die Einbürgerung des germanischen Wortes scheint durch das mutmafsliche Vorhandensein eines lat. *vadiare, *vadiare (v. vas, vadis) befördert worden zu sein. Vgl. Dz 151 gaggio; Mackel p. 51.

10330) ndl. wafel, Waffel; altfrz. gaufre, gofre, Honigwabe, Waffel; neufrz. gaufre; altspan. guafla. Vgl. Dz 594 gaufre; Mackel p. 44.

10331) engl. waggon = frz. wag(g)on, vagon, Wagen, vgl. Dz 700 s. v.

10332) germ. Wurzel wahs, wachsen; dav. viell. prov. avaissa, avais, wilde Rebe; neuprov. vaisso, baisso, abaisso, Haselstrauch (vaisso auch „weifser Elsbeerbaum"). Das a in avaissa, abaisso würde dann als aus (l)a (Artikel) entstanden zu betrachten sein. Vgl. Behrens, Z XIII 412.

10333) german. wahta, Wacht; prov. guaita; altfrz. guaite; hierher gehört wohl auch cat. span. ptg. gaita, kleine Flöte oder Pfeife (weil sie vom Wächter getragen wird, gleichsam Wacht hält; im Ptg. bezeichnet gaita auch den Schrei, gleichsam den Wachruf des Hahnes). Vgl. Dz 179 guatare u. 452 gaita; Mackel p. 74.

wahtala s. kwakkel.

10334) german. wahtēn, wachen; ital. guatare, beobachten, lauern, agguatare, auflauern, agguato, Nachstellung; prov. guaitar, aguaitar; frz. guetter, dazu das Vbsbst. guet, Wache, (altfrz. auch das Kompositum agueter, dazu das Vbsbst. aguet, mit de verbunden daguet, adverbial gebraucht „heimlich", der Plur. aguets ist auch im Neufrz. noch vorhanden). Vgl. Dz 179 guatare; Mackel p. 75.

10335) altdtsch. wahl, got. vai, weh!; ital. guai; davon guajo, das Winseln, guajolare, winseln; altfrz. wai, (dazu das Vb. gaimenter, wehklagen); neufrz. ouais; span. ptg. guai, dazu das Sbst. guaia, guaya, Wehklage. Vgl. Dz 176 guai; Mackel p. 118.

10336) german. wald-, Wald; ital. guado; altfrz. guaide, waide; neufrz. guède; (span. ptg. auch ital. ylasto = glastum). Vgl. Dz 176 guado; Mackel p. 117.

10337) german. *waiðanjan, (ahd. weidenen), weiden, durch Weide erwerben; ital. guadagnare, erwerben, gewinnen; rtr. gudoignar; prov. gazanhar; altfrz. gaagnair; neufrz. gagner; cat. guanyar; altspan. guadañar, mähen; ptg. ganhar, erwerben. Dazu das Vbsbst. ital. guadagno; prov. gazanh-s; frz. gain; span. ptg. guadaña, guadanha, Sichel. Vgl. Dz 175 guadagnare; Mackel p. 53. S. auch oben gana u. unten weida.

10338) german. *waikjan, weich werden, = frz. avachir. Vgl. Mackel p. 115.

10339) ahd. walah, welsch, = (?) altfrz. gauge in nois gauge, Welschnufs (pic. gaugue und gauguer, Nufsbaum). Vgl. Dz 594 s. v.; G. Paris, R XV 631 ganz unten, setzt gauge = (nux) gallica an.

10340) mhd. walbe m., Einbiegung des Daches an der Giebelseite; davon vielleicht frz. galbe, zierliche Rundung, anmutige Schwellung der Formen. Vgl. Dz 592 s. v.

10341) ahd. walchan, walkon; ital. gualcare, durch Stampfen bearbeiten, gualchiera, Stampfmühle; altfrz. gauchier, gauchoir (Sbst). Vgl. Dz 378 gualcare; Mackel p. 72.

10342) german. walðus, Wald; prov. gaut-z, gau-s, Buschholz, davon gaudina, Gehölz; altfrz. gualt, gual, gaut, davon gaudine. Vgl. Dz 594 gaut.

10343) altfränk. *walki (ahd. welk), welk, schlaff; davon vermutlich frz. gauche und gaucher (altfrz. auch waucher), link, eigentlich kraftlos, schwach. Vgl. Dz 593 gauche; Mackel p. 52.

10344) german. wallan, wallon (von Flüssigkeiten); davon viell. altfrz. galir, jalir, sprudeln, springen; neufrz. jaillir (angebildet an saillir). Vgl. Dz 619 jaillir. S. No 5168.

10345) [ahd. wallandaere, Waller; davon nach Schneller, Roman. Mundarten in Südtirol 110, balandra, herumschweifende Person, Taugenichts, und davon wieder das bei Diez 232 unerklärte ital. palandrano, weiter Rock, Regenmantel, Reitrock; neuprov. balandrá; frz. span. balandran. Diese Ableitung ist indessen ganz unhaltbar. Vgl. oben bălătro u. binnenlander.]

10346) altengl. wallop, Stück Fett, Klumpen; davon vielleicht altfrz. waupe, ungestaltes, schmutziges Weib; neufrz. gaupe (burg. gaupitre). Vgl. Dz 594 gaupe.

10347) german. *walzjan, wälzen; ital. gualcire, zerknittern, vgl. Dz 378 s. v.

10348) german. wamba, Bauch; davon prov. gambais, Wams; altfrz. wambais, gambais, davon abgeleitet gambison, gambeson. Vgl. Mackel p. 70. S. auch oben wampa.

10349) ahd. wampa, wamba, Wampe, Brust des Hirsches; dav. nach Thomas, R XXIV 120, frz. hampe, poitrine du cerf (sowie in der R. Littré s. v. unter No 5 angegebenen Bedtg.), ferner altfrz. hambeis (R. de Rou ed. Andresen III 7697), gambeis, gambeison, neuprov. gamo, gamoun, Horning, Z XVIII 230, setzt auch ostfrz. voumbe, fanon des animaux de l'espèce bovine, = wamba an. Vgl. Cohn, Herrig's Archiv Bd. 103 p. 239. S. auch oben wamba.

10350) wan; von einer angeblich german. Wurzel wan leitet Cuervo, R XII 105, ab span. ptg. aguantar, ausharren, leiden, dulden (als Grundbedtg. setzt Cuervo an „permanecer, mantenerse, perseverar"); ptg. aguentar. Die Ableitung mufs als sehr zweifelhaft erscheinen (vgl. Kluge unter „wohnen"). Cuervo bemerkt auch selbst: „Por lo que hace á la forma, corresponde *aguantar* con más exactitud al danés *vente*, sueco *vänta* ‚aguardar'". In Anbetracht dessen, dafs *aguantar* ursprünglich ein Kunstausdruck der Seefahrt gewesen zu sein scheint (vgl. ptg. *aguente*, Kraft des Schiffes, um dem Wind zu widerstehen), darf man vielleicht **adventare (ventus)* als Grundwort ansetzen u. das *gu* statt *v* aus Anlehnung an *agua* erklären.

10351) got. **wandjan**, wenden; prov. *guandir*, dazu das Sbet. *ganda*; frz. *gandir*, ausweichen, sich retten. Vgl. Dz 593 *gandir*.

10352) germ. **wang**, Aue; dav. nach Braune, Z XVIII 517, altfrz. *waignon, gaignon*, Wiesen-, Schäferhund. Vgl. No 1829 u. den Nachtrag dazu, bezw. Z XXIII 537. (*gaagnon* v. *gaagnier*, vgl. No 10337.)

10353) ahd. **wanga** (***wankja**), Wange; ital. *guancia*, vgl. Dz 378 *s. v.*

10354) ags. **wânian**, weinen; damit scheint zusammenzuhängen span. *guañir*, grunzen. Vgl. Dz 456 *s. v.*

10355) german. **want-**, Handschuh; ital. *guanto*, Handschuh; prov. *guan-z*; frz. *gant;* span. ptg. *guante* (im Ptg. bedeutet das Wort nur „Panzerhandschuh", der gewöhnliche Handschuh heifst *luva* = *lófa*, w. m. s.). Vgl. Dz 176 *guanto;* Mackel p. 56; ten Doornkat-Koolman, Ostfries. Wtb. *s. v. want.* Devic, Mém. de la soc de ling. de Paris, V 87 wollte *gant* vom pers. [*dest*]*wan*, Handwächter ableiten (!).

10356) german. **warjan**, wehren; ital. *guarire, guerire*, (einer Krankheit wehren), heilen, genesen; prov. altfrz. *guarir;* neufrz. *guérir;* altspan. altptg. *guarir;* neuspan. neuptg. *guarecer.* Vgl. Dz 178 *guarire;* Mackel p. 46.

10357) german. ***warnjan**, sich mit etwas versehen (vgl. Mackel p. 70); ital. *guarnire, guernire*, mit etwas versehen, davon abgeleitet *guarnizione*, Ausstattung, *guarnigione*, Besatzung, *guarnaccia* u. *guarnacca*, (schützender) Oberrock, *guarnello*, Unterrock, ital. Canello, AG III 343; prov. altfrz. *guarnir*, ausstatten, *garnacha*, -*e*, Rock; neufrz. *garnir*, davon abgeleitet *garnison, garnache;* span. ptg. *guarnecer, garnacha.* Vgl. Dz 178 *guarnire;* Goldschmidt, Z XII 261.

10358) altnfränk. ***warōn**, wahren; prov. *garar*, bewahren, behüten, *esgarar;* frz. *garer;* (dazu das Vbsbst. *gare*, Verwahrort, Ausladestelle, Station, Bahnhof), *esgarer, égarer*, etwas aufser acht lassen, verlegen, verlieren; von *garer* ist mutmafslich abgeleitet *garenne*, Kaninchengehege, *varenne*, Jagdgehege (aus **garina*, vgl. *ha-îne, haine*). Vgl. Dz 593 *garer* u. *garenne;* Mackel p. 46. — Aus dem Frz. ist wohl entlehnt ital: (*garare*, wetteifern, eigentl. acht haben, aufmerken, vgl. das frz. interjektionale *gare*, davon das Vbsbst.) *gara*, Wetteifer, Wettstreit, *sgarare*, in einem Wettstreite siegen. Vgl. Dz 374 *gara;* Goldschmidt, Z XXII 260.

10359) (ahd. **warta**), german. ***warda**, Beobachtung, acht habende Mannschaft, Wache; ital. *guardia*, Wache, dazu das Vb. *guardare*, behüten, (*aguardare*, beschauen, anblicken), davon abgeleitet *guardiano*, Wächter, *guardingo*, vorsichtig; prov. *guarda, guardar, guardian-s;* frz. *garde, garder* (altfrz. auch das Kompos. *eswarder, esgarder*, davon das Vbsbst. *égard*, ebenso regelr. *regard*), *gardien;* span. ptg. *guarda* (fehlt im Ptg.) u. *guardia, guardar* (altspan. auch *esguardar*), *gardingo, guardian, guardido.* Vgl. Dz 177 *guardare;* Mackel

p. 59; Goldschmidt, Z XXII 260. Hierher stellt Schuchardt, Z XXIII 191, auch span. *jarduña*, ptg. *gardunha*, Hausmarder, Wiesel. Die ursprüngliche Bedeutung des Wortes müfste dann gewesen sein „haushälterisch, Haushalter" (vgl. ptg. *guardonho*, haushälterisch, gal iz. *garda*, unverheiratete Haushälterin). Der Marder könnte so bezeichnet worden sein entweder, weil er sich angeblich Vorräte aufsammelt, oder, weil er die Mäuse vertilgt u. also gleichsam für das Haus sorgt.

10360) german. ***wartja**, Gewächs, Wurzel, (Warze); dav. frz. *garce, garce*, Mädchen, wozu das Masc. *gars* gebildet u. davon wieder *garçon* (ital. *garzone*) abgeleitet worden ist, vgl. Körting, Formenbau des frz. Nomens p. 316. Vgl. ob. No. 1928, 2251.

10361) ahd. **wasal**, Regen; davon nach Dz 608 frz. *guilée* (gebildet nach *ondée* u. dgl.), Regenschauer.

10362) ndl. **wase**, Schlamm, = frz. *vase* (norm. *gase*, wov. *engaser*, mit Schlamm bedecken), Schlamm. Vgl. Dz 595 *gazon.*

10363) german. **waskan**, waschen; altfrz. *waschier, guaschier*, (im Wasser plantschen), rühren, rudern, (mit Wasser bespritzen), beschmutzen; neufrz. *gâcher*, davon *gâche*, Rührstock, *gâchis*, Pfütze. Vgl. Dz 591 *gâcher;* Mackel p. 72.

10364) altnfränk. ***waso** (ahd. *waso*)= frz. *gazon*, Rasen, vgl. Dz 595 *gazon;* Mackel p. 45.

10365) mhd. **wastel** = prov. *gastal-s*, Kuchen; altfrz. *gastel;* neufrz. *gâteau*, kindersprachlich *gaga*, vgl. Förster, Z XXII 270 Anm.. Vgl. Dz 593 *gâteau.*

10366) mhd. **wataere**, Water; davon nach Caix, St. 351, ital. *guattera*, (daneben *sguattera*), Scheuerfrau, also eigentl. die im Wasser Watende. Näheres s. oben unter **vastrapa.**

10367) **watan**, waten; davon nach Caix, Z I 424, ital. **guattare* in *sciaguattare* = *sciacquare* (= **exaquare*) + *guattare* „diguazzare nell' acqua". Die oben unter *vado* genannten Worte scheinen, soweit sie mit *gua*- anlauten, durch *watan* beeinflufst worden zu sein, vgl. Dz 175 *guado.*

10368) ahd. **wazzar**, Wasser; davon vielleicht nach Caix, Z I 454, ital. *guazzare*, waten, schwemmen, *guazzo*, Furt, Pfütze, *guazza*, nasser Nebel; span. *esguazar*, durchwaten (wozu das Vbsbst. *esguazo*) ist wohl den Prov. entlehnt u. gebt auf lat. **vadare* zurück; dagegen dürften span. *guacha* in *guachapear*, das Wasser mit den Füfsen trüben, und *guáchara*, wassersüchtig, zu *wazzar*, bezw. zur Wurzel *wat* „feucht" gehören. S. oben **vado.**

10369) ags. **wealcan** (engl. *walk*), gehen; damit hängt vermutlich zusammen altfrz. *waucrer*, umherirren.

10370) ahd. **welda** (**walō-**), Futter, Gras; davon viell. ital. *guaime*, Grummet; prov. *gaïm*, vgl. R XXV 89 u. Z XXI 154; ostfrz. *wayin*, wayin, vgl. R XXV 85; altfrz. *gaïn* (neufrz. *regain*). Vgl. Dz 176 *guaime;* Mackel p. 115; Thomas, R XXV 86 (verteidigt die Diez'sche Ableitung, vgl. jedoch Förster zu Erec 3128).

10371) ahd. **weldōn**, Futter suchen; davon nach No 606 frz. *guéder*, sich vollpropfen.

10372) altdtsch. **weigaro**, viel; ital. *guari*, sehr (dem verneinten Prädikate beigefügt); prov. *gaigre, gaire;* altfrz. *waires, guari;* neufrz. *guère, guères,* (*naguère*, neulich, = [*il*] *n'a guère*, scil. *de temps*); cat. *gaire.* Vgl. Dz 177 *guari;* Mackel p. 118.

weinon s. wânian.

10373) **weld, wold** (englisch), Wau, gelbes Färbekraut; davon, bezw. von dem zu Grunde liegenden altgerman. Worte, ital. *guadarella;* frz. *gaude;* span. *qualda*, Wau, *gualdo*, gelb, (altspan. *gaado*, gelbe Farbe, gehört wohl ebenfalls hierber); ptg. *gualde, jalde, rualdo*, gelb, *gualde*, Wau. Vgl. Dz 176 *gualda*.

10374) ahd. **wellan,** mhd. **wellen,** drehen; davon nach Caix, St. 568, ital. (mundartlich) chian. *s-guillere* „sdrucciolare", bologn. *sguilar;* frz. (Saintonge) *guiler*.

10375) altnfränk. **wenkjan,** wanken, weichen; ital. *guencire, guenciare,* dafür in der neueren Sprache *sguisciare, sgusciare* „sfuggire, scappar di mano", vgl. Caix, St. 105; rtr. *guinchir,* ausweichen, prov. altfrz. *guenchir, ganchir.* Vgl. Dz 593 *ganchir;* Mackel p. 90.

10376) vläm., mittelndl., ostfries. **wepel,** munter, ausgelassen; dav. nach Behrens, Festgabe f. Gröber, pic. *wêpe* „gaillard, crâne".

10377) ahd. **wĕrento,** der Gewährleistende; ital. *guarento,* dazu das Vb. *guarentire;* prov. *guiren-s, guaran-s,* dazu das Vb. *garentir;* frz. *garant,* dazu das Vb. *garantir* (altfrz. auch *garandir);* span. ptg. *garants,* dazu das Vb. *garantir.* Vgl. Dz 177 *guarento,* Mackel p. 80; Goldschmidt, Festschr. f. Tobler p. 164, will die Wortsippe auf germ. *warands* zurückführen.

10378) altnfränk. **wĕrewulf=** frz. (loup-) *garôu.* Vgl. Mackel p. 14; nach Kögel in Pauls Grundrifs I¹ 1017 Anm., geht *garoul* auf ahd. *weriwulf* aus *wariwulf (wari* v. got. *warjan,* kleiden) zurück u. bedeutet also eigentlich „Wolfskleid"(?); ihm stimmt Goldschmidt bei, Festschr. f. Tobler p. 164, vgl. auch Braune, Z XX 357.

10379) altnfränk. **wĕrpan,** (weg)werfen; prov. altfrz. *guerpir, (gurpir),* im Stich lassen, aufgeben; neufrz. *déguerpir.* Vgl. Dz 606 *guerpir;* Mackel p. 83.

10380) german. **wĕrra,** Verwirrung, Streit; ital. *guerra,* davon das Sbst. *guerriero,* Krieger; prov. *guerra,* davon *guerrier-s* (bedeutet auch „Feind, Widersacher", ebenso im Altfrz.); frz. *guerre,* davon *guerrier;* span. ptg. *guerra* (Demin. *guerrilla),* davon *guerrero, guerreiro.* Vgl. Dz 179 *guerra;* Mackel p. 81.

wespe s. **vespa.**

10381) ags. **west,** Westen; (ital. *ponente;* prov. *ponent-z);* altfrz. *west;* (neufrz. *ouest;)* span. *oeste, ouest, ovest,* (daneben *poniente);* ptg. oeste (daneben *poente).* Vgl. Dz 652 *ouest;* Mackel p. 81.

10382) engl. **whinn,** dorniger Ginster; dav. nach Thomas, R XXVIII 212, frz. (norm.) *vègne, vignon, guignon.*

10383) ags. **wibba,** fliegendes Insekt; dav. viell. altfrz. *wibet, guibet, bibet,* kleine Fliege, Schwabe. Vgl. Thomas, R XXVIII 212.

10384) german. **wiðarlōn,** Belohnung; ital. *guidardone, guiderdone* (angeglichen an *donum),* dazu das Vb. *guiderdonare;* prov. *guazardon-s* (aus *guezardon),* *guiardon-s* (daneben *guazardinc-s);* altfrz. *guerredon, guerdon,* dazu das Vb. *guerredoner;* altcat. *guardó;* span. *(gualardon),* galardon, dazu das Vb. *g(u)alardonar;* ptg *galardão,* dazu das Vb. *galadoar.* Vgl. Dz 180 *guiderdone;* Mackel p. 94.

10385) dtsch. **widerrist;** dav. nach Caix, St. 353, ital. *guidaresco, guidalesco, bidalesco, vitalesco* „prominenza verso l'ultima vertebra del collo del cavallo".

10386) ahd. mhd. **wîe** (*wijo),* Weihe; ital. (mundartlich) *gueia,* grofse Falkenart, vgl. Dz 378 *s. v.*

10387) dtsch. **wiederkomm;** frz. *vidrecome,* grofses Trinkglas, das bei einer ausgebrachten Gesundheit ringsum geht. Vgl. Dz 701 *wilecome.*

10388) vlaem. **wielboorken,** eine Art Bohrer; frz. *vilebrequin,* Traubenbohrer; span. *berbiqui;* ptg. *berbequim.* Vgl. Scheler im Anhang zu Dz 818: Diez 699 hatte niederdtsch. *winboreken* als Grundwort aufgestellt. Thomas, R XXVI 451, erklärt *vilebrequin* für umgestaltet aus altndl. *wimpelkin,* worin ihm Behrens, Ztschr. f. frz. Spr. u. Lit. XX² 247 beistimmt, vgl. dagegen Gade p. 61.

10389) mhd. **wieren** (davon ***wierelen),** einfassen, flechten; davon vermutlich ital. (*ghirlare* [vgl. oberital. *ghirlo,* Wirbel], davon) *ghirlanda,* Geflecht, Ranke, Kranz; prov. *garlanda;* altfrz. *garlande;* neufrz. *guirlande;* cat. *garlanda;* altspan. *guarlanda;* neuspan. ptg. *guirnalda.* Vgl. Dz 163 *ghirlanda.*

10390) ahd. **wifan** (neben *wĕban),* weben, bezw. germ. **wiffa,** Merk-, Warnungszeichen (vgl. Braune, Z XVIII 530); davon nach Diez 351 ital. *agguef-fare,* (anweben), beifügen. — Gleichen Ursprunges scheinen zu sein longob. *wiffa,* ital. *guiffa,* das an einem Grundstücke angeheftete Zeichen des Besitzes, *guiffare,* etwas mit einem solchen Zeichen versehen, altital. *gueffa* „matassetta d'oro o d'argento filato di una data misura", *guaffile* „arcolaio", *biffa* „bastone, pertica che si pianta per traguardare, levar piante, livellazioni ecc.", altlucches. *giffa* „il segno che circonscrive una proprietà"; frz. *giffer,* ein Haus mit Gips zeichnen, d. h. konfiszieren (gehört hierher auch, mittelbar wenigstens, *biffer,* ausstreichen?). Vgl. Dz a. a. O.; Caix, St. 70; Canello, AG III 363. S. oben **vaipils.**

10391) ahd. **wiga** = ital. *guiggia,* frz. *guiche, guige,* Griff am Schilde, vgl. Braune, Z XVIII 529. Diez 607 glaube leitete das Wort von ahd. *witinc* ab. Vgl. No 10400.

10392) ahd. **wihsela,** Weichselkirsche; ital. *visciola;* rum. *vișină;* frz. (*guisne), guigne;* span. *guinda,* ptg. *ginja.* Vgl. Dz 343 *visciola.*

10393) altengl. **wîle,** Betrug; dav. prov. *guil, guiala,* Trug, Spott, Tücke, dazu das Vb. *guilar;* altfz. *guile, wiler, guiler.* Vgl. Dz 607 *guile;* Goldschmidt, Festschr. f. Tobler p. 167.

10394) mhd. **willekür,** Willkür; ital. *vilucura* „voglia, velleità", vgl. Caix, St. 657.

10395) dtsch. **willkommen;** altfrz. *wilecome,* dazu das Vb. *welcumer, vilcom,* Becher, den man dem Gaste zubringt (daraus ital. *bellicone,* grofser Pokal). Vgl. Dz 701 *wilecome.*

10396) ags. **wimpel,** altnord. **vimpill,** eine Art Schleier; altfrz. *guimple,* Kopfschmuck, Schleier der Nonnen, Lanzenfähnchen, dazu das Vb. *guimpler,* schmücken; neufrz. *guimpe.* Vgl. Dz 608 *guimple;* Mackel p. 100.

10397) ahd. **windan,** winden; ital. *ghindare,* davon *guindolo* (mundartl. *bindolo),* Winde, Haspel; frz. *guinder,* davon *guindre,* Winde, *guindal, guindeau, guindas,* Haspelwelle, *vindas,* Krüppelspill; span. ptg. *guindar,* dazu das *guindaste,* Winde. Vgl. Dz 163 *ghindare.* — Caix, St. 338, zieht hierher auch ital. *agghingare* (aus ***agghindare?),** putzen, wovon *ghinghero,* Putz, vgl. frz. *s'aguincher* von ahd. *wintinc* (s. d.). — Hierher gehört viell. auch ital. *guinzale, -zaglio,* Koppelriemen, altfrz. *guinsal,* vgl. d'Ovidio, AG XIII 408.

10398) ahd. **winjâ,** Freundin; davon vielleicht 59

frz. *guenon*, Äffin (im 16. Jahrh. Meerkatze), vgl. wegen der Bedeutung ital. *monna* = *mea domina* (s. d.). Vgl. Dz 606 *s. v.*

10399) ahd. *winkjan, winchan, winken; ist vielleicht, wenn Ausfall des *k* angenommen werden darf, was freilich kaum statthaft ist, Grundwort zu ital. *ghignare, sghignare*, heimlich lächeln, dazu das Vbsbst. *ghigno;* prov. *guinhar*, mit den Augen winkeln, blinzeln, seitwärts blicken, dazu das Vbsbst. *guinh-s;* frz. *guigner* (altfrz. *wignier*, vgl. Förster, Z III 265, norm. *guincher*); span. *guiñar*, dazu das Vbsbst. *guiño;* (dagegen scheint nicht hierher zu gehören ptg. *guinar*, das Schiff von einer Seite zur andern werfen, *guina, guinada*, plötzliche Abweichung von der rechten Fahrt). Vgl. Dz 162 *ghignare;* Mackel p. 101. — Von *guigner* leitet Scheler im Dict. *s. v.* ab *guignon*, Unglück (besonders im Spiele), indem er als ursprüngliche Bedeutung ansetzt „coup d'œil jaloux du destin". Wedgwood, R VIII 437, erklärt das Wort sinnreich aus altengl. *wanion, waniand*, Unglück, eigentlich die Zeit „of the waning of the moon, which is known to have been considered an ill-omened period for the commencement of any undertaking". Damit dürfte das Richtige getroffen sein. — Nicht undenkbar wäre, dafs span. *guinchar*, stechen, wozu das Vbsbst. *guincho*, Stachel, auf *winkjan* zurückginge, freilich würde der Bedeutungswandel schwer zu erklären sein (*winkjan* bedeutet ursprünglich anscheinend „etwas seitwärts bewegen, etwas zum Weichen bringen", das Stechen aber kann in der Weise geschehen, dafs das gestochene Gegenstand zugleich fortrückt). Dz 457 liefs *guinchar* unerklärt.

10400) ahd. **wintinc** (in den Casseler Glossen latinisiert zu *windica*), Gürtel, Band; altfrz. *guinche*, Band, Schildband, *s'aguincher* (in neufrz. Mundarten), sich mit Bändern schmücken; dagegen wird man altfrz. *guiche, guige*, Band, Schildband (auch ital. *guiggia*) nicht ohne weiteres auf *wintinc* zurückführen dürfen; möglicherweise hat sich eine Ableitung von *vitta* mit dem deutschen Worte gemischt u. dem letzteren seinen Nasal entzogen. Braune, Z XVIII 529, stellt ahd. *wiga* als Grundwert auf. Vgl. Dz 607 *guiche;* Mackel p. 101. S. No 10391.

10401) altnfränk. **wīpan**, weben; frz. *guiper*, mit Seide überspinnen, wirken, davon *guipure*, eine Art Spitzen. Vgl. Dz 608 *guiper;* Mackel p. 110. Braune, Z XVIII 530.

10402) ahd. ***wirbllön**, wirbeln; davon vielleicht altfrz. *werbler, werbloiier*, wirbeln mit der Stimme, trillern. Vgl. Dz 701 *werbler;* Mackel p. 99.

10403) german. **wīsa**, Weise; ital. *guisa;* prov. *guisa*, davon das Vb. *desguisar*, entstellen; frz. *guise*, davon das Vb. *déguiser;* span. ptg. *guisa*, dazu das Vb. *guisar*, zubereiten, würzen (einer Sache die richtige Weise geben). Vgl. Dz 180 *guisa;* Mackel p. 108.

10404) ahd. **wīse**, Rute; davon lomb. venez. *visca*, rtr. *vouista*, lad. *viscla, vistla*. Vgl. Nigra, AG XIV 383.

10405) germ. Stamm **wisc-, wisp-**, wischen; dav. altfrz. *guespillon*, neufrz. (mit volksetymolog. Anlehnung an *goupil*,) *goupillon*, Wischer, Wedel, vgl. Nigra, AG XV 115.

10406) ahd. **wīshard;** altfrz. *guiscar, guichard*, scharfsinnig, schlau; (prov. *guiscos*). Vgl. Mackel p. 183; Diez 608 stellte altnord. *visk-r* als Grundwert auf, was wohl richtiger ist.

10407) dtsch. **wismuth** = frz. *bismuth*, vgl. Dz 525 *s. v.*

10408) german. **wîtan**, sehen, beobachten, ital. *guidare*, (für jem. sehen, sorgen, ihn) leiten, führen, dazu das Vbsbst. *guida*, Führer, (ob *guidone*, Schurke, hierher gehört, mufs zweifelhaft bleiben, denkbar aber ist, dafs das Wort eigentlich einen „schlimmen Führer" bezeichnet); prov. *guidar, guizar, (guiar*, dazu das Vbsbst. *guida* und *guit-z;* frz. *(guier), guider* (aus dem Ital.), dazu das Verbalsbst. *guide* (altfrz. *gui-s*), abgeleitet *guidon*, Fahne; span. ptg. *guiar*, dazu *guia*. Vgl. Mackel p. 109 (hier die richtige Ableitung); Diez 180 *guidare* stellte got. *vitan*, beobachten, bewachen, als Grundwort auf; Bugge, R III 150, setzte *guider* = altnord. *víta, guidon* = altnord. *víti*- an, vgl. dagegen Mackel a. a. O.; Settegast, RF I 248, wollte die Wortsippe auf lat. *vitare* zurückführen, vgl. dagegen G. Paris, R XII 133.

10409) dtsch. (mundartlich) **witsen, witschen;** davon ital. *guizzare, sguizzare* (venez. *sguinzare*, mail. *sguinzá*), hin- und herschiefsen wie die Fische. Vgl. Dz 379 *guizzare.*

10410) mhd. **woldan**, Kriegssturm; davon vielleicht ital. *gualdána*, Streifzug von Reitern auf feindliches Gebiet, Soldatenschar, vgl. Dz 378 *s. v.*

10411) dtsch. **wolfswurz;** daraus valbross. *ulvra*, vgl. Nigra, AG XIV 382.

10412) engl. **woodcock** (ags. *vudcoc*), Waldbahn, = altfrz. *vitecoq*, Schnepfe. Vgl. Dz 700 *s. v.*

10413) engl. **Worsted**, Name eines Ortes in Norfolk; dav. frz. *ostade*, Name eines Zeugstoffes, vgl. Thomas, R XXVI 435.

10414) german. **wrango**, (ahd. *wrenno*), Hengst; ital. *guaragno;* prov. *guaragno(n)-s;* span. *garañon* (altspan. auch *guaran*); ptg. *garanhão.* Vgl. Dz 177 *guaragno;* Mackel p. 53.

wrekkio s. **brëcho.**

10415) mhd. **wuore** (schweizerisch *wuor*), Damm zum Ableiten des Wassers; ital. *gora* (mit off. o), Mühlgraben; rtr. *vuor.* Vgl. Dz 376 *gora.*

10416) dtsch **wurst;** davon nach Caix, St. 239, ital. (sienes.) *buristo* „salcicciotto di sangue di maiale".

X.

10417) **xyrīs, -ĭdis** f. (ξυρίς), eine Iris-Art; davon nach Baist's gewifs richtiger Vermutung, Z V 564, das gleichbedeutende span. *jiride.*

Y.

10418) **y;** über die Aussprache des *y* in den mittelalterlichen Schulen vgl. Mém. de la soc. de ling. VI 79, VIII 188.

10419) englischer Stadtname **Yarmouth** (in Norwich), dav. altfrz. *gerneume (harenc d. g.)*, vgl. Thomas, R XXVIII 187.

10420) türkisch **yelec** = neap. *gilecco*, span. *gileco, galeco chaleco*, Weste; frz. *gilet.* Dafs auch das frz. Wort *gilet* auf *yelec*, bezw. *gilecco* zurückgeht, ist von Schuchardt erwiesen worden, Z V 100, XIV 180, Roman. Etym. II 8. G. Paris' Annahme, dafs *gilet* Deminutiv von *Gilles* = *Aegidius* sei, ist unhaltbar. Eg. y Yang. p. 872 setzt span. *chaleco* = arab. *chalaica* an. S. No 307.

10421) **Ypern**, Städtename; davon frz. *ypréau*, Iper, langstielige Rüster, vgl. Dz 701 *s. v.*

Z.

10422) arab. **zabad, zebad** (vgl. Eg. y Yang. s. v.
algáliya), Schaum; davon ital. *zibetto*, Zibetkatze
(sie wurde so genannt, weil sie eine stark riechende,
schaumartige Flüssigkeit absondert); frz. *civette;*
(span. ptg. *gato de algália*). Vgl. Dz 346 *zibetto;*
Scheler im Dict. unter *civette.*

10423) **zaberna, -am** *f.*, Quersack (Edict. Diocl.);
davon wahrscheinlich ital. *giberna*, Patronentasche,
woher frz. *giberne; gibecière*, Seitentasche, Jagdtasche, ist wohl eine an *gibes* angelehnte Umbildung
desselben Wortes. Vgl. Bugge, R IV 357; Diez 596
hielt *gibecière* für unmittelbar aus *gibet* abgeleitet,
womit sich aber nicht vereinen läfst, dafs das
Wort ursprünglich allgemeine Bedeutung besafs;
Scheler im Dict. unter *gibecière* stellte mittellat.
giba, Tasche, als Grundwort auf und brachte dies
in Verbindung mit *gibbus*, Höcker, aber *giba* ist
doch wohl erst aus dem Roman. zurückgebildet.

10424) dtsch. **zacken;** dav. canav. *sakun* etc.,
Stock, vgl. Nigra, AG XV 123.

10425) arab. **za'farân,** Safran; ital. *zafferano;*
rum. *sofrán;* altfrz. *safré,* mit goldfarbigem Be-
satze versehen; neufrz. *safran;* span. *azafran;*
ptg. *açafrão.* Vgl. Dz 345 *zafferano;* Eg. y
Yang. 317.

10426) arab. **zagal,** mutig, tapfer; davon nach
Diez 499, der sich wieder auf Engelmann beruft,
span. ptg. *zagal,* starker u. mutiger junger Mann,
Schäferbursche. Vgl. Eg. y Yang. 519.

zágri s. **sâgarl.**

10427) bask. **zagula, zaqula** (aus *zatoquia*), Leder-
schlauch; davon nach Dz 499, der wieder Larramendi folgt, span. *zaque,* Weinschlauch.

10428) ahd. **zahar,** Zähre, Tropfen; davon nach
Diez 411 ital. *záccaro, zácchero,* Klunker.

10429) arab. **zahara, zahoura,** leuchten, weife
schimmern; davon sicil. *zagara,* Orangenblüte;
span. *zahór*, glänzende weifse Farbe, *azahar*, Orangenblüte. Vgl. C. Michaelis, R II 90; Eg. y Yang.
318 (*azhár*).

záhi s. **tac-** u. **tâhs.**

10430) ahd. **zainâ,** Korb; ital. *zana*, Korb, *zaino,*
Schäfertasche; span. *zaina,* Schäfertasche. Vgl.
Dz 411 *zaino* u. *zana.*

10431) bask. **zakur,** **zakurra;** dav. nach Gerland, Gröber's Grundrifs I 331, span. *cachorro,*
junger Hund, Bär, Löwe. S. oben **catulus.**

10432) ahd. **zâlâ,** Verderben (oder lat. *cela-* von
celare, verbergen?) **+ warta** (a. d.) = span. *zalagarda,* Hinterhalt. Vgl. Dz 499 s. v.

10433) arab. **zândal,** ein indisches Farbholz; ital.
sándalo; frz. *sandale;* span. ptg. *sándalo.* Vgl.
Dz 281 *sandalo* 1; Eg. y Yang. 490.

10434) dtsch. ***zanken** (für *zinke,* vielleicht verwandt mit *scanca*), davon vielleicht ital. *sanca,*
Stiel, Bein; sard. *zancone,* Schienbein; prov. *sanca,*
(scheint einen spitz zulaufenden Schuh zu bedeuten);
span. *zanca, zanco,* Stiel, Bein (vielleicht gehört
hierher auch *chanclo,* Pantoffel); ptg. *sanco,* Stiel,
Bein, *chanca,* sehr langer Fufs. Vgl. Dz 345 *zanca.*
— Schuchardt, Z XV 110, setzt *zonco, zompo* (s.
ob. No 8475) „verstümmelt, Stummel" als Grundform an u. erklärt den Vokalwechsel aus Anlehnung
an *gamba, branca, braccio, mano.* G. Meyer, Z XVI
525, schreibt dem Worte orientalischen Ursprung zu
(vgl. Eg. y Yang. 525, wo das Wort mit arab. *sac,*
sauc, Schienbein, gleichgesetzt wird). Spätlateinisch

findet sich *zanca* in der Bedtg. „Schuh" (*zancas
parthicas* in des Trebellius Pollio Vita des Claudius
17, 6), ebenso spätgriechisch. τζάγγα = ὑπόδημα.
Lagarde, Gesammelte Abhandlungen [1866] p. 24,
53 u. Armen. Stud. [1877] p. 52, 752, hat awestisch
zanga m. „Bein" nachgewiesen (pehl. *zang,* sskr.
jánghâ). Syrisch erscheint *zank* (neben *barzank*)
in der Bedtg. von *ocrea.* Durch Vermittelung des
Syrischen scheint das ursprünglich persische Wort
in das Griech. u. Lat. gekommen zu sein. Dem
Romanisten kann es genügen, dafs *zanca* als im
Lat. vorkommend nachgewiesen ist.

10435) dtsch. **zünseln,** mhd. *zenselen, zinselen,*
kosen; diesem (wohl nur mundartlichen) Verbum
ähnliche onomatopoietische Bildungen scheinen zu
sein ital. *ciancia,* Geschwätz, Possen, *cianciare,*
schäkern; rtr. *cioncia,* Geplapper; span. ptg.
chanza, Scherz. Vgl. Dz 97 *ciancia.*

10436) bask. **zaparra,** Steineiche, = span. *chaparra,* Steineiche, vgl. Gerland, Gröber's Grundrifs
I 331. S. oben No 121.

zapfe s. **tappo.**

10437) bask. **zapoa,** Kröte; span. ptg. *sapo,*
Kröte, vgl. Gerland, Gröber's Grundrifs I 331.

10438) dtsch. **zar,** Rifs; davon vielleicht ital.
sciarrare, (= *s-ciarrare*), zerreifsen, zersprengen,
sciarra, Schlägerei. Vgl. Dz 398 *sciarra.*

10439) arab. **zarbatâna,** Blaserohr (zum Schiefsen
auf Vögel); span. *cerbatana, cebratana, zarbatana;*
ptg. *saraba-, saravatana;* frz. *sarbacane.* Vgl.
Eg. y Yang. 367.

10440) arab. **zarqâ,** hellblau; sicil. *zarcu,* blafs;
span. ptg. *zarco* (daraus vermutlich durch Umstellung *garzo,* auch ital. *gazzo*), blauäugig. Vgl.
Dz 454 *garzo* u. 500 *zarco;* Eg. y Yang. 527.

10441) arab. **zarrâfah,** Giraffe (Freytag II 234a);
ital. *giraffa;* frz. *girafe;* span. ptg. *girafa.*
Vgl. Dz 165 *giraffa;* Eg. y Yang. 113.

10442) bask. **zarria, charria,** Schwein; davon
nach Diez 500 span. *sarria,* Schmutz, der sich
unten an die Kleider hängt.

10443) ahd. **zaskôn,** (*taskôn), raffen; davon nach
Diez 490 span. ptg. *tascar,* zupfen, hecheln.

10444) ahd. **zata,** Zotte; davon nach Diez 412
ital. *zazza, zazzera,* langes Haupthaar.

10445) bask. **zatoa,** Stück; davon nach Diez 500
(Larramendi) *zato,* ein Stück Brot.

10446) ***zëlôsûs, a, um** (*zelus*), eifersüchtig; ital.
zeloso, eifrig, *geloso,* eifersüchtig, davon *gelosia,*
Eifersucht; rum. *gelos, gelosie,* frz. *gelos, gelosia;* frz. *jaloux, jalousie;* cat. *gelos, gelosia;*
span. *seloso, celosia* (bedeutet auch ein durchbrochenes Fenstergitter, Jalousie), hierher gehört
auch *rezelar,* argwöhnen, *rezelo,* Argwohn; ptg.
zeloso, recear, argwöhnen, *receo,* Argwohn (im
Sbst. *zelosia* fehlt, dafür der Pl.
zelos), recear, argwöhnen, *receo,* Argwohn. Vgl.
Dz 346 *zelo.*

10447) **zēlŭs, -um** *m.* (ζῆλος), Eifer, Eifersucht;
ital. *zelo;* frz. *zèle:* span. ptg. *zelo,* (daneben
ptg. *cio,* Brunst). Vgl. Dz 346 *zelo.*

10448) **zëphŷrŭs, -um** *m,* (ζέφυρος), Westwind,
ital. *zeffiro;* frz. *zéphyr* u. *zéphyre;* span. *céfiro;*
ptg. *zéphyro.*

zergen s. **targen.**

10449) **zëtâ** *n.* (ζῆτα), Zeta; davon das Deminutiv ital. *zediglia,* kleines Häkchen zur Bezeichnung der zeta-ähnlichen (assibilierten) Aussprache
des *c;* frz. *cédille;* span. *cedilla;* ptg. *cedilha.*
Vgl. Dz 346. *zediglia.*

10450) dtsch. **zibbe,** Lamm; ital. *zeba,* junge

Ziege; span. *chibo, chivo. chiba, chiva;* ptg. *chibo.* Vgl. Dz 345 *zeba.*

10451) arab. **zibib** = ital. *zibibbo,* eine Art Rosinen, vgl. Dz 412 *s. v.*

10452) [*Zinganus, Zigeuner; ital. *zingano;* (frz. *tzigane,* bohémien v. *Bohême;* span. *gitano* = *ˤegyptanus), *zángano,* Faulenzer, Drohne; ptg. *cigano,* Zigeuner, *zángano,* Wucherer, Preller, *zangão,* Drohne. Vgl. Dz 499 *zangano.*]

10453) **zingiber** n. (ζιγγίβερις), Ingwer; ital. *zenzóvero, zénzero, gengióvo;* rum. *ghimber;* prov. *gingebre-s;* frz. *gingembre;* cat. *gingebre;* span. *gengibre, agengibre;* ptg. *gengibre, gengivre.* Vgl. Dz 346 *zenzóvero.*

10454) dtsch. **zinne;** begrifflich in der Bedtg. „Rand, Saum" stehen dem deutschen Worte nahe genues. *zinne,* „orlo di tetto o die muro, capruggine della seghe", bresc. mant. ferr. *zina* etc., lautlich aber lassen die roman. Worte sich mit einem vorauszusetzenden *tinna* nicht vereinigen, vgl. Nigra, AG XV 105.

(**zinzilo, -āre**) s. den Nachtrag zu **jangelön.**

10455) **zinzilūlo, -āre,** summen, zwitschern; ital. *zinzilulare* „fare il verse della rondine", *zirlare* „il fischiare de'tordi", vgl. Canello, AG III 396; span. *chirlar, chirriar,* schreien, zwitschern; ptg. *chirlar, chilrar.* Vgl. Dz 347 *zirlare;* Bugge, R IV 351.

10456) [*zinzūlā, -am f. (zinzilulare, summen), Mücke; daraus (?) ital. *zenzara, zanzara* (chianes. *cecera),* vgl. Caix, St. 263; Dz 346 *zenzára,* wo auch altfrz. *cincelle* aufgeführt wird.]

zir s. **sērīā.**

10457) **zirbus, -um** *m.,* das Netz im Leibe; ital. *zirbo;* ptg. *zerbo, zirbo.* Vgl. Caix, St. 273; Eg. y Yang. 523 (wo Herleitung vom arab. *tserb* mit Recht abgelehnt wird).

10458) ahd. **zisimūs,** Ziselmaus, = altfrz. *eisemus,* vgl. Dz 548 *s. v.*

10459) **ziziphūm** n., Brustbeere, und **ziziphus** (*zizibus, non zizubus* App. Probi 196), **-um** *m.* (ζίζυφον), Brustbeerbaum; ital. *giuggiolo,* Brustbeerbaum, *giuggiola,* Brustbeere, *zizzifa, zizzola,*

(durch Suffixvertauschung aus *zizzora*), Brustbeere; altaret. *giuggiebo, giuggeba,* vergl. Caix, St. 663; frz. *jujube,* Brustbeere, *jujubier,* Brustbeerbaum (das von Georges angeführte *gigeolier* fehlt bei Sachs-Villatte); span. *jujuba,* (das übliche Wort ist aber *azufaifa, azofeifa;* ptg. *açofeifa* = arab. *az-zofaizaf,* das aber selbst wieder auf *ziziphum* zurückzugehen scheint). Vgl. Dz 166 *giuggiola* u. 429 *azufaifa.*

10460) dtsch. **zitze;** damit scheint zusammenzuhängen ital. *zito, zitello, citto, cittolo* (dazu die Fem. *zita* etc.), Kind, eigentl. Säugling. Vgl. Dz 412 *zito.* S. oben **titta.**

10461) gr. ζωμός, Brühe, = span. *zumo,* ptg. *çumo,* vgl. Dz 500 *s. v.*

10462) dtsch. **zopf;** davon vermutlich ital. *ciuffo,* Schopf, *ciuffare,* beim Schopfe fassen. Vgl. Dz 365 *ciuffo* (Diez schwankte zwischen „Zopf" u. „Schopf"); Caix, St. 643. S. oben **top.**

10463) arab. **zorzál,** Staar-, Dressel, = span. ptg. *zorzal,* vgl. Dz 500 *s. v.;* Eg. y Yang. 531; Gerland, Gröbers Grundrifs I 331, stellt *zorzal* zu dem gleichbedeutenden bask. *zosarra,* aber dies durfte erst selbst dem Arab. entlehnt sein.

10464) ahd. **zubar,** Zuber; rtr. und oberital. *cever, seber* etc., Zuber; abgeleitetvon dem deutschen Worte ist vielleicht frz. *civière,* Tragbahre. Vgl. Scheler im Anhang zu Dz 789.

10465) dtsch. **zug** = rtr. *zuock,* Atemzug, vgl. Stürzinger, R X 257.

zupfen s. **top.**

10466) bask. **zurigaña,** der oben geweifste, verschönerte Teil; davon nach Diez 500 (Larramendi) span. *zirigaña,* übertriebene Schmeichelei.

10467) bask. **zurpea, zupea,** der Bodensatz in der Kufe; davon nach Dz 500 (Larramendi) span. *zupia,* sauer gewordener Wein, Wegwurf.

10468) bask. **zurra, zuhurra,** klug; davon nach Gerland, Gröber's Grundrifs I 331, span. ptg. *zorro,* listig. S. oben **psora.**

10469) bask. **zurriaga** = span. *zurriaga,* Peitsche, vgl. Diez 501 (Larramendi), wo darauf hingewiesen wird, dafs mutmafslich lat. *excoriata* (s. d.) das eigentliche Grundwort ist.

Nachtrag.

67a) **ac;** über das Fortleben der Konjunktion *ac* in einzelnen Verbindungen (z. B. ital. *tutt' a due* == *tutt' e due*, mundartl. ital. *va a ddormi*, span. *ambos á dos*) vgl. Ascoli, AG XIV 468, Schuchardt, Z XXIII 334, Meyer-L., ebenda 478.

84) Hinzuzufügen ist prov. *aceia*, worüber zu vergleichen Thomas, R XXVIII 169.

95) Parodi (vgl. Idg. Forsch. X 185) stellt *accēns-imare* (nach *aestimare* u. dgl. gebildet) als Grundwort zu altfrz. *acesmer* auf.

121) Über *chaparro*, ~a vgl. Schuchardt, Z XXIII 200 (Sch. wagt über die Herkunft des Wortes eine Entscheidung noch nicht zu fällen).

136) Über *aigrin* vgl. Cohn, Herrig's Archiv Bd. 103 p. 233.

207) Thomas setzt, R XXVIII 169, *aacier* == lat. *ad-aciare* (v. *acies*) an unter Hinweis darauf, dafs *dentium acie stridere* (b. Ammian. Marc.) die Bedeutung „grincer des dents" habe, dafs demnach *ad-aciare* sehr wohl zur Bedtg. „porter sur la pointe des dents" kommen könne.

215) Hinzuzufügen ist *adjacentia* == *aisance*. Vgl. Cohn, Herrig's Archiv Bd. 103 p. 223.

244) *ad-mörsäre ist in der Behandlung der Frage nach der Ableitung von frz. *amuser* völlig aufser Betracht zu lassen. *Amuser* ist Kompos. zu *muser*, und dieses setzt ein frz. *mus (== ital. *muso*), lt. *müsus* voraus. Das lt. *müsus* aber, auf welches auch frz *museau* == *müsĕllus* zurückweist, mufs „Mund, Maul" bedeutet haben und irgendwie in Zusammenhang stehen mit *mütire*, *müssäre*. — (Eine etwas andere Erklärung ist unter No 6411 gegeben.)

314) Frz. *ainsi* dürfte = *ains* + *si* (bezw. *antius* + *sic*) anzusetzen sein, mindestens dürfte Kreuzung zwischen *acque* + *sic* u. *antius* + *sic* stattgefunden haben.

365) Hinzuzufügen ist altspan. *ayna*.

378) *agüro (f. *augüro*); rum. *urá* gehört nicht hierher, sondern zu *orare*; dem lat. *agurare* entspricht rum. *agurare* „vorhersagen", das allerdings nur in einem kleinen Teile des rum. Sprachgebietes (im Bezirk Bihor in Ungarn) bekannt und wohl gelehrtes Wort ist. Vgl. Densusianu, R XXVIII 61.

401) „Für *alarido* sind bisher aufser dem von Sousa u. Diez angenommenen *al-arîr* ‚unverschämtes Schreien' noch vier andere arab. Stammwörter aufgestellt worden. Eguilaz (p. 93) überläfst zunächst dem Leser zwischen zwei Stammwörtern zu wählen, nämlich zwischen dem Adj. *harîd* „zerrissen, gespalten", wobei das Shst. *çaih* „Geschrei" zu ergänzen sei, und einem andern Etymon *harîr* „Gewinsel, Geheul des Hundes'. Seite 118 jedoch

unter *Alborozo* widerruft er seine beiden früheren Etymologieen und führt als neues Etymon *al-hadîr* „Gebrüll" an, das durch Metathese spanisch zu *alarido* wurde. Baist (RF IV p. 374) endlich will in *alarido* den arab. Schlachtruf: *lâ ilâh ill' Allah* „Kein Gott aufser Gott" erkennen, der spanisch, z. B. bei Cervantes, mit *lelili* wiedergegeben wird. Dafs *alarido* ursprünglich ein Schlachtruf war, geht aus der chanson d'Antioche VI, 884 „*Aride! aride! hucent, Mahons! quex destorbier!*" hervor. Diese altfrz. Form finde ich bei Baist nicht erwähnt, und es bleibt mir unerklärt, wie sie aus dem angeführten arab. Schlachtruf entstanden sein soll. Dieses Beispiel zeigt zur Genüge, welche Vorsicht beim Aufsuchen eines arab. Etymons geboten ist." M. Schmitz.

407a) *albĕllus, -um *f.*, Weifspappel; frz. *aubel*, *aubeau*, *obeau*, vgl. Thomas, Essais philol. p. 158; Cohn, Herrig's Archiv Bd. 103 p. 222.

413) cat. span. *arna* (nicht *arnia*). Vgl. auch Meyer-L., Z XXIII 476.

422) *albus, a, um;* abgeleitet von *albu* „Morgenröte" ist ital. *albagia*, (kühler) Morgenwind, in übertragener Bedtg. „kühles, kaltes, stolzes, dünkelhaftes Benehmen"; prov. *albaysta*. Vgl. Salvioni, R XXVIII 91.

492) Vgl. Cohn, Herrig's Archiv Bd. 103 p. 240.

582) Die von Meyer-L. gegebene Ableitung des Wortes wird von Förster, Z XXIII 422, wiederholt. Übrigens hat auch Rydberg, Zur Geschichte des frz. *e* p. 38, die gleiche Ableitung aufgestellt.

588) Schuchardt hat, Z XXIII 325, abermals *andare*, *anar*, *aller* behandelt, seine früher ausgesprochene Anschauung weiter ausführend und die Annahme anderer, namentlich diejenige Förster's beurteilend.

595a) bask. **ametz,** eine Eichenart; davon viell. span. *mesto*, Zerreiche, vgl. Schuchardt, Z XXIII 198.

600) Der Vokativ *amice* lebt fort in piem. lomb. *amis*, vgl. Nigra, AG XV 276.

602) Zu *al-anûr* == (?) *almirante* teilt mir Herr M. Schmitz (Bonn) folgende Bemerkung mit: „*Al-amîr* für *almirante* als Etymon zu setzen, scheint mir aus zwei Gründen bedenklich: erstens weil *amîr* im Arab. gewöhnlich eine Ergänzung im Genitiv erfordert und dann selbst ohne Artikel stehen mufs, z. B. *amîr-al-mu'minîna* „Fürst der Gläubigen", *amîr-al-kâfila* „Karawanenführer", *amîr-al-bahr* „Beherrscher des Meeres" etc. Dementsprechend biefs Admiral im Altspan. nach Dozy *„almirante de la mar",* zweitens fehlt *l* vor *m* sowohl in der griechischen Form des 12. Jahrhunderts ἀμηράς, wie

in den altfrz. Formen des Rolandsliedes *amiralz*, *amirafle* etc., während bei *almaçur* 849, 909, 1275 der arab. Artikel zweifellos zum Etymon gehört. Eguilaz (Glosario, p. 224) stellt für sämtliche romanische Formen des Wortes *amir-ar-rahl* als Etymon auf. Dies wird jedoch von Baist (RF IV, p. 368) mit Recht verworfen. Ich habe die Stelle bei Ibn Haldûn, worauf Eguilaz sich beruft, nachgeprüft und gefunden, dafs die Bezeichnung *amir-ar-rahl* (Befehlshaber der Transportflotte) sich nur auf einen bestimmten Fall bezieht, aber keine allgemein gebräuchliche für „Admiral" war. Was Dozy und besonders Baist über *almirante* etc. schreiben, scheint mir das Richtige. Nur zwei Formen im Rolandslieds *amirafle* 850 und *amurafle* 894 und 1269 sind mir unerklärt geblieben. Sie würden lautlich ganz gut zu *amir-ar-rahl* passen, wenn nicht, wie Baist richtig bemerkt, das historische Auftreten dieses Wortes jener Hypothese durchaus ungünstig wäre."

648) Das Grundwort zu *envoye* dürfte *angvidia* (Dem. zu *anguis*) sein.

702) Thomas, R XXVIII 170, erklärt *antianus* (= altfrz. *anciien*) für ein Wort der „basse latinité", nach welchem dann jede roman. Einzelsprache die ihr eigene Wortform künstlich gebildet habe (vgl. Rencien von Reims). Den von Meyer-L. aufgestellten Typus *antidianus* weist Th. mit Recht zurück, seine eigene Erklärung befriedigt freilich auch nicht.

725a) gr. ἀφύη, Sardelle, lt. *apua*; davon nach Dz 6 s. v. ital. *acciuga*, das *cci* des Wertes müfste durch Kreuzung mit dem gleichbedeutenden (mundartlichen) *anciova*, *ancioa* (wovon frz. *anchois*, span. *anchoa*, ptg. *anchova*, dtsch. *Anchovis* mit Angleichung an Fisch) an Stelle des *p* getreten sein; *anciova* viell. = gr. *ἀγχί-ωπα* (Nom.*ἀγχίωψ), angängig, nahe bei einander stehende Augen habend), lt. *ankiôpa* sein, vgl. venez. *anchioa*.

726) Hinzuzufügen ist piem. *ovjé*, v. al b ro s a. *avjér*, Unordnung, Verwirrung (wie sie scheinbar in einem Bienenschwarme herrscht), vgl. Nigra, AG XV 277.

732) Auf *apium* führt Thomas, R XXVIII 182, mittelst der Bindeglieder *aipe*, *epe*, *épereau* zurück altfrz. *éprault*, Sellerie.

772) Zwar nicht das Aktiv *apricare*, aber das Deponens *apricari* ist im Lat. belegt, s. Georges s. v. — Die Ableitung des frz. *abrier* v. *apricare* ist doch zweifelhaft, da altfrz. auch *desbrier* vorhanden ist, vgl. G. Paris XXVIII 433. G. Paris ist geneigt, beide Verba für abgeleitet aus einem Stamme *bri* zu erachten, über dessen Ursprung er sich aber nicht ausspricht. Statthaft dürfte es sein, zu glauben, dafs *desbrier* erst nach *abrier* gebildet, letzteres aber dem Ostfrz. entlehnt sei; dann liefse sich *apricare* als Grundwort beibehalten.

777a) apua s. ἀφύη (No 725a).

788) Nyrop, Gramm. hist. de la langue frçse I 396, nimmt an, dafs *aigrefin* (*aiglefin*, *eglefi*, *esclefi*) volksetymologische Umgestaltung des ndl. *schelvis*, Schellfisch, sei. Wie dies begrifflich möglich sein soll, ist schwer abzusehen. Vgl. auch Joret, R IX 125.

872) [Über ital. mundartliche, rät. u. friaul. hierher gehörige Worte vgl. Salvioni, R XXVIII 103. Nigra, AG XIV 355, will franco prov. *aryá* aus *adretare* (von *adretrahère*) erklären, was Meyer-L., Z XXIII 475, mit Recht zurückweist.]

900) Schuchardt, Z XXIII 188, erklärt in über-

zeugender Weise *artica*. als Ableitung von *ex-sarticare*, *exsartare* (v. *ex-sartum*, *ex-sarire*), roden. 906) Cohn, Herrig's Archiv Bd. 103 p. 225, setzt prov. *artelhos*, altfrz. *arteilleus*, gewandt, schlau (wozu die Sbstve *artelh*, *arteil* = *articulosus* gliederreich, biegsam, gelenkig, gewandt) an, Thomas, Essais philol. p. 244 Anm. 1, leitete die Adj. unmittelbar von *art* ab unter Hinweis auf *fameilleus*, angeblich von *faim*, vgl. dagegen Schultz - Gorra, Litt. Ctrbl. 1898 Sp. 1239. In dem altfrz. Sbst. *artillece*, Gewandtheit, erblickt Cohn eine Gelegenheitsbildung.

943) Ital. *aspide*; span. ptg. *aspid*; altfrz. *aspe*; prov. neu frz. *aspic*.

946 [u. 986]) Über die Mischung von *as-sagmare* *assummâre* (dieser wieder von *sucuma* u. *summam*) im Romanischen vgl. die treffliche Untersuchung Filz-Gerald in der Revue hispanique VI p. 5 ff.

1024) Über r t r. *tadlar* u. seine vielleicht doch annehmbare Herleitung von *titulare* — denn vgl. valtell. *tidol*, sentacchioso, acuto di orecchi, u. soran. *attechiare*, ascoltare attentamente — s. Salvioni, R XXVIII 108.

1065) Vgl. Cohn, Herrig's Archiv Bd. 103. p. 232 (Thomas' Erklärung wird bezweifelt, die Form *aurificiana* angefochten).

1150) Zu *bailler* scheint zu gehören frz. *baillon*, Mundknobel (gleichs. Gähnwerkzeug), dazu wieder das Vb. *baillonner*. Vgl. Scheler; Dict. s. v. — Z. 8. v. ob. statt *bajore* lies *bajare*.

1154) Eguilaz y Yang. p. 329 f. spricht auf Grund eingehender Untersuchung die Ansicht aus, dafs *bagage* = arab. *bagache* anzusetzen sei, und diese Annahme verdient mindestens Berücksichtigung.

1179a) bālēărĭcum (hŏrdēum), balearische Gerste; davon nach Thomas, R XXVIII 171, frz. (mundartl.) *baillarc*, *baillard*, Fem. (*baillarche*), *baillarge* „orge à deux rangs". Zu beweisen bleibt aber übrig, dafs solche Gerste wirklich von den Balearen nach Frankreich eingeführt worden sei.

1179b) dtsch. Balg; davon viell. frz. *blague*, Beutel, Sack, (sackdicke) Aufschneiderei, vgl. Scheler im Dict. s. v.

1232) V a l s e s. *barcâla*, Salamander (weil dieses Tier, wenn es eine gewisse Stellung annimmt, einer Barke ähnlich sei), vgl. Nigra, AG XV 277.

1248a) mundartl. dtsch. Bartche (hess. *barte*, vlaem. *baars*), Axt; dav. viell. lothr. (mess.) *barge*, Axt zum Behauen der Trester auf der Kelter. Vgl. Behrens, Festg. f. Gröber p. 149.

1278) Über den Stern vor *batto*, denn *battère* ist im Mulomedicus (4. Jahrb.) belegt, vgl. Wölfflin, ALL X 121; Cohn, Herrig's Archiv Bd. 103 p. 211.

1297) Hierher gehören auch frz. *bezal* (= *bedale*), neu prov. *bexo*, frz. *abée*(aus *la bée* = *beda*), Mühlgraben. Vgl. Nigra, AG XV 275.

1302) Über *becerro*, -a vgl. Schuchardt, Z XXIII 198 (baskische Herkunft wird bezweifelt, Zusammenhang mit lat. *bis* vermutet). Span. *bicerra*, Gemse, scheint (nach. Sch.) dasselbe Wort zu sein.

1316) Hinzuzufügen ist lomb. *beneši*, dav. *beniš*, Confekt (wie es am Verlobungstage gegessen wird), vgl. Salvioni, R XXVIII 93, wo auch auf piem. *giùrâje* „confetture degli sponsali" u. *batiâje* „confetti del battesimo" hingewiesen wird.

1317) Statt *benědictor* lies *benědicitor*.

1334a) mndl. berm (ags. *beorma*, mn. *berme*, *barme*, dtsch. *Bärme*), Hefe, = frz. *berne* f., Gährtonne. Vgl. Behrens, Festg. f. Gröber p. 149.

1334ᵇ) kelt. bern- (?); davon nach Thomas, R XXVIII 172, frz. *bernie, *bernicle, bénicle, *bernin, berlin, berdin, Name einer Muschel.

1334ᶜ) arab. berniya, Name eines Gefäfses, span. ptg. bernegal, vgl. Eg. y Yang. p. 344; neuprov. bernigau; genues. vernigau; venez. vernicale. Vgl. Thomas, R XXVIII 173.

1349) Das Kompos. ital. biscia bova (biscico = bestia + bova, Wasserschlange), Wirbelwind, erklärt sich aus der Vergleichung der Stöfse des Wirbelwindes mit spiralförmigen Windungen der Schlange. Vgl. Nigra, AG XV 278. Ebenda bespricht Nigra auch das Kompos. tosc. bizzura, Schildkröte = biscia, Schlange + zucca (s. No 2652), Kürbis, jedenfalls ein Ausdruck urwüchsigen Volkshumors.

1356) Sehr eingehend hat über biais gehandelt Cohn, Herrig's Archiv Bd. 103 p. 225 f., ein Grundwort aber hat er nicht aufgestellt. Das Sbst. biseau erklärt C. sehr überzeugend als aus *biaiseau entstanden.

1361) (*bĭbĭtĭo). Vgl. Cohn, Herrig's Archiv Bd. 103 p. 211.

1368) Hinzuzufügen ist westlomb. bonzá, Weinfafs, vgl. Salvioni, R XXVIII 94.

1369) Das frz. bigorne (aus bigorgne) setzt ein *bicornia voraus u. dürfte dem Prov. entlehnt sein, wo es freilich aber bis jetzt nicht nachgewiesen ist, vgl. Cohn, Herrig's Archiv. Bd. 103 p. 220 (hier wird erwähnt, dafs bicornius im Lat. belegt ist).

1456) blandus ist auch im Altfrz. vorhanden (blant, blande, anscheinend öfters mit blanc, blanche verwechselt), vgl. Ulrich, Z XXIII 417.

1461a) bŏa, bŏva, -am f., Wasserschlange; valses. bova, serpente; venez. vicent. bóvolo, „chiecciola, vorlica, cataratta, mulinello, ghirigoro", worüber sowie über andere mutmafsliche Reflexe des lat. Wortes in ital. Mundarten vgl. Nigra, AG XV 279.

1472a) ahd. *blēihvaro, bleifarbig; davon (?) frz. blafard, vgl. Diez 525 s. v., Mackel p. 64.

1480a) mhd. blôs, blofs; prov. altfrz. blos (Adv.) blofs, nur, vgl. Mackel p. 28.

1484) Die Ableitung von bouder unmittelbar aus dem Stamme bod, bot mufs als sehr fragwürdig erscheinen, weil das Beharren des zwischenvokalischen d unbegreiflich sein würde, denn vgl. rouer aus rotare, vouer aus votare. Besser wird man bouder zu der unter No 1493 behandelten Wortgruppe stellen.

1490) Als Grundwort zu frz. borgne darf man vielleicht lt. [ē]bŭrnĕus, elfenbeinern, ansetzen; „elfenbeinern" ist eine passende Bezeichnung für ein Auge, welches infolge eines organischen Fehlers oder einer Krankheit trüb u. starr ist, im Deutschen nennt man ein solches Auge „verglast".

1491) Statt bôja lies bôja. — Frz. bourreau gehört zweifellos nicht zu boja, sondern zu bŭrra (1657) u. bedeutet eigentl. der Rupfer, Peiniger, Quäler, vgl. bourreler, quälen, bourrelle, Quälerin.

1492a) bōlārium n. (βωλάριον), Klümpchen; dav. nach Thomas, Essais philol. p. 248, durch Suffixvertauschung altfrz. boulic, neufrz. bouillie, Brei. Cohn, Herrig's Archiv Bd. 103 p. 227, stellt *bōlĭta (v. bōlus, βῶλος) als Grundwort auf. Das Nächstliegende ist aber doch wohl, in boulie (sowie in boulée, Bodensatz) Ableitungen von boule (lt. bŭlla) zu erblicken u. als deren Grundbedeutung „kugelige, klumpige Masse" anzunehmen.

1493) Vgl. den Nachtrag zu No 1484.

1497) D'Ovidio, Note etim. ˙p. 67, macht mit Recht darauf aufmerksam, dafs bigio durch grigio beeinflufst werden zu sein scheint. Hierher gehört wohl auch frz. bis, schwarzbraun.

1546) Hierher gehört auch ital. brasca (frz. brasque), Kohlenpfanne, vgl. Parodi, Idg. Forsch. X 184.

1572) Nigra, AG XV 290, bezweifelt mit Recht, dafs ital. brivido zu dieser Wortgruppe gehöre, vgl. den Nachtrag zu No 4363.

1573) Neben frz. broyer auch brier, (den Teig) tüchtig schlagen, dav. brioche, Schlagkuchen, Kuchen aus zähem Teig.

1614) Über weitere Reflexe von buccella in oberital. u. rät. Mundarten vgl. Nigra, AG XV 278.

1632a) ndl. buigen (got. biugan), biegen; altfrz. (em)bui(n)gner, gebogen werden, sich biegen.

1645a) ahd. bungo, Knolle; dav. vielleicht frz. bigne f., Beule, davon das Dem. bignet, beignet, kugeliges Gebäck.

1652) Von frz. bourdon in der Bedtg. „das im Bafs tönende Orgelrohr" ist abgeleitet bourdonner, (dumpf tönen, wie der Bafs in der Orgel), brummen, summen.

1653) Abgeleitet von bur(r)us scheint zu sein piem. can. biro, romagn. birén „tucchino", (der Hahn wird biro genannt, weil er roten Kamm u. roten Schnabellappen hat), vgl. Nigra, AG XV 277.

1655) Füge hinzu wallon. burir „s'élancer impétueusement", vgl. Thomas, R XXVIII 175.

1657) Über hierher gehört auch frz. bourreau, vgl. Nachtrag zu 1491.

1657a) bŭrrīcus, -um m. (burra), kleines (zottiges) Pferd; für burrīcus scheint eingetreten zu sein *bŭrrīcus; dav. viell. ital. bric(c)o, schlechter Esel; frz. bourrique.

1657b) [*bŭrrie, -ōnem m. (v. burra) soll nach (Ménage u.) Thomas, R XXVIII 174, Grundwort sein zu frz. bourgeon, Knospe; G. Paris, R XXIV 612, hatte einen Typus *botryonem (v. griech. βότρυς) aufgestellt, doch daraus hätte *boiron sich ergeben müssen, vgl. *gutt[u]rionem : gôitron.]

1664) (Sp. 181.) Statt *bŭstcus ist besser *bŭsticus, bezw. *bŭstĭcum (woraus *bŭstcum, bŭscum) anzusetzen. Die Kürzung des ŭ in ursprüngl. *bŭsticum zu ŭ mag durch Anlehnung an bŭxus erfolgt sein. Es stehen also neben einander *bŭstĭcum u. *bŭstĭcum, u. daraus erklärt sich das Nebeneinander romanischer Formen, von denen die einen auf ŭ, die anderen auf ŭ hinweisen.

1725) Hinzuzufügen ist obwald. catla, Krug, vgl. Salvioni, R XXVIII 94.

1776) Über iholt im Jonasfragment vgl. Marchot, Z XXI 226.

1776) Auf den Stamm camb- (wov. camba, gamba) führt Nigra, AG XV 280, auch zurück oberital. gambisa, prov. cambis „collana a cui s'appende il campano al collo delle vacche, pecoro, capre".

1777) Von norm. cangier = changer scheint abgeleitet zu sein norm. canchière, câonchiere, Wendacker, d. h. der Teil des Ackers, auf welchem der Pflügende den Pflug wendet. Vgl. Behrens, Festg. f. Gröber p. 150.

1783) Gvaisiana, R XXVIII 61, setzt cambrer = *camurare v. camur an.

1796) Über campana u. *clocca (*clochea, cochelea), frz. cloche etc. vgl. das 2. Heft der Romanischen Etymologien Schuchardt's u. E. Wölfflin in

Heft 1 der Sitzungsberichte der phil.-hist. Cl. der bayer. Akad. d. Wiss. vom Jahre 1900.

1799) Über von *camparius* abgeleitete Verba (piem. *ćampevjé, sćampejré*, can. *s-camparar*, neuprov. *champeicá, acampeirá* etc. „fugare, riucorrere") vgl. Nigra, AG XV 276.

1807) **camur** — altfrz. *chambre*, gekrümmt, gewölbt, (Guill. de Dole v. 4700). Vgl. G. Paris, R XXVIII 62 Anm.

1808) Aus *camus* + ital. *amarra* (span. ptg. *amarra*, frz. *amarre* [das Wort ist wohl arabischen Ursprungs]), Tau zum Anbinden der Schiffe (vgl. galiz. *amarillas*, Schnüre der Geldbörse), entstand nach Schuchardt's Annahme, Z XXIII 189, ital. *camarra*, Beifskorbzaum, Kappzaum (ital. *capezzone*), Sprungriemen, frz. *camarre*, span. ptg. *gamarra*.

1819) Vgl. auch Berger *s. v.*

1823) Auf ein **cannus* scheint zurückzuweisen span. *canne, cañe*, Röhre, Höhlung. Vgl. Filz-Gerald, Rev. hiep. VI p. 9.

1829) Marchet, Z XXIII 535, leitet frz. *gaaignon, gaignon* von *gaaignier* ab, wonach *gaaignon* bezeichnen würde „le chien qui *gaaigne* (*fait* paître, mene paître)". Das dürfte richtig sein.

1831) Von *chien* abgeleitet ist *chenarde*, wilder Safran, vgl. Thomas, R XXVIII 176.

1834) **cännäbls, -im** *f.*, auf dieses Wort. bezw. auf ital. *cánape*, führt Salvioni zurück, R XXVIII 95, oberital. *canágola* etc., Halsband der Kühe. Nigra, AG XIV 368, hatte **catenabulum* als Grundwort aufgestellt.

1850) Ital. *cantiere*, frz. *chantier* beruhen vermutlich auf Kreuzung von *cantherius* mit (*canthus* u.) *cam[bi]tos* (s. d.).

1858ᵃ) [gleichs. **cäpäcio, -önem** *m.* (f. **capaceus* v. **capum* f. *caput*), Grofskopf; dav. prov. *cabassoun*, frz. *chevasson*, Name eines Fisches. Vgl. Thomas, R XXVIII 177.]

1863ᵃ) **cäpicius, a, um* (v. *sapum* v. *caput*), zum Kopf, zum Ende gehörig; dav. nach Thomas, R XXVIII 175, frz. (Berry) *chebiche f.* „fanes, tiges ou feuilles de légumes, coupées, ralevées do leurs racines".

1878) Über die Entwickelung von *capito* etc. im Ital. u. Frz. vgl. Cohn, Herrig's Archiv Bd. 103 p. 227 f.

1883) Auch d'Ovidio, Note etimologiche p. 44 (Estratto dal Vol. XXX degli Atti della Reale Accademia di scienze morali e politiche di Napoli) lehnt Ascoli's Annahme ab u. erklärt *caporale* für eine Analogiebildung nach dem Muster von *corporale, temporale* (u. *generale*).

1896) Von *capsa* in der Bedtg. „Platterbse" (*pois carré*): gask. *cheisso*; prov. *geycha, geicha*; südfrz. *gaisso, gaicho, gacho, guéicho, guièicho, guiècho, jaisso, jaicho, gèisso, gièisso; dièisso, dècho, gisso*; frz. *gesse*; cat. *guixa*; span. *guija*, Kiesel, *guijo*, Schotter. Vgl. Schuchardt, Z XXIII 195.

1925) Z. 29 v. ob. statt *feu* lies *fou*.

1931) Auf ein **cardinaceum* führt Ulrich, Glossar zur Susanna, zurück oberengad. *chiarnatsch*, Riegel; Salvioni, R XXVIII 97, weist noch auf oberital. *carnás* hin.

1937) Hinzuzufügen ist frz. *careiche*, vgl. Cohn, Herrig's Archiv Bd. 103 p. 220; Meyer-L., Rom. Gr. II S. 448.

1938ᵃ) ***carilium, *carulium, *cariolum, *carolum, *carellum** (von *caryum, κάρυον*, wälsche Nufs), Kern (u. dann auch die grüne Schale) dor

wälschen Nufs; über die zahlreiche Nachkommenschaft dieses Wortes in friaulischen, oberitalischen u. südfrz. Mundarten vgl. die eingehende Untersuchung von Schuchardt, Z XXIII 192, 334, 420.

1945ᵃ) **cärnälis, -e** (*caro*), fleischlich; ital. *carnale; frz. charnel.*

1946ᵃ) [**cärnätieum n.* (*caro*) = frz. *charnage*, Fleischzeit der Katholiken.]

1982) Das *m* in ital. *caserma* beruht wohl auf Anlehnung an *arme* „Waffen".

1998) Hinzuzufügen ist das frz. Adj. *chaste*, über welches vgl. Meyer-L., Rom. Gr. I § 13.

2022) Hierher gehört auch (vgl. Schuchardt, Z XXIII 334) abruzz. *cacchie*, Keim, Schöfsling, Nufskernviertel; graubünd. *caigl*, Keim, *caglia*, Staude; frz. *caïeu*, Brutzwirbel; span. *cache*, Obstscheibe. — Zu *catulus* gehört wohl auch frz. *eälin* (aus **catelin*-?), schmeichlerisch (wie ein Hündchen oder Kätzchen), dazu das Vb. *câliner*.

[2031a) **causimentum n..* (*causa*); span. *cosimant, -e*, Urteil, Vergeltung. Vgl. Filz-Gerald, Rev. hisp. VI p. 9.]

2079) Über den Verlust von *centum* im Rumänischen vgl. Ascoli, AG Suppl. Il 131.

2112) Von *cervix* abruzz. *scervicare,. crollare* vgl. Salvioni, R XXVIII 105.

2118) Vgl. No 4146.

2172ᵃ) **eieönïöla, -am f.* (*ciconia*), kleiner Storch; altfrz. *ceoignole*, neufrz. *cignole*, Spindel am Blasebalge. Vgl. Thomas, Essais philol. p. 265; Cohn, Herrig's Archiv Bd. 103 p. 229.

2193) Vgl. Thomas, Essais philol. p. 81 (wo prov. *ceniza*, altfrz. *cenise* hinzugefügt werden u. **cinitia* [s. ALL IV 340] als Grundwort aufgestellt wird]; Cohn, Herrig's Arch. Bd. 103 p. 219.

2214) Von *cirrus* abgeleitet berg. *serudèi*, Locken, vgl. Salvioni, R XXVIII 106.

2228) Die Formen *ci, ciu, cit* sind vermutlich als (ursprünglich rein graphische) Abkürzungen aufzufassen, vgl. Cohn, Herrig's Archiv Bd. 103 p. 230; Körting, Formenbau des frz. Nomens p. 249.

2257) Über den piem. (can.) Ausdruck *öf a ćerik* (wörtlich: *uovo al chierico*) vgl. Nigra, AG XV 282.

2260) Über die umfangreiche Wortsippe, welche auf **chochea, cochlea* zurückgeht, hat ausführlich gehandelt Schuchardt in Heft II seiner Roman. Etym.]

2364) Vgl. hierzu Parodi, Idg. Forsch. X 184.

2346ᵃ) **eömbäslo, -äre* (*basis*), zwei Dinge auf dieselbe Grundlage bringen, — ital. *combagiare*, zusammenfügen.

2362ᵃ) ***commëtio, -ïre** (f. *commatior*), ermessen; span. *comedis*, in Mafs, in Schranken halten, in Gedanken ermessen. Vgl. Filz-Gerald, Rev. hisp. VI p. 9.

2364) Auch *quomodo inde* ist als Grundform zu *comment* aufgestellt worden (so von Petit de Julleville in einer Anmerkung zu seiner Cidausg.), aber die Beifügung von *inde* zu *quomodo* läfst sich begrifflich nicht erklären.

2462ᵃ) **condüctus, -um m.* (*conducěre*), Zufuhr; prov. *conduich, conduy*, Nahrung, Mahlzeit; span. *conducho*, Vorrat. Vgl. Filz-Gerald, Rev. hisp. VI p. 19.

2500) Z. 4 v. ob. statt *battulus* lies *battutus*.

2616) **coriamen* liegt auch vor in altfrz. *cuirien*, **coramen* in ital. *corame*.

2550) Vgl. über *cormoran* noch Cohn, Herrig's Archiv Bd. 103 p. 230.

2568) Hinzuzufügen ist neuprov. *garabroun, grouloun, daneben graule = *crabrus. Vgl. Thomas, R XXVIII 187.

2591) Span. carnero, ptg. carneiro „Hammel" dürfte = *carnarius (v. caro, carnis) „fleischiges, gemästetes Tier" anzusetzen sein.

2607) Man füge hinzu altfrz. crigne, welches auf ein *crīnia zurückweist, vgl. Cohn, Herrig's Arch. Bd. 103 p. 220.

2638) Salvioni, R XXVIII 96, zieht hierher sicil. accuffularisi, accuffarisi, belegn. aguflárs, pistoj. gufarsi „rimpiattarsi" u. meint, dafs diese Worte im Verhältnisse zu ital. covolarsi, accovolarsi (vgl. auch abruzz. cuficchie u. cuvicchie) eine vorlateinische Bildung darstellen.

2651) Auf cucumere scheint zurückzugehen (vgl. Meyer-L., Z XXIII 416) sicil. agumara, aumara, Meerkirschenbaum.

2652a) *cucūrbĭtea, -am f. (cucurbita), dav. nach Meyer-L., Z XXIII 417, ital. corbezza, Meerkirsche.

2659) Die in diesem Artikel angeführten Worte sind spanisch.

2702) Vgl. Filz-Gerald, Rev. bisp. VI p. 10.

2710a) *cūrtius, a, um (v. curtus), kurz; sicil. curciu, neap. curcio, mittel- u. südsard. curzu, kurz; span. ptg. corzo, corço, -a (cat. corsó, -óna), (kurzschwänzig, Tier mit kurzem Schwanze), Reh; abruzz. curce, Ziegenbock. Vgl. Schuchardt, Z XXIII 189 u. 419.

2720) Eine neue Ableitung von cuistre hat Förster gegeben; ich kann indessen über dieselbe nicht berichten, weil die Schrift, in welcher sie veröffentlicht ist — Bulletin de la société Ramond (??) 1898 — mir unzugänglich geblieben ist.

2725) Vgl. Berger p. 322.

2736a) daeda, -am f. (Nebenform zu taeda, viell. aus griech. δᾴδα entstanden, vgl. G. Meyer, Idg. Forsch. VI 119; Meyer-L., Rom. Gr. I § 427), Fackel; ital. deda, rum. zada. Vgl. Densusianu, R XXVIII 68.

2739) M. Schmitz (briefliche Mitteilung) erklärt dáhul für unannehmbar u. schlägt statt dessen arab. hatŭr (mit Metathese *tahŭr) „Betrüger" als Grundwort vor; ptg. taful möchte er = hatúl, treulos, ansetzen.

2746) Vgl. Berger s. v.

2810) Nach Ulrich, Z XXIII 418, könnte desrer = *disaequare „aus der rechten Lage bringen, verrücken" sein; dann wäre desver eine Seitenform zu altfrz. dessi(e)ver.

2817) S. Nachtrag zu No 2810.

2835a) dējēctus, a, um (Part. Perf. Pass. von deicĕre) prov. degeit, diget, altfrz. degiet, (verwerfen), aussätzig. Vgl. Thomas, R XXVII 179.

2871) S. Nachtrag zu No 4712.

2910) Vgl. *ēxcĕrvīcŭlo.

2963) Cohn, Herrig's Archiv Bd. 103 p. 231, bezweifelt sehr mit Recht die Thomas'sche Erklärung von daillots etc.

2985a) *disaequo, -āre, s. Nachtrag zu No 2810.

3032a) dīssigillo, -āre (sigillum), entsiegeln; can. dsejlar, valbross. dessejlar, piem. desslé, rivelare, palesare, vgl. Nigra, AG XV 283.

3056a) mndl. doke, Tuch; dav. altfrz. dokes, doukes pl., ein Stück Zeug. Vgl. Behrens, Festg. f. Gröber p. 152.

3056b) mndl., mvlaem. docken, schlagen; dav. viell. frz. (pic. wall.) se doguer, sich stofsen. Vgl. Behrens, Festg. f. Gröber p. 151.

3074) Canello's Erklärung des i für o iu dime-

stico ist abzulehnen. Es beruht das i vielmehr auf Anbildung an die zahlreichen mit dem Präfix di- anlautenden Worte. Auch den Ursprung des o statt e in domandare u. dovere scheint C. zu verkennen: domandare ist an commandare, dovere an potere u. volere angebildet (domani vermutlich an dome- nica).

3082) Im Altfrz. ist dominare auch in der laut- regelmäfsigen Form damer vorhanden, vgl. Berger p. 109.

3084) Cohn, Herrig's Archiv Bd. 103 p. 236, will die Kurzformen n', en, non, nos, na aus nomine in der Bedtg. „des Namens, mit Namen, genannt" erklären.

3099) Auf den Plur. *dossa geht zurück piem. dossa, guscio, baccello, siliqua; (altprov. dolsa); neuprov. dorso, dosso, dou(e)sse, vgl. Nigra, AG XV 283, (das l in dolsa ist wohl aus r entstanden, kann unter dieser Voraussetzung nur hierher gezogen werden).

3104) Zu dragon war im Altfrz. das Dem. dra- oncle, gleichs. *dracunculus, vorhanden, vgl. Berger p. 110.

3146) Begnaud, Rev. de philol. frçse et prov. X. (1896) 289, leitet duvet von ahd. mhd. [?] duff = *doump „dumpf" ab.

3200a) ēchinus, -um m., Igel; davon nach Parodi (vgl. Idg. Forsch. X 184) ligur. sin, riccio di mare.

3216) Über frz. jeter = jectare (vgl. jentare f. janctare, jenuarius f. januarius u. dgl.) s. Herzog, Z XXIII 361.

3247a) *encausticus, a, um, eingebrannt (Aus- druck in der Malerei); dav. vielleicht altfrz. en- choistre, pic. encoistre, häfslich, roh. Vgl. Thomas, R XXVII 180.

3249) Parodi (vgl. Idg. Forsch. X 184) setzt enger = ent (= impŭta) + ĭcare an, was sehr beachtens- wert ist.

3292a) dtsch. vlaem. espe; daraus altfrz. niespe (n-iespe), vgl. Behrens, Festg. f. Gröber p. 162.

3302a) ndl. niederdtsch. ever, eine Art Schiff, davon frz. nevre (aus n-evre) „bâtiment servant a la pêche du hareng". Vgl. Behrens, Festg. f. Gröber p. 162.

3308) Von exaequare viell. altfrz. essi(e)ver, wozu das Sbst. essief, Muster; prov. eissegar, wozu das Sbst. eissec. Vgl. Themas, R XXVIII 183.

3339a) *excaptum (fĭlum), aufgenommener, auf- gewickelter Faden; dav. viell. prov. escaut, escauto, Knäuel. Vgl. Thomas, R XXVIII 183.

3340a) [*ex-cārĭlio, -āre (v. carĭlium, s. oben s. v.), auskernen, aushülsen; friaul. sga-, sgiarujá, auskernen, erforschen, sga-, sgiarüj, Nufskern, Messer zum Auskernen der Nüsse; entsprechende Worte zahlreich in oberital. u. tosc. Mundarten. Vergl. Schuchardt, Z XXIII 192.]

3355a) [gleichs. *ēxcĕrvīcŭlo, -āre (v. *cervicula = sard. lojud, kervija); sard. ischervijare, romper la cervice; neap. scervecchiare, spezzare in cima, scervecchione, scappellotto, scappaccione. Vgl. Salvioni, R XXVII 105.]

3377) S. den Nachtrag zu rūsca.

3381a) ēxcŭbo, -āre = ital. scovare, (Wild) aus dem Lager aufjagen.

3387) S. den Nachtrag zu rūsca.

3552a) bask. ezker, link; dav. span. izquierdo etc., vgl. Schuchardt, Z XXIII 200.

3582) Cohn, Herrig's Archiv Bd. 103 p. 238, ist geneigt, in fraisil, faisil, eine Ableitung von lt.

fraces, Ölhefen, zu erblicken; erscheine das nicht annehmbar, so sei jedenfalls *faex*, nicht *fax* als Grundwort anzunehmen.

3590) Nigra, AG XV 283, setzt für *falbalà* eine Grundform *faláppola*, Dem. zu *falappa* (Nebenform zu *faluppo*, s. No 3610) an.

3610) Vgl. Nachtrag zu No 3590, bezw. Nigra, AG XV 283.

3616a) *familarius, a, um* = frz. *familier* (wodurch *familiier* verdrängt wurde).

3763) filum + lana s. unten fluaina.

3768) Ulrich, Z XXIII 536, ist geneigt, das *ie* in *fiente* aus Kreuzung mit *facx* oder *foetere* zu erklären.

3785) Förster zu Yvain, kleine Ausg. p. 185, erklärt *ferm* für gekürzt aus *fermé*.

3799a) ndl. ndd. flabbe, flabke, flabken, Stirnbinde, Kopftuch, dreieckiges Läppchen; davon nach Behrens, Ztschr. f. frz. Spr. u. Litt. XX² 246, frz. *flaquière*, Schaublech am Maultiergeschirr (anders Thomas, Essais de philol frçse p. 295).

3813a) flamma rapida (ital. *fiamma ratta*) = belegn. *fiammarata*, ferrar. *fiammarada*, rasch entstehende u. rasch wieder verlöschende Flamme, vgl. Nigra, AG XV 284.

3890) Hinzuzufügen ist prov. *folelh*.

3906) Siehe Nachtrag zu No 4003.

3987) Vgl. den Nachtrag zu No 3991.

3991a) frigörösus, a, um (*frigor*), frostig; frz. *frireux, frileux*. Vgl. Thomas, Essais philol. p. 362; Cohn, Herrig's Archiv Bd. 103 p. 240.

4003) Nach Nigra, AG XV 129, ist *froge* aus *forge*, (*force*), *forbice, forfice* enstanden.

4113) Nigra, AG XV 285 ff. stellt für den Vogelnamen *geai* einen Typus *gacu*, für das Adj. *gajo* (dav. das Dem. *gajetto*) etc. einen Typus *gacu* (bezw. *gac[u]lu*), *cacu* (bezw. *cac[u]lu*) auf. Damit wird jedoch vorläufig (nämlich bis zur Deutung dieser Typen) dem alten Rätsel nur eine neue Form gegeben.

4188) Vgl. Settegast, *Joi* in der Sprache der Troubadours, Berichte der kgl. sächs. Gesellsch. d. Wissensch., 20. Juli 1889 (vgl. R XIX 159).

4216a) gĕnĕro, -āre, erzeugen; altfrz. *gendrer* u. *generer*, vgl. Berger p. 226.

4363) Vgl. Nigra, AG XV 288, wo eine Reihe von Worten zusammengestellt wird, welche mit gröfserer oder geringerer Wahrscheinlichkeit auf ahd. *grûwison* u. mhd. *griuwel* zurückzuführen sind; dafs dazu auch ital. *brivido* (s. No 1572) gehören könne, erachtet N. für eine allzu kühne, obwohl sich leicht aufdrängende Vermutung.

4427) Cohn, Herrig's Archiv Bd. 103 p. 238, ist geneigt, *girouette* aus (*girouite*), *girewite, wirewite* = altnord. *vedhr-viti* zu erklären.

4436a) häbïtäcülum *n.*, Wohnung; altfrz. *abitail*, vgl. Berger *s. v.*

4436b) häbïtätïo, -önem *f.*, das Wohnen; altfrz. *abitaison*, vgl. Berger *s. v.*

4450a) haerĕtïcus, -um *m.* (αἱρετικός), Ketzer; ital. *cretico*; prov. *eretge*; altfrz. *erite, crege*; span. *herije, heretico*; ptg. *hereye*. Vgl. Berger p. 120 Z. 18.

4501) Hierher gehört auch valbross. *arpia*, artiglio, branca, mano, vgl. Nigra, AG XV 277.

4550a) hērēdïto, -āre, erben; altfrz. *ereder*; neufrz. *hériter*, vgl. Berger p. 120.

4680) Über span. huerto und *huerta* vgl. Filz-Gerald, Rev. hisp. VI p. 11.

4712) Aus *là* (= *illac*) + *jus* (= *deosum*) entstand das altfrz. Adverb *laïs* (vgl. *aït* neben *aiut*), vgl. G. Paris, R XXVIII 113.

4799) Abgeleitet von *ente* (gleichsam *ent-icare*) ist vielleicht frz. *enger*, vgl. Parodi, Idg. Forsch. X 184. Vgl. Nachtrag zu No 3249.

4885a) inde võlo, -āre, davon fliegen; frz. *embler*, davon fliegen machen, stehlen.

4935) Über altfrz. *enferm* vgl. Cohn, Herrig's Archiv Bd. 103 p. 218.

5013) Cohn, Herrig's Archiv Bd. 103 p. 234, verteidigt die von Tobler aufgestellte Grundform *inreverens*.

5054a) intäctus, a, um, unberührt; altfrz. *entait*, vgl. Andresen. Z XXII 86.

5074a) *intĕreoxium n.* (*coxa*), Hüftengegend (?); compob. *ndrekkuôse*, vgl. Meyer-L., Rom. Gr. II § 404; Thomas, Essais philol. p. 87; Cohn, Herrig's Archiv Bd. 103 p. 219.

5087) Nigra hat mich mifsverstanden, wenn er, AG XV 276, es als einen Irrtum bezeichnet, dafs ich *enterver* für ein gelehrtes oder seltenes Wort halte. Das thue ich selbstverständlich nur in Bezug auf *interroger* u. dgl.

5157a) ita, so: diese Konjunktion ist nur erhalten in der ital. (mundartlichen) Bejahungspartikel *cosita* = *così* (= *eccu[m] sic*) + *ita*, vgl. Nigra, AG XV 283.

5227) Horning, Lat. C p. 20, u. Thomas, Essais philol. p. 85, stellen für frz. *génisse* die Grundform *junitia* auf.

5268) Thomas, Essais philol. p. 148, leugnet die Herkunft des prov. *chaupir* von *kaupjan*, weil die Bedeutungsverschiedenheit zwischen beiden Verben zu grofs sei (das prov. Verb bedeute „niedertreten"), u. vermutet Zusammenhang mit lat. *calce pisare*. Cohn, Herrig's Archiv Bd. 103 p. 222, leitet *chaupir* mit ital. *scalpitare* v. lat. *scalpĕre* ab, u. man darf ihm wohl darin beistimmen.

5279) Cohn, Herrig's Archiv Bd. 103 p. 239, bemerkt. dafs für die Ableitung von *guideau* auch das german. Thema *knithu*, got. *qithus*, Bauch, in Betracht kommen könne. Die neufrz. Gestaltungen des Wortes sind, wie Cohn nachträgt, *quidiat, dideau* und *diguet*.

5319) Hierher gehört nach Nigra's gewifs richtiger Annahme, AG XV 281, ital. *carpone*, Nigra, Fufs eines Tieres, in der Verbindung *andare a carpone* (od. *a carponi*), [wie ein Tier] auf allen Vieren gehen. Ferner stellt Nigra, AG XV 295, hierher vallenz. *rápola*, lucertola, indem er Abfall eines anlautenden Gutturalen annimmt. — Z. 5 v. oben lies *crapaud* statt *crapand*.

5324) Von ahd. *krēbiz* leitet Nigra, AG XV 288, auch ab ital. *ghiribizzo*, Laune (bezügl. der Bedeutungsentwickelung vergleicht Nigra das deutsche „Grille"), vic. *sghiribisso*, scarabocchio.

5447) Cohn, Herrig's Archiv Bd. 103 p. 221, bringt für *mélèze* das lat. *mïlax, -ácem* (gr. μῖλαξ), Stechwinde, in Vorschlag, was aber aus lautlichen Gründen schlechterdings unannehmbar ist.

5459) Vgl. Thomas, Essais philol. p. 90; Cohn, Herrig's Archiv Bd. 103 p. 219 (es wird *latitia* als Grundform aufgestellt, was nicht richtig sein kann).

5531a) lĕöpärdus, -um *m.*, Leopard; altfrz. *lepart, liepart*, vgl. Berger *s. v.*

5726) Altfrz. *lomble* ist im Oxf. Ps. 37, 7 belegt; vgl. Cohn, Herrig's Archiv Bd. 103 p. 240.

5789) Vgl. auch Nigra, AG XV 292.

5829) Über *maledicĕre* vgl. Cohn, Herrig's Archiv Bd. 103 p. 213.

5829a) **mălĕdīctio, -ōnem** *f.*, Fluch, Verwünschung; altfrz. *malcïçon, -sson, -son* u. *maldiçon;* neufrz. *maudisson* und (gel.) *malédiction.* Vgl. Berger *s. v.*

5840) Über *malveillance* u. *bienveillance* vgl. die interessanten Bemerkungen von Cohn, Herrig's Archiv, Bd. 103 p. 212.

5852) Über *mauſé* vgl. auch Cohn, Herrig's Archiv Bd. 103 p. 213.

5968) Über frz. *camoiard* u. dgl. s. Cohn, Herrig's Archiv Bd. 103 p. 227.

5973) Subak, Z XXIV 128, führt frz. *amarrer* auf neapel. *marra* „Pflock zum Anbinden der Schiffstaue" zurück u. setzt *marra = barra* (s. ob. **barr-**) an. Beide Annahmen machen den Eindruck der Richtigkeit; ndl. *marren* würde dann dem Frz. entlehnt sein.

6003) Aus *materia* in der Bedtg. „geistige Anlage" erklärt sich alttosc. *s-matria,* sbigottimento, pazzia, vgl. Parodi, Idg. Forsch. X 184.

6040) Über *médecin* vgl. Cohn, Herrig's Archiv Bd. 103 p. 232.

6174) Die Diez'sche Ableitung von *amena, almena* (v. lt. *minae*) wird von M. Schmitz gebilligt (briefliche Mitteilung), jedoch soll in *al* nicht der arab. Artikel zu erblicken sein, sondern das *a* sei prothetisch u. das *l* „euphonische Einschiebung". — In der Bedtg. „aerta medida de aridos" ist span. *almena = arab. al-menā = arab. mina.*

6254) Über *mugnago (= *moliniarius?)* vgl. Parodi, Idg. Forsch. X 184.

6353) Hinzuzufügen ist altfrz. *muille.*

6438) Sacr. *nāguranǵa* ist nicht zu belegen, sondern nur *nárança,* worin *ranǵa* übrigens „Farbe" bedeutet. — Cat. *taranga,* span. *toronǵa* geht auf pers. *turanǵ* (arab. *turúnǵ, atrunǵ, útruǵ*), Orange, Citrone, zurück. — (M. Schmitz briefliche Mitteilung).

6489) Ulrich, Z XXIII 537, will *niente* aus *ne + [f]iente* „keinen Dreck" erklären. Kritik ist überflüssig.

6533) Über Ableitungen von *nidus* vgl. Nigra, AG XV 291; wenn N. auch a.e mil. *neclenza* „miseria" u. parm. *niclizia* „dapoccaggine" mit *nidus (*nidiclu)* in Zusammenhang bringen will, so ist das wohl zu kühn, die Worte dürften zu *negle-, negligentia* gehören.

6687a) **ŏlīva, -am** *f.,* Olive; davon das Dem. altfrz. *oli(v)etto, oliette,* Mohn, vgl. Johan de Condé ed. Scheler II 163; neufrz. *œillette.* Vgl. No 6686 am Schlusse.

6929) In AG XV 292 verwirft Nigra die von ihm aufgestellte Gleichung ital. *pazzo = *patius* für *patiens,* weil das Volk Verrücktheit nicht als ein Leiden aufzufassen pflege, u. will in *pazzo* eine Kürzung aus *pupazzo* (v. *pũpus,* kleiner Knabe) erblicken, indem er auf *matto* (welches mundartlich auch „Knabe" bedeutet) u. auf griech. *νήπιος* hinweist. Nichtsdestoweniger dürfte an *pazzo = *patius* festzuhalten sein. Ganz unannehmbar ist die von Rheden (s. b. Nigra p. 292) aufgestellte Ableitung von *παιδίον.*

6969a) [****pēdanca, -am** *f. (pes) =* valses. *pedanca,* piem. *pjanka* „palancata di travi o d'assi", vgl. Nigra, AG XV 294.]

6975) Über venez. *peca* vgl. Nigra, AG XV 294.

7126) Vgl. Baist, Z XXIII 535. Baist erklärt *fraite* als „lebendige Hecke, Knigg" u. stellt dazu das heraldische *frete* „rautenförmige Vergitterung". Als Grundwort scheint auch Baist *fracta* anzunehmen.

7557) Von *pũpa,* bezw. von **pũpīna* leitet Nigra, AG XV 294, ab oberital. *puina,* ricatto.

7592) Statt *qalilah* ist *qálilah* zu schreiben; das Wort bedeutet „Karawane" (M. Schmitz).

7682) Hinzuzufügen ist altspan. *quogab.* Vgl. Filz-Gerald, Rev. hisp. VI p. 11.

8074) Nigra, AG XV 295, stützt die Ableitung des ital. *rebbia* von dtsch. *rippel, riffel* u. erklärt für identisch mit *rebbia* das comaskische *réppia,* tetta di vacca.

8134) Gegen die Vermutung, dafs *rouver* durch ein *louver* beeinflufst worden sei, hat sich ausgesprochen Ascoli, AG XV 276 Anm.

8414a) **scămmōnia, -am** *f. (σκαμμωνία).* Purgierkraut; altfrz. *escamonīe,* Bitterkeit. Vgl. Förster zu Yvain 616.

8967) Über *scoglia* vgl. Parodi, Idg. Forsch. X 184.

9323) Altspan. *tabisque,* „pared de ladrillo", = arab. *tašbīk,* Flechtwerk; neuspan. *tabique* ist Kreuzung von *tušbiq* und *tabiq.* — (M. Schmitz, briefliche Mitteilung.)

9561) Nigra, AG XV 291, weist auf valses. *télligu* „solleticc" als auf ein interessantes Beispiel für den Abfall der Präfixsilbe hin.

9926) Über den Ursprung von frz. *outil* hat ganz neuerdings eingehend und scharfsinnig gehandelt G. Pfeiffer in seiner Schrift „Ein Problem der romanischen Wortforschung", Stuttgart 1900, 2 Hefte. Ob freilich das von ihm aufgestellte Grundwort *usitubilia* annehmbar ist, rufe als sehr zweifelhaft erscheinen.

Wortverzeichnis.

(Die Ziffern verweisen auf die Nummern der betr. Artikel. Ein nachgesetztes **N** verweist auf den Nachtrag.)

appeau *frz.* 756
appel *frz.* 756
appeler *frz.* 756
appensare *ital.* 758
appesantir *frz.* 758
appettare *ital.* 256
appetto *ital.* 256
appicare *ital.* 4778. 7134
appiccare *ital.* 759. 7131
appicciare *ital.* 759. 7131
7134
appilistrarsi *ital.* 6789.
7159.
appio *ital.* 732
appioppare *ital.* 771
appischinare *sard.* 7189
appisolarsi *ital.* 7017
applicar *ptg.* 760
applicare *ital.* 760
appliquer *frz.* 760
appo *ital.* 778
appoggiare *ital.* 761. 7278
appoggio *ital.* 761
appòr *ptg.* 762
apporre *ital.* 762
(ap)posticcio *ital.* 763
appoz(z)ema *ital.* 739
apprécier 7419
ap(p)rehender *span. ptg.*
764
appréhender *frz.* 764
apprendere *ital.* 764
apprendre *frz.* 764
appresso *ital.* 765. 7417
appritari *sicil.* 755
apprivoiser *frz.* 767.
3073
approcciare *ital.* 769
approcher *frz.* 769. 7981
approuver *frz.* 768
appui *frz.* 761. 7278
appuyer *frz.* 761. 7278
apracivel *ptg.* 7214
âpre *frz.* 940
aprender *span. ptg.* 764
aprendre *prov.* 764
apres *prov. ptg.* 765
après *frz.* 765. 7417
après domain *frz.* 7341
apretar *span.* 755. 7058.
7412
apriat *rum.* 723
aprico *ital.* 773
aprig *rum.* 773
Aprile *ital.* 774
Aprilio *rum.* 774
aprimar *prov. cat.* 766.
7431
aprinde *rum.* 764
apriro *ital.* 721
aprisco *span.* 749
aproape *rum.* 258
apropchar *prov.* 769
apropria *rum.* 769
aprovo *altital.* 258
apruef *afrz.* 258
apuea *rum.* 6656
apuesta *span.* 6871
apune *rum.* 762. 7300
apus *rum.* 7300

aquecer *ptg.* 71. 1751.
3332
aquel *prov. span. cat.* 3189
aquell *cat.* 3189
aquello *ptg.* 3189
aquem *ptg.* 3192
aquendo *aspan. ptg.* 3192
aquentar *ptg.* 70. 1747.
3332
aquerre *prov.* 131
aquoso *span.* 3193
aquesse *aptg.* 3193
aquest *prov.* 3195
aquesta, -e, -o *span. ptg.*
3195
aqueste *span.* 3195
aquí *prov. cat. sp. ptg.*
3183. 4569
aquil *prov.* 3189
aquila *ital.* 788
aquilegia *ital.* 789
aquo *prov.* 3186
ar *ptg.* 318
ar *aptg.* 7818
ar *ital.* 7818
ara *ital. rum. prov.* 828.
859. 4568. 4614
arabesco *ital.* 790
arabesque *frz.* 790
arada *cat.* 798.
aradègh *modenes.* 3277
aradgars *bologn.* 3277
arado *span. ptg.* 798
aradra *cat.* 798
aradro *span.* 798
aragan *span.* 791
aragna *ital.* 792
araigar *prov.* 3264
araigne *frz.* 792
araignée *frz.* 792. 793
araire *prov.* 798
arairo *span.* 798
araisnier *afrz.* 262
araldo *ital.* 4491
aramă *rum.* 320
aram *prov. cat.* 320
arambre *span.* 320
arame *ptg.* 320
aramia *galic.* 859
aramio *span.* 859
aramir *afrz.* 261. 7739
araña *span.* 792
arancia *ital.* 6438
a randa *ital. prov.* 7753
a randon *prov.* 7753
aranea *ital.* 792
aranha *prov. ptg.* 792
arapende *aspan.* 834
arar *prov. span. ptg.* 859
araro *ital.* 859
arasser *afrz.* 4485
arato *ital.* 798
aratro *ital.* 798
aratru *rum.* 798
arauto *ptg.* 4491
arazzo *ital.* 870
arban *afrz.* 4487
arbascio *ital.* 799
arbéa *rtr.* 3286
arbeia *rtr.* 3286 ·

arbergar *prov.* 4488
arboro *ital.* 800
arbitriari *sicil.* 796
arboado *ptg.* 4546
arbocello *ital.* 803
árbol *span.* 801
arbolar *span.* 266. 805
arbore *ital.* 801
arborer *frz.* 266. 805
arboricello *ital.* 803
arboscello *ital.* 806
arbossar *cat.* 807
arbouchel *nprov.* 806
arbouse *frz.* 807
arbousier *frz.* 807
arbre *rtr. prov. frz.* 801
arbrisseau *frz.* 804
arbroisel *afrz.* 803
arbroissel *afrz.* 804
arbur *rum.* 800
arbuscello *ital.* 803. 806
arc *rum. prov. frz.* 819
arca *ital. span. ptg.* 809
arcă *rum.* 809
arcabuz *span.* 4430
arcaccia *ital.* 810
arcame *ital.* 812
arção *ptg.* 818
arcapredola *ital.* 7418
arcasse *frz.* 810
areaza *span.* 810
arce *span.* 113
arcea *span.* 84
arceon *span.* 838
arcor *rum.* 125
arcetique *afrz.* 899
archa *prov.* 809
archal *frz.* 1062
arche *frz.* 809
archegaye *afrz.* 425
archibuso *ital.* 4430
archichaut *nprov.* 824
arcid_clino *lucc.* 816
arcigaye *afrz.* 425
arcigno *ital.* 5276
arcilla *span.* 839. 1889
arcione *ital.* 818
arciprepola *ital.* 7718
arco *ital. span. ptg.* 819
arcobugio *ital.* 4430
arçon *frz.* 818
arcorger *venez.* 2323
arcuibuso *ital.* 4430
arda *prov. span.* 6547
9393
ardaint *engad.* 7708
ardalho-s *prov.* 2750
ardego *ptg.* 823
ardoiu *rum.* 826
arder *rtr. span. ptg.* 821
árdere *ital.* 821
ardesia *ital.* 822
ardiglione *ital.* 2750
ardilla *span.* 6547
ardillon *frz.* 2750
ardire *ital.* 4502
ardite *span.* 5574
ardito *ital.* 4502
ardoier *afrz.* 823
ardoir *afrz.* 821

ardoise *frz.* 822
ardre *prov. afrz.* 821
arduser *bologn.* 7866
are *ital. frz.* 318. 828
area *ptg.* 829. 8244
aredar *prov.* 7857
aredet *berg.* .7708
aredondir *prov.* 8168
areia *ptg.* 8244
areiro *prov.* 263
arena *ital. prov. sp.* 829
4262. 8244. 8424
arenc-s *prov.* 4489
arenda *rum.* 874
arène *frz.* 829
arenga *prov. span. ptg.*
4646
arengar *span. ptg.* 4646
arenos *prov. cat.* 831
arenoso *ital. span. ptg.*
831
arenque *span. ptg.* 4489
arent *piem.* 4454
arenzo *ptg.* 836
areola *ital.* 832
arer *áfrz.* 859
aresta *span. ptg.* 843
arestol *prov.* 8015
arestuel *afrz.* 8015
arête *frz.* 843
arêtier, -ère *frz.* 844
arezzo *ital.* 1071
arfiar *modenes.* 7890
arfil *span. ptg.* 434
argadilla *span.* 3270
argan *comask.* 791
arganel *span.* 835
arganeau *frz.* 835
arganello *ital.* 835
argano *ital. span.* 835
arganu *sard.* 835
argăo *ptg.* 835
argáta *neap.* 3270
argon-s *prov.* 837
argent *frz.* 837
argento *ital. aspan.* 837
arghen *bergam.* 791
argient *rtr.* 837
argiglia *ital.* 839
argile *frz.* 839
argilla *ital. ptg.* 839
argilla *span.* 1889
argine *ital.* 838
argint *rum.* 837
argnone *ital.* 7955
argo *afrz.* 840
argoglio *ital.* 9914
argola *ptg.* 714
argolla *span.* 714
argot *frz.* 840. 3271
argoté *wallon.* 840
argoter *wallon. frz.* 840.
3271
argouissin *frz.* 563
argue *frz.* 835
arguer *frz.* 840
argull *altcat.* 9914
arguyo *aspan.* 9914
aria *ital. rtr.* 818
ariciu *rum.* 3273

babu sard. 1126
bac frz. 1129
bac oberital. 1145
bácara it (sicil.) 1130
bacalao span. 5248
bacalháo ptg. 5953
bacallao span. 5248
bacca ital. 1133
baccalare ital. 1134
baccalar-s prov. 1134
baccano ital. 1135
bacce- sard. 1138
baccelliere ital. 1134
baccello ital. 1138. 1139
bacchedu sard. 1138
bacchetta ital. 1145
bacchiddu sard. 1141
bacchio ital. 1144
bacchio sard. 1138
bacel prov. 1138
bacharel ptg. 1134
bâche frz. 1252
bachele afrz. 1140
bachelier frz. 1134. 9947
bachiller span. 1134
baci cat. 1136
bacia span. ptg. 1136
baciare ital. 1256
bacile ital. 1136
bacillo ptg. 1144
bacin frz. span. 1136
bacin-eta ptg. 1136
bacin-ica ptg. 1136
bacino ital. 1129. 1136
bacio ital. 1258. 6698
baciocco ital. 1139
baci-s prov. 1136
baclar prov. 1143
bâcler frz. 1143
baco ital. 1498
baço ptg. 6171
bacocco ital. 7365
bacolo ital. 1144
bacon prov. afrz. 1137
bacoule frz. 1296
bacu sard. 9952
baculo ital. 1144
bada ital. 1150
badajear span. 1274
badajo span. ptg. 1274
badalhar prov. 1150
badalo ptg. 1274
badaluccare ital. 1150
badalucco ital. 1150 1416.
badaluc-s prov. 1150
badana span. ptg. 1438
badar cat. prov. 1150
badare ital. 1150
badea span. ptg. 1440
badejo ptg. 5953
badell rtr. 1271
badigeon frz. 1279
badigliare ital. 1150
badil span. 1271. 10016
badile ital. 1271. 10016
badiee frz. 1177
baeler frz. 1150
baer afrz. 1150
bafa altvenet. 1152
bafa prov. 1153. 1298

bafar ptg. 1151
bafar span. 1153
baffá neuprov. 1152
bafo altspan. ptg. 1151
bafouer altfrz. 3588
bafouer frz. 1298. 1409
bafouer nfrz. 1153
bafra ital. 1152
bafrè ital. 1152
bâfre frz. 1152
bâfrer frz. 1152
baga prov. ptg. 1133
baga span. 1154
bagadía sard. 9950
baga(u)díu sard. 9944
bagage frz. span. 1154
bagagem port. 1154
bagaglio it. 1154
bagante sard. 9950
bagantinu sard. 9950
bagantíu sard. 9944 .
baganza sard. 9950 '
bagare sard. 9950
bagas prov. 1154
bagasa span. 1131. 1140
bagascia ital. 1131. 1140
bagassa span. 1159
bagassa prov. 1131. 1154
1159
bagasse afrz. 1140
bagasse frz. 1154. 1159
bagastel prov. 1154
bagastella prov. 1154
bagutela span. 1154
bagatella ital. 1133. 1154
bagatelle frz. 1154
bagatelliere ital. 1154
bagattino ital. 1133
bagaxa ptg. 1140
bagaza ptg. 1131
bágeá rtr. 1282
bagear frz. 1282
baggéo ital. 1127
baggiola ital. 9948
baggiolare ital. 9948
baggiolo ital. 1164
bagliare ital. 1242
baglio ital. 1242
bagliore ital. 1242. 3546
baglira ital. 1164
bagnare ital. 1181
bagne frz. 1182
bagno ital. 1182
bago ptg. 1145
bagoa gall. 1133
bagola it. 1133
bagordare ital. 4686
bagua prov. a/rz. 1154
baguassa prov. 1140
bague frz. 1133. 1154
bague prov. afrz. 1154
bagues nfrz. 1154
baguette frz. 1145
bagulare oberital. 1160
bahia span. port. 1150
bahir prov. 1120
báhu ptg. 1300
bahúl ptg. 1300
bahut frz. 1154. 1300
bai frz. prov. 1148

bäia rum. 1162.1163.1181
haiart prov. 1148
baias prov. 1154
baias frz. 1131
baiassain frz. 1131
baiasse frz. 1131
baiasse afrz. 1140
häiat rum. 1163
baie frz. 1133. 1150
baie rum. 1162. 1182
baïf afrz. 1149
haïf frz. 1120
baigner frz. 1181
baillar span. ptg. 1184
báila ital. 1164
baila prov. rtr.'span. 1164
baile span. ptg. 1184
bailieu-s prov. 1164
bailio ptg. 1164
bailir prov. 1163
baille frz. 1129
bailler afrz. 1163
bâiller nfrz. 1150
baillot frz. 1148
bailli frz. 1164
baillie frz. 1164
baillir afrz. 1163
baillire frz. 1164
bailliveau afrz. 1149
baile ital. 1164
bain rtr. 1315
bain frz. 1182
bainha ptg. 9963
bainha ptg. 1158
bainilha ptg. 9963
baïonnette frz. 1289
baire ital. 1120
bais prov. 1258
baiser frz. 1256. 1258
baiseul nfrz. 1257
baissar prov. 1261
baissele afrz. 1140
baisser frz. 1261
baisse neuprov. 10332
baita lomb. 1161
baiveau afrz. 1149
baivel afrz. 1149
baixar ptg. 1261
baixel ptg. 10008
baixo ptg. cat. 1263
baizar prov. 1256
baja ital. 1150
bajar span. 1261
bajas altfrz. 9961
bajasse altfrz.1140. 9961
bajazzo ital. 1131. 1150.
1151. 9961
bajel span. 10008
bajella ital. 1133
baje span. 1263
bajo ital. 1148
bajocca ital. 1133
bajocco ital. 1148
bajore ital. 1150
bajuca ital. 1133. 1148
bajulo ital. 1164
bal frz. 1184
balà comask. 1184
bala prov. span. ptg.1184

baladí span. ptg. 1165
baladi span. ptg. 1270
baladrar span. 1171.
1192. 1466. 5464
balafre frz. 1414
halai frz. 1184
balaiier frz. 1184
halam afrz. 1169
hälan rum. 1169
balance frz. 1385 .
balandra ital. span. ptg.
1391
balandrá nprov. 10345
balandran ,frz. span. ptg.
1170. 1391. 10345
balandräe span. ptg. 1391
balandre frz. 1391
balandron ital. 1170.1391
balansa prov. 1385
balanza span. 1385
halar prov. 1184
balaústre span. 1172
balaustre ital. 1172
balaustro ital. 1172|
balayer frz. 1184
balb prov. 1175
balbo ital. 1175
balbutier frz. 1175
balc prov. 1176. 1183
balc frz. 2796
balcão ptg. 1183
balčar engad. 7216
balco ital. 1183
halcon frz. span. 1183
balcone ital. 1183
balda span. ptg. 1269
baldacchino ital. 1157
Baldacco ital. 1157
baldäo span. ptg. 1269
baldaquin frz. span. 1157
baldaquino ptg. 1157
baldar span. ptg. 1269;
balde span. ptg. 1269.1270
baldio span. ptg. 1269
baldix ptg. 1177
halde span. ital. 1177
baldo span. ptg. 1269
baldear span. ptg. 1269
baldon span. ptg. 1269
baldenar span. ptg. 1269
baldore ital. 1177
baldória ital. 1177
baldre frz. 1179
baldret frz. 1179
bale afrz. 1169
halé piemont. 1184
baléa ptg. 1166
balecenare aret. 1420
baleeiro ptg. 1167
baleine frz. 1166
baleing romagn. 8812
baleiuier ptg. 1167
balejar cat. 1184
balenare ital. 1184
baleno ital. 1184
halet frz. 1189
haler frz. afrz. 1184
balestra ital. 1187
balestrajo ital. 1188
balestriere ital. 1188

barlong *frz.* 1241. 1417.
barlongolo *ital.* 1241
barlotta *ital.* 10306
barlume *ital.* 1422
barluzzo *ital.* 1421
barme *frz.* 1558
barmier *oberländ.* 1502
harmoor *engad.* 1502
harniz *span.* 10255
barnizar *span.* 10255
baró *prov.* 1243
baro *ital.* 1243
baroccino *ital.* 1243
baroccio *ital.* 1243
barocco *ital.* 1243
buron *afrz.* 1243
barono *it.* 1243
baroque *frz.* 8121. 10085
baroter *frz.* 1245
barotier *frz.* 1245
barque *nfrz.* 1232
barra *ital.* 1245
barrachel *span. ptg.* 1238
barrachol *span. ptg.* 1238
barrace *span. ptg.* 10081
barral *span.* 1245
barrão *ptg.* 10081
barraro *ital.* 1245. 10006
harras *prov.* 1245
barre *frz.* 1245
barreau *frz.* 1245
barrena *span.* 10094.
 10109
barrer *nfrz.* 10006
barrer *frz.* 1245
barrer *span. ptg.* 10083
barrete *span.* 1399
barretta *prov.* 1399
barrette *frz.* 1399
barrica *span. ptg.* 1245
barricane *afrz.* 1330
barricata *ital.* 1245
barriera *ital.* 1245
barriga *span. ptg.* 1179.
 1245
barril *span. ptg.* 1245
barrile *ital.* 1245
barrína *sard. cat.* 10094.
 10109
barroco *ptg.* 8121. 10085
barrot *frz.* 1245
barrueco *span.* 8121. 10085
barrufaut-z 8213
barruntar *span. ptg.* 1631.
 10086
barsacca *sard.* 1402
barsar *rtr.* 1546
bartavelle *nprov.* 10096
bartulare *aret.* 7982
baruca *span.* 1243
barucabbà *aret.* 1249
barufar *rtr.* 1398. 8213
barufautz *prov.* 1398
baruffa *ital.* 1398. 8213
barulhar *ptg.* 5139
barullare *altital.* 1248
barullo *ital.* 1243
barutar *aspan.prov.*10086
barutel *prov.* 1631

barvatu *sard.* 1223
barvattu *sard.* 10111
baréu *sard.* 10005
bas *prov. frz.* 1263
basa *cat.* 1291
basálca *vegl.* 1253
basalisc *afrz.* 1255
basalisques *afrz.* 1255
hasana *ital.* 1438
basane *frz.* 1438
basauer *afrz.* 1438
basanier *frz.* 1438
bas-berd *frz.* 1142
basca *span. ptg. prov.*
 1251. 10009
basear *span. ptg. prov.*
 1251. 10009
baschoe *afrz.* 1252
bascine *ital.* 1498
basoiu *sard.* 1263
hascle *afrz.* 6171
bascule *frz.* 1264
Basculi 1267
baselga *valtell.* 1253
baselgia *rtr.* 1253
baśérga *bellins.* 1253
basgia *oberital.* 1254
hasia *oberital.* 1254
basilisque *afrz.* 1255
basiol *afrz. prov.* 1257
basire *ital.* 1250
baš(o)la *oberital.* 1254
basoffia *ital.* 9233
basquiner *afrz.* 1259
bass *rtr.* 1263
bassa *cat.* 1194
bassare *ital.* 1261
bassin *frz.* 1136
basso *ital.* 1263
hassu *sard.* 1263
bast *frz.* 1265
hasta *ital. span ptg.* 1266
bastão *ptg.* 1265
bastar *span. cat.* 1265
bastardo *ital. span. ptg.*
 1265
bastare *ital. prov. span.*
 ptg. 1265. 1266
bastart-z *prov.* 1265
bastear *span. ptg.* 1266
basterna *span. ptg.* 1265
bastia *ital.* 1265
bastida *prov. (frz.) span.*
 ptg. 1265
bastilla *span.* 1265
bastille *frz.* 1265
bastimento *ital. span. ptg.*
 1265
bastione *ital.* 1265
bastir *span. ptg.* 1265
bastire *ital.* 1265
basto *span. ptg. ital.* 1265
baston *span. rum.* 1265
bastone *ital.* 1265
bastonnare *ital.* 1265
bastonnata *ital.* 1265
baston-s *prov.* 1265
Bastuli 1267
hast-z *prov.* 1265
bât *frz.* 1265

batacchio *ital.* 1274
batafalua *span.* 4432
batafaluga *span.* 4432
bataie *rum.* 1275
hatail *frz.* 1274
bataille *frz.* 1275
bataillole *frz.* 1275
batalha *ptg. prov.* 1275
batalh-s *prov.·* 1274
batalla *span.* 1275
hatau *span.* 1278
bâtard *frz.* 1265
batassare *ital.* 6918
batata *span. ptg.* 6919
hate *rum.* 1278
bateau *frz.* 1272
batejar *cat.* 1220
batel *span. ptg.* 1272
bateleur *nfrz.* 1154
batelh-s *prov.* 1272
bater *ptg.* 1278
bateuil *frz.* 1265
bateul *frz.* 1265
batiar *cat.* 1220
bâtiment *frz.* 1265
batir *span.* 1278
bâtir *frz.* 1265. 1266
batison *frz.* 1278
batoiier *afrz.* 1220
batoison *afrz.* 1278
bâton *frz.* 1265
bâtonner *frz.* 1265
batre *prov.* 1278
batrìn *rum.* 10122
battacchio *ital.* 1274
battaglia *ital.* 1275
battaglio *ital.* 1274
battant-l'œil *frz.* 1278
battello *ital.* 1272
battere *ital.* 1278
hatteria *ital.* 1278
battia *sard.* 1903
battifredo *ital.* 1332
battigia *ital.* 1278
battilocchio *ital.* 1278
battiloglio *ital.* 1278
battisteo *tosc.* 1219
batto *ital.* 1272
battolare *ital.* 1466
battor *sard.* 7652
battordighi *sard.* 7653
battosta *ital.* 1277
battostare *ital.* 1277
battre *frz.* 1278
baturlare *aret.* 1586
bau *nfrz.* 1183
bau *frz.* 2796
baubel *afrz.* 1303
baue *afrz.* 1183
bauc *frz.* 2796
bauçant *afrz.* 1193
bauche *afrz.* 1183
bauche *frz.* 2796
baue-s *prov.* 1283
baúc-s *prov.* 1300
baud *frz.* 1177. 1178.
 1287
Baudas *frz.* 1157
baudequin *frz.* 1157
baudet *frz.* 1177. 1178

baudise *frz.* 1177
baudor *prov.* 1177
baudos *prov.* 1177
baudour *frz.* 1177
baudrat-z *prov.* 1179
baudré *afrz.* 1179
baudrier *frz.* 1179
baugo *frz.* 2796
baúl *span.* 1300
baúle *ital.* 1154. 1300
baumo *frz.* 1195. 1260
baume *prov. cat. afrz.*
 1191
baunilha *ptg.* 9963
bauri *nprov.* 1523
hausan *prov.* 1193
baut *prov.* 1177
bauza *prov.* 1284. 1286
bauzar *prov.* 1284. 1286
hava *sard. ital. ptg.*1122
bavar *prov. ptg.* 1122
havard *frz.* 1122
bavardage *frz.* 1122
bavarder *frz.* 1122
bavastel *prov.* 1154
have *frz.* 1122
havoc-s *prov.* 1174
haver *frz.* 1122
bavorch *rtr.* 1378
haya *span.* 1133
bayor *nfrz.* 1150
hayo *span.* 1148
baza *span.* 1291
bazar *frz.* 1290
hažia *oberital.* 1254
hazo *span.* 6171
bazoche *afrz.* 1253
bazofia *span.* 9233
hazza *ital.* 1291
bazzana *ital.* 1438
bazzica *ital.* 1291
bazzicare *ital.* 1291
bazzoffia *ital.* 9233
be *cat.* 1315
bé *rum.* 1363
bea·*rum.* 1312
beal *rtr. frz.* 1312
beala *rum.* 1314
bealbel *afrz.* 1303
beara *rum.* 1314
beata *rum.* 10261
beau *frz.* 1312
beaucoup *frz.* 1313
beaucuit *frz.* 1622
heau-père *frz.* 10254
beaupré *frz.* 1487
beauté *frz.* 1309
bebbio *ital.* 1444
bebedice *ptg.* 1360
bebedor *span. ptg.* 1362
beber *span. ptg.* 1363
bebera *ptg.* 1376
bebiţie *rum.* 1360
bébora *ptg.* 10204
bebraje *span.* 1358
bebru *rum.* 1292
bec *frz.* 1132. 1294
boca *prov.* 1132. 1294
becabunga *span. ptg.*
 1295

bécabunga *frz.* 1295
bécasse *frz.* 1132. 1294
beccabunga *frz.* 1295
beccabungia *ital.* 1295
beccaccia *ital.* 1294
beccaccia *frz.* 1132
beccajo *ital.* 1634
boccare *ital.* 1132. 1294
becco *ital.* 1132. 1294.
 1383. 1634
becerro *span. ptg.* 1302
bech *cat.* 1294
bechar *prov.* 1132. 1294
bêche *frz.* 1132. 1294.
 1346
bêcher *frz.* 1294
beclien *lyon.* 1407
beco *ptg.* 10153
becoquin *span.* 1405
becquer *frz.* 1132. 1294
becquetter *frz.* 1132. 1294
bec-s *prov.* 1132. 1294
becuit *afrz.* 1406
hedda *südsard.* 1312
bedaine *frz.* 3143
bedeau *frz.* 1371
hedel *frz. span. ptg.* 1371
bedello *ital.* 1355. 1371
bedels *prov.* 1371
hodent *bellinz. com.* 1372
bodière *norm.* 1297
bedis, bedisso *neuprov.*
 10244
bedoll *cat.* 1855
beden *frz.* 3143
bedoneau *altfrz.* 3143
bedondaine *frz.* 3143
beer *afrz.* 1150
befa *span.* 1153
befania *ital.* 3257
befar *span.* 1153. 1298
beffa *ital.* 1153. 1298
beffare *ital.* 1153. 1298.
 1376
bef(f)e *afrz.* 1153
beffe *afrz. ital.* 1298
beffler *afrz.* 1153
beffler *nfrz.* 1298
beffroi *nfr.* 1332
beffroit *afrz.* 1332
befo *span.* 1298. 1377
befre *aspan.* 1292
hega *oberital. rtr.* 1155
bégaud *frz.* 1174
bégayer *frz.* 1174
bégh *romagn.* 6698
hegra *can.* 5251
bègue *frz.* 1174
bégueule *frz.* 1150
behetria *span. ptg.* 1318
behort *afrz.* 4686
beiço *ptg.* 1258
beige *nfrz.* 1497
beijar *ptg.* 1256
beije *ptg.* 1258
bein *rtr.* 1315
beis, heissa *nprov.* 1433
beivre *rtr. afrz.* 1363
béjuter *frz.* 1432
bel *frz.* 1312

belar *ptg. span. prov. cat.*
 1192
belaro *ital.* 1192
beldad *span.* 1309
beldade *ptg.* 1309
beldroega *ptg.* 7328
bele *frz.* 1312
bêler *frz.* 1192
belot *afrz.* 1305
belete *frz.* 1304. 1312
beletissimo *oberital.* 1308
belette *frz.* 6413
belhó *ptg.* 1387
belido *aspan. aptg.* 1310
bélier *frz.* 1307
bèlière *frz.* 1307
belitre *span.* 1317
bélitre *frz.* 1317
beliver *afrz.* 6633
beljamine *wall.* 1194
bellaco *span.* 10173
bellaire *prov.* 1308
bellazer-s *prov.* 1308
bellazer *prov.* 1308
belle-mère *frz.* 10254
bellèque *frz.* 1306
bellezour *frz.* 1308
bellico *ital.* 9875
bellicone *ital.* 10395
bellido *aspan. aptg.* 1310
bellin *afrz.* 1563
belline *afrz.* 1563
belliscar *ptg.* 1311. 6997
bello *ital.* 1312
bellota *span.* 1190. 4261
bellu *logud.* 1312
(a)bellucar *prov.* 1418
bellugue *afrz.* 1418
belorta *span.* 1428
bólot *norm.* 1305
belota *ptg.* 1190
belou *sard.* 10066
belourde *mittelfrz.* 1423
bel-s *prov.* 1312
beltà *ital.* 1309
heltat-z *prov.* 1309
beltú *ital.* 1309
belluette *frz.* 1418. 1419
beluga *prov.* 1418
belugeiar *prov.* 1418
belva *ital.* 1314
bem *ptg.* 1315
bemdigo *ptg.* 1316
bemdisse *ptg.* 1316
bemdito *ptg.* 1316
bemdizer *ptg.* 1316
bemiedore *sard.* 10198
ben *rtr.* 1315
ben *prov.* 1315
benda *ital. prov. span.*
 1322. 1389
bende *afrz.* 1389
bendecir *span.* 1316
bendor *afrz.* 1389
bendic *prov.* 1316
bendigo *span.* 1316
bendije *span.* 1316
hendir *prov.* 1316
bendito *span.* 1316
bene *ital.* 1315 .

benedecido *span.* 1316
benedicere *ital.* 1316
benedida *prov.* 1316
benedire *ital.* 1316
benegheire *sard.* 1316
benehir *cat.* 1316
benoi *afrz.* 1316
Beneih *prov.* 1316
beneir *afrz.* 1316
beneis *afrz.* 1316
beneistre *afrz.* 1316
bene(e)it *afrz.* 1316
beneiz *afrz.* 1316
ben(e)oit *afrz.* 1316
ben(e)oiz *afrz.* 1316
benosqui *afrz.* 1316
benevolencia *sp. ptg.* 10286
benevolensa *prov.* 10286
benevolenza *ital.* 1320.
 10286
benevolo *ital.* 1321
beneyt *cat.* 1316
benezeita *prov.* 1316
benezes *prov.* 1316
benezir *prov.* 1316
benezis *prov.* 1316
bénigne *frz.* 1323
bénin *frz.* 1323
benir *afrz.* 1316
benisi *lomb.* 1316
benistre *afrz.* 1316
benit *afrz.* 1316
bénite *frz.* 1316
benjamine *wall.* 1194
henna *ital. rtr.* 1322
bennarzu *sard.* 5177
bénnere *sard.* 10043
Benoît *nfrz.* 1316
bentre *sard.* 10048
bentu *sard.* 10054
benzic *prov.* 1316
beórce *friaul.* 1378
beert-z *prov.* 1686
bèque *frz.* 1432
béquille *frz.* 1132. 1294
ber *parm. ferr.* 1244
ber *afrz.* 1243
hera *prov.* 1325
berbasco *span. ptg.* 10063
berbec *rum.* 1328. 6764
berbecar *rum.* 1328
berbeisch *rtr.* 1328. 6764
berbena *ital.* 10064
berbequin *ptg.* 10388
berberare *sard.* 10065
bérbice *ital.* 1328. 6764
berbiqui *span.* 10388
horbis *frz.* 1328
herbitz *prov.* 1328. 6764
berceau *frz.* 1535. 10098
berceau *nfrz.* 2685
bercer *afrz.* 1327
bercer *frz.* 1535. 10102
bercero *span.* 10216
berciare *ital.* 1327. 1333.
 1337
berço *ptg.* 2685
bere *ital.* 1363
berele *afrz.* 1243

berfroi *afrz.* 1332
bergamota *span. ptg.*
 1299
bergamote *frz.* 1299
bergamotta *ital.* 1299
borgo *nfrz.* 1232
berge *frz.* 1330
berger *frz.* 1328
bergier-s *prov.* 1328
berguer *afrz.* 1331
berillo *ital.* 1345
berio *nprov.* 1325
borla *ital.* 1393
berlanga *span.* 1563
berle *frz.* 1341
bèrlè *pic.* 1192
bęrlëc *pic.* 1570
berlëk *pic.* 7422
berlëlo *pic.* 1334
berlenc *afrz.* 1563
berlëže *pic.* 7422
berlina *it.* 1325. 1551
berlina *ital. span.* 1334
berline *frz.* 1325. 1334
berlingare *ital.* 7422
berlingozza *ital.* 7422
berlingue *frz.* 1334
berlong *frz.* 1241
berloque *frz.* 1416. 5678
berlou *henneg.* 1424
berlouquo *henneg.* 1424
berlue *frz.* 1418
berluette *afrz.* 1419
berlusco *ital.* 1424
berma *span.* 1558
berme *sard.* 10078
bermejo *span.* 10075
horno *frz.* 4563
bernot *frz.* 4563
bornia *span.* 4563
bérnia *ital.* 4563
bernie *frz.* 4563
berniz *span.* 10255
berrar *ptg.* 1192. 10081
berre *sard.* 10081
berrear *span.* 10081
berrette *ital. prov.* 1399
berrie *afrz.* 1247
berrina *sard.* 10094.10109
berro *span.* 1343. 2600
berrovier-s *prov.* 1336
berrueco *span.* 8121.
 10085
berruga *span. ptg.* 10085
berruier *afrz.* 1336
bers *prov. cat. frz.* 2685
bersac *piem.* 1402
bersacca *piem.* 1402
bersagliere *ital.* 1327
bersaglio *ital.* 1327. 10087
bersail *afrz.* 1327
bersailler *afrz.* 1327
bersciare *ital.* 1333
berser *afrz.* 1327
bert *obw.* 1897
berta *ital.* 1338
hertaou *nprov.* 1339
bertau *frz. prov.* 1339
bertaud *prov. frz.* 1339
hortauder *frz.* 1338

bertauder *nfrz.* 1435
bertavello *ital.* 10093
bertesca *ital.* 1564
Berthaud *frz. prov.* 1339
bertonar *ital.* 1435
bortender *afrz.* 1435
bertovello *ital.* 1340. 10093
bertresca *prov.* 1564
ber(r)uda *sard.* 10110
berza *span.* 10216
bes, hessa *nprov.* 1433
besace *frz.* 1402
besaigre *frz.* 1403
besaiguë *afrz.* 1404
bescle *neuprov.* 6171
beša *rtr.* 1349
hesar *span.* 1256
bosche *afrz.* 1132
bescio *ital.* 1349
beselique *afrz.* 1255
besica *rum.* 10116
besicle *ital.* 1345
bésicles *frz.* 1345
beso *span.* 1258
besoč *prov.* 10160
besoche *frz.* 1425. 10160
besonhar *prov.* 8878
bespa *ptg.* 10113
bessa *nprov.* 1349
bessac *acat.* 1402
besse *frz. (dial.)* 1346
besso *ital.* 1349
besson *frz.* 1433
hesta *ptg.* 1187. 1347
bestaucier *afrz.* 1434
bestemmia *ital.* 1462
bestencier *afrz.* 9454
bestiaire *afrz.* 1350
bestiajo *ital.* 1350
bestiario *ital.* 1350
beston *afrz.* 1324
bestordre *afrz.* 1436. 9607
besters *afrz.* 9607
bet *afrz.* 1324
beta *ptg.* 10261
boté *afrz.* 1358
bète *frz.*. 1347
beter *afrz.* 1353
beter *afrz.* 1324
beţio *rum.* 1360
bètise *frz.* 1347
bétlor *rtr.* 1354
bétoine *nfrz.* 10125
béton *nfrz.* 1324
béton *frz.* 1442
betónica *span. ptg.* 10125
betto *frz.* 1161
bettola *ital.* 1161 ·
bettonica *ital.* 10125
betulla *ptg.* 1355
beubel *afrz.* 1303
beugler *nfrz.* 1626
beuragge-s *prov.* 1358
beure *prov.* 1363
beurer *cat.* 1363
beutor *rum.* 1362
bevanda *ital.* 1361
hevedor *prov.* 1362

beveire *altfrz. prov.* 1362
beveor *afrz.* 1362
beveraggio *ital.* 1358
beverare *ital.* 1359
bevero *ital.* 1363
beveria *prov.* 1357
bevero *ital.* 1292
bevetta *ital.* 1161
bevigione *ital.* 1361
bevitore *ital.* 1362
bevizione *ital.* 1361
bevórće *friaul.* 1378
bévue *frz.* 1437
bexiga *ptg.* 10116
bexigas *ptg.* 10004
bezazas *span.* 1402
bozo *span.* 1258
bezze *ital.* 1280
bi *sard.* 4696
biada *ital.* 1468
biado *ital.* 1468. 1471
biais *prov. frz. cat.* 1356. 1375
biaisar *prov.* 1375
biaiser *frz.* 1375
biancare *ital.* 1459
bianchire *ital.* 1459
bianco *ital. rtr.* 1457
biante *ital.* 10132
biariara *nprov.* 8093
biasciu *sard.* 1375
biasimare *ital.* 1462
biasimo *ital.* 1462
biasmare *ital.* 1462
biastemma *ital.* 1462
biave *ital.* 1471
biax *ncat.* 1375
biazas *span.* 1402
bibaro *span. ptg.* 1292
bibbio *ital.* 10205
bibelot *nfrz.* 1303
bibot *afrz.* 10383
hiboux *frz.* 1364
bibiare *venez.* 1444
bica *ital.* 1379
bicca *sard.* 1294
bicchiere *ital.* 1130
bicchiriole *sard.* 1294
bicciacuto *ital.* 1404
bicculare *sard.* 1294
bioculu *sard.* 1294
bicha *span. ptg.* 1349
biche *ptg. frz.* 1349. 1366. 1383. 1634. 4695
bichér *rtr.* 1130
biche *span.* 1349
hico *ptg.* 1132. 1294
bichon *span.* 1132
bicoca *span.* 1405
bicocca *ital.* 1405
bicoq *frz.* 1405
bicoque *frz.* 1405
bicoquete *span.* 1405
bicoquin *span.* 1405
bicornia *ital.* 1369. 4871
bicos *span.* 1294
bidalesco *ital.* 10385
bidda *sard.* 10177
biddu *sard.* 10182
bidet *frz.* 1370

bidetto *ital.* 1370
bidighinzu *sard.* 10246
bidon *frz.* 1372
bidrigu *logud.* 10254
bieco *ital.* 6634
bied *afrz.* 1297
bief *frz.* 1297
bien *frz. span.* 1315
bienveillance *frz.* 1320. 10286
bienveillant *frs.* 1319
bière *frz.* 1325. 1374. 2111
hiervon *aspan.* 10078
biçša *rtr.* 1349
bieste *rtr. dial.-frz.* 1349
biota *ital.* 1352. 1479
biéta *rtr.* 1352
bietola *ital.* 1352
bieule *nprov.* 7309
biez *frz.* 1297
bièvre *afrz.* 1292
biffa *aital.* 10390
biffor *frz.* 10390
biffera *ital.* 1376. 1443
bifi *cat.* 1298
bifolca *ital.* 1610
biga *prov. cat.* 1380
bigalba *südfrz.* 1393
bigarra *südfrz.* 1392
bigarrar *cat.* 1392
bigarrer *frz.* 1392
bigatelle *frz.* 1381
bigatto *ital.* 1498
bigattolo *ital.* 1498
bighollone *ital.* 1498
bighellonare *ital.* 1498
bigie *ital.* 1497
higione *ital.* 1497
bigle *frz.* 1426
biglia *ital.* 1367
bigliardo *ital.* 1367
bigne *nfrz.* 1628
bigode *span. ptg.* 1381. 6412
bigodeira *ptg.* 1381
bigolo *ital.* 1498
bigolone *ital.* 1498
bigonzio *venez.* 1368
bigorna *ptg.* 1369. 4871
bigorne *frz.* 1369. 4871
bigornia *span.* 1369. 4871
bigot *frz.* 1381
bigote *span. ptg.* 1381
bigotelle *frz.* 1381
bigotera *span.* 1381
bigotta *ital.* 1381
bigre *frz.* 1382
bigue *afrz.* 1380
bigutta *ital.* 1411
bijou *frz.* 1447
bilan *frz.* 1385
bilancia *ital.* 1385
bilanciajo *ital.* 1384
bilancière *ital.* 1384
bilenco *ital.* 1563. 5627. 8812
bilha *ptg.* 1367
bilho-s *prov.* 1367

bilicare *ital.* 9874
bilie *ital.* 10248
billa *span.* 1367
bille *frz.* 1367
billiard *frz.* 1367
billon *frz.* 1367
billere *ital.* 7147
billo-s *prov.* 1367
bilro *ptg.* 7183
hilf *rum.* 1198
bilteo *ital. span. ptg.* 1198
biltre *ptg.* 1317
biltre *ptg.* 1317
bima *levent.* 1388
bime *friaul.* 1388
binchidu *sard.* 10188
bindighi *sard.* 7671
bindolo *ital.* 10897
bine *rum.* 1315
binocle *frz.* 1390
binocolo *ital.* 1390
biodo *ital.* 1627
biólco *rtr.* 1610
biondo *ital.* 1469
biorca *tess.* 1378
biòrch *rtr. veltl.* 1378
biortz *prov.* 4686
biotto *ital.* 1470
bique *frz.* 1383. 1634
birba *ital.* 1386
birbaute *ital.* 1386
birbone *ital.* 1386
birdo *sard.* 10217
birla *span.* 7183
birlocha *span.* 6168
biroccio *ital.* 1396
biroldo *ital.* 1428
biren *bologn. moden. piem.* 6990
hirra *ital.* 1374
birro *ital.* 2111
birreto *ptg.* 1399
birro *ital.* 1399
hisa *rtr.* 1401. 1576
hisa *prov.* 1497
biša *rtr.* 1349
bisaccia *ital.* 1402
bis(s)aca *prov.* 1402
bisaiguë *afrz.* 1404
bis(s)albo *ptg.* 1430
bischa *rtr.* 1576
bischidu *sard.* 10225
biscia *ital.* 1349
biscio *ital.* 1349
bisco *span.* 1412
biscotto *ital.* 1406
biscouto *ptg.* 1406
biscueitz *prov.* 1406
biscuit *nfrz.* 1406
bise *afrz.* 1497
bišel *obw.* 1623
bisegolo *ital.* 1404
biserică *rum.* 1253
biseat *piemont.* 1408
bisest *prov.* 1431
bisesto *ital.* 1431
biset *frz.* 1497
bislacco *ital.* . 1413. 5492

bon *frz.* 1506
bonaccia *ital.* 1500. 5818
benaco *frz.* 1500
bonança *ptg.* 1500
bonanza *span.* 1500
bonassa *prov.* 1500
benaura *prov.* 1505
bonavisć *piac. mant.*
5856
bonazo *span.* 1500
bonciarelle *ital.* 1614
bondad *span.* 1504
bondade *ptg.* 1504
bende *frz.* 1493
hondir *frz.* 1496
bondire *prov.* 1496
hondon *comask.* 1493
boneiir *afrz.* 1505
bonheur *nfrz.* 1505
bonina *span. ptg.* 1502
bonnet *frz.* 1506
bous *prov.* 1506
bontà *ital.* 1504
bontatz *prov.* 1504
bonté *frz.* 1504
boomsar *aptg.* 10305
boquette *frz.* 1492
boquin *aspan.* 1634
hóra *venez.* 1515
hera *cat.* 6741
hera *rum.* 9995
herbster *afrz.* 1510
borbogliare *ital.* 1510
borbolhar *ptg.* 1510
borbollar *span.* 1510
borbottare *ital.* 1510
borbouller *pic.* 1510
borćan *genues.* 10315
borcegui *span.* 1587
borchia *ital.* 1641
bord *frz.* 1511
borda *prov. cat. aspan.*
aptg. 1511
bordar *span.* 1511
bordare *ital.* 1511
bordayer *frz.* 1511
horde *afrz.* 1512
bordear *span.* 1511
bordeggiare *ital.* 1511
bordel *prov. frz.* 1512
bordél *ptg.* 1512
bordello *ital.* 1512
border *frz.* 1511
berdo *ital. span. ptg.*
1511
bordeni *ital.* 1583
berea *ital.* 1515
borea *sard.* 9995
borelà *lomb.* 1248
borgne *frz.* 6717
bergner *frz.* 1490
bori *cat.* 3165
horia *ital.* 9994
bória *ital.* 9995
boriarsi *ital.* 9995
borina *venez.* 7492
borino *ital.* 1509
borli *limous.* 6717
borne *frz.* 1484. 6638
bernoar *span.* 1490

borni *cat.* 1490
bernie *ital.* 1490
borrasco *cat. span. ptg.*
1515
horro *ital.* 1523
bortz *prov.* 4686
bornje *span. cat.* 10292
borzacchino *ital.* 1587
bos *prov.* 1506
besar *span.* 10089
boscani *rum.* 1259
bosco *ital.* 1518
bessar *ptg.* 10279
böséla *berg.* 1614
bosinfiu *rum.* 1484
hosna *ital.* 1623
bosne *afrz.* 1623
hesseman *frz.* 1508
hessi-s *prov.* 1618
bosta *rum.* 1268
bostal *ptg.* 1519
bestar *span.* 1519
bot *frz.* 1520
bot *rum.* 1526
botacchiola *ital.* 10310
betana *span.* 1520
botào *ptg.* 1520
hotar *prov. span. ptg.*
1520
bete *span. ptg.* 1520
botequin *nordfrz. span.*
1524
boteux *frz.* 1520
botez *rum.* 1220
beteza *rum.* 1220
botezuri *rum.* 1220
hete *ital.* 1287
boto *span. ptg. tosk.*
1520
bote *ital. span. ptg:*
10310
botoier *frz.* 1520
boton *span.* 1520
betor *span.* 1522
botoso *span. ptg.* 1520
botro *ital.* 1523
botta *ital.* 1520
bottare *ital.* 1520
botte *frz.* 1520
hotte *sard.* 7601
botticello *sard.* 7601
botto *ital.* 1520
bottone *ital.* 1520
bottume *sard.* 7601
botxí *cat.* 1634
bou *afrz.* 1283
bou *rum. cat.* 1516
bouba *ptg.* 1609
bouc *frz.* 1634
boucassin *frz.* 1625
bouc-estain *afrz.* 9037
houcho *nfrz.* 1612
houcho *afrz.* 1620
boucho béante *frz.* 1150
boucher *frz.* 1620. 1634
bouchon *frz.* 1619
bouchon *afrz.* 1620
boucle *frz.* 1621
bouclier *frz.* 1621
boudenflá *nprov.* 1484

bouder *frz.* 1484
houdin *frz.* 1484
boudine *frz.* 1484
boudoc *rum.* 1520
bondou *frz.* 1484
boue *frz.* 1288
bouée *frz.* 1636
bouf *rtr.* 1516
bouffer *frz.* 1629
bouffir *frz.* 1629
bouffon *nfrz.* 1629
bouffonnerie *nfrz.* 1629
bonge *nfrz.* 1638
bougette 1638
bougie *frz.* 1630
bougran *frz.* 1624
beugre *frz.* 1639
bouguière *frz.* 1483
boubert *afrz.* 4686
bouille-abaisse *frz.* 1525
bou jougar *rum.* 5207
boulanger *frz.* 1631
houle *frz.* 1631
bouleau *frz.* 1355
boulevard *frz.* 1495
boulevart *frz.* 1495
boulimie *frz.* 1640
bouline *nfrz.* 1488
bouquer *frz.* 1635
bouquette *wall.* 1622
bouquette *frz.* 1492
bouquin *frz.* 1634
bouquin *nfrz.* 1486
bourbe *frz.* 1326. 1510
bourdon *afrz.* 6022
beurme *nfrz.* 10318
bourrasque *frz.* 1515
boursouffler *frz.* 1484
boursouf(f)lus *frz.* 1484
bourt *afrz.* 6022
bouse *afrz.* 1528
bousear *ptg.* 10279
bousin *afrz.* 1618
bout *frz.* 1520
bouter *frz.* 1520
bouton *frz.* 1520
boutonnière *frz.* 1520
bouvier *frz.* 1529
bouvreuil *frz.* 1529
bouvreux *frz.* 1529
beva *ital.* 1491. 1527
bova *cat.* 1627
bovatscha *rtr.* 1528
beve *ital.* 1516
bóveda *span.* 10290
hevedar *span.* 10300
bevu *sard.* 1175
boya *aspan.* 1491
boyau *nfrz.* 1521
boye *frz.* 1491
boyer *nprov.* 1482
boyero *span.* 1482
boza *prov.* 1528. 5144
hozal *span.* 1613
hože *sard.* 10311
bezina *prov.* 1623
bozola *prov.* 6638
bozzolaro *ital.* 1615
braadar *ptg.* 1192.
5464

brac *prov.* 1540
braca *ital.* 1531
braça *ptg.* 1536
braçal *ptg.* 1533
braccare *ital.* 1541
bracciale *ital.* 1533
braccio *ital.* 1536
bracco *ital.* 1541
brache *ital.* 1531
bracia *ital.* 1546
bracio *rum.* 1531
braco *span.* 1541
braço *ptg.* 1536
bracon *a/rs.* 1541
braconnier *afrz.* 1541
brac-s *prov.* 1541
bradar *ptg.* 1171. 1192.
1466. 1539. 5464
brado *ital.* 1226
bradon-s *prov.* 1538
braga *span. ptg.* 1531
bragagnar *ital.* 1233
bragas *span. ptg.* 1531
bragie *ital.* 1546
brago *ital.* 1540
brahon *aspan.* 1538
brai *frz.* 1540
braidar *prov.* 1539
braide *aret.* 1329
braider *prov.* 1539
braie *frz.* 1531
braies *afrz.* 1531
braillar *prov.* 1539
brailler *frz.* 1539
braiman-s *prov.* 1530
braion *afrz.* 1538
braire *prov. frz.* 1539
braise *frz.* 1546
braitare *ital. tosc.* 1539
braja *rtr.* 1554
bramangiere *ital.* 1458
bramar *prov. rtr.* 1557
bramare *ital.* 1557
bramer *frz.* 1557
bran *nfrz.* 1560
braña *span.* 1560. 10059
branc *frz.* 1544
branc *afrz.* 1545
branca *ital.* 1394. 1544
brăncă *rum. aspan. aptg.*
prov. 1544
branche *frz.* 1394. 1544
brance *ptg.* 1457
branc-s *prov.* 1544
brancut-z *prov.* 1544
brandar *prov.* 1545
braude *genf.* 1561
brande *frz.* 1545
brandello *frz.* 1545
brander *frz.* 1545
brandiller *frz.* 1545
braudilloire *frz.* 1545
brandir *ptg. frz. prov.*
1545
brandire *ital.* 1545
brandistocco *ital.* 1545
brando *ptg.* 1456
brando *ital.* 1545
brandon *frz.* 1545
braudone *ital.* 1538

brota span. 1588
brotar span. prov. 1588
brote span. 1588
brottare ital. 1586
brottolare ital. 1586
bret-z prov. 1588
breu südfrz. 1590
broue norm. 1581
broue frz. 1589
broue afrz. 1288
brouée frz. 1589
breuer norm. 1581.
  1589
brouet nfrz. 1589
brouette frz. 1427
brouillard frz. 1589.
  6485
brouiller frz. 1589
brouillon frz. 1589
brouir afrz. 1581
broundo nprov. 4006
brouques pic. 1584
broussailles frz. 1604
brout afrz. 1588
brovè piem. 1581
broyer frz. 1573
broz rtr. 1396
broza frz. 7828
broza span. 1604
brozne span. 1598
brezza ital. 1588
brozzola ital. 1588
bru südfrz. 1590
bru frz. 1593
bru prov. 10313
bruc südfrz. 1590
brucare ital. 1592
bruciare ital. 2352
brucio ital. 1592
bruce ital. 1592. 1827
bracolaque frz. 5745.
  10314
bruc-s prov. 1591
bruelha prov. 1585
bruelh-s prov. 1585
bruelle afrz. 1585
brufe-s prov. 1607
brufol-s prov. 1607
brughiera mail. 10313
brugliolo ital. 1641
brugna ital. 7495
brugo span. 1592
bruguera cat. 10313
bruina prov. 7492
bruine frz. 1589. 7492
bruir afrz. 1581
bruire frz. 8191
bruiser afrz. 1600
brûler frz. 2352
bruma rum. 1594
bruma ital. span. ptg.
  prov. 1594
brumba can. biell. 1542
brûmbla niederengad.
  1542
brume frz. 1594
brumme valsess. 1594
brume ptg. 10318
brun frz. prov. 1595
brúnice ital. 7494

brunir frz. prov. ptg.
  1597
bruñir span. 1597
brunire ital. 1597
bruno ital. span. ptg.
  1595
bruolo ital. 1585
brus(l)ar prov. 2352
brusc prov. frz. 1601
brusc südfrz. 1590
brusc friaul. 4418
brusca prov. span. ptg.
  1601
brusca prov. cat. 4418
brüscha rtr. 1576
bruschet afrz. 1605
brusciare ital. 2352
brusciolo neap. 1588
brusco ital. span. ptg.
  1601
bruser afrz. 1600
brusler frz. 2352
brusola venet. 1588
brusque frz. 1601
brusquer frz. 1601
brustolare ital. 2352
bruto ital. span. ptg.
  1603
brutto ital. 1603
brut-z prov. 1591
bruy frz. 1593
bruyère frz. 1590. 10313
bru(i)zar sard. 2352
bruzzaglia ital. 1604
bua ital. 1507
busdar rtr. 1636
buandier frz. 1636
bubã rum. 1609
buha span. 1507
buba ital. 9910
buba span. ptg. 1609
bubali-s prov. 1607
bùbalo ptg. 1607
bubão ptg. 1609
búbbola ital. 9910
bubbolare ital. 1611
bubboli ital. 1611
bubbolo ital. 1611
bubbone ital. 1609
bube frz. 1609
buboiu rum. 1609
bubon span. frz. 1609
bubù ital.(comask.genues.)
  1606
buc cat. afrz. 1632
bucă rum. 1612
buoa ital. 1612
bucail frz. 1622
buçal. ptg. 1617
bucare ital. 1517. 1632
bucato ital. 1636
bucca sard. 1612
buccal rtr. 1281
buccella ital. 1614
buccellato ital. lucch.
  1616
bucchio ital. 1621
buccia ital. 5659
buccina ital. 1623
buccina rum. 1623

buccio ital. 5659
buccola ital. 1621
bucela prov. 1614
bucha ptg. 1619
bucherame span. 1624
buchin aspan. 1634
bucimù rum. 1623
bucium rum. 1623
buck rtr. 1634
bucle span. 1621
buço ptg. 1617
buco ptg. ital. 1632
buco aspan. 1634
buc-s prov. 1632
buda sicil. sard. 1627
budedda sard. 1627
budel aspan. 1521
budella sard. 1627
budello ital. 1521
budels prov. 1521
budenfi moden. 1484
budget frz. 1638
budriere ital. 1179
budrione it. modenes. 1523
buè rtr. 1482
bue ital. 1516
huega span. 1633
bueno span. 1506
buer frz. 1636
buer afrz. 1501
buey span. 1516
büfalo span. ptg. 1607
bufalo ital. 1607
bufar prov. span. ptg.
  1629
bufarinheiro ptg. 1629
bufet afrz. 1629
buffa ital. 1629
buffare ital. 1629
buffe afrz. 1629
buffer afrz. 1629
buffet nfrz. frz. 1629
buffle frz. 1607
buffo ital. 1629
buffone ital. 1629
bufo ptg. 1608
bufei afrz. 1629
bufolo ital. 1607
bufon span. ptg. 1629
buga prov. 1483
hugeira ptg. 1630
bugera span. 1630
buggera tosc. 1639
buggerare tosc. 1639
buggerone ital. 1639
bugia ital. 1284. 1630
bugiare ital. 1517
bugio ptg. 1630
bugio ital. 1517
bugle afrz. 1626
bugler afrz. 1626
buglia ital. 1641
bugliolo ital. 1641
buglione ital. 1641
bugna ital. 1499. 1628
bugne afrz. 1628
bugno ital. nprov. 1499.
  1628
bugnola ital. 1499. 1628
bugnon afrz. 1499. 1628

buhã rum. 1608
buho span. 1608
buie burg. 1636
buie frz. afrz. 1491
huille afrz. 1525
buinho ptg. 1627
buir ptg. 7285
buisine afrz. 1623
huitre span. 10322
buitron span. 10322
bujía span ptg. 1630
bujinz rtr. 1368
búka rtr. 1612
bulho frz. 1637
bulho ital. span. ptg.
  1637
bulé piem. 1494
buléider bologn. 1494
buletel afrz. 1631
buleter afrz. 1631. 10086
bulieu rtr. 1494
búlimo ital. 1640
bulino ital. 1509
bulsch rtr. 1638
bulscha rtr. 1638
bulto ptg. 10290
bulto span. 10325
bulzu sard. 7537
bun rum. 1506
bunatate rum. 1504
buono ital. 1506
buora venez. 1515
buorch rtr. 1378
buous prov. 1516
buque span. 1632
buquet frz. 1636
hura bol. 1515
burã rum. 9995
buratel prov. 1631
bureba span. 7949
burchia ital. 7507. 7949
burchio ital. 7949
burdalla span. 1513
burdel span. 1512
hurde span. 1513. 1603
burenfi piem. 1484
burete rum. 1494
buretel afrz. 1631
burga span. 1335
buric rum. 9874. 9875
buril span. ptg. 1509
burin frs. 1509
burino ital. 1509
buristo ital. 10416
burlà lomb. 1248
burlare tosc. 1248
burmo ptg. 10318
burnisa ital. 7494
buron span. 1523
burrasca ital. 1515
burrone ital. 1523
bürt rtr. 1603
bušala rtr. 1614
busaro ital. 1517
buscéol com. 1614
buscella valverz. 1614
buscica sard. 10116
büsciellaju genues. 1615
büscha rtr. 1576
bûšen engad. 1623

calamite *frz.* 1721
calamo *ital. span. ptg.* 1722
calaña *span.* 7627
calande *frz.* 1723
calandra *ital. prov. ptg.* 1723
calandrajo *span. cat.* 1723
calandre *frz.* 1723. 2728
calandr(i)a *span. cat.* 1723
calandrino *ital.* 1723
calandro *ital.* 1723
calanno *aspan.* 7627
calapat *neucat.* 2593
calapatillo *span.* 2593
calar *rtr. prov. span. ptg.* 1760
calar *ptg.* 9332
calare *ital.* 1760
cãlare *rum.* 1679
calata *ital.* 1760
calavera *span.* 1766
calaverna *oberital.* 1754
calça *ptg.* 1736
calca *rum.* 1739
calcagno *ital.* 1728
cãlcâie *daco-rum.* 1728
calcaign *rtr.* 1728
calcain *afrz.* 1728
cãlcâin *daco-rum.* 1728
calcañal *span.* 1728
calhañar *span.* 1728
calcaneo *span.* 1728
calcanhar *ptg.* 1728
cãlcãuiu *maced. rum.* 1728
calçar *ptg.* 1733
calcar *prov. span. ptg.* 1739
calcare *ital.* 1739
calce *ital.* 1771. 1772
calce *rum.* 1763
calcese *ital.* 1752. 1927
calciamento *ital.* 1731
calcie *rum.* 1763
calcina *ital. span.* 1772
calcio *ital.* 1771
cald *prov. rum.* 1745
calda *span. ptg.* 1745
caldaja *ital.* 1741
caldajo *ital.* 1741
caldario *ital.* 1741
caldera *span.* 1741
calderon *span.* 1743
calderone *ital.* 1743
caldo *ital. span. ptg.* 1745
caldu *sard.* 1745
caldume *ital.* 1744
cale *frz.* 1760
cale *rum.* 1758
calecer *span.* 1751
calèche *frz.* 5306
caleçon *frz.* 1732
caleffare *ital.* 1746. 2137
caleggine *ital.* 1754
caleggiolo *ital.* 1844
calendimaggio *tosc.* 1748

calentar *span.* 1747
calepin *frz.* 1750
calor *frz.* 1760
aler *prov. span.* 1749
calere *ital.* 1749
calesa *span.* 5306
calese *venez.* 1758
cálese *venez.* 1757
calesse *ital.* 5306
caleu *nprov.* 1757
calexe *ptg.* 5306
calfar *prov.* 1746
calfeutror *frz.* 7594
calha *prov.* 2564. 5344
calbandra *ptg.* 1723
calhãu *ptg.* 1740
calhau-s *prov.* 1740
calhe *ptg.* 1758
cali- *frz.* 5257
calibre *span. ptg.* 5563
calibro *ital.* 5563
calide *ital. span.* 1745
califa *span. ptg.* 7592
calighe *sard.* 1757
calin *rtr.* 1754
câlin *frz.* 2012
calina *prov. span. ptg.* 1754
caliu *prov.* 1756
calivar *prov.* 1756
calla *ital.* 1758
callaja *ital.* 1758
callar *span.* 1760. 9332
calle *ital. span.* 1758
calma *ital. span. ptg.* 2032
calmare *ital. span. ptg.* 2032
calme *frz.* 2032
calmer *frz.* 2032
calmiere *ital.* 1719
calmo *ital.* 1722
calocchia *ital.* 1844
calogna *ital. prov.* 1764
calonaco *ital.* 1847
calenjar *prov.* 1764
caler *prov. span. ptg.* 1762
calere *ital.* 1762
calestre *span. ptg.* 2337
calet *frz.* 1773
calotta *ital.* 1773
calotte *frz.* 1761. 1773
calpestare *ital.* 1735. 7196
cal-s *prov.* 7628
calsa *prov.* 1736
calta *ital.* 1763
calfa *rum.* 1733
calfun *rum.* 1732
câlfunar *rum.* 1734
caluc *prov.* 1694
calumbrecerse *span.* 2675. 5700
calumnia *ptg.* 1764
calunnia *ital.* 1764
calura *ital. span.* 1765
caluscerta *sard.* 5365
caltíse *piem.* 1754
calv *macedo-rum.* 1770

calv *prov.* 1770
calvez *span. ptg.* 1769
calveza *span.* 1769
calvezza *ital.* 1769
calvitie *frz.* 1769
calvo *ital.* 1770
calza *ital. span.* 1736
calzada *span. ptg.* altprov. 1737
calzamiento *span.* 1731
calzar *span.* 1733
calzare *ital.* 1733
calzo *ital.* 1736
calzolajo *ital.* 1734
calzolaro *ital.* 1734
calzone *ital.* 1732
calzonero *span.* 1734
cama *cat. span.* 1808
cama *ptg.* 1773
cama *aspan.* 1776
camafeio *ptg.* 2359
camafeo *span. ptg.* 2359
camafer *ptg.* 2359
camaglio *ital.* 1808
camaïeu *frz.* 2359
camail *afrz.* 1808
camal *span.* 1808
camalhs *prov.* 1808
camallá *genues. cors.* 4469
camallu *genues. cors.* 4469
camamila *span.* 1794
camamilla *ital.* 1794
camangiare *ital.* 1908
camar *rtr.* 2032
camar *rum.* 1792
cámara *span. ptg. rum.* 1775
camarachão *ptg.* 1775
camarachon *span.* 1775
camarade *frz.* 1775
camarada *span.* 1775
camarão *ptg.* 1792. 4146
camarilla *span.* 1775
camarlenc-s *prov.* 1775
camarlingo *ital.* 1775
camaşa *rum.* 1789
camba *sard.* 1776
camba *ptg.* 1776. 1778
camba *span.* 1808
cambaio *ptg.* 1776
cámbaru *sard.* 4146
cambellotto *ital.* 6073
cambiar *prov. span. ptg.* 1777
cambiare *ital.* 1777
cambie *ital. span. ptg.* 1777
cambi-s *prov.* 1777
cambra *frz.* 1775
cambre *prov.* 1834
cambrer *frz.* 1788
cambrões *ptg.* 1807
cambron *span.* 1807
cambuir *cat.* 1808
cambuse *frz.* 1683
camedrio *span.* 2117

camée *frz.* 2359
camèg *rtr.* 2033
camegiar *rtr.* 2033
camell *cat.* 1781
camello *span.* 1781
camelo *ptg.* 1781
camelot *frs.* 6073
camelote, chamelote *span.* 6073
camel-s *prov.* 1781
camera *ital.* 1775
camerajo *ital.* 1782
camerario *ital.* 1782
camerata *ital.* 1775
camerella *ital.* 1775
cameriere *ital.* 1782
cameşa *rum.* 1789
cami *cat.* 1793
camiar *rtr.* 2033
cámice *ital.* 1789
camicia *ital.* 1789
camiddu *sicil.* 1781
caminar *prov. span.* 1793
caminhar *ptg.* 1793
caminhe *ptg.* 1793
camino *span.* 1793
cami(n)-s *prov.* 1793
camisa *prov. cat. span. ptg.* 1787
camiscia *ital.* 1789
camisciole *ital.* 1789
camiseta *span.* 1789
camisinha *ptg.* 1789
camisola *span. ptg.* 1789
camisole *frz.* 1789
camisote *span. ptg* 1789
camison *span.* 1789
camitsch *rtr.* 2033
camjar *prov. span. ptg.* 1777
cammellino *ital.* 6073
cammello *ital.* 1781
cammeo *ital.* 2359
camminare *ital.* 1788. 1793
cam(m)inata *ital.* 1786
camminata *ital.* 1788
cammino *ital.* 1778. 1793
camo *ital.* 1808
camois *prov.* 1791
camoissier *frz.* 1791
camojardo *ital.* 5968
camomille *frz.* 1794
camosciare *ital.* 1791
camoscio *ital.* 1791
camote *span.* 1795
camouna *obwald.* 1683
camous *nprov.* 4148
camozza *ital.* 4148
camp *frz. rum.* 1805
campagna *ital.* 1797
campagne *frs.* 1797
campainha *ptg.* 1796
campana *ital.* 1795
campana *prov. cat. span.* 1796
campaña *span.* 1797
campane *frs.* 1796
campanella *ital.* 1798
campanolle *frz.* 1798

63*

cartaceia *ital.* 2124
cartaz *ptg.* 2124
carte *rum. frz.* 2123
cartelám *lomb.* 1975
cartilage *frz.* 1975
cartilaggine *ital. obwald.* 1975
cartilagna *obwald.* 1975
cartlám *lomb.* 1975
cartoccio *ital.* 2123
cartola *ital.* 2125
cartolajo, -ro *ital.* 2126
cartolario *ital.* 2126
cartolaro, -e *ital.* 2126
cartolar-s *prov.* 2126
cartolina *ital.* 2125
carton *frz.* 2123
cartouche *frz.* 2123
cartone *ital.* 2123
cartuleire *frz.* 2126
cărturar *rum.* 2126
carugem *ptg.* 1924
carunchar *ptg.* 1924
caruncho *ptg.* 1924
cărunt *rum.* 1858
carvão *ptg.* 1920
carvalho *ptg.* 7654
carvi *ital. frz. span.* 1936
carvoeiro *ptg.* 1921
cas *prov.* 1989. 2000
cas *aspan. aptg.* 2001
cag *rum.* 1983
casa *ital. prov. span. ptg. cat.* 1978. 5898
casă *rum.* 1978
casaca *span. ptg.* 1978
casacca *ital.* 1978
casamata *span.* 1979
casamatta *ital.* 1979
casaque *frz.* 1978
casar *cat. span. ptg.* 1986
casare *ital.* 1986
cășărie *rum.* 1981
căsarmă *rum.* 1982. 7647.
căsător *rum.* 1986
căsătoresc *rum.* 1986
caeca *span. ptg.* 7643
cascabel, cascabillo *span. ptg.* 8398
cascada *span. ptg.* 7643
cascajo *span. ptg.* 7643
cascalho *ptg.* 4262
cascar *span. ptg.* 1984
cascar *span. ptg.* 1984
cascar *sard. span. ptg.* 7643
cascare *ital.* 1984
cascata *ital.* 1984
cascavel-s *prov.* 8398
caseina *ital.* 1983
cascio *ital.* 1983
casco *ital.* 1980
casco *ital. frz.* 7643
cascun *prov. cat. aspan.* 7681
case *frz.* 1978
casemate *frz.* 1979
caser *frz.* 1986
caserma *ital.* 1982. 7647

caserna *span. ptg.* 1982. 7647
caserne *frz.* 1982. 7647
casiddu *sard.* 7642
casieu-s *prov.* 1983
casimira *ptg.* 5263
casimiro *span.* 5263
casipola *ital.* 1978
cășlegi *rum.* 1974
casnard *afrz.* 1985
casne-s *prov.* 7654. 7657
caso *span.* 1989
caso *ital. span. ptg.* 2000
casque *frz.* 7643
casquette *frz.* 7643
casquijo *span.* 4262
cass *prov.* 7646
cassa *ital.* 1896
cassa *prov. cat.* 1902
cassador-s *prov.* 1900
Cassagnac *prov.* 1987
cassajo *ital.* 1897
cassar *cat.* 7645
cassar *prov. cat.* 1902
cassare *ital.* 1988
casse *prov.* 1987
casse *frz.* 7596
casse *afrz.* 2129
casser *frz.* 1984. 1988. 7645
casserola *ital.* 2129
casserole *frz.* 2129
cases-s *prov.* 7654
cassetta *ital.* 1896
cassettone *ital.* 1896
cassiere *ital.* 1897
casso *ital. ptg.* 1989
cassó *cat.* 2129
casta *span. ptg.* 1998
castagna, -o *ital.* 1990
castalderia *ital.* 1991
castaldione *ital.* 1991. 4180
castaldo *ital.* 1991. 4180
castan-å *rum.* 1990
castaña, -o *span.* 1990
castanha *ptg.* 1990
castanha, -o *pror.* 1990
caste *frz.* 1998
castejar *prov.* 1993
castello *ital. ptg.* 1992
castel-s *prov.* 1992
castiaire *prov.* 1993
castiamen-s *prov.* 1993
castiar *prov.* 1993
castic-s *prov.* 1993
castidade *ptg.* 1994
căștig *rum.* 1993
căștiga *rum.* 1993
castigação *ptg.* 1993
castigador *span.* 1993
castigamento *span. ital.* 1993
castigar *span. ptg.* 1993
castigare *ital.* 1993
castiglar *aprov.* 9561
castigo *span. ptg. ital.* 1993
castillo *span.* 1992

castimonia *span.* 1994
castità *ital.* 1994
casto *ital. span. ptg.* 1998
castone *ital.* 1896
castor *ptg.* 1292
castór *prov. frz. span. ptg.* 1995
castore, -o *ital.* 1995
castrar *span. ptg.* 1996
castrare *ital.* 1996
castro *ital. span.* 1997
casulla *span.* 1978
casúlla *span.* 1999
cașunar *rum.* 6648
căt *rum.* 7636
cată *span. ptg.* 1904
cata *prov.* 2020
catacolto *ital.* 1904
catacomba *ital.* 2006
catacombe *frz.* 2006
catacumba(s) *span. ptg.* 2006
catafalco *ital.* 1904. 2003
catafalco *ptg.* 2003
catafalque *nfrz.* 2003
catagliolo *ital.* 2016
catalego *span.* 1904
cățalesc *rum.* 2021
cataletto *ital.* 1904. 2007
catamini *frz.* 5265
catana *ital.* 1899
cataplaîme *nprov.* 2008
cataplame *nprov.* 2008
cataplasme *nprov.* 2008
cataplaume *nprov.* 2008
catar *ital. rtr. span. ptg.* 1904
cataranha *ptg.* 2009
catasol *span.* 1904
catasta *ital.* 2010
catast(r)o *ital.* 1874
catastro *span.* 1874
catastro *ital.* 5267
catatufulu *sicil.* 9794
caraviento *span.* 1904
cate *pic.* 1827
căte *rum.* 2002
café *rum.* 2012
cátedra *ital. span. cat.* 2015
catedrático *span.* 2015
cățel *rum.* 2012
catella *ital.* 1875
catello *ital.* 2012
catena *ital. rtr.* 2013
catenaccio *ital.* 2013
cateron *afrz.* 1911
cáthedra *ptg.* 2015
catino *ital.* 2017
catir *frz.* 2272. 2274
cati(s) *frz.* 2272
cativo *span.* 1903
cátla *obwald.* 1725
cáto *neap.* 1696
catorce *span.* 7653
catorze *cat.* 7653
cătră *rum.* 2469
catre *span. ptg.* 7617
catrinca *span. ptg.* 7651
catro *tosc.* 2579

catro *ital.* 5266
cattano *ital.* 1873
cattare *ital.* 1904
cattare *sard.* 2274
cáttedra *ital.* 2015
cattivare *ital.* 1903
cattività *ital.* 1903
cattivo *ital.* 1903
catxap *cat.* 2754
cat-z *prov.* 2020
caucala *prov.* 5271
cauce *span.* 1757
cauchemar *frz.* 1727. 1739. 5934
cauchoir *altlothr.* 1730
cauda *ptg.* 2024
caudal *span. ptg.* 1872
caudaloso *span. ptg.* 1872
caudato *ital. span.* 2026
caudé *nfrz.* 2026
caudiera *prov.* 1741
caudilho *ptg.* 1875
caudillo *span.* 1875
caudon *mozarab.* 1878
caul-s *prov.* 2031
cauma *rtr.* 2032
da cauo *lad.* 1907
caupir *prov.* 5268
cáurer *ncat.* 1693
caus *prov.* 2051
cau-s *prov.* 5271
căuș *rum.* 2028
causa *ital. span. ptg.* 2034
causar *prov.* 2035
causaro *ital.* 2035
cause *frz.* 2034
causer *frz.* 2035. 5270
causiment-z *prov.* 5269
causir *prov.* 5269
causit-z *prov.* 5269
causo-s *prov.* 1732
caussa *prov.* 1736
oaussada *prov.* 1737
caussar *prov.* 1733
caut *prov.* 1745
cauta *rum.* 1904
cautiverio *span.* 1903
cautividad *span.* 1903
cautivo *span.* 1903
cava *ital. rtr.* 2051
cavagn *lomb.* 2038
cavagnu *sicil.* 2038
cavalcar *prov.* 1681
cavalcare *ital.* 1681
cavale *frz.* 1678
cavalerie *frz.* 1682
cavalgar *ptg.* 1681
cavalguar *prov.* 1681
cavalh-s *prov.* 1682
cavalier *frz.* 1679
cavaliere *ital.* 1679
cavaliero *ital.* 1679
cavalla *ital.* 1678
cavallajo *flor.* 1679
cavallaro *ital.* 1679
cavallier-s *prov.* 1679
caval-s *prov.* 1682
cavalleria *ital.* 1682
cavalletta *ital.* 1680. 5669ʼ

cercenar *span.* 2207
cerceta *span.* 2087
cerceta *span. ptg.* 7663
cerchel *afrz.* 2212
cerchiare *ital.* 2211
cerchiello *ital.* 2206
cerchier *afrz.* 2210
cerchio *ital.* 2191. 2212.
2213
cercilbar *ptg.* 2211
cercilho *ptg.* 2206
cercillar *span.* 2211
cercillo *span.* 2206
cercino *ital.* 2208
cerclal *afrz.* 2212
cerclar *prov.* 2211
cercle *frz.* 2212. 4429
cercler *frz.* 2211
cercler *afrz.* 2212
cercle-s *prov.* 2212
cerce *ital. span. ptg.*
2213
cercola *neap.* 7658
corcueil *nfrz.* 8358
cercui *rum.* 2211
Cerdagne *frz.* 8365
Cerdaño *span.* 8365
cordo *span. ptg.* 8385
cere *rum.* 7621
cerebello *ital.* 2089
cerebro *span. ptg.* 2089.
2090
cereia *prov.* 2084
cereja *ptg.* 2084
cerejeira *ptg.* 2084
cereo *ital.* 2092
cereza, -o *span.* 2084
cerf *frz.* 2113
cerfeuil *frz.* 1710
cerfoglio *ital.* 1710
ceriescha *rtr.* 2084
cerise *frz.* 2084
cerisier *frz.* 2084
cero *ital.* 2092
cero *span. ptg.* 2174
čerkarša *mail.* 1698
corna *ital.* 2093
cernada *span.* 2185
cornar *ptg.* 2093
cernar *span.* 2077
cerne *frz.* 2208
corno *ptg.* 2093
cerne *rum.* 2097
cernecchio *ital.* 2096.
2989
çernéj *piem.* 2096
cerneja *span.* 2989
cernelha *ptg.* 2989
cerner *frz.* 2097. 2207
cernero *ital.* 2097
cornicalo *span.* 2095
çerój *rtr.* 2136
ceroulas *ptg.* 8660
cerp *rtr.* 2534
cerqua *perug.* 7658
cerquinho *ptg.* 7656. 7658
cerraja *span.* 8652
cerraje *span.* 8651
cerrar *span. ptg.* 2234.
3784. 8654

cerretano *ital.* 2100
cerreto *ital.* 2102
corrion *span.* 9062
cerro *span. ptg. ital.* 2214
cerro *ital.* 2102
cers *prov. cat.* 2088
cersegna *venez.* 7663
cert *rum. prov. cat.*
2106
certa *rum.* 2105
cortai *sard.* 2105
certain *frz.* 2103
certano *ital. span.* 2103
certare *ital.* 2105
certes *frz.* 2106
certiduni *ital.* 2104
corto *ital. ptg.* 2106
ceruose *rum.* 2098
ceruleo *ital. span. ptg.*
1712
cerusico *ital.* 2136
cerva *ital. ptg.* 2108
cerveau *frz.* 2089
cerveja *ptg.* 1374. 2111
cervell *cat.* 2089
cervella *prov.* 2089
cervello *frz.* 2089
cervelletto *ital.* 2089
cervello *ital.* 2089
corvol-s *prov.* 2089
corvese *cat.* 2111
cerveza *prov.* 2111
cerveza *span.* 1374
cervia *ital. prov.* 2108
cervigia *ital.* 1374. 2111
cervio *ital.* 2113
cervire *ital.* 2112
cerviz *afrz. span. ptg.*
2112
cervo *ital. cat. ptg.* 2113
cervoise *frz.* 2111
cer(v)s *prov.* 2113
ces *afrz.* 3194
ces *prov.* 2072
césano *venez.* 2164
cesara *venez.* 2166
cosca *prov.* 8769
cesciaro *sard.* 7664
cesello *ital.* 2216
cesendolo *venez.* 2170
cesilla *altvenez.* 2738
cesina *cat. span.* 8689
cesindello *ital.* 2170
césini *sard.* 2164
cesoje *ital.* 2217
cespa *rum.* 1715
cespicare *ital.* 1715
cespita *ital.* 1714
cespitar *span.* 1715
cespite *ital.* 1714
cespo *ital.* 1714
cessal-s *prov.* 2071
cessar *prov. span. ptg.*
2114
cessaro *ital.* 2114
cesse *afrz.* 2084
cesser *frz.* 2114
cessier *afrz.* 2084
cesso *ital.* 2114. 8551
cest *afrz* 3194 .

cestel *afrz.* 3196
coster *afrz.* 1715
cesto *ital.* 1714
ce(t) *nfrz.* 3194
cetate *rum.* 2228
cetăţé *rum.* 2229
cetăţean *rum.* 2230
ceteră *rum.* 2220
cetera *ital.* 2220
cetra *ital.* 2220
cetriuolo *ital.* 2225
cotto *ital.* 2221
cĕue *afrz.* 2173
cevada *ptg.* 2157. 4618
cevare *neap.* 2158
cever *rtr. oberital.* 10464
cevo *altneap.* 2160
-cevoir *frz.* 1869
cez *afrz.* 3194
cozer *prov.* 2165
cha- *span.* 9146
cha *span.* 9510
chá *ptg.* 9510
chaable *afrz.* 2004
chaaigne *afrz.* 2013
chaaignon *altfrz.* 2013
chaaine *afrz.* 2013
chab-asco *span.* 2247
châble *nfrz.* 2004
chablis *nfrz.* 2004
chab-orra *span.* 2247
chabot *frz.* 1884
chaboz *frz.* 1883
chabraque *frz.* 9789
c(h)achevel *ofrz.* 1685
chacina *ptg.* 8689
chacone *span.* 2142
chadalecho *span.* 2007
chadelit *afrz.* 2007
chaeler *afrz.* 2047
chaeles *afrz.* 2047
chaëne *afrz.* 2013
chafar *span.* 5282
chafaut *afrz.* 2003
chafundar *ptg.* 9163
chagrín *frz.* 8265
chagriner *frz.* 8265
chahute *afrz.* 2040
chai *prov.* 1693
chai *frz.* 1717
chaïf *afrz.* 1691
chaïgnon *afrz.* 2013
chail *frz.* 1759 .
chaino *afrz.* 2013
chaine *nfrz.* 2013
chainee *afrz.* 1789
chainsil *afrz.* 1789
chaintre *frz.* 1785
chair *frz.* 1954
chaire *frz.* 2015
chaise *frz.* 2015
chaland *afrz.* 1749
chalandre *afrz.* 2130
chalans *afrz.* 1749
chalant *afrz.* 1749
chalant *frz.* 2130
chalaverna *rtr.* 1754
chaldel *afrz.* 1742
chaleco *span.* 10420
chalonge *afrz.* 1764

chalengier *afrz.* 1764
chaleur *frz.* 1762
chaline *afrz.* 1754
châlit *nfrz.* 2007
chalivali *afrz.* 1755
chaloir *frz.* 1749
chalonge *afrz.* 1764
chalongier *afrz.* 1764
chaloupe *frz.* 8817
chalre *afrz.* 1762
chalumeau *frz.* 1720
chalupa *span. ptg.* 8817
chalure *frz.* 1765
chamada *ptg.* 2231
chamade *frz.* 2231
chamalote *ptg.* 6073
chamanna *engad.* 1683
chamar *ptg.* 2282
chamarra *span.* 3200
chamarre *frz.* 3200
chamarrer *frz.* 3200
chambellan *nfrz.* 1775
chamberga *span.* 8471
chambre *frz.* 1775
chambre *nprov.* 4146
chambrelenc *afrz.* 1775
chameau *frz.* 1781
chamedrios *ptg.* 2117
chamedrys *ptg.* 2117
chameil *afrz.* 1781
chamelle *afrz.* 1781
chamma *ptg.* 8813
chanmejar *ptg.* 3814
chamois *frz.* 1791. 4148
chamorra *span.* 6425
chamorro *span.* 6425
chamorro, -a *span. ptg.*
1770
chamotsch *rtr.* 4148
champ *frz.* 1805
champagne *frz.* 1797
champanelle *afrz.* 1798
champêtre *frz.* 1801
champignon *frz.* 1802
champignuel *afrz.* 1803
champion *frz.* 1797
champoiier *afrz.* 1797
chamuscar *span. ptg.* 3818
9185
chauçard *frz.* 1690. 1693
chance *frz.* 1690
chancel *frz.* 1815
chanceler *frz.* 1814
chancelier *frz.* 1813
chanchant *afrz.* 7661
chancir *frz.* 1823
chancre *frz.* 1816
chandelarbre *afrz.* 1819
chandeleur *frz.* 1818
chandelle *nfrz.* 1818
chandoile *afrz.* 1818
chanes *afrz.* 1857
chanfrein *frz.* 1808
change *frz.* 1777
changer *frz.* 1777. 6422
chanoine *frz.* 1847
chanson *frz.* 1854
chant *frz.* 1856
chantel *afrz.* 1779
chantele *afrz.* 1779

chantepleure *frz.* 1837
chanter *frz.* 1855
chantier *frz.* 1850
chantourner *nfrz.* 9604
chanvre *frz.* 1884
chanza *span. ptg.* 10435
chaon *afrz.* 2049
chão *ptg.* 7232
chaorcina *prov.* 1695
chaorci-s *prov.* 1695
chapa *span. ptg.* 1885.5282
chapar *ptg.* 1885
chapar *galic. span. ptg.* 5282
chaparra *span.* 10436
chape *frz.* 1885
chapear *span.* 5282
chapeau *frz.* 1885
chapelle *frz.* 1885
chapeo *ptg.* 1885
chaperon *frz.* 1885
chapim *ptg.* 5282
chapin *frz.* 5282
chapin-chapel *span.* 5282
chapiteau *frz.* 1875
chapitre *frz.* 1882
chapladis *afrz.* 1905
c(h)aplar *prov.* 1905
chaple *afrz.* 1905
chaplëis *afrz.* 1905
chapler *afrz.* 1905
chapon *frz.* 1887
chaponteja *nprov.* 5282
chapotear *span.* 5282
chapouta *nprov.* 5282
chappe *frz.* 1885
chap(p)in *frz.* 1885
chapuisier *afrz.* 1897
chapuz *span.* 5282
chapuzar *span.* 9188
char *frz.* 1973
charade *nfrz.* 1919
charado *nprov.* 1919
charaie *afrz.* 1919
charait *afrz.* 1919
charaucon *frz.* 2699
charaudo *afrz.* 1919
charauto *afrz.* 1919
charbon *frz.* 1920
charbonnier *frz.* 1921
charbucle *frz.* 1923
charco *span. ptg.* 7638
chardon *frz.* 1932
chardonneret *frz.* 1929
chardonnet *frz.* 1929
charge *frz.* 1971
charger *frz.* 1971
charité *frz.* 1940
charivari *frz.* 1755
charmalar *rtr.* 1790
charme *frz.* 1941. 1962
charmer *frz.* 1942
charné *afrz.* 1942
charnier *frz.* 1946
charnière *frz.* 1931
charnon *frz.* 1931
charnu *frz.* 1953
charogne *frz.* 1957
charpa *span. ptg.* 8443
charpaigne *ostfrz.* 1963

charpaluta *rtr.* 1961
charpente *frz.* 1961
charpentier *frz.* 1960
charpie *frz.* 1963
charpir *afrz.* 1963
charrada *span.* 1919
charrée *frz.* 1947. 1969. 2185
charriage *frz.* 1966
charrier *afrz.* 1971
charrière *afrz.* 1967
charro *span.* 1919. 2121. 4172
charroier *afrz.* 1971
charruo *frz.* 1972
chartier *frz.* 1925
charte *frz.* 2123
chartre *afrz.* 1925
chartre *frz.* 2123. 2125
chartrier *frz.* 1925
charui *nprov.* 1936
chas *afrz.* 1898
chasco *span.* 5283
chascun *prov. altfrz.* 7681
chasne *afrz.* 1987
chasse *frz.* 1902
châsse *frz.* 1896
chasser *frz.* 1902
chasseur *frz.* 1900
chasso *nprov.* 5283
chasteté *frz.* 1994
chasti *afrz.* 1993
chastiement *afrz.* 1993
c(h)astier *afrz.* 1993
chastoi *afrz.* 1993
chastoiement *afrz.* 1993
c(h)astoier *afrz.* 1993
chasuble *franz.* 1978. 1999
chat *frz.* 2020
ebata *span.* 7237. 2020
chata *span. ptg.* 5282
châtaigne *frz.* 1990
châtaignier *frz.* 1990
ebate *afrz.* 1827
château *frz.* 1992
châtelain, -e *frz.* 1991
châtelet *frz.* 1992
chat-huant *nfrz.* 5271
châtier *nfrz.* 1993
châtiment *nfrz.* 1993
chato *span. ptg.* 7237
chaton *frz.* 5264
châton *frz.* 1896
chatonner *frz.* 5264
chatouiller *frz.* 2019.2021. 9561
châtrer *frz.* 1996
chatte *frz.* 2020. 5282
chattemite *frz.* 2020
obatz *prov.* 1693
chauana *span.* 5271
chaucain *afrz.* 1728
chaucumier *frz.* 1738
chaud *frz.* 1745
chaudeau *frz.* 1742
chaudel *afrz.* 1872
chaudelait *frz.* 1745
chaudelet *frz.* 1745

chaudière *frz.* 1741
chaudin, -um *frz.* 1744
chaudron *frz.* 1773
chauffer *frz.* 1746
chaume *frz.* 1989
chaume *nprov.* 2032
chaumière *frz.* 1722
chaumine *frz.* 1722
chaûn *afrz.* 2002
chaupir *prov.* 5268. 8409
chaure *afrz.* 1762
chau-s *prov.* 5271
chausir *prov.* 5269
chausse *frz.* 1736
chaussée *frz.* 1737
chaussement *frz.* 1731
chausser *frz.* 1733
chaussetier *frz.* 1734
chausson *frz.* 1732
chauve *frz.* 1770
chauve-souris *frz.* 1768. 8889
chauvinisme *frz.* 2128
chauviniste *frz.* 2128
chaux *frz.* 1772
chave *ptg.* 2251
chaveco *ptg.* 8432
chavelha *ptg.* 2250
chavello *ptg.* 2250
chavirer *frz.* 1909
chaza *span. ptg.* 1902
chazar *span. ptg.* 1902
chazec *prov.* 1693
chazegul *prov.* 1693
chazor *prov.* 1693
che *ital. sard.* 7665
che *ital.* rtr. 7679
che *ital.* 7632. 7685
cheance *frz.* 1690
cheau *frz.* 2012
cheaus *afrz.* 1693
chebec *frz.* 8432
chocbor *norm.* 2084
ched *ait.* 7685
chedda *sard.* 2054. 2062
chef *frz.* 1907
cheger *ptg.* 7256
cheio *rum.* 2251
cheio *ptg.* 7250
cheirar *ptg.* 3810. 3954
cheiro *ptg.* 3810. 3954
chejia *sard.* 3199
cheldel *afrz.* 1742
choles *afrz.* 2047
chelmo *afrz.* 8449
cheltare *sard.* 2105
chemin *frz.* 1793
cheminée *frz.* 1786
cheminer *frz.* 1793
chemise *frz.* 1789
chemisette *frz.* 1789
chen *sard.* 7665
chenábura *sard.* 10040
chenadoriu *sard.* 2069
chenal *frz.* 1811
chenapan *frz.* 8465
chenáura *sard.* 10040
chêne *frz.* 1987. 2052. 7654. 7657
cheneau *frz.* 1811

chéneau *frz.* 1840
chenet *frz.* 1787. 1824
chenille *frz.* 1827
chente *ital.* 4222
chenu *frz.* 1858
chevir *afrz.* 1693
cheppia *ital.* 2271
cher *frz.* 1976
cherchant *afrz.* 7661
chercher *nfrz.* 2210
chére *frz.* 1915
chérere *ital.* 7621
chorevia *span.* 5261
chorrero *sard.* 7621
chertare *sard.* 2105
cherté *frz.* 1940
chervija *sard.* 2110
chervis *frz.* 5261
chesciare *sard.* 2278
chescun *afrz.* 7681
chesne *afrz.* 7657
chesura *lecc.* 2246
chetare *ital.* 7668
chétif *frz.* 1903
cheto *ital.* 7669
chëun *afrz.* 2002
cheval *frz.* 1682
chevalerie *frz.* 1682
chevalet *frz.* 1680
chevalier *frz.* 1679
chevance *frz.* 1907
chevaucher *frz.* 1681
chevau-léger *frz.* 1682
chevece *afrz.* 1877
cheveil *afrz.* 1867
chevelu *frz.* 1868
chevelure *frz.* 1866
chevêne *frz.* 1878
chevet *frz.* 1862. 1907
chevetai(g)ne *afrz.* 1873
chevêtre *nfrz.* 1871
chevou *frz.* 1867
chevez *afrz.* 1867
cheville *frz.* 1881. 2045
chevir *frz.* 1907
chevoiatre *afrz.* 1871
chevol *afrz.* 1867
chèvre *frz.* 1888
chevreau *frz.* 1894
chèvrefeuil(le) *frz.* 1892
chevrel *afrz.* 1890
chevrette *frz.* 1888
chevreuil *nfrz.* 1890
chez *frz.* 1978. 2001
chi *ital. sard.* 7665
chiag *rum.* 2277
chiaito *ital.* 7215
chiaja *neap.* 7219
chiajeto *neap.* 7215
chiamare *ital.* 2231
chiamata *ital.* 2231
chiama *ital.* 2231
chiamo *ital.* 2231
chiantare *ital.* 7280
chiappa *ital.* 5282
chiappare *ital.* 1905. 5282
chiappino *ital.* 5282
chiappo *ital.* 5282
chiappolo *ital.* 5282

coiffe *frz.* 5339
coil *afrz.* 2316
coillon *afrz.* 2315
coima *ptg* 1764
coin *nfrz.* 2682
coinder *prov.* 2307
coinde *prov.* 2306
coing *frz.* 2727
cointe *prov.* 2306
cointe *afrz.* 2307
cointier *afrz.* 2307
cointise *afrz.* 2307
cointoiier *afrz.* 2307
coion *nfrz.* 2315
coirassa *prov.* 2512
çoire *afrz.* 2165
coiro *ptg.* 2516
coir-s *pror.* 2516
coisier *afrz.* 7667
coitar *ptg.* 2297
coitare *aital.* 2305
coite *nfrz.* 2657
coitier *afrz.* 2297
coitura *prov.* 2299
ceiu *rum.* 2316
coiuvare *altsard.* 2421
coivre *afrz.* 7599
coix *cat.* 2567
coj *piem.* 2031
cojăi *nsard.* 2421
oejin *span.* 2658
cojo *span.* 2567
cojen *span.* 2315
cojuare *nsard.* 2421
ćoké *piem.* 2242
col *frz. cat.* 2328
col *span.* 2031
col *afrz.* 2649
cola *span. ptg.* 2024.2317
cola *berg.* 2331
colada *prov.* 2320
coladit-z *prov.* 2314
colaña *lomb.* 2343
colar *cat. span. prov.* 2330
(en)-colar *span.* 2325
colare *ital.* 2330
colation *afrz.* 2321
colazione *ital.* 2321
colear *prov.* 2326
colcedra *aspan.* 2657
colcha *aspan. ptg.* 2657
colcha *prov.* 2326
colchete *ptg.* 2613
colchier *afrz.* 2326
coldre *ptg.* 2552
colée *frz.* 2320
colecchio *ital.* 2030
coleïce *afrz.* 2314
cóler *valtell.* 2381
colera *ital. span. ptg.* 2144
colère *frz.* 2144
color-s *prov.* 2319
colezione *ital.* 2321
colgar *cat. span. ptg.* 2326
colgar *span.* 2324
colhar *aptg.* 2287
colher *ptg.* 2287. 2323

colhir *prov.* 2323
colho[n]-s *prov.* 2325
colh-s *prov.* 2316
colizione *ital.* 2321
colla *ital. ptg.* 2317
collaço *ptg.* 1318
collar *ptg.* 2325
collare *ital.* 2148. 2325
collare *ital.* 5307
collazo *span.* 2318
collo *frz.* 2317
coller *frz.* 2325
collora *ital.* 2144
collo *ital. ptg.* 2328
collocar *ptg.* 2326
collocare *ital.* 2326
collottola *ital.* 2328
ćolman *com.* 2662
colmare *ital.* 2662
colmoa *ptg.* 2663
colmeal *ptg.* 2663
colmelo *venez.* 2842
colmena *span.* 2663
colmeña *lomb.* 2662
colmilho *ptg.* 2342
colmillo *span.* 2342
colmo *ital.* 2662
colmo *ptg.* 2663
colobia *pav.* 2329
colóbra *prov.* 2332
colódra *span.* 2029
colomba *prov.* 2340
colomba, -o *ital.* 2340
colombaja *ital.* 2341
colombajo *ital.* 2341
colombario *ital.* 2341
colombe *frz.* 2340
colombe *afrz.* 2343
celona *prov.* 2343
coloña *span.* 1764
coloñar *span.* 1764
colonna *ital.* 2343
colonne *frz.* 2343
colono *ital.* 2333
coloquinelle *frz.* 2334
coloquinta *ital.* 2334
coloquinte *frz.* 2334
coloquintida *span. ptg.* 2334
color *span.* 2335
(color) *côr ptg.* 2335
colorare *ital.* 2336
colore *ital.* 2335
coloro *sard.* 2332
color-s *prov.* 2335
colostra *ital.* 2337
colostro *span. ptg.* 2337
colóvru *sard.* 1977
colp *afrz.* 2313
colpa *prov.* 2664
colpar *cat.* 2313
colpo *span.* 2313
colpire *ital.* 2313
colpo *ital.* 1313. 2313
colportage *frz.* 2327
colporter *frz.* 2327
colporteur *frz.* 2326
colp-s *prov.* 2313. 1313
col-s *prov.* 2328
colstre *afrz.* 2657

colte *afrz.* 2657
coltelh-s *prov.* 2666
coltell *cat.* 2666
coltella *ital.* 2666
coltellinajo *ital.* 2665
coltello *ital.* 2666
colto *ital.* 2669
coltro *ital. afrz.* 2657
coltre-s *prov.* 2667
coltrice *ital.* 2657
coltro *ital.* 2667
colui *ital.* 3191
columinzu *sard.* 2662
columna *span. prov.* 2343
colza(t) *frz.* 5303
com *afrz. span. prov.* 2364
com *cat. frz. prov. ptg.* 2672
com *aspan. prov. afrz.* 7686
coma *aspan. ptg. ital.* 2344
coma *prov.* 7686
comadreja *span.* 2361. 6413
comagna *venez.* 2354
comal *span.* 2650
comanar *cat.* 2360
comânda *rum.* 2360
comandar *span. prov.* 2360
comandare *ital.* 2360
comato *span. ptg. ital.* 2346
comb *prov.* 2384
cemba *ital.* 2350. 2384
comba *span.* 2384
combagio *ital.* 2347
combar *span.* 2350. 2384
combat *frz.* 2348
combater *span.* 2348
combatir *span.* 2348
combatre *prov.* 2348
combatrer *cat.* 2348
combattere *ital.* 2348
combattre *frz.* 2348
combe *afrz.* 2384
combes *afrz.* 2351
combiner *frz.* 2349
comble *frz.* 2677
combler *frz.* 2676
combo *kelt. (gall.) span.* 2350
combo *rum. span.* 2384
combos *span. ptg.* 2351
combes *span.* 2350
cembro *afrz.* 2350
cembro *frz.* 2351
combrer *altfranz.* 2676. 7854
combres *frz.* 2351
cembro *span. ptg.* 2351
cembro *ptg.* 2677
comb-s *prov.* 2350
combuger *frz.* 1636
combuglio *ital.* 1641
come *afrz. ital.* 2364
como *ital.* 7686
comeágna *venez.* 2354

começar *ptg.* 2356
começo *ptg.* 2356
comon *prov.* 7687
comendar *span.* 2360
comensar *prov.* 2356
comenti *sard.* 7687
comenzar *span.* 2356
comer *prov. span. ptg.* 2353
cemer *span. ptg.* 5876
comer *span.* 3007
comida *span.* 3007
comignolo *com.* 2662
cominciamento *ital.* 2356
cominciare *ital.* 2356
comiucio *ital.* 2356
comino *ital.* 2674
comjat-z *prov.* 2362
commandar *ptg.* 2360
commander *frz.* 2360
comme *afrz.* 2364
comme *frz.* 7686
commençail *afrz.* 2356
commençailor *frz.* 2356
commencement *frz.* 2356
commencer *frz.* 2356
commensar *cat.* 2356
comment *franz.* 2364. 7687
commiato *ital.* 2362
comme *aspan.* 7687
commum *ptg.* 2363
commun *frz.* 2363
commune *ital.* 2363
como *span. ptg.* 2364
como *span. ptg.* 7686
como *aspan.* 7687
cómol *prov.* 2677
cómoro *ptg.* 2677
cómoro *span. ptg.* 2351
comes *rum.* 2565
compagnia *ital.* 2366
compagnie *frz.* 2366
compagno *ital.* 2366
compagnon *prov. afrz.* 2366
compagnon *frz.* 2366
compaigns *prov. afrz.* 2366
compaings *prov. frz.* 2366
companha *prov. ptg.* 2366
companhão *ptg.* 2366
companhar *prov. ptg.* 2366
companheiro *ptg.* 2366
companhia *prov.* 2366
companhiera *prov.* 2366
companhon *prov. afrz.* 2366
companhs *prov. afrz.* 2366
compaño *span.* 2366
compas *afrz. prov. nfrz.* 2368
compas(s)ar *span. ptg.* 2368
compassar *prov.* 2368
compassare *ital.* 2368
compasser *afrz. nfrz.* 2368
compasso *ital.* 2368

courbette *frz.* 2714
courge *nfrz.* 2652
courir *frz.* 2705
courlieu *nfrz.* 2138
courlis *nfrz.* 2138
couro *ptg.* 2516
couronne *frz.* 2527
courrier *frz.* 2703
courroie *nfrz.* 2537
courrojola *nprov.* 2538
courroucer *nfrz.* 2544
courroux *frz.* 2144
cours *frz.* 2709
course *frz.* 2709
coursier *frz.* 2706
court *frz.* 2712
courte-pointe *afrz.* 2657
courtier *frz.* 2697. 2705
courtine *afrz.* 2548
courtisan *frz.* 2311
courtiser *frz.* 2311
courtois *frz.* 2311
cous *afrz.* 2653
ceusimento *aptg.* 5269
cousin *frz.* 2661
cousin, -e *frz.* 2443
cousir *aptg.* 5269
coussin *frz.* 2658
coût *frz.* 2450
coute *afrz.* 2657
couteau *frz.* 2666
coutelier *frz.* 2665
coute-pointe *afrz.* 2657
coûter *frz.* 2450
coutigia *ital.* 2306
couto *ptg.* 2036
coutre *frz.* 2667
coutre *afrz.* 2657
coutume *frz.* 2454
couture *frz.* 2458
couture *afrz.* 2668
couturier *frz.* 2458
couturière *frz.* 2458
couve *ptg.* 2031
couvé *frz.* 2642
couvelz *afrz.* 2642
couvent *nfrz.* 2483
couver *frz.* 2642
couvercle *frz.* 2493
couvi *frz.* 2642
couvir *frz.* 2642
couviz *afrz.* 2642
couvoitié *afrz.* 2688
couvoitise *afrz.* 2689
couvre *cat.* 2497
couvrir *frz.* 2494
couyon *nfrz.* 2315
cora *ital.* 2642
cora *ital. ptg.* 2051
cóvado *ptg.* 2640
covaieza *rum.* 2384
covare *ital.* 2642
covea *agenues. aoberital.* 2686
covelle *ital.* 2047
covernare *neap.* 4386
covidere *ital.* 2690
covigliare *ital.* 2639
covigliata *ital.* 2639
coviglio *ital.* 2639

Körting, lat.-rom. Wörterbuch.

covil *ptg.* 2643
covile *ital.* 2639. 2643
covina *prov.* 2482
covo *ptg.* 2051
covo *ital.* 2642
covolo *ital.* 2643
covone *ital.* 4659
covrir *frz.* 2494
covro *altbol.* 2497
coxa *ptg.* 2566
coxo *ptg.* 2567
coytar *aspan.* 2297
coz *span.* 1771
coza *prov.* 2024
cozedra *aspan.* 2657
cozer *ptg. prov.* 2292
cozidura *ptg.* 2299
cozina *span. prov.* 2289
cozinha *ptg.* 2289
cozinheiro *ptg.* 2300
cozir *prov.* 2292
cozzare *ital.* 2312. 2723
cozzo *ital.* 2312
cozzone *ital.* 2295
crac *frz.* 5313
cracher *afrz.* 3378. 4642. 7731
cracher *frz.* 2449
crai *altital. sicil.* 2571
crai *prov.* 3378
craie *frz.* 2602
craignen *afrz.* 10352
craindre *nfrz.* 9709
cramă *wallon.* 5314
cramaille *champ.* 5314
cramalar *rtr.* 1720
crampe *frz.* 5315
crampon *frz.* 5316
cramoisi *frz.* 7597
cran *frz.* 2591
cranc *prov. cat.* 1816
cranequin *frz.* 5318
cranequinier *frz.* 5318
cranme *afrz.* 2152
crap *rum.* 1959
crapaud *frz.* 2593
crapaut-z *prov.* 2593
crape *ptg.* 2570
erapéna *valtell.* 1961
crapenda *rtr.* 1961
craquer *frz.* 5313
cras *aspan. sard.* 2571
crasi *sard.* 2571
crasse *ital.* 2573
crato *tosc.* 2579
Crau *prov.* 2580
crauc *prov.* 2580
cravanter *afrz.* 2594
cravante *frz.* 2612
cravatta *ital.* 2612
craventá *lomb.* 2598
cravo *ptg.* 2254
crayon *frz.* 2602
croa *lomb.* 2602
creador *prov.* 2581
creaire *prov.* 2581
créance *frz.* 2583
créancier *frz.* 2584
creant *afrz.* 2585
creanter *afrz.* 2585

creanza *ital.* 2592
crear *prov.* 2592
creare *ital.* 2592
creastă *rum.* 2610
creatour *afrz.* 2581
crebadura *cat. prov.* 2595
crebantar *prov.* 2594
crebar *prov.* 2598
crebare *sard.* 2598
crèche *frz.* 5329
creda *lomb.* 2602
credo *rum.* 2587
credenciario *ptg.* 2584
crédencior *frz.* 2584
credenciero *span.* 2584
credensa *prov.* 2583
credenza *ital.* 2583
credenziere *ital.* 2584
crédere *ital.* 2587
credincer *rum.* 2584
credinţa *rum.* 2583
credinţar *rum.* 2584
crédit *frz.* 2586
credito *ital.* 2586
credito *lomb.* 2586
creduto *althochital.* 2586
creencia *span.* 2583
creer *span.* 2587
créer *frz.* 2592
creere-s *afrz.* 2581
croire *altcat. prov.* 2587
creisser *prov.* 2601
creissoun *prov.* 2600
crema *span.* 9705
crema *ital. span. ptg.* 2152
crémaillère *frz.* 5314
crémaillon *frz.* 5314
cremar *prov.* 2590
cremascla *ital.* 2588
cremasclo *prov.* 5314
creme *span. ptg.* 2152
crème *frz.* 2152
cremor *prov.* 9709
cromir *afrz* 9709
crémisi *ital.* 7597
cremisino *ital.* 7597
cremoir *afrz.* 9709
cremre *afrz.* 9709
cremzo *lothr.* 2569
crena *ital. ptg.* 2591
crena *avenez. nvenez.* 2607
crena *ptg.* 1989
crença *ptg.* 2583
crencha *span. ptg.* 2591
créneau *frz.* 2591
créneler *frz.* 2591
créner *frz.* 2591
crenna *rtr.* 2591
crĕpa *rum.* 2598
crepare *ital.* 2598
crepatura *ital.* 2595
crepatură *rum.* 2594
crĕpe *nfrz.* 2609
crepia *prov.* 5329
crépir *nfrz.* 2609
cropitare *ital.* 2596
crépito *ital.* 2597
crepore *ital.* 2599
crer *ptg.* 2587
crèr *rtr.* 2587

crescer *ptg.* 2601
crescero *ital.* 2601
cresciuno *ital.* 2600
cresima *ital.* 2152
cresma *ital.* 2152
cresp *afrz. prov. cat.* 2609
crespo *ital. span.* 2609
cresson *frz.* 2600
cresta *cat. span. ital. prov.* 2610
cresta *rum.* 2611
crestat *rum.* 2611
creşte *rum.* 2601
crestian-s *prov.* 2153
crestia-s *prov.* 2153
creta *ital.* 2602
crête *frz.* 2610
crétin *frz.* 2153
cretino *ital.* 2153
croto *venez. althochital.* 2586
crett *obwald.* 2586
crettare *ital.* 2596
cretto *ital.* 2597
creurer *ncat.* 2587
creusot *nfrz.* 5335
creuset *frz.* 2625
creux *frz.* 2541. 2620
creux, -se *frz.* 2541
crovada (sc. vaca) *valsass.* 2598
crevasse *frz.* 2595
creventá *lomb.* 2598
crever *frz.* 2598
crevette *frz.* 1916
crevette *afrz.* 5325
croxen *cat.* 2600
crexer *cat.* 2601
crezensa *prov. cat.* 2583
crozer *prov.* 2587
crezer *span.* 2601
cri *frz.* 7678
cria *lad. ital. span. ptg.* 2592
criado *sp. ptg.* 2582. 2592
criailler *frz.* 7677
crialeso *ital.* 5347
criar *prov. cat. span. ptg.* 2592
criar *prov.* 7678
criba *span.* 2605
cribar *prov.* 2604
cribillo *span.* 2605
crible *frz.* 2605
cribler *frz.* 2604
cribo *span.* 2605
cricot *nprov.* 5326
crida *aspan. aptg.* 7678
cridă *rum.* 2602
cridar *prov. aspan.* 7678
crico *rtr.* 2616
criembre *afrz.* 9709
crier *frz.* 7678
cricri *rum.* 2090
crierre-s *afrz.* 2581
crime *frz. ital. ptg.* 2606
crimen *span.* 2606
crim-s *prov.* 2606
crin *frz. span.* 2607

65

crina *ital. ptg.* 2607
crinado *span.* 2608
crinat *cat.* 2608
crine *ital.* 2607
criniera *ital.* 2607
crinière *frz.* 2607
crinit *prov. rum.* 2608
criuite *ital. span. ptg.* 2608
crino *ital.* 2607
crinut *prov.* 2608
crinuto *ital.* 2608
cripta *ital.* 2637
criptă *rum.* 2637
crique *frz.* 5327
criquet *frz.* 5311. 5326
cri-s *prov.* 2607
cris *ptg.* 3201
criselua *bask.* 2625
crisma *ital.* 2152
crisol *span.* 2625. 5335
crissa *rtr.* 2634
crista *ptg.* 2610
cristato *ital.* 2611
cristiano *ital. span.* 2153
crisuela *span.* 2625
crisuelo *span.* 2625
critta *ital.* 2637
crivar *ptg.* 2604
crivelar *acat.* 2603
crivellar *ital. prov.* 2603
crivello *ital.* 2603
crivo *ptg.* 2605
crizalhar *prov.* 7677
croatta *ital.* 2612
crobata *span.* 2612
croc *prov. frz.* 2616
croc *rtr. franz. prov.* 5330
crocchiare *ital.* 2622
crocchio *ital.* 2622. 5331
croccia *ital.* 2614
crocco *ital.* 5330
croce *afrz.* 2614
croce *ital.* 2624. 2636
crocher *afrz.* 2615
crochet *pic.* 2613
crochet *frz.* 5330
crochier *afrz.* 2615
crochu *pic.* 2613
crociare *ital.* 2624
crociata *ital.* 2623
crocidare *ital.* 2617
crociulo *ital.* 2625
croco *gel.* 2618
crocu *afrz.* 2616
crodler *afrz.* 2542
eref *piem.* 2497
crof *pav.* 2508
crogiare *ital.* 2624
crogiolare *ital.* 2624
crogiuolo *ital.* 2625. 5335
croi *mod.* 2526
crei *prov.* 2619
croire *frz.* 2587
crois *afrz.* 2636
croisade *frz.* 2623
croisel *afrz.* 5335
croiser *frz.* 2624
croissir *prov. afrz.* 5323

croistre *prov. altfrz.* 5323
croitre *frz.* 2601
croix *nfrz.* 2636
crojo *ital.* 2619
crollar *prov. cat.* 2542
crollare *ital.* 2542
crône *frz.* 5317
cropa *prov.* 5334
croque *pic.* 2613
croque *span. ptg.* 2616
croquer *frz.* 2616
croquignole *frz.* 2616
croquis *frz.* 2616
cros *prov.* 2541
crosatz *prov.* 2624
crosciare *ital.* 5323
crossa *prov.* 2614
crosse *afrz. nfrz.* 2614
crosse *frz.* 5330
crosta *ital. prov. cat. ptg.* 2635
crota *prov.* 2637
crotale *ital.* 2622
crótalo *span.* 2622
crote *afrz.* 2637
crotorar *span.* 2622
crotte *frz.* 5294
crotz *prov. cat* 2636
crouler *nfrz.* 2542
croussart *frz.* 2265
croûte *frz.* 2635
cr(o)ute *afrz.* 2637
croyance *frz.* 2583
croza *span.* 2614
crozada *prov.* 2623
crozar *prov.* 2624
cru *prov. frz.* 2631
crú *ptg.* 2631
cruac *ir.* 2580
cruach *gäl.* 2580
cruaidh *gäl.* 2619
cruauté *frz.* 2628
crucciare *ital.* 2624
cruce *rum.* 2636
cruche *frz.* 5332
crud *rum.* 2631
crudele *ital.* 2627
crudelità *ital.* 2628
crudel-s *pror.* 2627
crudeltà *ital.* 2628
crudo *span. ital.* 2631
cruel *frz.* 2626. 2627
cruel *span. ptg.* 2627
crueldad *span.* 2628
crueldade *ptg.* 2628
crueldadi *sard.* 2628
crueli *sard.* 2626
cruenta *rum.* 2632
cruentar *aspan.* 2632
cruentar *ital. span.* 4862
cruento *ital. span.* 2633
crues *afrz.* 2620
crueus, -o *afrz.* 2630
crueusement *afrz.* 2630
crugós *prov.* 5332
crujir *span.* 5323
cruna *ital.* 2527
crunt *rum.* 2633
crusca *ital.* 2634

crusta *ptg.* 2635
crut *rum.* 2711
cruz *span.* 2636
cruzada *span. ptg.* 2623
cruzar *span. ptg.* 2624
cruzel-s *prov.* 2627
cu *rum.* 2672
cu *piem.* 2724
cua *cat.* 2024
cuadragesimo *span. ptg.* 7603
cuadrillo *span.* 7608
cuajar *span.* 2276
cuajo *span.* 2277
cual *span.* 7628
cualque *span.* 7629
cualquiera *span.* 7629
cuan *span.* 7632
cuando *span.* 7635
cuanto *span.* 7636
cuarenta *span.* 7604
cuaresma *span.* 7602
cuarto *span ptg.* 7640
cuatro *span.* 7652
cuba *span. ptg.* 2693
cubeba *span. ptg. prov.* 5246
cubebe *ital.* 5246
cubèbe *frz.* 5246
cubeis *prov.* 2693
cubi *modenes.* 2641
cúbia *venez.* 2498
cubiça *ptg.* 2689
cubil *span.* 2643
enhile *ital.* 2643
cubilete *span.* 2693
cubir *cat.* 2494
cubito *ptg.* 2640
cúbito *ital.* 2640
cubrir *span. ptg.* 2494
cuc *rum.* 2653
cucă *rum.* 2644
cucaña *span.* 2282
cuccagna *ital.* 2282
cucchiaja *ital.* 2287
cucchiajo *ital.* 2287
cuccio *ital.* 5336
cucco *ital.* 2653
cuceresci *rum.* 2428
cuchara *span.* 2287
cuchillero *span.* 2665
cuchillo, -a *span.* 2666
cucina *ital.* 2289
cucinajo *ital.* 2290
cucinare *ital.* 2291
cucinario *ital.* 2290
cuciniere *ital.* 2290
cucire *ital.* 2458
cucitura *ital.* 2458
cucuesci *rum.* 2648
cuouie *rum.* 2289
cucuiu *rum.* 2645
cuculiare *ital.* 2648
cuculla *ital.* 2645
cucullo *ital.* 2645
cucúlo *ital.* 2649
cucumă *rum.* 2651
cucurben *rum.* 2389
cucurbetă *rum.* 2652
cucurbita *ital.* 2652

eucut *cat.* 2655
cucubă *rum.* 2173
cucutá *rum.* 2173
cucuzza *ital.* 2652
cuddà *sard.* 4712
cude *sard.* 2724
cudrado *span. ptg.* 7607
cudrante *span. ptg.* 7605
oudrar *span. ptg.* 7614
cuebano *span.* 2495
cueca *rum.* 2326
çuegar *altoberital.* 5204
cueillaison *frz.* 2323
cueillette *frz.* 2323
cueillir *frz.* 2323
cueissa *prov.* 2566
cuello *span.* 2328
cuelmo *span.* 2663
cuomo *aspan.* 7687
cuemo *span.* 2364
cuenca *span.* 2283
cuenta *span.* 2381
cuento *span.* 2381
euer *aspan.* 2500
cuerda *span.* 2146
cuerdo *span.* 2509
cuerna *ptg.* 2521
cuerno *span.* 2521
cuero *span.* 2516
cuerpo *span.* 2534
cuerpons *afrz.* 2533
cuervo *span.* 2508
cuesco *span.* 2555
cuesta *span.* 2559
cuet *cat.* 3831
cueva *span.* 2051
cuevre *afrz.* 7599
cuevre *afrz.* 5304
cuezo *span.* 2533
cuffia *ital.* 5339
cuficchio *abruzz.* 2638
cufrunta *rum.* 2411
cnfunda *rum.* 2412
cufuri *rum.* 2409
cuga *rum.* 2305
cugino, -a *ital.* 2443
cugnu *sicil. lecc.* 2682
cugut-z *prov.* 2655
cui *ital. rum. friaul. prov. afrz.* 7665
cuiar *prov.* 2305
çuiar *altoberital.* 5204
cuib *rum.* 2641
cuidar *sp. ptg. prov.* 2305
cuidier *afrz.* 2305
cuilber-s *prov.* 2287
cuiller *frz.* 2287
cuir *frz.* 2516
cuirasse *frz.* 2512
cuire *frz.* 2292
cuisençon *afrz.* 2429
cuisine *frz.* 2289
cuisiner *frz.* 2291
cuisse *frz.* 2566
cuisson *frz.* 2294
cuissot *frz.* 2566
cuistre *frz.* 2720
cuitainne *afrz.* 7674
cuiu *rum.* 2682
cuivert *afrz.* 2322

cuivre *frz.* 2496
cuivre *afrz.* 5304. 7599
cuja *span.* 2566
cul *prov. franz. cat.* 2671
çulame *span.* 9253
culantro *span.* 2513
culbute *frz.* 2670
culbuter *frz.* 2670
culebra *span.* 2332
culébra *cat.* 2332
culege *rum.* 2323
cúlice *ital.* 2660
culla *ital.* 2685
culme *rum.* 2662
culmino *com.* 2662
culo *span.* 2671
culóvria *sicil.* 2332
culp *rtr.* 2313
culpa *cat. span. ptg. ital.* 2664
culpă *rum.* 2664
cultellus *rum.* 2666
culto *ital.* 2669
cultuc *rum.* 2657
culuevre *afrz.* 2332
culvert *afrz.* 2322
culvert-z *prov.* 2322
culverz *afrz.* 2671
cum *rum.* 2364
cuu *rum. afrz.* 7686
cumar *rum.* 2650
cumbattor *rtr.* 2348
cumbessu *sard.* 2485
cumbre *span.* 2662
cume *ptg.* 2662
cument *afrz.* 7687
cunile *span.* 2662
cumnat *rum.* 2306
cumnățesc *rum.* 2306
cumnățesci *rum.* 2306
çumo *ptg.* 10461
campana *rum.* 1796
cumpăra *rum.* 2367
cumpet *rum.* 2381
cumplir *span.* 2372
cumplit *rum.* 2372
cumpoz *afrz.* 2381
cumulare *ital.* 2676
cúmulo *ital.* 2677
cuna *span.* 2678
cuna *neap. piem.* 2721
čuna *genues.* 7222
cuña *ptg.* 2682
cuñado *span.* 2306
cundir *span. cat.* 5337
cunele *abruzz.* 2685
cunha *ptg.* 2682
cunhado *ptg.* 2306
cunhar *ptg.* 2681
ounhat-z *prov.* 2306
cunho *ptg.* 2682
cunh-s *prov.* 2682
cuniculo *ital.* 2683
cuñilari *sicil.* 2416
cunkeisma *rtr.* 2199
cuño *span.* 2682
cunoațte *rum.* 2310
cunoscător *rum.* 2309
cunoștința *rum.* 2308

cuntir *aspan.* 2466
cunună *rum.* 2527
cunzare *sard.* 2681
cuoccolo *südital.* 5305
cuocere *ital.* 2292
cuoco *ital.* 2300
cuogolo *venez.* 2266
cuojo *ital.* 2516
cuoro *ital.* 2500
cupeta *rum.* 2380
cupidezza *ital.* 2689
cupidigia *ital.* 2689
cúpido *ital.* 2691
cupielle *neapol.* 2687
cupitare *ital.* 2690
cupola *ital.* 2695
cúp-ola *ital.* 2693
cuppa *rtr.* 2693
cuprinde *rum.* 2376
cuquillo *span.* 2649
cur *rum.* 2671
cur *rtr.* 7625
cura *rum.* 2330
cura *prov. span. ptg.* 2696
cura *span. ptg.* 2697
cura *rtr.* 7625
curá *rum.* 2644
cúra *tic.* 7625
çurame *ptg.* 9253
curare *ital.* 2702
curare *span. ptg.* 6041
curato *ital.* 2696
curattiere *ital.* 2697. 2705
curclar *rtr.* 2493
curculez *rum.* 2699
cure *frz.* 2696
curé *rum.* 2537
curé *frz.* 2698
curecherie *rum.* 2030
curechier *rum.* 2030
curechiu *rum.* 2030
curg *rum.* 2705
curiar *span.* 2702
curieux *frz.* 2701
curios *rum. prov.* 2701
curiosità *ital.* 2700
curioso *ital. span. ptg.* 2701
curlier *afrz. prov.* 2704
curlieu *afrz. prov.* 2138. 2704
curlo *lomb.* 7676
curos *prov.* 2701
curpen *rum.* 2339
curpenesci *rum.* 2339
curt *rtr.* 2311
curte *rum.* 2311
curtgin *rtr.* 2311
curtine *afrz.* 2548
curtir *span.* 2464
curto *ptg.* 2712
curull *cat.* 2532
enrullar *cat.* 2532
curvare *ital.* 2713
curvo *ital. ptg.* 2714
cusare *ital.* 2035
cuschement *afrz.* 5341
cuschina *rtr.* 2289

cuscino *ital.* 2658
cuscire *ital.* 2457
cuscru *rum.* 2444
cusdrin *rtr.* 2443
cusencenavle *afrz.* 2429
cusencenosement *altfrz.* 2429
cusençonos *afrz.* 2429
cúsetu *lecc.* 2305
čúšiga *canav.* 1699
cusir *cat.* 2457
cuso *altoberital.* 5201
cuspir *ptg.* 2449
cuarin *rtr.* 2443
cussipriuu *lecc.* 2443
cussó *cat.* 2295
cussó-s *prov.* 2295
cust *rum.* 2450
custa *rum.* 2450
custar *ptg.* 2450
custo, -a *ptg.* 2450
custode *ital. frs.* 2720
custodi *cat.* 2720
custodia *ital.* 2718
custodiar *span. ptg.* 2719
custodie *rum.* 2718
custodiez *rum.* 2719
custodio *ital. span. ptg.* 2720
custoire *sard.* 2719
cute *rum.* 2554
cutezare *rum.* 5310
cuti *sicil.* 2724
cutileiro *ptg.* 2665
cútina *sicil.* 2721
cutir *span.* 2370. 2723
eutir *ptg.* 7690
cuțit *rum.* 2561. 2666
cuțitar *rum.* 2665
cutremura *rum.* 2476
cutretta *ital.* 2025
cutriera *rum.* 2477
cutrinca *span. ptg.* 7651
cuve *frz.* 2693
cuvert *afrz.* 2322
cuvicchie *abruzz.* 2638
civini *rum.* 2481
cuvint *rum.* 2483
cuvir *rtr.* 2692
cuvrir *rtr.* 2494
cuyna *cat.* 2289
cuytar *cat.* 2297
cygne *frz.* 2726
cyprès *frz.* 2694

D.

da *ital.* 2760
da *rum.* 3054
da cauo *lad.* 1907
dace *frz.* 2756
dácio *span.* 2756
dad *rtr.* 2760
dadais *frz.* 2736
dadaizöda *rtr.* 3544
daddoli *ital.* 9401
dádiva *span. ptg.* 2757
dado *ital. span. ptg.* 2758

dado *span. ptg.* 3054
dădui *rum.* 3054
daga *ital. span. ptg.* 2738
dagorne *frz.* 2738
dague *frz.* 2738
daguet *afrz.* 10334
daigner *frz.* 2969
daillier *afrz.* 2738
daillots *frz.* 2963
daim *frz.* 2748
daina *cat.* 2748
daine *frz.* 2748
daino *ital.* 2748
daintié *afrz.* 2968
daintiers *frz.* 2968
dais *frz.* 3001
daissuda *rtr.* 3544
dala *span. ptg.* 2740
dalb *rum.* 2761
dalbior *rum.* 2761
dalfin-s *prov.* 2848
dalgat-z *prov.* 2841
dalh-s *prov.* 2738
dalier *afrz.* 2738
dalle *span.* 2738
dalle *frz.* 2740
da lönz *tic.* 5686
dam *frz.* 2747
dam *prov.* 2748
damajana *cat.* 2742
damare *ital.* 2748
damas *frz.* 2744
damascado *ptg.* 2744
damaschino *ital.* 2744
damasco *ital. span.* 2744
damasquilho *ptg.* 2744
damasto *ital.* 2744
dambler *afrz.* 5188
dame *frz.* 3075. 3084
dame-jeanne *frz.* 2742
dameldex *afrz.* 3084. 3085
dameldieus *afrz.* 3084. 3085
damesche *afrz.* 3074
damigella *ital.* 3077
damigello *ital.* 3078
damigiana *ital.* 2742
dam(m)age *frz.* 2745
dammeldex *afrz.* 2980
damnatge-s *prov.* 2745
damner *frz.* 2746
damno *frz. ptg.* 2747
damo *ital.* 3084
damoiseau *nfrz.* 3078
damoisel *afrz.* 3078
damoiselle *afrz.* 3077
dampnar *prov. cat.* 2746
dam-s *prov.* 2747
dañ *lomb.* 2747
dan, -er *rtr.* 9891
danajo *ital.* 2859
dañar *span.* 2746
danar *ptg.* 2746
danaro *ital.* 2859
dançar *ptg.* 2749
dancel *afrz.* 3078
dandin *frz.* 2736
dandiner *frz.* 2736
danger *nfrz.* 3076
dangier *afrz.* 3076
dannare *ital.* 2746

dondo *ptg.* 3088	dotare *ital.* 3103	**dragontéa**, taragontea,	duché *frz.* 3127
dondolare *ital.* 2929. 3061	dote, dota *ital.* 3100	taragona *span.* 3104	duchessa *ital.* 3124
dondon *frz.* 3143	dote *span. ptg.* 3100	drague *frz.* 3105	ducientos *aspan.* 3128
dongeon *afrz.* 3080	dotor *span.* 3057	dralho *nprov.* 9665	ducir *span.* 3130
doninha *ptg.* 6413	dotse *cat.* 3059	drap, drapeau *frz.* 3108	duc-s *prov.* 3158
donjon *neufranz.* 3080.	dottanza *ital.* 3122	drapo *span. ptg.* 3108	ductor *aspan.* 3134
3145	dottare *ital.* 3123	drappo, drappello *ital.* 3108	ductor-s *prov.* 3134
donjo-s *prov.* 3080	dotto *ital.* 3056. 3058	drap-s, drap-z *prov.* 3108	duda *span.* 3123
donn *rtr.* 2747	dottore *ital.* 3057	drasche *ofrz.* 3109	dudanza *span.* 3122
donna *ital.* 3075	dot-z *prov.* 3100	dreob *prov.* 2983	dudar *span.* 3123
donner *frz.* 3092	dotz *prov.* 3133	drêche *nfrz.* 3109	due *ital.* 3136
donno *ital.* 3084	dotze *prov.* 3059	dreg *rum.* 2984	duel *frz.* 3135
donnoier *afrz.* 3082	douaire *frz.* 3102	droge *rum.* 2984	duela *span.* 3062
donnola *ital.* 3083. 6413	douairière *frz.* 3101	droit *prov.* 2983	duello *ital. ptg.* 3135
dono *ptg.* 3084	douane *frz.* 3052	drento *ital.* 2834	duolo *span.* 3065. 3135
dono *ital.* 3094	double *frz.* 3149	drept *rum.* 2983	duende *ptg.* 3088
donoso *span. ptg.* 3093	doubler *frz.* 3148	dreptar *rum.* 2980	duendo *span.* 3088
don-s *prov.* 3084	douçaine u. doucine *frz.* 3139	dres *rum.* 2984	dueño *span.* 3084
dont *frz.* 2760. 3091	doucas *aspan.* 3091	dresei *rum.* 2984	dugal *valtell.* 3125
douter *afrz.* 3087	doncel *span.* 3078	dressar *prov. cat.* 2982	dugali laccio *sard.* 3125
donzel *cat. ptg.* 3076	ducella *span.* 3077	dresser *frz.* 2982	dugento *ital.* 3128
donzella *ptg. ital. prov.*	douceur *frz.* 3138. 3141	dret *cat.* 2983	dughentos, duxentos *sard.*
3077	douche *frz.* 3132	dretg *rtr.* 2983	3128
donzello *ital.* 3078	doucher *frz.* 3132	drian *valbreg.* 2883	dughere *sard.* 3130
donzel-s *prov.* 3078	doucs *cat.* 3091	drieto *ital.* 2885	dui doi *prov.* 3136
dópo *ital.* 2760	doudo *ptg.* 3070	drille *frz.* 3107. 3113	dui, doi, dous *afrz.*
doppia *ital.* 3149	douer *frz.* 3103	dringolare *ital.* 8519	3136
doppiare *ital.* 3148	doue sute *rum.* 3128	drinquer *afrz. frz.* 3114.	dui, doi, doni, dus *rum.*
doppio *ital.* 3149	done zeci *rum.* 10167	9744	3136
dopte-s *prov.* 3123	douil *nfrz.* 3066	dritto *ital.* 2983	duicent *prov.* 3128
dor *rum.* 3065	douillo *frz.* 3131	droga *ital. prov. span. ptg.*	duios *rum.* 3069
dôr *ptg.* 3068	douillet *afrz.* 3131	3116	duire *afrz.* 3056
dor, dour *afrz.* 3098	doul·ur *frz.* 3068	drog(o)man *frz.* 9387	duit *afrz.* 3056
dorado *span.* 2763	douloureux *frz.* 3069	drogomanno *ital.* 9387	dula *waldens.* 3066
dorato *ital.* 2763	dourado *ptg.* 2763	drogoman-s *prov.* 9387	dulce *span.* 3139
dorare *ital.* 2763	dous *prov.* 2760	drogue *frz.* 3116	dulceaţă *rum.* 3140
dorca *prov.* 6719	dou-s, do-s *prov.* 3094	droguit *prov.* 3116	dulceza *span.* 3140
dorc-s *prov.* 6719	dous, duas *ptg.* 3136	droit *frz.* 2983	dulcoare *rum.* 3138. 3141
doré *frz.* 2763	dousil, douzil *frz.* 3129	drôle *frz.* 3115	dulh-s *prov.* 3066
dorelot *frz.* 2870. 3061	doussor-s *prov.* 3188	drôlesse *frz.* 3115	dulya *rtr.* 3066
dereloter *frz.* 2870. 3061	doutance *frz.* 3122	drombär *valbreg.* 6611	dulzaina *span.* 3139
dorénavant *frz.* 2825	doute *frz.* 3123	dromon *afrz.* 3117	dulzor *span.* 3139
dorloter *frz.* 2870. 3061	douter *frz.* 3123	dromone *ital.* 3117	dum *afrz.* 3146
dorm *rum.* 3096	douto *ptg.* 3058	dru *piem. nprov. afrz.* 3120	dumbrar *rtr.* 6611
dormailler *afrz.* 3095	doutor *ptg.* 3057	drudo *ital.* 3120	duméniga duméndya *rtr.*
dormeor *afrz.* 3097	douve *frz.* 3055. 3062. 3063	drut, drue *afrz.* 3120	3079
dormicchiare *ital.* 3095	doux *frz.* 3139	drutz, druda *prov.* 3120	dumose *rum.* 3082
dormiglio *ptg.* 3095	douzaine *frz.* 3060	druzzolare *ital.* 9620	dumestnic *rum.* 3074
dormigliore, -ne *ital.*	douze *frz.* 3059	deorio *monf.* 9591	dumestuicesc *rum.* 3073
3095	dovela *span.* 3062	duba *rtr.* 3062	dumet *afrz.* 3146
dormijoso *span.* 3095	dovere *ital.* 2764	dubigá *tic.* 3147	dumiesti *rtr.* 3074
dormilhar *ptg.* 3095	dovuto *ital.* 2764	dubitare *ital.* 3123	duminica *rum.* 3079
dormiller *afrz.* 3095	doy *span.* 3054	duc *prov. frz.* 3124	dumne *afrz.* 6609
dormillous *afrz.* 3095	doyen *frz.* 2769	duc *frz.* 3108	dumnezen *rum.* 3085
dorminhôço *ptg.* 3095	doze *afrz. ptg.* 3059	duc, duis, duit *prov.* 3130	donaş *ptg.* 3144
dormir *prov. frz. cat.*	dozén *prov.* 3056	duc dusei dus duce *rum.*	dunc *rtr.* 3091
span. ptg. 3096	dozer *prov.* 3056	3138	duncas *sard.* 3091
dormire *ital.* 3096	dozzina *ital.* 3060	ducado *span. ptg.* 3127	dunna *rtr.* 3075
dorn-s *prov.* 3098	drahan *frz.* 9637	duca *ital.* 3124	dunne *afrz.* 6609
dorser *afrz.* 3099	drac *rum.* 3104	ducă *rum.* 3124	dunque *ital.* 3091
dorso *span. ptg.* 3099	drag *cat.* 3104	ducato *ital.* 3127	duolo *ital.* 3065
dorssar *prov.* 3099	dragão *ptg.* 3104	ducător *rum.* 3134	duomo *ital.* 3089
dortoir *frz.* 3097	dragea *prov.* 9660	ducat-z *prov.* 3127	dupã *rum.* 2760
dos *rum. prov. frz.* 3099	dragée *frz.* 9660	duce *ital.* 3158	dupe *frz.* 3150
cat. span. 3136	drageon *frz.* 3106	ducéa, duchéa *ital.* 3127	duplec *rum.* 3147
dos cents *cat.* 3128	draglia *ital.* 9665	duch dugui dut dur *ct.* 3130	duplicar *cat. sp. ptg.* 3147
dosille *prov.* 3129	dragoman *frz. span.* 9387	duch duire duzir u. dozer	duplicare *ital.* 3147
dosso *ital.* 3099	dragon *frz. span.* 3104	*prov.* 3130	duplo *ital.* 3149
doster *afrz.* 2827	dragone *ital.* 3104	ducha *span.* 3132. 3133	duplu *rum.* 3149
dot, dote *frz.* 3100	dragon-s, drago-s *prv.* 3104		duque *span. ptg.* 3124

éperrier *frz.* 8915
éphialta *ptg.* 5934
épi *frz.* 8945
épice *frz.* 8923
épicerie *frz.* 8926
épicier *frz.* 8927
épier *frz.* 8935. 8947. 8948
epifania *ital.* 3257
épinard *frz.* 8952
épinceler *frz.* 7131
épincer *frz.* 7131
épine *frz.* 8951
épinette *frz.* 8951
épingle *frz.* 8955
epitafio, epitaffio *ital.* 3260
epitéma *ital.* 3261
epítima *span.* 3261
épître *frz.* 3259
epittima *ital.* 3261
éplucher *frz.* 3455. 7155
épois *frz.* 8960
éponge *frz.* 8968. 8970
épouiller *frz.* 3446
époulle *frz.* 8966
épousailles *frz.* 8971
épouser *frz.* 8973
épouvanter *nfrz.* 3439
époux *frz.* 8974
épreindre *frz.* 3468. 7412
eps *prov.* 5146
epsameu *prov.* 5146
opeler *afrz.* 5146
épucer *frz.* 3469. 7518
équarré *frz.* 3473
équarrer *frz.* 3473
équerre *frz.* 3473
equi, iqui *afrz.* 3183
équipage *frz.* 8785
équiper *frz.* 8785
er *ital.* 7818
er *prov.* 4568
er *cat.* 3286
era *prov.* 4568
erba *sard. ital.* 4542
erbaccia *ital.* 4543
erbacee *ital.* 4543
erbaggio *ital.* 4543
erbajo *ital.* 4544
erbario *ital.* 4544
erbata *ital.* 4547
erbes *prov.* 4545
erboso *ital.* 4545
ercer *span.* 3274
erebre *prov.* 3275
credo *ital.* 4549. 4551
eredità *ital.* 4550
ereditario *ital.* 4549
ereditiera *ital.* 4549
éreinter *frz.* 2809. 3031
eremita *ital.* 3267
creme *ital.* 3268
eretier-s *prov.* 4549
erga *calabr.* 3272
ergo *frz.* 3269. 7397
ergot *frz.* 3271. 4160
ergotéo *span.* 3271
ergoter *frz.* 3271
erguelhos *prov.* 9914
erguelh-s *prov.* 9914
erguer *span.* 3274

erguer *ptg.* 3274
erguir *span.* 3274
ericio *ptg.* 3273
eriçon *afrz.* 3273
ériger *frz.* 3274
erigere *ital.* 3274
erigir *span.* 3274
erisson *prov.* 3273
erize *span.* 3273
erm *rum. cat. prov.* 3268
ermo *afrz.* 3268. 4496
érmece *neap.* 4737
ermellino *ital.* 4496
ermine *afrz.* 4496
ermini-s *prov.* 4496
ermin-s *prov.* 4496
ermo *ital. ptg.* 3268
erone *sard.* 3276
erpicare *ital.* 4576
erpice *ital.* 4576
erpst *rtr.* 4576
erradio *ptg.* 3279
erranment *afrz.* 5159
errar *prov. cat. span. ptg.* 3281
errare *ital.* 3281
erratic *prov.* 3278
erratico *ital.* 3278
errático *span. ptg.* 3278
erratique *frz.* 3278
erre *ital.* 4554. 5158
erre *afrz.* 5158
errer *afrz.* 5159
errer *frz.* 3281
erreur *frz.* 3282
errore *ital.* 3282
ers *prov.* 3286. 4551
ers *frz.* 3286
erti *rtr.* 3266
erto *ital.* 3266
emga *cat.* 3283
erva *rtr.* 4542
ervero *span.* 4542. 4544
ervilha *ptg.* 3285. 3286. 7104
ervilhaca *ptg.* 10142
erve *ital.* 3286
erzyé *bagnard.* 5152
es *prov. frz. span.* 3304
esagio *ital.* 3309
esalare *ital.* 3409
esbabacar *ptg.* 3825
esbahir *prov.* 1120
esbaïr *frz.* 1160. 3545
esbaldir *afrz.* 1177
esbanoiier *afrz.* 1208
esbaudré *afrz.* 1179
esbeltarse *ptg.* 1311
esbolto *ptg.* 1311
esbirro *span.* 1399
esblauzir *prov.* 3326
esbloir *afrz.* 3826
esbocher *afrz.* 1183
esboeler *afrz.* 1521
esbraoner *afrz.* 3327
esbulhar *ptg.* 3328
esbullar *span.* 3328
esca *span. prov. ital.* 3287

escabeau *frz.* 8398
escabelo *span.* 8398
escabello *ptg.* 8398
escabel-s *prov.* 8898
cscabil *nprov.* 8423
escabullirse *span.* 1906
escac-s *prov.* 8436. 8762
escadafaut *afrz.* 1904. 2003
escadron *frz.* 3473
cscaecer *uptg.* 3330
escafida *cat.* 8761
escafir *prov.* 8761
escai *prov.* 8403
esca(i)mel-s *prov.* 8413
escala *prov.* 8500. 8770
escala *cat. span. ptg.* 8404
escaldar *span. ptg.* 3331
escalecer *aspan.* 3332
escaleira *ptg.* 8405
escalentar *aspan.* 3332
escalentar *span.* 1747
escalera *span.* 8405
escalfar *prov.* 3333
escalier *frz.* 8405
escalin *prov. frz. span.* 8782
escalio *span.* 8996
escalmo, escalamo *span.* 8406
escama *span. ptg.* 8997
escamar *span. ptg.* 3488. 8998
escambel *cat.* 8413
escambiar *prov.* 3334
escamel *ptg. span.* 8413
escamondar *span.* 6369. 6421
escamoso *span. ptg.* 8999
escamotar *span. ptg.* 3488
escamoter *frz.* 3488
escampado *ptg.* 3385
escampar *prov. cat.* 3335
esc(h)amper *afrz.* 3335
escam-s *prov.* 8414
escançio *ptg.* 8766
escançar *ptg.* 8765
escancara(r) *ptg.* 1817
escanciano *span.* 8766
escanciar *span.* 8765
escandalh-s *prov.* 8417
escandaliá *nprov.* 8417
escandalizar *prov. span. ptg.* 8418
escandallo *span.* 8417
escandi *prov.* 3336
escandia *cat. span. ptg.* 8416
escanjar *prov.* 3334
escaño *span.* 8414
escantir *prov.* 3336
escany *altcat.* 8414
escapar *prov. span. ptg.* 3339
escaparate *ptg.* 8437
éscara *ital.* 3290
escára *span. ptg.* 3290
escarabajo *span.* 8424

escaramuça *ptg.* 8779
escaramuza *prov. sp.* 8779
escarapelarse *span.* 3344
escarapelarse *sp. ptg.* 8407
escarapel(l)ar *ptg.* 3344
escaras *afrz.* 3354
escaravai-s *prov.* 8424
escaravat-z *prov.* 8424
escaravolha *ptg.* 8424
escarba *span.* 8771
escarbar, escarvar *cat. span. ptg.* 8401. 8480
escarboclo *afrz.* 1923
escarbot *frz.* 8424
escarboucle *frz.* 1923
escarçar *ptg.* 3346
escarcelle *frz.* 8774
escarcha *span. ptg.* 3176
escarda *span.* 1933
escardar *span.* 1933
escargot *frz.* 1915. 1918
escarir *prov.* 8772
escarlat *prov.* 8855
escarlate *span.* 8855
escarmentar *span.* 3343
escarm(i)ento *sp. ptg.* 3379
escarmiento *span.* 3343
escarmouche *frz.* 8779
escarnho *ptg.* 8780
escarnio *span.* 8780
escarnir *span. ptg.* 8780
escarpa *prov.* 1959
escarpa *span. ptg.* 8773
escarpa *span.* 3344
escarpar *span. ptg.* 8773
escarpe *frz.* 3344. 8773
escarpello *span.* 8408
escarper *frz.* 8773
escarpin *frz.* 8773
escarrassá *nprov.* 1933
escarrassarse *cat.* 1933
escarre *frz.* 3290
escars *prov.* 3345
escarvar *ptg.* 8480
escarzar *span.* 3346. 3348
escas *cat. prov.* 3345
escaso *span. ptg.* 3345
escatima *span. ptg.* 3289
escatimar *span.* 3533
escaudar *prov.* 3331
escaume *nprov.* 8406
escausir *prov.* 5269
escava-terra *ptg.* 9357
escavacion *span.* 3350
escavazione *ital.* 3350
escavi *afrz.* 8761
esceua *span.* 8402
eschalpre *afrz.* 8410
eschame *afrz.* 8414
eschamel *afrz.* 8413
eschancier *afrz.* 8765
esc(h)arboncle *afrz.* 1923
eschare *frz.* 3290
eschargaite *afrz.* 8430. 8776
eschargaitier *afrz.* 8430
escharir *afrz.* 8770. 8772
escharpir *afrz.* 1963
eschaudre *afrz.* 8419
esc(h)azer *prov.* 3329
esche *afrz.* 3287

espacioso *span.* 8919
espaço *ptg.* 8920
espaçoso *ptg.* 8919
espada *prov. cat. span.
ptg.* 8917
espadoa *ptg.* 8921
espagnol *frz.* 4580
espaladinar *aspan.* 6791
espalda *ptg. span.* 8921
espalhar *ptg.* 3430. 6793.
6845
espalier *frz.* 8921
espalla *span.* 8921
espalle *afrz.* 8921
espalto *span.* 8922
espan *afrz.* 8908
espanauzir *prov.* 3432
espandidura *ptg.* 3432
espandir *span.* 3432
espanir *afrz.* 3464
español *span.* 4580
espantar *prov.* 3442
espantar *cat. span. ptg.*
3439
espaordir *prov.* 3443. 6951
espaorir *prov.* 3443. 6951
esparavan *span.* 8915
esparcer *prov.* 8911
esparcir *span.* 8911
espardenya *cat.* 8913
espargata *span. ptg.* 8913
espargircat.*asp.aptg.*8911
esparpalhar *prov.* 3430
esparpeilliar *afrz.* 3430
esparpeillier *afrz.* 6845
esparrancar *span.* 7223
esparteña *span.* 8913
espartenha *ptg.* 8913
espartero *span.* 8913
esparto *span. ptg.* 8913
esparvain *afrz.* 8915
esparvel *aspan.* 8915
esparver *cat.* 8915
esparverenc *cat.* 8915
esparvier·s *prov.* 8915
esparzir *ptg.* 8911
espasmar *span.* 8916
espasme·s *prov.* 8916
espasmo *span.* 8916
espatla *prov.* 8921
espattla *cat.* 8921
espauenter *afrz.* 3439
espausar *prov.* 6943
espavantar *prov.* 3489
espaventar *prov.* 3439
espaventer *afrz.* 3439
espavordir *cat. prov.* 3443
6951
espavorecer *span. ptg.*
6951
espavorir *span. ptg.* 3443
espay *cat.* 8920
espazar *prov.* 8917
espazi·s *prov.* 8920
espear *ptg.* 3485
espĕar *ptg.* 3435
espeautre *afrz.* 7001
espèce *frz.* 8923
especeria *span.* 8926
espeche *afrz.* 8934

especia *prov. span.* 8923
especiaria *ptg. prov.* 8926
especie *span. ptg.* 8923
especieiro *ptg.* 8927
especier *cat.* 8927
especiero *span.* 8927
espectáculospan.*ptg.* 8929
espedir *span.* 2807
espedire *ital.* 3445
espeis *afrz.* 8959
espeit *afrz.* 8936
espejo *span.* 8933
espelar *prov.* 8937
espeler *afrz.* 8937
espelh *cat.* 8933
espelho *ptg.* 8933
espelh·s *prov.* 8933
espelta *cat. span. ptg.*
8938
espeneir *afrz.* 3464
espenir *afrz.* 3464
espennacho *ptg.* 3434
espens *afrz.* 8450
esponser *afrz.* 8450
espeque *span. ptg.* 8902
espera *span. ptg.* 8939
esperança *ptg.* 8939
espérance *frz.* 8939
esperansa *prov.* 8939
esperanza *span.* 8939
esperar *prov. cat. span.*
ptg. 8940
espérer *frz.* 8940
esperir *prov. afrz.* 3453
esperit *cat.* 8957
(e)sperit-z *prov.* 8957
esperon *afrz.* 8975
esperonar *prov.* 8975
espero·s *prov.* 8975
espertar *prov. aspan. ptg.*
3452
esperto *ital.* 7059
espervier *afrz.* 8915
espes *prov. afrz. cat.*
8959
espeso *span.* 8959
espessier·s *prov.* 8927
espesso *ptg.* 8959
espetarse *span.* 6964
espeto *span. ptg.* 8960
espeuta *prov.* 8938
espia *prov. span.* 8935
espiallo *ptg.* 3434
espiño *span.* 8985
espiar *prov.* 8985
espiar *span. ptg.* 3435.
8935
espic(a) *prov.* 8945
espice *afrz.* 8923
espichar *span. ptg.* 8949
espiche *span.* 8949
espicho *ptg.* 8949
espie *afrz.* 8935
esp(i)edo *span.* 8960
espiègle *frz.* 3299. 8933
espier *afrz.* 8935
espieu *afrz.* 8960
espieu(t) *afrz.* 8942
esp(i)eut-z *prov.* 8960.
8942

espiga *cat. span. ptg.*
8945
espigar *prov. cat. span.*
ptg. 8947
espina *cat. span.* 8951
espinac *cat.* 8952
espinaca *span.* 8952
espinafer *ptg.* 8952
espinar *prov.* 8952
espingarda *span.* 8983
espinglo *nprov.* 8955
espinha *ptg.* 8951
espinoche *afrz.* 8952
espion *frz.* 8935
espirail *afrz.* 8956
espirar *span. ptg.* 8958
espirer *afrz.* 8958
espirito *ptg.* 8957
espiritu *span.* 8957
espirrar *ptg.* 9046
espita *span.* 8961
espitlerra *cat.* 8931
espitlori *prov.* 8931
esplanade *frz.* 8459
esplecha *prov.* 3462
espleit *prov.* 3462
espleitar *prov.* 3462
espléndido *span. ptg.*
8964
esplendor *span.* 8965
esplenético *span. ptg.*
8963
esplénico *span.* 8963
esplinque *span.* 8982
espoens *aptg.* 3465
espoenter *afrz.* 3439
espoir *frz.* 8939. 8940
espoisse *afrz.* 8959
espojo *aspan.* 2915. 8967
espolear *span.* 8975
espolet *afrz.* 8966
espolin *span.* 8966
espolon *span.* 8975
espolvorear *span.* 3470.
7542
espolvorizar *span.* 3470.
7542
esponda *prov.* 8968
esponde *afrz.* 8968
espondre *prov.* 3465
esponer *prov. span.* 3465
esponga *cat. prov.* 8970
esponge *afrz.* 8969
esponja *span. ptg. prov.*
8970
esponsaes *ptg.* 8971
esponsalias *span. ptg.*
8971
esponsalicio *span.* 8972
esponsayas *span.* 8971
esponton *span.* 3471.
7550
esporão *ptg.* 8975
esporear *ptg.* 8975
esporou *aspan.* 8975
esporre *ital.* 3465
esportilla *span.* 8977
espórtula *span. ptg.*
8978

espos, -a *prov.* 8974
esposalici-s *prov.* 8972
esposar *prov. span. ptg.*
8973
esposo, -a *ptg. span.*
8974
espoventer *afrz.* 3439
espreitar *ptg.* 3461
esprequer *afrz.* 3467.
7424
espringuer *afrz. nfrz.*
8983
esprit *frz.* 8957
esprohor *afrz.* 8986
esprohon *frz.* 8979
espuerta *span.* 8976
espulgar *prov. span. ptg.*
3469. 7518
espuma *span. ptg.* 8988
espumar *span. ptg.* 8989
espurgare *ital.* 3472
espurriar *span.* 8986
espurrir *span.* 3466.
7318
espussar *cat.* 3469
esputo *span. ptg.* 8994
esquachier *afrz.* 3164
esquadra *span.* 3473
esquadre *frz.* 3473
esquadrinhar *ptg.* 8535
esquecer *nptg.* 3330
esqueira *prov.* 8770
esqueixar *cat.* 7886
esqueleto *span. ptg.* 8427
esquella *prov.* 8778
esquena *span. prov.* 8783
esquentar *ptg.* 1747. 3332
esquer *prov. cat.* 3553
esquerdar *cat.* 8775
esquerdo *ptg.* 3553
esqueru-s *prov.* 8780
esquernir *prov.* 8780
esquerro *span. ptg.* 3553
esquey *cat.* 7683. 7886
esquichá *nprov.* 2272
esquicio *span.* 8446
esquif *afrz.* 8785
esquifar *span.* 8785
esquife *span. ptg.* 8785
esquila *span.* 8778
esquilar *span.* 8995. 9583
esquille *frz.* 8455
esquilmar *span.* 2659
esquilmo *span.* 2659
esquilo *span. ptg.* 8536
esquina *prov.* 8783
esquinancia *span.* 2732.
5345
(e)squinancie *frz.* 2732
esquinencia *ptg.* 2732.
5345
esquinsar *prov. cat. span.*
3477. 7886
esquintar *prov.* 3477
esquinzar *span.* 3477
esquirar *prov.* 8781
esquirol *span.* 8536
esquissar *prov.* 3477.
7886
esquisse *frz.* 8446

esquisser *frz.* 8446
esquitxar *cat.* 8456
esquivar *prov.* 8791
esquiver *frz.* 8791
esraicher *afrz.* 3264
esraigar *prov.* 3264
esreiner *afrz.* 2809. 3031
essai-s *prov.* 3309
essai *frz.* 3309
essaiar *prov.* 3309
essaim *frz.* 3313
essalcier *afrz.* 3312
essample *afrz.* 3396
essampleire *afrz.* 3395
essanc(h)ier *afrz.* 3397
essanicier *afrz.* 3333
essart *frz.* 3480
essarter *frz.* 3480
essaucier *afrz.* 3312
essaugue *frz.* 8432
essayer *frz.* 3309
esse *frz.* 4537
esse *nptg.* 5146
essemplaire *afrz.* 3395
esser *prov.* 9255
essere *ital.* 9255
esseret *frz.* 4537
essevour *afrz.* 3315
essewer *afrz.* 3315
essieut *afrz.* 3352
essil *afrz.* 3355. 3413
essimer *nfrz.* 8267
esso *ital.* 5146
essoi(g)ne *afrz.* 8878
essombre *afrz.* 9211
essor *frz.* 3822
essorber *afrz.* 6718
essorer *frz.* 3322
essoriller *frz.* 3321
essui *frz.* 3495
essuie-mains *frz.* 9846
essuyer *frz.* 3494
est *prov.* 5157
est *frz.* 3163. 6731
estabelecer *ptg.* 9001
estabelecimento *ptg.* 9001
estabil *ptg.* 9002
estabilidad *span.* 9003
estabilidade *ptg.* 9003
estable *span.* '9002
establecer *span.* 9001
establecimiento *span.*
9001
establimen-s *prov.* 9001
establir *prov.* 9001
establo *span.* 9005
estabulo *ptg.* 9005
estaca *prov.* 9012
estacada *span.* *ptg.* 9013
estacade *frz.* 9013
estação *ptg.* 9030
estacha *span.* 3294
estache *afrz.* 9013
estacion *span.* 9030
estaco *span.* *ptg.* 9013
estadainha *ptg.* 9065
estadéa *ptg.* 9065
estadear *ptg.* 9065
estafeta *span.* 9027
estafette *frz.* 9027

estafilade *frz.* 9027
estal *prov.* *afrz.* 9014
estal *afrz.* 9015
estala *aspan.* 9014
estalar *ptg.* 8802
estalbi *prov.* 3293
estaler *prov.* *afrz.* 9014
estallar *span.* 8802
estalo *aspan.* 9014
estal-s *prov.* 9015
estalvar *prov.* 9032
estalvi *cat.* 3293
estambrar *span.* *ptg.*
9018
estambre *span.* *ptg.* 9018
estame *ptg.* 9018
estameña *span.* 9020
estamenha *ptg.* *prov.*
9020
estamento *span.* 9019
estamiento *span.* 9019
estaminet *frz.* 9019
estampa *span.* *ptg.* 9021
estampar *prov.* *span.* *ptg.*
9021
estampe *frz.* 9021
estamperche *afrz.* 7078
estampida *prov.* 9021
estampido *span.* *ptg.*
9021
estampie *afrz.* 9021
estampilla *span.* *ptg.*
9021
estampille *frz.* 9021
estampir *prov.* *cat.* *afrz.*
9021
estanc *afrz.* 9009
estancar *prov.* *span.* *ptg.*
9009
estancia *span.* *ptg.* 9023
estanco *span.* *ptg.* 9009
estanc-s *prov.* 9009
estandarte *span.* *ptg.*
3498
estanh *cat.* 9012
estanhada *ptg.* 9011
estanho *ptg.* 9011. 9012
estanh-s *prov.* 9011. 9012
estaño *span.* 9011. 9012
estanque *span.* *ptg.* 9009
estansa *prov.* 9023
estantigua *span.* 9024
estany *cat.* 9011
estanyar *cat.* 9010
estaque *afrz.* 9013
estar *prov.* *span.* *ptg.*
.9065
estarcir *span.* 3502
estargir *cat.* 3502
estarna *span.* *ptg.* 3505
estatelado *ptg.* 9031
estatga *prov.* 9029
estatge-s *prov.* 9029
estato *span.* *ptg.* 9034
estatua *span.* *ptg.* 9031
estatura *span.* *ptg.* 9033
estat-z *prov.* 9034
estavel *ptg.* 9002
estavoir *afrz.* 9075
estay *span.* 9008

este *cat.* *span.* *ptg.* 5157
este, esta, esto *span.* *ptg.*
3195
este (*aspan.* auch leste),
span. 3163
esteble *afrz.* 9061
esteil *afrz.* 9049
esteile *afrz.* 9038
esteio *ptg.* 9008
esteira *ptg.* 9077
esteis *prov.* 9057
estela *prov.* *cat.* 9038
estemar *aspan.* 3533
estendant *prov.* 3498
estender *span.* *ptg.* 3499
estendre *prov.* 3489. 3499.
9057
estenh' *prov.* 9057
estenher *prov.* 3489. 9057
estequer *afrz.* 9050
ester *afrz.* 9065. 9075
ester *obwald.* 3500
estera *span.* 9077
esterco *ptg.* 9041
estère *frz.* 9077
esterger *prov.* 3502
esterna *prov.* 9045
esternar *prov.* 9045
estern-s *prov.* 9045
esternudar *cat.* 9046
esterre *frz.* 9077
esters *prov.* *afrz.* 3504
esteraer *prov.* 3502
esterzer *prov.* 9463
esteu *afrz.* 9035
esteule *afrz.* 9061
esteva *span.* *ptg.* *cat.*
9058
estevo *nprov.* 9058
estga *rtr.* 3287
estichier *afrz.* 9050
estiércol *span.* 9041
estiers *prov.* *afrz.* 3504
estilo *span.* *ptg.* 9055
estimbarse *cat.* 9060
estim-o *aptg.* 9056
estimulo *span.* *ptg.* 9056
estinçar *ptg.* 3039
estiquer *afrz.* 9050
estiquete *henneg.* 9050
estirazar *span.* 9559
estirman *afrz.* 9141
estiva *span.* *ptg.* 9060
estivar *span.* *ptg.* 9060
estive *frz.* 9060
estiver *frz.* 9060
esto *aital.* 5157
estobla *prov.* 9061
estoble *afrz.* 9061
estoc *prov.* *frz.* 9066
estofa *span.* *ptg.* 9136
estofar *span.* *ptg.* 9136
estofo *ptg.* 9136
estoiier *afrz.* 9128
estoire *afrz.* 9078
estojar *ptg.* 9128
estojo *ptg.* 9128
s'estoke *pic.* 9067
estol *aspan.* aoat. 9072
estólido *span.* *ptg.* 9068

estollere *ital.* 3507
estol-s *prov.* 9072
estomac *prov.* *frz.* 9073|
estómago *span.* *ptg.* 9073
estompe *frz.* 9074
estomper *frz.* 9074
estona *cat.* 9133
estonc-s *prov.* 9134
ostonner *afrz.* 3509
estonzas *aspan.* 5114
estopa *cat.* *span.* *ptg.*
prov. 9136
estopar *aspan.* 9136
estoque *span.* *ptg.* 9066
estor *afrz.* 9139
estorcer *prov.* *cat.* *span.*
3512
estordir *afrz.* *aspan.* 3542
estordre *afrz.* 3512
estorée *afrz.* 5044
estorement *afrz.* 5044
estorer *afrz.* 5044
estormir *prov.* *afrz.* 9139
estornar *prov.* 3509
estornelh-s *prov.* 9140
estornell *cat.* 9140
estorninho *ptg.* 9140
estornino *span.* 9140
estorn-s *prov.* 9139
estornudar *prov.* 9046
estornudar *span.* 9046
estorpar *span.* *ptg.* 3041.
3511
estorre *ital.* 3507
estor-s *prov.* 9139
estou *afrz.* 9035
estouble *afrz.* 9061
estoule *afrz.* 9061
estourgeon *frz.* 9138
estovar *span.* 3538
estovoir *ofrz.* 9065. 9075
estra *ital.* *prov.* 3513
estrae *afrz.* 9081
estracar *prov.* 9093
estrada *prov.* *span.* *ptg.*
1787. 9090
estrade *frz.* 9091
estradier-s *prov.* 9090
estrado *span.* *ptg.* 9091
estraer *afrz.* 9090
estragão *ptg.* 3104
estragar *span.* *ptg.* 3520.
9080
estrago *span.* *ptg.* 3520.
9080
estragon *span.* 3104
estraguar *prov.* 3529.
9093
estraiere *afrz.* 9090
estraiier *afrz.* 3529. 9090
estraine *afrz.* 9094
estrambosidar *span.* 9083
estrambote *span.* 9083
estrambótico *span.* *ptg.*
9083
estramp *prov.* 9083
estran *afrz.* 9087
estrañar *span.* 3524
estrand *afrz.* 9087

F.

fa *rtr.* 3570
faaison *afrz.* 3658
fabbro *ital.* 3555
fabla *rtr.* 3559
fable *frz.* 3559
fablel *afrz.* 3559
fabler *frz.* 3560
fabre *prov.* 3555
fabril *span. ptg.* 3558
fabro *aspan. ital.* 3555
faca *ptg. aspan.* 4439
facåndba *ptg.* 3570
facanea *ptg. aspan.* 4441
façło *ptg.* 3574
făcător *rum.* 3576
faccenda *ital.* 3568
facchino *ital.* 3667. 9991
faccia *ital.* 3563
faccion *span.* 3574
face *frz. ptg.* 3563
face *rum.* 3570
facé *rum.* 3591
facetula *apul.* 3727
facha *prov.* 3563
facha *ptg.* 3580. 4482
fächer *frz.* 3648
fâcheux *frz.* 3649
fachin *span.* 9991
fachurier *prov.* 3570
faciende *afrz.* 3568
facile *ital.* 3569
facimola *ital.* 3571
facimolo *ital.* 3571
facitore *ital.* 3576
fáclie *rum.* 3580
facola *ital.* 3580
façon *frz.* 3574
facteur *frz.* 3576
factice *frz.* 3572
faction *frz.* 3574
factor *ptg.* 3576
fada *sard. prov. cat. ptg.* 3655
fadạ *rum.* 3714
fada *prov.* 3660
fadar *prov.* 3658
faddija *sard.* 6663
fadiar *rtr.* 3657
fado *ital.* 3660
fadri *cat.* 4914
fadrin *aspan.* 4914
faer *afrz.* 3658
faf *nprov.* 6848
fafa *nprov.* 6848
fafarinna *rtr.* 3562
fafech *nprov.* 6848
fafée *frz.* 6847
fafelu *frz.* 6848
fafeyeux *frz.* 6847
faffée *frz.* 6848
fafia *nprov.* 6848
fafiard *frz.* 6847
faficirat *nprov.* 6848
fafie *nprov.* 6848
fafier *frz.* 6847
fafiguard *frz.* 6847
fafiot *frz.* 6847

fafouye *frz.* 6847
fag *sicil.* 3588
fag *rum.* 3666
fage *afrz.* 3588
faggine *ital.* 3586
faggio *ital.* 3588
fagbo-farina *sard.* 3562
fagia *berg.* 3588
fagianno *ital.* 7117
fagina *cat.* 3586
fagiolo *ital.* 7116
fagiuolo *ital.* 3554. 7116
fagno *ital.* 3672
fagot *frz.* 3667
fagot *prov. frz.* 3587
fagote *span.* 3587
fagotto *ital.* 3587. 3667
faguenas *frz.* 3866
fagueño *span.* 3664
fagnino *nprov.* 3586
fahino *nprov.* 3586
fahůgne *abruzz.* 3664
faia *prov. ptg.* 3588
faible *nfrz.* 3830
faide *afrz.* 3589
faidir *afrz. prov.* 3589
faidiu *afrz.* 3589
faig *prov.* 3578
failhir *prov.* 3599
faille *afrz.* 3580. 3599
faillir *frz. prov.* 3599
faim *frz.* 3614
fainå *rum.* 3612
faimes *rum.* 3618
fain *rum.* 3780
faina *ital.* 3586
fáină *rum.* 3632
fáinar *rum.* 3633
faïne *afrz.* 3586
faine *nfrz.* 3586
faine *frz.* 3614
faire *prov.* 3570
faisa *span.* 3641
faisa *cat.* 7117
faisan *prov. frz. span.* 7117
faisant *frz.* 7117
faisão *ptg.* 7117
faisca *ptg.* 3601
faiscar *ptg.* 3601
faisceau *frz.* 3642
faiseleur *frz.* 3592
faiseleux *frz.* 3582
faiseur *frz.* 3576
faisil *frz.* 3582
faisnier *afrz.* 3644
faisol *prov.* 7116
faissa *prov.* 3641
faissar *prov.* 3645. 4918
faisse *frz.* 3641
faisselle *frz.* 3641
faisser *frz.* 3645
faisso *prov.* 3574
fait *prov. frz.* 3578
faite *nfrz.* 3787
faitilha *prov.* 3573
faitura *prov.* 3579
faiturar *prov.* 3579
faiturier *prov.* 3579
faix *frz.* 3646

faixa *ptg.* 3641
faja *piem.* 3655
faja *span.* 3641
fajar *span.* 3645. 4918
fajo *span.* 3636
falagar *span.* 3811
falaise *nfrz.* 3674
falavesca *ital.* 3601
falb *prov.* 3609
falbalà *ital. frz. span. ptg.* 3590
falbo *ital.* 3609
falcă *rum.* 3591. 3611
falcăo *ptg.* 3593
falcar *span.* 3594
falcare *ital.* 3594. 3597
falcato *ptg.* 3594
falce *span. ital.* 3611
falcia *ital.* 3611
falco *prov.* 3593
falcone *ital.* 3593
falda *span. ital. rtr. prov.* 3596
falde *afrz.* 3596
faldella *ital.* 3596
faldestueil *afrz.* 3608
faldiglia *ital.* 3596
faldistorio *ital.* 3608
faldistorio *span. ptg.* 3608
faldro *frz.* 3602
faldriquera *span.* 3596. 3607
falegname *ital.* 6201
falf *afrz.* 3609
falguera *cat.* 3745
falba *prov.* 3580. 3599
falhir *prov.* 3599
falir *prov. span. aptg.* 3599
falise *afrz.* 3674
falla *ptg.* 3559
falla *ital. aspan.* 3598
fallar *ptg.* 3560
fallar *aspan. rtr.* 3598
fallare *ital.* 3598
fallir *aptg. span.* 3599
fallire *ital.* 3599
falle *ital.* 3598
falloir *frz.* 3602
fallen *afrz.* 3719
falò *ital.* 7108
faloppa *ital.* 3610
falot *frz.* 7108
falotico *ital.* 7108
falourde *frz.* 3647
falourde *frz. afrz.* 1423
fals *cat.* 3611
fala *prov. afrz. rum.* 3605
falsidade *ptg. span.* 3603
falsità *ital.* 3603
falsitate *rum.* 3603
falgitate *rum.* 3603
falso *ital. span. ptg.* 3605
falsopeto *span.* 3604
falta *ital. span. ptg. cat. prov.* 3600
faltar *span. ptg.* 3600
faltare *ital.* 3600

falto *ital.* 3600
faltrero *span.* 3607
faltriquera *span.* 3607
faltâ *rtr.* 3605
faltu *sard.* 3600
falua *ptg.* 3886
faluca *span.* 3886
faluga *ptg.* 3886
fam *prov. cat.* 3614
fama *prov. ital. span. ptg.* 3612
famaigl *rtr.* 3617
fame *ital.* 3614
fâme *frz.* 3612
fameče *abruzz.* 3615
fameillier *afrz.* 3613
fameillous *afrz.* 3613
famelent *afrz.* 3619
fameux *frz.* 3618
famiglia *ital.* 3616
famiglio *ital.* 3617
famigu *sard.* 3615
familia *span. ptg.* 3616
familie *rum.* 3616
familier *frz.* 3616
familla *prov.* 3616
famille *frz.* 3616
famille *aspan. ptg.* 3617
famina *prov.* 3614
famine *frz.* 3614
famini *sard.* 3614
faminto *ptg.* 3619
fam(n)e *span.* 3614
famolen *prov.* 3619
famolenc *cat.* 3619
famos *prov.* 3618
famoso *ital. span. ptg.* 3618
famulento *ital.* 3619
fanal *frz.* 7108
fanale *ital.* 7108
fanar *span. ptg.* 3623
fanar *prov. rtr.* 3683
fañar *span.* 3623
fanc *prov. afrz.* 3621
fanciullo *ital.* 4914
fané *frz.* 5939
fanello *ital.* 3585
faner *afrz.* 3683
fanfaluca *ital.* 3620. 7298
fanfanatore *ital.* 3620
fanfano *ital.* 3620
fanfare *frz.* 3620
fanfarer *frz.* 3620
fanfaron *frz. .3620
fanfarrou *span.* 3620
fanfelue *afrz.* 7298
fanfola *com.* 3620
fanfonj *sicil.* 3620
fanfreluche *frz.* 3620. 7298
fanfulla *mail.* 3620. 7298
fange *frz.* 3642
fango *ital.* 3621
fanha *prov.* 3622
fanon *frz.* 3624
fantarma *cat.* 7112
fantasia *ital.* 7110
fantasima *ital.* 7112
fantasma *ital. ptg.* 7112

67*

flammurǎ *rum.* 3817
fiamula *span. ptg.* 3817
fiámula *span.* 3816
fian *nfrz.* 3806
fianc *frz.* 3804
fiand[r]inejar *prov.* 3819
fiauella *ital.* 3763
fianelle *frz.* 3763
fiaon *afrz. span.* 3806
fiaque *frz.* 10273
fiaque *prov. afrz.* 3804
fiaria *sard.* 3809
fiascha *rtr.* 3821
fiasche *afrz.* 3821. 10010
fiasco *span.* 10010
fiasoon *afrz.* 3822. 10010
fiasgue *nfrz.* 3802
fiataire *prov.* 3823
fiatir *afrz.* 3823
fiato *itul.* 3828
fiatter *frz.* 3823
fiaujol-s *prov.* 3829
fiausino *nprov.* 3863
fiaut *rum.* 3827
fiaut *prov.* 3829
fiautǎ *rum.* 3827
fiauta *span.* 3827
fiauta *prov.* 3827
fiautado *span.* 3827
fiautar *prov.* 3827
fiauter *afrz.* 3827
fiáuto *ital.* 3827
fiaûr *afrz.* 3825
fiauzon-s *prov.* 3806
fiavelle *afrz.* 3800
fieac *rum.* 3804
fiéau *nfrz.* 3808
fiebile *ital.* 3830
fiecha *prov. span. ptg.* 3841
fièche *frz.* 3889. 3841. 8268
fléchier *afrz.* 3831. 3835
fléchir *frz.* 3832
fléchir *nfrz.* 3831..3835
fieco *span.* 3847
fieeme-s *prov.* 7122
fieis *prov.* 3838
fieissar *prov.* 3837
fieme *span.* 7122
flemmard *frz.* 7122
fieschir *afrz.* 3836. 3837
fleskir *afrz.* 3835
fieste *afrz.* 3794
fiestre *afrz.* 3795
fiet *frz.* 10275
fiete *span.* 3969
fiete *frz.* 3836
flétrir *frz.* 3795. 3802
fiotte *frz.* 3836
fiettere *ital.* 3832
fieûr *afrz.* 3825
fieur *frz.* 3853
fieurer *nfrz.* 3825
fieuret *frz.* 3852
fieurir *frz.* 3849
fieuriste *frz.* 3848
fieuve *nfrz.* 3858. 3862
fiibot *frz.* 3865
fiibote *span.* 3865

fiieme *afrz.* 7122
fiieys *prov.* 3838
fiin *frz.* 3840
fiique *afrz.* 3839
fiiscǎ *rum.* 3794
fiiscaesc *rum.* 3795
fioacǎ *rum.* 3847
fioare *rum.* 3853
fioc *rum.* 3847
fioc *rtr. prov. frz. cat.* 3847
fioc *afrz.* 4002
fiocé *rum.* 3843
fioche *frz.* 3864
fioconneux *frz.* 3845
fiocos *rum.* 3845
fioine *frz.* 3863
fioissena *prov.* 3863
fioissina *prov.* 3863
fiojo *span.* 3864
fioma *rtr.* 3813
fiondre *frz.* 3859
fionjo *cat.* 4061
fiôpe *frz.* 3610
fior *cat. span. ptg.* 3853
fior *rtr.* 3853
fiorar *rum.* 3848
fiorecer *span. ptg.* 3849
fioresta *cat. sp. ptg.* 3903
fiorete *span.* 3852
fiorido *ital.* 3850
fiorin *frz. span.* 3851
fiorir *prov. cat.* 3849
fiorire *rtr.* 3849
fior-s *prov.* 3853
fiot *frz.* 3861
fiota *span.* 3861
fiote *pic.* 10276
fiot(t)er *frz.* 3861
fiouer *frz.* 3965
fioujo *cat.* 3864
fiôur *rtr.* 3853
fiuctuar *span. ptg.* 3855
fiueco *span.* 3847
fiuecoso *span.* 3845
fiuequecillo, -ito *span.* 3843
fiueve *afrz.* 3862
fiuie *afrz.* 3862
fiuidi *rtr.* 3858. 3862
fiuir *ital. rtr. span. ptg.* 3860
fiuis *prov.* 3864
fiuive *afrz.* 3862
fium *rtr.* 3858
fium-s *prov.* 3858. 3862
fiun-s *afrz.* 3858
fiusso *ital.* 3864
fiüte *frz.* 3827
fiutto *ital.* 3856
fiuttuaro *ital.* 3855
fiux *cat.* 3864
fo *lomb. afrz.* 3588
fioaie *rum.* 3885
fioale *rum.* 3891
foame *rum.* 3614
foarfece *rum.* 3904
foarte *rum.* 3932
foc *rum.* 3871
foca *nprov.* 4090

focaccia *ital.* 3867
focaja *ital.* 3868
focajuolo *ital.* 3871
focar *rum.* 3868
feçar *ptg.* 3662
fóćere *tarent.* 4030
foci *ital.* 3662
focile *ital.* 3869
focinho *ptg.* 3662
focolo *trent. ver.* 3595
foc-s *prov.* 3871
fodde *sard.* 3891
foder *ptg.* 4100
foderare *ital.* 3875
fodero *ital.* 3875
feok *rtr.* 3871
fofo *span. ptg.* 1629
fog *cat.* 3871
foga *ital.* 4023
fogǎo *ptg.* 3868
fogar *altcat.* 3868
fogassa *altcat. prov.* 3867
fogaza *ptg.* 3867
foggia *ital.* 3940
foggiare *ital.* 3940
foghe *sard.* 3662
foglio *ital.* 3885
foglioso *ital.* 3884
fogna *ital.* 8741
fogo *ptg.* 3871
foguassa *prov.* 3867
foguete *ptg.* 3871
foguier-s *prov.* 3868
foi *afrz. nfrz.* 3735
foible *afrz.* 3830
foie *frz.* 8726
foiesc *rum.* 3889
foin *frz.* 3685
foios *rum.* 3884
foïr *afrz.* 3874
foira *prov.* 3907
foire *afrz. nfrz.* 3689
foire *frz.* 3907
foirer *frz.* 2409
fois *frz.* 10147
foisne *afrz.* 4090
foison *frz.* 4092
foiso-s *prov.* 4092
foissele *afrz.* 3789
foize *ptg.* 3611
foja *span.* 7125
fojo *ptg.* 3940
fojoso *ital.* 4078
fol *frz. rtr. prov.* 3891
folaga *ital.* 4035
folar *prov.* 4037
folare *ital.* 3801
folata *ital.* 3828. 3842. 10283
folc *prov. afrz.* 3887
folcire *ital.* 4030
foldre *afrz.* 4033
foldre-s *prov.* 4033
fólego *ptg.* 3889
folejar *prov.* 3889
folena *ital.* 3663
folga *ptg.* 3889
folgar *cat. ptg.* 3889
folgorare *ital.* 4084
folgore *ital.* 4033

folha *prov. ptg.* 3885
folhagen *ptg.* 3882
folhatge-s *prov.* 3882
folh-s *prov.* 3885
folho *ptg.* 3885
folhos *prov.* 3884
folhoso *ptg.* 3884
folie *frz.* 3891
folie *prov.* 3889
folio *ital.* 3885
foll *cat.* 3891
folla *ital.* 4037
follare *ital.* 4037
folle *ital. ptg.* 3891
folleare *ital.* 3889
follegiare *ital.* 3889
fol(l)ejar *altcat.* 3889
folliculo, -olo *ital.* 3890
follone *ital.* 4038
folpo *venes.* 7295
folto *ital.* 4953
folzel *aprov.* 3888
folzer-s *prov.* 4033
fome *ptg.* 3614
fonas *ptg.* 3892
foncer *frz.* 4055
fond *frz.* 4058
fonda *span. ital.* 4051
fóndaco *ital.* 3893
fondamento *ital.* 4052
fondar *prov.* 4056
fondar *cat.* 4056
fondare *ital.* 4056
fonde *afrz.* 4051
fondèle *afrz.* 4053
fonder *frz.* 4056
fondere *ital.* 4057
fondigue *afrz.* 3893
fondo *ital.* 4058
fondre *frz. prov. cat.* 4057
fonds *frz.* 4058
fond-s *prov.* 4058
fonil *span.* 4054
fonje *span.* 4061
fonoll *cat.* 3684
fons *prov.* 3894
fons *cat.* 4058
fonsado *aspan.* 3937
fonsar *prov.* 2412. 4055
font *cat.* 3894
fonta *aspan.* 4518
fontaine *frz.* 3895
fontainha *ptg.* 3895
fontana *prov. ital. acat. span.* 3895
fonte *ital. ptg.* 3894
fonxe *altgal.* 4061
fonzar *prov.* 2412
fop *blen.* 3940
fopa *lomb.* 3940
for *prov.* 3901
fera *prov. ptg.* 3900
foracchiare *ital.* 3896
forain *frz.* 3898
foraneo *span.* 3898
forano *span.* 3898
foras *prov.* 3900
forastico *ital.* 3901
forbice *ital.* 3904

frâminta *rum.* 3692
frana *ital.* 3950. 10307
franc *frz.* 3959
français *frz.* 3957
frances *prov. span.* 3957
francesco *ital.* 3957
franchezza *ital.* 3958
franchir *frz.* 3959
franchise *frz.* 3958
france *ital. span. ptg.* 3959
franc-s *prov.* 3959
franela *span.* 3763
frange *frz.* 3767
franger *ptg.* 3956
frángere *ital.* 3956
frangia *ital.* 3767
frangir *aspan.* 3956
franhadura *prov.* 3944
franher *prov.* 3956
franja *span.* 3767
franjir *aspan.* 3956
franqueza *span. ptg.* 3958
franségolo *vic.* 4054
franzes *ptg.* 3957
franzir *ptg.* 4009
frapar *prov.* 3820. 4643
fraper *afrz.* 3820
frappa *ital.* 3610. 4501
frappare *ital.* 3610. 3820. 4501
frapper *frz.* 3610. 3820. 4643
frar *rtr.* 3961
frare *acat.* 3961
fraresche *afrz.* 3964
frareschier *afrz.* 3964
frarin *afrz.* 3963
frari-s *prov.* 3963
fras *pav.* 3941
frasca *ital. span.* 10206
frasear *prov.* 3953
frasco *span. ptg.* 3821. 10001
frasin *rum.* 3967
frassineto *ital.* 3966
frassino *ital.* 3967
frasu *monf.* 3967
frate *ital. rum.* 3961
fratello *ital.* 3960
fraternidad *span.* 3962
fraternidade *ptg.* 3962
fraterniser *frz.* 4946
fraternità *ital.* 3962
fraternitat *cat.* 3962
fraternitat-z *prov.* 3962
fraternité *frz.* 3962
frăţietate *rum.* 3962
frăţinătate *rum.* 3962
fratre *prov.* 3961
fratta *ital.* 3943. 7126. 10111
frattura *ital.* 3944
frauc *prov.* 3804
frauta *ptg.* 3827
frautar *ptg.* 3827
fraxella *genues.* 3561
fray *span.* 3961
frayer *nfrz.* 3978

frayeur *frz.* 3951
frazidu *sard.* (*log.*) 3941
frazio *ital.* 3941
fraze *ital.* 3949
frazzid *aemil.* 3941
fre *cat.* 3975
freame *ptg.* 3986
frearzu *sard.* 3668
freble *prov.* 3830
freca *rum.* 3978
freccia *ital.* 3841
frecola *ital.* 3978
freddo *ital.* 3988
freddoloso *ital.* 3987
freddero *ital.* 3985
fredon *frz.* 3996
fredonner *frz.* 3996
fredór *cat. span.* 3985
fredur *rtr.* 3985
frega *ital.* 3978
fregar *cat. span. ptg. prov.* 3978
fregare *ital.* 3978
fregata *ital.* 3557
frégate *frz.* 3557
fregiare *ital.* 3994
fregio *ital.* 3994
fregir *prov. cat.* 3990
fregola *ital.* 3978
fregunder *afrz.* 3976
frei *ptg.* 3961
freico *ptg.* 3967
freil *rtr.* 3988
freidor *ptg.* 3985
freidor-s *prov.* 3985
frein *rtr. frz.* 3975
fre(i)o *ptg.* 3975
freier-s *prov.* 3951. 3991
freir *span.* 3980
freire *ptg.* 3911
freie *afrz.* 3995
freisa *nprov.* 3946
freit-z *prov.* 3988
frejol *span.* 3977
frêle *frz.* 3947
frêler *frz.* 3988
frelon *frz.* 3719. 3948
frelore *afrz.* 3913
freluquet *franz.* 3620. 7298
fremĕre *ital.* 3973
froamĕt *rum.* 3972
fremillon *afrz.* 3706
fremilo *prov.* 3706
fremir *ptg. frz. prov.* 3973
fremire *ital.* 3973
frémissement *frz.* 3973
frémito *span.* 3972
fremite *ital. ptg.* 3972
fremna *prov.* 3767
fremoier *afrz.* 3973
fremor *afrz.* 3974
fremur *afrz.* 3974
frénaie *frz.* 3966
frêne *nfrz.* 3967
frenedigu *sard.* 7127
frenella *ital.* 3763
frene *ital. span.* 3975
frente *nspan.* 4007

frepe *afrz.* 3724
fréquenter *nfrz.* 3976
frère *frz.* 3961
fresa *span.* 3946
fresai *frz.* 7383
fresaie *frz.* 7383
fresanche *afrz.* 3995
fresange *afrz.* 3995
fresare *sard.* 3977
fre-s *prov.* 3975
fresc *prov.* 3995
fresco *ital. span. ptg.* 3995
frescura *ital.* 3995
fresk *rtr.* 3995
fresne *afrz.* 3967
fresno *span.* 3967
freso *span.* 3994
fressa *prov.* 3981
fressouoir *afrz.* 3999
fressure *frz.* 4001
freet *prov.* 3787
fresta *ptg.* 3680
freste *afrz.* 3787
frestelar *prov.* 3792
frestele *afrz.* 3792
fresteler *afrz.* 3792
fresu *monf.* 3967
fresţy *rtr.* 3995
fret *cat.* 3988
fret *frz.* 3969
frete *ptg.* 3969
fretes *span.* 3700
frétiller *frz.* 3997
fretin *frz.* 3979
freto *prov.* 3700. 3982
fretta *ital.* 3982
frettar *prov.* 3982
frettare *ital.* 3982
frette *frz.* 3700. 3715
freul *prov.* 3830
freux *nfrs.* 4648
frèvo *wallon.* 3946
frevel *prov.* 3830. 3998
frexe *cat.* 3967
frexo *ptg.* 3967
frey *ptg.* 3961
freza *span.* 3981
frezar *span.* 3981
frezilhar *prov.* 3997
friame *ptg.* 3986
fric *prov.* 3971
fricaud *nprov.* 3971
friche *frz.* 3942
fricheti *frz.* 4014
frido *aspan.* 3988
friente *afrz.* 3972
frig *rtr.* 4013
frige *rum.* 3990
friggere *ital.* 3990
frígido *ital.* 3988
frigir *ptg.* 3990
frigna *lomb.* 3834
frignare *lomb.* 3834
frigotter *frz.* 3993
friguri *rum.* 3992
friguros *rum.* 3987
frijol *nspan.* 7116
frileux *frz.* 3987
frimaire *frz.* 4645

frimas *frz.* 4645
frime *frz.* 3834
frimer *pic.* 4645
frimousse *frz.* 3925
frin *rum.* 3975
fringe *rum.* 3956
fringhie *rum.* 3767
fringille *frz.* 3993
fringoter *frz.* 3993
fringottare *ital.* 3993
fringuello *ital.* 3993
fringuer *frz.* 3993
frîntură *rum.* 3944
frie *span. ptg.* 3988
friolejo *span.* 3987
frion *afrz.* 3989
frior *span.* 3991
frior-s *prov.* 3991
fripe *frz.* 3610. 3724
friper *nfrz.* 3724
friperie *nfrz.* 3724
fripon *frz.* 3724
frique *afrz.* 3971
frire *afrz.* 3990
frisar *span.* 3994
friscello *ital.* 4075
friser *frz.* 3994
frisinga *sicil.* 3995
friso *span.* 3994
frisol *span.* 3977. 7116
frisone *ital.* 3977
frisuelo *span.* 3977. 7116
friesen *frz.* 3980
frittore *sard.* 3984
frittu *sard.* 3984
frivole *frz.* 3998
frizzare *ital.* 3981
frizzo *ital.* 3981
fro *parm.* 3955
froc *frz.* 3847. 4002
froco *ptg.* 3847
froge *ital.* 4003
frei *piem.* 10108
froid *frz.* 3988
froideur *frz.* 3985. 3988
froidure *frz.* 3988
freigne *frz.* 4003
froignier *afrz.* 4003
frois *afrz.* 3995
froisser *frz.* 3981. 4020
froissier *afrz.* 4020
frolença *ptg.* 3851
frôler *frz.* 3801. 3983
frollo *ital.* 3857
fromage *frz.* 1983. 3916
fromba *ital.* 8063
frombo *ital.* 8062
frombola *ital.* 8063
frombolare *ital.* 8063
froment *frz.* 4017
fremir *prov.* 4018
fronce *nfrz.* 4009
froncer *nfrz.* 4009
fronchier *altfrz.* 7920. 8140
froncir *prov. afrz. aspan.* 4009
fronda *prov.* 4051
fronda *ital.* 4006

gangrène frz. 4153
ganguear span. 4152
ganguil prov. 1817
ganhar ptg. 10337
gañir span. 4156
ganir ptg. 4156
gannire ital. 4156
gañen span. 1843
gañote span 1843
gansa span. 4158
ganse frz. 1806. 1816.
4106
ganso span. 4158
gant frz. 10355
ganta prov. 4159
ganto afrz. 4159
ganto nprov. 4159
ganzua span. 4106
gaole afrz. 2042
gaquière pic. 9946
gara ital. 10358
garag-s prov. 10111
garagz prov. 1223
garamaches frz. 1776
garance frz. 10060
garanguejo ptg. 1816
garanhão ptg. 10414
garañon span. 10414
garant frz. 10060. 10377
garantir span. ptg. frz.
10377
garants span. ptg. 10377
garar prov. 10358
garare ital. 10358
garasa span. 1140
garba cat. span. prov.
4166
garbanzo span. 4167
garbar cat. span. 4166
garbar span. 4164
garbe afrz. 4166
garbe frz. 4164
garbellare aital. 2603
garbello aital. 2603
garber afrz. 4166
garbillar span. 2603
garbillo span. 2603
garbo ital. rtr. 4503
garbo ital. 4176
garbo ital. span. ptg.
4164
garbugliare ital. 1641.
5334
garbuglio ital. 1916. 4174.
4305
garce frz. 1928. 10360
garceta span. 1930
garço ptg. 1928
garçon n/rz. 1928. 10360
garda galiz. 10359
garde frz. 10359
garder frz. 10359
gardien frz. 10359
gardingo span. ptg. 10359
gardis bellun. 2577
gardi-s prov. 4168
gardunha ptg. 10359
gare frz. 10358
garenne frz. 10358
garentir prov. 10377

garer frz. 10358
garfa, garfio spam 5319
gargagliare ital. 4169
gargalhada ptg. 4169
gargalo ptg. 4402
gargamela prov. 4169
gargamelle afrz. 4169
garganello ital. 2087
garganta cat. span. ptg.
4169
gargarejar ptg. 4169
gargata rtr. 4169
gargato afrz. 4169
gargatta ital. 4169
gargo ital. 5260
gargola span. 4169. 4402
gargoter afrz. 4169
gargouille nfrz. 4169
gargouiller n/rz. 4169
gargousse frz. 4405
gargozza ital. 4169. 4405
garic prov. 6041
garingal altfrz. altspan.
2115
garla ital. 4315
garlanda prov: cat. 10389
garlande afrz. 10389
garlar cat. span. 4175
garlopa cat. span. ptg.
10306
garlopo limous. 10306
garmàdi rtr. 4320
garnacha prov. afrz.
span. ptg. 10357
garnache frz. 4562. 10357
garnir nfrz. 10357
garnison nfrz. 10357
garobi altbergam. 10084
gàrof lomb. 1915
garófano ital. 1977
garofl rum. 1977
garofolo venez. 1977
garóful rtr. 1977
garosello ital. 1973
garou frs. 10878
garquière pic. 9946
garra span. ptg. prov.
4160
garrafa span. ptg. 7595
garrama span. ptg. 4161
garret afrz. 4160
gar(r)etto ital. 4160
garri prov. 8439
garrie-s prov. 4160
garrido span. ptg. 4170
garrig cat. 4160
garriga prov. 4160
garrir obwald. 4173
garro prov. 8439
garroba, -o span. 2122
garrot nfrz. 4160
garrote span. ptg. 4160
garretear span. ptg.
4160
gare frz. 7723
gars afrz. 1928
garson afrz. 1928
garson-s prov. 1928
gart frz. 4168
gart-z prov. 1928

garulla span. 4162
garza ital. 1930
garzo span. ptg. 10440
garzo ital. 1930
garzon span. 1928
garzone ital. 1928. 9532.
10360
garzuolo ital. 1930
ga-s prov. 9957
gasa span. 4193
gasajar span. 4177
gasalha prov. 4177
gasalhar ptg. 4177
gasarma prov. 4236
gaschière afrz. 9946
gaser frz. 4169
gaspailler afrz. 10013
gaspiller frz. 4178
gaspiller afrz. 10013
gast comask. 4179
gastal-s prov. 10365
gastar span. ptg. 10013
Gastaud frz. 4180
gastaudeiar prov. 4180
gastaut-z prov. 4180
gastel afrz. 10365
gastigare ital. 1993
gastin afrz. 10013
gasto ptg. 10015
gat rtr. 2020
gâteau nfrz. 10365
gâter frz. 10013
gatilhar prov. 2021. 9561
gatillo span. 2019. 2020
gato nprov. 4103
gato, -a span. ptg. 2020
gato de algália span. ptg.
10422
gatta lomb. 1827
gattabuia ital. 2005
gàttero ital. 5167
gàttice ital. 5167
gat(t)il(l)ier frz. 2019.2020
gatto, -o ital. 2020
gauche frz. 10343
gaucher afrz. 10341
gauchir afrz. 10341
gauchoir afrz. 10341
gaude frz. 10373
gaudina prov. 10342
gaudine afrz. 10342
gaudriole frz. 4302
gaufre frz. 10330
gauge afrz. 10339
(noix-)gauge frz. 4137
gaug-z prov. 4188
gaulta rtr. 4103
gaupe nfrz. 10346
gau-s prov. 10342
gaut afrz. 10342
gauta nprov. 4103
gaut-z prov. 10342
gauzega venez. 4184
gauzir prov. 4188
gavagno ital. 2038
gavasgia mail. 2037
gaváz valtell. 2247
gavazza com. 2037
gave pic. 2037
gavea ptg. 2040

gaveggiare ital. 9967
gavela ptg. 1860
gaveta span. 4103
gaveto nprov. 4103
gavetta ital. 4103. 8422
gavi nprov. 2040
gavia span. 4192
gavia piem. 4101
gavia span. 2040
gavião ptg. 1865
gavigna ital. 2046
gavigne ital. 1907
gavilan span. 1865
gavilla span. 1860
gavina ital. 2037. 2046.
4192
gavine ital. 1907
gavion frz. 2037
gaviota span. 4192
gavita sicil. 4101
gaya span. 1718
gayar span. 1718
gayato cat. 2116
gaymentar prov. 4342.
9958
gayo aspan. 4113
gayo span. 1718
gayola span. 2042
gaz frz. 2119
gazaille afrz. 4177
gazal-s prov. 4107
gazanhar prov. 10337
gazanh-s prov. 10837
gazápo span. 2754
gaze frz. 4193
gazmoño span. 4195
gazen frz. 10364
gazua ptg. 4106
gazuza span. 4301
gazzo ital. 10440
geai frs. 1718
geanà rum. 4213
géant frz. 4243
geba ptg. 4241
geberut prov. 4239
gèhle frz. 3174
gebe ital. 2160
gebra can. 5251
gebrar cat. 10204
gebre cat. 10204
gecchire ital. 5179a
gebene afrz. 4196
gehir afrz. 5174
gehui afrz. .5174
geignos prov. 4963
geindre afrz. 4211
gein-s prov. 4964
geişlà eugad. 4198
geitar ptg. 3216
gel frz. cat. 4202
gelàdor berg. 10061
gelar cat. ptg. prov.
4202
gelare ital. 4202
gélatine frz. 4199
gelda prov. 4246
gelde afrz. 4246
geldra ital. 4246
gelée frz. 4202
gelejvro vallbross. 4201

gomar *ptg.* 4208
gomberuto *ital.* 4241
gombina *modenes.* 5576
gombito *aital.* 2640
gembre *istr.* 10303
gomena *modenes.* 5576
gomena *ital.* 2349
gómena *ital.* 2349. 4297
gomgnia *rtr.* 4149
gomgnia *rtr.* 4149
gomia *ital.* 4297
gomia *span.* 4396
gomito *ital.* 2640
gemma *ital. ptg.* 4397
gomme *frz.* 4397
gomo *südfrz.* 4190
gómona *ital.* 2349. 4297
gomoun *südfrz.* 4190
gona *aspan. prov.* 4398
gence *span.* 2479
gonda *ital.* 2402
góndola *ital. span. ptg.* 2402
gondole *frz.* 2402
gonella *frz.* 4398
gonfalão *aptg.* 4399
gonfalon *nfrz.* 4399
gonfalone *ital.* 4399
gonfaloniere *ital.* 4399
gonfanon *afrz.* 4399
gonfanon-s *prov.* 4399
gonfiare *ital.* 2408
gonfiato *ital.* 2408
gonfler *frz.* 2408
gongro *ital.* 2418
gonna *ital.* 4398
gonne *frz.* 4398
gonnella *ital.* 4398
gonnelle *frz.* 4398
gönve *genues.* 4190
gonzo *ital.* 4158
gonzo *ptg.* 2479
gera *ital.* 10415
gorbel *prov.* 2506
gerca *prov.* 4401
gorch *cat.* 4401
gere-s *prov.* 4401
gordo *span. ptg.* 4400
geret *frz.* 4400
gerga *span. ital.* 4401
gorge *nfrz.* 4401
gorgeador *ptg.* 4401
gorgear *ptg.* 4401
gorgia *ital.* 4401
gorgo *ital.* 4401
gorgogliare *ital.* 4169.4404
gorgoglio *ital.* 2699
gorgoglione *ital.* 2699.4403
gorgojo *span.* 2699
gorgolh-s *prov.* 4402
gorgomillare *span.* 4169
gorgozza *ital.* 4169. 4405
gorgozzule *ital.* 4169
gorg-s *prov.* 4401
gorilla *ital.* 4298
gorille *frz.* 4298
gorja *ptg. cat.* 4401
gero *ptg.* 9916
gorra *ital. span. ptg.* 4400
gorre *afrz.* 4191. 4400

gorrion *span.* 4400
gorre *span.* 4400
gorromazos *span.* 1776
gort *afrz. cat.* 4400.4401
gort *prov. afrz.* 4400
gorullo *span. cat.* 10292
gorx *prov.* 4401
gos *cat.* 5336
gosier *nfrz.* 4237
gosma *ptg.* 4299
gosmar *ptg.* 4299
goso *ptg.* 5336
gosque *span.* 5336
gest *prov. afrz.* 4408
gostar *ptg. sp. prov. cat.* 4407
gesto *ptg.* 4408
gota *ital.* 4103
gota *prov. cat. span.* 4409
goteiar *prov.* 4410
gotejar *ptg.* 4410
gotg *cat.* 4188
goto *ptg.* 4415
getta *ital. ptg.* 4409
gotte *afrz.* 4409
gottolagnola *ital.* 4414
gouaper *normann.* 9996
gouçe *altoberital.* 4188
gou(f) *nprov.* 2338
gouffre *frz.* 2338
gouge *frz.* 4295. 4388
gougeo *nprov.* 4295
gougourde *afrz.* 2652
gouine *nfrz.* 4302
goujas *frz.* 4295
goujon *frz.* 4290
goule *afrz.* 4394
goume *südfrz.* 4190
goumène *frz.* 4297
goupil *afrz.* 10319
goupille *afrz.* 10319
goupillier *afrz.* 10319
goupillon *nfz.* 10320.10405
gonrd *nfrz.* 4400
gourdir *nfrz.* 4400
gourgoul *nprov.* 2699
gourgourau *frz.* 4364
gourgueillon *afrz.* 2699
gourlier *afrz.* 4390
gourmand *frz.* 4299
gourmander *frz.* 4365
gourme *frz.* 4299. 10318
gourmer *frz.* 4365
gourmet *frz.* 4299
gourmette *afrz.* 4372
gourrer *afrz.* 4191
gourro *nprov.* 4400
gourt *afrz.* 4401
goua *afrz.* 5336
gouspiller *norm.* 2717
gousse *frz.* 4136
goût *nfrz.* 4408
goûter *frz.* 4407
goutte *nfrz.* 4409
gouvernail *frz.* 4384
gouvernement *frz.* 4386
gouverner *frz.* 4386
gouverneur *frz.* 4385
gouz *afrz.* 4302

governaire *prov.* 4385
governale *ital.* 4384
governalhe *ptg.* 4384
governalho *ptg.* 4384
governamen-s *prov.* 4386
governar *ptg. prov.* 4386
governaro *ital.* 4386
governatore *ital.* 4385
governo *ital.* 4386. 4387
governo *ptg.* 4386
govern-s *prov.* 4384. 4386
govito *ital.* 2640
goz *afrz.* 4302
gozzo *ital.* 4169
gozzoviglia *ital.* 4802
gra *cat. ptg.* 4335
graaillier *afrz.* 2578 ·
graal *afrz.* 2574
grabar *span.* 4343
grabat *frz.* 4307
grabeau *frz.* 4305
grabeler *frz.* 4305
grabouil *frz.* 4305
grabouiller *frz.* 4305
grabuge *frz.* 4305
graça *ptg.* 4337
gracchia *ital.* 2520
gracchia *ital.* 4310
gracchiare *ital.* 4310
grâce *frz.* 4337
gracia *prov. span.* 4337
graciado *span.* 4338
gracile *ital.* 4309
gracimolare *ital.* 7704
gracimolo *ital.* 7704
gracioso *ital.* 4337
grada *span.* 2579
grade *ptg.* 2579
grädé *rum.* 2575
grädele *rum.* 2575
gradella *ital.* 2575
gradire *ital.* 4311. 4339
gradièa *mail.* 2577
grado *ital. span. ptg.* 4340
grado *ital. span.* 4312
grae *venez.* 2579
graolier *afrz.* 2578
graella *cat.* 2578
grafe *afrz.* 4336
graffiare *ital.* 2570
graffio *ital.* 2570. 5319
graffios *prov.* 2570
grafi *prov.* 4336
grafinar *prov.* 4336
grafio *prov.* 5319
grafi-s *prov.* 4336
gragea *ptg.* 9660
graill *afrz.* 2578
graile *prov.* 4309
graille *afrz.* 2520
graillo *frz.* 4310
graille *frz.* 2578
graim *afrz.* 4316
grain *frz.* 4335
grain *afrz.* 4316
graine *frz.* 4335
grainer *frz.* 4332. 4335
graisle *afrz.* 2622
graisse *frz.* 2572
graixa *ptg.* 2572

graja *span.* 4310
grajéa *span.* 9660
grajo *span.* 2520. 4310
gralaon *venez.* 2568
gralha *prov.* 2520
gralha *prov. ptg. cat.* 4310
gralha, -o *ptg.* 2520
gram *afrz. prov.* 4316
grama *span.* 1943. 4317
gramadeira *ptg.* 1943
gramádis *prov.* 4320
gramaia *altoberital.* 4319
gramaigi *altgenues.* 4320
gramalla *span.* 1808
granallera *span.* 5314
gramar *span. ptg.* 1943
gramare *ital.* 4316
gramatge-s *prov.* 4320
gramázi-s *prov.* 4320 ·
gramégna *venez.* 4318
gramego *altvenez.* 4320
gramigua *ital.* 4318
gramigna *sard.* 4317
gramilla *span.* 1943
grammaire *afrz.* 4320
grammairien *nfrz.* 4320
gramo *ital.* 4316
gramoiier *afrz.* 4316
gramola *ital.* 1943
gramolare *ital.* 1943
grampa *ptg.* 2570
grampo *ptg.* 2570
gran *ptg.* 4326
grana *ital. prov. sp.* 4335
granadiglia *ital.* 4324
granadilla *span.* 4324
granadillo *span.* 4324
granajo *ital.* 4322
gränar *rum.* 4322
granaro *ital.* 4322
granata *ital.* 4321
granatajo *ital.* 4323
granatella *ital.* 4324
granatiere *ital.* 4323
granatiglia *ital.* 4324
g-ranceto *neap.* 7750
granche *afrz.* 4329
granchio *ital.* 1816
grancio *ital.* 1816
granciporro *ital.* 1816
grancire *ital.* 1816
grand *rtr. cat. frz.* 4326
grande *ital. span. ptg.* 4326
grandeur *frz.* 4326. 4327
grandeza *sp. prv. ptg.* 4327
grandezza *ital.* 4327
grandina *ital.* 4328
grandine *ital.* 4328
grandure *afrz.* 4326
granól *ptg.* 4322
graner *cat.* 4322
granero *span.* 4322
grange *frz.* 4329
grangea *ptg.* 9660
grangur *rum.* 4131
granier-s *prov.* 4322
granir(e) *ital. span. ptg.* 4330

grivouès *prov.* 4313
grizol *bresc.* 4379
grizzolo *venez.* 4379
greasa *rum.* 4367
greg *frz.* 4864
grege *posch.* 2622
grognar *rtr.* 4374
grognir *afrz. prov.* 4374
gregu *sard.* 2618
greing *afrz.* 4374
grolle *frz.* 2520. 4310. 4349
gromma *ital.* 4870. 4372
gronda *ital.* 4373. 4374. 9244
gronder *nfrz.* 4374
grondir *afrz.* 4374
grondre *afrz.* 4374
grongo *ital.* 2418
gronhir *prov.* 4374
gronho *ptg.* 5674
greny *cat.* 4374
gros *rum. prov. cat. frz.* 4367
grosbec *frz.* 9210
groseille *frz.* 5322
groselha *ptg.* 5322
grosella *cat. span.* 5322
grosse *frz.* 4367
grossesse *nfrz.* 4367
grossier *frz.* 4366
grosse *ital. ptg.* 4367
grossura *ital.* 4367
grossure *afrz.* 4367
grosura *span.* 4367
grotesco *ital.* 2637
grotesque *nfrz.* 2637
gretta *ital.* 2637
grette *nfrz.* 2637
grotto *ital.* 6695
grou *ptg.* 4877
groupe *frz.* 5334
gru *sard. span.* 4377
gru *nfrz.* 4378
grua *prov. span. ptg.* 4377
gruau *nfrz.* 4378
grue *ital. rum. frz.* 4377
gruel *afrz.* 4378
grueso *span.* 4367
grufolare *ital.* 4353
gruga *lomb. alttosc.* 4377
gruger *frz.* 4369
grugnare *ital.* 4374
grugnire *ital.* 4353
gruis *frz.* 2634
gruletta *schweizerrom.* 4363
grulha *ptg.* 4368. 4377
grullá *schweizerrom.* 4368
grulla *span.* 4368. 4377
grullo *ital.* 2543
grum *rum.* 4372
grumo *afrz.* 4372
grumets *span.* 4372
grumo *ital. span. ptg.* 4372
grúmolo *ital.* 4372
grumuler *frz.* 4371
grunda *rtr.* 9244
grunhir *ptg.* 4374

gruñir *span.* 4374
grunyir *cat.* 4374
gruogo *ital.* 2618
grupe *span.* 5334
gruppo *ital.* 5334
gruta *cat. span. ptg.* 2637
grutta *sard.* 2637
grut-z *prov.* 4378
gruyer *frz.* 4376. 4377
gruzzo *ital.* 4380
gruzzolo *ital.* 4380
grypho *ptg.* 4383
guacha *span.* 10368
guachapear *span.* 10368
guácharo *span.* 10368
guadagnare *ital.* 10337
guadagno *ital.* 10337
guadaña *span.* 4692
guadaña *span. ptg.* 10337
guadañar *aspan.* 10337
guadanha *span. ptg.* 10337
guadanha *ptg.* 4692
guadare *ital.* 9954
guadarella *ital.* 10373
guadijeño *span.* 4692
guado *ital.* 4263. 9957. 10336
guadoso *ital.* 9956
guaffile *ital.* 9970
guaffile *altital.* 10390
guafla *aspan.* 10380
guai *ital.* 4342. 9958
guai *ital. span. ptg.* 10335
guaia *ptg.* 9958
guaia *span. ptg.* 10335
guaiar *ptg.* 9958
guaide *frz.* 10336
guaide *afrz.* 4263
gusims *ital.* 10370
guaina *ital.* 9963
guairé *ital.* 9964
guaita *prov.* 10333
guaitar *prov.* 10334
guaite *afrz.* 10333
guaiva *aptg.* 2040
gunjardo *abruzz.* 4118
guajo *ital.* 10335
guajolare *ital.* 10335
geal *cat.* 9957
g(u)alardonar *span.* 10384
gualcare *ital.* 10341
gualchiera *ital.* 10341
gualcire *ital.* 10347
gualda *span.* 10373
gualdána *ital.* 10410
gualde *ptg.* 10373
gualdo *span.* 10373
gualdrapa *span. ptg.* 10014
gualdrappa *ital.* 10014
gualercio *ital.* 5536
gualiar *prov.* 3159
gualiart *prov.* 3159
gual *afrz.* 10342
gualt *afrz.* 10342
guancia *ital.* 10353
guandir *prov.* 10351

guañir *span.* 10354
guanno *ital.* 4568
guante *span. ptg.* 10355
guanto *ital.* 10355
guanyar *cat.* 10337
guan-z *prov.* 10355
guapeza *span. ptg.* 9996
guapo *ital. span. ptg.* 9996
guappo *ital.* 9996
guaragno *ital.* 10414
guaragne-s *prov.* 10414
guaran-s *prov.* 10377
guarce *frz.* 10360
guarda *prov. span. ptg.* 10359
guardar *prov. span. ptg.* 10359
guardare *ital.* 10359
guardia *ital. span. ptg.* 10359
guardian *span. ptg.* 10359
guardian-s *prov.* 10359
guardião *span. ptg.* 10359
guardingo *ital.* 10359
guardó *acat.* 10384
guardonho *ptg.* 10359
guarecer *nspan. nptg.* 10356
guarentire *ital.* 10377
guarento *ital.* 10377
guari *ital.* 10372
guarir *prov. afrz. aspan. aptg.* 10356
guarire *ital.* 6041. 10356
guarlanda *aspan.* 10389
guarnac *lomb.* 4384
guarnacca *ital.* 10357
guarnaccia *ital.* 10357
guarnecer *span. ptg.* 10357
guarnello *ital.* 10357
guarnigione *ital.* 10357
guarnir *prov. afrz.* 10357
guarnire *ital.* 10357
guarnizione *ital.* 10357
guarre *afrz.* 8439
guá-s *prov.* 9957
guasar *prov.* 9954
guaschier *afrz.* 10363
guastar *prov.* 10013
guastare *ital.* 10013
guasto *afrz.* 10015
guastine *afrz.* 10013
guastir *afrz.* 10013
guasto *ital.* 10013. 10015
guatare *ital.* 10334
guaterone *venez.* 10014
guattare *ital.* 10367
guáttera *ital.* 10014
guattera *ital.* 10366
g(u)avella *prov.* 1860
guay *span. ptg.* 9958
guaya *span. ptg.* 10335
guazardine-s *prov.* 10384
guazardon-s *prov.* 10384
guazza *ital.* 10368
guazzare *ital.* 9954. 10368
guazzo *ital.* 9954. 10368

gubbia *ital.* 2498. 4388
gubbio *ital.* 4968
gubernaculo *ital.* 4384
gubia *span.* 4388
gubio *nprov.* 4388
guccidatu *sicil.* 1616
guchillar *span.* 2667
guchillo *span.* 2666
gudazzo, -a *ital.* 4303
gudoignar *rtr.* 10337
gudura *rum.* 2382
gué *frz.* 9957
guebra *can.* 5251
guède *nfrz.* 4263. 10336
guéder *frz.* 10371
guéer *frz.* 9954
gueffa *ital.* 2040
gueffa *altital.* 10390
gueia *ital.* 10386
ǵüla *canav.* 5208
guenchir *altfrz. prov.* 10375
guenciare *ital.* 10375
guencire *ital.* 10375
guenille *frz.* 9250
guenipe *viell. frz.* 5299
guenon *frz.* 10398
guêpe *frz.* 10113
guer *prov.* 3160
guerche *aspan.* 3160
guercio *ital.* 3160
guerdon *afrz.* 10384
guère *nfrz.* 10372
guères *nfrz.* 10382
guéret *afrz.* 1223. 10111
guérir *frz.* 6041. 10356
guerire *ital.* 10356
guerle *afrz.* 3160
guermenter *afrz.* 4171. 4342. 9958
guernire *ital.* 10356
guernon *afrz.* 4321
guerpir *prov. afrz.* 10379
guerra *ital. prov. span. ptg.* 10380
guerre *frz.* 10380
guerredon *afrz.* 10384
guerredoner *afrz.* 10384
guerrero *span. ptg.* 10380
guerrier *frz.* 10380
guerriero *ital.* 10380
guerrier-s *prov.* 10380
guerrilla *span. ptg.* 10380
guersch *frz.* 3160
guespeillon *afrz.* 10320
guespilbar *prov.* 4178
guespillon *afrz.* 10405
guet *frz.* 10334
guête *champ.* 10014
gueto *nprov.* 10014
guêtre *frz.* 10014. 10121
guett *wallon.* 10014
guetter *frz.* 10334
guotton *henneg.* 10014
guoude *afrz.* 4246
gueule *nfrs.* 1150. 4394
gueux *frz.* 2300
guever *afrz.* 10022
gufo *ital.* 4391. 4657

gugent *rtr.* 4182
gui *frz.* 10277
guia *span. ptg.* 10408
guiala *prov.* 10393
guiar *prov. span. ptg.* 10408
guiardon-s *prov.* 10384
guibet *afrz.* 10383
guibelet *afrz.* 10135
guichard *afrz.* 10406
guiche *frz.* 10391
guichet *nfrz.* 10171
guida *ital.* 3134
guida *prov. ital.* 10408
guidagnare *ital.* 5276
guidar *prov.* 10408
guidardone *ital.* 10384
guidare *ital.* 10408
guidaresco *ital.* 10385
guidderi *frz.* 7692
guide *frz.* 3134. 10408
guideau *frz.* 5279
guidel *frz.* 5279
guidelesco *ital.* 10385
guidelle *frz.* 5279
guider *frz.* 10408
guiderdonare *ital.* 10384
guiderdone *ital.* 10384
guidon *frz.* 10408
guige *frz.* 10391
guiggia *ital.* 10391
guigne *frz.* 10392
guigner *frz.* 5276. 10399
guignon *frz. norm.* 10382
guija *span.* 3211
guijarro *span.* 3211. 8705
guijo *span.* 3211
guil *prov.* 10393
guila *prov.* 10172
guilar *prov.* 10172. 10393
guile *afrz.* 10172. 10393
guilée *frz.* 10361
guiler *frz.* 10374
guiler *afrz.* 10172
guilba *ptg.* 10172
guilla *span.* 4135
guille *nfrz.* 10172
guilledin *frz.* 4200
guilledon *franz.* 4417. 5342
guiller *frz.* 4244
guilleri *frz.* 7692
guillotine *frz.* 4394
guil-s *prov.* 10172
guimauve *frz.* 5856
guimbelet *afrz.* 10135
guimpe *nfrz.* 10396
guimple *afrz.* 10396
guimpler *afrz.* 10396
guina *ptg.* 10399
guinada *ptg.* 10399
guiñar *span.* 5276. 10399
guinar *ptg.* 10399
guinchar *span.* 10399
guinche *afrz.* 10400
guincher *norm.* 10399
guinche *span.* 10399
guinda *span.* 10392
guindal *frz.* 10397

guindar *span. ptg.* 10397
guindas *frz.* 10397
guindaste *span.ptg.* 10397
guindeau *frz.* 10397
guinder *frz.* 10397
guindolo *ital.* 10397
guindre *frz.* 10397
guingalet *afrz.* 9969
guingois *frz.* 5277
guinguet *frz.* 9969
guinbar *prov.* 5276. 10399
guinh-s *prov.* 10399
guiño *span.* 10399
guineal *afrz.* 10397
guinzaglio *ital.* 10187. 10397
guinzale *ital.* 10397
guiper *frz.* 10401
guipure *frz.* 10401
guiren-s *prov.* 10377
guirlande *nfrz.* 10389
guirnalda *nspan. ptg.* 10389
guisa *ital. prov. span. ptg.* 10408
guisar *span. ptg.* 10403
guisarme *afrz.* 4236
guiscard *afrz.* 10406
guischet *afrz.* 10171
guiscos *prov.* 10406
guise *frz.* 10408
guisne *frz.* 10392
guisquet-z *prov.* 10171
guit *span.* 4116
guita *span. ptg.* 10261
guitare *nfrz.* 2220
guitarra *span.* 2220
guito *span.* 4116
guiton *span.* 10163
guitto *ital.* 4116
guitto *ital.* 10163
guit-z *prov.* 10408
guizar *prov.* 10408
guizzare *ital.* 10409
guizzo *ital.* 10162
gula *span. ptg.* 4394
gulità *ostfrz.* 4394
gulpeja *aspan.* 10320
guluppone *ital.* 4394
gumea *ital.* 10304
gumeja *ital.* 10304
gumona *ital.* 2349
gumena *span. ptg.* 4297
gumina *ital.* 4297
gumo *nprov.* 4297
guoffola *neap.* 4585
guoggi *ital.* 4568
guola *prov.* 4394
guorri *ital.* 4706
guetter *rtr.* 4413
gura *rum.* 4394
gurdo *span.* 4400
gurguiu *rum.* 4402. 4404
gurgulho *ptg.* 2699
gurpir *prov. afrz.* 10379
gurramina *span.* 4406
guš *rtr.* 10311
gusă *rum.* 4237
gusanear *span. ptg.* 2556
gusano *span. ptg.* 2546

guselo *ital.* 4136
gust *cat. rtr.* 4407. 4408
gust *rum.* 4408
gustar *span. ptg.* 4407
gustare *ital.* 4407
guste *ital. span.* 4408
gută *rum.* 4409
guttura *sicil.* 4413
gutturu *sard.* 4413
gutuiă *rum.* 2727
guva *nordital.* 5295
guzzu *sicil.* 5336
gverša *rtr.* 10095

H.

haba *span.* 3554
habaauz *afrz.* 1150
haber *span.* 4433
habillado *span.* 4435
habillamiento *span.* 4435
habiller *frz.* 4435
habit *frz.* 4438
habla *span.* 3559
hablar *span.* 3560
baca *span.* 4439
hacanea *span.* 4441
hacedor *span.* 3576
hacer *span.* 3570
hacer cos quillas *span.* 9561
hacha *span.* 3580
hacienda *span.* 3568
hacina *span.* 3643
hacino *span.* 4524
hacha *span.* 4482
ʻbache *frz.* 4482
hada *span.* 3655
hadar *span.* 3658
hadir *afrz.* 4510
haement *afrz.* 4510
ʻhagard *frz.* 4517
baie *frz.* 4452
haillon *frz.* 4442
haine *afrz.* 4510
haïne *frz.* 4510
haïr *nfrz. afrz.* 4510
hair *norm.* 4450
ʻhaire *frz.* 4492
hairon *afrz.* 4532
haise *afrz.* 4576
ʻhait *afrz.* 4535
ʻhaitier *afrz.* 4535
halagar *span.* 3811
halágo *span.* 3811
balar *span.* 4460
ʻhalberc *afrz.* 4465
ʻhalbran *frz.* 4461
halcon *span.* 3593
balda *span.* 3596
bale *afrz.* 4463
baler *metzisch* 5465
ʻbaler *frz.* 4460. 4498
haleter *frz.* 4462
ʻhaligote *afrz.* 4493
ʻhaligoter *afrz.* 4493
hallali *frz.* 4467

halle *frz.* 4463
hallebarde *frz.* 3227
hallier *frz.* 4506
ʻhalot *frz.* 4600
ʻhalt *frz.* 4466
ʻhalte *frz.* 4466
ʻham *afrz.* 4458
ʻhamac *frz.* 4477
bambois *afrz.* 10349
hambre *span.* 3614
hambriento *span.* 3619
ʻhameau *frz.* 4458
hameçon *frz.* 4474
ʻhamel *afrz.* 4458
bamelète *awallon.* 4472
hampa *span.* 9994
ʻhampe *frz.* 4481
hampe *frz.* 10349
hanap *frz.* 4589
ʻbanche *afrz.* 4479
banebaue *frz.* 4540
hanepier *frz.* 4589
banneton *frz.* 4465
han-s *prov.* 9909
ʻhansacs *afrz.* 4476
ʻhanse *frz.* 4480
ʻhappe *frz.* 4483
ʻhapper *frz.* 4483
haque *afrz.* 4439
haquenée *frz.* 4441
haquet *afrz. frz.* 4439
haraldo *span.* 4491
ʻbaraler *afrz.* 4486
ʻharangue *frz.* 4646
baranguer *frz.* 4646
harapo *span.* 4601
ʻharas *frz.* 4485
ʻbarasse *frz.* 4498
ʻharasser *frz.* 4498
harasser *afrz.* 4485
baraute *aspan.* 4491
harcoler *frz.* 4576
hârd *wallon.* 8775
harda *ptg.* 6547
ʻharde *frz.* 3630
harde *frz.* 4548
hardel *afrz.* 4548
hardelle *afrz.* 4548
hardi *frz.* 4502
bardir *frz.* 4502
ʻharele *afrz.* 4486
ʻbareler *afrz.* 4486
ʻhareng *frz.* 4488
ʻbarer *afrz.* 4486
harer *frz.* 4498
ʻhargne *afrz.* 4495
ʻbargner *afrz.* 4495
ʻhargneux *afrz.* 4495
ʻbarguigner *norm.* 4495
baridelle *frz.* 4548
ʻharier *afrz.* 4486
ʻbarigneux *norm.* 4495
ʻbarigoter *afrz.* 4493
harija *span.* 3636
harina *span.* 3632
harinero *span.* 3633
ʻharlequin *frz.* 4553
ʻbarligote *afrz.* 4493
harma *span.* 4494
harmaga *span.* 4494

hombre de bigote *span.* 1381
hombreira *ptg.* 4669
hombro *ptg. span.* 4670
home *cat.* 4604
homem *ptg.* 4604
homem de bigodes *ptg.* 1381
homenagem *ptg.* 4601
homenaje *span.* 4601
homenatge-s *prov.* 4601
hommage *frz.* 4601
homme *frz.* 4604
'honfat *frz.* 4478
benda *span.* 4051
bende *span.* 4058
honeste *afrz.* 4606
honesto *span. ptg.* 4606
hongo *span.* 4062
'honir *afrz.* 4519
honorer *frz.* 4608
honnête *frz.* 4606
honneur *frz.* 4607
honor *span. ptg.* 4607
(h)onors *prov.* 4607
honrar *span. ptg.* 4608
'honte *frz.* 4518
(h)ontem *ptg.* 4552
'hontoiier *afrz.* 4518
hopo *span.* 4612
hôpital *frz.* 4634
'hoquet *frz.* 4613
hoqueton *nfrz.* 7600
hora *span. ptg. cat.* 4614
horacar *span.* 3897
horadar *span.* 3897
horca *span.* 4068
horcadura *span.* 4069
heroon *span.* 4072
'horde *frz.* 6727
horde *afrz.* 4686
bordeis *afrz.* 4686
hordeolo *ptg.* 4617
here *norm.* 4615
borloge *frz.* 4622
horloger *frz.* 4621
horma *span.* 3914
hormazo *span.* 3915
hormiga *span.* 3918
hormigar *span.* 3920
hormigoso *span.* 3921
hormiguear *span.* 3920. 3923
hormiguero *span.* 3919
hormis *frz.* 3910
horn *rum.* 4082
horuabeque *span.* 4620
hornaveque *ptg.* 4620
hornaza *span.* 3926
hornija *span.* 4081
borno *span.* 4082
horro *span. ptg.* 4623
hors *frz.* 3900
hort *cat.* 4630
borto *ptg.* 4630
hosco *span.* 4091
hose *afrz.* 4631
boser *afrz.* 4631

hospedaje *span.* 4635. 4636
hospedajem *ptg.* 4635
hospedar *span.* 4638
hospedaria *ptg.* 4635
hospede *ptg.* 4632
hospedeiro *ptg.* 4635
hospederia *span.* 4635
hospedero *span.* 4635
hospice *frz.* 4637
hospicio *span. ptg.* 4637
hospital *prov. span. ptg.* 4634
hostaje *span.* 4636
hoste *cat.* 4632
hosto *ptg.* 4639
hosteria *span.* 4635
hostigar *span.* 4097
böte *nfrz.* 4632
hôtel *frz.* 4634
Hôtel-Dieu *frz.* 4634
hôtelier *frz.* 4633
hoto *aspan.* 3661
hoto *span.* 4089
'botte *frz.* 4690
'boublon *frz.* 4609
'boue *frz.* 4595
'bouer *frz.* 4595
bouille *frz.* 8501
houine *afrz.* 4683
'boule *frz.* 4640
boule *altfrz.* 4663. 6688
'boulette *frz.* 4640
'houpée *frz.* 4611
houpi *afrz.* 4567
'houppe *frz.* 4612
'houppelande *frz.* 6707
'houpper *frz.* 4612
houra *span. ptg.* 4607
bourque *frz.* 4665
bous *afrz.* 4664
houseaux *afrz.* 4631
houspiller *frz.* 2717
bousse *frz.* 4238. 4665
housser *nfrz.* 4664
houssoir *nfrz.* 4664
boutserö *franco - prov.* 4656
boux *frz.* 4664
hoy *span.* 4596
hoya *span.* 3940
hoydia *span.* 4597
boyo *span.* 3940
hoz *span.* 3611. 3662
hozar *span.* 3611. 3662
'hu *afrz.* 4654
'huard *afrz.* 4654
buata *span.* 6761
bubiar *span.* 6647
bubillen *awallon.* 4609
hucha *span. ptg.* 4688
'buche *afrz.* 4688
bucher *nfrz.* 4656
huchier *afrz.* 4656
hucia *aspan.* 3737
huebra *span* 6700
hueco *span.* 6655. 10281
huei *prov.* 4596
huella *span.* 4037
buello *span.* 4037

huer *afrz.* 4054
huerfano *span.* 6738
huergo *aspan.* 6721
huero *span.* 9916
huerto *span.* 4630
hussa *span.* 3936
huesa *aspan.* 4631
hueso *span.* 6749
huesoso *span.* 6750
huesped *span.* 4632
bueste *span.* 4639
huevar *span.* 6767
huevo *span.* 6768
huevos *aspan.* 6712
'buge *afrz.* 4688
huguenots *frz.* 3215
hui *afrz.* 4596
buier *afrz.* 4656
huile *frz.* 6686
huileux *frz.* 6682
huilier *frz.* 6680
hu(e)imais *prov. afrz.* 4598
buir *span.* 4026
buis *prov. frz.* 6753
huisine *frz.* 6675
huissier *frz.* 6751
'huit *frz.* 6659
huitante *afrz.* 6661
'huitième *nfrz.* 6658
huître *frz.* 6755
huivar *ptg.* 4691. 9872
huler *frz.* 4662
huler *afrz.* 9872
bulba *ptg.* 8501
bulla *span.* 8501
bulotte *frz.* 4663
bulotte *afrz.* 9872
'hulotte *frz.* 4600
hum *ptg.* 9909
humain *frz.* 4667
humanité *frz.* 4667
bumble *frz.* 4677
bumbral *span. ptg.* 4669
bumbreira *ptg* 4669
humear *nspan.* 4043
hume-s *prov.* 4670
humectar *prov.* 4672
humecter *frz.* 4668. 4672
humedad *span.* 4673
humedecer *span. ptg.* 4672
húmedo *span.* 4675
'humer *frz.* 4681
humero *span.* 4670
humeur *frz.* 4682
humid *prov.* 4675
humid *cat.* 4675
humidad *span.* 4673
humidade *ptg.* 4673
hunide *frz.* 4675
humiditatz *prov.* 4673
huunidité *frz.* 4673
húmide *ptg.* 4675
bumido *span.* 4675
humildad *span.* 4678
humildade *ptg.* 4678
humidanza *span.* 4678
humilde *span. ptg.* 4677
humilhar *ptg.* 4676
humiliar *prov.* 4676

humilier *frz.* 4676
humilitat-z *prov.* 4678
humilité *frz.* 4678
humillar *span.* 4676
(h)umil-s *prov.* 4677
bumo *nspan.* 4046
huna *span.* 4684
'hune *frz.* 4684
buppe *frz.* 9910
huppé *frz.* 3150
'huquer *pic.* 4656
huracan *span.* 4685
huraco *span.* 3897
buraño *span.* 3898
hure *frz.* 4658
burgar *span.* 4071
burgen *span.* 4072
hurler *frz.* 9872
buron *span.* 4083
buronear *span.* 4021
burtar *span.* 4084
hurter *afrz.* 9924
hurto *span.* 4086
husma *span.* 6745
husmar *span.* 6745
husmear *span.* 6745
busme *span.* 6745
buso *span.* 4099
bussard *frz.* 4687
huta *span.* 4689
'hutto *frz.* 4689
buve *afrz.* 4513. 4655
huvet *nfrz.* 4655
huvette *afrz.* 4513
buyar *aspan.* 6648

I.

i *cat.* 3296
i *prov. frz. aspan. aptg.* 4696
i *rum. ital.* 4714
i *prov. frz.* 4569
i *rtr.* 7665
ia *rum.* 3213. 4714
iá *rum.* 4574
iale *rum.* 4714
iapă *rum.* 3262
iar *rum.* 4568
iara *rum.* 4568
iarba *rum.* 4542
ierna *rum.* 4565
iarva *rum.* 4542
iască *rum.* 3287
ibiche *afrz.* 4695
icel *áfrz.* 3188
icelei *afrz.* 3190
icelui *afrz.* 3190
iceat *afrz.* 3194
icestei *afrz.* 3196
icestui *afrz.* 3196
icez *afrz.* 3194
ichó *ptg.* 6752
ichóz *ptg.* 6752
ici *frz.* 3181. 4569
icil *afrz.* 3188
iciat *afrz.* 3194

laouste *afrz.* 5669
lapa *ptg. span.* 5433.
5532
lapado *span.* 5532
lapazzu *sicil.* 5431
lapedo *nprov.* 5532
laper *frz.* 5437
lapi *rtr.* 5437
lapia *sard.* 5434
lapin *nfrz.* 2683
lapina *ital.* 5437
lapillo *ital.* 5435
lapo *span.* 5437
lapte *ital. rum.* 5363
lapti *rum.* 5373
laptuca *rum.* 5374
laquais *frz.* 5519
lar *span. ptg.* 5442
laranja *ptg.* 6438
larcin *frz.* 5466
larc *frz.* 5445
lard *frz. rum.* 5446
lardo *ital. span. ptg.*
5446
larg *rum. prov.* 5445
largar *prov. span. ptg.*
5443
largare *aital.* 5443
large *frz.* 5445
largesse *frz.* 5444
largezza *ital.* 5444
larghezza *ital.* 5444
largo *ital. span. ptg.*
5445
largueza *span.* 5444
largura *span.* 5444
larice *ital.* 5447
larigot *viell. frz.* 5448
larisch *rtr.* 5447
larme *nfrz.* 5369
larmier *afrz.* 5371
larmoyer *nfrz.* 5371
larris *afrz.* 5348
larron *nfrz.* 5465
larroneau *nfrz.* 5467
larronesse *afrz.* 5466
larronner *afrz.* 5465
larronsel *afrz.* 5467
lart-z *prov.* 5446
larunchia *sicil.* 7756
las *rum. prov.* 4714
las *prov. frz.* 5441. 5452
lasagnar *mantuan.* 5720
lăsare *rum.* 1974
lasc *prov.* 5449
lasca *span. ptg.* 5450. 5489
(la)schar *rtr.* 5491
lasche *afrz.* 5449
lasciare *ital.* 5491
lasco *ital.* 5449
lasnière *frz.* 5369
laso *span.* 5452
lasquenete *span.* 5420
lassana *sard.* 5438
lassare *sard.* 5491
lassare *ital.* 5451
lasso *ital. ptg.* 5452
lassol-s *prov.* 5440
lasto *frz.* 5453

lastimar *span. ptg.*
1462
lasto *span. ptg. ital.*
5518. 5453
lestre *span.* 5453
lastricare *ital.* 7233
lastrice *ital.* 6754. 7233
laţ *rum.* 5441. 5469
lata *prov. ptg. span.*
5468
latāo *ptg.* 5468
latesu *rum.* 5458
latg *rtr.* 5363
latin *frz. rum.* 5460
latino *ital. span. ptg.*
5460
latir *span. ptg.* 4264
lati-s *prov.* 5460
lafigor *rum.* 5440
lato *ital. span. ptg.*
5469
laton *span.* 5468
latra *rum.* 5464
latrare *ital.* 5464
latrat *rum.* 5462
latrato *ital.* 5462
latro *aital.* 5465
latsch *rtr.* 5441
latta *ital. rtr.* 5468
latte *frz.* 5468
latti *ital.* 5373
l'attone, lattons *ital.*
5468
lattovaro *ital.* 3219
lattuaro *ital.* 3219
lattuga *ital.* 5374
latún *rtr.* 5468
latus *sard.* 5470
latz *prov.* 5441. 5469.
5470
lauda *ital. rum.* 5475.
5481
lauda *span.* 5436
laudar *aspan.* 5475
lăudator *rum.* 5473
laudatore *ital.* 5473
laude *span.* 5436
laude *ptg.* 4261
lauds *ital.* 5481
laudeme-s *prov.* 5474
laudemio *span. ital.* 5474
laudore *ital.* 5481
launa *span.* 5386
laupia *rtr.* 5471
laur *rum.* 5480
laurel *nspan.* 5480
laurel *span.* 5476
laurier *frz.* 5476
lauro *ital. cat. aspan.*
5480
laur-s *prov.* 5480
lausa *prov.* 5483
lautura *rum.* 5487
lauzador *prov.* 5473
lauzaire *prov.* 5473
lauzar *prov.* 5475
lauze *afrz.* 5483
lauzengador *prov.* 5481
lauzengar *prov.* 5481
lauzengier-s *prov.* 5481

lauzenja *prov.* 5481
lauzime-s *prov.* 5474
lauzisme-s *prov.* 5474
lauzor *prov.* 5481
lava *ital.* 5488
lavadura *prov. span. ptg.*
5487
lavagna *ital.* 5488. 5515
lavagnon *frz.* 5532
lavanca *prov.* 5355
lavanche *frz.* 5355
lavance *span. ptg.* 5485
lavanda *ital.* 5486
lavaude *frz.* 5486
lavandula *span.* 5486
lavar *span. ptg. prov.* 5488
lavare *ital.* 5488
lavatura *ital.* 5487
laveggio *ital.* 5434. 5496
lavendola *ital.* 5486
laver *frz.* 5488
lavignen *frz.* 5532
lavina *rtr. ital.* 5355
lavognon *frz.* 5532
lavor *ptg.* 5356
laverar *prov.* 5358
lavorare *ital.* 5358
lavoro *ital.* 5356
lavur *rtr.* 5356
lavure *frz.* 5487
lavurer *rtr.* 5358
laxare *sard.* 5491
lay *cat.* 4712
laya *span. ptg.* 5385
layette *frz.* 5385. 5493
layr *metzisch* 5465
laz *afrz.* 5441
lazaire *pic.* 5494
lazareto *span.* 5494
lazaro *span.* 5494
lazeira *ptg.* 5494
lazo *span.* 5441
lazzarone *ital.* 5494
lazzeretto *ital.* 5494
le *frz. span.* 4714
le *prov.* 5522
lé *nfrz.* 5469
le (l) *rum.* 4714
le (l') *rtr.* 4714
lea *sard.* 4266
leal *span. ptg.* 5509
lealdad, -e *span. ptg.* 5509
leale *ital.* 5509
lealtà *ital.* 5509
leams *venez.* 5382
leão *ptg.* 5530
lebbra *ital.* 5534
lebech *afrz.* 5565
lebiu *sard.* 5553
lebra *cat.* 5535
lebre *ptg.* 5535
lebreiro *ptg.* 5533
lebrel *span. ptg.* 5533
lebrero *span.* 5564
lebre-s *prov.* 5535
lebrillo *span.* 5859
léca *lomb.* 5513
locai *prov.* 5519
leccare *ital.* 5519. 5571.
5587

lecceto *ital.* 4710
leccio *ital.* 4711
leccion *span.* 5501
leccone *ital.* 5519
lece *ital.* 5566
lechadeor *prov.* 5497
lechadier-s *prov.* 5497
lecbar *prov.* 5519
leche *span.* 5363
lèche *frz.* 5642
loehoer *afrz.* 5497
lécher *frz.* 5519. 5581
lechierre-s *afrz.* 5497
lechiga *span.* 5499
lechino *span.* 5568
leebo *span.* 5505
lechon *span.* 5372
lechuga *span.* 5374
lecito *ital.* 5569
leçon *frz.* 5501
lec-s *prov.* 5519
lecteur *frz.* 5502
lectuaire *frz.* 3219
lectuario *span.* 3219
léda *oberital.* 5574
leda *vionnaz.* 5603
ledam *lomb.* 5382
ledda *prov.* 5552
ledeg *mail. mod.* 5572
lodena *prov.* 5392
lédyer *rtr.* 5513
leedor *span.* 5502
leemo *altoberital.* 5511
leer *span.* 5513
leftica *rum.* 5499
lega *ital. prov.* 5538
legăciune *rum.* 5579
legajo *span.* 5589
legal *span. ptg.* 5509
légal *frz.* 5509
legale *ital.* 5509
legalidad, -e *span. ptg.*
5509
logalità *ital.* 5509
légalité *frz.* 5509
legalat-z *prov.* 5509
legal-z *prov.* 5509
legame *ital.* 5576
legamento *ital.* 5577
légamo *span.* 5574. 9861
leganda *borm.* 5510
légano *aspan.* 9861
legare *ital.* 5589
legatura *ital. rum.* 5580
lege *rum.* 5556
lego *frz.* 5506
lège *frz.* 5508
legenda *span. ptg.* 5510
légende *frz.* 5510
léger *frz.* 5546
legetino *altperus.* 5511
logge *ital.* 5556
leggenda *ital.* 5510
leggendajo *ital.* 5510
leggendario *ital.* 5510
leggere *ital.* 3229. 5513
leggiadro *ital.* 5553
leggiero *ital.* 5546
leggio *ital.* 5504. 5512
leggitore *ital.* 5502

70*

llzoso *span.* 5761
lizu *sard.* 5595
lizue *aspan.* 5395
lizzia *ital.* 5461
lladrar *cat.* 5464
lladre *cat.* 5465
lladronici *cat.* 5466
llaga *span.* 7218
llagrima *cat.* 5369
llagrimejar *cat.* 5371
llama *span.* 3813
llamada *span.* 2231
llamar *span.* 2232
llamarada *span.* 3816
llambrich *cat.* 5725
llambrusca *cat.* 5361
llamear *span.* 3814
llamp *cat.* 5408
llan *kymr.* 5419
llana *cat.* 5414
llancer *acat.* 5417
llangonissa *cat.* 5685
llaugosta *cat.* 5669
llano *span.* 7232
llanos *cat.* 5429
llansa *cat.* 5416
llanta *span. cat.* 7227
llanteu *span.* 7228
llanterna *cat.* 5430
llar *cat.* 5442
llard *cat.* 5446
llares *span.* 5442
llarg *cat.* 5445
llas *cat.* 5441
llati *cat.* 5460
llatuga *cat.* 5374
llautó *cat.* 5468
llave *span.* 2251
lleco *span.* 3847. 4002
lleg *cat.* 5556
llegar *span.* 7256
llegir *cat.* 5513
llegoa *cat.* 5538
llegum *cat.* 5514
lleixui *cat.* 5654
llemena *cat.* 5523
llenca *cat.* 5724
llengua *cat.* 5624
lleno *span.* 7250
lleus *cat.* 5631
llensol *cat.* 5629
llentia *cat.* 5526
lleny *cat.* 5587
lleo *cat.* 5530
lleona *cat.* 5530
llepar *cat.* 5519
llepissos *cat.* 8813
llescar *cat.* 5642
llet *cat.* 5363
lletra *cat.* 5646
lleudar *span.* 5551
lleuger *cat.* 5546
llevar *span. cat.* 5555
lli *cat.* 5633
llibrar *cat.* 5561
llibre *cat.* 5560
lligar *cat.* 5589
llimach *cat.* 5598
llis, -car *cat.* 5640
lloar *cat.* 5475

llob *cat.* 5744
lloc *cat.* 5668
llom *cat.* 5727
llorar *span.* 7260
llosa *cat.* 5483
llosange *cat.* 5483
llover *span.* 7268
lloviese *span.* 7274
lluir *cat.* 5703
llum *cat.* 5728
lluminos *cat.* 5732
lluna *cat.* 5733
lluny *cat.* 5691
llus *cat.* 5710. 5953
lluvia *span.* 7272
lluvioso *span.* 7274
lluyta *cat.* 5714
lluz *cat.* 5763
lo *ital.prov.cat. a/rs.*4714
loa *span. ptg.* 5481
leader *span.* 5473
loar *nspan.* 5475
lebo *afrz.* 5658
lobeor *afrz.* 5658
lober *afrz.* 5658
loberre(s) *afrz.* 5658
lobo *span. ptg.* 5744
lobrecar *span.* 5717
lobregar *ptg.* 5717
lóbrego *span. ptg.* 5700.
5717. 5722
lobrigar *ptg.* 5717
lóbrigo *span. ptg.* 5717
loc *afrz.* 5676
loc *rum.* 5668
local *frz.* 5660
locale *ital.* 5660
locare *ital.* 5664
locha *prov.* 5714
lochar *prov.* 5715
locher *frz.* 5677
locbio *ital.* 4515
locilo *aspan.* 5663
locman *frz.* 5377
loco *aital.* 5665
loc-s *prov.* 5668
loda *ital.* 5481
lodare *ital.* 5475
lode *ital.* 5481
lodier *frs.* 5670
lede *span. ptg.* 5762
lodoso *span. ptg.* 5758
lodria *ital.* 5759
lodro *ptg.* 5756
lodurare *sard.* 8164
loendro *ptg.* 5695. 8062
leerre *afrz.* 5698
loeura *valverz.* 5696
lof *frz.* 5671
lofßa *ital.* 5740
loffo *ital.* 8799
logar *prov.* 5664
lege *frz.* 5471
logement *frs.* 5471
leger *frz.* 5471
loggia *ital.* 5471
logher *ital.* (modenes.)
5666
logis *frs.* 5471
loglio *ital.* 5680 ·

logo *ptg.* 5665
logorare *ital.* 5698. 5712
lógoro *ital.* 5698
lograr *prov. span. ptg.*
5712
legrare *ital.* 5712
logre-s *prov.* 5713
logre *span.* 5713
loguier-s *prov.* 5661
loi *frz.* 5556
leica *aflorent.* 5673
leice *aflorent.* 5673
lein *frz.* 5686
leing *prov.* 5686
lointain *frz.* 5688
loie *ptg.* 3228
loir *frz.* 4267
loirar *prov.* 5698
loire-s *prov.* 5698
leiria *prov.* 5759
lóiro *com.* 5480
loirre *afrz.* 5698
leis *afrz.* 5752. 5755
loisir *frz.* 5566
leita *prov.* 5714
leitar *prov.* 5715
loitier *anglonorm.* 5715
loja *ital. venez.* 4723
leja *ital.* (tosc.) 5693
leja *ptg.* 5471
lojola *ital.* 5675
lolla *ital.* 5659
lomas *rtr.* 5727
lombaggine *ital.* 5723
lombard *afrz.* 5681
lombart *afrz.* 5681
lembo *ital. ptg.* 5727
lembelo *verones.* 5726
lembra *tic.* 6611
lombral *valtell.* 4669
lombric *afrz.* 5725
lombrico *ital.* 5726
lombric-s *prov.* 5725
lombriga *ptg.* 5725
lombrigar *ptg.* 5717
lombrio *ital.* 5725
lombriz *span.* 5725
lomb-s *prov.* 5727
lemear *aptg.* 5729
lemiar *altptg.* 5729
lomo *span.* 5727
lona *prov.* 5375. 5682
lone *prov.* 5664
lonçean *altoberital.* 5688
long *frz.* 5691
lõng *valm.* 5691
lenza *ital.* 5724
longaigne *altfrz.* 5684.
5685
lengain *afrz.* 5685
longaniza *span.* 5685
longe *ptg.* 5686
longe *frz.* 5724
longesa *prov.* 5689
longie *frz.* 5687
longitano *ital.* 5688
lengo *ptg.* 5691
lenze *ital.* 5738
longor *span. ptg.* 5689
longu *sard.* 5691

longuement *frz.* 5683
longueur *frz.* 5689
longura *prov. span. ptg.*
5689
lenh *prov.* 5686
lonhdá *prov.* 5688
lonja *span.* 5471. 5724
lontano *ital.* 5688
lentora *ital.* 5760
lontra *ital. ptg.* 5759
lonza *ital.* 5766
loor *span.* 5481
leppa *ital.* 5659
loppio *ital.* 6711
lopporo *ital.* 5743
lop-s *prov.* 5744
leque *frz.* 5678
loquet *frs.* 5676
lor *prov. rum.* 4714
lora *ladinisch* 5693
loramentu *sard.* 5694
lord *afrz.* 5750
lerdo *ital.* 5750
löre *mail.* 5480
lorgne *afrz.* 5747
lorgner *frz.* 5747
lorgnette *frz.* 5747
lorgnon *frs.* 5747
loro *ital.* 4714
lors *frz.* 4614
lort *afrz.* 5050
lort-z *prov.* 5750
loru *sard.* 5696
los *prov. cat. span.*
4714
los *afrz.* 5481
losa *piem. span.* 5483
losange *frz. span.* 5483
lose *prov.* 5752
losch *rtr.* 5752
losche *afrz.* 5752
losco *ital.* 5752
losenge *afrz.* 5481
losengeor *afrz.* 5481
losenger *afrz.* 5481
losque *afrz.* 5752
losse *wall.* 5662
lot *frz.* 5484
lotare *ital.* 5757
lote *span. ptg.* 5484
loteria *span. ptg.* 5484
loterie *frz.* 5484
lotir *frz.* 5484
lotja *prov.* 5471
leto *span. ptg.* 5484
leto *ital.* 5762
lotoso *ital.* 5758
lotra *rum.* 5465
letta *ital.* 5714
lottare *ital.* 5715
lotto *ital.* 5484
lottone *ital.* 5468
lot-z *prov.* 5755
lou *afrz.* 5658. 5744
lou *rtr.* 4716
louange *frz.* 5481
louche *afrz.* 5752
louer *frz.* 5475. 5664
loueur *frz.* 5473
louf *rtr.* 5744

loup *nfrz.* 5744	lucherino *ital.* 5592	lulla *ital.* 5757	lupo *ital.* 5744
loupe *frz.* 5740	luchina *modenes.* 5721	lum *afrz.* 5616	luppa *rtr.* 5740
leup-garou*frz.* 5745.10378	lucia *ital.* 5755	lumaca *ital.* 5598	lup-s *prov.* 5744
leur *rtr.* 4714	lücid *lomb.* 5708	lumacaglia *ital.* 4671	lupta *rum.* 5714
loura *ptg.* 5477	lucide *frz.* 5708	lumaccia *ital.* 5598	luquer *frz.* 5739
lourd *frz.* 4345. 5750	lucido *ital. span. ptg.* 5708	lumaga *rtr.* 5598	lur *rtr.* 4714
leur(e) *ostfrz.* 5718	lucidu *sicil.* 5708	lumaja *rtr.* 5598	lura *bresc. crem.* 5693
leure *frz.* 5746	lucifer *prov. frz.* 5709	lumbardu *sicil.* 5681	lurelle *ostfrz.* 5591
leuro *ptg.* 5480	lucifero *ital.* 5709	lumbre *span.* 5728	lúrido *ital.* 5750
loutre *frz.* 5759	lucillo *span.* 5663	lumbric-s *prov.* 5725	lurzina *südsard.* 5749
lousa *ptg.* 5477. 5483	lúcio *span.* 5708	lumba *sard.* 5727	lus *afrz.* 5481. 5710
lousignol *afrz.* 5751	lucio *ptg.* 5710	lume *rum.* 5728	lusch *rtr.* 5710
lousee *frz.* (*pic.*) 5662	lucir *span.* 5703	lume *ital. ptg.* 5728	lusciard *rtr.* 5365
louv *bolog.* 5744	luciu *rum.* 5708	lumear *aptg.* 5729	lusco *span. ptg.* 5752
louvador *prov.* 5473	lucore *aital.* 5711	lumeira *prov.* 5730	lusignuolo *ital.* 5751
louvar *ptg.* 5475	lucra *rum.* 5712	lumelg *rtr.* 6429	lusinga *ital.* 5481
leuve *frz.* 5740	lucrá *abruzz.* 5712	lümi *piem.* 5603	lusingare *ital.* 1454. 5481
louver *ptg.* 5487	lucre *frz.* 5713	lümiá *piem.* 5603	lusinghiere *ital.* 5481
louvoyer *frz.* 5671	lucru *rum.* 5713	lumiâa *valses.* 6565	lüssi *aemil.* 5720
louvres *poitev.* 5718	ludái *sard.* 5757	lumiar *aptg.* 5729	lüsta *lyon.* 5669
louzŭe *ptg.* 5482	ludio *span.* 5756	lumieira *galliz.* 5729	lustrar *span. ptg.* 5753
löva *lomb.* 5657	ludir *span.* 5756	lumieira *ptg.* 5730	lustrare *ital.* 5753
lová *valmagg.* 5638	ludosu *ital. sard.* 5758	lumieiro *ptg.* 5729. 5730	lustre *frz. span. ptg.* 5754
lova *ital.* 5740	ludri *bologn.* 9936	lumière *frz.* 5728. 5730	lustrer *frz.* 5753
lövr *neuchâtel.* 6718	ludria *ital.* 5759	lumignon *frz.* 3235	lustro *ital.* 5754
loyal *frz.* 5509	ludro *span. ptg.* 5762	lumina *levent.* 6565	lustru *rum.* 5754
loyar *prov.* 5664	ludu *sard.* 5762	lumina *rum.* 5731	lut *rum.* 5762
loyauté *frz.* 5509	lueo *afrz.* 5665	luminar *span. ptg.* 5729	luta *ptg.* 5714
loyer *frz.* 5661	luec-s *prov.* 5668	luminada *sard.* 6565	luta *ital.* 5650
loyo *ptg.* 3228	luogo *span.* 5665	luminare *ital. rum.* 5729	lutar *ptg.* 5715
loza *span.* 5755	luen *prov.* 5686	luminaria *sp. ptg.* 5730	lutarina *ital.* 5650
lozanga *ital.* 5483	lueñe *span.* 5686	lumindra *ital.* 5730	lutin *frz.* 4660. 6519
lozane *span.* 5482	luengo *span.* 5691	lumindria *ital.* 5730	lutiner *frz.* 6519
lezza *rtr. mail.* 5755	luenh *prov.* 5686	lumineux *frz.* 5732	lute *ital.* 5762
lezza *valses.* 5697	lüeravaç *piem.* 7760	luminiera *ital.* 5730	lutos *prov. rum.* 5758
lozzu *sard.* 5697	luerre *afrz.* 5698	lumines *rum. prov.* 5732	lutoso *ital.* 5758
lua *sard.* 5719	lues *afrz.* 5665	luminoso *ital. span. ptg.* 5732	lutria *span.* 5759
lua *aspan.* 5672	luette *frz.* 9940	lum-s *prov.* 5728	lutrin *nfrz.* 5504
luar *rtr.* 2847	lueur *frz.* 5711	luna *ital. prov. span. ptg.* 5733	luttare *ital.* 5715
luare *sard.* 5719	luf *rtr.* 5744	luna *rum.* 5699. 5733	lutte *nfrz.* 5714
luator *rum.* 5542	lugana *prov.* 5701	lunatic *prov. rum. cat.* 5735	lutter *nfrz.* 5715
luatura *rum.* 5544	lüganega *genues.* 5685. 5702	lunatico *ital. span. ptg.* 5735	luva *ptg.* 5672
lubido *ital.* 6646	lugar *span. ptg.* 5660. 5668	lunatique *frz.* 5735	luva *monf.* 5744
lubie *nfrz.* 6646	lugarin *venez.* 5592	lundi *frz.* 5734	luvegu *genues.* 6698
lubrican *span.* 5744	lugart-z *prov.* 5701	lune *frz.* 5733	lüvin *lomb.* 5742
lubricar *span. ptg.* 5699	lúgere *ital.* 5720	lunedì *ital.* 5734	luvrey *neuchâtel.* 5718
lubricare *ital.* 5699	lugbente *sard.* 5703	lunee *span.* 5734	lüvro *rtr.* 9853
lubrico *ital.* 5700	lughidu *sard.* 5708	lunetta *ital.* 5736	luyta *cat.* 5714
lubricon *span. ptg.* 5717	lugio *alomb.* 5716	lunette *frz.* 5736	luz *prov.* 5710. 5763
lubrigar *ptg.* 5717	lugio *ital.* 5748	lung *rum.* 5691	luz *span. ptg.* 5763
lubriscante *ptg.* 5717	luglio *ital.* 5214	lunghesso *ital.* 5146	luzer *prov.* 5703
lücá *mail.* 5720	lugor *cat.* 5711	lunghezza *ital.* 5689	luzir *ptg. prov.* 5703
lucanne *afrz.* 5704	lugore *sard.* 5711	lungo *ital.* 5690	luzzie *aemil.* 5708
lucarne *frz.* 5704	luger-s *prov.* 5711	luni *rum.* 5734	luzzidu *sard.* 5708
lucchetto *ital.* 5676	lugubre *frz. ital.* 5722	luek *rtr.* 5691	luzzigu *sard.* 5708
luccio *ital.* 5710	lui *ital. rum. rtr. prov. frz.* 4714	lun-s *afrz.* 5616	luzzina *südsard.* 5749
lucciolare *ital.* 5720	luire *frz.* 5703	luns *prov.* 5734	luzzu *sard.* 5680
luce *ital.* 5763	luirse *galliz.* 5756	luntrar *rum.* 5632	lyóba *franco-prov.* 5634
luceäfer *rum.* 5709	luiseau *afrz.* 5663	luntre *rum.* 5630	
lúcere *ital.* 5703	luisel *afrz.* 5663	lunza *ital.* 5724	
lucerna *ital.* 5704	luisir *afrz.* 5703	luogo *ital.* 5668	
lucernajo *ital.* 5705	luite *afrz.* 5714	luogotenente *ital.* 5667	**M.**
lucernario *ital.* 5705	luitier *afrz.* 5715	luoja *ital.* 5675	
lucerniere *ital.* 5705	luiton *afrz.* 6519	lup *rum.* 5616	ma *ital. rtr. rum.* 5798
lucertolo *ital.* 5366	lujar *galliz.* 5761	lupa *ital.* 5740	ma *prov.* 5876
luceto *neap.* 5708	lujola *ital.* 5675	lupia *span.* 5740	ma *cat.* 5926
lucha *span. prov.* 5714			mä medregal *mail.* 6008
luchar *span. prov.* 5715			maca *ptg.* 4477
luchéra *ital.* 5739			
lucherare *ital.* 5739			

mannequin *frz.* 5869.
5893
mannerino *ital.* 6187
mannu *sard.* 5802
mannuju *sard.* 5925
mano *ital. span.* 5926
manobra *prov. ptg.* 5927
manobrar *ptg.* 5927
manocchia *ital.* 5925
manoelle *afrz.* 5862
manœuvre *frz.* 5927
manœuvrer *frz.* 5927
manoil *afrz.* 5925
maneis *afrz.* 2854
manoir *afrz.* 5877
manojo *span.* 5888. 5925
manoll *cat.* 5925
manopla *span. ptg.* 5925
manópola *ital.* 5925
manoppie *abruzz.* 5925
manoufle *nprov.* 5925
manoul *nprov.* 5925
manovaldo *ital.* 6376
manovale *ital.* 5927
manovra *ital.* 5927
manovrer *afrz.* 5927
manquer *frz.* 5867
manritta *ital.* 5928
mans *prov.* 5910
ma(n)-s *prov.* 5926
mănsărăt *rum.* 5905
mansarde *frz.* 5897
manscalc-s *prov.* 5935
manser *span.* 5861
mansero *span.* 5905
manso *ital.* 5910
manso *span. ptg.* 5910
mansuetume *afrz.* 5908
manta *cat.* 5918
mántaco *ital.* 5914
manteau *frz.* 5912
manteca *span.* 5914
mantees *ptg.* 5911. 5932
mantega *cat.* 5914
manteiga *ptg.* 5914. 6015
manteles *span.* 5911.
5932
mantell *cat.* 5912
mantelle *ital.* 5912
mantel-s *prov.* 5912
mantenen *prov.* 4997
mantener *span. prov.*
5929
mantenēre *ital.* 5929
manteo *span. ptg.* 5912
manter *ptg.* 5929
mantera *span.* 6015
mantică *rum.* 5914
mantice *ital.* 5914
mantilha *ptg.* 5916
mantilla *span.* 5916
mantillo *span.* 5912.
5916
mantó *ital.* 5912
manto *ital. span. ptg.*
5918
mant-z *prov. frz.* 5913
manuale *ital.* 5921
mănunchiu *rum.* 5888.
5925

manvée *afrz.* 5919
manyá *cat.* 5779
manzana *aspan.* 6005
manzo *ital.* 5910
máo *ptg.* 5854
mão *ptg.* 5926
maore *rum.* 6383
mapa *piem.* 5932
mappa *lomb.* 5932
mappina *neap.* 5932
maque *frz.* 5770
maquer *afrz.* 5770
maquereau *frz.* 5817
maquet *afrz.* 5770
maquiller *frz.* 5990
máquino *span.* 5778
mar *afrz.* 5820
mar *cat. span. ptg.*
5944
marabotin *prov.* 6289
màrăcine *rum.* 5971
marais *nfrz.* 5944
maraischiere *afrz.* 5944
maraña *span.* 5933. 5974
marañar *span.* 5933.
5974
marangone *ital.* 6116
marăo *ptg.* 5821
mărar *rum.* 5937
marasa *lomb.* 5971
maraud *frz.* 5821. 5949.
5986
marauder *franz.* 5821.
5949
maravedí *sp. ptg.* 6289
maravella *frz.* 6205
maraviglia *ital.* 6205
maravilha *ptg.* 6205
maravilhar *ptg.* 6205
maravillar *span.* 6205
marazzo *ital.* 5944
marbre *frz.* 5967
marc *frz. prov.* 3240.
5960
marca *span. ptg.* 5960
marca *ital. prov. span.
ptg.* 5961
marcar *span. ptg.* 5960
marcare *ital.* 5770. 5941.
5960
marcassin *frz.* 6067
marcear *span.* 5979
mărced *rum.* 5939
marceiro *ptg.* 6201
marceneiro *ptg.* 6201
mărcezac *rum.* 5938
marcesir *prov.* 5938
marcezir *prov.* 5938
marcha *span. ptg.* 5941
marchand *nfrz.* 6100
marcbar *span. ptg.* 5941
marche *frz.* 591. 5961
marché *frz.* 6102
marcheant *afrz.* 6100
marcher *frz.* 5941
marchese *ital.* 5962
marchiare *ital.* 5960
marchido *span.* 5938
marchio *ital.* 5960
marchir *afrz.* 5938

marchitar *span.* 5938
marchito *span.* 5938.
5939
marciare *ital.* 5941
marcido *ital. span.* 5939
marcio *ital.* 5939. 5941
marcit *afrz.* 5938
marcire *ital.* 5938
mareit *acat.* 5930
mareit-z *prov.* 5939
marcone *ital.* 5942. 5943
marcotte *frz.* 6117
mardi *frz.* 5980
mare *rum.* 5812. 5944
mare *ital. frz.* 5944
mare *rum.* 2812. 5944
marécage *nfrz.* 5944
maréchal *frz.* 5935
mareitó *altgenues.* 5829
marelle *frz.* 6007
maremma *ital.* 5957
maremmano *ital.* 5957
marende *afrz.* 6110
marenne *afrz.* 5957
maresc *afrz.* 5944
marescage *afrz.* 5944
maresciallo *ital.* 5935
marescot *afrz.* 5944
marese *ital.* 5944
maresquel *afrz.* 5944
marfil *span.* 3165. 3175
marfim *ptg.* 3165. 3175
marga *cat. span. ptg.*
5945
marga *prov.* 5883
marga *ital.* 5945
margă *rum.* 5945
margarita *ital.* 5945
marge *prov. frz. cat.* 5948
margéll *valsass.* 6446
margem *ptg.* 5948
margen *span.* 5948
margherita *ital.* 5946
margine *ital. rum.* 5948
margoillier *afrz.* 5990
margolato *ital.* 6117
margotta *ital.* 6117
margotte *frz.* 6117
margouillis *nfrz.* 5990
margrave *span.* 5963
margua *prov.* 5883
marguillier *afrz.* 5990
marguillier *frz.* 6010
margulhão *ptg.* 6116
margulh-s *prov.* 6116
mari *frz.* 5959
mariage *frz.* 5955
maridaje *span.* 5955
maridança *ptg.* 5955
maridar *prov. cat. span.
ptg.* 5958
marido *span. ptg.* 5959
mariegola *altvenez.* 6009
marier *frz.* 5958
marina *ital. span.* 5952
marinajo *ital.* 5951
marinare *ital.* 5952
marine *frz.* 5952
marinero *span.* 5951
marinha *ptg.* 5952

marinheiro *ptg.* 5951
marinho *ptg.* 5952
marinier *frz.* 5951
marino *ital. span.* 5952
marionnette *frz.* 5949
mariposa *span. ptg. cat.*
5950
mariscal *span. ptg.* 5935
mariscalco *ital.* 5935
marisma *span.* 5944. 5957
maritaggio *ital.* 5955
maritare *ital.* 5958
maritime *ital.* 5957
măritiş *rum.* 5956
marito *ital.* 5959
maritta *ital.* 5928
marit-z *prov.* 5959
marinolo *ital.* 5949
marle *afrz.* 5945
marle *nprov.* 5945
marlotta *rtr.* 6124
marmaglia *ital.* 6178
marmaille *frz.* 6178
marmela *ptg.* 6062
marmelada, -e *ptg. frz.*
6062
marme-s *prov.* 5967
marmita *ital. cat. span.
ptg.* 5966
marmite *frz.* 5966
marmiteux *frz.* 5966
marmiton *cat. span. ptg.
frz.* 5966
marmitone *ital.* 5966
marmo *ital.* 5967
marmocchiaja *lucches.*
6332
marmocchio *ital.* 6178
marmol *span.* 5967
marmore *ptg.* 5967
marmot *frz.* 6178
marmota *span. ptg.* 6387
marmotta *ital.* 6387
marmotte *frz.* 6178. 6387
marmotter *frz.* 5966. 6387
marmouser *afrz.* 6887
marmouset *frz.* 5967
marmure *rum.* 5967
marna *mail.* 5784
marne *nfrz.* 5945
marner *frz.* 5947
marodeur *frz.* 5821
maroéle *venez.* 4449
maron *mittelfrz.* 5969
maronier *afrz.* 5951
maroquin *frz.* 5970
Marot *frz.* 5949
marota *span. ptg.* 5821
marota *span. ptg.* 5949
Marote *frz.* 5949
marote *afrz.* 5821
marotte *frz.* 5949
marou *frz.* 5985
marprime *frz.* 5965
marque *n/rz.* 5960
marquer *nfrz.* 5960
marques *span.* 5962
marquez *ptg.* 5962
marquis *frz.* 5962
marra *ital. span. ptg.* 5971

'mmaleto *neap.* 5118
mmestiri *sicil.* 5125
mo *rtr.* 5798
mo *ital.* 6241
mó *ptg.* 6248
moale *rum.* 6261
moară *rum.* 6248. 6256
mobiglia *ital.* 6231
mobile *ital.* 6231
mobilità *ital.* 6232
moble *prov. cat.* 6231
meca *cat.* 6287
mocajardo *ital.* 5968
mocajarra *ital.* 5968
mocca *rtr.* 6332
mocceca *ital.* 6328. 6332
moccicare *ital.* 6328
moccicone *ital.* 6328. 6332
moccio *ital.* 6328. 6414
moccioso *ital.* 6331
moccolaja *ital.* 6332
meccole *ital.* 6332
moch *cat.* 6332
mechar *prov.* 6330
mechar *cat.* 6332
mocharde *ital.* 6398
mochin *span.* 6420
mocho *sp. ptg.* 6420
mochuelo *span.* 6420
moce *ital.* 6234
moco *span.* 6332
moçe *span. ptg.* 6421
mocos *cat.* 6331
mocoso *span.* 6331
moc-s *rtr. prov.* 6332
mod *rum.* 6245
moda *cat. span. ptg.* 6245
módano *ital.* 6244
mode *frz.* 6245
modèle *frz.* 6243
modello *ital.* 6243
modelo *span. ptg.* 6243
módene *ital.* 6244
moderare *ital.* 6236
modérer *frz.* 6236
moderne *frz.* 6235
moderne *ital. span. ptg.* 6235
modeste *frz.* 6237
modesto *ital.* 6237
modiglione *ital.* 6419
modi-s *prov.* 6245
modle *afrz.* 6244
modo *ital. cat. span. ptg.* 6245
modorra *ptg.* 10123
modorrar *span. ptg.* 6242
modorro *span. ptg.* 6242
modulare *ital.* 6244
modulo *ital.* 6244
modurria *span. ptg.* 6242
moeda *ptg.* 6269
moelle *frz.* 6052
moelleux *frz.* 6052
moellon *frz.* 5850. 6052
moér *ptg.* 6263
most *afrz.* 6134
mœuf *afrz.* 6245

mœurs *frz.* 6317
mefa *cat. span. ptg.* 6378
mofar *cat. span. ptg.* 6378
mofette *frz.* 6336
mofina *ptg.* 6336
mofineza *ptg.* 6336
mofino *ptg.* 6336
moflet *prov.* 6337
mofletes *span.* 6337
moflu *henneg.* 6337
mófnès *wallon.* 6337
mefo *ptg.* 6336
mogate *span.* 2020
moggio *ital.* 6240
mogio *ital.* 6390. 6408
moglia *valtell.* 6231
moglie *ital.* 6353
mogliére *ital.* 6353
mogo *aptg.* 6340
mogote *span.* 6340
mebine *span.* 6336
moho *span.* 6318. 6336
mohon *wallon.* 6403
moi *afrz.* 6134
moi *sard.* 6241
meie *afrz.* 6134
moignon *afrz.* 6369
moih *prov.* 6328
moiller *prov.* 6353
moindre *frz.* 6186
moine *frz.* 6265
moineau *frz.* 6403
moing *afrz.* 6369
moinho *ptg.* 6256
moins *frz.* 6188
meiel-s *prov.* 6238
moiom *aptg.* 6143. 6258. 6420
moire *frz.* 5968
moiré *frz.* 5968
meie *prov. afrz.* 6328
meis *frz.* 6086
moie *prov.* 6421
moisir *frz.* 6233. 6328
moisen *afrz.* 6085
moisseron *norm.* 6403
meisson *frz.* 6128
moisson *norm.* 6403
moissonner *frz.* 6128
moita *ptg.* 6015
moite *frz.* 6329. 6414
moitié *frz.* 6046
moix *cat.* 6328
moizeta *prov.* 6403
mojà *venes.* 6241
moja *ital.* 6383
mojar *span.* 6260. 9182
moje *span.* 6383
mojigato *span.* 2020
mojom *span.* 6143
mojon *span.* 6258. 6420
mol' *cat.* 6248
mol *afrz. frz.* 6261
móla *piem.* 6052
mela *ital. prov. cat.* 6248
molaire *frz.* 6249
molar *span. ptg.* 6249
molare *ital.* 6249
mólcere *ital.* 6349

moldar *span. ptg.* 6244
melde *span. ptg.* 6244
moldear *span. ptg.* 6244
môle *frz.* 6252
mele *span.* 6261
moleajā *rum.* 6262
moleiro *ptg.* 6254
moler *rtr. span.* 6263
molesto, -ia *ital. span. ptg.* 6253
molhar *prov. ptg.* 6260
molbe *ptg.* 6252
melhor *prov. ptg.* 6353
molho *ptg.* 5925
molh-s *prov.* 6239. 6261
moli *cat.* 6256
molinaro *ital.* 6254
molinero *span.* 6254
molino *ital. span.* 6256
molin-s *prov.* 6256
molir *span.* 6257
meli-s *prov.* 6256
moll *rtr. cat.* 6261
molla *ital.* 6260
mollar *span.* 6261
mollare *ital.* 6260
molle *ital. frz. ptg.* 6261
molleira *ptg.* 6261
molleja *span.* 6260
molleja *ptg.* 6261
mollejon *span.* 6260
mollejuela *span.* 6260
mollera *span.* 6260. 6261
molle-s *prov.* 6244
mollesse *frz.* 6262
mollet *nfrz.* 6261
molletta *ital.* 6260
molleta *span.* 6260
mollete *span.* 6260
molleton *frz.* 6261
molleza *prov.* 6262
mollezza *ital.* 6262
mollica *ital.* 6261
mollir *ptg.* 6257
melma *sard.* 6072
melo *nprov.* 6143. 6248
mele *ital.* 6252
mologna *neap.* 9411
molre *prov.* 6263
molsa *cat.* 6318
molsa *florent.* 6356
molser *prov.* 6352
molt *rum. afrz. prov. cat.* 6361
molta *rtr.* 5850
moltó *cat.* 6360
molto *ital.* 6361
moltone *venez.* 6360
molto-s *prov.* 6360
momento *ital.* 6264
momer *afrz.* 6365
momerie *nfrz.* 6365
mómia *span.* 6363
momie *frz.* 6363
momie *span.* 6363
mon *frz.* 6145
mon *prov. afrz.* 6372
mon *frz.* 6369
mon *cat.* 6145. 6373
mona *ital.* 10398

mona *span. ptg.* 5806. 6028
monaco *ital.* 6265
monasterio *span.* 6266
monastero *ital.* 6266
moncar *ptg.* 6332
moncare *ital.* 5867
monceau *nfrz.* 6283
moncel *afrz. prov.* 6283
monco *ital.* 5867
monco *ptg.* 6332
mend *prov.* 6373
monda *span. ptg.* 6371
mondadura *span. ptg.* 6371
mondain *frz.* 6366
mondanéité *frz.* 6366
mondanité *frz.* 6366
mondar *span. ptg.* 6371
mondare *ital.* 6371
mondatura *ital.* 6371
mondazione *ital.* 6371
mende *prov. afrz.* 6372
mende *frz.* 6373
monder *frz.* 6371
mondezza *ital.* 6370
mendia *ital.* 6370
mende *ital. span. ptg.* 6372
mende *ital.* 6373
mondualdo *ital.* 6376
mone *neap.* 6241
mone *frz.* 5806. 6028
moneda *prov. span.* 6269
monedula *ital.* 6267
mónego *bellun.* 6265
monesél *bellun.* 6259
monestier-s *prov.* 6266
moneta *ital.* 6269
monetario *ital.* 6270
mongana *ital.* 6352
menge-s *prov.* 6265
mónik *tic.* 6265
monitula *ital.* 6267
monje, -ge *span. ptg.* 6265
monjoie *afrz.* 6275
menna *ital.* 5806. 6028
monnaie *frz.* 6269
mennins *frz.* 6028
monno *nprov.* 6028
monocordo *ital.* 6273
mon-s *prov.* 6373
monstier *afrz.* 6266
menstir *afrz.* 6266
monstrar *prov.* 6277
mo(n)strer *afrz.* 6277
monstre *ital.* 6278
mont *frz.* 6373
mont *frz. rum. prov.* 6274
montagna *ital.* 6279
montagnard *frz.* 6279
montagne *frz.* 6279
montain *frz.* 6280
montaña *span.* 6279
montañera *span.* 6279
montanha *ptg. prov.* 6279
montanheiro *ptg.* 6279

montanhez *ptg.* 6279
montano *ital. span.* 6280
montat *frz.* 6284
montante *ital. span. ptg.* 6284
montar *prov. span. ptg.* 6284
montare *ital.* 6284
montatura *ital.* 6282
mente *ital. span. ptg.* 6274
montecillo *span.* 6283
monteiro *ptg.* 6281
monter *frz.* 6284
montero *span.* 6281
monticello *ital.* 6283
(Mont)martre *frz.* 5983
montone *ital.* 6360
montre *frz.* 4622. 6277
montrer *nfrz.* 6277
montueux *frz.* 6285
mentues *prov.* 6285
montuoso *ital. span. ptg.* 6285
montura *span.* 6282
monture *frz.* 6282
monumen-s *prov.* 6286
monument *frz.* 6286
monumento *ital. span. ptg.* 6286
monumiento *span. ptg.* 6286
móogo *aptg.* 6265
moquer *frz.* 6330
mór *ptg.* 5812
mor *prov.* 6389
mora *ital. prov. cat. span.* 6313
mora *ital.* 6379
mora *ital. span. ptg.* 6288
moraccio *mant.* 6425
moracciola *veron.* 6385
moradore *sard.* 6290
moragia *venez.* 6425
moraine *frz.* 6379
moraille *frz.* 6425
moraillon *frz.* 6425
moralba *prov.* 6425
morallas *cat.* 6425
merauga *ptg.* 6313
morar *rum.* 6250. 6254
morbi *mail.* 6291
morbid *ämil. lomb.* 6291
morbidez *span. ptg.* 6291
morbido *ital. span. ptg.* 6291
morbidu *sicil. sard.* 6291
morbiglione *ital.* 6292
morbilles *frz.* 6293
morbillo *ital.* 6293
morbleu *frz.* 6304
morbo *ital.* 6294
morceau *nfrz.* 6305
morcego *ptg.* 6400
morcel *afrz.* 6305
morcon *span.* 6295
merdache *nfrz.* 6296. 6297
mordacchia *ital.* 6296

mordacilla *span.* 6296. 6297
mordacle *afrz.* 6296
merder *rtr. span. ptg.* 6298
mórdere *ital.* 6298
mordicar *span. ptg.* 6306
mordiscar *span. ptg.* 6306
mordre *prov. afrz.* 6298
mordreor *afrz.* 6300
mordrisseor *afrz.* 6300
merégo *vic.* 6385
morégolo *trev.* 6385
moreia *ptg.* 6382
morel *afrz.* 6314
morella *ital.* 6314
morelle *afrz.* 6314
morello *ital.* 6314
morena *ital. span.* 6382
morenas *cat.* 4449
morenillo *span.* 6314
moreno *span. ptg.* 6314
morf *rtr.* 6294
morfia *ital.* 6301
morfier *afrz.* 6301
morfire *ital.* 6301
morfondre *frz.* 6294
morga *abruzz.* 6384
morgeline *frz.* 6308
morgö *prov.* 6385
morgue *frz.* 6386
morguer *frz.* 6386
moriges *lothr.* 6386
morigö *lomb.* 6385
merille *frz.* 6302
morio, -ia *ital.* 6161
morion *afrz.* 6425
morione *ital.* 6425
morir *rtr. prov. cat. span.* 6303
morire *ital.* 6303
morisco *span. ptg.* 6314
mormint *rum.* 6286
mormo *ptg.* 6294
mormorare *ital.* 6387
mormorio *ital.* 6387
mormurar *span.* 6387
morn *prov.* 6388
morne *frz.* 6388
moro *ital.* 6318
moro *ital. span. ptg.* 6314
meron *span.* 6379. 6394
morondo *span. ptg.* 6314
morra *prov. span.* 6425
morralet *cat.* 6425
morre *prov.* 6389
morrer *ptg.* 6303
morriaño *ptg.* 6425
morrion *span.* 6425
morro *span. ptg.* 6425
morros *span.* 6425
mors *prov. frz.* 6307
mor-s *prov.* 6425
morsa *ital.* 6307
morse *frz.* 6316. 8151
morsecchiare *ital.* 6306
morseggiare *ital.* 6306
morsella *ital.* 6307
morsicare *ital.* 6306

morsino *ital.* 6307
moreo *ital.* 6307
mort *rtr. cat. frz.* 6304
mert *rum. rtr. frz. cat.* 6312
mortăcină *rum.* 6311
mortajo *ital.* 6310
mortallaza *sard.* 6309
morto *ital. ptg.* 6304
mortecino *span.* 6311
morteiro *ptg.* 6310
mortella *ital.* 6392
mortero *span.* 6310
mortesinho *ptg.* 6311
morticino *ital.* 6311
mortier *prov. frz.* 6310
merto *ital. ptg.* 6312
mort-z *prov.* 6304. 6312
morue *frz.* 6425
morusco *span. ptg.* 5986
morut *prov.* 6425
morvà *bergam.* 6294
morve *frz.* 6294
morviglione *ital.* 6292
morvu *sicil.* 6294
mo-s *prov.* 6245
mosaico *span. ptg.* 6410
mosaïque *frz.* 6410
mosca *ital. prov. cat. span.* 6398
moscajo *ital.* 6399
moschetta *ital.* 6398
moschetto *ital.* 6398
moscia *ital. rtr.* 6401
moscid *friaul.* 6329
moscio *ital.* 6328. 6329
moscione *ital.* 6415
mescle-s *prov.* 6404
mosqueta *span. ptg.* 6398
mosquete *span. ptg.* 6398
mosquito *span. ptg.* 6398
mosquito *pyren.* 2660
moss *ferrar.* 6408
mossa *prov.* 6318
most *cat.* 6417
mostacchio *ital.* 6412
mostaccio *ital.* 6412
mostacho *span.* 6412
mostalla *cat.* 6417
mostarda *ital. prov. cat. ptg.* 6417
mostassa *cat.* 6417
mostaza *span.* 6417
mostear *span.* 6417
mosteiro *ptg.* 6266
mostela *prov.* 6418
mostier-s *prov.* 6266
mosto *ital. span. ptg.* 6417
mostoos *altbearn.* 6416
mostra *ital.* 6277
mostrar *cat. span. ptg.* 6277
mostrare *ital.* 6277
mostrenca, -o *span.* 6276
most-z *prov.* 6417
mot *frz. cat.* 6424
mota *ital.* 5850
mota *span. ptg.* 6321
mofăriu *rum.* 6310
mete *span. ptg.* 6424
motif *frz.* 6322

motilar *span.* 6418
motilon *span.* 6420
metir *prov. afrz.* 6423
motivo *ital. span. ptg.* 6322
meto *ital. ptg.* 6322
moton *prov. aspan.* 6360
motta *ital.* 6321
mette *frz.* 6321
mette *ital.* 6424
motxo *cat.* 6420
mot-z *prov.* 6424
mou *frz.* 6261
mouchard *franz.* 6330. 6398
mouche *frz.* 6398
moucher *frz.* 6330
moucheron *frz.* 6330
moucheter *frz.* 6398
mouchoir *frz.* 6330
mouchon *henneg.* 6403
mouco *ptg.* 5823. 6334
moucos *prov.* 6331
moudre *frz.* 6263
moue *afrz.* 6024
moue *frz.* 6023
mouette *frz.* 4192. 6024
moufeter *pic.* 6247. 6338
moufetto *frz.* 6336
moufle *frz.* 6337
moufler *frz.* 6337
moufler *norm.* 6247
mouflu *pik.* 6337
mouiller *frz.* 6260
mouióu *nprov.* 6238
mouiro *nprov.* 6383
mouis *nprov.* 6328
moule · *frz.* 6244. 6263. 6404
mouler *frz.* 6244
moulin *frz.* 6256
móun *rtr.* 5926
moure *prov.* 6323
mourer *cat.* 6323
mourir *frz.* 6303
mourre *afrz.* 6389. 6425
mouschette *afrz.* 6398
mousle *afrz.* 6404
mousquet *frz.* 6398
mousse *frz.* 6318. 6421
mousseline *frz.* 6320
mousser *frz.* 6318
mousseron *frz.* 6318
moustache *frz.* 6412
mousti *limous.* 6329
moustoile *afrz.* 6418
moût *frz.* 6417
moutele *afrz.* 6413
moutier *nfrz.* 6266
mouton *frz.* 6360
mouvoir *frz.* 6323
movel *ptg.* 6231
mover *prov. span. ptg.* 6323
moxeta *cat.* 6403
moxó *cat.* 6403
moyen *frz.* 6033
moyeu *frz.* 6238. 6239
moyo *span.* 6240
mozaic *prov.* 6410

neghiettire *ital.* 6496
neghinä *rum.* 6534
neghinä *rum.* 6540
negbittoso *ital.* 6497
négliger *frz.* 6501
negligère *ital.* 6501
négoce *frz.* 6505
negoci *cat.* 6505
negociador *span. ptg.* 6503
negociar *span. ptg.* 6504
négociateur *frz.* 6503
négocier *frz.* 6504
negocio *span. ptg.* 6505
negoci-s *prov.* 6505
negoҫa *rum.* 6504
negoҫitor *rum.* 6503
negoziare *ital.* 6504
negoziatore *ital.* 6503
negozio *ital.* 6505
negre *prov.* 6536
negre *cat.* 6536
négro *frz.* 6536
negrear *span.* 6538
negreaҫä *rum.* 6541
negrecato *neap.* 6539
negrecer *span.* 6538
negreggiare *ital.* 6538
negregura *span.* 6541
negrejar *prov. ptg.* 6538
negresci *rum.* 6538
negrezir *prov.* 6538
negrezza *ital.* 6541
negridňo *ptg.* 6541
negro *ital. span. ptg.* 6536
negromancia *ptg.* 6510
negromanciero *frz.* 6509
negromante *ital.* 6509
negromanzia *ital.* 6510
negru *rum.* 6536
negrura *ptg.* 6541
negueis *prov.* 6507
neguilla *span.* 6534
negun *afrz.* 6495
negurä *rum.* 6485
neguros *rum.* 6486
negu-s *prov.* 6495
noiant *afrz.* 6489
neidi *rtr.* 6548
neif *rtr. afrz.* 6553
neige *frz.* 6550. 6563
neiger *frz.* 6551
neigeux *frz.* 6552
neir *prov.* 6536
neis *prov. afrz.* 6507
neisu(n)-s *prov.* 6508
noisus *prov.* 6512
neivé *piem.* 4811
nojente *aital.* 6489
neleg-z *prov.* 6500
neleit-z *prov.* 6500
nem *ptg.* 6487
nema *span.* 6511
nembe *ital.* 6542
nemés *prov.* 6543
nemico *ital.* 4984
nemon *span.* 4288
nemps *prov.* 6543
nemus *sard.* 6512
nen *sard.* 6487

nenҫuar *mittelital.* 6551
nenhum *ptg.* 6495
nenil *afrz.* 6569
nenni *nfrz.* 6569
nenni, -da *frz.* 2957
neo *ital.* 6436
nepitella *ital.* 6514
nèple *afrz.* 6127
nepontä *rum.* 6516
neporoc *afrz.* 4568
eepot *rum.* 6515
nepote *ital.* 6515
neps *prov.* 6515
nepta *sard. prov.* 6517
neputinҫa *rum.* 4787
ner *prov.* 6536
nerbo *ital.* 6520
nereggiare *ital.* 6538
nerf *frz.* 6520
nero *ital.* 6536
nervecare *lecc.* 6539
nerveux *frz.* 6520
nervio *span.* 6520
nervios *prov.* 6520
nervioso *span.* 6520
nervi-s *prov.* 6520
nerviu *sard.* 6520
nerve *ital. ptg.* 6520
nervoso *ital. ptg.* 6520
nesci *ital. prov.* 6522
nescio *ital. mail. ptg.* 6522
néser *rtr.* 6455
nesga *span.* 6525
néspera *span.* 6127
nespora *ptg.* 6127
nespereira *ptg.* 6127
nespla *cat.* 6127
nespler *cat.* 6127
uespolo, -a *ital.* 6127
ness *monf.* 6522
nessuno *ital.* 6508
nestare *ital.* 4985
nesto *ital.* 4985
nesun *afrz.* 6508
net *frs. cat. prov.* 6548
uet *cat.* 6515
neta *cat. ptg.* 6517
neted *rum.* 6548
netejar *prov. cat.* 6548
netezesci *rum.* 6548
neto *span.* 6548
nete *ptg.* 6515
netsa *prov.* 6518
nett *rtr.* 6548
nettare *ital.* 6548
notto *ital.* 6548
nettoyer *frz.* 6548
nettu *sard.* 6548
neu *prov. cat.* 6553
neuä *rum.* 6553
neuddu *sard.* 6052
neuf *nfrz.* 6581
neula *sard. cat.* prov.6485
neues *rum.* 6552
neuton *afrz.* 6519
neuvième *frz.* 6573
neväe *lad.* 6551
nevar *rtr. prov. cat. span. ptg.* 6551
nevare *ital.* 6551

neve *ital. ptg.* 6553
nevedina *mail.* 6514
neveu *nfrz.* 6515
nevicare *ital.* 6551
neve *genues.* 6515
nevoa *ptg.* 6485
nevod *afrz.* 6515
nevoso *ital. span. ptg.*6552
novot *afrz.* 6515
nevru *rum.* 6520
nexe *span. ptg.* 6525
nez *frz.* 6459
nezé *lyon.* 6466
nezza *ital. rtr.* 6518
'ngenne *abruzz.* 4828
ni *prov. frz. cat. span.* 6487
niaio *prov.* 6529
niais *frz.* 6529
niazza *rtr.* 6518
uibaru *sard.* 5225
nibbio *ital.* 6168. 6169
nicchia *ital.* 6227
nicchiare *ital.* 6494. 6531
nicchie *ital.* 6227
niccolino *ital.* 6697
niccolo *ital.* 6697
niche *prov.* 6522
niche *frz.* 6227. 6527.6531
nichée *frz.* 6531
nicher *frz.* 6531
nichotto *ital.* 6697
niche *span. ptg.* 6227
nicl *rum.* 6487
nicistà *aital.* 6490
nid *frz.* 6533
nidiace *ital.* 6529
nidio *ital.* 6532
nido *ital. span.* 6533
nidori *sard.* 6549
niebel *rtr.* 6554
niebita *lucc.* 6514
niebla *span.* 6485
nieble *afrz.* 6169
niòce *frz.* 6518
nief *rtr.* 6587
niege *sien.* 6436
niego *span.* 6530
niel *modenes.* 6435
niel *nfrs. span.* 6535
niela *prov.* 6534
nielar *prov. span.* 6535
niella *cat.* 6534
niellare *ital.* 6535
nielle *frz.* 6534
nieller *frz.* 6535
nielle *ital. ptg.* 6535
niellure *frz.* 6535
niel-s *prov.* 6535
niente *ital.* 6489
niepite *calabr.* 6517
nier *frz.* 6502
nierv *rtr.* 6520
niervo *span.* 6520
nierz *afrz.* 6515
nies *afrz.* 6515
nieta *ital. span.* 6517
nieto *ital. span.* 6515
nieu *prov.* 6533
nieu *rtr.* 6533
nieule *afrz.* 6485

nieus *afrz.* 6515
nieve *span.* 6533
nievo *venez.* 6515
Bif *rtr.* 6533
niffo, -a *ital.* 6526
niffolo *ital.* 6526
nifiä *limous.* 6526
nifler *pic.* 6526
niflo *limous.* 6526
nigaud *frz.* 6530
nigella *ital. ptg.* 6534
niger *afrz.* 6531
nigghiu *sicil.* 6169
nigier *afrz.* 6531
nigremance *afrz.* 6510
nigromancia *ptg.* 6510
nigromanciá-s *prov.* 6509
nigromante *ital. span. ptg.* 6509
nilza *mail.* 6171
nimbo *ital.* 6542
nimo *rum.* 6512
nimmu *ital.* 6512
nimo *ital.* 6512
nina *cat.* 6545
ninge *rum.* 6551
ningremance *afrz.* 6510
ninguem *ptg.* 6493. 6512
ningun *cat.* 6495
ninguno *span.* 6495. 6544
niuha *ptg.* 6545
ninhejo *ptg.* 6530
ninhe *ptg.* 6532. 6533
ninna, -o *ital.* 6545
ninnar *ital.* 6545
ninnolo *ital.* 6513
niño, -a *span.* 6545
nipa *prov.* 4590
nipote *ital.* 6515
nippe *frz.* 4590
nipper *frz.* 4590
nique *frz.* 6528
niquer *frz.* 6528
niquet *frz.* 6528
nirvi *cat.* 6520
nirvios *cat.* 6520
nis *prov. afrz.* 6507
niscare *rum.* 6521
niscarea *rum.* 6521
nisiss *friaul.* 6488
nispero *span.* 6127
nispola *span.* 6127
nissuno *ital.* 6508
nisun *afrz.* 6508
nit *cat.* 6588
nita *oberital.* 5574
nitido *ital. span.* 6548
nito *südfrz.* 5574
nitrire *ital.* 4572
nitrito *ital.* 4572
niu *rtr.* 6533
niuno *ital.* 6495
niu-s *prov.* 6533
nivare *sard.* 6551
niveau *frz.* 5557
nivel *span.* 5557
nivelar *span. ptg.* 5557
niveler *frz.* 5557
nivel-s *prov.* 5557
nivida *valm.* 5134

72*

nujala *rtr.* 6580
nul *rtr. prov. frz.* 6608
nulă *rum.* 6608
null *cat.* 6608
nulla *ital.* 6608
nullo *ptg.* 6608
nulo *span.* 6608]
numbrar *prov.* 6611
nume *rum.* 6564
numĕr *rum.* 6612
numĕra *rum.* 6611
numerar *cat. span. ptg.*
   6611
numerare *ital.* 6611
numĕrător *rum.* 6610
numere *ital. cat. span.*
   ptg. 6612
nomessi *rum.* 6565
nunanta *rtr.* 6567
nunca *span. ptg.* 6613
nuncio *ital. span. ptg.*
   6615
nundinas *sard.* 6614
nunna *sic.* 6572
nunnu *sicil.* 6572
nunque *cat.* 6613
nunsas *sard.* 6586
nuntă *rum.* 6586
nuntas *sard.* 6586
nunzio *ital.* 6615
nuocĕre *ital.* 6555
nuef *rtr.* 6587
nuora *ital.* 6616
nuorea *rtr.* 6623
nuota *altsien.* 6576
nuotare *ital.* 6467
nuovità *ital.* 6583
nuovo *ital.* 6587
nuque *frz.* 2112. 6599
nnra *sard.* 6616
nurdiái *sard.* 6621
nuriar *altoberital.* 6621
nursa *rtr.* 6623
nusea *ital.* 6617
nusch *rtr.* 6626
nusterza *tarent.* 6603
nustresci *rum.* 6623
nutreţ *rum.* 6620
nutria *span.* 5759
nutriçăo *ptg.* 6624
nutrice *ital.* 6625
nutricion *span.* 6624
nutrir *span. ptg.* 6623
nutrire *ital.* 6623
nutriz *span. ptg.* 6625
nutrizione *ital.* 6624
nut-z *prov.* 6605
nuvem *ptg.* 6591
nuvil *rtr.* 6765
nuvolo, -a *ital.* 6591
'nzertare *abruzz.* 5030
'nzorare *neap.* 9942. 9943

O.

o *ptg. rum.* 4714
o *prov.* 4568
oaio *rum.* 6766

---

oală *rum.* 6688
oan *afrz.* 4568
oara *rum.* 4614
oare-cat *rum.* 4614
oase *rum.* 6749
oasp *rum.* 4632
oaspĕt *rum.* 4632
oaspeto *rum.* 4632
oaste *rum.* 4639
obbia *valacs.* 6646
obbilái *sard.* 6705
ebbie *valaes.* 6646
obblia *ital.* 6637
obbliare *ital.* 6635
obblio *ital.* 6637
obblioso *ital.* 6636
obblivioso *ital.* 6636
obedecer *span. ptg.* 6629
obehir *cat.* 6629
obéir *frz.* 6629
obozir *prov.* 6629
obià *lomb.* 6631
ebia *sard.* 6646
obier *frz.* 6711
obispo *span.* 3258
obja *piem.* 6646
oblaie *afrz.* 6631
oblida *prov.* 6637
oblidar *cat. aspan. prov.*
   6635
oblidos *prov.* 6636
oblit-z *prov.* 6637
obrar *span. ptg. prov.*
   6704
obratge-s *prov.* 6703
obreiro *ptg.* 6701
obrero *span.* 6701
obrisr-s *prov.* 6701
obs *prov.* 6712
obscur *frz.* 6639
obscuro *ptg. span.* 6639
obsèques *frz.* 6640
obsequias *prov. span. ptg.*
   6640
observer *frz.* 6641
obstacle *frz.* 6642
obue *frz.* 4514
obus *logud.* 6712
obuz *span.* 4514
obviar *nspan.* 6648
oc *prov.* 4568
ocasion *span.* 6649
occaiso-s *prov.* 6648
occannu *sard.* 4568
occasio *ital.* 6648
occasion *nfrz.* 6648
occasionar *prov.* 6648
occbiaja *ital.* 6662
occhiale *ital.* 6662
occhiare *ital.* 6665
occbiata *ital.* 6663
occhieggiare *ital.* 6665
occhio *ital.* 6666
occident *frz.* 6649
occidente *ital.* 6649
occiover *mail.* 6660
oc(c)ire *afrz.* 6650
occiseire *afrz.* 6653
occiseor *afrz.* 6653
occiseur *nfrz.* 6663

---

occision *afrz.* 6652
occisor *span. ptg.* 6653
occupare *ital.* 6656
occupazione *ital.* 6656
occuper *frz.* 6656
océan *frz.* 6657
océano *span. ptg.* 6657
oceano *ital.* 6647
och *prov.* 6659
ochaiso-s *prov.* 6648
ochanta *prov.* 6661
echau *prov.* 6658
ochenta *span.* 6661
ocheu *prov.* 6658
ochiavo *altoberital.* 6658
occbielari *rum.* 6662
ochioscar *rum.* 6665
ochiezar *rum.* 6665
ochirre *afrz.* 6650
ochiu *rum.* 6666
ocho *span.* 6659
ochoison *afrz.* 6648
ocio *span. ptg.* 6760
ociosidad *span.* 6758
ociosidade *ptg.* 6758
ocioso *span. ptg.* 6759
ocleiar *prov.* 6665
ôco *ptg.* 6655
octau *prov.* 6658
octavo *span.* 6658
octembre-s *prov.* 6660
octo *sard.* 6659
octomvrie *rum.* 6660
octobre *frz.* 6660
octobre-s *prov.* 6660
octoyreis (?) *prov.* 6660
octubre *cat. span.* 6660
od *afrz.* 2672
odeur *frz.* 6668
odiar *span.* 4510
odiare *ital.* 4510
edio *span. ptg. ital.* 6667
odior *ptg.* 4510
odi-s *prov.* 6667
odor *rtr.* 6691
odor *span. ptg.* 6668
odere *sard.* 6691
odere *ital.* 6668
oder-s *prov.* 6668
ordre *span. ptg.* 9936
oef *rtr.* 6768
œgl *rtr.* 6666
œil *frz.* 6666
œillade *frz.* 6663
œillader *frz.* 6665
œille *afrz.* 6764
œillet *frz.* 6664
œillette *frz.* 6687^A N
œillière *frz.* 6662
oel *afrz.* 4568
oes *afrz.* 6712
oeste *ptg. span.* 6649. 7300
œuf *frz.* 6666
œur *lomb.* 6741
œuvre *frz.* 6700
ofeuggio *genues.* 5479
offa *ital. sard.* 6670
officiale *ital.* 6674
officier *frz.* 6674
officina *ital.* 6673

---

officio *ital.* 6674
offizio *ital.* 6674
offrir *frz.* 6672
offrire *ital.* 6672
ogan *prov.* 4568
ogano *aptg.* 4568
ogeḍḍu *sard.* 6654
eggi *ital.* 4596
oggidì *ital.* 4597
oggimai *ital.* 4598
ögia *mail. com.* 6667
ogiovere *lomb.* 6660
oglia *ital.* 6688
oglio *ital.* 6686 ·
ogni *ital.* 6694
ogel *bellun.* 6711
ogre *nprov.* 6721
egre *span.* 6721
oi *rum.* 6766
eibò *ital.* 6678
eier *rum.* 6762
oierie *rum.* 6762
oiegó *rum.* 6763
oig *rtr.* 6659
oignon *frz.* 2082. 9901
oïl *afrz.* 4568
oille *nfrz.* 6688
oindre *frz.* 9896
ointura *prov.* 9889
eire-s *prov.* 9936
óire *com.* 5480
oiro *piem.* 9936
oirre *afrz.* 5158
oiseau s. Martin *frz.* 5978
eiseus *afrz.* 6759
oisif *frz.* 6759
oisiveté *frz.* 6758
oisor *prov.* 9942
oissor *afrz.* 9942
oit *prov. afrz.* 6659
oiţă *rum.* 6763
oitava *agenues.* 6658
oitavo *ptg.* 6658
oitenta *ptg.* 6661
öj *valaes.* 6667
ojada *span.* 6663
ojar *span.* 6665
oje *afrz.* 4568
ojear *span.* 6665
ojera *piem.* 6662
ojo *span.* 6666
oju *sard.* 6666
ol *afrz.* 4568
ol (il) *afrz.* 4714
ola *span. cat.* 4640
ola *prov. lomb.* 6688
olar *rum.* 6689
oléandre *frz.* 5695. 8062
oleandro *span. ital.* 5695.
   8062
oleier *rum.* 6680
oleies *rum.* 6682
oleiu *rum.* 6686
olee *ital. span. ptg.* 6686
oleoso *ital.* 6682
oleoso *span. ptg.* 6682
oler *prov. span.* 6681
olere *ital.* 6681
olere *ptg.* 6689
olezzare *ital.* 6687

paño span. 6830
paño de manes span. 9846
pauoja span. 6837
panolla ptg. 6837
panonio nprov. 6837
panouil frz. 6837|
panouille frz. 6837
pansa prov. span. ptg. 6834
pansé frz. 6834
panse frz. 6834
panser frz. 7019
pansu frz. 6834
pautais prov. 7111
pantaisar prov. 7111
pantaisier afrz. 7111
pantalon frz. 6832
pantalone ital. 6832
pantan rtr. cat. 6833
pantáno ital. span. ptg. 6833
pántece rum. 6834
pantegan venez. 6834. 7304
panteisier afrz. 7111
panteler nfrz. 7111
pantera ital. prov. span. 6835
pautex cat. 7111
pantexao cat. 7111
panthera ptg. 6835
panthère frz. 6835
pantofla rum. 6917
pantófola ital. 6917
pantois afrz. 7111
pantoisier afrz. 7111
pantorsilla span. 6834
pantoufle frz. 6917
pantuflo span. 6917
pantun obw. 7305
panturra ptg. 6834
panturrilha ptg. 6834
pañuelo span. 6829
pánurä rum. 6829. 6830
panxa cat. 6834
pänxä rum. 6831
páo ptg. 6812
pǎo ptg. 6827
pao-s prov. 6950
paen frz. 6950
paene ital. 6950
paer-s prov. 6951
paos rum. 6941
paour afrz. 6951
papá span. 6839
papá rum. 6839
papa ital. span. 6839
papagai-s prov. 6841
papagai afrz. 6841
papagal rum. 6841
papagall cat. 6841
papagayo span. ptg. 6841
papai sard. 6839. 6848
papalló cat. 6845
papar rum. span. ptg. 6848
papávero ital. 6843
pape ital. 6840
pape frz. 6839

pápecia ital. 6845
papegaut afrz. 6841
papejo ital. 6852
papejo sien. 6771
papel ptg. 6852
papél span. ptg. 2123. 6852
papelard frz. 6842
papelera span. 6852
papelero span. 6852
papeleta span. 6852
papeo sien. 6771
paperasse frz. 6851
pápero ital. 6839
papetier frz. 6851
papette afrz. 6839
papier afrz. 6847
papier frz. 2123. 6851
papijo itul. 6852
papijo sien. 6771
papila span. 6846
papilla ital. ptg. 6846
papille frz. 6846
papillon nfrz. 6845
papillota span. 6852
papin afrz. 6839
papiri-s prov. 6851
papoula ptg. 6843
pappa ital. 6839
pappagallo ital. 6841
pappalardo ital. 6842
pappare ital. 6848
pappe ital. 6839
papudo span. 6839
pápula span. ptg. 6850
papula span. ital. 6939
päpușä rum. 6849
päque(s) frz. 6893
päquerette frz. 6896
paquet frz. 1154. 6772
par rum. 6812
par span. ptg. 6873
par frz. 7024
para rum. 7026. 7184
para span. ptg. 7026. 7441
parabola ital. 6854
parade frz. 6875
paradela span. 6861
paradella cat. 6861
paradiso ital. 6856
parafe frz. 6858
paraffo ital. 6858
parage frz. 6862
paraggio ital. 6862
parage ital. 6785
paragon span. frz. 6859
paragonare ital. 6859
paragone ital. 6858
paragrafe ital. 6858
paraguai ital. 6857
paraí rtr. 6866
paraître frz. 6866
paramboler bell. 1542
parangon frz. span. 6859
paraola aital. 6854
parapet frz. 6875
parapetto ital. 6875
paraphe frz. 6858
parapluie frz. 6875

parar prov. cat. span. ptg. 6875
parare ital. 6875
parasol frz. 6875
parasole ital. 6875
parata ital. 6875
paratge-s prov. 6862
paraula aital. prov. altspan. 6854
paraular prov. 6855
paravento ital. 6875
paravise neap. 6856
paravoa aptg. 6854
paravola aital. 6854
parba sard. 6839
parbleu nfrz. 7033
paro-s prov. 6864
parc frz. 6864
parcamin afrz. 7052
parcaria prov. 7310
parcela prov. 6883
parcella ptg. 6883
parcelle frz. 6883
parobe afrz. 6782
parchemin frz. 7052
parco span. 6864
parçon afrz. 6888
parçonnier afrz. 6888
pardal span. ptg. 6800
pardiez span. 7033
pardios span. 7033
pardo span. ptg. 6800
pardon frz. 7039
pardonables afrz. 7038
pardonnavles afrz. 7038
pardonner frz. 7039
päré rum. 6866
pareagna vic. 6868
pareas ptg. 6853
parecchio ital. 6867
parecer span. ptg. 6866
päreche rum. 6867. 6873
pärecherniță rum. 6869
parede ptg. 6868
pareglio ital. (arch.) 6867
pareil frz. 6867
pareille frz. 6861
pareisser prov. 6866
pareja span. 6873
parejo span. 6867
parelh prov. 6867
parelha ptg. 6873
parelho ptg. 6867
parelle frz. 6861
parent prov. frz. cat. 6865
parente ital. ptg. 6865
parer prov. acat. 6866
parer frz. 6875
parere ital. 6866
päresimi rum. 7602
paresse frz. 7144
paressoux frz. 7144
paret-z prov. 6868
pärete rum. 6868
parete ital. 6868
parexer cat. 6866
parfaire prov. frz. 7047

parfait frz. 7048. 7049
pargami-s prov. 7052
parge ptg. 6785
pargoletto ital. 6888
pargolo ital. 6888
pari friaul. 6870
pari ital. 6853
paria prov. 6873
pariar aspan. 6853. 6871
parias span. 6853
pariel rtr. 6872
parier frz. 6871
parietaria ital. span. ptg. 6869
pariglia ital. 6867
pärinc rum. 6825
parinte rum. span. 6865
parir span. ptg. 6870
paritaria prov. 6869
parlar prov. span. 6855
parlare ital. 6855
parler frz. 6855
parlético ital. 6860
parmain afrz. 6874
parmér rtr. 7431
paro ital. 6873
párocco span. ptg. 6877
parochia ptg. 6876
parochie rum. 6876
paroc-s prov. 6877
paróh rum. 6877
paroi frz. 6868
paroir afrz. 6866
paroisse frz. 6876
paroissien frz. 6877
parol ptg. 6872
parola ital. 6854
parolo frz. 6854
paroler afrz. 6855
párpado span. 6807
parpaglione ital. 6845
parpagnu sicil. 7069
parpain frz. 7069
parpaing frz. 7069
parpalho-s prov. 6845
parpar span. 6839
parpauu rtr. 7069
parque span. ptg. 6864
parquer frz. 6864
parquet frz. 6864
parra cat. span. ptg. 6878
parrain frz. 6933
parrar cat. span. ptg. 6878
parrin frz. 6933
parro prov. 6878
parrocă rum. 7155
parrocchetto ital. 6841. 7105
parróchia ital. 6876
parrocco ital. 6877
parroquía span. 6876
parrucca ital. 7155
parseif valses. 7389
parsó prov. 6888
parson afrz. 6888
parsonnier afrz. 6888
parsui obwald. 7415
part rtr. prov. frz. cat. 6879

pavio *ptg.* 6429. 6771
pavo *afrz.* 6843
pavó *ptg.* 6950
pavo *span.* 6950
pavois *frz.* 6946
pavon *span.* 6650
pavone *ital.* 6950
pavonearse *span. ptg.* 6950
pavor-s *prov.* 6951
pavóra *vogher.* 6843
pavot *frz.* 6843
pavra *tic.* 6957
pavura *span.* 6951
paxo *genues.* 6792
payan-s *prov.* 6780
payar *prov.* 6774
paye *frz.* 6774
payen *frz.* 6780
payer *frz.* 6774
payment-z *prov.* 6948
pays *frz.* 6781
paysage *nfrz.* 6781
paysan *nfrz.* 6781
paz *span. ptg.* 6952
pazible *prov.* 7214
paziente *ital.* 6929
pazienza *ital.* 6930
pazziare *ital.* 6891
pazzo *ital.* 6891. 6929 *u. N.*
pe *rtr.* 7087
pé *ptg.* 7087
péage *frz.* 6971
peage *ptg.* 6971
peagem *ptg.* 6971
poagua *sard.* 6970
peagno *venez.* 6970
peaje *span.* 6971
peason *afrz.* 6972
peau *frz.* 7000
peautre *afrz.* 7001
peazo-s *prov.* 6972
pebido *cat.* 7208
pebre *cat. span.* 7076
pebre-s *prov.* 7176
pec *afrz.* 6956
pec *prov.* 6967
peca *venez.* 6975
peca *span.* 6956
peça *ptg.* 7106
pecadillo *span.* 6955
pecado *span.* 6955
pecador *span.* 6954
pecar *span.* 6956
pecarajo *ital.* 6965
pecat *cat.* 6955
pecca *ital.* 6956
peccadiglia *ital.* 6955
peccadiglio *ital.* 6955
péccadille *frz.* 6955
peccaire *prov.* 6954
peccar *cat. ptg.* 6956
peccare *ital.* 6956
peccato *ital. ptg.* 6955
peccator *ptg.* 6954
peccatore *ital.* 6954
peccat-z *prov.* 6955
pécchero *ital.* 1130
pecchia *lucch.* 6999
pece *ital.* 7210

pecego *ptg.* 7073
pecegueiro *ptg.* 7073
pecha *ptg.* 6956
pecha *span.* 6777
pechar *span.* 6777
péché *frz.* 6955
pèche *frz.* 7073
pècher *frz.* 7073. 7192
pécher *frz.* 6956
pècheur *frz.* 7187
pécheur *frz.* 6954
pechier *afrz.* 1130
pechina *span.* 6959
pecho *span.* 6777. 6964
pecho *span. ptg.* 7089
pechos *aspan.* 6964
pecingene *rum.* 4773
peciolo *span.* 7092
peco *altumbr.march.* 6967
peçonha *ptg.* 7353]
peçonhentar *ptg.* 7353
pecora *ital.* 6957
pecorajo *ital.* 6958
pecoréa *span.* 6967
pectare *ital.* 7196
pectus *sard.* 6964
pĕcurar *rum.* 6958
pĕcnre *rum.* 6967
peous *sard.* 6967
pedaggio *ital.* 6971
pedamiento *neap.* 6969
pedanka *valses.* 6969ª *N.*
pedañ *lomb.* 6970
pédant *frz.* 6778
pedante *ital. span. ptg* 6778
pedazo *ptg.* 7207
pedazo *span.* 7207
pedde *sard.* 7000
pédeg *lomb.* 6975
pedogá *com.* 6975
pedestal *span. ptg.* 7087
pedicello *ital.* 7150
pedicone *neap.* 6975
pedido *ptg.* 7095
pedidor *span. ptg.* 7094
pediglioso *ital.* 6976
pedignori *ital.* 7066
pedina *ital.* 6978
pedinte *ptg.* 7091
pedir *span. ptg.* 7098
pedo *span.* 6984
pedone *ital.* 6985
pedoto *ital.* 6986
pedra *cat. ptg.* 7099
pedregoso *span.* 7101
pedregulho *ptg.* 7101
pedrighina *sard.* 7101
pedule *ital.* 6987
podz *neuchâtel.* 7133
peer *span.* 6984
peestre *afrz.* 6974
pega *cat.* 7210
pegá *berg.* 7134
pega *span. ptg.* 7131
pegar *span. ptg. prov.* 7134
pegara *lomb.* 6957
pogaro *altoberital.* 7140
peggio *ital.* 6991

peggiore *ital.* 6991
poglia *aret.* 6999
pegno *ital.* 7143
pegnora *avenez.* 7143
pegnorare *ital.* 7142
pego *ptg.* 6967. 6993
pegoa *genues.* 6957
pegola *ital.* 7137
pegro *altoberital.* 7140
peguj-al *span.* 6966
pegureiro *ptg.* 6958
peg-z *prov.* 7210
péi *rtr.* 7087
peica *sard.* 6975
peidar *ptg.* 6984
peido *ptg.* 6984
peigne *frz.* 6959
peigner *frz.* 6961
peignier *frz.* 6960
peignoir *frz.* 6962
peigo *genues.* 7056
peile *prov.* 7089
peille *prov.* 7137
peina *rtr.* 7279
peinar *span.* 6961
peindre *frz.* 7166
peine *frz.* 7279
peine *span.* 6959
peinero *span.* 6960
peintre *frz.* 7185
peiuture *frz.* 7136
peira *prov.* 7099
peire *prov.* 6984
peiregá *nprov.* 7101
peiregas *nprov.* 7101
peirier-s *prov.* 7185
peirol *afrz.* 6872
peiro-s *prov.* 7102
peis *prov.* 7191
peisses *prov.* 7190
peita *ptg.* 6777
peitar *ptg.* 6777
peito *ptg.* 6777. 6964. 6983
poitrina *prov.* 6963
peitz *prov.* 6964. 6991
peixão *ptg.* 7190
peixe *ptg.* 7191
peixeiro *ptg.* 7186
peixer *cat.* 6895
peja *genues.* 7208
pejar *ptg.* 6975
péjego *span.* 7073
pejer *prov.* 6991
pejo *ptg.* 6975
pejor *prov.* 6991
pejora *monf.* 6957
pel *afrz.* 6812
pela *avenez.* 7147
pelago *ital. ptg.* 6993
pelaigre *frz.* 6993
pelar *prov. cat. span.* 7152
polare *ital.* 7152
pèle *afrz.* 7089
peléa *span.* 6789
peleagre-s *prov.* 6993
pelear *span.* 6789
peleg-s *prov.* 6993
polcia *prov.* 6789

peleiar *prov.* 6789
peleja *ptg.* 6789
pelejar *ptg.* 6789
pêle-mêle *frz.* 6214. 7152
peler *frz.* 7152
pèlerin *frz.* 7040
pélerin *frz.* 7040
pelfa *cat. sard.* 8724
pelfe *afrz.* 3724
pelfer *afrz.* 3724
pelfre *afrz.* 3724. 6994
pelfres *afrz.* 6994
pelfrer *afrz.* 3724
pelh-s *prov.* 7159
pélican *frz.* 6995
pelicano *ital.* 6995
policer *afrz.* 6997
pelier-s *prov.* 6996
peligro *span.* 7056
peligroso *span.* 7055
pelisch *rtr.* 7516
pelissier *prov.* 6996
pelitre *span. ptg.* 7591
pelitre *cat.* 7103
pelitre-s *prov.* 7103. 7591
pell *cat.* 7000
pella *span. ptg.* 7147
pella *ptg.* 6921
pellar *ptg.* 7152
pelle *ital. ptg.* 7000
pelle *frz.* 6788
pellecchia *neap.* 6999
pellegrina *ital.* 7040
pellegrino *ital.* 7040
pelleja *span.* 6999
pellejero *span.* 6996
pelliccia *ital.* 6998
pellicciajo *ital.* 6996
pellicciere *ital.* 6996
pelliqueiro *ptg.* 6996
pellissa *ptg.* 6998
pellisse *frz.* 6998
pellisser *cat.* 6996
pellizar *span.* 6997
pelma *lomb. rtr.* 6989
pelmazo *span.* 6989. 7264
pelo *span. ptg. ital.* 7159
peles *prov. cat.* 7154
peleso *ital. span. ptg.* 7154
pelota *prov. span.* 7147
pelete *frz.* 7147
peloter *frz.* 2374
peloton *frz.* 7147
pelourinho *ptg.* 8931
pel-s *prov.* 7000
pel-s *prov. cat.* 7159
peltre *span. ptg.* 7001
peltro *ital.* 7001
peluca *span.* 7155
pelucar *prov.* 7155
peluccio *ital.* 7156
peluche *frz.* 7156
peluja *ital.* 7157
peluria *ital.* 7157
pelusa *span.* 7156
pelussa *cat.* 7156
peluza *span.* 7156
peluzzo *ital.* 7156

Wortverzeichnis.

poddighe sard. 7290
poddine sard. 7289
podé rtr. 7335
podenco span. 7275
podengo ptg. 7275
peder ptg. cat. span.
  7335
podor afrz. 7582
pöder rtr. 1146
podestà ital. 7351
pedice ital. 7276
podiza prov. 7294
podl rtr. 6977
podon span. 7582
podra prov. 7545
podro span. ptg. 7575
podrecer span. 7584
podridão ptg. 7587
podrido span. ptg. 7585
podrido ptg. 7587
podrir cat. span. 7587
poe afrz. 6944
poeir afrz. 7335
poéja veron. 6845
poejo ptg. 7515
poêle frz. 6921. 7017
poêle nfrz. 7090
poente ptg. 6649. 7300.
  10381
poesle afrz. 7090
poestad, -e span. ptg.
  7351
poestat-z prov. 7351
poesteis afrz. 7351
poesteit afrz. 7351
poestet afrz. 7351
poestif afrz. 7351
poetχ rtr. 6938
pofa berg. bresc. 3940
pogace rum. 3867
pege frz. 7277
poggia ital. 7277
poggiare ital. 7278
poggio ital. 7278
poi ital. 7336
poi afrz. 6938
poids frz. 7021
peie afrz. 6938
peignal afrz. 7512. 7513
poignard frz. 7512
poile frz. 7159
peillon afrz. 7523
poimăine rum. 7341
poinçon frz. 7549
peindre frz. 7553
peing frz. 7514
poiut frz. 7552
pointer frz. 7550
peire afrz. 6984
peire frz. 7184
poireau frz. 7320
poirier frz. 7185
poirir prov. 7587
pois frz. 7204
poislo afrz. 7017
poison frz. 7352
peissen frz. 7190. 7191.
  7355
poistron afrz. 7342
poitrine frz. 6963

poivre frz. 7176
poix frz. 7210
peize-s prov. 7352
pok rtr. 6938
pol-s prov. 7526
polce-s prov. 7290
polé ptg. 7292
poléa span. 7292
poleçutt friaul. 7515
poledrino ital. 7284
polédro ital. 7284
polenta ital. 7283
poléo span. 7515
peley rtr. 7515
pelgars-s prov. 7291
polha ptg. 7526
policar rum. 7291
police frz. 7287. 7294
policia span. ptg. 7287
policia span. 7286
polidez ptg. 7286
polideza span. 7286
polidura ptg. 7288
polieja prov. 7292
poliiturá rum. 7288
polilha ptg. 7526. 7544
polilla span. 7526. 7544
poliol cat. 7515
polir ptg. prov. frz. cat.
  7285
polire ital. 7285
polisci rum. 7285
polissa cat. 7294
polissia prov. 7294
polisson frz. 7285
polissure frz. 7288
politesse frz. 7286
póliza span. 7294
polizia ital. 7287
pólizza ital. 7294
poll cat. 6977
polla cat. span. 7526
pollare ital. 7524
pelle afrz. 7526
pollegar ptg. 7291
pollice ital. 7290
polle span. ptg. ital.
  7526
polmo-s prov. 7529
polpa ital. ptg. 7530
polpe ital. 7295
pols prov. cat. 7537
pols cat. 7545
polsar prov. 7586
polsch rtr. 7290
polse cat. 7290
polse ital. 7537
polta ital. 7533
poltiglia ital. 7539
poltrão ptg. 7293
poltre afrz. 7284
poltro cat. span. ptg.
  7284
peltre ital. 7293
poltron frz. span. 7293
poltrone ital. 7293
polverajo ital. 7541
polvere ital. 7545
polveriera ital. 7541
polveros prov. 7543

polveroso ital. span. ptg.
  7543
polvischio ital. 7546
polvo span. 7545
pólvora span. 7545
polype ptg. 7295
poma span. ptg. prov.
  7299
pomada span. ptg. 7296
pomata ital. 7296
pomba ptg. 2340. 6811
pombal ptg. 6810
pombinha ptg. 2340
pembo ptg. 6811
pome ital. 7299
pómes ptg. 7547
pomete rum. 7297
pomete ital. 7297
pometuri rum. 7297
pómez span. 7547
pomice ital. 7547
pommade frz. 7296
pomme frz. 7299
pomme de terre frz. 9794
pome ital. 7299
pómpola lod. 6843
pempen frz. 7532
pom-s prov. 7299
penant frz. 7300
ponce frz. 7547
ponceau frz. 7303
poncella aspan. 7506
ponch-z prov. 7552
poncif frz. 7549
pende neap. 7302
pondegh mod. 7304
pendre frz. prov. 7301
pondrer cat. 7301
poneut frz. 7300
ponente ital. 6649. 7300.
  10381
ponent-z prov. 7300. 10381
pener span. 7301
penga ital. 7508
pennor prov. 7553
ponh-s prov. 7514
poniente span. 6649. 7300.
  10381
ponn rtr. 6830
ponnula lecc. 7289
ponre prov. 7301
ponsalousa ptg. 5950
pont prov. frz. cat. 7302
pontare ital. 7550
pente ptg. 7302
ponticello ital. 7303
ponto ptg. 7552
ponzare ital. 7549
ponzoña span. 7353
ponzonăr span. 7353
pooir afrz. 7335
popa rtr. 7557
pepa prov. 7557
pepa cat. span. ptg.
  7559
pepar span. 6808
pepo venez. 7559
pepo ital. 9910
pópola mail. 6843
pepolana com. 6843

popolare ital. 7806
popolo ital. 7308
popolón pav. 6843
popoloso ital. 7307
popene ital. 7023
pepor rum. 7308
poporos rum. 7307
peppa ital. 7557. 9910
poppa ital. prov. 7559
populeux frz. 7307
populos prov. cat. 7307
populoso span. ptg. 7307
poquedad span. 6937
por nspan. nptg. 7024
pór ptg. 7301
por prov. afrz. 7319
por rum. 7320
por afrz. 7440
por span. ptg. 7445
pora aspan. aptg. 7441
porar span. 7565
porc prov. franz. rum.
  7315
poroa ptg. 7315
porçăo ptg. 7325
porcajo ital. 7312
porcar rum. 7312
porcăreafă rum. 7311
porcaria ptg. 7310
porcaro ital. 7312
porcel prov. afrz. cat.
  span. 7813
porcelaine frz. 7313
porcelana span. 7313
porcella ital. 7313
porcellana ital. 7313. 7314
porcellana ptg. 7313
porcelle ital. 7313
pero-épic frz. 7316
poro-espin nprov. 7316
porche frz. 7324
porcher frz. 7312
porchereccio ital. 7311
porcheria ital. 7310
porchiacca ital. 7328
porch cat. 7315
porcio-s prov. 7325
porcion span. 7325
perco ital. ptg. 7315
porco espinho ptg. 7316
porcospino ital. 7316
poreu sard. 7315
pore sard. 6951
porom ptg. 7462
poren aspan. aptg. 7462
porendo aspan. aptg.
  7462
porfía cat. span. ptg.
  7050
pórfido ital. 7317
perge-s prov. 7324
porgěre ital. 7318
perla bellinz. 7315
poro franco-prov. 7184
poroc prov. 4568
poroee afrz. 7461
porpora ital. 7566
porqueiro ptg. 7312
porquer cat. 7312
porqueria span. 7310

porqueriza span. 7311
porquero span. 7312
porquier-s prov. 7312
perra span. ptg. cat. 7320
porr-s prov. 7320
perre ital. 7301
perre prov. 7319
porreau frz. 7320
porrore sard. 7318
perro ital. span. ptg. cat. 7320
porsé monf. 7313
porsél lomb. 7313
port ptg. rum. prov. frz. cat. 7329
port frz. 7326
perta rum. 7326
porta ptg. ital. cat. prov. 7321
portacollo aptg. 7486
portador cat. span. ptg. 7323
portador-s prov. 7323
portar rum. 7322
portar cat. span. ptg. rtr. prov. 7326
portare ital. 7326
portatore ital. 7323
porte frz. 7321
porteiro ptg. 7322
porter cat. 7322
porter frz. 7326
portero span. 7332
porteur frz. 7323
perti piem. 7324
portico ital. 7324
portio rum. 7325
portier prov. frz. 7322
portiere ital. 7322
portió cat. 7325
portion frz. 7325
portique frz. 7324
porto ital. 7326. 7329
portulaca ital. prov. 7328
poruec afrz. 4568. 7461
porumb rum. 6811
perumbar rum. 6810
porzione ital. 7325
pos prov. ptg. 7336
posada span. 6943
pesar span. 6943
pesaro ital. 6943
pesca ital. 7330
poscia ital. 7339
posdomane ital. 7341
posdomani ital. 7341
peser frz. 6943
position frz. 7332
positura ital. 7333
posizione ital. 7332
posnée afrz. 7354
posolino ital. 7344
pósolo ital. 7348
pesene altoberital. 7352
pessa prov. 7536
possevole ital. 7334
post afrz. cat. 7346
posta ital. span. ptg. 7331

poste frz. 7331
postella prov. 7569
pestel-s prov. 7340. 7346
posterla prov. 7343
posterle prov. 7343
postierla ital. 7343
postila span. 7345
postilla ptg. ital. 7345
postilla span. 7569
postillar pror. 7345
postille frz. 7345
postrar span. 7484
postura span. ptg. ital. 7333
posture frz. 7333
pot frz. 7355
pot wall. 6805
potage frz. 7355
potager frz. 7355
potamò venez. 7349
potare ital. 7582
potasa span. 7356
potassa ptg. 7356
petasse frz. 7356
pete span. ptg. 7355
poteau frz. 7340. 7346
potence frz. 7350
potenza ital. 7350
potenzia ital. 7350
potere ital. 7335
poterna span. 7343
poterne frz. 7343
potestà ital. 7351
potuit frz. 7347
poturo afrz. 7540
poturnie rum. 2564
pot-z prov. 7355
petz prov. 7577
pou afrz. 6938
pou nfrz. 6977
pou cat. 7577
pouacre frz. 7357
pouah frz. 7357
peuco frz. 7290
pouco ptg. 6938
pou-de-seie frz. 6920
peudre frz. 7545
poudrel-s prov. 7284
poudrette frz. 7545
poudreux frz. 7543
pouillé frz. 2914
pouilleux frz. 6976
póul friaul. 7309
poulain frs. 7520
peule ital. 7302
poule frz. 7526
pouleiot prov. 7515
poulejo prov. 7292
poulie frz. 7292
poulier frz. 7292
pouliot frz. 7515
poulpe frz. 7295
pouls frz. 7537
poult-de-soie frz. 6920
poumon frz. 7529
poupa ptg. 9910
poupar ptg. 6808
poupe frz. 7559
poupe afrz. 7557
poupée nfrz. 7557

poupon frz. 7532
pouquidade ptg. 6937
pour frz. 7440
pourceau nfrz. 7313
(se) pourmener afrz. 7463
pourmenoir afrz. 7463
pourpier frz. 7328
pourpier frz. 7521
pourpoint frz. 7071
pourpre frz. 7566
pourrir frz. 7587
pourriture frz. 7587
poursuivre frz. 7483
pourvoir frz. 7497
pousalousa ptg. 6942
peusar ptg. 6943
peusar prov. 7577
poussa lyon. 7534
poussa prov. 7536
pousse frz. 7536
pousser frz. 7536
poussière frz. 7534
poussin frz. 7522
peut afrz. 7533
pout-de-seio frz. 6920
poutilles afrz. 7539
poutrain afrz. 7284
peutre frz. 7284
pouture frz. 7540
poutz prov. 7577
pouvoir frz. 7335. 7350
pouzi-s prov. 7522
póver rtr. 6939
povere ital. 6939
povertà ital. 6940
povo ptg. 7308
povore alomb. 7308
peyo span. ptg. 7278
peza span. 7570
pozals span. 7571
pozar prov. 7577
pozione ital. 7352
pozionar prov. 7353
pezo span. 7577
pezza ital. 7570
pezzo ital. 7577
pra rtr. 7406
praça ptg. 7285
prace ital. 7400
praço ptg. 7285
prada rum. 7372
pradă rum. 7366
prădăciune rum. 7367
prădător rum. 7368
pradella nprov. 6861
prade span. ptg. 7406
prael afrz. 7403
praeléu genues. 7405
praga ptg. 7218
praia ptg. 7219
prains afrz. 7375
prairie frz. 7402
prancha ptg. 7223
prandere sard. 7398
prangière afrz. 7899
pranteador ptg. 7224
prantear ptg. 7225
pränz rum. 7399
pranzare ital. 3007. 7398
pränzi rum. 7398

pranzo ital. 3007. 7399
prăo franco-prov. 7442
prat rum. cat. 7406
pratellina ital. 7403
prate ital. 7406
prato ptg. 7237
prat-z prov. 7406
prau rtr. 7406
prazer ptg. 7213
praze ptg. 7215
pre ital. 7413
pre rum. 7023
pre rtr. 7406
pré frz. 7406
proa rum. 7359
preador prov. 7368
preaire prov. 7368
préau frz. 7403
prebenda prov. cat. span. ptg. ital. 7360
preboste span. ptg. 7382
preçar ptg. 7419
precario ital. 7407
prêche frz. 7370
prêcher frz. 7370
prêcheur frs. 7369
prechier afrz. 7370
preciar span. 7419
précieux frz. 7420
precio span. 7421
preçe ptg. 7421
precoche neap. 7365
precugeta rum. 7362
precuvinteza rum. 7364
predaital.prov.span. 7366
predare ital. 7372
predatore ital. 7368
predecir span. 7371
predella ital. 1564. 1569. 7418
predeur afrz. 7368
predica ital. span. 7370
predicador span. ptg. 7369
predicar span. ptg. 7370
predicare ital. 7870
predicatore ital. 7369
predicere ital. 7371
prédire frz. 7371
predizer ptg. 7371
preechier afrz. 7370
preël afrz. 7403
prefac rum. 7047
prefacão ptg. 7373
préface frz. 7373
prefacion span. 7373
prefazione ital. 7373
prefeito ptg. 7374
prefenda ital. 7360
préfet frz. 7374
prefetto ital. 7374
prega ptg. 7254
prega ital. 7408
preganto altoberital. 7361
pregar ptg. 7408
pregare ital. 7408
pregaria ital. 7407
preghiera ital. 7407
preghiero ital. 7407
pregiare ital. 7419
pregio ital. 7421

puluar píg. 7525
pulular span. 7525
pulvra rtr. 7545
pulzella ital. 7506
pumice rum. 7547
pumn rum. 7514
pumnesci rum. 7514
punais frz. 7581
punaise frz. 2179
puñal span. 7512
puncella aspan. 7506
punceyla acat. 7506
punctu sard. 7552
pune ital. 7301
pungă rum. 7508
punge rum. 7553
pungello ital. 7549
pungere ital. 7553
pungir span. ptg. 7553
punhál ptg. 7512
punho ptg. 7514
punir prov. frz. cat. span. ptg. 7554.
puuiro ital. 7554
puño span. 7514
punoiu rum. 7568
punt rtr. 7302
puntare ital. 7550
punte rum. 7302
punto (-a) ital. cat. span. 7552
puntorzu sard. 7551
punxar cat. 7549
puny cat. 7514
punyir cat. 7553
punzar span. ptg. 7549
punzecchiare ital. 7549
punzellare ital. 7549
punziglio ital. 7549
punzione ital. 7548
punzen span. 7549
punzone ital. 7549
punzu sard. 7514
puoi-s prov. 7278
puor altoberital. afrz. 7583
puorfs rtr. 7320
puorto neap. 7329
puovolo avenez. 7308
pupăză rum. 9910
pupitre frz. 7531
pupuler frz. 9910
pur prov. cat. frz. 7567
purare ital. 7565
pureed rum. 7446
purcel rum. 7313
purces rum. 7448
purci sicil. 7516
pure ital. rtr. 7561
purer frz. 7565
pureté frz. 7564
pureza ptg. 7564
purgar cat. span. ptg. prov. 7563
purgare ital. 7563
purger frz. 7563
purgina rtr. 7492
purica rum. 3469. 7518
purice rum. 7516
puricos rum. 7519

puridad span. 7564
puridade ptg. 7564
purin frz. 7586
pürisna lomb. 7497
purità ital. 7564
purmaint rtr. 7528
puro ital. span. ptg. 7567
púrpura span. ptg. 7566
purrir astur. 7318
púrscel rtr. 7506
purscella rtr. 7506
purtat-z prov. 7564
purtator rum. 7323
púrure rum. 7070
pus cat. prov. 7270
pus ital. frz. cat. ptg. 7568
puso-s prov. 7516
puséin rtr. 7338
puséõ rtr. 7338
pusëturä rum. 7333
pusigno ital. 7338
pussa cat. 7516
pusté rum. 7569
pustella prov. 7569
pustis sard. 7336
pustola ital. 7569
pustula prov. cat. ptg. 7569
pústula span. 7569
pustule frz. 7569
put aprov. afrz. 7580
puţ rum. 7577
putain frz. 7578
putaine frz. 7578
putaña span. 7578
puţar rum. 7572
pute aprov. afrz. 7580
puté rum. 7335
putel, -tiel, -teau afrz. 7539
puţin rum. 6936. 6938. 7131
puţinatate rum. 6937
putire ital. 7573
putnais prov. 7581
puto span. 7590
putoare rum. 7583
putput span. 9910
putred rum. 7585
putrezesci rum. 7584
putrid prov. 7585
putride frz. 7585
putridire ital. 7587
putrido ital. ptg. 7585
puttana ital. 7578
puţi rum. 7573
putto ital. 7580. 7590
puturos rum. 7588
pûva sav. 7557
puxar span. ptg. 7536
puya span. 7511
puya span. ptg. 7557
puzone de Santu Martinu sard. 5978
puzza ital. 7579
puzzare ital. 7579
pezzo ital. 7579
puźźone sard. 7526
pyrèthre frz. 7591

Q.

qua rum. 7632
quà rtr. ital. 3182
quaĉ rtr. 2275
quacier afrz. 2273
quaera rtr. 5344
quaderno ital. 7649
quadrado span. ptg. 7607
quadragesimo ital. 7603
quadragésime span. ptg. 7603
quadran-s prov. 7605
quadrante ital. span. ptg. 7605
quadrar span. ptg. 7614
quadrare ital. 7614
quadrato ital. 7607
quadrello ital. 7608
quadro ital. span. ptg. 7617
quaglia ital. 2564. 5344
quagliare ital. 2276
quaglio ital. 2277
quai afrz. 1716. 5245
quainse afrz. 7634
quaissier afrz. 7644
quait prov. 2275
qual ptg. 7628
qualche ital. 7629
qualcheduno ital. 7630
qualcuno ital. 7630
quale ital. 7628
qualità ital. 7631
qualité frz. 7631
qualquer ptg. 7629
qual-s prov. 7628
qualsivoglia ital. 7629
qualsque prov. 7629
quam prov. 7632
quan prov. 7632. 7635
quand frz. cat. 7635
quandius prov. 7632
quando ital. ptg. 7635
quanse afrz. 7634
quant prov. frz. 7636
quanto ital. ptg. 7636
quanze wallon. 7634
quǎo ptg. 7632
quar prov. 7637
quaranta ital. prov. cat. 7604
quarantaine frz. 7604
quarantavel rtr. 7603
quarante frz. 7604
quaranté cat. 7603
quarantena ital. 7604
quarantesimo ital. 7603
quarantième frz. 7603
quarantina ital. 7604
quarasma rtr. 7602
quarenta ptg. 7604
quaresima ital. 7602
quaresma cat. ptg. 7602
quarre afrz. 7617
quarrièro afrz. 1967
quart afrz. cat. 7640

quartario ital. 7639
quartier frz. 7639
quartiere ital. 7639
quarto ital. span. ptg. 7640
quart-z prov. 7640
quas afrz. 1989. 7646
quasi ital. 7641
quássar prov. 7645
quasser afrz. 7645
quater rtr. 7652
quatir prov. 2274
quatordisch rtr. 7653
quatorze frz. ptg. 7653
quatre prov. frz. cat. 7652
quatrième frz. 7640
quatrinca span. ptg. 7651
quatro ptg. 7652
quatto ital. 2275
quattordici ital. 7653
quattro ital. 7652
que frz. 7632
que frz. prov. cat. span. ptg. 7665. 7679. 7685
quebradura span. ptg. 2595
quebrantar span. ptg. 2594
quebrar span. ptg. 2598
quec-s prov. 7680
qued afrz. 7665. 7685
quedar span. ptg. 7668
quedo span. ptg. 7669
quegne ital. 7670
queid bologn. 7669
queijeiria ptg. 1981
queijeiro ptg. 1981
queijo ptg. 1983. 3916
queimar ptg. 2590. 5255
queirre ostfrz. 7617
queixada ptg. 1898
queixar ptg. 2278. 7664
queixarse cat. 2278. 7664
queixo ptg. 1898. 6025
quejar span. 2278. 7664
quejigo span. 7655
quens afrz. 2354
quel frz. 7628
quelha ptg. 1758
quelle ital. 3189
quelque frz. 7628
quelqu'un frz. 7630
quem ptg. 7665
quemar span. 2590. 5255
quenouille nfrz. 2480
quente ptg. 1745
quer valdisc. valm. 7621
quera ptg. 1938
querado ptg. 1938
querce ital. 7654
quercia ital. 7654
querela ital. rtr. prov. ptg. 7659
querella cat. span. 7659
querelle frz. 7659
quereller frz. 7659
querena ptg. 1939

rencllla *span.* 8091
rencon *span.* 7748
rencor *nspan.* 7751
rencura *span.* 7752
renc-s *prov.* 8088
rend *ptg.* 7753
rendas *ptg.* 2867
render *ptg.* 7859
rendere *ital.* 7859
rendija *nspan.* 7889
rendir *span.* 7859
rendita *ital.* 7859
rendre *prov.* 7859
rêne *nfrz.* 8001. 8027
rene *span.* 7953
reneiier *afrz.* 7954
reneughe *afrz.* 7863
renfaucheler *pic.* 3888
renformir *frz.* 7921
renformis *frz.* 7921
renfrogner *frz.* 4003
rengar *prov.* 8088
rengo *afrz.* 4647. 8089
rengla *cat.* 7912
rongréger *nfrz.* 4345
renhar *prov.* 7909
renhilar *span.* 4932
renhir *ptg.* 8091
renho-s *prov.* 7955
ronier *nfrz.* 7954
renifler *frz.* 6526
renillar *cat.* 4572
ren *prov.* 7937
reñir *span.* 8091
renó *nprov.* 8091
renoelar *prov.* 7956
renoiier *afrz.* 7954
renoncer *frz.* 7958
renouille *franche - comt.* 7757
renouille *afrz.* 7756
renou-s *prov.* 7956
renovar *prov.* *span.* 7956
renovelar *prov.* 7956
renovero *span.* 7956
renovier-s *prov.* 7956
renso *ital.* 7941
rent *venez.* 4454
renta *prov.* 7859
rentar *cat.* 7836
rente *frz.* 7859
renuevo *span.* 7956
renuncia *span.* *ptg.* 7958
renunciar *span.* *ptg.* 7958
renuncio *span.* 7958
renverdie *afrz.* 7824
renverser *frz.* 8050
renyir *cat.* 8091
reo *ital. ncat. span. ptg.* 8044
reobarbe *afrz.* 8043
repairar *ptg.* 7962
repairar *prov.* 7965
repaire *afrz.* 7965
repaire-s *prov.* 7965
repairier *afrz.* 7965
repaître *frz.* 7963

répandre *frz.* 7881
reparar *ptg. span.* 7962
réparer *frz.* 7962
reparo *span.* 7962
repas *frz.* 6916. 7963
repausar *prov.* 6943. 7966
répc *wallon.* 7868
repelar *span.* 7971
repelen *span.* 7971
repentaille *afrz.* 7968
repen-s *prov.* 7973
repentir *prov. frz. span.* 7974
repentirsi *ital.* 7974
ròper *wallon.* 7976
repòre *nfrz.* 7965
répéter *frz.* 7970
repetere *ital.* 7970
répétition *frz.* 7969
répit *frz.* 8005
replandir *prov.* 8007
repolho *ptg.* 7984
repello *span.* 7984
repolon *frz.* 7971
repelene *ital.* 7971
reponche *span.* 7759
répondre *frz.* 8008
reponer *span.* 7975
réponse *frz.* 8008
repòr *ptg.* 7975
repos *frz.* 7966
reposar *span.* 7966
reposer *frz.* 6943. 7966
repostail *afrz.* 7975
repousar *ptg.* 7966
réppia *comask. N* 8074
reprendre *frz.* 7979
représaille *frz.* 7980
represalia *span.* 7980
représentation *frz.* 7977
représenter *frz.* 7978
reprobar *span.* 7983
reprochar *span. ptg.* 7981
reprocho *span. ptg. frz.* 7981
reprocher *frz.* 7981
reproche-s *prov.* 7981
reprouver *nfrz.* 7983
reprover *afrz.* 7983
reprovier *afrz.* 7983
reptar *ptg. aspan. prov.* 7985
repune *rum.* 7975
rèque *pik.* 7992
requebrar *span. ptg.* 2598. 7848
requerer *ptg.* 7986
requórir *frz.* 7986
requerir *altoberital. span.* 7986
requerre *prov.* 7986
requesta *prov. span. ptg.* 7986
requète *frz.* 7986
requiebro *span.* 7848
requiebro *span. ptg.* 2598
requilia *paduan.* 7935
requin *frz.* 7987

requinquer *frz.* 5291
reş *rtr.* 7992
reş *valmogg.* 7916
ros *span.* 7784
resabiar *span. ptg.* 7991
resabio *span. ptg.* 7991
resahir *ptg.* 7999
resaibo *span. ptg.* 7991
resalir *span.* 7999
resar *span. ptg.* 7841
rěsari *rum.* 7885
rosari *rum.* 7999
rěsbate *rum.* 7869
rescana *tic.* 7998
reschinhar *prov.* 5276
rescrever *ptg.* 7994
rescribir *span.* 7994
rescrivere *ital.* 7994
rescindere *ital.* 7993
rěscoace *rum.* 7874
rescodre *prov.* 7875
rěscola *rum.* 7872
rescorre *afrz.* 7875
rescos *afrz. prov.* 7875
rescossa *prov.* 7875
rescost *prov.* 7873
rescoudre *prov.* 7873
rèse *nfrz.* 7925
rěseamina *rum.* 7996
réseau *nfrz.* 8032
resecare *ital.* 7995
resego *altligur.* 7995
reseka *abruzz.* 7997
resel *afrz.* 8032
resente *altvenez.* 7835
reseuil *afrz.* 8031
resfaţa *rum.* 7876
rěsfira *rum.* 7877
rěsfoieza *rum.* 7878
rěsfringe *rum.* 7879
reşi *piem.* 7995
résilier *frz.* 7999
resilir *span.* 7999
resina *span. ptg. ital. cat.* 8000
résine *frz.* 8000
resjudeca *rum.* 7880
resma *span. ptg.* 8113
resmonear *ptg.* 7951
resmoninhar *ptg.* 7951
resmungar *ptg.* 7951
resear *ptg.* 8003
resola *ital.* 5507. 10069
resolver *span. ptg.* 8002
resonar *cat. prov. span. ptg.* 8003
résonner *frz.* 8003
resoplar *span.* 8017
resordre *afrz.* 8018
resorger *prov.* 8018
resorgere *ital.* 8018
resortir *afrz.* 8018
résoudre *frz.* 8002
respect *frz.* 8005
respecter *nfrz.* 8004
respecto *span.* 8005
respeiar *prov.* *ptg.* 8004
respeito *ptg.* 8005
respeit-z *prov.* 8005

respetar *span.* 8004
respeto *span.* 8005
rěspica *rum.* 7883
respiender *avenez.* 8007
rěspinge *rum.* 7882
respirare *ital.* 8006
respirer *frz.* 8006. 8958
respit *afrz.* 8005
respitier *afrz.* 8004
respitto *ital.* 8005
resplandre *prov.* 8007
resplendir *frz.* 8007
rěspoimăine *rum.* 7884
responder *span. ptg.* 8008
respondro *prov.* 8008
respondrer *cat.* 8008
respons *cat.* 8008
response *span. ptg.* 8008
respos *prov.* 8008
respost *prov.* 8008
resposta *span. ptg.* 8008
respuesta *span. ptg.* 8008
respunde *rum.* 8008
respundiri *sard.* 8008
respuns *rum.* 8008
respus *rtr.* 8008
resquicio *span.* 7683. 7886
resquitto *ital.* 8005
ressa *ital.* 8111
resse *frz. (dial.)* 8020
resse *lothr.* 7926
ressort *frz.* 8018
ressortir *frz.* 8018
ressource *frz.* 9282
rest *nprov. cat.* 8012
resta *ital.* 7902. 8012. 8015
restañar *span.* 9010
restar *prov. span. ptg.* 8015
restaro *ital.* 8015
restauraçăo *ptg.* 8009
restauracion *span.* 8009
restauracio-s *prov.* 8009
restaurant *frz.* 8010
restaurar *prov. span. ptg.* 8010
restaurare *ital.* 8010
restauration *frz.* 8009
restaurer *frz.* 8010
resto *frz. ptg.* 8015
reste *sard. ptg.* 8012
rester *frz.* 8015
restija *sard.* 8011
restio *ital.* 8014
restituer *frz.* 8013
restituere *ital.* 8013
restituir *span. ptg.* 8013
restiu-s *prov.* 8014
resto *ital. span. ptg.* 8015
rěstoarce *rum.* 7888
restolho *ptg.* 9061
rěstorna *rum.* 7887
restreindre *frz.* 8016
restrenher *prov.* 8016
restricto *span. ptg.* 8016
restringere *ital.* 8016

restringir *span. ptg.* 8016
resufla *rum.* 8017
resuna *rum.* 8003
resurgere *ital.* 8018
resurgir *nfrz. span. ptg.* 8018
résusciter *frz.* 8019
reeve *afrz.* 7697
ret *nprov.* 8020
retama *span. ptg.* 7800
retar *nspan.* 7985
retraire *prov. frz.* 8035
retrage *rum.* 8035
rétrécir *nfrz.* 9100
refe *rum.* 8023
rete *ital.* 8020
retensar *prov.* 7836
retentir *frz.* 8030
reter *afrz.* 7985
rëtlä *ital.* 8020
reticella *ital.* 8023
réticule *frz.* 8025
rétif *frz.* 8014
rétina *ital.* 8027
reto *nspan.* 7985
retöar *span.* 8042
rétoile *frz.* 8079
retoño *span.* 8042
retorta *span. ptg.* 8034
retorte *frz.* 8084
retroencha *prov.* 8039
retroenche *afrz.* 8039
retroenge *afrz.* 8039
retroensa *prov.* 8039
rettore *ital.* 7851
retz *prov.* 8020
reu *rum. rtr. acat.* 8044
reubarba *prov.* 8043
reube *afrz.* 8170
roule *afrz.* 7912
reuma *ital. span. ptg.* 8061
reuper *frz. altpic.* 8045
reu-s *prov.* 8044
rëuser *afrz.* 7897
rëutate *rum.* 7927
reuvor *afrz.* 8171
reva *prov.* 7697
revanche *frz.* 8054. 10194
revancher *frz.* 8054. 10194
revärsa *rum.* 8050
rêve *frz.* 7697. 8048
reve *frz. (dial.)* 7759
revo *afrz.* 7768
revêche *nfrz.* 8051. 8120
revel *afrz.* 7826
reveler *afrz.* 7697. 7826
révéler *frz.* 8048
revelim *ptg.* 8046
revellar *prov.* 7826
revel-s *prov.* 7826
revengier *afrz.* 8054. 10194
revenir *frz.* 8049
revenjar *prov.* 8054
reventar *span.* 7967
rêver *afrz.* 7862
rêver *frz.* 3280. 7826. 7955. 7990. 9955
revers *prov. frz.* 8051
reverser *frz.* 8050

reverter *span. ptg.* 8052
revertir *prov.* 8052
reves *span.* 8051
revesar *span.* 8050
revesche *afrz.* 8120
revessa *ptg.* 8051
revessar *ptg.* 8050. 8051
revesso *ptg.* 8051
revéz *ptg.* 8051
revider *afrz.* 8055
revir *prov.* 8051
revódre *burg.* 8058
revoit *afrz.* 8051
revoir *frz.* 8053
revolcarse *span.* 8058
revolta *ptg.* 8057
revoltar *ptg.* 8057
révolte *frz.* 8057
révolter *frz.* 8057
révolution *frz.* 8056
revolver *span. ptg.* 8058
révora *ptg.* 8118
revno *frz.* 8053
rey *span.* 8059
royalme-s *prov.* 7899
reyna *span.* 7906
reynar *span.* 7909
reyne-s *prov.* 7910
reyno *span.* 7910
rez *frz. ptg.* 7798
rez *ptg.* 7784
rezar *span. ptg.* 7841
rez-de-chaussée *frz.* 7798
rezelar *span.* 10446
rozele *span.* 10446
rezemer *prov.* 7865
rezenso-s *prov.* 7860
rezina *prov.* 8000
rezir *prov.* 7838
rezno *span.* 8068
rezza *ital.* 8020
rezzólu *sard.* 8031
rezzuola *ital.* 8031
Rheims *frz.* 7941
rheuma *span.* 8061
rhume *frz.* 8061
rhubarbe *frz.* 7695
rhubarbe *nfrz.* 8043
ri *rtr.* 8070
rial-s *prov.* 7900
riavolo *ital.* 8230
riba *span. ptg.* 8092
ribalda *prov.* 4644
ribaldo *ital. span. ptg.* 4644
ribaltare *ital.* 7819
ribar *prov.* 8066
ribatge-s *prov.* 8094
ribaut *frz.* 4644. 7696
ribaude *frz.* 4644
ribaudequin *frz.* 4644
ribaut-z *prov.* 4644
ribo *frz.* 7961
ribeba *ital.* 7694
ribeca *ital.* 7694
ribeira *ptg. prov.* 8093
ribellare *ital.* 7826
riber *afrz.* 4644
ribera *span.* 8093
ribette *frz.* 7960
ribja *can.* 8097 ·

ribrezzo *ital.* 1576
riburno *ital.* 10136
ributtare *ital.* 7820
ricamare *ital.* 7779
ricamo *ital.* 7779
ricaner *nfrz.* 7829
ricapitare *ital.* 7830
ricapito *ital.* 7830
riccattare *ital.* 7832
riccattatore *ital.* 7831
ricchezza *ital.* 8083
riccio *ital.* 3273
ricco *ital.* 8083
ricevero *ital.* 7839
richo *frz.* 8083
richesse *frz.* 8083
richiedere *ital.* 7986
richiesta *ital.* 7986
ricino *ital.* 8068
rico *span. ptg.* 8083
riconoscere *ital.* 7843
ricordarsi *ital.* 7846
ricordo *ital.* 7846
ricotto *ital.* 7842
ricoverare *ital.* 7854
ricóvero *ital.* 7854
ricovrare *ital.* 7854
ricredente *ital.* 7847
ricreder(si) *ital.* 7847
ricreduto *ital.* 7847
ricrescere *ital.* 7849
ric-s *prov.* 8083
ricuperaro *ital.* 7854
ridda *monf.* 8228
ride *frz.* 8069
ride *rum.* 8070
rideau *frz.* 8069
ridelle *frz.* 8069
rider *frz.* 8069
ridere *ital.* 8070
ridi *altoberital.* 8080
ridiculo *frz.* 8025
riditore *ital.* 8072
ridotto *ital.* 7866
ridurre *ital.* 7866
rièble *frz.* 8065
riécer *rtr.* 7916
riedere *ital.* 7864
riol *span.* 7912
rien *frz.* 7587
rieuda *span.* 8027
riepto *aspan.* 7985
riere *afrz.* 8037
riesgo *span.* 7995
rièsi *friaul.* 7995
rieur *frz.* 8072
rieto *aspan.* 7985
rifa *cat. span. ptg.* 8076
rifar *cat. span. ptg.* 8076
rifar *span.* 4641
rifla *ital.* 8076
riffe-raffa *romagn.* 4641
riffer *afrz.* 8076
riffle *afrz.* 8075
riffler *afrz.* 8075
rifi-rafe *span.* 4641
rifiutare *ital.* 7897. 7898
rifiuto *ital.* 7897. 7898

riflard *nfrz.* 8075
rifler *nfrz.* 8075
riflessione *ital.* 7892
riflettere *ital.* 7891
rifo *südfrz.* 8212
rifrangere *ital.* 7894
rifrigerio *ital.* 7896
rifusaro *ital.* 7897
riga *ital.* 8077
rigare *ital.* 8081
rigato *ital.* 8077
rigatta *ital.* 8077
rigattare *ital.* 3271
rigattiere *ital.* 8077
righetta *ital.* 8077
righinu *sard.* 8068
rigide *ital.* 8080
rigo *ital.* 8077
rigoglio *ital.* 9914
rigolar *venez.* 8164
rigelo *nfrz.* 8078
rigoletto *ital.* 8077
rigonha *aptg.* 5184
rigore *ital.* 8082
rigoro *ital.* 8108
rigot *prov. altfranz.* 7939
rigotar *prov.* 8077
rigottato *ital.* 8077
rigueur *frz.* 8082
riïe *rum.* 8141
rija *span.* 8111
rijar *span.* 8112
rilasciaro *ital.* 7930
rilazione *ital.* 7929
rilevare *ital.* 7931
rilevo *ital.* 7931
rilbar *ptg.* 8126
rilievò *ital.* 7931
rilúcere *ital.* 7936
rilughere *sard.* 7936
rima *ital. prov. span. ptg.* 8084
rima *posch. ptg.* 8085
rima *rum.* 8087
rimanère *ital.* 5877. 7939
rimar *prov. span.* 8087
rimar *prov. span. ptg.* 8084
rimare *ital.* 8084
rimätor *rum.* 8086
rimbrocciare *ital.* 7981
rimbrontolare *ital.* 7982
rimbrottare *ital.* 1586. 7982
rimbrottolare *ital.* 1586. 7982
rime *frz.* 8084
rime *afrz.* 8073
rimediro *ital.* 7865
rimembraro *ital.* 7940
rimemorare *ital.* 7940
rimor *afrz.* 8073
rimer *frz.* 8084
rimettere *ital.* 7943
rimpetto *ital.* 7924
rimprocciare *ital.* 7981
rimproverare *ital.* 4794
rimproverio *ital.* 4794
rimprovero *ital.* 4794

rimondare *ital.* 7950
rimorchiare *ital.* 7948
rimorchio *ital.* 7949
rim-s *prov.* 8084
rimurchiare *ital.* 7948
rin *afrz.* 7923
riña *span.* 8091
rinciio *ptg.* 7748
rinceau *frz.* 7738. 7746
rincer *nfrz.* 7836. 7988
rincha *rum.* 4572. 8139
rincher *ptg.* 4572
rincon *span.* 7748
rinculare *ital.* 7853
rinduné *rum.* 4578. 4579
rindune& (?) *rum.* 4579
rine *ptg.* 7953
rinegare *ital.* 7954
rinfrancescare *ital.* 7922
ringesci *rum.* 8091
ringhiare *ital.* 8091
ringhiere *ital.* 4646
ringla *span.* 7912
ringlera *span.* 7912
ringlero *span.* 7912
ringlon *span.* 7912
ringraziare *span.* 4338 -
rinhão *ptg.* 7955
rinichiu *rum.* 7957
riñon *span.* 7955
rinovare *ital.* 7956
rintuzzare *ital.* 5112 9799
rinunziare *ital.* 7958
rinye *cat.* 7955
rio *ital.* 8044. 8065. 8109
rio *span. ptg.* 3858. 3862
rione *ital.* 7908
riorte *frz.* 8034
riesa *venez.* 8145
riota *prov.* 8065
rioto *afrz.* 8065
rioter *afrz.* 8065
riotta *ital.* 8065
riottaro *ital.* 8065
ripa *ital.* 8092
ripa *span. ptg.* 7972
riparare *ital.* 6962
riparo *ital.* 7962
ripascere *ital.* 7963
ripastinare *ital.* 7964 ·
ripentaglio *ital.* 7968
ripentirsi *ital.* 7974
ripetero *ital.* 7970
ripetizione *ital.* 7969
ripia *span. ptg.* 7972
ripiar *span.* 7972
ripido *ital.* 8095
ripio *valencian. span. ptg.* 7972
ripire *ital.* 7973
riporre *ital.* 7975
ripos *rum.* 8096
riposa *rum.* 7966
riposare *ital.* 6943. 7966
ripeso *ital.* 6943
ripostiglio *ital.* 7975
riprendere *ital.* 7979
ripresaglia *ital.* 7980
ripresentare *ital.* 7978
ripresentazione *ital.* 7977

riprovare *ital.* 7983
riquerir *altoberital.* 7986
rir *ptg.* 8070
rire *prov. frz.* 8070
ri(u)rer *cat.* 8070
ris *rum.prov.frz.cat.* 8104
ris *frz.* 8098
ris *prov.* 6742
ris *tic.* 7716
riš *rtr.* 7716
risa *span.* 8104
risada *span. ptg.* 8099
risaliro *ital.* 7999
risata *ital.* 8099
riscattare *ital.* 7870
riscatto *ital.* 7870
riscossa *ital.* 7875
riscuotere *ital.* 7875
riscrivero *ital.* 7994
risco *prtg. span.* 7995
risecare *ital.* 7995
risée *frz.* 8099
risegare *ital.* 7995
risět *rum.* .8099
risibile *ital.* 8101
risible *frz.* 8101
risicare *ital.* 7995
risico *ital.* 7995
risma *ital.* 8113
riso *ptg.* 8104
riso *ital.* 6742. 8104
risoffiare *ital.* 8017
risolvere *ital.* 8002
risonare *ital.* 8003
risorgere *ital.* 8018
risorto *ital.* 8018
rispettare *ital.* 8004
rispetto *ital.* 8005
rispido *span. ptg.* 8221
rispendere *ital.* 8008
risposta *ital.* 8008
rišpuender *rtr.* 8008
risque *frz.* 7995
risquer *frz.* 7995
riesa *ital.* 8111
rissaro *ital.* 8112
rissoler *frz.* 8102
rista *piem.* 8103
ristare *ital.* 8015
risto *ptg.* 8015
risti *obwald.* 8227
ristituire *ital.* 8013
ristorare *ital.* 8010
ristorazione *ital.* 8009
ristoro *ital.* 8010
ristra *span.* 7902. 8012
ristrar *span.* 7902. 8012
ristre *span. ptg.* 8015
risurgere *ital.* 8018
risuscitare *ital.* 8019
rite *frz.* 8105
ritenere *ital.* 8029
ritimo *ital.* 8064
ritmo *ital.* 8064
rito *ital.* 8105
ritondello *ital.* 8166
ritondo *ital.* 8169
ritórcere *ital.* 8033
ritorta *ital.* 8034
ritrarre *ital.* 8035

ritribuire *ital.* 8036
ritroso *ital.* 8041
ritto *ital.* 7852
riu *comask.* 7923
rin *afrz.* 8109
riubarbara *acat.* 8043
riubarbaro *ncat.* 8043
riubarbaro *ital.* 8043
riubarber *acat.* 8043
riule *afrz.* 7912
riu-s *prov.* 8109
riva *ital.* 8092
rivage *frz.* 8094
rivaggio *ital.* 8094
rival *franz. span. ptg.* 8106
rivale *ital.* 8106
rivalità *ital.* 8107
rivalité *frz.* 8107
rive *frz.* 8092
rivedere *ital.* 8053
riveira *ptg.* 8093
rivelare *ital.* 8048
rivellino *ital.* 8046
rivenire *ital.* 8049
river *frz.* 8066. 8092
rivera *span.* 8093
riversare *ital.* 8050
riversciare *ital.* 8051
riverscio *ital.* 8051
riverso *ital.* 8051
rivertire *ital.* 8052
rivesciare *ital.* 8051
rivescio *ital.* 8051
rivet *frz.* 8066
rivetier *frz.* 8066. 8092
riviera *ital.* 8093
rivière *frz.* 8093
rivisita *ital.* 8055
rivisitare *ital.* 8055
rivista *ital.* 8053
rive *ital.* 8109
rivolgere *ital.* 8058
rivolta *ital.* 8057
rivoltare *ital.* 7819. 8057
rivoluzione *ital.* 8056
rixa *ptg.* 8111
rixar *ptg.* 8112
riz *frz. cat.* 6742
rizo *span.* 3273
rizzaghiu *sicil.* 8021
rizzare *ital.* 7850
ro *span. ptg.* 8114
roable *afrs.* 8230
roade *rum.* 8127
roată *rum.* 8155
rob *ital. frz. span.* 8115
roba *ital. rtr. aspan.* 8170
rohar *span.* 8171
robbia *ital.* 8176
robbio *ital.* 8175
robbo *ital.* 8115
robe *frz.* 8170
Robert *frz.* 8128
rebia *aspan.* 8171
robin *span.* 3702. 8116
robi-s *prov.* 8178
reble *span. ptg.* 8119
roble *ptg.* 7654
robo *span.* 8170

róbora *ptg.* 8118
rebra *span.* 8118
robuste *frz.* 8120
robusto *ital.* 8120
roc *prov. frz.* 8135
roc *frz. cat.* 8121
roca *ptg.* 8123
roca *span. ptg.* 8121
rocaille *frz.* 8121
roccare *ital.* 8135
rocca *ital.* 8121. 8123
roccetto *ital.* 8122
rocchetta *ital.* 8123
rocchetto *ital.* 8122
rocchio *ital.* 8165
recchione *ital.* 8121
roccia *ital.* 8121
roccia *ital.* 8160
rocco *ital.* 8135
rochal *frz.* 4653
reche *frz.* 8121
rocher *frz.* 8121
rochet *frz.* 8122
rochier *afrz.* 8121
rochier-s *prov.* 8121
rochio *ital.* 8121
rociar *span. ptg.* 8148
roein *span.* 8152
rocinante *span.* 8152
recio *span. ptg.* 8148
roci-s *prov.* 8152
roco *ital.* 7812
rococo *ital.* 8121
roc-s *prov.* 8121
roda *rtr. prov. ptg. cat.* 8155
rodan *prov.* 8157
rodar *span. ptg. prov.* 8162
rodavilla *aspan.* 8230
rodela *prov. span.* 8159
rodella *ptg.* 8159
rôder *frz.* 7697. 8162
rodere *sard. ital.* 8127
rodilla *span.* 8159
rodo *cat.* 8169
rodular *trent.* 8164
ro(t)e *frz.* 8155
reeda *rtr.* 8155
roele *afrz.* 8159
roeler *afrz.* 8164
reer *span. ptg.* 8127
roevet *afrz.* (Rol.) 8134
rofia *ital.* 8188
rofo *ptg.* 8212
rog *prov.* 8175
roga *prov.* 8176
rogar *span. ptg.* 8134
rogare *ital.* 8134
roggio *ital.* 8175
rogo *ital.* 8181
rogna *ital.* 8141
regno *frz.* 8141
rogner *nfrz.* 8167
rognie *pik.* 8142
regnen *nfrs.* 7955
rognone *ital.* 7955
rogue *frz.* 4649
rohal *frz.* 4653
rohart *frz.* 4653

senhos ptg. 8735
senin rum. 8634
senior ital. 8606
senne ptg. 8602
sennero aspan. 8734
senno ital. 8724
sennos aspan. 8735
sono ital. span. cat.
  8739
senopia ital. 8738
soñer span. 8606
s'onrhumer frz. 8061
so(n)-s prov. 8739
sens frz. 8607
sens prov. 8607. 8724
sens prov. afrz. 8728
sensale ital. 2071
senso ital. 8607
sentar span. prov. ptg.
  8568
sentare ital. 8568
sente afrz. 8597
sentença ptg. 8608
sentence frz. 8608
sentencia span. 8608
sentensa prov. 8608
sentenz(i)a ital. 8608 -
sentier frz. 8598
sent(i)ero ital. 8598
sentier-s prov. 8598
sentiment frz. 8610
sentimento ital. 8610
sentina ital. span. ptg.
  8611
sentine frz. 8611
sentinella ital. 8597
sentinelle frz. 8597
sentir rtr. prov. frz. cat.
  span. ptg. 8612
sentire ital. 8612
s'entro-dalier afrz. 2738
seny cat. 8703. 8724
sonzfege afrz. 8729
seoir frz. 8569
séola venez. 8259
sëon afrz. 8257
sëon afrz. 9259
soon afrz. 9191
sooner altfranz. 9191.
  9254
sep frz. 2204
sepa venez. 8616
sepa ital. 8617
soparar prov. span. ptg.
  8613 ·
separare ital. 8613
séparer frz. 8613
sepelir aspan. 8614
sepolcro ital. 8624
sepoltura ital. 8626
sépoule frz. 8966
sopozar avenez. 9188
seppelire ital. 8614
seppia ital. 8616
sep-s prov. 8615
sept frz. 8618
septămĭnă rum. 8620
septante afrz. 8622
septe sard. 8618
septe rum. 8618

septembre frz. 8619
septemvrie rum. 8619
septezeci rum. 8622
septième frz. 8621
séptimo span. 8621
septimo ptg. 8621
septo ptg. 8623
sepultar span. ptg. 8625
sequedad span. 8690
sequer ptg. 8643
sequidade ptg. 8690
sequidão ptg. 8690
ser cat. ptg. span. 9255
sera ital. 8658
sera span. 8275. 8635
sera cat. 8634
seracinesca ital. 8442
sérail frz. 8651
serain afrz. 8629
sorain-s afrz. 8630
serancer frz. 8479
serão ptg. 8629
serb rum. 8668
serba span. 8883
šerhar sillan. 3410
serbare ital. 8667
serbez rum. 8667
serbié piem. 3410
șerbitor rum. 8664
sercela prov. 2087. 7663
serclar prov. 8359
seré prov. 8634
soréa piem. 8388
serein frz. 8634
serena ital. 8634
serenata ital. 8638
serenga mail. 9315
serenità ital. 8633
sérénité frz. 8633
sereno span. ptg. 8634
sereno ital. span. ptg.
  8634
sero-s prov. 8634
seré-s prov. 8554
serf frz. 8666
serga prov. 8636
sorge frz. 8636
sergent frz. 8661
sergente span. 8661
sergozzone ital. 4401
seri afrz. 8554. 8634
serie span. ptg. it. 8638
série frz. 8638
seriedad span. 8639
seriedade ptg. 8639
serier-s prov. 2084
serietà ital. 8639
sérieux frz. 8640
serin frz. 2224. 8744
soringa ptg. 9315
seringue frz. 9315
serio ital. span. ptg. 8642
serioso ital. span. ptg.
  8640
serisia prov. 2084
seri(t) afrz. 8641
serjant afrz. 8661
sormão ptg. 8643
serment nfrz. 8252
sormonter afrz. 8252

sermollo ital. 8649
sermon frz. span. 8643
sermone ital. 8643
sermonner frz. 8643
sermo-s prov. 8643
seródden sill. 8644
serodio ptg. 8644
seron(c) afrz. 8558
serp rtr. 8645
serpa span. 8373
sorpão ptg. 8649
serpo afrz. 8645
serpe frz. 8373
șerpe rum. 8645
serpeggiare sard. 8647
serp(ent) cat. 8645
serpent afrz. 8645
serpe(nte) ital. 8645
serpente sard. 8645
serpe(nte) ptg. 8645
serpent-z prov. 8645
serper frz. 3317. 8873
serpiente span. 8645
serpillère frz. 8373
serpillo ital. span. 8649
serpire sard. 8647
serpol span. ptg. 8649
serpolet frz. 8649
serpoll cat. 8649
serpoul nprov. 8649
serp-s prov. 8645
serpun rum. 8649
serqua ital. 8710
serra cat. ptg. 8650
serra ital. 8650. 8654
serraglio ital. 8651
serralha ptg. 8653. 8374
serralh-s prov. 8651
sorralle span. 8651
serrar prov. 8654
serrare ital. 8654
serro frz. 8654
serrer frz. 8654
serrin span. 8652
serro nprov. 8650
ser-s prov. 2214
ser-s prov. 8658
ser-s prov. 8668
sertar rum. 8654
sertedûn lomb. 2104
sertir frz. 8656
serva ital. rtr. prov. ptg.
  8659
servar prov. acat. aspan.
  8667
sorvare ital. 8667
serve afrz. 8659
serve frz. 8667
serven-s prov. 8661
server frz. 8667
service frz. 8663
servicio span. 8663
serviçe ptg. 8663
servidor cat. span. ptg. 8664
serviente ital. 8661
serviette frz. 8662. 9846
servir prov. frz. span.
  cat. ptg. 8662
serviro ital. 8662
serviro prov. 8664

servirissa aital. 8665
sorviriz prov. 8665
serviteur frz. 8664
servitore ital. 8664
sorvitù ital. 8666
servizio ital. 8663
servizi-s prov. 8663
servo ital. ptg. 8668
serzir ptg. 8357
ses cat. frz. rtr. prov.
  9301
ses prov. 8728
sas afrz. 8671
šoša lomb. 1701
sesanta rtr. 8675
sescalco ital. 8736
sosoba prov. 8669
sosebou afrz. 8669
soăda neap. genues. 8690
gese rum. 8674
sesenta span. 8675
sesgar span. ptg. 8670
sesgo span. ptg. 8670
seso span. 8607
sesela venez. 8694
sessanta prov. ital. 8675
sessenta ptg. 8675
sesso ital. 8671. 8679
sesso ptg. 8671
sessola ital. 8452
sost prov. 8678
sesta ital. 8676
sestajo ital. 8677
sestario ital. 8677
sestier-s prov. 8677
sesto aptg. 8676
sesto ital. 8678
sestro ptg. 8737
set cat. frz. prov. 8618
seta ital. span. 8257
setaccio neap. 8258
setanta rtr. cat. prov.
  8622
setavel rtr. 8621
sete ptg. 8618
seté cat. 8621
sete ital. rum. 8754
setembro prov. cat. 8619
setembro prov. cat. 8619
seto(n)-s prov. 8621
setenta span. ptg. 8622
seteno span. 8621
setiar prov. 8755
setiembre span. 8619
setier frz. 8677
setino ital. 8257
setjar prov. 8571
setmana prov. 8620
sete span. 8623
seto aital. 8758
setola ital. 8257. 8259
setone ital. 8257
sett rtr. 8618
sotta ital. 8555
sotta ptg. 8268
settanta ital. 8622
sotte ital. 8618
settembre ital. 8619
settimana ital. 8620
settimo ital. 8621

76*

set-z prov. 8754
seu rum. ptg. 9301
seu cat. sard. 8548
seu afrz. 9230
sëu afrz. 8240
seul frz. 8865
soule afrz. 8255
seuil frz. 8844
sëur afrz. 8240. 8563
seure afrz. 9263
sourer cat. 8569
scu-s prov. 8548
seus ptg. 9301
seuwe afrz. 8832
sëuyer afrz. 8240
sève frz. 8337
seve span. 8615
sevelir afrz. 8614
severidad span. 8672
severidade ptg. 8672
severità ital. 8672
sévérité frz. 8672
sévère frz. 8673
severo ital. span. ptg.8673
sévéronde nfrz. 9244
sévices frz. 8262
sevicia span. ptg. 8262
sévir frz. 8261
sevizia ital. 8262
sevo ital. 8548
sevol altpiem. 8255
sevre afrz. 8628
sevrer frz. 8613
sowe afrz. 9259
sexe frz. 8679
sexendi gen. 2170
sexta foira ptg. 10040
sextario span. ptg. 8677
sexto span. ptg. 8678
sez afrz. 8382
sezeler afrz. 8751
sézer rtr. 8569
sezzo ital. 8552
sfasciare ital. 3402
sfâşieza rum. 3402
sféra ital. 8943
sfera monf. 2156
sferza ital. 3757
sferzare ital. 3757
sfibbiare ital. 3403
sfida ital. 3004
sfidare ital. 3004
sfogliaro ital. 3404
sfondolare ital. 3407
sformare ital. 3005
sfracellare ital. 3807
sfrascar rtr. 10206
sfregare ital. 3405. 3978
sgabello ital. 8398
sgabuzzino ital. 1683
śgad piem. 4253
sgaiba rum. 8399
sgâibos rum. 8400
sgambella borm. 8398
sgangherare ital. 1817
sgarare ital. 10358
sgarbir regg. 1963
sgargiante ital. 3475
egarla ital. 4315
sghembo ital. 8809

sghengo ital. 8812
sgherro ital. 8685
sghescia ital. 4248
sghignare ital. 10399
sgneppa ital. 8827
sgombinare ital. 3368
s-gombinare ital. 2349
sgombrare ital. 2351. 2676
sgombro ital. 2351
sgomentare ital. 3368
sgominare ital. 3368
s-geminaro ital. 2349
sgraffa ital. 2151
sgramignar venez. 3341
sgrotolare ital. 8532
sgridare ital. 3478
sgrido ital. 3478
sgrisor mail. 4379
sgrizol bresc. 4379
sgrizzolo venez. 4379
sgrollone ital. 8541
sguancio ital. 9303
sguardare ital. 10359
sguarguardare ital. 8430
(s)guarguato ital. 8430
sguarrare neap. 8781
sguilar ital. 10374
s-guillere ital. 10374
sguisciare ital. 10375
sguizzare ital. 10409
sgurà rum. 8511
sgurare ital. 3382
sgusciare ital. 4136. 10375
si rtr. 9285
si ital. prov. ptg. cat. span. 9246
si rum. 8684. 9246
si prov. frz. span. 8684
si span. prov. afrz. nfrz. 8680
sì ital. 8684
sia prov. 9518
sialla rtr. 8584
siap vegl. 8256
siba ptg. 8616
sibilare ital. 8682
siblar prov. 8682
sihler afrz. 8682
sicario ital. 8685
sicart cat. 5163
siccadroxu sard. 8688
sicciolo ital. 5156
siccità ital. 8690
siccité frz. 8690
sicrano ptg. 8560
sicurità ital. 8562
sicuro ital. 8563
sidells ital. 8750
sidia logud. 8754
sido ital. 8698
sidro ital. 8693
şie rum. 9246
siech bellun. 8256
siècle nfrz. 8255
siéger frz. 8571
siegle afrz. 8255
siemi rtr. 8871
siempre span. 8601
sien rtr. 8874

sien span. 8577. 9432
sion(s) prov. 9301
siepe ital. 8256. 8615
sierla aret. 8658
siore ital. span. 8657
sierpe span. 8645
sierra span. 8650
sierva span. 8659
siervo span. 8668
sios afrz. 8674
sieso span. 8671
siesta span. 8676
sieste aspan. 8676
siete span. 8618
siour frz. 8606
sieve venez. 8256
siffler nfrz. 8682
śigada lomb. 2161
sigaro ital. 2161
siggellare ital. 8699
sigillo ital. 8700
siglaton afrz. 2725
sigle afrz. 8701
sigle cat. 8255
sigler afrz. 8701
siglo span. 8255
signe frz. 8703
signer frz. 8702
signore ital. 8606
śigola valtell. berg. 2082
śiguella genues. 1699
sigur rum. rtr. 8563
silaba span. 9309
silbă rum. 8711
silbar span. 8682
silbatic rum. 8713
silence frz. 8704
silencio span. ptg. 8704
silenzio ital. 8704
silla span. 2015. 8584
sillaba ital. 9309
siller frz. 2175. 4833. 8557
sillero span. 8585
silguero span. 8683. 8714
silhouette frz. 8706
silice ital. 8705
siló nprov. 8746
sile span. 8746
silta modenes. 8268
silvar ptg. 8682
sim piem. 8267
sim ptg. 8684
sima span. 2056. 8723
simbel rtr. 8719
sîmcê rum. 8609
âimes lomb. 2179
simgliont rtr. 8718
simia prov. 8715
simiente span. 8590
símil span. 8717
simil ptg. 8717
simila ital. 8716
simile ital. 8717
simle afrz. 8716
simple frz. ptg. 8719
simplu rum. 8721
sin rtr. 9301
sin rum. 8739
sin span. 8728
sine rum. 9246

sines aspan. 8728
sindaco ital. 9313
śindi tic. 9313
sindigu sard. 9313
singe frz. 8715
singélo ptg. 8730
singhiottiro ital. 8731
singhiozzare ital. 8732
singhiozzo ital. 8731
siugla prov. 2189
singlar span. 8701
singlar prov. 2190
singlaton frz. 2725
singolare ital. 8734
singrar ptg. 8701
singur rum. 8734
siniestro span. 8737
siniscalco ital. 8736
sinistro cat. frz. 8737
sinkeru sard. 8726
sinobida sard. 8738
sinoble span. 8738
sinople frz. ptg. 8738
sinphonia prov. 9312
sion venez. 8740
siond ital. 8558
sione ital. 8740
siöla piem. 2082
śiövla lomb. 2082
siphon frz. 8740
siquiera span. 8743
şir rum. 8638
siro frs. 8606
siro abruzz. 8635
sirga cat. span. ptg. 8745
sirgar cat. span. ptg. 8745
sirima.ital. 9316
siringa span. 9315
siringua prov. 9315
siriögua piem. 2131
siroo prov. frz. 8478
sirocchia ital. 8891
siroco span. 8478
sirop frz. 8440
siroppo ital. 8440
sirventes prov. 8662
sis rtr. 9301
sis rtr. afrz. 8674
sis cat. 8674
sisa span. ptg. 8490
sisar span. 8491
sisaro ital. ptg. 8747
sisclato-s prov. 2725
śiśelya rtr. 1699
sisini sard. 2164
siso ptg. 8607
sissirinxo ital. 8749
âisterna mail. 2219
sistes afrz. 8678
sita aital. 8268
sită rum. 8257
siti cat. 8755
sitiar span. ptg. 8755
sitot prov. 8756
siular prov. 8682
sivals prov. 8760
sivella cat. 9167
sivels afrz. 8760
śivera sard. 2156

suerzu sard. 9160
sueur frz. 9232
suevre afrz. 8835
sufer rum. 9235
suferinſä rum. 9234
sufflar rtr. 9237
suffocar ptg. 9238
suffoquer frz. 9238
suffrir prov. 9235
sufit rum. 9236
suflar aspan. prov. 9237
suflec rum. 9874
suflu rum. 9237
sufocar span. 9238
sufolare ital. 8682
sufrencia span. 9234
sufrensa prov. 9234
sufrimiento span. 9234
sufrir cat. span. 9235
sug rum. 9245
suga prov. 8901
suga rtr. 8832
sugar aspan. 9222
sugare ital. 9222
sugeto span. 9174
suget-s prov. 9174
suggellare ital. 8699
suggere ital. 9245
suggettaro ital. 9173
suggetto ital. 9174
sughero ital. 9159
sughiſ 8733
sugl rtr. 9251
sugliardo ital. 9247
sugo ital. 9227
sui rum. 9158
suio frz. 9221
suif frz. 8548
suigere sard. 9166
suignante afrz. 8878
suinter frz. 9306
suiscu nordsard. 9165
suitg rtr. 8240
suivre afrz. 8835
suivre frz. 8628
sujeitar ptg. 9173
sujcito ptg. 9174
sujet frz. 9174
sujetar span. 9173
sujeto span. 9174
sujo ptg. 9221
sukenare sard. 9151
sul, -et rtr. 8865
sulä rum. 9210
sulare sard. 9237
sulfuru sard. 9252
sulha prov. 9225
sulbar prov. 9225
sulben prov. 9225
sulone sard. 8734
sulper rtr. 9252
sumä rum. 9258
suma cat. span. 9258
sumac prov. frz. 8867
sumagre ptg. 8867
sume sard. 9257
sumere sard. 9261
sumete rum. 9184
suoma ptg. 9258
sumo ptg. 9227

sumoei rtr. 8240
sundre afrz. 8877
suni lomb. 9248
suntuoso ital. 9262
suo ital. 9301
suo frz. 9228
suocera ital. 8834
suocero ital. 8835
suoi ital. 9301
suoigl rtr. 9251
suela ital. 8863
suolo ital. 8863
suono ital. 8880
suer cat. ptg. 9232
suer aital. 8890
suer-s prov. 9232
supausar prov. 6943
super frz. 9271
superare ital. 9268
supercheria span. 9266
supercherie frs. 9266
superchieria ital. 3266
supercilio ital. 9265
supiare venez. 9237
supir bellun. 9275
suplicar span. 9274
suplir span. 9275
suponer span. 9276
suppedáneo ital. 9272
suppediano ital. 9272
suppléer frs. 9275
supplica ital. 9274
supplicar prov. ptg. 9274
supplicare ital. 9274
supplice ital. 9273
supplier frz. 9274
supponer prov. 9276
suppôr ptg. 9276
supporre ital. 9276
supposer frz. 6943. 9276
supt rum. 9205
supune rum. 9276
sur frs. 9263. 9277
ŝur lothr. 8496
ŝûr frz. 8563
surcé rum. 9280
surcel rum. 9280
súrculo ptg. 9280
surd rtr. 9281
ŝurd bearn. 3496
surdir ptg. 3429. 8900
surdo ptg. 9281
surdu sard. 9280
sureau nfrs. afrz. 8240
sûreté frz. 8562
surge frz. 9221
surgeon frz. 9282
surgere ital. 9282
surgia prov. 2135
surgien prov. 2136
surgir span. ptg. 9282
surgir cat. 8357
suria sard. 3295
suro venez. 9159
surp rum. 9190
surplis frz. 9269
surrào ptg. 2536
surrar ptg. 9189
surtir cat. span. 3429
surtir span. 8899. 8900

survin gennes. 9270
sus prov. frz. rum. 9285
sus span. 9301
susembro posch. 8748
susina ital. 8580
susino ital. 9287
suse span. uptg. ital. 9285
susorniare ital. 8389
susornione ital. 8389
suspeiçào ptg. 9289
suspeita ptg. 9291
suspeitar ptg. 9290
suspina rum. 9295
suspirar cat. span. ptg. 9295
sussiego ital. 8571. 9192
süst piem. 8860
susta ital. 9288
sustanzia ital. 9193
sùsté piem. 8860
sustener span. 9297
snstentar span. ptg. 9296
susto span. ptg. 9283
süstos piem. 8860
sutä rum. 2079
sutâlea rum. 2077
sutano cat. 8492
sútil span. 9202
sutileza span. 9203
sutilidad span. 9203
sutilizar span. 9201
sutje cat. 8901
sutso cat. 9221
sutt rtr. 9205
àuvor engad. 9159
suya span. 9301
suyas span. 9301
suyo span. 9301
suzerain frs. 9285
suzor-s prov. 9232
suzzacchera ital. 6770
suzzare ital. 9223
svacá sard. 9951
svanir ital. rtr. 3301
svoglia ital. 3551. 9302
svegliare ital. 3551. 9302
svegliere ital. 3547
svellero ital. 3547
sventare ital. 3549
sventolare ital. 3550
svergola brians. 10208
svernare ital. 3412
sverre ital. 3547
sverzela venez. 10208
svignare ital. 9305
svinta rum. 3549
svintura rum. 3550
svolaro ital. 3552. 10287
svoltolare ital. 10291
sycophante frz. 9308
syllaba ptg. 9309
syllabe frz. 9309
symphonie afrz. 9312

T.

ta span. 9332
taba span. 5244
tabac frz. 9318

tabacchiera ital. 9318
tabacco ital. 9318
tabaco span. ptg. 9318
tabagie frz. 9318
tábano span. 9319
tablo ptg. 9319
tabard frz. 9372
tabardo span. ptg. 9372
tabarrin frz. 9372
tabarro ital. 9372
tabatière frz. 9318
table frz. 9324
tabbutu sicil. 9330
tabella afrz. 9329
tabelle ital. 9320
taberna cat. span. ptg. 9321
tabia piem. berg. 9324
tabilla span. 9320
tabique span. ptg. 9323
tabla span. 9324
tablä rum. 9324
tablado span. 9327
tableau frz. 9328
tabea ptg. 9324
taboado ptg. 9327
taber afrz. prov. 9317
tabouler afrz. prov. 9317
tabour afrz. prov. 9317
tabourer afrz. prov. 9317
tabouret afrz. prov. 9317
tabulario ital. 9326
tabussar prov. afrz. 9317
tabust prov. afrz. 9317
tabustar prov. afrz. 9317
tabuster prov. afrz. 9317
tabut prov. afrz. 9317
tabuter prov. afrz. 9417
tac rum. 9332
taca prov. 9831
tacanho span. ptg. 9341
tacaño span. 9331. 9343
tacaño span. ptg. 9341
tacca ital. 9331
taccagnare ital. 9331. 9341. 9343
taccagno ital. 9331. 9341. 9343
taccar rtr. 9331
taccare ital. 9339
taccia ital. 9331
taccio ital. 9410
tacco ital. 9331
taccola ital. 9346
taccola ital. 9341
taccolare ital. 9341
taccolo ital. 9331. 9341
taccone ital. 9341
taccuino ital. 9375
tacere ital. 9332
tacha span. ptg. 9330
tachar span. ptg. 9331
tacho frz. 9331. 9399. 9410
tâche frz. 9410
tacbo nfrs. 9346
tacher frz. 9331. 9407
tacher nfrz. 9346
tächer frz. 9410
täciune rum. 9562

taco *span. ptg.* 9331
taedda *sard.* 9320
tafáno *ital.* 9319
tafetà *ptg.* 9336
tafetan *span.* 9336
tafferia *ital.* 9345
tafferuglio *ital.* 9317
taffetà *ital.* 9336
taffetas *frz.* 9336
taffiare *ital.* 9324. 9335
taffio *ital.* 9324. 9335
taful *ptg.* 2739
tafula *ptg.* 2739
tafular *ptg.* 2739
tafur *prov. frz.* 2739
tagafote *span. ptg.* 9338
taggia *genues.* 9324
taglia *ital.* 9348. 9353
tagliare *ital.* 9353
tagliatore *ital.* 9351
tagliatura *ital.* 9352
tagliere *ital.* 9350
taglio *ital.* 9348. 9353
tagliuola *ital.* 9356
tahur *span.* 2739
tai *afrz.* 9342
taio *afrz.* 9401
täietor *rum.* 9351
täietură *rum.* 9352
tail *frz.* 9353
taille *frz.* 9348. 9353
tailler *frz.* 9353
tailleur *frz.* 8376. 9351
tailloir *frz.* 9350
tãin *rum.* 9353
taïnar *prov.* 9337
taïne *afrz.* 9337
taïner *afrz.* 9337
taipa *ptg.* 9371
taipar *ptg.* 9371
taire *prov. frz.* 9332
tairin *frz.* 9446
tais *prov.* 9411
taisir *afrz.* 9332
taisniere *afrz.* 9197 9412.
taiso-s *prov.* 9411
taiss *rtr.* 9411
taissin *tic.* 9413
taisson *frz.* 9411
taissonnière *frz.* 9197
taistră *rum.* 9340
taita *span.* 6839
taita *span. ptg.* 9401
taja *sicil.* 9342
tajadęro *span.* 9350
tajador *span.* 9351
tajadura *span.* 9352
tajar *span.* 9353
tajo *span.* 9353
tak *rtr.* 9331
tal *prov. cat. span. ptg.* 9354
tala *ptg.* 9355
tala *prov. cat. span. ptg.* 9353
taladro *span.* 9378
tálamo *span.* 9507
talanto *span. ptg.* 9349
talăo *ptg.* 9356
talar *span.* 9353

tale *frz.* 9347
talco *ital. span. ptg.* 9347
tale *ital.* 9354
taleca *prov.* 9525
telega *span.* 9526
taleiga *ptg.* 9526
talent *frz.* 9349
talentĩo *ptg.* 9349
talento *ital. span.* 9349
talen-z *prov.* 9349
taler *rum.* 9350
talevas *frz.* 9325
talba *ptg. prov.* 9353
talhador *ptg. prov.* 9351
talhador-s *prov.* 9350
talhaire *prov.* 9351
talhar *prov. ptg.* 9353
talher *ptg.* 9350
talbo *ptg.* 9353
talb-s *prov.* 9353
taliento *aspan.* 9349¡
talisman *frz. span. ptg.* 9425
talismano *ital.* 9425
tallar *cat.* 9353
talle *span.* 9353
talle *frz.* 9508
taller *span.* 9350
tallo *span. ital.* 9508
tallone *ital.* 9356
talo *ptg.* 9508
talon *span. frz.* 9356
tale(n)-s *prov.* 9356
talpa *ital.* 9357
talpe *ital.* 9357
talya *neap.* 9348
támara *span. ptg.* 9365
tamarighe *sard.* 9359
tamarin *valsass. valtell.* 9707
tamarin *frz.* 9365
tamarindeiro *ptg.* 9365
tamarindo *ital. span.* 9365
tamarinho *ptg.* 9365
tamaris *mondov.* 9707
tamarittu *sard.* 9359
tambaca *ptg.* 9360
tambaque *ptg.* 9360
tambe *ptg.* 9507
tamber *span. ptg.* 9317
tamborear *span.* 9317
tamboril *span.* 9317
tamborilear *span.* 9317
tamborin *span.* 9317
tamborine *span.* 9317
tambour *frz.* 9317
tambourin *frz.* 9317
tambouriner *frz.* 9317
tamburajo *ital.* 9317
tamburare *ital.* 9317
tamburiere *ital.* 9317
tamburino *ital.* 9317
tamburo *ital.* 9317
tambussare *ital.* 9317
tamer *afrz.* 9543
tamerice *ital.* 9359
tameris *mondov.* 9707
tamiça *ptg.* 9580

tamigiare *ital.* 9363
tamigio *ital.* 8258. 9363
tamis *prov. frz.* 8258. 9363
tamis (?) *sard.* 9362
tamiser *frz.* 9363
tamiz *span. ptg.* 8258. 9363
tamo *ptg.* 9507
tampa *ptg.* 9374
tampaña *lccc.* 9848
tampăo *ptg.* 9374
tampir *prov.* 9374
tampo *ptg.* 9374
tampon *frz.* 9374
tan *frz.* 9369
tan *sard. span.* 9358
tan *span.* 9370
tana *ital. rtr.* 9197
tanaglia *ital.* 9436
tanau *sard.* 9369
tancar *prov. cat.* 9009
tancer *nfrz.* 9454
tanchagem *ptg.* 7228
tanche *frz.* 9549
tandis *frz.* 2958. 9361. 9370
tandius *prov.* 9361
tandrain *afrz.* 9444
tandron *afrz.* 9444
tanè *ital.* 9369
tañer *span.* 9367
tanfo *ital.* 9364
tangĕr *rtr.* 9367
tanger *ptg.* 9367
tangoro *sard.* 9367
tanghero *ital.* 9368
tangoner *afrz.* 9368
tangre *afrz.* 9368
tangue *frz.* 9366
tanber *prov.* 9367
tanière *nfrz.* 9412
tanière *frz.* 9197
tanné *frz.* 9369
tanner *frz.* 9369
tanque *frz.* 9366
tanque *ptg.* 9009
tanster *afrz.* 9409
tant *frz.* 9370
tantaranha *ptg.* 2009
tanto *ital. ptg. span.* 9370
tan-z *prov.* 9370
tão *ptg.* 9358. 9370
taon *nfrz.* 9319
tapa *span.* 9374
tapage *frz.* 9317
tapar *span. ptg.* 9374
tape *frz.* 9317. 9371
tapell *canav.* 9026
taper *frz.* 9317. 9371. 9374
tapete *span.* 9372
tapi *südfrz.* 9371
tapia *span.* 9371
tapiar *span.* 9371
tapin *frz.* 9317. 9374
tapinage *afrz.* 9374
tapinare *ital.* 9373

tapiner *frz.* 9374
tapino *ital.* 9373
(en) tapinois *frz.* 9374
(se) tapir *afrz.* 9374
tapis *frz.* 9372
tapi-s *prov.* 9374
tapit-z *prov.* 9372
tapiz *afrz. ptg.* 9372
taplar *canav.* 9026
tapon *frz. span.* 9374
tapoter *frz.* 9371
tappata *ital.* 9374
tappeto *ital.* 9372
tappo *ital.* 9371. 9374
taquin *frz.* 9331. 9341. 9343
taquiner *frz.* 9331. 9341. 9343
ţară *rum.* 9467
tara *ital. prov. span. ptg.* 9377
tarabuster *prov. afrz.* 9317
taradore *ital.* 9378
taragnola *venez.* 9470
taraire *prov.* 9378
ţaran *rum.* 9470
tarañola *locc.* 9470
taranta *ptg.* 9385
tarantella *ital. ptg.* 9385
tarántola *ital. span.* 9385
tarántula *span.* 9385
tarantule *frz.* 9385
tararo *ital.* 9377
taravela *prov.* 9376
taravel-s *prov.* 9460
tarazena *ptg.* 2751
tarcais *afrz.* 9392
tard *frz. cat.* 9384
tarda *cat.* 9379
tardar *span. ptg. prov.* 9383
tardarasso *nprov.* 9396
tardare *ital.* 9383
tarde *cat. span. ptg.* 9379
tardenz *tic.* 9733
tarder *frz.* 9383
tardi *ital.* 9379
tardif *frz.* 9382
tardío *span. ptg.* 9382
tardiu *prov.* 9382
tardivo *ital.* 9382
tarde *ital. span. ptg.* 9384
tare *frz.* 9376
tarere *afrz.* 9378
targa *ital. prov.* 9386
targo *nfrz.* 9386
targier *afrz.* 9380
targono *ital.* 3104
tarida *ital. prov. cat. span.* 9389
tarier *afrz.* 9388
tarière *nfrz.* 9378
tarif *frz.* 9390
tarifa *span. ptg.* 9390
tariffa *ital.* 9390
tarima *span. ptg.* 9391

tiere *afrz.* 9415. 9464
tierno *span.* 9444
tierra *span.* 9467
tierro *afrz.* 9415
tiers *frz.* 9489
tierts *rtr.* 9489
tieso *span.* 9451. 9486
tiesta *ptg.* 9491
tiesto *span.* 9497
tiev *rtr.* 9333
tieve *afrz.* 9458
tiovene *wallon.* 9459
tifer *afrz.* 9558
tiga *berg.* 9512
tige *frz.* 9534
ţighir *rum.* 8693
ţiglă *rum.* 9418
tiglia *rtr.* 9540
tigliare *ital.* 9540
tiglio *ital.* 9540
tigna *rtr.* 9547
tigna *ital.* 9552
tignere *ital.* 9553
tigre *ital. frz. span. ptg.* 9538
tigre-s *prov.* 9538
tigresse *frz.* 9538
tiho *nprov.* 9540
tijela *ptg.* 9537
tijolo *ptg.* 9418
til *ptg.* 9567
tila *span.* 9540
tilde *span. ptg.* 9567
tileagă *rum.* 9526
tilia *ptg.* 9540
tiliba *sard.* 8710
tillac *frz.* 9517
tille *frz.* 2830. 9423. 9540
tillecare *neap.* 9561
tiller *frz.* 9540
tillette *frz.* 9418
tilleul *frz.* 9540. 9541
tilo *span.* 9540
tiltre *prov.* 9567
tîlv *rum.* 9795
timalo *span.* 9528
timăo *ptg.* 9427
timbro *afrz.* 9542
timbro *frz.* 9847
timbro *ital.* 9847
timeroso *span.* 9546
timido *ital.* 9544
timier *frz.* 9707
timiu *sard.* 9544
timó *cat.* 9427
timoine *afrz.* 9527
timen *span. frz.* 9427
timone *ital. sard.* 9427
timoneiro *ptg.* 4385
timoniere *ital.* 4385
timore *ital.* 9545
timoroso *ital.* 9546
timó-s *prov.* 9427
timp *rum.* 9435
timpano *span. ptg. ital.* 9847
timpanżos *sard.* 9848
timplă *rum.* 9431. 9431
timpuriu *rum.* 9434

timun *rtr.* 9427
tin *afrz.* 9432
tina *prov.* 9547
tiña *span.* 9552
tinaja *span.* 9547
tinalba *ptg.* 9547
tinal-s *prov.* 9548
tinca *ital. sard.* 9544
tindă *rum.* 9438
tine *ital.* 9547
ţiné *rum.* 9443
tine *frz.* 9547
tineau *afrz.* 9548
tinel *afrz.* 9548
tinel *frz.* 9551
tinella *ital.* 9551
tinelle *ptg. ital.* 9551
tinole *span.* 9551
tiner *rum.* 9444
tinereaţă 9447
tinet *nfrz.* 9548
tingere *ital.* 9553
tingir *ptg.* 9553
tinha *ptg.* 9552
ţini *ital.* 9547
tinieblas *span.* 9441
tinir *ptg.* 9554
tinnire *sard.* 9554
tiuo *cat. ital.* 9547
tinta *sard. cat. span. ptg.* 9550
tintă *nprov.* 9555
tinter *frz.* 9555
tintinnire *ital.* 9557
ţintirim *rum.* 2303
tio *span.* 9518
tioga *trent. venez.* (?) 9671
tip- *friaul.* 9458
tique *frz.* 9535
tir *frz.* 9559
tira *prov. span. ptg.* 9559
tiracier *afrz.* 9559
tiranno *ital.* 9851
tirane *span.* 9851
tirant *afrz.* 9851
tirar *prov. span. ptg.* 9559
tirare *ital.* 9559
tirassar *prov.* 9559
tirassier *afrz.* 9559
tiro *frz.* 9559
tiro *afrz.* 9852
tirer *frz.* 9559
tiro *ital. span. ptg.* 9559
tîrse *ital.* 9532
tirzană *sicil.* 2751
ţişăna *ital.* 7501
tisana *span. ptg.* 7501
tisane *frz.* 7501
tisera *aspan.* 9591
tisna *ptg.* 9562
tisnar *ptg.* 9562
tisno *ptg.* 9562
tison *frz.* 9562
tisser *nfrz.* 9504
tisserand *nfrz.* 9504. 9505
tissier *afrz.* 9505
tissir *afrz.* 9504

tissu *nfrz. frz.* 9504
tissure *frz.* 9506
tistre *afrz. nfrz.* 9504
tisú *span.* 9504
ţiţă *rum.* 9564
titel *rtr.* 9567
titimaglio *ital.* 9560
titimalo *ital.* 9560
title *afrz.* 9567
titlu *rum.* 9567
titluesci *rum.* 9566
titolaro *ital.* 9566
titoleggiare *ital.* 9566
titolo *ital.* 9567
titre *nfrz.* 9567
titrer *frz.* 9566
tittle *cat.* 9567
titular *span. ptg.* 9566
tituleza *rum.* 9566
titulo *ptg.* 9567
tiule *afrz.* 9418
tivid *friaul.* 9458
tivio *venez.* 9458
tixera *ptg.* 9591
tiyello *abruzz.* 9537
tizna *span.* 9562
tiznar *span.* 9562
tizno *span.* 9562
tizo *span.* 9563
tizon *span.* 9562
tizo(n)-s *prov.* 9562
tizzo *ital.* 9563
tizzone *ital.* 9562
tö *genues.* 9629
teaillo *afrz.* 5932
toaillier *afrz.* 9846
toalha *prov. ptg. span.* 9846
toalha *prov.* 5932
toană *rum.* 9587
toba *span.* 9570
tobillo *span.* 9793
tocá *rum.* 9802
toca *span.* 9568
tocar *span. ptg. prov.* 9802
tocc *rtr.* 9568
tocca *ital.* 9568. 9813
toccare *ital.* 9802
tocco *ital.* 9568
tocha *aragones.* 9531
techa *ptg.* 9616
tochier *afrz.* 9802
tocho *span. ptg.* 9531
tocho *span.* 9142
tocillier *afrz.* 9846
tocin *cat.* 9797
tocino *span.* 9797
tocon *span.* 9568
tocsica *rum.* 9633
tocsin *frz.* 9802
todito *span.* 9628
todo *span. ptg.* 9628.9629
töf *ossol.* 9322
toffar *rtr.* 9850
toffe *lothr.* 9850
togliero *ital.* 9574
togo *bellun.* 9850
togo *ital.* 9631
toile *frz.* 9421

toilette *frz.* 9421
töir *lomb.* 9626
toise *frz.* 9451
toison *frz.* 9451. 9589
toit *frz.* 9414
toivre *afrz.* 9533
toix *cat.* 9799
tojo *span. ptg.* 9634
tola *venez.* 9324
toldar *span. ptg.* 9519
toldo *span. ptg.* 9422. 9519
toldrs *afrz. prov.* 9574
töle *frz.* 9324
toleima *ptg.* 9574
toleirło *ptg.* 9574
tolérance *frz.* 9572
tolérer *frz.* 9573
tolheres *ptg.* 9574
tolhido *ptg.* 9574
tolido *ptg.* 9574
tolir *afrz.* 9574
toller *span.* 9574
tolleranza *ital.* 9572
tollerare *ital.* 9573
tollero *ital.* 9574
tolo *ptg.* 9574
tolondro *span.* 8169
tolre *cat.* 9574
telva *span.* 9795
tomaco *cat.* 9578
tomajo *ital.* 9577
tomar *cat. span. ptg.* 9576
tomar *span.* 6422. 6426
tomaro *ital.* 9805
tomaséla *mail.* 9575
tomasella *ital.* 9575
tomate *span. ptg.* 9578
tomátec *cat.* 9578
tomb *cat.* 9803
tomba *ital. prov.* 9803
tombac *frz.* 9360
tombacco *ital.* 9360
tombar *prov. ptg.* 9804
tombare *ital.* 9809
tombe *frz.* 9803
tombeau *frz.* 9803
tomber *frz.* 9804
tombereau *frz.* 9804
tombere-s *afrz.* 9804
tombir *afrz.* 9804
tombiseur *afrz.* 9804
tombolare *ital.* 9804. 9809
tombolo *ital.* 9809
tomo *frz.* 9581
tomento *ptg.* 9579
tomiento *span.* 9579
tomilho *ptg.* 9529
tomillo *span.* 9529
tomiza *span.* 9580
tomo *ital. span. ptg.* 9581
tompagna *neap.* 9848
tomplina *prov.* 9807
ton *frz.* 9594
tona *prov.* 9587
tona *ptg.* 9582
tonare *ital.* 9588

tondĕre *ital.* 9583
tondino *ital.* 8169
tondo *ital.* 8169
tondre *afrz.* 9812
tendre *prov. frz.* 9583
tondrer *cat.* 9583
touédre-s *prov.* 9585
tonei(r)re *afrz.* 9585
tónfano *ital.* 9807
tonfare *ital.* 9595
tonidro *aspan.* 9585
tonlieue *afrz.* 9426
tonliu *afrz.* 9426
tonne *frz.* 9587
tonneau *frz.* 9587
tonnelle *frz.* 9551. 9587
to(n)nelle *ital.* 9587
tenner *frz.* 9588
tonnerre *nfrz.* 9585
tonno *ital.* 9530
tono *span. ptg. ital.* 9594
tonsura *span. ptg. ital.* 9592
tonsure *frz.* 9592
tontar *span.* 9586
tonte *frz.* 9584
tontesc *rum.* 9588
tento *span.* 9810
tento *ital. span. ptg.* 9586
toeil *afrz.* 9846
tooillier *afrz.* 9846
top *afrz.* 9595
tepa *ital.* 9357. 9849
topacio *span.* 9596
tepar *span.* 9595
topaze *frz.* 9596
topazio *ital. ptg.* 9596
tope *span.* 9595
topetto *ital.* 9595
topin *frz.* 9597
tepi-s *prov.* 9597
topja *lomb.* 9598
tepo *ital. span.* 9357
topo *ital.* 6396
toporagno *ital.* 6397
teppa *ital.* 9595
toppare *ital.* 9595
toppo *ital.* 9595
toque *frz.* 9568
toquer *afrz.* 9802
tör *lomb. piac.* 9626
torb *cat.* 9815
torba *prov. afrz.* 9815
torbe *prov. afrz.* 9815. 9816
torbellino *span.* 9820
torbi *lomb.* 9818
torbiar *venez.* 9817
torbido *ital.* 9818
torbidu *sard. sicil.* 9818
torbol *cat.* 9825
torber *mail.* 9825
torc *rum.* 9607
torca *span.* 9616
torçŏlo *ptg.* 4617
torçar *ptg.* 9532
torcar *prov.* 9616. 9821
torce *span.* 9609

torcer *cat. span. ptg.* 9607
tórcere *ital.* 9607
torcha *cat.* 9616
torche *frz.* 9616
torche *südfrz.* 9608
torcber *frz.* 9616
torchio *ital.* 9601
tercia *ital.* 9619
torciare *ital.* 9616. 9619
torculo *ital.* 9601
torde *ital. span. ptg.* 9827
tordre *afrz.* 9607
tore *monf.* 9626
toreson *span.* 9612
torge *afrz.* 9608
torgel *friaul.* 9825
teria *cat.* 9829
tórija *prov.* 9403
torkel *rtr.* 9601
torlo *ital. piem.* 9625
torma *alomb. ital.* 9832
tormenta *span. ptg.* 9602
tormentar *ptg. span.* 9602
tormentare *ital.* 9602
tormento *span. ital. ptg.* 9602
tormenz *prov.* 9602
tormo *span.* 9831
torn *rum.* 9604
tornar *rtr. prov. cat. span. ptg.* 9604
ternare *ital.* 9604
tornear *span. ptg.* 9603
torneare *ital.* 9603
torneiar *prov.* 9603
tornei-s *prov.* 9603
torneo *span. ptg. ital* 9603
torner *afrz.* 9604
torno *ital. span. ptg.* 9605
torn-s *prov.* 9605
toro *ital. ncat. span.* 9405
toro *ptg.* 9626
torond *friaul.* 8169
torpe *cat. span. ptg.* 9833
torra *cat.* 9834
torrar *cat. span. ptg.* 9611
torre *ital.* 9574
torre *ital. span. ptg.* 9834
torrent *frz.* 9610
torrente *ital. span. ptg.* 9610
torrer *rtr.* 9611
torrore *ital.* 9837
tors *afrz.* 9614
tor-s *prov.* 9834
torsa *lomb.* 9606
torscher *rtr.* 9607
terse *afrz.* 9614
torseau *afrz.* 9606
torsello *ital.* 9606
terser *frz.* 9613
torser *prov.* 9607

torsion *frz.* 9612
torro *ital.* 9532
tort *afrz. nfrz.* 9607
tort *rum. frz.* 9623
torta *span. ptg. ital.* 9615
torticchiare *ital.* 9617
tortiglione *ital.* 9617
tortiglioso *ital.* 9617
tortile *ital.* 9617
tortiller *frz.* 9617
torto *ital. ptg.* 9623
tórtolo, -a *span.* 9835
tortolella *ital.* 9836
tortolilla *span.* 9836
tortolillo *span.* 9836
tortora *ital.* 9835
tortorella *ital.* 9836
tertra *cat.* 9835
tortre-s *prov.* 9835
tortue *frz.* 9498. 9621
tortuga *span.* 9498
tortuga *cat. span. prov.* 9621
tortulbo *ptg.* 9794
tortura *ital.* 9624
torture *frz.* 9624
tort-z *prov.* 9623
torva *ptg.* 9815
torvar *ptg.* 9821
torvelinho *ptg.* 9820
torvisco *span.* 9819
torvolo *tarent.* 9825
torza *lomb.* 9606
torzal *span.* 9609
toržio *venez.* 9608
torzione *ital.* 9612
torzon *span.* 9612
torzuelo *span.* 9488
tos *prov.* 9532. 9593
tos *prov. cat. span.* 9841
tosa *ital.* 9532
tosa *ital. prov.* 9532. 9593
toslo *ptg.* 9589
tesar *ptg.* 9590
tesare *ital.* 9583. 9590
tosco *span. ptg.* 9531
tesco *ital.* 9633
tose *afrz.* 9532. 9593
töséga *genues.* 9633
tosel *afrz.* 9532. 9593
tosel *span.* 9840
tósga *valses.* 9633
tosi *piem.* 9633
tósigo *span.* 9633
tose *ital.* 9532. 9593
tosoira *prov.* 9591
tosone *ital.* 9598
tosorgiu *sard.* 9591
tosquiar *ptg.* 9583
tossa *cat.* 9799
tossal *cat.* 9799
tossar *ptg.* 9840
tosse *ital. ptg.* 9841
tósseo *altoberital.* 9633
tossir *prov. cat. ptg.* 9840
tossire *ital.* 9840

tost *prov. afrz.* 5157
tost *prov. cat.* 9627
tosta *ital.* 9627
tosto *ital. aspan. aptg.* 5157
tosto *aspan. aptg.* 9627
tot *rum.* 9628
tôt *frz.* 5157 9627
tota *piem.* 5789
tots *cat.* 9628
totta *sard.* 9628
tottovilla *ital.* 9599
tot-z *prov.* 9628
tou *lyon.* 9796
touaille *nfrz.* 5932
touaille *frz.* 9846
touca *ptg.* 9568
toucher *nfrz.* 9802
toucinho *ptg.* 9797
teue *frz.* 9632
touer *frz.* 9632
tout *nfrz.* 9628
toufe *nprov.* 9850
touffe *frz.* 9800. 9814
toumple *nprov.* 9807
toupeira *ptg.* 9357
toupet *nfrz.* 9595
toupie *nfrz.* 9595
tour *frz.* 9605. 9834
to(u)pon *afrz.* 9595
toura *ptg.* 9403
tourbe *nfrz.* 9815. 9816
tourbillon *frz.* 9820
tourbler *afrz.* 9823
tourd *frz.* 9827
tourde *frz.* 9827
tourment *frz.* 9602
tourmenter *frz.* 9602
tourner *nfrz.* 9604
tournoi *frz.* 9603
tournoyer *frz.* 9603
touro *ptg.* 9405
tourte *frz.* 9615
tourtereau *frz.* 9836
tourterelle *frz.* 9836
tourtre *frz.* 9835
tousar *aptg.* 9410
tousser *frz.* 9840
toux *frz.* 9841
touz *afrz.* 9628
tova *cat.* 9570
tovaglia *ital.* 5932. 9846
toxiche *afrz.* 9633
tóxigo *ptg.* 9633
toxo *span.* 9634
toza *aragones.* 9531
tozar *aragones.* 9531
tozo *aragones.* 9531
tozuelo *span.* 9626
tozzo *ital.* 9142. 9799
tra *rtr.* 9559
tra *rum. ital.* 9676
trä *südostfrz.* 9733
traazo-s *prov.* 9652
traba *span.* 9639
trabacca *ital.* 9640
trabajar *span.* 5358. 9635
trabajo *span.* 5356. 9636
trabalhar *ptg.* 9635
trabalho *ptg.* 5356. 9636

turquoise *frz.* 9826
turr *rtr.* 9834
turrar *span.* 9611
turre *sard.* 9834
turta *rum.* 9615
turtar *prov. afrz.* 9317
turturé *rum.* 9836
tusă *rum.* 9841
tusar *span.* 9590. 9838
tușesci *rum.* 9840
tușinez *rum.* 9590
tuson *span.* 9589
tuss *rtr.* 9841
tussilage *frz.* 9839
tussir *ptg.* 9840
tustar *prov. afrz.* 9317
tusur *romagn.* 9591
tut *rtr.* 9570
tútano *span. ptg.* 9844
tutelo *ital.* 9844
tutt *rtr.* 9628
tutto *ital. sard.* 9628
tuttuto *ital.* 9628
tuvara *sard.* 9794
tuyau *nfrz.* 9798
tẓăf *rtr.* 1907
tẓavél *rtr.* 1867
tẓer *rtr.* 1976
tẓĕsa *rtr.* 1978
tẓet *rtr.* 1693
tẓi *rtr.* 7665
tẓiẑŏel *rtr.* 1983
tẓóma *rtr.* 1776
tẓómba *rtr.* 1776
tẓŏsa *rtr.* 2034
tympan *frz.* 9847
tympano *span. ptg.* 9847
tyran *nfrz.* 9851
tyranno *ptg.* 9851
tzigane *frz.* 10452

U.

u *span.* 1082
uarb *friaul.* 6718
uardi (?) *friaul.* 4618
ubac *nprov.* 9699
ubadir *rtr.* 6629
ubbía *ital.* 6646
ubbidire *ital.* 6629
ubbliare *ital.* 6635
ubbriac(c)hezza *ital.* 3167
ubbriaco *ital.* 3167
ubiar *aspan.* 6647
obigar *avenez.* 6632
ubino *ital.* 4593
ubrs *span. ptg.* 9853
ubrier-s *prov.* 6701
ucá *friaul.* 4656
ucar *prov.* 4656
ücáva *piem.* 6658
uccellaja *ital.* 1040
uccelliera *ital.* 1040
uccello *ital.* 1041
uccidĕre *ital.* 6650

ncciditore *aital.* 6653
uccisore *ital.* 6653
nebar *prov.* 4656
üche *piem.* 4656
ucigätor *rum.* 6653
nd *rum.* 9856
uda *rum.* 9855
udire *ital.* 1047
udolar *cat.* 9872
ueicli *prov.* 6659
neis *prov.* 6753
úej *friaul.* 5680
uem *afrz.* 4604
uorco *aspan.* 6721
ufana *prov.* 9857
ufanar *ptg.* 9857
ufanaria *prov.* 9857
ufanarse *span.* 9857
ufanía *span. ptg.* 9857
ufanidad *span.* 9857
ufanior-s *prov.* 9857
ufano *span. ptg.* 9857
ufficio *ital.* 6674
uffiziale *ital.* 6674
uffizio *ital.* 6674
(a)uflo *ital.* 9857
uffónt *rtr.* 4914
ufo *span. ptg.* 9857
uger *rum.* 9853
uggia *ital.* 6646. 6667
ugiulare *ital.* 3217
ugnere *ital.* 9896
ugnolo *ital.* 9908
ugela *ital.* 9941
uguanno *ital.* 4568
uguannotto *ital.* 4568
uhlan *frz.* 9858
uis *prov.* 6753
uisine *frz.* 6675
uit *afrz.* 6659
uit *rum.* 9801
uitäcios *rum.* 6636
uitain *afrz.* 6658
uitar *rum.* 6635
uitisme *afrz.* 6658
uitme *afrz.* 6658
uivador *ptg.* 9870
uivar *ptg.* 9872
ulcé *rum.* 6690
ulcior *rum.* 9911
uler *afrz.* 9872
uler *frz.* 4662
ull *cat.* 6666
allague *afrz.* 9937
ulm *rum. rtr.* 9864
ulmărie *rum.* 9862
ulmet *rum.* 9863
ulmu *sard.* 9864
ultrajar *span. ptg.* 9867
ultraje *span.* 9867
ulular *aspan. prov.* 9872
ululare *ital.* 9872
ulullar *prov.* 9872
ulvra *valbross.* 10411
um *ptg.* 9909
um *rtr.* 4604
um(e) *wallon.* 4675
umauità *ital.* 4667

nmano *ital.* 4666
umbigo *ptg.* 9875
umbiligu *sard.* 9875
nmblic *rtr.* 9875
umbră *rum.* 9876
umbraju *sard.* 9877
nmbral *span. ptg.* 4669
umbral *span.* 5729
umbré *rum.* 9879
umbrella *aspan.* 9879
umbresci *rum.* 9880
umbrilh-s *prov.* 9875
ombriva *rtr.* 9876
umbros *rum. prov.* 9881
ume *wallon.* 4681
úmod *rum.* 4675
uméd *rum.* 4675
umedos *rum.* 4674
nmer *rum.* 4670
umero *ital.* 4670
umezeală *rum.* 4673
umezesci *rum.* 4672
umid *rtr.* 4675
umidire *ital.* 4672
umidità *ital.* 4673
umido *ital.* 4675
umidoso *ital.* 4674
omile *ital.* 4677
umilesci *rum.* 4676
umilianza *ital.* 4678
umiliare *ital.* 4676
umilinfă *rum.* 4678
umilità *ital.* 4678
umore *ital.* 4682
umpiolu *sard.* 4782
umpire *sard.* 4782
umplir *cat. prov.* 4782
umviérn *rtr.* 4565
un *rum. frz. cat.* 9909
ün *rtr.* 9909
una *rum.* 9909
uña *span.* 9899
unchinu *sard.* 9886
uncino *ital.* 9886
uncore *afrz.* 4614
undă *rum.* 9890
unde *rum.* 9891
uodez *rum.* 9893
undici *ital.* 9892
undighi *sard.* 9892
undisch *rtr.* 9892
undos *rum. prov.* 9894
undoso *span. ptg.* 9894
unealtă *rum.* 9935
uneoară *rum.* 9883
nnfiern *rtr.* 4924
unge *rum.* 9896
ungere *ital.* 9896
unghere *sard.* 9896
unghía *sard.* 9899
unghiă *rum.* 9899
ungir *cat. span. ptg.* 9896
ungla *rtr. cat.* 9899
ungola *ital.* 9899
ungula *ital.* 9899
unha *pty.* 9899
uniǎo *ptg.* 9903
unicornio *span.* 9900

unicor(n)-s *prov.* 9900
union *frz. span.* 9903
unione *ital.* 9903
unir *prov. frz. cat. span. ptg.* 9902
unire *ital.* 9902
unità *ital.* 9904
unitat-z *prov.* 9904
unité *frz.* 9904
univers *frz.* 9907
universal *span. ptg.* 9905
universale *ital.* 9905
universel *frz.* 9905
universidad *span.* 9906
nniversidade *ptg.* 9906
università *ital.* 9906
nniversité *frz.* 9906
universo *ital. span. ptg.* 9907
uno *ital. span.* 9909
unqua *ital.* 9882
un-s *prov.* 9909
unsa *cat.* 9885
unscher *rtr.* 9896
unțǎ *rum.* 9885
untăr *rum.* 9897
untos *rum.* 9888
untose *span. ptg.* 9888
nntuoso *span. ital.* 9888
untura *rum. span. ptg.* 9889
unzint *friaul.* 9898
uoffola *sбdital.* 6677
uomini *ital.* 4604
uomo *ital.* 4604
uón *rtr.* 4568
uopo *ital.* 6712
uorss *rtr.* 9920
uosa *ital.* 4631
uovo *ital.* 6768
uovolo *ital.* 6768
upa *cat. span.* 5161
upa *prov.* 9910
upar *span.* 5161
upiglio *ital.* 9865
upuale *sard.* 4782
upupa *ital.* 9910
ur *afrz.* 6741
úra *rtr.* 4614
uracano *ital.* 4685
urca *span. ptg.* 4665. 6719
urca *ital.* 4665
uree *span. ptg.* 3272. 9860
urcéole *span.* 9911
urcina *ferrar.* 9860
urcior *rum.* 9859
urdi *sard.* 9936
urdidura *span. ptg.* 6725
urdir *span. ptg.* 6724
ure *afrz.* 9938
uresci *rum.* 4625
urga *aspan.* 9860
urge *ptg.* 9860
urger *ptg.* 9860
urgir *obwald.* 6724
urguzone *sard.* 4403
urina *rtr.* 9915

varenga *span.* 10312
varenne *frz.* 10358
varer *afrz.* 10006
vario *ital.* 10005
varlet *frz.* 4416
varlope *frz.* 10806
varen *span.* 1243
varrło *ptg.* 10081
varraco *span.* 10081
varrer *span. ptg.* 10083
vărsa *rum.* 10089
vartid *rtr.* 10224
varvassore *ital.* 4416
varză *rum.* 10216
va-s *prov.* 9992
vas *rum. prov. cat.* 10007
vas *prov.* 10092
vasar *ptg.* 9949
văsc *rum.* 10227
vasca *span. ptg. prov.*1251
vasca *ital.* 1252. 10012
vasca *ptg.* 10009
vascello *ital.* 10008
vaschi *rtr.* 10008
vascolo *ital.* 10010
vasces *rum.* 10226
vase *frz.* 10007. 10362
vasellajo *ital.* 10011
vasello *ital.* 10011
vasie *ptg.* 9949
vaslet *afrz.* 4416
vaso *ital. span. ptg.* 10007
vassal *prov. frz.* 4416
vassallo *ital.* 4416
vas(s)allo *span. ptg.* 4416
vassal-s 4416
vástago *span.* 9968
vaste *nfrz.* 10015
vaste *ital. span. ptg.*10015
vasvassor *prov.* 4416
vătăm *rum.* 10148
vau *frz.* 9976
vauderie *frz.* 9972
vaudeville *nfrz.* 9976
vaudoisie *frz.* 9972
vaugeis *frz.* 9972
vau-s *prov.* 9976
vaux *frz.* 9973
vavasseur *frz.* 4416
vavorna *tosc.* 10136
vavre *frz. (dial.)* 10057
vaya *span.* 1150
vayé *friaul.* 9964
vdail' *engad.* 10245
vêa *ptg.* 10030
veado *ptg.* 10032
veau *nfrz.* 10240
veaus *afrz.* 10023
vec *prov.* 10154
vecchia *ital.* 10263
vecchiezza *ital.* 10126
vecchio *ital.* 10127
veccia *ital.* 10142
vechiu *rum.* 10127
véchoû *lothr.* 10112
vocin *rum.* 10146
vecina *rum.* 10145
vecindad *span.* 10144
vecineza *rum.* 10145
vecinio *rum.* 10143

vecino *span.* 10146
vódar *niederengad.* 10128
vedar *altoberit. sp.* 10124
vedé *rum.* 10156
vedél *rtr.* 10240
vedoll *cat.* 10240
vedel-s *prov.* 10240
vedelh-s *prov.* 10240
vedere *ital.* 10156
vedetta *ital.* 10156
vedija *span.* 10245
vedove *ital.* 10159
vedran *friaul.* 10122
vedriar *span.* 10257
vedro *ptg.* 10128
vedro *span.* 10259
vedustu *sard.* 10129
veel *afrz.* 10240
véer *afrz.* 10124
vega *span.* 10137
vegada *prov.* 10147
vegedambre *span.* 10020
vegghia *ital.* 10166
vegghiare *ital.* 10166
vegghiatore *ital.* 10165
veggia *ital.* 10021
veggio *ital.* 5496
veghia *rum.* 10166
veghietor *rum.* 10165
veghieza *rum.* 10166
vegl *rtr.* 10127
veglia *ital.* 10166
vegliare *ital.* 10166
vegliatore *ital.* 10165
veglio *ital.* 10127
vègne *frz. (norm.)* 10382
vegra *ital.* 10209
vegue *aspan.* 1174
veguer *span.* 10138
vegut *prov.* 10156
vehi *cat.* 10146
veho *lothr.* 10102
vei *tic.* 10016
veia *ptg.* 10030
veiaire-s *prov.* 10155
veiga *ptg.* 10137
veil *piemont.* 10016
Voillantif *afrz.* 10164
veille *frz.* 10166
veiller *frz.* 10166
veilleur *frz.* 10165
veine *frz.* 10030
veineux *frz.* 10045
veinte *span.* 10167
veire *afrz.* 10259
veire-s *prov.* 10259
veirin-s *prov.* 10256
veis *astig.* 10274
veit-z *prov.* 10017
vejada *prov.* 10147
véjar *span.* 10130
vejez *span.* 10126
vejiga *span.* 10116
vela *span.* 10166
vela *ital. span. ptg.* 10029
velador *span. ptg.* 10165
velar *span.* 10166
velar *span. ptg.* 10027
vélar *frz.* 10024
velare *ital.* 10027

velenare *ital.* 10037
velenoso *ital.* 10038
vêler *frz.* 10240
veleta *span.* 10166
veletta *ital.* 10156
velhaco *ptg.* 10173
velhar *prov.* 10166
velhice *ptg.* 10126
velho *ptg.* 10127
velin *afrz.* 10039
vélin *frz.* 10240
vélingue *norm.* 8811
vell *cat.* 10127
velleità *ital.* 10025
velléité *frz.* 10025
velle *ital.* 10026
vello *ital.span. ptg.* 10182
vellós *cat.* 10181
velloso *ital. span. ptg.* 10181
velludo *ptg.* 4561
velludo *span.* 10183
velluto *ital.* 10181. 10183
vele *ital. span.* 10029
veló-s *prov.* 10182
velourde *mittelfrz.* 1423
velours *frz.* 4561. 10181
velours *nfrz.* 10183
velous *prov. frz.* 10181
velouter *nfrz.* 10183
velre *afrz.* 10026
veltat-z *prov.* 10126
velte *frz.* 10161
veltre-s *prov.* 10028
voltres *altoberital.* 10028
veltro *ital.* 10028
veludo *span. ptg.* 10183
velueau *afrz.* 10183
volvă *rum.* 10298
vema *berg.* 10184
vena *ital. prov. cat. span.* 10030
venado *span.* 10032
venaison *frz.* 10031
venaiso-s *prov.* 10031
venar *prov.* 10044
vencejo *span.* 10187
vencer *cat. span. ptg.* 10190
vençon *afrz.* 10034
venda *span.* 1389
venda *ptg.* 10033
vendange *frz.* 10193
vendanha *prov.* 10193
vendaval *span. ptg.* 10054
vende *rum.* 10035
vendedor *span. ptg.*10036
vendemmia *ital.* 10193
vender *span. ptg.* 10035
vendere *ital.* 10035
vendetta *ital.* 10195
vendeur *frz.* 10036
vendicare *ital.* 10194
vendima *ptg.* 10193
vendita *ital. rtr.* 10033
venditore *ital.* 10036
vendre *prov. cat. frz.* 10035
vendredi *frz.* 10040
vendres *prov.* 10040

vendvu *levent.* 9988
venenar *ptg.* 10037
vénéneux *frz.* 10038
veneno *ital. span. ptg.* 10039
venenes *rum.* 10038
venenoso *ital. span. ptg.* 10038
vener *frz.* 10044
venerdì *ital.* 10040
vene-s *prov.* 10039
venet *prov.* 10042
venetic *rum.* 10041
vĕnetu *rum.* 1471
vengar *span.* 10194
venger *frz.* 10194
vengiare *ital.* 10194
veni *rum.* 10043
venim *afrz.* 10039
venimeux *frz.* 10038
venin *rum. nfrz.* 10039
veuir *prov. frz. cat. span.* 10043
venire *ital.* 10043
venjar *prov. cat.* 10194
venoso *ital. span. ptg.* 10045
venscher *rtr.* 10190
vent *frz. cat.* 10054
venta *span.* 10033
ventaglia *ital.* 10046
ventaglio *ital.* 10046
ventail *frz.* 10046
ventalba *prov.* 10046
ventalle *span.* 10046
ventana *span.* 10047
ventavoto *ital.* 10055
vent d'ament *frz.* 10054
vent d'aval *frz.* 10054
vente *frz.* 10033
venter *rtr.* 10048
venti *ital.* 10167
ventilar *span. ptg.* 10050
ventilare *ital.* 10050
ventiler *frz.* 10050
vento *ital. ptg.* 10054
ventola *alttosc.* 10052
ventolare *ital.* 10050
ventorá *mail.* 10049
ventre *ital. prov. frz. cat.* 10048
ventrecha *span. ptg.* 10053
ventreil *afrz.* 10051
ventrelh-z *prov.* 10051
ventrell *cat.* 10051
ventresca *ital.* 10048
ventresche *afrz.* 10053
ventresque *afrz.* 10051
ventricchio *ital.* 10051
ventricolo *ital.* 10051
ventricule *nfrz.* 10051
ventricule *ptg.* 10051
ventrière *frz.* 10048
ventriglio *ital.* 10051
ventrilh-z *prov.* 10051
ventroil *afrz.* 10051
ventvole *afrz.* 10282
vent-z *prov.* 10054
venzer *prov.* 10190
veo *ptg.* 10029

vepre *ital.* 10057
vêpre *frz.* 10114
ver *rum.* 10023
ver *afrz.* 10058. 10081
ver *frz.* 10078
·veraire *wald.* 10061
véranda(h) *frz.* 10000
veião *ptg.* 10058
verb *cat.* 10066
verbe *frz.* 10066
verbena *ital. span. ptg.* 10064
verberare *ital.* 10065
verbo *ital. nspan. ptg.* 10066
verçado *ptg.* 10216
verd *rtr.* 10217
verdad *span.* 10073
verdade *ptg.* 10073
verde *span. ptg. ital. rum.* 10217
verderis *frz.* 10212
verdetto *ital.* 10071
verdict *frz.* 10070
verdonga *ptg.* 7328
verdoega *ptg.* 7328
verdolago *span.* 7328
verduco *ital.* 10218
verdugo *span.* 1491
verdugo *span. ptg.* 10218
verdum *afrz.* 10219
verdume *ital.* 10219
verdura *ital. prov. span. ptg.* 10220
verdure *frz.* 10220
verecondia *ital.* 10068
vereda *cat. span. ptg.* 10069
veretta *ital.* 10106
verga *ital. prov. cat. span.* 10207
vergato *ital.* 10002
verge *frz.* 10207
verge *prov. afrz. cat.* 10209
verge *afrz.* 10211
vergé *rum.* 10208
vergel *ptg. span.* 10215
vergella *ital.* 10208
vergene *prov.* 10209
verger *cat.prov.frz.* 10215
vergier *prov. franz.* 10215
vergils *prov.* 10208
vergine *ital. afrz.* 10209
verglas *frz.* 4250. 10260
vergne *frz.* 3693
vergogna *ital.* 10068
vergogne *frz.* 10068
vergola *ital.* 10210
vergonha *prov. ptg.* 10068
vergüenza *span. ptg.* 4518
vergüenza *span.* 10068
verguilha *ptg.* 10208
verguilla *span.* 10208
vergurã *rum.* 10209
veri *cat.* 10039
véricle *frz.* 1345. 10253
vericueto *span.* 1395
veri-s *prov.* 10089

verità *ital.* 10073
verité *frz.* 10073
verjane *prov.* 10214
verjus *frz.* 10213
verlügoa *genues.* 10292
verlügora *mail.* 10292
verm *cat.* 10078
verme *ital. rum. cat. nspan. ptg.* 10078
vermeil *frz.* 10075
vermelb *prov.* 10075
vermelho *ptg.* 10075
vermell *cat.* 10075
verména *ital.* 10064
vermenos *prov.* 10077
verme-s *prov.* 10078
vermicciuola *ital.* 10074
vermiglio *ital.* 10075
verminaria *ital.* 10076
vermine *ital.* 10078
vermines *rum.* 10077
verminose *ital. span. ptg.* 10077
vermigor *rum.* 10074
vermoulu *frz.* 10079
verm-s *prov.* 10078
verna *piem. prov.* 3693
vernaccia *ital.* 4562
vernage *frz.* 4562
vernare *ital.* 4564
verne *frz.* 3693
vernice *ital.* 10255
vernir *frz.* 10255
vernire *ital.* 10255
vernis *frz.* 4562. 10255
vernissar *prov.* 10255
vernit-z *prov.* 10255
verniz *ptg.* 10255
verne *ital.* 4565
veróla *cat.* 10004
vérole *nfrz.* 10004
véron *ital.* 10003
verene *ital.* 10105
verraco *span.* 10081
verrat *prov. frz.* 10081
verre *nfrz.* 10259
verre *ital.* 10081
verrerie *frz.* 10252
verricello *ital.* 10094. 10109
verrier *frz.* 10252
verrina *ital.* 10094. 10109
verro *ital. cat.* 10081
verrolh-s *prov.* 10108
verrou *frz.* 10108
verreuil *frz.* 10108
verrouiller *frz.* 10107
verruca *ital.* 10085
verrue *frz.* 10085
verruga *span. ptg.* 10085
verruwa *ptg.* 1240. 10094.
ver-s *prov.* 10058
vers *lad. rum. prov. frz. cat.* 10091
vers *prov. frz.* 10092
versa *span. ptg.* 10216
versa *ptg.* 10216
versar *prov.* 10089

versare *ital.* 10089
verser *frz.* 4057. 10089
versi *rtr.* 10216
verse *ital. span. ptg.* 10091
verse *ital.* 10092
verser *venez.* 10090
vert *prov. frz. cat.* 10217
vertat-z *prov.* 10073
vert-de-gris *nfrz.* 10212
vertega *mail.* 10100
vertegh *altmail.* 10100
verter *ptg.* 4057
vertere *ital.* 10103
vertevelle *frz.* 10096
vertibbie *talsess.* 10097
vertice *ital.* 10095
vertigheddu *sard.* 10099
vertigine *ital.* 10101
vertir *prov. afrz. cat. span. ptg.* 10103
vertoil *afrz.* 10104
vertoulh-z *prov.* 10104
vertu *frz.* 10224
vertù *ital.* 10224
vertudos *prov.* 10223
vertueux *frz.* 10223
vertues *prov.* 10223
vertut-z *prov.* 10224
verúgola *mail.* 10292
verun *rum.* 10072
veruno *prov.* 10072
verve *frz.* 10066
verveine *frz.* 10064
vervelle *frz.* 10096
vervessor *altval.* 4416
verveu *frz.* 1340
verveux *frz.* 1340
verveux *nfrz.* 10093
verviex *afrz.* 10093
verziere *ital.* 10215
verzo *ital.* 10216
vese *nprov.* 10227
vesce *frz.* 10142
vesch *cat.* 10227
veschia *rtr.* 10116
veschio *ital.* 10227
vescia *ital.* 3738. 10229
vescica *ital.* 10116
vesco *ital.* 10227
vesces *prov.* 10226
vescovo *ital.* 3258
vese-s *prov.* 10227
vesgo *ptg.* 1412. 1426. 10088
vesiga *prov.* 10116
vese *span.* 10112
vespa *ital. rum. prov. cat. ptg.* 10113
vesperas *ptg.* 10114
vespero *ital.* 10114
vespia *rtr.* 10113
vespistrello *ital.* 10115
vespra *prov. cat.* 10114
vesquear *ptg.* 1412
vese *rtr.* 10274
vessa *prov. cat.* 10142
vessare *ital.* 10130
vesse *frz.* 3788
vessecchia *neap.* 10117
vesse-de-leup *frz.* 3788
vesser *frz.* 10229

vessie *frz.* 10116
vesta *ital. frz. span. ptg.* 10120
veste *ital. frz. span. ptg.* 10120
vestido *span. ptg.* 10121
vestidura *span. ptg.* 10121
vestiglo *span.* 1351
vestiment *cat.* 10118
vestimenta *ptg.* 10118
vestimento *ital. span.* 10118
vestimen-z *prov.* 10118
vestir *rtr. prov.* 10119
vestire *ital.* 10119
vestitura *ital.* 10121
vestmint *rum.* 10118
veta *prov. span.* 10261
vètement *frz.* 10118
vétéran *frz.* 10122
veterano *ital. span. ptg.* 10122
vétille *frz.* 10247
vétiller *frz.* 10247
vêtir *frz.* 10119
vetlar *cat.* 10166
vetoine *afrz.* 10125
vetrajo *ital.* 10252
vetrano *sien.* 10122
vetrario *ital.* 10252
vetrice *ital.* 10242
vetro *ital.* 10128. 10259
vetta *ital.* 10261
vettaglia *neap.* 10150
vette *ital.* 10017
vettir *cat. span. ptg.* 10119
vettovaglia *ital.* 10150
vettura *ital.* 10018
vetturino *ital.* 10018
vêture *frz.* 10121
vetz *prov.* 10251
veuf *frz.* 10159
veule *afrz. nfrz.* 10282
veuva *prov.* 10159
veuza *prov.* 10159
vèvre *frz.* (*dial.*) 10057
vez *span. ptg.* 10147
veza *span.* 10142
vezar *span. ptg.* 10251
vezat-z *prov.* 10243
veze *prov.* 10242
veziat-z *prov.* 10243
vezinetat-z *prov.* 10144
vezi-s *prov.* 10146
vezitar *prov.* 10231
veze *ptg.* 10251
vezea *prov.* 10159
vezoig-s *prov.* 10160
vezzeggiare *ital.* 1454
vezzo *ital.* 10251
vezzoso *ital.* 10249
vi *ital.* 4696
vi *cat.* 10200
via *ital. prov. cat. span. ptg.* 10131
via *ital.* 10255
viadi *rum.* 10134
viagem *ptg.* 10134

west afrz. 10381
wibet afrz 10383
wignior afrz. 5276. 10399
wigre afrz. 10170
wiha wallon. 10112
wilecome afrz. 10395
wiler afrz. 10393
wime wallon. 4675
wirewire afrz. 10019
wirewite afrz. 10018
wirewitte afrz. 7182
wisarme afrz. 4236
wisine afrz. 6675
wit afrz. 6659
witisme afrz. 6658
wurticchia campab. 10100

X.

xabon span. 8345
xabonero span. 8346
xadrez ptg. 8436
xaguliar aital. 3305
xanobar span. 8342
xaque ptg. 8436
xaquel span. 8436
xaqueca ptg. 4538
xara span. ptg. 8439
xaral span. ptg. 8439
xarife span. 8441
xare span. 8439
xaroco ptg. 8478
xarope span. ptg. 8440
xarpar cat. 3317. 8373
xata cat. 2020
xato span. 8444
xato aspan. 7327
xeiscanta cat. 8675
xeixa cat. 8377
xelandrin cat. 2130
xentar agenues. 2899
xergão ptg. 8636
xergo span. ptg. 8636
xergon span. ptg. 8636
xeringa ptg. span. 9315
xerxet cat. 2087. 7663
xibia span. 8616
xic cat. 2163
ximple cat. 8719
xisca span. 8669
xisme cat. 8437
xiular cat. 8682
xuclar cat. 9226
xugo span. 9227
xurdo ptg. 8885
xurma cat. 2061

χttöfá lothr. 3536

Y.

y prov. frz. aspan. aptg. 4696
y nfrz. 4569
y span. 3296
ya span. nptg. 5171
yacija span. 5165

yantar aspan. ptg. 5180
yedgo span. 3174
yegua span. 3262
yelmo span. 4536
yelo span. 4202
yema span. 4208
yermo span. 3268
yervo span. 3286
yerba span. 4542
yerno span. 4215
yerto span. 4577. 4909
yeso span. 4422
yeuse frz. 4707
yezgo span. 3174
yo span. 3209
yoierno aspan. 4565
ypréau frz. 10421
yr acat. 4552
yssorbar prov. 6718
yugo span. 5213
yunque span. 4871
yuso aspan. 2871

Z.

za- span. 9146
zabaione ital. 8234
zabbara sicil. 2155
zabullir span. 9150
zaccagnà lomb. 9341
záccaro ital. 1688. 10428
zacchera flor. 1688
zácchero ital. 10428
zacé rum. 5164
zadă rum. 9333
zaffata ital. 9317. 9374
zafferano ital. 10425
zaffiro ital. 8352
zaffo ital. 8429. 9317. 9371. 9374
zaffo sard. 6429
zafio span. 4111
zafiro span. 8352
zafo span. 8313
zafondar span. 9163
zaga span. 8354
zagal span. ptg. 10426
zágane altoberital. 2943
zagara sicil. 10429
zago venez. 2943
zăhár rum. 8839
zaherir span. 3564
zahór span. 10429
zahorra span. 8245
zaina span. 10430
zaino ital. 10430
zais rtr. 9342
zakur(ra) bask. 2022
zalagarda span. 10432
zaléa span. 6743
zalegarda span. 2066
zalfo ital. 9252
zambe span. 8412
zambra ital. 1775
za(m)bullir span. 8614
zampa ital. 9371
zampar span. 9374
zampare ital. 9371

zampeggiare ital. 9371
zampettare ital. 9371
zampicare ital. 9371
zampillo ital. 9374
zampogna ital. 9312
zampoña span. 9312
zampuzar span. 9188
zana ital. 10430
zanca ital. span. 8415. 10434
zanco span. 8415. 10434
záncone sard. 10434
zángano span. ptg. 10452
zangão ptg. 10452
zanni ital. 5189
zanzara ital. 10456
zapata span. 2511. 8338
zapatero span. 2511. 8338
zapato span. 2511. 8338
zappa ital. 8350. 9371
zappa rtr. 8350
zappare ital. 8350. 9371
zapuzar span. 9188
zaque span. 8249. 10427
zar rum. 8654
zarabanda span. 8632
zaragüelles span. 8660
zaranda span. 2094
zarbatana span. 10439
zarclar rtr. 8359
zarcillo span. 2206
zarpa span. 4501. 8373
zarpar span. ptg. 8373
zarza span. 8299. 8370
zarzaparilla span. 8299. 8370
zarzeta ptg. 2087
zarco span. ptg. 10440
zarcu sicil. 10440
zarpar span. 3317
zarra aptg. 4172
zarria span. 10442
zato span. 10445
zatta ital. 5282. 7237
zattera ital. 5282. 7237
zău rum. 2930
zavorra ital. 8245
zavorrare ital. 8246
zazza ital. 10444
zazzera ital. 10444
zeba ital. 2160. 10450
zebelina ptg. 8828
zebellina span. 8828
zeca span. 8582
zecc rtr. 9535
zecca ital. 8582. 9535
zecchino ital. 8582
zece rum. 2770
zecla rtr. 9535
zediglia ital. 10449
zeffiro ital. 10448
zéfiro ital. 2174
zefre ital. 2174
zegia venez. 2176
zèle frz. 10447
zelo ital. span. ptg. 10447
zelos ptg. 10446
zeloso ital. ptg. 10446

zembola lomb. 4210
zemna moden. 4206
zendado ital. 8727
zendale ital. 8727
zendal-s prov. 8727
zenta mail. 2182
zente sard. 4222
zónzale span. 2660
zenzára ital. 2660. 10456
zénzero ital. 10453
zenzóvero ital. 10453
zéphyr frz. 10448
zéphyre frz. 10448
zéphyre ptg. 10448
zeppa ital. 9371. 9374
zeppare ital. 9374
zeppata ital. 9374
zeppo ital. 9371. 9374
zer rum. 8657
zerbo ptg. 10457
zércolo veron. 2212
zerigare ital. 9388
zero ital. 2174
zéro franz. span. ptg. 2174
zeste frz. 8458
zeu rum. 2930
zeuggia genues. 5192
zevra aptg. 9533
zevro aptg. 9533
zezzo ital. 8552
zezzolo ital. 9564
zi rum. 2958
zi friaul. 5595
zia ital. 9518
zibega aemil. 2160
zibeline frz. 8828
zibellino ital. 8828
zibetto ital. 10422
zibibbo ital. 10451
zicător rum. 2949
zicătură rum. 2949
zice rum. 2950
zifà vîa comask. 9558
zigrino ital. 8265
zii mail. 2176
zile rum. 2958
zimarra ital. 3200
zimbellare ital. 2731
zimbello ital. 2731
zimbro ptg. 5225
zimse aspan. 2179
zina bresc. mant. ferr. 10454
zingano ital. 10452
zinneforlo genues. 10454
zinzia sard. 4247
zinzilulare ital. 10455
zio modenes. 2160
zio ital. 9518
zioba venez. 5192
zipolo ital. 9374
zirbo ital. ptg. 10457
zirigaña span. 10466
zirla ital. 8635
zirlare ital. 10455
zire ital. 8635
ziru sard. 8635
zitello ital. 10460